U0940774

北京社会科学年鉴

Beijing Social Sciences Yearbook

2018

北京市社会科学界联合会　编

北京出版集团公司
北　京　出　版　社

图书在版编目（CIP）数据

北京社会科学年鉴. 2018 / 北京市社会科学界联合会编. — 北京：北京出版社，2018. 12
ISBN 978 - 7 - 200 - 14692 - 9

Ⅰ. ①北… Ⅱ. ①北… Ⅲ. ①社会科学—北京—2018—年鉴 Ⅳ. ①C121 - 54

中国版本图书馆 CIP 数据核字（2019）第 014683 号

项目统筹　陶宇辰
责任编辑　陶宇辰
责任印制　承伯平
封面设计　郭　宇

北京社会科学年鉴　2018
BEIJING SHEHUI KEXUE NIANJIAN　2018
北京市社会科学界联合会　编
*
北京出版集团公司
北　京　出　版　社　出　版
（北京北三环中路 6 号）
邮政编码：100120
网　址：www. bph. com. cn
北京出版集团公司总发行
北京建宏印刷有限公司印刷
*
787 毫米 × 1092 毫米　16 开本　66 印张　彩插 32 页　2100 千字
2018 年 12 月第 1 版　　2018 年 12 月第 1 次印刷
ISBN 978 - 7 - 200 - 14692 - 9
定价：280. 00 元

北京市社会科学界联合会《北京社会科学年鉴》编辑部
地　　址：北京市东城区西滨河路 19 号
邮政编码：100011
联系电话：010 - 64527157
E-mail：sklwh@ vip. sina. com

《北京社会科学年鉴》编辑委员会名单

编辑说明

一、《北京社会科学年鉴》是一部全面系统记述首都北京哲学社会科学事业发展状况和学术动态的年度资料性文献学术工具书，由北京市社会科学界联合会（简称北京市社科联）主持编纂。

二、本年鉴高举中国特色社会主义伟大旗帜，以马克思列宁主义、毛泽东思想、邓小平理论、“三个代表”重要思想、科学发展观、习近平新时代中国特色社会主义思想为指导，坚持为人民服务、为社会主义服务的方向，坚持百花齐放、百家争鸣的方针，坚持吸取借鉴国内外优秀文化成果，解放思想、实事求是、与时俱进、开拓创新，客观翔实和较全面记述北京地区社会科学领域的基本情况，力求年鉴编纂的科学性、客观性、全面性。

三、本年鉴从2000年创刊起，每年出版一卷。当年的编纂出版记述上一年度首都北京哲学社会科学事业各方面的发展状况，收录的资料来自在京的党政机关、社会科学教学、研究和科研管理等机构。

四、本年鉴宗旨：体现北京市社科联秉持“学者为本、学术为根、学会为基、繁荣学术、服务首都”的宗旨。努力为党和政府科学决策提供社会科学方面的参考，为社会科学工作者从事学术研究及教学提供资料和借鉴，为国内外了解首都北京社会科学领域的现状提供新的有价值的信息，努力促进首都北京哲学社会科学的繁荣发展。

五、本年鉴采用分类编辑法，包括文章和条目，行文力求规范、准确、简练、流畅。全书除文字表述外，配以彩色照片、表格，力求具体、形象、生动地反映首都北京社会科学的发展面貌。

六、本卷年鉴栏目设置为特载、学科综述、科研课题、获奖成果、学术活动、机构、大事记、附录、索引。

七、为更好发挥本年鉴的作用、增进使用便利，在编纂出版纸质版的同时编纂出版电子版（CD－ROM）。

本年鉴在资料收集、编写、出版、发行过程中，得到了有关单位领导、学者、同人的大力支持，谨在此表示衷心感谢！

《北京社会科学年鉴》编辑部

2018年10月

The Editors' Notes

October 2018

1. *Beijing Social Sciences Yearbook* is an annual academic reference book of data and documents which, in an all-round and systematic way, records the development of the undertakings of philosophy and social sciences, as well as the concerning academic events in Beijing, the capital of the People's Republic of China. It is compiled under the charge of the Beijing Federation of the Social Sciences Circles.

2. In compiling this yearbook, we have raised high the great banner of socialism with Chinese characteristics, followed the guidance of Marxism-Leninism, Mao Zedong Thought, Deng Xiaoping Theory, the important thought of "Three Represents", the Scientific Outlook on Development, and Xi Jinping Thought on Socialism with Chinese Characteristics for a New Era, and adhered to the orientations of serving the people and serving the socialist cause, to the implementation of the policy of "letting a hundred flowers blossom and a hundred schools of thought contend", to the absorption and reference of the excellent cultural achievements both at home and abroad, and to the principles of emancipating the minds, seeking truth from facts, advancing with the times, and blazing new trails in a pioneering spirit. We have tried to record the fundamental situations of the domains of social sciences in Beijing in an objective, accurate and comparatively comprehensive way. We have also done our utmost to be as scientific-minded, objective and comprehensive as possible in compiling this yearbook.

3. This yearbook has been compiled and published once a year since its first issue in 2000. Each volume of this yearbook records the development of the undertakings of philosophy and social sciences in the previous year in Beijing. The data and materials contained in this yearbook have been collected from the Party and Government departments in Beijing, and from the institutions which are engaged in the teaching, research and scientific research management of social sciences in Beijing.

4. This yearbook is intended to embody the mission of "taking the scholars, their academics and their associations as the foundation, to make academics prosperous and do a good service to Beijing", which is undertaken by the Beijing Federation of the Social Sciences Circles. In this yearbook, we strive to provide the Party and Government departments with references in relation to social sciences needed in their policy-making, supply the professionals of social sciences with materials and references needed for their academic research and teaching, provide new valuable information to help people both at home and abroad to learn about the current situation in the domains of social sciences in Beijing, and promote the development and prosperity of philosophy and social sciences in Beijing.

5. This yearbook is compiled by the classification method, including articles and subject entries, and trying to make the wording normative, accurate, concise and smooth. This yearbook not only presents itself in written language, but also contains color photos and diagrams, in an attempt to reflect the development of social sciences in Beijing in a concrete, vivid and lively way.

6. The standing columns in the current volume of this yearbook are Special Reprints, Survey of Various Subjects, Lists of Research Topics, Award-Winning Academic Achievements, Academic Activities, Institutions, Chronicle, Appendix and Index.

7. While *Beijing Social Sciences Yearbook* is compiled and published in paper edition, it is available in CD-ROM format simultaneously, so as to bring it into full play and make it more convenient to use.

We would like to express our heartfelt thanks to those leaders, scholars and colleagues of concerning institutions for their immense help in the course of data-collection, compilation, publication and distribution of this volume.

The Editorial Department of
Beijing Social Sciences Yearbook

（翻译：北京大学教授王逢鑫）

2017 年 10 月 31 日，北京市委宣传部、北京市中国特色社会主义理论体系研究中心、北京市社会科学界联合会、北京日报社共同举办“首都理论界学习宣传贯彻党的十九大精神座谈会”

2017 年 5 月 12 日，北京市委宣传部、北京市中国特色社会主义理论体系研究中心、北京市社会科学界联合会、北京日报社、北京大学、清华大学、中国人民大学、北京师范大学等单位共同主办的“首都当代中国马克思主义论坛 · 2017”在清华大学举行，论坛主题为“弘扬中华文化　坚定文化自信”

北京市第十四届哲学社会科学优秀成果奖自 2016 年 6 月启动至 2017 年 8 月结束，共评出获奖成果 202 项，其中一等奖 45 项，二等奖 157 项

北京市中国特色社会主义理论体系研究中心紧紧围绕“四个全面”战略布局，积极做好中宣部以及市委宣传部交办的一系列研究课题任务，扎扎实实开展重大理论研究和宣传工作，加强党的理论创新成果的研究阐释，不断推出更多更好的理论成果

2017 年 11 月 25 日，北京市委宣传部、北京市社会科学界联合会、北京市哲学社会科学规划办公室联合主办，北京理工大学承办的“第十一届北京中青年社科理论人才‘百人工程’学者论坛”在北京理工大学举办，论坛主题为“拥抱新时代　迈向新征程——习近平新时代中国特色社会主义思想研究”

2017 年 12 月 13 日，“2017 年北京自然科学界和社会科学界联席会议高峰论坛”在北京科技活动中心举行，论坛主题为“科技文化协同创新，助力城市治理体系建设”

2017 年 12 月 2 日，北京市社会科学界联合会、天津市社会科学界联合会、河北省社会科学界联合会联合主办，北京市社会科学界联合会承办的“第四届京津冀协同发展研讨会”在北京物资学院举行，研讨会主题为“大运河文化带建设与京津冀协同”

2017 年 11 月 18 日，北京市社会科学界联合会和北京师范大学联合主办的“2017・学术前沿论坛”在北京师范大学举行，论坛主题为“建设全国文化中心：文化传承与创新”

“2017・学术前沿论坛”部分分论坛

2017年10月20日，北京市委宣传部和北京市社会科学界联合会联合主办“首都高端智库工作协调推进会”。市委宣传部副部长韩昱主持会议，17家政府部门及14家首都高端智库试点单位参加会议。会议对市委、市政府“构建有效超大城市治理体系”专家学者征求意见会落实对接方案及相关工作进行了部署，传达了《关于加强首都新型智库建设的实施意见》和《首都高端智库试点单位建设管理办法》等文件精神，并就首都高端智库建设重点工作进行了安排

2017年11月23—24日，北京市委宣传部和北京市社会科学界联合会组织北京市社会科学院、北京市委党校、北京大学首都发展研究院、清华大学城市治理与可持续发展研究院、中国人民大学首都发展与战略研究院、北京交通大学北京综合交通发展研究院、首都经济贸易大学特大城市经济社会发展研究院等首都高端智库试点单位的专家学者到朝阳区北汽齿轮场文创园、北京塞隆国际文化创意园、西城区宝蓝金融创新中心和市发改委开展调研

2017 年度北京市社会科学界联合会市领导决策咨询课题研讨

2017年9月17日，北京市委宣传部、北京市委社会工委、北京市科委、北京市科协、北京市社科联、西城区委和区政府联合举办的“2017北京社会科学普及周暨西城区第六届社会科学普及周”开幕式在大观园举行，本届社科普及周以“弘扬中华优秀传统文化　推进全国文化中心建设”为主题，持续到9月24日结束。本届科普周紧紧围绕中华优秀传统文化开展了大运河文化带专题知识竞赛、大运河文化带专家谈、红墙意识百姓宣讲、工匠精神主题宣讲、老城文化传承与发展论坛等一系列活动

2017 年，北京市社会科学界联合会以“喜迎十九大、宣传十九大、贯彻十九大”为主线，扎实举办各类讲堂。北京周末社区大讲堂全年累计举办讲座 356 场，全年资助社科类学会举办社科普及系列讲座 228 场、资助社科普及基地举办讲座 133 场

2017 年 4 月 12 日，北京市委宣传部、北京市社会科学界联合会联合召开“2017 年北京市社科普及工作会议”，总结 2016 年工作，交流经验，安排 2017 年社科普及工作任务

2017 年 6 月 16 日，北京市社会科学界联合会社科普及部主办、中国人民大学出版社协办的社科普及进校园暨“人文之光”主题沙龙活动在海淀区九一小学举办，向孩子们赠送优秀传统文化图书，并举办了“传承北京文脉　弘扬传统文化”主题沙龙活动

2017 年 11 月 15 日，北京市社会科学界联合会举办北京市社科联社科普及进基层活动，为密云区大城子镇机关干部和该镇 22 个村的支部书记解读党的十九大报告，并向当地群众代表赠送了社科书籍

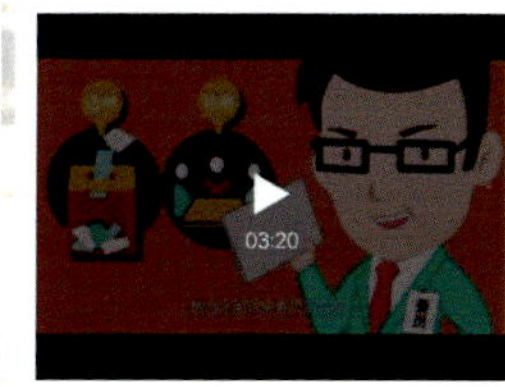

2017 年，人文之光网结合时代主题，围绕北京市委工作重点和北京市社会科学普及工作要点，共发布文章 2100 余篇，制作焦点图 300 余张、社科图表 40 张，原创文章 633 篇，网页浏览量超过 18 万次，访客超过 8 万人次。社科普及微信公众号“京社科”全年发布文章 750 余篇，单篇阅读量最高达 3000 余人次，线上、线下有序互动，粉丝已达 5000 余人

2017 年 6 月 9 日，中国社会科学院中国社会科学评价中心和《中国特色社会主义研究》杂志编辑部联合主办的“马克思主义理论、政治学学术评价研讨会”在北京举行，与会学者就“如何对马克思主义理论学科和政治学学科进行学术评价”的问题展开了深入探讨

2017 年 7 月 6 日，《中国特色社会主义研究》杂志编辑部与中国人民大学社会学理论与方法研究中心联合主办的“第二届社会学青年学者论坛”在北京举行，论坛主题为“共享发展理念的社会学研究”

2017 年 12 月 29 日，中国社会科学院习近平新时代中国特色社会主义思想研究中心成立大会在北京召开

2017 年 5 月 17 日，庆祝中国社会科学院建院 40 周年大会在北京举行

2017 年 7 月 18 日，“中国社会科学院雄安发展研究智库成立暨京津冀协同发展学术论坛”在北京召开

2017 年 8 月 19 日，中国社会科学院城市发展与环境研究所、《经济研究》编辑部、《城市与环境研究》编辑部共同主办的“首届气候变化经济学学术研讨会”在北京举行

2017 年 9 月 12 日，中国社会科学院大学成立大会暨 2017 级新生开学典礼在中国社会科学院大学举行

2017 年 9 月 18 日，中国社会科学院大学与江西财经大学签约仪式

2017 年 10 月 30 日，中国社会科学院大学举行首批特聘教授聘任仪式

2017 年 10 月 26 日，中国社会科学院大学与中国社会科学出版社战略合作签约仪式

2017 年 10 月 27 日，国家行政学院社会和文化教研部、国家行政学院文化政策与管理研究中心、首都师范大学文化研究院、中国行政体制改革研究会行政文化委员会联合主办的“学习贯彻十九大精神，推动新时代文化改革发展研讨会”在国家行政学院举行

2017 年 5 月 18 日，国家行政学院举办“‘一带一路’国际合作高峰论坛与中国外交”报告会

2017 年 11 月 18 日，公安部消防局、民政部救灾司、卫计委应急办、国资委综合局、国家安全生产应急救援指挥中心和国家行政学院应急管理培训中心主办，中国应急管理学会承办的“中国应急管理创新论坛（2017）”在北京召开

2017 年 11 月 20 日，国家行政学院社会和文化教研部承办的 2017 年全国行政学院系统社会治理学科建设联席会议在国家行政学院召开

部分高校、科研单位开展的科研、学术活动

北京大学

中国人民大学建校80周年庆祝大会
THE 80TH ANNIVERSARY CELEBRATION OF THE FOUNDING OF RUC
2017年10月3日
RUC80
第七届吴玉章人文社会科学奖
暨第六届吴玉章人文社会科学终身成就奖
颁奖典礼
中国人民大学
RENMIN UNIVERSITY OF CHINA
中国人民大学本科教学工作审核评估
专家组意见反馈会
Feedback Meeting for the Institutional Evaluation on Undergraduate Education of Renmin University of China

中国人民大学

主题论坛

The International Conference on Innovation & Knowledge Management (IKM2018)

2017中国应急管理50人论坛·青年论坛合影留念
2017.07青岛

G20反腐败追逃追赃研究中心外国兼职研究员聘任仪式
Foreign Guest Researcher Appointment Ceremony of Research Center on International Cooperation
Regarding Persons Sought for Corruption and Asset Recovery in G20 Member States
不经定罪的没收：立法与实践国际研讨会
International Symposium on Non-Conviction Based Confiscation: Legislation and Good Practice
主办单位：G20反腐败追逃追赃研究中心
Research Center on International Cooperation Regarding Persons Sought for
Corruption and Asset Recovery in G20 Member States
2017年4月28日 · 北京师范大学
April 28, 2017, Beijing Normal University
《社会体制蓝皮书》发布会

北京师范大学

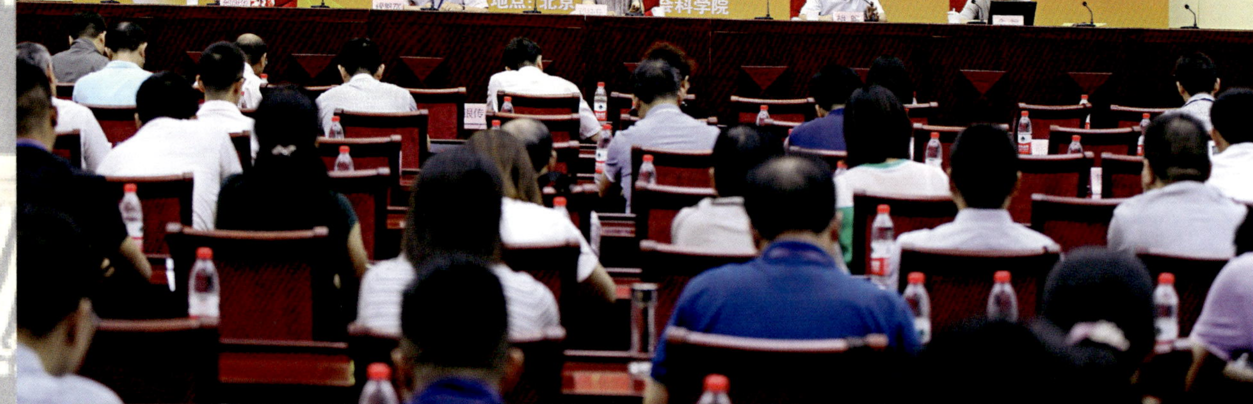

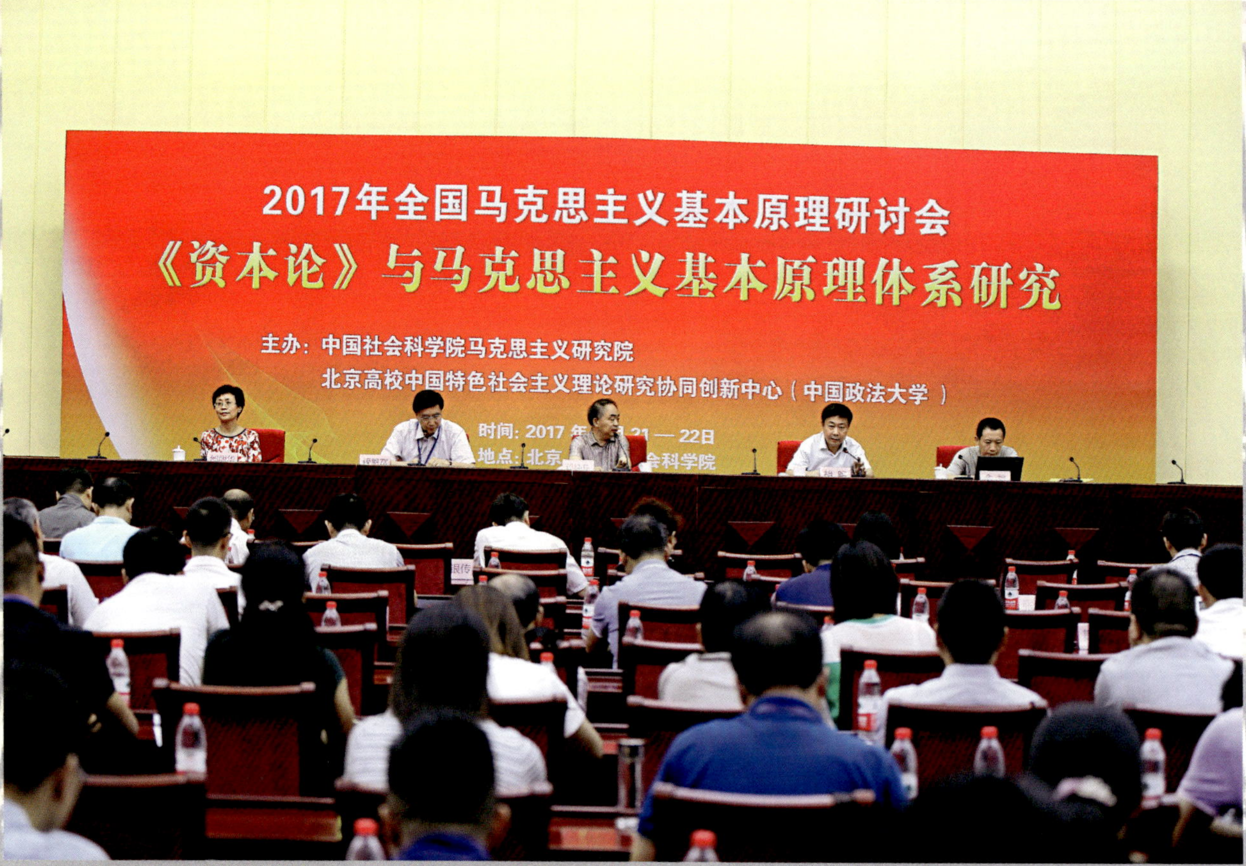
2017年全国马克思主义基本原理研讨会
《资本论》与马克思主义基本原理体系研究
主办：中国社会科学院马克思主义研究院
北京高校中国特色社会主义理论研究协同创新中心（中国政法大学）

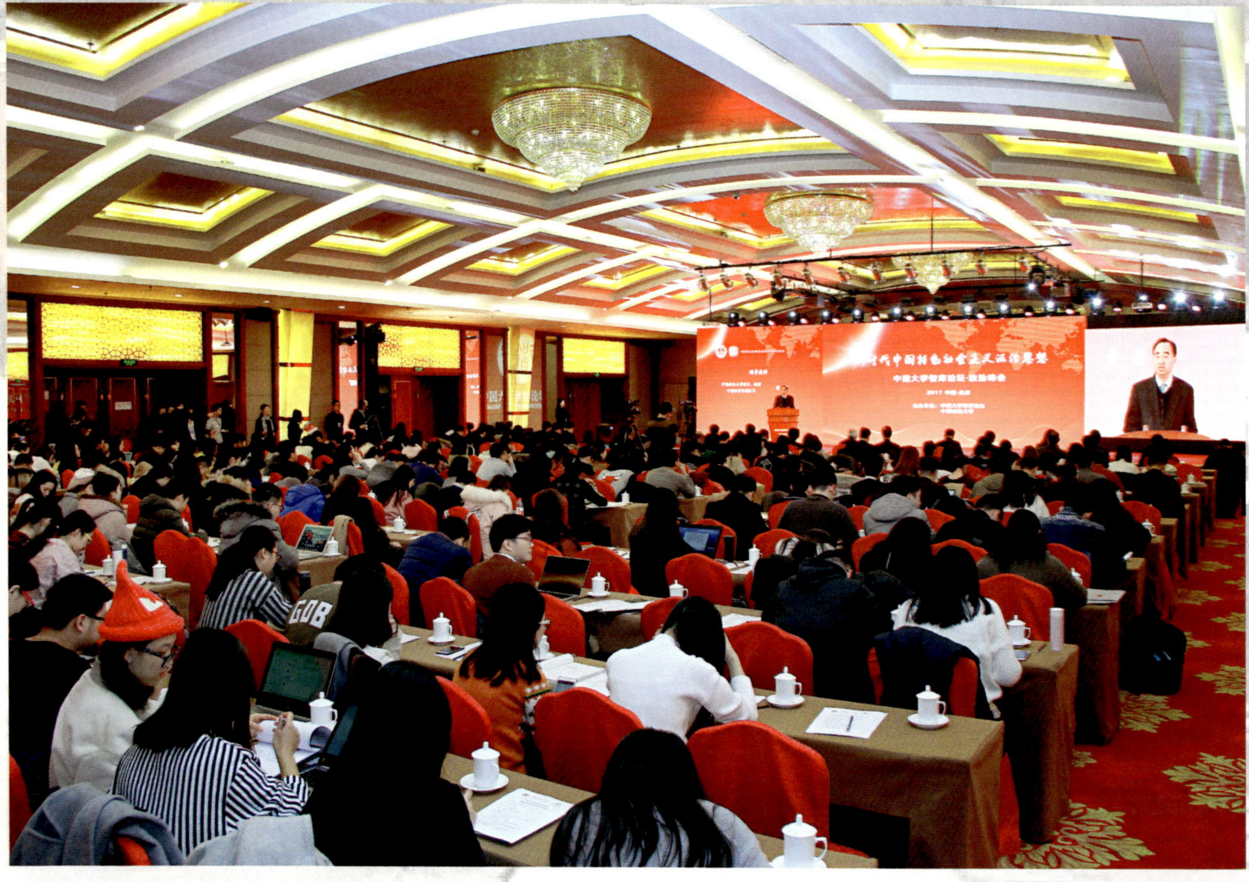

中国政法大学

2017中国金融学会绿色金融专业委员会年会
暨中国绿色金融峰会
金融科技变革与
FINTECH REVOLUTION AND CLEARING MECHANISM
新型交易清算机制
2017.04.09
北京·中央财经大学
G-IMFCH
“全球贸易治理与中国角色”圆桌论坛
首届中国国防教育学年会
China National Defense Education Conference
国防教育与学生军训：新时期 新机遇 新挑战
2017年7月13～14日
北京 中央财经大学

中央财经大学

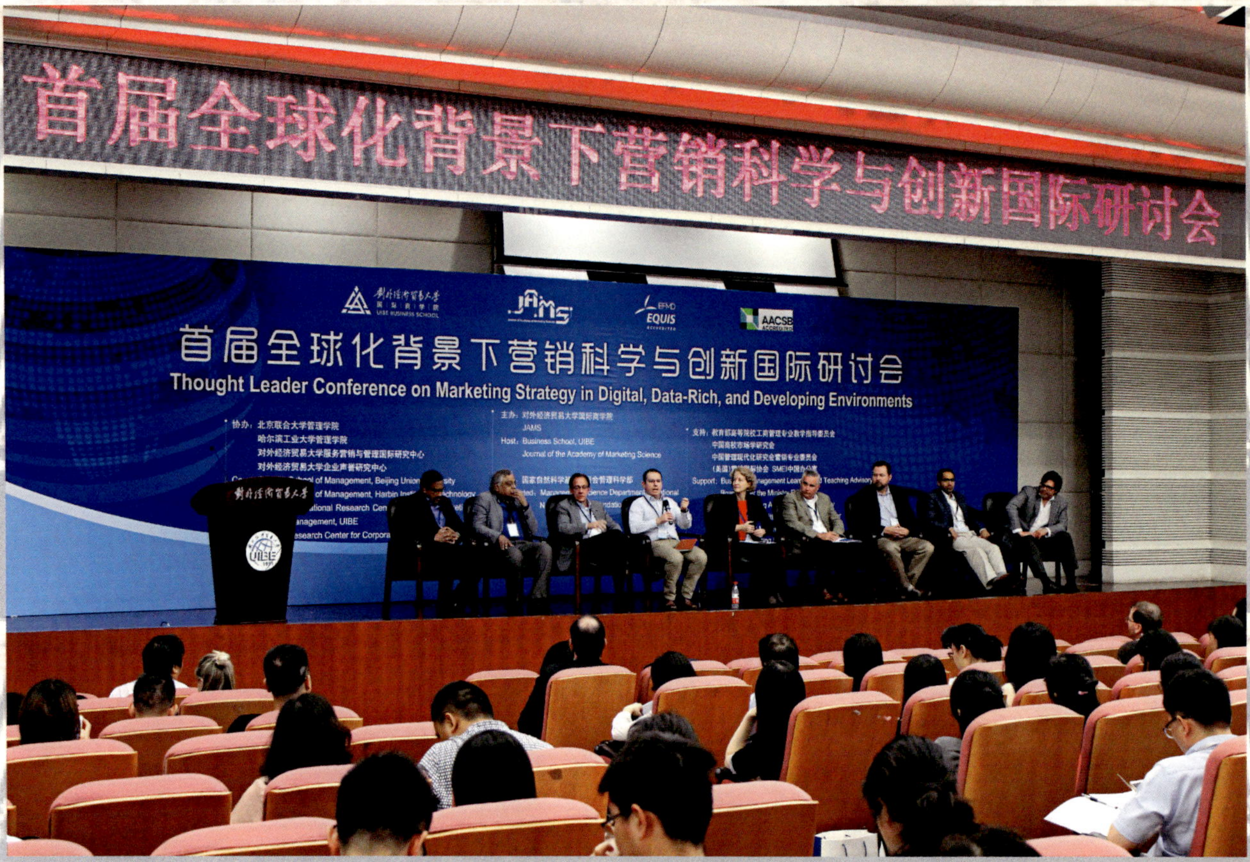
首届全球化背景下营销科学与创新国际研讨会
首届全球化背景下营销科学与创新国际研讨会
Thought Leader Conference on Marketing Strategy in Digital, Data-Rich, and Developing Environments

第16届WTO与中国学术年会
Annual Conference on WTO and China
International Center for Trade and Sustainable Development

对外经济贸易大学国家对外开放研究院成立大会
Inaugural Ceremony of UIBE Academy of Open Economy

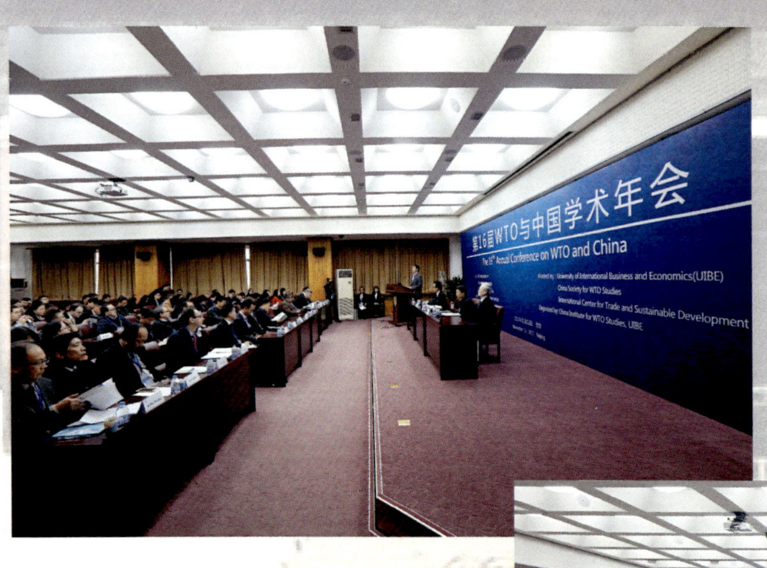

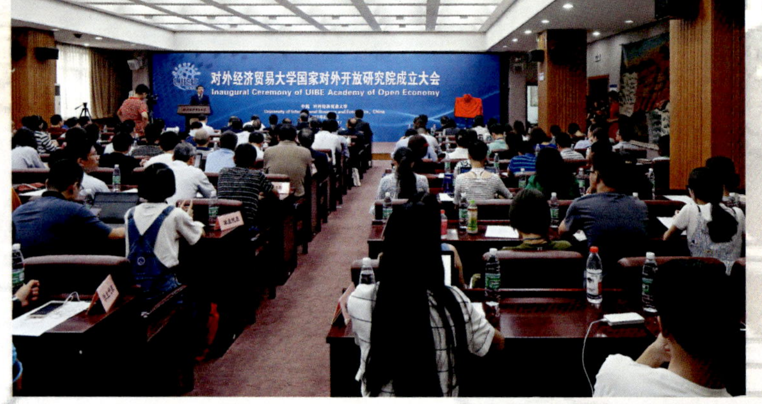

对外经济贸易大学

中国传媒大学青年马克思主义学院第一期开学仪式
青年马克思主义学院第一期
开班仪式

雄安新区：新使命·新理念·新模式
中国传媒大学雄安新区发展研究院揭牌仪式暨首届雄安新区发展研讨会
北京
雄安新区发展研究院
陈凯星

中国青年政治学院

外交学院

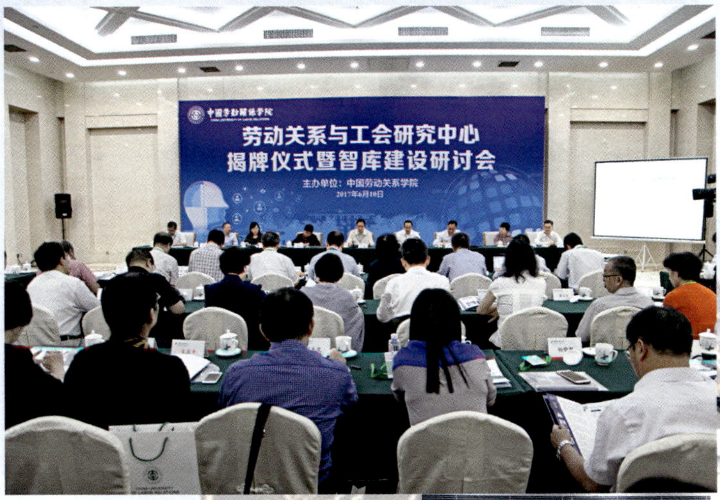
中国劳动关系学院
劳动关系与工会研究中心
揭牌仪式暨智库建设研讨会
主办单位：中国劳动关系学院

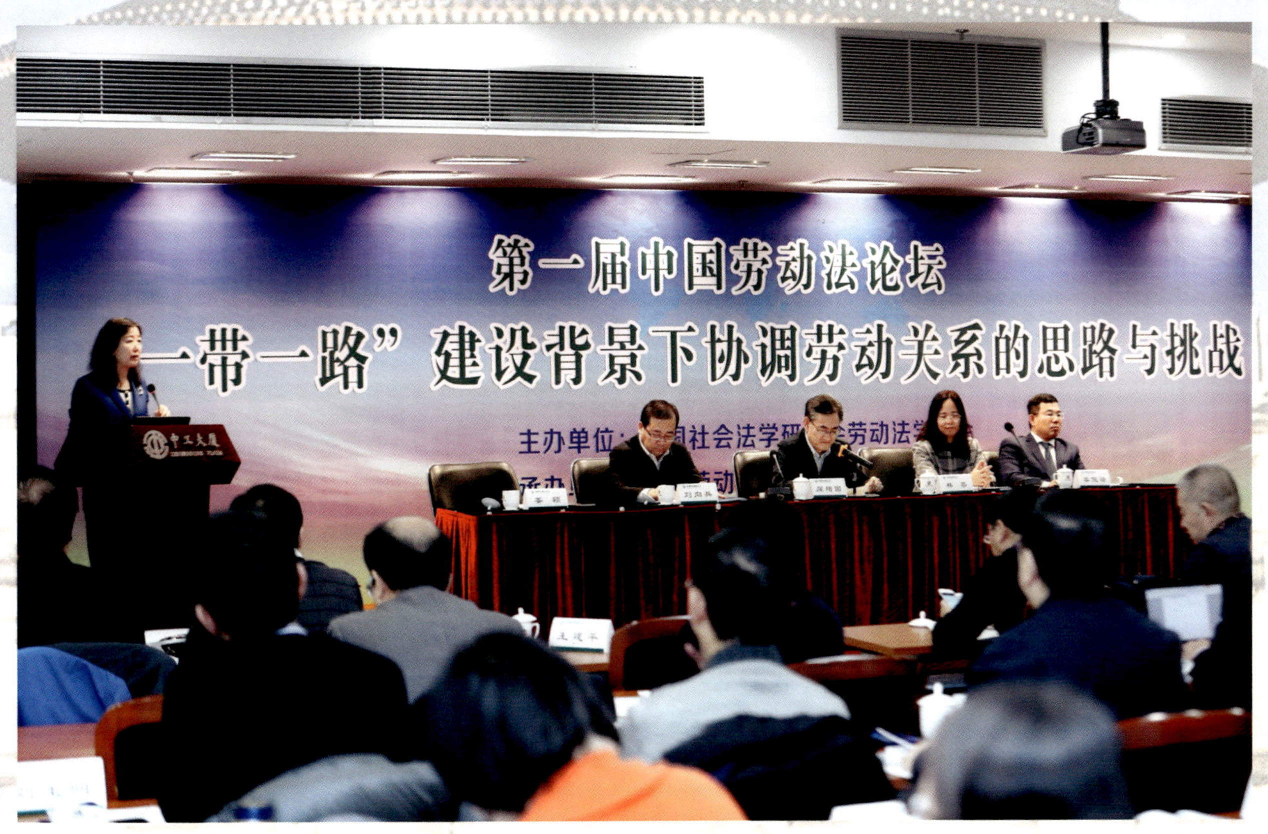

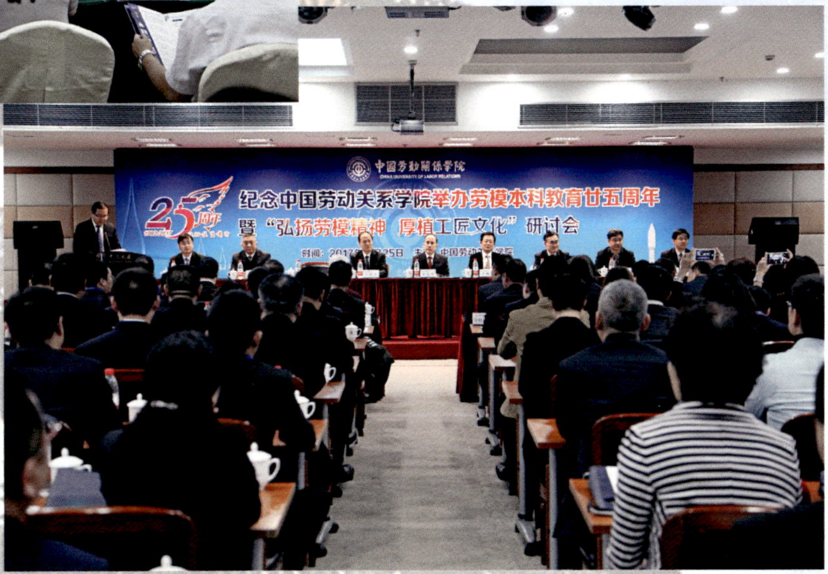
中国劳动关系学院
纪念中国劳动关系学院举办劳模本科教育廿五周年
暨“弘扬劳模精神 厚植工匠文化”研讨会

第一届中国劳动法论坛
一带一路” 建设背景下协调劳动关系的思路与挑战

中国劳动关系学院

中国农业大学

首都师范大学

2017 第十一届北京安全文化论坛
深化安全生产领域改革创新
推动安全生产治理现代化

2017城市国际化论坛“一带一路”欧亚合作与发展

首都经济贸易大学

考古现场出土遗存提取保护新技术研讨会
热烈欢迎各位领导专家
莅临指导！

高校学生事务管理国际研讨会（ISSA

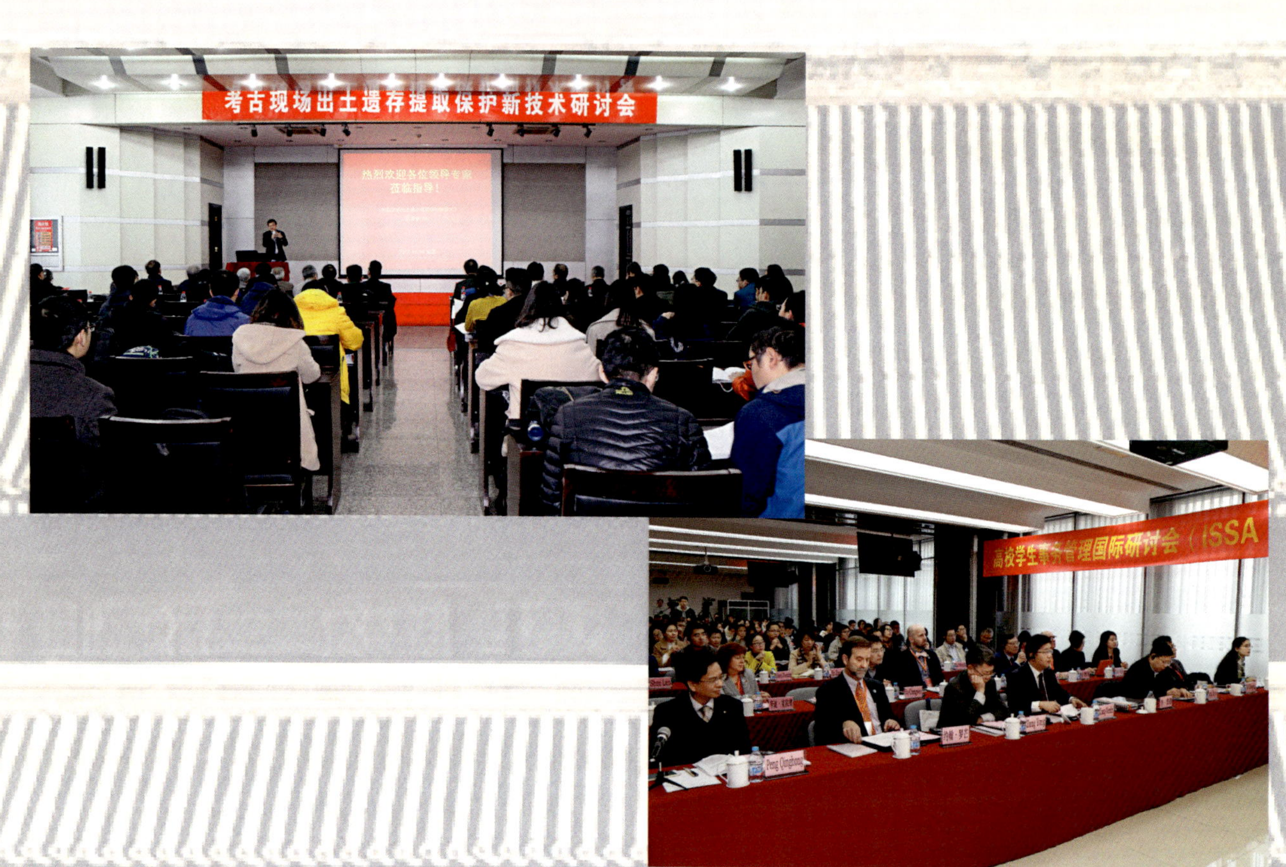

北京科技大学

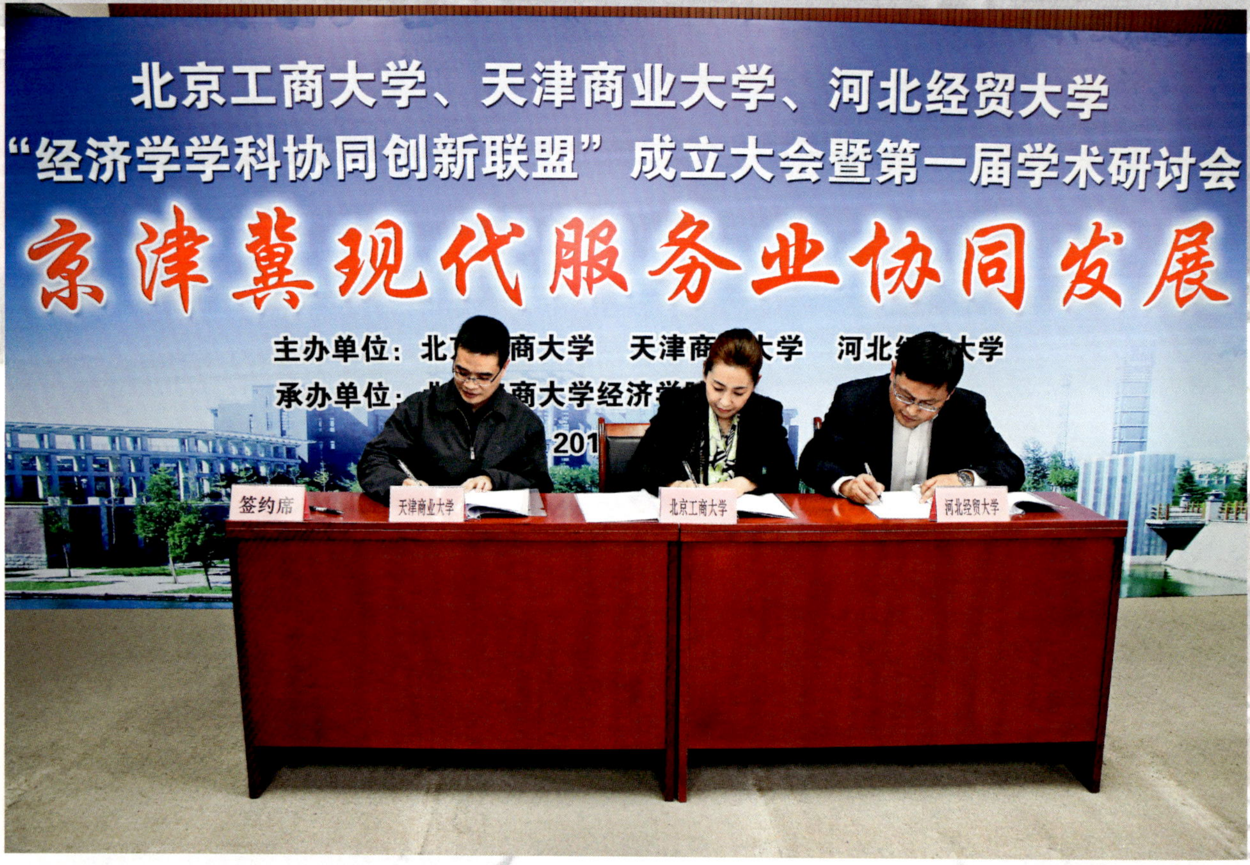
北京工商大学、天津商业大学、河北经贸大学
“经济学学科协同创新联盟”成立大会暨第一届学术研讨会
京津冀现代服务业协同发展
签约席
天津商业大学
北京工商大学
河北经贸大学

北京工商大学

北京交通大学

首都体育学院

北京市委党校、北京行政学院

北京市社会科学院

北京市科学社会主义学会

北京市中共党史学会

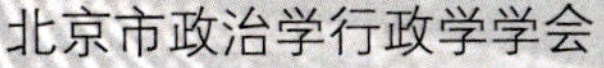

北京市政治学行政学学会

北京市国际金融学会

北京改革和发展研究会

北京市社会科学界联合会所属学会和研究会开展各种学术研讨活动

北京三生环境与发展研究院

北京燕都中式建筑文化研究院

北京市鸿儒金融教育基金会

北京和平教育基金会

北京绿能煤炭经济研究基金会

北京市社会科学界联合会所属民办社科研究机构和基金会开展各种学术研讨活动

目　　录

·获奖成果·

·学术活动·

社会学（含人口学）

法　学

历史学（含中共历史、中外史、考古）

教育学　心理学

民族学　宗教学

城市科学

语言学　文学

文化　艺术（含民俗）

管理学（含人才学、信息学）

综合（含新闻、国际关系、其他）

·机　构·

·大事记·

·附　录·

·索　引·

Contents
(Abridged)

Special Reprints

（翻译：北京大学教授王逢鑫）

·特　　载·

决胜全面建成小康社会　夺取新时代中国特色社会主义伟大胜利

中国共产党第十九次全国代表大会在京开幕

习近平代表第十八届中央委员会向大会做报告

习近平指出，经过长期努力，中国特色社会主义进入了新时代，这是我国发展新的历史方位。这标志着我国社会主要矛盾已经转化为人民日益增长的美好生活需要和不平衡不充分的发展之间的矛盾。

新时代中国特色社会主义思想明确坚持和发展中国特色社会主义，总任务是实现社会主义现代化和中华民族伟大复兴，在全面建成小康社会的基础上，分两步走在本世纪中叶建成富强民主文明和谐美丽的社会主义现代化强国。

李克强主持大会　2338名代表和特邀代表出席

新华社北京10月18日电　绘就伟大梦想新蓝图，开启伟大事业新时代。举世瞩目的中国共产党第十九次全国代表大会18日上午在人民大会堂开幕。

习近平代表第十八届中央委员会向大会做了题为《决胜全面建成小康社会 夺取新时代中国特色社会主义伟大胜利》的报告。习近平指出，中国共产党第十九次全国代表大会，是在全面建成小康社会决胜阶段、中国特色社会主义进入新时代的关键时期召开的一次十分重要的大会。大会的主题是不忘初心，牢记使命，高举中国特色社会主义伟大旗帜，决胜全面建成小康社会，夺取新时代中国特色社会主义伟大胜利，为实现中华民族伟大复兴的中国梦不懈奋斗。

人民大会堂雄伟庄严，万人大礼堂气氛热烈。主席台上方悬挂着“中国共产党第十九次全国代表大会”的会标，后幕正中是镰刀和锤头组成的党徽，10面鲜艳的红旗分列两侧。二楼和三楼眺台上分别悬挂着“不忘初心，牢记使命，高举中国特色社会主义伟大旗帜，决胜全面建成小康社会，夺取新时代中国特色社会主义伟大胜利，为实现中华民族伟大复兴的中国梦不懈奋斗！”“伟大、光荣、正确的中国共产党万岁！”的横幅。

在主席台前排就座的大会主席团常务委员会成员有习近平、李克强、张德江、俞正声、刘云山、王岐山、张高丽、马凯、王沪宁、刘延东、刘奇葆、许其亮、孙春兰、李建国、李源潮、汪洋、张春贤、范长龙、孟建柱、赵乐际、胡春华、栗战书、郭金龙、韩正、江泽民、胡锦涛、李鹏、朱镕基、李瑞环、吴邦国、温家宝、贾庆林、宋平、李岚清、曾庆红、吴官正、李长春、贺国强、杜青林、赵洪祝、杨晶。

大会由李克强主持。上午9时，会议开始。全场起立，高唱《中华人民共和国国歌》。随后，全体同志为毛泽东、周恩来、刘少奇、朱德、邓小平、陈云等已故老一辈无产阶级革命家和革命先烈默哀。

李克强宣布，党的十九大应出席代表 2280 人，特邀代表 74 人，共 2354 人，今天实到 2338 人。他对列席大会的党外朋友和有关方面负责同志表示热烈的欢迎。

习近平代表第十八届中央委员会向大会作的报告共分 13 个部分：一、过去五年的工作和历史性变革；二、新时代中国共产党的历史使命；三、新时代中国特色社会主义思想和基本方略；四、决胜全面建成小康社会，开启全面建设社会主义现代化国家新征程；五、贯彻新发展理念，建设现代化经济体系；六、健全人民当家做主制度体系，发展社会主义民主政治；七、坚定文化自信，推动社会主义文化繁荣兴盛；八、提高保障和改善民生水平，加强和创新社会治理；九、加快生态文明体制改革，建设美丽中国；十、坚持走中国特色强军之路，全面推进国防和军队现代化；十一、坚持“一国两制”，推进祖国统一；十二、坚持和平发展道路，推动构建人类命运共同体；十三、坚定不移全面从严治党，不断提高党的执政能力和领导水平。

习近平在报告中指出，十八大以来的五年，我们坚持稳中求进工作总基调，迎难而上，开拓进取，取得了改革开放和社会主义现代化建设的历史性成就，党和国家事业全面开创新局面：经济建设取得重大成就；全面深化改革取得重大突破；民主法治建设迈出重大步伐；思想文化建设取得重大进展；人民生活不断改善；生态文明建设成效显著；强军兴军开创新局面；港澳台工作取得新进展；全方位外交布局深入展开；全面从严治党成效卓著。同时，必须清醒看到，我们的工作还存在许多不足，也面临不少困难和挑战。

习近平说，五年来的成就是全方位的、开创性的，五年来的变革是深层次的、根本性的。五年来，我们党以巨大的政治勇气和强烈的责任担当，提出一系列新理念新思想新战略，出台一系列重大方针政策，推出一系列重大举措，推进一系列重大工作，解决了许多长期想解决而没有解决的难题，办成了许多过去想办而没有办成的大事，推动党和国家事业发生历史性变革。这些历史性变革，对党和国家事业发展具有重大而深远的影响。

习近平指出，经过长期努力，中国特色社会主义进入了新时代，这是我国发展新的历史方位。这标志着我国社会主要矛盾已经转化为人民日益增长的美好生活需要和不平衡不充分的发展之间的矛盾。我国社会主要矛盾的变化，没有改变我们对我国社会主义所处历史阶段的判断，我国仍处于并将长期处于社会主义初级阶段的基本国情没有变，我国是世界最大发展中国家的国际地位没有变。

习近平强调，全党要牢牢把握社会主义初级阶段这个基本国情，牢牢立足社会主义初级阶段这个最大实际，牢牢坚持党的基本路线这个党和国家的生命线、人民的幸福线，领导和团结全国各族人民，以经济建设为中心，坚持四项基本原则，坚持改革开放，自力更生，艰苦创业，为把我国建设成为富强民主文明和谐美丽的社会主义现代化强国而奋斗。

关于新时代中国共产党的历史使命，习近平指出，实现中华民族伟大复兴是近代以来中华民族最伟大的梦想。中国共产党一经成立，就把实现共产主义作为党的最高理想和最终目标，义无反顾肩负起实现中华民族伟大复兴的历史使命。今天，我们比历史上任何时期都更接近、更有信心和能力实现中华民族伟大复兴的目标。

习近平强调，实现伟大梦想，必须进行伟大斗争；实现伟大梦想，必须建设伟大工程；实现伟大梦想，必须推进伟大事业。伟大斗争，伟大工程，伟大事业，伟大梦想，紧密联系、相互贯通、相互作用，其中起决定性作用的是党的建设新的伟大工程。

习近平用“八个明确”对新时代中国特色社会主义思想进行了阐述。他说，新时代中国特色社会主义思想明确坚持和发展中国特色社会主义，总任务是实现社会主义现代化和中华民族伟大复兴，在全面建成小康社会的基础上，分两步走在本世纪中叶建成富强民主文明和谐美丽的社会主义现代化强国。

习近平指出，新时代中国特色社会主义思想，是对马克思列宁主义、毛泽东思想、邓小平理论、“三个代表”重要思想、科学发展观的继承和发展，是马克思主义中国化最新成果，是党和人民实践经验和集体智慧的结晶，是中国特色社会主义理论体系的重要组成部分，是全党全国人民为实现中华民族伟大复兴而奋斗的行动指南，必须长期坚持并不断发展。

习近平阐述了构成新时代坚持和发展中国特色社会主义基本方略的“十四条坚持”：坚持党对一切工作的领导；坚持以人民为中心；坚持全面深化改革；坚持新发展理念；坚持人民当家做主；坚持全面依法治国；坚持社会主义核心价值体系；坚持在发展中保障和改善民生；坚持人与自然和谐共生；坚持总体国

家安全观；坚持党对人民军队的绝对领导；坚持“一国两制”和推进祖国统一；坚持推动构建人类命运共同体；坚持全面从严治党。

习近平在谈到“两个一百年”奋斗目标时说，改革开放之后，我们党对我国社会主义现代化建设做出战略安排，提出“三步走”战略目标。解决人民温饱问题、人民生活总体上达到小康水平这两个目标已提前实现。从现在到二〇二〇年，是全面建成小康社会决胜期。从十九大到二十大，是“两个一百年”奋斗目标的历史交汇期。我们既要全面建成小康社会、实现第一个百年奋斗目标，又要乘势而上开启全面建设社会主义现代化国家新征程，向第二个百年奋斗目标进军。

习近平提出，从二〇二〇年到本世纪中叶可以分两个阶段来安排。第一个阶段，从二〇二〇年到二〇三五年，在全面建成小康社会的基础上，再奋斗十五年，基本实现社会主义现代化。第二个阶段，从二〇三五年到本世纪中叶，在基本实现现代化的基础上，再奋斗十五年，把我国建成富强民主文明和谐美丽的社会主义现代化强国。

习近平指出，要贯彻新发展理念，建设现代化经济体系。深化供给侧结构性改革；加快建设创新型国家；实施乡村振兴战略；实施区域协调发展战略；加快完善社会主义市场经济体制；推动形成全面开放新格局。

习近平阐述了健全人民当家做主制度体系，发展社会主义民主政治的内容：一是坚持党的领导、人民当家做主、依法治国有机统一；二是加强人民当家做主制度保障；三是发挥社会主义协商民主重要作用；四是深化依法治国实践；五是深化机构和行政体制改革；六是巩固和发展爱国统一战线。

习近平指出，要坚定文化自信，推动社会主义文化繁荣兴盛。牢牢掌握意识形态工作领导权；培育和践行社会主义核心价值观；加强思想道德建设；繁荣发展社会主义文艺；推动文化事业和文化产业发展。

习近平强调，要提高保障和改善民生水平，加强和创新社会治理。优先发展教育事业；提高就业质量和人民收入水平；加强社会保障体系建设；坚决打赢脱贫攻坚战；实施健康中国战略；打造共建共治共享的社会治理格局；有效维护国家安全。

习近平提出，要加快生态文明体制改革，建设美丽中国。推进绿色发展；着力解决突出环境问题；加大生态系统保护力度；改革生态环境监管体制。

习近平指出，坚持走中国特色强军之路，全面推进国防和军队现代化。必须全面贯彻新时代党的强军思想，贯彻新形势下军事战略方针，建设强大的现代化陆军、海军、空军、火箭军和战略支援部队，打造坚强高效的战区联合作战指挥机构，构建中国特色现代作战体系，担当起党和人民赋予的新时代使命任务。

习近平指出，要坚持“一国两制”，推进祖国统一。保持香港、澳门长期繁荣稳定，支持香港、澳门融入国家发展大局，发展壮大爱国爱港爱澳力量，让香港、澳门同胞同祖国人民共担民族复兴的历史责任、共享祖国繁荣富强的伟大荣光。继续坚持“和平统一、一国两制”方针，推动两岸关系和平发展，推进祖国和平统一进程。坚决维护国家主权和领土完整，绝不容忍国家分裂的历史悲剧重演。

习近平指出，坚持和平发展道路，推动构建人类命运共同体。中国将高举和平、发展、合作、共赢的旗帜，恪守维护世界和平、促进共同发展的外交政策宗旨，坚定不移在和平共处五项原则基础上发展同各国的友好合作，推动建设相互尊重、公平正义、合作共赢的新型国际关系。

习近平强调，坚定不移全面从严治党，不断提高党的执政能力和领导水平。

习近平提出了新时代党的建设总要求以及必须抓好的八个方面重要任务：把党的政治建设摆在首位；用新时代中国特色社会主义思想武装全党；建设高素质专业化干部队伍；加强基层组织建设；持之以恒正风肃纪；夺取反腐败斗争压倒性胜利；健全党和国家监督体系；全面增强执政本领。

习近平报告过程中，全场一次次响起热烈的掌声。

现任和曾任全国人大常委会副委员长、全国政协副主席的党外人士，在京各民主党派中央、全国工商联副主席，无党派代表人士，宗教界代表人士，在京全国人大、全国政协常委中的民主党派、无党派和民族宗教界人士作为来宾列席大会。党内有关负责同志也列席了大会。

3000多名中外记者采访报道了开幕会盛况。

（原载《人民日报》2017年10月19日第1版）

习近平在瞻仰中共一大会址时强调

铭记党的奋斗历程时刻不忘初心　担当党的崇高使命矢志永远奋斗

新华社上海/浙江嘉兴 10 月 31 日电　党的十九大闭幕仅一周，中共中央总书记、国家主席、中央军委主席习近平带领中共中央政治局常委李克强、栗战书、汪洋、王沪宁、赵乐际、韩正，于 31 日专程从北京前往上海和浙江嘉兴，瞻仰上海中共一大会址和浙江嘉兴南湖红船，回顾建党历史，重温入党誓词，宣示新一届党中央领导集体的坚定政治信念。习近平发表重要讲话强调，只有不忘初心、牢记使命、永远奋斗，才能让中国共产党永远年轻。只要全党全国各族人民团结一心、苦干实干，中华民族伟大复兴的巨轮就一定能够乘风破浪、胜利驶向光辉的彼岸。

31 日上午，习近平等一下飞机，就来到位于上海市兴业路 76 号的中共一大会址。这座饱经沧桑的石库门建筑，1952 年 9 月修复并对外开放，在繁华的现代化都市中庄严肃穆。96 年前，1921 年 7 月，中国共产党第一次全国代表大会在这里举行，会议的主要议程是成立中国共产党。

习近平等在兴业路下车后，步行来到中共一大会址纪念馆。习近平在上海工作期间曾 3 次到这里。在这里，习近平首先瞻仰了中共一大会议室原址。这个 18 平方米的房间按照当年会议场景复原布置。习近平久久凝视，叮嘱一定要把会址保护好、利用好。习近平动情地说，毛泽东同志称这里是中国共产党的“产床”，这个比喻很形象，我看这里也是我们中国共产党人的精神家园。

随后，习近平等瞻仰了中共一大代表群像浮雕，参观了《伟大开端——中国共产党创建历史陈列》。“前赴后继、救亡图存”“风云际会、相约建党”“群英汇聚、开天辟地”等专题展区，陈列着大量实物和图片，有的还有雕塑和沙盘，习近平一边听取介绍，一边询问细节。他对着浮雕一一列数中共一大 13 名代表的姓名，感叹英雄辈出，也感叹大浪淘沙。习近平指出，建党时的每件文物都十分珍贵、每个情景都耐人寻味，我们要经常回忆、深入思索，从中解读我们党的初心。

题为《追梦》的视频短片，浓缩了我们党波澜壮阔的奋斗历程，习近平等驻足观看。习近平表示，我们党的全部历史都是从中共一大开启的，我们走得再远都不能忘记来时的路。

纪念馆宣誓厅，悬挂着巨幅中国共产党党旗。面对党旗，习近平带领其他中共中央政治局常委同志一起重温入党誓词。在习近平领誓下，铿锵有力的宣誓声响彻大厅，让现场所有人都深受感染，仿佛回到了那个风雨如磐的年代。习近平强调，入党誓词字数不多，记住并不难，难的是终身坚守。每个党员要牢记入党誓词，经常加以对照，坚定不移，终生不渝。

当天下午，习近平等从上海乘火车来到浙江嘉兴市，继续追寻中共一大足迹。当时，正在上海召开的中共一大因遭到上海法租界巡捕袭扰，紧急转移到浙江嘉兴南湖一条小船上继续进行，在船上完成了大会全部议程。红船由此得名并名扬天下。

微风习习、清波荡漾的南湖，下午 4 时 40 分许迎来了习近平一行。习近平等走到湖边，瞻仰红船，详细了解利用红船开展爱国主义教育等情况。习近平指出，小小红船承载千钧，播下了中国革命的火种，开启了中国共产党的跨世纪航程。

离开南湖，习近平等前往南湖革命纪念馆参观。这座纪念馆 2006 年 6 月 28 日由时任浙江省委书记习近平亲自奠基，2011 年纪念建党 90 周年前夕落成开放。

纪念馆圆形序厅里，精美的红船雕塑栩栩如生，硕大的镰刀锤头图案鲜艳夺目，二者交相辉映，寓意中国共产党领航中国号巨轮破浪前行。习近平等由此进入以“开天辟地”为主题的展厅，先后参观了“探索救亡图存道路”“中国共产党成立”等专题展览。这里展出的实物和图片，同上海中共一大会址的展览互为印证，翔实记录了中国共产党诞生的历史全貌。习近平不时同其他常委同志交流。习近平表示，从纪念馆奠基那一刻起，我就一直想着落成后要来看一看，今天如愿以偿了，确实深受教育和鼓舞。在浙江工作期间，我曾经把“红船精神”概括为开天辟地、敢为人先的首创精神，坚定理想、百折不挠的奋斗精神，立党为公、忠诚为民的奉献精神。我们要结合时代特点大力弘扬“红船精神”。

参观结束时，习近平发表了重要讲话。他表示，我们全体中央政治局常委同志这次集体出行，目的是回顾我们党的光辉历程特别是建党时的历史，进行革命传统教育，学习革命先辈的崇高精神，明确肩负的重大责任，增强为实现党的十九大提出的目标任务而奋斗的责任感和使命感。

习近平指出，上海党的一大会址、嘉兴南湖红船是我们党梦想起航的地方。我们党从这里诞生，从这里出征，从这里走向全国执政。这里是我们党的根脉。

习近平强调，“其作始也简，其将毕也必巨”。96年来，我们党团结带领人民取得了举世瞩目的伟大成就，这值得我们骄傲和自豪。同时，事业发展永无止境，共产党人的初心永远不能改变。唯有不忘初心，方可告慰历史、告慰先辈，方可赢得民心、赢得时代，方可善作善成、一往无前。

习近平指出，党的十九大擘画了党和国家事业发展的目标和任务，全党同志必须坚持全心全意为人民服务的根本宗旨，不断带领人民创造更加幸福美好的生活；牢记共产主义远大理想，坚定中国特色社会主义共同理想，一步一个脚印向着美好未来和最高理想前进；始终保持谦虚谨慎、不骄不躁的作风，不畏艰难、不怕牺牲，为实现“两个一百年”奋斗目标、实现中华民族伟大复兴的中国梦而不懈奋斗。

临行时，习近平同纪念馆工作人员亲切握手，勉励大家从党的光辉历史中汲取奋进的力量，在为党和人民事业不断做出贡献的同时书写好自己的人生篇章。大家报以长时间热烈的掌声。

中共中央政治局委员丁薛祥、李强、陈希和中央有关部门负责同志，上海市、浙江省有关负责同志参加上述活动。

（原载《人民日报》2017年11月1日第1版）

庆祝中国人民解放军建军90周年大会在京隆重举行

中共中央总书记国家主席中央军委主席习近平出席并发表重要讲话

习近平强调，人民军队的历史辉煌，是鲜血生命铸就的，永远值得我们铭记。人民军队的历史经验，是艰辛探索得来的，永远需要我们弘扬。人民军队的历史发展，是忠诚担当推动的，永远激励我们向前。中华民族实现伟大复兴，中国人民实现更加美好生活，必须加快把人民军队建设成为世界一流军队。我们要不忘初心、继续前进，坚定不移走中国特色强军之路，把强军事业不断推向前进，努力实现党在新形势下的强军目标。

李克强主持　张德江俞正声刘云山王岐山张高丽出席

本报北京8月1日电　（记者徐隽）庆祝中国人民解放军建军90周年大会1日上午在北京人民大会堂隆重举行。中共中央总书记、国家主席、中央军委主席习近平在会上发表重要讲话强调，人民军队的历史辉煌，是鲜血生命铸就的，永远值得我们铭记。人民军队的历史经验，是艰辛探索得来的，永远需要我们弘扬。人民军队的历史发展，是忠诚担当推动的，永远激励我们向前。中华民族实现伟大复兴，中国人民实现更加美好生活，必须加快把人民军队建设成为世界一流军队。我们要不忘初心、继续前进，坚定不移走中国特色强军之路，把强军事业不断推向前进，努力实现党在新形势下的强军目标。

中共中央政治局常委李克强、张德江、俞正声、刘云山、王岐山、张高丽出席大会。

人民大会堂大礼堂气氛庄严而热烈。主席台上方悬挂着“庆祝中国人民解放军建军90周年大会”会标，帷幕正中是中国人民解放军军徽和“1927—2017”字标，10面红旗分列两侧。大礼堂二层眺台悬挂标语：紧密团结在以习近平同志为核心的党中央周围，不忘初心、继续前进，为实现党在新形势下的强军目标、把人民军队建设成为世界一流军队，为实现“两个一百年”奋斗目标、实现中华民族伟大复兴的中国梦而努力奋斗！

上午10时，李克强宣布庆祝大会开始，全体起立，高唱国歌。

在热烈的掌声中，习近平发表重要讲话。他强调，今天，我们在这里隆重集会，庆祝中国人民解放军建军90周年，回顾在中国共产党领导下人民军队的光辉历程，展望国防和军队现代化建设的光明前景，动员全党全军全国各族人民继续奋斗，汇聚起强国强军的磅礴力量，共同为实现“两个一百年”奋斗目标、实现中华民族伟大复兴的中国梦而不懈奋斗。

习近平指出，1927年8月1日，南昌城头一声枪响，拉开了我们党武装反抗国民党反动派的大幕。这是中国共产党历史上的一个伟大事件，是中国革命史上的一个伟大事件，也是中华民族发展史上的一个伟大事件。自那时起，中国共产党领导下的人民军队，就英勇投身为中国人民求解放、求幸福，为中华民族谋独立、谋复兴的历史洪流，同中国人民和中华民族的命运紧紧连在了一起。90年来，人民军队历经硝烟战火，一路披荆斩棘，付出巨大牺牲，取得一个又一个辉煌胜利，为党和人民建立了伟大的历史功勋。

习近平强调，90年来，我们的国家、我们的民族历经挫折而奋起、历经苦难而辉煌，发生了前所未有的历史巨变，实现了从站起来到富起来、强起来的伟大飞跃。这是中国共产党坚强领导的胜利，是中国人民不懈奋斗的胜利，也是人民军队英勇奋战的胜利。

习近平表示，在这个光荣而庄严的时刻，我们深切怀念创建和培育了人民军队的毛泽东、周恩来、刘少奇、朱德、邓小平同志和彭德怀、刘伯承、贺龙、陈毅、罗荣桓、徐向前、聂荣臻、叶剑英同志等老一辈革命家和军事家。他们的丰功伟绩，永远镌刻在中华民族史册上。

习近平表示，在这个光荣而庄严的时刻，我们深切缅怀为中国人民解放事业和社会主义建设事业而英勇献身的人民军队革命烈士们。他们的牺牲奉献，永远铭记在中国人民心中。

习近平代表党中央、国务院和中央军委，向战斗在保卫祖国、建设祖国各个岗位上的人民解放军指战员、武警部队官兵、预备役军人和广大民兵致以节日的祝贺，向为中国革命、建设、改革事业做出重大贡献的人民军队离退休老同志表示诚挚的问候，向在各个时期为人民军队建设做出贡献的转业退伍军人、革命伤残军人和烈军属表示诚挚的慰问，向在国防科技工业战线顽强拼搏的科学家、工程技术人员和广大干部职工致以衷心的感谢，向长期以来关心和支持人民解放军建设的全国各族人民致以崇高的敬意。

习近平指出，90年来，在长期实践中，人民军队在党的旗帜下前进，形成了一整套建军治军原则，发展了人民战争的战略战术，培育了特有的光荣传统和优良作风。这是人民军队从胜利走向胜利的传家法宝，是人民军队必须永志不忘的红色血脉。人民军队从胜利走向胜利，彰显了中国共产党领导的伟大力量，彰显了理想信念的伟大力量，彰显了改革创新的伟大力量，彰显了战斗精神的伟大力量，彰显了革命纪律的伟大力量，彰显了军民团结的伟大力量。

习近平强调，历史告诉我们，党指挥枪是保持人民军队本质和宗旨的根本保障，这是我们党在血与火的斗争中得出的颠扑不破的真理，人民军队任何时候任何情况下都必须以党的旗帜为旗帜、以党的方向为方向、以党的意志为意志；崇高理想信念是人民军队勇往直前的精神力量，人民军队必须矢志不渝坚持崇高理想信念，任何时候任何情况下都敢于为崇高理想信念而奋不顾身奋斗；人民军队的力量来自改革创新，人民军队必须勇于改革、善于创新，任何时候任何情况下都永不僵化、永不停滞；一代一代革命军人正是靠着向死而生的英勇决绝，形成了压倒一切敌人而决不被敌人所屈服的伟大气概，人民军队必须大力弘扬敢打必胜的精神品质，任何时候任何情况下都保持革命英雄主义的昂扬斗志；加强纪律性，革命无不胜，人民军队必须用铁的纪律凝聚铁的意志、锤炼铁的作风、锻造铁的队伍，任何时候任何情况下都一切行动听指挥、步调一致向前进；有了民心所向、民意所归、民力所聚，人民军队就能无往而不胜、无敌于天下，人民军队必须牢记全心全意为人民服务的根本宗旨，任何时候任何情况下都做人民子弟兵。

习近平指出，党的十八大以来，我们着眼于实现“两个一百年”奋斗目标、实现中华民族伟大复兴的中国梦，提出建设一支听党指挥、能打胜仗、作风优良的人民军队这一党在新形势下的强军目标，与时俱进创新军事战略指导，制定新形势下军事战略方针，大力加强政治建军，坚定不移开展党风廉政建设和反腐败斗争，推进全面深化国防和军队改革，坚持依法治军、从严治军，深入推进练兵备战，不断提高人民军队建设质量和效益。经过5年努力，人民军队实现了政治生态重塑、组织形态重塑、力量体系重塑、作风形象重塑，人民军队重整行装再出发，在中国特色强军之路上迈出了坚实步伐。

习近平就新形势下推进强军事业提出6点要求。一是必须毫不动摇坚持党对军队的绝对领导，确保人民军队永远跟党走，强化政治意识、大局意识、核心意识、看齐意识，坚决维护党中央权威，坚决听从党中央和中央军委指挥。二是必须坚持和发展党的军事指导理论，不断开拓马克思主义军事理论和当代中国军事实践发展新境界，全军要坚持用党在新时期的强军思想武装官兵，让马克思主义军事理论在强军伟大实践中放射出更加灿烂的真理光芒。三是必须始终聚焦备战打仗，锻造招之即来、来之能战、战之必胜的精兵劲旅，确保在党和人民需要的时候拉得出、上得去、打得赢，坚决维护中国共产党领导和我国社会主义制度，坚决维护国家主权、安全、发展利益，坚决维护地区和世界和平。四是必须坚持政治建军、改革强军、科技兴军、依法治军，全面提高国防和军队现代化水平，发挥政治工作生命线作用，深入解决制约国防和军队建设的体制性障碍、结构性矛盾、政策性问题，不断提高科技创新对人民军队建设和战斗力发展的贡献率，加快构建中国特色军事法治体系。五是必须深入推进军民融合发展，构建军民一体化的国家战略体系和能力，加快形成全要素、多领域、高效益的军民融合深度发展格局。六是必须坚持全心全意为人民服务的根本宗旨，始终做人民信赖、人民拥护、人民热爱的子弟兵，牢记为人民扛枪、为人民打仗的神圣职责，发扬密切联系群众的优良传统，永远做人民利益的捍卫者。全党全军全国各族人民要大力弘扬军爱民、民拥军的光荣传统，不断发展坚如磐石的军政军民关系。

习近平指出，中国始终是世界和平的建设者、全球发展的贡献者、国际秩序的维护者，中国军队始终是维护世界和平的坚定力量。中国军队将一如既往开展国际军事交流合作，共同应对全球性安全挑战，积极履行同中国国际地位相称的责任和义务，为推动构建人类命运共同体积极贡献力量。

李克强在主持大会时说，习近平总书记的重要讲话回顾了90年来党领导人民军队从小到大、从弱到强、从胜利走向胜利的光辉历程，赞扬了人民军队为中国人民求解放、求幸福，为中华民族谋独立、谋复兴建立的伟大历史功勋，阐述了人民军队发展壮大、克敌制胜的传家法宝和力量所在，提出了推进强军事业、把人民军队建设成为世界一流军队必须牢牢把握的根本要求。要认真学习领会，坚决贯彻落实。让我们更加紧密地团结在以习近平同志为核心的党中央周围，不忘初心、继续前进，坚定不移走中国特色强军之路，扎扎实实把强军事业不断推向前进，为实现党在新形势下的强军目标、为实现中华民族伟大复兴的中国梦而不懈奋斗。

大会在雄壮的《中国人民解放军军歌》声中结束。

在京中共中央政治局委员、中央书记处书记，全国人大常委会副委员长，国务委员，最高人民法院院长，最高人民检察院检察长，全国政协副主席，以及中央军委委员出席大会。

老战士、烈士家属、老同志、移交政府安置军队离退休干部、老民兵和军队英雄模范、全国双拥模范、全国模范军队转业干部代表，中央党政军群各部门和北京市主要负责同志，各民主党派中央、全国工商联负责人和无党派人士代表，首都各界群众代表，解放军、武警部队官兵代表等约3000人参加大会。

（原载《人民日报》2017年8月2日第1版）

习近平出席中国共产党与世界政党高层对话会开幕式并发表主旨讲话

王沪宁出席开幕式及第一次全体会议

本报北京12月1日电　（记者李伟红、赵成、杨迅、杜一菲）中共中央总书记、国家主席习近平1日在人民大会堂出席中国共产党与世界政党高层对话会开幕式，并发表题为《携手建设更加美好的世界》的主旨讲话，强调政党要顺应时代发展潮流、把握人类进步大势、顺应人民共同期待，志存高远、敢于担当，自觉担负起时代使命。中国共产党将一如既往为世界和平安宁、共同发展、文明交流互鉴做贡献。

习近平指出，中共十九大规划了中国从现在到本世纪中叶的发展蓝图，宣示了中方愿同各方推动构建人类命运共同体的真诚愿望。政党在国家政治生活中发挥着重要作用，也是推动人类文明进步的重要力量。年终岁末，来自世界各国近300个政党和政治组织的领导人齐聚北京，共商合作大计，充分体现了大家对人类发展和世界前途的关心。

习近平指出，今天人类生活的关联前所未有，同时人类面临的全球性问题也前所未有。世界各国人民前途命运越来越紧密地联系在一起。世界各国人民应该秉持“天下一家”理念，彼此理解、求同存异，共同为构建人类命运共同体而努力。我提出“一带一路”倡议，就是要践行人类命运共同体理念。4 年来，共建“一带一路”已成为有关各国实现共同发展的巨大合作平台。

习近平强调，我们要努力建设一个远离恐惧、普遍安全的世界，坚持共同、综合、合作、可持续的新安全观，营造公平正义、共建共享的安全格局；我们要努力建设一个远离贫困、共同繁荣的世界，坚持你好我好大家好的理念，让发展成果惠及世界各国，让人人享有富足安康；我们要努力建设一个远离封闭、开放包容的世界，坚持世界是丰富多彩的、文明是多样的理念，让各种文明和谐共存；我们要努力建设一个山清水秀、清洁美丽的世界，坚持人与自然共生共存的理念，共同营造和谐宜居的人类家园。

习近平指出，当前，世界格局在变，发展格局在变，各个政党都要顺应时代发展潮流，把自身发展同国家、民族、人类的发展紧密结合在一起。不同国家的政党应该增进互信、加强沟通、密切协作，探索在新型国际关系的基础上建立求同存异、相互尊重、互学互鉴的新型政党关系，搭建多种形式、多种层次的国际政党交流合作网络，汇聚构建人类命运共同体的强大力量。

习近平指出，中国共产党是为中国人民谋幸福的党，也是为人类进步事业而奋斗的党。我们要把自己的事情做好，这本身就是对构建人类命运共同体的贡献。我们也要通过推动中国发展给世界创造更多机遇。我们不“输入”外国模式，也不“输出”中国模式，不会要求别国“复制”中国的做法。

第一，中国共产党将一如既往为世界和平安宁做贡献。中国将高举和平、发展、合作、共赢的旗帜，始终不渝走和平发展道路，积极推进全球伙伴关系建设，主动参与国际热点难点问题的政治解决进程。中国将积极参与全球治理体系改革和建设，推动国际政治经济秩序朝着更加公正合理的方向发展。中国无论发展到什么程度，都永远不称霸，永远不搞扩张。我们倡议世界各国政党同我们一道，做世界和平的建设者、全球发展的贡献者、国际秩序的维护者。

第二，中国共产党将一如既往为世界共同发展做贡献。中国共产党历来有着深厚的人民情怀，不仅愿意为中国人民造福，也愿意为世界各国人民造福。根据中共十九大的安排，到 2020 年中国将全面建成小康社会，到 2035 年中国将基本实现社会主义现代化，到本世纪中叶中国将建成富强民主文明和谐美丽的社会主义现代化强国。这将造福中国人民，也将造福世界各国人民。我们倡议世界各国政党同我们一道，为世界创造更多合作机会，努力推动世界各国共同发展繁荣。

第三，中国共产党将一如既往为世界文明交流互鉴做贡献。中国共产党历来强调树立世界眼光，积极学习借鉴世界各国人民创造的文明成果，并结合中国实际加以运用。中国共产党将以开放的眼光、开阔的胸怀对待世界各国人民的文明创造，愿意同世界各国人民和各国政党开展对话和交流合作，支持各国人民加强人文往来和民间友好。未来 5 年，中国共产党将向世界各国政党提供 1.5 万名人员来华交流的机会。我们倡议将中国共产党与世界政党高层对话会机制化，使之成为具有广泛代表性和国际影响力的高端政治对话平台。

习近平强调，面向未来，中国共产党愿同世界各国政党加强往来，分享治党治国经验，开展文明交流对话，增进彼此战略信任，推动构建人类命运共同体，携手建设更加美好的世界。（全文见第二版）

开幕式前，习近平与外方主要嘉宾握手并合影留念。

开幕式后，高层对话会举行第一次全体会议。柬埔寨人民党主席、政府首相洪森，缅甸国务资政昂山素季，俄罗斯统一俄罗斯党总委员会主席团副书记热列兹尼亚克，美国共和党全国委员会司库安东尼·帕克，埃塞俄比亚人民革命民主阵线副主席、政府副总理德梅克在全体会议上分别致辞，高度评价习近平关于构建人类命运共同体、携手建设更加美好世界的主张，表示愿与中国共产党一道，共同建设持久和平、普遍安全、共同繁荣、开放包容、清洁美丽的世界。

中共中央政治局常委、中央书记处书记王沪宁出席开幕式及第一次全体会议。

丁薛祥、杨洁篪、杨晓渡、陈希、黄坤明、蔡奇等出席相关活动。

中国共产党与世界政党高层对话会以“构建人类命运共同体、共同建设美好世界：政党的责任”为主题，来自 120 多个国家的近 300 个政党和政治组织的领导人共 600 多名中外方代表与会。

（原载《人民日报》2017 年 12 月 2 日第 1 版）

习近平在中共中央政治局第四十三次集体学习时强调

深刻认识马克思主义时代意义和现实意义　继续推进马克思主义中国化时代化大众化

新华社北京9月29日电　中共中央政治局9月29日下午就当代世界马克思主义思潮及其影响进行第四十三次集体学习。中共中央总书记习近平在主持学习时强调，我们党是用马克思主义武装起来的政党，马克思主义是我们共产党人理想信念的灵魂。发展21世纪马克思主义、当代中国马克思主义，必须立足中国、放眼世界，保持与时俱进的理论品格，深刻认识马克思主义的时代意义和现实意义，锲而不舍推进马克思主义中国化、时代化、大众化，使马克思主义放射出更加灿烂的真理光芒。

中国社会科学院信息情报研究院姜辉研究员就这个问题作了讲解，并谈了意见和建议。

中共中央政治局各位同志认真听取了讲解。

习近平在主持学习时发表了讲话。他指出，在人类思想史上，就科学性、真理性、影响力、传播面而言，没有一种思想理论能达到马克思主义的高度，也没有一种学说能像马克思主义那样对世界产生了如此巨大的影响。这体现了马克思主义的巨大真理威力和强大生命力，表明马克思主义对人类认识世界、改造世界、推动社会进步仍然具有不可替代的作用。学习研究当代世界马克思主义思潮，对我们推进马克思主义中国化，发展21世纪马克思主义、当代中国马克思主义具有积极作用。

习近平强调，时代在变化，社会在发展，但马克思主义基本原理依然是科学真理。尽管我们所处的时代同马克思所处的时代相比发生了巨大而深刻的变化，但从世界社会主义500年的大视野来看，我们依然处在马克思主义所指明的历史时代。这是我们对马克思主义保持坚定信心、对社会主义保持必胜信念的科学根据。马克思主义就是我们党和人民事业不断发展的参天大树之根本，就是我们党和人民不断奋进的万里长河之泉源。背离或放弃马克思主义，我们党就会失去灵魂、迷失方向。在坚持以马克思主义为指导这一根本问题上，我们必须坚定不移，任何时候任何情况下都不能动摇。

习近平指出，只有民族的才是世界的，只有引领时代才能走向世界。要立足时代特点，推进马克思主义时代化，更好运用马克思主义观察时代、解读时代、引领时代，真正搞懂面临的时代课题，深刻把握世界历史的脉络和走向。新中国成立以来特别是改革开放以来，中国发生了深刻变革，置身这一历史巨变之中的中国人更有资格、更有能力揭示这其中所蕴含的历史经验和发展规律，为发展马克思主义做出中国的原创性贡献。要有这样的理论自觉，更要有这样的理论自信。要立足我国实际，以我们正在做的事情为中心，聆听人民心声，回应现实需要，深入总结中国特色社会主义实践，更好实现马克思主义基本原理同当代中国具体实际相结合，同时也要放宽视野，吸收人类文明一切有益成果，不断创新和发展马克思主义。

习近平强调，世界格局正处在加快演变的历史进程之中，产生了大量深刻复杂的现实问题，提出了大量亟待回答的理论课题。这就需要我们加强对当代资本主义的研究，分析把握其出现的各种变化及其本质，深化对资本主义和国际政治经济关系深刻复杂变化的规律性认识。当代世界马克思主义思潮，一个很重要的特点就是他们中很多人对资本主义结构性矛盾以及生产方式矛盾、阶级矛盾、社会矛盾等进行了批判性揭示，对资本主义危机、资本主义演进过程、资本主义新形态及本质进行了深入分析。这些观点有助于我们正确认识资本主义发展趋势和命运，准确把握当代资本主义新变化新特征，加深对当代资本主义变化趋势的理解。对国外马克思主义研究新成果，我们要密切关注和研究，有分析、有鉴别，既不能采取一概排斥的态度，也不能搞全盘照搬。同时，我们要坚持把自己的事情办好，不断发展中国特色社会主义，不断壮大我国综合国力，充分展示我国社会主义制度的优越性。

习近平指出，回顾党的奋斗历程可以发现，我们党之所以能够不断历经艰难困苦创造新的辉煌，很重要的一条就是我们党始终重视思想建党、理论强党，坚持用科学理论武装广大党员、干部的头脑，使全党始终保持统一的思想、坚定的意志、强大的战斗力。我们要赢得优势、赢得主动、赢得未来，战胜前进道路上各种各样的拦路虎、绊脚石，必须把马克思主义作为看家本领，以更宽广的视野、更长远的眼光来思考把握未来发展面临的一系列重大问题，不断提高全党运用马克思主义分析和解决实际问题的能力，不断提高运用科学理论指导我们应对重大挑战、抵御重大风险、克服重大阻力、解决重大矛盾的能力。要坚持不懈用马克思主义中国化最新成果武装头脑、凝心聚魂，坚定全党马克思主义信仰和共产主义理想，不断提高全党特别是领导干部的理论思维能力和思想政治水平。领导干部特别是高级干部要带头学习，原原本本学习和研读马克思主义经典著作，学习毛泽东思想、邓小平理论、“三个代表”重要思想、科学发展观，学习党中央治国理政新理念新思想新战略，要深入学、持久学、刻苦学，带着问题学、联系实际学，把科学思想理论转化为认识世界、改造世界的强大物质力量，以更好坚持和发展中国特色社会主义。

（原载《人民日报》2017年9月30日第1版）

“一带一路”国际合作高峰论坛举行圆桌峰会

习近平主持会议并致辞

强调密切政策协调　对接发展战略　深化务实合作　实现互利共赢
共同推动“一带一路”建设合作不断取得新进展

本报北京5月15日电　（记者焦翔、赵成、杨迅、杜一菲）“一带一路”国际合作高峰论坛15日在北京雁栖湖国际会议中心举行圆桌峰会。来自30个国家的领导人和联合国、世界银行、国际货币基金组织负责人出席圆桌峰会，围绕“加强国际合作，共建‘一带一路’，实现共赢发展”的主题，就对接发展战略、推动互联互通、促进人文交流等议题交换意见，达成广泛共识，并通过了联合公报。

中国国家主席习近平主持会议。张高丽出席。

怀山柔水间，初夏的雁栖湖畔绿意盎然，鲜花盛开。以古代丝绸之路兴盛时期的中国汉唐建筑特色为设计灵感的雁栖湖国际会议中心，如同一只展开双翅的鸿雁。

上午9时40分许，前来与会的领导人和国际组织负责人陆续抵达。习近平在大厅热情迎接，同他们一一握手。

上午10时，习近平敲下木槌，宣布圆桌峰会开幕。

习近平在开幕辞中指出，在各国彼此依存、全球性挑战此起彼伏的今天，各国要对接彼此政策，在全球更大范围内整合经济要素和发展资源，才能形成合力，促进世界和平安宁和共同发展。我2013年提出“一带一路”倡议，它的核心内容是促进基础设施建设和互联互通，对接各国政策和发展战略，深化务实合作，促进协调联动发展，实现共同繁荣。“一带一路”建设植根于历史，但面向未来；源自中国，但属于世界。在“一带一路”建设合作框架内，各方携手应对世界经济面临的挑战，开创发展机遇，谋求发展新动力，拓展发展新空间，实现优势互补、互利共赢，不断朝着人类命运共同体方向迈进。倡议提出后，得到国际社会积极响应和广泛支持。

习近平指出，中方主办这次高峰论坛，目的就是共商合作大计，共建合作平台，共享合作成果，让“一带一路”建设更好造福各国人民。希望通过圆桌峰会，进一步凝聚共识，为“一带一路”建设国际合作指明方向，勾画蓝图。

习近平强调，我们要推动互利共赢，明确合作方向，本着伙伴精神，牢牢坚持共商、共建、共享，让政策沟通、设施联通、贸易畅通、资金融通、民心相通成为共同努力的目标，坚持在开放中合作，在合作中共赢，对话化解分歧，协商解决争端，共同维护地区安全稳定。我们要密切政策协调，对接发展战略。要把“一带一路”建设合作同落实联合国2030年可持续发展议程、二十国集团领导人杭州峰会成果结合起来，同区域发展规划对接起来，同有关国家提出的发展规划协调起来，产生“一加一大于二”的效果。我们要依托项目驱动，在基础设施联通、实体经济合作、贸易和投资自由化便利化、金融合作、民心相通等方面深化务实合作。

随后举行第一阶段会议、工作午宴、第二阶段会议。与会领导人分别围绕“加强政策和发展战略对接，深化伙伴关系”“促进人文交流合作”“推进互联互通务实合作，实现联动发展”议题广泛深入交换意见，达成重要共识。各方一致强调“一带一路”建设的重要意义，期待把合作推向更高水平、更大范围、更深层次；同意加强宏观经济政策协调，营造良好国际环境；希望把发展战略对接落到实处，努力形成各国规划衔接、发展融合、利益共享局面。各方一致决定，支持把互联互通作为“一带一路”建设合作的重点领域，完善基础设施互联互通网络，努力加强政策、规制、标准等方面的“软联通”，充分发挥互联互通对实体经济的辐射和带动作用，打造稳定多元的金融联通和合作格局。各方一致同意，“一带一路”建设要坚持经济合作同人文交流双轨并进，坚持民生导向，服务可持续发展。

与会各国领导人及国际组织负责人高度评价中方提出“一带一路”倡议并举办这次高峰论坛，期待携手推进“一带一路”建设，实现共同繁荣。

下午5时许，会议进入闭幕环节，各方通过了《“一带一路”国际合作高峰论坛圆桌峰会联合公报》，并发表“一带一路”国际合作高峰论坛成果清单。

习近平致闭幕词，总结会议达成的5点重要共识。

第一，致力于推动“一带一路”建设合作，携手应对世界经济面临的挑战。各方积极评价“一带一路”建设合作取得的进展，表示将继续努力，让各国政策沟通更有力，设施联通更高效，贸易更畅通，资金更融通，民心更相通。

第二，支持加强经济政策协调和发展战略对接，努力实现协同联动发展。各方同意加强经济、金融、贸易、投资等领域宏观政策协调；支持构建开放型世界经济，推动自由贸易区建设，促进贸易和投资自由化便利化；有效对接发展战略及合作规划，优势互补，协同并进；重视创新发展，培育新产业、新业态、新模式，挖掘增长新动力。

第三，推动各领域务实合作不断取得新成果。各方决定继续把互联互通作为重点，打造基础设施联通网络；继续积极推进经济走廊建设，推动实体经济更好更快发展；重视投资和融资合作，支持扩大相互金融市场开放，努力构建稳定、可持续、风险可控的金融保障体系。

第四，架设各国民间交往的桥梁。各方愿探讨多层次、宽领域的人文合作，营造多元互动、百花齐放的人文交流局面；加强环境保护、应对气候变化、反腐败等领域合作，便利人员往来。

第五，坚信“一带一路”建设是开放包容的发展平台，各国都是平等的参与者、贡献者、受益者。

习近平指出，各方将坚持共商、共建、共享原则，相互尊重、民主协商、共同决策。历史总是伴随着人们追求美好生活的脚步向前发展的。回首两千多年前，我们的先辈们正是迈着这样的脚步，靠着坚韧不拔的进取精神，开辟出联通亚欧大陆的丝绸之路。今天，“一带一路”建设把沿线各国人民紧密联系在一起，让各国人民更好共享发展成果。我们要勇于担当，开拓进取，用实实在在的行动，推动“一带一路”建设合作不断取得新进展，为构建人类命运共同体注入强劲动力。

习近平宣布，中国将于2019年举办第二届“一带一路”国际合作高峰论坛。

圆桌峰会闭幕后，习近平会见中外记者，介绍“一带一路”国际合作高峰论坛会议情况和主要成果。习近平指出，这是国际社会围绕“一带一路”建设举行的一次高规格盛会。会议传递出各方合力推进“一带一路”建设合作、携手构建人类命运共同体的积极信号。我们希望把自身发展和世界共同发展结合起来，明确了“一带一路”建设合作的目标和方向。我们将传承丝绸之路精神，致力于合作共赢。我们将继续加强政策协调和发展战略对接，形成协同发展的合力。我们规划了合作路线图，确定了重点合作领域和行动路径。我们以高峰论坛为平台推进务实合作，取得一系列积极成果。

习近平强调，推进“一带一路”建设，共同应对世界经济当前面临的挑战，符合我们的共同利益。我们有理由对“一带一路”建设前景充满信心。同时，“一带一路”建设是长期工程，前方的路还很长，需要各方携手合作，不断取得实实在在的成果。相信在各方共同努力下，“一带一路”一定能够建设成为和平之路、繁荣之路、开放之路、创新之路、文明之路。

当天中午，习近平同与会领导人和国际组织负责人以国际会议中心“汉唐飞扬”主建筑为背景集体合影。

王沪宁、汪洋、栗战书、杨洁篪等参加上述活动。

（原载《人民日报》2017年5月16日第1、2版）

习近平在看望参加政协会议的民进农工党九三学社委员时强调

我国广大知识分子要主动担当积极作为　为国家富强民族振兴人民幸福多做贡献

俞正声参加看望和讨论

新华社北京 3 月 4 日电　中共中央总书记、国家主席、中央军委主席习近平 3 月 4 日下午看望了参加全国政协十二届五次会议的民进、农工党、九三学社委员，并参加联组会，听取意见和建议。他强调，伟大的事业，决定了我们更加需要知识和知识分子，更加需要知识分子为国家富强、民族振兴、人民幸福多做贡献。我国广大知识分子要以时不我待的紧迫感、舍我其谁的责任感，主动担当，积极作为，刻苦钻研，勤奋工作，为全面建成小康社会、建设世界科技强国做出更大贡献。

中共中央政治局常委、全国政协主席俞正声参加看望和讨论。

联组会上，姚爱兴、何维、武维华、赵丽宏、曲凤宏、印红、郑福田、周健民、周锋等 9 位委员，围绕加强农村基层治理、壮大全科医生队伍、加快农业补贴政策体系改革、提升中华文化国际影响力、重视健康扶贫工作、推进基础教育减负提质、完善土壤污染防治制度、重大工程建设须坚守科学之道等问题做了发言。

习近平在听取发言后发表重要讲话。他表示，来看望全国政协民进、农工党、九三学社的委员，同大家一起讨论交流，感到非常高兴。习近平代表中共中央，向在座各位委员，向广大民主党派成员和无党派人士，向广大政协委员，致以诚挚的问候。

习近平强调，一年来，我们统筹推进“五位一体”总体布局、协调推进“四个全面”战略布局，坚持稳中求进工作总基调，贯彻新发展理念，主动适应引领经济发展新常态，统筹稳增长、促改革、调结构、惠民生、防风险各项工作，全面建成小康社会迈出坚实步伐，全面深化改革继续深入推进，全面依法治国展现新的局面，全面从严治党取得显著成效，经济增长继续居于世界前列，实现“十三五”良好开局。这些成绩来之不易，是中共中央坚强领导的结果，是全国各族人民团结奋斗的结果，也凝结着各民主党派、全国工商联和无党派人士以及在座各位委员的心血和智慧。

习近平指出，中国共产党历来高度重视知识分子。我国广大知识分子是社会的精英、国家的栋梁、人民的骄傲，也是国家的宝贵财富。我国知识分子历来有浓厚的家国情怀，有强烈的社会责任感，重道义、勇担当。一代又一代知识分子为我国革命、建设、改革事业贡献智慧和力量，有的甚至献出宝贵生命，留下了可歌可泣的事迹。

习近平强调，全社会都要关心知识分子、尊重知识分子，营造尊重知识、尊重知识分子的良好社会氛围。要以识才的慧眼、爱才的诚意、用才的胆识、容才的雅量、聚才的良方，广开进贤之路，把各方面知识分子凝聚起来，聚天下英才而用之。各级领导干部要善于同知识分子打交道，做知识分子的挚友、诤友。要充分信任知识分子，重要工作和重大决策要征求知识分子意见和建议。对来自知识分子的意见和批评，只要出发点是好的，就要热忱欢迎，对的就积极采纳。即使个别意见有偏差甚至是错误的，也要多一些包涵、多一些宽容。要为广大知识分子工作学习创造更好条件，加快形成有利于知识分子干事创业的体制机制，遵循知识分子工作特点和规律，让知识分子把更多精力集中于本职工作，把自己的才华和能量充分释放出来。

习近平希望我国广大知识分子自觉做践行社会主义核心价值观的模范，坚持国家至上、民族至上、人民至上，始终胸怀大局、心有大我，始终坚守正道、追求真理，从自我做起、从现在做起、从日常生活做起，身体力行带动全社会遵循社会主义核心价值观。习近平希望我国广大知识分子积极投身创新发展实践，想国家之所想、急国家之所急，紧紧围绕经济竞争力的核心关键、社会发展的瓶颈制约、国家安全的重大挑战，不断增加知识积累，不断强化创新意识，不断提升创新能力，不断攀登创新高峰。

习近平指出，今年是实施“十三五”规划的重要一年，是供给侧结构性改革的深化之年，有不少问题需要深入研究、妥善应对、合力攻坚。大家要紧扣“十三五”规划实施和全年经济社会发展目标，就保持经济平稳健康发展和社会和谐稳定深度调查研究，提出务实管用的对策建议。

习近平强调，今年，各民主党派中央及其省级组织要进行换届，各民主党派要搞好政治交接，努力换出新干劲、换出新气象。中国共产党同各民主党派秉持共同理想、坚持共同奋斗，汇聚成坚持和发展中国特色社会主义、实现中华民族伟大复兴中国梦的磅礴合力。只要我们始终把13亿多中国人民智慧和力量聚合在一起，我们的事业将无往而不胜。

杜青林、严隽琪、陈竺、韩启德、罗富和、张庆黎、刘晓峰等参加联组会。

（原载《人民日报》2017年3月5日第1版）

习近平在中国政法大学考察时强调

立德树人德法兼修抓好法治人才培养　励志勤学刻苦磨炼促进青年成长进步

本报北京5月3日电　在五四青年节来临之际，在中国政法大学建校65周年前夕，中共中央总书记、国家主席、中央军委主席习近平3日上午来到中国政法大学考察。习近平代表党中央，向全国各族青年致以节日的问候，向全国广大教育工作者、青年工作者、法治工作者致以诚挚的问候。他强调，全面推进依法治国是一项长期而重大的历史任务，要坚持中国特色社会主义法治道路，坚持以马克思主义法学思想和中国特色社会主义法治理论为指导，立德树人，德法兼修，培养大批高素质法治人才。

习近平强调，中国的未来属于青年，中华民族的未来也属于青年。青年一代的理想信念、精神状态、综合素质，是一个国家发展活力的重要体现，也是一个国家核心竞争力的重要因素。当今中国最鲜明的时代主题，就是实现“两个一百年”奋斗目标、实现中华民族伟大复兴的中国梦。当代青年要树立与这个时代主题同心同向的理想信念，勇于担当这个时代赋予的历史责任，励志勤学、刻苦磨炼，在激情奋斗中绽放青春光芒、健康成长进步。

中国政法大学是我国一所著名高等学府，成立于1952年，以“厚德、明法、格物、致公”为校训，长期以来为国家培养了大批法治人才。

暮春时节，位于北京市昌平区的中国政法大学校园内满目青葱、一派生机。上午9时20分，习近平在校党委书记石亚军、校长黄进陪同下，首先来到逸夫楼一层大厅，参观校史及成果展。一张张图片，一件件实物，见证了几代党和国家领导人对中国政法大学和中国法治建设的关心和支持，展示了中国政法大学的发展历程，习近平不时驻足观看，询问有关情况。他对中国政法大学在人才培养、学术研究、社会服务、文化传承、国际交流合作、特色课程教育等方面取得的成就表示肯定，希望学校总结经验、改革创新，更好整合资源，更好找准着力点，把教学、科研、育人各项工作做得更好。

在展厅内，总书记亲切会见了张晋藩、廉希圣、李德顺、王卫国、卞建林等几位资深教授，同他们一一握手，亲切交谈。参与新中国法治进程的教授们讲述了他们对法治精神和治学方法的思考，习近平感谢他们为法治理论研究和法治人才培养做出的贡献，希望他们继续贡献才智，祝他们生活愉快、身体健康。参观结束时，习近平同中国政法大学领导班子成员和几位教授合影留念。

在学生活动中心一层大厅，民商经济法学院本科二年级2班团支部正在开展“不忘初心跟党走”主题团日活动。习近平来到他们中间，同学们报以热烈掌声。几位同学从不同角度畅谈观看电影《焦裕禄》的体会，习近平认真倾听，并参与讨论。习近平语重心长地对同学们说，新中国成立以来，我们党和人民一路筚路蓝缕、艰苦奋斗走来，使国家越来越富强、民族越来越兴盛、人民越来越幸福，其中很重要的一条就是有无数焦裕禄这样的优秀党员、干部为党和人民无私奉献。焦裕禄同志的事迹归结到一点，就是坚定跟党走，他一生都在为党分忧、为党添彩。焦裕禄精神跨越时空，永远不会过时，我们要结合时代特点不断发扬光大。希望大家矢志不渝，用一生来践行跟党走的理想追求。共青团是党的助手和后备军，要始终保持先进性，广大团员青年坚定跟党走，就是初心。不忘这个初心，是我国广大青年的政治选择，也是我国广大青年的人生航向。习近平勉励同学们珍惜韶华，潜心读书，敏于求知，做到德智体美全面发展，毕业后为祖国和人民施展自己的才华，实现自己的人生价值。

之后，习近平来到学生活动中心三层会议室，同中国政法大学师生和首都法学专家、法治工作者代表、高校负责同志座谈。中国政法大学党委书记石亚军、终身教授张晋藩、民商经济法学院学生潘辉和北京市朝阳区人民法院奥运村法庭庭长刘黎先后发言。他们结合实际，谈教育管理、教书育人、学习生活、法治实践。

在听取大家发言后，习近平发表重要讲话。他指出，全面依法治国是坚持和发展中国特色社会主义的本质要求和重要保障，事关我们党执政兴国，事关人民幸福安康，事关党和国家事业发展。随着中国特色社会主义事业不断发展，法治建设将承载更多使命、发挥更为重要的作用。推进全面依法治国既要着眼长远、打好基础、建好制度，又要立足当前、突出重点、扎实工作。建设法治国家、法治政府、法治社会，实现科学立法、严格执法、公正司法、全民守法，都离不开一支高素质的法治工作队伍。法治人才培养上不去，法治领域不能人才辈出，全面依法治国就不可能做好。

习近平强调，没有正确的法治理论引领，就不可能有正确的法治实践。高校作为法治人才培养的第一阵地，要充分利用学科齐全、人才密集的优势，加强法治及其相关领域基础性问题的研究，对复杂现实进行深入分析、做出科学总结，提炼规律性认识，为完善中国特色社会主义法治体系、建设社会主义法治国家提供理论支撑。

习近平指出，法学学科体系建设对于法治人才培养至关重要。我们有我们的历史文化，有我们的体制机制，有我们的国情，我们的国家治理有其他国家不可比拟的特殊性和复杂性，也有我们自己长期积累的经验和优势，在法学学科体系建设上要有底气、有自信。要以我为主、兼收并蓄、突出特色，深入研究和解决好为谁教、教什么、教给谁、怎样教的问题，努力以中国智慧、中国实践为世界法治文明建设做出贡献。对世界上的优秀法治文明成果，要积极吸收借鉴，也要加以甄别，有选择地吸收和转化，不能囫囵吞枣、照搬照抄。

习近平强调，法学学科是实践性很强的学科，法学教育要处理好知识教学和实践教学的关系。要打破高校和社会之间的体制壁垒，将实际工作部门的优质实践教学资源引进高校，加强法学教育、法学研究工作者和法治实际工作者之间的交流。法学专业教师要坚定理想信念，带头践行社会主义核心价值观，在做好理论研究和教学的同时，深入了解法律实际工作，促进理论和实践相结合，多用正能量鼓舞激励学生。

习近平指出，中国特色社会主义法治道路的一个鲜明特点，就是坚持依法治国和以德治国相结合，强调法治和德治两手抓、两手都要硬。法学教育要坚持立德树人，不仅要提高学生的法学知识水平，而且要培养学生的思想道德素养。各级领导干部要做尊法学法守法用法的模范，以实际行动带动全社会崇德向善、尊法守法。

习近平强调，青年处于人生积累阶段，需要像海绵汲水一样汲取知识。广大青年抓学习，既要惜时如金、孜孜不倦，下一番心无旁骛、静谧自怡的功夫，又要突出主干、择其精要，努力做到又博又专、愈博愈专。特别是要克服浮躁之气，静下来多读经典，多知其所以然。

习近平指出，青年时期是培养和训练科学思维方法和思维能力的关键时期，无论在学校还是在社会，都要把学习同思考、观察同思考、实践同思考紧密结合起来，保持对新事物的敏锐，学会用正确的立场观点方法分析问题，善于把握历史和时代的发展方向，善于把握社会生活的主流和支流、现象和本质。要充分发挥青年的创造精神，勇于开拓实践，勇于探索真理。养成了历史思维、辩证思维、系统思维、创新思维的习惯，终身受用。

习近平强调，青年在成长和奋斗中，会收获成功和喜悦，也会面临困难和压力。要正确对待一时的成败得失，处优而不养尊，受挫而不短志，使顺境逆境都成为人生的财富而不是人生的包袱。广大青年人人都是一块玉，要时常用真善美来雕琢自己，不断培养高洁的操行和纯朴的情感，努力使自己成为高尚的人。

习近平指出，全国高校思想政治工作会议以来，各级党委、教育系统和各高校抓紧会议精神贯彻落实，工作成效明显。要强化基础、抓住重点、建立规范、落实责任，真正做到“虚”功“实”做，把“软指标”变为“硬约束”。高校党委要履行好管党治党、办学治校的主体责任，把思想政治工作和党的建设工作结合起来，把立德树人、规范管理的严格要求和春风化雨、润物无声的灵活方式结合起来，把解决师生的思想问题和教学科研、学习就业等实际问题结合起来，使高校始终充满积极向上的正能量、洋溢蓬勃向上的青春活力、展现改革创新的时代风采。

考察结束时正值下课时间，闻讯而来的师生们站满校园道路两旁，习近平沿路同师生们热情握手，向远处的师生们挥手致意。热烈的掌声和欢呼声经久不息，荡漾整个校园。

王沪宁、刘延东、孟建柱、栗战书、郭金龙及中央和国家机关有关部门负责同志陪同考察。

（原载《人民日报》2017年5月4日第1版）

习近平致信祝贺中国社会科学院建院40周年

习近平致中国社会科学院建院40周年的贺信

在中国社会科学院建院40周年之际，我代表党中央，向你们表示热烈的祝贺！向全国广大哲学社会科学工作者致以诚挚的问候！

40年来，在党的领导下，中国社会科学院与时代同发展、与人民齐奋进，努力建设马克思主义理论阵地，发挥为党和国家决策服务的思想库作用，不断出成果、出人才，为推进马克思主义中国化、繁荣发展我国哲学社会科学做出了重要贡献。

坚持和发展中国特色社会主义，是理论和实践的双重探索。希望中国社会科学院的同志们和广大哲学社会科学工作者，紧紧围绕坚持和发展中国特色社会主义，坚持马克思主义指导地位，贯彻“百花齐放、百家争鸣”方针，坚持为人民做学问理念，以研究我国改革发展稳定重大理论和实践问题为主攻方向，立时代潮头，通古今变化，发思想先声，繁荣中国学术，发展中国理论，传播中国思想，努力为发展21世纪马克思主义、当代中国马克思主义，构建中国特色哲学社会科学学科体系、学术体系、话语体系，增强我国哲学社会科学国际影响力做出新的更大的贡献！

习近平

2017年5月17日

（新华社北京5月17日电）

新华社北京5月17日电　中共中央总书记、国家主席、中央军委主席习近平17日致信祝贺中国社会科学院建院40周年，向全国广大哲学社会科学工作者致以诚挚问候。

习近平在贺信中指出，40年来，在党的领导下，中国社会科学院与时代同发展、与人民齐奋进，努力建设马克思主义理论阵地，发挥为党和国家决策服务的思想库作用，不断出成果、出人才，为推进马克思主义中国化、繁荣发展我国哲学社会科学做出了重要贡献。

习近平强调，坚持和发展中国特色社会主义，是理论和实践的双重探索。希望中国社会科学院的同志们和广大哲学社会科学工作者，紧紧围绕坚持和发展中国特色社会主义，坚持马克思主义指导地位，贯彻“百花齐放、百家争鸣”方针，坚持为人民做学问理念，以研究我国改革发展稳定重大理论和实践问题为主攻方向，立时代潮头，通古今变化，发思想先声，繁荣中国学术，发展中国理论，传播中国思想，努力为发展21世纪马克思主义、当代中国马克思主义，构建中国特色哲学社会科学学科体系、学术体系、话语体系，增强我国哲学社会科学国际影响力做出新的更大的贡献。（贺信全文另发）

中国社会科学院建院 40 周年庆祝大会 17 日下午在京举行。中共中央政治局委员、国务院副总理刘延东在会上宣读了习近平的贺信。

中共中央政治局委员、中宣部部长刘奇葆出席大会并讲话。他说，要认真学习贯彻习近平总书记哲学社会科学工作座谈会重要讲话精神和贺信提出的要求，贯彻落实党中央关于加快构建中国特色哲学社会科学的意见，始终坚持以马克思主义为指导，把学习研究阐释当代中国马克思主义最新成果作为重中之重，以重大理论和现实问题为主攻方向，集聚优势、创新发展，更好地出成果出人才，不断繁荣发展哲学社会科学。

（原载《人民日报》2017 年 5 月 18 日第 1 版）

习近平致信祝贺中国人民大学建校 80 周年

习近平致中国人民大学建校 80 周年的贺信

值此中国人民大学建校 80 周年之际，我向全体师生员工和广大校友致以热烈的祝贺！

中国人民大学是我们党创办的第一所新型正规大学。建校以来，中国人民大学始终坚持党的领导，坚持马克思主义指导地位，坚持为党和人民事业服务，形成了鲜明办学特色，在我国人文社会科学领域独树一帜，为我国革命、建设、改革事业培养输送了一批又一批优秀人才。

当前，党和国家事业正处在一个关键时期，我们对高等教育的需要比以往任何时候都更加迫切，对科学知识和卓越人才的渴求比以往任何时候都更加强烈。希望中国人民大学以建校 80 周年为新的起点，围绕解决好为谁培养人、培养什么样的人、怎样培养人这个根本问题，坚持立德树人，遵循教育规律，弘扬优良传统，扎根中国大地办大学，努力建设世界一流大学和一流学科，为我国高等教育事业繁荣发展，为实现“两个一百年”奋斗目标、实现中华民族伟大复兴的中国梦做出新的更大贡献。

习近平

2017 年 10 月 3 日

（新华社北京 10 月 3 日电）

新华社北京 10 月 3 日电　中共中央总书记、国家主席、中央军委主席习近平 3 日致信祝贺中国人民大学建校 80 周年，向全体师生员工和广大校友致以热烈的祝贺。

习近平在贺信中指出，中国人民大学是我们党创办的第一所新型正规大学。建校以来，中国人民大学始终坚持党的领导，坚持马克思主义指导地位，坚持为党和人民事业服务，形成了鲜明办学特色，在我国人文社会科学领域独树一帜，为我国革命、建设、改革事业培养输送了一批又一批优秀人才。

习近平强调，当前，党和国家事业正处在一个关键时期，我们对高等教育的需要比以往任何时候都更加迫切，对科学知识和卓越人才的渴求比以往任何时候都更加强烈。希望中国人民大学以建校80周年为新的起点，围绕解决好为谁培养人、培养什么样的人、怎样培养人这个根本问题，坚持立德树人，遵循教育规律，弘扬优良传统，扎根中国大地办大学，努力建设世界一流大学和一流学科，为我国高等教育事业繁荣发展，为实现“两个一百年”奋斗目标、实现中华民族伟大复兴的中国梦做出新的更大贡献。（贺信全文另发）

中国人民大学建校80周年庆祝大会3日上午在京举行。中共中央政治局委员、国务院副总理刘延东在会上宣读了习近平的贺信并致辞。她表示，要深入落实习近平总书记重要指示精神，贯彻党的教育方针，围绕立德树人根本任务，弘扬立学为民、治学报国传统，深化教育综合改革，不断提高办学水平，在建设世界一流大学和一流学科征程上迈出坚实步伐，为国家发展和民族复兴培养更多优秀人才。

中国人民大学的前身是1937年诞生的陕北公学，以及后来的华北联合大学和华北大学，1950年10月3日以华北大学为基础合并组建，在长期的办学实践中，注重人文社会科学高等教育和马克思主义教学与研究，被誉为“我国人文社会科学高等教育领域的一面旗帜”。

（原载《人民日报》2017年10月4日第1版）

中共中央国务院印发《关于加强和改进新形势下高校思想政治工作的意见》

新华社北京2月27日电　近日，中共中央、国务院印发了《关于加强和改进新形势下高校思想政治工作的意见》（以下简称《意见》）。

《意见》强调指出，高校肩负着人才培养、科学研究、社会服务、文化传承创新、国际交流合作的重要使命。加强和改进高校思想政治工作，事关办什么样的大学、怎样办大学的根本问题，事关党对高校的领导，事关中国特色社会主义事业后继有人，是一项重大的政治任务和战略工程。

《意见》分为七个部分：一、重要意义和总体要求；二、强化思想理论教育和价值引领；三、发挥哲学社会科学育人功能；四、加强对课堂教学和各类思想文化阵地的建设管理；五、加强教师队伍和专门力量建设；六、推进高校思想政治工作改革创新；七、加强和改善党对高校的领导。

《意见》指出，我们党历来高度重视高校思想政治工作，探索形成了一系列基本方针原则和工作遵循。党的十八大以来，以习近平同志为核心的党中央把高校思想政治工作摆在突出位置，做出一系列重大决策部署，各地区各有关部门各高校采取有力有效措施，积极主动开展工作，创造了许多成功做法，积累了许多宝贵经验。大学生思想政治教育成效显著，教师思想政治素质明显提高，各类思想文化阵地建设和管理不断加强，中国特色社会主义理论体系进教材、进课堂、进头脑工作扎实有效，社会主义核心价值观建设持续推进，高校意识形态领域主流积极健康向上，广大师生对以习近平同志为核心的党中央拥护信任，对党中央治国理政新理念新思想新战略高度认同，对中国特色社会主义和中华民族伟大复兴中国梦充满信心。总体上看，高校思想政治工作持续加强和改进，呈现出良好发展态势，为保证高等教育改革发展、服务党和国家工作大局做出了重要贡献。

《意见》指出，加强和改进高校思想政治工作的指导思想是高举中国特色社会主义伟大旗帜，全面贯彻党的十八大和十八届三中、四中、五中、六中全会精神，以马克思列宁主义、毛泽东思想、邓小平理论、“三个代表”重要思想、科学发展观为指导，深入学习贯彻习近平总书记系列重要讲话精神和治国理政新理念新思想新战略，全面贯彻党的教育方针，坚持社会主义办学方向，扎根中国大地办大学，以立德树人为根本，以理想信念教育为核心，以社会主义核心价值观为引领，切实抓好各方面基础性建设和基础性工作，切实加强和改善党的领导，全面提升思想政治工作水平，紧密团结在以习近平同志为核心的党中央周围，牢固树立政治意识、大局意识、核心意识、看齐意识，坚定不移维护党中央权威和党中央集中统一领导，为实现“两个一百年”奋斗目标、实现中华民族伟大复兴的中国梦，培养又红又专、德才兼备、全面发展的中国特色社会主义合格建设者和可靠接班人。

《意见》指出，加强和改进高校思想政治工作的基本原则：（1）坚持党对高校的领导。落实全面从严治党要求，把党的建设贯穿始终，着力解决突出问题，维护党中央权威、保证党的团结统一，牢牢掌握党对高校的领导权。（2）坚持社会主义办学方向。坚持马克思主义指导地位，坚持以人民为中心的发展思想，更好为改革开放和社会主义现代化建设服务、为人民服务。（3）坚持全员全过程全方位育人。把思想价值引领贯穿教育教学全过程和各环节，形成教书育人、科研育人、实践育人、管理育人、服务育人、文化育人、组织育人长效机制。（4）坚持遵循教育规律、思想政治工作规律、学生成长规律。把握师生思想特点和发展需求，注重理论教育和实践活动相结合、普遍要求和分类指导相结合，提高工作科学化精细化水平。(5）坚持改革创新。推进理念思路、内容形式、方法手段创新，增强工作时代感和实效性。

《意见》指出，要强化思想理论教育和价值引领。把理想信念教育放在首位，切实抓好马克思列宁主义、毛泽东思想学习教育，广泛开展中国特色社会主义理论体系学习教育，深入学习习近平总书记系列重要讲话精神，引导师生深刻领会党中央治国理政新理念新思想新战略，坚定中国特色社会主义道路自信、理论自信、制度自信、文化自信。要培育和践行社会主义核心价值观，把社会主义核心价值观体现到教书育人全过程，引导师生树立正确的世界观、人生观、价值观，加强国家意识、法治意识、社会责任意识教育，加强民族团结进步教育、国家安全教育、科学精神教育，以诚信建设为重点，加强社会公德、职业道德、家庭美德、个人品德教育，提升师生道德素养。要弘扬中华优秀传统文化和革命文化、社会主义先进文化，实施中华文化传承工程，推动中华优秀传统文化融入教育教学，加强革命文化和社会主义先进文化教育，深化中国共产党史、中华人民共和国史、改革开放史和社会主义发展史学习教育，利用我国改革发展的伟大成就、重大历史事件纪念活动、爱国主义教育基地、国家公祭仪式等组织开展主题教育，弘扬以爱国主义为核心的民族精神和以改革创新为核心的时代精神。要进一步办好高校思想政治理论课，充分发挥思想政治理论课的主渠道作用，深入实施高校思想政治理论课建设体系创新计划，完善教材体系，提高教师素质，创新教学方法，增强教学的吸引力、说服力、感染力。要加强高校马克思主义学院建设，打造马克思主义理论教学、研究、宣传和人才培养的坚强阵地，支持有条件的高校设置马克思主义理论专业，深入实施马克思主义理论研究和建设工程。

《意见》指出，要发挥哲学社会科学育人功能。强调要加强哲学社会科学学科体系建设，积极构建中国特色、中国风格、中国气派的哲学社会科学学科体系，强化马克思主义理论学科的引领作用，支持有条件的高校在马克思主义理论一级学科下设置党的建设二级学科，实施高校马克思主义理论人才支持培养计划，积极推进学术话语体系创新，加快完善具有中国特色和国际视野的哲学、历史学、经济学、政治学、法学、社会学、民族学、新闻学、人口学、宗教学、心理学等学科，努力建设一批中国特色、世界一流的哲学社会科学学科。加快建设一批哲学社会科学专业核心课程教材。要规范哲学社会科学教材选用，建立国家优秀教材评选奖励制度，完善学术评价体系和评价标准，建立科学权威、公开透明的哲学社会科学成果评价体系，健全优秀成果评选推广机制，提高高校学术委员会建设水平。

《意见》指出，要加强对课堂教学和各类思想文化阵地的建设管理。充分发掘和运用各学科蕴含的思想政治教育资源，健全高校课堂教学管理办法。要加强对校园各类思想文化阵地的规范管理，加强校园网络安全管理，营造风清气正的网络环境。

《意见》指出，要加强教师队伍和专门力量建设。强调要提升教师思想政治素质，加强思想政治工作，建立中青年教师社会实践和校外挂职制度，加强师德师风建设，增强教师教书育人的责任担当。要完善教师评聘和考核机制，增加课堂教学权重，引导教师将更多精力投入到课堂教学上，完善教师职业道德规范，实施师德“一票否决”。高校思想政治工作队伍和党务工作队伍具有教师和管理人员双重身份，要纳入高校人才队伍建设总体规划，形成一支专职为主、专兼结合、数量充足、素质优良的工作力量。

《意见》指出，要推进高校思想政治工作改革创新。强调要贴近师生思想实际，以改革创新精神做好高校思想政治工作，建立健全校领导、院（系）领导联系师生、谈心谈话制度，在平等沟通、民主讨论、互动交流中进行思想引导，有的放矢、生动活泼地开展工作，发挥师德楷模、名师大家、学术带头人等的示范引领作用。要加强互联网思想政治工作载体建设，加强学生互动社区、主题教育网站、专业学术网站和“两微一端”建设，运用大学生喜欢的表达方式开展思想政治教育。要强化社会实践育人，提高实践教学比重，组织师生参加社会实践活动，完善科教融合、校企联合等协同育人模式，加强实践教学基地建设，建立健全国家机关、企事业单位、社会团体接收大学生实习实训制度，开设创新创业教育专门课程，增强军事训练实效，建立健全学雷锋志愿服务制度。要在服务引导中加强思想教育，把解决思想问题与解决实际问题结合起来，做到既讲道理又办实事，加强学生学业就业指导，帮助大学生顺利完成学业，加强人文关怀和心理疏导，促进大学生身心和人格健康发展，加强对家庭经济困难学生的资助工作，积极帮助解决教师的合理诉求。积极发挥共青团、学生会组织和学生社团作用。要健全高校思想政治工作评价体系，研究制定内容全面、指标合理、方法科学的评价体系，推动高校思想政治工作制度化。

《意见》最后强调，要加强和改善党对高校的领导。要完善高校党的领导体制，坚持和完善普通高校党委领导下的校长负责制，高校党委对本校工作实行全面领导，履行管党治党、办学治校的主体责任，切实发挥领导核心作用。按照社会主义政治家、教育家标准，选好配强高校领导班子特别是党委书记和校长。高校党委书记主持党委全面工作，履行高校思想政治工作和党的建设第一责任人的职责。校长是学校的法人代表，在党委领导下组织实施党委有关决议，行使高等教育法等规定的各项职权。其他党委班子成员履行“一岗双责”，结合业务分工抓好思想政治工作和党的建设工作。要强化院（系）党的领导，发挥院（系）党委（党总支）的政治核心作用，履行政治责任，保证监督党的路线方针政策及上级党组织决定的贯彻执行。认真执行民主集中制原则，通过院（系）党政联席会议讨论和决定本单位重要事项，健全院（系）集体领导、党政分工合作、协调运行的工作机制，提升班子整体功能和议事决策水平。要加强高校基层党建工作，建立健全高校基层党组织，加强教师党支部、学生党支部特别是研究生党支部建设，充分发挥党支部战斗堡垒作用。坚持党的组织生活各项制度，组织党员深入开展“两学一做”学习教育，认真做好在高校优秀青年教师、高校学生中发展党员工作，加强党员日常管理监督。要健全地方党委抓高校思想政治工作制度，切实加强组织领导和工作指导，坚持和完善党委定期研究、领导干部联系高校等制度，建立部门协作常态机制，形成党委统一领导、党政齐抓共管、职能部门组织协调、社会各方积极参与的工作格局。高度重视民办高校、中外合作办学中党的建设和思想政治工作，探索党组织发挥政治核心作用的有效途径，完善政策保障和经费支持，为加强和改进高校思想政治工作创造良好条件。

（原载《人民日报》2017年2月28日第1版）

中共中央国务院关于对《北京城市总体规划（2016年—2035年）》的批复

中共北京市委、北京市人民政府：

你们《关于报请审批〈北京城市总体规划（2016年—2035年）〉的请示》收悉。现批复如下：

一、同意《北京城市总体规划（2016年—2035年）》（以下简称《总体规划》）。《总体规划》深入贯彻习近平总书记系列重要讲话精神和治国理政新理念新思想新战略，紧紧围绕统筹推进“五位一体”总体布局和协调推进“四个全面”战略布局，牢固树立新发展理念，紧密对接“两个一百年”奋斗目标，立足京津冀协同发展，坚持以人民为中心，坚持可持续发展，坚持一切从实际出发，注重长远发展，注重减量集约，注重生态保护，注重多规合一，符合北京市实际情况和发展要求，对于促进首都全面协调可持续发展具有重要意义。《总体规划》的理念、重点、方法都有新突破，对全国其他大城市有示范作用。

二、北京是中华人民共和国的首都，是全国政治中心、文化中心、国际交往中心、科技创新中心。北京城市的规划发展建设，要深刻把握好“都”与“城”、“舍”与“得”、疏解与提升、“一核”与“两翼”的关系，履行为中央党政军领导机关工作服务，为国家国际交往服务，为科技和教育发展服务，为改善人民群众生活服务的基本职责。要在《总体规划》的指导下，明确首都发展要义，坚持首善标准，着力优化提升首都功能，有序疏解非首都功能，做到服务保障能力与城市战略定位相适应，人口资源环境与城市战略定位相协调，城市布局与城市战略定位相一致，建设伟大社会主义祖国的首都、迈向中华民族伟大复兴的大国首都、国际一流的和谐宜居之都。

三、加强“四个中心”功能建设。坚持把政治中心安全保障放在突出位置，严格中心城区建筑高度管控，治理安全隐患，确保中央政务环境安全优良。

抓实抓好文化中心建设，做好首都文化这篇大文章，精心保护好历史文化金名片，构建现代公共文化服务体系，推进首都精神文明建设，提升文化软实力和国际影响力。前瞻性谋划好国际交往中心建设，适应重大国事活动常态化，健全重大国事活动服务保障长效机制，加强国际交往重要设施和能力建设。大力加强科技创新中心建设，深入实施创新驱动发展战略，更加注重依靠科技、金融、文化创意等服务业及集成电路、新能源等高技术产业和新兴产业支撑引领经济发展，聚焦中关村科学城、怀柔科学城、未来科学城、创新型产业集群和“中国制造2025”创新引领示范区建设，发挥中关村国家自主创新示范区作用，构筑北京发展新高地。

四、优化城市功能和空间布局。坚定不移疏解非首都功能，为提升首都功能、提升发展水平腾出空间。突出把握首都发展、减量集约、创新驱动、改善民生的要求，根据市域内不同地区功能定位和资源环境条件，形成“一核一主一副、两轴多点一区”的城市空间布局，促进主副结合发展、内外联动发展、南北均衡发展、山区和平原地区互补发展。要坚持疏解整治促提升，坚决拆除违法建设，加强对疏解腾退空间利用的引导，注重“腾笼换鸟”、留白增绿。要加强城乡统筹，在市域范围内实行城乡统一规划管理，构建和谐共生的城乡关系，全面推进城乡一体化发展。

五、严格控制城市规模。以资源环境承载能力为硬约束，切实减重、减负、减量发展，实施人口规模、建设规模双控，倒逼发展方式转变、产业结构转型升级、城市功能优化调整。到2020年，常住人口规模控制在2300万人以内，2020年以后长期稳定在这一水平；城乡建设用地规模减少到2860平方千米左右，2035年减少到2760平方千米左右。要严守人口总量上限、生态控制线、城市开发边界三条红线，划定并严守永久基本农田和生态保护红线，切实保护好生态涵养区。加强首都水资源保障，落实最严格水资源管理制度，强化节水和水资源保护，确保首都水安全。

六、科学配置资源要素，统筹生产、生活、生态空间。压缩生产空间规模，提高产业用地利用效率，适度提高居住用地及其配套用地比重，形成城乡职住用地合理比例，促进职住均衡发展。推进教育、文化、体育、医疗、养老等公共服务均衡布局，提高生活性服务业品质，实现城乡“一刻钟社区服务圈”全覆盖。优先保护好生态环境，大幅提高生态规模与质量，加强浅山区生态修复与违法违规占地建房治理，提高平原地区森林覆盖率。推进城市修补和生态修复，实现生产空间集约高效、生活空间宜居适度、生态空间山清水秀。

七、做好历史文化名城保护和城市特色风貌塑造。构建涵盖老城、中心城区、市域和京津冀的历史文化名城保护体系。加强老城和“三山五园”整体保护，老城不能再拆，通过腾退、恢复性修建，做到应保尽保。推进大运河文化带、长城文化带、西山永定河文化带建设。加强对世界遗产、历史文化街区、文物保护单位、历史建筑和工业遗产、中国历史文化名镇名村和传统村落、非物质文化遗产等的保护，凸显北京历史文化整体价值，塑造首都风范、古都风韵、时代风貌的城市特色。重视城市复兴，加强城市设计和风貌管控，建设高品质、人性化的公共空间，保持城市建筑风格的基调与多元化，打造首都建设的精品力作。

八、着力治理“大城市病”，增强人民群众获得感。坚持公共交通优先战略，提升城市公共交通供给能力和服务水平，加强交通需求管理，鼓励绿色出行，标本兼治缓解交通拥堵，促进交通与城市协调发展。加强需求端管控，加大住宅供地力度，完善购租并举的住房体系，建立促进房地产市场平稳健康发展的长效机制，努力实现人民群众住有所居。严格控制污染物排放总量，着力攻坚大气、水、土壤污染防治，全面改善环境质量。加快海绵城市建设，构建国际一流、城乡一体的市政基础设施体系。

九、高水平规划建设北京城市副中心。坚持世界眼光、国际标准、中国特色、高点定位，以创造历史、追求艺术的精神，以最先进的理念、最高的标准、最好的质量推进城市副中心规划建设，着力打造国际一流的和谐宜居之都示范区、新型城镇化示范区和京津冀区域协同发展示范区。突出水城共融、蓝绿交织、文化传承的城市特色，构建“一带、一轴、多组团”的城市空间结构。有序推进城市副中心规划建设，带动中心城区功能和人口疏解。

十、深入推进京津冀协同发展。发挥北京的辐射带动作用，打造以首都为核心的世界级城市群。全方位对接支持河北雄安新区规划建设，建立便捷高效的交通联系，支持中关村科技创新资源有序转移、共享聚集，推动部分优质公共服务资源合作。与河北共同筹办好2022年北京冬奥会和冬残奥会，促进区域整体发展水平提升。聚焦重点领域，优化区域交通体系，推进交通互联互通，疏解过境交通；建设好北京新机场，打造区域世界级机场群；深化联防联控机制，加大区域环境治理力度；加强产业协作和转移，构建区域协同创新共同体。加强与天津、河北交界地区统一规划、统一政策、统一管控，严控人口规模和城镇开发强度，防止城镇贴边连片发展。

十一、加强首都安全保障。切实加强对军事设施和要害机关的保护工作，推动军民融合发展。加强人防设施规划建设，与城市基础设施相结合，实现军民兼用。高度重视城市公共安全，建立健全包括消防、防洪、防涝、防震等超大城市综合防灾体系，加强城市安全风险防控，增强抵御自然灾害、处置突发事件、危机管理能力，提高城市韧性，让人民群众生活得更安全、更放心。

十二、健全城市管理体制。创新城市治理方式，加强精细化管理，在精治、共治、法治上下功夫。既管好主干道、大街区，又治理好每个社区、每条小街小巷小胡同。动员社会力量参与城市治理，注重运用法规、制度、标准管理城市。创新体制机制，推动城市管理向城市治理转变，构建权责明晰、服务为先、管理优化、执法规范、安全有序的城市管理体制，推进城市治理体系和治理能力现代化。

十三、坚决维护规划的严肃性和权威性。《总体规划》是北京市城市发展、建设、管理的基本依据，必须严格执行，任何部门和个人不得随意修改、违规变更。北京市委、市政府要坚持一张蓝图干到底，以钉钉子精神抓好规划的组织实施，明确建设重点和时序，抓紧深化编制有关专项规划、功能区规划、控制性详细规划，分解落实规划目标、指标和任务要求，切实发挥规划的战略引领和刚性管控作用。健全城乡规划、建设、管理法规，建立城市体检评估机制，完善规划公开制度，加强规划实施的监督考核问责。要调动各方面参与和监督规划实施的积极性、主动性和创造性。驻北京市的党政军单位要带头遵守《总体规划》，支持北京市工作，共同努力把首都规划好、建设好、管理好。首都规划建设委员会要发挥组织协调作用，加强对《总体规划》实施工作的监督检查。

《总体规划》执行中遇有重大事项，要及时向党中央、国务院请示报告。

中共中央

国务院

2017 年 9 月 13 日

（原载《人民日报》2017 年 9 月 28 日第 1 版）

中共中央印发《关于加快构建中国特色哲学社会科学的意见》

新华社北京 5 月 16 日电　近日，中共中央印发了《关于加快构建中国特色哲学社会科学的意见》（以下简称《意见》）。《意见》强调，坚持和发展中国特色社会主义，必须加快构建中国特色哲学社会科学。要高举中国特色社会主义伟大旗帜，深入贯彻习近平总书记系列重要讲话精神和治国理政新理念新思想新战略，坚持为人民服务、为社会主义服务，坚持百花齐放、百家争鸣，立足中国、借鉴国外，挖掘历史、把握当代，关怀人类、面向未来，充分体现继承性、民族性、原创性、时代性、系统性、专业性，创新发展哲学社会科学，为实现“两个一百年”奋斗目标、实现中华民族伟大复兴的中国梦提供强大思想理论支撑。

《意见》指出，站在新的历史起点上，更好进行具有许多新的历史特点的伟大斗争、推进中国特色社会主义伟大事业，需要充分发挥哲学社会科学的作用，需要哲学社会科学工作者立时代潮头、发思想先声，积极为党和人民述学立论、建言献策。

《意见》指出，要坚持马克思主义在哲学社会科学领域的指导地位。把马克思主义理论作为必修课，组织广大党员、干部特别是领导干部学习和研读经典著作，推进经典著作编译、导读工作，加强教育教学。加强对党的十八大以来理论创新成果的学习研究，不断深化习近平总书记系列重要讲话精神和治国理政新理念新思想新战略的学习，梳理总结好新探索新实践，在理论上不断拓展新视野、做出新概括。

推进马克思主义中国化、时代化、大众化，发展 21 世纪马克思主义、当代中国马克思主义，把中国特色社会主义理论体系贯穿到学科建设、人才培养、科学研究、课程设置、教材编写、学术评价等各环节。

《意见》指出，要加快构建中国特色哲学社会科学学科体系。巩固马克思主义理论一级学科基础地位，加强哲学社会科学各学科领域马克思主义相关学科建设，实施高校思想政治理论课建设体系创新计划，发展中国特色社会主义政治经济学，丰富发展马克思主义哲学、政治经济学、科学社会主义。努力构建全方位、全领域、全要素的哲学社会科学体系，加快完善对哲学社会科学具有支撑作用的学科，重点布局一批对文明传承有重大影响、同经济社会发展密切相关的学科，发展具有重要现实意义的新兴学科和交叉学科，支持具有重要文化价值和传承意义的濒危学科、冷门学科。加强教材建设规划，建立健全高校教材编审机制，创新教材编写、推广、使用的体制机制，调动学者、学校、出版机构积极性。

《意见》指出，要加快构建中国特色哲学社会科学学术体系。扎根中国大地，突出时代特色，树立国际视野，继承和弘扬中华优秀传统文化，积极吸收借鉴国外有益的理论观点和学术成果，融通各种资源，不断推进知识创新、理论创新、方法创新，提升学术原创能力和水平，推动学术理论中国化。建立激发科研活力的体制机制，落实社会科学领域财政科研项目资金管理改革政策，统筹管理好重要人才、重要阵地、重大研究规划、重大研究项目、重大资金分配，加强学术共同体建设、哲学社会科学基础设施和信息化建设，鼓励社会资金通过捐赠、设立学术基金会等方式支持科研工作。构建具有自身特质的学术评价体系，坚持正确的学术导向，以学术质量、社会影响、实际效果为衡量标准，建立科研信用管理、评价结果公布等制度，建立健全分类评价机制，科学设置考核周期，引导教学研究人员潜心钻研、铸造精品。

《意见》指出，要加快构建中国特色哲学社会科学话语体系。深化党的理论创新成果的学理阐释，将党的理论创新成果的核心思想、关键话语体现到各学科领域。推动哲学社会科学研究成果向决策咨询、教育教学转化，更好地服务社会、服务大众，开展形式多样的普及活动。坚持用中国理论阐释中国实践，用中国实践升华中国理论，创新对外话语表达方式，提升国际话语权。

《意见》指出，要建设种类齐全、梯队衔接的哲学社会科学人才队伍。深化人才发展体制机制改革，规范完善职称评定制度、岗位聘用制度，以增加知识价值为导向，完善收入分配激励机制。推动形成崇尚精品、严谨治学、注重诚信、讲求责任的优良学风，营造风清气正、互学互鉴、积极向上的学术生态，教育引导哲学社会科学工作者树立良好学术道德，遵守学术规范。

《意见》强调，要加强和改善党对哲学社会科学工作的领导。各级党委（党组）要把哲学社会科学工作摆在重要位置，加强政治领导和工作指导，及时解决实际问题。统筹推进各类智库协调发展，大力提高智库建设水平。领导干部要以科学的态度对待哲学社会科学，尊重哲学社会科学工作者的辛勤付出和研究成果，主动同专家学者打交道、交朋友，认真贯彻党的知识分子政策，加强哲学社会科学优秀人才使用。加强相关领域立法，加大宣传力度，营造尊重学术、尊重人才、崇尚科学、追求真理的良好氛围。

（原载《人民日报》2017 年 5 月 17 日第 1 版）

中办国办印发《关于深化教育体制机制改革的意见》

新华社北京 9 月 24 日电 近日，中共中央办公厅、国务院办公厅印发《关于深化教育体制机制改革的意见》（以下简称《意见》），并发出通知，要求各地区各部门结合实际认真贯彻落实。

《意见》指出，党和国家高度重视教育工作。党的十八大以来，以习近平同志为核心的党中央，坚持把教育摆在优先发展的战略位置，全面深化教育领域综合改革，一批标志性、引领性的改革举措取得明显成效，教育公共服务水平和教育治理能力不断提升，中国特色社会主义教育制度体系进一步完善，我国教育总体发展水平进入世界中上行列，为 13 亿多人民提供了更好更公平的教育，为经济转型、科技创新、文化繁荣、民生改善、社会和谐提供了有力支撑，中国特色社会主义教育自信不断增强。

《意见》指出，当前我国教育改革发展已进入一个新的阶段。深化教育体制机制改革的指导思想是全面贯彻党的十八大和十八届三中、四中、五中、六中全会精神，以邓小平理论、“三个代表”重要思想、科学发展观为指导，深入贯彻习近平总书记系列重要讲话精神和治国理政新理念新思想新战略，紧紧围绕统筹推进“五位一体”总体布局和协调推进“四个全面”战略布局，牢固树立和贯彻落实新发展理念，认真落实党中央、国务院决策部署，全面贯彻党的教育方针，坚持教育为人民服务、为中国共产党治国理政服务、为巩固和发展中国特色社会主义制度服务、为改革开放和社会主义现代化建设服务，全面深化教育综合改革，全面实施素质教育，全面落实立德树人根本任务，系统推进育人方式、办学模式、管理体制、保障机制改革，使各级各类教育更加符合教育规律、更加符合人才成长规律、更能促进人的全面发展，着力培养德智体美全面发展的社会主义建设者和接班人，为实现“两个一百年”奋斗目标、实现中华民族伟大复兴的中国梦奠定坚实基础。

《意见》指出，深化教育体制机制改革的基本原则：（一）坚持扎根中国与融通中外相结合。继承我国优秀教育传统，立足我国国情，遵循教育规律，吸收世界先进办学治学经验，坚定不移走中国特色社会主义教育发展道路。（二）坚持目标导向与问题导向相结合。坚持以人民为中心，着眼促进教育公平、提高教育质量，针对人民群众反映强烈的突出问题，集中攻坚、综合改革、重点突破，扩大改革受益面，增强人民群众获得感。（三）坚持放管服相结合。深化简政放权、放管结合、优化服务改革，把该放的权力坚决放下去，把该管的事项切实管住管好，加强事中事后监管，构建政府、学校、社会之间的新型关系。（四）坚持顶层设计与基层探索相结合。加强系统谋划，注重与《国家中长期教育改革和发展规划纲要（2010—2020年）》等做好衔接。尊重基层首创精神，充分调动地方和学校改革的积极性主动性创造性，及时将成功经验上升为制度和政策。

《意见》指出，深化教育体制机制改革的主要目标是到2020年，教育基础性制度体系基本建立，形成充满活力、富有效率、更加开放、有利于科学发展的教育体制机制，人民群众关心的教育热点难点问题进一步缓解，政府依法宏观管理、学校依法自主办学、社会有序参与、各方合力推进的格局更加完善，为发展具有中国特色、世界水平的现代教育提供制度支撑。

《意见》指出，要健全立德树人系统化落实机制。强调要构建以社会主义核心价值观为引领的大中小幼一体化德育体系。针对不同年龄段学生，科学定位德育目标，合理设计德育内容、途径、方法，使德育层层深入、有机衔接，推进社会主义核心价值观内化于心、外化于行。深入开展理想信念教育，引导学生坚定拥护中国共产党领导，树立中国特色社会主义共同理想，增强中国特色社会主义道路自信、理论自信、制度自信、文化自信。深入开展以爱国主义为核心的民族精神和以改革创新为核心的时代精神教育、道德教育、社会责任教育、法治教育，加强中华优秀传统文化和革命文化、社会主义先进文化教育。健全全员育人、全过程育人、全方位育人的体制机制，充分发掘各门课程中的德育内涵，加强德育课程、思政课程。创新思想政治教育方式方法，注重理论与实践相结合、育德与育心相结合、课内与课外相结合、线上与线下相结合、解决思想问题与解决实际问题相结合，不断增强亲和力和针对性。用好自然资源、红色资源、文化资源、体育资源、科技资源、国防资源和企事业单位资源的育人功能，发挥英雄模范人物、名师大家、学术带头人等的示范引领作用，挖掘校史校风校训校歌的教育作用，充分发挥学校党、共青团、少先队组织的育人功能。加强学校教育、家庭教育、社会教育的有机结合，构建各级党政机关、社会团体、企事业单位及街道、社区、镇村、家庭共同育人的格局。要注重培养支撑终身发展、适应时代要求的关键能力。在培养学生基础知识和基本技能的过程中，强化学生关键能力培养。培养认知能力，引导学生具备独立思考、逻辑推理、信息加工、学会学习、语言表达和文字写作的素养，养成终身学习的意识和能力。培养合作能力，引导学生学会自我管理，学会与他人合作，学会过集体生活，学会处理好个人与社会的关系，遵守、履行道德准则和行为规范。培养创新能力，激发学生好奇心、想象力和创新思维，养成创新人格，鼓励学生勇于探索、大胆尝试、创新创造。培养职业能力，引导学生适应社会需求，树立爱岗敬业、精益求精的职业精神，践行知行合一，积极动手实践和解决实际问题。要建立促进学生身心健康、全面发展的长效机制。切实加强和改进体育，改变美育薄弱局面，深入开展劳动教育，加强心理健康教育和国防教育。

《意见》指出，要创新学前教育普惠健康发展的体制机制。强调要鼓励多种形式办园，有效推进解决入园难、入园贵问题。理顺学前教育管理体制和办园体制，建立健全国务院领导、省市统筹、以县为主的学前教育管理体制。省市两级政府要加强统筹，加大对贫困地区的支持力度。落实县级政府主体责任，充分发挥乡镇政府的作用。以县域为单位制定幼儿园总体布局规划，新建、改扩建一批普惠性幼儿园。鼓励社会力量举办幼儿园，支持民办幼儿园提供面向大众、收费合理、质量合格的普惠性服务。要加强科学保教，坚决纠正“小学化”倾向。遵循幼儿身心发展规律，坚持以游戏为基本活动，合理安排幼儿生活作息。加强幼儿园质量监管，规范办园行为。

《意见》指出，要完善义务教育均衡优质发展的体制机制。强调要建立以学生发展为本的新型教学关系。改进教学方式和学习方式，变革教学组织形式，创新教学手段，改革学生评价方式。要切实减轻学生过重课外负担。提高课堂教学质量，严格按照课程标准开展教学，合理设计学生作业内容与时间，提高作业的有效性。建立健全课后服务制度，鼓励各地各校根据学生身心发展特点和家长需求，探索实行弹性离校时间，提供丰富多样的课后服务。改善家庭教育，加强家庭教育指导服务，帮助家长树立正确的教育观念，合理安排孩子的学习、锻炼和休息时间。规范校外教育培训机构，严格办学资质审查，规范培训范围和内容。营造健康的教育生态，大力宣传普及适合的教育才是最好的教育、全面发展、人人皆可成才、终身学习等科学教育理念。要着力解决义务教育城乡发展不协调问题。统一城乡学校建设标准、城乡教师编制标准、城乡义务教育学校生均公用经费基准定额，加快建立义务教育学校国家基本装备标准。实施消除大班额计划。切实改变农村和贫困地区教育薄弱面貌，着力提升乡村教育质量。要多措并举化解择校难题。加快义务教育学校标准化建设，加强教师资源的统筹安排，实现县域优质资源共享。改进管理模式，试行学区化管理，探索集团化办学，采取委托管理、强校带弱校、学校联盟、九年一贯制等灵活多样的办学形式。完善入学制度，统筹设计小学入学、小升初、高中招生办法。

《意见》指出，要完善提高职业教育质量的体制机制。强调要健全德技并修、工学结合的育人机制。坚持以就业为导向，着力培养学生的工匠精神、职业道德、职业技能和就业创业能力。坚持学中做、做中学，推动形成具有职业教育特色的人才培养模式。完善专业动态调整机制，完善教学标准，创新教学方式，改善实训条件，加强和改进公共基础课教学，严格教学管理。大力增强职业教育服务现代农业、新农村建设、新型职业农民培育和农民工职业技能提升的能力。要改进产教融合、校企合作的办学模式。健全行业企业参与办学的体制机制和支持政策，支持行业企业参与人才培养全过程，促进职业教育与经济社会需求对接。充分发挥行业主管部门的指导、评价和服务作用，支持行业组织推进校企合作、发布人才需求信息、参与教育教学、开展人才质量评价。明确企事业单位承担学生社会实践和实习实训的职责义务和鼓励政策。

《意见》指出，要健全促进高等教育内涵发展的体制机制。强调要创新人才培养机制。高等学校要把人才培养作为中心工作，全面提高人才培养能力。不同类型的高等学校要探索适应自身特点的培养模式，着重培养适应社会需要的创新型、复合型、应用型人才。把创新创业教育贯穿人才培养全过程，建立健全学科专业动态调整机制，完善课程体系，加强教材建设和实训基地建设，完善学分制，实施灵活的学习制度，鼓励教师创新教学方法。深入推进协同育人，促进协同培养人才制度化。要深化科研体制改革，坚持以高水平的科研支撑高质量的人才培养。加大基础研究支持力度，大力开展有组织的科研活动，完善创新平台体系，建设相对稳定的高等学校基本科研队伍，深化技术转移和成果转化机制改革。加大哲学社会科学研究支持力度，完善中国特色哲学社会科学学科体系、学术体系、话语体系，构建中国特色的学术标准和学术评价体系。加强高等学校智库建设，推进高等学校开展前瞻性、政策性研究，积极参与决策咨询。全面推进科研评价机制改革，加强学术道德建设。要完善依法自主办学机制。依法落实高等学校办学自主权，完善中国特色现代大学制度，坚持和完善党委领导下的校长负责制，发挥党委领导核心作用。要改进高等教育管理方式。研究制定高等学校分类设置标准，制定分类管理办法，促进高等学校科学定位、差异化发展，统筹推进世界一流大学和一流学科建设。

《意见》指出，要推进普通高中育人方式改革，深化普通高中教育教学改革，稳妥推进高考改革；要完善民族教育加快发展机制，建立民族团结教育常态化机制，深入推进爱国主义教育和民族团结教育进教材、进课堂、进头脑，加大对少数民族和民族地区教育支持力度；要完善特殊教育融合发展机制，改进特殊教育育人方式，强化随班就读，建立健全融合教育评价、督导检查和支持保障制度；要健全支持和规范民办教育发展的制度，健全财政、土地、登记、收费等方面支持民办学校发展的相关政策，健全监管机制；要以拓宽知识、提升能力和丰富生活为导向，健全促进终身学习的制度体系。

《意见》指出，要创新教师管理制度。强调要健全加强师德建设长效机制。把教师职业理想、职业道德教育融入培养、培训和管理全过程，构建覆盖各级各类教育的师德建设制度体系。在准入招聘和考核评价中强化师德考查。实施师德师风建设工程，建立教师国家荣誉制度，加快形成继承我国优秀传统、符合时代精神的尊师重教文化，创造良好的教书育人环境。要改进各级各类教师管理机制。落实幼儿园教职工配备标准，严格中小学教师资格准入，健全职业院校双师型教师管理制度，深化高等学校教师管理制度改革，改进特殊教育学校教师管理制度。要切实提高教师待遇。完善中小学教师绩效工资制度，改进绩效考核办法，使绩效工资充分体现教师的工作量和实际业绩，确保教师平均工资水平不低于或高于当地公务员平均工资水平。落实艰苦边远地区津贴、乡镇工作补贴，以及集中连片特困地区和艰苦边远地区乡村教师生活补助政策。完善老少边穷岛等贫困艰苦地区教师待遇政策，依据艰苦边远程度实行差别化补助，做到越往基层、越往艰苦地区补助水平越高。进一步完善特殊教育教师工资保障机制和职业院校内部收入分配激励机制，扩大高等学校收入分配自主权。

《意见》指出，要健全教育投入机制。强调要完善财政投入机制。合理划分教育领域财政事权和支出责任，明确支出责任分担方式，依法落实各级政府教育支出责任，健全各级教育预算拨款制度和投入机制，合理确定并适时提高相关拨款标准和投入水平，保证国家财政性教育经费支出占国内生产总值比例一般不低于4%，确保一般公共预算教育支出逐年只增不减，确保按在校学生人数平均的一般公共预算教育支出逐年只增不减。各地应结合实际制定出台公办幼儿园、普通高中生均拨款或生均公用经费标准，逐步健全各级各类教育经费投入机制。国家财政性教育经费使用，坚持向老少边穷岛地区倾斜，向家庭经济困难学生倾斜，向薄弱环节、关键领域倾斜。要完善教育转移支付制度，合理安排一般性转移支付和专项转移支付，加大省级统筹力度。要加强经费监管，确保使用规范安全，提高经费使用效益。要完善学生资助体系，进一步完善各级各类教育全覆盖、奖助贷勤补免多元化的学生资助制度体系。完善国家奖学金、助学金政策，完善国家助学贷款机制，提高资助精准度。

《意见》指出，要健全教育宏观管理体制。强调要完善教育标准体系，研究制定从学前教育到高等教育各学段人才培养质量标准，完善学校办学条件标准。要建立健全教育评价制度，建立贯通大中小幼的教育质量监测评估制度，建立标准健全、目标分层、多级评价、多元参与、学段完整的教育质量监测评估体系，健全第三方评价机制，增强评价的专业性、独立性和客观性。要完善教育督导体制，促进教育督导机构独立行使职能，落实督导评估、检查验收、质量监测的法定职责，完善督学管理制度，提高督学履职水平，依法加强对地方各级政府的督导，依法加强对学校规范办学的督导，强化督导结果运用。要完善教育立法和实施机制，提升教育法治化水平。要提高管理部门服务效能，建立和规范信息公开制度。

《意见》最后强调，要做好深化教育体制机制改革的组织实施。要全面加强党对教育工作的领导，坚持党管办学方向、党管改革，充分发挥党委总揽全局、协调各方的领导核心作用，健全党委统一领导、党政齐抓共管、部门各负其责的教育领导体制。要完善推动教育改革的工作机制，建立健全教育改革统筹决策、研究咨询、分工落实、督查督办、总结推广的改革工作链条，充分发挥国家教育体制改革领导小组统筹谋划职能，充分发挥国家教育咨询委员会的作用，完善省级教育改革领导体制。健全教育改革的试点、容错、督查、推广机制。加强教育改革干部队伍建设，配齐配强教育改革力量，确保各项改革举措有谋划、有部署、有落实、有成效。

（原载《人民日报》2017年9月25日第1版）

中办印发《中国共产党党委（党组）理论学习中心组学习规则》

新华社北京 3 月 30 日电　近日，中共中央办公厅印发了《中国共产党党委（党组）理论学习中心组学习规则》（以下简称《规则》），并发出通知，要求各地区各部门认真遵照执行。

党委（党组）理论学习中心组学习，是建设学习型服务型创新型的马克思主义执政党、提高党的执政能力和领导水平的重要途径，是中国共产党一个独特的政治优势。这次制定颁布《规则》，是以习近平同志为核心的党中央高度重视中心组学习的重要体现，是贯彻党的十八大和十八届三中、四中、五中、六中全会精神，深化全面从严治党、坚持思想建党与制度治党相结合的重要举措。《规则》作为关于中心组学习的一部专门党内法规，对于推动理论武装工作深入开展，提高领导干部的理论水平和工作能力，加强领导班子思想政治建设，具有十分重要的意义。

《规则》以党章为根本遵循，明确党委（党组）理论学习中心组学习以政治学习为根本，以深入学习中国特色社会主义理论体系为首要任务，以深入学习贯彻习近平总书记系列重要讲话精神为重点，以掌握和运用马克思主义立场、观点、方法为目的，坚持围绕中心、服务大局，坚持知行合一、学以致用，坚持问题导向、注重实效，坚持依规管理、从严治学。

《规则》共 5 章 17 条，对党委（党组）理论学习中心组学习的性质定位原则、内容形式要求、组织管理考核等方面做出明确规定。《规则》要求，各级党委（党组）应当把中心组学习列入重要议事日程，纳入党建工作责任制，纳入意识形态工作责任制。各级党委（党组）对本级中心组学习负主体责任，对本地区本部门本单位的中心组学习负领导责任，党委（党组）书记是中心组学习第一责任人，党委（党组）负责宣传思想工作的成员是中心组学习直接责任人，中心组成员应当发挥“关键少数”的示范和表率作用。

（原载《人民日报》2017 年 3 月 31 日第 1 版）

刘云山在构建中国特色哲学社会科学工作座谈会上强调

深入贯彻习近平总书记重要讲话精神　努力谱写当代中国哲学社会科学新篇章

新华社北京 5 月 17 日电　在习近平总书记在哲学社会科学工作座谈会上的重要讲话发表一周年之际，中宣部在京召开构建中国特色哲学社会科学工作座谈会暨 2017 年度国家社科基金项目评审工作会议。中共中央政治局常委、中央书记处书记刘云山出席会议并讲话，强调要深入贯彻习近平总书记重要讲话精神和对中国社会科学院建院 40 周年的重要指示，贯彻党中央关于加快构建中国特色哲学社会科学的决策部署，强化责任担当、坚定文化自信、提升原创能力，努力谱写当代中国哲学社会科学新篇章。

座谈会上，5 位同志先后发言，大家认为在习近平总书记重要讲话精神鼓舞下，哲学社会科学战线牢记责任、积极行动，推动哲学社会科学工作呈现新气象；表示要抓住难得机遇、巩固良好态势，把构建中国特色哲学社会科学作为中心任务，更好担负起为党和人民述学立论、建言献策的光荣使命。

刘云山指出，坚持以马克思主义为指导是中国特色哲学社会科学的灵魂所在、优势所在。要深入学习贯彻习近平总书记系列重要讲话精神和治国理政新理念新思想新战略，深入研究阐释系列重要讲话的重大意义、丰富内涵和科学体系，掌握贯穿其中的马克思主义立场观点方法，把正确政治方向、价值取向、研究导向体现到哲学社会科学各学科各领域。要深入实施马克思主义理论研究和建设工程，深化马克思主义基本原理研究，深化马克思主义中国化成果研究，加强对重大实践经验的总结提炼，提高对深层次思想理论问题的辨析引导水平。

刘云山说，提升原创能力是构建中国特色哲学社会科学的重要着力点。要立足当代中国实际，用中国理论解读中国实践，用中国实践丰富中国理论，在守正出新、博采众长中推进理论创新和学术创新，做中国学术的创造者、世界学术的贡献者。要坚持问题导向，深入研究改革发展稳定和我们党在新形势下治国理政的重大理论和现实问题，解决各学科专业重点难点问题。要加强统筹规划，发挥评价标准导向作用、重点工程项目带动作用，加快形成布局合理的学科体系、植根中国的学术体系、融通中外的话语体系，为构建中国特色哲学社会科学提供有力支撑。

刘云山强调，各级党委要切实履行对哲学社会科学工作的领导责任，一手抓繁荣发展、一手抓引导管理，加强社科研究单位党的建设和领导班子建设，加强人才队伍建设，加大政策保障和支持力度，为繁荣发展哲学社会科学营造良好环境。哲学社会科学工作者要树立为人民做学问的理想，弘扬良好学术道德，潜心钻研、勇攀高峰，推出更多标注时代的精品力作。

刘奇葆主持会议，刘延东出席会议。

（原载《光明日报》2017年5月18日第3版）

·学科综述·

概 述

本栏目包含2017年度北京地区哲学社会科学14个学科的综述文章55篇，研究北京的综述文章7篇。综述作者均为首都哲学社会科学界重要学术机构的知名学者、学科带头人及有较高学术水平的研究人员。这些学科综述文章较为客观地记述并分析了本年度相关研究领域的重点研究方向、科研项目、学术活动、学术观点和学术成果。还收录了《光明日报》载《2017年度中国十大学术热点》和《北京日报》载《2017年理论学术研究观点要览》《2017年理论视野中的十大热点》等文章。

马克思主义

马克思主义经典著作研究

彭萍萍

2017年首都学术界对于马克思主义经典著作的出版与研究工作持续推进，学术交流深入进行，取得了很多重要学术成果。现概述如下：

一、关于《德意志意识形态》的研究

《德意志意识形态》（以下简称《形态》）标志着马克思主义哲学的诞生，在马克思主义发展史上占有非常重要的地位。近年来，《形态》的编辑原则、蕴含的哲学思想及其历史地位引起了广泛关注。

1. 关于《形态》文本

一些西方学者认为，《形态》的“费尔巴哈章”各部分间缺少逻辑联系，因而这一章根本就不存在。对此，学者指出，这是对“费尔巴哈章”的误解，认为该章各部分看似散乱的内容，在思想上具有内在联系，其逻辑结构构成一种完整的历史观。它把物质生活资料的生产视为历史的前提与基础，用人与环境的相互作用解释自然、社会、人的协同发展。这是一种“大唯物史观”，是马克思恩格斯真正的唯物主义历史观。“费尔巴哈章”是“大唯物史观”思想的初次表述。没有认识到“费尔巴哈章”的“大唯物史观”，是西方否定“费尔巴哈章”甚至整个《形态》理论价值的根本原因。①

还有学者比较研究《形态》与《1844年经济学哲学手稿》（以下简称《手稿》），认为二者之间既不存在无法逾越的鸿沟，也非比肩并立的姊妹篇。两者的共同旨趣在于走向共产主义，但在共产主义思想的创生路径、理论内涵、言说话语以及实现途径上又存在着较大的差异。《形态》中的共产主义思想至少在以下3个方面超越了《手稿》：(1)《形态》中的共产主义是一个完整的思想体系，这是《手稿》中所无法比拟的。(2)《形态》中的共产主义代表着共产主义的社会制度，这是《手稿》中少有关涉的。(3)《形态》中的共产主义意味着现实的工人运动，即共产主义运动，这是《手稿》中所少有问津的。应该说，《手稿》的功绩不容忽视，《形态》的伟大更不可低估，不能用《手稿》来否定《形态》，也不能借《形态》来轻视《手稿》。②

2. 关于《形态》蕴含的思想及地位评价

有学者指出，《形态》不仅是历史唯物主义基本形成的标志性著作，而且是整个马克思主义基本形成的标志性著作。它从资产阶级政治经济学的性质、封建社会的经济结构和社会结构、资本主义生产方式的产生过程、资产阶级和无产阶级产生和形成的过程4个方面阐释其中论述的政治经济学的基本原理；从实现共产主义的基本前提、共产主义革命的特点、共产主义社会的基本特征、批判“真正的社会主义”4个方面阐释其中论述的科学社会主义的基本原理。③

有学者进一步指出，《形态》作为历史唯物主义诞生过程中的重要节点，它标志着马克思恩格斯创立历史唯物主义思想历程的第一个阶段的完成。作为批判德国哲学阶段结束的标志之一，就是在其中第一次系统阐述的社会形态思想，在此比较完整地展示了其新世界历史观思想、历史唯物主义的总体性思想的雏形。④

还有学者指出，在《形态》中，马克思恩格斯基于唯物史观的理论前提，立足于共产主义社会的“状况”“理想”“运动”，全面揭示了科学共产主义的本质特征和思想体系，划清了与德意志意识形态家关于共产主义说教的原则界限，是科学共产主义理论诞生的重要标志。学者进一步指出，只有坚持整体性、重点论和发展的观点和方法，才能准确把握《形态》中的科学共产主义思想。⑤

另有学者指出《形态》是研究马克思历史哲学思想的最重要的文本之一。在这本著作中，马克思站在新唯物主义立场上，不仅明确了历史是现实的历史；而且还发现了历史演进的机理，即生产与交往；虽然还没有形成比较系统的世界历史理论，但首次明确地提出历史向世界历史转变这一科学论断，标志着马克思科学历史观的形成。⑥

二、关于《共产党宣言》的研究

《共产党宣言》的发表标志着马克思主义的诞生，学界一直重视对这一文本及其蕴含的思想进行研究。

1. 关于《共产党宣言》文本

众所周知，《共产党宣言》是由马克思和恩格斯共同署名的，但学界对其主要作者一直存在争论，甚至认为二人的思想不一致。对此，有学者通过比较两份草稿和《共产党宣言》的结构、用词和内容，认为马克思和恩格斯的合作并不是一时兴起的选择，而是马克思主义理论中的重要因素。马克思的深厚哲学功底和政治追求、恩格斯的丰富社会经验和经济思想，都在《共产党宣言》以及其他合作著作中相得益彰，并对他们各自的研究产生了重大影响。他们两人的理论贡献是旗鼓相当的，他们的思想根本上是一致的。⑦

《共产党宣言》博古译本是新中国成立前中文世界发行规模与传播范围首屈一指的马克思主义经典文献。有学者对《共产党宣言》博古译本进行文本考察，确证其翻译底本为俄文版。关于其版本与发行，学者从《共产党宣言》中文全译本出版史的角度，考证认为，印有“马克思、恩格斯”字样的版本为博古译本首版本。对于学界关于这一版本“估计有几百万册”发行量的说法，学者考证认为，《共产党宣言》博古译本出版数量约为622500册，其数量远远超过其他几个中文译本总和，但绝不会是“估计有几百万册”。博古译本不仅对当时的马克思主义理论学习提供了重要的文本，而且在译本的结构与术语语句翻译两个方面对后来的译本产生了重要影响。这给予今天马克思主义经典文献翻译与传播工作以新的启示。⑧

2. 关于《共产党宣言》蕴含的思想及地位评价

有学者指出，《共产党宣言》第一次系统阐述了科学社会主义的理论。马克思、恩格斯对这一理论不仅有充分的论证，而且对当时反动的社会主义流派、保守的或资产阶级的社会主义流派、批判的空想的社会主义和共产主义流派等社会主义思潮进行了批判。⑨

还有学者指出，在《共产党宣言》中，马克思恩格斯依据唯物主义历史观的理论逻辑，曾对资本主义发展趋势做出过3个预测：(1)资本主义的发展必然导致资本主义社会阶级结构与阶级对立状况日益简单化的趋势，整个社会日益分裂成两大对立的阶级——资产阶级与无产阶级，而其他的中间阶级则随着资本主义的发展日益走向消灭或消亡。(2)资本主义创造了庞大的生产力与社会物质财富，但社会财富却日益地向少数人手上集中，社会贫富分化的鸿沟将呈现出日益扩大的趋势。（3）资本主义生产方式所固有的生产的社会化与生产资料私人占有的矛盾，必然导致资本主义经济的周期性经济危机。《共产党宣言》诞生170年以来资本主义发展的历史使马克思、恩格斯的上述预测得到了充分的验证，从而也显示了作为3个预测的理论基础的唯物主义历史观的科学性与力量。[⑩]

所有制问题是一个重大的理论与现实问题。《共产党宣言》中关于“消灭私有制”的论述是马克思、恩格斯所有制理论的一个重要文本。有学者从《共产党宣言》文本出发，讨论了“消灭私有制”的中文版翻译的版本问题和历史背景，认为历史经验和现实发展都证明，马克思、恩格斯的科学社会主义与空想社会主义的界限在于一个是扬弃私有制，一个是消灭私有制。[⑪]

也有学者指出，近20年学界以《共产党宣言》中“消灭私有制”为理论突破口，围绕所有制变革的方式、对象、条件、结果展开一系列研究，提出了许多新观点和新见解，指出在进一步推动所有制问题研究方面，可从以下3个方面入手：（1）充分理解“消灭/扬弃私有制”内含的“文本/现实”相互建构和不同的话语趋向；（2）全面把握文本中“消灭私有制”的基本内涵，准确理解其精神实质；（3）注意“私有制”与“私有财产权”的区别，不能将两者混为一谈而一并否定，也不能将两者对立割裂开来。[⑫]

还有学者探讨财产占有对无产阶级革命的影响问题，指出，在《共产党宣言》中，马克思、恩格斯曾从财产占有状况考察“中间等级”和“流氓无产阶级”的革命态度，指出比较宽裕的中间等级和极端贫穷的流氓无产阶级面临无产阶级革命时，或暧昧摇摆，或极端反动，只有财产占有状况介于二者之间的真正的无产阶级，才具有彻底的革命性和实现“赤旗的世界”的胸怀。[⑬]

三、关于《资本论》及其手稿的研究

1867年，《资本论》第1卷德文第1版在德国汉堡正式出版。它的基本思想和基本原理，历经一个半世纪，经久不衰，在人类思想史上不断创造着奇迹。今年是《资本论》正式出版150周年，首都学术界举行了一些以此为主题的学术活动，对其专题研究也成为今年的热点。

1. 关于《资本论》文本

为纪念《资本论》出版150周年，中央编译局推出了《马克思恩格斯全集》中文第2版第42卷（《资本论》第1卷德文第1版）和第43卷（《资本论》第1卷法文版）。第42卷以《资本论》第1卷1867年德文版为底本，同时参考收录该版的《马克思恩格斯全集》历史考证版（MEGA）第2部分第5卷，而MEGA共收录《资本论》第1卷的6个不同版本。《马克思恩格斯全集》中文第2版在收入《资本论》第1卷德文第1版时，对该版1987年以单行本形式印行的中译文做了全面修订，并编写了翔实可靠的资料。[⑭]

学者指出，尽管自从《资本论》第2卷出版以来，对恩格斯编辑工作的争议就没有中断过，但恩格斯出版《资本论》第2卷为马克思主义做出了不可磨灭的贡献。如果恩格斯没有出版《资本论》第2、3卷，那么马克思主义事业将遭受巨大损失，人们至今能够看到的也还只是马克思的各个手稿。当前对恩格斯的刊印稿同马克思的手稿作对比研究，是当前国际学术界的一个热点。我们要深入理解《资本论》创作史和接受史，也必须推进这一研究。[⑮]

有学者梳理《资本论》创作史，指出大致可以分为5个时期：第一个时期（1843—1857），可以给个标题叫作“从《克罗伊茨纳赫笔记》到《伦敦笔记》”；第二个时期（1857—1861），马克思创作了《政治经济学批判（1857—1858年手稿）》，并以此为基础发表了《政治经济学批判（第一分册）》；第三个时期（1861—1863），马克思创作了《政治经济学批判（1861—1863年手稿）》；第四个时期（1863—1867），马克思创作了《资本论（1863—1865年手稿）》，并以此为基础发表了《资本论》第1卷；第五个时期（1867—1883），马克思创作了《资本论（1867—1882年手稿）》，同时出版了《资本论》第1卷德文第2版、法文版，着手出版第1卷德文第3版，并且广泛研究了政治经济学的诸多问题和世界经济的最新发展。[⑯]

有学者将《资本论》在中国的翻译、传播和接受史分为4个时期：（1）19世纪末至20世纪20年代，《资本论》的原理初步传入中国；（2）20世纪20年代至1949年，《资本论》中文部分译本和全译本诞生，《资本论》研究进一步展开，其原理被运用于中国革命；（3）1949年至20世纪70年代末，《资本论》翻译和传播进入全新阶段，其原理被运用于社

会主义建设的探索；（4）20 世纪 70 年代末至今，《资本论》的翻译、研究取得重大成果，其传播向纵深发展。⑰

还有学者认为，当代对《资本论》及其手稿的诠释主要有 3 种路径：（1）是以早期西方马克思主义为代表的总体、历史和人本主义的诠释路径，他们强调青年和晚年马克思的“一致性”，以及现象与本体、形式与内容、客观与主观之间的历史性与认识论张力；（2）是以阿尔都塞和奈格里为代表的政治、对抗、起源的诠释路径，他们强调“断裂”，以及支配与从属、压迫与反抗、起源与结构之间的权力与政治逻辑；（3）是以新辩证法和价值形式学派为代表的“客观主义”阅读路径，他们依托文本，着重研究了资本主义内部的普遍与特殊、质与量、形式性与实体性之间的矛盾与辩证运动逻辑。3 种路径从不同的侧面突显了《资本论》及其手稿中丰富的哲学思想内涵。⑱

有学者从《资本论》手稿中的“四种生产方式论”来探讨“三种社会形态论”与“五种社会形态论”的关系问题，指出，不能仅仅基于《1857—1858 年经济学手稿》的“三种社会形态论”表述，局限于交换关系层面来理解，而应该基于《资本论》从生产关系层面重新理解其深刻内涵。同时，也不能仅仅从历史进程的先后次序性角度把“四种生产方式论”简单化，而是应当从历史规律的深刻视角来把握其复杂内涵。“三种社会形态论”与“四种生产方式论”之间的联系和区别，表明了二者之间的有机统一性，其实质是普遍规律与多元道路、历史规律与主体活动的统一性。⑲

2. 关于《资本论》蕴含的思想及地位评价

有学者指出，在《资本论》中，马克思运用辩证唯物主义和历史唯物主义的世界观和方法论，在对英国古典政治经济学进行批判并吸取其中科学成分的基础上，阐释了资本主义社会的经济运动规律和资本主义制度产生、发展和必然为新的社会制度所代替的历史规律，为科学社会主义奠定了理论基础。它承载马克思唯物史观和剩余价值学说这两大发现，揭示了经济学一般原理：（1）政治经济学的基本立场，即代表无产阶级和广大人民群众的根本利益。（2）根本方法论，即辩证唯物主义和历史唯物主义。（3）商品经济、社会化大生产的一般规律。包括劳动价值理论、分工协作理论、提高劳动生产率理论、商品生产商品交换理论、价格和价值规律理论、时间节约规律理论、货币及货币流通规律理论等。（4）在剖析资本主义基本矛盾运动发展趋势的基础上，揭示人类社会发展一般规律，以及据此对未来社会科学预测得出的理论。包括共产主义第一阶段和高级阶段理论、全社会占有生产资料的理论、按劳分配理论、按比例分配社会劳动理论、有计划组织生产理论等。实践的发展越来越证明，这些基本原理不仅没有过时，相反它依然放射着真理的光芒，依然具有现实的指导意义，这是《资本论》的当代价值所在，是我们要把《资本论》作为必修课、坚持学习继承马克思《资本论》中揭示的政治经济学基本原理的根本原因。⑳

有学者指出，《资本论》作为最重要的马克思主义经典著作之一，主要从资本主义的历史暂时性和共产主义的必然性、共产主义的物质基础、生产资料所有制、产品生产和交换方式、经济计划和按比例发展等方面研究共产主义的经济特征，是极其宝贵的理论财富。㉑

有学者指出，应当从《资本论》本身的批判逻辑这一内在视角出发，研究历史唯物主义的发展。在资本逻辑批判这一总问题的统摄下，《资本论》深化和发展了历史唯物主义所具有的物质性与社会性、主体性与客体性、普遍性与特殊性的内在张力。这 3 种张力既是马克思主义发展史上的争论焦点，又是深刻理解马克思主义的思想质点，并进一步构成了马克思主义当代创新的理论生长点。在马克思主义发展史上，历史唯物主义的内在张力曾经被消解而导致理论的蜕变。发掘和激活《资本论》历史唯物主义思想的内在张力，对于科学理解中国道路的世界历史意义、全面发展 21 世纪中国的马克思主义具有重要意义。㉒

针对我国学界对马克思生产力理论的理解还存在一些误区与盲区，马克思的《资本论》中有丰富、科学的生产力理论，我们需要准确把握。生产力二要素、三要素论均不符合马克思有关论述的原意和社会生产实践。我们要弄清马克思讲的生产力的简单要素和新发展要素。马克思十分重视科学技术作为独立的生产力要素的重要作用，要充分挖掘。马克思关于生产力发展方式和规律的理论，如扩大再生产中的外延型与内涵型、粗放型与集约型经营，按比例平衡发展，促进人与自然的和谐等思想，需要被充分挖掘和利用。㉓

生产关系是《资本论》矢志不渝的研究对象。

《资本论》关于生产关系的研究涉及多个层面，既表现为从交往关系角度研究生产关系，也表现为以生产资料所有制为基础研究生产关系，既表现为从总体规定性角度研究生产关系，也表现为以生产力的发展变化研究生产关系。马克思在创立马克思主义政治经济学过程中对生产关系研究的确定和内涵的丰富，足以反映出《资本论》关于生产关系研究的整体框架。这些层面作为一个整体，在《资本论》中得到了完整而充分的展现。[24]

资本和雇佣劳动关系的分析是马克思《资本论》的主线。在《资本论》中，马克思以资本主义生产关系为对象，运用总体规定性方法，在创建劳动价值论、剩余价值论、资本积累论、资本再生产论中，分析了资本和雇佣劳动的交换关系、生产关系、分配关系和消费关系，批判了资本主义制度的剥削性，揭示了现代资本主义生产方式的内在矛盾。研究《资本论》，必须从整体上把握马克思对资本和雇佣劳动关系的分析。[25]

关于《资本论》的当代价值，学者指出，《资本论》既揭示了资本主义的野蛮性，也揭示了其历史进步性，使我们能够客观地认识资本主义的产生、运行和发展机制。《资本论》发表以来的150年里，世界虽然发生了一系列重大变化，但至今我们认识资本主义及其在当代发展，依然应该遵循《资本论》所揭示的基本原理和规律。[26]

学者指出，研究和讨论《资本论》的当代价值对于批判马克思主义过时论，用《资本论》指导实践具有重要意义。其创新思想为21世纪马克思主义政治经济学的建立提供了科学指导；对于我们深化对人类社会发展规律的认识，为人类社会发展贡献“中国方案”提供了依据；其分析框架和体系结构为建立中国特色社会主义政治经济学奠定了基础；其经济危机和经济周期理论，是分析当代资本主义经济危机问题的重要理论武器，同时为中国有效应对宏观经济波动提供了应对策略，等等。[27]

也有学者指出，《资本论》构建体系结构的方法论是我们今天构建中国特色社会主义政治经济学理论体系的指导。我们要在继承马克思的基础上，借鉴人类文明成果，特别是在总结中国的实践经验和理论进展的基础上构建我们的结构，不提倡简单照抄、提倡创新，但是不排除模拟、借鉴、吸取《资本论》体系结构中有益的东西，也不排除集成马克思《资本论》的体系结构。[28]而《资本论》关于唯物史观的运用，为中国特色社会主义经济学的理论研究和体系建构融入唯物史观奠定了科学的基础。[29]

四、关于《帝国主义是资本主义的最高阶段》的研究

《帝国主义是资本主义的最高阶段》（又称《帝国主义论》）是列宁的重要著作，学者认为它是《资本论》的姊妹篇，是帝国主义时代的《共产党宣言》。

1. 关于《帝国主义是资本主义的最高阶段》文本

针对长期以来学界对列宁《帝国主义论》一书的俄文版序言、法文版和德文版序言的研究还不够充分的情况，有学者指出深化对两篇序言的研究，可以帮助我们理解《帝国主义论》一书的精神实质，具有重要的历史和理论意义。学者指出，两篇序言尽管在撰写的时间和内容侧重点上有所不同，但它们都作为《帝国主义论》的一部分，是作为序言处于整本书的文本结构之中的。其内容既是对正文写作情况的说明，又是对正文有关内容的深度补充，更是对帝国主义论非经济方面内容的多角度阐发，包括对帝国主义战争及其根源的分析、对第二国际考茨基主义等思潮和错误思想的批判和对帝国主义时代世界无产阶级革命形势发展的分析，这些内容有利于扩充对《帝国主义论》的文本理解，有利于超越对《帝国主义论》的局限性理解。[30]

2. 关于《帝国主义是资本主义的最高阶段》蕴含的思想及其地位评价

学者指出，《帝国主义是资本主义的最高阶段》的内容除序言外，共包括生产集中和垄断、银行和银行的新作用、金融资本和金融寡头、资本输出、资本家同盟瓜分世界、大国瓜分世界、帝国主义是资本主义的特殊阶段、资本主义的寄生性和腐朽、对帝国主义的批评、帝国主义的历史地位等10章，是完整系统研究帝国主义的光辉著作，是马克思主义发展到列宁主义阶段的一个重要标志。它坚持从经济基础看问题，从历史长周期看问题，从两点论看问题，因而所阐明的基本原理和基本方法对分析当今资本主义仍然有效。[31]

还有学者就列宁帝国主义理论中的时代观进行研究，指出列宁继承马克思恩格斯的时代思想，尤其是从阶级关系变化的角度出发，详尽地论述了帝国主义时代的起始时间、主要内容、处于时代中心地位的阶级和时代的发展方向，形成了帝国主义时代观。列宁帝国主义时代观对于我们科学认识当代帝国主义的本质和新形态、正确看待当今资本主义的新变化以及不断推进马克思主义时代化，具有重大的指导意义和现实价值。①划分不同的时代，要弄清楚“哪一个阶级是这个或那个时代的中心，决定着时代的主要内容、时代发展的主要方向、时代的历史背景的主要特点，等等”。②对时代进行把握要立足于现实物质生活。③要准确认识和厘清时代的本质，还应具有世界眼光。④认清时代的目的在于，通过把握时代脉搏，制定正确的政策和策略，在革命斗争中取得胜利。当前要以列宁帝国主义时代观为指导，进一步深化对当代帝国主义的本质、特征和新形态的认识；坚持列宁关于帝国主义的历史地位的论断，正确看待当代资本主义的新变化；准确掌握列宁研究时代问题的方法论，不断推进马克思主义时代化。[32]

五、关于马克思主义经典著作的研究方法

学者指出，对于任何一个真正想要学习和研究马克思主义的人来说，经典著作的研习都是一门入门课、一项基本功。在当代中国提倡研读马克思主义经典著作，要从时代问题切入，在文本研究与现实关注的结合中焕发经典著作的时代魅力，经典著作研究之路必将越走越宽广。[33]

有学者指出，从事马克思主义理论研究，必须重视文献研究，重视其基本原则和方法。要以文献作者公开发表或者审定稿为依据，立足文本本意，联系文本思想语境，透过文本本身内在逻辑，把握文本的性质。尤其要注意的是，经典作家公开发表了的或者他们的“审定稿”是研究其思想和思想史的文本依据，而“笔记”“札记”“手稿”“过程稿”则是思想形成史的基本文献。不遵循这些原则，抑或疏于文献研究的基本原则，极易造成对马克思主义思想理论的断章取义、附加、曲解乃至错误解读，引发思想理论领域的混乱，甚至掉进一些人精心设计的“逻辑圈套”和“意识形态陷阱”。[34]

有学者指出，学习和研究马克思主义经典著作，要准确理解其原意：（1）根据马克思主义经典作家当时所处的历史背景和历史条件来解读他们原著中的思想；（2）系统地阅读马克思主义经典作家的著作，把他们不同时期著作中的思想有机地联系起来加以思考；（3）用发展的观点阅读和理解马克思主义经典著作；（4）对不同的马克思主义经典作家的著作进行比较研究。[35]

有学者指出，马克思文本研究要特别处理好实证方法与总体方法的关系，要善于运用总体性方法得出科学的结论。还有学者指出，对于《德意志意识形态》的研究应当从文本表层深入到逻辑深层。还有学者主张，观察和研究应该从单一的意识形态语境转向思想史语境，从线性发展的叙事方法转向同一时期存在的多种思想资源的横向比较，唯此才有可能突破教条化理解。[36]

学者进一步指出，认真读马克思主义经典著作，必须在真学、真懂、真信、真用上下功夫，坚定不移地坚持和传播马克思主义基本原理。只有这样，才能做到理论清醒，不糊涂，在实践中不走偏，并推进中国特色社会主义理论体系不断创新发展。[37]还有学者强调，要在把马克思主义与中国优秀传统文化相结合上下功夫，推动马克思主义在中国落地生根，推动中国传统文化的创造性转化和创新性发展，推动中国现代文化的全面跃升。[38]

注：

①安启念：《〈德意志意识形态〉“费尔巴哈章”思想的逻辑结构与马克思恩格斯的唯物史观》，《哲学动态》，2017 年第 2 期。

②陈曙光、余伟如：《共产主义思想：跃迁与升华——〈1844 年经济学哲学手稿〉与〈德意志意识形态〉比较研究》，《上海师范大学学报》（哲学社会科学版），2017 年第 4 期。

③赵家祥：《马克思主义基本形成的标志性著作——〈德意志意识形态〉中的政治经济学和科学社会主义基本原理》，《贵州师范大学学报》（社会科学版），2017 年第 2 期。

④钟晓宏：《〈德意志意识形态〉之历史形态观批判——兼论历史唯物主义的历史科学性》，《前沿》，2017 年第 7 期。

⑤石云霞：《状况 · 理想 · 运动——〈德意志意识形态〉中的共产主义思想研究》，《马克思主义理论学科研究》，2017 年第 1 期。

⑥陈永盛：《论〈德意志意识形态〉的历史哲学思想》，《理论月刊》，2017 年第 1 期。

⑦许文星：《从〈共产党宣言〉的创作看马克思和恩格斯思想的一致性》，《理论月刊》，2017 年第 2 期。

⑧张远航：《〈共产党宣言〉博古译本的文本溯源与传播新考》，《马克思主义与现实》，2017 年第 1 期。

⑨高晓雁、胡晨：《〈共产党宣言〉对社会主义流

派的批判及当代价值》，《党史博采》（理论），2017年第9期。

⑩林剑：《〈共产党宣言〉关于资本主义的三个预测及其历史验证》，《马克思主义与现实》，2017年第5期。

⑪胡德平：《鉴别两种社会主义的一块试金石》，《社会科学报》，2017年1月12日。

⑫吴海江、包炜杰：对《〈共产党宣言〉中"消灭私有制"的再思考》，《马克思主义理论学科研究》，2017年第3期。

⑬宗高伟：《财产占有对无产阶级革命的影响——对〈共产党宣言〉的一种解读》，《理论观察》，2017年第7期。

⑭夏静、徐洋：《关于〈资本论〉第一卷1867年德文第一版及其中文新译本》，《马克思主义理论学科研究》，2017年第5期。

⑮徐洋：《恩格斯对〈资本论〉第二册的编辑工作——基于〈马克思恩格斯全集〉历史考证版（MEGA）的考察》，《山东社会科学》，2017年第1期。

⑯徐洋：《从创作史看〈资本论〉的现实意义——访中央编译局张钟朴研究员》，《马克思主义理论学科研究》，2017年第1期。

⑰徐洋、林芳芳：《资本论》在中国的翻译、传播和接受（1899—2017），《马克思主义与现实》，2017年第2期。

⑱鲁绍臣：《〈资本论〉及其手稿的三种诠释路径》，《教学与研究》，2017年第8期。

⑲郗戈：《"三种社会形态论"与"四种生产方式论"再研究——以〈资本论〉及手稿为中心》，《马克思主义研究》，2017年第4期。

⑳逄锦聚、吕楠：《热话题与冷思考——关于〈资本论〉及其当代价值的对话》，《当代世界与社会主义》，2017年第3期。

㉑程恩富、段学慧：《〈资本论〉中关于共产主义经济形态的思想阐释》，《经济纵横》，2017年第4、5期。

㉒郗戈：《〈资本论〉历史唯物主义思想的"内在张力"》，《北京大学学报》（哲学社会科学版），2017年第1期。

㉓卫兴华、田超伟：《论〈资本论〉生产力理论的深刻内涵与时代价值》，《中国高校社会科学》，2017年第4期。

㉔张雷声：《〈资本论〉关于生产关系的整体分析》，《当代经济研究》，2017年第4期。

㉕张雷声：《〈资本论〉关于资本和雇佣劳动关系分析的整体意蕴》，《求索》，2017年第9期。

㉖张旭：《〈资本论〉的当代价值》，《马克思主义研究》，2017年第10期。

㉗崔友平：《〈资本论〉的传播与当代价值》，《当代世界与社会主义》，2017年第3期。

㉘逄锦聚：《〈资本论〉的体系结构与中国特色社会主义政治经济学的关系》，《政治经济学评论》，2017年第3期。

㉙张雷声：《〈资本论〉的唯物史观运用与中国特色社会主义经济学》，《当代世界与社会主义》，2017年第3期。

㉚朱亚坤：《列宁〈帝国主义论〉序言要义探析》，《科学社会主义》，2017年第3期。

㉛冯颜利、廖小明：列宁《帝国主义论》的理论与现实意义，《文化软实力》，2017年第3期。

㉜毛华兵、刘苏燕：《列宁帝国主义理论中的时代观及其当代启示》，《当代世界与社会主义》，2017年第3期。

㉝孙来斌、王晓南：《十八大以来马克思主义经典著作文本研究》，《中国高校社会科学》，2017年第3期。

㉞张乾元、赵阳：《马克思主义理论文献研究方法的思考》，《马克思主义理论学科研究》，2017年第4期。

㉟赵家祥：《如何防止对马克思主义经典著作的误读和误解》，《理论视野》，2017年第6期。

㊱王莅：《〈德意志意识形态〉：从经典文本到当代现实——中国马克思主义哲学史学会2016年年会综述》，《党政干部学刊》，2017年第1期。

㊲周新城：《关于怎么理解马克思主义的几个重要问题》，《红旗文稿》，2017年第17期。

㊳杨金海：《大力推进马克思主义与中国优秀传统文化的结合》，《广西社会科学》，2017年第9期。

（作者：彭萍萍，中共中央编译局编审）

马克思主义中国化

毛 胜 唐洲雁

2017年，首都理论界、学术界继续开展马克思主义中国化与中国化马克思主义的研究，对毛泽东思想、邓小平理论、“三个代表”重要思想、科学发展观，特别是习近平新时代中国特色社会主义思想，进行了较为深入的探讨，提出了许多有价值的观点，使本学科呈现出扎扎实实地向前发展的良好态势。限于篇幅，仅对一年来首都学者在这几个方面研究的新进展作一个简要综述。

一、关于毛泽东思想

1. 关于毛泽东军事思想

2017年是中国人民解放军建军90周年，首都学者在既往研究的基础上，就毛泽东军事思想特别是他对创建人民军队的贡献进行了进一步分析和总结。有学者从在八七会议上提出重要论断到领导创建井冈山革命根据地；从与朱德等所率部队在宁冈会师到提出与阐述工农武装割据思想；从领导红四军开辟赣南、闽西根据地到主持制定或撰写若干重要文献等3个方面，考察和分析了毛泽东对以红四军初创为代表的红军初创的引领及其产生的星火燎原作用。[①]

有学者认为，在党对军队的绝对领导这一根本原则的提出和确立过程中，毛泽东做出了重要的历史贡献。早在大革命时期，毛泽东就认识到，领导权问题不在人数多少，而在是否具有绝对领导地位和实际上的领导。大革命失败后，毛泽东等人在创建人民军队过程中，首先就确定了共产党的绝对领导地位，明确把共产党的绝对领导作为人民军队的最本质属性。党对军队的绝对领导这一原则的确立，经历了严酷战争的洗礼，以及是“司令部对外”还是“党组织对外”、是“个人领导”还是“党的领导”等不同指导思想上的反复较量，通过实践的长期检验和反复教育才逐步确立下来。古田会议明确提出并确定了党对军队的绝对领导原则，对这一原则在人民军队中的逐步确立起了奠基作用。在其后的重大历史关节点上，毛泽东始终强调党对军队的绝对领导，不断重申“我们的原则是党指挥枪，而决不容许枪指挥党”，提出“领导我们事业的核心力量是中国共产党”，“军委是在党中央的领导之下进行工作”等重要论断。[②]

还有学者专题分析了毛泽东对十大军事原则的辩证思考，指出：毛泽东在革命战争和对敌斗争中的长期实践中，总结出一系列行之有效的军事原则或打仗章法，其根本点是从实际出发把握战争规律，从全局出发寻找灵活机动，从人民出发获得取胜之道。特别是他在人民解放战争中总结出来的十大军事原则，在实践效用、理论来源和群众基础上更具独特意境。毛泽东对军事原则或兵法的总结、认识和表达，既体现了他遵从唯物主义原则的求实思维，也反映了他善于提升指挥艺术的辩证思维；既反映了他在军事领域对马克思主义唯物辩证法的独到运用，也反映出他在实践中超越前人用兵之法的独特创造。[③]

2. 关于毛泽东哲学思想

有学者指出，为了提高中共应对抗日战争时局的理论水平，延安时期的毛泽东发起哲学小组，组织理论工作者和高级干部开展以辩证唯物论和军事战略问题为中心的理论研究，在学习中注重提高干部运用马克思主义理论分析革命实际的能力，并引发各类学习小组的相继成立和全党开展学习运动。发端于毛泽东哲学小组的学习活动，推动了中共理论联系实际思想方法的确立，也是毛泽东本人在历史时局转换关头理论自觉意识的体现。[④]

有学者分析了毛泽东1972年2月21日与尼克松的会谈，为什么主要围绕“哲学问题”展开，认为这不是毛泽东的提议，而是他回应尼克松的提议。之所以要围绕哲学问题展开会谈，又有其必然性，主要是基于如下因素的考虑：中美领导人会谈的目的是要取得政治上的互信；中美两国因为长期敌对，一次短时间的会谈难以解决众多问题，而重在弥合分歧；会谈要有共同话题，而毛泽东和尼克松对于哲学问题都有深入研究。同时，还应注意到，哲学问题是在围绕台湾问题的争执中逐步推出的。[⑤]

还有学者认为，毛泽东的唯物主义建立在包含着主体的世界整体性之中，是世界观与方法论的统一体。它不仅告诉人们世界的本质属性如何，而且还作为准则指导着主体的认识与实践活动。以世界本质的物质属性为基础，以内外因公式和人本质的社会性原理为工具，毛泽东的唯物主义要求主体务必通过调查研究来正确把握外在世界的客观属性，以此改造自身的主观世界，正确地解决主客体之间的矛盾。具体来讲，通过生产一线的劳动群众提供社会生活的感性材料，而后以阶级分析法对之进行理性升华，以此把握客体的本质，进而以之指导自己的实践活动，忘我地投入推动物质世界运动变化的活动当中。这种以阶级目光审视下的劳动群众为内容的唯物主义，既包含着现代性的实际原则，又有着超越和批判现代性的内涵，因此对现代的中国乃至世界，仍然具有理论和实践意义。[⑥]

3. 关于毛泽东诗词

有学者指出，在毛泽东诗词中可以看到毛泽东思想的历史脉络。“问苍茫大地，谁主沉浮?”反映了遵义会议前毛泽东思想的孕育，以《沁园春·长沙》为标志，分为早期的发蒙、立志与而立之年后的思索、探路两个阶段。“而今迈步从头越”，反映了遵义会议至新中国成立毛泽东思想的成长，分为抗战准备、抗日战争、解放战争 3 个阶段。“一万年太久，只争朝夕”，反映了新中国成立后毛泽东思想发展期的历史，分为 1949—1966 年经济技术建设和制度建设的“只争朝夕”阶段、1966—1976 年的文化和思想革命的“只争朝夕”阶段。[⑦]

有学者认为，毛泽东评价杜甫的诗是“政治诗”，其实，从“政治诗”这一视角解读毛泽东的诗词最恰当不过。毛泽东诗词与他的历史唯物主义世界观密切相关，诗词中的一些概念、范畴与其战略思想——比如“环球同此凉热”与不称霸的思想——就紧密联系在一起。从“政治诗”而不是仅从文学的视角发掘毛泽东诗词，才能更深入理解诗词的思想内涵，同时也有助于了解毛泽东的战略思想。通过对毛泽东诗词的解读，可发现其中贯穿着毛泽东的历史唯物主义人生观和审美观、马克思主义与中国革命实际相结合的思想、对中国地缘政治的思考及其运用、中国崛起的战略与策略，以及关于中国统一、新中国的教育方针、外交原则、继续革命等思想的脉络。可以说，革命和斗争是贯穿毛泽东诗词中的主题，唯物主义和人民群众创造历史的观念是毛泽东诗词的底色。[⑧]

还有学者提出，少年毛泽东的 3 首诗《赞井》《咏指甲花》《耕田歌》，来源令人质疑。尽管这三首诗被学界尤其是毛泽东诗词界的学者所接受，但它们的来历不明，内容也有些不好理解。《赞井》有学者认为它是毛泽东被罚作诗而成，有学者则认为它是毛泽东主动写成；有学者把天井混成水井甚或水池，而天井是不可能养鱼的。《咏指甲花》的创作时间难确定，它是经何人回忆出来的，作者是如何获得这首诗的也未交代清楚。《耕田歌》这首具有民间山歌风味的诗，公布者没有交代它是在何处发现的，是何人提供的；并且其题目与内容在一些书中发生了一些变化，有的句子令人费解。[⑨]

4. 其他专题

除了以上几个方面的研究成果，首都学者 2017 年对毛泽东思想其他专题的研究也取得新进展。有学者考察了毛泽东工业化思想的演变，指出：新中国成立以前，毛泽东工业化思想表现为以建立工业国为目标的新民主主义工业化构想；新中国成立后至 1957 年 2 月，毛泽东工业化思想逐步深化，转向社会主义工业化；1957 年 2 月之后，毛泽东的工业化思想从单纯的社会主义工业化转向整体层面的社会主义现代化。在毛泽东工业化思想演变过程中，既受到了中国近代工业化思想的启发和苏联工业化理论的影响，更有其自身追求民族独立、国家富强、人民幸福的内在动因。探索一条适合中国国情的工业化富强之路是毛泽东贯穿始终的价值追求。

有学者认为，毛泽东始终坚持以人民为主体的价值观念和价值取向，并把它贯彻到党的全部工作之中，深刻反映了马克思主义的世界观和方法论，从本质上体现了无产阶级运动的特点，并指明了中国革命和建设胜利的源泉。它不仅正确反映了党的历史观，而且在实践中也体现了我们的工作方向和工作过程，主要表现在党所奉行的根本宗旨、工作路线和工作方法上。在新的历史时期，必须坚信党的根基在人民、党的力量在人民，坚持一切为了人民、一切依靠人民。只有这样，我们才会战胜一切困难，无往而不胜。人民主体地位的价值观念和价值取向深刻揭示了人民群众对历史发展所起的决定作用，对我们党正确解决“为什么人”的问题奠定了科学的理论基础。

有学者分析了新中国成立后毛泽东对加强党的意识形态领导工作的思考和探索。毛泽东指出：必须牢牢把握党对意识形态工作的领导权，坚持中国共产党的领导核心地位，提高意识形态工作本领；必须坚持马克思主义在意识形态领域的指导地位，以马克思主义指导政治、经济、文化各项事业发展，指导现实运动，同时反对教条主义和修正主义，旗帜鲜明地与非马克思主义、反马克思主义思想做斗争；必须围绕党的中心工作发挥意识形态的能动作用，让意识形态工作反映并服务于经济建设这个中心任务，做好社会主义建设的“统帅”和“灵魂”；要根据不同历史时期的核心任务，制定科学合理的意识形态工作方针；要坚持原则性和策略性相结合的意识形态工作方法，使意识形态工作取得实效。[10]

还有首都学者拓宽思路，就一些难点问题进行深入探讨，充分体现了理论研究中的学术自觉和宽阔视野。比如，有学者指出毛泽东对传统文化中的“大同”概念情有独钟，在文章和著作中多次明确地把它作为自己心目中的奋斗目标和社会理想而加以使用，即此而言，毛泽东笔下的“大同”具有鲜明的民族文化特色，无疑是对传统“大同”理想的自觉传承。与此同时，毛泽东还结合时代条件和现实需要对“大同”进行阐发，从而在特征认知、空间把握、实现路径和方法策略等多个方面实现了对传统“大同”理想的超越。毛泽东晚年积极推动的人民公社化运动是当时条件下把马克思主义公有制理论与中国传统“大同”思想相结合的一种实践探索。其出发点无疑是好的，只是由于没有全面客观地把握基本国情，同时急躁冒进、急于求成，终成毛泽东“大同”理想的一次并不成功的实验。[11]

还有学者认为，毛泽东是被他所处的时代选择为领袖的。人们习惯称谓的毛泽东时代，时间范畴是1949—1976年。以毛泽东的名字来命名中国的一个时代，因为他是中国共产党、中华人民共和国、中国人民解放军的主要缔造者和主要领导者。毛泽东时代面临的历史使命，主题词就是两个字“建设”。毛泽东时代的梦想，是建立强大的社会主义国家，实现中华民族的伟大复兴，是要为实现这个梦想找到一条社会主义建设的正确道路。由于没有经验，在当时的条件下，只能摸索着尽最大努力去做，去问，去学。最终，毛泽东时代完成了中华民族有史以来最为广泛而深刻的社会变革，确立了社会主义制度，为当代中国一切发展进步奠定了根本政治前提和制度基础，为中国发展富强、中国人民生活富裕奠定了坚实基础，实现了中华民族由不断衰落到根本扭转命运、持续走向繁荣富强的历史性飞跃。[12]

二、关于邓小平理论、“三个代表”重要思想、科学发展观

1. 关于邓小平理论

有学者指出，中国特色社会主义是邓小平在改革历史关头在国家层面提出的“顶层设计”，是社会主义建设进入新历史阶段后最高层次的宏观指导理念。这一理念伴随改革提出和深化，具体体现在邓小平对建设有中国特色社会主义的主客观环境、旗帜与道路、历史阶段与根本任务、组织保障与政治保障的认识和设计上。理论界对邓小平的“顶层设计”存在很多模糊认识，科学理解邓小平“顶层设计”理念，必须准确把握邓小平“顶层设计”的提出基础与方式、设计方法与过程、层次划分与关系。[13]

有学者认为，改革开放“总设计师”之称，是全党和全国人民以及世界友好人士对邓小平在中国改革开放中所发挥重要作用的充分肯定和形象表达。邓小平所以能够成为中国改革开放的“总设计师”，是3个重要条件综合作用的结果：一是“文化大革命”的沉痛教训令人心思变是邓小平成为“总设计师”的客观条件；二是长期革命和建设生涯铸就的优秀品格和优良作风是邓小平成为“总设计师”的基本条件；三是10年中央委员会总书记职位的锻炼是邓小平成为“总设计师”的特定条件。[14]

有学者深入研究邓小平思考“小康之家”现代化目标的心路历程，指出：从“四个现代化”到“小康之家”，是新中国建立以来我们党和国家发展战略的一次重大调整和修改，我国开始走上快速发展的中国特色科学发展之路。1979年年初，邓小平在国民经济调整的第一次决策中提出“中国式现代化”的概念，随后在7月提出20世纪末人均1000美元的“小康之家”标准。1980年上半年经过集中调研和论证1000美元标准的可行性，邓小平在1981年国民经济调整的第二次决策中调整和坚持“小康之家”现代化目标的标准，并进一步深入思考后“小康之家”时期现代化建设目标，谋划70年发展蓝图。[15]

有学者专题研究了1975年整顿中邓小平关于党的建设的思考：在党的工作纲领上，要求把党的建设同党的中心任务有机结合；在党的组织建设上，把反对派性、增强党性、加强领导班子建设和落实政策有机结合；在党的作风建设上，把作风建设与制度保障、领导责任有机结合；在党的思想建设上，把恢复党的思想路线与全面学习、宣传、贯彻毛泽东思想有机结合。邓小平对党的建设思考有3个基本特点：与当时存在的极左思潮和错误做法作针锋相对的斗争，力图扭转党的建设被严重破坏的局面；在党的建设史上是连接“文化大革命”以前和新时期的重要关节点，具有承上启下的作用；为后来党的工作重点转移、邓小平理论形成及新时期加强和改进党的建设孕育了一种新的思路。[16]

有学者指出，邓小平出国留学教育思想源于对世界发展趋势的深刻认识，是对外开放思想的重要组成部分，是解放思想、实事求是思想路线的真实体现。其主要内容包括强调出国留学对人才培养的重要意义，明确开展出国留学工作的原则要求、重视鼓励出国留学人员回国发挥作用。当前，我国出国留学教育面临新的特点和挑战，留学人数和规模持续扩大，留学专业和国别选择扎堆，留学人员低龄化趋势明显，留学安全问题多样频发，留学“赤字”问题依然存在。邓小平出国留学教育思想给予我们的启示是要始终坚持出国留学教育服务国家战略需要的定位；以解决问题为导向，改进完善留学管理服务体系；以发挥作用为目的，切实加大海外留学人才的吸纳力度。⑰

值得一提的是，首都学者能够自觉联系实际，就邓小平理论若干问题进行深入探讨。比如，有学者指出，“四个全面”战略布局是改革开放行进到今天合乎历史与逻辑的结果，为我们认识邓小平的历史地位打开了新的视角。小康目标的提出标志着中国共产党治国理政思想的战略性调整，邓小平的小康理论主要有两个方面：一是“两步走”战略以及与此密切相关的经济发展速度问题；二是先富与后富的关系问题。改革开放是中国特色社会主义的历史与逻辑起点，只要中国的改革事业继续推进，就依然前进在邓小平所开辟的道路上。邓小平是国家治理现代化——法治化之路的开启者，尽管当时的法制建设还属于粗放型，其表征作用或象征意义大于法律意义。就从严治党而言，邓小平的贡献表现在两个方面：首先是前提或基础性的，主要表现为推动全党完成从革命党向执政党的转型；其次是具体要求和措施性的，主要表现为对作风建设、反腐败和组织纪律方面的严要求。⑱

有学者从“四个意识”观邓小平与千里跃进大别山，认为晋冀鲁豫野战军按照党中央的决策部署进行的这次重大军事行动中，邓小平时刻坚持正确的政治方向，为实现党中央的战略意图置生死荣辱于度外，体现了坚定的政治意识；正确认识和处理中央与地方、局部与全局、当前与长远的关系，不惜以局部损失换取全局改善，体现了突出的大局意识；坚决听从党中央和毛泽东的指挥，毫不动摇地坚持党中央的集中统一领导，维护党中央权威，体现了明确的核心意识；整肃党纪军纪，自觉执行中央决策部署，始终与党中央保持高度一致，体现了鲜明的看齐意识。在新的历史条件下，我们要继续发扬这些优良传统和政治优势。⑲

还有学者强调邓小平关于“中央要有权威”这一命题的系列论述，在治国理政方面有着丰富内涵。他提出，善于把握时机来解决中国的发展问题，最关紧要的是要有一个团结的领导核心；强调中央有权威，才能谋划全国“一盘棋”；针对改革开放方方面面的工作，指出“到什么时候都得讲政治”。维护党中央权威，是马克思主义政党建设的重大课题，是被中国共产党长期实践证明了的优良传统和独特优势。当前，中国正处在世界格局深刻调整、国际竞争日趋激烈的时代条件下，正处在国内改革全面深化、发展全面推进的重要时期，维护党中央权威的重要意义尤为突显。⑳

2. 关于“三个代表”重要思想

有学者指出，江泽民对领导干部加强党性修养十分重视，不仅对党性和党性修养做出了科学论断，推动了党性修养内容上的发展，还对党性修养的途径做出了创新。江泽民对党性和党性修养的论断主要包括：增强党性是党保持先进性的重要条件；市场经济的建立与完善需要党性来保证；对党性的要求与党肩负的任务紧密相关。江泽民对党性修养内容上的发展主要包括：思想理论素质是党员素质的灵魂；共产党人任何时候都要讲政治；共产党员要身体力行共产主义道德；坚决维护党的纪律的严肃性；党风关系党的生死存亡。江泽民对党性修养途径上的创新主要包括：在学习中不断提升党性修养；在社会主义建设实践中提升修养；在严格的党内生活中锻炼党性；党员要在一生中自觉地经受考验。学习江泽民党性修养思想无疑对推进“两学一做”，加强党员党性修养锻炼有着重要现实指导意义。㉑

3. 关于科学发展观

有学者指出，胡锦涛把党性修养作为党的建设的一个重要内容，把加强党性修养作为重大政治任务来抓。不但在党性的本质问题上做出了理论创新，还结合实践对党性锻炼的必要性和主要途径、共产党员提升党性修养的方法和着力点有着独特见解，形成鲜明特征，为党性和党性修养理论的发展开辟了新的境界。胡锦涛对党性的认识是从马克思主义的基本理论出发的，是从政党和政党的阶级性出发的。他指出，作为中国工人阶级先锋队的中国共产党，其本质上代表着工人阶级的利益，其党性由工人阶级所具有的基本特性决定。这是中国共产党党性的普遍性。此外，中国共产党的党性还具有特殊性。一方面“体现在党章规定的党的指导思想、根本宗旨、奋斗纲领、路线政策、组织原则、党的纪律和工作方法工作作风上”，另一方面“体现在广大共产党员、党的干部的理想信念、思想观点、道德品格以及学习、工作、生活等言论和行动之中”。胡锦涛结合实际提出了提升党员党性修养的方向。一是“党章是党员加强党性修养的根本标准”。二是要增强宗旨观念。三是要提高实践能力。四是强化责任意识。五是树立正确的政绩观。六是树立正确的利益观。七是增强党的纪律观念。[22]

三、关于习近平新时代中国特色社会主义思想

1. 关于习近平总书记著作和论述摘编

2017年11月，中央宣传部（国务院新闻办公室）会同中央文献研究室、中国外文局编辑的《习近平谈治国理政》第二卷，由外文出版社以中英文版出版。书中收入习近平总书记在2014年8月18日至2017年9月29日期间的讲话、谈话、演讲、批示、贺电等99篇，与2014年9月出版的《习近平谈治国理政》一道，为学习和研究习近平新时代中国特色社会主义思想提供了基本教材。有学者指出，《习近平谈治国理政》第二卷进一步充分反映了习近平同志以非凡的政治智慧、顽强的意志品质、强烈的责任担当，推动改革开放和社会主义现代化建设取得历史性成就，推动党和国家事业全面开创新局面、发生历史性变革，赢得全党全军全国各族人民高度评价和衷心爱戴，成为党中央的核心、全党的核心的历史进程，反映了习近平同志作为新时代中国特色社会主义思想的主要创立者，以马克思主义政治家、理论家、战略家的深刻洞察力、敏锐判断力和战略定力，提出一系列具有开创性意义的新理念新思想新战略，为新时代中国特色社会主义思想的创立发挥的决定性作用、做出的决定性贡献，为国际社会和国内外读者深入了解党的十九大精神，科学把握习近平新时代中国特色社会主义思想的丰富内涵和精神实质提供了权威读本。[23]

中央文献研究室编辑、中央文献出版社2017年相继出版的《习近平关于社会主义经济建设论述摘编》《习近平关于社会主义政治建设论述摘编》《习近平关于社会主义文化建设论述摘编》《习近平关于社会主义社会建设论述摘编》《习近平关于社会主义生态文明建设论述摘编》，与此前已经出版的《习近平关于协调推进“四个全面”战略布局论述摘编》《习近平关于全面建成小康社会论述摘编》《习近平关于全面深化改革论述摘编》《习近平关于全面依法治国论述摘编》《习近平关于全面从严治党论述摘编》，为全党深入系统学习习近平同志关于统筹推进“五位一体”总体布局和协调推进“四个全面”战略布局的新理念新思想新战略提供了一个完整系列。

《习近平关于社会主义经济建设论述摘编》收入494段相关论述，共分10个专题：发展是解决我国一切问题的基础和关键；坚持以人民为中心的发展思想，用新发展理念统领发展全局；使市场在资源配置中起决定性作用和更好发挥政府作用；主动适应、把握、引领经济发展新常态，着力推进供给侧结构性改革；实施创新驱动发展战略；推进新型工业化、信息化、城镇化、农业现代化同步发展；实施精准扶贫、精准脱贫，坚决打赢脱贫攻坚战；实施“一带一路”建设、京津冀协同发展、长江经济带发展三大战略；在更大范围、更宽领域、更深层次上提高开放型经济水平；坚持稳中求进工作总基调，全面提高党领导经济工作水平。有学者指出，这些重要论述坚持、丰富、发展了中国特色社会主义政治经济学，开拓了马克思主义政治经济学的新境界。[24]还有学者指出，这些重要论述坚持以经济建设为中心，紧紧抓住发展这个执政兴国的第一要务；做出我国经济发展进入新常态的重大判断，明确中国经济发展的大逻辑、大思路、大方向；用一系列大决策、大举措、大手笔，构建推进供给侧结构性改革、促进经济持续健康发展政策的大框架；用领导艺术的大担当、大智慧，谱写中国特色社会主义政治经济学新篇章。[25]

《习近平关于社会主义政治建设论述摘编》收入330段相关论述，共分9个专题：坚定不移走中国特色社会主义政治发展道路；坚持党的领导，发挥党总揽全局、协调各方的领导核心作用；与时俱进完善人民代表大会制度；推进协商民主广泛多层制度化发展；全面推进依法治国，加快建设社会主义法治国家；深化行政体制改革，推动政府职能转变；巩固和发展最广泛的爱国统一战线；全面贯彻党的民族政策和宗教政策；加强和改进新形势下党的群团工作。有学者指出，这些重要论述是在新的历史起点和新的认识高度上，对我国社会主义政治建设的一系列重大问题做出的深刻回答，谱写了中国特色社会主义政治学新篇章，为我们在中国特色社会主义新的发展阶段推进我国政治建设指明了方向。[26]

《习近平关于社会主义文化建设论述摘编》收入361段相关论述，共分8个专题：坚定文化自信，建设社会主义文化强国；坚持以马克思主义为指导，牢牢掌握意识形态工作领导权、管理权、话语权；高度重视理论建设，加快构建中国特色哲学社会科学；培育和践行社会主义核心价值观；提高全民族思想道德水平；坚持以人民为中心的创作导向；推动文化事业全面繁荣和文化产业快速发展；提高国家文化软实力，讲好中国故事。有学者指出，这些重要论述深刻回答了新的历史条件下文化建设一系列重大问题，体现了我们党对中国特色社会主义文化发展规律的战略思考和科学把握，对于全党深刻认识新形势下文化建设和意识形态工作的重要性，坚定文化自信，加快建设社会主义文化强国，实现“两个一百年”奋斗目标、实现中华民族伟大复兴中国梦，具有十分重要的指导意义。[27]

《习近平关于社会主义社会建设论述摘编》收入326段相关论述，共分9个专题：人民对美好生活的向往，就是我们的奋斗目标；促进社会公平正义，让广大人民群众共享改革发展成果；不断促进教育发展成果更多更公平惠及全体人民；把做好就业工作摆到突出位置，多渠道创造就业岗位；建设更加公平可持续的社会保障制度；加快推进健康中国建设；加强和创新社会治理，完善中国特色社会主义社会治理体系；切实维护公共安全和社会稳定，着力建设平安中国；坚持总体国家安全观，走出一条中国特色国家安全道路。有学者指出，这些重要论述全面地、鲜明地体现了我们党全心全意为人民服务的根本宗旨和以人民为中心的发展思想，对于我们深入了解党的十八大以来社会建设取得的重大成就，提高对加强社会建设重大意义的认识，更好地坚持以民为本、以人为本的执政理念，全面贯彻落实党中央关于社会建设的一系列重大战略部署，把实现好、维护好、发展好最广大人民根本利益落到实处，为夺取全面建成小康社会决胜阶段的伟大胜利，实现中华民族伟大复兴中国梦而奋斗，具有十分重要的指导意义。[28]

《习近平关于社会主义生态文明建设论述摘编》收入259段相关论述，共分7个专题：建设生态文明，关系人民福祉，关乎民族未来；贯彻新发展理念，推动形成绿色发展方式和生活方式；按照系统工程的思路，全方位、全地域、全过程开展生态环境保护建设；环境保护和治理要以解决损害群众健康突出环境问题为重点；完善生态文明制度体系，用最严格的制度、最严密的法治保护生态环境；强化公民环境意识，把建设美丽中国化为人民自觉行动；积极参与国际合作，携手共建生态良好的地球美好家园。有学者指出，这些重要论述对于我们深刻认识生态文明建设的极端重要性，坚持和贯彻新发展理念，正确处理好经济发展同生态环境保护的关系，坚定不移走生产发展、生活富裕、生态良好的文明发展道路，推进美丽中国建设，努力走向社会主义生态文明新时代，实现“两个一百年”奋斗目标、实现中华民族伟大复兴中国梦，具有十分重要的意义。[29]

此外，中央文献研究室编辑的《习近平关于青少年和共青团工作论述摘编》，2017年9月由中央文献出版社出版。书中收入189段相关论述，共分8个专题：青少年是国家的未来和民族的希望；为实现中华民族伟大复兴中国梦而奋斗是中国青年运动的时代主题；引导青少年树立和践行社会主义核心价值观；勇做走在时代前列的奋进者、开拓者、奉献者；共青团要紧紧围绕党和国家工作大局找准工作切入点、结合点、着力点；团的干部必须心系青年、心向青年；今天做祖国的好儿童，明天做祖国的建设者；加强党对青少年和共青团工作的领导。有学者指出，这些重要论述深刻阐述了新形势下青少年和共青团工作的重大理论和实践问题，指明了当代青年的历史使命和成长道路。认真学习这些重要论述，对于从党和国家工作全局出发，准确把握当代中国青年运动的时代主题，把握青少年和共青团工作的基本要求和重点任务，教育团员增强“四个意识”，引导青少年树立远大理想、树立和践行社会主义核心价值观，动员广大青少年为实现“两个一百年”奋斗目标、实现中华民族伟大复兴的中国梦而勤奋学习、努力工作，具有十分重要的指导意义。[30]

2. 关于习近平新时代中国特色社会主义思想

党的十九大把习近平新时代中国特色社会主义思想确立为中国共产党必须长期坚持的指导思想，实现了中国共产党的指导思想又一次与时俱进。首都学者在学习宣传贯彻习近平新时代中国特色社会主义思想和党的十九大精神的过程中，围绕习近平新时代中国特色社会主义思想的时代背景、实践基础、丰富内涵、实践要求、重大意义，进行了系统深入的研究阐释。

有学者指出，习近平新时代中国特色社会主义思想是在推进马克思主义中国化进程中，在传承中华优秀传统文化和革命文化、社会主义先进文化中发展起来的，焕发出马克思主义的真理光芒和强大的文化力量；是从习近平总书记几十年艰苦磨砺和从政实践中特别是多领域多层级领导岗位的历练中积累得来的，释放出深厚的地气和旺盛的活力；是从党的十八大以来5年的历史性成就和历史性变革中总结出来的，展现出无比广阔的时代舞台和无比强大的引领力量；是从中国与世界的深度互动中成长而来的，表现出海纳百川的开放意识和造福世界的实践力量。[31]

有学者认为，习近平新时代中国特色社会主义思想是对当今时代本质及其阶段特征、当代世界大局及其发展趋势、世界社会主义运动的总体态势及其发展前景的深刻剖析和科学回答；是对中国特色社会主义发展经验的深刻总结和理论提升，是当代中国实际经验马克思主义化的集中体现；是对当代中国发展新的历史方位及其重大时代课题的科学判断和深度回答，同时也是对当前我国主要矛盾历史性变化及其内在要求的深刻揭示和系统解决；以全新的视野深化对三大规律的认识，彰显了21世纪马克思主义的真理力量。[32]

有学者指出，习近平新时代中国特色社会主义思想，牢牢把握新时代坚持和发展什么样的中国特色社会主义、怎样坚持和发展中国特色社会主义这个重大时代课题，系统回答了中国特色社会主义的一系列重大基本问题，提出了一系列重大思想、重要观点、重大战略、重大举措，形成了一个主题明确、主线突出、观点创新、逻辑严谨、系统完整的理论体系，是当代中国马克思主义的最新成果，是全党全国人民在新时代坚持和发展中国特色社会主义的行动指南。习近平新时代中国特色社会主义思想是集体智慧的结晶，习近平同志以马克思主义政治家、理论家的深邃洞察力、敏锐判断力和坚定战略定力，为习近平新时代中国特色社会主义思想的创立发挥了决定性作用，是这一思想的主要创立者。[33]

有学者认为，历史、现实和未来相结合，是党的十八大以来习近平总书记进行中国特色社会主义理论和实践探索的重要方法，也是习近平新时代中国特色社会主义思想形成的显著特点。习近平新时代中国特色社会主义思想，以近5年来中国社会的历史性变革为现实根据，以实现中华民族伟大复兴中国梦的历史视界展现其深刻的时代意蕴，以对世界社会主义500年的历史回溯揭示其深远的世界意义，在不忘初心的历史探索中升华根本宗旨、核心立场、历史使命和奋进路向。[34]

还有学者强调，习近平新时代中国特色社会主义思想是改革开放以来，特别是党的十八大以来中国特色社会主义实践经验的概括和总结；是与马克思列宁主义、毛泽东思想、邓小平理论、“三个代表”重要思想和科学发展观一脉相承而又与时俱进的理论成果；是决胜全面建成小康社会，进而全面建设社会主义现代化强国、实现中华民族伟大复兴的行动指南；是为人类文明发展进步贡献的中国智慧和中国方案。[35]

在宏观研究习近平新时代中国特色社会主义思想的同时，首都学者2017年继续从经济、政治、法治、科技、文化、教育、民生、民族、宗教、社会、生态文明、国家安全、国防和军队、“一国两制”和祖国统一、统一战线、外交、党的建设等各方面，对习近平新时代中国特色社会主义思想进行专题研究。

有学者指出，习近平经济思想理论体系是基于中国经济发展现实问题的思考而形成的思想精华，是对马克思主义政治经济学和中国共产党历代领导集体经济思想的继承和发展，更是因应中国经济发展经过30多年高速发展进入了“新常态”后经济实践发展的迫切需要而产生。这是一个思想理论体系的伟大创新，这些创新主要表现在经济发展目标的新表述，经济发展趋势的新判断，发展理念理论的新集成，发展动力理论的新探索，发展道路理论的新概括，经济制度理论的新拓展，体制机制理论的新突破，国际经济理论的新倡议。[36]

有学者指出，创新发展理念位于五大发展理念之首，是党的十八大以来党中央治国理政新理念新思想新战略的重要组成部分。这一重大理念的提出，具有深刻的时代背景，是国内发展形势所迫、世界发展大势所趋、民族命运所系。以习近平首次将创新上升为发展理念、首次提出“创新是引领发展的第一动力”论断、党的十八届五中全会将创新确立为五大发展理念之首为标志，创新发展理念的提出经历了3个阶段。创新发展理念内涵十分丰富，主要体现在6个方面：在五大发展理念中居于核心地位；不断推进理论创新、制度创新、科技创新、文化创新等各方面创新；必须把科技创新摆在国家发展全局的核心位置；最紧迫的是要破除体制机制障碍；人才是创新的根基；要有强烈的创新自信。创新发展理念的提出，丰富和发展了马克思主义经济理论，为统筹推进“五位一体”总体布局和协调推进“四个全面”战略布局提供了根本动力保障，为我国在全球新一轮科技革命和产业变革大势中赢得主动提供了战略支撑，具有重大理论和现实意义。[37]

有学者指出，习近平站在维护国家长治久安、实现中华民族伟大复兴中国梦的战略高度，深刻总结新中国民族工作的成就与经验，科学分析我国统一多民族国家的基本国情和新形势下民族工作的阶段性特征，就做好民族工作提出了一系列新思想新观点新论断新要求。他用“八个坚持”精辟概括中国特色解决民族问题的正确道路的丰富内涵，揭示了解决中国民族问题的根本保证、政治方向、根本原则和目标任务，为推进民族工作创新发展提供了基本遵循。他紧紧抓住新形势下民族工作的主要任务和其中存在的主要问题，阐明了新形势下进一步做好民族工作应该注意把握的几个着力点，主要包括：把握“四个方面、八个重点”，加快民族地区经济社会发展；增强“五个认同”，大力培育中华民族共同体意识；围绕社会稳定和长治久安这个总目标，推进民族事务治理的法治化；顺应历史发展趋势，做好城市民族工作。他还特别强调，做好民族工作关键在党、关键在人，必须坚持党的领导，加强民族地区干部队伍建设，促进各族人民交往交流交融，牢固坚持和不断拓展中国特色解决民族问题的正确道路。[38]

有学者认为，增强主动性，掌握主动权，是意识形态工作中一个极其重要的问题。有了主动权，才能有做工作的自由权，才能做到高屋建瓴、势如破竹，更好地服务于坚持和发展中国特色社会主义的大局。党的十八大以来，习近平总书记就意识形态工作发表许多重要讲话，提出了一系列新思想、新观点、新论断。增强主动性、掌握主动权、打好主动仗，是其中的重要方面和突出特点。学习、贯彻这个要求，就要做到按客观规律办事，深刻认识意识形态工作的极端重要性；科学把握意识形态发展大局、大势，着眼长远、谋划大事；牢牢抓住巩固马克思主义指导地位这个根本，做到有底气、有自信；讲究战略战术，创新工作方法，增强新时期意识形态工作实效性。[39]

有学者指出，习近平从实现中华民族伟大复兴和永续发展的全局和战略高度，深刻揭示经济发展与环境保护的辩证统一，系统阐述“绿水青山”与“金山银山”的相辅相成，把我们对生态文明建设的认识提升到一个新的高度。首先是强调两个“清醒认识”：清醒认识“保护生态环境、治理环境污染的紧迫性和艰巨性”，清醒认识“加强生态文明建设的重要性和必要性”；其次是“两山”双赢：深刻理解“绿水青山就是金山银山”的精神实质，牢固树立保护生态环境就是保护生产力、改善生态环境就是发展生产力的理念；最后是两个“最严”：实行最严格的制度、最严密的法治，为保护绿水青山、推动生态文明建设提供可靠保障。[40]

有学者指出，习近平站在时代发展、战略全局和使命担当的高度，通过改革创新实现国防和军队建设的新跨越，为加强国防和军队建设、实现强军梦指明了方向。以习近平同志为核心的党中央围绕实现强军目标，统筹军队革命化、现代化、正规化建设，统筹军事力量建设和运用，统筹经济建设和国防建设，提出了指导国防和军队改革创新的一系列重大方针原则：坚持正确政治方向，把握好改革创新的方向和原则；抓住思想解放这个根本；坚持问题导向；抓住重点，整体推进；讲大局，过好政治关、利益关和纪律关。国防和军队改革创新最重要的成果，是习近平站在实现中华民族伟大复兴中国梦的战略高度，鲜明提出党在新形势下的强军目标——建设一支听党指挥、能打胜仗、作风优良的人民军队。在这个目标的引领下，国防和军队的领导体制、组织架构改革取得了重大成果；依法治军、从严治军成效显著，影响深远；政治工作创新发展不断拓宽新路子；实现了军民深度融合发展。[41]

还有学者认为把握习近平治国理政的新思路，关键是把握这一思路的宏观逻辑。唯有如此，才能使我们站在全局的高度上，同时也能从理性的深度上理解习近平治国理政的重要论述，从而更好地以此为指导，破解经济社会发展遇到的难题，推进中国特色社会主义事业。从宏观逻辑上审视习近平治国理政思路，它紧紧围绕在新的历史起点上坚持和发展中国特色社会主义这一主题，以实现中华民族伟大复兴的中国梦为根本目的，以坚持和拓展中国特色社会主义道路为基本遵循，以积极践行新发展理念为总体要求，以协调推进“四个全面”战略布局为行动方略，层层递进，渐次展开，构成了一套系统完整的宏大思路。[42]

3. 其他专题

首都学者 2017 年还围绕习近平总书记的一系列重要讲话，进行了深入学习和专题研究。比如，有学者认为，观大势、谋全局，是习近平总书记系列重要讲话蕴含的一条重要思想方法和工作方法。所谓观大势，就是以历史眼光和全球视野，观人类历史发展规律和潮流的大势，总结经验，把握方向，坚定自信；观国内外形势发展变化的大势，正确分析研判形势，抓住机遇，顺势而为；观潜在的不利因素发展变化的大势，未雨绸缪，因势利导，化危为机。所谓谋全局，就是谋全面，坚持全面、系统、联系地观察和解决问题；就是谋整体，坚持整体观念和系统思维、战略思维方法，加强顶层设计和对事物的整体把握；就是谋大局、谋长远，算大账、算政治账，从整体利益出发，顾全大局，防止局部利益相互掣肘；就是谋关键，在对全局的把握之中正确区分主要矛盾和次要矛盾、矛盾的主要方面和次要方面，善于抓住主要矛盾和矛盾的主要方面有效解决矛盾，赢得全局主动。这一思想方法和工作方法，是马克思主义哲学与中国传统文化相结合的集中体现，丰富和发展了马克思主义哲学，体现了当代中国共产党人的视野、胸襟和气魄。[43]

还有学者指出，习近平高度重视历史，认为历史是前人留下的百科全书，历史研究是一切社会科学的基础，要求领导干部要把学习国史党史作为必修课。面对各种复杂的历史问题特别是重大历史事件和人物的评判，习近平强调，要反对历史虚无主义，切实掌握科学的分析方法，善于运用辩证唯物主义和历史唯物主义世界观、方法论，科学地解析和回答。观察历史的中国是观察当代的中国的一个重要角度，习近平从历史的视角，深刻回答了如何认识中国特色社会主义、如何理解中华民族伟大复兴中国梦、怎样看待改革开放和社会主义核心价值观等一系列我国改革和发展中的重大理论和实践问题。[44]

注：

①仝华：《毛泽东对红军初创的引领——以红四军的初创为例》，《毛泽东思想研究》，2017 年第 6 期。

②杨明伟：《从历史关节点看毛泽东与党对军队绝对领导原则的确立》，《党的文献》，2017 年第 4 期。

③杨明伟：《毛泽东对十大军事原则的辩证思考》，《湘潭大学学报》(哲学社会科学版)，2017 年第 4 期。

④张忠山：《延安时期毛泽东哲学小组活动始末》，《中共党史研究》，2017 年第 12 期。

⑤樊宪雷：《毛泽东与尼克松会谈中“哲学问题”的由来》，《毛泽东研究》，2017 年第 4 期。

⑥李捷：《阶级目光下的劳动群众：毛泽东的唯物主义》，《现代哲学》，2017 年第 6 期。

⑦曹应旺：《从毛泽东诗词看毛泽东思想发展的历史脉络》，《毛泽东研究》，2017 年第 3 期。

⑧张文木：《毛泽东诗词中的战略思想》，《人民论坛·学术前沿》，2017 年第 15 期。

⑨胡为雄：《少年毛泽东三首诗的来源质疑》，《毛泽东思想研究》，2017 年第 5 期。

⑩李珍：《毛泽东对加强党的意识形态领导工作的理论探索》，《党的文献》，2017 年第 5 期。

⑪周东娜：《毛泽东对传统“大同”理想的传承和超越——兼论正确地看待毛泽东的“大同”实践》，《齐鲁学刊》，2017 年第 2 期。

⑫陈晋：《毛泽东和他的时代》，《党的文献》，2017 年第 6 期。

⑬孙宇伟：《中国特色社会主义是当代中国最高层次“顶层设计”——对邓小平“顶层设计”理念的认识》，《科学社会主义》，2017 年第 1 期。

⑭王双梅：《试论邓小平成为改革开放“总设计师”的重要条件》，《中国井冈山干部学院学报》，2017 年第 1 期。

⑮蒋永清：《中共十二大前邓小平思考“小康之家”现代化目标的心路历程》，《邓小平研究》，2017 年第 4 期。

⑯肖鹏：《1975 年整顿与邓小平关于党的建设的思考》，《邓小平研究》，2017 年第 5 期。

⑰龚美君：《邓小平出国留学教育思想的当代价值》，《邓小平研究》，2017 年第 6 期。

⑱杨凤城：《从“四个全面”战略布局的时代高度看邓小平的历史地位》，《邓小平研究》，2017 年第 2 期。

⑲刘贵军：《从“四个意识”观邓小平与千里跃进大别山》，《党的文献》，2017 年第 6 期。

⑳王桢：《邓小平“中央要有权威”论述解析》，《党的文献》，2017 年第 3 期。

㉑蒋成会：《江泽民党性修养观述略》，《长江论坛》，2017 年第 3 期。

㉒蒋成会：《胡锦涛的党性和党性修养观述略》，《长春教育学院学报》，2017 年第 2 期。

㉓闻言：《深入学习掌握习近平新时代中国特色社会主义思想的权威读本》，《求是》，2017 年第 22 期。

㉔闻言：《引领中国经济发展新常态，奋力开拓马克思主义政治经济学的新境界》，《人民日报》，2017 年 6 月 9 日。

㉕孙业礼：《中国特色社会主义政治经济学的新发展》，《光明日报》，2017 年 6 月 14 日。

㉖闻言：《坚持党的领导坚定不移走中国特色社会主义政治发展道路》，《人民日报》，2017 年 8 月 29 日。

㉗闻言：《坚定文化自信，建设社会主义文化强国》，《人民日报》，2017 年 10 月 16 日。

㉘闻言：《坚持以人民为中心的发展思想，努力

让人民过上更加美好生活》，《人民日报》，2017年10月11日。

㉙闻言：《建设美丽中国，努力走向生态文明新时代》，《人民日报》，2017年9月30日。

㉚闻言：《为实现中华民族伟大复兴的中国梦而奋斗是中国青年运动的时代主题》，《人民日报》，2017年9月12日。

㉛何毅亭：《伟大思想理论从何而来？——谈习近平新时代中国特色社会主义思想的渊源》，《学习时报》，2017年11月17日。

㉜金民卿：《习近平新时代中国特色社会主义思想的发生逻辑》，《中国社会科学院研究生院学报》，2017年第6期。

㉝王伟光：《当代中国马克思主义的最新理论成果——习近平新时代中国特色社会主义思想学习体会》，《中国社会科学》，2017年第12期。

㉞顾海良：《历史视界时代意蕴理论菁华——习近平新时代中国特色社会主义思想研究》，《当代世界与社会主义》，2017年第6期。

㉟肖贵清：《习近平新时代中国特色社会主义思想的重大意义》，《中共中央党校学报》，2017年第6期。

㊱王立胜：《论习近平经济思想理论体系的伟大创新》，《东岳论丛》，2017年第2期。

㊲唐国军：《“创新是引领发展的第一动力”——习近平与创新发展理念的提出》，《党的文献》，2017年第2期。

㊳毛胜：《坚定不移走中国特色解决民族问题的正确道路——学习习近平关于新形势下民族工作的重要论述》，《党的文献》，2017年第4期。

㊴李珍：《牢牢掌握意识形态工作主动权——学习习近平总书记关于意识形态工作的重要论述》，《马克思主义研究》，2017年第9期。

㊵毛胜：《“绿水青山就是金山银山”——学习习近平关于经济发展与环境保护的重要论述》，《邓小平研究》，2017年第3期。

㊶王均伟：《以改革创新推动国防和军队建设的新跨越——学习习近平关于国防和军队建设创新的重要论述》，《党的文献》，2017年第1期。

㊷宋福范：《论习近平治国理政的宏观理路》，《中共中央党校学报》，2017年第1期。

㊸孙业礼：《观大势，谋全局——习近平总书记系列重要讲话蕴含的一条重要思想和工作方法》，《党的文献》，2017年第1期。

㊹艾四林、康沛竹：《掌握科学的历史思维和方法，提高解决改革与发展基本问题的能力——习近平历史观研究》，《马克思主义研究》，2017年第8期。

（作者：毛胜，中共中央党史和文献研究院副研究员；
唐洲雁，中共中央党史和文献研究院研究员）

科学社会主义

李瑞琴

与往年相比，2017年北京科学社会主义研究的特点比较突出。研究的领域和关注点比较集中。一是对习近平科学社会主义重要论述的宣传、研究、阐发，进入一个较快发展时期，涌现出不少新成果，取得了明显的成效。二是针对科学社会主义学科体系建设方面，有了比较集中的成果。三是2017年俄国十月社会主义革命100周年，许多作者发表了纪念文章，阐释了十月革命的当代意义和当代价值。四是为迎接即将到来的《共产党宣言》发表170周年，马克思诞辰200周年，许多作者重点研究了马克思主义经典作家的著作。五是2017年10月，党的十九大胜利召开，一些学者结合先前的研究成果，给予进入新时代的中国特色社会主义研究以高度重视，进行了宣传和阐发，很快形成了一些研究成果。总体看来，2017年北京科学社会主义的研究，与我国中国特色社会主义理论和实践的发展，有着紧密的联系，形成了不同于以往的鲜明特点。

一、习近平关于科学社会主义重要论述研究

习近平总书记对于科学社会主义的理论与实践给予了高度重视，并且强调，要在坚持科学社会主义基本原理的基础上，结合新的时代，结合中国特色社会主义的实践要求，给予科学社会主义以原创性的发展，以应对新时代的挑战。

习近平高度重视运用和发展科学社会主义来指导

中国特色社会主义实践。一方面，他强调全面把握科学社会主义，从社会主义的全部历史发展和马克思主义理论的整体性出发来认识科学社会主义。另一方面，他科学地回答了中国特色社会主义与科学社会主义的关系问题，既旗帜鲜明地坚持科学社会主义的基本原则，又彰显了中国特色社会主义的特色，从而开创了科学社会主义发展的新境界。①学者们围绕主题，进行了全面的研究和阐发。

1. 习近平对科学社会主义的创新和发展

有学者指出，党的十八大以来，以习近平为核心的党中央在坚持和发展中国特色社会主义过程中，不断深化对中国特色社会主义主题的认识，指出中国特色社会主义是科学社会主义理论逻辑和中国社会发展历史逻辑的辩证统一。中国特色社会主义的道路、理论、制度三位一体构成了其基本框架。文化是一个国家、一个民族的灵魂，我们坚定中国特色社会主义道路自信、理论自信、制度自信，根本是要坚定文化自信。中国共产党的领导则是中国特色社会主义最本质的特征，反映了以习近平同志为核心的党中央对共产党执政规律、社会主义建设规律、人类社会发展规律认识的进一步深化。②

有学者认为，习近平把社会主义百年实践放到世界社会主义500年历史进程中考察，具有历史的纵深感与实践的厚重感。一方面，通过社会主义建设道路的比较研究，阐明了中国特色社会主义的成功与苏联模式的利弊得失；另一方面，通过全球化进程中发展中国家选择社会主义现代化路径与西方现代化路径的相互参照，揭示了中国特色社会主义发展进入了新时代，科学社会主义在21世纪的中国焕发出强大生机活力。③

习近平总书记系列重要讲话处处体现着科学社会主义的精髓，闪耀着科学社会主义的真理光芒，形成了系统完整的科学理论体系，开拓了中国特色社会主义事业的新境界。中国特色社会主义的实质是科学社会主义理论逻辑和中国历史发展逻辑的辩证统一，立足于科学社会主义的发展阶段理论，强调社会主义初级阶段是当代中国的最大国情、最大实际。④

回顾世界社会主义五百年的历史，可以清晰看出，社会主义是以从空想到科学、从理论到实践、从一国到多国、从革命到建设、从挫折到改革的发展脉络而呈现的。科学社会主义是习近平新时代中国特色社会主义思想的理论渊源，习近平新时代中国特色社会主义思想是科学社会主义发展到新时代的理论结晶，是科学社会主义理论逻辑和中国社会发展历史逻辑的辩证统一。⑤

2. 科学社会主义视野下的全面建成小康社会及共享发展

有学者研究指出，再过5年的时间，中国将全面建成小康社会。全面建成的小康社会既承载着几千年来中国人对美好生活的追求，更承载着共产党人对中华民族的承诺。全面建成的小康社会是能够不断推动生产力解放和发展的社会，是使人民有更高水平的获得感的社会；全面建成的小康社会是创新发展的社会，是能够在理论、文化、科技、制度等多方面进行创新的社会；全面建成的小康社会是发展协调性明显增强的良性社会，是通过多层面、多领域、多方向的互动为经济社会发展带来强大新动力的社会；全面建成的小康社会是人民生活水平和质量普遍提高的健康社会，是人民的满足感、幸福感得到极大提升的社会；全面建成的小康社会是初步解决人与自然矛盾的美丽社会，是为人民提供更多优质生态产品的社会。⑥中国全面建成小康社会，就是科学社会主义实践的生动呈现。

有学者指出，习近平总书记倡导的共享发展理念的实质是坚持以人民为发展中心，内含科学社会主义价值意蕴，与历史唯物主义对人类发展前景的科学展望高度契合，是人民主体地位的真正确立。共享的实现是人从摆脱资本的奴役到支配物质生产再到人的发展与物质生产发展相一致的历史生成，是从经济共享到政治共治再到精神共创的全面展开。中国特色社会主义处于社会主义初级阶段还不可能完全实现社会共享，但必须在改革中坚守共享底线、拓展共享空间、把握共享节点。⑦

共享是以习近平为核心的党中央提出的五大发展理念之一，是中国特色社会主义的本质要求。共享发展是科学社会主义的基本原则，唯物史观是共享理念的哲学基础，生产资料公有制的主体地位是其根本制度保证。中国共产党在革命、建设和改革过程中为实现共同富裕进行了不懈探索，为共享理念的提出奠定了深厚的实践基础和重要的制度基础。共享理念是全面建成小康社会的价值引领和实践指南，坚持中国共产党的领导和中国特色社会主义道路是实践共享理念必须坚持的原则，共同富裕目标与共建共享过程相统一，是实现共享理念必须遵循的内在规律。⑧

还有学者以《论共享发展的实现理路》为题，研究指出，共享是发展的出发点和落脚点，是科学社会主义的基本原则，是中国特色社会主义的本质要求。共享发展体现了以人民为中心的价值取向，注重解决的是社会公平正义问题。中华优秀传统文化、中国特色社会主义理论成果、马克思主义基本原理是共享发展的理论来源。共享发展从共享什么、由谁共享和怎样共享等3个方面对共享做了诠释，从根本目的、依靠力量和实践指向等3个方面对发展做了规定，理论蕴含深刻。共享发展是对国内外民生实践经验教训的总结、反思和鉴戒，实践基础深厚。落实共享发展，需要准确把握其理论来源、思想蕴含及实践基础，构建和完善相应的体制机制。⑨

另有学者认为，马克斯·韦伯认为新教禁欲伦理孕育了以“经济人”理性、通过市场交易、追求资本增值以完成上帝使命的资本主义精神。资本主义精神是资本主义发展的动力源泉，在资本主义战胜封建主义之后，资本主义精神演变成资产阶级统治人民的自由主义意识形态。中国共产党提出以人民为中心的发展思想和共享发展理念，体现了“发展为了人民、发展依靠人民、发展成果由人民共享”的“民本伦理”和“全民共享、全面共享、共建共享、渐进共享”的“社会主义精神”，它们共同构成社会主义的伦理基础和精神追求。⑩

由上可见，习近平总书记对科学社会主义的原创新发展，最重要的是体现在马克思主义中国化、本土化及中国道路的理论与实践探索。围绕着中国特色社会主义的新理论、新实践探索，习近平科学社会主义重要论述为经典科学社会主义理论注入了时代活力，融入了中国特色社会主义的新实践成果，实现了科学社会主义在当代的发展和推进。

二、中国特色社会主义道路与科学社会主义

社会主义从空想到科学、从理论形态到实践形态、再到制度形态，经历了500年的沧桑巨变。世界社会主义运动的发展改变了世界，推动了人类社会文明的进步和发展。中国特色社会主义是社会主义500年发展史上谱写的新篇章，是人类文明形态的新发展，中国特色社会主义对人类社会文明发展做出了新贡献。⑪

有学者指出，中国道路坚持马克思主义理论与实际相结合的方法论基本原则，是科学社会主义理论与当代中国实际相结合的产物，是合规律性与合目的性的有机统一。在革命、改革和建设实践中不断形成与发展起来的中国道路，不仅是对科学社会主义的原则坚持，而且是对科学社会主义的深化拓展，并影响和引领世界社会主义运动的现实命运。对中国特色社会主义道路的坚持，不仅可以丰富和发展科学社会主义的实现形式，而且能够为世界社会主义运动提供中国智慧和中国方案。⑫中国特色社会主义改变了中国近现代历史发展的原有轨迹，展现了世界社会主义运动的光明前景，影响了当今世界发展演变的宏观图景。以党的十八大为里程碑，我们所要坚持、发展和完善的中国特色社会主义，正在不断获得新的历史意义、时代意义和世界意义。⑬

有文章以习近平总书记提出的“正确认识中国特色和国际比较”为主题，围绕“中国特色特在何处，中国特色在国际上为何比较、与谁比较、如何进行比较”等重要问题，进行了探讨和论述。文章从价值角度着重考察了“正确认识中国特色与国际比较”的现实意义；从审视现状的维度，揭示了当下人们在认识中国特色、进行国际比较方面存在的问题；用比较的方法，阐述了“正确认识中国特色和国际比较”的科学内涵及其类比分析；在科学社会主义理论指导下，以坚定中国特色社会主义自信为归依，阐明了“正确认识中国特色和国际比较”的原则要求。⑭中国特色社会主义事业是开放的事业，在当代世界的视野下，坚定中国道路自信，正确认识中国特色与国际比较的意义和内涵，是实践的必然要求。

另有文章强调，中国社会主义建设不但有特色，而且有底色。中国特色社会主义离不开3种基本底色：理论来源上的科学社会主义及其发展、中国国情提出的现实问题和世界范围内社会主义与资本主义长期共存的学说及其实践。中国特色社会主义的特色内容至少包含着六大普遍规律性的底色。随着实践的发展，中国社会主义建设的特色不断转化为新底色，并孕育出新特色，开辟出社会主义规律在中国的必然道路，持续展现着科学社会主义关于人类社会发展普遍规律性的底色。⑮

还有学者指出，党的十八大以来，以习近平同志为核心的党中央始终遵循科学社会主义的基本立场、观点和方法，并根据时代特点不断赋予其鲜明的中国特色，这一遵循与发展集中体现在5个方面：坚持人民主体地位、实现生产力的总体跃升、坚持公有制主体地位不动摇、始终高扬人民民主的光辉旗帜、把抓好党建作为最大的政绩，把中国特色社会主义推进到了新的发展阶段，开创了科学社会主义在中国发展的新境界。⑯

马克思和恩格斯以科学的世界观和方法论为指

导，以唯物史观和剩余价值学说为理论基础创立了科学社会主义，完成了社会主义从“空想”到“科学”的跨越。这一理论科学论证了理论与现实运动趋势的紧密关系，科学预测了未来社会主义社会的基本特征，科学阐述了无产阶级政党和无产阶级政权的思想。在当代，中国特色社会主义确证了科学社会主义的真理性，证实了社会主义制度优越于资本主义制度的判断，展现了科学社会主义的新形态和光明前景。[17]

有学者研究强调，中国特色社会主义理论是一个内涵十分丰富的理论体系，要准确把握其思想内涵，至少应从3个维度把握。其一，中国特色社会主义是与当今中国实际相结合的科学社会主义，本质上是科学社会主义；其二，它是与人类文明同行的社会主义，广泛借鉴人类文明优秀成果的同时又向人类文明贡献中国智慧；其三，中国特色社会主义理论的发展进入新时代，它对社会主义基本问题如社会主义的价值目标和本质要义、中国特色社会主义的本质特征、中国特色社会主义的世界意义等的认识都达到了一个新水平。一言以蔽之，中国特色社会主义理论是扎根当代中国的科学社会主义。[18]

在过去的研究中，人们往往过于强调科学社会主义在具体的革命与现实实践中的理论指导意义；忽视了其在价值、理想、道德、规范等层面的丰富内涵，从而造成了对于社会主义的僵化与片面的理解。实际上，科学社会主义内部包孕着对于人类命运的深切关怀。通过历史唯物主义所奠定的理论基础与剩余价值理论所提供的实现路径，科学社会主义不仅揭示了资本主义社会最本质的矛盾，同时也为我们深刻展示了人的全面自由发展、全面自由解放的价值追求。[19]

三、对马克思主义经典作家关于科学社会主义理论的研究

2018年是《共产党宣言》发表170周年，马克思诞辰200周年的纪念。许多学者也将研究经典与科学社会主义的实践结合在一起，拉开了纪念马克思主义和千年思想家诞辰的序幕。

有学者说，从1516年《乌托邦》发表到19世纪40年代科学社会主义创立，乌托邦社会主义历经300多年的发展，其内容越来越丰富，理论越来越完善，对现实制度的观察与批判越来越深刻，对理想社会的构建也越来越接近科学的形态。社会主义从乌托邦发展到科学的过程，是一个空想色彩日渐淡化、糟粕成分不断被剔除、科学内涵越来越充实的过程。马克思和恩格斯通过对乌托邦社会主义的批判、扬弃与超越，创立了科学社会主义的原生形态，促成了社会主义由乌托邦到科学的飞跃。1848年2月，马克思和恩格斯为1847年6月刚刚建立的共产主义者同盟起草的党纲《共产党宣言》标志着科学社会主义的诞生。[20]

有学者研究指出，《资本论》这部思想巨著问世150年来，虽然历经时代变迁，但其蕴含的基本理论与科学方法仍然具有显著的现实意义。《资本论》可以为构建中国特色社会主义政治经济学理论体系、发展中国特色社会主义提供理论指导。《资本论》中关于社会生产的一般规律或原理，对建设和发展中国特色社会主义同样适用；关于商品经济的一般理论，同样适用于我国社会主义市场经济；关于资本主义扩大再生产的一些理论，对我国经济发展也有借鉴意义；关于科学社会主义的理论原则，对发展中国特色社会主义具有直接指导意义。对待《资本论》，既要摒弃肤浅的过时论，又要反对教条主义；既要坚持其基本原理和方法论，又要立足于我国国情和发展实践，不断创新、发展，形成新的理论成果。[21]

《共产党宣言》是马克思主义经典著作中最具里程碑意义的代表作，是全世界无产阶级最富战斗力的革命宣言，是革命导师贡献给人类社会最伟大的思想遗产。《共产党宣言》的发表及其在实践中的运用，实现了人类思想史和社会发展史上的革命，深刻影响了人类历史的发展进程。《共产党宣言》既是中国革命斗争的指路明灯，也是中国现代化建设的理论先导，对于我们今天进行伟大斗争、建设伟大工程、推进伟大事业、实现伟大梦想，有着非常重要的指导作用。[22]

有学者研究道：社会主义自其诞生之日起，就既是对当时社会现实的批判，又是对美好社会的设想。自19世纪中期以后，马克思、恩格斯的思想路线指导了国际工人运动及各国工人阶级政党的实践，其本质不仅是批判的，更是面向现实的一个充满活力的思想体系，这使得社会主义可以成为科学分析的主题。马克思、恩格斯有关社会主义的未来设想有其历史的演变过程，一方面表现为其著作中对共产主义、社会主义的取舍评判，另一方面表现为面对全球社会经济变化的积极因应。恩格斯在19世纪80年代中期之后有关社会主义所有制、发展策略等论述表明，面对工业化、城市化与全球化的诸种挑战，社会主义理想仍然有实现之途，恩格斯本人作为社会理论家的特色亦得以充分体现。对当前社会经济飞速发展的中国社会而言，恩格斯晚年的社会主义思想具有现实的指导意义。[23]

还有学者强调：在整个马克思主义理论体系中，科学社会主义处于核心地位。它的研究对象是社会主义社会的产生及其发展规律。科学社会主义是一门综合性的政治理论学科，而不是单一性的政治科学和历史科学。它不是研究社会生活的某一领域或某一方面，而是从政治、经济、文化、社会等各个系统来研究社会主义社会的产生及其发展的规律性，因而具有很强的政治性和实践性。要运用历史的观点、实践的观点和发展的观点全面深入地研究科学社会主义，把科学社会主义的理论研究提高到一个新水平，为中国特色社会主义伟大事业服务。要从当今政党政治变化和共产党执政经验教训中，充分认识全面从严治党的重要性。[24]

四、俄国十月社会主义革命100周年研究

世界百年的风云变化中，十月社会主义革命是最具影响力的伟大事件。其开辟的人类历史发展新时代，影响了人类百年的历史。党的十九大报告中，再次重申了毛泽东同志的经典名言：十月革命的一声炮响，给中国送来了马克思主义。在十月革命百年之际，科学社会主义研究领域也从科学社会主义发展的视野，对其进行了当代意义的阐释和研究。

1. 关于十月革命的当代意义及对中国的影响

有学者指出，俄国十月革命不是历史的偶然，实际上是列宁将马克思主义基本原理与俄国实际相结合的产物。研究十月革命道路要与时俱进，决不可凝固化、绝对化，而应根据今天社会主义多样性和差异性特点来把握十月革命的当代意义。社会主义和资本主义两种社会制度既相互对立又相互联系，并将长期并存，因此十月革命开启“从资本主义走向社会主义”的历史不会终结，而是一个长期过程，要在社会主义与资本主义两种制度的对立统一中认识俄国十月革命的历史价值。[25]

还有学者研究指出，近年来，我国学界结合新的历史实践，尤其是苏东剧变以来世界社会主义运动的现实状况，重新审视了十月革命的世界历史意义、十月革命的历史必然性；深刻阐释了十月革命之于中国革命、中国特色社会主义的影响，揭示了十月革命与马克思主义、科学社会主义一脉相承的本质联系；深入研究了十月革命与俄国现代化进程及东欧社会主义道路的关系；对十月革命的当代价值进行了重点和深入研探。这些研究都呈现出鲜明的历史时代特点。[26]

还有学者指出，1917年俄国十月社会主义革命的胜利给中国革命指明了方向，为正处于水深火热的中国人民带来了希望。时光荏苒，转眼一个世纪已经过去。新中国成立后，中国共产党、中国政府和中国人民举行了各种各样的活动来纪念十月革命。举行这些纪念活动既是中国社会发展的需要，也是中国共产党加强自身建设的需要。文章对新中国为纪念十月革命而举行的各种活动进行了历史考察，分析总结了这些活动的纪念方式和特征及其所带来的诸多启示。[27]

2. 十月革命对社会主义和人类发展的重大历史意义及相关争论

有学者指出，十月革命作为一场革命已经成为历史。一个世纪过去，这场伟大的革命留给后人的遗产却依然需要清点。从社会主义发展史上说，十月革命使社会主义从理论变成现实，中国特色社会主义的存在和蓬勃发展继承和发展着十月革命遗留的社会主义遗产；从共产主义运动史上说，十月革命掀起了世界无产阶级革命运动的新高潮，开辟了世界历史的新纪元，社会主义作为一种社会制度与资本主义制度共时并存成为世界格局的重要特征；从中国革命史上说，十月革命加速了中国革命，促使中国选择了马克思主义，成立了中国共产党，走上了社会主义道路，并且中国仍然在坚定不移沿着社会主义道路向前发展；从人类发展史上说，十月革命证明了历史发展规律的统一性和各民族发展道路多样性的辩证统一，十月革命的成功和建设社会主义国家的经验对经济落后国家进入社会主义发展阶段和建设社会主义具有重要借鉴意义。[28]

十月社会主义革命的当代意义和价值，其对世界社会主义和中国道路的影响，是不言而喻的。目前学术界存在的不正确的认识在于，以十月社会主义革命的发生是否具有客观性及对后来苏联政治经济体制建立的影响，将20世纪90年代苏联剧变的原因，归结为斯大林建立的政治经济体制。这必然会出得出错误的结论。如有学者认为，十月革命后，苏联经历了国内战争、军事共产主义与新经济政策时期。斯大林执政后，从经济体制上讲，由于在商品货币关系问题上的教条主义，坚持产品经济观，竭力限制与消灭商品货币关系，实行高度集中的指令性计划经济体制。从政治体制上讲，实行高度集权，最后发展成斯大林个人集权主义乃至专制主义。这种经济与政治体制成为导致苏联社会主义试验失败的一个主要原因。[29]

针对上述观点，学界也给予了重视。如有学者以“能说‘十月革命道路是行不通的’吗?”为题研究指出，十月革命是马克思恩格斯创立的科学社会主义学说在俄国大地上的伟大实践，它把科学社会主义从理想变成现实。十月革命道路就是实现科学社会主义基本原则的道路，其本质就是科学社会主义。只要承认马克思恩格斯提出的科学社会主义基本原则是科学的、正确的，就必然认为十月革命道路是正确的。东欧剧变、苏联解体最重要的教训是放弃了社会主义道路，放弃了无产阶级专政，放弃了共产党的领导地位，放弃了马克思列宁主义，最终酿成了制度剧变、国家解体的历史悲剧。我们不能因为东欧剧变、苏联解体就错误地认为“十月革命道路是行不通的”。历史的正反两方面经验证明：十月革命道路是符合社会发展规律的普遍真理，放之四海而皆准，任何国家都必须走十月革命道路。[30]

3. 中宣部召开“十月革命与中国特色社会主义”理论研讨会

在俄国十月革命胜利100周年前夕，“十月革命与中国特色社会主义”理论研讨会在京举行。刘奇葆出席并讲话，强调要深入学习贯彻习近平总书记系列重要讲话精神，深刻认识十月革命的伟大意义和深远影响，在新的时代条件下更好地坚持和发展中国特色社会主义。

刘奇葆指出，十月革命开辟了人类历史新纪元，给中国送来了马克思列宁主义。100年来，我们国家和民族发生历史巨变，归根于选择了十月革命开辟的社会主义道路，归根于党带领人民把马克思列宁主义基本原理同我国具体实际相结合，走出了一条实现民族复兴的阳关大道。今天，我们纪念十月革命、沿着社会主义道路继续前进，就是要紧密团结在以习近平同志为核心的党中央周围，毫不动摇坚持和发展马克思主义，毫不动摇坚定社会主义、共产主义理想信念，毫不动摇坚持和发展中国特色社会主义，毫不动摇坚持党对中国特色社会主义事业的坚强领导，毫不动摇推进人类和平与发展的崇高事业，奋力实现“两个一百年”奋斗目标和中华民族伟大复兴中国梦。[31]

科学社会主义作为制度实践，是从十月社会主义革命开启的。认真回顾总结十月革命的百年历程，审视伟大革命的当代意义和价值，是科学社会主义理论发展、创新及进行新的实践探索的时代课题。

五、科学社会主义学科体系建设研究

2017年5月17日，《习近平致中国社会科学院建院40周年的贺信》号召全国哲学社会科学工作者，“努力为发展21世纪马克思主义、当代中国马克思主义，构建中国特色哲学社会科学学科体系、学术体系、话语体系，增强我国哲学社会科学国际影响力做出新的更大的贡献”！当今世界正处在一个大发展、大变革、大调整时代，世界多极化、经济全球化、社会信息化、文化多样化深入发展。错综复杂的国际形势和国际环境，世界范围内各种思想文化交流交融交锋的新形势，迫切需要哲学社会科学更好发挥作用，迫切需要加快构建中国特色哲学社会科学。一些学者对关于如何构建科学社会主义学科体系建设等也做了相关研究。

有学者指出，新时期加强科学社会主义学科建设重点应抓好如下几个方面的工作：一要继续深化对科学社会主义重要文献的研究；二要重视对社会主义基本定义的研究和界定；三要密切关注和回答实践提出的问题；四要搭建科学合理的学位教育课程体系；五要密切跟踪国外社会主义动态，做好基础文献的编译工作；六要进一步加强教材建设；七要加强不同机构间的学术协作。[32]

还有学者认为，从理论上看，中国特色社会主义基础理论是以科学社会主义与儒家道德主义融合为基础、吸收全球化时代人类先进思想文化所构建的思想理论体系。它是中国特色社会主义理论中的基础理论部分，对其中的应用理论有规导作用。构建这种理论是完善中国特色社会主义理论体系、为中国长期稳定发展提供思想理论基础和依据、传承和弘扬优秀传统文化以及中华文化走向世界的需要。科学社会主义与儒家道德主义具有非对立性、类似性和互补性，因而融合是可能的，而要在实现这种融合的基础上构建中国特色社会主义基础理论，需要中国学术界和理论界的研究者共同努力、协作攻关。[33]

还有学者指出，科学社会主义在经历波澜壮阔的世界社会主义运动和苏东剧变后，曾一度失语，至今仍未完全走出阴霾。而中国特色社会主义的理论与实践，不仅引领了世界社会主义的发展，同时，既从人民出发、以人民为中心，站在道德制高点上，又从历史规律出发，站在历史的制高点上，在21世纪创新性地发展了科学社会主义的理论话语。[34]

还有学者强调，针对科学社会主义在马克思主义理论整体性中的重要地位，分析科学社会主义学科理应作为马克思主义理论教学与研究的核心内容加以重视。这是构建强有力马克思主义整体性研究学术集成创新的关键，并以此带动马克思主义理论教学质量、科研水平、教师理论素养的整体性提升。[35]

还有学者有针对性地研究指出，党的十八大以来我国进入全面深化改革新时期，科学社会主义学科迎来前所未有的发展机遇，但是科社概念使用中一词多义、多用的现象对学科定位造成严重干扰，不利于学科的建设与发展。深刻分析科社概念的使用乱象及其起因，区分概念使用背后的两种不同的思维方法（辩证逻辑和形式逻辑），对于厘清学科定位具有积极的、现实的意义。科社学科建设既要尊重历史又要与时俱进，坚持学科的科学性、独立性、开放性、实践性，努力提高学科的地位和声誉。[36]

科学社会主义学科体系建设，无论其在我国哲学社会科学学科体系建设中的位置，还是在马克思主义学科体系中的位置，都具有核心作用。加快构建科学社会主义学科体系建设，对于上述建设，有着至关重要的作用。目前看相关的研究，成果尚不够丰富，学科体系的建立，还在探索形成中。

六、对新时代中国特色社会主义思想研究

2017 年 10 月党的十九大召开后，学习贯彻宣传党的十九大精神，学习宣传习近平新时代中国特色社会主义思想，成为学界的主要任务。学者从领会、学习、贯彻精神入手，对新时代新思想新理论进行了初步的研究。

1. 中国特色社会主义进入了新时代

有学者指出，要深刻理解中国特色社会主义进入新时代的重大意义。在中华人民共和国发展史上、中华民族发展史上，中国特色社会主义进入新时代的意义在于："意味着近代以来久经磨难的中华民族迎来了从站起来、富起来到强起来的伟大飞跃，迎来了实现中华民族伟大复兴的光明前景。"在世界社会主义发展史上，中国特色社会主义进入新时代的意义在于："意味着科学社会主义在 21 世纪的中国焕发出强大生机活力，在世界上高高举起了中国特色社会主义伟大旗帜。"在人类社会发展史上，中国特色社会主义进入新时代的意义在于："意味着中国特色社会主义道路、理论、制度、文化不断发展，拓展了发展中国家走向现代化的途径，给世界上那些既希望加快发展又希望保持自身独立性的国家和民族提供了全新选择，为解决人类问题贡献了中国智慧和中国方案。"[37]

有学者指出，中国特色社会主义进入了新时代定标了我国发展新的历史方位。从中华民族伟大复兴、世界社会主义运动、人类文明发展 3 个维度上来看，新时代凝结了中国近代以来的艰辛探索，集中了中国特色社会主义奠基、开创、推进、发展不同时代的成就，使中华民族伟大复兴展现出更加光明的前景。新时代中国特色社会主义充分证明科学社会主义基本原则具有强大生命力、必将获得更多的支持和拥护，两个必然的历史趋势不可逆转，世界社会主义运动必将会迎来复兴和发展。新时代中国特色社会主义打破了资本主义现代化模式唯一性的神话，打破了许多国家对西方路径的依赖思维，拓展了发展中国家走向现代化的途径，为解决当代人类问题贡献了深层智慧。[38]

中国特色社会主义进入新时代，意味着科学社会主义在 21 世纪的中国焕发出强大生机活力，在世界上高高举起了中国特色社会主义伟大旗帜。中国特色社会主义是科学社会主义在中国的成功实践，是科学社会主义理论逻辑和中国社会发展历史逻辑的辩证统一，是植根于中国大地、反映中国人民意愿、适应中国和时代发展进步要求的科学社会主义。它坚持了科学社会主义基本原则，又根据时代条件被赋予鲜明的中国特色，是社会主义而不是其他的任何主义，最终发展目标是实现共产主义。[39]

2. 理解中国特色社会主义进入新时代的重大判断

有学者指出，理解中国特色社会主义进入新时代这一重大政治判断，需立足历史、理论、实践和价值 4 个维度：立足历史维度，要理解中国特色社会主义进入新时代的由来、本来与未来，即新时代在整个人类社会主义发展历程中处于何种位置，当下处于怎样的时代节点以及未来又将去向何处；立足理论维度，要理解中国特色社会主义进入新时代的深刻意蕴、本质内涵和显著特征；立足实践维度，要理解中国特色社会主义进入新时代的实践基础，即准确把握党的十八大以来取得的历史性成就和变革、社会主要矛盾转化以及我国仍然处于社会主义初级阶段这个最大的实际；立足价值维度，要理解中国特色社会主义进入新时代对国家、民族、世界社会主义和人类发展的意义。[40]

中国特色社会主义进入新时代，这是党基于我国综合国力进入世界前列，国际地位实现前所未有的提升，党和国家事业取得全方位、开创性成就和深层次、根本性变革的发展实际，对我国所处的新的历史方位做出的科学判断。[41]

还有学者指出，党的十九大的最重大的理论创新、最重要的政治成果、最深远的历史贡献就是把习近平新时代中国特色社会主义思想写入党章，确立为我们党必须长期坚持的指导思想，为全党、全国人民决胜全面建成小康社会、夺取新时代中国特色社会主义伟大胜利、实现中华民族伟大复兴的中国梦筑牢了共同思想基础、凝聚了磅礴精神力量，立起了中国特色社会主义新时代的纲和魂。习近平新时代中国特色社会主义思想在马克思主义中国化进程中具有里程碑意义。习近平新时代中国特色社会主义思想是新时代中国特色社会主义的总纲领、总设计、总指引。习近平新时代中国特色社会主义思想是统一全党全国人民思想意志的精神旗帜和力量源泉。[42]

新时代中国特色社会主义思想的研究，在学习、宣传、贯彻党的十九大精神的过程起到了非常重要的作用。

七、批判错误思潮，坚定中国特色社会主义

改革开放以来，中国特色社会主义道路的探索与发展，始终伴随着与错误思潮的斗争。即使中国特色社会主义进入了新时代，也依然面临着迎接各种挑战、防范错误思潮侵袭的艰巨任务。

有学者指出，改革开放以来，民主社会主义思潮在中国重新泛起，掀起了国内关于民主社会主义思潮的热议。探求民主社会主义的起源、划清其与科学社会主义的界限、积极应对民主社会主义的挑战，成为当前发展和完善中国特色社会主义的重大课题。我们必须正视民主社会主义在中国传播与发展的事实，探究其在中国受到推崇的原因，用辩证的态度正确对待民主社会主义。面对挑战，更应该正面迎接、积极应对，不断坚持、发展和完善中国特色社会主义。[43]

还有学者认为，社会民主主义价值观本质上属于资本主义价值观的范畴，它在现象上具有抽象人性论和伦理社会主义的色彩。中国特色社会主义核心价值观是立足于科学社会主义的价值观念，在原则上区别于社会民主主义的价值观，因而更切合社会进步的客观要求，更为深刻、丰富和全面，也更符合中国实际。对二者进行区别和比较，有利于认清社会民主主义的实质，坚定我们走中国特色社会主义道路的自信。[44]

邓小平讲："老祖宗不能丢。"然而，如何准确理解和把握"老祖宗"思想，却是20世纪社会主义不断面临的重要难题。事实上误读是一个普遍现象，并由此导致社会主义实践的重大错误甚至失败。从理论与实践的结合上看，分析20世纪对马克思社会主义存在4个方面的误读，即文明误读、文化误读、文本误读和需要误读。其中有些误读在当下或许已经不再成为问题，但也有一些仍值得在社会主义实践中努力加以警惕与防范。[45]

另有学者认为，中国现代化启动后必然面临着一个路径选择的问题，即到底要以何种社会制度形式去推进和实现现代化。在社会主义道路的选择过程中，现代性的力量以及现代化的价值取向彰显了其重要作用。传统（强调等级和特权）与现代（强调效率权威和自由平等）的根本性矛盾否定了传统的封建主义道路；中国百姓对自由平等的向往以及现代化蕴含的自由平等价值取向，反帝反封建的情绪高涨和建立独立统一有效率的民族国家的现代化内在要求，使得中国现代化急需一种全新的适度效率与权威加适度自由、平等的社会制度，而科学社会主义本身的价值取向，正好契合了这一历史趋势的需要成为中国现代化进程中的最优选择。同时，中国共产党在革命斗争中成长为一个高度组织化的现代化政党，其执政党地位的确立与巩固也促进了中国政治权力从传统到现代的组织性转换，这对中国社会主义道路的选择也起到了关键作用。而从中华人民共和国成立至今的中国社会主义建设实践的曲折历史正好注解了社会主义价值与现代化价值是否契合、是否均衡的重要性。[46]

社会民主主义经过100多年的发展，已成为当今世界传播广、政治影响大的全球性政治社会思潮之一，其理论探索和社会党的执政实践推动早期的"野蛮资本主义"面貌有了较大改观，也推动了有关国家的政治、经济、社会、文化发展。但是，社会民主主义在对资本主义发展进程产生重要影响的同时，自身也发生了极其深刻的变化，并与科学社会主义一步步拉大距离，出现了一系列根本区别。[47]社会民主主义影响日益式微，但其对于科学社会主义的侵袭和影响，依然存在。这也是学界研究重视的客观因素。

综上，2017年科学社会主义研究呈现出鲜明的特点。伴随着中国特色社会主义进入了新时代，开辟了新征程，科学社会主义的研究也展现了新特点、新气象。更加服务于现实，服务于实践，更加契合中国特色社会主义事业的理论要求和实践要求，显示出理论服务于实践，理论来源于实践的鲜明特点。

注：

①陈崎：《习近平对科学社会主义的坚持和发展》，《中国特色社会主义研究》，2017年第3期。

②肖贵清：《习近平对中国特色社会主义主题的认识和深化》，《社会主义研究》，2017年第3期。

③袁秉达：《习近平新时代中国特色社会主义思想研究》，《科学社会主义》，2017年第6期。

④辛向阳：《习近平总书记系列重要讲话的科学社会主义精髓》，《前线》，2017 年第 3 期。

⑤苏加毅：《科学社会主义发展到新时代的理论结晶》，《人民论坛》，2017 年第 33 期。

⑥辛向阳：《科学社会主义视野下的全面建成小康社会》，《中共杭州市委党校学报》，2017 年第 1 期。

⑦马军、高晓雁：《共享发展理念的科学社会主义透视》，《理论与现代化》，2017 年第 3 期。

⑧吴东华、武彦斌：《共享发展：科学社会主义的必然逻辑和价值引领》，《思想理论教育导刊》，2017 年第 6 期。

⑨王丹熊、晓琳：《论共享发展的实现理路》，《马克思主义研究》，2017 年第 3 期。

⑩李效东、陈树文：《以人民为中心的共享发展——社会主义的伦理基础与精神追求》，《毛泽东邓小平理论研究》，2017 年第 5 期。

⑪肖贵清、麻省理：《人类文明形态视域中的中国特色社会主义》，《思想理论教育》，2017 年第 5 期。

⑫胡志平：《中国道路：科学社会主义的新命题》，《当代世界与社会主义》，2017 年第 6 期。

⑬黄相怀：《中国特色社会主义进入新的发展阶段》，《中国党政干部论坛》，2017 年第 9 期。

⑭刘光峰：《“正确认识中国特色和国际比较”解读》，《马克思主义研究》，2017 年第 6 期。

⑮孙伟正：《中国特色社会主义的“底色”——兼论科学社会主义在当代中国的运用和发展》，《科学社会主义》，2017 年第 5 期。

⑯吴阳松：《论习近平对科学社会主义的时代遵循与发展》，《当代世界与社会主义》，2017 年第 3 期。

⑰闫莉：《科学社会主义的“科学性”及其当代确证》，《中共山西省委党校学报》，2017 年第 5 期。

⑱张端：《认识中国特色社会主义理论的三个维度》，《科学社会主义》，2017 年第 6 期。

⑲林雅华：《实现人的全面自由发展——论科学社会主义的价值追求》，《中共宁波市委党校学报》，2017 年第 1 期。

⑳蒲国良：《社会主义思想从乌托邦到科学的发展——纪念共产主义者同盟成立 170 周年》，《理论与改革》，2017 年第 3 期。

㉑卫兴华、田超伟：《〈资本论〉对中国特色社会主义的指导意义》，《中共福建省委党校学报》，2017 年第 7 期。

㉒谢杰：《对〈共产党宣言〉当代价值的思考》，《红旗文稿》，2017 年第 18 期。

㉓何蓉：《因开放而科学——恩格斯的社会主义思想及其现实基础》，《社会学研究》，2017 年第 6 期。

㉔王怀超、秦刚：《科学社会主义的学科定位、研究对象及研究方法》，《社会主义研究》，2017 年第 3 期。

㉕柴尚金：《如何评估俄国十月革命的当代意义》，《中国矿业大学学报》(社会科学版)，2017 年第 5 期。

㉖李瑞琴：《近年来我国十月革命研究的前沿与热点》，《文化软实力》，2017 年第 3 期。

㉗周树辉、陈妮：《新中国成立后纪念十月革命的历史考察与启示》，《探索》，2017 年第 3 期。

㉘任洁：《十月革命的遗产——再述十月革命对社会主义和人类发展的重大历史意义》，《湖南师范大学社会科学学报》，2017 年第 5 期。

㉙陆南泉：《十月革命后形成的苏联模式剖析》，《探索与争鸣》，2017 年第 7 期。

㉚周新城：《能说“十月革命道路是行不通的”吗?》，《延安大学学报》(社会科学版)，2017 年第 6 期。

㉛《“十月革命与中国特色社会主义”理论研讨会举行》，《人民日报》，2017 年 9 月 27 日。

㉜张传鹤：《关于加强科学社会主义学科建设的几点思考》，《科学社会主义》，2017 年第 2 期。

㉝江畅：《应当重视中国特色社会主义基础理论构建》，《决策与信息》，2017 年第 4 期。

㉞吴学琴：《21 世纪科学社会主义话语的创新发展》，《思想理论教育导刊》，2017 年第 12 期。

㉟方彦明：《马克思主义理论整体性学术集成创新研究——基于科学社会主义学科定位视角》，《科学社会主义》，2017 年第 1 期。

㊱赵志强：《从概念使用角度辨析科学社会主义学科定位》，《学理论》，2017 年第 10 期。

㊲陈扬勇：《深刻理解中国特色社会主义进入新时代的重大意义》，《光明日报》，2017 年 12 月 13 日。

㊳金民卿：《理解中国特色社会主义新时代重大意义的三个维度》，《青海社会科学》，2017 年第 6 期。

㊴龚云：《中国特色社会主义进入新时代》，《世界社会主义研究》，2017 年第 8 期。

㊵黄蓉生、丁玉峰：《中国特色社会主义进入新时代重大判断的四维理解》，《学习与实践》，2017年第12期。

㊶韩志强：《中国特色社会主义进入新时代的世界意义》，《学习时报》，2017年11月13日。

㊷袁曙宏：《学习习近平新时代中国特色社会主义思想的认识和体会》，《求是》，2017年第23期。

㊸李海春、王湾：《积极应对民主社会主义对中国特色社会主义的挑战》，《改革与开放》，2017年第17期。

㊹薛新国：《社会主义核心价值观与社会民主主义基本价值观的比较》，《世界社会主义研究》，2017年第7期。

㊺韦定广：《20世纪对马克思社会主义的四重误读》，《理论与改革》，2017年第5期。

㊻叶琛、施雪华：《中国社会主义道路与现代性价值的均衡》，《学术研究》，2017年第7期。

㊼赵宏涛：《社会民主主义是如何逐步背离科学社会主义的?》，《当代世界》，2017年第3期。

（作者：李瑞琴，中国社会科学院研究员）

国外马克思主义

黄继锋　王　瞻　王　洁

2017年度，北京地区学者在对国外马克思主义思潮流派、代表人物以及热点问题等方面的研究取得一系列新的成果。现将研究状况综述如下：

一、关于国外马克思主义热点问题的研究

国外马克思主义的公平正义理论、社会批判理论和都市空间理论等是近年来学者们讨论的热点，本年度对这些热点问题的研究取得新的进展。

1. 对公平正义理论的研究

随着经济全球化越来越深入的发展，发达国家与不发达国家的贫困差距越来越大，全球公平正义问题日益凸显，这引起了国外马克思主义学者的关注和讨论。甘冲的《全球正义是否可能?》对分析学派马克思主义代表人物凯·尼尔森的全球正义思想进行研究，讨论了全球正义实现的可能性。尼尔森认为，在现行新自由主义资本主义主导的世界秩序下，仅从某一国的角度讨论全球公平正义问题是不合适的，全球公平正义是建立在各国合作共赢基础之上的，其实现途径应是社会主义世界秩序取代现行的资本主义世界秩序。甘冲介绍了尼尔森通过对罗尔斯“理想理论”研究方法、“新马尔萨斯主义”错误主张、罗尔斯主义者提出的“全球不同原则”的分析展开对新自由主义资本主义世界秩序的批判，指出新自由主义资本主义世界秩序下难以根除全球层面存在的非正义问题，并提出社会主义世界秩序才是解决问题的出路的观点。甘文认为，尼尔森的全球正义思想十分契合发展的要求，但其将出发点放在资本主义国家内部变革，将希望寄托于选民身上，使得其理论在与实践结合方面存在明显不足。[①]

自由与平等是政治哲学中关乎政治正义性的核心议题。张晓萌在《平等与自由的正当性之争——对G. A. 科恩与罗伯特·诺齐克论争的批判性解读》一文中，评析了分析马克思主义者科恩与自由至上主义者诺齐克关于自由与正义问题的论争。诺齐克认为自由是最重要的个人权利，市场经济制度为个人自由和私有权提供了最佳保障，而社会主义却以平等之名破坏了这一个人权利。作为诺齐克最为尖锐的批评者，科恩批判了诺齐克“程序正义”“获取正义”“自我所有原则”理论，反驳了诺齐克的上述观点，并指出平等体现了社会主义的正当性，而且社会主义制度可以实现实质的自由与平等二者的兼容。[②]张文肯定了科恩对诺齐克批判的马克思主义视角。

吴兴德博士对另一分析马克思主义代表佩弗的正义思想进行剖析。他在《佩弗的正义思想及其价值与局限》一文中，厘清了佩弗对马克思主义正义理论的建构以及对罗尔斯正义理论的修正，并在这两条逻辑主线的基础上，重点揭示了其正义思想的演变、主要观点、价值和局限。吴文认为，佩弗对马克思主义道德社会论和正义思想的建构，一定程度上深化了罗尔斯的正义思想，也丰富了马克思主义。但佩弗高估了社会道德的反作用，冲击了马克思的唯物史观、革命理论和阶级斗争学说，损害了马克思主义的权威。[③]

冯颜利撰文对国外马克思主义研究中公平正义思想的价值与局限进行了总体的评析，并指出，公平正义作为人类历史发展的重要价值追求，不仅是国外马克思主义研究者共同关注的重要课题，也是中国特色社会主义的本质属性和重要价值。冯颜利认为，我们应加强国外马克思主义公平正义思想研究，并对其合理性内容进行批判性吸收，这不仅能够深化对马克思主义理论的认识，也将更加坚定中国特色社会主义道路、制度、理论和文化自信，进一步推动中国公平正义事业取得更大成就。④

2. 对技术理性批判理论的研究

技术理性批判是西方马克思主义特别是法兰克福学派对当代资本主义批判的重要着眼点。刘祥乐在《技术理性批判的逻辑嬗变及其困境：从卢卡奇、马尔库塞到哈贝马斯》一文中，对西方马克思主义社会批判理论的主导范式——技术理性批判的逻辑嬗变进行了纵向梳理，揭示了从卢卡奇的物化批判到马尔库塞的技术理性批判，再延伸至哈贝马斯的交往理性重建的批判逻辑，并指出每一个逻辑“节点”及其嬗变中暴露出的内在困境。一方面，每一个逻辑“节点”都因为批判与改革的策略的抵牾而使批判自身陷入逻辑僵局；另一方面，批判的总体逻辑进展陷入技术实体主义的困境之中。刘文指出，勾勒和反思技术理性批判的逻辑理路对处于现代技术座架下我们审视和反思技术与人的关系，寻求技术解放之途具有重要裨益。⑤

仰海峰从思想观念的意义上，将文化分为文化的形而上层面的人类理想、沉淀在人心灵深处的文化模式、日常生活层面的文化观念3个层面。他把日常生活层面的文化分为大众文化与精英文化，并把日常生活层面的文化观念与西方马克思主义的文化批判理论相结合展开讨论，其中重点阐释了法兰克福学派对文化工业的批判。他指出，法兰克福学派的文化批判理论认为大众文化的形成与发展和消费社会的兴起直接相关，大众文化以及与之相关的文化工业体现了资本的内在要求，资本统治下技术发展的必然。而大众文化在幻觉的反抗中造就了社会的同质性，这种同质性使得大众文化在资本逻辑所统治的社会发挥了黏合剂的作用。⑥

郑飞探讨了韦伯与西方马克思主义中的技术批判理论的关系，他认为技术批判作为西方马克思主义的重要研究主题，其理论渊源应该寻溯到韦伯的合理化理论。在韦伯那里，技术的本质被视为一种形式合理性，合理化构成韦伯“现代性诊断”的基本研究范式，从某种意义上讲，西方马克思主义中的技术批判理论以韦伯的“现代性诊断”为起点，可以视为韦伯思想的延续。他认为，韦伯虽然没有系统地阐发技术批判理论，但却对技术持悲观态度，并通过卢卡奇的理论中介影响到后来的西方马克思主义者。技术批判理论在西方马克思主义那里扩展到现代社会生活的诸领域之中，从现代性批判的一般性视角，上升为现代性批判的核心问题。⑦

3. 对都市空间理论的研究

近年来，学者们对西方“都市马克思主义”的都市空间理论的内涵及其意义进行深度挖掘。强乃社的文章分析了都市马克思主义兴起的背景，认为都市马克思主义的兴起，与马克思主义在西方国家发展之中遇到的城市发展的新情况以及城市研究之中的空间转向有关。强文进而对马克思主义与城市、阶级和城市、城市社会理论等问题进行了探讨，在此基础上阐述了都市马克思主义理论对于当代中国马克思主义创新、中国都市社会理论研究与建设的积极意义。⑧

沈湘平在《关于推进都市马克思主义研究的几点思考》中提出，推进都市马克思主义研究必将使我国马克思主义研究获得一个重要的理论增长点，也必将对我们的城镇化建设、都市社会治理起到重要的推动作用。因此，他立足当下中国，就如何推进都市马克思主义研究提出了4点意见：第一，尽可能缩短从译介借鉴到自觉建构的进程。第二，夯实中国都市马克思主义研究的本体论基础。第三，凸显都市马克思主义研究的文化、生态维度。第四，要特别重视城市发展中的风险问题研究。⑨

王海峰从马克思主义哲学视角出发，借鉴西方“都市马克思主义”观点，展开对都市问题的研究。他指出，伴随着人类社会的发展，都市日益成为人类聚集和生活的空间，但现代都市化在推动人类社会的进步与发展的同时，也产生了一系列负面效应。他主张，应当从马克思主义哲学的视角介入对都市问题的研究，这样既有助于对都市问题的理论观照，又有助于使马克思主义哲学找到新的问题域和生长点，在问题的分析中实现理论的创新与发展，推动21世纪中国马克思主义哲学的发展。⑩

二、关于国外马克思主义思潮流派的研究

在国外马克思主义思潮流派方面，本年度比较突出的是对生态马克思主义、有机马克思主义、东欧新马克思主义以及女性主义马克思主义等的研究。

1. 对生态马克思主义的研究

申森在《福斯特生态马克思主义视域下的生态现代化理论批判》一文中介绍了生态马克思主义代表人

物福斯特对生态现代化理论的全面批判。申森区分了生态马克思主义和生态现代化理论两种截然不同的生态价值取向，认为前者归属于社会主义“红绿”思潮，后者则是资本主义的“浅绿”思潮。生态现代化理论以实现环境友好型发展为目标，主张以政府为主导，通过环境政策的制定、科学技术的革新、市场机制的完善来实现生态与现代化过程的结合，来克服生态危机。生态现代化理论因其“浅绿”色彩的意识形态使得对国家环境政策的制定产生了重要影响，具有一定的可操作性，但其主张从根本上说是用进一步的现代化来应对阻碍现代化发展进程的生态危机，从而受到了生态社会主义和生态马克思主义的严厉批判。福斯特反对生态现代化理论所代表的人类豁免主义价值观，从生态马克思主义立场出发，以生态马克思主义的话语模式和分析逻辑对生态现代化理论展开了全面批判。他指出，生态现代化理论并非自身所声称的那样，是对传统生态社会学的发展。因为它摒弃了经典生态社会学关于物质变换裂缝这一核心议题，而沿袭了与之相左的现代化理论。对现代化理论的反思，迎合了人类豁免主义企图借助科技进步等工具理性手段从自然约束中成功豁免的要求，沦为人类豁免主义生态价值观的理论“替身”。这一生态价值观将伦理道德置于环境道义之外，不过是在不改变资本主义生产方式前提下对细枝末节的改善。⑪

孙全胜将福斯特与奥康纳的生态伦理在马克思的生态思想理解、批判资本主义的角度、对理想社会的建构等方面展开比较研究，指出两人生态伦理的不同。首先，在对马克思生态观的理解方面，福斯特坚持马克思有着丰富的生态伦理观点，并通过物质交换断裂思想进一步深化了马克思的生态观；奥康纳则坚持认为马克思思想之中存在自然维度的缺场，希望通过建立文化唯物主义来补充马克思主义。其次，在批判资本主义的角度方面，福斯特立足于物质交换断裂观点来分析资本主义所引起的生态危机；奥康纳则提出资本运作机制的双重矛盾来揭示资本增值和生态危机的关联。最后，在对理想社会的建构方面，福斯特期望推翻私有产权制度，建立劳动者自由联合的社会；奥康纳则期望消除资本运作机制，建立生态社会主义。孙全胜指出，福斯特和奥康纳的生态伦理有着重要的理论意义，两人都汲取并继承了马克思的自然观点，都是对生态马克思主义生态伦理的拓展，并深化了辩证唯物主义的生态维度。他同时也指出了两人对资本主义运作机制的批判，为协调人与自然的关系提供了新视角，也为普及生态理念、建设美丽中国提供了有益启示。⑫

2. 对有机马克思主义的研究

杨富斌的文章对有机马克思主义形成的两条进路及其不同的理论价值取向展开研究。他指出，有机马克思主义的形成有两条进路：一是从福斯特生态学马克思主义到伯克特生态学马克思主义再到有机马克思主义；二是从怀特海有机哲学或过程哲学到建设性后现代主义再到有机马克思主义。前者彰显了有机马克思主义意在超越生态马克思主义的理论取向，着重从现代性批判视域探讨超越生态灾难和资本主义私有制的现实性和可能性，超越了以福斯特和伯克特为代表的生态学马克思主义的基本主张，旨在建立超越现代性和资本主义私有制的社会主义生态文明社会。后者则主要体现了有机马克思主义学说内在的理论价值追求，试图用怀特海过程哲学和建设性后现代思想来补充和发展马克思主义，将现代性马克思主义发展成为建设性后现代马克思主义。杨富斌同时指出，有机马克思主义者不加区分的将经典马克思主义称为“现代马克思主义”有失偏颇，因为马克思的哲学思想中也有丰富的后现代意蕴。⑬

张云飞在《论有机马克思主义的马克思主义观的内在紧张》中指出了有机马克思主义的马克思主义观充满着内在紧张：一方面，他们主张“回到马克思”，对马克思主义的唯物主义、阶级分析方法、资本批判理论和共产主义理想给予充分肯定；另一方面，又主张“超越马克思”，妄称马克思主义个别论点过时、将马克思主义看作是现代主义、试图实现马克思主义的后现代发展。张文指出，尽管有机马克思主义反对形而上学，主张历史地看待马克思主义，但他们将马克思主义划分为工业马克思主义和后工业马克思主义、现代主义的马克思主义和后现代主义的马克思主义的做法无疑是对马克思主义整体性的割裂。从有机马克思主义在“回到马克思”和“超越马克思”之间摇摆的态度可以看出，它始终在马克思主义和怀特海主义之间动摇，并最终倒向怀特海主义。⑭

3. 对东欧新马克思主义的研究

东欧新马克思主义的基本趋向是把马克思主义人道主义化。黄小寒在《马克思主义是一种最彻底的人道主义——沙夫著作中对马克思的定位》一文中，分析了东欧新马克思主义著名代表亚当·沙夫对马克思主义的人道主义定位的历史背景和理论背景。她指出，沙夫通过认真总结世界资本主义发展和社会主义实践的经验教训，细致地分析了存在主义的“人道主义马克思主义”和结构主义的“反人道主义马克思主义”的意义与不足，对马克思主义与人道主义的关系进行了深入的探讨，进而提出马克思主义是一种最彻底的人道主义，是人道主义的更高形式，是无产阶级的社会奋斗目标，是现代共产主义运动的本质内容。[15]

自由概念是东欧新马克思主义理论的核心概念之一。黄继锋、李晶针对当代东欧新马克思主义的著名代表人物安杰伊·瓦利茨基对马克思自由观的构建问题展开了研究。他们认为，瓦利茨基通过对马克思的自由概念内涵的揭示、马克思对资本主义自由的评价、自由与共产主义的关系以及自由的实现途径等3个维度来实现对马克思自由观的构建。瓦利茨基将马克思的自由观界定为哲学层面而非政治法律层面的、积极的而非消极的、关于人类共性而非个人的自由观，这是马克思自由观的第一维度。在此基础上，瓦利茨基分别从物的统治、阶级、价值3个角度展开了马克思对资本主义自由的批判，从而构成了马克思自由观的第二维度。第三维度是通过考察马克思的自由与共产主义的关系及其实现途径，从而确立摆脱人类历史困境的社会改造纲领而构建的。黄继锋和李晶认为，瓦利茨基通过构建马克思自由观，以期弥合人道主义马克思主义与科学主义马克思主义的裂痕，不仅拓宽了东欧新马克思主义的理论思路，也为我们科学完整的理解马克思主义提供了有益的视角。[16]

4. 对女性主义马克思主义的研究

钟路对马克思主义女性主义的演进历史进行了梳理，并分析了其在未来所需要应对的挑战。她认为，马克思主义女性主义既是对马克思主义妇女理论的辨证审视和推进，也是对自由主义女性主义、激进女性主义等其他女性主义的理论回应。钟路在对马克思主义女性主义的评析中指出，这一流派是一个运动、变化、发展的流派，其研究课题随时代变化而不断发展。而随着资本主义及其新自由主义政策的发展变化，马克思主义女性主义遭受了很多流派的否定和歪曲，但其历史地位不能被磨灭或贬低。[17]王淼、李海辰在《后马克思主义女性主义思潮述评》中对后马克思主义女性主义这一思潮的形成与发展、理论路径、主要观点、理论缺陷与未来前景进行了系统的分析。通过分析，他们认为后马克思主义女性主义超越马克思主义的目标很难实现，因为妇女解放离不开马克思主义基本理论、观点和方法的指导，后现代主义浪潮过后，女性主义的发展必将迎来与马克思主义的重逢。[18]肖巍的文章对当代女性主义哲学的变革历程和主要代表人物的观点进行了归纳性的介绍，指出历史主题、价值主题、认识论主题是当代女性主义哲学主要研究的三大主题。她认为，女性主义哲学家的使命已经不限于批评阻碍人类社会进行的传统哲学思维和模式，而要从女性主义的独特视角对当代世界问题进行哲学理论概括，以促进人类发展进步以及新哲学出现的创新者和推动者。[19]

三、关于国外马克思主义代表人物的研究

在对代表人物研究方面，既有对经典西方马克思主义代表人物的深度分析，也有对近些年来比较活跃的国外马克思主义者的研究。

1. 对西方马克思主义代表人物思想的研究

周凡、曹江川的文章重点解读了卢卡奇在《青年黑格尔》一书中对黑格尔劳动概念的分析。他们认为，卢卡奇在挖掘青年黑格尔经济思想的过程中做出了开创性的贡献，突出了劳动概念在黑格尔经济思想中所扮演的重要角色。卢卡奇在分析黑格尔劳动概念时，紧紧地依据马克思主义的理论视角，总结了黑格尔关于劳动和工具技术之间的辩证法思想以及“外化”“异化”概念。同时他们也指出，在卢卡奇的分析中，存在未能全面挖掘黑格尔经济思想的深刻性质，阶级的分析方法过于浓厚等问题，这使得卢卡奇没有充分看到在资本主义制度下劳动的辩证发展，以及资本主义社会自我调整的机制。[20]

毕芙蓉分析了阿尔都塞与结构主义学说之间的关系，介绍了阿尔都塞“多元决定论”和“意识形态无历史”观点对马克思主义新的阐释。阿尔都塞认为，马克思主义的阶级斗争学说、历史唯物主义、辩证法所要说明的都是社会历史的内在本性和发展趋势；经济基础归根结底的决定作用在于生产力与生产关系的矛盾，但这种矛盾是历史性的，而不是形式上的。毕芙蓉指出，阿尔都塞借鉴了结构主义的方法，也批评了结构主义形式化的倾向。因此通过辨析结构主义与马克思主义之间的异同，有助于我们更加深入地理解马克思主义的实践性及其独特的包容品格。[21]

罗松涛基于对法兰克福学派重要代表认为阿多诺在1959年11月所做的广播讲座“清理过去意味着什么”的分析，从星丛式历史观和与遗忘做斗争的启蒙观入手，阐发了阿多诺对法西斯主义的历史性分析及其启蒙诉求。罗松涛认为，奥斯维辛之后阿多诺所理解的启蒙与启蒙运动时代康德所谈的启蒙在精神气质上一脉相承，它们都是从主体自身出发、向主体回转、以主体为导向的启蒙。阿多诺提出，只有彻底清理过去才能使苦难保持鲜活，使得当代人乃至后来者置身于“过去”与“现在”的星丛式关联之中，从而有可能对前人所遭受的苦难感同身受，进而持守住这种对苦难的体验而非漠然置之。罗松涛最后总结指出，在阿多诺看来，只有重振主体性进而塑造一种在思想上和行动上独立自主的成熟个体，才能使奥斯维辛这样的悲剧永不重现。[22]

2. 对后马克思主义代表人物思想的研究

李西祥对拉克劳的后马克思主义政治谋划进行了专题论析，指出拉克劳的思想是在对传统马克思主义思想的批判、对马克思主义发展史和世界共产主义运动史的总结和反思以及对拉康精神分析理论核心思想借鉴的基础上形成的。拉克劳的思想虽晦涩难懂，但却极为精确地指证了传统马克思主义理论的缺陷与不足，并形成了自己一系列思想，对于我们理解当代社会历史具有重要意义。李西祥指出，拉克劳最终提出的政治策略实际上就是激进民主；激进民主构成了拉克劳后马克思主义的政治谋划的核心，构成了后马克思主义的政治谋划的最终结论。拉克劳的后马克思主义对经典马克思主义进行了一系列替代，以霸权逻辑代替生产方式，以民粹主义代替阶级斗争，以人民代替无产阶级，并提出建构人民是激进政治的主要任务。李西祥认为，从拉克劳的后马克思主义理论视域来反观19世纪以来的世界历史，可以使我们获得一个新的视角。[23]

周凡、帅秋萍在《卡斯托里亚迪斯的后马克思主义本体论》中，围绕卡斯托里亚迪斯创造本体论提出的历史语境，着重分析其创造本体论的基本特征，考察其创造本体论的展开模式，并最终总结其创造本体论的独特贡献。周凡、帅秋萍认为，卡斯托里亚迪斯是在批判传统本体论、考察马克思主义历史命运的语境下走入本体论建构的。卡斯托里亚迪斯在弗洛伊德精神分析学的影响下，通过重新解读“不确定性”“创造”“想象”等哲学范畴，最终抛弃了以因果决定论为核心方法的传统本体论，并超越了认为历史可通约、可简化的后现代还原论话语，开创了以精神的存在方式来阐释本体论的新路径，从而保留了人类历史的未知面，赋予人类对未来的多重希冀。[24]

李科林在《欲望的生产原理——德勒兹关于现代社会的批判思想》中，借助德勒兹所描绘的莱布尼茨和福柯的思想肖像，尝试探讨欲望作为生产机器的运转原理，包括在作为个体性的欲望中，身体和灵魂的关系；在作为生产机器的欲望中，意识和无意识的关系；作为主体性的欲望中，快感和欲望的关系。李科林认为，德勒兹采用了马克思的理论框架，但他以一种微观的个体反抗取代了宏观的集体阶级斗争。虽然德勒兹饱受脱离文化、漠视政治的批评，但在他看来，文化、政治等各种话语交织所产生的权力最终仍要落实到个体之上。所以，在德勒兹那里关键仍是打造崭新的个体，即对于凌驾于生命之上的各种力量保持警醒的个体。通过以反思为抵抗的方式，德勒兹奠定了他作为法国左翼学者的理论基调，同时也回应了“认识自己”的古老哲学传统。[25]

3. 对文化马克思主义代表人物思想的研究

在《英国文化研究中的文学、理论和民主批评——关于霍加特的理论研究》中，赵冰对英国文化马克思主义的代表人物霍加特的思想进行了专题的梳理和分析。理查德·霍加特通常被视为英国文化研究历史上“前理论时刻”、文学经验主义、文化主义的代表人物，一位反理论/无关理论者。然而，赵冰认为，霍加特的文化批评并非是反/无关理论的，而是关于何为理论、理论何为的探讨；他的文学写作激活了他的民主批评，这正是文化研究的用途。文章审视了霍加特的当代理论，认为他的理论实则复制了阿诺德模式；第二部分探讨了霍加特的“理论”语言，认为他看似普通的语言满足了民主批评的政治需求；最后一部分结合具体文本，分析了霍加特的语言及文学写作如何促使他伸展开来，与他者对话。在霍加特的文本中，工人阶级语言被表征为一种独特文化的组成元素，而非单纯的学术研究对象。批评的能力被再现为内在于工人阶级，而非由学者或评论家从外部引入或自上而下“教化”之结果。霍加特的作品对多重视角保持开放的姿态，通过并置各种迥然的分析形式（个人记忆、社会学数据、名言等）打破了既成的学科分界。[26]

在另一篇文章中，赵冰基于霍加特的代表作《识字的用途》，对其“身体”隐喻进行了解读。霍加特的“有感觉的男性身体”扬弃了利维斯文学批评中的“感觉”话语，同时整合了从威廉·毛里斯到奥威尔的左派批评传统对“身体”的再现，将“感觉”与工人阶级的男子气概相结合，创造出与生产性的、劳作的“身体”相分离、黏附在消费性“身体”上的新式男子气概。作为3种身体形态之一，“有感觉的男性身体”囊括并超越了大众文化被性化支离破碎的女性身体和永恒的母性身体，体现了变化—拒绝变化的二律背反；它既是社会瘀伤的症候，又通过特有的感觉能力为治愈社会提供了药方。[27]

注：

①甘冲：《全球正义是否可能？——尼尔森的全球正义思想研究》，《国外社会科学》，2017 年第 1 期。

②张晓萌：《平等与自由的正当性之争——对 G. A. 科恩与罗伯特·诺齐克论争的批判性解读》，《当代中国价值观研究》，2017 年第 2 期。

③吴兴德：《佩弗的正义思想及其价值与局限》，《国外社会科学》，2017 年第 1 期。

④冯颜利：《国外马克思主义研究中公平正义思想的价值与局限》，《国外社会科学》，2017 年第 1 期。

⑤刘祥乐：《技术理性批判的逻辑嬗变及其困境：从卢卡奇、马尔库塞到哈贝马斯》，《内蒙古大学学报》(哲学社会科学版)，2017 年第 5 期。

⑥仰海峰：《文化哲学视野中的文化概念——兼论西方马克思主义的文化批判理论》，《南京大学学报》，2017 年第 1 期。

⑦郑飞：《韦伯与西方马克思主义中的技术批判理论》，《哲学研究》，2017 年第 5 期。

⑧强乃社：《国外都市马克思主义的几个问题》，《马克思主义与现实》，2017 年第 1 期。

⑨沈湘平：《关于推进都市马克思主义研究的几点思考》，《理论视野》，2017 年第 2 期。

⑩王海峰：《马克思主义哲学与都市问题研究》，《理论视野》，2017 年第 2 期。

⑪申森：《福斯特生态马克思主义视域下的生态现代化理论批判》，《国外理论动态》，2017 年第 10 期。

⑫孙全胜：《论福斯特与奥康纳生态伦理的异质性》，《内蒙古民族大学学报》(社会科学版)，2017 年第 11 期。

⑬杨富斌：《有机马克思主义形成的两条进路及其不同理论取向》，《湖北行政学院学报》，2017 年第 4 期。

⑭张云飞：《论有机马克思主义的马克思主义观的内在紧张》，《湖北行政学院学报》，2017 年第 4 期。

⑮黄小寒：《马克思主义是一种最彻底的人道主义——沙夫著作中对马克思的定位》，《学术交流》，2017 年第 5 期。

⑯黄继锋、李晶：《论瓦利茨基对马克思自由观的构建》，《山东社会科学》，2017 年第 5 期。

⑰钟路：《马克思主义女性主义的演进与挑战》，《东北大学学报》(社会科学版)，2017 年第 11 期。

⑱王淼、李海辰：《后马克思主义女性主义思潮述评》，《黑龙江社会科学》，2017 年第 5 期。

⑲肖巍：《女性主义哲学：现实与未来》，《云梦学刊》，2017 年第 2 期。

⑳周凡、曹江川：《论卢卡奇对青年黑格尔劳动概念的分析》，《马克思主义与现实》，2017 年第 4 期。

㉑毕芙蓉：《论结构主义与马克思主义——以阿尔都塞为例》，《理论探讨》，2017 年第 5 期。

㉒罗松涛：《奥斯维辛之后的道德沉思——从阿多诺“清理过去意味着什么”一文谈起》，《北京师范大学学报》(社会科学版)，2017 年第 4 期。

㉓李西祥：《拉克劳的后马克思主义政治谋划论析》，《教学与研究》，2017 年第 5 期。

㉔周凡、帅秋萍：《卡斯托里亚迪斯的后马克思主义本体论》，《学术交流》，2017 年第 9 期。

㉕李科林：《欲望的生产原理——德勒兹关于现代社会的批判思想》，《马克思主义与现实》，2017 年第 3 期。

㉖赵冰：《英国文化研究中的文学、理论和民主批评——关于霍加特的理论研究》，《北京科技大学学报》(社会科学版)，2017 年第 2 期。

㉗赵冰：《“有感觉的男性身体”——论霍加特的文化批评》，《南华大学学报》(社会科学版)，2017 年第 2 期。

(作者：黄继锋，中国人民大学教授；
王瞻、王洁，中国人民大学博士生)

哲　学

马克思主义哲学

王　东　王晓红

2017年是极为重要的一年，党的第十九次全国代表大会在北京胜利召开，同时又适逢纪念十月革命100周年，马克思《资本论》第一卷出版150周年，毛泽东《实践论》和《矛盾论》发表80周年。在这一重要的时间节点上，学者们围绕马克思主义哲学创新这个新时代主题，主要探讨了以下6个重大问题：新时代中国特色社会主义观新探索——从哲学高度深入学习研究党的十九大精神；列宁主义观及其哲学基础——纪念十月革命胜利100周年；《资本论》哲学创新新探——纪念《资本论》第一卷发表150周年；实践观研究深入开展——纪念《实践论》和《矛盾论》发表80周年；价值观新探讨——人类命运共同体研究；文化观研究新进展。

一、新时代中国特色社会主义观新探索——从哲学高度深入学习研究党的十九大精神

理论界、学术界紧密围绕党的十九大报告提出的新时代、新矛盾、新思想、新方略、新战略、新征程等理论创新与哲学创新，进行了深入学习和研究。

冷溶指出，学习习近平新时代中国特色社会主义思想，可以从以下6个方面来理解和把握。第一，深刻领会习近平新时代中国特色社会主义思想的历史地位和重大意义。第二，深刻领会习近平新时代中国特色社会主义思想回答和解决的重大时代课题。第三，深刻领会习近平新时代中国特色社会主义思想的丰富内涵。第四，深刻领会新时代坚持和发展中国特色社会主义的基本方略。第五，深刻领会习近平新时代中国特色社会主义思想的重大历史贡献。第六，深刻领会习近平新时代中国特色社会主义思想的长远指导意义。[①]

韩庆祥认为，“四个伟大”是对我国改革开放和社会主义现代化建设实践经验的根本总结，是党的十八大以来党中央治国理政的总体框架，是党的十八大以来党中央推进理论创新的实践基础，是制定中国特色社会主义发展新阶段行动纲领的基本遵循。“四个伟大”是一个有机整体。[②]

李君如指出，6个“新”，即新时代、新矛盾、新思想、新方略、新任务、新征程，是党的十九大报告的精髓，也是中国共产党面对新时代，围绕建设中国特色社会主义这一课题所做出的探索和创新。习近平新时代中国特色社会主义思想和基本方略，是党的十九大在理论创新中的历史性贡献。以人民为中心是习近平总书记治国理政新理念新思想新战略的核心思想。[③]

杨河指出，中国特色社会主义事业的发展改变着中国现代化的进程，使社会主义社会的基本矛盾的主要表现形态呈现出新的阶段性特征，这是中国特色社会主义进入新时代的现实历史依据。新时代是中国特色社会主义事业发展的新时代，中国特色社会主义最本质的特征是中国共产党领导，中国共产党在推进中国特色社会主义事业发展中新的历史任务和历史使命，是新时代最鲜明的特征。[④]

郭建宁认为，“四个全面”是一个相互联系、相互支撑、相互促进的整体，它反映了马克思主义哲学的实践性本质，凸显了马克思主义哲学的人民性特征，体现了马克思主义哲学的整体性要求。坚持实事求是，一切从实际出发，既在实践中充分体现了唯物辩证法和历史唯物主义，又深化了对共产党执政规律、社会主义建设规律、人类社会发展规律的认识。[⑤]

王东、李宏伟认为，习近平总书记“天人和谐型生态文明观”的核心理念，超越了西方资本主义近代文明中主客对立、征服自然的世界观，形成了天人合一、人与自然和谐统一、共同发展的新理念、新世界观、新价值观。这一思想精髓最典型、最生动、最集中的表述，就是习近平总书记提出的“两山论”——绿水青山就是金山银山。象征经济财富的“金山银山”，与象征生态保护的“绿水青山”，二者关系辩证发展，是二者和谐统一的新型辩证法、发展观。[⑥]

二、列宁主义观及其哲学基础——纪念十月革命胜利100周年

十月革命的成功，极大地改变了人类历史的走向和人类社会的命运。在十月革命100周年之际，学者们主要围绕着列宁主义及其哲学基础、十月革命的内在精神和世界历史意义、十月革命与中国革命的关系等问题展开深入讨论。

2017年新年伊始，北京大学教授、中国列宁思想研究会会长王东，率先推出学术专著《哲学创新的源头活水——〈哲学笔记〉中的列宁构想》，对于列宁《哲学笔记》的理论创新、哲学创新，做了新的开掘，作为列宁主义与十月革命的哲学基础。[⑦]

人民出版社还推出了王东、刘军合作的新著《列宁思想在中国——中国列宁学百年轨迹与前沿问题》，概述了十月革命后近100年来列宁主义思想在中国的发展轨迹，特别强调了列宁新经济政策道路与“最后遗嘱”中经济、政治、文化三位一体的系统改革论，乃是中国改革开放的重要源头活水，也是当代中国列宁学的思想主旨。[⑧]

2017年9月29、30日，教育部人文社会科学重点研究基地、北京大学中国特色社会主义理论体系研究中心、北京大学马克思主义学院、中国列宁思想研究会在北京大学召开第七届国际列宁学论坛，主题是“十月革命百年新论——从列宁十月革命道路到改革开放中国道路”。王东教授做了大会主题报告《列宁主义真谛与中国道路源头——十月革命百年四大前沿问题新论》，中国列宁思想研究会副会长安启念、杨金海、俞良早、何萍，著名专家杨河、黄宗良、曹长盛、闫志民、梁树发、顾玉兰、成龙等做了大会发言。俄罗斯学者巴赫辛、康德拉绍夫等也做了大会发言。

王东指出，列宁社会主义观的发展经历了二次飞跃：不仅在1917年十月革命实践中经历了第一次飞跃，而且在十月革命以后的7年实践探索中，特别是从1921年开创新经济政策道路，到1923年政治遗嘱、最后构想中又实现了第二次飞跃与理论创新。第二次飞跃的3个显著标志是对落后俄国走向社会主义的出发点、发展道路、工作重心与社会主义实质的理解上都实现了理论创新。这是列宁主义思想发展的制高点，也是我们今天全面深化改革在思想理论创新上最重要的源头活水。[⑨]

刘军基于海外十月革命评价的纷争指出，马克思主义唯物史观提供的基本原则，是我们评价十月革命的最高准则和思想武器。要坚持普遍性和特殊性相统一的原则、历史尺度和道德尺度相统一的原则、历史和现实相统一的原则，正确评价十月革命。[⑩]

三、《资本论》哲学创新探讨——纪念《资本论》第一卷发表150周年

2017年是《资本论》第一卷德文第一版发表150周年，学者们围绕着《资本论》的文本解读与思想阐释、《资本论》的内在逻辑和贯彻的方法、《资本论》的当代哲学意义等问题，展开了深入讨论和研究。

顾海良指出，剩余价值、劳动二重性和工资是《资本论》第1卷提出的3个“崭新的因素”，是马克思经济学“术语的革命”中的典型范畴，集中体现了马克思政治经济学科学革命的基本特征和思想特色。[⑪]

程恩富指出，《资本论》对于社会主义市场经济和中国特色社会主义政治经济学的发展有重要的理论和现实意义：中国特色社会主义政治经济学不应以资本为中心或核心，而应以人民为中心，以劳动为核心概念，来全面构建创新的理论体系。他还从13个方面梳理了《资本论》中关于未来社会经济特征的思想。[⑫]

赵敦华指出，马克思的经济科学是与唯物史观并列的两大发现，而不仅仅是唯物史观的应用和具体化。《资本论》建立了人类社会模式的经济科学典范，对其历史来源和形成过程加以分析，可认为《资本论》有4个底本。而以唯物史观为底本，马克思试图揭露现代经济学家的问题就在于抛弃了资本主义社会经济范畴的本质差别，将其扩大到人类一切社会和时代。马克思的经济科学要将唯物史观作为考察的前提，把握不同社会形态的整体的、本质的特征及各自差异。《资本论》对资本主义积累的一般规律的证明，并不等于唯物史观宣布的资本主义灭亡的必然性。他还使用文本对照的“互文性”的解读方法，阐明《资本论》前5章与黑格尔《逻辑学》的“存在论”和“本质论”相关范畴或环节之间的逻辑关联，一方面，展现《逻辑学》对《资本论》的重要影响，表明马克思批判性地运用黑格尔的辩证法一般运动形式，创造性地建构关于商品、价值、货币和资本形式的体系；另一方面，用马克思对资本主义交换和生产方式的历史的和逻辑的分析，充实和丰富对黑格尔逻辑学的经验内容的理解。[⑬]

魏小萍指出，皮凯蒂在《21世纪资本论》一书中以经济大数据为依据，讨论了在国民财富的分配中，资本利润率总是大于国民经济总增长率（即r>g）的现象，这导致了资本的增长比整体经济增长更快，以此论证在西方现代（资本主义）民主社会体制下，随着经济发展，社会财富在拥有资本的少数人手上逐渐集中的发展趋势。皮凯蒂将批判的锋芒指向这一趋势。然而，与马克思的批判锋芒指向资本主义生产关系不同，皮凯蒂的研究归宿是修缮资本主义制度。[14]

聂锦芳探究了《资本论》未能定稿的原因，指出围绕《资本论》持续不断的努力以及伴随期间对理论和现实状况的进一步思考，延缓了马克思写作的进程和成果的完整呈现；西欧工人运动的参与和波折对于他没有完成《资本论》肯定是有影响的；资本主义“史前史”的求解和对俄国社会未来走向的设想耗费大量时间精力；疾病缠身等。[15]

仰海峰指出，《资本论》体现了马克思资本逻辑批判的哲学思路，这既不是历史唯物主义的简单运用，也不是劳动辩证法所能涵盖的内容，更不是结构主义所理解的多元决定论。对资本主义社会构型的批判分析，为我们理解资本逻辑的运行与人的社会存在状况，提供了有力的指导。从资本逻辑入手重新讨论马克思的哲学，既是深化中国的《资本论》研究的现实切入点，也是推进马克思主义哲学研究的重要方向。[16]

韩立新以《政治经济学批判大纲》的《货币章》为基础，通过对“产品—商品—交换价值—货币”这一物的进化过程的分析，以“交换价值成为目的：人的主体地位失坠”“中介物的独立：货币成为上帝”“物的世界体系的形成”这样的3部分，重构了物从客体上升为主体，最后在人的世界中获得胜利的过程。他指出，马克思与近代启蒙思想家相反，他把物规定为近代世界的主体，而把人理解为物的客体。[17]

王峰明认为，在劳动价值论中，价值规定并不是马克思所做的假设，而是包含了在不同层次上展开的严格推理和严密论证。就其实践意义而言，劳动价值论虽然不能为人们的日常经济行为提供具体的操作手段和计算方法，但可以为充分发挥国家的宏观调控作用，最大限度地减轻和缩短与市场经济的自发性和盲目性相伴生的各种问题和痛苦，提供深层的学理依据和支撑。内在逻辑、方法论基础和现实意义，是新的历史条件下重读《资本论》的3个关键环节。[18]

2017年4月8日，“《资本论》与21世纪马克思主义的发展”学术研讨会暨中国人民大学马克思主义理论学科青年学者论坛第10期，在中国人民大学召开。来自中共中央党校、中国社会科学院、北京大学、清华大学、中国人民大学、吉林大学、南京大学等单位的马克思主义理论、哲学、经济学等学科的专家学者及青年学者代表60余人参会。与会学者基于马克思主义理论的总体性视野，聚焦于经济学问题和哲学问题，展开了跨学科对话。

四、实践观研究深入开展——纪念《实践论》和《矛盾论》发表80周年

2017年是毛泽东同志的《实践论》《矛盾论》（以下简称“两论”）发表80周年。学者们主要探讨了“两论”的提出、思想内涵、精神实质、当代意义等问题。

王伟光认为，“两论”是总结中国革命经验教训的产物，是指导中国共产党正确领导中国实践的强大思想武器，要紧紧围绕马克思主义同中国实际相结合这一根本经验，深刻理解“两论”的精神实质和伟大意义。“两论”丰富和发展了马克思主义哲学，是马克思主义哲学中国化的奠基之作；“两论”是马克思主义基本原理和中国革命实践相结合的光辉典范，在马克思主义和马克思主义哲学发展史上，具有开创性的重大价值。[19]

李君如指出，毛泽东在中国革命的历史转折关头闯出了一条不同于俄国十月革命的道路，创造性地开辟了农村包围城市、最后夺取全国政权这一独特的革命道路。这不仅说明了毛泽东对中国国情特别是农村问题有深刻的了解，而且体现了他别具一格的务实的世界眼光，科学地分析了中国能够实现“工农武装割据”的国际因素。毛泽东务实的世界眼光是在中华民族伟大复兴的历史进程中形成的，我们学习毛泽东务实的世界眼光是为了实现中华民族的伟大复兴。[20]

许全兴认为，“两论”是马克思主义哲学、中国革命经验和中国传统哲学精华三者结合的产物，是人类历史和哲学思想发展的必然。它丰富和发展了马克思主义认识论和辩证法，为党的实事求是的思想路线奠定了科学的理论基础，是党的思想理论建设的基本教材。在为实现中华民族伟大复兴的伟大征途中，“两论”依然是我们党赢得伟大胜利的法宝，必读的经典。[21]

夏文斌指出，毛泽东同志的哲学代表著作《矛盾论》和《实践论》，从当时中国的实际情况出发，运用唯物辩证法分析中国革命的情势，指导中国革命摆脱困境，进而实现了民族独立和人民解放。在新时期，学哲学、用哲学，深刻把握《矛盾论》和《实践论》的当代价值，对我们正在进行的社会主义现代化建设具有重要的指导意义。[22]

2017 年 12 月 22—24 日，由全国毛泽东哲学思想研究会、湘潭大学毛泽东思想研究中心等单位联合主办的第十届全国“毛泽东论坛”在伟人故里韶山召开。来自中共中央党校、中央文献研究室、中国社会科学院、武汉大学、南开大学、华中科技大学、湖南大学、湘潭大学等高校和科研机构，以及人民日报社、光明日报社等媒体的逾 100 位专家学者，围绕“毛泽东思想与习近平新时代中国特色社会主义思想”的主题，展开了多方面的交流与探讨。[23]

五、价值观新探讨——人类命运共同体研究

习近平构建人类命运共同体的重要论述博大精深，是中华优秀传统文化与当今时代发展特点有机结合的智慧结晶，是习近平新时代中国特色社会主义思想体系的重要组成部分。学者们围绕着人类命运共同体理念的提出、内涵和实质、意义以及共同价值与普世价值的区别等问题展开深入探究。

王东指出，构建人类命运共同体作为解决时代课题、当代难题的中国方案、核心理念，为回答“世界向何处去，中国向何处去”时代课题，提供了最富于时代精神的哲学创新思想主旨。全球化犹如一个巨大的世界网络，使人类超越狭隘的、地域性的生存，发展到了具有普遍的、全球性联系的“类生存”。我们思维的参照系已从个人、民族、国家转换成人类，思维空间也从个人的小世界发展到民族国家这个中观层面，再到如今的全球空间，即更关注人类生存发展的共同利益问题，更注意形成全球性的价值观念和人类理想。在全球化的“太平洋时代”，要摆脱“强国必霸—争霸必战—两败必衰”的宿命，中美两国要超越强国必霸、争霸必战的“修昔底德陷阱”，关键在于发挥中国古老智慧“和谐哲学”等的引领作用，建构一种多元存在、合作共赢的现代新型人际关系、社会关系、国际关系。[24]

李景源提出，“同心打造人类命运共同体”是习近平阐发中国理性应对国际秩序变革和全球化挑战的根本理念，也是推动全球治理体系改革的中国方案的思想精髓。中国作为世界第二大经济体、第一大贸易国的新角色带来新责任，中国方案是人间正道，因为其坚持以人民为中心的历史观和发展观。怎样才能走出西方的话语体系？价值观的背后是历史观，要坚持和平发展道路，坚持人类共同价值论，构建人类命运共同体，必须自觉坚持唯物史观。[25]

韩震认为，和平发展既是中国人民的理性选择，也是中国人民的郑重承诺。从构建和谐世界的目标，到人类命运共同体的新理念，都反映了中国走和平发展之路的战略定力。在此基础上，和平发展、合作共赢、公平正义、休戚与共，成为中国处理国际问题和外交事务的核心价值。[26]

李德顺认为，人类命运共同体是习近平在国际关系问题上提出的新理念，旨在说明在气候、环境、战争等问题上，存在着人类命运共同体，倡导各个国家和民族互相兼容，通过建立人类命运共同体形成共同的利益、共同的命运和共同的价值，超越过去的两极对立思维、冷战思维、简单化思维，对形成多边的世界格局、解决全球发展问题提供了借鉴。[27]

郝立新、周康林指出，构建人类命运共同体是新时代中国特色社会主义思想的重要组成部分。国际格局的深刻变革呼唤全球治理的新方案，构建人类命运共同体的中国方案应运而生。构建人类命运共同体是在经济全球化浪潮中崛起的中国提出的一个新命题，是历史必然性、实践自觉性、理论创造性有机统一的时代产物。人类命运共同体是以“人”为主体的共同体发展到经济全球化时代的表现形态，它包含了相互依存的利益共同体、和而不同的价值共同体、共建共享的安全共同体、同舟共济的行动联合体等基本内涵，具有主体多元化、价值包容性、层次多样性、关系复杂性、结构变动性等时代特征。构建人类命运共同体应该坚持协商对话、共建共享、合作共赢、交流互鉴、绿色低碳等基本原则和价值目标。[28]

杨耕、吴向东在主编的《社会主义核心价值观：理论与方法》3 卷本中，以专题研究的方式，收入近年来国内社会主义核心价值观研究领域专家学者的重大理论成果。从时间上看，所选论著写于不同年代，时间跨度 10 余年，从侧面反映出社会主义核心价值观研究的思想进程；从内容上看，所选论著关涉到社会主义核心价值观的理论基础、基本内容、形成过程、建构方法、实践活动及其与中国传统文化、西方现代思潮的关系，并依据逻辑与历史、抽象与具体相统一的原则加以整理、编辑，从而呈现为一个理论整体。[29]

毕文锐、马俊峰指出，从哲学上看，“人类命运共同体”理念与马克思社会有机体思想有着内在联系，后者是前者的理论基础和方法论根据。“人类命运共同体”理念的提出，为我们理解和处理当今时代面临的各种问题，努力构建新型的全球治理体系，提供了一种新的思维方式和更趋合理的价值理念。[30]

人类命运共同体与共同价值学术研讨会于2017年6月17日在中国地质大学召开。本次会议由《社会主义核心价值观研究》编辑部、中国地质大学（北京）马克思主义学院、北京市高校思想政治理论课“杨峻岭工作室”共同举办。韩庆祥、王炳林、郭湛、丰子义、姜恩来、宫敬才、王树荫、刘建军、王恒礼、吴潜涛等国内相关研究领域的知名专家和学者出席研讨会。与会专家围绕“人类命运共同体与共同价值”这一主题，阐释了“人类命运共同体”概念提出的背景、内涵、意义、实质、哲学基础、思想渊源以及共同价值与普世价值的区别等问题。[31]

六、文化观研究新进展

文化问题是近年来的研究热点。学者们主要探讨了文化自信及其建构、传统文化与马克思主义的关系、中西文化的关系、文化发展、文化创新等问题。

陈先达在《文化自信与中华民族伟大复兴》一书中，从文化的本质分析入手，通过对文化与文化形态、文化的传承与创新、文化的时代性和民族性等多个理论维度的全面系统研究，探讨了文化自信与道路自信、制度自信、理论自信的内在关联，以及文化自信对于实现中华民族伟大复兴中国梦的精神支撑作用。作者把文化自信置于社会整体和历史进步的宏大视域，认为文化自信既具有政治性又具有学术性，就是民族自信、国家自强和社会发展，并对正确处理马克思主义和中国传统文化关系等重大理论和现实问题做出了分析和解答。文明必然趋同，文化一定求异。[32]

李君如指出，文化自信完整地讲是对中国特色社会主义的文化自信。不仅要增强对中华优秀传统文化的自信，更要增强对革命文化、红色文化和中国特色社会主义文化的自信。为此，应从历史和文化整体的意义上把握中华民族优秀文化，重要的是要把握其中相贯通的内在的价值观念、民族美德、人文精神。[33]

杨金海指出，在处理马克思主义与中国优秀传统文化二者关系问题上，应当坚持历史的辩证的观点；要以马克思主义为引领，推动中国传统文化的创造性转化和创新性发展，推动中国现代文化的全面跃升；要加强对传统文化的正面研究和宣传，增强文化自信；在推进马克思主义大众化和理论“走出去”方面，尤其需要把马克思主义与中国传统文化结合起来，形成人们普遍能够接受的思想理论、价值观念；归根到底要以解决现实问题为出发点和落脚点；要加强马克思主义德治体系、信仰体系建设，加强对全社会的马克思主义思想道德和理想信念教育，需要借鉴中国优秀传统文化的成果。我们所要建设的中国现代文化是现代化的、开放包容的、革故鼎新的文化，应当融通中外，高举社会主义公平正义旗帜，以推动构建和谐社会，构建人类新文明，构建人类命运共同体为目标。[34]

许全兴指出，为了全面地正确地贯彻《关于实施中华优秀传统文化传承发展工程的意见》，亟须加强对历史文化的马克思主义研究，以科学的态度对待传统文化，在国学热、儒学热、文化自信热中防止复古主义。[35]

韩震探讨了文化自信的3种根基，指出自信的历史根基是基于中华民族在历史中形成的坚如磐石的自主意识，无论碰到什么风浪，无论遭遇什么样的挫折，我们都不会动摇坚持独立自主、走自己的路的意志。自信的成就根基是建立在坚实稳健的发展现实基础上的，中国特色社会主义事业的成功，中国改革开放所创造的“中国奇迹”，让中华民族的文化自信心得以确证、彰显和巩固。自信的制度根基是稳定的制度性保证，当代中国经济社会的发展成就说明，绵延几千年的中华文化，是中国特色社会主义事业发展的深厚基础。[36]

丰子义主要从4个方面论述了话语体系建设。一是话题。研究的问题应当是真问题，不是假问题；不能仅仅重复西方学界的问题，轻视和无视自己的问题。应当主动设置议题，加强话语的主动权和主导性。二是话语内容。要改变研究中“肌无力”的状况，必须提高话语内容的解释力和影响力。在话语内容的研究中，应当防止从“哲学话语”走向“话语哲学”。三是话语表达方式。要增强理论的影响力和感染力，必须把理说深说透。四是话语中的“术语”。理论话语体系的创新很大程度上有赖于范畴的创新，即“术语的革命”。[37]

郭建宁认为，文化自信是民族复兴的重要支撑，是民族复兴的集中体现。要在经济全球化和世界思想文化激荡中确立文化自信，在融通马克思主义、中华优秀传统文化、国外哲学社会科学3种资源中树立文化自信，在不忘本来、吸收外来、面向未来中坚持文化自信，在构建中国哲学社会科学学科体系、学术体系、话语体系中阐释文化自信。要强基固本铸魂，增强社会主义核心价值观的凝聚力；坚持传承创新，激活中华优秀传统文化的生命力；讲好中国故事，提升中国话语感召力。他还指出，价值观自信是道路自信、理论自信、制度自信、文化自信的有力支撑，是坚持和发展中国特色社会主义的底气底蕴所在。[38]

孙熙国指出，我们讲文化自信，不是对中华民族在某一阶段所创造的优秀文化的自信，而是对中华民族在不同的历史时期所创造的所有优秀文化的自信，也就是习近平总书记所讲的优秀传统文化、革命文化、先进文化这3种文化的自信，而不仅仅是传统文化的自信。[39]

综上所述，学术界对马克思主义哲学的研究体现了新时代的创新性，一方面表现在基础理论层面的创新上，另一方面表现在对新时代主题的开拓和确立上。这些理论创新成果进一步丰富和发展了马克思主义哲学，对新时代中国特色社会主义建设将起到重大的推动作用。

注：

①冷溶：《深刻领会习近平新时代中国特色社会主义思想的历史地位和丰富内涵》，《党的文献》，2017年第6期。

②韩庆祥：《“四个伟大”意义重大》，《学习时报》，2017年9月25日；《“四个伟大”：指明继续前进的方向》，《解放日报》，2017年8月15日。

③李君如：《六个“新”展示理论创新》，《政工学刊》，2017年第11期；《21世纪中国的马克思主义》，《北京日报》，2017年11月6日；《以人民为中心：治国理政的核心理念》，《西江日报》，2017年10月6日。

④杨河：《中国特色社会主义新时代的历史和逻辑》，《中国高校社会科学》，2017年第6期。

⑤郭建宁：《“四个全面”的丰富内涵与哲学意蕴》，《经济日报》，2017年5月26日。

⑥王东、李宏伟：《“天人和谐型生态文明观”的思想精髓》，《人民论坛》，2017年第11期(上)。

⑦王东：《哲学创新的源头活水——〈哲学笔记〉中的列宁构想》，北京师范大学出版社2017年版。

⑧王东、刘军：《列宁思想在中国——中国列宁学百年轨迹与前沿问题》，人民出版社2017年版。

⑨王东：《列宁社会主义观的第二次飞跃——列宁主义思想制高点新探》，《求索》，2017年第9期。

⑩刘军：《正确评价十月革命的基本原则——基于海外十月革命评价的纷争》，《决策与信息》，2017年第10期。

⑪顾海良：《〈资本论〉中的“崭新的因素”与马克思经济学“术语的革命”》，《马克思主义与现实》，2017年第2期。

⑫程恩富：《〈资本论〉与中国特色社会主义政治经济学》，《北京日报》2017年10月16日；程恩富、段学慧：《〈资本论〉中关于共产主义经济形态的思想阐释》(上、下)，《企业家日报》，2017年6月16日、6月30日。

⑬赵敦华：《“资本论”的“唯物史观底本”》，《江海学刊》，2017年3月；《〈资本论〉和〈逻辑学〉的互文性解读》，《哲学研究》，2017年第7期。

⑭魏小萍：《批判还是修缮：如何面对资本逻辑的悖论——〈21世纪资本论〉的理论局限分析》，《哲学研究》，2017年第3期。

⑮聂锦芳：《马克思为什么没有完成〈资本论〉的定稿工作——纪念〈资本论〉第一卷出版150周年》，《中华读书报》，2017年9月6日。

⑯仰海峰：《〈资本论〉哲学思想研究：反思与重构》，《华中科技大学学报》，2017年第3期；《〈资本论〉与资本主义社会的哲学批判》，《哲学动态》，2017年第8期。

⑰韩立新：《“物”的胜利——以〈政治经济学批判大纲〉的〈货币章〉为中心》，《哲学研究》，2017年第12期。

⑱王峰明：《〈资本论〉的逻辑、方法与意义——以马克思的劳动价值论为例》，《哲学动态》，2017年第8期。

⑲王伟光：《努力接受〈实践论〉〈矛盾论〉的哲学滋养运用科学的世界观方法论指导实践》，《中国社会科学报》，2017年9月28日；《读懂用好〈实践论〉〈矛盾论〉的哲学智慧》，《理论参考》，2017年第9期。

⑳李君如：《毛泽东开辟中国革命道路的世界眼光》，《毛泽东思想研究》，2017年第6期。

㉑许全兴：《赢得伟大胜利的法宝——纪念〈实践论〉〈矛盾论〉发表80周年》，《中国延安干部学院学报》，2017年第2期；《胜利的法宝，必读的经典——〈实践论〉〈矛盾论〉理论贡献和实践意义》，《北京日报》，2017年9月11日。

㉒夏文斌：《〈矛盾论〉和〈实践论〉的当代价值》，

《前线》，2017年第10期。

㉓郑凤娇：《马克思主义中国化的与时俱进：从毛泽东思想到习近平新时代中国特色社会主义思想——第十届全国“毛泽东论坛”综述》，《湘潭大学学报》，2018年第2期。

㉔王东：《构建人类命运共同体，破解修昔底德陷阱》，《中央社会主义学院学报》，2017年第10期。

㉕李景源：《构建人类命运共同体何以可能?》，《湖北大学学报》，2017年第6期。

㉖韩震：《基于人类命运共同体新理念的中国外交价值观》，《中国高校社会科学》，2017年第4期。

㉗李德顺：《人类命运共同体理念的基础和意义》，《领导科学论坛》，2017年第11期。

㉘郝立新、周康林：《构建人类命运共同体——全球治理的中国方案》，《马克思主义与现实》，2017年第6期。

㉙杨耕、吴向东主编：《社会主义核心价值观：理论与方法》，四川人民出版社2017年版。

㉚毕文锐、马俊峰：《“人类命运共同体”的理论基础》，《中国社会科学报》，2017年2月23日。

㉛韩庆祥等：《人类命运共同体与共同价值》，《社会主义核心价值观研究》，2017年第4期。

㉜陈先达：《文化自信与中华民族伟大复兴》，人民出版社2017年版；《文化自信既具有政治性又具有学术性》，《光明日报》，2017年6月12日；《“文化决定论”是不对的》，《北京日报》，2017年5月15日。

㉝李君如：《全面理解“文化自信”》，《中央社会主义学院学报》，2017年第5期。

㉞杨金海：《大力推进马克思主义与中国优秀传统文化的结合》，《广西社会科学》，2017年第9期。

㉟许全兴：《加强对历史文化的马克思主义研究》，《理论视野》，2017年第5期。

㊱韩震：《论中华民族文化自信的三种根基》，《北京日报》，2017年2月13日。

㊲丰子义：《从话语体系建设看马克思主义哲学创新》，《哲学研究》，2017年第7期。

㊳郭建宁：《文化自信与民族复兴》，《前线》，2017年第3期；《价值观自信是文化自信的灵魂》，《中国教育报》，2017年8月4日。

㊴孙熙国：《文化自信最重要的是当代中国文化自信》，《解放日报》，2017年6月1日。

（作者：王东，北京大学教授；
王晓红，中央民族大学讲师）

中国哲学

王威威 李娣威

2017年北京中国哲学界学术交流频繁，研究成果丰硕，产生了若干值得重视的热点问题。现从学术会议、学术著作和学术论文3方面对这一发展状况进行综述。

一、学术会议

2017年5月14日，由中国政法大学国际儒学院主办的“经学与儒学——北京青年哲学论坛”在中国政法大学召开。来自国内10所高校和社科院的20余位中青年学者参加了论坛。与会学者就什么是经学、经学的研究现状、经学研究方法与路径、经学与儒学关系等问题进行了交流。

2017年9月9—10日，由中国哲学史学会和首都师范大学联合主办、首都师范大学政法学院哲学系及首都师范大学当代儒学研究中心承办的“中国哲学的原创、诠释与转型”学术研讨会暨中国哲学史学会2017年年会在首都师范大学召开，来自全国各地的百余名学者参加了会议。大会发言主要就中国哲学的创造性转化、创新性发展，中国哲学的问题、方法及思维模式，中国哲学与西方哲学、世界哲学之关系等论题进行报告和讨论。此外，与会学者根据古代、中古、近现代3个时期分成3组，围绕会议主题进行了12场的深入研讨。

2017年10月28—29日，由中国社会科学院哲学研究所、中国哲学史学会主办，哲学所中国哲学研究室、中国哲学史杂志社承办的“经史传统与中国哲学”学术研讨会在北京举行。来自全国各地的学者、编辑百余人参加会议。会议分为经学、宋明理学、儒家伦理与政治、三教与中国文化4个专题，以上专题之下分设礼学、易学研究、汉代思想研究、春秋学研究、清学与经学，朱子学研究、明代思想研究、北宋思想研究、南宋思想研究、元明思想与社会教化，孟子思想研究、先秦经典与思想、儒家伦理研究、儒学与政治、晚清与近代，现代中国哲学、佛道哲学、庄子哲学、中学与域外中国哲学、中国哲学与中国文化等议题。

2017 年 11 月 11—12 日，由中国人民大学国学院主办的“儒法治道思想及其当代价值”国际学术研讨会在中国人民大学国学馆举办，来自中国大陆、中国台湾、美国等多个国家和地区的 40 多位学者参加会议。与会学者就儒家治道思想、法家治道思想、儒法异同及其整合、儒法治道思想及其历史实践、儒法治道思想之当代价值等议题展开了热烈的讨论。

2017 年 11 月 18—19 日，由北京大学哲学系主办，华夏老子学研究联合会、张岱年研究会协办的“中国的‘自然’思想：学说和演变”学术研讨会在北京邮电会议中心召开，来自国内十几所高校和社科院的近 30 位对“自然”问题有较深研究的学者参加了会议。会议围绕早期道家“自然”观念的兴起、演变及其哲学精神，魏晋玄学“自然”观念的流行及其思想地位，道教、佛教语境中“自然”的意义及其更新，宋明理学视野下“自然”观念的意蕴，近代西学背景下“自然”观的变迁及其与西方哲学理念的关系等议题各抒己见，提出了诸多值得关注的新思路、新见解。

2017 年 12 月 9—10 日，由中国人民大学哲学院和国际中国哲学与比较哲学研究中心主办的“当代哲学方法的探索中国哲学与世界哲学的关联”高端学术会议在中国人民大学召开。与会学者围绕中西知识与真理概念的形而上学基础，中国知识论与真理论的体系建构，体验、分析、描述与中西知识论异同，中西知识论与真理论的本体诠释，中西知识论与真理概念的文化内涵及其意义等议题展开了讨论。

二、学术著作

2017 年北京地区学者又有若干新著问世，其中不乏在某些研究领域具有开创性意义的力作，值得学界关注。

《中国政治哲学史》3 卷本为张志伟、韩东晖、干春松总主编的《政治哲学史》丛书的一部分。正如《总序》所言：“中国政治哲学与西方政治哲学在许多方面存在着差异，以至于学术界关于什么是中国的政治哲学等基本问题迄今尚未达成共识，因此三卷《中国政治哲学史》具有很强的探索性。”《中国政治哲学史》（第一卷）由梁涛主编，主要探讨先秦政治哲学。全书采取以人物为中心的写作方法，选取老子、孔子、墨子、商鞅、孟子、庄子、荀子、韩非以及黄老道家和名家为研究对象。书中的每一章均围绕特定的主题展开讨论。老子的政治哲学围绕“无为与自然”展开，孔子的政治哲学聚焦于“正名致思”，墨家的政治哲学以“兼爱”为主题，商鞅的政治哲学突出了“天下与国家”之关系，孟子的政治哲学围绕“民贵君轻”展开，《庄子》的政治哲学以“自然与无为”为主题，黄老道家的政治哲学以“天道与人道”为纲，名家的政治哲学围绕“有名和无名”进行讨论，荀子的政治哲学以“隆礼重法”为核心，韩非的政治哲学以“法、术、势”为题。此种探讨方式比较集中地体现出了各思想家或学派政治哲学的主要特征和核心观点，并在诸多方面提出了独到的见解。①《中国政治哲学史》（第二卷）由彭永捷主编，涵盖了汉代至明末清初的政治哲学。全书选取了董仲舒、王通、王安石、司马光、朱熹、陈亮、叶适、黄宗羲等人物，王莽受禅与改制这一事件以及《白虎通义》和《太平经》等文献为研究对象，依据政治价值、政治秩序、政治制度等要素，集中阐述了古人对理想政治秩序的设想以及达致理想之治的方式。全书所论主题均为儒家占主导地位局面之下中国政治哲学发展演变的重要节点。如董仲舒上“天人三策”，汉武帝令“独尊六经”，儒家仁义之道成为王朝立国的价值基石；王莽受禅与改制，使儒家的仁政理想与现实政治效能之间的张力得以检验；王通面对草原民族入主中原而引发关于华夏正统与王道道统的思考。这些节点体现了儒家政治哲学所面临的具体处境，也展现出其坚守仁义价值的品格和变通应世的理论活力。②《中国政治哲学史》（第三卷）由干春松主编，主要探讨近代政治哲学。全书以康有为、章太炎、梁启超、严复、孙中山为研究对象，主要围绕政治正当性问题、群独问题以及政治哲学进化论问题展开讨论。作者提出，这一时期的政治哲学呈现出中西杂糅的特征，西方的民权、自由、民主、立宪、共和等开始成为中国政治理论的重要观念，传统儒家经典中的政治原则开始动摇，但依然是人们思考政治问题的出发点。③

梁涛的《“亲亲相隐”与二重证据法》主要探讨了“亲亲相隐”和二重证据法这两个热点问题。作者认为“亲亲相隐”之争的核心不在于“亲亲相隐”是否合理，而在于早期儒家究竟如何看待和处理血缘亲情与社会道义之间的关系。“父为子隐，子为父隐，直在其中矣”中的“直”指情感上的率真、率直，而非公正、正直，“亲亲相隐”只具有相对的合理性。而二重证据法虽然由释古派学者提出，但其不仅能用来证明，也可用来辨伪，还可对事件、观念做历时性考察，不应将二重证据法与疑古简单对立，而应将其发展为两派都能接受的研究方法。作者结合顾颉刚的“层累说”和王国维的“素地说”，提出了“原型—意义流变说”，值得重视。④

丁四新的《周易溯源与早期易学考论》充分利用出土文献，从文献学、哲学、文字训诂学的角度对早期易学进行了研究。全书共分3编9章。第一编分为2章，讨论了《周易》卦爻画的性质和来源，《说卦》《序卦》《杂卦》3篇后得及汲冢竹书《易》的问题。中编5章分别研究了马王堆帛书《易传》的哲学思想，马王堆帛书《要》篇“观其德义”的易学内涵，《缪和》《昭力》二篇的“子曰”和“孔子曰”，《缪和》《昭力》的内在分别及其成书过程，《二三子》疑难字句的释读。下编2章分析了《老子》《周易》的文本演变及思想之相互作用，并从出土文献的角度论述了《周易》经学的哲学解释问题。⑤

曹峰的《中国古代“名”的政治思想》反思了20世纪名学研究只重视逻辑意义上和知识论意义上的“名”而忽视伦理学、政治学意义上的“名”的偏差，提出应从政治思想的角度对“名”作全面系统的研究。全书分为上、下两部分。上篇总论与“名”相关的重要问题，以建立“名”的政治思想的基本框架，讨论了名思想的历史，名家的分类、名与法的关系等问题。下篇为个案研究，考察传世文献及出土文献所见“名”的思想。此部分沿着儒家、法家、黄老道家三条线索展开讨论，选择了孔子的“正名”说、荀子的《正名》篇、《吕氏春秋》的《正名》和《审分》等篇、《韩非子》关于“名”的学说、慎到关于“名”的思想、《管子》四篇、《黄帝四经》、《尹文子》进行重点研究。该书开辟了名学研究的新方向，对中国哲学研究有重要的启示意义。⑥

陈霞的《道家哲学引论》以哲学的形式，由道的理念地位开始，提炼出了道、无、有、气、德、自然、无为等基本概念和“道物无际”“知不知上”“为学日益”“为道日损”“非彼无我，非我无所取”“莫若以明”“知与恬交相养”“惟道是从”“道生法”等命题，从逻辑学、自然哲学、认识论、道德哲学、政治哲学、宗教哲学6个方面对道家思想进行了深入研究。作者尤其重视对孕育在道家哲学中的现代性因子的发掘和阐释，可以说，该书是探索道家哲学创造性转化与创新性发展的有益尝试。⑦

三、学术论文

2017年北京地区学者所发表的论文中有大量值得关注的新成果。中国哲学的现代价值和现代形态是学者们重点讨论的问题；各期儒学仍然是主要的研究领域，荀子研究尤其受到重视，关于儒家人性论的研究不再停留在性善、性恶之争而得到了更深入的剖析，儒家与法家的关系得到关注；道家哲学的研究成果比较丰富，研究对象主要集中于《老子》。

1. 中国哲学与儒学通论

陈来回顾了以冯友兰为中心的关于传统文化继承问题的讨论，结合哲学诠释学的视野，提出当代中国文化传承发展应从“批判的继承”转变为“创造的继承”。古典文本在每一时代都会面对新的问题，需要不断更新其意义。当代的文化继承，不能把古典文本的意义固定化、单一化，而应使文本向新时代开放，将文本的思想与我们的思想相融合，对传统文本的普遍性内涵进行新的诠释和改造，以适应当代社会文化的需求。⑧

匡钊以心灵和魂魄为中心对古希腊哲学和中国先秦观念的形而上学进行了比较研究。他提出，在先秦至汉初的思想界，心被理解为魂魄，魂魄可以离开形体而存在，并分属高低两个层次。前者与天、道、阳气、精神以及人所具备的高级智能有关，后者与地、身体、感官经验及运动能力等有关。处于较高层次者，究其本质是宇宙中的精气驻留于人身的结果，处于较低层次者，是人作为生命体所有的生物能力的驱动力与原因。古希腊思想中存在着类似的观念结构，psuché 相当于“心”。这种相似性显示出人类所具有的一般观点，为不同类型的形而上学具有共性提供了最终的依据。⑨

向世陵探讨了儒家视域中的“天下一家”观。他认为，人类社会在“大道既隐”后所形成的是“天下为家”之为“各家”而非“一家”。从先秦到汉唐，天下一家是从伦理关爱的角度去考量，但因为没有形而上的理论支撑而缺乏必然性的效力。在宋代理学中，形而下的道德劝善具有了形而上的理论支撑，此即张载的“民胞物与”、程颢的“仁者以天地万物为一体”、朱熹的“理一分殊”、陆九渊的“心同理同”、王阳明的“一体之仁”。天下一家的“家天下”观，是以宇宙视野和生生流行的人道关爱为基础而提供的治天下的良策，在当今国际交往中具有重要的意义。[10]

陈来梳理了历史上关于"仁者人也"的两种解释，即汉儒及其影响下的训诂学的"人能亲爱施恩说"和宋明理学家的"人之所以为人说"，并提出了第三种解释的可能，即"人指他人说"，"仁"包含着他人优先的伦理原理。他认为，按照哲学诠释学的立场，文本可以随着不同时代不同人群的视界融合而具有不同的意义，"仁者人也"的3种理解反映了不同历史时代的哲学思维，从不同的方面丰富了人们对儒学仁论或人论的理解。[11]

韩星考察了"五常"核心价值观的构建过程。孔、孟、荀对五常均有论述，仁的根本与核心地位逐渐确立。经过贾谊、陆贾、韩婴、董仲舒，"五常"的提法得以固定，并形成了以"仁"为核心，仁与义、礼、智纵向展开的内在结构，后经《白虎通》总结，扬雄、王充等人补充、修正，构建起了仁、义、礼、智、信"五常"价值观。以程朱为代表的宋儒以五常为天理，强调其本源性和普适性，论证了以仁为本、为体，义、礼、智、信为末、为用的"五常"之道，完成了"五常"价值观的构建。[12]

2. 早期儒学

杨立华以孔子和孟子为核心探讨了儒家"孝"论的心性基础问题。他提出，孔子论"孝"以"敬"为根本，更多着眼于行孝者自身的德业成就，孟子论"孝"的重心则在于"慕"，更强调为人子者内心对父母的思慕和依恋。通过哲学分析可知，"敬"指向个体边界的明确，它为主观的情感引入客观尺度并确立人的行为标准，"慕"则指向了对个体界限的逾越和忽视，容易使人忘掉本分。在孔子的"敬"与孟子的"慕"之间，我们可以找到更契合时代的孝的情感基础。[13]

赵法生对《性自命出》的心术观进行了辨析，提出《性自命出》关于"心"的思想不是心性论而是心术论。心术论没有预设形而上的心性本体，而是将道德的产生视为自然情感向道德情感转化的结果，诗、书、礼、乐的教化促成了这一转化。通过心术与礼乐教化的结合，《性自命出》实现了道德基础与道德原则的统一，道德的主观精神与客观教化过程的统一，这是周代礼乐文明道德实践的思想总结，与以理学为代表的道德形而上学明显不同。[14]

陈来从重本体的性善和重功夫的性命二重视角分析了孟子的人性论。他认为，孟子以性善论人性，强调"四心"是人性善的内在根源，主张通过"存心"的方式保有"四心"，而以性命论人性，承认人性中存在受到外在必然性制约的感官欲望，需要人在道德意识与感官欲望之间确认价值的合理性以作为人的本质，从而达到生命的充分实现与完成。这一人性论的二重视角通向了道德选择的问题。[15]

梁涛对荀子人性论的历史性进行了研究。他认为荀子的人性论经历了发展变化的过程，完成于不同时期的《荀子》各篇记录的就是荀子在不同时期对人性的看法。荀子中期作品《礼论》《正名》《性恶》提出了性-伪说，以伪来统一能知和所知。《礼论》提出了性朴说，其性主要指吉凶忧愉之情以及对亲人的爱，而伪主要指礼义之节文；《正名》通过对性、伪的两重定义，明确了性、伪的内涵，标志着荀子性-伪说的成熟；《性恶》则利用性-伪说分析人性，提出了性恶善伪说。[16]《修身》《解蔽》《不苟》讨论养心、治心问题，构成了荀子人性论的重要内容。《解蔽》《不苟》受思孟之学的影响分别提出"思仁"和"养心莫善于诚"，说明荀子后期自觉向思孟回归。荀子在借鉴思孟思想的同时，试图建构不同于思孟的更为完备的人性论，但没有真正完成。[17]

王威威对荀子思想中礼与俗的化性作用及其关系进行了辨析。"礼义化性"主要通过对人心的教化，使心认可礼义，进而通过心之所可来节制欲望，或者促发符合礼义的行为满足欲望，而且可以发挥心的思虑功能使情欲对象符合礼的规定。同时，通过长期浸染于良好的风俗习惯之中，反复实践，时时约束和调整自己的行为，不断积累善的行为方式，也可以达到改变行为动机进而"化性"的结果。从礼俗关系来看，礼和俗都具有"化性"的作用，而美俗的形成依赖于礼乐教化，美俗是符合礼义的俗，是礼的民众化。[18]

孙伟以"智心"和"诚心"为中心展开了对荀子心论的讨论。荀子的"心"具有"智心"和"诚心"两层境界。在第一层境界中，心通过理性的认知能力获得必要的道德知识，以此指导自己的伦理实践和教化"性"中的情感与欲望。这一层境界需要通过"虚壹而静"的工夫来达到完全自足、自在的心本体。人在进行伦理实践的过程中体会到心的开放性和超越自我与他人对立的必要性，从而通过一系列工夫进入到第二层境界。[19]

白奚从郭店儒家简入手探讨了荀子礼法互补治国理论的思想渊源问题。他认为，郭店儒家简的作者试图将德礼与刑法相结合，并提出了相应的人性论为理论基础，代表了战国儒家探讨礼法互补治国模式的最初努力。这是儒家学说与时俱进的理论创新，其调和儒法的思想成果直接影响了荀子，成为荀子礼法互补思想的重要思想来源之一。[20]

王正从荀子与后期法家的关系出发讨论了荀子的学派归属问题。他提出，荀子能够守住儒家之为儒家的根本价值，他对法家人物及法家的法、术、势理念并不认同。而后期法家虽然对儒学进行过系统学习，但因根本出发点不同，反而以此为资源来排斥儒家，并建构了法家自身的理论。因此，荀子与法家不是亲和关系，当为"法儒"而不是"儒法"。[21]

蒋重跃从本体论的视角揭示了《大学》思想体系的特质。他提出，《大学》并没有宇宙本原作为最高本体，而只承认具体事物各有存在的道理，人与人要相互同情和尊重，即仁爱。"止于至善"就是追求仁爱，"格物致知"以认识至善为目的，是诚意、正心、修身的基础，是在"明明德"范畴内达到"止于至善"的开端。获得对至善的理解，在齐家、治国、平天下的活动中遵循"絜矩之道"，是在"亲民"范畴内实现"止于至善"的根本。"止于至善""明明德""亲民"于是成为一整体。[22]

任蜜林以《中庸》的性命论为中心分析了《中庸》的成书问题。《中庸》首先论述"性"之根源出自"天"，"天命"下贯到人类与万物中的"性"表现为"中"，"中"发而中节的状态为"和"，"中和"运用于具体事情上为"中庸"。作为"性"之根源的"天"的具体内容即是"诚"，"诚"下贯到人类与万物中就是"性"，人类能通过"尽性"达至"诚"。《中庸》兼有天道下贯的本体论和人道上通的工夫论，其思想体系完备，不能割裂为二。[23]

孟庆楠以早期儒家礼学为中心探讨了3年之丧中的君、父之义问题，提出早期儒家在对3年之丧及其成立依据的阐述中表达出对君、父角色及二者关系的多样认识。《仪礼·丧服传》以"至尊"来定位君、父的地位，而《礼记·丧服四制》主张在门内优先以"恩"事父，在门外优先以"理"事君。《荀子·礼论》改变了臣为君服的礼制，而在君民关系中探讨3年之丧的依据，提出君主兼具父母的教养之功，民对于君主既尊且亲。[24]

3. 道家与法家哲学

郑开以"道德之意"为中心探讨了道家形而上学的理论特质。他指出，道家形而上学的核心在于"道德之意"，其根基在于"无""玄""反"，尤其是"无"上。"无"的概念及其理论包括从"无形"到"无名"，"无"再到"无为"等不同层面的内容："无形"涉及物理学（自然哲学），从有无之间的张力中思考和把握"道"的特质是道家哲学的重要方法；"无知"和"无"涉及知识问题，对"道的真理"的追寻还需要更具建设性的灵明与智慧；"无名""无为"是玄德的本质，奠定了伦理学和政治哲学的基础；"无为"和"无心"建构起以心性论和实践智慧为出发点的精神境界论，而从思想世界到精神境界的进路显示出了道家哲学的理论进深。[25]

王中江对早期道家"一"的思想的发展和形态进行讨论。他认为"一"作为本原性的概念既是描述"道"的谓词，又是世界、万物的生成者和万物统一的基础及内在根据。作为建立秩序的政道和治道，它既是统治者要掌握和运用的根本原则和方法（"执一"），又是统治者修身养性的根本目标和价值（"贵一"）。相比于"道"，在"一"与"多"的关系中，"一"相对于万物就呈现出了统一与差异、共同与多样的多重关系。[26]

曹峰对《老子》的生成论进行了剖析。他提出《老子》的生成论可分为"生"论和"成"论两个序列，即"道生之"与"德畜之"。"道"只是提供了万物发生的源头和存在的保障，而"德"则解决了万物出生之后如何成长生存、实现自我、成就自我的问题。从这种独特的生成论出发，方能把握"玄德"和"无为"的重要性，"玄德""自然"的合理性，方能明白道家突出"自然"和"自生"的必要性。[27]

林光华以无待自然与有待自然的区分为线索探讨了《老子》之"自然"思想并阐释其当代意义。"无待自然"是道的自然，指道不依赖任何条件，本来如此，其人格代表是圣人。"有待自然"是万物的自然，指物的天然特性与人的素朴本性。《老子》针对社会失道而失自然的现实发论，人只能通过不自然的方式重新回到或达到自然。"有待自然"中的"自然"作为一种价值导向，在当代工业化、信息化、消费化的背景下尤为重要。[28]

任蜜林分析了北大汉简《老子》第二十五章中"道者，万物之梀也"的"梀"字的意义及其思想。从字形来，"梀"字或可释为"归（歸）"；从思想上看，"归"与万物复归于"道"的思想一致，也反映了“道”在产生万物过程中的“无为”性征。“归”的解释还能与《老子》“道”的水喻思想相联系，进而与马王堆帛书的“注”字相统一。北大汉简整理者将其厘定为“奥”字是不能成立的。㉙

周耿对《老子·三十八章》中的“上”和“上德”概念进行了考辨。“上”的意思是崇尚、重视，“上德”即崇尚本源之德。“上德”与“下德”作为两种对“德”的态度，其根本区别在于“无以为”和“有以为”。“上德”涵括“上仁”，“下德”涵括“上义”“上礼”。“仁”“义”“礼”是价值，而“上仁”“上义”“上礼”是价值实现的方式，老子反对的不是价值本身，而是“有以为”的价值实现方式。㉚

丁四新探讨了《恒先》的宇宙生成论与气论思想。《恒先》的宇宙生成论可分为三重：第一重以“恒先”为终极始源，将宇宙的生成分为“恒无”和“气有”两阶段；第二重以“浊气”和“清气”为起点，指向人、物的生成及其如何生成；第三重以“或”为起点，指向名事世界的生成。“有”以“气”来规定，“恒先”的特性是“无有”，是对“气”的否定或指气的缺失。“气是自生”只相对于“恒莫生气”，难以将“自生”观念推广到宇宙生成的每一阶段。“或作”和万物的生作带有泛灵论的色彩，其宇宙生成论不是纯粹自然主义的。㉛

黄克剑以“言”“物”“道”为中心，系统考察了惠施的“琦辞”与庄子的“卮言”、惠施的“历物”与庄子的“齐物”、惠施的“合同异”以“泛爱”与庄子的“因自然”以“逍遥”的关联及区别。惠施的“泛爱万物，天地一体”与庄子的“天地与我并生，而万物与我为一”相似，但前者把天地万物纳入名辩之人文，后者将“我”与天地万物浑化于渊默之自然，这是庄惠之学大异其旨的根本所在。㉜

蒋丽梅探讨了《庄子》空间意识中的价值世界。庄子学派继承和发展了殷周和楚文化的空间意识，通过写实、虚构和转化，使空间兼具实有而非有的特性，空间的隐喻表征出道征的开放性和道途的封闭性，化道象为道境。对无穷、大小的讨论则引导主体突破个体存在空间的束缚，将道的巨大空间内化。气化主体的主张则突出了个体相对于世俗价值的独立性，并为道的内在化之途开拓出审美的路径。㉝

宋洪兵对先秦法家政治正当性的理论建构进行阐述，提出法家从历时视域与共时视域两个层面构建起其政治正当性理论。在历时视域中，政治正当性的获得在于通过有效途径回应人们最为关切的时代主题从而得到拥戴。在共时视域中，法家强调“以力服人”“以利服人”“以理服人”，主张回归到为了天下百姓利益的初衷，正当性的最终源泉在于获得百姓的拥护。法家的政治正当性理论是一套独立于儒家“王道政治”并谋求长治久安的治国原理，并非只能应对“乱世”的学说。㉞

4. 宋明理学

张学智概括了宋明理学的基本特征，并对其思想精华进行提炼。他认为，宋明理学的基本特征包括天地人统一的观照境界、知行合一与经世致用的实践精神、三教融合的文化氛围。其思想精华则包括为统一的中央集权帝国做论证、高扬士人的责任意识、突出理性精神与人文精神、重视人伦关系与乡规民约、强调士人的道德操守、重视穷理尽性以至于命的精神修养等方面。㉟

梁涛对北宋新学、蜀学派的“内圣外王”概念进行了辨析。“内圣外王”出自《庄子·天下》，本为道家术语，北宋时期是“内圣外王”概念由道家用语向儒家术语转化的重要时期。新学、蜀学派学者以庄补儒，会通儒道，将道家的天道自然与儒家的礼乐刑政相结合，这是其较早使用“内圣外王”概念表达儒家价值理想的直接原因。㊱

陈睿超探讨了周敦颐的太极动静说，提出将“动静”观念理解为物理运动与静止，将导致解释上的困难。在《太极图说》中，“动”与“静”分别对应“辟”与“混”，其含义应解释为生机的彰显与收敛，动静是太极创生万物过程的两个有序推移的阶段，如此方与《太极图说》所描绘的生生不穷的世界图景相契合。㊲

唐文明探讨了朱熹《仁说》中的义理与工夫问题。朱熹之前的仁论有从情上说仁、从心上说仁和从性上说仁3种进路，《仁说》从德上说仁，综合了历代的仁论。朱熹对二程门人的知觉言仁和一体言仁这两种离爱言仁的倾向进行批评，矛头直指湖南学派所主张的先察识后涵养的工夫论。朱熹认为湖南学派的工夫论没有安放好情，对于性的理解也存在根本的缺失，体现出他对性与情的双重重视，这与其心统性情的义理—工夫架构有密切关系。㊳

赵金刚探讨了朱熹历史观中的理、势问题。“理势”含有内在的秩序与趋势，这与“不得已之势”只强调客观有所不同。朱熹在使用理势分析问题时，主张把握价值、事实两方面的当然性与必然性，要看到“理势之当然、必然”，在此基础上发挥主观能动性，“以理导势”，用价值引导现实的发展方向。朱熹在理学的框架内讨论“势”，这是其理势观与以往势论的主要区别。[39]

白奚以“万物一体之仁”为中心探讨了王阳明的仁学思想及其生态学意义。王阳明整合了《大学》的“三纲领”，孟子的“仁民而爱物”“尽心”和《易传》的“天地之心”等理论资源，对“万物一体之仁”思想进行了充分的发挥和发展。在王阳明思想中，“以天地万物为一体”是仁爱思想的最终目标，是“仁者”的最高境界，也是儒家道德关怀的最高体现。“万物一体之仁”用仁爱精神将人与万物联为一体，将人的道德关怀扩大到天地万物，使人类成为万物的照管者、主持者。“万物一体之仁”的思想含有重要的生态伦理意义。[40]

注：

①梁涛主编：《中国政治哲学史》(第一卷)，中国人民大学出版社2017年版。

② 彭永捷主编：《中国政治哲学史》(第二卷)，中国人民大学出版社2017年版。

③ 干春松主编：《中国政治哲学史》(第三卷)，中国人民大学出版社2017年版。

④ 梁涛：《“亲亲相隐”与二重证据法》，中国人民大学出版社2017年版。

⑤丁四新：《周易溯源与早期易学考论》，中国人民大学出版社2017年版。

⑥ 曹峰：《中国古代“名”的政治思想研究》，上海古籍出版社2017年版。

⑦陈霞：《道家哲学引论》，中国社会科学出版社2017年版。

⑧ 陈来：《从道德的“抽象的继承”转向“创造的继承”——兼论诠释学视野中的文化传承问题》，《文史哲》，2017年第1期。

⑨ 匡钊：《心灵与魂魄——古希腊哲学与中国先秦观念的形而上学共性》，《文史哲》，2017年第5期。

⑩向世陵：《儒家视域中的“天下一家”观》，《中国人民大学学报》，2017年第3期。

⑪陈来：《“仁者人也”新解》，《道德与文明》，2017年第1期。

⑫韩星：《汉代经学与“五常”核心价值观的构建》，《中国哲学史》，2017年第4期。

⑬杨立华：《敬、慕之间：儒家论孝的心性基础》，《江苏社会科学》，2017年第5期。

⑭赵法生：《心术还是心性？——〈性自命出〉心术观辩证》，《哲学研究》，2017年第11期。

⑮陈来：《孟子论性善与性命》，《现代哲学》，2017年第6期。

⑯梁涛：《荀子人性论的中期发展——论〈礼论〉〈正名〉〈性恶〉的性-伪说》，《学术月刊》，2017年第4期。

⑰梁涛：《荀子人性论的历史性发展——论〈修身〉〈解蔽〉〈不苟〉的治心、养心说》，《哲学动态》，2017年第1期。

⑱王威威：《“礼义化性”与“习俗化性”——论荀子思想中礼与俗的作用》，《哲学研究》，2017年第2期。

⑲孙伟：《从“智心”到“诚心”——荀子心论思想新探》，《哲学动态》，2017年第11期。

⑳白奚：《从郭店儒家简看荀子礼法互补治国理论的思想渊源》，《中原文化研究》，2017年第3期。

㉑王正：《“法儒”还是“儒法”？——荀子与法家关系重估》，《哲学研究》，2017年第2期。

㉒蒋重跃：《〈大学〉思想体系的中国特质——基于元典和古代诠释传统的本体论透视》，《南京大学学报》(哲学·人文科学·社会科学)，2017年第5期。

㉓任蜜林：《下贯上通：〈中庸〉性命论》，《云南大学学报》(社会科学版)，2017年第3期。

㉔孟庆楠：《三年之丧中的君、父之义——以早期儒家礼学为中心》，《哲学研究》，2017年第11期。

㉕郑开：《道家形而上学的理论特质——以“道德之意”为中心的讨论》，《中国社会科学》，2017年第11期。

㉖王中江：《早期道家“一”的思想的展开及其形态》，《哲学研究》，2017年第7期。

㉗曹峰：《〈老子〉生成论的两条序列》，《文史哲》，2017年第6期。

㉘林光华：《无待自然与有待自然——〈老子〉之“自然”及其当代意义》，《人文杂志》，2017年第7期。

㉙任蜜林：《北大汉简〈老子〉“㭡”字考释与思想探微》，《哲学动态》，2017年第9期。

㉚周耿：《〈老子·三十八章〉“上”“上德”探微》，《哲学研究》，2017年第5期。

㉛丁四新：《楚竹书〈恒先〉的三重宇宙生成论与

气论思想》,《哲学动态》,2017年第9期。

㉜黄克剑:《庄惠之辩》,《哲学研究》,2017年第8期。

㉝蒋丽梅:《庄子空间意识中的价值世界》,《当代中国价值观研究》,2017年第2期。

㉞宋洪兵:《先秦法家政治正当性的理论建构》,《北京师范大学学报(社会科学版)》,2017年第6期。

㉟张学智:《宋明理学的基本特征与思想精华》,《道德与文明》,2017年第1期。

㊱梁涛:《北宋新学、蜀学派融合儒道的"内圣外王"概念》,《文史哲》,2017年第2期。

㊲陈睿超:《周敦颐太极动静说新解》,《中国哲学史》,2017年第1期。

㊳唐文明:《朱子〈仁说〉中的义理与工夫》,《北京大学学报》(哲学社会科学版),2017年第3期。

㊴赵金刚:《朱熹历史观中的"理势"问题》,《哲学研究》,2017年第10期。

㊵白奚:《"万物一体之仁":王阳明的仁学思想及其生态学意义》,《孔子研究》,2017年第1期。

(作者:王威威,华北电力大学教授;
李娣威,华北电力大学硕士生)

西方哲学

杜丽燕

一、学术活动

2017年3月29日,由北京市社会科学院哲学所优势学科西方哲学史研究室和现代外国哲学研究室联合创办的西方哲学学科"名家讲坛"举办2017年第一讲。北京大学哲学系赵敦华教授做题为"伪善、平庸之恶和根本恶"的讲座。在两个多小时的时间里,赵敦华教授详细阐述了"伪善""平庸之恶"和"根本恶"3个概念。赵教授以《法哲学原理》作为切入点,引述了黑格尔关于道德内在主观性的看法,澄清了道德与自由意志的关系;随后,以记录电影《世纪审判》为例,系统阐明了伪善与平庸之恶问题在纳粹罪行中的具体体现,并在此基础上区分了平庸之恶与根本恶,用德国古典哲学的视角批判了纳粹极权主义在道德上的恶。主讲人引用了大量的影视、文字资料,深入浅出地阐释抽象的概念,展现出哲学与现实的伦理、道德、政治等问题的密切关联,并澄清了一些人对康德、黑格尔哲学的误解,厘清了其与纳粹理论的界线。来自中国社科院哲学所、研究生院和其他单位的多位学者、学生参加了讲座,讨论热烈。

2017年5月17日,由北京市社会科学院哲学所西方哲学史研究室、现代外国哲学研究室、中国哲学研究室、美学研究室联合举办的西方哲学学科"名家讲坛"第二讲在哲学所举办,主讲人为哲学所退休老干部王树人老师,题目是"中西视野下的哲思与审美"。王树人老师从"哲学"之"哲"的含义谈起,追述了自近代以来中西哲学交融的历史,并在此基础上提出了对新文化运动和中国哲学的反思。王老师认为,西方美学是写实的,中国美学则是写意的,后者又包含"诗意"和"道"这样两重境界,是中国式的、有别于西方形而上学的"形而中学"的体现。接着,主讲人引入了中国与西方各自面临的文化危机问题,把西方"上帝死了"的危机同中国文化面临的各类问题做了比较。以此为契机,王老师又进一步阐述了中西文化差异的深层原因,将其归结为思维方式的差异和语言文字的不同。

2017年6月16日,来自约翰·霍普金斯大学哲学系 Charlotte Bloomberg 哲学讲座教授、欧美学界著名的近代哲学专家 Yitzhak Y. Melamed 教授在北京大学做了题为"斯宾诺莎的无神论(Spinoza's Atheism)"的学术讲座。

此次讲座是北京大学哲学系宗教学系举办的"青年哲学家(Philosopher of New Generation)"特邀学术讲座的第一讲,这一系列讲座是北京大学哲学系为筹备2018年世界哲学大会举办的主题学术活动之一,旨在邀请全球范围内取得公认学术成就并具有广泛影响力的青年哲学家、汉学家到访北京大学,就哲学和汉学研究中的前沿课题进行主题演讲并展开学术交流,从而加强北京大学哲学系与全球哲学及汉学学术界的交流,提升学术影响力。

2017年最引人瞩目的莫过于第二十四届世界哲学大会启动仪式暨"学以成人"国际学术研讨会。世界哲学大会起始于1900年,是由世界哲学团体联合会发起主办，在全球各个大洲的哲学学术中心召开，是全球规模最大、学术水平最高、主题最开放的哲学学术盛会。第二十四届世界哲学大会（http://wcp2018. pku. edu. cn）是在亚洲举办的第二次，也是在中国举办的第一次世界哲学大会。本次大会以“学以成人”为主题，确定了以自我、社群、自然、精神和传统为指引的全体大会。

2017年8月13—14日，在距第二十四届世界哲学大会（2018）正式召开一周年之际，第二十四届世界哲学大会启动仪式暨“学以成人”国际学术研讨会在北京大学隆重举行，来自海内外知名大学哲学系及哲学学术机构的著名学者齐聚一堂，共襄盛举，全面启动第二十四届世界哲学大会的组织和筹备工作，并就第二十四届世界哲学大会主题“学以成人”展开了深入的学理讨论。本次会议由北京大学、世界哲学大会秘书处及北京大学哲学系共同主办，旨在凝聚全国乃至海内外哲学界的力量，正式成立第二十四届世界哲学大会中国组委会，进而全面推动将于2018年8月在北京大学举办的世界哲学大会的各项筹备组织工作。与此同时，以严肃深入的学术探讨形成学术界和思想界对“学以成人”主题的共识，探索哲学人文领域多元研究，加强中国与世界在哲学人文领域的交流，提升当代中国哲学的全球影响力。此外，通过各项筹备活动和公众传播，提升社会各界对于世界哲学大会的了解，扩大世界哲学大会的社会影响力。

国际哲学团体联合会主席莫兰（Dermot Moran）先生、秘书长斯卡兰提诺（Luca M. Scarantino）先生、全国政协副主席韩启德先生，以及第二十四届世界哲学大会中国组委会主席、北京大学郝平书记和林建华校长应邀出席仪式并致辞。会议还邀请了哲学泰斗张世英先生，国际著名儒学家杜维明先生，著名哲学家孙正聿先生，北大校友、著名企业家俞敏洪先生，及北京大学副校长、哲学系主任王博先生等5位嘉宾做大会主题报告。会议期间，参与会议百余位海内外知名哲学家围绕“学以成人”的主题展开了深入的学术研讨。第二十四届世界哲学大会中国组委会举行了工作会议，讨论世界哲学大会组织工作的相关事宜。

会议于2017年8月13日上午9时在北京大学英杰交流中心开幕，会议由北京大学副校长、第二十四届世界哲学大会中国组委会执行主席王博教授主持。第二十四届世界哲学大会中国组委会主席、北京大学校长林建华教授首先致辞。林校长在以“哲学的力量”为主题的致辞中代表北京大学及世界哲学大会中国组委会感谢世界哲学团体联合会及海内外哲学界同仁对大会筹备的支持，同时也期待“哲学家们的思想碰撞，能够促进我们更加深入地思考自我、社群、自然、精神和传统等重要的时代论题”。

国际哲学团体联合会主席莫兰先生、秘书长斯卡兰提诺先生先后致辞，他们分别回顾了世界哲学团体联合会和世界哲学大会的发展历史，以及其与中国结缘的过程，并且感谢中国组委会进行的卓有成效的筹备工作。本次会议特邀嘉宾，全国政协副主席韩启德院士在致辞中从健康与生活方式着眼，强调科技与人文关怀视野中多元哲学交流和学术探讨的重要性，并期许世界哲学大会的召开推动当代中国哲学走向世界，在世界人文发展的历史潮流中担当更为重要的责任。

启动仪式结束后，大会特邀主题报告人就“学以成人”这一主题进行了五场主题报告。哲学泰斗、北京大学哲学系教授张世英先生以“世界哲学在走向中西哲学互通互融的道路上大步前进”为题，精当阐释了中西哲学互融互通的可能性与重要性。全球著名儒学家杜维明先生从全球化视角下的文明挑战等视角出发，说明了中国哲学与世界哲学在“学以成人”的主题框架中的多元对话的必要性，并强调了儒学在全球化时代的独特文化及伦理价值。著名哲学家孙正聿先生发表了“哲学何以使人‘学以成人’”的主题报告，他从哲学思考提供的“大问题”“大逻辑”“大智慧”“大手笔”中说明哲学提供的人类自我反思和自我完善的可能性。著名企业家、新东方创始人、北京大学校友俞敏洪先生则从文化、人生与自我发展的进路讨论“学以成人”的含义及其当代价值，强调在社会发展与个体生活中持续自我反思的价值。北京大学副校长、中国组委会执行主席王博先生以“无法‘完成’的人”为题，从人类的历史性、生活经验的当下性、个体生命的过程性及自我反思与个体存在的张力角度出发，结合中西哲学传统中的思想资源，强调“无法被定义”是人的自由向度，“非现成和无法完成的向度”。

2017年10月15日，中国人民大学哲学系举行“西方哲学研究与当代中国学术的进展暨纪念苗力田先生诞辰一百周年学术研讨会”。会议主题是“缅怀先生、汇报工作、畅想未来”。2017年10月18日，中国人民大学哲学系举行“奥古斯丁宇宙论中的柏拉图主义与反柏拉图主义”。主讲人 Johannes Brachtendorf 是德国图宾根大学天主教神学系教授。

2017年11—12月，教育部高等学校哲学专业教学指导委员会与北京师范大学哲学学院联合举办了2017“世界哲学月”系列讲座。来自北京大学、中国人民大学、复旦大学、吉林大学、北京外国语大学以及北京师范大学的10位著名学者，为哲学院师生及校内外哲学爱好者带来了精彩纷呈的学术盛宴。为期一个月的讲座，为青年学生与专家学者面对面探讨提供了高质量的对话平台，为学生开阔学术视野、凝练问题意识、探索更科学的学习方法创造了宝贵的契机。

二、中世纪哲学研究

徐龙飞教授的论文《论奥古斯丁时间概念的超验主体性》①提示了两个核心问题：

1. 生命历验中的“这个时间”

在奥古斯丁的生命中，两个重要事件影响、甚或决定了他的时间性存在，这是他于386年的皈依基督宗教以及和母亲在奥斯提亚（Ostia）的谈话，他在《忏悔录》中描述了在事件过程中他内心的激烈冲突，这样的生命历验将奥古斯丁领入对于时间的经验和理解之中，他终于领悟到他在时间中时间着、存在着，当决定性的时刻越益接近的时候，他的内心也越益惶恐纠结，他终于理解了万物不仅与其空间，而且与其时间相一致，他似乎只有借助他的存在的当下性而涤除他的时间性；整个事件过程都呈现出他内心的忐忑隳突，甚或全部心灵内在的纵横驰驱；尽管他受新柏拉图主义特别是普罗提诺的影响，但是他的时间哲学由于这样的生命历验而在本质上区别于古典的思维。

内心的焦灼以及由此而历验的内在时间性是奥古斯丁生命中决定性的时刻，他将这一决定性的时刻称为“id ipsum tempus”（“punctum ipsum temporis”），亦即“这个时间”或“时间的这个点”“时间的这个时刻”，在这一时刻，奥古斯丁将其内在的时间经验从chronos转化为kairos，也就是从寻常的日常经验的时间转化为某种瞬间、某种机会、某种契机，而且这一本体论意义上的契机同时也就是“hodie”，就是“今天”，就是“天”，如同奥古斯丁所一再强调的：上帝的时日就是今天、就是每一天、就是天，就是非时间性的今天；就此，奥古斯丁是这样总结他在奥斯提亚的时间经验和存在经验的：“我们上升到内在之中，思考着、言说着，并愉悦着你的杰作！我们就这样来到我们的精神中（mens），越过了它，踏上无尽的沃野，你，永恒的以色列，徜徉在真理的牧野上（veritatis pabulo）；在那里，生命就是智慧，当下此在的、曾经存在的以及将要存在的万物，借着这智慧成就了；而这智慧自身并不成为，而是就是，如同她曾经是、并且将总是一样，过往与成为并不在她之中，（在她之中的）仅仅是存在（esse solum），因为她是永恒！而过往与成为则并非永恒！而由于我们谈到这些、品味这些，于是我们就在瞬间触摸到了永恒，我们整个的心都在激荡着！”

2. 永恒作为时间的维度

奥古斯丁在那瞬间之中、在那稍纵即逝的契机中品味着永恒，如同他自己所说的：“Rapida cogitatione attingimus aeternam sapientiam!”（“我们在激烈的思考中触摸着永恒的智慧！”）

在这样的理解中，时间已经不再是chronos，亦即不再是寻常的时间、不再是在寻常时间中寻常的时间经验了，而是成了瞬间、成了瞬间而至的契机（kairos），或曰：就是成了契机、成了理性的时刻（momentum intelligentiae），因为永恒智慧之永恒的正午之光（semper meridies）——这一本体论限定的智慧被回溯到上帝的智慧（sapientia Dei）中——永恒的照耀在当下，在永恒的智慧中并无时间，在这一永恒的正午之光之前并不存在时间，而仅仅是造物主的永恒，时间在这永恒中获取它的本源（exordium），本源指的是形上的优先性，是当下此在的先决条件和基础，于是，奥古斯丁的契机（kairos）借助与永恒智慧的接触就成为时间的秩序，毕竟他的契机是在时间之中的，这一契机可能是每一个人的，如同时间一样，这契机也稍纵即逝，而永恒的智慧作为存在、作为永恒、作为超验则照耀在人的时间经验中；当下此在被智慧之光所照耀，于是也成为闪光的，智慧是从不缺失、从不过往之光（lumen indeficiens），在上帝的智慧中、在非时间而无时间的上帝永恒智慧中，时间最终找到了它的秩序，众多时间终于找到了它们的秩序！

在此，尽管永恒的智慧，或曰永恒的真理，甚或永恒的上帝，是借助自身而存在的、是自身完足的，是无时间而非时间性的，但却并非仅仅是自身超验的，而更多的是人在超越自身中建立了与他们的关系，他们的超验性体现在人的超越性中，体现在人建立超越关系的本性之中，而建立超越关系的本性也就是人的主体性；尽管在照耀之光和由于被照耀而闪光者之间的区别又是如此之巨大，尽管创造的智慧与受造的智慧之间的区别亦是如此之巨大，但是在奥古斯丁这里，人作为能够超越本性的主体通过建立与超验的关系、哲学作为形而上学通过对永恒智慧的思考而使得人对于永恒存在、永恒真理的认知成为可能。

人在时间中思考时间、反思时间、反思自己对时间的思考，这也意味着人对自身时间性、有限性和可朽性的思考；对于奥古斯丁而言，与其说时间是存在的维度，毋宁说作为永恒智慧与永恒真理的存在是时间的维度，只要人在时间中、只要人还在时间中时间着、并思考着时间，那么他就在时间与存在之间存在着，他就徜徉于尚未（non dum）与不再（iam non）之间，他就攀缘在当下此在与永恒的痕迹之间，他就吟诵出那已然浸润到他内在最深处的永恒！

陈斯一先生的《奥古斯丁论“现在”的实体化与保罗的末世论时间》②认为，奥古斯丁的时间观和永恒观都以实体化的现在为基础：永恒是恒定不动的现在，时间由转瞬即逝的现在构成，这既是基督教时间哲学和古希腊时间哲学的关键区别，也构成奥古斯丁理解自然秩序和生活意义的形而上学基础。本文试图证明，奥古斯丁对现在的实体化理解的思想根源可以追溯至保罗书信对于“末世论时间感”的阐发。只有在末世论生存经验所带来的紧张焦虑的精神处境中，每一个现在才会以实体的方式凸显于信仰者对生活和救赎的思考之中，成为理解时间和永恒的关键。

曾静明的《托马斯·阿奎那的良心观》③中托马斯·阿奎那的道德神学思想代表中世纪道德神学发展的高峰，其良心观念是其道德神学思想中的组成部分，并在《神学大全》和《论真理》中有充分的说明和阐述。《神学大全》大体上是对《论真理》的总结，本文将以《神学大全》为主要材料分析阿奎那的良心观，主要内容包括人的理智、自然法、良心和良知、服从良心的义务等。良心被认为是伦理道德判断的一种机制，对良心的研究可以帮助人们达到自然本性的目的，规范人们的世俗道德生活，引导人们行善避恶。

惠慧博士的《偷盗与友爱——托马斯·阿奎那的财产观念》一文指出，财产权是西方经济思想史的重要议题之一。论文从西欧中世纪著名基督教思想家托马斯·阿奎那有关财产问题的文本入手，解读他对私有财产和共同权利之间关系的看法。在13世纪西欧商业繁荣、贫富差距日益增大的历史背景下，阿奎那勇敢地捍卫穷人在急需情况下偷盗的合法性，依据正义与平等原则，严格限制私有财产权。以合理的方式使用剩余财富是阿奎那对富人提出的要求。阿奎那希望源自内心友爱情感的慈善行为能够成为改善人与人之间财产关系的开始。这是中世纪思想家在解决贫富分化问题时同现代思想家的根本差异。

刘素民教授的《从“心物无分”与“理智抽象”看托马斯·阿奎那的知识论》④探讨托马斯·阿奎那以先确立被认知对象“存在”的不容置疑性为前提，来探讨人的认知过程的各个阶段与主体认知结构的各个成分，从而建构起感性与悟性之间互动合作的知识论系统，以诠释客体对象所蕴含的经验性、普遍性和超越性特征。阿奎那认为，心物无分，人的一切知识起源于经验，人的理智是借助于从感性图像那里的抽象来理解物质事物，这种抽象作用有两个机能，即“主动理智”和“被动理智”。人的理智不是被动地接收材料，而是主动地转化外来的材料。人在任何判断行为中都必然蕴藏着对绝对真理的肯定。人对神之真理的肯定不仅具有思辨上的必然性，而且还是人的思辨认知行动的先验根基。除非人的理智认知一切，否则不会获得心灵上的绝对憩息。阿奎那因此提供了解决悟性与理性之间二律背反问题的知识论模式，但在唯名论的冲击下失去了其原有的意义和影响力。

尚新建教授的《宗教改革对近代价值观的影响》⑤着重探讨了几个方面，即原罪、自由意志、君权神授、职业等问题。

第一，坚持奥古斯丁的原罪说。路德贴出的《95条论纲》大致涉及赎罪券、自由意志、上帝恩典、教皇权力等方面的问题：①赎罪券仅仅能够免除教会的惩罚，教会只能免除教会的惩罚，无权免除上帝的惩罚。②赦免罪过的权力仅为上帝所有，教会和教皇无此权力。因此，赎罪券不能免除罪过。③教会所予惩罚，仅限于生者，对死者无效。教皇只能为炼狱的亡灵祈祷，无裁决权。因此，赎罪券对亡灵无效。④基督徒只要真正悔改就能得到上帝的宽恕，不需要赎罪券。因此基督徒要做的就是真心忏悔。⑤教会的宝藏是彰显上帝荣耀和恩典的至圣福祉，赎罪券只是一味地积聚财富，显然不是教会的宝藏。这些问题的核心是基督教原罪-赎罪说，而对于原罪的解释和界定，路德坚持奥古斯丁主义。

第二，自由意志问题。路德对于自由意志的探讨，有相当一部分是用来反驳伊拉斯谟的观点。路德承认伊拉斯谟所说的自由意志是一种选择的能力，人有这个能力，这是正确的。不过随之路德即对这一说法提出限定，他明示，自由意志行使的范围是有限的，不可以把它用在关乎上帝的事物上。如果不限定自由意志的使用范围，随意使用它，并把它用在有关上帝的事务上，那就太过分了。捆绑意志，就是限定意志发生作用的范围，即只可用在普通事务上，不可用在上帝的事务上。这一说法，依然是奥古斯丁思想的翻版。

第三，君权神授。这个问题与基督教世界关于两座城的讨论相关。涉及的相关问题是①理性与信仰的问题，尽管奥古斯丁主义和阿奎那主义对这一问题的看法有极大的差异，但是所涉及的都是理性与信仰的问题。他们共同的地方在于强调信仰第一，差异在于赋予理性何等地位。②信仰与日常生活问题。人有双重身份，信徒和公民。生活在世俗之城的公民，日常生活多是饮食儿女，与欲望、财富等有不可分割的联系。人如果同时是信徒，也必须同时面对上帝之城。而上帝之城的价值取向与世俗之城有很大的差异。③政治学的视角，涉及天国与世俗王国的关系。事实上，宗教改革的进行，始终与王权和教权的关系紧紧地缠绕在一起。我们甚至可以说，这种关系是宗教改革成败的关键。由于利益将民族国家的国王、贵族与路德加尔文等人捆绑在一起，因而改革宗教对于世俗国家的作用和地位给予新的诠释。其中最重要的是君权神授。君权神授借《圣经》证明君权的神圣，同时赋予君权绝对支配力量。这便“导致行政长官不受世俗法律的约束。他们的行为只服务于上帝的意志和法律”。于是，君主的权利不是来自人的堕落，而是来自上帝的旨意和圣训。好政府是奉神旨意管理作为公民的信众，坏政府、坏国王也是上帝派来的，只不过他们的职责是替上帝惩罚有罪之人罢了。只要有上帝埋单，世间的一切均会获得一个合理的说法。

作者也用详细的笔触讨论了职业概念。这是宗教改革时期的价值取向与近代最为接近的地方。

此外，胡万年的《开拓中世纪哲学的创造性研究——评〈爱、自由与责任：中世纪哲学的道德阐释〉》[⑥]、胡传斌的《托马斯伦理学的主题及其现代效应——对〈爱、自由与责任〉的一种再阐释》[⑦]、刘素民的《为什么说“自由是一种责任”？——从中世纪意志自由思想谈起》[⑧]等，均从不同的角度探讨中世纪哲学问题。

三、卢梭哲学研究

卢梭是国内学界的宠儿，对卢梭哲学的研究热情，似乎一直没有减少的趋势。相关的论文也比较多。2017 年是卢梭诞辰 305 年。人教社隆重推出《爱弥儿——论教育》最新中译本，与此同时，国内卢梭研究，爆起一个不大不小的热潮。

王艳秀的《卢梭“自然状态”设计的双重对勘及其构成性张力》[⑨]对霍布斯与卢梭自然状态理论加以对比，作者认为，霍布斯通过自然平等和理性欲望的预设，实现了古典政治哲学向现代政治哲学的转变，将政治问题转化为技术问题，将欲望问题转化为利益问题。卢梭通过区分作为人类原初状态的自然状态，以及作为人之为人的法理地位的自然状态、自然人的可完善性与公民理性，自我保存的自然欲望与理性的欲望，自然人的自然自由、公民的契约自由、道德自由，自然人的自然平等与权利平等，以自然与历史对勘的方式将霍布斯的理论极端化，揭示了霍布斯理论必然导向的逻辑困境，进而通过认知性的思路而非规范性的思路、以构成性张力而非辩证的线性历史的设计描绘了一幅关于理想政制的完整连贯的理论图景。

方博在《自由、公意与社会契约——关于卢梭和康德的一个政治哲学的比较》[⑩]中指出，人们已经普遍接受一个事实，即康德与卢梭在思想上有直接关联。但是以往的研究重点是关注康德的道德哲学与卢梭的政治哲学之间的关联。这实际上是一种错位比较。这种比较看似找到了康德与卢梭之间的思想关联点，但实际上反映了后来者对康德政治哲学的长期忽视或贬低。作者力图透过对卢梭的政治哲学与康德的法与政治哲学进行比较，证明以下 3 点：

第一，康德关于人的外在自由的学说，并非卢梭政治哲学的复制品；相反，作为古典自由主义的奠基人之一，他的法哲学在出发点与方法上，与卢梭的共和主义立场相对立。而诸如公意和社会契约等概念，虽然在康德的法哲学中占有重要地位，但是已经被赋予了新的意义，并因此避免了卢梭运用这些概念时所遭遇的困境。第二，康德的学说与卢梭的共和主义立场不是绝对对立的。在政治哲学层面，他对公共理性与公民的自我启蒙，以及对国家作为一个有机体的理解，与共和主义有着契合之处。第三，政治哲学中的这一共和主义特征与法哲学中的自由主义立场共同构成了康德关于人的外在自由学说的一个完整的理论视野。康德的法与政治哲学实际上综合了霍布斯、洛克和卢梭的学说，堪称近代自然权利学说的集大成者。

邓文和乔梦茹的《以权利制约权力：卢梭社会契约思想中的权力制约思想》[⑪]指出，近代社会契约理论是西方资产阶级思想家在现代国家生成过程中，用来解释政府或国家起源及其权力合法性的理论学说。作为近代社会契约理论代表人物的霍布斯、洛克和卢梭，他们虽然在理论上有一定的分歧，但是权力制约却始终是他们探讨的核心主题。对于卢梭而言，他视稳定的社会模式为理所当然，所以他的社会契约理论不是稳定社会的方法，而是要创造一种新的社会环境以使人性回归，使人们获得完全自由、社会归于正义。他提出以公意作为国家的最高指导，公意代表人民以及人民的公共意志，政府只是公意命令的执行者，政府权力来自于公意，所以政府必然就要受到人民权利的制约。可见，权力制约思想不仅是近代社会契约论所蕴含的基本理论旨趣，实际上也构成现代西方民主政治发展的内在逻辑。

此外，孟锐峰的《实现“公意”之路——论卢梭自然教育的政治哲学意涵》[12]、杜雅的《秩序、人性与植物世界——卢梭的“自然”谱系》[13]、王培培的《论卢梭政治哲学对法国大革命的影响》[14]、杨俊峰的《论卢梭的自然状态学说——以〈论人类不平等的起源与基础〉为中心》[15]、张思军和尹立彬的《卢梭政治伦理的公权力指向及现代反思》[16]等，均是探讨卢梭政治哲学的作品，可进一步阅读。

四、边沁哲学研究

作为功利主义代表人物之一的边沁，在国内学界似乎不大被人关注。不过，近年来，随着学界对自由主义、功利主义和政治哲学关注日趋增高，研究边沁的论文也有所增多。

夏文强的《论边沁的功利主义思想》[17]首先对功利主义的基本理论做了扼要探讨。作者指出，边沁认为，个人是组成社会的基础，社会是一个抽象的存在，社会的基础是个人利益，个人利益的总和构成社会利益。所谓功利主义就是凡事要考虑个人利益，把个人利益当成一切行动的出发点，不能因为社会利益而放弃个人利益。一种好的政治设计应该以增进社会的整体福利为目的。随之对苦乐原理、绝大多数人的最大幸福，以及作为功利主义的实现手段—立法等问题进行了阐释。作者有如下看法：第一，边沁对苦和乐的界定过于机械；第二，边沁的功利主义存在着对自由的侵害；第三，边沁的功利主义与道德原则割裂。

祝薪闲在《约翰·密尔对边沁功利主义的修正及其局限》[18]中指出，边沁与密尔都主张“绝大多数人的最大幸福原则”，但是，二人对该原则的解读却不尽相同。密尔对这一原则的解读加入了“质”的维度，他重新界定了幸福和本质，挖掘道德的内在性，试图在工业文明高度发展的历史语境下，为功利主义的存续立定理论的支点与精神寓所。密尔的局限性在于他没有真正看到真正的个人自由与抽象劳动之间的本质矛盾。密尔只立足于个人自由的“应当”、社会整体利益的“应当”、道德的“应当”对边沁的学说进行修正。

罗朝明的《从快乐算术到监控社会：现代性的情感筹划》[19]用很现代的语言阐释边沁的思想。他指出，边沁圆形监狱思想，绝非只是福柯“全景敞视主义”权力规训身体与灵魂的技术图式，而是有着丰富的社会学理论意蕴。圆形监狱思想源自于“最大幸福原则”，但最大幸福原则并非只是功利主义原理，更是启蒙运动时代的现代性方案。在这种现代性方案中包含着以快乐算术学和情感治理术为内容的现代性情感筹划，但这种情感筹划的双重策略已经在历史上演变成现代幸福意识形态的再生产机制。对现代性之情感筹划的揭示，将有助于展开另一种现代性叙事。

王浦劬和刘舒杨的《当代功利主义平等观论析》[20]主要着眼于当代功利主义问题，作者认为，平等是政治哲学的重要价值。传统观点认为，功利主义以个人效用最大化为基本取向，与平等价值的相关度很低。但是经过长期嬗变，当代西方功利主义已然具有平等的价值取向，其建构逻辑一定程度上自洽地实现了功利最大化与平等待人的统一。当代功利主义超越了传统功利主义平等的基础，在道德可能性与现实可行性两个方面论证了功利最大化与平等待人的相容性，提供了符合平等要求的分配结果，并回应了学术界对其平等问题的诸多批评。但是当代功利主义没有超越传统功利主义的理论逻辑和思维轨道。运用马克思主义研究方法发现，当代西方功利主义平等观在理论基础、基本内容和主要观点方面均存在根本的缺陷，只有马克思主义平等观的哲学基础和社会主张，才是解决社会平等的本真论证和现实路径。

总体印象是，2017 年的西方哲学研究，断代史的研究和相关哲学家思想研究没有太突出的内容，也许不温不火恰恰是学术研究的常态吧。

注：

①《外国哲学》第 35 辑，商务印书馆 2017 年版。

②《哲学研究》，2017 年第 8 期。

③《宗教学研究》，2017 年第 1 期。

④《哲学研究》，2017年第4期。

⑤《外国哲学》第35辑，商务印书馆2017年版。

⑥《学术评论》，2017年第2期。

⑦《广西大学学报》(哲学社会科学版)，2017年第6期。

⑧《福建论坛》(人文社会科学版)，2017年第10期。

⑨《世界哲学》，2017年第5期。

⑩《哲学研究》，2017年第10期。

⑪《江汉大学学报》(社会科学版)，2017年第2期。

⑫《西北大学学报》(哲学社会科学版)，2017年第5期。

⑬《华中科技大学学报》(社会科学版)，2017年第2期。

⑭《山东理工大学学报》(社会科学版)，2017年第3期。

⑮《中国石油大学学报》(社会科学版)，2017年第3期。

⑯《重庆理工大学学报》(社会科学)，2017年第6期。

⑰《哈尔滨学院学报》，2017年第4期。

⑱《理论界》，2017年第12期。

⑲《湖南师范大学社会科学学报》，2017年第6期。

⑳《政治学研究》，2017年第6期。

(作者：杜丽燕，北京市社会科学院研究员)

科学技术哲学（自然辩证法）

李　佩　张正清　张成岗

一、学会活动

2017年10月28—29日，中国自然辩证法研究会七届八次理事会暨2017年学术年会在北京友谊宾馆召开。本次学术年会的主题为“创新与发展：当代马克思主义视域下的中国自然辩证法”。出席本次理事会及参加学术年会的专家、学者和研究生共计300余人。理事会表决通过《中国自然辩证法研究会2017年工作报告》《中国自然辩证法研究会关于延期召开换届大会的请示》《关于纪念邓小平同志批准中国自然辩证法研究会成立四十周年的倡议》，表决通过了5位理事的辞职事宜。按照章程增选13名理事、5名常务理事。会议还对第一届中国自然辩证法研究会学术成果奖、青年成果奖、优秀博士论文奖的获奖成果进行了表彰。学术年会共收录135篇论文，设“自然哲学与科学哲学”“技术与工程哲学”“科学技术与社会”“科技思想史”4个分会场。①

11月18日，由北京市科协主办，北京自然辩证法研究会承办，中国发展战略学研究会创新战略专业委员会、中国自然辩证法研究会科学技术与公共政策专业委员会、中国人民大学国家发展战略研究院社会系统工程研究中心协办的“高端创新人才汇聚与北京科技创新中心”学术型综合论坛在中国农业大学国际会议中心举行。对外发布了北京自然辩证法研究会编辑的《高端创新人才汇聚国家科技创新中心2017年蓝皮书》(微型版)，开展了“高端人才培养和成长”“高端人才汇聚北京科技创新中心”两个专题论坛讨论。②

12月6日，“中国自然辩证法研究会2018年全国工作会议”在北京召开，各省市区自然辩证法研究会、工作委员会、专业委员会负责人50余人参加会议。本次会议主要内容是学习宣传贯彻党的十九大精神、各省市自治区自然辩证法研究会、工作委员会和专业委员会总结2017年工作、交流2018年工作规划。③

12月7—8日，中国自然辩证法研究会博物学文化专业委员会成立大会暨学术讨论会在北京大学召开，会议由中国自然辩证法博物学文化专业委员会、北京大学哲学系、北京林业大学马克思主义学院联合主办。会议推选出了专业委员会的主任、副主任、秘书长、副秘书长，并就第三届博物学文化论坛事宜进行了讨论。④

二、科学哲学

2017年，北京地区的科学哲学研究关注的有科哲人物及其思想的介绍、科学的社会功用、科学的基础研究、科学伦理、科技范式、科技的文化内涵、系统科学和科技史等方面。此外，围绕自然辩证法40

年的历史回顾和未来展望展开一系列研究，尤其对范岱年、于光远等著名学者的思想进行回顾。另外，对人工智能的哲学思考取得不少进展，博物学和技术治理的思考得到推进，科技史领域的人类学的探索也非常丰富。

自然辩证法学科不但在过去40年中有着辉煌的过去，而且依旧拥有光明的未来。李惠国、董春雨、尚智丛对于光远与中国的自然辩证法研究的历史进行回顾，认为于光远（1915.7.5—2013.9.26），被称为“百科全书式的学者”，长期致力哲学、经济学等社会科学的研究。中国自然辩证法的形成和发展，与于光远多年的勤奋工作是分不开的。⑤

从社会科学文化对科学知识与科学发展的影响角度来研究科学哲学，可以分析很多现实问题。刘大椿认为科学的巨大社会功用和科学专业化趋势的增强，不期然产生的负面影响导致科学的文化霸权。他指出其局限，并通过论述科学宽容的内涵和合理性，提倡一种宽容的文化理念。通过科学的可错性特征，强调科学向批评开放的意义和必要性。⑥

刘兵对许良英先生的学术贡献进行了简要的回顾与总结。许良英先生是国内科学史领域的先驱学者，其曲折的生平和重要的学术贡献，值得人们关注，他的学术遗产，是留给后人的重要精神与学术财富。⑦

吴国盛认为，希腊科学是现代科学的正宗来源，这不是哲学判断而是历史实情。基督教是现代科学的必要条件，现代科学对自然的无限控制和征服有其基督宗教的基础。说中国古代没有数理实验科学，是基于一种新的科学编史学；撇开西方语境谈论中国传统的所谓“科学”不合时代的要求。⑧

段伟文认为，现代科技的文化内涵与科技旨在理解自然和控制自然这两个基本动机密切相关。一般认为，在知识体系和思想体系层面，科学文化以客观主义为切入点，运用批判理性摆脱了宗教文化的束缚；在生活世界和社会组织层面，技术文化立足于效用与效率，运用工具理性而成为创新文化的基础。在现代进程中，科学所主张的客观真理和技术对自然的拷问在打破神权与王权、显示主体的力量等方面曾经起到过积极的作用。在现代科技一体化的进程中，两者逐渐融合为整体性的科技文化。⑨

博物学（natural history）是一门有着数千年历史的古老学问，也是自然科学的四大传统之一，却不见于当下教育部门的学科、课程体系。刘华杰认为博物学被遗忘得太久，现在有复兴的迹象，人们仍习惯于将其纳入科学、科普的范畴中思考它。这有一定的道理，但缺点很多。一种比较有启发性的定位是，在建设生态文明的宏大背景下，把博物学理解为平行于自然科学的一种古老文化传统。平行论更符合史料，也有利于普通百姓参与其中，从而为生态文明建设服务。⑩

刘孝廷认为，在城市化进程加快、城市规模拓展和经济迅速增长的背景下，城市拥挤、交通堵塞、空间紧张、环境污染、生态质量下降等一系列新问题相继出现，要想解决这些带有普遍性的“城市病”，利用城市博物学的理论开展城市博物实践则不失为一种有效的选择。他从城市博物学的概念着手，深入分析开展城市博物实践的原因及内容，最后以森林为例，总结出开展城市博物实践的途径及重要意义。⑪

包红梅和刘兵以中医和西医对“毒”的认识作为讨论背景，系统考察了蒙医对“毒”的不同认识以及使用和处理“毒”的独特方法，认为对“毒”的理解并没有超越于不同医学理论体系之上的唯一标准。不能简单地用西医理论中的概念去评价和处理其他医学理论中的问题，更不能完全用西医的理论和方法去指导民族医学的未来发展。⑫

道德认知是认知哲学中的重要领域，并且目前的新兴技术伦理亟须这类思想资源。李建会和王小伟以康德哲学的绝对律令为背景，介绍了艾伦·格沃思的道德最高原则（Principle of Generic Consistency，简称PGC）的证成。持道德基础论主义（foundationalism）的学者，如康德和格沃思，都认同道德是为行为提供了普遍有效的规范性标准，并认可道德有唯一最高原则。⑬

徐英瑾和刘晓力认为，康德伦理学的基本形而上学与元伦理学预设是“应然”与“实然”的区分，而一种基于认知科学与演化论视野的新伦理学研究，则以淡化这种二元对立为前提。从认知科学的角度看，倘若康德关于道德自治性的断言是正确的，我们就应当可以发现人类大脑具有一个同时满足如下所有特征的“道德模块”或“道德算法”：（甲）它负责社会交往活动而不负责其他任务（如对于物理对象的知觉或思考纯理论问题）；（乙）其运作特征必须被划归为“理性”而不是“感性”或者“直觉”；（丙）其道德输出具有明显的“利他性”而不包含“工具性”或者“自利性”。⑭

李建军认为，农业伦理学是20世纪80年代初逐渐形成的一门新兴学科，旨在重新反思农业和食品研究与生产相关的道德信念、价值观、道德规范及底线伦理，构建条理分明的统一的伦理学框架，指导农业生产经营者和决策者审慎考虑农业创新战略和决策。农业伦理学的兴起首先归因于农业和食品生产领域出现的诸多伦理悖论，也与当代农业和食品生产体系的明显失败相联系。农业伦理学学科体系的创建和建制化得益于一批具有人文情怀的农业科学家和对农业与食品相关问题高度敏感的哲学伦理学家的携手合作。农业伦理学研究需要诉诸一种复杂的理性的均衡机制，采用一种对直觉、原则和理论及情境的均衡考虑的“关联性”论证方式和分析程序。农业伦理学通常采用的功利主义方法日益面临很大挑战，有助于对农业伦理问题进行多层面分析的“伦理矩阵”可视为农业伦理学研究服务于公共决策的重要工具，可持续农业或许是建立在农业伦理学和公共决策交汇点上最主要的规范性理论。[15]

肖显静认为，物种是否具有道德地位以及具有什么样的道德地位与物种是否具有本质以及具有什么样的本质有关。“物种个体论”是不成立的，由此，物种不具有如生物个体那样的道德地位。“物种多元论”否认物种具有“自然类”的本质，因此，物种也就不具有“类”意义上的道德地位。“关系本质主义”不是真正的本质主义，由此也不能给物种道德地位的确立以确实支持。[16]

夏永红和李建会认为，塞尔对强人工智能的批判实际上提出了这样的问题：如果没有外部观察者的解释，形式符号系统的句法属性或物理属性是否能够充分决定语义内容？虽然塞尔给出了否定的答案，但这个问题却启发了人工智能的研究者去研究物理系统内的符号如何能够自动地获得意义的问题。哈纳德把这个问题概括为“符号奠基问题”。为了解决这个问题，目前大致有内在奠基、因果奠基、指号学奠基和基于行动的语义学等几种主要方案，但它们的解法都存在不同程度的缺陷。如何将不同进路的人工智能架构糅合起来，既免于各种进路的缺点而又能发挥其优势，以更好地解决符号奠基问题，是人工智能哲学中的值得研究的方向。[17]

董春雨、薛永红基于概念的起源和演变，区分了“数据密集型”和“大数据”两个相互联系的概念；结合库恩的“范式”理论，分析了将“数据密集型”研究方法作为“第四范式”，并将其与“大数据研究方式”混用的逻辑矛盾以及由此带来的相关问题；最后从库恩的“范式”和“不可通约”两个概念出发，分析了“大数据”与“小数据”的关系，并且从“范式”的认识论意义和纲领意义两个方面阐述了将大数据作为与小数据不同的科学范式所具有的积极意义。[18]

胡志强和邵春认为，夸张最显著的技巧性特征是“扬虚隐实”，对“实”的描述往往由于对“虚”的夸张而被隐藏。“实”和“虚”可以分别被看作对客观事物的真值和估值描述，又由于估值的取值超出了一定的范围形成了字面含义为假的话语。夸张“失真”的说法能够被听话人理解并认同是因为语言是基于心智的，人类的意识活动包括感知觉信息的表达是语言运用的基础，意向性是意识活动的开端和核心内容。这样的修辞语言可以通过“意识双重结构模型理论”及其工作框架得到新的解释。[19]

对于经典的科学哲学议题，例如实在论、知识论，学者们继续以自己的研究角度持续跟进。王巍研究了科学中的认知与价值。陈瑞麟在《认知与评价》中提出：认知与价值具有核心、主导、内在的地位，透过认知与价值的中介，社会因素才能对事实的形成与科学的发展产生因果影响。他接受 SSK 强纲领中的因果性、无偏性、反身性这 3 项原则，但是坚决反对“对称性”原则与 ANT 的利益说明。王巍认为，陈瑞麟的分析仅限于自然科学；认知价值与社会价值并非截然二分，即使是“内在认知价值”也可能有其社会根源；虽然认知与价值在大多数科学案例中起着至关重要的作用，但不能必然保证如此；建构主义的正面意义在于，我们如何通过科学体制的公正性来捍卫科学的客观性。因此，王巍倡导从“后科史哲”走向科学技术的“新史哲社”。[20]

赵绪涛和王伯鲁认为依赖模型实在论是霍金对理论与世界关系的一种反实在论观点，它主张不依赖理论模型的实在是没有意义的。该观点既基于霍金对科学研究实质的理解，也广泛吸收了许多科学哲学流派的主要思想，也是科学界一种有代表性的实在观，为人们理解科学理论与实在之间的关系提供了一种既简单又实用的新见解。尽管该观点并未提供关于模型本质的深刻理解，但对于模型的科学哲学研究却具有积极的启发意义。[21]

郝苑和孟建伟研究了当代欧陆哲学视阈下的思辨实在论。21 世纪的欧陆哲学对 20 世纪流行的种种反实在论思潮进行了反思与批判，由此引发了实在论的思辨转向与思辨实在论的兴起。思辨实在论深刻批判了作为反实在论的哲学根源的关联主义，进而从思辨哲学的理论视角，系统发展出了思辨唯物主义、以客体为导向的本体论、新生机论与思辨的自然主义等反思客观实在的诸多理论进路。作为一个至今仍在发展壮大的哲学流派，思辨实在论将在21世纪的欧陆哲学舞台上扮演更重要的角色。[22]

刘崇俊和周程再审视了强纲领自然主义立场。大卫·布鲁尔所提出的自然主义立场，本意是要在元科学研究中摒弃绝对主义视角下的规范性分析方式和目的论说明模式，从而经验性地反思科学的可信用性。然而，由于社会还原论和社会决定论的误导，强纲领并未能够彻底贯彻自然主义立场，从而一方面使得作为方法论策略的相对主义沦落为认识论层面的相对主义；另一方面方法论科学主义则使得强纲领误用其竞争对手逻辑实证主义的修辞——实证的研究方法和因果的分析方法，从而也并未能“深描”和“再现”活生生的科学实践流本身。最终，强纲领自然主义立场贯彻的不彻底性，使得其“反思科学”的初衷具有“反对科学”的现实效果。[23]

吴彤以复杂系统哲学为理论，融合德勒兹差异论、现象学最新发展以及中国传统哲学思想，讨论差异和多元性问题，提出一种哲学观点，即关系差异多元存在论的复杂系统哲学。(1) 在复杂系统哲学以及之前提出的破碎系统观的基础上，首先讨论了差异与关系概念，指出应该融合“差异”与“关系”为“关系差异”；然后比较了中西哲学关于“差异”的追求之差异，以及对于多元论的容忍性；(2) 继续研究了现象学视域中对于“差异”的认识及其发展，特别是“自我”与“他者”的关系；(3) 最后给出了关系差异多元论的要义，认为这种哲学观具有重要的意义，不仅可以在价值上打破西方哲学的自我中心主义、人类中心主义，而且可以在认识论和存在论意义上为本土知识、地方性实践和多样性的生活世界的哲学张目，为和谐的多样性观点做出有意义的有力论证。指出只有在关系差异多元论的立场上，才能真正坚持差异论，复杂系统哲学理论才是真正有意义的哲学理论。[24]

三、技术哲学与工程哲学

2017年，北京地区的技术哲学对马克思的技术观、分析技术的本质以及技术决定论方面进行了较为深入的研究。此外，人工智能、计算机技术等新技术成为技术哲学研究的热点。工程哲学重点关注工程的社会评估和工程教育问题。

从人文主义的角度反思技术哲学，不但可以返回生存最本真的层面，也可以通达日常化的技术生活。张成岗认为，作为处于历史演进中的技术实践，设计活动是实体论与社会建构论的统一。早期手工业活动中，设计对象具有特殊性，设计和生产不可分离；在工业社会大规模生产组织中，设计活动相当大程度上是在符号层面规划。信息可视化是设计活动在图像时代的实践表征，开启了表征、认知和改造世界的新维度。“图像”和“图像解释”是信息可视化的核心问题；信息可视化既要区分“图像”和“图像意识”，更要关注“图像意义”；走出信息困境需要有效的社会治理。[25]

人工智能技术是学术热点问题，其带来的机遇与挑战得到广泛讨论。人类进入现代以来，从社会到生产各个环节都出现了所谓的控制的危机。这一危机是从熟人社会走向陌生人社会，从手工劳动到现代化工厂劳动的必然结果。为此，人们不得不引入基于信息通信技术的控制的革命来应对控制的危机。目前，人们对人工智能的疑惧不仅限于对透明人和隐私裸奔的不安，更在于对作为创造者的人是否会被作为其“终极创造物”的人工智能取代、伤害或毁灭的深度担忧。人工智能体有可能从人类代理到人类监护者的转变。预见人工智能未来的4种方法包括时间轴预见、基于条件关系的未来情境分析、未来规划和专家观点与常人观点调查。人工智能是一场开放性的人类科技—伦理试验，其价值反省与伦理追问具有未完成性。我们正面临着人工愚蠢与深度科技化时代的抉择。[26]

敬狄和王伯鲁认为作为人文主义技术哲学家的典型代表，奥特加技术哲学的独特之处在于基于人、技术与“活得好”的渴望相一致的观点，通过对人与技术实践关系的哲学人类学分析，指出实现人之为人的善的技术实践是通达美好生活的德性实践。奥特加的技术实践伦理价值论超越了对现代技术与人类生活“是什么”关系的追问，转而探讨两者“应该是什么”关系，由此将传统人文主义技术哲学的重心从关于现代技术的乌托邦或敌托邦讨论，转移到如何促使现代技术发展更好地服务于人类生活。同时，奥特加基于“精英—大众”互动的历史理论，对技术时代实现美好生活的可能途径的探索，也为当下反思该问题提供了有益的启示。[27]

技术社会是技术哲学的核心概念，而技术对社会运行的影响是重要议题。黄晓伟和张成岗对技术决定论的历史进路和当代诠释进行研究。技术社会学诞生于现代性语境中，以技术决定论为基本内核，伴随工业社会和理性主义拓展而形成对现代社会变迁的技术解释图景。技术决定论现代性意涵的历史诠释中存在着技术与社会对立的二元逻辑张力，从技术与现代性的相互建构论视角透视，揭示出“经验转向”以来对技术决定论的社会维度和技术维度批判的不对称性。技术决定论经历了欧洲起源、美国发展、全球影响的时空展现过程，主要是启蒙的社会进步思潮与现代技术的本质主义理解共同形塑的结果。深入反思技术与社会关系问题隐含的解释模式，将成为走出技术决定论困境的必由之路。[28]

刘永谋和李佩梳理了技术治理运动的进程，认为世界范围内社会治理的科学化是当代政治活动的显著趋势，滥觞于技术治理运动对技术治理和技治主义的广泛传播和实践。该运动发端于20世纪初，主要流行于美国和加拿大，经历了酝酿、兴盛和分化，于40年代末衰亡，是知识阶层要求更多政治权力的“革命运动”。激进派的实践表明技术治理有沦为某种极权主义的危险，而温和派的实践说明技术治理可以作为社会治理非常有效率的工具。该运动为当代政治运作和社会治理提供了可资借鉴的经验。[29]

工程的管理、设计与工程师的培养都是工程哲学需要关注的内容。王大洲讨论了工程的社会评估的必要性、过程与逻辑、基本性质、制度条件及局限性，提出工程的社会评估导源于工程的社会性，只有对工程进行恰当的社会评估，才能更好地将工程嵌入社会；工程的社会评估具有包容性、建构性和实验性，因而是建设更负责任的工程的一种必要手段；对工程进行社会评估的有效性取决于人文社会科学家的深度介入、利益相关者的广泛参与以及相关制度安排；工程的社会评估有局限性，需要在包容性和敏捷性之间求得平衡。[30]

李伯聪认为，工程教育哲学是工程哲学和教育哲学的交叉学科，工程教育的使命、目前形势和困境要求开拓和深化工程教育哲学研究，特别是要求研究工程教育理念问题。在教育史上，学校形态工程教育的开端晚于人文教育和科学教育2000多年。在工程教育缺席的情况下，一般性教育理念不可避免地是“排斥工程教育的教育理念”。在教育史上，纽曼和洪堡的教育理念都有“轻视工程教育”的特征。而工程教育理念的核心问题是道器关系问题。根据工程哲学原理、中国哲学史上对道器关系的认识以及对黑格尔主奴观和马克思工程观的分析，工程教育理念应该是道器合一和道在器中。这种理念既反对重道轻器又反对重器轻道，对工程教育的自立、自觉、自信和自强具有重要意义。[31]

四、科学社会学与科技政策

2017年，北京地区的科学社会学与科技政策对智库、科技决策、科技创新和科技咨询做了大量研究，围绕“一带一路”等进行探讨，并对科技风险、科研诚信和科学文化建设进行了更多的关注。新全球化和新科技革命也得到了学者们的讨论。另外，军民融合得到了越来越多的关注，一些具体的科技案例也得到更加深入的探讨。

国家层面的科技政策咨询与国家科学奖励制度是科技政策关注的要点。樊春良认为，近年来，我国科技决策咨询制度与智库建设都进入了一个新的阶段，提出许多需要思考的问题。他对科技决策咨询制度做了理论上的探讨，指出科技决策咨询制度包括科技决策咨询的法律基础和规则、组织体系设置以及重大决策的示范等3个主要部分，讨论了智库的角色和发展条件。通过对科技决策咨询组织设置的依据和分类，分析了科技决策咨询制度与智库建设之间的关系，指出在科技创新领域，两者相结合的方向在于建设国家科技决策咨询体系，并提出了需要重点加强的几方面工作。[32]

雷崇鸽和尚智丛研究了美国物理学会对提高科技社团服务社会经济发展能力的经验与启示。明确科技社团服务社会经济发展的内容和要求，以美国物理学会作为分析对象，重点对其参与政策咨询相关的活动进行分析，总结其先进经验及对我国科技社团的启示，希望为我国科技社团提高为社会经济发展服务的能力提供政策建议。[33]

彭晴晴和李真真认为，科技咨询已成为国家科学院的重要职责（之一）。着眼于中国科学院学部、美国国家科学院、英国皇家学会的科技咨询，在梳理其科技咨询历史沿革基础上，深入剖析三者科技咨询的运行机制，并着重从工作流程、选题领域、咨询专家、成果发布等4个方面比较三者在科技咨询方面的同与不同，进而从提升科技咨询效率和质量的角度，归结美国国家科学院和英国皇家学会科技咨询的经验及启示。[34]李真真和彭晴晴还基于中科院外籍院士制度自1994年正式建立，迄今已走过20余年历程。以中科院外籍院士群体为研究对象，对其特征进行计量分析。在此基础上，从历史的视角探讨外籍院士对中国科技事业的贡献，并对如何进一步发挥外籍院士的作用，促进我国科技事业的发展提出政策建议。[35]

樊春良、韩健聪基于国家科技决策咨询制度建设进入一个新的阶段，面临许多新的课题，为此需要借鉴世界其他国家的发展经验，选择美国奥巴马政府总统科学技术顾问委员会（PCAST）为案例，基于奥巴马政府网站关于 PCAST 的会议记录和报告原文，采取文本分析和案例研究为主的方法，从咨询课题的来源、工作的开展和对工作结果的反馈方面，研究 PCAST 的咨询机制。最终通过对 PCAST 成功案例的分析，把 PCAST 咨询工作影响决策的方式分为协同持续型、战略指导型、解决问题型、科学支撑型 4 种。总结了 PCAST 成功的若干结论，提出了中国国家科技决策咨询制度建设的若干建议。[36]

王晶金、刘立、王斐采用文本分词方法和政策工具分析，对 2016 年两份关于高校、国立科研机构科技成果转移转化的部委政策文本进行量化分析。主要发现包括：科技成果转移转化这一概念获得了更为丰富的发展；政策体现出以人为本；让科研人员名利双收；需求面政策工具单一。提出加强需求面政策工具等政策建议。[37]

张先恩、刘云、周程、方在庆、向桂林认为，中国基础研究经费投入占全社会研发（R&D）投入总经费的比例低是一个热点问题，且存在歧义。作者围绕基础研究的内涵、主要国家对基础研究投入统计的比较、提高我国基础研究投入比例的可行性等三个方面开展研究，结论是：中国的 R&D 经费支出中基础研究占比确实偏低，这可能与中国的社会经济发展阶段有关。中国的目标是 2020 年进入创新型国家行列、2030 年跻身创新型国家前列，而雄厚的基础研究是科技强国的基本特征。为实质性地强化对基础研究的支持，作者提出若干建议。[38]

“一带一路”倡议为科技发展提供了新的机遇，也为政策研究找到了新的突破口。梁帅、武晨箫、李正风研究了中国与“一带一路”沿线国家科学合作态势与发展策略。“一带一路”自 2013 年提出以来得到世界关注，也给我国与沿线国家的科学合作带来了新的发展机遇。对 1978 年以来中国与“一带一路”沿线国家的科学论文合作进行科学计量学和文本分析，对我国与“一带一路”沿线国家及其学科和机构共 3 个合作层次进行计量和图谱分析，并提出了我国加强与沿线国家科学合作的对策建议。[39]

科研规范与道德也是科学社会学研究的一个重要方面。李真真和黄小茹认为，大量撤稿事件频发，严重损害中国科学家形象并产生恶劣国际影响，改革我国科研评价体制与激励机制，促进良好科研环境的育成，将成为当前我国科研诚信建设的治本之策。[40]

徐治立和刘柳针对中国转基因作物产业化决策的伦理问题特征，基于互动满意人理念分析其在风险认知和利益分配层面存在的分歧，能够探寻其公共决策伦理共识路径。在认知受限、利益分歧的情况下，通过深化相关决策中公众参与、科学理解、利害妥协的持续认知互动来逐步达成伦理共识，才能保证公共利益公正的实现并规范转基因作物产业化合理发展。[41]

田甲乐和尚智丛认为，科学共同体中的研究活动符合民主所需要的条件和精神，科学共同体在科学知识生产中并不总是意见一致，而是往往充满了分歧，他们通过基于期刊论文、公共展示和资源压力等策略进行说服活动，根据科学知识共识程度的高低和利益共识程度的高低形成 4 种共识形式。在后学院科学中，科学共同体发生了新的变化，共识的形成和变化不仅受到利益的影响，而且受到外部压力的影响，民主不仅成为科学共同体中的事实存在，而且成为科学共同体的需要。[42]

董艳春、徐治立和霍宇同认为，科技创新政策是对一系列旨在推动科技发展策略措施的统称，既为科技发展指明战略方向也规划出具体战术路径。通过对奥巴马政府科技创新政策的研究，总结出其在政策制定战略、政策战术选择、政策目标定位等方面的特点。特朗普政府颁布的 2018 财年预算蓝图，在一定程度上反映出新政府的科技发展规划，因此文章以其内容分析为基础，并通过与奥巴马时期进行比较，分析出特朗普时代美国科技创新政策呈现出的新特点和新趋势。[43]

风险研究融合技术研究的主要优势，为科技社会学研究提供了新的路径与对象。黄晓伟和张成岗认为，美国灾害社会科学研究经过半个多世纪的发展，形成了社会学和人文地理学两大传统。本论文通过文献调研、人物访谈和非参与观察等方法，对人文地理学传统的典型机构科罗拉多大学自然灾害中心做了个案研究。透过“人类生态学”理念分析出了灾害研究的实用主义哲学底色。基于价值观念、制度安排、组织设计、物质基础等“体制化”维度，细致梳理了自然灾害中心的奠基、使命、演化及影响。最后，从后常规科学观的视角批判性地审视了美国灾害社会科学研究这一领域。[44]

五、学术会议与国际交流

2017 年科学技术哲学领域的学术会议呈现专业

化、细分化趋势，关注的主题集中在各个专委员会内部研究领域上。体现了学科内部话语方式的形成与研究的高成熟度。

5 月 26—27 日，由中国自然辩证法研究会主办的“大数据与现代生活”学术研讨会在北京怀柔召开，来自全国各地高校及科研院所的专家学者和研究生近 50 人参加了此次会议。涵盖了大数据与智能计算、大数据思维与因果性、大数据与社会等方面。㊺

10 月 14 日，第五届全国自然科学哲学问题学术研讨会在清华大学举行。以范岱年、孙小礼、桂起权等为代表的哲学家和以王崇愚院士为代表的科学家共同围绕自然科学哲学问题研究的历史传统、各门自然科学哲学问题、科学哲学与当代科学实践，以及科学中的伦理关怀与责任等主题展开了讨论。㊻

11 月 19 日，由中国自然辩证法研究会未来哲学与发展战略委员会和中国发展战略学研究会创新战略专业委员会联合主办的“创新——战略与方法”学术研讨会在北京中国科技会堂举行。会议围绕着创新思维方式的发展、创新与生态文明建设、创新战略的选择、创新驱动与乡村振兴、创新发展与风险预判、打造技术创新政策升级版、文化科技融合与国家创新中心建设、新时期创新战略基础、战略空间的创新发展等热点、焦点话题展开了研讨。㊼

2017 年，在学术交流上各个高校继续保持品牌化方式，不断拓展学术交流方式，扩大学科影响力。另外，中国科学技术哲学的学者不断走向世界，在国际会议上成为重要的力量，并且得到全球学术界的认可，在本领域内有重要的话语权。

4 月 24 日，中国人民大学哲学院邀请了新奥国际杰出教授、人大特聘教授卡尔·米切姆（Carl Mitcham）做题为“向拉图尔学习：布鲁诺·拉图尔的哲学生涯（Learning from Latour：An Introduction to the Philosophical Life of Bruno Latour）”的讲座，介绍了拉图尔其人、拉图尔的现代观念和拉图尔对其他学者的借鉴。㊽

6 月 1—9 日，清华大学的“科学史与社会学”（History and Sociology of Science）研讨班邀请了美国明尼苏达大学科学技术与医学史专业主任、环境生态与行为生物学系兼职教授 Susan D. Jones 讲授 History & Sociology of Ecology and Environment 海外课程。㊾

6 月 27 日，美国科罗拉多矿业大学教授、中国人民大学特聘教授卡尔·米切姆应邀做客首期清华 STS 圆桌论坛，做了题为“认识你自己——工程师的‘新轴心时代’”的主题报告。㊿

8 月 14—18 日，第 10 届清华—匹兹堡大学科学哲学暑期学院邀请到了匹兹堡大学科史哲系主任，国际科学哲学协会主席 Sandra Mitchell 教授进行系列讲座，主题为“Epistemological Issues in Scientific Experiment”。[51]

注：

①中国自然辩证法研究会秘书处：中国自然辩证法研究会《工作通讯》，2017 年第 11 期。

②中国自然辩证法研究会秘书处：中国自然辩证法研究会《工作通讯》，2017 年第 12 期。

③中国自然辩证法研究会秘书处：中国自然辩证法研究会《工作通讯》，2018 年第 1 期。

④中国自然辩证法研究会秘书处：中国自然辩证法研究会《工作通讯》，2018 年第 1 期。

⑤李惠国、董春雨、尚智丛：《四十年历史与回顾：于光远与中国的自然辩证法研究》，《自然辩证法研究》，2017 年第 2 期。

⑥刘大椿：《科学的宽容和开放》，《科学与社会》，2017 年第 2 期。

⑦刘兵：《科学史前辈许良英先生的生平与学术贡献》，《自然科学史研究》，2017 年第 2 期。

⑧吴国盛：《对批评的答复》，《哲学分析》，2017 年第 2 期。

⑨段伟文：《科技社会中的文化价值冲突》，《科技中国》，2017 年第 3 期。

⑩刘华杰：《论博物学的复兴与未来生态文明》，《人民论坛·学术前沿》，2017 年第 5 期。

⑪刘孝廷：《城市人精神还乡中的自然——城市博物学及其实践拓展》，《前线》，2017 年第 6 期。

⑫包红梅、刘兵：《蒙医视野中的“毒”：兼论民族医学的发展问题》，《广西民族大学学报》（哲学社会科学版），2017 年第 5 期。

⑬李建会、王小伟：《道德的规范性证明——从康德到格沃思》，《当代中国价值观研究》，2017 年第 2 期。

⑭徐英瑾、刘晓力：《认知科学视域中的康德伦理学》，《中国社会科学》，2017 年第 12 期。

⑮李建军：《农业伦理学及其研究方法》，《兰州大学学报》（社会科学版），2017 年第 6 期。

⑯肖显静：《物种之本质与其道德地位的关联研究》，《伦理学研究》，2017 年第 2 期。

⑰夏永红、李建会：《符号奠基问题及其解决策

略》,《哲学研究》,2017 年第 2 期。

⑱董春雨、薛永红:《数据密集型、大数据与“第四范式”》,《自然辩证法研究》,2017 年第 5 期。

⑲邵春、胡志强:《夸张与意识双重结构》,《西安外国语大学学报》,2017 年第 3 期。

⑳王巍:《科学中的认知与价值——与陈瑞麟教授商榷》,《自然辩证法通讯》,2017 年第 1 期。

㉑赵绪涛、王伯鲁:《依赖模型实在论解析》,《河南社会科学》,2017 年第 7 期。

㉒郝苑、孟建伟:《实在论的“思辨转向”——当代欧陆哲学视域下的思辨实在论》,《哲学动态》,2017 年第 4 期。

㉓刘崇俊、周程:《强纲领自然主义立场的再审视——在相对主义和科学主义边缘的徘徊》,《科学技术哲学研究》,2017 年第 6 期。

㉔吴彤:《复杂系统哲学视野中的关系差异多元存在论》,《系统科学学报》,2017 年第 1 期。

㉕张成岗:《“图像时代”的信息可视化:语境、进展及其限度》,《装饰》,2017 年第 4 期。

㉖段伟文:《控制的危机与人工智能的未来情境》,《探索与争鸣》,2017 年第 10 期。

㉗敬狄、王伯鲁:《追求美好生活的技术——奥特加·加塞特的技术实践伦理价值论》,《东北大学学报》(社会科学版),2017 年第 6 期。

㉘黄晓伟、张成岗:《技术决定论形成的历史进路及当代诠释》,《南京师大学报》(社会科学版),2017 年第 3 期。

㉙刘永谋、李佩:《科学技术与社会治理:技术治理运动的兴衰与反思》,《科学与社会》,2017 年第 2 期。

㉚王大洲:《工程的社会评估方法论刍议》,《自然辩证法研究》,2017 年第 10 期。

㉛李伯聪:《以“道器合一”“道在器中”的理念重塑工程教育——工程教育哲学笔记之一》,《高等工程教育研究》,2017 年第 4 期。

㉜樊春良:《科技决策咨询制度与智库建设》,《科学与社会》,2017 年第 3 期。

㉝雷崇鸽、尚智丛:《开展政策咨询,提高科技社团服务社会经济发展能力——美国物理学会的经验与启示》,《科技和产业》,2017 年第 7 期。

㉞彭晴晴、李真真:《中美英国家科学院科技咨询比较研究》,《科学与社会》,2017 年第 2 期。

㉟李真真、彭晴晴:《中国科学院外籍院士群体特征研究》,《中国科学院院刊》,2017 年第 3 期。

㊱樊春良、韩健聪:《奥巴马政府总统科学技术顾问委员会的咨询机制和政策效果及其对中国的启示》,《智库理论与实践》,2017 年第 2 期。

㊲王晶金、刘立、王斐:《高校与国立科研机构科技成果转移转化政策文本量化研究》,《科学管理研究》,2017 年第 4 期。

㊳张先恩、刘云、周程、方在庆、向桂林:《基础研究内涵及投入统计的国际比较》,《中国软科学》,2017 年第 5 期。

㊴梁帅、武晨箫、李正风:《中国与“一带一路”沿线国家科学合作态势与发展策略》,《智库理论与实践》,2017 年第 6 期。

㊵李真真、黄小茹:《中国科研诚信面临的突出问题及解决路径》,《科学与社会》,2017 年第 3 期。

㊶徐治立、刘柳:《中国转基因作物产业化决策伦理共识路径探讨——基于互动满意人理念分析》,《中国科技论坛》,2017 年第 5 期。

㊷田甲乐、尚智丛:《科学共同体中的民主策略》,《科学学研究》,2017 年第 5 期。

㊸董艳春、徐治立、霍宇同:《从奥巴马到特朗普:美国科技创新政策特点和趋势分析》,《中国科技论坛》,2017 年第 8 期。

㊹黄晓伟、张成岗:《美国灾害社会科学研究的人文地理学传统——以科罗拉多大学自然灾害中心的体制化为个案》,《风险灾害危机研究》,2017 年第 3 期。

㊺中国自然辩证法研究会秘书处:中国自然辩证法研究会《工作通讯》,2017 年第 6 期。

㊻中国自然辩证法研究会秘书处:中国自然辩证法研究会《工作通讯》,2018 年第 2 期。

㊼中国自然辩证法研究会秘书处:中国自然辩证法研究会《工作通讯》,2017 年第 12 期。

㊽中国自然辩证法研究会秘书处:中国自然辩证法研究会《工作通讯》,2017 年第 6 期。

㊾中国自然辩证法研究会秘书处:中国自然辩证法研究会《工作通讯》,2018 年第 1 期。

㊿中国自然辩证法研究会秘书处:中国自然辩证法研究会《工作通讯》,2018 年第 1 期。

(51)中国自然辩证法研究会秘书处:中国自然辩证法研究会《工作通讯》,2018 年第 1 期。

(作者:李佩、张正清,清华大学博士生;
张成岗,清华大学教授)

伦　理　学

葛晨虹　陈伟功

一、学术活动概况

2017年1月7日，由中国自然辩证法研究会环境哲学专业委员会、中国伦理学会环境伦理学专业委员会、《南京林业大学学报》（人文社会科学版）编辑部主办的环境哲学环境伦理学高层学术论坛在南京林业大学召开，会议主要议题为“生态伦理和生态美学研究”。来自全国高等院校以及科研机构的近30名学者参加了研讨，学者们就生态文明美学的概念、中国古代艺术精神与天人合一的关系、生态美学的哲学观、环境美学的本质性立场以及其他重大实践和理论问题等专题展开了讨论。

2017年1月14日，由中国人民大学伦理学基地、北京伦理学会举办的“伦理学与当代中国文化自信”理论研讨会在中国人民大学举行。来自北京高校和科研机构的40余名专家学者进行了研讨，大家认为，坚定文化自信是为实现文化自强，要牢记“不忘本来、吸收外来、面向未来”方针，坚守精神高地，以强大文化自信的底气，支撑道路自信、理论自信、制度自信。

2017年3月26日，由中国伦理学会网络伦理专业委员会主办，北京师范大学文化创新与文化传播研究院、北京师范大学新闻传播学院、社会主义核心价值观协同创新中心联合承办的首届网络伦理论坛在京举行。论坛以“网络时代伦理价值体系重建”为主题，立足网络时代现实问题进行了学术思考和回应。

2017年4月8—9日，由中国伦理学会政治伦理专业委员会、北京伦理学会、河北省伦理学会、天津社会科学院《道德与文明》编辑部主办，河北经贸大学承办的“京津冀国家治理与道德建设论坛”在石家庄召开，来自京津冀三地的高校、研究机构和政府部门的70余位专家学者参加了会议。大家认为，当前我国的国家治理领域出现了许多迫切需要伦理学来解释的问题，在京津冀协同发展背景下，积极探索、认真研究这些问题，是伦理学界义不容辞的责任，京津冀伦理学者在其中更应有所作为。

2017年4月15—16日，由中国伦理学会、南京师范大学、江苏今世缘酒业股份有限公司共同举办的“道德资本与企业经营”学术研讨会在江苏淮安召开。参加大会的有来自国内相关高校、科研院所和企业以及西班牙、印度、日本、菲律宾等国的专家学者40余人。与会学者围绕“道德资本的内涵与实践”“道德与企业经营”“企业社会责任”等专题展开了广泛讨论，联系当前我国企业管理和经营实际，提出了许多促进企业伦理实践的有意义的观点建议。

2017年4月22日，由中国伦理学会和山西省纪委、山西省委宣传部、光明日报等单位共同主办，以“齐家治国 传承致远”为主题从裴氏家族看家风家训当代社会价值座谈会在北京全国人大会议中心举行。180余位专家学者、山西裴氏后裔参加座谈会。座谈会深入挖掘裴氏家族为代表的中华传统家风文化的丰富内涵及其当代社会价值，使之成为践行社会主义核心价值观的思想认同和行动自觉。

2017年6月24—25日，由北京师范大学哲学院和香港浸会大学应用伦理学研究中心联合主办、医学与哲学杂志社和中国医学伦理学杂志社协办的“第十一届建构中国生命伦理学研讨会”于北京师范大学召开。来自香港和内地高校的生命伦理学领域的专家学者共50余人参加了此次会议。学者们在中国传统文化与西方正义理论视野下就医疗公正与健康的观念、资源分配、大数据与医疗公正、全球健康治理及理论建构等问题进行研讨。

2017年7月15日，中国伦理学会第九次全国会员代表大会在京举行。来自全国31个省、市、自治区的200余名会员代表出席了大会。大会审议并通过了中国伦理学会第八届理事会工作报告和财务报告、第九届理事会理事选举规则及第九届理事候选人名单，选举产生了第九届理事会。

2017年7月22—24日，由教育部重点研究基地中国人民大学伦理学与道德建设研究中心、浙江工商大学和浙江省伦理学会主办，浙江工商大学马克思主义学院承办的“伦理学与当代中国文化建设”学术研讨会在浙江工商大学召开，来自全国高校和科研机构的80余位专家学者参加了会议。与会专家围绕传统文化与文化自信、当代中国的社会治理、传统文化与当代中国文化建设、伦理学的历史使命、社会经济发展的文化力展开了深入讨论。

2017年8月28日，首届罗国杰伦理学教育基金优秀奖评审工作会议在中国人民大学召开。罗国杰伦理学教育基金评委会从众多参选人员和作品中经过严格筛选，评选出5名优秀教师、8部优秀著作和17名优秀学生。

2017年9月15—16日，由中国伦理学会政治伦理学专业委员会、中国人民大学伦理学与道德建设研究中心、浙江师范大学马克思主义学院主办，浙江师范大学《伦理学与公共事务》编辑部承办的“国家治理与政治伦理高层论坛暨中国伦理学会政治伦理专业委员会第九次会议”在浙江师范大学举行。来自国内高校、党校和学术机构的百余位专家学者参加了会议。与会代表专家、学者就“国家治理与政治伦理”基本理论问题、实践问题展开了深入探讨与交流。

2017年9月16日，由北京医学伦理学会主办、首都医科大学附属北京佑安医院和中国医学伦理学杂志社举办的第三届“首都伦理审查能力建设与发展”论坛在首都医科大学召开。全国各省市医院药物临床试验机构人员、伦理委员会人员、参与或组织临床试验/临床研究的科研人员、科研项目主管、临床试验负责人、研究者、制药企业药物研发部、北京医学伦理学会理事及相关专家学者等共计65家单位300多人参会。

2017年9月28日，由中国人民大学罗国杰伦理学教育基金、中国伦理学会、中国人民大学伦理学与道德建设研究中心共同举办的罗国杰伦理思想研讨暨罗国杰伦理学教育基金颁奖大会在中国人民大学召开。与会嘉宾就罗国杰教授伦理思想展开了深入探讨。

2017年12月23—24日，由中国伦理学会主办的2017中国伦理学大会在京召开，近千名伦理学研究者及道德实践工作者出席大会。大会以学习贯彻党的十九大报告精神为宗旨，以“新时代与道德建设”为主题，开设大会主旨报告、分论坛、“2017中外伦理热点”对话会、“中国伦理学2016年度十本好书”和“2017中国伦理学大会优秀论文”评选及“第二届中国伦理学十大杰出青年学者”颁奖等活动板块。大会关注新时代中国经济社会发展中的现实道德问题，显现了伦理学人为中国特色社会主义道德文化大厦添砖加瓦的集体力量。

2017年12月24日，由中国伦理学会教育伦理学专业委员会、中国人民大学伦理学与道德建设研究中心和上海师德研究与评价中心联合举办的中国传统教育伦理的当代价值——中国特色教师道德话语体系全国高端学术研讨会在京举行。来自全国高校和科研机构的30余位学者参加了会议。与会专家认为，当代中国教育事业发展需要按照“立足中国，借鉴国外，挖掘历史，把握当代，关怀人类，面向未来”的思路，着力建构中国特色教育伦理和教师道德理论和话语体系。

二、主要出版著作

2017年，北京伦理学在专著、编著、译著研究方面取得了许多科研成果，以下仅列其中代表性成果：

1. 专著

《政治与美德》（万俊人著，北京师范大学出版社）、《新伦理学原理》（王海明著，商务印书馆）、《应用伦理学教程》（甘绍平著，企业管理出版社）、《良心论：传统良知的社会转化》（何怀宏著，北京大学出版社）、《古代思想文化的世界：春秋时代的宗教、伦理与社会思想》（陈来著，北京大学出版社）、《家与孝：从中西间视野看》（张祥龙著，生活·读书·新知三联书店）、《利维坦的道德困境：早期现代政治哲学的问题与脉络》（吴增定著，生活·读书·新知三联书店）、《论共享文明：兼论人类文明协同发展的新形态》（卢德之著，东方出版社）、《伦理与美学》（［美］成中英著，中国人民大学出版社）、《重思道德哲学：基于当代中国道德问题的分析》（周斌著，中国社会科学出版社）、《弗洛姆爱的伦理思想研究》（陈默著，中国社会科学出版社）、《饮食伦理：在中国文化的视野下》（韩作珍著，人民出版社）、《在通向正确生活的途中：阿多诺道德哲学的基本问题》（罗松涛著，中国社会科学出版社）、《侦查的伦理分析》（上官春光著，中国检察出版社）、《中国社会转型焦虑与互联网伦理》（赵云泽著，中国人民大学出版社）等。

2. 编著

《法律人的职业伦理底线：法律职业伦理影响性案件评析》（刘晓兵、程滔编，中国政法大学出版社）、《法律职业伦理论丛（第3卷）》（许身健编，中国政法大学出版社）、《动物伦理与福利》（沈红等编，中国农业出版社）、《金融法律与职业道德》（张小芃编，中国人民大学出版社）、《老年服务伦理与礼仪》（孟令君、刘俊敏编，海洋出版社）、《老年医学伦理问题分析及应用》（田喜慧编，中国协和医科大学出版社）、《伊索寓言中的伦理》（娄林编，华夏出版社）、《应用伦理研究（2017 年第 1 期总第 2 期）》（崔延强、甘绍平编，社会科学文献出版社）、《职业伦理与行为规范》（王增民、王佳编，经济科学出版社）、《职业素养与法律道德》（夏利兵编，北京工业大学出版社）、《中国传统家风家训与当代道德建设》（谢青松编，中国社会科学出版社）、《中华美德现代转化与传承研究》（周永源编，北京理工大学出版社有限责任公司）、《中医药研究伦理审查体系构建与认证》（王志勇编，人民卫生出版社）、《专业技术人员道德凝聚力与职业创造力的培养与提升》（汤文颖编，国家行政学院出版社）等。

3. 译著

《伦理学与哲学的限度》（［英］B. 威廉斯著，陈嘉映译，商务印书馆）、《从道德到美德》（［美］迈克尔·斯洛特著，周亮译，译林出版社）、《道德的演化》（［新西兰］理查德·乔伊斯著，刘鹏博、黄素珍译，译林出版社）、《道德景观：科学如何决定人性价值》（［美］萨姆·哈里斯著，于嘉云译，中信出版集团股份有限公司）、《道德意识中的怨恨与羞感》（［德］马克思·舍勒著，罗悌伦、林克译，北京师范大学出版社）、《道德箴言录》（［法］弗朗索瓦·德·拉罗什福科著，王水译，译林出版社）、《公民身份与道德教育：行动中的价值观》（［英］J. 马克·霍尔斯特德、马克·A. 派克著，杨威译，社会科学文献出版社）、《环境伦理与可持续发展：给环境专业人士的案例集锦》（［美］哈尔·塔贝克、拉姆·拉姆那著，罗三保、李瑶、杨钤译，机械工业出版社）、《论道德的谱系：一篇论战檄文》（［德］尼采著，周弘译，生活·读书·新知三联书店）、《伦理》（［法］埃德加·莫兰著，于硕译，学林出版社）、《伦理学核心术语》（［芬］库塞拉著，龚群译，外语教学与研究出版社）、《论正义》（［英］赫伯特·斯宾塞著，周国兴译，商务印书馆）、《培养有道德的人：从品格教育到关怀伦理》（［美］内尔·诺丁斯著，汪菊译，教育科学出版社）、《普鲁塔克的实践伦理学：哲学的社会动力》（［比利时］胡芙著，万永奇译，华夏出版社）、《强者的温柔：塞涅卡伦理文选》（［古罗马］塞涅卡著，包利民译，中国社会科学出版社）、《人类道德自然史》（［美］迈克尔·托马塞洛著，王锐俊译，新华出版社）、《正义的制度：全民福利国家的道德及政治逻辑》（［瑞典］博·罗思坦著，靳继东、丁浩译，中国人民大学出版社）、《正义、社会性别与家庭》（［美］苏珊·穆勒·奥金著，王新宇译，中国政法大学出版社）等。

三、学术研究概述

2017 年，北京伦理学界收获了许多科研成果，其中既有对经典的道德哲学问题的研究，也有对时代提出的新问题进行的思考。本部分重点收录的是学者们论文成果的主要观点。

1. 基本问题

（1）道德义务

道德在一定意义上要表现为一种义务，它要求人们不计目的、不计功利地去实现某种行为。学者们对此进行了研究，有学者认为，由于对“义务”存在不同的理解，因而对道德义务能否做一种“完全义务”与“不完全义务”的区分在伦理学家间存有分歧。正确认识这种差别，避免两者间的混淆，把握道德义务的层次性，对于充分发挥道德的规范和引导功能具有重要意义。[①]也有学者把道德义务分为社会对个人以及个人对社会的双向义务，即社会应极力维护人的基本权利即生命、财产、名誉，个人对社会应该尽的基本义务是“博爱与公益”“礼让与威仪”，这是蔡元培先生的社会核心价值观与主体责任观的主要内涵，并认为这对于我们当下培育社会主义核心价值观、形成普遍认同的社会价值共识和道德观具有重要启迪。[②]也有学者通过对“道德绑架”概念的分析，给我们提供了对道德义务反思的路径。“道德绑架”是以道德的名义，通过精神上的“绑架”，改变客体自由意志以使其按照道德绑架施加者的道德标准而行为。道德绑架的发生既是由道德本身的性质决定的，也与一定时期内道德共识的缺乏和法治观念的不成熟等社会人为因素有关。道德绑架是一种道德异化现象，既损害了社会个体的意志自由，也损害了道德作为社会整合方式的权威性和合法性。但也要避免一体道德要求被冠以“道德绑架”之名，应审视道德合理性，厘清道德要求的义务性，避免对“道德绑架”一词的误用。[③]

（2）道德动机

道德动机是伦理学研究中非常重要的问题，它直接关系对行为的道德评价和选择，学者从不同路径对此进行了讨论。有学者认为，康德理论中道德行为动机指客观道德法则和主观上对其敬重的道德感。敬重道德感与义务有着密切的关系，既是义务概念形成的主观根据，也是人们被赋予义务的主观根据。[④]有学者讨论了理性的情感在康德哲学中的作用，认为共通感是对于形式的追求的一种质料性情感。道德感与崇高感都是在排斥质料干扰后对于理性的敬重感。敬重感作为一种理性的情感成为道德动机，引发起道德行为。美感和崇高感作为面对具体事物自然而然生发出的对于理性形式的认同感，证明了道德感触发的道德行为自上而下施行的合法性。[5]有学者认为，康德的意图在于通过证明道德原则的主观有效性，进而证明道德的实在性。与此路径相似，另有学者从人在主观上对自然伟力的尊崇而讨论道德动机产生的根源，基于怀特海的哲学，要把人作为自然界、世界的一部分，研究这种高级机体的价值感受机制，融合科学、道德、美学和宗教等各种经验直觉，建构、形成我们的世界观。道德责任的根据在于对自由的感受，道德动机则以世界观为基础。因此，怀特海的哲学可以为道德实在论提供辩护，为道德动机提供根据，从而为解决现代道德危机提供了一种可能性。[6]

（3）道德情感

情感在伦理学中具有基础地位，学者们对此进行了探讨。马克斯·舍勒在这方面的研究非常深刻，有学者指出，舍勒划分了 3 种本原情感的类型-阶段：意向性感受、偏好-偏恶、爱-恨。它们分别在以下 3 方面具有革命性：一是指出有一个以情感把握的“价值事实”领域，批判了所谓“客观中立事实”的先在性哲学教条；二是提出并论证情感能够成为一门先天的、绝对的伦理学的基础，打破了康德以来以理性为尊的伦理学传统；三是通过论证“爱”这一情感的创造性和可能性，开辟出一条不同于黑格尔式的体系，又避免康德伦理学形式主义风险。[7]有学者研究了明儒湛若水的思想，认为他将情感问题有机地融入其道德哲学的整体，为当下伦理重建与道德实践提供了有益借鉴。湛若水提出“天下之道皆原于爱敬焉发之”，以爱敬等自然情感为道德实践的基础。通过对爱亲敬兄这类正面道德情感的培育与扩充，同时辅之以“随处体认天理”“执事敬”与“存心于勿忘勿助之间”等引导与纠偏负面情感，使具体情感逐渐与道德理性相结合，进而激发道德需要，催生和指导道德行为，成就德性人格，并最终导向伦理秩序的建立，为社会整体和谐奠基。[8]有学者认为从人类“羞”现象起源看，存在着惩罚论、先天论、立法论等不同看法，对于“羞”的起源看法不同，人们对“羞”的认识与判断就会截然不同。不同学说对“羞”的界定不同，但人类并非所有“羞”感都具积极价值，对人类尊严与权利的贬损而导致的负面之“羞”需要杜绝。[9]

2. 美德伦理

（1）传统美德

美德伦理一直是近年来学者们关注的热点论题。有学者指出，美德伦理指生活在某一特殊道德文化共同体中的个人，在承诺并实践其独特的“特性角色”过程中所获得的优异品质。传统美德伦理在当代遭遇挑战：①现代社会的结构化转型所带来的日趋公共化趋势，动摇了传统美德伦理赖以存在的社会根基。②现代社会普遍平等的价值导向冲击甚至否定了美德伦理自身所内含的价值等级秩序与精英主义美德价值理想。③现代社会日趋强烈的平面化、格式化、标准化需求，对传统美德伦理追求卓越的价值导向提出的挑战。④社会发展的日趋技术化导致现代社会对技术的依赖越来越大，对文化的、隐性的软实力越来越缺少信赖。传统美德伦理在现代社会中也存在生机：①结构性转型导致现代社会缺乏足够的中层和基层生活发展空间，因此必然要大力建构中层和基层生活世界，传统美德伦理会因此重获生机。②传统美德伦理有其不可替代的特性，只要人之为人并保持人性和人道，传统美德伦理的作用就不可替代。③现代社会的道德平面化呼唤道德精英和道德理想主义的引领。[10]有学者研究了儒家美德，认为它的最高境界不是行善，而是乐于行善。这种观点对于当代美德伦理学具有多重的贡献。[11]

（2）美德伦理学

有学者从“知识”角度分析美德伦理学，认为以“自由意志”为基础的“归责伦理学”的首要工作是要确立起个体之间那些相互性的普遍法则，从而为构建现代社会确立基本原则 。以“知识”为基础的“美德伦理学”的核心则是给出关于善的知识与成就以此知识为前提的美德。正是在追问关于善的无视角的知识与如何成就美德的努力中，美德伦理学确立了目的论原则，从而确立起了构成古代社会秩序基础的一系列基本原则。[12]有学者则对美德伦理学的纵深发展提出独到见解，认为美德伦理学具有自觉而鲜明的道德心理学诉求，提出并建构一种合理的道德心理观念，日益成为美德伦理学必须认真对待的迫切问题。[13]有的学者借用富勒将道德区分为愿望道德与义务道德的观点，并用美学与法学区别两者。一是高低之别：前者是自我实现的最高境界，后者是有序社会的基本要求；二是内外之别：前者是内在于自我的超越指向，后者是主体间的处世之道；三是软硬之别：

前者是自律的，后者是他律的。这种区别说明前者趋向于无目的的合目的性，是内含于伦理学中的美学维度，而后者是道德与法律所共同指向的社会基本要求，是接近于法学的。这说明伦理学内含着的美学和法学两个维度。但在当代伦理学研究中，寻求普遍适用的道德规范成为规范伦理学的主要使命，底线伦理、程序正义、重叠共识等成了伦理学的主题词。伦理学仿佛成了政治哲学和法哲学。显然，伦理学的法学维度被强化了，美学维度则失落了。[14]

3. 社会道德建设

（1）文化自信

党的十八大以来，习近平总书记发表系列讲话诠释了文化自信。有学者从马克思主义哲学视域考察，认为在内容上，习近平总书记文化自信观从基础、动力、主体和核心等 4 个方面体现了深层次的哲学意蕴；在当代启示上，我们要探寻中国近代文化不自信的根本原因，实事求是地认识文化自信的本质和探讨文化自信的目的。[15]也有学者认为，我们的道路自信、理论自信、制度自信，都植根于文化自信。传承中华优秀传统文化、宣传革命文化、建设社会主义先进文化，是继续巩固和完善道路、理论和制度自信的必由之路。坚定的文化自信是中国共产党人不忘初心、领导中国人民克服任何艰难险阻奋勇前进的精神支柱。中国共产党人必须毫不动摇地坚持文化自信。[16]还有学者认为，文化自信是更基础、更广泛、更深厚的自信。文化自信归根到底在于对以人为本的人文主义精神，在于对这些中华文化所展现出来的独特的核心理念和独特的精神气度的自信。[17]

还有学者专门研究了道德自信，认为道德自信是人们在其社会行为中表现出的价值肯定、价值决断并准备身体力行的行为状态，是信仰层面的坚定、判断层面的坚持、行为层面的坚守。道德自信是文化自信之根，是一种文化的根本性标志。道德自信的心理障碍、认识障碍、制度性障碍是当前提高道德自信必须扫除的关键因素。[18]有学者指出，道德自信是文化自信题中应有之义，是文化自信的有力支撑。对中国传统美德的准确认识、革命道德的尊崇、时代道德的坚守及对道德自我的自觉自律是道德自信的时代要求。新时代增强道德自信，推动道德进步，要通过弘扬社会主义核心价值观凝聚价值共识、树立社会道德榜样引领社会风尚、批判抵制错误道德观念扶持社会正气、加强个体道德修养、培育道德自律等方面工作逐步推进。[19]

（2）道德教育

道德教育是促进社会道德建设的最重要的途径，学者们对传统道德教育进行了探讨。有学者比较孟子的道德成熟论与科尔伯格的道德发展论之间的异同，从而探究在道德成熟论中有哪些部分仍然与当今世界的道德教育有着密切的关联。立足于科尔伯格的视角向孟子的道德成熟论提出挑战，并尝试着以某种创新性解释来帮助孟子做出合理的回应。认为尽管孟子和科尔伯格在理论倾向、对道德进步的界定以及在道德观上有着明显的差异，但二者之间依然能够进行富有创造性的对话，从而使我们可以汲取儒家的思想资源以重新审视当代中国以及东亚其他国家和地区的道德教育。[20]有学者也认为，传统家训是古代德育的重要载体，既蕴含着修身观、治家观、处世观等德育内容，也包含着日常训诫、家训制定、仪式规训、家风熏陶等德育方法。继承传统家训，挖掘与社会主义核心价值观相契合的德育内容，有利于促进当今核心价值观的培育；借鉴家训经验，挖掘与落实社会主义核心价值观相契合的德育方法，有利于促进社会主义核心价值观的践行。[21]

（3）法治与德治

法治与德治相结合是建设我国社会主义法治国家所坚持的重要原则，但在学界对法治与德治相结合的正当性仍有不同程度的分歧与存疑。法治与德治相结合正当性的证成，则是推进我国法治社会建设、促进社会全面转型亟须深化研究的一个重要的理论与实践问题。有学者从法律与道德价值的同源性与交叉性、法律与道德规范的同宗性与交叠性、法律与道德功能的独特性与互补性，立论法治与德治相结合原则正当性的理论基础。[22]有学者认为，德治与法治两者缘起人类社会价值规范的同一性诉求，以物质生产和物质交往为前提，以人类主体为共同活动对象。德治与法治的关系始终交叉存在于人类社会发展的全过程。德治与法治，不同时代所表现出的具体交叉形式，既是对人类社会存在的现实回应，也是对人类社会价值关系的抽象表征。从人类主体发展的最终价值目标来讲，两者本质上共同内含着人类主体"德性与理性"的双重价值确证，即一方面是主体何以存在的德性追问，另一方面是主体如何存在的理性判断，两者共同构建并推动人类社会不断发展。[23]

4. 马克思主义伦理思想

（1）事实与价值

"事实"与"价值"二分法作为现代道德哲学与

伦理学的基本前提。这种二分法既是人类伦理思想史步入现代阶段的重要里程碑，同时又割裂了事实与价值、理性与伦理、甚至个人与社会之间的内在联系，是导致现代社会道德危机的重要根源。有学者认为，马克思在政治经济学的框架内，展开了对现代社会人与人之间的社会关系的现实批判。从一个侧面揭示了“事实”与“价值”之间的“缠绕”关系，实现了其唯物主义道德批判对“事实”与“价值”二分法的超越。[24]也有学者从二分法的角度理解马克思的正义观念，认为如果我们把“事实判断”理解为一种描述性判断，把“价值判断”理解为一种规范性判断，那历史唯物主义就是一种具有“事实判断”特征的描述性理论，因为它涉及的只是人类社会发展的一般规律“是什么”的问题；与此相应，“马克思的正义观念”则是具有“价值判断”特征的规范性见解，因为它涉及的只是资本主义剥削和社会主义按劳分配的弊病是否“应当”的问题。[25]有学者则认为，段忠桥先生认为马克思正义观与历史唯物主义互不相干，马克思的正义观充分地体现在他依据历史唯物主义对正义所做的剖析与批判中。马克思对正义的批判与马克思对宗教的批判存在着一致性，透过马克思对宗教的批判，我们能够更好地理解马克思对正义的批判。[26]

（2）国外马克思主义

学者对国外马克思主义伦理思想也表现出关注，有学者分析了佩弗的思想，认为他在解析马克思主义原著和剖析现实社会制度基础上，试图建构马克思主义“道德社会论”，展现马克思主义正义思想。但佩弗理论高估了社会道德的反作用，消解了马克思的唯物史观。[27]有学者研究了东欧新马克思主义学、匈牙利哲学家阿格妮丝·赫勒试图通过对正义观演变，建构一种能被人们接受的良善生活来解决正义与道德生活相分离的问题。正义的终极目标是实现良善生活，而良善生活以生命与自由为最高价值，以价值对话和伦理商谈为正义程序，以感情为人际交往的纽带，以团结为共同体的道德目标。因超越了传统的正义理论，良善生活的建构成为可能，又因良善生活的建构，深化了当代正义论的伦理意义。[28]

5. 中国伦理思想

（1）孝德的现代意义

有学者认为，儒家孝德是精神维度和实践维度的双向结合，以“仁”为根、以“敬”为本、以“顺”为贵的“孝”道实践要求，对构建现代家庭孝德具有突出的价值和意义。强调在现代社会，家庭仍是社会基本单位，孝道承担着比传统社会更多的社会功能。[29]也有学者认为中国传统文化中的孝道泛化将孝的精神理念运用到亲子之外领域，不仅从理论上为儒家伦理规范的外扩开辟了新路径，且通过移孝作忠使其成为治家理国的有效方法。针对当今以科层制为代表的主流管理模式对成员感情与彼此关系的普遍忽视，孝道泛化的创造性运用可重建成员间的情感互助与伦理团结，使成员表现出组织家人行为，具有积极的管理伦理意义。[30][31]有学者同样认为，孝作为中华传统美德，在历史上有一个演变的过程，有祭祖祈福、传宗接代、善事父母、敬老忠君乃至全德等多重含义，形成了具有中国特色的孝文化。今天传承和发展孝文化，需要从孝德教育、理论建构、礼俗塑成、制度保障等多个方面入手。[32]

（2）仁和之德

有学者认为，孔门“问仁”关注的不是“仁”的普遍定义，而是“仁”的表现及实践方法问题。这一点与以苏格拉底、柏拉图为代表的古希腊哲学追求事物普遍定义的特点形成鲜明对比。受此影响，古希腊哲学家倾向于用理性怀疑传统，进而追求世界的本原和事物的普遍定义，以期重建伦理规范和价值原则，而中国哲学家则认为传统的伦理规范与价值原则总体而言仍具有自明性与有效性，因此他们更加关注如何将它们在现实中实践出来。[33]基于个体之“仁”德，必然表现为人际关系的社会之“和”德。有学者指出，德的最终目标和落脚点是“和”，即追求和谐的价值理想是道德建设的目标。“和”不仅是天道人道的根本，是社会治理的理想状态，还是人的自我修养、心身和谐、养生长寿的根本。从理论思维的角度看，这种思想塑造了中国天人合德的思考方式，使“和”的价值观有“德”的行为观支撑，使道德建设和修养明确了“和”的价值目标，这对于我们建设和谐社会、协和万邦的关系，提供了宝贵的思想资源。[34]

（3）德福一致

中国伦理思想由于强调道德的实践理性，所以德并不远离福，应当说德福一致。如有学者研究孟子的思想，认为生命的价值基础在于人的“不忍人之心”，生命的价值提升集中体现在“舍生取义”的过程，“义”是生命的高级价值。[35]有学者研究戴震道德哲学，认为它主要讨论人的感性欲求与人类的社会伦理规范——仁义礼智的关系，并将每个人的情感与欲望的充分实现看作理想社会的标志。戴震批评“存理灭欲”理欲观，其“德性”论在原则上与中国传统的“德福一致论”思想相一致，他希望下层民众的个人福祉在整体上与其他人的福祉是统一的，以道德哲学的形式表达了一种社会理想。戴震思想中的“美德”一词有3层意思：一是“生生不息”天道在人性中的具体化，二是人类生活中坚守诚信的恒德品质，三是敢于坚持美德与正义的勇敢德性。[36]

6. 外国伦理思想

（1）善、美德、应当

“善”是伦理学的核心概念，由“善”到“美德”与“应当”之间的关系，代表着伦理学从古代到传统再到现代的转变。有学者对卢梭基于善和美德的区分指出，学界对《论人类不平等的起源和基础》的研究，往往从自然状态和社会状态二分角度分析人类不平等起源。事实上，人类从自然状态过渡到社会状态本质上是人类内心情感从善到美德的转变。[37]有学者认为康德在法国大革命前后一系列论述中，为了克服人性中根本恶为目标、造就遵循道德准则的新人，提出了思想革命的主张。他为“人可以希望什么”的批判哲学问题，描绘了朝向更善目标进步的政治蓝图。[38]还有学者研究了西季威克提出了关于“善”的自然主义定义和规范主义定义，它们的共同之处在于两者都是从欲望的角度来理解“善”的内涵，而区别在于后者相较于前者还包含了一种由“应当”概念所标示的规范性要素。西季威克对“善”的定义实际上反映了现代道德哲学相比于古代道德哲学的一个新特点：“应当”成了一种独立于“善”的理性绝对命令。[39]

（2）罗尔斯

自罗尔斯《正义论》问世以来，正义研究持续升温为显学。有学者认为，如果深入到历史深处追踪正义踪迹，就会发现现代性正义浪潮只是正义的第三大浪潮，另外两大浪潮在柏拉图的理想国和基督教的上帝之城中分别出现过。[40]有学者认为，罗尔斯从道德心理学角度总结概括了正义感的形成，提出正义感是正义观念、正义情感和正义行为的整合和统一。因而，在对社会个体的道德人格的完善和社会正义制度的构建方面，正义感起着重要的作用，并且对于我国当前社会道德建设中处理好正义感与社会主义核心价值观建构之道、正义感与当代中国的社会善治的关系具有重要的意义。[41]也有学者指出了罗尔斯理论的不足，如有学者研究了纳斯鲍姆理论并认为，罗尔斯的正义论没有考虑到残障者、国际领域以及非人类动物正义问题，这是受限于他的社会契约论传统对正义主体的理解设定。因此，纳斯鲍姆提出了一种亚里士多德式的个人观，并将尊严与能力联系起来，试图解决以上三个领域即残障者、国际领域以及非人类动物的正义问题。[42]

（3）帕菲特

有学者针对帕菲特对斯坎伦的批判进行研究，后者是当代著名契约主义伦理学家和政治哲学家，他以个人行为作为出发点，用微观视角考察个人道德的本质问题。斯坎伦试图论证人们的行为何以是正当的，人们行为的过程中是不是有着行为正当性的一般原则，并提出了契约论思想。帕菲特认为斯坎伦的“个人主义限定”本质上是对“分配正义的原则”认识上出现了错误。[43]有学者通过研究当代西方平等主义者对向下拉平异议的回应与反驳发现，向下拉平异议并非平等主义无法克服的理论困境。[44]帕菲特提出了分配正义的优先主义原则：在分配的问题上应该优先考虑社会中那些最穷困的人。有学者对帕菲特与罗尔斯进行了比较研究。帕菲特认为，相比于罗尔斯正义论中提出的平等原则，优先原则是更优的分配正义原则。[45]

注：

①余涌：《论道德上的完全义务与不完全义务》，《哲学动态》，2017年第8期。

②肖群忠：《蔡元培社会核心价值与主体责任观述论》，《船山学刊》，2017年第3期。

③杨建强：《“道德绑架”的伦理反思》，《科学经济社会》，2017年第1期。

④姚云、龚群：《论康德伦理学中的道德动机》，《华中科技大学学报》（社会科学版），2017年第6期。

⑤车辕：《理性的情感——论共通感在康德哲学中的证明和作用》，《北京社会科学》，2017年第8期。

⑥陈伟功、陈灼灼：《论道德动机——过程哲学如何为道德动机提供根据》，《上饶师范学院学报》，2017年第1期。

⑦李超：《事实、秩序与可能性——论舍勒的情感伦理学》，《浙江学刊》，2017年第2期。

⑧王文娟：《湛若水道德哲学中的情感之维》，《道德与文明》，2017年第3期。

⑨雷爱民：《起源论视域下“羞”的道德意涵之衡定》，《伦理学研究》，2017年第3期。

⑩万俊人：《传统美德伦理的当代境遇与意义》，

《南京大学学报》(哲学·人文科学·社会科学)，2017 年第 3 期。

⑪黄勇、陈乔见：《“好德如好色”：孔子对当代美德伦理学的贡献》，《杭州师范大学学报》(社会科学版)，2017 年第 4 期。

⑫黄裕生：《“美德伦理学”与古代社会的基本原则》，《江苏行政学院学报》，2017 年第 1 期。

⑬李义天：《美德伦理研究的心理学资源与走向》，《天津社会科学》，2017 年第 6 期。

⑭曹刚：《美的伦理学——曾钊新伦理思想的审美维度》，《伦理学研究》，2017 年第 5 期。

⑮周银珍：《习近平总书记文化自信及其当代意义研究——基于马克思主义哲学视角》，《江汉大学学报》(社会科学版)，2017 年第 6 期。

⑯陈先达：《论中国共产党人的文化自信》，《党建》，2017 年第 5 期。

⑰肖群忠、杨建强：《价值观与伦理自信是文化自信的核心》，《中国特色社会主义研究》，2017 年第 1 期。

⑱任建东、张永超：《道德自信及其三重阻碍》，《伦理学研究》，2017 年第 5 期。

⑲沈永福：《增强新时代道德自信的路径探析》，《思想理论教育导刊》，2017 年第 12 期。

⑳陆宽宽、姚新中：《道德成熟论与道德发展论的比较研究》，《伦理学研究》，2017 年第 1 期。

㉑王易、安丽梅：《传统家训在培育和践行社会主义核心价值观中的作用探析》，《思想教育研究》，2017 年第 8 期。

㉒王淑芹、武林杰：《法治与德治相结合的正当性证成》，《伦理学研究》，2017 年第 3 期。

㉓任学鹏：《德治与法治：主体发展的双重确证》，《北方工业大学学报》，2017 年第 4 期。

㉔白刚、曾俊：《超越“二分法”——论马克思对“事实”与“价值”二分法的超越》，《广州大学学报》(社会科学版)，2017 年第 10 期。

㉕段忠桥：《再谈“历史唯物主义与马克思的正义观念”》，《马克思主义与现实》，2017 年第 6 期。

㉖林进平：《从宗教批判的视角看马克思对正义的批判——兼与段忠桥先生商榷》，《中国人民大学学报》，2017 年第 3 期。

㉗吴兴德：《佩弗的正义思想及其价值与局限》，《国外社会科学》，2017 年第 1 期。

㉘王曦璐：《超越正义的良善生活何以可能》，《中州学刊》，2017 年第 12 期。

㉙龚群：《传统孝文化的当代意义》，《上饶师范学院学报》，2017 年第 1 期。

㉚王天民、巩瑞贤：《儒家孝德及时代价值略论》，《吉林师范大学学报》(人文社会科学版)，2017 年第 2 期。

㉛王润稼：《孝道泛化的传统理路与现代组织实践论析》，《广东社会科学》，2017 年第 3 期。

㉜郭清香：《孝文化的现代价值及其实践探析》，《中国特色社会主义研究》，2017 年第 2 期。

㉝高海波：《论孔子仁学的实践特性》，《道德与文明》，2017 年第 1 期。

㉞肖群忠、霍艳云：《董仲舒“德莫大于和”思想探析》，《伦理学研究》，2017 年第 4 期。

㉟郭清香：《生与义：略论孟子生命价值思想》，《伦理学研究》，2017 年第 3 期。

㊱吴根友：《戴震“德”论与人的福祉论初探》，《道德与文明》，2017 年第 2 期。

㊲孔德猛、朱晓佳：《卢梭伦理学的道德起源路径研究——以善和美德的区分为视角》，《华中科技大学学报》(社会科学版)，2017 年第 4 期。

㊳赵敦华：《康德道德—政治哲学的革命意义》，《伦理学研究》，2017 年第 4 期。

㊴余建滨：《论西季威克对“善”的界定》，《道德与文明》，2017 年第 4 期。

㊵陈雷：《正义思想的三次浪潮》，《浙江社会科学》，2017 年第 1 期。

㊶夏文斌、凌加英：《罗尔斯的“正义感”概念及当代启示》，《教学与研究》，2017 年第 3 期。

㊷朱慧玲：《论纳斯鲍姆及其能力进路对正义主体的拓展》，《道德与文明》，2017 年第 3 期。

㊸宗民：《帕菲特对斯坎伦准则中个人主义限定的批判》，《内蒙古大学学报》(哲学社会科学版)，2017 年第 6 期。

㊹李文：《“向下拉平异议”并非平等主义无法克服的困境》，《广州大学学报》(社会科学版)，2017 年第 10 期。

㊺李石：《“差别原则”与优先主义——在罗尔斯与帕菲特之间》，《道德与文明》，2017 年第 2 期。

(作者：葛晨虹，中国人民大学教授；
陈伟功，北京第二外国语学院讲师)

美　学

孙　焘

本综述第一部分以北京地区主要学术机构为单位，梳理2017年度美学研究成果，包括学术会议与活动、学者的论文与著作；第二部分概述北京美学会年会情况，分论题展示学会成员的研究情况。

一、各学术单位的论著成果与学术活动概览

1. 北京大学

（1）专著和论文

朱良志继续出版中国美学著作和论文。

《红炉点雪——二十四诗品讲记》于2017年11月出版[①]，该书疏解二十四品的内容，联系《诗家一指》其他部分、联系虞集存世文献中的相关内容，讲其文本来源、篇章校核以及在虞集整体思想背景下的应证；在文艺美学思想发展的大背景下，讲这部中国诗学史、艺术观念史、美学的理论贡献；讲这部论诗篇章中提出的问题，在今天美学思考中的价值等等。在每品的分解之后，有一个“延伸讨论”环节，提出一二关涉中国美学和诗学的重要问题，帮助读者了解该品内容。

《论倪瓒绘画的“绝对空间”》[②]，元代艺术家倪瓒的绘画创造了一种独特的空间形式，可称为“绝对空间”。它是“绝于对待”的，超越人与外境的相对性；又是瞬间生命体验的记录，具有“独一无二”、不可重复的特点。这是一种生命空间，而非物理空间；虽托迹于形式，又超越于形式。其中体现的截断联系、消解动力、超越时间和小中见大等特点，受到画家生存哲学和艺术观念的影响。

《论苏轼的“无还”之道》[③]，“无还”是苏轼艺术哲学的核心概念，它主要是在佛经《楞严经》影响下产生的。苏轼以“无还”为中心建立的理论，从“性”上言，要变外在“道”的追求为内在妙明本心的发现；从“见”上言，由渺然归程的寻觅转向对当下直接生命体验的重视；从“变”上言，要超越生成变坏的表象而直呈随处充满的生命真实；从“物”上言，化“留意”于物的物我相互奴役为齐同物我的契合如如境界。以“无还”为基础概念的苏轼艺术哲学思想，对南宋以来文人艺术的发展产生了根本性的影响。

围绕着国家社科基金重点项目“20世纪中国美学主潮研究”，彭锋发表了一系列有关中国美学的文章。从理论发展和中西比较的层面讨论“气韵”之思想内涵的文章有：《气韵与光影——兼谈宗白华的中国现代美学建构方式》[④]，“气韵生动”是20世纪上半期一个重要的美学话题，不仅得到了中国美学家的讨论，而且引起了西方汉学家的关注。在众多的解释中，宗白华较好地处理了中国与西方、传统与现代之间的关系，将“气韵生动”成功地转变成为一个现代美学和艺术批评概念，为中国现代美学的确立做出了重要的示范。《气韵与节奏》[⑤]，从20世纪初开始，经过西方汉学家和美术史家的解释之后，“气韵”的含义发生了重要变化并且影响到中国现代美学家对它的理解。西方美学家之所以将气韵译为节奏，原因在于看到了西方现代艺术对于节奏的强调与中国传统绘画的影响有关。但是，中国绘画中的气韵并不是节奏。与其说节奏像气韵，不如说它像写意。

讨论“内在感官”与中国美学之比较的有：《重提内在感官说》[⑥]，内在感官理论是18世纪英国经验主义美学中的一支重要理论，这种理论强调美与审美都是心灵的内部事务，与外在感官关系不大。后来人们不再相信内在感官的存在，内在感官理论逐渐被人遗忘，于是人们将美学中的“感性认识”误解为外在感官的认识。18世纪英国经验主义美学中的内在感官理论，与中国传统美学重视心灵十分类似。比较这两种理论，有助于我们理解美和审美的实质。《试论“心赏”作为艺术学概念》[⑦]，“心赏”是古汉语中一个常用的词语，意思是心灵的欣赏，与18世纪英国经验主义美学家所讲的“内在感官”类似。中国现代美学家邓以蛰、冯友兰等人力图将“心赏”提炼为一个现代美学和艺术学概念。王一川在冯友兰和宗白华的基础上，用“心赏”来论证艺术公赏力。“心赏”可以成为一个现代美学和艺术概念，而且尤其适合作为艺术学概念，我们可以将“心赏”界定为针对艺术的高级“欣赏”，以区别于包含自然、日常生活在内的一般“欣赏”。

还有宁晓萌的中国绘画美学研究《李思训绘画研究》[⑧]，李思训是中国画史上非常重要的山水画家，以青绿山水画著称。本文论述其与北宋以后画史记述中李将军父子画风的差异在于画题上由“山海图”转向世俗的山水特别是蜀中山水、用笔上由“遒劲”转向“细密”或“无笔踪”、敷色方面由不见特别记述转向成为“着色山水”之代表，揭示所谓李思训画风正是在画史的历史构造中逐渐塑造形成，而绘画风格形式也唯有在这种历史构造中树立起它的典范意义。

（2）学术活动

为大力弘扬中华传统美学精神、进一步推动美学研究与教学、深入交流美学前沿成果，北京大学美学与美育研究中心、首都师范大学美育研究中心在2016年成功举办第一期中国美学暑期高级研修班的基础上，2017年7月10—15日再度联合主办第二期中国美学暑期高级研修班。研修班邀请了北京大学哲学系教授、中国文艺评论家协会顾问和《中国文艺评论》杂志顾问张世英，北京大学哲学系资深教授叶朗及北京大学朱良志、彭锋和顾春芳教授，中央美术学院潘公凯教授，南京大学周宪教授，首都师范大学王德胜教授，中国艺术研究院贾磊磊研究员等10位美学、哲学和艺术界的著名专家学者授课，专题研讨《美在意象》的理论框架与理论探索、审美现代性的反思、美学与当下生活、《红楼梦》的叙事美学与古典戏曲、八大山人的艺术哲学等。全国各大高校和科研机构中经推荐和遴选的36位从事美学和艺术理论教学与研究的教师及科研人员参加了本期研修班。

2. 中国人民大学

（1）学术著作

2月，张法专著《西方当代美学的全球化面相（1960年以来）》由中国人民大学出版社出版。该书从20世纪以来西方美学与非西方美学的互动来看西方当代美学，提出自1900年到今天的西方当代美学除了现代面相和后现代面相之外，还有一个全球化面相。本书梳理了西方当代美学演进过程中全球化因素的出现及其代表性论著，着重呈现了20世纪60年代以来全球化面相成型后具有代表性的四大流派：后殖民美学、生态型美学、生活型美学、形式美话语。为学界认识西方当代美学的全球化面相提供了较为全面的参考。

8月，张法主编的《中国美学经典》（七卷十册）由北京师范大学出版社出版。在该书“总序”中，张法指出，该丛书是为中国美学史这一学科的新提升而进行的基础建设，同时由于中国美学史学科在结构上和思想上的特殊性，在推进这一学科时，将把中国现代学术体系的一些关键问题突显出来，将把中国现代文化在全球互动中演进的一些重要问题突显出来，从而对中国美学史学科进行新的提升，其意义又不仅仅在中国美学史学科。该丛书的新意在于：第一，在内容上，既要突出中国美学固有的特点，又要反思梳理古代资料的美学模式。重点突出以下方面：其一，中国型的哲学和宗教思想是如何关联到美学思想并与之进行互动的。其二，中国型的制度文化是如何关联到美学思想并与之进行互动的。其三，在中国古代漫长的历史演进中，各个朝代有自身特点的生活形态是如何关联到美学思想并与之进行互动的。其四，中国古代的天下观里华夏的主流文化和四夷的边疆文化以及中华文化与外来文化的互动，是如何关联到美学思想并与之互动的。第二，在编排上，本项目为了突出选文的美学特性，每一卷有全书导读，卷中每编有本编导读，编中的每部分还有每一部分的导读。

（2）论文成果

张法的《灵-mana-spirit：原始艺术的文化基础》⑨，提出“神”在原始社会主要是以虚体的灵-mana-spirit而存在的，“灵”成为理解原始艺术的核心。灵有五大特点：由观天而来的统一性，由天带动的昼夜轮回而来的变化性，由人口少、认识狭而来的灵的整体的混沌性，灵以灵显的方式呈现，灵显之物主要以非人的植物动物天相的形象为载体呈现出来。学人对原始之灵的理论把握，可以此归简为五大概念：仪式、图腾、萨满、傩相、玛纳（mana）。三大文化的原始之灵有不同特点，但又有其共性，成为理解原始艺术的基础。

余开亮的中国美学研究论文《郭象玄学与中国山水审美的独立》⑩，提出郭象的“自生独化”自然观经由东晋“以玄对山水”观念的推动，使得山水本身成为一种有“生命力”的主位对象而进入人的审美视野。郭象“自生独化”说是中国文化上自然山水之美获得独立的根本原因。《郭象哲学与魏晋美学思潮》⑪，指出郭象的“自生独化说”为自然美在东晋的出现提供了哲学理据。郭象的情物关系为晋宋“寓目美学观”的出现奠定了理论基础。郭象的人性论与人生哲学成了魏晋风流的极佳写照。《再论王国维“境界说”及其与传统美学的关系》⑫，认为王国维所说的有境界的作品是指“真感情”“真景物”“真表达”“宇宙与人生真理”经由不同审美模态而相互结合的作品。王国维的“境界说”对传统美学进行了一种适应现代美学范式的选择与改造。《中国古典政治美学的理论契机、基本原则及美学史限度》[13]，认为如同身体美学、生活美学、生态美学等的兴起给中国古典美学研究带来的影响一样，政治美学也将对中国美学史的书写带来一种新的研究视野。政治本身更为多变，与现实的纠葛也更为复杂，要求政治美学理论的言说在面对历史事实时，应在学术视野、评价原则与研究方法上树立一种更为谨慎与清醒的研究意识。

袁济喜的文艺美学研究《论鲍照的"急以怨"》[14]，指出南朝刘宋时代的诗人鲍照出身寒微受到压抑，因为急于进取而罹祸。他的诗赋创作具有抗争的悲剧价值，在南朝特定阶段，他的"急以怨"具有重振颓风的积极意义，也是对乡愿社会的反抗。《论江淹赋作中的文学审美观念——兼论中国文学理论批评对象的学科定位》[15]，认为江淹出身孤寒，在刘宋时代屡受挫折，对于时事的险恶有着独特的体会与感受。他的赋作以悲为美，具有丰富的文学思想。以悲为美既是从个体感受出发，又能够上升到天道人生来思索，从而拓展了汉魏以来赋作的审美境界。《"赤子之心"与中国美学》[16]指出"赤子之心"原指婴儿的本心，具有真诚无伪、自然淳朴的特点。道家借以阐发个人心灵的纯洁、独立，儒家将之看作性本善的依据。"赤子之心"对文艺创作提出了求真尚实、情真意切的价值要求与批评尺度，是中国美学的生命所在。民国时期，王国维、朱光潜从美学角度对其重释，重倡"赤子之心"以培育国民人格精神，提升国民精神素质。

3. 中国社会科学院

（1）学术成果

高建平的《神话世界的令人神往的逻辑》[17]指出中国人的神话观是认为天梯在上古是存在的，后来这个梯子就断了。上天无路，就只能过好现世的生活。但是，不能成神，也要成仙，在各种民间信仰中，成仙成为一种永恒的诱惑。希腊的诸神死了，北欧的诸神也死了。当这种信仰不存在时，人们也只是将它们当作故事看。人是需要神话的。过去有一种想法，神话是与科学对立的，科学出现了，神话就消失了。然而，在现代生活中，神话情结并没有完全消失。我们有着各种各样的现代神话，却蒙着科学的面纱。

徐碧辉的《"乐生"与"游世"：中国人生美学的两大原型》[18]认为"乐"与"游"是中国人生美学的两大原型。以"曾点气象"为代表的儒家审美精神在《论语》中还表现为孔子的快乐精神。这种"乐"是灵与肉、身与心、物质与精神的融合汇通的综合性结果，是一种自由的人生境界。庄子的"逍遥游"其实就是一种审美之游，一种心灵摆脱物欲羁绊而自由任情、高度愉悦的审美历程，是真正超越狭隘的功利得失之后所获得的广阔的自由境界。孔孟儒家和道家庄子虽然在许多具体问题上有分歧，但精神上都崇尚一种阳刚壮烈之崇高。

刘悦笛的《当代"分析美学"的艺术批评论》[19]认为如今的分析美学家重提"批评的哲学"在整个分析美学抑或艺术哲学当中的核心地位。所谓"艺术描述""艺术解释""艺术评价"，这最著名的"三分法"被分析美学认定为艺术批评的基本功能。"现实主义""客观主义""相对主义""主观主义"成了艺术批评的基本类别。比尔兹利认为，美学理应该成为一种"元批评"，或者说，美学是作为一种"元批评"而存在。"批评的陈述"的具体类型被比尔兹利分为3种，即"评价的""解释的""描述的"。古德曼则提出了一种"工具论的认知主义"，他认为，一切符号都是为了"认识功能"而存在的，甚至"审美经验也是一种认知经验"。

刘悦笛的《实践哲学与美学来源的真正钥匙——新发现的李泽厚〈六十年代残稿〉初步研究》[20]依据李泽厚在2011年提供的20世纪60年代手稿整理研究，指出李泽厚的"实践美学"的思想来源是其在1948—1949年阅读的周建人编的《新哲学手册》第一篇德意志意识形态费尔巴哈章的节译，对五六十年代的李泽厚产生如下方面的影响：第一，"实践性"，尤其强调狭义的实践（劳动）；第二，"社会性"，周译本的"社会化的人类"影响了李泽厚的"客观性与社会性相统一"；第三，李泽厚的"人类学历史本体论"也深受《费尔巴哈论纲》关于"类"的观念影响。此残稿还是其"实践理性""积淀""情理结构"等观点的源头。

（2）学术活动

3月15日，哲学所美学室"美学论坛"（总第16期）在中国社会科学院哲学所举办。本期论坛由哲学所美学室张建军副研究员主持，徐碧辉研究员主讲，演讲题目是"都市化语境下的审美需要、审美剥夺和审美权利"。徐碧辉在演讲中认为，一方面，审美需要并非只是马斯洛所谓满足生存基本需要之后的"更高级"的心理需要，而是有着深厚的生物学基础和人类的历史文化根源。另一方面，人类对于审美的需要一开始就被打上了文化和社会的烙印，被纳入社会文化建构甚至制度安排，由此，审美活动开始就是社会性和文化性的，审美需要是被规定和制约的，从而在社会历史发展过程中产生了审美压抑、审美扭曲、审美剥夺和审美伤害等“负审美”现象。在都市化生存成为普遍性生存模式的前提下，审美权利成为一个被提上日程的问题。[21]

4. 北京师范大学

2017 年度共出版学术专著 3 部，发表专业论文 32 篇，获得国家社科基金艺术学重大项目 1 项，国家社科基金后期资助项目 1 项，获“贺麟青年哲学奖”1 项。

（1）学术著作

刘成纪教授出版学术著作 3 部：《先秦两汉艺术观念史》（上、下卷）[22]，该书拓展对先秦两汉艺术观念史的理解，在传统“美的艺术”所包括的音乐、舞蹈、绘画、建筑、雕塑之外，早期诗歌、典礼仪式、工艺制作、城市布局等也都被作者纳入考察范围。该书强调从整体和渐进中看中国早期艺术观念的进展，考察其历史背景与时代状况共同作用。此外，作者还重新评价了西周及两汉在中国艺术观念史中的地位。有评论者认为，《先秦两汉艺术观念史》“一方面拓展了中国艺术史研究范围，另一方面对原有美的艺术给予了新的观照，得出了许多重要的学术发现和学术见解，把中国艺术史尤其是先秦两汉艺术史研究推向了一个新的学术境界和学术水平，堪称当代中国学者关于中国美学史和中国艺术史研究的一部极具开拓性的大美学史、大艺术史杰作”。[23]《中国美学经典·两汉卷》[24]对两汉美学的审美观念、各门艺术、审美风尚以及中国美学的发展规律，以古文献的原貌呈现出来。该书分为四编，第一编：文艺美学，包括文学美学、音乐美学、舞蹈美学、书法美学、绘画美学；第二编：朝廷—制度—天下美学，包括朝廷美学、制度美学、天下美学；第三编：自然与泛艺术美学，包括自然美学、身体美学、服饰美学、工艺美学、生活美学、城市建筑美学诸章；第四编：哲学—宗教美学，分为哲学美学和宗教美学两部分。另外，《汉代美学中的身体问题》在台湾再版[25]。

（2）学术论文

刘成纪发表学术论文 10 篇，《新华文摘》《中国社会科学文摘》《人民大学复印资料〈美学〉》《艺术学研究》等转载 6 篇。学术论文主要集中于先秦两汉美学领域，计有《汉代图像世界与大一统美术之诞生》[26]《古琴在中国早期艺术中的定位和价值面向》[27]《论中国社会早期的音乐哲学》[28]《中国上古器具的哲学发生》[29]《重建中国社会早期书画一体关系的可能性与当下存疑》[30]《汉代地理图像与中国山水画之诞生》[31]《中国美学史研究亟待回归中国历史本身》[32]；报纸文章有《审美教育：现实问题与变革之路》[33]《礼乐与中国传统政治的审美特性》[34]《中国美学与传统制度文明》[35]等。

严春友发表学术论文 8 篇，主要集中于哲学美学的基本理论问题，计有《心之存在的证明——罗蒂后现代心灵观批判》[36]《后现代艺术与传统艺术的内在关联》[37]《哲学与文学的分野——罗蒂的后现代哲学观之考察》[38]《语言与存在——罗蒂的语言观之批判》[39]《传统哲学之维——罗蒂的后现代哲学观之批判》[40]《现代哲学与传统哲学的九大关系——以罗蒂的后现代视角为依据进行考察》[41]《他者对可能性的开启》[42]《在思想和文字的丛林中冒险》[43]。

黄文杰发表学术论文 5 篇，主题集中于神学美学和中国古典美学，计有《终极实在之启示与神教美学的有机构成》[44]《美之本体与美作为信仰之合法性证明》[45]《价值间性与价值观的合法性批判》[46]《嵇康之养生论美学批判》[47]《禅从清净向随缘的历史性转向》[48]。

朱会晖发表论文 1 篇：《论当代日本美学的结构》[49]。

周黄正蜜发表学术论文 5 篇，主要集中于康德美学和哲学研究，其中英文、德文论文各一篇，即“The Development of Kant's Theory of Moral Feeling”[50]“Ein Lebenslanger Konflikt. Die Kämpfe von Philosophinnen in China”[51]；中文论文 3 篇：《从感性到理性的反转——康德崇高概念辨析》[52]《康德哲学的感性维度》[53]《自然与艺术的对立与和解》[54]。

（3）科研项目

北师大美学专业获得两项国家级科研项目资助：一是刘成纪主持的国家社科基金艺术学重大项目《传统礼乐文明与当代文化建设研究》，二是朱会晖主持的国家社科基金后期资助项目《本体理念实在性问题如何解决》。

（4）学术活动

共主办专业学术会议 3 次，参与组织学术会议 1 次。其中，刘成纪于 2017 年 11 月主办“传统礼乐文明与当代文化建设”重大项目开题会议。周黄正蜜主办并主持第一届国际康德哲学工作坊（2017 年 3 月）：“判断力批判”；主办并主持第二届国际康德哲学工作坊：“差异与统一”（2017 年 11 月）；参与组织在长安大学召开的青年美学论坛第二届学术研讨会“审美与自然”（2017 年 9 月）。本年度邀请国内外著名学者主办学术讲座近 20 次，参加各类学术会议 20 余次。

（5）科研获奖与社会服务

刘成纪被聘为北京舞蹈学院特聘客座教授，在国内高校和科研单位主办专业学术讲座 10 余次。朱会晖被选为中国外国哲学史学会德国哲学专业委员会理事。2017 年 11 月，周黄正蜜获得首届“贺麟青年哲学奖”二等奖。

5. 首都师范大学

（1）学术会议和活动

2017 年 5 月 26—28 日，由首都师范大学美育研究中心主办的首届全国高师院校美育高峰论坛在北京举行，有全国 50 余所高师院校的 100 多位专家学者参加。与会学者围绕美育理论和美育方法的前沿性问题、当代中国文化发展进程中的美育实践、高师院校美育策略、路径与机制的理论思考以及其他相关问题进行交流，尤其凸显对于美育当代性的思考。与会专家学者还就中西方美育传统、美育视野中的艺术定位和功能，以及音乐、舞蹈、绘画、文学等门类艺术美育及其实践问题等展开具体讨论。9 月 17 日，首都师范大学美育研究中心与教育部人文社科重点研究基地山东大学文艺美学研究中心、山东人民出版社在京联合主办《中国美育思想通史》出版座谈会。《中国美育思想通史》总主编、山东大学终身教授曾繁仁和山东人民出版社社长胡长青分别介绍了该书编写与出版情况，中国社会科学院学部主席团成员汝信出席座谈，认为《中国美育思想通史》的出版为深入整理传统思想资源、大力弘扬中华优秀文化、积极提升人的精神品质，提供了丰富而全面的材料。与会专家学者还就中国美育思想的整体面貌与发展趋向、中国美育思想史研究的途径与方法、中国美育思想史文献库建设等问题展开讨论。11 月 25 日，为纪念蔡元培先生“以美育代宗教”提出 100 周年，首都师范大学美育研究中心联合《郑州大学学报》编辑部在京主办现代中国美育的百年省思——“以美育代宗教”提出 100 周年学术座谈会。与会学者围绕“以美育代宗教”命题的特殊意义与学术史价值、“以美育代宗教”的提出与中国美育思想的现代建构等问题，进行了深度的学术交流，以历史和时代的眼光重新审视蔡元培先生于 100 年前提出的著名命题。

（2）科研项目研究

立项：①王德胜教授主持的教育部人文社会科学重点研究基地重大项目《中华美学精神与现代中国美学理论建构》立项。该项目以 20 世纪中国美学理论建构及其历史进程为领域，旨在通过搜集、整理和分析中国传统美学与 20 世纪中国美学理论文献，认真梳理 20 世纪中国美学理论建构历程，多角度、多层面探讨 20 世纪中国美学理论命题、范畴和思想话语的形成与展开，考察和反思中华美学精神如何在 20 世纪中国美学理论建构中获得现代性转换，从而为当代中国社会主义文艺实践、美学学科建设提供必要的学术经验。②孙士聪教授主持的《国外马克思主义文化领导权理论及其当代启示研究》，获批国家社会科学基金后期资助项目。③秦勇副教授主持的《非视听感官美学研究》，获批国家社会科学基金一般项目。

结项：2017 年 4 月 11 日，首都师范大学美育研究中心举行 2017 年度美育研究课题结题会。史红主持的《高校美育质量测度与实施对策研究》，主要探讨了高校美育测度的原则、模型、内容及指标等，提供了高校美育质量测度的理论依据与参考。孙士聪主持的《法兰克福学派美育思想研究》，将阿多诺美育思想置于其美学理论乃至其整体思想地图中予以考察，拓展了过往单纯从哲学、文艺批评或者文化研究来考察的视角单一性。张亚丽主持的《法海寺壁画色彩数字化保护研究》，从法海寺壁画色彩艺术风格分析、壁画色彩样本选择与对比、壁画色彩数字采集与分类、壁画色彩样本的命名与管理、法海寺壁画的动画版数字着色等方面开展研究，并以此课题为基础，获批 2017 北京市社科基金一般项目。王晓彤主持的《中国传统美学观对当代艺术教育的审美启示与传承实践研究》，以实践为基础，重点思考了如何利用传统美学观念，培养具有审美品质的学生，探索新的审美教育途径和教学模式。

（3）学术人物与学术机构

①经中央人才工作领导小组批准，王德胜入选第三批国家“万人计划”哲学社会科学领军人才，同时入选国家文化名家暨“四个一批”人才。②12 月，中国社会科学评价研究院在京正式发布《中国智库综合评价 AMI 研究报告（2017）》及“中国核心智库榜单”，首都师范大学美育研究中心作为美育—艺术教育领域唯一的专业性智库，入选中国核心智库。③5 月，经北京市教委批准，北京市学校美育研究中心在首都师范大学美育研究中心正式设立，王德胜教授任

中心主任。

（4）出版著作

①汝信、王德胜主编的《美学的历史——20世纪中国美学学术进程（增订本）》由安徽教育出版社出版。该书集数十位国内知名美学学者之力，通过全面考察20世纪中国美学学术进程，呈现了“思想整体性”与“文化联系性”的学术史研究旨趣。②王德胜、孙士聪主编的《微时代的美学》（中国社会科学出版社出版）作为首都师范大学、《社会科学辑刊》编辑部于2015年10月主办的微时代：生活·艺术与美学学术讨论会论文集，共收录会议论文37篇。③《香山美学论集（一）》2017年7月由社会科学文献出版社出版，收录首都师范大学美学研究所与北京大学美学与美育研究中心共同主办的第一期“中国美学暑期高级研修班”学员论文26篇。

二、学术组织活动：美与时代创刊30周年研讨会暨2017年北京美学会年会

12月16日上午，由美与时代杂志社、北京美学学会主办，北京大学青年研究中心、中国当代美学研究中心承办的《美与时代》创刊30周年学术研讨会暨2017年北京美学会年会在北京大学召开。

出席此次会议的主要嘉宾有中国社会科学院原副院长汝信，国家新闻出版总署原署长于友先，中华美学学会会长高建平，北京美学会会长、中央音乐学院教授宋瑾，中华美学会副会长兼秘书长徐碧辉，《美与时代》创始人、中国当代美学研究中心主任张涵，《美与时代》社长赵影，北京大学青年研究中心主任蒋广学，《美与时代》编辑团队等。

会议分为两大部分，第一部分首先是美与时代杂志社社长赵影重点介绍了刊物的历程、宗旨、特色、风格、影响、目标等。随后是《美与时代》创始人张涵讲述了创刊动机及其紧扣时代脉搏的办刊原则，最后是汝信、高建平、宋瑾、徐碧辉等嘉宾对《美与时代》创刊30周年的祝贺和寄语。

会议第二部分是北京美学会的美学学术研讨，主要围绕4个议题展开。

第一，“美美与共：寻找最大公约数”。北京大学的阎国忠认为美学要在批判地继承基础上提出自己的问题，必须将美与真、善内在地统一起来，落脚点于“人是什么”。中央音乐学院的宋瑾介绍了分析美学家戴维斯在《音乐的意义与表现》中的理论，分析了音乐与语言的“异质性”“近质性”“同质性”3种类型。首都师范大学的史红提出了一个新概念“美感指数”，客观性“美感指数”采用形成性模型，主观性“美感指数”采用反映性模型。中国传媒大学的张晶从哲学角度梳理了“万物一体”的基本意蕴，又由此阐释张世英的“人—世界”的在世结构。中国人民大学的余开亮认为中国美学要在参照世界美学、借鉴西方现当代美学研究问题域与研究意识的基础上来实现发展。中国艺术研究院的林琳以古琴文化元素在影视作品的应用为例，探讨中华美学精神的影像表达途径。中国戏曲学院的王九成提出中华美学要有如孟子“今之乐犹古之乐”般的包容心态；《文心雕龙》“澡雪精神”般的精神准备状态；老子“知美即恶”般的相反创新精神；卫夫人《笔阵图》般的拐点发力；石涛“一画论”般的不断创新。

第二，“互联网+青年文化”。北方工业大学的王文革认为，“网络互联”虽然也体现了不同人之间的广泛联系，而且也为人们的主体性发展创造了有利条件，但它与“万有相通”在相通的对象、范围、方式、作用、时空等方面仍存在较大距离。北方工业大学的于隽指出，微媒介环境的影响直接导致了个人建构中丰富性、媒介性、身份飘移等特征，建议积极利用微媒介，达到个人的逐渐完善，同时也应当警惕其对人的负面影响。中国戏曲学院的孙焘发现了“带宽革命”中的美学理论新问题，对应“图像—文字—言语”的社会等级结构将出现根本的动摇，精神生活会更多地从气质、性情等心灵世界的特性上获得直接的解释。上海大学的侯明认为在电影及新技术发展的当下，艺术创作、技术发展、市场推进等方面的创新给予了中国电影产业教育发展新的希望。

第三，“美学与时代精神”。北京师范大学的刘成纪提出，蔡元培的贡献在于一方面将“纯粹之美育”从宗教中剥离出来，另一方面则成功保留了美育之于人类精神的神圣价值。蔡元培通过对孔教的批判，将真正意义上的中国传统纳入到了现代美育体系之中。北京印刷学院的龚小凡解读了1949—1966年的红色书籍封面的政治图像意义，红色书籍封面是政治合法性与象征性符号，是新中国成立后持续的社会政治运动和不断革命所形成的激昂社会情绪与心理冲动简约而集中的视觉表达。中国政法大学的张都爱阐述了宗白华的中国艺术体系：“艺境”的诞生、“艺境”的本体表现、“艺境”的各门艺术的表现、“艺境”的审美类型、以“艺境”为核心的人生观。北方工业大学的王德岩以王国维为范例，以《红楼梦评论》为中心，以“悲剧”问题为线索，以“境界”问题作参照，考察了中国现代美学建构初期的逻辑起点与文化生态。北京理工大学的许晶从强国复兴、人民为本、立德树人3方面指出了美育的新时代价值，提出了“普及人人、惠及人人”的高校美育工作理念。北京电影学院的朱青君提出建设美丽中国、美丽城市、美丽乡村，应从生态环保开始。中国传媒大学的姜燕指出电影中音乐的情感不仅是电影人物的情感，也是音乐创作者的情感、观众的情感。北京大学的张中秋认为科技进步要求美学研究要紧跟时代脚步，应密切关注科技动态，以最新科技揭示美学奥秘。清华大学的范大邯探讨了康德未谈及美与时代的关系的原因，以及康德研究审美愉悦忽视时代性的问题。

第四，“美学与生活的关系”。中国外交学院的唐骅用摄影图片为例，指出不同民族有不同的审美理想、审美趣味、审美风格，即使同一内容，也会出现迥然不同的审美表现方式。首都师范大学的魏家川认为社会是超级剧院，人人都在表演。日常生活昼夜交替的生存样态，周而复始的生物节律，为人生与社会提供了和光同尘、知白守黑的哲学范式以及逢场作戏、计白当黑的审美效果。北京服装学院的杨道圣发现目前服装研究比较分散，他提出在艺术学学科里面建立一门“服装学”，以便综合服装研究，提供特定的学科规范，并促进艺术学的完善和发展，为服装行业的发展以及国人外观形象的建立提供理论依据。[55]

注：

①朱良志：《红炉点雪——二十四诗品讲记》，中华书局2017年版。

②朱良志：《论倪瓒绘画的“绝对空间”》，《北京大学学报(哲学社会科学版)》，2017年第3期。

③朱良志：《论苏轼的“无还”之道》，《文艺研究》，2017年第11期。

④彭锋：《气韵与光影——兼谈宗白华的中国现代美学建构方式》，《文艺争鸣》，2017年第3期。

⑤彭锋：《气韵与节奏》，《文艺理论研究》，2017年第6期。

⑥彭锋：《重提内在感官说》，《美育学刊》，2017年第3期。

⑦彭锋：《试论“心赏”作为艺术学概念》，《天津社会科学》，2017年第4期。

⑧宁晓萌：《李思训绘画研究》，《文艺研究》，2017年第6期。

⑨张法：《灵-mana-spirit：原始艺术的文化基础》，《社会科学辑刊》，2017年第2期。

⑩余开亮：《郭象玄学与中国山水审美的独立》，《中州学刊》，2017年第9期。

⑪余开亮：《郭象哲学与魏晋美学思潮》，《郑州大学学报》(哲学社会科学版)，2017年第6期。

⑫余开亮：《再论王国维“境界说”及其与传统美学的关系》，《中国文艺评论》，2017年第9期。

⑬余开亮：《中国古典政治美学的理论契机、基本原则及美学史限度》，《文艺争鸣》，2017年第4期。

⑭袁济喜：《论鲍照的“急以怨”》，《中国人民大学学报》，2017年第1期。

⑮袁济喜：《论江淹赋作中的文学审美观念——兼论中国文学理论批评对象的学科定位》，《学术研究》，2017年第10期。

⑯袁济喜：《“赤子之心”与中国美学》，《社会科学辑刊》，2017年第6期。

⑰高建平：《神话世界的令人神往的逻辑》，《上海艺术评论》，2017年第5期。

⑱徐碧辉：《“乐生”与“游世”：中国人生美学的两大原型》，《探索与争鸣》，2017年第12期。

⑲刘悦笛：《当代“分析美学”的艺术批评论》，《艺术百家》，2017年第3期。

⑳刘悦笛：《实践哲学与美学来源的真正钥匙——新发现的李泽厚〈六十年代残稿〉初步研究》，《文艺争鸣》，2017年第5期。

㉑来源：中国社会科学院哲学研究所网站http://philosophy.cass.cn/xwzx/xwzx/201703/t20170330_3471755.shtml

㉒刘成纪：《先秦两汉艺术观念史》(上、下卷)，人民出版社2017年版。

㉓陶水平：《中国大艺术观的复兴与中国艺术史的重写——刘成纪教授新著〈先秦两汉艺术观念史〉读后感》，《中国艺术报》，2017年11月2日。

㉔刘成纪：《中国美学经典·汉代卷》，北京师范大学出版社2017年版。

㉕刘成纪：《汉代美学中的身体问题》，台湾花木兰文化出版社2017年版。

㉖刘成纪：《汉代图像世界与大一统美术之诞生》，《文艺研究》，2017年第3期。

㉗刘成纪：《古琴在中国早期艺术中的定位和价值面向》，《人文杂志》，2017年第3期。

㉘刘成纪：《论中国社会早期的音乐哲学》，《求是学刊》，2017 年第 5 期。

㉙刘成纪：《中国上古器具的哲学发生》，《暨南学报》，2017 年第 8 期。

㉚刘成纪：《重建中国社会早期书画一体关系的可能性与当下存疑》，《河北学刊》，2017 年第 3 期。

㉛刘成纪：《汉代地理图像与中国山水画之诞生》，《首都师范大学学报》，2017 年第 6 期。

㉜刘成纪：《中国美学史研究亟待回归中国历史本身》，《中南民族大学学报》，2017 年第 6 期。

㉝刘成纪：《审美教育：现实问题与变革之路》，《中国美术报》，2017 年 9 月 11 日。

㉞刘成纪：《礼乐与中国传统政治的审美特性》，《中国社会科学报》，2017 年 9 月 1 日。

㉟刘成纪：《中国美学与传统制度文明》，《光明日报》，2017 年 1 月 16 日。

㊱严春友：《心之存在的证明——罗蒂后现代心灵观批判》，《河北学刊》，2017 年第 5 期。

㊲严春友：《后现代艺术与传统艺术的内在关联》，《南国学术》，2017 年第 3 期。

㊳严春友：《哲学与文学的分野——罗蒂的后现代哲学观之考察》，《山西大学学报》，2017 年第 5 期。

㊴严春友：《语言与存在——罗蒂的语言观之批判》，《海南师范大学学报》，2017 年第 5 期。

㊵严春友：《传统哲学之维——罗蒂的后现代哲学观之批判》，《社会科学论坛》，2017 年第 11 期。

㊶严春友：《现代哲学与传统哲学的九大关系——以罗蒂的后现代视角为依据进行考察》，《关东学刊》，2017 年第 10 期。

㊷严春友：《他者对可能性的开启》，《衡水学院学报》，2017 年第 5 期。

㊸严春友：《在思想和文字的丛林中冒险》，《中国艺术报》，2017 年 10 月 11 日。

㊹黄文杰：《终极实在之启示与神教美学的有机构成》，《北京师范大学学报》，2017 年第 2 期。

㊺黄文杰：《美之本体与美作为信仰之合法性证明》，《中国社会科学院研究生院学报》，2017 年第 1 期。

㊻黄文杰：《价值间性与价值观的合法性批判》，《湖北师范大学学报》，2017 年第 3 期。

㊼黄文杰：《嵇康之养生论美学批判》，《南华大学学报》，2017 年第 2 期。

㊽黄文杰：《禅从清净向随缘的历史性转向》，《河南教育学院学报》，2017 年第 1 期。

㊾朱会晖：《论当代日本美学的结构》，《美与时代》，2017 年第 8 期。

㊿周黄正蜜："The Development of Kant's Theory of Moral Feeling" In Con-Textos Kantianos. International Journal of Philosophy 5(2017), 58－74

51周黄正蜜：Ein Lebenslanger Konflikt. Die K? mpfe von Philosophinnen in China. In Mittelungen der DG-Phil Nr. 38. 4－5

52周黄正蜜：《从感性到理性的反转——康德崇高概念辨析》，《世界哲学》，2017 年第 2 期。

53周黄正蜜：《康德哲学的感性维度》，《浙江社会科学》，2017 年第 3 期；《人大复印资料〈外国哲学〉》，2017 年第 6 期。

54周黄正蜜：《自然与艺术的对立与和解》，《郑州大学学报》(哲学社会科学版)，2017 年第 2 期。

55本部分内容来自：中国美学门户网"美学动态" http：//www.51meixue.cn/archives/5195，撰文：史红。

（作者：孙焘，中国戏曲学院讲师）

逻 辑 学

韩 璐 郭佳宏

2017 年北京地区逻辑学学科的发展概况，我们将分成 3 部分来进行综述：一是学术活动，二是研究成果，三是教学探讨。研究成果的文献主要来自中国知网（CNKI）收录的北京学者所著的中文文章或者北京学者正式出版的著作，论文选取的重点是中国人民大学书报资料中心《复印报刊资料》中《逻辑学》收录的内容。

一、学术活动

2017 年北京地区逻辑学界的学术活动相当活跃，主要表现在以下几个方面：

1. 举办学术报告活动

2017 年 10 月 23 日，荷兰皇家科学院院士、欧洲院士、国际哲学院士、美国斯坦福大学及荷兰阿姆斯特丹大学的 Johan van Benthem 教授在北京师范大学主楼做了题为“From Worlds to Possibility Models for Classical Logic”的学术报告，为广大师生带来了一次学术盛宴。

2. 举办金岳霖学术讲座

2017 年 10 月 25 日，清华大学举办金岳霖学术讲座，康奈尔大学计算机系教授及美国人工智能协会、美国计算机学会、美国人文与科学院院士 Joseph Y. Halpern 在清华大学主楼做了题为“Actual Causality”的讲座，在场的学者进行了激烈的讨论和深刻的交流。

3. 举办“逻辑与哲学：悖论”系列讲座

2017 年 11 月 7 日，在北京师范大学主楼，美国爱荷华大学的哲学博士、台湾阳明大学心智哲学研究所的王文方教授为逻辑专业的同学带来了“逻辑与哲学：悖论”系列讲座，讲座分为 3 场，分别就堆垛悖论、语义悖论、怀疑论悖论进行了精辟的解析和深入的分析，使广大学生深受启发。

4. 举办第三届京津冀逻辑论坛

2017 年 11 月 18 日，第三届京津冀逻辑论坛在河北大学举行，会议邀请了京津冀地区的多名专家学者进行学术交流。会议当天，各位学者积极发言，并做了多场精彩的报告，包括北京师范大学吴家国的《我的逻辑人生》、中国社科院刘新文的《论金岳霖的论所以》、中国人民大学余俊伟的《逻辑与哲学：从逻辑史的观点看》等报告。此次论坛对于京津冀地区的逻辑交流具有较大的促进作用。

5. 举办学术前沿论坛

2017 年 11 月 25 日，北京市社会科学界联合会 2017 年学术前沿论坛逻辑学会专场在北京师范大学召开。论坛的主题为“逻辑学前沿及相关应用”。论坛由北京市社会科学界联合会主办，北京市逻辑学会和北京师范大学哲学学院共同承办。北京市逻辑学会会长、中国政法大学教授王洪在开场中致辞，肯定了北京市逻辑学会在 2017 年的工作，衷心感谢北京市社会科学界联合会和北京师范大学对本次论坛的支持。近 50 名与会者中的 5 位专家学者作了主题报告，并且围绕这些报告与参会者进行了热烈的讨论。从报告内容看，主要涉及逻辑学与数学、计算机、法学等各个学科的交叉应用方面的内容；从参与本次论坛的人员来看，既有老一辈的专家学者，也有中青年一线教师及在读的硕士、博士、博士后等年轻力量。

二、研究成果

2017 年，逻辑学的各个研究领域都有一批新的成果问世，主要表现在以下 4 个方面：

1. 词项逻辑与数理逻辑

刘壮虎在《概念结构理论》中表示：这一工作不从概念的外延和内涵出发，而是将概念作为初始出发点，按照概念结构整体论的观点，在思想—概念—语言三者统一的基础上，建立概念结构的形式理论，讨论其基本性质及其意义，并在此基础上研究若干相关的问题。实际中使用的推理，比我们通常说的逻辑推理要更广泛，该文建立依赖于语言的相对于主体的推理，并根据这种相对的推理建立相对的一致性概念。通过这种新的一致性的概念，可以讨论不一致信念集的特征。在此基础上，文章讨论了本质上等价于 3 段论推理的标准规则，证明其是可靠和完备的。这也说明了，3 段论推理可以在概念结构理论中有一个合理的解释。词项的同义是语言学中的重要问题，按整体论的观点，比同义更一般的不可分辨性更重要。该文给出了概念的不可分辨性的定义，并讨论其在语言中的表现。不同语言间的翻译也是语言学中的重要问题，文章在概念结构的形式理论基础上对不同语言间的翻译进行了一些初步的讨论。该文只是在对最简单的语言进行讨论，通过这样的讨论体现概念结构形式理论的思想、方法和研究框架。①

陈群星、周北海在《概称句词项逻辑系统 GAG 与 Gaa 的完全性》中表明：GAG 与 Gaa 是关于概称句推理的逻辑系统。概称句词项逻辑的要点是引入了表示概念的词项，从而以更自然的方式表示概念在推理中的作用，这也带来了概称句词项逻辑语言的特点。涵义语义是用于概称句词项逻辑语言的形式语义。在涵义语义下 GAG 与 Gaa 是可靠的，但是完全性证明一直空缺。通过完全性证明，发现有必要对原来的涵义语义做一些补充和完善，为此提出涵义语义结构的一般形式，进而给出全涵义结构和实涵义结构。原来的语义结构实际上是全涵义结构。完全性证明需要使用实涵义结构。实涵义结构的框架部分与解释函数有关，因而不完全独立于被解释的语言。实涵义结构更像是认知主义语义观下的语义构造。长期以来，实在论语义观在逻辑学研究中根深蒂固。实涵义结构的提出，对这类逻辑研究的哲学基础提出了反思。②

杨义川、王拥军在《〈数理逻辑和集合论〉中的对角化原则》中阐明：对角化原则在数理逻辑与集合论中有广泛的应用。作为一项重要的证明方法，它不仅在阐明悖论、证明 Cantor 定理时提供了形式化手段，而且为哥德尔不完全性定理证明中的关键——自指代命题的构造贡献了重要的思想基础。文章分两节内容介绍对角化方法在集合论悖论、哥德尔不完全性定理证明中的作用。通过若干实例分析，该文介绍了对角化原则在处理“无限对象”时的特殊威力。[③]

2. 哲学逻辑与逻辑哲学

许涤非在《弗雷格的本体论的研究方法及难题》中认为：弗雷格反对把心理主义作为认识论的基础，把如何不诉诸直观来解释客观对象作为其哲学任务。弗雷格的“客观性”和“对象”都有其特殊含义，对它们的理解成为理解其实在论的关键。他在本体论上的研究方法依赖于表达式的不同逻辑类型的划分，因此，怎样不诉诸直观来划分不同逻辑类型的语言表达式就成为弗雷格本体论需要回答的一个重大问题。弗雷格本人并未解决这个问题，达米特检测从某种程度上实现了这一个目标，但是检测还有待完善。如果单称词项检测可行，那么弗雷格不诉诸直观来解释什么是对象的本体论策略就可行，因而他对心理主义的批评就仍然有意义。[④]

贾青、贾志海在《应是与应做》中认为：道义逻辑（Deontic Logic）既可被用于推理规范性事态，也可被用于推理规范或者现实的行动。第一种道义逻辑所刻画的是应是语句（Ought-to-be Sentences），第二种道义逻辑所刻画的则是应做语句（Ought-to-do Sentences）。道义算子加命题构成应是语句，道义算子加行动则构成应做语句。对于这两类语句之间存在何种联系以及如何刻画的问题一直是道义逻辑的重要研究方向。该文在阐述相关哲学背景的基础上，说明应是语句与应做语句之间的关联性在一定程度上是可被 STIT 逻辑所刻画的。另外，这一形式化刻画方法中的一些未解决问题以及未来的后继工作也在文章中被给出。[⑤]

琚凤魁、Gianluca Grilletti 在“A Dynamic Approach to Temporal Normative Logic”文章中认为，状态指令是指状态，而不是行为。它们具有明确或隐含的时态维度。它们间接地改变我们被允许、被禁止或者有义务做的事情。本文提出了 DTNL，这是一种基于分支时间时态逻辑 $PCTL^*$ 的、旨在处理状态指令的道义逻辑。DTNL 的模型是具有不良状态点的树，它们通过语言中引入的命题常量 b 来标识。为了模拟状态指令，还引入了一种向 b 的扩张添加状态的动态算子。[⑥]

由奥拉夫·阿斯海姆著，王建芳、许万承译的《纯粹意向对象与指称理论疑难的解决》一文中阐明：指称可能失败及替换失效问题是量化信念语境以及其他态度语境所面临的两大障碍，“纯粹意向对象”概念（只能通过它们的意向属性予以识别的对象）的提出或许有助于上述问题的解决。就指称可能失败问题而言，当词项所指对象不存在时，将纯粹意向对象作为该词项的指称对象即可避免指称失败的风险。就替换失效问题而言，说话者指称而非语义性指称对词项的使用具有决定性意义，当说话者指称为直接指称时，态度语境中指称相同的词项即可以替换。[⑦]

余俊伟在《关于模态形而上学的几点思考》中阐明：模态逻辑的“原罪”除了奎因指出的混淆了使用与提及外，还包括误以为在命题层面可以揭示概念间的必然联系。“必然”涉及内涵特性，单纯地从外延角度、在命题层面考察“必然”，有无法克服的缺陷。克里普克通过语言分析解决“必然”的内涵特性所带来的问题掩盖了问题的实质，无法触及“必然”的普遍规律性之本质。这是可能世界语义学的“原罪”。尽管有后天必然真，但克里普克的晨星之例并不属于此类。而他的米尺之例也难以称得上是先天偶然真。这些都是“原罪”的反映。[⑧]

张东辉、王子权在《逻辑学的形而上学渊源》中阐明西方哲学史中逻辑学发展的两条脉络：一是亚里士多德—康德—费希特—黑格尔；二是亚里士多德—莱布尼茨—弗雷格—罗素。在第一条脉络中，传统逻辑、先验逻辑和思辨逻辑都试图去追溯其形而上学的渊源，但另一条脉络力图摒弃传统形而上学。本文着重阐述逻辑学从亚里士多德到黑格尔的这三种发展形态，旨在揭示这些形态是如何复归形而上学本性的；最后论及海德格尔对待这两条脉络的态度，阐述他如何从生存主义的角度独特地论证逻辑学的形而上学渊源，批判现代数理逻辑疏离和摒弃形而上学的趋势。[⑨]

叶峰在《因果理论与排斥论证》一文中，就钟磊在“Sophisticated Exclusion and Sophisticated Causation”文章中所述观点提出疑问。钟磊认为伍德瓦德的干预主义（interventionism）因果理论预言没有向上、向下因果关系，因此可以拒绝金在权关于心物因果关系的排斥论证，保留心智属性的独立因果效力。

该文就钟磊对伍德瓦德的干预主义的理解、以及钟磊的论证策略提出几点疑问，与钟磊商榷。此外，该文还提出，用因果理论来反驳金在权的排斥论证这种一般性策略很难有说服力。[10]

王路在《语言的转换与思想的呈现》中指出：汉译西方哲学已经形成自己的历史，成果丰硕。汉译涉及两个方面的问题。在句法方面：不同文字如何转换？在语义方面：如何呈现不同文字所表达的思想？在这两个问题中，通常遇到的问题是：有相应的文字，但是否通过语言转换呈现出不同的思想？文章以 being 的汉译为例分析，汉语中有对应的文字，而没有对应的思想，但是这并不妨碍我们通过相应文字的转换来呈现相应的思想。应该把 being 译为“是”，从而体现西方哲学中有关语言和逻辑的考虑，呈现那种最宽泛的知识论意义上的哲学认识。[11]

刘新文在《皮尔士存在图的线性记法》中指出：皮尔士存在图是现代逻辑诞生时期对量化理论和模态逻辑等领域的贡献。它既包含经典命题逻辑、经典一阶逻辑的内容，又包括模态逻辑、高阶逻辑、甚至元逻辑方面的内容，随着对它们的关注越来越多，对这个领域的研究结果也越来越深刻。存在图二维记法的一个变种，线性记法，是自皮尔士本人以来的一个研究方向。该文介绍并研究这个传统中部分已有的结果，并在哈默工作的基础上，指出其中存在的一个关键问题，然后在此基础上提出一个新的看法以期修正这个问题。[12]

此外，在刘新文所编《烧旺理性的火焰：约翰谈逻辑》一书中，收录了范本特姆教授在各个访谈中对逻辑学的主要观点。2006—2011 年，清华大学刘奋荣教授主持了范本特姆教授的论文和著作的翻译工作，以“逻辑之门”为题，分 4 卷陆续出版。每一卷译著出版之后，著译者们都举办交流活动，然后以书面形式安排一次学术访谈。这些访谈涉及范本特姆教授在数理逻辑、哲学逻辑、逻辑思想史、逻辑应用、逻辑哲学等领域的主要贡献和观点，在此前后还有一些访谈涉及范本特姆教授对学术研究的一些看法和经历。本书以这些访谈为主，集中整理了范本特姆教授对逻辑学的主要观点。本书适合对逻辑学、哲学及相关学科感兴趣的读者阅读。[13]

陈波在《反驳威廉姆森关于二值原则的论证》中认为：在对模糊性和连锁悖论的研究中，威廉姆森先后构造了三个论证去表明：否定二值原则将导致逻辑矛盾，亦称“荒谬”。陈波在文中论证了以下两个断言：①在一个良好设计且能得到很好证成的三值逻辑中，否定二值原则并不会导致荒谬；②在威廉姆森的论证中，某些推理步骤只在二值的经典逻辑中有效，而在某些非二值逻辑中无效；那些论证使用了塔斯基的“真”去引号模式，后者本身就预设了二值原则。因此，威廉姆森的三个论证几乎是直接的循环论证：在假定二值原则之后，再证明否定二值原则将导致荒谬。在文章最后，陈波列出了据以反驳威廉姆森论证的一些思想，并为它们提供了简短的证成和辩护。[14]

3. 认知逻辑、语言逻辑和归纳逻辑

刘奋荣、Emiliano Lorini 在“Reasoning about Belief, Evidence and Trust in a Multi-agent Setting”文章中提出了一个关于探究信念、证据和信任在一个多主体设置中的相互作用的逻辑，并称之为逻辑 DL-BET，它代表“信念、证据和信任的动态逻辑”。根据 DL-BET，如果支持给定事实 ϕ 的证据量和支持 ϕ 的证据比率到支持 ϕ 或者 ϕ 的否定的证据总量足够的，那么，作为结果，一个人就会愿意相信 ϕ。文章借助一个具体的例子提供了一个合理的、完全公理化的逻辑，并且阐明了它的表达力。[15]

王彦晶在“A New Modal Framework for Epistemic Logic”文章中阐明：近年来，人们对非标准认知逻辑的兴趣越来越大，如关于知道是否、知道如何、知道是什么、知道为什么等等。新的认知情态介绍了这些逻辑，介绍了它们的语义学，$\exists x \bigcirc \phi$ 的一般模式，例如，知道怎样粗略地得到 ϕ 意味着存在着这样一种方式你知道它是确定 ϕ 的一种方式。而且，由此产生的逻辑是可判定的。受到这些特定逻辑的启发，这篇文章提出一个非常普遍又强大的、由一个新模态算子 $\bigcirc^x$ 扩张后的基于非量词谓词语言的框架，但它也完全涵盖 $\exists x \bigcirc$。文章展示出最终产生的语言，尽管表达力很强，但能分享在任意模型下基本命题模态逻辑的许多好的性质，例如有限树模型性质和范·本瑟姆关于一阶模态逻辑的描述特性。他把在 S5 框架下的逻辑公理化，用直观的公理去捕捉 $\bigcirc^x$ 和知道—为何算子在一个认知设置中的相互作用。[16]

郭佳宏等在《基于主体互动的信息变化逻辑研究》中认为，关于主体知识和信息的状态描述是基础，认知逻辑扮演着相应的角色；而行动能够改变状态，对于行动结构的一般性研究则是动态逻辑的任务。导致信息变化和流动的认知和交流行动则能改变主体的认知和信息状态，动态认知逻辑等分支正是用来研究此类特殊行动的，为此，书中对相关认知谜题进行了解析；对于行动知识本身的反思，书中则进行了初步的一阶认知逻辑探索。然后，基于更为广阔的信息变化背景，从单主体的各种理性信念修正理论到多主体互动中行动与策略、博弈与逻辑、形式化方法与社会过程的结合，书中梳理和发展了一些相应的理论，并提供了丰富的案例和相应的理论解析。[17]

邹崇理在《组合原则和自然语言虚化成分》中阐明：计算机人工智能时代最重要的任务之一是自然语言的信息处理，逻辑语义学则是其基础理论，而组合原则又是逻辑语义学的基本原则，表现为部分决定整体的函项思想。自然语言的虚化成分是自然语言复合表达式中对整体意义不起作用的那些部分，自然语言违反组合原则的情况表现为句法和语义的不对应，意味着决定整体意义的“部分”这个概念应该受到限制，组合原则的经典表述在自然语言的某些场合受到挑战。就自然语言的某些语义领域而言，限制性的组合原则概念是关于组合原则具体精准的表述。[18]

此外，邹崇理在《从 CTL 到 CCG——逻辑语义学的新模式》中指出：范畴类型逻辑 CTL 和组合范畴语法 CCG，是范畴语法 CG 的两个现代版本。CTL 采用传统的逻辑语义学方式，其特点是强调计算的思想、基于规则的思路和研究逻辑工具本身的性质。就面向自然语言计算机处理的任务而言，CTL 的短板是显然的，即对自然语言的丰富多样的具体现象，尤其是对语词的研究非常不充分。CCG 则挑战传统，大胆创新，提出新的研究模式，构筑大规模的词库，关注大量的规则例的应用，以此满足了计算机的自然语言系统处理大规模真实文本的需求。而如果全面系统地考虑语义因素，CCG 的词库和规则例也可能需要大的调整。CCG 的下一步研究任重而道远。[19]

叶闯在《对直觉语义不完全语句的一种流行释义的质疑》中认为：直觉上语义不完全的语句是语境主义用以反对语义学最小主义的主要论据之一。目前，最小主义者对此有一种较为流行的应对策略，即将其统一释义为存在量化的语句。他对此提出了 3 项质疑：一是此种解释策略所给出的释义与原来语句的语义内容并不等价；二是此种解释策略不能得到句法和语义学事实的支持；三是此种解释策略没有句法根据。由此可得到一个一般性的结论：存在量化的释义既不符合最小主义者坚持的语义学基本原则，也不能成功解决他们原初意图用它解决的问题。[20]

胡义昭在《说谎者悖论的语言分析之路：与其他 4 条路径的比较》中阐明：通过和其他 4 条主要解决路径的对比，可以确立说谎者悖论的非良基语义指称解决路径的恰当性。以对这 5 条路径的诊治状况的初步比较为背景，呼吁回到语言分析来理解说谎者句子。一方面，从创造语言新规则的两条规则的角度，另一方面，从对于两个重要的语言现象以及更多的悖论的解释力角度，对这 5 条路径的表现做了对比，从而确立非良基语义指称解决路径对于说谎者句子的解决优势。[21]

贾青在《皮尔士谜题的范畴类型逻辑解析》中提出：皮尔士谜题关注的是自然语言及其形式化表达式真值不一致的问题。本文在概述皮尔士谜题的基本构造及其解决方案的基础上，借助范畴类型逻辑的技术手段，给出这一谜题的语言学解析方案，进一步说明皮尔士谜题出现的语言学原因。所谓的皮尔士谜题只不过是自然语言的多义性或者说歧义性未能被其形式化表达所精细刻画而导致的问题而已，因此所谓的自然语言及其形式化表达式间真值不一致的问题并没有出现。在此基础上，通过使用范畴类型逻辑中的技术手段，该文给出造成自然语言歧义性的深层原因，说明某一语词的范畴变化对整个语句句法构造以及语义解释所造成的影响，进而指出这种句法和语义上的改变恰恰就是造成皮尔士谜题这类问题的根本原因。[22]

崔佳悦、朱安博在《蒙太格语法框架下的汉语被动句语句系统》中认为：被动句在语言学中是典型的类别，是最能体现汉语本身所具有的特点的句式之一，但以往的分析都是从分类和句法角度进行，鲜有为被动句配以同步推演的语义翻译规则。被动句可分为两类：A 类不包含“被”字的被动句，是关于受事受到影响而产生的事物状态；B 类包含“被”字的被动句，表示受事因施事的动作导致的变化。应用语义类型细颗粒化和添加语用算子 $t_1 \cdots t_n$ 的方法，能够构造蒙太格语法框架下的语句系统，对 A、B 两类被动句进行句法的生成和语义的组合。[23]

王建芳在《组合与收敛结构之分的新标准——弗里曼方案评析》中认为：组合结构与收敛结构的区分是非形式逻辑领域的一个核心问题，是论证结构研究的重点和难点，一直以来都没有得到合理解决。2011 年，美国学者弗里曼在反思已有区分方案的基础上，提出了以“中介要素”为标准的解决方案。该方案揭示了既有方案存在的问题及其错误根源，通过语法标准的设立为困扰学界已久的组合与收敛结构的区分问题提供了一条新的解决思路。该方案的不足在于无法合理解释收敛结构中推论规则的识别问题，而且有时还会导致违反直觉的结论。[24]

此外，王建芳还在《当代西方“组合与收敛结构之分”的三大疑难》中认为：组合结构与收敛结构区分是当代论证分析理论和实践研究的重点和难点。其中，组合与收敛结构的支持方式问题、否定测试法的适用性问题以及组合收敛论证与多重并列复合论辩的关系问题可谓阻碍相关研究的三大疑难。通过梳理、分析学界在这 3 个问题认识方面存在的争议不难看出，前提合起来支持结论并非组合结构的独有特征，在收敛论证中任一前提薄弱、假或不可信同样会弱化全部前提作为一个整体对结论的支持；否定测试法遭遇的一系列质疑，表明它没有抓住组合与收敛结构之分的关节点；组合收敛论证与多重并列复合论辩并不相互对应，其间的差异正如弗里曼所说源于不同的学科视角。[25]

张立英在《以可推翻论证为基点的非单调推理研究》中指出：可推翻论证系统是非单调推理研究领域近年来最为活跃的分支之一。与其他分支相比，可推翻论证系统更侧重于推理结构的研究，它的研究基点是论证，即以单个论证作为最小研究单位，而不是像其他的分支及经典逻辑那样从命题或命题中的成分开始研究。在这一研究视角下，新的前提不会使论证变成无效，而只会引起反面的论证。该文梳理了可推翻论证研究的基本框架和内容，比较其不同结果，辨析了可推翻论证系统和其他非单调推理研究分支的关系，并指出以论证为基点是研究非单调推理的恰当切入点，可推翻论证在非单调推理领域有很好的发展前景和广泛应用空间。[26]

董志铁在《先秦、两汉归纳逻辑思想举隅》中认为：归纳与演绎的逻辑方法，在人类思维进程中交互为用。在中国古典文献中，应用的例子很多。问题是要从这些鲜活的例子中概括出逻辑理论，而这正是中国古代思想家的短板。因为逻辑像其他科学一样，是一门历史的科学，有其产生、发展、构成体系的过程。而中国古代，特别是先秦时期，对归纳的贡献，似乎只存在你添一块砖、我加一块瓦的阶段，没有形成具有完整体系的归纳理论。这个结论不一定正确。希望随着研究的深入能有所突破，证明这个结论是错误的。文明高度发达的中国古代文献，如《墨辩》《荀子》《吕氏春秋》《淮南子》《论衡》等对归纳逻辑思想有中国式的理论论述。这些丰富的文化遗产，需要我们进一步发掘、整理，以期古为今用。[27]

张立英在《归纳推理的概称句解释》中认为：要表达归纳推理结论的不确定性和刻画非单调的归纳推理，并非只能使用概率方法，用概称句和包含概称句的推理来刻画归纳推理是另一种可行且十分自然的方法。文章展示了概称句视域下一种刻画归纳推理的方法：基于双正常语义的概称句推理刻画。“这种刻画方法顾及了大部分归纳推理研究范围下的推理类型。归纳推理的概率解释和概称句解释代表着两种研究路径，其中概率解释着重于外部描述，概称句解释则侧重内部解释和推理过程内部结构的刻画。不可否认的是，概率方法目前在计算机科学等领域应用广泛，但与此同时，基于排序的概称句处理方式却可以与万维网之后的语义网有很好的契合，这意味着，用概称句方法来解释归纳推理不但有很自然的直观、完整的理论成果支持，也可能会有非常好的应用前景。”[28]

4. 逻辑学史

陈鹏在《逻辑的计算进路——从莱布尼茨到图灵的逻辑发展》中阐述明：现代逻辑肇始于莱布尼茨，在布尔和弗雷格处发生了分流，形成了所谓的逻辑代数传统和逻辑的语言传统；然而，无论是代数传统或者是语言传统都与莱布尼茨的逻辑学纲领（即“作为科学、数学和哲学”的基础）相去甚远。在图灵机理论中，图灵核心阐述了“自动机”和“指令表语言”这两个概念，这两者很好地契合了莱布尼茨关于“理性演算”和“普遍语言”的构想，可以说，图灵机理论最为接近莱布尼茨的逻辑学纲领，也跳出代数传统和语言传统，另辟蹊径，形成了一种新的“作为计算的逻辑”传统（也可以称为“计算传统”）。“作为计算的逻辑”实质上是一种“主体转向”，“以往的逻辑”是当仁不让地以人类为主体，研究的对象是人的思维、自然语言种种，“作为计算的逻辑”则是将计算机作为信息处理的主体，研究的是计算机的处理方式以及人与计算机的互动关系。[29]

龙潇、邹崇理在《海外汉学家视野中的中国古代逻辑》中阐明：如何看中国古代逻辑的特殊性？海外汉学家有 3 种基本的视角：一是中国古代逻辑不是外延逻辑，而是一种讲求秩序和效率的逻辑；二是中国逻辑中的判断是一种辩证性判断；三是中国逻辑中的推理并不是西方逻辑意义上的类比推理，而是以类比推理的形式出现的深入归纳法。这样的分析强调从中国的语言、哲学的文化背景中理解和阐释中国特有的逻辑思想。这样的视野，能够充分说明中国古代逻辑为何是当今的悖论逻辑、归纳逻辑和语言逻辑的研究题材。[30]

刘培育在《中国因明研究：为往圣继绝学》中表明：因明是关于正确认识和有效推理论证的学说，肇于古印度，是印度五门最古老的学问（五明）之一。因明随着印度佛教先后传入中国内地和藏区，在近1600年的历史长河中，中国历代高僧大德和专家学者在研习、消化印度因明的基础上，不断有所发现、有所发明，逐渐形成了汉传因明和藏传因明两个传统，也就是中国因明传统，简称“中国因明”。中国因明既是中国优秀传统文化的组成部分，也是具有重要文化价值和传承意义的“绝学”、冷门学科，回顾中国因明百年来的研究历程，对于提高人们的思维水平、促进社会和谐发展有着重要意义。[31]

孙中原在《中国逻辑史研究的回顾和展望》中指出：回顾中国逻辑史研究，由梁启超和胡适开端，取得初步的成就。沈有鼎的研究，有突破性进展，奠定现代研究的坚实基础；后人研究大盛，争议多，无定论。梳理中国逻辑史后，又展望未来研究，建议从元典的正确诠释开始，端正分析方法，概括科学结论，推进中国逻辑史理想化和完善化的研究，完成时代赋予的历史使命和社会责任，为中华民族复兴和新文化建设的伟业竭尽心力。[32]

杜国平在《金岳霖“范围逻辑”的扩充》中阐明：金岳霖构建的范围逻辑是一个关于范围的演算系统，但他给出的范围逻辑系统只是一个概要，其中只涉及范围演算的部分，基本没有涉及基本的一阶逻辑演算。文章对范围逻辑进行适当的扩充，可以描述“道德是红的”这样的废话语句，也可以描述诸如“道德无所谓红”等涉及范围的语句。在范围逻辑的扩充系统中，还可以给出上述语句的语义解释。此外该文还从范围逻辑的观点看罗素悖论，为解决罗素悖论提供了一个富有启发性的新视角。[33]

三、逻辑教学

在京的大部分逻辑学者任职于高校或科研机构，他们通常从事逻辑学的通识教育或者专业教育工作，积累了一些相关的教学实践经验，也有一些教研论文出版。

陈玫、郭佳宏的“The Problem of Chinese Students Facing in Critical Reasoning in Graduate Management Admission Test”文章讨论了GMAT测试中中国学生在逻辑与批判性推理方面成绩不理想的状况。作者旨在探索这一现象背后潜在的原因，并且提供一些关于处理这些问题的建议。文章首先给出GMAT测试的简短介绍和它在中国的发展情况。然后他们讨论了在发展学生的批判性推理技巧中遇到的可能障碍，总结出把英语作为一门外语的中国学生这样的学习者在获得上述高级规则技能时可能面临更多的困难。该文最后一部分，针对教师和学生在反思如何讲授和学习批判性推理技能方面提供了一些建议。[34]

注：

①《逻辑学研究》，2017年第2期。

②《逻辑学研究》，2017年第2期。

③《大学数学》，2017年第1期。

④《中国人民大学学报》，2017年第6期。

⑤《燕山大学学报》(哲学社会科学版)(秦皇岛)，2017年第6期。

⑥Proceedings of the 6th International Workshop on Logic, Rationality, and Interaction, volume 10455 of Lecture Notes in Computer Science, pages 512 – 525, 2017, Springer Berlin Heidelberg.

⑦《湖南科技大学学报》(社会科学版)，2017年第4期。

⑧《逻辑学研究》，2017年第3期。

⑨《哲学研究》，2017年第2期。

⑩《自然辩证法通讯》，2017年第1期。

⑪《求是学刊》，2017年第1期。

⑫《贵州民族大学学报》(哲学社会科学版)，2017年第3期。

⑬刘新文编：《烧旺理性的火焰：约翰谈逻辑》，科学出版社2017年版。

⑭《安徽师范大学学报(人文社会科学版)》，2017年第2期。

⑮PRIMA 2017: Principles and Practice of Multi-Agent Systems, pp71 – 89.

⑯Proceedingsof 16th conference on Theoretical Aspects of Rationality and Knowledge (TARK2017): 515 – 534.

⑰郭佳宏等：《基于主体互动的信息变化逻辑研究》，科学出版社2017年版。

⑱《四川师范大学学报》(社会科学版)，2017年第1期。

⑲《湖北大学学报》(哲学社会科学版)，2017年第2期。

⑳《世界哲学》(京)，2017年第1期。

㉑《重庆理工大学学报》(社会科学)，2017年第

12期。

㉒《哲学动态》，2017年第10期。

㉓《湖北大学学报》(哲学社会科学版)，2017年第4期。

㉔《自然辩证法研究》，2017年第4期。

㉕《哲学动态》，2017年第9期。

㉖《哲学动态》，2017年第5期。

㉗《贵州工程应用技术学院学报》，2017年第6期。

㉘《哲学分析》(沪)，2017年第2期。

㉙《自然辩证法研究》，2017年第3期。

㉚《云南师范大学学报》(哲学社会科学版)，2017年第3期。

㉛《中国社会科学报》(京)，2017年4月6日。

㉜《船山学刊》，2017年第1期。

㉝《湖南科技大学学报》(社会科学版)，2017年第5期。

㉞ Advanced Science Letters, Vol. 23, 1022－1024, 2017.

(作者：韩璐，北京师范大学硕士生；
郭佳宏，北京师范大学教授)

宗　教　学

黄夏年

2017年我国的宗教学研究是学术研究的大好形势下继续发展的，在党和政府提出的促进“宗教中国化”的号召下，我国宗教学界和宗教界积极响应，认真落实，召开论坛与撰写文章，积极论证，内引外联，将中国学术推向世界，取得了一定的效果。现以北京地区研究成果为主介绍如下：

一、宗教学研究

闵丽《论宗教与中国现代性社会建构的兼容性》[①]指出在中国现代化进程中，宗教曾被视为现代性社会建构的障碍而受到否定，有可能放弃人的谦卑意识、善恶有报的终极性道德规范，以及与唯科学主义效率至上原则相制衡的人文精神等社会纠偏机制，从而导致科学技术的极端工具理性化，使其蜕变为奴役甚至毁灭人类的工具。陈立胜《中国文化中的宗教宽容精神的四个结构性因素：道、心、圣人与圣经》[②]揭示中国文化中宗教宽容精神可能性之条件：①作为创造性范畴的“道”之“含混性”(ambiguity)与“居间性”(inter-ness)特征；②与“道”密不可分的“心”之“无偏”“无执”遍润万物的“大公”特征以及由此“道”与此“心”所衍生的阴阳互补、和而不同与忠恕之道三位一体的感通思维；③遍在四海的圣人观；④圣经系统之开放性，这4个结构性因素为三教乃至五教之间的宽容与会通精神提供了坚实的哲学基础。魏明慧《〈诗经〉信仰中的周代共同体掠影》[③]说周代的信仰共同体是中国传统政治空间模式中的精神维度。马丽蓉《中国周边国家宗教发展新态势与经略周边之策》[④]认为“宗教因素”在我国周边外交中既是一个历史变量，更是一个现实变量，“一带一路”沿线国家与地区宗教人口分布对中国周边国家宗教基本格局的影响是切实存在的，尤其是伊斯兰教的“去中东化”发展趋势，使得“一带一路”面临宗教极端主义冲击的可能性激增；将宗教交流纳入经略周边的新思路以助力“奋发有为地开展周边外交”的对策建言，旨在强调宗教资源转化为外交资源后，实际彰显了优化“一带一路”软环境的战略功效。李峰《宗教信仰影响生育意愿吗？基于CGSS2010年数据的分析》[⑤]提出信教者的意愿生育数要高于非信教者；基督教信徒生育意愿要高于中国传统宗教信仰者；宗教对个体的生育意愿有着独立影响，但人口学、社会经济变量以及男孩偏好价值观等世俗因素亦影响其中。徐天基《迷途还是正路？反思经济主义走向宗教学研究》[⑥]认为宗教市场理论遮蔽、误读甚至扭曲了真实的中国宗教生活。它对西方经济学理论框架的简单套用会导致中国宗教研究误入歧途。经济学的阐释模式和逻辑难以真正触及中国宗教的核心，工具理性和经济逻辑也并不足以解释纷繁复杂的中国宗教。

张任之的《舍勒与宋明儒者论一体感——一项现象学的与比较宗教学的探究》[⑦]指出，舍勒试图在对一体感之本质的现象学描述和对不同文化圈中一体感现象的比较宗教学研究之间架设一座可以沟通的桥梁，但他几乎没有注意到古代中国思想传统对于宇宙同一感的讨论，特别是没有涉及宋明儒学有关“万物一体”的思想。陈永胜、余如英的《霍尔的个体宗教心理发展理论探究》[8]以青少年期为重点的个体宗教心理发展路径考察；以进化理论为支撑的个体宗教心理发展动力解释；以综合运用为框架的个体宗教心理发展方法探索，奠定了青少年皈依心理学科学研究的基础，开创了个体宗教心理发展毕生探讨的先河。吾淳的《轴心期前后：“神”的原貌及其分化》[9]认为雅斯贝斯神话与神观是几乎不分的，无神论理性等同于宗教伦理，东西方的神观或宗教看上去完全相同或根本没有差别，而这实际上是将轴心期的作用或意义概念化或夸大化了。

鞠熙的《死亡观念与城市空间——以18世纪末至20世纪初北京为例》[10]认为清中期以后，北京市民的葬礼不完全遵循《朱子家礼》的规定，其民间实践有很强的系统性与稳定性，一般会经过3个阶段。相应地，亡者要逐次面对3种危险，生者需通过送别亡魂、暂厝和下葬3种手段来帮助亡者顺利过渡。这种死亡观念决定了尸体在下葬之前的很长一段时间内并不会与生者完全隔绝开来。送别灵魂的地方通常在水边，尤其集中在北京城内最大的水体——什刹海边，这一区域因此是黄泉之路的入口，是保留给鬼魂的空间。近百座暂时停放棺木的寺庙，同时也对外出租房屋，是生者和死者共享的“旅馆”或“廉租房”。日本入侵带来的现代性变革，从根本上颠覆了人对待死亡与尸体的态度，生者与死者的空间被严格隔绝开来，最终形成现代性的城市空间景观。

围绕中国历史与中国社会的特点，学者研究的视角转向了与中国文化有关的内容，提示了中国文化中的宗教宽容的精神，强调了中国宗教对周边国家宗教文化的影响，指出了宗教对当代中国文化发展的影响，特别是中国文化中宗教所扮演的角色与特殊的作用，有助于我们对当前宗教的发展进一步了解。

二、佛教研究

刘林魁的《〈春秋〉纪事与中古佛诞诸说》[11]说《历代三宝纪》记载了中古时期具有代表性的六种佛诞说。其中，4种佛诞说与《春秋》纪事存在关联。从逻辑上来看，这种关联经历了3个层次的演变：一是周庄王十年说是在假托、依附《春秋》纪事的基础上创造的中土佛诞说；二是周桓王五年说与周平王四十八年说是在重新解读《春秋》纪事中发展出的中土佛诞新说；三是周昭王二十四年说则放弃依附《春秋》纪事转而依附《竹书纪年》。夏德美的《东晋政教关系论战的起因、性质和影响——以沙门致敬王者问题为中心》[12]说关于沙门是否致敬王者的论战，其意义并不限于佛教处理教权与王权关系的范围，也为历代王朝处理其他宗教与政治的基本关系树立了参照样板，道教人士也是采取这种态度。周齐的《明初佛乐与相关佛教政策以及信仰倾向的关系——以〈献佛乐章〉等佛乐为例》[13]指出明太祖的《献佛乐章》、明成祖的《诸佛世尊菩萨尊者名称歌曲》是由帝王推出乃至敕为演乐定制最有示范效果的作品。明初整饬规范法事实际上重视法事活动，晚出于“蒋山广荐佛会”，但这也恰恰可见明初统治阶层对于佛教法事的社会作用的认识是一贯的。学愚的《菩萨范式及其转换》[14]说菩萨思想是印度佛教一贯之法，存在于早期佛教，发展于部派佛教，光大于大乘佛教。近代属于部派佛教的上座部佛教在斯里兰卡等国得以复兴。其中菩萨参与社会、利益人生的思想正是此佛教复兴的主要思想源泉，由此重建了僧团与社会的互动桥梁。清末民初开始出现的人间佛教，正显大乘佛教的菩萨思想，强调做人——行菩萨道——成佛相统一的实践。李晓龙的《论赵朴初人间佛教思想的“中国化”向度》[15]说赵朴初将佛教视为“关系中的佛教”“过程中的佛教”“实践中的佛教”，指出佛教的根本属性是人间性、社会性，强调佛教的一切接引设施都不能脱离现实的时空场域而展开，提出佛教必须以人间为本，扎根人间、适应人间、利益人间。季爱民的《盛唐士人的道德自觉与禅传播的关系》[16]说盛唐时期，禅慧之交成为士人间的一种交往方式，经由禅修、相互劝勉和启发，取得清净心性与争取生活机遇之间的平衡，维持社会生活中的人伦秩序，禅修成为道德意识形成的一种途径。彭瑞花的《论大乘戒及密教菩提心戒在中国的形成》[17]认为，大乘戒在中国形成后最先得到帝王将相等上层人士的喜爱和受持，后来发展为社会各阶层、僧俗两众普遍受持的戒律。在天台宗的极力弘扬下，华严宗、律宗等各个宗派也加入弘扬菩萨戒的行列，兴起菩萨戒运动，使大乘戒成为与小乘戒并行流传的戒律体系。

圣凯的《僧贤与地论学派——以〈大齐故沙门大统僧贤墓铭〉等考古资料为中心》[18]以近年出土《大齐故沙门大统僧贤墓铭》为中心，结合小南海石窟和北响堂石窟的刻经，梳理了僧贤的生平与判教思想。王荣湟的《明清丛林僧职制度研究》[19]认为在子孙化、宗法化日趋严重的情况下，丛林常住遭到进一步蚕食，僧职组织涣散废弛成为普遍现象，这构成清中期以后禅宗日渐式微的重要表征。张越、周建波的《中古时期寺院金融的发展及其启示》[20]认为中古时期的寺院金融通过传播佛教信仰来维系公众的商业信用，即依靠宗教信仰、宗教活动以动员社会资本并约束借款人，这是寺院金融不同于本土金融之处。正是这一点，使得寺院金融在南北朝时期兴起并迅速发展，成为中国金融发展史上最早的依靠社会资本放贷的金融“机构”，造成寺院金融在佛教热降温的唐中叶后迅速衰落。王富宜的《华严典籍的早期传译》[21]说华严经典在华翻译，最初由西方来华僧人担任主译，精通梵语的汉人为其襄助，后逐渐形成官方译场。华严经典的早期翻译史是中国佛教经典翻译史的典型，彰显了佛教中国化的历史路径。陈明的《波斯“摩尼画死狗”故事的文图源流探析》[22]认为汉译佛教律典《根本说一切有部毗奈耶药事》卷十六中的一个画师画死狗的故事可视为其源头之一。佛经中记载的二画师相争的故事，对波斯文学也有一定的影响。王大伟、高永翔的《论中国古代对庵摩勒果的运用》[23]指出庵摩勒是伴随着佛教在中国的传播而被中国医家逐渐认识和接受的。此药的异域色彩与佛教背景，是它能进入中医视野的重要因素，庵摩勒也成为中印两大文明互相交流的缩影。

李瑞哲的《论小乘佛教说一切有部在龟兹的流行》[24]认为克孜尔石窟是龟兹石窟的壁画内容主要反映“唯礼释迦”的小乘思想，有些题材仅出自小乘说一切有部经典。郝金广的《论天台宗“十乘观法”的两种运用逻辑》[25]说十法俱备的整体运用是智顗建构十乘观法的理论初衷，而重重抉择、弃用是随行人根性与所观境不同于实际修习中灵活运用。两种不同的运用逻辑实际是理论建构、重为初心和证悟为要、灵活抉择的差别。孙应杰的《僧伽生平和僧伽信仰考》[26]认为僧伽从一个普通外国僧人变为天下信仰、千秋供奉的大圣菩萨，最根本是他生前立足中土，把外来的佛教文化和中国传统文化融合起来，深入民众，广施教化，普济众生，造福于民，因而人们才世世代代怀念他、崇拜他，并把他神化起来，使他流芳千古。张小燕的《仪式中的宗教艺术象征与仪式功能探析——以梅州香花仪式中的纸扎为例》[27]以仪式用具（纸扎）作为切入点，结合梅州香花仪式中纸扎在坛场内外的使用，探讨宗教艺术象征与仪式功能的互动转换。

霍巍的《唐蕃会盟与吐蕃佛教》[28]说唐德宗即位之后，以清水会盟为起点，以“告庙之礼”作为最为崇高、隆重的盟誓礼仪，与吐蕃和汉地的传统盟誓习俗均相吻合。吐蕃方面首先提出的按照佛教仪式“焚香为盟”的“新制”。这一变化的历史背景，一是与其吐蕃盟誓制度的变化有关；二是与吐蕃赞普赤松德赞的推崇之下，新兴势力集团——僧团的出现以及僧伽权力的迅速上升有关；三是与吐蕃与汉地佛教之间正式交流往来频繁有关。吴明娣、陈南的《冲突与调和——藏传佛教人骨法器在内地的流传及其影响》说明代除洪武、嘉靖皇帝明显持否定态度外，其他各朝皇帝均不同程度地认同藏传佛教对待人骨法器的观念。普通民众也受到人骨法器的影响，少数“市井庸流”甚至通过造假以获利。清代，通过对人骨法器的改造，弱化了其“人骨”的材质特征，装饰性增强，主要保留其形式和象征意义。

作为中国宗教的主角之一的佛教，学者的研究不仅深入，而且从更多的角度来认识与论证历史上的佛教所起到的作用与发展，佛教戒律与管理是当代中国佛教研究中的新起之课题，而传统的文献学也在不断地发展，现场调查则推进了一步，但是在佛教义理的研究方面则缺少创新，特别是围绕中国传统文化进行研究目前还做得不够。

三、道教研究

高长江的《民间信仰：文化记忆的基石》[29]说中国民间信仰不仅因其记忆形象与中华民族的文化理想气脉相通而传承着中国文化记忆，而且它的运作机制、所使用的信息载体以及激活、唤醒文化记忆的积极过程，也奠定了其中国文化记忆承载基石的地位。阎化川的《民间信仰的“正名传播”及其路径考察》[30]指出在儒学为官方意识形态的王权时代，一些淫祀可能会获得升格为正祀的“正名传播”机遇。其“正名传播”的路径，便是自下而上由地方官、绅等精英阶层予以“文化过滤”，将淫祀改造为契合官方意识形态的正祀。宁俊伟的《论“养德”为明清民间信仰之核心——以关帝、观音、文昌信仰为例的考察》[31]说民间信仰中关帝、观音、文昌信仰成为全国范围内的三大民间信仰，共同之处，是在儒家伦理的基础上，劝人向善，其核心为“养德”。其劝善实施的路径通常由救度苦厄开始，以劝善养德为归结，呈现出一种伦理善扩散的固定模式，表现为不同于正统宗教的一种特有的“养德”形式。詹石窗、李冀的《文昌信仰与孝道传播及其社会疗治》[32]认为两宋时期，文昌信仰承载了孝道的思想内容。随着社会的发展与变革，文昌信仰所承载的孝道思想内涵愈加丰富。其中，《梓潼帝君化书》与《文昌孝经》堪称代表作。孙廷林、王元林的《宋代彭蠡小龙信仰与其地域扩展》[33]说彭蠡小龙脱胎于中古宫亭庙神。其祠庙遍及长江—鄱阳湖—赣江区域，扩展至江浙、福建等路。护佑漕运、消除水旱的阴佑功能等诸多因素，推动彭蠡小龙信仰地域扩展甚广。程乐松的《鬼之仙途：道教视阈中的观念演进》[34]认为，道教应对鬼的信仰技术和实践体系是十分完善的：从咒鬼到鬼仙直至普度，无论是陌生的超自然力量还是亡故的人，都是围绕着生活世界的需求展开的。侯亚伟的《民国学者的扶乩研究》[35]强调陈大齐、黄翼从心理学的角度，健碧班红馆主（凤茜）、许地山从实证的角度切入，对扶乩进行研究，建立在社会达尔文主义和科学主义的立场上，且对材料的搜集、利用方面仍有较大的局限，仍有继续深入的空间。

沈文华的《从“长生不死”到“成真合道”——道教宗旨演变的历史考察》[36]认为内丹道从先秦道家老庄守静、守心、坐忘、心斋等心性炼神之道出发，借鉴融摄了佛家的心性之学，形成了自己独特的理论体系、实践方法和境界论。王福梅的《论灵济道派与明代社会的互动关系》[37]以明代灵济道派为研究对象，指出它的兴衰与明皇室的扶植与否紧密相连，说明宗教组织却必须扎根于现实的尘世。赵建勇的《金元大道教史新考》[38]以种种“济生度死”的法术之用作为“开化之方”，与“无为清净”作为其“立道之本”并重。“体道葆和妙应真人”确为真大道十三祖。六祖孙德福封号为“通玄智慧真人”。九祖至十一祖三任掌教均为“非正常摄教”，十祖赵德松曾任许州道正并因大德七年洪洞大地震突然去世，“宣授诸路真大道教提点崇真演道大师赵德祥”很可能为真大道第九祖。张泽洪的《道教禹步与周易论析》[39]认为禹步按九宫八卦布局行法，并随科仪变化而有不同的罡步，此深得周易天人关系思想的精要。禹步仅是周易影响道教斋醮的例证之一。丁常春的《民国道教内丹学之三教合一论》[40]主张民国内丹学的三教合一论继续发展，是民国社会形塑的结果。姚彬彬的《“章门弟子”缪篆对〈老子〉之“道”的诠释》[41]通过考掘和整理缪篆的《老子古微》《显道》等有阐发《老子》之核心理念“道”的意涵。马平安的《长生、济世及一统：郑观应与近代道教》[42]说郑观应的修道人生可谓晚清民初士大夫阶层道教活动的一个典型缩影。

牛敬飞的《论中古五岳祭祀时间之演变》[43]指出五岳祭祀一度从汉制一祷三祠降为春秋两祠，似受地方祭祀及民俗影响。黄俊军的《南岳衡山是中华香祖文化发源地——香祖师炎帝神农氏与南岳衡山的历史文化渊源解读》[44]说炎帝神农氏不仅亲尝百草、辨识五谷草木对人身体的影响，教会人稼穑、烹调和医药，还创立蜡祭，以蜡祭之礼培养人们敬天报本之情，开创了中华颂香传统。南岳衡山是香祖师炎帝神农氏为民造福的圣地，是中华香祖文化的发源地。张全晓的《历代武当山志所见玄帝灵验故事考》[45]认为历代武当山志主题展开叙述，不仅继承了道教灵验记的优良传统，还较好地体现了山志纂修者阐教、劝世、护山的编撰意图，具有浓郁的宗教情怀、鲜明的本山特色和强烈的现实精神，同时也存在着一些缺憾和不足。刘灿姣、杨会娟的《湖南江永勾蓝瑶水龙祠壁画的梅山猖兵考释》[46]说水龙祠壁画的九位梅山猖兵处于非常突出的位置，动作夸张、形象独特，与民间认知的猖兵形象有某些类似但又有不同，这与瑶族梅山教信仰有着必然的渊源关系。吴保春、盖建民的《道教建筑意境与道教体道行法关系范式考论——以龙虎山天师府为中心》[47]说道教建筑意境主要表现为心性意境、神志意境等仙道意境；而这一仙道意境也为道教建筑本质特征，乃是道教建筑与其他传统建筑本质差异所在。吕鹏志的《酆都山真形图新探》[48]说酆都山真形图可能由北宋北帝派道士始创，随后在各种新旧道派中流传开来，一直传行至今，图文内容基本上没有发生什么变化，部分使用方法也被承袭下来。梁景之的《河北新见罗教“砖碑”考论》[49]说砖碑发现于河北双塔村金山寺，是目前最为完整的罗教碑刻之一。砖碑讲述了一个关于罗祖的微故事，透露出些许“罗祖会”的信息。

敏春芳、程瑶的《河西宝卷方俗口语词的文化蕴涵——以民间宗教类宝卷为例》[50]从文化研究的角度来看，民间宗教类河西宝卷的内容是探索明清之际的历史风貌、文化遗迹、宗教思想的珍贵资料，宝卷中的俗语词再现了河西地区的历史风貌。安国楼、刘娜的《宋代马远〈三教图〉儒佛道始祖像评说》[51]说宋代马远《三教图》反映南宋以后儒学官学延续、三教并行的社会现实，也是三教认同思想的延伸。郭武的《金莲正宗仙源图讚》[52]通过对英国牛津大学博德利图书馆收藏的《金莲正宗仙源图讚》碑文拓片进行考察，认为：“全真七子”各自的宗派字谱在明代嘉靖年间就已经完整地出现，而传说由元世祖钦赐全真龙门派的20字诗文之“意义”则可能早在明代永乐甚至洪武年间就已经发生变化。秦国帅的《七真仙传与全真历史：以台湾大学图书馆藏〈七真仙传〉

为中心的考察》[53]说仙传不仅能够记述历史，在全真教面临危机时，还可以通过严肃的文字叙事来重建其宗教正宗性和政治正统性；其次，当面临明清乃至民国时期世俗化的宗教生态时，由《七真仙传》等诸多仙传内史假借重复叙述所构建起来的定型化七真事迹，又一改往日的严肃面孔，以一种戏谑、调笑甚至是自我否定的形象出现在了人们面前。

道教与佛教都是属于传统宗教的重要内容，近年来道教的研究速度正在赶上佛教。当前道教研究涉及方方面面，特别是与传统文化与民间信仰有关的课题，受到了一定程度的重视，一些地方的民间信仰学者给予了更多的关怀，并且充分利用海内外的资料做出纵深的研究，填补了这方面的研究不足。

四、基督教研究

王涛的《另一个维度的启蒙：天主教启蒙运动的思想与历史》[54]认为天主教启蒙运动的出现与特伦托公会议有紧密联系，而历史批评方法论的兴起以及扬森主义的出现，是其重要的学术背景。张仕颖的《马丁·路德与人文主义》[55]强调我们在研究路德的思想及其现代影响乃至宗教改革的现代意义的时候，不能只强调其思想中与人文主义一致的一面，仅根据其在沃姆斯帝国会议上的著名发言和对个体信仰权利的伸张，以及对民族国家教会的诉求，从而将其视为宗教上的理性主义者和启蒙者，并把宗教改革视为文艺复兴的继续或另一种表达方式。龚伟英、林中泽的《早期大公会议中的教皇特使及其历史作用》[56]认为厘清早期基督教大公会议上教皇特使的构成与作用，有助于准确理解特定历史条件下罗马教皇的权力运作机制。惠慧的《偷盗与友爱——托马斯·阿奎那的财产观念》[57]指出阿奎那依据正义与平等原则，严格限制私有财产权。以合理的方式使用剩余财富是阿奎那对富人提出的要求。张青仁的《宗教与现代性的自反性建构：一项对墨西哥天主教历史变迁的人类学研究》[58]认为独立后的墨西哥建立了以梅斯蒂索人为核心的统治秩序，天主教成为统治秩序和族群利益的象征。随着新自由主义的改革导致印第安人持久困境的出现，在解放神学思想鼓舞下的印第安人掀起了对作为统治秩序组成的天主教的反叛运动。李艳枝的《晚期奥斯曼帝国世俗政治与宗教政治的博弈及其历史影响》[59]说晚期奥斯曼帝国世俗政治与宗教政治的博弈促进了现代中东诸国西方式宪政制度的确立，影响了民族主义认同的形成和基于世俗主义的现代化模式的选择，造成了中东现代化进程中普遍存在的精英与民众的二元对立。蒋淼的《从“坑”到“地府”：穿越思维与文化疆界的宗教观念》[60]从现象学的角度，力图描绘叠加在汉语圣经“地府”观念中几种不同的语言思维和文化观念，动态分析翻译过程中不同语言和文化对宗教观念的改造与丰富。苏艳的《14—17世纪英国〈圣经〉翻译的世俗化》[61]说14—17世纪英国10个代表性新教《圣经》译本实现途径有：回归原本，强调字面义；质疑教士翻译资质；彰显人的自主权，倡导世俗生活；提倡民族语译本；拥护王权；展现英国本土社会生活。

黄海波的《信任视域下的宗教：兼论基督教中国化——基于长三角宗教信仰调查数据的分析》[62]说根据长三角宗教信仰调查数据的回归分析表明：①基督徒群体与佛教徒群体在政府信任上没有显著差异，这意味着宗教归属并不影响人们的政府信任水平；②无宗教归属的社会大众对不同宗教的信任，同他们对政府的信任之间，有着不同的相关关系。据此，可以拓展对基督教中国化的理解。吴青的《西教与中土接榫：施约瑟与晚清圣经汉译研究》[63]指出前有诸贤圣经汉译努力，后有诸多机构联合组织，施约瑟位居中间，不但成就汉译经典，且对此后圣经和合本、新文学的诞生具有导引作用。葛承雍的《从新疆吐鲁番出土壁画看景教女性信徒的虔诚》[64]首次探讨了叙利亚基督教东方教会入华后景教女性的信仰虔诚问题，与唐代佛教女尼、道教女冠、摩尼教女性神职人员等诸种宗教中传教者的比较下，更凸显景教女性是温和的信徒，她们对教会的虔诚和家庭的忠诚以及她们谦虚的美德，一直是基督教东方教会的重要成员。周伟驰的《明清奥古斯丁中文传记》[65]认为新教的奥古斯丁接近于现代人物传记，但亦受撰译者传教立场的影响，侧重于其传教的目的和语境，在译介何种内容时选择性较强。肖清和的《辩护与疏离：汤若望与〈主教缘起〉研究》[66]指出汤若望又对佛教、宋明理学展开批评，针对有关天主教教义的疑问或误解展开详细解释与辩驳。《主教缘起》是理解汤若望护教思想的重要文本，其特征是诉诸天主教传统、《圣经》权威，并提出了对儒家思想极富挑战性的观点。赵晓阳的《逆行与承继：新西兰华工与广东家乡的传教互动》[67]说海外华人坚守“叶落归根”“祖先崇拜”等传统观念，信仰基督教的人数并不多。遥远的新西兰淘金华工与基督教的经历，呈现了中国基督教史上特殊面相之最。淘金华工信仰基督教引发了新西兰基督教长老会的海外传教热情和拓展行动，确定华工的广东故乡作为新传教地区，逆性“回向”地开拓传教地区，成为中国基督教史上唯一一例。吴巍巍、林金水的《家族·科举·诗社——明末莆田奉教士大夫黄鸣乔研究》[68]指出黄鸣乔与艾儒略相交并选择天主教作为他信仰上的归属。究其原因：其一，科举文化圈的影响。其二，与明末结社运动带来的诗社文化圈的影响也分不开。其三，福建士大夫所形成的官僚文化圈子，是黄鸣乔对天主教认可的又一重要原因。王硕丰的《白日昇、徐若翰汉语〈圣经〉研究》[69]认为白、徐《圣经》作为后世新教经文编写的蓝本，不仅为中、西两种文化起到了汇通作用，亦为基督教不同教派间起到了桥梁性作用。刘贤的《夫至大牧函及其中国命运》[70]梳理20世纪20—40年代围绕夫至大的史实，分析1944年夫至大25周年纪念活动和文章，管窥40年代中期中国天主教会在本土化进程上的进展（如国籍神职增多、人才培养力度加大等）和面临的问题与挑战（如经济压力以及中外籍传教士的关系等），由此尝试比较新教与天主教在本地化路径上的相同与区别之处。

刘瑞云、陈建明的《19世纪中叶巴黎外方传教会内部关于成立西藏传教会的分歧与结局》[71]认为成立西藏传教会从一开始就是以罗马教廷、巴黎总会为代表的教会上层所主导的一场宗教“圈地运动”。巴黎外方西藏传教会就是在这样的背景下仓促成立起来的，这为该传教会后来在藏区的传教活动埋下了种种隐患，致使其在前后一百余年的传教活动当中，教案不断，纷争迭起，在很大程度上影响了藏区近现代涉外关系史。徐炳三的《历史真相的揭示维度——伪满基督教史料之案例解读》[72]强调从伪满基督教史料的分析中我们可以看到，即便是第一手档案，由于制作主体的价值观念、认知能力、性格要素、所处环境等原因，也可能包含诸多不客观因素。

基督教包括新教、天主教与东正教等在内的西方宗教，这些宗教都在近代先后传入我国，现在有的教派成为我国最有影响的宗教之一，也有的教派正在萎缩，影响减弱。从学术研究的角度言，这一块研究一直是学术界研究的主体，近来关于中国基督教的研究内容正在扩大，一些新的领域也在生成，但是传教士的研究仍然是学术界研究的主要内容之一。

五、伊斯兰教研究

吴云贵的《当代宗教极端主义简论》[73]认为从世界范围看，反对宗教极端主义的斗争将是一个长期、复杂的过程，这不仅是因为极端主义有其社会基础，而且因为各种复杂的诱因也在不断地制造新的宗教极端势力。哈宝玉的《塔夫塔扎尼及其〈教典诠释〉对经堂教育的深刻影响》[74]认为《教典诠释》能于中国社会长期存在，在于它所阐发的思想与中国传统文化的思想始终没有发生任何矛盾，这是伊斯兰教在中国社会的生存和发展对域外文本及其阐发思想的选择，是值得我们重视的一个方面。贾建萍的《伊斯兰传统学术关于真主存在的理性论证》[75]说当前伊斯兰教内部应进行更为深刻的批判反思，加强阐扬自身深厚的理性传统，积极高效地迎接现代性挑战；世界各大文明需秉持美美与共之理念加强对话合作，协力构建人类命运共同体，创造更加美好的“地球村”未来。丁宏的《西道堂：以本国文化发扬清真教学理》[76]指出，“西道堂模式”既包含西道堂人对自身群体生存的现实考量，也渗透着他们对伊斯兰教信仰的实践、生命本质和“两世并重”思想的深刻体悟。这样的模式，在当今多元化社会中，无疑具有非常重要的借鉴意义。马强、樊静的《宁夏西吉县硝河伊赫瓦尼哈乙寺寺院经济整理与研究》[77]说硝河哈乙寺寺院经济就是当地农民经济发展和变化的缩影。应当看到不同的宗教组织和社区因运行、组织、管理模式和仪式的不同，寺院经济也具有鲜明的教派、地域、家族、职业等特征。李伟、王若溪、潘忠宇的《国家治理现代化视阈下的伊斯兰教中国化新实践——以宁夏吴忠市民族宗教工作经验为例》[78]强调国家治理必须与地方性知识联系在一起，从各地区和各民族的实际出发，汲取地方性知识的营养，使之成为国家治理经验的有效部分。作为一种地方性知识只有在特定的环境下、特定的共同体中才显现其意义，这个共同体就包含着各种连带性。这些对国家治理具有极为重要的启示。

伊斯兰教的研究近年来也得到发展，而且与中国化和“一带一路”的研究得到了更多学者的青睐，由于伊斯兰教与当代世界的发展有着重要的联系，学者们的眼光不仅要向外看，也要看到当前我国伊斯兰教的情况，将此两方面结合起来进行研究，有助于伊斯兰教中国化进程。

六、结语

以上对2017年我国北京地区的宗教研究做了简单介绍与总结，可以看出我国的宗教研究内容越来越丰富，视野也越来越深广。宗教是传统文化组成部分之一，也是人类最早的精神生活与信仰。当前我国的宗教发展基本上处于有序的情况，宗教研究则与当前现实与传统文化联系更加紧密，但是在取得成绩的时候，也暴露出一些学术界的不足，特别是在基础理论方面，义理研究正在停滞。“宗教中国化”虽然是说宗教的全面中国化，这其中包括义理、实践、仪轨、民俗等多方面的内容，说明精神上的东西是不可缺少的。精神主要体现在义理的层面，外来的宗教能够变成中国人自己的宗教，或者说中国化程度较高的宗教，与义理的中国化特点有重要联系，宗教只有与中国人的日常生活与精神世界联系在一起，才能变成中国人自己的宗教，才能够得到中国人的崇奉，佛教则是在这方面取得成功的一个范例，所以研究“宗教中国化”，应该多参考佛教中国化的成功案例，再结合各种宗教自身的特点而走出一条中国化的道路。特别是对历史上曾经取得过一定程度中国化的宗教案例，非常值得注意并且加以借鉴，例如唐代景教在中国的发展与消亡，对基督教的中国化有重要的参考意义，景教对佛教的态度，并不是简单的依附过程，而是显示了外来宗教在中国发展的道路（佛教也是如此）。总之，“宗教中国化”的研究过去就有，现在正在加强，将来还有，只要坚持不懈地研究下去，一定能够取得成功。

注：

①《世界宗教研究》，2017 年第 2 期。
②《世界宗教研究》，2017 年第 2 期。
③《世界宗教研究》，2017 年第 2 期。
④《世界宗教研究》，2017 年第 5 期。
⑤《世界宗教研究》，2017 年第 3 期。
⑥《世界宗教研究》，2017 年第 6 期。
⑦《世界宗教研究》，2017 年第 4 期。
⑧《世界宗教研究》，2017 年第 3 期。
⑨《世界宗教研究》，2017 年第 5 期。
⑩《世界宗教研究》，2017 年第 6 期。
⑪《世界宗教研究》，2017 年第 2 期。
⑫《世界宗教研究》，2017 年第 2 期。
⑬《世界宗教研究》，2017 年第 5 期。
⑭《世界宗教研究》，2017 年第 3 期。
⑮《世界宗教研究》，2017 年第 3 期。
⑯《世界宗教研究》，2017 年第 5 期。
⑰《世界宗教研究》，2017 年第 6 期。
⑱《世界宗教研究》，2017 年第 4 期。
⑲《世界宗教研究》，2017 年第 3 期。
⑳《世界宗教研究》，2017 年第 4 期。
㉑《世界宗教研究》，2017 年第 6 期。
㉒《世界宗教研究》，2017 年第 4 期。
㉓《世界宗教研究》，2017 年第 6 期。
㉔《世界宗教研究》，2017 年第 4 期。
㉕《世界宗教研究》，2017 年第 5 期。
㉖《世界宗教研究》，2017 年第 1 期。
㉗《世界宗教研究》，2017 年第 6 期。
㉘《世界宗教研究》，2017 年第 1 期。
㉙《世界宗教研究》，2017 年第 4 期。
㉚《世界宗教研究》，2017 年第 6 期。
㉛《世界宗教研究》，2017 年第 3 期。
㉜《世界宗教研究》，2017 年第 1 期。
㉝《世界宗教研究》，2017 年第 1 期。
㉞《世界宗教研究》，2017 年第 1 期。
㉟《世界宗教研究》，2017 年第 5 期。
㊱《世界宗教研究》，2017 年第 1 期。
㊲《世界宗教研究》，2017 年第 2 期。
㊳《世界宗教研究》，2017 年第 6 期。
㊴《世界宗教研究》，2017 年第 6 期。
㊵《世界宗教研究》，2017 年第 4 期。
㊶《世界宗教研究》，2017 年第 3 期。
㊷《世界宗教研究》，2017 年第 1 期。
㊸《世界宗教研究》，2017 年第 5 期。
㊹《世界宗教研究》，2017 年第 5 期。
㊺《世界宗教研究》，2017 年第 5 期。
㊻《世界宗教研究》，2017 年第 5 期。
㊼《世界宗教研究》，2017 年第 3 期。
㊽《世界宗教研究》，2017 年第 2 期。
㊾《世界宗教研究》，2017 年第 4 期。
㊿《世界宗教研究》，2017 年第 2 期。
(51)《世界宗教研究》，2017 年第 1 期。
(52)《世界宗教研究》，2017 年第 2 期。
(53)《世界宗教研究》，2017 年第 3 期。
(54)《世界宗教研究》，2017 年第 1 期。
(55)《世界宗教研究》，2017 年第 1 期。
(56)《世界宗教研究》，2017 年第 4 期。
(57)《世界宗教研究》，2017 年第 4 期。
(58)《世界宗教研究》，2017 年第 1 期。
(59)《世界宗教研究》，2017 年第 4 期。
(60)《世界宗教研究》，2017 年第 3 期。
(61)《世界宗教研究》，2017 年第 3 期。
(62)《世界宗教研究》，2017 年第 3 期。
(63)《世界宗教研究》，2017 年第 2 期。
(64)《世界宗教研究》，2017 年第 3 期。
(65)《世界宗教研究》，2017 年第 4 期。
(66)《世界宗教研究》，2017 年第 5 期。
(67)《世界宗教研究》，2017 年第 5 期。

⑱《世界宗教研究》，2017 年第 5 期。
⑲《世界宗教研究》，2017 年第 2 期。
⑳《世界宗教研究》，2017 年第 3 期。
㉑《世界宗教研究》，2017 年第 6 期。
㉒《世界宗教研究》，2017 年第 6 期。
㉓《世界宗教研究》，2017 年第 2 期。
㉔《世界宗教研究》，2017 年第 1 期。
㉕《世界宗教研究》，2017 年第 6 期。
㉖《世界宗教研究》，2017 年第 3 期。
㉗《世界宗教研究》，2017 年第 2 期。
㉘《世界宗教研究》，2017 年第 1 期。

（作者：黄夏年，中国社会科学院编审）

经 济 学

理论经济学

卫兴华 田超伟

2017 年召开了党的十九大，会议提出中国特色社会主义进入新时代，提出一系列新理念新思想。另外，时值《资本论》第一卷出版 150 周年，学界展开了对《资本论》新的研究与探讨。本文围绕新时代社会主要矛盾的转化问题、《资本论》的当代价值问题、构建中国特色社会主义政治经济学理论体系问题、新发展理念问题、供给侧结构性改革问题以及社会主义市场经济问题等 6 个热点问题的讨论与争鸣，进行综述。

引 言

2017 年 10 月，召开了中国共产党第十九次全国代表大会，总结了 5 年来的巨大成就和存在的不足，提出了一系列新理论和新思想，提出发展中国特色社会主义的基本方略。

首先，提出了习近平新时代中国特色社会主义思想，其中包括新时代中国特色社会主义经济理论与思想，可以初步概括为以下几方面：中国特色社会主义进入了新时代，这是我国发展新的历史方位，意味着中华民族迎来了从站起来、富起来到强起来的历史飞跃；随着进入新时代，我国社会主要矛盾已转化为人民日益增长的美好生活需要和不平衡不充分的发展之间的矛盾；人民美好生活需要日益广泛，不仅对物质文化生活提出了更高的要求，而且在民主、法治、公平、正义、安全、环境等方面的要求日益增长；更加突出的问题是发展不平衡不充分，这是在我国社会生产力水平总体上显著提高，社会生产能力在很多方面进入世界前列的条件下出现的新问题；对中国特色社会主义道路、中国特色社会主义理论体系、中国特色社会主义制度的重要意义做了进一步的阐述；系统回答了新时代坚持和发展什么样的中国特色社会主义、怎样坚持和发展中国特色社会主义，包括发展中国特色社会主义的总目标、总任务、总体布局、战略布局和发展方向、发展方式、发展动力、战略步骤等；坚持以人民为中心，人民是历史的创造者，是决定党和国家前途命运的根本力量，必须坚持人民的主体地位，坚持人民当家做主，始终把人民利益摆在至高无上的地位；坚持新的发展理念，发展必须是科学发展，坚定不移贯彻创新、协调、绿色、开放、共享的发展理念；坚持在发展中保障和改善民生，增进民生福祉是发展的根本目的，在发展中补齐民生短板，促进社会公平正义，不断促进人的全面发展，全体人民共同富裕；坚持人与自然和谐共生，实行最严格的生态环境保护制度，形成绿色发展方式和生活方式，加大生态系统保护制度。

决胜全面建设小康社会，坚持推进经济建设、创新驱动发展战略、乡村振兴战略、区域协调发展战略、可持续发展战略。从 2020 年到本世纪中叶，分两个阶段安排：第一个阶段是从 2020—2035 年在全面建成小康社会的基础上，再奋斗 15 年，基本实现社会主义现代化；第二个阶段是从 2035 年到本世纪中叶，再奋斗 15 年，把我国建成富强民主文明和谐美丽的社会主义现代化强国。贯彻发展新理念，建设现代化经济体系。我国已由高速增长阶段转向高质量发展阶段。建设现代化经济体系是跨越关口的迫切要求和我国发展的战略目标，以供给侧结构性改革为主线，推动经济发展质量变革、效率变革、动力变革，加快建设制造强国，加快建设创新型国家，实施乡村振兴战略，实施区域协调发展战略。加快完善社会主义市场经济体制，以完善产权制度和要素市场化配置为重点。推动国有资本做强做优做大，激发各类市场主体活力，打破行政垄断，防止市场垄断，加强消费对经济发展的基础性作用。

党的十九大以来，经济理论界围绕上述诸问题，展开了广泛的学习、研究与讨论。中国社会科学院经济研究所为促进深入学习和研究党的十九大提出的新经济思想，开设了“习近平新时代中国特色社会主义政治经济大讲堂”。首期大讲堂于 2017 年 12 月 16—17 日在中国科技会堂举行，先后由卫兴华、逄锦聚、顾海良开讲。并组织出版了 10 位学者的有关中国特色社会主义政治经济学的文集。其中有刘国光的《中国社会主义政治经济学的若干问题》、卫兴华的《中国特色社会主义政治经济学研究》、王立胜的《中国特色社会主义政治经济学的国家主体性》、刘伟的《今天为何需要政治经济学》、张宇的《中国特色社会主义政治经济学是怎样一门科学》、吴宣恭的《所有制理论与社会主义政治经济学创新》、洪银兴的《中国特色社会主义政治经济学的创新发展》、逄锦聚的《中国特色社会主义政治经济学论纲》、顾海良的《开拓当代中国马克思主义政治经济学新境界》、程恩富的《中国特色社会主义政治经济学重大原则》。为了纪念《资本论》第一卷出版 150 周年，2017 年学界围绕《资本论》的基本理论与方法及其当代价值展开了热烈讨论。下面分为六大部分进行综述：

一、我国新时代社会主要矛盾的转化问题

党的十九大报告提出：随着中国特色社会主义进入了新时代，社会主要矛盾发生了转化。这是一个新的重要的政治经济学问题。学界展开了广泛的研究与讨论，存在解读上的不同意见。

辛鸣认为，党的社会主要矛盾是一个国家生产力发展水平和社会发展阶段的客观反映。我国生产力发展水平和人民对美好生活的需要都发生了变化，社会主要矛盾也发生了相应变化。一方面，我国经济社会发展水平明显提高，但发展不平衡不充分的状态并没有根本改变。这种不平衡不充分不仅表现在落后地区、农村发展不充分，落后地区与发达地区、农村与城市发展不平衡；而且表现在东部发达地区依然有发展不平衡不充分的现象，如高质量的医疗、教育还是稀缺资源。另一方面，人民美好生活需要的内容更广泛，不仅包括物质文化需要这些客观“硬需要”，还包括其衍生的具有主观色彩的“软需要”。既有的“硬需要”没有消失，并呈现升级态势，新生的“软需要”则表现为对民主、法治、公平、正义、安全、环境，对共同富裕，对人的全面发展、社会全面进步都提出了相应要求。[①]

刘志明认为，随着我国生产力水平的提高，人民的美好生活需要日益广泛，不仅对物质文化生活提出更高要求，而且在民主、法治、公平、正义、安全、环境等方面的要求也日益增长。发展不平衡不充分已成为满足这一需要的主要制约因素，其体现在我国经济社会发展各个领域各个方面。既表现为城乡、区域发展不平衡不充分，又表现为经济发展与社会发展不平衡不充分，还表现为经济发展与社会发展本身不平衡不充分。此外，发展不平衡不充分不是进入新时代才出现的，而是在社会生产能力显著提高情况下凸显出来的。[②]

李君如认为，社会主要矛盾转化集中反映出我国社会发展新的阶段性特征。我国新阶段性特征反映在主要矛盾上包括两个方面：一方面，人民群众在解决温饱问题和进入小康社会以后，不仅对物质文化生活提出了更高要求，而且在民主、法治、公平、正义、安全、环境等方面的要求日益增长；另一方面，我国社会生产力和生产方式通过改革发展取得了明显进步，但发展不平衡不充分的问题凸显出来，成为满足人民日益增长的美好生活需要的主要制约因素。[③]

冷溶认为，关于我国社会主要矛盾的新表述，是根据中国特色社会主义进入新时代这个我国发展新的历史方位做出的，其深刻地反映了我国社会生产和社会需求发生的新变化。就社会需求方面而言，随着生活水平显著提高，人民群众的需要呈现多样化、多层次、多方面的特点，在需要的领域和重心上已经超出原先物质文化的层次和范畴。就社会生产方面而言，我国长期存在的短缺经济和供给不足状况已经发生根本性变化，但发展不平衡不充分的问题比较突出。其中，发展不平衡主要指各区域各方面发展不够平衡，制约了全国发展水平提升；发展不充分主要指一些地方、一些领域、一些方面还有发展不足的问题。具体表现在：从社会生产力看，我国仍有大量传统、落后甚至原始的生产力，而且生产力水平和布局很不均衡；从城乡区域发展看，发展水平差距仍然较大，特别是老少边穷地区经济社会发展还比较落后；从收入分配看，收入差距仍然较大，而且农村还有4000多万人尚未脱贫。④

逄锦聚认为，社会主要矛盾是随社会生产力的发展和生产关系、上层建筑的变化而发展变化的。新时代我国社会主要矛盾包括两个重要的矛盾方面。一方面，我国生产力和经济社会发展状况已经达到新的高度和水平，但发展不平衡不充分的问题还相当突出。生产力发展多层次，城乡结构、产业结构、地区结构、供需结构、分配结构、产品结构不协调；生产方式需要转变，国民经济的总体质量和效益有待提高，后发潜力需要进一步发挥。另一方面，由生产力和经济社会发展状况决定的人们的生产关系和上层建筑领域也发生了新变革，人民日益增长的需要不仅在质和量上都有了新层次，而且在内涵上大大扩展，从物质文化的需要扩展到民主、法治、公平、正义、安全、环境等更高层次和更宽领域。⑤

陶文昭认为，党的十九大关于社会主要矛盾的新论断不是对过去判断的简单否定，而是将其表述更精准，是对过去判断的深化和细化。人民仍是需求的主体，但需要的范围更广、层次更高。物质需要是基础性需要，在物质需要得到基本满足之后，人民的美好生活需要日益广泛，呈现多样化、多层次、多方面的特点。对于“不平衡不充分的发展”，用“发展”替代以前的“社会生产”，体现了新认识、新理念。第一，不平衡的发展首先是生产力方面的不平衡。发展不平衡也指横向比较，诸如东西部、南北部、各个行业之间、各个部门之间、人和人之间的发展不平衡现象，主要指民生领域还有不少短板，脱贫攻坚任务艰巨，城乡区域发展和收入分配差距依然较大。第二，不充分的发展指发展不足，不能够满足人民的新需求。其中，在经济方面包括发展的质量和效益还不高、创新能力还不够强、实体经济水平还有待提升等。⑥

张鹏认为，充分认识我国社会主要矛盾的转化问题要从两个维度入手：一是我国已实现一般意义上的物质文化总体富足，旧的主要矛盾得到有效缓解，全面深化改革和全面协调发展将向更高的目标进发；二是供给侧结构性改革和创新驱动发展成为满足美好生活需要的重要抓手。⑦

卫兴华认为，社会主要矛盾的转化是在长期发展中逐渐积累的，经过从量变到质变的过程，反映的是我国社会主义初级阶段具体发展状况的重大变化。社会主要矛盾涉及供给和需求双方，需求的内容拓宽了，不限于物质文化的需要，还涵盖民主、法治、公平、正义、安全、环境等方面的需要；供给方的能力也达到了新水平，同时表现出发展不平衡不充分的特征。⑧卫兴华对作为社会主要矛盾内涵的“不平衡不充分的发展”提出不同解读。他指出，不平衡不充分的发展首先是相对于人民美好生活需要讲的，是指社会供给还不能充分满足人民日益增长的美好生活需要，依然存在供给不能满足提高了的需求的不平衡。因此，不能脱离人民的美好生活需要去孤立地谈论城乡、区域发展不平衡，也不宜从生产力落后的角度去解读转化后的社会主要矛盾。发展不平衡不充分，是以我国生产力已获得显著发展作为前提的，而不是以生产力落后，以乡村落后于城市、中西部地区落后于东部地区为前提的。城乡和区域发展不平衡、不充分过去就存在，将来也会不同程度存在，现在不是在扩大而是趋于缩小。这种不平衡不充分的问题需要进行协调，但不是造成供给侧结构与需求侧结构不平衡的根本原因。⑨

二、《资本论》的当代价值

顾海良认为，马克思在《资本论》中运用“引证方法”，深刻阐释了古典政治经济学的地位和基本特征，提出了马克思关于古典政治经济学评价的核心观点。在纪念《资本论》第一卷德文第一版出版150周年之际，探讨研究《资本论》的“引证方法”，有利于深入理解马克思的政治经济学理论及其当代意义。马克思“引证方法”蕴涵的“科学史”的要旨，对经济思想史方法论的理解和当代建构有着重要的影响和深刻的启迪。⑩

洪银兴提出，《资本论》对构建中国特色社会主义政治经济学话语体系的价值与意义主要体现在3个方面：一是《资本论》建立的系统的经济学范畴，尤其是以所有制为核心的生产关系的话语体系，这是中国特色社会主义政治经济学理论体系中的核心范畴；二是《资本论》对未来社会特征的科学预见和规定，其中对社会主义经济制度规定仍具有重要指导意义，如公有制、按劳分配、按比例分配社会劳动等；三是《资本论》阐述的关于市场经济的基本原理，如商品货币理论、竞争理论、资本循环周转理论等，这构成了社会主义市场经济话语体系的基础部分。⑪

吴宣恭认为，《资本论》阐述的所有制理论对我国现阶段社会主义建设事业仍具有重要的指导意义：有利于认识所有制的重要地位和作用；有利于认识所有制对剩余价值生产过程的作用，认识资本主义生产关系的基础和本质；有利于建立和完善社会主义初级阶段的基本经济制度；有利于探索公有制改革的途径和形式；正确领会《资本论》对股份公司的论述，有利于弄清混合所有制的产权关系的特点；领会《资本论》所讲的所有制对分配的决定作用，有利于处理好社会主义初级阶段的分配关系；将《资本论》的所有制理论作为分析社会政治经济关系的基础，有利于正确认识中国特色社会主义的基本特点。⑫

程恩富、段学慧认为，《资本论》中蕴含着丰富的关于共产主义经济形态的思想，这些思想不仅对建设中国特色社会主义具有重要指导意义，而且关系着人类历史发展的命运，是极其宝贵的理论财富。《资本论》中关于未来社会经济特征的思想包括 13 个方面，如资本主义的历史暂时性和共产主义的必然性、共产主义的物质基础、生产资料所有制、产品生产和交换方式、经济计划和按比例发展等。⑬

张旭认为，《资本论》揭示了资本主义的产生、运行和发展以及最终被社会主义所取代的客观规律，指出了资本主义的野蛮性与历史进步性。《资本论》发表以来的 150 年里，虽然世界资本主义发生了一系列重大变化，但资本主义制度固有的基本矛盾依然存在，《资本论》所揭示的基本原理和规律仍然适用于分析当代资本主义发展的新特点与新问题。此外，《资本论》在分析资本主义生产关系中所运用的唯物辩证法，同样适用于指导新时代中国特色社会主义经济建设和中国特色社会主义政治经济学理论体系的构建。⑭

郭飞认为，马克思在《资本论》中创立的剩余价值理论在当代资本主义国家并没有过时，剩余价值的真正源泉，仍然是包括科技劳动者、管理劳动者和直接生产者在内的“总体生产劳动者”为资本家提供的剩余劳动。在经济全球化不断发展的条件下，发达资本主义国家的资产阶级不仅剥削本国工人阶级，而且还剥削发展中国家的工人阶级。马克思的剩余价值理论为我国正确处理社会主义经济与资本主义经济的关系、深入探索社会主义基本经济规律提供了基本思路和理论启迪。⑮

卫兴华、田超伟认为，《资本论》可以为构建中国特色社会主义政治经济学理论体系提供理论指导。第一，《资本论》中关于社会生产的一般规律或原理，对建设和发展中国特色社会主义经济同样适用；第二，《资本论》关于商品经济和市场经济的一般理论，适用于我国发展社会主义市场经济；第三，《资本论》关于资本主义扩大再生产的一些理论，对我国经济发展也有借鉴意义；第四，《资本论》关于科学社会主义的理论原则，对发展中国特色社会主义具有直接指导意义。对待《资本论》，既要摒弃肤浅的过时论，又要反对教条主义；既要坚持其基本原理和方法论，又要立足于我国国情和发展实践，不断创新、发展，形成新的理论成果。⑯

三、中国特色社会主义政治经济学理论体系的构建问题

1. 学科的内涵、定位与性质

张宇认为，中国特色社会主义政治经济学是对中国特色社会主义经济建设实践经验的概括和总结，是当代中国马克思主义政治经济学，是中国特色社会主义理论体系的重要组成部分，也是社会主义政治经济学的新发展和新形态。是人民的政治经济学，坚持以人民为中心的发展思想是其根本立场；是发展社会主义市场经济的政治经济学。中国特色社会主义政治经济学的内容涵盖了中国特色社会主义经济的生产、分配、交换等主要环节以及基本经济制度、分配制度、经济体制、经济运行、经济发展和对外开放等主要方面，初步形成了比较完整的理论体系。⑰

洪银兴认为，中国特色社会主义政治经济学阶段性的学科定位主要有两个方面：一是从生产关系上看属于社会主义初级阶段的政治经济学，二是从生产力上看属于中等收入发展阶段的政治经济学。就学科性质而言，中国特色社会主义政治经济学既提供一种意识形态，又提供基本的经济学理论；既提供一种思想教育教材，又为经济决策、经济政策的制定提供经济理论指导；既是各种非马克思主义思潮的批判者，又可充当中国特色社会主义的建设者。构建中国特色社会主义政治经济学首先要坚持马克思主义政治经济学的范式，在基本立场上，代表无产阶级根本利益，始终以人民为中心；在研究对象上，研究一定社会相互作用的生产力和生产关系；在基本任务上，坚持唯物辩证法和历史唯物主义，研究经济规律。中国特色社会主义政治经济学的根本立场是以人民为中心，以发展生产力和增进人民福祉、共同富裕、人的全面发展为目标。⑱

张雷声认为，中国特色社会主义政治经济学是马克思主义政治经济学理论逻辑与当代中国社会经济发展历史逻辑相结合的最新理论成果。它坚持马克思主义政治经济学为无产阶级劳苦大众谋利益的鲜明立场，把“以人民为中心”作为研究立场与方向，使其成为“中国人民的经济学”。坚持马克思主义政治经济学关于生产关系研究的理论主题，对中国特色社会主义“生产关系多层次”与“具体经济制度多层次”双重维度的研究作为理论主题的完整内容。坚持唯物辩证法，其方法特质是求真务实方法、矛盾分析方法、系统方法等发展了政治经济学的研究方法。⑲

邱海平认为，中国特色社会主义政治经济学从根本上来说是中国特色社会主义实践的产物，是对中国特色社会主义经济建设实践的理论概括。只有把中国特色社会主义政治经济学理解为中国特色社会主义的政治经济学，才能充分认识其鲜明的理论特性和巨大的理论创新价值。其鲜明特色在于坚持共产党对整个国家的领导并通过国家来发展多种所有制经济、市场经济和社会生产力，因此，应把“国家”纳入中国特色社会主义政治经济学的理论体系并作为逻辑起点。⑳

黄华、程承坪认为，中国特色社会主义政治经济学的理论创新方向应从以人本为中心、以劳动逻辑为主轴、以公有制为主体多种所有制共同发展为基础、以市场有效和政府有为为理念来探寻。㉑

林毅夫认为，中国经济学理论创新有 3 个来源：中国实践经验、马克思历史唯物主义基本原理和现代经济学研究范式。经济学在中国的发展有两种路径：一是以马克思主义的理论和范式研究中国现实的经济问题，并吸收西方现代经济学的优秀成果，尤其是在经济运行方面适合中国发展阶段和国情的有用成果，推动马克思主义在中国的创新和发展；二是在吸收了马克思主义基本原理后，以西方经济学的范式来研究中国的经济现象，推动现代经济学在中国的理论创新与发展。以这两种方式来进行经济学的理论创新，都会成为中国特色社会主义经济学理论的有机组成部分，都会贡献于中国经济学科的繁荣和发展，迎来中国经济学家引领世界经济学思潮的时代。㉒

2. 研究对象与研究任务

周新城认为，中国特色社会主义政治经济学既要研究体现社会主义本质特征的社会经济关系，又要研究具体经济运行过程中的组织经济关系；既要研究基本经济制度，也要研究具体的经济体制、运行机制。中国特色社会主义政治经济学必须重视所有制问题，要把所有制作为研究的出发点，必须把经济运行机制如何反映基本经济制度的特点和要求讲清楚。㉓

余斌认为，中国特色社会主义政治经济学的研究对象是，处于社会主义初级阶段的、具有中国特色的多种生产方式以及和它们相适应的生产关系和交换关系，以说明中国特色社会主义市场经济的产生、发展以及向中国特色社会主义更高阶段升级，以及超越社会主义初级阶段的规律。构建中国特色社会主义政治经济学不能停留在社会主义初级阶段，要推进其向更高阶段发展；不仅要充分说明改革开放的巨大发展成就，还要指出存在的问题，对改革与发展提供指导意见。㉔

黄泰岩认为，中国创造了世界经济发展史上的奇迹，这是构建中国特色社会主义经济理论体系的典型条件。针对我国进入中高收入阶段面对跨越“中等收入陷阱”的新难题，一方面，对新发展阶段做出新的战略判断；另一方面，依据新的战略判断提出引领新阶段经济发展的新理念、新动力、新路径、新政策，形成指导我国跨越“中等收入陷阱”、走向现代化国家的新理论。将新理论与党的十八大以前形成的中国特色社会主义经济理论进行系统化，则构成了中国特色社会主义经济理论的新体系。㉕

卫兴华、田超伟认为，中国特色社会主义的根本任务是解放和发展生产力，服务于此的中国特色社会主义政治经济学就不能不研究怎样更好更快地发展生产力，但不是从技术层面而是从社会层面研究生产力的发展问题。中国特色社会主义政治经济学的研究对象既包括中国特色社会主义生产关系也包括生产力。中国特色社会主义政治经济学主要从 3 个维度研究生产力的发展问题：一是怎样改革不适应生产力发展的旧体制，以促进生产力的发展；二是怎样改进决定生产力发展的诸要素，如怎样推进科技创新来促进生产力的发展等；三是生产力的社会层面，如怎样转变发展方式，实践科学发展，怎样落实创新、协调、绿色、开放、共享的新发展理念等。㉖

3. 逻辑主线

顾海良认为，解放和发展社会生产力是坚持和发展中国特色社会主义、实现中华民族伟大复兴中国梦的“最根本最紧迫的任务”，也是习近平总书记对治国理政理论阐释的聚焦点和着力点。中国特色社会主义政治经济学的主线是解放和发展社会生产力，这一主线贯穿于中国共产党治国理政的理论探讨的全过程。㉗

胡钧认为，社会主义的本质是生产目的以人为中心，最大限度满足人的需要。中国特色社会主义政治经济学重在揭示本质规律而非偏向经济运行方面的研究，其逻辑主线应是以人为中心的发展思想。他还批驳了关于中国特色社会主义政治经济学主线问题的两种流行观点：一是解放生产力和发展生产力，二是社会主义市场经济。[28]

逄锦聚认为，中国特色社会主义政治经济学一以贯之的主线就是发展完善社会主义经济制度，解放和发展生产力，满足人民的需要，实现每个人自由全面发展，实现人民幸福。[29]

张雷声认为，“社会主义本质”问题在中国特色社会主义政治经济学中处于核心地位，应以社会主义本质问题为逻辑主线来构建中国特色社会主义政治经济学。[30]

邵彦敏等认为，中国特色社会主义政治经济学的研究主题要围绕共享发展这一范畴，阐明诸如基本经济制度、分配制度、运行机制等问题，这是同西方经济学的本质区别，也是马克思主义政治经济学在当代中国得到继承和发展的表现。共享发展理念构成了中国特色社会主义政治经济学的逻辑主线，是整个体系借以形成和展开的核心。[31]

四、关于五大发展新理念的问题

刘伟认为，新发展理念作为习近平新时代中国特色社会主义思想和基本方略的重要组成部分，源于新时代的新历史要求，主要基于我国社会主要矛盾的新变化。坚持新发展理念，重在强调发展质量，提升结构高度，构建协调发展的现代化的产业体系。[32]

顾海良认为，新发展理念是习近平新时代中国特色社会主义思想中政治经济学的标志性成果，是党的十八大以来中国特色社会主义历史性变革的重要指导原则，也是正确处理和解决社会主义社会主要矛盾的根本方法和路径。新发展理念是新时代中国特色社会主义思想根本要义和基本方略的重要组成部分，在新时代“建设现代经济体系”中将发挥主导和引导作用。[33]

白暴力、方凤玲认为，五大发展理念既是对马克思主义生产力理论的进一步具体化，又为其增添了时代新内涵，丰富和发展了马克思主义生产力构成理论、生产力系统理论、自然生产力理论、生产力发展理论、生产力价值目标理论和生产关系一定要适合生产力状况规律。五大发展理念是在深刻认识我国现阶段生产力发展规律的基础上，注重生产力的协调性、系统性、平衡性、可持续性发展，以全体人民都过上小康生活为生产力价值目标。是依托更高质量、更好效益、更优结构的生产力创新发展，把生产力与生产关系、当前利益与长远利益、发展速度与发展质量、人类社会与自然环境、发展目的与发展手段统一起来的生产力发展新理念。[34]

杜玉华认为，新发展理念提出的现实基础是当代中国社会发展的结构性矛盾。创新是引领社会发展的第一动力要素，协调发展是社会要素空间横向关系的平衡状态，绿色发展是人与自然两个基本要素连续，开放发展是区域横向空间结构关系的内外联动状态，共享发展是人与人之间社会交往关系的融洽状态。五大发展新理念是马克思社会发展理论的新发展和中国经济社会发展的重要遵循。[35]

杨继瑞认为，新发展理念中的“共享发展”揭示了社会主义生产目的，而“创新发展”“协调发展”“绿色发展”“开放发展”则揭示了实现社会主义生产目的的手段。新发展理念是社会主义社会生产目的与实现目的的手段的统一，是对社会主义基本经济规律表现形式的一种新概括，开拓了中国特色社会主义理论发展的新境界。[36]

黄茂兴、叶琪提出，绿色发展理念是马克思主义绿色发展观在当代中国的创新运用，是人类探寻永续发展进程中的重大理论创新。绿色发展代表未来发展的方向和主色调，为其他的发展理念提供绿色引领和发展导向，通过绿色的传递把五大发展理念紧密联系在一起。创新会为绿色发展提供动力，协调会为绿色发展提供方法和目标，开放会为绿色发展提供更大的视野和机遇，共享是绿色发展的归宿，促进绿色成果转化。绿色发展强调意识主导，以生态文明筑就全民共识；强调系统推进，以顶层设计保障战略实施；强调全程控制，以深化改革助推结构升级；强调技术支撑，以创新驱动构筑发展动力；强调开放合作，以全球行动维护生态安全。[37]

刘洋认为，共享发展理念是从中国实际出发，创造性地运用马克思的共享思想来指导当代中国实践，需要注意以下 3 点：第一，在共享的制度设计上，运用马克思批判资本主义私有制的理论观点改革和完善所有制；坚持公有制的主体地位，这是实现共享发展的根本制度保证。第二，在共享的物质基础上，将大力发展生产力与坚持人民共创原则统一起来，为实现共享奠定坚实的基础。第三，在共享的实现机制上，坚持按劳分配为主体，多种分配方式并存的现实策略，提高初次分配中劳动报酬的比例，充分发挥政府的再分配作用。[38]

王丹、熊晓琳认为，共享发展是中国特色社会主义的本质要求，是对马克思主义关于社会发展目的、发展动力、发展方向的基本原理的继承与发展，也是对中华优秀传统文化中公平、为民、利民和富民等思想的自觉汲取。从共享什么、由谁共享和怎样共享等3个方面对共享作了诠释，从根本目的、依靠力量和实践指向等3个方面对发展作了规定。落实共享发展关键要做好制度安排：一要坚持以公有制为主体的基本经济制度；二要完善以公平为导向的收入分配制度；三要建立健全社会主义保障制度。[39]

五、关于供给侧结构性改革的问题

方福前认为，供给侧结构性改革的理论源头可追溯至英法古典经济学，不包括否认会出现经济危机的萨伊定律。马克思将供给结构理论系统化，认为生产结构和收入分配结构取决于生产关系的性质和结构。我国供给侧结构性改革不仅仅是产业和地区经济结构的调整、优化和升级问题，更重要的是生产关系的改革和调整问题。马克思的供给理论可以构成供给侧结构性改革的重要理论基础。我国的供给侧结构性改革既需要借鉴包括古典经济学在内的思想资源，更需要马克思经济学供给理论的指导，结合中国实际创新具有中国特色的社会主义供给理论，在此基础上设计一套针对中国经济问题症结的结构性改革方案和政策组合。[40]

贾微晓认为，我国供给侧结构性改革的基础理论依据应从马克思的生产力理论出发。生产力相关系数的测度是我国供给侧结构性改革的依据标准。应当从“需求”的供给和供给的“需求”两个方面的改革推进供给侧结构性改革。“需求”的供给侧结构性改革其实质是产业升级，供给侧的“需求”改革实质是降低生产成本和提高效率。改革的最终目的是提高有效生产。[41]

张俊山认为，供给侧结构性改革是以我国社会经济发展新常态为现实依据的，其实质是在新形势下再造我国社会再生产体系。马克思的再生产体系从单个企业到社会总资本，全面、具体地分析了社会再生产体系更新过程的各个环节的物质技术规律、社会生产关系。用马克思关于再生产理论去认识“供给侧结构性改革”，有利于系统地理解我国经济面临的结构性问题及其性质、地位，科学地把握改革的具体任务及长远目标。[42]

刘伟、蔡志洲认为，控制和缓解总需求与总供给之间的失衡，从总供给侧入手更具根本性；总供给本质上是国民经济中新创造的增加值，供给侧结构性改革首先面对的是国民收入及分配问题。并且，供给侧的国民收入分配结构失衡，特别是分配两极分化，必然导致需求疲软和供求失衡。因此，深化供给侧结构性改革的基础环节是完善国民收入宏观分配结构和分配关系。深入阐述国民收入分配中的结构性矛盾及其对经济发展和运行产生的影响，可以为深化供给侧结构性改革提供收入分配方面的基础理论支撑。我国所有制结构的变化和经济机制改革，对国民收入初次分配与再分配的变化具有基础性的影响。[43]

谢春玲、费利群认为，我国供给侧结构性问题在很大程度上是由长期失衡的需求结构导致的，而不合理的收入分配制度、错位的政府职能等，是造成需求结构失衡的体制因素。推进供给侧结构性改革，需要着力推进收入分配体制改革，提高居民收入占比、缩小收入差距，提高消费率，矫正失衡的需求结构。供给侧结构性改革和优化需求结构改革的共同指向是处理好政府与市场的关系问题，深化以转变政府职能为核心的行政体制改革，在理顺中央政府与地方政府财权事权关系的同时，实现地方政府收入体系的重构。[44]

冯俏彬、贾康认为，基于长周期视野与要素运动的理论模型，我国供给侧结构性改革要实施“三步走”战略：第一步是从低效过剩领域释放要素，可具体化为“三去一降一补”；第二步是深化劳动力、资本、土地与自然资源、科技创新、制度等五大要素市场的结构性改革，促进要素自由流动；第三步是大力振兴实体经济、发展新经济以优化要素配置，这是衡量我国供给侧结构性改革是否取得成功的主要标志。[45]

陈建华认为，供给侧结构性改革的核心是处理好政府和市场的关系，促进政府与市场角色和职能重新定位与良性互动。一方面，应当简政放权，深化行政管理体制改革，切实转变政府职能，破除行政性垄断，更好地发挥政府作用；另一方面，应当运用制度改革促进有效竞争，规范资本集中，抑制市场性垄断，激发市场活力。[46]

六、关于社会主义市场经济的问题

1. 公有制与市场经济的有机结合问题

刘伟认为，社会主义初级阶段公有制为主体、多种所有制经济共同发展的基本经济制度与市场机制对资源配置起决定性作用，实现二者的有效结合，是构建中国特色社会主义政治经济学的根本性难题。西方资产阶级经济学以及对马克思主义经典作家思想的传统理解都否认二者统一的可能性。中东欧经济转轨国家关于二者结合的实践及理论探索均以放弃公有制而告终。中国特色社会主义经济实践的根本特征，在于始终坚持公有制与市场经济的有机统一。我国经济持续高速增长的奇迹，证明了社会主义市场经济道路和制度的科学性，但仍需直面问题继续探索初级阶段基本经济制度与市场机制相结合的统一性和协调性问题。[47]

陈鹏认为，我国经济改革过程中将公有制和市场机制相结合，形成了一种新型的社会主义公有资本运行模式。这种运行模式是将公有制和资本运行模式相结合的过渡性生产方式，是对资本主义私有资本运行机制的扬弃。两种运行机制虽有相通之处，但二者在控制资本的方式和主体、资本和劳动的关系以及价值实现和分配方式等方面均有显著的差异。社会主义公有资本运行模式体现了马克思的“劳动者联合体”的本质思想，具有比资本主义私有资本运行机制更合理的生产目的，更有条件实现社会分配正义和整体经济平衡。社会主义公有资本运行模式要实现公有制整体统筹与资本运行效率优势的结合，创新完善具体制度设计以形成有利于实现劳动主导资本的制度性整体。[48]

荣兆梓认为，当代生产力状况决定了市场经济、资本关系同时存在。我国社会主义社会既不能绕过市场经济，也不可能超越资本关系。资本既可以私有，也可以公有。公有资本主导的市场经济把强大的积累功能与增进人民福祉相结合，这是中国经济快速增长的主要原因。公有资本是中国特色社会主义突破资本主义桎梏，持续发展社会生产力的基本保障。[49]

余斌、师新华认为，改革开放后我国从社会主义计划经济逐步转向具有中国特色的社会主义市场经济，其原因是当时缺乏对生产力的本性的认识，没有掌握它的活动、方向和作用，不知如何有效地对生产进行有计划的调节。总结 30 多年探索的正反两个方面的经验，中国特色社会主义市场经济必须遵循五大原则：一是实现社会主义生产目的原则，二是壮大国有企业原则，三是按社会必要劳动时间分配原则，四是国有企业全面竞争原则，五是政企分开原则。[50]

2. 政府与市场的关系问题

简新华认为，资本主义市场经济是“过剩经济”，传统社会主义计划经济是“短缺经济”，社会主义市场经济应该是“供求基本平衡经济”。社会主义市场经济的运行机制应该是市场的决定性作用和政府的重要作用的有机统一。正确处理市场与政府的关系关键是合理、有效纠正“市场失灵”和克服“政府失灵”。[51]

林光彬认为，市场上交易或行为的主体包括政府、企业、家庭和个人，是这些交易主体在配置资源。政府始终是市场的有机组成部分，是市场经济的最大行为主体。政府不仅为市场立法，规制市场，维护市场秩序，而且直接建立市场，推动市场发展。由于市场中的组织和个人在资源配置中行为的短期化、机会主义和自利行为易导致经济整体的无序，需要国家的顶层设计，通过法律法规等强制力与伦理道德来规范、限制、约束组织与个人等市场主体。所谓“看不见的手”只有在一些严格的条件下才能起到新古典理论得出的作用。政府通过各种政策手段，为市场经济的运行设置了准人条件、运行规程、活动范围以及利益分享底线等。[52]

沈尤佳提出，计划与市场是互补而非矛盾的关系。市场是计划的工具，具有严格界定的优先性范围；计划是高效市场的前提，以实现社会经济福利改善为目标。社会主义需要的改革是创造高效且定义明确的计划机构，并给予自治以新的激励。[53]

蔡万焕认为，政府与市场的关系本质是国家与资本、劳动的关系。因此，应跳出当前仅从经济运行层面讨论政府与市场关系的话语体系，探讨社会主义市场经济下国家与资本、劳动三者之间的关系。我国现阶段要充分利用资本促进生产力发展，同时国家要驾驭资本，遏制过度市场化倾向，对资本的发展空间进行管制。[54]

注：

①辛鸣：《正确认识我国社会主要矛盾的变化》，《人民日报》，2017 年 11 月 3 日。

②刘志明：《把握好新时代社会主要矛盾》，《人民日报》，2017 年 11 月 9 日。

③李君如：《深入理解我国社会主要矛盾转化的重大意义》，《人民日报》，2017 年 11 月 16 日。

④冷溶：《正确把握中国社会主要矛盾变化》，《人民日报》，2017 年 11 月 27 日。

⑤逄锦聚：《深刻认识和把握新时代我国社会主要矛盾》，《经济研究》，2017 年第 11 期。

⑥陶文昭：《科学把握社会主要矛盾转化》，《中国高校社会科学》，2017 年第 6 期。

⑦张鹏：《从两个维度认识我国社会主要矛盾》，《红旗文稿》，2017 年第 21 期。

⑧卫兴华：《正确看待我国社会主要矛盾转化》，

《人民日报》，2017 年 11 月 16 日。

⑨卫兴华：《准确理解“不平衡不充分的发展”》，《人民日报》，2018 年 1 月 11 日。

⑩顾海良：《〈资本论〉的“引证方法”及其经济思想的“科学史”意义》，《教学与研究》，2017 年第 4 期。

⑪洪银兴：《中国特色社会主义政治经济学的话语体系》，《政治经济学评论》，2017 年第 3 期。

⑫吴宣恭：《〈资本论〉的所有制理论对社会主义事业的重要指导意义》，《经济学家》，2017 年第 11 期。

⑬程恩富、段学慧：《〈资本论〉中关于共产主义经济形态的思想阐释(上)》，《经济纵横》，2017 年第 4 期。

⑭张旭：《〈资本论〉的当代价值》，《马克思主义研究》，2017 年第 10 期。

⑮郭飞：《试论马克思剩余价值理论的当代价值——兼论剩余价值理论对建设中国特色社会主义的意义》，《教学与研究》，2017 年第 8 期。

⑯卫兴华、田超伟：《〈资本论〉对中国特色社会主义的指导意义》，《中共福建省委党校学报》，2017 年第 7 期。

⑰张宇：《中国特色社会主义政治经济学的科学内涵》，《经济研究》，2017 年第 5 期。

⑱洪银兴：《中国特色社会主义政治经济学的话语体系》，《政治经济学评论》，2017 年第 3 期。

⑲张雷声：《论中国特色社会主义政治经济学的发展与创新》，《马克思主义研究》，2017 年第 5 期。

⑳邱海平：《论中国特色社会主义政治经济学的研究对象和理论特性——兼评张宇的〈中国特色社会主义政治经济学〉》，《教学与研究》，2017 年第 3 期。

㉑黄华、程承坪：《试论中国特色社会主义政治经济学的理论创新方向——基于马克思政治经济学批判的分析》，《经济学家》，2017 年第 6 期。

㉒林毅夫：《中国经济学理论发展与创新的思考》，《经济研究》，2017 年第 5 期。

㉓周新城：《关于中国特色社会主义政治经济学的几点思考》，《政治经济学评论》，2017 年第 3 期。

㉔余斌：《〈资本论〉的研究对象与中国特色社会主义政治经济学的研究对象》，《政治经济学评论》，2017 年第 3 期。

㉕黄泰岩：《在发展实践中推进经济理论创新》，《经济研究》，2017 年第 1 期。

㉖卫兴华、田超伟：《论〈资本论〉生产力理论的深刻内涵与时代价值》，《中国高校社会科学》，2017 年第 4 期。

㉗顾海良：《治国理政与中国特色“系统化的经济学说”——基于中国特色社会主义政治经济学主线、主题、主导的探索》，《中国高校社会科学》，2017 年第 1 期。

㉘胡钧：《论构建中国特色社会主义政治经济学的主线》，《政治经济学评论》，2017 年第 3 期。

㉙逄锦聚：《〈资本论〉的体系结构与中国特色社会主义政治经济学的关系》，《政治经济学评论》，2017 年第 3 期。

㉚张雷声：《论中国特色社会主义政治经济学的发展与创新》，《马克思主义研究》，2017 年第 5 期。

㉛邵彦敏、赫名超、邵彤姣：《共享发展理念与中国特色社会主义政治经济学》，《当代经济研究》，2017 年第 8 期。

㉜刘伟：《坚持新发展理念建设中国特色社会主义现代化经济体系》，《中国高校社会科学》，2017 年第 6 期。

㉝顾海良：《新发展理念的新时代政治经济学意义》，《经济研究》，2017 年第 11 期。

㉞白暴力、方凤玲：《“五大发展理念”对马克思主义生产力理论的丰富和发展》，《经济纵横》，2017 年第 7 期。

㉟杜玉华：《新发展理念：马克思社会发展理论的新成果——以社会结构为分析视角》，《教学与研究》，2017 年第 9 期。

㊱杨继瑞：《新发展理念的经济学解析与思考——基于社会主义基本经济规律的视角》，《中国高校社会科学》，2017 年第 2 期。

㊲黄茂兴、叶琪：《马克思主义绿色发展观与当代中国的绿色发展——兼评环境与发展不相容论》，《经济研究》，2017 年第 6 期。

㊳刘洋：《超越“群享”与“私享”：马克思的共享思想及其当代价值》，《教学与研究》，2017 年第 7 期。

㊴王丹、熊晓琳：《论共享发展的实现理路》，《马克思主义研究》，2017 年第 3 期。

㊵方福前：《寻找供给侧结构性改革的理论源头》，《中国社会科学》，2017 年第 7 期。

㊶贾微晓：《以生产力为标准的我国供给侧结构性改革再思考》，《经济学家》，2017 年第 2 期。

㊷张俊山：《用马克思再生产理论指导我国的“供给侧结构性改革”》，《当代经济研究》，2017 年第 7 期。

㊸刘伟、蔡志洲：《完善国民收入分配结构与深化供给侧结构性改革》，《经济研究》，2017 年第 8 期。

㊹谢春玲、费利群：《供给结构改革与需求结构改革互动关系研究》，《经济学家》，2017 年第 5 期。

㊺冯俏彬、贾康：《我国供给侧改革的背景、理论模型与实施路径》，《经济学动态》，2017 年第 7 期。

㊻陈建华：《供给侧结构性改革的核心是处理好政府与市场的关系》，《毛泽东邓小平理论研究》，2017 年第 6 期。

㊼刘伟：《中国经济改革对社会主义政治经济学根本性难题的突破》，《中国社会科学》，2017 年第 5 期。

㊽陈鹏：《社会主义公有资本运行模式是对资本主义私有资本运行机制的扬弃》，《马克思主义研究》，2017 年第 4 期。

㊾荣兆梓：《生产力、公有资本与中国特色社会主义——兼评资本与公有制不相容论》，《经济研究》，2017 年第 4 期。

㊿余斌、师新华：《论中国特色社会主义市场经济的五项原则》，《马克思主义研究》，2017 年第 3 期。

[51]简新华：《社会主义市场经济的运行特征和合理有效机制探索》，《毛泽东邓小平理论研究》，2017 年第 8 期。

[52]林光彬：《重新理解市场与政府在资源配置中的作用——市场与政府到底是什么关系》，《教学与研究》，2017 年第 3 期。

[53]沈尤佳：《对社会主义经济计划的再思考》，《经济纵横》，2017 年第 9 期。

[54]蔡万焕：《国家、资本与劳动——社会主义市场经济下政府与市场关系辨析》，《教学与研究》，2017 年第 10 期。

（作者：卫兴华，中国人民大学教授；
田超伟，中国人民大学博士生）

宏观经济学

陈享光　李振新

2017 年，宏观经济学研究主要集中在新常态下经济增长问题、宏观经济波动问题、全要素生产率问题、宏观金融稳定与货币政策、宏观调节与财政政策转型、人民币国际化与开放宏观经济等问题上，并取得了新的进展。

一、新常态下的经济增长问题研究

王少平和杨洋[①]研究了中国经济增长的长期趋势和经济新常态的数量关系，他们构建了由 GDP、消费、投资和净出口等宏观经济变量的协整系统，应用 KPSW 理论分解出 2001—2014 年我国 GDP 的长期趋势和短期冲击。研究得出以下结论：①我国 GDP 的长期趋势发生结构性下移，2001—2009 年期间，我国 GDP 长期趋势的年均增长率为 9.88%，而 2010—2014 年则下移到 7.85%；②驱动我国 GDP 长期趋势结构性下移的主要因素是资本积累和技术进步的速度下降、人口红利消失、结构性减速等长期经济因素；③我国 GDP 的增长速度将以 91.5% 的概率稳定在 6% ~7.5% 之间。因此，经济新常态下的宏观经济管理应重视促进和培育长期经济增长因素，同时适度地实施刺激性政策以应对 GDP 的周期性下滑。

陶新宇[②]等利用 1999—2015 年中国地级市面板数据合成了中国经济结构指数，研究了我国经济增长的结构之谜。研究发现：①从全国来看经济结构与经济增长之间呈现倒“U”形曲线的关系；②就东中西部城市而言，经济结构对经济增长的作用仍不尽相同。东部城市率先步入“结构性减速”通道；中部城市经济增长处于加速和减速的过渡期；西部城市的经济结构仍处于“结构性加速”通道。③中国各区域城市形成了一个独有的经济结构与经济增长的国内“雁阵”模式。因此他们建议，在政策制定上充分考虑区域特点，延续中部与西部的结构红利，防范东部结构失衡风险，最终实现经济的结构性调整。

马勇和陈雨露[③]利用世界上 68 个国家 1981—2012 年的动态面板数据，实证检验了金融杠杆水平及金融杠杆波动对经济增长的影响，并计算出金融杠杆作用于经济增长的阈值，以此来推断我国金融杠杆率对经济增长的影响趋势。研究发现，金融杠杆水平以及金融杠杆波动对经济增长均存在着显著影响，金融杠杆水平与经济增长之间呈现倒“U”形关系，金融杠杆的作用阈值大概为1.468，而金融波动与经济增长之间呈负向线性关系；根据阈值预计我国将于2019—2020年左右进入“次高速”阶段，金融杠杆对经济增长产生负面作用。因此他们建议，在即将步入“次高速”阶段，应积极加快经济的转型升级，寻找新的经济增长支撑点，同时继续推进金融去杠杆化，避免金融杠杆大幅波动对宏观经济产生猛然冲击。

刘瑞祥[④]等通过建立多区域投入产出模型试图从全球经济空间关联视角分析国家经济增长的动力来源，利用1995—2011年世界投入产出表数据分析了中国经济对外空间关联的现状及演化规律，并对中国经济增长动因进行结构分解。研究发现：①随着国际分工体系的建立，中国经济顺利融入全球价值链之中，经济的对外依存度日益上升。具体来看：对亚洲地区依赖程度下降，对北美区域依赖度有所上升；就国家层面而言，对美国依存度增加，同时对日本依存度有所下降；②全球生产网络的建立逐渐将世界经济融为一体，但是由于各国在产业结构分布和全球价值链中所处位置不同，导致其经济增长动力源泉有着较大的差异，伴随着中国逐渐融入全球产品内分工体系，以投资为主的经济增长动力机制也在不断发生变化。因此他们建议，应通过技术能力提升和产业链升级提升中国参与全球产业竞争的水平，同时加快转变以投资为主的经济增长动力机制，更加注重完善我国的收入分配体系，避免最终消费需求结构的扭曲。

邵宜航和李泽扬[⑤]试图从理论上解释空间集聚通过影响企业创新、企业研发、企业进入与退出等企业动态演变进而作用于经济增长，他们利用拓展的熊彼特式纵向创新的内生增长模型，在中国工业企业数据库中挖掘出2000—2007年中国制造业企业地理信息并构建了空间集聚指标，实证检验空间集聚、企业创新与经济增长的关系。研究发现，企业空间集聚与经济增长之间呈倒“U”形关系，企业的空间集聚对企业进入率也存在着倒“U”形作用关系。目前大部分企业空间集聚已经开始出现负向效应，主要原因是空间集聚提高了周边地区的地租成本，并造成基础设施与公共服务使用上的拥挤等，这将降低创新后的企业利润，进而可能降低对创新的激励。因此他们认为，应当着力发挥空间集聚对企业创新和经济增长的激励作用，同时抑制土地使用成本的过快上涨、避免高地价对企业创新的挤出效应，并增加基础设施和公共服务供给等政策。

白俊红[⑥]等在内生增长理论和新经济地理学理论的基础上，将研发要素流动纳入到知识创新与扩散模型框架中，构建同时包含研发要素流动、空间知识溢出与经济增长的理论模型，分析研发要素流动所引致的空间知识溢出对经济增长的影响机理。他们采用引力模型测度并整理了R&D人员和R&D资本等研发要素在我国各省区间的流动量数据，进而利用2000—2013年中国大陆30个省级区域的面板数据，遵照OLS-SAR、SEM-SAC-SDM的分析思路设定空间计量模型，最后对上述影响机制做实证检验。研究发现：我国各地区间的经济活动会受到其他地区经济行为的影响；研发要素在区际的流动不仅能够促进本地区经济的增长，其所伴随的空间知识溢出效应还有助于推动其他地区的经济增长。因此建议，地方政府在制定政策促进本地区经济发展时，需要通盘考虑周边地区的发展策略，积极搭建区域协作平台；同时完善区域间要素流动的机制体制，促进研发要素的自由流动，充分发挥研发要素流动的知识溢出效应，将有利于促进我国地区经济的持续增长。

二、宏观经济波动问题研究

项后军[⑦]等阐述了我国地方政府债务对经济波动的理论机制，并利用动态GMM的方法对2003年以来我国地方债务对经济波动的传导渠道进行了实证检验，并得出了如下结论：①地方政府投资项目所需资金庞大，往往需要举债来解决，如果债务融资不稳定，将会造成地区经济增长的波动；②鉴于地方政府财政能力较弱，而地方债务的大部分投资于基础设施、城市改造等回报周期长的项目，因此，土地财政收入成为地方债务的主要还款渠道；③地方政府在任期内存在政治晋升的激励，而在任期将满时经济行为则会趋于保守，导致政治周期通过举债动机的强弱对经济的不稳定性产生推波助澜的作用。因此为了减缓地区经济波动，促进经济良性发展，需要规范地方政府的举债融资行为。

仝冰[⑧]借助卡尔曼滤波处理缺失值和混合频率数据的优势，利用支出法年度消费和投资对DSGE模型进行估计，然后基于模型结果增加投资品价格的数据，对模型重新估计并进行方差分解。他们发现中国经济波动的冲击首先来源于投资品价格代表的投资专有技术冲击，其次是货币冲击、持久性技术冲击、外生需求冲击。因此，他建议中央银行应当在货币规则中增加对投资品价格的反应，进而改善宏观调控的绩效。

方福前[⑨]等通过构建经济波动作用于技术创新的理论机制，并利用 SYS-GMM 估计的方法探究了我国 2005—2014 年工业企业的技术创新与经济波动之间的关系。研究发现：①经济波动通过机会成本效应和预期收益效应两种机制对技术进步模式产生影响；②金融发展通过影响预期收益效应进而影响两者之间的关系，同时这种影响存在时间和空间上的差异性。他们认为 2010 年是我国技术创新模式的转折点，技术进步模式逐渐向自主创新型转变；在东部地区，金融发展程度提高更能促使经济波动和自主创新占比正相关。因此在中国经济增速不断持续下行、经济波动加剧的背景下，加快向自主创新模式的转变，同时加快金融对自主创新型企业的支持具有合理性。

高然和龚六堂[⑩]构建了一个简化的 DSGE 模型来研究地方政府的土地财政行为对经济波动的影响，通过对模型的贝叶斯估计，他们发现：①房地产需求冲击是导致我国房地产市场波动的主要冲击；②地方政府的土地财政行为的存在不仅会放大房地产市场的波动，而且还会导致实体经济部门的波动；③土地财政带来了显著的社会福利损失，且地方政府对土地财政的依赖程度与福利损失成正比，如果政府合理运用土地供给政策可以减少这一损失。因此他们建议应当为地方政府增加稳定的财政收入来源，减少地方政府对土地财政的依赖，同时合理的运用土地供给政策有助于缓解社会福利损失。

王频和侯成琪[⑪]建立了一个包含两类异质性家庭和两个异质性生产部门的 DSGE 模型，为了研究预期对宏观经济波动的影响，在模型中引入住房交易成本冲击和住房价格加成冲击。研究发现：①预期冲击对房地产市场和宏观经济波动的影响的确存在；②住房价格的预期对耐心家庭和缺乏耐心家庭的影响程度是不同的，价格预期对缺乏耐心家庭的影响尤其明显；③公众的预期能够影响到政府房地产业调控政策的有效性，错误的预期会导致政府政策的失效。他们进而认为政府应该引导公众形成产业调控政策的正确预期，进而改善相关政策的实施效果，减缓经济波动。

邵全权[⑫]等将公众面临的财产风险和健康风险，以及在面临风险时的社会保险因素纳入 DSGE 模型，试图通过统一的 DSGE 框架来研究风险冲击和保险的存在对宏观经济的影响。研究发现，社会保险制度的存在可以熨平宏观经济波动，减缓非预期冲击下的风险对经济变量的影响；降低保险赔付的免赔率，增强保险领域的良性竞争，可以有效地缓解经济波动。因此，适时地降低保险赔付的免赔率，增强保险市场的反垄断执法能力，既能促进保险业的良性发展，又能有效的发挥保险对宏观经济的保障功能，减缓经济的短期波动。

张翔[⑬]等通过建立结构向量自回归（SVAR）模型，并利用 1998—2015 年的季度数据来研究国际大宗商品市场金融化对我国宏观经济波动的影响。研究发现：国家大宗商品市场对我国宏观经济波动的影响的确存在，而且这一影响渠道在金融危机前后是不同的。金融危机前主要是通过信息渠道对经济波动产生平抑效应，而在金融危机后则主要通过美联储的量化宽松等外部因素对经济波动产生放大效应。相比之下，财政政策和货币政策冲击对宏观经济波动的影响要弱于国际大宗商品市场的价格冲击。因此，他们建议应加强对国际资金流动监控，推动建立国际大宗商品价格预警机制，以便及时识别金融资本对国际大宗商品市场的不利影响，以有效应对国际大宗商品市场金融化对我国宏观经济波动的影响。

三、全要素生产率及其影响因素问题研究

贾俊雪[⑭]通过构建异质性企业家模型，提出一个公共基础设施投资影响 TFP 的理论框架，利用数值模拟的方法考察我国公共基础设施投资对企业间要素配置和 TFP 的影响及其作用机制，以及金融摩擦、劳动摩擦和其他财税政策等重要因素对公共基础设施投资 TFP 效应的具体影响。研究发现，公共基础设施投资对 TFP 具有先上升后下降的作用，公共基础设施投资存在一个最优阈值，金融摩擦、劳动摩擦以及公共消费型支出和企业所得税等财税政策对公共基础设施投资 TFP 效应具有显著的影响。因此，我国应摒弃以往过度依赖大规模基础设施投资拉动经济的发展模式，优化调整公共基础设施投资政策以更好地发挥其对要素配置效率和 TFP 的促进作用，确保中国经济长期可持续发展。

朱军[⑮]构建了一个包含中美两国的 DSGE 模型，讨论了本土技术吸收战略和自主创新战略下的经济增长和 TFP 提升问题，采用“贝叶斯估计”方法讨论了 1992—2014 年以来中国技术演化的实现路径。他发现，我国经济的增长不仅仅来自于资源重新配置带来的效率提高和激励约束条件改变带来的效率提升，

技术吸收过程也是我国经济增长和全要素生产率提升的重要源泉，“技术吸收加本土技术创新”模式对中国经济现实的解释力更强。中国技术存量对GDP增长具有明显的“前瞻驱动”效应，对GDP的提升效应要延续到下半个周期才能够体现出来，而当美国技术创新不确定时，美国技术创新对中国的TFP仍具有提升效应，但抑制了中国技术的增长效应。因此他认为，我国全要素生产率的提升，不应该完全追随美国的技术，也不能够完全依赖于本土的技术创新，实现两者的最佳结合是提高全要素生产率、实现长期可持续发展的有效途径。

余泳泽[16]考虑到省际劳动力投入质量和资本折旧率方面的差异，利用劳动技能代理变量将异质性的劳动力投入转化为同质性的劳动投入，并对资本折旧率进行了差异化处理，进而对1978—2012年中国省际TFP进行了再估算，在此基础上对中国省际TFP的收敛性进行了分析。研究发现，①1979—2012年间中国TFP年均增幅为2.073%，其中规模效率改进与技术进步是中国全要素生产率改进的最主要来源，技术效率改进对中国TFP改进影响不大。②改革开放以来，TFP大部分年份都呈现正增长，但是TFP的增长速度明显落后于经济增长的速度，2008年以后TFP呈现下降趋势。③在考虑了产能利用率情况下的中国纯化全要素生产率有了较大幅度的提升，明显高于不考虑产能利用率情况下的全要素生产率，这说明当前TFP低下的重要根源在于投资的无效性或产能过剩。他们因此建议，应逐渐改变中国粗放式的经济发展模式，推动企业技术进步，合理规划产业布局，避免无效投资和产能过剩问题。

程惠芳和陈超[17]旨在研究不同知识资本对全要素生产率的影响效应，他们将国内知识资本细分为研发资本、人力资本、创新设施资本和技术资本，构建了一个综合指标体系来测度国内知识资本及细分项指数，通过份额加权法测度国外知识资本及溢出项指数，进而把国内外知识资本纳入开放经济的内生增长模型中，然后依据系统聚类法将130个经济体划分为创新领导型、创新追赶型和创新缓慢型三类俱乐部，最后利用组间完全修正最小二乘法（GM-FMOLS）对全球130个经济体1981—2010年间的面板数据进行实证研究。研究发现，国内外知识资本溢出都是促进全要素生产率的因素，但是不同类型知识资本对不同创新类别的经济体TFP的影响存在差异。因此，优化知识资本的投入结构，科学合理配置知识资本，有利于加快提高全要素生产率，提高创新投入对经济增长的促进作用。

蔡跃洲和付一夫[18]为了更加清晰准确地测度和分解中国宏观TFP指数中的技术效应和结构效应，以便对改革开放以来不同阶段中国经济增长的来源进行细致剖析，他们构建了宏观TFP增长率分解模型框架，在收集整理1978—2014年间中国宏观及产业数据基础上，从宏观、三次产业以及17个细分行业3个层次测算了我国TFP增长率，并将TFP增长率逐级分解为技术效应、结构效应及资本要素和劳动要素结构效应。研究发现，技术效应及结构效应在各产业增加值增长中发挥的作用存在较大差别，第一产业的增长主要靠技术进步支撑，第二、三产业的增长约1/3来自各细分行业的技术进步效应，而结构效应则可以忽略不计。但2005年后，特别是国际金融危机以后，技术进步支撑作用迅速减弱，甚至出现负贡献；而结构效应对产业增长发挥出显著的正向贡献。因此他们认为，短期内要充分发挥TFP增长的结构效应，继续淘汰产能过剩行业中的落后产能，中长期内则要持续推动行业技术进步，形成技术优势，为宏观经济增长提供有力支撑。

宣烨和余泳泽[19]以城市生产性服务业空间集聚作为提升微观企业生产率的主要内容，他们从生产性服务业空间专业化集聚和多样化集聚两个维度出发，通过构造空间集聚外溢效应的衰减指数，将生产性服务业空间集聚对企业生产率影响的空间外溢效率考虑进去，从而更加准确地研究城市生产性服务业空间集聚对微观企业生产率的影响。研究发现：①城市生产性服务业空间专业化集聚和多样化集聚都显著提升了企业的TFP水平，且城市生产性服务业空间多样化集聚相对于专业化集聚更能促进城市工业企业的TFP；②城市生产性服务业空间集聚对国有工业企业效率提升的作用要大于非国有工业企业；③大城市中生产性服务业专业化空间集聚和多样化空间集聚都能够有效提升工业企业的全要素生产率；而在中小城市生产性服务业空间集聚对工业企业全要素生产率的提升作用有限。因此，应当通过政策引导加强生产性服务业在城市的空间集聚，通过发挥集聚的规模经济效应和专业化效应促进我国制造业的健康发展。同时，注重不同等级城市生产性服务业的层级分工，加强大中城市中生产性服务业的多样化集聚，而在中小城市则需要根据自身的要素禀赋优势发展相对专业化的生产性服务业集聚。

黄先海[20]等构建了一个针对中国两部门制造业的ACF生产函数的估计框架，从而获得企业层面全要素生产率的一致估计，并从要素流动的视角实证检验了20世纪90年代末以来的结构性经济体制改革对我国全要素生产率的影响效应。研究发现，“抓大放小”式的国有部门改革所导致的要素流动使得整个制造业的生产率获得了额外的提高，该效应从两个方面影响整体制造业的生产率，一是国有部门优化重组通过部门内要素流动提升配置效率，提高了国有部门的生产率水平，进而提升了整个制造业的生产率水平；二是国有部门企业改制通过部门间要素流动提升了制造业生产率。因此他们认为，应当在现有产能过剩的环境下，不断优化重组国有企业，提高行业内国有企业配置效率，同时做优做强国企，提高制造业整体的全要素生产率。

四、宏观金融稳定与货币政策

苏治[21]等在理论分析的基础上，通过构造虚拟经济因子以综合考量虚拟经济运行情况，在GVAR模型框架下使用1992—2016年全球主要代表性国家的宏观经济和金融数据，从总量、行业和产业视角，探讨虚拟经济与实体经济在规模水平和周期波动两个层面的关联性，并基于中国经济现实，对不同类型的货币政策效果进行了对比和解释。研究发现：①无论规模水平还是周期波动层面，均存在虚实背离特征；②虚拟经济与实体经济的活性关联具有非对称性，实体经济对虚拟经济的溢出程度更大；③在虚拟经济与实体经济背离的现实背景下，价格型货币政策对抑制虚实背离程度的效果优于数量型货币政策。因此他们建议，中央银行需根据实际经济发展形势择机而动，货币政策执行逐渐由数量型向价格型方向转变，以抑制虚实背离程度，更好发挥货币政策保增长的作用。

黄先海[22]等为了在传统货币政策工具、定向货币政策工具和结构性货币政策工具组合调控的新局面下，研究央行多种货币政策工具的组合操作对特征企业的定向调节效应，扩展Bernanke的FAVAR模型，构建面板数据货币组合FAVAR模型，基于此研究新常态下央行多种货币政策工具的组合操作的特征。研究发现，新常态下央行多种货币政策工具对企业投资形成组合调节效应和特质调节效应，这种货币政策的调节效应对不同特征企业具有显著差异。因此他们认为，新常态下央行为实现定向调节目标，应基于货币政策对特征企业的定向调节效应而进行选择性操作。

程方楠和孟卫东[23]主要研究了宏观审慎政策与货币政策如何协调以及宏观审慎政策与货币政策在协调过程中各自的政策规则如何设定的问题，他们构建了一个植入房价波动的动态随机一般均衡模型，从而将宏观审慎政策与货币政策置于统一的分析框架下，从理论上对宏观审慎政策与货币政策的协调搭配进行分析。研究发现：①从协调的机制看，宏观审慎政策应当根据信贷主体的情况进行调整以维护金融稳定，货币政策应当继续致力于物价稳定；②从协调的政策规则设定看，宏观审慎政策与货币政策均青睐标准泰勒规则；③从协调的实施看，两种政策的实施效果对政策实施“方向”和“力度”依赖度很大，若运用不当，可能导致政策冲突。因此他们认为，应当协调搭配宏观审慎政策和货币政策，进而实现金融与物价的双重稳定目标，并实现社会福利损失的最小化。

马勇[24]等通过构建一个包含金融因素的扩展型的DSGE模型，对金融周期、经济周期和货币政策之间的内生动态关系进行研究。他们首先构建出一个综合性的整体金融周期指数，然后将传统的新凯恩斯三方程模型扩展为包含金融周期的八方程开放经济模型，最后在此模型框架下实证分析货币政策是否应该对金融周期和金融不稳定做出反应。他们得出以下结论：一是金融周期对经济周期具有显著的影响，二是金融周期波动是影响宏观经济波动的重要来源，三是中央银行应当将金融周期和金融不稳定纳入货币政策的考量范围。

袁越和胡文杰[25]构建了一个分析货币政策如何影响资产价格的理论框架，区分了货币政策冲击对资产价格泡沫中基础价格和泡沫价格的不同影响。他们收集了在上海证券交易所所有上市公司1997—2016年的个股数据，利用可变系数向量自回归（Time-Varying Coefficients SVAR）模型来研究我国货币政策冲击对股市泡沫及经济系统中其他经济变量的影响。研究发现，“逆风而动”的货币政策存在保持政策有效性的边界，一旦超过这一边界，货币政策就会通过影响实际利率的传导路径助长投资性泡沫的扩大，而且我国外生性的紧缩性货币冲击正导致股市价格的进一步扩张。我国紧缩性货币政策会加剧股市泡沫这一现实，就要求央行的政策制定需要更细致的考量，这有助于央行在市场利率化推进的过程中宏观调控能力的提升。

何国华和李洁[26]通过构建包含金融摩擦与跨境资

本流动的DSGE模型，分析了一国本币汇率预期变动与金融系统风险行为的理论联系，并比较了3类“金融稳定”目标下不同货币规则的福利状态。研究结论：①基金部门的风险选择受本币升值预期影响而趋于激进；②升值预期和跨境资本流动的结合降低了本国无风险利率，提高了借贷利率，导致一国银行部门杠杆率上升；③将利差平滑纳入货币政策目标可有效降低福利波动，提升福利水平；杠杆调节在有效降低社会福利波动的同时，却导致了社会总福利水平的下降；而资产价格稳定既扩大了社会福利波动，也降低社会总体福利水平。因此他们认为，利差平滑、杠杆调节在一定条件下可作为货币政策关注的对象，而资产价格稳定不应纳入货币政策管控范畴。

孙国峰和何晓贝[27]在信用货币理论研究的基础上提出了信用货币理论和贷款创造存款（LCD）机制，探讨了银行在信用货币体系下的作用，并指出信贷供给是由信贷需求和货币政策共同决定的，然后他们建立了有微观基础的DSGE模型来研究存款利率零下限在负利率政策传导机制中的作用。研究发现，存款利率下调黏性严重影响了负利率政策传导机制的有效性，如果银行端的利率传导是畅通的，存款利率可以有效穿透零利率区间，足够强力的负利率政策可以有效稳定信贷供给，从而有利于抵御通货紧缩和经济衰退。因此在存款利率可以顺畅通过零下限的条件下，中央银行可以采用大幅度的负利率政策来应对通缩型衰退。

五、宏观调节与财政政策转型

汪昊和娄峰[28]根据间接税归宿原理，将间接税划分为居民收入来源端间接税和支出端间接税，并纳入到由财政预算归宿分析、居民收入核算框架和MT指数测算组成的分析方法中。他们以中国2012年投入产出表和城乡居民调查数据为基础，构建了社会核算矩阵和可计算一般均衡模型，对我国税收、社会保障和转移支付3类重要的财政工具的再分配效应进行了综合测算。研究发现，从全国、农村和城镇来看，财政再分配的效应均为负，即财政再分配没有起到缩小收入差距的作用，而是加大了收入差距，我国的财政再分配从整体上对收入分配为逆向调节。因此，他们建议，一是优化财政收入结构，逐步提高直接税的比重，同时相应地降低间接税的比重；二是优化财政支出结构，逐步提高转移支付和政府社会保障支出的比重；三是优化个人所得税制度，实现由分类税制向综合税制的转变；四是优化间接税制度，降低间接税的累退性和增加累进性。

陈登科和陈诗一[29]着重讨论了如何将金融摩擦与“超低利率”特征纳入标准新凯恩斯动态一般均衡框架（NK-DSGE），并在统一的框架内系统地测算了财政支出的产出乘数、就业乘数、消费乘数和投资乘数。研究发现：中国财政支出的产出乘数、就业乘数、消费乘数和投资乘数分别为3.44、2.13、0.73和5.74，其中投资乘数最大，进一步彰显了我国经济增长主要以投资驱动为主的事实；金融摩擦与“超低利率”对财政支出乘数具有放大效应；金融摩擦与“超低利率”之间存在彼此加强的交互效应。因此，“新常态”下中国财政支出政策的制定与实施亟须充分关注长期存在的金融市场摩擦以及当前基准利率已经降至历史低位的现实，否则可能低估财政支出的效果，进而实施扩张性的财政政策，最终损害当前“去库存、调结构”战略部署实施的成效。

李丹[30]等结合我国基本财政—政府负债特征构建适用非线性财政反应函数，通过分析不同经济状态对应的财政空间情况展开政府债务可持续性研究。研究发现：首先，非线性财政反应函数合理地刻画了基本财政—政府负债阶段性动态反应特征，通过财政空间测算实现政府债务可持续性合理量化；其次，采用政府债务负担率的二次项函数能更好地拟合我国财政反应特征，反映了我国初现“财政疲劳”迹象的现实；再者，我国财政调整的“储备渠道”尚未达到最优储备存量；最后，我国财政空间在1997年亚洲金融危机后呈平稳缩减趋势，而在2007年金融危机后加剧缩减，经济增长的相对滞缓会进一步降低可用财政空间。因此，政府出台相关政策时应当充分考虑“财政疲劳”迹象，有效协调财政缓冲建设与加大实施积极财政政策力度之间的关系。

王瑞民和陶然[31]利用1994—2009年我国的县级财政数据，并基于Lerman和Yitzhaki（1985）提出的方法按财政收入来源进行分解，分别从辖区人口与财政供养人口的人均财力两个角度，考察不同类别转移支付在边际意义上的财力均等化效应，同时比较转移支付在县级层面与省级层面均等化效应的异同。研究发现，县级层面的转移支付的分配效应更加侧重考虑财政供养人口因素，平衡财政供养人口人均财力；转移支付在省级层面的均等化效应并未传递到县级层面。因此他们认为，中央政府可基于基本公共服务均等化的政策目标，结合当地的经济发展状况制定相应的最低财政保障标准，省级政府制定符合本省实际情况的财政收支标准，省以下的转移支付在省级层面进行统筹，这样可有效减少转移支付分配中因寻租而造成的效率损失与分配不公问题。

王方方和李宁[32]构建了带有随机波动率的时变参数因子扩展向量自回归（SV-TVP-FAVAR）模型，并应用该模型从总量角度与结构角度两方面研究了2007 年第 1 季度到 2016 年第 3 季度我国财政政策对产业结构优化的影响，通过三维脉冲响应分析发现了我国财政政策对产业结构优化的时变性影响，进而对我国在不同时期所应采取的不同政策措施进行比较研究。实证结果发现：①从财政支出总量层面来看，财政支出和税收的变化对产业结构优化升级产生了时变性影响；②从财政支出内部的结构层面以及税收内部结构层面来看，在不同的经济时期，不同类型的财政支出占比对产业结构优化升级有不同的且不断变动的敏感性。因此他们建议，在经济衰退期，政府应该以扩张性财政支出政策为主，以减税政策为辅；而在经济高涨期，政府应该以紧缩性财政支出政策为主，以加税政策为辅。

席鹏辉[33]等集中地探讨了由地市增值税税收分成减少引起的财政冲击对产能过剩行业的影响，同时验证增值税分成变化对增值税税收征管水平的影响。研究发现：①地方政府在应对财政压力时，积极引入具有高增值税税收收益属性的产能过剩行业企业，导致财政压力对地方政府形成一种财政激励效应；②增值税分成减小并不会带来征管力度的弱化；③产能过剩企业的引入能够有效地缓解由于增值税分成降低所引起的增值税税收减少，这是地方政府发展产能过剩企业的最直接原因；④中央化解产能过剩政策容易被财政压力所扭曲而无法发挥出实际作用，这是当前产能过剩行业难以治理的根本性原因。他们认为，企业在去产能过程中应注意地方政府财政激励的作用；当行业形势有所好转时应继续坚持供给侧改革，并且在供给侧改革过程中应注意产能过剩行业的转移轨迹；中央政府应积极发挥宏观调控功能，深化供给侧改革，妥善布局新兴产业结构。

谷成和曲红宝[34]等利用 2003—2013 年中国省域面板数据实证分析腐败条件下我国财政政策的经济增长效应，进而通过参数校准的方法考察了财政支出结构和税收结构调整以及财政支出效率变动对经济增长的影响。研究发现，腐败通过降低公共支出效率阻碍了长期经济增长，所以加大腐败治理力度有助于更好地发挥财政支出的功效；在稳定税负条件下调整税收结构，合理规划劳动、资本以及消费税率会促进经济增长。因此，应当因地制宜地实施财政支出政策；在稳定税负条件下提高直接税比重，降低对劳动所得的课税，提高对资本所得的课税并加大反腐力度，这有利于优化中国税收结构，促进经济的长期增长。

六、人民币国际化与开放宏观经济问题研究

于恩锋和龚秀国[35]从历史的视角出发，通过计量模型考察人民币加入 SDR 对 SDR 利率的影响。研究发现，我国国债收益率的标准差和变异系数均表明，人民币加入 SDR 可以显著降低 SDR 利率的波动幅度，提高其稳定性。因此，他们认为我国应继续推进利率市场化改革，继续健全国债市场，完善国债收益率曲线。

彭红枫和谭小玉[36]等利用主成分分析法构建了人民币国际化总量指数，并将其分解为绝对程度指数和相对程度指数，分别反映由经济基本面因素和经济基本面之外的因素决定的货币在全球市场上的使用份额，在此基础上利用面板回归模型和 Bootstrap 面板格兰杰因果检验法分析货币国际化的影响因素。研究发现，人民币国际化程度仍然处于较低水平，但发展态势良好，受制于我国金融市场发展不足、金融体系不健全以及政策措施力度有限等制约因素，人民币国际化进程受到了阻碍。因此，他们认为，中国政府应在保持经济和贸易总量稳定增长的情况下，加快转变经济发展方式，推动产业升级。同时还应进一步加强金融市场建设，提高金融体系运行效率和市场监管的有效性，为人民币国际化的深入推进创造有利条件。

李政[37]基于信息溢出的视角，采用滚动的协整 VAR 模型来构建动态的总体溢出指数、方向性溢出指数和信息溢出表，从 3 个方面定量评估“811 汇改”的影响，并考察“811 汇改”前后人民币汇率中间价基准性和市场性的动态变化。研究发现：①整个汇率价格体系的总体溢出在“811 汇改”后呈现明显上升趋势，系统的联动水平显著提高；②在“811 汇改”之前，中间价受到其他价格和对其他价格的方向性溢出自 2013 年以来都在持续下跌，而在“811 汇改”之后，中间价的方向性溢出上升趋势明显；③“811汇改”后中间价与单个汇率价格相互溢出的结构发生显著变化，CNY 即期和远期等在岸市场的作用进一步凸显；④在“811 汇改”后，中间价接受信息溢出的规模基本没有改变。因此他认为，选择合适的时机完善人民币汇率中间价报价机制十分必要，同时还要进一步增强人民币汇率中间价对其他市场价格的影响力，巩固中间价的市场基准地位。

杨荣海和李亚波[38]从名义资本账户开放度和实际资本账户开放度两个角度对我国的资本开放度进行测算，并采用“货币锚”模型来衡量货币国际化程度，最后将模型数据分为2001Q1—2009Q4与2010Q1—2015Q1两个阶段，进而对资本开放度与人民币国际化“货币锚”地位的影响进行研究。结果发现，人民币已经成为全球大多数国家，尤其是与中国有密切经济往来国家的“货币锚”，进一步开放资本账户会强化这一影响。因此，中国应当对资本账户开放持稳健态度，逐渐让更多国家在国际经济往来中，选择人民币作为计价、结算、储备和投资货币。

邓富华和霍伟东[39]采用2009—2014年中国对178个国家或地区的跨国面板数据，运用Heckman两阶段选择模型和倾向得分匹配法克服样本的自我选择偏误，深入地考察双边FTA对跨境贸易人民币结算的作用机制。研究发现，FTA和服务贸易协定有利于促进跨境货物贸易的人民币结算，其中服务贸易协定对跨境贸易人民币结算的促进效应强于货物贸易协定；“南北型”FTA对跨境贸易人民币结算的促进作用强于“南南型”FTA。因此他们认为，中国应当加快推进自由贸易试验区建设，主动深化国内体制机制改革，有效对接国际经贸新规则，构筑自由贸易区战略的重要保障，同时重视与发达国家谈判并签署FTA。

陈创练[40]等结合我国现阶段实施有管理浮动汇率制度和资本流动管制的制度背景，构建新开放经济条件下利率、汇率波动与国际资本流动之间关系的理论模型，并采用TVP-VAR模型动态地刻画3个变量随时间变迁的互动时变关系，评估长期以来“非平抛利率平价”曲线在我国的适应性和时变调整特征。研究发现：利率对汇率和国际资本流动的传导影响相对有限；汇率对国际资本流动的影响相对顺畅；国际资本流动对汇率传导相对较强。因此他们认为，应当进一步拓宽人民币汇率波动区间，适时有序地开放资本账户，进而有效发挥利率政策在国际的传递功能和调节国际资本流动的作用。

注：

①王少平、杨洋：《中国经济增长的长期趋势与经济新常态的数量描述》，《经济研究》，2017年第6期。

②陶新宇、靳涛、杨伊婧：《“东亚模式”的启迪与中国经济增长“结构之谜”的揭示》，《经济研究》，2017年第11期。

③马勇、陈雨露：《金融杠杆、杠杆波动与经济增长》，《经济研究》，2017年第6期。

④刘瑞翔、颜银根、范金：《全球空间关联视角下的中国经济增长》，《经济研究》，2017年第5期。

⑤邵宜航、李泽扬：《空间集聚、企业动态与经济增长：基于中国制造业的分析》，《中国工业经济》，2017年第2期。

⑥白俊红、王钺、蒋伏心、李婧：《研发要素流动、空间知识溢出与经济增长》，《经济研究》，2017年第7期。

⑦项后军、巫姣、谢杰：《地方债务影响经济波动吗》，《中国工业经济》，2017年第1期。

⑧仝冰：《混频数据、投资冲击与中国宏观经济波动》，《经济研究》，2017年第6期。

⑨方福前、邢炜：《经济波动、金融发展与工业企业技术进步模式的转变》，《经济研究》，2017年第12期。

⑩高然、龚六堂：《土地财政、房地产需求冲击与经济波动》，《金融研究》，2017年第4期。

⑪王频、侯成琪：《预期冲击、房价波动与经济波动》，《经济研究》，2017年第4期。

⑫邵全权、王博、柏龙飞：《风险冲击、保险保障与中国宏观经济波动》，《金融研究》，2017年第6期。

⑬张翔、刘璐、李伦一：《国际大宗商品市场金融化与中国宏观经济波动》，《金融研究》，2017年第1期。

⑭贾俊雪：《公共基础设施投资与全要素生产率：基于异质企业家模型的理论分析》，《经济研究》，2017年第2期。

⑮朱军：《技术吸收、政府推动与中国全要素生产率提升》，《中国工业经济》，2017年第1期。

⑯余泳泽：《异质性视角下中国省际全要素生产率再估算：1978—2012》，《经济学》(季刊)，2017年第3期。

⑰程惠芳、陈超：《开放经济下知识资本与全要素生产率——国际经验与中国启示》，《经济研究》，2017年第10期。

⑱蔡跃洲、付一夫：《全要素生产率增长中的技术效应与结构效应——基于中国宏观和产业数据的测算及分解》，《经济研究》，2017年第1期。

⑲宣烨、余泳泽：《生产性服务业集聚对制造业

企业全要素生产率提升研究——来自230个城市微观企业的证据》,《数量经济技术经济研究》,2017年第2期。

⑳黄先海、金泽成、余林徽:《要素流动与全要素生产率增长:来自国有部门改革的经验证据》,《经济研究》,2017年第12期。

㉑苏治、方彤、尹力博:《中国虚拟经济与实体经济的关联性——基于规模和周期视角的实证研究》,《中国社会科学》,2017年第8期。

㉒欧阳志刚、薛龙:《新常态下多种货币政策工具对特征企业的定向调节效应》,《管理世界》,2017年第2期。

㉓程方楠、孟卫东:《宏观审慎政策与货币政策的协调搭配——基于贝叶斯估计的DSGE模型》,《中国管理科学》,2017年第1期。

㉔马勇、张靖岚、陈雨露:《金融周期与货币政策》,《金融研究》,2017年第3期。

㉕袁越、胡文杰:《紧缩性货币政策能否抑制股市泡沫?》,《经济研究》,2017年第10期。

㉖何国华、李洁:《跨境资本流动、金融波动与货币政策选择》,《国际金融研究》,2017年第9期。

㉗孙国峰、何晓贝:《存款利率零下限与负利率传导机制》,《经济研究》,2017年第12期。

㉘汪昊、娄峰:《中国财政再分配效应测算》,《经济研究》,2017年第1期。

㉙陈登科、陈诗一:《中国财政支出乘数研究——基于金融摩擦与“超低利率”的视角》,《金融研究》,2017年第12期。

㉚李丹、庞晓波、方红生:《财政空间与中国政府债务可持续性》,《金融研究》,2017年第10期。

㉛王瑞民、陶然:《中国财政转移支付的均等化效应:基于县级数据的评估》,《世界经济》,2017年第12期。

㉜王方方、李宁:《我国财政政策对产业结构优化的时变效应》,《数量经济技术经济研究》,2017年第11期。

㉝席鹏辉、梁若冰、谢贞发、苏国灿:《财政压力、产能过剩与供给侧改革》,《经济研究》,2017年第9期。

㉞谷成、曲红宝:《财政政策、腐败与经济增长:理论分析与现实考察》,《经济社会体制比较》,2017年第4期。

㉟于恩锋、龚秀国:《人民币“入篮”对SDR利率的影响——基于历史的视角》,《国际金融研究》,2017年第1期。

㊱彭红枫、谭小玉:《人民币国际化研究:程度测算与影响因素分析》,《经济研究》,2017年第2期。

㊲李政:《“811汇改”提高了人民币汇率中间价的市场基准地位吗?》,《金融研究》,2017年第4期。

㊳杨荣海、李亚波:《资本账户开放对人民币国际化“货币锚”地位的影响分析》,《经济研究》,2017年第1期。

㊴邓富华、霍伟东:《自由贸易协定、制度环境与跨境贸易人民币结算》,《中国工业经济》,2017年第5期。

㊵陈创练、姚树洁、郑挺国、欧璟华:《利率市场化、汇率改制与国际资本流动的关系研究》,《经济研究》,2017年第4期。

(作者:陈享光,中国人民大学教授;
李振新,中国人民大学博士生)

微观经济学

陈享光　郝芮琳

2017年微观经济学主要围绕公司治理问题、企业投融资问题、居民消费和储蓄问题、反垄断与市场秩序问题、员工工资和社会福利等问题进行了研究,并取得了一些进展。

一、公司治理问题研究

郝阳和龚六堂构建了完整记录中国上市公司参股股东性质的数据库并在数据上严谨处理了控股关系、一致行动人关系等股东关系;在考虑参股股东对于不同上市公司发挥不同作用的基础上,分析了国有参股股东和民营参股股东与公司绩效的关系,以及参股股东的“互补性”与市场化进程的关系,为混合所有制企业改革提供了重要依据。研究结果表明,混合所有制结构对于公司绩效有积极影响，且市场化程度越低，这种影响越积极，但国有资本之间的股权多元化并不能改善公司绩效。因此，混合所有制改革有助于弥补市场化的不足，而改革的关键在于引入持股量较大和较为负责的民营资本。①

石晓军和王骜然研究了双层股权制度这种新兴公司治理机制对于企业创新的影响。首先，他们对Chemmanur-Jiao 模型的设定进行了简化并引入投资者的短期业绩敏感度作为新的变量，理论分析结果表明，双层股权制度对互联网公司创新具有促进作用，但作用效果取决于不同的市场环境。在理论分析基础上，他们以 2004—2013 年全球互联网上市公司为样本对模型进行了实证检验。检验结果与理论分析一致，同时，对于外部制衡监督机制较完善的发达国家，代理人为创始人时双层股权制度会促进企业的创新研发投入；但在新兴国家，代理人为外聘职业经理人时双层股权制度对企业创新的促进作用更明显。最后，综合各种经验事实，中国采用双层股权制度的条件还不成熟。②

吴超鹏和张媛以 1999—2012 年 2078 家上市公司和 298 家风险投资机构为样本分析了风险投资对上市公司股利政策的影响，而这一问题国内外文献较少涉及。他们构建 Logit、Tobit 和 OLS 模型，分别检验风险投资股东对公司股利支付概率、公司支付每股股利和公司现金股利支付率的影响，同时，采用 Heckman 二阶段回归模型、工具变量法和配对样本法解决模型中可能存在的选择性偏差、样本分布不均、遗漏变量等问题。研究结果表明，风险投资入股能够促进现金股利支付概率和支付水平的提高，风险投资机构通过缓解企业融资约束和发挥监督职能来影响公司股利政策，同时，参与董事会、持股比例高和短期套现压力大的风险投资机构对于公司股利政策的影响更大。③

徐经长等利用 2006—2016 年 A 股上市公司中实施股权激励的 793 个年度样本和 Logit 回归模型分析了不同股权激励工具的风险大小和公司高管的风险态度对股权激励方式选择的影响。高管的风险态度主要通过 3 种方式衡量：一是个人风险资产的配置情况，二是个人的人口统计学特征，三是实验或调查问卷的统计数据。在回归过程中，加入高管的性别、年龄和任期等工具变量，利用 2SLS 法解决模型测量误差导致的内生性问题。研究结果表明，高管越回避风险，公司越可能授予其较高风险的股票期权来激励，从而提高其风险承担意愿；相反，高管越愿意承担风险，公司越可能授予其较低风险的股票期权；当高管的风险承担意愿与股权激励方式的风险程度相匹配时，公司的业绩往往更好。④

宋献中等利用 2009—2014 年我国沪深 A 股上市公司的微观数据，从管理层隐瞒负面信息和投资者情绪两个角度出发，分析了社会责任信息披露的信息效应和声誉保险效应对股价崩盘风险的影响及内在作用机制。回归结果表明，社会责任信息披露可以通过信息效应和声誉保险效应降低股票崩盘的风险，且相对于信息效应，声誉保险的作用更加明显。在此基础上，他们比较了自愿性披露和应规性披露对股票崩盘风险的影响，结果表明，两者都显著降低了股票崩盘风险，但自愿性披露的作用更强，也就是声誉保险效应比信息效应更强，稳健性检验的结果支持了这一结论。因此，现阶段要进一步扩大企业信息披露的范围，激励自愿披露并惩罚未应规披露的企业，规范社会责任报告的形式。⑤

孔东民和刘莎莎从中小股东的公司治理职能出发，利用我国深交所 2006—2011 年的网络投票数据，分析了中小股东参与公司治理对公司盈余行为的影响。实证研究主要分为 3 步：第一，检验中小股东是否能识别盈余管理；第二，检验中小股东积极参与公司治理能否促进管理层进行更高程度的盈余管理行为，为避免内生性问题，使用工具变量和 PSM 配对法进行回归，并利用 Heckman 两阶段处理法控制网络投票的自选性；第三，对于那些处于通过与否边缘的公司议案，中小股东参与网络投票能否给管理层带来盈利操纵动机。研究结果表明，中小股东不能有效识别共管理层的盈余管理行为，但是较高的中小股东参与度能够促进管理层更高程度的盈余管理行为，且当企业存在再融资需求、内部交易需求和信息不对称程度较高或者投资者整体教育水平较低时，这种促进作用更显著。⑥

二、企业融投资问题研究

谭语嫣等基于大样本数据研究了僵尸企业由于资源优势对其他企业投资产生的溢出性影响。他们利用 1998—2013 年中国规模以上工业企业数据测度了僵尸企业并刻画了中国僵尸企业的特征、分布和动态演进趋势；以此为基础，在基准回归中检验了省份僵尸企业比例对该省非僵尸企业的投资挤出效应是否存在，随后加入工具变量（各省样本初期国有企业份额与前一年全国国有企业资产负债率的乘积）进行回归。回归结果表明，僵尸企业显著地挤出了非僵尸企业的投资，特别是私有企业的投资，并且国家干预程度越高、外部融资依赖程度越高，挤出效应越明显。因此，僵尸企业是影响我国新旧动能转换的重要因素，快速、平稳地处置僵尸企业有利于促进民间投资，优化资源配置效率，促进经济可持续发展。⑦

张璇等利用2005年世界银行对中国120个城市的企业投资与经营环境的调查数据，分析了信贷寻租和融资约束对企业创新的影响。他们采用研发参与和研发投资密度两个指标分别测度企业创新，回归结果表明，融资约束和信贷寻租显著地制约企业研发参与和研发投资密度，同时，信贷寻租对企业研发参与的影响与融资约束有关。考虑到企业创新对信贷寻租和融资约束的反作用，他们运用工具变量和PSM方法弱化信贷寻租和融资约束的内生性，并更替企业融资约束指标进行稳健性检验，结果表明上述结论仍然成立。为进一步分析信贷寻租与融资约束的关系，他们按企业规模、所有制结构和资本密集类型划分样本，结果显示，对于中小企业、民营企业和资本密集企业，信贷寻租通过融资约束抑制企业创新的作用尤为明显。⑧

吕越等从全球价值链视角出发，分析了融资约束对企业增加值贸易的二元边际影响。首先，在企业生产决策中引入融资约束并考虑生产过程中使用的中间投入品，构建理论模型分析融资约束对企业增加值贸易的二元边际影响机制；其次，根据Heckman在1979年提出的两阶段选择模型，将企业增加值贸易模型分为扩展边际和集约边际两个模型，利用2000—2006年未剔除任何企业的原始工业企业数据和海关数据进行实证检验；此外，在理论分析和实证检验的基础上，分别检验了融资约束对不同所有制、不同要素密集度和不同融资依赖度的企业的增加值贸易的二元边际影响。理论分析和实证检验结果表明，对于国有企业和民营企业，融资约束对扩展边际具有制约作用，且这种制约作用对民营企业更加明显，同时，融资约束对集约边际则具有推动作用；而对于外资企业，融资约束的作用刚好相反。⑨

苏振东等分析了中国出口企业传递贸易的内在原因和机理，阐明了企业如何通过传递贸易平衡产品多元化和核心优势战略。他们运用2000—2006年中国工业企业数据和海关进出口数据，对出口企业传递贸易进行了3个层面的分析：①利用面板模型检验传递贸易企业是否存在生产率溢价和利润率溢价；②利用Bivariate Probit模型分析出口产品选择决策；③利用Heckman二元选择模型分析传递贸易产品生存和产品范围动态调整。研究结果表明，传递贸易企业存在显著的生产率溢价和利润率溢价，企业自产产品和传递贸易产品在企业选择策略中是相互替代的，同时，传递贸易能够有效解决出口产品多元化战略和发挥核心能力优势的两难选择。⑩

祝树金和赵玉龙从企业层面分析资源错配与企业出口行为之间的联系。基于要素扭曲定量分析企业的资源错配程度，他们以Hsieh和Klenow（2009）的研究为基础，首先，建立了度量企业内整体资源错配的指标，并运用1998—2007年中国工业企业数据测算了企业内资源错配、劳动扭曲和资本扭曲；其次，从生产率效应和要素替代效应出发，分析了资源错配对出口行为的影响机制，并构建Heckman两阶段模型，分析资源错配对企业出口选择和出口强度的影响。在理论分析的基础上，他们结合企业面板数据进行了实证检验，结果表明，资源错配对出口行为有显著影响，且要素替代效应在这一过程中起主导作用；资本扭曲能够促进企业出口概率和出口强度的提升，而劳动扭曲则相反；加工贸易是造成资本扭曲企业高出口概率和高出口强度的原因；更强的融资约束导致企业更高的出口概率和出口强度，且融资约束与资源错配存在交叉影响。⑪

三、居民消费和储蓄问题研究

姚杰和黄金凤从服装品牌出发，实证分析了品牌关系对消费者行为意向的影响。他们构建了服装品牌关系成因、品牌关系、和消费者行为意向之间关系的模型，利用微博调查数据，从认知、情感和行为3个层面分析了社交网站感知价值和网络互动对品牌关系和消费者行为意向的影响机制。研究结果表明，感知价值、网络互动和品牌关系对消费者行为意向具有显著的正向影响；感知价值和网络互动对品牌关系也具有显著的正向影响，且网络互动的影响力度较大；此外，功能价值对消费者满意度的正向影响显著，而对品牌关系中其他维度的影响不显著，也就是说，功能价值对于潜在顾客有更好的影响，企业对品牌关系的维护需要从感知价值的其他方面入手。⑫

施亮等从“web-移动”的跨渠道视角出发，分析了感知一致性对消费者移动购物行为的影响。首先，基于分类理论和创新采纳的相关研究，从对来源的评价、对目标的评价以及对来源和目标的评价3个方面出发，构建“web-移动”情境中消费者评价和行为意愿的研究模型；其次，构建消费者移动购物意愿指标，并利用对京东商城移动购物用户的调查数据，分析“web-移动”服务延伸过程中决定移动购物意愿的相关因素。研究结果表明，感知的移动服务质量和相关的沉浸体验显著地影响消费者行为，商家应予以关注；感知先前的web服务质量对消费者评价移动服务有显著的影响，商家应在现有web页面保持高水准的服务质量；感知“web-移动”信息的一致性对于消费者对商家移动服务的评价具有显著影响，商家应在多个平台中提供一致的产品和价格信息。⑬

鞠芳等分析了房价波动和收入水平对住房消费的影响。他们将居民消费分为住房消费和非住房消费两部分，在生命周期—持久收入假说的基础上，构建了包含房价、收入和财富的居民住房消费一般随机Ramsey模型，并推导出住房消费的欧拉方程以及由房价、收入、财富和利率表示的住房消费函数；在理论分析的基础上，利用2002—2013年我国31个省直辖市面板数据和SYS-GMM方法进行实证检验。研究结果表明，居民住房消费在短期内黏性较大，与“平滑消费理论”一致；房价波动对住房消费抑制作用显著，滞后期和当期的房价波动对住房消费具有明显的挤出效应，未来房价上涨对住房消费的积极作用显著；收入水平的提高能够提高居民支付能力，促进住房消费水平的提高，居民储蓄也为居民住房消费提供了资金支持。⑭

万晓莉等利用国家统计局城镇住户调查的总量和微观调研数据，分析了2002年以来我国房价波动、房屋资产与居民消费的长期关系，旨在通过总量数据考察预期到的和未预期到的房价变化对消费的影响，并通过微观数据考察房屋资产对消费影响的异质性和其作用机制。实证研究表明，房屋资产对消费具有显著的正向影响，但量级非常小；房价变化对消费的影响不显著；收入是影响消费的核心因素，预期到的和未预期到的收入均对消费有显著的正向影响；家庭消费对利率和房屋抵押市场不敏感；房屋资产对于不同消费水平的家庭的影响具有异质性。因此，房价上涨并不能拉动我国消费水平提高，要摆脱房地产投资拉动经济的增长方式，实现可持续发展。⑮

李昂和申曙光借鉴Samwick的研究构建了一个简单的包含养老保险和家庭养老的跨期退休决策模型，以此为基础，利用2010年中国家庭追踪调查数据（CFPS）以及Probit模型和工具变量法，就养老保险对中老年劳动者实际退休年龄选择的影响进行了实证分析。研究结果表明，养老保险对于提高城镇家庭中老年劳动者提前退休的概率和降低延迟退休的概率有显著影响；在考虑代际居住的情况下，养老保险对于不和子女同住的中老年的退休决策影响较大，而对于和子女同住的中老年没有显著影响；此外，性别影响退休决策，男性更倾向于提前退休，而女性则更倾向于延迟退休。⑯

吴雨等利用中国家庭金融调查（CHFS）2013年的数据和Probit模型，就金融知识水平对家庭养老计划和商业保险购买决策的影响进行了实证检验。研究结果表明，子女赡养和社会保障养老是目前主要的养老方式，而有养老计划和选择商业保险养老的家庭较少；金融知识水平能够显著改善家庭养老计划，促进家庭养老计划的多元化，且相比于公务员家庭，金融知识对于非公务员家庭的改善作用更加明显；同时，金融知识能够增强家庭对商业保险的理解和信任，对于提高家庭商业保险购买具有显著的促进作用。他们的研究为我国保险市场发展和家庭养老计划的制定提供了实证依据。⑰

石贝贝利用“中国健康与养老追踪”调查数据，从三个方面对我国城乡老年人口消费决定因素进行假设检验：①具有优势个体特征、良好家庭互动和完善社会保障的老年人口，消费水平更高；②退休对老年人的消费具有抑制或促进作用，但这种作用会被老年人的个体特征、家庭互动和社会保障等因素抑制；③城镇老年人对社会保障依赖程度更高，农村老年人受家庭支持和互动的影响更大。实证检验采用单因素方差和多元回归模型，实证结果接受假设①和②，拒绝假设③，也就是说，个体、家庭和社会的有利因素有助于提高老年人消费，尤其是收入和教育因素，且在农村地区效果更明显；退休行为对老年人消费有显著的正向影响，我国不存在“退休—消费之谜”。⑱

四、反垄断与市场秩序问题研究

王永进等在Shimomura和Thisse研究的基础上，构建了一个同时包含“大企业”和“小企业”的理论框架，分析政策扶持和市场竞争对企业成长的影响，考察了“中国大企业缺失之谜”；同时，利用1998—2007年中国工业企业大样本数据，结合De Loecker、Warzynski和Boone的方法，分别测算了企业和行业层面的垄断程度指标，检验了行政垄断对企业成长的影响。研究结果表明，缺乏竞争和政策差异对大企业技术创新和成长具有显著的抑制作用，虽然政府扶持和补贴能够使企业在产品市场和要素市场处于垄断地位，实现短期利润和较高的市场份额，但也减少了企业创新激励，不利于企业长期发展。[19]

王贵东利用 1996—2013 年中国工业企业数据和中国经济普查数据的融合数据，在测算企业全要素生产率和企业垄断势力的基础上，分析了中国制造业企业的垄断行为。研究结果表明，中国制造业企业的垄断行为主要表现为创新垄断，且相比于不拥有国家资本金的垄断企业，拥有国家资本金的垄断企业更倾向于创新，而含有出口交货值的垄断企业和主营业务收入较低的垄断企业更倾向于寻租；拥有国家资本金的企业的全要素生产率总体低于不拥有国家资本金的企业，且随着国家资本金占比增加，企业全要素生产率呈现跳跃式增长再缓慢减少的趋势。因此，政府应针对不同的垄断企业实施不同的政策，减少寻租，鼓励创新。[20]

蔡宏波等将产业垄断和产业聚集同时引入理论模型，分析了两者相互作用对行业工资水平的影响；在理论分析的基础上，利用第二次全国经济普查服务企业数据，对行业间工资回报与集聚和垄断的关系进行回归分析。研究结果表明，在一定限度内，行业集聚程度的提高对行业平均工资具有显著的促进作用，但超过这一限度，行业聚集程度的提高对行业平均工资的作用转变为负向效应；行业垄断对行业平均工资具有一定的促进作用；人力资本存量的增加对行业平均工资具有显著的促进作用；服务行业存在一定的工资性别歧视。因此，政府应合理引导行业聚集，反对行业垄断，在垄断行业引入市场竞争机制，同时避免经济垄断和行业垄断。[21]

孙宝文等利用反垄断的“三阶段理论”构建分析框架，从互联网行业相关市场界定、垄断势力实际测量、福利变动理论分析 3 个角度分析了互联网行业反垄断管制的必要性。在实证研究中，将互联网行业作为一个整体来考察行业整体的市场势力溢价，利用传统 Klette 模型、加入研发项的 Klette 模型，以及同时考虑研发与网络效应的模型测量互联网行业的市场势力。研究结果表明，行业竞争方式转变为生态竞争，互联网行业的市场结构为“分层式垄断竞争”结构，相关市场不能描述互联网行业的这两个特征，在反垄断过程中应避免“相关市场”的提法；行业的垄断结构并未产生垄断势力，企业不存在随意提高价格的垄断行为，对于互联网行业，以市场份额作为垄断的认定标准并不合理；大型企业的垄断并不影响互联网行业的福利。[22]

五、员工工资和社会福利问题研究

程虹和李唐利用“中国企业—员工匹配调查”（CEES）数据，就“大五”人格特征（严谨性、顺同性、神经质、开放性、外向性）对于劳动力工资的影响进行了实证检验。基准回归结果表明，开放性、严谨性等积极的人格特征对于工资有显著的正效应，而顺同性、神经质对于工资的负效应并不明显，同时，相比于人力资本质量、认知能力等因素，开放性、严谨性等非认知能力指标对于工资有更显著的边际贡献。在基准回归的基础上，引入冒险精神、风险偏好指数等指标作为开放性人格的替代变量，对开放性人格与劳动力工资的因果关系进行了稳健性检验，结果表明开放性人格特征对于工资具有显著的促进效应。[23]

谢富胜和陈瑞琳围绕最低工资的收入效应进行了理论和实证研究。他们首先以鲍尔斯的劳动榨取模型为基础，构建了分析最低工资收入效应的政治经济学模型；依此为基础，对最低工资的短期、中长期和长期政策效应进行分析；最后，利用 2003—2012 年中国综合社会调查数据和无条件分位回归，分析了最低工资制度的收入效应及其在各子群体之间的差异。理论和实证分析结果表明，在一定限度内，最低工资制度能够提高劳动者的收入和企业利润，最低工资每提高 10%，底层劳动者的个人收入和家庭收入也能提高约 10%，且底层年轻劳动者和女性劳动者的获益更多；但若超过这一限度，则会给经济带来负担。[24]

孙豪等利用 2002—2012 年城乡分组数据，在消费分布服从广义贝塔分布Ⅱ型的条件下，通过函数加总法估计中国消费基尼系数，并按照城乡群体分解消费基尼系数，分析经济增长和消费分布对居民社会福利的影响。研究结果表明，中国消费基尼系数较高，但低于收入基尼系数；城乡消费不平等、城镇内部消费不平等、农村内部消费不平等和剩余项是中国消费不平等的主要原因，且影响依次递减；经济增长对居民社会福利增长的贡献率达到 95%，消费分配改善的贡献为 5%。因此，政府要着力改善低收入群体消费决策的基础，同时缩小消费决策的不平等和机会的不平等。[25]

孙三百和万广华以阿马蒂亚·森的可行能力理论为基础，利用 CGSS 微观调查数据，构建了居民福利和城市蔓延指数，在此基础上比较了城市地区和农村地区以及城郊和非城郊居民之间的福利差异。研究结果表明，城市地区和农村地区在福利水平和社会机会、社会保障、健康状况、经济条件、生活状况等初级指标上都存在差异；农村居民的平均福利水平整体高于城市居民，但城市居民中城郊居民和非城郊居民的平均福利水平没有显著差异；在农村地区的老城区，城市蔓延与居民福利的关系呈现“U”形，而在城郊地区，两者关系为倒“U”形。因此，城市蔓延对城郊居民和非城郊居民具有不同的影响，城市的福利不均等程度取决于城郊和非城郊居民数量和各自福利水平的变动幅度。㉖

周艳菊等分析了最优碳税税率对供应链结构和社会福利的影响。首先，他们构建了基于制造商、零售商和政府的三阶段博弈模型，即第一阶段由政府决定碳税税率，第二阶段由制造商决定批发价格，第三阶段由零售商决定零售价格，运用逆向归纳法求解和分析垄断和竞争两种情况下各个主体的最优决策；其次，通过数值算例进一步分析各种因素对供应链结构和社会福利的影响。研究结果表明，无论在垄断还是竞争条件下，最优碳税税率都会随消费者环保意识的提高而提高；如果消费者环保意识较高或者碳价格较高，政府按照最优税率对制造商征收碳税能够提高社会福利，但即使环保意识和碳价格较低，征收碳税也很有必要；当最优碳税税率难以估计时，直观税率可以替代最优碳税税率作为政府决策的一个次优选择。㉗

徐晓亮等以煤炭资源税改革为例，分析了资源政策调整对减排和环境福利的影响。首先，他们在社会经济、资源和环境的框架下，对传统动态可计算一般均衡模型（动态 CGE 模型）进行拓展，加入资源和环境福利模块，构建了新的动态 CGE 模型；其次，以煤炭资源为研究对象，利用一般性代数仿真系统（GAMS）模拟煤炭资源税率调整和资源价值补偿政策场景下减排和环境福利的变动情况。模拟结果表明，资源政策调整对减排和环境福利具有显著的促进作用，但不同的政策调整方案的影响程度不同；提高煤炭资源税率能够在一定程度上抑制资源消费，减少环境损失，资源价值补偿政策能够显著改善我国环境质量，提高环境福利。因此，资源政策调整要注意方案的协调性和完整性，发挥资源政策对减排和环境福利的积极作用。㉘

注：

①郝阳、龚六堂：《国有、民营混合参股与公司绩效改进》，《经济研究》，2017 年第 3 期。

②石晓军、王骜然：《独特公司治理机制对企业创新的影响——来自互联网公司双层股权制的全球证据》，《经济研究》，2017 年第 1 期。

③吴超鹏、张媛：《风险投资对上市公司股利政策影响的实证研究》，《金融研究》，2017 年第 9 期。

④徐经长、张璋、张东旭：《高管的风险态度与股权激励方式选择》，《经济理论与经济管理》，2017 年第 12 期。

⑤宋献中、胡珺、李四海：《社会责任信息披露与股价崩盘风险——基于信息效应与声誉保险效应的路径分析》，《金融研究》，2017 年第 4 期。

⑥孔东民、刘莎莎：《中小股东投票权、公司决策与公司治理——来自一项自然试验的证据》，《管理世界》，2017 年第 9 期。

⑦谭语嫣、谭之博、黄益平、胡永泰：《僵尸企业的投资挤出效应：基于中国工业企业的证据》，《经济研究》，2017 年第 5 期。

⑧张璇、刘贝贝、汪婷、李春涛：《信贷寻租、融资约束与企业创新》，《经济研究》，2017 年第 5 期。

⑨吕越、吕云龙、包群：《融资约束与企业增加值贸易——基于全球价值链视角的微观证据》，《金融研究》，2017 年第 5 期。

⑩苏振东、董家佳、陆璐：《中国企业进行‘传递贸易’之谜》，《数量经济技术经济研究》，2017 年第 1 期。

⑪祝树金、赵玉龙：《资源错配与企业的出口行为——基于中国工业企业数据的经验研究》，《金融研究》，2017 年第 11 期。

⑫姚杰、黄金凤：《品牌关系对消费者行为意向影响研究——基于我国服装品牌的实证分析》，《管理世界》，2017 年第 2 期。

⑬施亮、鲁耀斌、杨水清：《感知一致性对消费者移动购物行为的影响：基于 web-移动的跨渠道视角》，《中国管理科学》，2017 年第 4 期。

⑭鞠方、雷雨亮、周建军：《房价波动、收入水平对住房消费的影响——基于 SYS-GMM 估计方法的区域差异分析》，《管理科学学报》，2017 年第 2 期。

⑮万晓莉、严予若、方芳：《房价变化、房屋资产与中国居民消费——基于总体和调研数据的证据》，《经济学》(季刊)，2017 年第 1 期。

⑯李昂、申曙光：《社会养老保险与退休年龄选择——基于 CFPS2010 的微观经验证据》，《经济理论与经济管理》，2017 年第 9 期。

⑰吴雨、杨超、尹志超：《金融知识、养老计划

与家庭保险决策》，《经济学动态》，2017 年第 7 期。

⑱石贝贝：《我国城乡老年人口消费的实证研究——兼论“退休—消费之谜”》，《人口研究》，2017 年第 5 期。

⑲王永进、盛丹、李坤望：《中国企业成长中的规模分布——基于大企业的研究》，《中国社会科学》，2017 年第 3 期。

⑳王贵东：《中国制造业企业的垄断行为：寻租型还是创新型》，《中国工业经济》，2017 年第 3 期。

㉑蔡宏波、杨康、江小敏：《行业垄断、行业集聚与服务业工资——基于 299 个四位数细分行业的检验》，《统计研究》，2017 年第 2 期。

㉒孙宝文、荆文君、何毅：《互联网行业反垄断管制必要性的再判断》，《经济学动态》，2017 年第 7 期。

㉓程虹、李唐：《人格特征对于劳动力工资的影响效应——基于中国企业—员工匹配调查（CEES）的实证研究》，《经济研究》，2017 年第 2 期。

㉔谢富胜、陈瑞琳：《最低工资制度能提高底层劳动者的收入吗？——基于 2003—2012 年中国综合社会调查数据的经验研究》，《中国人民大学学报》，2017 年第 3 期。

㉕孙豪、胡志军、陈建东：《中国消费基尼系数估算及社会福利分析》，《数量经济技术经济研究》，2017 年第 12 期。

㉖孙三百、万广华：《城市蔓延对居民福利的影响——对城市空间异质性的考察》，《经济学动态》，2017 年第 11 期。

㉗周艳菊、胡凤英、周正龙、周雄伟：《最优碳税税率对供应链结构和社会福利的影响》，《系统工程理论与实践》，2017 年第 4 期。

㉘徐晓亮、程倩、车莹、许学芬：《资源政策调整对减排和环境福利影响——以煤炭资源税改革为例》，《管理科学学报》，2017 年第 2 期。

（作者：陈享光，中国人民大学教授；
郝芮琳，中国人民大学博士生）

国际经济学

卫兴华　何召鹏

2017 年，我国国际经济学界对国际经济学的研究围绕着如下方面展开：“逆全球化”现象与全球经济治理变革、“一带一路”倡议及实施策略、对外贸易问题、国际金融问题、对外投资与跨国并购问题等。

一、“逆全球化”现象与全球经济治理变革

面对国际上出现的“逆全球化”现象，党的十九大报告提出：在国际关系中，要“坚持和平发展道路，推动构建人类命运共同体”。要“促进贸易和投资自由化便利化，推动经济全球化朝着更加开放、包容、普惠、平衡、共赢的方向发展”。对于“逆全球化”问题，学界也展开多角度的研究与讨论。

1. 关于“逆全球化”现象及其成因

佟家栋等认为，“逆全球化”特指在经济全球化进展到一定阶段后所出现的不同程度和不同形式的市场再分割现象。它包含了由全面开放退回到有条件开放，甚至封闭的过程。具体体现为对商品、资本和劳动力等要素在国际的自由流动设置各种显性及隐性障碍。①

谢长安等运用积累的社会结构理论分析“逆全球化”现象的成因。他们认为，经济全球化是资本积累和扩张在全球范围内的实现，由此形成的全球体制是资本积累的社会结构的重要组成部分。在金融资本主义时代，金融资本在全球攫取财富的行为直接激化了积累的社会结构的内部矛盾，这是“逆全球化”现象发生的重要原因。但逆全球化只是暂时的，紧随其后的将是新一轮的经济全球化。②

陈伟光等认为，当前的“逆全球化”现象是全球金融危机调整后的滞后反映，收入分配问题、就业问题和难民潮问题是其中的主要诱因。从根源上讲，“逆全球化”现象是全球化和全球治理的不匹配致使全球治理失灵的表现和结果。大国是全球化的主要推动者和全球治理规则设计者，但也可以成为推动“逆全球化”现象的主要力量。制定与当前全球化相匹配的全球治理规则是应对“逆全球化”的主要出路。③

胡建雄等认为，逆全球化和贸易保护主义背后的经济逻辑在于供求失衡，即当全球性的产能过剩无法

与有效的国际市场需求相匹配时，各国降低自身产能就是唯一的解决途径。由于全球化给一国增加的国际市场需求小于其损失的国内市场需求，逆全球化和贸易保护主义必然兴起。但从长期来看，全球化和自由贸易利大于弊，贸易保护主义会随着供需的重新调整自然褪去。④

李稻葵等认为，国际贸易增长放缓和世界各国经济严重分化造成了“逆全球化”现象。美国总统特朗普试图通过进口替代战略和有控制的双边贸易，打乱正在发展中的基于多边协议和自由贸易的全球化经济体系，以强化美国在世界经济中的主导格局。面对美国贸易保护主义的巨大挑战，中国短期内应解决资金外流与汇率贬值问题，应对局部贸易战可能带来的不利局面。长期内应打造富有活力的大国增长模式；高举多边协议和自由贸易的大旗，以“一带一路”为抓手，促进形成多元合作的全球化经济新格局。⑤

2. 全球经济治理的变革与中国方案

张二震等认为，伴随发展中国家和新兴经济体的崛起，以及国际分工的深度演进，当前世界经济格局已经发生了重要变化。但现有全球经济治理却未能与时俱进，表现出不适应全球经济格局调整的变化，不适应国际分工发展的新特点，不适应全球经济包容性发展的需要的种种问题。因此，全球经济治理体系亟待变革和完善。⑥

蔡昉认为，传统全球治理模式由英美作为单一霸主国家主导国际公共品供给，其不能广泛代表各国的共同意志和平等利益，因此不能提供真正意义上的公共品。随着世界经济的多极化，全球共治新模式的形成不可避免。随着中国在世界经济中地位的不断提升，我国应积极参与全球治理，代表新兴经济体和广大发展中国家争取更大的话语权。⑦

隆国强认为，在全球经济格局的新变化、新技术革命、发达经济体反全球化的声浪等趋势性因素以及金融危机等偶发性因素的共同推动下，全球经济治理正处于加速变革期。中国应更加积极主动参与全球经济治理体系。一是从维护战略机遇期的高度来认识，与国际社会共同合作，维持经济全球化稳步推进的大局；二是要明确中国在全球经济治理体系中的角色。未来的全球治理架构可能出现集体领导制，中国将成为集体领导制中的一员。三是中国应加快提升资本技术密集制造业和服务业领域的竞争力，这是为全球经济治理体系做出贡献的基础。四是中国需要快速提升软实力，发挥引领者作用，贡献中国智慧。⑧

丁工认为，随着全球各国前途相通、命运相连程度的日益加深，需要各国协同合作解决的跨国性、世界性问题大幅增多，中国的战略机遇期出现。但当前的战略机遇期不单是中国独享自用的有利时机，还是为增进人类共同利益贡献智慧、力量、方案的特殊阶段。因此，中国应牢牢把握建设人类命运共同体这条贯穿始终的主线，努力将维系和延续中国战略机遇期同全球人民的发展前景对接起来，最终形成人类命运共同体和中国战略机遇期的相辅相成、相得益彰。⑨

二、“一带一路”倡议及实施策略

2017 年 5 月 14—15 日，“一带一路”国际合作高峰论坛在北京举行。这是习近平主席 2013 年提出“一带一路”重大合作倡议以来，中方就此召开的规格最高的国际会议，得到了国际社会的广泛支持。习近平出席论坛开幕式并发表主旨演讲，他强调坚持以和平合作、开放包容、互学互鉴、互利共赢为核心的丝路精神，携手推动“一带一路”建设行稳致远，将“一带一路”建成和平、繁荣、开放、创新、文明之路，迈向更加美好的明天。党的十九大报告提出：“中国坚持对外开放的基本国策，坚持打开国门搞建设，积极促进‘一带一路’国际合作，努力实现政策沟通、设施联通、贸易畅通、资金融通、民心相通，打造国际合作新平台，增添共同发展新动力。加大对发展中国家特别是最不发达国家援助力度。”国内学界对“一带一路”倡议及实施策略，也进行了具有各自见解的讨论。

李向阳认为，奉行正确的义利观是中国实现和平发展的必然要求，也是“一带一路”的基本要义。义利观源于中国传统文化的合作共赢，与亲诚惠容、人类命运共同体具有内在的一致性。正确的义利观不仅决定了“一带一路”存在的合法性，而且决定了它发展的可持续性。没有义，“一带一路”将失去应有之意；没有利，“一带一路”最终将不可持续。政府是“一带一路”的倡导者，企业是其主要参与者，贯彻正确的义利观的核心是协调政府与企业、政府与市场的关系。简言之，政府要以市场为基础，引导企业在实现利润最大化的前提下完成国家的战略目标。⑩

吴泽林认为，全球史是一部互联互通的历史，全球范围内的互联互通是全球化时代的本质特征。其中，为国内和国际社会提供互联互通产品的能力越来越处于关键位置。当今，中国已经成为全球互联互通产品的最大贡献者之一，中国倡议推动的“一带一路”的理论基石是互联互通理论，应在中国广泛的互联互通实践中，继续总结中国的新经验和新路径，将其提炼为概念、范式和理论，进一步丰富和完善互联互通理论。⑪

王芊霖从全球治理角度分析了“一带一路”倡议在全球化和全球治理困境中的贡献。他认为，第一，“一带一路”使共同发展第一次成为全球贸易治理的目标。第二，“一带一路”是嵌入式多边主义构建理论的创新应用。第三，“一带一路”采取了差异化的制度构建路径。第四，“一带一路”提出了共赢的价值观。第五，用对接方式推进“一带一路”实践过程。第六，“一带一路”实践会创造出一批全球贸易治理新术语。⑫

王亚军认为，中国提出的“一带一路”倡议具有非竞争性和非排他性的公共产品基本特征。“一带一路”倡议推动了全球治理理论的多重创新，丰富和发展了国际合作理论和全球价值链理论。“一带一路”倡议兼具区域合作、国际协议等特点，开创了中国外交的新实践和国际合作的新模式，具有发展、和平、文化、合作等方面的典范价值，为新时期国际关系提供了新的解决方案。⑬

有的学者指出：“一带一路”倡议已进入具体推进、落地阶段，“一带一路”沿线国家的投资需求巨大，但潜在风险也值得关注。徐奇渊等从三个角度对中国参与建设共赢、可持续的“一带一路”投融资机制提出了建议。第一，投资主体借力借势布局。可以利用现有国际金融中心之间的竞争关系，为拓展布局找到新空间。第二，绑定各方投资伙伴的利益。将相关方的利益进行绑定，推动"一带一路"线上的双边合作、第三方合作。第三，对投资对象需要约法三章。投资对象国必须整肃金融纪律，改善营商环境，培育具有国际竞争力的有效产能。⑭

三、对外贸易问题研究

（一）我国的出口贸易问题研究

陈启斐等研究了本地服务要素供给对高技术产业出口的影响。他们认为，本地服务要素供给与中国高技术产业出口呈现“U”形关系，即随着本地服务要素投入的增加，高技术产业出口额呈现出先下降后上升的关系。细分行业上，生产性服务要素、消费性服务要素和公共服务要素都可以促进高技术产业的出口。服务业尤其是生产性服务业是下游高技术产业的重要中间投入环节，应当成为供给侧结构性改革的重中之重。⑮

黄玖立等研究了用地成本对企业出口行为的影响。他们认为，用地成本严重削弱了中国制造业在国际市场上的出口竞争力：较高的土地支出不仅降低了企业出口的可能性，还抑制了企业的出口规模。并且，不同类型的企业存在差异：相比高效率的企业，用地成本对低效率企业的出口行为影响更大；相比其他类型企业，用地成本对国有企业出口行为影响较小。因此，通过增加土地的市场供应量、抑制土地投机性需求以及倡导企业用地成本支付方式的多元化，有利于降低企业的用地成本，提升中国制造业出口竞争力。⑯

王海成等研究了贸易促进机构对企业出口的影响。他们认为，国际贸易促进委员会对中国企业出口具有显著的促进作用。对于民营企业、沿海地区企业和高技术企业的促进作用更大，并能降低企业在出口市场上的失败率，延长企业出口持续时间。因此，完善贸易促进体系、充分发挥贸易促进机构的作用，是中国“十三五”乃至更长时期内稳定和促进出口的一个重要着力点。⑰

李兵等研究了互联网对企业出口的影响。他们认为，互联网显著促进了企业出口，且对企业出口的影响大于国内销售，会提高企业出口密集度。并且，互联网对企业出口的作用与贸易自由化的作用相似。⑱

史青等认为，出口行为促进了企业研发投入。由于中国企业更多模仿领先者而非开展研发竞赛，因此之前忽略研发策略互动的研究低估了出口对研发投入的促进作用。他们认为，出口增大了对新产品开发的研发投入力度；对高科技行业研发创新的促进作用更加明显。⑲

岳文等认为，出口强度对中国企业技术升级的影响呈倒“U”形，即企业的出口强度并不是越高越好，当企业的出口强度超过一定的临界值后，出口强度的进一步增加反而不利于企业的技术升级。而且，其对不同地区、不同所有制类型企业技术升级的影响并不一样。出口强度对企业技术升级影响的倒“U”形关系只在东部沿海地区存在；出口强度只对集体企业和外资企业技术升级的影响呈倒“U”形，对国有企业技术升级没有显著影响，对民营企业技术升级的影响则呈线性正效应。⑳

2. 全球价值链与我国贸易地位的提升

马述忠等研究了融资约束对提升我国全球价值链地位的影响。他们认为，高生产率企业从事全球价值链较高环节的进料加工，低生产率企业从事较低环节的来料加工；高价值链环节更可能面临融资约束困境。因此，促进加工贸易企业生产率的提高，为加工贸易企业提供直接的外部融资支持，有助于提高企业的全球价值链地位。并且，搭配使用提高企业生产率的举措与提供外部融资支持的举措，对于企业全球价值链地位的提高效果更佳。[21]

吕越等认为，参与全球价值链可以有效提高中国企业的生产效率，且全球价值链嵌入与企业的生产效率改进存在倒“U”形关系。同时，企业参与全球价值链会通过中间品效应、大市场效应以及竞争效应改善其生产率。其中，中间品效应是指企业参与价值链可选择的中间品更加丰富，降低了企业生产成本；大市场效应是指通过目标市场扩大带来的规模经济提高了企业的生产率；竞争效应是指参与全球价值链会面临更激烈的国际竞争，倒逼企业提高生产率增加竞争力。但随着中国企业与发达国家的技术差距缩短，上述3个机制的改善效应会逐渐消失或减弱，从而可能面临价值链“低端锁定”风险。因此，必须进一步增强参与全球价值链的广度和深度，尤其是充分利用全球价值链参与带来的福利，以提高中国制造业企业的生产率。[22]

裴长洪等认为，随着国际金融危机之后全球政治经济环境出现新变化及我国经济进入新常态，需要对贸易强国的内涵及其共性特征有新的辨析，从而构建贸易强国共性指标并进行实证分析，筛选出有客观依据的贸易强国；然后构建贸易强国特性指标和分类方法，划分出多种贸易强国类型，且对每类贸易强国的代表性国家进行简要分析。在此基础上，再客观分析我国与世界各贸易强国的差距，提出我国迈向贸易强国的目标和路径，尤其是需要科学判断和界定我国应该达到的贸易强国标准和目标，准确分析我国成为贸易强国各种类型的演变趋势，提出当下我国迈向贸易强国的国家层面与区域层面的政策思路。[23]

四、国际金融问题研究

1. 我国资本账户开放问题研究

陈中飞等认为，汇率自由化与利率市场化互为因果、相互促进，二者促进了资本账户开放进程。汇率自由化不仅有利于利率市场化、资本账户开放改革的实现，而且更有助于抑制货币危机的爆发。因而，利率市场化、汇率自由化和资本账户开放的改革顺序应该是汇率先行，利率跟随，资本账户最后。[24]

而陈创练等则认为，利率市场化、汇率自由化和资本账户开放的改革顺序应该是：利率市场化先行，汇率改制随后，资本账户开放最后。他们认为，在利率—汇率—资本流动三者相互传导过程中，我国的利率渠道最为不顺畅。因此，利率市场化改革应放在首位。[25]

杨小海等认为，无论在哪种政策安排下，放松资本管制均会导致中国面临资本外流的压力，而且流出的速度会随着管制程度的放松而加快。他们认为，经济的结构性改革应优先于资本账户开放，同时降低居民的风险厌恶程度以及加快金融体系改革有利于缓解未来资本账户开放后所面临的资本外流压力。[26]

2. 人民币国际化和汇率问题研究

彭红枫等认为，决定货币国际化总量指数的关键是经济实力、贸易规模和币值稳定性等基本面因素，而资本账户开放度、金融市场发展程度、政治稳定性和军事实力等结构性因素也能够显著影响货币国际化相对程度。受制于中国的政策制度和金融体系等结构性因素的不足，人民币在全球市场上使用的份额始终较低。因此，推进人民币国际化的关键在于完善我国的制度体系和金融市场等结构性因素。[27]

杨荣海等研究了资本账户开放对人民币国际化“货币锚”地位的影响。他们认为，人民币已经成为全球大多数国家，特别是与中国有密切经济往来国家的隐性“货币锚”，进一步开放中国资本账户会强化这一关系。尽管中国对实际资本账户开放进程持稳健态度，但资本账户开放速度加快有利于提升人民币隐性“货币锚”地位。[28]

刘啟仁等研究了人民币汇率变动对出口企业研发的影响。他们认为，有效汇率的升值和预期波动风险的增大均不利于出口企业的研发投资，但是，融资约束越低、出口产品种类和目的地越多的企业却能有效地隔绝汇率的不利冲击。政府可以在其中发挥重要的调节作用，一方面，可以主动地推出积极的所得税减免和定向扶持政策，这些措施有利于降低汇率对企业研发投资的不利影响。另一方面，大力培育和扶持企业提高生产率，从而为应对汇率冲击提供内部支撑。[29]

丁志杰等研究了汇率对中等收入国家经济跨越的影响。他们认为，中等收入国家处在国际经济体系外围、经济开放程度高、汇率与物价双向作用明显，汇率不稳定对实际经济增长的负面影响大。名义汇率变动不仅直接影响美元表示的跨越中等收入阶段的速度，还对物价稳定产生冲击，由此对本币表示的实际经济增长产生比其他国家大得多的负面影响，从而对跨越速度产生间接影响，并且这种间接影响是长期的。因此，中等收入国家汇率需要管理，自由浮动汇率并非其最优选择。[30]

五、对外直接投资与跨国并购问题研究

1. 对外直接投资问题研究

王碧珺等研究了中国对外直接投资遭受政治阻力的问题。他们认为，对外直接投资可能对东道国的国内政治产生三重影响：威胁东道国的“国家安全”、引入新的企业运作规则和惯例以及重塑东道国的国内政治联盟。其中，威胁东道国的国家安全是对外直接投资遭受政治阻力最普遍的理由。通过研究中国企业的对外直接投资受阻情况发现，投资规模大，双边政治关系差，东道国技术水平高，投资行业为电信业、农林牧渔业、采矿业和建筑业是中国企业对外直接投资受阻的显著影响因素，而企业的所有制性质并无显著影响。中国政府则应积极参与国际投资规则构建，尤其是要加强与东道国的实质性战略合作，以增强政治互信。为中国企业的对外直接投资营造良好的外部环境。[31]

李磊等研究了中国服务业对外直接投资问题。他们认为，企业生产率、人力资本、资本密集度和企业年龄与服务业企业对外直接投资具有显著正向关系。与制造业相比，服务业企业对外直接投资中“人”比“物”更重要。研究发现，在2008年，中国服务业企业生产率每增加1%，其对外直接投资流量将增加约2.5%，存量将增加约2%。人力资本是仅次于企业生产率的影响因素，其每增加1%，服务业企业对外直接投资流量将增加1.1%，存量将增加约1.4%。此外，企业生产率及人力资本对服务业企业向中高收入地区对外直接投资的影响较大。[32]

郑志丹研究了工资上涨对企业对外直接投资的影响。他认为，随着企业工资指导线和最低工资标准的逐年上调，对我国企业国际贸易的成本效应日益显现。最低工资和平均工资的上涨会提升企业对外直接投资意愿，减少企业的出口意愿。[33]

蒋冠宏等认为，对外直接投资分为绿地投资和跨国并购，企业的生产率、资本密集度和规模、研发密度、出口情况等因素会影响企业对外直接投资的方式。他们认为，对于生产率更高、资本更密集和规模更大的企业更偏向于选择跨国并购的投资方式；出口越多的企业越有可能选择绿地投资的方式；研发密度越高和流动资产比重越高的企业越有可能选择跨国并购的投资方式。[34]

2. 跨国并购问题研究

刘青等认为，我国企业的海外并购常常遭受不同程度的限制甚至抵制，理由是中国海外并购的动因被认为与市场经济国家不同。通过研究我国海外并购的动因发现，与主流文献所总结的发达国家的情形一样，中国的海外收购同样受东道国市场、自然资源、战略资产和制度环境因素的驱动。具体表现：我国海外并购表现出市场寻求和矿产金属资源寻求特征；我国经济发展到新阶段后，海外并购表现出战略资产寻求动机；在区位选择决策中，对东道国政治、经济风险欠缺考虑，甚至在投资规模上表现出明显的风险追逐特征，而重视交易成本，倾向于进入腐败程度较低的国家。[35]

李诗等研究了并购涉及东道国国家安全的敏感性海外资产，对并购成败及并购绩效的影响。他们认为，相比地方国企和民企，中央国企更可能到海外并购敏感性资产。相比其他并购，敏感性资产并购的成功概率较低，但市场反应较好，有利于提升股东价值。国企实施敏感性资产并购对股东价值的正面影响显著弱于民企。因此，企业在海外并购过程中，应注意减少并购的政治风险，实现国家、市场和企业利益多赢的局面。[36]

蒋冠宏认为，跨国并购明显促进了企业生产率的更快增长，且存在持续推动作用。同时，跨国并购促进了企业研发投入的更快增长，但跨国并购对资产收益率的提升作用不明显。因此，利用国外市场和资源来提升我国企业国际竞争力具有经验基础。应继续鼓励我国有实力的企业“走出去”利用全球广阔的市场和优质的资源来提升企业竞争力。[37]

注：

①佟家栋、刘程：《“逆全球化”浪潮的源起及其走向：基于历史比较的视角》，《中国工业经济》，2017年第6期。

②谢长安、丁晓钦：《逆全球化还是新全球化？——基于资本积累的社会结构理论》，《毛泽东邓小平理论研究》，2017年第10期。

③陈伟光：《全球化逆动与中国的应对：基于全球化和全球治理关系的思考》，《教学与研究》，2017年第4期。

④胡建雄：《本轮逆全球化和贸易保护主义兴起的经济逻辑研究》，《经济体制改革》，2017年第6期。

⑤李稻葵、胡思佳、石锦建：《经济全球化逆流：

挑战与应对》，《经济学动态》，2017年第4期。

⑥张二震、戴翔：《完善全球经济治理与中国新贡献》，《世界经济研究》，2017年第12期。

⑦蔡昉：《金德尔伯格陷阱还是伊斯特利悲剧？——全球公共品及其提供方式和中国方案》，《世界经济与政治》，2017年第10期。

⑧隆国强：《全球经济治理变革的三个判断》，《国际经济评论》，2017年第3期。

⑨丁工：《人类命运共同体的构建与中国战略机遇期的存续》，《国际经济评论》，2017年第6期。

⑩李向阳：《“一带一路”建设中的义利观》，《世界经济与政治》，2017年第9期。

⑪吴泽林：《解析中国的全球互联互通能力》，《世界经济与政治》，2017年第11期。

⑫王芊霖、程大为：《一带一路倡议对全球贸易治理的贡献》，《政治经济学评论》，2017年第8卷第3期。

⑬王亚军：《“一带一路”倡议的理论创新与典范价值》，《世界经济与政治》，2017年第3期。

⑭徐奇渊、杨盼盼、肖立晟：《“一带一路”投融资机制建设：中国如何更有效地参与》，《国际经济评论》，2017年第5期。

⑮陈启斐、张为付、唐保庆：《本地服务要素供给与高技术产业出口——来自中国省际细分高技术行业的证据》，《中国工业经济》，2017年第9期。

⑯黄玖立、冯志艳：《用地成本对企业出口行为的影响及其作用机制》，《中国工业经济》，2017年第9期。

⑰王海成、万亚平、许和连：《贸易促进机构与企业出口》，《经济学动态》，2017年第5期。

⑱李兵、李柔：《互联网与企业出口：来自中国工业企业的微观经验证据》，《世界经济》，2017年第7期。

⑲史青、李平、宗庆庆：《出口中学：基于企业研发策略互动的视角》，《世界经济》，2017年第6期。

⑳岳文、韩剑：《异质性企业、出口强度与技术升级》，《世界经济》，2017年第10期。

㉑马述忠、张洪胜、王笑笑：《融资约束与全球价值链地位提升——来自中国加工贸易企业的理论与证据》，《中国社会科学》，2017年第1期。

㉒吕越、黄艳希、陈勇兵：《全球价值链嵌入的生产率效应：影响与机制分析》，《世界经济》，2017年第7期。

㉓裴长洪、刘洪愧：《中国怎样迈向贸易强国：一个新的分析思路》，《经济研究》，2017年第5期。

㉔陈中飞、王曦、王伟：《利率市场化、汇率自由化和资本账户开放的顺序》，《世界经济》，2017年第6期。

㉕陈创练、姚树洁、郑挺国、欧璟华：《利率市场化、汇率改制与国际资本流动的关系研究》，《经济研究》，2017年第4期。

㉖杨小海、刘红忠、王弟海：《中国应加速推进资本账户开放吗？——基于DSGE的政策模拟研究》，《经济研究》，2017年第8期。

㉗彭红枫、谭小玉：《人民币国际化研究：程度测算与影响因素分析》，《经济研究》，2017年第2期。

㉘杨荣海、李亚波：《资本账户开放对人民币国际化“货币锚”地位的影响分析》，《经济研究》，2017年第1期。

㉙刘啟仁、黄建忠：《人民币汇率变动与出口企业研发》，《金融研究》，2017年第8期。

㉚丁志杰、谢峰：《汇率对中等收入国家经济跨越的影响研究》，《金融研究》，2017年第2期。

㉛王碧珺、肖河：《哪些中国对外直接投资更容易遭受政治阻力?》，《世界经济与政治》，2017年第4期。

㉜李磊、蒋殿春、王小霞：《企业异质性与中国服务业对外直接投资》，《世界经济》，2017年第11期。

㉝郑志丹：《工资上涨的成本效应：企业出口与对外直接投资的权衡》，《经济学动态》，2017年第9期。

㉞蒋冠宏、蒋殿春：《绿地投资还是跨国并购：中国企业对外直接投资方式的选择》，《世界经济》，2017年第7期。

㉟刘青、陶攀、洪俊杰：《中国海外并购的动因研究——基于广延边际与集约边际的视角》，《经济研究》，2017年第1期。

㊱李诗、黄世忠、吴超鹏：《中国企业并购敏感性海外资产的经验研究》，《世界经济》，2017年第3期。

㊲蒋冠宏：《我国企业跨国并购真的失败了吗？——基于企业效率的再讨论》，《金融研究》，2017年第4期。

（作者：卫兴华，中国人民大学教授；
何召鹏，中国人民大学讲师）

宏观经济理论与政策

方　芳　陈佳良

2017 年是“十三五”规划承上启下的重要一年，在全球经济回暖的整体趋势和国内去杠杆取得阶段性成果的影响下，我国经济稳中向好，各项经济增长指标符合预期，“L”形走势已成“新常态”。“共享经济”成了资本市场追捧的新热点，也为传统实体行业及服务业的发展格局带来革命性变化；“一带一路”合作国家已覆盖五大洲，中国资本、中国制造成功“走出去”；对外投资回归理性，但近两年的增长也带来了潜在隐患；英美等国贸易保护势力抬头，“逆全球化”风险下新兴国家需谨慎应对；“千年大计”雄安新区发展规划稳步推进，京津冀一体化布局进入新阶段；农村供给侧改革将全力解决我国农业发展的深层次矛盾，取得供给侧改革的全面胜利，让人民共享改革福利。

一、“互联网＋”时代下的“共享经济”

2015 年 12 月在浙江乌镇召开的第二次世界互联网大会上，习近平主席在开幕式的致辞中首次强调了“共享经济”的重要性，并进一步明确共享经济的战略意义。进入 2017 年，“共享经济”已经渗入实体经济的各个行业，并成为资本市场上最受追捧的概念之一。

1. 共享经济：兴起原因

刘根荣将共享经济近年来取得的巨大发展归因于 5 个方面：一是以互联网为代表的现代信息技术兴起，促使共享行为的交易成本降低；二是互动式交易平台的大量出现使得交易双方的信用信息接近透明化，共享行为有了坚强的社会信任基础；三是物质产品的极大丰富以及社会各阶层之间的收入差距促进了社会资源的分享意识；四是社会整体环保意识的提升，使共享经济拥有绿色发展的共同理念；五是由于共享经济可以实现帕累托改进，为供求双方带来了实实在在的物质利益，增进了社会总福利。在人们逐利的本能驱动下，各种共享经济的具体模式不断推陈出新。①

而马广奇和陈静则认为共享经济之所以存在发展空间，一是受到社会资源紧缺的约束，只有通过“共享”的方式才能实现资源的重复利用；二是年轻群体逐渐成为消费主力所带来的主流消费观念的转变。②

2. 共享经济：作用与影响

共享经济给人们的生产、消费模式带来革命性的影响，同时以低成本的优势，打破原有的商业模式以及产业生态，形成了新的经济增长点。刘根荣认为，共享经济主要给我国经济发展带来六大影响：一是改变传统的“劳动者——企业——消费者”的相互关系，传统企业完全被共享平台公司取代，由企业承担的投资功能转移至供给者个人；二是通过提供个性化的商品服务提高服务效率、促进服务业升级；三是降低行业进入门槛、加剧行业竞争；四是通过差异化需求来指导供给，促进生产革新；五是提高社会的诚信意识；六是通过供给和需求的灵活匹配解放传统的劳动力雇佣关系，实现灵活就业。

邵洪波和王诗桪通过建立局部均衡模型，从理论上证明了共享经济可以创造更多的社会价值。在传统经济中，企业在创造价值时使用的某些资源是不可细分的，即具有最小购买与使用单位限制，而共享经济可以通过优化资源配置、实现资源开发两种途径创造价值。共享经济的出现不仅提升了价值总量，还提升了各类型企业自身的利润水平，对社会而言也实现了帕累托改进。③

关于共享经济对金融市场带来的影响，王维才和崔航指出一方面金融市场的活跃刺激了共享经济的发展，在投资者的扶持下各行业的共享经济模式开始摸索盈利思路；另一方面“共享经济思维”涵盖了金融市场化、金融实体服务、互联网金融、惠普金融等一系列金融创新的演进方向和理念，也促进了金融市场和金融产品的革新。④

3. 共享经济：问题与瓶颈

马广奇和陈静认为，共享经济现阶段面临的问题主要有 4 个：一是法律的滞后性带来的监管效果不完善，比如在住宿领域会遇到服务人员培训和行业标准化的问题、在 wifi 共享领域会遇到实名制注册带来的网络安全和信息泄露问题等；二是信用体系仍不健全问题，由于大部分的交易都是在线上完成，如果没有一套完善的征信体系来防止对方违约，并对违约行为进行记录，就会极大提高守约方的交易成本；三是照搬照抄、同质化现象严重问题；四是资本过度追捧带来的金融风险。

张新红等提出了目前共享经济在行业的统计与监测方面面临的主要问题：一是现有的国民经济行业分类体系无法按照行业或领域与共享经济活动一一对应，也难以对共享经济活动进行精确统计；二是传统的数据收集和抽样办法不能完全适应共享经济新业态的发展；三是现有的GDP核算方式无法测度共享经济带来的闲置资源的充分利用与经济运行效率的提升，所以难以测量对社会的贡献。⑤

统计上的问题也带来了税收上的新问题。陈宇和李锐就从税收的角度出发，指出目前的税收法律法规对共享经济的税收主体、课税对象以及税率等问题上均难以做出明确的分类和统计，进而在税收管辖权分摊以及税收稽查等具体工作上困难重重，如果不及时做出调整，在未来将会造成大量的税收流失。⑥

二、“一带一路”重塑全球价值链

自2015年3月“一带一路”倡议全面推广以来，近3年的时间中我国在政策沟通、设施联通、贸易畅通、资金融通、民心相通等方面都取得了显著的成绩，一方面为国内经济转型做出了突出贡献，另一方面也促进更多的沿线国家参与全球价值链的构建。

1. “一带一路”在新时期的目标和意义

黄先海和余骁则认为“一带一路”的成功将会使全球价值链形态由传统的“先发国家居于两头、后发国家落脚底部”重构为嵌套型的分工结构及双向型的运行机制，也是我国寻求与世界经济“再平衡”的绝佳机遇。首先，较早参与全球化进程所积累的经济、技术基础使中国实现了向高附加值环节的快速攀升，我国已经具备足够的能力和基础成为新型国际分工体系中的核心枢纽国，在功能上对外承接、转化、应用发达国家的先进技术与产品、对内主导“一带一路”区域经济一体化；其次沿线发展中国家大多处于工业化初中期阶段，吸引外资、参与区域分工以谋求经济发展的意愿强烈；而部分沿线国家间长期存在的复杂对立关系将导致短期内“一带一路”沿线国家倾向于单独与中国联系，呈现出多重双边伙伴关系，这种特殊的经贸合作关系使中国与沿线成员国间形成了独特的“轮轴—轮辐”型架构的区域分工体系，具有经济技术优势的中国成为其中的“领雁国”，带领沿线各国实现经济前行。⑦

张辉等也通过投入产出分析印证了“双环流”全球价值链的存在性。一方面，中国与发达经济体之间形成了以产业分工、贸易、投资、资本间接流动为载体的循环体系；另一方面，中国又与亚非拉 发展中经济体之间形成了以贸易、直接投资为载体的循环体系。在这两个循环体系中，中国越来越成为连接发达经济体与亚非拉欠发达经济体之间的主要中间节点或枢纽点，而“一带一路”则会进一步巩固这种贸易体系。⑧

2. “一带一路”新布局

李静等通过实证比较了“一带一路”沿线国家贸易的竞争性和互补性。从总体来看，过去中国与“一带一路”沿线国家之间的贸易竞争并不激烈，互补性大于竞争性，但竞争渐强的趋势不可避免，所以要协调好“一带一路”国家的贸易竞争关系，处理好贸易竞争群体的内部和外部关系，避免过度竞争，积极调整产业结构，密切关注相关国家的投资与产业发展动态。⑨

彭羽和沈玉良建议中国在与沿线各国签订贸易协定时应参考欧美、日本的成功经验，根据沿线各国的经济发展阶段和现有规则水平，加快推进不同规则和层次的自贸协定网络。首先，应以双边的全球价值链联系为基础，优先选择自贸协定伙伴国；其次，要以企业需求为导向，通过自贸协定提升双方在全球价值链中的位置；再次，需借鉴欧美高水平自贸协定的经验，推动中国与沿线国家的区域价值链建设；最后，中国沿线国家的自贸区建设，要把经济全球化以来双方的贸易投资制度经验纳入自贸协定中，形成世界贸易组织的深化条款和超越条款。⑩

三、对外投资：风险的再评估

中国对外投资规模在经历了13年高速增长后，于2015年首次超过引进外资额，实现了资本净输出，标志着中国以对外投资国的身份正式进入开放发展的全新阶段；但2017年对外投资规模又出现了显著下滑，在“一带一路”的大环境下，对外投资规模的波动引起了社会及学界的广泛讨论。

1. 对外投资现状：反思与总结

苑生龙利用投资发展周期理论，结合联合国贸易和发展会议给出的评判标准指出中国已经于2015年进入投资发展的新阶段，由资本净输入转变为资本净输出实际上是我国经济增速、经济结构、开放格局、金融汇率体系的阶段性质变的表现；同时，影响我国对外投资规模的因素逐渐增多，投资的复杂性也标志着我国的投资发展已经进入高级阶段。但是2016年以来我国对外投资规模增长出现过快迹象，在我国国际化经验尚且不足的情况下，盲目追求总量会严重威胁海外资产安全，因此未来应该通过结构转型有目的、保质量地追求对外投资新阶段的增长。⑪

王广谦分析了我国对外投资快速增长的原因。除了受“一带一路”政策性导向因素外还有4个方面的原因：一是外商直接投资增量的提前趋缓，由于国内要素成本上升导致一些行业企业的利润率下降，外商投资的积极性降低，同时我国服务业领域对外开放度较低，对外商投资限制较多，影响了外商资本的流入；二是对外直接投资的超常规剧增，由于部分传统产业近年出现了竞争优势减弱的现象，国内部分成本敏感型产业资本开始向外转移，特别是我国企业谋求提升全球价值链地位，通过对外并购战略资产吸收研发、品牌、关键投入品等价值链高端要素的积极性提升；三是人民币对美元贬值预期刺激了企业在海外配置资产的需求；四是我国对企业对外直接投资管理比较宽松。综合上述因素，我国在中等发展水平上提前出现资本净流出会挤压国内资本的投入，给中国经济增加新的变数。⑫

梁文化和刘宏认为后发国家这种资本流出并用于直接投资的现象有助于其嵌入发达国家和经济体的技术密集型产业并在地理上接近其研发聚集地获取研发溢出，从而最终达到提升本国母公司乃至整体的创新能力和技术水平的目的。但由于我国对外投资起步较晚，目前对外直接投资动机主要以获取东道国的自然资源和开拓市场为主，因此将研发资源转化为技术进步的能力还较弱。⑬

2. 对外投资风险因素分析

董小君和蒋伟将目前我国对外投资面临的风险分为4种：一是政治风险，包括与现政府的合作项目，有可能因政权更迭受到影响、涉及国家主权的重大项目极易遭到否决以及国际超大型区域集团联盟对项目的干扰等；二是非传统安全威胁风险，具体包括恐怖主义威胁、民族宗教问题与冲突以及可能存在的战争风险等；三是法律风险，具体包括沿线国家与贸易、投资相关的法律建设不完善和司法体系与司法执行效率两极分化较为突出等问题；四是金融风险，包括项目融资中的利率风险、汇率风险以及外汇的不可获得与不可转移风险。⑭

杨挺等指出，由于各国近年来隐性制度障碍增加，中国企业在高端技术产业领域的合作存在困难。部分对外投资企业希望顺利地进入航空航天、高端数控机床、电信运营等保护性行业，但面临较大困难，其中包括突破技术封锁难、融资难、推行中国标准难等；另外，企业运用金融避险工具的专业化水平低问题也值得注意，有些企业在境外并购大量依靠银行贷款或者投资基金，一些企业的贷款投入比例过高，承担高杠杆风险。欧盟等已实施税基侵蚀和利润转移计划，国际税务监管规则趋严增大企业合规难度。⑮

3. 对外投资优化路径分析

周师迅就我国企业海外并购目前遇到的问题与风险提出5点建议：第一，以自贸试验区为切入点和试验地，加快投资贸易便利化体制机制创新，一方面，要下放跨境并购的审批，简化审批手续，放宽外汇额度的控制，加大跨境并购的事中事后监管；另一方面，要制定产业优惠政策，强化国内产业政策对跨境并购的引领和支撑作用，针对不同的跨境并购行业和项目进行分类管理。第二，要积极参与双边、区域和多边国际投资规则制定，保护本国企业对外投资利益。第三，要立足于服务我国创新驱动转型发展的战略目标，跨境并购目标选择时重点应放在产业纵向关联度高的制造业领域。第四，要尽量淡化政治色彩，体现社区贡献。第五，要推进供给侧改革，正确领会供给侧改革的深刻内涵，注重内外衔接。⑯

杨挺等认为提升未来对外投资质量应该注重加强政府与企业之间的联系。一方面，政府要引导企业从微观层面上加强防范风险的意识，通过媒体曝光、海外商务稽查、行业约束等途径，加强事中、事后监管，鼓励企业承担社会责任、遵守当地风俗惯例、重视塑造形象，同时加强中资企业商会等组织建设，增强企业自保的能力；另一方面，企业应发挥抱团出海的集聚效应，可以复制推广领军企业积累的成功运营境外经贸合作区经验，采用竞标联合体抱团参与项目竞标，避免企业间不必要的内耗，提高中国企业中标成功率。

四、逆全球化：乱象丛生，应未雨绸缪

2008年金融危机之后，以美国为主导的贸易保护势力甚嚣尘上，尤其是随着特朗普上任以来“美国优先”战略的逐步实行，“逆全球化”将成为扰乱国际贸易发展的巨大隐患，我国在未来一段时间内也将面临一个充满不确定性的国际经济和金融环境。

1.“逆全球化”还将走多远

在分析逆全球化的产生原因时，张茉楠将其归因于两个方面：一是全球化对不同社会群体的影响不同，即在全球化过程中“利益分配”不均，特别是所谓的“受益群体”与“受损群体”之间的矛盾，是全球化逆转的重要推动力。发达经济体内部逐渐失去竞争优势的产业不断向国外转移，造成本国产业空心化趋势，使得以传统农业和传统制造业为代表的“旧经济部门”利益受损，部门内出现利润下滑和失业率增加。对于西方发达国家来说，全球化最重要的后果是中国的崛起及其对世界的影响；二是当前全球治理体系和各国宏观政策协调机制与全球化发展的不相适应。现行全球治理体系形成于二战后，已难以适应世界政治、经济、社会快速变化的新形势发展需要。全球化发展要求加强全球治理和全球监管协调，然而各国经济政策协调难度加大，滞后于全球化的发展。[17]

苏立君预测美国的逆全球化不可能持久。他认为全球化与“逆全球化”本质上是资本、劳动力与民族国家之间利益博弈的过程。当一国经济实力和竞争力强大时资本力量强化，便会主导经济全球化，形成国际垄断资本，导致“去工业化”；当一国竞争力衰竭使劳动者利益得到强化时，便会推动“逆全球化”导致“再工业化”。但是技术变革之后发生的范式革命是一个不可逆的过程，一旦在经济全球化条件下形成了现有的分工范式和制度模式，只有通过新一轮的技术与经济革命才能形成新格局。美国社会既然选择了“不重视制造业”这种价值体系，就会对科学、技术、工程和数学等缺乏足够的重视，从而使得发展先进制造业面临人才短缺的困境，在下一轮的技术革命中很难占据优势，而仅仅依靠5年甚至10年的贸易保护主义，是难以推动“逆全球化”的可持续发展的。[18]

荆林波和袁平红认为“逆全球化”势力实际上并没有影响全球化进程的推进，因为随着世界经济步入要素分工时代，不同经济发展水平的国家之间的分工不仅具有互利性而且具有共生性。他们通过衡量WTO成员近几十年来的出口增速、FDI占GDP比例、移民流量等指标后发现全球化正在持续进行。[19]

2. 逆全球化：中国的策略调整

李稻葵等建议，中国短期的战略应为“汇率稳守，贸易反击”，从长期来看，对内应该深化改革，对外则积极推动新型全球化经济格局。在此基础上，他们将中国未来的政策调整总结为以下4条：第一，由于受到美联储加息步伐的加快以及欧洲大选可能出现的黑天鹅事件风险影响，2017年中国经济面临的第一大风险来自于汇率，因此货币当局应坚决扭转市场贬值预期，严格管理企业部门，加强高度流动性的短期资本的跨境流动监管，保证汇率稳定；第二，未雨绸缪，沉着冷静应对贸易战带来的不利局面。特朗普上台后并不会选择短兵相接方式同中国打贸易战，而是通过单个击破的方式，让国外的公司和美国的公司屈服，然后把制造业转移到美国国内，先打乱全球供应链，然后再来对付中国。所以中国应未雨绸缪，利用这段时间抓紧进行制造业的调整，及早做好进一步贸易战的应对预案，只要中国慎重应对，扛住特朗普的第一波冲击，就可以为中国制造业的战略调整赢得时间，保住“双方小输”的底线；第三，深化供给侧结构性改革，着力抓好“三去一降一补”，需要打破一些利益博弈困局，提高改革实效；第四，务实推进新型全球化进程，促进多元合作的全球化经济格局。[20]

王跃生和李宇轩认为现阶段的逆全球化乱象实际上会给中国在全球经济治理中从目前的边缘配套地位走向中心主导地位带来难得历史机遇，而为了抓住这一机遇，应该更加积极地参与国际规则的制定，不断完善全球治理。首先，要善于与发达经济体博弈，推进世界贸易组织、国际货币基金组织、世界银行等现有“三驾马车”的治理结构和运行机制改革；其次，要加强与新兴经济体合作，构建差异化国际经贸新规则，为中国等新兴经济体在全球经济合作问题上制定完备的制度安排与协调机制，在统一的框架之下形成有机整体，提高合作效率，突破以发达国家为主的经贸组织的束缚。[21]

任继球给出了更为谨慎的建议。指出虽然我国应该乘逆全球化趋势而上，努力扛起全球化的大旗，继续推动贸易投资便利化以及区域经济一体化，坚持在WTO平台解决贸易争端问题，但要量力而行，不应过多希望这些努力能从根本上扭转局势，更重要的是努力发展我国本土产业和市场，苦练内功。[22]

五、雄安新区：千年大计，京津冀一体化新布局

2017年4月，中共中央、国务院决定设立国家级新区——雄安新区。这是党中央的一项重大的历史性战略决策，是继深圳经济特区和上海浦东新区之后又一具有全国意义的新区。雄安新区的设立将对疏散北京非首都功能，探索人口经济密集地区优化开发新模式，调整优化京津冀城市布局和空间结构，培育创新驱动发展新引擎，具有重大现实意义和深远历史意义。

1. 雄安新区的战略意义

孙久文在梳理了深圳以及上海浦东的历史意义后总结雄安新区在新的历史阶段中具有四大意义：一是

中国改革已经进入深水区，迫切需要探索新的、适合广大地区复制的改革开放的经验；二是中国城市化进程处在迅速推进阶段，迫切需要探索人口密集区域城市化的新途径，包括特大城市的人口疏解与农村人口城市化的最佳结合路径；三是中国的产业发展已经进入了结构转型时期，发展高端高新技术产业是国家的立国之本，探索发展高端高新技术产业的区域与城市模式，是当务之急；四是中国的资源环境问题已经十分突出，在华北雾霾严重的区域开辟一条新路，建设一座生态环境优美的智慧城市，将为我国众多的人口密集地区树立典范。㉓

李兰冰认为，雄安新区将成为京津冀一体化建设战略中的点睛之笔。京津冀协同发展的总体目标是建设具备“一核、双城、三轴、四区、多节点”布局的世界级城市群，而现实情况是京津过度集聚，河北省与京津两市落差过大，尚未形成都市连绵带发展轴。雄安新区位于京津石三大城市中间，它的建设将有利于填平京津石之间的发展洼地、强化京石轴向联动，形成综合发展水平较高的都市连绵带，使京津冀区域空间结构明显优化，为世界级城市群提供有力的空间载体支撑。㉔

郝寿义则从我国国家级开发区的发展现状出发，指出雄安新区的规划将为国家级新区提供新的思路与模式。现阶段国家级开发区在引领周边区域发展方面大都没有发挥其应有的作用，主要原因有 3 点：第一，其过去的发展思路都是以土地、房产开发起步，利用巨额投资在短期内完善基础设施，进而大规模招商引资，促进资本及人口的快速集聚，在此基础上再发展与之配套的服务业等相关产业，虽然见效快，但对周边区域的资源产生了虹吸作用；第二，传统的国家级新区的产业选择往往与周边地区的产业发展雷同，特别是重化工产业，其发展往往在客观上对周边地区的产业特别是制造业造成压抑作用；第三，国家级新区实践中得到的一些可复制、可借鉴的制度创新成果，其他区域如何学习、怎样来推广等关键性问题仍然缺乏明确的制度保障。雄安新区作为全国第 19 个国家级新区，其不同之处在于发展规划期的目标就是“合作”和“可复制”，因此会真正成为制度创新的先导区和制度增长极。㉕

2. 雄安新区的发展规划

孟广文等认为雄安新区未来将主要解决 3 个方面的问题：首先，做好市场调节和行政干预之间的平衡。当城市超过了合理的集聚规模就会出现大城市病，疏解北京非首都功能就是这种城市发展规律的反应。然而规划建设雄安新区是国家意志和行政力量的产物，如果没有市场发挥的调节作用，雄安新区建设的效益就难以保证。其次，雄安与天津滨海新区、唐山曹妃甸新区在服务北京，承接北京非首都职能外迁以及促进京津冀协同发展过程中的分工与地位需要进一步明确与调整。最后，本地地表水较少，地下水资源超采严重，水资源供应是一个严峻的问题，因此雄安新区发展模式必须为节水与环境友好型，而不是高能耗与高水耗的产业发展模式。㉖

“发展”是目标，而“协同”“开放”是重要手段。刘秉镰建议，雄安新区建设需要实现 4 个“协同开放”：一是政府治理协同开放，应打破“一亩三分地”的思维定式和体制机制束缚，坚持“一盘棋”，主动融入协同开放大局。打造京津冀地区高标准、便利、稳定的国际化营商环境，同时还要以天津自贸区高水平对外开放平台为制度创新引擎，将天津自贸区已经运行成熟制度创新经验在雄安新区进行对接与转化。二是基础设施协同开放，建立高效畅通的客运与货运通道，降低区域内要素流动成本，构建城际快速客运网络，加快雄安新区与区域中心城市间城际铁路建设，还要推进口岸间的互联互通，深化京津冀区域通关一体化和监管一体化改革，建立雄安新区口岸综合服务高速通道。三是产业协同开放，将雄安打造为以智能制造、大数据和移动互联网为代表的新一轮技术革命中承接前沿科技资源的新载体。通过雄安高新产业的发展，吸纳和培育创新要素资源，吸引世界一流的科技人才、具有国际影响力的大学及科研机构、具有国际竞争力的创新型企业、国际组织驻华机构入驻京津冀地区。四是市场协同开放，应推进规则体系共建、创新模式共推、市场监管共治、市场信息互通、信用体系互认，率先实现区域市场一体化。㉗

关于雄安新区未来交通规划与土地利用的关系问题上，杨开忠提出两点更详细的建议：一是城市之间要坚持轨道交通主导的据点开发模式，通过轨道交通站布局带动辐射各个组团的开发建设；二是坚持自立发展，处理好与北京、天津、石家庄的职住和交通关系。未来雄安新区必然且应当与接壤的保定、廊坊、沧州部分城镇形成基于通勤的都市圈，而过大的通勤圈会导致集聚成本超过集聚收益而变得集聚不经济，因此不应该将雄安新区与京津石规划在一个共同的通勤圈内。㉘

六、农业供给侧改革：调节农业结构，深化经济转型

当前，中国农业发展的主要矛盾已经由过去的总量不足转变为结构性矛盾，因此“农业供给侧改革”作为2017年“中央一号”文件的核心，将着力解决我国农产品供求结构失衡、要素配置不合理、农民收入持续增长乏力等问题，为我国深入推进供给侧改革、实现经济转型奠定良好的基础。

1. 我国农业结构性矛盾分析

魏后凯指出目前我国农业主要面临六大结构性矛盾：一是部门结构矛盾，包括农林牧渔业结构变化与居民消费需求变化不相适应，农产品的加工深度和增值程度较低，农业服务业发展滞后，农业与第二、三产业融合程度低等。二是产品结构矛盾，从总体上看，一般性的中低档农产品供过于求，而高档农产品生产不足；从具体品种看，玉米、小麦等农产品供过于求，而大豆、食糖、棉花、奶制品等农产品生产不足。三是组织结构矛盾，由于人多地少和一家一户的小农生产方式，长期以来中国农业生产经营呈现出小规模、细碎化、分散化的特征，严重影响了农业效益和竞争力的提高。四是技术结构矛盾，农业科研投入长期不足，核心设备主要依赖进口，加上技术推广体系不完善，导致农业转型升级的科技支撑乏力。五是外贸结构矛盾，国内国际价格倒挂导致国家收储的粮食因价高而滞销，只能大规模“入库”，而粮油加工企业受价格影响则大量使用进口粮食产品，由此形成了“国产粮入库、进口粮入市”的怪相。六是空间结构矛盾，“南水北调”与“北粮南运”造成重复运输与资源的严重浪费。㉙

罗必良将我国农业供给问题的根本原因归结于日益提升的农业生产成本，而影响农业生产成本的最主要问题在于小规模分散化的农户经营格局，其具体的影响途径有4种：首先，小规模、细碎化的经营格局导致生产的规模不经济。他发现虽然我国一直大力支持土地流转，但小农经营的固化现象反而有恶化的趋势。其次，劳动力转移导致人工成本上升。再次，土地流转的边际成本会随着流转意愿的降低而逐渐提高，近年来不断落实的土地确权也可能会进一步加剧租金的提升。最后，农户“小而全”多样化生产的小农经济特征仍然显著，分工不足必然导致生产成本的高昂与效率的低下。㉚

翁明通过实地调研后指出农民生产能力与地方政府组织生产能力的低下也是农业供给难以调整的重要原因。新兴农业技术的推广和使用、农产品种植结构的调整等并不仅仅是简单地传达中央政府文件，对于地方政府来说，要积极引导农民调整产品服务的供给结构，并且出台有实际效果的措施方法，包括农业技术培训、提供有市场需求的路径方式、农业结构转型的鼓励性政策等；对于农民来说不仅需要学习和熟悉新技术，增加多方面的支出成本，而且需要承担相应的市场风险。但现阶段很多地方政府与农民均不具备相关能力，导致国家战略难以落地，也无法简单地用市场来调节生产。㉛

2. 农业供给侧改革的方向

张占仓认为我国农业供给侧改革应该积极适应“一带一路”建设需要。通过“一带一路”建设与合作共赢，广泛与沿线国家贸易农产品，既能够减轻国内农产品成本升高的压力，也能够起到进一步丰富普通居民消费需求和满足消费升级的作用。㉜

王平和王琴梅比较了我国不同地区的农业供给侧改革能力后建议各地区的改革规划应该因地制宜：东部地区要充分利用较充裕的资金、技术等优势实现农业“精细化”生产，大力发展“生态农业”。要高起点、高标准地建设现代农业，提高单位农业资源收益水平，充分提高有限农业资源的利用率；中部地区要利用农业自然资源充沛的有利条件，实现农业“规模化”经营，保障我国粮食安全。要在国家推行土地“三权分置”政策的配合下，实现土地“有序流转”；而西部地区要充分利用多样化的自然资源条件，实现“多元化”经营。㉝

张晓山指出农业供给侧改革要时刻注意让改革的成本较少地由从事粮食生产的农民承担，且尽可能缩短改革的阵痛期。改革的关键在于将粮食最低收购价政策向建立市场导向的价格形成机制转变。实行价格和补贴分离的办法，既能实现引导农民根据市场信号调整种植品种结构的目标，又能不让农民利益受到损失，种粮积极性不受影响，从而使粮食安全的基础不动摇。但这需要农产品价格形成机制改革和收储制度改革联动，加快粮食流通体制改革，尤其是国有粮食企业的改革。粮食流通体制改革的目标是鼓励多元主体收粮，鼓励企业和农民多存粮，稳步有序推进政策性粮食库存消化，努力减少政策性库存增量，但改革必将触动现存的中央及地方国企的既得利益格局，因此会面临困难。㉞

注：

①刘根荣：《共享经济：传统经济模式的颠覆

者》，《经济学家》，2017 年第 5 期。

②马广奇、陈静：《基于互联网的共享经济：理念、实践与出路》，《电子政务》，2017 年第 3 期。

③邵洪波、王诗桪：《共享经济与价值创造——共享经济的经济学分析》，《中国流通经济》，2017 年第 10 期。

④王维才、崔航：《我国分享经济的发展现状、问题与对策》，《宏观经济管理》，2017 年第 4 期。

⑤张新红、于凤霞、高太山、郝凯、李红升、胡拥军、蔡丹旦：《中国分享经济发展现状、问题及趋势》，《电子政务》，2017 年第 3 期。

⑥陈宇、李锐：《我国分享经济税收问题研究》，《中央财经大学学报》，2017 年第 8 期。

⑦黄先海、余骁：《以"一带一路"建设重塑全球价值链》，《经济学家》，2017 年第 3 期。

⑧张辉、易天、唐毓璇：《一带一路：全球价值双环流研究》，《经济科学》，2017 年第 3 期。

⑨李静、陈旎、万广华、陈澍：《"一带一路"沿线国家货物贸易的竞争互补关系及动态变化——基于网络分析方法》，《管理世界》，2017 年第 4 期。

⑩彭羽、沈玉良：《"一带一路"沿线自由贸易协定与中国 FTA 网络构建》，《世界经济研究》，2017 年第 8 期。

⑪苑生龙：《中国对外直接投资发展的新阶段——净资本输出状态下的投资周期再定位》，《宏观经济研究》，2017 年第 7 期。

⑫王广谦：《中国对外投资与引进外资的新变化及政策建议》，《金融论坛》，2017 年第 7 期。

⑬梁文化、刘宏：《对外直接投资驱动中国技术进步的机理与实证研究——基于比较视角的分析》，《经济问题探索》，2017 年第 2 期。

⑭董小君、蒋伟：《控制四类风险是"一带一路"对外投资项目成败的关键》，《中国中小企业》，2017 年第 7 期。

⑮杨挺、李志中、陈子若：《中国对外直接投资的新特征及趋势》，《国际经济合作》，2017 年第 1 期。

⑯周师迅：《中国企业跨境并购的外部风险与对策研究》，《世界经济研究》，2017 年第 5 期。

⑰张茉楠：《当前"逆全球化"趋势与新一轮全球化走向》，《宏观经济管理》，2017 年第 5 期。

⑱苏立君：《逆全球化与美国"再工业化"的不可能性研究》，《经济学家》，2017 年第 6 期。

⑲荆林波、袁平红：《全球化面临挑战但不会逆转——兼论中国在全球经济治理中的角色》，《财贸经济》，2017 年第 10 期。

⑳李稻葵、胡思佳、石锦建：《经济全球化逆流：挑战与应对》，《经济学动态》，2017 年第 4 期。

㉑王跃生、李宇轩：《新型全球化下国际经贸规则新趋势与中国对策》，《中国特色社会主义研究》，2017 年第 2 期。

㉒任继球：《特朗普经济政策对我国产业发展的影响》，《宏观经济管理》，2017 年第 6 期。

㉓孙久文：《雄安新区的意义、价值与规划思路》，《经济学动态》，2017 年第 7 期。

㉔李兰冰：《雄安新区的历史地位与成长路径》，《经济学动态》，2017 年第 7 期。

㉕郝寿义：《雄安新区与我国国家级新区的转型与升级》，《经济学动态》，2017 年第 7 期。

㉖孟广文、金凤君、李国平、曾刚：《雄安新区：地理学面临的机遇与挑战》，《地理研究》，2017 年第 6 期。

㉗刘秉镰：《雄安新区与京津冀协同开放战略》，《经济学动态》，2017 年第 7 期。

㉘杨开忠：《雄安新区规划建设要处理好的几个重要关系》，《经济学动态》，2017 年第 7 期。

㉙魏后凯：《中国农业发展的结构性矛盾及其政策转型》，《中国农村经济》，2017 年第 5 期。

㉚罗必良：《农业供给侧改革的关键、难点与方向》，《农村经济》，2017 年第 1 期。

㉛翁明：《科学地认识农业供给侧结构性改革》，《农村经济》，2017 年第 3 期。

㉜张占仓：《中国农业供给侧结构性改革的若干战略思考》，《中国农村经济》，2017 年第 10 期。

㉝王平、王琴梅：《农业供给侧结构性改革的区域能力差异及其改善》，《经济学家》，2017 年第 4 期。

㉞张晓山：《缩短农业供给侧改革阵痛期》，《中国国情国力》，2017 年第 4 期。

（作者：方芳，中国人民大学教授；
陈佳良，中国人民大学硕士生）

法 学

法 理 学

冯玉军 周剑威

2017年，中国法理学界对诸多法学理论与实践问题展开了广泛而深入的研究和讨论，北京地区的法理学者本着务实、创新和探索的精神，对新时代法治思想、法治评估、党规与国法的关系、法律与科技、立法理论、司法理论、法学方法论、法律文化、法理学的基础问题等主题进行了深入研讨，取得了大量的研究成果，发表了一批高质量的学术论文与著作。

一、重要学术研讨会

本年度，北京地区召开了一系列学术研讨会，主要包括：

2017年3月26日，由中国法学会立法学研究会、中国人民大学法学院、中国人民大学国家发展与战略研究院共同主办的关于制定"五年立法规划"的专家咨询会议在中国人民大学召开。该会议评估了上一个"五年立法规划"的实施情况，总结了"五年立法规划"制定与实施中的经验与问题。与会的专家学者围绕着科学立法、法律的供求关系、立法机制的完善、专家学者在立法中的作用与法典化等问题发表了一些独到的见解与观点，并且根据各自的研究专长分别提出了一些相关的立法建议，包括但不限于宪法修正案、监察法、民法典、财税法、社会法等。

2017年4月13日，由中国科学院科技战略咨询研究院和腾讯研究院共同主办的"2017人工智能：技术、伦理与法律"研讨会在中国科学院举行。与会的专家学者围绕着人机关系、机器权利、AI优雅、AI治理等4个议题展开讨论，着重解读了国内外人工智能领域前沿的技术水平、伦理问题与法律现状，剖析了人工智能的发展面临的技术、伦理与法律的挑战，探讨了人工智能的技术瓶颈、伦理困境与法律所可能采取的解决对策。

2017年9月8日，经中国人民大学法学院党政联席会议提议、由法学院学术委员会决议通过，中国人民大学法学院未来法治研究院正式宣布成立。中国人民大学法学院未来法治研究院将集中、深入、系统地开展前沿科技与法律的交叉研究、课程改革、人才培养、跨领域交流与国际合作，以回应新科技革命给法治带来的挑战和机遇，致力打造世界一流科技与法律交叉学术研究平台。

2017年9月14日，由国家互联网信息办公室政策法规局和清华大学法学院联合主办的"大数据、人工智能与法律教育"研讨会在清华大学法学院举办。法律领域的专家学者与互联网企业代表们围绕着新技术环境下的法律教育问题进行了广泛而深入的交流与研讨。

2017年9月14日，由中国人民大学法学院、中国人民大学国家发展与战略研究院和中国人民大学法律与宗教研究中心共同举办的"《民法总则》与新《宗教事务条例》颁布实施的意义和前景"专家研讨会在中国人民大学召开。与会的专家学者围绕着宗教工作法治化、宗教活动场所法人地位、财产保护、宗教慈善、宗教学校的管理与权利义务、宗教事务管理部门的责任、防范宗教商业化、信教群众的权益保护等诸多议题进行了广泛而深入的讨论，并对《民法总则》与新《宗教事务条例》的实施及其可能出现的问题保持高度关注。

2017年10月12日，由中国社会科学院法学所主办的"党内法规制度体系建设"学术研讨会在北京举行。该研讨会分4个单元进行，主题包括：其一，党内法规制度体系的理论基础；其二，依法治国与依规治党的关系；其三，构建党内法规制度体系；其四，党内法规的制定体制。此次研讨会的意义在于，不同专业背景的理论工作者与实务工作者取长补短、共同探讨，澄清了关于党规的认识误区，深化了党规制度理论，为进一步推进党内法规制度体系的建设提供了智力支持。

2017年10月21日，由中国人民大学法学院主办的“法治中国的理论逻辑与实践价值”学术研讨会暨中国人民大学法学博士后流动站建站 25 周年纪念活动在中国人民大学举行。此次研讨会分为 3 个单元进行，主题包括：其一，法治中国的理论逻辑；其二，法治中国的司法实践；其三，社会发展与未来法治。与会专家学者针对当今中国法治建设过程中出现的问题进行了深入探讨，也对科技高速发展之下的未来法治的发展趋势进行展望。此次研讨会达成了一个共识：当今中国的法治已经发展到了一个全方位、全过程、全要素、全领域的法治大时代，中国法治面临着理论、实践与技术的多重挑战与机遇，已经到了需要加强体系建设的阶段。

2017 年 10 月 29 日，由北京大学法学院主办的第二届全国法学研究高端论坛在北京大学举行。本届论坛的主题是“一流学科建设与法学研究”，分为 4 个单元展开：其一，法学研究中的现实问题意识：理论与实践；其二，法学研究中的中国问题意识与比较法方法的未来；其三，法学研究中的交叉学科方法的新发展；其四，如何建立科学、合理与公正的法学科研评价体系。经过与会者的共同努力，本届论坛达成了关于新时代法学研究的基本共识。

2017 年 11 月 4 日，由中央民族大学法治政府与地方制度研究中心与中国少数民族研究中心联合主办的“文化法治体系建设理论与实践”学术研讨会在中央民族大学召开。研讨会分为 5 个主题展开：其一，文化法治的基本理论；其二，文化法治建设的现状与问题；其三，文化事业法治问题研究；其四，文化产业法治问题研究；其五，文化法的实施问题研究。该研讨会从理论到实践回应了我国文化法治建设亟待解决的重大理论问题与现实关切，对构建中国特色社会主义文化法治体系具有重要的意义。

2017 年 11 月 16 日，由清华大学法学院暨金融与法律研究中心主办的“最高人民法院指导案例的性质与价值取向”讲座在清华大学举行。最高人民法院政策研究室副主任郭峰担任主讲人，从指导案例的定义和制度演进、指导案例的性质和效力、指导案例的价值取向与指导案例的适用等 4 个方面进行了详细的讲解与阐释。

2017 年 11 月 17 日，由首都经济贸易大学法学院与《法学论坛》编辑部联合主办的“人类命运共同体与新时代的中国法学”学术研讨会在首都经济贸易大学举行。与会学者从各自的研究领域出发，围绕着人类命运共同体的概念、国家治理、全球治理、国际法秩序、人工智能时代的主体性、生存权与发展权、人类命运共同体与中国传统法律文化等问题展开充分的交流与讨论，会议取得了丰硕的成果，形成了诸多对于新时代法学研究具有启发意义的学术议题。

2017 年 11 月 18 日，由韩国高等教育财团与中国人民大学联合主办的“2017 世界法治论坛——文化、法治与社会发展”在中国人民大学举行。此次会议分为“文化与法治”“东亚文化与社会治理”“宗教对法治进化的影响”3 个单元展开；次日（即 2017 年 11 月 19 日）的会议分为两个分论坛，即“实践中的法律”与“科技与法律”论坛同时展开；在分论坛结束后，进入“总结与展望”环节。此次论坛的重要意义在于，全球知名法学者与法律实践者分别从文化、宗教、科技与社会等诸多视角探讨了现代法治的问题与发展方向，有利于加深对彼此的法律、文化与社会的理解，推动不同国家和地区在法治领域内的对话与交流，从而为推进人类命运共同体的建构做出贡献。

2017 年 11 月 26 日，由中国政法大学主办的“新时代大数据法治峰会——大数据 · 新增长点 · 新功能 · 新秩序”在北京开启。该峰会旨在推动实现数据强国，将大数据应用纳入法治轨道，在大数据治理中彰显法治精神，适度监管，规范各类数据的使用、交易等环节，明确法律责任，增进效益，保障国家与人民安全。该会议分为 4 个主题展开：其一，大数据安全与法治；其二，大数据应用与法治；其三，数据跨境流动与国际保护；其四，大数据应用的监管。该会议还公布了《中国大数据法治发展报告》（2017），为中国大数据法治发展提供了新思路。

2017 年 12 月 1 日，由中国法学会立法学研究会与中国人民大学法学院联合主办的“完善新时代法律体系与京津冀协同发展立法”系列报告会的启动仪式暨第一讲在中国人民大学举行。系列报告会的第一讲主讲人是全国人大环境与资源保护委员会法案室主任翟勇，他做了题为“完善生态文明立法：回顾与展望”的报告，分为 5 部分：环境法的现状；环境法的特点；环境立法的进展；环境法对传统法的影响；对环境法的展望。该报告将环境问题视为全球性的问题，其中涉及政治、经济与文化等各方面的问题，对环境法的研究具有很强的启发性。

2017 年 12 月 23—24 日，由清华大学法学院、社会科学学院、数据科学研究院联合主办的“迈向数据法学”研讨会在清华大学举行。与会的专家学者围绕着大数据与人工智能在司法实践中的应用、大数据的技术发展与问题、法学研究中大数据的应用前景及方法论上可能存在的问题等诸多问题进行详尽的交流与讨论。

二、重要学术著作

北京地区的学者出版的著述主要包括：张文显著《中国法治实践学派书系第1辑——法治的中国实践和中国道路》《解读“四个全面”丛书——全面依法治国 迈向国家治理新境界》；屠凯著《日就月将——十五至十六世纪的中国法哲学》；苏力著《法律与文学——以中国传统戏剧为材料》；冯玉军著《中国法治的道路与特色》《法治中国——中西比较与道路模式》《“治国理政新理念新思想新战略”研究丛书（法治卷）——全面依法治国新征程》；李林著《中国依法治国二十年（1997—2017）》*Building the Rule of Law in China*（《建设法治中国》）；张龑著《人民、权威与权利——一种普遍实践商谈哲学上的法政建构》；史彤彪著《孟德斯鸠错了?》；赵雪纲主编《法理学》；谷春德、史彤彪主编《新编21世纪法学系列教材：西方法律思想史》（第五版）；冯玉军主编《行动中的中国宗教法治》《法治中国建设与法律体系完善》；朱景文主编《地方立法的理论与实践2016年辑》《2016中国人民大学中国法律发展报告——基于九个省数据的法治指数》；朱景文、沈国明主编《中国特色社会主义立法理论与实践——中国法学会立法学研究会2016年年会论文集》；朱力宇、叶传星主编《新编21世纪法学系列教材：人权法》；高鸿钧主编《中国比较法学——比较司法研究》（2016年卷）；张文显主编《私法与法治经济建设》；苏力主编《法律和社会科学》（第16卷 第1辑）、《法律和社会科学》（第15卷 第2辑）；李林主编《中国特色社会主义法治发展道路》；李林、田禾、吕艳滨主编《法治蓝皮书：中国法治发展报告》（2017年）；田禾、吕艳滨主编《实证法学研究》（第1期）；侯猛主编《法学研究的格局流变》；强世功主编《政治与法律评论》（第8辑）；黄进、蒋立山主编《中国特色社会主义法治体系研究》；肖凤城主编《改革视野与理论品格》。

译著主要包括：[英] 亚当·斯密著，冯玉军等译《法理学讲义》；[英] 约瑟夫·拉兹著，吴玉章译《法律体系的概念》；[美] 斯坦利·L. 鲍尔森、[德] 罗伯特·阿列克西等著，张龑编译《法治国作为中道——汉斯·凯尔森法哲学与公法学论集》；[英] 伊恩·沃德著，刘星、许慧芳译《法律与文学——可能性及研究视角》；[德] 马蒂亚斯·耶施泰特著，雷磊译《法理论有什么用》；[德] 迪特玛尔·冯·德尔·普佛尔滕著，雷磊译《法哲学导论》；[英] 约翰·菲尼斯著，尹超译《法哲学》（《菲尼斯文集》第4卷）；[美] 安东宁·斯卡利亚著，蒋惠岭、黄斌译《联邦法院如何解释法律》。

三、研究热点与创新

综观2017年度，北京法理学界研究与探讨的热点与创新点主要集中在以下8个方面：

1. 新时代法治思想

有学者认为，必须将中国特色社会主义法治的使命与中国共产党带领人民实现中华民族伟大复兴的崇高历史使命紧密结合起来、深度融合起来。必须坚持以习近平新时代中国特色社会主义思想为指导思想和行动指南，把党领导人民治国理政的依法治国基本方略与新时代坚持和发展中国特色社会主义的基本方略有机结合起来、完整统一起来，确立建设法治中国“两步走”的发展战略，坚定不移推进全面依法治国，坚持和发展中国特色社会主义法治理论，深化依法治国实践。①

有学者认为，根据党的十九大报告精神，深化依法治国实践要在如何坚持党的领导、人民当家做主、依法治国有机统一，推进社会主义民主政治制度化、规范化、程序化，创新政治参与途径和形式，切实维护国家法制统一、尊严、权威，建立依法决策机制、规范权力运行，加强人权的法治保障，狠抓“关键少数”、增强领导干部民主法治意识等方面下更大的功夫。深化依法治国实践主要包括深化立法实践、执法实践、司法实践和守法实践4个维度，需要加强思想保障、政治保障、组织保障、行动保障和监督保障。②

有学者认为，习近平总书记在党的十九大报告中用8个“明确”精辟概括和深刻阐述了新时代中国特色社会主义思想的精髓，而这8个“明确”的每一项又都与法治有着紧密的逻辑关联，都对依法治国和法治建设有着重大而深远的指导意义。他结合中国特色社会主义法治实践，就8个“明确”对依法治国和法治建设的战略性、基础性、现实性、前瞻性指导意义逐一进行了分析和阐释。③

有学者指出，如何将党的十九大报告中的8个“明确”和14个“坚持”创造性地运用于法治领域并转化为新时代全面依法治国和建设法治中国的指导思想、基本方略、实践路径，是当前法学研究的重大课题。他立足于中国特色社会主义新时代新方位，以习近平新时代中国特色社会主义思想为指导，探索性地把新时代全面依法治国的新思想新方略新实践概括为保持法治定力、发展法治理论、提升法治方略、拓展法治道路、深化法治实践、统筹法治改革、建设法治强国、加强法治领导。④

有学者指出，推进全球治理变革、构建世界新秩序，是新时期党和国家战略决策的基本面向，也是理论研究的重大课题。他以习近平总书记关于推进全球治理变革、构建世界新秩序的一系列重要论述为指引，就为什么要推进全球治理变革、构建世界新秩序，我们要构建一个什么样的世界新秩序，构建世界新秩序中的中国立场和举措，如何以法治化来引领和保障世界新秩序等问题进行了学理探讨。⑤

有学者指出，习近平总书记在第二届世界互联网大会上提出了推进互联网全球治理体系变革的“四项原则”和“五点主张”，2016 年乌镇峰会上又提出了构建网络空间命运共同体的“四个目标”，为互联网全球治理贡献出了中国方案。互联网的全球治理法治化要坚持尊重国家主权原则，建立平等参与互联网规则制定的机制，增强全球互联网治理的制度供给，最终实现全球互联网共享共治。⑥

把社会主义核心价值观融入法治建设，是坚持依法治国和以德治国相结合的必然要求，也是社会主义法治体系建设的基本使命。其核心要义：弘扬宪法权威、加强宪法宣传；以社会主义核心价值观作为制定、修改、废除法律法规的指导思想；党和政府率先垂范，坚持依法执政、依法行政；建设公正权威高效司法制度；让守法成为全民真诚信仰。其基本途径在于：既要把社会主义核心价值观融入经济、政治、社会、文化、环境等重要领域的法律规范体系建设当中，又要通过强化法律政策的引导性、激励性、约束性，激浊扬清、惩恶扬善，逐步完善法治保障体系、党规政策体系和社会治理体系；要坚持问题导向，抓住关键环节，重点抓好文明法治、公平法治、诚信法治“三大建设”；各级领导、政法干部和法学专业人员，要带头践行社会主义核心价值观，引领社会正气，促进伟大复兴。⑦

有学者认为，全民守法是全面推进依法治国、建设法治社会的一项长期性、基础性工程，应当高度重视、统筹推进。推进全民守法，应当深化法治宣传教育，努力使公民做到信任立法、配合执法、倚赖司法、自觉守法、主动护法，引导公民处理好学法与守法、权利与义务、法律与道德、信法与信访、维稳与维权的关系，不断提升全民守法的意识和境界。⑧

有学者指出，公正、高效的争端解决机制对“一带一路”法治化体系不可或缺，应本着平等协商、谈判解决争端、坚持运用现代国际法规则及公认的国际商事规则、推动“一带一路”国家之间司法合作的基本原则，构建一套多层次、立体化、国际机制与国内机制相结合的经贸争端解决机制，从而为“一带一路”建设打造稳定性、可预见性的法治环境，为新世纪的全球经济治理树立典范。⑨

2. 法治评估

有学者认为，进行法治评估当然需要客观指标与数据，例如立法数量、审判数量、各类法律职业的数量、法学教育的规模等，但是必须明确这些指标与数据对于法治的意义何在。除客观指标之外，更重要的是法治建设水平究竟如何，归根到底要重视人民的评价，人民的满意度。虽然各个机构提供的法治建设数据表面光鲜，但是人民群众的评价不高，这很难说法治建设取得了多大的成就。他不否认人民群众对法治建设的评价是主观指标，但是他认为，当某种主观评价占据相当大的比重时，其客观意义是不言而喻的。⑩

有学者将司法评估分为司法规范、司法适用、司法监督、司法保障和司法效果 5 个一级指标，并主要采用主观评价指标对中国司法进行评估，兼以官方的客观数据为验证参考。评估结果显示，问责、民事执行效率和平等权 3 项指标所得的评分最低，表明司法责任制的落实、民事执行难的解决和法律平等适用的实现是下一步司法改革需要着力解决的问题。对公众、专家和执业者评价结果的交叉分析表明，在司法适用和司法效果等方面，不同群体的感受差异较大。⑪

有学者认为，虽然到 2010 年年底，我国基本形成了以宪法为统帅的中国特色社会主义法律体系，但是，法律体系形成及其规模的持续扩大并不表明法律体系已经完备或能够自动产生实效，更不意味着立法必然合乎社会需要、让人民有更多的获得感。因此，有必要对立法活动与法律规范体系进行系统的宏观立法评估，把握各类法律主体的真实感受，问诊法治发展的优势与弱项，摸清“行动中的法律法规”较全面的状况。他认为，对法治体系的宏观评估，应当秉持清晰明确的价值观，有严谨合理的法治理论支撑，注重指标设定与统计的逻辑自洽。为此，他在总结我国法治量化评估的经验教训的基础上，以立法完备性、科学性、民主性、受监督性为指标构建评估体系，设计针对社会公众、法学专家和法律执业者的调查问卷，借助随机抽样和立意调查两种实证研究方法，考察了我国法律规范体系的实际状况并给出具有可信度的评估结果。⑫

有学者指出，中国法治评估基本属于定量评估，但是，对法治评估开展“再评估”、改进已有的评估方法、促进当前法治评估更科学更合理地发展，是当前学术界和实务界面临的迫切任务。他认为，通过信度、效度、误差、一致性和稳健性的分析，可以审查法治评估的科学性和合理性，更进一步，未来的中国法治评估，需要建构严谨而合理的法治理论基础、设计同质性的法治指标体系、合理安排专家和公众的评估，需要采取科学合理的权重分配和计算规则，对结果划分等次进行评估、对定量评估结果进行统计审查。⑬

有学者发现，近年来，法治评估成为衡量与评价法治状态的重要工具，但鲜有研究从源头上厘清法治的概念及概念化过程。在他看来，法治概念是量化评估的逻辑起点，具有“承载评估目标”“划定评估标准”“明确评估范围”“指引指标操作”的作用。他通过法学与评估学中法治概念的比较得出，法治概念在不同学科之下具有“动态性与稳定性”“多样性与统一性”“开放性与封闭性”的内在差别。他认为，科学的法治评估应亲历概念化过程，实现法治概念从法学到评估学的解构与重组，并符合“明确的法治价值指向”“层级归齐和结构完整的法治制度”“映射法治资源与地方国情”“可拆分的法治分类集群组合”4个要件。⑭

有学者认为，近年法治评估研究成果斐然，但少有人对评估逻辑做出归纳并进行检讨。他以法治评估项目为分析样本，从中提炼出法治理想、法治制度、法治现实3项逻辑要素。借助不同项目中逻辑要素之间的运作关系可识别出科学评估逻辑与诠释评估逻辑两种类型。在他看来，占主流地位的科学逻辑的法治评估具有计划性的特征，能保证评估有明确的价值指引、完整的制度边界及测量的可控性，但也存有评估标准滞后、忽视法治异质性等缺陷；诠释逻辑展开的法治评估直面经验，可有效弥合科学主义法治评估的不足，避免项目外干预并有效汲取民间法治资源，但亦有无法大范围推广、总体描述法治全局及评估失控的风险。因此，他认为，中国应创制法治评估逻辑的“科学环”，建构出分属法治供给侧和法治需求侧的逻辑模型，并建立不同法治评估逻辑的协同合作关系，才可使评估工具更有效服务地方法治实践。⑮

有学者从法治评估的经验文本出发，并结合法治与评估学的基本理论，归纳出法治评估的4个基本特征，即目标性、实证性、实效/时效性和有限性，并总结出法治评估的核心构成元素，包括评估主体、评估客体、评估方法与技术、实施监督与样本复核。他认为，法治评估依照评估主体、范围、内容、功能和方法可做出不同分类，不同分类有各自的优劣。⑯

有学者认为，地方法治政府的建设水平是全国法治政府建设的微观镜像。通过对地方政府法治水平的全面评估，验证了区域法治发展不平衡的客观现实。通过相关性分析发现，城市的法治政府状况与GDP、人均收入等经济指标之间存在正相关，这种相关性在东部和西部表现得更加明显。中部部分省市的政治推动也起到了重要作用，在一定程度上稀释了经济的基础作用。区域所具有的相同或者相似的文化因素缩小了城市间的差异，提高了区域政府法治状况的趋同度。区域法治水平差距的加大存在影响国家法治平衡和统一的可能性，也会加剧经济和社会发展的不平衡。不同地区应根据本地区特点探索加快法治进步的着力点。政务公开对于法治相对落后地区可以起到“牵一发动全身”的倒逼作用。地方政府应当加大公众参与力度，提高行政决策民主化程度，增强社会对于法治进步的“获得感”。⑰

有学者认为，为了提升法治评估的有效性，有必要建构法治评估指标体系。法治评估指标体系的可行性框架，是其迈向实践场域的检验导向。在这个过程中需要倡导方法论的进路，具体包括指标权重设置、指标数据收集以及指标计算量化3个方面。而为了提升法治的可能性，应当通过方法论的实践操作，进一步优化法治评估指标体系。⑱

有学者尝试构建一个从法治角度理解中国市场经济发展的理论框架，以此阐述中国在从计划经济转向市场经济的过程中为市场经济所构筑的法治基础，探讨以“法治经济”表达中国市场经济体制本质的可能性。他主要以市场经济在法治层面的共通性问题和独特性问题的区分为线索，从而得出一个初步的结论：经过近40年的发展，满足市场经济最低需求的基本法治框架和解决中国市场经济建设最独特问题所需的必要法治技术在中国已大体形成，中国社会主义市场经济建设已开始进入法治经济阶段。⑲

3. 党规与国法

有学者认为，推进党内法规制度建设，必须深刻把握党规同国家法律互联互通的内在关系。他认为，党规与国法互联互通的根据包括：党规国法联通于“四个全面”总战略；党规国法联通于中国特色社会主义法治体系；党规国法联通于党对国家和社会的统一领导；党规国法联通于制度治党的合力；党规国法联通于执纪与执法的有效衔接；党规国法联通于治国理政的创新体制；党规国法联通于治党治国的基本规律和经验；党规国法联通的根基是党章和宪法。[20]

有学者认为，党内法规体系建设要注重实效性，应当从以下几个方面来加强党内法规实效性机制建设：要强化党内法规实施的组织保障体制建设。解决上下党内法规的效力等级关系问题，根据党领导立法工作的原则，通过及时修改《中国共产党党内法规制定条例》的方式来赋予“设区的市”地方党委制定党内法规的权力。依据科学和合理的分类方法，建立比较科学和完善的“部门党内法规体系”。消除国家立法与党内法规“两张皮”的问题，确保党内法规简明扼要、实用高效。加强党内体系建设必须要从抓党内法规的规范体系的源头出发，确保党内法规真正在管党治党方面发挥自身的行为指引作用。[21]

有学者指出，党内法规是我国党建理论、政治学和法学等学科高度关注的一个新概念，也是全面从严治党理论体系的一个关键词。研究党内法规概念，夯实党内法规体系建设的理论基础，应当运用政治学、法学和形式逻辑等学科方法，深入分析并回答这个概念中关于“法规”、邻近属概念、“规矩”、“党内”、狭义和广义等关键问题，从而对“党内法规”给出既区别于国家法律又不同于党的纪律、党的规矩等概念的学科合理定义。[22]

有学者认为，在法治建设的视野内，党内法规建设是中国实现整体化法治的中心题域。为促进其良性展开，应该确立几个方面的观念：确立党内法规建设的中心性质；充分而自觉地表达社会主义制度的规则要求；必须尽快促进党内法规体系化；在具备条件后建立专门党内司规机构；建构党内法治与国家法治的联通机制。[23]

有学者认为，与国法相比，党规的高标准属于特殊根据产生的特殊要求。这些特殊根据主要包含党的先锋队性质根据，执政地位权力根据，以及完成历史使命根据。但是，如果仅仅从通常意义上的特殊与一般的关系去理解党规与国法的关系，则排除了国法的适用余地。因此，党规与国法之间应当呈现有限性的特殊与一般的关系，具体可表现为四种形式，即各司其职，高低覆盖，衔接一致，权利底线。[24]

4. 立法理论

有学者梳理与归纳了各国关于央地立法关系的制度文本，总结了央地纵向立法事权划分的基本理念与模式、一般标准与方法，并且通过对我国宪法法律的文本分析和厘清当前我国央地立法事权划分的主要特点与问题，阐述了影响我国央地关系法治化的制约性因素并探寻改革与完善我国央地立法事权划分体制的基本思路。该基本思路可以表达为推进我国央地立法事权规范化、法治化改革，必须实现央地立法职责划分从行政化向法治化、从政策主导向法律主导转变；需要明确以立法调整事务的“影响范围”或“外部性程度”作为划分的基本标准，还要建立央地立法事权划分的适时变动与动态调整机制、充分发挥司法的间接微调功能。[25]

有学者指出，我国的行政处罚法、行政许可法、行政强制法明确了地方涉及 3 个行政行为的规定权与设定权，这 3 部法律自制定至今已施行多年，相关的权限内容与制度规定虽发挥了重要的作用，但也产生了一些实践上的问题。该学者将我国立法法中的地方立法权与 3 个行为法关于设定权限的规定勾连起来进行分析，并从实际需要出发，得出应当适度扩大地方立法权的结论，进而提出完善 3 个行为法关于地方立法设定权的可行性建议。[26]

有学者指出，地方网约车立法的核心在于通过行政许可的规制，故对其法律基础的考察主要集中在中央立法的授权机制、地方立法的行政许可设定机制以及中央对地方立法的原则性控制。他认为，应当在强化中央立法原则性控制、反思文件治理模式、改革央地立法权配置的基础上，促进自上而下的传统规制策略向上下并举新思路的转变，最终实现网约车规制体系的优化与完善。[27]

有学者指出，与最新修订的我国立法法对中央层面授权立法的修改完善相比，同样在此次修法过程中新增的地方政府规章可以设定临时性行政措施的规定尚未受到学界的足够重视，将后者解释为地方层面的授权立法具有重要的实践意义。从规范结构上来看，两处条文具有内在的一致性。地方各级人大享有的权利来源于人民，而非派生自全国人大，其向同级地方政府的授权立法不会构成转授权。我国立法法第 82 条第 5 款和第 6 款的体系位置进一步为地方层面授权立法制度的确立提供了必要性。央地两级授权立法在授权事项、授权期限、授权结束法律后果等方面存在区别。有必要借鉴中央层面授权立法的具体实施规则，实现央地两级授权立法的体系性规制。[28]

有学者认为，宗教法人制度的深入研讨和立法完善，是提高宗教工作法治化水平的核心问题和基本前提。该学者梳理了我国民法通则中关于社会组织之民事主体资格的问题，并在辨析宗教法人概念、指出《宗教事务条例》有关规定不足的基础上，分别对宗教团体法人制度、宗教活动场所法人制度和宗教院校法人制度的立法完善进行理论联系实际的深入研究，强调应以国家立法机关制定我国民法总则和最高行政机关修订《宗教事务条例》为契机，依法确定宗教主体的法人资格、认定程序和条件，促进宗教事业发展。[29]

有学者发现，学界对我国立法法中所规定的下位法不得与上位法相抵触之抵触标准没有清晰的界定。目前学界关于抵触的界定有3种观点：一是超出立法权限即构成抵触；二是与上位法具体规定相违背即为抵触；三是与上位法的立法精神和原则相违背即构成抵触。学界主流对前两种观点的认可值得质疑，政治、经济、文化、社会4个领域的立法实践，证明观点三才是抵触的真正标准。逐条列举抵触情形判定是否抵触的方法，存在例外情况，且难免挂一漏万，不宜作为判定抵触的方法应被否定，最佳方法是通过立法精神和目的来判定地方立法是否抵触。[30]

5. 司法理论

有学者认为，虽然宪法、法律和执政党均对审判独立原则给予了高度重视，但仍有种种因素阻碍了独立公正审判的实现。审判独立原则的现实落脚点是法官独立断案，理论参照系是司法独立的国际标准，并与之存在着贯通性。在实践中应以积极建构的态度落实完善审判独立原则，加快健全配套实施机制，强调审判独立与社会正义、司法公正和基本人权的正向关系，夯实审判独立的价值基础。[31]

有学者认为，由于法律理论缺乏司法义务的概念，这导致我们的裁判实践中存在一种普遍谬误，即主张既有法律已无助于疑难案件的裁判，于此情形法官应诉诸法律之外的政治、经济、道德等非法律性标准进行裁判。在绝对的司法义务、适度的司法义务以及绝对的道德义务中，适度的司法义务相对较为可取，它包含不得拒绝裁判、以依法裁判为原则以及为裁决提供论证3个层次的内容，同时兼顾了裁判受规范拘束与实现个案正义。为推进和落实这种司法义务，需要重整传统的法律渊源理论，尤其是要发掘原则以及法秩序等重要的元素。[32]

有学者认为，中国法理学重视法律原则理论的研究，逐渐形成了一种主流学说——法律原则适用权衡说。然而，该学说对法律原则之性质的理解并不准确，并由此导致了其在法律原则适用主张上的错误。他认为，可以在避免这些缺陷的基础上重构法律原则适用理论——诠释说。诠释说认为，法律原则是包含诠释性概念的共享规范，其应当通过诠释方法予以理解和适用。[33]

有学者主张，对指导案例制度的研究，应转入对单个指导案例实际运行情况进行追踪式的研究进路。以此为根据，他尝试将指导案例8号作为分析样本。对其引用情况的数据统计与分析表明，引用状况较为低劣，远未实现最高院所预期的“指导功能”。以此为基础，他对指导案例制度的功能予以反思，指出其限度所在，认为在实现“同案同判”的宏旨上，一方面不应抱持过高的预期，另一方面又有相当的可作为空间。[34]

6. 法学方法论

有学者指出，德国的法律评注以逐条释义为基本特征，是德国法学方法论的载体和法律文化的缩影，其灵魂在于为司法实践服务，由此衍生出一系列关键特征，包括以解释现行法为中心、竭力回答一切问题、重视案例甚于学说和秉承法教义学的方法。在我国，引入法律评注于司法实践、法学教育、法学研究及立法工作均有意义，制度条件大体齐备，亦不乏相关群体支持，虽然目前仍面临若干挑战，但法律评注在中国之未来不可限量。[35]

有学者认为，德沃金的司法裁判理论的本质是确定当事人享有什么权利。法官论证具体案件中当事人享有什么权利，不仅涉及法律规则、法律原则以及特定社会关于公平、正义的观念，而且必须建构关于法律的整体或完整理论。但是，这个司法裁判理论不能保证对原则以及法的范式的解释是理性的，因为它是一种独白式理论，以及关于法律命题的真理观是传统符合论的真理观。道德原则只能在得到按照理性商谈原则与规则所构建的立法程序的确认后方可成为法律原则。被证成为有效的法律原则适用于具体案件并导出正当法律决定的过程中，必须要再次经过理性商谈或论证。[36]

有学者认为，逻辑以何种方式进入法律领域在很大程度上取决于我们对于法律和法学之性质及任务的理解。规范理论与法律论证理论只构成法律逻辑的对象理论，但是法律逻辑还需要有一种元理论，它由3组问题组成：规范是否是逻辑规训的对象？是否需要一种特殊的规范逻辑？这种规范逻辑是否具备特殊的逻辑法则？同时，法律逻辑面临着两方面的限制，即是否承认法学是一门科学，以及法律逻辑本身可能隐含着领域或视角的限制。法律化和形式化应当成为法律逻辑未来着力的方向。[37]

有学者认为，法律的不确定性、指引的有限性以及法律内在的可争辩性使得疑难案件必然存在，但这只是法律实践的例外状态。在大多数情形中，我们并不总是需要解释法律。重构法律之理解与法律之解释之间的关系对于认识疑难案件的存在范围意义重大。[38]

有学者认为，即使法官遵守了法律解释规准或规范，也不意味着就一定能够保证法律解释结果的可预测性与确定性，原因：一方面，法律解释规准或规范对于法官解释法律的活动来说，只是一种调整性规范，只是作程序方面的限定；另一方面，法律解释规准或规范只是一种具有原则性质的规准或规范。[39]

有学者认为，领域法学研究范式能够实现对类型化方法的弥补与超越、提供去中心化的立体法律发展模式、通过主体间互动的多元共治提供全面而高效的具体问题解决方案，进而实现其功能拓展。尽管可能还存在与传统部门法学研究的关系以及研究启动时点选取等需进一步研究的命题，领域法学研究范式的提出是中国法律学者对于世界法律文明的实质性贡献。[40]

有学者认为，语用思维逐步构成了当代思维的基本平台，法律推理研究的语用学视角，会进一步彰显法律推理在不同制度环境的普适性，以及更好地回应知识变革的思维需求。案例指导制度在一定程度上引发了法律思维方式的转变，制度环境对法律推理的理论框架具有重要影响。在案例指导制度的制度环境下，法律推理的理念、方法及其规则都存在不同程度的转变。[41]

有学者借助对美国教育平权案件的分析，思考了算法的伦理基础与法律解释的基本原理。他通过对若干美国大学招生政策中的算法的分析，发现算法并非一种完全价值中立的活动，算法总是隐含了价值判断。法律解释应当反思算法的伦理基础，而不应当盲目信任或依赖某种算法。同时，应当发展一种基于技艺的法律解释方法，这种方法可以运用某种算法，但法律解释方法应当将算法和特定历史传统与语境相结合，在特定的历史传统与语境中寻求弥合社会分歧、引领社会共识的法律解释方法。[42]

社科法学并非只是强调“跨”学科，而是注重整合法学与其他学科，研究与法律相关的经验事实。从研究进路来看，法律社会学、法律经济学和法律认知科学这3种进路存在一定的知识递进关系。从观察视角来看，社科法学可以从宏观社会、微观社会和微观个体的视角展开研究。从认识论来看，社科法学主张批判主客二分、法律/社会的二元对立观念，强调研究“视域融合”，即有关法律经验事实的知识要通过研究者、他者和共同面对的世界这样一种三角关系获得。从研究方法来看，社科法学倾向于实现定性方法与定量方法、经验事实与理论抽象、经验研究与规范分析的有机整合。[43]

有学者指出了法律论证功能的有限性，即法律论证能增强法律决定的正当性，但不能确保法律决定唯一正确；法律论证使个案的论证获得可评价性，能影响但不能主导法律决定的形成；法律论证能增强法律体系对社会的适应性，能使法律决定为尽可能多的人接受，但不能导致绝对共识或完全说服。[44]

7. 法律文化

有学者认为，“软法亦法”观点的提出与研究，为我们分析古代社会的“礼法合治”提供了新的视角，同时也为现实法治在发展中更好地借鉴中国古人的经验与智慧，寻求古今相通，甚至中西相通的“法”之共识提供了新的路径。中国古代社会由“礼治”而“法治”而“礼法合治”的发展，证明了软法的存在以及软法在法律体系中不可或缺的作用。历史的经验告诉我们，自下而上形成并具有社会导向的软法，不仅是法治发展中的有机组成部分，而且更是法治主流价值观形成及法治共识形成的关键所在。[45]

有学者认为，法律文化作为描述一个法律系统样式以及精神特质的概念，是一个不断发展变化而极具包容性的概念，“一带一路”倡议的提出，重新刻画了面向中国法学的世界法律版图。重新审视“一带一路”框架下法律文化的多元化特征和相互影响，将会推动“互联互通”目标的实现。法律文化本身所具有的多元化、流动性特征以及“一带一路”的地缘面向，需要重新确立有效的法律文化认识工具和超民族国家的系统单元，推动法学范式转型，促进实践导向型和合作导向型的比较法律文化的发展。[46]

有学者通过比较中美两国在全球法律移植安排中

的相似点与差异点，指出在“一带一路”的法律移植中，中国应该避免线性法律与发展观，法律工具主义观，隐性殖民主义观，“中国模式”完美论和万能论及法律移植的意识形态观5个观念陷阱。同时，“一带一路”倡议为中国比较法学的发展提供了历史机遇，中国比较法学研究应突破传统中西二元对立的比较格局，突破过去以概念比较和功能比较为主要方法的方法论体系。[47]

有学者认为，县域法治研究，是基于县域法治建设这一现实生活实践问题而提出的一个新研究课题。就法治语境下的县域治理而言，以法治为导向，以自治、礼治为支撑，在发达县域，有可能最终达县域善治的愿景。[48]

有学者认为，在今人看来历史中国的种种法治宪制不健全的“问题”，其实与当时中国有没有“公民”概念以及相应的制度基本无关。因为公民概念是城邦的产物，作为一种特权，也是一种区分和歧视。在作为农耕大国的中国，除极少数政治文化精英外，普通百姓通常只是国家自在但并不自觉的成员——国人，同时也作为其生活村落的更为活跃的成员——村民，这种身份制度是大国的必然。虽然没有公民以及相应的公民权利制度，历史中国还是以独到的方式大致公正系统有效地处理了百姓在国家和村落这两个共同体中的分配正义问题。[49]

有学者认为，以孟德斯鸠的理性主义看待中国封建法律传统，中国传统法律是东方专制主义。但是，以孟德斯鸠的历史主义看待中华法律传统，中华法律传统不再仅仅是专制和野蛮，道德礼教、民本体恤，以及疆域、气候、人口、地势等自然环境，弱化了专制主义，中华帝国专制主义之下依然存在共和主义与贵族精神。如何调和理性主义和历史主义，其实也是当下中国法治建设面临的理论和现实难题：一方面，我们要建立合乎人类文明的现代法治；另一方面，我们如何将自由民主和法治与中国民族性有机结合起来。[50]

有学者认为，西方学界对帝制中国法律的认识受到“现代主义”价值的影响，“现代主义”的中国法律史研究主要有两类：一是关于帝制中国法律的社会基础的认识，认为帝制中 国法律的社会基础是“东方社会”，将帝制中国法律与西方法律对立，并注重批判帝制中国法律的“专制主义”；二是关于帝制中国法律的制度功能认识，认为帝制中国法律的主要功能是社会秩序控制，同样将帝制中国法律与西方法律对立。“现代主义”的中国法律史研究洞见与偏见并存。西方学界内部对“现代主义”中国法律史研究进行深刻反思，其对于国内的中国法律史研究有诸多借鉴意义。[51]

有学者简要总结了古代御史监察制度的经验与教训。他强调不能不关注古代监察制度背后的皇权制度结构功能，如果从2000多年中国帝制时期监察制度的负面效果来讲，其中有一个规律性的现象：皇权的强化和监察体系的膨胀永远是正相对应的，没有例外。同时，随着监察体系自身的膨胀，监察系统本身的效率却越来越不彰显。他还提醒，在面对一个新制度产生之时，一定要衡量成本效益。[52]

有学者认为，中国古代监察思想深刻地影响着监察制度与法律的制定与运行。在中国古代监察思想、制度与法律产生与发展的历史进程中，战国、汉、唐、宋、明是5个有代表性的朝代。这5个朝代的监察思想、制度与法律各有发展脉络与时代特点，监察思想、制度与法律三者之间具有内在联系，可以为现代监察法制建设提供历史的经验。[53]

有学者按照时间顺序梳理了韩非思想的发展脉络，认为历史性地理解韩非学术思想的起点、深化、拓展与定格是全面理解韩非学术思想的必要环节，是深入阐述中国法律文化的必要准备。[54]

有学者认为，就保证农耕中国实物税收的适度和公平而言，度量衡，尤其是量和衡，先后扮演了极为重要的角色；在经济制度上，先后形成了以“度”为税收手段的井田制，以及秦之后以量、衡为核心手段的赋税制。为保证全国统一合理税收以及政治治理而建立的中央集权官僚制，必须有俸禄、监察、考课等制度的保证或辅助，同样需要度量衡的技术支持。度量衡还是统一金属钱币的前提和标准。度量衡的制度塑造力影响深远和广泛，这进一步体现在“百代皆行秦政法”，以及对游牧民族入主中原后所建制度的文明融合性重塑。[55]

有学者认为，当代中国社会科学的理论前提、理论范式均源于西方，尚未完成中国化建构。法家学说作为中国古典的社会科学，无论是法学、政治学还是经济学，都可以在法家学说中找到其理论源头。中国的社会科学应当与法家学说对接起来，应当通过法家学说完成社会科学的中国化建构。[56]

8. 法理学基础问题

有学者认为，与法律规范相比，法律概念的基本问题在法理论上基本没有得到整体上的澄清。他集中讨论了法律概念的性质论和功能论两个层面，并将这两个层面的问题串联于一个问题之上：在法律规范与法律概念的关系中，法律概念是否具有独立的意义？他所持的观点可以概括为法律概念对于法律体系和法学而言具有根本性，甚至要比法律规范更为根本。他反驳法理论的规范主义，称其颠倒了法律概念与法律规范的优先关系。他强调，概念是思维的重要工具，法律概念是法律规范的基础，也是进行法律思维和推理的根本环节。无论是在立法还是司法实践中，都必须认真对待法律概念。[57]

有学者认为，法律规范类型区分的不同理论，乃是分别服务于不同的理论分析或实践操作目的。分析法学有关法律规范类型区分的理论，服务于确证法学知识独立性的目的，进而分析法学有关法律规范类型及其配置关系分析的主要目标就只能是在形式逻辑上将法律规范与其他类型社会规范区分开来，并建构一个逻辑自洽的法律体系。分析法学只能回应已经被认定为法律的事物所包含的问题，而不能回应符合什么标准才能成为法律的问题。这与民法规范论有关法律规范类型区分的讨论旨在妥当判断民事法律行为的效力，目的上显有不同。[58]

有学者探讨了构成法律体系基本单位的法律规范、法律规范之间的相互关系，以及法律体系的基本特点。他指出了一个经常被忽视的法律规范的特点，即法律规范的群体性。他认为，法律部门的概念只有“分类”的意义，而不能对司法实践起作用。他通过引介拉兹关于法律规范之间关系的理论，即内部关系理论，建议明确法律规范之间的纵横坐标，以此来判断具体法律规范的具体位置和它的重要性。[59]

有学者建议从两个层面展开对法律权力的研究：其一，从研究方法上，研究法律权力一定要放在相邻的法律概念所组成的网络之中，并通过比较来揭示法律权力的本质。其二，在具体法律关系中，法律权力本意是缺乏限制，所以，如何保证权力依法行使就成了基本的法律权力问题。[60]

有学者从斯堪的纳维亚现实主义法学关于法律效力的观点中得到启发，法律效力应当且只能被理解为可观察和可验证的社会事实，它不仅仅表现为人们的守法行为，更在于人们内心是否认同和受到约束。该学者意识到，这种观点强调在事实层面特别是心理层面把握和理解法律效力，丰富了法学的研究内容和研究视角，但也受到了其他学者对其诸如未准确划分内外不同视角的界限、消解了法的规范性的独特构造、排除价值因素并不能成就其科学性等批判。[61]

有学者认为，法治作为一个富有高度争议性的概念，其最小的概念共识是法治是一个值得追求的理想，这成为讨论法治是什么的基本出发点。承认法治是一种理想，通常蕴含“法治必然承诺特定价值”的结论。然而，由于强调任何实质价值都将贬损法治的重要性，并且实质法治观念还将与反法治的立场重合，所以即使承认法治的理想地位，也并不意味着法治必然承诺特定价值，形式法治依然是具备理论优势的主张。[62]

有学者认为，制定法作为一种法的渊源，属于必须适用的法的渊源，是法律解释的对象和证成法律决定或判断的一种形式理由，能够在更大程度上保证法律决定的确定性和可预测性。在当代中国，作为必须适用的法的渊源的范围是特定的。法官或法律适用者在做法律决定或判断的过程中必须要按照一定的准则适用制定法。[63]

有学者认为，百余年以来的中国法理学的发展可以视为权利观念萌芽、形成、发展、完成和反思的历史。在不同阶段，权利观念有不同的表达。当前的权利观念必须要认真对待共同体这个重要的命题，必须吸纳当前的共同体生活对于法学提出的深刻需要。[64]

注：

①李林：《开启新时代中国特色社会主义法治新征程》，《环球法律评论》，2017 年第 6 期。

②江必新：《深化依法治国实践刍论》，《法学杂志》，2017 年第 12 期。

③张文显：《新思想引领法治新征程——习近平新时代中国特色社会主义思想对依法治国和法治建设的指导意义》，《法学研究》，2017 年第 6 期。

④张文显：《新时代全面依法治国的思想、方略和实践》，《中国法学》，2017 年第 6 期。

⑤张文显：《推进全球治理变革，构建世界新秩序——习近平治国理政的全球思维》，《环球法律评论》，2017 年第 4 期。

⑥支振锋：《互联网全球治理的法治之道》，《法制与社会发展》，2017 年第 1 期。

⑦冯玉军：《把社会主义核心价值观融入法治建设的要义和途径》，《当代世界与社会主义》，2017 年第 4 期。

⑧李林：《建设法治社会应推进全民守法》，《法学杂志》，2017 年第 8 期。

⑨刘敬东：《“一带一路”法治化体系构建研究》，

《政法论坛》，2017 年第 5 期。

⑩朱景文：《法治评估中的问题指标——中国法治建设面临的难题》，《中国法律评论》，2017 年第 4 期。

⑪朱景文：《人们如何评价司法——法治评估中司法指标的分析》，《中国应用法学》，2017 年第 1 期。

⑫冯玉军：《中国法律规范体系与立法效果评估》，《中国社会科学》，2017 年第 12 期。

⑬孟涛、江照：《中国法治评估的再评估——以余杭法治指数和全国法治政府评估为样本》，《江苏行政学院学报》，2017 年第 4 期。

⑭李朝：《量化评估中的“法治概念”与“概念化”》，《河北法学》，2017 年第 5 期。

⑮李朝：《中国法治评估逻辑的类型识别与关系建构》，《法治论坛》，2017 年第 2 期。

⑯李朝：《法治评估的特征、构成与基本类型》，《齐齐哈尔大学学报》（哲学社会科学版），2017 年第 7 期。

⑰王敬波：《我国法治政府建设地区差异的定量分析》，《法学研究》，2017 年第 5 期。

⑱邱成梁、李志强：《迈向实践立场的法治评估指标体系及其方法论》，《山东社会科学》，2017 年第 8 期。

⑲谢海定：《中国法治经济建设的逻辑》，《法学研究》，2017 年第 6 期。

⑳张文显：《党规国法互联互通》，《法制与社会发展》，2017 年第 1 期。

㉑莫纪宏：《党内法规体系建设重在实效》，《东方法学》，2017 年第 4 期。

㉒李林：《科学定义“党内法规”概念的几个问题》，《东方法学》，2017 年第 4 期。

㉓王耀海：《党内法规的制度定位——马克思主义法学探索之四》，《东方法学》，2017 年第 4 期。

㉔杨小军：《国法与党规关系》，《法学杂志》，2017 年第 8 期。

㉕封丽霞：《中央与地方立法事权划分的理念、标准与中国实践——兼析我国央地立法事权法治化的基本思路》，《政治与法律》，2017 年第 6 期。

㉖刘莘、陈悦：《“三个行为法”与地方立法权》，《浙江社会科学》，2017 年第 12 期。

㉗郑毅：《中央与地方立法权关系视角下的网约车立法——基于〈立法法〉与〈行政许可法〉的分析》，《当代法学》，2017 年第 2 期。

㉘赵一单：《央地两级授权立法的体系性思考》，《政治与法律》，2017 年第 1 期。

㉙冯玉军：《我国宗教法人制度的立法完善》，《华东政法大学学报》，2017 年第 2 期。

㉚刘雁鹏：《地方立法抵触标准的反思与判定》，《北京社会科学》，2017 年第 3 期。

㉛张志铭：《对当下中国审判独立的认识》，《中国应用法学》，2017 年第 1 期。

㉜孙海波：《司法义务理论之构造》，《清华法学》，2017 年第 3 期。

㉝王琳：《论法律原则的性质及其适用——权衡说之批判与诠释说之辩护》，《法制与社会发展》，2017 年第 2 期。

㉞张双根：《指导案例制度的功能及其限度——以指导案例 8 号的引用情况为分析样本》，《清华法学》，2017 年第 3 期。

㉟贺剑：《法教义学的巅峰——德国法律评注文化及其中国前景考察》，《中外法学》，2017 年第 2 期。

㊱王夏昊：《德沃金司法裁判方案的重构与批判——以法律论证理论为基础》，《政法论丛》，2017 年第 3 期。

㊲雷磊：《法律逻辑研究什么?》，《清华法学》，2017 年第 4 期。

㊳孙海波：《不存在疑难案件?》，《法制与社会发展》，2017 年第 4 期。

㊴王夏昊：《论法律解释方法的规范性质及功能》，《现代法学》，2017 年第 6 期。

㊵吴凯：《论领域法学研究的动态演化与功能拓展——以美国“领域法”现象为镜鉴》，《政法论丛》，2017 年第 1 期。

㊶邱成梁：《语用学转向视野下的法律推理研究——以案例指导制度为视角切入》，《法律方法》，2017 年第 2 期。

㊷丁晓东：《算法与歧视——从美国教育平权案看算法伦理与法律解释》，《中外法学》，2017 年第 6 期。

㊸侯猛：《社科法学的研究格局：从分立走向整合》，《法学》，2017 年第 2 期。

㊹杨贝：《法律论证的能与不能》，《华东政法大学学报》，2017 年第 2 期。

㊺马小红：《“软法”定义：从传统的“礼法合治”

中寻求法的共识》,《政法论坛》,2017 年第 1 期。

㊻丁相顺:《“一带一路”倡议与多元法律文化》,《苏州大学学报(法学版)》,2017 年第 3 期。

㊼鲁楠:《“一带一路”倡议中的法律移植——以美国两次“法律与发展运动”为镜鉴》,《清华法学》,2017 年第 1 期。

㊽杨玉圣:《法治、自治、礼治与善治——立足于县域法治与县域善治的讨论》,《政法论坛》,2017 年第 4 期。

㊾苏力:《公民权利论的迷思:历史中国的国人、村民和分配正义》,《环球法律评论》,2017 年第 5 期。

㊿徐爱国:《孟德斯鸠论中华帝国法律之白描》,《中国法律评论》,2017 年第 5 期。

51赵刘洋:《西方学术视野中的帝制中国法律文化图景》,《史学月刊》,2017 年第 5 期。

52赵晓耕:《中国传统御史监察制度的经验教训》,《环球法律评论》,2017 年第 2 期。

53张晋藩:《中国古代监察思想、制度与法律论纲——历史经验的总结》,《环球法律评论》,2017 年第 2 期。

54喻中:《论韩非学术思想的演进历程》,《政法论丛》,2017 年第 6 期。

55苏力:《度量衡的制度塑造力——以历史中国的经验为例》,《法律科学》(西北政法大学学报),2017 年第 1 期。

56喻中:《法家学说与社会科学的中国化建构——立足于法学与人文社会科学的交叉研究》,《法学家》,2017 年第 5 期。

57雷磊:《法律概念是重要的吗》,《法学研究》,2017 年第 4 期。

58王轶:《法律规范类型区分理论的比较与评析》,《比较法研究》,2017 年第 5 期。

59吴玉章:《论法律体系》,《中外法学》,2017 年第 5 期。

60吴玉章:《论法律权力的概念》,《华东政法大学学报》,2017 年第 5 期。

61王田田:《揭开法律效力的面纱——斯堪的纳维亚现实主义法学关于法律效力的观点及启示》,《学习与探索》,2017 年第 4 期。

62陈景辉:《法治必然承诺特定价值吗?》,《清华法学》,2017 年第 1 期。

63王夏昊:《论作为法的渊源的制定法》,《政法论坛》,2017 年第 3 期。

64黄涛:《走向共同体的权利观——近代以来法理学发展的一种考察》,《财经法学》,2017 年第 3 期。

(作者:冯玉军,中国人民大学教授;
周剑威,中国人民大学博士生)

宪 法 学

胡锦光 杨 凡

2017 年的宪法学研究延续了近年来的研究趋势,即重视对于具体宪法制度的理解,而于纯粹理论探讨多有舍弃。首先,因应国家监察制度改革,理论界兴起了一股研究的热潮,及时地回应制度创新的需要,是 2017 年宪法学研究最大的亮点。其次,对于宪法与国家的关系,诸多学者展开了更为系统而深入的思考,期以回应新时代国家治理体系及治理能力现代化的理论诉求。再次,立法宪治与司法宪治有如双轮马车,滚动着央地关系与法检改革四轴,且前者多侧重地方立法体制观察,后者则多引入域外改革经验。最后,权利义务研究明显增量,且多集中于同其他部门法之相似权利的比较。但特区宪治与宪法解释研究却收缩明显,未成规模。

一、法与国家

关于法与国家的关系,李少文认为,宪法是民主制度化的产物,又要通过民主制度和权利体现人民的地位,由此产生了宪法的两种逻辑,分别是民主逻辑和法治逻辑。它们为宪法发挥效力提供基础,形成两种效力,分别是在过程中的效力和校正性效力。宪法建立民主形式并控制民主过程,首先是对行为的约束,作为规则、程序和动力机制引导和激励政治活动参与者,然后才是对行为的评价。作为规范校正政治活动参与者的行为,宪法之内也形成了两类规范,即行为规范和裁判规范,前者体现为与政治活动参与者的互动关系,后者依赖司宪者的适用。宪法通过两种逻辑、两类规范、两重效力控制民主,它体现了宪法实施的任务与形式。[①]

李少文提出“宪法工程学”的概念，认为“宪法工程将宪法视作一台机器，可以进行设计。何种民主？如何实现？这是宪法工程的任务。它不强调宪法作为需要进行演绎推理的规范体系，而是分析其作为规则和程序的引导功能，以及作为动力机制的激励功能。宪法工程阐明宪法与民主的关系，沟通规范与现实。它凸显了实证宪法的存在空间和积极功能，推动了政治宪法学的领域扩张。运用宪法工程会带来民主宪法的复归”。[②]而论“宪法工程学兴起于新兴民主国家制度选择的实践，它能够回应宪法与民主的关系，阐释民主如何在宪法之中加以贯彻，亦发现宪法如何控制民主。它是理解宪法内涵、实现宪法效力与发挥宪法功能的新的理论路径。这种路径不仅包括了设计民主的逻辑，也涵盖了宪法如何通过制度结构和组织功能维持政治过程的运作并促进审议民主，如何通过政治活动参与者与宪法的互动关系确保宪法效力并推动宪法发展。通过厘清乃至建设宪法工程，宪法作为根本法的地位和功能才能完全彰显。宪法工程学广泛运用于宪法建立国家和民主转型的过程之中，也是理解民主运行的思路，它充分体现了宪法的结构性特征和组织化功能，通过设计民主制度并控制民主过程实现宪法的目标”。[③]

关于制宪权理论在法治国家建设中的意义，认为“制宪权是制宪主体按照一定的原则创造宪法的一种权力。制宪权理论是现代宪法的重要理论之一，是宪法产生的理论逻辑基础。制宪权理论最早由法国学者西耶斯提出，它是以国民主权理论为核心内容的。我国学者对制宪权理论有不同认识，有很多辩争。而辩争让人们更熟悉西耶斯的制宪权理论，发掘其对我国法治建设的积极意义。深入发掘制宪权理论，有助于全面认识和把握宪法价值，提升执政党依宪执政的资源，增强人民对我国政权组织形式的认同感。同时，它对我国当前宪法和法律的实施也有积极的作用”。[④]

回到中国语境，则邓小平法制思想与中国法治建设实有其千丝万缕的联系。认为“自改革开放以来，中国特色社会主义法治发展道路的探索已经历了5个具有里程碑意义的发展阶段。这5个里程碑分别是1978年中共十一届三中全会的召开；1980年邓小平在中央政治局扩大会议上的讲话；1992年邓小平视察南方的谈话；1997年中共十五大依法治国方略的提出；2012年中共十八大以来开启的依法治国新征程，尤其是十八届四中全会关于全面推进依法治国的顶层设计。这5个里程碑和邓小平及其法制思想从理论逻辑上说均有密切的关系。全面推进依法治国，建设社会主义法治国家，以邓小平法制思想为指导，应体现在以下方面：坚持中国法治道路的民族特性，坚持理论上的超越与创新，坚持学习、借鉴与立足中国国情相结合，坚持立足中国法治建设的现实需要和实践基础”。[⑤]

关于立宪国家的理性尤有中国的问题，认为“立宪的国家理性是对工具主义的国家理性在价值上的缺失而做出的拯救，它表明国家安全和存续只是国家存在的理由，在此基础上还需要有一个国家存在的正当性问题，那就是对个人自由和权利的保护。中国在建构立宪的国家理性中存在以下两个问题：一是由于没有自然法、永恒法和自然权利的传统，缺乏充分理解个人自由和权利的价值背景；二是在内外交困的特殊情势下，救国图存和国家富强构成了国家存在的理由，自由和权利被当作是实现这一理由的技术或手段，而不是作为价值理性为工具主义的国家理性提供正当性基础。而推进国家治理现代化和维护宪法权威则既是针对中国问题做出的回应，也是对立宪的国家理性的谋划”。[⑥]

甚至以康有为为例，追述维也纳体系与所谓君宪信念的持久性。认为“国际体系是塑造国内宪制的重要力量。在近代中国宪制发展道路争衡中，诉诸国际体系的主流是一种常见的论战策略。1814—1815年维也纳会议所奠定的维也纳体系，确立了君主制国家的优越地位，并影响到了中国晚清立宪派的宪制思想。作为立宪派的理论领军人物之一，康有为所认识到的维也纳体系是一个君主制国家主导的国际体系，而他所推崇的维也纳体系的潜在终结者德国，同样也是一个君主制国家。康有为的国际体系经验对其理论建构产生了深刻的影响，并支持其在辛亥革命之后继续主张君主立宪的优越性。这一从国际体系主流寻找支持的思维方式颇具典型性，但也存在深刻的局限，当为今人所戒”。[⑦]

或立足当下，探究事权划分法治化的中国路径，认为“我国应在法律层面明确各级政府间的事权划分，通过法律机制保障和促进各级政府履行事权。赋予政府事权是为有效保障公民基本权利的实现，在明晰政府职能边界的前提下，运用法律手段、遵循谦抑原则厘定事权范围。事权划分的经济标准更为基础，法律标准对由经济标准导出的划分格局进行调适。事权可分为立法监管和事权实施，现行法律体系对立法监管事权的配置相对合理，但其中法律监督、特别是司法事权应适当向中央集中；在事权实施层面，现行制度为行政化分权留下空间，且不同层级政府间事权同质化较明显。事权划分法治化要求制定财政基本法明确各级政府的事权；政府间财权划分和转移支付体制的优化、预算硬约束的实现，是事权划分的制度保障；从根本上，通过对公民权利体系的法律确认，可以促进法定事权的落实”。⑧

甚至还有限权宪法原理下的限权原则体系与宪法价值秩序考量，认为“应重返现代宪法政治基本价值原理，运用现代法学方法论的内部体系思维，以我国宪法第一章第 5 条依法治国条款作为最高的结构性条款统领全部统治机构条款，形成具有现代宪法政治理论底蕴的法治国原则，并作为我国宪法限权体系的总原则。由此，以第一章的法治国原则与第二章的人权原则作为宪法上具有最根本支配力的最高法伦理原则，初步建构起我国宪法体系化二元结构，形成我国宪法价值秩序的理论框架”。⑨

具体制度上的切入尚有论死刑、宪法与国家学说，谓“目前国内学界有关废除死刑的主要论述可以归纳为文明抵触说、人权抵触说和宪法抵触说。这些学说对废除死刑提出了有益的论证，但却难以形成有说服力的主张。从我国的国家性质、社会制度及国家职能出发，应当认为，死刑是不符合我国宪法以及主流政治学说所确定的国家性质和职能理论的。从现时社会发展水平看，死刑的存在不符合我国国家和社会建设的基本要求。有关死刑废除的国家性质及职能抵触说的提出，符合社会主义国家实现每个人的自由发展的基本理念，也有利于明确人民民主专政社会主义国家中公民与国家的关系”。⑩

也不乏比较研究，如论美国印第安部落的自治权，谓“印第安部落与美国联邦、州之间独特的法律关系，是在两百多年的历史中由联邦宪法确认，通过联邦与部落缔结的一系列条约、国会立法、行政命令、司法判决、协议契约共同建构的。部落自治权力的确认及其在联邦宪法架构内的展开，体现了宪制分权的另一种样态，是美国宪政、历史、文化和社会共同塑造的独特的权力形态。印第安人认为其自治权力是天然的、内在的固有主权。但部落自治权的恢复与落实充满了曲折和坎坷，未能遵循其本身固有的逻辑而发展，其变迁过程更缠结了复杂的历史诸因素。部落文明开化与自治自决相伴相生，部落文化的冲突与自治的回归皆非单向度的逻辑运动，其历史与现实皆充满了悖论，其归宿亦面临令人困惑的两难”。⑪

二、国家监察体制改革

2017 年可谓监察体制改革之年，因应此一时代主题，从历史到当下和未来，学者们纷纷撰文表示关注。张晋藩老先生长文总结中国古代监察思想、制度和法律的历史经验，认为“中国古代监察思想博大精深，深刻地影响着监察制度与法律的制定与运行。在中国古代监察思想、制度与法律产生与发展的历史进程中，战国、汉、唐、宋、明是 5 个有代表性的朝代。这五个朝代的监察思想、制度与法律各有发展脉络与时代特点，监察思想、制度与法律三者之间具有内在联系，可以为现代监察法制建设提供历史的经验”。⑫

陈光中教授更是密切关注改革进程，撰写论文多篇。首论对于我国监察体制提出几点看法：一是新监察体制的重要特点，即监察委员会的高位阶、监察体制的全覆盖和无死角、反腐败力量一体化、高度的集中统一；二是提出监察委员会职权运作的若干问题，即监察委员会和人民检察院的关系问题、监察委员会调查活动的性质问题、是否允许辩护律师介入的问题、妥善处理“双规”的问题；三是关于改革涉及的宪法和法律修改的问题，即首先需要修改我国宪法，其次需制定我国国家监察法，再次需修改我国刑事诉讼法，最后《试点决定》已经提及的我国人民检察院组织法、检察官法和人民政府组织法等法律也要做出修改。⑬后就监察体制改革提出系统思考，认为“改革内容具有四大特点：监察权成为与行政权和司法权并列的国家权力；监察全覆盖；监察职权扩展到职务犯罪调查和处置；领导体制以垂直为主。这对于推进国家治理现代化和法治化具有重大意义”。⑭并秉持惩治腐败与保障人权相平衡的理念，对职务犯罪的监察调查问题，以及监察权与司法权的衔接问题表明观点。后就我国监察法（草案）提出 8 点修改意见：修改我国宪法应先行于制定我国监察法，人大应对监察委员会进行有效监督，“尊重和保障人权”应写入我国监察法，监察委员会独立行使职权的表述应该修改，留置应当遵循法治程序，职务犯罪调查应允许律师介入，检察机关应拥有独立的审查起诉权，应当由全国人大依据立法程序主导我国监察法起草工作。⑮

同样观点还有，设立监察委员会、进行监察体制改革是一项重大的政治改革，首先需要确保改革的合法性与合宪性基础；而根据“重大改革于法有据”

的精神，应从试点阶段开始即遵循法治原则，为改革的顺利进行提供有效的法治保障，以降低改革中的各种风险。[16]或说“为适应国家监察体制改革，建议适时修改宪法，确认监察委员会的宪法地位，并对相关制度机制做出调整”。[17]于是，监察改革便首先意味着“八二宪法”的重塑。即说，“‘八二宪法’体制的核心政治原则是党的领导、人民当家做主与依法治国的有机统一，但这一核心政治原则在宪法上并未充分法权化，这是监察体制改革的宪制背景和基础；‘八二宪法’第三章国家机构中的中央国家机构实际上分为两类：一类是党和国家一体化的国家主席和中央军事委员会，由全国人民代表大会产生，但不对其负责和报告工作；另一类是党和国家非一体化的一府两院，由全国人民代表大会产生，对其负责并报告工作。党的纪律检查委员会与监察委员会合署办公使得监察委员会同时具有这两类国家机构的属性，既是党和国家一体化的，又对全国人民代表大会负责和报告工作。监察委员会的监察权最终来源于人民的赋权，同时又要坚持党的统一领导。因此，监察委员会的设立使得作为政治原则的党的领导、人民当家做主和依法治国的有机统一得以一定程度的法权化”。[18]

宪法之下抑或是宪法之内的法权变动也无外乎监察委员会与其他国家机关的关系。即说“全国人大及其常委会对监察委员会应有立法权，各级人大及其常委会对同级监察委员会成员应有任免权，对其工作应有监督权。中央监察委员会主任应由全国人大选举（而非决定）产生，即提名人属于人大主席团（而非国家主席）。在宪法规定的人民法院、人民检察院和公安机关办理刑事案件的原则条文中，应增加监察机关。由于我国监察机关的性质接近行政权，因此，监察权应纳入行政诉讼范畴；许多国家对涉及人身和财产的调查权需经法院审查和批准，这值得我们借鉴。检察机关的监督对象应由过去的监督公安、法院、监狱等延伸至监察机关，为此，检察院应保留批准逮捕权，对监察委员会违法行为的纠正权，对其移送案件的审查权等”。[19]或说“在打击权力腐败的过程中，中国形成了一套以党政合体的纪检监察为主的监督模式，这种模式发挥了独特的功能，保障了改革的顺利进行。但是，在走向法治中国的新时期，这种传统机制遇到了诸多困境和问题，必须通过改革实现法治化转型。中国的监察体制改革应在机构设置、党政关系、职权范围、外部监督等方面进行革新，构建独立、权威、公正的国家监察委员会，以此保障权力规范运行”。[20]

其他学者或认为，国家监察法是国家监督领域的基本法，属于宪法性法律。其调整的关系主要包括：“国家监察机关与监察对象的关系、国家监察机关与人民代表机关的关系、国家监察机关与党的纪律检察机关的关系、国家监察机关与司法机关的关系以及国家监察机关内部的关系。为了科学合理地调整这些关系，国家监察法应对国家监察机关的组织、职责、权限和监察手段、程序，以及对国家监察机关本身的监督、对国家监察对象合法权益的保障和救济机制进行周密的设计和规范，以保证国家监察机关既有效行使反腐败职能，又防止其滥用权力”。[21]或曰“成立监察委员会不仅涉及修宪，而且在修宪之后还需立法，除了将我国行政监察法改为国家监察法外，还应制定我国监察委员会组织法。这两部法律性质不同，一个是监察组织体制，一个是监察行为规范，二者难以相互替代。各中央级国家机构基本上都有相应的组织法，监察机关由原来的监察部上升到与一府两院平行的监察委员会之后，也应该有自己的组织法。该组织法应是宪法相关规定的细化，而不宜重复宪法的有关内容”。[22]或谓“制定我国国家监察法是弥补现行监察制度不足的必然要求，是实现反腐制度化、法治化的客观需要，也是全面推进依法治国，实现国家治理体系和治理能力现代化的重要举措。制定我国国家监察法必须坚持正确的立法思想和立法导向，明确监察机关的定位和运作机制，实现对监察对象的全覆盖，完善监察手段和监察程序，强化对监察机关的监督和制约，设计好监察机关与司法机关的衔接机制，确保在法治轨道上推动改革”。[23]

另有专文讨论监察对象。[24]一是认为最值得探讨的是行使社会公权力的人员是否应作为国家监察的对象问题。而若将社会公权力行使者纳入监察对象范围须符合以下条件，即该社会公权力对社会公众或其成员的权利义务可能产生重大的影响；该社会公权力与国家公权力有着相对密切的关系；以及该社会公权力的行使涉及公共资源或资金的运用。二是有关国家监察的一般对象，包括各级人民代表大会机关工作人员、各级行政机关工作人员、各级司法机关工作人员、各级政协机关工作人员、中国共产党各级机关工作人员、民主党派各级机关工作人员、教科文卫医体等事业单位的工作人员、社会中介组织工作人员、基层群众性自治组织工作人员，以及工商联、工会、共青团和妇联等特殊组织的工作人员和其他应纳入监察范围的对象。

三、立法宪治

有学者探讨了人大主导立法的可能及其限度，其说“人大主导立法是我国人民代表大会制度与社会主义立法体制的根本要求，也是立法获得正当性与权威性的必然条件。但观察近40年的中国立法发展，一个显著的事实就是，人大立法权，尤其是人民代表大会立法权的虚置弱化以及由此形成的立法过程中人民形式上有权、实际上无权的状况。重塑当代中国立法的正当性基础和公正性品质，寻求立法的民主性与科学性、立法效率与法律实效的协调，必须从行动上回归我国宪法法律文本的各项规定，维护有立法权的人大在立法过程中的主导地位”。[25]又论中央与地方立法事权划分的理念、标准与中国实践，谓“作为世界上最大的单一制国家，我国在纵向立法事权的划分标准、方法与内容构成上有自己独特的制度安排，也面临一些特殊问题。推进我国央地立法事权规范化、法治化改革，必须实现央地立法职责划分从行政化向法治化、从政策主导向法律主导转变；需要明确以立法调整事务的影响范围或外部性程度作为划分的基本标准，还要建立央地立法事权划分的适时变动与动态调整机制、充分发挥司法的间接微调功能”。[26]

又或针对中国地方立法与上位法的关系，举出重复、细化还是创制的疑问，而“通过对样本城市具有地方特性的市容环卫领域和具有中央特性的安全生产领域地方立法的实证考察可以发现，更具地方性的立法，在条文规模上的扩张程度更高，而我国地方立法在重复中央立法方面的问题并不突出。地方立法中有相当比例的规定对上位法进行了操作性的细化，且在中央特性较强的立法领域中，地方立法进行细化的比率相对较高。在立法创制方面，地方立法超越上位法框架的独立型创制现象较为少见，地方立法机关更多进行的是基于上位法已有条文的依附型创制，在总体上呈现出较为保守的倾向，但也展现出地方立法一定的自主空间。未来应进一步明确地方立法在规范上的存在空间，适当减弱立法保守倾向，使地方立法在社会治理中发挥更大作用”。[27]或说“实践表明，我国的地方立法并没有架空上位法，反而处于被边缘化的尴尬境地。地方立法被弃用的原因主要包括适用地域性和审级制度下的风险规避、地方立法制度功能缺失以及传播成本和规则认知便宜化等3个方面，表现出了法律适用中的上位法依赖倾向。但与此同时，仍然有部分地方立法规范在实践中较为活跃。通过对这些立法文件所涉司法案件的抽样分析，可以发现适用较活跃的立法条文可被归入解释或充实上位法概念、设定地方性标准、确认行政主体地位、确定行政处罚或强制行为、规定当事人权利义务、填补上位法漏洞等情形之中，进而分为细化操作型、赋权确认型和漏洞填补型3类，体现了法律适用中的实用性考量。要使地方立法具有更强的实效性，则应做到根据需求实施立法供给、强化规范的确定性、有效平衡安全立法和有用立法的关系并降低立法的传播与学习成本”。[28]

或从案例切入，认为“我国地方立法行政许可设立权相关条文之解释存在不同见解，鲁潍案裁判要点1及其引发的相关讨论，即围绕地方立法行政许可设立权之法律解释问题展开。但是，对该案及相关法条的已有讨论，无论是‘领域说’与‘事项说’之争，还是‘积极抵触’与‘消极抵触’之辩，均未就地方立法行政许可设立权提供融贯的解释。应当引入体系视角重述与上位法相抵触，承认地方立法在上位法所确定的框架秩序下享有一定的选择空间，并由此超越‘领域说’与‘事项说’之争，从宪法、组织法、行政许可法三个层次、授权与限制两个方面整体把握我国地方立法行政许可设定权之规范体系”。[29]而从法的自身创发能力出发，谓“立法机关与行政机关在立法上的权限分配是一个经典课题，不同的宪法体制可能有不同的解答。在行政机关缺乏民主正当性且定位为立法机关的执行机关时，不宜承认其可以直接依据宪法制定法规范。法律的法规创造力原则主张，凡含有法规（法律事项）者，均由法律创造。随着立法机关地位的强化，法律事项的范围也在扩大，法规的界定亦随之扩张。从我国宪法而言，应将一般性规范作为判断法律事项的标准。国务院只能在宪法规定的职权范围内根据法律制定执行性的行政法规，或者在法律的专门授权时制定补充性、创制性行政法规。如此，方能在人大制度之下理顺法律与行政立法之间的关系，维护发端于人民主权的自上而下的法秩序”。[30]

但也有人认为，地方立法权扩容需要接受宪法的控制：“宪法在立法权配置方面留下了诸多空间，宪法规定了地方政权机构的权力，宪法还为地方权力行使划定了边界。宪法规定了处理中央和地方关系的基本原则，宪法具有鼓励地方开展立法实践的特征。宪法的这些精神、原则和规定引导和激励立法活动参与者通过修改我国立法法以扩大地方立法权。宪法作为规则、程序和动力机制，是宪法控制立法过程的有效形式”。[31]

或专论民族自治地方变通权条款的规范结构，认为“民族自治地方的变通权涉及我国宪法、民族区域自治法、立法法以及含有变通规定和补充规定授权条款的单行法，学界对该规范体系的逻辑解读颇显混乱。规范分析的结果表明，我国宪法第115条与第116条为总分关系，我国宪法第116条对我国民族区域自治法第19条和我国立法法第75条、第98条第3项为授权关系，我国民族区域自治法第19条和我国立法法第75条、第98条第3项为配合关系，我国宪法第115条与我国民族区域自治法第20条为授权关系，我国民族区域自治法第19条和我国民族区域自治法第20条为并列分工关系，我国民族区域自治法第19条与单行法中变通规定和补充规定为部分重合关系，我国民族区域自治法第20条与单行法变通规定和补充规定之间则为相对独立关系”。[32]

四、司法宪治

1. 检察体制探索

或论跨行政区划检察院的法律地位，认为“跨行政区划检察院改革试点已进入瓶颈期，存在着案件管辖范围与跨行政区划检察院设置目的背离、属地管理模式与制度设计初衷冲突、单一诉讼层级与案件回流地方矛盾等诸多问题，其根源在于跨行政区划检察院法律地位和层级设置模糊不明。关于跨行政区划检察院的法律地位争议，主要存在专门检察院、新型检察院以及派出检察院等分歧意见。科学界定跨行政区划检察院的法律地位应综合考量宪法规定、制度设计初衷、管辖范围、与跨行政区划法院对接以及域外经验等多重因素。在现行宪法框架下，将跨行政区划检察院定位为最高检的派出检察院，既不会动摇我国现有的检察机关组织体系，能够降低检察院组织法的修改难度，又有利于最大限度实现跨行政区划检察院的设置初衷，也符合司法专门化的发展规律，可谓一条较为理性可行的检察院组织法修改路径”。[33]

或认为“香港、新加坡廉政机构模式并非反腐败机制改革的唯一选项，重新武装检察机关，地位设定得当、职权配置到位、侦查措施得力以及程序调整适当，检察机关同样可以达到纪委办案的境界。……我国建立新监察制度，需要考虑将检察机关的法律监督延伸至国家监察委员会的调查领域。另外，建议保留人民检察院对于渎职侵权案件的侦查权，形成监察权和侦查权的相互制约关系”。[34]

或介绍澳大利亚检察官的职权与职业保障，谓“澳大利亚检察官的主要职权为提起公诉权，但不同级别的检察官可行使的权力大小不同，其在职业保障方面的特色为高职位的终身制与高工资高福利待遇，而这也是世界上主要国家在检察官职业保障方面的共同特点。我国当前的检察改革，应以我国国情及传统习惯为基础，遵循司法权的发展规律，合理配置检察权，适当提高检察官的福利待遇，以促进检察队伍的精英化、专业化，增强检察官的职业自豪感与荣誉感”。[35]

2. 域外司法制度观察

比如法国司法制度及其对于我国司法改革的启示：“法国在司法权配置上实行普通法院和行政法院分离，民事法院和刑事法院合一，法院和检察院采取审检合署制，在司法官的选拔和培养、司法官的管理与职业保障等方面体系完备。我国司法改革可借鉴法国司法制度之精髓，完善法官和检察官培训制度，提高律师执业能力与培育律师竞争市场，统一法官和检察官遴选（惩戒）标准，建立经费保障体系，增设社区法院，改革法官和检察官任用机制，最大限度地消解司法难题，加快建设公正、高效、权威的社会主义司法制度。”[36]

或论匈牙利宪法法院的启示：“20世纪90年代初期匈牙利建立的宪法法院一度被誉为世界上最强大的宪法法院，它主动介入政治、社会、民生保障等热点问题，成为匈牙利转型过程中不可小觑的政治力量。匈牙利宪法法院的强势并不是产生于制度真空中，而是宪法制度和具体政治力量复杂交互作用的产物。建立宪法法院是各派政治力量寻求政治保险的结果；修宪赋予了宪法法院较高的宪法地位；而宪法的不完善又迫切需要宪法法院弥补疏漏并赋予宪法全新的内涵；同时，转型阶段的匈牙利迫切需要获得国际承认，宪法法院成为该国在西方首要的国际关系资产，各派政治力量接受了宪法法院的强势；匈牙利转型初期多党格局稳定但民主治理效能低下的政治生态，也构成了宪法法院强势运行的政治需求。”[37]

或详陈德国联邦宪法法院的抽象规范审查程序，谓“德国违宪审查制度是最具代表性的宪法保障制度之一。抽象规范审查是为弥补美式具体司法审查的不足而发展起来的一种客观规范审查程序。抽象规范审查是在由于联邦制而形成的规范审查、法官的规范审查权以及规范审查权集中于宪法法院等基础上发展起来的。基本法对抽象规范审查程序做了规定，联邦宪法法院则对之做了具体化。经由对基本法和联邦宪法法院法有关抽象审查的受理要件、审查依据、判决形式和效力、特别程序的规定以及相关学说与判例的介绍和分析，可以发现，即便在德国，抽象规范审查作为宪法保障制度所发挥的功能也非常有限，在缺乏具体案件的情况下，宪法法院不仅可能对法律难以有充分的认识，而且容易沦为咨询机关及政党斗争的工具，损害司法权威”。[38]

或介绍德国量刑协商及近期的联邦宪法判例始末，即说“在职权主义语境中，德国式辩诉交易是法庭主导下的认罪供述与量刑协商合意，而不包含指控交易和罪状交易。法庭需要查证所有相关的证据方可对被告人定罪量刑。在3起合并审理的宪法诉愿中，联邦宪法法院认定原判违宪，但是否决对《认罪协议法》的合宪性质疑。宪法法院加强对量刑协商的控制力度，强调法庭澄清义务和罪责原则，追加附条件的无罪宣告条款。我国在探索和实践具有控辩协商因素的认罪认罚从宽制度时，应借鉴德国宪法判例，认真对待既定法律文本，严肃对待诉讼传统；考虑通过合宪性审查逐案统一法律与实践，判决留有废除法律的余地”。[39]

或审视美国刑事快速审判权的宪法检验与立法嬗变，称“《美国宪法第六修正案》中被告人享有快速审判的权利，在美国被告人基本权利的宪法司法检验中别具特点。这项权利本身的多元价值取向导致美国联邦最高法院在对该权利的宪法检验过程中更具复杂性。美国联邦最高法院在1972年的Barker案件中提出关于该权利检验的双重路径和四要素标准，为该权利的司法审查提供了基础性参照标准。美国国会在1974年通过的《联邦快速审判法案》吸收了美国联邦法院司法判例中形成的相关规则，将该权利通过成文法的形式加以系统化和规范化。在美国刑事快速审判权规则的演变中，成文法与判例法都发挥了积极作用，在该权利的保护和规则形成过程中互为补充、互为促进。美国快速审判权的宪法检验和立法嬗变过程中的经验和教训，可为我国刑事快速审判制度的立法和创新提供有益的借鉴”。[40]

五、基本权利与义务

基本权利的研究亦多针对具体制度。如说“人格权与人权的关系从根本上说是民法与宪法之间的关系，尽管分属于不同的法律秩序，二者之间却存在着密切的互动，人格权的基本化和基本权利的民事化是同时双向发生的进程。基本权利为人格权制度提供合法性来源以及发展与完善的动力；而人格权则落实对基本权利的保障，实现其客观价值和主观权利的双重功能。人格权制度在当代主要回应主体客体化的风险，防止人由法律关系的主体沦为客体。从这个角度来看，我国民法总则的相关规定仍然存在不足，而传统的侵权法来保护人格权的模式也难以有效应对当代的挑战。强调人格权与人权之间的内在联系，以有效保护人格权的方式来切实推进人权保护，这是当代中国法典化所应承载的历史使命，也是中国实现依法治国的必由之路”。[41]

还有论宪法上的一般人格权及其对民法的影响：“由于人与人格、人的尊严与人格尊严、人的尊严与一般人格权存在不同，我国宪法第38条所规定的人格尊严无法与德国基本法上的人的尊严进行简单的类比或者等同。我国宪法第38条所规定的人格尊严更倾向于一般人格权，将人格与尊严放在一起只是为了提高人格权的保护力度。民法上一般人格权是宪法上一般人格权间接适用于民法的产物，同时，民法典规定一般人格权成为民事立法者落实基本权利国家保护义务的结果。宪法上一般人格权和民法上一般人格权都旨在对未列举的人格权进行保护，其具体内容都需要通过司法实践来进行填补，但是这种填补必须依据宪法和民法上有关一般人格权的规定来进行，这是法官依法审判的应有之义。一般人格权内容的非法定并不排斥其依据的法定。”[42]

或论基本权利作为国家权力配置的消极规范，认为“基本权利限制统治的功能，不只是要求公权力机关行使职权不得侵害基本权利，还要求国家机构的设置及其权力配置本身不会导致危害基本权利的结果。在此意义上，基本权利是国家权力配置的消极规范。监察制度改革中留置权的创设和配置，也应接受基本权利规范的审查。留置措施对人身自由的限制强度与逮捕类似，在我国宪法第37条对组织法立法权限的限制下存在合宪性困难。基本权利教义学虽然接受政党内部规则对党员权利的克减以及公民的基本权利放弃，但关于留置措施讨论中的家法说和权利放弃论都较难证立。廉政机构的设置及其权力的配置，应该在宪法框架下积极稳妥推进”。[43]

或探究比例原则的普遍化与基本权利的性质，认为“诞生自德国公法的比例原则，呈现出双重的普遍性：不但逐渐被其他国家接受（地域普遍化），也开始向私法领域挺进（领域普遍化）。那么，比例原则的普遍性存在理论上的根据吗？就比例原则而言，如果它具备普遍性，要么因为它是理性化的一般要求，要么因为它是某种程序，要么因为它是某种终极价值，但这些看法都误解了比例原则的性质。因此，比例原则的普遍化，寄生于正当限制基本权利这个观念的普遍化。但由于关于私法（民法）立法与私法（民法）调整的内容是不同的，因此比例原则并不能够适用于私法自身的内容，所以并不具备领域的普遍化。同时，由于正当限制基本权利的观念本身存在问题，因此要承认基本权利的重要性，只能承认基本权利之间的冲突与紧急情况这两种限制基本权利的情形，而此时比例原则并未拥有超越其他审查工具的明显优势，所以比例原则的地域普遍性仍需要进一步的证明”。[44]

或论迁徙自由的规范结构与宪法保障，认为“迁徙自由作为公民重要的宪法权利，发挥了重要的宪制功能，其作为国家统一的象征和实现公民用脚投票的必要前提，有利于城乡之间的融合和共同发展，是形成市民社会和民主政府的必要条件。迁徙自由是一种复合型的权利，其以人身自由和行为自由为基础，兼具经济自由和政治权利的面向，并且天然蕴含着权利平等的含义。迁徙自由并不是绝对权利，而要受到宪法和法律的限制。在我国法律和政策中存在多种对迁徙自由的限制，这些限制需要在形式和实质两个方面进行审查和控制，即在形式上需要根据其不同面向适用不同的法律保留标准，在实质上要满足比例原则的要求，以保障迁徙自由的实现”。[45]

再论学术自由，认为“我国现行宪法第 47 条是学术自由的规范依据，前一句话保障了作为消极权利的学术自由，后一句话是其积极权利性质的表述。学术自由首先是一种消极权利，对学术一词进行法学上的解释可以划定它的保护范围。宪法对学术自由给予了立法拘束型保障，但法律可以基本权利的内外制约为由对其进行限制。学术自由条款同样赋予了国家积极作为的义务，要求国家扶持学术事业的发展。这种积极权利是一种抽象的法律权利，它对国家提出了最低限度的作为义务要求。国家对学术活动的差别性扶持政策并不构成对学术自由的间接性制约，但会引起平等问题。为解决学术共同体的内部冲突，国家基于基本权利保护义务理论应当采取措施确保学术世界内部结构的合理化”。[46]

更有论互联网自由的人权属性及其适用，谓“本质上，以人为中心的互联网自由体现为以权利为本位。互联网自由包括互联网表达自由、互联网信息获得自由、互联网基础设施和设备的可获得性以及互联网通讯自由。然而，互联网自由是相对的。对互联网自由的限制应至少满足 3 个条件：一是限制措施为法律所明确规定；二是措施满足合法性目标；三是措施具有必要性。作为负责任的大国，中国互联网规制政策并不违反国际人权协定。人权问题没有最好，只有更好。我国应在法律上明确信息利益主体的救济机制和争议解决方法，有理有据地保障网络空间的国家安全、公共利益和个人权益，并增强国内外互联网基础设施和设备的可获得性，解决地区性的数字鸿沟难题，以此打造全人类的网络空间命运共同体”。[47]

六、特别行政区宪制

已故著名宪法学家肖蔚云先生的《行政长官制是单一制下新的澳门特别行政区地方政权形式》一文重获关注。要而言之，“以具有较高法律地位和较大决策权的行政长官为核心的行政长官制，是澳门特别行政区的地方政权形式，也是澳门特别行政区的政治体制。澳门特别行政区的政权形式是‘一国两制’下新的地方政权形式，既是我国的地方政权形式，但又实行基本上不同于内地的司法制度和法律制度。它突破了古典的以美国为代表的分权制形式、西方传统的以英国为代表的议会制形式，也突破了我国人民代表大会制，改变了旧的总督制。行政长官制享有内地各民族自治地方所不享有的高度自治权。行政长官制是维护中央直辖澳门特别行政区的重要体制，是行政长官统一领导特别行政区、维护特别行政区经济发展和社会稳定的根本制度。行政长官制是对马克思主义国家学说的重大理论创新”。[48]

而为纪念我国香港特别行政区基本法实施 20 周年，有学者特别撰文讨论我国宪法在香港特别行政区基本法制定过程中的作用：“我国宪法是香港特别行政区基本法制定的依据，也是其实施的保障。我国宪法和香港特别行政区基本法关系是基本法理论与实践中值得研究的重大问题。在香港特别行政区基本法的制定过程中，我国宪法作为国家根本法发挥了价值引导与规范保障作用，为香港的繁荣与稳定提供了坚实的宪法保障。”[49]

或讨论香港新宪制秩序的法理基础，认为“在各种有关香港新宪制基础的认识中，分权论和授权论最具有代表性。分权论以地方自治理论和《中英联合声明》为基础，将中央和特别行政区的关系解释为对抗性的、彼此制约的关系。分权论的规范基础和理论原型脱离了基本法的预设，更多源于论者的主观想象，存在对基本法和特别行政区制度的误读。授权论以一国两制原则和基本法为基础，将中央和特别行政区关系理解为授权关系、委托和代理关系。授权论的提出不是为了压制特别行政区的高度自治，而是为了说明特别行政区制度的来源和基本属性。授权论对基本法和特别行政区制度的理解符合中国宪法和国家治理的一贯逻辑。香港作为中国的一级地方行政单位，其宪制秩序应为中国宪制秩序的组成部分。香港回归之后，新宪制秩序的基础只能是中国宪法和法律”。[50]

或论“一国两制”、人大释法与香港新法治的生成，谓“人大释法应对香港立法会宣誓带来的宪制危机，以法治思维与法治方式呈现香港特别行政区基本法第 104 条的规范内涵与规制功能，有效规制了香港基本法框架内的选举秩序与宣誓秩序，成为香港高等法院解释本地法例及做出司法判决的有效准据。人大释法权是活化一国两制宪制结构与法理关联、监督和矫正香港自治权内部司法至上带来的宪制权力失衡，以及更好保障香港特别行政区基本法完整准确实施和香港繁荣稳定的基础性宪制安排，其适度常态化有助于塑造香港新法治形态，平衡香港特别行政区基本法内部的多重权力与规范价值。人大释法权的合宪行使亦对内地依宪治国之制度设计与突破具有某种原理和经验之启示”。[51]

七、宪法解释

有学者讨论宪法回避理论及其适用界限，即说“现代宪法回避理论是在法律有多种解释可能时，选择合宪性解释，放弃有违宪可能的解释，避免对法律的合宪性进行质疑。作为一种司法克制方法，宪法回避有助于保护司法独立，避免司法卷入政治漩涡或社会分歧，得到美国司法界的肯定。但在具体适用过程中，法院缺乏明确的启动标准，用或不用完全由法官个人自由裁量；此外，法院表面上为了回避宪法裁判，实际上有可能借解释法律之名修改法律，甚或重新解释宪法，破坏了三权分立，侵犯了立法权和行政权，招致非议。因此，正确适用宪法回避理论，应当回归其本来面目，恪守宪法回避理论的适用界限，真正将其作为一种司法克制的方法，而非能动司法的外衣”。[52]

抑或梳理了域外宪法解释方法的历史演进：“从域外宪法文本解释方法的历史演进看，在众多宪法解释方法中，原旨主义与活的宪法与其说是法条解释的方法和技术，毋宁说代表了如何理解忠于宪法抑或切入宪法的不同进路。宪法文本解释径路和解释方法的诸神之争，本质上是对宪法文本的话语权归属之争。通过宪法文本解释方法的讨论，可借以发现宪法在新的社会条件下原本可能有的原旨与含义。在此过程中，宪法文本解释活动将立法机制、司法实践、学术研究统摄在以宪法文本为形式的共同基础上，以形成稳定的政治、经济和社会秩序。”[53]

注：

① 李少文：《宪法的两种逻辑、两类规范与两重效力》，《政法论坛》，2017 年第 5 期。

② 李少文：《宪法工程：一种宪法学方法论》，《法学评论》（双月刊），2017 年第 1 期。

③ 李少文：《民主宪法的工程学》，《环球法律评论》，2017 年第 4 期。

④ 王勇：《制宪权理论在法治国家建设中的意义》，《法学》，2017 年第 6 期。

⑤ 蒋传光：《邓小平法制思想与中国法治建设的里程碑》，《环球法律评论》，2017 年第 1 期。

⑥ 汪祥胜：《立宪的国家理性及其中国问题》，《政法论坛》，2017 年第 1 期。

⑦ 章永乐：《维也纳体系与君宪信念的持久性：以康有为为例》，《清华法学》，2017 年第 3 期。

⑧ 刘剑文、侯卓：《事权划分法治化的中国路径》，《中国社会科学》，2017 年第 2 期。

⑨ 黎敏：《“宪法体系化”再思考——限权宪法原理下的限权原则体系与宪法价值秩序》，《政法论坛》，2017 年第 2 期。

⑩ 时延安：《死刑、宪法与国家学说——论死刑废除的理论路径选择》，《环球法律评论》，2017 年第 6 期。

⑪顾元：《论美国印第安部落的自治权——联邦宪制分权的另一种样态》，《比较法研究》，2017 年第 1 期。

⑫张晋藩：《中国古代监察思想、制度与法律论纲——历史经验的总结》，《环球法律评论》，2017 年第 2 期。

⑬陈光中：《关于我国监察体制改革的几点看法》，《环球法律评论》，2017 年第 2 期。

⑭陈光中、邵俊：《我国监察体制改革若干问题思考》，《中国法学》，2017 年第 4 期。

⑮陈光中、姜丹：《关于〈监察法（草案）〉的八点修改意见》，《比较法研究》，2017 年第 6 期。

⑯韩大元：《论国家监察体制改革中的若干宪法问题》，《法学评论》，2017 年第 3 期。

⑰李忠：《国家监察体制改革与宪法再造》，《环

球法律评论》，2017第2期。

⑱翟志勇：《监察委员会与“八二宪法”体制的重塑》，《环球法律评论》，2017年第2期。

⑲马岭：《监察委员会与其他国家机关的关系》，《法律科学》，2017年第6期。

⑳李红勃：《迈向监察委员会：权力监督中国模式的法治化转型》，《法学评论》，2017年第3期。

㉑姜明安：《国家监察法立法的若干问题探讨》，《法学杂志》，2017年第3期。

㉒马岭：《关于监察制度立法问题的探讨》，《法学评论》，2017年第3期。

㉓马怀德：《〈国家监察法〉的立法思路与立法重点》，《环球法律评论》，2017年第2期。

㉔蔡乐渭：《国家监察机关的监察对象》，《环球法律评论》，2017年第2期。

㉕封丽霞：《人大主导立法的可能及其限度》，《法学评论》，2017年第5期。

㉖封丽霞：《中央与地方立法事权划分的理念、标准与中国实践——兼析我国央地立法事权法治化的基本思路》，《政治与法律》，2017年第6期。

㉗俞祺：《重复、细化还是创制：中国地方立法与上位法关系考察》，《政治与法律》，2017年第9期。

㉘俞祺：《地方立法适用中的上位法依赖与实用性考量》，《法学家》，2017年第6期。

㉙金自宁：《地方立法行政许可设定权之法律解释：基于鲁潍案的分析》，《中国法学》，2017年第1期。

㉚王贵松：《论法律的法规创造力》，《中国法学》，2017年第1期。

㉛李少文：《地方立法权扩容的宪法控制》，《现代法学》，2017年第6期。

㉜郑毅：《论民族自治地方变通权条款的规范结构》，《政治与法律》，2017年第2期。

㉝汪海燕、王宏平：《跨行政区划检察院的法律地位研究——以检察院组织法修改为视角》，《法学杂志》，2017年第2期。

㉞张建伟：《法律正当程序视野下的新监察制度》，《环球法律评论》，2017年第2期。

㉟李新、季美君：《论澳大利亚检察官的职权与职业保障》，《比较法研究》，2017年第1期。

㊱刘宇琼：《在自由与规制之间的动态平衡——法国司法制度及其对我国司法改革的启示》，《比较法研究》，2017年第5期。

㊲赵丹：《强势司法的政治逻辑：匈牙利宪法法院的启示》，《环球法律评论》，2017年第4期。

㊳柳建龙：《德国联邦宪法法院的抽象规范审查程序》，《环球法律评论》，2017年第5期。

㊴印波：《以宪法之名回归法律文本：德国量刑协商及近期的联邦宪法判例始末》，《法律科学》，2017年第5期。

㊵李本森：《美国刑事快速审判权的宪法检验与立法嬗变》，《环球法律评论》，2017年第3期。

㊶石佳友：《人权与人格权的关系——从人格权的独立成编出发》，《法学评论》，2017年第6期。

㊷王锴：《论宪法上的一般人格权及其对民法的影响》，《中国法学》，2017年第3期。

㊸张翔、赖伟能：《基本权利作为国家权力配置的消极规范——以监察制度改革试点中的留置措施为例》，《法律科学》，2017年第6期。

㊹陈景辉：《比例原则的普遍化与基本权利的性质》，《中国法学》，2017年第5期。

㊺王理万：《迁徙自由的规范结构与宪法保障》，《政治与法律》，2017年第4期。

㊻湛中乐、黄宇骁：《再论学术自由：规范依据、消极权利与积极义务》，《法制与社会发展》，2017年第4期。

㊼孙南翔：《论互联网自由的人权属性及其适用》，《法律科学》，2017年第3期。

㊽肖蔚云：《行政长官制是单一制下新的澳门特别行政区地方政权形式》，《中国法学》，2017年第4期。

㊾韩大元：《论〈宪法〉在〈香港特别行政区基本法〉制定过程中的作用——纪念〈香港特别行政区基本法〉实施20周年》，《现代法学》，2017年第5期。

㊿程洁：《香港新宪制秩序的法理基础：分权还是授权》，《中国法学》，2017年第4期。

51田飞龙：《一国两制、人大释法与香港新法治的生成》，《政治与法律》，2017年第5期。

52李松锋：《宪法回避理论及其适用界限》，《清华法学》，2017年第2期。

53徐爽：《域外宪法文本解释方法的历史演进——以美国宪法解释为例》，《现代法学》，2017年第3期。

（作者：胡锦光，中国人民大学教授；
杨凡，天津理工大学副教授）

行政法学

胡锦光　董　妍

2017 年北京学者的行政法学成果呈现出的显著特点是：对于行政法总论和传统行政法领域研究热度有所减少，对于目前社会热点问题的研究，特别是由新技术产生的行政规制问题，是学者研究的重点，如大数据、人工智能等。这也反映了行政法学界的研究越来越多地关注现实问题，越来越务实的特点。

具体来说，2017 年北京学者的行政法学者在以下行政法领域均有著述。

一、行政法基础理论

行政法基础理论是构成行政法学大厦的基石，是一切研究的基础。2017 年，虽然北京学者对于行政法学基础理论的直接研究较少，但是在研究具体问题的过程中，都是运用行政法基础理论进行分析，部分文章还对行政法基础理论在具体问题中的适用进行了十分详细地探讨。

在行政法基本原则方面，学者的探讨主要集中在对比例原则的阐述上。有学者对比例原则进行了详细探讨，指出诞生自德国公法的比例原则，呈现出双重的普遍性：不但逐渐被其他国家接受（地域普遍化），也开始向私法领域挺进（领域普遍化）。那么，比例原则的普遍性是否存在理论上的根据。就比例原则而言，如果它具备普遍性，要么因为它是理性化的一般要求、要么因为它是某种程序、要么因为它是某种终极价值，但这些看法都误解了比例原则的性质。因此，比例原则的普遍化，寄生于“正当限制基本权利”这个观念的普遍化。但由于“关于私法（民法）立法”与“私法（民法）调整的内容”是不同的，因此比例原则并不能够适用于私法自身的内容，所以并不具备领域的普遍化。同时，由于“正当限制基本权利”的观念本身存在问题，因此要承认基本权利的重要性，只能承认基本权利之间的冲突与紧急情况这两种限制基本权利的情形，而此时比例原则并未拥有超越其他审查工具的明显优势，所以比例原则的地域普遍性仍需要进一步的证明。[①]还有学者论证了比例原则在地方改革中的作用，指出在全面推进依法治国的背景下，授权地方改革试点决定应当遵循比例原则，防止对法治的常规性造成颠覆性例外。全国人大常委会的既有授权决定具有一定程度的比例考虑，但个别授权决定在 17 项授权决定所组成的乐谱中并不和谐。有必要运用比例原则反思既有授权实践，并在此基础上合比例地解释我国立法法第 13 条，明确其中的内容、时间和空间 3 方面限制的各自标准及其相互关联，从而促进未来地方改革试点的良性发展，保证科学和稳妥地推进改革。[②]还有学者就比例原则在行政处罚中的适用提出了自己的观点，认为比例原则是制约行政裁量的基本原则，而过罚相当原则是设定和实施行政处罚的法定原则。在行政处罚中，比例原则和过罚相当原则缘起不同、功能不同。但比例原则和过罚相当原则均可以用于约束行政处罚实体裁量。在行政处罚的实体裁量过程中，过罚相当原则本身无法提供相当性判断标准，比例原则则可以进行过罚相当的分析。可以将比例原则引入过罚相当原则的判断，在考量过罚相当原则所包含的违法行为构成要素的基础上，通过比例原则的适当性、必要性和均衡性要求来分析判断过罚是否相当。[③]有学者考察了实践中比例原则的适用，指出比例原则是德国法上的重要原则，近年来在世界范围内都有辐射和影响，成为全球行政法中的一个现象级话题。中国在现代行政法发展的历程里，比例原则经由学术传播到实践应用，其适用发展也不可谓不快。文章对比例原则在中国的传播路径和法律规定做了细致的梳理，认为比例原则相比于正当程序等在中国得到了更快的传播与发展，司法审查中适用比例原则固然重要，但行政实践中对比例原则的适用更为重要，对保护公民权利、推进法治政府建设也更为关键。文章深入分析了裁量基准的推行、网吧禁令、机动车限购限行措施和治理“中国式过马路”等具体事例，认为良法善治对政府提出更高要求，比例原则应当有更多适用，而且能否更多适用取决于司法审查、行政监督乃至社会监督等各种机制共同发挥作用。[④]在此基础上，该学者进一步指出，比例原则作为行政法的新兴原则，在世界各国都有越来越多的适用和影响，我国行政诉讼中适用比例原则的情况也在增加。文章对行政处罚、劳动教养、网约车等领域中明确适用比例原则或者使用比例原则的内容做出的判决进行了分析，认为在我国比例原则的适用存在司法环境、制度设计和法院主观意愿3方面的影响因素，在未来应当会有更为广阔的发展空间。[5]另有年轻学者对比例原则跨学科适用提出了新的观点。有学者指出，发源于18世纪末期德国警察法的比例原则，在规范结构上实现了从"三阶"到"四阶"的转变，在适用范围上实现了从行政法到宪法、刑法、诉讼法、税法、经济法、民商法、国际法等多领域的扩张。关于比例原则的本质，主要存在"常识论""平衡论""成本收益分析论"等观点。比例原则具有实现国家权力结构的平衡，实现权力与权利、权利与权利的平衡，实现政府与市场的平衡等多种功能。对比例原则的适用范围还存有争论。比例原则应当成为权力与权利行使的基本准则，但比例原则并不是万能的。对于如何推进比例原则适用的精细化，主要存在比例原则的"类型化"适用、"公式化"适用、"商谈"适用等路径。未来比例原则的适用发展，应当抽象化与精细化并举。[6]有学者认为，被誉为"公法皇冠"的比例原则，实质精神在于强势利益与弱势利益的平衡，其新近发展的四要素说兼具理念性和工具性等属性。比例原则在融入民法的过程中：面临跨部门法律"移植"的正当性质疑等障碍；理论价值在于对价值法学延续利益法学的具体补充和对公共利益介入个体私益的精细限制；实践价值在于其可为民事立法规范生成的考量思维，亦可为民事裁判个案正义的实现方式。在肯定价值和回应障碍的基础上应承认比例原则于民法中具有一席之地，具体而言：内在体系层面，比例原则在人文关怀的契合下以实质理念形态确立其地位；外在体系层面，比例原则不以原则条款形态而以规则条款形态确立其地位。[7]有学者将比例原则作为了劳动规章性质的检验标准，指出我国劳动规章的性质分为3种情形：不直接涉及劳动者切身利益的劳动规章，其性质为无相对人的单方行为；直接涉及劳动者切身利益的规章，在公有制企业为集体契约，在其他用人单位则为个别契约。三分说比契约说、法则说更能够解释现行法和劳动关系实践。在应然层面，评价学说高下的标准是比例原则中的必要性原则，即是否以对用人自主权限制最小的方式来实现保障劳动权的政策目标。三分说的规制手段更丰富、更灵活，能够结成谱系，因而更容易实现比例原则的要求。根据三分说评价和改良我国法律，关键是要理顺各个规制手段之间的关系，从而更充分地实现比例原则的要求。[8]

二、行政行为法

1. 行政行为基本理论

有学者对行政行为竞合理论进行了研究，建设法治政府特别是治理滥用行政权力排除、限制竞争与发挥市场决定性作用，尤其是产业政策的公平竞争性审查，要求政府必须加强针对行政行为的竞争合规制度建设，促进政府与市场耦合。行政行为的竞争合规制度建设应当通过责任威慑、名利激励、技能帮扶和社会督促这些路径共同推进，它们分别是基于违法成本理论、行政激励理论、竞争倡导理论和信息公开理论的应用设计。行政行为的竞争合规制度建设应当采取实质审查加合理原则的标准，政府干预的合法性尺度设置必须兼具内容合理，政府干预的合理性边界划定应当以弥补市场失灵为限。竞争评估是行政行为竞争合规的工作重点及难点所在，除了操作流程外，在相关市场的界定、竞争影响的考察与合理程度的分析方面，很多内容都需要进行全新系统化制度构建。[9]关于行政行为的程序问题，有学者指出在我国近年的行政诉讼实践中，对于行政行为的一些程序瑕疵，法院大量采用指正的方法加以处理。指正作为司法机关解决行政行为程序瑕疵的一种方法，仅于裁判理由中指出程序瑕疵之所在，但不否定行政行为的合法性，对行政行为效力也不产生任何负面影响。目前法院的指正，多以程序瑕疵未影响行政行为实体内容、未侵害利害关系人合法权益等为前提，没有划清指正与轻微程序违法确认之间的界限。本质上，指正是行政行为矫正方法多元化的一种表现，是人民法院在合法性审查权限范围之外对"程序不合理"与"其他行政瑕疵"的积极灵活处理，值得肯定和推广，但不可将构成违法的程序瑕疵纳入指正范围。[10]有学者研究了显失公正行政行为，指出显失公平的行政行为是不当行政行为中最为重要的一种，该行政行为不仅在行政执法实践中有着非常重要的价值和地位，尤其在对行政行为的司法审查中具有重要意义。对显失公平的行政行为进行控制是法治发达国家的核心内容，尤其在当代给付行政的行政法理念之下，该问题已经成为行政法关注的焦点。由于显失公平的行政行为是一概念范畴，因而对其内涵和外延的把握十分重要。对显失公平的行政行为需作类型化处理，并进行相关制约机制构建。应当建立显失公平行政行为的概念系统、行政自由裁量的控制机制，拓展显失公平行政行为的范畴，实现司法审查的主动机制，建立独立的显失公平行政行为审判模式。[11]有学者指出在多阶段行政行为中，前阶段行为只向后阶段行为机关做出，不具有外部效力；行政相对人只能就最后阶段行为提起诉讼。针对例外情形，典型案例在外部效力和行为效果两个层面上，形成了判断多阶段行政行为中前阶段行为是否可诉的基本思路。单纯从行为效果的角度判断前阶段行为是否可诉，不符合法律责任的制度性分担规则。但基于救济权利的保障目的，指导性案例 22 号的思路一定程度上可以解决个别领域中行政相对人的救济权利难以得到有效保障的制度性和现实性障碍。[12]

还有学者在新兴的区域行政领域中对行政行为的基本理论进行了探讨。区域协同应以一定的自主权为基础，因而应聚焦于区域行政机关的行政行为。区域协同的典型有区域共同行政行为、区域性职务协助行为和链条式行政行为。然而它们又分别面临着地域管辖权、动力机制和法律救济方面的挑战。要推动区域协同，就要放松对地域管辖权的要求，构建以利益多元为基础的成本补偿和利益共享机制以及公众参与机制，通过协商或协调妥善处理合作或协同中的纠纷。[13]还有学者对行政行为瑕疵进行了研究，指出我国当下行政行为理论对形式违反的定性主要采无效、违法、瑕疵“三分法”，不能穷尽行政实践中的各种情形，应加紧对形式违反进行无效、一般违法、轻微违法、明显不当、不当、瑕疵、轻微瑕疵、错误等类型化体系构建。当下行政审判实践中动辄将形式违法甚至无效误断作“瑕疵”，其认定理由难以理论自洽，也不利于践行程序独立价值。为此，应严格限定形式瑕疵及其补正的适用范围，以法明确形式瑕疵与违法之间的界限，纠正传统理论中对要式行为的错误定位。[14]

在抽象行政行为方面，学者的研究集中在行政规范性文件。有学者指出，在行政诉讼中，审查标准问题是行政规范性文件附带审查制度的重要内容。当前我国理论与实务中的审查标准都存在着一些不足，或者过于宽泛，或者失之片面。行政规范性文件司法审查标准的重构，一方面，应当从纵向上将行政规范性文件的司法审查划分为权限审查、合法性审查和合理性审查 3 个层次；另一方面，应当从横向上将行政规范性文件区分为解释基准与裁量基准两种类型，然后分别构建不同的审查标准。由此最终形成一个完整的审查标准体系。在该体系的第一层次，解释基准的审查标准为权利义务标准，对裁量基准的审查标准为约束力标准；在第二层次，二者的审查标准都是超越职权、违反法定程序以及与上位法相抵触；在第三层次，应当对解释基准适用解释不正确标准，裁量基准适用明显不当标准。[15]有学者对规范性文件做了实证研究，指出新修改的我国立法法将设区的市的立法权限制在城乡建设与管理、环境保护和历史文化保护等方面，其中“城乡管理”概念存在较大的模糊空间。如何在新法的框架下确定设区的市的立法领域范围，需要基于既有设区的市的立法实践进行讨论。通过对杭州、长沙、兰州 3 市 2000—2015 年间的地方性法规、地方政府规章和温州、佛山、长沙三市相同时段内市政府发布的规范性文件所涉及领域的归纳，可以发现：一方面，在不同地域、不同类别的规范中，确实存在共同的高频领域；另一方面，各个城市与各个形式的规范之间在领域分布上也存在显著区别，体现了不同发展阶段的城市和不同规范制定主体在关注点上的差异。未来设区的市立法领域的安排应当在我国立法法条文合理的解释空间内，遵循以“地区差异性”和“地域限制性”为内容的地方性事务确定原则，尽量实现覆盖高频领域、协调城市间差异以及照顾不同规范制定主体的目标。[16]有学者对规范性文件的附带审查进行了研究，指出 2015 年修改后的行政诉讼法以及相关司法解释明确了司法权对部分抽象行政行为即规范性文件的有限监督权，但其司法审查方式仅为附带性审查，要求法院对被认定为欠缺合法性的规范性文件采取一种非判决式的处理方式，以期从源头上防止基于不合法规范性文件而产生的行政行为失序现象的发生。但具体的适用规则是规范性文件司法审查制度能否落地生根的必要条件，规范性文件的司法审查必须就具体的规则进行全方位地思考。[17]

2. 风险社会治理

2017 年，风险社会治理的研究成了行政法研究的重中之重，除了前几年学者们关注的网约车等问题还方兴未艾以外，人工智能、大数据的兴起成了行政法学风险规制研究的一个新的学术增长点。

（1）人工智能

关于人工智能，有学者认为，人工智能的迅猛发展不仅仅是一个科学技术领域的新现象，它正在迅速改变人类社会的经济形态、社会交往模式和政治—法律结构。起源于农业社会（无论是古罗马还是亨利二世时代的英国）的“现代”法律体系，能否成功应对人工智能所带来的新的风险和不确定性，能否在人工智能时代继续维持秩序与变革、守护与创新、价值与事实之间的动态平衡，这是今天的法律人所必须面对的紧迫问题。[18]有学者指出，人工智能是人类社会的伟大发明，同时也存有巨大的社会风险。它或是“技术—经济”决策导致的风险，也可能是法律保护的科技文明本身带来的风险，这一社会风险具有共生性、时代性、全球性的特点。同时，智能革命对当下的法律规则和法律秩序带来一场前所未有的挑战，在民事主体法、著作权法、侵权责任法、人格权法、交通法、劳动法等诸多方面与现有法律制度形成冲突，凸显法律制度产品供给的缺陷。对于人工智能引发的现代性的负面影响，有必要采取风险措施，即预防性行为和因应性制度。面向未来时代的调整规范构成，应以人工智能的发展与规制为主题，形成制度性、法治化的社会治理体系，包括以安全为核心的法律价值目标、以伦理为先导的社会规范调控体系和以技术、法律为主导的风险控制机制。借鉴国外经验，立足本土需要，当前应尽快出台“国家发展战略”，及时制定“机器人伦理章程”，适时进行机器人专门立法。[19]在人工智能时代，公民以数据化的方式生存。与政府和企业相比，公民在大数据的结构性发展中处于相对劣势的权利地位。这就需要公民通过增强数据意识来调和这种结构失衡。数据意识包括数据感、数据权利意识和数据使用意识等。通过数据使用，公民参与可以规避选举参与和协商参与中的问题。同时，大数据时代公民参与的新方向应该是，公民和公民社团联合起来，在数据使用的基础上，实现公民和政府、企业的双向“数据赋权”，进而推动开放政府和开放企业的建设。[20]对于人工智能的产品，有学者指出，人工智能从辅助人类创造的工具逐渐发展到具有自主创造的能力。计算机辅助完成的创新成果体现了人类的创造性，符合专利或版权保护的条件；但人工智能创造物却遭遇了知识产权法只保护人类创造的理念和制度障碍。然而，它并非是不可跨越的制度鸿沟。30余年前，英国立法保护“计算机生成的作品”，这表明知识产权法可以兼容人工智能创造物的保护。在理论上，构建以人类读者（受众）为基础，而不是以人类作者、发明人为中心的版权法和专利法理论，即可解决人工智能创造物的法律地位问题，其权利归属问题也同样可以在不与传统规则相冲突的方式下得到解决。[21]对于该问题，有学者进一步指出，对人工智能创作物的可版权性判断，应该以“额头出汗”原则建立起独创性判断的客观标准。虽然人工智能不是“人”，但也不是“物”。不能因为人工智能创作物的创作主体不是自然人，就否定其可版权性。将智能作品纳入传统版权分析框架，它实际上是一种人工智能对设计版权的演绎作品。人工智能之“智能”，将设计者之设计版权与智能作品上的版权区分开来。而对于智能作品上的权利配置，应该以所有者与使用者之间的约定优先，建立起以所有者为核心的权利构造，以鼓励投资人并促进人工智能技术的长足发展。[22]

（2）大数据

关于大数据的法律风险和规制问题，很多学者也进行了研究。有学者就地方政府应对大数据问题进行了剖析，指出大数据治理对地方政府提出了全方面的挑战，但是地方政府对此准备好了吗？为了回答这个问题，对地方政府如何准备和因应大数据治理进行了初步探讨。基于质性资料，对地方政府大数据治理面临的主要困境与关键问题予以讨论。研究显示，地方政府在央地关系与部门协同、驱动机制与行为模式、数字鸿沟与循证决策等方面都存在值得关注的问题。总结了地方政府大数据治理的主要议题，并讨论了研究带来的政策启示和未来研究议程。[23]有学者进一步指出，政府是大数据发展中重要但并非唯一的推动者。中美两国在大数据政策方面都采取了一系列措施，比较中、美两国政府在大数据发展中的角色、作用方面的差异，可得出如下结论：在大数据发展中，政府在自身大数据建设及公共领域应积极作为，但在社会数据汇集整合、大数据产业等私人领域应以市场为主导；同时，政府在大数据发展中应扮演好如下几种角色，即大数据发展的规划者、大数据规则的制定者、大数据应用的示范者、大数据市场化的推动者、大数据资源的提供者及大数据环境的营造者。[24]有学者研究了大数据在信访领域的应用，指出信访大数据是对网络信访的进一步发展，有利于识别社会治理中的普遍性和趋势性问题，服务于党委和政府科学决策，发挥信访制度了解民情、集中民智、维护民利、凝聚民心的作用。大数据驱动的信访治理是对传统信访办理的超越，需要推动政府数据的跨部门化、信访研究的去敏感化和信访制度的去神秘化，发展信访部门与其他职能部门的数据交换与共享，加强信访理论的合作研究，发展信访大数据的服务外包。大数据驱动的信访治理既改变了信访的形式，也优化了信访的功能，可以超越信访制度的存废之争，为中国信访制度的未来走向提供新的可能。[25]

（3）网约车等共享经济

网约车等共享经济现象依然是行政规制学者研究的重点。有学者指出，“互联网+”能够提升效率，也会放大风险，如何形成完善的规制结构亟待研究。网约车的规制问题引发热议。其中，是否规制、如何规制和谁来规制，是争论激烈，也是规制结构探究尤为重要的 3 个问题。在是否规制的决断上，需要明确政府—市场的活动边界。经济学知识和交通管理数据显示，网约车运营有着负外部性、信息不对称、形成垄断结构等特点，政府规制有着必要性，我国行政许可法提供了实定法上的判断和支撑根据。在规制方案上，应当建构平等、妥当和动态的规制体系。政府规制应当平等，以建构公平的竞争环境；应当根据运营形态妥当设定，以实现目的—手段的有效匹配；还应当能够适时调整，实现动态规制。为了实现有效规制，还需要在中央和地方立法之间进行妥当分工，实现中央的框架性立法和地方因地制宜立法的有机结合。最终，形成“互联网＋”规制的系统合作框架和分层分类结构。[26]有学者认为，随着我国经济的高速发展，由出租车打车软件催生的网约车市场日益兴起。在方便公众出行、降低营运成本的同时，也带来价格秩序混乱、安全隐患增多等问题。网约车监管问题的关键在于合理定位政府角色。当前我国网约车监管中政府角色存在着越位、缺位和错位，这和政府与市场关系的扭曲、政府监管的相关法律规范缺失以及政府部门自身的逐利性密切相关。政府在网约车监管中不仅应充当市场竞争的引导者，更应成为市场运行的监管者和市场秩序的维护者。在此基础上，应从优化网约车的市场竞争环境，明确政府网约车监管职能的内容及其边界，加强网约车管理中的法律规范建设，完善网约车的政府监管体系等方面，来促进网约车的监管创新。[27]2016 年 12 月，北京市公布了网约车规制地方细则，对驾驶员、车辆和网约车平台资质进行严格规定，在社会上引起较大反响。对此，本文采用成本收益分析方法对北京市网约车规制细则分析，认为北京市网约车规制立法成本过高，收益相对有限，即使按照非常保守的测算成本仍高于收益约 30%，因此应当调整相关规制立法，探索符合网约车行业特点的规制模式。[28]有学者认为，互联网技术的应用使网约车以共享经济的思路调动闲散资源参与城市客运。然而，交通部网约车新规及地方网约车法规既认可网约车的合法地位，又试图将其拉入传统出租车的监管框架，共享经济属性的褪去导致了社会福利的下降。监管者只有进行监管思路的变革，才能使网约车在共享经济的模式下健康发展。[29]2016 年下半年大量出台的中央和地方网约车立法的法制基础问题引发学界热议，而中央与地方行政许可权划分的诠释视角则诚值关注。作为网约车规制核心立法的暂行办法的法律依据并不稳固，其中的部分条款也存在违背我国行政许可法和立法法之嫌。作为部门规章的身份，也导致其难以成为地方网约车立法的适格授权主体。即便有暂行办法的授权，地方网约车立法在行政许可设定依据和权限上的瑕疵也无法修复。而基于法律原则体系之观察，则凸显了网约车立法具体规范设计方面的诸多疑义。未来，应当在强化中央立法原则性控制、反思文件治理模式、改革央地立法权配置的基础上，促进自上而下的传统规制策略向上下并举新思路的转变，最终实现网约车规制体系的优化与完善。[30]

3. 政府信息公开

《政府信息公开条例》自实施以来，一直是行政法学者关心的焦点问题，随着陆红霞案的出现以及《政府信息公开条例》修改契机，学者对该问题呈现出了持续的关注。

有学者认为，我国信息公开工作在主动公开、依申请公开、公开的管理体制、公开渠道、公开的监督与救济方面分别存在诸多问题。完善信息公开工作需要进一步完善主动公开机制、规范并健全依申请公开机制、创新信息公开管理体制、推动信息公开渠道的多元化构建、创新信息公开救济方式。在《政府信息公开条例》修改中，要把握好政府信息的界定、信息公开申请人资格与滥用信息公开申请权、信息公开的例外事项、信息公开的决定、信息公开的收费等问题。此外，还应处理好信息公开制度与档案保管规则、个人信息保护的制度衔接。[31]有学者对信息公开制度的发展呈现出乐观的态度，指出中国政府信息公开制度自运作以来取得了显著成效，但也暴露出诸多问题。综合考察这一制度运作的政治、经济、文化和社会背景，这一制度的发展在未来虽然同样会遇到障碍和阻力，但整体而言却呈现出 8 项良好的发展态势：政府信息公开及相关制度的立法将陆续以各种不同方式、不同途径启动；政府内在和外在动力将持续促使信息公开常态化；政府信息公开的司法保障将更加有力、有效；公民申请和获取政府信息将更方便、更理性；政府信息公开的价值和功能将更多元化；政府信息公开和例外的界限将更明晰；政府信息公开将推进执政党党务信息公开；政府信息公开将更加注重政务公开，更加注重公开的精细化及公开实效。[32]有学者梳理了信息公开制度变化的进程，公民完整的信息权不仅应包含个人不受阻隔地从政府获取公共信息的权利，同样应囊括公民可自我决定在多大范围内对外公开生活事实，尤其是向政府披露个人信息的权利。但我国既往在信息权保障领域的公法研究却主要聚焦于信息公开，而鲜少涉及信息保护。这也导致本应并行发展的信息公开与信息保护在我国呈现明显的“跛足”态势。监控国家的风险已提示我们强化个人信息公法保护的必要，而针对信息权保护的公法研究也应实现从信息公开到信息保护的风向流转。个人信息公法保护的核心问题在于其基础理论的建构，而在这一问题上，德国法中的“信息自决权”理论提供给我们有益启发。这一理论有效克服了美国法上“宪法隐私权”概念的偏狭和弊端，也因此更宜成为我们系统建构公法上个人信息保护的理论核心和思考基础。[33]

针对陆红霞案和政府信息公开滥诉的认定，有学者发表了意见，有学者指出公法上的知情权源自公民的参政权与监督权，已成为个人的实定法权利。维护这种权利的行政诉讼自然属于主观诉讼的一种；而知情权又是服务于参政议政、监督政府依法行政的公共利益，信息公开行政诉讼也就具有了客观诉讼的面向。私人申请政府信息公开，就是在行使自己受行政法规范保护的知情权；同时因知情权属于任何公民，且服务于不特定主体的利益，故而起诉人不必有特别的个人利益，只要提出了公开申请，就与信息公开行政决定建立起“利害关系”，即可具有提起行政诉讼的原告资格。至于对政府信息是否有特殊需要，仅在原告增值使用政府信息时才应加以证明。即便起诉人在行政程序中拥有阅览卷宗权，也不影响其基于知情权提起行政诉讼。知情权是一种实体性权利，理应受到正当程序的保障。具备实体和程序中的一项，就足以具有信息公开行政诉讼的诉的利益。基于此，对于信息公开的行政诉讼，原则上不应做出滥用诉权的判断。[34]有学者针对信息公开原告资格进行了研究，指出中华环保联合会案蕴含着宽松的原告资格甚至认可行政公益诉讼的隐喻，不过整体来看，目前理论界和实务部门对政府信息公开诉讼所奉行的宽松原告资格抱有一定的怀疑态度。无论是行政实践还是司法裁判，把政府信息公开申请人中的“特殊需要”做限缩解释似乎占据主导地位。目前，政府信息公开诉讼给行政诉讼带来真正冲击的是，只要提出政府信息公开即可获得原告资格，将案件带入实体审理，远未到确立行政公益诉讼的程度。立足于未来发展，在保护私人权益的行政诉讼框架中适度引入行政公益诉讼，是发展方向。[35]有学者认为，通过经济手段限制申请人的信息公开申请是防止纠缠式申请的良策，有关政府信息公开申请的主体是否应当受到限制的问题，从《政府信息公开条例》起草阶段开始，就一直存在争议。主张申请主体不应当受到限制的观点多从公民知情权立论。而反对者则从行政机关的实际工作需要出发，认为不限制申请主体会导致权利滥用，浪费行政资源。本文认为，除了知情权之外，政府信息公开制度的另一个重要目的是实现公共信息的有效利用。限制申请主体不符合这一立法目的。同时，文章认为，实践部门提出阻遏申请专业户等滋扰性申请的主张具有正当性，但完全可以在不限制申请主体权利能力的情况下，通过经济方法适当限制申请人行为。引入适当的收费制度，不但可以维护公民的一般知情权，也有助于从经济上遏制权力滥用和行政资源浪费。[36]

三、行政救济法

行政救济法一直是学者们热衷研究的内容，特别是行政诉讼法是学者一直关注的焦点问题。

1. 行政复议

有学者比较了5个国家的行政复议制度，并对其中国化问题进行了分析，指出我国行政诉讼法的修改已经完成，我国行政复议制度的运行也走到了一个关键节点。域外行政复议制度各具本土特色，但也存在一些普适性规律。通过对德国、美国、英国、日本、韩国有关行政复议体制、行政复议程序以及行政复议与行政诉讼的衔接关系3个方面进行梳理，认为存在以下共通性规律：行政复议以公民权利救济作为重要目的，并逐渐成为解决行政争议的主渠道；行政复议体制越来越强调复议机关的独立性、专业性和公正性；行政复议程序应注重正当程序原则；行政复议裁决在大多数国家都可诉，但是采用自由选择模式还是复议前置模式，以及经过复议后的被告问题，需要考虑本土实际情况。我国行政复议法修改应当在充分借鉴域外经验基础上，结合我国行政争议的特点以及高效化解行政争议的现实之需，对未来行政复议体制机制和程序等问题做出有效回应。[37]有学者对复议和诉讼衔接问题做出了研究，指出新近因行政复议制度改革与行政诉讼法修改，行政复议与行政诉讼之间的关系复杂化。二者关系的基点，是行政复议的定位，特别是作为监督制度还是争议解决制度。在把行政复议作为解决行政争议的情况下，需要解决二者有无主次之分、有无衔接之必要，复议后被告确定需要做大调整，复议前置需要做小的变动。[38]

2. 行政诉讼

在行政诉讼中，有学者对原告的诉讼资格进行了探讨，指出我国实定法从未以某种一般性标准统合行政诉讼原告资格的所有情形。当前理论界和实务界倾向于宽泛地理解“利害关系”标准的适用范围，但将该标准适用于某些类型的案件，颇有错位之感，且易使该标准的解释走向混乱。从当前实定法出发，应将行政诉讼原告资格区分为3个层次，即行政相对人的原告资格、行政行为相关人的原告资格以及基于客观诉讼契机的特殊情形。行政相对人通常具有原告资格，但对于不履行法定职责的案件，应区分不同情况；行政行为相关人的原告资格可以以利害关系标准为基石，借助保护规范理论予以判断；原告资格转移、行政公益诉讼以及受害人诉讼，则更适于作为客观诉讼加以把握，但对于何种案件属于受害人诉讼的认定不应过于宽泛。[39]有学者进一步指出，原告资格要件是行政之诉的合法性要件之一，域外通行的做法是将其作为实体判决要件在立案登记之后审查。在主、客观两种行政诉讼程序模式下，原告资格的审查标准有所不同，客观诉讼程序特征更突出的我国行政诉讼却适用了主观诉讼原告的起诉资格标准。原告资格审查时段因立案模式的不同而有所区别，在我国立案登记制下的行政起诉与受理程序中，法院在立案登记前仍须审查起诉人的原告资格。我国行政诉讼法将原告资格前置为起诉条件的制度安排欠缺程序正当性，必须作优化改革。在再次修法将原告资格审查时段后移不太现实的情况下，我国有必要先行制定或修订司法解释，明确规定立案登记时采用“可能性”审查标准，并适用“参与型”原告资格审查程序。[40]有学者认为，在与举报相关的行政案件中，判定举报人是否具有行政诉讼原告资格是最为核心的争议。分析指导案例77号以及相关案例，可以发现最高人民法院以举报是否出于自身合法权益为标准认定举报人的原告资格，这一思路回避了举报人与举报答复行为之间是否存在利害关系的问题。行政诉讼中判断原告资格最为关键的要件为“合法权益”，目前我国法院更接受“值得保护的利益说”，并以德国法上的“保护规范理论”予以界分。举报虽在实定法上表现为一类权利，但对其保护的目的不在于特定人的私益，而在于公共利益，因此其不属于“值得保护的利益”，据此可将指导案例77号所隐藏的逻辑归纳为3个层次的审查路径：第一，举报并非一项主观权利，仅是“作为特定法律技术”的权利；第二，行政机关举报答复的内容旨在保护公共利益；第三，作为举报人的原告不具有原告资格，并不意味着原告在案件中当然地不具有原告资格。[41]有学者对德国行政诉讼原告资格制度进行了研究，认为德国行政法上奉行“分立原则”，民事纠纷中的一方当事人并不当然获得请求行政主管机关对民事纠纷的对方当事人履行监管职责的请求权。相反，行政执法首先是为公共利益服务，而非解决个人权利冲突，只有在具有明确的保护规范依据的情况下，才能认可所谓受害者的行政履责请求权。德国司法机关对于认可此类保护规范，也向来持相当严格限制的立场。然而，在我国行政法中“受害者”的行政诉讼原告资格却从请求公安机关保护其个人权益，毫无争议地扩展至了几乎所有涉及市场活动的行政监管领域。这种观念既非来自域外的经典行政法理论，也非来自于我国的历史文化传统，而是根源于长期的计划经济体制和权利救济途径的不健全，实际上仍包含着“无限政府”的理念。这种观念在行政诉讼法施行之后，因其具有行政机关保护公民合法权益的价值评判优势，不仅未受到必要的反思，而且在司法实践中被不断强化。但是这种观念并不符合行政执法和行政审判的规律和发展方向，应当予以澄清并及时予以调整。[42]

有学者对行政诉讼的利害关系人进行了分析，指出判定起诉人是否具有城市规划利害关系人的身份是我国司法实践中所面临的难题，尤其是在起诉人并非城市规划相对人的情形下。在判定城市规划利害关系人时，首先应确定“权益”的有无，然后应判断“权益”与城市规划行为之间是否存在相当因果关系。在法律规则不明确的情形下，法院对“权益”和“因果关系”存在与否的判断，有赖于利益衡量方法的运用。[43]

总体而言，2017年行政法学界的研究更加关注现实问题，更加务实，更加注重运用理论解决实践问题。

注：

①陈景辉：《比例原则的普遍化与基本权利的性质》，《中国法学》，2017年第5期。

②王建学：《授权地方改革试点决定应遵循比例原则》，《法学》，2017年第5期。

③杨登峰、李晴：《行政处罚中比例原则与过罚相当原则的关系之辨》，《交大法学》，2017年第4期。

④王静：《比例原则在行政实践中的适用》，《财

经法学》，2017 年第 5 期。

⑤王静：《比例原则在中国行政判决中的适用》，《交大法学》，2017 年第 4 期。

⑥刘权、应亮亮：《比例原则适用的跨学科审视与反思》，《财经法学》，2017 年第 5 期。

⑦杨翱宇：《论比例原则在民法中的地位》，《河北法学》，2017 年第 12 期。

⑧阎天：《劳动规章性质三分说：以比例原则为检验标准》，《交大法学》，2017 年第 4 期。

⑨丁茂中：《行政行为的竞争合规制度研究》，《现代法学》，2017 年第 2 期。

⑩杨登峰：《行政行为程序瑕疵的指正》，《法学研究》，2017 年第 1 期。

⑪关保英：《显失公平的行政行为研究》，《法学论坛》，2017 年第 2 期。

⑫徐键：《论多阶段行政行为中前阶段行为的可诉性——基于典型案例的研究》，《行政法学研究》，2017 年第 3 期。

⑬叶必丰：《区域协同的行政行为理论资源及其挑战》，《法学杂志》，2017 年第 3 期。

⑭毕可军：《我国行政行为形式瑕疵类型体系的迷失与重构》，《政法论丛》，2017 年第 3 期。

⑮王留一：《论行政规范性文件司法审查标准体系的建构》，《政治与法律》，2017 年第 9 期。

⑯俞祺：《设区的市立法及规范性文件领域分布研究》，《法制与社会发展》，2017 年第 5 期。

⑰耿玉娟：《规范性文件附带审查规则的程序设计》，《法学评论》，2017 年第 5 期。

⑱郑戈：《人工智能与法律的未来》，《探索与争鸣》，2017 年第 10 期。

⑲吴汉东：《人工智能时代的制度安排与法律规制》，《法律科学》(西北政法大学学报)，2017 年第 5 期。

⑳张宪丽、高奇琦：《人工智能时代公民的数据意识及其意义》，《西南民族大学学报》(人文社科版)，2017 年第 12 期。

㉑梁志文：《论人工智能创造物的法律保护》，《法律科学》(西北政法大学学报)，2017 年第 5 期。

㉒易继明：《人工智能创作物是作品吗?》，《法律科学》(西北政法大学学报)，2017 年第 5 期。

㉓马亮：《大数据治理：地方政府准备好了吗?》，《电子政务》，2017 年第 1 期。

㉔彭知辉：《论政府在大数据发展中的作用：以大数据政策为视角》，《广东行政学院学报》，2017 年第 1 期。

㉕张海波：《大数据与信访治理》，《南京社会科学》，2017 年第 10 期。

㉖陈越峰：《“互联网 +”的规制结构——以“网约车”规制为例》，《法学家》，2017 年第 1 期。

㉗曾奕婧：《网约车的监管困境与监管创新——基于政府角色的分析》，《兰州学刊》，2017 年第 8 期。

㉘宋心然、张效羽：《网约车地方规制细则成本收益分析——以北京市网约车规制细则为例》，《国家行政学院学报》，2017 年第 5 期。

㉙郭传凯：《共享经济属性的回归与网约车监管思路的选择》，《山东大学学报》(哲学社会科学版)，2017 年第 3 期。

㉚郑毅：《中央与地方立法权关系视角下的网约车立法——基于〈立法法〉与〈行政许可法〉的分析》，《当代法学》，2017 年第 2 期。

㉛王敬波、李帅：《我国政府信息公开的问题、对策与前瞻》，《行政法学研究》，2017 年第 2 期。

㉜姜明安：《中国政府信息公开制度的发展趋势》，《比较法研究》，2017 年第 2 期。

㉝赵宏：《从信息公开到信息保护：公法上信息权保护研究的风向流转与核心问题》，《比较法研究》，2017 年第 2 期。

㉞王贵松：《信息公开行政诉讼的诉的利益》，《比较法研究》，2017 年第 2 期。

㉟杨伟东：《政府信息公开申请人资格及其对行政诉讼原告资格的发展——以中华环保联合会诉修文县环保局案为分析基点》，《行政法学研究》，2017 年第 1 期。

㊱程洁：《资格限制还是经济约束：政府信息公开申请主体的制度考量》，《清华法学》，2017 年第 2 期。

㊲曹鎏：《五国行政复议制度的启示与借鉴》，《行政法学研究》，2017 年第 5 期。

㊳杨伟东：《行政复议与行政诉讼的协调发展》，《国家行政学院学报》，2017 年第 6 期。

㊴陈鹏：《行政诉讼原告资格的多层次构造》，《中外法学》，2017 年第 5 期。

㊵贺奇兵：《行政诉讼原告资格审查机制的正当化改造》，《法学》，2017 年第 4 期。

㊶黄锴：《行政诉讼中举报人原告资格的审查路

径——基于指导案例77号的分析》,《政治与法律》,2017年第10期。

㊷龙非:《行政诉讼中"受害者"原告资格之反思——以德国法作为比较》,《法律适用》(司法案例),2017年第22期。

㊸季晨溦:《论行政诉讼中城市规划利害关系人的判定》,《法学论坛》,2017年第1期。

(作者:胡锦光,中国人民大学教授;
董妍,天津科技大学副教授)

刑　法　学

韩玉胜　史丹如　张学永

2017年度我国刑法学理论研究持续发展,刑法学界的专家学者对刑法理论的研究不断深入,同时刑事执法实践的互动也日益密切。尤其是北京地区的刑事法律学者和研究人员,立足首都深厚的学术资源,以全球化的视野,将强大的影响力辐射全国,体现了学者的责任与担当。众多学者、专家不仅对刑法总则的理论问题进行了深入研究,也对刑法分则的有关具体犯罪进行了深入研讨,涉及面广且理论研究达到了新的高度,比如,犯罪论体系变革与完善、正当防卫及其认定、刑罚改革尤其是死刑的适用、网络时代的犯罪及刑法规制等重点问题,以及社会广泛关注的热点案件等,都得到了深入的研究探讨。此外,以"网络犯罪及国际司法合作""宪法学与刑法学的对话"等为主题的研讨会和学术论坛交流活动,使北京地区刑事法学的研究得以多维度的发展,为我国刑法学的繁荣及刑事司法实践提供了极大的助力。

一、重要论著

本年度内,众多刑法学者笔耕不辍,出版了多部具有影响力的著作(包括译著),其中比较重要的代表性著作包括:张明楷著《刑法的私塾之二》(北京大学出版社)、《刑法原理(第二版)》(商务印书馆);谢望原著《刑事政策与刑法专论》(中国人民大学出版社);冯军著《刑事责任论(修订版)》(社会科学文献出版社);张小虎著《宽严相济刑事政策的基本思想与制度建构》(北京大学出版社);黄京平等著《官员问责制中的刑法问题研究》(中国人民大学出版社);刘仁文著《网络时代的刑法面孔》(社会科学文献出版社);车浩著《刑法教义的本土形塑》(法律出版社)、《阶层犯罪论的构造》(法律出版社);[日]前田雅英著,曾文科译《刑法总论讲义(第6版)》(北京大学出版社);[日]高桥则夫、冯军主编《中日刑法比较研究——高铭暄教授荣获早稻田大学名誉博士学位祝贺文集》(中国法制出版社),等等。另外,还有数百篇公开发表的刑法学学术论文。

二、研究的热点与创新

1. 1997年刑法颁布20周年总结与展望

2017年恰逢我国1997年新刑法颁布20周年,有学者对我国新近20年刑法的发展进行了回顾、总结与展望并认为,近20年来,我国刑法立法从技术到内容不断发展完善。其中,立法政策由单一从严到宽严相济,立法内容由少到多不断丰富,立法的民主性和科学性不断提升,通过刑法修正案的方式不断对刑法修改完善,建立了比较严密的刑事法网。关于未来刑法的发展,应坚持理性的刑法立法观,在坚持适度犯罪化的同时,兼顾适度的非犯罪化。在刑法后果方面,应坚持刑罚的宽缓化与刑事制裁手段的多元化;在立法技术方面,应坚持统一刑法典的模式,并适度限制全国人大常委会的修法权限,实行严格的法律案三审制。①

有学者对我国1997年刑法出台的社会背景进行了回顾介绍,指出当时刑法的出台和当时严峻的社会治安形势和从严的刑事政策密切相关,都是与此相适应的。当时的刑法包含了众多的死刑罪名,体现了刑法的严厉性和与一切犯罪行为做斗争的决心。该部刑法最大的进步,体现在废除了类推制度和与罪刑法定相冲突的几个口袋罪,并规定了较多的单位犯罪。随着时代的发展,我国又通过刑法修正案的形式,对1997年刑法进行了修改完善,大幅度缩减了死刑罪名,体现出了去重刑化的趋势。对于未来发展,我国应进一步优化刑法结构,建构行政刑法,体现严而不厉的现代法治精神。②

有学者肯定了我国刑法学研究20年来所取得的突飞猛进的发展进步,认为我国刑法学研究在深度和广度方面，都取得了长足的进步，并得到了国际社会的认可。但是，我国刑法学的发展还存在明显的不足和问题，主要表现在如下几个方面：一是没有对我国刑法所处的时代准确定位，缺少主体意识和时代自觉性，未能有效建构有足够影响力的话语体系；二是对域外理论的引入缺少本土化改造，从而造成用语的模糊和混乱，容易造成误导；三是研究方法上存在过于简单、单一化甚至走极端的问题，缺少对中国本土问题的关注。[③]

2. 刑法基础理论的相关研究

本年度内，犯罪论体系问题的研究仍是理论界关注的焦点之一。有学者对三阶层和四要件理论进行了比较分析，认为三阶层理论体系具有逻辑上的优越性，在认定犯罪时对形式与实质、客观与主观进行了阶层式的界分，区分了事实与价值、不法和责任的关系，形成了更为合理的逻辑体系，能够更好地应对实践中的疑难案件。[④]还有多位学者对刑法阶层理论与中国司法的前景进行了分析并认为，阶层理论对于疑难案件的解决具有重要意义，由于存在严密的体系性，将违法和责任进行区分，使得阶层理论比我国现有的四要件理论具有明显的优势，在共犯理论、裁判文书说理方面具有优越性，能够合理地出罪，从而避免冤假错案的发生。[⑤]

有学者认为，我国刑事司法实践应采用阶层论。阶层论由于区分了违法和责任，并依据从违法到责任的顺序认定犯罪，从而严格遵循从客观到主观的犯罪认定过程，能够更合理的认定犯罪。责任包含心理要素和规范评价，期待可能性的判断对责任具有重要影响。同时，量刑应以责任为基准，且须对责任要素和预防要素进行区分。[⑥]另有学者从两个方面对我国刑事司法实践必须采用阶层理论进行了论证：一是阶层理论才能实现理论的体系化和实践中的体系思考，从而更好地解决共犯论、刑罚论等重大基础理论问题；二是阶层论能够将违法和责任相区分，贯彻刑法客观主义，从而可以有效防止错案的发生。[⑦]

有学者指出了当代阶层犯罪理论的发展进化，认为最新的阶层犯罪理论扬长避短，具有高度体系化和功能主义（目的理性）这样两个实践优势。[⑧]该学者另外撰文，对阶层犯罪论在我国的引入、造成的影响和引起的争论进行了较为系统的梳理，并对阶层理论在我国的发展前景进行了分析与前瞻。该学者简要介绍了阶层犯罪论在我国的发展历程与现状，认为阶层理论具有传统四要件理论所难以比拟的体系性优势，在刑法教义学概念的统一性、逻辑体系的严密性方面，具有明显的优越性。但是，我国学者应当在吸收借鉴先进理论的同时，保持自身的主体意识和创新意识，发展具有本土特色的刑法理论。[⑨]

有学者从犯罪构造的进化论的角度，对古今中外的犯罪构成理论进行了比较介绍，认为和英美双层次的犯罪构成理论和苏俄及我国四要件的犯罪构成理论相比，德国三阶层犯罪论的发展演变能够比较完整展示犯罪构成理论的发展过程，并且三阶层犯罪论当前正处于向两阶层理论转变的过程当中。[⑩]

有学者认为，我国传统的四要件犯罪构成理论存在缺陷，将不构成犯罪和无罪简单等同，导致了实践中一些案件处理上的难题。因此，我国刑法理论应借鉴三阶层犯罪论体系，区分违法和责任的位阶关系，接纳“违法意义上的犯罪概念”，才能在实践中更好地解决共同犯罪、教唆犯与间接正犯的区分等难题。[⑪]

在犯罪的认定方面，有学者提出，我国实践中存在将行政违法行为错误地认定为犯罪行为的现象，要避免这一现象的发生，需要牢固树立刑法是法益保护的最后手段、刑法具有自由保障机能、预防犯罪是刑法适用的重要目的等理念，确保刑法具有国民预测可能性、刑罚成为预防犯罪的重要工具。在适用刑法时，应对构成要件进行实质解释，并对违法性做出独立行政机关的、实质的判断，确保刑法保护的法益都能够还原为个人法益。[⑫]对于法益保护原则与比例原则的关系，该学者也进行了深刻论述，针对虽有以比例原则取代法益保护原则观点的提出，但仍应以法益保护原则作为刑事立法的基本指导原理，且可以从方法论的角度吸收比例原则的合理内容，没必要以比例原则替代法益保护原则。[⑬]

有学者重申了法律解释方法的重要意义，认为在刑法教义学中，法律解释方法对于刑法的公正性与法益的安全性具有重要价值。其中，刑法的逻辑方法包括形式逻辑和实体逻辑的方法，对于正确恰当的认定犯罪具有重要的工具价值。形式逻辑的方法侧重法条的形式特征与法条之间的逻辑关系的确定，实体逻辑的方法侧重法条的实质内容的确定和价值的考量。[⑭]

对于我国刑法的最新发展，有学者提出了自己的见解，认为虽然我国通过刑法修正案的形式不断对刑法进行修正，实现了刑法干预的早期化和犯罪圈的扩大，但并不能说明我们降低了对法治国自由刑法的追求，也不意味着积极刑法立法观在我国的确立。刑法修正案的立法模式存在瑕疵，个别条款在合目的性、明确性方面存在不足，也造成刑法体系逻辑性的缺陷，整体而言，我国刑法从“厉而不严”到“严而不厉”转型的目标未能完全实现。碎片化的刑法立法模式需予以改变，应适时启动刑法典的全面修订，并实行刑法典和行政刑法并存的双轨立法模式。[15]

关于我国近期以来的刑罚改革，也是学者进行持续关注的重点。其中，对于死刑存废问题，有学者指出，当前我国关于废除死刑的主张主要有“人权抵触说”“文明抵触说”“宪法抵触说”，这些论述虽有其可取之处，但说服力尚显不足，“国家性质和职能抵触说”从我国的社会主义制度、国家性质及职能的角度出发，能够有力地论证死刑废除符合我国的性质和发展要求，有助于实现个人自由发展的理念，也有利于明确我国人民民主专政的社会主义国家之下公民与国家之间的关系。[16]此外，对于死刑立即执行的替代措施，该学者予以肯定，但同时提出，对于死缓限制减刑和终身监禁型死缓所导致的监禁期限过长可能引起的人权方面争议和执行方面的难题，应予以重视并从制度上加以完善，从而使刑罚“阶梯”更为合理。[17]也有学者对死刑改革的重要进展进行了归纳，认为我国刑法修正案（九）进一步削减了死刑罪名，且削减的罪名扩及了军职罪和一些非严重的暴力犯罪，体现了进一步扩大废除死刑范围的趋势，并提高了死缓变为死刑立即执行的门槛，拓展了我国死刑改革的视野。[18]

3. 个案聚焦与个罪研究

随着“于欢案”的热议，学界对该案进行了深入的个案解读，并由此对正当防卫问题进行了系统的反思与考量。有学者认为，“于欢案”是近些年来具有标志意义的重要案件，具有重大的法治意义，通过公众参与、社会讨论，使正当防卫问题得以进一步的明确和探讨，有助于正当防卫制度功能的充分发挥，使我们对正当防卫的立法精神、正当防卫的前提条件、防卫过当的法律后果等问题，有了更为清晰的认识。[19]有学者从“于欢案”是否具备正当防卫的前提和性质、防卫是否过当、于欢是否可以适用特殊防卫权、对于欢的定罪量刑是否适当等问题，肯定了二审判决的妥当性。[20]另有学者从我国刑法中对防卫过当的定罪量刑规范的角度，论证了二审对被告人于欢判处五年有期徒刑而不适用缓刑，是妥当的判决，既体现了我国刑罚的隔离与惩罚功能，也体现了刑罚的教育改造、感化保护功能。[21]还有学者对“于欢案”的判决持不同的态度，认为“于欢案”二审虽较一审有所进步，认定了于欢具备正当防卫的前提条件，但在对防卫限度的判断上，仍然存在缺陷，没能正确区分正当防卫与防卫限度的界限。该学者还进一步指出了当前我国对正当防卫制度的认识误区：其一，只能防卫暴力行为而不能防卫非暴力行为；其二，只有暴力行为发生的一刹那，才能实施防卫行为；其三，只要双方打斗就是互殴，就没有正当防卫的空间；其四，只要发生死伤结果，就是防卫过当。综合“于欢案”发生的整个过程，二审没有认定被告人于欢正当防卫，并不是一个符合法律精神的妥当的结果，令人遗憾。[22]

对于“快播案”的审理，有学者从理论上进行了深度剖析。有学者认为，快播公司构成传播淫秽物品牟利罪，原因：快播公司不仅是网络视频软件的提供者，也是网络视频内容的管理者，其双重身份决定了其具有网络存储视频内容监管的义务，其监管方面的不作为导致了淫秽视频的网上传播，因此构成不作为的传播淫秽物品牟利罪。该罪和我国刑法修正案（九）设立的拒不履行信息网络安全管理义务罪存在竞合关系，对其查处应按传播淫秽物品牟利罪认定。[23]另有学者认为，对“快播案”中的两类行为应进行区分，其提供播放器的行为仅仅违反了监管义务，存在成立不作为犯的可能，而不构成作为犯；其中的视频缓存行为则因积极的支配了犯罪过程而属于作为。“快播案”的判决虽然定罪结果较为合理，但其将整体行为视为不作为犯进行概括认定的论证过程值得商榷，应当从作为犯的角度，论证视频缓存行为因具有支配性和正犯性而构成作为犯，从而使判决更有说服力。[24]

刑法关于网络时代犯罪的应对，不少学者进行了深入思考。有学者认为，网络犯罪具有不同于传统犯罪的特征，但是，可以通过刑法解释规制的网络犯罪行为，没必要重新立法设置单独罪名；确需设置新的罪名的，也没必要对网络犯罪单独设立“网络刑法”，在刑法典内增设相应罪名即可。而且，新增罪名必须贯彻法益保护主义。[25]有学者认为，当前我国应对网络犯罪的手段之一是网络犯罪预备行为的正犯化，但这并非唯一可取的制裁模式。应对现有的网络犯罪预备行为制裁体系进行完善而非变革。[26]有学者认为，对于新型网络犯罪的认定，应当建立不同于个案判断的规则判断，既可以统一裁判尺度，又可以提升新型网络犯罪认定的精确程度并提高司法判断的效率。规则判断方法通过对特定犯罪认定条件做实体或技术上的处理，将原本属于个案认定的问题妥当置换为规则认定问题，从而有效认定案件事实，高度衔接实体性规定与证据性规定。[27]另有学者认为，网络犯罪就是广义的信息犯罪，健全和完善公民个人信息保护制度，是应对网络犯罪的有效手段。[28]尤其是治理网络诈骗犯罪的关键，在于公民个人信息安全的保护。[29]

结合当前新型的具体网络犯罪，有学者认为，拒不履行信息网络安全管理义务罪的主观方面必须是故意，并具有违法性认识，当行为人发生违法性认识错误时，不宜认定为本罪。该罪只有既遂没有未遂，且不能以“中立帮助行为”作为可以免责的辩护理由。本罪的主体包括网络接入服务提供者、网络平台服务提供者、网络内容及产品服务提供者，本罪与有关危害国家安全的犯罪的区别关键在于有无危害国家安全的目的。[30]另有学者对拒不履行信息网络安全管理义务罪的构成要素“经监管部门责令改正”进行了专门论述，指出把握该要素须注意如下几个方面：一是监管和责令改正的主体要合格，二是责令改正的监管主体的权限法定，三是责令改正的通知内容清晰完整，四是责令改正的通知以合理的方式做出，此外还应注意被监管主体对责令改正所持的异议。[31]

对于虚拟财产的刑法保护，有学者指出，随着网络生活在我国社会生活中的普及，虚拟财产的作用和地位进一步凸显，虚拟财产的法律定位至关重要，因为其关系到侵犯虚拟财产的行为定性。我国司法实践对虚拟财产的定位经历了从财产到非财产再到数据的过程。我国刑法中的财物涵盖了有体物、无体物和财产性利益，应当将虚拟财产作为刑法中的财物予以保护。[32]另有学者进一步指出，在我国刑法中，财产性利益应当是盗窃罪的犯罪对象。[33]

此外，贪污贿赂犯罪作为刑法学界一直关注的重点也有新的观点提出。有学者认为，贿赂犯罪的侵害法益不是职务行为廉洁性而是职务行为公正性，其本质不仅限于“以权换利”而扩及“影响力交易”。[34]因此，一般的事前没有约定的事后受贿行为原则上因没有侵犯职务行为公正性而不构成受贿罪，在有证据表明行为人事前约定或期待事后受财并影响到职务行为公正性的情况下，可以构成受贿罪。[35]对于新近司法解释大幅度提高贪污贿赂犯罪起刑点的问题，有学者认为，这一修改理由并不完全充分，会导致贪污罪与盗窃、诈骗等财产犯罪的不协调，为保持协调，应将国家工作人员窃取、骗取公共财物未到达贪污罪数额较大标准，但达到了盗窃、诈骗犯罪数额标准的行为认定为盗窃罪和诈骗罪。[36]对于受贿罪中的“为他人谋取利益”的体系地位，有学者主张“为他人谋取利益”具备客观违法要素主观违法要素的混合违法要素说。[37]对于行贿罪中的“谋取不正当利益”的认定，有学者主张应当将解释的视角由行为人转向国家工作人员，从国家工作人员是否违背职务的角度判断行为人所谋取的利益是否正当。[38]

对于职务侵占罪和盗窃罪之间的界分关系，有学者认为，二罪都是数额犯罪，学界对于二者的区分本来已经比较清楚，但是司法解释提高职务侵占的入罪标准之后，二者的区分出现问题，应对二者的界限进行重新划分，明确区分利用职务之便和利用工作之便，适当缩小利用职务之便的范围，将不具备利用典型职务便利的行为排除出职务侵占犯罪，将利用工作之便“窃取”财物的行为纳入盗窃罪。[39]

三、重要学术交流活动

2017年1月7日，由中国人民大学刑事法律科学研究中心主办的“刑法与基本权利——宪法与刑法的对话”学术研讨会在中国人民大学隆重举行。出席本次论坛的有中国人民大学法学院、北京大学法学院、清华大学法学院、北京航空航天大学法学院、中国青年政治学院法学院、首都师范大学法学院、中国社会科学院法学研究所的多位教授和研究人员。

2017年3月18日，东亚地区食品安全法制的比较研究2016—2017年度分科会议在中国人民大学成功举办。此次活动由中国人民大学法学院主办，食品安全治理协同创新中心、中国人民大学刑事法律科学研究中心承办，并获得了山姆·沃尔顿食品安全法教席的大力支持。中日韩3国的专家学者参加了此次研讨。

2017年8月30日，中国人民大学刑事法律科学研究中心与京东集团主办的阳光诚信联盟第一届“开放互信、共享共赢”反腐败峰会在中国人民大学隆重举行。中国人民大学刑事法律科学中心的有关教授，以及最高人民法院、最高人民检察院、北京市人民检察院等政法机关专家，与来自京东、腾讯、百度公司等多家知名企业的代表共计百余人参加了此次会议。

2017年10月13—14日，主题为“网络犯罪及国际司法合作（Cybercrimes and International Judicial Co-operation）”的第五届中英刑事司法论坛在中国人民大学成功举办。本次论坛由中国人民大学刑事法律中心（RCCJ）、普通法中心（CCL）与伦敦玛丽女王大学法学院刑事司法中心（The Criminal Justice Centre of the School of Law，Queen Mary University of London）共同举办。来自中国人民大学、英国伦敦玛丽女王大学、韩国刑事政策研究院、北京大学、中国社会科学院法学研究所等高校和研究机构的学者，与最高人民法院、最高人民检察院、北京市检察系统的实务专家，以及来自腾讯等互联网公司的金融法律研究员共同参加了此次学术研讨会。中英韩等国的众多刑事法专家就“窃取网络虚拟财产行为的定性探讨”“电信网络诈骗关联行为的实证考察和司法认定”“网络犯罪跨国、跨境刑事管辖权分析”“网络恐怖活动的犯罪”“电信网络诈骗犯罪与侦查”“网络服务提供者的刑事责任”等内容进行了热烈的探讨和交流。

注：

①赵秉志：《中国刑法立法晚近20年之回眸与前瞻》，《中国法学》，2017年第5期。

②储怀值：《1997年刑法二十年的前思后想》，《中国法律评论》，2017年第6期。

③刘仁文：《二十年来我国刑法学研究之观察》，《检察日报》，2017年11月23日。

④陈兴良：《刑法阶层理论：三阶层与四要件的对比性考察》，《清华法学》，2017年第5期。

⑤陈兴良等：《对话：刑法阶层理论的中国司法前景》，《中国应用法学》，2017年第4期。

⑥张明楷：《阶层论的司法运用》，《清华法学》，2017年第5期。

⑦周光权：《阶层犯罪论及其实践展开》，《清华法学》，2017年第5期。

⑧车浩：《体系化与功能主义：当代阶层犯罪理论的两个实践优势》，《清华法学》，2017年第5期。

⑨车浩：《阶层犯罪论的中国命运》，《中国法律评论》，2017年第6期。

⑩王世洲：《犯罪构造的进化论》，《国家检察官学院学报》，2017年第4期。

⑪付立庆：《违法意义上犯罪概念的实践展开》，《清华法学》，2017年第5期。

⑫张明楷：《避免将行政违法认定为刑事犯罪：理念、方法与路径》，《中国法学》，2017年第4期。

⑬张明楷：《法益保护与比例原则》，《中国社会科学》，2017年第7期。

⑭陈兴良：《刑法教义学的逻辑方法：形式逻辑与实体逻辑》，《政法论坛》，2017年第5期。

⑮梁根林：《刑法修正：维度、策略、评价与反思》，《法学研究》，2017年第6期。

⑯时延安：《死刑、宪法与国家学说——论死刑废除的理论路径选择》，《环球法律评论》，2017年第6期。

⑰时延安：《死刑立即执行替代措施的实践与反思》，《中国检察官》，2017年第9期。

⑱刘仁文、陈妍茹：《死刑改革的重要进展——以〈刑法修正案（九）〉为视角》，《法学杂志》，2017年第2期。

⑲高铭暄：《于欢案审理对正当防卫条款适用的重要意义》，《人民法院报》，2017年6月24日。

⑳赵秉志：《于欢案防卫过当法理问题简析》，《人民法院报》，2017年6月24日。

㉑卢建平：《于欢案量刑的几点思考》，《人民法院报》，2017年6月24日。

㉒陈兴良：《正当防卫如何才能避免沦为僵尸条款》，《法学家》，2017年第5期。

㉓陈兴良：《快播案一审判决的刑法教义学评判》，《中外法学》，2017年第1期。

㉔周光权：《犯罪支配还是义无违反——快播案定罪理由之探究》，《中外法学》，2017年第1期。

㉕张明楷：《网络时代的刑事立法》，《中国检察官》，2017年第13期。

㉖于志刚：《网络空间中犯罪预备行为的制裁思路与体系完善——截至〈刑法修正案（九）〉的网络预备行为规制体系的反思》，《法学家》，2017年第6期。

㉗黄京平：《新型网络犯罪认定中的规则判断》，《中国刑事法杂志》，2017年第6期。

㉘时延安：《网络规制与犯罪治理》，《中国刑事法杂志》，2017年第6期。

㉙时延安：《个人信息保护与网络诈骗治理》，《国家检察官学院学报》，2017年第6期。

㉚谢望原：《论拒不履行信息网络安全管理义务罪》，《中国法学》，2017年第2期。

㉛赖早兴：《论拒不履行信息网络安全管理义务罪中的“经监管部门责令改正”》，《法学杂志》，2017年第10期。

㉜陈兴良：《虚拟财产的刑法属性及其保护路径》，《中国法学》，2017年第2期。

㉝张明楷：《论盗窃财产性利益》，《中国法学》，2017年第1期。

㉞黎宏：《受贿犯罪保护法益与刑法第388条的

解释》,《法学研究》, 2017 年第 1 期。

㉟黎宏:《贿赂犯罪的保护法益与事后受财行为的定性》,《中国法学》, 2017 年第 4 期。

㊱张明楷:《贪污贿赂罪的司法与立法发展方向》,《政法论坛》, 2017 年第 1 期。

㊲付立庆:《受贿罪中"为他人谋取利益"的体系地位:混合违法要素说的提倡》,《法学家》, 2017 年第 3 期。

㊳车浩:《行贿罪之"谋取不正当利益"的法理内涵》,《法学研究》, 2017 年第 2 期。

㊴阮齐林、温健康:《职务侵占罪与盗窃罪之比较研究》,《人民检察》, 2017 年第 9 期。

(作者:韩玉胜,中国人民大学教授;
史丹如,中国人民公安大学副教授;
张学永,中国人民公安大学讲师)

民商法学

林 嘉 姚 辉 王 琦

2017 年,北京地区的民商法学研究蓬勃发展,百家争鸣。民商法学者对基础理论以及民法典编纂、民法总则的适用等热点问题展开深入研究,取得了一系列丰硕的学术成果。此外,以民商法学基本理论、法律适用等为主题的学术交流、研讨活动,也推动着北京地区乃至全国的民商法学的发展与创新。

一、重要学术活动

2017 年 7 月 26—27 日,由中国社会科学院民法典工作项目组、中国社会科学院法学所私法研究中心主办的中国民法论坛(2017)——民法典分则各编立法研讨会在北京召开。与会专家一致认为,民法典编纂工作应坚持以中国国情为基础,回应中国现实问题,体现中国法治社会特色,并尊重法典编纂工作的体系性和科学性要求。

2017 年 8 月 2—3 日,由中国人民大学法学院和中国法学会民法学研究会、中国人民大学民商事法律科学研究中心主办的中国民法典担保物权法立法研讨会在中国人民大学举行。研讨会主要围绕担保物权法的编纂体例、统一动产担保登记的制度设计、新类型担保物权的立法方法等展开。

2017 年 9 月 10 日,由中国法学会商法学研究会和中国政法大学商法研究中心主办的商事制度改革与商事立法座谈会在北京召开。与会专家就商事制度改革与商事立法问题发表了意见,会议取得圆满成功。

2017 年 10 月 28—29 日,由清华大学商法研究中心主办的 21 世纪商法论坛第十七届国际学术研讨会在清华大学法举行。本次会议的中心议题为"融资监管与创新",与会学者围绕中心议题进行了广泛而深入的讨论。

2017 年 11 月 18 日,由北京航空航天大学法学院与台湾政治大学法学院联合举办的第七届两岸民商法前沿论坛在北京航空航天大学召开。本次论坛主题为"当前民法典编纂推进及分则问题",与会专家学者围绕民法典编纂以及民法典分则设计有关的重点、难点问题进行了深入讨论。

二、重要学术著作

2017 年,各位学者在深入研究相关热点、前沿问题的过程中著书立说,出版了一批重要的学术著作,主要包括:王利明著《法律解释学导论——以民法为视角(第 2 版)》(法律出版社),王利明主编《中华人民共和国民法总则详解》(中国法制出版社),梁慧星著《梁慧星谈民法》(人民法院出版社),杨立新著《多数人侵权行为与责任》(法律出版社),尹田著《物权法(第 2 版)》(北京大学出版社),崔建远著《物权法(第 4 版)》(中国人民大学出版社),崔建远著《民法总则:具体与抽象》(中国人民大学出版社),李永军主编《中华人民共和国民法总则精释与适用》(中国民主法制出版社),常鹏翱著《物权法的展开与反思(第 2 版)》(法律出版社),曹士兵著《中国担保制度与担保方法(第 4 版)》(中国法制出版社),叶林主编《期货期权市场法律制度研究》(法律出版社),楼建波著《金融商法的逻辑:现代金融交易对商法的冲击与改造》(中国法制出版社),龙卫球、王文杰主编《两岸民商法前沿(第 6 辑)》(中国法制出版社),等等。

三、研究动态及学术观点

1. 民法学

(1) 民法总则

2017年3月15日，第十二届全国人民代表大会第五次会议通过《中华人民共和国民法总则》，自2017年10月1日起正式施行，掀起了民法学者对民法总则研究的高潮。

关于民法总则的颁布，有学者认为，我国民法总则的颁布在我国民事立法史上具有里程碑式的重要意义。民法总则是对民法典分则编采取“提取公因式”的方式确立的规则，可以普遍适用于各个民商事单行法律。①有学者认为，民法总则在承继民法通则相关制度的基础上，又有重大的理论创新，其规定具备体系性与合理性。②有学者认为，民法分则各编在编修中，必须符合民法总则规定的诸多新规则，同时也应当对民法总则与民法分则各编可能发生的重合和冲突予以协调，形成民法典逻辑结构和谐、内容分配妥适的严密体系，使之成为我国的民法根本大法。③有学者认为，民法总则推动了我国民法的制度发展。但该法也存在一定的不足，存在较多的制度缺失，且人格权条款的规定明显不足。④有学者认为，我国民法总则在措辞与行文方面仍然有值得商榷的条款，在民法典编纂过程中，对立法技术的研究与应用水准都有待进一步提升。⑤

关于民法基本原则，有学者认为，民法基本原则为民法蕴含的主要价值或者目标，对于立法者、裁判者以及当事人均具有指导意义。⑥有学者认为，可以行使国家公权力对公共利益进行类型化的机关，应当慎重行使该项权力，不得动辄以维护公共利益为由，限制或者否定民事主体的自由。⑦

关于民事主体，有学者认为，民法总则将法人分类为营利法人、非营利法人及特别法人。这种分类考虑到不同法人的社会功能，从体系建构的功能和规范功能实现的需求出发，具有形式逻辑上的周延性和自足性。⑧有学者认为，必须尊重历史，农村土地和其他财产实际上是归属集体经济组织所有，而不是成员共有。民法总则将集体经济组织规定为法人，对于确定其财产归属并保护其财产利益十分有益。⑨有学者认为，民法总则欠缺关于“公法人——私法人”的元分类，也未将“营利——非营利”区分模式贯彻到底，尤其是“非法人组织”并未完全贯彻该逻辑，“特别法人”也未顺理成章地采取“中间法人”路线，仍有体系/逻辑优化之可能。⑩

关于民事权利和民事责任，有学者认为，应当重视民事权利的建构性和体系性意义，在民法总则中集中规定不同类型权利的统一适用规则。⑪有学者认为，数据经济及其数据资产化趋势，推动了数据财产化的发展，一种新型财产权形态呼之欲出，但相关理论存在进一步完善必要。⑫有学者认为，民法总则规定的“民事责任”是对于民法分则各编规定的民事责任而抽象出的民事责任的一般规则，且为民事法律关系内容“权利——义务——责任”逻辑关系的必然体现。⑬有学者认为，在解释民法总则第185条时，为更好地实现其保护社会公共利益的规范目的，应当扩张其保护的主体范围和保护的人格权益范围。⑭

关于民事法律行为，民法总则关于民事法律行为效力的规定与民法通则、合同法的相关规定存在一定程度的冲突。在司法适用中，应当秉持新法优于旧法的法律适用原则，区分具体情形，确定应当适用的法律规范。⑮有学者认为，民法总则第147条虽具有完全性法条的外形，因“重大误解”一词本身为不确定概念，故含有授权补充的漏洞。适用该法条，应将评价因素具体化。⑯有学者认为，我国民法上的意思表示重大误解概念及制度系统应以意思表示错误概念及制度系统为依归或指向而予解释、补充和完善 。⑰有学者认为，我国立法的继受混合而间接，亦未结合理论建构，发端于继受过程中的“误解”一语的不当使用造成了司法实践的混乱。我国民法总则应回归传统民法意思表示错误的概念，并明确其构成要件。⑱有学者认为，民法总则规定的虚假表示与恶意串通均为民事法律行为无效的原因，但法理基础不同。⑲有学者认为，我国在具体的法律适用上，应采用限缩原则解释“恶意串通”和“虚假意思表示”，扩大“善良风俗”之适用范围，使“违背公序良俗”成为认定虚假意思表示和恶意串通损害他人利益之“一般条款”。⑳有学者认为，虚假意思表示之法律行为的无效不应损害善意第三人的利益。㉑有学者认为，民法总则制定中有必要对须批准法律行为进行体系性的制度设计。㉒有学者认为，我国现行法将法律行为不发生完全效力的情况三分为无效、可撤销和效力未定。但三分法并不全面，内部区分标准不一致。㉓有学者认为，对于可撤销的法律行为，在撤销权之外再赋予当事人一方变更法律行为的权利，不会直接产生权力意志妨害私人自治之弊。㉔有学者认为，我国民法总则关于民事法律行为部分的少部分增补，反映了中国立法者的一些独特立法政策考虑，从契约公平或契约效率的角度来看不无争议；其适用效果有待于未来的司法实践的进一步检验。[25]

关于代理，有学者认为，采取积极信赖保护方式的善意取得和表见代理具有结构相似性，因此，表见代理的构成中也应包括被代理人的可归责性，且应采取风险归责原则予以解释和具体构建。[26]有学者认为，我国民法总则以法律行为作为代理的客体，以直接代理作为代理基本形式，并扬弃了指定代理的分类，体现了代理制度对以往制度的合理继承。[27]有学者认为，无权代理责任属于法定担保责任，不以代理人的过错为成立要件。无权代理行为因被代理人拒绝追认而无效的，无权代理人应当对信赖代理权存续的相对人承担无权代理责任。[28]有学者认为，我国未来的民法典应当采纳授权行为无因性原则和禁止代理权滥用制度以全面保护交易安全及被代理人的利益。[29]

关于诉讼时效，有学者认为，民法总则中的诉讼时效规则存在诸多改变，这体现了立法中政治决断和规范技术之间的关系。这些规范批判性地吸纳了国际趋势和本土实践经验，体现了社会共识。[30]

关于其他制度，有学者认为，民法总则中的民法特别法链接条款，将民法特别法整合到民法之中，使之与民法普通法相衔接，构成民法全部体系的一般条款和特别条款。[31]有学者认为，我国民法总则第128条规定的民法特别法链接条款，将消费者保护法纳入了我国民法特别法体系，实现了消费者保护法与民法一体化的目的，具有重要的立法价值。[32]

（2）人格权法

2017年，随着民法典编纂工作的推进，北京学者除继续对人格权法是否独立成编进行讨论之外，还对人格权编的规则设计进行研究。

关于人格权的立法体例，有学者指出，我国正在制定的民法典应当将人格权独立成编，这不仅是有效应对科技进步和社会发展的需要，也是全面保护人格尊严的要求。[33]有学者认为，民法典应通过独立成编的人格权法，对各项具体人格权进行进一步确权。[34]有学者认为，为彰显其价值与地位人格权应被置于民法典总则编的篇首位置，即第一章的“一般规定”中。[35]

关于人格权编的规则设计，有学者认为，人格权编的规则设计应当以我国民法总则和民法通则为基础，积极总结我国人格权保护的立法经验。同时，人格权编的规则设计应当以我国司法实践为基础，力求解决我国的现实问题。[36]有学者认为，我国民法总则有关一般人格权和具体人格权的规定应通过民法典人格权编予以完善和细化。[37]有学者认为，我们应当参照美国法中的公开权，创设一种符合传统大陆法系逻辑的公开权制度对人格权的财产利益进行充分的保护。[38]

（3）物权法

2017年，结合民法典起草工作，北京学者对于物权法的研究集中在民法典物权编相关制度的完善及各项具体规则设计等热点问题上。

①物权法总论

关于民法典物权编的制定，有学者认为，物权编的制定应重视我国现行物权法文本中“不得”的多重语境，以利于法律条文的妥当设计和法律规范的妥当适用。[39]有学者认为，民法典物权法担保物权编编纂之时，应在我国担保法、担保法司法解释和物权法相关规定的基础上，完善其一般规定。[40]

关于物权效力，有学者认为，我国既有物权效力理论混淆了物权的绝对效力与对抗效力的区别，或将物权的对抗效力与其优先效力混为一谈，甚至将之与善意取得制度相混同，应予纠正。[41]

关于物权登记，有学者认为，不动产登记簿上的错误应当区分为权利事项错误与非权利事项错误，权利事项错误才是适用不动产善意取得的前提条件。[42]有学者认为，目前我国动产担保登记高度分散，且多为纸质化登记系统。基于特殊动产管理上的需要，政策选择应导向特殊动产登记系统与统一的动产融资登记系统并存。[43]有学者认为，预告登记的适用范围很广，不仅可适用于转让房屋所有权或建设用地使用权的协议，也能适用于旨在设立、变更或者消灭不动产物权的协议。[44]有学者指出，应正视不动产权利登记具有的民事行为性质以及应纳入民事诉讼的机制抉择。[45]

此外，有学者认为，以“指示交付”指称通过返还请求权让与方式对动产所有权的移转相当具有误导性，替代交付的返还请求权让与并非交付的特殊形态。[46]

②所有权

关于善意取得制度，有学者指出，动产与不动产善意取得制度应相互独立。[47]有学者认为，不动产善意取得的法政策出发点是对交易安全的强化保护，从而保护相应的社会公共利益。[48]

关于共有制度，有学者认为，在设计未来我国民法典物权法编中的共有制度时，不宜全盘照搬我国物权法“共有”章的规定，而应以其为基础进行适当的体系调整和增删修改。[49]有学者认为，要正确认定共有的类型，应先考察共有人之间是否存在法定共同关系，再辅之以共有人约定。[50]

③用益物权

有学者指出，住宅建设用地使用权不宜永久续期，应考虑房屋的使用年限、房屋用途转化的可能性以及土地和房屋被征收等情形以确定具体的续期期限。续期收费不宜采纳出让金标准，而应当考虑最低居住面积等因素，尽可能减轻业主的负担。[51]有学者认为，农地三权分置的经济改革思想在法律上应体现为以下结构：集体在农村土地所有权之上为农户设定土地承包经营权，承包农户在其土地承包经营权之上为其他经营主体设定土地经营权。[52]

④担保物权

关于担保物权的实现，有学者认为，同一债权既有人的担保又有物的担保的，在担保权可得行使时，债权人应当按照约定实现债权。这里的“约定”，应是当事人之间关于人的担保和物的担保之间责任顺序、责任分担范围的约定，而非实现担保物权的约定。[53]有学者认为，债的受偿范围可依当事人约定的担保范围或法定的担保范围而确定，其是否可以纳入不动产抵押权的优先受偿范围，还需考虑不动产登记簿的记载和法律的限制性规定。[54]有学者认为，在附物权担保的债权人实现其债权时是须先以担保财产受偿抑或得自由选择债务人的非担保财产受偿的问题，宜采“限制型选择主义”的立场。[55]有学者认为，基于效率价值，借由对我国物权法第176条的目的解释，共同担保人之间的内部追偿权在解释论上可以证立。[56]

关于担保物权制度的完善，有学者认为，未来民法典物权编修订应建立法定债权转移规则；充分认识担保规则的任意性特征，在立法技术上统一处理当事人变更约定的情形，并置于规则的最后。[57]有学者认为，作为独立担保赖以存续的基础，独立性与单据性在带来商事效率的同时也产生了欺诈、权利滥用等风险，需要通过类型化的修正机制予以完善。[58]

关于抵押权，有学者认为，在我国现行法上，抵押权的预告登记不是确定抵押权顺位的根据，开始编纂的中国民法典应当承继这种理念。[59]有学者认为，我国物权法第191条严格限制抵押人作为所有权人处分抵押标的物的做法并不合理，在编纂民法典时，必须对该条文加以重建。[60]有学者认为，动产抵押和动产让与担保各有其法律构成、实行方法和其他制度特点，两者之间可以并存，在中国民法典中可以同时规定这两种制度。[61]

关于质权，有学者认为，民法物权编的编纂工作已经启动，质权作为担保物权制度的重要一环，其现行规定存在诸多值得修正与补充之处。[62]

⑤占有

有学者认为，我国现行物权法占有一章的规定简单且不成体系，需要重构。建议将占有回复关系规定在原物返还请求权之后，删除我国物权法第241条，构建完整的占有制度。占有制度应规定在物权法总则部分，首先规定直接占有、间接占有、占有辅助人等制度内核，并补充规定占有的取得、移转与丧失制度，然后规定占有状态推定以及占有权利推定制度。[63]

（4）债权法

①合同法总论

关于民法典合同编的制定，有学者认为，民法典合同编的编纂应当协调好与民法总则的相互关系，在我国立法机关决定不再制定独立的债法总则的背景下，合同编应当发挥债法总则的功能。[64]有学者认为，在坚持民商合一立法体例之背景下，需要明确确立民事合同和商事合同区分模型，以及科学安排实现相应的立法规范的区分。[65]有学者认为，自然之债所要规范的是一些介于法律义务与纯粹的社会、道德义务之间的义务，采取法国式的方式，即“一般规定＋具体的个别化处理”模式来规范自然之债更适合我国实际。[66]

关于格式条款，有学者认为，格式条款使用人未尽提请注意义务及说明义务，中国司法解释独创规定格式条款可撤销或无效，未遵循比较法及学理通常立场，宜尽早拨乱反正。[67]有学者认为，应结合我国合同法、消费者权益保护法、价格法等现有规范与相关理论，认定经营者单方价格表述是否构成格式条款，并对其进行订入控制与效力审查。[68]

此外，有学者认为，合同法不仅在单次的交易中发挥着纽带功能，在关系性、合作性活动中也至关重要。在这个意义上，合同法和法人或非法人社团一样，都具有组织复杂经济活动的功能。[69]有学者认为，我国合同法第2条界定了合同的概念，规定了该法的适用范围，但对于该条规定的“民事权利义务关系”存在不同解释，而不同解释直接影响到我国合同法的适用范围。[70]有学者认为，在一些情形下，显失公平的判定可以采类似于动态系统论的立场，综合考虑主客观要件。就法律后果而言，变更原则上优先于撤销。[71]有学者认为，基于双务合同，存在相互关系的给付义务，若存续、到期并未被提出，债务人即可行使同时履行抗辩权，拒绝自己的给付。[72]

②合同法分论

有学者认为，存量房买卖网签有成立买卖合同的效力，当事人自行交易的，买卖合同自签署网签申请文书时成立；通过经纪中介交易的，买卖合同自当事人线下签署买卖合同书时成立。[73]有学者指出，我国合同法第167条第1款针对分期付款买卖合同解除权设置了比一般解除权更为宽松的要件，无力承担保护消费者的功能。[74]有学者认为，无预售许可而签订的预售合同应当认定有效，商品房买卖合同司法解释第2条尽管做了一定的缓和，但仍不符合所解释对象的立法目的。[75]

(5) 侵权责任法

①侵权责任法总论

关于民法典侵权责任编的制定，有学者认为，侵权责任编应当在我国侵权责任法的基础上，对于我国民法总则规定的新原则与新的一般性规则予以细化，对于原先不合理的一些规定予以修改，对于实践中的新问题予以规定，完善各项具体侵权责任制度。[76]有学者认为，应调整侵权责任法现有的内容体系和逻辑结构，纠正立法不准确的规则，增加规定立法欠缺的规则，修订出一部好的民法分则侵权责任编。[77]

关于侵权损害赔偿，有学者认为，由于赔偿权利人获得利益的来源多样化，在立法上无法进行抽象规定。但研究中应区分赔偿权利人所获得利益的不同类型，分别判断这些利益是否具有可扣减性。[78]有学者认为，我国法应确立作为损害赔偿法一般规则的过失相抵规则，将其统一地适用于包括违约赔偿责任与侵权赔偿责任在内的所有私法上的以及公法上的损害赔偿责任中的受害人共同责任问题。[79]

此外，有学者认为，在传统理论中，合法性是侵权责任和无因管理之债界分的根本标准，但是细分两种制度的利益衡量冲突和价值选择取向，以正当性代替合法性才能真正界分和协调两种制度。[80]有学者认为，侵权责任并合是更多的侵权人对同一损害承担同一种或者不同种侵权责任并相互重合的责任形态。侵权责任并合主要适用于产品、服务致害消费者或者他人的营销参与者实施的侵权行为。[81]

②侵权责任法分论

有学者认为，网络侵权行为的构成要件包括网络侵权行为、损害事实、因果关系和过错。过错标准是网络侵权的核心，网络侵权行为的过错包括故意和过失。[82]有学者认为，缺陷食品营销参与者的侵权责任并合，是指在多数人侵权行为中的缺陷食品致害责任，在法律原本规定承担一种侵权责任形态的基础上，又增加规定了营销参与者承担其他侵权责任形态或者同一种侵权责任形态。[83]有学者认为，应将脱落等形式统一规定，由所有人、管理人或使用人承担因设置或维护瑕疵的物件致人损害责任。[84]

(6) 婚姻家庭继承法

①婚姻法

有学者认为，民法典婚姻家庭编通则规定的亲属基本制度，以及配偶关系、亲子关系和婚姻财产关系，都有若干重大问题需要研究解决，在立法上进行改革。[85]有学者认为，我国现行夫妻共同财产制度应解释为潜在共有。采取潜在共有理论，在夫妻内部关系上，可以彻底解放夫妻间的财产分配规则，避免受到财产权取得规则的不当干扰；在夫妻对外关系上，则可以避免夫妻财产关系的复杂化危害交易安全。[86]有学者认为，婚姻关系存续期间夫妻一方以个人名义所负债务，凡债权人有理由相信举债是为夫妻共同生活或具有夫妻合意的，应当推定为夫妻共同债务。但夫妻一方能够证明债权人与债务人明确约定为个人债务，或者能够证明夫妻对于婚姻关系存续期间所得的财产约定归各自所有，且第三人知道该约定的除外。[87]

②继承法

有学者认为，我国遗产酌给制度是以扶养为基础，对血亲、姻亲关系内亲属财产流转的突破。遗产酌给应采请求权说，并在我国民法典继承编中延续遗产酌给请求权这一明清以来惯用的概念。[88]有学者认为，在编纂民法典时，应对我国现行继承制度进行全面改革。继承编的制定应该妥当设计篇章结构、具体安排规范内容，为自然人对其身后遗产的支配自由提供更好的法律保障。[89]

2. 商法学

(1) 商法总论

有学者认为，商法学研究应当适应现实需要，为经济发展提供全方位、多角度的理论供给。[90]有学者认为，商事关系具有自身独立存在的精神教义和特有的调整方法，商事关系在逻辑上和实在意义上是独立存在的。[91]有学者认为，基于商事登记在商事主体身份和资格赋予、商事主体经营状况和能力公示、降低交易成本、增进交易安全以及便利国家对商事主体管理等功能价值考量，难有理由放弃对电子商务经营主体的登记要求。[92]

（2）公司法

关于公司契约理论，有学者认为，与合同法以“契约自由”为原则不同，公司法领域虽处处存在可合同之空间，但“契约不自由”是公司法上契约行为之本质。[93]有学者认为，在不完全合同的理论视角下，公司法（公司治理规则）有积极的功能，表现在就初始合同中没有约定的内容，公司治理规则应富有效率地加以空白填补。[94]

关于公司治理，有学者认为，不同类型的公司权力应在充分考量具体情势的前提下，在股东会和董事会之间妥当分配。[95]有学者认为，被解散公司的“经营管理困难”实质指向“管理困难”而非“赢利困境”，应将解散之诉的本质定位于治理失灵后的司法权介入，给予部分股东退出公司的低成本路径。[96]有学者认为，合同、侵权和破产制度也承担着保护公司债权人的功能，在对公司法上的传统规则进行规划与解释时，须认真对待这些相互关联的制度安排。[97]有学者认为，目标公司董事信义义务的特殊性，在于对收购决策行为的判断。构建目标公司董事信义义务的客观标准十分有必要。[98]有学者认为，我国现代企业制度强调实现所有权与经营权分离，亦即原本在经典表述中需要法律解决的“问题”，在我国却是力求促成的“目的”。问题与目的之谜的存在，是因为忽视了控制权与经营权在中国语境下的严格区分。[99]

关于公司资本制度，有学者认为，我国公司登记的“认缴制”改革在资本形成制度上并没有改变我国法定资本制的性质。我国资本形成制度未来的发展方向应立足于授权资本的分次发行，以及多元化资本概念的构建，实现资本的有效利用。[100]

此外，有学者认为，我国应该借鉴合同正义原则的经验，在公司法中引进公司正义原则，使其成为与公司自治相并列的基本原则。[101]有学者认为，作为特殊标的物，股权的移转和交付方式决定了其转让合同不应当适用我国合同法第167条规定的分期付款解除权。[102]

（3）证券法

有学者认为，中国式的“穿透”实践可以被类型化为主体穿透、产品属性穿透以及嵌套层级穿透等，还需要特别关注“三类股东”的穿透问题。[103]有学者认为，中国资产证券化的首要风险是法律结构的脆弱性。解决之道是建立开放的信托制度，让信托工具服务于中国未来广阔的资产证券化市场。[104]有学者认为，短线交易收益归入制度具有给当事人预先提醒的功能，从而使其养成遵规守纪的习惯。在评价法律制度的有效性时，考察的时段应尽量放宽。[105]有学者指出，我国民法总则的诸多领域都事关证券法中的组织及权利，都可能与证券/证券法密切相关。[106]

有学者认为，证券融资交易审慎规制逻辑的建立，可为我国大资管背景下证券融资交易规则的一致性及资本市场内系统性风险的防范，提供更为深刻的视角和更为统一的逻辑。[107]有学者认为，场外配资关系反映了市场博弈形成的公平交易模式，不构成违法借贷或违法承诺最低收益的委托理财，并无明确的效力性强制规定足以认定其合同关系无效，配资及强制平仓之约定应予尊重。[108]

（4）破产法

有学者认为，破产法中的担保物权处理需关注担保法与破产法的交互影响，核心在于抵押权、质押权在破产程序中的限制和保护问题。担保物权的保护主要体现为担保物权优先受偿的确认，破产法在清偿顺位上应坚守担保物权优先受偿的地位。[109]有学者认为，我国关联企业破产中对实质合并有着较强的现实需求，但立法和司法解释尚未确立实质合并规则，实践中面临诸多问题，迫切需要在总结实践案例和借鉴域外经验的基础上构建符合我国国情的实质合并破产制度。[110]

（5）保险法

有学者认为，人身保险标的与人身保险利益为不同维度的内涵。人身保险利益本质为一种以伦理为基础的人身依附属性的利害关系，同时我国保险法第31条第2款的同意应理解为基于一定利害关系的同意。[111]

（6）信托法

有学者认为，农地信托将信托机制引入农地流转融资，以农地经营权为信托财产，以信托公司为受托人，以土地承包经营权人为受益人，为解决农村土地改革困局探索了一条可供选择的制度路径。[112]有学者认为，证券投资信托由于在差别监管中处于不利地位，兼之其商业属性方面的不足，而有走向式微的风险，其发展前景深受监管政策流变的塑造。[113]有学者认为，我国植入了英美法系的信托制度，从与民法的契合度之角度，诚实信用原则作为我国信义义务的法

理基础更为适宜。[㊱]

注：

①王利明：《〈民法总则〉的本土性与时代性》，《交大法学》，2017 年第 3 期。

②张鸣起：《〈中华人民共和国民法总则〉的制定》，《中国法学》，2017 年第 2 期。

③杨立新：《民法总则新规则对编修民法分则各编的影响》，《河南财经政法大学学报》，2017 年第 5 期。

④王利明、周友军：《我国〈民法总则〉的成功与不足》，《比较法研究》，2017 年第 4 期。

⑤石佳友：《民法典的立法技术：关于〈民法总则〉的批判性解读》，《比较法研究》，2017 年第 4 期。

⑥韩世远：《民法基本原则：体系结构、规范功能与应用发展》，《吉林大学社会科学学报》，2017 年第 6 期。

⑦王轶、关淑芳：《认真对待民法总则中的公共利益》，《中国高校社会科学》，2017 年第 4 期。

⑧张新宝：《从〈民法通则〉到〈民法总则〉：基于功能主义的法人分类》，《比较法研究》，2017 年第 4 期。

⑨李永军：《集体经济组织法人的历史变迁与法律结构》，《比较法研究》，2017 年第 4 期。

⑩蒋大兴：《〈民法总则〉的商法意义——以法人类型区分及规范构造为中心》，《比较法研究》，2017 年第 4 期。

⑪姚辉：《权利的民法典表达》，《中国政法大学学报》，2017 年第 2 期。

⑫龙卫球：《数据新型财产权构建及其体系研究》，《政法论坛》，2017 年第 7 期。

⑬杨立新：《民法总则规定民事责任的必要性及内容调整》，《法学论坛》，2017 年第 1 期。

⑭王叶刚：《论侵害英雄烈士等人格权益的民事责任——以〈民法总则〉第 185 条为中心》，《中国人民大学学报》，2017 年第 4 期。

⑮杨立新：《我国民事法律行为效力规则的冲突及具体适用》，《甘肃政法学院学报》，2017 年第 5 期。

⑯韩世远：《重大误解解释论纲》，《中外法学》，2017 年第 3 期。

⑰陈华彬：《论意思表示错误及我国民法典对其的借镜》，《法学杂志》，2017 年第 9 期。

⑱王天凡：《民法"重大误解"继受之反思——兼以台湾"民法"第 88 条第 1 款为例》，《华东政法大学学报》，2017 年第 2 期。

⑲韩世远：《虚假表示与恶意串通问题研究》，《法律适用》，2017 年第 17 期。

⑳李永军：《法律行为无效原因之规范适用》，《华东政法大学学报》，2017 年第 6 期。

㉑李永军：《虚假意思表示之法律行为当议——对于〈民法总则〉第 146 条及第 154 条的讨论》，《中国政法大学学报》，2017 年第 4 期。

㉒李昊：《论须批准法律行为在民法总则中的规范方式》，《法学论坛》，2017 年第 1 期。

㉓殷秋实：《论法律行为的效力评价体系》，《比较法研究》，2017 年第 6 期。

㉔朱广新：《论可撤销法律行为的变更问题》，《法学》，2017 年第 2 期。

㉕石佳友：《我国〈民法总则〉的颁行与民法典合同编的编订——从民事法律行为制度看我国〈合同法〉相关规则的完善》，《政治与法律》，2017 年第 7 期。

㉖朱虎：《表见代理中的被代理人可归责性》，《法学研究》，2017 年第 2 期。

㉗耿林：《〈民法总则〉关于"代理"规定的释评》，《法律适用》，2017 年第 9 期。

㉘迟颖：《〈民法总则〉无权代理法律责任体系研究》，《清华法学》，2017 年第 3 期。

㉙迟颖：《意定代理授权行为无因性解析》，《法学》，2017 年第 1 期。

㉚朱虎：《诉讼时效制度的现代更新——政治决断与规范技术》，《中国高校社会科学》，2017 年第 5 期。

㉛杨立新：《〈民法总则〉规定的民法特别法链接条款》，《法学家》，2017 年第 5 期。

㉜杨立新：《我国〈民法总则〉规定消费者概念的重要价值》，《法学杂志》，2017 年第 4 期。

㉝王利明：《论人格权独立成编的理由》，《法学评论》，2017 年第 6 期。

㉞王叶刚：《人格权确权与人格权法独立成编——以个人信息权为例》，《东方法学》，2017 年第 6 期。

㉟耿林：《人格权及其立法技术》，《东方法学》，2017 年第 6 期。

㊱王叶刚：《民法典人格权编的规则设计》，《政治与法律》，2017 年第 8 期。

㊲王利明：《论我国〈民法总则〉的颁行与民法典人格权编的设立》，《政治与法律》，2017 年第 8 期。

㊳李大何：《未来民法典中人格权财产利益的保护模式》，《华东政法大学学报》，2017 年第 4 期。

㊴王轶：《论物权法文本中"不得"的多重语境》，《清华法学》，2017 年第 2 期。

㊵高圣平：《论担保物权"一般规定"的修改》，《现代法学》，2017 年第 6 期。

㊶尹田：《论物权对抗效力规则的立法完善与法律适用》，《清华法学》，2017 年第 2 期。

㊷程啸：《不动产登记簿的权利事项错误与不动产善意取得》，《法学家》，2017 年第 2 期。

㊸高圣平：《统一动产融资登记公示制度的建构》，《环球法律评论》，2017 年第 6 期。

㊹程啸：《论抵押权的预告登记》，《中外法学》，2017 年第 2 期。

㊺龙卫球：《不动产登记性质及其纠纷处理机制问题研究——兼评〈物权法司法解释(一)〉第 1 条》，《法律科学》(西北政法大学学报)，2017 年第 1 期。

㊻刘家安：《论通过返还请求权让与方式实现动产所有权移转》，《比较法研究》，2017 年第 4 期。

㊼耿林：《我国不动产善意取得的制度构建》，《华东政法大学学报》，2017 年第 5 期。

㊽耿林：《不动产善意取得制度的法政策研究》，《清华法学》，2017 年第 6 期。

㊾戴孟勇：《物权法共有制度的反思与重构——关于我国〈物权法〉"共有"章的修改建议》，《政治与法律》，2017 年第 4 期。

㊿杨旭：《论共有物分割请求权的限制——"刘柯妤诉刘茂勇、周忠容共有房屋分割案"评释》，《政治与法律》，2017 年第 4 期。

(51)王利明：《住宅建设用地使用权自动续期规则》，《清华法学》，2017 年第 2 期。

(52)高圣平：《农地三权分置视野下土地承包权的重构》，《法学家》，2017 年第 5 期。

(53)高圣平：《混合共同担保的法律规则：裁判分歧与制度完善》，《清华法学》，2017 年第 5 期。

(54)高圣平、罗帅：《不动产抵押权优先受偿范围研究——基于裁判分歧的分析和展开》，《法律科学》(西北政法大学学报)，2017 年第 6 期。

(55)刘保玉：《附物权担保债权人的执行选择权问题探讨》，《法学家》，2017 年第 4 期。

(56)贺剑：《走出共同担保人内部追偿的"公平"误区——〈物权法〉第 176 条的解释论》，《法学》，2017 年第 3 期。

(57)耿林：《比较法视野下的混合共同担保》，《江汉论坛》，2017 年第 6 期。

(58)刘斌：《论独立担保的修正类型谱系——兼评最高人民法院独立保函司法解释》，《法学杂志》，2017 年第 12 期。

(59)崔建远：《物权编如何设计抵押权顺位规则》，《法学杂志》，2017 年第 10 期。

(60)孙宪忠、徐蓓：《〈物权法〉第 191 条的缺陷分析和修正方案》，《清华法学》，2017 年第 2 期。

(61)高圣平：《动产让与担保的立法论》，《中外法学》，2017 年第 5 期。

(62)刘保玉：《完善我国质权制度的建议》，《现代法学》，2017 年第 6 期。

(63)王洪亮：《占有法律制度重构》，《国家检察官学院学报》，2017 年第 4 期。

(64)王利明：《民法分则合同编立法研究》，《中国法学》，2017 年第 2 期。

(65)李建伟：《我国民法典合同法编分则的重大立法问题研究》，《政治与法律》，2017 年第 7 期。

(66)李永军：《论自然之债在我国未来民法典债法体系中的地位》，《比较法研究》，2017 年第 1 期。

(67)韩世远：《中国法中的不公平合同条款规制》，《财经法学》，2017 年第 4 期。

(68)汪洋：《消费者合同中价格条款的法律规制》，《华东政法大学学报》，2017 年第 5 期。

(69)王利明：《论合同法组织经济的功能》，《中外法学》，2017 年第 1 期。

(70)田士永：《论合同变动的民事权利义务关系》，《华东政法大学学报》，2017 年第 3 期。

(71)贺剑：《〈合同法〉第 54 条第 1 款第 2 项(显失公平制度)评注》，《法学家》，2017 年第 1 期。

(72)王洪亮：《〈合同法〉第 66 条(同时履行抗辩权)评注》，《法学家》，2017 年第 2 期。

(73)常鹏翱：《存量房买卖网签的法律效力》，《当代法学》，2017 年第 1 期。

(74)孙新宽：《分期付款买卖合同解除权的立法目的与行使限制——从最高人民法院指导案例 67 号切入》，《法学》，2017 年第 4 期。

(75)耿林：《论商品房预售合同的效力》，《法学家》，2017 年第 1 期。

(76)张新宝：《民法分则侵权责任编立法研究》，

《中国法学》，2017 年第 3 期。

⑰杨立新：《民法分则侵权责任编修订的主要问题及对策》，《现代法学》，2017 年第 1 期。

⑱程啸：《损益相抵适用的类型化研究》，《环球法律评论》，2017 年第 5 期。

⑲程啸：《损害赔偿法中受害人共同责任的规范模式》，《政治与法律》，2017 年第 5 期。

⑳王道发：《论侵权责任法与无因管理之债的界分与协调——兼评〈侵权责任法〉第 23 条》，《法制与社会发展》，2017 年第 2 期。

㉑杨立新：《论侵权责任并合》，《法商研究》，2017 年第 2 期。

㉒李佳伦：《网络侵权行为的过错问题研究》，《华东政法大学学报》，2017 年第 1 期。

㉓杨立新：《缺陷食品营销参与者的侵权责任并合》，《河南社会科学》，2017 年第 1 期。

㉔张新宝、吴婷芳：《物件致人损害责任的再法典化思考》，《现代法学》，2017 年第 2 期。

㉕杨立新：《对修订民法典婚姻家庭编 30 个问题的立法建议》，《财经法学》，2017 年第 6 期。

㉖龙俊：《夫妻共同财产的潜在共有》，《法学研究》，2017 年第 4 期。

㉗孙若军：《论夫妻共同债务"时间"推定规则》，《法学家》，2017 年第 1 期。

㉘李佳伦：《民法典编纂中遗产酌给请求权的制度重构》，《法学评论》，2017 年第 3 期。

㉙杨立新：《民法分则继承编立法研究》，《中国法学》，2017 年第 2 期。

㉚赵磊、谢晶：《改革开放以来商法学研究回顾、现状与展望》，《华东政法大学学报》，2017 年第 2 期。

㉛施天涛：《商事关系的重新发现与当今商法的使命》，《清华法学》，2017 年第 6 期。

㉜赵旭东：《电子商务主体注册登记之辩》，《清华法学》，2017 年第 4 期。

㉝蒋大兴：《公司法中的合同空间——从契约法到组织法的逻辑》，《法学》，2017 年第 4 期。

㉞朱慈蕴、沈朝晖：《不完全合同视角下的公司治理规则》，《法学》，2017 年第 4 期。

㉟许可：《股东会与董事会分权制度研究》，《中国法学》，2017 年第 2 期。

㊱李建伟：《司法解散公司事由的实证研究》，《法学研究》，2017 年第 4 期。

㊲许德风：《论公司债权人的体系保护》，《中国人民大学学报》，2017 年第 2 期。

㊳郑佳宁：《目标公司董事信义义务客观标准之构建》，《东方法学》，2017 年第 4 期。

㊴周游：《公司法上的两权分离之反思》，《中国法学》，2017 年第 4 期。

⑩⓪卢宁：《刍议公司资本形成制度的改革与发展——以"认缴制"的定性为起点》，《法学论坛》，2017 年第 3 期。

⑩①梁上上：《论公司正义》，《现代法学》，2017 年第 1 期。

⑩②万方：《股权转让合同解除权的司法判断与法理研究》，《中国法学》，2017 年第 2 期。

⑩③叶林、吴烨：《金融市场的"穿透式"监管论纲》，《法学》，2017 年第 12 期。

⑩④沈朝晖：《企业资产证券化法律结构的脆弱性》，《清华法学》，2017 年第 6 期。

⑩⑤姜朋：《短线交易收益归入制度功能的实证分析——兼谈〈证券法〉(2005)第 47 条的去留》，《中外法学》，2017 年第 3 期。

⑩⑥蒋大兴：《〈民法总则〉(草案)中的证券法空间——关于法人类型、法律行为/代理及期限制度的检讨》，《财经法学》，2017 年第 2 期。

⑩⑦张春丽：《证券融资交易规制逻辑及制度反思》，《清华法学》，2017 年第 6 期。

⑩⑧缪因知：《证券交易场外配资合同及其强平约定的效力认定》，《法学》，2017 年第 5 期。

⑩⑨徐阳光：《破产法视野中的担保物权问题》，《中国人民大学学报》，2017 年第 2 期。

⑪⓪徐阳光：《论关联企业实质合并破产》，《中外法学》，2017 年第 3 期。

⑪①李游：《人身保险利益的内涵界定与制度定位——基于 296 份司法判决书的分析》，《政治与法律》，2017 年第 6 期。

⑪②李蕊：《农地信托的法律障碍及其克服》，《现代法学》，2017 年第 4 期。

⑪③缪因知：《证券投资信托的法律构造与监管流变》，《当代法学》，2017 年第 2 期。

⑪④楼建波、姜雪莲：《信义义务的法理研究——兼论大陆法系国家信托法与其他法律中信义义务规则的互动》，《社会科学》，2017 年第 1 期。

（作者：林嘉、姚辉，中国人民大学教授；王琦，中国人民大学博士生）

诉讼法学

陈卫东　汤维建　刘计划　陈爱飞　郭丰璐

一、刑事诉讼法学

2017 年，北京刑事诉讼法学界立足于新一轮司法改革深入推进的大背景，围绕完善刑事诉讼制度、开展监察体制改革、深化司法改革、冤错案件的防范与纠正等问题展开探讨和研究，取得了丰硕的成果。

1. 研究概况

本年度出版的专著主要包括：卞建林、杨宇冠主编：《刑事诉讼庭前会议制度研究》（中国政法大学出版社）；陈光中著：《中国古代司法制度》（北京大学出版社）；陈瑞华著：《刑事辩护的理念》（北京大学出版社）；陈瑞华著：《程序性制裁理论（第三版）》（中国法制出版社）；戴长林、罗国良、刘静坤著：《中国非法证据排除制度原理·案例·适用（修订版）》（法律出版社）；樊学勇、李荣辉主编：《刑事证据规定民警适用读本》（中国人民公安大学出版社）；何家弘、刘品新主编：《法治国家建设中的司法判例制度研究》（经济科学出版社）；李勇著：《刑事证据审查三步法则》（法律出版社）；时延安、刘计划主编：《大案回眸：前行的中国刑事法制》（中国言实出版社）；汪海燕等著：《刑事诉讼法解释研究》（中国政法大学出版社）；易延友著：《证据法学：原则 规则 案例》（法律出版社）；朱梦妮著：《证据辩护理论、制度与实践》（中国法制出版社）。

本年度的学术活动主要包括：2 月 12 日，《环球法律评论》编辑部主办的“监察体制改革与法治”学术研讨会在京举行，参会专家、学者围绕监察体制改革的重点与方法、监察体制的宪制意涵、监察体制改革与司法体制改革、监察体制改革中的权力监督等议题展开交流和探讨。4 月 8 日，中国政法大学刑事诉讼法学研究所、中国政法大学反腐与廉政法治研究中心、北京市炜衡律师事务所联合主办的“首届炜衡刑事论坛——监察体制改革与刑事司法”研讨会在京召开，与会专家、学者分别从学术研究和实务操作的角度探讨了监察体制改革对刑事司法的影响。6 月 2 日，中国人民大学诉讼制度与司法改革研究中心、中国政法大学刑事法律援助研究中心与北京市东卫律师事务所联合举办的以“刑辩律师与司法改革”为主题的高端对话在京举行，与会人员围绕刑辩律师在司法改革中的重要作用展开探讨。6 月 22 日，中国人民大学刑事科学研究中心、中国人民大学普通法中心共同举办的“冤错案件的来源与成因：从偏错的科学证据到误导的警察讯问”研讨会在京举行，与会专家、学者就如何防范刑事冤错案进行了深入交流。7 月 12 日，中国法学会研究部、中国刑事诉讼法学研究会共同承办的《看守所法（征求意见稿）》专家研讨会在北京举行，与会专家就《看守所法（征求意见稿）》发表意见。9 月 13—14 日，“2011 计划”司法文明协同创新中心主办、中国政法大学诉讼法学研究院协办的中德刑事诉讼法学高端论坛在北京举行，德方代表 7 人和中方代表 30 余人参与了本次论坛，围绕公正审判与认罪协商这一主题展开深入研讨和交流。9 月 14 日，房山法院在京举办了天平论坛——以审判为中心的诉讼制度改革交流研讨会，与会人员就推进以审判为中心的刑事诉讼制度改革进行了理论研讨和实务交流。10 月 9 日，“2011 计划”司法文明协同创新中心、中国政法大学诉讼法学研究院共同举办以“德国刑事辩护人的功能和地位——对当前争议问题的探讨”为主题的座谈会，中、德学者就两国的刑事诉讼和辩护制度实践进行了深入交流和探讨。10 月 24 日，中国法学会研究部承办的《人民检察院组织法（修订草案）》专家研讨会暨中国法学会 2017 年第 27 期（总第 102 期）立法专家咨询会在北京召开，与会专家、学者一致认为适时启动《人民检察院组织法》的修订是必要的。11 月 11 日，中国法学会宪法学研究会和中国刑事诉讼法学研究会联合主办的“国家监察体制改革：宪法学与刑事诉讼法学的对话”研讨会在京举办，与会专家、学者围绕国家监察体制改革，分别从宪法学和刑事诉讼法学的角度展开讨论。11 月 13 日，北京师范大学刑事法律科学研究院互联网刑事法治国际研究中心组织召开最高人民检察院第九批指导性案例专题研讨会，围绕“涉数据网络犯罪的刑事司法”这一主题，与会人员共同深度研讨本批指导性案例的司法要旨以及实务影响，进而探索新时期涉数据网络犯罪防治的有效机制。

2. 热点与创新

(1) 关于监察体制改革

①监察体制改革问题

国家监察体制改革是我国国家生活、政治生活和社会生活中的重大问题，也是我国政治改革的重大举措。[①]监察体制改革所涉内容大体反映了理论界及实务界对职务犯罪侦查制度改革的思考和认识，也基本结合了域外经验与中国国情的双重考量。但也应看到，此次改革所涉足的核心内容并非全无争议，一些基础性问题还有待探讨。[②]有学者认为，新监察机构应当如何组建和运作，尚缺乏具体的规范和经验。对于新监察制度的学术研究，亦嫌滞后，与该制度之重要性与实践之迫切性很不相称。就当前试点工作的制度安排看，新监察机构之性质定位、权力属性和检察权行使的程序正当性，尤其值得关注。[③]

②监察委员会调查权的性质

有学者提出，应从以下几方面理解调查权的性质：第一，从权力行使的目的角度考察，监察委员会的调查权包含“求刑权”；第二，调查权与侦查权具有基因上的混同性；第三，从具体内容上看，调查权与侦查权具有同质性。[④]也有学者指出，监察委员会的“调查”应当包含两大部分：一是针对违反党纪和行政法规的一般调查；二是针对职务犯罪的特殊调查，相当于原来的职务犯罪的刑事侦查。[⑤]更有学者直接将监察委员会的调查权称为“职务犯罪侦查权”。[⑥]

③监察调查与刑事诉讼的衔接问题

有学者认为，对于监察调查与刑事诉讼的衔接问题，应该从以下几方面进行分析：第一，监察机关行使职权，应当与司法机关互相配合、互相制约，保证法律准确有效实施；第二，由于国家监察机关监察范围广泛，可能与刑事诉讼中的案件管辖产生交叉或竞合；第三，对于监察机关调查终结移送的案件，检察机关应当严格按照刑事诉讼法的规定进行审查和处理；第四，国家监察机关调查处置职务犯罪案件，同样应当落实四中全会精神，应当贯彻证据裁判原则，应当与刑事诉讼法的规定相一致。[⑦]也有观点认为，监察调查与刑事诉讼的衔接问题主要包括以下几方面：一是监察权与检察权的衔接问题，其中又涉及证据移送问题、留置与逮捕的衔接问题以及决定起诉问题；二是监察权与审判权的衔接问题，其中又涉及证人出庭问题、非法证据排除规则的适用问题和留置的法律效果。[⑧]此外，也有学者认为，监察委员会所行使的权力并不属于宪法上所规定的司法权，而与司法权存在着严格的界限。当监察委员会结束调查，认为被调查对象确实涉及刑事犯罪时，应当将案件移送司法机关，由司法机关行使相应的批捕和公诉权。监察委员会无权做出不批捕、不予起诉、免于刑事处罚等决定。[⑨]

(2) 关于认罪认罚从宽制度

①认罪认罚从宽制度的案件范围

对认罪认罚从宽制度的探索是目前我国刑事司法制度改革的一项重要内容。[⑩]最高人民法院、最高人民检察院、公安部、司法部、安全部颁布了《关于在部分地区开展刑事案件认罪认罚从宽制度试点工作的办法》(以下简称《办法》)，认罪认罚从宽制度试点工作也已有序展开，不少原来模糊不清的问题也已逐步清晰，并形成共识，但仍有一些问题需要继续研究。[⑪]

对于认罪认罚从宽制度是否需要设定案件适用范围的问题，学者们存在不同认识。有学者认为，《办法》出于对认罪认罚自愿性的保障，还是明确3类案件不得适用认罪认罚从宽制度，即犯罪嫌疑人、被告人是尚未完全丧失辨认或者控制自己行为能力的精神病人；未成年犯罪嫌疑人、被告人的法定代理人、辩护人对未成年人认罪认罚有异议；犯罪嫌疑人、被告人行为不构成犯罪。这3类案件，或者由于难以保证犯罪嫌疑人、被告人认罪认罚自愿性，或者由于案件根本不需要进入刑事诉讼程序，因此被排除于认罪认罚从宽制度适用范围之外。[⑫]也有学者认为，《办法》从正反两个方面对认罪认罚从宽制度的适用范围进行了界定，《办法》第1条规定了适用该办法的前提条件，第2条从反面规定了不适用认罪认罚从宽制度的情形。[⑬]

②“从宽”的含义和幅度范围

在认罪认罚制度改革中，从宽处理是促使犯罪嫌疑人、被告人选择认罪的重要激励措施。因此，从宽处理的制度设计对于认罪认罚制度改革的成败具有至关重要的意义。[⑭]有观点提出，从宽处理是以刑法和刑事诉讼法的相关规定为基础，兼具实体法意义和程序法意义的总结性法律术语或概括性刑事法律术语。[⑮]有学者认为，应当从两个维度推进从宽处理：第一，程序从简，即指根据案件的不同情况，对认罪认罚的犯罪嫌疑人、被告人分别适用不同的诉讼程序；第二，实体从宽，从宽必须在法律规定的幅度、框架内进行，不允许突破现行刑法规定的量刑幅度。[⑯]

③认罪认罚案件的证明标准

有学者提出，目前的证明标准不能降低，被告人的认罪认罚并不意味着相关的证据可以不再收集，更不意味着在案件的事实呈“一团乱麻”的情况下也能定罪处罚。[17]同时，也有学者指出，在普通程序与简易/速裁程序的定罪证明标准上就不应当存在区别，认罪认罚从宽制度中的证明标准并没有降低，只是因为案件证明难度降低而促成了程序简化。[18]

(3) 关于“以审判为中心”的诉讼制度改革

①“以审判为中心”的意涵和要求

2014年以来，“以审判为中心”的诉讼制度改革成为我国司法改革的重要组成部分，2017年北京刑事诉讼法学界继续从多层面、多角度对“以审判为中心”的诉讼制度改革展开研究，并形成了新的学术成果。

有学者认为，“以审判为中心”的主要意图在于突出审判程序在刑事诉讼中的中心地位，强调所有定罪的证据和事实都要经过法庭上的举证、质证和辩论，裁判理由形成于法庭上，将侦查、审查起诉的证据标准统一到法院裁判的标准上，确保侦查和审查起诉的案件事实证据经得起法律的检验。简而言之，审判中心主义的基本要求是以法院裁判的标准来审查侦查和审查起诉的质量，从而对侦查和审查起诉活动形成一种倒逼机制，以维护法律的统一实施。[19]另有学者提出，“以审判为中心”，含义丰富，内容博大，其前提是优化司法职权配置、规范司法权力运行，核心是实现庭审实质化，同时也要全面贯彻证据裁判原则。[20]也有观点认为，“以审判为中心”是对法院审判职能和审判权的强调和突出，不能由此对三机关及其司法人员划分主次、轻重。[21]还有学者则提出，“以审判为中心”并非对侦、诉、审诉讼地位的调整，而是要求在指控与辩护之间确立广义审判的中立裁判地位；“以审判为中心”的实质，并非以庭审为中心，二者并非同一层面的问题；“以审判为中心”旨在强化法院独立与公正的裁判职能，而非统一不同阶段的刑事司法标准。[22]

②“以审判为中心”与非法证据排除规则

2017年6月27日，最高人民法院、最高人民检察院、公安部、国家安全部、司法部共同颁布《关于办理刑事案件严格排除非法证据若干问题的规定》(以下简称《严格排除非法证据规定》)。《严格排除非法证据规定》共有八大亮点：一是将威胁、非法拘禁纳入非法证据排除规则的适用对象；二是初步确立了重复性供述的排除规则；三是强化了律师的辩护权；四是确立了检察机关在审判前程序中对非法证据排除程序的主导权；五是确立了庭前会议的初步审查功能；六是重申了先行调查规则，强调程序性审查的优先性；七是确立了当庭裁决原则；八是完善了二审法院对非法证据排除问题的裁决方式。[23]也有观点认为，《严格排除非法证据规定》意味着我国非法证据排除规则体系的构建迈上了一个新的台阶，提高了办案机关在刑事诉讼各个阶段收集采信证据的标准，紧密契合以审判为中心的诉讼制度改革的迫切需要。[24]同时，也有学者认为，如能认真贯彻《严格排除非法证据规定》，则有望推动以审判为中心的诉讼制度改革，进一步维护和促进司法公正。[25]

③“以审判为中心”与有效辩护

所谓有效辩护，具体包括以下四方面的要求：一是合格称职的辩护律师；二是为辩护所必需的防御准备；三是与委托人进行的有效沟通和交流；四是有理、有据、精准、及时的辩论活动。[26]关于“以审判为中心”的诉讼制度改革和有效辩护的关系，有学者认为，以审判为中心的精神内涵在于形成判决基础的信息应当有机会得到反驳性检验。推进以审判为中心，必然以有效辩护为最终落脚点。[27]也有观点认为，在以审判为中心的诉讼制度改革中，辩护律师的角色不可或缺。因为如果缺乏辩护律师的有效参与，一系列具体的改革举措将无法落地生根；以审判为中心的诉讼制度改革给律师辩护带来了新的机遇和挑战。[28]

(4) 关于刑事冤错案件的防范和纠正

①刑事冤错案件的成因

在被执行死刑21年后，聂树斌终被宣告无罪，该案引发了学者们对刑事冤错案件的反思和探讨。有学者认为，聂树斌案具有我国刑事冤错案件成因的共性，即公安机关违法获取虚假的认罪供述，进而编造所谓有罪证据，检察机关审查逮捕、审查起诉和法院审判仅进行形式化的审查与审理。公安机关、检察机关、法院接力协作，法定制约关系下的层层把关沦为关关失守，可谓共同铸成冤错。[29]同样有学者也认为，以聂树斌案为代表的刑事错案的发生往往是多种因素交互作用的结果，反映出我国刑事司法中容易导致错判的误区：违背规律的限期破案、由供到证的侦查模式、先入为主的片面取证、屡禁不止的刑讯逼供、形同虚设的法庭审判。[30]

②刑事冤错案件的防范

关于如何防范刑事冤错案件的问题，有学者认为，防范刑事冤错案件的基石是以审判为中心的诉讼制度，防范刑事冤错案件的关键是确立无罪推定原则。[31]也有学者认为，预防冤错案件应从源头着手，保证侦查人员严格按照法定程序办案，此外，司法机关应该发挥对侦查的有效制约作用并强化刑事诉讼中的人权保障。[32]此外，还有观点认为，贯彻证据裁判规则是防范刑事错案的基石，申言之，要围绕案件的证明对象、依照法定程序收集证据，严格依法排除非法证据。[33]

③刑事冤错案件的纠正

有观点认为，从聂树斌案纠错的过程中可以发现，完善再审程序对于纠正冤错案件具有重要作用，立法机关应考虑将“异地审查”的模式常态化，使之于法有据。[34]另有学者认为，应当出台专门的申诉制度运行规范，对申诉案件的受理适用立案登记制，进一步完善律师代理申诉制度和法律援助制度，即通过完善刑事申诉制度来帮助纠正冤错案件。[35]

（5）其他

在司法责任制改革方面，有学者提出，应通过确定案件的裁判者，进而明确案件的责任主体，而“让审理者裁判”中的“审理者”指的是在案件系属法院之后所分配的直接负责案件的独任法官或者合议庭等审判组织。[36]在电子证据方面，有学者认为，我们应该从电子证据的系统性原理、稳定性原理和多元性原理出发，反思各种各样的审查判断规则，反思我们的取证制度和辩护技巧、认证技巧。[37]关于值班律师制度，有学者认为，值班律师制度的广泛建立旨在解决我国案多人少的矛盾，但是我国值班律师制度不够成熟，仍然存在诸多问题。[38]

二、民事诉讼法学

2017年是我国民事诉讼法发展的一个重要节点，很多新呈现的问题得以发现与解决。本年度北京地区的民事诉讼法学研究呈现出百花齐放之势，既有对民事诉讼基础理论问题的关注，也有对具体民事诉讼制度的论述。

1. 研究概况

（1）学术会议

本年度召开的主要学术会议包括：4月21日，环境公益诉讼理论与实务研讨会在最高人民法院环境资源审判理论研究中国人民大学基地召开。4月28日，由中国应用法学研究所主办，北京知识产权法院、中国法律说理网、知产力·知产宝协办的知识产权裁判中的法律说理论坛在北京召开。6月10日，由中国社会科学院知识产权中心主办的专利诉讼相关证据问题研讨会在中国知识产权培训中心成功召开。9月18日，石家庄仲裁委员会和中国国际经济贸易仲裁委员会共同举办的雄安新区仲裁创新与发展论坛在北京举行。11月9日，由中国世界贸易组织研究会竞争政策与法律专业委员会主办、安杰律师事务所承办的中国反垄断民事诉讼研讨会在北京召开。12月9日，第八届紫荆民事诉讼青年沙龙在中央财经大学召开。

（2）司法改革与民事诉讼

①法官制度

法官制度改革是司法改革的重要一环，业已施行的法官员额制正在发挥作用。有法官认为，随着法官从大众化到职业化再到精英化的转变，有必要重新审视现有的法官职务序列和薪酬制度，并根据京津冀的实际情况制定符合地区特点的法官薪酬标准，逐步缩小法官工资差异，最终实现三地法官薪酬的统一。[39]

②政府法律顾问与公职律师制度

政府法律顾问和公职律师制度对建设法治政府意义重大。有学者建议，要充分发挥该项制度的实际作用，实现该项制度的转型升级，同时要完善政府法律顾问的规范体系，科学确定政府法律顾问和公职律师的管理体制和管理模式，完善政府法律顾问和公职律师的遴选机制，强化政府法律顾问的职能保障机制。[40]

③法治化的智能化司法

智能化司法是司法跨进大数据时代的产物，是大数据对司法发挥作用所产生的结果，是司法领域的一场真正的革命。有学者认为，智慧司法让司法工作插上了信息化的翅膀，它使司法办案更加“精细化”，司法管理更加“科学化”，司法服务更加“人性化”，司法程序更加“透明化”，司法过程更加“高效化”，司法体系和司法能力现代化的建设迈出了更加坚实的步伐，智慧司法建设正在开启崭新篇章。[41]“智慧法院”与智能化司法是实质等同的概念。智能化司法是司法跨进大数据时代的产物，是大数据对司法发挥作用所产生的结果。智能化司法内涵极为丰富，其挑战也颇为多样，因而需要不断提高智能化司法能力，架起司法数据的信息桥，使得人民法院的司法能力也能得以整体提升。[42]

当前智能化司法迅速发展的同时还面临着诸多挑战。例如，如何从传统司法向智能化司法转换、如何解决数据信息的孤岛化与割据化等。为进一步推进智能化司法，提高司法公信力，有学者认为可以从以下5个方面入手：一是提高智能化司法的能力；二是架起司法数据的信息桥，防止信息阻断；三是处理好智能化司法管理性与便民性的关系；四是强化保障，提供支撑；五是深化司法改革，加强立法完善。司法信息化建设与司法改革一起组成人民司法事业发展的车之两轮、鸟之双翼。应当积极回应司法改革所引起的体制、机制调整，充分发挥智能化司法对司法改革的助推器作用，将智能化司法纳入法治化轨道予以推进和发展，使我国的法律和司法制度不断改进和优化。[43]

④立案登记制改革与诉讼费用立法

自2015年立案登记制确立以来，其实践运行情况一直备受关注。有学者着眼于如何从有限的调查样本推导出一般性结论这个方法论难题的解决，指出民事与行政收案的大幅度增加还不是实行立案登记制改革的最大成果。这项改革更为根本的积极意义在于使受理阶段就开始从实质内容上限制当事人诉权的种种“理由”或“土政策”失去正当性，从而基本上解消了导致“告状难”的大多数“关卡”。[44]还有学者从立案登记制的角度探讨诉讼费用立法的问题，其认为随着我国民事诉讼制度中审判模式的转变和立案登记制度的确立，诉讼费用规则迫切需要修订和革新，有必要从诉讼费用制度改革的现实需要出发，对诉讼费用规则的制定主体、当事人主义下诉讼费用的构成、利益衡量下诉讼费用的性质认定和诉讼费用制度的核心价值定位等基础性问题进行深入探讨。[45]

⑤善意执行与执行机构改革

有学者认为，善意执行从理念、方法、结果3个层次对执行工作提出了新的要求。它的提出，是充分发挥中国特色社会主义优势、提高执行工作能力，破解执行难的重要路径。[46]具体到执行程序领域，在执行异议之诉中，案外人对执行标的以成立质押保证金为由，请求确认其权利并排除对该标的强制执行的，有学者提出，必须符合担保法司法解释规定的将金钱特定化和移交债权人占有两个条件，不满足上述条件的，法院对案外人的诉讼请求不予支持。[47]

⑥检察机关提起公益诉讼

2017年6月27日，我国已经在民事诉讼法第55条和行政诉讼法第25条正式确立了检察机关提起公益诉讼制度。在公益诉讼立法与实践的发展过程中，有学者建议，应当处理好推进公益诉讼的4对关系：一是检察机关提起公益诉讼和社会组织、团体提起公益诉讼之间的关系；二是公益诉讼案源上的主动发现与被动发现的关系；三是公益诉讼结案方式上的判决和调解的关系；四是公益诉讼试点与公益诉讼立法完善的关系。[48]在此基础上，继续完善检察机关提起民事公益诉讼程序机制。比如，对于检察机关提起民事公益诉讼而言，就有一个适格主体的排查问题。实践中出现了两种排查方式：一是具体排查的方式，二是概括排查方式，从当前的司法实践来看，后者更为适宜。同时，在公益诉讼中，检察机关应当享有充分的调查核实权，赋予检察机关相应的采取强制措施的权力，唯有如此，才能让调查核实权真正落地，发挥有效作用。同时，还要完善调查核实权的运行程序和机制。[49]

当前，环境公益诉讼借用民事、刑事、行政三大诉讼法的概念构建自己的制度体系，存在规则供给严重不足的情况。有学者认为，有鉴于环境公益诉讼带有自身公益性、谦抑性的特殊属性，可以在时机成熟的时候在民事诉讼法中专篇规定民事诉讼公益规则或者制定民事公益诉讼单行法。[50]另外，在我国的法律及司法解释中，存在将诉讼程序视为保护公益的一种行政手段的倾向。针对此种倾向，有学者建议，法院职权应当固守在公权力限度内，主要针对职权探知及程序进行等事项，不得干预当事人作为程序主体所应当享有的权利，更不能代替当事人行使处分权，以免影响法院的中立裁判者角色以及公益诉讼的诉讼程序性质。[51]

有学者在阐述公益诉讼对司法改革的影响时评价道，“检察机关提起公益诉讼是本轮司法改革的重头戏之一，也是我国司法制度的一大创举，为期两年的检察机关提起公益诉讼试点取得了巨大成功和积极成效。检察机关的法律监督职能从诉讼监督走向一般监督，中间的桥梁就是公益诉讼。检察机关提起公益诉讼在世界的法治文明中创造出了一种中国模式，将会产生越来越深入、广泛的制度性价值”。[52]

2. 热点与创新

(1) 民事诉讼基础理论

①诉讼请求

民事判决始终存在出错的可能，其中遗漏诉讼请求被认为属于非常严重的错误。为了同时弥补现行法和实践中两种模式的不足，有学者提出，我国应引入比较法上的补充判决制度，漏判的识别以案件中诉讼标的的识别为标准，我国的补充判决制度不必以当事人申请为前提，而且应限制启动补充判决程序的时限，使遗漏部分的诉讼系属状态消灭。[53]在部分请求方面，有学者认为，部分请求的根本问题是残部请求的合法性，这一问题首先需要从概念内涵层面对部分请求进行实体法和程序法的勾连，从而为诉讼法视角下的合法性分析提供语境基础。[54]

②诉权、诉的利益与诉讼标的

诉权、诉的利益与诉讼标的理论是民事诉讼基础理论的重要组成部分。首先，在诉权方面，在当今国际社会，当事人诉讼程序基本权被看作宪法基本权或基本人权，包括获得正当程序诉讼权和诉讼处分权。有学者认为，法律应当根据正当程序保障原理、安定性原理和比例原则等，对当事人行使程序基本权或诉讼权利设置合法要件。[55]其次，在诉的利益方面，有学者提出应将诉的利益这一要件从现行的起诉要件中移除，将其纳入新构建的诉讼要件之中，并在起诉受理之后的诉讼阶段中进行审查和判断。[56]再次，有多位学者对域外诉讼标的理论展开了讨论，有学者认为，美国民事诉讼标的理论旨在探讨和确定“纠纷事件”的内涵外延及其在实务中的理解适用，其“纠纷事件”标准起源于对普通法程式诉讼的背反，意在实现“诉讼内容广泛——既判力范围宽阔”的新制度均衡。[57]还有学者对德国民事诉讼标的理论进行了重述，其指出相对诉讼标的理论已悄然兴起。该理论的贡献不在于建构，而在于突破，即打破固有的“诉讼标的”概念的一体化思维模式，使其在不同诉讼语境和程序场景中呈现流动化态势，以适应不同的政策考量与解释操作需要。[58]该学者在探讨多数人侵权纠纷之共同诉讼类型之时，也论及诉讼标的之“案件事实”范围的确定，其认为“诉讼标的”的内容范围，可以通过“案件事实”这一可浮动元素加以控制。[59]

③民事证明理论

民事证明部分主要探讨了两个问题：一是自由心证，二是证明责任理论。首先，在我国，对于自由心证原则，人们不仅在基本含义方面存在一些误识，而且对于自由心证原则的应用，特别是如何制约与保障方面缺乏系统和深入的认识，更缺失针对民事诉讼语境下的具体认识。有学者认为，针对民事诉讼的具体情形进行比较深入地探讨自由心证原则运用的若干问题，重点是这一原则的制约和制度保障，有助于深化民事诉讼法对自由心证原则的制度建构和实践运用。[60]其次，针对学界忽视的证明责任的裁判规范属性问题，有学者认为有必要对证明责任规则进行正本清源，去病归真，在进一步明确证明责任为裁判规范的同时，应当设定具体的适用程序，避免证明责任理论的空设，以及在运用时需重新纳入到事实认定程序的不当做法。[61]有学者从德国证明责任理论新进展的角度，对中国“现代”证明责任问题进行了进一步反思，其认为，在我国现阶段或可部分通过司法解释和指导性案例实现分配漏洞的填补，但应特别强调其前提条件和法律效果。[62]该学者还发文阐述其对罗森贝克证明责任理论的再认识，认为目前我国已建立起以不适用说和规范说为蓝本的证明责任理论和规范体系，“真伪不明”的存在已无再行质疑的空间，且证明责任分配不能套用民法理论，而是亟须建立特有的规范分层体系。[63]

（2）民事裁判思维与方法

①法律适用

法律适用是民事审判中的关键问题。首先，在法律适用方面，有学者认为，法律适用过程是“逻辑三段论的演绎推理方式”在司法过程中的一种应用：以请求权基础为核心、以完全法律规范为构建目标进行法条组合和通过法律解释、法律创制等方式阐释法条内容，形成大前提；以当事人陈述的案件生活事实为出发点，过滤当事人评价因素，形成“原始案件事实”，以拟适用法律规范为导向剪除无规范意义的部分，形成“具有规范评价意义的法律事实”，最终利用证据规则形成“加以证实的法律事实”，完成小前提中法律事实的确认；结合大前提与小前提，经由涵摄导出结论。[64]其次，在司法解释的适用方面，鉴于司法解释仍然属于司法活动的范畴，所以必须要忠实地表达法律的本义，而不能违背立法者的初衷，否则就会超越宪法规定的权力边界，构成对全国人大及其常委会立法权的侵犯。然而，近年来的实践证明我国现行的法律解释体系越来越不适应日益增长的、繁重的法律解释之需。因此，有学者建议，应当在充分论证的基础上，逐步完善司法解释制度，并构建全国人大及其常委会享有立法权，最高司法机关享有法律解释权和判例创设权的新型法律解释体系。[65]

②刑民交叉案件之裁判

刑民交叉案件之裁判具有很强的理论与实践价值，近年来也有较多与之相关的论著发表。有学者认为，在责任聚合中，因同一法律事实产生多重结果，行为主体应承担多个部门法规定的责任。民刑责任聚合是责任聚合的突出表现，为“民刑交叉”案件的一部分，“先刑后民”原则的适用应满足责任主体与行为主体一致、同一法律事实以及刑事程序不以民事程序为前提 3 个条件。责任主体与行为主体不一致时，则应适用“民刑并存”或“先民后刑”原则。[66]

当前，我国刑事判决的事实认定结论在民事诉讼中的预决力呈现明显的扩张趋势。有学者对刑事判决在民事诉讼中的效力进行了探讨，认为造成这一现象的原因既有理论研究之不足，也有司法人员基于各种现实原因的妥协。在此基础上，其提出欲完善刑事判决在民事诉讼中的预决力规则，必须将刑事判决的预决力置于判决效力理论的框架下，充分保障民事审判的独立性和专业性。[67]

③外国法查明

我国诉讼模式正处于转型和不确定状态，由于缺乏基本裁判思维和方法训练所导致的对事实与法律之间逻辑关系的普遍误解，在外国法查明问题上很具有典型性。有学者认为，中国对于外国法查明问题的研究重点不应停留于事实问题抑或法律问题的符号之争，而应当置于转型之中的中国民事诉讼模式对法官——当事人权限配置关系这一特定的制度语境下，以“外国法”为对象，以“查明”为目标，对现行外国法查明的具体制度进行功能性考量，探索其适用规范。[68]

（3）民事诉讼救济机制

首先，关于民事抗诉程序，我国目前实行私益救济型的民事抗诉程序，将抗诉异化为私益再审的程序启动方式。此种模式在压缩抗诉监督功能运行空间的同时，亦使抗诉无法摆脱私益救济的羁绊，导致监督功能依附于救济功能，抗诉的独立价值颇受置疑。为改变此种局面，有学者提出应当使民事抗诉彻底回归纯粹的法律监督立场，摈弃现有的借助私益救济审理程序的做法，建立起与监督功能相契合的包括案件来源、启动、审理等内容在内的民事抗诉特别程序。[69]其次，关于补正裁定制度，民事判决始终可能出错，需要通过补正裁定制度更正其中的形式错误。有学者借鉴域外法中的判决错误补正程序，对我国民事判决补正裁定制度进行了细化。我国补正裁定制度应将错误显然性作为判决可以补正的标准，同时考虑补正便利和司法效率。补正裁定制度未来也应适用于案件诉讼经过记录中的错误。[70]

（4）民事检察监督

民事检察监督具有“监”和“督”两个层面的内涵，也即观察被监督的对象，以及在观察的基础之上提出督导性意见。有学者认为，修改后民事诉讼法实施以来，民事检察监督的理念、工作格局有了一定的调整与转变，民事检察监督已不仅仅局限于法律监督，还包括检察机关提起公益诉讼这种新型的监督形态。尤为重要的是，由于检察监督权在民事诉讼中的全方位介入，传统的民事诉讼结构以及程序的内在构成要素发生了深刻变化，检察监督成为民事诉讼程序构造中不可或缺的基本元素，诉权、审判权和法律监督权构成了民事诉讼三足鼎立式的权力（利）基础，一个符合我国国情的具有中国特色的民事诉讼体制和机制业已形成。[71]

有学者认为在法治视角下，民事检察的诉中监督是针对诉讼整体过程、全部活动的，有特殊的监督范围和特别的监督方式，与传统的结果监督相区别并有着独立的意义，构成我国法治体系结构中的“栋梁”。[72]检察机关的监督职能相对于其公诉职能来说，更像是一个短板，在民事领域对于审判和执行活动的监督，正是检察机关“补齐短板”的一个关键环节。有学者认为，如果检察机关对于自身以前过于偏重刑事领域的职能加以重新定位，今后发挥民事职能也同样应当“有担当、敢作为”，在民事领域投入更多资源的话，完全有可能形成一种“刑民并重”的履职格局。[73]

在检察机关发挥监督职能之时，还应注意构建民事行政检察多元化的监督格局，在具体制度构建上，有检察官认为，应着重建立正规化的民事行政案例指导制度和专家咨询制度，加大培训研修和案件质量评查力度，进一步规范业务指导内容、创新业务指导形式。[74]需要注意的是，有检察官认为，检察机关的民事调查核实权问题，有检察机关民事调查核实权具有监督性、探知性和保障性的特点，其与法院调查取证权、律师调查取证权存在显著差别，一定条件下也可能发生关联。[75]

（5）多元化纠纷解决机制

2017年，多元化纠纷解决机制的发展可从微观与宏观两方面介绍。微观角度，有学者拓宽研究视野，对快递行业纠纷解决机制的构建提出了自己的观点与建议，为了确保快递业的顺利健康良性发展，其有必要在快递暂行条例中着力完善快递纠纷的各种解决机制：一是建立网格状的投诉机制；二是完善目前已存在的各种救济途径，并尝试建立专门针对快递纠纷的体系化快递纠纷解决机制；三是建立预防快递纠纷的格式合同事先审查与备案制度；四是完善快递行业的法律责任制度，包括民事责任、行政责任和刑事责任；五是建立保价和保险制度双轨机制。[76]

宏观角度，当今世界国与国之间的竞争更深层次地表现为制度规则竞争，多元化纠纷解决机制是国家治理体系和治理能力现代化的重要内容，我国多元化纠纷解决机制的理论及实践与当代世界 ADR 运动联系密切，体现了一种时代潮流和法治的发展创新。有学者建议通过科学的顶层设计、体制机制改革和培养新型解纷文化，进一步完善多元化纠纷解决机制。[77]同时，我国多元化纠纷解决机制改革应始终立足中国国情，充分发挥理论优势、制度优势、系统优势、法治优势、文化优势等五大优势，以预防和化解社会矛盾纠纷为出发点，以满足人民群众多元需求为目的，构建法治秩序为保障，形成具有鲜明特色的多元化纠纷解决机制的“中国方案”，为全球治理贡献“中国智慧”。[78]

注：

①胡锦光：《论国家监察体制改革中的宪法问题》，《江汉大学学报》（社会科学版），2017 年第 5 期。

②施鹏鹏：《国家监察委员会的侦查权及其限制》，《中国法律评论》，2017 年第 2 期。

③张建伟：《法律正当程序视野下的新监察制度》，《环球法律评论》，2017 年第 2 期。

④汪海燕：《监察制度与〈刑事诉讼法〉的衔接》，《政法论坛》，2017 年第 6 期。

⑤陈光中：《关于我国监察体制改革的几点看法》，《环球法律评论》，2017 年第 2 期。

⑥熊秋红：《监察体制改革中职务犯罪侦查权比较研究》，《环球法律评论》，2017 年第 2 期。

⑦卞建林：《监察机关办案程序初探》，《法律科学》（西北政法大学学报），2017 年第 6 期。

⑧陈光中、邵俊：《我国监察体制改革若干问题思考》，《中国法学》，2017 年第 4 期。

⑨马怀德：《〈国家监察法〉的立法思路与立法重点》，《环球法律评论》，2017 年第 2 期。

⑩史立梅：《认罪认罚从宽程序中的潜在风险及其防范》，《当代法学》，2017 年第 5 期。

⑪朱孝清：《认罪认罚从宽制度中的几个理论问题》，《法学杂志》，2017 年第 9 期。

⑫陈卫东：《认罪认罚从宽制度试点中的几个问题》，《国家检察官学院学报》，2017 年第 1 期。

⑬魏晓娜：《〈认罪认罚从宽制度试点工作办法〉评析》，《人民法治》，2017 年第 1 期。

⑭吴宏耀：《论认罪认罚从宽制度》，《人民检察》，2017 年第 5 期。

⑮黄京平：《认罪认罚从宽制度的若干实体法问题》，《中国法学》，2017 年第 5 期。

⑯陈卫东：《认罪认罚从宽制度试点中的几个问题》，《国家检察官学院学报》，2017 年第 1 期。

⑰樊崇义、李思远：《认罪认罚从宽制度的理论反思与改革前瞻》，《华东政法大学学报》，2017 年第 4 期。

⑱谢澍；《认罪认罚从宽制度中的证明标准——推动程序简化之关键所在》，《东方法学》，2017 年第 5 期。

⑲陈瑞华：《论侦查中心主义》，《政法论坛》，2017 年第 2 期。

⑳卞建林、谢澍：《“以审判为中心”与刑事程序法治现代化》，《法治现代化研究》，2017 年第 1 期。

㉑王晓：《“以审判为中心”诉讼制度改革中的侦查工作》，《法学杂志》，2017 年第 2 期。

㉒刘计划：《以审判为中心刑事诉讼制度改革中的几个认识问题》，《苏州大学学报》（哲学社会科学版），2017 年第 1 期。

㉓陈瑞华：《严格排除非法证据规定八大亮点》，《中国律师》，2017 年第 8 期。

㉔陈卫东：《〈严格排除非法证据规定〉下的检察发展新机遇》，《中国刑事法杂志》，2017 年第 4 期。

㉕卞建林：《我国非法证据排除规则的新发展》，《中国刑事法杂志》，2017 年第 4 期。

㉖陈瑞华：《有效辩护问题的再思考》，《当代法学》，2017 年第 6 期。

㉗魏晓娜：《审判中心视角下的有效辩护问题》，《当代法学》，2017 年第 3 期。

㉘熊秋红：《审判中心视野下的律师有效辩护》，《当代法学》，2017 年第 6 期。

㉙刘计划：《刑事冤错案件的程序法分析——以聂树斌案为例》，《比较法研究》，2017 年第 3 期。

㉚何家弘：《痛定思痛 亡羊补牢——聂树斌案反思》，《理论视野》，2017 年第 1 期。

㉛汪海燕：《刑事冤错案件的制度防范与纠正——基于聂树斌案的思考》，《比较法研究》，2017 年第 3 期。

㉜王敏远：《冤错案件应注重从源头预防》，《法律适用》，2017 年第 2 期。

㉝樊崇义、徐歌旋：《从聂树斌案谈错案的预防和纠正》，《中国司法》，2017 年第 3 期。

㉞陈卫东：《再审程序的完善与冤错案件的纠

正》,《法律适用》,2017 年第 2 期。

㉟周新:《刑事申诉制度规范化研究》,《政法论坛》,2017 年第 2 期。

㊱陈卫东:《司法责任制改革研究》,《法学杂志》,2017 年第 8 期。

㊲刘品新:《电子证据的基础理论》,《国家检察官学院学报》,2017 年第 1 期。

㊳程衍:《论值班律师制度的价值与完善》,《法学杂志》,2017 年第 4 期。

㊴宋鱼水、吴园妹、卢爱媛:《职业法官配套薪酬改革研究——以京津冀协同发展下的法官精英化进程为视角》,《中国应用法学》,2017 年第 1 期。

㊵汤维建:《政府法律顾问和公职律师制度的构建与完善》,《贵州民族大学学报》,2017 年第 3 期。

㊶汤维建:《智慧司法建设开启崭新篇章》,《北京观察》,2017 年第 3 期。

㊷汤维建:《"智慧法院"让司法更公正、更高效》,《人民论坛》,2017 年第 2 期上期。

㊸汤维建:《将智能化司法纳入法治化轨道》,《中国社会科学报》,2017 年 3 月 24 日。

㊹王亚新:《立案登记制改革:成效、问题及对策——基于对三地法院调研的思考》,《法治研究》,2017 年第 5 期。

㊺汤维建、李海尧:《〈诉讼费用法〉立法研究》,《苏州大学学报》(哲学社会科学版),2017 年第 3 期。

㊻江必新:《国家治理现代化背景下的善意执行》,《中国应用法学》,2017 年第 1 期。

㊼乔宇:《执行异议之诉中对质押保证金的认定》,《人民司法》,2017 年第 14 期。

㊽汤维建:《处理好四对关系,深入推进公益诉讼》,《检察日报》,2017 年 4 月 10 日。

㊾汤维建:《完善检察机关提起公益诉讼程序机制》,《检察日报》,2017 年 6 月 22 日。

㊿肖建国、蔡梦非:《环境公益诉讼诉前程序模式设计与路径选择》,《人民司法》,2017 年第 13 期。

51许尚豪:《如何保持中立:民事公益诉讼中法院的职权角色研究》,《政治与法律》,2017 年第 9 期。

52汤维建:《检察机关提起公益诉讼是司法制度的创举》,《光明日报》,2017 年 7 月 21 日。

53曹志勋:《论民事一审漏判的更正》,《法学》,2017 年第 7 期。

54袁琳:《部分请求的类型化及合法性研究》,《当代法学》,2017 年第 2 期。

55邵明、曹文华:《论民事诉讼当事人程序基本权》,《中国人民大学学报》,2017 年第 5 期。

56张卫平:《诉的利益:内涵、功用与制度设计》,《法学评论》,2017 年第 4 期。

57陈杭平:《"纠纷事件"美国民事诉讼标的理论探析》,《法学论坛》,2017 年第 6 期。

58卢佩:《困境与突破:德国诉讼标的理论重述》,《法学论坛》,2017 年第 6 期。

59卢佩:《多数人侵权纠纷之共同诉讼类型研究——兼论诉讼标的之"案件事实"范围的确定》,张卫平主编:《民事程序法研究》(第 18 辑),厦门大学出版社 2017 年版。

60张卫平:《自由心证原则的再认识:制约与保障——以民事诉讼的事实认定为中心》,《政法论丛》,2017 年第 4 期。

61许尚豪:《作为裁判规范的证明责任》,《当代法学》,2017 年第 5 期。

62任重:《论中国"现代"证明责任问题——兼评德国理论新进展》,《当代法学》,2017 年第 5 期。

63任重:《罗森贝克证明责任论的再认识——兼论〈民诉法解释〉第 90 条、第 91 条和第 108 条》,《法律适用》,2017 年第 15 期。

64卢佩:《"法律适用"之逻辑结构分析》,《当代法学》,2017 年第 2 期。

65孙华璞:《关于完善我国司法解释问题的思考》,《中国应用法学》,2017 年第 3 期。

66肖建国、宋春龙:《责任聚合下民刑交叉案件的诉讼程序——对"先刑后民"的反思》,《法学杂志》,2017 年第 3 期。

67纪格非:《我国刑事判决在民事诉讼中预决力规则的反思与重构》,《法学杂志》,2017 年第 3 期。

68傅郁林:《民事裁判思维与方法——一宗涉及外国法查明的判决解析》,《政法论坛》,2017 年第 5 期。

69许尚豪、康健:《分理、分离、独立——民事抗诉特别程序的立场及路径》,《法律科学》,2017 年第 2 期。

70曹志勋:《论我国民事判决补正裁定制度的细化》,《武汉大学学报》(哲学社会科学版),2017 年第 4 期。

71庄永廉、郑新俭、汤维建、肖建华、刘传稿:《如何健全协调发展的多元化民事检察监督格局》,

《人民检察》，2017 年第 5 期。

⑫许尚豪：《法治视角下的民事检察诉中监督》，《兰州学刊》，2017 年第 1 期。

⑬王亚新：《检察机关民事职能的再定位》，《中国法律评论》，2017 年第 5 期。

⑭邵世星、周晓霞：《民行检察业务办案指导关系的科学定位及制度构建》，《人民检察》，2017 年第 8 期。

⑮张雪姮、李强、常海蓉：《民事检察调查核实权的理论探析》，《人民检察》，2017 年第 13 期。

⑯汤维建：《尽快制定快递条例，完善快递纠纷解决机制》，《团结报》，2017 年 9 月 17 日。

⑰范愉：《当代世界多元化纠纷解决机制的发展与启示》，《中国应用法学》，2017 年第 3 期。

⑱胡仕浩：《多元化纠纷解决机制的“中国方案”》，《中国应用法学》，2017 年第 3 期。

（作者：陈卫东、汤维建、刘计划，中国人民大学教授；
陈爱飞、郭丰璐，中国人民大学博士生）

经济法学

朱大旗　吴宏伟　胡延玲　董笃笃　吴宇飞

一、2017 年中国经济法立法之简要梳理

1. 颁布或修正的法律

《中华人民共和国企业所得税法》（2017 修正）已由中华人民共和国第十二届全国人民代表大会常务委员会第二十六次会议于 2017 年 2 月 24 日通过，自公布之日起施行。

《中华人民共和国反不正当竞争法》（2017 修订）已由中华人民共和国第十二届全国人民代表大会常务委员会第三十次会议于 2017 年 11 月 4 日通过，自 2018 年 1 月 1 日起施行。

《中华人民共和国会计法》已由中华人民共和国第十二届全国人民代表大会常务委员会第三十次会议于 2017 年 11 月 4 日做出《关于修改〈中华人民共和国会计法〉等十一部法律的决定》予以修改，自 2017 年 11 月 5 日起施行。

《中华人民共和国招标投标法》（2017 修正）已由第十二届全国人民代表大会常务委员会第三十一次会议于 2017 年 12 月 27 日做出《关于修改〈中华人民共和国招标投标法〉〈中华人民共和国计量法〉的决定》予以修改，自 2017 年 12 月 28 日起施行。

2. 颁布或修正的行政法规

《期货交易管理条例》（2017 修订）根据 2017 年 3 月 1 日《国务院关于修改和废止部分行政法规的决定》第四次修订。

《中华人民共和国进出口关税条例》（2017 修订）根据 2017 年 3 月 1 日《国务院关于修改和废止部分行政法规的决定》第四次修订。

《中华人民共和国中外合作经营企业法实施细则》（2017 修订）根据 2017 年 3 月 1 日《国务院关于修改和废止部分行政法规的决定》第二次修订。

《中华人民共和国招标投标法实施条例》（2017 修订）根据 2017 年 3 月 1 日《国务院关于修改和废止部分行政法规的决定》修订。

《中华人民共和国增值税暂行条例》（2017 修订）根据 2017 年 11 月 19 日《国务院关于废止〈中华人民共和国营业税暂行条例〉和修改〈中华人民共和国增值税暂行条例〉的决定》第二次修订。

3. 发布的国务院规范性文件

《国务院关税税则委员会关于 2017 年关税调整方案的通知》（税委会〔2016〕31 号）于 2016 年 12 月 19 日发布，自 2017 年 1 月 1 日施行。

《工业和信息化部、国务院国有资产监督管理委员会关于实施深入推进提速降费、促进实体经济发展 2017 专项行动的意见》（工信部联通信〔2017〕82 号）于 2017 年 5 月 16 日公布，自公布之日起施行。

《国务院关税税则委员会关于 2017 年下半年 CEPA 项下部分货物实施零关税的通知》（税委会〔2017〕10 号）于 2017 年 6 月 29 日发布，2017 年 7 月 1 日施行。

《中国证券监督管理委员会、国务院国有资产监督管理委员会关于规范上市公司与关联方资金往来及上市公司对外担保若干问题的通知》根据 2017 年 12 月 7 日《中国证监会关于修改、废止〈证券公司次级债管理规定〉等十三部规范性文件的决定》修改，自公布之日起施行。

二、学术研讨活动（按会议召开时间排序）

1. 北京市经济法学会 2017 年年会

2017 年 4 月 22 日，北京市经济法学会 2017 年年会在清华大学法学院明理楼模拟法庭举行。本届年会为期一天，主题为“供给侧结构性改革与经济法治”。年会开幕式由北京市经济法学会副会长、中国人民大学法学院朱大旗教授主持，北京市法学会专职副会长杜石平，中国经济法学会副会长、中国人民大学法学院史际春教授，中国商业法研究会会长、北京大学法学院甘培忠教授，清华大学法学院院长申卫星教授，北京市经济法学会会长、中国人民大学法学院徐孟洲教授先后致辞。

大会主题发言共分为 3 个阶段。第一阶段为主旨演讲，由北京市经济法学会副会长刘兰芳主持，发言内容涉及我国当前推进的供给侧结构性改革的时代背景、主要原因和需要讨论的问题、相应对策、规范政府行为。第二阶段研讨主题为经济法总论，由中国政法大学民商经济法学院李东方教授主持，发言内容涉及调控对供给侧改革具有工具性价值，在改革与法治的互动中需要坚持市场经济发展道路，尊重供求规律，秉持依法调控理念，使政府与市场关系真正实现陈甦教授所主张的“限定市场、余外政府”模式向“限定政府、余外市场”模式的结构翻转。第三阶段研讨主题为财政金融法，由中央党校的王伟教授主持。

中国社会科学院法学研究所经济法室主任、法学系副主任兼法硕办主任、北京市经济法学会副会长席月民向与会代表汇报了理事增补申请情况，介绍了申请人的基本信息，并指出在明年学会的换届选举时一并表决通过。朱大旗教授随后致闭幕词。来自首都高校政府部门和司法机构的 100 余位代表参加了本届年会交流。

2. 第十届中国财税法前沿问题高端论坛

2017 年 5 月 28 日，中国法学会财税法学研究会主办，中国财税法治战略研究院、常州大学史良法学院承办，常州市国际税收研究会协办的第十一届中国财税法前沿问题高端论坛——财税法治背景下的税制改革，兼谈特朗普税改对中国的影响及其对策研讨会在常州大学举行。

开幕式由常州大学副校长芮国强教授主持。常州大学校长陈群教授、北京大学教授、中国财税法学研究会会长刘剑文教授、常州市人民政府刘卫国副秘书长、江苏省地税局江建平局长先后致辞。

开幕式上，刘剑文教授从中美两国的税改历史比较、美国特朗普税改的内容与前景、中国应对特朗普税改的态度与策略 3 个方面阐述了本次研讨会的对象、主题和基本目标。主旨演讲分为两个阶段，分别由贾绍华教授和陈少英（华东政法大学教授、中国财税法学研究会副会长）主持，共有 11 位嘉宾发言。

第一阶段为会议主旨讨论，11 位嘉宾首先在两点上表达了一致性：一是特朗普税改方案最终被付诸实施的可能性极大，未来它对我国的挑战是大概率事件；二是我国的供给侧改革和结构性减税方针是有效的，为我国积累了税改的国际国内经验，成为我们应对未来挑战的信心。其次，11 位嘉宾的发言又各有侧重，主要观点分为 5 个方面：一是重点分析特朗普税改在美国存在的前景和影响力；二是建议重视中美两国的国情差异，因国而异、因地制宜地实施我们自己的税改策略；三是建议继续发挥我国已有的减税优势，迎接特朗普税改；四是建议依法治税，加强税收法治化；五是建议加强财税学和财税法学等相关学科的理论研究，提高未来税改的理论指导水平。

第二阶段为会议研讨，分两个组进行，共有 23 位高校教师、税务部门或者税务师事务所的实务专家、财税法学博士硕士研究生参与讨论。观点集中在以下 5 个方面：一是独树一帜，否定特朗普税改的合理性；二是分析中美两国未来的税改方向，预判特朗普税改的影响；三是肯定既有的供给侧改革效果，建议进一步减税降费，为企业减负；四是建议落实税收法定原则，加强税收法治化；五是关于中国税改的其他方面。

刘剑文会长于闭幕会致辞，他特别强调，今后中国税改必须纳入法治轨道，在法治框架内推进改革，彰显财税法在税制改革中的良法善治功能，促进税收领域法律制度的可持续发展。

3. 第十二届中国经济法治论坛

2017 年 6 月 11 日，中国第十二届经济法治论坛在北京首农香山会议中心举办。本次论坛由中国人民大学经济法学研究中心、首都经济贸易大学法学院、首都经济贸易大学环境与经济法治研究中心联合举办。主旨发言环节由首都经济贸易大学环境与经济法治研究中心主任高桂林教授主持，中国人民大学刘文华教授，中国经济法学研究会副会长、北京大学法学院院长张守文教授，北京市法学会专职副会长杜石平教授，中国人民大学朱大旗教授，首都经济贸易大学法学院院长喻中教授分别就会议主题发言。中国人民大学、北京大学、中国政法大学、上海交通大学、安徽大学、湘潭大学、华东政法大学等全国知名高校的100多名专家学者参会讨论。

本次论坛以“新发展理念供给侧结构性改革与经济法治”为主题，分4个阶段开展专题研讨。在第一阶段研讨中，中国人民大学史际春教授指出了民法典编纂过程中的一些理论误区，比如政策的地位没有得到应有的重视；华东政法大学陈婉玲教授重点讲述了资源型产业政策性倾斜到合理化发展的立法思路考研；中国政法大学郑俊果副教授提出，民法与经济法并非对立关系，而是共济共生的关系；上海交通大学王先林教授认为，竞争政策应当是市场经济条件下的一项基础性，甚至是优先性的政策；河北经贸大学李大庆从事权与支出责任的关系切入探讨了财税体制改革的法制化路径。南京大学法学院李友根教授以及山西财经大学法学院教授马跃进作了简要评议。

在第二阶段研讨中，中国人民大学徐阳光教授对供给侧改革中的破产法进行了重新解读；北京师范大学袁达松教授提出，监管沙盒的价值在于既能防范金融风险、保障金融安全，又能通过弹性的监管机制促进金融创新的发展，有效地平衡金融创新与金融监管两者的关系。河北经贸大学梁小惠教授检讨了当前破产重整制度存在的问题，提出进一步完善的建议。北方工业大学荣国权副教授从低价旅游市场的角度出发对我国供给侧改革提出了自己的建议。中国人民大学法学院徐孟洲教授以及中国政法大学赵红梅教授做了简要评议。

在第三阶段研讨中，浙江理工大学王健教授提出，应进一步明确罚款标准、制定统一的罚款指南以改善我国反垄断制度的威慑效果；首都经济贸易大学王显勇教授提出，司法实施机制是公平竞争审查机制生成的外在压力机制，而公平竞争审查机制是反垄断法的内生实施机制，认为第三方评估是自我审查机制的组成部分，最后建议建立行政垄断例外豁免制度并完善责任制度；南京农业大学周樨平教授从消费者保护的角度出发论述了我国反不正当竞争法的保护功能；南京晓庄学院李昌庚教授论述了我国企业改革的路径依赖及其治理模式。北京交通大学副教授郑翔以及河北工业大学副教授马立民作了简要评述。

在第四阶段研讨中，湘潭大学陈乃新教授从经济法对保障“共享发展”的角度出发提出了对我国现行经济法的完善建议；中央财经大学邢会强教授论述了我国互联网金融的市场准入制度；首都经济贸易大学沈敏荣教授提出，应建立独立的经济审查机构；北京农学院李蕊教授对我国共有产权的管理主体进行了详细论述；北京物资学院吴长军副教授针对目前京津冀地区的情形提出了电子商务立法的协同机制建设。中国人民大学孟雁北教授以及郑州大学吕明瑜教授做了简要评述。

4. 第三届中国财税法治30人论坛

2017年8月29日，第三届中国财税法治30人论坛在北京友谊宾馆召开，论坛主题为“个人所得税法修改重点问题研究”。本届论坛由中国法学会财税法学研究会、中国人民大学法学院共同主办，由中国人民大学经济法学研究中心、中国人民大学财税法研究所、北京市经济法学会共同承办。论坛开幕式由中国人民大学法学院副教授、中国人民大学财税法研究所副所长徐阳光主持。

全国各地的80余位专家学者围绕个人所得税法的“立法原理与域外经验”“立法目的与课征模式”“生存权保障与税收优惠”“纳税遵从与个税征管”等议题进行了广泛交流和深入探讨。

论坛分4个阶段进行，第一阶段的议题为“立法原理与域外经验”，由中央财经大学税务学院教授、中国法学会财税法学研究会副会长汤贡亮与国家税务总局税收科学研究所国际税收研究室孙红梅副主任共同主持。第二阶段议题为“立法目的与课征模式”，由中央财经大学税收教育研究所所长、中国法学会财税法学研究会副会长贾绍华与华南理工大学法学院教授、中国法学会财税法学研究会副会长张富强共同主持。第三阶段议题为“生存权保障与税收优惠”，由中南财经大学法学院副院长黎江虹教授与中国人民大学法学院教授、中国法学会财税法学研究会副会长朱大旗共同主持。第四阶段议题为“纳税遵从与个税征管”，由北京大学法学院叶姗副教授与浙江工商大学法学院王惠教授共同主持。

论坛闭幕式由中国人民大学财税法研究所所长、北京市经济法学会会长徐孟洲教授主持，北京大学法学院教授、中国法学会财税法学研究会会长刘剑文与中国人民大学法学院教授、经济法教研室主任、中国法学会财税法学研究会副会长、北京市经济法学会副会长朱大旗先后做总结发言。

5. 中国财税法学研究会2017年年会暨第二十七届海峡两岸财税法学术研讨会

2017年9月16—17日，中国财税法学研究会2017年年会暨第二十七届海峡两岸财税法学术研讨会在江西南昌召开，会议由江西财经大学法学院承办。中国法学会副会长任海泉、台湾税法学会理事长葛克昌、中国法学会财税法学研究会会长刘剑文出席会议并先后致辞。会议围绕事权与支出责任的法治化研究、个人所得税与房地产税立法问题研究、供给侧改革背景下的法学教育与财税法课程建设等问题展开讨论。

北京大学、中国人民大学、中国政法大学、中国社会科学院、武汉大学、浙江大学、南京大学、厦门大学、吉林大学等100余所高校与科研机构的专家学者200余人，与来自台湾地区的20余位专家学者参加了本次年会。在本次年会期间，还召开了中国法学会财税法学研究会第二届会员代表大会，选出了第二届理事会和监事会，通过了章程修正案等若干议案。最后，刘剑文会长对财税法研究的理论旨趣与发展趋势做了深刻阐述，并对研究会未来的工作提出初步设想与展望。

6. 中国经济法学研究会 2017 年年会暨第二十五届全国经济法理论研讨会

2017 年 9 月 16—17 日，中国经济法学研究会 2017 年年会暨第二十五届全国经济法理论研讨会在武汉东湖国际会议中心召开。本次会议主题是“新常态、新经济与经济法”。会议由中国法学会经济法学研究会主办、武汉大学法学院承办。开幕式由中国法学会经济法学研究会副会长、中山大学法学院程信和教授主持。武汉大学党委副书记沈壮海教授，武汉大学法学院院长冯果教授，湖北省法学会党组书记、常务副会长万学斌，中国法学会副会长吴志攀先后致辞。

会议分 3 个阶段进行。第一阶段：第二次会员代表大会由副会长史际春教授主持。大会听取并通过了经济法学研究会会长吴志攀教授所做的第一届理事会工作报告暨财务工作报告。副会长卢代富教授向大会做《中国法学会经济法学研究会章程修订》（草案）的说明，大会表决了该修订草案。大会选举产生了中国法学会经济法学研究会第二届理事会，包桂荣等 182 人为理事。中国法学会研究部李存捧副主任主持了经济法学研究会第二届理事会第一次全体会议。第二阶段：2017 年年会暨第 25 届全国经济法理论研讨会，在武汉大学法学院院长冯果教授主持下，漆多俊、史际春、顾功耘、岳彩申、王先林、李友根等 6 位教授分别进行主旨演讲，刘大洪、杨松教授就主旨发言人的发言进行了精彩与谈。

第三阶段：16 日下午和 17 日上午，年会设置“经济法总论”“市场规制法”“宏观调控法”“经济法开放性议题”4 个分会场，进行了 4 个时段的分组研讨。来自全国各地高校、科研机构、司法实务的几十余位专家、学者分享了各自学术观点。

17 日下午，王全兴副会长主持总结汇报会，邢会强、王健、叶姗和李长健分别代表上述 4 个小组作了总结汇报。17 日下午 3 时许，中国法学会经济法学研究会 2017 年年会举行了闭幕式。闭幕式由中国法学会经济法学研究会新任会长张守文教授主持。

7. 中国银行法学研究会 2017 年年会

2017 年 11 月 11 日，由中国银行法学研究会主办、辽宁大学法学院承办的金融安全的法治保障——中国银行法学研究会 2017 年年会在沈阳辽宁大厦举行。开幕式由中国银行法学研究会副会长、辽宁大学法学院院长杨松教授主持。中国法学会党组成员、副会长张苏军代表中国法学会在致辞中对研究会的工作予以高度肯定，并结合党的十九大精神提出全新要求。

2017 年 11 月 11 日下午，举行中国银行法学会金融安全与金融法专业委员会成立仪式。分 4 个论坛 8 个单元就“金融稳定发展的法治战略”“数字货币及监管的法律问题”“金融科技与监管科技的法律问题”“互联网金融的法律问题”“金融风险的预防与处置”“金融消费者的法律保护”等议题展开深刻而热烈的讨论。

8. 北京市法学会金融与财税法学研究会 2017 年年会暨第七届首都金融财税法论坛

2017 年 11 月 18 日，北京市法学会金融与财税法学研究会 2017 年年会暨第七届首都金融财税法论坛在北京联合大学应用文理学院召开。本次论坛以深入学习党的十九大精神为核心，以习近平总书记系列重要讲话精神以及深化金融体制改革要求为指导，结合北京非首都功能疏解和京津冀协同发展战略进展的新情况，紧密联系当前金融法、财税法的热点和难点问题进行深入探讨和交流。论坛由北京市法学会金融与财税法学研究会主办，北京联合大学应用文理学院法律系、北京大学税法研究中心、北京联合大学经济法研究所承办。

本次论坛围绕“完善地方税体系的国际经验借鉴与启示”“税务行政审判实务”“财税法社会功能与新时代社会矛盾”“法治语境下的税收法定”“融资

租赁的税法探讨”“金融机构资产管理业务的自律机制建设”等议题，与会的专家学者进行广泛而深入的讨论。

三、经济法学术研究的基本情况

1. 关于法治经济理论发展与制度建设

有学者认为，针对我国经济法司法理论研究“碎片化”的现状，需要在既有理论的基础上加以拓补和整合；由于司法权、司法权的行使主体及其价值追求，既是司法理论必不可少的重要内容，又是进行理论拓补的重要路径，因而在构建和拓展经济法司法理论的过程中，尤其需要研究司法权与调制权的关系，明晰法院解决“经济法纷争”与实现公共政策目标的双重司法功能，探讨法院体系及其内部结构与上述功能的关联性和一致性，以及经济法多元价值的渊源及其在司法活动中的体现，并在此基础上，提炼司法权理论、司法组织理论和司法价值理论，从而构建更为系统的经济法司法理论，促进经济法领域的司法制度的完善。①

有学者认为，在推进法治经济建设的过程中，需要明确 3 个重要的命题，即公共经济是法治经济的重要组成部分，建设法治经济离不开良法善治，且更需要充分保护市场主体的权利。强调公共经济的法治化，确保立法能够体现各类重要的法律价值，并在其实施过程中实现善治，确保市场主体的产权和公平竞争权，对于推进当下的法治经济建设尤其具有重要的现实意义。我国的 PPP 制度、产权保护制度以及公平竞争审查制度等，都是体现上述命题的重要制度安排，需要不断完善并加以落实。②

有学者认为，对公平竞争审查制度的深入研究，需要从整体的经济法视角阐释其基础问题。有必要探讨公平竞争在现代市场体系建设中的必要性和重要性，并通过多种经济政策的协调来推动公平竞争的可行性，以解释公平竞争审查制度的经济基础，同时，还应当通过梳理公平竞争在经济宪法以及经济法中的具体制度安排，揭示公平竞争审查制度的法律基础。在此基础上，应进一步探寻审查主体及其审查权的配置和行使方面存在的问题和解决路径，从而说明将公平竞争审查制度理解为一个“大制度”的重要价值。③从源头上厘清政府与市场边界，规范政府行为，防止滥用行政权力排除限制竞争的顶层设计。为确保公平竞争审查制度的推进，应当将公平竞争审查制度写入我国反垄断法。④

有学者认为，“减负与转型”是贯穿我国经济改革与法治发展的一条重要逻辑主线。运用经济法推进减负与转型，有助于整体经济系统的优化，实现“减负增效”和“转型升级”；有助于通过经济法上的职权与职责、权利与义务的合理配置，促进主体负担的公平分配，实现市场主体与政府的“双向减负”和各自转型，从而促进经济和社会的有效发展。实践中应改变既往对政策的过度倚重，推进“制度转型”、构建“包容性制度”，实现法治框架下持久的“制度性减负”。⑤

2. 关于宏观调控法的研究

(1) 关于财税法的研究

有学者认为，税收法定原则，又称税收法律主义，是指由立法者决定税收问题的税法基本原则，即如果没有相应法律作依据，政府不能征税，公民也没有纳税的义务。征税主体必须依且仅依法律的规定征税；纳税主体必须依且仅依法律的规定纳税。它是依法治国理念在税收领域的具体表现。⑥

对落实税收法定原则，学者给出了如下意见：第一，落实税收法定原则，应注意提高立法质量，不仅要有法律，而且应当是“管用的良法”。为此，一方面，应当按照“税收要素确定”的要求，增强税法的可执行性。另一方面，提高税法内容的实质正当性，更多地回应民众诉求，在不同的利益群体中达成平衡与协调。而要提高立法质量，重要的途径就是坚持科学立法和民主立法。第二，全面落实税收法定原则，让税法在实践中得到尊重和奉行。⑦

在企业税收层面，有学者提出了如下看法：近年来，中国经济增长率下降，企业经营状况欠佳，在国际降税潮流下，中国企业活力与竞争力正不断削弱，以降低企业所得税税率为核心的减税降费已是迫在眉睫，我国企业所得税法修改应当走得更远。国际竞争日益剧烈使得绝大多数国家不断下调企业所得税税率。然而，中国并没有顺应这个潮流，自 2007 年我国企业所得税法制定后，中国再未调整企业所得税税率。虽然 2007 年我国企业所得税法将企业所得税基本税率定为 25%，在当时世界各国企业所得税税率中相对较低，具有较强的国际竞争力。然而在 10 年后的今天，无论与发达国家还是发展中国家相比，中国这一优势都已大大削弱。因此，应大幅降低企业所得税。⑧

增值税方面，有学者认为，增值税法在性质上属于分配法的范畴，其设计重在解决增值税的税收负担在纳税人之间的公平分配问题。增值税标准税率作为财政目的规范，体现了新创造的社会财富在国家与国民之间的分配比例，其确定和调整均应依据法律进行，以效益性、适当性、协调性为准则。增值税低税率、免征增值税项目均属调控目的规范，适用于法律明确列举的商品和服务，有助于实现特定的经济社会政策目标，属于税收轻免课措施。若增值税纳税人适用税收轻免课措施，可以减轻其税收负担，却未必符合其经济利益，因此，法律甚有必要确立纳税人享有增值税抵扣权。纳税人可以选择行使增值税抵扣权，也有权放弃增值税免税、轻税待遇，以真正实现税收负担的公平分配，均衡保护国家的财政权和国民的财产权。⑨

在环境污染问题日益突出的情况下，有学者提出应尽快进行环境税立法。我国自改革开放以来，伴随着经济总量的持续攀升，环境问题亦愈演愈烈。无所不在的环境污染，已成为人们无法躲避的“公害”，严重影响了社会公益。如何有效解决严峻的环境问题，实现环境正义，已成为社会公众的共同期盼。在此背景下，开征环境税被普遍视为解决环境问题的重要手段。环境税立法作为一个系统工程，将其置于更大的背景中加以审视非常重要。当前，我国正在全面推进改革、法治与发展，在上述3条主线交织并进的背景下，解决环境问题需要更多地强调系统性、法治化和可持续性，而这些考量也会融入环境税的立法之中。因此，研究环境税立法问题，不应仅关注立法的某些细节，还要关注相关的时代背景、价值诉求和制度目标。⑩

以环保税为先导，我国环境税体系建设，乃至整个税制的“绿色化”进程是一项系统工程。我们要转变环境相关税种的设计思路，要转变发展的理念和衡量标准，要转变税制结构和税负分配格局，从而更好地建设资源节约型、环境友好型社会，推动经济转型和可持续发展。⑪

在公共产品供给机制创新方面，有学者认为，当下掣肘中国全面深化改革的核心障碍在于经济发展与民生改善的“增长失衡”。“十三五”期间中国转型发展的核心思路已然厘定于供给侧结构性改革，全面厘革我国公共产品供给机制正当其时。为效果付费债券统合政府、市场、社会三维治理要素构造新型公私伙伴关系。它径由政府委托社会中介机构发行债券融通社会资本，将其提供给社会服务组织用于预防性公共服务，并以社会服务供给效果作为政府偿债的依据。其核心要义在于权力分散、共同治理，通过结构化合同在公共服务领域导入了绩效管理和问责机制。基于我国政府简政放权、社会资本合作参与和社会治理更始鼎新的现实社会语境，为效果付费债券为我国公共产品供给改革乃至政府与市场、社会合作提供了一个可供选择的路径。但是在其本土化过程中亦将面临诸多问题，亟待有效研判。⑫

在地方债务监管方面，有学者认为，我国长期以来对地方政府债务采取行政控制，但效果不佳。自分税制改革以来，虽有预算法明令禁止以经济增长为主要绩效考核决定官员升迁，但因地方人大弱化，举债无风险、高效益的潜规则等促使地方政府官员肆意规避预算法等法律，滋生巨大的地方政府债务风险。因行政控制惯性和国务院地位及其影响，我国地方政府债务风险控制仍由国务院主导、实行行政控制，但实践经验表明行政控制效果差，需要对地方政府债务风险控制转轨，从行政控制转向规则控制路径，实施法律监管，完善债务信息公开、风险预警、责任追究等方面法律制度。⑬

有学者认为，在国际税收协定中，利益限制条款是为了防止非居民纳税人通过择协避税获取本不应当得到的税收协定优惠而设置的、用来评估纳税人资格的一系列客观测试条款。由于一般性反滥用税收协定规则对择协避税没有做出有针对性的规定，美国在其用于对外进行税收协定谈判的U.S.范本中创造并发展了利益限制条款。近两年，出于国际反避税的需要和BEPS项目的展开，OECD和美国都进一步完善了利益限制条款。随着我国开始重视打击国际避税并积极落实BEPS项目成果，我们需要进一步认识和使用利益限制条款。⑭

（2）关于金融法的研究

有学者认为，健全多层次资本市场体系是党的十八届三中全会确定的重要改革任务。《中华人民共和国国民经济和社会发展第十三个五年规划纲要》指出，要“发展多层次股权融资市场”。长期以来，多层次资本市场体系建设受到社会各界尤其是学界、实务界广大专家学者的高度关注。近年来，在“顶层设计”和“基层创新”的推动下，我国多层次资本市场体系建设成绩显著，我国多层次资本市场的轮廓已日见明晰，但很多问题亟待解决。⑮

有学者认为，互联网和金融是世界新经济革命的核心引擎，合理地规范和引导尤为重要。规范互联网金融的理念可以分为绝对安全理念与相对安全理念，绝对安全理念将安全价值视为唯一价值，追求绝对安全，进而形成了规范互联网金融的单一控制模式，试图对互联网金融的发展加以人为控制，而无视市场的真实诉求和产业的发展规律，往往会贻误发展。相对安全理念则是将风险控制与发展结合起来，在发展中防范风险，在该理念的影响下，我国应当对互联网金融改采复合控制模式，运用多种办法综合施治，既要控制风险，更要促进其发展。具体的法律路径包括修改我国证券法，引入投资型众筹的发行注册豁免机制，扩大“证券”概念的范围，吸收互联网证券的新形式和新模式，同时还要着力完善互联网金融交易平台的市场准入，并逐步将“金融安全网”制度拓展适用于互联网金融。[16]

有学者认为，当代经济被称为金融经济，它是以流动性和效率性为核心的经济，财产权利中的行为性权利在某种意义上比归属性权利更重要，是保障财产价值增加或损失减少的核心权利。但是，在我国目前财产冻结的法规中，并没有区分金融性财产和消费性财产，将财产的价值性权利与行为性权利一并冻结。虽然在近期的规定中对此有所考虑，但还没有将其作为原理性问题进行统一规定。这不仅侵犯了当事人的财产权益，同时给其带来了潜在的财产损失，甚至出现了导致许多企业破产、引发群体性事件等不良社会效果的现象。因此，在当代社会必须充分认识到财产的行为性权利，在行政机关、监管机关、司法机关和财产权利人之间合理分配冻结权益，以实现社会综合效果的最优化。[17]

有学者认为，目前，我国正在进行对金融体系的全面市场化改革，我国证券法的修改和期货法的制定是这次改革中首先进行的立法工作。我国制定期货法的条件基本成熟。期货法的调整范围，应为所有利用合约期限进行风险分配的交易行为，核心为保证金合约交易行为、期权合约交易行为和其他套利合约的交易行为；期货经营机构，只应设置业务准入标准和混业经营的业务与机构隔离标准，不应该设置机构准入标准和机构禁入标准；应该允许有客观需要的期货交易场所存在，将所有可能产生系统性风险的期货交易场所纳入规范和监管，促进我国多层次期货市场体系的建立；明确期货保证金的性质是一种新的法律关系，因为目前的财产所有权说、金钱质押说、信托担保说、特殊担保说等多种观点都不能概括期货保证金的全部属性；设立专业的期货监管机构来监督这些整体经济利益规范的执行。[18]

有学者认为，在证券监管法制度的功能中，证券监督管理机构发挥着龙头的作用，对它的制度安排是各国证券法的重中之重。通过对典型国家和地区相关制度的考察，可以看出证券监管机构行使的证券监管权与政府监管权一脉相承，在复杂市场经济运行的条件下，市场需要具有相对独立性的政府监管权具体作用于市场主体，这一特点在证券市场体现得尤为突出。然而，我国在证券监管机构制度的安排上有着先天的不足，证券最高监管机构——中国证监会并非法定（指国家基本法），而是通过国务院的“三定方案”将其定性为正部级事业单位，不仅法律地位不独立，而且担负了太多的国家政治职能，致使其角色尴尬。因此，对中国证券监管机构的法律变革势在必行。[19]

有学者认为，相对于场内融资融券，参与主体众多、交易分散且模式多元的场外配资给监管提出了特殊的挑战。如何在金融分业监管的格局下有效控制场外配资的系统性风险，美国既往 80 余年的美联储—SEC 合作模式可资借鉴。以 U 规则为核心的场外配资监管规则体系从“场外出借人”“贷款行为”“以购买或持有保证金股票为借款目的”“以保证金股票作为直接或间接担保”4 个维度框定监管边界，采取行为监管而非准入监管的策略，针对各类场外配资交易施加统一且适度的杠杆率限制以及信息披露要求，并以“实质重于形式”的监管理念挫败各类规避行为。区别于监管措施的相对柔性，美国对于违法场外配资的主体课以严厉的法律责任。这一套完整的规则建构堪为我国当前修改证券法、将场外配资纳入正式法律框架的一个参考模板。[20]

有学者认为，低碳经济具有节能环保的特点，为我国生态环境保护做出了贡献。低碳经济能够通过改善生态环境与资源短缺问题，实现我国经济社会的可持续发展，其符合我国可持续发展的战略要求。低碳经济与金融之间存在着本质联系。由于低碳经济在我国发展时间短，在实践活动中仍存在许多问题，最突出的是缺乏相关金融法律制度的保障以及相应的监督制度和责任制度。因此，低碳经济金融法律制度的构建具有重要作用。[21]

有学者认为，农地信托着眼于农业供给侧结构性改革，在不改变农村土地所有权制度和土地承包关系的大前提下，将信托机制引入农地流转融资，以农地经营权为信托财产，以信托公司为受托人，以土地承包经营权人为受益人，从而为解决农村土地改革困局探索了一条可供选择的制度路径。但是作为制度创新，实定立法对其尽付阙如，农地信托实践在主体资格、登记制度和监管体制等诸多层面遭遇障碍。重大改革必须于法有据。当务之急是夯实农地信托法律根基，明定信托为法定流转方式，并着重从委托人法律地位、受托人风险保障和激励机制、农地信托登记规则以及多主体协同监管体制等方面加以制度回应。[22]

3. 关于市场规制法的研究

（1）关于反不正当竞争与反垄断法的研究

有学者认为，反垄断法不仅为了维护自由、公平的竞争，还要促进、提升市场经济的效率，因此对于垄断之利和反垄断中蕴涵的辩证法，必须明察。反垄断法是合理性与合法性高度统一、充分讲“理”的一种法。我国反垄断法及其条文只是为判断一种行为是否合乎市场经济的要求提供一种分析的框架或方法，其有效实现高度依赖于整个社会形成恰当的市场经济理念；同时，还要善于在反垄断法的框架下做细致、周全的“经济学”分析。[23]

有学者认为，我国反垄断法中的经营者集中控制已经实施 8 年，成果显著。这不仅表现为相关执法机关审理了很多案件，其中不乏国际上有影响的大案，而且通过案件审理积累了相当多的实践经验，并在这些经验的基础上完善了我国反垄断法。然而，我国反垄断法在这方面的执法还存在很多问题，例如集中审查中的非竞争因素和执法机关的独立性不足。此外，反垄断法本身还存在很多问题，如“控制权”的概念有待进一步厘清。我国改革开放近 40 年的经验证明，要维护市场的竞争性，就应当防止过度的经济集中。反垄断法中的经营者集中控制有助于提高国家的经济活力，也有助于提高企业的生产效率和消费者的社会福利。[24]

有学者认为，反不正当竞争立法的目的是调整和解决市场上各种不正当竞争的行为。因为市场经济体制下还有其他法律制度也可以调整不正当的市场竞争行为，反不正当竞争法与其他很多法律制度就存在着密切的关系，特别是与民法、知识产权法和反垄断法存在着密切关系。尽管不正当竞争案件的审理做到适用法律百分之百的准确有时候存在难度，我国反不正当竞争法的修订中还是很有必要考虑这部法律与其相邻法在立法宗旨以及维护市场秩序方面的不同功能和作用，由此才能理顺反不正当竞争法与其相邻法之间的关系。[25]

有学者认为，在我国法律已经确认和保护市场主体经营自主权的同时，立法仍会对经营自主权的行使进行限制。鉴于维护公平竞争秩序、保护诚实守信的经营者、保护消费者福利等社会公共利益，是反不正当竞争立法对经营自主权的行使进行限制的原因和目的，所以我国反不正当竞争法（修订草案送审稿）应在立法目的条款中完整且准确地表达出这些价值目标。鉴于遵守诚实信用原则和公认的商业道德是市场主体普遍认可的行为准则，是正当竞争与不正当竞争的判定标准，所以我国反不正当竞争法（修订草案送审稿）应在基本原则条款、不正当竞争概念条款以及不正当竞争行为的一般条款中完整且准确地表达出这条贯穿反不正当竞争立法全文的逻辑主线。鉴于比例原则是反不正当竞争立法实现尊重与限制经营自主权的平衡协调的重要分析工具，运用比例原则和平衡协调理念，可以得出我国反不正当竞争法（修订草案送审稿）应删除禁止滥用相对优势地位行为条款的立法建议，并应进一步完善典型不正当竞争行为的构成要件条款。[26]

有学者认为，标准必要专利作为技术标准与专利相结合的产物，与一般专利相比有其明显的特点。这不仅表现为标准必要专利与社会公共利益有着更为紧密的联系，而且由于必要专利对标准实施人或者潜在被许可人具有不可替代性，标准必要专利权人可能凭借其在专利许可市场的支配地位实施专利劫持，比如收取过高的专利许可费，或者滥用禁令请求权。标准必要专利权人易于产生排除、限制竞争的问题，从而较一般专利权人会更多地卷入反垄断私人诉讼，或者遭遇反垄断执法机构的调查。[27]

有学者认为，转售价格维持竞争效果认定的模棱两可给依反垄断法对其的恰当处置带来了挑战。美国的 Leegin 案确立的转售价格维持之合理原则的正当性是有限度的，图景误置暗藏着消解我国反垄断法制统一性的危机。我国反垄断法原则性禁止排除、限制竞争的转售价格维持绝不是立法错误，对其适用的难点在于分析方法构造。立足本土，我国需要对有关转售价格维持“原则禁止 + 例外豁免”的规范意义及其分析方法形成自觉理解和自主选择。对转售价格维持采取可抗辩的违法推定的分析方法具备适合性，但其依据不是“原则禁止 + 例外豁免”下的逻辑推导。为了避免可抗辩的违法推定陷入本身违法的陷阱，应着力构建转售价格维持的抗辩体系和抗辩清单，以此保障抗辩实质化。对转售价格维持执法案件的事后评估有助于执法政策优化和分析方法改进。[28]

（2）关于政府与市场关系的研究

有学者认为，行政执法体制改革的深化，是事关国家治理体系与治理能力现代化与法治政府建设的重大议题。囿于此选题涉及面极为广泛，相关问题冗繁复杂、宏大艰深，对口研究相对较少。目前改革主要存在着央地事权划分不清、政府与市场边界不明、政府与部门关系错位、府际间权限配置不尽科学合理、行政理念落后、执法方式创新性不足等重难点问题。针对上述问题，理顺中央与地方、政府与市场、政府与部门的关系、优化配置地方府际间权限、深化综合执法体制改革、转变行政执法理念、创新执法方式、增强行政执法协作的制度化、法制化以及完善监督问责制度，打造闭环体系是为对策建议。[29]

（3）关于破产法的研究

近年来，党和国家对破产制度在市场经济中的重要地位予以充分重视。2013 年中共十八届三中全会通过的《中共中央关于全面深化改革若干重大问题的决定》指出，要“健全优胜劣汰市场化退出机制，完善企业破产制度”。《国务院关于促进市场公平竞争维护市场正常秩序的若干意见》也指出，要“完善企业破产制度，优化破产重整、和解、托管、清算等规则和程序”。此后，最高人民法院发布了促进破产法顺利实施的系列文件。2016 年，在杭州 G20 会议上，中美两国元首会晤，就“建立和完善公正的破产制度和机制的重要性”等达成重要共识。[30]

有学者认为，实质合并是关联企业破产中的一项重要制度，其理论基础与公司法上的人格否认（刺破面纱）既有关联又有区分。在美国的判例法体系中，实质合并规则经历了萌芽和诞生、适用范围扩张到适用标准趋严的过程，人格混同虽然仍是主要的判断标准，但同时延伸到资产和负债分离的难度、债权人对债务人单一性或整体性人格的信赖等辅助性判断标准。我国关联企业破产中对实质合并有着较强的现实需求，但立法和司法解释尚未确立实质合并规则，实践中面临实质合并理论基础何在、实质合并动议由谁提起、法院根据何种标准判断、债权人的异议权如何得到保障等诸多问题，迫切需要在总结实践案例和借鉴域外经验的基础上构建符合我国国情的实质合并破产制度。[31]

有学者认为，在我国目前的关联企业破产实体合并司法实践中，公司法人格混同是法院做出实体合并的主要裁定标准。对实体合并案例的实证分析表明，单一的裁定标准不能回应实务中的债权人异议，并易于引发对这一制度的质疑。比较法考察发现美国作为这一制度的起源国，就这一问题的司法裁定标准经历了由公司法人格混同标准到综合裁定标准的发展。建议我国将关联企业破产实体合并标准将现有的单一裁定标准扩展为包含资产分离困难标准、破产管理收益标准与债权人期待标准的综合标准，从而更好地发挥实体合并制度在解决公司集团破产问题方面的制度功能。[32]

有学者认为，破产法中的担保物权处理需关注担保法与破产法的交互影响，核心在于抵押权、质押权在破产程序中的限制和保护问题。担保物权的限制主要体现在破产法中的担保权暂停行使，我国破产法借鉴了国外的中止（暂停）理论，确立了重整程序中的担保物权暂停行使的抽象规则，但对破产清算程序如何处理存在争议，亟须立法明确，同时，担保物权人的救济措施问题重要性凸显。担保物权的保护主要体现为担保物权优先受偿的确认，破产法在清偿顺位上应坚守担保物权优先受偿的地位，尤其是在担保物权与劳动债权、税收债权的关系处理上，应当坚持物权与债权的划分并严格遵循物权特定原则，对于一般优先权的处理，则遵循优先权的法定原则且不得违背破产法确立的基本清偿顺位规则。[33]

4. 其他法律制度的研究

有学者认为，近年来，随着中亚地区地缘战略地位不断提升，世界主要国家都十分重视发展与中亚各国关系，纷纷制定本国对中亚的战略，建立了多边和双边合作机制，以争取更多的战略利益。各国的中亚政策并不是一成不变的，而是随着形势的发展，不断总结和调整，以求达到最好效果。俄罗斯、美国和欧盟是在中亚具有重要影响力的 3 个行为体，其政策发展变化不仅与中亚各国政治、经济和社会发展关系密切，而且对中国与中亚国家合作、中国“丝绸之路经济带”战略的实施也会产生直接或间接的影响。[34]

有学者认为，政府补贴是政府或公共机构出于特定目的而对经济活动中的企业或个人提供的无偿的财产性资助。政府补贴是现代各国普遍采用的产业政策措施之一，具有必要性和正当性。我国的政府补贴范围广、数量多，实践中存在诸多问题，亟须以产业政策法、财政法和竞争法进行协同治理，将其纳入法治化运行轨道。其中，产业政策法确立政府补贴的必要性，并构成审核补贴正当性的重要实质标准；财政法约束着作为财政支出的政府补贴，力求其符合公共财政等财政法治的原则与要求；竞争法着重考量政府补贴对公平竞争的影响。为实现政府补贴法治化，一方面，需要在理念上重申对政府权力的限制，合理界定政府补贴的范围；另一方面，也需要完善绩效评价机制、公平竞争审查机制，并践行对政府补贴的实质性司法审查。㉟

有学者认为，绿色债券具有良好的投融资功能和环境效益，是发行人、投资者和政府实现多方共赢的金融工具。为建立市场对绿色债券的信任，解决投融资双方的信息不对称问题，国际资本市场协会和气候债券倡议组织建立了一套包括绿色项目界定与分类、发行人内控与信息披露、外部鉴证与认证在内的保障机制。中国作为发展绿色债券市场的新兴国家，可从这种建立在激励约束机制之上、以市场为导向的制度中获得启示。㊱

注：

①张守文：《经济法司法理论之拓补》，《法学论坛》，2017 年第 5 期。

②张守文：《法治经济建设的三个重要命题》，《南海法学》，2017 年第 1 期。

③张守文：《公平竞争审查制度的经济法解析》，《政治与法律》，2017 年第 11 期。

④时建中：《强化公平竞争审查制度的若干问题》，《行政管理改革》，2017 年第 1 期。

⑤张守文：《减负与转型的经济法推进》，《中国法学》，2017 年第 6 期。

⑥刘剑文：《落实税收法定原则的意义与路径》，《中国人大》，2017 年第 19 期。

⑦刘剑文：《对落实税收法定原则的两点建议》，《经济研究参考》，2017 年第 60 期。

⑧杨城、刘剑文：《应大幅降低企业所得税》，《中国经济报告》，2017 年第 4 期。

⑨叶姗：《增值税法的设计：基于税收负担的公平分配》，《环球法律评论》，2017 年第 5 期。

⑩张守文：《我国环境税立法的“三维”审视》，《社会科学文摘》，2017 年第 6 期。

⑪刘剑文、耿颖：《开征环保税：“绿色税制”建设的重要一步》，《人民论坛》，2017 年第 14 期。

⑫李蕊：《为效果付费债券：一个创新的公私伙伴关系及其风险防范》，《中外法学》，2017 年第 3 期。

⑬刘继峰、曹阳：《我国地方政府债务法律监管研究》，《法学杂志》，2017 年第 8 期。

⑭朱大旗、张牧君：《论税收协定中的利益限制条款及其在中国的应用》，《中国人民大学学报》，2017 年第 1 期。

⑮郭锋、邢会强、李文莉：《多层次资本市场体系的法律问题与对策》，《证券法律评论》，2017 年第 1 期。

⑯邢会强：《相对安全理念下规范互联网金融的法律模式与路径》，《法学》，2017 年第 12 期。

⑰刘少军：《金融性财产冻结的权益冲突与分配研究》，《中国政法大学学报》，2017 年第 3 期。

⑱刘少军：《我国“期货法”制定中的主要问题研究》，《南昌大学学报》（人文社会科学版），2017 年第 6 期。

⑲李东方：《证券监管机构及其监管权的独立性研究——兼论中国证券监管机构的法律变革》，《政法论坛》，2017 年第 1 期。

⑳刘燕、陈陌阡：《论美国场外配资监管的规则构建与实施》，《证券市场导报》，2017 年第 9 期。

㉑王波：《低碳经济与我国低碳金融法律制度的建设思考》，《法制博览》，2017 年第 35 期。

㉒李蕊：《农地信托的法律障碍及其克服》，《现代法学》，2017 年第 4 期。

㉓史际春：《反垄断不能死抠法条》，《人民论坛》，2017 年第 8 期。

㉔王晓晔：《我国反垄断法中的经营者集中控制：成就与挑战》，《法学评论》，2017 年第 2 期。

㉕王晓晔：《再论反不正当竞争法与其相邻法的关系》，《竞争政策研究》，2017 年第 4 期。

㉖孟雁北：《论反不正当竞争立法对经营自主权行使的限制——以〈反不正当竞争法（修订草案送审稿）〉为研究样本》，《中国政法大学学报》，2017 年第 2 期。

㉗王晓晔、丁亚琦：《标准必要专利卷入反垄断案件的原因》，《法学杂志》，2017 年第 6 期。

㉘时建中、郝俊淇：《原则性禁止转售价格维持的立法正确性及其实施改进》，《政治与法律》，2017 年第 11 期。

㉙薛志远：《行政执法体制改革面临的重难点问题与完善建议》，《法治社会》，2017 年第 4 期。

㉚王欣新：《破产法前沿理论与司法实务研究》，《中国人民大学学报》，2017 年第 2 期。

㉛徐阳光：《论关联企业实质合并破产》，《中外法学》，2017 年第 3 期。

㉜贺丹：《破产实体合并司法裁判标准反思——

一个比较的视角》,《中国政法大学学报》,2017 年第 3 期。

㉝徐阳光:《破产法视野中的担保物权问题》,《中国人民大学学报》,2017 年第 2 期。

㉞吴宏伟:《俄美欧中亚政策及其演变》,《俄罗斯学刊》,2017 年第 2 期。

㉟姚海放:《论政府补贴法治:产业政策法、财政法和竞争法的协同治理》,《政治与法律》,2017 年第 12 期。

㊱洪艳蓉:《绿色债券运作机制的国际规则与启示》,《法学》,2017 年第 2 期。

[作者:朱大旗、吴宏伟,中国人民大学教授;
胡延玲,中国矿业大学(北京)副教授;
董笃笃,华东政法大学讲师;
吴宇飞,中国人民大学博士后]

环境资源法学

周 珂 穆 斌

2017 年北京市环境资源法学研究的热点涵盖了生态文明建设、环境权路径研究、环境法典化研究、环境立法研究、环境行政执法研究、环境司法研究等 6 个领域,重点是推进生态文明法治建设,厘清环境法相关立法、执法、司法的内涵与外延。在党的十九大报告中,习近平总书记特别强调要像爱护生命一样对待生态环境,为推进生态环境法治建设指明了方向和目标。[①]现代环境法的范式研究为解决当下社会环境问题提供了法律原则与法律规则。

一、生态文明建设

有学者认为,目前,可以考虑对现行的生态文明建设和改革措施进行全面的评估,扬长补短,针对现实的重点难点问题、制度构建的薄弱环节和体制、制度运行中的问题,加强体制优化、制度整合和机制创新,确保生态文明建设与体制改革在生态文明新时代不断取得更大的实效。下一步要倾听各方面的意见,边建设边改革,基于城乡差别,东中西部地区差别,第一、二、三产业差别开展目标和政策的分类施治,解决不平衡和不充分发展的问题。对于环境保护目标和政策的制定,要开展区域和行业的经济承受能力评估,建立经济可行的环境保护标准和要求制度。[②]

二、环境权路径研究

秦天宝教授提出,近年来,我国学者提出环境权入宪的主张,这不仅是对生态危机的回应,也是“环境法理论缺乏基础和内核”的药方,而且近年以来,发展中国家较为普遍地出现了环境权入宪的潮流。对我国而言,通过修宪明确确认环境权是最好的但还面临一些困境,无论如何仍有必要通过各种途径比如民法、环境保护法等来具体化环境权,促进环境权的保障。[③]

陈海嵩教授指出,目前已有 90 余个国家在宪法中加入环境权条款,有必要对其实施情况进行实证考察。对各国宪法环境权条款的分析表明,宪法环境权之规定并非可“独立实施”的条款,不具有直接司法适用的效力,法国《环境宪章》对宪法环境权“主观权利化”的努力也还有待进一步验证。在本质上,宪法环境权是一种具“宪法委托”性质的宣示性权利,其实现主要不是通过司法方式予以救济,而是建立在具体立法的基础上。[④]

吕忠梅教授提出,我国的环境立法一直以来过于强调国家的环境保护权力忽视公民的环境权,使得公民的环境权保护要求缺乏法律依据,近年以来,环境权受到了越来越多的重视,国家领导人也不断强调生态文明的重要意义,在此背景下,环境权入宪可以赋予公民以主体地位,进一步促进我国的环境保护事业和生态文明建设。[⑤]

曹明德教授认为,应当在宪法中明文规定公民的环境权或健康环境权。他提出,为了消除环境不公,多数国家通过在宪法中明确规定公民的环境权这种方式来实现环境正义。例如,南非《宪法》第 24 条规定:每个人都享有一个对其健康和福祉无害的环境的权利。此外,至少有 20 个国家的最高法院或宪法法院在宪法缺乏明文规定健康环境权的情况下,承认健康环境权的可实施性。党的十八大提出“美丽中国”和“中国梦”。“美丽中国”首先应当是健康的中国,其环境、生态系统应当是平衡的、健康的、无害的。明文规定公民的环境权或健康环境权,这是建设“美丽中国”和实现“中国梦”的前提之一。[⑥]

周珂教授认为，环境权的属性取决于环境法的属性。源于计划经济的中国环境法其本质权利正在伴随改革开放回归人权属性。我国环境法制的困境要求环境权的法律确认，环境权的不确定性、多元属性和权利对抗性成为法制的瓶颈。由于环境权价值的模糊型进一步阻碍了环境权入宪，环境权入宪的价值取向就是希望宪法确立公民的基本环境权，并且为建立公民环境权利体系提供宪法支撑。人权入环境法目前具备了相对较充分的条件，一是人权已经写入了宪法以及部门法，二是从环境法自身来看，环境法诸多规定中已经包含了人权属性。从环境权法制化方面来说，他认为，应当以能动司法保障环境权，形成环境权相关的司法解释或指导性案例，补充立法不足并为成文法拓展空间。可以效仿建筑物区分所有权创设环境区分所有权。环境区分所有权，是指区分所有人对环境共有部分和专有部分所享有的共有权和专有权，以及基于环境的管理、保护等共同事务而产生的成员权的总称具体包括环境共有权、环境专有权和成员权。⑦

三、环境法典化研究

有学者建议，将环境法典编撰列入第十三届全国人大常委会立法计划。在具体实现路径上可以分三步走：第一，将环境法典编撰纳入第十三届全国人大常委会立法计划中的第三类项目，启动相关的研究论证工作；并根据研究论证工作的进展，适时调整为第二类项目，在条件成熟时提请审议。第二，由全国人大常委会牵头成立环境法典编撰的领导机构，组成环境法典编撰工作机构，制定工作计划，决定研究项目，组织开展理论研究与调研、论证工作。第三，由全国人大常委会以研究项目形式委托最高人民法院、最高人民检察院、环境保护部、中国法学会环境资源法研究会等，具体开展法典编撰所需要的环境法典编撰基础理论研究、国外环境法典及研究成果翻译、中国现行环境资源法律梳理、环境执法成效评估、环境司法案例研究、环境法典条文起草等相关工作，为完成法典编撰提供理论与实践支撑。⑧

还有的学者通过比较环境法研究认为，瑞典的环境法典编纂也为我国环境法典化提供3点可以借鉴的经验。首先，瑞典与我国同属于大陆法系，瑞典通过环境法典的编纂解决了环境单行法冗杂与冲突等问题。其次，其在模式上采用了框架性编撰加授权立法的实质编纂模式，既汇集整合了诸多已有立法，又在一定程度上做出革新，实现了环境立法现代化的愿景。最后，动态化体系与制度革新，是环境法典化的亮点。除采用“总则—分则”的一般结构外，动态化编排可谓瑞典环境法典的一大特色。较之严格意义上的法典，瑞典环境法典属于框架性的实质编纂，以放弃绝对的严密性与确定性来实现了相对的开放性和可操作性。⑨

四、环境立法研究

随着我国新的环境保护法的实施和发展，为形成具有中国社会主义特色的环境法体系打下了夯实的基础，环境单行法的完善与实施更好的形成了环境生态保护的立体格局。但是环境单行法也存在各种法制与实施问题。

1. 水污染防治法研究

刘洪岩研究员认为，我国新的水污染防治法在主观上明晰了政府监管职能，强化地方政府监管责任。在客观上尊重生态规律和生态化要求，强化对水污染的联防联控、综合管理措施，再次强化防治监管、细化措施落实，重点解决水污染治理中的突出问题。同时强化了饮用水安全的制度保障。在行政审批方面，进一步简化行政审批，强化责任，加大处罚力度。同时，我们需要注意的是我国新的水污染防治法立法宗旨中对“公众健康”关注度不足。在水污染治理过于倚重行政管控，忽略了市场化治理措施，而关于水环境质量标准（第13条）和水污染物排放标准（第14条）指向过于笼统，忽略了“指定用途”和“防止水质退化”的相关规定，最后我国新的水污染防治法对有关水体保护的国际条约和规范关注不足。⑩

还有的学者对水污染防治法提出如下修改建议：第一，进一步明确流域水环境保护联动协调机制中的主体、对象、目标和内容，并明确相应的法律责任和政纪责任；第二，确立流域水域维持最低承载能力的标准及其保障措施，增加枯水期减少排污的应急管制措施；第三，针对企业事业单位违反规定截流水资源行为的制裁措施；第四，新增民事责任，规定下游因生态环境用水无法保障而发生水污染事故时有关责任方应当承担连带责任的条文；最后，建议下一步修改我国水法时确立保障生态环境用水优于工业用水的地位。⑪

2. 土壤污染防治立法研究

2017年年底，全国人大常委会开始二次审议土壤污染防治法草案。吕忠梅教授认为，风险管控应成为土壤污染防治法的核心理念，法律制度的立足点应该是“防”。一方面，要加强对尚未被污染的土壤进行保护，防止边治理边污染。另一方面，是对已经污染的土壤进行治理或者采取有效措施，阻断土壤污染物进入人体的途径，防止土壤污染对人群健康造成严重侵害。土壤污染防治立法需要注意到两个“特殊性”，即土壤环境的特殊性与我国土壤污染的特殊性。一方面，相对于大气污染和水污染，土壤污染具有明显的积累性、隐蔽性、潜伏性、综合等特征，这就要求法律制度必须对症下药，不能简单照搬大气污染防治法、水污染防治法中的一些规定。比如，土壤环境标准体系比大气标准、水标准要复杂得多，法律上的土壤环境标准制度必须体现土壤污染特征，建立综合性的标准制度体系。[12]

3. 湿地保护立法研究

汪劲教授认为，现阶段我国在湿地保护中突出的问题集中在相关规定目标定位偏离、内容零散化、缺乏操作性；湿地保护的专门规定法律位阶过低；湿地的定义和范围界定混乱；有关湿地保护及利用的规定严重滞后等方面。在立法建议上他认为，首先应当对湿地保护利用的法规进行评估与清理；其次，应当在改革与完善《湿地保护条例（草案）》的基础上，使其尽快颁布生效；此外，还需要制定有关湿地保护的其他配套规章制度，补强湿地保护的专门立法，以形成完备的湿地保护规范体系。[13]

五、环境行政执法研究

环境行政执法是环境管理的重要手段。环境行政执法研究对促进对环境保护工作、推动生态文明建设具有重要的理论与实际意义。

1. 违法行为责任研究

有学者认为，查封、扣押权的行使可以及时制止环境污染行为，预防环境危害的发生。若查封、扣押的执行不到位，其制止与预防的功能则无法发挥。因此，查封、扣押权的行使，还需有更加严厉、强力的后盾，即依据《环境保护主管部门实施查封、扣押办法》（以下简称《办法》）第23条，在行使查封、扣押权时，若出现“排污者阻碍执法、擅自损毁封条、变更查封状态或者隐藏、转移、变卖、启用已查封的设施、设备的”行为由环保执法机关移送公安机关依法处理。然这一违法行为的移送，在实践中却出现不同的结果。现阶段解决问题有两种思路：一是在环境法领域，我国环境保护法第63条规定了4种应移送公安机关处以行政拘留的环境违法行为，也可将“环境行政主管部门在现场检查时排污者阻碍执法的，或排污者擅自损毁封条、变更查封状态或者隐藏、转移、变卖、启用已查封的设施、设备的”行为作为第63条第1款第（五）项，即第五种适用移送行政拘留的情形予以明确。保障环境行政主管部门进行环境管理的权力，维护国家对环境管理的良好秩序。二是以公安、环保联合规制及行政解释明确擅自损害封条行为的法律责任。通过环境保护机关与公安机关的合作，由两部门同时出台的规章或两部门建立联动机制，明确、统一对擅自损毁封条等环境违法行为的处置，在实践层面解决法律适用问题。[14]

2. 规章制度适用研究

有学者研究认为，3个配套规章规定均采取“列举式与概括式兜底条款相结合”模式。在实施两年来，其适用情形均集中于特定的违法行为，出现了部分列举的适用情形在实践中较少适用，而作为概括的兜底条款“其他”规定却在实践中普遍实施的情况。为更好地指导环境执法实践，因而应当修改3个配套规章规定的适用情形，使其既符合实践需求，又不与上位法相冲突。应当在3个配套规章适用情形在不与上位法相冲突的原则下进行完善，同时考虑上位法的规定与实践需求，进一步完善配套规章关于适用情形的规定，调整实践中适用较少的适用情形，明确“兜底条款”，即法律规定的其他违法情形的具体内容，以更好指导基层环保执法实践。[15]

3. 环境执法体系研究

当务之急，要对那些在环保督查中发现的大案要案，有关部门要在尽快查清事实、分清责任的基础上，严肃处理，及时公布，给人民群众一个完整的交代，同时也给环境违法者一个严肃的警示。一方面，企业作为污染源的直接产生和排放者，是环境质量恶化的直接责任主体，必须依法承担相应的责任后果。对于严重排污的企业负责人，也要依法承担相应的责任，入刑的决不以罚代罪。另一方面，要加大对污染企业背后保护伞的查处。事实告诉我们，企业违法排污背后，权力腐败往往如影随形。在立足当前的同时，必须建立长效机制，就是法治方式和法治思维，就是要科学制定政策，科学立法，保障相关政策和法制的有效实施。[16]

4. 环境标准制度研究

在传统的理念中，环境与健康分属两个不同领域，近年来越来越多的学者认为提出环境是影响公众健康的重要因素，认为环境保护的核心价值应当是保障公民的健康，并以此来构建环境标准制度与健康风险评估框架。[17]孙佑海教授也为建立环境标准制度提出建议，他认为，应当建立长效机制贯彻落实我国环境保护法关于环境与健康的规定，尽快制定相关配套法规制度。国家应当建立环境与健康监测、调查和风险评估制度；鼓励和组织开展环境质量对公众健康影响的研究，采取措施预防和控制与环境污染有关的疾病。[18]

六、环境司法研究

环境司法是环境保护进入高级阶段的必然需求，也是当前我国司法体系的构成要素。中国的环境司法具有专门化与普通化两种基本形态，既遵从民事、刑事、行政三大领域诉讼法规定的程式，又对特别程序具有一定需求。司法所具有的公正与效率在环境领域对实体法与程序法都提出了革新诉求，未来中国环境司法的发展对于完善与丰富我国的司法理论、司法体系、司法价值等具有重要意义。[19]

1. 环境司法专门化研究

据发布的《中国环境司法发展报告（2015—2017)》认为我国“环境审判机构发展有序、环境审判机制有效运行、环境审判程序可操作性增强、环境审判理论发展迅速、环境审判团队建设加强，环境司法专门化前行顺畅。”具体而言包括以下几个方面：第一，环境审判机构设置有序。第二，环境案件管辖步入科学。第三，联动机制不断得到加强。第四，环境审判规则日益完善。第五，环境审判可操作性增强。第六，环境审判专业度提升。

另一种思路从环境法庭检视与完善方面提出了环境司法专门化的观点。有学者认为，现阶段我国环境法庭面临的挑战包括以下几点：第一，法律依据不充分。第二，机构建制和管辖范围不科学。第三，案件来源不足。第四，支持保障机制不健全。他建议，应当健全法律依据、完善环境法庭体系、改进审判程序、拓宽案件来源、完善支持保障机制。从而能得针对环境司法实践困境的尝试性实践，并在不断自省和纠错中甄于完善。[20]

在环境领域实施专门化司法有其必然性。环境司法的对象为因环境资源利益而产生的各类纠纷而该领域的利益关系法律关系具有复合性、复杂性，在环境资源领域实行专门化司法是当今世界的趋势。环境司法专门化内涵丰富，既包括检察机关相关业务的专门化，也包括审判机关相关业务的专门化。[21]

2. 环境诉讼顺位与证据规则研究

有学者提出，应当建立以生态环境损害赔偿优先于环境刑事诉讼判决的诉讼顺位规则。如果环境刑事诉讼先于生态环境索赔诉讼，那么赔偿义务人将会在得之不利刑罚的情况下消极的应对环境损害赔偿，反之，如果环境生态索赔诉讼先于环境刑事诉讼，赔偿义务为争取从轻或者减轻处罚，则会及时采取相应的修复措施并积极履行赔偿义务。在生态环境损害赔偿方面，他认为应当确立生态环境损害赔偿数额和行政罚款、刑事罚金数额分别独立计算的规则。在生态环境损害索赔、行政罚款与刑事罚金的执行上，应当依照侵权责任优先原则或民事赔偿责任优先原则，如果赔偿义务人在赔偿污染受害者损害后财力不足，就应当优先保障生态索赔的执行。当赔偿义务人存在事实上的财产实力有限、无法在经济上同时承担行政罚款与刑事罚金处罚时，应当考虑令赔偿义务人采用事实履行方式抵扣同等赔偿数额来履行。为了鼓励赔偿义务人积极履行赔偿义务，在其足额甚至超额赔偿生态环境损害的情况下，还应当作为其刑事诉讼中的从轻或减轻事由。同时，他提出应明确生态环境损害赔偿诉讼与环境民事公益诉讼的不同性质，确定生态环境损害赔偿索赔诉讼在程序上优于一般环境民事公益诉讼的顺位。[22]

环境司法案件的证据收集具有时效性、专业性与复杂性。有学者建议：第一，要加强制度建设，完善执业规范、加强执业监管和执业保障。第二，人证据评价理念、统一环境损害司法鉴定意见的表达模式。第三，结合法医类司法鉴定意见，增加对于环境污染导致人身损害的考量。第四，加强环境科学技术的法律要素，提升其证据适格性。第五，融合环保公益组织，完善环境公益诉讼中的科学证据程序。[23]

同时，有学者建议应在环境违法案件查处部门间及其与省级人民政府索赔部门间建立案件通报程序和证据收集与保存规则。此外，为防止有关民事诉讼证据灭失或者以后难以取得，环境违法案件查处部门以及有关公安、检察机关在环境犯罪侦查公诉阶段，还需要采取先行登记保存等方法，固定对未来生态环境损害索赔所需的证据。为制裁可能的污染环境犯罪行为，查处环境违法案件立案部门应当依法请求公安机关联合办案。所有这些都应当通过制定证据规则来确定。[24]

3. 环境公益诉讼研究

环境公益诉讼作为环境司法体系的重要构成，近年来，环境公益诉讼的案件逐渐增加，公益诉讼的主体也趋于多元化，在案件审判的过程中，也出现了调解模式作为解决方式，发挥了能调则调、当判则判的法律原则，为一步解决环境公益诉讼案件提供了新的思路。

有学者以“南岭案”为案例提出了对环境公益诉讼的几个新的观点，从审判角度出发，“南岭案”在性质上突破了传统环境民事公益诉讼的一般特征，并包含了环境行政公益诉讼的特点。最终的调解方案实质上也体现了“民行二合一”的审判思路，不同的法律关系，在一个调解中彻底解决。在目前的环境公益诉讼案件中，很多案件都具有民、行交叉的特点，尤其是很多环境公益组织在起诉污染企业的同时也会顺带要求追究行政机关的相关责任。法院在具体的程序适用上可能还存在问题，但通过调解的方式可以有效地解决程序障碍，最终在调解中各方担责，共同治理，可以有效地化解案件矛盾纠纷，从而有助于实现最终的诉讼目的。从执行方式出发，政府相关部门在案件具体的执行中充当代管人的角色，充分发挥政府行政监管职能，在修复工作的方案制订、事实、监管、验收等领域配合法院监督执行效果。这种执行代管人模式为今后类似案件的执行工作提供了案例借鉴，尤其是在民事、行政法律关系比较复杂的环境公益诉讼案件中，如何定位各被告在案件中的责任及义务，该案提供了重要的实践意义。从生态修复效果出发，“南岭案”的调解结果打破了调解的终局性，即要求企业在一定时间内修复生态，没有完成修复要求的，应当继续完成修复。在调解的基础上，赋予了司法机关和行政机关对修复效果加以评测和考量的权力。这一做法既较快地解决了当前的修复问题，让各方达成合议，又充分考虑到生态修复的过程性和复杂性，让司法机关在后续的监督中，留有灵活的余地。从生态损害赔偿角度出发，“南岭案”还没有涉及环境治理期间损失的赔偿问题，这也反映出目前环境公益诉讼中所面临的实际问题。周珂教授认为，随着环境损害评估机制的完善，在今后的判决和调解中，环境治理期间损失的问题也将成为各方所重点关注的内容。[25]

有学者对环境公益诉讼实践案例进一步研究，对检察机关可否提起刑事附带民事公益诉讼、责任主体之间赔偿责任如何分配提出了新的观点。该学者认为，检察机关在刑事司法实践中，环境刑事附带环境民事公益诉讼有着多方面的重要现实意义，既符合检察机关法律监督者的职能定位，又具有节约司法成本、提高司法效率、简化诉讼程序、减轻被害集体诉讼负担等制度优势。最重要的是检察机关作为我国检察权行使机关、法律监督机关以及国家利益与社会公共利益的代表，此举对于保护国家利益和社会公共利益也意义重大。关于责任主体之间赔偿责任如何分配的问题，该学着认为，对于此种基于合同关系的主体之间环境赔偿责任应如何分配，各自对环境修复费用承担多少份额等问题，应当通过各主体之间通过签订合同的方式明确彼此之间权利义务，可依据合同计算各自获利情况后，依照获利多少而确定连带责任承担比例及份额。[26]

4. 生态环境损害赔偿研究

有学者从语义层面解释“生态损害”与“环境损害”相对应。前者主要关注人类行为对生态环境本身造成的负面影响，而后者更多地强调人类的行为经由环境要素的传导而对人身和财产造成的负面影响。有时候，“环境损害”的内容亦被认为属于广义上的“生态损害”的范畴。“生态损害”是狭义上的概念，即仅限于对生态环境自身的损害。[27]有学者从理论上辨析，某一污染环境或破坏生态的行为可能使民事主体蒙受环境侵权损害，也可能造成生态（环境）本身的损害。前一类损害是以生态（环境）为媒介，表现为民事主体的财产损失、人身伤害甚至精神损害，属于传统的侵权损害；而后一类损害则直接指向生态（环境）本身，是指人为的活动已经造成或者可能造成人类生存和发展所必须依赖的生态（环境）的任何组成部分，或者其多个部分相互作用而构成的整体的物理、化学、生物性能或生态服务功能的重大退化。[28]

目前，我国在法律上没有对生态环境损害制度进行明确的规定，导致现行法律难以为生态环境损害赔偿案件提供充分的法律依据。

有学者建议，应以制定“生态（环境）损害综合预防和救济法”为长远之计。但近期也须解决生态（环境）损害赔偿救济的法律责任缺位问题。因此，可以鉴于2014年修法后的新形势新要求，通过修改我国环境保护法，在现行第64条后增加一条有关“生态（环境）损害救济责任”的专条，以为权宜之计。这一专条须至少规定“加害人的生态（环境）损害救济责任及责任方式”“生态（环境）损害的多元有机保护主体机制及救济路径”“生态（环境）损害获赔款的管理、使用和监督”等核心问题。[29]

吕忠梅教授认为，生态环境损害不同于民法上的

"具体损害"，是一种需要从"质"与"量"两个方面加以判断的"总体利益损害"；生态环境损害构成的"侵害"与"法益"两个规范要素组合具有明显的二元性，不能完全纳入《侵权责任法》范畴；生态环境损害赔偿责任是一种危险或风险防御责任，既不同于传统民法上的损害赔偿，也不同于恢复原状，应在法律上创制专门环境侵害责任。[30]

注：

①吕忠梅：《生态法治建设的"绿色"脚印》，《人民政协报》，2017 年 10 月 19 日。

②常纪文：《从技术规律和经济规律来看，环保标准的提升具有阶段性——促进环境保护和经济发展相协调》，《北京日报》，2017 年 12 月 18 日。

③④⑤《中法宪法上的环境权》，国际会议，中国人民大学，2017 年 7 月 3 日。

⑥曹明德：《环境公平和环境权》，《湖南社会科学》，2017 年第 1 期。

⑦周珂、罗晨煜：《论环境权"入法"从人权中来，到人权中去》，《人权》，2017 年第 4 期。

⑧吕忠梅：《将环境法典编撰纳入十三届全国人大立法计划》，《前进论坛》，2017 年 4 月。

⑨竺效、田时雨：《瑞典环境法典化的特点及启示》，《中国人大》，2017 年第 15 期。

⑩刘洪岩：《"水污染防治法"新解》，《中国经济报告》，2017 年第 10 期。

⑪汪劲：《强化水环境保护的主体责任，明确水环境保护的执行措施》，《中国环境管理》，2017 年第 3 期。

⑫吕忠梅：《防控生态健康风险是土壤污染防治立法的重点》，《人民法院报》，2017 年 12 月 30 日。

⑬潘佳、汪劲：《中国湿地保护立法的现状、问题与完善对策》，《资源科学》，2017 年第 4 期。

⑭竺效、丁霖：《论擅自损毁封条等环境违法行为的法律责任》，《中国地质大学学报》(社会科学版) 2017 年第 5 期。

⑮竺效、丁霖：《试论"环境保护法"三个配套规章适用情形的完善》，《环境保护》，2017 年第 13 期。

⑯孙佑海：《严格环境执法保障公众健康》，《环境保护》，2017 年第 6 期。

⑰吕忠梅、杨诗鸣：《控制环境与健康风险：美国环境标准制度功能借鉴》，《中国环境管理》，2017 年第 1 期。

⑱孙佑海：《严格环境执法保障公众健康》，《环境保护》，2017 年第 6 期。

⑲吕忠梅、焦艳鹏：《中国环境司法的基本形态、当前样态与未来发展》，《环境保护》，2017 年第 18 期。

⑳于文轩：《环境司法专门化视阈下环境法庭之检视与完善》，《中国人口 · 资源与环境》，2017 年第 8 期。

㉑吕忠梅、焦艳鹏：《中国环境司法的基本形态、当前样态与未来发展》，《环境保护》，2017 年第 18 期。

㉒汪劲：《确立生态损害索赔诉讼与关联诉讼程序与证据规则》，《中国环境报》，2017 年 12 月 20 日。

㉓王灿发、郑振玉、王旭、王元凤：《中国环境损害司法鉴定的发展路径与管理探索》，《环境保护》，2017 年第 9 期。

㉔汪劲：《确立生态损害索赔诉讼与关联诉讼程序与证据规则》，《中国环境报》，2017 年 12 月 20 日。

㉕周珂：《从"南岭案"看环境公益诉讼中的五点启示》，《人民法院报》，2017 年 6 月 8 日。

㉖于文轩、孙宝民：《首例跨区域倾倒垃圾环境公益诉讼引发的思考》，《中国环境报》，2017 年 3 月 9 日。

㉗于文轩：《论我国生态损害赔偿金的法律制度构建》，《吉林大学社会科学学报》，2017 年第 5 期。

㉘㉙竺效：《建立生态(环境)损害预防与救济长效法律机制》，《中国环境报》，2017 年 12 月 22 日。

㉚吕忠梅：《"生态环境损害赔偿"的法律辨析》，《法学论坛》，2017 年第 3 期。

（作者：周珂，中国人民大学教授；
穆斌，中国人民大学博士生）

国际法学

张文亮

2017年，北京地区国际法学者在国际法领域的研究紧紧围绕国内外有关的国际法实践，回应现实问题，为我国的国际法实践建言献策，丰富了我国的国际法研究体系。具体来说，国际法学者的研究领域广泛，主要涉及国际投资、“一带一路”、WTO、国际民商事争议解决、南海仲裁案、国际经贸规则以及国际人权保护等领域。从总体上来说，这些研究成果十分丰富，并在很大程度上引领了我国国际法学的研究。

一、有关的国际法会议

2017年12月9日，北京国际法学会“一带一路”与国际法的发展学术研讨会暨第四次会员代表大会在中国人民大学举办，外交部条法司、商务部条法司、北京市法学会以及来自全国高等法学院校、司法实务部门的领导、专家学者和会员代表等150余人参加了会议。与会人员按照“国际公法、国际经济法以及国际私法”3个部分开展学术研讨交流。在该年会上，“海洋权益保护、国际法下的独立公投、构建人类命运共同体、国际投资争端解决以及一带一路争端解决机制、TPP和CPTPP”等国际法最新发展成为广泛深入交流的话题；通过深入的探讨，与会人员提出了有益的对策建议。

二、国际投资

我国已与世界150多个国家签订了双边投资协定，成为重要的资本输入国和资本输出国，该现状充分地反映在我国学术研究领域，对国际投资的研究已成为我国国际法学者关注的重要领域。其中，对国际投资争端解决的研究是其中的焦点问题，而相关的研究亦触及国际投资保护以及规则解释等领域。

有学者认为，国际投资中的“履行要求”是东道国行使国家规制权对外国投资者及其投资施加的一种规制措施，对保障外国投资、促进东道国可持续发展发挥重要作用。但该要求对外国投资的规制，与以保护投资为根本目标的国际投资规则之间存在一定的冲突，引发了对国际投资规则应否禁止“履行要求”以及多大限度内禁止“履行要求”的分歧。鉴于禁止“履行要求”不是习惯国际法规则，包括投资协定和贸易协定在内的国际经贸投资规则对履行要求的规制、对东道国规制权的限制，取决于缔约方的发展战略、外资政策和具体权利义务配置。承诺与例外结合、权利与义务平衡，应是正确选择。中国“入世”做出的“履行要求”承诺，可能使中国面临挑战。①

对于技术转让中的“履行要求”，有学者认为，其并未被包含在《与贸易有关的投资措施协定》（TRIMs协定）明确禁止的5种“履行要求”措施中。大多数传统双边投资协定也没有“履行要求”禁止条款，但现在越来越多的国家在其签订的投资或贸易协定中纳入了技术转让“履行要求”禁止规则，禁止强制技术转让。确定强制技术转让要求的范围，关键在于对措施“强制性”的判断，不同仲裁庭对该问题的解读不同。技术转让“履行要求”禁止规则的例外条款对于保障东道国权益意义重大，但在环境保护例外以及知识产权例外的适用上仍存在不少问题，未能充分保护发展中国家利益。中国应在厘清《中国加入世界贸易组织议定书》中就技术转让做出的承诺的基础上，审视外商投资审批实践中隐含的技术转让要求，并积极参与国际层面的规则制定。②

鉴于中国现已转型成为资本输出与输入并重的双重大国，中国投资者与中国政府参与国际仲裁的案件量渐增。有学者认为，国际投资条约仲裁属于典型的无默契仲裁，争端当事方的仲裁合意通常体现于国际投资协定中。在梳理中国参与国际投资争议解决实例的基础上，研究无默契仲裁当事双方合意的形式、特征，反思其正当性危机，并对优化现有的争端解决方法提供建言。运用规范与实证相结合的研究方法分析可知，在“一带一路”区域合作的背景下，中国仲裁机构应适时将投资争端纳入受案范围，其有效运作需要立法、司法、行政的各界配合。③

随着国际投资仲裁实践的急剧发展，国际投资仲裁的特殊问题日益凸显。有学者主张，投资者与国家争端解决中的国家反诉作为平衡投资者与国家间利益的重要途径，近些年来成为国际投资法领域的热门话题。实践中，国家反诉的成功提起有较大障碍，目前可从主体要件、同意要件、义务要件和联系要件探寻解决路径。《跨太平洋伙伴关系协定》投资章节中的相关规定可能代表国家反诉未来的一个发展方向。在以国家为主导的国际投资法制体系中，国家反诉将会逐渐得到认可和完善。[4]

又有学者指出，国际投资仲裁中的第三方资助近年来发展迅猛并形成产业，对国际投资仲裁制度造成重要影响。第三方资助的消极影响包括助长投资者滥诉、影响案件的公正裁决、妨碍争端的有效解决等。但是目前的国际投资仲裁制度无法对其进行有效控制。国际投资仲裁中的第三方资助及其发展和目前国际投资仲裁制度的弊端之间存在紧密联系。第三方资助因为国际投资仲裁存在这些弊端而产生和迅速发展；第三方资助的消极影响又加剧了国际投资仲裁的这些弊端，使其受到更多“正当性”的质疑。现有国际投资仲裁机制的弊端不能消除则第三方资助的危害也无法得到控制。对国际投资仲裁中第三方资助的规制不能就事论事，而必须放在国际投资仲裁“正当性危机”及其改革的大背景下，通过对国际投资仲裁的改革来进行。我国不能盲目肯定和接受第三方资助在国际投资仲裁中的运用，应积极推动国际投资争端解决机制的改革。[5]

三、“一带一路”

有学者探讨在“一带一路”倡议实施中建立新的国际投资争端解决机构并创新该机制。鉴于“一带一路”沿线国家在签订的双边投资条约中主要选择ICSID为国际投资争端解决机构，导致沿线国家作为被申请人的案件主要由“一带一路”区域外国家的国民处理。因此，有学者主张为了优化区域内投资争端解决现状、应对区域内不断增长的投资争端、利于地缘性投资保护并推进中国参与乃至引领国际投资规则再构建，有必要创建“一带一路”国际投资争端解决机构。而且在法律、平台和资源方面，创建的可行性也已具备。至于路径，应当借助亚投行的平台制定相应公约，并在ICSID公约基础上创新结构和制度，最后努力推动沿线国家缔结相应公约。[6]

有学者指出，在“一带一路”倡议下的国际货物运输中，铁路运输将发挥重要作用。目前亚欧大陆以铁路运输为中心的国际货物运输存在的主要法律障碍是运输规则不统一。因此，应当改革当前以《国际货协》和以《国际货约》为核心的铁路运输规则体系，制定统一的以铁路运输为中心的国际货运规则，以进一步推动“一带一路”倡议的实施。[7]

四、WTO

有关世界贸易组织（WTO）的研究一直是我国国际法学者研究的重要领域；尤其是随着我国不断融入WTO以及近年来美国与WTO的纠葛升级，有关WTO的研究日益深入。有学者研究指出，在WTO争端解决案例中，中美围绕如何界定作为补贴提供者的“公共机构”展开法律论战。美国国内实践和中国诉美国“双反措施案”专家组倾向于“政府控制说”，而“双反措施案”上诉机构采用“政府权力说”，但所提出的“有意义的控制”要素仍引发新的争议。在“碳钢案”和中国诉美国“反补贴税案”上诉机构强调了“有意义的控制”仅是“政府权力”的一个证据，而非政府权力本身，并提出了更严格的证明标准。这为中方挑战美国对华反补贴的国有企业公共机构身份的新标准提供了更清晰的依据，但也在一定程度上仍然给美国反补贴调查机构留下了空间。中方要认真研究美国可能形成的新做法，预判其与WTO规则和上诉机构意见的一致性，并积极考虑在WTO争端解决机制中持续挑战这些新做法。[8]

有学者指出，美国主导创设了WTO争端解决机制。通过这一机制，美国提起WTO申诉的频率以及申诉的胜诉率都极高，其自助执行能力在世界范围内也最强，但是近年来美国却频频与各国进行谈判并试图通过签订大区域贸易协定来架空WTO争端解决机制，甚至直接退出这个机制。从WTO裁决的角度来看，这似乎意味着WTO原告胜诉裁决的执行效果和国家利益的完全实现之间并不完全重合。一方面，部分原告胜诉裁决执行不完全仍然可以间接地实现国家利益；另一方面，部分原告胜诉裁决完全执行却不能完全地实现国家利益。这种背离现象虽然客观上起到了调节WTO申诉率的作用，然而伴随着社会经济和政治大环境的演变，这一现象却成为如美国这样具有强大自助执行能力的大国意欲改造甚至抛弃WTO体系的重要原因。鉴于此，中国需要在进一步提高WTO申诉率的基础上，分类评估胜诉裁决执行的效果，同时在厘清美国政治结构失衡对执行难度的影响后，跟进甚至超越美国对国际经贸纠纷解决程序的设计与引导。[9]

《中国加入世界贸易组织议定书》（以下简称《中国入世议定书》）第15条已于2016年12月11日到期，引发关于中国是否能自动获认市场经济地位的大讨论，以及是否能在反倾销确定正常价值时继续使用“替代国”做法的争议。有学者研究指出，市场经济地位与替代国做法并不存在必然联系。中国是不是市场经济国家，与如期弃用“替代国”做法是不同层面的问题，应该分开讨论。2016年之后，无论中国市场经济地位认定与否，《中国入世议定书》第15条a款都不能再视为适用替代国做法的法律依据。切断替代国做法与市场经济地位的必然联系的好处不在于将中国“非市场经济地位”的举证责任转移给其他成员国，而在于即使他国依其国内法证明中国处于“非市场经济地位”，随着替代国做法的到期他国均无权依据15条实施替代国做法。中国应以替代国做法的到期为核心主张，不应在中国市场经济地位的认定上做过多的纠缠，避免他国避重就轻、混淆视听。⑩

又有学者梳理后指出，欧盟的反倾销法规及政策也随之体现出新的调整趋势，即有条件终止“低税率规则”的实施，以更加苛刻的市场扭曲标准取代原有的市场经济标准，强化对WTO出口成员的双反打压。中国的应对措施应该是一个多元复合体系，在加强司法救济与贸易反制的同时，适度加快市场开放的进程。反制和开放都应该是有选择的，前者的重点应集中于南欧急剧升温的贸易保护主义，后者的重心应落于部分对华贸易赤字规模庞大的西北欧成员国。从根本上来看，中欧围绕市场经济地位的争端，源自非传统安全领域战略层次的矛盾。尽管这一战略性分歧不会从根本上改变中欧关系“亦友非友”的基本属性，但是，包括中国市场经济地位等其他领域矛盾的长期沉淀与累加，不仅可能加剧战略层面的分歧，甚至有可能促使未来的中欧关系趋向于“似友非友”的转变。⑪

除此之外，亦有学者从其他方面对WTO进行了研究。比如，有的学者分析了《技术性贸易壁垒协定》（TBT协定）中的重要概念——“国际标准”，但TBT协定并未对其进行明确定义。因此，要使TBT协定相关条款得以施行，就需要对“国际标准”进行准确的法律解释。在总结WTO争端解决机构认定“国际标准”要件的基础上，梳理技术性贸易壁垒规制的历史演变，纵向考察“国际标准”的定义由明确转变为模糊的过程，从中探析TBT协定的立法原意。结合法经济学的“成本—收益”分析视角，认为实现WTO成员利益最大化应是解释“国际标准”的基准，并提出了改进“国际标准”法律解释的若干意见。⑫

又有学者指出，产能过剩不单引起国内关注，也在世界范围内引起了广泛的关注。2017年1月13日，美国政府向WTO组织提请关于中国政府给予原材料铝生产企业提供补贴的磋商请求（DS519）。本案是美国就中国相关产业“产能过剩”在WTO提起的首次诉讼，指责我国各地方政府以产业政策为依据，使用各种补贴为政策杠杆不当干预相关产业，造成相关产业产能过剩，违反反补贴协定（SCM协定）。今后可以预测美国还会在煤炭、钢铁等属于中国严重的“产能过剩”的领域在WTO提起磋商请求。以过往案例为依据，条分缕析补贴的3要素，最后提出救济措施为正在磋商中的案件和以后将会发生的涉及“产能过剩”的案件追寻中国自身不足，寻求法律依据，避免今后在WTO诉讼中处于不利地位。⑬

有学者研究认为，法律解释是争端解决过程中对相关法律规则范围和内容的澄清。在WTO的争端解决实践中，专家组特别是上诉机构在遵循一般解释原则的基础上，为实现争端的满意解决，基于争议的特定事实对法律规则进行“实事求是”的解释，建立抽象规则与鲜活事实之间的关联性和参照性。作为一种应用性解释，实事求是解释法以传统的文本解释方法为基础，对传统的文本解释方法予以补充，促进争端的积极和满意解决。国内争端解决实践中实际上也存在这种实事求是解释法，即基于个案事实来寻求三段论推论中的大前提。⑭

五、国际人权保护

国际人权保护及人权法是一个新的、发展中的领域和国际法部门，随着时代的发展，国际人权保护的理念不断增加，相关的实践日益丰富。有鉴于此，我国学者的研究跟进并反映该趋势。相关的研究既包括一般人权保护与人权机制的探讨，也包括特殊群体的人权保护问题研究。有学者研究认为，联合国人权机制对于制定和实施国际人权法发挥着重要作用，同时也受到政治化、资源匮乏和制度设计缺陷等问题的困扰。联合国人权机制的整合是完善该机制的重要途径，体现了人权主流化和通过多边合作强化国际人权监督的思想。联合国每个人权机制内部、机制间以及对机制外部的人权资源的整合，在加强整个人权机制监督全面性、整体性、协调性、一致性和持续性的同时，也对各国实践带来了挑战。联合国人权机制的整合弥补了该机制原有的监督空白，将所有国家和地区的人权状况全面纳入了国际监督体系。它通过强化机制间的合作，不仅使联合国人权机制内部的资源得到重新配置和有效利用，而且增强了整个机制对于一国人权问题的聚焦能力以及实施力度。此外，整合趋势在强化联合国人权机制与其他国际和国内组织合作的同时，还增强了该机制对于人权监督的全面性和多元化。对此，各国需要重视联合国人权机制的这一发展变化，通过加大对联合国人权公约以及监督机制的接受程度，切实提高国内人权状况和对国际人权建议的执行力度，进一步加强与该机制的全面合作，从而促进国际人权保障。⑮

在人权的区域保护层面，有学者指出，自 2005 年“卡迪案”以来，欧洲司法机构审理了针对欧盟机构或相关成员国在实施联合国安理会制裁措施中侵害被制裁人基本权利的一系列案件。最初，法院秉持《联合国宪章》第 103 条规定的宪章义务优先原则，拒绝对此类措施进行司法审查；随后，法院依据保障个人基本权利的欧盟法，开始对此类措施的合法性进行“全面审查”，并在“纳达案”和“阿尔—杜立弥案”中相继提出了具体审查标准。这一演变过程显示了欧洲司法机构正日益强化人权保护“区域自治”的理念，相关成员国履行安理会制裁决议的义务因保障个人基本权利的需要而被弱化。这一现象的根源在于安理会制裁直接限制个人的基本权利，却没有提供同一层面的司法保护。它将促使联合国对直接影响个人基本权利的制裁行为进行必要改革以平衡国际法中个人权利与义务的关系。⑯

在灭绝种族罪领域，有学者指出，灭绝种族罪的四类受保护团体分别是民族团体（National Group）、族裔团体（Ethnical Group）、种族团体（Racial Group）、宗教团体（Religional Group）。民族团体应以是否具有统一国籍为判断依据，族裔团体从文化层面进行界定，种族团体以遗传特征为界限，宗教团体以宗教信仰为标准。各个受保护团体的判断都应坚持客观标准，从团体中人群的客观特征出发进行归类和判断。卢旺达国际刑事法庭关于“阿卡耶苏（Akayesu）”一案的判决有失偏颇，受害团体图西族（Tutsi）完全符合四类受保护团体的条件。⑰

有关非国际性武装冲突中的适用问题，有学者研究认为，1949 年《日内瓦四公约》实际上包含着许多共同条款，但具有相同条文编号的共同前 3 条显然具有与众不同的地位，而这其中又以共同第一条最为特殊。该条规定：“各缔约国承诺在一切情况下尊重本公约并保证本公约之被尊重。”作为《日内瓦四公约》及其《附加议定书》的纲领性条款，由于没有为各缔约国创设具体的义务，共同第一条的地位和作用长期以来受到忽视，对于该条的具体含义也有各种不同的解读。从起源上看，共同第一条原本用于解决“普遍参加条款”、公约的平时适用以及非国际性武装冲突这 3 个方面的问题，但随着后续国家实践的不断补充与完善，当代对共同第一条的理解实际上已经超越了其最初含义，尤其是丰富和强化了各缔约国“保证尊重”这一额外义务。但无论如何，对共同第一条各个部分的解释都必须有坚实的法律依据，不能脱离《日内瓦四公约》及其《附加议定书》的整体框架。⑱

六、国际民商事争议解决

随着国际民商事交往的纵深发展，相关的国际民商事争议解决成为题中之意，我国学者在该领域的研究亦不断深入。这些研究主要包括涉外民商事诉讼与国际商事仲裁的法律适用，以及国际民商事争议解决机制或制度的架构等。有学者对国际条约的适用问题做了梳理和研究，指出传统国际私法将当事人对国际条约的选择视为合同法问题，将国际条约作为合同内容对待；而新近的国际私法学者主张当事人选择的国际条约为涉外民事法律关系的准据法，我国学者及司法实践多倾向于此。⑲此外，国际条约以“转化”及“纳入”的方式在一国发生法律效力。在“转化”的方式下，国际民商事实体性条约是以国内法的形式出现，以国际私法的指引而得到适用。在“纳入”方式下，国际民商事实体性条约的适用有“非国际私法模式”和“国际私法模式”两种。中国民法通则第 142 条第 2 款和《联合国国际货物销售合同公约》第 1 条第 1 款（b）项属于“法际私法”，解决国内不同法律之间的适用关系，它只有在“国际私法模式”下才得以适用。⑳

有学者认为，“涉外民事关系的界定”是法律适用法的基本理论问题，也是一国立法、司法必须直面不可回避的重大现实问题。对涉外民事关系的界定方式，采用列举方式具体界定，还是采用原则性界定方式高度概括，或者融列举式界定与原则性界定为一体混合界定，并无一定之规，需要根据一国具体国情而定。上述 3 种涉外民事关系界定方式各有特点，孰高孰低不能一概而论，一国在不同的历史时期或者发展阶段立法可能采用不同的方式界定涉外民事关系。一般说来，列举方式具有直观性、确定性、便捷性和可预见性特征，在市场经济初级阶段，涉外民事关系数量不多、内容单一，采用列举方式界定涉外民事关系较为适宜，法官可直接按照法律规则所列举的涉外因素作用于法律事实，高效准确地确定民事关系的内外属性。列举式界定以规则为导向，定性过程中强调规则的适用和遵守。列举式界定与成文法国家法律渊源联系密切，此方式的采用有时是成文法国家法律渊源使然。[21]

又有学者指出，随着近年来中国与日本、韩国之间的跨境消费迅猛发展，涉外消费者合同纠纷日益增长，但中日韩3国消费者保护水平的差异影响了消费安全，有必要在东亚地区实现消费者合同法律适用的统一。中日韩国内法均就涉外消费者合同法律适用做出特别规定，其共性特征是法律统一化的基石和支撑。虽然3国国内法规定有所不同，但并非实质性差异，不足以阻碍法律统一化进程。为了向东亚跨境消费者提供一体化保护，设想基于中日韩3国消费者合同冲突法现行规范，通过签订多边条约，统一消费者概念、意思自治限制的范围、强制性规定的适用等基本规则。[22]

有学者指出，国际商事交易从传统的物权交易、融资性贸易，再到证券跨境交易，均需要与之匹配的法律适用规则。资产的权利化和权利的证券化对传统的法律适用规则提出了挑战，债权法律适用规则与物权法律适用规则的简单组合不能适用现实的需要。实践表明意思自治这一法律适用原则，正在成为跨境金融性商事交易的首选原则，但对于新型经济体和转型过程中的资本市场秩序的冲击和影响亦应充分评估，我国的证券法律适用规则在借鉴意思自治时应予适度改造与完善。[23]

对于仲裁中的法律适用，有学者在比较分析的基础上讨论了中国法下仲裁庭适用法律的路径，认为在当事人未约定适用的法律时，应当依据仲裁规则的授权，可以采取仲裁地冲突规则，也可以采取其认为合适的仲裁规则、累积适用与案件有关的国家的冲突规则。还可以在仲裁规则的允许下直接适用国际规则如国际公约、国际惯例甚至国际商事法。由于仲裁程序法的适用较少且主要用于判断仲裁协议的效力，为了避免仲裁规则和仲裁法的冲突，没有必要修改《仲裁法》的相关条款。[24]

在涉外纠纷的解决中，包括国际民商事诉讼与国际商事仲裁，临时救济的适用已成为极具实践价值和理论意义的重要现象。有学者主张，作为程序法中的救济机制，临时救济在全球化以及纠纷解决日趋复杂的时代大背景下遇到明显的困境，主要包括其自身架构的理论困境、国际民商事交往带来的实践难题以及司法协助中的合作僵局等。各国应致力于推进临时救济体系的重构与完善，回应临时救济适用的理论困境：临时救济应定位于制衡机制的引入，以实现当事人之间在诉讼以及整个纠纷解决过程中程序法意义上的平衡，即为当事人之间在先的“失衡状态”注入平衡因素。同时，各国在涉外临时救济的适用中应保持开放、合作的姿态并依托国际组织进行有效的协调或统一，以有效应对其中的实践难题与合作僵局。我国有关临时救济的立法尚不完善，司法实践较为混乱，建立在反思涉外临时救济困境基础之上的立法和司法完善成为必要。[25]

七、南海仲裁案

南海仲裁案引发的相关研究依旧持续。有学者分析了裁决书，主张低潮高地能否被据为己有不是一个有关《联合国海洋法公约》（以下简称《公约》）的解释或适用的问题。南沙群岛中的低潮高地的归属是一个领土主权问题。南海仲裁案仲裁庭对菲律宾的第4项和第5项诉求应无管辖权，而且它所做的那些裁判本身也是错误的。仲裁庭无权裁判菲律宾的这两项诉求将对仲裁庭对本案其他事项的管辖权产生严重影响。[26]

有学者对我国应否参与南海仲裁案的仲裁程序问题进行了分析，认为对于中菲南海仲裁案中我国的不出庭决定和之后的庭外应对，学界存在有力的个别意见，即认为依照国际法院程序分立的司法实践，至少应先出庭抗辩管辖问题。但是考察《公约》附件七既往案件发现，除非两者能够达成协议，否则即使出庭抗辩管辖，仲裁庭也将不会分开程序进行审理。在程序分立问题上，国际法院的《法庭规则》和《公约》附件七仲裁庭事后为个案量身定做的《仲裁规则》中各有不同的规定，两者的裁量角度也有不同。在南海仲裁案中，中方如果在初始阶段参加程序提出管辖抗辩，将直接被卷入实体问题的审理。相反，初始即不出庭一方，仍有权根据裁判机关必须查明管辖权这一条约要求，通过具有实质意义的程序外管辖异议，在个案争端的解决路径和结果上保持着法律上的影响力。[27]

有学者从更广的层面分析了南海问题，认为南海争端经年已久，时值国家崛起中将强而未强之际，以适当的方式处理南海争端，不但事关国家领土主权与海洋权益的维护，事关中国与争端国的关系和区域合作乃至区域和平的维持，更事关中国的崛起进程，事关未来区域与全球的秩序。我们必须创新思维，创新争端处理方式，以和平解决争端为目的，采取渐进的方式。共同开发就是这种新思维的产物和自然选择。共同开发如同一种特殊的谈判形式，争端各方对无法

达成一致的问题搁置不谈，而是努力促成各方共同利益，从而形成制度化的合作来处理争端，维护国际关系的稳定。㉘

八、国际经贸规则

随着国家间贸易的频繁与深化，对国际经贸规则的订立、适用和解读成为越来越受关注的问题，国家间的贸易最终还是落实到规则适用上的较量。学者们的研究亦追随该趋势，围绕国际经贸规则的诸多方面做出了若干有意义的研究。有学者分析了可再生能源产业中的“当地成分要求”（local content requirement），认为当地成分要求的贸易保护主义的性质对国际贸易有着重要影响，近年来受到越来越多的关注。自 2008 年以来，有超过 100 个当地成分要求被各国所采用，其中有 20 个影响着可再生能源产业。总体来讲，现在学界并未就可再生能源产业当地成分要求的合理性达成一致意见。但可以说，可再生能源产业当地成分要求既有一定合理性但同时也存在不合理或存疑的部分。包含当地成分要求的可再生能源支持措施无法满足 GATT 环境保护例外和幼稚产业保护例外条款。对可再生能源产业当地成分要求的规制应该寻求贸易自由化目标和其他政策目标的协调；一个独立的可再生能源协定是最为合适的规制平台；具体规则的制定方面，可考虑增加“静止条款”或采用“区域成分要求”替代当地成分要求。㉙

有学者指出，欧盟于 2016 年 7 月 12 日通过的反避税指令建立了欧盟层面的反避税机制，相关内容参考了 OECD/G20 税收侵蚀与利润转移（BEPS）计划的最终成果。而在此之前，欧盟的重心是致力于消除阻碍单一市场内货物、服务、人员和资本自由流动的所得税壁垒。由于欧盟经济一体化与全球经济是无法分割开的，因此欧盟开始注重加强与第三国的税收合作。在这一过程中，欧盟希望在推动全球税收治理方面发出其声音，增强影响力。双边、多边等多层次的税收合作机制对于实现全球税收良好治理也是相辅相成的，这对我国确有借鉴意义。㉚

有学者认为，在国际税收协定中，利益限制条款是为了防止非居民纳税人通过择协避税获取本不应当得到的税收协定优惠而设置的、用来评估纳税人资格的一系列客观测试条款。由于一般性反滥用税收协定规则对择协避税没有做出有针对性的规定，美国在其用于对外进行税收协定谈判 U. S. 范本中创造并发展了利益限制条款。近两年，出于国际反避税的需要和 BEPS 项目的展开，OECD 和美国都进一步完善了利益限制条款。随着我国开始重视打击国际避税并积极落实 BEPS 项目成果，我们需要进一步认识和使用利益限制条款。㉛

有学者指出，自全球金融危机以来，世界经济复苏乏力，贸易保护政策似乎成为各国寻求经济振兴的普遍选择。美国新总统特朗普上台，公开表示今后将采取“美国利益优先”的贸易保护政策，不仅废除 TPP 协议，并且对美国最倚重的 NAFTA 多次发出重修、废止威胁。2017 年 8 月 18 日，美国贸易代表宣布在涉及技术转让、知识产权和创新领域对中国正式启动贸易调查，致使中美贸易战危机重现。美国等一些经济体将其国内收入分配不公、经济结构失衡等问题归因于与中国的双边贸易。这种单边主义的狭隘思维，不仅违背 WTO 原则，更违反全球分工体系的客观规律，也使得未来我国遭遇贸易争端的频繁程度大幅上升，甚至可能酿成贸易战，对我国经济造成严重损害。贸易争端问题极其复杂，由内外多重因素构成，表面看它主要涉及法律和规则层面，背后却是各国利益深层次的体现。在经济全球化和国家利益独立的矛盾下，贸易争端将会长期存在，并且形式和内容不断变化，应对要求越来越复杂，解决成本不断上升，呈现长期化、反复化、阶段化的特征。我国是世界排名第一的贸易大国，贸易结构以竞争性产品为主，并且长期保持出超，极易引发争端。不断遭遇来自世界各经济体的贸易摩擦，应是经济发展和贸易扩张过程中的“常态”，因而也需要有持久规范的应对策略，不断提升和完善以往应对贸易争端的手段。不仅需要关注争端解决结果，更要关注争端解决过程；善于利用多边贸易体制和区域性争端解决机制；坚定实施人才强国战略，推进贸易强国建设。㉜

九、国际海洋法

近年来，不断有中国渔船被外国扣留的消息见诸报端。中国渔船频繁被邻国逮捕或拘留，中国也扣留过外国船只。有学者指出，《联合国海洋法公约》规定了迅速释放船只和船员程序，国际海洋法法庭已处理了 9 起有关船只和船员迅速释放的争议案件。中国可以考虑，在解决事件的实质问题之前，使用《联合国海洋法公约》中的相关规定。㉝

有学者认为，当前关于海平面上升对海洋军事活动影响的研究还局限在直接的物理作用层面，从海洋法规则的角度出发进行的探讨则始终处于空白。海平面上升将改变沿岸国领海基线，进而改变特定海域的法律地位，具体表现为海平面上升将导致全球范围内公海面积大幅度增加、用于国际航行的海峡因变宽而适用不同的通行制度、群岛水域收缩直至不能继续维系。这些变化将使得特定海域适用与之前不同的国际海洋法规则，最终减弱其中原本存在的对非沿岸国海洋军事活动的限制，具有重大的现实意义。㉞

有学者指出，根据《联合国海洋法公约》，大陆架界限委员会行使对沿海国的外大陆架划界案做出“建议”的职能。但是，大陆架的外部界限最终是由沿海国通过国内程序确定。因此，在实践中，如何处理沿海国确定大陆架外部界限的国内程序和大陆架界限委员会的“建议”的关系值得关注。特别是，沿海国通过国内程序“超出”大陆架界限委员会的“建议”进行划界是否有效，在《联合国海洋法公约》中没有相应的判断机制。根据《联合国海洋法公约》及其附件二的规定，大陆架界限委员会的“建议”不应具有强制的法律拘束力。沿海国通过国内程序划定的大陆架外部界限的有效性应从《联合国海洋法公约》的整体规定及其基本精神出发进行判断。㉟

十、其他

有学者深入研究国际空间法，指出“人类共同继承财产”尚未成为国际空间法中的国际习惯和一般法律原则，附着于外空及天体上的自然资源属于共有物，国家及非政府私人实体都有权自由探索与利用，但要受到为所有国家谋福利原则、不得据为己有原则、充分注意他国利益及不得损害外空环境原则的限制。从天体上提取或移走的自然资源的法律属性则不同于外空及天体，国家及非政府实体都可以对其主张所有权。美国、卢森堡两国现行有关空间资源立法虽然引起国际社会的热议，但其并不违背现行国际空间法。为此，我国一方面应坚持主张，凡是可以从外空及天体提取或移走的自然资源，在新的国际法律制度出台之前，国家及在国家监管下的私人实体都有权自由探测和利用，另一方面应积极推动激活《月球协定》，促进人类共同继承财产原则在国际社会的普遍接受。同时，我国应加快国家综合性空间立法和商业航天立法的步伐。㊱

有学者指出，“马绍尔群岛案”是国际法院历史上第一起明确以不存在争端为由拒绝行使管辖权的案件。“马绍尔群岛案”的管辖权判决对于判断争端的存在引入了明知这一主观要件，引发法官之间的激烈争论。长期以来，国际法院通过判例发展出一套有关争端判断的标准，包括判断国际争端存在的意义、主体、时间以及争端的定义和构成要件。国际法院发展出来的这套标准体系既具有原则性又具有灵活性，是指导各国诉诸国际法院解决争端时的准则，同时也能够适应各种形式的争端。我国应当积极利用国际法院关于争端判断的标准，有效维护国家利益。㊲

有学者指出，边境地区环境问题不仅具有一般环境问题的属性，更具有跨越国家边界等的特殊性，因而在解决边境地区环境争端时必须明确争端产生的原因及其复杂性和特殊性，其解决的方法不仅需有针对性更需有实效性。同时，边境地区环境资源的保护和开发利用不仅需要考虑边境地区实际情况，更需要遵循相应的法律原则，建立健全适合边境地区的法律机制，使边境地区环境保护和开发利用有法可依，不仅安民戍边，更促进了边境地区经济社会的和谐发展，并增强国家间的友好交流与合作。㊳

注：

①韩立余：《国际经贸投资规则对履行要求的规制》，《法学家》，2017 年第 6 期。

②韩静雅：《技术转让要求规制新趋势下的中国因应》，《广东社会科学》，2017 年第 3 期。

③张建：《对无默契仲裁管辖权正当性的反思——以中国参与国际投资争议解决的实践为视角》，《西部法律评论》，2017 年第 5 期。

④陈正健：《投资者与国家争端解决中的国家反诉》，《法商研究》，2017 年第 1 期。

⑤肖芳：《国际投资仲裁第三方资助的规制困境与出路——以国际投资仲裁“正当性危机”及其改革为背景》，《政法论坛》，2017 年第 6 期。

⑥鲁洋：《论“一带一路”国际投资争端解决机构的创建》，《国际法研究》，2017 年第 4 期。

⑦李大朋：《论一带一路倡议下以铁路运输为中心的国际货运规则重构》，《武大国际法评论》，2017 年第 4 期。

⑧陈卫东：《中美围绕国有企业的补贴提供者身份之争：以 WTO 相关案例为重点》，《当代法学》，2017 年第 3 期。

⑨陈儒丹：《WTO 裁决执行与国家利益实现的潜在背离研究》，《环球法律评论》，2017 年第 5 期。

⑩张丽英：《〈中国入世议定书〉第 15 条到期的问题及解读》，《中国政法大学学报》，2017 年第

1期。

⑪贾文华：《欧盟的“中国市场经济地位问题”与中国的应对之策——基于〈中国加入WTO议定书〉第15条之争的分析》，《外交评论》，2017年第5期。

⑫廖秋子：《TBT协定“国际标准”的法律解释及其改进路径》，《法律适用》，2017年第13期。

⑬余劲松、任强：《论“产能过剩”与反补贴协定冲突》，《政法论丛》，2017年第5期。

⑭韩立余：《论法律解释的实事求是法》，《中国人民大学学报》，2017年第5期。

⑮孙萌：《论联合国人权机制的整合》，《世界政治与经济》，2017年第7期。

⑯王蕾凡：《安理会目标制裁决议实施中人权保护的司法审查——从“卡迪案”到“阿尔—杜立弥案”的演进》，《国际法研究》，2017年第4期。

⑰匡红宇：《灭绝种族罪受保护团体的归类与判断——兼论对“阿卡耶苏”一案的质疑》，《河南财经政法大学学报》，2017年第1期。

⑱李强：《尊重并保证尊重国际人道法——1949年〈日内瓦四公约〉共同第一条的解构分析》，《国际法研究》，2017年第4期。

⑲李旺：《当事人意思自治与国际条约的适用》，《清华法学》，2017年第4期。

⑳李旺：《论国际民商事条约的适用——以国际民商事条约与国际私法的关系为视角》，《法学家》，2017年第4期。

㉑齐宸：《涉外民事关系的界定与思考》，《清华法学》，2017年第2期。

㉒苏号朋：《论东亚消费者合同法律适用的统一化》，《政法论丛》，2017年第6期。

㉓王克玉：《跨境证券交易的冲突法逻辑与法律适用规则的完善》，《证券法律评论》，2017年第1期。

㉔时振平：《国际商事仲裁中的实体法律适用研究——以对比分析中外仲裁法、仲裁规则、仲裁裁决为基础》，《北京仲裁》，2017年第98辑。

㉕张文亮：《涉外临时救济的三重困境及应对分析——兼评我国现行涉外临时救济体系》，《现代法学》，2017年第6期。

㉖高健军：《南海仲裁案中的领土主权问题——以菲律宾的第4项和第5项诉求为例》，《太平洋学报》，2017年第3期。

㉗张新军：《裁判条约中一方不出庭下的“查明管辖权”条款的意义——程序分立视角下对不出庭应对及其法律效果的再考察》，《清华法学》，2017年第2期。

㉘孔庆江：《解决南海争端的新思维》，《边界与海洋研究》，2017年第2期。

㉙韩静雅：《可再生能源产业当地成分要求的国际规制研究》，《求索》，2017年第3期。

㉚张智勇：《全球化背景下欧盟反避税机制的审视》，《国际税收》，2017年第6期。

㉛朱大旗：《论税收协定中的利益限制条款及其在中国的应用》，《中国人民大学学报》，2017年第1期。

㉜宫毓雯、华晓红：《国际经济新形势下我国应对贸易争端的对策研究——基于典型案例启示》，《国际贸易》，2017年第11期。

㉝凌岩：《论迅速释放船只和船员程序——以国际海洋法法庭20年实践为例》，《边界与海洋研究》，2017年第2期。

㉞冯旭：《海平面上升对〈联合国海洋法公约〉体系下海洋军事活动的影响》，《国际法研究》，2017年第5期。

㉟欧水全：《大陆架外部界限之划定：国内程序与大陆架界限委员会“建议”的联系与冲突》，《国际法研究》，2017年第3期。

㊱李寿平：《自由探测和利用外空自然资源及其法律限制——以美国、卢森堡两国有关空间资源立法为视角》，《中外法学》，2017年第6期。

㊲朱利江：《国际法院判例中的争端之界定——从“马绍尔群岛案”谈起》，《法商研究》，2017年第5期。

㊳林灿铃：《边境地区环境问题的法治之道》，《法治论丛》，2017年第2期。

（作者：张文亮，中国人民大学副教授）

法律史学

赵晓耕　王云霞　范依畴　张　蕊

中国法律史学研究综述

一、重要学术会议

1. 中国法律史学会2017年年会

2017年9月8—10日，由中国法律史学会主办、中国人民大学法学院和山西大学法学院承办的中国法律史学会2017年年会在山西省太原市召开，此次年会的主题为“中国传统司法的智慧”。年会开幕式由山西大学法学院副院长周子良教授主持，山西大学法学院党委书记张钧教授，山西大学纪检委书记、山西省法学会副会长李富明教授，中国法律史学会会长、中国社会科学院法学研究所吴玉章研究员，中国法律史学会执行会长、中国人民大学赵晓耕教授分别致辞。出席开幕式的还有西北政法大学汪世荣教授、沈阳师范大学霍存福教授、天津财经大学侯欣一教授、中国政法大学张中秋教授、山西省法学会秘书长秦伟教授、清华大学法学院凯原法治与义理研究中心主任廖凯原先生以及来自全国各地的200余位专家学者。南京师范大学董长春副教授、天津财经大学法学院张勤教授以及清华大学法学院凯原中国法治与义理研究中心主任廖凯原先生作了大会主题发言。随后，与会专家以“中国传统司法的智慧”为主题进行了专题研讨，近50位学者在3个分会场就提交的论文进行了发言与评议。分组发言与讨论气氛热烈、效果良好，年会取得圆满成功。

2. 中国法学会法治文化研究会第二次会员代表大会

2017年8月5日，中国法学会法治文化研究会第二次会员代表大会在北京召开。中国法学会党组成员、副会长张苏军出席会议并讲话，强调要深入学习贯彻习近平总书记系列重要讲话精神和治国理政新理念新思想新战略，切实增强“四个意识”，旗帜鲜明讲政治，服务大局谋有为，砥砺不懈抓建设，以强烈的使命感、责任感和紧迫感，大力弘扬社会主义法治精神，建设社会主义法治文化，努力推动法治文化研究事业实现大发展、大拓展、大繁荣。为适应新形势下法治文化研究工作的需要，中国法学会将原法制文学研究会更名为法治文化研究会。会议审议通过了中国法学会法制文学研究会第一届理事会工作报告，讨论通过了《中国法学会法治文化研究会章程（草案)》，选举产生了中国法学会法治文化研究会新一届理事会、常务理事会。会议选举周占华为常务副会长，选举朱勇、肖周录、赵晓耕、侯欣一等8位同志为副会长。会议期间举办了主题为“将德治融入法治宣传”的论坛，来自政法系统、中央主流媒体、科研院校等单位的10位专家学者围绕论坛主题进行了发言。

3. “传承法律文化重构中华法系”学术研讨会

2017年11月25日，由教育部人文社会科学重点研究基地——中国政法大学法律史学研究院主办，中国法律史学会中国法制史专业委员会协办的“传承法律文化重构中华法系”学术研讨会在北京举办。中国政法大学终身教授、法律史学研究院名誉院长张先生明确提出，重构中华法系是可能的，重构的中华法系是中国特色社会主义性质的中华法系，是构建依法治国理论体系的一个环节。围绕会议主题，朱勇教授就中国古代社会的人文精神与法律道德共同治理、西南政法大学吕志兴教授就中华法系法典体例特征、新疆大学白京兰教授就边疆视角下的中华法系及其重构、重庆大学陈锐教授就《唐律疏议》中的“比附”、中国社会科学院阿风教授就明代的“老人理讼”的性质、中国政法大学法律史学研究院的林乾教授和李青教授就清代三法司的权力制衡及约束机制以及中国古代司法监察的现代意义、华南师范大学王涛教授就父母概念的百年变迁、中国政法大学法学院张守东副教授就中华法系的深层法律逻辑与正义、中国政法大学法律史学研究院李典蓉副教授和张中秋教授分别就清初满文《大清律》的成书问题以及中国传统法律正义观进行了专题发言。中国人民大学、中南财经政法大学、中山大学、吉林大学、江苏师范大学的教授对发言内容进行了精彩点评。

4. 中国法律思想史专业委员会2017年年会

中国法律思想史专业委员会在2017年召开了两次年会，一次由上海立信会计金融学院法学院承办，主题为“中国传统法研究中的新材料、新方法和新观念”。一次由河北经贸大学法学院承办，主题为“儒法意识形态的当代阐释”。两次年会分别吸引了来自全国各地的中国法律思想史学者，以及相关领域的专家，围绕议题，进行了深入的讨论和交流。

5. 首届北京市法学会中国法律文化研究会 2017 年学术年会

2017 年 11 月 18 日，由北京市法学会中国法律文化研究会主办、中国社会科学院法学研究所法制史研究室承办的首届法律史论坛暨北京市法学会中国法律文化研究会 2017 年学术年会在中国社会科学院法学所召开。本次年会的主题为“法典编纂、判例与传统中国法”，来自中国人民大学、清华大学、中国政法大学、中国社会科学院、国家法官学院、北京师范大学、华中科技大学等京内外高校和科研机构的专家学者出席会议。参会专家学者对法律史、法律文化研究中的相关问题进行了深入交流并取得了共识。

6. 第四届锦屏文书学术研讨会

2017 年 11 月 19—20 日，由清华大学法学院与锦屏县人民政府等单位联合主办的第四届锦屏文书学术研讨会在贵州省黔东南苗族侗族自治州锦屏县河口乡文斗苗寨举行。来自美国哈佛大学、德国海德堡大学、北京林业大学、中山大学、兰州大学、贵州大学等机构的 100 余位专家学者与会，涵盖法学、历史学、人类学、民族学、经济学等学科。研讨会分为开幕式、专家主题报告、小组讨论、闭幕式等环节。60 位专家围绕锦屏文书研究的回顾和思考、锦屏文书与法文化、锦屏文书与生态文明、锦屏文书与文化传承进行了专题讨论。

二、重要学术著作简介

在法律史学专著和重点教材出版方面，北京法律史学诸位同仁本年度取得了非常丰硕的成果。

马克思主义理论研究和建设工程重点教材《中国法制史》①出版，此版本《中国法制史》教材编写组由国内 10 位法律史领域专家组成，首席专家是中国政法大学朱勇教授、华东政法大学王立民教授和中国人民大学赵晓耕教授。此教材首先介绍中国法制史的研究对象、特点以及中国法律的起源和特点等内容，对中国法制的历史予以突出重点的全局性介绍；然后分别介绍了从夏商周直至清末的中国传统法制、近代法制、中华人民共和国成立后至2010 年期间的法制；其中，专章介绍了新民主主义革命时期民主政权的法制和香港、澳门特别行政区的法制。此教材以法律史料为基础，借鉴现代法学的分类和方法介绍各个历史时期法制的基本内容，同时注重总结各时期传统法制的基本特点，总结传统法制发展的过程和规律。

中国政法大学终身教授张晋藩先生总主编的《中国少数民族法史通览》②出版，共 10 卷 384 万字。该丛书前后经过十多年时间的筹划，组织了国内法史学、民族学等相关专业数十名专家学者进行大量的田野调查，获得丰富的一手资料，并形成一定规模，最终顺利出版。该丛书获得“十二五”国家重点图书出版规划项目、2013 年国家出版基金资助项目的资助，是国内第一次系统整理、挖掘中国少数民族法制史料和法律文化，第一部全面、系统、完整涉及少数民族法文化的学术著作。丛书阐述了中国少数民族对中华法制文明的贡献；系统梳理了各少数民族的法律制度、法律意识、法律习惯、法制状况及其法文化产生、发展及形成的过程。该丛书丰富了中华民族的法律文化宝库，对抢救及保护少数民族法律文化遗产，繁荣民族法学，进而增进民族团结具有理论和现实的重大意义，是一部中国法制史研究领域填补空白的著作。

张晋藩先生的《中国法制史十五讲》③一书，选取了作者有关法制史研究的论述 15 篇，时间跨度大，涵盖古今，内容包括中华法系研究、古代国家治理方案的设计、法与吏的关系以及立法与司法的历史经验等方面，较为全面地呈现了作者法制史研究的观点。作者在书中指出，法治建设的问题，首先面对的一个大问题是如何认识和利用我国传统法制资源。中国法制史研究的是过去，但面对的是现实，它的生命力就在于为当代中国的法制建设提供历史的借鉴。

中国社会科学院法学研究所荣誉学部委员杨一凡先生、中国人民大学法学院朱腾副教授主编的《历代令考》④一书，是近百年来首次出版的系统考证古代令的著作，也是中国海峡两岸和日本学者研究古代令代表性成果的汇集。该书分为《秦汉令考》《魏晋南北朝令考》《唐令考》《宋令考》《元明令考》五部分，下设 29 个有关考证古代令的专题，针对古令探讨中的诸疑义和新问题进行了扎实考证，新见迭出，在多个方面有重大学术突破。

中国政法大学终身教授陈光中先生将其在 20 世纪 80 年代出版的《中国古代司法制度史》⑤一书大幅度增写、重写和修改，重新出版。该书从诉讼法学视角、按专题分为十章，研究了古代司法制度的各个方面，内容丰富，史料翔实。中国古代司法制度史既是一部司法文明史，也有助于当今社会主义司法制度建设。

北京大学法学院李贵连教授的新书《现代法治：

沈家本的改革梦》[⑥]出版，作者在书中指出，19世纪70年代，英语世界出现一个新词——Rule of Law。这个词什么时候与中文“法治”对应，迄无可考。但是，这个“法治”与先秦以来的“法治”判然各别。20世纪初，清朝修订法律大臣沈家本，按照当时仿行立宪的立宪清单，主持新法律的起草。他用“泰西法治”来表述新出现的西方法治，并把中国的富强梦寄托在这种法治上。沈家本的法治梦，在五四运动赵家楼烈火燃起以前就破灭了。

中国政法大学刘广安教授、沈成宝博士合著的《清代法律体系辨析》[⑦]一书为论文集，包括了《大清会典》的效力、适用方式与编纂意义；《大清律例》的协调适用原则；清代则例的协调适用方式；清代则例的协调适用原则等几篇长文。

中央民族大学法学院邓建鹏教授的《清末民初法律移植的困境—以讼费法规为视角》[⑧]一书以评估近代中国法律移植的困境为目的，基于国内外近代讼费法规的比较分析，探讨了清末至民国初期法律移植、移植后法律的变异、法律实施效果及原因。作者在书中指出晚清之前讼费主要作为陋规现象普遍存在，在晚清被纳入国家法制轨道。讼费法规由具有直接利益关系的行政机构主导制定，法规核心是规范当事人与司法机构之间的讼费法律关系，征收讼费主要为解决司法经费的困境。讼费立法不是从当事人诉权平等保护的角度出发，而是以官僚集团意志为核心，在实践中未能对当事人间涉及讼费的权利义务关系合理配置，法制成为其维持和扩张利益的工具。这种选择性立法破坏与曲解了西方法制精神，更改了法制作为天下之公器的性质，是近代法律移植未能带来预期法治秩序的原因之一。

中国人民大学国学院副教授宋洪兵的《韩学源流》[⑨]一书，研究了包括秦汉以降至民国的“韩学”脉络及学术特征。作者在书中指出，历代思想家在与韩非子及其思想的或赞许或批判的对话中，总是自觉、不自觉地回顾韩非子，不断生成新的知识与观念，从而完成一种服务于现在时代的思想建构。韩非子的历史影响不必仅仅停留于秦国之兴与秦朝之亡的层面上，而是可以在社会与思想互动的层面上得到深入的探索与考察。韩非子思想不再仅仅是一种历史及解释的对象，而是一种活的、构成性的力量。“韩学”之生命力，正在于此。该书紧密结合韩非子的相关论述，公允地与历史上的各种“韩非论”展开对话，既廓清了诸多有关韩非子的偏见与成见，又不回避韩非子学说本身蕴涵的思想局限，为当代深入研究“韩学”提供了有益的镜鉴。

国家保密局政策法规司法制处处长，北京大学近代法研究所兼职研究员张群的《中国保密法制史研究》[⑩]一书是国内第一部专门研究中国保密法制历史的专著。该书按照时间顺序，依次考察了中国古代、近代和新中国3个时期的保密思想和法律制度，并对中国古代密奏的利弊、清末民初新闻自由和保密的论争、新中国保密法制与信息公开等问题做了专门探讨。全书史料扎实丰富，论述深入细致。内容上既注重对制度变迁的历史研究，又兼顾重要理论问题的探讨，既有历史的纵深感，又有一定的理论内涵和时代关怀，对于认识历史及加强当前保密工作均有一定的参考价值。

《秦汉法制史研究》[⑪]是日本学者大庭脩的一部经典学术著作，分绪论、关于律的研究、关于令的研究、官僚制度研究、关于文书的研究五大部分，详细考证了秦汉时期的立法、施行、法规等情况，是一部严谨的法制史著作。该书在1991年曾出版过一部中译本，目前已绝版多年。中国政法大学徐世虹教授等对该书进行了重新翻译和修订，增收了一些内容予以出版，为学者研究和了解秦汉法律制度提供了便利。

三、本年度学科研究重点问题

2017年北京地区中国法律史学科研究的热点问题，总结起来，主要有以下几个方面：

1. 法律史学学术研究、书评、研究综述等

本年度，有学者对法律史学科的学术研究路径进行了宏观反思，指出中国法律史学应在坚持立足传统、立足中国的基础上，放眼全球，将其他国家和民族的法律历史纳入观察思考范围。只有这样，才能更好地在世界法律文明的版图上为中华法律文明找到合适定位，而不至于无视其他国家法律文明，盲目自大；或者过于低估中华法律文明的贡献，妄自菲薄。[⑫]有学者对李贵连的《法治是什么：从贵族法治到民主法治》一书进行了评价，指出中国历代法律的宗旨是“治吏”。韩非子先从实效角度提出“明主治吏不治民”，王夫之为之赋予崇高的价值追求，提出“严以治吏，宽以养民”，从而将帝制中国法制精义一语道破。该书将中国历史上的法治分为贵族法治、帝制法治和民主法治3个阶段和两次转型，集中论述“治吏”这一宗旨在其中的不同表现形式。[⑬]

2. 关于古代法律史的研究

有关中国古代法律史的研究依旧是本年度研究的重点。有学者对中国民法史进行了再思考，指出自晚清法律改革，民、刑分立观念扎根中土，在中国旧地寻觅民法踪迹的旅程便已开始。这种尝试在不同时期因不同需求或受不同刺激而有不同的表现。在历史研究中使用现代概念、范畴和分类应明确区分事实与规范、功能与意义两个层面，如果运用不当，这种研究很容易变成当代人的偏见甚至研究者个人好恶在历史中的投射，而产生对历史的遮蔽和扭曲。为此，在非西方历史研究中，研究者应该把源自西方的现代概念视为具有认识意义的参照，而非用来解释历史的标准。[14]

有学者对明代典例法律体系的确立与令的变迁进行了纠错式探析，指出明代建立的新法律体系是按照“以典为纲、以例为目”的框架构建的，应总称或简称为“典例法律体系”。“律例法律体系”说忽视了《明会典》系“大经大法”和洪武年间颁行的《大明令》等11种法律并非刑事法律这一基本史实，因而失之偏颇。明初在变革传统律令法律体系时，把单行“令”的称谓变换为“事例”，二者名异而实同；《大明令》不仅在明开国后百余年间被奉为必须遵行的成法，即使正德、万历两朝《明会典》融《大明令》入典后，其有效条款仍在行用；明人以诏令颁布国家重大事项、把“制例”称为“著为令”的传统直至明末未变，所谓“明代无令”说不能成立。[15]

有学者对康熙朝《刑部现行则例》的修颁时间、传本及特色进行了细致的探讨，指出由于清代官方文献对康熙朝《刑部现行则例》的完成和颁布时间记载并不清晰，甚至存在颇多差谬；此外，沈家本点校的传本内容也有错误之处；《刑部现行则例》的修订具有其自身的特色，如立法技术概括性不强、行政指令色彩极浓、保留了比较鲜明的满洲特色或边域文化特征等，这些特征反映了康熙朝法例的行文习惯与民族情结。[16]

有学者对明清时期地权秩序的构造进行了探讨，指出明清时期的地权秩序表现为受制于国家政治权力的宏观地权秩序与乡土社会原生自发形成的微观地权秩序的二元结构。民间地权秩序以“业”为核心概念，以私人契约为工具，分化为永佃、一田二主、典制等多样态的管业层级以及典卖、活卖、绝卖等一系列交易形态。明清时期地权秩序呈现出来的抽象和相对性观念、时间维度上的灵活性特征，不同于大陆法系以绝对所有权为中心的物权观念以及“所有权—他物权”结构，这一观察对我国农地“三权分置”改革颇具启发意义。[17]

有学者对简牍中所见的秦县少吏进行了研究，指出法律史学界在论及胥吏问题时往往集中于清代，最早则追溯至魏晋南北朝。然而，从近年来出土的简牍文献的记载来看，秦县衙中的少吏们承担着大量的行政工作，朝廷却以财政平衡及理政思路之故无法在薪俸和晋升条件上为他们提供良好的待遇，他们遂凭借其行政技能背公谋私。尽管朝廷试图通过法与德来约束少吏们，但其职场前景的黯淡终究令朝廷的努力在一定程度上归于失败。由是观之，因为传统中国政府中的胥吏具有地位低、实权大、恶评多等整体特征，所以与之相似的秦少吏阶层的出现意味着胥吏文化的初步形成，集权体制下的行政实况亦可借此予以再思考。[18]该学者还对秦汉时代律令的传播进行了研究，指出秦汉时代，君权乃一切权力之根源，律令作为皇帝意志的制度化表达也具备了统一臣民之言行的强大功能。为了贯彻律令之治，秦汉朝廷致力于向吏民传播律令以使他们知晓律令的规定。在官府内部，对律令的摘抄和对富含律令术语的习字教材的编纂在一定程度上满足了官吏们了解律令知识的需求。在民间，庶民也或主动或被动地获取了律令知识，而传世及出土文献所载“以吏为师”“扁书”“诵读”等正是对这一过程的揭示。对律令传播的重视并非秦汉朝廷的创造，而是对先秦时代的法规范重构运动之结果的继承和改进。[19]

有学者对先秦刑余之人进行了考证，指出如何对待刑满释放人员才能既充分保障人权，又有效预防其再犯，是古今官方和学术界一直面对的棘手问题。先秦刑余之人的安置制度及其所衍生的后果和催生的观念，可为当下提供镜鉴。秦汉以后刑制转变，徒流取代肉刑，强调国家利益。相较而论，周代以德为基础的制度设置，似更契合当下德政、善治、法治共生之需。[20]

此外，还有学者分别对中国古代的罪疑惟轻原则[21]、《天圣·狱官令》与唐宋司法理念之变[22]、清代法律位阶关系[23]等问题进行了研究。

3. 关于近代法律史的研究

在近代法律史研究领域，有学者对《大清新刑律》编纂过程中的立法权之争进行了详细的探讨，指出以《大清新刑律》的编纂为视角，晚清新政中的立法权之争可分为两个阶段：第一阶段是修订法律大臣与法部、大理院关于法律起草权之争，第二阶段是宪政编查馆与资政院关于法律考核权与议决权之争。立法权之争的背后受到法政机构权力之争和礼法之争双重因素的影响。在权力之争中行政权虽然势大并试图控制立法权，但双方在一定程度上仍能够自我克制。论争明确了法政新机构的职能与权限关系，基本维持了晚清预备立宪的秩序，具有积极意义。法政机构的论争可以出现妥协结果的原因，在于更高权威的存在与法政新机构中关键人员的一身多职。[24]

有学者以康有为为例对维也纳体系与君宪信念的持久性进行了研究，指出国际体系是塑造国内宪制的重要力量。在近代中国宪制发展道路争衡中，诉诸国际体系的主流是一种常见的论战策略。1814—1815年维也纳会议所奠定的维也纳体系，确立了君主制国家的优越地位，并影响到中国晚清立宪派的宪制思想。作为立宪派的理论领军人物之一，康有为所认识到的维也纳体系是一个君主制国家主导的国际体系，而他所推崇的维也纳体系的潜在“终结者”德国，同样也是一个君主制国家，康有为的国际体系经验对其理论建构产生了深刻的影响，并支持其在辛亥革命之后继续主张君主立宪的优越性。这一从国际体系主流寻找支持的思维方式颇具典型性，但也存在深刻的局限，当为今人所戒。[25]

还有学者对近代胶澳与威海卫租借地法制实践样本进行了考察，她指出租借地是西方人在近代中国领土上以其法制模式实施统治的场域。胶澳和威海卫都位于山东半岛，因地理优势，先后通过1897年《中德胶澳租借条约》、1898年《中英订租威海卫条约》沦为德国和英国的殖民地。德国人和英国人都依各自的殖民利益目标建立起有别于这两个地区原有制度的殖民法律体系。两个地区的中国人初尝“民主参政议政”、目睹“西方法”对公共管理模式的新塑造、亲历“西洋式”司法制度的运行，随之而来是他们诉讼习惯的改变以及对“西法理念”潜移默化地接受。屈辱于殖民统治的中国人颇有认同感地接受“被强加的”“西方法”的事实是有深层原因的，这种以亲身感受获取的对“西方法”的全新认知和自主选择在不自觉中涵化为中国人法律意识的一种新的内在构成，并最终导致全新的法律观念的出现。[26]

4. 关于传统法律文化的研究

传统法律文化的微观和宏观研究是法律史研究的重要领域，本年度成果颇多。有学者对中国古代的德法共治进行了探讨，指出中国古代社会崇尚人文精神，在国家治理中坚持以人类自身的力量与智慧，解决人类面临的问题。同时期的其他一些国家，则通过法律与宗教的结合使法律获得正当性、权威性乃至神圣性。基于人文精神形成的道德法律结合，在中国古代官吏制约、基层社会治理方面取得突出成效。这一治理模式维护了国家统一、社会稳定与文化绵延，展示了中华文化的人文情怀，体现了中华民族的文化自信。法律借助于道德，获得自身的正当性，并通过对于道德的依附而发挥调整社会关系、规范社会秩序的作用，对于中国传统法律本身产生诸多重大影响。[27]

有学者对中国古代“民惟邦本，本固邦宁”的思想进行了深入的研究，指出“民惟邦本，本固邦宁”是中国古代国家治理的重心，也是治国理政最重要的历史经验总结。为巩固国本，历代统治者实行一系列重民、爱民、富民、养民、教民的政策和措施。尽管世易时移，其中仍有超越时空的合理因素，对于今天的国家建设具有借鉴意义。[28]

有学者从杨乃武小白菜案为切入点，探讨了传统中国审判机制的法理与道理，他指出在杨乃武案中，余杭知县刘锡彤一反规矩守法之常态，对小白菜滥用刑讯而终致冤案。传统司法审判机制是其所以“反常”的原因之一，然不可因一错案即全盘否定此机制长久存续背后的合理性。传统审判机制可演绎为“背景观念→遭遇案件事实→预置判断→耦合机制→以法适‘理’”，质言之乃理一分殊的徵显，基础则在中国文化对“道”的坚守。此中主审者兼表道体分殊者、政权合法性宣示者和追寻自我成就的个体存在者三重角色，其质统于“道理”。法律规范本于“法理”，可为审判提供合法性与具体指引，然法理与事理、情理、伦理、物理等俱为道理分殊而为之统摄。传统审判融会诸分理以求合于道理，对化除今日司法实践中法、情、事理难以融洽之困颇有启发意义。[29]

此外，还有学者分别对中国传统私法文化的现代价值[30]、少数服从多数的合理性基础[31]、度量衡的制度塑造力[32]等问题进行了探讨。

5. 关于法律思想史的研究

本年度关于法律思想史的研究成果主要集中于讨论中国古代法律思想的论文，对法家学说进行了不同层面的研究。有学者对法家学说与社会科学的中国化建构进行了探讨，指出当代中国的人文学科具有明显的中国性，而儒家学说是中国人文学科中国化的主要传统资源。要完成社会科学的中国化建构，最值得挖掘的传统资源是法家学说。在先秦时期，法家与儒家处于并立的地位，构成先秦思想的两大重要源流。汉代以后，儒法合流，共同建构了延伸至清代的儒法国家。儒家学说已经滋养了当代中国的人文学科，而法家学说作为中国古典的社会科学，则可以滋养当代中国的社会科学。无论是法学、政治学还是经济学，都可以在法家学说中找到其理论源头。应当通过法家学说完成社会科学的中国化建构。[33]他认为熊十力建构的韩非学，代表了现代新儒家对先秦旧法家的认知。熊十力站在儒者的立场上，以“法术家”定义韩非，把韩非的思想归结为“法术兼持”“以术为先”“抱法用势以治”等几个关键词。据此，熊十力建构的韩非学或韩非法理学即为“以术行法”之学，是深入理解韩非、法家学说及中国传统法律文化的重要门径与重要参照。[34]

6. 关于古代监察制度的研究

鉴于国家监察体制改革之契机，本年度许多学者就古代监察制度反思以及对今天监察体制改革之借鉴意义撰文进行了探讨。有学者对中国古代监察思想、监察法制进行了介绍，指出思想是行为的先导，也是制度与法律的文化基础。中国古代监察思想博大精深，深刻地影响着监察制度与法律的制定与运行。在中国古代监察思想、制度与法律产生与发展的历史进程中，战国、汉、唐、宋、明是5个有代表性的朝代。这五个朝代的监察思想、制度与法律各有发展脉络与时代特点，监察思想、制度与法律三者之间具有内在联系，可以为现代监察法制建设提供历史的经验。[35]

有学者对中国古代监察制度的演变进行了分析，指出中国古代监察制度发轫于西周时期，成型于秦汉时期，经历了台谏分置、台谏相辅、台谏合一的体系演变。监察制度包括职掌巡视纠弹的御史体系与谏诤封驳的谏官体系，两个体系相辅相成发挥约束权力的功效；当谏官体系日趋衰弱、与御史体系混为一体的时候，监察制度整体效用也大为削弱。[36]

此外，还有学者对中国传统御史监察制度的经验教训[37]、中国古代监察机构的演变及其改革的经验教训[38]等问题进行了研究。

外国法律史学研究综述

一、学术会议和活动

2017 年度北京地区外国法律史学界举办或参与的学术会议和学科交流活动主要包括：

1. 全国外国法制史研究会第三十届年会

全国外国法制史研究会第三十届年会于2017 年9月 9—10 日在甘肃省兰州市召开，本次年会由全国外国法制史研究会主办、甘肃政法学院承办。年会主题为“法律 · 贸易 · 文化——探寻中西法律文化交流的轨迹”，共分为“丝绸之路与中西法律文化交流的早期史”“丝绸之路沿线国家的法律、历史与比较”“法律交往史的历史形态及其批评：贸易、殖民与文化交流”“法律建构世界：国际秩序的形成”“中西法律文化交流与‘一带一路’建设”以及“全球史视野中的法律、贸易与文化”6 场研讨会，来自中国人民大学、中国政法大学、中国人民公安大学、商务印书馆等单位的专家学者进行了广泛热烈的交流与讨论。

2. 全国西方法律思想史研究会 2017 年年会

全国西方法律思想史研究会 2017 年年会于 7 月22—23 日在山西省大同市召开。本次年会结合我国监察体制机制改革，以“西方权力监督的理论与实践”为主题，分“权力职能划分的古希腊罗马起源”“近代权力分立与制衡的理论与实践研究”“现代行政权的兴起与西方法治传统的承继”“中西监察理论与制度的比较研究”4 个单元。来自中国社科院法学研究所、中国人民大学、北京大学、中国人民公安大学、中国法制出版社、人民出版社、法律科学杂志社、法学杂志社等专家学者进行了热烈发言和讨论。

3. 全国比较法学研究会 2017 年年会

中国法学会比较法学研究会 2017 年年会于 2017年 9 月 23—24 日在江苏省苏州市举行。本次会议由中国法学会比较法学研究会主办，苏州大学王健法学院承办。来自清华大学、北京大学、中国政法大学等科研机构以及最高人民法院、最高人民检察院等实务部门的专家学者，围绕主题“比较法学的教育与研究”进行了深入交流与研讨。

4. 青年比较法论坛“法律多元主义”研讨会

中国法学会比较法学研究会主办、中国政法大学比较法学研究院承办的青年比较法论坛“法律多元主义”研讨会于 2017 年 6 月 3 日在中国政法大学举行。到会专家学者围绕“法律多元下的比较法律文化”“法律多元与制度建构”“法律多元的多维透视”等主题展开深入探讨和交流。

5. 第六届中国比较法论坛

中国法学会比较法学研究会主办、北京外国语大学法学院和广东涉外投资法律学会共同承办的第六届中国比较法论坛于 2017 年 6 月 12 日在广东省汕头市举行。本次论坛紧扣国家“一带一路”倡议，围绕

“21 世纪海上丝绸之路”建设中的法律问题展开。与会专家学者就“21 世纪海上丝绸之路”的比较法学基础理论问题以及沿线国家和地区的多个制度与实践问题进行了深入探讨。

二、重要学术著作

1. 教材类

本年度外国法律史学科出版的教材类著作均为修订再版。林榕年、叶秋华主编的第六版《外国法制史》（新编 21 世纪法学系列教材）[39]研究范围覆盖具有代表性的法律体系，对各个法律体系的历史演变、主要法律制度及历史地位等内容做了详细阐述，重点突出，线索清晰，反映了学科前沿发展动态。谷春德、史彤彪主编的第五版《西方法律思想史》（新编 21 世纪法学系列教材）[40]共分 5 篇，全面系统地阐述了古希腊罗马、中世纪、近现代和当代西方法律思想，揭示了西方法律思想发展规律，重点评述了著名思想家的法律思想及其著作，对当代西方法学思潮发展趋势进行了深入阐述。

2. 专著类

本年度外国法律史领域的专著分为两类：一类是学者通过对西方法律制度与文明的分析，为我国当下法治建设和司法实践提供镜鉴；另一类是学者多年来对西方法律文明进行深入研究与思考后，通过轻松的笔触向读者开辟批判思考西方文明与现代社会的视角。

洪荞著《英国土地法悖论研究》[41]一书力图通过对英国 17—19 世纪资产阶级革命后的土地法悖论现象、形成原因以及发展走向的解读，来拓展对英国传统土地法特质的认识，并探寻社会现代化进程中土地法变革的规律，以对中国当前的土地法建设提供有益参考。王建芹著《法治的语境：西方法文明的内生机制与文化传承》[42]一书以基督教在西方的发生发展为基本切入点，首先探讨基督教是对古代西方文明传承与形塑的结果，孕育出现代西方文明的基本价值观念，在此基础上继续探讨西方法文明的内生机制，并思考近代以来法治思想及制度建构的历史趋势。

史彤彪著《孟德斯鸠错了》（修订本）[43]这部随笔集通过大量经典故事、事例和判决以及各国法律人物，从正反两方面阐述了自由和平等是法治的两大目标，其核心论点是立法者须尊重人性，司法者要秉持良心，守法者应依循理性。高鸿钧著《法治漫笔》[44]同样是作者的随笔集，书中跨越了东西方文明，蕴含了作者对法理学和比较法学的多年思考，也显示出作者对体现人类文明共同价值的东西方文明兼收并蓄的学术抱负与志趣。

3. 译著类

R. C. 范·卡内冈著、李红海译《英国普通法的诞生》[45]一书以欧洲法律制度的总体发展为背景，详细论述了英国王室法庭与普通法的产生历史，并在此基础上探讨了英国令状制度和陪审制的历史发展，最后对英国法渊源与欧洲大陆的联系进行分析，为国内学界研究英国法制史提供了可资参考的著述。F. 卡尔卡诺著、贾婉婷译《商法史》[46]一书视野开阔，横跨古今，论述了从城市社会和君主专制下的商人法到资产阶级和混合经济下的商法再到后工业社会和经济全球化下的商法，不仅勾勒出一幅商法发展的历史图卷，也为我国当前商事法研究提供了丰富的历史资料与经验。卢埃林著、明辉译《荆棘丛：关于法律与法学院的经典演讲》[47]一书是美国法律现实主义运动的代表人物卢埃林关于法律教育的代表作，面向法学院的学生介绍了法律是什么、判例制度以及法学院的作用等内容，帮助学生为将来从事法律职业做好准备，同时也为我国学界研究美国法律教育提供了丰富素材。

4. 文集类

高鸿钧主编《中国比较法学：比较司法研究》（2016 年卷）[48]文集围绕比较司法这一主题展开，全书共分 3 编，分别为“比较法视野中的司法民主”“比较司法治理”“比较法的理论与实践”，收录了中国比较法学者最新的研究成果，也反映了我国比较法学界的研究动态与学术水平。高祥主编《比较法在法制建设中的作用——第三届比较法学与世界共同法国际研讨会论文集》[49]是中国政法大学比较法学研究院于 2015 年主办的“比较法在法制建设中的作用——第三届比较法学与世界共同法国际研讨会”的会议论文合集。围绕“比较法在法制建设中的作用”这一论题，论文内容涉及法律方法、司法改革、法律全球化背景下比较法研究的范式转换等法律问题，范围涵盖了比较法学的基本理论以及比较公法和比较私法等领域。

三、研究热点问题

本年度北京地区外国法律史学者发表的学术论文涉及领域较为广泛，运用了一定的新材料、新观点，拓宽了该领域的研究视野，体现出较高的学术水准。

1. 英美法系研究

英国与美国独特的宪制发展道路历来是学者研究的热点问题，在本年度发表的论文中，有的学者从英国立宪过程中财政税收的侧面，梳理国王在各时期的财税需求与对国王恣意征税权的财政控制这条此消彼长的主线，认为只有把英国立宪中财政约束的宪法规则与选举的宪法规则相结合研究，才能更好、更全面地揭示出英国立宪的历史成因。[50]有的学者主要以美国宪法解释的历程为样本，认为在域外宪法文本解释方法的发展过程中，以原旨主义和“活的宪法”为代表的解释方法之争，本质上是对宪法文本的话语权归属之争。[51]有的学者通过对即将在我国翻译出版的《至高权力：富兰克林·罗斯福与最高法院的较量》一书写作书评的方式，简要介绍了罗斯福总统在位期间为推行新政并避免美国联邦最高法院干涉而推行“填塞法院计划”的过程与结局，使读者对该书所讲述的美国大萧条时期总统与最高法院的权力博弈有了初步了解。[52]

对国家与社会发展而言，国家权力的分配与构造是重要的制度推动力，学者对以英美为代表的普通法国家的权力结构和制度安排较感兴趣。有的学者立足于社会经济发展的视角，分别从普通法作为法官法、救济之法和判例法三个维度阐释了普通法的内在特征，并进一步分析论证了普通法的内在机制能够更好维持国家稳定和促进社会经济发展的成因与优势。[53]有的学者对英国自20世纪90年代以来的司法改革的背景、过程及动因进行了较为详细的探讨，阐述了英国议会中心主义下三权融合混同的传统司法体制形成的背景与当代司法改革的内在和外在原因，认为目前英国除司法审判组织独立外，司法权与立法权、行政权的竞合与混同仍然存在。[54]有的学者以美国联邦最高法院在20世纪审理的相关案件为研究对象，对美国政府限制土地所有人财产权利的管制性征收制度进行研究，分析了管制性征收措施的权力性质、权力边界以及最高法院司法态度的转变。[55]

自“一带一路”倡议提出以来，我国法学界致力于相关配套法律制度的研究与构建，为“一带一路”倡议的顺利施行提供法律保障。有的学者通过对美国近现代“法律与发展运动”中法律移植的经验与教训进行叙述，与目前我国“一带一路”倡议施行中涉及的跨国法律安排进行比较，并深入剖析了我国面临的问题，认为我国比较法研究应进行革新以便为中国法的全球化提供储备人才。[56]

2. 大陆法系研究

从学术史的角度梳理法律史学或法律制度学理化在欧洲的发展脉络，有助于了解支撑法律制度变迁的学说与理论，拓宽对法律规范与文本的研究进路。有的学者将视角对准欧洲中世纪自发形成的城市法，探讨了学者为解决城市法的合法性、效力层级以及解释方法等问题所作出的努力，因此而形成的知识体系也为中世纪法向近代民族国家立法的转向提供维系与发展的学理支撑。[57]有的学者将目光转向19世纪末的法国，论证了自然法学的复兴和法史学地位的凸显并非偶然，认为法史学的研究方法与自然法的理论内涵互为表里，通过法史学论据的使用形成了可变的自然法理论，从而能够回应当时的“社会科学批判”和“社会批判”。[58]有的学者对纳粹时期的德国法律史学流变进行梳理与分析，指出在纳粹政治话语改造法学理论与实践的“法律更新”运动中，法律史学通过价值重塑与方法论改造对当时的德国法学产生重要影响，批判思考这段具有“连续性”的法学史有助于谨慎看待当代德国与欧盟的政治思维与法律实践。[59]

本年度欧陆法律史研究除聚焦法学史的研究路径外，学者们还关注到近代德意志地区的自治实践、1811年《奥地利普通民法典》、神圣罗马帝国“帝制改革”以及俄罗斯法的历史发展等法律制度史的论题。有的学者论述了从神圣罗马帝国的邦国“自治”到近代德意志地区的地方自治实践，并简要介绍了法治国家理念下的“代表制自治”、国家行政内部的行政自治、共同体自治等自治理论，肯定了“自治”制度在国家发展中的重要性。[60]有的学者关注到欧洲18、19世纪法典化运动中的另一部典型成果1811年《奥地利普通民法典》，详细阐述了这部民法典的出台过程，指出马蒂尼的自然法理论观念和蔡勒的法典编纂工作使得1811年《奥地利普通民法典》最终成为一部深受自然法影响的“罗马法法典”。[61]有的学者聚焦于1500—1521年神圣罗马帝国的“帝制改革”这段历史，从契约观念的角度分析当时改革的结果促进了帝国统治的契约化、政治参与扩大化以及权力的制度化与规范化，具备了“近代性”因素，促进了后世国家学说和理论的发展。[62]有的学者探寻俄罗斯自18世纪国家近代化以来，法学理论从追随欧洲影响到20世纪初逐步形成独创性理论的发展脉络，试图打破西方比较法学者认为俄罗斯法律传统薄弱的观念。[63]

本年度还有学者针对巫术这一特定行为，从法律文化层面解读了世界各法律文明不同时期对巫术行为是否犯罪化的不同态度，认为现代法律处置巫师疑难之处在于证据制度的完善与司法程序的改革。[64]

3. 西方法律思想史研究

古希腊时期的法律思想是西方法律思想史研究的重要一环，本年度有的学者以柏拉图的《法律篇》（又译为《法义》）为研究对象，分别从思想和制度两个角度进行探讨。《柏拉图〈法律篇〉的良法思想研究》[65]一文对柏拉图《法律篇》中的良法思想进行梳理总结，围绕何谓良法、良法的政制基础、良法的目的及自然秩序等方面展开论述，呈现出柏拉图意蕴丰厚的良法观念。《柏拉图〈法义〉中的监察官制度探究》[66]一文则对柏拉图设想的监察官制度进行探析，从监察官的角色与地位、遴选与荣誉、职责与被监督、制度特色及制度性质与目的五个方面系统阐述了柏拉图的相关论说与思想内涵，以期对我国监察委员会的制度设计提供思想观念的参考与借鉴。

任何法律思潮的产生与变化都是对同时期社会发展的回应与反馈，近现代以来伴随政治与社会新问题而产生的法律思想变迁也成为学者们关注的热点问题。有的学者结合19世纪末欧洲法律社会化的背景，论述了法国所产生的可变自然法和法律社会主义两种思潮，分别借以反对永恒自然法理论和主张从社会冲突中发现新自然法，从而使得自然法能够顺应时代变迁应对社会问题。[67]有的学者则立足于欧洲近代早期由罗马和帝国大一统为中心的普遍法传统向以主权国家为中心的普遍法传统转变的历史背景，分析了博丹通过对两大学派研究方法和问题意识的扬弃，试图建构兼具理性意识与历史经验的新普遍法体系，从而推动了法理学向公法科学与政治科学的发展。[68]还有的学者结合美国19世纪晚期以来高等教育和学术领域世俗化改革的背景，对伯尔曼在世俗化法学研究范式的返魅、法律宗教学学术标准的设定、法律宗教学学科地位的最终确立等方面发挥的关键作用进行了阐述，从而细致梳理了伯尔曼法律思想的源流，也为我国学者理解其著作提供了背景知识材料。[69]

注：

①中国法制史编写组编：《马克思主义理论研究和建设工程重点教材：中国法制史》，高等教育出版社2017年版。

②张晋藩总主编：《中国少数民族法史通览（十卷）》，陕西人民出版社2017年版。

③张晋藩著：《中国法制史十五讲》，人民出版社2017年版。

④杨一凡、朱腾编：《历代令考》，社会科学文献出版社2017年版。

⑤陈光中著：《中国古代司法制度》，北京大学出版社2017年版。

⑥李贵连著：《现代法治：沈家本的改革梦》，法律出版社2017年版。

⑦刘广安、沈成宝著：《清代法律体系辨析》，中国政法大学出版社2017年版。

⑧邓建鹏著：《清末民初法律移植的困境——以讼费法规为视角》，法律出版社2017年版。

⑨宋洪兵著：《韩学源流》，法律出版社2017年版。

⑩张群著：《中国保密法制史研究》，上海人民出版社2017年版。

⑪［日］大庭脩著，徐世虹等译：《秦汉法制史研究》，中西书局2017年版。

⑫孙家红：《构建具有中国风格的法律史学》，《人民日报》，2017年7月17日。

⑬李启成：《治吏：中国历代法律的“宗旨”——读〈法治是什么：从贵族法治到民主法治〉》，《政法论坛》，2017年第6期。

⑭梁治平：《“事律”与“民法”之间——中国“民法史”研究再思考》，《政法论坛》，2017年第6期。

⑮杨一凡：《明代典例法律体系的确立与令的变迁——“律例法律体系”说、“无令”说修正》，《华东政法大学学报》，2017年第1期。

⑯苏亦工：《康熙朝〈刑部现行则例〉的修颁时间、传本及特色》，《社会科学辑刊》，2017年第3期。

⑰汪洋：《明清时期地权秩序的构造及其启示》，《法学研究》，2017年第5期。

⑱朱腾：《简牍所见秦县少吏研究》，《中国法学》，2017年第4期。

⑲朱腾：《秦汉时代律令的传播》，《法学评论》，2017年第4期。

⑳李平：《先秦刑余之人考论：形象、制度与观念》，《法商研究》，2017年第2期。

㉑孙倩：《论中国古代的罪疑惟轻》，《法制与社会发展》，2017年第2期。

㉒潘萍：《〈天圣？狱官令〉与唐宋司法理念之变——以官员、奴婢的司法待遇为视点》，《法制与社会发展》，2017年第6期。

㉓栗铭徽：《清代法律位阶关系新论——以〈大清律例〉和〈户部则例〉的关系为例》，《华东政法大学学报》，2017年第3期。

㉔陈新宇：《〈大清新刑律〉编纂过程中的立法权

之争》，《法学研究》，2017 年第 2 期。

㉕章永乐：《维也纳体系与君宪信念的持久性：以康有为为例》，《清华法学》，2017 年第 3 期。

㉖解锟：《西法东渐之殊途：胶澳与威海卫租借地法制实践样本考察》，《政法论坛》，2017 年第 4 期。

㉗朱勇：《中国古代社会基于人文精神的道德法律共同治理》，《中国社会科学》，2017 年第 12 期。

㉘张晋藩：《中国古代国家治理的重心——“民惟邦本，本固邦宁”》，《国家行政学院学报》，2017 年第 4 期。

㉙李平：《传统中国审判机制的法理与道理——从刘锡彤断杨乃武小白菜案说起》，《法制与社会发展》，2017 年第 4 期。

㉚王帅一：《中国传统私法文化的现代价值》，《中国社会科学报》，2017 年 10 月 18 日。

㉛李平：《论少数服从多数的合理性基础——中西之别及其成因》，《中外法学》，2017 年第 5 期。

㉜朱苏力：《度量衡的制度塑造力——以历史中国的经验为例》，《法律科学》，2017 年第 1 期。

㉝喻中：《法家学说与社会科学的中国化建构——立足于法学与人文社会科学的交叉研究》，《法学家》，2017 年第 5 期。

㉞喻中：《以术行法：熊十力建构的“韩非学”》，《法律科学》，2017 年第 6 期。

㉟张晋藩：《中国古代监察思想、制度与法律论纲——历史经验的总结》，《环球法律评论》，2017 年第 2 期。

㊱张生：《中国古代监察制度的演变：从复合性体系到单一性体系》，《行政法学研究》，2017 年第 4 期。

㊲赵晓耕：《中国传统御史监察制度的经验教训》，《环球法律评论》，2017 年第 2 期。

㊳李青：《中国古代监察机构的演变及其改革的经验教训》，《国家行政学院学报》，2017 年第 2 期。

㊴林榕年、叶秋华：《外国法制史》(新编 21 世纪法学系列教材第六版)，中国人民大学出版社 2017 年版。

㊵谷春德、史彤彪：《西方法律思想史》(新编 21 世纪法学系列教材第五版)，中国人民大学出版社 2017 年版。

㊶洪荞：《英国土地法悖论研究》，中国人民大学出版社 2017 年版。

㊷王建芹：《法治的语境：西方法文明的内生机制与文化传承》，中国政法大学出版社 2017 年版。

㊸史彤彪：《孟德斯鸠错了》(修订本)，清华大学出版社 2017 年版。

㊹高鸿钧：《法治漫笔》，译林出版社 2017 年版。

㊺R. C. 范·卡内冈著，李红海译：《英国普通法的诞生》，商务印书馆 2017 年版。

㊻F. 卡尔卡诺著，贾婉婷译：《商法史》，商务印书馆 2017 年版。

㊼卢埃林著，明辉译：《荆棘丛：关于法律与法学院的经典演讲》，北京大学出版社 2017 年版。

㊽高鸿钧主编：《中国比较法学：比较司法研究》(2016 年卷)，中国政法大学出版社 2017 年版。

㊾高祥主编：《比较法在法制建设中的作用——第三届比较法学与世界共同法国际研讨会论文集》，中国政法大学出版社 2017 年版。

㊿郭富民：《立宪政府的财税基础——以英国议会征税权的形成和发展为中心》，《苏州大学学报》(哲学社会科学版)，2017 年第 4 期。

51徐爽：《域外宪法文本解释方法的历史演进——以美国宪法解释为例》，《现代法学》，2017 年第 3 期。

52陈平：《大萧条时期的美国宪法变革——评〈至高权力：富兰克林·罗斯福与最高法院的较量〉》，《美国研究》，2017 年第 3 期。

53李红海：《普通法的内在机制与社会经济发展》，《比较法研究》，2017 年第 6 期。

54邵怿：《当代英国司法改革历程——基于权力与制度的探讨》，《甘肃社会科学》，2017 年第 5 期。

55姜栋：《土地的权利边界：20 世纪美国管制性征收土地的司法演进史》，《山东社会科学》，2017 年第 6 期。

56鲁楠：《“一带一路”倡议中的法律移植——以美国两次“法律与发展运动”为镜鉴》，《清华法学》，2017 年第 1 期。

57高仰光：《论中世纪城市法的学理化进程》，《清华法学》，2017 年第 4 期。

58朱明哲：《服务于法史学的自然法——19 世纪末法史学在法国的形成》，《华东政法大学学报》，2017 年第 3 期。

59高仰光：《纳粹统治时期德国法律史学的源流、变迁与影响——以价值与方法的“连续性”为视角》，《比较法研究》，2017 年第 2 期。

60王银宏：《略论近代德意志地区的自治实践及

其理论》，《社会科学论坛》，2017年第2期。

(61)王银宏：《论作为政治性立法的1811年〈奥地利普通民法典〉》，《华东政法大学学报》，2017年第4期。

(62)王银宏：《“帝国基本法”与统治的契约化——契约观念下神圣罗马帝国的“帝制改革”（1500—1521）》，《史学月刊》，2017年第10期。

(63)王志华、刘天来：《俄罗斯国家与法理论的历史传统》，《求是学刊》，2017年第5期。

(64)徐爱国：《巫术入罪与去罪：一个法律史视角的解读》，《社会科学辑刊》，2017年第1期。

(65)曹义孙、娄曲亢：《柏拉图〈法律篇〉的良法思想研究》，《首都师范大学学报》（社会科学版），2017年第6期。

(66)曹义孙、娄曲亢：《柏拉图〈法义〉中的监察官制度探究》，《山东社会科学》，2017年第12期。

(67)朱明哲：《面对社会问题的自然法——论法律社会化中的自然法学说变迁》，《清华法学》，2017年第6期。

(68)孔元：《博丹与普遍法的“国家”转向》，《清华法学》，2017年第5期。

(69)钟瑞华：《哈罗德·J. 伯尔曼：美国当代法律宗教学之父》，《比较法研究》，2017年第5期。

（作者：赵晓耕、王云霞，中国人民大学教授；
范依畴，中央民族大学副教授；
张蕊，中国人民大学博士生）

社 会 学

社 会 学

奂平清　田　钰

2017年社会学者积极回应新时代社会发展中的重大理论与现实问题，在理论社会学、社会建设与社会治理、社会分层与流动、社会政策与社会工作、婚姻家庭和性别研究、环境社会学、教育社会学、经济与组织社会学、空间社会学、社会心态与社会心理服务等领域取得了丰硕的成果，有力地推动了中国社会建设和社会治理实践。

一、理论社会学

在中国社会学学术话语和学术体系的创新等方面，社会学者的理论自觉意识进一步增强。有学者指出，要实现中国社会学学术体系的创新，必须要突破现有的局限，通过鉴借中外社会学的历史经验，在多元开放的学术视野中面对新问题、创新社会学的思想理论和方法原则。①有学者指出，对我国有重要意义的社会现象做出有学理性概括的中层理论，是学术创新、获得学术话语权可选择的方向，应该在“中国概念—中国事实”“通融概念—中国事实”“拓展概念—中国事实”“外来概念—中国资料”四种研究类型中，立足中国实践对国际已有理论概念的拓展性研究，以有效实现学术创新。②

有学者从中国传统思想与文化中探寻中国社会学的本土概念体系，认为荀子作为中国社会学的奠基人，以“群”概念为核心，形成了围绕这一核心概念的概念群和概念体系，包括群、伦、仁、中庸等基本概念，分别体现了中国社会学的人本性、整合性、贯通性、致用性等基本特质。这些基本概念可以划分为合群、能群（包含修身和齐家两个层次）和善群、乐群（包含治国和平天下两个层次）两个范畴。这些概念体系贯穿践行于中国社会“修身齐家治国平天下”理想的各个层面，对中国社会发展起到了重要作用。③

关于费孝通的学术思想及其意义，一直是社会学者讨论的话题。有学者指出，费孝通的《江村经济》一书作为燕京学派的代表作，采用了当时国际社科学界公认的分析逻辑，用不同于传统治学的方式来认识中国的经验现实，体现了研究角色、议题、方法及目标的转换，在问题设定、话语选择、研究路径等方面的创新具有极为重要的意义。④⑤有分析指出，费孝通历时60多年的26次"江村调查"，实际上是在探索中国现代社会科学何以可能与何以可为的问题，费孝通晚年从"社会调查"到"文化自觉"的学术转向有其内在连续性，是"社会学中国化"主张的提升和深化。[⑥]有分析认为，费孝通对社会变迁和社会平衡的思考是其早期学术思想的核心，晚年则强调理论与实践并重，倡导"文化自觉"，由早年注重西方文化变而偏重于中国传统文化。[⑦⑧]

有社会学者对经典马克思主义理论的研究发现，马克思、恩格斯对社会主义的未来设想有其历史的演变过程，一方面表现为其著作中对共产主义、社会主义的取舍评判，另一方面表现为对全球社会经济变化的积极反映。恩格斯在19世纪80年代中期之后有关社会主义所有制、发展策略等问题的论述，对当前经济社会飞速发展的中国社会具有现实指导意义。[⑨]有学者以《路易·波拿巴的雾月十八日》为例，认为马克思开创了将结构史与事件史结合在一起的事件社会学，即把结构、局势和行动者3个要素折叠在同一时段的事件分析中，展现了丰富的社会学想象力。[⑩]在涂尔干逝世100周年之际，对其学术思想的回顾与思考是本年度的一个主要话题。有学者通过对涂尔干相关研究主题的分析指出，涂尔干的核心思想任务，是要在构成现代社会的所有要件之间重新搭建起多重的联结纽带。[⑪]有学者以19世纪90年代中期德国的工业化和城市化过程为背景，以韦伯的"农业—政治"研究为核心，讨论边疆、边界和国家等问题，分析了人口、物资、资本等流动下的国家经济建设与政治结构。[⑫]有学者通过发掘弗洛伊德的德文原著在被翻译成英文并且冠名为"标准版"的过程中所发生的与精神分析实践相关的系统理性化过程，考察了精神分析的经典文本知识在传播过程中的理性化现象。[⑬]

二、社会发展、社会建设与社会治理

关注改革开放与经济社会发展以及发展过程的社会矛盾，加强社会建设与社会治理，一直是社会学界关注的热点话题。

有学者总结了现代化道路中国经验的五大方面，即集中统一有效的管理机制、中国特色的市场机制、全社会对于体制改革的共识、开放政策和中国特色的产业化城镇化道路，并指出了中国现代化道路进一步探索的三大方面，即进一步处理好政府、市场与社会三者关系，实现国家治理体系和治理能力现代化，实现人的现代化。[⑭]

有学者指出，关于中国现阶段的社会矛盾的原因、功能、程度及其演化前景等问题的认识上，存在着许多误判，如认为社会矛盾大量出现这一现象本可避免、社会矛盾对中国发展的负面作用突出、当前社会矛盾已到了十分严重的地步、社会矛盾已经固化且难以破解等。只有对这些误判予以矫正，才能有效地应对和化解社会矛盾。[⑮]有学者分析认为，在经济下行背景下，当前我国劳动关系主要呈现出工人就业"短工化"、矛盾纠纷"频发化"、行动诉求"短期化"的新趋势。针对这一情况，应通过完善劳动纠纷治理体系、建立全国统一的劳动力市场等政策措施，有效化解可能衍生的各类劳动关系矛盾。[⑯]

就社会公正的研究方面，有学者认为，出于认知的偏差、社会不同群体利益差异等因素，人们对社会公正的追求有时会出现某种失当的现象，解决这一问题的关键在于：对于社会公正予以科学的认识和准确的把握；以法治精神维护和促进社会公正。[⑰]普惠性公正与差异性公正是公正的基本内容，有学者对这两个概念的内容及特征进行了区分同时也指出两者相辅相成缺一不可，在实践中应该实现二者的平衡发展。[⑱]

有学者从制度主义的分析视角出发，考察了改革开放以来中国农村社会发生的不同类型的民众抗争，讨论诱发各类政治抗争行动的治理逻辑，认为乡村抗争模式的历史演变及其多样化趋势反映了国家治理制度逻辑的变迁。[⑲]有学者提出网络社会的兴起使中国社会转型进入新的阶段，认识和推进网络社会治理，是新时期社会建设的重要内容。[⑳]

有学者指出，随着城市化、国际化进程的迅速推进，北京市的社区治理工作面临着社区人口构成日益多元化、居民需求日益差异化、社区治理复杂化和社区参与小众化等新趋势和新挑战。要应对这些挑战，需要处理好以居委会与街道、社会工作人才、业委会和物业公司、社区社会组织之间的关系，从增强社区自治能力、推进社区工作者队伍建设、改进社区党组织工作等层面推进社区建设。[㉑]有学者指出，世界治理的发展脉络大体上是从民族国家到全球事务的治理，而后又向基层即地方治理扩散。我国城市社区治理模式也由原来的街居制转变为社区制，这种变化具有一定的进步意义，但也存在需要改进的地方。超大城市的社区治理，需要重建社区治理结构、建立健全社区治理制度、大力推动居民参与、提高社会组织能力。[㉒]有学者从集体行动的视角分析认为，社区建设需要审慎地处理破与立、社区治理与国家治理的关系，同时将研究范式从模式研究转向机制研究。[㉓]有学者以相关调查为基础，认为建构个体社会资本和社区社会资本有利于使不同层级政府信任趋于平衡，能够增进对基层政府的信任，缩小高层和基层政府信任落差。[24]

社会治理仍是社会学者讨论的热点。2017年11月由中国人民大学社会学理论与方法研究中心和广州大学公共管理学院等机构联合举办的“当代中国社会变迁与社会治理”高层论坛，以社会变迁和社会治理为主题，结合党的十九大报告精神，深化了当代中国社会变迁和社会治理学术研究态势，加强和促进了社会学专业与社会工作专业的学术交流与合作。由北京市社会学学会等机构主办的北京市社会学学会2017年学术前沿论坛，探讨了新时代的和谐宜居之都建设与社会治理创新，在社会治理重心向基层下移、大数据与社区治理创新相结合的重要性等议题上取得了进展。

三、社会分层与流动

改革开放40年来，我国阶级阶层结构发生了巨大变动，有学者对这种变动及存在的问题和对策做了分析，认为当前必须高度重视这种巨变带来的积极影响和面临的挑战，要通过改善民生、促进社会公平正义等措施，正确处理阶级阶层关系。[25]

在中等收入阶层或群体研究方面，有学者指出，中等收入群体概念兴起反映了社会经济变迁的新趋势，中等收入者比重的提升，是全面建成小康社会的具体体现，明确中等收入群体的指标定义，有助于为相关政策的制定提供方向指导。[26]关于“中等收入陷阱”的讨论也是热点话题，有学者指出，“中等收入陷阱”一方面指一个发展中国家能否成功跨越中等收入国家发展阶段，进入高收入国家发展阶段和如期实现现代化，另一方面意味着在发展中能否防止两极分化，成功建成一个中等收入群体占主体的橄榄型社会。[27]而扩大中等收入群体是促进大众消费、保持经济持续稳定增长、跨越“双重中等收入陷阱”的重要举措。[28]有学者认为，要壮大中产阶层应该进一步增加居民收入，推动产业、职业结构调整，普及教育，推动农村地区、中西部地区中产阶层的发展，扶持农民工依靠技能提升、自主经营进入中产阶层。[29]

在社会地位获得机制研究方面，有学者考察了配偶父亲的社会经济地位对城市居民精英地位获得的影响，发现配偶父亲的社会经济地位对个体精英地位的获得具有更显著的影响。此外，这种影响对于不同性别的个体而言有所差异，精英代际继承更适用于男性。[30]有研究发现，当前中国居民的主观社会地位存在地区差异，在现代化程度较高的地区，个体的后致性因素对社会地位认同具有更加显著的影响，而在欠发达地区，还没有形成稳定的评价标准。[31]有学者以中国为例分析了“伊斯特林悖论”的形成机制，发现随着宏观经济的发展，一方面，个人的物质财富所带来的幸福回报不断削弱；另一方面，社会不平等的加剧引发了强烈的相对剥夺效应，消除了由经济发展本身所带来的幸福回报，由此造成主观幸福感水平呈现出相对停滞的状态。[32]有研究发现，中国的城乡不平等并没有随着户口制度的弱化而消除，相反，存在于老一代人中的城乡不平等传递到了青年一代身上，而且通过这种代际传递，城乡不平等演变为阶层不平等。[33]有分析认为，即使户口状况相同，“新市民”与“老市民”之间依然存在差距，同时“农转非”人群内部也存在较大的差异，歧视降低了自致型“农转非”人群相较于城市原居民的禀赋优势，而外致型“农转非”人群则面临人力资本劣势与就业市场歧视的双重压力。[34]有学者指出，造成农村流动人口本地化问题的最根本因素，是唯利型生产体制、分离型消费体制和非均衡型公共服务体制等区域社会体制。[35]有学者对当前我国流动人口的总体形势以及面对的挑战进行了分析，认为突破户籍墙、结构墙和理念墙，跨越人为设置的各类边界，推动群体关系从隔离到嵌入转变，是新型城镇化的题中应有之义。[36]

四、社会政策、社会保障与社会工作

有学者对中国不同历史发展阶段的社会福利制度与社会政策的基本内容做了梳理，并从理论建构的角度将中国社会福利制度模式与社会政策框架概括为“社会—市场—国家组合型社会福利制度范式”。[37]有学者通过分析中国转型期乡土社会农村低保的运作过程，揭示了政策目标定位偏差发生的逻辑，探讨了基层福利治理与其所嵌入的乡土社会环境的关系，以及受后者约制的乡土福利治理的特征。[38]

关于中国老龄化及养老政策，有学者分析认为，后乡土中国正面临人口结构和社会结构双重老年化的局面，家庭养老演变为自力养老。要改变乡村自力养老的困境，需要政府发挥主导作用，建立符合正义原则的乡村养老保障制度以及乡村社会的敬老文化。[39]也有学者将老年脆弱群体区分为空巢老人、贫困老人、失能老人、无子女老人，并提出了相应的对策思路。[40]

在社会工作学科及理论研究方面，有学者指出，社会工作的学科定位问题在我国至今尚未得到较好的解决，认为社会工作作为一门以实践为本的综合性应用社会科学，能够从其独特的专业视角实现社会治理的基本功能。[41]有分析指出，对于社会工作的 Professionalization，国内一般翻译为“专业化”，实际上，无论从西方社会工作发展史还是社会工作的实务特性来说，将其翻译为“职业化”要优于“专业化”，从实务为本、适应与改造、完善结构性制度等方面来说，西方社会工作职业化发展对我国有重要启示意义。[42]有学者对社会工作介入信访工作的可行性及相关实践做了探讨，就如何发展信访社会工作提出了相应的对策建议。[43]有学者对社会工作在民族地区服务型社会治理中的作用做了分析，提出要注重民族地区社会治理中的“在地化”，从当事人的角度理解社会问题，并以当事人可接受的方式解决其问题。[44]

五、婚姻家庭和性别研究

关于家庭形式、结构变迁等问题，有学者分析认为，中国家庭的变迁带有明显公器干预的痕迹，有别于西方家庭自然演进的特点，国家主要通过生育政策“控量”“提质”及其互动而作用于家庭。[45]有学者指出，近年来西方国家妇女劳动参与率与总和生育率由负相关转向正相关，使得促进女性就业的双薪型家庭政策取代鼓励妇女居家看护的通用型家庭政策成为主流，这是我国当前“二孩”时代制定家庭政策时应予借鉴的经验。[46]有研究者以中国农村居民评价“私房钱”的道德框架为角度，认为当前中国农村家庭的发展轨迹仍是“核心化”而非“个体化”。[47]在关于青年父母离婚对子女发展的影响方面，有研究者利用相关调查数据的分析发现，在大多数发展指标上，单亲离婚家庭、重组家庭的子女与完整家庭的子女表现并无显著差异。[48]有学者通过梳理妇女与婚姻家庭社会工作的基本内容以及借鉴美国家庭社会工作的经验，指出中国妇女与婚姻家庭社会工作可在原有妇联工作和邻里帮扶工作的基础上进一步融合专业社会工作，倡导一种行政性、志愿性和专业性交融发展的路径，进而形成国家、社会和民众共同在场的多元服务新格局。[49]有分析发现，1990 年以来中国人的性别观念向着更为平等的方向发展，但在社会分工领域有回归传统的倾向，这一现象值得警醒和反思。[50]

六、环境社会学

有学者倡导社会学家要关注中国现代化转型的环境约束，特别是关注应对气候变化的政策设计和实践的社会复杂性，并基于社会学的视角，为改进气候政策的设计和绩效做出应有的贡献。[51]在关于环境社会学学科与理论研究方面，有学者从事实、理论与价值 3 个维度对环境社会学研究做了分析，认为环境社会学研究的主要事实应该是具有社会影响的、激起社会反应的环境事实和具有环境影响的社会事实，环境社会学理论建设需要充分体现社会学的视角，在对待环境与社会关系的演化趋向、经济发展与环境保护的关系、保护环境和社会公平之间的关系的研究等方面，环境社会学者应该有正确的价值立场。[52]有学者对农民生计与乡村环保方面的相关研究，从乡村环境问题现状、乡村环境问题的社会成因和社会机制、乡村环境问题对乡村社会和农民生活的影响、对现行环保政策的检讨等角度做了梳理，并对乡村环境社会学的研究现状进行了反思。[53]

对于环境社会学如何回应实践中的重大关切、对环境治理做出应有的贡献，有学者做了深入讨论。洪大用将中国环境问题的新趋势或特性概括为 4 个方面：环境问题的社会性和自然性的统一更加明显，环境问题更加表现出孤立性和关联性的统一，环境问题的地区性和全球性统一的特性越来越明显，环境问题的客观性和建构性表现得更加明显。包智明指出，我国西部地区的资源开发和生态环境保护面临 4 个悖论性关系难题：开发与保护之间的关系；中央与地方、整体安排与局部利益之间的关系；外来开发者的主导性与当地主体自主参与及利益共享之间的关系；经济增长与社会发展之间的关系。如果处理不好这些关系，将导致资源开发“脱嵌”于当地社会经济发展，不但西部地区难以获得发展，反而会造成严重的环境生态问题。中国的环境社会学研究应强化对西部地区生态环境问题的研究。洪大用指出，环境社会学要持续深化 6 个方面的研究，以为改进环境治理做出更大贡献：一是继续强化社会学的反思性，二是深入研究社会动员的过程，三是强化环境保护制度化或者法制化的研究，四是要关注环境政策设计的整体性、关联性，五是深入研究环境政策执行过程中所涉及的权力、利益、价值观等，六是深入研究能够切实保障公众参与的社会影响评估。[54]

七、教育社会学

社会学对教育问题的研究主要集中在教育平等等问题上。有研究指出，大城市流动儿童教育获得中的不平等困境，是国家教育政策、国家城镇化政策、个体家庭背景及社会资本在实践中综合作用的结果。[55]有研究者以某省某年的高考成绩的总体数据模拟分析了教育扩张与教育机会不平等的关系，并提出“阈值依赖不平等”理论，认为如果教育扩张是外生的，不与人的行动发生互动，扩张对不平等的影响是先升后降：始于高分段的扩张会导致教育不平等程度上升，而始于低分段的扩张则会减少教育不平等。[56]

对于入学年龄限制与学习成绩之间的“截止日期现象”（即出生月在入学年龄截止日期以前的学生在学业表现上不及出生月在截止日期以后的学生），西方研究将其归因于入学年龄差异所产生的影响，也有人以此分析和解释中国的情况，认为入学年龄限制造成了“七八月陷阱”，有研究者利用2005年中国1%人口抽样调查和1992年儿童情况抽样调查，检验了截止日期现象能否持续到成年期，以及特定出生月份是否存在入学年龄的选择性问题，发现中国孩子对截止日期的遵从度低且存在选择性，出生月份之间的成就差异不能完全由入学年龄来解释，应考虑其他替代性的解释。[57]有分析发现，班级设置中师生之间建立的紧密互动关系及良好的班级氛围对学生的教育期望发挥着最重要影响。[58]

八、经济与组织社会学

在经济社会学研究方面，有学者从风险转化的理论视角解释了地方政府市场角色的多重面向、政府—市场边界的变动不居和经济风险分担规则的不确定性等问题。[59]也有学者在梳理市场秩序形成的自发论、建构论及本土经验论3种理论逻辑的基础之上，提出一个整合自发性与建构性的互动实践框架，用于分析中国市场化改革的经验历程。[60]有学者以长三角地区服装业为例的研究表明，制度和结构及其演变型塑着农民工行动选择的机会结构，农民工因制度力量与劳动力市场供求结构改变而“增权”，并在实践上推动了管理政体向人性化管理的转变。[61]有分析指出，互联网在股市交易中的广泛应用引起了股票市场的大规模网络化，因此应把握网络化引起股市交易的复杂变化，因时制宜地调整股市监管方式，以更有效地监控股市风险，维护股市稳定运行。[62]

在组织社会学研究方面，有学者指出，在关于技术与组织的研究中，早期的研究以技术中心论为主，20世纪90年代之后则形成了多取向并存的格局。在信息化时代，社会学应加强对技术与组织关系中人群关联的研究，为理解信息时代的技术与组织提供理论支撑。[63]有学者通过对江南某地20世纪50年代部分干部的思想检查、工作报告、年终总结、组织审干汇报等档案材料的梳理，发现国家运用特有的组织化权力，对干部群体开展了一系列治理活动，为组织化的治理权威的树立奠定了人事基础，并对干部的行为特征等方面产生了深远影响。[64]

九、网络社会学

随着互联网对经济社会生活影响的日益深入，社会学也更为关注网络社会学的相关议题。有学者指出，网络空间具有现实性、实践性和群体性的特点，网络空间是广大社会成员立足日常生活世界，利用信息技术和新媒体工具开展交往实践的现实社会空间，网络空间还形成了灵活多样的群体形式。[65]有分析指出，社会现实感的虚化、生活领域的交叠、“距离”缩短带来的无聊厌倦感，成为“微信人”生活方式的特征，也塑造了其精神气质。[66]一项关于大学生和新生代农民工的微信使用实践的比较研究发现，在处理现在与未来的关系中，大学生群体体现出“枝杈型”模式，存在多种的增长点和发展可能性；而农民工群体则更体现为“线性”模式，指向更具现实意义的行动与期待。[67]2017年9月，在由中国人民大学社会学理论与方法研究中心和北京大学中国社会与发展研究中心举办的国际社会变迁国际研讨会上，与会社会学者从互联网与社会网、数字化与感性化、全球化与本土化等视角，探讨了网络社会变迁的新形势与新问题。这是国内首届网络社会学领域的国际学术研讨会，对于推进网络社会学的发展、促进与深化中国网络社会变迁研究有重要意义。

十、空间社会学

空间与社会变迁和社会治理研究日益成为近年来社会学等学科的热点话题。有研究者以北京回龙观为例，探讨了郊区大型居住区的邻里关系及其与郊区社会空间再生的关系，认为居民在脱离原居住地社会关系网络背景下，通过邻里关系改善了郊区社会空间的破碎化状况，促使社会空间再生。[68]有学者指出，近年来由于“撤村并居”，“村改居”社区广泛出现，社区空间特征发生了剧烈变化，对社区基层治理提出了挑战，治理策略也开始向网络化、物业管理和利用社区服务中心等方面转变。[69]有研究者提出“形象—权力—关系”社区安全空间治理框架，建议通过理性服务、资源赋予和良性互动等具体实践策略构建“村改居”社区安全空间治理体系。[70]也有研究者从时空社会学的视角，分析了社会时空与信访行为的关系，对社会时空下信访行为的规律进行了总结归纳，解释了信访人对于时空的选择机制。[71]在由中国人民大学社会学理论与方法研究中心等机构于2017年7月举办的雄安新区空间开发与社会治理学术研讨会上，专家学者就雄安新区空间开发与社会治理的诸多议题开展了深入讨论。

十一、社会心态与社会心理服务

有学者在对中国的社会心态研究进行回顾的基础上，提出应该深化对社会心态的结构和机制等方面的研究，认为未来社会心态的研究走向将以当下的社会治理为研究对象，在学科发展上将从关注社会转型向社会发展方面转变。[72]

信息化、网络化时代的大数据，为社会心态研究提供了新的条件和机遇。有分析指出，大数据、复杂性理论和计算模型对于社会心态研究具有启发意义，未来研究可以复杂性理论为指导，以复杂社会网络分析和计算模型为方法支持，从整体视角分析社会心态的现状、形成和发展过程，进而实现对社会心态的预测。[73]

有学者通过对居民社会流动预期的分析，发现居民对向上社会流动的预期很高，这是未来经济增长和社会发展的重要动力因素，但是过高的社会预期可能蕴藏着相对剥夺感上升的风险。在当前经济新常态下，社会的发展难以满足社会整体的预期，个体的外在目标的预期需要做出调整。[74]有学者指出，改革获得感在一定意义上决定着进一步的改革能否顺利推进，提升人民获得感的途径除了直接增加改革收益之外，还需要消除众多导致获得感偏低的客观因素和社会心理因素，需要倡导在全社会形成一些基本的社会合作共识。[75]有学者指出，尽管农民工的社会经济地位低于城市居民，但农民工的主观幸福感却更高，这种客观经济地位与主观福利评判的不一致可以有两种解释：同质性参照群体假设和向上流动期望假设，暗示农民工在进行社会比较时会选择不同的参照群体。基于一项大规模全国代表性的调查数据的分析，结果验证了同质性参照群体假设：即控制个人收入后，同省其他农民的平均收入越高，农民工的生活满意度越低；加入农民的平均收入后，农民工相对于城市就业居民的生活满意度优势消失，甚至转为劣势。而向上流动期望假设未获支持。[76]

有学者对新中国成立以来3个时期社会心态的特点分别是政治激情、经济热情和多元调整。对于新时期的负面社会心态，需要区分“作为体制性后果的心态”和“作为网络化后果的心态”，而制度建设与人心建设是化解负面社会心态问题的根本途径。[77]有学者指出，作为中国文化核心思想的儒家、道家、法家、佛家等的思想中都有大量“心”的思想和理论，核心社会心态是通过树立“圣人”“君子”等理想人格典型和社会价值而形成的，由此形成的社会心态体系成为统合社会的工具。当前的社会治理要利用和改造传统资源，重建中国核心价值体系。[78]

在新时代，满足人民“美好生活需要”亟待提升心理健康服务水平，构建完善的心理健康服务网络，在社会治理体系中加强心理建设。[79]有学者指出，中国特色的社会心理服务与社会心理建设，内容包括对民意民心的描述、对偏见歧视的理解、对社会心态和社会舆论的监测、对志愿者行为的引导等方面。服务对象与范围包括个体层面上正确的社会态度和健康的社会情绪服务、人际层面上客观的社会认知和健全的社会影响服务、群体层面上积极的社会行为和公平的公共服务。社会心理服务是社会心理建设的基础，中国特色的社会心理服务体系应包括构建3个方面的系统与机制：社会态度、社会情绪调查系统，形成民意监测与社会情绪预警机制；社会认知、社会影响测量系统，形成社会心理疏导与心理危机干预机制；社会行为、社会绩效评价系统，形成社会力量干预与国家力量监督机制。[80]

注：

①刘少杰：《中国社会学学术体系创新的理论前提》，《社会学评论》，2017年第1期。

②王思斌：《积极促进我国社会学学术创新和话语能力建设》，《北京大学学报》（哲学社会科学版），2017年第2期。

③景天魁：《史海拾贝：中国社会学概念体系的历史资源》，《社会学评论》，2017年第5期；宋国恺：《群学：荀子的开创性贡献及对其精义的阐释》，《北京工业大学学报》（社会科学版），2017年第4期。

④景天魁：《中国学术话语体系创新三部曲——费孝通先生的足迹》，《探索与争鸣》，2017年第2期。

⑤张静：《燕京社会学派因何独特？——以费孝通〈江村经济〉为例》，《社会学研究》，2017年第1期。

⑥王建民：《个人、学术与国家的关联——费孝通“江村调查”的学术心态史及其启示》，《社会学评论》，2017年第3期。

⑦周飞舟：《从“志在富民”到“文化自觉”：费孝通先生晚年的思想转向》，《社会》，2017年第4期。

⑧孙飞宇：《从社会变迁到社会平衡：费孝通在“江村调查”之前的思想梳理》，《社会学评论》，2017

年第5期。

⑨何蓉:《因开放而科学——恩格斯的社会主义思想及其现实基础》,《社会学研究》,2017年第6期。

⑩应星:《事件社会学脉络下的阶级政治与国家自主性——马克思〈路易·波拿巴的雾月十八日〉新释》,《社会学研究》,2017年第2期。

⑪渠敬东:《追寻神圣社会:纪念爱弥尔·涂尔干逝世一百周年》,《社会》,2017年第6期。

⑫何蓉:《边疆、边界与国家:韦伯的“农业—政治”研究的理论启发》,《社会》,2017年第5期。

⑬孙飞宇:《从灵魂到心理——关于精神分析理性化的知识社会学研究》,《社会学研究》,2017年第4期。

⑭李强:《从社会学角度看现代化的中国道路》,《社会学研究》,2017年第6期。

⑮吴忠民:《矫正对社会矛盾的几个误判》,《中国特色社会主义研究》,2017年第5期。

⑯张翼、汪建华:《经济下行背景下劳动关系的变化趋势与政策建议》,《中国特色社会主义研究》,2017年第1期。

⑰吴忠民:《对社会公正的不当追求及其负面效应》,《马克思主义与现实》,2017年第5期。

⑱吴忠民:《普惠性公正与差异性公正的平衡发展逻辑》,《中国社会科学》,2017年第9期。

⑲艾云、周雪光:《国家治理逻辑与民众抗争形式:一个制度主义视角的分析》,《社会学评论》,2017年第4期。

⑳王建民:《转型期中国网络社会治理:内涵与主要议题》,《科学社会主义》,2017年第2期。

㉑沈原等:《北京市社区治理发展趋势及对策研究》,《北京工业大学学报》(社会科学版),2017年第1期。

㉒夏建中:《基于治理理论的超大城市社区治理的认识及建议》,《北京工业大学学报》(社会科学版),2017年第1期。

㉓冯仕政、朱展仪:《集体行动、资源动员与社区建设——对社区建设研究中“解放视角”的反思》,《新视野》,2017年第5期。

㉔罗家德等:《“央强地弱”政府信任格局的社会学分析——基于汶川震后三期追踪数据》,《中国社会科学》,2017年第2期。

㉕李培林:《改革开放近40年来我国阶级阶层结构的变动、问题和对策》,《中共中央党校学报》,2017年第6期。

㉖李春玲:《中等收入群体概念的兴起及其对中国社会发展的意义》,《中共中央党校学报》,2017年第2期。

㉗张翼:《社会保险与中等收入群体的扩大》,《河北学刊》,2017年第5期。

㉘李培林:《中国跨越“双重中等收入陷阱”的路径选择》,《劳动经济研究》,2017年第1期。

㉙李强、王昊:《我国中产阶层的规模、结构问题与发展对策》,《社会》,2017年第3期。

㉚朱斌:《中国城市居民的配偶家庭与精英地位获得》,《社会》,2017年第5期。

㉛宋庆宇、乔天宇:《中国民众主观社会地位的地域差异》,《社会》,2017年第6期。

㉜李路路、石磊:《经济增长与幸福感——解析伊斯特林悖论的形成机制》,《社会学研究》,2017年第3期。

㉝李春玲:《青年群体中的新型城乡分割及其社会影响》,《北京工业大学学报》(社会科学版),2017年第2期。

㉞王鹏:《“农转非”、人力资本回报与收入不平等:基于分位数回归分解的方法》,《社会》,2017年第5期。

㉟王春光:《外来农村流动人口本地化的体制性困境》,《学海》,2017年第2期。

㊱段成荣等:《当前我国人口流动形势及其影响研究》,《山东社会科学》,2017年第9期;杨菊华:《新型城镇化背景下户籍制度的“双二属性”与流动人口的社会融合》,《中国人民大学学报》,2017年第4期。

㊲刘继同:《中国现代社会福利发展阶段与制度体系研究》,《社会工作》,2017年第5期。

㊳李迎生等:《福利治理、政策执行与社会政策目标定位——基于N村低保的考察》,《社会学研究》,2017年第6期。

㊴陆益龙:《后乡土中国的自力养老及其限度——皖东T村经验引发的思考》,《南京农业大学学报》(社会科学版),2017年第1期。

㊵穆光宗:《应对老年群体脆弱化的思路和对策》,《北京工业大学学报》(社会科学版),2017年第5期。

㊶李迎生:《也谈社会工作的学科定位》,《社会

建设》，2017 年第 4 期。

㊷赵玉峰：《专业化还是职业化：重述社会工作发展史——基于职业社会学视角的考察》，《社会工作》，2017 年第 1 期。

㊸李迎生、李文静：《新时期我国信访矛盾的社会工作介入研究》，《学海》，2017 年第 3 期。

㊹王思斌：《民族地区的社会治理与社会工作参与研究》，《广西民族大学学报》(哲学社会科学版)，2017 年第 5 期。

㊺杨菊华：《生育政策与中国家庭的变迁》，《开放时代》，2017 年第 3 期。

㊻蒙克：《“就业—生育”关系转变和双薪型家庭政策的兴起——从发达国家经验看我国“二孩”时代家庭政策》，《社会学研究》，2017 年第 5 期。

㊼邢朝国：《中国农村家庭演变：“核心化”还是“个体化”?》，《社会》，2017 年第 5 期。

㊽张春泥：《当代中国青年父母离婚对子女发展的影响——基于 CFPS2010—2014 的经验研究》，《中国青年研究》，2017 年第 1 期。

㊾卫小将：《融合与拓展：中国妇女与婚姻家庭社会工作研究》，《国家行政学院学报》，2017 年第 2 期。

㊿杨菊华：《近 20 年中国人性别观念的延续与变迁》，《山东社会科学》，2017 年第 11 期。

51洪大用：《中国应对气候变化的努力及其社会学意义》，《社会学评论》，2017 年第 2 期。

52洪大用：《环境社会学：事实、理论与价值》，《思想战线》，2017 年第 1 期。

53张浩：《生计与环保——中国乡村环境社会学研究》，《黑龙江社会科学》，2017 年第 4 期。

54李时珍：《当代中国环境治理的社会学视野——洪大用、陈阿江、包智明等学者对话录》，《中国社会科学评价》，2017 年第 2 期。

55富晓星、冯文猛等：《“教育权利”VS.“大城市病”——流动儿童教育获得的困境探究》，《社会学评论》，2017 年第 6 期。

56李代：《阈值依赖的教育扩张与教育机会不平等——以 A 省某年高考数据为例》，《社会学研究》，2017 年第 3 期。

57张春泥、谢宇：《入学年龄限制真的造成了“七八月陷阱”吗?》，《社会学研究》，2017 年第 1 期。

58张阳阳、谢桂华：《教育期望中的班级效应分析》，《社会》，2017 年第 6 期。

59向静林：《市场治理的制度逻辑——基于风险转化的理论视角》，《社会学评论》，2017 年第 3 期。

60白乙辰：《自发性与建构性的互动实践——关于市场秩序形成机制的研究》，《社会学评论》，2017 年第 2 期。

61刘爱玉：《制度、结构与农民工行动选择机会的形塑——以长三角地区服装业为例》，《江苏行政学院学报》，2017 年第 6 期。

62刘少杰：《网络化中的股市交易秩序变迁》，《社会科学研究》，2017 年第 1 期。

63邱泽奇：《技术与组织：多学科研究格局与社会学关注》，《社会学研究》，2017 年第 4 期。

64张静：《构造组织观念：自我检查和审干(1952—1960)》，《社会》，2017 年第 5 期。

65刘少杰：《网络空间的现实性、实践性与群体性》，《学习与探索》，2017 年第 2 期。

66王建民：《“微信人”与网络化时代的生活风格》，《天津社会科学》，2017 年第 4 期。

67刘谦、陈香茗：《微信中的生命时间——对大学生和新生代农民工群体数字鸿沟研究的一个维度》，《社会学评论》，2017 年第 2 期。

68冯健、吴芳芳、周佩玲：《郊区大型居住区邻里关系与社会空间再生——以北京回龙观为例》，《地理科学进展》，2017 年第 3 期。

69吴莹：《空间变革下的治理策略——“村改居”社区基层治理转型研究》，《社会学研究》，2017 年第 6 期。

70周延东：《形象、权力与关系：“村改居”社区安全空间治理新框架》，《社会建设》，2017 年第 4 期。

71朱涛、张骏：《社会时空与信访行为》，《北京工业大学学报(社会科学版)》，2017 年第 2 期。

72王俊秀：《中国社会心态研究 30 年：回顾与展望》，《郑州大学学报》(哲学社会科学版)，2017 年第 4 期。

73高文珺：《大数据视野下的社会心态研究》，《新视野》，2017 年第 6 期。

74王俊秀：《居民需求满足与社会预期》，《江苏社会科学》，2017 年第 1 期。

75王道勇：《论全面深化改革时期的获得感问题》，《教学与研究》，2017 年第 4 期。

76吴菲、王俊秀：《相对收入与主观幸福感：检验农民工的多重参照群体》，《社会》，2017 年第

2 期。

⑰王建民：《从“激情”到“调整”——试论宏观社会心态的变迁》，《人文杂志》，2017 年第 12 期。

⑱王俊秀：《型塑和践行：社会心态历史视角的初步考察》，《新视野》，2017 年第 6 期。

⑲傅小兰：《加强社会心理服务体系建设》，《人民论坛》，2017 年第 S2 期。

⑳俞国良：《社会转型：社会心理服务与社会心理建设》，《心理与行为研究》，2017 年第 4 期。

（作者：奂平清，中国人民大学副教授；
田钰，中国人民大学硕士生）

民 族 学

民 族 学

杨圣敏 祁进玉 郭 跃

2017 年，民族学、人类学研究在学科建设、基本理论与研究方法等方面得到进一步发展，各个分支学科在教育教学与科研方面也取得了较大的进步。近年来，我国的民族学、人类学学科的发展呈现 3 个趋势：一是民族学分支学科增加，新兴交叉学科领域不断拓展，研究成果不断深入；二是民族学、人类学学科整合研究能力不断提高，进行了大量学科交叉、协同研究的尝试；三是更加注重学科的应用性研究，强调学科对现实社会的服务性。

在全球化背景下，我国民族学人类学研究进一步加强关于周边国家和地区政治、经济、文化、宗教信仰等基本情况的研究，加强了跨境民族认同及人口流动、文化变迁的研究；采取多学科、多视角的方式对西部少数民族地区文化生态、环境与社区发展进行研究，特别重视民族特色村寨、历史文化名村的建设和保护；特别关注全球化背景下多民族国家的族际关系与社会稳定之间的关系，开展了“一带一路”倡议下跨国民族文化交流与互动的相关研究；充分关注城市少数民族的发展与权益保障，关注长三角、珠三角等经济发达地区少数民族人口流动与社会适应、城市化与弱势群体权益保护等议题；我国的民族学人类学研究与社会热点结合密切，学术界加大了西部民族地区精准扶贫的相关研究，更加关注人口较少民族的社会发展和文化保护问题。

在民族学、人类学学科建设与专业设置等方面，新兴的跨专业、跨学科、交叉的分支学科的教学与研究得到充分重视，国内很多高校纷纷设立民族学、人类学学科，并加大了对民族学人类学学科建设的研究经费支持，积极申报民族学硕士或博士点，完善人才培养机制。在学科建设方面，中央民族大学民族学学科被国家确立为“双一流”重点建设学科，继续领跑国内高校的民族学教学与科研工作。多所院校加大了对世界民族问题和海外民族志研究的兴趣，重视“一带一路”倡议和人类命运共同体建设语境下中国与周边国家的关系，积极开展世界民族研究，并在相关研究领域取得了显著的进步。

本研究重点从民族学、人类学学科建设和基本理论与方法研究；全球化与民族主义、民族理论与民族政策研究；民族与族群问题；民族地区发展与建设；少数民族社会历史文化、民族宗教研究；主要分支民族学、人类学学科发展的最新动向；世界民族研究；重要学术会议、学科学术交流活动等 8 个方面分别加以概述。

一、民族学、人类学学科建设、基本理论与方法研究

通过梳理民族学学科的发展史以及民族学传入中国 90 年来，郝时远教授对中国民族学学科的定义与学科设置进行了讨论，辨析了民族学与文化人类学“相当”或“等同”的普遍认知，就民族学与人类学的关系及其在中外各种分类体系进行比较，指出我国民族学研究存在研究对象局限、学科母体萎缩等问题，建设中国特色民族学必须立足本土、放眼世界、

坚持民族学学科母体地位。在此基础上，根据习近平在哲学社会科学工作座谈会上讲话的精神，对当代中国特色民族学的研究对象、学科理论、分支学科设置及其内涵做出了示例性解释。①②

在多年对民族地区经济社会发展进行实地调查的基础上，结合民族学学术讨论与学科建设的实际要求，王延中研究员提出民族研究的8个主题，即民族关系与民族团结、中华民族共同体建设、民族区域自治制度的发展与完善、发展民族文化与建设中华文化共有精神家园、提升民族地区内在发展动力、注意民族政策的协调性、加强民族学学科与学术话语体系建设、建设民族学新型智库等。同时指出民族学必须围绕党和国家中心工作加强重大理论与应用对策研究，适时提出要建立符合中国实际和现实需要的民族学话语体系和学术概念，建立包容开放的民族理论体系，指导民族政策的适时调整，为解决新时期的民族问题做出更大的贡献。③

民族学人类学的本土化主要是为了应对以下几个挑战：一是盲目崇拜西方学术，二是人类学与民族学研究具有很强地域性特点，三是研究对象不同，四是研究者的知识结构不同，五是西方人类学大多数理论都是未经检验证明的一种假设，六是外来学科本土化是世界范围内的共识。何星亮研究员提出构建中国特色人类学和民族学：一是要树立“学术自信”意识；二是立足中国，构建新理论和新方法；三是汇通中西，取长补短；四是熟悉、怀疑和批判西方理论和方法；五是基础研究与应用研究相结合；六是借鉴自然科学的理论和方法；七是坚持大传统与小传统研究相结合；八是科学分析和人文学分析相结合。④

二、全球化与民族主义、民族理论研究、民族政策研究

习近平总书记在党的十九大报告中提出，中国社会发展进入“新时代”。在这个新的历史时期，我国的民族工作也将面临新的挑战和机遇。随着新时代社会主要矛盾的转变，民族工作也具有新的内涵与新时代的特征。有学者指出中国的民族学应以习近平新时代中国特色社会主义思想为指导，结合中华民族历史发展进程与费孝通先生“中华民族多元一体格局”的深刻内涵，把握民族工作的新方向，理解中华民族共同体的多重面向。⑤尤其是理解近代以来，中国各民族在逐步卷入现代化和全球化过程的同时，围绕一些重大历史事件，形成了现代中国社会不同层次的记忆，奠定了今日中华民族共同体认同的基础，这对于全球化视角下铸牢中华民族共同体意识、强化中华民族共同体认同具有重要意义。⑥

距离1997年费孝通先生提出“文化自觉”概念，已经过去20多年了，中国也由贫穷落后的弱国成长为世界第二大经济体，在国际上发挥着越来越重要的作用。自觉的十八大以来，习近平总书记多次强调“文化自信”，这是国家强大的体现。有学者指出从“文化自觉”到“文化自信”的转换，不仅是人们认识和行动不断深化的过程，而且是中国文化思想的历史性转折。如今的社会发展，仅有“文化自觉”是不够的，应该既要有“文化自觉”，又要有“文化自信”，其中“文化自觉”是“文化自信”的基础，“文化自信”是“文化自觉”的更高要求，拥有“文化自信”才能讲好中国文化“从哪里来”、才能讲好中国文化“去向何方”。在多元文化并存的世界里，只有做到“文化自信”，才能在世界不同文化的对比和互动中获得中国文化转型的动力和文化创新的能力，最终实现我们共同的文化思想。⑦

马戎教授鉴于中国现有的民族理论话语与现实社会之间的巨大差距，积极呼吁国家领导层、学术界和社会公众可以逐步建立起一个关于本国“民族性”的反思体系，认识本国“民族问题”所具有的特性及与其他国家共享的共性，并在社会实践的基础上，重新构建关于“民族”的话语体系。此过程的重点在于要用现代公民国家和法治社会的思路处理国内民族问题，在非政治领域，要用专业手段来处理和解决各种具体问题。⑧

民族政策是国家政策的重要部分，其战略目标在于维护社会公正，维持与更新国家整体性政治秩序。近年来，民族问题的上升使民族政策成为社会关注的焦点。有学者指出从理论上看，民族主义是一种现代政治的产物，前现代中华文明在处理多样性问题上具有深厚的价值与制度资源，新中国的民族政策结合了共产主义革命理论与中华文明传统，成功地构建出现代中国的政治秩序。但改革开放后，历史和社会条件的变化对中国民族政策构成诸多挑战，这主要表现为在应对认同的危机、平等的危机和秩序的危机3个维度上，导致现行民族政策解决问题的资源不足，需要加以补充。⑨

三、民族与族群问题研究

民族问题是关系到国家和社会稳定和发展的重要问题，世界任何国家都十分重视处理好民族问题。社会分工理论是马克思主义哲学的核心理论之一，是理解人类政治制度产生和发展的钥匙，也是分析一个社会运动发展是否合理、进步和科学的基本尺度。有学者认为民族的发展进程就是社会运动的重要组成部分，因此，运用马克思的社会分工理论，科学地分析中国各民族社会发展的实际，才能实事求是地把我们党解决民族问题的目标与中国社会发展水平真正结合起来。⑩

民族认同是民族学研究的重要课题，民族认同有不同的层次，从历史发生的角度来看，祖先崇拜是最早的认同形式。祖先崇拜是人类社会较为普遍的文化现象，也是蒙古族的重要信仰文化。随着蒙古族的社会发展而变迁、重构，以至当代，祖先崇拜仍发挥着认同符号和强化民族凝聚力的社会文化功能。有学者发现在蒙古族文化象征系统中，成吉思汗崇拜逐渐成为祖先崇拜的核心象征，也成为标志性的民族认同符号。在蒙古族民间传说中成吉思汗被刻画成传奇的神话般的英雄，永久留在蒙古族民众的记忆中，变成民族认同的核心象征符号。因此推崇民族领袖和英雄的记忆，是蒙古族民众民族认同的内在需求。⑪

“仂”族群的语言为傣语，其故土在中国云南西双版纳傣族自治州区域内。同时，也有大量仂人居住在泰国和老挝。有学者通过对老挝北部（勐醒）和泰国北部（难府）仂人进行对比，重点对二者的族群认同及地域神灵崇拜之间的关系进行研究，对仂的单一民族国家与民族文化发展话语之间表现出的族群认同转型做出了阐释。⑫

国家在场理论主要用于研究国家与社会的互动逻辑关系，族群作为有别于民族的“想象的文化共同体”，有着显著的文化边界与社会属性，属于“社会”范畴。国家话语对族群的影响，通常是以“在场”的方式来完成的。有学者通过对亻革家人的研究指出，作为我国目前族称未定的特殊族群，在国家话语体系的支配与影响下，他们经历了从新中国成立前的族群身份“污名化”，到新中国成立后的身份“正名”“纠结”“博弈”“重拾”的变迁过程，这种族群称谓的嬗变与身份转换，对亻革家人的族群意识产生了重要影响。⑬

我国是一个统一的多民族国家，从大范围来看，中国各民族交错杂居，不同民族之间有很强的互动性。有学者考察了新疆塔城柯尔克孜社会内部信仰藏传佛教和信仰伊斯兰教的成员之间的互动，指出二者存在因宗教实践差异形成的界限，但经过双方成员持续接触、博弈、协商，民族内部成员跨越了不同宗教信仰，实现了社会整合与民族认同，当然，也并不是说这条界限便可消失，它仍然在某些方面结构双方成员的关系。⑭

与各民族交往交流交融的表述关系最密切的文化理论是文化涵化理论。从文化涵化理论视角来看，我国各民族交往交流交融的理论和方针既符合中国各民族历史发展规律，也适合中国国情。有学者指出从民族交往到民族交流，再到民族交融，是民族关系不断提升和深化的过程，是中华民族有机团结的一个过程，这一过程体现在各民族、各地区，体现在历史上，更体现在当代。⑮

四、民族地区发展与和谐社会建设

后发展主义诞生于20世纪90年代，在批判传统发展理论的过程中逐步壮大成熟。后发展理念从哲学归属上讲带有极强的后现代主义色彩，但同时也在社会发展实践研究上多有建树。有学者提出通过整体性地抛弃传统发展范式，后发展观倡导一系列新的发展取向，包括重振地方文化、重视地方主体以及通过推动原生的草根运动实现发展，等等。并指出后发展主义将为重新审视民族发展问题提供了一个新颖的视角，同时在理论与实践方面，后发展主义对我国传统民族发展研究也具有较强的启示与借鉴意义。⑯

为了实现“两个一百年”的伟大目标，国家实施了“精准扶贫”计划。有学者采用多维贫困测量方法，构建了适用于研究中国民族地区农村多维贫困的MPI指标体系，对民族地区农村多维贫困问题做了实证分析。结果表明，多维贫困存在地区和民族差异，西南3省区（贵州、广西、湖南）的多维贫困较西北4省区（宁夏、青海、新疆和内蒙古）更严峻，少数民族多维贫困较汉族严峻。与收入贫困类似，民族间多维贫困差异与区域差异存在一定程度的耦合。维度分解结果表明，民族地区贫困农户面临的最严重问题是教育、地势、自然灾害、固定资产等问题。因此，精准扶贫战略的实施需要从多维视角更加全面、更加科学地对贫困人口进行精准识别、精准施策。⑰

在宁夏西海固回族扶贫搬迁的实践中，移民在迁入新的居住地之后，生产方式、生活方式、社会交往和思想观念出现了一定的变化，处于不断适应新的生存环境的过程之中。虽然物质生活条件有了明显改善，但依然受困于生计问题。有学者指出其生产方式基本上完成了以务农为主向以劳务为主的转变，但仍然生活在乡土社会中。他们在适应快节奏、商品化的现代化社会生活理念与习惯，但不愿放弃回族传统习俗和文化特征。这些案例表明，对贫困人口进行精确识别、加大扶贫力度的过程中，要注意到贫困人口自身主体性的发挥。⑱

也有学者进一步从文化与发展的关系分析了民族八省（区）贫困的原因，认为民族地区的贫困与文化有关。在经济发展理念和模式、市场竞争机制、公司经营理念、管理经验和资源利用等方面，民族地区文化与发展之间存在着张力。同时，民族地区的政治文化、民族文化、宗教文化和生态文化对精准扶贫也产生了一些阻碍作用。因此民族地区应该在文化自觉、自省的基础上，通过客观认识市场经济规律，立足资源优势，选择生产优势的经济发展模式来打好扶贫攻坚战。⑲

民族政治参与是民族政治的重要议题，也是多民族国家政治发展的重要内容。诸多国家制定的比例代表制框架下，一方面一定程度上保障了少数民族群体的参与机会，另一方面也为少数民族群体融入更加广阔的政治舞台提供了通道。有学者指出受国家结构、民主水平、身份承认等多种因素的影响，比例代表制中的民族政治参与呈现出不同的方式，不同方式也决定了少数民族群体权益的实现程度不同。我国人民代表大会制度中的少数民族代表名额分配规定体现了中国特色的少数民族政治参与保障。⑳

民族地区基层治理的优劣程度直接决定我国民族政策能否得到真正落实，少数民族群众的权益能否得到切实保障。有学者以应对不公平的策略选择为分析视角，通过分析发现，民族地区受访者选择主动借助外力的应对不公平占比最高。年龄、性别、受教育程度、户籍、政治面貌、社会经济地位、其他民族好友数、社会公平感认知、民族政策满意度等是受访者策略选择的显著影响因素。并提出改善民族地区社会治理的五点建议，即提升民族工作的法治化水平，创新城市民族工作方法，提升民族政策的公平性，增强女性参与能力，提升民族地区和个体发展能力。㉑

我国正经历地域社会向移民城市的转型，城市成为民族工作的重要场域。《城市民族工作条例》的修订所引发的部分争议表明，有关城市民族工作的学理论述有待加强。有学者指出城市民族工作是我国民族理论与政策在城市的继续实践。从治理现代化的视角来看，城市民族事务应以族际政治文明为核心，趋向法治化、科学化、民主化。理论、政策路径的丰富性和多样性将有助于应对趋向复杂的民族事务和民族工作。协商政治、包容多元文化群体的理念、以人权保护为基础的少数人权利保护，可为城市民族工作提供理论路径；帮助少数民族实现社会融入、促进少数民族能力平等可为城市民族工作提供政策路径。㉒

研究人口较少民族的发展现状和特殊性，阐述其理论意义和学理价值，是扶持人口较少民族发展政策的决策依据。有学者针对人口较少民族在发展中存在的问题，特别是具有典型性和普遍性的问题进行研究，指出，在一个多民族的国家里，保持和发展多元文化，促进多元发展模式共存共生具有重要意义。对于人口较少民族和人口较少民族地区而言，挖掘传统文化精髓和扶持文化产业，打造文化品牌，带动地方特色经济的发展，无疑是一条有益的发展之路。㉓

五、少数民族社会历史文化、民族宗教研究

杨圣敏教授用扎实的历史分析驳斥了泛突厥主义，深刻分析了国内部分人士受泛突厥主义影响，认为维吾尔族与土耳其都是古代突厥人的后裔，甚至同属突厥族。并特别指出这种认识是完全错误的。回顾历史，从维吾尔族的形成过程、人口与种族特征以及语言文字特征，古代突厥与当代突厥语族语言各民族的关系，可以得出准确的结论，所谓维吾尔族与土耳其是一家，完全是扭曲历史的谬说。㉔

西道堂是中国伊斯兰教的一个派别，清朝光绪年间出现于甘肃临潭，其成员以回族为主，有教民数万人，主要分布在甘肃、青海、宁夏和新疆等省区。因该教派主张“以本国文化发扬清真教学理”而被称为“汉学派”。有学者以西道堂为其创始人马启西举行的百年“尔麦里”仪式入手，从宗教组织与国家的互动、宗教精英群体的作用及民族关系等方面，探讨伊斯兰教本土化问题。㉕

我国很多地方保存有完整的民间信仰体系，其背后有着深刻的文化意义。有学者指出苗族尊敬自然与生命的文化行为背后，有其特定的生命伦理与“神性产权”观。他们认为：“万类有命、万命共尊、万物共荣，神灵才是一切资源的终极管护者与拥有者。”这套生命伦理与神性产权观蕴含于苗族的语言、丧葬、农耕生产生活、医药行为等文化习俗中，并成为引导苗族乡民与自然和谐共生，以确保苗族乡村社会道德秩序稳定的文化认知基础。㉖

20 世纪上半叶，凉山彝族丧葬文化主要有火葬和土葬两种形态，以火葬为主；目前则出现了火葬、土葬和“火葬加垒坟”3 种形态。有学者指出丧葬文化发生变迁的内部动因是彝族灵魂观和疾病观的变化，外部动因是族群互动及国家政策的影响。从形式上看，与20世纪上半叶相比，当代的彝族丧葬文化出现了变异，体现了传统与现代杂糅的“克里奥尔化”，呈现出“散佚的现代性”特点；但是其内核并没有发生根本性变化，是一种变异中的延续。㉗

六、分支民族学、人类学学科发展

随着民族学、人类学与其他学科不断交流和互动，拓展出很多的分支学科，不同的分支学科采用交叉的研究方法，针对民族地区和民族群体的发展进行了大量研究，对于理解民族和认识民族地区的发展提供了独特的视角。

1. 社会人类学研究

中华帝国晚期以来，康定从贸易港、土司城到近代城市的功能转变，反映地方社会对汉藏族群相处模式的认知。有学者从“景观的建构”和“景观的生产”两个方面考察，发现族群间和谐相处所依赖的模式是社会成员存在文化认同上的辩证区分并相互推动对方发展，同时通过权威中心族群认同边界的模糊状态，获得文化认同混杂性和超越性。这对构建“民族互嵌式”的社会结构和社区环境，增进对中华民族多元一体理论的深入理解，提供了人类学的知识洞见。㉘

费孝通先生是我国著名的社会学家、民族学家和人类学家，纵观费孝通的民族研究经历，他对内蒙古自治区特别是鄂伦春族、鄂温克族等人口较少民族格外关注。有学者指出费孝通先生几访呼伦贝尔草原，在新世纪之初促成了对我国22个人口10万以下的民族的调查研究，调研成果转化成为国家扶持人口较少民族发展的一系列具体举措。对鄂伦春族等人口较少民族生存发展的长期关注，直接促成了费先生晚年“文化自觉”等学术思想的产生与升华。㉙

2. 历史人类学研究

“上古”概念既内在又外在于中国。东、西方之间的现代文化接触交流，也就是文明动力的某些方面，可以被视作不同历史分期之间的互动。王铭铭指出这些互动有时候紧张，甚至暴力，并且创造了历史时间观念的变革，但是未导致“回归古代”的前现代方式之意义丧失。上古既是外在于我们，又内在于我们的，无论是东方还是西方。尽管观念的交流是文明互相交流的进程，但是这样的交流并非必定导致共同性对差异性的替代。因此，在过去的二十几年里，在经历了一个世纪的国族化或西方化之后，我们见证了“天下”和“丝绸之路”政治的回归，见证了历史的古老视野的复苏。㉚

由于藏文的创制使用，雕刻艺术的日臻成熟和藏纸的发明，有学者指出公元15世纪初，木刻雕版印刷术从内地一经传入西藏就得以迅速普及，并对藏传佛教知识的生产和传播产生了很大影响。此外，大量佛教典籍的刻印和流通也成为沟通内地和西藏、藏族与其他兄弟民族间文化交流的纽带。因此，无论从科技史，还是文化发展史的视角，木刻雕版印刷术在西藏的应用都具有划时代的意义。㉛

从“公路剿共”、统一四川到抗日备战，湘川公路的修筑背景反映出南京国民政府对内外时局变化做出的回应与抉择。有学者围绕路线勘测、组织机构成立及筹款、征地与征工等展开的筑路过程，特别是后期以民族主义为旗帜的宣传，社会动员与政治整合效果，指出湘川公路作为全面抗战前夕南京国民政府整合湘西地区的重要纽带与历史内容，带给湘西民族地区重大社会变动与现代化想象。㉜

1916年俄国中亚起义导致了大批俄国哈萨克族、布鲁特族等大批难民逃入新疆。有学者通过对俄属中亚难民逃入新疆的背景、进入新疆的原因以及新疆地方政府处理难民的措施的分析，发现民国时期俄属中亚大批难民涌入新疆，直接影响到新疆的社会稳定和边疆的安全，引起新疆地方政府的高度重视；以杨增新为首的新疆地方政府，对涌入新疆的俄属中亚难民进行比较稳妥的安置和遣返，维护了当时新疆的边境安全和社会稳定。㉝

3. 语言人类学研究

人类学自学科确立之初，就非常重视语言，因为要了解“他者”的文化，语言是第一道关。有学者提出对语言的理解着重其物质性存在，不同于索绪尔之系统、科学的狭义语言学对普遍性的追求，而应该强调语言与具体的历史、文化、社会、政治条件之密切关联。㉞

中国从先秦到晚清2000多年语言政策的流变具有主体性和多样性的特征，总体说来，汉字统一政策、文字音韵规范政策、佛经翻译政策和汉字传播政策，是中国古代语言政策长河中的主流。有学者指出这些政策跟中国语言文化中的“大一统”思想，跟中华文化的先进性、包容性紧密相连，跟中国封建社会的统一性、长期性和稳定性相适应。少数民族文字创制推行政策、少数民族“国语”“国字”政策和少数民族多语并用政策，是中国古代语言政策长河中的支流，该项政策跟少数民族政权的建立和巩固息息相关，跟语言民族认同、语言民族主义思想相关联。用少数民族文字记载的少数民族优秀文化，在各民族文化的发展史中占有重要地位，同时也为中华民族语言文化宝库增添了宝贵的品种。[35]

4. 法人类学研究

法人类学就是运用人类学的视角去研究“他者”文化的法律规则的研究。有学者通过梳理国外法律人类学的相关文献，认为法律人类学作为一门分支学科，经历了学科互渗与发现的初始时期、法律民族志田野方法确立的奠基时期、以及经历4次范式转移的成熟发展时期，并呈现出法律人类学发展的趋势与特点。20世纪后期以来，中国的法律人类学经过几次研究范式的转移和议程的跳跃，逐步产生出一些具有独特视角和议题的法律人类学的民族志，这几个民族志分别从人情与互惠的视角、作为社会控制的视角、作为一种地方知识文化的法律逐步发展走向成熟。如今的法律人类学学科充满勃勃生机，并且有更多学科融合发展的空间。[36]

法人类学研究重视个体行为与共有规范之间的相互关系，制度分析对法的诠释为法人类学加入了一个中观研究视角，在“法”这个维度层面拓展出更广泛的探索空间。有学者基于制度过程性研究所提供的这套群体共识框架中的个体行为测度方法，以制度作为法人类学场景研判和行为溯源的观察线索，可以实现对研究对象时空范畴中行为点、轨迹线和价值结构面3个要素的整体把握，从而建构规范性与行为性相结合的研究路径。[37]

村规民约是文书的重要组成部分，是村民在长期生活、生产实践中共同议定并自觉遵守的社会规范。有学者指出民事生活秩序是社会秩序中的重要组成部分，村规民约维护民事生活秩序包括维护林业产销秩序、林木运输秩序、婚俗生活秩序等内容，涵盖了乡土社会生活的很多方面，切实影响着民族地区村民的价值观念，规范着村民的行为选择。[38]

5. 教育人类学研究

民族教育政策评估是民族教育政策过程的必要组成部分和基本环节。在当下日常生活中，有学者指出在互联网上观察到有关民族教育政策的一种看似“冰火两重天”的现象，即一篇文章的“正文”部分常常对民族教育政策持肯定态度，而“评论”部分则多持质疑态度。很有趣的是，无论是官方组织还是广大网友，在其话语中都更倾向于把民族教育政策跟国家统一和社会发展联系起来，这几乎已经成为信息时代民族教育政策意义再生产的常见模式。因此，构建有效的民族教育政策评估制度，对于民族教育持续健康发展至关重要。[39]

人类学视域下，双语教育具有培育人类共同文化、尊重人类差异、传承与保护各民族优秀文化的价值意义。有学者审视民族地区的双语教育，发现无论是对双语教育问题的归因、双语教育目标的选择还是双语教育政策执行方面都存在不同程度的偏差，而要纠正这些偏差，在双语教育政策方面需坚持社会需求与群众意愿相结合的原则，完善双语教育政策制定和执行的监控机制，同时要培育科学的双语教育观，加强“语言平等”和“语言资源”意识。[40]

利用“中国西部少数民族地区经济社会状况家庭调查”微观数据，考察部分西部民族地区农村基础教育的现状，并从家庭背景和教育资源分布两个视角切入分析教育机会背后的影响机制。有学者发现：西部民族地区农村基础教育的发展仍然滞后，约7%的小学适龄儿童（7～12岁）和10%的初中适龄少年(13～15岁)没有按照国家规定接受义务教育；高中适龄儿童在校比例仅57.8%，离普及高中阶段教育有很大差距。地区教育资源的匮乏制约了西部民族地区农村儿童的教育机会，西部民族地区农村基础教育仍需大力扶持；同时，与汉族适龄儿童相比，少数民族儿童的教育机会受家庭背景的影响更敏感，这意味着针对少数民族的家庭支持政策可以有效促进适龄儿童教育。[41]

6. 生态人类学研究

生态人类学视野下的“文化生态”，实质是文化与生态的“耦合体”，而各民族的传统生计是其外在表现形式和对其把握的“抓手”，文化属性是其与自然生态的根本区别；历史分析与跨文化、跨生态历时对比以及科学实证研究相结合是“文化生态”的研究方法。有学者指出，人类所利用并能有效调控的生态系统是经过特定民族文化加工、利用和改造后的次生生态系统，民族文化的变迁和受损是导致大多生态和环境问题的主导原因。因此，“文化生态”研究以及生态文明建设和维护的重点理应聚焦于短期内因文化原因而导致的生态剧变的事实。[42]

在当前“原生态文化”保护运动的热潮中，存在着两种互相对立的理解进路与保护方案：批驳论与辩护论，二者分别在“结构”与“历史”之间各持一端，这种争论遮蔽了文化保护背后的社会总体面向。有学者以云南省洱源县土风计划的实践为例，说明“原生态文化”的维系与保护过程，是多元主体与理念的并接过程，是社会结构与历史实践碰撞后的总体呈现，地方社会与民族关系为这种“并接”提供了文化底色。应该以第三条思路，即地方社会场域中的并接视角来理解这场文化保护运动及其中涉及的多元主体关系。[43]

稻作农业是推动人类历史发展的重要因素和创造文明的重要基础。中国南方少数民族有着悠久的稻作农耕历史和自成体系的耕作制度，然而，在全球经济一体化、城镇化发展过程中，许多南方少数民族的传统稻作农耕日益衰微。与此同时，在理性工具指导下的产量诉求，不仅催生了现代农业的发展，也使人类的生存环境面临着诸多的严峻挑战，食品安全成为一个难以言状的社会问题。有学者基于这样的背景，描述南方少数民族传统稻作农耕历史和耕作制度，对其生态意涵进行探究，旨在说明那些曾被认为是“落后”东西，实际蕴藏着丰厚的可持续发展内涵和意义，并以反观当下的“发展”与“科学”的意义。[44]

生态补偿的概念自提出便受到学界和政府决策者的广泛关注，并迅速成为近20年来生态保护的主要政策手段。虽然基于生态补偿的政策手段被大范围使用，但是生态补偿的相关理论却处于发展与争论的阶段，该理论的适用性及对现实问题的剖析在实践过程中备受质疑。有学者梳理了生态补偿理论发展及构建的过程，认为在处理“社会—生态”关系的核心问题上，尤其在一些长期依赖并利用自然资源的传统地区或者民族地区，缺乏深入的理解，这也是实践中生态补偿政策未达到理想效果的主要原因之一，并提出用“社会生态系统服务”一词代替目前所使用的“生态系统服务”，以便在理论上避免忽视社会系统及社会与生态系统二者之间的关系，减少不当的外部政策干预。[45]

7. 艺术人类学研究

舞蹈人类学作为新兴学科逐渐兴起，其对应的舞蹈民族志的撰写不能仅停留在田野调查或搜集与舞蹈动作动态、舞蹈队形、舞蹈动作和舞句、舞段之间的结构关系等材料这一步骤之上，更要搜集和整理资料背后的社会价值、宗教信仰、象征编码和历史建构等场景化的信息系统。有学者提出舞蹈民族志研究要将客位和主位方法结合起来，体验与观察、感知与表达、参与和互动、描述及修饰，理解和认识每一个步骤。[46]

影音文献作为与传统的文字文献相互独立，又彼此补充的一种视听文献类型，近年来在中国文化传承与保护领域有了越来越广泛的用途。有学者指出影视人类学作为社会—文化人类学的一门分支学科，其理论建构与民族志实践基本遵循人类学的整体学术框架，并以呈现、阐释文化多样性和丰富人类学知识体系为其主要的学科目的。由于影视人类学在研究方法上多采用动态影像记录方式，其学术成果——影像民族志（Visual Ethnography）在摄制手段与文本形态上，与影视纪录片（Documentary Film）多有类同之处，因此，有关纪录片创作伦理之研究，或可引鉴影视人类学的学科发展脉络以资参照。[47]

在全球化背景下，许多传统习俗、文化、节庆内容会有所转变，台湾已经步入发展之列，但原住民传统节庆体育活动仍保存固有的文化特色。有学者指出台湾原住民节庆体育活动以祭祀祖灵（或祖先）、庆典丰收（典年祭）、敬天、敬神、敬鬼灵、感恩、祈福、生存训练、凝聚族人向心力等居多，但随着社会变迁及观光旅游影响，原住民传统节庆祭典神秘感逐渐蜕色，希望能制定合理的传统节庆体育活动技艺传承计划，构建合理的发展平台，确保文化的传承与延续。[48]

8. 体质人类学

关于维吾尔族的族源、人种构成及演化过程一直是争论的热点之一。王斌、杨圣敏通过分子考古的成果显示，新疆古代居民种族来源不是单一的，人种地理分布主要包含欧罗巴人种和蒙古人种两大成分，同时也有两大人种之间过渡的混血类型构成新疆地区复杂的人种类型。现代新疆维吾尔族体质特征和遗传性状的多态性，特别是不同地区维吾尔族之间的差异，无疑和这种古代复杂的种族生物学背景密切相关。现代维吾尔族主要表现蒙古人种的体质特征，表明现代维吾尔族的人种来源主要是蒙古人种。而部分蒙古人种标志性体质特征在维吾尔族的发生率介于欧罗巴人种和蒙古人种之间，显示现代维吾尔族具有相当成分的欧罗巴人种血统。蒙古人种标志性体质特征在新疆维吾尔自治区不同地区维吾尔族中发生率不同并呈现出东西方向梯度性变化趋势，体现现代维吾尔族在形成过程中，蒙古人种成分是由东部逐渐向西部渗入和融合的。探讨维吾尔族的族源、人种构成、体质特征及演化过程可以更好地揭示该民族的历史与文化变迁的过程，有益于对该民族的保护和促进发展。[49]

9. 应用人类学及其他

灾害记忆会随着社会成员的死亡形成代际中断，

随着现代性而被淡化，与此同时，灾害经验也正被所谓科学主义所取代。面对仍不断出现的灾害，地域社会为减少人员伤亡、财产损失，为尽快重建恢复社会生活及秩序，总会通过各种方式动员灾害经验、灾害记忆，以进行灾害文化的建设。有学者指出无论是自然灾害还是人为灾害记忆，都已成为博物馆、纪念馆永久性的主题，形塑着整合意义角度的“集体记忆”。[50]

有学者以医学人类学中的“医学体系”概念考察连南瑶医药，将其置于连南瑶族地区的多元医学体系和社会文化中作全景考量。借助文献的梳理和田野个案呈现连南瑶医药的历史变迁，考察瑶医药与其他医学体系及当地社会文化之间的互动，并思考其定位及未来，指出优势专科和疑难杂症是各方力量对当下连南瑶医药定位的同构，而日常保健是可能促进当地瑶医药存续与发展的另一方向。[51]

民族特色符号与文化多样性良性互动具有天然的文化优势，有学者从传统与现代相结合的设计路径、政策宣传与民众参与相结合的宣传路径、事业与产业共同发展的操作路径，以及多元融合与科技助推的推广路径四个方面，系统地分析了民族特色符号促进文化多样性的路径。[52]

香卷用最通俗的语言向民众阐释了儒、释、道的文化内涵，是通过娱人娱神的方式教化民众的珍贵文本。作为香卷主要载体的烧香祭祖仪式更是东北地区文化生态保护环节中的重要一环。有学者指出岫岩烧香作为“岫岩单鼓”已被列入省级非物质文化遗产名录，但受收入来源的多样化影响，愿意学烧香的年轻人寥寥无几，烧香师傅老龄化现象愈趋明显，烧香班逐年减少。非物质文化遗产保护，最重要的是培育和养护这些文化遗产所滋生繁衍的土壤，需要有相对宽松的文化政策环境、多元的价值体系以及对大众日常生活的尊重。[53]

老铜鼓是贵州省六盘水市月亮河乡布依族的神圣器物，有学者依托旅游人类学中“原真性”概念的再解读，将传统文化的象征物——老铜鼓同旅游开发过程中的复刻产物——大铜鼓进行对照，提出了铜鼓神圣性的传递和构建路径，进而提出民族文化产业化的一种可行模式，既可以通过文化嫁接模式保留当地传统文化的原真性，同时又满足游客体验异文化的需求。[54]

七、世界民族研究

北美地区有着复杂的多民族国家构建的特殊历史过程，其民族（族群）成分的异质性很强，造成了加拿大等国家的国家认同呈现非常复杂的面相。在历史上，加拿大的4个民族或族群，即法裔民族、英裔民族、土著民族及新移民群体有着各自不同的民族或“国家”认同。二战后，加拿大的国家认同逐渐演变为各民族或族群对加拿大联邦的认同。有学者指出，加拿大为了调和或解释这几大民族，尤其是三大少数民族（族群）之间的矛盾，甚至结构性冲突的国家认同，加拿大提出了有限认同的说法。这是加拿大国家认同状况的总结和写照，体现了加拿大人在处理国家认同方面的灵活性和以实用主义为基调的政治智慧。[55]

阿拉伯地区是世界主要的伊斯兰教文化区，在分析当地问题，尤其是巴以冲突问题时，民族视角和宗教视角往往是研究的主要视角。但基于东耶路撒冷橄榄山地区巴勒斯坦社会的田野调查，有学者发现家族是地方生活中最重要的社会事实。在社会文化层面上，家族文化是地方社会文化的主体，根植于日常生活之中；在社会组织层面上，家族是地方社会应对社会冲突重要的社会协调机制和权威体系；在政治层面，家族是地方社会中最基本的社会组成单位，在与国家的博弈中，实现现代民族国家的双轨治理。[56]

东亚社会具有较强的同质性，也同样面临着跨界民族人口流动和社会文化适应的问题。韩国较早成为人口迁入国，实施了“同胞政策”，但出于本国利益的考虑，会适时调整其“同胞”的边界，采取种种区隔性策略。有学者指出在此过程中，赴韩的中国朝鲜族在“同胞国度”成了“新族群”，通过剖析“同胞”概念所蕴含的政治经济学逻辑，不仅扩展对“同胞”概念的理解，也有助于加深对“族群”现象的理解。[57]

“边界/边境研究”在人类学领域是一个相当特殊的存在，尤其体现在其独特的发展脉络和理论范式上。有学者对边境人类学展开了视野较为开阔的讨论，系统梳理了国际边境研究的历史发展脉络，阐释美洲、非洲的著名边境研究个案和影响广泛的边境研究范式，结合当前我国云南边境的研究现状和田野材料，探讨了开展新型边境研究的可能性。[58]

八、重要学术会议、学术交流活动

2017年7月14—16日，中国民族学学会2017年年会——“民族学人类学中国学派·理论与实践”学术研讨会在青海民族大学召开，本次大会由中国民族学会主办，青海民族大学民族学与社会学学院承办，出席本次大会的有国家民委、中国社会科学院、北京大学、中央民族大学等50余所高校、科研院所的100多位专家学者。围绕大会主题，与会学者从民族历史、语言文化、民族艺术、民族地区经济发展、社会文化变迁、民俗与宗教信仰等角度进行了交流和讨论，充分体现了中国民族学人类学学者在知识创新、理论创新、方法创新上的最新成果；突出证明了构建民族学人类学“中国学派”，必须从实际问题与需求出发，运用适合问题的新理论、新方法、新策略通过周密的研究与深入的调查，解决现实中亟待解决的新问题。

与会者一致认同，本次大会取得了三大成果：一是理论丰富，对构建民族学 中国学派进行了梳理，强调主体性特色理论创造和本土化阐释。二是融古今，贯 中西，古为今用。三是创新性。坚持问题导向，打破学科壁垒，展现出吸收包容的精神风貌。

2017年8月19—20日，由中国民族学学会、宁夏统一战线理论研究会、宁夏社会主义学院主办的民族地区社会治理理论与实践创新高端论坛在中央社会主义学院举行。宁夏回族自治区党委常委、统战部部长、银川市市长白尚成，中国民族学会会长、中央民族大学教授杨圣敏，中国宗教学会会长、中国社会科学院世界宗教研究所所长、研究员卓新平，中国社会学会原会长、清华大学社会科学学院院长、教授李强等全国各地30多位知名专家学者出席论坛。中央统战部、国家民委、国家宗教事务局和中央社会主义学院有关负责同志也出席了本次论坛。大会立足宁夏、内蒙古、新疆、西藏、广西等民族地区基层社会治理的经验，从多个角度对民族地区的社会治理理论与实践创新的有关问题进行了深入探讨。

2017年10月28—29日，第八届“东北亚民族文化论坛：中韩关系的现状及未来展望”学术研讨会在中央民族大学召开。本次研讨会由中央民族大学民族学与社会学学院、中央民族大学东北亚民族文化研究所与韩国庆南大学极东问题研究所联合主办，中国民族学学会东北亚民族文化研究会协办。韩国庆南大学和仁荷大学、中国社会科学院、中央民族大学、安徽大学、天津财经大学、东北师范大学、延边大学等高校及科研机构的学者参加了本次会议。研讨会从中国及周边国家的历史渊源、经贸往来、朝鲜半岛的局势及其特点、跨国人口流动、饮食与影视文化等诸多议题进行了讨论，认为东北亚国家在文化上具有相似性，中国与周边国家存在“差序兄弟关系”等文化特点，建立东北亚命运共同体、在东北亚地区积极构建区域内各国之间的信任机制是大势所趋。与会者一致认为在全球化背景下，构建东北亚区域的“学术共同体”有着极为重要的理论与现实意义。

2017年11月18日，“第二届‘一带一路’与西部发展”研讨会在北京大学召开。来自北京大学、新疆师范大学、中央民族大学、大连艺术学院、中国社会科学院、新疆社会科学院、新疆大学、陕西师范大学等有关高校院所的60多位代表出席了本次研讨会。本次研讨会由北京大学中国社会与发展研究中心和新疆师范大学民族学与社会学学院主办，中央民族大学民族学与社会学学院和大连艺术学院艺术人类学研究中心协办。会议共分民族历史变迁、民族与文化、民族与社会、人口与发展4个专题进行研讨，共有21位学者分享了自己的研究成果，4位教授进行了评议，与会代表在会上充分进行了学术交流和讨论，共同反思了地方经济社会文化建设与国家发展之间的关系，提出了西部发展与国家战略对接的新思路。

2017年11月24—25日，“新时代下的民族学与人类学学科建设暨教育部高等学校民族学类专业教学指导委员会高端论坛”在中央民族大学召开，此次研讨会由教育部民族学类专业教学指导委员会主办、中央民族大学民族学与社会学学院承办，参会专家有教育部民族学类专业教学指导委员会委员和国内主要的民族学人类学教学科研机构的负责人。在研讨会中，专家们围绕民族学人类学学科建设、专业建设、课程建设与实践教学、人才培养等议题汇报了各自单位的现状、成就、经验及存在的问题，并展开了深入的讨论。大家一致认为，民族学学科经过多年的建设和发展，取得了辉煌的成绩，但要实现内涵式发展，还面临着许多问题。

注：

①郝时远：《中国民族学学科设置叙史与学科建设的思考——兼谈人类学的学科地位》(上)，《西北民族研究》，2017年第1期。

②郝时远：《中国民族学学科设置叙史与学科建设的思考——兼谈人类学的学科地位》(下)，《西北民族研究》，2017年第2期。

③王延中：《民族学理论研究与学科建设的若干问题》，《中央民族大学学报》(哲学社会科学版)，

2017 年第 4 期。

④何星亮：《关于构建中国特色的人类学与民族学的若干问题》，《中南民族大学学报》(人文社会科学版)，2017 年第 5 期。

⑤麻国庆：《民族研究的新时代与铸牢中华民族共同体意识》，《中央民族大学学报》(哲学社会科学版)，2017 年第 6 期。

⑥麻国庆：《记忆的多层性与中华民族共同体认同》，《民族研究》，2017 年第 6 期。

⑦张继焦：《从“文化自觉”到“文化自信”：中国文化思想的历史性转向》，《思想战线》，2017 年第 6 期。

⑧马戎：《重构中国的民族话语体系》，《中央社会主义学院学报》，2017 年第 2 期。

⑨关凯：《中国民族政策：历史、理论与现实的挑战》，《中央社会主义学院学报》，2017 年第 2 期。

⑩吴楚克、朱美姝：《从“社会分工”角度研究中国民族问题》，《思想战线》，2017 年第 2 期。

⑪色音：《祖先崇拜与蒙古族民族认同》，《社会科学家》，2017 年第 9 期。

⑫科恩 · 保、李纬霖：《全球语境下的“伪”族群——泰国和老挝傣仂共同体的比较研究》，《民族艺术研究》，2017 年第 2 期。

⑬李丽、李技文：《“国家在场”视阈下亻革家人的族群身份变迁与认同表达》，《青海民族研究》，2017 年第 4 期。

⑭路哲明：《族内界限与社会整合：塔城柯尔克孜人的民族认同研究》，《民族论坛》，2017 年第 4 期。

⑮杜娟：《从文化涵化视角看我国各民族交往交流交融》，《中南民族大学学报》(人文社会科学版)，2017 年第 6 期。

⑯马东亮：《后发展主义理论视角下的中国民族发展研究：意义与启示》，《中央民族大学学报》(哲学社会科学版)，2017 年第 2 期。

⑰刘小珉：《多维贫困视角下的民族地区精准扶贫——基于 CHES2011 数据的分析》，《民族研究》，2017 年第 1 期。

⑱彭莫、张兆函、莫扬：《宁夏西海固回族扶贫搬迁移民的生存适应》，《民族研究》，2017 年第 4 期。

⑲青觉、王伟：《民族地区精准扶贫的文化分析》，《西南民族大学学报》(人文社科版)，2017 年第 4 期。

⑳严庆、牛朋利：《比例代表制框架下的少数民族政治参与分析》，《民族研究》，2017 年第 2 期。

㉑宁亚芳：《应对不公平的策略选择与民族地区社会治理》，《西南民族大学学报 》(人文社科版)，2017 年第 1 期。

㉒马俊毅：《论城市少数民族的权利保障与社会融入——基于治理现代化的视角》，《中南民族大学学报》(人文社会科学版)，2017 年第 1 期。

㉓刘晓春：《人口较少民族的特殊性与发展对策》，《黑龙江民族丛刊》，2017 年第 2 期。

㉔杨圣敏：《用历史事实驳斥泛突厥主义——维吾尔族与突厥及土耳其的关系》，《西北民族大学学报》(哲学社会科学版)，2017 年第 1 期。

㉕丁宏：《西道堂：以本国文化发扬清真教学理》，《世界宗教研究》，2017 年第 3 期。

㉖麻勇恒：《苗族文化习俗中的生命伦理与“神性产权”观》，《中央民族大学学报》(哲学社会科学版)，2017 年第 4 期。

㉗巫达：《变异中的延续：凉山彝族丧葬文化的变迁及其动因》，《民族研究》，2017 年第 2 期。

㉘郑少雄：《康定如何表征汉藏关系——文化认同在城市景观中的实践》，《中央民族大学学报》(哲学社会科学版)，2017 年第 6 期。

㉙包路芳：《费孝通人口较少民族研究与文化自觉思想》，《贵州大学学报》(艺术版)，2017 年第 3 期。

㉚王铭铭：《上古概念与中国》，《西北民族研究》，2017 年第 1 期。

㉛苏发祥：《论木刻雕版印刷术在西藏的发展及其影响》，《中央民族大学学报》(哲学社会科学版)，2017 年第 4 期。

㉜尚晴：《国家建设与民族整合——以 1930 年代湘川公路为例》，《民族论坛》，2017 年第 1 期。

㉝曾少聪、李善龙：《民国时期新疆俄属中亚难民的安置和遣返》，《云南民族大学学报》(哲学社会科学版)，2017 年第 5 期。

㉞赖立里：《语言作为物质性的存在》，《语言战略研究》，2017 年第 4 期。

㉟周庆生：《中国语言文化传统与古代语言政策流变》，《语言战略研究》，2017 年第 5 期。

㊱赵旭东、张洁：《从异域到本土：中国法律人类学本土研究的现状与发展》，《江苏社会科学》，

2017年第2期。

㊲董向芸：《个体行为的制度分析：法人类学叙事结构化探析》，《广西民族大学学报》（哲学社会科学版），2017年第1期。

㊳池建华：《通过村规民约的民事生活秩序维护——以1949年前的锦屏文书为例》，《贵州民族研究》，2017年第1期。

㊴巴战龙：《建立和完善民族教育政策评估制度》，《中国民族教育》，2017年第1期。

㊵苏德、刘玉杰：《人类学视域下民族地区双语教育问题研究》.《中央民族大学学报》（哲学社会科学版），2017年第3期。

㊶吕利丹、刘小珉：《西部民族地区农村学龄儿童基础教育现状和影响因素——基于家庭背景和地区教育资源的研究视角》，《中南民族大学学报》（人文社会科学版），2017年第3期。

㊷翟慧敏：《生态人类学视阈下的“文化生态”及其在生态文明建设中的价值探究》，《中央民族大学学报》（哲学社会科学版），2017年第1期。

㊸黄志辉：《第三条思路：“原生态文化”保护的并接实践》，《中央民族大学学报》（哲学社会科学版），2017年第44期。

㊹杨筑慧：《南方少数民族传统稻作农耕及其生态意涵初探》，《农业考古》，2017年第6期。

㊺范明明、李文军：《生态补偿理论研究进展及争论——基于生态与社会关系的思考》，《中国人口·资源与环境》，2017年第3期。

㊻刘姝曼、王建民：《舞蹈民族志的撰写与反思——基于人类学的视角》，《北京舞蹈学院学报》，2017年第6期。

㊼朱靖江：《分享、虚构与主位影像：影视人类学的伦理反思与突围之道》，《世界电影》，2017年第6期。

㊽王辉、庞辉、方征：《台湾原住民节庆体育活动考究》，《武术研究》，2017年第3期。

㊾王斌、杨圣敏：《从蒙古人种典型体质特征发生率谈维吾尔族人种构成及演化》，《人类学学报》，2017年第2期。

㊿张曦：《灾害记忆·时间——“记忆之场”与“场之记忆”》，《西南民族大学学报》（人文社科版），2017年第12期。

(51)方静文：《民族医学何去何从？——以连南瑶医药为例》，《广西民族研究》，2017年第6期。

(52)胡琦：《巴拉吉与熊坤新，民族特色符号促进文化多样性的路径研究》，《黑龙江民族丛刊》，2017年第2期。

(53)刘正爱：《非物质文化遗产视野下的岫岩香卷及其传承》，《民间文化论坛》，2017年第6期。

(54)杨青青：《文化象征符号的保护传承与旅游开发——月亮河乡布依族铜鼓神圣性的再造》，《中央民族大学学报》（哲学社会科学版），2017年第6期。

(55)周少青：《加拿大多民族国家构建中的国家认同问题》，《民族研究》，2017年第2期。

(56)赵萱：《东耶路撒冷橄榄山地区巴勒斯坦社会的家族研究》，《中央民族大学学报》（哲学社会科学版），2017年第1期。

(57)朴光星：《在“同胞”中建构新“族群”——韩国“在外同胞”政策实践与中国朝鲜族》，《中央民族大学学报》（哲学社会科学版），2017年第5期。

(58)施琳：《边境人类学发凡——国际边境研究理论范式与我国边境民族志的新思考》，《广西民族研究》，2017年第2期。

（作者：杨圣敏、祁进玉，中央民族大学教授；郭跃，中央民族大学博士生）

教　育　学

教　育　学

劳凯声　沈永辉　王　阔　张秋霞　李　硕

一、教育研究方法综述

2017 年，围绕教育研究方法，研究者们一方面在方法论层面反思教育研究范式，另一方面介绍了包括比较个案研究和批判民族志等具体研究方法在教育研究中的应用。

1. 教育研究方法论的反思

当前教育研究的基本范式可以概括为思辨研究和实证研究。有的研究者认为，从思辨研究的角度看，“文献法”具有思辨研究的性质，但是撰写文献综述只是研究前期的一项基础性工作，不能称之为一种研究方法。并同时提出，教育的研究方法一般要具有科学性、系统性和独特性。所以针对文献综述的方法提出了一种新的实证研究法——研究整合法。研究整合法不同于所谓的“文献法”，是因为它更强调研究要有系统的、明确的文献收集、检索与筛选的方法。[①]

有的学者还认为我国现阶段的教育研究方法的范式过于单一，更多的都是通过思辨研究，而思辨研究又以理论思辨为主，以个体经验材料作为论据对论点进行论证，其说服力有待商榷。因此有的研究者提出我国教育研究方法应该加强体系与规范建设，加强实证研究去向，提倡研究范式多元化；加强两化与质性研究方法，探索混合研究。[②]

2. 比较个案研究法与批判民族志在教育研究中的应用

个案研究法是教育研究中常用的一种研究方法，但是其有着很大的局限性。于是，有的学者提出一种新的研究方法——比较个案研究法。比较个案研究的研究路径提供了一个涵盖不同研究场域和规模的多场所田野研究模式，倡导同时用水平视角、垂直视角以及横向迁移视角 3 种分析视角开展比较个案研究，以期强化和提升个案研究的研究质量。[③]

民族志作为重要的社会科学研究方法现已在教育学领域得到践行。“教育研究的批判民族志”是以原始的、访谈或观察之后形成的文本为切入点的一种教育民族志研究方法，遵循人种志研究的规范，同时有自己的特殊性。有的研究者通过研究发现教育研究批判民族志解读社会现实的两个要点：一是社会结构与行动者之间的关系，二是此关系中个体与集体行动者的相对自主性。基于此，批判民族志得以在更大的社会文化、社会制度与规范、集体意识和权力结构等层面探讨研究参与者的行为影响因素，从更大范围挖掘问题的核心本质，突破了早期民族志关注局部脉络情境中研究者与参与者之间的对话与互动的局限。[④]

二、综合性问题研究

1. 大数据与教育变革研究

继互联网与物联网之后，教育被认为是与大数据最相关的行业，发展教育大数据已成为推动我国教育改革和创新发展的重要战略选择。[⑤]

首先，大数据对教育领域的改变和重塑要基于对教育大数据基础理论的研究。研究者们对大数据的内涵与特点进行研究，认为大数据可以理解为一种数量巨大、结构复杂、种类多样且高速产生的数据集合，通过对数据的搜集、处理、贮存等手段为管理的科学化与精细化而服务。[⑥]同时，研究者强调大数据在为教育带来机遇的同时也带来了挑战，即教育数据伦理问题。研究者指出明确教育数据的价值定位，界定教育主体的数据权利，厘清教育数据的教育效用，是教育数据伦理面临的基本问题。[⑦]其次，教育大数据的理念被逐渐应用于对教育政策的研究与实践当中。数据在教育治理中起着关键的作用。[⑧]基于大数据技术的支持，教育治理的过程可以更加科学客观。[⑨]因此，强化数据治理思维、加强教育治理数据库建设、探索大数据人才培养机制以及突出大数据法律与制度建设，可以视为大数据背景下教育治理能力现代化的路径选择。最后，人工智能、大数据以及信息技术的快速发展，打破了陈旧的教育观念的束缚，同时也改变了传统的教学方式。有研究者从教学目标确立、教学过程框架设计、教学评价与预测等3个维度，构建了基于大数据的精准教学模式。[10]也有研究者利用课堂教学行为大数据，运用视频案例分析法、内容分析法、统计分析法和归纳推断法等研究方法，从教学现象的观察与描述中研究课堂教学的规律。[11]还有研究者基于集的学习分析和人工智能技术的深入发展，以优化学习过程、缩短学习改善周期为目标的学习结果预测进行研究。[12]

2. 我国新的民办教育促进法研究

2016年11月7日，第十二届全国人民代表大会常务委员会第二十四次会议审议通过了《关于修改〈中华人民共和国民办教育促进法〉的决定》，为民办教育在新的历史起点上实现健康发展指明了方向。[13]

新修改的我国民办教育促进法的一项重要内容是对民办学校实行分类管理，明确将民办学校分为非营利性民办学校和营利性民办学校。同时，界定了“非营利”的内涵，即“非营利性民办学校的举办者不得取得办学收益，学校的办学结余全部用于办学”。[14]因此，研究者们指出，我国新的民办教育促进法及其配套政策文件出台后，实施营利性和非营利性民办学校分类改革的导向明晰，我国民办教育改革夯基垒台、立柱架梁的顶层框架基本完成，深入推进民办教育改革发展，关键在落实我国新的民办教育促进法及配套政策。[15]其中，尤其要保护非营利性民办学校举办者的财产权、管理权、办学自主权等合理权益，避免新法对非营利性民办学校举办者的权力监督和制约力度过大。[16]也有研究者提出，在近期通过的我国民办教育促进法修正案提供的法律保障下，我国民办教育可借鉴国际通行做法，探索分类管理框架下的办学模式，创造驱动教育发展的新亮点；鼓励民办学校成为选择性教育提供方，满足日益增长的差异性需求；完善联动可持续的教育服务体系，强化政策引导效力；鼓励民办学校成为教育教学改革高地，提高教育供给效率；深化民办教育行政管理改革，加强事中事后监管。[17]

3. 校园安全研究

近年来，发生在校园内的食品安全事故、屡禁不止的校园暴力事件、针对学生的伤害事件、交通事件等，给学生们的生命财产安全带来了极大的危害。校园安全是学校治理的重要内容，不仅关系到广大师生的人身和生命财产利益，还关系到社会秩序稳定及教育事业的改革发展，已经成为全社会关注的一个重点和热点领域。[18]

研究者们分析了北京市中小学安全教育和安全管理面临的主要问题，并从制度建设、校园管理、师资力量、学生教育、家庭和公众参与等方面提出了防范对策措施。[19]并专门针对校园安全条例的研制提出建议，主张在研制校园安全条例的内容规范时，要处理好学校安全管理制度与学校安全工作规范之间的关系。[20]另外，部分研究者强调，高校校园安全问题同样值得关注[21]。其中，高校安全问题主要是网络与信息类安全问题、治安类安全问题、心理类安全问题。因此，有研究者主张基于4R危机管理理论，在有针对性地分析这些问题发生的主要原因的基础上，建立包含事前预防机制、事中响应机制、事后赔偿及保障机制及贯穿于危机全过程的应急预警监控机制的高校安全防控体系。[22]

三、学前教育、义务教育及家庭教育

1. 学前教育

2017年，学前教育研究领域，学前教育立法问题成为研究者关注的重点。同时，政府层面的学前教育管理与学前教育实践问题也得到了许多研究者的关注。

关于学前教育立法，有的研究者从我国的现实国情出发，提出了立法的紧迫性和重要性。[23]法理层面，有的研究者提出，相关法律法规的制定，一方面应照顾到学龄前儿童享有的权利，另一方面也要照顾到教育服务提供者的权利。[24]关于学前教育的管理，有的研究者对北京市政府购买学前教育服务的方式进行分析，并探讨目前北京市政府购买学前教育服务面临的风险，结合相关指导性文件对北京市政府购买学前教育服务的风险防范措施提出有关思考。[25]关于学前教育实践，研究者关注课程和保教的质量评估。学前教育课程质量方面，有的研究者认为语言能力是幼儿课程发展的重要指标。[26]学前教育保教质量方面，有的研究者关注到了建构幼儿园保教质量评估指标体系的重要性，从结构性质量、过程性质量、结果性质量3个维度来建构幼儿园评估指标体系。[27]

2. 义务教育

义务教育一直是中国教育改革和发展的重中之重。2017年，北京义务教育的研究者主要关注义务教育的均衡发展与义务教育的质量监测。

关于义务教育的均衡，研究者们关注义务教育资源配置、义务教育改革以及义务教育标准化建设。义务教育资源配置方面，有研究者认为义务教育均衡发展的实现需要教育资源的合理配置，尤其是教师资源的均衡配置。[28]同时，也有研究者通过调查研究发现北京市通过加大农村教育投入，农村校舍及教学设备等硬件设施已经与城市学校相差不大，但是城乡教师资源配置的均衡程度仍需进一步探究。[29]义务教育改革方面，研究者发现自2014年北京市启动义务教育综合改革以来，优质教育资源可能被相对优势的群体获得，这对未来我国义务教育阶段均衡化导向政策的制定有一定的启示。[30]义务教育标准化建设方面，有的研究者提出需要从地方教育的现实出发，厘清标准化与等级化、同质化的关系，明确标准化建设的对象与核心，科学制定标准及其评价指标体系。[31]

关于义务教育质量检测，2017年，国家义务教育质量检测工作持续开展，目前已经研制了义务教育质量监测指标体系，开发了义务教育学生学业质量监测工具，建设了规范的监测流程和标准。研究者提出，教育质量监测的结果应该发挥更大的作用，尤其是对于政策研究。但目前基于教育质量监测结果的相关教育政策研究仍然比较薄弱。[32]此外，义务教育阶段艺术教育质量监测工作也逐渐开展，对全面改进全国艺术教育状况、提升学生艺术素养水平有重大的意义。[33]

3. 家庭教育

家庭教育一直以来都受研究者们的关注，2017年北京地区的研究者们一方面关注特殊儿童的家庭教育问题，另一方面关注家校合作问题。关于特殊儿童的家庭教育，有研究者从影响流动儿童家庭教育的内部环境和外部环境出发，分析流动儿童家庭教育的影响因素。[34]建议增强对流动儿童家庭教育的社会支持。[35]还有的研究者提出我国关于孤独症儿童家庭教育的干预策略缺少本土化的研究，介绍了中国传统心性心理学中的内省的内涵，基于中国本土心性心理学的内省更有利于改善孤独症儿童的核心障碍。[36]关于家校合作问题，有的研究者指出改进家校合作的微信支持模式，应以发展学生核心素养为核心聚焦讨论主题，以教师参与引导等策略来构建模式，增加家长参与的热情，提高家长对合作的满意度。[37]

四、高中教育

高中教育研究领域，研究者们一方面关注高中教育宏观政策及其对我国高中教育发展模式影响，另一方面又研究微观层面的高中课程与教学。此外，高考改革对高中教育的影响以及高中教育与教育公平问题是高中教育研究的两个重要议题。

1. 高中教育发展政策与现实研究

在高中教育发展的政策研究方面，研究者围绕普通高中和职业高中两个方面开展了政策分析并提出相关建议。通过分析20年来我国高中阶段教育普及发展的政策文本，研究者认为，我国高中阶段教育普及发展的路径选择主要经历了普通高中教育为主、中等职业教育为主以及两者兼顾发展等阶段。基于此，研究者提出了缩小普职之间、区域之间、城乡之间、学校之间的差距，促进高中阶段教育均衡发展的相关建议。[38]而也有研究者重点关注了20世纪80年代，国家提出的高中普职规模“大体相当”政策。综合中国社会经济的发展，研究者认为应慎重考虑“大体相当”政策的长远推进，因地制宜地确定不同区域的高中普职比，使高中阶段教育真正实现从“大体相当”到“提质升级”的战略转移。[39]在政策分析之外，还有研究者从现实层面出发，在对辽宁省115所普通高中调查的基础上，分析普通高中多样化发展的价值取向、存在问题以及制约因素，并提出普通高中多样化发展的路径。[40]

2. 高中课程与教学研究

高中课程与教学研究方面，研究者相对集中地探讨了两个议题：宏观层面的高中课程自主发展和微观层面的信息技术学科教育。

研究者认为实现高中课程的自主发展是高中课程深化改革的方向。针对目前高中的3级管理体制存在的权力划分与定位问题，研究者认为，应完善3级课程管理体制，建立以学校为主体、社区家长参与、专家支持和政府调控的多元共管的高中课程发展新体制；建立以学校课程发展委员会为核心的学校课程自主运行机制；从观念变革和利益调整入手，保证高中课程体制机制变革的顺利进行。[41]

针对高中信息技术学科教育，研究者们集中从学科核心素养测评、培育与课程建设方面进行研究。高中信息技术课程提出了“信息意识”“计算思维”“数字化学习与创新”“信息社会责任”4方面核心素养。为此，研究者提出了基于核心素养分级水平的测试方式[42]，认为适当的教学方法、选取生动的学习素材、调动学生的主观努力来实现学生核心素养的培育，[43]并对信息技术课程评价提出指导性建议。[44]此外，还有研究者分析一些主要国家高中信息技术课程发展特征与趋势，为我国高中信息技术课建设提供借鉴。[45]

3. 高考改革与高中教育研究

高考制度恢复40年以来，为国家选才、学生成长、社会发展做出了重要贡献，研究者强调为适应中国当下的社会经济和教育环境，应该着力建设中国特色现代考试招生制度。[46]因此，许多研究者关注2014年以来，浙江、上海两地的高考改革对高中教育的影响。研究者认为两地的高考改革是指向学生个性成长的高中教育全面转型的实施纲领，[47]倒逼高中强化学生生涯教育，帮助学生形成自主选择能力[48]。其中，浙江的高中课程改革实践中，“必修分层、选修分类、体艺分项”成为新常态，“一校一方案、一生一课表”，多样化、特色化发展成为浙江高中教育大趋势。针对课程改革中面临的教师队伍结构性矛盾与“学业负担”等问题，研究者认为要坚持以问题为导向，加大政府投入与统筹，提升教师专业素养，完善高考改革方案，创新教育管理模式，推行“有限选择”策略，强化综合素质评价和生涯规划等举措，实现育人模式的根本转变。[49]

4. 高中教育与教育公平研究

围绕高中阶段的教育公平问题，研究者主要集中探讨高中教育机会获得、高中教育财政政策与教师政策。

关于高中教育机会的获得，研究者们主要关注了招生政策与家庭背景对学生高中教育机会获得的影响。招生政策方面，有研究者基于济南市近10年的中考数据对该地高中名额分配招生政策进行评估。[50]还有研究者关注农村学生的高中教育机会，分析普通高中招生“指标到校”政策是否有利于农村初中学生。[51]在招生政策之外，也有研究者基于2014年高等教育改革学生调查的实证数据分析发现，家庭背景越好的学生进入重点高中的比例越高。[52]

关于高中教育的财政政策与教师政策，研究者关注了我国普通高中经费的筹措体制、财政政策的充足性和公平性以及高中教师政策的缺位问题。研究者认为，自20世纪80年代以来，我国公办普通高中的经费投入体制形成了普通高中之间投入的差距，不利于普通高中之间的平等竞争。[53]从财政学的视角，研究者发现，我国普通高中的数值均低于国际水平，且呈现出“基数低”“增速慢”的特点。因此，研究者从财政的充足性和公平性提出相关建议。[54]此外，还有研究者关注我国高中教师政策的缺位问题。研究者认为，我国普通高中教师政策缺位，导致教师供给和来源结构过于单一，教师待遇校际差别不断扩大，教师专业发展真实需求被遮蔽。因此，研究者从政策供给的角度提出相关建议，以解决普通高中教师数量不足、结构不合理、能力不强、工资保障机制不足等问题。[55]

五、高等教育

2017年，在高等教育研究领域，有研究者依据人口普查数据预测我国高等教育人口进入下降阶段，且2015—2020年，我国高等教育人口会保持在3000万～4000万。[56]具体的研究内容方面，研究者们既关注宏观社会变迁对高等教育转型的影响，也注重探讨高等教育自身管理问题。同时，“一带一路”倡议与高等教育国际化以及“双一流”建设作为热点问题也受到了高等教育研究者的重视。

1. 社会变迁与高等教育转型

在探讨高等教育转型时，研究者大多是在社会变迁的范式之下进行。一方面，研究者关注社会经济的转型对高等教育的影响，另一方面，许多研究者关注技术领域的变革对高等教育转型的影响。

社会经济变迁方面，有研究者提出，经济转型和产业升级驱动高等教育深化结构改革。[57]也有研究者针对如何跨越“中等收入陷阱”提出，我国高等教育规模扩张应保障质量内涵式发展，人才培养结构与产业结构相适应，并通过加大社会投入来增加高等教育总体投入。[58]此外，还有研究者分析我国高等教育机会公平政策的演进，并对当下我国高等教育机会公平现状与未来提升路径提出相应观点。[59]技术变革方面，新兴教育技术对我国高等教育的张力，是高等教育内在需求与外部推动共同作用下的必然结果。[60]为了培育满足工业4.0及中国制造2025战略的人才需求，研究者对我国高等教育应用型人才培养的机制保障提出相关建议。[61]针对创新型人才的培养，研究者从理念、手段、制度和文化4个方面提出了我国研究生教育内部质量保障的现实路径。[62]也有研究者关注高校探究式教学在创新人才培养的应用。[63]还有研究者关注了新知识生产模式下校所联合培养博士生的问题并提出对策建议。[64]

2. 高等教育管理研究

围绕提升高等教育举办质量，研究者们在宏观层面探讨高等教育的办学模式；微观层面，研究者们注重高等教育质量评估研究，关注高等教育的投入与产出问题。同时，还有研究者关注高等教育法治问题。

高等教育办学模式方面，研究者们既分析了高等教育公私并举分类管理的总体趋势，也对中外合作办学、校企合作的实践进行了具体讨论。基于中法德3国的经验，研究者认为突破公私二元的分类管理模式成为中法德3国应对政策挑战的主要手段。[65]关于中外合作办学，研究者从协调利益相关者方面提出相应协调机制，以协调教育公益性和资本逐利性的矛盾、教育发展规律和外部环境的矛盾、优质教育资源引进和合作办学合理布局的矛盾。[66]关于校企合作，研究者认为，校企合作应是社会多元主体之间共同合作共谋的"中间地带"，良性的校企合作期待全社会多元主体的共同参与和社会校企合作文化的培育和营造。[67]

高等教育质量评估方面，研究者认为建设高等教育质量监测数据平台是建设高等教育强国的重要方面。为此，研究者提出高等教育质量监测数据平台建设必须树立五大理念、构建四大框架，并从5个方面探索平台建设路径。[68]还有研究者认为，高校应借鉴审核评估的新理念、新思想和新方法重塑高校内部教学质量保障体系，推动高校教学质量保障体系由"外塑型"向"内生型"转变。[69]而另一部分关注高等教育质量的研究者则聚焦于研究生教育领域。研究者认为我国研究生教育正逐步从规模扩张转入质量提升的新阶段。于是，研究者从耗散结构理论视角出发，探讨研究生教育质量保障系统的结构特征及内外部正负熵流。[70]

高等教育的投入与产出方面，研究者一方面关注高等教育经费管理与学生资助的投入问题，另一方面关注高等教育对国家与个人的收益问题。投入方面，研究者认为合理的高等教育经费投入模式必须同时辅以有效的成本管控手段。[71]学生资助投入方面，有研究者关注高等职业教育生均拨款制度的实施，[72]也有研究者建议发展养老基金提供助学贷款作为政府高等教育助学贷款计划的补充。[73]产出方面，研究者通过比较分析认为，我国高等教育对经济增长的贡献率较低，[74]而另一部分研究者则分析了不同区域的详细情况。根据C-D生产函数模型测算，研究者认为，不同时期北京、上海和浙江的高等教育对经济增长的贡献率较高，西藏和黑龙江的贡献率较低。[75]也有研究者通过协调度函数和系统聚类分析方法对中部地区长江沿线城市群高等教育与区域经济协调发展问题进行分析并提出相关建议。[76]此外，还有研究者利用中国居民收入项目调查的CHIP数据，分析了高等教育大众化对城镇居民教育收益的影响，并提出实现研究生教育收益最大化的政策建议。[77]

高等教育法治方面，研究者通过对2010—2015年高教领域300多起诉讼案件的分析提出，我国高校管理中存在着自制规章制度不合法或适用不当、权力行使程序不规范、忽视积极履行信息公开法定义务等问题。因此，研究者建议高校应重视诉讼案件，从认识、制度和程序等方面进一步提高依法治校的水平。[78]

3. "一带一路"倡议与我国高等教育国际化

推进"丝绸之路经济带"和"21世纪海上丝绸之路"（"一带一路"）建设是国家统筹国内国际形势变化提出的重大战略构想。研究者认为"一带一路"倡议的实施为中国高等教育的国际化发展提供了新的内生动力与外在机遇。[79]

研究者从高校的具体实践中总结相关经验。针对"一带一路"凸显的"人才鸿沟"问题，研究者介绍了清华大学打造支持网络，建设"中国文化"和"国际实践"两个课堂，聚焦"研究型人才、领导型人才、工程实践人才"一体培养的"一个网络、两个课堂、三类人才"研究生国际化培养实践探索。[80]

4. "双一流"建设

国务院发布的《统筹推进世界一流大学和一流学科建设总体方案》，吹响了我国建设世界一流大学的冲锋号。在深入贯彻新时代战略布局，客观认识"双一流"建设的历史机遇和挑战的基础上，高校必须准确把握新时代新使命新任务，坚持社会主义办学方向，加强和改进党的建设，落实立德树人根本任务，深化教育综合改革，加快高等教育内涵式发展，推进"双一流"建设，办好中国特色社会主义高等教育。[81]研究者从高等教育发展的内外部关系入手提出了"双一流"建设需要处理的十大关系，[82]也有研究者从关系处理入手提出建立相应保障体系。[83]具体实践方面，有研究者通过对比研究的方式，关注世界一流大学专业学位研究生培养模式。[84]也有研究者针对我国公共管理学科研究生教育存在的问题，提出面向国家推进"双一流"建设战略目标，高校必须从培养目标、教学体系、学科资源、质量保障、教育评估5个维度进行研究生教育综合改革，培养一批高层次复合型人才。[85]

六、课程

我国学生发展核心素养是落实《国家中长期教育改革和发展规划纲要（2010—2020年）》、全面深化课程改革、落实立德树人根本任务的重要举措。[86]要想将基于核心素养的课程改革真正落实在具体的教育实践中，需要从课程理论到课程实践进行全方位的、体系化的调整与创新。

1. 围绕核心素养，深化课程改革

首先，新时代、新要求下的课程改革需要新理论的支撑与引导。核心素养提出的本质是教育哲学的本体性回归，由现代教育的知识本位的教育哲学观，回归到基于人（儿童）本位的教育本体论。[87]有研究者提出，实践哲学为当下基于核心素养的课程理论研究提供了新思路，实践哲学揭示出课程理论与课程实践相互蕴含关系，体现了形式逻辑与辩证逻辑的统一、形式与内容的统一。其次，要将发展核心素养贯穿于整个课程设计中。也就是说，课程开发或者课程设计都要以养成学生的核心素养为价值或理念追求。[88]在实践哲学的视阈中，课程知识不再是抽象的表象或符号，而是蕴含着语境性、历史性与具身性的鲜活的人类文化实践。课程设计需要超越技术理性的宰制，并着力凸显课程知识的实践脉络，从而更好地应对信息时代的挑战。[89]有研究者对国际上中小学美术课程设计进行研究发现，核心素养是世界中小学美术课程的首要目标，也是课程设计与评价的首要依据。[90]再次，在课堂教学环节也要基于核心素养进行改进与创新。有研究者以初中生物课堂教学为例提出，以重要概念为统摄，建立具有逻辑内聚力的知识内容层级体系；提供丰富的实践体验，拓展生物学视野；基于学生思维的发展设计教学活动，突出学科的“育人”价值。[91]还有学者以化学学科以苏教版《化学2》专题二第二单元“化学反应中的能量”的一节公开课为案例，基于教材文本中知识载体的教育价值及功能分析进行了教学效度分析，并基于化学学科核心素养培养的视角进行了教学设计重构。[92]最后，要重视开展基于核心素养的综合素质评价。基于核心素养的综合素质评价策略是促进教育质量提升的重要手段。科学的评价、准确的诊断、个性的配方、靶向性改进、综合素质评价等策略，都是为“核心素养”寻找落地生根的力量，奠基学生适应发展需要的必备品格和关键能力。[93]

2. 立足国情面向未来的教材研究

教材研究要立足于国情。教材建设是事关国家和民族长治久安的战略工程，教材管理是国家管理教育的重要事权。[94]按照中央部署，全国从2017年9月1日开始在中小学“道德与法治”“语文”“历史”三科启用教育部统编教材。有学者分析称，教材具有重要的意识形态教育功能，社会主义核心价值观进中小学教材是做好我国意识形态教育工作的关键环节。[95]统编教材的编写要全面贯彻党的教育方针，将社会主义核心价值观教育有机渗透到课程内容之中，反映新时代国家对人才的培养要求。同时，统编教材要适当体现历史学科领域研究的最新成果，体现深化课程教学改革的要求，在内容选择、结构呈现和体例编排等方面更加符合学生学习的需要，有助于教学方式的转变[96]

教材研究也要着眼于未来。随着科学技术的发展，教学媒介的多样化，教材设计也须做出重大改变，逐步摆脱单纯纸质媒介的状况，向多媒体和网络交互的立体教材延伸。与纸质教材相比，电子教材在内容、形式、功能价值等诸多方面发生了变化，致力于信息技术与教育的深度融合。[97]有研究者在对远程教育教材发展历史进行分析的基础上，对全媒体数字教材的概念进行界定，从多媒体资源有效整合、个性化学习方式和学习内容的选择与推送、交互性、在线或离线学习工具的开发等方面，探讨全媒体数字教材的功能与创新。[98]

七、德育

道德教育作为教育的重要组成部分之一，在过去的一年中，研究者主要关注新媒体与德育的创新、中国传统文化与德育以及校园欺凌3个方面。

1. 新媒体与德育的创新

在这个新媒体迅猛发展的时代，思想政治教育工作在面临许多严峻挑战的同时也拥有巨大的发展机遇，因此加强思想政治教育工作的创新转型刻不容缓。[99]首先，新媒体与时俱进的时代感能提高学生参与的积极性，提高理想信念教育的效果。[100]其次，对于新媒体的使用，有的研究者提出要抓住学生学习方式网络化、移动化的特征，利用微信和官方微信公众平台创新思想政治教育模式，使思想政治教育发挥功用，使学生的思想政治教育达到潜移默化的效果。[101]最后，研究者通过对网络游戏的研究提出，增强思想政治教育的针对性、实效性，把激励效果贯穿于思想政治工作全过程，需要从构建及时激励机制、明确目标导向体系、激发教育对象内生动力3方面着手，深化思想政治教育的反馈激励机制构建。[102]

2. 中国传统文化与德育

在中国传统文化与道德教育中，研究者一方面讨论了法治教育与德育教育，另一方面讨论了传统蒙学对于道德教育的启发。

古代国家精英通过多种渠道促进法律与道德的结合。古人对待诉讼的态度犹如孔子所说：“听讼，吾犹人也，必也使无讼乎！”于是古人试图通过思想教育、榜样示范、舆论引导等多种渠道，努力使“尚和”“厌讼”的法律道德观深入人心。因此有的研究者提出法治教育理论要传承中华传统法律文化中的道德要求。法治教育实践要强化中华传统法律文化中的道德引领。坚持依法治国与以德治国相结合，就要注重发挥道德在法律制定与实施中的教育作用，提高全社会的文明程度。[103]

有研究者提出启蒙道德教育要适应教育对象的年龄和心理特点，强调及早施教，教化主体多元化，教化方法要多样化。传统启蒙教育在传授知识的同时行道德教化，培养社会所需要的人，无论是在教化途径还是教化方法上都有值得借鉴的理论资源。因此我们对传统启蒙教育思想的吸收与借鉴，要有正确的态度和坚持的原则，从而真正继承传统蒙学的精华。[104]

3. 校园欺凌

2017 年 12 月 27 日，教育部、中央综治办颁布《加强中小学生欺凌综合治理方案》。目前校园欺凌已经成为我国德育方面的一项重要研究，研究者们主要分析霸凌产生原因并以此提出适当的防治措施。

校园欺凌的产生原因。在法学角度来看，我国法律规定了责任年龄制度，对于未达到责任年龄的低龄未成年人违法犯罪行为，即便行为十分恶劣，也同样无法给予公众所期待的惩罚。所以现行的法律导致对于校园欺凌的处理处于两个极端的状态，要么“一罚了之”；要么“一放了之”。[105]在伦理学角度，校园欺凌现象产生的根本原因是校园伦理的失落，为了降低校园欺凌事件发生的概率，需要深入探究学校自身的伦理意义，追问学校教育的伦理现状及学校制度的伦理现状；澄清校园关系的伦理意义，追问教师的伦理榜样作用、同侪交往的伦理意义及同僚交往的伦理现状。[106]

校园欺凌的防治措施。研究者们学习国际先进治理措施，参考了美国的公立学校反校园欺凌政策[107]、日本第二版校园欺凌综合对策指南等。[108]在政府层面，有必要完善有关防治校园欺凌方面的法律法规；合理适用收容教养、教育矫正等少年司法制度；公安、教育等部门加强工读学校设置和管理、校园暴力数据库与快速处置等方面的制度建设；在学校层面，学校要成立安全管理委员会，开展法制教育，并建立暴力预警与处理机制；在提升父母家庭教育能力的同时，建立对拒不履行监护职责父母的责任追究制度，等等。[109]还有学者提出，应该加强督查评估，国务院教育督导委员会开展校园欺凌专项治理工作，督促各地加强防治学生欺凌和暴力，引入第三方评估和群众评议等。[110]

八、教师教育

2017 年，北京地区的研究者在教师教育研究领域，主要有 3 个侧重点：一是教师专业化的成长，不仅仅是外部对教师专业化的评价，更加关注教师内部的成长；二是教师的社会经济地位，尤其关注教师社会地位的提高；三是从全球化国际视野中进一步关注教师教育新动态，学习国外的先进经验。

1. 教师专业化

在新的“两会”上，习近平总书记提出“要让教师成为让人羡慕的职业”，这是一个美好的目标，但实现的前提就是教师本身的专业性，教师专业化的成长一直是教师教育领域的一个重要研究课题。有的研究者就提出了教师全专业属性的概念，而现实中教师的“半专业属性”显著，而且带来了诸多影响学生学业的问题。[111]教师的专业性不仅仅是教师的专业能力，更体现在道德品行方面，有的研究者提出了育人能力是教师教育的核心能力，教师的根本任务是教书育人，培养和提升教师的教育教学能力，应该以育人能力为核心。[112]最后，有的研究者更是从宏观方向提出要重建师范教育的建议，根据特殊的国情，中国应办好一批师范院校，同时通过国家教师资格考试吸收非师范类高等学校的毕业生。[113]

2. 教师的社会经济地位

新时期，为了建设一批高素质的教师队伍，重中之重就是要提高教师的社会经济地位。教师的社会经济地位主要包括教师的社会地位、政治地位、法律地位、经济地位、专业地位等。[114]2017 年，研究者们从道德和现实层面进行分析，呼吁提高教师的社会地位。有的研究者指出应构建新时期的尊师文化，全面提升教师职业声望，需要厘清尊师文化的基本内涵，需要把握尊师理念、尊师制度、尊师行为和尊师风尚等构成要素，需要尊护教师经济地位、尊爱教师政治地位、尊重教师专业地位和尊崇教师文化地位。[115]还有的研究者指出应提高乡村教师的社会地位，乡村教师队伍建设迫切需要切实针对现实问题，结合乡村教师地域特征差异，采取非常规的刚性举措，大力提高乡村教师的社会地位和职业吸引力，造就一支素质优良的教师队伍，为基本实现教育现代化提供坚强有力的保障。[116]

3. 国际视野下教师教育新动态

北京地区的研究者的研究一直都具有国际化的视

野，关注其他国家先进的研究经验，从而更好地运用到我国的教师教育的发展上，提高我国的教师的整体素质。有的研究者关注到了俄勒冈大学的先进经验，教学咨询已经成为美国大学教师提升教学能力的有效途径，对于我国大学教师教学发展具有一定的借鉴意义。[117]还有的研究者关注到了美国教师教育具有关注社会正义的传统，社会正义不但拓展了教师教育研究的视野，也促使大学在教师教育实践中不断关注与种族和权力有关的社会正义问题。[118]

九、学术会议

1. 基础教育

2017年2月24日，由教育部基础教育课程教材发展中心主办的2017年度全国教研工作会议在北京举行。会议全面总结了2016年全国教研工作，研究部署了2017年教研战线全面配合普通高中课程方案实施的工作。来自全国31个省（自治区、直辖市）、新疆生产建设兵团、5个计划单列市、68个市县区教研机构的代表130多人参加会议。教育部副部长朱之文到会并讲话。[119]

2017年10月13—16日，第三届全球教师教育峰会在北京师范大学召开，本届峰会由北京师范大学主办，教育部普通高校人文社会科学重点研究基地北京师范大学教师教育研究中心、中国教育与社会发展研究院、联合国教科文组织国际农村教育研究与培训中心承办，以“教育卓越与公平：创新教师的教与学”为主题，邀请来自世界各地的教育工作者和研究者共同就提升教师教学质量和专业发展的有效途径进行探讨。[120]

2017年10月26—28日，中国陶行知研究会生命教育专业委员会（以下简称专委会）学术年会暨首期中小学校长生命教育国际论坛在清华大学附属小学举行。本次活动由专委会主办，清华大学附属小学、首都师范大学儿童生命与道德教育研究中心和华夏行知（北京）教育科技研究院共同承办。大会以“生命教育与情感教育”为主题，400余名专家学者参会，会议活动主要包括开幕式、主题报告、观课、评课、校长论坛以及工作坊，将会议主题“生命教育与情感教育”的理论与实践推向了新的高度。[121]

2. 高等教育

2017年3月17日，清华大学教育研究院举办“双一流”建设与大学国际评价研讨会，来自教育行政部门、高校的100多位专家学者与会，探讨世界一流大学、一流学科建设发展模式与路径、“双一流”建设国际合作交流以及国际视角下多元主体的大学评价等问题。[122]

2017年4月6日，深化高等教育领域“放管服”改革电视电话会议在北京召开。会议强调，要深入贯彻落实教育部等五部门联合印发的《关于深化高等教育领域简政放权放管结合优化服务改革的若干意见》，破除束缚高等教育改革发展的体制机制障碍，激发广大教学科研人员教书育人、干事创业的积极性和主动性，创造有利于高等教育发展的良好制度环境，以优异成绩迎接党的十九大胜利召开。教育部党组书记、部长陈宝生出席会议并讲话。[123]

2017年7月3—5日，由中国高等教育学会主办的2017年中国高等教育学会学术年会暨高等教育国际论坛在北京召开。本次论坛的主题为：“高校·学科·育人：高等教育现代化”。与会的中外各知名高校负责人及专家在大会就立德树人、推进“双一流”建设等话题进行了深入交流。[124]

3. 其他

2017年8月14—15日，北京师范大学举办了首届教育大数据与应用年会。会议采用国内外知名专家进行会议报告的形式，围绕大数据的出现与应用、教育测量互联网化、人工智能、自适应测评、数据采集和分析、大数据与其余领域等主题，讨论了当前大数据时代教育变革的发展状况并展望了教育大数据应用的前景。[125]

2017年9月23—24日，第六届世界比较教育论坛在京举行。来自中国、美国、日本、瑞典、印度等40多个国家的300余名专家学者梳理了200年来比较教育的发展与挑战，并围绕比较教育的学科定位与身份危机、理论方法与人才培养以及比较教育在全球治理议程中应扮演何种角色等议题，分享经验，深入探讨。[126]

2017年11月29日，由中国发展研究基金会携手北京师范大学、腾讯、GSV（全球硅谷）、好未来联合主办的GES未来教育大会在北京落幕。为期两天的会议中，来自世界各地的300名政策专家、高校代表、学者、教育、科技领先企业的首席执行官、投资人和媒体，围绕“科技创新推动教育进步”的主题，通过15场主题演讲、18场论坛、7场高端对话，展开了多形式、多角度、高规格的跨界交流和碰撞融合，共同探索未来世界和教育的发展方向。[127]

注：

①姚计海：《“文献法”是研究方法吗——兼谈研究整合法》，《国家教育行政学院学报》，2017 年第 7 期。

②姚计海：《教育实证研究方法的范式问题与反思》，《华东师范大学学报》(教育科学版)，2017 年第 3 期。

③莱丝利·巴特利特、弗兰·维弗露丝、田京、倪好：《比较个案研究》，《教育科学研究》，2017 年第 12 期。

④江淑玲、陈向明：《批判民族志在教育研究中的运用》，《教育发展研究》，2017 年第 8 期。

⑤裴莹：《我国教育大数据研究热点及存在问题的可视化分析》，《中国远程教育》，2017 年第 12 期。

⑥朱应雨：《大数据时代关于教育信息化的思考》，《中国高校科技》，2017 年第 2 期。

⑦刘三女牙：《教育数据伦理：大数据时代教育的新挑战》，《教育研究》，2017 年第 4 期。

⑧陈丽：《“互联网 + ”时代我国基础教育信息化的新趋势和新方向》，《电化教育研究》，2017 年第 6 期。

⑨陈良雨：《大数据背景下的教育治理能力现代化研究》，《教育发展研究》，2017 年第 2 期。

⑩付达杰：《基于大数据的精准教学模式探究》，《教育发展研究》，2017 年第 5 期。

⑪王陆：《课程教学行为大数据透视下的教学现象探析》，《课程与教学》，2017 年第 4 期。

⑫牟智佳：《教育大数据背景下学习结果预测研究的内容解析与设计取向》，《中国电化研究》，2017 年第 7 期。

⑬李连宁：《对〈中华人民共和国民办教育促进法〉修改决定的重要思考》，《教育与职业》，2017 年第 5 期。

⑭魏建国：《“非营利”内涵的立法界定及其对民办教育发展的意义——从〈慈善法〉出台到〈民办教育促进法〉修改》，《华中师范大学学报》，2017 年第 1 期。

⑮周海涛：《助力支持和规范民办教育发展》，《教育研究》，2017 年第 12 期。

⑯王一涛：《非营利性民办学校举办者权益的合理保护》，《中国教育学刊》，2017 年第 3 期。

⑰周海涛：《国际私立教育发展动向和我国民办教育应有作为》，《清华大学教育研究》，2017 年第 3 期。

⑱强恩芳：《校园安全与“平安校园”的建设》，《教学与管理》，2017 年第 4 期。

⑲宋轩宇：《北京市中小学校园安全教育及事故防范对策探讨》，《中国安全生产科学技术》，2017 年第 16 期。

⑳孙绵涛：《研制校园安全条例应注意的几个问题》，《现代教育管理》，2017 年第 2 期。

㉑覃红霞：《高校校园安全共同治理：美国的经验与启示》，《教育研究》，2017 年第 7 期。

㉒孟亮：《基于 4R 危机管理理论的高校安全防控体系构建》，《现代大学教育》，2017 年第 4 期。

㉓车晓端：《 加快学前教育立法步伐》，《 团结报》，2017 年第 2 期。

㉔洪秀敏、马群：《“全面二孩”背景下学前教育资源配置的供需变化与挑战——以北京市为例》，《教育学报》，2017 年第 13 期。

㉕隗苗苗、尹海元：《北京市政府购买学前教育服务的风险及其防范机制研究》，《社会福利(理论版)》，2017 年第 8 期。

㉖吴瑞林、王华、赵晓非、朱新吉：《大规模幼儿语言能力测评的设计与实践——基于表现性评价理念与平板电脑技术》，《学前教育研究》，2017 年第 9 期。

㉗杨莉君、贺红芳：《幼儿园保教质量评估指标体系建构研究》，《教师教育研究》，2017 年第 29 期。

㉘魏国、张振改、严绍龙：《义务教育师资均衡政策工具的动态演变》，《教育理论与实践》，2017 年第 37 期。

㉙张亚星、梁文艳：《北京市义务教育阶段教师教学能力城乡差异研究——兼论城乡义务教育一体化进程中农村教师专业发展的对策》，《教育科学研究》，2017 年第 6 期。

㉚哈巍、余韧哲：《学校改革，价值几何——基于北京市义务教育综合改革的“学区房”溢价估计》，《北京大学教育评论》，2017 年第 9 期。

㉛张新平、张冉：《义务教育学校标准化建设：现况、问题与理路选择》，《教育发展研究》，2017 年第 18 期。

㉜赵茜、辛涛、刘雨甲：《我国基础教育质量监测与评价的现状与趋势——第二届“中国基础教育质量监测与评价”学术年会综述》，《教育研究》，2017 年第 9 期。

㉝李燕芳、宋莉薇、陈福美：《我国义务教育阶

段艺术教育质量监测的探索和思考》,《艺术教育》,2017年第5期。

㉞韩芳:《流动儿童家庭教育影响因素及对策研究——以北京某打工子弟校为例》,《农业教育研究》,2017年第1期。

㉟张生、陈丹、苏梅、齐媛:《流动儿童家庭教育研究现状与对策》,《中国特殊教育》,2017年第7期。

㊱赵梅菊、高源:《内省在孤独症儿童家庭教育中的实施策略和价值》,《现代特殊教育》,2017年第4期。

㊲董艳、王飞:《家校合作的微信支持模式及家长认同度研究》,《中国电化教育》,2017年第2期。

㊳晏成步:《二十年来高中阶段教育普及发展的政策文本分析》,《现代教育管理》,2017年第6期。

㊴刘丽群、周立芳:《我国高中阶段普职规模“大体相当”政策分析》,《中国教育学刊》,2017年第8期。

㊵李颖:《普通高中多样化发展的现实基础和路径选择——基于对辽宁省115所普通高中的调查》,《中国教育学刊》,2017年第5期。

㊶胡定荣:《高中课程自主发展的体制机制分析》,《教育研究》,2017年第5期。

㊷魏雄鹰、肖广德、李伟:《面向学科核心素养的高中信息技术测评方式探析》,《中国电化教育》,2017年第5期。

㊸李维明:《普通高中信息技术学科教学中核心素养的培育》,《中国电化教育》,2017年第5期。

㊹肖广德、魏雄鹰、黄荣怀:《面向学科核心素养的高中信息技术课程评价建议》,《中国电化教育》,2017年第5期。

㊺董玉琦、钱松岭:《国际视野下的高中信息技术课程发展》,《中国电化教育》,2017年第1期。

㊻瞿振元:《建设中国特色现代考试招生制度》,《教育研究》,2017年第10期。

㊼周彬:《指向学生个性成长的高中教育转型——基于上海与浙江高考改革试点的实践研究》,《中国教育学刊》,2017年第4期。

㊽樊丽芳、乔志宏:《新高考改革倒逼高中强化生涯教育》,《中国教育学刊》,2017年第3期。

㊾冯成火:《高考新政下高中课改的评价、问题与策略——基于浙江省的实践与探索》,《教育研究》,2017年第2期。

㊿张羽、覃菲、刘娟娟:《十年教育均衡之路——对高中名额分配招生政策效果的自然实验研究》,《清华大学教育研究》,2017年第5期。

(51)刘泽云、原莹、王骏:《普通高中招生“指标到校”政策是否有利于农村初中学生?——基于J市的经验研究》,《教育与经济》,2017年第1期。

(52)岳昌君、周丽萍:《家庭背景对我国重点高中入学机会的影响——基于2014年高等教育改革学生调查的实证分析》,《华中师范大学学报》(人文社会科学版),2017年第3期。

(53)赵俊婷、刘明兴:《我国普通高中经费筹措体制回顾与评析:1980—2016》,《教育学报》,2017年第3期。

(54)唐一鹏、薛海平:《普通高中教育财政的充足性与公平性研究》,《首都师范大学学报》(社会科学版),2017年第4期。

(55)阮成武:《普通高中教师政策缺位问题与对策》,《中国教育学刊》,2017年第1期。

(56)王广州:《中国高等教育年龄人口总量、结构及变动趋势》,《人口与经济》,2017年第6期。

(57)徐小洲、辛越优、倪好:《论经济转型升级背景下我国高等教育结构改革》,《教育研究》,2017年第8期。

(58)薛新龙、李立国:《跨越中等收入陷阱需要什么样的高等教育体系——基于因子分析法的实证研究》,《国家教育行政学院学报》,2017年第6期。

(59)李梦竹、王志章:《跨越四十年:中国高等教育机会公平政策演进、现状测度与提升路径》,《国家教育行政学院学报》,2017年第10期。

(60)鄢晓:《新兴技术之于当前我国高等教育的张力》,《中国高教研究》,2017年第11期。

(61)孙文涛、王丽平:《当前高等教育应用型人才培育模式研究——以工业4.0和中国智造为导向》,《学术前沿》,2017年第22期。

(62)乔刚、付鸿飞、王晴:《创新驱动战略下我国研究生教育内部质量保障的内涵、维度与路径》,《学位与研究生教育》,2017年第21期。

(63)王晓民、李妙然:《高校探究式教育过程及运行环境分析》,《中国成人教育》,2017年第11期。

(64)双勇强、刘贤伟:《新知识生产模式下校所联合培养博士生的问题及对策》,《学位与研究生教育》,2017年第6期。

(65)陈涛、乌大光:《高等教育公私并举与分类管理走势分析——基于中、法、德三国经验的视角》,《教育研究》,2017 年第 7 期。

(66)周虹、陈时见:《高等教育中外合作办学的现实困境与发展策略——基于利益相关者的视角》,《清华大学教育研究》,2017 年第 1 期。

(67)郑永进、吕林海:《国家示范(骨干)高职院校校企合作现状调查——来自全国 1400 余家合作企业的调查》,《中国高教研究》,2017 年第 9 期。

(68)乔刚、周文辉:《高等教育质量监测数据平台建设——理念、框架与路径》,《清华大学教育研究》,2017 年第 1 期。

(69)刘华东、李贞刚、陈强:《审核评估视域下高校教学质量保障体系的完善与重构》,《中国大学教学》,2017 年第 11 期。

(70)刘源、张建功:《耗散结构理论视角下的研究生教育质量保障系统研究——以英国华威大学为例》,《研究生教育研究》,2017 年第 2 期。

(71)田五星、王海凤:《我国高等教育经费投入的成本管控问题研究》,《教育研究》,2017 年第 8 期。

(72)任占营、童卫军:《高等职业教育生均拨款制度实施困境与对策探析》,《中国高教研究》,2017 年第 8 期。

(73)刘昌平、花亚洲:《高等教育助学贷款——养老保险基金投资的新思路》,《江西财经大学学报》,2017 年第 5 期。

(74)胡德鑫:《国际比较视野下我国高等教育对经济增长的贡献研究——基于 1996—2014 年的数据》,《现代教育管理》,2017 年第 9 期。

(75)樊星、马树才:《中国区域高等教育对经济增长贡献率的时空特征研究——基于中国省域面板数据的实证分析》,《中国高教研究》,2017 年第 8 期。

(76)何丹、程伟、龚鹏:《中部地区长江沿线城市群高等教育与区域经济协调发展研究》,《中国高教研究》,2017 年第 9 期。

(77)方超、黄斌:《中国城镇居民高等教育收益率及变动趋势实证研究》,《北京社会科学》,2017 年第 7 期。

(78)申素平、郝盼盼:《我国高教法治现状分析——基于高教诉讼案件的视角(2010—2015)》,《复旦教育论坛》,2017 年第 2 期。

(79)王军胜:《"一带一路"倡议下我国高等教育国际化的新图景》,《中国成人教育》,2017 年第 18 期。

(80)董渊、刘丽霞、张伟、赵可金:《服务"一带一路"建设提升研究生国际化培养水平》,《学位与研究生教育》,2017 年第 7 期。

(81)陈永正:《以习近平新时代中国特色社会主义思想指引"双一流"建设》,《国家教育行政学院学报》,2017 年第 11 期。

(82)别敦荣:《论"双一流"建设》,《中国高教研究》,2017 年第 11 期。

(83)项仲平:《世界一流大学建设的中国范式与中国路径》,《中国高等教育》,2017 年第 Z1 期。

(84)刘扬、马永红:《世界一流大学专业学位研究生培养模式研究——以三所香港高校为例》,《研究生教育研究》,2017 年第 2 期。

(85)盛明科、蔡振华:《面向"双一流"建设的研究生教育综合改革路径探析——以公共管理学科为例》,《研究生教育研究》,2017 年第 2 期。

(86)王烨晖:《基于核心素养的课程改革之关键问题》,《人民教育》,2017 年第 3 期。

(87)杨志成:《核心素养的本质追问与实践探析》,《教育研究》,2017 年第 7 期。

(88)于泽元:《核心素养对课程意味着什么》,《现代远程教育研究》,2017 年第 5 期。

(89)苏鸿:《课程知识的实践意蕴与核心素养教育》,《课程·教材·教法》,2017 年第 5 期。

(90)胡知凡:《核心素养是世界中小学美术课程的首要目标》,《课程·教材·教法》,2017 年第 3 期。

(91)胡玉华:《基于核心素养的初中生物课堂教学改进探讨》,《课程·教材·教法》,2017 年第 8 期。

(92)吴新建:《基于化学学科核心素养的课堂教学行为分析》,《教学与管理》,2017 年第 3 期。

(93)赖晗梅:《基于核心素养的综合素质评价策略》,《中国教育学刊》,2017 年第 6 期。

(94)曾天山:《我国教材建设的实践历程和发展经验》,《教育研究》,2017 年第 12 期。

(95)张珊珊:《社会主义核心价值观进中小学教材的现实意义和实践路径》,《教育研究》,2017 年第 8 期。

(96)马维林:《统编三科教材教学案例》,《人民教育》,2017 年第 24 期。

(97)乐进军:《电子教材的设计原则和开发策略》,《教学与管理》,2017 年第 1 期。

(98)张桐:《远程教育全媒体数字教材发展与创新》,《中国电化教育》,2017 年第 3 期。

(99)孙永鲁:《新媒体对思政工作的利与弊》,《人民论坛》,2017 年第 9 期。

⑩⓪佟怡：《新形势下提升大学生理想信念教育有效性探析》，《思想理论教育导刊》，2017 年第 8 期。

⑩①杨璐璐、王磊：《基于高校微信公众平台的思想政治教育研究》，《重庆邮电大学学报》（社会科学版），2017 年第 2 期。

⑩②冯刚、王栋梁：《思想政治教育反馈激励机制的构建——基于游戏系统的启示》，《思想教育研究》，2017 年第 8 期。

⑩③孙迎春：《中国古代法律智慧的当代价值》，《人民论坛》，2017 年第 4 期。

⑩④班高杰：《传统道德教化的现实价值——以启蒙教育为中心》，《理论视野》，2017 年第 10 期。

⑩⑤颜湘颖、姚建龙：《“宽容而不纵容”的校园欺凌治理机制研究——中小学校园欺凌现象的法学思考》，《中国教育学刊》，2017 年第 1 期。

⑩⑥王嘉毅、颜晓程、闫红霞：《校园欺凌现象的校园伦理分析及建构》，《中国教育学刊》，2017 年第 3 期。

⑩⑦林杰、晁亚群：《美国公立学校反校园欺凌政策分析》，《云南师范大学学报》（哲学社会科学版），2017 年第 3 期。

⑩⑧林杰、晁亚群：《美国公立学校反校园欺凌政策分析》，《云南师范大学学报》（哲学社会科学版），2017 年第 3 期。

⑩⑨尹力：《我国校园欺凌治理的制度缺失与完善》，《清华大学教育研究》，2017 年第 4 期。

⑪⓪俞伟跃、耿申：《防治学生欺凌和校园暴力需综合施策》，《人民教育》，2017 年第 9 期。

⑪①朱旭东：《论教师的全专业属性》，《教育发展研究》，2017 第 37 期。

⑪②董奇：《育人能力是教师教育教学能力的核心》，《中国教育学刊》，2017 年第 1 期。

⑪③顾明远、郝文武、胡金木：《重建师范教育——访顾明远先生》，《当代教师教育》，2017 年第 10 期。

⑪④董新良：《教师社会经济地位测评研究——以社会分层理论为依据》，《教育理论与实践》，2008 年第 13 期。

⑪⑤王鸿杰：《新时期尊师文化内涵及构建路径》，《北京教育学院学报》，2017 年第 4 期。

⑪⑥庞丽娟、金志峰、杨小敏：《新时期乡村教师队伍建设政策研究》，《中国行政管理》，2017 年第 5 期。

⑪⑦多强、钟名扬：《俄勒冈大学 TEP 项目及其对我国高校教师教学能力发展的启示》，《黑龙江高教研究》，2017 年第 4 期。

⑪⑧马永全、陈思颖：《论美国社会正义取向的教师教育》，《比较教育研究》，2017 年第 39 期。

⑪⑨钱丽欣：《深化高中课程改革　发挥专业支撑作用》，《人民教育》，2017 年第 8 期。

⑫⓪戴伟芬：《教育卓越与公平目标下的教师教育发展动向研究——基于第三届全球教师教育峰会的综述》，《教师教育研究》，2018 年第 3 期。

⑫①刘慧：《生命教育与情感教育之生态探索——第五届中国陶行知研究会生命教育专业委员会年会暨首期中小学校长生命教育论坛综述》，《教育研究》，2017 年第 12 期。

⑫②钟周：《“双一流”建设与世界高校积极“互看”——来自“双一流”建设与大学国际评价研讨会的思考》，《中国教育报》，2017 年第 3 期。

⑫③柴葳：《深化“放管服”改革激发办学活力》，《中国教育报》，2017 年第 3 期。

⑫④编辑部：《“2017 年中国高等教育学会学术年会暨高等教育国际论坛”在北京隆重召开》，《中国高等教育》，2017 年第 8 期。

⑫⑤贾静：《 大数据时代的教育变革——“首届京师教育大数据挖掘与应用年会”会议综述》，《教育测量与评价》，2017 年第 10 期。

⑫⑥编辑部：《第六届世界比较教育论坛成功举行》，《教育学报》，2017 年第 5 期。

⑫⑦张东：《首届 GES 未来教育大会邀约全球教育专家深度探讨信息技术环境下——未来教育的变与不变》，《中国教育报》，2017 年第 12 期。

（作者：劳凯声，首都师范大学教授；
沈永辉，首都师范大学博士生；
王阔、张秋霞、李硕，首都师范大学硕士生）

心 理 学

许 燕 徐晓丹 成 磊 刘子双 孙明月 朱 勤 牛道平 蔡雨桐 蒋 壮

2017年心理学各个领域研究成果颇丰，研究者们在致力于心理学理论研究的同时，关注社会热点问题，用心理学的方法解决现实问题。推动了心理学的实践服务。

一、学术会议

2017年4月20日国家卫计委疾控局组织召开关于加强健康服务有关部门工作研讨会，落实22部委《关于加强心理健康服务的指导意见》，推动相关部门在各自行业开展心理健康服务工作。中央部委、中国心理学会、中国社会心理学会、中国心理健康协会等机构负责人及专家参加会议。

2017年6月29日—7月2日由中国心理学会临床与咨询心理学专业委员会、中国心理学会临床心理学注册工作委员会主办，北京大学心理与认知科学学院、北京大学学生心理健康教育与咨询中心、北京大学医学部医学人文研究院医学心理学系（筹）、中科博爱（北京）心理医学研究院承办的第五届中国心理咨询与治疗行业大会在北京大学召开。本次大会的主题为“迎接心理咨询与治疗的春天——健康中国2030框架下心理健康行业的规范化发展”。来自国内外的200余位临床与咨询心理领域的顶尖专家学者齐聚一堂，深入探讨国民心理健康大计以及中国心理行业发展之路，推动心理健康行业的规范化发展。

2017年8月25日，《2016—2017心理学学科发展报告》在中国科学院心理研究所召开。该会议以“心理学与社会治理”为主题，进行了9场专题报告。该研讨会的召开显示了中国心理学研究者对社会问题的密切关注，积极回应时代的需求，凸显了心理科学研究的社会责任。

2017年9月11日，在中科院修理所召开了中国心理咨询师协会的筹建工作启动会。10月10日，筹委会第一次会议在中国科学院心理研究所召开，各项筹备工作全面展开。中国心理咨询师协会筹委会是由心理学、精神医学、社会服务等领域的一批专家学者组建的一支过渡性工作团队，目的是联合心理学学术组织、科研机构、高校、医疗机构以及相关的社会组织，团结广大心理咨询师，为心理咨询师筹建一个属于自己的“家”，搭建一个心理咨询师自我服务、自我管理、服务社会和实现价值的公益平台。

2017年11月18—20日，由中国心理学普及工作委员会主办，中育心理承办，路静工作室联合承办，中国关心下一代工作委员会儿童发展研究中心协办的第二届中国儿童心理大会在京召开。会议以“多元、创新：儿童心理工作专业化发展之路”为主题，共涵盖7个大会专题报告和24个分会场报告。与会专家展示了各自最新的儿童心理学研究成果和实践探索，对儿童心理工作具有一定的指导意义。

二、学术研究

1. 人格与社会心理学

（1）中国人人格

关于志愿者群体的大五人格特质与公共情绪关系的研究结果发现，大五人格中的外向性、宜人性、责任心和开放性维度正向预测志愿者公共积极情绪，负向预测志愿者公共消极情绪，神经质维度负向预测志愿者公共积极情绪，正向预测志愿者公共消极情绪。志愿者的公正敏感性在人格与公共情绪之间起调节作用，旁观者公正敏感性能够减缓个体低宜人性对公共积极情绪的负性影响、能够增强个体低宜人性对公共消极情绪的影响，也能够减缓个体高神经质对公共积极情绪的负性影响。[①]有研究将大五人格与儒家学派的思想相结合，探索了大五人格特质与主观幸福感的关系以及儒家心理资产的中介作用。结果发现，大五人格的五个维度与主观幸福感均存在显著相关，同时爱人、务民、崇德、学等儒家心理资产维度在人格特质与主观幸福感总分之间起部分中介作用。[②]也有研究从社会变迁的角度，考察了2004—2013年期间，随着时代变迁大学生人格特质发生了整体变化；大学生变得更加外向、开放、严谨和宜人的同时，情绪稳定性也更差。其中男女生存在明显差异，男生的大五人格都显著上升，但是女生的开放性无变化，宜人性却有所下降。[③]

神经质与成瘾的关系研究者发现，神经质人格不仅可以直接影响网络小说成瘾，还可以通过叙事传输和沉浸感的中介作用对其产生影响。[④]神经质与大学生智能手机成瘾存在显著正相关，同时不确定性忍受和惧怕否定评价是其中的中介因素，并具有序列中介效应。[5]

有研究探讨了自我决定动机在主动性人格与教练员—运动员关系之间的中介效应，结果发现，主动性人格与教练员—运动员关系存在显著正相关，并且自我决定动机在两者关系之间起部分中介作用。[6]

（2）道德与亲社会行为

从个人与情境交互的视角探讨个体遭遇社会排斥后的助人意愿，研究结果发现，遭受社会拒绝比遭受社会忽视使人表现出更低的助人意愿，且归属感需求在社会拒绝与助人意愿的关系中有显著调节作用。[7]道德自我形象与调节定向会共同对亲社会行为产生影响，在促进定向的被试中，高道德自我形象的人有着更高的亲社会意愿；而预防定向的被试中，高道德自我形象的人亲社会意愿反而更低。[8]负性情绪愤怒和悲伤对助人决策也有影响，愤怒和悲伤在助人决策上的作用不同，悲伤个体比愤怒个体做出更多的助人决策；人际责任性归因会影响附带情绪和助人决策的关系。[9]还有研究探讨了亲社会自主动机对青少年幸福感和亲社会行为的影响，结果表明，亲社会自主动机显著正向预测青少年的幸福感和亲社会行为，并且基本心理需要满足在亲社会自主动机对幸福感和亲社会行为的预测中都起到了中介作用；相反，亲社会受控动机则不利于青少年基本心理需要的满足，进而不能有效地提升其幸福感和亲社会行为。[10]

一项研究以中国传统的财富观和刻板印象内容模型为理论基础，探讨了道德、热情和能力在贫富心理融合中的作用。结果表明，人们对贫富群体的心理融合存在“道德突显效应”，即道德因素在人们对穷人和富人的心理融合过程中起到重要作用。[11]

（3）人际关系与社会行为

研究结果发现社会排斥显著降低人际信任水平，而且情绪线索能够调节社会排斥对人际信任的影响。[12]大学生群体中的社会拒绝会通过诱发被拒绝者的心理痛苦体验，进而产生蓄意自我伤害行为；高水平的认知灵活性能够在心理痛苦及其引发的蓄意自伤之间起到有效的缓冲作用。[13]有研究探究了遭遇放逐后，社交焦虑个体对不同类型的潜在社交机会的反应偏差。结果表明，在基本心理需要上，高、低社交焦虑个体在遭遇放逐后，其基本心理需要满足情况均受到了损耗；在志愿时间上，低社交焦虑个体在遭到放逐后对与陌生人相处的志愿活动表现出更多的参与意愿，而高社交焦虑个体中却没有出现这一反应。然而在社交兴趣上，高、低社交焦虑个体遭到放逐后的反应方式并没有差异。[14]

有研究考察了网络社交态度是否通过影响信任进而影响社交情感。结果表明，正向的网络社交态度可以直接促进网络信任，进而影响并提升现实人际信任，降低社交焦虑，并且减轻孤独感；网络社交态度对孤独感有直接作用；现实人际信任的提升可以直接降低孤独感。[15]

在决策研究中，有研究探讨了网络购物中选择集大小对决策态度和行为的影响，以及目标确定性和产品类型对该关系的调节作用。结果发现，大选择集组选择满意度、自信心更高，但延迟选择更多，出现态度—行为分离；目标不明确时，大选择集组延迟选择更多。[16]一项研究采用眼动追踪技术探究了在一般决策过程中决策者的眼动规律和结果呈现对决策的影响。结果表明，在决策过程中，收益信息比概率信息更受决策者关注；决策者的注视点在选项内转换多于在选项间转换；决策前的眼动指标对最终的选择有很强的预测作用，决策者会在最终选择的选项上投入更多认知资源；结果的呈现使风险偏好型决策者在决策获益后趋于保守，更关注低风险选项；而风险回避型决策者在决策获益后会变得敢于冒险。[17]

（4）幸福感

幸福感作为心理学的重要话题之一，很多研究都关注了幸福感的影响因素。一项研究发现，时间心理账户损失规避和非替代性与时间管理倾向各维度呈显著正相关，与主观幸福感呈显著正相关；时间心理账户灵活性与时间管理倾向各维度呈显著正相关，与主观幸福感没有相关性；时间价值感在损失规避和非替代性与主观幸福感关系之间起部分中介作用；时间监控观及时间效能感在时间心理账户损失规避与非替代性对主观幸福感之间起完全中介作用。[18]有研究探索了名字喜爱度与主观幸福感的关系，结果发现，名字喜爱度与生活满意度、积极情绪、自尊水平之间均呈正相关，与消极情绪间呈负相关。同时，自尊在名字喜爱度与生活满意度间起到部分中介作用，在名字喜爱度与积极情绪和名字喜爱度与消极情绪间起到完全中介作用。[19]

还有研究关注了特定职业人群的幸福感。一项研究探讨我国公务员工作投入与心理幸福感的关系研究，结果发现，公务员的工作投入能显著正向预测公务员心理幸福感，同时这两者之间的关系受德行和威权领导影响，在高德行领导或低威权领导下的公务员更能通过工作投入促进心理幸福感，该影响需通过公务员心理韧性发挥作用。[20]另有研究发现了知觉压力会负向预测医生的工作幸福感，自我效能感在其中起到了部分中介的作用。[21]

2. 临床与心理咨询

（1）问题行为

青少年问题行为是研究者关注的重点，有研究探讨生活事件、抑郁情绪、同伴接纳对青少年问题性网络使用的影响。结果表明，抑郁对生活事件和青少年问题性网络使用的关系有部分中介效应；同时，同伴接纳调节了中介过程，即相比低同伴接纳，高同伴接纳更能缓冲生活事件产生抑郁，最终减少青少年问题性网络使用的过程。[22]邻里环境、父母监控和不良同伴交往对青少年问题行为也有影响。邻里犯罪能够直接预测青少年的问题行为；同时，邻里犯罪、邻里凝聚与混乱还能够通过父母监控和不良同伴交往为中介，进而影响青少年问题行为；而随着父母监控的提高，不良同伴交往对青少年问题行为的影响减小；对于男孩而言，邻里犯罪对问题行为、父母监控对问题行为、不良同伴交往对问题行为的预测作用大于女孩。[23]

（2）抑郁与自杀

一项研究考察了亲子关系与青少年抑郁的关系，发现父母冲突正向预测青少年抑郁，母子亲密与母子冲突在父母冲突与青少年抑郁间发挥着中介作用；母子亲密在父母冲突预测青少年抑郁中的中介作用在独生子女与非独生子女上没有差异，母子冲突的中介作用仅在独生子女上显著。[24]

青少年是自伤的高危人群。一项研究采用结构方程模型探讨了人格特质、攻击性倾向、抑郁、焦虑和自杀意念之间的关系。攻击性倾向和抑郁直接影响自杀意念，且攻击性倾向通过焦虑间接影响自杀意念；人格特质通过攻击性倾向、焦虑、抑郁间接影响自杀意念；焦虑通过抑郁间接影响自杀意念。[25]

3. 发展与教育心理

（1）认知与学习

在儿童视知觉发展中，研究发现 1 ~4 年级小学生视知觉随着年级的升高而增强，视动整合能力和去动作的视知觉均从二年级开始呈现发展态势。三年级到四年级期间，去动作视知觉能力发展快于视动整合能力，视知觉能力的发展遵循了由具体到抽象，由动作到符号的发展规律。[26]

在阅读研究中，发现儿童的语音意识、命名速度和语素意识对阅读理解均无直接影响，而是分别通过阅读准确性和阅读流畅性间接影响阅读理解。[27]词汇获得年龄对物体图画和动作图画命名影响的研究，发现动作图画命名的反应时更长，表明动词的产生更为复杂。在物体图画命名任务中，早获得的词产生速度更快；在动作图画命名中，晚获得词反应速度更快。因此 AoA 效应可能发生在图画命名过程中的词汇水平，而非概念水平或反应输出阶段。[28]

选择性信任是指儿童对信息提供者的一种有区别选择，即当两位不同身份的信息提供者做出相同行为时，儿童是否会有不同反应。研究发现与同伴相比，3 ~5岁儿童更愿意信任教师；3 ~5 岁儿童的选择性信任受到材料类型的影响，与两可图形材料相比，3 ~5岁儿童更容易在道德两难问题上信任教师的信息，受教师影响的程度更大。[29]

（2）老年心理

老年人的主观年龄对生活质量会产生影响，感觉年龄、外表年龄、行为年龄和理想年龄这 4 种主观年龄都低于实际年龄，感觉年龄、外表年龄或者行为年龄可以直接影响老年人的生活质量，也可以通过抑郁间接影响老年人的生活质量。[30]

中国老年健康影响因素跟踪调查（CLHLS）2011 年的数据分析发现，参与社交类、益智类以及轻度户外活动等各项休闲活动比例较高的老年人，认知功能缺损的比例相对较低，鼓励老年人在晚年积极参与上述几类休闲活动。[31]

（3）家庭影响

研究发现父母心理控制可以正向预测儿童的内外化问题行为，且受自主支持的调节，儿童自我控制能力在其中起部分中介作用。[32]另外，父母婚姻冲突也能影响儿童的内化问题，婚姻冲突能够正向预测儿童内化问题行为；基本心理需求满足在上述关系中起中介作用；且性别的调节作用显著，上述中介效应在女孩中更高。[33]在青少年问题行为上，有研究考察父母婚姻质量、教养方式与青少年外化问题的关系，发现父母婚姻质量能直接正向预测青少年外化问题，教养方式在父母婚姻质量和青少年外化问题中起到部分中介作用。[34]在父母教养行为（温暖和说理）对青少年行为问题的影响上，有研究以中国科学院心理研究所双生子库中的同卵双生子为对象，发现父母温暖和说理与孩子行为问题之间呈显著负相关，青少年的意志控制的部分中介作用显著。[35]

有研究探索希望在父母与学前儿童之间的代际传递，发现希望水平高的父母更倾向于采取积极的教养方式，进而提升学前儿童的希望水平；并且父亲和母亲以相同的模式将希望通过教养方式的中介作用传递给儿童。[36]

在亲子互动方面，研究发现互动中母亲的言语策略多于身体策略；母亲的模糊言语显著地正向预测儿童的反抗，母亲的远处身体指导显著地正向预测消极不顺从；母亲的反应性与明晰言语、模糊言语、积极身体指导和远处身体指导正相关，与严厉言语和消极身体指导负相关；儿童反应性负向预测消极不顺从和拒绝/协商行为。[37]另外，父母对幼儿消极情绪的反应方式对幼儿情绪调节的影响，发现母亲对幼儿消极情绪的支持反应正向预测幼儿的情绪调节能力，非支持反应负向预测幼儿的情绪调节能力；父亲对幼儿消极情绪的支持反应和非支持反应显著预测女孩的情绪不稳；在女孩的情绪调节能力上，母亲和父亲非支持反应的交互作用显著，部分支持了分歧模型。[38]

家庭社会经济地位能够正向预测公正世界信念；权威型教养方式能够正向预测公正世界信念，独裁型与纵容型教养方式是负向预测；家庭社会经济地位与父母教养方式的交互作用显著，权威型教养方式对高家庭社会经济地位儿童青少年公正世界信念的促进作用更大，独裁型与纵容型教养方式对低家庭社会经济地位儿童青少年的削弱作用更大。[39]也有研究关注不同家庭经济地位对青少年网络成瘾的影响，发现家庭社会经济地位调节着网络社交使用频率与网络成瘾倾向的关系，在高社会经济地位的家庭中，少年的网络社交使用频率对网络成瘾倾向的影响不显著，而在低社会经济地位的家庭中，青少年的网络社交使用频率对网络成瘾倾向的影响极其显著。[40]

(4) 流动儿童与留守儿童

有很多研究关注流动儿童的心理状况。有研究发现流动儿童的孤独感呈线性下降趋势；打工子弟学校流动儿童的孤独感起始水平显著高于公立学校流动儿童；流动性高的儿童其孤独感起始水平高于流动性低的儿童，但流动性和教育安置方式对孤独感的发展趋势没有显著预测作用；对于流动儿童来说，较高的心理弹性水平不仅能显著预测更低的孤独感起始水平，同时也能显著预测更快的孤独感的下降速率。[41]有研究将流动儿童的心理弹性可以分为3个类型：高弹性组、一般弹性—平稳组、一般弹性—波动组。高弹性组在各题目上得分都最高；一般弹性—波动组在情绪控制、家庭支持、人际协助维度部分题目达到高弹性组水平，在其余题目上得分处于较低水平；一般弹性—平稳组，各题目得分趋于中等水平。公立学校、无转学经历儿童相对打工子弟学校、有转学经历儿童报告更多的高弹性类型。高弹性组在抑郁、孤独感、问题行为上得分低于另外两组。[42]

流动儿童学业情绪对控制感的负向预测作用高于对基本能力感的预测作用，其中恼火、羞愧、无助对基本能力感预测作用显著；认知重评对恼火、沮丧与基本能力感的关系有调节作用，而表达抑制对无助与基本能力感的关系有调节作用。认知重评和表达抑制均对控制感的预测作用显著，并且认知重评与羞愧、厌倦、沮丧的调节作用显著，表达抑制与沮丧的调节作用显著。[43]

研究发现流动儿童的工作记忆、元认知能力显著低于非流动儿童，家庭社会经济地位较非流动儿童更低，父母教养方式更消极；流动儿童家庭社会经济地位与元认知显著正相关，父母教养方式中多个维度与元认知显著相关，而只有母亲过度干涉与保护与注意力显著负相关；在流动儿童中，父亲情感温暖与理解部分中介家庭社会经济地位对儿童元认知的影响。[44]有研究发现流动儿童与城市儿童社会适应差异无统计学意义；随着年级的升高，流动儿童社会适应总分呈下降趋势；流动儿童的自我控制、家庭亲子关系和学校同伴关系对其社会适应有显著的预测作用。[45]

与非留守儿童相比，留守儿童的生活压力与孤独感较高，心理资本与幸福感较低；生活压力对留守/非留守儿童的孤独感有正向预测性、幸福感有负向预测性，心理资本对此起部分中介作用。[46]行为自主决策能够显著正向预测留守/非留守青少年的生活满意度；父子亲合和母子亲合能显著正向预测其主观幸福感。对于非留守青少年，行为自主决策与母子亲合对主观幸福感的预测作用存在性别差异：行为自主决策仅能够显著正向预测非留守男生的积极情绪和生活满意度，母子亲合则显著负向预测非留守女生的消极情绪；但是，这种性别差异不存在于留守青少年之中。[47]

4. 组织行为与人力资源

(1) 工作绩效

有研究探索了工作投入短期波动的影响因素，发现在个体内水平，每日发展机会和乐观对当天工作投入均有显著正向影响；每日乐观部分中介当天发展机会与工作投入之间的正向关系；个体任务责任心正向调节每日乐观与当天工作投入之间的正向关系，并且还能调节每日乐观的中介效应。[48]

有研究考察下属工作绩效与政治技能对上级辱虐

的影响，发现当下属的工作绩效与政治技能在较高水平上保持一致时，其遭受的上级辱虐最少。但这种较高水平的一致只能维持在特定范围内，当两者过高时，反而易招致上级辱虐行为。相比于“高工作绩效，低政治技能”的下属，“低工作绩效，高政治技能”的下属遭受的上级辱虐要更少。[49]

（2）消费心理

在消费心理领域，研究发现体验购买带来的享乐幸福感和意义幸福感都显著高于实物购买；购买类型通过满足个体的关系需要进而提升其享乐幸福感和意义幸福感水平。[50]有研究发现相对于远期购买情境，近期购买情境下个体对绿色产品购买意愿较低。近期购买情境下伦理价值在决策中权重较低，而个人价值无论远期或近期权重都较高。个体更倾向于在将来而不是现在购买绿色产品从而导致绿色消费的不作为，伦理价值相对重要性在其中起到中介作用。[51]

在广告效果的研究中，组合代言中代言人关系类型对广告效果的影响，相对于合作型组合代言，冲突型组合代言会产生更好的广告效果；这种作用是通过消费者感知到的广告生动性所中介的；消费者的情感强度可以调节这种作用；此外，代言人之间的差异程度也可以起到调节作用，相差较小时，冲突型组合代言能提升广告效果；当相差较大时，没有显著的促进作用。[52]还有研究探索网络语言文案对广告注意和感知的影响，发现，网络语言广告文案比标准语言文案更吸引受众的注意，但在时间有限时，会减少受众对于广告图片的注意。另外网络语言文案会提升消费者对广告产品的评价，感知广告有趣性在其中起到部分中介作用；也会降低消费者的广告信任，感知广告严谨性起到完全中介作用。[53]

（3）权力感

有研究采用问卷法、外显角色扮演、故事回忆法、身体姿势启动法等不同的方法探索了个体权力感对调节定向的影响。结果发现高权力感个体更倾向于促进定向；而低权力感个体更倾向于预防定向，有助于更好地理解和整合现有的权力感研究结果，并预测更多未知的权力感效应。[54]

5. 情绪、认知和脑神经科学

（1）情绪

青少年的消极情绪能够显著正向预测网络成瘾；快乐倾向对二者之间的关系起到显著的正向调节作用。在网络成瘾方面，高快乐倾向的青少年比低快乐倾向更容易受到消极情绪的影响。[55]而老年人在自动化情绪调节中表现出一定程度的积极效应。在愉快面孔上，老年组比青年组的 Go/Nogo-P3 波幅大；在悲伤面孔上，老年组比青年组的 Go/Nogo-P3 波幅大且潜伏期长，说明老年组比青年组更加抑制对悲伤面孔的反应。[56]

有研究考察日常生活中压力对愤怒情绪的动态影响，并检验特质正念的调节作用。在个体内水平，个体某一时刻的压力可以显著预测个体下一时刻的愤怒情绪；个体的特质正念显著负向预测日常生活中压力对愤怒情绪的动态影响，说明特质正念存在调节作用。[57]

有研究采用情绪标签的经典研究范式，结合事件相关电位技术发现了情绪标签的时间进程。研究发现性别标签和观看条件 LPP 无显著差异；与观看条件相比，情绪标签 LPP 波幅先上升后下降；在 400 ~ 450ms 内情绪标签的 P3 波幅大于性别标签，情绪标签对情绪的调节作用可能呈现出先增强后减弱的动态过程。[58]

（2）知觉

采用双任务范式探讨心算任务对 100ms 和 1000ms 听、视时距比较的选择性干扰，结果表明，心算任务影响了 1000ms 听、视时距比较的差别阈限，心算加工负荷越大，差别阈限越大，但对 100ms 听、视时距比较的差别阈限没有影响。[59]

有研究在视线辅助点击技术的基础上引入气泡光标技术，提出了视线辅助气泡光标技术，并考察了该技术在精确定位方面的作用。结果发现：视线辅助气泡光标的点击操作绩效显著优于手控尖点光标，并且时间知觉更低；视线辅助气泡光标的点击操作时间显著慢于手控气泡光标，并且主观努力程度更高；目标位置对 3 种光标类型的操作绩效均有显著影响，且对视线辅助气泡光标的影响作用最大。本研究为视线辅助点击技术的优化提供了新思路。[60]

有研究基于感官营销领域的联结理论，首次探讨了咸味对食物热量感知的影响，实验 1 发现了咸味提高食物热量估计的主效应。实验 2 检验了主效应的稳健性和外部效度，同时发现感知健康程度的中介作用。实验 3 进一步验证了本文假设的理论机制。实验 4 发现有害品/有益品的调节作用。结果表明咸味降低了个体对食物健康程度的感知，从而提高了个体对食物热量的估计。[61]

（3）注意与记忆

在探讨初中生欺负与自我伤害与注意偏向的关系

时，发现欺负卷入对初中生自伤行为存在显著影响；在无效线索条件下，欺负—自伤组初中生对伤害性事件词之后的靶子反应时短于非伤害性事件词后的反应时，表现出对伤害行为的注意回避。初中生欺负和自我伤害发生率较高，欺负卷入对自伤行为具有预测作用；卷入伤害行为的初中生对伤害性事件词表现出注意回避。[62]注意回避与左侧偏向在威胁性刺激注意偏向形成早期存在相互作用，且比解除锁定困难更早发生。[63]有研究探讨不同线索有效性条件下，动作游戏玩家和非游戏玩家在返回抑制这一注意效应上的差异，实验结果发现动作游戏会导致抑制性注意功能衰退。[64]

走神包括有意走神和自发走神两种类型，元认知对二者的影响可能不同。有研究使用两维度走神量表和元认知量表，对国内部分高校学生的走神和元认知进行调查，失控和危险感既能预测自发走神也能预测有意走神，但认知自信只能预测自发走神，认知的自我意识只能预测有意走神。说明元认知对自发走神和有意走神的影响存在差异。[65]

（4）言语

在词汇判断中，家族大小影响义符的语义激活，大家族义符的语义不容易激活，小家族义符的语义容易激活。在语义相关判断中，类别一致性影响义符的语义激活，类别一致性高的义符的语义容易激活，并且在错误率上，这一影响受义符的家族大小调节。义符类别一致性影响义符家族效应的作用方向：当类别一致性低时，出现抑制的家族效应；当类别一致性高时，家族效应无影响或表现为促进作用。[66]

有研究探讨了各说各话和非各说各话的景颇族大学生的抑制能力、转换能力和刷新能力，结果表明，各说各话者的 Stroop 效应量小，停止信号的反应时短。各说各话者反应快，转换代价小。各说各话者比非各说各话者在抑制能力与转换能力上具有优势。语言经验对执行功能的影响具有功能特异性。[67]有研究使用 ERP 技术，考察了不同位置对比焦点和重读的一致性对口语语篇理解的影响，听者按照不同的方式、即时使用不同位置的对比焦点和重读信息来建构语篇表征。[68]

老年人汉语词汇书写产生过程中，词汇频率和音节频率影响汉字书写的潜伏期；在书写产生的早期阶段，词频与音节频率效应独立发生，早期词频效应可能来源于正字法词典中信息的提取，早期音节频率效应可能来源于语音词典中对音节的提取，且词频效应早于音节频率效应，这为“正字法自主假设”提供了支持证据。[69]

有研究运用功能性磁共振成像（fMRI）技术探索了乐学英语的大学生在对中、英文材料的学习、记忆及成绩反馈过程中的情绪和脑活动特征。结果发现，被试学习英文较之学习中文积极情绪更少且伴随更强的前部脑岛的激活；但当他们获得关于英文成绩的正反馈时，中脑奖赏区的激活却明显高于获得中文成绩正反馈时的情形，且中脑激活与英语乐学呈正相关。这说明乐学是“苦中作乐”，人们虽在学习时并未体验到更多快乐，但其成功却带来了更大的心理奖赏。[70]

（5）思维

有研究考察编码加工方式和编码相似性对协作提取成绩的影响，结果发现被试在生存和非生存（愉悦度和自我经历）加工条件下都出现协作抑制现象，而生存加工条件下的协作抑制量显著小于非生存加工条件；在使用联想记忆训练法之后，相同学习顺序组没有出现协作抑制，而不同学习顺序组出现了经典的协作抑制。该研究结果为协作抑制的可能存在的多机制解释提供了证据。[71]

有研究发现呈现直觉性决策信息时，无意识思维组的决策效果好于意识思维组。整体加工组的无意识思维决策效果最佳。直觉性决策信息下，启动被试的整体加工方式，其无意识思维的决策效果会有所提升。[72]

有研究探讨了复杂情境下自我决策、为他人决策和预期他人决策在无意识思维方式和有意识思维方式下的决策表现差异。研究发现复杂情境中无意识思维方式下，自我决策和为他人决策的决策表现显著优于预期他人决策，自我决策和为他人决策表现没有显著差异。复杂情境中有意识思维时，在陌生人条件下，为他人决策表现分数显著高于自我决策与预期他人决策，自我决策和预期他人决策表现无显著差异；在朋友条件下，为他人决策和预期他人决策的决策表现显著优于自我决策，为他人决策和预期他人决策表现无显著差异。该研究结果支持了决策视角—心理距离作用假设。[73]

有研究采用单字法定向遗忘范式，考察远距离联想任务得分高低者在中性和负性词语定向遗忘效应上的差异，来探讨创造性思维水平高低与主动抑制的关系。结果表明较短时间内高创者对负性情绪的主动抑制能力优于低创者。[74]

6. 心理统计与测评

（1）测量方法

在DINO模型的基础上，开发出一种补偿型的多级评分认知诊断模型（P-DINO模型），并采用MCMC算法实现了模型的参数估计及模型的性能研究，发现在抑郁症评估中，P-DINO模型的表现要优于DINO模型。[75]另有研究将IRT中的CVLL法引入到认知诊断领域，同时比较并分析CVLL及认知诊断领域已有的测验相对拟合检验统计量的表现。结果发现CVLL的表现比其他传统测验相对拟合统计量要好，说明CVLL在Q矩阵侦查上有较好的应用前景。[76]

有研究修订父母协同教养问卷青少年评定版，父亲版与母亲版均包括团结、一致、冲突和贬低四个维度，父母协同教养问卷青少年评定版具有良好的信效度，可作为青少年家庭父母协同教养研究的工具。[77]另有研究探讨了亲密关系经历量表中文版在我国青少年中的信度和效度。结果发现，亲密关系经历量表中文版在我国青少年中具有较好的信、效度。[78]

有研究检验了生涯未决应对策略问卷在中国大学生群体中的信度和效度，修订后的SCCI中文版共43道题，包括有效应对、寻求支持和无效应对3个二阶因子和13个一阶因子。修订后的SCCI中文版具有较好的信度和效度，适宜在中国大学生群体中使用。[79]有研究采用2×2的混合实验设计探讨评分量表对大学生新手评委评分准确性的影响，在结构化面试评分中，对于评分准确性，相对评分量表优于绝对评分量表，小量尺量表优于大量尺量表。[80]

（2）统计方法

将多维随机系数多项Logistic模型（MRCMLM）拓展应用到多维题组领域，得到适用于多维目标能力和多维题组效应的多维题组反应模型（MTRM），该模型具有高度灵活性和适用性。MTRM在考虑项目内多维题组情况下模型拟合度更高，为测验分析提供了更广泛的模型结构选择，具有显著的应用价值。[81]

通过蒙特卡洛模拟考查了分类精确性指数Entropy及其变式受样本量、潜类别数目、类别距离和指标个数及其组合的影响情况，发现Entropy值随类别数、样本量和指标数的变化而变化，很难确定唯一的临界值；其他条件不变的情况下，样本量越大，Entropy的值越小，分类精确性越差；类别距离对分类精确性的影响具有跨样本量和跨类别数的一致性；小样本的情况下，指标数越多，Entropy的结果越好；在各种条件下Entropy对分类错误率比其他变式更灵敏。[82]

注：

①于哲、王昊、陈晨、周奕欣、周明洁：《志愿者公正敏感性在人格与公共情绪之间的调节作用》，《中华行为医学与脑科学》，2017年第1期。

②张瑞平、李庆安：《大学生人格特质与主观幸福感的关系：儒家心理资产的中介作用》，《心理科学》，2017年第3期。

③田园、明桦、黄四林、孙铃：《2004—2013年中国大学生人格变迁的横断历史研究》，《心理发展与教育》，2017年第1期。

④张冬静、周宗奎、雷玉菊、牛更枫、朱晓伟、谢笑春：《神经质人格与大学生网络小说成瘾关系：叙事传输和沉浸感的中介作用》，《心理科学》，2017年第5期。

⑤陈慧、许丹阳、智辉：《大学生神经质与智能手机成瘾：序列中介效应分析》，《中国临床心理学杂志》，2017年第5期。

⑥艾丽欣、王英春：《主动性人格对教练员—运动员关系的影响：自我决定动机的中介作用》，《中国临床心理学杂志》，2017年第6期。

⑦李沛沛、黄程、寇彧：《社会排斥与个体助人意愿：归属感需求的调节作用》，《中国临床心理学杂志》，2017年第4期。

⑧朱一杰、金盛华、万薇洁、李玲：《道德自我形象对亲社会行为的影响：调节定向的调节作用》，《心理科学》，2017年第2期。

⑨杨昭宁、顾子贝、王杜娟、谭旭运、王晓明：《愤怒和悲伤情绪对助人决策的影响：人际责任归因的作用》，《心理学报》，2017年第3期。

⑩杨莹、寇彧：《亲社会自主动机对青少年幸福感及亲社会行为的影响：基本心理需要满足的中介作用》，《心理发展与教育》，2017年第2期。

⑪杨金花、金盛华：《贫富群体心理融合中的"道德突显现象"》，《心理学探新》，2017年第2期。

⑫徐同洁、胡平、郭秀梅：《社会排斥对人际信任的影响：情绪线索的调节作用》，《中国临床心理学杂志》，2017年第6期。

⑬张嘉旗、李欢欢、沈程峰、王雪薇、张玲玉、华越尔：《大学生社会拒绝与蓄意自我伤害的关系：一个中介和调节效应的混合模型》，《中国临床心理学杂志》，2017年第4期。

⑭邓衍鹤、向睿洋、刘翔平：《社交焦虑个体被

放逐后对潜在社交机会的反应偏差》，《中国临床心理学杂志》，2017年第1期。

⑮金鑫、李岩梅、李小舒、杨立谦、劳煜晨：《网络社交态度、网络信任、人际信任与社交焦虑、孤独感之间的关系》，《中国临床心理学杂志》，2017年第1期。

⑯刘彤、马继伟、李信、陈毅文：《选择集大小对网购决策态度和行为的影响》，《心理科学》，2017年第2期。

⑰杨子京、李卓、王爱平：《结果呈现对决策过程影响的眼动模式》，《心理学探新》，2017年第4期。

⑱张蓝之：《时间心理账户与主观幸福感的关系：时间管理倾向的中介作用》，《中国临床心理学杂志》，2017年第1期。

⑲马欣然、任孝鹏、董夏薇、朱廷劭：《名字喜爱度对主观幸福感的影响：自尊的中介作用》，《中国临床心理学杂志》，2017年第2期。

⑳王羽、史占彪、周启帆：《公务员工作投入与心理幸福感的关系：有中介的调节模型》，《中国临床心理学杂志》，2017年第6期。

㉑刘颖、张曼华、杨璐：《自我效能感对医生知觉压力与工作幸福感关系的中介作用》，《中华行为医学与脑科学》，2017年第9期。

㉒黄曙杰、郭菲：《生活事件对青少年问题性网络使用的影响：有调节的中介效应》，《中国临床心理学杂志》，2017年第1期。

㉓侯珂、张云运、骆方、任萍：《邻里环境、父母监控和不良同伴交往对青少年问题行为的影响》，《心理发展与教育》，2017年第1期。

㉔肖雪、刘丽莎、徐良苑、李燕芳：《父母冲突、亲子关系与青少年抑郁的关系：独生与非独生的调节作用》，《心理发展与教育》，2017年第4期。

㉕李诚、董燕、王进、郭久亮、王好博、张倩：《人格特质、攻击性倾向、抑郁和焦虑对自杀意念影响的结构方程模型研究》，《中华行为医学与脑科学》，2017年第8期。

㉖张树东、谢立培、冯译、赵晖：《中国1~4年级小学生视知觉发展研究》，《心理科学》，2017年第1期。

㉗程亚华、李虹、伍新春、董琼：《一年级汉语儿童语素意识与口语词汇的双向关系：追踪研究的证据》，《心理科学》，2017年第1期。

㉘李丛、张清芳、黄韧：《词汇获得年龄在物体和动作图画命名中的不同作用》，《心理学探新》，2017年第3期。

㉙马卓娅、张优、刘靖、王异芳：《信息提供者身份对学前儿童选择性信任的影响》，《中国临床心理学杂志》，2017年第5期。

㉚黄婷婷、李赟、王大华：《老年人的主观年龄对生活质量的影响：抑郁和焦虑的中介作用》，《中国临床心理学杂志》，2017年第1期。

㉛张莉、崔臻晖：《休闲活动对我国老年人认知功能的影响》，《心理科学》，2017年第2期。

㉜邢晓沛、孙晓丽、王争艳、邵淑慧：《父母心理控制与儿童自我控制和问题行为：有中介的调节模型》，《心理科学》，2017年第3期。

㉝曹雨菲、杨盼盼、刘俊升、周颖：《婚姻冲突与儿童内化问题行为的关系：有调节的中介效应》，《中国临床心理学杂志》，2017年第5期。

㉞吴莹婷、郭菲、王雅芯、江兰、陈祉妍：《父母婚姻质量与青少年外化问题的关系：教养方式的中介作用》，《心理发展与教育》，2017年第3期。

㉟袁皎：《意志控制对父母温暖和说理影响青少年行为问题的中介作用：同卵双生子差异分析》，《中国临床心理学杂志》，2017年第1期。

㊱王馨蕊、邢艳艳、许燕：《希望的代际传递效应：教养方式的中介作用》，《心理学探新》，2017年第2期。

㊲曹睿昕、夏美萍、陈会昌、陈欣银：《学步儿童的不顺从行为与亲子互动的关系》，《心理科学》，2017年第2期。

㊳李晓巍、杨青青、邹泓：《父母对幼儿消极情绪的反应方式与幼儿情绪调节能力的关系》，《心理发展与教育》，2017年第4期。

㊴张羽、李玮玮、罗玉晗、华销嫣、王耘：《家庭社会经济地位与父母教养方式对儿童青少年公正世界信念的影响》，《心理发展与教育》，2017年第5期。

㊵金盛华、于全磊、郭亚飞、张林、朱一杰、吴恭安：《青少年网络社交使用频率对网络成瘾的影响：家庭经济地位的调节作用》，《心理科学》，2017年第4期。

㊶叶枝、柴晓运、郭海英、翁欢欢、林丹华：《流动性、教育安置方式和心理弹性对流动儿童孤独感的影响：一项追踪研究》，《心理发展与教育》，

2017 年第 5 期。

㊷胡潇林、李晓燕、郭海英、林丹华：《流动儿童心理弹性潜在类别及内外化问题比较》，《中国临床心理学杂志》，2017 年第 3 期。

㊸王道阳、陆祥、殷欣：《流动儿童消极学业情绪对学习自我效能感的影响：情绪调节策略的调节作用》，《心理发展与教育》，2017 年第 1 期。

㊹张茜洋、冷露、陈红君、方晓义、舒曾、蔺秀云：《家庭社会经济地位对流动儿童认知能力的影响：父母教养方式的中介作用》，《心理发展与教育》，2017 年第 2 期。

㊺陈晓军、陶婷、王利刚、唐义诚、张静怡、樊春雷、高文斌：《流动儿童社会适应现状及影响因素》，《中华行为医学与脑科学》，2017 年第 3 期。

㊻范兴华、余思、彭佳、方晓义：《留守儿童生活压力与孤独感、幸福感的关系：心理资本的中介与调节作用》，《心理科学》，2017 年第 2 期。

㊼赵景欣、王秋金、杨萍、刘霞：《行为自主决策、亲子亲合与个体主观幸福感的关系：留守与非留守青少年的比较》，《心理发展与教育》，2017 年第 3 期。

㊽刘超、刘军、朱丽、武守强：《规则适应视角下辱虐管理的成因机制》，《心理学报》，2017 年第 7 期。

㊾李秀凤、孙健敏、林丛丛：《高绩效工作系统对员工心理契约破裂的影响：一个跨层的被调节中介》，《心理科学》，2017 年第 2 期。

㊿曾陶然、徐亚一、蒋奖：《体验购买、实物购买与幸福感：关系需要满足的中介作用》，《心理科学》，2017 年第 1 期。

51王财玉、雷雳、吴波：《时间参照对绿色消费的影响：价值偏好的中介作用》，《中国临床心理学杂志》，2017 年第 3 期。

52王雪芳、张红霞、陈振杰：《合作还是冲突？组合代言中代言人关系类型对广告效果的影响》，《心理学报》，2017 年第 10 期。

53刘世雄、毕晓培、贺凯彬：《网络语言文案对广告注意和感知的影响》，《心理学报》，2017 年第 12 期。

54杨文琪、李强、郭名扬、范谦、何伊丽：《权力感对个体的影响：调节定向的视角》，《心理学报》，2017 年第 3 期。

55周芳、刘儒德、郭明佳、蒋舒阳：《青少年消极情绪对网络成瘾的影响：幸福倾向的调节作用》，《中国临床心理学杂志》，2017 年第 2 期。

56李西营、姬玲玲、邵景进、申继亮、胡卫平、张文海：《自动化情绪调节中存在积极效应吗：来自 ERPs 的证据》，《心理科学》，2017 年第 1 期。

57徐慰、符仲芳、王玉正、王晓明、安媛媛：《日常生活中压力对愤怒情绪的动态影响：特质正念的调节作用》，《中国临床心理学杂志》，2017 年第 3 期。

58邓欢、江琦：《标签发生在何时：情绪标签的 ERP 研究》，《中国临床心理学杂志》，2017 年第 2 期。

59尹华站、李丹、陈盈羽、黄希庭：《1s 范围视听时距认知的分段性研究》，《心理科学》，2017 年第 2 期。

60马校星、葛列众、王丽、王琦君：《视线辅助气泡光标精确定位的工效学研究》，《心理科学》，2017 年第 6 期。

61周圆圆、陈瑞、郑毓煌：《重口味食物会使人变胖？——咸味对食物热量感知的影响》，《心理学报》，2017 年第 4 期。

62纪建茂、张欣艺、韩仁生、付聪、赵银：《欺负和自我伤害与初中生的注意偏向》，《中国临床心理学杂志》，2017 年第 4 期。

63邱晓雯、文涛、丁锦红：《威胁性刺激注意偏向的时间进程》，《心理科学》，2017 年第 4 期。

64卢秀玲、张侃：《线索有效性对动作游戏玩家返回抑制的影响》，《心理科学》，2017 年第 2 期。

65刘兆敏、高伟伟、罗湘齐：《自发走神和有意走神及其与元认知的关系》，《心理科学》，2017 年第 4 期。

66章玉祉、张积家：《义符启动范式下家族大小和类别一致性对义符语义激活的影响》，《心理学报》，2017 年第 8 期。

67王婷、王丹、张积家、崔健爱：《“各说各话”的语言经验对景颇族大学生执行功能的影响》，《心理学报》，2017 年第 11 期。

68李卫君、张晶晶、杨玉芳：《对比焦点的认知加工及其与重读的关系》，《心理学报》，2017 年第 9 期。

69何洁莹、张清芳：《老年人书写产生中词汇频率和音节频率效应的时间进程：ERP 研究》，《心理学报》，2017 年第 12 期。

⑩刘潞潞、卢家楣、和美、周建设、肖晶、罗劲：《先苦后乐：英语乐学大学生在英语学习时情绪反应的脑认知特点》，《心理学报》，2017年第11期。

⑪唐卫海、张环、陈果、李皖、刘希平：《协作抑制的多机制解释：来自编码加工方式和编码相似性的证据》，《心理科学》，2017年第4期。

⑫苗秀影、迟立忠：《运动决策中的无意识思维研究》，《心理科学》，2017年第2期。

⑬陈庆、何泉、陈广耀、郭悦智、张荷婧、何先友：《复杂情境下不同角度及思维方式的决策表现差异：决策视角—心理距离的作用》，《心理学报》，2017年第3期。

⑭张克、杜秀敏、仝宇光：《高低创造性思维水平者定向遗忘效应的差异研究》，《心理科学》，2017年第3期。

⑮吴方文、涂冬波、刘明矾：《分离型的多级评分认知诊断模型开发及其应用研究》，《心理科学》，2017年第1期。

⑯单昕彤、涂冬波、蔡艳：《测验相对拟合检验方法CVLL法在认知诊断中的拓展及应用》，《心理科学》，2017年第2期。

⑰刘畅、伍新春、邹盛奇：《父母协同教养问卷青少年评定版的修订及其信效度检验》，《中国临床心理学杂志》，2017年第5期。

⑱张鹏、张艺缤、韩瑞雪、刘翔平：《亲密关系经历量表在我国青少年中的信、效度检验》，《中国临床心理学杂志》，2017年第5期。

⑲肖义涛、侯志瑾、袁涤繁、王丹妮、曹莹、Itamar Gati：《生涯未决应对策略问卷中文版在中国大学生中的信—效度检验》，《中国临床心理学杂志》，2017年第4期。

⑳庞庆年、卞冉、汤晨笑、高钦、车宏生：《结构化面试中评分量表对评分准确性的影响》，《心理学探新》，2017年第3期。

㉑魏丹、刘红云、张丹慧：《多维题组反应模型：多维随机系数多项Logistic模型的应用拓展》，《心理学报》，2017年第12期。

㉒王孟成、邓俏文、毕向阳、叶浩生、杨文登：《分类精确性指数Entropy在潜剖面分析中的表现：一项蒙特卡罗模拟研究》，《心理学报》，2017年第11期。

（作者：许燕，北京师范大学教授；徐晓丹、成磊、刘子双、孙明月、朱勤、牛道平、蔡雨桐、蒋壮，北京师范大学研究生）

历 史 学

史学理论及史学史

汪高鑫　马新月

2017年，北京地区史学工作者继续关注史学理论与史学史相关研究问题，不断拓展研究空间，取得了丰硕的研究成果。学者们对传统研究领域进行了更为深入的探索，同时也积极回应当下史学研究的热点问题，在推动史学理论与史学史学术研究和学科建设上都做出了重要贡献。现将本年度研究情况综述如下：

一、马克思主义史学研究

2017年关于马克思主义史学相关问题的讨论，主要从两个方面展开：一是马克思主义史学理论的内涵与价值，二是马克思主义史学在中国近现代社会的发展历程。

1. 马克思主义史学理论的内涵与价值研究

有学者系统总结中国改革开放以来马克思主义史学理论新形态的构建与发展，认为一方面中国传统较为成熟、完备的修史制度以及求真务实、经世致用等史学思想为马克思主义史学理论新形态的构建具有重要的借鉴意义，另一方面西方许多史学理论问题在对马克思主义史学理论不断提出挑战的同时也促使它不断丰富和完善。因此，马克思主义史学理论新形态的构建既立足中国，又借鉴国外；不仅继承传统，还应把握当代、面向未来。[①]关于马克思主义史学理论的具体问题也有不少论述。有学者指出，从社会性质出发研究历史问题是马克思主义史学研究的核心方法，这种方法一方面符合中国传统史学贯通历史与现实的历史意识，但又不止是停留在社会历史的表层，而是从“社会生活的深处”探寻历史发展的本质。马克思主义史学坚持从社会性质出发的历史分析方法，从而使中国史学研究的整体面貌发生了变化，史学理论得到深化，从概念、范畴到思维方式和论证方法都建立起系统性的逻辑秩序。[②]有学者坚持马克思主义史学观点，对历史虚无主义思想进行了批判。历史虚无主义的思想产生于19—20世纪之交的西方社会，西方资本主义的扩张使历史虚无主义的思潮也逐渐传入中国，至20世纪90年代，伴随着“告别革命”论的兴起，历史虚无主义思潮一度甚嚣尘上。学者指出，历史虚无主义主要有五大危害：一是消解主流意识形态；二是迎合西方企图西化和分化中国的势力；三是曲解民族文化，瓦解民族精神；四是否定马克思主义的指导地位，动摇社会主义中国的立国之本；五是抹杀中国历史文化的优秀传统。[③]还有学者具体阐述了历史虚无主义的概念以及批判历史虚无主义的必要性；针对历史虚无主义在当代历史研究中的不同表现进行剖析与批评，如蒋介石研究与评价中的历史虚无主义、长征研究中的历史虚无主义等。[④]

2. 马克思主义史学在中国近现代社会的发展历程研究

有学者围绕马克思主义史学的发展作了全面而详细的论述，对社会史大论战与马克思主义史学的建立，“五朵金花”问题的研究，以及李大钊、郭沫若等马克思主义史学家的学术思想进行了深入的剖析。[⑤]有学者论述了唯物史观对抗战时期中国通史书写的指导作用，指出抗战时期马克思主义史家逐步建立起以社会生产力和阶级斗争为动力、以社会形态为分期标准的马克思主义史学的通史体系；与民国时期传入中国的其他西方史学理论相比，唯物史观对当时通史撰述的理论指导更符合中国社会历史发展的实际。[⑥]有学者深入分析了马克思主义中国近代史撰述的发展特点，认为在1949年以前，马克思主义中国近代史撰述的发展呈现出不断革命化的趋势。[⑦]还有学者系统总结了郭沫若与中国马克思主义史学的诞生与发展的关系，认为郭沫若《中国古代社会研究》对中国马克思主义史学学派建立具有开创性的贡献，郭沫若在新中国成立后对古史分期、历史人物评价等问题所做的探究进一步推动了马克思主义史学的发展。[⑧]

此外，2017年9月13—14日，中国社会科学院第三届唯物史观与马克思主义史学理论论坛在北京召开，论坛围绕唯物史观视域下的历史虚无主义批判、马克思主义理论及其中国化研究、唯物史观与20世纪中国历史学等主要论题展开讨论，北京地区学者也参与其中，发表了重要观点。有学者指出，唯物史观是阐释人类社会历史发展的科学，它将历史发展看作复杂而又有规律的统一过程；当前的历史研究要以这种科学的历史观为指导，立足中国社会实际，对西方史学研究动态既要关注，又要加以鉴别。有学者认为，在与国际学术界交流对话的过程中，应尽快建立立足中国本土的马克思主义历史研究的话语体系。还有学者提出当前历史研究要警惕和抵制历史虚无主义的3个表现：一是“假设史学”，即不从历史事实而从假设前提出发评价历史；二是“翻案史学”，即对过去的历史评论和研究进行翻案；三是“推理史学”或“虚构史学”，即通过主观的推论或虚构得出历史观点。[⑨]

二、历史学学科建设研究

2017年针对历史学学科建设问题进行的探究，主要包括对历史学学科发展的总体考察，对中国史、世界史、史学理论与史学史等传统学科建设的探讨，以及对全球史、影像史学、公众史学等历史学新兴领域的理论建构。

1. 历史学学科整体发展的考察

有学者认为，当代历史学研究应当继承中国史学求真的优良传统，从各个专业领域的具体研究入手，进行严谨、细致的探索，同时也要对历史发展的重大问题进行思考和回应，起步于碎片但不终止于碎片。指出当今历史研究的基本任务和最高目标主要有3个方面：第一，揭示历史上人们的生存状态。第二，显示出对社会发展的历史性思考。第三，为人类的道德判断和心灵启蒙提供历史智慧。[⑩]有学者强调，历史学研究应具有长时段思维。从20世纪70年代至21世纪初，世界许多历史学家纷纷转向短期研究，过度关注细微的历史节点而忽视历史发展的整体性、贯通性，从而使得历史学家失去了与时代和大众对话的参与权和话语权。所以，当代历史学发展应当回归长时段研究，历史学家要注重对宏大历史问题的长时段考察，打通历史学研究的时间界限，从而寻找到历史研究通向未来的途径，并且担负起探究和阐释时代发展变革的重任。[11]还有学者结合当下大数据研究的趋势，对历史学科学化的问题进行了评析，认为在历史资料爆炸的时代，史料学与方法论两个方面都要做到科学化，历史研究才能成为历史科学。[12]

2. 历史学传统学科的建设

第一，关于中国史的学科建设。有学者系统总结和分析了中国史学科现状及发展趋势：一是继承了中国传统史学经世致用的传统，注重历史研究与社会现实之间的紧密联系，从历史的角度回应了当代社会政治经济发展、国际关系演变等问题。二是注重历史理论和史学理论的创新与拓展，具有较强的问题意识。三是传统史学研究与新史学研究相结合，一方面对传统史料的发掘与整理，另一方面又开拓了环境史、区域文化史、妇女史、心理史等新的研究角度。四是考古学有许多重大发现，考古工作的国际合作日益加强。五是历史资料的数字化建设取得了显著成果。[13]有学者探讨了本土化情怀对中国古代史研究的意义，认为在全球化浪潮的国际背景下，应正确处理中国古代史研究中本土文化与世界眼光的关系。中国史的研究立足本土文化，也要尊重其他文化。而且，本土化情怀在突显历史文化独特性的同时，也要对自身文化的缺陷有着较为清醒的认识，重视和吸纳其他文化中有价值的内容，从而增强历史研究的客观性和包容性。[14]还有学者指出，批判的眼光和国际的视野是认识和反思当代中国古代史研究的两个基本点。其中批判是历史学学术发展的重要动力，当代中国古代史研究应当对新中国成立以来所取得的学术成绩和存在的问题进行批判性的清理。而所谓国际视野主要包含两个方面：一是将中国古代史放到世界历史中进行比较研究，二是将国际史学界的理论方法引入中国古代史研究。[15]

第二，关于世界史的学科建设。2017 年 11 月 13 日，中国高校世界史学科建设联席会议在东北师范大学召开，会议围绕世界史学科的队伍建设、人才培养、合作交流、分工布局等问题展开讨论，与会的北京学者发表了许多重要观点，认为世界史研究要注重稀缺领域，不断扩大学科受众面；世界史研究要关注现实问题，面向社会大众；要建成中国“天下观”的世界史研究体系。[16]有学者对世界史研究的“中国学派”建构进行反思与展望，指出在世界史领域建构“中国学派”需要具有本土特色的学理取向，拥有稳定的学术群体和深厚的学术积淀，还要与国际史学界进行学术互动，掌握广泛的学术话语权。从目前来看，中国的世界史研究已经逐渐从初级阶段走向成熟，积累了丰富的研究成果，形成了多层次、多视角的学术理路，在国际学术舞台的地位也逐渐提升，这些都为世界史“中国学派”的建立奠定了基础。但是，当前中国的世界史研究仍存在着不足，如自身的理论主体性没有完全确立，对国外学术史了解不够全面等等。所以，世界史研究的“中国学派”建设还需要不断积累经验，逐渐摆脱对西方史学的“路径依赖”。[17]

第三，关于史学理论与史学史的学科建设。2017 年，全国举办了多场史学理论与史学史学术会议，史学理论与史学史的学科建设是这些会议所探讨的重要内容之一，北京地区许多学者积极参与讨论，发表了重要观点。总体来看，学者们对史学理论与史学史的学科建设的意见主要集中在以下几点：其一，坚持马克思主义唯物史观的理论指导，进一步推动唯物史观与马克思主义史学理论的研究。其二，充分发掘和继承中国传统史学理论的遗产，彰显中国史学史学科研究的民族性。其三，关注并回应国际史学理论研究的热点问题，加强中外史学理论和思想的比较研究。[18]在学术会议之外，有学者也对史学理论研究的现状进行了反思。认为史学理论研究是历史研究的指导，其根本目的是探讨历史和史学的发展规律。但是目前部分史学理论研究背离了这一研究主旨，概念生搬硬造，理论晦涩难懂，缺乏批判性和现实性，难以真正去指导历史研究，而且历史学研究碎片化的状况更是使得史学理论研究被边缘。因此，当代史学理论研究应当注重概念的明确性和推理的严密性，努力探究史学理论的深层次问题而不是仅停留在表面现象，并且要以史为鉴、服务现实。[19]

3. 历史学新兴研究领域的理论建构

近年来，历史学不断拓展研究空间，全球史、影像史学、公众史学等新兴研究领域的理论建构越来越受到学者的关注。关于全球史，有学者从概念入手，重点比较和剖析了全球史与传统的世界史、外国史的区别。传统的世界史书写与研究是从事件、时间、地域、主题、现象等方面对历史进行叠加，表现的是纵向的因果关系；而全球史则从横向角度对历史进行观察，注重地区、文明、国家之间的互动和联系。全球史的研究填补了传统世界史横向研究空间的缺失，但并不能取代纵向历史的研究。[20]关于影像史学研究，有学者系统论述了影像史学的发展历程、学术内涵和研究路径，其中指出在当下的图像信息时代影像史学是对传统史料学的延续和发展，而历史学的语言学转向又是影像史学理论建构的重要支撑。[21]有学者认为影像史学的研究具有专业性和应用性双重性特点，所以当前的影像史学研究应一方面继承传统史料学思想，另一方面要不断提升数字影像技术，注重历史影像在文化传播方面的价值。[22]关于公众史学，有学者探讨了公众史学概念，强调应当厘清公众史学与公共史学的区别。公共史学特指美国 20 世纪 70 年代后兴起的“Public History”，最早形成于历史教学领域，其内容侧重于公共领域的历史建构和史学实践活动。而公众史学的产生有着悠久的历史渊源，它发端于民间的治史传统，在中西方的史学发展中，民间史学都是其不可或缺的一部分。相对于西方较好的民间治史环境，中国传统的民间史学则长期受到官方史学的压制，所以反映民间大众历史文化的现代公众史学的建设十分必要。[23]

三、历史编纂学研究

历史编纂学是史学理论与史学史学科的重要内容，也是中外史学研究的共同话题。2017 年，学者们高度关注中外历史编纂学的相关问题，在历史编纂学及其发展、古代史书体裁体例与修史制度、西方历史书写等多个方面都发表了重要观点。

1. 中国历史编纂学研究

关于中国历史编纂学及其发展。有学者指出，中国古代历史编纂蕴含着深刻的哲理，体现出多维度、多视角、多方位的历史视野，阐释了历史演变的因果关系，突出了人在历史发展中的作用。因此，当前的史学理论与史学史研究应充分挖掘和继承中国古代历史编纂学的优秀遗产，从而更好地展现中华文化的独特魅力。[24]并以《国语》《史记》《汉书》等中国古代史学名著为主要考察对象，从总体上阐述了中国古代历史编纂的特点，强调了当前总结中国古代历史编纂学成果的必要性。[25]学者们对当代历史编纂学的发展进行了论述。有学者认为，范文澜的《中国通史简编》开创了全新的中国通史编纂体系，将马克思主义史学理论观点与中国史学民族文化特色相结合，充分体现出史学研究求真与致用的特点。范文澜通史撰述的理论与实践为当今通史编纂工作提供了重要借鉴。[26]有学者围绕白寿彝先生的《中国通史》编纂展开论述，认为白寿彝先生一方面深入挖掘和借鉴了传统历史编纂学的史学遗产，另一方面又综合多种体裁，进行多层次的叙述，采用“立体式著史”的方式著成《中国通史》，其通史撰述充分体现了他的史学创新精神，《中国通史》获得学界的高度评价，被誉为“20 世纪中国史学的压轴之作”。[27]

关于中国古代史书体裁和体例。在体裁方面：学者认为，编年体、纪传体、纪事本末体、典制体、学案体和纲目体等多种传统史书体裁的先后出现，说明史家是从不同的角度认识和反映历史的；而同一体裁在史学发展中也并非一成不变，不同时期史家对同一体裁的运用也是因时制宜，不断创新的。[28]有学者系统论述了清华简《系年》所见战国史书的编纂特点，其中指出《系年》的历史编纂带有纪事本末体的特征，反映出战国时期史书叙事跳出时间界限的编纂特点。[29]还有学者具体评析了中国古代纪事本末体史书的兴起及其意义，认为纪事本末体史书以事件为中心的记述方式突出了史学的叙事性。纪事本末体史书的兴起开启了中国古代历史叙事的新阶段，它丰富了中国古代的史书体裁；“因事命篇”的历史叙事便于读者阅读，增强了史学的社会价值；纪事本末体的出现也为近代以后章节体史书的传入和广泛应用做了铺垫。[30]在体例方面：有学者认为，中国古代的历史编纂体例精当，匠心独运。传统史学名著中各个体例之间的有机结合确保鸿篇巨制锤炼为有机整体，篇章内容详略得当、层次分明。而且，在众多人物传记的撰写上，古代史家较好地运用了合传、附传、类传等方法，使复杂的人物传记编次具有清晰的逻辑；而对于纷繁的历史纪年，史家也处理得严谨、合理，以纪年提挈复杂史事。[31]还有学者评述了袁宏《后汉纪》“言行趣舍，各以类书”的历史人物叙述方式，认为《后汉纪》以“类书”的方式描绘历史人物群像，拓展了编年体史书撰写人物的叙事空间。[32]

关于中国古代史藉纂修与修史制度。有学者考察了元修《金史》的编纂过程以及今本《金史》的史源问题，详细论述了金代的修史制度、金朝旧臣以及元人修《金史》之始末，考证了《金史》的本纪、志表、列传等不同部分的史料来源。[33]有学者探讨了金代修史机构与史书纂辑，指出金代修史机构比较完备，上承唐、宋、辽，下启元代；有金一朝两修《辽史》，撰成 10 部本朝《实录》与五部《起居注》，还编有各类谱牒、会要、日历等史书，充分保存了辽金时期的史料，对中国传统史学的发展起到了推动作用。[34]

2. 西方历史编纂学研究

有学者系统分析了修昔底德历史撰述的形式，将修昔底德的撰述方法与希罗多德进行比较，指出修昔底德的撰史形式先述因后叙事，突出了历史发展的因果缘由和史学的义理致用价值，这样的撰史形式成为西方古典史学的典范。[35]有学者就德国与欧洲的当代历史书写问题对斯特凡·贝格尔教授进行了访谈。斯特凡·贝格尔教授认为，民族认同在德国历史书写中是一个具有争议性的概念，不同的机构、政党、阶级、宗教等群体都以各种方式塑造并影响民族认同的景象；但也有着历时性的发展脉络，就二战后东德和西德而言，二者以不同的方式协调对德国民族认同的事物，最后西德资本主义自由民主的历史叙事融合了更多的群体，最终形成了民族认同。而且，对于欧洲民族历史的书写，贝格尔教授还强调跨民族、跨文化的历史比较。[36]有学者分析了皮埃尔·诺拉的法国史书写中“记忆之场”的问题，认为20世纪70年代法国个别化的、逆向的历史记忆逐渐突显出来，民族国家的历史记忆走向碎裂，“记忆之场”即在此背景下提出。皮埃尔·诺拉通过对记忆之场的回想，构建一种没有民族主义的民族意识。“记忆之场”的提出是对传统民族主义法国史书写的反思，是一种新的“历史性体制”——“当下主义”的标志。[37]

四、史学思想研究

史学思想是史学史的重要分支学科。2017年，学者针对中国经史关系、史学求真思想、历史教育思想、中国近代新史学思潮以及西方历史哲学等史学思想问题进行了深入研究。

1. 中国经史关系研究

有学者系统阐述了中国古代经史关系的发展史：一方面，全面总结中国古代经学与史学的发展历程以及经史之间的相互影响，突出了经史关系发展的时代性特征，并且指出以经解史与以史证经是中国古代经史关系的两个基本特点；另一方面，深入分析了中国古代历史上的经尊史卑、经史并重、六经皆史等经史关系论题。对经史关系的探讨，立足于中国传统文化，以经、史、子、集四部分类的学术思维考察经史互动关系，从而扩大了史学史的研究范围，使中国史学思想史的研究更加深入。[38]有学者详细论述了司马迁的“六经”思想，认为司马迁以历史叙事的形式梳理了“六经”的发展源流，阐释了“六经”的思想，并且以传承孔子著《春秋》的精神为其撰史宗旨，这充分体现了司马迁对“六经”的尊崇，他的“六经”思想在先秦两汉经学史上具有承上启下的重要地位。[39]有学者考察了宋代浙东学派经史并重观念的形成、内涵和影响，其中强调浙东学派学者注重“以史证经”“经史互证”的经学阐释方法，希望从历史经验中汲取治国之道，这种经史并重的观念是他们经世致用思想的体现。[40]还有学者总结了黄宗羲理学、经学、史学的学术思想特点，并且指出这3个方面的学术思想都与其实学思想密切相关。在理学方面，黄宗羲兼综百家，对理学进行系统总结和批评；在经学上，他主张返归“六经”，穷经以治世；而对于史学，黄宗羲同样强调其经世价值。[41]

2. 史学求真思想研究

历史撰述的真实性是史家修史的首要标准，史学求真的思想也是中西史学发展的过程中的共有传统。在中国传统史学方面，有学者系统论述了中国古代史家的信史追求，指出中国自古以来就将“书法无隐”作为良史的评判标准，孔子“信以传信，疑以传疑”的撰史思想对后世史学发展产生了深远影响；司马迁、班固、司马光等众多古代优秀史家以其修史实践彰显了直书实录的精神，而刘知幾、柳宗元、吴缜等学者也从理论上强调了史家直书的重要性。[42]关于西方史学的求真思想，有学者以希罗多德、修昔底德和波利比乌斯三位史家为例，论述了古希腊文aletheia（α’λη’θεια，译为真实）一词在他们的史著中的内涵。在希罗多德的著作中，aletheia指经过人们判断的真实的史事，而听众往往是真假的判断者；修昔底德则逐渐摆脱了城邦口授传统的影响，在他的著作中aletheia一词表现出史家判断的自主性；波利比乌斯对aletheia一词的使用则说明他认识到历史研究中历史客观性与史家主观性并存。3位史家的史著中aletheia一词的内涵，反映出古希腊史学求真思想的发展特点。[43]有学者系统论述了古罗马史家李维的求真思想，认为李维既追求客观历史之真实，也追求史事价值的真实，李维求真思想的这两个方面融合了希腊化时期史学和罗马史学的特点，也体现出李维对求真与致用关系的认识。[44]还有学者探究了古罗马斯特拉波《地理学》一书的史料采撰问题，认为斯特拉波在选取史料时既注重实地考察所获的一手资料，又重视同时代或前辈学者所提供的信息，并且对史料加以辨别，对已有成说也保有质疑精神，这些都体现了他的史学求真意识。[45]

3. 历史教育思想研究

历史教育是史学史的重要分支学科，历史教育思想是史学思想的重要组成部分。有学者剖析了朱熹历史教育思想的主要特征，指出朱熹以“会归一理”

为历史教育的本质，从格物穷理的理学方法论出发，重视格史致理；以先经后史与循序渐进为历史教育的途径，强调经学对于端正义理的重要作用，同时认为经史不可偏废，读史需要有先后次序；以经世致用为历史教育的目的，主张读史需要“观大伦理、大机会、大治乱得失”，需要与现实政治紧密结合。[46]有学者则论述了吕祖谦的历史教育理论与方法，认为吕祖谦的历史教育理论强调蓄德成己；在经史关系论上与时代理学思潮主张的先经后史观点不同，主张经史并重。其历史教育方法独具特色，强调读史需识“统体”、读史需“重次序”、读史当作“有用看”。[47]

4. 中国近代新史学思潮研究

有学者认为，20 世纪初以梁启超《中国史叙论》和《新史学》为标志的新史学思潮的兴起是中国近代史学的开端。梁启超在《中国史叙论》中明确区分了“近世史家”和“前者史家”，在《新史学》中更是充分表达了他倡导史界革命、建立中国新史学的迫切愿望。而且，梁启超对构建新史学的探讨为中国史学提供了全新的历史观和研究理念，历史研究的范围扩大到中国与亚洲、中国与世界；抛弃一朝一姓之历史撰述，主张撰写民族全体之历史；批判旧史学的正统论，强调社会历史的进化。新史学思潮带有明显的近代史学特征，为中国近代历史学学科的建立奠定了基础。[48]有学者总结和分析了在新史学思潮的影响下，20 世纪前期郑樵史学思想的接受情况。指出在中国传统史学谱系中郑樵史学思想的地位并不显著，但在进入 20 世纪后却受到高度关注，这与新史学民族主义的学术立场和中西史学比较的研究路径有关。郑樵所处时代民族矛盾突出，其史学思想带有民族主义的倾向，这与近代以来新史学关注民族存亡相契合；而郑樵《通志·二十略》“以论断为主，以记述为辅”的编纂形式又符合新史学所提倡的西方历史学注重史论的特点。从 20 世纪初新史学对郑樵的接受史可以看出，中国史学的近代化一方面直接引进西方史学观念，另一方面又以西方史学观念对中国传统史学进行再考察。[49]还有学者探讨了新史学思潮的兴起与晚清历史教科书编译的关系，指出晚清汉译历史教科书的出现促进了新史学思想的产生，而新史学思潮又推动晚清历史教育的改革，对历史教科书的编译产生深刻影响，二者是近代史学变革的重要内容。[50]

5. 西方历史哲学研究

有学者总结了西方历史哲学的发展，详细论述了历史两重性、历史学科学性、社会形态与历史规律等问题，并且从历史哲学的角度对中西史学进行了比较。[51]有学者论述了思辨的历史哲学及其对于历史学的价值。学者指出，思辨的历史哲学是人们认识和阐释历史发展不可剔除的先见，是历史学家探究历史经验的理论前提，它对历史经验能够起到“启发或激励”的方法论作用。思辨的历史哲学既能够通过其阐释模式更好地理解历史，又能以其对美好未来的构想使历史学在道德上具有合理性。[52]有学者系统论述了启蒙时代历史哲学的科学起源，认为启蒙时代的历史哲学是在 16—17 世纪在科学革命的影响下产生的，当时弗朗斯西·培根与伊萨克·牛顿的科学研究促使人们开始对自身历史命运进行大规模的深入探究。但是，培根和牛顿的科学理论在历史学研究中并不具有普遍的适用性，所以在 20 世纪后，随着科学的进步，人们开始对启蒙时代唯科学主义的观点进行反思。[53]还有学者研究了后分析历史哲学与历史知识客观性的重建问题，认为后分析历史哲学是新世纪以来西方史学理论的一个新趋向，它借鉴英美科学哲学和语言哲学的研究成果，吸收了逻辑实用主义者蒯因对经验论的批判和对自然化认识论的倡导，着重探讨了叙述主义对历史证据的遮蔽及其历史认识论的问题。后分析历史哲学试图为重新构建历史知识的客观性提供一个新实用主义的方案，将历史撰述与研究的主观性纳入到客观性之中，将主体间性纳入“主—客—主”三角语义结构中。[54]

五、史家与史著研究

史家是历史研究的主体，史学著作体现史家的历史观念和撰述思想。2017 年，学者围绕中外史家和史著的相关问题进行了深入的探讨。

1. 中外史家研究

有学者对孟森的清史研究特点进行了论述，指出孟森的清史研究重视史实的客观性，反对故意歪曲历史和史家的主观主义；其治史思想和方法深受乾嘉学派影响，但同时又将资产阶级民主思想应用到学术研究中；关心社会发展和民族兴亡，并将这种爱国思想渗透到历史研究之中，充分体现了他以史经世的思想。[55]有学者对陈垣民族史观进行了剖析，认为陈垣在长期的民族文化史和中外交通史研究中，逐渐形成了多民族统一发展的民族史观；通过对中国古代氏族和姓氏演变、多民族“华化”与融合等问题的考察，提出了中华民族多源形成以及多民族共建中国历史等观点。[56]有学者考察了钱穆通史研究学术路径的时代根源，并且将其一生主要的学术成就概括为“中国主义”的历史文化论述。学者认为，钱穆的通史学术路径来源于近代中国迷茫的历史文化意识的刺激与挑战；在此学术路径下，钱穆的“中国主义”历史文化论述具体表现为求“真”务“义”的治学取向，对中国历史文化传统之延续的坚守，以及对中国“民族”“文化”“历史”三位一体意识的阐发。[57]有学者系统论述了当代史家宁可的治学风格，认为宁可坚持治史经验与理论高度结合，注重理论研究对历史学科发展的意义，提出了历史本体论、历史认识论、历史价值论、史学方法论四大史学理论学科体系范畴；强调史学理论研究的继承性与创新性，在继承以往史家史学传统的基础上，又吸纳国内外最新的研究成果，并且以历史研究的方式对理论和现实问题做出回应。[58]还有学者总结并分析了严耕望的治史风格：遵循专精以达博通的学术路径，强调史料的考辨、归纳和统计，做具体的研究而不空谈理论。严耕望对陈寅恪、陈垣、吕思勉、傅斯年等中国近现代史家的史学评论包含了重要的学术信息，在学界产生广泛影响。[59]

有学者系统考察了罗马共和国时期希腊史家狄奥多鲁斯的史学研究。狄奥多鲁斯认为，历史具有鉴戒功能和教育功能，“可以造福整个人类社会”；历史著作内容越丰富，对读者的益处越大，希望“记下全世界从远古至今的所有事件”；强调历史记载的真实性和完整性，重点关注有价值的人物和事件。[60]有学者以西方现代史家鲍斯曼、斯特耶、布瑞克、斯克里布的历史学研究为核心，阐释了西方批判史学的现代转向。学者指出，这些史学家深感史学危机，在文艺复兴、工业革命、近代民族国家起源等问题上对传统史学的历史解释提出质疑和批判。他们坚持历史的客观主义和辩证法，并且强调人民对历史的创造性，认为文明发展将促进人类和谐。[61]有学者系统论述了法国史学家罗兰·穆尼埃的史学研究，指出穆尼埃在制度史领域对法国不同公职人员之间关系的叙述，为理解现代政治和社会提供了重要路径；穆尼埃试图通过社会本身的话语与表象来理解社会的阶层与社会变迁，并且提出同一社会术语有不同的含义、同一社会功能在不同等级和价值体系中占据不同位置的社会历史研究观点。[62]还有学者探讨了后殖民主义史学的代表——迪佩什·查克拉巴蒂历史研究中的“地方化欧洲”观念，指出查克拉巴蒂的“地方化欧洲”观念并没有否认欧洲所代表的文化与价值观念，而是旨在探讨特定时间和空间中的欧洲文化价值观如何为欧洲之外地区所接受，这种历史研究观念体现出当今欧洲与非欧洲地区之间的复杂关系。[63]

2. 中外史著研究

有学者论述了《汉书》对以儒学进身而志节迥异的人物的历史叙述，其中表彰了疏广、贡禹等清廉儒士，同时也贬斥了匡衡、张禹等以儒学谋取高官厚禄的伪善小人。这些人物的描述与评判体现了班固对当时儒学发展的认识，也为后人了解和思考儒学的历史作用提供了一个视角。[64]有学者分析了《后汉书》中“处士”形象的建构，指出范晔有意突出东汉“处士”远离政治的历史形象，从而表达了他对东汉末年政治的批评。[65]有学者论述了《汉书·王莽传》对王莽新朝时期大事的记载，指出《王莽传》将人物传记与事件记载相结合，合理地展现了新朝时期政治、经济、军事等各项大事，反映出两汉之际的历史演变，从而确保了历史记载的连续性。[66]有学者以唐太宗即位初年“诸将争功”事件的书写为例，分析了《资治通鉴》历史叙事中的史事考订和历史重述问题。学者认为，《资治通鉴》对史源的史事缺漏加以修正，做出了比史源更符合逻辑的想象，并且为了突显其“资治”思想，对事件的逻辑结构进行了文学性的处理。[67]有学者论述了朱希祖《中国史学通论》的史学成就，指出该书是最早的中国史学史讲义，其中详细叙述了中国史学的起源、史书体裁等内容，并且从西方史学理论的角度阐释了中国史学之进化，对中国现代史学研究体系的建立有着重要的意义。[68]还有学者系统论述了邵循正的《中法越南关系始末》，指出该书援引中西各类一手史料，以史政结合的方式探讨中法战争的原委，该书将中法战争置于近代世界格局之中分析，为中国学者研究中法战争史提供了新的视角。[69]

有学者对修昔底德的《伯罗奔尼撒战争史》（卷一）进行剖析，指出《伯罗奔尼撒战争史》（卷一）内容丰富、分析精准，其“论证体”的撰述方式使得论述的主题十分清晰，所列证据也很合理；强调《伯罗奔尼撒战争史》卷一的书写明显带有“一家之言”的性质，集中体现了修昔底德的主体历史思想。[70]有学者探讨了加洛林王朝早期的《弗里德加编年史及续编》《丕平膏立记》《法兰克王国编年史》3部史书中丕平称王的历史叙事问题。3部史书对丕平称王的历史叙事充满了分歧：《弗里德加编年史及续编》着重叙述了丕平称王事件中传统军事和政治仪式；《丕平膏立记》强调了宗教神权在王位继承中的重要作用；《法兰克王国编年史》则美化了加洛林王朝的家族历史，从而论证其获得统治地位的合理性。这些分歧反映了加洛林王朝统治者的多种政治诉求。[71]还有学者评述了冈绍夫的《何为封建主义》一书，该书集中阐释了作为“封土—封臣”体系的狭义的封建主义。学者指出，《何为封建主义》对20世纪的西方学者有广泛影响，其中狭义的封建主义体系是整个非马克思主义的封建主义理论基点，“封土—封臣”的概念也成为西欧中古史撰述的一种模式。[72]

注：

①于沛：《〈史学理论研究〉三十年：构建马克思主义史学理论新形态的三十年》，《史学理论研究》，2017年第2期。

②李红岩：《从社会性质出发：历史研究的根本方法》，《中国史研究》，2017年第3期。

③高希中：《坚决抵制与克服历史虚无主义》，《红旗文稿》，2017年第2期。

④宋月红编：《历史虚无主义的破产》，当代中国出版社2017年版。参见梁柱《评蒋介石研究与评价中的历史虚无主义》、卢毅《尊重历史 还原真相——驳长征研究中的历史虚无主义观点》等文。

⑤张越：《近现代中国史学史论略》，商务印书馆2017年版。

⑥李政君：《唯物史观与抗战时期的中国通史书写》，《北京党史》，2017年第4期。

⑦谢辉元：《一九四九年以前马克思主义中国近代史撰述的革命化》，《党史研究与教学》，2017年第4期。

⑧邹兆辰：《郭沫若与马克思主义史学的诞生与发展》，《史学理论研究》，2017年第3期。

⑨张君荣：《中国社会科学院第三届唯物史观与马克思主义史学理论论坛召开》，《社科院专刊》，2017年总408期。

⑩彭卫：《我们今天需要怎样的历史学》，《中国史研究动态》，2017年第2期。

⑪张旭鹏：《长时段的回归与历史学的未来》，《文汇报》，2017年8月4日。

⑫李伯重：《大数据与历史学科学化》，《北京日报》，2017年7月10日。

⑬钱蓉、柴英：《历史学研究现状与发展趋势——以复印报刊资料统计数据为中心（2014—2016）》，《史学月刊》，2017年第10期。

⑭彭卫：《如何理解历史研究的本土情怀》，《古代文明》，2018年第1期。原为2017年评论与反思：中国古代史研究的国际视野学术研讨会开幕式致辞。

⑮李振宏：《国际视野：中国古代史研究的路径选择》，《古代文明》，2018年第1期。原为2017年评论与反思：中国古代史研究的国际视野学术研讨会开幕式致辞。

⑯东北师范大学：《我校举办中国高校“世界史学科建设”联席会议》，《外国问题研究》，2017年第4期。

⑰孟广林：《世界史研究“中国学派”建构的反思与展望》，《新疆师范大学学报》（哲学社会科学版），2017年第6期。

⑱李桂芝：《当前史学理论与史学史研究中的前沿问题——第20届全国史学理论研讨会综述》，《史学理论研究》，2018年第1期。

⑲吴英：《史学理论研究当不忘初心》，《中国社会科学报》，2017年1月17日。

⑳钱乘旦：《更好地写出完整的人类史》，《北京日报》，2017年7月17日。

㉑吴琼：《从历史影像实验到“影像史学”研究——兼论影像史学的学术内涵与研究路径》，《史学理论与史学史学刊》，2017年上卷。

㉒吴琼、杨共乐：《高校影像史学实验教学与中国历史文化传播》，《实验室研究与探索》，2017年第12期。

㉓王旭东：《应当厘清公众史学与公共史学的区别》，《徐州工程学院学报》（社会科学版），2017年第2期。

㉔陈其泰：《历史编纂学展现中华文化独特魅力》，《中国社会科学报》，2017年8月21日。

㉕陈其泰：《历史学新视野——展现民族文化的非凡创造力》，商务印书馆2017年版。

㉖赵庆云：《范文澜与中国通史撰著》，《史学理论研究》，2017年第4期。

㉗陈其泰：《高悬目标 执着追求——白寿彝先生的学术创新精神》，《西北大学学报》（哲学社会科学版），2017年第4期。

㉘陈其泰：《体裁丰富多样：民族文化创造力的展现——中国历史编纂学优良传统之四》，《东岳论丛》，2017年第9期。

㉙杨博：《裁繁御简：〈系年〉所见战国史书的编纂》，《历史研究》，2017年第3期。

㉚朱露川：《中国古代史学历史叙事发展的新阶

段——论纪事本末体史书的兴起及其意义》，《史学史研究》，2017年第4期。

㉛陈其泰：《体例精当 匠心独运——中国历史编纂学优良传统之一》，《北京行政学院学报》，2017年第5期。

㉜朱露川：《“言行趣舍，各以类书”——袁宏〈后汉纪〉历史叙事的方法和特点》，《史学月刊》，2017年第8期。

㉝邱靖嘉：《〈金史〉纂修考》，中华书局2017年版。

㉞牛润珍、卢鹏程：《金代修史机构与史注纂辑》，《史学史研究》，2017年第1期。

㉟杨共乐：《修昔底德撰史特点新探》，《北京师范大学学报(社会科学版)》，2017年第4期。

㊱尉佩云：《德国与欧洲的当代历史书写——斯特凡·贝格尔教授访谈》，《史学理论研究》，2017年第2期。

㊲黄艳红：《“记忆之场”与皮埃尔·诺拉的法国史书写》，《历史研究》，2017年第6期。

㊳汪高鑫：《中国经史关系史》，黄山书社2017年版。

㊴姜海军：《司马迁对六经的推尊、诠释与思想》，《史学理论与史学史学刊》，2017年上卷。

㊵姜海军：《宋代浙东学派经史兼重观念的形成、内涵及其影响》，《史学史研究》，2017年第3期。

㊶汪高鑫：《黄宗羲的理学、经学与史学之实学视角考察》，《郑州大学学报》(哲学社会科学版)，2017年第6期。

㊷陈其泰：《论古代史家的信史追求》，《人文杂志》，2017年第9期。

㊸王羽飞：《Aletheia与古希腊史学的求真传统——以希罗多德、修昔底德和波利比乌斯为中心的讨论》，《史学史研究》，2017年第3期。

㊹赵北平：《论李维的求真思想》，《史学史研究》，2017年第2期。

㊺武晓阳：《论斯特拉波的求真意识》，《史学史研究》，2017年第4期。

㊻汪高鑫：《朱熹历史教育思想的主要特征》，《河南师范大学学报》(哲学社会科学版)，2017年第6期。

㊼程源源：《吕祖谦的历史教育理论与实践》，《河南师范大学学报》(哲学社会科学版)，2017年第6期。

㊽张越：《论近代史学的开端与转变》，《史学理论研究》，2017年第4期。

㊾向燕南：《20世纪前期新史学郑樵接受史之分析》，《史学月刊》，2017年第8期。

㊿郭蔚然：《东鸣西应：新史学与晚清历史教科书的发展》，《甘肃社会科学》，2017年第6期。

51何兆武：《可能与现实：对历史学的若干反思》，北京大学出版社2017年版。

52董立河：《思辨的历史哲学及其对于历史学的价值》，《中国社会科学评价》，2017年第3期。

53张文涛：《启蒙时代历史哲学的科学起源》，《甘肃社会科学》，2017年第2期。

54顾晓伟：《后分析历史哲学与历史知识客观性的重建——当代西方史学理论的一个新趋向》，《中国社会科学评价》，2017年第4期。

55张利锁：《孟森的经世精神——以孟森先生的史学著作为例》，《邢台学院学报》，2017年第3期。

56周少川、吕亚非：《陈垣的民族史观》，《河南师范大学学报》(哲学社会科学版)，2017年第5期。

57刘巍：《试论钱穆通史路径之时代根源及其所成就的“中国主义”》，《人文杂志》，2017年第12期。

58邓京力：《宁可先生的治史风格》，《淮阴师范学院学报》(哲学社会科学版)，2017年第5期。

59周文玖：《严耕望的治史风格及史学评论》，《史学史研究》，2017年第1期。

60余春江：《西西里狄奥多鲁斯史学思想述评》，《史学理论与史学史学刊》，2017年下卷。

61朱孝远：《现代西方批判史学传统的现代转向》，《人民论坛·学术前沿》，2017年第3期。

62黄艳红：《制度、表象与社会：罗兰·穆尼埃的史学研究评介》，《贵州社会科学》，2017年第7期。

63张旭鹏：《迪佩什·查克拉巴蒂的“地方化欧洲”观念》，《全球史评论》，2017年第2期。

64陈其泰：《彰善瘅恶：班固笔下以儒学进身而志节迥异的人物》，《经济社会史评论》，2017年第1期。

65曲柄睿：《传记形成与“处士”形象建构——从〈后汉书·周黄徐姜申屠列传〉谈起》，《古代文明》，2017年第2期。

66陈其泰：《汉书·王莽传：人物传记与记述新朝大事的精致结合》，《求是学刊》，2017年第2期。

67张耐冬、刘后滨：《〈资治通鉴〉叙事中的史事考订与历史重述——基于唐太宗即位之初“诸将争功”事件书写的个案分析》，《中国人民大学学报》，2017年第1期。

⑱周文玖：《朱希祖和他的〈中国史学通论〉——兼评商务版〈中国史学通论〉》，《史学理论与史学史学刊》，2017年下卷。

⑲张泓林：《邵循正与近代中外关系史研究——以〈中法越南关系始末〉为中心的研讨》，《史学理论与史学史学刊》，2017年下卷。

⑳杨共乐：《修昔底德伯罗奔尼撒战争史（卷一）书写方式探析》，《史学史研究》，2017年第4期。

㉑李隆国：《加洛林早期史书中的丕平称王》，《历史研究》，2017年第2期。

㉒侯树栋：《论冈绍夫的狭义封建主义——为冈绍夫〈何为封建主义〉中译本出版作》，《史学理论研究》，2017年第4期。

（作者：汪高鑫，北京师范大学教授；马新月，北京师范大学博士生）

中国古代史

仝卫敏　宋文汐

一、主要学术交流活动

2017年度北京中国古代史学界组织举办了多次学术会议。4月13—14日，由故宫博物院研究室、《故宫学刊》编辑部与中国社科院历史所文化史研究室联合主办的形象史学与明清宫廷史学术研讨会在故宫召开。来自海内外20余所高校、科研文博机构约50位专家、学者，利用图像等不同形式的形象史料，探讨了明清宫廷史的相关议题，为明清史研究提供了新的视角。8月10—11日，第六届中国古文书学国际研讨会在京举行。此次会议是东亚地区古文书学界第一次大规模的国际学术研讨会。来自中日韩3国的专家学者，从各自研究领域出发，探讨了古文书的整理规范与研究方法，展开中外古文书对比研究，研讨的内容不仅涉及中国各个断代文书，也涉及韩国文书和日本文书。9月23—24日，中国人民大学国学院联合德国波恩大学汉学系和洪堡基金会在京举办了题为“从前蒙古时代至后蒙古时代的中国和中亚：历史与文化”的国际学术讨论会，来自中国、德国、俄罗斯、日本等国家的22位学者出席会议。与会专家综合运用多语种史料，从帝国、制度、文化、族群等角度探讨了历史上中国和中亚的关系，推进了相关研究的更加深入。10月21日，由中央民族大学中国边疆民族历史与地理研究基地和中央民族大学历史文化学院联合主办的中国边疆民族问题学术研讨会在中央民族大学成功召开。50余名学者围绕中国边疆历史与现实问题展开分组讨论，展示了相关领域的最新思路与进展。11月1—2日，由北京大学中国古代史研究中心和北京大学历史系主办的文本性与物质性交错的中古中国——中古研究新前沿国际研讨会在北京大学召开，近30位各国学者会聚一堂，围绕中古时期文献、考古资料的文本性和物质性问题展开了研讨，聚焦艺术、文学、宗教和社会风俗等问题领域，并寻绎其背后的政治意涵。

二、出土材料的整理与研究

甲骨卜辞领域，前辈学者在殷代历法问题上存在较大争议，有学者通过对甲骨卜辞字体的通过多种方式系统分类，重新考察了商王祖甲时代改革的若干史实：指出祖甲的改革并非在即位后立即进行，而是经过一段时间逐步开展的。其中废除“十三月”置闰制度在前，改用“正月”之名在后；祀典改革在两次历法改革之间开始，时间序列反映出祖甲改革措施之间的内在承续关系。[①]还有学者从殷墟卜辞入手追溯了早期阴阳学说的有关内容，详细考证了“元簋”、“小告”、“二告”与“三告”、“有食”与“有新”的具体意涵。[②]

金文领域，陈介祺旧藏青铜器新近出版面世，由于全形材料公布，学者得以结合器形纹饰、字体写法等因素对衰鼎的时代和铭文内容深入探究，推断该器年代属于西周早期后段。[③]还有学者对首都师范大学历史博物馆新近征集的邢公簋从器型、纹饰及铭文进行考证，指出该器应属于西周晚期的邢公为其二姐娄姬铸造的媵器。[④]

简帛研究方面，清华简依然是关注热点。其中第一册的《系年》自整理出版后相关研究不绝如缕，有学者分别从编纂的史学背景与体裁、史料来源、叙事特点、编纂目的与特征等4个方面细致梳理了《系年》所见战国史书的编纂，同时与《左传》《纪年》等同时代其他史书进行比较，总结战国史书的特点：纪事本末成为当时基本的历史叙事方法之一，史书叙事跳出时间的绝对限制，有选择地重视特殊国别与重点任务，并以标志性人物作为一个时代的结束。[5]第五册的《厚父》篇亦引发学界热议，包括“厚父”与“王”的身份、成书年代等问题均有不同看法。有学者撰文重申了整理者李学勤等人的观点，认为该篇作于周初武王时，是西周初年借鉴夏、商治政得失而广泛咨询遗老的产物，厚父很可能与周代杞国的始封君东楼公有关。[6]有学者论证了第六册首篇《郑武夫人规孺子》对于春秋时代历史和郑国史研究的重要史料价值，其中所述郑国发布重大决定时反复讨论修改的决策程序，反映了周代贵族民主制的史实；而篇中两次提及的郑武公“居卫三年”一事，亦可结合其他传世文献推测出具体时间和早期郑国史的若干细节。[7]

本年度北大藏秦简整理工作又取得阶段性进展，其中的占卜书《禹九步》及《医方杂抄》《制衣书》和讲田亩税收计算的《田书》系首次刊布并附有详细的解说和讨论，书信体文学作品《公子从军》又在结合各方意见的基础上有了新的整理和探索。[8]此外，北大藏汉简《周训》“非爵勿鼺”中的“爵”字引发学界热烈讨论，有学者从方法论的角度辨析指出，《周驯》文本本身已经提供了充分的语境对“非爵勿鼺”做出阐释，无须借助其他传世或出土文献重构语境。“非骏勿驾”与“非爵勿鼺”是两个并列的比喻，“爵”通“雀”，为鸟之泛称，跟“骏”一样属于贤臣或仁人的喻体，而“鼺”则跟“驾”一样，表示对仁人贤臣的任用。最后从周代礼制变革和传说政治神话的角度，论证了“爵”与“雀”的区别，两者从读音到含义密不可分是东汉时人的观念。[9]

其他竹简亦有人关注，上博简《昭王毁室》中的难解词“訋寇”一直争议较大，有学者指出学界的诸多看法虽于古音无碍，但有违常理，进而主张“訋寇”应训为“讨寇”，意即击伐寇仇，表明篇中的君子为合葬父母尸骨，以阻拦者为寇仇、拼死殉亲的决心。类似的观念和故事在先秦儒家文献中也较为常见。简文《昭王毁室》的核心思想在于“君”“亲”之间的矛盾与抉择，“亲”重于“君”。[10]额济纳汉简中有几条涉及占梦的残简，由于关键字被整理者误认而未能引起学界注意。有学者经仔细辨认指出这几条残简的“瞢”字应是一个“从目，夢（梦）声”的形声字，可视作“瞢”的异体或俗字。从这几条残简的关键用语及占文格式来看，汉简的占梦文献与秦简是一致的。[11]长沙走马楼吴简的研究也在深入中，有学者从嘉禾四年隐核州及军吏父兄子弟簿等材料入手，辨析了当前学界争议的孙吴吏、兵、民分籍的问题，指出孙吴嘉禾年间户籍中吏、民合籍，可统计出男女及总户口数，但难以区分出吏、兵人数；同时吴简中还存在单列州、军吏父兄子弟的簿书，与户籍、黄簿不同，此类簿书仅记录男性成员，来源既有编户民，也有遗脱、流民及方远授居民，并未全部包含在全国总户数之内。其原因在于三国在籍人口减少而征役日益繁剧。[12]

吐鲁番出土与《老子道德经》有关的写本，因其数量较少，长期以来作为敦煌写本的附属品而存在，乏人问津。有学者结合旅顺博物馆藏新疆出土《老子道德经》与敦煌藏经洞相关写本，对吐鲁番所出《老子道德经》的各类写本进行全面搜集和文献比定，指出这些写本系《道德经》不同版本的抄本，与敦煌本不同，具有独特的价值，并为道教在西州的流传提供了直接的文献证据。[13]

黑水城文献，有学者总结了黑水城文书的重要价值，认为这批资料填补了11—13世纪中国社会文书的空白，对中国政治史、法律史、社会史、军事史、经济史等都有重要补充和贡献，尤其使得复原西夏社会成为可能，可说是为中国史学做出了新的贡献。[14]有学者针对西夏文草书借贷契长卷（7741号）进行研究，指出这份草书写本包含普渡寺出贷粮食契约20件，反映出西夏社会的借贷情况，也折射出西夏的民族组成情况和西夏人的姓名取向等问题。[15]还有学者对现藏英俄两国的黑水城出土的西夏文本《孝经》写本进行对比研究，发现两本分别译自唐玄宗李隆基注《孝经》和北宋吕惠卿著《孝经传》，行文差别巨大，当出自不同译者之手，且英藏本的译出时间应早于俄藏本。[16]另有学者通过对勘比较，发现《圣大乘胜意菩萨经》的西夏文本是根据汉文本转译的，从而可以补全《圣大乘胜意菩萨经》汉文本的残佚部分。[17]还有学者利用黑水城文书考证灵州的官府建制，并利用出土文物丰富传世文献中关于灵州的经济、交通、文化、宗教等方面的记载，丰富了西夏史的研究内容。[18]

三、传统研究领域的新进展

在传统研究领域的各个断代方向，北京地区的古史学者们也取得诸多突破。

1. 政治史研究

先秦史方向，有学者分别从青铜器铭文、史书及子书类文献中梳理了先秦时期周公形象的演变，发现在西周初年的青铜器铭文和较为可靠的文献当中，周公形象主要集中于摄政辅佐成王、平定及经营东方、封建诸侯等方面；而从春秋战国之际开始，周公被提升至圣人的地位，并常与禹汤文武并提，成为一代圣王的形象，特别是在诸子文献当中尤其明显。[19]还有学者考察了《左传》中有关楚庄王事迹的相关记述，指出从楚庄王问鼎、论“武德”等事迹来看，当时楚人已认识到华夏认同对其争霸意义重大，也说明春秋时期所谓的“蛮夷”已逐渐认同华夏观念。[20]《通典》一书对“魏官品”和“晋官品”的记载最为完整，但其真实性自唐以后不断遭到学者的质疑，其来源在现有传世文献中亦难觅踪迹，有学者对此问题做进一步分析，重申了《通典》所载“魏官品”与曹魏及晋初制度不合，称“魏官品”名不副实；“晋官品”业余两晋制度出入较大，很可能是将沈约《宋书·百官志》文末所附官品表作为蓝本编纂而成。[21]

秦汉魏晋南北朝史方向，有学者罗列9条证据，辨析了汉初鲁元公主的食邑并不在鲁，而应在齐琅琊郡琅琊邑等几个县，对王国维旧有观点予以补充。[22]东汉末年至三国魏晋时期，位于江、沔交汇处的夏口，由于可控制长江中游水运及通往江陵、襄阳的航道，成为各方争夺的战略要地。有学者撰文分析了夏口在这一时期的权力消长过程：东吴政权率先在夏口两岸的山地屯兵驻守，并取得进军沔水的胜利；曹魏后期及西晋初年，夏口成为南北政权争夺的焦点，由于孙吴末年军政重心的西移，最终导致夏口失去江防砥柱的作用，吴国随之灭亡。[23]还有学者从战国以降的课役身份进行历时性考察，以揭示西晋丁中制度的发展演变脉络：战国开始课役身份的名目，由按身高为标准的“小”“大”二分法到以年龄为标准的“小”“丁”“老”三分法转变阶段，秦统一前夕开始采用完全按照年龄划分课役身份的方式，从而构建出新型课役身份体系；汉代存在两套课役身份体系，一套承袭战国时期旧制，另一套以“小”“小未傅”“丁”“睆老”“免老”构成的徭役身份；而西晋出现的各种法定明母，皆可在汉代找到对应的阶段和称谓。而作为户籍注记的“小”“大”在西晋建立后被新的丁中取代。[24]

宋辽金元史方向，有学者重点考述巡检这一晚唐五代新出，至宋代发展成熟的职位类型。认为宋朝的巡检网络相对于州县呈“不均匀分布”状态，从而有效地补充了州县对行政区划边缘区域控制力的不足。而到了南宋，巡检自立于州县之外的特征逐渐消失，需要听从州县节制。[25]另有学者关注元祐年间政治路线的变动过程，指出哲宗亲政后政局突变，“绍述”和“更化”的路线选择反复，不仅出于皇帝意志的转变，也不仅由于新旧势力的消长，还与元祐臣僚政治路线论述的局限及其衍生的困扰有莫大的关联。[26]由于近年来学界已认识到，宋徽宗朝的收复燕云行动在联金灭辽之前的政和年间即已有迹象，因此有学者对童贯、赵良嗣在政和前后的事迹加以深入考求，发掘了更多宋朝谋辽复燕的行动细节，从而重构了政和年间的谋辽史事。[27]元代东西交通发达，有学者对元代的驿站、客馆进行研究，总结了其特点和功能，认为规范、便利的馆驿条件在中外使臣往来、经济文化交流、丝绸之路畅通等方面起到了重要作用。[28]

明清史方向，有学者深入分析了内阁制这一明代核心的政治制度的核心——票拟权，从无旨、有旨两个方面具体梳理内阁的处理方式，以及票拟进呈之后的各种情况，进而得出结论，票拟制度虽然不足以挑战皇权，但和司礼监、六科之间确实形成了互相制衡的三角关系。[29]还有学者重点考察明朝的人口政策，指出明代人口管理的重要基础是属籍，即在分工和职业上对人口进行限制和固化。但随着人口流动的日益频繁，明朝统治者只能根据实际情况进行政策调整，使人口管理政策经历了从限制到放开的过程，百姓的自由流动有了政策依据，而这也为明代中期以后的社会繁荣与经济发展提供了重要条件。[30]清史研究中，对档案和域外史料的应用依然是重要的研究方法。有学者利用满、汉文档案文献，梳理多尔衮称号的形成与变化脉络，提出“皇父摄政王”中的“皇父”二字实际上是满、汉文互译时造成的歧义，满文原文并无“皇父”的意义，因而这也不足以支持“太后下嫁”的历史争论。[31]还有学者考述了学界研究“三藩”时所使用的吴三桂讨清檄文的版本流传问题，并参酌利用日本和朝鲜史料，校勘复原了一份檄文文本。[32]另有学者注意到满、汉文史料以及域外史料中关于琉球国王舅马宗毅在清初使华的记载，系统论述了马宗毅使华的背景、经过，并总结了该次使华的五大重要意义。[33]再有学者将视角投注于八旗驻防的协领一职，以政书、方志、笔记、档案等史料为依据，梳理了八旗驻防协领的设置特点、选任、职责及其与城守尉的关系等问题，补充了八旗官制研究中的缺漏。[34]也有学者关注东三省八旗俸饷情况，发现乾隆至道光年间，内务府越来越深地参与到了东三省俸饷筹拨事宜中。这既体现了东三省地位的重要，也反映出皇帝正确处理家国关系的理政观念。[35]

2. 经济史研究

魏晋南北朝隋唐史方向，有学者从备受学界重视的唐代《天圣令·关市令》等令文出发，细致比较了唐宋时期时估制度的实践，发现两者存在显著的差异：唐代由“市司”来管理市场，并以旬末为时估的基本原则；而宋代前期并无专门的机构，而由诸行于旬休日制定下旬物价，次日申报州司。造成这种差异的原因在于唐宋政府财务运作，特别是支付方式的不同有关。[36]还有学者综合考察了唐宋时期城市社会阶层的构成变化及人口结构特点，指出由于工商业的发展，城市人口在唐宋时期显著增加，城市社会阶层的构成也更为复杂和多样。[37]

宋元明清史方向，有学者提出学界对于宋代经济状况的认知一直随着时代的演进在发生变化，在现今不断修正过去不准确论断的时代背景下，学界应有分寸地全面考察宋代经济现象，理性地做出学术认知。[38]另有学者分析认为，中唐以后至宋朝，海路交通地位逐渐提高，对外交通由政治经贸文化并重，转向以经济贸易为主，并总结归纳了五大转变内容。[39]在宋代的资本积累方式上，有权贵高官俸禄优厚、大地主进行土地经营、商人在两地间批发货物等几种。商业资本和高利贷资本的集中造成社会两极分化，带动社会转型，形成了地主、官僚、商人三位一体的新势力。在“重本抑末”的传统社会中，宋人的商品经济观念有所增强，工商业者的社会地位也有了些许提高。[40]仓储关系统治安危、百姓生存，历史悠久，事关重大，明史学者以明代万全都司仓储为研究对象，从建设过程、仓粮来源和功能损弛3个角度分析万全都司仓储与军屯、中央粮仓的关系及其功能，认为其核心是为军备服务。[41]清史学者则认为清代仓储实质上是一种救荒组织，社会效益要远胜于对经济利益的考量。但作为一种经济组织，其经营理念始终局限在于粮食流通领域获取利润的经营模式，这种“以仓养仓”的制度使得常平仓、社仓、义仓的利润都十分有限，仓储经营绩效低下。[42]

3. 思想文化史研究

先秦史方向，威仪是周人理想人格的重要组成部分，关于其具体含义，有学者指出在两周时期有所变化。西周时，“威仪”与德意义接近，指规则、准绳；而春秋时期，威仪开始与言语、动作、风貌等有较多联系，外在化特征更为明显，但威仪所有的规则、礼法之义并未消失，且对传统理想人格的塑造具有深刻影响。[43]《国语》《左传》两书大量引用《诗经》，有学者对此现象予以比较，发现《左传》引《诗》从符合本意到逐渐断章取义；而《国语》引《诗》则一开始就断章引用；《左传》用的是鲁国版本，突出王道思维；而《国语》用的是晋国版本，注重霸道言说。[44]

秦汉魏晋南北朝史方向，随着东汉末年造纸术的发明，到晋宋之际纸张逐渐取代竹简，官方和私家持续聚集图书在东晋南朝时期成为重要的文化现象，自觉地书籍整理编目和学术总结工作也相继展开。其外部原因在于北方胡族内部矛盾激烈，无力统一南方，从而为东晋南朝的文化繁荣提供了长期和平的环境。[45]历史研究的目的在于搜求真相，探寻历史规律，总结经验教训，即“稽古”与“随时”。有学者分析王充、刘知幾、杜佑、章学诚等人的相关论述，揭示了兼顾“稽古”与“随时”这一辩证统一关系在历史撰述和政治实践中的重要意义。[46]

宋辽夏金元史方向，有学者发现儒家“亚圣”名号从颜子到孟子的转移过程远比人们过去的认知复杂，这事实上是宋元朝廷与道统论儒士共同作用的结果，反映了宋元时代理学道统论渐次建构及与政治体制互动整饬的漫长过程。[47]另有学者着眼于朱熹的理学体系中所蕴含的历史教育思想，即朱熹认为历史教育的本质是“会归一理”，历史教育的途径是先经后史并注意读书时循序渐进，历史教育的目的是经世致用。[48]

明清史领域，有学者从思想史的层面发掘传统天文分野说的思想文化价值，认为它体现了“中国即世界”的狭隘世界观。而清朝扩大边疆版图后，将东北、西北、台湾等区域纳入分野体系之内，则体现出分野区域象征国家疆域主权范围的政治含义。在明清的朝贡体系下，朝鲜、安南、琉球等周边政权也纳入分野体系下，展现了中国与这些朝贡国之间的政治臣属关系。[49]还有学者结合多种类型的史料探讨明代士大夫间以书为礼的现象，指出在明代中期以后出版业发达的时代背景下，受传统投赠风气的影响，中上层士人多礼尚往来地互赠书籍。但在明中期以后，这种风气发生了较大变化，礼赠更注重书籍的外在装潢，甚至演变成了公开贿赂的一种方式。[50]

4. 社会史研究

秦汉魏晋南北朝史方向，两汉时期“略卖”未成年人为奴现象引起学人关注，有学者综合整理传世文献和出土材料中的“幼孤为奴”事例，认为主要原因在于两汉时期奴隶制生产关系的普遍存在，其次边境冲突、民族战争等动荡因素也导致这一情形成为严重的社会问题。[51]《魏书》中有关北魏与后秦政权通婚的记载在魏主拓跋嗣与秦君姚兴在位初年相当密集，且双方的表述都在强调己方的法统地位，贬抑对方、抬高自己。有学者分析了双方联姻的主要背景在于北魏为摆脱柔然、东晋、后秦三面夹击的危局而主动采取的战略调整。[52]

宋元明清史方向，有学者着重探讨两宋时期的移民问题。宋朝政府对于自然灾害造成的流民、失去土地的农民、到城市经商的地主、暂居城市的流氓无赖等流动人口采取措施加强管理，如鼓励回籍、整顿户籍政策、为流民提供住房，并加强对流向手工业、商业等部门而成为雇工和外来商贩的农民的管理等。总体上来看，在宋代城市内外的人口流动频率日益加快的背景下，政府对民众的控制力是在不断削弱的。[53]另有学者着重分析明代隆万之际的族群关系，在传统的“北虏南倭”以外，将视角投注明朝的南部、西南以及西部，细致考察该区域由于地方开发引发的社会矛盾所导致的族群关系动荡，以及主政者对该地区的了解和政策应对，认为明代中后期边疆地区不同族群的动荡不是孤立的和偶然的，而是东亚历史和世界历史的时代变化在中国的表现与结果。[54]还有学者研究明代文人的旅游观念，认为在明朝商品经济发展的背景下，人们的思想观念逐渐发生变化，明中后期的文人士大夫充分肯定旅游的价值，成为明代旅游风尚的倡导者和引领者。同时，明代的交通和住宿条件大为改善，甚至出现了专业的旅行指南图，使得旅游活动成为新的生活方式。[55]另有学者梳理朝鲜使臣的燕行日记和诗歌中关于姜女庙和孟姜女传说的记载，结合地方文献，分析明清时期山海关地区孟姜女传说由简到繁的演变过程，并进一步说明官方修建的姜女庙逐渐渗透进了普通民众的观念，体现了明清时期的官民互动。[56]还有学者通过对档案与传世史料的考辨，对清水江地区“四案”之一的“争江案”进行了考察，并进而思考史料话语权等问题。[57]

5. 民族史研究

本年度民族史领域成果颇丰。

辽金夏金史领域，有学者分析认为“释鲁之死”和“诸弟之乱”实质上都是迭剌部的权力斗争，不可拆分看待。此二事促成了阿保机由夷离堇到可汗再到“皇帝”的转变，和阿保机建国有着密切的联系。[58]也有学者撰文讨论耶律阿保机“变家为国”的内涵。[59]而在耶律羽墓志出土后，学者们普遍认为东丹国南迁时间应以墓志为准。有学者经过对史料的对比考辨，提出南迁时间仍应以《辽史》记载为准。[60]再有学者利用新出土的墓志，重新审视汉族士大夫在耶律乙辛集团覆灭中发挥的作用，以及在辽道宗时期的政治作为，认为汉族士大夫在这场斗争中并非仅是明哲保身、苟且偷生的形象。[61]另有学者考述金代的修史机构和史书纂辑情况，指出女真族由蒙昧走向文明粲然，重视历史是重要的原因之一，而金代的史学贡献也促进了中国史学的发展。[62]还有学者注意到辽金文献中两次出现“迪烈子”一词，根据汉文文献和多种民族语文资料，指出“子”应该属于固定词缀，具有明确的语法意义，是辽金元时期部族名称中出现的一种特殊现象。[63]黑水城文物的出土开启了现代意义的国际西夏学研究，有学者以西夏语中“黑水”一词的语义解析为中心，兼及讨论藏缅语族、阿尔泰语系等诸语族语言中“黑水”的语义，分析这一词汇在诸语言中语义上的关联。[64]

元明清方向，有学者利用元人诗文、地志、谱牒等资料，对高昌廉氏家族这一元代江南地区举足轻重的力量进行了细致考察，为研究畏兀儿人对元代社会发展的贡献以及多民族文化交融并存的时代脉动提供了一个生动的例证。[65]也有学者考述了元末徽州地区陷入战乱后，当地涌现出的军事将领中的佼佼者朱文选的人生轨迹。[66]针对近年来就成吉思汗的去世情况及其埋葬地出现的一些不当宣传，有学者撰文系统梳理、辨析了这一问题。[67]明代女真的研究更多的是关注其与朝廷的政治、经济关系，对辽东女真与边外女真的关系却甚少研究，因此，有学者着重考察了这一问题，从边地的宏观视角考察后金崛起前的历史。[68]本年度依然有学者对“新清史”给予关注和回应。针对“共时性君权”理论，有学者分析指出，“共时性君权”并不能概括清朝君权的本质特征，入关后皇帝的权位是一直高于汗权的。[69]另有学者持续关注对家族的考察，根据东洋文库收藏的《沈阳甘氏家谱》所记载的甘氏家族在明清两代的发展过程，分析旗籍、民籍对于这个家族兴衰的影响，丰富了对八旗制度的认识。[70]而对清代地位显赫、功勋卓著的汉军名臣孟乔芳及其家族兴衰的考察，则投射出八旗汉军世家在清代发展变化的情况。[71]再有学者考辨“乌拉齐”一词，认为其源于蒙古语“站丁”之意。满族统治者将此作为对东北诸部的泛称，并与“新满洲”视同一体。而清中叶以后，这一称谓已带有贬义。[72]

6. 中西交通史研究

随着我国“一带一路”倡议的提出，有关丝绸之路及中西交通交通史的研究成为北京地区古史学界关注的热点领域。

有关西域民族对丝绸之路和边疆社会发展贡献的史料不多见，因此相关研究亦较少。有学者细致梳理了传世文献和出土材料中的相关记载，从屯田、水利、交通赋役及语言翻译等四个方面论证汉唐时期西域民族参与丝路贸易和边疆社会发展的历史作用。[73]还有学者从传统史籍、外文史籍、胡语文献、考古资料四个方面，缕析了当前国内外丝绸之路研究中亟待开拓的新领域和着力点，为未来中西交通史的研究指明了发展方向。[74]丝绸之路的文化交流是双向的，其中纸本文书在丝路的运作中发挥了不容忽视的作用。有学者利用敦煌、吐鲁番、和田乃至高加索地区出土的各种文字的写本文献，发现在公验与过所、旅行指南与会话练习薄、商人记账与记事、买卖契约、旅途书信、僧侣巡礼与诗文创作等活动中，在中国发明的纸张成为丝路通行的书写载体。[75]有翼神兽是我国汉唐时期常见的艺术形式，但关于有翼马的渊源和传播问题尚未有深入的探讨。有学者仔细对比分析了唐代帝王陵墓石雕中的有翼马与丝绸之路沿线出土丝织品上的类似形象，以及常见于古希腊、罗马器物的有翼马形象，推断这种艺术形式应源自古希腊神话，并分两个时期传入中国。[76]

四、北京地方史研究

本年度北京史的研究包含多个方面。刘秉忠确定了大内轴线之后，元大都得以兴工建造。但这根轴线的位置目前主要有两种说法：一种说法认为就是现在的紫禁城中轴线，另一种说法认为是断虹桥—旧鼓楼大街一线。有学者提出第三种观点，认为元大都没有轴线，只有元大内才有轴线，即武英殿—慈宁宫一线，而断虹桥是元大内周桥之东虹，不在中轴线上。[77]另有学者系统探讨了元代京畿燃料供应问题，指出京畿地区的燃料结构是以秆草、木材、马粪为主，煤炭为辅。但由于燃料还具有其他生活用途，元大都一直存在燃料供应危机，而两都巡幸制则刚好缓解了燃料压力。[78]清代继承明代的漕运制度以解决北京城的粮食供给问题，其中漕运的仓储和分配与京师有直接的联系。有学者着力研究清前期的储粮情况，进而探究清廷的政策应对，并总结了仓储支放的制度弊端，如官商勾结贪占漕粮、盗卖仓米以及回漕等。[79]还有学者挖掘西山的文脉与内涵，认为它是北京的文明之源，并富有代表性的园林文化景观和宗教文化景观。[80]此外，还有学者研究京城满族人的信仰，分别从萨满教在官方和民间的残余、崇尚佛教且并尊道教、民间杂信等3个角度说明满人信仰的多样性，进而说明宗教信仰与百姓生活的密切联系，并在此基础上，总结归纳了京城满人在共同信仰下的四点差异。[81]

注：

①莫伯峰：《殷商祖甲时代历法改革的时机》，《中国史研究》，2017年第2期。

②连劭名：《殷墟卜辞与阴阳学说》，《考古》，2017年第12期。

③王泽文：《新出陈介祺旧藏衰鼎跋》，《南方文物》，2017年第4期.

④袁广阔、崔宗亮：《首都师范大学历史博物馆藏邢公簋》，《文物》，2017年第3期。

⑤杨博：《裁繁御简：〈系年〉所见战国史书的编纂》，《历史研究》，2017年第3期。

⑥刘国忠：《也谈清华简〈厚父〉的撰作时代和性质》，《扬州大学学报》，2017年第6期。

⑦晁福林：《谈清华简〈郑武夫人规孺子〉的史料价值》，《清华大学学报》，2017年第3期。

⑧《北京大学学报》2017年第5期开辟北大藏秦简研究专栏，分别发表李零《北大藏秦简〈禹九策〉》、田天《北大藏秦简〈医方杂抄〉初识》、刘丽《北大藏秦简〈制衣〉释文注释》、杨博《北大藏秦简〈田书〉初识》、朱凤瀚《北大藏秦简〈公子从军〉再探》。

⑨张翰墨：《语境、修辞与过度阐释：“非爵勿”“我有好爵”以及以鸟名官的政治神话》，《东方论坛》，2017年第1期。

⑩黄国辉：《重论上博简〈昭王毁室〉的文本与思想》，《历史研究》，2017年第4期。

⑪刘乐贤：《汉简中的占梦文献》，《文物》，2017年第9期。

⑫凌文超：《走马楼吴简隐核州、军吏父兄子弟簿整理与研究——兼论孙吴吏、民分籍及在籍人口》，《中国史研究》，2017年第2期。

⑬游自勇：《吐鲁番所出〈老子道德经〉及其相关写本》，《中华文史论丛》，2017 年第 3 期。

⑭史金波：《西夏文社会文书对中国史学的贡献》，《民族研究》，2017 年第 5 期。

⑮赵天英：《黑水城出土西夏文草书借贷契长卷（7741 号）研究》，《中国经济史研究》，2017 年第 2 期。

⑯孙颖新：《英国国家图书馆藏〈孝经〉西夏译本考》，《宁夏社会科学》，2017 年第 5 期。

⑰王龙：《藏传〈圣大乘胜意菩萨经〉的夏汉藏对勘研究》，《北方民族大学学报》（哲学社会科学版），2017 年第 5 期。

⑱史金波：《西夏时期的灵州》，《西夏学》，2017 年第 1 期。

⑲郭晨晖：《先秦时期周公形象的演变》，《史学集刊》，2017 年第 2 期。

⑳李渊：《〈左传〉中的楚庄王事迹与楚人的华夏认同意识》，《史学史研究》，2017 年第 1 期。

㉑张金龙：《“魏官品”“晋官品”献疑》，《文史哲》，2017 年第 4 期。

㉒王培华：《汉初鲁元公主食邑于齐琅琊等数县考》，《社会科学战线》，2017 年第 10 期。

㉓宋杰：《汉末三国的夏口与江夏战局》，《史学月刊》，2017 年第 3 期。

㉔张荣强：《“小”“大”之间——战国至西晋课役身份的演进》，《历史研究》，2017 年第 2 期。

㉕赵冬梅：《试论宋代地方治安维护体系中的巡检》，《唐宋历史评论》，2017 年第 3 辑。

㉖朱义群：《“绍述”压力下的元祐之政——论北宋元祐年间的政治路线及其合理化论述》，《中国史研究》，2017 年第 3 期。

㉗黄晓巍：《宋徽宗政和年间谋辽复燕史事考论》，《史学月刊》，2017 年第 5 期。

㉘乌云高娃：《元代驿站、客馆的建设及经济文化交流》，《青海师范大学学报》（哲学社会科学版），2017 年第 6 期。

㉙陈时龙：《论明代内阁的票拟——以泰昌、天启初年的内阁为例》，《史林》，2017 年第 3 期。

㉚张兆裕：《明代人口政策如何因时而变》，《人民论坛》，2017 年第 15 期。

㉛杨珍：《“皇父摄政王”新探》，《清史研究》，2017 年第 1 期。

㉜徐凯：《吴三桂讨清〈檄文〉原文本考》，《清史研究》，2017 年第 3 期。

㉝吴元丰：《清初琉球国王舅马宗毅使华及其意义》，《清史研究》，2017 年第 2 期。

㉞顾松洁：《清代八旗驻防协领刍议》，《吉林师范大学学报》（人文社会科学版），2017 年第 1 期。

㉟刘文华：《清代内务府筹拨东三省八旗俸饷略析》，《历史档案》，2017 年第 1 期。

㊱张亦冰：《唐宋时估制度的相关令文与制度实践——兼论〈天圣令·关市令〉宋 10 条的复原》，《中国经济史研究》，2017 年第 1 期。

㊲宁欣：《变革视野下的唐宋社会阶层及其变动》，《历史教学》，2017 年第 14 期。

㊳包伟民：《宋代经济：历史观察的时代背景》，《光明日报》，2017 年 1 月 2 日。

㊴李华瑞、张倩：《中唐以后至宋朝海路交通的转型》，《中国史研究》，2017 年第 4 期。

㊵李华瑞：《宋代的资本与社会》，《首都师范大学学报》（社会科学版），2017 年第 5 期。

㊶郝园林：《明代万全都司仓储建设与管理初探》，《农业考古》，2017 年第 1 期。

㊷吴四伍：《清代仓储的经营绩效考察》，《史学月刊》，2017 年第 5 期。

㊸罗新慧：《周代威仪辨析》，《北京师范大学学报》，2017 年第 6 期。

㊹张鹤：《〈国语〉、〈左传〉用〈诗〉比较》，《中国文化研究》，2017 年第 4 期。

㊺胡宝国：《东晋南朝的书籍整理与学术总结》，《中国史研究》，2017 年第 1 期。

㊻瞿林东：《论“稽古”与“随时”——中国古代史家关于古今关系及其本质的认识》，《史学史研究》，2017 年第 4 期。

㊼赵宇：《儒家“亚圣”名号变迁考——关于宋元政治与理学道统论之互动研究》，《历史研究》，2017 年第 4 期。

㊽汪高鑫：《朱熹历史教育思想的主要特征》，《河南师范大学学报》（哲学社会科学版），2017 年第 6 期。

㊾邱靖嘉：《“普天之下”：传统天文分野说中的世界图景与政治涵义》，《中国史研究》，2017 年第 3 期。

㊿张升：《以书为礼：明代士大夫的书籍之交》，《北京师范大学学报》（社会科学版），2017 年第 5 期。

(51)王子今：《汉代“幼孤为奴”现象刍议》，《南都学坛》，2017 年第 4 期。

(52)陈勇：《拓跋嗣与姚兴联姻考》，《文史哲》，

2017年第5期。

(53)游彪：《宋朝政府对移民管理的因应与调适》，《人民论坛》，2017年第7期。

(54)赵世瑜：《明朝隆万之际的族群关系与帝国边略》，《清华大学学报》(哲学社会科学版)，2017年第1期。

(55)彭勇：《明代文人的旅游观念与闲暇生活》，《人民论坛》，2017年第20期。

(56)皮庆生：《明清时期山海关的姜女庙与孟姜女传说——以朝鲜燕行文献的记载为中心》，《求是学刊》，2017年第3期。

(57)韦天亮：《清水江地区"争江案"史料考辨——以第一历史档案馆所藏争江奏疏史料为研究线索》，《贵州大学学报》(社会科学版)，2017年第1期。

(58)耿涛：《迭剌部权力斗争与耶律阿保机建国》，《中国边疆史地研究》，2017年第4期。

(59)苗润博：《再论所谓阿保机"变家为国"问题》，《辽金历史与考古》，2017年第1期。

(60)耿涛：《东丹国南迁时间新探》，《中国边疆民族研究》，2017年。

(61)关树东：《辽朝汉人宰相梁颖与权臣耶律乙辛之斗争辨析》，《中国史研究》，2017年第4期。

(62)牛润珍、卢鹏程：《金代修史机构与史注纂辑》，《史学史研究》，2017年第1期。

(63)陈晓伟：《说"迪烈子"——关于辽金元时期族名后缀问题》，《辽金历史与考古》，2017年第1期。

(64)木仕华：《西夏黑水名义考》，《辽金历史与考古》，2017年第1期。

(65)尚衍斌：《元代高昌廉氏家族研究》，《中国边疆民族研究》，2017年。

(66)刘晓：《元末徽州将领朱文选事迹考》，《安徽史学》，2017年第5期。

(67)乌兰：《成吉思汗去世及埋葬地问题再研究》，《民族研究》，2017年第6期。

(68)奇文瑛：《边地视野下的辽东女真》，《吉林师范大学学报》(人文社会科学版)，2017年第2期。

(69)钟焓：《论清朝君主称谓的排序及其反映的君权意识——兼与"共时性君权"理论商榷》，《民族研究》，2017年第4期。

(70)关康：《清代沈阳甘氏家族的兴衰——以〈沈阳甘氏家谱〉为据》，《满语研究》，2017年第2期。

(71)关康：《论八旗汉军世家的兴衰——以孟乔芳家族为例》，《吉林师范大学学报》(人文社会科学版)，2017年第4期。

(72)滕绍箴：《"乌拉齐"非"民族名称"考辨》，《吉林师范大学学报》(人文社会科学版)，2017年第1期。

(73)李方：《汉唐西域民族与丝绸之路和边疆社会》，《吐鲁番学研究》，2017年第2期。

(74)荣新江：《丝绸之路与中外文化交流研究动态》，《敦煌研究》，2017年第1期。

(75)荣新江：《丝绸之路也是一条"写本之路"》，《文史》，2017年第2期。

(76)李光宗：《唐代所见有翼马与东西方文明互动》，《唐史论丛》，第25辑。

(77)王子林：《元大内与紫禁城中轴的东移》，《紫禁城》，2017年第5期。

(78)丁超：《元代京畿燃料：结构·供应·危机·出路》，《博物院》，2017年第4期。

(79)邓亦兵：《清代前期北京的粮食供给制度》，《城市史研究》，2017年第1期。

(80)王建伟：《北京西山区域的文脉与内涵》，《前线》，2017年第10期。

(81)刘小萌：《清代京城满人信仰的多角度考察》，《吉林师范大学学报》(人文社会科学版)，2017年第3期。

(作者：仝卫敏，北京师范大学副研究馆员；
宋文汐，北京师范大学博士生)

中国近现代史

王 纯 张 皓

2017年度的研究除了"周年纪念"带动的热点外，也朝着更加注重历史学科特点、更加细化的方向发展。

一、政治

关于政治史的研究分4个专题：晚清政治、民国政治、共产党政治和国民党政治。

1. 晚清政治

晚清时期，传统中国面临数千年未有之变局。国人如何自处，国家何去何从，便成为时人思考的沉重话题。李细珠的《变局与抉择：晚清人物研究》[①]，呈现了大变局中各类人物不同抉择的复杂面相。孔祥吉的《惊雷十年梦未醒：档案中的晚清史事与人物》[②]，揭示了大变革年代的人物趣事。崔志海等编著的《当代中国晚清政治史研究》[③]，对鸦片战争、太平天国等10个专题进行了学术梳理。

洋务运动、戊戌变法、清末新政是晚清政治史的重大专题，成果颇丰。朱浒在《同治晚期直隶赈务与盛宣怀走向洋务之路》中提出盛宣怀走向洋务之路有着曲折过程。[④]贾小叶通过考察《杭州驻防瓜尔佳氏上皇太后书》的作者，研究戊戌己亥年间清廷与"康党"、新党之间的矛盾关系。[⑤]他在《刘坤一与戊戌己亥政局》一文中，展现了戊戌政变后复杂的政局。[⑥]他还梳理了戊戌时期学术、政治的纷争。[⑦]科举改制是清末新政的重要内容。韩策的《科举改制与最后的进士》研究了最后两科的进士群体。[⑧]李在全对清末新政中沈家本等人主持的修律变法改革进行了考察。[⑨]李俊领提出礼学馆的礼法修订主要取决于不同政治力量之间的博弈。[⑩]

对于一些细致问题，也有学者进行探讨。比如马勇的《袁世凯"开缺回籍养疴"诸问题》、[⑪]葛夫平的《第二次四明公所案与上海法租界的扩界》、[⑫]张海荣的《政治联姻的背后：载沣娶妻与荣禄嫁女》、[⑬]张振鹍的《福禄诺节略与中法战争两个阶段的转变——从〈泰晤士报〉的一篇报道说起》[⑭]等。对于晚清史的研究，朱浒还提出晚清史研究应该"深翻"。[⑮]

2. 民国政治

民国政治的研究集中在重大事件和人物上。李细珠对清末民初的政治走向进行了研究。[⑯]马勇在《民初困局——一个制度史的解释》中提出民初困局的形成主要源于制度设计。[⑰]杨天石对陶成章的"倒孙风潮"与之后蒋介石暗杀陶成章进行了分析。[⑱]曾业英认为蔡锷1900年留学日本期间，未曾回国参加唐才常自立军"勤王"起义。[⑲]李在全以沈家本为例考察了辛亥革命后清朝旧员的生活与心境。[⑳]黄道炫以密县为中心，研究了民国时代的地方、人情与政治。[㉑]

此外，还有郑成林编著的《民国时期国情统计资料续编》[㉒]（全三十六册），以及兰池的《国会何以能？"西北筹边使官制案"再探》[㉓]等。

3. 中国共产党的政治发展与对外关系

关于新中国成立前中国共产党的政治发展，研究成果颇多，学者们从各个方面做了专题性的研究。马思宇对1921—1927年连接中共与群众的"党团"机制进行了分析。[㉔]于化民考察了1927—1929年间中共对工农政权建设的理论探索。[㉕]任伟梳理了土地革命时期红军对敌宣传动员的策略和技巧。[㉖]谢文雄则总结了中共在苏区时期的农民教育问题。[㉗]张忠山考察了延安时期毛泽东发起的哲学小组活动。[㉘]欧阳淞研究了毛泽东与之后中国特色社会主义的历史。[㉙]王刚对"自己动手，丰衣足食"号召形成进行了考察。[㉚]

关于中共与共产国际关系的研究，也有一些新成果。刘辉分析了中国共产党成立初期共产国际和中共对议会斗争的认识，[㉛]王新生则探讨了中央工农红军长征前夕共产国际、中共中央与陈济棠的谈判情况。[㉜]

中共在新民主主义革命的开展与帝国主义国家的关系，也有新的研究成果，周斌就分析了1930年中共推行"会师武汉"计划期间与列强的局部冲突及其影响。[㉝]

4. 国民党政治

马思宇考察了1925—1926年省港罢工与国民政府的互动关系，它们之间呈现二元互动、紧密联结的态势。[㉞]郭双林研究了张学良被幽禁大陆期间对马列主义理论著作的研读情况，指出张学良在当时不仅对马列主义有比较全面深入的理解，而且在自觉地运用其理论和方法去观察、分析问题。[㉟]

二、经济

关于近代经济史的研究，清末民初和新中国成立后的经济是学界关注的热点。研究成果多从个案出发，用数据说话，直观且细化。

1. 清末民初时期的经济发展

第一次鸦片战争后，清政府被迫开放东南五口，粤海关一口通商的体制被打破。任智勇认为从粤海关的体制演变，可以看出清政府此时在政治理念上有"规复旧制"的冲动，行动上则存在"惯性依赖"，其目的在于维护粤海关的主导地位。[㊱]1904年，美国货币专家精琪来华帮助清政府进行币制改革，崔志海指出其双方表面都以促进中外贸易相标榜，实则各有所图。[㊲]徐建生、熊昌锟的《近代宁波的洋银流入与货币结构》，用大量数据分析了近代宁波的洋银流入和人们的使用情况。[㊳]朱荫贵围绕聂宝璋考察了近代买办、洋行与航运事业的发展。[㊴]张丽对19世纪后半期新西兰华工淘金热的兴起和新西兰排华立法的出台进行了梳理。[40]

民国初年被视为中国盐务近代化的长芦盐业自由贸易改革，实际上反映的是近代新旧制度之间的博弈。李晓龙指出其改革是新瓶装旧酒，中国官商借自由贸易之名，行包商垄断之实。[41]

2. 新中国成立后的经济情况

新中国成立初期的经济恢复与发展，特别是改革开放问题，历来为学界关注。马振飞考察了解放初期天津对外资企业的征税问题。[42]姜长青对20世纪60年代的开放集市贸易进行了研究。[43]

今年，关于改革开放的研究更加注重历史学科特点。中国社会科学院当代中国研究所和中华人民共和国国史学会联合举办了以“中国改革开放的历史经验”为主题的第16届国史学术年会，会后编纂的《中国改革开放的历史经验》[44]共收录文稿和论文47篇。这些论文旨在从历史研究的角度，总结改革开放的历史经验。关于如何从历史的角度研究改革开放，有沈传亮的《浅议深化改革开放史研究的理论与方法》[45]，郑有贵的《改革开放史研究要有实践问题导向意识》[46]，潘娜的《改革开放史研究如何应对大数据时代的新挑战》[47]，宋月红的《从辩证统一关系中深化和拓展改革开放史研究》[48]等。此外，萧冬连考察了中国改革开放的缘起[49]。杨德山回顾了改革开放时期中共党建史的研究。[50]文世芳总结了20世纪70年代末80年代初的对外经济考察活动。[51]郭旭红、武力指出当前经济的发展，转变发展方式、走上效益型发展道路更为紧迫。[52]

除却这两个时期的研究，也有一些其他成果。比如赵学军的《无锡农户收入结构的变迁（1929—2010）——基于“无锡保定农村调查系列资料”的分析》[53]，潘晓霞的《温和通胀的期待：1935年法币政策的出台》[54]等。

三、思想文化与社会生活

晚清至民国，中国思想文化新旧交替，矛盾丛生。韩策的《东南互保之余波：朝臣与督抚关于辛丑乡试展期的论争》，指出辛丑乡试展期的论争既反映了庚子乱后当局协调稳定与变革的两难处境，又显示了新政伊始主张渐改与急改的不同趋向。[55]李俊领的《天变与日常：近代社会转型中的华北泰山信仰》，探讨了近代华北泰山信仰的演进，展现了当时丰富的文化面向[56]。黄光域的《基督教传行中国纪年（1807—1949）》，详细介绍在华基督教的人物和团体机构。[57]

近代民族复兴及民族观念的形成与发展历来为学界重视。郑大华所著《中国近代民族复兴思潮研究》，首次对中国近代民族复兴思潮做了全面的研究，包括“民族复兴思潮的历史考察”“民主政治与民族复兴”等内容。[58]他还指出“九一八”中国学术研究朝着弘扬传统学术和文化的方向发展，以此增强民族自尊心、自豪感。[59]黄兴涛的《重塑中华：近代中国“中华民族”观念研究》，对近代中华民族观念的孕育、形成及其内涵，做了系统阐释。[60]

社会史研究的成果让中国近代史显得更加生动和丰富，它的热点大体集中在城市发展、生活方式、婚姻观念等方面。自晚清以来，上海公共租界工部局不断尝试推动华人剧场的建筑变革。魏兵兵通过这个个案，分析了近代上海半殖民地市政体制下城市公共空间演进过程中错综复杂的博弈。[61]徐鹏围绕成都城市自治的发展历程，考察了民国市县划界的纠纷问题。[62]徐秀丽通过章瑞荣家信，探讨了1949年后人们的家庭、婚姻观念。[63]

赵世瑜的《在空间中理解时间——从区域社会史到历史人类学》，是区域社会史的重要成果。通过个案，借由区域社会的探讨，解释了历史人类学的含义。[64]李长莉、唐仕春等撰写的《社会文化史30年》汇集了中国社会科学院近代史研究所20多年研究“中国近代社会文化史”的结晶，包括晚清士人与近代知识分子、近代生活方式与民众观念的变迁等问题。[65]此外国家图书馆还出版了《民国时期禁烟禁毒资料汇编》[66]（全五十册），这是了解民国时期禁烟禁毒的重要史料。

四、外交

自鸦片战争叩开中国的国门，中国近代的历史便与诸多国家联系在了一起。因此，近代外交的发展一直是牵动国家和民族命运的重大问题。

王开玺的《清代的外交与外交礼仪之争》，分析了中国外交和外交礼仪的近代化以及从隔膜、冲突，到逐渐融合的曲折过程。[67]侯中军的《中国外交与第一次世界大战》，系统阐述了一战爆发后中国从中立到参战的历史过程。[68]由张俊义、陈红民主编的《近代中外关系史研究》（第7辑）[69]，收录了近代中外关系史系列国际学术研讨会的16篇学术成果。王建朗从世界的视角探讨了中国近代外交的发展。[70]

具体来讲，还可划分为中日关系、中美关系、中英关系。

1. 中日关系

今年是抗日战争全面爆发80周年。2017年7月

8—9 日，由中国抗日战争史学会、中国社会科学院历史学部、中国社会科学院近代史研究所主办的纪念全面抗战爆发八十周年国际学术研讨会在北京举行。来自中国、日本、俄罗斯等国的 120 余位专家学者，提交论文 80 余篇，主要围绕日本发动全面侵华的战略决策、敌后抗日根据地的建设与作用、国民党的正面战场等问题。

日本有预谋地发动全面侵华战争。如张皓的《日本如何有计划有步骤发动全面侵华战争》[71]《中国共产党对华北事变的研判和及时应对》[72]。他不仅分析了日本发动全面侵华的步骤，还指出 1935 年 7 月 6 日《何梅协定》后，中共认识到华北事变必然发生，因此调整政策，号召建立抗日民族统一战线。李潇、张皓又以报纸资料为中心，探讨了七七事变日本攻打中国第 29 军的情况。[73]

中共与抗日战争。如于化民的《中共中央对七七事变性质、走势的判断和因应》[74]，李玉蓉的《从进入山西到立足华北——1937—1940 年八路军的粮饷筹措与军事财政》[75]，赵诺的《抗战初期中共地方干部群体内部的“土客问题”——以太行根据地为中心的讨论》[76]《抗战相持阶段中共华北根据地干部的进退升降》[77]，金冲及的《山东抗日根据地的独特历程》[78]，黄道炫的《刀尖上的舞蹈：弱平衡下的根据地生存》[79]，周祖文的《统一累进税与减租减息：华北抗日根据地的政府、地主与农民——以晋察冀边区为中心的考察》[80]，杜桂剑、单明明的《抗战时期淮北二分区减租减息运动研究》[81]，及张牧云的《抗战时期延安日本问题研究会述论》[82]等。这些成果从多个角度展现了中共对日本侵略者的顽强抵抗。

国民党与抗日战争。在抗战中后期的正面战场上，绍兴沦陷具有一定的代表性。吴敏超对此进行了探讨，国军长期驻守一地产生的军风纪问题、走私问题，在抗战中后期积重难返。[83]吴敏超通过分析 1942 年初的叶集军粮案，窥探了国民政府的军粮征购如何在乡镇层级落地的。[84]王涵、张皓考察了桂南会战时期蒋介石与白崇禧为首的桂系之间的矛盾。[85]董佳、陈佳奇以美国档案为基础，分析了抗战爆发后中共、西南势力与蒋介石的博弈。[86]

除了这 3 个主要问题以外，还有一些从日本角度进行的整体研究。比如臧运祜的《战时日本对亚太地区的殖民统治机构之演变——以“大东亚省”的设立过程为中心》[87]，刘庆霖的《九一八事变后日本社会主义者的“转向”及其在中国知识界的反响》[88]，马晓娟的《“精英误国”：近代日本陆军教育体系述评》[89]等。

今年也是南京大屠杀惨案发生 80 周年。在第四个南京大屠杀死难者国家公祭日前夕，一批以南京大屠杀为主题的图书集中出版。这些图书有翔实的史料，有回忆录或文学作品，从不同角度呈现了南京大屠杀的历史场景。

史料是还原历史的直接证据。如国家档案局组织编纂、南京出版社出版的《世界记忆名录——南京大屠杀档案》[90]，陆束屏整理的《历史上黑暗的一页：英国外交文件、海军部档案与美国海军情报报告中记载的南京大屠杀》[91]，德国人约翰·拉贝于 1937 年 9 月 21 日至 1938 年 2 月 26 日在南京所写的日记及他搜集的大量相关资料的影印本《拉贝日记》[92]等。

在众多资料中，南京大屠杀幸存者的回忆最为鲜活生动。比如《最后的证言：49 位南京大屠杀幸存者口述历史》[93]《被改变的人生——南京大屠杀幸存者口述生活史》[94]《130 位南京大屠杀幸存者实录》[95]等。这些材料记录了南京大屠杀幸存者的悲惨遭遇，揭露了日本侵略者的罪行。

2. 中美关系

高莹莹探讨了一战前后美日在华的舆论战。这场舆论战，就美国而言，促进了在华美国系报纸的迅速发展；就日本而言，促使其进行调整以往对华政策并注意文化力量在外交中的作用。[96]她还分析了五四运动时期美英青年在山东积极配合当地反日运动。[97]

3. 中英关系

滇缅路中断后，为打通新的国际运输通道，国民政府从 1942 年年初起尝试开辟假道苏联中亚的西北运输通道，并与苏联、英国和美国 3 个相关国家分别进行了交涉。张俊义研究了英国与国民政府的具体交涉。[98]。

五、民族史

关于民族史的研究，西藏问题是重中之重。而对于西藏问题的研究，又涉及了中国与英国、印度等国关系。

1949 年 7 月 8 日，噶厦在印度“驻藏代表”黎吉生的唆使下突然发动“七·八事件”，驱逐国民政府驻藏办事处人员。这是一场严重的分裂事件。张皓分析了国民政府对这一事件的判断与处理。虽然国民政府做了一些努力，但是对事件的发生与处置很无奈，西藏问题的解决只能由中国共产党来承担。[99]他又以《中央日报》为中心，研究了国民党对西藏和平解放的注视和采取的措施。唆使噶厦抵抗中共，挑拨有关国家与中共的关系，是国民党在西藏和平解放中所持的基本态度。[100]此外他还对《泰晤士报》对中国西藏和平解放进程的关注和态度进行了分析。[101]

除了以上专题，关于中国近代史的专著也有新成果。比如龚书铎、张守常等编写的《中国近代史(1840—1919)》[102]于2017年进行了第三次修订。这次修订，充实了社会经济生活和思想文化方面的内容，对清朝统治集团的活动略有增加。李喜所、李来容著的《中国近代史：危局与变革》全景展现了鸦片战争至五四运动80年间的激荡历史。[103]

注：

①李细珠：《变局与抉择：晚清人物研究》，北京师范大学出版社2017年版。

②孔祥吉：《惊雷十年梦未醒：档案中的晚清史事与人物》，广东人民出版社2017年版。

③崔志海等：《当代中国晚清政治史研究》，中国社会科学出版社2017年版。

④朱浒：《同治晚期直隶赈务与盛宣怀走向洋务之路》，《历史研究》，2017年第6期。

⑤贾小叶：《〈杭州驻防瓜尔佳氏上皇太后书〉作者考析》，《近代史研究》，2017年第6期。

⑥贾小叶：《刘坤一与戊戌己亥政局》，《史学月刊》，2017年第6期。

⑦贾小叶：《戊戌时期学术政治纷争研究：以“康党”为视角》，社会科学文献出版社2017年版。

⑧韩策：《科举改制与最后的进士》，社会科学文献出版社2017年版。

⑨李在全：《清末修律制法述略》，《兰州学刊》，2017年第7期。

⑩李俊领：《礼治与宪政：清末礼学馆的设立及其时局因应》，《近代史研究》，2017年第3期。

⑪马勇：《袁世凯“开缺回籍养疴”诸问题》，《华东师范大学学报》(哲学社会科学版)，2017年第1期。

⑫葛夫平：《第二次四明公所案与上海法租界的扩界》，《历史研究》，2017年第1期。

⑬张海荣：《政治联姻的背后：载沣娶妻与荣禄嫁女》，《近代史研究》，2017年第3期。

⑭张振鹍：《福禄诺节略与中法战争两个阶段的转变——从〈泰晤士报〉的一篇报道说起》，《近代史研究》，2017年第4期。

⑮朱浒：《晚清史研究的“深翻”》，《史学月刊》，2017年第8期。

⑯李细珠：《再论“内外皆轻”权力格局与清末民初政治走向》，《清史研究》，2017年第2期。

⑰马勇：《民初困局——一个制度史的解释》，《历史教学》，2017年第4期。

⑱杨天石：《“倒孙风潮”与蒋介石暗杀陶成章事件》，《近代史研究》，2017年第2期。

⑲曾业英：《蔡锷未回国参加唐才常自立军“勤王”起义》，《史学月刊》，2017年第9期。

⑳李在全：《鼎革之际：沈家本的民国元年——辛亥革命后清朝旧员的生活与心境》，《军事历史研究》，2017年第1期。

㉑黄道炫：《密县故事：民国时代的地方、人情与政治》，《近代史研究》，2017年第4期。

㉒郑成林：《民国时期国情统计资料续编》，国家图书馆出版社2017年版。

㉓兰池：《国会何以能？“西北筹边使官制案”再探》，《民国档案》，2017年第2期。

㉔马思宇：《无形与有形：中共早期“党团”研究》，《中共党史研究》，2017年第2期。

㉕于化民：《论1927—1929年间中共对工农政权建设的理论探索》，《晋阳学刊》，2017年第1期。

㉖任伟：《土地革命时期红军对敌宣传动员的策略与技巧——以兵士运动为中心的探讨》，《中共党史研究》，2017年第8期。

㉗谢文雄：《中共在苏区时期的农民教育实践》，《中共党史研究》，2017年第6期。

㉘张忠山：《延安时期毛泽东哲学小组活动始末》，《中共党史研究》，2017年第12期。

㉙欧阳淞：《毛泽东与中国特色社会主义》，《中共党史研究》，2017年第12期。

㉚王刚：《对“自己动手，丰衣足食”号召形成的历史考察》，《中共党史研究》，2017年第2期。

㉛刘辉：《共产国际与中共早期对议会斗争的认识》，《中共党史研究》，2017年第6期。

㉜王新生：《试论长征前夕共产国际、中共中央与陈济棠的谈判》，《中共党史研究》，2017年第3期。

㉝周斌：《1930年中共推行“会师武汉”计划期间与列强的局部冲突及其影响》，《近代史研究》，2017年第5期。

㉞马思宇：《罢工与建政：省港罢工与国民政府的互动关系研究》，《民国档案》，2017年第2期。

㉟郭双林：《张学良被幽禁大陆期间对马列主义理论著作的研读》，《历史研究》，2017 年第 1 期。

㊱任智勇：《从榷税到夷税：1843—1854 年粤海关体制》，《历史研究》，2017 年第 4 期。

㊲崔志海：《精琪访华与清末币制改革》，《历史研究》，2017 年第 6 期。

㊳熊昌锟：《近代宁波的洋银流入与货币结构》，《中国经济史研究》，2017 年第 6 期。

㊴徐建生、朱荫贵：《聂宝璋先生与中国近代买办、洋行及航运业研究》，《中国经济史研究》，2017 年第 1 期。

㊵张丽：《19 世纪后半期新西兰华工淘金热的兴起与排华立法的出台》，《史学月刊》，2017 年第 4 期。

㊶李晓龙：《新瓶旧酒：民初长芦盐业自由贸易改革与新包商的出现》，《近代史研究》，2017 年第 6 期。

㊷马振飞：《解放初期天津对外资企业的征税问题》，《中国经济史研究》，2017 年第 2 期。

㊸姜长青：《20 世纪 60 年代经济调整中的集市贸易式微研究》，《中国经济史研究》，2017 年第 6 期。

㊹张星星主编：《中国改革开放的历史经验》，当代中国出版社 2017 年版。

㊺沈传亮：《浅议深化改革开放史研究的理论与方法》，《中共党史研究》，2017 年第 5 期。

㊻郑有贵：《改革开放史研究要有实践问题导向意识》，《中共党史研究》，2017 年第 5 期。

㊼潘娜：《改革开放史研究如何应对大数据时代的新挑战》，《中共党史研究》，2017 年第 6 期。

㊽宋月红：《从辩证统一关系中深化和拓展改革开放史研究》，《中共党史研究》，2017 年第 6 期。

㊾萧冬连：《毛泽东与中国特色社会主义》，《中共党史研究》，2017 年第 12 期。

㊿杨德山：《改革开放时期中共党建史研究维度的思考》，《中共党史研究》，2017 年第 6 期。

(51)文世芳：《二十世纪七十年代末八十年代初的对外经济考察活动》，《中共党史研究》，2017 年第 4 期。

(52)郭旭红、武力：《改革开放以来中国经济发展若干问题述论》，《中共党史研究》，2017 年第 6 期。

(53)赵学军：《无锡农户收入结构的变迁（1929—2010）——基于“无锡保定农村调查系列资料”的分析》，《中国经济史研究》，2017 年第 6 期。

(54)潘晓霞：《温和通胀的期待：1935 年法币政策的出台》，《近代史研究》，2017 年第 6 期。

(55)韩策：《东南互保之余波：朝臣与督抚关于辛丑乡试展期的论争》，《近代史研究》，2017 年第 2 期。

(56)李俊领：《天变与日常：近代社会转型中的华北泰山信仰》，社会科学文献出版社，2017 年版。

(57)黄光域：《基督教传行中国纪年（1807—1949）》，广西师范大学出版社 2017 年版。

(58)郑大华：《中国近代民族复兴思潮研究》，中国社会科学出版社 2017 年版。

(59)郑大华：《从“整理国故”到“国故整理”——九一八后中国学术研究的新趋向》，《史学月刊》，2017 年第 2 期。

(60)黄兴涛：《重塑中华：近代中国“中华民族”观念研究》，北京师范大学出版社 2017 年版。

(61)魏兵兵：《近代上海半殖民地市政与城市公共空间之演进——以剧场建筑问题为个案》，《史学月刊》，2017 年第 3 期。

(62)徐鹏：《城乡关系视阈下民国市县划界纠纷——以成都为中心的考察》，《民国档案》，2017 年第 3 期。

(63)徐秀丽：《革命年代的饮食儿女——读章瑞荣家信》，《史学月刊》，2017 年第 4 期。

(64)赵世瑜：《在空间中理解时间——从区域社会史到历史人类学》，北京大学出版社 2017 年版。

(65)李长莉、唐仕春等：《社会文化史 30 年》，中国社会科学出版社 2017 年版。

(66)《民国时期禁烟禁毒资料汇编》，国家图书馆出版社 2017 年版。

(67)王开玺：《清代的外交与外交礼仪之争》，东方出版社 2017 年版。

(68)侯中军：《中国外交与第一次世界大战》，社会科学文献出版社 2017 年版。

(69)张俊义、陈红民主编：《近代中外关系史研究》（第 7 辑），社会科学文献出版社 2017 年版。

(70)王建朗：《从世界秩序的变迁中观察中国》，《史学月刊》，2017 年第 7 期。

(71)张皓：《日本如何有计划有步骤发动全面侵华战争》，《北京师范大学学报》（社会科学版），2017 年第 3 期。

(72)张皓：《中国共产党对华北事变的研判和及时

应对》，《党的文献》，2017 年第 4 期。

⑬李潇、张皓：《七七事变日军攻打中国驻军第 29 军情况探析——以报纸资料为中心》，《军事历史》，2017 年第 3 期。

⑭于化民：《中共中央对七七事变性质、走势的判断和因应》，《中共党史研究》，2017 年第 7 期。

⑮李玉蓉：《从进入山西到立足华北——1937—1940 年八路军的粮饷筹措与军事财政》，《抗日战争研究》，2017 年第 4 期。

⑯赵诺：《抗战初期中共地方干部群体内部的“土客问题”——以太行根据地为中心的讨论》，《近代史研究》，2017 年第 3 期。

⑰赵诺：《抗战相持阶段中共华北根据地干部的进退升降》，《抗日战争研究》，2017 年第 2 期。

⑱金冲及：《山东抗日根据地的独特历程》，《抗日战争研究》，2017 年第 1 期。

⑲黄道炫：《刀尖上的舞蹈：弱平衡下的根据地生存》，《抗日战争研究》，2017 年第 3 期。

⑳周祖文：《统一累进税与减租减息：华北抗日根据地的政府、地主与农民——以晋察冀边区为中心的考察》，《抗日战争研究》，2017 年第 4 期。

㉑杜桂剑、单明明：《抗战时期淮北二分区减租减息运动研究》，《抗日战争研究》，2017 年第 1 期。

㉒ 张牧云：《抗战时期延安日本问题研究会述论》，《中共党史研究》，2017 年第 12 期。

㉓吴敏超：《绍兴沦陷：战时的前线与日常》，《近代史研究》，2017 年第 5 期。

㉔吴敏超：《战时军粮谁承担？——以国统区叶集军粮案为中心的探讨》，《抗日战争研究》，2017 年第 1 期。

㉕王涵、张皓：《控制与反控制：桂南会战中的蒋白之争》，《民国档案》，2017 年第 4 期。

㉖董佳、陈佳奇：《从美国档案看中共、西南势力与蒋介石的战时博弈》，《中共党史研究》，2017 年第 7 期。

㉗臧运祜：《战时日本对亚太地区的殖民统治机构之演变——以“大东亚省”的设立过程为中心》，《抗日战争研究》，2017 年第 2 期。

㊳刘庆霖：《九一八事变后日本社会主义者的“转向”及其在中国知识界的反响》，《抗日战争研究》，2017 年第 3 期。

㊴马晓娟：《“精英误国”：近代日本陆军教育体系述评》，《抗日战争研究》，2017 年第 3 期。

㊵国家档案局编纂：《世界记忆名录——南京大屠杀档案》，南京出版社 2017 年版。

㊶陆束屏：《历史上黑暗的一页：英国外交文件、海军部档案与美国海军情报报告中记载的南京大屠杀》，江苏人民出版社 2017 年版。

㊷《拉贝日记》，江苏人民出版社 2017 年版。

㊸《最后的证言：49 位南京大屠杀幸存者口述历史》，社会科学文献出版社 2017 年版。

㊹《被改变的人生——南京大屠杀幸存者口述生活史》，江苏凤凰文艺出版社 2017 年版。

㊺《130 位南京大屠杀幸存者实录》，浙江人民出版社 2017 年版。

㊻高莹莹：《一战前后美日在华舆论战》，《史学月刊》，2017 年第 4 期。

㊼高莹莹：《反日运动在山东：基于五四时期驻鲁基督教青年会及英美人士的考察》，《近代史研究》，2017 年第 2 期。

㊽张俊义：《英国与战时中国西北假道运输之交涉》，《抗日战争研究》，2017 年第 4 期。

㊾张皓：《无奈与无力：国民党政府对“七·八事件”的评估和处置》，《社会科学辑刊》，2017 年第 2 期。

⑩⓪张皓：《唆使、挑拨与妒忌：国民党对西藏和平解放进程的注视和应对——以〈中央日报〉的报道为中心》，《党史研究与教学》，2017 年第 4 期。

⑩①张皓：《〈泰晤士报〉对中国西藏和平解放进程的关注和态度》，《青海民族研究》，2017 年第 2 期。

⑩②龚书铎、张守常等编：《中国近代史（1840—1919）》，中华书局 2017 年版。

⑩③李喜所、李来容：《中国近代史：危局与变革》，中信出版社 2017 年版。

（作者：王纯，中国人民大学附属中学教师；
张皓，北京师范大学教授）

中国共产党历史

王炳林　刘　畅

2017 年是中国共产党第十九次全国代表大会胜利召开，也是全面抗日战争爆发 80 周年，北京地区党史研究态势活跃，内容广泛，成果丰硕，举办了多种规模的研讨会、座谈会等，出版了诸多学术著作，使党史研究迈上了一个新台阶。

一、重要会议

1. 北京市党史办主任会议

2017 年 7 月 14 日，北京市党史办主任会议在北京召开。中央党史研究室副主任吴德刚，市委常委、组织部部长魏小东出席。会议传达学习全国党史研究室主任会议精神，贯彻落实市委常委会对北京党史工作的重要指示，回顾总结 2016 年北京市党史工作，研究部署 2017 年任务。会议指出，要切实发挥首都资源优势，加强党史队伍建设，推动北京党史工作发展；要牢固树立“四个意识”，始终坚持党史姓党的正确方向；落实“一突出、两跟进”的要求，牢牢把握党史工作的根本任务；加强统筹，完善机制，着力构建“大党史”工作格局。会议号召全市党史工作者紧密团结在以习近平同志为核心的党中央周围，以拼搏为美，向行动致敬，奋力开创党史工作新局面，以优异成绩迎接党的十九大胜利召开。①

2. 党史界学习贯彻党的十九大精神座谈会

2017 年 10 月 26 日，中央党史研究室、中国中共党史学会、中国中共党史人物研究会在北京联合举办党史界学习贯彻党的十九大精神座谈会。党的十九大代表、第十九届中央委员、中央党史研究室主任曲青山，中国中共党史学会会长、中国中共党史人物研究会会长、中央党史研究室原主任欧阳淞出席会议并分别发言。中央党史研究室副主任冯俊主持会议。与会领导专家表示，党的十九大是在全面建成小康社会决胜阶段、中国特色社会主义进入新时代的关键时期召开的一次十分重要的大会，是一次不忘初心、牢记使命、高举旗帜、团结奋进的大会，在我们党和国家发展进程中具有极其重大的历史意义。与会专家紧扣党的十九大精神，围绕中国特色社会主义进入新时代的新论断、社会主要矛盾发生变化的新特点、分两步走全面建设社会主义现代化国家的新目标、党的建设的新要求、习近平新时代中国特色社会主义思想和基本方略、党的十九大党章的新变化新特点、党的十九大精神对党史工作提出的新的指导要求谈了学习体会。与会者一致认为，要把认真学习贯彻党的十九大精神作为当前和今后一个时期首要政治任务，不断强化“四个意识”，坚持“一突出、两跟进”要求，围绕中心、服务大局，以史鉴今、资政育人，奋力推动党史工作迈向新征程、书写新篇章、续写新辉煌。②

3. 学习贯彻党的十九大精神反对历史虚无主义研讨会

2017 年 11 月 30 日，中共中央党史研究室在北京召开“学习贯彻党的十九大精神反对历史虚无主义”研讨会。来自中央国家机关、科研院所、高等院校等单位的专家学者以及中央党史研究室处级以上干部 70 余人出席会议，有 16 位专家学者做了大会交流发言。与会者深入学习贯彻落实党的十九大精神，以习近平新时代中国特色社会主义思想为指导，旗帜鲜明反对历史虚无主义。会议指出，一定要清醒认识历史虚无主义的虚假性、欺骗性、片面性、破坏性，清醒认识反对历史虚无主义的艰巨性、长期性，并围绕深入学习贯彻党的十九大精神和习近平新时代中国特色社会主义思想、掌握意识形态工作领导权、坚定“四个自信”、加强党史研究和宣传、注重网络信息安全等问题，就如何旗帜鲜明、切实有效反对历史虚无主义进行了交流。③

二、重要著作

1.《党的十八大以来大事记》

为迎接中国共产党第十九次全国代表大会胜利召开，中共中央党史研究室编写了《党的十八大以来大事记》。该书于 2017 年 10 月由人民出版社、中共党史出版社出版。党的十八大以来，以习近平同志为核心的党中央团结带领全党全军全国各族人民，高举中国特色社会主义伟大旗帜，统筹推进“五位一体”总体布局、协调推进“四个全面”战略布局，推出一系列重大战略举措，出台一系列重大方针政策，推进一系列重大工作，解决了许多长期想解决而没有解决的难题，办成了许多过去想办而没有办成的大事，党和国家事业发生了历史性变革，中国特色社会主义进入了新的发展阶段。《党的十八大以来大事记》集中反映了5年来党和国家事业取得的历史性成就和发生的历史性变革。

2.《反对历史虚无主义》

《反对历史虚无主义》由中共党史研究室编写，中共党史出版社2017年9月出版。该书以文集的形式，收录相关理论文章19篇，针对以唯心主义历史观为哲学基础，肯定支流、否定主流，透过个别现象否认本质，通过孤立分析历史中的琐细片段来否定整体过程的历史虚无主义，进行了全面的批评和理论上的剖析。

3.《时代大潮和中国共产党》

《时代大潮和中国共产党》一书由中国人民大学出版社2017年8月出版，该书从中国共产党所处的时代以及中国共产党如何应对时代挑战的新视角，研究中国共产党的历史和重大事件，把中国共产党的历史看作不断应对新的挑战、审时度势、顺应时代大潮从而不断取得胜利的历史，并将最终落脚点置于中国共产党的现实发展上，指出中国共产党将以“五大发展理念”为引领，以“赶上时代”为目标，以“科学预见”为方法，以“与时俱进”为精神状态，以“不忘初心、继续前进”为坚强意志，永不止步地追赶时代大潮、接受时代大潮的考验，进而引领时代大潮，永葆自己的先进性。

4.《长征史新论》

《长征史新论》由中共中央党史研究室第一研究部编著，中共党史出版社2017年9月出版，该书主要收录了中央党史研究室室领导、中共党史学会及中共党史人物研究会主要负责同志、中央党史研究室室内各学术部门同志在2016年发表或入选各种学术研讨会的以长征为主题的学术论文共47篇，分别从各路红军以及重要军事行动、长征历程、长征中的重要会议、长征历史人物、长征中党的民主政治建设、长征的历史地位和作用、长征精神、长征中的文化等方面对红军长征问题进行了研究和宣传，集中反映了中央党史研究室在红军长征史方面的研究成果。

三、主要学术观点

1. 党的十九大研究

2017年10月，中国共产党第十九次全国代表大会在北京召开。这次大会的主题是不忘初心，牢记使命，高举中国特色社会主义伟大旗帜，决胜全面建成小康社会，夺取新时代中国特色社会主义伟大胜利，为实现中华民族伟大复兴中国梦不懈奋斗。党的十九大是在全面建成小康社会关键阶段、中国特色社会主义发展关键时期召开的一次十分重要的大会，对鼓舞和动员全党全国各族人民继续推进全面建成小康社会、坚持和发展中国特色社会主义具有重大意义。

党的十九大报告中明确指出：“中国特色社会主义进入新时代，我国社会主要矛盾已经转化为人民日益增长的美好生活需要和不平衡不充分的发展之间的矛盾。”有学者对社会主要矛盾变化进行了分析，指出“以人民为中心的发展思想”是贯穿于我国社会主要矛盾转化的重大政治判断中，具体体现在以下3个方面：尊重人民主体地位是我国社会主要矛盾转化的重大政治判断的哲学基础，人民生活与生产力发展的关系是判断我国社会主要矛盾转化的基本依据，实现共同富裕是我国社会主要矛盾转化的重大政治判断的核心要义。④

有学者就全面落实新时代党的建设总要求进行了分析，指出党的十九大报告把坚持党的领导、加强党的建设贯穿全篇内容，并明确提出和阐述了新时代党的建设总要求，要落实新时代党的建设总要求，以及坚持党的领导和加强党的建设的根本原则、指导方针、工作主线、总体布局、基本要求与基本目标，需要做到以下几点：坚持和加强党的全面领导、把党的政治建设摆在首位、用习近平新时代中国特色社会主义思想武装全党、思想建党和制度治党同向发力、把党的纪律建设挺在前面。⑤

2. 关于党的建设的历史研究

2017年召开了中国共产党十八届六中全会，全会专题研究全面从严治党问题，确立习近平同志为党中央的核心、全党的核心，审议通过《党内政治生活准则》和《党内监督条例》，进一步从制度上加强和规范了新形势下党内政治生活和党内监督，丰富和发展了全面从严治党战略思想。

有学者认为，与36年前十一届五中全会审议通过的《关于党内政治生活的若干准则》一样，《党内政治生活准则》的制定是新形势下全面从严治党的行动纲领。十一届五中全会通过的《关于党内政治生活的若干准则》是我们党结束动乱、拨乱反正后加强党的建设的一项创举，十八届六中全会通过的《党内政治生活准则》则是巩固反腐成果、贯彻和深化全面从严治党的重要举措，在党内法规建设史上有重要意义。⑥

有学者对《中国共产党党内监督条例》的新发展进行了阐述，指出单设“党的中央组织的监督”一章，在党章结构上、理论上、实践中有重大突破，并分析了这些突破的重大历史意义：政治上，单设一章表明党中央以身作则、以上率下的坚强决心，实践中为抓好对中央组织的监督提供根本遵循。因此，这种突破和创新必将在党的建设史上留下浓墨重彩的一笔。[⑦]

有学者分析了党的六届六中全会对党内政治生活的影响。1938 年召开的党的六届六中全会对中央领导层政治生活的贡献主要表现在两个方面：第一次提出“四个服从”和通过《关于中央委员会工作规则与纪律的决定》。这为我们深入学习贯彻党的十八届六中全会精神提供了 6 点宝贵经验：加强和规范党内政治生活必须以党章为根本遵循、加强和规范党内政治生活必须坚持民主集中制原则、加强和规范党内政治生活必须坚决维护党中央权威、加强和规范党内政治生活必须坚持问题导向、加强和规范党内政治生活必须不断完善各项具体组织制度、加强和规范党内政治生活必须以高级干部为重点、坚持以上率下。[⑧]

有学者梳理了新民主主义革命时期、社会主义革命和建设时期、改革开放后党内政治生活的恢复与发展、党的十八大以来严肃党内政治生活的新实践 4 个阶段中中国共产党党内政治生活的历史，并指出要建立健全党内政治生活制度体系，使党内政治生活常态化、长效化，就必须要充分认识严肃党内政治生活的极端重要性，必须要高度重视理想信念教育，构筑严肃党内政治生活的思想基础，必须要不断推进严肃党内政治生活制度化和规范化，这样才能为完成党在新时期的历史任务提供有效保障。[⑨]

有学者以梳理 90 多年来党的思想政治建设历程的方式，探讨了“两学一做”重大部署的重要意义，指出通过学习党章党规、学习党的创新理论，提高党性修养，培养合格党员，历来就是加强党的思想政治建设的重要内容，而这种学习对于发挥共产党员的先锋模范作用，对于坚持和巩固党在革命、建设和改革中的领导核心地位，对于始终保持党的先进性和纯洁性等方面都发挥了重要作用。在新的历史条件下，开展“两学一做”学习教育既继承了党的思想政治建设优良传统和成功经验，又把握新形势、结合新实践、赋予新内涵，必将推动全面从严治党要求在基层落地生根，更好地保持党的先进性和纯洁性。[⑩]

有学者回顾了中国共产党民主集中制早期发展历程，从民主集中制的产生源头梳理其在复杂实践活动中的历史发展趋势，指出党的二大以党章的形式在事实上最初确立了民主集中制的组织原则，伴随着国民革命的进程，民主集中制的发展在建党初期呈现集中化的发展趋势，同时出现了一方面党组织的决策权力向中央及上级党部集中，另一方面却在实际运作中受到决策执行涣散化的影响，大革命失败前后，为适应艰难斗争的非常环境，党的民主集中制建设集中的程度空前强化，在服从斗争需要的情况下渐进地开展民主工作。[⑪]

3. 关于改革开放历史研究

从 1978 年党的十一届三中全会算起，中国的改革开放已近 40 年，2017 年有一批从各个角度分析改革开放历史、改革开放研究、改革开放思考的相关文章。

有学者对改革开放前后两个阶段进行了分析。文章指出从 1978 年年底至 2000 年可以看作是改革开放的第一个大阶段，这一阶段实现了指导思想、政治环境、经济体制、对外政策的重大转变以及社会结构和思想观念的重要变化取得了举世瞩目的成就。21 世纪以来，中国改革开放进入新阶段，无论是改革的阶段，还是面临的问题的来源、复杂程度都与第一阶段非常不同，因此必须有新的探索、新的思路，更加注重顶层设计，并通过进一步的改革来解决。[⑫]

有学者分析了改革开放前后两个时期的历史经验与中国特色社会主义进入新阶段之间的关系，指出党的十八大以来，中国特色社会主义已进入了新的发展阶段，要充分理解和把握这一论述精神，深入研究这一新阶段的特征，就要把迄今 68 年新中国的各个历史时期，尤其是改革开放前后两个时期统一起来认识，把它们的历史经验贯通起来总结。贯通总结改革开放前后两个时期的历史经验是中国特色社会主义沿着正确方向发展的重要原因，对推动中国特色社会主义进入新的发展阶段具有重要作用，也是更好地认识和把握中国特色社会主义新阶段的阶段性特征的必要条件。[⑬]

有学者在对改革开放历史进行阶段化梳理的基础上，对编修改革开放历史需要注意的问题进行了分析，指出编修这段历史，应注重从本体论上认识和把握其发展进程、主要成就和历史经验，并在此基础上比较全面地反映改革开放的面貌，并注重围绕党在改革开放历史进程中如何创造性地探索和回答重大理论和实践问题并揭示中国特色社会主义制度的完善和发展，同时融入“大历史”的观念，全面深刻把握改革开放的正确发展道路。[⑭]

有学者结合大数据时代的特点，对改革开放历史的研究面临的新挑战及对策进行了分析。文章指出，大数据时代改革开放史的研究面临着资料巨量化、多源化、数据化，“范式失灵”以及非专业领域“数据治史”挑战改革开放史学科发展的地位和前景等现象，这些新现象客观上“倒逼”改革开放史夯实量化研究趋向于科学研究范式。在大数据时代，应当全面开放共享改革开放以来的政府数据实现、充分利用元数据建构改革开放史量化研究的分布式数据关联平台并与大数据挖掘相结合，以寻找改革开放历史研究的新的突破口。⑮

有学者指出，改革开放史与此前任何一个历史时期相比，具有鲜明的特征，那就是基于独立的工业体系已经建立起来这样一个新的经济社会发展阶段，以及之后工业化、城镇化、信息化和全球化持续演进及其要求，不断推进改革开放，成功地实现社会主义计划经济体制向社会主义市场经济体制的转变。因此改革开放历史的研究，也应当更多地基于这一特点，基于历史逻辑，把历史演变过程的描述、基于已有理论和某种价值观的规范研究，与深入的实证研究结合起来，避免陷入文山会海和领导人思想观点的简单再叙述之中，这样才能推进改革开放史研究的深化。⑯

有学者从逻辑与历史统一视域的角度，分析了中国特色社会主义理论体系的整体性，指出中国特色社会主义理论体系是中国共产党人在改革开放新时期，将马克思主义基本原理同中国具体实际和时代特征相结合，在总结新的实践经验基础上形成的完整统一的理论体系。在理论逻辑与历史发展统一视域下，贯穿中国特色社会主义理论体系的是马克思主义的思想基础、实现中华民族伟大复兴的目标追求、实事求是的方法论特征、为人民服务的根本价值立场和中华优秀传统文化的底蕴。从理论逻辑与历史发展两个维度统一的视角把握中国特色社会主义理论体系的发展脉络、思想内容和逻辑结构，对深刻理解中国特色社会主义理论具有十分重要的意义。⑰

同时，改革开放的专项研究领域也有很多新的进展。在改革开放时期党建史研究的领域，有学者分析了改革开放以来，党建方面的研究成果以及主要存在着的对党建理论精髓把握的不足、对党建事件矛盾说明的含糊以及对忽视党建决策实践结果等问题。指出党建研究要准确把握改革开放时期中共的本质属性和功能定位，从中国政党政治逻辑角度思考改革开放时期中共党建发展的复杂性，正确理解中共执政党建设规律的内涵，并遵循史学的基本规范，注意事件发展完整过程的叙述，并将党建理论、党建组织和党建活动三者有机结合，才能让党建研究回归历史学的本来面貌。⑱

在民族地区政策方面，有学者回顾了改革开放以来民族地区扶贫政策，将民族地区的扶贫政策划分为5个阶段：体制变迁带动、项目开发推进、“八七”扶贫攻坚、重点扶持特困地区和脱贫攻坚决胜。政策的特点表现在政策的演进始终与宏观经济发展形势相适应，体现出与时俱进的特征；政策的选择凸显出少数民族和民族地区的差异性，差别化政策展现了实事求是的精神；政策的发展趋向全方位、多维度的格局，充分体现了中国“共同团结奋斗、共同繁荣发展”的民族工作主题。同时得出了必须始终从战略高度认识民族地区扶贫政策的意义，必须坚持政府主导、市场运作、社会参与的思路，必须贯彻外部扶持与自力更生相结合的原则的重要启示。⑲

在干部选拔任用领域，有学者从一系列变革的角度，分析了中国政治梯子和改革的复杂性和艰巨性。改革开放以来，政治体制改革，以废除实际存在的领导职务终身制为突破口，直接推动了干部选拔任用相关制度的一系列变革，体现在选拔任用标准在坚持“德才兼备”原则和“四化”方针前提下，注重干部工作实绩的内涵不断丰富；选拔路径和程序实现了从“关门选拔”到“公开选拔”、从“无序”到“有序”的转变；相关监督渠道日益多元，规章日益完善。新时期干部选拔任用相关规定的变革体现了中央领导集体对干部选拔任用问题的理论探索和制度创新，也折射出中国政治体制改革的复杂性和艰巨性。⑳

4. 关于地域史研究

有学者对史料互通在地域史研究领域的问题进行了分析，指出近年来的中共地域史的3种进路：口述史料为主的研究、民间文献为主的研究以及档案资料为主的研究分别对应口述史、社会史以及实证史学的传统等3种史学传统，但3种进路在具体研究中却没有太多交集，并出现了史料运用的壁垒。有学者认为，要克服上述局限并推动地域史研究的深入开展，首先要破除学科间的壁垒与史料运用的界限，实现口述访谈、民间文献和档案资料的互通互证。此外，还要拓展地域史研究的视野和方法。以新的研究方法，深入开展大量的田野调查。唯有如此，才能真正展示出符合地方历史情境的革命进程。㉑

有学者从历史学和社会学的比较视角，探讨了中共党史地域史的学科发展情况，指出目前学界对“碎片化”的地域史研究是否反映出整体的社会脉络存在着不同观点，而其原因在于，相比于社会学研究，史学既追求呈现更为具体、更为复杂或更为隐秘历史资料的“纵深性”发展，又要对于各地相对同质性史料的“平面化”收集与整理，对此，社会学的研究范式可以有 3 点借鉴之处：第一，形成方法论共识，规范史料解读的方式方法；第二，增强对于研究脉络的梳理，形成学科内部的专题性知识体系；第三，避免观点先行，但应尝试在微观研究的基础上形成理论观点。[22]

有学者对地方史的研究路径进行了回顾和展望，指出地方史研究是我国古已有之的研究传统，新中国成立后，大量的地方史资料相继问世，进入 20 世纪 80 年代，国内地方史研究也分专业、分领域的形式展开，而地域史研究的前景要避免出现整体走向“碎片化”，并彰显其学术价值，为此要明确以下几点：第一，地域史研究中，史料的收集与发掘是最基础且切实的问题；第二，如何从地域史研究中获得一种整体史观仍是一个核心问题；第三，理论构建是地域史研究的一个发展方向。[23]

5. 关于概念史研究

有学者对中共党史研究的概念史进行了研究，概念史即用历史的眼光去考察重要概念的形成、演变、运用及其社会文化影响，通过细致的资料耙梳和意义阐释构筑一个基本的概念谱系，对中共党史的研究有诸多益处。但真正付诸实施却并非易事。一项好的研究应该把握 3 种特质：因地制宜的历史感、由表及里的层次感和使用场景、使用人以及词语本身表意和内涵之间的张力感。[24]

有学者谈到概念史作为中共党史研究不可忽略的一种方法，要明确关注的概念类型，要重点关注重大理论的概念演绎与解读、重要制度的概念史解读、重大历史事件的概念史解读。在关注概念的基础上，也要关注历史，要结合历史环境，明确词语的表意，从而明确同一概念在不同情境下运用的区别。同时，不仅要关注特定概念在历史中的形成和演变，还要关注概念的运用以及提出特定概念的目的和意图。[25]

有学者指出，中共概念史作为一种研究类型，在中共党史整体性研究的时空结构中，应当具备适合这种类型研究的分析技艺。而“概念”既是一种表征社会历史的语言符号，又是一种包含社会历史实践因素的语言符号。使得概念史研究既要分析语言符号的概念历史，也要分析社会实践的概念历史，不同年代中共的革命历史实践具有不同的政治指向。以“革命”概念内涵为例，其内涵和变迁，要通过回到中共革命实践史的具体年代范畴中加以分析，才能够使概念与实践在历史变迁中获得链接。而这种研究对于中共党史来说，具有更为宽广的历史意图，它从概念历史变迁中“发现”自身过往面相，由此去洞察中共漫长历史的曲折发展历程。[26]

6. 关于抗日战争时期若干问题的研究

1937 年 7 月的卢沟桥事变是日本帝国主义发动全面侵华战争的标志，也是中华民族全面抵抗日寇侵略的伟大开端。2017 年是抗日战争爆发 80 周年，涌现出许多抗日战争领域的研究成果。

有学者研究了中共中央对七七事变性质、走势的判断和原因，指出七七事变的发生后，中共做出的“七月七日卢沟桥事变，是日本帝国主义大举进攻中国本部的开始；卢沟桥中国军队的抗战，是中国全国性抗战的开始”的“两个开始”的判断是非常准确的，并及时提出了全面抗战的方针、路线和纲领，倡导建立抗日民族统一战线、全力推动全国各党派、各军队、社会各界和全国同胞团结起来共同抗日。对七七事变这一突发事件的正确因应，充分体现了遵义会议后中央领导集体日益走向成熟，具有坚强的政治领导力和应对突然事变、掌控复杂局面的能力。[27]

有学者对抗战时期的“学术中国化”运动进行了深入分析，指出“学术中国化”运动是把目前世界上最进步的科学方法用来研究中华民族自己历史上，自己所具有的各种现实环境上所有的一切具体问题，使我们得到最正确的方法来解决这一切问题的思想文化运动，其内容包括：充分吸收世界进步文化、大力弘扬民族优秀文化、坚持科学的方法论。“学术中国化”运动也在马克思主义者和进步知识分子与反马克思主义者之间的、马克思主义者和进步知识分子与非马克思主义者、假马克思主义者之间发生了广泛的思想争论。这些争论与“学术中国化”运动丰富了“马克思主义中国化”的学理资源。[28]

有学者研究了抗战时期毛泽东对民粹主义的批判，指出抗战时期，中国共产党党内的民粹主义，主要表现为超越半殖民地半封建社会的实际，混淆了资产阶级民主革命与社会主义革命的界限，将民族资产阶级作为革命对象。对此，毛泽东严格区分中国革命的两个历史阶段，论证当时中国发展资本主义经济的合理性，并提出“不能和农民混同”及“严重的问题是教育农民”的命题，并回顾了毛泽东对马克思主义和民粹主义之间的差异的分析，这些分析根本上厘清了马克思主义与民粹主义存在着根本性质上的差异，既肯定了农民对中国革命的重要作用，也警惕了农民的民粹主义倾向。㉙

有学者从史观的角度，探讨了对抗日战争历史的书写，指出抗战时期，中国马克思主义史家中国通史书写的重要特点和价值主要以唯物史观为指导，与非马克思主义史家相比，他们在史学的社会科学化取向、对考古学和史料考订的重视、中外比较视野等方面，存在很多相似之处。同时，这一时期出版的一些非马克思主义史家较有代表性的通史著述中，也体现出了明显的唯物史观的影响，而这些特点体现出抗战时期中国史学界在学术取向上的某种趋同现象，也反映了唯物史观的影响力和中国马克思主义史学的发展。㉚

注：

①武红利：《本市召开党史办主任会议》，《北京日报》，2017 年 7 月 15 日。

②陈少铭：《党史界学习贯彻党的十九大精神座谈会综述》，《中共党史研究》，2017 年第 10 期。

③刘颖：《“学习贯彻党的十九大精神 反对历史虚无主义”研讨会综述》，《中共党史研究》，2017 年第 12 期。

④宋月红：《以人民为中心的发展思想贯穿于我国社会主要矛盾转化的重大政治判断中》，《当代中国史研究》，2017 年第 6 期。

⑤张星星：《全面落实新时代党的建设总要求》，《当代中国史研究》，2017 年第 6 期。

⑥李文：《新版〈准则〉在党内法规建设史上的重要意义》，《当代中国史研究》，2017 年第 1 期。

⑦王相坤：《突出对党的中央组织的监督》，《北京党史》，2017 年第 1 期。

⑧穆兆勇：《党的六届六中全会对加强中央领导层政治生活的贡献》，《中共党史研究》，2017 年第 3 期。

⑨武凌君、丁洁、冯雪利：《中国共产党党内政治生活的演变及启示》，《北京党史》，2017 年第 1 期。

⑩黄一兵：《党加强思想政治建设的历史经验和当代意义》，《北京党史》，2017 年第 5 期。

⑪刁含勇：《中国共产党民主集中制早期发展历程新探》，《中共党史研究》，2017 年第 10 期。

⑫章百家：《关于改革开放史研究的三点思考》，《中共党史研究》，2017 年第 5 期。

⑬朱佳木：《贯通总结改革开放前后两个时期的历史经验与中国特色社会主义进入新阶段》，《当代中国史研究》，2017 年第 6 期。

⑭宋月红：《改革开放全面展开的历史进程——论编修改革开放史的若干思考》，《北京党史》，2017 年第 2 期。

⑮潘娜：《改革开放史研究如何应对大数据时代的新挑战》，《中共党史研究》，2017 年第 6 期。

⑯郑有贵：《改革开放史研究要有实践问题导向意识》，《中共党史研究》，2017 年第 5 期。

⑰肖贵清、王然：《逻辑与历史统一视域下中国特色社会主义理论体系的整体性》，《中共党史研究》，2017 年第 6 期。

⑱杨德山：《改革开放时期中共党建史研究维度的思考》，《中共党史研究》，2017 年第 6 期。

⑲李天华：《改革开放以来民族地区扶贫政策的演进及特点》，《中共党史研究》，2017 年第 1 期。

⑳刘维芳：《新时期干部选拔任用相关规定的历史演进》，《当代中国史研究》，2017 年第 1 期。

㉑葛玲：《史料互通与中共地域史研究的深化》，《中共党史研究》，2017 年第 10 期。

㉒严宇鸣：《地域史研究的学科发展》，《中共党史研究》，2017 年第 10 期。

㉓林超超：《地方史研究路径的回顾与前瞻》，《中共党史研究》，2017 年第 10 期。

㉔李里峰：《中共党史研究的概念谱系刍议》，《中共党史研究》，2017 年第 11 期。

㉕杨东：《概念史在中共党史研究中的实例分析》，《中共党史研究》，2017 年第 11 期。

㉖郭若平：《实践限度：中共概念史研究的技艺认知》，《中共党史研究》，2017 年第 11 期。

㉗于化民：《中共中央对七七事变性质、走势的判断和因应》，《中共党史研究》，2017 年第 7 期。

㉘姚宏志：《抗战时期“学术中国化”运动再探讨》，《中共党史研究》，2017 年第 7 期。

㉙左玉河：《抗战时期毛泽东对民粹主义的批判》，《北京党史》，2017 年第 4 期。

㉚李政君：《唯物史观与抗战时期的中国通史书写》，《北京党史》，2017 年第 4 期。

（作者：王炳林，北京师范大学教授；
刘畅，北京师范大学硕士生）

世界上古中古史

刘林海

2017 年，北京地区高校及研究机构的学者共发表论著近百种，兹略述如下。

2017 年 7 月 8 日，中国人民大学历史学院创办的学术集刊《新世界史》首发座谈会召开，北京部分高校及学术期刊等相关学者与会。[①]12 月 16—17 日，北京师范大学史学理论与史学史研究中心主办史学理论与史学史学术研讨会，来自全国高校等机构的近百位学者与会。

一、外国史学理论与史学史

张文涛指出，科学革命催生了启蒙时代的历史哲学。在培根和牛顿等影响下，人们对自身命运的研究成就非凡。但他们的理论和方法也有局限性，而 20 世纪新的科学进展则是对其更高程度的完善。以此为基础的对人类历史过程普遍性的认识仍然艰巨；生物演化没有方向，充满随机性与偶然性。智力觉醒在人类演化的过程中扮演了关键性角色：第一次智力觉醒为语言的产生，第二次智力觉醒是科学革命，第三次智力觉醒为心智革命。[②]

董立河指出，“思辨的历史哲学”既可以使历史具有可理解性，又能够使历史具有合道德性，使诉诸它的历史学具有合理性。它与历史经验之间并非截然对立，而且能够起到一种方法论意义上的“启发或激励”的作用。[③]顾晓伟指出，新世纪以来，西方史学理论界关于历史哲学向何处去的论争大致有两种进路：一是叙述主义历史哲学内部的调整和超越，二是分析历史哲学的新发展和新突破。后分析历史哲学家侧重探讨被叙述主义者遮蔽的历史证据及其历史认识论问题，为重建历史知识的客观性寻找新实用主义方案；从史学理论角度而言，大数据（Big Data）在历史学领域的应用可看作是史学方法的范畴，将不断地促进着传统史学方法的升级换代。[④]

吴英指出，史学研究的碎片化导致史学理论研究逐渐被边缘化，偏离了以史为鉴、服务现实的基本要求。史学理论研究工作者应做好史学理论研究，做让大家读得懂的学问，做经得住检验的学问，做服务社会现实的学问；唯物史观揭示人类社会发展的规律，是一门真正的实证科学，也随着时代变迁而不断发展。重树唯物史观在历史研究中的指导地位是当前中国史学界的一大课题。[⑤]于沛指出，《马克思主义史学思想》一书汇集了中外马克思主义史学思想发展的历程，有助于推动马克思主义史学理论研究深入发展。[⑥]

孟广林指出，建构世界史“中国学派”的主要价值指标是以特定的理论方法、一流的学术成果与史家而跻身国际史坛。这是一个漫长而艰巨的工程，需要多代人的努力；必须以唯物史观为理论指南，强化原始资料的运用，克服对西方模式的“路径依赖”，全面、系统、批判地借鉴域外研究成果。[⑦]

王晴佳指出，新文化史虽然强调对社会的整体研究，但它本身也是非常零散的，无多少规律可循。新文化史在西方的兴盛，有其学术文化的特殊背景，折射出的是西方世界在全球影响的衰落、史家重拾过去、躲避现实的一个现象。中国史学界不应一味盲目跟从，应有清晰认识和解答。[⑧]王旭东指出，“公众史学”和“公共史学”这两个概念不能随意互换。“公共史学”特指美国的“public history”；而“公众史学”远远超越了公共史学，涵盖自然也大于后者。公众史学也应进入高校历史专业的殿堂，成为历史学的分支学科。[⑨]

吴琼、杨共乐指出，经过一段时间的实践，北京师范大学初步形成了“影像史学”的历史学研究新方向，与社会需求、国家文化战略紧密结合，历史学研究的应用价值得到更加充分的发挥，其成果对落实国家文化战略和塑造国家文化形象有重要意义。纪录片《从毛泽东到莫扎特》反映特定历史时期的中美关系，其独特的视角使得影片更加具有说服力和吸引力。原始经验、历史经验和历史思维等概念有助于理解历史影像如何成功呈现历史真实。[⑩]

英国史学家戴维·阿布拉菲亚阐述了自己的海洋史研究经历、主要研究成果以及对当前与海洋史有关的某些热点问题的看法，涉及从地中海到太平洋的海洋史研究视角的转移，研究资料的查阅，海洋史研究的方法论，以及当前地中海形势、太平洋局势以及英国脱欧公投等焦点问题。[⑪]高国荣指出，草地生态史是环境史的分支，研究特定时空下草地生态系统的变迁，对人类文明的发展具有重要意义。草地生态史可以从草地生态变迁、草地利用与保护、草地观念 3 个层面加以探讨；可以从全球范围内草地持续退化出发，探讨草地利用与管理方式对草地生态社会变迁的影响，考察人们对草地的观念转变；蒙古帝国史、清末蒙地放垦、西方人在近代中国的边疆考察、草地退化国际比较研究等主题，是全球草地生态史研究领域中值得中国学者探讨的问题。[12]

王晴佳、李隆国的《外国史学史》出版。本书在张芝联教授等计划编写的“西方史学史”教材书稿基础上，力图突破西方视角的局限，系统叙述自古希腊以来的西方史学传统，并扩展到西方以外的地区，纵贯古今，并希望有所突破。[13]

杨共乐指出，希罗多德和修昔底德的历史撰述方法本有所不同，其差异在近代以来逐渐模糊。重新分析修昔底德的撰史特点，对于理解古代希腊史学的多元性等意义重大；《伯罗奔尼撒战争史》卷一的“论证体”与卷二及以下各卷的“叙事体”区别明显，有“一家之言”的性质。[14]王羽飞指出，希腊文 aletheia 的词义为“真实”。它在希罗多德的著作中意为史事经过史家真假判断而达到的真实，在昔底德著作中则表述了史家对真假判断的自主性，在波利比乌斯那里则兼涵历史的客观性与史家的主观性。aletheia 内涵的变化反映了古希腊史学求真思想的发展及其特点。[15]晏绍祥指出，修昔底德在论述伯罗奔尼撒战争爆发的根本原因时，区分了表面借口与深层原因。这得到众多学者认可，也契合当今国际关系学界的理论需要。所谓的“修昔底德陷阱”概念无论在史实上还是学理上，都更像是修昔底德为后代挖好的“陷阱”，需要批判分析。[16]王若菡指出，虽然希罗多德坚持“求真存疑”的批判精神，有人本主义的历史解释倾向，但同时承认神对人类的影响和支配作用。不过，他肯定人的价值，展示人的主动性。[17]武晓阳指出，斯特拉波既重视实地考察的一手史料，又看重他人提供的信息，并谨慎分析和选择。他既有强烈的怀疑精神，又能从疑、存疑，不断言无根据之事，表现出强烈的“求真”意识。[18]赵北平指出，李维既追求真假判断的史事之真，也追求对史事进行定性判断的价值之真。这两种合分并存的判断融合了希腊化时期史学和罗马传统史学的特点，反映了史家对求真和致用关系的深刻认识。[19]

张旭鹏指出，观念史与哲学史和思想史关系密切。观念史脱胎于哲学史，又不同于哲学史；观念史一度被认为是思想史的分支，但偏重对观念或思想本身的考察。虽然它一度衰落，但近年来又有复兴之势；乔·古尔迪和大卫·阿米蒂在《历史学宣言》中提出了未来历史学家的纲领性宣言，表达了一种迫切的愿望：面对时代和史学的双重危机，历史学家应当肩负起变革的重任。历史学应摆脱“短期主义”的困扰，重拾长时段的思维方式，以提高应有的洞察力和决断力。[20]钱乘旦指出，古代文明充满了多样性。但在 1500 年前后，随着西方的崛起，西方被等同于世界，西方文明被普世化，成为先进的代名词，文明的多样性不复存在。全球性的现代化开始了文明复兴的过程，文明的多样性再次呈现。全球史有助于填补传统史学的空白，但也存在一些困难，有可能回归传统史学。[21]

陈黄蕊指出，历史学的科学化始于 19 世纪的德国兰克学派，到 20 世纪法国年鉴学派和美国新经济史学而达到高峰。[22]黄艳红指出，经济社会史取向削弱了法国传统的民族史叙事，20 世纪 70 年代法国社会的重大变迁导致民族国家意识的淡化，拉维斯主义民族国家的历史记忆走向碎裂。这些导致皮埃尔·诺拉的“记忆之场”理论出现。他试图追寻一种没有民族主义的民族意识。其研究虽然受到拉维斯《法国史》的启发，但更具包容性，属于反思性的“第二层次的历史”。“记忆之场”的提出意味着法国民族史中过去、现在和未来关系的一种深刻变革。它动摇了历史的连续性，是一种新的“历史性体制”——“当下主义”的标志。[23]庞冠群指出，新世纪以来，全球史与跨国史的范式为法国大革命史学注入了新的活力。它们侧重从全球经济的发展、殖民地与法国本土的互动、帝国间的全球竞争、跨国启蒙运动等角度探讨革命的起源以及发展动力问题，在保留政治与文化因素的同时，试图在更广阔的空间内重新考察经济与社会结构问题之于大革命的意义。全球转向下不同法国革命史研究的路径的得失兼具。[24]金寿福指出，扬·阿斯曼的文化记忆理论对如何解释和解决有争议的历史，分清历史书写与集体记忆之间的关系具有指导作用，如德国学界有关第二次世界大战和大屠杀等话题的讨论等。[25]

顾晓伟指出，二战后西方的柯林武德研究大致可以分为 3 个阶段：第一阶段主要围绕历史哲学问题展开，探究其在整个历史哲学发展史中的贡献；第二阶段则进一步关注柯林武德的整体思想，重点批判和清理诺克斯的“彻底转变假设”；第三阶段则更为深入地揭示其思想的多层次面向，本土思想界的关注更多。[26]李俊姝指出，文明研究是马歇尔·霍奇森史学实践重要组成部分。霍奇森力图发展一种超越西方中心的、原创性的文明研究理论和实践，如何看待其在文明研究领域所做出的奠基性学术研究，并据此评价他的学术贡献，是一个值得关注的议题。[27]朱孝远指出，鲍斯曼、斯特耶、布瑞克、斯克里布纳等人是当代西方反传统的批判型历史学家。他们坚持历史客观主义和历史辩证法，强调历史是人民创造的，文明的发展给人们带来的必将是和谐而不是冲突，从而为遏制和防范西方扩张提供了重要的历史证据。其《历史学家的故事》则讲述了鲍斯曼、霍布斯鲍姆等 11 位当代欧美史学家的生平、学术研究及思想。[28]斯特凡·贝格尔结合自己的研究经历阐述了其对当代德国与欧洲的历史书写、二战后德国的历史写作、史学论争与民族认同的关系，以及对德国“战后一代”历史学家的评价等问题，也谈了比较研究的问题。[29]刘明翰谈了自己的学术经历与成就。[30]

马克垚指出，导师在培养研究生时，应引导学生相信自己的能力，相信自己能够超过前人；培养他们有宽广的知识，了解其他相关社会科学，培养学生提出并解决问题的能力，能从比较中发现问题。[31]

二、古代史

国洪更指出，亚述帝国时期，阿拉伯人还处于早期国家阶段，没有形成统一的政权和健全的官僚体系。他们崇拜的神灵较多，但主神地位较突出，建立了固定的祭祀中心。[32]

金寿福指出，古埃及流传下来的生者写给死者的信从不同的角度反映了古埃及妇女的地位，尤其是她们丧夫以后的处境。按照德国学者阿斯曼的理论，这些信属于隐性文化范畴，与属于显性文化范畴的神话、说教文、官吏自传等形成鲜明的对照。[33]郭子林指出，U-j 墓是前王朝末期埃及社会发展的标志性遗存，展示了当时古埃及墓葬建筑水平和丧葬习俗，其物质遗存和铭文符号反映了对外的贸易往来；随着考古证据大量增加及埃及学研究的深入，对第一中间期是古埃及历史上的“第一个疾病期”或“黑暗时代”的传统说法要审慎，不能仅凭文学作品和传记铭文加以界定；古埃及人之所以将隼鹰崇拜为荷鲁斯，根本原因是这种充满神秘力量的鸟可以用来创造王权的神圣性。埃及国王利用荷鲁斯宣扬王权的神圣性、保障王权的持续发展。隼鹰崇拜与王权运作的关系能够长久持续下来，与古埃及文化的内在特征有很大关系。[34]黄明辉指出，在古代埃及历史长河中，埃及人的来世去向逐渐由分离走向融合，形成动态循环的来世之旅，反映出王权与神权之间的关系、埃及民族宗教信仰与丧葬习俗的蜕变及其对生命与死亡的认知态度。[35]

晏绍祥指出，古典时代典型的步兵方阵战法，要到古风时代的社会变革中寻找，其兴起的直接证据是提尔泰的诗歌与奇格陶瓶。重装步兵是相对富裕的公民、土地所有者，也在政治上开始扮演角色。僭主政治与重装步兵关系密切。[36]雅典的国葬典礼制度大约可追溯到梭伦时代，是历史长期发展的结果，很可能到希波战争后才逐渐完善起来。[37]陶片放逐法的创立者不可能是克里斯提尼，而应是公元前 480 年代初的某位政治家，本意在于把精英阶级内部的争议和国家政策的决定权交给民众裁决，符合克里斯提尼改革的精神。[38]徐晓旭指出，从当代人类学的族群理论角度出发，古代希腊人的族群话语与后现代人类学情境主义族群理论不谋而合，希腊人对“ethnos”“genos”“phylon”等表述族群的名词和用语的使用情况，以及他们对于自身的定义和描述，可以证实这一点；到公元前 7 世纪初，以“希腊人”（Hellenes）为族称的族群形成，其核心为安泰莱近邻同盟和奥林匹亚赛会。将非希腊人他者化为“蛮族人”（Barbaroi）是希腊人身份认同的另一面。古典时代“希腊人”与“蛮族人”的两极对立是大规模的“雅典制造”的产物。[39]吕厚量指出，古代西西里岛是希腊、腓尼基、拉丁等不同文明势力相互对抗、交流与融合的天然枢纽。在古典作家的著作中，其形象也从“化外之地”到“世外桃源”、从“地理边缘”到“交通枢纽”、从“尘世”到“冥界”等，几经变化，先后经过了古典时代的希腊文化中心主义、希腊化时期的普世史传统以及基督教语境下的宗教地理观的塑造，为现代文学中的多元西西里文化形象的塑造奠定了基础。[40]

王大庆的《古代希腊赛会研究》一书共 12 章，在梳理学术研究史基础上，对古代希腊的赛会历史及文化进行研究，在剖析其基本历史发展过程的同时，重点研究了 agon 的文化史、赛会的宗教性、赛会的仪式、裸体竞技习俗、体育与战争、赛会中的平等观念、竞技与社会、妇女与竞技活动、赛会与民族认同、竞技中体现的中西差别等。作者指出，古代其他文明没有发展出希腊式的赛会和赛会精神，其“根本的原因在于城邦政体下，在公民范围实现了最大限度的平等，虽然还存在年龄、财富、天赋等方面的差异，但这些差异并不是不能逾越的，各种各样的‘赛会’为这些平等者提供了展示自己才能的舞台”。体育运动和战争的关系极为密切。从古风时代后期开始，对于体育运动和比赛是否有利于战争却出现了两种截然不同的看法，从而引发了一场“体育与战争之争”。随体育赛会发展和战争方式转变，二者间的“分歧”也越来越明显。古代希腊和古代中国的竞争观念既有形似和相通之处，也存在差异和偏向，希腊更肯定甚至崇尚竞争，中国则更提倡不争和让，希腊用规则和法律约束竞争，中国则注重礼的约束，强调内在的道德修养，从中可以窥见两种文明的特点。[41]

胡玉娟指出，古罗马共和时期先后发生了一系列波澜壮阔的社会转型运动。政治场域的冲突与变革往往同时在宗教舞台上体现出来。宗教礼仪制度与政治的互动可与罗马社会变迁和制度变革相互印证。罗马共和政治具有仪式性和表演性特征，仪式加强了不同阶层的认同，促进了等级和解，仪式空间和时间都是派系竞争的场所，各有特点和象征意义。恺撒的仪式行为表明，其追求个人权威的目的不是要称王，而是要成为公众的保护人。[42]倪滕达指出，琉善生活在罗马历史上最强大的安敦尼王朝，其职业生涯经历了多次转折，其足迹不仅跨越地中海区域，而且明显地反映出了地中海区域文化人对古典文化的认同和热爱。[43]付杰指出，约瑟夫斯对于罗马帝国的矛盾表态反映了前民族主义时代精英阶层的一种普遍心理，即认为稳定的社会秩序比母邦的自由更重要。[44]

三、中世纪史

马克垚的《古代专制制度考察》一书以专制主义为依托，对古代东西方的专制体制进行深入比较，批判学术界的东方专制主义偏见。作者首先从学术史入手，对东方专制主义观念的发展史进行分析，然后对中西古代的民主制度进行比较，阐明民主并非西方特有，专制不分东西；接下来以罗马、西欧俄国和古代中国为例，从君主权力、法律制度、财政税收、军事制度、工商业发展、社会阶层等方面进行细致比较。作者认为，专制主义成立的条件是军队、官僚和税收，各国的专制政体都是适应其具体社会情况的产物，不能比较其间的优劣，也不能说哪个国家的专制更开明，或更黑暗；古代专制有其进步的一面，也都有其狰狞的一面；专制主义不是无限王权，而是有限王权，都受到各种限制；说西方的专制权力有限，东方的专制权力无限，是“东方专制主义”者长久以来的说辞。[45]

张绪山指出，在华夏世界的地理观念中，西王母代表天下的“西极”。西汉时代的华夏族人将耳闻的“条支国”与西王母传说相联系。东汉时代则将西王母与“大秦”及以远的地区联系起来。唐初对西王母的描述反映的是汉魏时代的地理观念。西王母神话源于中原，体现了华夏族人对希腊罗马世界的认知，其本质是对神仙之境的向往。[46]李隆国指出，加洛林时代早期的3部史书关于丕平称王的历史叙事充满了种种疑团和分歧，显示了统治者为维护自身统治和权利而产生的各种政治诉求。[47]

比利时学者冈绍夫的《何为封建主义?》中译本的出版引起学界关注。孟广林指出，冈绍夫与布洛赫指向的是特定的西欧“封建主义”，封君封臣关系占据主导地位，“模板”仍旧在西欧。根据唯物史观，封建主义在人类历史上则具有“普适性”，是介之于古代奴隶制和近代资本主义制度之间的社会形态。《何为封建主义?》仍旧是理解西欧封建社会的重要参照，也推动史学界对封建主义研究的拓展。[48]侯树栋指出，西方学者虽大都坚持冈绍夫的狭义封建主义，但在何者为这套体系的核心要素上并没有共识。冈绍夫的狭义封建与布洛赫的广义封建显著不同，然而这种不同的背后是共性。冈绍夫定义封建主义概念的实质是“封土—封臣”体系，也是整个非马克思主义的封建主义概念和模式的理论基点。冈绍夫狭义封建主义的价值与局限应置于新学术语境下看待。[49]李隆国回顾了从布洛赫、冈绍夫、杜比、比松、布朗、雷诺兹等对封建制度的研究后指出，封建主义并没有从学术界消退，消退的只是“统一的”的封建主义，取而代之的则是具有地方特色的封建主义。未来的学术界需要消化吸收“多样化”的封建主义，并从中重新梳理出某种普遍性的封建制度。新总结出来的封建主义将是中古多元制度中的有机组成部分。[50]黄春高指出，冈绍夫之后封建主义问题并没有消解，不能简单地把冈绍夫的狭义封建主义等同于封建主义全部理论体系，更不能指称“冈绍夫即封建主义”。冈绍夫之问仍然是我们之问；托马斯·比森的《中世纪领主权》应置于美国封建主义研究的史学史中来理解，比森的研究突破了封建主义研究的困局，推动了中世纪政治社会史的新发展。自比森文章发表以来，西方学界的领主权研究已渐成气候，有取代封建主义研究的趋势。[51]卢兆瑜指出，13—14世纪，西欧政治舞台上的“不承认有上级的君主”指两类君主：实力强大的世俗君主或教皇的封建附庸，与神圣罗马帝国皇帝没有封建关系且能拒绝皇帝干预本国事务的君主，以独立自由的姿态进行政治活动。其出现预示着未来西欧主权国家的诞生。[52]荆腾指出，在关于西欧封建话语的讨论中，14—16 世纪法学家的"罗马论题"和"日耳曼论题"分歧实质是帝国法权制度与主权国家建构之间的政治观念之争。这种争论着眼于实现政治社会建构的制度性问题，成为现代政治的核心问题，确立了现代史学的政治观念基础，最终决定了"封建概念在现代史学中的理论困境"。[53]

孟广林的《英国"宪政王权"论稿——从〈大宪章〉到"玫瑰战争"》一书共 6 章，以唯物史观为指导，在综合辨析已有研究成果和质疑主流的"辉格模式"基础上，多层次、多角度地考察了中世纪后期英国王权的政治基础、时代属性与权力运作以及观念体现等，在很多问题上有新的解读和诠释。[54]孟广林、金德宁指出，中世纪后期的英国，世俗贵族形成了爵位贵族、男爵、小贵族 3 个阶层。爵位贵族、男爵中的议会贵族群体直接影响到了封建君主政治的历史走向，区域性大贵族——超级臣属日益崛起，君权与贵族的冲突成为中世纪后期英国政治的一个显著特征；在 1258 年的英国贵族改革运动中，西蒙·蒙福尔和理查·克莱尔的关系决定了运动的前期走向。埃莉诺的寡妇产对二者关系的演变起了重要作用。私家利欲往往在中古英格兰贵族的政治生活中起着重要作用；14、15 世纪，"超级臣属"在英国崛起。他们组建私家军队与王权抗衡，垄断朝政，控制地方选举，借助议会平台阴谋篡权，最终酿成玫瑰战争。[55]杜宣莹指出，玛丽之死并不仅仅是一场王位斗争的终结，还凸显了近代早期英格兰从王权政治迈向国家政治的政权转型。[56]

王超华指出，中世纪晚期，英格兰试图建立一个强有力的政府，以控制劳动力市场。政府颁布强制性法令，制定市场规则；惩罚违法行为，规范市场行为；裁决违约行为，维护市场契约。政府在执行劳工法令的过程中，承担了"服务"市场运行的功能，开启了政府介入劳动领域之先河，对此后英国劳工政策和劳动关系产生重大影响；中世纪晚期还是英国雇工的"黄金时代"。谈判是雇工争取高工资的主要手段。雇工的工资和生活水平不断提高；王超华指出，按照阿诺德·范热内普的"过渡仪式"理论，中世纪英国的死亡仪式包括分离、阈限和聚合 3 个阶段，即准备死亡（与上帝和解）、丧礼（祈祷和埋葬）和追思（七日追思、月追思和周年追思）。中世纪英国的死亡仪式反映出当时的大众心态、社会等级结构等，发挥了积极的功能，是社会的一面镜子。[57]

张娟指出，水力磨坊在中世纪时在西欧传播开来，是领主收益的重要来源。其普及原因众多。[58]刘程指出，中世纪欧洲贵金属匮乏的现实刺激金融体系做出应对性变革，先后革新出多种形式的筹资手段，如抵押贷款、政府债券等。此外，股份制也不断完善，最终催生出成熟的现代股份公司。[59]宁凡指出，14—16 世纪荷兰农村手工业兴起的内在原因是较好的基础和自身的优势。统治者的政策推动了荷兰经济发展，欧洲经济格局的变化则是有利的国际环境。[60]

徐浩指出，中世纪欧洲领主和农民的收入变化受制于人口和经济、庄园制和农奴制等体制性因素。整体而言，中世纪早中期呈现上行趋势，导致领主收入增加和农民收入减少，中世纪晚期的下行则促使领主收入减少和农民收入增加。大地产上佃农的土地持有以及缴纳地租和税金是有法可依的，领主和农民均可以此为依据维护自己的利益。习惯法植根于日耳曼人的传统及农民坚持不懈的抗争；西欧工业化起源于中世纪中期以来城乡工匠为市场而进行的生产活动。城乡个体工匠劳动前所未有的普及，磨面、呢布漂洗和金属冶炼等机械化，家内制毛纺织业为主的农村工业异军突起，是工业化起源的主要内容，并一直盛行到工业革命。这是西欧工业化过程必不可少的组成部分。[61]

惠慧指出，面对社会的质疑，托马斯·阿奎那系统地阐释了托钵修士的修道理想，予以回应。他认为，修道精神的实质不是与世隔绝的禁欲苦修，灵性完美的核心也并非恪守清贫的外在原则，而是在爱的诫命中实现自我；面对社会危机，修道人士应走出隐秘的静思，将冥想的成果通过教导和传道的行动与众人分享。阿奎那借此鼓励人们摆脱贪欲与冷漠的束缚，努力促进人类社会共同的福祉。[62]

陈天一指出，马西略提出以基督教全体大公会议为教会的最高权力机构来替代教皇的权威，人民选举的皇帝是最高统治者。其君主权力至上、代表制会议等观念都为后世民族国家形成与近代议会制度提供了理论依据。[63]朱孝远指出，马丁·路德领导的宗教改革运动确立了国家管理宗教事务的原则，为近代的欧洲宗教确立了新模式，对德国和欧洲影响深远；宗教改革消除了西欧中世纪的神圣与现实之间难以跨越的界限，具有世界性的意义。[64]杜佳峰指出，萨沃纳罗拉与德意志的盖斯迈尔和海尔高特等人的建国思想有共通性，是欧洲近代转型时期普通人民的社会理想和政治诉求。[65]詹学昭指出，神法是德国农民战争合法性的标志。古法旨在维护农民的传统权益，而神法却要推翻整个封建制度。以神法作为旗帜的德国农民战争，要求建立人民的共和国，创立人民的社会福利和救济制度。[66]

彭小瑜出版《社会的恶与善》。本书共收录历史及时事评论文章100篇，结合中外历史的事例和典故议论社会文化现状，以期平和乐观地看待现实问题。[67]

注：

①孟广林、王大庆执行主编：《新世界史》(第一辑)，社会科学文献出版社2017年版。

②张文涛：《启蒙时代历史哲学的科学起源》，《甘肃社会科学》，2017年第2期；《人类演化的三次智力觉醒》，《中国社会科学报》，2017年9月12日。

③董立河：《思辨的历史哲学及其对于历史学的价值》，《中国社会科学评价》，2017年第3期。

④顾晓伟：《后分析历史哲学与历史知识客观性的重建——当代西方史学理论的一个新趋向》，《中国社会科学评价》，2017年第4期；《大数据时代史学的人文关怀》，《史学月刊》，2017年第5期。

⑤吴英：《史学理论研究当不忘初心》，《中国社会科学报》，2017年1月17日；《唯物史观：一门真正的实证科学》，《史学集刊》，2017年第6期。

⑥于沛：《推动马克思主义史学理论研究深入发展》，《中国社会科学报》，2017年3月30日。

⑦孟广林：《世界史研究"中国学派"建构的反思与展望》，《新疆师范大学学报》(哲学社会科学版)，2017年第6期。

⑧王晴佳：《新文化史的兴起与史学的转向》，《河北学刊》，2017年第2期。

⑨王旭东：《应当厘清公众史学与公共史学的区别》，《徐州工程学院学报》(社会科学版)，2017年第2期。

⑩吴琼、杨共乐：《高校影像史学实验教学与中国历史文化传播》，《实验室研究与探索》，2017年第12期；吴琼、胡德旺：《影像叙事与历史真实——以〈从毛泽东到莫扎特：艾萨克·斯特恩在中国〉为例》，《东南传播》，2017年第4期。

⑪[英]戴维·阿布拉菲亚，李汉松、刘健译：《人文与海洋：戴维·阿布拉菲亚访谈》，《国外社会科学》，2017年第5期。

⑫高国荣：《关于草地生态史研究的若干构想》，《河南师范大学学报》(哲学社会科学版)，2017年第4期。

⑬王晴佳、李隆国：《外国史学史》，北京大学出版社2017年版。

⑭杨共乐：《修昔底德撰史特点新探》，《北京师范大学学报》(社会科学版)，2017年第4期；《修昔底德〈伯罗奔尼撒战争史(卷一)〉书写方式探析》，《史学史研究》，2017年第4期。

⑮王羽飞：《Aletheia与古希腊史学的求真传统——以希罗多德、修昔底德和波利比乌斯为中心的讨论》，《史学史研究》，2017年第3期。

⑯晏绍祥：《雅典的崛起与斯巴达的"恐惧"：论"修昔底德陷阱"》，《历史研究》，2017年第6期。

⑰王若菡：《论希罗多德〈历史〉中的神人关系》，《中国石油大学学报》(社会科学版)，2017年第5期。

⑱武晓阳：《论斯特拉波的"求真"意识》，《史学史研究》，2017年第4期。

⑲赵北平：《论李维的求真思想》，《史学史研究》，2017年第2期。

⑳张旭鹏：《长时段的回归与历史学的未来》，《文汇报》，2017年8月4日；《观念史的理论与方法》，《中国社会科学报》，2017年11月6日。

㉑钱乘旦：《不是"文明的冲突"，而是"文明的回归"》，《北京日报》，2017年3月27日；《全球史是从麦克尼尔开始的吗?》，《文汇报》，2017年8月18日。

㉒陈黄蕊：《史学科学化的发展轨迹》，《学术界》，2017年第1期。

㉓黄艳红：《"记忆之场"与皮埃尔·诺拉的法国史书写》，《历史研究》，2017年第6期。

㉔庞冠群：《全球史与跨国史：法国革命研究的新动向》，《史学理论研究》，2017年第1期。

㉕金寿福：《扬·阿斯曼的文化记忆理论》，《外国语文》，2017年第2期。

㉖顾晓伟：《西方柯林武德研究述评》，《史学月刊》，2017年第2期。

㉗李俊姝：《马歇尔·霍奇森的文明研究》，《史学理论研究》，2017年第3期。

㉘朱孝远：《现代西方批判史学传统的现代转向》，《学术前沿》，2017年第2期(上)；《历史学家的故事》，广西师范大学出版社2017年版。

㉙尉佩云：《德国与欧洲的当代历史书写——斯特凡·贝格尔教授访谈》，《史学理论研究》，2017年第2期。

㉚董立河、金嵌雯：《史学园地献终身　拼搏教

研胜举觞——刘明翰教授访谈录》，《史学史研究》，2017 年第 3 期。

㉛马克垚：《培养研究生的经验与教训》，《历史教学》，2017 年第 18 期。

㉜国洪更：《亚述帝国时期的阿拉伯人——以楔形文字文献为中心》，《世界民族》，2017 年第 3 期。

㉝金寿福：《从写给死者的信看古埃及妇女的社会地位（公元前 2100 年至前 1300 年）》，《历史研究》，2017 年第 2 期。

㉞郭子林：《财富与权力：走进古埃及前王朝》，《中国社会科学报》，2017 年 1 月 26 日；《古埃及第一中间期需审慎定论》，《中国社会科学报》，2017 年 5 月 23 日；《古埃及的隼鹰崇拜与王权运作》，《东北师大学报》（哲学社会科学版），2017 年第 3 期。

㉟黄明辉：《古代埃及民族来世观念的历史嬗变》，《理论月刊》，2017 年第 11 期。

㊱晏绍祥：《古代希腊重装步兵的兴起及其政治意义》，《首都师范大学学报》（社会科学版），2017 年第 6 期。

㊲晏绍祥：《梭伦与雅典国葬典礼制度的发端》，《古代文明》，2017 年第 4 期。

㊳晏绍祥：《雅典陶片放逐法考辨》，《世界历史》，2017 年第 1 期。

㊴徐晓旭：《古代希腊人的族群话语》，《古代文明》，2017 年第 2 期；《古代希腊人族群认同的形成》，《外国问题研究》，2017 年第 1 期。

㊵吕厚量：《古典文化史中的西西里形象嬗变》，《中国社会科学报》，2017 年 6 月 5 日。

㊶王大庆：《古代希腊赛会研究》，中国社会科学出版社，2017 年版；《略论古希腊人的“体育与战争之争”》，《苏州科技大学学报》（社会科学版），2017 年第 1 期。

㊷胡玉娟：《论古罗马的仪式与政治：以共和时代为中心》，《郑州大学学报》（哲学社会科学版），2017 年第 6 期。

㊸倪滕达：《从琉善生平看地中海区域文化人对古典文化的认同》，《内蒙古大学学报》（哲学社会科学版），2017 年第 1 期。

㊹付杰：《约瑟夫斯笔下的罗马帝国》，《内蒙古大学学报》（哲学社会科学版），2017 年第 3 期。

㊺马克垚：《古代专制制度考察》，北京大学出版社 2017 年版。

㊻张绪山：《汉唐时代华夏族人对希腊罗马世界的认知——以西王母神话为中心的探讨》，《世界历史》，2017 年第 5 期。

㊼李隆国：《加洛林早期史书中的丕平称王》，《历史研究》，2017 年第 2 期。

㊽孟广林：《西欧“封建主义”刍议——对冈绍夫〈何为封建主义〉的思考》，《历史研究》，2017 年第 2 期。

㊾侯树栋：《论冈绍夫的狭义封建主义——为冈绍夫〈何为封建主义〉中译本出版作》，《史学理论研究》，2017 年第 4 期。

㊿李隆国：《新封建主义?》，《中华读书报》，2017 年 3 月 15 日。

(51)黄春高：《何为封建主义——冈绍夫之问小议》，《清华大学学报》（哲学社会科学版），2017 年第 4 期；《评〈中世纪领主权〉——托马斯 · N . 比森的领主权研究》，《经济社会史评论》，2017 年第 1 期。

(52)卢兆瑜：《西欧主权国家萌芽的前奏：不承认有上级的君主》，《史学集刊》，2017 年第 3 期。

(53)荆腾：《政治的“封建”与历史的“封建”——论现代政治观念与西欧“封建”概念的界定》，《政治思想史》，2017 年第 4 期。

(54)孟广林：《英国“宪政王权”论稿——从〈大宪章〉到“玫瑰战争”》，人民出版社 2017 年版。

(55)孟广林、金德宁：《中世纪后期英国世俗贵族阶层的历史辨析》，《史学月刊》，2017 年第 5 期；金德宁：《中世纪英国大贵族私家利欲的历史样本——对 1258 年改革运动中贵族政治联盟的再认识》，《暨南学报（哲学社会科学版）》，2017 年第 8 期；孟广林：《14、15 世纪英国“超级臣属”的崛起及其政治影响》，《经济社会史评论》，2017 年第 2 期。

(56)杜宣莹：《从王权政治到君主共和——苏格兰玛丽女王之死与近代早期英格兰的政权转型》，《文史哲》，2017 年第 3 期。

(57)王超华：《工资谈判与英国雇工的“黄金时代”》，《经济社会史评论》，2017 年第 3 期；《中世纪晚期英格兰政府与劳动力市场》，《西南大学学报》（社会科学版），2017 年第 6 期；《通往天堂之路——中世纪英国死亡仪式探微》，《杭州师范大学学报》（社会科学版），2017 年第 2 期。

(58)张娟：《中世纪西欧水力磨坊普及应用之原因探析》，《鲁东大学学报》（哲学社会科学版），2017 年第 5 期。

⑲刘程：《中世纪中晚期欧洲社会筹资手段探究》，《科学·经济·社会》，2017 年第 1 期。

⑳宁凡：《十四至十六世纪荷兰农村手工业兴起的原因》，《北方论丛》，2017 年第 4 期。

㉑徐浩：《欧洲中世纪领主与农民的收入变化》，《经济社会史评论》，2017 年第 4 期；《西欧工业化的中世纪起源》，《历史研究》，2017 年第 1 期。

㉒惠慧：《在爱中追求完美——托马斯·阿奎那的修道思想》，《外国哲学》（第 32 辑），2017 年。

㉓陈天一：《中世纪“和平的保卫者”——马西略的“教俗”权力斗争思想》，《宗教学研究》，2017 年第 4 期。

㉔朱孝远：《德国宗教改革与马丁·路德的贡献》，《湖北理工学院学报》（人文社会科学版），2017 年第 3 期。

㉕杜佳峰：《萨沃纳罗拉与德意志农民战争领袖们的共和理想比较》，《湖北理工学院学报》（人文社会科学版），2017 年第 3 期。

㉖詹学昭：《为德国农民战争提供改革合法性的神法》，《湖北理工学院学报》（人文社会科学版），2017 年第 3 期。

㉗彭小瑜：《社会的恶与善》，商务印书馆 2017 年版。

（作者：刘林海，北京师范大学教授）

世界近现代史

郭家宏 李 阳

一、美洲史

薛冰清指出，以威尔克斯事件为代表的英国激进主义改革运动不仅刺激和推动了殖民地反英运动的初期发展，也在意识形态和政治实践上丰富了革命者的斗争经验，为随后的北美独立运动预留了多重遗产。[①]张慕智指出囚掳叙事立体多维地建构了“野蛮的异教徒”“野蛮的敌人”“专制暴政”象征的印第安人“他者”形象，并在反天主教、反法和反英的宣传中衍生出法国与英国这两个“野蛮”的参照，使北美读者对自我和群体的认同从殖民地人、用过人过渡到美利坚人。[②]张慕智以美利坚战俘宣传为切入点，指出战俘宣传深化了美利坚人对共和美德和自由精神的认同，促使其身份意识逐渐从依附英国转变为独立自主，成为推动美利坚人初步塑造自身国族认同感的重要力量。[③]于展指出霍恩的黑人身份、独特的经历和他的激进主义，促使他提出美国革命是一场反革命的观点。[④]滕凯炜认为美国历史上存在着两种“天定命运”思想：一种以“自由民主”“自然权利”“科技与文明”为核心话语，另一种则从种族主义和性别观念的角度交易构建。这两种思想塑造了充满内部张力的美国国家身份意识，并对美国对外关系产生了双重影响。[⑤]

胡烨论述了美国核民防的创建与发展，认为核民防体系的建设不仅有核民防机构的创建，更有针对普通民众的核民防行动的开展，有利于提升民众核安全意识，从全民的层面确保核时代的国家安全。[⑥]于展认为小马丁·路德·金的非暴力思想和策略在实践过程中经历了从非暴力劝说到非暴力强制再到非暴力“革命”的过程，指出能否把理想和现实紧密结合起来是非暴力策略成功与否的关键。[⑦]翟韬认为，冷战初期美国针对东南亚华人宣传机构以东南亚地区之外的香港和台北美国新闻处为主导，以华侨主要居住的东南亚地区驻地美国新闻处为辅助机构。作者分析这种机构设置和运作既体现了“一般性”又有“特殊性”。到 20 世纪 60 年代中期，美国对东南亚华侨华人宣传运动的急剧衰落一方面体现出美国对华侨问题战略定位的转变，另一方面表示美国已产生了相应清晰的第三世界地缘政治概念。[⑧]翟韬分析了“华人的美国梦”宣传主题出台的原因、政治和文化意涵，以及华裔美国人形象的 3 个关键词。[⑨]金海分析了 20 世纪 50—70 年代美国空气污染治理过程中联邦干预的必要性以及联邦政府干预不断扩大的历史进程。[⑩]王希认为总统选择进程的“专业化”与“精英化”操作，极化政治的发展与体制僵局的常态化，全球化时代美国价值观的分离以及“选民重组”是特朗普当选的主要原因。[⑪]

熊孜考察英属西印度群岛院外游说团体的组织发展、机能运作以及动员手段，指出它通过游说力量运作影响了帝国中心的立法并打破了原有航海法体系下英帝国殖民体系的平衡，与帝国税制改革一起成为美国独立战争的一大诱因。[12]刘旭指出，莫兰特湾起义只是牙买加“自由制度”终结的导火索，通过起义及其镇压，牙买加岛上微妙且脆弱的政治平衡终于发生的倾斜，以及埋藏在深处的牙买加政治经济困局，具体表现为总督和殖民地代议制议会的矛盾、种植园主体制和与英帝国自由贸易相违背的种植园保护制度的矛盾等才是导致其“自由”制度终结的根本原因。[13]宋霞认为，拉丁美洲启蒙思想和科学范式有两大新特征：一个是融合、妥协和混合性特征，一个是实证主义和功利主义特征，她指出科学从思想、政治、组织、军事等各个方面对拉丁美洲独立运动起着推动和革命性作用。[14]魏然以巴拉圭战图为对象，指出旧有的民族—国家框架已不适应当今的南美区域一体化，唯有谨慎对待并用批评的画笔重绘巴拉圭战图，才能为南椎体搭建文化的公共舞台。[15]董经胜认为拉美民粹主义主要可分为两类：一类是将拉美的民粹主义看作一种与进口替代工业化和凯恩斯主义思想直接相关的经济模式，另一类是将拉美的民粹主义看作一个政治概念。同时他指出民粹主义中存在的有利于民主和不利于民主的因素，体现了自由主义的民主传统与民粹主义的民主传统之间的内在紧张性。[16]

二、英国史

杜宣莹认为玛丽之死中，枢密院蒙蔽伊丽莎白女王，径自主导玛丽死刑的史实，实际上反映了16世纪晚期英格兰的政权核心正逐渐从王廷转移至官僚主导的政府。[17]杜宣莹指出，伊丽莎白一世首席国务大臣弗朗西斯·沃尔辛厄姆档案的编辑与散佚见证了近代化早期英格兰政府的政务私有化与次级权力结构的重组，以及国家档案从私有化重归政府统辖的变革和弛废。[18]胡莉考察了光荣革命前英国国王外交权力的动态变化，伊丽莎白一世开“外交是君主特权”先河。斯图亚特王朝时，议会以自身具有请愿、自由发言权为名打破国王对外交权的垄断，要求介入外交事务且程度不断加深，国王外交“特权”松动。光荣革命后，国王“外交特权”失去“特权”色彩，其不再能禁止或限制议会介入外交事务。[19]郭双林指出18世纪英国苏格兰启蒙思想家们关于历史发展和人类进步的思考，共同构成了近代西方文明等级论的思想源泉。[20]王广坤从身体认知学角度考察“血液循环”理论的重要价值，阐明哈维理论对盖伦观点的颠覆性改造，并着重探讨这种改造对身体认知学发展的积极意义。[21]赵秀荣指出，英国社会对“自杀”态度的认知经历了从中世纪的严苛到近代晚期宽容的转变，而出现转变的原因主要是自杀人数增加引发社会关注，自杀的“医学化”，理性呼声的出现以及对社会陋习的摒弃与权利意识的增强。[22]郜峰指出英国人寿保险企业通过将传统家庭观念中的责任感和使命感、社会道德中的互助观念以及商业文化融入广告宣传，并辅之以其他宣传策略极大地消除了公众对人寿保险安全性的疑虑，推动了人寿保险业的发展。[23]吕富渊指出，英国社会对狂犬病发病机制经历了从内源自发性到外来传染性的认识转变，与此同时，对其防治也经历了从主张改革中下层社会道德以消除疾病的爆发，到主张国家采用卫生和立法措施来加以根除的变化。[24]郭家宏、徐佳星论述旧济贫法体制下贫民医疗救济的发展历程、对象和范围，认为旧济贫法时期的医疗救济虽呈现出城乡之间、贫富教区之间的不均衡，却在一定程度上满足了穷人的医疗需求，维系了社会稳定。[25]张瑾指出，近代科学家的职业化始于科学业余爱好者的兴趣，继而自发集结成立各种社会团体，逐渐被政府认可接纳并大力支持，随之在研究机构和大学里发扬光大，最终与19世纪末完成职业化的发展。[26]任剑涛指出，工业革命让英国成为不同于古代帝国的现代新帝国，这个帝国具有不同于古代帝国的新特征——暴力体制弱化以及以工业生产和经济贸易带动全球经济发展，但是当英国无法继续占有工业革命持续发展先机的时候，英国的衰落就不可避免。[27]刘旭指出“不列颠和平”一方面强调英帝国新的帝国观念，主张将帝国内部的白人殖民地及美国培养为英国的“伙伴”；另一方面则主张极力避免无意义的针对，只进行对于帝国利益至关重要的战争，反映了英国人的一种深层的忧虑和对帝国过于庞大以致崩溃的恐惧。[28]杭聪认为，英国的帝国援助分为两个阶段：前一阶段主要是开发殖民地资源，解决英国面临的经济困难，“固守”殖民地；后一阶段则是逐渐在英联邦框架内建立起对新独立国家的援助渠道，以此保证英国的影响力。他指出英国援助客观上有助于殖民地的发展，但实质是为实现自身的利益。[29]李玥认为英国的扩张、格莱斯顿自治法案失败、英帝国逐渐衰落、宗教与政治的结构性矛盾和爱尔兰民族主义意识的觉醒是英爱民族冲突发生的原因。[30]严立贤指出，由国内农业劳动生产率不断提高带动传统手工业向近代机器大工业过渡的一般过程，只在英国得以典型体现，日中与其大不相同，但是英日中3国由传统工业向近代化发展的过程中所形成的3种模式与3国农业劳动生产率的状况有着直接关系。[31]

三、法国史

黄艳红以1750—1780年法国舆论界围绕税收特权问题展开的辩论为对象，指出到1780年前后，在这场辩论中逐渐发展出一种超越个别性、忽略历史先例、基于普遍理性和平等原则的新政治话语，这也是对特权者们所使用的概念的单数化和抽象化的过程。[32]倪玉珍指出，圣西门完成了对宗教理解的双重转化：一是将宗教去神圣化为人类的发明；二是将其神圣化为维持社会必不可少的世俗制度。涂尔干继承圣西门宗教思想，其对宗教社会整合功能的重视使他提出了通过重建群体维护社会团结的理论。[33]倪玉珍指出19世纪上半叶社会学说在法国的兴起，源于思想家们开始关注政制和民情的关系，基佐把“社会状况”视为比“政治制度”更为根本的原因，圣西门则倡导用实证与科学的方法研究历史和社会，摒弃抽象的意识形态之争，回归到社会事实本身来思考政治。实证和科学的精神促成了观念与经验的互动，最终使法国较为平稳地完成了现代化转型。[34]

四、德国史

詹学昭指出，德国农民战争时期，农民请愿即用古法也用神法，以神法为旗帜有中世纪传统，农民在德国农民战争后期以神法为据，要求建立人民的共和国，以及提出开展社会救济的新构想均体现了神法的开创性。[35]贾浩指出，普法战争的巨额赔款不仅给法、德两个交战国的经济带来了事与愿违的影响，还进一步导致得不偿失的政治后果的产生。战争赔款并不能达到削弱战败国的目的，却往往成为战争再起的导火索。[36]徐健从多个角度分析“乌拉爱国主义”出现的原因，指出普通人对战争的心理预期、好武的军事文化教育、年轻人与父辈之间不断拉大的代际差异等是诱因，而统一后德意志民族认同的复杂性、德意志自由主义的逐步退却、帝国政治的不成熟以及俾斯麦和威廉二世的个人因素等是其产生的深层原因。[37]黄艳红指出，科泽勒克从《危机与批判》一书起已经开始概念史的实践，后继承奥托·布雷纳和维尔纳·孔策将概念与社会事实相结合的研究路径并丰富其学说，而他提出的鞍型期概念的时间化是最有启迪意义的见解。[38]王超认为民主德国民族政策经历了从“一个民族一个德国”到“两个民族两个德国”的转变，后者失败的原因在于民族德国自身经济和社会政策的实务、联邦德国“接触政策”的影响以及苏联在德国政策上的巨大转变。[39]

五、苏俄及东欧史

于沛指出，十月革命是近代世界历史矛盾运动的必然产物，是历史辩证法的胜利，它改变了世界历史的方向，中国革命开始成为无产阶级世界革命的一部分。[40]陈之烨论述了3个问题：一是二月革命的主要成果是推翻了沙皇专制统治，二是革命后列宁及时制定相应的战略策略体现了他的领导艺术，三是论述了十月革命的历史地位和重大意义。[41]陈之烨评析了列宁关于实现民族自决权的3种形式，指出我国的民族区域自治制度是学习借鉴列宁民族自决权的理论与实践，更具国情制定的，不是苏联民族自治制度的翻版。[42]白晓红指出，20世纪20年代苏联社会政治结构根本性的剧变推及文化领域，导致从“无产阶级文化派”到“左翼艺术战线”，再到“岗位派”，都成为文化虚无主义的拥趸，从而使苏联全盘否定数世纪以来的优秀文化遗产。[43]邓超考察普列汉诺夫的生平，阐述了中国和苏联对普列汉诺夫的言论和思想从批判、否定到逐渐冷静平和地重新评价的过程，指出对历史人物的评价随着时间推移总会不断调整。[44]张丹指出1937年的人口普查时一场为实现中央的乐观人口愿景而进行的政治行动，因而当普查结果与官方估算相悖，逮捕普查负责人、封存资料和下令重新普查就成为“忤逆中央心愿”的必然结果。[45]陆南泉认为赫鲁晓夫时期的改革，虽然由于赫鲁晓夫并未认识到斯大林体制根本性弊端、改革没有离开斯大林模式的大框架、触动了很多人的利益以及国际社会的压力而未取得成功，但其翻开了苏联历史新的一页、推动了经济理论的发展、提出社会主义各国可以有不同的体制模式。[46]张建华指出，抗战初期苏联航空志愿队援华是中苏超越意识形态和语言文化隔阂的历史佳话，是在中苏关系特殊年代和中国特殊政治区域——国民党统治区——社会各界人士认识苏联的特殊产物，也是苏联方面重塑苏联形象和认识特殊年代的中国形象的结果。[47]邢媛媛论述苏联入侵阿富汗战争的原因、结果，并从国内、国际政治两个角度进行进一步分析，指出外交是内政的延伸，为内政服务。[48]张盛发梳理苏联时期和新俄罗斯时期史学家们对一战问题的不同观点，重点列出了列宁和普京的不同评价，指出俄罗斯对一战的评价由被遗忘的帝国主义战争变成了重要的卫国战争。[49]马龙闪通过分析当前俄罗斯史学新动向：对俄帝国的纪念活动、统一历史教科书大纲的制定和课本编写，以及“新帝国史”学派的出现，指出了其中蕴含的俄罗斯若干政治态势和发展趋向。[50]

六、亚非史

1. 日本史

朱玲莉指出，以灵活自由的教育形式、积极接受及传播西方先进文化和实施系统的教学管理机制为特色的“怀德书院”为日本近代化培养了大批有志之士。[51]马晓娟系统概述日本陆军精英式的军事教育，分析其军事教育对日军精英的普遍影响，以及这种影响与他们制定、实施侵华政策的关系，揭示日本“军事精英”培养体系的结构性问题是日本对外侵略及战败的原因。[52]勾宇威指出，占领期美国对日本的教育民主化改造具有进步性，但结合当时美国对日本的定位和随之到来的冷战、美苏争霸，美国对日本的改造又具有很强的意识形态和霸权主义色彩。[53]马晓娟探讨中日及欧美研究者们对石原莞尔其人的不同认识，并分析产生这种不同认识的原因。[54]唐利国论述了吉田松阴亚洲侵略思想的形成、“民政论”的侵略内涵和“航海战略”的真意，指出其思想中“国家理性”和“国体信仰”的奇异结合，使其成为近代日本亚洲侵略思想的真正原型。[55]唐永亮认为，基于回到“近代”初始点上把握“近代”本质的近代观，丸山真男对“近代的超克”持批判态度。他指出丸山主张通过构建自有多元的市民社会、与异质文化思想相接触、培养他者意识来促进日本人近代主体意识的形成。[56]臧运祜指出，15 年战争期间日本政府为了实行对中国东北与本土及亚太地区的管理与统治，陆续设立的“对满事务局”“兴亚院”“大东亚省”，这 3 个机构反映了近代日本对亚太地区实施殖民统治的本质。[57]王新生以天理教为中心，分析近代日本新宗教团体产生的历史背景、主要特征及其与中国的关系。[58]陈言指出日本借鉴万国博览会成功把自己衔接到 18 世纪以来欧洲扩张所形成的全新的视觉霸权体制内，在这一过程中，日本操控“满洲国”以配合自己的殖民统制，却使“满洲国”某种意义上成为战后东亚现代化的出发点。[59]宋成有分别论述了明治初年日本对清、琉球、朝鲜的外交策略，指出当时日本东亚外交的实质是为建立日本殖民帝国的探路行动。[60]李宇恒考察《日美安全保障条约》的起草、制定和交涉过程，运用政治过程论分析日本国内各政治主体之间的利益调整，指出日本通过该条约实现了日美高度捆绑，达到了长期保证日本政治、社会稳定的目的，但也给日本带来了许多负面影响。[61]张建立指出，战后日本在国家组织体侧面的认同建构中，积极接受和平宪法等战后改革举措，建构以经济绩效为基础的国家认同对内促进了社会稳定，对外为日本赢得了国际声誉；在国家文明体侧面的认同建构中，追求日本独特性和日本文化优越性的举措对内提升了日本人对其历史文化的自信，但也煽动了其民族主义情绪。[62]王超梳理日本与英美学界对日本战后初期民族主义论已有成果，指出已有研究主要讲民族主义论放在主体论、美学论、战争体验论、国民—民族对立论等更为宏观的构架内加以讨论，缺少细致的文本分析与对思想家的内在理解。[63]张跃斌指出近年来日本学者对战败原因的研究集中在日本军队的无能和狂妄，日本海军的怯懦、狭隘和日本外交部门的失误 3 方面。这些研究虽具有一定学术意义但也存在重大不足以及一些令人担忧的因素。[64]张跃斌指出战后日本社会走向平等的 3 种路径促成了日本在 20 世纪 70—80 年代达到了一定程度的社会平等，同时他也推论出经济发展是基本前提，平等理念是第一步，可以有走向社会平等的不同路径以及平等是相对且处在不断变化中的。[65]陈祥、梅雪芹对田中正造的环保思想的内容、渊源以及他的行动和思想的影响做了一番探究，指出他的环保思想对二战后日本反思公害问题及其智力起到重要作用，他的重视生命、人与自然和谐发展等观点在日本环境思想史中占据重要地位。[66]

2. 朝鲜、韩国史

朱玫指出号牌制作为朝鲜时期控制人丁的根本制度之一，具有掌握民数、征兵调役、辨别身份、抑制百姓迁移等基本功能。其在各朝备受争议、反复存废的经历与朝鲜王朝自身的社会经济构造有紧密关系。[67]朱玫考察朝鲜时期的户籍文书遗存情况，并以其中几份户籍文书为研究对象，略述其格式和登载事项。[68]褚静涛通过分析大量历史文本，指出中美英 3 国在朝鲜战后独立问题上的立场，解读《开罗宣言》与朝鲜独立的关系。[69]王元周证实李文治女婿李侃就是韩国独立运动家李侃，李文治等为新成立的韩国临时政府募集的经费有可能为李侃所独占，并非由李文治、李侃二人侵占，而捐款也许没有通常认为的 20 万元那么多。[70]许亮指出驻韩美军对韩国的影响具体体现在：构筑了韩国依附美国的防务体制，冲击了韩国的传统文化与社会秩序，塑造了韩国的政治生态以及成为冷战后韩国国家建设的障碍。[71]许亮通过考察二战后韩国建立现代化国家的历史进程，提出了 3 点新认识：不完整的国家建设限定韩国发展道路的选择，经济发展是由威权主义、民族主义和自由主义 3 股力量共同推动，民主建设取决于社会结构的变化。[72]

3. 南亚与东南亚史

李晓霞指出殖民政府推行的相对明晰的土地所有权、水利灌溉工程建设、土地垦殖计划以及农业商业化共同促进了旁遮普地区农业发展水平的提高。[73]金永丽指出英国殖民地统治时期、独立后以及当下三个阶段中体育对于印度的不同意义。[74]徐志民通过梳理“南方特别留学生”的选拔培训、赴日经过、留学生活、战后归国、职业履历等内容，探讨他们与东南亚各国民族解放运动之间的关系，揭示了“解放战争史观”的荒谬与虚伪。[75]

4. 中亚、中东与非洲史

侯艾君从历史—文化差异、现代化进程和民族—主权进程的角度考察吉尔吉斯和乌兹别克两族社会—经济和社会—政治分化的后果，探讨两大族群之间矛盾生成机制和族际冲突的根源。[76]

姚惠娜指出巴勒斯坦建国困境的因素有3个方面：以色列的强硬不妥协政策、巴勒斯坦民族运动软弱乏力以及国际和地区局势变化使巴勒斯坦问题日益边缘化。[77]

毕健康、陈勇分析了纳赛尔时期到20世纪80年代以来埃及劳工移民由盛转衰的原因，他们认为造成该问题的原因主要是萨达特和穆巴拉克时期埃及工业化停滞不前，过度城市化以及劳工移民教育水平低下。[78]姚惠娜指出塞西执政以来，埃及对巴勒斯坦的支持政策凸显了埃及在解决巴勒斯坦问题中的地位与作用，但由于埃及国力衰退等因素，埃及对巴勒斯坦政策的实施仍面临诸多困难。[79]

七、国际关系史

张丽梳理了1866—1881年，新西兰对华工从容纳到排斥的转变的历史史实，将华人移民置于新西兰的政治、经济和社会环境中，分析出现这一转变的历史原因。[80]赵晓阳以新西兰华人华侨为中心，从自由权、宗教信仰、种族排斥、经济竞争、道德歧视、文化差异、自身恶习等7个方面分析了华人华侨被排斥的原因。[81]孙立新从全球史和跨文化研究的学术理念出发，指出近代中德两国交往是一个复杂且不断变化的进程，两国关系也绝非由德国单方面决定，中国方面的行为人同样也积极参与其中。[82]褚静涛通过查阅美国外交档案等文献，探讨《波茨坦宣言》的草拟、定稿、发表及日本接受的经过。[83]高莹莹从美国参战与对华宣传的启动、美国在华报人的反日情绪、日本的反美舆论以及美国人的应对4个方面阐述了一战前后美日舆论战的演变过程，指出这场舆论战，一方面让美国在中国的新闻事业与政府联系起来，促进了在华美国系报纸的迅速发展，另一方面促使日本调整以往对华政策，并注意到谬论等文化力量在外交中的作用。[84]许海云、苏逸飞梳理“前沿防御战略”的起源及演变历程，总结该战略的特点与得失，指出乌克兰危机爆发后，该战略是否可以真正发挥抗衡俄罗斯的作用，还需在欧洲战略博弈中进一步观察。[85]许海云、曾晨宇分析了北约东扩过去及未来及其面临的种种困境，指出北约以东扩这一形式构建欧洲政治与安全新秩序只会进一步加剧欧洲的混乱与紧张状态。[86]

八、其他

毕健康、陈丽蓉认为推进索马里难民治理的出路在于推进索马里政治重建，提升国家治理能力，不断完善国际社会共同参与的多层次治理机制。[87]

施诚、施西指出，现代国际法的产生是16、17世纪之交荷兰力图打破葡萄牙垄断亚洲香料贸易及其引发的一系列事件的产物。[88]杜家峰将意、德两国人民建国运动作为一个整体看待，比较萨沃纳罗拉和其他人民改革家的建国思想，揭示他们都计划以基督教新生活的名义改革社会，都希望由人民直接掌握国家权力，最终推翻封建制度，建立一个人民国家。[89]

杜丽红论述了现代公共卫生的起源、发展、研究对象等问题，指出在世界公共卫生历史发展的时代背景下，近代中国公共卫生的产生和发展大致呈现出制度化、职业化和日程生活化3种趋势。[90]代高峰从文明冲突的形态之争、文明冲突理论范式的局限和中华文明的特质3个方面总结归纳了近年来学者们围绕文明冲突理论展开的争论，指出文化对人类社会和国际关系的形塑作用真实存在且影响深远。[91]

九、史学理论与外国史学史

黄艳红考察《记忆之场》问世的历史背景及其问题指向、它在历史书写路径方面的探索，指出皮埃尔·诺拉“记忆之场”的提出，意味着法国民族史中过去、现在和未来关系的一种深刻变革，历史的连续性动摇了，这可视为“当下主义”的标志。[92]刘程梳理了政治经济学、经济学和新史学三大学科对北欧区域贸易的研究，指出各领域分散独立的研究工作会对整体概念下的北欧区域研究造成困境，建议只有坚持历史逻辑为前提，将定性分析与定量分析相结合，全面把握研究视角才能更深入理解贸易互动影响下的区域文明。[93]

高岱以威廉·霍斯金斯的《英格兰景观的形成》一书为研究对象，阐述了霍斯金斯对景观史与环境史概念的辨析以及他对圈地运动、工业革命等具有重要意义的英国史问题的新思考。[94]高国荣探讨草地生态史研究的重要性、研究的 3 个层面以及全球史视野下的草地生态史研究。[95]赵辉兵、姜启舟认为林·亨特史学思想经历了追求客观性与科学性的新社会史阶段，关注主观性与哲学性的新文化史阶段，强调客观性与主观性、科学性与哲学性相结合的全球史阶段，她的史学写作凡是与史学思想转型是当代西方史学发展趋势的风向标与晴雨表。[96]徐健指出在新范式的冲击下，近代初期德意志与东方贸易史研究的时间范围和研究对象将大大扩展，不再局限于本国历史语境下贸易活动的分析，会加强对国家之外和国家之上影响贸易和贸易国家间关系的诸因素的探讨，还将扩宽审视德国历史的方式，同时建构更为多样化和具有差异性的殖民史评价体系。[97]梅雪芹指出在解释近代世界历史运动时，应树立生态世界观，系统整理涉及世界近代史的相关研究成果，与以往强调的主题有机结合以充实世界近代史的概念和史实。[98]庞冠群指出，新近出现的全球史与跨国史视野下的法国革命史研究侧重于从外交与内政、全球经济的发展、殖民地与法国本土的互动、帝国间的全球竞争、跨国启蒙运动等角度探讨革命的起源以及发展动力的问题。[99]张艳茹分析“昭和史论争”出现的背景以及涉及的主要问题，指出“昭和史论争”不仅反映了当时日本历史研究的状况，也引导了后来日本学界的诸多理论思考。论争中很多具体问题，如近代天皇制、战争责任等问题也成为学界经久不衰的讨论热点，从而使它仍被反复论及。[100]

朱孝远通过介绍鲍斯曼、斯特耶、布瑞克、斯克里布纳等人在不同领域对传统史学解释提出的挑战，指出他们从一个侧面揭示了一个真理：历史是人民创造的，文明的发展给人们带来的必将是和谐而不是冲突，这为遏制和防范西方扩张提供了重要的历史证据。[101]

王晴佳认为新文化史的兴起源于西方历史观念的转变，反映了西方世界在全球影响的衰落、史家重拾过去、躲避现实的现象。他指出中国史学界不应盲目跟从西方，建议把一些新文化史题材与大的关照、关怀结合起来，两者有所兼顾，做到见微知著但又不刻意地解读、发现所谓的历史规律。[102]孟广林分析，改革开放以来，我国世界史研究取得的成果以及存在的问题和缺陷，指出必须坚持以唯物史观为理论指南，强化原始资料的运用，克服对西方史学学理模式的“路径依赖”以及全面、系统、批判地借鉴域外研究成果，才可以在国际史坛上树起“中国学派”的旗帜。[103]

注：

①薛冰清：《威尔克斯事件与跨大西洋视野下的北美独立运动》，《历史研究》，2017 年第 5 期。

②张慕智：《印第安人的“他者”形象与北美殖民地人认同意识的演变——以印第安人囚掳叙事为中心的考察（1675—1783）》，《史学集刊》，2017 年第 6 期。

③张慕智：《美国独立战争中围绕美利坚战俘的宣传及其历史意义》，《世界历史》，2017 年第 5 期。

④于展：《美国革命是一场反革命吗？——评〈1776 年的反革命：奴隶反抗与美国的起源〉》，《史学月刊》，2017 年第 7 期。

⑤滕凯炜：《“天定命运”论与 19 世纪中期美国的国家身份观念》，《世界历史》，2017 年第 3 期。

⑥胡烨：《冷战初期美国的核民防与核安全》，《贵州社会科学》，2017 年第 7 期。

⑦于展：《论小马丁·路德·金非暴力策略的演变》，《武汉大学学报》（人文科学版），2017 年第 3 期。

⑧翟韬：《美国对东南亚华人宣传机构研究（1949—1964）》，《首都师范大学学报》（社会科学版），2017 年第 4 期。

⑨翟韬：《“华人的美国梦”的叙事与美国国家形象的塑造——兼论 20 世纪五六十年代美国政府对华侨的宣传政策》，《美国研究》，2017 年第 2 期。

⑩金海：《20 世纪中期美国联邦政府对空气污染控制的干预与强化》，《河南师范大学学报》（哲学社会科学版），2017 年第 4 期。

⑪王希：《特朗普为何当选？——对 2016 年美国总统大选的历史反思》，《美国研究》，2017 年第 3 期。

⑫熊孜：《18 世纪英属西印度群岛院外游说团体研究》，《淮南师范学院院报》，2017 年第 1 期。

⑬刘旭：《牙买加莫兰特湾起义及“自由”制度的终结》，《史志学刊》，2017 年第 1 期。

⑭宋霞：《启蒙运动、科学与拉丁美洲独立战争浅论》，《史学集刊》，2017 年第 5 期。

⑮魏然：《重绘巴拉圭战图——南美战争记忆与区域一体化》，《文艺理论与批评》，2017 年第 4 期。

⑯董经胜：《拉丁美洲的民粹主义：理论与实证

探讨》,《拉丁美洲研究》,2017 年第 4 期。

⑰杜宣莹:《从王权政治到君主共和——苏格兰玛丽女王之死与近代早期英格兰的政权转型》,《文史哲》,2017 年第 3 期。

⑱杜宣莹:《近代早期英格兰国家档案的编辑与散佚——弗朗西斯·沃尔辛厄姆档案探析》,《世界历史》,2017 年第 1 期。

⑲胡莉:《英国光荣革命前国王外交权力探析》,《学术研究》,2017 年第 8 期。

⑳郭双林:《近代英美等国文明等级论溯源》,《中国人民大学学报》,2017 年第 6 期。

㉑王广坤:《从“生命灵气”到“血液循环”:近代身体话语的科学转型》,《文化研究》,2017 年第 4 期。

㉒赵秀荣:《英国社会对“自杀”的认知》,《经济社会史评论》,2017 年第 3 期。

㉓郜峰:《19 世纪英国人寿保险产业广告与宣传策略》,《史学月刊》,2017 年第 2 期。

㉔吕富渊:《19 世纪英国社会有关狂犬病的争论与防治》,《学术研究》,2017 年第 4 期。

㉕郭家宏、徐佳星:《旧济贫法体制下英国贫民医疗救济探析》,《学术研究》,2017 年第 4 期。

㉖张瑾:《近代英法科学家职业化及身份认同》,《深圳大学学报》(人文社会科学版),2017 年第 4 期。

㉗任剑涛:《工业革命与不列颠新帝国的兴衰》,《党政研究》,2017 年第 1 期。

㉘刘旭:《“不列颠”和平概念探析》,《上饶师范学院学报》,2017 年第 1 期。

㉙杭聪:《英国的帝国援助政策辨析(1929—1970)》,《唐山学院学报》,2017 年第 2 期。

㉚李玥:《变迁、结构、话语视角下的英爱民族问题探析》,《成都理工大学学报》(社会科学版),2017 年第 4 期。

㉛严立贤:《从农业劳动生产率差异看由传统手工业向近代大工业过渡的不同模式——英、日、中三国之比较研究》,《河北学刊》,2017 年第 5 期。

㉜黄艳红:《革命话语与概念的初现:法国旧制度末期关于税收特权问题的论辩》,《世界历史》,2017 年第 6 期。

㉝倪玉珍:《圣西蒙的新宗教:实业社会的道德守护者》,《学海》,2017 年第 5 期。

㉞倪玉珍:《从“社会”的视角思考政治——19 世纪上半叶法国政治话语的重要转变》,《世界历史》,2017 年第 6 期。

㉟詹学昭:《为德国农民战争提供改革合法性的神法》,《湖北理工学院学报》(人文社会科学版),2017 年第 3 期。

㊱贾浩:《普法战争赔款后果辨析》,《科学·经济·社会》,2017 年第 4 期。

㊲徐健:《“乌拉爱国主义”:一战前德国社会心态的若干思考》,《历史教学》,2017 年第 10 期。

㊳黄艳红:《莱因哈特·科泽勒克的概念史研究刍议》,《历史教学问题》,2017 年第 6 期。

㊴王超:《民主德国民族政策的演变及其失败原因探析》,《云南民族大学学报》(哲学社会科学版),2017 年第 3 期。

㊵于沛:《十月革命和世界历史进程——纪念十月革命 100 周年》,《史学理论研究》,2017 年第 3 期。

㊶陈之烨:《历史唯物主义视阈下的 1917 年俄国革命——纪念十月社会主义革命 100 周年》,《毛泽东邓小平理论研究》,2017 年第 8 期。

㊷陈之烨:《评列宁关于实现民族自决权的三种形式》,《世界社会主义研究》,2017 年第 6 期。

㊸白晓红:《苏联早期文化中的虚无主义倾向》,《俄罗斯学刊》,2017 年第 5 期。

㊹邓超:《对普列汉诺夫评价的几点思考》,《当代世界与社会主义》,2017 年第 2 期。

㊺张丹:《联共(布)中央与 1937 年全苏人口普查》,《俄罗斯学刊》,2017 年第 4 期。

㊻陆南泉:《60 年后再评赫鲁晓夫的改革》,《社会科学》,2017 年第 2 期。

㊼张建华:《再造苏联形象:抗战初期苏联空军援华及其影响》,《史学月刊》,2017 年第 1 期。

㊽邢媛媛:《苏联外交与社会稳定——以“苏联入侵阿富汗”事件为案例的考察》,《德州学院学报》,2017 年第 1 期。

㊾张盛发:《从遗忘的战争到重要的战争——俄罗斯重新评价第一次世界大战》,《俄罗斯学刊》,2017 年第 4 期。

㊿马龙闪:《近年俄罗斯史学中值得关注的动向》,《探索与争鸣》,2017 年第 6 期。

51朱玲莉:《论日本江户时期“怀德书院”的教育》,《湖南大学学报》(社会科学版),2017 年第 4 期。

52马晓娟:《“精英误国”:近代日军陆军教育体

系评述》,《抗日战争研究》,2017 年第 3 期。

53勾宇威:《论占领期美国对日本政治经济民主化改革基础上的教育政策》,《中国市场》,2017 年第 24 期。

54马晓娟:《“日本陆军中坚层”代表人物石原莞尔研究评析》,《兰州学刊》,2017 年第 5 期。

55唐利国:《论吉田松阴的亚洲侵略思想》,《北华大学学报》,2017 年第 5 期。

56唐永亮:《日本的“近代”与“近代的超克”之辩——以丸山真男的近代观为中心》,《世界历史》,2017 年第 2 期。

57臧运祜:《战时日本对亚太地区的殖民统治机构之演变——以“大东亚省”的设立过程为中心》,《抗日战争研究》,2017 年第 2 期。

58王新生:《近代日本社会变迁中的新宗教与中国——以天理教为中心》,《日本问题研究》,2017 年第 5 期。

59陈言:《日本博览会的“满目之教”与帝国视线——兼论“满洲摩登”》,《探索与争鸣》,2017 年第 11 期。

60宋成有:《狼贪蚕食:简论明治前十年的日本东亚外交》,《青海师范大学学报》(哲学社会科学版),2017 年第 6 期。

61李宇恒:《〈日美安全保障条约〉的缘起与影响》,《历史教学》,2017 年第 12 期。

62张建立:《战后日本的国家认同建构特点研究——心理文化学视角的考察》,《东北师大学报》(哲学社会科学版),2017 年第 5 期。

63王超:《国外学界战后初期日本民族主义论研究综述》,《北华大学学报》(社会科学版),2017 年第 5 期。

64张跃斌:《近年来日本国内的战败原因研究评析》,《晋阳学刊》,2017 年第 4 期。

65张跃斌:《战后日本社会走向平等的三种路径》,《开发研究》,2017 年第 4 期。

66陈祥、梅雪芹:《环境问题“并非一国之问题”——论明治维新日本政治家田中正造的环保思想》,《社会科学战线》,2017 年第 1 期。

67朱玫:《朝鲜时期号牌制实施考论》,《当代韩国》,2017 年第 1 期。

68朱玫:《朝鲜王朝的户籍攒造及其遗存文书研究》,《史林》,2017 年第 5 期。

69褚静涛:《〈开罗宣言〉与朝鲜独立》,《安徽史学》,2017 年第 3 期。

70王元周:《李文治、李伣与韩国独立运动:私吞捐款事件探析》,《当代韩国》,2017 年第 3 期。

71许亮:《驻韩美军对韩国社会的影响》,《军事历史研究》,2017 年第 3 期。

72许亮:《韩国国家建设初探:对韩国现代化进程的新认识》,《理论月刊》,2017 年第 5 期。

73李晓霞:《19 世纪下半叶印度旁遮普农业现代化的启动》,《经济社会史评论》,2017 年第 2 期。

74金永丽:《论体育对于印度的意义》,《体育文化导刊》,2017 年第 9 期。

75徐志民:《“二战”时期日本在东南亚招募的“南方特别留学生”》,《世界历史》,2017 年第 6 期。

76侯艾君:《奥什事件:吉尔吉斯—乌兹别克族际冲突探析》,《世界民族》,2017 年第 6 期。

77姚惠娜:《论巴勒斯坦建国困境形成的因素》,《郑州大学学报》(哲学社会科学版),2017 年第 4 期。

78毕健康、陈勇:《当代埃及国内劳工移民与工业化问题评析》,《阿拉伯世界研究》,2017 年第 6 期。

79姚惠娜:《塞西执政以来埃及对巴勒斯坦的政策》,《阿拉伯世界研究》,2017 年第 6 期。

80张丽:《19 世纪后半期新西兰华工淘金热的兴起与排华立法的出台》,《史学月刊》,2017 年第 4 期。

81赵晓阳:《19 世纪后期海外华人的“被形象”分析——以新西兰华人华侨为中心》,《史学集刊》,2017 年第 4 期。

82孙立新:《关于近代中德关系史研究的新思考》,《史学理论研究》,2017 年第 1 期。

83褚静涛:《〈波茨坦宣言〉论述》,《民国档案》,2017 年第 3 期。

84高莹莹:《一战前后美日在华舆论战》,《史学月刊》,2017 年第 4 期。

85许海云、苏逸飞:《北约“前沿防御战略”的产生及演变》,《军事历史研究》,2017 年第 3 期。

86许海云、曾晨宇:《从黑山入盟看北约东扩的困境与出路》,《现代国际关系》,2017 年第 7 期。

87毕健康、陈丽蓉:《索马里难民治理的困局及出路》,《西亚非洲》,2017 年第 6 期。

88施诚、施西:《香料贸易与现代国际法的起源》,《贵州社会科学》,2017 年第 3 期。

89杜家峰:《萨沃纳罗拉与德意志农民战争领袖

们的共和理想比较》，《湖北理工学院学报》（人文社会科学版），2017年第3期。

⑩杜丽红：《世界现代公共卫生史的兴起与近代中国相关问题的研究》，《河南大学学报》（社会科学版），2017年第6期。

⑪代高峰：《简述亨廷顿文明冲突理论的争论》，《边疆经济与文化》，2017年第8期。

⑫黄艳红：《"记忆之场"与皮埃尔·诺拉的法国史书写》，《历史研究》，2017年第6期。

⑬刘程：《北欧区域贸易研究相关学科路径述评》，《商业研究》，2017年第1期。

⑭高岱：《威廉·霍斯金斯与景观史研究》，《学术研究》，2017年第12期。

⑮高国荣：《关于草地生态史研究的若干构想》，《河南师范大学学报》（哲学社会科学版），2017年第4期。

⑯赵辉兵、姜启舟：《林·亨特与当代西方史学转向》，《史林》，2017年第1期。

⑰徐健：《面向东方：近代德国与东方贸易史研究的新视角》，《史学理论研究》，2017年第1期。

⑱梅雪芹：《世界近代史学科体系问题的生态学思考》，《世界近现代史研究》，2017年第0期。

⑲庞冠群：《全球史与跨国史：法国革命研究的新动向》，《史学理论研究》，2017年第1期。

⑳张艳茹：《日本史学史上的"昭和史论争"》，《史学理论研究》，2017年第1期。

㉑朱孝远：《现代西方批判史学传统的现代转向》，《人民论坛·学术前沿》，2017年第3期。

㉒王晴佳：《新文化史的兴起与史学的转向》，《河北学刊》，2017年第2期。

㉓孟广林：《世界史研究"中国学派"建构的反思与展望》，《新疆师范大学学报》（哲学社会科学版），2017年第6期。

（作者：郭家宏，北京师范大学教授；
李阳，北京师范大学硕士生）

考 古 学

考 古 学

张天宇 高崇文

2017年，北京地区各科研单位及高校陆续发表了一系列新的考古资料和研究成果，在众多研究领域均取得了重要进展。现综述如下：

一、重要学术活动

2018年4月10日，由中国文物报社和中国考古学会主办的2017年度"全国十大考古新发现"评选结果揭晓，入选项目：新疆吉木乃通天洞遗址；山东章丘焦家遗址；陕西高陵杨官寨遗址；宁夏彭阳姚河塬西周遗址；河南新郑郑韩故城遗址；陕西西安秦汉栎阳城遗址；河南洛阳东汉帝陵考古调查与发掘；江西鹰潭龙虎山大上清宫遗址；吉林安图金代长白山神庙遗址；四川彭山江口明末战场遗址。①

2018年1月16日，由中国社会科学院主办、中国社会科学院考古研究所和考古杂志社承办的"中国社会科学院考古学论坛·2017年中国考古新发现"在北京举行。论坛评选出新疆吉木乃县通天洞遗址、山东济南章丘区焦家新石器时代遗址、福建明溪县南山遗址、湖北京山县苏家垄周代遗址、河北行唐县南桥镇故郡东周遗址、吉林安图县宝马城金代遗址以及一项国外考古新发现——蒙古国后杭爱省和日门塔拉匈奴城址为2017年度中国六大考古新发现。另外，6项入围项目分别是广西隆安县娅怀洞遗址、陕西高陵县杨官寨遗址庙底沟文化墓地、甘肃宁县石家东周墓地、西安市秦汉栎阳城城址、山东青岛市黄岛区土山屯汉代墓地、四川眉山市彭山区江口沉银遗址。②

二、石器时代考古发现与研究

2012—2016年，社科院考古研究所等单位对牛坡洞遗址进行了发掘。该遗址文化内涵丰富，发现有墓葬、活动面、用火遗存等遗迹，出土有大量的石器、骨器和陶器等遗物。该遗址的发掘，初步建立了黔中地区从旧石器时代晚期到春秋战国时期考古学文化的年代序列。③2014—2016 年，北京大学考古文博学院联合河南省文物考古研究院对河南淮阳平粮台遗址进行了发掘，清理龙山时期墓葬 14 座，时代为造律台文化早期二段至晚期三段。其中 8 座墓葬排列整齐，为一小型墓地，其余 6 座可能与建筑有关。有无随葬品与年龄和性别相关，可能为当时的葬俗。墓葬的大小、随葬品的多寡不足以说明社会等级存在分化。④

湖北天门石家河遗址是今年得到密切关注的一个遗址。北京大学考古文博学院联合湖北省文物考古研究所、天门市博物馆对石家河遗址核心区域进行了勘探与发掘，发现的谭家岭城址是石家河城址的前身，为认识该城址的形成与发展提供了重要线索。印信台遗址祭祀遗存、三房湾遗址制陶作坊遗存等，是深入研究石家河城址功能分区的重要内容。⑤孙庆伟在分析了石家河等遗址出土的后石家河文化玉器中的玉神像、玉人像和玉鸟后认为，上述玉器题材均与少皞氏密切相关，其中玉人像即少皞氏首领重，重死后被尊为东方之神句芒，其形象为“人而鸟身”，玉神像和玉神鸟分别代表了句芒的两种面相。在“禹征三苗”过程中，少皞氏族是重要的军事力量，这些“句芒”类玉器应是少皞部族将士在江汉平原的遗留物。⑥

考古工作者对石器时代的南方地区有了更多的关注。陈伟驹对位于珠江三角洲的咸头岭遗址进行了分期和类型划分，对其文化遗存（主要是动植物遗存和石器组合）进行了统计和功能分析，最后结合陶器、稳定同位素和最新的古环境研究等方面的成果，综合探讨了咸头岭文化的生计方式及其演变，并探索了咸头岭文化时期整个东南沿海地区史前人群的生计方式发展规律。⑦陈宥成和曲彤丽对中国早期陶器的起源进行了探讨，认为陶器起源于我国长江中游南岭以北的江南丘陵地区，这些陶器均为圜底器，各方面都显示出原始的特征，伴出石核—石片打制石器，骨、角、蚌器发达。这与我国北方、俄罗斯远东地区和日本发现的年代稍晚、伴出细石叶的平底陶器有明显差异，但与圜底陶器的共存又显示了后者可能受到我国南方地区早期陶器的深远影响。⑧

对龙山—二里头时期的考古遗存的讨论仍是热点。张弛研究了龙山—二里头文化时期中国的史前文化格局，认为此时期是中国历史乃至东亚历史的一个关键时段，此前和此后的中国处于两个世界。此前的世界体系在东亚，东亚的文明中心在黄河、长江流域的中下游地区。此后的世界体系为欧亚，原来的新石器时代文明在核心地区衰落，处于欧亚接触地带的半月形地带兴起，在与豫西和晋南这个唯一没有衰落并保存了新石器时代以来复杂社会的区域互动中，形成了随后中原地区的青铜时代文明新格局。可以说，没有欧亚全球化带来的半月形地带的兴起，没有新石器时代核心区域的衰落，就不会有夏商周 3 代以中原为中心的中国历史。⑨何驽在对陶寺遗址ⅡM26 出土骨耜刻文进行分析后认为，墓主可能为农官的背景，骨耜应具有农业礼器功能。据电子显微镜观察结果，骨耜上的刻痕是人为契刻。将ⅡM26 骨耜的刻文字形与甲骨文“辰”字进行对比，并结合与农业或农事职官相关的背景，可认为该骨耜上的刻文可能为最初的汉字“辰”字。⑩

运用科技手段对石器时代考古材料进行分析是近年来的热点。周振宇进行了热处理石料的力学打制实验研究，初步了解了这项技术如何在原料的利用与开发、石器的加工与制作中发挥作用。对热处理行为的判断与研究可以帮助我们了解古人类对石料的选择与认知能力、石器打制技术的发达程度、利用与开发资源的能力，据此阐释远古人类行为模式，乃至推测早期社会组织行为。⑪邓振华和秦岭对中原地区龙山时代目前已发表的植物考古数据进行研究后认为，除了位置偏南的南阳盆地，中原地区龙山时代的农作物结构基本都是以粟为主，以黍为辅，兼有稻与大豆的模式。小麦在龙山时代可能尚未进入中原，或者所占比重微乎其微。就农作物结构而言，中原龙山时代的社会发展是深深植根于粟作农业的基础之上的，多元农作物结构在当地社会变革过程中所起到的作用极为有限。

三、夏商周时期考古发现与研究

商代考古中的都邑考古依旧是工作的重点。社科院考古所公布了河南偃师商城宫城第五号宫殿建筑基址的简报。早商时期的偃师商城宫城第五号宫殿建筑基址叠压在第六号宫殿建筑基址之上，是在第六号宫殿建筑基址废弃后修建的一座与其风格迥异的夯土建筑。第五号宫殿由正殿，东、西配殿，东、西庑，南庑、门塾及中部庭院构成，呈现出类似“四合院”式布局。其年代为二里冈下层文化偏晚至二里冈上层文化偏晚阶段。⑫晚商时期的安阳殷墟的考古发掘和研究也持续受到关注。中国社会科学院考古研究所安阳工作队将 1978 年在殷墟王陵区发掘的 78AHBM1 的资料全部报道，根据该墓在空间位置、年代、墓葬形制、随葬品等多方面的特殊性，报告认为墓主或为洹北商城时期的一位国王；若非，也当为地位极高的王室成员。[13]2006年，在殷墟南部铁三路制骨作坊区发现的M89，年代属殷墟文化第二期。该墓规模不大，出土了大量玉石器，包括等级较高的铜柄玉戚及铜骹玉矛，还有玉器半成品、残次品和制玉工具等。结合所出铜觚上的玉璋形铭文，发掘者推测墓主可能是从事玉器生产、管理的中小贵族，该墓的发现对研究殷墟手工业生产具有重要意义。[14]张雪莲等在对殷墟M54出土人骨的碳氮稳定同位素进行分析之后，揭示出此墓墓主人和殉人、牲人大致的食物状况，反映了墓主人及殉人、牲人主食蛋白质摄入结构的不同。墓主人的食物结构可以在一定程度上代表当时中原一带较高等级人群大致的食物营养级水平，也是这一旱作农业区域人们可以充分获取的有效食物资源的具体反应。[15]

在东周时期的考古工作中，北京地区主要关注燕文化的遗存。2008年6月，北京市文物研究所对房山区城关镇前朱各庄村的一座战国墓葬进行了清理，出土铜器和石器若干，是城址周边东周燕文化考古较为重要的收获之一，也为东周燕文化的研究提供了实物资料。[16]

刘亦方和张东对郑州地区的晚商文化进行了梳理，根据陶器类型将郑州地区的晚商文化分为了3期4组，并对每一期的文化因素进行了辨析，并对商代都邑由郑州转移到安阳及周人克商之后日用陶器反映的平民文化进行了探讨。[17]曹大志通过对“族徽”的重新考察，认为很大一部分常见“族徽”可能是当时的亲属和职衔称谓，在使用时直接指称个人。他讨论了族徽的实质、复合族徽、周人不用族徽及“大族”的几个问题之后，提出了对商代国家结构的新认识，认为从商代的考古资料中看到的是复杂的社会分层、大范围一致的上层精英文化、有策略的地方控制体系及高度组织的手工业生产和远途贸易等。换言之，商代已经是一个有相当高文明程度的社会，而非简单原始的社会。[18]

高崇文通过对曾、鄂两国考古新发现及铜器铭文记载进行了研究，认为周昭王“涉汉伐楚”的路线，应是从成周出发，经南阳盆地而抵达汉东的曾、鄂之地，亲率驻守在曾、鄂的王师，由“汉东”向“汉西”进发“涉汉伐楚”。[19]徐良高在分析了叶家山墓地出土的两件木胎铜釦壶釦件后认为，西周木胎铜釦壶虽然出土数量不多，但制作工艺复杂，可分为口足分离式铜釦和口足连体式铜釦两大类，分布区域广，出土于从京畿到诸侯国地区的高等级墓葬中。木胎铜釦壶的工艺不仅影响到两周时期青铜壶的纹样装饰风格，而且也证明釦器工艺技术在西周时期已经成熟，改变了过去“釦器法起源于战国时期”的观点，同时还为我们研究3代时期非常重要的礼器——早期青铜方鼎的制作工艺和可能的仿制原型带来启示。[20]曹斌在梳理考古学文化的基础上，结合金文和传世文献材料讨论了西周王朝国家化历程中周文化的统治地位在“东土”的确立过程，并尝试重建这一时期“东土”的历史态势。文中涉及的西周王朝的国家化历程、统治政策的变化、统治秩序的确立以及封国疆域与区域政治等问题，对学界有所裨益。[21]

对周原遗址的研究呈现出多学科并进的趋势。刘思然等在对周原孔头沟遗址宋家墓地出土的铜器进行了金相分析和电子探针波谱分析之后，认为宋家墓地青铜器全部为锡青铜或铅锡青铜，其中锡青铜比例较大，而器物铅含量整体偏低。总体看来，宋家墓地铜器的多项工艺与材质特征都显示其青铜制作技术体系较为独特，可能与其他西周时期铜器群存在一定差异。[22]马赛梳理了清代以前文献记载、清代方志记载和考古发现的材料中关于周原位置的内容，认为与周人相关的地点从先秦到宋代经历了一个逐渐扩展的过程，至迟到唐代为止，在人们的认知中关中平原西部至少存在着周原、太公岐邑、周公采邑3个不同的与周人相关的地点，清代对周人相关地点的认识也经历了一个由模糊到清晰的过程，考古学角度的研究则建立在文献资料研究的基础上，并受到了早期发现的遗址年代和类型的影响。[23]

四、汉唐时期考古发现与研究

汉长安城遗址考古已经走过了一甲子的岁月，但依旧是学者们关注的重点。刘振东发表了汉长安城发掘与研究的综论，认为汉长安城具有中心性、威严性、礼仪性、安全性和时代性等特征，是汉代政治、经济、军事和文化的中心，有城墙、宫殿、社稷、宗庙、军队、武库等遗存，是封建帝都的进一步发展，又对后世都城产生了深远的影响。[24]2013年4—7月，中国社会科学院考古研究所汉长安城工作队等对汉长安城西安门外的一座大型建筑遗址进行了发掘，发现了围墙、院落、道路、水井和排水设施等遗迹，出土了大量砖、瓦、铁钉等建筑材料，另有陶器、铜器等。该建筑遗址可能与守卫汉长安城的南军或北军驻地有关，时代为西汉至新莽时期。[25]2005年12月—

2016 年 1 月，社科院考古所汉城队对建章宫一号建筑遗址进行发掘，发现由房址和过道组成的主体建筑，以及由庭院和廊道组成的附属建筑，出土了较多础石、铺砖、瓦和瓦当等建筑材料，以及陶器、铜器、铁器、铜钱、钱范等遗物，为研究汉长安城增添了新材料。[26]

社科院考古所文物遗产保护研究中心与南京博物院大云山考古队联合对江苏盱眙大云山汉墓七号陪葬坑出土车辆进行了实验室考古清理，并对漆皮进行了检测，丰富了西汉时期漆木器的处理方法和保护经验，也使实验室考古工作的细节、模式与流程更加成熟。[27]2012 年 9—10 月，北京市文物研究所在房山水碾屯清理了 3 座西晋墓，均为“甲”字形竖穴土圹砖砌单室墓，墓葬排列整齐，均为东西向。墓葬由墓道、墓门、墓室组成，墓顶中部有盗洞，出土了陶器、釉陶器、铜器、铁器、铜钱等遗物。[28]

杨哲峰从目前已发表的秦汉时期印纹硬陶考古资料出发，指出秦汉时期仍是中国古代印纹硬陶的一个大发展时期，不仅产品数量众多，而且分布极为广泛。在比较研究的基础上，他将秦汉时期的印纹硬陶划分为岭南区、湘赣区、江东区、东南沿海区 4 个主要的区域类型，初步梳理了各区域类型印纹硬陶的发展演变脉络及其与当地先秦印纹硬陶的联系，从器物种类、器形和拍印纹饰诸方面总结了秦汉时期各区域类型印纹硬陶的基本特征，并结合历史背景就不同区域类型之间的相互关系进行了探讨。[29]中国人民大学的学者应用高分辨率卫星图像对汉代居延绿洲进行了考古学研究并发表了他们的初步成果。该文根据卫星图像介绍了居延绿洲的研究进程及居延绿洲新貌。此项成果的意义，不仅在于运用高清卫星图像来探寻未知遗址，而且为该领域提供了一种在现场勘查之外的全新研究方法。[30]陈轩对四川东汉崖墓的铭文和崖墓结构进行了梳理，认为建造崖墓是一项世代传承的工程，寓意着不断延续的家族。家族墓地的设置体现了拥有墓地的大家族的势力，而且在墓室内部举行祭祖仪式，是要后人牢记祖先创立家业的不易，希望后人继续光大家业。[31]

倪润安在新书中探讨了拓跋起源、拓跋南迁匈奴故地、拓跋代国至北魏各时期墓葬文化的演变和发展进程等问题。厘清了拓跋族源的主要来源，尝试从相关墓葬中区分出檀石槐鲜卑遗存及其文化因素，从而筛选出与拓跋南迁关系更直接和紧密的遗迹，以勾画出确定性更强的南迁路线图，揭示了拓跋先祖力微联盟对檀石槐鲜卑文化的继承、北魏早期对边疆文化的整合、北魏中晚期文化对“晋制”的复归、北魏文化余脉开启“唐制”新模式等文化现象和历史过程，总结出拓跋至北魏墓葬文化演变道路的特点及其历史意义。[32]李梅田和周华蓉以画像砖墓为例对南朝襄阳地域的文化进行了讨论。首先对考古发现的数座画像砖墓进行了年代的判断，认为襄阳南朝画像砖墓皆属齐、梁时期（5 世纪末—6 世纪前半期）；然后根据历史文献和画像砖图像内容讨论了襄阳地区在南朝时期独特的文化内涵，襄阳文化因地处南北朝交接地区而呈现出文化的边缘性、地域性和信仰的多元性。[33]李裕群对南朝弥勒造像与傅大士弥勒化身进行了探讨，认为公元 5、6 世纪，江南地区弥勒下生信仰盛行，供奉弥勒下生像的龙华寺兴起，龙华会亦风靡一时。现存南朝时期的弥勒造像在江南地区见于浙江新昌宝相寺摩崖龛像和江苏南京栖霞山石窟，四川地区有茂县比丘玄嵩造像碑和成都西安路比丘法海造像。南朝东阳傅大士曾以弥勒应身现世，吸引信众，并首创转轮经藏。[34]

五、宋元明清时期考古发现与研究

中国社会科学院考古研究所内蒙古第二工作队与内蒙古文物考古研究所联合组成辽上京考古队，对辽上京遗址进行了发掘。2015 年 7—10 月，发掘了辽上京宫城东门遗址，发现宫城墙、夯土台基、慢道等遗迹，出土了一批辽代及其以后的建筑构件和生活用器。宫城东门是一座“分心槽”布局的殿堂式城门，与其他过洞式城门不同，是研究辽代建筑技术、辽代都城城门制度、辽代都城的朝向等方面的重要资料。[35]2016 年 6—10 月，对辽上京宫城南门遗址、二号院南廊庑遗址、皇城东门内大街遗址等进行了考古发掘或试掘，取得了重要的收获，对推进辽上京城址布局和沿革研究有重要的学术价值。[36]韦正将内蒙古阿鲁科尔沁旗宝山 1 号墓的壁画置于唐五代辽壁画墓例中，认为单室墓的规制与墓主身份相关；内部的石室可能直接取法于河北地区唐墓石椁，是其改造形态；根据壁画题材的对应关系，这种“室中套室”的空间可以大致等同于传统双室墓的前、后室；石室内部的壁画体现了汉族与契丹民族双重文化符号的“拼凑”。[37]

对瓷器的研究是宋元明清时期考古学的重要课题。2012—2015 年，景德镇市陶瓷考古研究所、北京大学考古文博学院及江西省文物考古研究所等单位联合对落马桥窑址进行了抢救性发掘，实际发掘面积

672 平方米，揭露了大量北宋至清末的制瓷业遗迹，并出土了数以吨计的瓷器标本，为研究宋元时期景德镇窑的制瓷业提供了重要资料。[38]2014 年，北京大学考古文博学院与景德镇市陶瓷考古研究所联合对明清御窑厂进行了第二次大规模的主动性考古发掘，并于 2017 年发表了发掘简报及相关研究文章。简报中介绍了发掘地点、发掘面积等信息，并指出本次发掘获取了基本连续的从元代后期至清末民国时期的地层堆积资料，清理了作坊、灰坑、房址、墙基等遗迹，出土了大量瓷器及窑具等。本次发掘为进一步厘清御窑厂的布局、不同时代遗物的分布和功能分区等问题提供了新资料。[39]身为发掘者和研究者的秦大树等学者根据出土器物的面貌，将所发现的遗存大体分为 4 个阶段，即前御器厂时期、御器厂建立以后的官作运营时期、御器厂生产制度转变期和御器厂恢复期。[40]刘净贤通过对龙泉窑青瓷的出土品及传世品与宋元金银器对比，发现元代龙泉窑仿金银器青瓷的器形种类大增，元代龙泉窑新增器形的金银器原型早见于宋代，而龙泉青瓷对其追模却集中出现于元代而非宋代，表现出不同步性，反映出金银器在元代地位的相对上升。元代龙泉窑引入金银器元素，丰富了自身的造型、装饰形式，为龙泉窑在元代的大发展提供了助力。[41]

六、中外文化交流考古发现与研究

近年来，中国社会科学院考古研究所等单位赴境外地区进行的考古工作令人瞩目。王巍发表了对中国考古学国际化的历程与展望的文章，认为进入 21 世纪以来，随着我国综合国力的增强和国际交流的扩大，中国考古学家的学术视野不断扩展，从周邻国家和地区扩展到世界几大古老文明的中心区。更多学者参加国际会议或访问国外考古遗址，多次在国内主办大型高水平国际学术研讨会，考古科研机构积极组队赴国外进行考古发掘，中国考古学的国际地位不断提高。[42]2012 年开始，中国社会科学院考古研究所与乌兹别克斯坦科学院考古研究所合作，对明铁佩城址进行了五次大规模考古勘探与发掘。发掘显示，明铁佩城址是包括内、外两重城垣的大型城址。发现的重要遗迹和遗物，为建立该城址及其所处的费尔干纳盆地出土遗物的时代序列和城址的年代研究提供了重要资料。[43]洪都拉斯 8N－11 号贵族居址是科潘遗址除王宫以外的最高等级建筑，主体是一处封闭的方形院落，四面为石砌高台建筑。对院落北侧建筑的发掘表明，科潘王国晚期，北侧建筑由中部有两层台基的主建筑和东、西两侧附属建筑组成。中部台基的 13 组墨西哥纪年和交叉火炬雕刻，说明此贵族家庭与王室有密切联系。[44]茶胶寺是吴哥王朝阇耶跋摩五世于 10 世纪末至 11 世纪初兴建的金刚宝座塔式庙宇建筑。2012 年，中国文化遗产研究院对茶胶寺周边的茶胶寺东遗址、茶胶寺东北一至三号遗址和茶胶寺东南遗址进行考古调查，发现建筑构件和陶瓷器等遗物。这些遗址的年代大致在 11 世纪前后，是茶胶寺建筑群的重要组成部分。[45]

韩建业对公元前 2 千纪中后叶亚洲中部地区的圜底陶罐进行了梳理，认为这些地区包含圜底陶罐的文化可以分为 3 个系统。由于在公元前 2 千纪早期，圜底陶罐只出现在阿尔泰南部地区的切米切克文化和安加拉河流域的希维拉文化中，由此推测在中亚地区流行的圜底罐传统来源于以上两种文化。这种文化传播的背景是北方草原地区动物驯化经济。[46]林梅村和郝春阳对鹊尾炉的源流进行了考证，认为焚香之俗起源于近东。5 世纪，犍陀罗手炉传入中国西北地区，如新疆克孜尔石窟、甘肃炳灵寺石窟壁画所绘手炉。阿旃陀石窟造像可见 6 世纪前期印度手炉，手柄接在炉底，与犍陀罗手炉不同，其亦沿丝绸之路传入北魏平城，见于山西云冈石窟造像。犍陀罗手炉传入不久，便开始了中国化进程，一个突出实例即北魏平城时代无底座鹊尾炉，手柄铆入香斗内壁。北魏洛阳时代始见莲花片底座鹊尾炉，香斗为折沿式。北魏鹊尾炉不仅传入朝鲜半岛和日本，并且影响到隋唐时代鹊尾炉的样式。[47]

仝涛对近年来在西藏阿里地区出土的一批汉晋时期丝绸进行了介绍，并通过分析认为，这些丝绸主要是经锦，其中一件的纹饰与新疆地区一些汉晋时期织锦图案相似，显然是通过新疆输入的来自中原内地的织物；同时也发现一部分纬锦，从其结构与装饰纹样来看，与汉晋以来新疆地区生产的棉线纬锦相同，为研究新疆地区的早期纬锦增加了新的资料。丝绸和其他共出器物表明，青藏高原西部地区并非独立于欧亚大陆之外、与丝绸之路毫无关联的一个区域，而是早在汉晋时期，已经汇入了丝绸之路交通网络，融入宏观的中西文化交流的大潮中了。[48]

注：

①贾昌明：《二零一七年度全国十大考古新发现揭晓》，《中国文物报》，2018 年 4 月 13 日。

②《2017 年中国考古六大新发现在京揭晓》，《遗产与保护研究》，2018 年第 2 期。

③中国社会科学院考古研究所华南一队、贵州省文物考古研究所、贵安新区社会事务管理局：《贵州贵安新区牛坡洞遗址》，《考古》，2017 年第 7 期。

④河南省文物考古研究院、北京大学考古文博学院：《河南淮阳平粮台遗址龙山时期墓葬发掘报告》，《华夏考古》，2017 年第 3 期。

⑤湖北省文物考古研究所、北京大学考古文博学院、天门市博物馆：《湖北天门市石家河遗址 2014—2016 年的勘探与发掘》，《考古》，2017 年第 7 期。

⑥《重与句芒：石家河遗址几种玉器的属性及历史内涵》，《江汉考古》，2017 年第 5 期。

⑦《咸头岭文化生计方式的探讨》，《考古》，2017 年第 8 期。

⑧《中国早期陶器的起源及相关问题》，《考古》，2017 年第 6 期。

⑨《龙山—二里头——中国史前文化格局的改变与青铜时代全球化的形成》，《文物》，2017 年第 6 期。

⑩《陶寺遗址ⅡM26 出土骨耜刻文试析》，《考古》，2017 年第 2 期。

⑪《热处理石料的力学打制实验研究》，《考古》，2017 年第 7 期。

⑫中国社会科学院考古研究所河南第二工作队：《河南偃师商城宫城第五号宫殿建筑基址》，《考古》，2017 年第 10 期。

⑬杨宝成、唐际根、牛世山、董好、盛伟：《1978 年安阳殷墟王陵区侯家庄北地一号墓发掘报告》，《江汉考古》，2017 年第 3 期。

⑭中国社会科学院考古研究所安阳工作队：《河南安阳市殷墟铁三路 89 号墓的发掘》，《考古》，2017 年第 3 期。

⑮张雪莲、徐广德、何毓灵、仇士华：《殷墟 54 号墓出土人骨的碳氮稳定同位素分析》，《考古》，2017 年第 3 期。

⑯北京市文物研究所、北京市房山区文物管理所：《北京房山前朱各庄战国墓发掘简报》，《文物》，2017 年第 4 期。

⑰《郑州地区晚商文化研究》，《考古》，2017 年第 8 期。

⑱《“族徽”内涵与商代的国家结构》，载北京大学震旦古代文明研究中心编《古代文明研究通讯》，2017 年 12 月总第 75 期。

⑲《从曾、鄂考古新发现谈周昭王伐楚路线》，《江汉考古》，2017 年第 4 期。

⑳《由叶家山墓地两件文物认识西周木胎铜釦壶及相关问题》，《江汉考古》，2017 年第 2 期。

㉑《周文化统治的历史格局在“东土”的形成》，《考古》，2017 年第 6 期。

㉒刘思然、陈建立、种建荣、雷兴山：《周原孔头沟遗址宋家墓地铜器的科学分析与研究》，《南方文物》，2017 年第 2 期。

㉓《周原位置研究的学术史考察》，《南方文物》，2017 年第 1 期。

㉔《汉长安城综论——纪念汉长安城遗址考古六十年》，《考古》，2017 年第 1 期。

㉕中国社会科学院考古研究所汉长安城工作队、西安市文物保护考古研究院：《西安市莲湖区三民村西汉大型建筑遗址发掘简报》，《考古》，2017 年第 1 期。

㉖中国社会科学院考古研究所汉长安城工作队：《西安市未央区汉长安城建章宫一号建筑遗址》，《考古》，2017 年第 1 期。

㉗中国社会科学院考古研究所文化遗产保护研究中心、南京博物院考古研究所大云山考古队：《江苏盱眙县大云山汉墓七号陪葬坑实验室考古清理》，《考古》，2017 年第 8 期。

㉘北京市文物研究所：《北京房山水碾屯西晋墓发掘简报》，《文物》，2017 年第 1 期。

㉙《略谈秦汉时期印纹硬陶的区域类型及相互关系》，《中原文物》，2017 年第 5 期。

㉚森谷一树、相马秀广、魏坚著，汪益译：《运用高分辨率卫星图像对汉代居延绿洲的初步考古学研究》，《边疆考古研究》，2017 年第 1 期。

㉛《四川东汉崖墓铭文与崖墓结构功能研究》，《考古》，2017 年第 5 期。

㉜《光宅中原——拓跋至北魏的墓葬文化与社会演进》，上海古籍出版社 2017 年版。

㉝《试论南朝襄阳的区域文化——以画像砖墓为中心》，《江汉考古》，2017 年第 2 期。

㉞《南朝弥勒造像与傅大士弥勒化身》，《考古》，2017 年第 8 期。

㉟中国社会科学院考古研究所内蒙古第二工作队、内蒙古文物考古研究所：《内蒙古巴林左旗辽上京宫城东门遗址发掘简报》，《考古》，2017 年第 6 期。

㊱中国社会科学院考古研究所内蒙古第二工作

队、内蒙古文物考古研究所：《内蒙古巴林左旗辽上京遗址的考古新发现》，《考古》，2017 年第 1 期。

㊲《宝山 1 号辽代壁画墓再议》，《文物》，2017 年第 11 期。

㊳景德镇市陶瓷考古研究所、北京大学考古文博学院、江西省文物考古研究所：《江西景德镇落马桥窑址宋元遗存发掘简报》，《文物》，2017 年第 5 期。

㊴景德镇市陶瓷考古研究所、北京大学考古文博学院、江西省文物考古研究所、故宫博物院：《江西景德镇明清御窑厂遗址 2014 年发掘简报》，《文物》，2017 年第 8 期。

㊵秦大树、钟燕娣、李慧：《景德镇御窑厂遗址 2014 年发掘收获与相关问题研究》，《文物》，2017 年第 8 期。

㊶《元代龙泉青瓷的仿金银器元素及其成因探讨》，《文物》，2017 年第 8 期。

㊷《中国考古学国际化的历程与展望》，《考古》，2017 年第 9 期。

㊸中国社会科学院考古研究所、乌兹别克斯坦科学院考古研究所联合考古队：《乌兹别克斯坦安集延州明铁佩城址考古勘探与发掘》，《考古》，2017 年第 9 期。

㊹中国社会科学院考古研究所科潘工作队：《洪都拉斯科潘遗址 8N－11 号贵族居址北侧晚期建筑》，《考古》，2017 年第 9 期。

㊺中国文化遗产研究院：《柬埔寨吴哥古迹茶胶寺周边遗址考古调查简报》，《考古》，2017 年第 9 期。

㊻《公元前 2 千纪中后叶亚洲中部地区的圜底陶罐》，《考古》，2017 年第 9 期。

㊼《鹊尾炉源流考——从犍陀罗到黄河、长江》，《文物》，2017 年第 10 期。

㊽《西藏西部的丝绸与丝绸之路》，《中国国家博物馆馆刊》，2017 年第 2 期。

（作者：张天宇，北京大学博士生；高崇文，北京大学教授）

语 言 学

中国语言学

余德江　杨海潮　王春茵　鲁方昕　何治春　陈保亚

2017 年度北京地区中国语言学研究综述如下：

一、语音学研究

基于实验和统计的跨语言的语音近年来研究渐成潮流。例如，邓丹通过计算美国的英语母语者学习汉语时和汉语母语者的元音距离，分析学习者的元音偏误，[①]张锦玉研究学习汉语 6—8 个月的印尼华裔留学生的阴、阳平感知和产出，[②]张劲松、王祖燕通过合成出包含不同成分的语音样本来研究日语母语者学习汉语普通话时与汉语母语者之间鼻韵母知觉分辨的特点，[③]解焱陆、张蓓、张劲松对日语母语者进行了声调训练实验，实验结果佐证了语音学习时存在人脑的选择性注意机制。[④]他们的研究成果对语言学有一定的价值，如邓丹发现两种语言中完全一致的音段和相似度较低的音段发音准确度较高，而声学相似度越小时发音准确度也越低，有助于讨论语言接触中的语音“匹配”现象。

跨语言之外，本年度有多篇文章研究了语言和音乐的关系，属于跨领域的研究。耿天竹、张艺馨、卢露露、张劲松研究了母语背景为声调语言的汉语失歌症者的情感语音感知情况及其与音乐音高感知能力之间的关系，实验结果表明，汉语失歌症者的音乐音高感知能力与情感语音识别能力之间具有较强的相关关系；[⑤]周嵌、古鑫、刘博注意到声音信号中的时域包络信息对于安静环境下的言语感知至关重要，而时域精细结构信息则对噪声下言语识别、汉语声调识别以及音乐感知起重要作用，特别是对音乐中的音调和旋律成分的感知尤为重要；[⑥]南云通过纵向追踪研究进一步考察了音乐学习促进语言加工方面的因果关系的证据。[⑦]此外，董理、孔江平分析了昆曲闺门旦演员演唱颤音时的喉头仪信号，发现其颤音的产生有其独特的发声规律，主要是颤音波动周期中伴随着一定程度的嗓音发声变化，颤音的产生伴随着喉头的上下抖动。[⑧]

声调研究仍然是本年度的一个热点，研究方法也仍然以感知实验为主。例如，已有研究表明元音会影响声调感知，曹冲、解焱陆、张劲松在已有研究的基础上进一步考察了元音对声调感知的影响，发现元音对声调感知的影响主要体现在范畴边界而不是范畴宽度；[⑨]吴倩、王韫佳指出，除了声调本身的特征外，影响声调知觉范畴化的因素还包括母语背景、年龄、刺激所在语境和刺激属性（语言和非语言），声调知觉的范畴化程度可能与刺激的声学相似度有关，相似度越高则知觉的范畴化程度越低；[⑩]牟宏宇、陈友元、冯海泓发现右利手汉语母语者对汉语声调的感知存在显著的右耳（大脑左半球）优势，而对保持音高不变、去除语义信息的音高轮廓的感知不存在明显的偏侧化优势，说明语义信息对汉语母语者感知汉语声调的大脑半球偏侧化有重要意义；[⑪]亓贝尔、古鑫、刘子夜、傅新星、刘博评估了普通话母语者人工耳蜗使用者的声调识别能力，发现时域特性明显的声调更易被人工耳蜗群体识别。[⑫]

语言的感知背后是语言的功能问题，这就涉及语音学研究中对语义问题的不同处理。基于联结的模型网络结构，曹梦雪、李爱军、方强模拟了婴幼儿在言语交互中习得母语音位范畴的过程，观察语音信息和语义信息在婴儿习得音位中的交互作用，发现婴幼儿母语音位感知的建立不是一个由单一因素所决定的过程，基于语义的由高层到底层的加工对形成正确的母语音位范畴感知起着重要的作用。[⑬]为了探究汉语音位对立在语音信息交流中的重要性和相互关系，陈月、解焱陆、张劲松分析了《人民日报》汉语语料库中的声韵母对立的功能负载，发现发音部位相同、发音方式不同的声母对立以及起始元音相同、主要元音不同的韵母对立的功能负载一般都更大，而音位对立起始部分的发音部位越相近，其功能负载越大。[⑭]

当前的人工智能热潮引发了对语言起源问题的重新关注，方案之一是建立人的发音器官的模型，并将其与类人猿的发音器官模型作比较，这方面的研究刚刚起步。杨锋、孔江平提取了汉语普通话不同文体朗读时的参数，实验结果表明，言语状态下的胸腹呼吸与自然呼吸不同，不同文体朗读时的胸腹呼吸特点不同；[⑮]姚云、吴西愉、孔江平提取了汉语普通话 7 个单元音的声道边缘、中线和矢量半径数据，建立了用矢量半径驱动的汉语普通话立体声道模型，据此模型合成的语音样本在与自然语音对比的听辨实验中取得了较好的语音合成效果，对我们了解人说话时声道的结构及其形状变化、得到更加精确的声道共鸣特性颇有启发。[⑯]这些研究都将促进我们对语言的根本性质的认识。

此外，在相对传统的研究中，曹冲、解焱陆、张琦、张劲松考察了塞擦音送气与否对 CV 音节中后接元音基频起始点的影响，在 CV 音节中，辅音的发音方式会影响后接元音的基频起始点。[⑰]

二、民族语研究

民族语研究方面，研究的热点主要集中在以下几个方面：

实验语音和音系研究。刘文等对新寨苗语单双字调展开了声学实验研究，发现新寨苗语有五个平调、两个升平调和一个高降调，五平调是新寨苗语的一大特点。[⑱]寸熙、朱晓农对回辉话内爆音的语音性质和变异的研究，认为回辉话的内爆音属于一种强内爆音，跟海南话的内爆音属于同一种语音类型。[⑲]兰正群、吴西愉对彝语松紧元音对立的生成机制研究，发现彝语松紧元音的对立也许不完全是因为不同的发声类型，舌头的调音部位可能也起着一定的作用。[⑳]王海波在音高感知的基础上，探索了维吾尔语语调与语气功能之间的匹配关系。[㉑]龙国贻、龙国治使用语音实验的手段，讨论了藻敏瑶语中的清鼻音和气鼻音，并论证了清鼻音与气鼻音的共同来源 * hN -，以及它们的发音机制与演变原理。[㉒]武波、江荻对二声调的藏语泽库话和汉语红古话进行双音节词听辨实验和音高声学分析，认为藏语和汉语的部分方言不是典型声调型语言，而是轻—重型韵律模式语言。[㉓]韦景云讨论了永福古座壮语的鼻化韵，指出古座壮语鼻化韵大都是阳声韵 - m、 - n、 - g 及入声韵 - p、 - t、 - k 弱化、脱落的结果，认为其来源应与当地汉语方言的接触、影响有关。[㉔]实验语音方面的研究是研究的一大热点，该领域的研究主要集中于感知实验和发声态研究，喉头仪、脑电仪等设备也广泛应用，具有较好的跨学科前景。

语法描写。形态句法的深入描写，是民族语研究中基础性的重要工作。有的工作集中探讨现实/非现实范畴，或者实然/非实然范畴，例如林幼菁对卓克基嘉戎语非实然语法范畴的构造与功能做了细致的描写，[㉕]朱艳华载瓦语现实和非现实范畴展开了研究。[㉖]

王锋对大理挖色白语的空间认知系统进行了全面的描写，认为挖色白语体现了一种既有本民族空间认识范畴，同时又深受汉语空间概念影响的格局。[27]瞿霭堂、劲松从语法学、语义学、认知语言学的角度探讨了嘉戎语的方向范畴的形成和发展过程，以及方位概念的语法化和词汇化等问题。[28]杨将领对独龙语孔当话的格标记系统进行了描写，认为独龙语孔当话有七种格标记，主要是成音节的粘附性后缀，有的格意义还可以通过实词元音变长的方式表达，与格标记的功能相当，有的格（领属）意义的表达形式则是实词韵尾的某些音。[29]李云兵对坝那语动词的体貌系统进行了描写，并认为坝那语动词的体貌系统不是语言影响形成的，而是对苗瑶语体貌系统，特别是苗语体貌系统的继承和发展。[30]尹蔚彬讨论了羌语支语言中“做”义轻动词的功能和语法化特点，认为羌语支语言中存在轻动词词类，且轻动词的语法化有其自身特点。[31]力提甫·托乎提用递归性原则对维吾尔语的短语结构类型做出了描写尝试。[32]

语言接触和语言战略。语言接触研究主要集中在接触机制的观察上，杜兆金、陈保亚基于维吾尔语重音模式的分析，以维吾尔语重音模式的调型特征来考察维吾尔语和汉语声调匹配的微观过程和特点，提出了“多维干扰”的机制。[33]语言战略方面的研究随着《语言战略研究》等期刊的创立而逐渐发展起来。戴庆厦提出了我国少数民族实现双语的两大指标——语言指标和社会指标。[34]黄行综述了中国语言资源多样性及其创新与保护规划的措施。[35]家庭语言传承和相关政策的讨论，也成为语言战略和语言保护研究中的一个热点。

此外，将语言学的方法应用到探索物质文化史上面，是一个可喜的尝试。汪锋、魏久乔通过语义演变、语言接触与词汇传播的视角，对 * la“茶”的起源与传播做了探索。[36]

总的来看，民族语言研究主要集中于实验语音分析、音系描写、形态句法描写以及语言接触和语言战略研究。

三、句法语义研究

本年度句法语义的研究在不同领域都有相当成果。在语言类型学领域，库藏类型学的研究逐渐成为热点。刘丹青梳理了库藏类型学中的一些重要概念，并据此分析了汉语的动补结构，认为其虽然起源于连动式，但已经裂变成不同的构式，应归入不同的仓位。[37]将库藏类型学的观点与汉语及汉语方言相结合的文章还有刘丹青[38]、丁健[39]等。在功能与认知领域，施春宏分析了构式语法的研究路径，并说明了这一理论框架的应用空间；[40]范晓蕾以“能力义”的语义地图为出发点，指出语义地图的解析度可以随着研究目的的改变而不同，并提出了语义地图新的表征方式；[41]袁毓林、刘彬分析了疑问代词“谁”的虚指与否定功能的形成机制，认为虚指功能的形成是通过不确定语气消除了询问意义而保留了预设意义，而否定功能的形成则是通过质疑与反驳的语气消除了询问意义以及预设意义。[42]在韵律语法领域，周韧从象似性的观念出发，说明了汉语的音节数量与信息量之间的对应关系，并以此解释 1 + 2 组合与 2 + 1 组合的不对称。[43]在词汇化与语法化研究领域，董秀芳分析了动补结构中动词后虚化成分（未完全语法化的补语成分）的性质，并解释了它们的来源及共时分布的差异。[44]此外，一些特殊结构也有专门文章讨论：完权讨论了“领格表受事”的结构，如“吃他的亏”，提出这种结构与双及物构式关系密切，但通过组成“N 的”结构更加凸显对象；[45]郭锐分析了汉语中离合词的形成机制，认为汉语中的离合词是通过同形删略的方式形成的，如“帮（忙）什么（帮）忙”，与准定语结构本质一致；[46]周韧从物性结构入手分析了“一口锅吃十个人”的结构，认为该结构本质上是供用句，与“一个老师教十个学生”类似，而非主宾换位的产物。[47]

语言研究的一项主要工作是探求语言的规则，但不同学派对于语言规则的看法却不一致。生成学派通常坚信语言是纯粹的规则系统，而认知语法学派则看到了语法并非纯由规则所控制，转而认为所谓“规则”只是隐喻的一种表现。对于这两种观点的分歧，陈保亚、田祥胜用相对规则的概念进行了分析。首先，语言中存在两种不同类型的规则，解释规则与生成规则。这两种规则的确立主要依赖平行周遍的原则：符合平行周遍的是生成规则，符合平行不周遍的是解释规则。一方面，我们不能完全否认规则的存在，比如“老 + 单音节姓氏”在现代汉语中总是成立的，而且这也与语言习得的相关研究成果相悖；另一方面，我们也需要承认，许多语法结构并不能用简单的规则描写，这些规则一般都需要更为具体的条件，这些条件并非跨语言共有。作者以迪尔巴尔语中的名词类别来说明规则的相对性，该语言将女人、水、火与危险事物放在同一名词类别，年轻的一代已经不太了解这种划分的理据，但这并不表示这种类别的建立毫无理据。因此，对于语言研究来说，仅仅探索规则是不够的，更重要的是应该在动态中寻求规则存在的条件。[48]另一个与语言认知的相关性有关的课题是语言符号的任意性与象似性之争。先前研究给出的语音、语法、心理等多方面证据说明了部分语言现象是有理据的，这些证据虽然各有道理，但似乎不足以推翻索绪尔的任意性。陈保亚、余德江从索绪尔的定义入手，认为任意性主要指能指与所指之间的联系，而非能指与所指本身。应当承认，能指与所指二者的范畴化过程都存在一定的非任意性，这些与自然语言的相对性密不可分。同时，对于语言系统的构建来说，任意性也是必要的。目前所知的象似性现象都只涉及了语言系统中非常局限的部分，而编码高层次思维活动仅仅依靠这些象似逻辑很难完成。[49]

言语交际中，负面评价可以通过纯粹的字面内容来实现，但也可以通过其他方式实现。方梅系统地分析了汉语负面评价的规约化，即不能通过字面组合的意义推出话语的负面评价的现象。汉语中形成负面评价的手段主要有两种：词汇性成分（语序与复合构词）与负面评价构式。语序手段指将副词置于句首的操作，如“他横竖都不同意”和“横竖他都不同意”，后者表达了强烈的负面情绪。这事实上与传统语法中关于内外状语的分析是一致的，副词位置从动词前提升到句首，功能变为评价整个小句。复合构词手段指使用一些复合词来表达负面情绪，如汉语中“横是”“说是”“倒是”等。负面评价构式有词汇性与语法性之分。前者如“你看你”“你说你”，结构比较固定，能产性较低，后者如“好你个 N”，N 可以替换成其他成分，有一定的能产性。同时，作者观察到构式规约化的程度与语境密切相关，对会话序列依赖较强的构式规约化程度低。因此，将会话序列纳入语境考察范围很有必要。[50]

语言中不仅名词有单数与复数的区别，事件也有这种区别。所谓复数事件，指句中表达的事件可以分解成若干次子事情的合取。事件复数与单数的差别会影响到句中不同成分的组配，尤其在状语的选择上。郭锐从事件的复数性入手，分析了多种功能相近的副词（比如“净”和“只”、“总是”和“一直”、“凡是”和“只要”）在分布上的差异，并且解释了这些差异的原因。这里以近义词“总是”与“一直”为例，“天总是不放晴”与“天一直不放晴”语义差别并不是很大。然而，“天一直下雨”与“天总是下雨”意义差别较大，前者指下雨状态的持续，后者指下雨状态的经常发生。再进一步，“晚饭后他总是要到湖边散步”可以说，而“晚饭后他一直要到湖边散步”似乎不说。“总是”与“一直”的差异其实与动作的单复数有着密切的关系，“总是”通常与复数事件相搭配，表示事件发生了多次，而“一直”则是与单数事件相搭配，表示状态或者动作的持续。[51]

词类划分是语法研究中十分重要的问题，解决汉语词类问题所面临的最大困难是如何处理名词与动词的关系。一种处理方案是沈家煊的名动包含模式，即汉语中动词是名词的次类。沈家煊在先前的基础上，从哲学传统角度分析了中西范畴观念的差异，试图进一步说明名动包含模式形成的历史渊源。对于西方（主要指使用印欧语的地区）而言，范畴的形成主要依赖“分立”，只有“甲乙分立才是两个范畴”。而对于中国而言，范畴的形成主要依赖“包含”，即“甲乙包含就有两个范畴”。因此，前者是范畴的“是”观，而后者是范畴的“有”观，这种范畴观的差异很可能影响了词类分布模式的差异。[52]在名动包含模式的框架下，沈家煊进一步分析了汉语的“主谓结构”，认为汉语的主谓结构就是话题—说明结构，汉语的语法包含于用法。同时，由于汉语的谓语具有指称性，因此汉语的主谓结构本质上是两个指称语并置的结果，是规模最小的流水句。[53]

四、汉语方言研究

语音方面主要集中在方言历史形成与演变、变调、方法论讨论音系描写等几个方面，且研究主要集中在官话方言上。曾晓渝、陈希讨论了云南官话的来源及历史层次问题。文章从语音、词汇和语法 3 个方面进行了比较说明，认为现代云南官话的主体源自明代南直隶官话（不限于南京方言），滇西丽江等地的老派汉语可能是唐代南诏贵族所学汉语异化流变的结果，与主体云南官话的来源和历史层次不同。[54]项梦冰在前人研究的基础上，考察了凤凰方言的文白系统，认为就白读层表现和聚类分析结果看，李启群所记凤凰方言应该归入赣语洞绥片。[55]王洪君考察了中古假蟹效咸山江梗等摄开口二等见系舒声字在《中原音韵》和《洪武正韵》中的韵类分合及其在官话方言中的演变和权威方言中的传播层次。据此，北京话中的“粳”的不同读音形式能得到很好的解释，jīng 是继承自元代北方通语，属本地音；而 gēng 源于宋代卞洛皇族南迁后形成的宋元南方通语。[56]熊燕分析了德陌麦韵在官话中读音的分合情况，结果显示黄河以北的北系官话多从分，而黄河以南的南系官话从合。北系的情况是存古，南系则是创新。作者为早期官话的德陌麦韵分别做了构拟，解释了后期的音变过程，并在一系列韵书的基础上推测了音变的时间。[57]张秋红以宁夏红寺开元村关中方言为例，从语言接触的角度讨论了宁夏生态移民对关中方言带来的影响。[58]李蓝讨论了井陉方言的入声及相关的音韵问题。井陉方言有平上去入四个单字调，但入声不同程度分化到平上去三声。部分入声在位于连读前字的情况下有读喉塞的情况。井陉的清入字和上声存在大量互归的情况，考察表明这是由于连调模式影响了单字调的归派。在两字连调中，当入声位于平、去、入前时多读上声，当上声位于入声后时读入声。作者认为井陉的入声归派可以为《中原音韵》的入声问题提供一个分析的角度。姜昕玫总结甘肃合作方言的名词重叠式，合作方言的名词重叠有AA/AA子/AAB/ABB四种。[59]

在语音研究的方法论方面，麦耘对汉语方言分区中使用“同一标准”的问题进行了反思，并以“浊音标准”尾切入点，做了方法论上的讨论。作者认为汉语方言的分区，不应强设同一的标准，现阶段的分区也不能准确反映出方言的系属关系。要根据不同的分化条件对方言进行正确的划分，以反映方言分化的历史真实，不应用“浊音标准”去追求单一标准的对内周遍和对外排他。文章赞同徐通锵（2004）和王洪君（2009/2014）所主张的在考虑方言分化时要考虑不同的创新节点和年代节点来划分汉语各大方言。最后，作者提出了一个汉语方言分化的假设。[60]此外，麦耘还对广州话中表示“歪斜”义的［mɛ］的文字进行了考释。[61]黄河以“手”“脚”的地理分布为例，说明了自然因素对语言分布的影响。“手”“脚”仅指称手、脚的，为“江北型”，指称上肢（包括手和手臂）、下肢（脚和腿）的为“江南型”，二者以长江为界。江南型比江北型的分布区域纬度更低，同期气温更高，海拔也位于最低的第三阶梯。气温带来的衣着习惯，造成了长江以北和以南的人对衣裤所覆盖的肢体有着不同的认知。这种认识上的不同进一步对语言产生了影响。汉语的“手”“脚”的这种分布与世界其他地区同类现象存在地域分布上的一致性。[62]赖玮、许小颖 、陈丽美、朱晓农考察了山东荣成市崖头与虎山两镇的声调系统，提出僵声是荣成凹调的必备特征，这与其他官话中僵声只作为凹调的可选特征不同。并且，文章进一步指出降平低升这种常四模式是官话系统中最常见的模式。[63]

变调的讨论集中在闽方言和赣方言。陈宝贤描写了菁城方言的一般性连续变调、小称后缀“仔”及前字的连续变调、三叠式形容词连续变调，并将菁城与漳平其他变调进行了比较。菁城方言一般变调属于王洪君（1999）提出的“自身交替式”变调，但存在向“邻接交替式”过渡的倾向，存在变调中和的情况。小称后缀“仔”字变调及前字变调与一般变调有区别。菁城的三叠变调的末字为基字，常保持单字调不变，中字变调遵循一般变调规则，而首字则与一般变调有别。三叠式变调首字一般都变为高调。谢留文考察了新圩方言的变音和变调，变音有单音词变音、副词变音、亲属称谓词变音、指示代词变音和疑问词变音等5类。变调分代词尾的变调和不带词尾的变调两种情况。变调特点主要体现为变调都以后字读高频调或低段调为前提；发生变调的字，无论作为前字或后字，其变调模式都是一样的。[64]材料性质的音系描写方面，王福堂介绍了20世纪70年代湖南韶山韶山冲和大坪坳两种方言的声韵调，并给出了同音字汇。[65]李蓝对河北井陉方言进行了全面描写，具体涉及内部差异、连读变调、儿化韵、词汇语法特点等几个方面。[66]

语法的研究集中在关系从句、指示词、语义演变、语法化等方面。陈伟蓉对惠安闽南方言的5类关系从句标记进行了考察。惠安方言的关系从句标记可以是专用的“其”，也可以是指示词、指量短语或量词，甚至可以是零标记。指示词、指量短语或量词是关系从句中核心名词的部分，同时兼任关系从句标记。这与北京话、粤语及关中话为代表的其他关系从句类型都不相同。[67]黄瑞玲讨论了广东揭阳方言的指示词及其复音化—合音循环圈特性。揭阳方言有近指、远指两类指示词，其下又分个体、处所、时间、性状和程度五小类，每小类据读音形式合语义的不同分别又分7组。揭阳方言的指示词存在复音化—合音的循环现象，作者以揭阳方言中的近指代词“争”的循环实例对该现象进行了说明。这项研究对中国境内的语言和方言的指示词的更新做了类型上的补充。[68]金小栋、吴福祥总结了官话方言“搁”的多种语义功能，经历了“放置义”向“处所/处所源点/经由/方向/终点/工具/假设”等语义言演变路径。“搁”的演变语义路径与同为“放置”义的“放”“着”等动词平行。吴福祥还讨论了汉语方言中4种逆语法化的情况，具体涉及“并列连词＞伴随介词”“处所介词＞处所动词”“与格介词＞给予动词”“比较介词＞比拟动词”。这些逆语法化在世界其他语言中十分罕见，汉语之所以有这种演变根本上是源于汉语特异的结构类型。[69]项开喜考察了枞阳表任凭义的“随”和“叫不”句式的用法，并说明了两种句式的来历。其中，“叫不”句式是通过句式糅合过程而形成的。[70]杨佳描写了汨罗的补语标记“得”和“唧”，指出在带形容词性的补语成分时，汨罗话“得”和“唧”互补，前者带性质形容词，后者带状态形容词，这体现了在语法形式上凸显了两类述补结构内在的语法意义差异。汨罗的补语标记“唧”来源于趋向动词“起”。详细考察岳阳各县市“得”和“唧/起”的分布情况，发现补语标记呈现出向“得”泛化的趋势，补语量级语义特征对补语标记有选择限制，同时补语标记对述语和补语的有音节上的要求。[71]刘丹青等提供了一个简明的语法调查方案。[72]

五、古汉语研究

语音方面。汉语语音史的研究以上古音构拟体系的讨论为一大热点。白一平、沙加尔的上古汉语新构拟体系引起了中国古音学界关于各家上古音构拟体系比较的广泛讨论。冯蒸以“一部多元音”的问题为核心，系统梳理了汉语上古音构拟中王力、李方桂体系和郑张尚芳、白一平—沙加尔和斯塔罗斯金3家的共同体系这两大对立的上古音韵部构拟体系，重新审视几家解决上古重韵问题的原则与方法，认为后者“一部多元音”的处理重韵的方法优于王力、李方桂的“一部一元音”说。[73]孙玉文根据郭锡良《汉字古音手册》（增订本），发现上古同一个韵部中包括了相当多的中古同声母、同开合、同等而读音有区别的韵或者韵类，据此，作者认为上古唇舌齿喉（包括中古牙音）都有甲乙两类三等韵，中古的重纽是上古甲乙两类三等韵的继承和发展，上古一二等韵可能也要分为甲乙两类，四等只有一类。[74]

此外，文献整理研究和学术史回顾也在语音史的研究中占有较大比重。张民权对清代学者万光泰的7种音韵学稿本（《古韵原本》《九经韵证》《经韵余论》《古音表考正》《经韵谐声》《四声谱考略》《蒙古字括》）进行整理研究，发掘万光泰的音韵学思想、研究方法、研究成果，为学界提供了清代古音学研究的新材料。[75]赵晓庆以新近发现的金刻本《玉篇》系字书金代邢准《新修玉篇》中引用的一部失传韵书《广集韵》为研究对象，通过《新修玉篇》对《广集韵》内容进行考察，发现它是荆璞《五音集韵》的底本，金代《五音集韵》系韵书的源头，明确了《广集韵》的学术价值及其与《五音集韵》的关系。[76]张渭毅关注《集韵》的编纂刊行流布史，在爬梳解析前贤众说的基础上考辨正误，指出《集韵》始撰于宋仁宗景祐元年（1034），成书于宝元二年（1039），并深入分析了《集韵》成书后久不显于世的表层和深层原因。[77][78]

词汇方面。汉语词汇史以个别字词的释读和特定语义类的系统研究成果最为丰富。孟蓬生采用二重证据法，将传世先秦文献中仅见的《尚书·盘庚》“乱越”一词跟出土文献中的“柬辪（乂）”相联系，通过语音、辞例、意义等方面的比较证明了二者所记语言单位的同一性，其构成方式为同义复合，其本义为“治理”，引申为“安定（使……安定）”。[79]贾燕子、吴福祥借鉴词汇类型学的理论框架和已有成果，从定名学、符意学以及词汇和语法互动3个方面，考察汉语“吃”“喝”概念的词汇化和范畴化，“吃”“喝”类动词的多义性及其所具有的形态句法特征，并通过跨语言比较揭示汉语“吃”“喝”类动词在历时和共时层面的多种表现都具有一定的跨语言共性，显示了词汇的系统性。[80]

在扎实的个案研究之外，词汇研究的方法论和理论讨论成为亮点。张美兰关注汉语史词汇研究中的语料问题，指出在汉语常用词演变个案研究过程中，在运用常规性研究方法的同时，一定要注意每个（组）词的个性化特点，选择带有个性研究的语料，并具体讨论了如何根据不同历史时期的材料特点、词汇语义演变特点，增设一般语料库基础外的特色语料，使个案研究更有针对性，解释更有说服力。[81]吴福祥从历史语义学角度讨论语义演变的规律，梳理了历史上语言学家对语义演变有无规律的认识，认为语义演变规律主要是指语义演变具有非任意、有理据、模式化的路径，并列举了4类语义规律性的演变模式或路径（“无例外的演变定律”“可预测的方向制约”“显著的演变趋势或倾向”“跨语言或跨时期反复出现的演变模式或路径”），强调语义演变规律的研究是语义演变研究和历史语义学的重要课题。[82]

语法方面。汉语语法史研究主要集中在汉语重要句法问题和词类的研究，跨语言的研究视角成为一大热点。胡敕瑞在跨语言研究中存在结构与领有结构在共时层面存在密切关系的背景下，以汉语为例，论证了两种结构在历时层面上也具有密切关系，虽然两种结构之间存在3个方面的差异（名词性成分的不同、动词性成分的不同、功能成分“的”与其他成分的不同），但是这些差异似异实同。[83]徐式婧从类型学与构式化视角出发，提出汉语条件句“并列构式 < 次级

并列构式>主从构式”的演变模式，并解释其动因与人们逻辑关系意识和小句融合紧密相关。[84]张赪、崔越研究上古汉语的言说动词“曰”“言”“云”，通过对《诗经》中这3个言说动词的虚化用法的穷尽考察，从句法位置、前后成分的构成及语义关系等方面描写其用法，指出它们都有篇章连接标记的功能，可以连接句子成分、小句、语段，它们所连接的复句由并列类发展为主从类，跨语言研究可以辅证这一观点。[85]赵长才研究中古汉译佛经中“并”具有在未然语境中表示先发生的动作行为或事件时间的副词用法，推测这种用法可能是受到另一时间副词“且”的影响而产生的。在相同的语境和句法位置上，“并”能够以连词义项（并列、递进）为基础发生类同引申，产生出与“且”表先发时间相同的新义项，这种通过类同引申而产生的新用法不是其词义本身引申的结果，而是相同语境造成的。[86]此外，姚振武从词类、构词法和句法结构等方面对汉语语法从殷商到西周的发展做了综述式的讨论，对汉语双音化趋势的形成、汉语重要句法结构的产生等问题进行了详细的讨论。[87]

句法和语义界面是现代语言学关注的一个重要问题，也是本年度语法史研究的一个热点。蒋绍愚在介绍 Saeed（2000年外语教学与研究出版社 *Semantics*）关于词的语义成分与词的句法功能的有关论述后，通过对上古汉语相关动词的考察，集中就动词的使动用法、作格动词以及名词和动词的转化跟语义成分的关系等问题进行了详细的讨论。[88]杨荣祥研究上古汉语中引起广泛讨论的“破、败”类动词，将其语义特征描写为［+自主性］、［+可控性］、［+外向性］、［+终结］，并详细考察了这类动词可以自由出现的三种句法槽：“NP1_NP2”“NP_ ”“NP1+V_NP2”，认为这类动词既不同于自动词，也不同于他动词，称为作格动词也不大合适，根据其语义特征和句法分布特征将其命名为“结果自足动词”。[89]

注：

①邓丹：《跨语言相似度与美国学习者汉语元音习得研究》，《汉语学习》，2017年第8期。

②张锦玉：《印尼华裔留学生阴、阳平的感知与产出》，《海外华文教育》，2017年第1期。

③张劲松，王祖燕：《元音部分对中日被试汉语普通话鼻韵母知觉的影响》，《清华大学学报》(自然科学版)，2017年第2期。

④解焱陆、张蓓、张劲松：《基于音高映射合成语音的汉语双字调声调训练》，《清华大学学报》(自然科学版)，2017年第2期。

⑤耿天竹、张艺馨、卢露露、张劲松：《汉语失歌症者的情感语音感知研究》，第十四届全国人机语音通讯学术会议，2017年3月。

⑥周嵌、古鑫、刘博：《时域精细结构在言语声调识别和音乐感知中的作用》，《中华耳鼻咽喉头颈外科杂志》，2017年第11期。

⑦南云：《音乐学习对语言加工的促进作用》，《心理科学进展》，2017年第11期。

⑧董理、孔江平：《昆曲闺门旦颤音的嗓音特征》，《清华大学学报》(自然科学版)，2017年第6期。

⑨曹冲、解焱陆、张劲松：《不同共振峰分布下元音对声调感知的影响》，《清华大学学报》，2017年第4期。

⑩吴倩、王韫佳：《声调的范畴知觉及其神经机制》，《心理科学进展》，2018年第1期。

⑪牟宏宇、陈友元、冯海泓：《汉语声调及其音高轮廓感知的大脑半球偏侧化》，中国声学学会2017年全国声学学术会议论文集。

⑫亓贝尔、古鑫、刘子夜等：《汉语普通话人工耳蜗使用者对声调识别的分析研究》，《中国耳鼻咽喉头颈外科》，2017年第4期。

⑬曹梦雪、李爱军、方强：《婴幼儿母语音位范畴习得机制的建模研究》，《中国语文》，2017年第3期。

⑭陈月、解焱陆、张劲松：《汉语音位对立在语音信息交流中重要性的分析》，第十四届全国人机语音通讯学术会议，2017年3月。

⑮杨锋、孔江平：《汉语普通话不同文体朗读时的胸腹呼吸特性》，《清华大学学报》(自然科学版)，2017年第2期。

⑯姚云、吴西愉、孔江平：《矢量半径驱动的汉语普通话立体声道模型》，《清华大学学报》(自然科学版)，2017年第9期。

⑰曹冲、解焱陆、张琦、张劲松：《塞擦音送气对汉语普通话基频的影响》，第十四届全国人机语音通讯学术会议，2017年3月。

⑱刘文、杨正辉、孔江平：《新寨苗语单字调及双字调声学实验研究》，《民族语文》，2017年第2期。

⑲寸熙、朱晓农：《回辉话的内爆音：对音法类型学和演化音法学的意义》，《民族语文》，2017年第5期。

⑳兰正群、吴西愉：《彝语松紧元音对立的生成机制研究》，《民族语文》，2017 年第 4 期。

㉑王海波：《维吾尔语基于音高感知的语调描写及语气功能研究》，《民族语文》，2017 年第 6 期。

㉒龙国贻、龙国治：《藻敏瑶语的三种鼻音类型》，《民族语文》，2017 年第 5 期。

㉓武波、江荻：《二声调语言呈现的轻重韵律模式》，《南开语言学刊》，2017 年第 2 期。

㉔韦景云：《永福古座壮语鼻化韵特点及其成因》，《民族语文》，2017 年第 3 期。

㉕林幼菁：《卓克基嘉戎语的非实然结构》，《语言学论丛》，2017 年第 1 期。

㉖朱艳华：《载瓦语现实和非现实范畴的实证研究》，《民族语文》，2017 年第 5 期。

㉗王锋：《大理挖色白语的空间认知系统》，《大理民族文化研究论丛》，2017 年。

㉘瞿霭堂、劲松：《语言与环境：嘉戎语动词的方位指向》，《民族语文》，2017 年第 5 期。

㉙杨将领：《独龙语孔当话的格标记系统》，《民族语文》，2017 年第 4 期。

㉚李云兵：《论坝那语动词的体貌系统》，《民族语文》，2017 年第 3 期。

㉛尹蔚彬：《“做”义轻动词的功能和语法化特点——以羌语支语言为例》，《民族语文》，2017 年第 1 期。

㉜力提甫·托乎提：《论递归性原则与维吾尔语的若干短语结构类型》，《民族语文》，2017 年第 2 期。

㉝杜兆金、陈保亚：《母语类型的多维干扰——维吾尔语重音模式匹配汉语声调的机制》，《民族语文》，2017 年第 5 期。

㉞戴庆厦：《我国少数民族实现双语的两大指标》，《贵州民族研究》，2017 年第 12 期。

㉟黄行：《中国语言资源多样性及其创新与保护规划》，《语言学研究》，2017 年第 1 期。

㊱汪锋、魏久乔：《语义演变、语言接触与词汇传播——＊1a“茶”的起源与传播》，《民族语文》，2017 年第 5 期。

㊲刘丹青：《汉语动补式和连动式的库藏裂变》，《语言教学与研究》，2017 年第 2 期。

㊳刘丹青：《汉语指代词的若干库藏类型学特征》，《语言研究集刊》，2017 年第 1 期。

㊴丁健：《吴语路桥话动前无定受事的句法性质与形成动因》，《当代语言学》，2017 年第 4 期。

㊵施春宏：《构式语法的理论路径和应用空间》，《汉语学报》，2017 年第 1 期。

㊶范晓蕾：《语义地图的解析度及表征方式——以“能力义为核心的语义地图”为例》，《世界汉语教学》，2017 年第 2 期。

㊷袁毓林、刘彬：《疑问代词“谁”的虚指和否定意义的形成机制》，《语言科学》，2017 年第 3 期。

㊸周韧：《汉语韵律语法研究中的轻重象似、松紧象似和多少象似》，《中国语文》，2017 年第 5 期。

㊹董秀芳：《动词后虚化完结成分的使用特点及性质》，《中国语文》，2017 年第 3 期。

㊺完权：《“领格表受事”的认知动因》，《中国语文》，2017 年第 3 期。

㊻郭锐：《同形删略和离合词、不完整词形成机制——兼论准定语的形成机制》，《语言科学》，2017 年第 3 期。

㊼周韧：《从供用句到功用句——“一锅饭吃十个人”的物性结构解读》，《世界汉语教学》，2017 年第 2 期。

㊽陈保亚、田祥胜：《相对语言规则：生成性的必要基石之一》，《北京大学学报》（哲学社会科学版），2017 年第 2 期。

㊾陈保亚、余德江：《符号的任意性：认知相对性的语言基础》，《贵州民族大学学报》（哲学社会科学版），2017 年第 4 期。

㊿方梅：《负面评价表达的规约化》，《中国语文》，2017 年第 2 期。

51郭锐：《复数事件和虚词语义》，《世界汉语教学》，2017 年第 4 期。

52沈家煊：《从语言看中西方的范畴观》，《中国社会科学》，2017 年第 7 期。

53沈家煊：《汉语有没有“主谓结构”》，《现代外语》，2017 年第 1 期。

54曾晓渝、陈希：《云南官话的来源及历史层次》，《中国语文》，2017 年第 2 期。

55项梦冰：《凤凰方言的归属》，《徐州工程学院学报》，2017 年第 3 期。

56王洪君：《〈中原〉〈洪武〉和当代方言中的见开二——北京话溯源之一瞥》，《方言》，2017 年第 2 期。

57熊燕：《再论官话德陌麦韵音变》，《方言》，2017 年第 3 期。

58张秋红：《移民方言接触与回族方言语音变迁探析——以宁夏红寺堡开元村关中方言为例》，《北方民族大学学报》(哲学社会科学版),2017年第5期。

(59)李蓝:《井陉方言的入声及相关的音韵问题》,《河北方言研究》,2017年。

(60)麦耘:《对用统一标准划分方言的反思——以"浊音标准"为切入点》,《中国语文》,2017年第3期。

(61)麦耘:《广州话歪斜义的me本字考》,《方言》,2017年第4期。

(62)黄河:《气温作为自然因素对语言分布的影响——以"手""脚"所指部位的地理分布为例》,《语言科学》,2017年第2期。

(63)赖玮、许小颖、陈丽美、朱晓农:《荣成凹调:僵声作为必备特征》,《东方语言学》,2017年第十六辑。

(64)陈宝贤:《福建漳平菁城方言的连读变调》,《方言》,2017年第1期。

(65)王福堂:《韶山方言同音字汇两种》,《方言》,2017年第3期。

(66)李蓝:《〈井陉方言词典〉引论》,《方言》,2017年第2期。

(67)陈伟蓉:《福建惠安闽南方言的关系从句标记》,《方言》,2017年第3期。

(68)黄瑞玲:《广东揭阳方言的指示词及其复音化—合音循环圈》,《语文研究》,2017年第3期。

(69)金小栋、吴福祥:《官话方言放置义动词"搁"的语义演变》,《语言科学》,2017年第4期。

(70)项开喜:《安徽枞阳方言的两种任凭义句式》,《方言》,2017年第2期。

(71)杨佳:《湖南汨罗方言的补语标 记"得"和"唧"》,《方言》,2017年第1期。

(72)刘丹青、唐正大、陈玉洁等:《汉语方言语法调查问卷》,《方言》,2017年第1期。

(73)冯蒸:《关于郑张尚芳、白一平—沙加尔和斯塔罗斯金三家上古音体系中的所谓"一部多元音"问题》,《南阳师范学院学报》,2017年第4期。

(74)孙玉文:《上古汉语韵重现象研究——为庆祝郭锡良先生八十五华诞而作》,《语言学论丛》,2017年第1期。

(75)张民权:《万光泰音韵学稿本整理与研究》,社会科学文献出版社2017年版。

(76)赵晓庆:《金代韵书〈广集韵〉与〈五音集韵〉关系探究》,《古汉语研究》,2017年第3期。

(77)张渭毅:《〈集韵〉编撰的起讫年代考辨》,《长江学术》,2017年第4期。

(78)张渭毅:《论〈集韵〉流布久不显于世的原因》,《中国典籍与文化》,2017年第4期。

(79)孟蓬生:《〈尚书·盘庚〉"乱越"新证》,《语文研究》,2017年第3期。

(80)贾燕子、吴福祥:《词汇类型学视角的汉语"吃""喝"类动词研究》,《世界汉语教学》,2017年第3期。

(81)张美兰:《汉语常用词演变研究与个性化语料选用》,《阅江学刊》,2017年第6期。

(82)吴福祥:《试谈语义演变的规律》,《古汉语研究》,2017年第1期。

(83)胡敕瑞:《汉语存在结构与领有结构的历时共性》,《历史语言学研究》,2017年第11辑。

(84)徐式婧:《汉语条件句的构式化和历时演变》,《古汉语研究》,2017年第3期。

(85)张赪、崔越:《〈诗经〉言说动词"曰""言""云"虚化用法的篇章功能及其跨语言共性研究》,《语文研究》,2017年第3期。

(86)赵长才:《"并"在中古译经中的时间副词用法及其来源》,《中国语文》,2017年第2期。

(87)姚振武:《汉语语法从殷商到西周的发展》,《陕西师范大学学报》(哲学社会科学版),2017年第1期。

(88)蒋绍愚:《词的语义成分与词的句法功能》,《语文研究》,2017年第4期。

(89)杨荣祥:《上古汉语结果自足动词的语义句法特征》,《语文研究》,2017年第1期。

(作者:余德江、杨海潮、王春茵、鲁方昕、何治春,北京大学博士生;陈保亚,北京大学教授)

英语语言学

王逢鑫

2017年北京学者在英语语言学研究方面的进展概述如下:

关于语言本质属性的讨论由来已久。最近由Evans(2014)引发的争议使探讨更加深入,几乎影响到语言研究发展的理论走向。语言本质讨论涉及语言知识、语言习得、语言使用等方面。长期以来，语言的使用论与内在论的辩论是语言学理论争议的主要表现形式。近年来，语言的内在论假设及语言官能的证伪问题成了争议的焦点。何宏华[①]认为：内在论为解释人脑的模块学说提供了一个测试窗口，也为跨学科的协作、研究提供了一个公共空间。学者们在努力理解相互不同甚至相互矛盾的理论、学说。这种持续不断的探索最终会帮助人们找到认识语言本质的正确方法。

文秋芳[②]结合个人从事多年应用语言学研究的亲身经历，阐述我国应用语言学研究者在国际化浪潮中面临的两个难题：一是“本土性”问题优先，还是“国际性”问题优先？二是用英文发表优先，还是用中文发表优先？在讨论上述难题的基础上，提出两条达观对策建议来帮助学者解决难题：一是采用“质量优先”和“分类卓越”评价政策；二是采用“双语”发表的鼓励政策。

文秋芳[③]分析了我国应用语言学学者 2001—2015 年期间在国外 8 种 SSCI 来源期刊上发表的 39 篇实证研究论文，认为导致我国应用语言学理论国际化令人担忧的主要原因是“对中国本土问题关注不够”和“创新程度较低”。在此基础上，文秋芳提出我国应用语言学国际化的 3 条标准，即本土化、原创性和国际可理解度。文秋芳还分析了我国应用语言学理论国际化面临的问题与挑战，包括缺乏理论意识、缺乏对中国传统教育理论的自信。

对比语言学在语言研究中具有不可轻忽的作用。近几年，尽管对比语言学在某些方面有所突破，但就总体而言，对比语言学有显式微之势，统揽全局的对比研究欠缺，不是在旧坑上挥舞铁锹，就是散点式地刨挖浅坑，而且外语研究拾人牙慧者居多。汉语研究奉西方理论为圭臬，鲜有理论创新。王文斌[④]探讨对比语言学的性质，简述其在我国的发展轨迹及现状，强调其在语言本体研究、外语教学研究、翻译研究、民族思维研究这 4 个方面的重要性，以期唤起学界高度顾重。

何伟、李璐[⑤]从系统功能视角对复合体概念进行明确的界定，并探讨和比较英汉语复合体的功能及体现形式。研究认为，复合体指系列简单体的组合，并由多种语言形式体现；根据参与复合的单一体的功能是否相同，英汉语复合体均可分为同质复合体和异质复合体。同质复合体中单一体的功能得到增强，异质复合体中单一体的功能得以相互补充。根据参与复合的单一体体现形式的语法化程度是否相同，英汉语复合体均可分为同形复合体和异形复合体。其中，同形复合体可以有语法体与语法体、准语法体与准语法体的复合。而在汉语中除上述组合形式外，还存在词汇体与词汇体的复合。在英汉语中，异形复合体均包括语法体与准语法体及准语法体与语法体的复合。

杨丽、文秋芳[⑥]采用非语言任务及反应时任务，考察汉、英母语者空间感知倾向是否存在差异，及汉、英母语者空间感知倾向是否影响句子在线加工。受试为汉英母语者各 80 人。研究结果显示：汉语母语者具有明显的先背景后图形的空间感知倾向，英语母语者呈现出先图形后背景（32.25%）、先背景后图形（51.61%）及二者兼具（16.12%）3 种空间感知倾向；不同的背景—图形启动次序影响汉、英母语者对句子的在线理解。

封宗信[⑦]指出：语用学从学科命名、发展路径、理论来源到研究对象和方法都具有多面性。当代语用学是独立的语言学和语言科学，也是交叉学科领域和一种跨学科视角；它是科学，又是理论、研究范式和视角，同时也是影响许多其他学科的理论、研究范式和视角。当代语用学的多面性源于当代语言学和语言科学与其他相关学科之间的复杂关系，更源于当代符号学的多面性。符号学有 3 个符号过程维度，实用学研究的“实用维度”是其一。当代语用学至少包括 3 个符号学维度——科学符号学、语言符号学和社会符号学维度。

曹笃鑫、向明友[⑧]探讨意义研究的流变，聚焦于语境论和语义最简论两种对立的后格赖斯学说对经典格赖斯会话含义理论的批判与发展。经考察发现：一是针对格赖斯的“所言”，语境论者采用扩展视角将语用因素或部分或整体纳入所言，扩充经典格赖斯所言的内涵成分。而语义最简论者却采用窄化视角根除语用因素对语义的影响，保证语义的独立性，重构所言的触发因素；二是关于一般会话含义的处理，两派学者就其语用过程的性质形成 3 种解释路向：默认推理、语境推论和协同推理；三是围绕语用过程的解释，语境论和语义最简论就所言命题中的语用涉入倡导不同的补全路径，即强语境效应的自由充实和句法约束的逻辑扩展。此研究为该领域学者把握意义理论的新进展提供了可行的观察视角和分析思路，也为初涉意义研究的新手描摹出一幅概览意义理论发展脉络的清晰简图，以期推动意义研究的“博采—纵深”式发展。

苏杭、卫乃兴[9]采用语料库语言学的局部语法路径，并参照系统功能语言学的评价系统，建构英语评价局部语法。局部语法是对表达特定语义功能的语言实例的兼具功能和语法描述的分析模式，其分析术语是以语言在实际语境中的交际功能为依据的，因此其在本质上属于功能语法分析的范畴。此研究表明：评价局部语法能更为直观、系统、全面地描述评价语言。对评价局部语法的探讨也可为从局部语法视角探究其他语言功能的语法描写提供借鉴和启示。

意义单位一直是语料库语言学探索的核心问题，而意义移变单位即是 Sinclair 逝世前对意义单位所做的最新表述，具有重要的理论价值和实践意义。高歌、卫乃兴[10]结合学术文本中 POSE 一词的考察，阐述和讨论了意义移变单位的核心意涵、认定程序、局部语法以及其对未来短语学研究的启示。研究发现：意义移变单位尤其突显共选型式的重要作用。共选型式是意义的载体；文本意义的变化是共选型式变化的结果，而语义韵是其中决定性的制约因素。意义移变单位的认定涉及 4 个步骤。其中，典范形式及其变异的确立是其分析认定的核心内容。每一意义移变单位均有各自独特的局部语法。这一从具体词形出发的局部语法描写将共选型式进一步结构化，实现了词汇—结构—意义的融合。

孙亚、钱玉彬、马婷[11]采用文献计量学的可视化技术，考察了近 10 年发表在国外主要语言学期刊上与隐喻研究相关的论文，以呈现国外隐喻研究现状及发展趋势。结果表明：当前隐喻研究虽大都以概念隐喻理论为基础，但注重使用语料库方法和实验方法，探索了手势隐喻、多模态隐喻、情感隐喻、隐喻与身份建构等新话题，并立足于基于语域或体裁的定位，经历着社会转向和实证转向，形成了语言、思维和交际 3 个平面，正逐渐显示出认知神经科学、话语分析、话语动态及生态进化论 4 个发展路径。

局部语法基于因果关系功能范畴与高频动词、名词、形容词因果关系型式之间的映射关系，利用科技论文语料库，构造逻辑语法隐喻式的多个因果关系局部语法构型。通过语境、词汇语法不可分性和“聚合—组合”关系 3 个方面的比较，发现因果关系局部语法可以验证逻辑语法隐喻的科学语篇促成性，在构造科学知识的逻辑推理语境中完善及物语法构型、描写逻辑隐喻式的型式复杂性，显化隐喻式的“语义差异”，为阐释形义张力和语义交联的动因提供一个新的视角和方法。董敏、徐琳瑶[12]指出：语料库语言学与系统功能语言学对话的基础可进一步加强，对话空间进一步扩展，在语言使用的意义研究中可实现进一步融合。

田莉、田贵森[13]指出：变异社会语言学的研究方法论包括语言观、研究方法和研究技术。语言观是语言研究中最基本的理论基础和研究取向。变异社会语言学语言观的命题是“语言是异质有序的”。语言学研究中不同流派的语言观影响研究方法的设计和研究技术的选择。变异社会语言学的研究方法有定量研究和定性研究等；主要研究技术有社会语言学访谈、快速隐匿观察以及变项规则分析法等。

国内外恭维回应研究主要局限在两方语境中，没有考察第三方在场者对恭维回应行为的影响，而且大多用语篇补全任务（DCT）和角色扮演等方法收集语料，语料的准确性和客观性有待提高。夏登山、殷彩艳、蓝纯[14]采用自然会话录音和实验的方法，收集了 233 例北京女大学生在两方语境和三方语境中的恭维回应语料，并在“接受—缓和—回避—拒绝”四分法的框架中对比回应策略。结果显示：与 Chen（1993）的结论相比，回应者接受恭维的比例确有明显提高，体现出一定程度的西化倾向，但三方恭维回应与两方恭维回应的策略使用差异明显。两方恭维回应者首选接受策略，而三方恭维回应者首选回避和拒绝策略。这一发现表明：汉语文化中恭维回应策略的西化是渐进、分层级的，贬己尊人的礼貌准则在文化深层仍然有重要作用。夏登山等同时发现，与此研究所收集的自然语料相比，DCT 恭维回应语料中接受策略的使用比例普遍偏高。

对话句法理论是 Du Bois（2014）提出的会话分析理论，旨在考察会话中的语言、认知和互动过程。对话句法作为该领域最新的理论，是从认知功能的视角进行的探索。对话句法理论基本主张和核心概念包括平行、共鸣、跨句图谱、重现、选择、对比、类比等方面。王德亮[15]认为对话句法有很大的发展潜力和广泛的应用领域，但自身也存在一些缺陷。

生态语言学和认知语言学都诞生于 20 世纪 70 年代。虽然二者的理论动因和学科本质在根本上不同，但都并非没有可相互借鉴之处。主要原因有二：一是生态语言学和认知语言学都受到社会学视角下的“现实社会建构论”思想的影响。二是生态语言学和认知语言学研究视角都具有内在理论局限性。有鉴于此，王馥芳[16]指出，生态语言学和认知语言学的相互借鉴主要表现在 3 个方面：一是生态语言学有助于丰富认知语言学的意义构建研究；二是认知语言学有助于夯实生态语言学的理论基础；三是认知语言学为生态语言学提供理论分析工具。探讨生态语言学与认知语言学之间的相互借鉴问题，不但有助于拓展彼此的研究范围，而且有助于丰富彼此的研究成果。

高一虹[17]就我国学者社会语言学学术写作和国际发表中的问题以及回应对策指出：社会语言学较多具有应用社会科学的特征，对意识形态相对敏感，意识形态的差异以及相应的语言表述对“本土”与“全球”的对话构成了“客观”的挑战。从“主观”视角反思，我们在向国际学界呈现本土研究时的一个主要问题是研究身份认同的定位。这些身份认同不仅指所在国家、地区和文化，还包括政治意识形态、理论取向、研究方法和研究关系等多个层面；不仅包括作者本人，也包括目标读者群和目标出版物。目前的问题主要表现为自说自话、理论视角匮乏、立场缺失或错位、非黑即白、研究者貌似“隐身”等。

神经语言学从萌芽到创立以来，其研究主题曾一直是主要针对言语障碍的脑机制及其干预的“病理取向”。官群[18]指出：随着神经科学、语言学，尤其是心理语言学的不断进步，神经语言学研究正表现出从病理迈向生理的新趋势。神经语言学对外语教学有很大的启示，可以推动外语教学的发展。

卢德平[19]指出：在符号从“自我”出发获得外化或客体化之前，始终与“自我”的意义构建统一在一起。而此时的符号也和“自我”的反思过程一起处于想象的状态。但符号不得不外化或客体化，其想象状态仅仅满足“自我”的意义建构条件，而符号的外化或客体化是意义从建构走向分享和理解的必然。外化的符号既是意义领域的形式区分，又借此构成不同的实在。也就是说，外化的符号形态帮助人从主体的世界迈向外部的世界，但又时刻和主体的世界发生着关联。正是在这里，产生个体与社会的界线，同时又使个体和社会处于剪不断、理还乱的关系中。

王立非、部寒[20]以话语情感倾向多维评价框架为依托，运用 Diction 和 VOSViewer 软件，对中美 50 强企业英文年报文本的情感倾向特征自动挖掘和对比分析。研究发现：中美 50 强企业年报均传达出积极情感评价倾向和印象管理特征；中美企业年报在情感评价主题分布上存在显著差异，年报间显示出活动积极评价和成就积极评价的差异；美国 50 强企业年报话语情感评价对业绩有预测作用，而中国 50 强企业年报话语情感评价与未来业绩无相关性。此研究对商务话语分析、商务英语教学、企业对外传播具有一定启示。

从本质上讲，外语教学是一种“费时费力、不进则退”的技能性训练过程。新世纪以来，大学英语的教学标准不断提高，社会各界对于教学效果的反思日益深刻。在这种情况下，人文性、工具性、实效性成了大学英语所面临的三大难题。2012 年以来，随着“慕课”平台的广布、“互联网 +”概念的提出，信息化又成为英语教学改革的一个焦点问题。杨永林[21]结合上述 4 个方面的问题，结合为期 6 年的“英语学习小百科资源库”项目建设工作，聚集英语短语习语的学习，分别从“存在问题、多元教法、百科资源”3 个层面入手，提出用“互联网 + 基础研究 + 百科资源”的方法，来促进英语习惯用法的教学改革。

搭配视角的选择是二语搭配习得研究的基础和关键，也是二语词汇教学深入开展的重要方向。魏兴、杨芳、张文霞[22]通过梳理不同视角下的搭配概念，发现以往研究提出的搭配概念并未以二语搭配习得的特点为立足点，因而使二语搭配习得研究的深度受到局限。魏兴等通过二语与一语搭配习得的对比、分析，归纳出二语搭配习得的基本特点：一是呈现出非程式化的语言输入模式；二是易受母语思维的影响；三是学习者在二语搭配处理中语义分析的意向性较强。基于这些特点，参照相关理论，魏兴等提出以认知心理为视角的二语搭配观。该搭配观着眼于二语搭配作为获得知识的心理动态实际，深化对于二语搭配概念的认识，客观地剖析二语搭配习得过程中的内在因素。其意义在于顺应搭配习得的基本特性，有利于探究二语搭配涉及的认知因素，能使二语搭配习得的特殊机制得到深刻、有力的阐释，以促进二语搭配习得研究和二语词汇教学的进一步发展。

王文斌[23]指出自改革开放以来，我国外语界经历了 3 个阶段：一是引介国外语言学理论；二是应用国外语言学理论；三是研判国外语言学理论。这对推动我国的国外语言学理论研究与应用起到了十分积极的作用，造就了大批的国外语言学理论的从业者和实践者，同时也培养了大批能比较熟练使用外语的人才，为我国的对外开放、融入国际大环境做出了积极贡献。但是，也有 3 个不足：一是虽然研究队伍和实践队伍庞大，但基本上是国外理论的应和者或诠释者，总体上流于碎片化和表象化；二是虽然研究成果累累，但对汉语事实缺少深度的挖掘和审视，至今尚未形成真正具有中国特色的语言学理论和实践导向；三是外语修养水平不高，在论文写作或著述中许多例证拾人牙慧，鲜有独到的语料发现或整理，停滞于浅化的陈述。中国的外语研究，需立足中国，借鉴国外，把握汉语，面向国际。我们需并重外语研究和汉语研究，充分发挥母语优势，在汉外语言对比中研判并参透语言的规律和本质。

王文斌、李民[24]在陈述我国外语教育面临的机遇和挑战的基础上，指出在我国当下建构外语教育学具有切实的现实必要性和紧迫的理论自觉，并围绕其概念界定、成立条件、理论基础、典型特征、学科体系等方面，阐释外语教育学的学科内涵和内容架构。王文斌等认为：外语教育学的建构，不仅能有效破解我国外语教育目前面临的困局，提升外语教育能力，而且能重振外语教育在整个教育体系中的地位，更好地服务国家发展战略，建设具有中国特色的学科理论体系。

中国外语教育源自语言译介活动，具有“实用”和“功利”的价值取向。美国的外语教育源自欧洲传统和同化异族语言文化的需要，更重视其“人文素养”和“同化功能”。“实用主义”外语教育往往导致短期效应，易发生盲目和随意性错误。“人文主义”外语教育虽然能够获得长期成效，但因通常缺乏实用价值而失去吸引力。为促进外语教育的进一步发展，蔡永良、王克非[25]认为：中美两国均需适当调整理念，相互借鉴，相应增加人文要素和实用价值。

如何评价英语教师专业能力是当前我国英语教育改革亟待解决的重要课题，也是多年来国际英语教育发展中始终探讨的重要问题。韩宝成、曲鑫[26]基于对英、美、加3国较有影响力的5项英语教师资格认证的考查，为我国英语教师专业能力评价提出建议。研究显示：一是英、美、加3国完善的教师专业能力标准为这5项认证的实施提供政策保障；二是社会专业化教育考试机构承担认证考试的研发与推广，可确保认证的质量；三是这5项认证在许多国家英语教师专业能力评价、教师选聘和发展项目中得到广泛应用。根据考察结果，提出开展我国英语教师专业能力评价，有必要借鉴国外的做法，在政府监管下，专业化教育机构和考试机构制定英语教师专业能力标准，根据我国英语教育发展需求，开展英语教师资格认证考试。

高校外语教师的专业发展日益受到重视。社会心理因素是影响其专业发展的重要因素。范琳[27]等以高校英语教师为对象进行调查研究，采用相关量表考察其自我概念、教学效能感、职业倦怠现状及其相互关系。结果表明：一是英语教师自我概念、教学效能感水平较高，职业倦怠水平总体不很严重，但其核心成分情感衰竭维度水平较高；二是英语教师自我概念、教学效能感均与职业倦怠呈显著负相关，其自我概念与教学效能感呈显著正相关；三是自我概念是解释职业倦怠的重要变量，其教学满意度、师生关系、自我接纳、风险接受和主动性维度能够显著预测职业倦怠水平。

近年来，动态评价引起了国外学界的关注。刘森、武尊民[28]梳理了国外语言教育领域的动态评价实证研究，发现互动式和干预式两类动态评价研究平分秋色，动态评价对儿童和成年语言学习均有促进作用。现有研究集中于输入性技能。国外研究开拓了理解语言能力的新视角，为国内外语教学与评价提供新思路。动态评价有效地诊断学生语言学习问题，评价过程即教学过程。在动态评价环境下，教师兼具评价者和中介者身份，既对学生表现做出评价，也提供帮助，促进其语言发展。

何伟、张瑞杰[29]通过考察人与场所生态因素的互动关系，结合系统功能语言学理论，建构了一个具有可操作性的生态话语分析模式，以期为生态语言学研究提供一定的理论依据。该模式对系统功能语言学框架中的及物性、语气、情态、评价、主位和信息等系统进行了生态视角的细化和扩展。何伟等以此为基础，将具有不同语言特征和模式的语篇分为生态保护型、生态破坏型和生态模糊型3种类型，并提倡语言研究者积极推广生态保护型语篇，有效抵制生态破坏型语篇，改良生态模糊型语篇。

何伟、魏榕[30]首先从生态学视角出发，提出了国际生态话语概念，明确了国际生态系统的组成；然后基于中国传统文化和外交理念，重构了促进国际生态系统良好发展的生态哲学观；在此基础上，结合系统功能语言学及物性理论，建构了一个体现国际生态话语特点的及物性分析模式，涉及对参与者角色的生态化延伸和细化，对过程类型之生态有益性、中性和破坏性的界定和阐释。

使用语言、学习语言、研究语言等活动形成了人类的语言生活。它是人类社会生活的重要组成部分。使用外语、学习外语、研究外语等活动形成了人类的外语生活，外语生活是人类语言生活的重要组成部分。李宇明[㉛]认为：不管是进行外语教学，还是进行外语规划，都应当明确树立外语生活的意识。外语生活与外语教育（包括外语教学）的关系十分密切。学习之目的在于应用，特别是语言学习，其应用的目的比数学、物理、历史、地理等科目当更为显豁。故而外语教育应当有自觉的外语生活意识，应该明确其最终目标是让学生过好外语生活。

借助成功的推广与传播，英语已经成为当今世界的通用语言。除历史原因外，以促进国际文化交流为己任的英国文化委员会在英语的全球推广方面发挥了举足轻重的作用。通过分析与梳理英国文化委员会从事的英语国际传播活动及其策略和思想，王克非[㉜]等认为：英国文化委员会是一个实施英国文化战略的准官方机构，承担了大英帝国解体以后的英语传播工作，具有明确的思想、具体的目标和隐秘的策略，成功地帮助英国完成了“用一代人的时间将英语变成世界通用语”的使命，从而有效地维持和提升了英国的国际影响力和竞争力。

注：

①何宏华：《关于语言本质问题的反思》，《外语教学与研究》，2017 年第 3 期。

②文秋芳：《我国应用语言学研究国际化面临的困境与对策》，《外语与外语教学》，2017 年第 1 期。

③文秋芳：《我国应用语言学理论国际化的标准与挑战——基于中国大陆学者国际论文创新性的分析》，《外语教学与研究》，2017 年第 2 期。

④王文斌：《对比语言学：语言研究之要》，《外语与外语教学》，2017 年第 5 期。

⑤何伟、李璐：《英汉语复合体之功能视角比较研究》，《外语与外语教学》，2017 年第 4 期。

⑥杨丽、文秋芳：《汉、英母语者空间感知倾向对句子在线加工的影响》，《外语教学与研究》，2017 年第 4 期。

⑦封宗信：《当代语用学的多面性及其符号学维度》，《外语教学与研究》，2017 年第 5 期。

⑧曹笃鑫、向明友：《意义研究的流变：语义—语用界面视角》，《外语与外语教学》，2017 年第 4 期。

⑨苏杭、卫乃兴：《评价语言的局部语法研究》，《中国外语》，2017 年第 3 期。

⑩高歌、卫乃兴：《意义移变单位的意涵及分析程序》，《外语与外语教学》，2017 年第 6 期。

⑪孙亚、钱玉彬、马婷：《国外隐喻研究现状及发展趋势》，《现代外语》，2017 年第 5 期。

⑫董敏、徐琳瑶：《逻辑语法隐喻的局部语法视角》，《中国外语》，2017 年第 6 期。

⑬田莉、田贵森：《变异社会语言学的研究方法论》，《外语学刊》，2017 年第 1 期。

⑭夏登山、殷彩艳、蓝纯：《三方恭维回应策略研究》，《外语教学与研究》，2017 年第 5 期。

⑮王德亮：《对话句法：认知功能主义对会话分析的最新探索》，《外国语》，2017 年第 2 期。

⑯王馥芳：《生态语言学和认知语言学的相互借鉴》，《中国外语》，2017 年第 5 期。

⑰高一虹：《“本土”与“全球”对话中的身份认同定位——社会语言学学术写作和国际发表中的挑战和回应》，《外语与外语教学》，2017 年第 1 期。

⑱官群：《神经语言学研究新趋势：从病理迈向生理 — 兼论对优化外语教学的启示》，《外语教学理论与实践》，2017 年第 2 期。

⑲卢德平：《多重实在的符号》，《外语学刊》，2017 年第 6 期。

⑳王立非、部寒：《中美企业话语情感倾向多维评价测量与对比分析》，《外语研究》，2017 年第 4 期。

㉑杨永林：《短语习语，何以海量?》，《外语研究》，2017 年第 1 期。

㉒魏兴、杨芳、张文霞：《基于二语搭配习得特点的搭配观探析》，《外语学刊》，2017 年第 3 期。

㉓王文斌：《并重外语研究与汉语研究》，《外国语》，2017 年第 1 期。

㉔王文斌、李民：《论外语教育学的学科建构》，《外语教学与研究》，2017 年第 5 期。

㉕蔡永良、王克非：《中美外语教育理念差异比较》，《外语教学》，2017 年第 3 期。

㉖韩宝成、曲鑫：《中国英语教师专业能力评价探讨》，《外语学刊》，2017 年第 5 期。

㉗范琳、李梦莉、史红薇、梁俊君：《高校英语教师自我概念、教学效能感与职业倦怠现状及关系研究》，《外语教学理论与实践》，2017 年第 1 期。

㉘刘森、武尊民：《国外语言动态评价的最新研究》，《现代外语》，2017 年第 6 期。

㉙何伟、张瑞杰：《生态话语分析模式构建》，《中国外语》，2017 年第 5 期。

㉚何伟、魏榕：《国际生态话语之及物性分析模

式构建》，《现代外语》，2017年第5期。

㉛李宇明：《树立“外语生活”意识》，《中国外语》，2017年第5期。

㉜王克非、蔡永良、王美娜：《英国文化委员会与英语的国际传播》，《外语教学》，2017年第6期。

（作者：王逢鑫，北京大学教授）

俄语语言学

鲍 红

一、语言学与语篇学

科学的发展是通过科学范式的交替实现的。杜桂枝运用美国科学哲学家库恩关于科学发展的范式理论，通过追踪20世纪语言学发展的轨迹，探究“人文中心论”的语言学范式交替变革的动态模式及相关环境。[①]陈勇概览了过渡期的俄罗斯符号学研究。在俄罗斯符号学发展的理论准备期、发展期、成型期、过渡期、成熟期和后洛特曼时期等6个主要阶段中，过渡期以雅各布森和巴赫金的研究为代表。两人都是具有世界影响的符号学大家，分别与俄罗斯的结构主义语言学和形式主义文学理论直接相关，在很大程度上分别反映了莫斯科的语言学研究传统和彼得堡的文学研究传统，对莫斯科—塔尔图符号学派均有直接的影响。雅各布森的符号分类思想、符号学定位思想、语言符号学理论对一般符号学和语言符号学的建立和发展起到了积极的作用。巴赫金有关符号性质、话语理论和对话理论的讨论反映了其哲学符号学、语言符号学和文学符号学的基本观念，对世界符号学的发展产生了深远的影响。[②]长期以来，中国俄语学界的研究多处于较为孤立的状态，尽管不少学者努力向中国学界传达和引进俄罗斯的语言学、文学、文化等多方面的优秀研究成果，也有俄汉语对比研究的相关理论成果问世，但仍然无法改变俄语界和汉语界之间长期存在的难以打通的壁垒。宁琦以语言学研究为例，借助对2001—2014年、2015—2017年国家社科基金资助的语言学项目的数据分析，从中俄语言学整体发展趋势、中俄语言学研究的不同特点、中俄语言学研究的互补与借鉴的可行性等3个方面展开讨论，阐述了中俄语言学研究在诸多层面都有值得彼此借鉴和互为补益之处。[③]在概念内涵上，作为术语与行为范式的俄罗斯形式主义应该有实质性的区别：前者特指形式主义文艺学流派，后者还包含形式主义语言学和性质—功能主义等流派。鉴于此，赵爱国从范式视阈对长期以来学界颇有争议的俄罗斯形式主义的起止时间和发展阶段问题进行了实证性分析，得出了与以往流行观点或定论不尽相同的结论。作者与周丹丹从学术发展史视角对新洪堡特主义学说的理论意义进行审视，以缕析出在语言世界图景理论形成和发展的漫长过程中，其对语言世界图景理论的形成所做出的诸多贡献。[④]杨明天从历史的视角，运用文本分析的方法，研究俄罗斯的语言心智。从语法、语义、语用、认知、对比和主题等方面，从具体作家和思想家入手，分析了从古罗斯时期至21世纪的包含心智信息的反映俄罗斯语言心智特点的相关经典文献。对俄罗斯心智特点进行归纳和总结，并借助语言材料来验证，结合20世纪的文化现象进行研究。通过文本分析，寻求俄罗斯心智在语言方面的体现方式，明确俄罗斯作家、思想家有关俄罗斯特点的主要思考内容和表达方式。[⑤]李绍勇和姜宏从主题、视角、涉及的语言对象等方面对比了俄罗斯“功能语法理论”创始人邦达尔科和西方“系统功能语言学”创始人韩礼德的学术成果。指出两大理论各具特点，各自的长处和不足也通过其学术成果得到反映。对比二者的学术成果，不仅可以把握两种流派的特性，而且能够了解两种理论的研究现状，为中国语言学研究的进一步发展提供启发和借鉴。[⑥]姜雯雯分析了方法论视角下的巴赫金的体裁诗学。体裁问题是巴赫金学术思想中贯穿始终的核心概念之一，他对体裁问题的探究在不同时期展现出不同的思考方向。其中，超语言学以话语为研究对象，以说者与他人的对话关系为核心任务，探究了言语体裁的基本特征。历史诗学以时间为核心范畴，把共时层面中稳定的体裁形式赋予历时层面的动态性。这些动态因素展现出巴赫金在不同时期思想的变化与发展脉络，为文学体裁注入鲜活的生命力，使它与现实生活紧密联系，并伴随着现实的变化而变化，永远保持开放特征。[⑦]陈虹介绍和分析了国内外语料库研究和建设的总体情况，重点关注了语料库的标注原则、模式和类型。在简略回顾国内外语篇研究的历史和现状之后，重点概括了加里别林的语篇理论，对其中的语义独立片段、回溯和前瞻范畴不仅进行了静态的描述性研究，而且使用实证方法，以统计学中广义的线性回归模型为基础，并使用普通最小二乘法做参数估计，利用验证假设的方式，对它们在语篇中次数分布的影响因素作了详细分析。[⑧]王辛夷分析研究了俄语文艺语篇中嵌入结构的表情性功能及其表达方式。表情性是语义范畴，也是情感—评价范畴。从话语发出者角度讲，表情性是一种语势加强，以此获得形象性和美学效果，用以感染读者；从话语接受者角度讲，表情性能够保持和强化注意力，用以提高对语篇的理解能力。嵌入结构是表情性最有效的实现方式之一，它可以通过字素、词汇、词法和句法手段来实现。文艺语篇中嵌入结构常常被作者用来表现其语用宗旨，体现作家形象。[⑨]晏蓉探析了语篇主观情态性概念，指出语篇主观情态性表达作者对所述内容的评价和态度，传递作者的情感，体现作者的理念和世界观，是实现作者与读者互相交流的媒介。作为语篇必备的特征，主观情态性的语义内容及概念内涵在语篇空间内得到了极大的丰富。[⑩]

二、语义学与认知语言学

蔡晖对比研究了俄语动词主题类别和分类范畴。动词的主题类别和分类范畴是动词的核心语义特征，也是词义的变化的基本参数。主题类别的确定来自于词义中的主题要素，分类范畴是在本体论基础上对动词进行的分类，指本体存在的基本方式。对二者不同的界定决定了它们对词义变化的影响方式、规定内容、功能、兼类方式等方面都有所区别。[⑪]彭玉海结合题元相关理论和认知语义理论对抽象名词语义功能进行分析和探讨。具体分为两个方面来展开：一是抽象名词在动词基义时的语义功能、表现及相关的语言语义问题；二是抽象名词在动词衍生多义时的语义功能、表现及相关语言语义信息。希望能凭借相关分析拓宽抽象名词的语义分析层面和视野，深化抽象名词词汇语义单位的理论研究。[⑫]卢晓晨研究了俄语客体题元的层级化。“客体题元”所指的广义上的客体概念，作为概括语义范畴的客体题元表示的是谓词语义中所包含的行为、状态、关系所指向的事物。迄今为止，所有关于客体的研究都局限在某一类动词或某一个层面上，因此，有必要建立客体多层级分析学说。客体范畴的语言属性取决于多方面因素——数量、次语义属性、语义角色、句法形式、角色配位。只有同时兼顾客体的多个层面才能全面且深入地揭示客体范畴的语言机制。[⑬]抽象名词兼具动词、形容词、名词的语义特征和属性，是三大词类交叉、融合共同反映客观世界事况的产物。在语义配价上有其显著特点。王朔尝试运用元语言释义方法对俄语抽象名词的语义配价类型进行分析和探讨，借此窥探俄语抽象名词的语义特征和实质，这对于深化俄语抽象名词的语义研究颇有价值，同时也能为名词的语义配价分析提供有益借鉴。[⑭]胡业爽从“洪荒之力”的译文分析词语隐含意义的表达。“洪荒之力”的翻译受到了译界的极大关注，这一现象背后令人深思的是如何表达词语中的隐含意义。从词的近义和远义的角度为理解和传达词语的隐含意义提供了一个全新的视角。词的近义是客观现实在语言中的直接反映，是词语的原始意义，在修辞上呈中性，不带有象征意义，反映着人们最原始的意识。而词的远义则是语言在历史发展进程中由比较、联想等产生的派生意义。[⑮]刘钰介绍术语“表达”（высказывание）的含义及其在语言学研究中的理解与运用，对表述的类型及其与句子间的区别与联系做了分析。通过阐述一些语言学分支学科对表述的界定，特别是 Е. В. Падучева 结合言语行为理论对表述的阐释，进一步揭示了表述所具有的一些特征。[⑯]邵楠希在总结归纳俄语数词研究领域不同学术派别、学术观点的基础上，从认知的角度出发，研究在不同条件下数词语义场中的词汇语用意义和表达手段，语料来源是与数词相关的众多的固定用语以及成语、谚语和俗语，并采用了俄罗斯不同历史时期的大量的数词语用实例分析。作者站在尊重民族发展历史、尊重宗教文化传承的角度，从数词的基本概念、形象联想、价值取向和感情评价等方面提出了自己独到的研究方法和理论成果。[⑰]

三、语法学

俄语形动词属于兼容了动词和形容词特点的混合型词，但其动词性和形容词性在履行不同的句法功能时显现程度却各不相同。周海燕采用共时过度率对形动词的词法特点及句法功能进行分析，探讨影响形动词履行不同句法功能的各种因素，揭示其过渡特征。这不仅有助于更精准地掌握俄语，也有助于进一步深入研究具有过渡性特征的混合型词。[⑱]曾婷对俄语独词语句的研究历史、俄语独词语句与句子的关系、俄语独词语句的句法地位、俄语独词语句的类型、俄语独词语句在对话中的功能进行全面、系统的研究，并从概念界定、句法地位、基本类型等方面对俄语独词语句和汉语独词句进行对比分析，旨在通过对该语言现象在结构特点、语义特征和语用功能等方面的系统研究，实现对俄语独词句形式—语义—功能的三维理论构建。[19]姜宏和刘彦晶论述了俄语感叹句的句法地位和语法本质。俄语中所有句子按照是否具有感叹语气可以分为感叹句和非感叹句。感叹句的第一性形式标记是感叹语调或者感叹号，其第二性形式标记包括一些疑问代词和副词、感叹词和语气词等手段。感叹句在结构上可以表现为所有其他句法结构的句子，在功能上，感叹句可以分为单功能感叹句和多功能感叹句。[20]郭淑芬从俄语功能交际语法的视角出发，分析了参数名词向前置词演变的趋势。[21]俄语参数名词在传统语法中属于名词范畴，但在功能交际语法视域下对其功能的考察显示，它们有脱离原有词类属性向前置词范畴演变的趋势。通过分析俄语参数名词在现实言语中的功能、结构和使用规律，可以看到这类词具有独特的功能语法场特征和词法—句法聚合体，这说明参数名词具有语言的体系性特征，并表现出向前置词演变的趋势。季小军对俄语疑问语气词 ли 进行了多维度的探究。语气词作为俄语中独立的词类，其意义便是它在句子中所表示的关系。作为常见的疑问语气词，ли 参与构成疑问句时在语调轮廓、结构模式、语义特征、交际结构等方面表现出了多重性。在不同的语境和上下文中，语调轮廓的不同表现体现了不同的情态意义，结构模式、语义特征和交际结构之间也相互契合。[22]王梓分析了语法化理论下的俄语动词前置词。俄语中的动词前置词是以副动词形式承担前置词语法功能的词类。其特征及发展可借助两个维度的语法化理论进行分析：从共时角度看，动词前置词具有从动词（副动词）到前置词的过渡性特征，在特定语境下发挥后者的语法功能；从历时角度看，动词前置词由副动词演变而成，在发展过程中经历语音、形态、句法、语义等方面的变化，由词汇性单位转化为功能性单位。这反映了共时语法化与历时语法化之间的相互联系。[23]俄语名词后缀是名词词素之一，分为表达语法意义的构形后缀和构成新词的构词后缀。构词后缀经常使名词的基本词义发生变化，构词后缀不仅有语言特点，还有超语言特点。王清华和佐知音从传统语法、功能语法、认知语言学等多个角度对名词构词后缀进行了全面细致地描写与分析，加深了对俄语名词构词后缀的认识，对作为外语的俄语学习及教学具有一定的参考价值。[24]在全球一体化和信息化的背景下俄语借入了大量外来词，特别是英语词。外来词的借入也促进了俄语构词的发展，出现了一种以文字、拼写、标点符号等为构词标志的新构词法，即文字构词法。文字构词法促进了俄语构词的发展。文字派生词丰富了俄语词汇，增强了俄语表现力。朱艳红和张帅臣主要研究了英俄字母双写的复合文字词，从词法、词汇、构词、语用等不同角度对复合文字词进行分类，并分析其在文字游戏中的应用。[25]蒋勇敏在已有名词性数量意义词汇表达手段相关研究理论的基础之上，对俄语数量成语与名词为组合关系进行了梳理分析，认为其特点也同样表现在句法、语义和修辞 3 方面的制约规律上。句法限制体现在俄语数量成语的句法功能是由其词汇—语法特征所决定的，数量成语与名词之间存在一致和支配两种方式的句法联系；语义限制表现出 3 种不同的强弱程度，数量成语与名词的组合必须遵循“语义一致律”，影响二者搭配性的还有其各自的内部形式；修辞限制要求数量成语与名词在语体、感情—评价和表现力 3 种色彩上保持一致。[26]王宋琥和邢淑系统地分析了俄语语音学理论及实践应用，既有宏观的语音学理论，又有非常实用的语音交替规则、正读法规则以及表音法和正写法规则。并参阅了大量的原版文献，吸取了俄语语音学研究方面的最新成果，同时用大量的例词例句来解释佐证各种语音学现象和观点。[27]

四、俄汉对比研究

传统的俄语言语礼节研究始于语言国情教学法、伦理学以及美学等视角。从现代语用学和定型理论的角度来看，言语礼节本质上不仅是一种言语行为，而且是一种言语定型。在言语礼节中，社会性别定型体现于从见面问候到分手告别期间的各个环节，其中尤以称呼语和恭维语为最。周民权对俄汉称呼语和恭维语中的社会性别定型予以发掘并进行对比分析，乃是拓展言语礼节和社会性别定型研究的一种尝试。[28]李勤和刘照玉探究了俄汉反义词的语义中和现象。反义词的语义中和是一种跨语言现象，在俄汉语中均存在。有些反义词的语义中和现象在俄汉语中具有相通性，有些则只存在于一种语言中。反义词发生语义中和受内部机制和外部机制的制约。外部机制主要体现为中性化语境的影响，内部机制包括视点、语义包孕、预设、语义配价等。[29]张志军和苏珊珊通过实例对 широкий/узкий 与“宽/窄”由始源域（空间域）向数量域、评价域、程度域、声音域、抽象范围域等目标域跨域映射的情况进行对比分析，揭示了俄汉语空间维度词的隐喻认知基础、认知及其域跨域映射异同。[30]刘永红和周梦涵论述了俄汉成语形象术的修辞机制。俄汉成语形象的成像与识解过程是一种认知修辞机制的运行过程，即“立像以尽意”中的“立像”之术和认知语言学中的“识解”之道，是为“成语形象术”。它以修辞机制为依据，以修辞手法为手段。事实表明，俄汉成语形象术的修辞机制表现为相互作用的3个方面：作为修辞结果的成语形象；作为成语修辞圭臬的形象原则；作为成语形象术的修辞手法。对此的描写与阐释，能够揭示出成语和文学领域中语言形象在形成与解读过程中的普遍规律。[31]可比语料库凭借自身优势和广泛用途逐渐成为语料库研究的热点方向之一，而国内面向俄汉可比语料库的研究尚未见学者涉及。原伟在梳理国内外俄语可比语料库的研究成果之后，提出了一种半自动构建俄汉新闻可比语料库的思路和方法，获取了新华网关于乌克兰事件的俄汉新闻语料，以语料来源相同、发布时间近、主题内容相似为依据建立了小型俄汉新闻可比语料库，语料字、词数总规模达到了百万级别。在此基础上，利用跨语言相似度计算的方法对双语语料标题、正文进行了可比度计算评估，最后对语料库的应用前景做出展望。[32]何静对日常生活和工作中的论辩性对话做出科学的界定，总结论辩性对话中的言语行为的分类及其特点，概括论辩性对话中的推理类型及其规律，依据对话分析理论揭示论辩性对话中的话轮结构特征，通过对具体语料的分析，总结论辩性对话理论，对汉语论辩性对话的研究提供了新的语用分析模式，并首次将被传统论辩理论视为“谬误”的合情推理引入俄汉论辩性对话的研究中，揭示了这种推理类型在论辩性对话中的重要作用和语用功能；结合具体实例，阐述了论辩性对话中推理的语用评估标准；首次系统地总结出俄汉论辩性对话中的宏观语用策略和微观语用策略。[33]

五、翻译学与语言文化学

任何一门学科的建设与发展都离不开该学科的元理论。元理论是学科的自我反思，是对学科的论证、审视与总体描述。杨仕章提出文化翻译学元理论的结构体系，认为文化翻译学元理论包含文化翻译学的定义、理论基础、学科性质、研究对象、研究任务、研究方法和学科体系等问题，并对每个问题进行探讨，从而初步建立文化翻译学元理论。文化翻译的作用经常被泛化为促进文化交流，这在某种程度上影响了本体意义上文化翻译研究的深入发展。作者从系统论角度出发，分析翻译系统包含的主要子系统，并基于翻译事实揭示文化翻译这一翻译系统对于语言转换，讯息传递、审美再现等其他翻译学系统所发挥的诸多作用。翻译文本中的译语文化也是作者关注的领域。翻译文本作为文化翻译的结果，其文化属性是文化翻译学的研究课题。通过分析文本以及对比原文与译文，可以揭示翻译文本中既有显在的译语文化，也有潜隐的译语文化，并且涉及译语文化结构的各个层面。文化翻译机制可以比较全面地解释翻译文本包含译语文化这一翻译现象。文化素认知过程中所受到的文化干扰、文化翻译策略确定时文化移除策略或文化适应策略的选用是译语文化进入翻译文本的主要原因。研究翻译文本中的译语文化有助于深入认识翻译文本的文化属性以及普遍意义上的翻译性质。[34]安新奎深入地研究俄汉应用翻译的理论和实践，探索俄汉科技、公文事务性、外宣文本翻译的共性和个性。理论研究的主要内容包括应用翻译在当今科技、经济、文化交流中的作用，思维在应用翻译中的作用，多种思维形式与应用翻译，口译的预测机制，口译记忆，应用翻译过程，图式理论与应用翻译，应用翻译的标准，词典与应用翻译，网络资源与应用翻译等。应用翻译的实务研究包括科技文本翻译、公文事务性文本翻译、对外宣传文本翻译、语言文化与应用翻译、应用翻译批评等，并尝试把语言文化因素对应用翻译的影响纳入研究范围，其中包括跨文化冲突与翻译之策略、对外广告宣传翻译、语言文化和饮食文化的翻译等。[35]米中原和孟令霞及刘玉霞首次论证了译语的生成性，提出了生成翻译理论，确定了这一理论的基本框架，并对于有关内容做了初步探讨。这一理论直接研究人脑语言机制的翻译认知、转换、其生成译语的原理、过程、思维特点、习得基因，以及思维意识的作用的生成译语的方法等。它打破了以翻译标准为中心的传统翻译理论研究的桎梏，不仅深化了翻译研究，而且开辟了翻译研究的新领域。对82种生成翻译方法的研究是最为重要的组成部分，并涉及不同层次上的翻译问题，其译法创新不仅对翻译思维有突出的启迪作用，对翻译实践和教学也更具有指导意义。[36]邵楠希分析了俄语数词翻译中的思维转换问题。语言是思维的词语形式，词语的组合依赖于思维方式，而思维产生于民族文化的襁褓之中。俄语数词在形成词类界定之前分别属于名词和形容词，此后俄语数量的表达方式又汲取于外来的进位制观念，从而形成了计数领域独特的“俄语思维方式”。数词的翻译是这种计数思维方式的再现。作者借鉴功能对等理论，从俄语数的概念、抽象数目、具体数目以及进位制转换等翻译实践中，研究了俄汉不同数字语言的结构关系和思维转换模式，旨在从具体的数词翻译方法中归纳出规律性的数字解码过程。[37]王树福从语言学、翻译学和文艺学等多角度辨析《生死疲劳》的俄译名，探讨文学文本翻译，尤其是书名翻译的一般规律性问题。在跨文化语境中，如何正确翻译书名，不仅涉及读者接受和阅读期待，也关涉叙述方式和小说题旨，更涉及翻译修辞与接受效果。文学文本翻译不应仅仅以语言学和翻译学为中心，关注以语义内涵为坐标的线性序列状态，也要以文艺学和文化学为中心，注重话语的分散特性和知识的断裂传统，将两者有机结合起来。[38]重复和平行对照原则是洛特曼结构诗学理论的核心概念，也是诗篇构建的基本原则。毛志文运用结构诗学的这一理论，对汉语诗歌进行语言学分析，阐明诗歌含义的生成机制，并将其运用到唐诗俄译的实践中。这不仅可以丰富诗歌翻译理论，而且可以有效指导我们进行中国古典诗歌的俄译。[39]褚敏以 В. Г. Костомаров 的写作动机为切入点，分别介绍了他的出版时间相差20年的两本著作的具体内容以及二者之间的关联。两本著作的研究对象是同一个，即苏联解体之后处于社会剧变中的当代俄语。目的都是捍卫语言的正确性，后者是前者的延续和进一步完善。20世纪90年代时尚和品位在俄语语言的使用上起主导作用，进入21世纪，关注点更多地转移到规范、规范性上。[40]进入互联网时代，俄语青年网络俚语中产生了一个新的分支“奥尔巴尼语”。它产生于互联网并迅速流行，甚至渗透到现实生活和一些书面语中。韩世莹和郭淑芬通过对“奥尔巴尼语”构词方式以及其在文学作品中实际运用进行分析，深入探讨这类网络青年俚语在俄罗斯社会文化中的作用。[41]时尚作为一种社会现象广泛存在于人类生活的方方面面，自然也存在于人类同在的语言中。语言中的时尚我们称之为言语时尚，言语时尚是一种通过不断制造新的语言表达手段来替换既有语言表达习惯的语言创新活动。陈欢以言语时尚的现时性和游戏性这两个本质特征为考察要素，通过对当代俄语时尚词的解剖分析，尝试对言语时尚的具体表现、生成机理和人的语言创新心理进行初步的探讨。[42]民间故事是民族精神文化的重要组成部分，是民族世界观和价值观的集中体现。观念是民族世界图景语言单位，承载着民族知识、经验、情感与评价，构成民族心智世界的基本文化内核。徐佩和常颖以俄罗斯民间故事中的核心观念——家庭为切入点，通过对家庭的词源追溯、故事文本所呈现的家庭图景，揭示俄罗斯传统家庭观念的民族特性。[43]

六、俄语教学与互联网

在第三届全国高校俄语专业学科建设高层论坛上，专家学者们在理论层面与实践层面探索了俄语专业教学中的学科建设、课程设置、教材编写、教法创新、人才培养模式改革、俄语语言技能培养等课题。研究课题包括本科生和研究生的教学研究、基础段俄语教学问题分析、高端俄语翻译人才培养问题探讨。所讨论的教学问题不仅涉及俄语语言本身，还包含文学、翻译等其他领域。[44]俄语功能交际语法中的模型句理论探讨对作为外语的俄语教学有非常重要的指导意义，优势明显。郭淑芬以俄语数量和参数特征模型句为例进一步佐证了模型句理论的优势，阐明了掌握基础模型句及其全部变异句和同义转换句组成的聚合体对快速提高俄语表达水平的关键作用，论述了把该理论引入我国俄语教学的必要性以及遵循意义领先、由浅入深、先易后难的层级性教学原则的重要性。[45]E. B. 马尔卡索娃对俄国的俄语教学史进行了系统概述，将语言学思想作为俄语教学史实的分类依据，分别考察了规范语法时期、历史语言学时期、心理语言学时期和形式语法时期的俄语教学实践。探讨了俄语教学法发展史上的几个主要问题：一是学校教育中语言科学各分支的教学顺序与主次轻重；二是俄语教学中语文学与语言学的比重分配；三是符合学校教学要求的“实践”概念的外延；四是学生自主学习与教师教学的比重分配（包括苏格拉底对话教学法、归纳式教学法、演绎式教学法等问题）。[46]20世纪80—90年代以来，中俄两国确立中俄战略合作伙伴关系，从此两国在政治、经济、文化和教育等各领域的交往发展迅猛，中国大学俄语教学也迎来难得的发展机遇并取得令人瞩目的成就。何红梅和马步宁及武晓霞简要回顾了中国大学俄语教学的历史与发展，展示其令人瞩目的成就，同时指出其面临的问题与挑战并尝试提出解决问题的方案与策略，旨在引起相关部门的关注，赢得政策的扶持与帮助，共同迎接中国大学俄语教学更加美好的未来。[47]张禄彭和孙爽在构建俄罗斯计算语言学论文语料库的基础上，定量统计涉及语料库语言学的最新学术论文，以统计数据为线索结合定性研究方法梳理总结俄罗斯新型语料库建设情况。还介绍了俄罗斯计算语言学的视阈下的大型互联网语料库、声音言语语料库、视频多媒体语料库、开放式语料库、平行语料库、专门用途语料库等 6 个类别的新型语料库为国内学术界提供参考。[48]

注：

①杜桂枝：《"人文中心论"语言学范式考究》，《中国俄语教学》，2017 年第 3 期。

②陈勇：《过渡期的俄罗斯符号学研究概览——以雅各布森与巴赫金的研究为代表》，《解放军外国语学院学报》，2017 年第 5 期。

③宁琦：《中俄语言学研究的借鉴与互补的可行性分析》，《中国俄语教学》，2017 年第 4 期。

④赵爱国：《作为范式的俄罗斯形式主义的起止时间及发展阶段问题》，《中国俄语教学》，2017 年第 2 期；周丹丹、赵爱国：《新洪堡特主义学说对语言世界图景理论的形成所做的贡献》，《中国俄语教学》，2017 年第 1 期。

⑤杨明天：《俄罗斯语言心智研究》，上海三联书店 2017 年版。

⑥李绍勇、姜宏：《功能语法理论与系统功能语言学的学术成果及其对比》，《中国俄语教学》，2017 年第 2 期。

⑦姜雯雯：《穿越对话与时间：方法论视角下巴赫金的体裁诗学》，《中国俄语教学》，2017 年第 2 期。

⑧陈虹：《基于语料库的俄语语篇研究》，经济科学出版社 2017 年版。

⑨王辛夷：《俄语文艺语篇中嵌入结构的表情功能及其表达方式》，《中国俄语教学》，2017 年第 3 期。

⑩晏蓉：《语篇主观情态性概念探析》，《中国俄语教学》，2017 年第 2 期。

⑪蔡晖：《俄语动词主题类别和分类范畴的对比研究》，《中国俄语教学》，2017 年第 3 期。

⑫彭玉海：《抽象名词的语义功能表现》，《中国俄语教学》，2017 年第 4 期。

⑬卢晓晨：《俄语客体题元的层级化研究》，《中国俄语教学》，2017 年第 4 期。

⑭王朔：《俄语抽象名词语义配价研究》，《解放军外国语学院学报》，2017 年第 3 期。

⑮胡业爽：《从"洪荒之力"的译文看词语隐含意义的表达》，《中国俄语教学》，2017 年第 3 期。

⑯刘钰：《基本言语单位—высказывание 的阐析》，《中国俄语教学》，2017 年第 4 期。

⑰邵楠希：《俄语数词的认知研究》，吉林大学出版社 2017 年版。

⑱周海燕：《过渡性理论视角下的俄语形动词浅析》，《中国俄语教学》，2017 年第 3 期。

⑲曾婷：《现代俄语中的独词语句》，复旦大学出版社 2017 年版。

⑳姜宏、刘彦晶：《俄语感叹句的句法地位和语法本质》，《中国俄语教学》，2017 年第 1 期。

㉑郭淑芬：《俄语功能交际语法视域下参数名词向前置词演变的趋势分析》，《解放军外国语学院学报》，2017 年第 4 期。

㉒季小军：《疑问语气词 ли 的多维探究》，《中国俄语教学》，2017 年第 1 期。

㉓王梓：《语法化理论下的俄语动词前置词分析》，《中国俄语教学》，2017 年第 2 期。

㉔王清华、佞知音：《现代俄语名词构词后缀的语义潜能与世界图景》，《中国俄语教学》，2017 年第 2 期。

㉕朱艳红、张帅臣：《外来词与现代俄语文字构词》，《中国俄语教学》，2017 年第 4 期。

㉖蒋勇敏：《论俄语中数量成语与名词的组合关系》，《中国俄语教学》，2017 年第 3 期。

㉗王宗琥、邢淑：《俄语语言学教程》，北京大学出版社 2017 年版。

㉘周民权：《俄汉传统言语礼节中的社会性别定型探究》，《中国俄语教学》，2017 年第 3 期。

㉙李勤、刘照玉：《俄汉反义词的语义中和现象探究》，《中国俄语教学》，2017 年第 1 期。

㉚张志军、苏珊珊：《俄汉语空间维度词 широкий/узкий 与"宽/窄"隐喻义对比分析》，《中国俄语教学》，2017 年第 2 期。

㉛刘永红、周梦涵：《论俄汉成语形象术的修辞机制》，《中国俄语教学》，2017 年第 3 期。

㉜原伟：《俄汉新闻可比语料库的构建、评估及应用展望》，《解放军外国语学院学报》，2017 年第 6 期。

㉝何静：《俄汉语料论辩语用分析》，中国宇航出版社 2017 年版。

㉞杨仕章：《文化翻译学元理论探析》，《外语学刊》，2017 年第 2 期；《文化翻译功能说》，《解放军外国语学院学报》，2017 年第 4 期；《翻译文本中的译语文化研究》，《中国俄语教学》，2017 年第 3 期。

㉟安新奎：《俄汉应用翻译》，北京大学出版社 2017 年版。

㊱米中原、孟令霞、刘玉霞：《俄汉双向生成翻译理论与译法研究》，黑龙江大学出版社2017年版。

㊲邵楠希：《数词翻译中的思维转换》，《中国俄语教学》，2017年第3期。

㊳王树福：《彰显的与遮蔽的：〈生死疲劳〉俄译名考辨》，《中国俄语教学》，2017年第1期。

㊴毛志文：《重复、平行对照与中国古诗的俄译》，《中国俄语教学》，2017年第1期。

㊵褚敏：《从 вкус 到 правильность：В. Г. Костомаров与当今俄语的二十年》，《中国俄语教学》，2017年第3期。

㊶韩世莹、郭淑芬：《浅谈俄罗斯网络俚语中的“奥尔巴尼语”现象》，《中国俄语教学》，2017年第3期。

㊷陈欢：《当代俄语言语时尚初探》，《中国俄语教学》，2017年第1期。

㊸徐佩、常颖：《基于民间故事文本的俄罗斯家庭观念研究》，《外语学刊》，2017年第5期。

㊹章自力、徐宏主编：《俄语教学理论与实践探索》，世界图书出版公司2017年版。

㊺郭淑芬：《模型句理论的优势及将之引入我国俄语教学的必要性》，《中国俄语教学》，2017年第2期。

㊻E. B. 马尔卡索娃：《俄国俄语教学学术述略（18世纪末至19世纪）》，《中国俄语教学》，2017年第4期。

㊼何红梅、马步宁、武晓霞：《中国大学俄语教学历史与发展》，《外语学刊》，2017年第2期。

㊽张禄彭、孙爽：《俄罗斯计算语言学视阈下的新型语料库撷英》，《中国俄语教学》，2017年第1期。

（作者：鲍红，北京大学副教授）

文 学

文 艺 学

吴子林 李晓波

一、学术活动概况

2017年12月，由中国中外文艺理论学会新媒介文化研究会、中国社会科学院大学人文学院、《媒介批评》杂志联合主办的“媒介文化：人与文学”学术研讨会暨中国中外文艺理论学会新媒介文论分会第五届年会在北京召开。主要研讨议题：媒介与文化认同；媒介文化与主体性；媒介文化与文学观念的嬗变；跨文化视界中的网络文学与媒介批评；新媒介语境中的文化生产与消费。

2017年12月，由北京大学中文系、北京大学比较文学与比较文化研究所、北京大学人文学部主办，北京大学出版社和比较文学与世界文学杂志社协办的“比较文学与人文学”主题对谈在北京大学人文学苑举行。参与讲座的有国际比较文学学会主席张隆溪，北京大学中文系的张辉、康士林、戴锦华等，以及中国人民大学杨慧林和中国社会科学院外文所梁展等诸位学者，在场听众就“理论与民族性的关系”“世界文学的意义”等多个问题与各位学者展开了深入的讨论。

2017年11月，由北京大学东方文学研究中心主办、国家社会科学基金项目“古代东方文学插本史料集成及其研究”课题组协办的“文学与图像”学术论坛在北京大学举行，来自国内高校的30余位专家学者出席论坛。论坛分设“东方·文学·图像”“中国·古典·图像”“图像修辞·图文互释”“图像·空间·叙事”“名家·名作·语图”“图像·文学场·文化交流”6个专场，与会者分别从中国古典文学、中国近现代文学、古代东方文学的不同领域，以文学研究的本位立场，就“图文关系”、图像呈现、图像叙事等问题，对“文学图像论”的研究方法、“文学图像学”的建构等新问题发表了看法。

2017年10月，由北京语言大学比较文学研究所主办的“比较视野下的古典与现代、东方与西方”跨文化论坛在京举行。中国比较文学学会会长王宁、北京大学比较文学与比较文化研究所学术顾问严绍璗等百余位中外学者出席会议，围绕比较文学与古典文学、跨文化与跨学科研究、比较视野下的文化和文学经典等话题展开学理意义上的探讨。

2017 年 10 月，《文学评论》创刊 60 周年纪念大会在中国社会科学院学术报告厅隆重召开。来自中国社会科学院、全国各高等院校以及科研院所、兄弟期刊、出版单位、新闻媒体等 200 多位专家学者出席了会议。在 60 年的风雨历程中，《文学评论》坚持正确的办刊方向，坚持“双百”方针，坚持学术品格，刊发了一大批高质量、有影响的学术论文，培养了一代又一代的著名学者，一直被中国文学研究界视为最权威、最有影响力的专业学术刊物，有着极其广泛的影响。

2017 年 7 月，由中国文化部、中国社会科学院共同主办，中外文化交流中心承办的“汉学与当代中国”座谈会在京开幕。此次座谈会分为“传统文化与当代中国”“中国方案与全球治理”“共同发展与共同价值”3 个议题，来自 22 个国家的 26 位汉学家、中国问题研究专家以及国内学者，聚焦于传统文化的历史、发展及今日的传承，围绕中国传统文化在国际文化中的交流状况展开热烈讨论。

2017 年 6 月，由清华大学欧美文学研究中心、清华大学外文系、杭州师范大学外国语学院和剑桥大学利维斯学会联合举办的“剑桥批评：中国与世界”国际研讨会在清华大学举行。来自中国内地及香港地区、英国、澳大利亚的专家学者围绕“剑桥批评与中国”“剑桥批评与世界”“剑桥人文传统与文学批评”“瑞恰慈：实用批评 · 清华大学 · 燕京大学”“燕卜荪：语义批评 · 现代诗歌 · 西南联大”“利维斯：人文情怀和批评原则”“威廉斯：文学、文化与社会”“剑桥批评传统的当下意义”等议题进行了深入交流和讨论。

2017 年 3 月，由清华大学马克思恩格斯文献研究中心、清华大学人文学院哲学系联合举办的“黑格尔与马克思”国际研讨会在清华大学隆重举行。来自国内外各大院校的数十位德国古典哲学方面的专家、马克思主义哲学方面的学者向大会提交了论文，并围绕“黑格尔与马克思”这一主题展开了紧张而热烈的讨论。

二、主要出版著作

1. 专著

程正民《程正民著作集》（中国社会科学出版社），包括《俄罗斯文学批评史研究》《俄罗斯文学批评家研究》《巴赫金的文化诗学研究》《俄罗斯作家创作心理研究》4 卷，全面地展现了 50 余年来程正民在俄苏文学、文论领域研究的代表性成果。

陶礼天《艺味说》（百花洲文艺出版社）分析了中国古代以“美感”论为中心的“艺味”说，较为系统地梳理了中国古代文艺理论批评中的“味”论和有关范畴，并具体考察了“味”这一审美范畴的历史与逻辑发展过程，从这一独特的研究角度，对中国古代的艺术精神和审美理想做出了阐述。

陈旭光《艺术的本体与维度》（北京大学出版社）立足于艺术和艺术学理论在新语境下的发展，吸收了国内外艺术实践研究的成果，系统论述了艺术的本质、本源、功能和价值意义，探讨了艺术活动、艺术起源、艺术创造与生产、艺术接受与传播、艺术批评与阐释等理论，初步建构起一个艺术学本体论研究的体系性构架。

曾艳兵《比较诗学：理论与实践》（北京大学出版社）内容主要分为两大部分：一是以“比较诗学”为中心理论阐释，围绕比较诗学研究的历史发展及现状，比较诗学的理论与方法，比较诗学的重点与难点，比较诗学的特点与评价以及对比较诗学的研究建议；二是对“比较诗学”的相关经典文献进行分析和述评。

杨子彦《乾嘉情文理论研究》（中国社会科学出版社）对乾嘉时期的情文理论予以了系统的总结和发展。情文关系作为文学研究最基本和核心的问题，存在于文学活动的所有环节，如“诗言志”“思无邪”“兴观群怨”“温柔敦厚”“性灵说”等，无不是从各种角度对情文关系所做出的阐发。该书从性与理、情与幻、性情与格调、情感与虚构等多种角度，对乾嘉情文理论做了系统的研究。

夏静《中国思想传统中的文学观念》（生活 · 读书 · 新知三联书店）立足于中国古代文学思想中“礼”“乐”“和”“文”“气”“象”“参”“养”“诚”9 个基本语素，通过源流分析及衍生范畴的论述，尝试寻求以微观单位诠释思想文化的本源，以期在广度和深度上重新审视中国古代文学思想自发生期以来的知识状况与精神风貌，开拓出传统文学价值观研究的当代意义。

魏家川《文明的心智带宽与致命流量：“两种文化”的三重视域》（中国社会科学出版社）认为科学文化与人文文化各自拥有不同的语言、价值、思维方式和社会关怀。后现代社会与后科学时期，寻求科学文化与人文文化的汇通已成人类共识的主流，该论著从本体论、主体论、语言论3个维度反思科学文化与人文文化这两种充满张力的文化异同点，寻求它们融合的可能性。

刘成纪《先秦两汉艺术观念史》（人民出版社）选取了先秦两汉的艺术观念史作为研究主题，为中国艺术如何从自在走向自觉理出了一条线索。论著在研究范围上拓展了传统先秦两汉艺术观念史的理解，作者强调先秦两汉艺术观念史的历史特性整体体现出渐进的特征，是历史背景与时代状况共同作用的产物。

陈奇佳《我们时代的镜像：喜剧艺术与电影研究》（中国戏剧出版社）从文化研究、喜剧艺术研究的视角，分析了大众影视文化的代表类型如喜剧电影、奇幻电影以及动漫电影的主要艺术特征，同时对先锋电影的标志人物戈达尔韵作品作了专题研究。全书史料翔实，研究视角独特且深入，对戏剧影视艺术的研究者与爱好者具有参考价值。

饶静《中心与迷宫：诺思洛普·弗莱的神话阐释研究》（人民出版社）以弗莱的批评整体为研究对象，在理论互文的基础上探究神话阐释的可能性与局限；该著主要围绕“原型批评的神话阐释空间是如何开启的”“神话阐释如何在自然与模式的冲突中构建了自身形态”“当一种特定神话阐释模式被推广至文学与文化批评实践时的局限何在”3个基本问题展开，以“文类”入手，勾勒原型批评内含的阐释空间。

徐刚《虚构的仪式：同时代文学片论》（北京大学出版社）分上、中、下3辑：上辑“现场的角逐”立足当代文学现状的整体描摹和反思性批判，侧重相关问题的宏观把握和总体分析；中辑“小说的读法”展示作者对近年来重要长篇小说的分析和解读，尝试在个案的批评中引出饶有意味的现实议题，进而讨论小说与时代的复杂联系；下辑“小说家肖像”对作为文坛新势力出现的青年小说家的集中扫描，以作家论的方式简要刻画他们的写作肖像，以其探讨小说这种虚构的仪式在未来的新的可能。

陈思《文本催眠术：历史·主体·形式》（北京大学出版社）分3章，第一章从历史的宏观维度出发，触及经典和当下小说文本的社会史背景、地方性特征、作家现实感、生活资源等话题；第二章从主体的理论层面，探讨文学文本对于主体的描绘与想象，侧重对特定历史条件下特定人群的主体状态的敏锐观察；第三章从形式批评的技术层面，就当下小说一些值得注意的技术特征做细读分析。

2. 编著

王志耕、邱运华、陈太胜编《却话程门立雪时——程正民教授80华诞贺集》（中国社会科学出版社）分“程正民学术生涯评述”“程正民忆师友”“学生忆述程正民”“程正民为学生著作题序录”“程正民回忆录《风声雨声读书声》节选”5编，收录了58篇文章，立体呈现了一个纯正学者饱满的生命空间和精神世界。

张炯、吴子林主编的“闽籍学者文丛”第二辑（福建人民出版社）推出10部著作，包括郑敏《文化·语言·诗学——郑敏文论选》、陈骏涛《论编拾零》、刘登翰《窗外的风景》、林兴宅《艺术之谜新解》、俞兆平《南华文存——俞兆平学术论文精选》、曾镇南《现实主义研习录》、王光明《写在诗歌以外》、南帆《虚构的真实》、李朝全《非虚构文学论》、谢有顺《诗歌中的心事》，展现了“闽派批评”自20世纪80年代以来在文艺理论研究和文学批评中所取得的实绩。

三、学术研究概况

2017年度北京地区文艺学研究在马克思主义文论、文学基本理论、古代文论、西方文论、美学研究以及新媒介研究等领域都取得了不同程度的进展，整体上呈现出反思、重建和创新的精神脉络，显示出力争有所新创、永葆理论生机与活力的雄心。兹择其要述论评骘如下。

1. 马克思主义文论

构建蕴含中国特色和文化特质的当代马克思主义理论话语一直是马克思主义文论的研究重点所在，本年度马克思主义文论主要集中在中国当代马克思主义文论及其批评实践的梳理和国外马克思主义的理论阐释。

（1）中国当代马克思主义批评实践

《文学评论》2017年第5期推出了“纪念毛泽东《在延安文艺座谈会上的讲话》（以下简称《讲话》）发表75周年笔谈”的一组专栏文章。李云雷将毛泽东主席1942年在延安文艺座谈会的《讲话》同习近平总书记2014年在北京主持召开的文艺工作座谈会进行了细致的对比，指出二者具有一脉相承的历史逻辑，习近平总书记的重要讲话立足于历史新视野，是新时代中国文艺发展的纲领性文件。[①]高远东提出，毛泽东的《讲话》里是有经有权的，《讲话》有其重要的历史背景，我们应当从具体的历史背景去理解《讲话》的精神，切不可教条地将《讲话》照搬于当下的文艺实践，必须活学活用，“把我们当代最大的政治，如中华文明的伟大腾飞等，跟我们的文学艺术的发展和创造的目标结合起来”[②]。程凯基本赞同高远东对《讲话》理解中的“经权之辨”，他从胡乔木1991—1992年围绕《讲话》进行的详谈出发，为大家更好地理解《讲话》提供了重要的背景资源。[③]

（2）国外马克思主义理论阐释

历史主体是卢卡奇思想中最具影响力的概念，魏小萍对这一概念在20世纪的变化进行了梳理。她指出在早期，卢卡奇受黑格尔思辨哲学的影响，认为无产阶级只有具备了阶级意识，才能使自身从历史客体上升为历史主体；而把阶级意识作为消除异化、实现变革社会的关键因素，是对历史主体概念的一种狭义理解。在后期到达苏联，历史语境的变化促使他从人与自然及社会对象性关系中的主体性作用去理解历史主客体概念，把劳动目的纳入社会存在范畴，试图去解决社会主义公有制条件下的生产动力机制问题，这一思考也是卢卡奇在亲历社会主义实践中从更加广泛的意义上理解历史主客体概念。[④]

孙士聪批评了学界关于马克思主义文论批判精神的3种不当态度，即“过时论”“本土无用论”“激进论”，提出“批判精神已成为一个当代性的问题”。孙世聪认为，重申马克思主义文论的批判精神有助于关注当代人们的生存状态，为马克思主义文论敞开更为广阔的理论空间。同时，“批判的马克思主义文论研究将高度警惕微文学艺术研究流于被知识普遍主义野心所奴役的危险，充分尊重微文化艺术的具体性、丰富性、复杂性以及当下性”[⑤]。

2. 文学基础理论

当前文学批评存在的问题受到了学界的高度关注，如何改造我们的文学批评成为本年度文学基本理论研究的着力点，深入反思文学批评的现状以及提出应对策略成为学界共识，与此同时对童庆炳所倡导的“文化诗学”研究也得到了深入研究和反思。

（1）文学批评的改造

针对当前文学批评中存在的不正之风和各种弊端，杜书瀛认为我们的批评亟待改造，而改造我们的批评，首先要大力提倡细读文本。细读文本要求批评家“入乎其内”“出乎其外”，深入吃透文学作品内部的艺术内涵，进入作者创作的氛围，真正把握文学艺术作品的精髓，避免和克服新批评的文本中心主义导致的弊病。其次要认真从古代优秀的批评传统中吸取建设资源和营养。最后杜书瀛强调，鉴赏是批评的基础，好的鉴赏是好的批评的基础，批评家要集创作、理论、鉴赏于一身，优秀的批评家必须是出色的鉴赏家。[⑥]

胡疆锋指出当下中国文艺批评的最大问题在于元规则意识的丧失和缺席，表现为盲从西方学术权威，缺乏理论自信和原创精神；屈从于权力和资本；服从于学术共同体的利益。因而，从自身的批评实践出发，他认为当下的文艺批评者最需要的是坚守文艺批评元规则的素养，即坚守学者自治和学术自由。[⑦]

（2）“文化诗学”研究路径

童庆炳的学术历程从审美诗学起步，经过心理诗学、文体诗学和比较诗学的跋涉，最后走向了文化诗学。程正民指出，童庆炳所倡导、北京师范大学文艺学研究中心所致力的文化诗学，是对新时期文艺学的反思和超越，是对新时期文艺学发展的重要理论贡献；文化诗学所坚持的“一个中心、两个基本点”，体现了一种人文情怀和一种科学精神的融合。在程正民看来，文化诗学的进一步拓展和深入，有两个问题值得关注：一是文化是民族的魂魄、血脉和基因，民族文学和文论是树，民族文化是根，文化诗学应十分重视文学和文论同民族文化精神的血肉联系的研究。二是文学的形式如何折射历史文化，历史文化如何内化为文学的形式，最终达到内容和形式相结合，历史和结构的融合，外部和内部的贯通，这是文化诗学从理论上和时间上需要深入研究的重要课题。[⑧]

在赵勇看来，童庆炳文化诗学话语的核心理念是“一个中心，两个基本点，一种呼吁”，其中“审美中心论”既是文化诗学之根，也是其所有诗学活动中的第一存在；“审美中心论”成型于20世纪80年代，是“美学热”的精神遗产，也是童庆炳本人累积而成的思想财富，把它移植至文化诗学，此为继承与发展“旧说”（审美诗学）。在世纪之交以来的学术论争中，童庆炳又挺身而出，对话“文学终结论”，批驳“日常生活审美化”，反思“文艺学边界”，此为与“新说”（文化研究）交战与斗争，其意图之一是要保卫“旧说”，强化自己的“新说”（文化诗学）。赵勇提出，拓展文化诗学的可能方案之一是把“审美中心论”的单维结构变为“审美/非审美”的矛盾组合（二律背反），这样才能既刷新我们对它的认识，又使它面向复杂现实。因此，文化诗学的前景与生长点很可能在纯文学与大众文化的“结合部”，在文学研究与文化研究之间。[9]

3. 古代文论研究

本年度古代文论研究侧重于整体性地研究、把握一些重要的理论范畴和理论命题，强调在比较视域里激活古代文论的思想资源。

（1）文论术语的考辩

李裕政指出，郭绍虞的“文笔”论研究可分“文革”前和“文革”后两个时期；在早期研究中，郭绍虞将“文笔作为观念来谈，不涉及社会实践”，衡量文学观念的标准是纯文学观念，即是否讲究情感，与之相反的则是杂文学，“偏于情而不谈形”；后期谈“文笔”问题时，受“阶级斗争、形式主义之说”等时代环境影响，将理论的重点放在了形式之上，“偏于形而忽于情”。无论是前期的“纯文学与杂文学”之分，还是后期的“文学与非文学之分”，郭绍虞都是从西方文学观念出发来研究古代文论，忽略了文章的整体性，也忽略了古代文论所具有的独立性。[10]

“吟”是中国古代诗歌创作和审美的重要形态，贾奋然从古人零散的诗吟论中对古代的诗吟话语形态进行了理论的梳理和阐释，指出“吟”贯穿在诗歌构思、情感表现、语言表达、品鉴欣赏的完整审美活动中，是古代诗歌创作的特殊方式。从诗、乐结合的“歌吟”到诗、乐分离的“吟诵”，诗歌始终不离“吟”，而“吟”也因与“诗歌作为一种抒情艺术有密切关系”，逐渐发展成为一种抒发悲情的特殊诗体形式；从“沉吟”到“苦吟”则体现了作为诗歌思维的“吟”在诗人对意象揣摩、诗意开拓，意境营建、语言锤炼的动态运思过程，也是内在思维到外在形式化的完整统一。[11]

（2）中西文论关键词研究

刘方喜将中国文论中“体用”与西方文论中“本体”进行了比较，认为两者的相通之处在于都是从哲学范畴进入诗学范畴，都将语言本体论同世界本体论联系起来，以语义、概念功能的有限性为出发点，强调“意象”的超越性和世界本体的无限丰富性；不同之处在于兰色姆通过否定语音结构的表现力切断了诗歌与人的情感世界的本体论关联，终落入主客二分的认识论窠臼。回归当下的理论发展态势，刘方喜认为重建诗歌与世界、人的本体论关联，不仅对文艺理论的系统发育具有积极意义，同时也是中西诗学汇通的关键所在。[12]

在中西文论的关键词研究逐渐之际，李春青指出中西文论关键词的比较研究必须有所甄别，不是任何一个关键词都具有可比性；进行比较的关键词应属于同一类属、同一层级，同时彼此的意涵要有一定的交集，整体上呈现某种相似性；只有在差异性与相似性共存并保持某种平衡的情况下，关键词的比较研究才是可行的、有意义的；中西文论关键词的比较研究还必须深入到各自文论系统之文化底蕴的研究，揭示其所蕴含的价值取向和思维方式，对构建当下文论提供可靠的借鉴。[13]

（3）比较视域中的古代文论研究

王一川认为，中国民族艺术理论传统命题与西方主导的艺术理论之间的对话关系可以多样化，既可以因相近而对话，也可以因差异而对话。而正是在多样的对话中，中国民族艺术理论可以彰显出自身的世界性品格来。在知识型上，中国艺术学理论需要在现代性知识型框架中激活文史哲整合的传统知识型的元素；在学科范式上，需要将传统诗画一律观与现代艺术学概念打通；在命题系统上，“诗言志”“心声心画”“感兴”和人物品藻等传统命题依然具有生命活力；在本土品格上，需要让“中国艺术心灵”在当今全球化世界上重新树立自身的中国风格和中国气派。[14]

在王岳川看来，传统思想对当代思想是一种规范和砥砺，而当代文化思想定位则是对传统文化精神的审视和选择的一种深化。新世纪西方知识界将目光转向东方，必将给西方中心主义的思维模式和社科认识模式以新思维，并将给被西方中心主义边缘化的东方知识界，带来重新估价一切价值的勇气和重新寻求人类未来文化新价值的文化契机。通过对季羡林多元文化理论观（“河东河西”论、“四大文化体系”论、天人合一与生态文化观等）的剖析，王岳川指出，中西文化和哲学思想，都只能在自由精神的拓展和生命意识的弘扬这一文化内核层面上反思自己的文化，发现自己和重新确证自己的文化身份，开创自己民族精神的新维度；未来文化只能是多元互动的文化，一种对话的生态主义文化。这一语境将使新世纪中国文化出现全新的发展空间和普遍性价值。[15]

4. 西方文论

对于西方文论的梳理、考辩，是本土思维理论对话、发展的重要路径。对西方文论的反思是本年度西方文论研究的重点所在。

（1）西方文论家的思想梳理

诗与哲学之争在西方由来已久，诗与哲学的分离所导致的精神危害却并未能引起足够的重视。为此，蒋洪生爬梳了当代著名思想家阿甘本的理论思想。在阿甘本看来，“诗与哲学之间的分裂是欧洲文化中的一个根本性分裂”，是以“诗歌（愉悦）和哲学（认知）、语言和思想”为表征的非理性和理性知识之间的分裂；在这种隔绝中，诗歌与知识和真理无缘，哲学则无法拥有一种表达愉悦的适当语言，主体无法经验“我们人性的完整性”；由此出发，阿甘本反对“主流的对诗歌和哲学的学科性区划”，认为诗歌和哲学都通往对方，并没有流俗所划定的传统疆界——这同时也是阿甘本所追求的理想写作方式：处于两者“界域”空间的一种“本雅明式的、消解批评与创造两者相对立之俗见的一种创造性批评”。⑯

《亲历法兰克福学派：从“同一”到“独异”》一文是赵勇与塞缪尔·韦伯的访谈录。在此次访谈中，塞缪尔·韦伯生动回顾了20世纪60年代跟随阿多诺学习的经历，呈现了阿多诺思想中目的论倾向和“非同一”观念交织的特征；结合阿多诺的真实处境和“非同一”思想的局限，访谈探讨了法兰克福学派社会批判理论和政治行动规划之间难以逾越的间隙；在“非同一”观念的基础上，韦伯汲取了克尔凯郭尔、本雅明、德里达等人的思想，进一步发展了“重复”“独异”这些聚焦于具体事物的观念。访谈还从“奥斯维辛之后写诗是野蛮的”引出了“异域词语”问题和阿多诺的身份问题，从词源和义理的角度出发，韦伯谈到“Essay”这一“异域词语”的翻译问题：“Essay”的源初意思是尝试的、未终结的，但绝非散漫的；在阿多诺那里，Essay有自身连贯性，但不是成系统的整体，汉语将它对译为“随笔”“散文”“论说文”等并不准确。⑰

（2）西方文论的影响研究

林精华探讨了冷战或苏联文论对西方文学理论的影响。他认为，文学理论学科在战后西方突然兴盛起来，是西方人文学界同样必须面对西方政界所言的冷战危局，而通过学院制度和大学教育体系进行科学化的理论创新，由此发展成庞大的学科体系，促使西方社会科学、人文科学等各种理论普遍繁荣；结构主义、解构主义、后殖民批评、文化研究等之所以成为西方文论的主体部分，客观上也因其具有颠覆苏联文学理论将文学意识形态化的功效；与西方所希望的建构普遍理论的大势相一致，依托学院制度抵抗苏联理论，产生了背离文学审美的特性，构成了文学理论学科的特色，面对着不断出现的问题和遭遇的指责，西方学术机制使这种批评不是纠缠于争论的是非之中，而是不断催生出新理论，以弥补前一个理论的不足，从而使问题甚多的文学理论得以不断修复，充满着活力，以至于对其批评本身成为该学科发展的一部分。⑱

程光炜以陈平原《中国小说叙事模式的转变》与杨义《中国叙事学》为例证，对叙事学理论在中国的接受过程进行分析评述，指出与西方“纯形式的叙事学研究”不同，陈平原将纯形式叙事研究与小说社会学研究相结合，分析中国小说叙述模式的转变；而杨义则借助叙事学的功能结构来分析中国小说叙事中“天人合一”的矛盾，侧重叙事学理论的内容，建构以人为中心的叙事学；20世纪90年代以后的叙事学研究，则多以作品形式分析代替作品内容批评意图，以“叙述”代替“作者”；叙事学在中国现代研究中的一系列变异，是与中国特殊的历史语境和不同的理解视角分不开的。⑲

（3）西方文论思潮的反思性研究

汪民安从斯宾诺莎、德勒兹等人对人体自身的相关论述出发，探究情感行为与人自身之间的关系。在斯宾诺莎看来，人是一个情感的存在，人的存在就是情感活动，而情感既是人的身体性的也是心灵性的，从而批评了笛卡尔“我思故我在”的身心二分论，或相似地将人还原为一种对象或者观念性存在。值得强调的是，斯宾诺莎将人作为情感主体的生存样式也同样区别于海德格尔对人的情感存在关注，对海德格尔来说，人无不在死亡的纠缠中落入畏、烦和焦虑的状态中，死亡是人们心头的重负；而对斯宾诺莎来说，生命之力尽管以各种形式呈现，而我们能做的应该是让积极的情感活动去战胜消极的情感活动，坚持一种快乐的唯物主义伦理学。⑳

陶东风以理查德·沃林的新书《法西斯的魅惑：从尼采到后现代知识分子》以及以赛亚·伯林的相关著述为依据，探讨了反启蒙思潮与极权主义的关系。他指出传统的右翼和后现代左翼思潮在根源上都属于反启蒙思潮，表现为质疑现代性，反对普遍理性、科学技术以及市场主导的现代社会，追求计划体制、独裁政体、民族主义三结合的“共同体的凝聚”。在思想上对启蒙主义普遍价值的拒斥，主张理性并非解放了人，而是对人的另一种压制，这一观念也滋生着极端反本质主义，从而导致对真理的敌视、对理性的攻击，以及对极端的相对主义和虚无主义的推崇，更使其在政治上的不可能有所作为，堕落为极权主义的帮凶。[21]

5. 美学研究

本年度美学研究热点体现在对于中华美学思想的现代阐释，以及对中国20世纪美学发展的反思。

（1）中华美学思想研究

党圣元考辨了先秦时期的“和合”美学观念，认为这一美学观念产生于先秦的阴阳五行文化。阴阳五行文化是上古先民建构的一种关于宇宙万物普遍性法则的系统结构理论，其哲学核心是多样性、对立面之间的统一和谐。而当古人以此对立统一的框架来认知审美实践活动，总结审美经验时，便产生了“和合”美学观念。以阴阳五行学说为基础，它强调人的美感与艺术活动不仅是自然的一部分，同时也与自然界的运动规律有机地结合在一起，相互对应，超越了形式与结构、美与善、文与质、礼与乐的对立关系，发展为“相成”“相济”的关系，深深地影响了我国古代的美学思想、文学理论与艺术的创作。[22]

高建平对中华美学精神的概念体系作了梳理，指出中华美学精神是依据现代学科观念，对分散在典籍中的材料的选择和提炼，继而形成的对于学科历史的追溯；在研究方法上，“从古到今”“由今及古”是不可或缺的双向互动操作，与此同时还要借鉴西方成熟的美学概念体系和研究方法，将研究的重心放在当代和实践这两个方面。[23]

（2）美学研究的当代反思

李圣传辨析了苏联美学对新中国美学的影响，指出20世纪五六十年代发生在中苏两国的美学大讨论，无论是从流派形态、理论模式还是知识范型来看，都呈现同理同源、一脉相传的态势；中苏之间美学研究的模式平移与话语传递，是新中国成立后“以苏联为师”导向的必然性结果；“苏式美学模式”作为中国美学发展的样本和参照，不仅为新中国美学的建构提供了“体制原型”和“理论原型”，更为美学大讨论的发生预设了以马列主义为指导的政治前提和师承苏联的学术前提，这种状态直到80年代解放思潮的出现才有所突破。[24]

陈雪虎反思了文艺美学的生成逻辑以及在当代面临的问题，指出在20世纪七八十年代以胡经之为代表的学者将“艺术形象”问题的讨论由意识形态转向美学领域，强调审美在文学活动中的基础性和重要性，使文学研究从狭窄固化的“形象”论中解放出来，有效复苏了近百年来文学研究领域内的美学成果；然而，在追问审美特性，构建文艺美学的过程中，依然没有摆脱西方美学传统对精神科学思路的过多倚重，致使文学艺术脱离具体的生活土壤和历史际遇。反之，王国维的“古雅”说融会贯通中西学术思想，积极应对现实，开启了中国近代学人对西方理论窠臼的突破，使文艺美学与现实生活相沟通。[25]

6. 新媒介理论研究

新媒介技术的发展深刻影响、改变了当代中国文学的生产、发展与传播，新媒介文学写作消解了经典文学所特有的诗性智慧与审美意味，人们对此展开了思考。

（1）媒介文艺批评理论

首先，当前我国网络文学研究相关的理论和批评实践严重滞后于网络文学的发展速度和规模，成为制约网络文学发展的瓶颈，面对这一困境，党圣元提出，要实现网络文学研究理论突围的关键首先在于厘清网络文学与传统文学的关系，在思想观念上进行辨析，认清我国网络文学的基本状况和主要现实；其次，研究中心的转移是从个别热点作家作品向整个网络现实的转移；最后，在理论资源上，要积极借鉴“文化研究”和“传播政治经济学”等理论资源成果，减少对法兰克福学派批判理论的简单过度依赖，通过理论资源的整合，实现网络文学研究的理论与批评创新。[26]

陈定家赞成王安忆将网络文学写作者比喻为“发烧友”的说法，认为相比单纯的文学写作爱好者，“发烧友”更注重的是“对器材技术精读和功能的崇拜”，而不是“对图像或声音本身所蕴含的人的能力的关注”；具体在新媒介文化批评领域，这一“发烧友”趋向更容易催生“技术批评模式”，即善于通过理性眼光和技术性的手段来分析网络现象，缺失对人文和审美的关注；与此同时，还诱导着网络审美价值从“社会认同”向“愉悦自我”转变，割裂了网络文学对语言的诗情画意追求。[27]

（2）互联网媒介研究

作为媒介的互联网不仅是文艺思潮传输的渠道和载体，它还通过“提供尺度”“创造环境”等方式影响并塑造着文艺思潮的传播样态和发展走向。李昕揆通过探究互联网与新世纪文艺思潮的关系，指出互联网作为新世纪以来的一种基础性构型力量，使文艺思潮呈现出“多样化”和“全球性”特征，在互联网时代，面对世俗化的文艺大潮，要通过打造“精品”抵制“低俗化”倾向，倡导文艺多样化的同时避免

“指导思想多元化”，不断巩固马克思主义在文艺意识形态领域的主导地位，在文艺的“全球性”传播中保持民族文艺特色。[28]

回顾本年度的文艺学研究，不难发现，研究视域的更新刻不容缓。我们知道，“元问题”比普通问题更进一层，文艺学的“元问题”涉及文学的知识论和本体论，探讨的是文艺学的研究对象，以及如何可能等根基性问题，它直接代表着人们对理论的认知，同时决定着文艺理论研究的范围和发展方向。因此，我们不能不探究文艺学研究的“元问题”。譬如，把“什么是文学”或“文学是什么”、“什么是美”或“美是什么”作为文艺学的“元问题”是恰当的吗？这种知识型的询问方式，把“文学”或“美”当作已然存在的东西（就像我们周围的桌子、茶杯一样），疏忽了人们对“文学”或“美”为什么会产生、为什么需要这么一类问题的思考，导致以往的文艺学研究将文学（美学）认识论化、伦理化或意识形态化，文学（美学）始终处于知识论的框架，成了认识论、伦理学、意识形态的附庸。我们的思考与研究走向了学院化、实证化和知识化，而与文学（美学）所要体悟之道失之交臂。

为此，吴子林在跨文化的视域提出了“毕达哥拉斯文体”的理论构想。他指出，学术研究在本质上是一门艺术研究，是个体学术思考、人生经验的融会呈现，而如今学界对理论的盲目迷信与偏执致使文学研究陷入概念僵化和体系空洞的局面，本质上则是思想与生活的隔绝，“言”与“思”的断裂，其表征则是“述学文体”意识的普遍匮乏，诸多论著千人一面、了无兴味。通过对维特根斯坦与钱锺书的互文式研读，吴子林发现，他们摆脱了“黑格尔主义”的藩篱，着力于恢复事物的存在性与完整性；他们的述学文体彻底改变了“讲理论的态度”，由对象化之思转为有我之思，由“知性智慧”转为“诗性智慧”，走向了学术思想的戛戛独造；在以语言思考的过程中，维特根斯坦与钱锺书自觉打通古今中西，打通人文各学科，动态地立体呈现独创性灼见和个人化风格。这种述学文体，可命名为“毕达哥拉斯文体”，是对古代道说传统的深切回望。[29]

注：

①李云雷：《历史新视野中的两个〈讲话〉》，《文学评论》，2017 年第 5 期。

②高远东：《经与权的辩证法》，《文学评论》，2017 年第 5 期。

③程凯：《政治与文艺的再理解——从胡乔木讲话反观〈在延安文艺座谈会上的讲话〉》，《文学评论》，2017 年第 5 期。

④魏小萍：《卢卡奇历史主客体概念的衍变及其当代意义》，《杭州师范大学学报》(社会科学版)，2017 年第 6 期。

⑤孙士聪：《马克思主义文论批判精神的当代反思》，《中国文学批评》，2017 年第 3 期。

⑥杜书瀛：《改造我们的批评》，《文艺争鸣》，2017 年第 4 期。

⑦胡疆锋：《文艺批评的多声部与元规则》，《中国文艺评论》，2017 年第 2 期。

⑧程正民：《拓展文化诗学的理论空间》，《文化与诗学》，2016 年第 2 辑，华东师范大学出版社 2017 年版。

⑨赵勇：《从“审美中心论”到“审美/非审美”矛盾论——童庆炳文化诗学话语的反思与拓展》，《北京师范大学学报》(社会科学版)，2017 年第 6 期。

⑩李裕政：《郭绍虞文笔说的再解读》，《文艺争鸣》，2017 年第 8 期。

⑪贾奋然：《中国古代诗吟话语形态探微》，《中国文学研究》，2017 年第 2 期。

⑫刘方喜：《诗学“体用”与“本体”比较研究》，《学术研究》，2017 年第 3 期。

⑬李春青：《浅谈中西文论关键词比较的意义与方法》，《文艺争鸣》，2017 年第 1 期。

⑭王一川：《民族艺术理论传统的世界性意义》，《文艺争鸣》，2017 年第 1 期。

⑮王岳川：《文化自信：季羡林论东西方文化互动》，《新疆师范大学学报》(哲学社会科学版)，2017 年第 2 期。

⑯蒋洪生：《阿甘本文论视野中的诗与哲学之争》，《文艺理论研究》，2017 年第 2 期。

⑰赵勇、塞缪尔·韦伯：《亲历法兰克福学派：从“同一”到“独异”——塞缪尔·韦伯访谈录》，《文艺理论研究》，2017 年第 4 期。

⑱林精华：《文学理论学科在西方的兴盛与危机：来自冷战或苏联文论的影响》，《文学评论》，2017 年第 6 期。

⑲程光炜：《叙事：中西不同的理解视角》，《学术研究》，2017 年第 1 期。

⑳汪民安：《何谓“情动”?》，《外国文学》，2017 年第 2 期。

㉑陶东风：《法西斯主义的思想根源及其批判》，《国外理论动态》，2017 年第 3 期。

㉒党圣元：《先秦阴阳五行文化中的“和合”美学观念》，《西北大学学报》（哲学社会科学版），2017 年第 6 期。

㉓高建平：《关于中华美学精神建设的思考》，《社会科学战线》，2017 年第 2 期。

㉔李圣传：《苏联经验与新中国美学发生的史与思——以 20 世纪五六十年代中苏美学讨论为中心》，《文学评论》，2017 年第 5 期。

㉕陈雪虎：《试谈“文艺美学”的生成逻辑与当代问题》，《文艺争鸣》，2017 年第 1 期。

㉖党圣元：《网络文学研究的当下困境与理论突围》，《江西社会科学》，2017 年第 6 期。

㉗陈定家：《试论新媒介文化的批评标准与叙事逻辑》，《中州学刊》，2017 年第 3 期。

㉘李昕揆：《“文变系乎媒介”：互联网与新世纪的文艺思潮》，《社会科学辑刊》，2017 年第 5 期。

㉙吴子林：《“毕达哥拉斯文体”——维特根斯坦与钱锺书的对话》，《清华大学学报》（哲学社会科学版），2017 年第 3 期。

（作者：吴子林，中国社会科学院研究员；
李晓波，中国社会科学院研究生院硕士生）

先秦两汉文学

罗姝鸥 常 森

2017 年度，北京地区先秦两汉文学研究的成果主要集中在以下几方面：一是作家作品研究；二是文学史研究；三是学术史、思想史、文化史研究；四是文本研究。

一、作家作品研究

《诗经》研究方面，马银琴分析了《诗经·大雅》中的 5 首史诗性作品即《生民》《公刘》《绵》《皇矣》《大明》，依据诗歌本身的叙事模式与特点，将它们区分为 3 种不同的类型，即历史实录型、神话夸诞型和仪式记忆追述型，其产生分别关联于不同的文化背景与思想形态：“《绵》《大明》所展示的清晰的历史叙事，是古公亶父‘作五官有司’的成果；《皇矣》《生民》的神话记忆，是乐官在剥离了记史的职责之后，专注于仪式颂赞，美化和神化先祖的产物；《公刘》则是在宣王不藉千亩的背景下，公卿大夫通过复现仪式活动所承传的模糊的历史记忆献诗以谏的产物。”因此，周民族关于先祖的历史记忆，存在着一个建构的过程。在乐教占主导地位的西周时代，由乐官主导建构起来的后稷诞生、公刘重农、文王受命的历史记忆，反过来影响了后世史家的历史叙事。《史记·周本纪》关于周族发展史的历史叙述，便是史官接受乐官文化影响的结果与体现。①

李炳海分析了《诗经》中作为动词的“王”。《诗经》中出现的“王”，有时不是指称天子的专名，而是表示前往、出行。《大雅·板》中“及尔出王”，《毛传》云“王，往”，就是一例。“《国语·周语上》、《商颂·殷武》也有把‘王’用作动词表示前往的句子，这种用法属于商周官方的雅言。战国后期到两汉，以‘往’释‘王’成为通行的惯例。《诗经》中‘王’作为动词指出行、前往，能够一以贯之。所谓王室、王事、王于出征、为王前驱，均与周王不存在直接关联。”以往对动词“王”在《诗经》中的运用出现误读，是由于对“王”的意义延伸环节未能全面把握。对“王事”的误读，还跟对《诗经》言事的行文习惯和体例不够了解有关。②

过常宝从史官职事传统出发，结合当时的文化背景，探索了《春秋》的生成过程及其文化功能的实现方式。《春秋》由“策”积累而成，“策”则源于鲁国史官之告庙或诸侯国史官之“来告”，而“告”则与古已有之的祭告仪式相关。祭告内容须经史官事先书策，成为“岁典”，于四时常祭集中告庙。当时只有周王和鲁国建有太庙。诸侯国有事，除了祭告本国宗庙形成“诸侯之策”外，重要事项还要到太庙祭告，因而形成“周策”或“鲁策”。因此，只有“周之《春秋》”和“鲁之《春秋》”可载列国之事。而祭告书策不载原因、过程，不做评论，呈现出“简”的文体特征。而且，“岁典”导致了史官于四季首月虽“无事”而书策的现象。也因为四时常祭在当时被习称为“春秋”，《春秋》之名便因此而来。在长期的书策和祭告实践中，史官发明了多种形式的

“书法”。“书法”附着于书策而又有所突破，彰显了史官维护礼制的权力与自觉。③

《老子》研究方面，“载营魄抱一，能毋离乎”是现存大多数版本《老子》第十章中的一句，目前学术界对于此句的研究，多集中在异文考证、字句训解上，而且多认为此句仅仅是描述一种养生之道而已。鲁洪生、贾天宇经过详细考证，认为“载营魄抱一”不仅仅是养生论，还有着三重内涵，即修身与修心、法古和求新，以及个人和“道”体的统一。④

孙明君强调，在研究老子学说发展史时，应该更加重视南宋理学家林希逸《老子鬳斋口义》的价值。他认为林希逸“能够超越儒士的正统立场，对道家始祖老子给予同情之理解”；“其《老子鬳斋口义》归纳《老子》长期受到蒙蔽误读的原因，探析老子著述《老子》一书的初心本旨，指出老子学说与孔孟之道虽然有同有异，但在大本大源上同于儒家。同时，他也第一次从文学的角度解读了《老子》的文学特点”。⑤

《庄子》研究方面，于雪棠认为形神相离是《庄子》逍遥论的思想基础，她从形神关系角度考察了自郭象至近现代学者对逍遥游意蕴的解说，发现这些解说有个相通之处，“即逍遥游并非身之游，也非形神兼具之游，而是心智之游、精神之游，只能在形神相离的前提下才能实现”。于氏认为，“‘离形’，形神相离，神可离于形而独立活动，是《庄子》逍遥游得以实现的重要前提。离形还意味着对形的消解及形体的转化。‘游心’，心神自由遨游于无限广阔的空间，是实现逍遥游的途径”。战国诸子中，道家最重形神关系。《庄子》以外的文本论及形神，多讲守形、守神，而《庄子》独倡游心之说；“《庄子》离析形神，并由此进一步发展了神的超越性，这在思想史上具有开创性的意义”。⑥

李炳海分析了《庄子·齐物论》中“大块噫气，其名为风”的命题，认为它表达的是风生于地的理念。其中“大块”指大地，古代注家有的把“大块”释为上天，有的释为天地之合，这些说法有各自的理论依托。把天之气说成是风源，出自秦国医和之口；把天地之气相合说成风源，出自儒家曾子学派。用这些理论来解释《庄子》所说的“大块”必然格格不入。另外，“《庄子》中风意象的调遣，关注的是物我相通，生命一体的理念。对于风所做的刻画，凸显它的流动性，它的强劲有力。所选择的空间背景则是大海和高山”。⑦

李炳海分析了《论语》中“斯”字的意义及相关的意象，认为，“斯的本义指的是以斧劈木，谓析分。孔子所熟悉的先秦经典著作，往往用它的这种本义”；《论语》出现的“斯”字，绝大多数用它的本义，但也会用到引申义，需要结合具体语境加以考察辨析；“《论语》中有些‘斯’字与它原始本义疏离，从而导致词性和意义的演变，成为代词或连词。这种演变从孔子的时代就已经开始，到孔子后进弟子那里，演变的趋势更加明显”。⑧

此外，李炳海认为荀子赋文本之生成具有多个源头。四言诗句段落置于作品之中，这种做法可以追溯到《老子》《文子》《管子》及宋玉赋。“兮”字内置而前短后长的句式，可以追溯到《老子》《文子》。运用排比型疑问句、陈述句，并且缀以语气词，还是可以从上述文献及《庄子》中找到线索。荀子赋的隐语体制，与齐、楚文化的谐隐风气密切相关；它的云意象与战国楚文学一脉相承；至于蚕、针作为取材对象，则是以齐地蚕桑服装业的发达为背景的。李炳海进一步审视以往赋源论的得失，提出“必须超越赋源单极论的局限，同时多源的考察应该避免空泛和片面，要以具体文献相支撑和印证，把结论置于坚实的基础上”。⑨

梁昭明太子萧统在编纂《文选》时，将《史记》《汉书》所载之《天子游猎赋》分为《子虚》《上林》两篇，后人多从之。踪凡梳理了自宋人王观国以来学界的几种观点，并推测《子虚赋》为《天子游猎赋》的草稿。他认为，“从本质上讲，《子虚》《上林》赋的分篇是一种值得关注的文化现象，它不仅使赋题与内容的对应更为准确，而且有效地遏制了《天子游猎赋》在先唐时期异名繁多、指称混乱的局面，同时也在一定程度上反映了中国古代的文学创作与学术研究从混沌走向精确、从含糊走向明晰的历史进程”。⑩

二、文学史研究

常森认为，中国“小说”观念可能在战国中期已经形成，而实际的小说作品几乎早于任何一种传世的书籍。因此，偏执于现代“小说”观念，将魏晋以前小说千百年的存在归结为“小说之史前”，颇有一点历史虚无主义的倾向。中国早期小说拥有最广大的造作、传播和接受者，但由于高度依赖口耳相传，绝大多数作品未能转化为文本形态，导致大量失传。不过，早期小说的叙事和想象具有超越学派区隔的更普遍的社会基础，因此广泛存在于先秦史传、诸子、辞赋等各种文类中；在诸子各派持开放心态的情况下，小说作品更被大量接纳，用于营构寓言的能指，同一小说的不同口传形态在诸子的宏大论说中亦颇有留存，并且凸显出一系列可识别的语文特征。[11]

常森又指出，从表面上看来，《左传》的“文学”特性不难论说，在迄今为止代表主流观点的著论中，它通常被表述为《左传》在人物形象、故事情节、悬想（诸如代言与虚构）、细节、辞令、章法等方面的一系列的成就，文学研究和文学史书写到这个层面也就宣告结束了。值得注意的是，这种叙述背后有一种被用来把握整个中国文学史的现代观念，从先秦一直到明清近代，几乎所有的叙事性的作品都被依据这种观念来讲述，变换的只不过是表征这种现代观念的诸多要素的具体排列和组合，是时间、地域、作家和作品，基于该现代观念的潜在叙述架构则是一成不变的。这就是20世纪以来古代文学研究和文学史书写的实质：它们基本上是从历史存在中寻求合乎现代话语的东西（而这种现代话语从某种意义上说可能就是西方话语）；因此，在开始认识古代文学之前，认知的结果已经在很大程度上被预设了。这种流弊，在先秦两汉文学研究领域尤为严重。研究《左传》的文学特性，而只关注其人物、情节、悬想、细节等要素，正凸显了现代学术为古代文学研究预设的终点。由此产生的问题是这种本末倒置的文学研究和文学史叙述充满了“非历史”的内容，真正的“文学”历史在质性上发生过很多重要变化，可古代文学研究及文学史叙述不仅未能呈现这一层面的变化，而且似乎无意于呈现这种变化，它们主要是将主体的现代观念投射到数百年之前，乃至投射到数千年之前，它们只是以今例古而不是通古今之变，这样做，怎么可能获得历史的真实性、完整性和丰富性呢？常森指出，古代文学研究与文学史书写，必须立基于文学发展的真实历史。现代研究者或文学史家往往以现代“文学”观念为框架来解析古代之作品，或者书写其发展轨迹，可在这种“文学”观念形成的两千多年前，中国的“文学”——其理念以及实际——已经产生了，并且在沿着自己的路子发展，古代文学研究与文学史书写由此无以回避一个重大问题，即如何面对历史的和现代的两种“文学”。二者只有充分“对话”，才能互相认识。在研讨“历史的文学”时，单让现代的“文学”观念发言是绝对不够的，只有在“历史的文学”同样充分发言的情况下，我们才能把握“历史的文学”的特性，以及“文学的历史”的完整性和丰富性，才能建构起接近真相的文学研究及其历史叙述。就好比要把握《左传》的文学特性，既需要尊重现代“文学”观念的发言权，又需要切实关怀传统的“文学”观念及历史存在，通过双向对话和交流，才能历史地把握《左传》这个“文学”实存以及由它所关联的历史。现代研究者或文学史家习惯于用现代“文学”观念，统摄过往的数千年（这其实是奉行“绝对文学观”，或者说把现代“文学”观念绝对化）。这样做不可能实现此“文学”与彼“文学”的对话，不可能充分认识对方，文学的真实历史也只能是一片惘然。奉行“绝对文学观”只能肢解并遗弃文学的主体，对于先秦两汉“文学”来说，尤其是如此。这就是研究古代文学、书写古代文学史需要遵循“相对文学观”的根本原因。[12]

为何中国古代诗体是以齐言为主，而不是以杂言为主，在齐言中又以四言、五言和七言为主，而不是以三言和六言为主呢？对于这个古今熟知的现象，古人偶有论述，也多是现象描述，当代学者则多从语法分析入手。近年来，中外学者开始注意诗歌本身的节奏韵律。赵敏俐从诗歌与音乐的关系入手，分析了中国早期诗歌体式的生成原理。他在对二言至七言、骚体等各体诗歌形式的具体分析中得出结论，“中国诗歌体式源于歌唱，定型于诵读，是一种有节奏有韵律的语言加强形式。诗体的生成，最早源于对声音和谐之美的追求，音组是组成诗句和诗体的关键。音组分对称音组和非对称音组两种基本形态，对称音组和对称性原理在诗体的形成中起到了重要的作用”。在诗歌的创作中，如果语言逻辑顺序与诗体形式发生矛盾时，往往牺牲正常的表达逻辑及顺序而达到诗体形式的要求。所以“声音的作用优于语法”，“研究诗歌的语言形式结构，只有从诗体的声音组合方式入手，才能破解其艺术奥秘”。[13]

在先秦文献中，《诗经》以外的典籍也常常出现整齐的四言句式。四言句式出现的场合及其所起的作用颇不相同，因而前人多不将四言视为一种文体，而只是将它看作一种修辞手段。过常宝、张少辉则认为，先秦时期，尤其是西周春秋时期，“四言”作为一种有意味的言说方式，与宗教礼乐传统有关，是一种特别的话语体制。他们认为，四言在西周时被用于祭祀占卜活动，成为周文化的典型标志之一，其代表文献是《诗经》《周易》，也因此被赋予神圣话语的品格。到春秋时期，四言得到更广泛的运用，基本可分为祭祀占卜之辞、礼仪之辞、教诫之辞、世俗之辞

4类，它们共同享有礼乐文化传统。“由政治、军事、社会交往等礼仪行为而产生的盟辞、命辞、吊辞、祷辞、誓辞、娱乐用辞等，都以四言为主；教诫是周文化的重要内容之一，在春秋时期，教诫和君子‘立言’理想结合，围绕礼乐精神，形成谏诫、评论、对问三类四言辞；官民发表对于政治或社会的观点，也乐于采用四言的形式，促使四言世俗化”。到战国时期，四言才成为一种修辞手段。⑭

“风”是一个内涵极为丰富的概念，它既可指自然之风，也可指风化之教；既被视为音声曲调，又被称为民歌民谣；既被视为圣王之遗化，又被当作主文而谲谏的讽刺与劝说。马银琴从梳理“风”字字义入手，解析了由甲骨文中“凤”为“风”之初字到“六义”之“风”的发展过程，提出：“飞鸟振翅而风生，是甲骨文以‘凤’为‘风’的根本原因；在商周文明发生剧烈冲突的变革时期，在类似于‘大块噫气，其名曰风’的认识推动下，‘凤’与‘风’出现分化，在‘凤’字逐渐指向神性凤鸟的同时，作为‘后起本字’的‘风’字出现。风为土气，土气鼓动而形成音，音乐也必然反映着风土人情，‘循弦以观于乐，足以辨风’的认识中，透露出了风土之气与风俗之音之间密不可分的联系。就在‘风’因与‘音’、与‘律’关联而具有指向歌声、曲调的意义时，由‘风’之飘忽流散、托物而不着于物的特点，又引申出了用‘风’来指称没有明确来源、没有具体内容、没有明确指斥对象的特殊存在状态的意义，‘风言’‘风听’‘风议’等词即因此而来。而与之相关联的‘风刺’，便指不着痕迹、委婉曲折的言说方式；因这种进谏方式而来的作品，便是最早的‘风’诗。这些‘风刺’之诗，或归属于《小雅》，或分列于各国，都只是被统纳于‘诗’名之下，一直到孔子删《诗》正乐时，同属乡乐的十五国诗，才被正式地归为一类，作为《诗经》作品类名的‘国风’（或‘风’）由此产生。至《毛诗序》，则在集合种种‘风’义并对之加以解释之余，又在‘六义’的新名目下，为‘风’字增添了一个影响更为深远的新义项。”⑮

踪凡、郭英德考察了历代赋学文献的变迁、类型与研究，认为“历代赋学文献源远流长，可以划分为战国秦汉、魏晋南北朝、唐宋（含辽金）、元明、清代五个历史时期，各个历史时期的赋学文献呈现出独特的风貌。历代赋学文献的类型，根据文献的性质，可分为赋总集、赋别集、赋论、赋注四大类；根据文献的形态，可分为专门性赋学文献、兼容性赋学文献、依附性赋学文献三大类。不同类型的赋学文献共同构成丰富多彩的赋体文学世界，具有十分深广的文化内涵和历史意义”，他们还评介了近30年来的赋学研究。⑯

三、学术史、思想史、文化史研究

常森指出，从孔子开始，儒家学者便倾向于以礼解《诗》。然而就古代作为顶层设计的礼制而言，无论是其制作，还是其施行，都为土俗留下了大量空间，形成了礼制的巨大罅隙。《诗经》中一大批基层乐歌就是在这些罅隙中萌茁和成长的，它们尽管随遒人采诗言制度的实施汇集于朝廷，但天生就包含着对礼制的乖违。“法度张设，未必奉行”的现实，以及三百篇产生后，儒者基于政教伦理期求设置的礼文往往与诗作立足的土俗不契合等等，都进一步削弱了以礼解《诗》的合理性。《诗经》不少文本都呈现出对礼制的睽违。有些礼文明确规定婚礼不用乐、婚礼不贺，可无论是诗歌本文，还是古代社会通行的史实，均可证明相反的情况存在。上海博物馆所藏新出文献《诗论》曾评析《关雎》，认为该诗末章以钟鼓之乐庆贺男女婚配，这是暗示后世礼文经不断建构、前后不一、与三百篇文本不必契合的重要资料。⑰

“作者”问题是当前欧美汉学界关于中国早期文本生成与传播研究的热点话题之一。国内学者李春青曾关注这方面的问题。程苏东进一步探讨了先秦两汉对于“作”的认知问题，分析了从叔孙豹所谓以“立言”而“不朽”，到孟子对于“作”的神圣化，再到汉代司马迁、王充对“作”的神格化以及对“述”“论”的正名，认为“战国秦汉时期士人对于‘作者’的讨论虽然对‘作者’的权利来源、社会地位等认知有所不同，但事实上都一以贯之地强调个人言说与书写的合理性与必要性，这逐渐构成早期文本书写中的‘子学精神’，并最终以‘古文’之名构成后世不断追慕的一种文学典范”。⑱另外，西汉《春秋》学大抵继承了《孟子》以来的传统，通过对孔子“作《春秋》”一事的不断塑造，奠定了《春秋》“微言大义”的经典地位及其“史中取义”的文本阅读方式，而刘歆则试图重建《春秋》学的学理体系。程苏东结合西汉《春秋》学背景，从3个方面分析了刘歆对《春秋》学系统的改造，指出“他淡化孔子与《春秋》之间的‘作者’关系，将《春秋》重新置入三代以来的史籍传统中；又尝试从历学角度重建《春秋》的义例体系；在处理‘六艺’内部关系时，刘歆将《易》学与《春秋》学相配，建立起一种新的‘天人之学’”。[19]

徐建委认为，“经过刘向校书，那些原本开放性的文本被校雠写定为闭合性文本，那些以‘类’的形式存在的流动的篇章变成了一部部固定形态的古书。《汉书·艺文志》记录的就是被刘向整理后的一部部被划归入固定学术系谱的图书，它实质上是刘向图书整理成果目录，而非皇家藏书目录或西汉文献基本目录”。他从5个方面描述了《汉志》在传统学术思想史中的形象，并拟用“《汉志》主义”一词形容我们理解西汉以前学术史时所持有的这种基于《汉志》的学术体系，同时强调，“《汉志》主义基于刘向父子的校雠之法与叙事结构，它是后人极佳的理解先秦至西汉学术的门径，但也成了一种理解和表述的‘禁锢’，限制了对学术史其他可能的思考”。他认为“章”是古代文献流传中的最小单位，是“年代属性相对单一的文献类型”，能否以“章”为基点开始战国秦汉研究，是我们能否超越《汉志》之束缚的关键所在。[20]

但赵敏俐却肯定了汉人对传承先秦文献所做的贡献。现存先秦文献大都经汉人整理而得以流传，近代以来的学者因此对这些典籍的可靠性多有质疑。赵敏俐从“如何认识汉代人在传承先秦文献中的巨大贡献”“如何认识汉代人在整理先秦文献过程中的诸多缺憾”“如何从与出土文献的比较中认识传世先秦文献的宝贵价值”“如何认识以传世文献为基础建立起来的中国学术传统”等4个方面，论述了先秦文献的传承形态、价值，以及汉代人在传承先秦学术的过程中极其谨慎和认真的态度，称他们“不仅有抢救之功”，“而且在此基础上接续肇自先秦时代的学术传统，构建了中华文化学术体系”；近些年来出土的先秦文献及其相关研究证明了汉代人记载的可靠性，我们不能以其中存在着某些疑问而轻易否定。[21]

方铭在早期典籍中追溯了“诚信”价值观的传统文化根源。[22]

四、文本研究

《诗经·大雅》中《民劳》《板》《荡》《抑》《桑柔》这几首诗，被《毛序》认作刺厉王之诗。赵运涛、李山认为，它们都透露出一个信息，即在诗生成之前，已经存在过一个“陈志”的过程。如《板》“我言维服”，《桑柔》“听言则对，诵言如醉”等诗句中的“言”，就是指乐工歌唱的谏诗，而《诗经·大雅》“刺厉王”那几首诗乃是在这些献“言”之后的二次生成。在西周中后期，乐工的歌唱显现出“娱乐化”与“范本化”倾向，削弱了谏诗的“刺讥”效果。西周后期，诗歌创作与歌唱的分离，使得献诗陈志也发生了变化，“献诗”是文本的生成，“陈志”是文本转变为乐工“诵”的一种行为方式；“公卿们不满足于接受者将其谏诗视为可供笑谑的演出或者对自己献的‘言’产生‘如醉’的效果的时候，于是依附乐工诵‘言’的行为方式，通过对文本生成者的身份与‘大谏’的礼制进行指认以及对接受者的态度进行警醒，也就生成了新的献诗文本，这就是二次献诗文本的生成方式”。[23]

《毛传》是一部依附于《诗》的训诂著作，为了避免重复，大体上遵循后注简省原则。徐建委观察《毛传》中异于这一现象的部分注释，认为这些注释的顺序反映出春秋时代《诗》文本的编次状况。那时的《诗》文本的编纂结构和次序与汉代四家《诗》迥异，可知“战国秦汉之《诗》确实经过了孔子的重编，使之更具礼乐精神。从季札论《诗》，又知子夏时代，受《春秋》学之影响，二《雅》出现了对调，《诗》之文本结构发生变化，《诗小序》亦随之产生，《诗》文本史上第二次革命性的变化发生了。战国末年《诗》的一个或几个文本调整了《小雅》的诗序，使之有周厉王时期的作品，这种改动在汉代为三家《诗》所延续”，而“毛公调整了《小雅》笙诗的位置，以足篇什之数”。[24]

常森认为，《九章·思美人》即《离骚》之胚胎，《思美人》虽具体而微，却在全局上与《离骚》有深刻关联，足以表明它跟《离骚》有共同的母源，轻率置疑者可以休矣。在持续和变异中，屈原的诗艺留下了前行的清晰脚印。谓《思美人》《抽思》诸篇展现的诗艺遽然销声匿迹，或谓《离骚》石破天惊而无嚆矢先声，于情于理均不妥当。屈作的繁复表象下是贯穿现实指涉与艺术形式的稳定内核。从研究方法上，还应该强调，我们不能孤立地看待任何一部作品及其任何一个部分。无论是《诗三百》里的短章，还是《离骚》这样的巨制，每首诗歌都是由一系列元素构成的有机体，可谓之“系统”。向上超越单篇作品，向下进入单篇作品内部，亦均有不同层级的系统存在，一如木存于林，而木又有枝。系统各元素的意义和功能，只有从系统整体之中才能准确把握。男女关系是《九章·思美人》《离骚》《九歌》等屈子一系列重要作品的核心隐喻，是把握屈作本旨的关键。从汉至今，围绕这一隐喻的讨论连篇累牍，误解却层出不穷，根本原因就在于忽视了文本各部分的组织关系，而偏于孤立、静止地观照作品或其中某些片断，简言之即不重视对文本加以系统的把握。忘记了《离骚》，不可能真正理解《思美人》，忘记了巫咸告“余”以吉故，不可能真正理解《离骚》之求女，道理就这么简单。[25]

大量化用先秦既有文本而构建出一系列的语篇、著作，生成新的“衍生型文本”，这是汉人常用的一种著述方式。《史记》中秦以前的本纪、世家、列传与部分书表就属于司马迁根据既有文本编纂而成的“衍生型文本”。在编纂的过程中，难免在其文本嫁接处、补缀处、截取处留下疏漏，在不同程度上留下了一些“失控的文本”。程苏东分析了《史记》中留存的这些“失控的文本”的情况，以此为切入点，考察司马迁改造既有文本的编纂方法，并认为这些试图“控制文本”的努力正是评价《史记》文学成就的前提。程氏以此为案例，指出《史记》文学研究中存在着“选择性失语”的现象——只关注那些叙述流畅、行文严谨的优秀篇章，而对于这些存在疏漏的篇章不予置评或归因于文本传刻过程中的讹误。他强调以《史记》为代表的大量“衍生型文本”的文学研究价值，并试图构建对衍生型文本进行文学研究的基本范式。[26]

另外，申绰是朝鲜李朝正祖时期出现的一位重要的《诗经》学者。他决意仕宦，而专笃于汉唐以来的《毛诗》古注，其《诗次故》在朝鲜《诗经》学史和考据学史上具有不可取代的标志性意义。程苏东围绕申绰及其《诗次故》，介绍了申绰其人及其《诗次故》的撰述过程、影响，总结了《诗次故》的撰述体例、研究方法，在此基础上，讨论了申绰考据学的学术源流，以及 18 世纪中后期朝鲜考据学兴起的原因，认为，“朝鲜考据学的兴起是在北学派引介乾嘉考据学和江华学派考据学研究的共同推动下形成的”。[27]姚小鸥、高中华依《毛诗》体例分章，为清华简《芮良夫毖》作了疏证。[28]徐龙国、徐建委考察了汉长安城布局的形成及其与《考工记》中《匠人营国》篇的关系，从一门三道城门形制的发展及汉长安城的建设过程来分析，认为《匠人营国》篇是受西汉末年长安城形制的启发而写成，也是在此时《考工记》被补入《周礼》之中。[29]杨海峥、陈思将《史记会注考证》与中华书局点校本《史记》对读、考辨，详细考察了泷川资言《考证》的断句的特点及价值。[30]

注：

①马银琴：《〈诗经〉史诗与周民族的历史建构》，《学术论坛》，2017 年第 1 期。

②李炳海：《〈诗经〉中作为动词的“王”及其所属诗句的解读》，《学术论坛》，2017 年第 1 期。

③过常宝：《祭高制度与〈春秋〉的生成》，《文学遗产》，2017 年第 3 期。

④鲁洪生、贾天宇：《〈老子〉“载营魄抱一，能毋离乎”三重内涵探析》，《山东社会科学》，2017 年第 3 期。

⑤孙明君：《林希逸〈老子鬳斋口义 · 发题〉释读》，《北京大学学报》（哲学社会科学版），2017 年第 2 期。

⑥于雪棠：《形神关系视角下〈庄子〉逍遥游意蕴发微》，《励耘学刊》，2017 年第 2 期。

⑦李炳海：《〈庄子〉的风源理念及其风意象的调遣》，《中南民族大学学报》（人文社会科学），2017 年第 5 期。

⑧李炳海：《〈论语〉中“斯”字及相关事象的辨析》，《中国文化研究》，2017 年春之卷。

⑨李炳海：《荀子赋文本生成的多源性考论》，《诸子学刊》（第十四辑），2017 年。

⑩踪凡：《〈子虚〉〈上林〉赋的分篇及其学术意义》，《中州学刊》，2017 年第 2 期。

⑪常森：《先秦史传、诸子及辞赋中的“小说”叙事和想象》，《北京大学学报》（哲学社会科学版），2017 年第 2 期。

⑫常森：《〈左传〉的“文学”质性以及文学研究及文学史书写》，郭英德、过常宝主编《庆祝聂石樵先生九十寿辰文集》，北京师范大学出版社 2017 年版。

⑬赵敏俐：《中国早期诗歌体式生成原理》，《文学评论》，2017 年第 6 期。

⑭过常宝、张少辉：《论先秦“四言”——以〈左传〉为中心》，《中山大学学报》（社会科学版），2017 年第 3 期。

⑮马银琴：《风、风声、风刺以及〈风〉名的出现》，《清华大学学报》（哲学社会科学版），2017 年第 4 期。

⑯踪凡、郭英德：《历代赋学文献的变迁、类型与研究》，《求索》，2017 年第 3 期。

⑰常森：《论以礼解〈诗〉之限定：从〈诗论〉评〈关雎〉说开去》，《国学研究》第三十九卷，2017 年 12 月。

⑱程苏东：《也谈战国秦汉时期“作者”问题的出现》，《文学评论》，2017年第8期。

⑲程苏东：《史学、历学与〈易〉学——刘歆〈春秋〉学的知识体系与方法》，《中国文化研究》，2017年冬之卷。

⑳徐建委：《周秦汉文学研究中的〈汉志〉主义及其超越》，《文学遗产》，2017年第2期。

㉑赵敏俐：《如何认识先秦文献的汉代传承及其价值》，《中国高校社会科学》，2017年第2期。

㉒方铭：《诚信价值观的中国传统文化基础考源》，《长江学术》，2017年第3期。

㉓赵运涛、李山：《〈诗经·大雅〉“刺历王”诗的二次生成》，《广西社会科学》，2017年第6期。

㉔徐建委：《〈诗〉的编次与〈毛诗〉的形成》，《复旦学报》（社会科学版），2017年第2期。

㉕常森：《正说〈思美人〉》，《文史知识》，2017年第7期。

㉖程苏东：《失控的文本与失语的文学批评——以〈史记〉及其研究史为例》，《中国社会科学》，2017年第1期。

㉗程苏东：《申绰〈诗次故〉述论——兼论18世纪后期朝鲜考据学的兴起》，《北京论坛（2017）文明的和谐与共同繁荣——文化中的价值与秩序：中华文明的国际传播论文与摘要集》，2017年11月。

㉘姚小鸥、高中华：《清华简〈芮良夫毖〉疏证（上）》，《中国诗歌研究》第十四辑，2017年；与《清华简〈芮良夫毖〉疏证（下）》，《中国诗歌研究》第十五辑，2017年。

㉙徐龙国、徐建委：《汉长安城布局的形成与〈考工记·匠人营国〉的写定》，《文物》，2017年第10期。

㉚杨海峥、陈思：《〈史记会注考证〉断句例释》，《文献》，2017年第3期。

（作者：罗姝鸥，北京大学博士生；
常森，北京大学教授）

魏晋南北朝隋唐五代文学

马自力　郭　媛　李　伟

2017年，北京地区的学者在魏晋南北朝隋唐五代文学研究方面做出了杰出的贡献。2017年12月28日，教育部学位与研究生教育发展中心公布了全国第四轮学科评估结果，在全国513个高校单位中，就中国语言文学这个一级学科而言，北京地区的北京大学等10所高校均列入前3档内。首都北京的高校能取得这样好的成绩，离不开北京学者一如既往的努力。

2017年4月22—23日，中国社会科学院文学研究所和《文学遗产》编辑部在北京召开“‘文化传承与中国古典文学研究’学术研讨会暨《文学遗产》编委会”。此次会议体现了古典文学研究者对于学术研究的深刻思考，与会者相信，古典文学学科尽管面临着种种挑战，但一定会得到长足的发展。而且，古典文学研究在继承优秀传统文化的同时，也一定能为当下的社会文化建设提供有益的参考。

《文学评论》是古代文学研究领域的权威期刊之一，2017年是《文学评论》创刊60周年，为庆祝《文学评论》创刊60周年，2017年10月10日由中国社会科学院文学研究所马克思主义文艺理论优势学科主办的文艺学学科主题座谈会在北京举行。出席此次会议的古代文学研究专家及学者围绕《文学评论》创刊60周年以及中国文艺理论的学科发展建设进行了深入研讨。会后出版了由中国社会科学院文学研究所主编的《文学评论纪念文选》①，此书精选了《文学评论》60年的代表作，这些文章从研究的各个角度都对当今的学术研究产生了重要的影响，启示作用久远。另有《〈文学评论〉六十年总目与编后记》②，全书分为两部分：第一部分为《文学评论》60周年的目录；第二部分为60年以来的编后记汇总。

2017年北京地区的高校在学术研究的学科交叉方面也取得了一些新的突破，呈现出崭新的研究风貌。如首都师范大学于2017年6月24日成立了首都师范大学文学地理学研究中心。此中心的创立，为学者们日后在魏晋南北朝隋唐五代的乐府作品的文学地理研究、江南意象的主体建构等方面的研究与思考提供了平台。2017年10月22日，由北京大学人文学苑举办了一场名为《黉门对话：诗学与诗歌史研究新视野》的盛大学术报告。其中，北京大学葛晓音教授的

《杜甫的“奇思”与诗歌体式的关系》和钱志熙教授的《唐代诗论的两大脉络及其渊源、流变》以及杜晓勤教授的《唐代“格”“律”及相关诗学概念考释》3 篇文章均体现了他们对唐代诗歌的不同看法。2017 年 11 月 18—19 日，以“中国古代语言、文学和文献研究的古典学视野”为主题的北京大学第一届古典学国际研讨会成功举办，来自中国等国家和地区的 100 余位学者参加了研讨会。与会专家学者就“中国古代文学作品的结集与文本经典化过程研究”等五大议题进行了集中探讨，相关成果将为促进海内外古典学学术交流、推动中国古典学研究发展做出贡献。

北京地区 2017 年的学术活动不仅在会议方面收获颇丰，而且还举办了一些新书发布会。2017 年 12 月 17 日上午，“后之览者，亦将有感于斯文”——《斯文》创刊发布会在京召开。《斯文》是在北京师范大学文学院和中华文化研究与传播学科交叉平台的大力支持下，由中国古代文学研究所协同中国古代散文学会，创办的中国古代散文研究专刊。2017 年 11 月 4 日上午，在京师大厦 3 层第一会议室召开由踪凡教授、郭英德教授主编的《历代赋学文献辑刊》新书出版座谈会暨“中国古代散文研究文献集成”成果发布会。在《历代赋学文献辑刊》出版座谈会上，来自国内高校和出版机构的代表，就《历代赋学文献辑刊》在版本价值、文献价值、文学史研究的史料价值等多方面进行了评价和讨论。

此外，北京地区的学者还获得了在社科领域中一些重大的科研项目。如中国人民大学的徐正英教授所主持的《唐前出土文献及佚文献文学综合与研究》在 2017 年度国家社会科学基金重大项目中立项、北京大学的杜晓勤教授所主持的《近体诗体格律形成过程研究》在 2017 年度国家社会科学基金一般项目中立项、首都师范大学马自力教授所主持的《历代赋学文献续编与研究》在 2017 年度北京市社会科学基金重大项目中立项。这些科研项目将为我们提供新的研究思路和方法，并在日后取得更多的研究成果。

一、作家及其作品研究

魏晋南北朝隋唐五代的作家可谓数不胜数，其突出的成就体现在诗歌方面。北京地区的学者们在对诗人及其作品的观照方面，不仅体现在对传统诗歌内容和艺术特色的分析上，而且还注重研究有关诗人的日常生活、审美思想及其传播接受以及文献考证等方面。

1. 魏晋南北朝以陶渊明、鲍照、谢朓为主的作家研究

陶渊明、鲍照、谢朓这 3 位大家都是魏晋南北朝诗人的代表。其中，学者关于陶渊明的研究较为突出，主要集中在范子烨所写的几篇文章中。如范子烨指出：“此高频率地使用同一个否定副词，确实是一道独特的小小风景。”③认为陶渊明在饮酒和常常说“不”的习惯受到扬雄的影响。范子烨的另一篇文章《五柳先生是谁?》④，指出陶渊明和扬雄之间有着密不可分的联系。这些都可以说是范子烨对《五柳先生传》提出的新解。陶渊明写了大量的关于酒的诗歌，这种现象也引起了很多学者的关注。如邓小军在《陶渊明〈述酒〉笺证》一文中认为：“陶渊明《述酒》，微言诗也。”⑤并对《述酒》全诗逐字逐句加以解释，包括训诂、古典、今典（东晋当代史）、时事，对《述酒》诗的旨趣和特色进行了阐发。在此基础上，范子烨认为“本文是陈寅恪关于‘古典今典’的理论和邓小军教授倡导的‘政治微言诗’的理论的具体实践”。⑥“就其内容而言，我们可以视之为东晋王朝的简史，其真正的诗题应该是‘《述酒弑》’。”⑦“邓师兄的研究确实超越了前人。此文在客观上表明，古往今来关于陶渊明的研究和评论，不仅是片面的，而且存在着严重的问题。”⑧范子烨在大力肯定邓小军的同时也重新认识了陶渊明。此外，李山、薛宇的《陶渊明〈饮酒〉（其五）中的生活意趣与玄学内涵》⑨一文，围绕“结庐在何处”“怎避车马喧”“真意如何言”这 3 个核心问题提出了他们独特的见解。对于陶渊明在后代的接受研究，韩达在其《论唐代诗人对陶渊明的接受》⑩一文中，通过梳理唐人诗文中的陶渊明形象，揭示对其褒贬态度共存的复杂感情背后“仕与隐”的深层矛盾，并从类书对于陶渊明的征引情况入手，探讨唐人对于陶渊明普遍理解不深的弊病及其原因。

关于鲍照，学术界主要探讨其诗歌的艺术特色。然而，袁济喜在其《论鲍照的“急以怨”》一文中特别指出：“如果要全面解‘急以怨’，则须更加关注他的赋作，因为正是这些赋作，将鲍照的内心世界与审美个性全面展现出来。”⑪此文更多地从历史情境与文学特征本身出发，结合其诗赋作品加以分析，对于他的“急以怨”，袁济喜教授用实事求是的态度加以分析与评议。蒋文燕的《“兴头”与“冷寂”之间的鲍照诗歌》⑫一文则从“兴头”与“冷寂”之间的人世速描、“兴头”时的铺陈与“冷寂”处的反问、

"客体"描绘到"主体"独慨的构思3方面入手，提出她对鲍照诗歌异于历代皆相推许其"惊挺""险急"的诗端，却忽视了其诗"冷寂"的收束的看法。这就使得鲍照诗歌成为魏晋时期诗歌深化自我呈现的典范。

对于谢朓的研究，仅有石云涛《谢朓的悲剧及其宣城诗情感特征》[13]一文。此文论述了谢朓的悲剧及其原因，认为谢朓宣城诗从思想情感来看，其特征主要表现为3个方面：在官而向往隐逸、出游赏山水之乐、勤政恤民之情。

2. 唐代以白居易、杜甫为主的研究

本年度对白居易的研究，仍以陈才智的文章为主，他对白居易的研究可以说涉及方方面面。与往年不同的是，本年度他更多关注的是白居易和其他诗人之间的联系，对白居易研究现状方面和日常生活方面的思考。如他不仅详细阐述刘禹锡、白居易二人之间的联系，还认为也可以将刘禹锡划入元白诗派："将刘禹锡划入元白诗派，并非仅仅着眼于刘白唱和诗。在不同诗体的创作上，刘禹锡与元白诗派均有相互脗合之迹，且合大于离，这就是刘禹锡可以划入元白诗派的主要理由。"[14]他还探讨了杜甫和白居易之间在咏物诗题材上的内在联系，认为白居易对杜甫的学习态度是："不仅师其人，而且承其法。"[15]他不仅能够就咏物诗在内容上的托物寓意，还能在形式的组诗方面有所继承，更重要的是能够对杜甫的艺术成就有所超越。如在议论方面，白居易作品中的议论化倾向较杜甫更为突出，而且他把杜甫篇末点醒中心的写法更广泛地加以运用。另外，作者进一步提高了长篇叙事诗《长恨歌》的艺术魅力："也正是在历史与现实，真实与虚构，生死与爱恨，天地与人世，多重互文中，以一代诗豪的短暂之思，惊艳了那段时光，牵动起永恒之美，令人百读不厌。"[16]

此外，陈才智与往年不同的是他更多地关注对白居易研究现状方面的思考，这给我们提供新的方法和思路，极大地拓展了对白居易研究的范围和空间。例如在白居易的接受研究方面，作者认为"从时间线索上展开的接受史研究，与从空间领域展开的诗迹研究加在一起，一纵一横，是未来白居易研究值得大力拓展的两个方向"。[17]这就为我们日后对白居易的接受方面的研究提供了新的思路和方法。再如他以陈寅恪先生的《白居易笺证稿》一书为例提出陈寅恪先生对白居易研究方法的观点可称为"历史文化法"。[18]同样，邓小军也关注陈寅恪与白居易之间的关系，他通过刘隆凯的提问和陈寅恪的课堂答问等环节，不但探讨了《卖炭翁》这首诗的一系列的问题，而且评价了刘隆凯等人的提问，认为"陈寅恪的三次课堂答问，鼓励学生，教学相长，体现出他是在不断思考中，和杰出史学家的智慧与学养"。[19]

不仅如此，陈才智还关注白居易的日常生活，他指出："白居易能有今日之声名，除了水平高、诗作数量多、寿命长这些原因外，与其善于藏书也颇有关系。"[20]陈才智除了撰写相关论文，还出版了《中国古典诗词精品赏读丛书之白居易》[21]一书，可作为读者了解白居易其人其诗的入门读物。除了陈才智，其他学者对白居易的研究也有所涉猎。如叶跃武在《白居易早期古体诗分卷问题——以"闲适诗"为中心》[22]一文中以白居易所作"闲适诗"为中心，通过统计类比分析的方法，论证该时段闲适诗被编入《白氏文集》的原因。

葛晓音在本年度对杜甫的关注，由律诗扩展到了探讨诗歌其他体裁方面，如探讨了杜甫的"奇思"与诗歌体式之间的关系，认为历代不少诗家独推杜甫"宪章汉魏"的原因是"除了杜甫新题乐府和长篇五古咏怀诗的突出成就及其与盛唐诸家学习'建安体'的差异以外，还可以从他的五七古短篇中寻找。其短篇五古是在多种题材中活用汉乐府、古杂诗和古谣谚的创作原理；其短篇七古歌行也融入了汉魏五古中的兴寄和杂言汉乐府的遗韵，这就使其短篇五七古的体调更接近早期汉诗"。[23]在研究杜甫的七绝诗歌时，葛晓音在《杜甫七绝的"别趣"和"异径"》[24]一文中用别样的审美眼光发现了一种"别趣"和"异径"的情趣所在，并指出了"别趣"和"异径"的含义。在对歌、行体问题的看法上，认为"杜甫的七言古体分为'歌'诗、'行'诗和非歌行题七古三类，有其明确的辩体意识"。[25]同时还指出，杜甫发现了这类七古和"行"诗适宜连贯叙述的特性，开创了以七古和"行"诗反映时事的先例，使原来没有叙述和议论传统的七古扩大了表现功能，为中唐以后七古的发展提供了辨体的典范。

谢思炜也从杜甫的诗歌体裁方面着手，以杜甫的七律为例，探讨了杜甫五言诗和七言诗句式的异同。[26]对于杜甫的语言，谢思炜指出了其在语言运用上的创新之处："杜甫在尽力扩大诗歌词语来源、从而比其他诗人显得更为重视袭用有来历词语的同时，仍继续通过创制新词这种方式实现诗歌语言的更新，其所造新词数量之多在唐代诗人中也位居前列，因此才能实现其语必惊人的创作追求。”[27]此外，还指出“杜诗语言的丰富程度明显超过了前辈诗人，也为此后的白居易和晚唐诗人所不及”。[28]同时作者还强调杜诗的语言要将“有来历语”进而转为自创新语，将二者相结合才能充分显示出杜甫在语言运用上的纯熟与自信，达到他所追求的“语必惊人”的艺术目的。

除了以上关于杜甫诗歌内容和体裁的研究，谷曙光、俞凡认为天宝六载是杜甫诗歌嬗变的关节点，[29]邓小军探讨了杜甫左拾遗告身身份的真伪问题，从唐授杜甫左拾遗告身的相关文献记载等方面进行详细的考证，得出“杜甫告身是真品，而非洪业先生所说的‘赝品’”[30]的结论。对于杜甫的人格，康震认为杜甫“终其一生都未纳妾，对妻子忠贞不渝，这在古代非常难得”。[31]可谓是对家人做到了“忠贞不渝”。

李白和杜甫被称作中国古典诗歌的“双子星座”，同时以“李杜”并称。然而，对于李白诗歌的研究程度相较杜甫来说，却稍显逊色，仅有詹福瑞《唐宋时期李白诗歌的经典化》一文。作者在此文中提出了“唐宋士人接受李白的过程，既是其接受李白诗所承载的价值观和审美观的过程，亦是发掘、凝练李白作品经典价值和意义的过程”。[32]的观点。

除了以上3位重要的诗人，“初唐四杰”作为唐代一个重要的诗人群体，自然也会成为学者们关注的重点。中唐时期刘禹锡、柳宗元及晚唐诗人李商隐等也纷纷进入了学者们的研究视野。如作为“初唐四杰”之一的王勃，李俊用诗一般的语言对王勃的人生发出了“年轻的王勃，魂断于沧海洪流。二十七年的人生，短如一梦，但他的步履，却走到了天地尽头，让他的影子，在那里摇曳了几个世纪”[33]的感慨。韩愈和柳宗元在中唐时期发起了古文运动，“文以载道”的思想成为历来文人的热门话题，往往与社会现实和政治生活相联系。较往年而言，学者关注的多是其文学思想方面的研究。而杜晓勤的《统一与分裂：永贞革新与柳宗元的〈封建论〉》[34]一文则从治国理政的现实角度出发，认为柳宗元的《封建论》对我们今天的治国理政，具有极强的现实警示意义，这同时也是对“文以载道”思想在社会现实方面的一种实践和运用。众所周知，刘禹锡是一位积极乐观的诗人，这引起了李俊的关注，他的《论刘禹锡刺夔期间的人生心态》[35]一文探讨了刘禹锡刺夔期间的人生心态。对于晚唐诗人李商隐，张一南从爱的“生”“住”“异”“灭”4个角度对李商隐的《燕台》诗进行了深层次的解读。[36]

此时期学者在对作品方面的研究上，也呈现出面向大众化的特点。有范子烨主编的《世说新语》[37]一书，该书以“中华经典精粹解读”丛书中的《世说新语》为底本，选原文若干则，以中小学生及普通读者熟悉的条目为主，保留原书注释、译文及点评，并配插图一幅，给生僻字注音，作为中小学传统文化必读经典书目。编者还发表了《〈世说新语〉是部什么样的书?》《〈世说新语〉选读》[38]两篇文章对相关问题进行说明。关于萧统的《文选》，傅刚的《昭明文选》[39]一文对其内容和版本进行了详细的介绍。刘跃进主编了《文选旧注辑存》（全二十册）[40]，并发表了《凤凰出版社最新推出〈文选旧注辑存〉》（全20册）一文。[41]刘跃进作为汉魏六朝文学研究专家，在文献资料的整理与考订上倾注了大量心血。另外，刘跃进还对段玉裁的《文选》研究作了详尽的译议。[42]

二、文学理论研究

魏晋南北朝隋唐五代是古代文论较为丰富的时段，对这一时段的研究向来是学界重点，而对于《文心雕龙》的研究仍是重中之重。本年度关于魏晋南北朝隋唐五代文学理论方面的研究，大多集中在诗、文以及作家的思想方面。

1. 诗论、文论的整体性研究

关于诗论方面的研究，本年度更多关注的是在文化和宗教层面。如张晶谈了他对禅与诗学之间的看法：“从某种意义上说，禅学对中国文学、中国诗学的影响与互渗，不亚于它的宗教价值。”[43]张晶在《“如在目前”与“见于言外”——中国诗学中的内视美追求及其审美功能》[44]一文中还探讨了中国诗学中的内视美追求及其审美功能的问题，钱志熙的《唐代儒家诗论及其基本范畴——兼论儒家诗教观念对唐人诗论与创作的巨大影响》[45]一文探讨了儒家诗教观对唐人诗论与创作的巨大影响。

关于文论方面的研究，左东岭指出了中国古代文论的特征并提出了“大文观”的概念：“给中国古代文论的如下特征：它是开放、包容、会通、系统及富于弹性的观念体系，形成了有别于西方文论系统的中国经验，我们称此种观念体系为大文观。”[46]不仅如此，他提出了更新的研究理念：“一个民族的文学精神与观念体系，不仅应该拥有自己的鲜明特色，更要拥有自身的独特学理与经验，因为只有如此，才能为世界文学的建立提供独特的文心雕龙研究贡献，从而也才能真正拥有自己的无可替代的位置与话语权。”[47]

这就为我们日后研究中国古代文论提供了新的借鉴。此外，陈允锋还出版了《古典诗学述论》[48]一书，该书内编重点讨论中国古典诗学若干重要理论命题与范畴，外编提纲挈领，述其内容大要，明其诗学旨趣，附编收录五篇相关论文，涉及汉赋作家生命价值观、嵇康音乐审美理论以及孔颖达诗学观和王维等艺术思想等学术问题，对我们进一步研究诗学有很大的启发作用。

2. 作家及其理论研究

本年度在魏晋南北朝隋唐五代时期的文学理论，除了有对诗学和文论上的研究之外，一些作家所提出的文学理论也同样引起了学者的关注。如党圣元、陈民镇在《王弼著述的性质及其思想来源的再审视》[49]一文中就王弼著述的性质以及思想来源的再审视等问题进行了深入的辨析和探讨；袁济喜、迟文颖的《论江淹赋作中的文学审美观念——兼论中国文学理论批评对象的学科定位》[50]一文，通过对于江淹赋作中文学观念与理论的开掘，也试图做一些有益的探讨，打破以往的套路，期盼汉魏六朝的文学批评出现新的格局。

3.《文心雕龙》等作品及其理论

本年度对《文心雕龙》的研究在往年的基础上又有了新的突破。

首先，表现在新推出了徐正英、罗加湘所译注的《文心雕龙》[51]，这本书具有引领读者跨越文言文的隔阂，真正亲近经典、领悟传统文化的巨大魅力。

其次，学者们能够对《文心雕龙》里面的个别词句及段落进行深入的探讨和分析。如张晶分析了《比兴》[52]篇和《养气》[53]篇赞语的美学意义。陶礼天对詹锳所义证的《文心雕龙》的理论进行了全面的诠释，并论述了阅读此书的一些方法："是站在现代文学理论批评和现代美学学科的角度，将《文心雕龙》视为一部文学理论批评著作来进行现代诠释的。但这并不等于以今人强解古人，把古人的理论批评无原则的现代化。我们越来越认识到对传统学术的研究，包括中国古代文论如《文心雕龙》这样杰出著作的研究，既要具有现代学术视野和研究理念，也要努力回归传统和本土。"[54]此外，刘尊举对《文心雕龙》中"杼轴献功"这个词语进行了深入的辨析，[55]认为"杼轴献功"与"贯一"紧密呼应，指选择文体、谋篇布局、组织语言的运思活动。从这篇文章我们可以看出，刘勰极其重视灵感和想象，又格外强调"杼轴献功"的重要作用。

最后，学者们还能在其他一些著作中发现一些理论。如袁济喜、李小青能够从《周易》中的贲卦看出它对六朝文学理论的启迪："《周易·贲·象传》中'观乎天文，以察时变；观乎人文，以化成天下'文学观念和'白贲'美学思想，不仅为古代文论提供了一种美的范式和标准，也反映并实践了魏晋审美观念的变化与重构。"[56]袁济喜能够以《颜氏家训》为中心来论家训视野下的文学批评，指出"《颜氏家训》开创了家训视野下的文学批评，对中国文学批评形态的特殊性研究，具有重要价值"。[57]

三、文体研究

中国古代文学的文体种类繁多，且各种文体自有其特点，对于古代文学的分体研究更能体现文学史原貌。此时期对于诗歌的研究明显多过其他文体的研究。

1. 诗歌研究

本年度的诗歌研究主要集中在唐诗方面，其内容可谓是丰富多彩。如蒋清宇、李山就《登幽州台歌》这首诗，发现其与"农山心境"之间的关系。[58]杜晓勤考察了汉魏六朝五言诗"篇中转韵"的现象，得出了"汉乐府五言诗中'篇中转韵'者，叙事性都比较强，多表达了比较复杂的情感和变化了的场景或丰富的情节。韵脚的转换，与诗意的变化之间存在着一定的对应联动关系"。[59]的结论。石云涛认为唐诗中的"阳关"意象是"征夫思妇的情感纽带"。[60]

此外，葛晓音著有《唐诗流变论要》[61]一书，此书作为当代唐诗研究的重量级著作，堪称是近十多年来葛晓音老师的代表性研究成果。袁行霈所著《唐诗风神及其他》[62]一书，2017 年度在大陆出版。袁行霈以"风神"二字概括唐诗，探讨唐诗内在特质的艺术外现，从而发掘唐诗的艺术精髓。本书将唐代分为初唐、盛唐、中唐和晚唐 4 个时段，讨论了唐诗的整个发展历程，及其对后世诗歌的影响。

2. 其他文体研究

本年度学者们在魏晋南北朝隋唐五代文章方面的研究，大都是关于此时期著作方面的考证。此时期在除了诗歌以外的研究还比较薄弱。郭英德在本年度创办了《斯文》[63]杂志，这将会为学者们大力研究此时期除诗歌以外的散文等方面提供了更好的平台，过常宝、康震主编了《中国古代文学名篇导读》[64]，有利于此时期在散文方面的研究，从而使此时期在各体文学的研究中都能够有所提升。

四、文献研究

本年度关于魏晋南北朝隋唐五代文献方面的研究，较之往年集中于《文选》和《文心雕龙》有所拓展。如邓小军考察了《中说》的版本源流；[65]梁海燕认为《乐府诗集·挽歌》的编纂受到《文选·挽歌》直接影响，指出“魏晋南北朝至唐代，文人拟挽歌的创作模式由自挽抒情发展为客体叙述，这一变化在《乐府诗集·挽歌》中得到反映”。[66]对于陶渊明和杜甫相关文献方面的研究可谓是丰富多彩。如蔡丹君在探疑独山莫氏复刻缩宋本《陶渊明集》底本时，得出了“判断陶集底本之主要依凭，仍在《陶渊明集》之异文”。[67]的观点；张贵的《高延第批点〈陶诗析义〉的文献价值》一文，指出高延第的批语达70余条，涉及“陶渊明的士人品格，陶诗诗意的阐释与评价，陶诗立意构思、用字与章法，陶诗艺术风格以及对黄文焕、沃仪仲评点的评价”[68]等诸多方面的问题。左汉林通过评价孙微《清代杜集序跋汇录》，认为孙微教授辑校的《清代杜集序跋汇录》一书是构建杜诗学研究的文献基础，并高度评价了该书的所具有的文献价值：“清代杜集序跋文献首次最大规模的结集，为学界提供了大量珍贵的第一手文献资料。”[69]杜晓勤对日本京都大学图书馆藏明黄用中注《骆丞集》10卷本进行了详尽的考证，他初步研究此部《骆丞集》的版本特征，可以见出其版本优善的珍贵价值，认为“此书系今日可考之最早的骆宾王集注本”。[70]

五、文学的文化研究

本年度学者们对魏晋南北朝隋唐五代方面的研究，较往年有了新的突破，北京地区的学者们较多地关注文学与文化等跨学科之间的研究，在此方面的研究成果收获颇丰，为我们日后提供了新的研究思路。如体现在文学与音乐、文学与地理、文学与历史文化等方面。

在文学与官职方面，许继起考证了魏晋南北朝时期的“鼓吹乐署”这个官职，得出了“隶属于汉代黄门鼓吹所掌的相和歌、清商乐、杂舞曲逐渐从鼓吹乐类中分离出来，并建立了专门的乐署，对相关乐类进行专门的管理”[71]的结论。诸葛忆兵在《选官制度与文学创作之演进》[72]一文中探讨了选官制度与文学创作之演进之间的关系，认为魏晋六朝的九品中正制和唐代的科举制对文人乃至文学创作产生了深刻久远的影响。在文学与地理文化学方面，蔡丹君的《西晋末年北方坞壁文人文学考论》[73]一文，从北方坞壁对于晋末文学的存续功能和历史意义、晋末北方坞壁中的文人踪迹、坞壁民歌以及反映的战争时期生活状态与人际关系这3个方面对西晋末年北方坞壁文人文学作了详尽的考论。不仅如此，她还在《乡里社会与十六国北朝文学的本土复兴》[74]一文中探讨了乡里社会与十六国北朝文学的本土复兴问题。在文学与宗教方面，范子烨在探讨六朝名僧与麈尾风流之间的关系时指出：“麈尾是中古士林中流行的一种用麋鹿的尾毛制成的雅器，这一微小之物凝聚了清谈的至道与辉煌，昭示着士人的倜傥和风流。”[75]孙明君指出了南北朝贵族文学可分为3种类型——宫廷文学、士族文学、宫体文学，强调他们“彼此之间是相通的”。[76]

六、学者对文学的反思与古代文学研究方法论的思考

学术研究发展至今，之所以能取得如此丰硕的研究成果，都是学者们不断自我反思的结果，对于古代文学的研究更是如此。在追寻中国梦的大背景下，这样的反思显得更有意义，从而激发学者的文化使命感。

1. 学者对文学观念和文学现象等方面的反思

本年度北京地区的学者对魏晋南北朝隋唐五代时期文学的反思，体现在文学家对诗、文等方面观念的认识上。如刘宁在《中唐古文家文道观研究之反思》[77]一文中反思了中唐古文家文道观，一是要正确看待传统认为“道”与“文”是“内容与形式”的关系这个问题，二是要突破简单化的内容决定论，三是“学界对‘文’的思想史意义展开探索，这为认识中唐古文的文道关系提供了新视角”。葛晓音从唐代文学高峰中得到了启示：“一代文人为时代而创作的使命感是文学高峰形成的前提；文学高峰的形成与文学风气和文学形式大力变革有关；唐代诗人善于提炼具有普遍性的人情，表现人生共同感受，使之达到接近生活哲理的高度，因而在百代之下犹能引起最广泛的共鸣。”[78]谢思炜对杜甫研究作了新的展望，提倡对杜甫的研究应“同相关领域研究一起推进”[79]，并指出这也是近年来杜甫研究得以取得长足进展的原因。康震在《重拾中国古典诗歌的精神内涵》[80]一文中认为无论古今，诗歌最主要的作用是“抒情达意”，拆开来说，就是“感情作用”和“社会功能”，往往是“社会功能”更加重要。夏静在关于文学思想的研究中，以曹魏文学思想为例提出：“反思过往文学思想史的种种预设，是未来研究中值得重视的问题。”[81]此外，李春青、程正民、赵勇等人就中国“文化诗学”研究的来路与去向开了专题座谈会，[82]各位学者在座谈会上畅所欲言，反思了对中国“文化诗学”研究的新方法。

2. 古代文学研究方法论的思考

对于唐诗研究，朱子辉在《我们如何品唐诗》[83]一文中提出要注意唐诗的“三美”：“建筑美”“音乐美”“意境美”；詹福瑞指出读《文心雕龙》的正确方法：“自然首先从文本入手。读《文心雕龙》，要遵循古人知人论世的方法，了解作者刘勰的思想读《文心雕龙》，可先读书的最后一篇《序志》。”[84]在读古代文学作品方面，过常宝告诉我们在体认和鉴赏古代文学作品时，应注意3个方面的限度：鉴赏应尊重历史的真实、逻辑的真实、应尊重情与意的真实。刘跃进强调对文本的阅读要做到“回归经典，细读文本”，[85]使文本细读与文学研究一起推进。

综上所述，2017年北京地区的学者对于魏晋南北朝隋唐五代文学方面的研究，在本年度呈现出以下新的特点：一是在作家作品的研究方面，对陶渊明、杜甫、白居易、韩愈等文学大家的研究仍是核心，但学者对魏晋南北朝及隋代的其他作家作品的研究成果也引人注目；二是在中国古代文学理论方面，《文心雕龙》相关范畴及思想的研究依然占据文学理论探讨的主阵地。诗歌理论方面的研究较强，学者对赋学方面的研究也崭露头角；三是在文体研究方面，对诗歌的关注度极高，而散文、骈文、赋、小说等其他文体的研究成果仍比较薄弱；四是关于文献的考证，此类文章较往年有所增加；五是文学与其他学科的交叉研究依然被学者们广为采用，研究成果颇丰；六是学者对学术研究方面的反思类文章增多，文化责任感增强，对文学研究方法论的探讨显示了学者的创新之思。

注：

①中国社会科学院文学研究所：《〈文学评论〉六十年纪念文选》（套装全4册），社会科学文献出版社2017年版。

②中国社会科学院文学研究所：《〈文学评论〉六十年总目与编后记》，社会科学文献出版社2017年版。

③范子烨：《陶渊明缘何用了九个“不”？——再谈〈五柳先生传〉》，《中华读书报》，2017年9月27日。

④《中华读书报》，2017年9月13日。

⑤《铜仁学院学报》，2017年第1期。

⑥⑦⑧范子烨：《陶渊明的〈述酒〉诗与东亚汉文化圈中的〈陶渊明集〉》，《铜仁学院学报》，2017年第1期。

⑨《中小学教材教学》，2017年第5期。

⑩《中北大学学报》（社会科学版），2017年第1期。

⑪《中国人民大学学报》，2017年第1期。

⑫《求索》，2017年第3期。

⑬《中原文化研究》，2017年第4期。

⑭⑮陈才智：《刘禹锡与元白诗派的离合》，《岭南学报》，2017年第1期。

⑯陈才智：《生死·爱恨·天人——〈长恨歌〉的谜与魅》，《文史知识》，2017年第3期

⑰陈才智：《白居易接受史研究论略》，《苏州大学学报》，2017年第1期。

⑱陈才智：《陈寅恪先生的白居易研究》，《扬州大学学报》，2017年第4期。

⑲邓小军：《白居易〈卖炭翁〉与陈寅恪课堂》，《安徽师范大学学报》，2017年第4期。

⑳陈才智：《白居易与藏书》，《报刊文摘》，2017年5月。

㉑陈才智：《中国古典诗词精品赏读丛书·白居易》，五洲传播出版社2017年版。

㉒《新国学》，2017年第1期。

㉓葛晓音：《从五七古短篇看杜诗“宪章汉魏”的创变》，《北京大学学报》，2017年第3期。

㉔《文学评论》，2017年第6期。

㉕葛晓音：《杜甫长篇七言“歌”“行”诗的抒情节奏与辨体》，《文学遗产》，2017年第1期。

㉖谢思炜：《试论五言诗与七言诗的句式异同——以杜甫七律为例》，《江苏师范大学学报》，2017年第4期。

㉗谢思炜：《从有“来历”到“没来历”——试析杜诗语言运用的创新》，《杜甫研究学刊》，2017年第1期。

㉘谢思炜：《杜诗“无一字无来处”说的注释学思辨》，《河北学刊》，2017年第2期。

㉙谷曙光、俞凡：《天宝六载：杜甫诗歌嬗变的关节点》，《杜甫研究学刊》，2017年第1期。

㉚邓小军：《唐授杜甫左拾遗告身考——兼论唐代的皇帝直接授官》，《杜甫研究学刊》，2017年第1期。

㉛康震：《忠贞不渝的“诗圣”杜甫》，《东方女

性》，2017 年第 4 期。

㉜《文学遗产》，2017 年第 5 期。

㉝李俊：《四杰冠冕王子安》，《文史知识》，2017 年第 8 期。

㉞杜晓勤：《统一与分裂：永贞革新与柳宗元的〈封建论〉》，《经济导刊》，2017 年 6 月。

㉟《绵阳师范学院学报》，2017 年第 8 期。

㊱张一南：《爱的生住异灭(上)(下)——李商隐〈燕台〉释读》，《古典文学漫谈》，2017 年第 10、11 期。

㊲范子烨：《中小学传统文化必读经典 · 世说新语》，中华书局 2017 年版。

㊳范子烨：《〈世说新语〉是部什么样的书?》《〈世说新语〉选读》，《中华活页文选》，2017 年第 8 期。

㊴傅刚：《昭明文选》，《中国纪检监察报》，2017 年 8 月 7 日。

㊵刘跃进著，徐华校：《文选旧注辑存》(全 20 册)，凤凰出版社 2017 年版。

㊶刘跃进：《凤凰出版社最新推出〈文选旧注辑存〉》(全 20 册)，《古典文学知识》，2017 年第 6 期。

㊷刘跃进：《段玉裁〈文选〉研究平议》，《文史》，2017 年第 1 期。

㊸张晶：《禅与唐宋诗学》，《中华读书报》，2017 年 11 月 29 日。

㊹《文艺理论研究》，2017 年第 1 期。

㊺《华南师范大学学报》，2017 年第 4 期。

㊻㊼左东岭：《大文观与中国文论精神》，《文学遗产》，2017 年第 1 期。

㊽陈允锋：《古典诗学述论》，中央民族大学出版社 2017 年版。

㊾《中原文化研究》，2017 年第 5 期。

㊿《学术研究》，2017 年第 10 期。

51刘勰撰，徐正英、罗加湘注译：《文心雕龙》(国学经典典藏版)，中州古籍出版社 2017 年版。

52张晶：《〈文心雕龙 · 比兴〉赞语的美学意义》，《暨南学报》，2017 年第 8 期。

53张晶：《〈文心雕龙 · 比兴〉赞语的美学意义》，《安徽大学学报》，2017 年第 5 期。

54陶礼天：《詹锳关于〈文心雕龙〉的理论诠释及其方法论》，《兰州学刊》，2017 年 10 月。

55刘尊举：《〈文心雕龙〉"杼轴献功"疑义辨析》，《中国社会科学院研究生院学报》，2017 年第 3 期。

56袁济喜、李小青：《〈周易〉贲卦对六朝文学理论的启迪》，《河北大学学报》，2017 年第 3 期。

57袁济喜：《论家训视野下的文学批评——以〈颜氏家训〉为中心》，《郑州大学学报》，2017 年第 5 期。

58蒋清宇、李山：《登幽州台歌与"农山心境"》，《中小学教材教学》，2017 年第 11 期。

59杜晓勤：《汉魏六朝五言诗"篇中转韵"现象之考察》，《文学评论》，2017 年第 6 期。

60石云涛：《唐诗中的阳关意象》，《武汉科技大学学报》，2017 年第 4 期。

61葛晓音：《唐诗流变论要》，商务印书馆 2017 年版。

62袁行霈：《唐诗风神及其他》，黄山书社 2017 年版。

63郭英德：《斯文》(第 1 辑)，2017 年 9 月。

64过常宝、康震：《中国古代文学名篇导读》，北京师范大学出版社 2017 年版。

65邓小军：《〈中说〉版本源流考》，《文献》，2017 年第 1 期。

66梁海燕：《〈乐府诗集 · 挽歌〉考论》，《国学学刊》，2017 年第 2 期。

67蔡丹君：《独山莫氏复刻缩宋本〈陶渊明集〉底本探疑》，《中国社会科学研究生学院学报》，2017 年第 6 期。

68《中国典籍与文化》，2017 年第 4 期。

69左汉林：《构建杜诗学研究的文献基础——评孙微〈清代杜集序跋汇录〉》，《杜甫研究学刊》，2017 年第 2 期。

70杜晓勤：《日本京都大学图书馆藏明黄用中注〈骆丞集〉》十卷本叙录》，《中国文学研究》(辑刊)，2017 年第 1 期。

71许继起：《魏晋南北朝鼓吹乐署考论》，《江苏师范大学学报》，2017 年第 5 期。

72《北京大学学报》，2017 年第 6 期。

73《郑州大学学报》，2017 年第 4 期。

74《文学遗产》，2017 年第 1 期。

75范子烨：《六朝名僧与麈尾风流》，《文史知识》，2017 年第 3 期。

76孙明君：《南北朝贵族文学的类型》，《文史知识》，2017 第 1 期。

77《华南师范大学学报》，2017 年第 4 期。

78葛晓音：《唐代文学高峰的启示》，《云南教育》，2017 年 12 月；《视界观》，2017 年第 8 期。

⑦谢思炜：《杜甫研究展望：同相关领域研究一起推进》，《中国诗歌研究动态》，2017 年第 2 期。

⑧《新华日报》，2017 年 2 月 14 日。

⑧夏静：《思想的相似性与理论的连续性关系辨正——以曹魏文学研究为例》，《中国社会科学评价》，2017 年第 3 期。

⑧李春青、程正民、赵勇等：《中国"文化诗学"研究的来路与去向》（专题座谈），《河北学刊》，2017 年第 2 期。

⑧《中国纪检监察报》，2017 年 9 月 1 日。

⑧詹福瑞：《怎样读〈文心雕龙〉》，《中华读书报》，2017 年 3 月 1 日。

⑧过常宝：《如何体认和鉴赏古代文学作品》，《中国大学教学》，2017 年第 11 期。

（作者：马自力，首都师范大学教授；
郭媛，首都师范大学博士生；
李伟，北京科技大学编审）

宋元明清文学

孙大海　李鹏飞

一、诗词文的研究

本年度的诗词文研究呈现出较为均衡的态势。左东岭首先从宏观层面探讨了中国文学思想史研究中的文体意识。中国文学思想史作为一个新的学科领域，其研究的方式需要在使用文献时较之传统文学批评史更为精细化，尤其是要关注所用文献的文体属性。诗话等以资闲谈的叙事特征，反映了其私人化、现场化与表现当代文坛文学思潮的独特功能；被传统学界视为文论文献的序跋其实在文体功能上乃是存在较大差异的两种文体，并构成表达作者不同创作目的的各种文本形式；而各种文体所寄寓的作者观念也有类别的差异，在从中提炼其文学观念时首先要解读其文本构成，并综合加以考察。由此可知，文献使用精细化是提升中国文学思想史研究水平的重要途径之一。①

宋诗研究方面，马东瑶对宋代的日记体诗进行了考察，认为日记体诗对于促进和形成宋诗的日常化特色具有重要作用。其独特性在于日记体诗在宋诗"易道易晓"的整体发展趋向下，既有"欲要人知"的一面，也有对个人体验的保留。②

许红霞通过对《徐氏红雨楼书目》集部所著录的惠洪《筠溪集》及 3 种流传于日本或曾经流传于日本的惠洪《筠溪集》的考述，指出目前所见的惠洪《筠溪集》，当皆来自明代曹学佺根据《石门文字禅》前 16 卷惠洪诗歌所选编而成、收录于《石仓十二代诗选·宋诗选》中的《筠溪集》，《孤本禅诗〈筠溪集〉发现记》一文中所谓广东书商从日本访得的一册《筠溪集》，并非海内孤本。通过对惠洪等人的诗歌编选的分析，可知曹学佺在编选唐宋诗人的诗歌时，对很多诗人的诗歌内容进行了大量的删改，使原作者诗集、诗歌在流传过程中失去了本真的面貌，这应该引起研究者和阅读者特别注意。③

四库馆臣以两淮盐政采进本《江湖小集》为参照，将《永乐大典》中引载的不见于《江湖小集》的江湖佚诗辑录出来，形成《江湖后集》二十四卷，入编于《四库全书》中。王媛对四库本《江湖后集》所载诗歌逐一进行检核，发现其中存在许多漏辑、重辑、误辑之处，这些疏误的造成不仅由于辑佚过程安排不够妥善，或者四库馆臣工作态度不够认真，更重要的原因在于《永乐大典》编纂和抄写过程中存在误抄、阙抄等情况。认识清楚这一点，有助于进一步整理和利用四库本《江湖后集》。④

明清近代诗歌的研究中，朱雯关注到甲申诗歌的时间与空间错位问题：滞留北京的文人多是甲申之变的亲历者，迫在眉睫的国变家难在诗歌中留下深刻烙印；相比之下，南方文人闻讯滞后月余，其诗歌中既有故国黍离的悲愤，也有因"后闻"而不能有所作为的憾恨。北都凶问与南都立国的接踵而来，又使此时南方文人的诗歌中呈现一种悲喜交错的情绪。乱世带来的地域隔绝和易代带来的家国丧乱，造成了南北文人心中无法规避的漂泊感。⑤

白一瑾考察了清初庙堂文人诗学意识形态之建构。以施闰章、魏裔介、冯溥为代表的清初庙堂文人，曾对诗坛进行整饬和规范：通过批判晚明诗风，重申诗歌的教化功用，向儒家诗教回归；通过反思清初诗风，倡导正风正雅；以"雅正"诗学为主导，对前代成果兼收并蓄，肯定唐诗正统，有限度地承认宋诗和明诗的价值，在此基础上建立清王朝的诗学意识形态。他们所构建的诗学规范，契合了清政权重构政治意识形态的需求。[⑥]

此外，白一瑾还对清初遗民诗人阎尔梅在京城的活动及其心态进行了考证和分析。阎尔梅入清后曾 4 入京城，特别是后 3 次入京，代表了他晚年得脱狱事后，逐渐在京城文化圈中出入往来的经历。他与清初京城文化圈的若即若离，以“布衣”“狂士”自居的种种狂傲倔强情态，特别是与对他有救命之恩的清廷大僚龚鼎孳之间真挚而有分寸的交往，颇可窥见其遗民心态，以及遗民与“主流”仕清者交往过程中的复杂微妙情形。[⑦]

周剑之指出，对“切”的追求是清代诗学中的突出倾向。“切”的凸显与近世诗歌的日常化趋势有密切的关联，它体现着古典诗歌映照世界的独特方式。这一观念的盛行更精细地雕塑了日常化的诗歌风貌。在对现实世界的映照中，“切”蕴藏着丰富的叙事性，并在此基础上促生了诗歌的“事境”。“事境”可视为一种独特的诗境，显示出日常化、片断化、既真实又细碎的特点。“事境”追求真实切近的表达效果，而“切”可视为评价“事境”的一条重要标准。[⑧]

潘静如认为，陈衍的《石遗室诗话》《近代诗钞》对近代诗学史叙事范式的生成有着至关重要的作用。在陈衍那里，有清一代的诗学有着清晰的演化轨迹，近代诗学也根植于这一轨迹之中。大致始于道咸之际，祁寯藻、曾国藩一系的宋诗运动构成了主线，王闿运一系构成了辅线。民国时期的学人如夏敬观、易宗夔、王揖唐等的近代诗学史叙事大都是以陈衍的这一论述为起点的，这一论述差不多构成了整个近代诗学史的“前叙事”，从内容上看，正相当于道咸时期的诗学演化史。在这一基础之上，民国学人进一步建立了各自的同光民初流别史叙事范式。考察近代诗学史叙事的源流始末，可以揭示并检讨文学史叙事的生成机制。[⑨]

词学研究领域，本年度诸葛忆兵的成果颇丰。首先，他系统考论了辛弃疾的艳情词。辛弃疾直接描写艳情的词作仅 58 首，数量极少。其酒宴赠妓词，只是为了调笑娱乐，词风以玩笑戏谑为主。而且，辛弃疾艳情词极少用慢词填写，仅仅三四首而已，与其“英雄词”多用慢调的格局不同。然而，辛弃疾酒宴上有“唤取红巾翠袖，揾英雄泪”的习惯，部分酒宴赠妓词也似有喻托。辛弃疾艳情词中离别相思之作有 20 余首，能够将此类传统离别相思之作写得异常动人，且坚持俚俗浅白的风格，显然直接超越了南宋，回归北宋之浅俗率真。辛弃疾亦将北方故土作为思念的情人，部分别后相思之作喻托之意更加明显。辛弃疾寥寥几首与艳情关联的送别词，所呈现的依然是北宋柳永风貌。总之，辛弃疾对词的本体特征有深入的认识，且能够在创作中熟练地运用和表达。然其眷恋北方故土，热心仕进，一生以北伐为己任，所以，辛弃疾的各类题材艳情词中，自觉或不自觉地有了喻托之意。正因为充分地把握了词体抒情的特殊功能，辛弃疾才能挥洒自如地创作英雄词。[⑩]

其次，诸葛忆兵还关注到戴复古诗词同调的问题。宋人对于诗词之文体分界，有比较清晰的意识，所谓“诗言志，词言情”“诗庄词媚”。戴复古词的主调是“稼轩风”，别调才是唐宋词传统的艳情题材。戴复古存词 46 首，只有 5 首艳情词。然而，戴复古大约有 12 首女性题材诗歌作品，在两宋非常罕见，表现出诗词同调的创作现象。戴复古或以“代言”方式抒写相思别离之情，或对女子持同情立场。宋词经苏辛开拓，“诗化”倾向越来越明显；同时，唐宋词男欢女爱、相思离别的题材，也对当时的诗歌创作产生了较多的影响。两方面的交融典型地表现在戴复古的诗词创作中。[⑪]

此外，诸葛忆兵也探讨了宋代科举词。宋词接触科举题材，首先是“以诗为词”变革的结果。与科举相关的词作，绝大多数产生于北宋末或南宋。送人赴试，是与科举相关词作中数量最多的内容，其次是地方庆功宴上的创作。宋词不入文坛主流之眼，词人们多随意率性为之，往往更有真情实感。“词言情”，在科举考试全部过程中，词作常常用来表现儿女私情，大都是男女分手的相思情意，亦有落第后到青楼寻求慰藉者，展现出婉娈旖旎的特殊气质。诗词相互影响，科举词写功名富贵时就会融入男欢女爱，徽宗时期蓬勃兴盛的戏谑俗词中也有相当的科举题材。[⑫]

散文的研究中，诸葛忆兵亦有所贡献，他详细辨析了欧阳修在科举变革中扭转文风的始末。欧阳修在嘉祐二年权知贡举时排抑“太学体”，为科场带来新的文风。嘉祐年间的“太学体”，指在太学盛行的旨在科举录取的险怪奇涩文风。科场时文没有个性没有思想，举子们就在写作方式和技巧方面动脑筋，他们用僻典，造怪句，故弄玄虚，尽量向深奥古朴、佶屈聱牙方向发展，这与个人性格、思想志趣、审美喜好毫无关系。所以，只要有考场与考生，险怪文风必然卷土重来。元祐以来，场屋险怪风习复炽，一直持续到南宋后期。欧阳修的排抑，只是一段时间内改变了科场风习。[13]

裴云龙指出，在1127—1279年间，唐宋八大家中的北宋六家散文在理学士大夫所形成的知识场域中被建构为具有儒学意义的经典系统。12世纪中后期，这一经典化进程主要由吕祖谦、陈亮等“浙学”场域内的士大夫所推动。他们对儒学经世性和史学的强调契合了欧、苏等北宋古文家的学术旨趣，他们对“帝王之学”和科举的积极干预推动了这一经典系统的创建。12世纪末至13世纪中后期，在朱子学获得儒学道统地位的文化语境下，来自不同地域的朱熹后学在对理学知识场域的融合中，共同促进了北宋六家散文经典系统的基本形成与最终确立。[14]

张德建揭示了明代台阁文学中的快乐图景与抒情文化。明代台阁文人通过为快乐和幸福感溯源，不断营造着感念皇恩的强烈情感和生命归属意识，在歌颂的大合唱中不断增强国家认同。他们在建构出一套包含后乐精神、与民同乐、清乐自处等元素的士大夫盛世快乐体系的同时，还塑造出乡绅阶层的快乐生活图景。政治文化主导下的抒情文化是台阁文学的精神核心之一，在此引导下，他们大量使用了描写、消弭紧张、虚拟、对比、遮饰等修辞手法，这些方法不仅形成了整体上的抒情氛围，还直接促成了文章的结构方式和雍容平正风格的形成。理学追求消弭冲突的生命境界以及“和”的思想观念和政治理念，缺少政治批判，这些决定了台阁文学雍容大雅的文风与平庸的套语式表述。[15]

本年度还有一些聚焦于诗词文作者思想、生平或综合内容的讨论。钱志熙认为，黄庭坚的哲学思想体系，以圣学、道学为最高范畴，与当时流行的理学流派有同有异。主要贡献在于提出圣俗之辨的思想，超越儒学的门户之见，融合三教百家以追求圣学的真义，而将之用于个体精神的养成，并在其人格行为方面得到印证。从本质上看，这是一种实践哲学。构成其哲学思想体系的两个重要思想是“道德本心”与“万物一家”，由主体道德本质的探讨，指向外在宇宙万物的本体。在经学上，也形成了注重“义理之会”、寻求“一贯”的义理之学的方法，以“尽心”“心通性达”为主要思想方法，富有宋儒经学的特点，同时对汉儒以来的经学也尽量吸收。黄氏的圣学、道学追求，与后来的陆王心学在精神实质上多有接近之处，在某些方面可视为心学的先驱。[16]

旧说认为清江三孔中的孔平仲属于旧党阵营，但张剑根据近年发现的若干新史料，揭示出孔平仲思想的复杂和动态变化，如他人生的前期有受新党影响的一面，后期则更同情旧党。而且，孔平仲的循吏意识，使他在某种程度上超越了新旧党争的二元对立；他的醇儒情怀，又使他和一般循吏有所区别。他被时人或后人划入某种党派，并不能反映其意愿，而是被强迫加予的结果。研究人物，应当注意具体的历史情境和史料的适用性，结论更具包容性和稳定性。[17]

刘大先指出，顾太清诗词小说作为晚清“闺阁文学”的代表之一，显示了嘉道咸同年间，在满汉权势此消彼长、西方经济与军事入侵的情势之中，旗人贵族昧于内外形势的常态。尽管有少数精英士人已经窥见帝国衰落的征兆，但绝大多数人依然沉浸在自我编织的幻梦之中不愿意面对现实的挑战。近代工业革命、殖民主义兴起之中，中国思想内部由清初中的实学为主流一转为经世致用，文人的雅正传统挥发最后折光，肇示着新的文学变革。顾太清的作品具有一定的代表性，某种程度上是一种“满洲心象”，折射出特定人群希望在文本中修复现实的社会心理，可以作为观察时风世相的幽微之镜。[18]

二、小说的研究

本年度的古代小说理论研究方面，刘勇强、潘建国、李鹏飞将他们在《北京大学学报》上连载10年的《古代小说前沿问题丛谈》论文30篇结集为《古代小说研究十大问题》一书。这是中国古代小说理论研究的一部力作。3位作者认识到，古代小说的前沿问题，不一定是当下的热点和新锐的研究，还可以是对基本问题的进一步反思与开掘。因而，这部专著围绕着古代小说研究的基础、角度、方法以及文体、情节、人物、主题、结构、语言、时空、素材（本事）、当代性等十大问题展开探讨。作者们希望通过对以往和当下古代小说研究学术史的全面梳理，在借鉴中国传统理论与西方小说理论的基础上，探索符合中国古代小说研究的新思路。古代小说研究的深入拓展最终还应落实到具体的文本，因此3位作者在进行学术史与理论问题的反思时，也始终注重结合小说文本及其阐释来展开讨论。全书论述扎实、深细，创获良多，必将是一部极具学术影响力的理论著作。[19]

此外，刘勇强还指出，古今文人学者对神怪小说存在偏见与误解，具体表现在对神怪小说思想内涵的否定、对神怪描写艺术的贬低、对神怪形象艺术功能的讥讽；而近代以来科学主义的盛行，又造成了神怪小说艺术传统的失落。同时，浪漫主义标签的滥用，也是对神怪小说创作方法的一种误解。[20]

本年度，王昕继续深化着对“国学小说”的研究。她认为，国学小说包括历代史志中的“子部小说家类”的全体与“史部杂家”的部分著作。这类数量庞大的小说是传统学术中固有的一类著述，同文学性的小说概念与外延都是不同的。国学小说的子部特质表现在两个层面上，首先是作者以个人见闻、亲身经历来强调内容的真实性；其次是以议论为宗，叙事是铺垫，作者对事件的观察、意见和评价更具价值。以著述者的个人视角与札记体特征为线索，可以看到国学小说之文体与文化视野上的特点：在记述事实上更具个人闻见色彩，以讲述事实的方式自我辩护；题材选择上，有意识地“识其小者”，择取个人化、生活化的片断；国学小说通常以短札的方式书写，札记体让创作过程变得轻松随意，形式的自由推动了文人的著述热情；札记体是较为初级的著书立说，可精可粗，使小说具备了传统著述的学术基因，这一体例促发了国学小说的创作与繁荣。国学小说可补官修史书类书的欠缺，有益于以多样性史料重新认识历史。国学视野下的小说研究，对今人认识传统学术的内在理路和认知模式有较大的帮助。[21]

在国学小说的理论构架中，王昕以“土中之怪”为线索，探讨了志怪与古代博物之学的关系。博物与方术是志怪小说的根基与内核。志怪的学术性主要表现为博物与方术的知识性内容。考察志怪中的作怪之“物”，可以梳理出古代博物之学的方术性、人文性和实用性几个特点对志怪的影响。自先秦史书到汉唐乃至宋元志怪中，土中出现过许多作怪之“物”。从博物之学的视角，对志怪中较典型的某些“土中之怪”进行探查与审视，探寻荒怪相杂之中的实相，可以窥见志怪与古代博物之学的共生关系。这些“土中之怪”的故事，同时隐含着“子部小说家类”的形成与流传的部分特点。[22]

王昕还以洞窟故事为中心，考察了论六朝地记与志怪“小说”的联系。六朝地记包含大量志怪的雏形和故事文本，为研究志怪的性质与流传状况提供了线索。分析地记中的洞窟志怪，可以从洞窟地记建构怪异的“事实”基础与叙事模式、各类地记中洞窟志怪的类型化与地方性等传说性质，以及洞窟地记所显示的志怪“小说”的知识性与地域书写的历史性3个方面，说明六朝志怪的“丛残小语”并非文学性虚构的“小说”性质。六朝地记中的各类洞窟不是自然地理的客观记录，而是被各类传说故事包装出来的灵异的圣址与传说的纪念物。梳理六朝地记和志怪中的洞窟故事，不但可以辑录、还原散佚的文字，亦能对志怪的来源、性质与历史语境有更深入的认知。[23]

叶楚炎推进了对宋元话本小说中分回问题的研究。他通过对前辈学者论述分回时所使用的一些标志文本的分析，得出分回的主要标志物和次要标志物，以及主要标志物被删改之后形成的复合标志物。通过这些标志物，不仅可以看到话本小说中留存的分回痕迹，还可以对这些文本进行层次的划分，并进而考察话本小说文本变迁的过程。在此基础上，对于话本小说的体制，也有新的观照，分回部分连用的两首韵文实际上是上一回的回尾和下一回的入话，整篇话本小说就是通过对于“入话——正话中的一回（或头回）——回尾（或篇尾）”这一格局的重复与连缀而形成的。这也提醒我们关注原先分回部分韵文的特性，在“韵散结合”的总体表征之下，给予这些韵文更为细致的辨析。[24]

叶楚炎还注意到，明清通俗小说中的定婚叙事不止与现实中的婚姻礼制有着天然的联系，还与其他历史文化因素有着密切的关联，其中至为关键的便是科举制度。科举在定婚叙事中的身份是多重的：从婚姻的对立者和阻碍者，到作为婚姻的正面推动力量，乃至成为定婚礼制化要求的落实者，并最终提供了科举式定婚赖以建立的重要资源。透过这些多重身份和复杂纠合，能够更为清晰地看到作者如何克服小说化与礼制化之间的矛盾，建构起更为圆熟的定婚叙事的细致过程。[25]

傅承洲认为，文人独创是中国章回小说最富有生命力的创作方式，它给章回小说带来了深刻的变化。早期世代累积型小说主要取材于前代历史和传说，文人独创小说取材于发生在作家身边的故事。世代累积型小说主要关注社会历史问题，而文人独创小说更关注人的命运和人生的意义。世代累积型小说粗线条、快节奏讲述传奇故事，其人物存在善恶分明的类型化倾向，文人独创小说真实而细腻地描写日常生活，其人物与现实中一样逼真和复杂。文人小说家都会写诗，有些又是学者，他们在小说创作中不同程度地存在炫耀诗才、卖弄学问的倾向。[26]

傅承洲进而对当下流行的才学小说类型概念提出了异议，认为从才学小说概念形成过程和小说类型构成要件的角度考察，《野叟曝言》《蟫史》《燕山外史》《镜花缘》4 部小说并不能构成一个小说类型。4 部小说从内容到形式均不相同，很难归入一类。炫才是文人创作小说的一种非常普遍的现象，不能成为小说类型的构成要件。[27]

杨琳的《清初小说与士人文化心态》一书将清初小说作家的个案分析和清初小说创作流派分析相结合，探讨不同地域、不同情境下的士人心态。在具体做法上，该书选择了丁耀亢、陈忱、李渔、烟水散人为清初小说家的代表。小说流派的代表是才子佳人小说和时事小说。丁耀亢、陈忱、李渔 3 人处于不同的环境，面对王朝易鼎做出了不同的人生选择，代表了 3 种不同的士人心态。才子佳人小说的崛起和时事小说的繁荣是清初小说流派的重要特征。整个清初小说创作反映了明清变迁之际的文人心态，深深地打着故国情结的烙印。[28]

作品研究中，《红楼梦》的考察仍然占据较大比重。

段江丽持续着对《红楼梦》家庭人物、伦理方面的讨论。她认为，平儿凭借其善良与理性，在贾家上下左右逢源，不仅有“古名臣事君之风”，还有克诚克礼、宽厚仁恕的古君子之风，更有洞若观火的过人智慧，实乃红楼世界中罕见之“全人”。[29]段江丽同时指出，《红楼梦》全面演绎了中国传统家庭伦理精神的本质，并形象地描写了传统家庭伦理的两种“变奏”方式：一是对日常生活中繁文缛节的简化，以及一定的宽教观念；二是超越身份等级、主仆伦理的真挚情义，从而使该小说的主题更加丰满而且充满文学审美的张力。[30]

段江丽还以钗黛比较为中心，探讨了复调性与人物形象评价的问题。《红楼梦》作为复调小说，人物与人物、人物与作者构成多重对话，彼此的思想立场互不相容、互相冲突而又具有各自的价值和意义，这正是钗黛优劣之争中“拥钗派”和“拥黛派”都可以从书中找到立论依据的根本原因，因此，钗黛优劣之争注定不可能有定于一尊的答案。[31]

李鹏飞对《红楼梦》中“反认他乡是故乡”一语进行了深入阐释“他乡”与“故乡”这一组词语在中国文学史和中国哲学史上经过长期的演变之后，具备了虚伪与真诚、迷失与醒悟、约束与自由、人工与自然等丰富的、对立性的含义，而且“反认他乡是故乡”这一固定的句式也逐渐形成，被《红楼梦》继承和发展，成为小说主题思想的重要构成成分。[32]

夏薇通过对古代社会物质基础、智力自由度、男性学习、经济独立观和女性的写作性别等方面的考察，认为《红楼梦》是一部男性书写的具有女性主义思想的文学作品，是具备了一些女性主义特质和内涵的作品，但这一结果并非作者有意为之。《红楼梦》虽然也包含了一小部分 19 世纪以后西方出现的诸如“文化女性主义”“存在主义女性主义”，以及“多元文化女性主义”所倡导的内容，但它的女性主义思想的确还处在一个初级阶段。[33]

刘紫云指出，私人空间作为个人性格延伸的信念，普遍存在于中西方文学创作中。《红楼梦》中的私人空间书写亦根植于这一普遍信念，并构成小说人物场域十分重要的一部分。《红楼梦》中的私人空间深嵌于传统住宅空间的整体框架内，并与更深广的文化传统相关联。私人空间中相关的物象描写折射出小说人物对礼法的依循或违背，双向拓展了人物的性别意涵，还诠释着人物的价值认同与追求。通过对既有文化传统的继承与更新，《红楼梦》中的物象描写得以界定、拓展乃至重塑人物及其私人空间的文化意蕴。[34]

《红楼梦》中的戏曲、音乐描写，也是近年来的一个研究热点。李玫对清虚观打醮演戏的情节进行了再反思。这次演戏名为娱神，实际上娱人的气氛浓重。此次所演戏目名义上是神的选择，没有人物“点戏”的环节，故所选剧目寄寓小说著者的主观意图更为明显；同时，所演戏目对小说人物的刻画，其意义也更加内敛。关于这次在神前所拈 3 个戏的寓意对贾家兴衰的暗示，前人谈论得较多。但是，这次所演戏对小说人物（尤其是贾母）心理心态的刻画，应该也是著者极其用心之处，不应忽视。[35]

朱萍、麻永玲认为，《红楼梦》第五十四回中贾母要求只用箫伴奏一整出《寻梦》，其余乐器一概不用，符合贾母追求清雅效果、突出演员唱功、凸显自身赏曲品位的多重目的是曹雪芹出神入化塑造人物形象的精彩章节之一。此处原文无误，后来的句读本和标点本都断错了文意。[36]

《红楼梦》的文献研究中，刘世德继续着对“皙本”（即“皙庵旧藏本”的简称，或称“郑本”）的考察。他发现“皙本”第 24 回所写“黛玉听艳曲”情节与其他脂本有异，系出于曹雪芹初稿文字。[37]刘世德还注意到，怡红院中有一个丫鬟，她的名字出现于皙本的第二十三回、第二十四回；此外，还出现于其他脂本的第三十四回、第五十二回、第七十八回。但是，在不同的脂本中，她却有 3 个不同的名字。刘世德分析后认为，在曹雪芹创作过程中，此丫鬟先叫红檀，一度改为香云，最后定格为檀云。[38]

《春柳堂诗稿》一直是红学研究的焦点之一。张云通过对敦诚、敦敏和张宜泉写曹霑的诗的对比，认为张宜泉诗中的曹霑与敦氏兄弟的好友曹霑应为同一人。她还对1955年尤其是1992年以来有关《春柳堂诗稿》著作权及其作者生活年代等热点问题的研究做了回顾与检讨，对曹霑墓石真伪研究与张宜泉诗句的关联性做了进一步的思考，旨在强调在当前的红学研究中新材料的发掘固然重要，红学观念、红学方法的不断超越同样不容忽视。[39]

《聊斋志异》的研究中，赵伯陶《〈聊斋志异〉新证》一书出版。作者在近年注评《聊斋志异》的过程中，陆续发现前人疏漏或忽略的一些问题，前后写有系列论文近30篇，发表于《社会科学辑刊》、《蒲松龄研究》等刊物。这些论文大多从文献出发，以考据的方法探讨《聊斋志异》的文化与艺术，力图多角度、多方面揭示《聊斋志异》的思想艺术价值。《〈聊斋志异〉新证》即在已发表诸多论文的基础上再加系统化的整理分类并有所增删。专著分为4编，分别探讨《聊斋志异》有关明清史、文化艺术、与重要典籍关系，及从脞新录4部分内容，所论大都未落前辈学人窠臼，颇具学术价值。[40]

马振方从历史与文本两个角度，对《聊斋志异》刺贪刺虐的主题进行了全面阐释，[41]同时，还提供了《蹇偿债》篇的本事及旁证材料。[42]

《儒林外史》的研究热潮余温犹存，郑志良发现，清人严长明《八表停云录》卷二“近代曲辞”收录了吴敬梓《后新乐府》诗6首，这些诗歌至今未见人提及。分析这些诗歌的内容，可以看出它们与《儒林外史》的主题、情节及人物原型之间有密切关系。[43]

井玉贵综合旧有材料及郑志良发现的新材料，认为《儒林外史》中沈琼枝的人物原型是“茸城女士”沈珠树。吴敬梓取张宛玉逃离盐商夫家及寄居南京的经历，锻造为沈琼枝的主体故事，而将沈珠树过人的胆略，赋予沈琼枝形象以灵魂，从而完成沈琼枝这一光彩照人的奇女子形象的塑造。吴敬梓写沈琼枝“窃货以逃”，并非特意贬斥她，而是周密思虑下对她的大胆肯定。文武双全的奇女子沈琼枝形象被塑造出来，乃基于慧业文人文化心理及时代新潮的双重作用。[44]

井玉贵还对宋江招安的悲剧进行了历史文化反思：立边功是《水浒》故事演变的最大推动力，招安便是服从于这一指向的必要手段。梁山“替天行道”的暴力行为，造成与权奸集团不可调和的矛盾，由此导致强大的梁山集团竟比不上那些被招安的绿林好汉。自以为招安便可实现草泽报国宏愿的宋江，一旦陷身官僚体制，只能落得悲剧下场。跟历史上“勇悍狂侠”的真人宋江相比，《水浒》中“儒化”的宋江之悲剧性在于，招安成功之日便是其失败之时。[45]

《金瓶梅》的研究中，夏薇提出了较为新颖的看法：《金瓶梅》写实主义的新变是在长篇历史演义小说、长篇英雄传奇小说和长篇神魔小说的阅读传统和惯性中实现的。从本质上看，作为“性传奇”的《金瓶梅》，其写作动机和阅读热点仍然是在神魔小说、英雄传奇等长篇小说共同具备的“传奇性”的继续张扬。研究《金瓶梅》影响深远的现实主义开拓，便不能不探寻这一转变、过渡的轨迹及其形成的内外因素。[46]

李静的《天命之外的困惑：〈封神演义〉的伦理困境及解决》一书关注到《封神演义》中“武王伐纣”这一事件中的君臣伦理困境。他指出，《封神演义》用“天命”“阐截之争”“死亡”“封神”来解决或缓解伦理冲突。在大团圆一般的结局里，虽然确实看到了作者试图化解矛盾的一番苦心，但也恰恰是在这一切归于平静的表象之下，伦理困境的张力才真正表现出来。一方面，可以说作者化解无法逃开的伦理困境之努力最终还是归于失败；另一方面，也恰恰是在这种不可避免的失败中，才使这部作品有了更值得深思的意蕴。[47]

小说文献方面，潘建国以清初《莽男儿》小说、《绣衣郎》传奇为新资料，探讨了“老獭稚”故事的中国渊源及其东亚流播：两部作品是目前所知东亚老獭稚故事中问世时间最早的，这不仅为钟敬文的“中国发生说”提供了文献铁证，也将东亚老獭稚故事文本的形成时间提前到了清代初期。文章还结合传世文献与口传资料，对老獭稚故事在东亚地区的流播及其演化，进行了较为深细的学术考察。[48]

《虞初新志》的版本颇为复杂，李小龙对之进行了专门考论，认为辑刻者张潮曾分3个阶段刊完此书。然而，目前世存之所谓康熙本多非康熙刻本原貌。乾隆时期，文网渐密，尤其对钱谦益著作的大力抽禁，使得其时重刊的诒清堂袖珍本开始删除与钱谦益有关的文字，此后的罗兴堂本更是直接用他人作品替换。乾隆中后期，张氏后人方对康熙原板进行剜改替换，从而成为现今所存的所谓康熙本。这一过程从上举数本的互勘便可窥见其蛛丝马迹。此外，和刻本也为这一考察提供了线索。而咸丰本乃至20世纪初的开明书店铅排本都为当下流行的《虞初新志》添加了新的成分。[49]

小说海外传播研究领域，王燕成果颇多。第二任香港总督德庇时是19世纪第一位向英语世界系统介绍中国诗词、小说和戏曲的英国汉学家。德庇时对于《三国演义》的译介一直是学术界扑朔迷离的话题，王燕在第一手英文资料辑佚的基础上，围绕他的译文《三国志节译文》，从文本细读、比较分析及影响研究的角度作了深入探讨。《三国志节译文》作为中英文合印《三国演义》的第一次尝试，不仅是《三国演义》英译史上的重要一环，在研究中英文化的早期接触方面也是一个难得的个案。[50]

王燕还指出，19世纪美国汉学家谢卫楼撰写的《曹操生平及时代概况》是英语世界首次系统解读曹操形象的长篇大论。该文不仅将三国时代置于世界版图的历史框架，而且为曹操形象的海外建构提供了一个全新的场域。曹操由此不再是《三国演义》中的一代奸雄，更不是民间舞台上的白脸奸相，他甚至走出了中国语言的文化传统，被用英文符码打造成一个拿破仑式的军事奇才。[51]

1923年，胡适在《西游记考证》一文中提出孙悟空形象来自印度神猴哈奴曼，这是20世纪孙悟空形象研究的一大突破，也是中国文学史上的一个重要学术观点。王燕从1914年出版的德译《中国童话》中发现，最早将孙悟空与哈奴曼联系在一起的并非胡适，而是德国汉学家卫礼贤。同时，胡适认为《西游记》是一部“童话小说”的观点，也与卫礼贤的相关论述有着惊人的相似。因此，卫礼贤的学术观点在《西游记》研究史上具有开启先河的重要意义。只是由于胡、卫二人“个人才性”的不同，以及当时中西方“文化转向”的差异，致使胡适在发表相关观点时，没有彰显卫礼贤的学术贡献。[52]

三、戏曲的研究

本年度，朱万曙的戏曲研究成果十分丰富。《全清戏曲》的编纂是继《全元戏曲》《全明戏曲》之后的又一个断代戏曲文献整理的学术文化工程，旨在全面系统地梳理整个清代古典形态的戏曲剧本文献。朱万曙提出了整理编纂工作秉承的6个理念：一是编纂以古典文体形态为主的清代戏曲作品总集；二是以作家创作为单元的编纂取向；三是以时间先后编排的编纂次序；四是以尽量保存原本信息为原则的整理目标；五是以“精良”为标准的整理追求；六是以整理推动研究、以研究提升整理质量。将本着敬畏古人、对学术负责的态度开展工作，尽量少留遗憾。[53]

朱万曙、朱雯对沈璟的戏曲研究亦有所推进。他们指出，沈璟现存的戏曲作品，在题材上选择市井生活内容，在语言上注重浅近通俗，塑造了一批市井人物，体现出“俗”的创作特征。从沈璟的创作历程看，他不满于第一部作品《红蕖记》的骈俪典雅，此后自觉地向“俗”转型。这种转型虽然是个人的，但考察明代中叶的曲坛，诸多戏曲家和理论家都强烈批评骈俪典雅之风；在沈璟之后，“苏州派”作家以更大的声势完成了由“雅”到“俗”的转型，因此，沈璟戏曲创作的转型体现了明代中叶后戏曲“俗”的一脉的发生和发展。[54]

对于沈璟的曲学，以往学术界较多局限于“汤、沈之争”的思维之中，没有给予足够的重视和客观评价。朱万曙、朱雯认为：在明代中叶后，不少文人积极创作戏曲作品，但他们没有可以遵依的曲律规范，加之吴中昆山腔兴起，所创作的剧本难以在舞台演出或演唱，因此他们都面临着戏曲创作的“技术性难题”。沈璟针对这一现状，提出了“词人当行，歌客守腔”的理论主张，并通过编纂《南曲全谱》等多种曲学著作，示以范式，化解了戏曲创作的技术性难题，赢得了诸多创作者的推崇，为明代中叶后的戏曲创作做出了重要贡献。[55]

朱万曙还注意到“民意”推涌对包龙图文学形象生成的作用。历史人物包拯的思想性格为其成为文学形象和故事“箭垛”提供了“民意”基础，元代戏曲中的包公形象是对“民意”的承载，明代包公题材作品更为丰富，也更加弘扬了“民意”，清代的包公题材的作品承续了前代创作的“民意”。包龙图题材多为俗文学所书写，其作者也多是下层文人或民间艺人，其以“民意”为推涌力的历久不衰的创作和传播现象，体现了俗文学创作中“民意”的潜在推涌作用。[56]

本年度其他学者的戏曲研究，亦多集中在理论层面。麻国钧探讨了中国古典戏剧的综合性演出形态，认为中国古典戏剧发展到“综合”阶段，经历了一个由简单综合向复杂综合演进的漫长过程。从整体上看，戏剧的综合性有3种方式：“叠加式”“串珠式”与“叠加＋串珠”式。通常，这3种方式并非完全割裂，综合使用是常例。其中叠加式又有两类：一是艺术手段的叠加，如：唱 + 舞、唱 + 说、说 + 舞（肢体语言）、唱 + 舞 + 说等形式；二是剧目、曲目的叠加。前者通过叠加形成某种艺术形态，后者利用叠加组成一场演出。[57]

路应昆关注到小戏唱腔之“体”的问题。小戏音乐是戏曲音乐的原始形式，唱腔的两种基本类型是小曲和“上下句”，小戏唱腔的两种基本之“体”（体式、结构）便是“小曲体”和“上下句体”。戏曲音乐有曲牌体和板腔体两种主要之“体”，但二者格局宏大、结构复杂，主要用于大戏，它们并非戏曲音乐之“体”的全部。以往的研究大都是以曲牌体涵盖小曲体，以板腔体涵盖上下句体，忽略了小曲体和上下句体的独特性质，因而不能准确体现小戏音乐的结构特征。对于戏曲音乐从简到繁、从“小”到“大”的发展来说，小曲体和上下句体正可说是两个“原点”，忽略了它们，也难以准确揭示戏曲音乐的成长和演化轨迹。[58]

杜桂萍则注意到，明清戏曲理论和创作中存在一种“宗元”观念，即奉元代戏曲为文体的最高标准和典范形态，以之建构戏曲话语范式，指导新的创作，审视戏曲史现象。“宗元”观念的复杂表现及多元形态深刻影响了明清戏曲的创作与文体变迁，制约了中国古典戏曲理论的特性生成乃至发展走向。同时期诗文领域诸复古流派的此消彼长、复古与反复古思潮的相互激荡，也对戏曲创作和批评产生了影响。明清戏曲的文体变迁、审美选择及理论特征，均可借助“宗元”视角进行考察。[59]

王岩、李玫重新界定了清代宫廷侉戏的内涵。清代前期内府提纲、剧本中所承认的“侉戏”实际上包含了两个系统的声腔：一是标注为“吹腔”“秦腔”“梆子腔”的吹腔系统的声腔，用笛子伴奏；二是演唱俗曲及标注为“柳子腔”“南锣”“弦子腔”等弦索系统声腔，用琵琶、三弦等弹拨乐器伴奏。此即清代内府“侉戏”概念与“侉调”“侉腔”概念之间的区别，也是内府“侉戏”概念与民间“侉调”概念的区别，即无论是民间的“侉调”概念还是清内府“侉调”“侉腔”概念，指的都主要是演唱俗曲的弦索腔系统的腔调；而内府“侉戏”概念则包含了弦索腔和吹腔两个不同的声腔系统。因此，侉戏并不能等同于早期“乱弹”概念，更与皮黄戏相距甚远，它是清代前期演唱吹腔或弦索腔的玩笑类小戏。[60]

刘紫云考察了元明戏曲中的韩信故事。韩信故事较早见诸《史记》，宋元以来备受曲家青睐，多次被谱写成杂剧、戏文与传奇。不同于书面阅读的史传，戏曲作为一种舞台表演艺术，对韩信故事的取材、改写，与创作者的文人身份、受众的欣赏趣味密切相关。从元杂剧《新刊关目全萧何追韩信》到元明间杂剧《韩员外暗度陈仓》，再到明人沈采所作戏文《千金记》，其间的演变主要体现在韩信形象文人化、忠君思想的强化、故事结局的改写 3 方面，这些变化也是戏曲体制、舞台表演等因素共同作用的结果。[61]

近代戏曲的研究中，郭英德发现，1902—1916 年日本与中国的报刊先后刊发了一批以外国故事为题材的戏曲作品。这些戏曲作品讴歌西方的革命者和革命运动，描述外国被侵略国家反抗侵略、争取独立的运动，昌明女学并鼓吹女权，生动地展现了中国人所想象的外国形象，借以振奋中国人民的民族精神。有的剧作家在戏曲作品中详细地说明了戏曲舞台表演艺术，要求突破传统戏曲的程式化表演艺术规范，表现出明显的写实性特征。近代以外国故事为题材的戏曲对异国文化的想象和写实化的舞台表演倾向，体现出一种独特的近代文化精神。[62]

戏曲文献方面，金圣叹评点本《西厢记》是清代流传最广、同时争议最大的版本，李萌昀将《西厢记》的文本演变置于明清戏剧史与文化史背景中加以研究，对比金本与明刊本的差异，结合金圣叹批语考察金本《西厢记》的文本生成方式。金本《西厢记》的形成并非是金圣叹个人的主观建构，而是文人文化、演剧文化、道德文化 3 种力量互相斗争、互相影响、互相妥协的结果。金本《西厢记》为我们提供了一个了解明清文化史、思想史的微观视角。[63]

四、小结

综合来看，本年度宋元明清文学的研究在各个领域都有较大推进。往年相对薄弱的词学研究与戏曲研究在诸葛忆兵、朱万曙的带动下，也出现了较为可观的成果。从各种文类的研究格局来看，理论研究与经典作品、作家的研究占据了较大比重，即使文献研究也多围绕经典作品展开，这在小说研究领域表现得尤为明显。一方面，经过前几年文献研究的热潮，新文献的发掘难度越来越大。另一方面，不少研究者也确实意识到理论研究中的一些重要问题，加大了研究力度。在文学理论以及小说史的探讨中，经典作家、作品无疑具有重要的代表性。回归理论、回归经典，或成为未来几年研究思路的一个鲜明转向。

注：

①左东岭：《中国文学思想史研究的文体意识》，《文学评论》，2018年第2期。

②马东瑶：《论宋代的日记体诗》，《文学遗产》，2018年第3期。

③许红霞：《惠洪〈筠溪集〉源流考——兼论〈石仓宋诗选〉对作品的删改》，《文学遗产》，2018年第2期。

④王媛：《四库本〈江湖后集〉重辑误辑考》，《文献》，2017年第6期。

⑤朱雯：《时间与空间错位中的甲申诗歌》，《文学遗产》，2018年第3期。

⑥白一瑾：《清初庙堂文人诗学意识形态之建构——以施闰章、魏裔介、冯溥为中心》，《上海大学学报》(社会科学版)，2017年第5期。

⑦白一瑾：《阎尔梅入京考论》，《中国文化》，2017年第2期。

⑧周剑之：《"切"的诗学：日常镜像与诗歌事境》，《苏州大学学报》(哲学社会科学版)，2018年第1期。

⑨潘静如：《陈衍与近代诗学史叙事范式的生成——以〈石遗室诗话〉〈近代诗钞〉及其接受为中心》，《文学评论》，2018年第1期。

⑩诸葛忆兵：《论辛弃疾艳情词》，《华南师范大学学报》(社会科学版)，2018年第2期。

⑪诸葛忆兵：《论戴复古诗词之同调》，《河南社会科学》，2018年第3期。

⑫诸葛忆兵：《论宋代科举词》，《江西社会科学》，2017年第10期。

⑬诸葛忆兵：《欧阳修在科举变革中的作用》，《福州大学学报》(哲学社会科学版)，2018年第1期。

⑭裴云龙：《理学知识场域与北宋六家散文经典系统的建构》，《文学遗产》，2018年第2期。

⑮张德建：《明代台阁文学中的快乐图景与抒情文化》，《文学遗产》，2018年第1期。

⑯钱志熙：《黄庭坚哲学思想体系述论》，《文学遗产》，2017年第4期。

⑰张剑：《孔平仲与新旧党之关系》，《清华大学学报》(哲学社会科学版)，2018年第1期。

⑱刘大先：《满洲心象：论顾太清创作与晚清旗人社会心理》，《文学遗产》，2017年第5期。

⑲刘勇强、潘建国、李鹏飞：《古代小说研究十大问题》，北京大学出版社2017年版。

⑳刘勇强：《神怪小说批评中的偏见与误解》，《河北学刊》，2017年第5期。

㉑王昕：《论国学小说的个人视角与札记体叙事》，《社会科学辑刊》，2017年第5期。

㉒王昕：《论志怪与古代博物之学——以"土中之怪"为线索》，《文学遗产》，2018年第2期。

㉓王昕：《论六朝地记与志怪"小说"——以洞窟故事为中心》，《华东师范大学学报》(哲学社会科学版)，2018年第2期。

㉔叶楚炎：《论宋元话本小说中的分回》，《文学遗产》，2018年第3期。

㉕叶楚炎：《大登科与小登科：明清通俗小说中的定婚叙事》，《中国古代小说戏剧研究》第十辑，2017年。

㉖傅承洲：《文人独创与章回小说的新变》，《江海学刊》，2017年第5期。

㉗傅承洲：《清代才学小说是否构成一个小说类型》，《河北学刊》，2017年第6期。

㉘杨琳：《清初小说与士人文化心态》，社会科学文献出版社2017年版。

㉙段江丽：《〈红楼梦〉中平儿之家庭角色论》，《苏州科技大学学报》(社会科学版)，2018年第3期。

㉚段江丽：《〈红楼梦〉与中国传统家庭伦理》，《中国文化研究》，2017年第3期。

㉛段江丽：《复调性与人物形象评价——以钗黛比较为中心》，《红楼梦学刊》，2018年第1期。

㉜李鹏飞：《释"反认他乡是故乡"》，《红楼梦学刊》，2018年第3期。

㉝夏薇：《为"失声"的女人——〈红楼梦〉，女性记忆与历史》，《红楼梦学刊》，2018年第2期。

㉞刘紫云：《〈红楼梦〉私人空间及相关物象书写的文化意蕴》，《红楼梦学刊》，2017年第5期。

㉟李玫：《"享福人福深还祷福"——"神前拈戏"与贾母》，《红楼梦学刊》，2018年第2期。

㊱朱萍、麻永玲：《〈红楼梦〉中"新样"演出〈寻梦〉伴奏乐器考辨》，《红楼梦学刊》，2018年第1期。

㊲刘世德：《"黛玉听艳曲"：〈红楼梦〉皙本保留曹雪芹初稿文字痕迹初探》，《曹雪芹研究》，2017年第4期。

㊳刘世德：《她叫红檀，还是叫檀云、香云——

〈红楼梦〉暂本研究之二》，《红楼梦学刊》，2017 年第 5 期。

㊴张云：《红楼合映春柳堂——关于张宜泉〈春柳堂诗稿〉中的曹霑》，《明清小说研究》，2017 年第 4 期。

㊵赵伯陶：《〈聊斋志异〉新证》，文化艺术出版社 2017 年版。

㊶马振方：《刺贪刺虐入骨三分》，《蒲松龄研究》，2018 年第 1 期。

㊷马振方：《〈蹇偿债〉的本事与旁证》，《蒲松龄研究》，2017 年第 4 期。

㊸郑志良：《新见吴敬梓〈后新乐府〉探析》，《文学遗产》，2017 年第 4 期。

㊹井玉贵：《金陵惊鸿——奇女子沈琼枝形象的诞生及其文学意义》，《中国古代小说戏剧研究》第十辑，2017 年。

㊺井玉贵：《宋江招安悲剧的历史文化反思》，《汉语言文学研究》，2017 年第 3 期。

㊻夏薇：《〈金瓶梅〉的"传奇性"继承对其写实主义创作的影响初论——〈金瓶梅〉性描写的文学史价值》，《辽东学院学报》（社会科学版），2017 年第 4 期。

㊼李静：《天命之外的困惑：〈封神演义〉的伦理困境及解决》，人民日报出版社 2018 年版。

㊽潘建国：《"老獭稚"故事的中国渊源及其东亚流播——以清初〈莽男儿〉小说、〈绣衣郎〉传奇为新资料》，《民族文学研究》，2018 年第 3 期。

㊾李小龙：《〈虞初新志〉版本考》，《文献》，2018 年第 1 期。

㊿王燕：《19 世纪英译〈三国演义〉资料辑佚与研究——以德庇时〈三国志节译文〉为中心》，《复旦学报》（社会科学版），2017 年第 4 期。

51王燕：《谢卫楼与曹操形象的海外建构》，《文学评论》，2018 年第 1 期。

52王燕：《德译〈中国童话〉与〈西游记〉学术探究》，《中国人民大学学报》，2017 年第 5 期。

53朱万曙：《〈全清戏曲〉整理编纂的理念》，《文艺研究》，2017 年第 7 期。

54朱万曙、朱雯：《从"雅"到"俗"：沈璟戏曲创作的转型及其意义》，《戏剧艺术》，2017 年第 6 期。

55朱万曙、朱雯：《"案头"与"场上"——明中叶戏曲创作技术性难题与沈璟的曲学贡献》，《文艺理论研究》，2017 年第 4 期。

56朱万曙：《"民意"的推涌——包龙图文学形象的生成》，《学术界》，2017 年第 11 期。

57麻国钧：《论中国古典戏剧综合性演出形态》，《中国古代小说戏剧研究》第十辑，2017 年。

58路应昆：《小戏唱腔之"体"略说》，《戏曲研究》，2017 年第 2 期。

59杜桂萍：《明清戏曲"宗元"观念及相关问题》，《中国社会科学》，2018 年第 3 期。

60王岩、李玫：《重新界定清代宫廷侉戏内涵》，《河北师范大学学报》（哲学社会科学版），2017 年第 6 期。

61刘紫云：《元明戏曲中的韩信故事——兼论戏曲表演对历史叙述的改写与重塑》，《明清文学与文献》第六辑。

62郭英德：《想象与写实：近代中国戏曲中的外国故事及表演》，《求索》，2017 年第 8 期。

63李萌昀：《金本〈西厢记〉的文本生成》，《国学学刊》，2017 年第 4 期。

（作者：孙大海，北京大学硕士生；
李鹏飞，北京大学副教授）

中国现代文学

康宇辰

2017年，中国现代文学学科发展势头稳健，仍旧是将对于热点的关注、对于精细历史情境的发掘、对于新视野的习获、对于新方法的创造相互联动，在原有基础上又有了很多具体问题的推进。本年的重大纪念日无疑就是新文化运动百周年，以及中国新诗百年。同时，本年是鲁迅逝世80周年，也是周作人生前日记等史料逐步公开的时期。本年还有几位文学研究界德高望重的老先生先后告别了我们，其中之一便是长居北京的王富仁先生。这一切今与往的时空交错、地域挪移，必然给北京地区现代文学的生态带来刺激和启发，不仅"回到历史现场"一再被申说，今年也还有学者们将现代文学资源与当下文化生活关联，求得"致用"的努力。

首先，2017年为鲁迅诞辰135周年暨逝世80周年，本年鲁迅研究方面成果众多。年初，本学科的一批中青年学者有相当精彩的表现，而他们中一个较为普遍的共同特征就是从鲁迅具体文本的小切口入手，旁及左右，从细读中透视鲁迅文学与思想的深层内涵。其中李哲对鲁迅散文诗《雪》的发微考证颇具新意，[①]文章通过对《雪》的创作前后周氏兄弟日记的考辨，钩沉出此散文诗背后具体人事上的针对性，在细读中发现"雨"或许是指涉周作人，"雪"则是鲁迅区隔于其弟的自指，进而触及了周氏兄弟失和及其后两人不同的思想构图和人生选择。国家玮对鲁迅短篇小说中"反讽"的研究也是文本细读的成功范例，[②]文章以《肥皂》的解读为核心，兼及《高老夫子》《端午节》和《幸福的家庭》，认为《阿Q正传》之外这一系列以都市生活为背景的短篇小说也应纳入反讽叙事的考察。论文分析鲁迅通过在小说结构上不断变换叙事视点的方式一层层揭示人物隐秘心理，进而揭示出文化转型过程中知识分子在面对自身欲望和儒教道德规训之间的分裂人格。本年度国家玮尚有博士论文基础上的专著《启蒙与自赎——鲁迅〈呐喊〉〈彷徨〉的思想与艺术》[③]出版。季剑青对《狂人日记》的研究[④]也是细读方法的实践，首先分析了狂人"不著日月"的日记文体体现的狂人不受时间流程影响的内在自足性，并旁及近年来多被关注的鲁迅与生物学进化论的关系，与遗传学的关系，清理出鲁迅对尼采、海克尔、拉马克、赫胥黎等思想资源的吸收利用，由此抵达了鲁迅的对真正觉醒的理解："不仅觉悟到历史的黑暗，而且觉悟到这黑暗就在自己的内面。自我批判构成了社会和历史批判的前提，在这个意义上，狂人最后的绝望不是变革努力失败的结果，而恰恰是新的文化和社会运动展开的起点。"如果说以上3位都是细读见功夫，张广海的研究则是采用考据的史学方法。他对于鲁迅与早期左联关系的考证，[⑤]梳理清楚了二者合作的实现，实与中共文艺政策的调整和鲁迅思想的转变均密切相关。具体的考证，包括李立三在促成鲁迅加入左联问题上的关键作用，鲁迅的接受邀请既有其个人意志又得益于环境变化，但"领袖"的鲁迅与左联成员间在早期也不无龃龉。此研究可以帮我们更精细准确地了解这段史事，从而同时推进鲁迅研究和党的文艺活动研究。张广海本年还有专著《政治与文学的变奏：中国左翼作家联盟组织史考论》[⑥]出版。李国华的文章[⑦]则认为鲁迅与马克思主义批评话语之关节学界已多有抉发，故他的研究想在此基础上探析马克思主义批评话语与鲁迅杂文形式之间的曲折，试图说明鲁迅"拿来"马克思主义之后，其杂文写作及杂文形式在功能、主题、内容、修辞、语言语法等层面可能发生的变化。李国华倾向于认为，马克思主义批评话语以论争的形态构成了鲁迅杂文生产的基本语境之一，帮助鲁迅获得了对于杂文的诗学理解，并且使鲁迅杂文与其他杂文在形式上区别开来。鲁迅杂文可能是一种形式化了的马克思主义批评话语。而王芳的文章[⑧]讨论周氏兄弟早年归国后和会稽的乡邦文献的关系，立足于兄弟俩与绍兴"地方"的交集，从他们对乡邦文献的搜集整理，看到新式知识分子投身地方自治的努力，同时他们也思考如何养成理想国民，以及对地方风物有着人文关怀。文章从细致而完整的史料梳理入手，最后关涉到了很大的问题，而周氏兄弟的态度可作为详尽的个案，既是推进二周研究，也和知识分子思想史、政治史研究有关系。

本年的一件鲁迅研究界的大事是钱理群教授第11部鲁迅研究著作《鲁迅与当代中国》[⑨]的出版，以及北京大学的北大文研论坛为此举办的学术讨论会。

此会于 2017 年 5 月 29 日举行，除钱理群外，还有陈平原任主持人，邓小南、孙郁、高远东、吴晓东、贺桂梅等学者参加。钱理群的新书着重呈现鲁迅对于当代中国，尤其是年轻人的影响和意义，并借此重申了鲁迅作为民族性、原创性的思想者与实践者的重要价值，并充分论证了鲁迅在当代中国仍具有巨大的思想启迪作用。钱理群在讨论会上的发言《我为何、如何研究鲁迅》[10]，讲述了自己从与鲁迅最初的相遇，到在人生与思想的曲折行进中形成自己的鲁迅观的过程。钱理群从八个方面总结了自己的“鲁迅面面观”：一是个人的、民族的、人类的鲁迅；二是“周氏兄弟互相映照”下的鲁迅，现代文学、现代知识分子传统中的鲁迅；三是世界知识分子精神史上的鲁迅，集中了 20 世纪中国和东方经验的“东亚鲁迅”；四是社会的、阶级的、左翼知识分子的鲁迅，“鲁迅左翼”的传统；五是“真的知识阶级”“精神界战士”的鲁迅；六是具有原创性与民族思想源泉性的文学家与思想家的鲁迅；七是作为白话文学语言的典范的鲁迅，作为文体家的鲁迅；八是“活在当下的鲁迅”。之后的讨论中，陈平原提出与“竹内鲁迅”“丸山鲁迅”等旗鼓相当，中国学界也该提出“钱理群鲁迅”的概念。孙郁认为不同于很多人对鲁迅思考局限于学科内，钱理群是作为思想者与鲁迅不断对话，发展出一种生命哲学。高远东提出钱理群独立思考不盲从鲁迅，不同于“新经学”式的鲁迅研究，可称作“经史结合”的研究。吴晓东提出“钱理群鲁迅”和“竹内鲁迅”对于“文学性”的理解有相似之处，都强调自我否定，以及对一切事物的多重质疑态度。贺桂梅指出钱理群鲁迅研究有自觉的当代中国视野，且 20 世纪 80 年代后更重视鲁迅作为左翼作家的面向。鲁迅的启蒙和左翼两面统一于“立人”。会后，姚丹、贺桂梅、吴晓东、姜涛、程凯、李浴洋撰写了评论文章，均发表于《文艺争鸣》2017 年第 10 期。

另外，本年度公开发表周作人 1949 年的日记，为周作人研究提供了极为重要的新史料。[11]

其次，本年在学术史的基础建设和回顾总结方面也有新的成果。一是前辈学者们对于文学史教材编写相关问题的总结经验。在 2016 年，本学科广泛使用的基础教材《现代文学三十年》出版了第二次修订版，而 2017 年又是此教材出版 30 周年，由李浴洋访谈和整理了此教材 3 位作者钱理群、吴福辉、温儒敏的谈话，并刊登了采访稿。[12]访谈由教材编写和修订的情况切入，3 位编写者详细介绍了这部教材编写与导师王瑶先生及其《中国新文学史稿》的关系与区别，近期修订教材时求精炼和吸收新成果的用心。另外，3 位著名学者还谈及现代文学学科命运的个人理解，以及对《中国现代文学研究丛刊》的主持工作，包括对于新人的提携，对于杂志的定位和经营等。3 位还从语文教育方面努力，表现出深广的社会关怀。钱理群谈及了他对文学史著述文体的思考，温儒敏谈及了自己最近关于“文学生活”的研究以及文学是评价尺度的思考，吴福辉谈到了自己近年来多写学术笔记，认为文学史的突破首在积累而不在搭建大的框架。3 人也谈及了对于年轻学子的建议和期待。二是对现代文学开山祖师王瑶先生的学术讨论成果出版。[13]2014 年是王瑶诞辰 100 周年，北大举办了“精神的魅力——王瑶与二十世纪中国学术”研讨会。这次研讨会的发言既是对王瑶治学为师贡献的追怀，也是一次集中对于其学术成就和学术史地位的高水平的总结性言说。会议所衍生的文集《王瑶与现代中国学术》分为 5 辑，前两辑是论文，其中第一辑主要论述王瑶其学，第二辑主要论述王瑶其人，对王瑶的古典文学研究、现代文学史研究、鲁迅研究、学科构想研究、“清华学风”、“一二九”学术起点、八十年代治学为师，都有学理的分析论述。第三辑随笔是弟子们的追怀，第四辑是纪念会现场发言文字记录，第五辑则是王瑶的检讨文本和女儿王超冰关于其父文革经历的论文，是补充关于王瑶新的史料和研究。全书把王瑶这一现代中国文史学人个案进行了立体和综合的考察。

另外，在学术史料的搜集整理方面，2017 年还出版了《汉译文学序跋集（1894—1949）》（13 卷）[14]。此书由李今主编，罗文军、张燕文、屠毅力、樊宇婷、刘彬、崔金丽参与编辑，李今写作绪论。[15]此书及绪论通过全面而系统地纂辑与概览清末、民国时期的译本序跋，试图以历史贯通的眼光，不仅勾勒战争、革命、人的文学三大时代主潮及其观念、理论框架在半个多世纪发展中的流变和脉动的轨迹，也揭示贯彻其中的一种不变的价值理念，即对平等大同世界的向往和追求，对人类完善与进化的探究与期许，从而凸显出现代汉译文学运动既因中国社会的现代转型而起，也与中国社会的现代转型相伴相生的历史发展过程。当中国传统的价值体系丧失了整合社会的力量，翻译异域就成为想象新的理想社会、建构社会新认同的来源。无论是晚清民国初期对西方先进国家的译介与想象，还是三四十年代对苏联的译介与想象，都为中国社会的现代转型提供了新的理想社会的蓝图，发挥了引领思想潮流、动员社会力量的主导作用。

再次，2017年还是新文化运动100周年。本年陈平原发表论文《鹦鹉救火与铸剑复仇——胡适与鲁迅的济世情怀》，[16]文章从各自分别极其鲜明地代表了新文化运动知识分子两翼的胡适和鲁迅入手，摘取他们各自传述和改写的“鹦鹉救火”与“铸剑复仇”这两个古老故事，非常形象地传达出了建设者和革命者两种情怀的不同。对于胡适和鲁迅，陈平原认为这里既有反抗目标以及斗争策略的不同，更有审美意识和气质性情以及学识修养的迥异。同是理想主义者，都在反抗压迫，但基于各自的精神气质与哲学渊源，一则苦口婆心、理性冷静，一则痛快淋漓、深刻而偏激，这也内在于其所选择的文体——“论文”抑或“杂感”之中，而形成现代思想史、文学文化史的双峰。这篇论文是对于新文化运动中声名显赫的核心人物之总体姿态的凝练概括。除此之外，本年袁一丹的论文《“吴老爹之道统”——新文学家的游戏笔墨及思想资源》[17]从一个相当边缘的视角观照新文化运动干将的写作及趣味。袁一丹讨论新文学家的游戏笔墨，但并非将其视为点缀性的花边文学，而是为了反思新文学的排斥机制及自我压抑的面向。文章以刘半农重印《何典》为线索，梳理吴稚晖与文学革命的内在关联，进而引出钱玄同取法吴氏文风构建的“不伦”的国语。文章从20世纪20年代中期《语丝》与《现代评论》两大阵营对吴稚晖的争相追捧，探究新文学与游戏笔墨的共生关系。这种从边缘史料触及新文化人写作核心问题的研究方式，照亮了新文学与传统谐谑书写的潜在关系，丰富了我们对新旧文学复杂关联层次的认识，是五四新文学研究的一个新的可能性。此外，陈平原对于晚清画报30年历史的呈现，[18]也为我们述及了新文化运动的前史之一脉。追溯晚清画报起源，陈平原通过新闻眼光、图像叙事和石印术这三个关键要素，把1884年《点石斋画报》的创立作为起点。在这以后的近30年间，除《点石斋画报》以外尚有晚清画报约120种，陈平原选取了比较重要的30种略加陈述，以见晚清画报概貌。随后，以画报对于战事的描绘和报道为线索，论文呈现了晚清画报家国时事报道中流露出的心态和立场。最后，文章从晚清画报的形式“图文对峙”和绘画目标“低调启蒙”之间的勾连作了分析，“低调启蒙”的定位是由画报的媒介特征、目标读者、作者能力与趣味等因素共同决定的，这在近代中国知识更新与社会大转型中配合了时代交响乐，自有其意义。

2017年同样是中国新诗诞生100周年。本年度《文艺争鸣》杂志举行了连续两期杂志的大型讨论，各位研究者对于新诗百年中许多话题多有展开论述。姜涛认为，[19]早期新诗在胡适的思路作为主线之外，还有“诗人修养”、新诗“源泉”“诗与劳动”“平民与贵族”等插曲话题，提示着我们早期新诗与社会改造思潮的内在联动。理想的新诗人不能脱离群众而独在，这一开放性诗学一定程度上决定了早期新诗特殊的文化性格与美学性格。但后来这条诗学路径并未充分展开，随着五四政治文化有机体进一步解体，文学和社会的“场域”迅速分化，被各种“文学原理”所引导的、“不合群”而“独在”的自我成为更经典的诗人造型。冷霜的论文则着眼于新诗史上作为一种认识装置的“传统”。[20]之前新诗史上对于新诗与旧诗、“古典诗歌传统”等话题已经聚讼纷纭，但事实上新诗的所谓“传统”并不存在确定不变的内涵，将新诗与“传统”间视为一种诠释性关系，主要是基于文学现代性视角得出的看法，即“传统”是一个现代性的认识装置。理解这一点，关于新诗与“传统”更值得考察的就成了诗人如何在具体实践中征用、转化、改写古典诗歌中的文学、美学和技艺资源。如果说姜涛、冷霜着力讨论的是新诗发生、本体问题和作为装置的“传统”，那么邱雪松则做出了一篇扎实细密的考辨文章。[21]他的研究对象为袁可嘉20世纪80年代诗论集《论新诗现代化》中所收文章及其各种版本。在他看来，《论新诗现代化》中的文章写于20世纪40年代后期，结集于80年代，故不仅见证了20世纪40年代的时代风云，更折射了80年代的人文语境，是二者对话与融合的结晶。邱雪松通过不同版本的细致对读，细致分析了所做的改动及其原因和效果。这种版本细读考辨，是新诗研究的另一条可能路径。段从学的文章[22]则是以新诗中的“中国形象”为线索。他认为古代人的中国概念就是感性可知的周围，到了现代，作为抽象系统的地图才取代了传统的实在经验，引导我们建构“现代中国”的整体形象，闻一多诗中歌颂的中国就是如此。而后来抗战中的艾青，其历史意义就在于弥合了现代性地图学视阈和古代性身体学视阈间的断裂，把“地图中国”变为“土地中国”。段从学的说法让我们打开了一个从空间学和国族建构角度去认识现代中国的爱国诗。

除此之外，本年王冬冬有研究徐志摩的文章[23]，触及了诗歌与政治的话题。该文指出在中国的批评语境中，徐志摩一直是一个“成问题”（诗艺上、政治上）的诗人。从民主诗学的角度，综合美学身份和政治身份，徐志摩是一个浪漫主义的自由主义者。革命浪漫主义秉持的是创生型的民主，而自由主义的浪漫主义信奉的是原生型的民主。这样来看，自由主义的浪漫主义恰恰是一种有限度的民主诗学，而革命浪漫主义则是一种无限度的民主诗学。徐志摩的诗歌和人格，并非“纯文学”的，而是沟通了一套欧美舶来的文化政治传统。这一论述有助于加深我们对政治与诗歌关系的理解。

最后，本年度的广义的小说研究，在方法上可圈可点的要算吴晓东对于骆宾基《北望园的春天》的文本解读。[24]20世纪40年代有相当一部分中国作家在小说观念和形式方面进行新的探索，其中对反讽姿态和叙述调子的选择，具有生成新的小说叙事和审美模式的可能性。吴晓东的研究从《北望园的春天》的细读入手，发现在这篇短篇小说中，反讽成为一种结构性的视景，不仅是叙事姿态和调子，还与作者在战时认知和体察世界的方式相关，最终有望生成一种与战时文化语境相适应的小说美学。这反映出作者试图在反讽与同情、审视与认同、犹疑与确定之间寻求一种非稳定性的平衡的诗学技艺，以及小说家在战争年代对人性状况、知识者自身生存境遇的洞察和反思。此研究解剖麻雀，却能以小见大，富有方法论的启示。关于小说研究中形式研究的突破，本年度有李松睿的论文集《文学的时代印痕》[25]出版。对于此书中研究的心得，作者说：“文学研究显然不应该完全脱离文学文本，纯粹对外围问题进行分析，相关讨论必须建立在细致的形式分析的基础之上。而时代背景、社会生活等问题带给艺术家的种种压力，最终也会在文学形式上留下深深的印痕。因此，文学的形式特征一边联系着作品的美学特质，一边则与作品所属的时代相连，是文学研究必须详细考察的中介物。”可以看出，李松睿的研究往往寻找某种“中介”来作为沟通文本内外的手段，这个中介可能是翻译，也可能是作品本身。这样的研究在形式诗学的基础上自然过渡到文化诗学是有方法论的推进性的。同样借用小说理论进行研究的还有李浴洋考察顾颉刚《古史辨自序》的文章。[26]《古史辨自序》是一部学术自传，但是李浴洋借用了成长小说的理论框架来考察它，也能富有新见。文章开头将《古史辨自序》放在中国现代自传脉络中，又用欧洲“成长小说”的视野来观照，把顾颉刚此序定位在“学者自传”和“成长小说”之间，于是在学术史和文学史的交互中考虑此文。这样的结果是照亮了两个文本内蕴：一是对于“古史讨论”这一顾颉刚进入“学问界”的“关键时刻”的集中叙述，二是对于学者在专业化时代中成长时的“烦闷”心情的生动表达。在这样借助小说理论说开去的方法下，作者对于顾颉刚的学术生命和专业化时代学术分工的问题做出了思考论述。

本年在都市文化研究方面，收获了季剑青的《重写旧京——民国北京书写中的历史与记忆》。[27]这本书的核心思想有三点：一是核心问题即作为古老都城的子民，北京人如何在现代性展开的过程中对待和处理过去的遗产？此书想更关注人的日常生活。二是在文学与城市关系上，作者试图发掘城市历史与人们的情感，并进行跨学科尝试，纳入城市规划、改造方案等。三是更关注个人的私人历史、口述史，并探寻记忆与少数群体身份建构之间的关系；且面对20世纪众多灾难，通过记忆弥合创伤经验。由此，本书贯穿整个民国乃至共和国初建时期，在大量典籍、诗文、建筑、城市规划、民族国家等问题的“书写”互动下，直面各种形态的材料，条分缕析、抽丝剥茧，既结构化地呈现了古都北京逐渐消失的气息，又在现代性理论上做出推进的尝试，是“历史与记忆”本土化思考的范例。

现代文学研究，近年来也在试图寻找与当代对话、介入当下的可能性。2017年，这方面一个成功的例子就是温儒敏主编，众多现当代文学专门学者参与编写的著作《当前社会“文学生活”调查研究》。[28]这个大型研究中一个重要概念就是温儒敏提出的“文学生活”，他这样表述：“文学生活”，“主要是指社会生活中的文学阅读、文学接受、文学消费等活动，也牵涉到文学生产、传播、读者群、阅读风尚等等，甚至还包括文学在社会生活各个方面的影响、渗透情况，范围是很广的……。提倡‘文学生活’研究，就是提倡文学研究关注‘民生’——普通民众生活中的文学消费情况。”这个定位针对的是近年来文学研究的“内循环”倾向，忽略了考察普通读者的接受。此书收录报告包括5个方面，即“当前社会的文学阅读和接受调查”“网络文学和多媒体文学”“当前社会文学生产的实证研究”“文学经典在当前社会的传播、接受和影响研究”“当前社会的非主流文学生态研究”。这些方面的考察有助于我们看到普通民众中的文学消费情况，让文学研究更为完整、全面、有活力。

本年，现代文学界一位重量级学者王富仁不幸逝世，学界也因此掀起了悼念王富仁和总结评说王富仁学术成果的潮流。在《文艺争鸣》2017年第7期上，有就此开设的专辑。钱理群的文章《“知我者”走了，我还活着——悼念富仁》[29]回顾了自己和王富仁的交往，从两个人求学时的处境和年龄相似，都研究鲁迅，到后来的共同捍卫启蒙主义，共同在北大百年校庆时发出批判的声音，共同介入中小学语文教育改革并互相支持，有知己和战友之感。王富仁提出的“新国学”，钱理群能从其主张中看出本意，帮助他宣传主张和澄清误解。两位学者老年以后都坚守鲁迅资源，尽力向他人讲授、启蒙，这样的学术知交十分难得。孙郁的文章[30]则着重于王富仁学术的思想方式和言说方式，指出他的鲁迅研究在与前辈学者如王瑶、李何林、唐弢的对话中展开，能超越他们之前过分简化的描述，而他的思想方式具有马克思主义启蒙派和人生哲学派的特点。王富仁近似黑格尔，但黑格尔思想方式的本质主义倾向用于讨论鲁迅具有精神的冒险性。但王富仁用卓越的文本细读消解了宏大叙述的空泛阴影。王富仁的风格没有象牙塔里的贵族气和学院派的呆板，日常样子颇似乡下人的随和与野性，谈吐中句子仿佛从黑暗中来，却溅出无数耀眼的火花。该栏目上还有其他学者后辈，或回忆与王富仁交游往事，或试图总结王富仁学术的精神品格，各有千秋，是对王富仁先生集中而各异的追念。

综上所述，本年度既有“精耕细作”的研究，对于具体问题有所推进；同时又有视野拓宽、角度变换而出新的成果，如钱理群、温儒敏把现代文学研究与当代生活对话的努力。新文化运动和新诗诞生一百周年，趁着纪念成果也蔚为大观。新老学者的交替代谢也悄然发生，这更引起我们对老一辈学者人格的追怀和学术理路的思考继承。总的来说，中国现代文学这一学科已经十分成熟，仍稳步向前。

注：

①李哲：《“雨雪之辩”与精神重生——鲁迅〈雪〉笺释》，《文学评论》，2017年第1期。

②国家玮：《论鲁迅短篇小说中的反讽》，《中国现代文学研究丛刊》，2017年第1期。

③国家玮：《启蒙与自赎——鲁迅〈呐喊〉〈彷徨〉的思想与艺术》，人民出版社2017年版。

④季剑青：《从“历史”中觉醒——〈狂人日记〉主题与形式的再解读》，《中国现代文学研究丛刊》，2017年第7期。

⑤张广海：《鲁迅与早期“左联”关系考论》，《中国现代文学研究丛刊》，2017年第1期。

⑥张广海：《政治与文学的变奏：中国左翼作家联盟组织史考论》，生活·读书·新知三联书店2017年版。

⑦李国华：《马克思主义批评话语与鲁迅杂文形式》，《中国现代文学研究丛刊》，2017年第1期。

⑧王芳：《留学归国后的周氏兄弟与乡邦文献——辛亥革命和地方自治中的文人传统》，《文艺争鸣》，2017年第4期。

⑨钱理群：《鲁迅与当代中国》，北京大学出版社2017年版。

⑩钱理群：《我为何、如何研究鲁迅——2017年5月29日在北京大学人文社会科学研究院“鲁迅与当代中国”学术论坛上的讲话》，《文艺争鸣》，2017年第10期。

⑪周作人著，周吉宜整理：《1949年周作人日记》，《中国现代文学研究丛刊》，2017年第7期。

⑫钱理群、吴福辉、温儒敏谈，李浴洋整理：《中国现代文学研究的道路、方法与精神——钱理群教授、温儒敏教授、吴福辉研究员访谈录》，《文艺研究》，2017年第10期。

⑬陈平原主编：《王瑶与现代中国学术》，北京大学出版社2017年版。

⑭李今主编：《汉译文学序跋集(1894—1949)》，上海人民出版社2017年版。

⑮李今：《战争、革命、人之观念的交织与流变——〈汉译文学序跋集(1894—1949)〉绪论》，《中国现代文学研究丛刊》，2017年第12期。

⑯陈平原：《鹦鹉救火与铸剑复仇——胡适与鲁迅的济世情怀》，《学术月刊》，2017年第8期。

⑰袁一丹：《“吴老爹之道统”——新文学家的游戏笔墨及思想资源》，《中国现代文学研究丛刊》，2017年第2期。

⑱陈平原：《图像叙事与低调启蒙——晚清画报三十年》(上)、(下)，《文艺争鸣》，2017年第4、7期。

⑲姜涛：《“为有源头活水来”——早期新诗理论中的“修养”与“源泉”论》，《文艺争鸣》，2017年第8期。

⑳冷霜：《新诗史与作为一种认识装置的“传

统"》，《文艺争鸣》，2017 年第 8 期。

㉑邱雪松：《呈现与建构：关于袁可嘉〈论新诗现代化〉的思考》，《文艺争鸣》，2017 年第 9 期。

㉒段从学：《现代新诗的国家想象：从"地图中国"到"土地中国"》，《文艺争鸣》，2017 年第 8 期。

㉓王冬冬：《重评徐志摩：民主诗学的可能与限度》，《中国现代文学研究丛刊》，2017 年第 5 期。

㉔吴晓东：《20 世纪 40 年代小说的反讽模式——以骆宾基的〈北望园的春天〉为中心》，《文艺研究》，2017 年第 7 期。

㉕李松睿：《文学的时代印痕》，北京时代华文书局 2017 年版。

㉖李浴洋：《在"学者自传"与"成长小说"之间——顾颉刚〈《古史辨》第一册自序〉的一种读法》，《文艺争鸣》，2017 年第 4 期。

㉗季剑青：《重写旧京——民国北京书写中的历史与记忆》，生活 · 读书 · 新知三联书店 2017 年版。

㉘温儒敏主编：《当前社会"文学生活"调查研究》，江苏凤凰教育出版社 2017 年版。

㉙钱理群：《"知我者"走了，我还活着——悼念富仁》，《文艺争鸣》，2017 年第 7 期。

㉚孙郁：《一个时代的稀有之音》，《文艺争鸣》，2017 年第 7 期。

（作者：康宇辰，北京大学博士生）

中国当代文学

邵燕君 孙凯亮 邢玉丹

2017 年的当代文学研究，相比此前出现了以下趋向：20 世纪 50—70 年代文学研究更加重视以"史料"为基础的文学制度研究和对经典作家作品进行"再解读"；20 世纪 80—90 年代文学研究中，站在 90 年代和新世纪的立场上"重返 80 年代"以及"抒情传统"论述成为本年度的热门议题；2017 年的新世纪文学研究在批评现象级的作品之外，着重处理了"新伤痕时代"等新概念；文化研究越来越走向本土化，网络文学研究则更加注重网络文学的内部生态——话语系统、世代更迭和抄袭标准。当代文学史与文学批评领域里，洪子诚在《材料与注释》中提示的写史方式得到较为充分的解读，批评家们更加重视对批评方法的反思。

一、20 世纪 50—70 年代文学研究

2017 年的 20 世纪 50—70 年代文学研究更为关注"史料"，尤其是隐含在"史料"之中的当代文学生产制度，"材料与注释"一度成为 2017 年"十七年"文学研究的"热门话题"。2016 年盛行一时的对当代经典作家、经典作品进行"再解读"的思路在新的一年里也得到了延续。

2017 年 3 月 11 日，北京大学人文与社会科学研究院组织召开了洪子诚《材料与注释》研讨会。①

洪子诚引述了《材料与注释》"自序"部分"（本书）尝试以材料编排为主要方式的文学史叙述的可能性，尽量让材料本身说话"的说法，并指出《材料与注释》采取这种"微弱叙述"的叙事方式，"是一种自觉的选择"。②

他还批评了当代文学批评、文学史研究上一直存在的两种学术倾向："一种是'人的隐去'，另一种是对文学生产的'物质'因素，对制度、观念史研究的忽略"，③因此，他主张重新关注当代文学中的制度和人。

贺桂梅指出《材料与注释》的正确打开方式是"参照《史料选》中的相关资料对读"，她认为这 6 篇材料对于理解 20 世纪 60 年代初期与"文革"和"新时期"之间的关系有着重要意义，有助于更为深入地"探讨当代文学的建构史"。洪子诚在书中提出的文学史叙述"新"就新在，它"试图展示一种超越二元对立框架限制的历史观照视野和思考路径"。④

石岸书认为，《我的阅读史》和《材料与注释》（后 20 世纪 90 年代）是洪子诚从"结构性的历史叙事"也即《中国当代文学史》（20 世纪 90 年代）"后退"的产物。⑤洪子诚在历史叙事上的这种"后退"，是和 20 世纪 50—70 年代文学研究中的"真诚"问题联系在一起的。姜涛指出，现代中国文化中广泛存在的对"真诚"的迷思"可能只带来一种'浅显'的认知，一种语言和精神的'简化'"。姜涛进一步指出，或许只有像洪老师这样"带着'后退'的全部阴影负重'前进'，我们才有可能真的走出过往的历史，走出语言和精神中那些固化的结构"。⑥

再解读是20世纪90年代兴起的20世纪50—70年代文学研究的新范式。对20世纪50—70年代的作家作品进行重新阐释，并重评其文学史地位成为十七年文学研究的重要研究思路。贺桂梅注重从民族形式的角度重新解读20世纪50—70年代的经典文学作品。贺桂梅指出，要深入分析《山乡巨变》中“风格化的‘民族形式’追求与社会主义时代性之间”的张力关系，可以从政治、生活和形式3个关键词人手。她认为，小说“对古典文学资源、地方色彩、方言土语的重视”，实质上是周立波“站在现代文学体制内做出的现代性转换”，其表明的是“现代文学在当代延续、转换和变异的可能性”。[⑦]

李杨通过对丁玲的《我在霞村的时候》《在医院中》《“三八节”有感》以及王实味的《野百合花》等作品的再解读，指出丁玲和王实味的文章同延安主流政治的激烈冲突是一种发生在延安内部的“比延安主流政治更为激进的文化政治主张的表达与呈现”。这一思想冲突和政治对抗可以看作“‘革命’与‘革命后’‘继续革命’与‘官僚主义’之间的结构性矛盾”[⑧]的初次显现。

2017年9月28日，正值百岁华诞的钱谷融先生离世，为了纪念钱谷融先生，《文艺争鸣》杂志特于2017年第11期开设了“史论——钱谷融先生纪念专辑”栏目[⑨]。

钱理群认为，钱谷融先生在为人和治学两方面“都自有其道”，是“一位真正的有道之人”。[⑩]

二、20世纪80—90年代文学研究

“重返80年代”和“抒情传统”论述成为2017年20世纪80—90年代文学研究的两大主题。站在90年代和新世纪的节点上来回望和清理80年代是“重返80年代”的重要研究视角。这一“重返”既对“新启蒙”意识形态进行批判和反思，也对80年代的现代主义同90年代“回归传统的文学潮流”之间的隐秘联系进行追溯和重构。

“新启蒙”是80年代备受关注的文坛热词，但在90年代以来对80年代的回望中，对“新启蒙”的浪漫化、理想化、英雄化的批判之声不绝于耳。黄平在对由《波动》引发的“潘晓讨论”和《人生》所表现的“高加林难题”的思考中，探讨了新时期文学起源阶段的“虚无”。[⑪]

旷新年对“新启蒙”意识形态的批判更为鲜明直接，他重新审视了文明和暴力的关系，认为80年代的新启蒙运动忽略了二者的联系，美化了殖民暴力，导致“新启蒙”话语堕落为“新殖民”装置。[⑫]

陶东风在20世纪90年代即对“新启蒙”的理想主义、英雄主义中内蕴的主体暴力进行了反思和批判，新世纪他从理性和人性的角度重新审视了梁晓声的知青小说。[⑬]

在评述莫言的小说《木匠与狗》时，陈晓明指出80年代的中国现代主义文学运动虽然粗浅短暂，但90年代回归传统的文学潮流下还隐藏着现代主义发展的力量，我们在“回到传统、民间、本土时，我们可能正在重构这些东西，把它们纳入了世界的体系之中”。[⑭]

经过海外学人和港台学者近50年的耕耘和深化，“抒情传统”经历了“比较文学视野”“立足于中国本土传统”“中国现代性视野”3个阶段的演变和推进。由于陈国球和王德威等人的持续研究和推动，“抒情传统”论述在2017年再次成为中国现当代文学研究的热点，引发了众多大陆学者的持续关注和讨论。

2017年4月15日，陈国球教授在北京大学人文社会科学研究院召集了“‘抒情传统’论述的流播与回应”专题学术座谈会。[⑮]

贺桂梅认为，“抒情传统”研究能够“提出和强调‘情’的重要性仍是值得借鉴的。关键在于，如何突破‘抒情传统’论述自身的文化政治局限，而对中国‘抒情传统’做出更开放的整理与构建”。[⑯]李静提出，“抒情传统”论述在大陆地区的播散是一场“跨语境”的文化实践，而能否跨越成功，则要看其能否直面语境差异，理解“革命中国”的异质性历史经验。[⑰]

2017年10月15—26日，哈佛大学东亚系教授王德威受北大中文系邀请做了总题“现代中国文论刍议”的4场主题讲座。北大中文系的王丽丽教授撰写《新版〈中国现代文学理论〉的预告》《“抒情”：捍卫和解释文学的“通关密语”》两篇文章予以追踪“侧评”。

演讲的第一场主题为“鲁迅，新儒家，‘幽暗意识’：论‘文’与‘心’”。针对王德威从儒家传统中发掘出的“幽暗意识”范畴，王丽丽认为“幽暗意识”可以“丰富我们对中国文学现代性的理解：‘现代性’（Modernity）必然包含‘怪兽性’（Monstrosity）”。第二场主题为“钱钟书，陈寅恪，与危机时刻的文学批评：论‘诗’与‘史’”。在王丽丽看来，王德威“把陈寅恪和钱钟书并置研究”，是想以此检验“中国文论加入世界知识体系的流转对话并做出独特贡献的潜能”。[18]

最后一讲是以“再论‘启蒙’‘革命’——与‘抒情’”为主题的一场对谈。在本讲中王德威提出“‘抒情’是他捍卫和解释文学的‘通关密语’”，他“将抒情传统延伸到当代，其本身就是一份当代的‘为诗辩护’”。王丽丽将王德威的四场主题演讲总结为“仿佛一部刘若愚《中国文学理论》的现当代版的提纲和雏形”。[19]

三、新世纪文学研究

2017 年针对新世纪文学的研究呈现多样化形态，学者们重视关于传统文学、经典作家作品的讨论，也注意到了新媒介革命之下涌现的全新的文学样式。

有学者从整体的外部环境角度来谈新世纪文学现象，如张颐武看到以网络为中心的新媒体对文学生产和阅读方式的冲击与改变，阅读与写作的流程和文学与社会生活的关系也在改变。他指出今天出版平台已经变化，网络文学和纸质文学形成了两个平行的文学空间，由此文学形式特点和想象方式也在改变，随之改变的还有生产与消费的机制、读者与作者的关系与构成。在网络文学中出现后文学形态，表现出后现代文学的特点，新情境下的文学需要有新的理解路径。[20]程光炜则在新的语境下重提史诗性，主要针对新世纪文学拒绝历史社会、沉浸在自我幻想中的状态。他重提《平凡的世界》的价值，把它看成路遥在生活中认识自己而写出的进城心灵史。[21]

本年度的新世纪文学研究对经典的作家作品有一定程度的重视。陈晓明以张炜《独药师》谈文本中的逃逸与救世，认为这部小说在写历史传奇，思考民族进入现代的方案，也充满了个体生命的内省。他发现张炜此时更注重欧美当代的文学经验，把个人成长史与大历史结合，看到传统伦理与现代自我的矛盾之处以及养生这种传统文化在当代的寓言性。[22]程光炜重点谈论金宇澄的《繁花》，探讨小说的产生过程、语言风格、作家个人的曲折经历，揭示了作者以通俗为幌子，掩盖精英叙事的真实用意。[23]

李云雷通过刘继明的《人境》来探讨新社会主义文学的可能性，看到小说中社会主义文学的传统与新变。这是一部作为思想形式的小说，激活社会主义文学的传统，并重建宏大叙事，是具备浪漫与理想的新的现实主义作品。[24]旷新年则从格非的《望春风》讨论“农民可以说话吗”的话题，他发现格非想回到传统叙事但仍然有先锋作家特点，小说表现了人的本能欲望、人性恶，并不符合传统乡土社会的人际关系，这所谓的还乡之作其实是回不去的，农民一开口代表自己就不再是农民。[25]孙郁再谈阎连科的作品，重新讨论“神实主义”——写不存在的真实、看不见的真实，触及精神深处的盲区，认为它批判并补充了之前茅盾提出的写实，从主体世界开掘被遗忘的东西，投射内心经验。作家拓展了小说隐喻性的空间，进行历险式的写作，进入幽暗内部。[26]

当代文学中重要的历史叙事和乡土叙事在新世纪文学中仍占一席之地。徐刚谈到前者时认为应该拒绝无端想象，防止将历史虚无化，并谈到方方的小说《软埋》，认为作家想写出历史的真实，但只看部分真实不看整体。他提出尊重历史本质的真实是作家的立场、意识形态的问题。方方有着去革命的启蒙主义历史观，在展示伤痕中走向历史虚无主义。[27]杨庆祥以梁鸿的小说《梁光正的光》谈今天作家对农民的想象，认为梁鸿的小说植根于现代对于农民的想象中，把父亲的历史与当代史相连。但在这部小说中他看到人物无法被黏合到整体历史中论述，典型的农民形象无法树立起来。[28]

白烨总结了 2016 年最新出现的长篇小说，认为它们有直面当下社会现实的倾向，切近日常生活，以自己的方式讲述中国故事，如讲到乡土的深层变异，《极花》具有代表性。[29]李云雷呼吁创造中国的新史诗，认为过于重视西方理论可能会消解宏大叙事。他提出作家应将个人体验与中国经验结合起来，有新的历史眼光、社会意识与世界视野，看到时代、中国与自己。[30]贺桂梅比较了文艺作品中 3 个时代的典型女性，把女性形象与社会性别制度关联起来，认为《杜拉拉升职记》是中产阶级的主体想象又是人们的理想通过形象传递出来的表现，其中性别与阶级相互指涉，两种政治不能分开。[31]陈晓明解读《荒原问道》，认为它提出的问题是中国文化命运何如、什么是道、什么是伦理、知识分子应当如何存在。这部小说呈现了半个多世纪以来知识分子的终极追问。[32]

文学奖项一直是新世纪文学研究要关注的问题。张颐武从日本作家石黑一雄得奖谈诺贝尔文学奖，认为石黑一雄是典型的全球性纯文学作家，而诺奖是公众和纯文学重合的切点。今天诺奖的圈子实际是国际纯文学的圈子，但它让纯文学小圈子的作家得到与公众接触的机会。[33]肖汉则从雨果奖看全球科幻作品，看到雨果奖所代表的世界一流科幻文学作品反映出的新变、突破与妥协，如今科幻与奇幻的边界已被打破。[34]

杨庆祥曾提出“新伤痕时代”的概念，认为这个不平衡且不平衡被正当化的时代是新伤痕时代，会引起人们的精神焦虑，非人性的秩序对个体与共同体都造成了伤害。与“文革”后的伤痕写作不同，这时候的书写对象是改革开放史，且倾向于多元、对话，追求爱的美学，重建确定与信任的希望美学。[35]徐刚进一步阐释了这个概念，认为新伤痕写作中有关于时代病症的忧虑与焦灼以及对它的批判性理解与诊断，他积极召唤一种作为“同时代人”的情感态度，在这破碎的时代，以文学的方式重建一种久违的“总体性”。他认为我们更需面对的其实是一种新的伤痕，来超越这旧的时代，进而激活现实的问题。[36]

四、大众文化研究与网络文学研究

文化研究是20世纪90年代以来文学研究的热点之一。韦微静和胡疆锋对中国内地的文化研究做了回顾和梳理，肯定其已成为“一种冲击僵化学科体系的批判性力量”。他们指出大陆的文化研究“更多地转向了对文化研究本土化的工作”，[37]已经能够对当下的文化热点给予及时而有力的回应。

对于大众文化和中华文化的关系，张颐武通过对几个热门文化现象的分析，见微知著地指出“30年来中国所形成的大众文化在整个世界正在形成新的影响力”。[38]

张颐武对网络文学近20年的发展做了回望和梳理，他指出网络文学在20年内经历了发轫、发展和成熟三个阶段，现今在全球文学发展中也一枝独秀，有自己独特的地位。网络文学如今已经形成了和纸质文学不同的文学特性，是“中国文化中经过年轻人创造的文化形式”，虽“尚不成熟，但生命力旺盛”。[39]

北大学者邵燕君继续追踪网络文学发展过程中的新现象和新文化。邵燕君认为网络文化有自己的“方言”，一些重要的关键词可以打破“次元壁”，进入主流话语系统。她主编的《破壁书——网络文化关键词》对网络部落文化做了梳理，书中挑选的每一个网络词汇都承载了网路文化部落的内在蕴涵并在持续生长着，堪称一部“活在当下的词典”。[40]

网络文学的发展与新媒介技术的变革息息相关，具有很强的媒介依附性。许苗苗回溯了网络文学发布媒介平台的变迁，指出网络文学“通过文学与新媒体产业相融合的方式，成为具备跨界性质的独立概念”。[41]

网络文学依托互联网等新媒介的发展，其生产机制与传统文学迥乎不同，并且不断革新。邵燕君和博士生肖映萱、吉云飞一起以“媒介融合”和“世代更迭”为关键词，梳理了2016—2017年度的网络文学走势。她们勾勒了IP导向下网络文学的多元生态景象，指出“跨越多种媒介的IP运营正是打破网络文学以超长篇类型小说为绝对主导、在亚文化空间相对封闭性发展的一种爆破性力量”。之后又着重分析了网络文学主流读者群的代际更迭现象，在他们看来，“70后”“80后”“九千岁”（1995年前后出生）的3代人共同塑造着网络文学的面貌，其中“九千岁”全面崛起，“他们的价值模式和快感模式必然改变着网文的叙述模式和爽点萌点”。[42]

网络文学“海外传播热”引发了学术界的持续关注和研究，庄庸和安晓良通过追踪网络文学海外传播这一文化现象，提出了网络文学“海外传播，全球圈粉，亦可成为中国全球文化战略的主角”的见解。与此同时，他们还认为当前中国网络文学发展中评价体系存在严重滞后的问题，构建“预见性和引导性的网络文学评论评价体系”[43]迫在眉睫。

热门网络文学作品屡屡涉嫌抄袭的现象引发了研究者对网文写作方式的关注，邵燕君邀请著名作家韩少功就写作软件的使用和网文创作的关系进行主题对谈。韩少功认为写作软件的发展不可避免，但文学写作里“精彩的细节就是核心竞争力”，好的细节可遇而不可求，智能化写作难以完成这种文学的创造性。北京大学网络文学研究论坛的学生们针对韩老师的这一观点进行了提问，他们进一步探讨了在网文创作中“细节”和“梗”的区别、“用典”和“用梗”的异同。邵燕君对讨论内容总结到“智能写作就是以编程的形式‘用典’或‘用梗’”[44]，只要法律能给予严格的规定，即不构成抄袭。

五、当代文学史与文学批评研究

2017年在当代文学史研究方面，最大的收获是洪子诚的《材料与注释》，各位专家学者对此作了大量的阐释与评价。鲁太光认为，这部著作是对历史情境的重现，郜元宝批评洪子诚的文学史写作存在“作家缺席”的问题，但这是这种文学史写作的原因不是结果。洪子诚用寻找作家作品的角度写史，关注文学史中那些由情感挫折造成的伤痕。[45]贺桂梅则提出了该书中的难题，认为洪子诚虽然在多声部的历史叙事中尽可能触摸历史的真实，处理史料超越二元对立的框架，深入历史逻辑内部去寻找历史事实的书写可能性，但也意识到对历史作判断很困难，只好把历史评判的难题推给读者。[46]姚丹认为，洪子诚的写作看似客观却有主观性，人道主义是他审视历史人物的基本尺度，他有一种愤怒的激情，这是藏不住的道德感与主观性，是整理材料时的价值与情感指向。[47]

陈晓明针对当代文学史的写作问题提出了自己看法，认为当代是主体意识到的历史深度向着历史生成建构起来的叙事关系。他认为文学史视野中的当代性是先验的又是建构的，是历史之后的认识与概括，如洪子诚的“一体化”论述。陈晓明努力探询现代性历史中的“当代性”，援引哈贝马斯、彼得·奥斯本及马克思认识到的当代性。他又借用杰姆逊的当前本体论，相信当前的存在有向未来展开的能力，而当代性本身就包含了主客体互动的关系。当代性的时间内涵统合了过去与未来的双重逻辑。所谓当代性是在现代性激进化历史进程中突显的，强调当代性有积极意义，作家应写出当代中国的复杂性，触及历史深度，揭示民族的当代境遇。[48]

在文学批评的方法上，多位学者阐述了新的观点。陈晓明针对张江提出的“意图不在场”理论，认为意图总是在场的，存在于文本中。90年代以后重振作品思想的力量需要通过文本阐发作者的思想，重视作者意图，通过追踪作者意图被消解的历史过程，最终肯定对作者意图的研究。[49]徐刚看到深入生活理论的三重维度，认为过去体验生活能获得写作的有效性，这关系到主体重建、知识分子的改造。90年代后，宏大叙事解体，作家倾向于书写私人生活，如今应该全面把握三种生活。[50]赵勇反思童庆炳的文化诗学，认为他的“审美中心论”是80年代美学热的遗产，后来被移植到文化诗学，这种理论偏向古典主义与人文主义，与文化现实互动不多，现实关怀无法落实。赵勇提出应把审美中心变成审美/非审美的矛盾组，文化诗学的生长点应在纯文学与大众文化的结合部、文学研究与文化研究之间。[51]

程光炜介绍了文学史视野中的“上海批评圈”，如王晓明注重“创作心理学”意义上的批评，看重作家与作品的感应，犀利地指出热闹之下的问题。陈思和的着力点在文学批评和文学史研究，先有潜在的框架，再把作家作品放入，更提倡史家批评。蔡翔感觉细腻，看问题准确，善于把故事、人物放到大的历史图景中去看。许子东是冷静的观察者，重读作品，进行反思、再批评。胡河清善于抓住作品中传神的一点等。[52]徐刚看到批评家中的青年与代际问题，如同时异代现象。青年批评家的涌现带来了新概念新问题，他们又与前辈共享知识范型，同时介入中国的变革，背负起时代使命。[53]张清华也从批评的主体出发，谈到批评者的权力与权利，认为批评家要知道批评的限度，批评时应采取历史的与美学的尺度与标准，要与其他文本对话，并承担现实的责任。[54]

胡疆锋阐述了文学批评的多声部，它由艺术家批评、媒体批评、职业批评3种形态构成。但元规则意识的丧失和缺席导致中国文艺批评盲从西方学术权威，缺乏理论自信和原创精神，屈从于权力和资本，服从于学术共同体的私利。当代文艺批评者最需要的是坚守文艺批评元规则的素养，坚守学者自治和学术自由。[55]

有些学者谈到新时代的文学批评，白烨认为要坚定文化自信，因为文化与复兴相关，需要在理论批评和文艺创作中突显中华性与民族性，加强现实题材写作，讲好中国故事。[56]他又谈到，在新时代中的文学批评要及物、接地气，反对“强制阐释论”，文学批评的目的是发现好作品，今天也要重视对网络文学的批评。[57]

注：

①会后，姚丹、姜涛、鲁太光、李静、石岸书与罗雅琳六位将各自发言修订成文，形成了一组笔谈，在《汉语言文学研究》上以“当代文学研究新视野”为栏目名集中推出。

②洪子诚：《材料与注释·自序的几点补充》，《文艺争鸣》，2017年第3期。

③洪子诚、李浴洋、李静：《重审当代文学中的“制度”与“人”——洪子诚教授访谈录》，《汉语言文学研究》，2017年第2期。

④贺桂梅：《材料与注释中的“难题”》，《文艺争鸣》，2017年第3期。

⑤石岸书：《叙述的“后退”——从〈中国当代文学史〉到〈材料与注释〉》，《汉语言文学研究》，2017年第2期。

⑥姜涛：《检讨“真诚”之迷思：作为原理性的思考》，《汉语言文学研究》，2017年第2期。

⑦贺桂梅：《政治·生活·形式：周立波与〈山乡巨变〉》，《文艺争鸣》，2017年第2期。

⑧李杨：《“右”与“左”的辩证：再谈打开“延安文艺”的正确方式》，《中国现代文学研究丛刊》，2017年第8期。

⑨这一栏目集中推出了钱理群、丁帆、许子东、王晓明、殷国明、陈晓明、吴俊、杨扬、李洱、季进

等现当代学者的一组回忆追悼文章。

⑩钱理群：《读钱谷融先生》，《文艺争鸣》，2017年第11期。

⑪黄平：《新时期文学起源阶段的虚无——从“潘晓讨论”到“高加林难题”》，《文艺研究》，2017年第9期。

⑫旷新年：《关于文明与暴力的历史文化之思》，《人民论坛·学术前沿》，2017年第11期。

⑬陶东风：《梁晓声的知青小说的叙事模式与价值误区》，《南方文坛》，2017年5月。

⑭陈晓明：《“歪拧”的乡村自然史——从〈木匠和狗〉看中国现代主义的在地性》，《文学评论》，2017年第1期。

⑮会后，贺桂梅、季剑青、李静与周旻将各自发言修订成文，形成了一组总题“‘抒情传统’论述之得失”的笔谈，发表在《汉语言文学研究》上。

⑯贺桂梅：《“抒情传统”论述的文化政治及其启示》，《汉语言文学研究》，2017年第3期。

⑰李静：《跨语境的“抒情”——“抒情传统”理论建构的生长点刍议》，《汉语言文学研究》，2017年第3期。

⑱王丽丽：《新版〈中国现代文学理论〉的预告》，《文汇报》，2017年12月22日。

⑲王丽丽：《“抒情”：捍卫和解释文学的“通关密语”》，《文汇报》，2018年1月5日。

⑳张颐武：《“平行”发展之后：新媒体时代的文学的状况》，《文艺评论》，2017年4月。

㉑程光炜：《“认识你自己”：“史诗性”小说的切入口》，《文艺报》，2017年10月。

㉒陈晓明：《逃逸与救世的现代史难题——评张炜新作〈独药师〉》，《当代作家评论》，2017年第1期。

㉓程光炜：《为什么要写〈繁花〉——从金宇澄的两篇访谈和两本书说起》，《文艺研究》，2017年第12期。

㉔李云雷：《“新社会主义文学”的可能性及其探索——读刘继明的〈人境〉》，《当代作家评论》，2017年第3期。

㉕旷新年：《农民可以说话吗——格非〈望春风〉门外谈》，《文艺争鸣》，2017年12月。

㉖孙郁：《从〈受活〉到〈日熄〉——再谈阎连科的神实主义》，《当代作家评论》，2017年第2期。

㉗徐刚：《当代文学的历史叙事问题》，《文艺评论》，2017年7月。

㉘杨庆祥：《梁鸿长篇小说〈梁光正的光〉：追逐历史的背影》，《文艺报》，2017年11月。

㉙白烨：《聆听2016长篇小说中的中国旋律》，《新华书目报》，2017年1月。

㉚李云雷：《如何创造中华民族的新史诗》，《文艺报》，2017年10月。

㉛贺桂梅：《三个女性形象与当代中国社会性别制度的变迁》，《中国现代文学研究丛刊》，2017年第5期。

㉜陈晓明：《中国知识分子的问道隐喻——评徐兆寿的〈荒原问道〉》，《当代作家评论》，2017年第2期。

㉝张颐武：《从石黑一雄得奖谈诺贝尔文学奖和“纯文学”》，《中关村》，2017年11月。

㉞肖汉：《从雨果奖看全球科幻写作趋势》，《文学报》，2017年8月。

㉟杨庆祥：《“新伤痕时代”及其文化应对》，《南方文坛》，2017年6月。

㊱徐刚：《重申“总体性”以及爱与疗愈的文学——“新伤痕文学”的时代意义》，2017年6月。

㊲韦微静、胡疆锋：《文化研究：作为问题和答案的生产场域——2016年度中国内地文化研究著述盘点》，《中国图书评论》，2017年第2期。

㊳张颐武：《多样的统一：中华文化的当下性》，《神州学人》，2017年第2期。

㊴张颐武：《网络文学走过20年》，《文汇报》，2017年5月11日。

㊵邵燕君：《“破壁者”书“次元国语”——关于〈破壁书——网络文化关键词〉》，《南方文坛》，2017年第4期。

㊶许苗苗：《网络媒体变迁与网络文学的生成转化》，《教育传媒研究》，2017年第3期。

㊷邵燕君、肖映萱、吉云飞：《媒介融合　世代更迭——中国网络文学2016—17年度综述》，《文艺理论与批评》，2017年第6期。

㊸庄庸、安晓良：《中国网络文学海外传播：“全球圈粉”亦可成文化战略》，《东岳论丛》，2017年第9期。

㊹邵燕君、李强、肖映萱、王玉王、周文韬、吉云飞、高寒凝、徐佳、彭笑笑、杨采晨、金恩惠：《直面媒介文明的冲突，理一理“文学的根”——北京大学网络文学研究论坛纪要》，《南方文坛》，2017年

第 4 期。

㊺鲁太光：《"寻找文学"的文学史写作——读〈材料与注释〉兼谈文学史研究中的情感问题》，《汉语言文学研究》，2017 年第 2 期。

㊻贺桂梅：《材料与注释中的"难题"》，《文艺争鸣》，2017 年 3 月。

㊼姚丹：《诗与真——〈材料与注释〉中的"主观"与"客观"》，《汉语言文学研究》，2017 年第 2 期。

㊽陈晓明：《论文学的"当代性"》，《中国现代文学研究丛刊》，2017 年第 6 期。

㊾陈晓明：《"意图"之殇与作者之"向死而生"》，《社会科学战线》，2017 年第 4 期。

㊿徐刚：《"深入生活"的三重维度》，《文艺报》，2017 年 2 月。

(51)赵勇：《从"审美中心论"到"审美/非审美"矛盾论——童庆炳文化诗学话语的反思与拓展》，《北京师范大学学报》(社会科学版)，2017 年第 6 期。

(52)程光炜：《上海批评圈与其他小说》，《南方文坛》，2017 年 1 月。

(53)徐刚：《青年与代际，或理论批评的"当代性"》，《文艺报》，2017 年 9 月。

(54)张清华：《批评的身份与限度、使命与尺度》，《当代作家评论》，2017 年第 6 期。

(55)胡疆锋：《文艺批评的多声部与元规则》，《中国文艺评论》，2017 年第 2 期。

(56)白烨：《坚定新时代的文化自信，推动新阶段的文艺繁荣——学习习近平总书记十九大报告的体会》，《中国艺术报》，2017 年 10 月。

(57)白烨：《在应和时代中前行，在切近现状中拓进——五年来的文学理论批评概观》，《文学报》，2017 年 10 月。

（作者：邵燕君，北京大学副教授；
孙凯亮、邢玉丹，北京大学硕士生）

东方文学

魏丽明　阎鼓润

2017 年 6 月 26 日—7 月 7 日，教育部人文社科重点研究基地北京大学东方文学研究中心与北京大学外国语学院共同举办主题为"东方文学研究：互动与影响"的暑期学校。120 名学员来自全国 42 所高校和科研机构。来自阿曼、希腊、中国社会科学院、北京大学、中国人民大学、北京师范大学、北京外国语大学等国内外学者为学员们做了涵盖东方文学各个领域的专题讲座。

2017 年 8 月 22 日，中国社科院外文所召开"一带一路背景下的东方文学"学术研讨会，与会者紧扣议题，对"一带一路"沿线东方各国文学研究的众多前沿问题展开了深入的学术讨论。

一、综合类

《季羡林学术著作选集》[①]于 2017 年出版，丛书共分 12 卷，充分展示了季羡林文学、文化精髓及学术的风采。其中，与东方文学相关的分卷包括《印度历史与文化》《比较文学与民间文学》《中国文化与东方文化》《东西文化比较》《中印文化交流》《印度古代语言及吐火罗文研究》　《印度作家作品评论》等。

2017 年，比较文学仍然是东方文学研究中的重要方向。《比较文学与文化研究丛刊》[②]一书收录了《印度佛学华化与中国诗学传统》《日本诗话与中国诗话》《论菊池五山的诗学思想》《印度文坛动态》等文章。

2017 年学界有关作家作品的研究重点在影响研究。《雷蒙德·钱德勒的侦探小说对村上春树都市物语的影响》[③]一文认为钱德勒侦探小说中叙述者与主人公的关系设置、故事情节模式、细节的真实等叙事技巧对村上春树的都市物语创作也有着深远的影响。《"民族"和"语言"双重束缚下"在日"文学的现状与走向》[④]以日本殖民朝鲜半岛时期（1910—1945）来到日本或被强行带到日本的朝鲜人主要用"日语"创作的文学为切入点，将其分为 4 个时期，并阐述了不同时期的特点。《中韩近现代文学关系研究的历史与现状》[⑤]从人际交流与思想传播、文本传播与译介、跨界叙事等 3 个方面，简要梳理和阐述中韩近现代文学关系的研究历史与现状。《比较视野下的新加坡英语文学和华文文学》[⑥]对新加坡英语和华文文学的发展进行梳理，找出这两种主流文学在创作风格和特点上的相同点，探究新加坡社会思想文化的发展和文学发展趋势。《“慰”论：日本文学功能理论及与中国古代文论之关联》[7]提出从比较诗学的角度看，中国文论讲求“为”，为政道为教化，日本文论则“以慰为事”，讲求慰人慰心，只有在中日文论范畴的关联性研究中才能有效阐发“慰”的理论价值，并能见出中日两国文学传统的分歧与分野。

二、东亚文学研究

本年度日本文学研究著作频出。《日本汉诗研究论文选》[8]共分6部分，内容包括：日本汉诗概说、日本诗话研究、白居易与日本汉诗研究、日本汉诗人及其汉诗研究、日本汉诗专题研究、日本汉诗与中国诗歌比较研究。该书也是《东亚文学与文化研究丛书》的第一辑。《樱园沉思：从夏目漱石到村上春树》[9]从宏观出发，首先把日本文化放在东西方以及中日对比的大视野中加以定位，然后依次评论了十几位在日本优秀小说家及其作品。这些评论的作者不限于单纯从文学创作技巧的眼光来分析一个个文本，而是深入到作品底下的思想境界和心灵冲突，从而展示出评论者对原作者的内在精神的领悟、理解和挖掘。《人工智能与闭塞社会背景下的日本文学——2016年日本文坛回顾》[10]总结出日本文坛2016年的几个发展方向：以人工智能为题材创作的文学作品让读者体会到在对人类未来生活的憧憬同时，也开启了人工智能会将人类带向乌托邦还是废托邦的思考；受安倍经济学鼓励女性参与社会政策的刺激，女性文学的隆盛颠覆了人们对日本传统的认识；近年来重要文学奖项的娱乐化倾向，亦是今后考察日本文学值得关注的内容。《2016年度中国的日本文学研究综述》[11]对2016年度我国的日本文学研究成果进行了回顾，认为本年度成果在数量和质量上都有一定提升，尤其是在中日文学关系方面成果突出，但往年存在的一些问题依然存在，包括低水平重复现象。另外，不注重文本细读的泛文化研究现象有背离文学研究之嫌，应引起学界的注意。

《现世与净土之间——论〈方丈记〉的“闲居”世界》[12]结合镰仓时代白居易诗文的受容情况，着重探讨了《方丈记》中“闲居”与净土的关系。《〈古今和歌集〉汉译中的歌体、歌意与“翻译度”》[13]认为和歌的“翻译度”体现在歌体的呈现与歌意的传达这两个方面，通过对不同译案的比较分析可以看出3句“五七调”是和歌及《古今和歌集》翻译的最佳方案之一。《民间叙事与国家在场——日本桃太郎故事研究》[14]认为日本政府通过在民间叙事中在场，使故事内涵发生强烈转向，从单纯民间叙事被改写为国家叙事，这是由具有文化霸权的国家一方强行绑架民间叙事所致。

《人生至上抑或是艺术至上——围绕有岛武郎〈一个宣言〉的论争及影响》[15]提出日本明治维新以来文坛上一个重要且严肃的话题，即艺术素材的价值问题，浪漫主义作家主张艺术至上主义，很少看重素材的作用，而现实主义作家、无产阶级作家等却主张文艺素材的作用，特别是文艺素材本身所包含的生活价值和道德价值。《大庭美奈子原爆文学代表作〈浦岛草〉镇魂特质论》[16]从对广岛原爆中牺牲者的镇魂、对战后日本社会整体遗忘原爆灾难的不满来考察《浦岛草》的镇魂特质，揭示大庭《浦岛草》等原爆题材作品镇魂特质的现实意义。《语言的戏仿与异乡人的书写三昧——横山悠太新作〈我似猫〉评析》[17]认为该作表面上呈示了人物交叉体验中日两国文化过程中的趣闻轶事，实际上隐喻了跨文化亲历者所面临的文化身份丧失的困境。《21世纪日本芥川奖获奖女作家叙事策略研究》[18]认为21世纪获芥川奖女作家的创作有一个共性的关注，即对20世纪末年轻一代普遍存在的失语症问题的关注，她们不约而同地从改变小说言语形式与叙事技巧入手，用组合式的语言与多种创作模式的叙事话语诠释着对“我”要走向何方的理解，诠释着对自我建构的认知。

《朝鲜寓言拟人传记文学研究》[19]立足文献文本和历史文化事实，是系统论述古代朝鲜寓言、拟人传记体文学历史的专门著作。《朝鲜词文学传播与创作研究》[20]以朝鲜词文学的传播接受——创作创新——制约与局限的历史性、共时性为主线，由表及里发现朝鲜古代词文学的发展规律，同时对学界有争议的古代朝鲜词的数量问题做出进一步探讨。《身份·命运·价值：朝鲜后期“译官四家”及其诗歌研究》[21]以朝鲜后期“译官四家”，即洪世泰、李彦瑱、郑芝润、李尚迪为研究对象，围绕四人汉诗作品的艺术风格和诗人的创作思想展开研究。

《20世纪韩国关于韩国文学对中国古典文学接受情况的研究》[22]从整体上对韩国关于对韩国文学对中国古典文学接受情况的研究进行了总结，并分为古典小说、古典诗歌、古典戏曲和民间文学四大部分，对相关领域的研究进行了梳理。《韩国近代文学与中国》[23]收录13篇文章，对近代朝鲜半岛文人在中国移民、经商、留学和参加抗日战争历程中新撰写的游记、散文、诗词和小说等作品予以介绍和评析，透视朝鲜人民与中国人民及其抗日战争唇齿相依的紧密关系，揭示日本侵略者所谓“东亚共荣”“五族协和”的虚伪本质。

《2016 年韩国文坛概况》[24]系统梳理了 2016 年的韩国文学线索。《建国三十年朝鲜和韩国文学译介研究》[25]通过对 1950—1978 年的朝鲜（韩国）文学翻译的考察发现，冷战意识形态赋予了文学翻译以深厚的政治色彩，作品的艺术性退居衡量文学价值标准的次席，政治思想性成为第一标准，中国文学对韩国文学基本上持批判和否定的态度。

三、南亚文学研究

《“理想之中国”——泰戈尔论中国》[26]全书分 6 章，分别从泰戈尔的中国情结、泰戈尔亚洲思想中的中国、泰戈尔笔下的中国形象、泰戈尔对中国的言说、印度国际大学馆藏资料研究、1924 年泰戈尔访华的历史意义等角度梳理了泰戈尔与中国的关系，深入研讨泰戈尔提出的“理想之中国”与“亚洲命运共同体”的关系，提出“中国梦”和世界的关系是“你中有我、我中有你的世界命运共同体”的“同命运共呼吸”的关系的观点，认为泰戈尔的“世界大同”理念与“亚洲命运共同体”的思想与“和平合作、开放包容、互学互鉴、互利共赢”为核心的丝路精神以及“人类命运共同体”的理念有着深层的契合。

《印度戏剧论》[27]对印度戏剧进行了系统梳理，文中提到印度古代戏剧起源较早，公元前后产生的戏剧学专著《舞论》对戏剧艺术进行了详尽的论述，但现存剧本均成于公元之后，4—5 世纪的戏剧家迦梨陀娑世界闻名。近现代戏剧依然丰富，印地语戏剧家帕勒登杜和伯勒萨德、民间戏剧罗摩本事剧和黑天本事剧等都值得书写。《关于印度文学与世界文学关系的一种解读——读弗朗西斯卡·奥西尼〈世界小说之镜中的印度〉》[28]解读了弗朗西斯卡·奥西尼在《世界小说之镜中的印度》一文对印度文学与世界文学的不平等关系进行的分析，指出印度文学具有民族文学和边缘文学双重身份，只有在民族的历史观念及其文化语境的关照下才能焕发出经典的意义。《论迦梨陀娑抒情诗的女性特质建构》[29]指出，迦梨陀娑在继承前代文学传统的基础上将古典梵语诗歌艺术推向了高峰。其抒情诗成功实现了文学话语的女性特质建构，这一建构过程不仅是古代诗歌传统和时代审美意趣共同作用的结果，也是对父权制社会下男性意识和男性声色欲望或直接或曲折的表达。

《论 19 世纪北印度的印地语写本》[30]指出 19 世纪印度印地语写本的制作、流通与保存联系着从统治者到民间文化精英的诸多社会群体，覆盖了北印度的广阔地域，随着印度社会的结构性变迁，社会记忆的方式也发生了改变，写本逐渐退出了新一代文化精英的日常阅读活动，成为学术研究的对象，并在印地语文学史学科建立的过程中扮演了不可或缺的角色。《泰戈尔在中国（1979—2009）》[31]选取 1979—2009 年这 30 年间的泰戈尔译介与研究成果进行梳理，并指出问题。《泰戈尔“东方—西方”观及“东方文化”论——基于东方学视角的分析》[32]认为泰戈尔在关于“东方－西方”的思考中，体现了鲜明的印度本位意识，为了应对西方文化的迫临，他意识到东方各国文化的分散性而提出了东方文化整合论和东方精神文明与西方物质文明这两个对跖的概念。《解域、逃逸与创造：印度当代英语小说的小民族文学性》[33]认为印度当代英语文学诞生于后殖民和全球化这一大背景之中，展现出了独特的小民族文学姿态，通过具体解读几部印度当代英语小说，详细阐明了它们展现出的小民族文学的 3 个重要特征，表明了小民族文学如何进行小民族政治实践。

值得一提的是 2017 年印度文学研究领域对女性文学的关注度得到提升：《印地语女性文学的先声：默哈德维·沃尔马的女性书写》[34]研究了这位 20 世纪早期印地语诗歌流派阴影主义的代表女诗人、散文家，归纳了她的创作理念，即认为男女两性的和谐平等是社会健康圆满的基础，女性的自我意识觉醒是女性解放与自由的前提，女性只有获得精神独立，才能平等地参与家庭与社会发展，确立作为个体的女性在母亲及妻子两大传统身份之外的自我价值。《印度知识女性的代言人——论曼奴·彭达莉的女性主义小说》[35]介绍了曼这位当代印度印地语文坛极具影响力的女作家，指出其女性主义小说关注身处世界与家庭夹缝中的印度知识女性的生存状态，主要表现传统社会对知识女性的制约以及独立后印度知识女性对自我存在与价值的探求。《苏妮缇·南希对经典的女性主义重写》[36]通过分析这位印度当代女作家的创作，指出其对印度经典文学的重写表达了对传统文学所蕴含的男权思想的批判和颠覆，其重写的文本与之前的经典文本构成了互文关系，在种族、阶级及性别的不平等框架中阐释了反抗的可能。《全球化与后殖民状况：〈微物之神〉之解读》[37]将印度女作家阿兰达蒂·罗伊的小说《微物之神》作为一部当代全球化英语小说来进行分析与解读，认为罗伊在该小说中阐明了后殖民状况本身是作为全球化历史的一部分而被书写这一观点，以及全球化与后殖民状况之复杂关联。

2017 年出版了《尼泊尔现当代文学作品选读》[38]，这本教材以尼泊尔现当代文学的发展演进为骨架，以尼泊尔文学运动及文学流派的起伏为线索，精选了尼泊尔语文学史上著名作家的作品，以创作（发表）年代为序，同时兼顾语言特点、文字难度、篇幅容量进行编排，以便能够使读者更加全面、客观地了解现当代尼泊尔语文学的发展脉络和发展概貌。

四、东南亚文学

《东南亚文学论集》[39]是关于东南亚文学的研究论文集，收集了国内东南亚文学研究者近年来在东南亚文学研究上的成果，分“文学综述”“作家作品分析”“比较文学研究”三大部分，涉及了越南、老挝、泰国、缅甸、马来西亚、印度尼西亚、菲律宾等东南亚国家，比较全面地体现了国内学者在东南亚文学研究方面的学术成果。《世界四大文化与东南亚文学》[40]着重研究世界四大文化对东南亚文学的影响，探讨文化交流的“世界性”和“民族性”问题。该书共四编，分别从中国、印度、伊斯兰、西方四大文化与东南亚国家的相互交流以及东南亚各国文化历史的演变，揭示东南亚文学的发展规律。

《〈战争哀歌〉与亚洲和平》[41]旨在挖掘越南作家保宁饮誉国际的小说《战争哀歌》的人文主义与反战传统的渊源，论述其对亚洲和平的重要意义。

《20 世纪 80 年代泰国文学在我国的译介与研究》[42]指出这一时期，我国的泰国文学翻译与研究互为促进，翻译重心向名家名作转移，译介体裁多样化，出版方式多元化，虽然不同历史阶段的文学代表作译介得还不够全面，但填补了文学译介上的空白。《从泰文系列小说〈骄傲之血〉看泰国华人生活》[43]对《骄傲之血》系列小说中泰国华人的生活方式和传统文化进行探讨，以加深读者对当时泰国华人生活文化的了解。

《柬埔寨文学研究述评》[44]主要对柬埔寨文学在中国的研究情况、特点进行论述，分析存在问题，探究未来走向，以期推进柬埔寨文学研究向纵深发展。

《论缅甸民间文学和缅甸文化的关系》[45]通过田野调查，以普遍文化模式为视角，分析了缅甸民间文学与缅甸文化之间的关系。

《华校情结、代际区隔与国族意识——对新加坡华人国族意识建构历史的文学考察（1965—2015）》[46]选择一系列重要的新华作家的华校题材作品为分析对象，同时在新加坡建国以来的文学发展史的大背景中，力图从官方历史和民间历史的缝隙中寻找新加坡华人国族意识的建构过程，从而重审当代新加坡华人文化的历史构成和特点。

《从部族主义走向“大印度尼西亚”——略论印度尼西亚早期的民族主义文学》[47]认为这一历史阶段的文学更关注印度尼西亚民族而不仅是地域内的部族，为唤醒民众大声呐喊，文学的形式和内容突破传统，不断发挥文学的宣传教诲功能，融合成印尼早期民族文学的绚丽文化，形成了多维度的印度尼西亚早期民族主义文学。

《东南亚华文文学研究》[48]收录了东南亚华文文学研究 30 年、“海上丝绸之路”与东南亚华文文学、反法西斯华文文学研究新视野、东南亚国别华文新文学特色新研究、东南亚华文新文学眺望等方面的文章。《下南洋，返唐山——〈南洋散文集〉的移民史缩影》[49]认为文集收入的散文反映了在战争与生活双重夹击下的时代，具有为一个动荡的大时代画像的功能：南洋如何与祖国产生对话、写实主义思潮的传承以及在左翼思潮影响下的意识形态，乃至写作技术，都有助于我们还原和理解那个时代。《论东南亚回族华人文学的旅行书写》[50]指出东南亚回族华人文学的旅行书写涉及地域和族裔两个层面，传承了中国的游文化和伊斯兰教的游文化，在海外华人文学中有其特殊价值。《菲律宾华文文学中的“晋江现象”》[51]提到晋江籍菲华作家的代际出现与菲华新文学的产生、发展与兴盛同步，在菲华新文学发展的每一个历史阶段都发挥了关键性作用，成为菲华文学的中流砥柱，在菲律宾文坛产生持续而广泛的影响，成为一种引人瞩目的独特文学现象。《中国渊源与本土诉求：从〈新华文学大系〉看当代新加坡华文文学的经典建构》[52]评价这本书一方面继承了中国以及海外华文文学界以文学大系确立文学经典，进而书写文学史的传统；另一方面又通过本土话语体系的构建和文本经典范式的生成表达了当代新加坡华文文学追求国家意识与华族文化特质相统一的本土诉求。《东南亚华文女作家的定位与超越——以马华、新华及印华女作家为参照》[53]以 3 国华文女作家作为切入点，通过比较来深化该区域研究，扩展至东南亚华文文学的整体研究。

五、中亚、西亚及北非文学

本年度有关东干文学的研究较为丰富。《论中亚东干文学的唐人村书写》[54]认为这种书写的形成有文化地理方面的原因，作家在唐人村书写中建构了原乡与居乡张力组合的家乡空间，建构了循环时间、线性时间、自由时间等多元融合的时间状态。《中亚华裔东干文学与俄罗斯文化精神》[55]《汉语东干文学批评的特点》[56]《俄语东干文学批评的若干特点》[57]《中亚东干文学语言论纲》[58]《中亚回族文学批评的特点》[59]等论文从不同角度丰富了这一领域的研究。

《哈萨克斯坦文学在中国——哈萨克斯坦文学汉译情况概述》[60]对哈萨克斯坦文学在中国的汉译情况做了初步的梳理与归纳，提出在建设"一带一路"语境下，应发挥翻译文学在推进两国文化交流中的独特作用，重视和加强中哈两国的文学翻译工作。

《阿拉伯现代文学与神秘主义》[61]一书选择了黎巴嫩、埃及、突尼斯、伊拉克、利比亚等5个阿拉伯国家的9位具有代表性的诗人、作家、戏剧家。按出生年代顺序排列，分别予以介绍和评述，以便展示20世纪的阿拉伯文人如何在社会发展的不同阶段，继承、发扬民族文化的精华。《阿拉伯安达卢斯文学与西班牙文学之初》[62]则分为阿拉伯安达卢斯文学、阿拉伯安达卢斯文学与西班牙文学之初两编，包括安达卢斯诗歌与西班牙早期谣曲、安达卢斯韵文与《真爱之书》、阿拉伯寓言与西班牙文学、《一千零一夜》与西班牙古典文学等内容。

《变革时代的文学在场——2016年阿拉伯文学简述》[63]指出革命浪潮退去，阿拉伯文学的创作主题呈多元化特点，各国作家的关注方向虽因国情不同而各有侧重，但面对复杂而广阔的书写空间，阿拉伯作家除发挥一向擅长的现实主义书写传统之外，还回望历史，刻画未来，思考共同面临的问题，并对现实和未来提出警示。古代文学方面，《〈一千零一夜〉与西渐举隅》[64]采取较为客观的平行比较方法，以展示这部阿拉伯文学名著与西班牙古典文学的某些渊源。现当代文学方面，《论米哈伊尔·努埃曼文学评论集〈筛〉中的文艺美学思想》[65]以历史背景为线索，从努埃曼在作品语言、作品审美层次、审美创作与审美欣赏等方面的论述分析其文艺美学观点，并归纳出其文艺美学思想的特征。《阿拉伯小说〈竹竿〉主人公以萨的身份认同问题探析》[66]通过对小说主人公以萨身份认同之旅的解读，结合科威特社会背景，分析主人公认同失败的原因，以及在多元共存的时代不同文化之间如何实现真正的和谐共处，边缘人如何对自己的身份进行思考和重塑。《"圣战者"是如何炼成的——〈天堂之风〉中伊斯兰极端分子的身份认同》[67]从身份认同角度，探究小说主人公们胡转变过程，揭示造成这一系列转变的各种原因，以期为全面深刻地认识恐怖主义，进而为预防、遏制、根除恐怖主义提供一些有益的启示。

《21世纪的土耳其小说：现状与隐忧》[68]归纳了20世纪80年代土耳其小说的发展的六大趋势：个人主义的崛起、重估奥斯曼历史、身份的焦虑、伊斯兰思想的回归、女性的声音和艺术形式上的杂糅、实验、创新。《论〈我脑袋里的怪东西〉中麦夫鲁特的街头漫游》[69]认为主人公对伊斯坦布尔城近半个世纪的历时观察，以及相应的怀旧情感和行为，构成了对该城城市记忆的呼唤，究其本质体现了作者帕慕克书写伊斯坦布尔城及其记忆的现代使命。《物与词之间：〈纯真博物馆〉中的经验》[70]认为作者在创作小说和创建真实坐落于伊斯坦布尔街头的纯真博物馆以及编写藏品目录《物品的纯真》的过程中，兼具作家和收藏家的双重身份，在小说与收藏、虚构与真实、想象与记忆之间通过物与词的融汇，既表明了经验的保留、传递与交流，也实现了作家的跨域旅行。

《波斯文学翻译与研究在中国》[71]系统梳理了国内的波斯文学研究成果。《〈真境花园〉在中国》[72]梳理和归纳了国内学界对该部作品的译介和研究现状。

《2017年国际曼布克奖与希伯来语小说家》[73]一文分析了入围国际曼布克奖的两部作品都很优秀，认为《一匹马走进酒吧》注重文体实验，聚焦非常态的以色列现实社会，而《背叛者》则在追忆过去中反观以色列现实问题，探讨当代以色列语境下何谓背叛者的话题。

河南大学的《圣经文学研究》[74]出版了两辑，其中文学领域论文包括《〈出埃及记〉叙事的文学统一性》《英国中世纪神秘连环剧中的间离与共鸣》《圣经视域中的索尔·贝娄小说》《戏剧性演绎对女性意识的彰显——〈雅歌〉吴曙天译本的副文本研究》和《乔治·赫伯特〈圣殿〉中的圣经观》。

六、撒哈拉以南非洲文学

《非洲：作为臣民与主体的历史》[75]和《载道还是西化：中国应有怎样的非洲文学研究》[76]两篇文章针对中国研究非洲文学的原因、意义与方法发问，指出要回答这些问题需要询问：西方为什么要研究非洲文学以及后殖民理论为什么如此成功？20世纪60年代以来社会主义阵营提出的研究方法为什么失败？在此反思基础上，我们方可勾勒正快速发展的中国的非洲文学研究先天所携带的劣势和未来的可能性。《非洲英语文学在中国的研究》[77]基于CSSCI刊物论文的梳理，从宏观与微观两个层面综述和分析非洲英语文学在中国的研究情况，探讨非洲英语文学在中国的研究总体上存在的问题。《关于非洲戏剧翻译的若干思考》[78]在梳理了撒哈拉以南非洲戏剧种类的基础上，提出了翻译工作必须要考虑不同国家地区的不同剧种的特点，才能突破戏剧和语言形成的障碍，从而实现译本从源语向目标语的成功转化。

《遥远大陆的文学景观——凯恩奖所折射的当代非洲文学》[79]通过对凯恩奖提名的非洲文学作品的研究，绘制了一副完整的当代非洲文学图景。《口述、表演与叙事——非洲书面文学中的口头叙事研究》[80]论述了表演理论为书面文学中的口头叙事研究提供的学理基础，并从框架和自反性两个核心概念出发，阐释表演如何桥接口述和书面叙事，从而构成文本深层的表演叙事结构，并探讨了表演叙事的文化功能和意义。从表演切入非洲书面文学中的口头叙事研究，对当代非洲文学理论的发展和非洲文学身份的建构，都具有十分重要的意义。《文学路的探索与非洲梦的构建——尼日利亚英语文学源流考论》[81]爬梳了尼日利亚英语文学的发展历程，并对作品中蕴含的思想进行了系统分析。

《钦努阿·阿契贝长篇小说中的口述性论析》[82]以他的长篇小说为对象，借助民俗学表演理论考察了口述性在文本中的叙事形态和功能，包括口述性表演框架所带入的群体性和新生性特征。《索因卡对〈酒神的伴侣〉的创造性改写》[83]认为改写的主要目的是在对尼采悲剧学说阐释的基础上，借助欧洲的旧故事来表达自己的民族戏剧构想。《恩古吉·瓦·提安哥研究现状及前景》[84]就国内外学者对恩古吉及其作品的研究情况进行整理总结并对研究恩古吉其人其作的前景进行预测。《桑戈尔诗歌中的“黑人性”解读》[85]从意气风发的非洲个性及强烈的韵律、法兰西特性以及其诗歌中所表现出的非洲浪漫主义下的哲学思想等几方面着眼，客观评价“黑人性”诗歌，深入解读了桑戈尔诗歌作品感情以及文学特点。《阿索尔·富加德剧作中现实主义传统探微》[86]选取富加德于20世纪60—80年代撰写的三部戏剧作品《血结》《希兹尉·班西死了》《我的孩子们！我的非洲！》为研究对象，分析作者创作过程中的现实主义写作手法。《库切小说中的“属下”形象——后殖民理论视域下的一种阐释》[87]发现库切作品中沉默的“属下”既是彰显自我存在的无声宣示，也是解构帝国及认知暴力的利器。《三重空间视阈下的非洲书写——以本·奥克瑞〈饥饿的路〉为中心》[88]指出该作品是在本土文化与西方文化杂糅与碰撞形成的第三空间中，作者以个人出路的探索完成对现实生活中非洲路的探索。《瓦解与重构——阿迪契小说〈紫木槿〉家庭叙事下的民族隐喻》[89]认为作品通过一个分裂性的悲剧形象，折射出非洲在现代化进程中西方价值入侵与传统文化价值割裂的畸形文化状态，表现出作家对非洲传统文化的认同与肯定，同时以隐喻的形式探讨了民族文化的重构问题。《贾克斯·穆达〈赤红之心〉的帝国反写与绿色批评》[90]以后殖民生态批评理论为依托，探讨小说中所呈现的殖民活动和帝国主义给南非造成的殖民地社会生态的崩溃、精神生态的错乱和自然生态的危机，揭示其帝国反写与绿色批评的意旨所在。

从以上梳理可以看出，2017年国内东方文学研究呈现出新的变化趋势。首先，各国文学和各学科之间的发展不均衡现象得到很大的改善。随着“一带一路”倡议的推广，沿线国家和地区的文学得到了进一步强化。新兴的撒哈拉以南非洲文学研究水平不断提升，学界开始关注尼泊尔、哈萨克斯坦等国文学。今年的研究呈现跨国别、跨区域整体研究与比较研究互动的态势。其次，各板块的研究水平不断提升。对知名作家的代表作研究不再占据主流地位，对学科史、文学理论、冷门作家作品和文学文化的研究得到强化。研究内容更丰富，范围更广泛，层次更深入。总体而言，2017年度北京学界进一步推进东方总体文学研究，这对于进一步完善东方文学学科建设无疑具有促进意义。

注：

①季羡林著、王树英、薛克翘编：《季羡林学术著作选集》，新世界出版社2017年版。

②张晓希主编：《比较文学与文化研究丛刊》，中央编译出版社2017年版。

③张小玲：《外国文学研究》，2017年第2期。

④黑古一夫、侯冬梅、刘楚婷：《东北亚外语研究》，2017年第3期。

⑤崔一：《中国现代文学研究丛刊》，2017年第12期。

⑥蔡茜：《东南亚纵横》，2017年第2期。

⑦王向远：《东岳论丛》，2017年第9期。

⑧刘怀荣、孙丽选编：《日本汉诗研究论文选》，中国社会科学出版社2017年版。

⑨肖书文：《樱园沉思：从夏目漱石到村上春树》，中央编译出版社 2017 年版。

⑩陈世华：《外国文学动态研究》，2017 年第 5 期。

⑪刘晓芳：《日语学习与研究》，2017 年第 4 期。

⑫田云明：《国外文学》，2017 年第 3 期。

⑬王向远：《日语学习与研究》，2017 年第 6 期。

⑭毕雪飞：《外国文学研究》，2017 年第 5 期。

⑮陈世华、刘婷：《东北亚外语研究》，2017 年第 1 期。

⑯侯冬梅：《外国文学研究》，2017 年第 4 期。

⑰赵海涛：《外国文学动态研究》，2017 年第 3 期。

⑱王玉英：《中国语言文学研究》，2017 年第 1 期。

⑲李岩、李杉婵：《朝鲜寓言拟人传记文学研究》，北京大学出版社 2017 年版。

⑳王进明：《朝鲜词文学传播与创作研究》，中央民族大学出版社 2017 年版。

㉑李春姬、姜夏、林春颖：《身份 · 命运 · 价值：朝鲜后期“译官四家”及其诗歌研究》，吉林大学出版社 2017 年版。

㉒李丽秋：《20 世纪韩国关于韩国文学对中国古典文学接受情况的研究》，大象出版社 2017 年版。

㉓李海英、金在湧主编：《韩国近代文学与中国》，上海交通大学出版社 2017 年版。

㉔薛舟：《外国文学动态研究》，2017 年第 5 期。

㉕金鹤哲：《东疆学刊》，2017 年第 1 期。

㉖魏丽明：《“理想之中国”——泰戈尔论中国》，中国广播影视出版社 2017 年版。

㉗姜景奎：《亚非研究》，2017 年第 1 期。

㉘何芳菊：《重庆城市管理职业学院学报》，2017 年第 1 期。

㉙于怀瑾：《国外文学》，2017 年第 4 期。

㉚姜景奎、费都：《亚非研究》，2017 年第 2 期。

㉛潘啊媛：《亚非研究》，2017 年第 2 期。

㉜王向远：《同济大学学报》(社会科学版)，2017 年第 5 期。

㉝尹晶：《外国文学研究》，2017 年第 4 期。

㉞李亚兰：《中国语言文学研究》，2017 年第 2 期。

㉟王靖：《中国语言文学研究》，2017 年第 2 期。

㊱王春景：《中国语言文学研究》，2017 年第 2 期。

㊲赵建红：《当代外国文学》，2017 年第 11 期。

㊳王宗主编：《尼泊尔现当代文学作品选读》，世界图书出版广东有限公司 2017 年版。

㊴钟智翔主编：《东南亚文学论集》，世界图书出版广东有限公司 2017 年版。

㊵梁立基、李谋主编：《世界四大文化与东南亚文学》，世界图书出版广东有限公司 2017 年版。

㊶孙来臣：《东南亚研究》，2017 年第 1 期。

㊷全莉：《广西社会科学》，2017 年第 2 期。

㊸李媛媛：《开封教育学院学报》，2017 年第 2 期。

㊹王海玲：《东南亚纵横》，2017 年第 5 期。

㊺寸雪涛：《东南亚纵横》，2017 年第 2 期。

㊻金进：《外国文学研究》，2017 年第 3 期。

㊼杨君楚：《长春师范大学学报》，2017 年第 7 期。

㊽庄钟庆、郑楚主编：《东南亚华文文学研究》，厦门大学出版社 2017 年版。

㊾钟怡雯：《外国文学研究》，2017 年第 6 期。

㊿杨建军：《民族文学研究》，2017 年第 1 期。

51古大勇：《世界华文文学论坛》，2017 年第 1 期。

52张晶：《暨南学报(哲学社会科学版)》，2017 年第 2 期。

53马峰：《世界华文文学论坛》，2017 年第 4 期。

54杨建军：《外国文学研究》，2017 年第 3 期。

55司俊琴：《西南民族大学学报》，2017 年第 3 期。

56惠继东、李霞：《宁夏师范学院学报》，2017 年第 4 期。

57惠继东、李霞：《宁夏大学学报》，2017 年第 3 期。

58常文昌：《天水师范学院学报》，2017 年第 3 期。

59惠继东：《宁夏社会科学》，2017 年第 4 期。

60夏里甫罕 · 阿布达里：《伊犁师范学院学报》，2017 年第 4 期。

61李琛：《阿拉伯现代文学与神秘主义》，华文出版社 2017 年版。

62宗笑飞：《当代中国出版社》，2017 年版。

63尤梅：《外国文学动态研究》，2017 年第 6 期。

64宗笑飞：《东吴学术》，2017 年第 2 期。

⑥⑤林哲：《北方工业大学学报》，2017年第4期。
⑥⑥张洁颖：《外国文学动态研究》，2017年第4期。
⑥⑦黄婷婷：《外国文学动态研究》，2017年第1期。
⑥⑧张虎：《外国文学动态研究》，2017年第2期。
⑥⑨朱春发：《外国文学研究》，2017年第3期。
⑦⓪尹星：《当代外国文学》，2017年第4期。
⑦①穆宏燕：《中华读书报》，2017年8月23日。
⑦②杨万宝：《回族研究》，2017年第1期。
⑦③钟志清：《外国文学动态研究》，2017年第5期。
⑦④梁工主编：《圣经文学研究》，人民文学出版社，2017年第1、2期。
⑦⑤蒋晖、孙晓萌：《中国图书评论》，2017年第4期。
⑦⑥蒋晖：《山东社会科学》，2017年第6期。
⑦⑦陈凤姣、高卓群：《浙江师范大学非洲研究院》（专题资料汇编），2017年。
⑦⑧黄坚：《戏剧之家》，2017年第2期。
⑦⑨刘雪岚：《世界文学》，2017年第1期。
⑧⓪段静：《国外文学》，2017年第1期。
⑧①朱振武、韩文婷：《外语教学》，2017年第4期。
⑧②段静：《当代外国文学》，2017年第1期。
⑧③高文惠：《外国文学研究》，2017年第3期。
⑧④杨爽：《疯狂英语》，2017年第3期。
⑧⑤郝立英：《校园英语》，2017年第43期。
⑧⑥许秋红：《浙江师范大学非洲研究院》（专题资料汇编），2017年。
⑧⑦王妮、向天渊：《当代外国文学》，2017年第3期。
⑧⑧朱振武、韩文婷：《当代外国文学》，2017年第4期。
⑧⑨张勇：《当代外国文学》，2017年第3期。
⑨⓪段燕、王爱菊：《当代外国文学》，2017年第3期。

（作者：魏丽明，北京大学教授；
阎鼓润，北京大学硕士生）

西方文学（不含英美）

李芊芊　喻天舒

2017年北京学者的西方文学（不含英美）研究，就地域而言存在一定的不平衡性，也就是说，德语文学和法语文学的研究成果，相对更丰富些，一些经典作家如歌德、卡夫卡、伏尔泰等人，仍旧得到学者们的格外关注，他们的经典文本，也被加以更深入地挖掘。而令人欣喜的是，除了经典作家的经典作品，北京学者也勇于另辟蹊径，将目光投向了一些在中国知名度不高的“冷门”作家；与此同时，西方文学作品与中国的联系也大大吸引了学者们的目光，西方文学作品的翻译及其在中国的接受成了热点话题。

以下，我们分西方古典文学研究、德语文学研究、法语文学研究、西班牙语与意大利语文学研究、文学理论研究五个方面，就笔者掌握的资料，对2017年北京学者的西方文学（不含英美）研究状况，进行一番综述。

一、西方古典文学研究

2017年，在西方古典文学领域，荷马史诗仍旧是学者们研究的重点。值得一提的是，尽管学者们仍旧将目光聚焦于经典的文学作品，他们的研究视角却更加多元和新颖。

钟燕的文章①体现了生态批评在文学研究领域持续的热度。该文从生态批评的角度，阐释了奥德修斯的返乡之旅。文章认为，奥德修斯的返乡是水球环境中人类家园情怀的隐喻。文章不仅强调了故乡环境在想象记忆和生存现实中的重要性，更进而指出，“人类之于环境，不可轻视侮谩”。通过对奥德修斯的返乡之旅的环境性研究，该文不仅为《奥德赛》这一经典文本的研究开辟了新的思路，更为我们当今社会的可持续发展提供了镜鉴。

原理的文章②分析了荷马笔下魂灵的特点，指明了荷马的灵魂观对后世自然哲学灵魂观的影响。原理认为，在《荷马史诗》中，魂灵只是一种苍白的影像，不具备生前的智慧、思考能力和其他优点。在上述探讨的基础上，文章指出了荷马的灵魂观与古希腊哲学灵魂观的不同——荷马的灵魂观，突出了灵魂对于肉体的依附，而古希腊哲学的灵魂观则强调灵魂先于肉体的存在。该文延续了学者们对荷马灵魂观的一系列探讨，并通过将其与古希腊哲学的灵魂观进行对比加深了读者对荷马灵魂观的认知。

古希腊悲剧创作不仅在当时哀感顽艳，流传下来的剧本对后世西方的文学形态和观念也产生了举足轻重的影响。

喻天舒、央珍的文章[③]分析了古希腊著名悲剧诗人索福克勒斯的经典名剧《俄狄浦斯王》。文章认为，俄狄浦斯在解答出斯芬克斯之谜、发现“人”之际也迷失了自己，不再继续探寻自己的身份之谜，最终背负着杀父娶母的罪名坠向了家破人亡的苦难深渊。文章指出，俄狄浦斯的悲剧性结局恰是索福克勒斯对人类“自以为是”心态的警示，具有远超出其时代的深刻内蕴。此外，文章在肯定索福克勒斯之“智慧”的基础上，还对五四时期周作人的“人的文学”观念进行了批判和反思，具有鲜明的现实意义。

二、德语文学研究

2017 年，德语文学的研究呈现出多元化的趋势。从体裁的角度看，北京学者对德语文学的研究涵盖了诗歌、散文、戏剧、小说等多个文类；从历时的角度看，学者们不仅将目光投向了现代德语文学作品，还对中世纪、文艺复兴等时期的德语文学作品保持了关注。但总的来说，歌德、卡夫卡等经典作家的经典作品以及德国中世纪的史诗《尼伯龙根之歌》仍旧是研究的热点，吸引了不少学者的注意力。

Benjamin van Well 的文章[④]对《尼伯龙根之歌》中的四段梦境进行了阐释。文章认为，尽管史诗《尼伯龙根之歌》中的人物对于梦境的反应不完全遵循逻辑，但是都具有推动情节发展的作用。该文进而指出，通过这些梦境，史诗塑造了一种“毁灭的机制”，将所有情节的发展都进行了预先设定，也使所有角色的行动都与情节的发展方向保持一致。文章还从叙事方式以及人物反应、情节发展、意义产出三者之间的关系入手，融合多种视角，拓宽了研究视野，为《尼伯龙根之歌》的梦境研究注入了新的活力。

除了《尼伯龙根之歌》，歌德和卡夫卡的创作仍旧是德语文学的研究热点。

谷裕的文章[⑤]分析了《浮士德》中的学者形象。文章认为，随着时间的推移，歌德对学者的塑造也悄然发生着改变。该文将歌德的创作分为三个阶段，并进而指出，在第一阶段（18 世纪 70 年代），歌德着重于讽刺经院学者的迂腐和骄傲；在第二阶段（1800 年前后），歌德着力展示学者如何依靠智识背弃神灵，开始与魔鬼结盟以使其膨胀的欲望付诸实现；而在最后阶段（1830 年前后），歌德将学者塑造为了“科学家”和“学界教皇”，学者成了秩序的僭越者。文章强调，在歌德的《浮士德》中，学者对秩序的僭越不仅是一种消极因素，更是一种实质性的力量，充满了实际的破坏力。

赵蕾莲的文章[⑥]将目光投向了歌德《罗马哀歌》中的性爱主题，阐发了《罗马哀歌》所隐含的现实指涉。文章认为，歌德的《罗马哀歌》具有很强的创新性：“歌德将性爱体验融入古罗马爱情哀歌的传统并将性爱升华，他冲破德国同时代的道德禁忌，以古希腊罗马文化为参照演绎性爱主题。他把基督教对性爱传宗接代目的的普遍理解变成单纯的欢愉。他还创新地改变哀歌多愁善感的普遍特征，赋予其爱情哀歌乐观幸福的基调。”该文不仅指明了《罗马哀歌》的创新性和歌德作为一名现代诗人试图接近古代楷模的尝试，更是直接将歌德的写作与当时的时代背景联系起来，试图还原歌德写作的原况，并阐明了文学书写与现实之间的互动关系。

关于西方文学作品中屡次出现的“变形”主题的讨论，在 2017 年的德语学界成为一个研究的热点。随着人们对“变形”主题的多角度揭示，人的精神与肉体的关系问题、人与动物的关系问题乃至人与动物的界线问题，均受到了研究者特别的关注。

刘冬瑶在自己的文章[⑦]中认为，卡夫卡《变形记》中的主人公格里高尔·萨姆萨的变形并不是被动的造化弄人，而是被透支的身体的主动出击。文章阐明，《变形记》主人公的变形，是身体先于精神的觉醒，它体现出的，是身体对实用性思想的反抗，是身体对规训意志的冷嘲热讽。该文从身体与精神关系的角度探讨格里高尔·萨姆萨的变形，探寻了身体作为精神的载体的重要意义，也折射出论文作者对“理性”精神的反思。

贾涵斐的文章[⑧]分析的是奥地利剧作家约翰·内斯特罗伊的戏剧《猴子与新郎》中人“降格”为动物的情形。文章认为，人的动物化具有多重反讽作用。文章指出，剧本中所呈现的人到动物的转换象征着一种身份危机，暗示着在工业化和城市化背景下人的异化和精神危机，同时也暗含了对旧式贵族社会及其秩序的嘲讽。文章作者相信，这部诙谐的滑稽剧背后蕴涵着尖锐的讽刺、有力的批判和持久的颠覆力量。

孙纯的文章[⑨]探讨的是里尔克、海德格尔和阿甘本对于“敞开”的不同思考，为理解人与动物的关系提供了新的可能性。孙纯将动物视作人类的“他者”：“对动物的想象，本质上是一种在历史进程中的知识或者话语建构，作为一个他者，它既可以侵蚀人类中心主义的世界图景，也可以确证人的命名、分类与统治自然的权力。”在文章作者看来，人类的“动物想象”实际上是人类意识的一面镜子，折射出人类的自我认知。

2017 年，德语文学在中国的接受也受到了学者们的关注。

张意的文章[⑩]梳理了奥地利作家斯蒂芬·茨威格在中国的接受历程，追溯了茨威格在不同的时代遇冷或是受到追捧的缘由，重点归纳了改革开放以来茨威格在中国受到热捧的原因。文章指出：茨威格善于揭露人的内心世界，从而带给了中国读者全新的阅读体验；茨威格的作品抒情性强，符合中国读者的审美趣味；翻译事业在中国盛行，杰出的翻译家辈出，为茨威格作品的翻译提供了契机。这篇论文将茨威格在中国的接受状况与中国的时代背景相联系，为跨文化研究提供了新的样板。

文学写作往往成为现实的一面镜子，因此学者常将文学作品放置到一定的时代背景中进行探讨。徐畅的文章[⑪]将克莱斯特的小说《米夏埃尔·科尔哈斯》放置在十九世纪初普鲁士改革的社会语境中进行解读，认为当时与改革相关的各种思想理念都在这部小说中获得了形象化的表达。徐文认为，克莱斯特借古讽今，试图借十六世纪的历史事件分析普鲁士的社会状况：“《米》是克莱斯特为当时的普鲁士社会可能因内部原因而引发秩序动荡这种风险所做的一次沙盘推演，科尔哈斯的暴力行动在本质上是克莱斯特以法国革命为范本而虚拟的一场暴力革命，以警示改革的必要性和迫切性。”

著名诗人格奥尔格是德国 19 世纪末 20 世纪初“为艺术而艺术”文学潮流的主要代表。杨宏芹的文章[⑫]详尽论述了格奥尔格对法国象征主义诗歌的吸收及其相较于法国象征主义诗人的不同文学追求。文章指出，一方面，格奥尔格信奉诗与美，追求“为艺术而艺术”，显示出与法国象征主义诗人相似的美学理念；另一方面，格奥尔格也继承了古希腊罗马文化传统中“诗人之为先知与民众之师”的精神，流露出与法国象征主义诗人不同的艺术追求。杨文从比较文学的视角探讨了格奥尔格与法国象征主义的关系，为格奥尔格的进一步研究奠定了基础。

三、法语文学研究

2017 年，北京学者在法语文学研究领域取得了丰硕的成果，既关注伏尔泰、司汤达、罗兰·巴特等名家名作，又对法语文学作品中人的“主体性”问题十分关注，体现出强烈的人文关怀。而研究的体裁也涵盖了小说、诗歌、戏剧、传记等多种文学门类，非常多元。

吴康茹的文章[⑬]详细论述了伏尔泰哲理小说的文体特征与现实意义。就文体特征而言，文章认为，伏尔泰的哲理小说大都属于典型的认识型结构叙事——在伏尔泰的哲理小说中，主人公往往会经历一段精神旅程，一步步地获得精神上的启蒙。就其现实意义而言，文章指出，哲理小说是当时法国社会有识之士借以抒发自己政见的手段。在这篇论文中，吴文没有将目光投向伏尔泰哲理小说的教化价值，而是别出心裁地阐释其诗学价值，为哲理小说这一题材的研究提供了新的思路。

王斯秧的文章[⑭]分析了司汤达小说中的地理位置与人物的精神境界之间的关联。文章梳理了司汤达小说中出现的多个地理位置，如群山之巅、山顶洞穴、监狱塔顶等，并在此基础上指出，群山之巅往往与自由、幸福、崇高相连，暗示着心智的澄明与开阔；而监狱不仅可以使主人公远离世俗的纷争，还可以使主人公与自我达到一种亲密与理解；至于塔楼，则意味着观看而不被人看见，这些都是司汤达笔下的人物追寻的位置。王文进而分析了这些地理意象的象征意义，认为其将客观存在与人物的主观世界联系成了一个整体。

刘海清的文章[⑮]依据“原型批评”理论，从战争、女性、城市、自然等不同视角出发，阐释了法国新小说派代表人物之一的克洛德·西蒙的小说创作对于自我的探讨。文章认为，在西蒙笔下，战争、女性、城市、自然都成了主导人类自我的力量，决定着人类的自我认知。此外，该文还分析了西蒙小说中所涉及的古典文学作品中的原型符号，指出其小说呈现了自古以来人类共有的深层文化意识与心理结构。

刘吉平的文章[⑯]探讨了莫里亚克的自传性书写《拍字簿》中的物理时间和内在时间之间的关系。文章指出，在莫里亚克强大的内心磁场作用下，在《拍字簿》中，外在的物理时间逐步内化，以至于消融在内在时间里。刘文认为，在这部创作时间长达十数年的《拍字簿》中，存在着两种截然不同的声音："一种是作家作为新闻写作者的声音，莫里亚克用有限的篇幅记录着尘世的喧嚣；而另一种则是作家莫里亚克深沉的内在之声，它回荡在隐蔽的字里行间。"文章强调，在这两种声音的此起彼伏中，内在之声不断吞噬着尘世的喧嚣。换言之，莫里亚克个人的生命体验几乎湮没了世界的客观性。

王汉琦的文章[17]着重探讨的是罗兰·巴特的自传《罗兰·巴特自述》中的主体性问题。该文指出，在《罗兰·巴特自述》中，巴特运用了各种技巧来抹去其主体性，因而，在此书中，巴特的"主体性"是隐形的。文章认为，巴特拥抱幻想而拒绝想象，因为"想象物"总是被别人所塑造，而幻想则是一种原始的驱动力。在王文看来，巴特对"想象"的拒绝正是其抹去自身"主体性"的根源。

法国著名女作家玛格丽特·尤瑟纳尔是法兰西学院成立三百多年以来产生的首位女院士。段映虹的文章[18]评述的正是尤瑟纳尔为数不多的戏剧作品之一《还给恺撒》。文章认为，该剧糅合了意大利即兴喜剧的人物场景要素与古典悲剧的精神实质。该文指出，一方面，尤瑟纳尔从意大利日常生活状况中选取了一系列小人物作为作品中的角色，生动地呈现了市井生活的百态，具有浓厚的即兴喜剧色彩；另一方面，文章强调了《还给恺撒》中蕴含的古典悲剧的余韵："在《还给恺撒》中，无论主要人物还是次要人物，无一不经受着内心的焦灼和现实的磨难，他们个人命运中不堪承受的重负，与时代的黑暗相互映衬，使这部作品在整体上染上了悲剧色彩。"文章还指出，《还给恺撒》兼具高度的"真实性"与"象征性"，成为尤瑟纳尔在意大利即兴喜剧和古典悲剧之间，在现实与象征之间自由穿梭的一个例证。

罗湉的文章[19]考察了罗兰·巴特对先锋戏剧的论述，揭示了先锋戏剧的多重悖论。文章一方面肯定，罗兰·巴特的讨论从社会身份、语言与舞台符号 3 个层面揭示了先锋戏剧的悖谬性；另一方面，文章也指出，巴特的论述既有启发性又有局限性：罗兰·巴特附着于布莱希特戏剧之上的戏剧理想显然具有乌托邦性质，与此同时，罗兰·巴特对于解决戏剧的艺术性与民众性的关系的思考又显得意味深长。

除了小说、自传、戏剧等，法语文学理论也受到了北京学者的持续关注。

刘晖的文章[20]对布尔迪厄的"区分"理论进行了详尽的阐释，并提出布尔迪厄把马克思的阶级斗争理论以分类斗争的形式扩展到象征斗争的领域。刘文将分析的目光投向了布尔迪厄理论的核心概念之一"区分"，为对布尔迪厄的进一步研究打下了基础。

张锦的文章[21]从福柯对"话语性创始人"的定义出发，认为弗洛伊德便是福柯眼中的"话语性创始人"。文章指出，弗洛伊德的"无意识"理论和"精神分析"理论为人类提供了一个普遍的范式，构成了其他文本的可能性与规则，因此弗洛伊德在福柯眼中也成了一名"话语性创始人"意义上的作者。

2017 年，法语文学在中国的接受同样引发了学界的研究兴趣。

冯欣、曹顺庆的文章[22]着重探讨的是法国 18 世纪末期极为轰动并极受赞誉的畅销小说贝纳丹·德·圣—皮埃尔的《保尔与薇吉妮》在被译介至中国后遇冷的问题。一方面，文章从翻译的角度阐释了原作发生变异的情形，指出林纾的翻译丢掉了原有的文化意蕴，并且存在不少错译和漏译，损害了作品的完整性；另一方面，文章还从"比较文学变异学"的角度阐释了原作在中国接受度较低的缘由。文章指出，从读者接受的层面来看，中国读者对原作中的爱情悲剧颇为司空见惯，同时中国当时正处于救亡图存的关键时期，异域风情对他们并没有足够的吸引力。该文从文学变异的角度阐释外国文学在中国的接受问题，为比较文学的研究提供了不同的视角。

除了法国本土的法语文学，北京学者还将目光投向了加拿大的法语文学。

陈燕萍的文章[23]指出，米歇尔·特朗布雷"以极具魁北克特色的语言和富有代表性的人物和主题，通过大量的戏剧和小说，讲述特定历史时期的魁北克故事，真实而生动地展示了魁北克社会独特的文化风景"。陈文从语言、宗教、家庭、精神状态和地理空间等多个角度论述了米歇尔·特兰布雷笔下的魁北克，展现了特朗布雷小说中的魁北克性，揭示出特朗布雷对魁北克文化强烈的认同感。论文作者将目光聚焦在加拿大的法语文学，显示出一定的开拓精神。

四、意大利语与西班牙语文学研究

由于 2017 年研究意大利语文学和西班牙语文学的相关论文数量有限，且主题较为分散，故将二者放在一起进行概述。

吴樯的文章[24]认为，《神曲·地狱篇》淋漓尽致地展现出了希腊精神和希伯来精神之间的张力。吴文以阿诺德在《文化与无政府状态》中所提及的如实地了解事物本身的希腊精神和讲究品行和服从的希伯来精神两方面为出发点，阐释了《神曲·地狱篇》对希腊精神和希伯来精神的融通，以及这种融通为文本带来的巨大张力和艺术感染力。

曾艳兵的文章[25]在对但丁笔下的天堂景象加以阐释后指出，但丁的天堂是一种智力的痴醉状态。文章认为，对于但丁来说，"用灵魂之眼看见永恒之光的经历永远无法用言语予以充分表达，而只能通过语言策略加以暗示，但却无法解开上帝之神秘"。而但丁创作这部作品的真正目的便是"让人类更好地理解上帝的荣耀"。曾文将目光投向但丁对上帝的信仰，揭示了诗人信仰中的"上帝"在《神曲》中的核心地位。

吴琼的文章[26]以乔尔乔·瓦萨里的《艺苑名人传》为例，阐释了掩藏在该作背后的历史无意识。文章认为，《艺苑名人传》不仅为艺术家立传，更是直接属于作家自己的时代，带有鲜明的时代烙印。吴文并不仅仅满足于探究作家说了什么，还致力考察支撑其言说的历史意志。文章从文类、地缘政治和叙事模式3个角度讨论了《艺苑名人传》背后的历史渊源。文章指出，从文类的角度看，乔尔乔将历史分期引入传记的编排，使艺术史获得了历史书写的功能，成为城市史或地区史的一部分。从地缘政治的角度看，乔尔乔以地方主义眼光看待文艺复兴艺术，对佛罗伦萨的艺术语言进行了正典化，使艺术史成了一种城市形象的再造行为。从叙事模式的角度看，乔尔乔以修辞学的夸饰来塑造理想化的传主形象，为后世树立了楷模。

在西班牙语文学领域，古典文学仍旧是学者们研究重点。

宗笑飞的文章[27]指出，西班牙古典文学与阿拉伯文学瑰宝《一千零一夜》之间有着深厚的渊源关系。宗文从阿拉伯人对西班牙近八百年的统治这一历史事实出发，阐释了《辛德巴》《小癞子》《塞莱斯蒂娜》《堂吉诃德》《少女特奥多尔》《人生如梦》等几部西班牙古典文学作品对《一千零一夜》的情节以及叙述方式的糅合。文章还从比较文学的角度考察了《一千零一夜》对西班牙古典文学的深远影响，为西班牙语文学研究提供了新的思考角度。

许彤的文章[28]将关注的目光投向西班牙民族戏剧的奠基人洛佩·德·维加。许文归纳了维加所著的《喜剧创作新艺》的基本观点，并指明了该书的意义和影响。文章指出，《喜剧创作新艺》不仅是洛佩·德·维加个人戏剧创作的理论升华和实践总结，更确定了西班牙民族喜剧的基本范式，并使得大众趣味在西班牙取得了合法地位。

刘娇月的文章[29]在阐释西班牙叙事长诗《熙德之歌》和长篇小说《堂吉诃德》的过程中，指出，尽管两部作品的主题不尽相同，却都体现出了"荣誉、英勇、忠诚、公正的骑士精神"。刘文认为，骑士精神不仅体现在某些个体身上，还成了西班牙民族性格的一部分，并且在历史的演进中熔铸为西班牙独特的"斗牛士精神"。

五、西方文学理论研究

西方文论的一些重要概念如"现代主义""后现代主义"等，仍旧是2017年北京学者致力厘清与反思的对象。

王江的文章[30]详细论述了"现代主义"的内涵变迁。在阐明"现代主义"概念的基础上，王文对"新现代主义"的概念做了说明，并将"新现代主义"视作融通大众文化与精英文化的桥梁。该文不仅厘清了"现代主义""后现代主义""高级现代主义"和"新现代主义"等几个极易混淆的概念，更否定了大众文化与精英文化的对立，体现出兼容并包的学术精神。

汪民安的文章[31]从斯宾诺莎的相关论述出发，探究了情动与身体、力、欲望、生命之间的复杂关系。文章反对笛卡尔的心灵—身体二分法，将情感与身体紧密地联系在了一起，认为情动是"思想之力"与"活动之力"的融合，从而以动态的"情动"取代了静态的"我思"。在方法论的层面上，通过探讨"情动"，汪文强调"一个人务必认识自己的情感极限，也就是说，最大的情感强度"，并"去驱赶悲苦，保持快乐，强化力量，放声大笑，让爽朗大笑压倒那些令人心碎的啜泣。"

刘锋的文章[32]关注的是中国西方文学引介和研究中的"致用"层面问题。文章敏锐地洞察到了近年来包括外国文学研究在内的人文学科所面临的新挑战，强调人文学科研究应该在国际化和本土问题意识之间保持适当的张力。论文从早期西方文学的引介出发，直指当代的人文学科研究，紧扣时代背景，为读者提供了进一步的思考空间。

注：

①钟燕：《奥德修斯的返乡：〈奥德赛〉中的环境性》，《外国文学》，2017年第3期。

②原理：《荷马的灵魂观》，《大众文艺》，2017年第22期。

③喻天舒、央珍：《从〈俄狄浦斯王〉看索福克勒斯的“智慧”》，《欧美文学论丛》，2017年第11辑。

④Benjamin van Well：《妇人的梦境，英雄的宿命与覆灭的王国——对〈尼伯龙人之歌〉中梦境叙述的分析》，《德语人文研究》，2017年第2期。

⑤谷裕：《〈浮士德〉中的学者形象》，《中国比较文学》，2017年第1期。

⑥赵蕾莲：《歌德〈罗马哀歌〉中的性爱主题与同时代的德国背景》，《德国研究》，2017年第3期。

⑦刘冬瑶：《无用的罪名与身体的反抗——格里高尔·萨姆萨身体变形的双重隐喻》，《德语人文研究》，2017年第1期。

⑧贾涵斐：《作为猴子的人——论戏剧〈猴子与新郎〉中的身份危机与诙谐反讽》，《德语人文研究》，2017年第1期。

⑨孙纯：《论敞开：里尔克、海德格尔与阿甘本的动物想象》，《德语人文研究》，2017年第1期。

⑩张意：《茨威格在中国的接受》，《北京大学学报》，2017年第5期。

⑪徐畅：《〈米夏埃尔·科尔哈斯〉与十九世纪初普鲁士改革》，《外国文学评论》，2017年第4期。

⑫杨宏芹：《格奥尔格与法国象征主义》，《中国比较文学》，2017年第1期。

⑬吴康茹：《从私人话语到公共文体——论伏尔泰哲理小说文体的诗学价值》，《外国文学》，2017年第3期。

⑭王斯秧：《精神世界的地理图谱—司汤达小说中的高与低》，《国外文学》，2017年第4期。

⑮刘海清：《克洛德·西蒙小说：历史与神话之间的自我探寻》，《外国文学研究》，2017年第1期。

⑯刘吉平：《莫里亚克〈拍字簿〉的时间艺术》，《法国研究》，2017年第2期。

⑰王汉琦：《“作家减去作品”：〈罗兰·巴特自述〉中主体性的拉锯战》，《法国研究》，2017年第1期。

⑱段映虹：《试析〈还给恺撒〉的美学风格和象征意义》，《北京大学学报》，2017年第1期。

⑲罗湉：《重叠的悖论——罗兰巴特论先锋戏剧》，《欧美文学论丛》，2017年第11辑。

⑳刘晖：《从趣味分析到阶级构建：布尔迪厄的“区分”理论》，《外国文学评论》，2017年第4期。

㉑张锦：《作者弗洛伊德》，《国外文学》，2017年第4期。

㉒冯欣、曹顺庆：《〈保尔与薇吉妮〉在中国的变异研究》，《外国文学研究》，2017年第1期。

㉓陈燕萍：《书写魁北克性——米歇尔·特朗布雷笔下的魁北克文化风景》，《外国文学》，2017年第5期。

㉔吴檣：《〈神曲·地狱篇〉中的希腊精神和希伯来精神》，《大学英语》，2017年第1期。

㉕曾艳兵：《但丁的“天堂”》，《名作欣赏》，2017年第11期。

㉖吴琼：《乔尔乔·瓦萨里：传记写作与历史无意识》，《中国人民大学学报》，2017年第2期。

㉗宗笑飞：《〈一千零一夜〉与西渐举隅》，《东吴学术》，2017年第2期。

㉘许彤：《新艺·新剧·新声——洛佩·德·维加德戏剧理念》，《欧美文学论丛》，2017年第11辑。

㉙刘娇月：《例谈西班牙文学作品中的骑士精神及其内涵》，《语文建设》，2017年第33期。

㉚王江：《论现代主义文学批评两次转向的文化政治》，《国外文学》，2017年第3期。

㉛汪民安：《何谓“情动”》，《外国文学》，2017年第2期。

㉜刘锋：《“致用”：早期西方文学引介和研究的一个基本面向》，《北京大学学报》，2018年第4期。

（作者：李芊芊，北京大学硕士生；
喻天舒，北京大学教授）

英语文学

丁林棚

2017年，北京学者在英语文学研究方面取得了骄人的成绩，无论是文学批评，还是文学理论，均呈现出一派欣欣向荣的景象。反观本年度的研究战绩，可以看到以下几个显著的趋势和特征：一是对英美文学经典作家和作品的学术兴趣持续高涨，本年度有多篇论文关注莎士比亚戏剧、弥尔顿诗歌等经典作品，对莎士比亚戏剧的研究不谋而合地转向了历史视角的考察和阐释，此外还悄然兴起了古典学研究，从历史、修辞、神话等不同视角展开文学批评；二是美国文学研究的兴趣达到了前所未有的广度，涵盖了早期文学到当代文学的所有范围，且学术焦点主要集中在当代文学，对后现代主义作品和少数族裔文学的研究尤其密集；三是在其他英语国别文学方面（如加拿大文学、澳大利亚文学）的研究也取得了长足发展，不仅对文学批评进行了纵深开拓，而且对于文学批评、文化互构等方面的研究可谓实现了我国这一领域的突破，达到了历史性的高潮。四是英语文学研究视野更加开阔，视角更为多元，交叉研究和跨学科研究层出不穷，为文学研究注入了新的活力，出现了文化、文学、社会、历史、文本主题分析等多元视角。五是尤其值得一提的是，对于文学理论和文化理论的研究显然已经成为近年来文学研究领域的一大重要转向，相关研究成果显著，其影响力和范围较之以前得到了极大的提高。鉴于本学科论文的范围和数量之大，我们对本年度的代表性学术成果进行了重点归纳和总结，撷其精要，以呈读者，这些成果既反映了本年度的学术热点、趋势和走向，又对未来学术的发展起到一定抛砖引玉的作用。

一、英国文学批评与研究

英国文学是英语文学研究的一大重镇。2017 年度，文学批评和研究仍然集中在对传统经典作家和作品之上，并取得了重大进展，不仅研究视野扩大，而且在某些特殊的领域之类有了较为密集的学术成果。英国文学研究领域中文艺复兴时期的诗歌和戏剧是研究重点。学者们对莎士比亚的研究兴趣不减，近年来出现了从文化研究、精神分析、女性主义、空间研究等多元角度解读莎剧的潮流，近年来，莎剧研究则被注入了新的活力，对其历史剧的研究兴趣有增无减。例如，对于莎士比亚的历史剧《理查三世》，常见的评论视角主要集中在该剧的马基雅维利主义特征和政治表演性上，很少对剧中所呈现的都铎时期历史书写方式展开宏观讨论。

徐嘉力图关注伊丽莎白时期伦敦剧场的民间性特征，思考该剧上演时所引发的对英格兰历史的种种想象，并聚焦该剧中常被忽视、看似毫不相关却又密切联系的 3 处细节——伦敦塔的初建、录事的记录和恺撒的名誉——入手，讨论莎士比亚对伊丽莎白时期历史书写方式的呈现和反思。论文认为，该剧不仅参与了都铎时期英格兰精神共同体的建构，还通过征引劳斯、维基尔、莫尔、霍尔、霍林谢德等人的历史记录，质疑并拆解了“都铎神话”。该剧对历史编纂方式的质疑、对历史和传说同构性的展示、对历史大因果论的多维思考，显示出莎士比亚超越时代的“元历史”意识。通过考察伊丽莎白一世治下不同时期以理查三世为题材的历史剧，可以发现，理查三世是都铎王朝历史编纂的最大受害者，对他的不同呈现方式也体现了社会能量流通、交换与协商的整个过程，折射出伊丽莎白一世后期的社会焦虑。例如，论文指出，尽管历史学家认定“伦敦塔为恺撒初建”不是事实、只是传说，但又肯定这个说法一直流传于世，从未消失。因此，莎士比亚完全有可能接触到两种截然相反的观点，却有意回避了维基尔、杰弗里和斯托等历史学家的质疑，将“传说”写成了“事实”。将伦敦塔与恺撒联系起来，从而从英格兰的历史中剔除出古不列颠王朝更迭所隐含的混乱，也让英格兰人获得了更多的稳定感。在《理查三世》中，充斥着权力与意识形态话语的各种力量将历史变成了一篇“可书写的文本”，莎士比亚对录事记录方式的呈现也在一定程度上是对同时代社会意识形态的诘问。这一工程细致而宏大，还得到了剧场等大众媒介的推波助澜，是一场官方推动、大众参与的集体共谋。莎士比亚通过营造出这样的反差，直指历史书写背后的权力意志。①

另一位学者龚蓉针对莎士比亚历史剧的历史联系进行了详细的论述。论文着眼历史研究与文学研究之间的联系，关注都铎及早期斯图亚特英格兰历史研究与以莎士比亚剧为代表的同时期戏剧研究之间的联系，重新审视历史与文学之间的关系。龚蓉通过梳理都铎及早期斯图亚特英格兰历史研究领域自 20 世纪 70 年代中后期以来先后经历的修正主义与后修正主义浪潮以及相应的研究范式变化，追溯该跨学科研究的发生语境，发现正是由于史学研究范式自身的变化及研究者历史视野的扩大，才使早期现代英格兰文学研究尤其是莎士比亚研究出现了一个最新的发展动向，即作为历史研究的文学研究，它帮助人们打破文学研究与历史研究的界限，发展作为文学研究的历史研究。论文关注范式变化如何促使某些历史研究者将以莎士比亚历史剧为代表的早期现代英格兰戏剧视为以政治交流及操控为目的的公共媒介，并将其纳入以撰写历史研究著述为目的而进行的跨学科研究中，讨论戏剧与后宗教改革英格兰社会中复杂的宗教—政治因素之间的互动。论文结论指出，通过学习与借鉴这种属于历史研究范畴的早期现代英格兰戏剧研究，文学研究者可以反思如何在承认文学作品“文学性”的历史性的同时，打破文学研究与历史研究之间的界限，同历史研究者一起进一步丰富早期现代英格兰社会文化图景的复杂性。②

彭磊也对莎士比亚的历史剧进行了对比研究。他认为，莎士比亚的3部罗马剧《裘力斯·恺撒》《科利奥兰纳斯》《安东尼与克莉奥佩特拉》相继展现了罗马从共和到帝国的转变。论文认为，通过考察3部剧对于战争、战争伦理以及战神形象的不同呈现，可以把握这一转变的精神内涵。具体而言，罗马经历了从外战到内战、从陆战到海战、从战争到和平的演变，科利奥兰纳斯式的公共精神也转变成文提狄乌斯式对私人名誉的追求，最能代表罗马的战神形象也经历了从科利奥兰纳斯到安东尼再到渥大维·凯撒的衰变。③

弥尔顿是继莎士比亚之后最伟大的诗人，也是英国文学研究的重点。弥尔顿在信仰问题上并未坚持新教正统派立场，常被称为“激进的新教异端”。借助理性来考察并判断上帝的行为是否公正，这本身是一项具有颠覆性的思想实验。正因为这一考察的基础是理性而非基督教信条，弥尔顿的思想实验才具有了一种普遍的超越信仰的哲学意义。陈雷透过弥尔顿所使用的神学语汇，探究了他的思辨的道德哲学内涵。论文指出，弥尔顿在《失乐园》中特别强调上帝把人造得“公平正直”，这意味着人在被造之初就获得了一种建立在理性基础之上的对正义与不公的感知以及对正义/正当的追求。然而，这种追求“正当”的自然倾向中也隐藏着一个陷阱：人对正当性的需求会引导人借助理性审视上帝的禁令本身，但由于上帝的禁令具有完全独断性，其正当性无法通过理性来解释，使得它迟早会与人的正当意识发生冲突。因此，《失乐园》暗示，导致夏娃与亚当背叛上帝的关键因素恰恰是上帝在两人心中植入的理性和正当感，上帝也最终成为人类公正意识最早挑战的对象。④

艺格敷词（Ekphrasis）是一个古老的概念，源自希腊语，意为“说出”“详细告知”，在希腊时期用于修辞术，到古罗马时期，该修辞术盛极一时。20世纪中叶以来，随着图像理论等一系列后现代理论的出现，艺格敷词重新引起学界重视，批评家给予这一古老的概念以新的阐释。在艺格敷词研究中，济慈的《希腊古瓮颂》被认为是艺格敷词的经典范例，引发了多位批评家的分析和研究，其中尤以斯皮策、克里格和赫弗南的3篇文献最引人注目。章燕对构成济慈《希腊古瓮颂》独特的艺格敷词美学世界进行了分析。论文首先指出，诗中蕴含着将无声的视觉艺术转换成听觉艺术的能力和过程，即让寂静无声的视觉艺术发声并进行陈述。诗人对古瓮的描绘并非客观的陈述性描写，而是由一连串的感叹和发问组成。然而，视觉艺术的无声、无言又唤起人们丰富的想象。论文接着探讨了空间形态中的回旋与想象。例如，词语的重复使诗人的讲述在时间的线性流动中受到暂时阻隔，实现了表达的回旋往复和循环重叠。在诗的结构方面也体现出一种回旋的形态，仿佛音乐中ABA式的回旋曲。然而，这种回旋式又不是单纯的重复，而是层层递进的，直至最后达到对古瓮歌咏的升华。论文第三部分论述了诗歌的想象与再现。诗中的古瓮是诗人看到多个不同的希腊古瓮之后加以想象再进行叙述和阐发的结果。济慈的诗歌重视想象，无论是他的艺格敷词诗还是其他类型的诗作，无不尽情释放他想象的思绪。无声、空间与再现都为他的想象提供了可能，体现了将济慈的诗学思想与艺格敷词诗学的结合。⑤

《忽必烈汗》是柯勒律治的名作，但凡涉及柯勒律治作品的选本，这首诗几乎都是必选之作。在英语世界的权威选本中，一般都会同时选录1816年序言。然而，国内现行的众多诗歌选本和译本却无一例外地忽略了这篇序言。梅申友认为，此序言作用远不止于提供诗歌创作的背景。两个副标题总括了序言的主要内容，暗示此诗的缘起（“梦”）和文体特征（“断章”），分别对应着序言的第二段和第三段。论文采用史料考辨和文本细读的方法，对序言与“克鲁手稿”的附言进行比照，质疑序言所述事实的真实性，并寻绎措辞变动的理由；然后比照序言与诗歌正文，阐释两个文本在人物形象和主题上的诸多暗合以及潜在的龃龉。鉴于浪漫主义时期“断章”体大为盛行，论文结合柯勒律治对灵感与想象力的看法，指出诗人迟迟未将此诗发表的缘由并不是其结构上的不完整，而是诗人并不认同纯灵感写作的方法。1816年序言创造了一个从灵感中清醒过来的反思者形象，目的是要跟诗歌正文中那个狂热躁动的诗魔形象形成对比。⑥

情感文学是英国文学研究的一个重要议题。耿立平对情感文学的来龙去脉和哲学渊源做出了深入的阐述。他指出，文艺复兴运动和启蒙运动在广义上为情感文学做了铺垫，而英国17—18世纪出现的经验哲学和情感理论就为情感文学的具体实施提供了重要指南（例如英国18世纪著名哲学家休谟和斯密的情感理论）。耿立平指出，在情感哲学的引导下，意识到情感之重要性的作家们开始把创作的重点转向角色的内心世界，转向人物的丰富情感。当英国小说在18世纪中后期进入成熟阶段，在很大程度上增强了这一新生文学范畴的生命力，其中有两个比较明显的趋势：一是小说家常常设计令读者泪奔的悲欢离合的故事情节；二是他们常常编排有异域格调的惊悚情节，加剧人物的心理变化，酿造出极端的悲喜叙事效果。情感小说（特别是哥特小说）在18世纪末进入鼎盛时期，但是它的衰落也悄然开始了，而加速其消亡的恰恰是其自身的弱点，即过度追求怪异情景和感官刺激。论文在结论中指出，今天，被“煽情”无数的读者对于两百多年前流行一时的情感小说已经没有太多的感觉。见过“大世面”的读者在接触到那些曾经催人泪下的情节时，不仅不会掉泪，有时甚至会哑然失笑。当年的动人情节在他们的眼中显得做作、牵强甚至可笑，当年柔情伤感的女主人公则显得肤浅而缺乏吸引力。但是不变的是，我们的好恶偏好仍然源自我们最本能的肌体反应和心灵反应。人类的情感依然是人性的基本特征，而情感文学的表述只不过变换了方式。⑦

福斯特《霍华德庄园》是一部重要的作品。评论家们历来认为，这部作品是关于20世纪初期的“英国问题小说”。比如特里林指出，《庄园》是一本关于“英国命运”的小说。纳海撰文认为，《庄园》不是简单地将19世纪的题材加入了20世纪的材料，而是将“国民性”问题有机地融入到了“英国问题小说”中。小说作者暗示，“英国”本身就是小说人物之一，有自己的性格和优缺点，也有自己的命运。论文通过对福斯特小说《霍华德庄园》文本和相关历史材料的细读，梳理了该小说与维多利亚时期反映劳资矛盾的“英国问题小说”这一文学传统的继承和区别。《庄园》继承了“英国问题小说”所具有的强烈社会关怀，同时又引入了对国民性的讨论。福斯特对“国家”和国民性的分析是他为“英国问题”这一概念所引入的新的内涵。福斯特借德国思想家施莱格尔兄弟之名，塑造了具有理想主义情怀的施莱格尔姐妹，特别是姐姐玛格丽特这个人物，从而含蓄地指出，受经验主义和拜金主义影响的英国中产阶级需要放开心胸，借鉴德国思想中对至真至善理念的追求。从这一角度来看，福斯特拓宽了“英国问题小说”的外延。⑧

当代英国小说家A. S. 拜厄特在其四部曲中塑造了多个精神障碍者形象。然而拜厄特四部曲中的“疯癫者”并不是偶然出现的“过客”，而是可以具有一定特殊意义的文化符号，表象背后也常隐藏着一个意义空间。李涛认为，拜厄特通过疯癫者“边缘话语”揭示了20世纪60年代西方社会所存在的文化焦虑，透露出基督教世俗化带来的负面影响，发出了对人类中心主义和崇尚工具理性及其造成的社会弊端的警示。“疯癫者”使人们更清醒地意识到，极具后工业时代特征的资本主义意识形态麻痹着人们，把不属于人的本质的东西在不知不觉中强加到人身上，科技的迅猛发展深刻改变了人类存在的同时，也造成人类从未有过的生存困境，精神障碍是源于文化冲突的一种病态生活方式。利用“疯癫者”对主流话语的进犯特质，4部曲的“边缘话语”展现了寻求灵魂解放的冲动和对真正人性自由的企盼。拜厄特四部曲深入剖析了被繁荣所掩盖的社会焦虑感的病因，提醒人们去思索避免社会进步与人生价值分裂的重要性。精神障碍者带着让常人无法理解的言行游走在社会的边缘，精神障碍者异于常人的外表背后隐藏着一个意义空间，他们与社会格格不入是其拥有真理的标志。他们在记忆中重新唤起并加以维护的东西属于未来：将摧毁那个压制它。⑨

二、美国英语文学批评与研究

美国文学研究方面，本年度学者们的兴趣主要集中在经典作家和作品之上，例如麦尔维尔、霍桑、狄金森、艾略特的诗歌等。研究角度囊括了历史、创伤文学、叙事学、宗教研究、族裔研究等各方面，充分展示了美国文学的新气象。尤其值得一提的是，对于后现代主义小说的研究取得了可喜的进步，形成了对当代美国文学研究的一股不可忽视的力量。下面主要选取有关研究论作进行代表性选介。

自从1969年问世以来，《五号屠场》遭遇众说纷纭的解读，小说被解读成一部科幻小说、讽刺小说或黑色幽默之作，更有评论者把这部小说归类为“反战小说”“自传性小说”“元小说”。田俊武则认为，如果我们将小说归类为“时空旅行”小说，阐释的困难似乎可以迎刃而解，因为“时空旅行小说”是一种“叙事的实验室”，在里面许多关于讲故事的基本理论问题以及延伸而来的关于哲学的相对性、历史、主观性等问题。论文认为，在冯尼古特的多种叙事模式的解构下，它与一般科幻小说中的时空旅行具有本质的不同。《五号屠场》中的毕利·皮尔格利姆则纯粹利用自己错乱的大脑在进行“时空旅行”。通过这种独特的"时空旅行"形式，冯尼古特把科幻的外星旅行、元小说的技法、互文本的戏仿、新历史主义的战争重写等多元因素融入小说文本，从而表现了创伤、反战、重建人类精神家园等多元的主题。正是"时空旅行"框架下的多种"叙事试验"使《五号屠场》成为一部后现代主义经典，一本"我们需要阅读并反复阅读"才能理解其深刻寓意的书。⑩

丽贝卡·哈丁·戴维斯所著中篇小说《铁厂生活》在美国文学史上有其独特的地位，该小说描绘了19世纪美国工业化所带来的对工人阶级的剥削与压榨，从而成为美国文学史中具有里程碑意义的作品，作家本人也被誉为美国现实主义文学的先驱。金莉撰文对这部小说进行了马克思主义的解读，指出小说作为美国工业化社会的真实写照，披露了工业资本主义私有制对移民工人灵魂与肉体的摧残以及对自然的蹂躏，抨击了工业化所造成的人与劳动、人与人、人与自然之间的异化，提出了对于这些社会问题的宗教改良和回归自然的可能救赎方式。戴维斯的《铁厂生活》展现在读者面前的种种社会现象在今天看来仍然具有重要的现实意义。⑪

20世纪90年代以来，批评家们开始从多个角度考察《班尼托·赛雷诺》与以《汤姆叔叔的小屋》为代表的感伤文学之间的关系。李宛霖从叙事、文学影响和市场角度进行了探讨。论文联系《班尼托·赛雷诺》最初的创作与发表语境，发现麦尔维尔认为感伤主义文学容易让读者依赖一种流于表面的同情式解读，从而养成懒于思考、不善自省等思维习惯。为了揭示并部分纠正感伤主义修辞存在的问题，麦尔维尔在《班尼托·赛雷诺》中利用反讽以及不可靠叙述，为合作型读者创造了重读作品的机会，并使之在重读过程中反省自身价值观的局限，从而达成对种族问题更全面的认识。在感伤文学占领下的市场，读者的判断、思考能力逐渐丧失，以至于整个阅读市场都呈现出不成熟甚至混乱的状态。正是对这种状态的担忧促使麦尔维尔在《班尼托·赛雷诺》中设计了一种分层次的解读方式，它能让读者冷静、独立地思考重大的政治问题，而不是仅仅去"感受"，因而有更深远的政治意义。⑫

美国本土裔作家杰拉德·维兹诺的文学创作主旨与文本呈现特点具有阈限性的典型特征，表现为临界于两种文化之间、异质于白人主流文化和由混血与混杂所造成的身份与意识上的矛盾性和"居间性"等特征，在不同题材文本间总是能够追踪到一条若隐若现的纵贯线，即隐没于文本内容中的"文化居间性"。王微针对维兹诺的小说《自由之魔法师：一个荒野贵族的部落后裔》中的这些特征进行了剖析。论文指出，临界性、异质性，混杂性和矛盾性是文学中阈限性的哲学维度，体现文学与文化实践中的思想敏锐度，探讨身份话语建构问题。论文指出，文学阈限性的居间作用能够有效衔接美国社会主流文化与印第安少数族裔文化，在二元之间建立联系并在多种裂隙中找到弥合的可能，这也是维兹诺作品中反复提及的"裂隙或缝合"的深层内涵。在面对人类的共同未来方面，这样的罅隙才有弥合的共同愿望，也才可能实现两种异质文化的交融。⑬

詹姆斯·费尼莫尔·库柏的小说《拓荒者》描写了美国独立革命后纽约州小镇在40年间的发展历程，作者赋予城镇空间以政治含义，用纽约州地方区域的繁荣景象折射美国推翻英国苛政、建立共和政体后所取得的成就，赞颂了开拓者在边疆小镇所进行的领土实践。郭巍从国家领土空间生产视角解读《拓荒者》，结合小说创作历史背景考察作者独特的边疆城镇空间叙述特点，分析美国在签署《巴黎条约》之后几十年间国家领域主体性建构过程的内在机理，试图揭示美国建国后密西西比河以东边疆领土的开发动因、土地政策运作方式和结果。论文分3个部分进行了解读：一是边疆垦殖社区中的共和主义领土实践，二是国家领土策略与边疆地权，三是文雅政治与边疆空间的驯化。论文指出，库柏以文学的方式参与到国家边疆领土空间生产的过程之中，他在小说中赞颂了边疆开拓者的领土实践活动，赋予边疆空间以共和主义政治含义，塑造了民主绅士人物形象，以此检验了美国国家政体存在的合理性和适用性，帮助美国人建立起早期的国族疆域意识。⑭

鲍勃·迪伦荣获诺贝尔文学奖之后，学界开始对音乐与文学交融的新探索。他的音乐诗歌表演凭借其凸显的民谣吟唱仪式，成了现代艺术进程中口头文学传统赖以重现的"活化石"。迪伦的"闯入"事件恰恰为我们提供了一个"意外"的合理答案：文学的存活亟待回归其元初的仪式召唤，重新弥合书面叙事与口头传统之间、精英文化与大众需求之间的断裂。鉴于此，于雷尝试搁置传统上围绕迪伦的"诗人"身份抑或"歌手"身份所展开的彼此孤立的研究，转而借助相关仪式理论的透镜着重聚焦于迪伦的文化身份、舞台表演以及民谣程式等3方面内容。他在论文中探析了迪伦的民谣音乐与口头文学传统之间在仪式层面上的基因关联，从而说明迪伦对于现代文学发展的重大贡献在于他为悠久的书面诗歌传统找回了更为古老的口头文学的仪式性表达。仪式本身即是一种“诗性行为”，其诗学特质来自仪式主体心理层面的剧烈的情感活动及其行为过程所具有的表演性，而迪伦从民谣传统当中获得的正是一种“仪式性的净化”。[15]

三、加拿大英语文学批评与研究

长期以来，有关加拿大文学批评的研究在中国没有受到足够关注，对支撑了加拿大文学体系构建和发展的文学批评史的系统性研究则处于空白状态。丁林棚对加拿大文学批评做出了审视，阐述了其重要的文化、文学和历史意义。论文首先总结了加拿大文学批评史的嬗变轨迹，指出文学批评、文学经典化过程以及国家想象之间的互动过程。文学批评经历了现代主义、后现代主义、民族主义、多元文化主义等历史发展阶段，并以文学审美价值的大讨论以及如何想象和再现加拿大为主线。后民族主义时代的加拿大文学批评逐渐转向民族的想象构建，在超文化主义的背景下，逐渐转向世界性的表达，勾勒出国家想象的一个升华过程。在后民族主义、后现代语境下，普遍的、权威的、统一的文学民族性构建转向局部的、差异性的、多元的、个体的知识叙事。这种对“加拿大性”的新认知使得加拿大文学批评进入了新的阶段，开始将地域、族裔、女性主义文学、印第安文学等不同形式的文学想象纳入文学体系和经典化的建设进程之中。加拿大文学话语中的这种对少数族群写作的包容及其带来的混杂性和散播恰恰象征加拿大文学在世界文学中的境况，撼动了英美世界文学系统的逻辑。经历了民族主义文学批评阶段之后，关于文学国家想象和民族特色的建构却走向了差异和多元化，但对于“加拿大性”的构建，却一直没有达成统一的认识，反而形成了差异化和多样化的想象认知。[16]

玛格丽特·阿特伍德被誉为加拿大文学女王，学术界对阿特伍德作品的研究可谓汗牛充栋，阿特伍德研究因而也一直是当代文学研究的一个热点领域。值得注意的是，学界对阿特伍德小说的研究焦点仍然主要集中在女性主义和身份表达方面，而对于作者普遍的社会责任和人文关怀却很少提及。丁林棚指出，阿特伍德的《使女的故事》呈现出一种极端的身体政治，揭露了政治审视生产驯服身体的机制和手段，并阐释政治和权力运作对日常生活的渗透及对身体的控制。不仅如此，小说还蕴涵了福柯所说的“生命权力”的概念。例如，生命权力旨在控制人类的繁殖能力，在人口控制、人口分布学以及人口统计等方面发挥关键作用。小说中神权政权并非否定身体，而是首先承认身体是“性的身体”，并以其繁殖能力来判断优劣。阿特伍德运用文学的想象建构了一幅在政治权力运作下的黯淡的未来社会图景。权力关系成为人的本质关系，身体被理解为书写的身体，是文化和社会的构建品。政治权力不仅体现在对人的身体的规训上，还通过对监视体系的创造性应用和改造，扩大到服装管理、身体行为规则等领域。权力甚至成为生命政治的工具，应用于对人口的技术管理和分类权力等范围。阿特伍德对权力的这种深刻揭示充分说明了作者作为一名严肃作家对社会问题进行的深刻反思，揭示了政治对身体、政治对现实生活的渗透。[17]

阿特伍德的另外一部小说《羚羊与秧鸡》描绘了基因技术大灾难带来的世界末日图景，鞭挞了技术生产和消费主义造成的生态破坏和人性毁灭。目前国内关于《羚羊与秧鸡》的研究大多集中反乌托邦思想、生态主义批评。然而，对于这部作者称为“社会现实主义”小说中的社会批判意义还有很大的研究空间。丁林棚结合鲍德里亚有关生产、消费和超现实的理论，论述了阿特伍德对技术的批判，从科技与现实、科技与社会、科技与人性几个方面阐释小说的现实意义和艺术特征。论文指出，《羚羊与秧鸡》借助对科技和理性至上主义的批判尖锐地讽刺了技术生产和消费主义对人性的毁灭。论文一共分为四部分，第一部分对小说中的技术、物品体系与消费主义思想进行了批判。第二部分对生产和超现实进行了批判。论文指出，生产和消费不仅制造了独立的物品世界，而且创造了人工现实的独立假象。小说中技术造成了现实的死亡，人们生活在技术和消费物品所造成的超现实世界中，“现实的沙漠”使人失去了本真状态。第三部分对仿真进行了批判。仿真和超现实甚至使生产本身失去了社会意义。在物品体系搭建的仿真社会中，生产本身没有任何意义，生产的社会目的性完全丧失在连续不断的生产之中，仿真因而完全取代了历史。第四部分则对虚拟现实进行了分析和阐释。电子技术和计算机手段创造的虚拟现实模糊甚至取消了过去和未来，将焦点集中在想象乌托邦的当下时刻，使人们仅仅关注符号之间的肤浅的相互关系，因此社会被理解为对即时性的满足。论文结论指出，作者通过小说警示我们，人类需要建立一个新的想象模式，在无上的理性系统中为传统人性留出一片天地。这种想象模式的前提就是，人类必须认识到自己和自然的一致，并肩负自己的伦理价值体系，而不能让技术超越凌驾于现实之上，否则人类就不会拥有美好的未来和希望。[18]

四、澳洲英语文学批评与研究

20世纪90年代起，英语小说界涌现了一批根据经典小说进行重新创作的“修正重写”作品，简称为“重写小说”。以经典小说作为隐性或明示的“前文本”，这些作品以重构情节、反转人物关系、重塑人物形象、切换视角、变换叙述声音等叙事策略，在“重写”与“前文本”之间建构故事间互文关系，以引导当代读者对经典进行修正阅读。作为19世纪英国小说的重要代表，狄更斯及其作品被反复“重写”，其中以《远大前程》为“前文本”的两部作品——澳大利亚作家卡利的《杰克·麦格斯》和新西兰作家琼斯的《匹普先生》尤其受到关注。王丽亚认为，重写经典这一现象在后殖民文学批评领域被视为对文化帝国主义的象征抵抗。“重写小说”的结构方式多种多样，因此，对“重写小说”的解释不能囿于后殖民文学批评长期强调的“帝国逆写”模式。文章以《杰克·麦格斯》和《匹普先生》为例，分析两部作品分别以“作者阅读”和“人物阅读”呈现的不同结构关系。以作家对《远大前程》的“对位阅读”为“重读”立场，《杰克·麦格斯》通过情节重置使“重写”与“前文本”形成“同故事内嵌式”结构；这种“重写”既是作者对“前文本”的“重读”，也是重写文本以互文结构向“作者的读者”发出的阐释召唤。与此不同，《匹普先生》以故事中人物阅读行为，强调经典小说对读者的情感结构的影响。[19]

五、文学理论与文化研究

文学理论对于文学研究具有重要的意义，而自20世纪80年代以来，文学理论的发展逐渐和文化研究、哲学、美学等领域发生了重叠和交叉，形成跨学科的多元特色。在文学批评领域，文学文本的研究也不再是传统的单一模式，而是转向了诸如语言学、叙事学、文化和社会研究、历史研究、后殖民主义、女性主义等多个阵地，文学研究出现了百花齐放、欣欣向荣的局面，也使文学真正和文化、社会、人文等建立了更加密切的联系。2017年，文学和文学理论的研究取得了丰硕的成果，下面仅选取最具代表性的论文，对本年度的学术动向作一简要陈述，以反映在过去的一年中文学理论研究阵线的总体趋势。

田园诗作为一个文类有着悠久的发展历史，并在发展过程中逐渐形成了不同种类。田园诗之所以在当代成为一个理论话题，是因为它背后隐藏了许多历史和文化因素。当代读者越来越意识到田园诗的隐退倾向和田园理想的建构性质，从而倾向于从阶级、性别、种族、生态等视角去解读它的意义和其背后的意识形态。张剑从理论的视角对田园诗做出了溯源和阐释。他指出，田园诗起源于希腊。但是，真正对英美田园诗产生直接影响的是古罗马诗人维吉尔。维吉尔的田园诗有重大意义。他创造了一个理想田园，是一个令人向往的幸福之地，开创了田园悼亡诗的先河，固定了悼亡诗的结构。此外，田园诗一般将乡村与城市对立，用都市的尔虞我诈来对照田园的淳朴和谐。田园情结一直延续到今天，表现在今天仍然流行的逃离都市的“幼稚愿望”中。从文化上讲，它是一种“更贴近自然”的集体想象。后现代理论为思考人与自然的关系提供了多种可能性，使后田园诗能够超越传统田园诗对田园的简单化理解。不仅自然的概念取代或拓展了乡村和田园的概念，而且人们在思考自然的时候也呈现了不同的、多样的主体定位和理论定位。自然思考更多地与人类自身的伦理关系、政治关系联系起来，从而实现将人视为自然一部分的生态理想。[20]

“有机整体”是一个重要的诗学和文化概念。张欣指出，其概念的基本内容是，诗应如植物生长般有其内在目的性，其各部分也应如植物的各部分一样为整体服务，使整体与部分互为目的和手段。有机整体的概念源头可以追溯到亚里士多德在《诗学》中提出的悲剧的“整体性”。这一概念真正发挥作用是到了18世纪末以降的浪漫主义时期和20世纪的新批评时期。同时，这一概念反映了浪漫主义时期文学与社会、文学家与社会之间的密切关系。从文学史的角度看，有机整体的概念从无到有、从萌芽到枝繁叶茂经历了一个颇不寻常的过程。论文主要陈述了英国文人扬格、德国的施莱格尔兄弟、英国浪漫主义诗人柯尔律治等人的相关理论，并总结了20世纪新批评文论与浪漫主义文论的分歧。经过英国的瑞恰慈、燕卜逊和美国的沃伦、布鲁克斯等几代批评家的阐发，诗歌批评以有机整体为原则，以诗歌语言和诗歌结构为考察对象，以细读为批评方法构建了一整套解读诗歌的理论体系。此外，有机整体还是一个重要的文化概念。以利维斯、威廉斯等为首的文化学者认为，有机整体特指人与社会之间的和谐美好的关系。随着农耕文明逐渐被工业文明取代，人们逐步感到人与人之间的隔阂、人与社会关系的割裂，正是出于对这种生活的忧虑，诗人们创作了有机整体的诗以期重获有机整体之感。由此，我们也许能重新认识英国浪漫主义文人的一种积极入世的情怀，也看到19世纪处在巨大社会变革中英国的生活景象。[21]

生态批评研究自20世纪90年代出现至今，其研究角度虽然越来越多样化，但城市维度却始终处于缺失的状态。长期以来，无论是阐释作为文本的城市，还是在文本中再现的城市，城市与自然一直处于分离甚至对立的状态之中，导致城市成为自然书写中的一种空隙。在这一背景下，我们有必要重新发现和认知城市自然，对自然的概念进行再定义，将环境研究、文化研究与城市研究联系起来，完成生态批评的城市维度从缺席到在场的转变。马特论述了城市与生态批评的辩证关系，指出城市研究已经呈现出明显的跨学科特色，现实的城市与想象的城市之间的界线也逐步被瓦解。作为文本的城市是现实的城市，而文本中的城市则是想象的城市。在文学想象的世界中，城市与自然的分裂非常普遍，城市文本可谓极度匮乏。虽然生态批评的研究对象是文学文本中的自然，然而环境不仅是地理学实体，也是一个社会过程，具有多维度的意义。只有将环境置于物质、社会、文化与意识形态综合构成的框架之下，我们才能将文学文本中想象的环境与现实社会中存在的环境连接起来，对其有全面的认识。在重新认知城市自然的过程中，关键的一点在于重新定义人与自然的关系，即如何从旁观者转为参与者。与之相对，城市自然的概念强调人类与自然之间的紧密联系，主张通过人类在自然环境中获得的经验和亲身参与的活动来完成对自然环境的认知，在这个过程中人类是在场的。城市作为人与自然相遇的场所，是一种约束环境，允许人们在某种程度上对自然进行控制。论文结论指出，生态批评的“生态”前缀不只包含生物学上的意义，也指代了更广义的人类与物理环境之间的相互作用。因此，我们有必要从自然环境的旁观者转为参与者，重新发现城市空间中无处不在的自然景观。城市自然并非“缺席”的代言者，它既不是朴素自然的遗留物，也不是激起回归荒野、远离城市之心的触景生情之物，而是具有独立价值的环境形式。相比于传统生态批评理论对荒野自然的推崇，生态批评对城市维度的关注不仅是对其自身研究范畴的一次拓展，也是对现实世界诉求的有力回应。[22]

“忧郁”本是西方古代医学哲学概念，却随着现代科学的发展而逐渐式微，其医学地位早已由“抑郁”取而代之。弗洛伊德的《哀悼与忧郁》开启了现代忧郁理论，忧郁概念再度获得哲学关注，并在巴特勒的社会政治批判中达到新的高度。何磊撰文梳理了忧郁在现代背景中的重生、绽出与迷失，阐述了忧郁的文化和社会意义。论文指出巴特勒可谓是延续、阐发、改写这一重要概念的代表人物，从性别忧郁批判、美国霸权批判等多个方面使忧郁理论上升到了全新的高度。巴特勒纠正了一个非常严重的普遍误解：精神世界的三分格局（本我、自我、超我）是社会权力塑造的经验产物。具体而言，主体的内心世界是“失去”引发的心理效应。换言之，失去对象的事实开启了主体及其内心的分裂与矛盾，而不是相反。从精神分析领域进入社会政治场域之后，忧郁概念的影响力不可能止步于性别问题，它必然影响到更为广阔的现实政治议题。例如，在文化社会领域，暴虐而懦弱的权力忧郁早已成为后“9·11”时代美国政治的主导思维。作为社会政治思维的忧郁就是罔顾现实、顽固守旧、刚愎自用与故步自封。论文还论述了本雅明的“左翼忧郁”概念。这个术语指文人因固守某种不切实际的理想而无法抓住变革机遇的情况。在本雅明看来，这些人极度自恋地认同着自己的政治偏见与依附关系，却拒绝接受“此刻”的独异性，因此只能按照空洞的“时间”或者“进步”观念来理解历史。现代意义上的忧郁已经成为具有社会意义与现实影响的政治思维、文化心态。毋宁说，忧郁开启了我们的过去、此刻与未来，忧郁乃是产生一切人类文化的基石：一方面，它可以成为创造力的源泉，激发超越眼前视野局限的深邃思维能力，使人类创造出无与伦比的杰作；另一方面，它又可能将社群引向邪恶，使人类陷入冤冤相报的暴力循环而无法自拔。前现代的忧郁观念看似早已式微，却依然阴魂不散地困扰着现代人的心灵，在现代忧郁的两翼（政治忧郁与文化忧郁）中，我们已经看到了黑胆汁暴力与土星气质的复活，而它们也各自代表了忧郁的复杂影响，以及难以单纯用“是非善恶”来评判的复调后果。人类的内心渊薮仍有未解之谜，而作为开启精神世界的关键，忧郁这一既古老又年轻的概念或许正是理解人类文化的一把钥匙。[23]

多样的情感形式诞生于身体的感触经验，因际遇不同，情感总在悲苦与快乐间变化流转，这种情感的流变即是“情动”。汪民安从斯宾诺莎的相关论述出发，结合尼采、德勒兹等人的观点，探究情动与身体、力、欲望、生命之间的复杂关系。论文指出，情动作为存在之力或活动之力的变化，表明了情感与身体的力量的密切关联，重新勾勒了人作为情感主体的生存样式，其中既有对笛卡尔身心二分的批评，也有与结构主义者、福柯和阿尔都塞的差别。在情动、权力意志、欲望机器的亲密谱系中，身体和心灵并未彼此分离，生命之力尽管以各异的形式呈现，却总是发出持续的呼唤：让我们坚持一种快乐的唯物主义伦理学。论文指出，从快乐到痛苦到快乐再到痛苦，情感一直处在不停地变化中。快乐和痛苦这两种相反的情绪甚至常常混淆、交融在一起，它们有各种各样的组合关系，有无限多的组合关系。痛苦或快乐有时候存在于同一种际遇之中——巴塔耶生动地分析过这种矛盾情感：相互抵触的情感——比如吸引和厌恶，狂喜和痛苦——同时存在于一种经验中。例如，斯宾诺认为，痒就是痛苦和快乐交织在一起的经验。还应注意的是，一个人的存在方式，就是他的情感变化，我们可以从情感，情感运动，情感变化的方式来确定一个人的存在。身心的活动是同一的，它们统一在力的概念中。生命就是力的无穷无尽的变化。这种力（存在之力或活动之力）在斯宾诺莎那里是跟情感结合在一起，在尼采那里，是跟意志结合在一起，在德勒兹那里，是跟欲望结合在一起。也可以说，情感，意志，欲望都是力，或者说，它们都是力的内容，是力的具体化形式。这一由斯宾诺莎开拓的彻底的唯物主义和经验论是对意识哲学和理性主义的强大偏离。福柯的权力/身体和阿尔都塞的意识形态/主体都是在一种不对称的构架中发生关系，是支配和抵抗，是统治和被统治的关系的话，斯宾诺莎和德勒兹则强调一个内在性关系，一个贯通性的平面关系。身体和身体（物体）之间没有等级，没有操纵，没有统治，相反，它们是相互的感触，是一种内在性的没有缝隙的接壤，是接壤的刺激和招惹，是关联性的一波一波的煽动，是触碰之后的回音和共鸣。论文的最后部分进一步分析了海德格尔、德勒兹和阿甘本的情感思想，认为海德格尔的根本调音属于一种紧张的、几乎金属一般的苦恼，在那里，一切的本己性和每一个瞬间缔结起来，成为了有待完成的使命。相反，没有什么比一种感受更好地表达了德勒兹的根本调音，德勒兹喜欢用一个英文词来称呼这一感受：自我享受。[24]

注：

①《伦敦塔、录事与恺撒：〈理查三世〉的历史书写》，《外国文学评论》，2017 年第 3 期。

②《“作为历史研究的文学研究”：修正主义、后修正主义与莎士比亚历史剧》，《外国文学评论》，2017 年第 3 期。

③《莎士比亚罗马剧中的战争》，《国外文学》，2017 年第 4 期。

④《“我把人造得公平正直”——谈〈失乐园〉中弥尔顿对人类堕落的再现》，《外国文学评论》，2017 年第 2 期。

⑤《让无声的古瓮发出声音——济慈〈希腊古瓮颂〉的艺格敷词与想象》，《外国文学评论》，2017 年第 2 期。

⑥《“诗是理性化的梦”——〈忽必烈汗〉1816 年序言刍议》，《外国文学评论》，2017 年第 2 期。

⑦《情感文学》，《外国文学》，2017 年第 1 期。

⑧《寻找英伦的神话：〈霍华德庄园〉中的“英国问题”和国民性》，《外国文学》，2017 年第 4 期。

⑨《“边缘话语”与文化焦虑——拜厄特四部曲“精神障碍者”形象研究》，《国外文学》，2017 年第 3 期。

⑩《“时空旅行”、解构“时空旅行”与创伤叙事的互文性建构——论库尔特·冯尼古特的〈五号屠场〉》，《国外文学》，2017 年第 1 期。

⑪《异化与救赎：〈铁厂生活〉与 19 世纪美国工业化社会》，《外国文学》，2017 年第 5 期。

⑫《麦尔维尔对感伤主义修辞的批判：重读〈班尼托·赛雷诺〉》，《外国文学评论》，2017 年第 3 期。

⑬《〈自由之魔法师：一个荒野贵族的部落后裔〉中的文学阈限性》，《外国文学研究》，2017 年第 1 期。

⑭《〈拓荒者〉中的纽约地方书写与美国边疆空间生产》，《外国文学研究》，2017 年第 2 期。

⑮《鲍勃·迪伦、仪式性与口头文学》，《外国文学》，2017 年第 5 期。

⑯《加拿大想象和想象加拿大：加拿大文学批评的嬗变》，《国外文学》，2017 年第 5 期。

⑰《阿特伍德〈使女的故事〉中的身体政治》，《外国文学》，2017 年第 1 期。

⑱《技术、消费与超现实：〈羚羊与秧鸡〉中的人文批判》，《解放军外国语学院学报》，2017 年第 2 期。

⑲《“重写小说”中的“重读”结构——以〈杰克·麦格斯〉和〈匹普先生〉为例》，《外国文学》，2017 年

第2期。

⑳《田园诗》,《外国文学》,2017年第2期。

㉑《有机整体》,《外国文学》,2017年第3期。

㉒《从缺席到在场:生态批评的城市维度》,《外国文学研究》,2017年第4期。

㉓《忧郁》,《外国文学》,2017年第1期。

㉔《何谓“情动”?》,《外国文学》,2017年第2期。

(作者:丁林棚,北京大学副教授)

俄罗斯文学

赵桂莲 刘雅悦

2017年的俄罗斯文学研究成果有120余篇(部),主要研究依旧多集中在19世纪少数几位经典作家作品和白银时代文学研究领域,当代作家的研究也有一些涉及,但总体所占比重不大。文学理论研究的领域有所拓展,但重点依然基本停留在符号学、形式主义等,在深度和细节挖掘上有一定建树。这一年研究的亮点是溯源研究以及研究过程中对俄罗斯文化传统的观照。

一、古代及19世纪俄罗斯文学

史瑞瑞[①]以不同的文化背景为依托对中俄同类民间故事侧重点各异的剖析值得关注,该研究表明,俄罗斯人“喜傻”、中国人“尚德”恰恰与俄罗斯文化中占主导地位的东正教和中国文化的核心内容儒家思想存在密切关联。蒙曜登[②]从渊源考据、诗学价值、后期演变3方面“重议”《文体三品说》,其重点就在于发掘其中多被忽视的文学理论价值及其对后世诗学的影响。果戈理与西方文化的关系的确是值得深入研究的论题,王丽英[③]这方面的尝试值得肯定,但遗憾的是,文章的重头戏“果戈理作品中的西方情结”浮于表面,有些牵强附会。宋胤男[④]的文章丰富了对果戈理的认识,该作者值得肯定的是质疑精神。李婷[⑤]运用后殖民主义理论对俄国旅行家游记的分析对于认清时至今日仍在不少西方人心目中形成的根深蒂固的亚洲形象的产生根源具有现实意义。该研究者指出,欧洲中心主义心态决定了游记作者必然采用二元对立的叙述方式在构建邪恶不变、愚昧落后的“东方他者”形象的同时打造光辉崇高的西方“自我”形象,而西方自视高人一等的种族自恋是其向外扩张的内在驱动力,野蛮的“他者”为其“讨伐”披上文明外衣,而究其根本,殖民扩张和经济掠夺才是其所要达到的最终目标。

万海松[⑥]对陀思妥耶夫斯基根基主义思想追根溯源的研究表明,反理性主义是作家该思想最为重要的哲学源头,它高度契合欧洲中世纪、18—19世纪浪漫主义文学以及近现代俄国思想语境中集中体现的反理性主义精神,作家对俄国现代化的复杂态度也是其根基主义立场中反理性精神的典型体现。杨洋[⑦]认为,《地下室手记》本来是作家表达根基主义立场的政治实践,但被书报审查机构删减后的文本得到了存在主义哲学角度的解读,因此是误读。俄国学者卡萨特金娜[⑧]研究作为创作方法的“主人公的错误”,其研究结论是:作家运用该方法遵循的正是复调原则,究其本质,是作家不允许任何明显强制的症候限制读者的自由。朱建刚[⑨]在一定程度上弥补了我国陀氏研究的缺失,梳理作家与长期合作过的卡特科夫之间的关系对于丰富对作家创作思想的认识有价值。刘娜[⑩]梳理陀思妥耶夫斯基研究现状后发现其中存在如下特点:经典重读、跨学科研究持续升温以及传记研究开始回归。《俄罗斯文艺》2017年第2期发表了一组陀思妥耶夫斯基研究文章,视角各异。[⑪]张磊从主人公的梦里发现这些梦境与人物各自的生命体验有关,具有特殊的叙事功能,同时是对现实时空的必要补充。徐凤林对《罪与罚》的研究结果表明,虽然东正教思想是该小说中的重要内容,但作家没有把宗教思想作为解决犯罪的灵丹妙药,而是通过这一刑事案件揭示了更深层的生命哲学问题,主人公走向“新生”是爱情的感召。吴琼的比较文章落脚点在于罗赞诺夫,与陀氏相比在内在对话性、永远面向他者、与他人思想交锋等方面存在共性的同时,罗氏在形式探索、复调建构、思想表达、作者形象等诸多方面实现了超越。刘琨认为,洛谢夫的象征美学理论对于深入把握陀氏艺术世界中矛盾的人具有重要意义。顾宏哲的研究属于学科史领域,文章让我们看到陀氏经典作家的地位是如何一步步确立起来的。侯朝阳的文章与上文同类，是对英语世界陀氏《宗教大法官》研究的梳理总结，对于我国学界深化拓展该领域研究具有借鉴价值。曾思艺以身份焦虑和身份认同切入的研究得出作家的创作具有超前性的结论。德国学者施密德聚焦《卡拉马佐夫兄弟》中人物发生精神转变和思维方式改变的“心智事件”，发现其中的决定因素是良心之声。俄国学者帕金发现，陀氏小说的叙事结构与高度组织的信息空间直接相关，具体说来，小说的各个主人公持续活跃地进行着不同程度、不同目的的信息产品的创造、发展和分配，而作家本人艺术地发现了信息现实并创建了独特的再现信息现实的诗学。

托尔斯泰对法的否定和鄙视已成共识，马寅卯[12]的相关研究深刻剖析了托尔斯泰法律虚无主义产生其中的俄罗斯“沃土”以及各种异域思想的影响，指出，托尔斯泰对法律的不信任和批评一方面自有其道理，但从另一方面说，其批评是片面的，他只看到和揭示了一种历史的真理，而没有寻求和阐明一种未来的真理，未能从现实的被扭曲的法出发去探讨一种体现普遍意志的法应当什么样子，而是走向了对法本身的否定，把看到和经验的法当成法的全部，从而也就误解了法的本质和原则。以不同时期俄罗斯文学中3位出轨女性为研究对象，孙影[13]认为，以“出轨”为母题的“达吉雅娜式女性出轨报告”的关键语句是主体诉求上的意志自由、羞愧、爱情以及典型模式上的美被世界毁灭、自我审判和自我放逐。

以符号学为理论指导，傅星寰[14]对俄罗斯文学中彼得堡文本内在本质的研究表明，作为一个完整的符号系统，该文本具有始终一贯的话语单元，这些话语单元始终保持相对的稳定性，构成了一个巨大的超文本系统，与此同时，其编码程序具有动态平衡的机制。一方面，该机制表现为文本的开放性，揭示了彼得堡文本向文本以外的现实和其他城市文本的流动性，另一方面，该机制还表现为文本元编码程序的位移性，而由于该文本初始编码具有双重性和矛盾性，使得俄罗斯文学的彼得堡书写拥有了在多重语义空间位移的可能。荀波淼[15]的研究与此有异曲同工之处，作者以“外省”为观察对象对契诃夫创作的研究有其独到之处，作者认为作家通过外省—首都的二元对立建构的是现实与理想的二重世界，这一结构的引入对作家文学创作的主题和艺术风格的形成都具有重要作用。郑晔、王加兴[16]同样关注了该作家创作中反复出现的“物象”，认为其功能主要体现在衍生象征意义、刻画人物形象、推动情节发展3个方面。何冰琦[17]从模式、成因、意义3个角度剖析契诃夫晚期小说的开放式结局，得出作家对俄罗斯传统文学的改造赋予了20世纪文学以崭新特征的结论。徐乐[18]认为白银时代反契诃夫现象的产生与该时期美学范式发生革命性转变存在关联，即需要推陈出新，无情摧毁旧的观念，“重估一切价值”，而契诃夫是最近的一个靶子。此外，对于否定契诃夫来说起更大作用的是其创作与现实太一致，其艺术似乎改造了现实经验，观众或读者自觉按照契诃夫的节奏调整自己的生活，使自己认同作家笔下那些问题缠身的主人公，在他们身上看到自己现实生活的对照体，由此被“刺痛”的不仅有普通读者，也包括当时的艺术家。应该说，这是论文作者认为“作家所遭受到的尖锐指责往往却能从反面比赞美之词更加鲜明地凸显出契诃夫创新之处”的原因所在。

二、20—21世纪俄罗斯文学

李永毅[19]选取不同时代的诗人对俄国流放诗歌的书写传统做了历时性研究，认为俄国诗人是在古罗马诗人和俄国本土的前代诗人双重影响下审视政治秩序，反思陈规，重塑身份。总结20世纪初到十月革命前俄国纷繁多样的讽刺杂志的讽刺内容，侯丹[20]发现，其讽刺对象主要针对尼古拉二世、官僚机构及官员、资产阶级自由派以及道德沦丧和时代乱象。武晓霞、刘莎莎[21]对阿克梅派领军人物古米廖夫创作中东方主题出现的原因及其该主题的具体呈现做了全方位研究之后得出的结论是诗人醉心于东方古国不仅是为了满足内心的好奇，表现对东方世界观的理解，诗人更深层的动机应该是通过异域情调的实践摆脱象征主义理论的羁绊，通过神奇的象征意象使“未名的真理”具象化、形象化、雕塑化，为阿克梅派探索发展之路。冯玉芝[22]从女性书写的角度对阿克梅派诗人阿赫马托娃创作的审美和叙事特点所进行的研究表明，诗人超越了阿克梅派的唯美主义，彻底舍弃了象征派的朦胧与晦涩，其作品中显著的女性特征完全不是外在的形象，而是精神世界永不放弃的生命之旅，她内在的忠贞和坚强比之传统对于女性的认可与要求更为全面和真实，因此，诗人书写的是辉煌的女性史诗。王树福[23]以译介为主线对巴别尔与中国主题的梳理研究得出了颇具深意的结论：该作家与中国发生碰撞与交融基于其宏阔的文化视野、多样的文学创作和对中国意象的青睐，基于跨文化、跨语际、跨文本实践的比较特性，而作为他者镜像的东方文化，对巴别尔确立以西方文化为主体的文化身份、展开以“双重文学”为中心的文学创作有着不容忽视的启发作用。该作者的另一篇论文[24]可以看作是对上述认识的学术研究实践，或者说通过对作家具体作品的分析论证上述论点。刘文飞[25]对该作家的研究集中在景色描写方面，认为其描写客体时的主体化、景色描写的隐喻性、景色描写的结构功能等策略运用在一定程度上是作家创作个性及其所处历史语境相互作用的结果。姜训禄[26]认为象征主义戏剧中运用仪式是因为其功能与前者“创造生活”的诉求不谋而合，仪式化场面是剧作家思想的直观注解，也是对个体存在的别样思考。王开源[27]的叶赛宁研究胜在文本细读，这一点尤其体现在第二节“诗歌逻辑”上，其另一点突出之处在于结合俄罗斯民间文化的“树”意象蕴含的象征意义解读诗人创作时绝望与希望、渴望、失望等情绪交织转换的悲情。

汪介之[28]深厚的考据功夫为我们深入把握小说《日瓦戈医生》的创作背景、主题演变等提供了宝贵资料。谢红芳、王婷、王琦[29]研究的是鲜为我国读者所知的20世纪四五十年代乌克兰电影导演、作家多夫仁科的战争小说《生命的意志》，认为该小说呈现出的印象主义、象征主义和蒙太奇表现手法与作家本人的经历有密切关系。皮野[30]从《莫斯科到佩图什基》的“叙事长诗”这个体裁命名入手探究其多重对话性，与果戈理同样命名为“叙事长诗”的《死魂灵》一样，该小说促成了俄罗斯民族宏大的“不停歇之旅行”文本的聚合，是一次开放的、动态的、没有终结的互动式对话。邢金华[31]注意到了拉斯普京代表作品中俄罗斯民族根基的象征“茶炊”，紧密结合文本的分析从一个新的角度印证了作家捍卫传统、保护根基的创作动机。该作者的另一篇论文[32]也颇有新意，它提请读者关注文学作品中人物姓名对于揭示作家创作深层意蕴的作用。孙佳宁[33]以鸟所具有的象征意义为切入点对索罗金作品《暴风雪》主旨的考据研究颇具新意和深度，对于以传统文化为背景深入挖掘作家创作所蕴含的深意具有可贵的借鉴价值。李暖[34]在追溯欧美以及俄罗斯成长小说发展演变的基础上以时空结构为聚焦点对阿克肖诺夫同类主题小说的研究结果表明，该作家将成长小说的范式纳入了一个更为完满的结构，与欧美该题材小说的惯用书写方式不同，为个体悲剧性的存在状态提供了精神救赎的可能，而此岸与彼岸之间的循环构成了作家所要诠释的完整的成长过程。

刘净娟[35]从时空角度研究了彼特鲁舍夫斯卡娅在7部小说中运用的神话叙事策略，认为作家以神话思维构建的循环物候时间模式将主人公的命运纳入了“永恒复现”的命运怪圈，而小说中对神话空间的构建则直指死亡命题，但与此同时作家却以直面死亡的勇气荡涤生存的绝望和悲观情绪，在死亡之火的照耀下反观生的希望和爱的理想，因此作家透过神话的棱镜折射出的是强烈的人文之光。侯丹[36]从“边缘人”的概念出发研究了斯拉夫尼科娃小说《永生的人》中的各种边缘人形象，认为苏联解体后俄罗斯社会发生的价值观巨变是导致一些个体无法融入新时代的悲剧根源。王树福[37]认为，就构成态势来说，当代俄罗斯戏剧与当代俄罗斯文学、艺术、社会历史存在密不可分的联系，同时又有独立存在的本体性规范，所以在研究过程中应把微观诗学分析、舞台剧场考察与宏观历史把握结合起来。余翔[38]比较分析当代戏剧家瓦列诺夫传统戏剧和新戏剧得出的结论是：其人物全都在做着过去与当下、身体与灵魂、虚幻与实在、激情与理智等二元对立式的讨论，而这一切最终却皆指向“自我实现”，由此使其残酷性主题无处不在的全部创作呈现出一种积极向上的温暖气质。以小说集《女反叛者》为主要研究对象，万海松[39]着重考察了其中的女性主义主题和后现代风格，总结出该作家创作中呈现的道德诉求是由城市化浪潮下现代社会中爱的缺位引发的对爱的呼唤。盘点2016年俄罗斯文坛的成果，孔霞蔚对其的定义是“间歇期”，有影响力的作品不多，但值得关注的是，历史题材和非虚构作品相对而言成果丰硕，而且非虚构创作获得了空前广泛的认可和关注。

三、文学批评与文学理论研究

米慧[40]的研究对象“奥贝利乌”及其代表人物哈尔姆斯我国学术界关注较少，在一定程度上填补了该领域研究的空白。该作者另外著文[41]研究哈尔姆斯时空观及其在文学创作中的实践，得出其创作基于理论自觉性、其所属的文艺团体具有超越时代的先锋气质的结论。陈勇[42]以分别与俄罗斯结构主义语言学和形式主义文学理论直接相关、很大程度分别反映莫斯科语言学研究传统和彼得堡文学研究传统的雅各布森和巴赫金为对象深入分析了过渡期的俄罗斯符号学理论，总结出前者的符号学理论对一般符号学和语言符号学的建立与发展具有推动作用，而后者有关符号性质、话语理论和对话理论的讨论因为反映了其哲学符号学、语言符号学和文学符号学的基本观念，因此对世界符号学的发展影响深远。姜雯雯[43]集中研究巴赫金理论体系中的核心范畴话语和时间，在巴赫金那里二者都是动态的，它们为文学体裁注入鲜活的生命力，但与此同时论文作者留下一个疑问：当文学体裁从稳定性、规范性走向时间性、变化性和开放性的时候，对体裁完成性属性的放弃是否会最终解构体裁本身？黄世权[44]追根溯源的研究表明，巴赫金复调理论的逻辑起点和核心概念都与现象学存在深刻关联，它从现象学出发，对其主体间性概念做了重要推进，把现象学的认识论转换为存在论命题，实现了对现象学的超越。王希悦[45]在梳理欧亚主义思想产生的社会背景、理论渊源及其主要内容的基础上分析了该流派的产生与发展，研究了欧亚主义在20世纪二三十年代俄罗斯文学中的呈现，具体而言，其主要通过“东方与西方”“民族与世界”以及“传统与现代”的主题得以呈现。赵爱国[46]认为，与以往的纯文艺学或纯语言学研究视角不同，从范式角度研究俄罗斯形式主义的学理基础呈现的是思想层面的方法论意义，该范式的学理基础包括语言学基础和哲学基础，前者主要是历史比较主义和结构主义方法，后者主要依据西方普通美学思想。范式研究更能发现俄罗斯形式主义对后世各种理论的影响。姚婷婷[47]密切追踪塔尔图学派的最新研究动态，发现其体现出如下几个主要特点：承袭塔尔图符号学大师对文化符号学的诠释；在文本与生态环境的互动中推进生态符号学研究；生态符号学的发展使符号学与翻译学的融合成为可能。从总体上说，世界符号学研究正朝不同学科之间相互渗透以及跨越边界寻求多学科合作转向。林精华[48]对冷战时期西方层出不穷的文学理论产生、发展、演变并进而成为高等教育重要学科的过程进行观察后发现，其中起重要影响作用的因素竟然是对抗并超越苏联文学理论的感召力。值得肯定的是，在这一过程中西方的文学理论学科大量借助欧洲的哲学、语言学等资源而显示出科学性、专业化特征，但与此同时又因为颠覆批评遗产、无视传统审美资源导致内在矛盾重重，引发了文学研究界的指责。

考察当代俄罗斯文学批评现状的郑永旺[49]认为其主要几个板块体现出如下特点：一是消费社会的到来和互联网的兴起让批评的内容和形式更加多元化；二是批评家和作家为争夺话语权频繁周旋于两种身份之间；三是对俄罗斯后现代主义文学的批评成为批评界的重要景观，显示出不同价值取向的批评家面对多元文化时代的精神面貌时或震惊或欢喜的态度；四是当代俄罗斯文学批评中的自由派和爱国派之争与19世纪西方派与斯拉夫派的论证存在一定的继承性，但同时又有很大不同。相关主题研究的姜磊[50]得出的是类似结论。宋羽竹[51]对爱普施坦后现代主义文学批评特点及功用做了如下归纳总结：其批评话语对构图法的引入既有建模的抽象化效果，又植入了历史的动态演变，有助于对俄罗斯的后现代性进行多维解读。

注：

①《中俄民间故事中“最小的儿子获胜”母题对比分析》，《俄语学习》，2017年第3期。

②《罗蒙诺索夫“文体三品说”诗学价值重议》，《俄罗斯文艺》，2017年第2期。

③《果戈理的西方情结探析》，《俄语学习》，2017年第2期。

④《白银时代宗教哲学视域下的果戈理研究》，《俄罗斯文艺》，2017年第1期。

⑤《“他者”的再现与“自我”身份的认定——普尔热瓦尔斯基游记的后殖民解读》，《俄语学习》，2017年第2期。

⑥《论陀思妥耶夫斯基根基主义思想的反理性主义根源》，《江海学刊》，2017年第4期。

⑦《被删除与被遮蔽的政治实践——论〈地下室手记〉的被审核及其对作家意图的颠覆》，《俄罗斯文艺》，2017年第3期。

⑧《陀思妥耶夫斯基作品中作为创作手法的“主人公的错误”》，《俄罗斯文艺》，2017年第3期。

⑨《陀思妥耶夫斯基与卡特科夫》，《俄罗斯文艺》，2017年第4期。

⑩《“21世纪仍旧是陀思妥耶夫斯基的世纪”——2016年陀学研究新动向概评》，《外国文学动态研究》，2017年第1期。

⑪张磊：《〈卡拉马佐夫兄弟〉中的异度空间——论卡拉马佐夫三兄弟的梦》；徐凤林：《〈罪与罚〉与东正教——从第四部第四章说起》；吴琼：《罗赞诺夫对陀思妥耶夫斯基的继承与超越》；刘琨：《洛谢夫象征美学理论与陀思妥耶夫斯基的艺术世界》；顾宏哲：《批评之镜——陀思妥耶夫斯基作家经典在俄国的生成》；曾思艺：《身份焦虑与身份认同——也谈〈地下室手记〉》；沃尔夫·施密德：《陀思妥耶夫斯基的心智事件》；巴·帕金：《陀思妥耶夫斯基长篇小说中的世界信息图景——映像的结构与诗学（以〈罪与罚〉为例）》；侯朝阳：《英语世界的〈宗教大法官〉研究》。

⑫《试论托尔斯泰的法律虚无主义及其困境》，《社会科学战线·西方哲学》，2017年第5期。

⑬《19世纪俄罗斯文学中的“女性出轨”》，《俄罗斯文艺》，2017年第2期。

⑭《俄罗斯文学城市文本的代码系统——以彼得堡文本为例》，《中国俄语教学》，2017年第4期。

⑮《契诃夫文学创作中的“外省”》，《中国俄语教学》，2017年第2期。

⑯《试论契诃夫小说中的物象反复》，《俄罗斯文艺》，2017年第1期。

⑰《试论契诃夫晚期小说的开放式结局》，《俄罗斯文艺》，2017年第2期。

⑱《白银时代俄国的“反契诃夫学”》，《外国文学研究》，2017年第3期。

⑲《奥维德与俄国流放诗歌的双重传统》，《俄罗斯文艺》，2017年第4期。

⑳《十月革命前的俄国讽刺杂志》，《文艺理论与批评》，2017年第5期。

㉑《云游的缪斯——论古米廖夫诗歌创作中的东方情调》，《解放军外国语学院学报》，2017年第3期。

㉒《阿赫马托娃书写的俄罗斯女性史诗》，《中华女子学院学报》，2017年第2期。

㉓《巴别尔与中国——传奇作家的百年译史》，《世界文学》，2017年第6期。

㉔《“局外人”与“热带鸟”——巴别尔的身份认同与伦理选择》，《外国文学》，2017年第2期。

㉕《巴别尔短篇小说的写景策略》，《外国文学评论》，2017年第4期。

㉖《仪式在俄国象征主义戏剧场面中的功能和形式》，《俄罗斯文艺》，2017年第3期。

㉗《悼念一棵枫树——浅析叶赛宁诗歌〈我凋零的枫树啊，挂满冰花的枫树……〉》，《俄语学习》，2017年第2期。

㉘《〈帕特里克手记〉——〈日瓦戈医生〉的前介》，《俄罗斯文艺》，2017年第1期。

㉙《高超的艺术技巧 崇高的生命主题——解读多夫仁科的〈生命的意志〉》，《俄语学习》，2017年第1期。

㉚《与世界对话：小说〈从莫斯科到佩图什基〉》，《俄罗斯文艺》，2017年第4期。

㉛《〈告别马焦拉〉中的茶炊主题》，《俄语学习》，2017年第2期。

㉜《从修辞学角度浅析俄罗斯文学作品中的人名艺术》，《俄语学习》，2017年第3期。

㉝《奇异的“鸟人”——简析索罗金〈暴风雪〉中的车夫库奇马形象》，《俄语学习》，2017年第1期。

㉞《时空循环与忏悔式成长——试论〈带星星的火车票〉的时空结构》，《俄语学习》，2017年第6期。

㉟《彼特鲁舍夫斯卡娅小说时空的神话化》，《外国文学动态研究》，2017年第5期。

㊱《新时代的边缘人——谈奥尔加·斯拉夫尼科娃作品〈永生的人〉》，《俄罗斯研究》，2017年第4期。

㊲《当代俄罗斯戏剧的构成态势与研究策略》，《俄罗斯文艺》，2017年第3期。

㊳《俄罗斯当代戏剧家瓦·瓦列诺夫作品中的残酷性主题》，《俄语学习》，2017年第1期。

㊴《爱的缺位与呼唤——论伊丽莎白·亚历山德罗娃—佐林娜小说的道德诉求》，《中国女子学院学报》，2017年第2期。

㊵《纯秩序：哈尔姆斯重要创作思想及其生成》，《俄语学习》，2017年第4期。

㊶《哈尔姆斯的时空观及其表现》，《俄罗斯文艺》，2017年第4期。

㊷《过渡期的俄罗斯符号学研究概览》，《解放军外国语学院学报》，2017年第5期。

㊸《穿越对话与时间：方法论视角下巴赫金的体裁诗学》，《中国俄语教学》，2017年第2期。

㊹《复调理论与现象学：巴赫金思想方式探源》，《俄罗斯文艺》，2017年第3期。

㊺《西方文论关键词：欧亚主义》，《外国文学》，2017年第3期。

㊻《俄罗斯形式主义范式的学理基础》，《俄罗斯文艺》，2017年第4期。

㊼《新世纪塔尔图学派的研究动态》，《外国文学动态研究》，2017年第6期。

㊽《文学理论学科在西方的兴盛与危机：来自冷战或苏联文论的影响》，《文学评论》，2017年第6期。

㊾《当代俄罗斯文学批评的思想谱系》，《俄罗斯文艺》，2017年第1期。

㊿《新文化生态与文学批评实践——当代俄罗斯文学批评话语转型研究》，《俄罗斯文艺》，2017年第1期。

51《米·爱普施坦后现代主义批评话语构图》，《俄罗斯文艺》，2017年第1期。

（作者：赵桂莲，北京大学教授；
刘雅悦，北京大学博士生）

管 理 学

工商管理学

高 杰 邓荣霖

一、企业管理

2017 年，北京学者围绕管理理论和方法、创新管理、公司治理、企业网络管理方面研究取得了新进展，现综述如下：

1. 管理理论和方法

关于管理理论和方法。第十届中国企业管理案例与质性研究论坛在中国人民大学召开，有的学者提出高质量的理论贡献是本土企业管理案例研究实现从“形似”到“神似”飞跃的必需，并基于本届论坛的主题报告与工作坊专题报告，深入讨论案例研究的适用范畴、理论构建方法，以及本土企业管理案例研究在过去 10 年所取得的进展与面临的挑战等。[①]有的学者对中国管理学研究 3 个基本问题做了深入讨论：一是作为数百年来西方“社会科学化运动”的历史延伸，与心理学、社会学、经济学及政治学等社会科学乃至人文学科一起，遭遇到的“科学化求真”精神操守问题；二是作为半个世纪前西方管理学“学科合法化运动”的逻辑延伸，遭遇到与心理学、社会学及经济学等周边学科边界不明、对象不清和研究视角错乱问题；三是作为 100 多年来蹒跚进入但只是在近几十年“改革开放”中才真正引入的“西洋舶来品”，长期伴随着内忧外患、落后挨打和学习赶超过程中关于“中体西用”之争，遭遇到“理论普适科学化”与“本土实践针对性”的矛盾、冲突及困惑。[②]

2. 创新管理

关于创新管理。有的学者发现，算计性依赖和关系性依赖都有助于促进供应商创新能力的提高，但二者发挥作用的边界条件却存在着显著差异：技术不确定性在算计性依赖与供应商创新能力之间起着正向调节作用，但在关系性依赖与供应商创新能力之间则起着负向调节作用。与此相反，需求不确定性在关系性依赖与供应商创新能力之间发挥着正向调节作用，而在算计性依赖与供应商创新能力之间却发挥着负向调节作用。[③]有的学者基于 300 家中国企业样本，采用多源、多次的纵向追踪研究方法，发现在进取者战略导向强和嵌入性知识存量多的企业中，社会资本能够提升企业自主创新能力；在防御者战略导向强的企业中，社会资本反而会阻碍自主创新能力提升；编码性知识存量不同的企业之间，社会资本对企业自主创新能力提升的差异化影响并不显著。[④]有的学者提出，货币紧缩加剧了创新企业的融资约束，并使得创新投资更依赖内部资金；作为财政政策的重要组成部分，财政补贴为企业创新投资提供了重要的融资支持，然而在货币紧缩时期，这一效应并未加强，主要是由货币紧缩的同时财政补贴下降所致。[⑤]有的学者以2006—2011 年深沪两市首次公开上市的 A 股公司为样本，运用双重差分模型，研究风险投资（Venture Capital，简称 VC）对企业创新的影响，发现：VC 的进入促进了被投企业创新，表现为专利申请数量的显著增长。外资背景的 VC 和多家 VC 联合投资对被投企业创新活动的促进作用更强；且 VC 投资期限越长，对创新的促进作用越强。[⑥]

3. 公司治理

关于公司治理。有的学者通过研究发现，与由实际控制人家族成员担任董事长的企业相比，非家族成员担任董事长企业的资本支出更少、创新水平更低、负债比例更高、债务期限结构更长、现金持有更多、股利支付更少。[⑦]有的学者提出，如果两个公司之间存在董事连锁网络关系，公司间的投资水平和投资变化都更加趋同，而且该趋同效应随着董事连锁网络的强度增加而加强；此外，公司的信息环境越差，对董事连锁网络关系这一非正式信息传递渠道的需求就越高，董事连锁网络关系对公司间投资趋同的作用越明显。[⑧]有的学者提出构建子分公司高管绩效管控模型，融“重能力、强管理、重实效”三位一体，在物元可拓法的基础上，运用层级分析、分段累计等方法，从多维度评价子分公司高管绩效水平。[9]

4. 企业网络管理

关于企业网络管理。有的学者提出，企业过度的网络嵌入可能阻碍企业生产率的提升，同时实证分析了企业网络嵌入阻碍效应的作用机制：一是过度的网络嵌入致使企业间信息冗余，并且模仿与追随效应使过度投资行为更为严重；二是维系企业间网络嵌入关系必然使企业面临协调网络中诸方利益等问题，使企业付出超额成本费用；三是网络资源丰裕的企业会更趋于强调市场运营能力，进而导致企业在创新投入方面资源分散并产生挤出效应，最终长期来看不利于企业生产效率的提升。[10]有的学者首创性地引入多维度语言因素，利用中国创新企业数据，从文化制度层面全面考察语言因素对全球知识搜索与企业创新绩效关系的调节作用。研究发现，在外部搜索过程中，企业需摒弃单一维度的共同语言搜索思路，采用多维共同语言视角，拓宽全球搜索范围，以实现创新绩效最优。[11]有的学者分析了网络突发事件传播过程中容易出现的问题及其原因，然后从原因出发，提出了网络突发事件发生前、发生中和发生后 3 个事件段的相应控制管理策略。[12]

二、会计与财务管理

2017 年，北京地区的专家学者主要围绕会计与治国理政同行、行为财务与盈余管理、内部控制与审计、资本市场等问题进行了深入的研究和探讨。

关于会计与治国理政同行。有的学者基于双重差分模型，从资金供给和资金需求两个方面动态地检验了省级政府发布的产业政策对当地上市公司融资约束程度的影响，发现地方政府产业政策的出台加剧了辖区内上市公司的融资约束程度，并且这种影响在民营企业、金融市场发展程度较低地区的企业和不具有政治关联的企业中更为显著。[13]有的学者通过解构阿里巴巴、腾讯和百度 3 家企业的价值网，分析了价值网结构的形成机理，构建了价值网的一般模型，归纳出价值网结构在主体特征、目标特征、管理模式和管理对象四个维度的财务管理特点，总结出价值网具有缓解融资约束、提高投资效率、降低试错成本和发挥协同效应四大功能。[14]有的学者以区域碳市场与控排企业数据进行分析，认为北京市场交易量与金额整体上升，天津市场活跃性下降，河北省没有实际参与碳交易。已发布的会计处理指导中，北京市场更注重监管核算。各碳市场的信息披露形成一定规范，且披露与市场活跃程度直接相关。[15]有的学者提出，国际及各国相关准则只规范综合收益的列报而未规范其确认与计量，在我国明确规定在利润表中完整列报综合收益的准则背景下，会计界应打破没有一个财务指标是以综合收益为基础的局面，将综合收益信息纳入企业财务分析指标体系。[16]

关于行为财务与盈余管理。有的学者通过研究发现：一是会计信息可比性与企业创新显著正相关；二是随着信息不对称程度的增强、股东与经理人代理冲突的加剧、企业融资约束水平的提高及经理人职业忧虑程度的增加，二者的正相关关系更显著，表明会计信息可比性是影响企业创新的一个重要因素，且通过降低信息不确定性抑制经理人的机会主义行为（尤其是由职业忧虑诱发的短视行为）及缓解企业融资约束是促进企业创新的关键途径。[17]有的学者提出，加强对上市公司衍生工具应用内部制约机制的监管和强制信息披露的力度，提高信息透明度，提高资源配置效率；加强相关上市公司治理机制的完善，完善相关会计制度，有利于降低管理层利用衍生工具进行投机的可能性，充分发挥衍生工具的风险管理作用。[18]有的学者认为，投资者利用季度和年度盈余信息时存在显著差异：投资者一方面对季度盈余信息反应不足，从而导致季度盈余公告后漂移现象；另一方面对年度盈余信息过度反应，从而导致年度盈余公告后反转现象，业绩预告制度是造成投资者对年度盈余信息过度反应的重要原因。[19]

关于内部控制与审计。有的学者提出，异常审计收费降低了本地审计师对信息不对称程度高的盈余管理公司出具非标审计意见的概率，而并不会降低本地审计师对信息不对称程度低的盈余管理公司出具非标审计意见的概率，同时，异常审计收费也不影响外地审计师出具非标审计意见的概率，表明本地审计师与信息不对称程度高的盈余管理公司之间存在合谋行为。[20]有的学者提出，管理层变更的一个重要预期效果是为了更好地服务于股东利益；但新任管理层也可能存在卸责动机，即在刚上任时尽量降低自身的考核标准，以便随后更容易实现考核目标。基于手工搜集的 2011—2014 年间我国上市公司内控缺陷认定标准及其变更数据，发现在新任管理层的首个完整任职年份，内控缺陷标准更可能向宽松方向调整。[21]有的学者立足于经济政策运行的全过程，通过分析国家审计在经济政策决策前、制定过程、政策执行和实施后等 4 个阶段发挥作用的内在运行机制，进一步提出完善经济政策审计评价的政策建议。[22]

关于资本市场。有的学者发现，当超募资金用于补充流动资金的程度增加时，上市公司高管薪酬业绩敏感性显著降低，薪酬黏性显著提高。表明超募资金补充公司流动性的行为增加了公司代理成本，降低了高管薪酬契约有效性，弱化了高管激励。[23]有的学者提出，上市公司在定向增发的新股解禁期附近推出"高送转"的频率显著提高，这一举动主要是为了迎合参与定向增发的外部投资者，帮助外部投资者进行股票减持，是一种动机异化的机会主义股利分配行为；通过定向增发融资的上市公司如果在定向增发后进行了"高送转"，这些公司相比于未进行"高送转"的上市公司业绩更差、关联交易更频繁、大股东占款更高、盈余管理更激进、投资效率更低。[24]有的学者提出，外部归因和不稳定归因都可以有效提高投资者对管理层能力的评价。在合理归因的前提条件下，适当的自利性程度也可以起到正面作用；不合理归因反而会降低投资者对管理层的评价。[25]

三、技术经济与管理

技术经济理论与方法创新、产业经济和企业经济、区域经济与创新发展、低碳经济和绿色发展是2017年北京地区专家学者在技术经济与管理领域较为关注的热点问题。

关于技术经济理论与方法创新。有的学者在设定网络外部性效用为符合梅特卡夫法则的非线性函数条件下，构建双寡头支付平台兼容和不兼容两种情况下的优化模型，探讨双寡头支付平台的兼容性策略选择问题。[26]有的学者基于价值论范式，提出供给侧体现为（或定义为）：提供效用的实质供给、提供有用产品的实际供给、提供以使用价值为前提而以货币单位计量的交换价值名义供给，以及以信用货币标示的无使用价值之物的虚拟供给。简言之，实质供给的核心意义是"提供有用性"，实际供给的核心意义是"提供有用物"，名义供给的核心意义是"提供价值量"，虚拟供给的核心意义是"符号值增殖"。[27]有的学者提出，当不确定因素在一定范围内波动时，多因素变动对经济效益的综合影响可以近似为单因素影响的线性叠加，即可利用单因素敏感曲线的拟合斜率来构建综合评价公式。[28]

关于产业经济和企业经济。有的学者通过研究证实了生产性服务业集聚特别是支持性服务业集聚与制造业升级之间高度关联、融合促进的内在联系；社会创新体系、综合交易成本、需求规模通过生产性服务业集聚间接作用于制造业升级，要素禀赋与政策环境也会对制造业升级产生正向的直接影响。[29]有的学者提出，尽管近年来服务业对我国国民经济的带动和支撑作用明显增强，但我国服务业的发展水平仍相对较低，国际竞争力与发展规模不匹配；在所达成的优惠贸易安排以及制定的贸易政策的友好度上，我国不仅远远低于发达国家水平，而且与发展中经济体相比也处于相对落后的状况，我国服务业的真实开放水平较低。[30]有的学者提出：一是企业债务期限结构与企业现金流的关系因为债务利息的不同呈现出双重门限效应，主要表现为当企业债务利息处于较低水平时，企业自由现金流与债务期限结构呈反向相关关系；当企业债务利息处于较高水平时，企业债务期限结构与债务期限结构呈正向相关关系。二是宏观经济波动影响企业债务期限结构与自由现金流关系的敏感性。[31]

关于区域经济与创新发展。为了探索区域协调发展新机制，有的学者在《中国工业经济》高端前沿论坛（2017 · 夏季）暨"区域发展与城市化"研讨会嘉宾演讲的基础上，邀请5位知名学者探讨区域协调发展趋势、雄安新区、东北振兴和全球生产网络与区域发展问题，为区域协调与区域发展提供有益的理论探索。[32]有的学者认为，从时序看，京津冀城市群经济、科技、人口与土地基本处于低级耦合协调状态，人口发展和土地扩张仍是经济发展的主导模式，而科技系统发展持续低迷，创新驱动格局尚未形成；从空间看，京津冀各城市耦合协调水平整体提升，逐渐形成以北京、天津为中心，沿京津发展轴、京保石发展轴蔓延的协调发展格局，而城市各系统协调发展呈现空间分异特征，"协调高地"与"协调失灵"局面并存。[33]有的学者提出，京津冀地区主要城市近10年来的城市集聚程度总体上呈增长趋势，城市间集聚程度差异明显；中心城市与中心城市外围地区的差异增大，沿海城市与内陆城市差异不明显；出口贸易、固定资产投资及第三产业对城市集聚水平影响显著，是影响城市集聚的重要因素，也是导致城市间集聚加剧的重要直接驱动力。[34]

关于低碳经济和绿色发展。有的学者提出低碳发展应作为宏观经济目标，并根据现有4个目标作为宏观经济目标的原因和逻辑，结合中国情况，具体分析与论证低碳发展的作用与影响、衡量与测度、规律与路径、目标与方向、政策与工具，为低碳发展作为宏观经济目标提供理论支撑。[35]有的学者总结了对绿色经济相关问题的研究进展：一是从环境效率评估方法、环境效率状况和区域差异等方面对环境效率进行了评估，并拓展研究了环境效率的影响因素；二是从评估环境政策、税收、排污权分配、碳交易等环境规制绩效入手，理论和实证分析了环境规制的影响因素和绩效改进方向；三是探讨了绿色发展的可能性，提出了优化产业结构、加强地区联防联控、推出碳交易政策、优化城市结构和规划、促进共享经济发展和优化环境管理手段等绿色发展的路径选择。[36]有的学者基于产业结构维度预测了2020年中国生产能源消费量，基于城乡人口结构预测了2020年中国生活能源消费量，最终得到2020年中国能源消费总量的3个预测值依次为46.3亿吨标准煤、50.1亿吨标准煤、50.4亿吨标准煤。[37]

四、旅游管理

旅游理论和研究、“一带一路”与中国旅游业发展、旅游统计与大数据、旅游空间正义以及旅游发展中的土地问题是2017年北京地区专家学者在旅游管理领域较为关注的热点问题。

关于旅游理论和研究。2017年《旅游学刊》中国旅游研究年会于11月16—19日在北京召开，年会的主题为“中国旅游研究40年：反思与前瞻”，重点关注旅游公共服务与管理、旅游研究的理论与实践关系、旅游管理系统与科学范式、旅游制度变革的热点与焦点、“一带一路”与旅游、乡村旅游与旅游乡建等理论与实践相交融的富有中国特色的前沿问题。[38]有的学者提出，《旅游学刊》作为中文旅游学术研究成果发布的重要平台，要为进一步加强旅游学科体系、学术体系、话语体系服务，引导和鼓励我国旅游研究者在学术研究中体现中国特色、中国风格、中国气派，形成国际旅游研究的中国学派。[39]有的学者通过研究发现：地理学科对我国旅游学术研究贡献最大，地理类学术期刊在旅游学术界占据重要地位；旅游学术研究机构以高等院校为主，科研机构为辅。[40]

关于“一带一路”与中国旅游业发展。有的学者提出，大国旅游地位决定了我国在“一带一路”全球旅游治理中的主导性，未来要遵循旅游产业演进规律基础上，尽快构建起治理主体—治理机制—治理评价的完整全球旅游治理体系，以常态化制度设计为基础，搭建起我国主导的合作机制，在签证便利化、跨境旅游合作区和边境旅游试验区创新等层面率先突破，用好旅游投资和出境旅游供需两方面市场力量，构建起我国主导的“一带一路”全球旅游治理体系。[41]有的学者提出，“一带一路”沿线中国对外旅游投资的应对策略：一是理念转变先行，立足长期发展需要；二是加强顶层设计，深入研究投资环境；三是关注海陆差异，合理选择投资区域。[42]有的学者认为，“一带一路”旅游合作实施路径应以丝绸之路遗产廊道为主线，以旅游产业园区为载体，陆上依托国际大通道，以沿线中心旅游城市为支撑，以重点旅游产业园区为合作平台，共同打造新亚欧大陆桥、中蒙俄、中国—中亚—西亚、中国—中南半岛等国际旅游合作走廊；海上以重点港口为节点，共同建设通畅安全高效的旅游大通道，以中巴、孟中印缅两个经济走廊为主线，最终形成“一带一路”旅游自由贸易区。[43]

关于旅游统计与大数据。有的学者认为，旅游场景是旅游业供需关系之间的一种反映方式，不同场景串联构成了旅游业的供需空间，旅游场景也是实体空间与虚拟空间互动关系的一种反映方式，浓缩不同类型的旅游供需空间，集聚各种大数据，通过大数据分析反映每一种具体旅游场景的运行规律，可以为旅游业创造更多样化的发展模式。[44]有的学者提出，虽然国内旅游大数据发展取得了一定成就，但仍存在较多的问题，包括旅游大数据的数据孤岛现象突出、旅游大数据应用不足及旅游大数据中心重复性建设等。[45]有的学者提出，基于大数据的旅游研究设计可以细化为五个层次：现状描述、预测、行为解读、推荐、决策优化。[46]

关于旅游空间正义。有的学者提出，从旅游空间正义的角度来看，忽略特质文化背景的要素条件，全盘接受异域文化语境下的旅游空间正义概念及规则，不仅缺乏伦理公正性，而且同我国的国家战略不符。当前部分境外媒体对于中国游客不文明旅游行为的过分夸张渲染，除吸引眼球的利益诉求以外，其本质乃是打着空间正义幌子而强加于中国的文化、经济、政治偏见所形成的空间歧视和空间不正义。[47]有的学者认为，旅游必然带来“我者”与“他者”之间的空间道德对话，激烈时会带来冲突。这种对话或冲突或许发生在古人和今人之间，或许发生在此地和彼地人之间。空间道德观的冲突实质是“我者”与“他者”对特定地方（place）的认识不同。这种不同并非仅仅是“家园”和“旅游地”的功能差别，更本质的差别是两个群体的文化差异，文化的差异之一就是对空间道德的定义。[48]

关于旅游发展中的土地问题。有的学者提出，旅游扶贫区域用地较一般的（城市）景区用地而言有其特殊性，如贫困区域的土地类型多属于农村宅基地或者耕作用地；贫困区域的土地所有权关系复杂；贫困区域旅游用地的机会成本大，土地是农民主要收入来源，一旦搞旅游开发则失去耕种价值等。旅游扶贫中用地问题的特殊性使得针对性的研究非常有必要。[49]针对新形势下旅游用地怎样供给，有的学者提出：一是地方要用好这项政策，就需要将国家这套指导性政策，细化成地方可操作性政策；二是国土部门需虚心向各行业学习，了解实际需求，并根据不同的旅游项目，精细组合政策，配置用地指引利用；三是旅游部门在指导旅游规划、招商引资中，应当了解旅游用地政策和用地供给条件，避免信息不对称，降低引资落地的效率；四是要重视自觉融入改革，让更多的改革红利通过发展旅游释放出来；五是要处理好旅游发展空间与权益保障的关系；六是旅游发展怎样建立包容发展模式，让原住民带着土地财产权参与旅游开发，分享发展成果。[50]

注：

①毛基业、陈诚：《案例研究的理论构建：艾森哈特的新洞见——第十届"中国企业管理案例与质性研究论坛(2016)"会议综述》，《管理世界》，2017 年第 2 期。

②李宝元、董青、仇勇：《中国管理学研究：大历史跨越中的逻辑困局——相关文献的一个整合性评论》，《管理世界》，2017 年第 7 期。

③王永贵、赵春霞、赵宏文：《算计性依赖、关系性依赖和供应商创新能力的关系研究》，《南开管理评论》，2017 年第 3 期。

④王淑敏、王涛：《积累社会资本何时能提升企业自主创新能力——一项追踪研究》，《南开管理评论》，2017 年第 5 期。

⑤钟凯、程小可、肖翔、郑立东：《宏观经济政策影响企业创新投资吗——基于融资约束与融资来源视角的分析》，《南开管理评论》，2017 年第 6 期。

⑥陈思、何文龙、张然：《风险投资与企业创新：影响和潜在机制》，《管理世界》，2017 年第 1 期。

⑦姜付秀、郑晓佳、蔡文婧：《控股家族的"垂帘听政"与公司财务决策》，《管理世界》，2017 年第 3 期。

⑧陈运森、郑登津：《董事网络关系、信息桥与投资趋同》，《南开管理评论》，2017 年第 3 期。

⑨余顺坤、武晓龙、刘琳：《基于物元可拓法的子分公司高管绩效管控模型研究》，《管理世界》，2017 年第 3 期。

⑩李德辉、范黎波、杨震宁：《企业网络嵌入可以高枕无忧吗——基于中国上市制造业企业的考察》，《南开管理评论》，2017 年第 1 期。

⑪蔡永明、俞峰：《共同语言是否利于企业从全球知识搜索中获取创新》，《管理世界》，2017 年第 1 期。

⑫唐晓彬、魏超然、周志敏、董莉、刘敦虎：《网络突发事件的传播与控制策略研究》，《管理世界》，2017 年第 8 期。

⑬张新民、张婷婷、陈德球：《产业政策、融资约束与企业投资效率》，《会计研究》，2017 年第 4 期。

⑭王化成、刘金钊、孙昌玲、高升好：《基于价值网环境的财务管理：案例解构与研究展望》，《会计研究》，2017 年第 7 期。

⑮崔也光、周畅：《京津冀区域碳排放权交易与碳会计现状研究》，《会计研究》，2017 年第 7 期。

⑯杨有红：《综合收益相关理论问题研究》，《会计研究》，2017 年第 5 期。

⑰江轩宇、申丹琳、李颖：《会计信息可比性影响企业创新吗》，《南开管理评论》，2017 年第 4 期。

⑱王晓珂、黄世忠：《衍生工具、公司治理和盈余质量》，《会计研究》，2017 年第 3 期。

⑲张然、汪荣飞：《投资者如何利用财务报表盈余信息：现状、问题与启示》，《会计研究》，2017 年第 8 期。

⑳申慧慧、汪泓、吴联生：《本地审计师的合谋效应》，《会计研究》，2017 年第 2 期。

㉑王俊、吴溪：《管理层变更伴随着更严格的内部控制缺陷认定标准吗?》，《会计研究》，2017 年第 4 期。

㉒王延军、张筱：《经济政策审计评价作用机制研究》，《管理世界》，2017 年第 7 期。

㉓张路、张瀚文：《超募资金与高管薪酬契约》，《会计研究》，2017 年第 4 期。

㉔崔宸瑜、陈运森、郑登津：《定向增发与股利分配动机异化：基于"高送转"现象的证据》，《会计研究》，2017 年第 7 期。

㉕孙蔓莉、李贝、高靖宇：《业绩归因影响股票投资行为的路径和机制研究》，《南开管理评论》，2017 年第 3 期。

㉖孟东梅、宋胜洲、张海楠：《基于非线性效应的第三方支付平台兼容性研究》，《工业技术经济》，2017 年第 5 期。

㉗金碚：《基于价值论与供求论范式的供给侧结构性改革研析》，《中国工业经济》，2017年第4期。

㉘夏良玉、李世齐、鲁坤、罗东坤、刘键烨、代由进、翟雨阳：《煤层气开发投资项目不确定性综合评估方法探讨》，《工业技术经济》，2017年第7期。

㉙刘奕、夏杰长、李垚：《生产性服务业集聚与制造业升级》，《中国工业经济》，2017年第7期。

㉚来有为、陈红娜：《以扩大开放提高我国服务业发展质量和国际竞争力》，《管理世界》，2017年第5期。

㉛冯琳、黄小英：《企业债务期限结构与自由现金流的门限关系研究》，《工业技术经济》，2017年第7期。

㉜孙久文、张可云、安虎森、贺灿飞、潘文卿：《"建立更加有效的区域协调发展新机制"笔谈》，《中国工业经济》，2017年第11期。

㉝鲁继通、张晶：《京津冀城市群耦合协调发展及时空演化研究》，《工业技术经济》，2017年第8期。

㉞辛静静：《京津冀地区主要城市集聚差异研究》，《工业技术经济》，2017年第2期。

㉟厉以宁、朱善利、罗来军、杨德平：《低碳发展作为宏观经济目标的理论探讨——基于中国情形》，《管理世界》，2017年第6期。

㊱黄泰岩、特木钦：《绿色经济问题研究新进展》，《工业技术经济》，2017年第12期。

㊲张帅：《能源消费"十三五"规划目标的可行性分析——基于多维预测的检测》，《工业技术经济》，2017年第9期。

㊳刘鲁、王臻真：《中国旅游研究40年：反思与前瞻——2017〈旅游学刊〉中国旅游研究年会会议综述》，《旅游学刊》，2017年第12期。

㊴吴巧红：《旅游研究的国际化与本土化》，《旅游学刊》，2017年第11期。

㊵张凌云、汪才静、张丹、韩兰、张燕雪：《2003—2016年我国旅游学术共同体学术评价》，《旅游学刊》，2017年第12期。

㊶韩元军：《基于"一带一路"构建全球旅游治理新秩序》，《旅游学刊》，2017年第5期。

㊷宋昌耀、厉新建：《"一带一路"倡议与中国对外旅游投资》，《旅游学刊》，2017年第5期。

㊸邹统钎：《"一带一路"旅游合作愿景、难题与机制》，《旅游学刊》，2017年第6期。

㊹李云鹏：《旅游场景驱动的大数据应用》，《旅游学刊》，2017年第9期。

㊺曾现进：《旅游大数据的现状与未来》，《旅游学刊》，2017年第10期。

㊻钟栎娜：《面向未来的旅游大数据研究：引领而非跟随》，《旅游学刊》，2017年第10期。

㊼李创新：《超越旅游空间正义争辩的反省与反击》，《旅游学刊》，2017年第3期。

㊽周尚意：《旅游与空间道德碰撞》，《旅游学刊》，2017年第4期。

㊾刘建国：《旅游发展中的用地困境与路径：一个案例》，《旅游学刊》，2017年第8期。

㊿姚丽：《旅游发展中几个重要的土地问题》，《旅游学刊》，2017年第7期。

（作者：高杰，神华管理学院研究部副主任；
邓荣霖，中国人民大学教授）

公共行政学

孙彩红

2017年，国务院进一步推进简政放权改革，转变政府职能，加强精准扶贫工作，深化推进政府信息公开和大数据工作，加强互联网治理等。这一年，中国共产党的十九大召开，也出现了一些总结不同领域取得成就和展望未来的相关成果。这些都对公共行政学领域的研究产生了重要影响。本文主要就学术研讨活动和重要研究成果对北京地区的公共行政学研究进行综述。

一、主要的学术活动与重要专著

学术研讨活动基本上是对某学科关注的重要现实问题及其前沿理论的讨论与争鸣，学术著作是对某一领域进行较为全面研究的成果，二者能够在一定程度上反映一个学科研究的基本状况。把本年度北京公共行政学领域的一些重要学术活动和主要专著给予简述。

1. 重要学术研讨活动

5 月 26 日，“数据开放共享与政府管理创新”研讨会召开，由中国行政管理学会信息公开与政务服务研究会等承办，来自政府、高校和科研机构、知名互联网企业等 300 多位代表与会，就政府数据开放共享管理体制机制创新、全国统一政务服务平台建设与管理、数据开放共享中的政府与企业合作关系建构等专题进行研讨，旨在以技术创新推进政府管理创新。

6 月 12 日，“治理创新与社会建设”中德学术研讨会召开，由北京大学政府管理学院主办，围绕着中、德两国的创新治理手段、社会组织策略、公民参与机制等主题展开讨论，对于中国的社会建设实践提供了启示。

7 月 2 日，“社会治理：新思想、新实践、新境界”学术研讨会举行，由北京师范大学中国社会管理研究院联合中共北京市委社会工作委员会等共同举办，相关国家部委和一些地方政府负责人、高校与科研机构专家学者与会。集中研讨社会治理的理论和实践问题，对于社会管理职能履行实践具有参考意义。

10 月 13—14 日，第三届公共管理青年学者论坛召开，由中国管理现代化研究会公共管理专业委员会等主办，主题是“全面深化改革背景下的公共管理：致力于打造一个更包容的社会”，来自多个高校的专家学者参会，展开深入讨论，对深化公共管理改革出谋划策。

10 月 14—15 日，“公共事务治理国际研讨会”召开，由清华大学公共管理学院中国农村研究院主办，中外专家就增进水治理和公共事务政策展开研讨，寻求适合中国及其他发展中国家可持续发展的治理途径与工具。

11 月 4—5 日，第六届公共政策年会召开，由中国人民大学公共管理学院主办，主题为“制度、秩序与中国公共政策过程”。与会专家学者和业界人士围绕政策创新、政策学习、政策扩散、政策过程等议题进行深入交流，以期提升中国政策过程的理论研究水平。

12 月 23—24 日，“新时代国家治理现代化”学术研讨会召开，由中国政法法学政治与公共管理学院主办，来自高校与科研机构的专家学者，就行政管理体制改革、机构改革、政府创新能力、公共服务治理等主题展开多层次多角度研讨，对于深化行政体制改革凝聚共识。

2. 主要研究性学术著作

本年度北京地区公共行政学研究著作，主要涉及政府职能基本问题、政府绩效或效率评估、政府具体实践领域的研究与分析。

第一，政府职能基本问题的研究。代表性著作是《中国政府职能论：基于现代化与社会主义国家治理的战略思考》[①]，着重从历史与现实、国内与国际、理论与实践相结合的角度，深入分析论证了政府职能改革。有些成果是就政府公共服务职能领域的购买服务展开研究，比如《政府购买服务与事业单位改革衔接机制研究》[②]，主要从事业单位改革的任务，研究了以购买服务促进事业单位职能转变的理论依据、现实条件、实践模式及衔接机制等问题。政府的社会管理职能领域，像《基层政府社会稳定治理的法治反思与制度构建》[③]，是侧重于政府社会管理和维护社会稳定的职能进行研究。

第二，政府绩效或评估的研究。这是近年来公共行政学界研究比较多的一个领域。本年度专著中，对于不同维度的绩效管理或评估的研究成果比较多。有代表性的比如，《中国政府透明度：2009—2016 》[④]主要是对政府信息公开和透明指数的评估研究，从信息公开专栏、规范性文件、财政信息、行政审批信息、环境保护信息、公开年报等方面展开评估。又如，《中国地方政府绩效评估报告》[⑤]一书是从第三方专业化评估视角，对全国地市级政府进行以政府职能为基础、实践导向、全面系统化的评估和研究，具有重大现实意义。还有，《2017 中国地方政府效率研究报告》[⑥]则是专门对不同层次的政府效率进行评估，总结提升政府效率的经验与对策。此外，还有侧重于对政府评估理论的研究，比如《政府绩效测量与评估方法：系统、过程与工具》[⑦]主要是从方法论角度构建评估测量体系。

第三，对政府具体实践领域的研究。政府公共管理涉及的领域比较广泛，管理创新也是多层面的。本年度在此领域里，关注政府的数据治理、与社会合作等主题的成果比较多。较有代表性的是《中国政务信息化发展报告》[⑧]以智慧政府建设中的数据问题为重点，分析了数据治理的政策法规和工具等。还有《开放政府数据：概念、实践和评价》[⑨]则是从全球性视角探讨介绍多个国家的开放政府数据的计划与实践等。

二、本年度研究的重要领域与主要观点

通过检索中国知网数据库，尤其是行政学类核心期刊，以及重要政治类刊物中涉及的公共行政学领域的研究成果，结果发现：北京地区2017年度的行政学研究，给予较多关注的是政府简政放权改革及其相关问题、政府大数据与互联网领域、关于PPP治理、精准扶贫领域、政府购买服务等领域，本部分就主要围绕这些领域进行综述。

1. 对简政放权改革与相关问题研究

按照国务院要求，从中央到地方继续推进简政放权改革和行政审批制度改革，在这个领域的研究成果也比较多一些。

对权力清单及问题的分析。在简政放权和行政审批制度改革中，权力清单制度是其中一项重要举措。在《关于推行地方各级政府工作部门权力清单制度的指导意见》中，权力清单是指将地方各级政府工作部门行使的各项行政职权及其依据、行使主体、运行流程、对应责任等以清单形式明确列示出来，向社会公布，接受社会监督。

但从各地实践看，这个制度实施中仍存在一些问题，这也成为学术界探讨的一个聚焦点。例如，有些学者通过多个省份对比，提出了权力清单制定中仍然存在着“清单权力数量差距大、结构不统一、权责依据不统一、分类标准不统一等问题”，[10]并针对这些问题提出了进一步明确权责清单的编制依据，加强清单制定的统一规范等对策。“权力清单的制定存在权责事项遗漏、清单制定标准不一致等问题”。[11]还有些研究指出，权力清单的实施不能就清单论清单，必须与政府职能这个核心问题紧密联系起来，而且权力清单的梳理与确立，还应该由各级人大依法确定。

对加强市场监管的研究。国务院提出的简政放权，是权力下放、加强监管与优化服务的三位一体改革，因此加强市场监管是简政放权改革的一个重要组成部分。不少研究成果中可见，学界对于加强事中事后监管、创新监管方式、完善监管体系等已经基本达成了共识。至于如何加强事中事后监管的制度体系框架，有学者提出了“善管”思路与基本框架，“善管是科学行政、依法行政、效能行政三位一体的监管，应坚持政治性标准、经济性标准、效率性标准、效能性标准，以政府着力的时间段与政府能力两个维度构建善管的基本框架”。[12]这种加强监管的框架，是深化简政放权改革和实现政府监管能力转型升级的现实需要。在监管方式上，针对分享经济的特点，即作为一种横向分工组织的分工模式，“要充分利用大数据等技术创新监管手段，包括界定平台企业的权力、责任和利益，明确对其追责标准和履行责任范围；加强政府与平台企业的信息共享，充分挖掘数据价值等”。[13]另有观点指出，“在共享经济兴起的背景下政府应当利用互联网和大数据技术实施监管，同时监管范围和介入程度要适当，注意创新监管方式”。[14]可见，加强政府监管也要不断应对市场领域新生事物的出现提出来的新要求与新挑战。还有学者就国外市场监管体制进行比较分析，以期对中国市场监管改革提供一定启示。例如，有观点认为，“域外国家或地区的市场监管体制呈现多样化状况，历史传统和现实国情是市场监管体系设计时的重要参考因素，创设适合于本国的监管体系才是最重要的”。[15]

对行政审批制度改革的探讨。国务院多批下放和取消行政审批权限，各地方也推进相应实践，但现实改革中与预期目标仍有差距。有些研究分析了地方政府在简政放权政策制定与执行中，应该与中央政府的改革价值导向统一起来，上下联动推进改革。有观点从政府治理权力结构角度，深入剖析行政审批制度改革过程中主要问题的关键症结，提出了“进一步改革地方政府纵向权力配置、横向部门之间权力结构以及政府与市场和社会主体的治理权力结构，实现行政审批制度改革的实质性突破”。[16]另有研究是从机构设置角度即行政审批局的机构改革角度，针对这一机构运行中存在问题，提出了深化行政审批制度改革，就要处理好“行政审批局的手段与目的、审批与监管、条与块、试点先行与配套机制之间的关系”。[17]还有分析是着重从流程或程序角度来总结行政审批制度改革经验，“通过审批改革，纵横多维度压缩流程，来撬动行政体制改革、提升治理能力，释放市场活力”。[18]

2. 对大数据和政府治理的研究

大数据与政府信息公开和数据开放，加上互联网迅猛发展，都给政府治理与改革带来了重大挑战。政府数据开放与共享促进了数据及其技术在国家治理中的应用，数据治理成为大数据时代政府面临的重要任务。2017年2月，中央全面深化改革领导小组提出《关于推进公共信息资源开放的若干意见》，进一步强化信息资源深度整合，进一步促进信息惠民，进一步发挥数据大国、大市场优势，促进信息资源规模化创新应用，着力推进重点领域公共信息资源开放，释放经济价值和社会效应。对于政府治理与大数据、互联网之间关系的研究也逐渐增多。

加强政府的数据治理的对策研究。有些学者认为，在大数据领域，政府要解决的一个基本问题是“在实践路径上，完善数据平台的技术支撑体系，优化政府部门的数据外部流动机制，创新政府部门数据治理新形态”。[19]从政府数据管理结构而言，要慎重考虑和辩证分析数据产权化的管理思路，要通过设置不同主体的权力与责任，来持续推动政务大数据开放与共享，促进政府治理现代化水平的提高。至于政府数据开放的界限，也是一个至关重要的问题。对此有研究认为，这种大数据开放，不同于过去的政府信息公开，也不是简单提升政府治理效率的信息共享，而是有其严格的开放边界。对实施政府数据开放应有的制度架构提出对策是，“确认公共机构对公共数据的管理权，避免数据使用的无序或失控，建立公共数据分类开放制度，以不同类型数据许可协议实施数据开放”。[20]具备对于大数据开放与管理的相关制度，是政府大数据治理的重要组成部分。

运用互联网增进政府服务的治理。“互联网 + 政务服务”是国家提出来的运用现代网络技术优化服务的重要举措，成为政府职能转变的新动力和推进政府治理现代化的重要工具。从数据治理数据共享角度而言，有观点认为，“需要打通互联网 + 政务服务的数据流，克服传统的政府机构封闭式运作机制带来的数据资源的碎片化弊端，建立和完善数据开放机制”。[21]有学者通过不同地方的比较分析发现，通过互联网在政务服务中的运用，促成了行政服务中心运行机制的变化，“由实体机构的运作变成了线上线下一体化运作的方式，并且建立了标准化和规范化的业务流程”。[22]通过这种新运行机制的建构，不仅推动解决部门之间信息共享难题的解决，而且创新了政府服务方式与流程，为公众和企业办事带来了实际便利。当运用互联网的政务服务进入更高层次智慧政府阶段的时候，就会出现政府权力结构与运用互联网的政府服务技术创新之间的适应性调整问题。对此，有观点认为，“权力结构及时转变为协同网络结构，技术升级和权力结构调整的目的是让数据在决策、执行、监督等各个环节发挥基础性作用”。[23]这样才可能保障运用互联网的政府服务的治理绩效。还有观点提出，加强互联网的网络治理，要“完善科学立法，强化网络执法，公民和社会要尊法守法，网站依法办网、网民依法上网等。”[24]

对大数据监管的探讨。有些学者针对当前我国大数据监管面临的困难，提出要加强政府的监管责任，政府应该通过强有力的制度供给来管理好具有公共性质的政府数据，同时也要保护好公民隐私权，这一点是达成共识的观点。对大数据监管，还需要对与大数据相关的互联网平台加强监管。有观点提出，“作为政府与网络用户的链接纽带，网络平台也应承担起在互联网治理中的责任，包括行为责任、结果责任、制度责任和原则性责任等”。[25]在大数据治理方面，数据开放共享的同时，“针对个人信息数据的采集，应当从个人信息的法律属性出发，分析大数据时代利用数据信息的必然性及规范性，区分个人信息的人格权保护重点和个人信息数据库的财产权保护重点”。[26]只有以个人信息合法信息保护为前提，才能更好地促进大数据的发展利用。

对国外政府数据治理的研究。有的研究是从政策和机构两个维度，对美国联邦政府数据治理的主要领域，即数据开放、信息公开（自由）、个人隐私保护、电子政务、信息安全和信息资源管理等治理结构及政策体系进行深入考察，认为中国的数据治理可以借鉴的是“抓住重点，推动有关法律法规的出台；调整治理权责，优化数据治理行政管理结构。”[27]

3. 对 PPP 治理模式的研究

对于政府与社会资本合作的研究，近年来成为行政学领域比较关注的一个现实问题。政府与社会资本合作模式，近几年受到政府政策的重视，政府日益重视引导社会资本参与公共事务治理，特别是与企业、社会资本合作提供公用事业、基础设施等具有公共性质的产品和服务。本年度主要集中在探讨如何实现一种有效的 PPP 合作模式。

对 PPP 这种模式的合法性与有效性的建构。有学者针对以往有关 PPP 的探讨更多关注在融资、采购、技术和管理等层面的问题，提出了“从治理方式变革和整合伙伴间平行关系与供需方垂直关系的权力关系，对 PPP 进行有效性与合法性的构建，通过制度构建以保障 PPP 的内部合法和外部有效，使政府与社会资本合作走向善治”。[28]

解决 PPP 当前运作中的一些问题。PPP 这种合作模式，在实践中取得的效果还不如预期，仍存在一些不同层面的问题，包括社会力量参与不足、监督监管机制不健全等。例如有学者指出，对社会居家养老领域的研究发现，PPP 模式目前存在着监管监督机制不健全问题。[29]有观点认为，“监管体系不利，会增加 PPP 模式的财政风险，相反良好的 PPP 运行能够完善财政支持经济发展方式，提高财政的可持续性”。[30]整体上看，学术界对于 PPP 模式的研究，较普遍持有积极看法，认为应创造条件来促进该模式对经济发展的潜在作用。有些学者就以案例分析方式，选择以目前已经进入运营阶段或已经终止运营的具有争议性的PPP项目为主，研究了政府与社会资本合作的法律法规问题。[31]这些研究对于推进这种合作实践提供了一定的经验教训。

对国外PPP监管模式的比较研究。有些学者研究当中，“根据PPP监管机构的审批权限、职能划分和中央地方之间权力分配关系，将国外PPP监管体系概括为3种模式：以美国、澳大利亚为代表的地方自主模式，韩国和英国的中央主导模式，德国、法国为主的平行混合模式”。[32]在分析这3种模式的基础上，提出对中国PPP运作过程中提高监管能力的一些借鉴思考。

4. 关于精准扶贫领域的研究

精准扶贫是我国全面建成小康社会的一项重大战略，也成为学术界研究和探讨的一个热点问题。党的十八大以来脱贫攻坚工作取得了重大成就也积累了不少经验，要坚持学习贯彻习近平总书记扶贫开发重要论述，顶层设计脱贫攻坚的四梁八柱与体制机制。[33]在本年度研究当中，更多的分析精准扶贫中存在的问题，以及提出实现精准扶贫的对策与建议思考。

对精准扶贫中的问题分析。精准扶贫过程中出现了一些新问题需要解决。有些学者认为，“基层政府的理性偏好，精准扶贫存在的漏斗效应，原因在于扶贫绩效的压力型体制，基层的低组织化而无力承接扶贫资源等问题，结果加剧了乡村社会的利益纷争等，这些都是解决好精准扶贫中的重要问题”。[34]有的学者针对扶贫项目中遇到的问题，进行了文化角度的剖析，研究发现，“关系文化、认同价值、派系文化、符语权力与自利文化呈现相互融构的状态，这形成了项目制遭遇不同文化冲突的动态图景”。[35]因此，要保证扶贫项目的顺利运作，要注重多元文化的整合与重塑。

还有些学者对贫困程度进行了基于社会调查的分析，认为“相对于城镇地区，农村低保覆盖率的提高显著降低了农村的贫困广度；相对于东部和东北地区，中西部地区仍然需要依靠经济总体增长来进一步摆脱贫困”。[36]有些研究认为，当前精准扶贫主要聚焦于农村，而“对于城镇的贫困治理还存在缺位，尤其是对流动人口的贫困治理存在真空地带和城市贫困治理的内部二元结构问题。区域差异明显，中西部城镇贫困仍较严重”。[37]为解决城市贫困问题，应明确确立全国统一的城市贫困线，将常住流动人口纳入城市扶贫体系，特别关注外来务工人员贫困问题，加大中部和东北地区城镇扶贫力度。当然，这对于全国的全面解决扶贫问题是一个比较理想的目标，而就现实的精准扶贫和精准脱贫的任务而言，实现城镇贫困治理的目标还是具有艰巨性。

对实现精准扶贫和精准脱贫的建议。为了配合中央政府的精准脱贫和打赢脱贫攻坚战的部署，不少学者提出了建议和对策。

一是对于精准扶贫划分与识别标准的探讨。例如，为了保证实现稳定、可持续脱贫与发展，有些学者对精准扶贫的标准进行分析研究，例如，认为不论是对真实贫困情况的反映，还是有效推进扶贫政策的执行，单维的收入标准均已不能完全胜任精准扶贫的要求。因此，“在精准扶贫中，可行能力标准作为收入标准的拓展和补充，与精准识别、精准扶持和精准考核的内核高度契合，注重衡量多维贫困及长效帮扶机制，从而提升扶贫对象的可行能力”。[38]同样地，也是针对精准扶贫的第一步精准识别和原来的以收入划分贫困的标准问题，提出的观点是“低保户识别标准需从单一收入标准向多维贫困标准转变，形成统一的低保标准，制定统一的识别方案，逐步实现农村扶贫标准和农村低保标准的两线合一”。[39]

二是对解决贫困问题的分类施策建议。针对扶贫政策要求的对贫困对象进行精准识别与基层实践中贫困户的非精准定位的矛盾，以及在短时间内汇聚各部门资源改善贫困户的发展能力和提供发展机会，有观点提出，“精准扶贫的重点和用力方向理应是在坚持分类治理的基本原则下，重点支持那些有发展能力的贫弱家庭，同时也要充分发挥基层组织在贫困治理中的作用”。[40]

三是对精准扶贫的不同主体参与的对策研究。对不同的贫困群体可以采取经济扶持与救助的方法，把重点放在精准行动上，而不是过分纠结于贫困标准的精准。在一定条件下，“精准扶贫可以由以科学助人为特点的社会组织来参与，可以持续地给予贫困家庭有针对性的关注和帮扶。也从某种意义上，解决扶贫先扶志的问题”。[41]这样有利于真正实现反贫困的目标。还有一些研究较多提出了精准扶贫要处理好政府与社会的关系，处理好政府与市场和企业的关系，让不同的主体参与扶贫之中发挥各自的角色。

此外，本年度北京地区的公共行政学研究中，还有些关于政府购买公共服务与政府职能关系问题的探讨，有对地方行政体制改革包括省管县体制改革的分析，有些对国家监察体制改革的分析探讨，“必须实现改革适应性与自主性的统一，既适应中国政治价值、现实政治体制以及国际反腐借鉴，又要规范组织结构和人员管理”。[42]还有的研究提出了政府治理理论的创新，包括与政府治理现代化进程进行诠释和预见的理论学说，以及对政府绩效治理的理论创新等，这些都体现了政府治理与改革实践发展对理论推进的诉求。

三、对本年度研究的简要评价

本年度的研究有其进步和不断扩展的地方，也有一些缺点与不足。

在研究内容上，紧扣中国政府治理与改革中的重大现实问题和正在推进的改革实践来开展研究与深入研讨。2017 年，国务院继续推进简政放权改革和行政审批制度改革，不断强化公共服务的供给，提出加强“互联网 + 政务服务”的要求，以及政府的信息公开和数据治理的推进，继续加大精准扶贫、精准脱贫工作力度。这些从本年度的一些相关研究成果中都不同程度地体现出来了。

在研究方法上，对多个样本或大规模的文本研究逐渐增多，例如，对多个省级的重大行政决策制度的规范性文件的文本分析，对中央关于 PPP 政策的文本分析，对大规模安全生产责任制度的政策文本作为样本的内容分析，对关于放管服改革等相关政策文本的分析等。这类对文本的语义分析和内容分析的研究方法，与量化分析相结合，有助于从政策与制度的发展脉络上，探讨某一领域的制度与政策的发展与问题。

本年度研究的不足之处主要体现在如下方面：第一,在研究内容上，对国外的政府改革领域研究比以往年度有所减少，今年对国外研究较多关注的是国外市场监管、政府与社会资本合作模式中的监管体制比较、对国外政府进行的大数据治理实践状况进行研究。比如，对于政府改革领域的重要任务之简政放权改革、政府行政审批制度改革等领域相类似的国外政府改革实践的研究，还需要进一步拓展，为中国的政府治理与改革提供一种借鉴。

第二，研究成果存在一些重复性、质量有待提高的问题。比如，对于精准扶贫这个领域的相关问题的研究，成果虽然比较多，但是仔细分析，有些成果存在重复性研究的问题，质量有待进一步提高。

第三，就北京地区的公共行政学研究，与国内其他地方的研究相比较而言，针对本地区的案例研究比较少，而其他地方针对当地的实践样本研究得比较多。这也为以后的拓展研究提供了更多的空间。

注：

①刘熙瑞、马德普：《中国政府职能论：基于现代化与社会主义国家治理的战略思考》，学习出版社 2017 年版。

②句华：《政府购买服务与事业单位改革衔接机制研究》，人民出版社 2017 年版。

③何跃军：《基层政府社会稳定治理的法治反思与制度构建》，法律出版社 2017 年版。

④吕艳滨、田禾：《中国政府透明度：2009—2016 》，社会科学文献出版社 2017 年版。

⑤贠杰主编：《中国地方政府绩效评估报告》，社会科学文献出版社 2017 年版。

⑥北京师范大学政府管理研究院等：《2017 中国地方政府效率研究报告》，科学出版社 2017 年版。

⑦曹堂哲、罗海元、孙静：《政府绩效测量与评估方法：系统、过程与工具》，经济科学出版社 2017 年版。

⑧耿骞、孙宇、刘晓娟：《中国政务信息化发展报告》，北京邮电大学出版社 2017 年版。

⑨杨孟辉：《开放政府数据：概念、实践和评价》，清华大学出版社 2017 年版。

⑩中国行政管理学会课题组：《权责清单制定中的难题与对策》，《新华文摘》，2017 年第 22 期。

⑪蔡小慎、牟春雪：《我国地方政府权力清单制度实施现状与改进对策》，《学习与实践》，2017 年第 1 期。

⑫宋世明：《强化“善管”持续推进“放管服”改革》，《行政管理改革》，2017 年第 5 期。

⑬于风露：《深化分享经济“放管服”改革》，《瞭望》，2017 年第 28 期。

⑭蔡朝林：《共享经济的兴起与政府监管创新》，《南方经济》，2017 年第 3 期。

⑮刘俊生：《集中抑或分散：全球视野下的市场监管体制探析》，《中国行政管理》，2017 年第 11 期。

⑯孙彩红：《地方行政审批制度改革的困境与推进路径》，《政治学研究》，2017 年第 6 期。

⑰沈毅等：《行政审批局改革的现实困境与破解思路》，《行政管理改革》，2017 年第 5 期。

⑱王存理：《江苏推行不见面审批》，《瞭望》，2017 年第 35 期。

⑲鲍静、张勇进：《政府部门数据治理：一个亟须回应的基本问题》，《新华文摘》，2017 年第 16 期。

⑳高富平、张晓：《政府数据开放的边界如何厘定》，《人民论坛》，2017 年 7 月。

㉑翟云：《政府职能转变视角下“互联网 + 政务

服务"优化路径探讨》,《国家行政学院学报》,2017年第6期。

㉒王成程:《从线下到线上:行政服务中心运行机制的演变》,《公共管理与政策评论》,2017年第4期。

㉓周盛:《走向智慧政府:信息技术与权力结构的互动机制研究》,《浙江社会科学》,2017年第3期。

㉔王佳:《运用法治思维和法治方式推进网络空间的法治化》,《人民日报》,2017年4月18日。

㉕解志勇、修青华:《互联网治理视域中的平台责任研究》,《国家行政学院学报》,2017年第5期。

㉖张平:《大数据时代个人信息保护的立法选择》,《北京大学学报》,2017年第3期。

㉗黄璜:《美国联邦政府数据治理:政策与结构》,《中国行政管理》,2017年第8期。

㉘欧纯智:《政府与社会资本合作的善治之路》,《中国行政管理》,2017年第1期。

㉙杨璐瑶、张向前:《政府购买服务、社会资本合作(PPP)促进社会组织发展》,《哈尔滨商业大学学报》,2017年第1期。

㉚王星、包雅钧:《经济新常态下我国PPP模式的财政效应分析及政策建议》,《现代管理科学》,2017年第7期。

㉛孙洁等:《政府和社会资本合作(PPP)案例法律分析》,中国财政经济出版社2017年版。

㉜裴俊巍等:《地方自主与中央主导:国外PPP监管模式研究》,《中国行政管理》,2017年第3期。

㉝刘永富:《不忘初心 坚决打赢脱贫攻坚战》,《求是》,2017年第11期。

㉞朱天义、张立荣:《个体化或集体经营:精准扶贫中基层政府的行动取向分析》,《马克思主义与现实》,2017年第6期。

㉟豆书龙:《项目制运作遭遇困境的文化反思——基于董村扶贫项目的分析》,《北京社会科学》,2017年第11期。

㊱周玉龙等:《中国贫困程度的再估计——基于中国综合社会调查的空间异质性分析》,《中国人民大学学报》,2017年第1期。

㊲陈宗胜、于涛:《中国城镇贫困线、贫困率及存在的问题》,《经济社会体制比较》,2017年第6期。

㊳谢明、刘爱民:《可行能力与精准扶贫:一个分析框架》,《北京行政学院学报》,2017年第5期。

㊴朱梦冰、李实:《精准扶贫重在精准识别贫困人口》,《中国社会科学》,2017年第9期。

㊵任超、袁明宝:《分类治理:精准扶贫政策的实践困境与重点方向》,《北京社会科学》,2017年第1期。

㊶唐钧:《精准扶贫需在"可持续"上狠下功夫》,《人民论坛》,2017年1月。

㊷庄德水:《国家监察体制改革的行动逻辑与实践方向》,《中共中央党校学报》,2017年第4期。

(作者:孙彩红,中国社会科学院副研究员)

新闻传播学

新闻传播学

郭庆光 赵 准

新媒体新技术引发的媒介格局持续变革,扩大了新闻传播学科研究的现实基础,同时向该学科提出了多重理论支撑诉求。2017年的新闻传播学研究在继续探讨往年部分话题的同时,进一步深化了学科的理论根基、拓宽了学科的研究视野、提升了问题的研究层次。研究者对本学科在当今新闻传播格局下的现状与未来有了更为深入的思考,涌现出一批较为扎实的理论成果和具有现实意义的应用研究。

一、新闻理论研究

马克思主义新闻价值观作为我国主导新闻价值观

有着深厚辩证唯物主义与历史唯物主义基础，对我国新闻实践具有很强的指导意义。[①]学习党的十九大精神，是马克思主义新闻观研究的一项重要内容。有研究对党的十九大报告涉及新闻舆论工作的论述进行分析。研究者认为，党的十九大报告关于新闻舆论工作的论述是全面的。整体上，以坚持正确的舆论导向来体现党性原则，通过传播手段的建设和创新来保障传播效果具有足够的传播力、引导力、影响力、公信力。[②]有研究分析了习近平新闻舆论观“时代性”“系统性”“创新性”“规律性”4 个基本特征。并在此基础上梳理和总结了新中国成立以来，中国共产党新闻思想的演进历程和进入新世纪以来党的新闻思想的新发展。[③]在新闻舆论工作中，坚持党性和党性原则关乎新闻传播事业的成败和新闻舆论工作的得失，是一个极为重要的命题。另有研究从党性与人民性、党性与新闻传播规律、党性与特定主体创造性等 3 组关系切入，研究习近平新闻舆论工作党性观。研究者认为，今天的新闻舆论工作，是在新的历史条件下进行的。社会处于转型期，改革进入深水区，社会成员利益格局面临进一步调整，互联网深度介入人们的社会生活，舆论格局和话语格局出现了诸多新变，所有这些，都在呼唤舆论引导理念创新、内容创新、形式创新、方法创新。坚持党性和党性原则的新闻舆论工作者，正可以施展自己的才华，可谓“英雄有用武之地”。[④]

面对新媒体发展的诸多变化，基本概念和经典问题进行再定义与再研究备受关注。有研究从新闻收受主体视野分析理解新闻真实。研究者认为，在新闻收受主体视野中，新闻真实的特征不同于传播主体视野中的特征。从收受主体角度看，新闻真实是符号性真实、想象性真实、推理性真实、信念性真实，具有强烈的主体想象或推理色彩。这些特征对新闻传播主体如何展开新闻报道活动有着极为重要的启示意义。新闻道德、新闻伦理是广为社会热议的话题，也是新闻学研究的经典命题。有研究从厘定角度出发，在吸纳学界的共识的基础上尝试对“道德”“伦理”“职业道德”等研究新闻道德、新闻伦理的核心概念做出解释。[⑤]

新闻伦理与法治研究方面，视角多元。互联网广告监管对于保障公民基本权利，公平竞争的市场经济秩序以及媒体产业的健康发展尤为重要。为回应互联网广告监管的现实难题，2016 年 9 月 1 日，国家工商总局制定的《互联网广告管理暂行办法》开始实施，有研究从法律视角对其进行解读。[⑥]有研究回顾了历史上美国反宣传法案实施案例，分析了目前网络自媒体虚假新闻渗透现象。[⑦]有研究从版权有待界定的基本问题，面临调整的基本制度和遇到障碍的制度实践 3 方面反思微信空间版权的正当性。研究者认为，有关微信空间版权正当性的质疑可以通过对既有理论和制度的调适予以回应。[⑧]

新技术与新工具的不断涌现带来了新闻生产方式的变革，数据新闻成为诸多新闻组织的创新尝试。新闻生产方面，有研究者对新闻组织采纳和发展这一具有创新意涵的新闻实践的过程进行社会学和现象学的考察。通过对我国较早采纳数据新闻的 3 家组织进行考察发现，中国新闻组织对数据新闻创新的采纳并不能用单一的理论观点来解释，它部分支持了理性主义观点，同时部分支持了制度同型理论，创新采纳是一个曲折的试错过程，其未来的发展更可能会支持结果（效益）驱动理论。[⑨]数据新闻以其独特品格而引人瞩目，但目前大多数学者和从业者仍将之视为一种新闻叙事。另有研究通过分析数据新闻的类型、追寻事实的方法以及写作模式证明数据新闻是一种从属于社会科学研究的论证，具有较强的科学性。研究者认为，数据新闻通过社会调查和逻辑论证得出结论来报道事实，是一种应用型调查报告。其扫描式特征保证了结论由全样本或大样本推导而出，使得论证严谨，结论正确可靠。[⑩]

二、新闻史研究

中国新闻史研究领域，有研究者从文化史视角出发，以两个诞生于 20 世纪初并在西方流行文化领域经久不衰的虚构的“中国人”形象：傅满洲和陈查理为切入口，梳理剖析西方流行媒介在一个世纪里建构中国形象的话语策略的形态和演变过程，借助话语分析框架对 20 世纪西方流行媒介所再现和想象的中国以及中国人的形象做出历史考察。[⑪]舆论有很多表达形式，有研究将以歌谣这种艺术形态表现出来的舆论称之为“歌舆”。研究者认为，先秦歌谣的世俗性、现实性和政治性，使之成为一种重要的舆论机制。从舆论学及政治传播的角度对先秦歌谣进行的研究发现，先秦歌谣在政治表达、宣传教化、政治监督、舆论动员以及权力博弈中都发挥着重要的作用，这也使得它在人类早期的文化与政治史上独具特色。在中国近代新闻思想的形成过程中，《泰晤士报》是一个被反复言说和运用并贯穿于整个近代历程的西方资源。有研究将《泰晤士报》放在近代中国新闻思想史的视野之中，探寻国人言说用意及其重心转移。研究发现，晚清时期，国人主要将其作为“新报”的构想参照；清末民初党争中突出其“独立报业”的面向；20世纪二三十年代后的新闻职业进程化中，则偏重反思其商业化利弊。至战后国共两党政争期间，《泰晤士报》演变为阶级话语中的批判对象。研究者认为，这一言说重点变迁过程有助于提高中国新闻思想史的思维深度与丰富性，因而《泰晤士报》在中国新闻思想史上占据独特位置。⑫

外国新闻史研究领域，有研究对秘鲁新闻事业发展脉络进行梳理。研究发现，秘鲁在1821年独立后，新闻传播业本来应该在民主制度下得到良好发展，但由于国家政治动荡不断，新闻传播业自身的发展经常被打断。直到1980年，特别是2000年以后，随着民主制度的再次回归和稳定，新闻自由和言论自由逐步恢复，在互联网传播技术迅速普及的伴随下，秘鲁的新闻传播业终于进入了发展的快车道。⑬哥斯达黎加是中美洲新闻传播业比较发达的国家，新闻自由度排名美洲第一、全球第六。有研究通过对该国新闻事业发展脉络的梳理发现：该国报纸种类繁多，发行指数高；广播电台和电视台数量很多，但新闻传播业垄断现象严重，大量电台和电视台掌握在少数集团手中。新闻传播业的垄断引发另类媒体组织的崛起，它们在为赢得自己的传播权利而努力。⑭

三、新闻传播教育研究

信息传播飞速变迁，新闻教育如何适应时代、如何发展创新模式成为亟待解决的问题。有学者认为，新闻教育亟待探讨的共性问题包括新闻教育规模及人才培养定位、新闻教育的创新与守成、师资队伍建设、复合型人才培养、专业硕士教育、资金与实验条件保障等。⑮立足融合传播发展语境，有研究通过对新闻传播教育的目标、体系与方法的探索，提出了坚守与创新并进、传承与发展并举的观点。研究者认为，置身新媒介环境，新闻院校开展教学研究与人才培养工作，一是要树立服务国家战略的教育理想与奋斗目标，发展马克思主义新闻观，引领国际传播新方向、开创舆论引导新格局；二是要完善适应媒介发展需求的教学内容与培养体系，学习新技术、编撰新教材、探索新领域，为新时期的人才培养奠定基础；三是要创新学科发展，建设一支学界与业界相结合的师资队伍，培育一批具有“新闻+”能力、具备视听传播跨界优势的复合型人才，支持新闻传播事业更好更快向前发展。⑯

随着我国高等教育从大众化向普及化阶段过渡，国家提出建设高等教育强国和争创“双一流”的发展战略，专业认证作为“五位一体”质量保障体系的组成部分对内涵式发展的支撑作用愈加凸显。有研究认为，我国新闻学专业认证处于试点启动阶段，以美国新闻与大众传播教育认证委员会的认证为参照，通过对我国新闻学专业认证的组织体系、认证标准和认证程序进行对比探讨，提出新闻学开展专业认证的适用性及在意识形态和实证方法应用等方面的特殊性。具有中国特色并符合国际理念的新闻学专业认证体系的建立，有助于推动我国新闻学专业建设和人才培养进一步发展。⑰

新闻教育中有一个永恒的话题，即专业性。有研究以世界一流大学新闻学院的教育实践为例，围绕新闻传播的专业性回答3个重要的问题：什么是新闻传播的专业性？如何培养学生的新闻专业性？新闻传播教育该如何适应新的新闻实践并革新专业性？研究认为，数据教育可以成为当今新闻传播教育的一个抓手，培养和提升学生专业技术能力、产业知识与商业智慧。⑱

四、传播学研究

新媒体的勃兴对经典传播理论的适用性提出挑战。传播学理论研究方面，经典理论、假说的发展演进继续受到学者关注。有研究从概念溯源、理论框架、研究方法和现状前景4个方面对议程设置理论50年来的演进脉络进行梳理，并着重分析基于网络分析的研究方法形成的网络议程设置理论在当前的理论价值和未来的发展前景。研究者认为，以互联网为代表的新兴媒体逐渐将单向度的线性传播形态打破，无中心、多节点的网络化模式将成为未来信息传播的主要形态，这与网络分析以关系为核心的分析模式不谋而合。因此，立足于网络化的认知逻辑进行媒介效果研究，将会成为未来传播学研究不可忽视的重要取向。⑲有研究回到议程设置理论的出发点，考察2013年北京的媒体议程与受众议程之间的关系。⑳关于“第三人效果”产生的条件和制约因素一直是学者们关注的主要问题之一。有研究在梳理第三人效果研究脉络的基础上，对影响第三人效果接收者因素的研究文献进行综述，以期为后续研究提供多维视角、思路和研究路径。㉑另有研究以假定影响与网络参与行为之间的关联视角切入，从行动面向、预测变量两个方面来拓展假定影响以及第三人效果的间接传播效果。㉒

传播学历史与方法方面，有研究对“技术决定论”污名化进行讨论。[23]有研究试图从法兰克福学派、文化研究、传播政治经济学的共同思想源头出发，厘清它们各自的问题意识、进行理论构思的方式、理论的内在层次，揭示文化研究与传播政治经济学对法兰克福学派在一定程度的误读。研究者认为，批评其精英主义立场等指责没有重演法兰克福学派的思路，反而在众声喧哗中掩盖和遮蔽了法兰克福学派及其文化工业理论的真正价值。[24]随着大数据技术、计算传播学的发展，运用计算机科学、信息科学等领域跨学科研究方法进行较为严谨的解释性、预测性的研究日益增多。社会计算在传播学领域得以广泛应用，社会计算的研究方法成为刺激传播学可计算性研究创新的重要推手。利用大数据、云计算等方法获取数据与分析数据，从而解释和研究传播议题，成为一种新的范式或思维方式。而社会计算对传播学的革命性影响，不仅是研究方法和软件工具的进步，更是对方法论以及研究范式的冲击和革新。有研究通过梳理社会计算等重要概念的缘起与发展，总结代表性成果，以社会计算作为新的研究范式，探讨数字化变革对传播学在学科转型与构建新型知识体系时所产生的学科意义与挑战。[25]有研究者尝试将信息科学中的情感分析方法引入到社会化媒体效果研究领域，从而为社会化媒体效果研究引入跨学科方法提供了有益的借鉴。[26]有研究展现了基于大数据方法的解释性研究，通过抽取某大型社交网站60万对好友关系，考察了个体特征、对偶特征以及网络结构特征对在线关系构建的影响。[27]

国际传播与国家软实力提升、国家形象塑造的密切关联使其成为学界长期关注的热点。全球化的不断发展和近年来国际形势的复杂变化，亦使该研究领域不断扩展、研究话题日益丰富。有研究从理念、内容和策略等方面对我国对外传播的现状进行分析，结合当前全球政治经济格局变化所带来的机遇与挑战，梳理和总结对外传播理论和实践的创新路径。[28]有研究运用历史比较分析法和口述史，结合历史制度主义，描述分析十年间对外传播组织机构、规则、外国记者管理制度和特色活动的特点和变化。研究发现，1966—1976年对外传播制度存在时间序列和关键节点，对外传播权力呈现强烈的非对称，领导机制小组化，中央批示作为重要制度深入影响个体行为，外生、内生因素及观念等影响制度变迁。1966—1976年在对外传播制度史上是打破平衡的断裂时期，而对外传播制度史整体呈现“断裂的平衡”。[29]亦有研究集中回顾了中国对外传播从2009—2017年的历史发展进程，对当前我国对外传播工作中的重中之重——护航“一带一路”的任务目标进行了理论阐述，并对未来提高国际传播能力的方向及必须树立的意识进行了概述。[30]

五、广播电视研究

近年来，中国网络视频产业步入多元发展、激烈竞争的阶段。有研究者分析了中国网络视频产业发展历程，现状，和面临的挑战，认为中国视听新媒体发展在变动不居的状态中，呈现出融合化、移动化、社交化、多平台传播的特征。[31]有研究认为，作为移动互联时代电视媒体转型的新模式，视频网站的App化经营已初现锋芒，依托自有原创内容开展多层次IP开发，实现产业融合基础上的跨产业经营是电视媒体转型的新进路。[32]第二屏以及电视伴侣应用是当前交互电视概念的主要实现方式之一。随着电视剧制作的复杂性不断提高，它包含的信息量也越来越丰富。利用第二屏电视伴侣应用（second screen and companion apps）来满足观众对复杂剧情的电视剧内容的深入挖掘是交互电视主要的研究和实践方向。有研究针对复杂情节电视剧节目提出以“可挖掘性”为理念的第二屏交互叙事模型，在充分调动观众对电视剧故事的参与性的同时，还能够在电视剧文本与观众生成的用户文本之间形成良好的互动。[33]

纪录片研究领域，有研究从NHK二战70周年报道入手，通过战后70年间日本主流电视媒体对于二战报道的分析，揭示日本媒体对侵略战争的美化和回避战争责任的倾向，以此加深国人对日本人的战争观和历史观的认识和理解。[34]融媒体环境下，以原创为本、打造纪录片IP、跨平台推出系列精品佳作，是中国纪录片产业发展的关键。有研究认为，造IP将成为纪录片行业合作的诉求方向。[35]亦有研究认为，纪录片界怎样整合资源，实现纪录片不同层级机构间的真正融通，在纪录片政策性红利之外，打造又一种深层产业结构层面可持续的市场化力量，应该是我国纪录片界值得探究的一个新课题。[36]

六、新媒体研究

社会化媒体应用、移动互联网、大数据、云计算等技术的广泛应用构成了媒体智能化的基础，人工智能、物联网、VR/AR等技术的发展则成为驱动媒体智能化的直接技术动因，并最终使“智媒”成为未来媒体发展的一种主要趋向。有研究认为，未来媒体发展的基本方向是智能化。需要抓住“共享化”和“智能化”两大媒体发展的基本趋势，从而识别用户、争取用户，同时也争取广告主，实现资源最优配置和收益最大化。[37]面对智能化媒体时代的传媒业的变化，有研究认为，各种新技术将在推动媒体智能化的同时，也将推动新一轮传媒业生态的重构。其中，用户平台、新闻生产系统、新闻分发平台及信息终端是生态变化的几个关键维度。[38]亦有研究认为，智能化将成为未来传播模式创新的核心逻辑，不仅将形塑整个传媒业的业态面貌，也将在微观上重塑传媒产业的业务链。例如，传感器在挖掘信息的深度和广度、提升信息和数据的准确性方面有着传统信息来源无法比拟的独特优势，为优化新闻信息源起到了关键性作用；机器人写作则不仅大幅度提升了新闻生产速度和数量，而且能够消灭人为的技术差错并降低生产成本。[39]

在创新与改革的浪潮推动下，作为新媒体的重要发展趋势研究，对社会化媒体的研究日趋多元。有研究系统梳理了国内外社会化媒体传播效果研究，并总结出一套效果测量与评估的指标体系。[40]有研究基于新浪微博的数据挖掘，发现公共讨论因社会化媒体而产生了一些重要变化：情感代替理智成为公共讨论的中心，同时，公共空间与私人空间边界的消解使得理智和情感不再截然对立。对于网络主要节点而言，情感和公共利益诉求共存，都被用来动员粉丝或加强社交网络的紧密联系。[41]另有研究从科学家这样一个特定群体来研究社会化媒体中的公共参与。通过对科学家在微博平台的公共参与进行的实证研究发现，科学家群体在微博公共参与方面并未呈现出明确的统一特点和规范。相反，在不同公共事务中，不同类型的科学家，其公共参与的方式与公共协商程度都存在着诸多差异。

七、传媒经济研究

作为资本市场关注的重要领域，传媒业投融资研究热度依旧。有研究者考察了传媒业投资效率在其高绩效形成中的作用，发现传媒业的高绩效并非来自于上市后传媒企业高效率的投资行为，而是在“轻资产、高附加值”的传媒行业特性和我国高超募的股票发行市场的共同作用下的财务指标扰动现象。[43]也有研究通过对传媒上市公司的公司内部治理结构与融资结构的关系，分析了传媒上市公司内部治理结构对融资行为的影响。研究认为，传媒上市公司的所有者无法影响企业的融资结构，传媒上市企业的董事会和经理人则可能影响企业的融资结构。[44]

面对新媒体环境下传统媒体日渐式微的困局，有研究聚焦国际传媒集团企业重组和数字化转型的业务调整。研究者基于国际传媒集团2015年前后发布的财务数据，分析了7家传媒集团的投资战略变化、经营业绩动态以及各业务板块的发展趋势。[45]另有研究基于我国电影行业面临的融资规模小、周期短等问题，分析了好莱坞电影业拼盘融资模式在我国发展的可行性问题。[46]传媒改革与媒体融合是传媒经济研究的热点话题。有研究通过盘点2017年我国媒体融合发展发现：媒介融合的路径逐渐明晰，形成了以智能化内容提供、新闻+服务、数字化平台建设为核心的3种主要路径。[47]

电影票房的预测模型建构长久以来一直是学界和业界关注的问题之一。有研究利用时间序列模型，探讨了不同类别的电影票房之间的竞合关系。研究发现，在控制了电影上映时间的差异性以及每类电影的自相关性之后，电影类别之间同时存在票房的竞争与合作关系。[48]有研究通过对我国影视内容产业并购案例，估值方法的统计分析，梳理了相关估值模型的参数和指标。研究发现在并购使用最多的现金流折现模型（DCF模型）中第三方评估机构普遍通过修改公司风险特性调整系数和预期风险系数β值等降低折现率指标，而在增值倍数方面，PE估值法则显著高于现金流折现法。另外，普遍采用业绩承诺，大比例现金支付方式和市场周期正相关性是这轮并购交易的主要特性。[49]

注：

①郝雨、任占文、郭峥：《马克思主义新闻价值观理论建构与公共性拓展》，《全球传播学刊》，2017年第3期。

②陈力丹：《坚持正确舆论导向，加强互联网内容建设——学习十九大报告关于新闻舆论工作的论述》，《国际新闻界》，2017年第11期。

③雷跃捷：《习近平新闻舆论观的四个基本特征》，《现代传播》(中国传媒大学学报)，2016年第10期。

④丁柏铨：《论习近平的新闻舆论工作党性观——从有关党性的三组关系切入》，《现代传播》(中国传媒大学学报)，2016年第11期。

⑤季为民：《新闻道德、新闻伦理——相关概念的溯源与解析》，《新闻与传播研究》，2017年第12期。

⑥郑宁：《〈互联网广告管理暂行办法〉的法律解读》，《全球传播学刊》，2017年第2期。

⑦陈绚、张劲林：《美国反宣传法案与自媒体虚假新闻标记研究》，《国际新闻界》，2017 年第 1 期。

⑧朱洪军：《冲突与调适：微信空间版权正当性的反思》，《国际新闻界》，2016 年第 12 期。

⑨李艳红：《在开放与保守策略间游移："不确定性"逻辑下的新闻创新——对三家新闻组织采纳数据新闻的研究》，《新闻与传播研究》，2017 年第 9 期。

⑩曾庆香、陆佳怡、吴晓虹 ：《数据新闻：一种社会科学研究的新闻论证》，《新闻与传播研究》，2017 年第 12 期。

⑪常江：《从"傅满洲"到"陈查理"：20 世纪西方流行媒介上的中国与中国人》，《新闻与传播研究》，2017 年第 2 期。

⑫唐海江、丁捷：《中国近代新闻思想史上的"泰晤士报"》，《国际新闻界》，2017 年第 10 期。

⑬王萌萌、陈力丹：《从双百年政治动荡中走过来的——秘鲁新闻传播业》，《新闻界》，2017 年第 10 期。

⑭赵心慰、陈力丹：《哥斯达黎加：中美洲新闻传播业的发达国家》，《新闻界》，2017 年 第 9 期。

⑮蔡雯：《新闻教育亟待探索的主要问题》，《国际新闻界》，2017 年第 3 期。

⑯高晓虹、赵希婧：《融合时代新闻传播教育的坚守与创新》，《新闻与写作》，2017 年第 1 期。

⑰谢丹、丁迈：《专业认证：我国新闻学专业教育质量保障的创新之维》，《现代传播》（中国传媒大学学报），2017 年第 10 期。

⑱陈昌凤：《技术创新与专业坚守：新闻传播教育何去何从?》，《全球传播学刊》，2017 年第 4 期。

⑲史安斌、王沛楠 ：《议程设置理论与研究 50 年：溯源 · 演进 · 前景》，《新闻与传播研究》，2017 年第 10 期。

⑳陈阳：《议程设置理论在北京的一次检验——基于 CGSS（2013）数据的研究》，《国际新闻界》，2017 年第 10 期。

㉑武楠：《影响第三人效果的接收者因素研究综述》，《全球传播学刊》，2017 年第 3 期。

㉒聂静虹、王博：《"他人信息搜寻"的预期：基于假定影响模型的网络微观动员研究》，《新闻与传播研究》，2017 年第 5 期。

㉓胡翼青：《为媒介技术决定论正名：兼论传播思想史的新视角》，《现代传播》（中国传媒大学学报），2017 年第 1 期。

㉔余晓敏、胡翼青：《再度解蔽：为法兰克福学派辩护》，《全球传播学刊》，2017 年第 1 期。

㉕徐明华、冯亚凡：《社会计算视域下传播学研究的嬗变与反思》，《现代传播》（中国传媒大学学报），2017 年第 12 期。

㉖王玮、温世阳：《情感分析在社会化媒体效果研究中的应用——基于分类序列规则的微博文本情绪分析》，《国际新闻界》，2017 年第 4 期。

㉗张伦：《个体在线 M 络关系构建影响因素研究》，《国际新闻界》，2017 年第 4 期。

㉘史安斌、盛阳：《"一带一路"背景下我国对外传播的创新路径》，《新闻与写作》，2017 年第 8 期。

㉙周庆安、吴月：《断裂的平衡：中国对外传播制度史探析（1966—1976）》，《全球传媒学刊》，2017 年第 3 期。

㉚程曼丽：《中国对外传播的历史回顾与展望（2009—2017 年）》，《新闻与写作》，2017 年第 8 期。

㉛王晓红、谢妍：《中国网络视频产业：历史、现状及挑战》，《现代传播》（中国传媒大学学报），2016 年第 6 期。

㉜来丰、梁天、王长潇：《App 化经营：移动互联网时代电视媒体的一种转型——以湖南卫视为例》，《现代传播》（中国传媒大学学报），2017 年第 4 期。

㉝李健、李菁：《电视剧跨媒介叙事——基于"可挖掘性"模型的第二屏电视应用设计》，《全球传播学刊》，2017 年第 3 期。

㉞崔亚娟：《日本 NHK 二战纪念报道纪录片探析》，《现代传播》（中国传媒大学学报），2017 年第 7 期。

㉟李艳峰：《融媒体环境下纪录片 IP 开发与生态合作研究》，《现代传播》（中国传媒大学学报），2017 年第 7 期。

㊱何苏六：《融媒体环境下纪录片生态的思考》，《现代传播》（中国传媒大学学报），2017 年第 6 期。

㊲胡正荣：《智能化：未来媒体的发展方向》，《现代传播》（中国传媒大学学报），2017 年第 6 期。

㊳彭兰：《未来传媒生态：消失的边界与重构的版图》，《现代传播》（中国传媒大学学报），2017 年第 1 期。

㊴喻国明、兰美娜、李玮：《智能化：未来传播模式创新的核心逻辑 ——兼论"人工智能 + 媒体"的基本运作范式》，《新闻与写作》，2017 年第 3 期。

㊵王秀丽、赵雯雯、袁天添:《社会化媒体效果测量与评估指标研究综述》,《国际新闻界》,2017 年第 4 期。

㊶卢嘉、刘新传、李伯亮:《社交媒体公共讨论中理智与情感的传播机制 ——基于新浪微博的实证研究》,《现代传播》(中国传媒大学学报),2017 年第 2 期。

㊷金兼斌、徐雅兰:《科学家网络公共参与行为模式及其公共协商程度》,《中国地质大学学报》(社会科学版),2017 年第 3 期。

㊸张辉锋、王田:《传媒业 IPO 后高绩效的成因分析——基于 Richardson 投资模型》,《国际新闻界》,2017 年第 9 期。

㊹丁汉青、蒋聪滢:《传媒上市公司内部治理结构与融资结构关系研究》,《国际新闻界》,2017 年第 3 期。

㊺韩晓宁、王军:《探求转型之路:国际传媒集团的变革与回归》,《现代传播》(中国传媒大学学报),2017 年第 4 期。

㊻张辉锋、郑雪婧:《好莱坞电影业拼盘融资模式及其借鉴意义》,《现代传播》(中国传媒大学学报),2017 年第 6 期。

㊼喻国明、赵睿:《从“下半场”到“集成经济模式”:中国传媒产业的新趋势——2017 我国媒体融合最新发展之年终盘点》,《新闻与写作》,2017 年第 12 期。

㊽张伦、李晗、周雯:《电影类型片票房竞合关系:以 2015 年中国市场为例》,《全球传播学刊》,2017 年第 1 期。

㊾江虹、姜文静:《2010—2016 年我国影视内容产业并购估值方式研究》,《现代传播》(中国传媒大学学报),2017 年第 6 期。

(作者:郭庆光,中国人民大学教授;
赵准,中国人民大学博士生)

军 事 学

军 事 学

答瑞礼

2017 年,是我军建设很不平凡的一年,是人民海军成立 69 周年,是人民空军成立 68 周年,是七七事变爆发 80 周年,是中国人民解放军建军 90 周年,是党的十九大胜利召开之年。党的十九大鲜明提出习近平强军思想,对全面推进国防和军队现代化做出新的战略安排。实践昭示,坚定不移走中国特色强军之路,奋力推进新时代强军事业,必须牢固确立习近平强军思想在国防和军队建设中的指导地位,才能把人民军队全面建成世界一流军队。这一年,军事学理论界对把人民军队全面建成世界一流军队的理论创新和实践创新研究又有了新的长足的进展。

一、2017 年国防和军队建设收获满天彩霞

2017 年,是中国军队被时光格外眷顾的一年,是令世界叹为观止的一年,是让国人备感自豪的一年。这一年,中国军队以崭新的形象、强健的筋骨、绝对的忠诚,大漠列阵、塞外点兵,深度转型、阔步前行,香江之畔、喜庆回归,域外演兵、壮我军威。这一年,中国周边的安全环境复杂而多变,而中国军队的每一步应对,都在时光的陪伴下,清晰勾勒出一支威武之师、文明之师的雄浑轮廓。这一年,党的十九大为中国军队未来勾勒了目标图、路线图、施工图,习近平强军思想指引前进方向。宽敞的时空平台上,盎然的中国军营里,官兵们在尽情地放歌新时代,畅想新中国军队迈向世界一流的行军背囊里,汇聚着新时代强军梦想的力量,铺展着新征程强军大业的蓝图。2017 年的全国科普日中军事科普成一大亮点 。勠力同心、铿锵前行,强军兴军的步履必将更加坚实自信,洒下一路晨光,收获满天彩霞!

1. 人民军队的发展是富国强军的缩影

冷热猫、李响、毛志文在《祖国今年 68，却越活越年轻》一文中认为，2017 年，继辽宁舰服役后，标志着海军实现战略转型发展的我国新型万吨级驱逐舰首舰下水；从骡马化到摩托化、机械化、信息化，一支脱胎换骨的现代化陆军正练兵万里疆场；在祖国 68 岁生日之际，歼 – 20 飞机已经列装部队，试验试飞工作正在按计划顺利推进。一支支年轻的科研队伍，屡创航天飞控奇迹，使我国与世界航天领域先进国家的技术水平差距明显缩小。花儿为什么总是这样红，祖国为什么越来越年轻？原来，人才是第一资源，是重要的内在动力之一。据教育部消息，截至 8 月底，2017 年全国大学生应征入伍报名人数已达到 107.8 万，比去年同期增幅 5.58%。已经 68 岁的祖国的确越来越年轻，因为其处处都蕴含着年轻的基因。①

2. 军事科学院、国防大学、国防科技大学重新调整组建

李刚在《新调整组建的军事科学院 国防大学 国防科技大学成立大会暨军队院校 科研机构 训练机构主要领导座谈会在京举行》一文中指出，2017 年 7 月 19 日，新调整组建的军事科学院、国防大学、国防科技大学成立大会暨军队院校、科研机构、训练机构主要领导座谈会在北京八一大楼举行。中共中央总书记、国家主席、中央军委主席习近平向军事科学院、国防大学、国防科技大学授军旗、致训词。②

3. 超大、超强、超新——2017 年外军演习回眸

黄海松在《超大 超强 超新——2017 年外军演习回眸》一文中认为，世界各国军队 2017 年组织的军事演习数以千计，仅美国海军太平洋舰队在亚洲地区组织的各类演习就有上百场之多。对于 2017 年世界范围内的军事演习而言，可以用“大、强、新”3 个关键字加以概括。大——超大规模组织练兵；强——超级武器不断“试火”；新——新型演习样式不断登场。新动向之一是多域战演习；新动向之二是网络战演习；新动向之三是空间战演习。③

4. 立功受奖喜事多

赵金龙，邹维荣在《中央军委给航天员大队记一等功庆功大会举行》一文中指出，2017 年 10 月 13 日在京举行庆功大会上，宣读了中央军委主席习近平签署的通令，中央军委给航天员大队记一等功，并向航天员大队颁发了奖状。④刘光明、吴旭在《军队院校在全国信息化教学大赛中喜获 60 个奖项》一文中指出，近日从军委训练管理部获悉，在刚刚结束的全国职业院校信息化教学大赛中，军队院校共有 60 个教学项目获奖，其中一等奖 12 项、二等奖 18 项、三等奖 30 项，2 所军队院校选送的教学项目在决赛现场进行了展示和讲评。军队院校受邀参赛 3 年来，共有 170 项教学项目获奖，其中一等奖 33 项。⑤军委政治工作部对 50 名全军优秀“四会”政治教员予以通报表彰。⑥

5. 2017 年盘点中国军事进步的亮点

陈光文在《2017 年中国军事进步神速 有哪些值得世界瞩目的大事》一文中认为，从 2012—2017 年，时间正好是五年，对于中国军队在这五年中取得巨大成就，其中有不少亮点。一是中国首艘国产航母 002 舰的下水。二是建军 80、90 周年朱日和大阅兵。三是世界瞩目的中国军改。四是中俄“海上联合 – 2017”波罗的海军演。五是在非洲的中国首个海外保障基地正式启用。六是歼 – 20 正式入列空军。除此之外还有 055 型万吨驱逐舰首舰的下水等等，也都是中国军力建设获得实质性提高的证明。⑦

二、军事历史研究新进展

一部人类战争史可以说就是一部能量发展史。我国军事历史是一部是我军建设的历史教科书，只有不忘本来，才能开拓未来。传承红色基因，正是为了维护人类持续发展的和平。

1. 一部人类战争史是一部能量发展史

王春富在《战争形态划分是啥标准?》一文中认为，一部人类战争史可以说就是一部能量发展史。能量作为科学技术推动战争发展的平台和载体，决定了人类军事活动中基本能量结构。人类战争至今，其武器装备的基础能量发生了 6 次革命：一是从早期原始战争原始人使用石器、木器等兵器主要依靠人的体能，到金属时代战车、战马出现后主要依靠人畜的动物体能；二是公元 12 世纪火器的出现，武器装备的基础能量由动物体能转变成了火药爆炸的化学能；三是 18 世纪工业革命后，武器装备的基础能量转变为机械能量；四是到 19 世纪末，电磁能量武器走上了战争舞台；五是 20 世纪 40 年代核能武器横空出世，标志着武器装备走进了核时代；六是 20 世纪 80 年代以来信息技术突飞猛进，武器装备信息化不断提升，信息革命风起云涌，信息能被重视和大量运用。六次革命的历程使人类战争武器装备的杀伤力发生了翻天覆地的变化。能量成为人类战争发展的标志，且贯穿了人类战争的始末。⑧

2. “春秋无义战”却催生全民性军队

徐焰在《“春秋无义战”却催生全民性军队》一文中认为，东周列国时期，跨越公元前8世纪至公元前3世纪共500多年，里面又分为春秋、战国两个时期。古籍中通常认为那时是“礼崩乐坏”，周天子成了傀儡无人尊重，诸侯国相互厮杀只为争利而称“春秋无义战”。若抛开崇拜一统王权的封建正统观念，人们应看到那时的战争并非都是坏事，很大程度上是新制度的催生剂。⑨

3. 红军为啥打胜仗

徐贵祥《红军为啥打胜仗》一文中认为，红军为啥打胜仗根本原因：一是继承“铁军”的传统基因，发扬“铁军”优良的战斗作风，是红四军战斗力旺盛的精神基础。二是最重要的是“支部建在连上”，坚持党指挥枪的原则，逐步建立主动革命的思想基础。三是为信仰而战，是红军能打胜仗的根本保障。四是军民同心，其利断金，人民群众的倾力支持，是红军能打胜仗的又一重要保障。五是俱往矣，数风流人物，还看今朝，预见了中国革命的未来，树立了必胜的信心。真理必胜，正义必胜，人民必胜利。⑩

4. 从南昌起义到军魂确立

朱宏博、鲁文帝、龙礼彬在《三湾改编：从南昌起义到军魂确立只用了64天》一文中认为，1927年，秋收起义失败后，中国工农革命军第一军第一师在毛泽东的率领下从文家市出发，去寻找建立革命根据地的合适地点。当1927年9月29日到达三湾村时，原有5000多人的秋收起义部队仅余不足千人！怎么办？三湾，军魂从这里扎根。军魂一旦坚固，这支队伍便无坚不摧。随着党组织的健全完善，党在军队各级建立了党的组织，班排有小组，连队有支部，营以上单位建立党委，党的领导直达基层、直达士兵。站在三湾看改编，军魂确立之地也是军魂坚守之地。三湾改编的“根”，更是今天强军兴军的“魂”。⑪

5. 全民抗战是中华民族真正的全民族觉醒

金一南在《从空前觉醒到伟大复兴》一文中认为，全民抗战是中华民族真正的全民族觉醒：一是共产党人杨靖宇用整个生命，大写出一个顶天立地的中国人。二是在国民党副总裁汪精卫及20余个中央委员都先后投敌的情况下，共产党人给蒋介石留下的深刻印象是“共产党是从来不投降的”。三是让侵略者始料未及的是中国共产党这个党动员起来、组织起来、武装起来的民众，为侵略者垒起一座无法逾越的高山。四是任何一个民族，都不乏积蓄于生命中的火种。共产党点燃它，这个民族就不会堕落，不会被黑暗吞没，不会被侵略者征服。五是随着战场上国民政府军队节节后退，八路军、新四军坚决向敌后挺进，先后在华北、华中和华南的广大农村建立了众多抗日根据地。六是全民抗战，是民众觉悟程度和组织程度的进步，达到了前所未有的历史高度。七是中国人民在抵抗外来侵略中表现的深刻的民族觉醒，也是今天和今后实现伟大民族复兴的关键性支撑。⑫

6. 永远记住卢沟桥畔的枪声

刘海涛在《永远记住卢沟桥畔的枪声》一文中认为，今年是全民族抗战爆发80周年，纪念全民族抗战爆发80周年，目的就是铭记历史、缅怀先烈、珍视和平、警示未来。历史是最好的教科书，也是最好的清醒剂。“谁忘记历史，谁就会在灵魂上生病。”让我们永远记住80年前那来自卢沟桥畔的枪声。⑬

7. 中国军队海外维和27载

朱鸿亮、罗铮在《我们为和平而来——中国军队海外维和27载》一文中认为，和平是人类共同愿望和崇高目标。联合国维和行动为和平而生，为和平而存。中国是联合国5个常任理事国中派出维和部队最多的国家，迄今走过了27年的海外维和历程。时至今日，中国军队已累计派出维和军事人员3.5万余人次，先后参加了24项联合国维和行动，被国际社会誉为“维和行动的关键因素和关键力量”。⑭

8. 人民军队在重塑中成就举世瞩目

古琳晖在《看懂悟透强军兴军“大棋局”》一文中认为，回顾不平凡的5年，人民军队实现了政治生态重塑、组织形态重塑、力量体系重塑、作风形象重塑，取得的“历史性突破”举世瞩目。⑮刘东风、郭镇豪在《这些年，军人创造奇迹的那些“不可能”》一文指出，近日，在央视《挑战不可能》节目中，天安门国旗护卫队的队员们，向一个又一个“不可能”发起挑战，不断创造着奇迹、制造着震撼。⑯

三、建军90周年研究新进展

90年前南昌城头的革命枪声，宣告一支不同于以往任何旧军队的红色武装诞生了。开天辟地头一回，人民有了子弟兵。人民军队的历史辉煌，用鲜血生命铸就；人民军队的光明未来，靠强军兴军开创。

1. 党对军队绝对领导的8个“第一”

康井泉在《党旗铸军魂：党对军队绝对领导的八个“第一”》一文中认为，党对军队绝对领导是我军的军魂，人民军队 90 年来，党对军队绝对领导形成了 8 个“第一”：第一次规定“党的作用高于一切”，毛泽东第一个提出“支部建在连上”，第一次明确红军的各级党委要成为“领导的中枢”，第一次提出“保障党在红军中的绝对领导”，第一次颁布《军政委员会条例》，第一次为军队党委定位，新中国成立后颁布两个第一部“工作条例”，第一次重申“革命的政治工作是革命军队的生命线”。[17]

2. 推进强军事业要坚持“六个必须”

人民日报评论员在《不忘初心的强军征程》一文中认为，在新的历史起点上，奋力推进强军事业要坚持“六个必须”：一是必须毫不动摇坚持党对军队的绝对领导，确保人民军队永远跟党走；二是必须坚持和发展党的军事指导理论，不断开拓马克思主义军事理论和当代中国军事实践发展新境界；三是必须始终聚焦备战打仗，锻造招之即来、来之能战、战之必胜的精兵劲旅；四是必须坚持政治建军、改革强军、科技兴军、依法治军，全面提高国防和军队现代化水平；五是必须深入推进军民融合发展，构建军民一体化的国家战略体系和能力；六是必须坚持全心全意为人民服务的根本宗旨，始终做人民信赖、人民拥护、人民热爱的子弟兵。只有坚持这“六个必须”，才能切实增强人民军队的凝聚力、创造力、战斗力，锻造一支有信心、有能力打败一切来犯之敌的威武之师、胜利之师。[18]

3. 人民军队 90 年的理论和实践：“人民军队永远是战斗队”

沈根华、韩飞、周敏在《锻造招之即来来之能战战之必胜的精兵劲旅》一文中认为，“人民军队永远是战斗队”，这一重要思想来源于我们党领导武装斗争、建设人民军队的生动实践，集中体现了党的军事指导理论的核心要义，对于新形势下锻造能打仗、打胜仗的精兵劲旅，具有重要理论和实践意义。[19]

4. 大国军魂是制胜密码

王诗敏、潘庆华在《铸牢闪烁时代光芒的大国军魂》一文中认为，从南昌起义一路走来，人民军队先后进行了 470 余次大的战役和难以计数的小规模战斗，先后同国民党军队和日美等 21 个国家军队交过手，绝大多数都是人民军队在敌强我弱差距悬殊的情况下取得最终胜利。这支军队具有一往无前的精神，它要压倒一切敌人，而决不被敌人所屈服，制胜密码就是大国军魂。这厚重的大国军魂，亦是支撑民族复兴、锻造民族精魂的精神滋养，还是世界军事文明宝库的精神瑰宝。[20]

5. 人民军队 90 年弥足珍贵的历史经验

刘小兵在《不忘初心，向世界一流军队迈进》一文中指出，纵观我军铁心向党的战斗发展历程，可以总结出这样几条弥足珍贵的历史经验：第一，坚持以先进思想指引方向。我们党把“掌握思想教育”作为团结全党全军“进行伟大政治斗争的中心环节”，着力帮助官兵解决军队“归谁领导、听谁指挥”等根本问题，确保官兵忠贞不渝听党话、跟党走。第二，坚持以科学制度保证落实。自三湾改编、古田会议始，我军逐步形成军委主席负责制、党委制、政治委员制、政治机关制、党委统一的集体领导下的首长分工负责制等一整套制度体系，为确保听党指挥发挥了坚如磐石的根本保证作用。第三，坚持以优秀人才提供支撑。从毛主席提出“德才兼备”“又红又专”的选用干部标准，到习主席提出“对党忠诚、善谋打仗、敢于担当、实绩突出、清正廉洁”的军队好干部标准，我们党始终坚持党管干部，确保枪杆子永远掌握在忠于党的可靠的人手中。第四，坚持以严明纪律强化约束。我军是秉持“一靠理想、二靠纪律”走向正规化的，一代代官兵自觉视纪律为生命，特别是把听党指挥作为第一位的政治纪律来遵守，以铁一般纪律确保党对军队绝对领导的原则制度落地生根。[21]

四、党的十九大报告中强军兴军研究新进展

党的十九大报告标定了新时代的历史方位，明确了新时代的指导思想，提出了新时代的奋斗目标。报告中关于国防和军队建设的部署是未来一个时期强军事业的发展蓝图，是人民军队发展提速、全面攀升的壮阔前景。理论界对此进行了深入系统研究具有新的进展。

1. 党的十九大报告亮点一：新表述勾勒新时代“强军蓝图”

李纯在《十九大报告新表述勾勒新时代“强军蓝图”》一文中指出，党的十九大报告为未来中国国防和军队建设规划了清晰的蓝图。一是首次提出“党在新时代的强军目标”；二是首次提出全面建成世界一流军队；三是新提出构建中国特色现代作战体系；四是再次强调，军队是准备打仗的，一切工作都必须坚持战斗力标准，向能打仗、打胜仗聚焦；五是指出了爱好和平的中国，其血脉中没有“武力威胁”的基因。能战方能以言和，才能维护地区稳定与世界和平。[22]

2. 党的十九大报告亮点二：把人民军队建成世界一流军队是强军目标的拓展

赵耀辉在《对十九大报告中有关军队的论述进行

阐释》一文中认为，将人民军队建设成世界一流军队的定位，是强军目标的拓展，有五点意义：一是能坚决捍卫国家领土的完整；二是能完成祖国统一的大业；三是能粉碎一切外来侵略和武装挑衅；四是能有效维护我国在海外的利益；五是能成为地区和世界和平的坚定力量。[23]

3. 党的十九大报告亮点三：军事理论现代化位列“四个现代化”之首

袁志明在《牵住军事理论现代化的“牛鼻子”》一文中认为，党的十九大报告提出，“同国家现代化进程相一致，全面推进军事理论现代化、军队组织形态现代化、军事人员现代化、武器装备现代化”。其中，军事理论现代化位列“四个现代化”之首，体现了我们党高度的理论自信和创新自觉，反映了强国强军对现代化军事理论的紧迫需求和现实需要，彰显了理论创新对其他各方面的重大先导作用和引领功能。[24]

4. 党的十九大报告亮点四：中国军队进入了新时代

《环球时报》记者在《让军人成全社会尊崇的职业！十九大报告亮点多》一文中指出，中国军队进入了新时代，国防和军队建设发生了4个新变化：一是以习近平同志为核心的党中央为人民军队制定了新的军事战略方针；二是重塑了人民军队新的政治生态；三是人民军队有了新的组织架构和力量体系；四是国防和军队建设进程中，武器装备发展和军事斗争准备取得新的辉煌成就。[25]

5. 党的十九大报告亮点五：让军人成为全社会尊崇的职业

齐明宇在《不能等战争来临才想起军人 让军人成全社会尊崇的职业》一文中认为，“组建退役军人管理保障机构，维护军人军属合法权益，让军人成为全社会尊崇的职业”。党的十九大报告中的这句话，在网上网下引起广泛关注。“全社会尊崇”这样的提法，在我们党的重大会议中还是第一次出现。这是一件深得民心、深得军心的大好事。[26]

6. 党的十九大报告亮点六：开展“传承红色基因、担当强军重任”主题教育

董长军在《从辉煌军史中积蓄前行力量》一文中认为，党的十九大报告强调：“加强军队党的建设，开展‘传承红色基因、担当强军重任’主题教育，推进军人荣誉体系建设，培养有灵魂、有本事、有血性、有品德的新时代革命军人，永葆人民军队性质、宗旨、本色。”这一重要论述，深刻说明传承红色基因对于军队建设的重大意义，有益于在人民心中树立起我军听党指挥的忠诚之师、服务人民的文明之师、英勇善战的威武之师、维护正义的和平之师的良好形象。[27]

7. 党的十九大报告亮点七：建设创新型人民军队是党的十九大做出的重大部署

中央军委政治工作部宣传局在《党的十九大新思想新观点新战略新举措解读》一文中指出，党的十九大做出建设创新型人民军队的重大部署，体现了依靠科技创新和进步赢得军事竞争优势的战略考量，对于把我军建设模式和战斗力生成模式转到创新驱动发展的轨道上来，加快向质量效能型和科技密集型转变，具有重大深远的意义。我们必须紧跟世界军事革命发展趋势，与时俱进推动军事改革，全面推进军事理论、技术、组织、管理、文化各方面创新，带动全军把创新驱动的引擎全速发动起来，努力把我军建设成为创新型人民军队。[28]

8. 党的十九大报告亮点八：要加快军事智能化发展

赵明在《搭上军事智能化发展的快车》一文中认为，党的十九大报告指出，要“加快军事智能化发展”。这一重要论述高屋建瓴，准确把握了世界军事技术最新发展脉搏，指明了未来军队建设的重点环节，必将进一步推动我军建设和战斗力提升。从一定意义上讲，智能时代与信息时代相比，制胜方式将从“击溃”向“瘫痪”转变；制胜关键要素将从“信息优势”向“智能优势”转变、从信息域转到认知域；制胜技术原理将从“切断敌信息链路”转到“瘫痪敌作战体系”。[29]张强在《斗勇更需斗“智”军事智能化，全新战略制高点》一文中指出，军事智能化不仅仅是人工智能和军事的叠加，还包含着丰富的内涵。军事智能化是指由人、武器装备及作战方式构成的力量体系的整体运转描述，包括智能武器的大量嵌入作战体系，但又不仅指智能武器的广泛应用，理解军事智能化要从人类社会演进及世界军事变革的高度来透视。军事智能化既有社会智能化的共性，又有鲜明的军事特色，这就是从武器平台、指控体系、作战终端等多方位、全领域进行升级、换代、重塑，以形成人机一体、智能主导、云脑作战的军事新体系。[30]

五、习近平新时代的强军思想研究新进展

习近平新时代的强军思想是习近平新时代中国特色社会主义思想的“军事篇”。学习贯彻党在新时期

的强军思想，最根本的是要把强军思想的理论威力转化为指导部队建设的工作理念、思路方法和具体举措，高起点谋划、高标准推进、高质量落实，真正使强军思想在部队建设中落地生根、开花结果。

1. 强军思想是国防和军队建设的根本指南

颜晓东在《用党在新时期的强军思想引领部队建设发展》一文中认为，强军思想是对国防和军队建设做出的战略指导。用强军思想指导建设，首要的是与强军思想精准对表，准确把握历史方位和阶段性特征，清晰标定部队建设发展的“远景图”“路线图”“施工图”。在政治建军上，始终坚持党对军队绝对领导的根本原则和制度，真正把理想信念、党性原则、战斗力标准、政治工作威信牢固立起来，充分彰显政治工作生命线地位作用；在改革强军上，以转型重塑为动力，以“三个转变”为抓手，以提质增效为落点，推动部队建设实现转型发展和关键跨越；在科技兴军上，坚持自主创新的战略基点，加快现代军事技术创新发展，积极推进军民融合，不断提高科技创新对部队建设和战斗力发展的贡献率；在依法治军上，着眼提高部队法治化水平，着力构建系统完备和严密高效的军事法规制度体系和提升法规制度的执行力，努力实现治军方式的“三个根本性转变”。[31]

2. “五个更加注重”：军队建设发展的战略指导

王志强在《深入把握党在新时期的强军思想的科学体系——深入学习贯彻习近平同志在庆祝中国人民解放军建军90周年大会上的重要讲话精神》一文中认为，围绕如何实现强军目标、建设世界一流军队，习近平提出“五个更加注重”的战略指导，即更加注重聚焦实战，更加注重创新驱动，更加注重体系建设，更加注重集约高效，更加注重军民融合。聚焦实战是军队履行根本职能的必然要求；创新驱动，是军队发展进步的动力源泉；体系建设，是打赢信息化战争的核心支撑；集约高效，是当今现代化军队发展的基本特征；军民融合是实现发展和安全兼顾、富国和强军统一的必由之路。“五个更加注重”把握时代新趋势，解答实践新课题，顺应官兵新期待，是创新、协调、绿色、开放、共享发展理念在军事领域的运用，明确了新形势下军队建设发展的基点、动力、方向、效能及路径。[32]

3. 强军思想的科学内涵

任天佑在《坚持用党在新时期的强军思想引领强军事业》一文中认为，党在新时期的强军思想具有丰富而深刻的科学内涵：一是提出认清我国由大向强发展关键阶段的时与势，指明国防和军队建设的历史方位；二是提出实现强军目标、建设世界一流军队，明确了加强军队建设的战略目标和聚焦点着力点；三是提出新形势下军事战略方针和与时俱进创新军事战略指导，明确了统揽军事力量建设和运用的总纲；四是提出正确把握“五个更加注重”的军队建设发展战略指导，努力实现更高质量更高效益更可持续的发展，明确了军队建设实现更高质量更高效益更可持续发展的工作指针；五是提出聚焦备战打仗，牢固树立战斗力这个唯一的根本的标准，全面提高军事训练实战化水平，锻造招之即来、来之能战、战之必胜的精兵劲旅，明确了强军的核心指向；六是提出坚持政治建军、改革强军、科技兴军、依法治军，全面提高国防和军队现代化水平，明确了强军兴军的战略布局和举措；七是提出深入推进军民融合发展，构建军民一体化的国家战略体系和能力，明确了富国和强军相统一的国家战略，等等。党在新时期的强军思想所蕴含的这些理论观点，贯通着强军的精髓要义，环环相扣，构成有机统一的思想体系。[33]

4. 强军目标是强军思想的核心

颜晓东在《用党在新时期的强军思想引领部队建设发展》一文中认为，习主席科学总结我们党建军治军成功经验，深刻考量国际国内形势变化，鲜明提出与中国梦相适应的强军目标和建设世界一流军队的奋斗目标，集中体现了我军的性质、宗旨、职能和作风，体现了战略谋划、建设标准、发展路径与价值导向的高度统一，标定了人民军队建设发展的时代坐标和强军事业方向。强军目标是强军思想的核心。用强军思想引领方向，就是要聚焦强军目标、聚力强军实践，坚定不移走中国特色强军之路，加快把人民军队建设成为世界一流军队。[34]

5. 强军根本标准就是打赢信息化战争

颜晓峰在《新时代强军根本标准就是打赢信息化战争》一文中认为，新时代建设强大军队的标准就是打赢信息化战争。我们知道，军队的标准就是战斗力，所以习近平提出把战斗力作为唯一的标准。我们现在讲强军，要建设强大军队，它的标准是什么呢?就是要打赢信息化战争。战争形态演变已经为信息化战争的形态。在这样一种战争形态下，你能不能打赢信息化战争是强军的最根本标准。[35]

6. 强军的硬实力是武器装备发展

宋海龙在《武器装备发展　亦须讲辩证》一文中认为，强军的硬实力是武器装备发展 ，但事物是辩证的对立统一，在武器装备发展中存在着需求与现实、体系与要素、经费与技术等诸多矛盾，要善于运用合理的方法论来解决。一是围绕具体时代条件处理好需要与可能的关系，重视新质力量发展。二是围绕装备体系化解决好局部与整体的关系，满足不同作战需求。三是围绕装备研发效益处理好投入与产出的关系，选择重点突破项目。按照集中优势兵力"打歼灭战"的办法，举全国之力，形成拳头，实行集智攻关，确保重点突破才是制胜之道。[36]

7. 强军伟力是强军目标的内在要求

赵周贤、刘光明、徐志栋在《深刻理解把握我们党强军兴军的战略谋划》一文中认为，习主席在讲话中凝练概括了人民军队从胜利走向胜利彰显的"六个伟大力量"，即中国共产党领导的伟力、理想信念的伟力，改革创新的伟力、战斗精神的伟力，革命纪律的伟力、军民团结的伟力。这与强军目标的内在要求高度契合。[37]

8. 新时代海洋观引领下的海军建设

李 剑在《新时代 中国海洋观的核心内涵你都了解吗?》一文中认为，进入21世纪，人类社会已经快速从工业化时代跨入信息化时代，并且正在加速向智能化时代迈进。历史事实反复证实，海洋观正确与否，关系到国家的兴衰荣辱和前途命运，凡在观念上重视海洋并注重发展强大海权的国家，往往既能护卫国家安全，又能利用世界资源成长壮大。我们目前的当务之急，是正确把握当今时代中国海洋观的核心内涵：一是必须提高全民族的海洋意识，从战略的高度和全民族的广度，认识开发海洋、保卫海洋的极端重要性。二是发展海洋事业是我国强国战略的重要组成部分，中国要立于世界民族之林必须成长为海洋强国。三是国家的繁荣昌盛和长治久安，离不开强大的海上力量，海军是这支海上力量的关键。四是应对来自海上方向的安全威胁，要求海军必须具备强大的作战能力。新时代海洋观引领下的海军建设维护国家海洋安全，支撑海洋强国建设是海军的核心使命。[38]

六、军事思维研究新进展

军事学理论工作者用时代的眼光认识军事思维，产生这样的共识：信息化战争已经悄然来临，适应战争形态转型的要求，迫切需要我们用现代科学思维方法，推进和提升军人运用作战思维 、网络化思维、大数据思维和强化体系化思维以及借助虚拟化思维能力。

1. 作战思维要跟上信息化战争

李志刚在《作战思维要跟上信息化战争》一文中认为，信息化战争已经悄然来临，适应战争形态转型的要求，迫切需要我们在武器装备、作战思维、体制编制等诸多方面转型，其中武器装备经过技术革新和换装转型很容易实现，然而作战思维转型的难度就大得多。英国著名军事理论家利德尔·哈特曾经指出："比向军人灌输新思想唯一更难办的事，就是消除他们的旧思想。"军人的作战思维是对作战活动的理性认识，多来源于作战或演习经验教训的积累，往往都是战场上或演习场上以流汗、流血或牺牲生命的代价换来的，因此军人往往倍加珍惜他们的作战经验，不愿意丢弃他们付出巨大代价才获得的固有作战思维。马其诺防线就是个很好的例子。法国的失利，显然输在了作战思维上。然而，让人不曾想到的是，德国的"闪击战"作战理论却是在德军还没有装备一辆坦克的情况下，经过大量的兵棋推演而创新形成的，显然德军胜在作战思维创新领先，甚至超越了武器装备的发展步伐。[39]

2. 用科学思维引领保障转型

周济雄在《用科学思维引领保障转型》一文中认为，现代战争是复杂体系之间的对抗，联勤保障需求预计应综合分析各类数据形成联勤大数据，进而借助"相关关系"分析处理方法，尽可能地掌握联勤保障全貌。必须善于运用现代科学思维方法，创新保障模式，改进保障方式，引领和推动联勤保障体系建设。运用网络化思维——开启即时保障模式；树立大数据思维——满足精确保障需求；强化体系化思维——释放整体保障效益；借助虚拟化思维——实现科学高效保障。[40]

3. 研战析理需要有"无定"思维

董国政在《我们研战析理，需要有"无定"思维》一文中认为，战争介乎"有定"与"无定"之间。这里所谓"有定"，指的是战争是有自己的逻辑的，战争是有它自身的规律可循的，战争是有其独有的"形"和"态"的；这里所说的"无定"，指的是战争它常常又是"无形"的，诡异的，不确定的。从接触战争到非接触战争，从对称性战争到非对称性战争，从机械化半机械化战争到信息化战争，从以冷兵器热兵器为代表的钢铁战争到以光武器为代表的光战争，从真实战争到虚拟战争，从应对传统安全威胁到应对非传统安全威胁，从有限战到超限战，战争机理无不隐藏于战争之中，欲得其中堂奥，需要拓展无定思维空间。如果说，在虚拟战场上，上一代战争军事学的主要内容已丧失其意义，那么，我们研究战争机理，则应将虚拟战场一网打尽，让未来战争军事学的主要内容显现出来。[41]

4. 科技兴军当用好辩证思维

张红梅、王道伟在《科技兴军当用好辩证思维》一文中认为，科学技术是军事发展中最活跃、最具革命性的因素，每一次重大科技进步和创新都会引起战争形态和作战方式的深刻变革。建设世界一流军队，以科技推动战斗力发展，需要运用辩证思维处理好科技兴军事业中一些重大关系。一是正确把握思维理念转变与实践创新的辩证关系。二是正确处理需求牵引与技术推动的辩证关系。三是正确处理重点突破和全面推进的辩证关系。四是正确处理科技创新与制度创新的辩证关系。[42]

5. 军地合力培育军事人才当用好系统思维

赵菁在《新时代军事人才培养的新视角》一文中认为，军地合力培育军事人才，还要善于运用系统思维，既注重满足部队多层次、多样化人才需求，更要寻求重点突破，着力培育军队急需的核心人才。核心人才具有岗位关键又能高度胜任、价值重大又创造高额价值、功底扎实又善于创新，数量稀缺又不可或缺等特征，是人才群体中的“黄金资源”“大厦塔尖”，其创新思维和创新智慧对于战争发展演变往往起关键作用，在信息化战争中的作用日趋显现。[43]

七、政治建军研究新进展

政治建军是中国人民解放军的命脉、优势和最大特色。新时代对强国强军征程中“建设什么样的军队、怎样建设军队”做出的总体谋划和战略设计，更需要站在时代发展和战略全局高度，对坚持“思想上建党、政治上建军”这认识进一步深化和发展。

1. 强军兴军需要强化政治工作生命线作用

张明仓、杨纬立在《强军兴军需要强化政治工作生命线作用》一文中认为，革命的政治工作是革命军队的生命线。一是政治工作是我军的看家本领和最大特色、最大优势：政治工作保证了我军始终是党绝对领导下的革命军队；政治工作为我军战胜强大敌人和艰难险阻提供了不竭动力；政治工作使我军永葆人民军队的本色和作风。二是把理想信念在全军牢固立起来：把党性原则在全军牢固立起来；把战斗力标准在全军牢固立起来；把政治工作威信在全军牢固立起来。三是在推进新时代强军事业中充分发挥政治工作的生命线作用：坚持用习近平新时代中国特色社会主义思想武装官兵；坚决维护权威、维护核心、维护和贯彻军委主席负责制。从严从紧加强军队党的建设。培养“四有”新时代革命军人。[44]

2. 打仗打的是政治

桑林峰在《一场战争把“站起来”变成铁定现实》一文中认为，打仗打的是政治。中国人民志愿军出兵朝鲜，是军事，更是政治。我们常讲，军事服从政治，战略服从政略。第二次战役之后，毛泽东同志出于政治考虑，指出“我军必须越过三八线”。志愿军随后在极大困难下，发动了第三次战役，虽然取得胜利，也付出了不小的代价。对我军来说，从来都是坚决听党指挥，旗帜鲜明地讲政治。[45]

3. 军队不可能站在政治之外

孙岩在《“军队应当站在政治之外”骗人的说教背后》一文中认为，军队从来都是统治阶级进行阶级统治的政治工具，始终为政治服务，没有哪支军队是真正脱离政治而纯粹中立存在的。我们这支军队是中国共产党缔造和领导的人民军队，是执行党的政治任务的武装集团，从不讳言自己的政治属性，从不否认我军是为无产阶级政治、为无产阶级利益服务的。我们要充分认清“使军队不问政治”这一论调在理论和实践上的荒谬性、虚伪性、欺骗性和危害性，毫不动摇地坚持党对军队的绝对领导，永远保持人民军队的政治本色，无条件执行党赋予的使命任务，确保人民军队始终高举旗帜、维护核心、听党指挥。[46]

4. 美国强力推动新一轮军事革命其政治目的就是要掌控“世界领导权”

王明亮在《谁在革“军事革命”的命》一文中认为，军事革命从来就不是单纯的技术变革，而有着明确的政治目的。当前，美国强力推动新一轮军事革命，目的非常明确，就是要在世界大变局中，通过建立新质军事优势重建对其他国家的战略优势，掌控“世界领导权”。面对信息化战争向更高级阶段升级的大趋势，尚未完成机械化和信息化建设双重历史任务的我军，又迎来新质信息化、新质机械化的新课题，进入“迭代变革”新阶段。必须紧跟前沿、未雨绸缪，将应对当前威胁与应对长远挑战紧密衔接在一起，主动作为，超前准备，努力掌握新一轮军事革命竞争的战略主动权。[47]

八、改革强军研究新发展

一部人民军队的发展史，就是一部创新图强的改革史。当前的这次改革，不同寻常。它是一项庞大的系统工程，要解决的大都是长期积累的体制性障碍、结构性矛盾、政策性问题，方案设计得科学不科学、精确不精确，直接关系改革成败。这表明理论工作者对改革强军研究的进一步深化。

1. 一部人民军队的发展史就是一部改革创新史

杨绍华在《五年来，人民军队的新变化告诉我们什么》一文中认为，一部人民军队的发展史，就是一部创新图强的改革史。从土地革命战争时期创立“党指挥枪”等一整套建军原则制度，到抗战时期实行精兵简政；从新中国成立后多次裁减军队员额，到调整体制编制，我军从小到大，从弱到强，从胜利走向胜利，改革创新的步伐从未停歇。[48]

2. 深化国防和军队改革需要坚持3个“贯穿始终”

武天敏、曲延涛、曹智、王玉山在《伟大的变革 历史的跨越》一文中认为，改革未有穷期。我们要保持锐意改革的决心和信心，保持攻坚克难的勇气，保持抓铁有痕、踏石留印的劲头，夺取深化国防和军队改革全面胜利。这需要这3个“贯穿始终”：一是要把统一思想认识贯穿始终，引导全军从思想上政治上行动上跟紧党中央和中央军委决策部署，跟紧国防和军队改革前进步伐，形成推进改革强军的强大势场；二是要把坚持问题导向贯穿始终，扭住深层次矛盾和重点难点问题持续用力、精准发力，确保改革不断取得突破；三是要把加强组织领导贯穿始终，把准改革方向，搞好研究论证，掌控节奏力度，加强检查督察，使各项改革举措落到实处。[49]

3. 改革强军：建设巩固国防和强大军队的必由之路

王志强在《深入把握党在新时期的强军思想的科学体系——深入学习贯彻习近平同志在庆祝中国人民解放军建军90周年大会上的重要讲话精神》一文中认为，实现强军目标，动力在改革，出路也在改革。全面实施改革强军战略，着力解决制约国防和军队建设的体制性障碍、结构性矛盾、政策性问题，完善和发展中国特色社会主义军事制度，加快构建中国特色现代军事力量体系；推进领导掌握部队和高效指挥部队的有机统一，形成军委管总、战区主战、军种主建的格局；优化规模结构和部队编成，推动我军由数量规模型向质量效能型转变，等等。这些体现了对国防和军队建设规律的深刻把握，开启了我军一场划时代的整体性革命性变革。[50]

4. 深刻认识国防和军队改革取得的历史性突破

周敏、韩飞、杨洪江在《深刻认识国防和军队改革取得的历史性突破》一文中认为，国防和军队改革取得的历史性突破表现在4个方面：一是领导指挥体制改革取得开创性成果：领导管理体制实现革命性变革；联合作战指挥体制实现划时代重构；权力运行制约和监督体系实现历史性突破。二是规模结构和力量编成实现体系性重塑：军队规模更加精干；结构布局更加优化；力量编成更加科学。三是政策制度调整改革取得突破性进展：军事人力资源政策制度改革高起点推进。经费物资管理机制改革向纵深突破。军事法规制度体系改革全方位展开。四是军民融合发展迈出实质性步伐：积极构建统一领导、军地协调、顺畅高效的组织管理体系。初步形成国家主导、需求牵引、市场运作相统一的工作运行体系。健全完善系统完备、衔接配套、有效激励的政策制度体系。[51]

5. 改革强军：以“关键一招”谋军队未来

魏寅、赵国涛、杨丹谱在《改革强军：以“关键一招”谋军队未来》一文中认为，改革，是强军兴军的必由之路，也是决定军队未来的关键一招。“该改的就要抓紧改、大胆改、坚决改。”回顾过去5年，人民军队重塑体系的举措可谓大刀阔斧、蹄疾步稳：新军种、新战区应运而生，新部门、新岗位先后成立，军委管总、战区主战、军种主建的新格局渐次展开。我们必须用好改革这个关键一招，在改革强军这条新的长征路上取得新的伟大胜利！[52]

九、科技兴军研究新进展

2017年2月17日，当新华社陈炳隆报道，我国首个导弹武器装备技术展区在军事博物馆开工建设之际，理论界专家和学者一致认识到，坚持向科技创新要战斗力，实施科技强军战略，抢占世界军事制高点，高度重视战略前沿技术发展，提高官兵科技素养，必须在全军大力传播科学精神、普及科学知识，使学习科技、运用科技在全军蔚然成风。

1. 科技兴军：提高创新对军队建设和战斗力发展的贡献率

王志强在《深入把握党在新时期的强军思想的科学体系——深入学习贯彻习近平同志在庆祝中国人民解放军建军90周年大会上的重要讲话精神》一文中认为，创新能力是一支军队的核心竞争力，也是生成和提高战斗力的加速器。习近平同志强调：要全面实施科技兴军战略，坚持自主创新的战略基点，瞄准世界军事科技前沿，加强前瞻谋划设计，加快战略性、前沿性、颠覆性技术发展，不断提高科技创新对人民军队建设和战斗力发展的贡献率。[53]

2. 什么在改变未来战争游戏规则

许三飞在《什么在改变未来战争游戏规则》一

文中认为，世界军事强国围绕颠覆性技术制高点的争夺日趋白热化，其核心均在倾力打造以颠覆性技术为基础的作战实力，以求能一改未来战争游戏规则。所谓颠覆性军事技术，必须具有“改变游戏规则”的影响力，是能够带来“创造性”破坏和改变的技术；军事领域的颠覆手段是技术，但颠覆的结果并不限于武器装备，而是会波及人才培训和作战方式各方面；不要天真地期待人家告诉你未来颠覆性技术是什么，尤其要警惕别人设置的陷阱，防止被忽悠；发展自己的颠覆性技术首先要盯住基础科学的前沿与进展，不要指望离开基础科学去追求空中楼阁。[54]

3. 未来“军事革命”是“软硬一体革命”

王明亮在《谁在革“军事革命”的命》一文中认为，20 世纪 70 年代以来军事革命的核心成果，是塑造了基于网络的体系作战，相比于机械化，这是个巨大的进步，但用发展眼光看，却只能算是一种“粗放型”的体系作战。其特点是以大中型平台弹药为节点，以初级网络为纽带，以纵长横短的垂直型关系为架构，以人工指挥协同为基本控制模式。而未来“软硬一体革命”提供的新质网络和新质平台弹药，将交互融合塑造出“群组智联”的分布式作战体系。整个体系按照侦控打评流程闭环运行，从要素到单元到整体，具备自组织、自适应、自同步、自修复和自主演化功能，可自动运行、自主作战。[55]

4. 走出智能化的认识误区

吴波、王云宪在《走出智能化的认识误区》一文中认为，走出智能化的认识误区，一定要避免纯技术化、唯技术论，搞清军事需求、创新作战概念，弄通智能化战争的基本原理制胜机理和实现路径。具体来说，至少需要避免陷入以下 4 个误区。一是智能化不等同于“全能化”。二是智能化不等同于“技术化”。三是智能化不等同于“无人化”。四是智能化不等同于“科幻化”。[56]

5. 2017 年值得关注的军事技术十大趋势

王群、周黎妮、张昌芳、李坡、张煌、朱启超在《2017 年值得关注的军事技术十大趋势》一文中认为，2017 年度，作为军事硬实力的重要物质基础，各国将继续大力发展军事技术与武器装备。笔者根据国际安全形势和主要国家军事战略调整变化，认为以下 10 个趋势值得关注。一是航母仍是大国竞相发展国之重器；二是第五代战机逐步开始列装；三是新一代防空反导系统将投入使用；四是“常规快速全球打击”装备技术试验稳步推进；五是军用卫星技术国际竞争将更加激烈；六是核武器小型化将取得重要进展；七是无人作战装备与技术依然是新宠；八是网络攻防技术将向物联网领域拓展；九是新概念武器实用化有望取得新突破；十是军用新材料将引发新热潮。[57]

十、军事法制研究新进展

2017 年 1 月 1 日，党的十八大以来全国人大常委会通过的第一部军事法律《中华人民共和国国防交通法》正式施行。这部军事法律的出台，使理论界对依法治军，军则生威的认识更深刻了。军事法制研究涉及国防和军队建设各个领域，尤其需要走联合科研、协同创新的路子。

1. 一支现代化军队必然是法治军队

吴中书、王登超、任大龙 在《依法治军：法纪严明是我军克敌制胜、发展壮大的法宝》一文中指出，一个现代化国家必然是法治国家，一支现代化军队必然是法治军队。“法者，天下之公器也；变者，天下之公理也。”对比新中国成立以来我军历次调整改革，这次改革的一个突出特点，是依法治军从严治军方略贯穿全程。“凡属重大改革都要于法有据。”从原四总部调整组建为军委 15 个职能部门、七大军区调整组建五大战区，到陆军领导机构、火箭军、战略支援部队成立，从联勤保障部队成立到 84 个军级单位集体亮相……自深化国防和军队改革启动以来，全军各级紧跟改革进程，严肃各项纪律，以铁规铁律为后盾，化解改革中的矛盾困难。[58]

2. 创新军事法制研究的着力点

军事科学院军事法制研究院在《谱写军事法制研究新篇章》一文中认为，创新军事法制研究，是全面贯彻习近平强军思想，提高国防和军队建设法治化水平的一项基础工程，也是复杂的系统工程，必须加强整体设计、形成系统规划，以清晰具体的目标牵引、建设规范和实践路径，带动研究能力水平和成果质量整体跃升。一是首先应深刻认清依法治军、从严治军的战略意义，立足走中国特色强军之路的实际，肩负起奠定强军兴军法治基石的使命担当。二是应紧紧扭住军事立法这个基础性工作，借助深化国防和军队政策制度改革契机，肩负起构建完善中国特色军事法规制度体系的使命担当。三是应把提高法规制度落实执行力和刚性约束力作为攻坚重点。四是强化确保党对军队绝对领导法治研究。五是强化促进军队战斗力整体跃升法治研究。六是强化推动深化国防和军队改革相关政策制度研究。七是强化维护国家安全和发展利益法治研究。八是立起聚焦打赢的标准。九是激发创新超越的活力。十是构建开放融合的模式。[59]

3. 努力实现依法治军三个根本性转变

国务院新闻办公室在《努力实现依法治军三个根本性转变》一文中指出，习近平主席强调深入推进依法治军、从严治军必须按照法治要求转变方式，努力实现3个根本性转变，这3个根本性转变是指从单纯依靠行政命令的做法向依法行政的根本性转变，从单纯靠习惯和经验开展工作的方式，向依靠法规和制度开展工作的根本性转变，从突击式、运动式抓工作的方式向按条例、条令办事的根本型转变。[60]

4. 谱写军事法制研究新篇章

军事科学院军事法制研究院在《谱写军事法制研究新篇章》一文中认为，谱写军事法制研究新篇章，一是军事法制研究要通过科学揭示依法治军、从严治军的特点规律、内在机理和方法途径，为强军兴军实践提供法治保障。二是创新军事法制研究，应把提高法规制度落实执行力和刚性约束力作为攻坚重点。三是军事法制研究涉及国防和军队建设各个领域，尤其需要走开联合科研、协同创新的路子。[61]

5. 把军事法制研究工作提领到一个新的起点

军事科学院军事法制研究院在《谱写军事法制研究新篇章》一文中认为，党的十九大报告明确强调“坚持政治建军、改革强军、科技兴军、依法治军”，要求“提高国防和军队建设法治化水平”，进一步勾画出新时代中国特色强军之路的前进方向，也把军事法制研究工作提领到一个新的起点。深入学习贯彻党的十九大精神、全面推进国防和军队现代化，必须以习近平强军思想为引领，不断创新军事法制研究，为贯彻依法治军方略、推动实现强军目标，提供强有力的立法支撑、执法保证、守法导向。[62]

十一、军民融合深度发展研究新进展

把军民融合发展上升为国家战略，是我们长期探索经济建设和国防建设协调发展规律的重大成果，是从国家发展和安全全局出发做出的重大决策，是应对复杂安全威胁、赢得国家战略优势的重大举措。党的十九大报告进一步科学回答了在新的历史起点上推进军民融合深度发展带根本性、全局性、方向性的重大问题，必将有益于推进军民融合深度发展迈上新的台阶。

1. 2017年军民融合发展回眸

姜鲁鸣、王伟海在《军民融合发展进入新时代——2017年军民融合发展回眸》一文中认为，2017年，在中国军民融合发展进程中颇具里程碑意义。标志一：中央军民融合发展委员会成立并高效运行，战略指导和统筹谋划全面加强。标志二：军民融合发展战略全面启动实施，立体制、定格局、擘新图，军民融合发展大事频频。标志三：党的十九大胜利召开，明确了军民融合发展的航向航程，部署了近期任务，擘画了远景蓝图，注入了全新动力。标志四：军民融合重大改革明显提速，系列政策密集推出，军民融合发展热潮涌动，进入了新时代。[63]

2. 深刻了对军民融合的总体目标的认识

李瑞兴、徐贵忠在《迈进军民融合深度发展新时代》一文中认为，当前及今后一段时期军民融合发展，总的是加快形成全要素、多领域、高效益的军民融合深度发展格局。“全要素”是指融合程度，就是要在国家层面整合军地资源，最大限度地促进信息、技术、人才、资本、设施、服务等要素军地双向流动、渗透兼容。“多领域”是指融合范围，既包含基础设施领域、产业领域、科技领域、教育领域、军队保障领域、国防动员领域等传统领域，也涵盖海洋、太空、网络空间等新兴领域。“高效益”是指融合效果，要求注重军民共建共用共享，做到一份投入、多份产出。这一目标定位，把融合的程度、范围和效果3个维度有机统一起来，为我们推进军民融合深度发展指明了方向。[64]

3. 军民融合深度发展整体水平提升

王伟海在《推进军民融合深度发展 努力构建军民一体化的国家战略体系和能力》一文中认为，军民融合深度发展向重点领域聚焦用力推动整体水平提升。近几年，经过坚持不懈的探索实践，一个以“六大体系”融合为主体支撑、以“新兴领域”融合为突破重点、以“走出去”融合为拓展延伸的军民融合发展布局渐趋成形。六大体系融合着眼于推动经济建设和国防建设的无缝对接，建成军民深度融合的基础领域资源共享体系、中国特色先进国防工业体系、军民科技协同创新体系、军事人才培养体系、军队保障社会化体系、国防动员体系。“六大体系”融合是基础，是对军民融合发展进行的统筹安排和总体部署；“新兴领域”融合是战略制高点和未来引领，指明了军民融合发展的跨越方向；“走出去”融合是空间延伸和海外布局，从统筹国际和国内的角度，致力增强军民融合的内外联动性、形成海外延伸的新格局。[65]

4. 军民融合发展进入新时代

姜鲁鸣、王伟海在《军民融合发展进入新时代

——2017年军民融合发展回眸》一文中认为，2017年10月召开的党的十九大，对军民融合进行了系列部署和长远谋划。一是党的十九大报告3处强调“军民融合”，深刻阐明了新时代军民融合发展的理论指导、战略地位、发展目标和重点任务，进一步彰显了军民融合在强国强军中的战略地位。二是党的十九大确立了习近平强军思想在国防和军队建设中的指导地位，正式把军民融合发展作为习近平新时代中国特色社会主义思想的重要组成部分，纳入习近平强军思想的科学体系，为新时代推进军民融合发展、实现强军梦强国梦提供了科学指南和行动纲领。三是党的十九大把军民融合发展战略列为开启全面建设社会主义现代化国家新征程的七大国家战略之一，并把坚定实施军民融合发展战略写入中国共产党章程，进一步凸显了军民融合发展战略在国家战略体系中的重要地位。四是党的十九大报告强调，形成军民融合深度发展格局，构建一体化的国家战略体系和能力，明确了新时代军民融合发展的目标指向。五是党的十九大报告明确了新时代军民融合发展的重点任务，强调要强化统一领导、顶层设计、改革创新和重大项目落实，深化国防科技工业改革。这一任务部署，聚焦政治保障、战略规划、制度构建和项目落地，确立了实施军民融合发展战略的基本着力点。[66]

5. 从七个判断看国防军工融合重任

张嘉国在《从七个判断看国防军工融合重任》一文中认为，对国防科技工业领域军民深度可从7个判断来看其重任：第一个判断：军民融合发展本质上是为了强国强军。第二个判断：国防科技工业是国民经济和国家大工业体系的重要组成部分，不是独立于这两大体系之外的产业。第三个判断：军民融合发展是和平时期国防和军队现代化建设的大战略，也是建设先进国防科技工业的大战略。第四个判断：国防科技工业已是军民结合型产业。第五个判断：军品科研生产有两个融合。一是军队需求与国防科技工业的融合，二是军品科研生产中国防科技工业与民用工业的融合。第六个判断：要以解决军品科研生产“五大瓶颈问题”为突破口，推进军民深度融合发展。第七个判断：围绕建设先进国防科技工业，承担起国家安全和国防建设脊梁的神圣使命，是国防科技工业实行军民融合发展的唯一目标。国防科技工业务必放下身段，主动作为，把优势民营企业纳入国防科技工业力量统筹考虑，真正推动国防科技工业能力提升，当好国家安全和国防建设脊梁。[67]

注：

①冷热猫、李响、毛志文：《祖国今年68，却越活越年轻》，《中国军网》，2017年10月4日。

②李刚：《新调整组建的军事科学院 国防大学 国防科技大学成立大会暨军队院校 科研机构 训练机构 主要领导座谈会在京举行》，《人民日报》，2017年7月20日。

③黄海松：《超大 超强 超新——2017年外军演习回眸》，《光明日报》，2018年1月20日。

④赵金龙、邹维荣：《中央军委给航天员大队记一等功庆功大会举行》，《解放军报》，2017年10月13日。

⑤刘光明、吴旭：《军队院校在全国信息化教学大赛中喜获60个奖项》，《解放军报》，2017年12月18日。

⑥军委政治工作部：《表彰全军优秀“四会”政治教员》，《解放军报》，2017年12月16日。

⑦陈光文：《2017年中国军事进步神速 有哪些值得世界瞩目的大事》，《新浪军事》，2017年10月1日。

⑧王春富：《战争形态划分是啥标准?》，《解放军报》，2017年10月17日。

⑨徐焰：《“春秋无义战”却催生全民性军队》，《解放军报》，2017年3月22日 。

⑩徐贵祥：《红军为啥打胜仗》，《人民日报》，2017年4月24日。

⑪朱宏博、鲁文帝、龙礼彬：《三湾改编：从南昌起义到军魂确立只用了64天》，《中国国防报》，2017年7月4日。

⑫金一南：《从空前觉醒到伟大复兴》，《新湘评论》，2017年9月3日。

⑬刘海涛：《永远记住卢沟桥畔的枪声》，《解放军报》，2017年7月7日。

⑭朱鸿亮、罗铮：《我们为和平而来——中国军队海外维和27载》，《新华网》，2017年7月7日。

⑮古琳晖：《看懂悟透强军兴军“大棋局”》，《中国军网》，2017年9月14日。

⑯刘东风、郭镇豪：《这些年，军人创造奇迹的那些“不可能”》，《中国军网》，2017年11月29日。

⑰康井泉：《党旗铸军魂：党对军队绝对领导的八个“第一”》，《学习时报》，2017年7月5日。

⑱人民日报评论员：《不忘初心的强军征程》，《人民日报》，2017年8月4日。

⑲沈根华、韩飞、周敏：《锻造招之即来来之能战战之必胜的精兵劲旅》，《解放军报》，2017 年 10 月 11 日。

⑳王诗敏、潘庆华：《铸牢闪烁时代光芒的大国军魂》，《解放军报》，2017 年 10 月 18 日。

㉑刘小兵：《不忘初心，向世界一流军队迈进》，《光明日报》，2017 年 8 月 1 日。

㉒李纯：《十九大报告新表述勾勒新时代"强军蓝图"》，《中国新闻网》，2017 年 10 月 20 日。

㉓赵耀辉：《对十九大报告中有关军队的论述进行阐释》，《央广军事》，2017 年 10 月 18 日。

㉔袁志明：《牵住军事理论现代化的"牛鼻子"》，《解放军报》，2017 年 11 月 24 日。

㉕《环球时报》记者：《让军人成全社会尊崇的职业！十九大报告亮点多》，《环球时报》，2017 年 10 月 19 日。

㉖齐明宇：《不能等战争来临才想起军人 让军人成全社会尊崇的职业》，《解放军报》，2017 年 10 月 27 日。

㉗董长军：《从辉煌军史中积蓄前行力量》，《中国军网》，2017 年 11 月 5 日。

㉘中央军委政治工作部宣传局：《党的十九大新思想新观点新战略新举措解读》，《解放军报》，2017 年 11 月 13 日。

㉙赵明：《搭上军事智能化发展的快车》，《解放军报》，2017 年 12 月 14 日。

㉚张强：《斗勇更需斗"智" 军事智能化，全新战略制高点》，《科技日报》，2017 年 12 月 6 日。

㉛颜晓东：《用党在新时期的强军思想引领部队建设发展》，《解放军报》，2017 年 9 月 18 日。

㉜王志强：《深入把握党在新时期的强军思想的科学体系》，《人民日报》，2017 年 8 月 2 日。

㉝任天佑：《坚持用党在新时期的强军思想引领强军事业》，《解放军报》，2017 年 10 月 14 日。

㉞颜晓东：《用党在新时期的强军思想引领部队建设发展》，《解放军报》，2017 年 9 月 18 日。

㉟颜晓峰：《新时代强军根本标准就是打赢信息化战争》，《新华网》，2017 年 10 月 21 日。

㊱宋海龙：《武器装备发展 亦须讲辩证》，《解放军报》，2017 年 9 月 7 日。

㊲赵周贤、刘光明、徐志栋：《深刻理解把握我们党强军兴军的战略谋划》，《解放军报》，2017 年 8 月 21 日。

㊳李剑：《新时代 中国海洋观的核心内涵你都了解吗?》，《中国军网》，2017 年 4 月 25 日。

㊴李志刚：《作战思维要跟上信息化战争》，《解放军报》，2017 年 4 月 20 日。

㊵周济雄：《用科学思维引领保障转型》，《解放军报》，2017 年 9 月 12 日。

㊶董国政：《我们研战析理，需要有"无定"思维》，《解放军报》，2017 年 2 月 20 日。

㊷张红梅、王道伟：《科技兴军当用好辩证思维》，《解放军报》，2017 年 12 月 14 日。

㊸赵菁：《新时代军事人才培养的新视角》，《解放军报》，2017 年 11 月 25 日。

㊹张明仓、杨纬立：《强军兴军需要强化政治工作生命线作用》，《中国军网》，2017 年 12 月 8 日。

㊺桑林峰：《一场战争把"站起来"变成铁定现实》，《解放军报》，2017 年 7 月 19 日。

㊻孙岩：《"军队应当站在政治之外"骗人的说教背后》，2017 年 9 月 18 日。

㊼王明亮：《谁在革"军事革命"的命》，《解放军报》，2017 年 1 月 17 日。

㊽杨绍华：《五年来，人民军队的新变化告诉我们什么》，《中国军网》，2017 年 9 月 19 日。

㊾武天敏、曲延涛、曹智、王玉山：《伟大的变革 历史的跨越》，《解放军报》，2017 年 9 月 10 日。

㊿王志强：《深入把握党在新时期的强军思想的科学体系》，《人民日报》，2017 年 8 月 2 日。

51魏寅、赵国涛、杨丹谱：《改革强军：以"关键一招"谋军队未来》，《中国军网》，2017 年 10 月 11 日。

52周敏、韩飞、杨洪江：《深刻认识国防和军队改革取得的历史性突破》，《解放军报》，2017 年 10 月 18 日。

53王志强：《深入把握党在新时期的强军思想的科学体系》，《人民日报》，2017 年 8 月 2 日。

54许三飞：《什么在改变未来战争游戏规则》，《解放军报》，2017 年 3 月 6 日。

55王明亮：《谁在革"军事革命"的命》，《解放军报》，2017 年 1 月 17 日。

56吴波、王云宪：《走出智能化的认识误区》，《解放军报》，2017 年 11 月 21 日。

57王群、周黎妮、张昌芳、李坡、张煌、朱启超：《2017 年值得关注的军事技术十大趋势》，《科技日报》，2017 年 1 月 31 日。

(58)吴中书、王登超、任大龙：《依法治军：法纪严明是我军克敌制胜、发展壮大的法宝》，《解放军报》，2017年10月13日。

(59)军事科学院军事法制研究院：《谱写军事法制研究新篇章》，《解放军报》，2017年11月6日。

(60)国务院新闻办公室：《努力实现依法治军三个根本性转变》，《国新网》，2017年7月24日。

(61)军事科学院军事法制研究院：《谱写军事法制研究新篇章》，《解放军报》，2017年11月21日。

(62)军事科学院军事法制研究院：《谱写军事法制研究新篇章》，《解放军报》，2017年11月21日。

(63)姜鲁鸣、王伟海：《军民融合发展进入新时代——2017年军民融合发展回眸》，《光明日报》，2018年2月3日。

(64)李瑞兴、徐贵忠：《迈进军民融合深度发展新时代》，《解放军报》，2017年11月20日。

(65)王伟海：《推进军民融合深度发展 努力构建军民一体化的国家战略体系和能力》，《宣讲家网》，2017年6月28日。

(66)姜鲁鸣、王伟海：《军民融合发展进入新时代——2017年军民融合发展回眸》，《光明日报》，2018年2月3日。

(67)张嘉国：《从七个判断看国防军工融合重任》，《解放军报》，2017年4月1日。

（作者：昝瑞礼，国防大学研究员）

北京研究

北京经济

孟　斌　李若倩

2017年，北京市在党中央、国务院的坚强领导下，认真学习贯彻党的十九大精神，深入领会把握习近平新时代中国特色社会主义思想的精神实质和实践要求，全面落实市第十二次党代会部署，坚持“稳中求进”工作总基调，以深化供给侧结构性改革为主线，紧紧围绕“四个中心”城市战略定位，坚持创新、协调、绿色、开放、共享的发展理念，扎实有序推进各项工作，实现了经济平稳健康发展与社会和谐稳定，围绕“北京经济”，学者们展开一系列学术研究，取得了丰硕的科研成果。

一、重要学术会议简介

1. 第二届北京新经济组织发展高峰论坛

2017年1月7日，第二届北京新经济组织发展高峰论坛暨2016年度北京非公有制企业履行社会责任百家上榜单位发布会在首都经济贸易大学举办。本次大会由北京市委社会工作委员会和首都经济贸易大学主办、北京新经济组织发展研究院和首都经济贸易大学工商管理学院承办、千龙网协办。在高峰论坛环节，演讲嘉宾围绕当前经济形势、企业社会责任、企业转型升级、民营经济发展等主题，为北京经济社会发展特别是新经济组织发展建言献策。中国人民大学校长刘伟指出，中国经济表面是需求侧的问题，但更深层面其实在于供给侧，实施供给侧改革，要站在企业和产业的角度考虑问题，创造有效率、讲公平的市场环境，帮助企业解决现阶段问题。国家发展和改革委员会社会发展研究所所长杨宜勇提出，随着社会经济状况的不断进步，企业社会责任也应该实现逐步超越，社会责任意识强、社会责任义务履行到位的企业可以逐步向社会企业转型，社会企业在引领社会进步等方面将发挥巨大作用。

2. 第二届数字媒体研究年会——赛博文化与数字人文

2017年8月26—27日，由北京师范大学数字创意媒体研究中心、北京师范大学艺术与传媒学院数字媒体系与现代传播杂志社主办，全球传媒学刊杂志社协办的“第二届数字媒体研究年会——赛博文化与数字人文”在北京师范大学京师大厦举行。本届年会主题为“赛博文化与数字人文”（Cyber Culture and Digital Humanities)，并围绕主题设置四个分论坛，分别为“数字景观与现实空间”“数字娱乐与网众文化”“数字艺术与历史人文”“数字科技与媒体传播”。在为期两天的年会中，来自国内外的专家学者就上述四个主题进行了深刻的探讨和热烈的讨论。数字媒体系的何威副教授在所有报告人演讲结束后总结：“本次的年会呈现出更加多元化、跨学科的态势；数字媒体在全球化的背景下与当地文化积极产生勾连；除去技术的发展，数字媒体更受到社会、文化、历史语境的影响。”

3. 经济与历史学术研讨会

2017 年 10 月 21—22 日，第三届“经济与历史学术研讨会——中国经济发展模式与世界经验的历史审视”在中国人民大学召开。本次会议由中国人民大学经济学院主办，中国特色社会主义经济建设协同创新中心、中国演化经济学年会、中国经济史学会中国现代经济史专业委员会、中国经济史学会外国经济史专业委员会、中国经济改革与发展研究院、中国科技史学会科技进步与经济发展社会发展专业委员会联合协办。来自北京大学、中国人民大学、清华大学等国内高校科研院所的专家学者和来自索邦大学、卑尔根大学、马尔堡大学的外国学者近 100 人出席了本届研讨会。会议围绕着以历史视角探索中国与世界的新型经济关系这一主题，展开了广泛的研讨。贺耀敏教授在致辞中表示历史的理论与现实是研究任何社会不可或缺的视角，中国的发展成就，要求经济学家从经济史和经济思想史角度进行更有深度的研究，更好地理解中国经济发展特点。索邦大学的 Barjot 教授认为，建立在欧洲、北美等地区工业化历史经验基础上的经济学理论需要受到质疑，包括中国、印度、巴西等新兴经济体的发展与崛起，构成了对这些理论范式的修正和挑战，并且应该将文化因素考虑在内。

4. 2017 年“建设全国文化中心：文化传承与创新”学术前沿论坛

2017 年 11 月 18 日，由北京市社会科学界联合会和北京师范大学联合主办的 2017 学术前沿论坛在京举行，来自北京大学、中国人民大学、北京师范大学、中国社会科学院、北京市文化局等单位的专家学者、各学会代表、师生代表近 200 人参加论坛。论坛以“建设全国文化中心：文化传承与创新”为主题，聚焦北京全国文化中心建设工作，探索北京建设全国文化中心的路径、北京文化的意涵与时代创新、特大型城市文化发展与治理、首都文化创意产业的创新发展、首都现代文化引领的优势与特色等多个方面展开研讨。中共北京市委宣传部副部长韩昱指出，北京文化建设在国家文化建设中具有指向性、引领性，有着不可替代的重要作用。全国文化中心建设必须以社会主义核心价值观为引领，坚持正确的政治方向和社会主义先进文化导向。中国社会科学院哲学所研究员贾旭东认为，成为世界核心文化城市是北京城市发展目标的内在要求，是全国其他城市文化发展的示范标杆，是用文化的力量开拓城市发展新未来的中国方案。

5. 2017 中国产业经济研究学术年会

由工业和信息化部指导，中国电子信息行业联合会与电子工业出版社联合主办的 2017 中国产业经济研究学术年会于 2017 年 12 月 19—20 日在北京召开，来自全国各地产业经济研究机构、高等院校的专家学者 200 多人参加会议。会上，中国人民大学副校长刘元春、中国社会科学评价研究院院长荆林波、中国信息学会理事长谢康、发改委宏观经济管理部主任任旺兵、中国社科院技术经济理论室副主任郑世林分别就“新时期中国改革的新思路和新框架”“产业革命与研究突破”“中国‘两化’融合模式与经济增长质量”“构建现代产业发展新体系的几个认识问题”“本土经济学研究初探”进行专题演讲。与会专家表示，我们正从过去的已知世界走向未来的未知世界，而且前传统的经济学理论已无法解释今天的现实现象，我们的经济学需要挑战，产业经济理论更需要创新。中国必须建设现代化经济体系，必须推进现有产业升级，从认识层面进一步推动解放思想，推动产业发展理论创新与升华。

6. 2017 北京农业经济学会

2017 年 12 月 23 日，由北京农业经济学会主办的 2017 学术前沿论坛北京农业经济学会专场报告会在中国人民大学举行，本场报告会的主题是“农业供给侧结构性改革与乡村振兴”。来自农业部、中国社会科学院农村发展研究所、中国农业科学院农业经济与发展研究所、中国土地学会、北京市农村经济研究中心、北京市农林科学院、北京农学院经济管理学院等教学科研单位的专家学者 230 多人参会。北京市农林科学院院长李成贵研究员在报告中认为，北京实施乡村振兴战略要加快美丽乡村建设步伐，这是一个整体性、系统性、协调性的概念，同时要深化改革，实现第一、二、三产业融合发展，康养产业协同发展。

二、重要学术论著简介

1. 京津冀协同发展论著

《京津冀国家级开发区产业发展环境研究》（刘强，首都经济贸易大学出版社）① 以京津冀经济技术开发区为研究对象，对开发区产业发展环境进行了合理界定，并从硬环境、软环境两个角度构建了产业发展环境评价指标体系。其中硬环境主要包括区位交通、基础设施、生活环境、生态环境、产业布局等内容；软环境主要包括服务平台、产业政策、科创资源、文化旅游等内容。在此基础上，本书对京津冀13个经济技术开发区的产业发展环境进行分析与展示，为开发区打造良好的营商环境、进一步增强开发区功能优势、形成经济增长的新动力提供数据支撑。

《京津冀区域协同发展研究》（阎庆民，中国金融出版社）② 围绕"协同"这一核心命题，从京津冀协同发展的顶层设计和战略意义出发，对政府激励机制、交通、人口、环境、智慧城市建设、金融创新和环京津贫困带治理等重要问题进行了深入研究。

《京津冀协同发展报告（2017）》（陈璐，社会科学文献出版社）③ 全面解析了河北省在京津冀协同发展中的重大问题，研究提出了"3＋4"战略功能区和"4＋7"城市职能定位与发展方向；从规避协同发展中各地产业同质化竞争、农业协同发展、文化保护与开发、教育改革与转型、养老保障协同发展、微中心一体化建设等角度分别提出了未来改革方向与对策思路；深入剖析了民间资本投资隐性障碍、去产能问题、"僵尸企业"处置、中小企业发展、体制机制制约等协同发展中难以规避和难以破解的问题，提出了相关的对策建议。

2. 北京文化创意产业发展论著

随着我国文化创意产业的快速发展，文化创意以及设计服务已经渗透并贯穿在各领域各行业，逐渐呈现出多向交互融合的态势。在此背景下，《文化创意产业融合发展研究——以北京文创产业为例》（赵玉宏，经济日报出版社）④ 以北京市的文化创意产业为例，分析文化创意产业与其他产业之间的融合发展以及在国民经济中的关联、辐射作用。

《北京文化发展报告：2016—2017》（李建盛，社会科学文献出版社）⑤ 以首都城市战略定位视野中的全国文化中心建设为主题，以2016年度北京文化发展、文化建设新进展和新动态为基本内容，从文化建设与文化发展战略、城市文化与公共文化服务体系、文化创意产业与文化经济、历史文化名城保护与文化交流传播四大专题，分析2016年北京文化发展新进展、新成就和新动态，并结合当前存在的问题提出相关对策和建议。

《北京文化产业发展需求五论》（耿波，中国传媒大学出版社）⑥ 从"人的多元需求"出发对北京文化产业发展进行了深度考察与反思。以"文化产业发展的多元需求建构"为切入角度，分别考察了北京艺术产业、非物质文化遗产品牌产业、旅游产业、都市农业及会展业五大产业的现状与问题，并有针对性地探究了不同文化产业领域中深度需求的特征、形态与可激发性途径。《北京文化产业发展需求五论》开启了"文化产业发展的社会—文化反思"之崭新研究范式。

3. 新型工业化及创新产业著作

《战略性新兴产业创新驱动发展研究——以北京市生物医药产业为例》（乔晗等，科学出版社）⑦ 从创新驱动的视角探讨战略性新兴产业的发展，分别从发展现状、发展评价、发展路径和发展周期4个方面进行研究，提出了战略性新兴产业创新驱动4要素螺旋模型，并通过对北京市生物医药企业实际调研，以典型案例的形式，验证了4要素螺旋模型。在此基础上，对我国战略性新兴产业的平稳较快发展提供政策建议与理论参考。

《首都发展报告2017：创新驱动产业转型升级与布局优化》（李国平等，科学出版社）⑧ 通过系统研究创新驱动产业转型升级与布局优化的理论基础与国际经验，从产业和空间两个维度分析北京市产业发展的现状与趋势，构建了创新驱动北京市产业转型升级与布局优化的架构，并提出相应的对策，从而为新时期北京产业转型升级与布局调整提供决策支持。

4. 旅游业发展论著

《北京市旅游竞争力研究》（王琪延、黄羽翼，中国人民大学出版社）⑨ 基于城市旅游相关概念，旅游产业发展模式和城市旅游旅游竞争力的相关理论，构建城市旅游竞争力指标体系，将北京各区县旅游竞争力，北京与全国重点旅游城市，及与伦敦、巴黎、纽约、东京4个国际一流旅游城市的旅游竞争力核心要素进行比较研究，立足北京、全国、国际视野研究北京旅游竞争力，探寻北京及各区县旅游竞争力的薄弱环节，为北京制定旅游发展战略、提升旅游国际竞争力和影响力，将北京建设成我国入境旅游者目的地、亚洲商务会展旅游之都、国际一流旅游城市提供客观的科学参考。

《皮书系列·北京旅游绿皮书：北京旅游发展报告（2017）》（北京旅游学会，社会科学文献出版社）[10]突破以往篇章模式，在主报告之下设立“旅游新观念”“旅游新模式”“旅游新乡村”“旅游新业态”的“四新”篇章。主报告体现旅游供给侧结构性改革、京津冀协同发展、全域旅游等宏大战略下的旅游发展，“四新”篇章则对旅游发展的新思维、新观念、新模式以及新业态进行了深入的研究，立足于对北京经验的理论提炼和总结，融合少部分全国性案例，对北京及全国旅游发展具有理论指导意义。

《北京市旅游经济与城市环境协调发展研究》（王丽娟，中国经济出版社）[11]针对北京市旅游经济与城市环境协调发展的专题研究，从旅游经济与环境协调发展的基础理论研究入手，分析旅游经济与环境协调发展的机理，在此基础上，建立旅游经济与环境协调发展的计算模型及评价指标体系，对北京市旅游经济和城市环境协调发展进行分析和评价，最后为北京市旅游经济和城市环境协调发展提出对策及建议。

5. 农村经济及农业发展论著

考虑到北京郊区在城乡一体化发展进程中的农村产业发展实际和未来走向，《北京城乡一体化进程中农村产业发展研究》（马俊哲，中国农业科学技术出版社）[12]系北京农业职业学院组织项目组积极筹划，申请北京市教育委员会2012年度人文社会科学研究计划面上项目，围绕北京城乡一体化进程中农村产业发展进行了较为系统的研究，具有较高的理论和实践价值。

《北京都市型现代农业的演进与发展》（张一帆、王俊英，中国农业出版社）[13]以揭示北京都市型现代农业不只是当代的一种创新业态，还有着漫长而受城市演进牵动与提升的历史过程和古今北京人的潜心抚育，是农业服务城市的历史经验与智慧的结晶，彰显古今北京农业的特色所在。并且介绍了北京城市性质的演进、北京农业的发端与商业化演进、都市农业演进的动力机制、都市农业的发展前景等内容。

《北京市农业农村信息化研究》（郭光磊，中国言实出版社）[14]为2016年度北京市农村经济研究中心调研成果汇编，针对北京农村改革和城乡一体化发展中的一系列重大问题，如新型城镇化与城乡一体化、农村集体经济发展、都市现代农业建设、生态文明建设、农业农村信息化建设、农民增收与乡村治理等，展开了富有理论前瞻性和实践指导性的探讨，分析了当前北京农村改革的方向和路径，对当下农村工作的决策者、实践者和研究者具有重要的参考价值。

6. 其他产业论著

如何利用科技创新加快构建北京“高精尖”经济结构，是北京落实“四个中心”战略定位进程中亟待破解的重要命题。《首都发展报告2017：创新驱动产业转型升级与布局优化》（李国平等，科学出版社）[15]通过系统研究创新驱动产业转型升级与布局优化的理论基础与国际经验，从产业和空间两个维度分析北京市产业发展的现状与趋势，构建了创新驱动北京市产业转型升级与布局优化的架构，并提出相应的对策，从而为新时期北京产业转型升级与布局调整提供决策支持。

《北京体育蓝皮书：北京体育产业发展报告（2016—2017）》（钟秉枢、陈杰、杨铁黎、邓旭、郝晓岑、张建华、何文义，社会科学文献出版社）[16]运用文献资料法、问卷调查法、访谈法、案例研究法等多种研究方法，对北京体育产业各个区域、领域的相关部门、企业、场地、人群进行调研，通过专业视角和学者声音，基于数据和案例，解读北京体育产业发展大势，重点关注北京体育产业发展中当前迫切需要解决的若干问题，发表前沿的深度调查报告和研究成果。

《低碳经济下北京市新能源发展模式、战略与国际合作机制研究》（闫世刚，对外经贸大学出版社）[17]分析和总结世界城市新能源发展的国际经验，构建北京市新能源产业的评价模型，使用层次分析—模糊综合评价法定量研究，评价北京市新能源产业的发展程度，提炼北京市新能源发展模式、途径和策略，提出加强北京市新能源国际合作的建议。

三、北京经济研究

1. 产业研究

第一，产业结构、产业关联、产业发展等相关问题研究。文英姿和张景秋依据学者和北京市政府对北京非首都功能的界定和对应产业，结合北京城市疏解的近期要求，选取一般性产业中的农林牧渔和制造业以及从制造业中剥离出的冶金化工产业等典型产业为研究对象，根据2009年和2014年的POI数据，从空间维度运用ArcGIS中核密度分析和Ripley's K（r）函数研究产业转型下的北京非首都功能的空间分布和结构特征。[18]张耀军和柴多多利用空间分析方法，计算了京津冀地区2000—2014年人口与各产业重心的变动，以及2014年人口与各产业的局部空间自相关状况；使用人口产业弹性系数的概念及方法，对京津冀各地区的该系数值做了分析与评价。研究结论表明，京津冀地区人口分布与第三产业的分布状况最为接近，北京人口分布与第三产业密切相关；由于京津地区人口产业弹性较河北地区更低，表明产业疏解所带动的人口疏解效果较为有限。[19]

第二，文化创意产业。文化创意产业是在经济全球化背景下产生的以创造力为核心的一类低能耗高产出的新兴绿色产业，是未来经济发展和实力竞争的关键因素所在。王佳佳和由林青在分析北京市文化创意产业现状的基础上，用灰色预测模型进行预测未来五年内文化创意产业增加值对 GDP 的贡献。实证研究表明，到 2020 年，文化创意产业增加值能达到 6616.417 亿元，其对经济增长的贡献可以达到 15.72%。[20]张芃认为，文化产业使历史街区在原有的生活功能基础上增加了文化生产的功能，使原有的以居住和生活交往为纽带的社会关系网络发生变化。由社会网络所构成的社会资本的变化，使历史街区文化产业参与主体的结构发生变化，从而影响着产业的发展。[21]我国“十三五”规划要求北京文化创意产业进行差异化、特色化发展。张亚敏和崔瑜通过查阅并参考国内外大量相关研究文献，归纳和总结了文化创意产业的界定范围，在产品生命周期理论的基础上，提出了北京市文化创意产业价值形成的过程图。根据该过程图，并且基于文化创意产品从创意产生到转化为商品销售的过程，得到发展北京文化创意产业四个关键影响因素，即产业因素、资金因素、人才因素、制度因素。[22]

第三，现代服务业。随着非首都功能的有序疏解和首都核心功能的优化提升，现代服务业在北京经济社会发展中的支柱作用将进一步强化。李志传等认为北京应按照京津冀协同发展和自身战略定位，结合“一带一路”国家战略和雄安新区建设，通过推进体制机制改革和扩大开放，加快金融、科技、信息、商务等重点领域的服务业转型升级，优化整体产业布局，构建新首都开放、高效的现代服务体系[23]。冯鹏飞基于产业间共同集聚指数、双变量局域自相关和阈值法，对北京生产性服务业与制造业共同集聚进行分析发现：总体上北京生产性服务业与制造业共同集聚性不明显，但信息、科技、物流服务业与技术密集型制造业共同集聚度较高；中关村科学城、酒仙桥及其周边街区、天竺空港经济区、亦庄经济技术开发区等是生产性服务业与制造业主要共同集聚区；结合全国科技创新中心建设和疏解非首都功能提出政策建议。[24]

第四，商业及流通业。盘珊珊通过研究消费分层的差异，相应提出建设不同消费阶层类型社区商业体系的策略，为处于人口疏解进程中的北京郊区整合旧社区商业、规划新社区商业体系提供优化路径。[25]曹珊等在市场经济的大背景下，采用基于 GIS 平台的空间句法分析和 AHP 层次分析两种分析方法，基于交通导向对北京的商业布局特征及未来进一步发展趋势进行研究和预测，以期未来能够对北京未来商业用地提出科学合理的开放方案和管理措施。[26]作为首批搬迁的试点产业转移，服装产业的发展成为重要的关注点。刘莹以北京市流通产业发展与居民消费作为研究对象，通过前者对后者的影响研究，得到结论，北京市流通业对于居民消费有直接影响；北京市流通业与居民消费之间存在长期稳定的均衡关系。[27]

第五，制造业及高新技术产业。张铁山等通过对北京高端装备制造产业经济数据和调研资料的分析，针对北京地区存在的问题分别从政府、企业层面提出了四项促进北京高端装备制造产业快速发展的对策。政府应充分发挥其行政职能，制定相关扶持政策，为企业发展提供便利条件；企业应不断提高创新能力，增强核心竞争力，为自身的进步打好坚实基础。[28]冯昊等基于产业创新体系的视角，从创新要素、创新环境、创新过程和创新效益 4 个维度研究鳌精生物医药产业创新体系，构建其创新能力评价指标体系，定量分析其 2009—2015 年创新能力发展情况，并结合评价结构进行 SWOT 定性分析。启示我国生物医药需要进一步加快从传统的“生产”思维向“创新”思维转变，从“生产创造价值”向“只是创造价值”转变，才能真正实现以只是为价值导向的利益分配，面向全球和全国分享长信带来的经济价值。[29]

第六，农村、农业发展研究。彭源超等研究认为，在疏解非首都功能、推动京津冀农业协同发展的进程中，北京都市型现代农业以深化推进农业供给侧结构性改革为主线，创新农业发展理念、转变农业发展方式，形成了崭新的生态供给、产业供给、科技供给以及要素供给，为构建现代农业产业体系、生产体系、经营体系提供了有力支撑，为全面实现农业现代化建设奠定了坚实基础。[30]张俊峰等采用文献综述与案例分析的方法详细地分析了北京山区生态屏障功能，基于此，以案例的形式概述总结了 6 种适合的循环农业产业发展模式。研究结果显示，北京山区循环农业发展模式包括能源引导模式、产业融合经营模式、环保型种养殖模式、多层面循环经营模式、综合型废弃物再生利用模式、休闲观光园模式。未来应重点关注的方向包括循环农业的理念应用、组织模式、产业融合、补偿机制、科技支撑、保障研究等几个方面。[31]

2. 经济稳定增长影响因素研究

物流产业的发展对北京经济增长有着不可替代的作用。韩瑞芳在总结和分析现有文献的基础上，利用北京2000—2015年的统计数据，借鉴Miiler与Upadhyay（2000）的思路，以科布—道格拉斯函数生产函数为模型，对物流与经济增长关系进行计量分析。研究发现，相对于其他投入要素对经济增长的贡献来说，物流行业中的交通运输、仓储、邮政业产值对经济增长的影响很大，且比重正在不断上升。北京经济的快速发展需要快速发展物流产业。[32]马世佳通过研究北京金融产业产值占GDP的比重，并对比全国数据计算出北京金融产业区位熵及产业集群规模指标，利用北京金融产业集群规模与其经济增长的数据，建立VAR、VEC模型，得出结论，2001—2014年北京金融产业集群规模不断扩大，且北京GDP和金融产业集群度的时间序列均为非平稳序列，但它们的一阶差分序列都是平稳的，而且两个变量之间存在着唯一的长期稳定均衡关系；格兰杰因果关系检验结果表明：北京金融产业集群规模的发展是北京GDP稳步增长的原因，该行业的发展为北京的经济增长做出了突出贡献；北京金融产业集群规模与其GDP之间存在协整关系。[33]

3. 经济发展水平及可持续发展研究

新常态下北京经济发展呈中高速增长、京津冀协同发展、经济结构不断优化等趋势性特征。昌忠泽等从“三驾马车”角度分析要素投入对北京市经济增长的贡献率，消费和投资对北京GDP增长的贡献率一直居于主导地位，出口量呈稳步上升趋势，对北京经济稳步发展起到了积极作用。从消费、投资和净出口角度分析新常态下北京经济增长潜力的制约因素，在此基础上利用生产函数估测未来北京市的潜在增长率水平。研究发现，北京市潜在经济增长率在未来总体呈现下降趋势的可能性较大，并且与以往相比将保持在一个较低的水平上。在研究的基础上，为促进北京经济可持续发展、激发北京经济增长潜力提出了相应的对策。[34]

4. 经济发展对策研究

当前，北京正处于新的发展阶段和战略机遇期，在京津冀协同发展框架下，如何实现北京首都功能和经济发展的良好结合尤为关键。李靖认为，首先，北京的发展要从北京战略转向，以全国的眼光，发挥北京的首都功能和引领作用；以全球化视野，发挥北京的核心优势和集聚效应。其次，北京要巩固提升首都现有优势，发挥区域带动作用，因为北京已经形成了较强的经济实力以及北京具有经济优化发展的资源要素等明显优势。再次，北京要立足于京津冀发展平台，拓展辐射和集聚能力，走服务化、高端化、绿色化的发展道路。最后，北京应建设首都经济管理控制中心，向世界顶级城市迈进。本着“依靠大转型，实现大发展”的理念，未来的北京将以全球化的大视野开启经济发展的进程。[35]

注：

①刘强：《京津冀国家级开发区产业发展环境研究》，首都经济贸易大学出版社2017年版。

②阎庆民：《京津冀区域协同发展研究》，中国金融出版社2017年版。

③陈璐：《京津冀协同发展报告(2017)》，社会科学文献出版社2017年版。

④赵玉宏：《文化创意产业融合发展研究—以北京文创产业为例》，经济日报出版社2017年版。

⑤李建盛：《北京文化发展报告：2016—2017》，社会科学文献出版社2017年版。

⑥耿波：《北京文化产业发展需求五论》，中国传媒大学出版社2017年版。

⑦乔晗等：《战略性新兴产业创新驱动发展研究——以北京市生物医药产业为例》，科学出版社2017年版。

⑧李国平等：《首都发展报告2017：创新驱动产业转型升级与布局优化》，科学出版社2017年版。

⑨王琪延、黄羽翼：《北京市旅游竞争力研究》，中国人民大学出版社2017年版。

⑩北京旅游学会：《皮书系列·北京旅游绿皮书：北京旅游发展报告(2017)》，社会科学文献出版社2017年版。

⑪王丽娟：《北京市旅游经济与城市环境协调发展研究》，中国经济出版社2017年版。

⑫马俊哲：《北京城乡一体化进程中农村产业发展研究》，中国农业科学技术出版社2017年版。

⑬张一帆、王俊英：《北京都市型现代农业的演进与发展》，中国农业出版社2017年版。

⑭郭光磊：《北京市农业农村信息化研究》，中国言实出版社2017年版。

⑮李国平等：《首都发展报告2017：创新驱动产业转型升级与布局优化》，科学出版社2017年版。

⑯钟秉枢、陈杰、杨铁黎、邓旭、郝晓岑、张建华、何文义：《北京体育蓝皮书：北京体育产业发展报告（2016—2017）》，社会科学文献出版社2017年版。

⑰闫世刚：《低碳经济下北京市新能源发展模式、战略与国际合作机制研究》，对外经贸大学出版社2017年版。

⑱文英姿、张景秋：《基于典型产业分析的北京非首都功能空间格局特征》，《北京联合大学学报》，2017年第1期。

⑲张耀军、柴多多：《京津冀人口与产业空间演变及相互关系——兼论产业疏解可否调控北京人口》，《经济理论与经济管理》，2017年第12期。

⑳王佳佳、由林青：《基于灰色预测的北京文化创意产业发展对经济增长贡献研究》，《人力资源管理》，2017年第1期。

㉑张芃：《北京历史街区文化产业的参与群体研究》，《遗产与保护研究》，2017年第4期。

㉒张亚敏、崔瑜：《北京文化创意产业的关键影响因素分析》，《中国商论》，2017年第29期。

㉓李志传、蔡翼飞：《构建开放、高效的现代服务体系加快北京服务业转型升级》，《财经智库》，2017年第3期。

㉔冯鹏飞、申玉铭：《北京生产性服务业和制造业共同集聚研究》，《首都经济贸易大学学报》，2017年第2期。

㉕盘珊珊：《消费分层视角下北京郊区社区商业体系建设研究》，《现代商业》，2017年第36期。

㉖曹珊、高然：《交通导向角度分析北京商业发展趋势》，《理论研究》，2017年第11期。

㉗刘莹：《北京市流通产业对居民消费影响研究》，《现代商业》，2017年第20期。

㉘张铁山、吕颖艺、周恢、宋文锋：《北京高端装备制造业现状与对策分析》，《特区经济》，2017年第1期。

㉙冯昊、雷霆、潘悦、吴曙霞、奚大龙：《北京生物医药产业创新体系及其创新能力评价研究》，《中国医药工业杂志》，2017年第7期。

㉚彭源超、史亚军：《北京都市型现代农业供给侧结构性改革进展及推进思路》，《农业展望》，2017年第11期。

㉛张俊峰、杨红、李虎、陈晨、王秀东、闫琰、魏宏娜：《北京山区循环农业发展模式与展望》，《中国农业资源与区划》，2017年第11期。

㉜韩瑞芳：《北京市物流产业发展与经济增长关系的实证分析》，《物流科技》，2017年第4期。

㉝马世佳：《北京金融产业集群对经济增长的促进作用》，《合作经济与科技》，2017年第2期。

㉞昌忠泽、毛培：《新常态下北京经济增长潜力研究》，《北京联合大学学报》（人文社会科学版），2017年第2期。

㉟李靖：《京津冀协同框架下北京如何实现首都功能与经济发展的良好结合》，《中国经贸导刊》，2017年第36期。

（作者：孟斌，北京联合大学教授；
李若倩，首都师范大学硕士生）

北京历史与文化

张　勃　宋凯丽　袁瑜晗　张玉琦

2015年11月，中共北京市委召开十一届八次全会，通过《中共北京市委关于制定北京市国民经济和社会发展第十三个五年规划建议》，在“全国文化中心建设”一章中明确提出制定实施北京长城文化带、东部运河文化带、西部西山文化带保护利用规划，以促进旅游文化产业发展，推动京津冀3地历史文化遗产共同保护利用机制。这是第一次由北京市党的全会正式提出“三个文化带”建设目标与任务。此后，北京市屡屡出台政策，强调着力建设全国文化中心，保护好历史文化名城金名片，构建整体保护格局，推进区域文化遗产连片、成线保护利用，挖掘区域文化遗产整体价值。以“一城三带”保护与利用为核心内容和重要抓手，推进北京全国文化中心建设，是2017年度北京市的重要工作，同时也促进了北京历史与文化的应用研究成为2017年度北京历史与文化研究方面的热点与亮点。现将本年度的学术活动与研究情况综述如下：

一、重要学术会议

1. 三山五园对话会：学术研究及文化传承与创新的基础

2017年1月7日，中国文化产业新年论坛在北京大学召开，来自北京市海淀区文化发展促进中心、故宫博物院、圆明园管理处、颐和园管理处、清华大学、北京大学、中国人民大学、上海社会科学院、北京联合大学等单位的专家学者参加了其中的“三山五园”对话会。对话会以文化传承与文化创新为主题，并以“三山五园”为个案重点展开，从园林管理、保护利用的实践、文创开发以及文化产业和“三山五园”历史研究等角度进行交流和对话。

2. 长城、运河、西山文化带与北京城——第十九次北京学学术年会

2017年6月9日，由北京学研究基地、首都博物馆联合主办的长城、运河、西山文化带与北京城——第十九次北京学学术年会在首都博物馆召开。本次会议收到论文43余篇，论文摘要10篇，来自北京大学、北京师范大学、首都师范大学、中国文化遗产研究院、北京市文物研究所、北京市委宣传部、北京市文物局、北京市发改委、北京市方志办等70多家单位的170多名高校和科研单位学者、政府部门工作者、地方文化研究者，从理论到实践展开了跨学科、多层面的广泛交流。会议以“长城、运河、西山三个文化带与北京城”为主题，汇聚专家力量，共同从“三个文化带”入手研讨有关北京历史文化名城保护与发展，首都北京强化全国政治中心、文化中心、国际交往中心、科技创新中心的核心功能，深入实施京津冀协同发展战略，努力建设成为国际一流的和谐宜居之都和世界级文化城市需要解决的重大问题，尤其在长城、运河、西山文化带的内涵，“三个文化带”建设的现实意义，“三个文化带”与北京城的历史关系和当代关系，“三个文化带”非物质文化遗产的保护与利用以及如何进行“三个文化带”建设等方面取得了重要成果。

3. 海峡两岸地方学与地方文化学术研讨会

2017年10月21—22日，海峡两岸地方学与地方文化学术研讨会在北京联合大学召开，本次会议由北京市人民政府台湾事务办公室指导，由北京市级哲学社会科学基地——北京学研究基地和京台文化交流研究中心与中国地方学研究联席会共同主办，由北京联合大学北京学研究所、台湾研究院、应用文理学院和学报编辑部联合承办，来自中国台湾、澳门和中国大陆（内地）的40余家单位的60多位领导、嘉宾、专家学者参加了会议。海峡两岸专家学者围绕地方学与地方文化研究现状、研究机构、组织框架、运营模式；地方学的概念、理论、研究范围、研究方法、学科发展、实际应用；地方文化的研究理论、方法与范式、传承与发展以及京台文化联系与交流等问题，通过大会报告、提问与评议等形式开展深入研讨，展示最新研究成果。开展地方学与地方文化研究，对于各地的经济社会发展和文化建设具有积极的促进和指导作用。本次研讨会的召开增进了海峡两岸相关领域的学术交流与合作，促进了两岸地方学与地方文化研究事业的发展。

4. 大运河文化带建设和京津冀协同研讨会

2017年12月2日，由北京市社会科学界联合会、天津市社会科学界联合会、河北省社会科学界联合会联合主办的第四届京津冀协同发展研讨会在北京物资学院举行。本届研讨会主题为“大运河文化带建设与京津冀协同”，来自京津冀三地的多位专家从打造大运河文化长廊、挖掘运河历史文化资源、大运河文化与“一带一路”的整合发展、大运河文化带建设与京津冀文化协同发展、大运河文化传承保护等角度发表了主题演讲，并就系统梳理大运河脉络、京津冀协同发展背景下如何更好发挥大运河纽带作用等问题展开讨论。

5. “三山五园”区域文化认知与传播学术研讨会暨第四届北京联合大学“三山五园”研究院学术论坛

“三山五园”区域文化认知与传播学术研讨会暨第四届北京联合大学“三山五园”研究院学术论坛于2017年12月17日在北京联合大学举行。本次研讨会由北京联合大学、中共海淀区委宣传部联合主办，百余位专家代表及研究生参与会议。与会专家围绕“三山五园”区域文化认知、“三山五园”在北京全国文化中心建设中的地位与作用、“三山五园”区域文化的国际化传播、“三山五园”与西山永定河文化带的保护与传承、中西园林文化交流、圆明园的历史价值认知等问题进行了热烈的讨论。有专家指出，“三山五园”在北京全国文化中心建设中居于根基性、龙头性、枢纽性地位，率先规划建设“三山五园”国家文化公园，将是“三山五园”保护建设的有效途径，并可为探索和引导构建环首都国家文化公园体系发挥示范、引领作用。

二、学术研究

1. 北京历史研究

在研究成果方面，定宜庄主编《北京口述历史丛书》[①]是本年度的重要著作。丛书运用口述史料与文献考证相结合的方式，通过数十名老北京人的口，对近百年来老北京的生活与变迁，做了全景式的描述，为认识老北京人及其生活提供了翔实的资料。季剑青采用历史视角解读了大量文本，讨论了 20 世纪上半期不同人群如何以各种文体形式借力于变换的政治与社会机构“重写旧京”。他从多种角度展示了对北京的“历史记忆”在这一时期发生的根本变化，是“历史与记忆”本土化思考的佳作。[②]此外，甫玉龙《古都北京》[③]，方彪《北京简史》[④]，刘鹏编著《北京老照片的故事》[⑤]，刘啸《老北京记忆》[⑥]等，也为人们更好地认识北京提供了很好的参考。

在资料整理汇编方面，《百年中国记忆文史资料百部经典文库：回忆五四运动》[⑦]收录了梁实秋、许德珩、罗家伦、屈武、朱蕴山等五四运动亲历者的文章，展示了五四运动从酝酿、爆发到风起云涌的过程。杨良志《寻味老北京》[⑧]将元、明、清时期 300 余首与帝都饮食文化有关的竹枝词汇集在一起，是发掘北京饮食文化的重要资料。本年度《徐苹芳北京文献整理系列丛书》[⑨]，喜仁龙《北京的城墙和城门》[⑩]、徐珂《老北京实用指南》[⑪]、瞿宣颖《北平史表长编》[⑫]、胁川寿泉等《北京名所览记》[⑬]、李家瑞《北平风俗类征》[⑭]、朱彝尊等《日下旧闻》得以出版或再版[⑮]，一定程度上显示了北京地方文献继续得到挖掘和重视。

著述之外，还有多篇研究论文。王岗强调从都城史和区域史两个角度认识北京的历史发展和重要性，认为在中国古代众多都城中，北京有着特别重要的价值。[⑯]孙冬虎分析了定都北京的条件，指出都城的选择，既取决于政治、军事形势以及积淀为文化传统的社会心理认同，也与偶然性密切相关。[⑰]许辉讨论了唐代幽州地域文化的发展历程，认为，以安史之乱为分水岭，唐代幽州地域文化发生了转变，体现为儒学弱化和少数民族风尚流行。但同时强调，由于汉文化顽强的生命力，在崇尚武力的幽州，儒学文化始终居于主导地位。[⑱]韩光辉等探讨了辽代中后期五京都市警巡院的设置、职能、性质及其时空特征，显示了辽代对都市行政管理和城市建设的重视。[⑲]吴文涛对萧太后河的源流变迁以及在北京历史上的作用与地位进行了系统梳理，为保护和发扬其历史文化内涵提供了一定的学术依据。[⑳]倪翀通过对 1977 年北京平谷刘家河发现商代墓葬出土的金器进行考古学分析，并结合相关体质人类学成果，探讨了青铜时代京津冀地区的文化交流与发展、民族迁徙与融合等问题。[㉑]黄仲山对民国初年北京历史文化遗产保护进行了研究，认为当时古都北京面临近代化转型，北京历史遗产保护过程承受了政治动荡和文化冲突的双重压力，同时也体现了近代化思想逐渐渗入城市的过程，尤其是文化公共意识的觉醒和国家、民族话语的流行，让北京历史遗产保护问题的种种争论变成文化革新和思想启蒙的契机，加快了古都文化转型的步伐。[㉒]

旗人研究是 2017 年度北京历史研究方面的重点，姜小莉结合萨满教资料和历史文献，将萨满教置于清代旗人社会生活之中，探讨萨满教与清代满洲旗人生活、穆昆组织、八旗生计的关系，认为萨满教在清代仍具活力，并在满洲旗人社会中继续发挥着特殊作用。[㉓]刘小萌以碑刻拓片为基本资料，从旗人舍地的来源、旗人施主的身份、旗人舍地的对象、旗人舍地的影响等方面对清代北京旗人舍地现象进行了深入考察。[㉔]肖玉秋对清朝在京俄罗斯佐领进行了专门研究，认为其祖先虽然是俄国人，但自俄罗斯佐领组建之日起，就已经成为清代八旗军的一部分，成为中华民族大家庭中的一员，并在文化上和体质上实现了向中国人的蜕变。[㉕]刘楠认为，清代北京旗人作为清代独有的社会团体，形成了其自身独有的票友文化。北京旗人是票友文化的创造、宣传及传承者，票友文化也是北京旗人的部分精神文化的寄托载体，二者相辅相成，形成了清代独特且具有魅力的文化氛围。[㉖]

邱源媛以北京、河北等地区的庄园旗人为中心，从下层主体人群的视角，以记忆与遗忘为切入点，探讨了清代旗人群体与今天满族群体的“不对等”性，进一步探寻了辛亥革命至今百余年间从“旗人”到“满族”的历史变迁。[㉗]李少兵、李晶研究了清末京师旗人学堂改革的缘起、落实、成绩与问题，并将清末京师旗人学堂改革视为近代教育转型的典型案例，强调了大变革时代下施政主体、谏言阶层和客观情势等对改革成败的重要作用。[㉘]杜佩红研究了民国时期旗人的生活状况、社会舆论对其社会形象的塑造及其对旗人身份认同的影响，认为旗人贫困化及其他因素的影响，使旗人与懒惰、穷讲究、好面子、腐化等标签相联系，这使旗人很大程度上放弃了自己的族群身份。[㉙]王鸿莉研究了继识一办学的事迹与过程，一定程度上揭示了认为清末旗人女性在北京创办女学的历史和重要作用。[30]

宗教研究方面，尕藏加认为清代以建造或修复寺院作为推崇和扶持藏传佛教的主要标志，他梳理了清军入关以来北京历史上藏传佛教寺院的修建实例，并对“皇家第一寺”——雍和宫的改建做了详细阐述，提出清朝政府出资新建或修缮藏传佛教寺院，是管理藏传佛教事务、治理蒙藏地区的重要措施之一。[31]佟洵认为1840年后北京宗教发展从在京修建教堂传教、到基督教差会涌入京城、再到北京道教的艰难生存及佛教的日趋民间化、伊斯兰教在夹缝中求生存，各种宗教碰撞、摩擦、吸纳、融合，直至最后形成如今的多元共存的北京宗教。[32]闫燕阐述了宗教在和谐建设中发挥的作用，并提出应适时在北京成立具备独立法人的宗教团体公益慈善组织。[33]于洪、杨靖筠梳理了佛教文化在北京文化中的地位及北京佛教的文化现状，认为要客观认识佛教文化在首都文化中心建设中的地位与影响，正面发挥佛教的德治文化功能，进一步发挥佛教民族团结和友好交往的功能。[34]

2. 北京文脉研究

北京全国文化中心建设离不开对北京文脉的理解，李建平对北京文脉进行了系统研究，认为北京城市文脉就是北京这座城市的历史文化传承与发展，北京作为一座享誉世界的历史文化名城，最能体现其历史文脉的有两个层面：一是元、明、清在北京旧城形成的中轴线，以及围绕这条轴线进行的城市规划布局，包括五坛八庙、城墙城门、街巷胡同、河流水系等城市肌理；二是体现这座城市的精神、气质，有天人合一的生态观、中正和谐的世界观、追求公平的价值观以及包容、厚德的城市文化特点。[35]他主编的另一本书根据北京城市与周边的自然环境，解释北京城市历史文脉传承的源流、特点、传承现状和面临的挑战，特别是在城市近代化和现代化过程中，北京作为历史文化名城在整体保护和文化传承方面面临的诸多问题，并在此基础上提出对策建议。[36]王岗认为，北京历史文脉有两个源头：一个是远脉之源，可追溯至5000年前的黄帝文明；另一个是近脉之源，可上溯到元代的大都文化，元代以降，京师文化就是中华文化的主流。[37]靳宝通过对北京军事战略地位的历史考察，反映了北京文脉的一个侧面。[38]

3. “一城三带”保护与利用研究

(1) 老城文化内涵、保护与更新研究

刘文丰认为，北京作为历史文化名城，至今保存了大量古都城市建筑。中轴线景观所构成的不同区域、不同建筑功能和以它为中心所形成左右对称的城市格局，仍能使人们穿越时空，领略这座五朝古都的悠久历史和灿烂文化。[39]孔繁峙认为，北京城中轴线及其建筑，蕴含着深厚的民族传统及历史文化，与我国延续数千年的古都城市发展史一脉相承，构成了中华民族历史上独具魅力的古都城市营造体系，是几千年来中华文化孕育的一种特殊的文化成果。它是我国古代社会政治、文化和城市建设的有机统一。[40]郑永华认为，坛庙建筑是都城文化不可或缺的重要内容，在中国传统礼治体系中尤其占据着核心位置。老北京民间向有“九坛八庙”或“五坛八庙”的说法，指的就是明清以来北京坛庙建筑的概称。[41]王兰顺认为，在城市发展的历史长河中逐渐形成了一套地名命名的标准和规范，其中城市街区的地名就是前人以口碑形式为我们留传下来的一系列真实而完整的历史信息，这份史料应被后人长久地传承下去。[42]

在历史文化街区保护方面，张晓为梳理了北京旧城功能结构由前朝后市向百花齐放、人口规模由低谷向高峰的发展过程，寻找对旧城东部未来发展的借鉴意义，认为应该合理发展中央行政职能、突出提升文化交流职能、整理杂院实现人口疏解。[43]倪锋等对北京旧城除文物建筑外以平房为主的历史风貌地区如何更新实施进行了探讨，初步提出以政府为主体的框架性名城保护旧城更新实施思路。[44]李婧、朱柳慧认为，历史街区改造更新是城市建设发展的一项重要内容，作者从人的5种感官角度对历史街区改造更新的方法和内容进行了探讨，并以北京什刹海片区作为研究范围，将五感设计运用到其改造更新中，以对历史街区的改造更新方法作进一步的探索。[45]包路芳认为大栅栏是北京城重要的历史街区，也是北京城市文化多样性和悠久历史的重要体现。它代表的不仅是老北京市井商业街区和古老的城市肌理，还有更加丰富的历史文化内涵。以大栅栏为代表的北京历史街区的大规模改造，使街区传统面貌发生了较大改变。[46]于洪提出在旧城改造和大拆大建的年代，通州十八个半截胡同却保持了原有的风貌，胡同中的清真寺及其社区文化也被保存了下来，成为通州古城唯一的具有民族特色的历史文化街区，如何在城市化进程中既要延续历史文脉，保持文化特色，又能符合副中心建设的要求，改善社区居民的生活条件，是应该思考的问题。[47]

(2) 北京3个文化带保护与发展研究

郭万超提出北京推进全国文化中心建设，必须遵循文化发展规律，才能取得预期的理想成效。根据当代国际大都市发展的经验，北京必须把文化城市或创意城市作为发展目标；把加强历史文化遗产保护作为城市文化发展的首要前提，以非首都功能疏解为契机，重塑城市文化空间、涵养文化生态，鼓励引导多元主体推动文化发展。[48]李建平勾勒了“三个文化带”提出的过程，认为“三个文化带”与北京全国文化中心建设关系密切，充分提示“三个文化带”的文化内涵就是促进北京全国文化中心高地建设。[49]王长松认为，“三个文化带”高度凝练了北京旧城以外的文化遗产，与旧城中轴线形成对应关系，对于建设北京全国文化中心、满足人民对美好生活的需要，起到关键的支撑作用。为此，需要把握好“三个文化带”的文化精髓，做好保护与传承，并实现“三个文化带”的文化创新。[50]

在西山文化带研究方面，毛智周、李好从古人对西山及其地理范围的认识入手，对西山的地理范围进行了历史考察。[51]林宏彬、吕红梅认为西山文化带内容丰富，遗产级别各异，让各级遗产变成“活细胞”，全面保护和利用带内文化遗产，并充分利用多种手段在社会上普及认知，是建设文化中心的现实意义之一。[52]孙震在阐明西山文化带建设现状及存在问题的基础上，对颐和园在西山文化带中的作用、定位以及在西山文化带建设中面临的问题进行分析，并提出发展对策。[53]

在大运河文化带研究方面，杨家毅对北京地区大运河文化带的内涵，从时间、空间和内容 3 个方面进行探讨。认为从时间上看，北京地区的大运河最早可以追溯到秦朝，甚至可以到战国时期；从空间上看，北京地区大运河广泛分布于通州、朝阳、东城、西城、海淀、昌平、顺义、怀柔、密云等区域；从内容上看，大运河文化带建设应包括保护与大运河相关的各类文化遗产、涵养以大运河水系为主的生态系统、恢复并完善大运河的交通功能、适度完善以文化休闲为主要内容的民生功能等。[54]陈腾等人较为系统地梳理了北京段大运河现存体系的遗产构成，认为可分为遗产本体、相关要素和背景环境三大类，并对其特征进行了分析，认为北京段大运河现存体系遗产对城市未来发展会产生积极影响，体现在会促进京津冀地区整体水网格局的构建，在城市基础建设中发挥重要作用，丰富城市人文景观环境，成为城市发展的重要优势资源，提升城市生活环境品质等。[55]秦红岭认为运河遗产作为一种“纪念之地”和特殊的遗产形态，其文化价值被公众广泛认知并持续传承下去，需要有效的阐释系统。叙事性阐释为运河遗产文化价值的阐释开辟了新的路径。它既可以提升运河遗产的可读性及运河遗产与现代城市生活的关联，也有助于激发公众的记忆、想象和兴趣，增进公众对运河遗产的认知度和珍爱之情。[56]陈喜波认为，北京运河沿线古村落作为体现运河文化的重要载体，迫切需要加强保护，他梳理了北京运河沿线古村落分布情况及类型，提出应加强对北京运河沿线古村落的调查研究和文化价值评估。[57]

此外，周坤朋等的《京华水韵——北京水文化遗产》[58]是对北京水文化遗产的专门呈现与研究。通过图文相结合的方式，较为系统地反映了 5 种遗产类型，即河渠故道、园林湖泊、桥闸设施、泉池古井、祠庙遗址的历史沿革、现存状况、文化内涵和价值意义。其中大量内容与大运河文化遗产有关。

4. 民俗文化研究

节日庙会研究是北京民俗文化研究的重点。萧放、张勃等对北京岁时节日文献进行系统清理，将北京城市岁时节日置于城市社会的广阔背景之下进行历史重建，并以妙峰山传统春季庙会为个案，对北京传统岁时节会的当代表现进行深描。书中在岁时节日及其文献研究中引入文化空间的概念，将城市居民的岁时文献、节日生活与城市文化空间的构建与利用相关联。[59]张青仁梳理了妙峰山庙会自民国以来的变迁历程，认为当代妙峰山庙会和北京香会的活动呈现出社会领域自主成长和有序协作的特征，展现了国家对社会领域自组织的接纳与认可。[60]高丙中也分析妙峰山庙会在不同历史时期的身份和地位的变化，并高度评价了妙峰山庙会的复兴以及成为北京文化的代表所具有的重要意义：这意味着北京文化的新发展，这一发展一方面意味着北京文化内涵与外延的丰富与扩大，另一方面也是对北京文化在性质上的提升。[61]李华伟则系统梳理了 20 年来妙峰山庙会的研究成果并进行反思，认为新时期的妙峰山研究，在理论框架和方法论上，经历了从国家与社会的理论框架到关注民间信仰组织的变化，实现了从集体叙事到个体叙事的研究范式变迁，呈现了从山上到山下、从集中于神圣时空到关注日常生活时空的视角转换。但也存在继续深化和提升的空间。[62]

除了妙峰山以外，隆福寺庙会也在北京历史上有着重要地位。卫才华认为隆福寺通过丰厚的历史遗产和皇家寺院的特殊身份，营造出一个“人气”旺盛的市民空间。隆福寺庙会在这个基础上，焕发出一种

“民俗经济”的活力机制，正是这种文化认同性的商业传统，使得隆福寺能够在百年变迁中不断转换社会身份，协调制度、信仰以及市民民俗生活等多重关系。[63]

在人生礼俗方面，王路平从婚恋观念人性化、婚恋形式多样化、订婚仪式精简化、婚礼仪式个性化四方面阐述北京地区汉族婚俗出现的新特点，并将此新特点出现的原因概括为社会的发展与追求自我的“新新”人类的出现。[64]鞠熙梳理了清代北京旗人丧葬礼俗的实际仪式流程，并与《朱子家礼》和地方志记载进行对比，研究了礼仪的文献记载与生活实践的差异。[65]此外，她通过分析清中期北京旗人日记《闲窗录梦》中记载的葬礼活动，认为在“传统”的城市社会中，人际关系模式只是大体遵循差序格局的原则，人际交往的核心层不完全由血缘和地缘关系决定，市民通过拟亲属称谓构建自己的直系亲属层，而葬礼是社会关系动态重组的重要时机。[66]另外，鞠熙与解育君还撰文从民俗传统与文化自信、民俗知识作为文化策略、民俗活动与村落认同 3 方面为切入点，研究民俗文化对村落复兴的积极影响，认为高碑店村迅速发展的秘密就在于传统文化在农村城市化进程中的作用日益凸显。[67]

刘德欣、吴德寅比较系统地介绍了老北京泥塑的发展历史、传承脉络和工艺特色，用泥塑作品反映了北京的风土人情。[68]党静鹏则通过对北京话俗语的梳理与分析，揭示了其中蕴含的古都北京的历史文化与社会风俗。[69]

5. 文化与京津冀协同发展研究

京津冀协同发展是国家重大战略，有学者从文化角度思考京津冀协同问题。如高大伟、孙震认为文化认同是促进京津冀遗产旅游文化资源协同发展的关键因素，但在当前京津冀一体化的进程中，这种文化认同在理论认识不足、行政壁垒限制、资源碎片化利用、区域经济不平衡发展等方面面临着诸多的难点，制约着京津冀文化资源的协同发展。他们通过对京津冀遗产旅游资源的全面分析，梳理出 3 地遗产旅游资源在历史和现代的相互内在联系，并结合“十三五”规划，在顶层设计、遗产挖掘、整体规划、协同创新这 4 方面提出有针对性的解决策略。[70]林伟虹提出，当今社会，文化旅游是正在兴起的旅行方式，京津冀地区有着得天独厚的文化积淀，进行深度文化旅游，可以促进京津冀地域一体化，促使京津冀历史文化文脉得以传承和传播，有助于中华古老文明的复兴与发扬。[71]

注：

①定宜庄主编：《北京口述历史丛书》(《生在城南》《府门儿·宅门儿》《城墙之外》《胡同里的姑奶奶》《八旗子弟的世界》等)，北京出版社 2017 年版。

②季剑青：《重写旧京——民国北京书写中的历史与记忆》，生活·读书·新知三联书店 2017 年版。

③甫玉龙主编：《古都北京》，经济科学出版社 2017 年版。

④方彪、北京市西城区文物保护研究所编：《北京简史》，北京时代华文书局 2017 年版。

⑤刘鹏编著：《北京老照片的故事》，清华大学出版社 2017 年版。

⑥刘啸编著：《老北京记忆》，当代世界出版社 2017 年版。

⑦全国政协文史和学习委员会编：《百年中国记忆文史资料百部经典文库：回忆五四运动》，中国文史出版社 2017 年版。

⑧杨良志编：《寻味老北京》，北京出版社 2017 年版。

⑨徐苹芳整理：《徐苹芳北京文献整理系列：辽金行记九种·辑本揽辔录》《徐苹芳北京文献整理系列：辽金蒙古时期燕京史料编年·元大都创建史料编年》《徐苹芳北京文献整理系列：辑本析津志》《徐苹芳北京文献整理系列：永乐大典本顺天府志》，北京联合出版公司 2017 年版。

⑩喜仁龙编，邓可译：《北京的城墙和城门》，北京联合出版公司 2017 年版。

⑪徐珂编纂：《老北京实用指南》，社会科学文献出版社 2017 年版。

⑫瞿宣颖编：《北平史表长编》，北京出版社 2017 年版。

⑬胁川寿泉编著：《北京名所览记》，知识产权出版社 2017 年版。

⑭李家瑞编，李诚、董洁整理：《北平风俗类征》，北京出版社 2007 年版。

⑮朱彝尊等：《日下旧闻》，国家图书馆出版社 2017 年版。

⑯王岗：《关于北京史研究的两个问题》，北京市社会科学院历史研究所编《北京史学论丛 2016》，2017 年。

⑰孙冬虎：《定都北京的历史机缘》，《三门峡职业技术学院学报》，2017 年第 1 期。

⑱许辉：《唐代幽州地域文化略论》，北京市社会科学院历史研究所编《北京史学论丛 2016》，2017 年。

⑲韩光辉、田海、代莹：《辽代五京警巡院研究》，北京市社会科学院历史研究所编《北京史学论丛 2016》，2017 年。

⑳吴文涛：《萧太后河历史探源及相关文献辨析》，北京市社会科学院历史研究所编《北京史学论丛 2016》，2017 年。

㉑倪翀：《北京刘家河商墓出土金器研究——兼论青铜时代京津冀文化一体》，张宝秀主编《北京学研究 2016》，2017 年 6 月。

㉒黄仲山：《民初北京历史文化遗产保护中的公共意识与国族话语》，《河北师范大学学报》（哲学社会科学版），2017 年第 5 期。

㉓姜小莉：《萨满教与清代满洲旗人社会》，《社会科学战线》，2017 年第 10 期。

㉔刘小萌：《清代北京旗人舍地现象研究——根据碑刻进行的考察》，《法律文化研究》，2017 年。

㉕肖玉秋：《北京俄罗斯旗人的历史与命运》，《南开学报》，2017 年第 2 期。

㉖刘楠：《浅谈清代京旗与票友文化》，《北方文学》，2017 年第 8 期。

㉗邱源媛：《从旗人到满族——民间选择与官方导向的二重奏》，《暨南学报》（哲学社会科学版），2017 年第 9 期。

㉘李少兵、李晶：《清末京师旗人学堂改革考略》，《民族教育研究》，2017 年第 1 期。

㉙杜佩红：《民国时期北京旗人的“社会形象”及其身份认同》，《内蒙古大学学报》，2017 年第 3 期。

㉚王鸿莉：《兴学女旗人继识一事迹考》，《满语研究》，2017 年第 2 期。

㉛尕藏加：《北京历史上的藏传佛教寺院》，王潇楠、陈进国主编《北京宗教研究》（第一辑），2017 年 3 月。

㉜佟洵：《1840 年后北京宗教发展趋势研究》，王潇楠、陈进国主编《北京宗教研究》（第一辑），2017 年 3 月。

㉝闫燕：《宗教在北京和谐建设中的积极作用》，王潇楠、陈进国主编《北京宗教研究》（第二辑），2017 年 3 月。

㉞于洪、杨靖筠：《佛教文化在首都文化中心建设中的地位和影响》，王潇楠、陈进国主编《北京宗教研究》（第二辑），2017 年 3 月。

㉟李建平：《北京文脉》，文津出版社 2017 年版。

㊱李建平主编：《北京城市历史文脉研究》，经济科学出版社 2017 年版。

㊲王岗：《概说北京文脉》，《前线》，2017 年第 1 期。

㊳靳宝：《四方之极 天下拱卫 北京军事战略地位的历史考察》，《前线》，2017 年第 4 期。

㊴刘文丰：《全面保护中轴线历史文化遗产》，《北京观察》，2017 年第 10 期。

㊵孔繁峙：《北京中轴线的历史文化意义》，《北京观察》，2017 年第 10 期。

㊶郑永华：《九坛八庙 左祖右社 北京的坛庙建筑及其文化价值》，《前线》，2017 年第 12 期。

㊷王兰顺：《漫谈北京街区的地名传承》，《北京规划建设》，2017 年第 6 期。

㊸张晓为：《浅析北京旧城历史脉络及其对东城区发展的借鉴意义》，《城市发展研究》，2017 年第 2 期。

㊹倪锋、张悦、黄鹤针：《北京历史文化名城保护旧城更新实施路径刍议》，《上海城市规划》，2017 年第 2 期。

㊺李婧、朱柳慧：《感官体验引领下历史街区改造更新规划研究——以北京什刹海片区为例》，《华中建筑》，2017 年第 9 期。

㊻包路芳：《大栅栏改造与北京历史街区保护》，《群言》，2017 年第 3 期。

㊼于洪：《北京通州回族社区及其文化价值 ——以十八个半截胡同为例》，《中国穆斯林》，2017 年第 6 期。

㊽郭万超：《北京加快建设全国文化中心的路径》，《中国国情国力》，2017 年第 12 期。

㊾李建平：《“三个文化带”与北京文化中心建设的思考》，《北京联合大学学报》（人文社会科学版），2017 年第 4 期。

㊿王长松：《北京三个文化带的文化精髓与保护传承创新》，《人民论坛》，2017 年第 34 期。

51毛智周、李好：《北京西山何处寻——西山地理范围的历史考察》，《北京档案》，2017 年第 12 期。

52林宏彬、吕红梅：《文化中心建设视野下的北京西山文化带开发和利用》，《北京联合大学学报》（人文社会科学版），2017 年第 3 期。

53孙震：《西山文化带建设背景下的颐和园保护

与发展》，《北京园林》，2017 年第 4 期。

⑭杨家毅：《浅析大运河（北京段）文化带的内涵》，《北京联合大学学报》（人文社会科学版），2017 年第 4 期。

⑮陈腾、王晶、赵云：《北京段大运河现存体系遗产构成特征分析及影响初探》，《博物院》，2017 年第 4 期。

⑯秦红岭：《论运河遗产文化价值的叙事性阐释——以北京通州运河文化遗产为例》，《北京联合大学学报》（人文社会科学版），2017 年第 4 期。

⑰陈喜波：《北京运河沿线古村落文化价值评价研究》，张宝秀主编：《北京学研究 2016》，2017 年 6 月。

⑱周坤朋、王崇臣、王鹏编著：《京华水韵》，清华大学出版社 2017 年版。

⑲萧放、张勃等著：《城市 · 文本 · 生活》，中国社会科学出版社 2017 年版。

⑳张青仁：《妙峰山庙会与香会活动的当代意义》，《北京社会科学》，2017 年第 7 期。

㉑高丙中：《妙峰山庙会的社会建构与文化表征》，《文化遗产》，2017 年第 6 期。

㉒李华伟：《朝向日常生活的妙峰山研究——二十年来妙峰山庙会研究的回顾与反思》，《民间文化论坛》，2017 年第 6 期。

㉓卫才华：《寺庙与城市民俗经济的转变模式研究——以北京隆福寺街区市场为例》，《华东师范大学学报》（哲学社会科学版），2017 年第 3 期。

㉔王路平：《从汉族的婚恋行为看当下北京地区婚俗的特点》，北京民俗博物馆编：《北京民俗论丛》（第五辑），2017 年 4 月。

㉕鞠熙：《礼仪的文献记载与生活实践——以清代北京旗人葬礼为例》，《徐州工程学院学报》（社会科学版），2017 年第 2 期。

㉖鞠熙：《清中期城市社会的差序格局——以北京旗人日记〈闲窗录梦〉中丧葬礼俗实践为例》，《西北民族研究》，2017 年第 4 期。

㉗鞠熙、解育君：《民俗资源与村落复兴——以北京市朝阳区高碑店村为例》，北京民俗博物馆编《北京民俗论丛》（第五辑），2017 年 4 月。

㉘刘德欣、吴德寅编著：《老北京风俗泥塑》，中国轻工业出版社 2017 年版。

㉙党静鹏主编：《北京话俗语与老北京社会风情》，中国人民大学出版社 2017 年版。

㉚高大伟、孙震：《以遗产旅游协同创新促进京津冀历史文化认同》，张宝秀主编：《北京学研究 2016》，2017 年 6 月。

㉛林伟虹：《京津冀文化旅游与文脉传承》，张宝秀主编：《北京学研究 2016》，2017 年 6 月。

（作者：张勃，北京联合大学研究员；宋凯丽、袁瑜晗、张玉琦，北京联合大学硕士生）

北京全国文化中心建设

金元浦 王林生

中国特色社会主义进入新时代是对我国发展新的历史方位的科学判断。北京作为国家首都和全国文化中心，在新的实践发展中，积极贯彻习近平新时代中国特色社会主义思想和党的十九大精神，推动文化传承与首都建设发展的有机融合，努力建设与首都城市战略定位相适应的文化体系，构筑新的文化发展空间。总体而言，2017—2018 年，北京在文化领域的创新实践为新时代北京文化内涵的挖掘与提升奠定了坚实的基础。在对文化北京相关问题的研究与讨论中，诸多学者从不同层面揭示了文化建设在新时代的“新”突破。

一、新理念：以习近平新时代中国特色社会主义思想统领北京文化发展全局

习近平总书记注重首都文化建设，对北京工作的多次视察和相关指导，构成了北京文化建设新的思想理念。新理念从治国理政的新高度，以全新的战略定位为首都发展谋篇布局，深刻阐述了“建设一个什么样的首都，怎样建设首都”的重大问题，推动北京城市发展的深刻转型和空间拓展。

第一，北京文化发展新的逻辑起点。许海从一种宏观的视角，指出新的形势下，一切工作需要科学处理好改革发展稳定等多重错综关系，辩证把握好历史与现实、继承与创新、活力与秩序、吸收借鉴与独立

自主等多种复杂因素，实现在更高水平上的新平衡。[①]针对北京的发展，袁吉富指出，从政治的角度来说习近平总书记关于北京工作的一系列重要指示构成了北京工作的世界观和方法论。[②]习近平总书记关于北京工作的构想，着眼于北京的可持续发展和长远发展，因此，做好北京工作的实践逻辑需要遵循疏解与提升、国家战略要求与自身发展、两点论与重点论等层面的辩证关系。陈文玲等指出，北京有责任也有能力建设“国家文化中心”，使之成为国家文化新形象，发挥中华文化的核心载体作用。[③]建设“国家文化中心”，需要北京以发展与国际接轨、同步甚至超越发达国家的中国特色社会主义文化为目标，从国家层面设立文化机构，示范引领我国现代文化发展创新。

第二，北京文化发展新的战略机遇。全国文化中心是北京新的城市功能定位，这一定位要求北京疏解非首都核心功能。习近平总书记在视察北京时，指出疏解北京非首都核心功能是北京城市规划建设的“牛鼻子”。近年来，随着非首都核心功能的疏解，停产1624家制造业企业，调整392家商品交易市场，[④]可谓成效明显。解决城市发展中的“大城市病”，需要强化北京的核心功能定位，这是在深刻把握当前北京城市性质定位和资源优势基础上，对北京城市未来发展提出的战略要求。郭万超认为，北京应顺应世界城市发展的基本趋势，遵循文化发展的基本规律，以非首都功能疏解为契机，重塑城市文化空间、涵养文化生态，鼓励引导多元主体推动文化发展。[⑤]付连英则指出，（北京）国家文化产业创新实验区紧密围绕首都“四个中心”城市战略定位，对高效利用疏解腾退空间，发展文化创意产业，推动城市发展转型具有重大意义。[⑥]面临新的城市发展机遇，需要北京不断加大改革力度，在文化政策、文化平台、发展机制、文化品牌、文化人才等各个领域，深化探索，以更实举措提高改革发展成效。

第三，北京文化发展的新空间。空间既是一个地理概念，也是人类社会生产的重要组织方式。从地理范围来讲，北京文化发展的新空间，一是指在“一带一路”倡议下，北京文化需要积极开拓外部发展空间，二是在城市建设尤其是副中心建设过程中，市域空间得到开拓。

在“一带一路”倡议下，北京文化积极寻求走出去的路径，充分发挥北京在“一带一路”建设中的引领带动作用。胡娜认为，文化走出去需要艺术产品支撑，而以戏曲为代表的中国传统艺术的“走出去”被赋予了更多的意义，在戏曲传播的过程中，需要强化顶层设计，鼓励院团探索向市场和文化贸易转换，细分重点市场，建立戏曲要素、戏曲作品、戏曲文化三个层级的戏曲推广思路，建构戏曲文化对外传播综合战略体系。[⑦]郭京宁指出，文物在“一带一路”的沿线国家均留下了历史烙印，因此加强文物的展出与交流，是推进文化传播的重要方式。[⑧]

在市域空间的拓展层面，王建伟认为，北京空间结构的演变与城市化进程紧密相连，市域空间拓展、空间功能分区等方面，体现着交织着政治权利、市政技术、经济资本、意识形态等方面的碰撞与博弈。[⑨]建设北京城市副中心，扩展北京发展的新空间，是党的十八大以来探索超大城市治理体系的重要组成部分。在推进北京城市副中心的各项实践中，李文化、李媛等认为，法国的规划建设对副中心建设具有启示意义。[⑩]认为结合科技、创新、自然等宏大主题，通过标志性景观工程带动区域的整体发展。李雷则认为，在整体提升副中心的景观建设过程中，要将公共艺术纳入北京城市副中心的顶层设计，最大程度发挥公共艺术潜在的艺术价值和文化功能。[⑪]由此可见，北京城市副中心拓展了北京文化的发展空间，对空间的塑造不仅要借鉴国际经验，通过优秀的公共艺术传承城市历史文脉、展示城市发展面貌。

二、新规划：以北京城市总体规划推动城市文化发展

2017年9月，《北京城市总体规划（2016年—2035年）》（以下简称《总体规划（2016年—2035年）》）的批复与实施，标志着北京未来城市的建设和管理有了新的顶层设计。《总体规划（2016年—2035年）》是进入新时代，结合中央对北京工作的具体要求，以及北京自身的城市发展，而对首都未来发展描绘的新蓝图。

第一，新版北京城市总体规划出台的意义。《总体规划（2016年—2035年）》为未来北京城市发展、规划、建设和管理，指明了方向。施卫良指出，《总体规划（2016年—2035年）》的出台紧密围绕“五位一体”总体布局和协调推进“四个全面”战略布局，与整个国家的“两个一百年”目标相衔接，与国家治理体系，特别是提高超大城市治理能力相衔接。[⑫]新版总体规划与以往制定的规划不同，呈现出以下8个方面的特征：用更坚决的态度落实城市战略定位，用更长远的眼光建设迈向中华民族伟大复兴的大国首都，用更宽广的视野放眼京津冀广阔空间谋划首都未来，用更刚性的底线约束划定 3 条红线，用更科学的要素配置统筹三生空间，用更高的标准确定城市发展各项指标，用更真诚的态度着力改善民生，用更深化的改革构建规划统筹实施机制等。[13]新版总体规划明确了北京在新历史条件下的新担当，文魁指出，打造现代化新型首都圈，建设以首都为核心的世界级城市群，[14]需要在城市群基础设施的对接、公共服务的均衡、产业链的关联、生态环境的共治等方面，发挥北京特有的优势，促进城市群的规模效应、集聚效应和协同效应。

在文化建设层面，新版总体规划强化了文化建设的重要性，并将文化建设提升至新的高度。《总体规划（2016 年—2035 年）》指出，“北京历史文化遗产是中华文明源远流长的伟大见证，是北京建设世界文化名城的根基，要精心保护好这张金名片，凸显北京历史文化的整体价值”。[15]新版《总体规划（2016 年—2035 年）》阐述了“都”与“城”，提出要紧紧围绕实现“都”的功能来谋划“城”的发展，以“城”的更高水平发展服务保障“都”的功能。[16]为积极落实新版总体规划，各区县纷纷制定相应的措施。西城区作为核心城区，在文化保护和文化建设方面肩负着重大责任。为着力提升城市发展品质，西城区成立西城区城市品质提升艺术审查委员会，制订《西城区街区整理实施方案》，出台《北京西城街区整理城市设计导则》和《北京市西城区街区公共空间管理办法（试行）》等，在各个领域推进城市文化建设。

第二，推进“三山五园”地区的文化建设。《总体规划（2016 年—2035 年）》注重“三山五园”地区的文化建设。陈名杰指出，“三山五园”具有优秀历史文化资源、优质人文底蕴和优美生态环境，是中国优秀传统文化与新兴文化交融的复合型地区，也是当今人民群众的公共文化空间和精神家园。[17]因此，在推动“三山五园”整体保护与科学利用的过程中，需要切实提高文化自觉、增强文化自信和实现文化自强。对“三山五园”文化内涵的挖掘，是正确认识“三山五园”的关键。何瑜在梳理“三山五园”历史的基础上，提出“三山五园”是中国传统文化和世界园林建筑集大成的荟萃之地，也是中国统一多民族国家形成的指挥中枢，是中外文化、中国各民族文化交流融合的舞台，是中国落后就要挨打的历史教科书。[18]因此，推进“三山五园”的文化建设，首要之处在于保护，在此基础上充分挖掘和利用“三山五园”的文化内涵。针对“三山五园”地区的开发和利用，朱强、张云路、李雄等指出，应尝试从风景园林学科的视角，针对区域新的问题与发展需求，对“三山五园”历史文化片区整体空间尺度上的科学研究方向和内容提出新的思考。[19]付晓、张彬、周爱华、朱海勇、赵伯川等，将“三山五园”的文化传播与现代互联网技术结合在一起，提出可以设计开发针对北京“三山五园”地区的自助旅游系统 APP，以提升“三山五园”地区的旅游服务系统。[20]

第三，推动“三个文化带”的建设。《总体规划（2016 年—2035 年）》提出，北京推进大运河文化带、长城文化带、西山永定河文化带的保护利用。“三个文化带”是北京的文脉所在，王长松认为，“三个文化带”高度凝练了北京旧城以外的文化遗产，对于建设北京全国文化中心、满足人民对美好生活的需要，起到关键的支撑作用。[21]在全国文化中心建设的视野下，李建平指出，“三个文化带”与北京全国文化中心建设密切相关，从北京历史发展脉络来看，西山永定河文化带是北京城市诞生和成长的摇篮；长城不仅是中原农耕民族与西北草原民族融合的前沿阵地，也是南北民族经济、文化交流的纽带，还是北京作为国家都城的重要屏障；中国的大运河始终向着首都修建，尤其京杭大运河北京段更是体现了大运河与国家首都——北京的政治、经济、文化的紧密联系。[22]“三个文化带”无疑构成了北京全国文化中心高地建设的重要内容。

其一，关于北京大运河文化带建设研究。大运河北京段是大运河的重要组成部分，在历史中，大运河是保障首都漕粮供应的经济生命线，具有较为重大的历史意义。2014 年，中国大运河正式列入《世界遗产名录》，标志着这一华夏民族的重要文化遗产成了全人类的共同财富。孙威、林晓娜、马海涛、孙湛等，在借鉴加拿大里多运河和法国米迪运河等案例的基础上，提出北京运河文化带的保护发展应深入挖掘物质遗产和非物质文化遗产资源，科学划定运河文化带发展范围，建立多层次多尺度的旅游线路，实现北京大运河对区域发展的整体带动作用。[23]大运河是北京文化的重要组成部分，孙冬虎、许辉指出，大运河文化带彰显古都文脉，是“都市计划的无比杰作”，其历史价值是多元而丰富的。[24]杨家毅从时间、空间和包含内容 3 个方面对大运河的文化内涵进行了探讨，指出在时间上北京地区的大运河最早可以追溯到秦朝，乃至战国时期；在空间上北京地区大运河广泛分布于通州、海淀、昌平等多个区域；在内容上大运河文化带建设应包括保护与大运河相关的各类文化遗产、涵养以大运河水系为主的生态系统、恢复并完善大运河的交通功能、适度完善以文化休闲为主要内容的民生功能。㉕

其二，关于北京长城文化带建设研究。长城不仅是北京的标志性建筑，也是中国的标志性建筑。北京段长城长度有629千米，加强长城文化带建设不仅仅是保护长城本身，更重要的是通过对长城的保护，带动长城沿线区域的发展。为深入展现长城北京段的文化全貌，北京市政协教文卫体委员会联合平谷、密云、怀柔、延庆、昌平和门头沟等6区县，与北京国际城市发展研究院共同编写了7卷本长城文化丛书——《长城踞北》（北京美术摄影出版社2017年版）。该书以图文并茂的形式，以区为单位，围绕龙脊沧桑、怀古览胜、妙笔今传、边塞烟云、雄关漫道等五部分，从整体上梳理挖掘了长城文化内涵和时代价值，对长城文化带的现状保护情况、战略规划构想及利用发展思路进行整体性研究。《长城踞北》书系是我国首套关于北京长城文化带的研究丛书，填补了目前北京长城文化带研究的空白。除此之外，其他论者在对长城文化带的研究中，提出对长城文化的保护要以人为本为原则。㉖文化遗产保护与开放利用相结合的过程，要将长城周边区域能参与到文物的保护、传承、展示、利用中。

其三，关于西山永定河文化带建设的研究。永定河又称北京的母亲河，西山永定河文化带在空间范围上以西山北南口附近的关沟为界，南抵房山拒马河谷，西至市界，东临北京小平原。西山永定河文化带历史底蕴深厚，皇家文化、寺庙文化、考古文化、民俗文化、红色文化、山水生态文化等，无一不在此有体现。因此，对西山永定河文化带的保护与建设，需要在提炼文化带文化元素和历史信息的基础上，运用现代文化设计理念，以活态的形式唤醒文化记忆。㉗从行政区划分的层面来说，西山永定河文化带包括昌平、海淀、石景山、丰台、门头沟和房山等6个行政区，其中京西门头沟地处大西山的核心地带。为挖掘和传承西山永定河文化内涵，门头沟以办好永定河文化节为牵引的“1+X”系列文化艺术为思路，着力讲好永定河和门头沟的故事。㉘

第四，推进工业文化遗产的创意性利用。老旧厂房、仓储用房及相关工业设施，承载着工业文明的印记。为推进工业文化遗产的创意性利用，2018年4月，北京市发布《关于保护利用老旧厂房拓展文化空间的指导意见》。该意见是北京首个保护利用老旧厂房的专项政策，对挖掘老旧厂房空间资源，承载公共文化服务功能，创新发展文化创意产业，具有重大的现实意义。在该意见的指导下，北京工业空间的创意性转化再上了一个新台阶。大兴区作为老旧厂房集中的区域，在创新实践中涌现出供热厂、制衣间、纸箱厂、西什库31号等改造为国家新媒体产业基地的新产业用房，实现了向文化创意产业的转型升级。㉙朝阳区作为机械、纺织、电子、化工、汽车等五大工业基地，已有30处工业厂房转型为文创园，改造建筑规模总面积达到193.30万平方米，实现了工业空间的再利用。㉚可以说，各个区县均有较为成功的案例，贾林林以北京第二热电厂为例，通过分析北京第二热电厂与城市空间形态的冲突，进而提出一系列空间整合和激活区域活力的策略。㉛

三、新战略：大部（文化和旅游部）制创新文化发展的体制机制

体制机制创新是激发组织活力，提升文化发展的重要保障。尤其是近年来，文化与旅游的不断融合，文化事业、文化产业、旅游业等各项事业相互交叉的趋势进一步明显，在各类文化资源普查、挖掘、保护以及市场秩序规范等各项工作中，需要彼此之间相互配合协调。文化和旅游部的并组是创新文化发展的重大战略，对于推进文化和旅游领域治理体系和治理能力现代化，推动文化事业、文化产业和旅游业融合发展，满足人民美好生活需要，提高国家文化软实力和中华文化影响力，具有重要现实意义和深远历史意义。㉜

北京是发展文化与旅游的重要城市，许多文化企业和文化集团聚集在北京。文化和旅游部的并组成立，极大地推动了文旅的融合，为文化旅游投资迎来不可多得的“机遇期”。但是文化与旅游的融合并不是两个部门的简单叠加，而是需要二者间发生“化学反应”，这就需要在具体的实践中找到文化与旅游融合的结合点。北京博物馆在推动文化和旅游融合发展的过程中，从游客的角度分析了博物馆文化旅游服务的特殊性，指出在服务中，注重新媒体的应用、加强游中体验化设计、利用大众传媒渠道和特殊传媒渠道提升环境建设等。㉝鸟巢作为奥运会场馆，在促进文化旅游方面也做了诸多探索。李琤指出，鸟巢在推出新线路、推进传统戏曲进鸟巢、舞台运用现代数字化技术等，创新体育文化与旅游的互动形式。㉞张鲸、

李强、陈戈、王炳元等，以北京八达岭镇岔道村为例，从经济、心理、社会和政治4个不同维度，分析社区参与旅游开发中的居民旅游增权感知问题。[35]这些丰富的实践，推动了文化与旅游的有机融合，实现了文化与旅游的有机互动。

而之所以能实现这种效果，就在于这种融合不仅是给旅游“加码”，更是给文化“赋能”。陈少峰指出，文化与旅游部门的合并有利于解决文化事业内生动力不足的问题，不仅能利用旅游壮大文化产业，也能强化旅游中的文化体验和产业属性。[36]祁述裕认为，文化旅游的融合，对旅游业提出了更高要求。它不仅是要求旅游业能满足吃住行游购娱的功能，而且要发挥旅游业在传播国家形象、传承民族文化、承担公共教育和提高公民素质方面的作用，做到二者之间的优势互补。[37]从文化产业发展的层面来说，文化与旅游的融合破解了以往束缚产业的发展的一些体制机制，魏鹏举从管理和实践两个层面予以了剖析。[38]认为文化和旅游分属两个不同机构管理的体制被打破，在规划实施中易于形成合力，在实践中能有效弥补传媒产业的不足，发挥更大的作用。

四、新业态：文化科技深度融合助力文化产业发展

文化新业态是文化与科技融合发展的产物，培育文化新业态不仅能够释放新的发展动能，又能够满足人们对美好文化的需求。文化新业态不仅仅是一种文化形式和文化内容的革新，也是对文化发展模式的自我突破。

在文化发展的创新实践中，北京地区涌现出一系列品牌文化活动和知名文化企业。2017年，北京文创产业实现增加值3908.8亿元，占GDP比重达14%，文化企业超过25.4万家，规模以上法人单位实现收入1.6万亿元。2017年北京文化消费季，以“文荟北京 质惠生活”为年度主题，在7—11月的活动中，陆续开展了万余场活动，累计实现直接消费金额162.1亿元，在释放文化消费潜力、推动文化消费结构升级方面发挥了重要作用。在2017年的文化消费季活动中，涌现出“一带一路”国礼系列、“故宫社区”APP、“和阿狸缘聚恭王府”系列文创产品等五类五十大上榜品牌、五十大入围品牌及“年度特别贡献”品牌。[39]2018年第七届中国创新创业大赛北京地区赛暨中国·北京创新创业大赛季（2018）已经正式启动，且该活动受到社会各界的支持和关注，已成为各类创新创业主体认可并积极参与的创意品牌活动。由北京卫视播出的第一季《创意中国》完美收官，在《创意中国》活动中，涌现出北京风雷京剧团、听松书院、城市传奇、迈吉客科技等优秀的文创企业，乐多港、箱子电视台、时尚京剧、数字故宫等项目，为我们展示了文化科技融合下文化业态的创造力和活力。为了传统历史文化对文化创意产业支撑作用，深入发掘激活我市文化文物单位馆藏文化资源，加强文物保护利用和文化遗产保护传承，2018年6月，北京市文化局、市发改委、市财政局、市文物局等八个部门联合出台《关于推动北京市文化文物单位文化创意产品开发试点工作的实施意见》，鼓励试点单位在确保公益目标、保护好国家文物、做强主业的前提下，开展文化创意产品开发工作。

在理论研究层面，探讨的主要话题集中在以下几个方面：

其一，文化新业态标志文化创意产业发展进入新的发展阶段。文化新业态的涌现意味着文化与现代互联网科技产生了深度融合，文化创意的发展进入到“E时代”。文化新业态在“E时代”展示出越来越强的融合发展趋势。金元浦指出，大数据在产业的融合发展中发挥着关键性的作用。[40]以大数据为代表的科技形成了共享经济的数字文化，同时，数字技术支撑的文化产业面临着多屏互动的全媒体运营（手机、电脑、iPad、电视、汽车屏、可穿戴设备屏）和全产业链整合的大繁荣（新闻、电视剧、电影、线下活动、游戏、动漫、音乐等），推动了文化产业的共享和融合。陈少峰指出，产业的融合远远超出我们的想象，传统文化产业基本上都受到了不同程度的冲击，涌现出延长产业链模式、文化科技融合模式、内涵网红模式、线上线下联动模式、“互联网平台+”模式、频道组合模式、未来模式、跨界内容体验模式、新型产业集聚模式、平台型发展模式等，在探索中重新组织商业模式已成为文化新业态重要的产业实践。[41]王林生指出，在新的历史阶段，文化新业态呈现出“高端创意、跨界融合、模式创新、场景体验”的新特征，内容创新在新的文化业态中再度成为中心，新生代则成为新业态主要的消费群体。[42]文化新业态是文化产业提质增效的重要体现，为了构建良好的文化生态，迫切需要提升文化新业态本身的发展质量。何群认为，文化产业提质增效需要构建创新生态系统，它既需要有相对完整的创新生态系统构成要素，又需要构建创新生态系统的循环共生机制。[43]与何群的思路有所不同，祁述裕从市场准入的层面强调了市场开放的重要性。[44]认为推动形成全面开放新格局、激发文化产业活力和加快我国文化企业走出去步伐，需要放宽文化市场准入，扩大文化市场开放。文化新业态最终要服务于城市发展，意娜从城市发展的角度，指出新兴的文化业态，对城市经济发展具有重要的支撑作用，可以激发城市发展的新动能。[45]

其二，文化新业态是优化文化创意产业供给侧结构的重要内容。某种程度上讲，文化新业态适应了文化创意产业结构性改革的需要，这是因为文化新业态是知识社会创新 2.0 推动下的互联网形态演进的必然产物，预示着文化创意产业未来发展的方向和路径。张晓明从一种宏观的视野，在全书梳理与总结文化产业发展历程的基础上，指出中国文化产业将面临短缺与过剩的"低水平并存"的发展问题，因此迫切需要顶层设计来实现文化产业的平衡发展。[46]文化新业态有助于优化产业结构，范周指出，在供给侧结构性改革的宏观背景下，必须发挥数字文化产业在调结构、促消费、扩就业的独特作用，提升数字文化产业内涵，创新驱动、开放发展，形成了良好的数字文化发展格局。[47]

文化新业态不仅创造了新的文化模式，也为文化产业的发展提供了新的思路。文化供给侧改革是探讨文化产业创新发展的重要维度。金元浦、王林生指出，深化体制机制改革，积极探索新形势下的城市产业发展和供给模式，仍是推动供给侧结构性改革的重要任务。[48]尤其是北京作为全国文化中心，在供给侧方面迫切需要理论创新，如何以更加开放的思想环境，鼓励理论创新与理论突破，将影响北京未来发展的高度和广度。理论创新的同时，创新资本对接的形式，也是推动供给侧结构性改革的重要内容。梅松认为，对接资本的平台不足，是当下文创产业发展的短板，而搭建文创与资本有效对接的平台、构建文创产业投融资服务体系，对于完善文化要素市场不可或缺。[49]针对北京文化创意的发展，沈晓平、张京成指出北京市文化创意产业对自身的内部关联最明显，对计算机、金融、批发零售等的后向关联较大，对批发零售、金融、资本市场等的前向关联较大。[50]这一研究对推进文化创意产业的结构优化具有启示意义。佟东则以北京大兴区为例，合北京"十三五"发展规划，对大兴新区产业结构优化的条件进行了分析，认为应构建现代、优质、高效的产业发展体系，进一步壮大电子信息、生物医药、装备制造、汽车制造四大主导产业，促进文化创意、结算中心、工业设计等新兴业态发展。[51]在现实实践层面，一些文化企业和集团从自身内部改革出现，探索供给侧改革的路径和方式。北京市剧院通过建立运营服务平台，衔接艺术生产单位、演出场所和观众，打造 3 方受益的公共文化服务平台，有效了调节剧院与文艺团体的供需关系。[52]

其三，文化新业态的产业发展秩序亟待完善。文化新业态的快速发展，活跃了文化市场，极大地释放了文化的生产力。2018 年"虎牙""哔哩哔哩"等直播平台的上市，展示出新文化业态具有的良好市场前景。但在产业蓬勃发展的背后，也存在一些亟待解决的问题。为进一步规范文化创意产业的发展，2018 年 6 月，北京出台《北京市文化创意产业园区认定及规范管理办法（试行)》和《关于加快市级文化创意产业示范园区建设发展的意见》两个文件，通过面上抓规范、开展文创园区认定管理，点上抓高端、打造一批示范园区，以点带面，有效提升全市文创园区发展水平，力争到 2020 年，在全市范围内推动形成一批企业发展良好、产业特色鲜明、社会效益和经济效益显著的示范园区，为全国文化中心文化创意产业引领区建设打下坚实的基础。文化新业态是文化创意产业的重要组成部分，但是由于文化新业态的进入门槛较低，网络主播呈现出低龄化的发展趋势。但是从整体来说，文化新业态尚处于初级发展阶段，产业伦理、产业秩序以及相应的法律法规均不完善。WiFi 万能钥匙、今日头条、抖音、搜狗等出现的不良内容，体现了文化新业态缺乏必要的伦理秩序的规范。基于此，有关管理部门提出以首善标准来引领网络文化的发展。[53]赵玉宏研究中指出，对于文化发展中所出现的问题，应在制度层面、社会层面、企业层面等角度，完善文化创意产业发展的相关体制机制。[54]

总体来看，文化新业态的发展需要进一步完善相关体制机制，它所展现的创造力体现了文化科技融合对文化发展所具有的巨大推动作用。大部制的探索与尝试，引领了文化发展改革的方向。可以说在新的城市发展规划的总体指引下，创新文化发展的路径与内容成为文化北京的重要内容。

注：

①许海：《"两个质疑"的殊途与同归》，《前线》，2017 年第 9 期。

②袁吉富：《习近平总书记关于北京工作系列重要指示是指导北京工作的辩证法总纲》，《前线》，2017 年第 10 期。

③陈文玲、韩易虎、毕绪龙、徐静飚、张苒苒：

《关于在北京建设“国家文化中心”的建议》，《中国智库经济观察》，社会科学文献出版社2017年版。

④王健生、刘政：《北京亮出非首都功能疏解三年成绩单》，《中国改革报》，2017年6月12日。

⑤郭万超：《北京加快建设全国文化中心的路径》，《中国国情国力》，2017年第12期。

⑥付连英：《文创园为非首都功能疏解探出新路》，《国际商报》，2017年9月14日。

⑦胡娜：《中国戏曲海外传播与国家文化软实力建设》，《文化软实力》，2017年第1期。

⑧郭京宁：《北京文物中的“一带一路”》，《人才资源开发》，2017年第21期。

⑨王建伟：《“空间”概念与近代北京城市史研究》，《福建论坛》，2018年第2期。

⑩李文化、李媛：《法国城市规划建设实践对北京城市副中心建设启示》，《投资北京》，2018年第1期。

⑪李雷：《公共艺术纳入北京城市副中心顶层设计的可行性》，《雕塑》，2017年第4期。

⑫施卫良：《北京城市总体规划编制的时代特征与转型探索》，《城乡规划》，2017年第6期。

⑬石晓冬、杨明、和朝东、王吉力：《新版北京城市总体规划编制的主要特点和思考》，《城市规划学刊》，2017年第6期。

⑭文魁：《城市群视角 ：北京城市的新担当》，《城市管理与科技》，2017年第5期。

⑮《北京城市总体规划(2016年—2035年)》，来源于“首都之窗”，http://zhengwu.beijing.gov.cn/gh/dt/t1494703.htm

⑯林培：《阐述“都”与“城” 描绘新格局——细读北京新版城市总体规划》，《中国建设报》，2017年10月17日。

⑰陈名杰：《推动“三山五园”整体保护和科学利用》，《北京日报》，2017年11月27日。

⑱何瑜：《“三山五园”的地位需重新认识》，《北京娱乐信报》，2017年12月9日。

⑲朱强、张云路、李雄：《北京“三山五园”整体性研究新思考》，《中国城市林业》，2017年第1期。

⑳付晓、张彬、周爱华、朱海勇、赵伯川：《三山五园历史文化景区自助旅游系统APP设计与开发》，《北京联合大学学报》，2017年第4期。

㉑王长松：《北京三个文化带的文化精髓与保护传承创新》，《人民论坛》，2017年第34期。

㉒李建平：《“三个文化带”与北京文化中心建设的思考》，《北京联合大学学报》(人文社会科学版)，2017年第4期。

㉓孙威、林晓娜、马海涛、孙湛：《北京运河文化带保护发展的国际经验借鉴研究》，《中国名城》，2018年第4期。

㉔孙冬虎、许辉：《北京大运河文化带的历史特征与当代意义》，《北京日报》，2018年5月28日。

㉕杨家毅：《浅析大运河(北京段)文化带的内涵》，《北京联合大学学报》(人文社会科学版)，2017年第4期。

㉖李雪：《以人为本，推动长城文化带建设》，《中国文化报》，2018年3月30日。

㉗《保护延展西山文脉 创新传承永定河文化》，《北京日报》，2017年11月30日。

㉘《在大力推进西山永定河文化带建设中点亮门头沟》，《北京日报》，2018年3月12日。

㉙王颖：《统筹布局 因地制宜 推动老厂房转型升级》，《北京文化创意》，2018年第1期。

㉚李焱：《老旧厂房升级创意殿堂》，《投资北京》，2017年第10期。

㉛贾林林：《旧工业厂区的空间整合研究——以北京第二热电厂为例》，《建筑与文化》，2018年第3期。

㉜《以机构改革为契机 推动文化建设和旅游发展开创新局面》，《光明日报》，2018年4月9日。

㉝王静、王玉霞：《北京博物馆文化旅游服务质量提升研究》，《北京联合大学学报》(人文社会科学版)，2017年第3期。

㉞李铮：《北京鸟巢：创新体育文化互动旅游》，《中国文化报》，2018年6月2日。

㉟张鲸、李强、陈戈、王炳元：《文化遗产地社区居民旅游增权感知研究——以北京八达岭镇岔道村为例》，《建设科技》，2018年第5期。

㊱陈少峰：《文化旅游部门合并有利于壮大文化产业》，来源于http://js.qq.com/a/20180314/019761.htm

㊲祁述裕：《公共文化与旅游产业融合发生需要优势互补、取长补短》，首都师范大学“公共文化与文化旅游产业融合发展”研讨会发言，http://www.360doc.com/content/18/0529/20/224530_758051351.shtml

㊳《文化领域机构改革丨专访》，http://www.wixiang.com/news/27103.html

㊴《2017 北京文化消费品牌榜发布》，http：//www. xinhuanet. com/book/2018 －02/07/c_ 129807043. htm

㊵金元浦：《用大数据推动共享和融合》，《光明日报》，2018 年 6 月 6 日。

㊶陈少峰：《文化产业融合发展的趋势与模式》，《人文天下》，2017 年 12 月。

㊷王林生：《互联网文化新业态的产业特征与发展趋势》，《甘肃社会科学》，2017 年第 5 期。

㊸何群：《构建创新生态系统：我国文化产业提质增效的路径》，《学习与探索》，2018 年第 2 期。

㊹祁述裕：《放宽文化市场准入，扩大文化市场开放》，《东岳论丛》，2018 年第 1 期。

㊺意娜：《文创产业激发城市发展新动能》，《理论学习》，2017 年第 11 期。

㊻张晓明：《中国文化产业发展之历程、现状与前瞻》，《山东社会科学》，2017 年 10 月。

㊼范周：《从三个方面解读数字文化产业发展新思路》，《人文天下》，2017 年 5 月。

㊽金元浦、王林生：《问题与对策，文化供给侧结构性改革之路》，《文化产业导刊》，2018 年第 2 期。

㊾梅松：《为文创搭建更多对接资本的平台》，《中国妇女报》，2018 年 2 月 2 日。

㊿沈晓平、张京成：《北京市文化创意产业的关联效应研究》，《中国科技论坛》，2017 年第 7 期。

51佟东：《新常态下北京大兴新区产业结构优化的条件及对策》，《经济论坛》，2017 年第 11 期。

52陶子：《北京市剧院运营服务平台：文化供给侧改革的一次崭新尝试》，《中国文化报》，2017 年 11 月 30 日。

53《北京网信办：以首善标准引领网络文化》，http：//www. cac. gov. cn/2018 －02/02/c_ 1122360324. htm

54赵玉宏：《文化创意产业融合发展研究——以北京文创产业为例》，经济日报出版社 2017 年版。

（作者：金元浦，中国人民大学教授；王林生，北京市社会科学院副研究员）

北京环境建设

陈　剑　毛雪峰

一、重要的学术观点

2017 年 12 月 26 日，中国园林网发表文章，文章题目是“北京：打造‘生态乐园’的城市森林，树种该如何选择”。针对近年来城市的绿化特点，文章认为，城市绿化方兴未艾，给原本被钢筋水泥包裹的城市增添了一抹绿色。但是，这类传统的城市绿化理念，更看重于景观美化，与呈现生物多样化且相辅相成的自然生态相去甚远，至多可称之为城市绿地。文章以北京的第一个城市森林“广阳谷城市森林”为例，提出城市绿化要注重理念更新，从城市绿地到城市森林，并非只是名称的变更，而是从景观美化到复原自然生态的根本性转变，城市绿地至多不过是有花有树有草的市民游玩场所，而城市森林的发力点则在于通过复原自然生态，再现人与自然融为一体的场景。

围绕城市绿化理念问题，北京外国语大学教授林建华认为，建设生态文明，不是要放弃工业文明，更不是回到原始的生产、生活方式，而是以资源环境承载能力为基础，以自然规律为准则，以可持续发展、人与自然和谐发展为目标，建设一个清洁美丽的世界。他认为，生态文明建设不仅仅是一种绿色发展理念，更是一场涉及生产方式、生活方式、思维方式和价值观念的绿色革命性变革，功在当代、利在千秋。

污水处理有两大产出：水和泥。针对北京市污水处理过程中存在的“重水轻泥”问题，北京市水利规划设计研究院副院长张彤认为，应打破目前“重水轻泥”局面，启动第 3 个水污染治理行动计划，加强污泥资源化知识的宣传和科普力度。她认为，引导全社会高度重视污泥处置困局，既要实现污泥不违规外运，又要解决污泥的出路，让污泥回归自然。她建议：由水务、环保、园林、国土等部门联合编制污泥资源化利用五年规划，明确污泥利用方向，如改良沙荒地、修复盐碱地、苗圃培育等，明确适宜土地利用的空间范围，分解污泥消纳任务，明确相关保障措施和监管措施。

京津冀所在华北地区已经成为水资源短缺“重灾区”，针对这种现状，中国电力国际有限公司赵亚洲建议，在京津冀范围内对地下水资源实施统一管理、监测、治理与保护，开展地下水污染场地清单排查，建立统一的垃圾填埋场和污水处理场，并统一处理标准。他认为，除了采用先进成熟的治理技术，还应建立京津冀地下水环境监管联动机制，结合大数据应用，创建统一的信息共享机制，建立京津冀统一的地下水环境评价、风险预警与事故应急管理体系。同时，还应建立一体化的水资源调配采补制度，搭起水资源统一调配管理平台，实行水量联合调度。地下水开采应采补平衡，通过区域内及南水北调的合理调配和京津合作推进海水淡化工程，提高水资源可利用量。

雾霾防治一直是北京环境建设的重中之重。据中国新闻网报道，截至2017年12月31日，2017年度北京市年平均PM2.5浓度为58微克/立方米，较上年下降20.5%，重污染日比2016年减少16天，基本上达到“大气十条”规定的北京市年均PM2.5浓度控制在60微克/立方米左右。针对这种治理成效，中国环境保护组织公众环境研究中心主任马军认为，2017年经常出现蓝天白云，靠的是“人努力、天帮忙”。他分析认为，北京地处华北平原北端，过去几个月，每隔几天就有较强冷空气活动，把蒙古和西伯利亚地区的清洁空气输送到北京，也吹散了污染物。

2017年12月28日，《北京日报》发表题为“燃烧机动车工业生产是重污染来源”的文章，称京津冀及周边地区秋冬季PM2.5爆发式增长成因可概括为本地积累、区域传输和二次转化3种类型，而北京市的污染是3种污染类型的叠加。针对以上分析，有专家提出，要达到中国国家标准或者世界卫生组织的标准，北京市还需在关停散乱污企业等方面下更大功夫，继续减少用煤，甚至完全脱煤。绿色和平中国区气候与能源项目主任李硕认为，2017年度北京治理雾霾取得的成效，除了大型工业企业限产，“煤改气”“煤改电”也在控污方面发挥了作用，他认为，燃煤取暖是冬季两大污染源之一，如果能有效控制和减排，就能改善空气质量。

清华大学环境学院院长贺克斌持相同观点，他认为，民用散煤和散乱污企业治理力度还要加大，继续推进煤改气，才能进一步改善空气质量。自然资源保护协会高级顾问杨富强持相同观点，他认为应进一步压减燃煤用量，期待北京完全脱煤，改用天然气或电力。

环保部宣传教育司巡视员刘友宾认为，当前大气污染防治形势依然严峻，主要原因：一是部分地区、部分时段环境空气质量超标问题仍然突出；二是区域进展不平衡，部分省份工作相对滞后；三是以煤为主的能源结构、以重化工为主的产业结构、以公路货物运输为主的运输结构尚未转变，污染物排放量大。

清华大学杨军教授认为，国内城市的树木多样性总体相比较高；但平均不高；城市的乔木种类远远高于灌木种类，外来种的比例较高；城市间种类组成随空间距离增加相似性降低，同纬度上城市相似性高；城市树木中有不少具良好园林绿化价值的种类；城市树种的多样性有很大的提高空间。李延明研究员通过分析城市生态系统的特点，认为城市生态环境问题究其本质是物质与能源流动的失调、城市系统结构的失调和城市功能的失调。要进行城市生态保护和国家生态园林城市建设就要从根本上去解决这些问题。

二、论坛和研讨会

2017年5月7日，北京林学会承办第五届中国林业学术大会——省级林学会分论坛。论坛主题是“地方林业现代化建设”。与会代表围绕森林与人类健康、生态屏障建设、经济林产业发展等问题展开交流。江西农业大学教授杜天真通过分析省内生态文明试验区建设，提出对于生态基础好的地区，高质量森林是试验区建设的基础和保障。他认为，生态公益林要科学经营、正确评价，以效益论补偿；以少量高质量林地集约经营量多质优用材林；注意研究基地的保护和保存。

2017年5月18日，北京生态修复学会等单位举办首都生态修复论坛。论坛围绕“北京森林生态系统服务功能”“北京市地热‘两能’的研究与实践”等问题进行研讨。与会专家针对京津冀地区特别是雄安新区的地热能利用和生态系统建设问题、北京城市副中心的地热能和植被建设问题提出看法和建议，同时对“一带一路”沿线的水资源短缺问题和可再生能源开发进行了论述。专家一致认为，在“一带一路”沿线国家对以上两个方向具有很大发展潜力与机会。

2017年5月26日，北京生态学学会举办第12期生态学前沿报告会。印度中央旁遮普大学（Central University of Punjab）副校长Ravinder Kumar Kohli教授做了题为“Alien Plant Invasion: Ecological Impact in India”的报告。Kohli教授通过对比印度过去和现在外来物种的种类和分布情况，介绍了印度本土植物在遭受外来植物入侵后所面临的生存危机，以及入侵物种对当地生态系统和生物多样性产生的恶劣影响和其对当地居民生产生活所产生的巨大冲击。通过对这些入侵物种的来源地和特点进行分析，他认为解决外来物种入侵的问题决非朝夕可完成，需要长期投入不断完善监测数据库，以便建言献策时提供足够的理论依据，尽可能修复被破坏的生态环境，对外来物种加以控制。

2017 年 6 月 8 日，北京市园林科学研究院等单位举办第十二届新世纪北京生态论坛。论坛主题是“城市生态与宜居环境建设”。北京市园林科学院高级工程师李新宇以“综合评价园林植物对雾霾的消减作用”为题，介绍了在考虑园林植物释放 VOCs 的情况下园林植物对大气 PM2. 5 浓度的滞留能力、有效降低 PM2. 5 浓度的优化植物配置模式和城市绿地建设的关键设计技术等。王效科研究员讲述了城市生态学研究的 4 种基本方法——模拟、监测、模型及评价，他认为，城市的发展离不开科学引导，城市生态学研究是城市规划、建设和管理的重要依据。

2017 年 7 月 8 日，北京环境诱变学会、中科院地理科学与资源研究所等单位共同举办京津冀有机固体废物处理与环境、健康效应研讨会。中国科学院、清华大学等科研院所和高校 60 多位专家学者参会。与会专家学者围绕污泥干化技术、废弃植物油利用、畜禽养殖粪污处理等内容进行研讨。国家行政学院教授张孝德以“生态文明时期科技范式革命”为题发表意见。北京科技大学邢奕教授、清华大学刘建国教授以及东北电力大学施云芬教授等专家结合各自研究领域做报告，提出有机固废处理行业未来的研究方向和发展趋势。

2017 年 8 月 9 日，北京农产品质量安全学会、北京农业质量标准与检测技术研究中心共同举办基于质谱裂解规律的食品有害物筛查技术的学术报告会。中国检验检疫科学研究院张峰研究员结合案例分析了食品中化学有害物分析技术发展趋势，结合实验室科研方向，分别介绍了杂环胺质谱裂解规律及其在肉制品检测中的应用，受体激动剂质谱裂解规律及其在饲料筛查中的应用，增香剂质谱裂解规律及其在卷烟检测中的应用等内容。他认为靶标检测方法的研究明显落后于新型替代品的研发。

2017 年 8 月 22 日，北京市环境保护科学研究院、中国环境科学研究院共同举办污染场地筛选值和修复目标值制定方法研讨会。北京市环境保护科学研究院姜林研究员、中国环境科学研究院周友亚研究员、中国科学院南京土壤所陈梦舫研究员等 11 名专家学者参会。研讨内容涉及国家和北京、上海、重庆等地方污染场地筛选值和修复目标制定技术方法与实践经验，北京和重庆等地方在“土十条”和“污染地块管理办法”发布实施后污染场地环境管理的一些新思路。

2017 年 11 月 21 日，北京减灾协会、中国灾害防御协会等单位共同举办“首都圈巨灾应对高峰论坛——新时代公共安全创新治理”。民政部国家减灾中心、国家减灾委等领域的专家学者 90 余人参加论坛。论坛围绕新时代公共安全创新治理，交流防灾减灾新理念和工作成果。国家减灾委专家委员会副主任闪淳昌作《提高应急能力 做好应急准备——“天鸽”台风应对的启示》特邀报告。他认为，现代化成果越高，城市脆弱性越凸显，应树立新时代的安全新理念，坚持总体国家安全观，加强生命线的能力建设，提高工程防御灾害能力，建设城市风险管理“一张网”。

2017 年 11 月 25 日，北京林业大学园林学院等单位举办第三届风景园林植物与人居环境建设论坛。论坛主题是“多功能的植物景观”。与会专家围绕植物耐旱能力及抗逆良种选育、北京园林绿化发展思路、植物修复城市污染土壤、多功能的园林植物规划等方面发表意见，并结合自身研究领域和园林植物景观与生态主题，对多功能的植物景观内涵和外延进行探讨。

2017 年 12 月 2 日，北京制冷学会等单位举办“促进煤改清洁能源供暖的高效运行”决策咨询沙龙。清华大学、北京工业大学等单位专家学者参加沙龙。中国工程院江亿院士认为，在推广“煤改电”的进程中，要用市场的手段，选择科学、有效、合理的方法，使清洁供暖朝着健康有序的方向发展。与会专家发出成立“维保专业委员会”的倡议，认为应当统一协调制冷（热泵供热）行业的维保工作，制定相应的行业规范，进行行业资格培训与鉴定，普及维保知识和基本运行维护技能培训，促进煤改清洁能源供暖高效运行。

2017 年 12 月 26 日，京津冀生态文明沟域发展论坛举办。论坛主题是“京津冀三地生态沟域创新与发展之路进”。论坛针对美丽乡村建设过程中存在的产业融合发展、资金、技术及人才支持等痛点难题，就美丽乡村建设的发展趋势及建设模式、盘活闲置农宅的价值、未来田园综合体产业投资热点及农业项目规划落地等问题进行探讨。与会专家认为，从当前农业农村发展的趋势分析，乡村振兴不是要城镇化，而是要现代化，跨区域合作已成为国内外重要的区域经济发展模式，应引起广泛重视。推动京津冀跨区域的合作，增加农民收入，必须坚定不移推动乡村振兴战略。

三、重要课题项目

《汽车尾气高效复合降解材料研发及其在道路工程中的应用》由北京建筑大学、北京市道路工程质量监督站等5家单位共同完成。项目内容：开发具有宽域感光频段的复合二氧化钛光催化降解材料，对汽车尾气主要污染物的降解效果比普通二氧化钛类降解材料提高约30%；开发具有交联网链结构的极性高分子聚合物稳定剂，提高二氧化钛基催化降解材料与雾封层、含砂雾封层等载体材料的相容性，使混合物的稳定性由48h提升到180h以上；研制的基于自然光照条件下的汽车尾气降解效果的ppb高精度测试装置及分析系统，能够准确模拟并测试室外汽车尾气浓度变化状况。该项目研究成果重现性好，技术成熟度高，环境效果突出，市场推广应用前景广阔。

《高性能环氧沥青开发及应用技术研究（低成本环氧沥青应用技术研究）》由奥科瑞公司完成。项目内容：通过化学改性、复配及优化开发了环氧沥青，其主要路用性能优于现有的产品；通过固化原理分析及配合比设计，将环氧沥青的容留时间延长至3小时以上，改善了环氧沥青及混合料施工和易性；与同类产品相比其造价降低了20%以上，性价比优良。课题研究成果在京港澳高速佃起河桥梁改造及京台高速公路（北京段）工程六环立交B匝道桥等工程中得到成功应用，效果良好，具有推广价值。

《北京旧城地区污染分析及管理体系构建》由北京市环境科学研究院水环境与水资源保护所承担。课题内容：针对本市下游通惠河段水质超标问题，开展旧城地区点源、面源全面分析，得出雨季合流制管道溢流是通惠河水质超标重要成因的结论。同时，根据2016—2017年7场典型降雨，旧城区内主要合流制排口5分钟间隔的连续水质、水量数据分析，结合一维水质模型，拟合出研究区域合流制溢流次数与河流水质的关系函数，提出典型水文年份基于通惠河水质达标的旧城区合流制排水体系雨季溢流次数限值。

《北京市大气污染源排放清单研究与示范》由北京生产力促进中心等单位承担。课题内容：基于对北京市重点大气污染源的调研、排放测试和数据分析，更新了10类重点污染源大气污染物排放因子和活动水平；建立了北京市2014年、2015年大气污染源排放清单和北京市大气污染源排放清单数据库及可视化平台。课题成果在APEC会议和9.3阅兵等重大活动以及空气重污染期间的污染控制措施制订中得到了应用。编制发布了1项行业标准《民用煤大气污染物排放清单编制技术指南（试行）》，在国内外期刊发表了23篇学术论文。

《北京地区民用燃煤及扬尘污染控制关键技术研究与示范》是“十二五”国家科技支撑计划项目，由北京市科学技术委员组织承担。项目内容：调查研究了北京及周边农村地区生活能源消耗现状及污染物排放情况，设计完成了10种不同清洁能源利用与新型高效采暖设备组合的采暖技术方案，推荐了燃煤减量及替代的技术方案，提出了应用推广模式和政策建议；提出园林滞留细颗粒物的计算方法和控制颗粒物的5种植物群落模式，建立了基于车载仪器的路面积尘负荷测试系统。该项目对北京市居民燃煤和城市扬尘治理提供了技术支持，同时为国内大型城市和区域大气污染源排放清单编制及综合治理起到示范作用。

《北京密云水库流域退化林恢复与经营》是亚太森林组织资助项目。项目内容：通过水源林经营技术示范、林业社区居民生计改善及能力建设等措施，提高密云水库流域森林的多种功能，促进密云水库饮用水源地保护，并通过大都市水源地保护伙伴关系，在国内推广项目创新的最佳森林经营模式与林业社区发展模式。

四、政策建议

针对北京雾霾治理问题，2017年8月5日，参考网刊载署名尹一伊的文章，文章题目是“北京雾霾成因及对策建议”，文章认为北京雾霾产生的原因，既有政府层面的原因，也有企业层面和个人层面的原因。针对以上问题，文章提出以下政策建议：第一，政府层面。调整经济结构，从技术上寻求突破和改变，在提高产品技术含量的同时节约利用资源；调整能源的消费和供给结构，推动高耗能产业退出；提高并严格执行环境排放标准，对肆意排放污染物的企业进行处罚，留下对环境保护有利的市场。第二，企业层面。使用环保、绿色生产方式；进行新能源方面的探究，减少由已经不甚丰富的老式能源的不合理使用及开采所造成的污染量。第三，个人层面。从社区及中小学教育中着手，增加群众对雾霾的认知层次。

2017 年 3 月 28 日，在北京市第十四届人民代表大会常务委员会第三十六次会议上，市人大城市建设环境保护委员会对《北京城市总体规划（2016 年—2030 年）（草案）》提出建议，建议如下：第一，发挥北京作为发展核心的作用，推进交通一体化发展、加强生态环境保护合作、推动产业升级转移，推动跨界地区协同治理。第二，统筹本市各区功能定位，避免无序竞争和低水平同质发展；加强城乡统筹，激发农村发展内生动力；强化北京科技和人才优势；明确产业结构比例，根据产业结构进一步优化调整用地规模和空间布局；优先保障公共服务设施用地，提升城乡公共服务能力和水平；加强城市人居环境和公共文化建设；合理确定总体规划各项指标体系，增强指标体系的科学性和前瞻性。第三，编制控制性详细规划、修建性详细规划，以及生态环境保护、综合交通体系等专项规划。第四，强化首都规划建设委员会和市政府的统筹协调，分解并严格落实各项规划指标体系。抓紧开展《北京市城乡规划条例》《北京历史文化名城保护条例》的修订调研，以及地下空间开发利用等方面立法的基础性研究工作。第五，健全总体规划实施监督机制，维护总体规划的严肃性和权威性，凡是违反规划的行为都要严肃追究责任。

2017 年 1 月 14 日，《前线》杂志发表题为“对北京产业疏解配套政策若干问题的建议”的文章。建议如下：发挥北京市推进京津冀协同发展领导小组的作用，研究制定本市产业疏解的配套政策和实施方案，提高政策集成和协同效应；建立京津冀协同发展（北京）信息服务平台和一站式审批服务平台；搭建京津冀三地产业转移监测平台，运用企业大数据方法，掌握三地不同类型产业转移的进展情况；制定梯次疏解的产业布局规划，统筹郊区产业承接政策，明确北京各类产业梯次疏解、逐级外移的方向和重点，将城 6 区的产业资源重新进行结构性配置；为产业疏解提供强有力的法律支持，将企业疏解风险评估审批权下放到区，梳理并完善已有的与拆除违章建筑和防止人口过度聚集有关的法律法规，严格执行限额标准，法院依法对疏解类企业涉案建立接案速审工作机制；加强规划的严肃性和强制性，将依规实施情况纳入对各级政府的考核指标；加强与津冀沟通对接，推动承接地政策协同，推动国家层面对 3 地产业疏解承接政策的统筹协调，加强对产业疏解承接的有序引导。

外来人口问题是首都城市治理绕不开的难点问题。2017 年 1 月 24 日，中国共产党新闻网刊载题为“流动人口疏解效果评价及政策建议——对北京市的问卷调查”的文章，文章在对北京外来人口的现状和存在问题分析以后，提出政策建议：第一，合理把握外来人口“向心式”的流动形态。北京是最大发展中国家的首都，从全国范围来看以户籍所标定的人口流动呈现出典型的“向心式”流动的形态，对此有合理的认知，是正确制定和出台流动人口政策的前提。第二，确立“融”“疏”并举的基本思路，摒弃单一疏解的思路，而应着力在“融解”与“疏解”辩证施策上见智慧和下功夫。第三，扭转城市发展的空间格局。在京津冀协同发展乃至国家统筹的战略格局下，首都城市发展的空间形态逐步地转型到“组团式”“多中心”的轨道上。第四，积极研判和预防政策非预期后果。从全局出发逐步消除制度壁垒，使外来人口一定的比例在城市安定下来。第五，探索社区包容性治理新方式。对外来人口，施以刚性的人口控制并不能奏效，需要在其居住生活较为集中的社区探索包容性治理的新方式，发挥基层社区的作用，增强社区的社会融合性和城市的社会亲和性。

湿地是北京城市生态系统的重要组成部分，但是目前北京中心城区已经很难找到可以进行大面积湿地建设的区域。针对这种现状，中国林科院湿地研究所所长崔丽娟提出如下建议：充分利用现有地势低洼、排水不畅或者经常积水的区域，尤其是非首都功能疏解中的腾退用地，综合生态需求，对用地进行细致谋划，建设一批小微湿地；结合海绵城市建设，考虑雨水利用，构建以调蓄洪水为主要功能的下凹式小微湿地；在人口密度较大的区域，营建不同规模的小微景观湿地，发挥湿地调节小气候、缓解热岛效应和美化环境的功能，改善区域生态环境；在具有集中排污系统但缺少污水处理设施的农村和远郊区，可以考虑构建污染综合处理湿地，引入净化能力强的湿地生物，拦截、转化、降解污染物，提高湿地的水环境质量，减少进入下一级湿地的污染物。

针对目前北京地区水生野生动物保护问题，延庆县环保局高级工程师霍高智认为存在以下问题：一是土著鱼类物种多样性急剧下降，物种组成的异质性明显降低，物种多样性下降程度明显；二是相关自然保护区建设与管理受限，保护区的数量与规模不能满足当前水生物种保护的需要，保护与发展的矛盾比较突出，保护区基础研究不能适应当前建设与管理工作需要，建设和管理水平亟待提高。针对以上问题，他提出以下建议：一是建议由国家水生野生动物救助中心和延庆区水产中心两家单位协同国家有关研究部门，共同做好鱼类资源本底调查。二是政府部门加强现有保护区的管理，在法律法规的授权范围内，强化各种监管措施，科学规划保护区的发展与定位。主要措施有：加大水生野生动物资源的增殖与恢复力度，研究野生鱼类的驯养繁殖技术；加强现有两个市级水生野生动物自然保护区的建设与管理，为申报国家级自然保护区做好准备工作。三是抓紧落实建立国家级水生野生动物自然保护区，在延庆东部山区珍珠泉桃条沟菜食河干流7千米河段建设国家级水生野生动物自然保护区，由相关部门出面，对该区域存在的产权问题予以解决。

（作者：陈剑，中国经济体制改革研究会研究员；毛雪峰，北京改革和发展研究会经济师）

北京科技创新

陈 剑 毛雪峰

一、有关科技创新的重要观点

2017年度，“科技创新”是一个在媒体上频繁出现的热门词汇。关于北京科技创新，不同领域的专家学者持有不同的观点。1月10日，北京日报发表署名为苏贵光的文章，文章题目是“加大建设全国科技创新中心的宣传引导力度”。文章认为，北京建设全国科技创新中心存在不少问题，应该在以下几个方面下功夫：一是深化创新改革，完善创新发展体系，培育创新文化，形成完善的创新制度体系；二是强化资源整合，在创新的质和量方面有所提升，释放各类科技资源，实现共用共享；三是聚焦重点领域，培育若干具有全球竞争力的产业集群；四是推动京津冀协同创新，辐射带动区域转型发展，构建创新链和产业链为目标，打造一批共建创新合作平台；五是实施双向开放创新，建设全球创新网络重要枢纽。

针对这个话题，9月25日，北京日报发表署名马一德的文章，文章题目是“领跑科技创新需要的动力、活力和能力——关于建成全国乃至全球科技创新网络枢纽和中心的思考”。文章认为，北京科技创新以集成创新和引进消化吸收再创新为主，处在“跟跑”状态，北京要成为全国乃至全球科技创新网络的枢纽和中心，要解决好创新动力、活力和能力问题。文章提出，北京要打造全球有影响力的科技中心，首先要充分依托首都科技资源密集优势，吸引人力、物力资源增强基础研究，构建综合性、专业性和区域性科技创新服务平台，建立服务京津冀经济发展的共性技术研究机构，推动共性技术与关键技术共研共享。

有关科技创新在北京的实践问题，北京市科委副主任伍建民认为，需要注意以下6个基本点：第一，以用为本，促进创新资源融通发展，建立中央和地方协同推进科技创新中心建设的组织模式和工作机制，对接国家重大科技计划，促进首都科技资源开放共享；第二，以人为核心，激活创新要素，包括人才、技术、资本、成果等；第三，以企业为主体，促进产学研用协同发展，强化企业技术创新主体地位，促进以企业为主体的产学研用协同创新；第四，以北京“三城一区”为平台，带动整体发展；第五，以多样化政策工具为手段，促进各项政策协同发力，包括在供给端、需求端、环境端的政策工具；第六，以中关村示范区先行先试为抓手，探索可复制可推广的改革经验。

围绕科技中心建设的问题，5月29日，《南开大学学报》发表署名刘刚的文章，文章题目是“建设具有全球影响力的科技创新中心：京津冀协同发展的核心战略取向”。文章从创新生态系统的角度提出观点。文章认为，科技创新资源的富集只是建设科技创新中心的基础和条件，只有培育和完善富有效率的创新生态系统，发展数据经济和平台企业，推动创新创业活动的持续涌现，形成城市群之间的协作体系，才是科技创新中心发展的基本路径。文章同时认为，从第4次科技产业革命发生和发展的视角看，京津冀协同发展中打造的科技创新中心不再是传统的科技城，而是率先发展以数据产业为导向的创新生态系统和经济体系。数据产业的发展依赖的是能够实现数据实时在线共享的平台，而数据产业的发展不仅改变产业结构，而且改变新知识的创造能力。

中国科学技术发展战略研究院院长胡志坚从社会环境的角度提出观点。他认为，中国作为亚洲第一大国和世界第二大经济体，更具备拥有科技创新中心所需的资源和市场，孕育着世界级的科技创新中心的潜力。全球科技创新中心目前高度集中于北美、西欧大城市群体区，这一现象说明中国自己的科技创新中心必须依托其发达的城市群地区，一定要讲进化、顺其自然，政策是辅助推动。

科技创新首先要能留得住人才，针对北京科技创新与人才的关系，2017 年 6 月 5 日，《北京晚报》发表题为“高考改变科技，持续人才供应使北京成科技创新高地”的文章。文章认为，源源不断的人才供应使北京成为科技创新高地，北京科技人才产生了六大效应：创新效应、区域效应、规模效应、激励效应、信息共享效应、知识溢出效应。

针对这个话题，北京市科学技术研究院贾品荣研究员认为，北京市的科技发展与人力资本之间具有较为显著的正相关关系，这种正相关关系主要体现在：人力资本越高，则北京科技发展程度越高，这种现象说明北京的科技人才集聚明显，而且这种效应会随着北京市教育水平的提高持续扩大。

针对以上科技创新和人才的话题，中国科学院院士潘建伟从另一个角度发表不同的观点，他认为，北京的房价和大学的地理位置是制约人才引进的两个不利因素，北京房价太高成为科技人才在北京生存的阻碍。同时，他认为，远离喧嚣的氛围对学术研究至关重要，而北京很多大学院校的地理位置处于繁华地段，不利于科学技术研究，因此他建议将清华、北大等名校迁至郊外。

科技部中国科技发展战略研究院研究员张文霞以怀柔科学城建设为例，提出关于科技创新和人才的观点，她认为必须以人才为核心，吸引真正的超一流人才落户，不能再延续之前的人才体制，要开辟新模式，政府应大力加强对高科技人才的支持力度，同时加强基础设施建设，学习或引进国际性基础服务体系，吸引并留住国际一流人才。

早在 2012 年，北京正式加入联合国教科文组织（UNESCO）创办的全球创意城市网络，成为“设计之都”。那么设计之都应该如何定位？北京市科委副巡视员刘晖阐述了自己的观点。他认为，北京“设计之都”基于自身特色而具有更加丰富的内涵，是在全球视野下，以文化为生长点、以科技为驱动力、以设计为融合剂、以消费为突破口，促进科技、设计与文化与经济建设、城市发展、市民生活共融共生，赋予城市新的发展优势，将北京建设成为创新引领、开放包容、充满活力、富有魅力的和谐宜居之都。

2017 年是怀柔科学城发展历程中不平凡的一年，明确了打造百年科学城的发展目标。针对怀柔科学城的建设，不同领域的专家学者发表了不同观点。国家发改委社会发展研究所杨宜勇认为，应明确怀柔科学城的定位，处理好怀柔科学城与其他科学城的关系，他认为怀柔科学城建设的支点在于处理好拆迁和建设的关系，处理好密云当地居民和新人的关系，市政府以及相关委办局提供有力支撑。

北京市科学技术情报研究所副所长吴晨生认为，怀柔科学城的建设战略选择可以从如何提供产业服务的角度来看，并通过对近年来中国和国际上的科技产业投入、产出等数据分析，判断有哪些产业适合落户怀柔科学城，据此明确应该为哪些产业提供服务，如何提供服务等，做好前期战略规划。该研究所的高级经济师刘光宇从另外角度提出看法，他认为，怀柔科学城的建设不应就科学城而科学城，要兼顾多个层面和多个角度，充分考虑北京全国文化中心定位和怀柔、密云的“生态涵养区”定位，从怀柔和密云的区位特点以及资源功能定位，应该走文化与科技融合之路，发展科学旅游、科学会展、科学影视等产业，使经济与环境共生共荣、协同发展。

北京自然辩证法研究会副秘书长陈印政通过 FAST 的成功经验，认为怀柔科学城应围绕大科学装置的落地，培养应用型人才，并加强地方政府与中科院的沟通联系，发展科普旅游项目，例如在科学城内规划建成集青少年研学、科普教育、科技旅游等功能为一体的综合性科技公园，形成完整的科普产业链条，促进当地人就业，实现地方经济与科技的共同发展。

二、重要学术会议

1 月 10 日，北京食品学会举办科技成果转化专题报告会。北京市营养源研究所、中国食品工业集团、北京农业职业学院等单位的专家代表约 100 人参会。与会专家做了《促进科技成果转化》《物联网推动农业、食品安全、健康可持续发展》专题报告。中关村天合科技成果转化促进中心主任朱希铎认为，改革开放第一个 10 年是产品创新、第二个 10 年是企业创新、第三个 10 年是产业创新，产业创新提出跨界融合、产业发展、企业竞争的新思维，而企业竞争的新思维则包括满足的是客户个性化需求、竞争的是特色增值服务、擅长的是资源配置手段、掌握的是优秀人才团队、立足的是可持续的品牌等。

5月25日，北京通信学会举办2017年北京青年科技人员学术研讨会。研讨会主题是“数据革命带来的机遇与挑战”。研讨会针对2017年世界电信和信息社会日（WTISD）主题“发展大数据，扩大影响力（Big Data for Big Impact）”以及北京科技周主题“科技强国 创新圆梦”进行学术研讨。与会专家分别围绕“政务大数据开放及应用解析”“大数据安全实践”“城市轨道交通大数据应用”“金融大数据的应用与未来”等话题展开研讨，并就业界关注的热点问题提出了意见和建议。

9月14日，北京数字科普协会举办“人工智能在奔跑——论人工智能产业发展及应用”研讨会，与会专家分别作了“AIUI——人工智能时代的人机交互界面”“智能时代新工科人才培养”“跻身人工智能时代的大潮中”“智能运载机器人”专题报告，有专家就我国人工智能产业发展需要的国家扶持政策、需要重视的问题和发展方向提出了见解和建议。

9月21日，北京通信学会举办2017信息通信网技术业务发展研讨会。研讨会主题是“ICT创新共享发展”。会议围绕ICT创新、网络重构、智能融合、开源开放等专题，针对信息通信新技术、新业务、新应用以及未来网络技术发展和社会关注的重点热点问题进行研讨。与会专家分别做了“信息通信业的发展趋势”“通信网络重构的机遇与挑战”“5G关键技术及创新生态”“新型自主互联网络及应用”等主题演讲。

11月17日，北京腐蚀与防护学会等单位举办2017年油气管道绿色防腐新技术北京研讨会。研讨会主题是“创新驱动助力油气管道绿色防腐”。北京航空航天大学、北京科技大学、北京化工大学等单位的油气管道腐蚀与防护领域的专家出席会议。与会专家分别做了《等离子体技术制备抗腐涂层及其应用》《石墨烯添加剂对微弧氧化陶瓷层耐蚀性能的影响》《埋地非金属管网的腐蚀与检测》等报告。

11月18日，北京自然辩证法研究会等单位举办高端创新人才汇聚与北京科技创新中心学术型综合论坛。与会专家围绕前沿科学家负责制、高端创新人才的评价和汇聚政策等议题进行交流。中国人民大学教授刘大椿认为，汇聚高端人才是创新的主要条件之一，北京市有丰富的科技创新资源，应该成为中国创新的发动机，他认为当今社会很多问题归因于科学和人文的分离，导致科技界对于人文界不太关心，而人文界对科技界不太了解，彼此存在着隔膜。基础研究不强是我国科技界存在的短板，与当前我国学术浮躁的文化风气有关。因此，培养科学文化，强调学术严谨和规范，是建设北京科技创新中心的关键。

11月22日，北京市科协等单位举办“运用数字信息技术，传承北京历史文化精神”决策咨询沙龙。论坛主要议题：北京城文化遗址的数字化重现在文化、历史、艺术和科学价值挖掘和增强民众文化遗址保护意识中的价值和作用、应把握的原则重点和难点、应采用的技术手段和实现的形式以及成果的展示、宣传和作用发挥等。与会专家提出应利用数字科普技术，借数字博物馆网站，挖掘和作好原创性的内容，多种渠道向公众做好北京历史文化遗址保护的宣传和传播。

11月29日，北京测绘学会、北京电子学会等单位共同举办智慧城市与和谐宜居城市建设学术论坛。针对北京智慧城市建设联合体，北京市科协学会部李金涛提出建议：一是要建立完善好组织机构和管理制度；二是要充分发挥好联合体资源优势；三是要切实发挥联合体作用，服务首都经济社会的发展。

12月7日，北京市科学技术研究院、北京科学学研究中心共同举办“创新北京”国际论坛（2017）。中国、德国、以色列等国200多名政府官员、专家学者和企业界代表参会。与会专家围绕科技创新中心建设、原始创新、区域协同发展等方面的最新理论、学术思想、相关实践展开探讨。与会者认为，建设全国科技创新中心是一项庞大的系统工程，涉及方方面面，需要远见卓识，群策群力；构建高精尖经济结构是强化全国科技创新中心功能的必然选择；打造京津冀协同创新共同体是北京建设全国科技创新中心的重要使命。

12月9日，北京电工技术学会举办2017绿色能源、智能装备学术年会。国家自然科学基金委、中科院电工所等单位专家学者150余人参会。论坛围绕“电力电子变压器研究与应用”“城区用户与电网供需友好互助系统”等话题展开讨论。就智慧型城市轨道交通话题，北京交通大学刘志刚教授认为，城市轨道交通用户、设计院、装备制造、高等院校应密切合作，联合设计，联合创新。北方工业大学苑国锋教授认为，发展轨道交通，牵引控制是核心，无传感器、永磁电机牵引是牵引控制发展方向。

三、重要课题和项目

《高端创新人才汇聚北京科技创新中心2017年蓝皮书（微型版）》由北京自然辩证法研究会编制。该蓝皮书依据国内近一年来公开出版发布的研究报告、信息通报和报刊文章的相关数据和观点编辑完成，通过这些数据和观点的结构化表述和摘编，展示高端人才汇聚北京科技创新中心的态势、机制和问题，进而生成一种可能对相关政策的研究者、决策者、创新者等有启发性的研究报告，为相关的社会建设和人才服务政策创新等提供决策参考。

《露天深孔台阶爆破水雾降尘技术研究》是北方爆破科技有限公司的项目。项目依托北京顺义采石场和缅甸莱比塘露天铜矿工程，针对工程环境保护的要求和特点开展科研攻关及技术创新，采用理论分析、现场试验、模拟计算相结合的方法，揭示露天台阶爆破粉尘的产生和扩散规律，提出高效简易的爆破水雾降尘技术，确定了形成爆炸水幕的工艺技术参数及其与露天深孔爆破匹配的延期时间，解决特殊环境爆破开挖的环境保护技术难题。该项成果在爆炸水幕抑尘方面达到国际先进水平，经济效益、社会效益和环境效益显著。

《新一代智慧型城市轨道交通牵引供电系统》由北京交通大学等单位承担。该课题集牵引供电、能量回馈、无功补偿和智能融冰四大核心功能于一体，提出基于整体综合优化为目标的系统结构优化方法和能量流控制策略，具有显著的创新性。其在系统集成、分散式无功补偿、分布式协同控制等方面完成了核心关键技术研究，形成具有完全自主知识产权的研究成果，在轨道交通分散式无功补偿、分布式协同控制、车地一体化匹配等关键技术方面处于国际领先水平。

《考虑旧路剩余价值的公路沥青路面耐久性技术研究》由北京工业大学城市交通学院承担。该课题通过考虑旧路剩余价值的公路沥青路面耐久性技术研究，结合历年的路面技术状况检测数据和大修养护历史资料，提出旧路剩余价值分类评价标准，为利用旧路提高路面耐久性处治的选择提供依据。通过分析比较普通公路和调整公路有载情况、结构组合、病害成因和维修养护的措施及效果，总结本市新材料、新技术的特点，在考虑旧路剩余价值基础上，提出提升路面耐久性的大修典型结构，为延长路面大修的使用寿命提供技术支撑。

《碳基纳米电子器件及集成》研究课题获国家自然科学奖二等奖，由北京大学彭练矛课题组完成。项目针对高性能碳基电子学中的一系列重要问题进行了系统研究，发展了一整套碳纳米管CMOS集成电路和光电器件的无掺杂制备新技术，成为下一代信息处理技术的强有力竞争者，相关成果被13次写入国际半导体技术路线图，入选2011年度“中国科学十大进展”，并被《2015中国自然指数》作为北京的代表工作重点报道。

《新一代立体视觉关键技术及产业化》获国家科技进步奖二等奖，是北京市科委计划支持项目，由清华大学等单位完成。项目以发展先进的立体视觉技术，打破发达国家技术垄断为目标，率先开展新一代立体视觉理论方法、关键技术及装备的研究与开发，在高动态立体快速感知技术、宽视场高分辨率重光照技术和编码焦栈层析重建技术等多项核心技术上取得突破，形成具有国际水平的技术成果及装备，带动了立体视觉检测自主品牌，实现立体视觉产业的跨越式发展。

《冷库氨泄漏监测预警应急处置系统研制及示范》由北京二商集团等单位共同完成。课题针对冷库中氨泄漏问题，通过对现有氨系统冷库进行改造，开发适用氨系统冷库的泄漏智能监测预警系统，实现对氨系统冷库泄漏及时发现、准确定位、应急处置的科技创新目标，使氨系统冷库连续处于受控状态，保证氨系统冷库运行安全，最大程度的保证人生安全，课题通过优化制冷系统的供液方式、设备配置和控制策略，使系统的氨制冷剂灌注量显著减少。

四、政策建议

中关村科学城、未来科技城和怀柔科学城是北京重点建设的三大科技创新重镇，也是北京建设全国科技创新中心的主平台。针对这三大科学重镇的建设，相关领域的专家学者从不同角度提出了观点和政策建议。

针对中关村科学城建设，中科院毛汉英教授和赵令勋教授认为，中关村科学城核心区空间结构（布局）亟待调整优化，存在的主要问题主要表现在：用地结构不合理，主体功能明显弱化；条块分割严重，空间布局碎片化；市政基础设施老化，存在重大安全隐患；人口密度大，公共服务供给不足；生态空间长期被挤占，人居环境较差。针对以上问题，他们提出以下政策建议：第一，负责机构，成立由北京市牵头，包括中科院、国防科工委、教育部、海淀区等参加的综合改造领导小组。第二，用地结构调整优化，构建合理的“生产（研发）、生活、生态”三生空间；空间结构（布局）优化，构建南北两个集中的科学园区及5个研究集群；基础设施优化，提高基础设施的供给配套水平，加强空间开发限制，设置3条保护“红线”；社会服务设施优化，提升便捷化与智慧化水平。第三，改革国有土地部门化和单位化的现状，打破条块分割与碎片化布局。第四，由海淀区牵头，集中整治城中村，疏解低端产业和人口。

针对怀柔科学城的建设问题，河北北方学院李振良教授从怀柔科学城在京津冀发展战略中的地位出发，提出科学城应主动担负京津冀协同发展的政治责任的观点，并提出以下建议：一是怀柔科学城与雄安新区发展定位、分工应呼应、互补、贯通；二是怀柔科学城应发挥推进京津冀协同创新的作用，培育世界级创新型京津冀城市群，除了科学之城、学习之城、生活之城等，还应是开放之城、共享之城；三是统筹规划怀柔科学城同其他地区科学城的定位，强化原始创新，打造世界知名科学中心，实施技术创新跨越工程，加快构建“高精尖”经济结构。

围绕怀柔科学城的建设问题，中国原子能科学研究所高级工程师宋永杰从管理和人才的角度提出建议：一是怀柔科学城应加大宣传力度，有效促进大科学装置在科学城落户；二是科学城需要助力打造“公平、公正、公开”的科技创新环境，有效提高科研效率；三是理顺科学城的管理关系，重点做好服务工作。

针对北京未来科学城的建设问题，由北京未来科学城发布的“总体规划”中提出如下实施建议：第一，作为国家重要的科技园区，在更大范围、更高层面上统筹协调研究园区的规划建设、开发模式、配套设施保障等问题，进行统一开发、建设管理的园区模式。第二，建议由中组部或中央主管部委组织和确定相关拟入驻央企的用地规模、建筑规模、建筑内容以及选址位置，以更好地满足拟入驻央企的需求。第三，统筹考虑园区建设和小汤山镇、北七家镇产业发展以及农民的搬迁、安置和就业，形成“一园带两镇”的格局，促进城乡一体化。第四，本着节约、集约土地的原则，并满足入驻央企的使用要求，统一研究提出园区的入园标准；由于该区域地质状况不佳，进一步开展该地区的工程地质评价与地勘工作；进一步对园区内的基本农田进行调查，并请相关部门对园区内涉及的基本农田按照占补平衡的原则在区内进行协调调整；由于导航台对周边用地的建设高度有一定要求，且本身具有一定的电磁影响，因此在导航台周边的用地单位在建设前须进一步征求相关部门意见。

北京市政协委员王华民提出“关于加快首都核心城区科技服务业发展”的建议，具体建议如下：第一，建设科学思想的高端策源地和传播中心，增进国家和社会的创新精神，实现科技与金融和文化的融合，推动区域的金融和文化在更高层次上发展。第二，利用区域优势，使科技服务业更好地服务制造和工程技术领域，助力国家重大发展战略，搭建跨地域、跨行业、跨业务领域的综合服务平台。第三，从京津冀协同发展角度谋划科技服务协同：鼓励不同科技服务领域的融合发展，协助其进行技术转移或取得知识产权质押贷款，从知识产权服务向技术转移和科技金融领域发展；形成更为明确的科技服务业行业标准，指导从业机构提供更为规范化的服务；科技服务业应更加适应区域协同创新共同体建设的要求。第四，在科技创新方面，北京更多承当原始创新的职能，天津与河北更多承担成果转化与产业化的职能，强化与天津、河北等地的协同，在高新技术产业园区向其进行延伸拓展的同时，及时完善其中科技服务业布局。

针对北京市科技创新政策，北京科学学研究中心发表《基于全国科技创新中心建设的北京科技创新政策体系优化研究》文章，认为北京市在政策制定和政策落实方面，存在以下问题：改革实践探索与现行法律法规不一致，中关村推进先行先试的改革政策的系统性设计不足；政府推进科技创新的协同机制、激励创新的需求性和普惠性政策有待完善；中央和地方联动创新有待强化，在京中央院校尚未纳入市级创新政策覆盖对象。针对以上问题，文章提出如下政策建议：第一，转变政策制定思路，鼓励创新，探索在新型研发机构实行财政经费使用负面清单管理制度，用于科研仪器设备购置、项目研发、人员薪酬等方面。选择若干试点项目，采取“激励与约束相结合”方式，试行“负面清单、事中监管、事后审计”的管理模式。第二，创新政府工作方法，改革政府服务模式，主要措施：简政放权，完善政府创新治理机制；成立政策研究工作组，创新政策组织实施机制；发挥社会组织的作用。第三，明确政策重点方向，营造适合创新中心建设的政策生态系统，主要措施：强化法制思维，构建科技立法体系；发挥中关村先行先试作用；调整存量政策，优化政策效果，根据发展需求，补充政策短板；根据中央部署，开展新一轮政策改革部署，加强对需求面政策的研究和制定，重点解决突出瓶颈问题，加快科技成果转化；建立合作共享机制，探索跨区域创新政策体系；加大科技资源配置方式的创新力度，引导社会资金投向科技创新领域。

针对上述建议中提到的科技成果转化问题，原国家科技部副部长吴忠泽认为，推动科技成果转化的意义是促进科技与经济结合、实现创新驱动发展的重要手段，对此，他提出以下建议：一是做好科技成果转化工作，加强持续稳定的科技成果供给；二是构建市场化的科技服务和技术交易体系；三是要拓展多元化科技成果转化投入渠道；四是要培养专业化的成果转化机构和人才队伍；五是要培育法律和配套政策支持、服务转化的良好生态环境。

针对北京科技创新战略步骤中学院与地方协同创新问题，中科院北京分院院长何岩提出以下建议：一是以科技创新为核心，整合资源力量，为促进原始性创新、颠覆性技术创新等重大创新成果的产生创造条件；二是以重大科技成果落地转化为牵引，有效组织和整合中科院的科研力量，服务院区重点合作项目；三是以体制机制创新为动力，进一步深化学院和地方双方合作关系，助推创新驱动发展战略。

（作者：陈剑，中国经济体制改革研究会研究员；毛雪峰，北京改革和发展研究会经济师）

北京城市建设和管理

孟　斌　宋小雨

2017 年，北京市深入贯彻习近平总书记系列重要讲话精神和治国理政新理念新思想新战略特别是两次视察北京重要讲话精神，大力实施以纾解北京非首都功能为重点的京津冀协同发展战略，牢牢把握首都城市战略定位，加快建设国际一流的和谐宜居之都，积极探讨和发展智慧城市建设及创意城市建设，着力加强“四个中心”功能建设，积极提升北京城市管理水平，完善城市治理体系，从城市交通、公共安全、大气污染治理、住房体系等方面积极开展研究，谱写中华民族伟大复兴中国梦的北京篇章。面对新形势新任务，学者们旨在为新时期下北京的发展提供学术支撑，在相关方面开展了大量研究。

一、重要学术会议简介

1. 2017 年空间大数据应用与实践研讨会

对空间大数据的掌握和应用，必将对社会经济的发展，城市的智慧规划、建设和管理，乃至人们日常生活的方方面面产生巨大的影响。如何将空间大数据的创新开发落到实处，将空间大数据的巨大潜在价值真正变为实际效益已成为业界关注的重要课题。2017 年 4 月 18 日，由中国地理信息产业协会空间大数据技术与应用工作委员会主办的空间大数据应用与实践研讨会在北京召开。会议围绕“空间大数据应用、发展”的主题进行交流，分享时空大数据最新的技术与研发成果，空间大数据应用平台建设，及行业应用等方面的实践经验。

2. 2017 年“城市文化感知与计算”学术研讨会

在“互联网 +”和“大数据”背景下，为有效实现对首都北京城市文化的精准分析和刻画，同时为促进城市大数据研究在城市文化感知领域的实践应用，研讨、交流城市文化感知研究领域的新理论、新方法、新问题，探讨城市文化感知与计算未来发展趋势，中国城市科学研究会城市大数据专业委员会、中国地理学会文化地理专业委员会和北京联合大学决定共同举办 2017 年“城市文化感知与计算”学术研讨会。2017 年 5 月 27 日，“城市文化感知与计算”学术研讨会在北京联合大学召开，来自清华大学、武汉大学、北京师范大学、广州大学、中国科学院等全国多所高校和研究机构的 100 余位学者参加了此次研讨会。周成虎研究员、周尚意教授、张景秋教授、吴志峰教授等 7 位专家分别做了《新一代 GIS 发展》《城市空间结构感知的结构化过程——以鲁迅在京行为轨迹为例》《文化感知：空间感性与感性空间》《从“城市遥感”到“城市感知”》的报告。

3. 2017 年北京数字博物馆论坛

2017 年 6 月 7—12 日，由北京数字科普协会、首都博物馆联盟、中国博物馆协会博物馆数字化专业委员会、中国文物学会文物摄影专业委员会、北京联合大学联合主办的 2017 年北京数字博物馆研讨会顺利召开。本次论坛广泛地邀请了与数字博物馆（科技馆）建设相关的博物馆（科技馆）、科技、科普、教育、设计、艺术等领域的专业人士，各位专家学者齐聚一堂，共同围绕“让博物馆的丰富馆藏活起来——国家战略背景下的博物馆信息化建设”这一主题和相关议题进行深入探讨。研讨会还举办了展览，展示数字博物馆（科技馆）、有关企业和机构在此领域的新技术、新成果、新案例，提供了更具针对性、务实性的交流机会。

4. 中国城市地理学传承与创新学术研讨会

为进一步促进中国城市地理学研究的理论发展与传承创新，交流中国城市地理学的新问题、新理论、新方法，中国地理学会城市地理专业委员会定于2017年7月8—10日在北京大学举办中国城市地理学传承与创新学术研讨会，会议由北京大学城市与环境学院及未来城市研究中心承办，北京师范大学地理学院、北京联合大学应用文理学院、首都师范大学资源环境与旅游学院、中国科学院地理科学与资源研究所协办。会议议题：中国城市地理学的发展与传承；中国城市地理学的理论与方法创新；中国城市地理学的教学研究与人才培养；中国城市地理学的实践与社会贡献；中国城市地理学的研究方向与未来展望。

5. 首届（2017）中国能源产业发展年会

2017年9月20日，由中国能源报社主办，中国通用机械工业协会、中国生物多样性保护与绿色发展基金会协办的首届（2017）中国能源产业发展年会在北京万达索菲特大饭店顺利召开。本届年会以“全球能源变革期的中国能源产业发展”为主题，高度聚焦我国能源产业发展的宏观走向，呼吁各行业企事业单位以及专家学者为我国能源产业转型发展中面临的不确定性和问题献计献谋，倡导以品牌、品质为核心推动产业发展。来自京内外的多家单位和媒体共计500余人参加了本次论坛。

6. 第五届地质资源管理与可持续发展国际学术会议

2017年12月23—24日，第五届地质资源管理与可持续发展国际学术会议在北京召开，会议以“地质资源管理与可持续发展”为主题，国内外致力地质资源经济与管理领域的专家学者参加了会议，并就地质资源经济与管理的新理论、新方法及其应用问题进行广泛深入的研讨。本次会议的具体内容包括土地资源管理与可持续发展、旅游资源开发规划与管理、资源产业发展与管理等。

二、重要学术论著简介

1. 健康城市论著

所谓健康城市是指从城市规划、建设到管理各个方面都以人的健康为中心，保障广大市民健康生活和工作，成为人类社会发展所必需的健康人群、健康环境和健康社会有机结合的发展整体。建设健康城市，是面对城市化问题给人类健康带来挑战而倡导的一项全球性行动战略，如今已成为研究的热点之一。

《健康城市蓝皮书：中国健康城市建设研究报告2017》（王鸿春、盛继洪，社会科学文献出版社）[①]在分析国内外健康城市的理论沿革和实践发展的基础上，总结中国健康城市建设的成功经验与不足，借鉴国际经验，寻找共性的战略性指导框架，在运行机制、资金来源、健康公平性、健康城市建设指标和评价体系制定等发展路径上予以破解，完善以健康为价值取向的各项政策设计，实现从单一的健康政策目标到健康优先的多元政策目标的转换，旨在为党和政府的健康城市发展决策提供参考。

《城市生活质量蓝皮书：中国城市生活（2017）》（张连城、张平、杨春学、郎丽华，社会科学文献出版社）[②]继续对全国35个城市居民的生活质量进行了跟踪调查。鉴于健康指数是生活质量的重要组织部分，本次调查首次在主观指标中，纳入了针对居民健康水平的满意度调查并进行了国际比较。调查结果表明：我国居民生活质量指数稳中有升，特别是生活质量客观指数在2015—2016年连续下降，2017年保持了稳定。

2. 生态城市论著

生态城市是一种趋向尽可能降低对于能源、水或是食物等必需品的需求量，也尽可能降低废热、二氧化碳、甲烷与废水的排放的城市，具有和谐性、高效性、持续性、整体性、区域性和结构合理、关系协调等特点。建设紧凑、低碳、经济、和谐的生态城市是我国今后发展的基本目标，为此，学者们进行了大量的调查和研究，出版了大量相关主题的论著报告。

《生态城市绿皮书：中国生态城市建设发展报告（2017）》（王伟光、张广智、陆大道、李景源、阎晓辉、刘举科、孙伟平、胡文臻，社会科学文献出版社）[③]本书依据生态文明理念和生态城市指标体系，运用大数据技术，建立动态评价模型，对国内284个地级及以上城市进行了全面考核与健康指数评价；对地方政府生态城市建设投入产出效果进行了科学评价与排名，评选出了生态城市特色发展100强；有针对性地进行“分类评价，分类指导，分类建设，分步实施”，指出了各个城市绿色发展的年度建设重点和难点；首次发布了“双十事件”，对健康城市、海绵城市等核心问题进行了深入探讨，提出了对策建议。

《中国低碳生态城市发展报告（2017）》（中国城市科学研究会，中国建筑工业出版社）[④]从认识与思考、方法与技术和实践与探索等方面系统展现我国低碳生态城市年度的理论研究进展和实践。其中选取的国内 15 个典型案例具有一定代表性与示范性，探讨了实现低碳生态目标的路径和模式，对我国低碳生态城市的建设具有很好的指导作用。

3. 城市竞争力论著

城市竞争力是在社会、经济结构、价值观念、文化、制度政策等多个因素综合作用下创造和维持的，是城市为其自身发展在区域内进行资源优化配置的能力。具有五大特征：系统性、动态性、相对性、开放性与差异性，是近几年兴起的城市管理新课题。

《中国城市竞争力报告 NO15》（倪鹏飞，中国社会科学出版社）[⑤]在延续以往报告的理论框架的基础上，对指标体系进行了较大幅度的精简和修改，构建了三大竞争力指标体系，包括城市综合经济竞争力指数、宜居竞争力指数、可持续竞争力指数，突出强调了关键性指标在城市竞争力中的重要作用。通过对中国（含港、澳、台地区）294 个城市的综合经济竞争力和 289 个城市的宜居竞争进行实证研究发现，北京可持续竞争力继续提升。本报告为合理衡量一个城市的竞争力做出了贡献。

《国际城市蓝皮书：国际城市发展报告（2017）》（屠启宇，社会科学文献出版社）[⑥]主报告部分进一步深化“一带一路”的中观尺度（城市尺度）研究；分报告持续跟踪全球 40 个代表性城市，开展国际城市 2.0 评价，并配以近 30 个城市创新、经济、社会、文化、生态、治理和空间发展的案例，对城市转型升级的规律与态势进行了揭示。

4. 非首都功能疏解论著

《京津冀蓝皮书：京津冀发展报告（2017）》（祝合良、叶堂林、张贵祥，社会科学文献出版社）[⑦]总报告系统梳理了京津冀协同发展上升为国家战略以来，在非首都功能疏解、交通一体化发展、生态环境保护、产业升级转移等方面取得的显著进展，构建了发展、协同、生态文明、人口发展和企业发展五大指数，得出基本判断和找出问题的症结所在，并得出了相应的对策和建议。

《社会建设蓝皮书：2017 年北京社会建设分析报告》（宋贵伦、冯虹、唐军、唐志华，社会科学文献出版社）[⑧]报告充分利用了北京市政府和相关部门发布的统计数据和资料，分析了北京社会建设的主要成就和北京社会建设面临的挑战，对北京未来的社会建设提出了若干政策建议。报告指出，目前，北京市围绕首都城市战略定位，以治理“大城市病”、优化提升首都功能为目标，通过疏解非首都功能和产业，有效带动了人口调控，促进城市精细化管理和服务，治理城市问题。

三、北京城市发展战略相关研究

1. 京津冀协同发展

2017 年，在《京津冀协同发展规划纲要》的指导下，有效疏解北京非首都功能取得了明显进展，交通一体化、生态环境保护、产业升级转移等重点领域率先取得了突破，深化改革、创新驱动、试点示范有序推进，协同发展取得了显著成效。

有的学者从理论层面对京津冀协同发展做出探讨。如毛汉英探讨了机制创新与区域政策在京津冀协同发展中的保障作用，强调京津冀协同发展必须正确处理好公平与效率的关系、人与自然的关系，认为京津冀协同发展的机制创新与宏观区域政策包括区域产业协同发展机制与政策、区域要素市场一体化机制与政策、区域协同创新机制与政策、区域公共服务共建共享机制与政策和区域横向生态补偿机制与政策。这些政策旨在为推动京津冀协同发展提供决策参考依据。[⑨]方创琳对京津冀城市群协同发展的理论基础与规律性进行了分析，认为推进京津冀城市群协同发展应以协同论、博弈论、耗散结构理论和突变论作为科学理论基础，其中协同论为核心理论。京津冀城市群的协同发展过程是一个博弈、协同、突变、再博弈、再协同、再突变的非线性螺旋式上升过程，每一次的博弈—协同—突变过程都将城市群的协同发展推向更高级协同阶段，并呈现出阶段性规律；京津冀城市群协同发展的真正内涵是推动城市群实现规划协同、交通协同、产业协同、城乡协同、市场协同、科技协同、金融协同、信息协同、生态协同和环境协同，建设协同发展共同体。为京津冀协同发展提供了科学基础和理论依据。[⑩]

另外，一些学者对京津冀协同发展的现实意义，包括京津冀协同发展的实际效果以及未来发展方向进行了研究。如安树伟客观评价了京津冀协同发展战略实施效果，并对未来进行了展望，认为《京津冀协同发展规划纲要》实施 3 年来，京津冀区域协同发展水平不断提高，2013—2015年，京津冀协同发展指数由13.7提高到17.1，但是仍然存在很多问题。未来京津冀要实现协同发展应加快天津、石家庄次级经济中心的培育，科学规划建设雄安新区，打造产业协作平台，实现环境的协同治理。京津冀协同发展持续顺利地进行，需要稳定的制度和行之有效的政策作为保障。如政策调控手段需要从以行政手段为主，尽快转变到以经济手段和法律手段为主；打破区域行政壁垒，实现产业高效协作；尽快转变经济发展方式，降低资源环境负荷；进一步完善交通网络，关注交通软硬件环境的提升；提升中等城市和小城市的能级；尽快建立京津冀利益共享机制。[11]

2. 新一轮城市总体规划与落实首都城市战略定位

立足首都城市战略定位是深入贯彻习近平总书记系列重要讲话精神和治国理政新理念新思想新战略的要求，是努力开创首都发展更加美好明天的需要。

李学伟认为，强化首都“四个中心”核心功能，调整疏解非首都核心功能，将做好“四个服务”落实到首都现代化建设的全过程，这是首都发展的全部要义所在。在落实首都战略定位的过程中，社会各界，包括北京高校在内，实现新时代新作为方面要有新担当。北京高校要以习近平新时代中国特色社会主义思想为指引，优化调整学科和专业结构，加大创新教育力度，服务首都经济社会发展，更加奋发有为地推动首都高等教育事业的新发展，为全面落实首都战略定位做出自己的贡献。[12]

四、北京城市建设研究

1. 副中心建设研究

曹浩文对北京城市副中心教育资源现状及优化对策进行了研究，认为教育资源作为一项重要的社会公共资源，其配置将是北京城市副中心规划的一项重要社会职能。对北京城市副中心的教育资源现状进行梳理发现，北京城市副中心的教育资源尤其是优质教育资源数量依然不足，尤其是幼儿园和小学阶段的优质教育资源数量较少，而且其分布过于集中，市场参与的积极性没有充分调动起来。有效化解这些问题与不足，有助于优化北京城市副中心的教育资源配置，助力北京城市副中心建设。[13]赵民、李峰清从交通的角度对北京城市副中心的建设进行了研究，认为在北京城市空间结构和功能布局有了重大调整的情形下，必须要同步推进交通模式的转换，从而确保副中心建成后的高效运行，并真正建成基于绿色交通的新一代城市副中心。[14]杨斌认为当前北京城市副中心正在如火如荼地加紧建设，为了肩负起这一重大历史使命，高起点、高标准、高水平地建设好北京城市副中心，要坚持3个导向，即坚持责任导向、坚持问题导向、坚持服务导向，全力推进全面从严治党向基层延伸，健全责任体系、强化服务功能、夯实基层基础，用一流的党建工作来引领一流的北京城市副中心建设。[15]

2. 文化中心城市建设研究

李树江、匡仁春、王辉等指出全国文化中心是党中央明确的首都“四个中心”城市战略定位之一。加快推进全国文化中心建设是北京市当前和今后一个时期的重要战略任务。结合北京文化特点和时代发展要求，就全国文化中心建设提出以下构想：倾力打造“一核两高多元化”的首都文化内涵、推动形成“一城三带多园区”的文化空间布局、大力探索“一体四融多支撑”的创新发展模式。[16]郭万超从实现路径的角度对北京全国文化中心的建设进行了研究，指出北京推进全国文化中心建设，必须遵循文化发展规律，才能取得预期的理想成效。根据当代国际大都市发展的经验，北京必须把文化城市或创意城市作为发展目标；把加强历史文化遗产保护作为城市文化发展的首要前提，以非首都功能疏解为契机，重塑城市文化空间、涵养文化生态，鼓励引导多元主体推动文化发展。[17]李建平认为“三个文化带”与北京全国文化中心建设关系密切，从北京历史发展脉络来看，西山永定河文化带是北京城市诞生和成长的摇篮，史称“神京右臂”；长城不仅是中原农耕民族与西北草原民族融合的前沿阵地，也是南北民族经济、文化交流的纽带，还是北京作为国家都城的重要屏障；中国的大运河始终向着首都修建，尤其京杭大运河北京段更是体现了大运河与国家首都北京的政治、经济、文化的紧密联系。由此，“三个文化带”建设的内容就是北京全国文化中心高地建设的内容。[18]

3. 国际一流的和谐宜居之都建设

习近平总书记视察北京一系列重要谈话中明确提出了城市战略定位、把北京建设成为国际一流的和谐宜居之都等要求，为首都长远发展指明了方向。学者们围绕这一主题进行了相关研究。张文忠、湛东升等对建设“国际一流的和谐宜居之都”的内涵及评价指标进行了研究，认为建设和谐宜居城市是未来中国所有城市发展的共同目标导向，在回顾国内外宜居城市研究与评价的基础上，对宜居城市、和谐宜居城市、和谐宜居之都和国际一流的和谐宜居之都等概念内涵进行了科学解析，在此基础上构建了“国际一流的和谐宜居之都”评价指标体系，共包括“城市安全、生活品质、环境宜人、社会和谐、开放创新”5个维度14个要素层和35个具体指标。[19]

4. 智慧城市建设

智慧城市就是运用信息和通信技术手段感测、分析、整合城市运行核心系统的各项关键信息，从而对包括民生、公共安全、城市服务等在内的各种需求做出智能响应。

对此，学者们的研究主要集中在以下3个方面：

一是立足于智慧城市对城市发展的贡献这一角度对智慧城市进行论述。如李连宏、刘运妍等认为随着我国社会经济的快速发展，我国城市化水平有了明显提高，智慧城市建设成为城市发展的新概念，为应和城市化发展的需求以及应对城市发展所面临的困难提供了新的发展目标，并越来越被人们所重视。但是，当前我国的智慧城市建设中仍存在很多问题，严重阻碍了我国城市的智慧化发展，并提出了相应的对策，如加强智慧城市建设的规划、加强智慧产业发展、加强智慧城市建设人才的培养等。[20]

二是着眼于智慧城市本身所运用的大数据载体以及未来发展方向进行研究。如工静远、李超等对当前智慧城市研究工作的最新动态进行了综述，认为大数据、数据活化、数据挖掘等数据管理、应用与分析技术在智慧城市建设当中具有核心作用，该研究领域未来可能的发展方向是多源城市数据的紧耦合、信息世界—物理世界的交互、城市深层次数据的利用、城市行为动力学理论体系。[21]

三是从智慧城市的子系统着手进行具体的研究。如魏仲民研究了智慧交通在智慧城市中的意义和作用，智慧交通对智慧城市的建设有着重要的推动作用，认为智慧交通是交通信息化建设的第一步，结合物联网、云计算、大数据和信息传感技术等研究，未来的智能交通将会依托完善的智能物联网体系，在这之后，城市的交通建设将基于云计算和云管理等技术，促进城市交通运输业的发展，给智慧城市的交通发展提供更加有利的环境，促进城市的智慧化发展。[22]

5. 创意城市建设

创意城市是进入21世纪以来全球关注的重大话题。对于如何测度和评估一个城市是否是创意城市，金元浦与查尔斯·兰德利进行了讨论。对话提出，全球城市发展出现了趋向文化的转向，这是一种总体范式的转换。由此城市发展呈现了由1.0向3.0的转型升级。而如何计量一个城市的创意水平和创造力就成为创意城市发展实践中必须解决的难题。[23]

林存文等运用经济生态系统理论分析评价了各经济区创意城市的发展水平，研究表明：从综合得分来看，样本城市可分为3个梯队，来自环渤海经济区的北京、珠三角经济区的深圳和长三角经济区的上海进入第一梯队；来自珠三角经济区的广州、珠海，来自长三角经济区的苏州、杭州、南京、宁波，来自环渤海经济区的天津，以及来自海峡西岸经济区的厦门和来自关中—天水经济区的西安进入第二梯队，其余处于第三梯队。从分项得分来看，北京的创意资源投入指数、创意产业产出指数、城市创意环境指数均处于第一梯队，说明北京市的创意资源丰富、创意产业发展好、城市创意环境优越，创意城市发展处于较高水平。[24]

五、北京城市管理

1. 精细化管理

刘凯华对“多规合一”背景下城市的精细化管理进行了研究，认为精细化的管理方式是对城市管理手段的革新，目前我国城市精细化管理处于起步阶段，诸多问题阻碍着城市管理的革新。“多规合一”强调的是盘存收边，避免蔓延式增长，在此背景内进行的城市管理和设计，有助于实现精明增长和精细化管理。文章研究了北京精细化管理现状，认为国内城市精细化管理存在不足：首先，在法制化和标准化方面，尚未形成统一的精细化管理推进路径和标准体系，有关精细化管理的法律法规不健全；其次，在智慧化和技术创新方面，网格化管理平台和物联网监测体系的推广有待加强，传统的监管手段难以满足迅速变化的城市发展，先进技术在大多数城市监管上未得到充分运用；最后，在城市共治方面，市民参与度不高，乱丢乱放、乱搭乱建的现象屡见不鲜，这与市民素质偏低和参与途径较少有关，难以实现城市共治。因此在“多规合一”框架下进行城市精细化管理是很有必要的。[25]孙新军认为推动城市精细化管理水平提升，必须确立“六精六细”的管理理念，即“精准细化、精密细致、精雕细刻、精打细算、精明细巧、精心细腻”，牢牢把握首都城市管理阶段性特征，健全管理网络，细化管理标准，落实管理责任，完善管理流程，规范管理行为，创新管理机制，强化管理监督，不断提高城市精细化管理水平，让人民群众有更多的获得感。[26]杨松认为目前我国首都城市精细化管理中存在不平衡不充分的问题，突出表现为管理过程中简单粗放、主观随意、措施不到位、忽略关键细节、科技装备水平低等，主要表现：一是精细化管理的发展程度不充分；二是精细化管理的总体规划和设计导则不充分，提出要用创新思维处理好城市精细化管理中的这个主要矛盾。[27]

2. 城市交通

随着北京市的发展，市内交通拥堵日益成为城市发展过程中面临的重要问题，亦成为众多学科研究的热点话题。

一些学者对城市交通问题的核心和根源进行了研究，旨在为彻底解决北京市交通拥堵问题提供思路。如全永燊、潘昭宇认为城市交通问题的核心是如何建立和维持供需平衡，供需平衡的实质是资源优化配置，而市场在资源配置中应发挥决定性作用。基于对中国大城市交通发展的客观总结，提出市场化是城市交通可持续发展的必由之路，并对城市交通市场化的理论依据、必要性及可行性以及在基础设施建设、公共交通服务、停车建设运营、交通需求管理、交通技术创新等重点领域推进市场化的实施路径进行了分析。[28]孔令斌认为在市场的作用下，受收入、职业等因素的影响，不同社会阶层在城市空间中的居住和就业选址（城市的社会空间）存在差异。这是改善公共交通服务、缓解交通拥堵等很多大城市交通问题的根源之一。通过分析中国快速城镇化过程中大城市新增人口和中低收入人口的居住空间分布，得出大城市通勤出行距离快速增长导致的交通拥堵、公共交通服务水平提高困难等大城市交通问题的成因。提出大城市空间应基于分区模式构建多中心的城市空间，实现大城市交通低碳和公平的目标。[29]

也有一些学者将交通拥堵问题与当前的新技术新理念相结合，试图从全新的角度解决这一难题。如冯也苏从共享交通的角度对城市交通发展的作用进行了研究。认为共享交通反映了生态智慧城市发展时代对城市交通的新要求，增加了城市交通的有效供给，提供了方便快捷、绿色低碳的交通方式，是城市交通的新的生产力。当前，共享交通面临发展无序、环境秩序矛盾、规范管理滞后等问题，制约着共享交通的发展。促进共享交通持续健康发展，需要建立共享交通环境秩序管理制度、制定共享交通发展的分类监管制度、打造开放协调的市场环境以及建立城市交通公共治理体系。[30]温慧敏、全宇翔、孙建平认为伴随大数据时代的到来，新技术与新思维必将引发城市交通的重大变革，首先是城市智能交通领域。从交通系统的基本属性、交通大数据发展特征、城市交通发展的基本理念和战略出发，深入剖析中国智能交通系统研发与应用存在的隐忧和倾向：高端智能决策支持欠缺、车联网技术研发泛化、理论创新匮乏、系统建设依旧各自为政未形成合力等。强调城市智能交通系统的发展必须服从城市交通发展战略的需要，充分利用大数据技术。[31]

3. 城市公共安全研究

构建以公众生命财产安全、社会安定有序和经济社会系统持续运行为核心目标的安全保障型社会是实现强国目标的必有之义，如今日益成为全球共同关注的重要议题，同时也是存在多重困境、亟待科学治理的实践领域。

唐钧认为在全球治理实践中，社会公共安全面临着信息失真、研判失准、前馈失效、沟通失态、预警失误、应急失控、结果失望等多种风险，易造成识别难、决策难、整改难、共识难、响应难、处置难、满意难等多重困境。社会公共安全的风险源头多元化、风险机理复杂化、风险责任模糊化，综合造成了防控的困境。鉴于此，应该运用科学识别风险源、降低高危风险等级、提升风险承受力、强化社会公共安全防御、确保风险所有权人各负其责、开展社会公共安全“善治”、优化社会公共安全风险环境等策略，力争在社会公共安全风险的科学防控、有效防控、根源防控方面有所成效。[32]刘奕等认为构建以公众生命财产安全、社会安定有序和经济社会系统持续运行为核心目标的安全保障型社会是实现强国目标的必有之义，认为构建公共安全体系的目标是全方位、立体化，并对我国公共安全的中长期发展战略研究和发展路径进行了探讨。[33]

吕鹏通过探究暴力事件的成因以及其舆论传播机理，为公共安全治理提出针对性策略。探究了政府介入的情况下社会舆论观点的演化情况，用暴力事件因子对暴力事件的舆论影响做出了合理且有效的解释。建议有关部门一方面通过完善收入分配机制、健全法律体系，来减少暴力事件的发生；另一方面通过加强宣传教育、强化媒体监管，来减弱舆论的不良影响。双管齐下，达到公共安全治理的目的。[34]

4. 城市大气污染治理研究

随着城市化进程的加快，京津冀及周边城市雾霾天气频发，大气污染成为人们关注的热点问题。

姜玲等为京津冀大气污染合作治理政策分析提供

一个新的视角，对京津冀及周边地区大气污染治理政策开展量化分析。研究发现，京津冀及周边地区大气污染治理政策中“自上而下”协同与“跨行政区”差异并存，呈现出中央带动地方——响应速度差异、目标考核协同——治理指标差异、工具导向一致——具体举措差异等特征，同时存在府际联合发文少、对市场型和公众参与型工具重视程度不足等问题。[35]孙淑欣等对京津冀雾霾治理、经济增长与能源结构的关系进行了研究。发现北京大气污染随着 GDP 增长而减少，说明政府通过宏观调控、科技手段，有效治理污染；从京津冀地区经济增长对大气污染的溢出效应关系来看，污染排放、煤炭消费、汽车私人拥有量具有负外部性，污染治理则具有正外部性，说明联防联治对区域经济发展具有重要意义。[36]

另外一些学者对京津冀大气污染的对策进行了研究。如刘薇对北京大气污染治理的重点领域及对策进行了研究，认为北京的大气污染治理必须厘清城市的交通结构与机动车减排的关系、城市的能源基础设施布局与压减燃煤的关系、城市的产业结构与工业减排的关系、城市建设管理现状与治理扬尘的关系 4 个主要关系，并进而提出 3 条“治本”的建议，即加快编制城市环境总体规划，并进一步推进城市总体规划修订与环境总体规划相衔接；划定城市增长边界和生态红线，确定生产、生活、生态空间开发管制界限，落实用途管制；加强城市能源基础设施建设，提高清洁能源利用比例。[37]

当前，我国进入全面建设中国特色社会主义的新发展阶段，要坚持用新思想引领新时代、用新目标开启新征程，紧紧围绕统筹推进“五位一体”总体布局和协调推进“四个全面”战略布局，坚持以人民为中心的发展思想，牢固树立创新、协调、绿色、开放、共享的发展理念，转变城市发展方式，有效治理“大城市病”，不断提升城市发展质量、人居环境质量、人民生活品质、城市竞争力，实现城市可持续发展，为谱写中华民族伟大复兴中国梦迈出坚定的步伐。

注：

①王鸿春、盛继洪：《健康城市蓝皮书：中国健康城市建设研究报告 2017》，社会科学文献出版社 2017 年版。

②张连城、张平、杨春学、郎丽华：《城市生活质量蓝皮书：中国城市生活(2017)》，社会科学文献出版社 2017 年版。

③王伟光、张广智、陆大道：《生态城市绿皮书：中国生态城市建设发展报告(2017)》，社会科学文献出版社 2017 年版。

④中国城市科学研究会：《中国低碳生态城市发展报告(2017)》，中国建筑工业出版社 2017 年版。

⑤倪鹏飞：《中国城市竞争力报告 No. 15》，中国社会科学出版社 2017 年版。

⑥屠启宇：《国际城市蓝皮书：国际城市发展报告(2017)》，社会科学文献出版社 2017 年版。

⑦祝合良、叶堂林、张贵祥：《京津冀蓝皮书：京津冀发展报告(2017)》，社会科学文献出版社 2017 年版。

⑧宋贵伦、冯虹、唐军、唐志华：《社会建设蓝皮书：2017 年北京社会建设分析报告》，社会科学文献出版社 2017 年版。

⑨毛汉英：《京津冀协同发展的机制创新与区域政策研究》，《地理科学进展》，2017 年第 1 期。

⑩方创琳：《京津冀城市群协同发展的理论基础与规律性分析》，《地理科学进展》，2017 年第 1 期。

⑪安树伟：《京津冀协同发展战略实施效果与展望》，《区域经济评论》，2017 年第 6 期。

⑫李学伟：《落实习近平新时代中国特色社会主义思想要有新担当——以北京联合大学服务北京城市战略定位为例》，《北京联合大学学报》(人文社会科学版)，2017 年第 1 期。

⑬曹浩文：《北京城市副中心教育资源现状及优化对策》，《北京教育学院学报》，2017 年第 1 期。

⑭赵民、李峰清：《实现交通模式转变，确保北京城市副中心建设的功效》，《北京规划建设》，2017 年第 1 期。

⑮杨斌：《党建引领北京城市副中心建设》，《前线》，2017 年第 7 期。

⑯李树江、匡仁春、王辉、王林：《推进全国文化中心建设的若干构想》，《前线》，2017 年第 12 期。

⑰郭万超：《北京加快建设全国文化中心的路径》，《中国国情国力》，2017 年第 12 期。

⑱李建平：《“三个文化带”与北京文化中心建设的思考》，《北京联合大学学报》(人文社会科学版)，2017 年第 4 期。

⑲张文忠、湛东升：《“国际一流的和谐宜居之都”的内涵及评价指标》，《城市发展研究》，2017 年第 6 期。

⑳李连宏、刘运妍：《当前我国智慧城市建设中

的问题与对策》,《科技创新与应用》,2017 年第 36 期。

㉑王静远、李超、熊璋、单志广:《以数据为中心的智慧城市研究综述》,《计算机研究与发展》,2017 年第 2 期。

㉒魏仲民:《智慧交通在构建智慧城市中的作用分析》,《通讯世界》,2017 年第 24 期。

㉓金元浦:《创意城市的 3.0 版本:中外城市创意经济发展路径选择——金元浦对话查尔斯·兰德利(二)》,《北京联合大学学报》(人文社会科学版),2017 年第 1 期。

㉔林存文、吕庆华、张华荣:《中国经济区创意城市发展水平比较评价——基于经济生态系统理论的实证研究》,《科技与经济》,2017 年第 6 期。

㉕刘凯华:《"多规合一"背景下城市的精细化管理》,《城市》,2017 年第 12 期。

㉖孙新军:《确立"六精六细"管理理念 推动城市精细化管理水平提升》,《城市管理与科技》,2017 年第 5 期。

㉗杨松:《着力解决首都城市精细化管理发展不平衡不充分的问题》,《城市管理与科技》,2017 年第 6 期。

㉘全永燊、潘昭宇:《中国大城市交通市场化发展战略研究》,《城市交通》,2017 年第 2 期。

㉙孔令斌:《中国大城市交通问题的空间解读与对策》,《城市交通》,2017 年第 4 期。

㉚冯也苏:《共享交通对城市交通发展的作用研究》,《城市发展研究》,2017 年第 6 期。

㉛温慧敏、全宇翔、孙建平:《大数据时代城市智能交通系统发展方向》,《城市交通》,2017 年第 5 期。

㉜唐钧:《社会公共安全风险防控的困境与对策》,《教学与研究》,2017 年第 10 期。

㉝刘奕、倪顺江、翁文国、范维澄:《公共安全体系发展与安全保障型社会》,《中国工程科学》,2017 年第 1 期。

㉞吕鹏、范博深、贾蕤榕:《公共安全治理策略研究——以暴力事件的产生及其舆论传播为例》,《中国软科学》,2017 年第 3 期。

㉟姜玲、叶选挺、张伟:《差异与协同:京津冀及周边地区大气污染治理政策量化研究》,《中国行政管理》,2017 年第 8 期。

㊱孙淑欣、夏文静、靳沐遥、刘欣然:《京津冀雾霾治理、经济增长与能源结构的关系研究》,《现代商业》,2017 年第 35 期。

㊲刘薇:《北京大气污染治理的重点领域及对策研究》,《环境与发展》,2017 年第 2 期。

(作者:孟斌,北京联合大学教授;
宋小雨,北京联合大学硕士生)

2017 年北京社科基金项目成果综述

肖 龙

2017 年,在市委的坚强领导和市委宣传部的精心指导下,市社科规划办牢固树立政治意识、大局意识、核心意识和看齐意识,与广大社科工作者一起,更加紧密地团结在以习近平同志为核心的党中央周围,高举中国特色社会主义伟大旗帜,以习近平新时代中国特色社会主义思想为指导,认真履行全面从严治党主体责任与党风廉政建设主体责任,严格落实意识形态工作责任制,按照"服务党的理论创新成果研究阐释、服务首都发展和京津冀协同发展、服务首都意识形态领域斗争、服务首都社科理论人才队伍建设"的工作总要求,继续坚持"精细化管理、精准化服务"的工作思路,着力在提升北京社科基金项目的引导性、社科研究成果质量、研究基地建设发展水平上下功夫,不断推进北京社科规划工作持续、深入发展,努力为进一步繁荣发展首都哲学社会科学、推进首都哲学社会科学创新工程持续深入发展做出新的贡献。

一、2017 年结项项目基本情况

2017 年,共有 420 项北京社科基金项目完成研究任务,通过鉴定验收办理了结项手续。其中,优秀等级的 73 项,占结项总数的 17.4%;良好等级的 136 项,占结项总数的 32.4%;合格等级的 184 项,占结项总数的 43.8%;符合条件免于鉴定的 27 项,占结项总数的 6.4%。

从已结项项目的类别看，有重大项目 12 项、特别委托项目 13 项、重点项目 68 项、一般项目 220 项、青年项目 107 项。

从最终成果形式看，以研究报告形式结项的占绝大多数。其中，以研究报告形式结项的项目有 329 个，占 78.3%；以专著形式结项的项目有 57 个，占 13.6%；以论文集形式结项的项目有 34 个，占 8.1%。

从学科分布看，结项数量最多的为经济·管理学科 172 项，达到结项总数的 40% 以上，研究内容主要涉及京津冀协同发展、非首都功能调整疏解、“一带一路”倡议下文化“走出去”路径、环境污染治理、互联网新常态下公共危机治理、政府投资管理、公共交通补贴、文化与旅游融合发展、新能源汽车产业、健康服务业、物流企业、都市型现代农业、小微企业融资、居民生态消费、食品质量安全、生活垃圾源头分类、工业遗产保护与发展等；科社·党建·政治学学科 48 项，研究内容主要涉及中国特色社会主义理论研究、中国梦相关问题研究、社会主义核心价值观培育、首都意识形态安全、政府形象传播、领导干部思想状况、社会心态研究、群体性事件应对、大学生思想政治教育等；语言·文学·艺术学科 48 项，研究内容主要涉及北京城市文化形象国际传播、首都文化消费、北京影视创作、北京剧院现状及发展、京郊体育文化建设、北京话研究、京派文学研究、北京民间绘画、元代文学等；社会学学科 37 项，研究内容主要涉及城乡基本公共服务均等化、重大突发事件心理援助体系建设、微博舆情应对策略、创客群体发展、城乡空巢老人家庭问题、居家养老服务、民办非营利性养老机构发展、城中村改造与流动人口管理、医患关系研究、老旧小区物业管理等；法学学科 31 项，研究内容主要涉及京津冀一体化进程中的法律问题、网络时代的著作权保护、重大行政决策程序立法、生态补偿法律制度、土地可持续利用法律制度、建筑遗产保护法律制度、爆恐犯罪预防、流动人口犯罪治理、股东知情权等；综合学科 29 项，研究内容主要涉及中国梦的国际传播、网络环境下的传媒与司法关系、主流媒体的责任伦理、涉警网络舆情导控机制、医疗纠纷诉讼外解决机制、北京家庭医生式服务发展策略、古文献装帧工艺传承与保护等；教育学学科 20 项，研究内容主要涉及京津冀高等职业教育专业布局优化、首都高校应用型创新人才培养、北京地区大学分校研究、高校青年教师行为方式、“就近入学”政策背景下的择校行为、流动人口随迁子女教育等；城市学学科 14 项，研究内容主要涉及宜居城市建设、城市管理体制改革、非正规经济空间结构演变、健康社区评价和建设、生活垃圾处理“邻避”及补偿、城市排水问题、公共交通枢纽换乘功能优化等；哲学学科 11 项，研究内容主要涉及中国特色社会主义的哲学依据与理论创新、中国梦话语体系建构、中国当代美学审美问题、马克思与怀特海的哲学比较研究等；历史学学科 10 项，研究内容主要涉及中国近现代学校历史教育史、7—13 世纪汉藏与多民族文明关系史、北京西部山区水资源环境与社会变迁、北京“三山五园”历史变迁、金代陵墓考古等。

从应用转化来看，2017 年已结项目的成果形式较为丰富，整体质量较高，有 49 项成果获得各级各类奖项，118 项成果获得领导批示或被相关实际部门参考采纳，出版专著 60 余部，发表论文 1600 余篇，在推动学术观点和科研方法创新、助力首都经济社会发展方面发挥了积极作用。

2017 年，市社科规划办组织北京社科基金项目负责人和研究基地专家积极发声、及时发声，在《北京日报·理论周刊》刊发 2 个整版的理论文章。党的十九大召开期间，邀请中国人民大学教授在《北京日报》（理论版）上发表长篇理论文章，宣传阐释党的十九大精神。围绕京津冀协同发展、“一带一路”建设、“三个文化带”建设等重大问题编发《成果要报》25 期，市领导批示 13 期 33 人次，其中蔡奇同志批示 9 期、陈吉宁同志批示 4 期、杜飞进同志批示 7 期。特别是关于举办北京城市环保国际论坛的建议、关于加强公共议题网络舆情回应的建议、“三个文化带”园林景观应体现不同风格特色等多期要报分别得到蔡奇、陈吉宁、杜飞进等领导同志批示，并批转给相关业务部门，进入规划、进入方案，落地实施、服务决策。

二、2017 年结项项目成果概述

2017 年度结项的项目均能坚持正确政治导向，用马克思主义的立场、观点和方法开展研究工作。广大专家学者崇尚精品、严谨治学，以深厚的学识、创新的态度、科学的方法不断提高研究质量，推动内容创新，积极从改革发展实践中挖掘新材料、发现新问题、提出新观点、构建新理论，推出一批围绕重大紧迫问题、注重调查研究、能够提出正确思路和有效办法、具有较高理论水平和学术价值的优秀成果，有效发挥了服务党和政府决策、服务经济社会发展的思想库智囊团作用，展现了首都哲学社会科学研究的时代风貌。

1. 中国特色社会主义理论体系研究

中国人民大学陈力丹教授承担的“党性和人民性一致性研究”，对党性和人民性这对概念的历史形成做了细致的考证，从马克思、恩格斯、列宁到苏联的新闻理论，再到中国共产党的历史文件和毛泽东等老一辈无产阶级革命家的论述，从而确定了“党性和人民性相统一”的思想是马克思主义新闻观的基本观点，中国共产党党建理论的有机组成部分，并在新闻宣传实践层面对落实“党性和人民性相统一”思想的现实急迫性和如何贯彻提出了5个理解层面；北京大学程美东教授承担的“中国现代化进程中的‘中国梦’内容体系研究”，按照由近代到现代、由中国到世界、由理论到实践的线索，梳理学界研究中国梦的基本问题和有关视域，考察世界现代化进程中若干“国家梦”并进行比较研究，提出从多学科综合角度深入研究中国梦，建构中国梦理论体系，将总体架构规划与具体路径探索有机结合，从思想和理论上建构更具开放性和世界性的中国梦话语体系；中国人民大学高旭东教授承担的“中国梦与中国精神研究”，探讨了中国文化的审美特征与艺术精神以及这种精神的当代价值，系统分析了中国文化的中和精神，对中国精神在当今世界发展中如何成为实现中国梦的强大助力进行思考，将中国精神在中国梦中的重要地位给予学术上的解释和肯定，在“传统/现代”和“中国/世界”所构成的经纬图上为中国梦与中国精神寻找最佳发展路径，为发掘中国文化更多现代价值提供了思路；北京交通大学韩振峰教授承担的“北京市培育和践行社会主义核心价值观研究”，围绕社会主义核心价值观建设如何接地气，从宣传、教育、网络、活动等角度提出了主要的方法、措施和机制，并为北京市培育和践行社会主义核心价值观提出了设置宣传栏目、开展专题培训、组织系列宣讲、编写辅导教材、拍摄宣传短片、设立专项课题、建设研究基地、推出精品名著、树立先进典型、刊播公益广告等10条具体建议；北京市社会科学院左宪民研究员承担的“党的十六大以来中国特色社会主义在北京实践的经验与特点研究”，梳理和概括了中国特色社会主义在北京实践取得的成就，用事实展示了北京市实施一系列重要发展理念和发展战略取得的重要成果，分析了中央的领导支持与北京发挥作用和做出贡献之间的辩证关系，提出了继续推进中国特色社会主义在北京的实践，提高北京建设发展改革治理能力和水平的对策建议；北京航空航天大学赵义良副教授承担的“中国特色社会主义的哲学依据与理论创新研究”从思想史和理论两个方面对中国特色社会主义理论体系的哲学基础进行了系统研究，在此基础上，对中国特色社会主义理论体系发展的实践特色、理论特色、民族特色、时代特色，以及中国共产党领导中国特色社会主义的内在逻辑进行了细致梳理，从10个方面揭示了中国共产党推进中国特色社会主义的主要作用等。

2. 重大理论和现实问题研究

首都师范大学李松林教授承担的“唯物史观与中国近现代史评价研究”，运用马克思主义的立场、观点和方法，以丰富的历史资料为基础，对历史虚无主义彻底否定毛泽东的行为、在中国共产党的领导和建设方面的错误言论、在抗战问题上的错误言论、在当代中国的一些错误言论以及历史虚无主义的方法和包装形式等进行了全面批驳，以还原历史本来面目，传播主旋律和正能量；中国政法大学陈光中教授承担的“司法改革问题研究”，以刑事司法为重点，兼及民事司法，从理念、原则、制度3个层面对当前我国司法改革中的一系列重大问题，如审判中心与庭审实质化改革、人权刑事司法保障、刑事证据制度改革、繁简分流程序改革、民事诉讼制度改革、刑民执行体制改革等进行了系统、深入的探讨，提出一系列具有创新意义的观点，对我国当前立法和司法具有理论指导价值；中国政法大学王万华教授承担的“重大行政决策程序立法研究”，对已出台的300余份地方重大行政决策程序立法进行了规范层面的梳理，从信访与行政诉讼中暴露出的决策问题视角对重大行政决策实践中存在的问题进行了把握，在借鉴国外立法经验的基础上，对完善我国重大行政决策程序立法的必要性、可行性、主要路径、主要制度等做了充分的论证和探索；清华大学李强教授承担的“北京建设学术之都的政策研究”坚持以学术自由为基本理念，以指标体系为基本标准，提出既加强对传统学术资源的开发和利用，又积极推进学术管理体制的现代化，通过广泛借鉴美国波士顿、英国伦敦、日本东京、俄罗斯莫斯科、以色列特拉维夫等城市的经验，立足本土探寻具有“中国特色、中国风格、中国气派”的理论学说，同时倡导“经世致用”的学术追求，主张应当把学术进步与城市发展有机结合；北京外国语大学李永成副教授承担的“和平发展战略视角下的中国国际领导力研究”以和平发展为逻辑主线，对党的十八大以来以习近平同志为核心的新一代领导集体在国际事务中回应国际社会期待、在全球治理进程中发挥中国“引领作用”的新思想、新倡议、新实践进行了系统的学理性研究和案例分析，提出应从和平、发展两个维度探究、思考、评价中国在21世纪全球治理进程及全球治理制度变革中的“引领作用”；北京交通大学吴萱研究员承担的“构建高校和谐党群关系的对策研究”梳理了当前高校党群关系的现状、挑战和任务，分析了新形势下影响高校党群关系的原因，以奠定高校和谐党群关系的思想基础、物质基础、群众基础、组织保障、政治基础以及制度保障为切入点，从把握意识形态工作的主导权、实现好维护好发展好师生的根本利益等方面，为构建高校和谐党群关系提出了路径选择和对策建议等。

3. 首都改革发展问题研究

首都社会经济发展研究所王力丁研究员承担的“首都全面深化改革政策研究”设定了52个子课题，涉及北京市30家部委办局，每个子课题都对当前主要做法、存在问题进行了梳理，并提出了未来深化改革的对策思路，很多对策思路直接转化成为相关改革政策方案，如构建科学有效国资监管体制、对国有企业分类管理、深化市场准入和监管改革、推进资源型产品和节能环保领域价格改革、推进科技创新综合改革、提高农业社会化服务水平等；首都经济贸易大学祝尔娟教授承担的“京津冀区域协调发展研究——全面推进中的战略重点研究”，运用大数据分析等方法对京津冀协同发展的基础与现状进行分析判断，提出以协同创新推进协同发展的战略思路并构建了包括微观层面的要素“新组合”、中观层面的结构“新组合”和宏观层面的制度“新组合”在内的区域协同创新理论分析框架，对非首都功能疏解、交通、产业、生态等战略重点进行了专题研究，提出了可操作性政策建议；首都经济贸易大学叶堂林教授承担的“北京城市功能疏解与首都圈城镇体系研究”从产业疏解与产业承接角度对北京产业功能疏解展开研究，从分布现状、问题原因、现行政策和疏解成效角度对北京医疗功能疏解展开研究，从城市群的规模结构、空间结构、制度环境以及资源环境4方面分析京津冀城市群的主要特征和障碍问题，在此基础上提出首都圈城镇体系空间布局优化及质量提升的发展思路和具体建议；中国人民大学孔祥智教授承担的“北京都市型现代农业新型经营主体发展与支持政策研究”以土地、劳动、资本为分析纽带，将各类新型经营主体的要素禀赋特征、市场参与特征同都市农业的特殊性关联起来，判断当前北京都市农业新型经营主体的基本发展格局，梳理影响新型经营主体形成的关键因素，分析其发挥农业社会化服务功能面临的制约与发展需求，为促进北京都市型现代农业新型经营主体发展提出了政策重点和支持方向；中国政法大学李程伟教授承担的“人口疏解趋势下的北京市流动人口服务管理问题及应对策略研究 ”以流动人口聚集的城乡接合部等典型区域、批发服务业等典型行业、群租房整治等典型问题为关注点，用问卷调查的方式对北京市人口疏解政策的效果进行定量评估和判断，提出把握“外来人口‘向心式’流动形态”“确立‘融解’与‘疏解’并举基本思路”“扭转城市发展空间形态”“研判和预防疏解政策非预期后果”“探索社区包容性治理新方式”等政策建议；中国民主建国会北京市委员会朱继东研究员承担的“网络时代的领导干部意识形态能力问题研究”阐发了意识形态能力的概念，运用马克思主义意识形态理论对其发展脉络和基本内涵进行了研究阐述，剖析了意识形态能力在新时期面临的全球化、市场化、网络化三大冲击以及考验，在理论和实践结合的基础上从10个方面总结了加强领导干部意识形态能力建设的科学路径；首都医科大学王晓燕教授承担的“医改背景下的首都农村卫生人力资源配置研究”采用问卷调查、个人访谈、实地观察等形式，对北京市154个乡镇的3425个行政村进行了调研，围绕农村卫生人力资源的配置状况、培养模式、管理机制、服务内容、医患关系、政策保障等进行了系统研究，探讨了当前农村管理和卫生管理双重体制的重大改变对乡村两级卫生人力资源配置的影响，从多学科视角提炼出农村卫生人力资源队伍可持续发展的政策建议；中国政法大学王丽莉副教授承担的“北京市重大突发事件心理援助体系建设研究”从政府主导体系、协作体系、专业支撑体系和社会参与体系四个方面，结合心理援助准备阶段、应急心理干预阶段和后续心理援助实施3个方面，提出了北京市建立重大突发事件心理援助体系的系统思路，以及建设金字塔型专业队伍、明确管理和实施机构、建立应急心理干预小组、设计应急干预流程、设立心理社工的具体建议等。

4. 群众关注热点难点问题研究

中央财经大学崔晶副教授承担的“区域协同视角下的京津冀都市圈地方政府大气污染协作治理研究”针对京津冀都市圈大气污染治理的不协同问题，紧扣当前京津冀区域大气污染协同治理面临的困境，构建了都市圈府际协作治理的理论框架，开展了大气污染协作治理网络结构分析、协同治理机制设计等研究，为都市圈地方政府在区域环境治理中实现长期、稳定、有效的协作提供了可参考的思路；北京工商大学郑子云副教授承担的“北京公共交通枢纽优化换乘功能的服务设计研究”以换乘信息的整合与传达为研究重点，深入公交枢纽和地铁换乘站了解乘客在通勤过程中的服务需求，运用情境访谈等工具找出服务接触点的服务缺失并进行系统分析，提出依托大数据信息服务，将数据转化为可视化、可交互的信息资源与服务手段，以实现公共交通枢纽换乘服务的预告与精确换乘，提升公众公交出行体验的满意度；首都师范大学龙玉其副教授承担的“政府购买服务背景下的北京市民办非营利性养老机构发展研究”调研了北京市政府购买养老服务背景下民非养老机构发展的现实状况，分析了民非养老机构发展存在的问题及原因，在统筹考虑政府购买服务与民非养老机构建设的基础上，提出加强政府、民非养老机构和社会公众的合作，从政策、资金、设施、人员、管理等方面积极推进民非养老机构发展的对策思路；中国人民大学陶涛副教授承担的“北京市城乡空巢老人家庭问题研究”通过抽样调查和访谈了解北京市空巢老人的家庭现状，探寻不同类型空巢家庭主观幸福感的影响因素，包括经济因素、保障因素、健康因素、家庭内部关系因素、家庭外部关系因素和时间利用方式等，归纳总结出空巢家庭面临的共性问题和各类空巢老人家庭的特殊问题，在“多元主体、协同治理”理念下提出相关的解决方案和政策建议；北京信息科技大学徐颖副教授承担的“北京市居民生活垃圾源头分类行为、影响机理与规制政策制定研究”以北京市居民和企业生活垃圾分类回收行为为研究对象，从生活垃圾处理产业链的前端——垃圾源头分类入手，构建居民生活垃圾管理行为理论模型，探讨生活垃圾分类回收参与主体的行为意愿，以及各行为主体的利益博弈和策略选择，为北京市城市生活垃圾处理提出政策建议；北京工业大学李升副教授承担的“北京近郊区城中村改造与外来人口管理研究”探讨了北京近郊区城中村改造对于当地外来人口的影响作用，分析了城中村中外来人口的生活特征及社会心态特征，对作为首都的特大城市北京，在发展城市化与现代化的同时如何兼顾城市中区域社会发展，以及如何有效且有序的实现对外来人口的服务和管理等问题进行了思考等。

5. 北京地域特色研究

北京建筑大学李沙教授承担的“明清官式建筑彩画比较研究”对明清官式建筑的发展与彩画间的关系进行了梳理，对明清官式建筑彩画的文化背景、主题内容、主要形式、审美取向等进行了比较研究，绘制了有代表性的明清官式建筑彩画复原图，从理论高度进一步阐释了其历史价值、艺术价值、科学价值、文化价值与社会价值，在此基础上提出构建以价值保护为核心的古建彩画保护理论体系和技术体系；首都师范大学宋红雨副教授承担的“北京民间绘画研究”将明清以来北京民间绘画按不同的表现形式分为绘刻年画、民俗纸马、画工字画、绢纱灯画、塑神画谱、宗教绘画、玻璃瓷画和诸般杂画8项品类，深入分析其历史背景、民俗内涵、题材内容、绘制技法和艺术特征，探究北京民间绘画的历史发展脉络，分析和总结出北京民间绘画的艺术特征和绘制技艺；北京市文物局倪葭副研究员承担的“民国京派绘画研究”依托首都博物馆等单位收藏的京派作品，以历史跨度为线、题材研究和美术社团为面、作品为点，对京派艺术进行了系统梳理，既介绍当时北京画坛的职业画家，又将视线投向当时画坛的艺术活动家、教育家和雅好艺术的官员，以及美术社团和美术学校，着力勾勒出民国时期北京画派的整体风貌；首都经济贸易大学彭利芝副教授承担的“明清小说与北京城市文化研究”广泛考察明清时期的文言笔记小说、白话短篇与长篇小说，对其承载的北京城市文化进行分析、梳理与阐释，内容包括“帝都威仪与坛庙祭祀”“宗教信仰与寺观庙宇”“宣南士子与旗人举业”等，为古典小说与城市文化的交叉研究提供了实证文本，为明清小说、北京学研究提供了新的思路；北京师范大学张智华教授承担的“北京文人笔记研究”以理论探讨与代表案例分析相结合，既有对北京文人笔记的宏观论述，又有中观与微观方面的探讨，系统阐述了北京文人笔记的内涵、外延、现状与特点，深刻论述了北京文人笔记的文化价值与作用，对北京文人笔记改编电影电视的得与失进行分析，评析了北京文人笔记的当下意义；北京语言大学李春雨教授承担的“京派文学的地域性与超地域性研究”对京派文学所特有的超地域性给予重点分析和研究，探讨了“京派”的历史命名及文化意义，以废名为代表对“京派”作品中构建的独特的文学空间与文化空间，以及京派文学的文化活力进行了研究，重新认识京派文学的历史发展，对北京文化影响下的文学流派的当代价值和意义进行深度阐发等。

此外，广大专家学者崇尚精品、严谨治学，不断在提高研究质量、推动内容创新上下功夫，着力在基础理论研究方面推出具有原创性、开拓性和思想内涵的高水平成果，展现了课题组深厚的科研积累、创新的科研态度和科学的研究方法，也体现了北京社科基金项目的学术积淀与理论创新。如清华大学赵平安教授承担的“秦汉印章封泥文字编研究”全面收集秦汉官私印和封泥，扫描录入并运用信息处理技术对图像进行编辑，最大程度保证了字形的本来面貌，并充分吸收学术界的众多考释成果，是迄今为止整理秦汉印章封泥文字最系统、最完整的著述，可为战国秦汉文字的断代研究、汉字发展史研究、中华字库建设以及书法篆刻研究等提供第一手资料，具有厚重的学术和应用价值；首都师范大学邹华教授承担的“中国当代美学审美问题研究”，以“人二本、我两识、美交错、艺双扩”为纲领，展开对“文革”结束以来中国美学历史过程的研究，对本体论人学重构上出现的变异即“律本”和“欲本”，以及认识论主体建构上出现的变异即“定识”和“艳识”等问题进行分析和阐述，对中国当代美学先后形成非功利的“纯审美”和非审美的“纯功利”两种倾向进行反思，以期纠正审美问题的理解偏差；北京外国语大学石云涛教授承担的“唐诗之中的丝绸之路文化意蕴研究”以唐诗为史料，从唐诗的描写中看唐诗中丝绸之路的起点长安，丝绸之路绿洲路之陇右道、河西道、西域道、海上丝绸之路、草原丝绸之路、南方丝绸之路的发展变化，运用诗史互证的方法，探讨唐诗中有关丝绸之路与中外文化交流的意蕴，研究唐代丝绸之路盛衰和唐诗中反映的唐朝中国与世界各国的关系和文化交流；北京市社会科学院王岗研究员承担的“《北京专史集成》第二批”包括《北京文化史》《北京城市生活史》《北京园林史》《北京农业史》4 部专著，共 120 余万字，从新的领域、新的视角，用新的研究方法，进一步推进了北京历史研究的深度，同时对于进一步提升北京的文化资源利用优势、完善北京的文化功能，进一步做好城市发展和管理工作、破解特大城市发展难题提供了历史借鉴；清华大学何跞助理研究员承担的“民族与理学视阈下的元代文学性情论略研究”系统描述了元代文学的发生、发展背景，全面、深入揭示了元代文学带有本质性的特征，既有理论的系统阐述，亦有代表性作家的个例剖析，所提出的元代诗文呈现的在民族异质影响下的大气、主性情特色，以及在理学思想影响下，元前期北方文人的约情归性、元后期吴越文人的性情张扬等观点颇具新意；北京航空航天大学武晓霞教授承担的“梅列日科夫斯基创作中的世界文化形象研究”采用神话诗学、形象学、文化学、语言诗学、历史诗学等相关学科的研究方法，深入挖掘梅列日科夫斯基创作世界文化形象的哲学、美学基础和发展演变过程，全面揭示梅列日科夫斯基的文化形象创作特点和方法，广泛讨论梅列日科夫斯基关于“真、善、美、爱、生、死、逻各斯、爱洛斯、幸福、痛苦”等众多文化观念的哲理阐释等。

（作者：肖龙，北京市社科规划办成果处副处长）

附：

2017年度中国十大学术热点

《光明日报》理论部　《学术月刊》编辑部　中国人民大学书报资料中心

热点1　习近平新时代中国特色社会主义思想研究

入选理由：习近平新时代中国特色社会主义思想是党的十九大的重大理论成就，从理论和实践结合上系统回答新时代坚持和发展什么样的中国特色社会主义、怎样坚持和发展中国特色社会主义这个重大时代课题。2017年学术理论研究以党的十九大召开为时间节点，之前围绕以习近平同志为核心的党中央治国理政新理念新思想新战略展开，之后聚焦于习近平新时代中国特色社会主义思想的研究阐释。主要关注点有：一是对习近平新时代中国特色社会主义思想形成的思想渊源、核心要义、丰富内涵、重要特点、体系结构、重大意义、历史地位等展开研讨。二是全面把握、准确解读中国特色社会主义进入新时代这一重大政治判断，分析新时代的实践基础、时代主题，探讨时代演变下的重大理论和实践问题。三是围绕新时代我国社会主要矛盾的转化、新时代坚持和发展中国特色社会主义的基本方略等展开研究。

专家点评：习近平新时代中国特色社会主义思想所蕴含的历史新变革、矛盾新转化、历史新方位、历史新使命、时代新课题、实践新征程等是马克思主义理论学科及其他相关学科研究的重点。2017年，学术理论界从整体性研究、分领域研究、分专题研究3个基本维度，对习近平新时代中国特色社会主义思想展开了深入阐发。这是一个需要理论而且一定能够产生理论的时代，这是一个需要思想而且一定能够产生思想的时代，我们不能辜负这个时代。学术理论界应紧紧抓住这个推进理论创新的机遇期和黄金期，从两个方面深化对习近平新时代中国特色社会主义思想的研究：一是进一步提炼概括习近平新时代中国特色社会主义思想的核心要义及其完整的内在逻辑；二是要以充分挖掘习近平新时代中国特色社会主义思想的政治意义、历史意义、理论意义和实践意义为基础，为建构“理论中的中国”与中华民族的“学术自我”添砖加瓦。

（点评人：中共中央党校教授韩庆祥）

热点2　人类命运共同体与全球治理的中国方案

入选理由：党的十八大以来，习近平总书记多次阐述人类命运共同体理念以及共商共建共享的全球治理观，获得国际社会高度认同。党的十九大报告明确提出，中国特色大国外交要推动构建新型国际关系，推动构建人类命运共同体。围绕这一命题，2017年学术研究主要聚焦如下方面：一是构建人类命运共同体的时代背景。集中探讨了逆全球化现象和西方自由民主政治危机，揭示了全球治理体系变革的必要性、迫切性。二是人类命运共同体理念的重要意义和科学内涵。概括提炼人类命运共同体理念的核心、主旨，揭示人类命运共同体理念体现的科学世界观、方法论及其蕴含的中华优秀传统文化价值理念，尝试构建以人类命运共同体为核心理念的新型国际关系理论。三是人类命运共同体理念与中国特色大国外交实践。围绕构建合作共赢、公正合理的全球治理体系和治理机制展开。

专家点评：2017年是全球治理的转折年，西方大国的角色转变是全球治理出现转折的关键。近年来，西方出现逆全球化和反全球治理的现象。如何构建新的全球治理体系成为争论的焦点和学术界研讨的热点。习近平总书记在2017年世界经济论坛、“一带一路”国际合作高峰论坛、金砖国家领导人厦门会晤等重要场合，对以人类命运共同体为核心概念的全球治理体系展开系统论述，在世界范围引起震撼和回响。当今时代，没有哪个国家能够独自应对人类面临的各种挑战，各国需要共同合作、共同发展。人类命运共同体理念与全球治理相结合，是人类政治思想的重大发展，必将推动政治学理论体系的创新和重构。

（点评人：上海社会科学院研究员、复旦大学兼职教授黄仁伟）

热点3　民法总则的制度创新与理论阐释

入选理由：2017年3月15日，第十二届全国人民代表大会第五次会议通过《中华人民共和国民法总则》，自2017年10月1日起施行，这是我国全面推进依法治国的一件大事。民法总则规定民事活动的基本原则和一般规定，在民法典中起统领性作用，并进一步提升了我国民事立法的科学性和系统性。编纂民法总则激发了广大法学研究者饱满的研究热情，大批专家学者以各种方式直接或间接参与到这项技术性非常强的立法活动之中，并从民法与哲学、民法与商法、民法原则与民事习惯法、民法总则与民法分则、规则内容与立法技术等多重维度展开讨论。制度创新主要体现在胎儿利益的保护、降低无民事行为能力人的最高年龄标准、监护制度的完善、法人制度的完善、非法人组织制度、民事权利制度、民事法律行为制度、代理制度、民事责任制度、时效和期间制度等。

专家点评：作为民法典的开篇之作，民法总则决定着民法典的精神气质、立法体例、编排体例、基本原则和一般规则。随着民法总则的颁行，围绕民法典编纂存在的不少争议问题基本有了答案。在这一系列基本问题中，最根本的是如何看待人，对人表达什么样的期待？如何看待家，怎么协调人与家的关系？如何看待社会，怎么协调人与社会的关系？如何看待国家，怎么协调人与国家的关系？如何看待自然，怎么协调人与自然的关系？民法总则的时代精神与中国特色，就是在回答这一系列基本问题的过程中展现出来的。以民法总则的颁行为开端，如果我们最终编纂完成的民法典既能固本，又能开新，在人类所面对的一系列基本问题上，既能做出符合中国实际的回答，又能做出契合人类需要的回答，那么，这部民法典就一定是一部既具中国特色又能引领21世纪潮流的民法典。

（点评人：中国人民大学法学院院长、教授王轶）

热点4　《资本论》的历史地位与当代价值

入选理由：2017年是《资本论》第1卷德文第1版公开出版150周年。如何站在时代和理论发展的制高点，重新理解《资本论》的历史地位，全面继承其理论遗产，系统挖掘其当代价值，成为我们面临的重大课题。学术界的研究主要围绕以下方面展开：一是《资本论》的文本解读与思想阐释。学者们从宏观整体把握进入到微观细节解读，提出了一系列解读和阐释的新视角、新课题、新路径。二是《资本论》与当代经济社会发展重大问题研究。学界围绕《资本论》基本原理对当代宏观经济运行的科学指导作用进行了多方探讨。三是《资本论》与马克思主义哲学的当代创新。学者们通过深入探讨《资本论》及手稿，全面揭示了21世纪资本的运作机制，推进了对资本逻辑的当代批判。四是《资本论》与中国特色社会主义政治经济学体系建设研究。学者们充分挖掘《资本论》相关资源，探索建设中国特色社会主义政治经济学的方法和路径。

专家点评：随着当代世界的变迁和中国历史性实践的拓展，《资本论》愈益成为理论思维力图深入社会现实的一个研究重点。之所以如此，是因为《资本论》对现代性做出了具有原则高度的批判。对我国学术界来说，当理论与实践发展到一定阶段时，深入到“历史的本质性”之中就成为最基本的任务，而《资本论》是要求把握这种本质性的典范。由于《资本论》的历史地位是由现代性的活动范围和历史变迁规定的，所以它的当代价值首先是并且特别是方法论的：它不是作为一些抽象原则而被先验地强加到任何内容之上，而是要求研究“既定的社会”并深入到“现实”（即实存中的本质、展开过程中的必然性）之中。因此，马克思把政治经济学批判方法即辩证法的存在论前提揭示为“实在主体”，即具有实体性内容的特定社会，并且要求在理论方法上必须使这样的社会“始终作为前提浮现在表象面前”。就此而言，《资本论》的当代价值在于面对真正的时代课题研究各种“既定的社会”并揭示其本质性，特别是要深入到当今中国的历史性实践之中并把握其社会的现实。

（点评人：复旦大学教授吴晓明）

热点5　人工智能对社会发展的影响与挑战

入选理由：以人工智能为代表的新科技既为社会发展带来无尽便利和快捷，也延伸出诸多复杂的伦理、法律和安全问题。2017年，围绕人工智能对社会发展影响和挑战的研究，成为哲学社会科学界的一大热点，学者们主要聚焦如下方面：一是对人工智能本质的探讨。包括人工智能的意向性问题、人工智能的概念框架问题、机器人行为的语境问题、日常化认识问题、人工智能的情感问题等。二是人工智能与人类的关系及人工智能的发展前景。包括人工智能能否超越人类、人类智能与人工智能的异同以及人工智能发展的可能途径等。三是对人工智能的伦理学反思。对发展人工智能可能涉及的自由、正义、安全、责任等伦理学问题进行了探讨。四是人工智能与法律。研究多集中于知识产权领域，如人工智能生成内容的著作权认定、法律责任承担等。五是发展人工智能产业的风险及规避。研判人工智能产业发展可能面临的伦理风险、技术风险、军事风险，并在传统风险管理原则基础上对防范风险提出创新性建议。此外，还针对人工智能对政治、经济、教育、医疗等领域的影响与挑战进行了探讨。

专家点评：人工智能的研究在2017年上升为一个学术研究热点，大量研究成果不只集中在科技层面、产业层面和政策层面，还大量来自政治学、法学、传播学、伦理学、心理学、军事学、文学与文艺学的研究，这极大程度上打开了人工智能的学术研究维度。总体而言，对人工智能的跨学科反思，被放置到文明性挑战的视野框架下。在认识论层面上，我们不得不思考人类认知模式自身的限制；在伦理学层面上，人和“非人”的关系需要重新加以反思；在法学层面上，不得不讨论人工智能创造物的法律地位；在军事学层面上，人工智能的自主判断可能会对人类文明带来风险。这种种文明性挑战框架下的人工智能研究，2017年揭开了帷幕，2018年必将掀起更大的研究浪潮。

（点评人：华东师范大学教授吴冠军）

热点6　IP产业发展与网络文艺新形态

入选理由：随着由网络文学改编的影视剧的热播以及由此引发的影游联动效应，“同一故事”“同一内容”产生多种形态的文化产品成为文化娱乐产品生产的新形态，IP（知识产权）问题由此成为文化创意产业发展中的重要问题，众多学者将其纳入自己的研究领域。研究主要从4个方面展开：一是“IP”的新含义。认为“IP产业”特指能够被后续开发的知识财产，其关键要素是粉丝经济、跨界融合生产、网络文艺、全产业链。二是IP相关理论问题探讨。研究IP在我国目前的概况、与域外国家知识产权的比较、IP资源的开发模式以及“X次元”问题等。三是IP相关产业发展。深度解析IP电影、电视剧、游戏等具体行业的经济收益、制度优化、发展困境及应对策略。四是IP与大众文化、青年文化的发展。反思文化生产的现状，抵制资本狂潮下的IP乱局，确保大众文化、青年文化的良性发展。

专家点评：随着网络文学、影视、动漫等行业全产业链的蓬勃发展，能够被后续开发的知识财产日益增加，导致IP产业强势崛起。尤其是相对于真人实景的“三次元”文艺作品，由动漫、游戏、角色扮演及各种衍生产品构成的“二次元”日渐成为受人欢迎的娱乐门类与样式，相关社交平台逐渐成为网络文艺传播主力军。面对日新月异的网络文艺新形态，我们要充分重视文化和文艺的正确导向问题，要更清楚地认识并指出文化产业有迥别于其他产业的理念与操守，既尊重产业的自身特点，又避免其先天局限，凸显文化与文艺作为精神生产所特有的超然于资本—技术之上的价值，从而在媒介文化与大众文化活跃的当下，为新生的网络文艺创造可持续发展的良好生态。而注重创新与嫁接、优化与本土化等关系，则是这个产业自身发展的题中应有之义。只有实现文化与娱乐打通，助成与防范结合，IP产业才能有更健康远大的发展前景，成为拉动文化产业和文艺创作的重要引擎。

（点评人：复旦大学中文系教授汪涌豪）

热点7　海昏侯墓考古发掘与历史文化研究

入选理由：南昌西汉海昏侯墓是我国迄今发现的保存最好、结构最完整、功能布局最清晰、拥有最完备祭祀体系的西汉列侯墓园，具有重要的学术研究和开发利用价值。海昏侯墓的发现与发掘在国内外产生了巨大的反响，学术界对此展开了考古及相关历史文化方面的研究。一方面，学者们通过对墓主身份的考证，确立了墓主刘贺的身份，并对相关传世史料记载进行了补充、勘正，使得已经定型的历史人物评价体系得到重新认识。另一方面，学者们通过对墓葬形制和出土文物的研究，充实了学界对汉代政治结构、经济制度、社会风俗的认识，使得相关历史问题的研究更进一步。另外，还有学者对海昏历史地理及江西区域文化进行了深入探讨和研究。随着海昏侯墓出土简牍的清理工作取得重要进展，如失传1800年之久的《齐论语》公布，将海昏侯墓遗址出土文献与传世文献相结合，对一些历史问题进行深入探讨与研究的新成果将不断涌现。

专家点评：20世纪以来中国古代史研究的重大突破，一是依赖于马克思主义历史观、方法论的指导及相关理论的运用，二是依赖于新资料的发现。海昏侯墓出土的万余件文物和近万枚（初步估算）简牍，是新世纪中国古代史领域重大考古发现，具有多层面的史学价值，使重新认识其时政治、经济、文化和区域社会发展成为可能，揭开了西汉中后期历史发展的重重帷幕。目前，资料整理正依序进行，仅公布了少部分资料，相关研究还处于起步阶段，但已显示出广阔的学术空间和社会价值。主要体现在：一是皇位继承的制度建设与权力冲突、昭宣中兴的历史基础。二是汉代物质文明、分封制与地方社会发展、昌邑和豫章地区的生态环境及文化交流。三是经学文本的形成、政治实践、非核心区的传播过程及途径。四是历史遗产保护与当代文化建设的理论探索与科学实践。接下来，要进一步拓宽研究视野，进一步推进考古学和历史学的整合，科学分析历史和现实关系，不断推进学术研究的深入。

（点评人：苏州大学社会学院教授臧知非）

热点 8　未来教育与未来学校的发展图景

入选理由：云计算、大数据、人工智能、虚拟现实等新兴技术的快速发展，推动了教育模式、方式、方法的深度变革。第四次工业革命的到来，需要大量个性化、创新型人才，传统教育体系难以完全支撑这一需要。重新设计教育和学校，以应对未来社会的复杂挑战，成为国际共识，也是 2017 年我国教育领域的研究热点。已有研究主要聚焦以下几个方面：一是结合核心素养思考未来学校培养什么样的人，关注学生创新精神、实践能力、合作能力的培养。二是探索个性化、多元化的学习方式，如移动学习、混合学习、项目学习、体验学习、探究学习等。三是分析未来学校教师角色的转变，认为其主要职责不再是传递信息，而转变为对信息的加工和链接。四是探讨未来学校的空间形态、组织特征。五是关注新兴技术在未来学校教育中的应用，如人工智能通过大数据精准分析学生学习情况，设计个性化的学习推送方案等。

专家点评：在教育信息化与教育改革发展相互启发、相互激荡的背景下，“未来教育与未来学校的发展图景”议题持续升温、愈益深入。首先，这一议题寓于教育外延式发展向内涵式发展转变的教育改革总命题的逻辑框架中，是内涵式发展在学术领域的重要表征。其次，就这一议题内部看，对各种信息化要素，从更加关注条件到更加关注制度、从更加关注手段到更加关注心智、从更加关注增强到更加关注改变、从更加关注工具到更加关注价值。再次，就学术研究本身看，这一议题显现出较高的专业性和学术性，研究更加聚焦于人的发展与解放，形成了实证与思辨、宏观与微观、技术与价值、制度与文化、方法论与知识论、发展与变革等各类研究内容与方法共生共融的学术景观。最后，教育研究从原来偏重学科，正在走向基础研究、应用研究、开发研究共生的新格局，教育决策、学科建设和教育实践服务的教育科研体系初步形成。

（点评人：华东师范大学编审杨九诠）

热点 9　中国特色社会主义政治经济学理论体系构建

入选理由：中国特色社会主义政治经济学作为马克思主义政治经济学基本理论与中国特色社会主义经济建设实践相结合的理论成果，作为指导中国特色社会主义经济建设的理论基础，受到中国经济学界尤其是政治经济学界的高度重视和热烈讨论。2017 年以来，围绕中国特色社会主义政治经济学理论体系构建，学术界集中讨论了以下几个方面的重大问题：一是对中国特色社会主义政治经济学科学内涵的界定。二是对《资本论》与中国特色社会主义政治经济学在研究目的、研究对象、研究方法与体系结构等方面关系的研究。三是关于中国特色社会主义政治经济学学科体系的研究。四是关于构建中国特色社会主义政治经济学理论体系的不同基本框架。五是关于构建中国特色社会主义政治经济学理论体系必须坚持的重要原则，即必须坚持以马克思主义经济学为指导，批判性地借鉴和利用当代西方经济学的一些方法、概念和理论，吸收和弘扬中国优秀传统文化。

专家点评：20 世纪 80 年代以来，我国重新开始介绍和大量引进西方经济学。20 世纪 90 年代中期以后，在我国高校经济学教育和科研中，马克思主义政治经济学在一定程度上被边缘化，西方经济学话语的影响越来越大。这种状况与中国特色社会主义实践发展需要很不相称。在推进中国特色社会主义的伟大实践中，习近平总书记提出了“中国特色社会主义政治经济学”这一重要理论范畴，并阐明了构建中国特色社会主义政治经济学理论体系的方法论原则，指明了中国经济学发展的根本方向。习近平新时代中国特色社会主义经济思想，是党的十八大以来推动我国经济发展实践的理论结晶，是中国特色社会主义政治经济学的最新成果。如何构建中国特色社会主义政治经济学理论体系和学科体系，是当代中国经济学界在相当长一个时期面临的根本任务。

（点评人：中国人民大学经济学院教授邱海平）

热点 10　共享发展理念推动下的共享经济模式研究

入选理由：共享发展理念深刻阐释了为了谁发展、依靠谁发展和发展成果的分配等问题，而共享经济则在社会经济活动中实现了人民群众社会资源利用的低门槛和高效率，与共享发展理念内在契合。2017 年，学术界针对共享发展理念推动下的共享经济模式的相关研究集中在以下方面：一是基于共享发展理念的共享经济实质研究。包括共享发展理念与中国特色社会主义市场经济发展理论和实践的内在关联阐释；共享经济模式中“分享”和“使用”的多元解读；共享思想与其他社会管理科学要素的交互关系等。二是对不同共享经济模式及其影响的研究。包括如何利用第三方平台创造更高效的经济运行模式和价值体系等。三是共享经济的可持续发展研究。主要对共享经济模式创新中的发展障碍进行剖析，探讨制约共享经济发展变革的内在因素，对产业结构、生产效率、能源资源使用方式、生产生活方式、监督管理等方面进行前瞻性探索。

专家点评：2017 年，学术界围绕共享经济的理论问题、共享经济模式企业及其发展面临的挑战进行了充分讨论，主要聚焦以下几个方面：一是讨论研究了共享经济的开放、平等、协作、共享、去中心化等核心精神和核心理念。二是指出共享经济的生态性、开放性、共赢性、普惠性等四大特征，打破了劳动者对商业组织的依附，给企业的组织管理带来巨大冲击，并围绕共享经济的管理模式，对海尔“人单合一”模式等进行了充分研讨。三是探讨了共享经济企业的用工模式，指出相比传统工业的劳动用工管理，共享经济企业的用工模式在增加了劳动力市场灵活性和竞争性的同时，也对劳动力市场的安全性和稳定性提出了巨大挑战，对我国现有劳动法律法规和劳动就业统计也提出了具体而现实的挑战。四是围绕网约车司机管理的理论问题与法律争议进行了探讨。

（点评人：中国人民大学劳动人事学院教授唐鑛）

（原载《光明日报》2018 年 1 月 17 日 第 11 版）

2017 年理论学术研究观点要览（上）

马克思主义哲学篇

党的十八大以来意识形态工作取得历史性进展

党的十九大实现党的指导思想又一次与时俱进

意识形态工作的根本任务，就是巩固马克思主义在意识形态领域的指导地位，巩固全党全国人民团结奋斗的共同思想基础。有学者认为，党的十八大以来我国意识形态工作在政治认同、理论认同、历史认同、现实认同和未来认同方面取得了历史性进展，从而建构了当代中国主流意识形态的坚实基础。有学者提出，党的十九大报告对我国社会主要矛盾的变化做出科学判断，在理论上突破了社会性质和主要矛盾必须完全一致的观点，使主要矛盾更加贴近历史发展的阶段性特征，解决了社会性质的相对稳定性和历史发展的绝对变动性的矛盾。有学者认为，党的十九大理论创新的最大亮点，就是阐明了习近平新时代中国特色社会主义思想并确立了其在全党的指导地位，创造性地解决了指引中国在 21 世纪中叶建成富强民主文明和谐美丽的社会主义现代化强国的指导思想问题。

西方民主政治正陷入全方位危机之中

中国为解决人类问题贡献智慧和方案

建设中国特色社会主义民主政治，应积极吸收借鉴人类优秀政治文明成果，但绝不能照抄照搬他国政治制度，必须坚定不移走中国特色社会主义政治发展道路。有学者指出，认为只有照搬西方政治制度才是政治改革，实际上是对我国政治体制改革的完全曲解，同时也是对广大人民群众的严重误导。有学者提出，西方的多党制和三权分立制度实际上很难真正实现“人民当家做主”，西方民主危机近年来逐渐成为学界的热门话题就是明证。美国和欧洲等西方发达国家和地区正在深陷一场危机之中，而且这场危机是自第二次世界大战之后最严重的和全方位的，几乎席卷了西方发达国家的所有层面和所有领域。西方民主在被移植到非西方国家和地区以后，也大多造成社会动荡、社会分裂乃至走向衰败等水土不服的后果。有学者指出，世界上越来越多的发展中国家认识到，不能再迷信西方民主了，它根本不是什么包治百病的万能灵药。很多学者认为，中国特色社会主义的成功，拓展了发展中国家走向现代化的途径，给世界上那些既希望加快发展又希望保持自身独立性的国家和民族提供了全新选择，为解决人类问题贡献了中国智慧和中国方案。

批判推行霸权主义的“西方中心论”

构建文明交流互鉴的“命运共同体”

历史唯物主义认为，文明的魅力是在多样性、平等性、包容性的特征中体现的，世界各种文明应在竞争比较中取长补短、在求同存异中共同发展，而不应该是排斥和取代其他文明、称霸世界。有学者提出，“西方中心论”认为西方是世界的中心，西方文明和西方文化的特征或价值具有普遍性，代表着非西方国家和民族的未来发展方向，世界各国的现代化道路只有一条，西方的道路就是世界的普遍道路，这实际上是西方通过殖民化全球后逐步形成的一种优等心理，是对人类文明、文化和历史的误解。有学者认为，西方文明只是人类文明中的一种，西方资本主义文化也只是人类文化中的一种，资本主义道路只是人类社会发展过程的一个重要阶段，世界各国的现代化道路并非只有一条，西方的道路也绝不是世界的普遍道路。学者们提出，西方国家推行“西方中心论”的根本目的，是维护西方的既有霸权利益，不但损害非西方国家的主权和核心利益，而且给世界和平带来了极大危害，实际上是当今世界不安宁的重要根源。西方发达国家应当平等和谦虚地同其他文明相互交流、相互学习、相互借鉴，维护人类文明的多样性、平等性和包容性，逐渐形成我中有你、你中有我的人类命运共同体，对推动人类文明的进步和世界的和平发展做出应有的贡献。

（作者李建国为中国社会科学院马克思主义研究院研究员）

经济学篇

转“脱实向虚”为“脱虚向实”

引导中国制造业良性发展

中国未来的发展必须始终高度重视发展壮大实体经济，不能走单一发展、脱实向虚的路子。很多学者提出今后要发展实体经济，培育新动能，很多观点认为经济增长重心要由“脱实向虚”转向“脱虚向实”，因而呼吁将减税、引导资金流向实体经济作为重点。另外也有人认为，“脱实向虚”现象受到实业层面、地方政府层面和金融层面的多重影响，其改变并非一蹴而就。有学者认为，以制造业为代表的实体经济的生存发展空间受到了以房地产和金融业为代表的虚拟经济的挤压，部分企业难以获得社会平均投资回报率，尤其是房地产业吸纳大量社会资源，拉高了市场利率水平，推高了制造业成本，影响了实体经济健康发展。必须坚持虚拟经济服务实体经济的本质要求，防止资本过度流向虚拟经济，造成实体经济空心化。还有学者指出，实体经济发展与市场需求不合拍，无法很好地对接。解决这个问题，需要继续深化供给侧结构性改革，尤其是要把提高供给质量作为主攻方向，按照市场需求创新供给、提质增效。

实施乡村振兴战略

加快城乡融合发展

实施乡村振兴战略是我国经济发展的一项重要举措，其重点是坚持农业农村优先发展，按照产业兴旺、生态宜居、乡风文明、治理有效、生活富裕的总要求，建立健全城乡融合发展体制机制和政策体系，加快推进农业农村现代化。有学者认为，在战略手段上，要重视打破历史形成的乡村发展低水平均衡状态，把握人力、地权、资本和技术4个重点，引入先进要素。重视不同区域乡村发展的差异性，在粮食安全、产业效益、生态环境建设保护上进行合理选择，讲求因地制宜。与此同时，中国未来的发展，要坚决打好防范化解重大风险、精准脱贫、污染防治的攻坚战。有学者认为，当前我国农产品、工业品、服务产品的供给能力迅速扩大，但提供优质生态产品的能力却在减弱，一些地方生态环境还在恶化。人民群众对生存条件的要求越来越强烈，污染治理的短板亟待补齐。

以产业发展促进全球化

“一带一路”推动合作共赢

中国的“一带一路”提出3年，已初步形成了覆盖亚、非、拉、欧四大洲的国际产能合作格局和新的区域经济贸易格局。有学者认为，过去的全球化把“一带一路”很多沿线国家遗忘了，过往的全球化推动者都是发达国家，今天我们所提出的全球化，就是要弥补以往的不足，将发展中国家纳入全球化之中。有学者认为，与“一带一路”相关的多数国家所面临的最大挑战就是如何不落入中等收入陷阱。沿线国家都致力于共同繁荣发展，促进收入迈向新水平、产业迈向新高度。“一带一路”倡议的最大特点就是中国需与一批与自身同处于中等收入水平的发展中国家共谋发展。这一特点决定了“一带一路”倡议不仅将引领中国的新一轮改革开放，而且将在引领全球经济治理体系转型上发挥重要作用。有学者认为，中国以发展为导向，与我们的产能合作有关，我们要以过剩产能，去弥补发展中国家的不足，形成合作共赢。

（作者孙咏梅为中国人民大学中国经济改革与发展研究院副教授）

政治学篇

社会主义协商民主彰显中国智慧

深入地推进必须植根于中国土壤

协商民主是实现党的领导的重要方式，是我国社会主义民主政治的特有形式和独特优势。有研究者指出通过理性对话、讨论和协商解决政治生活当中存在的问题和分歧，是现代政治的本质特征。协商民主强调大众要通过公共协商和公共讨论，理性地参与政治，参与的形式是对话和讨论，以此提高公民的理性和政治辨别力，反映真实的民意。在社会主义社会，中国共产党在坚持和发展选举和投票民主形式基础上，全面发展协商民主形式，不仅完全符合现代民主精神，也是中国特色民主政治的重要体现。

民主的发展具有多样性，在理论、制度和实践当中找到一条中国特色的民主之路是坚定中国特色社会主义道路自信、理论自信、制度自信、文化自信的重要依据。有研究者指出推进社会主义协商民主建设必须植根于中国土壤。社会主义协商民主是中国社会主义民主政治的特有形式和独特优势，是中国共产党的群众路线在政治领域的重要体现。社会主义协商民主建设具有历史传承性，领导核心是中国共产党，协商民主就是党的群众路线在政治领域重要体现的体制机制。

国家监察有效性将大大增强

未来的反腐败红利值得期待

2017 年，中国政治制度建设的重要内容在于国家监察制度的发展，党的十九大报告指出要制定国家监察法，依法赋予监察委员会职责权限和调查手段，用留置取代“两规”措施。有研究者指出，随着监察体制改革的深入推进和监察制度现代转型的最终完成，国家监察的有效性将大大增强，我们有理由对未来的反腐败红利充满期待。

现代国家构建包含两方面：一是加强国家能力，为广大人民提供美好生活所需要的社会秩序和公共服务；二是加强对国家权力的监督和制约，确保国家权力行使的正确方向。有研究者指出惩治和预防腐败的能力是国家治理能力的重要组成部分。惩治和预防腐败能力不仅包括党和政府惩治和预防腐败的能力，而且还包括市场和企业、公民与社会组织在拒绝腐败、抵制腐败和参与预防和惩治腐败方面的能力素质。惩治和预防腐败的能力建设要做到这 3 个方面兼顾，不可偏废。

以国家治理现代化推进中国政治发展

更大程度满足人民对美好生活的需要

强大的现代国家是维护国家统一、社会安定有序，促进社会经济健康发展，保障居民安居乐业的基本前提，因此，现代国家治理体系构建的基础是现代国家建设。有研究者指出国家治理现代化就是通过国家治理方式的变革，完成国家统一性整合。当前主要任务是通过制度建设确保长治久安，以协同治理和民主参与构建国家认同，以法治建设构建国家秩序，以分权化机制改革激活地方和社会等各主体和要素的活力，增强国家整体创新能力。

国家治理体系运转很大程度上需要看国家治理能力如何。有研究者认为国家治理能力包括处理国家—社会关系的体制吸纳力、制度整合力、政策执行能力。

新时代社会主要矛盾的转化有望成为推动政府治理现代化转型的强大动力。有研究者指出社会主要矛盾转化决定了国家治理的根本任务与工作重点的重新聚焦，更大程度地满足更多人对美好生活的需要是新时代国家治理现代化的目标指向和根本归宿，着力破除发展不平衡不充分、实现更加全面而均衡的发展是新时代国家治理现代化的首要聚焦点。社会主要矛盾的变化要求我们亟须加强服务型政府建设，提升国家治理体系和治理能力现代化的水平和境界。

（作者张宁为北京大学国家治理协同创新中心副研究员）

伦理学篇

人类命运共同体的伦理意蕴丰富

在新时代为人类提供实践性智慧

“人类命运共同体”问题引发了学界的积极讨论，伦理学界学人也极为关注。学者们普遍认为，在当前的国际形势和社会发展的大趋势上，人类命运共同体的提出既表现了对全世界的责任意识，也表现出对全世界的公正要求。学者们从人类的共同价值和精神理念出发，探讨了人类命运共同体所具有的深邃伦理意蕴。有学者认为，人类命运共同体体现了资本逻辑全球化过程中对发展正义的追寻，凸显了多元文明场域中对共同价值的守护，彰显了构建国际新秩序中中国的责任和道义担当。“人类命运共同体”包含了全球发展、正义、责任和道义担当、价值共享等伦理意蕴和道德追求，符合世界各族人民共同的心灵祈盼和价值期待。有学者强调，人类命运共同体思想与中华文明的伦理传统有着内在的一致性，二者都是强调整体思维和天下情怀。传统所蕴含着的天人合一的宇宙观、协和万邦的国际观、和而不同的社会观、人心和善的道德观等等，都是今天人类命运共同体的宝贵资源。中国政府倡导的人类命运共同体观念强调国家与国家之间既互相独立，但又是你中有我、我中有你的互济关系，这是中华文明在新时代为人类提供的“实践性智慧”。

从中国当下的政治伦理事实出发

建构新时代中国特色政治伦理学

时至今日，中国特色的政治伦理学建构已经提上议事日程。而要真正建构起新时代中国特色、中国风格、中国气派的政治伦理学，就必须在政治伦理学研究对象的确立、研究方法的选择、逻辑体系的架构、具体内容的表述、语言风格的形成等各个方面有所突破。有学者提出，要完成这个使命，需要在3个方向上用力：在精心解读经典文本与深度关怀政治实践的循环互动中，科学把握新时代中国政治伦理学的研究主题；从历史大纵深和国际宽视域的双重视角，全面强化新时代中国政治伦理学研究的深度与广度；在多样竞争和一元引领的思想张力结构中，逐步建构新时代中国特色的政治伦理学话语体系。对政治伦理学的身份和研究方法，有学者指出，我们必须从中国当下的政治伦理事实出发，但又不能局限于这些现实，我们可以对这些事实进行一种道德化的诠释，重视对不同政治伦理传统的话语辨析和吸纳，相互借鉴，坚持话语继承与话语创新的统一、话语创新和学术创新的统一，从而提炼出用作建构政治实践规则的核心价值观念。

建设中国特色家文化

谱写大中国这篇巨著

家风家训的讨论必须与现时代紧密联系，建设中国特色社会主义家文化。中国特色社会主义家文化是一种植根于中华民族世代传承的家文化沃土、继承中华文明优秀成果、反映当代中国特色社会主义在家庭文化建设方面本质要求的文化。这种家文化既是体现我们民族特质和精神风貌的民族文化，也是反映社会主义文化本质属性的文化样态。学者们尤其关注社会主义家文化的建设路径。有学者指出，中国特色社会主义家文化建设的实质是价值观培养和道德人格塑造，传承和弘扬中华民族家文化优良传统，将家文化建设作为系统工程统筹抓实抓好，与社会主义核心价值观培育相结合，以法律保障和政策导向为有力支持，是中国特色社会主义家文化建设的基本路径。还有学者提出，要从理念上注重家庭、家教和家风建设，政府及全社会应注重从营造家庭文明建设的舆论氛围和社会规导机制等方面来建设家庭以及家庭文化，做好小家庭这篇文章，才能谱写好大中国这篇巨著宏章。

（作者郭清香为中国人民大学伦理学与道德建设研究中心副教授）

社会学篇

借鉴发达国家现代化经验教训

走出一条中国特色现代化之路

开启全面建设社会主义现代化国家新征程，有学者强调，要及时研究什么是现代化，如何才能实现现代化这些宏大的全局性问题。有学者认为，中国可以从发达国家的现代化中学习先进经验，但要防止西方各国遇到的移民问题、内部阶层断裂问题、族群冲突问题、民粹主义与宗教极端主义问题，中国要继续保持定力，走出一条不同于西方各国的现代化之路，继续为发展中国家的现代化创新出“中国经验”，提供“中国道路”的可供选择与可供复制的现代模板。

扩大中等收入群体

畅通社会流动渠道

党的十九大报告多次提出要扩大中等收入群体，并将民生问题的解决、中等收入群体的扩大与社会治理等紧密联系在一起。对此，有学者从多个角度分析和定义了中等收入群体，在相对指标与绝对指标的结合上论述了中等收入群体扩大的经济与社会动因。经济发展、社会稳定、户籍制度改革、破除劳动力流动的体制机制弊端、扩大全社会的教育机会等是中等收入群体得以扩大的主要影响因素。与此同时，通过坚强有力的制度投入，强化精准扶贫力度，缩小低收入群体规模，推动农民工的市民化，在城镇化背景下实施乡村振兴战略，加强社会保障的现代化改革等，则是中等收入群体得以顺利扩大的政策支持因素。当然，有学者还指出，为扩大中等收入群体，需要防范阶层固化，畅通社会流动渠道，保证让每一个人都有可能分享改革与社会发展的成果，保证让每一个人都投入到中国梦的建设与实现过程中去。

消费在拉动国民经济增长中已发挥主要作用

消费升级成为提高社会发展质量的主要抓手

伴随社会转型与后工业社会特征的强化，2017年社会学人的研究还集中在消费社会与网络社会的研究上。有学者研究发现，消费在拉动国民经济增长中已发挥主要作用，消费升级成为人民改善生活水平、提高社会发展质量的主要抓手。有学者指出，在社会分化与社会群体需求多元化的影响下，既要注意到中产阶层对服务型商品的消费升级需要，也要注意到工人阶层和农民阶层对耐用消费品的升级需要。新时代的消费升级是需求多元的升级，是充满消费社会特征的升级，是消费社会与网络社会同构的升级，也是个性化需求的升级。原来那种将网络社会仅仅视为虚拟社会的想法，已经不适应网络日常化的实践需要。消费实践既扎根于现实社会，也发生在网络社会。

中国社会转型是现代化协调发展的转型

超越西方社会学理论对社会转型的认识

2017年社会学对社会转型的研究，超越了西方社会学理论对社会转型的基本认识，而将理论与实践的焦点都集聚到中国社会这个现实文本上。有学者认为，中国社会的转型，是快速转型，是社会流动、职业分化、工业化和城镇化、科技创新驱动等现代化协调发展转型。在这个转型过程中，人们的生活方式、居住的区位结构、政治的生态环境等都发生了划时代意义的变化。社会越是从传统向现代转型，就越要注意继承优良传统、维系文化根脉，将西方的先进科技与中国的传统优良品质相结合，体现中国特色。只有将社会转型与社会发展质量密切结合综合施策，社会转型才会产生积极的“现代性”特征，避免社会的分裂，形成和谐的社会心态，增加人民的获得感、幸福感、安全感。

（作者张翼为中国社会科学院社会学所教授）

（原载《北京日报》2017年12月25日第18版）

2017年理论学术研究观点要览（下）

党史学篇

南昌起义指挥策略得到深入检视

南昌起义后大局势受到全面分析

2017年是南昌起义爆发90周年，同时也是建军90周年。因此，学界对南昌起义给予了较为集中的关注。

有学者认为八一南昌起义是历史的必然选择。有学者认为中共中央对南昌起义的指挥策略是以武装暴动为旗帜、以土地革命为宗旨、以4省联合为策应。有学者探讨了八一南昌起义部队撤离后的南昌局势，认为起义部队撤离南昌后，南昌乃至整个江西都陷入极度混乱和白色恐怖当中，国民党反革命势力的疯狂反扑和屠杀是出现这种形势的根本原因，但起义军撤离南昌时未能做好更为周密和细致的善后安排，未能选择在江西地区就地开展革命，也是南昌起义可汲取的经验教训。

还有学者以《汉口民国日报》等媒体信息为研究对象，分析了南昌起义爆发后武汉国民政府的应对：在舆论上，借机大肆攻击中共，为其“分共”“清党”增加理由；在“分共”方式上，从“和平分共”转为“严厉驱共”；在军事上，武汉国民政府虽声称要“合力围剿”中共，但所部各怀心思，“追剿”只限口诛笔伐，没有形成统一行动。

从七七事变走势看中共决策

从抗日救国政策演变看贡献

有学者分析了中共对七七事变性质、走势的判断和因应，认为七七事变的发生对中共领导人来说既在意料之外又在预料之中；中共中央判定事变是日本发动全面侵华战争的开始，同时也是中国全国性抗战的开始。据此，在到洛川会议召开的两个多月里，中共及时提出全面的全民族抗战的路线方针，制定了动员全国民众的《抗日救国十大纲领》，全力促成全民族抗日统一战线的正式建立，克服各种障碍完成红军改编，迅速开赴抗日战场。

有学者分析了七七事变前后中国共产党抗日救国政策的演变及其历史贡献，认为其历史贡献在于发动各族人民，激发起全民族抗战的决心；促成国共合作，建立起抗日民族统一战线；实行积极外交，争取国际支持和援助。

一篇经典著作的发表

标注中国道路的探索

2017年是毛泽东《关于正确处理人民内部矛盾的问题》发表60周年，学界重点对其现实价值进行了分析和研究。

有学者认为，《关于正确处理人民内部矛盾的问题》是中国共产党人探索适合中国情况的社会主义道路良好开局的重要标志之一，对我们今天正在进行的社会主义建设，仍然具有重要的指导意义。有学者认为，《关于正确处理人民内部矛盾的问题》一文丰富和发展了马克思主义的唯物史观和科学社会主义的理论，为坚持、发展和完善社会主义制度提供了理论支持。

有学者从世界历史的角度解读了《关于正确处理人民内部矛盾的问题》的意义和价值，认为它是社会主义革命结束后探索社会主义道路初期，毛泽东基于世界历史视阈而开创社会主义世界历史的治国理政经典文献；坚持《关于正确处理人民内部矛盾的问题》形成和修改的世界历史视阈，汲取其开创社会主义世界历史的治国理政智慧，对于坚持和发展中国特色社会主义，在新的历史起点上开创社会主义世界历史新局面，具有伟大而恒久的价值。

拓宽改革开放史研究路径和视角

深刻把握改革开放具体历史进程

2017 年，党史学界对如何深化改革开放史研究给予了高度关注，从多个方面进行了探讨。学界的主要观点：从易见史料的多元化加强改革开放史研究的实证性；从理论、方法、可持续 3 个维度着力，深化改革开放史研究路径；以底层视角书写改革开放史；以实践问题导向意识深化改革开放史研究；从记忆史角度可以拓展和深化改革开放史研究；以更广阔的时空视野进行改革开放史研究；改革开放史研究需要应对大数据时代的新挑战。

还有学者认为，深化改革开放史研究，需要从改革开放的理论与实践的结合上研究中国特色社会主义开创和发展史，深刻阐明改革开放是社会主义的改革开放；需要从政治体制改革与经济体制改革的关系上突出改革开放历史本体论研究，深刻把握改革开放的具体历史进程；从中央和地方"两个积极性"的关系上加强改革开放地方史和区域史研究，彰显改革开放的全国统一性和地方特点。

（作者韦磊为北京市委党校党史党建教研部副教授）

文化学篇

用文化自信讲好精彩中国故事

以传统文化为基助力文化复兴

有论者指出，以文化自信推进新时代社会主义现代化强国建设具有重大的战略价值，而中国故事是坚定文化自信的重要抓手，文化自信是讲好中国故事的基础和依托。把弘扬社会主义核心价值观贯穿到中国故事中，中国故事就会有思想、有力量。

有论者认为，中华优秀传统文化是坚持文化自信的内在支撑。不断开拓文化发展路径，满足人民不断提升的文化需求，提升国家文化软实力，需要以中华传统文化资源为基础进行多元文化的有效融合。它表现为小品时代的终结与审丑叙事的消退，富有传统审美文化内涵和具有社会历史观照的叙事再次置于历史前台。而这在中华文化"走出去"的过程中对树立中国形象、传播中国声音、形成助力中华民族伟大复兴的文化力量具有重大意义。

打造沿线文化交流的平台

推动"一带一路"文化融合

有学者指出，推进"一带一路"建设的过程中，文化是一个有力抓手。我们应弘扬主旋律，构筑国家文化安全墙，规范产业市场，创新文化品牌，增强核心竞争力，提高文化国际话语权。坚持以筑造品牌讲好中国故事，发挥品牌企业、旅游、教育等方面的资源，助力我国与"一带一路"沿线国家的文化交流与交往。

有学者认为，北京参与"一带一路"建设，应在新的城市定位下，打造北京与"一带一路"沿线国家文化交流的平台，推动国际产能和装备制造合作，完善与亚投行、丝路基金等平台的对接机制，将展览、旅游、演艺等形式作为产业链上的一环进行布局。产业优势是驱动北京融入"一带一路"的保障，金融、产融、资本在助推文化融入"一带一路"倡议中具有重要功能，要协调处理企业、资本输出、产业转移间的协调互动关系，携手其它省市，积极对接国内国外两个市场。

调整供给与消费错位

培育发展文化新业态

文化供给侧结构性改革是解决人民日益增长的美好生活需要和不平衡不充分发展之间矛盾的重要路径。有论者指出，文化供给侧结构性改革应注重创新，它不仅需要技术创新，更需要文化、科技与金融等全要素创新。通过有效供给带动新需求、杜绝低俗供给、减少低端供给、淘汰过剩供给、清理僵尸供给、盘活呆滞供给，破解文化产品供给与文化消费两端错位，创造和丰富切实符合人们真正的精神需要的文化供给。近年举办的文化创意创新创业大赛，着力聚焦文创企业，通过大赛整合资源，搭建了文化领域新的创新创业平台。

有论者指出，文化业态创新是创新文化供给和促进文化内生型增长的重要体现。文化新业态以技术创新为主的跨越边界的产业融合，呈现出以"高端创意、跨界融合、模式创新、场景体验"为主要内容的产业特征。"泛娱乐产业""网红经济""二次元经济""众筹经济""直播经济"等新业态相继涌现，不可否认其中存在一些问题，但我们要趋利避害，以此促进文化产业结构的优化升级，培育新的文化消费群体，推动文化产业消费群体的代际转换。

文化乱象制约产业健康发展

法律法规建设亟待完善强化

文化与互联网融合过程中出现诸多乱象。有论者指出，互联网传播时代，自媒体在助力文化产业发展的同时，也导致了文化产业过度开发、过度市场化、过度娱乐化的现象。文化发展中营销的功利化、产业秩序的失衡、受众选择权的弱化、产品评价的极端化与产品的过度消费等，严重影响了文化的健康发展。直播、网红经济领域涉黄涉暴等不良内容泛滥，折射出自媒体介入文化发展后，在文化产品生产、传播、营销和消费等领域，产生的复杂的矛盾冲突。

有论者认为，文化发展领域出现的乱象凸显出制度监管的滞后，新的文化发展秩序的重建，既需要坚持情境分析原则，又需要设立相应的协调机制与监督机制。2017 年，《互联网域名管理办法》《互联网群组信息服务管理规定》的出台对各类互联网平台、互联网群组的管理责任、服务范围、安全保障机制等提出具体要求。2017 年，北京属地的文化执法等部门加大对互联网直播行业的管理，对行业中存在违法问题的直播平台进行立案处理，依法关闭了涉案网络直播平台，治理取得初步成效。

（作者王林生为北京社会科学院文化研究所副研究员，金元浦为中国人民大学国家发展与战略研究院教授）

法学篇

推动法理学研究理论创新

构建真正中国版的法理学

为了推动新时代法理学的转型升级，有学者提出了“以法理为中心，以权利为本位”的思想主张，倡议法学界共同聚焦“法理”这个法理学的中心主题，以此推动法学尤其是法理学研究的理论创新。有学者认为法理学的中心主题主要包括法理的概念、法理的体系、法理的存在形式、法理的意义和功能、法理思维等。有学者认为，为了研究法理，应当进行大数据的搜集。法理不仅存在于法学著作和法律文本之中，还存在于案例之中，存在于人民大众的法律实践和生活之中。电影、文学、戏剧当中有不少属于法律文学或关涉法律生活的内容，也都承载着法理。

有学者认为，实现法理中心和权利本位的结合，是法理学转型升级的关键所在，也是难点所在。法理何以成为法理学的中心主题？在此基础上，如何使法理教材化？这虽然是操作层面的问题，是技术性问题，但却是非常关键的。没有切实可行的方法和技术，以法理为中心改编现有法理学教材的思想和设想就难以落实，编写新教材亦将难以起步。法理是一个中国概念，如果再附之以中国版的权利理论和中国版的权利本位论，那么，我们的法理学就有可能成为真正中国版的法理学。

民法总则开启了民法典编纂的新纪元

编纂民法典应坚持和贯彻人文关怀理念

民法学方面，新颁布的民法总则和民法典编纂成为民法学界热议的重要主题。有学者认为，民法总则的颁布开启了我国民法典编纂的新纪元，意味着民法典的编纂顺利地走完了第一步，目前要加紧推动民法典各分编的编纂工作，开阔视野编纂出一部 21 世纪的民法典。

有学者认为，从民法总则所确立的法律原则和规则来看，如果我们编纂完成的民法典能够自始至终地坚持和贯彻人文关怀的理念，那么在对人进行定位的时候，就不仅仅是把人定位成推动我们这个国家经济发展的主体，而是要首先把人定位为推动实现自身全面发展的主体。然后我们把这种人文关怀的理念，无论是在民法总则还是在民法典各分编的规则设计里边，都予以充分的体现，这是民法典能具有典范意义的首要保障。

完善立法评估的标准设置

立法评估不排斥主观评估

立法学研究方面，有学者就立法评估标准体系的建构指出：目前，立法评估标准体系逻辑上有问题，要进一步完善标准设置，使其更有操作性。评估分为立法前和立法后评估，我国传统侧重立法后评估，应加强改进。建构立法评估标准体系重中之重是有关合理体系的建构。要对各个标准进行细化，一级指标有多个，大多可以直接适用；标准包含多个层次，最后一个层次可以直接适用。立法评估标准体系要与法律合理性相统一，法律合理性来源于理性关联。立法评估标准包含形式标准和实质标准。形式标准包括程序性标准、表达性标准、系统性标准，实质标准包含伦理、道德、适用方面的考量。

有学者就中国法律规范体系与立法效果评估相关问题指出，评估分为前中后评估，其属性分别为不可靠的主观评估和可靠的客观评估。实际评估要以数据说话，但实际评估中不排斥主观评估。

必须慎重对待“认罪协商”的试点推广

轻罪重罪都应适用认罪认罚从宽制度

有学者认为，完善认罪认罚从宽制度本质上应当遵循“权利化”的改革逻辑，必须慎重对待“认罪协商”的试点推广，不宜将控辩双方的协商式认罪量刑制度视为实现改革目标的最优路径，而应将着力点放在构建和完善与被追诉人认罪认罚相对应的体现差异化的实体法从宽处罚规范以及程序机制。

关于认罪认罚从宽制度的案件范围问题，绝大多数学者认为，无论轻罪案件还是重罪案件，都应当适用认罪认罚从宽制度。当前试点工作基本上都集中在轻罪案件，究其原因是担心重罪案件协商从宽会损害司法的公正。认罪认罚从宽制度构建的目的是鼓励犯罪嫌疑人、被告人认罪认罚，包括不同阶段的认罪认罚。基于此，无论轻罪还是重罪都应当适用认罪认罚从宽制度。

关于认罪认罚从宽的幅度问题，从宽幅度是犯罪嫌疑人、被告人认罪认罚的重要动因，有学者指出，当前官方认可的从宽只是从轻，而不包括减轻。从宽应当表现为“减轻”。但是也有学者指出，从宽的幅度应当严格遵守法律规定，只要是法律规定的东西就要按照法律执行，从轻肯定没有问题，但是减轻与否则要看是否符合法律规定，不能轻易突破。

（作者刘武俊为司法部《中国司法》杂志总编、研究员）

新闻传播学篇

中国马克思主义新闻观的核心观念有4个

马克思主义新闻理论体系建构经历3阶段

有学者提出，当前中国马克思主义新闻观的核心观念主要是党性原则观念、人民中心观念、新闻规律观念和正确舆论观念。其中“党性原则观念”是马克思主义新闻观的第一观念，是总体性、统领性的观念；“人民中心观念”是新闻价值目标观念，居于核心地位；“新闻规律观念”是根基性的观念，是新闻宣传、新闻舆论坚守历史唯物主义或实事求是根本原理的必然要求；“正确舆论观念”是实现党性原则观念、人民中心观念的方法论观念。

还有学者提出，我国马克思主义新闻理论体系的建构经历了3个发展阶段：延安整风时期“辩证唯物主义”语境下的“党报范式”的建构、改革开放后“新闻规律”旗帜下“新闻事业范式”的建构和当前“交往实践观”视域下的“新闻生产范式”的建构。这个知识演进过程是中国新闻学现代性生成的过程，也是世界新闻理念汇流的过程。

传媒业原有的边界进一步消解

传统媒体应向“意义媒体”转型

有学者认为，今天的移动互联网、物联网、大数据、人工智能等技术正在推动新一轮传媒业生态的重构。传媒业原有的边界进一步消解，一个极大扩张的传媒业新版图将在新的角逐中形成。而用户平台、新闻生产系统、新闻分发平台及信息终端逐步成为这种生态变化的4个关键维度。

也有学者认为，互联网时代，媒体形态经历了内容媒体、社交媒体、场景媒体的3次变革。在媒体形态日益交叉融合的状态下，传统媒体要构建以场景为入口、以内容为价值、以连接为中心、以社群为最大公约数的商业逻辑。

有论者认为，以“参股、合作、收购”多种方式形成的混合所有制为标志的传媒新体制基本成型；以互联网为中心的传播新格局已经形成；“制播分离”新模式出现，传统新闻媒体面临沦为“内容提供商”的风险；多生产主体、多媒介渠道、融合新闻产品共同重塑了新闻生产和传播生态。困境中的传统媒体应该坚持真实、揭示真相、坚守真理，走从“信息媒体”到“意义媒体”的转型之路。同时，报业的集中化趋势将进一步加强，纸媒的停办、“瘦身”、重组还将延续，并逐步回到“一城一报”或“一城两报”的基本格局。

互联网颠覆大众传播线性模式

VR技术创新新闻报道手段形态

有学者认为，互联网传播已经完全颠覆了大众传播的线性模式，成为典型的动态、开放、非线性传播的混沌系统。互联网的非线性传播意味着传播时间的全时和内容的碎片化。它带来的问题似乎更大，远比大众传播更为无形地遮蔽了人的眼界，全面地控制了人。在这种信息的海洋里，人们需要足够的识别真相的能力，才能够避免被假象所欺骗。

有学者认为，VR以一种新媒介的形式出现，创新了新闻报道手段，给我们提供了一个崭新的新闻形态。VR技术将带来新闻生产制作流程的重塑、新闻叙事的多维呈现以及受众的间接接受与直接参与。但它的产品生产周期长、制作成本高、盈利模式模糊，它营造的超真实的“拟态环境”，用户难以判断，尤其是缺少记者、把关人对信息的“强制”选择、引导，一些有价值的新闻信息有可能被遗失。

也有学者研究发现，美英主流新闻业界对于VR的认知经历了从“技术导向”到“理念导向”的转变过程，这些转变反映出VR对于传统新闻理念的冲击：VR改变了传统新闻的叙事模式，打破了原有的新闻价值考量，对传统新闻理念中真实性原则进行了重塑。

互联网与民族主义成结合体

社交媒体参与对外话语传播

有学者认为，网络民族主义方兴未艾，作为互联网与民族主义的结合体，当代中国网络民族主义是人们强烈自信心和自豪感基础上的态度反应，它既是一种社会政治现象，也是社会文化现象。当代中国网络民族主义除了具有推动中国民主政治建设的社会政治功能之外，还具有“再生产”民族性和民族认同的重要作用。

也有学者认为，以社交媒体为代表的新媒体技术，消解并重组了新一代民族主义者的行为情境，使得过去不相关的思维和行为逻辑被打通，参与者成功地将新媒体驯化为建构民族身份的中介，同时他们的行为也被新媒体改变。结果新媒体不仅没有消除族群之间的差异与误解，反而催生了一种独特的“粉丝民族主义”现象。

还有学者提出，以社交媒体为中介的跨文化交际冲突，以青年亚文化的形态参与了我国的对外话语传播。在对一些网络集体行为的研究中发现，爱国情怀、追求平等公正等社会主义核心价值观要素在话语体系中得到彰显，民间舆论场在对外传播话语体系中有其积极意义。

（作者黄春平为深圳大学传播学院副院长、教授）

（原载《北京日报》2017 年 12 月 25 日第 19 版）

2017 年理论视野中的十大热点

2017 年，国内外形势正发生深刻复杂变化：从全球看，国际格局和力量对比走到发展演变的重要关头，机遇与挑战并存；从国内看，党的十九大指明了中华民族伟大复兴的前进方向，中国梦的 13 亿践行者由此激发满满的信心和超强的动力。这里谨从我国理论学术界关心和热议较多的话题中选取 10 个方面，略作梳理和概述，以期为读者展现当今中国发展及世界变化的状态与趋势。

一、人工智能：中国抢先布局，有望与美国并驾齐驱

3 月 5 日，李克强总理在 2017 年政府工作报告中提出：加快新材料、新能源、人工智能、集成电路、生物制药、第五代移动通信等技术研发和转化，做大做强产业集群。“人工智能”首次被写入全国政府工作报告。

学者认为，人工智能的发展对人类社会产生了深远的影响，逐渐改变了生产工具，提高了生产效率，形成了新的生产关系：一是成为新竞争力的来源，使采用该技术的企业能够获得竞争壁垒进而收获超额价值；二是通过加快数据传播的效率、提炼信息的内涵以及降低信息不对称，使采用该技术的企业以更低的交易成本获得更多的差价。人工智能在促进人类社会进步的同时，也带来了新的问题和挑战，诸如对就业的影响以及在技术应用过程中涉及的安全、伦理和监管方面的问题。未来受人工智能冲击最大的行业将是制造业、教育、医疗和金融。

学者指出，随着人工智能的飞速发展，各国纷纷加紧了国家层面的战略布局，以抢占未来竞争的高地，主要涉及两方面：一是研究人类大脑原理，从中获得启示而促进人工智能的发展；二是人工智能技术具体的发展目标和战略规划。党的十九大报告指出，加快建设制造强国，加快发展先进制造业，推动互联网、大数据、人工智能和实体经济深度融合。中国在发展人工智能方面有很多优势：首先，中国拥有庞大而活跃的市场，其规模是全球独一无二的；其次，与西方高福利国家相比，中国人民拥有“白＋黑”“5＋2”的勤劳品质；再次，中国科研队伍强大、研究水平较高；最后，中国已经有了一个良好的人工智能研发基础，走在世界前列。随着以上优势的发挥，中国有很大可能与美国在人工智能时代并驾齐驱。

二、脱贫攻坚战：激发贫困群众自我发展的内生动力

3 月 8 日，习近平总书记参加全国人大四川代表团审议时指出：到 2020 年现行标准下农村贫困人口全部脱贫、贫困县全部摘帽，是我们党立下的军令状。3—9 月，全国各地统一开展建档立卡动态调整，把符合标准的贫困人口以及返贫人口全部纳入。

学者强调，要打赢脱贫攻坚战，不仅需要各级党委政府凝心聚力，投入大量的资金、物资等，为贫困群众“输血”，解决迫切的生产生活之需，增加获得感，而且更要注重有针对性地扶志与扶智，激发贫困群众自我发展的内生动力。扶志就是扶思想、扶观念、扶信心，帮助贫困群众树立起摆脱困境的斗志和勇气；扶智就是扶知识、扶技术、扶思路，帮助和指导贫困群众着力提升脱贫致富的综合素质。只有外部“输血”式扶贫与内部“造血”式脱贫相结合，通过自身“造血”巩固“输血”的成果，才能彻底拔除穷根、消除贫困。

学者指出，脱贫攻坚战在具体实践中面临一些困难和问题：一是“硬骨头”还没有完全精准瞄准；二是工作中仍存在不严不实不精准问题，主要表现是脱贫计划脱离实际，有的地方把脱贫工作“数字化”“文件化”“会议化”“表格化”，有的甚至在考核评估中弄虚作假；三是扶贫资金使用管理还需要进一步加强；四是部分贫困群众内生动力不足，有的地方为图省事、赶进度，大包大揽、送钱送物，“干部干、群众看”，造成养懒汉现象。这些问题应引起高度重视并作出政策回应。

学者建议，进一步瞄准深度贫困地区、贫困村、因病致贫贫困户，加大对典型的深度贫困地区的基础设施和公共服务建设支持力度。抓好考核，发现问题及时整改，纠正不严不实不精准的问题，特别要纠正形式主义，严防弄虚作假。通过教育培训等措施，增强基层扶贫干部“绣花”能力，提高贫困识别、帮扶、退出精准度，切实做到党的十九大报告要求的“脱真贫、真脱贫”。

三、雄安新区：贯彻落实新发展理念的千年大计

4月1日，新华社发布消息：日前，中共中央、国务院印发通知，决定设立河北雄安新区。

学者认为，雄安新区是疏解北京非首都功能较理想的集中承接地。从地理位置看，它与北京、天津正好形成等边三角形，可以与周边几个大城市形成半小时通勤圈。新区地处华北平原和湖泊湿地，生态环境优良、资源环境承载力较强。此外，新区所涉及的3县人口密度低、开发程度低，发展空间充裕，如同一张白纸，具备高起点高标准开发建设的基本条件。雄安新区的横空出世，是从实际出发，经过科学研究、反复比较、严格论证后做出的现实选择，是以习近平同志为核心的党中央做出的一项重大的历史性战略选择，是千年大计、国家大事。

学者指出，建设雄安新区的过程中应注意几个问题：一是围绕雄安新区的功能定位有目的、有选择地承接北京非首都功能，有所为有所不为；二是充分发挥民间资本的作用，大力发展混合所有制经济；三是要采取多方面的综合措施解决好职住平衡问题；四是处理好人口、资源、环境、发展之间的关系，因地制宜、与时俱进地把可持续性贯彻落实到规划建设的全成员、全要素、全过程中去。中央对雄安新区的定位强调“创新发展”，要建成“创新驱动发展引领区”和“贯彻落实新发展理念的创新发展示范区”。创新发展既是雄安新区的核心任务，也是其取得成功的关键。

四、人类命运共同体：为破解“修昔底德陷阱”指明人间正道

5月15日，习近平主席在“一带一路”国际合作高峰论坛圆桌峰会上提出，不断朝着人类命运共同体方向迈进。9月4日，金砖国家领导人在厦门宣言中号召，为人类命运共同体开辟更加光明的未来。12月1日，习近平主席在“中国共产党与世界政党高层对话会”上强调，共襄构建人类命运共同体的伟业。

学者认为，人类命运共同体的核心思想是“要和平不要战争，要发展不要贫穷，要合作不要对抗，要共赢不要单赢”，构建人类命运共同体的实质是通过共同挑战、共同利益和共同责任把世界各国团结在一起，是国与国之间以共同利益为最大公约数化解矛盾、合作共赢。人类命运共同体的内涵随着中国外交实践的丰富而不断深化和凝练，涵盖利益共同体、价值共同体和责任共同体3个层面，强调在谋求本国发展的同时兼顾他国合理关切。中国共产党不仅提出了人类命运共同体的概念与蓝图，而且着手推进“一带一路”建设，倡导以“和平合作、开放包容、互学互鉴、互利共赢”为核心的丝路精神，用实际行动推进人类命运共同体建设。

学者指出，构建人类命运共同体为破解所谓“修昔底德陷阱”指明了人间正道。近年来，一些西方学者沉溺于过时的国际秩序，用历史上的只言片语预测中美关系难以跨越所谓“修昔底德陷阱”，对中国发展充满疑虑。这是错误的，也是没有必要的。11月美国总统特朗普访华，中美两国领导人会晤向国际社会有力证明，中美关系并不存在所谓的“陷阱”，合作共赢才是大国相处之道。

五、党的十九大：进入新时代，形成新思想，提出新方略，开启新征程

10月18日至24日，党的十九大胜利召开，习近平总书记做了题为《决胜全面建成小康社会 夺取新时代中国特色社会主义伟大胜利》的报告。党的十九大确定了习近平新时代中国特色社会主义思想的历史地位，并将其作为党必须长期坚持的指导思想写进党章。这次大会受到了国内外的高度关注和广泛热议。

学者指出，党的十九大提出了一系列新观点新论述，其中最重要的包括：新时代——中国特色社会主义进入了新时代，这是我国发展新的历史方位；新判断——我国社会主要矛盾已经转化为人民日益增长的美好生活需要和不平衡不充分的发展之间的矛盾；新思想——将习近平新时代中国特色社会主义思想确立为党的行动指南；新方略——提出新时代坚持和发展中国特色社会主义的14条基本方略；新征程——全面建设社会主义现代化国家，并分两个阶段来安排：在2020年全面建成小康社会的基础上，到2035年基本实现社会主义现代化，到21世纪中叶全面建成富强民主文明和谐美丽的社会主义现代化强国。

学者指出，习近平新时代中国特色社会主义思想为中国特色社会主义注入了新的科学内涵，丰富发展了中国特色社会主义理论体系，以全新的视野深化了对共产党执政规律、社会主义建设规律、人类社会发展规律的认识，开辟了马克思主义新境界、中国特色社会主义新境界、治国理政新境界、管党治党新境界。习近平总书记以马克思主义政治家、理论家、战略家的深刻洞察力、敏锐判断力和战略定力，提出了一系列具有开创性意义的新理念新思想新战略，为新时代中国特色社会主义思想的创立发挥了决定性作用、做出了决定性贡献。党的十九大报告提出的“八个明确”提纲挈领地点明了新思想的主要内容，构成了系统完备、逻辑严密、内在统一的科学体系；报告提出了新时代中国特色社会主义基本方略，并概括为“十四个坚持”，既是新思想的重要组成部分，也是落实新思想的实践要求。

学者认为，我国社会主要矛盾的变化，反映的是由较低层级供需矛盾向中高层级供需矛盾的转变，从“数量短缺型”供需矛盾向“优质不足型”供需矛盾转变。我国发展的不平衡和不充分突出体现在农村，因此在实现现代化强国目标的过程中，始终坚持把解决好“三农”问题放在重中之重的位置，显然是非常必要的。党的十九大报告提出，实现小农户和现代化农业发展有机衔接，这意味着，在今后一段时间内，一家一户经营的小农户在中国社会中将是一个长期存在的历史现象，短期内不可能完全消失。

国外学者认为，党的十九大是中国共产党一次具有“全球意义”的代表大会，影响着世界，中国将全球发展与内部发展联系起来，将变成拉动世界经济的“牵引船”。党的十九大报告不仅是中共的行动纲领，也应成为国际社会改革发展和反腐的“参考书”，值得世界各国仔细揣摩学习。人民总是被放在第一位，这一点在报告中体现得非常明确。中国共产党的威信源自始终坚持从人民的角度出发，准确把握国家和社会在不同历史阶段面临的现实问题和任务，并提出科学合理的解决方案。

六、监察体制改革：确立中国特色监察体系的创制之举

11月4日，十二届全国人大常委会第三十次会议通过关于在全国各地推开国家监察体制改革试点工作的决定。

学者指出，国家监察体制改革在全国推开，是贯彻落实党的十九大精神的重要举措，是基于试点工作在北京市、山西省和浙江省稳步推进的实践成效上做出的重要决定。监察体制改革是带有全局性、根本性的深刻改革，涉及政治权力、政治体制、政治关系的重大调整。从政治权力看，改革前，行政监察机关隶属于各级人民政府、履行行政监察职能，主要是对行政机关及其工作人员进行监督；改革后，监察机关从人民政府中分离出来，专司国家监察职责。从政治体制看，监察委员会由人民代表大会产生，对同级党委、本级人大及其常委会和上一级纪委监委负责，必将加强党对反腐败工作的领导，强化国家权力机关的监督职能，拓宽人民监督权力的路径，使党领导下的国家政权机关既分工负责又协作配合的制度更加完备。从政治关系看，监察委员会与党的纪律检查机关合署办公，有利于强化党的领导和全面从严治党，充分体现党的领导、人民当家做主、依法治国的有机统一。深化国家监察体制改革是确立中国特色监察体系的创制之举，监察委员会实质上就是反腐败工作机构，和纪委合署办公，代表党和国家行使监督权，是政治机关，不是行政机关、司法机关。

学者强调，监察委员会也应接受来自各方的监督。首先，要自我监督，通过监察权行使过程中的实体和程序规范实施监督，比如监察法规定留置时长，要求留置期间全程录音录像，且监察委内部设有监督机构等；其次，监察委员会与检察机关、审判机关之间相互制约和监督，是加强权力监督的重要方式；再次是来自人大的监督；最后，社会监督也很重要。

七、美丽中国：功在当代、利在千秋的绿色革命

11月27日，新华社发布消息，习近平总书记近日做出重要指示强调，坚持不懈推进“厕所革命”，努力补齐影响群众生活品质短板。12 月 5 日，在第三届联合国环境大会上，中国塞罕坝林场建设者荣获 2017 年联合国环保最高荣誉“地球卫士奖”。

学者指出，习近平总书记的重要指示体现了我们党执政为民的根本理念和价值取向，体现了党的十九大报告提出的“我们要坚持把人民群众的小事当作自己的大事，从人民群众关心的事情做起，从让人民群众满意的事情做起”。我们党和政府从小处着手投资公共厕所，是帮助人民追求更美好生活目标的具体做法，也是一个国家文明程度的提升。“厕所革命”不仅让广大游客有了实实在在的“获得感”，成为推动整个旅游公共服务设施建设提升的重要切入口，也让“美丽中国”形象深入人心。塞罕坝林场建设者的故事证明，退化了的环境是可以被修复的，这证明了中国的环保政策取得了巨大成就，印证了我们党提出的生态文明建设理念行之有效。世界开始重视中国各地正在进行的环保工作以及“美丽中国”理念，在环保领域，中国这样的大国提供了世界急需的领导力。

学者指出，党的十九大报告要求加快生态文明体制改革，建设美丽中国，并首次把“必须树立和践行绿水青山就是金山银山的理念”写入报告。“绿水青山就是金山银山”，重心在和谐，核心在绿色发展、循环发展和低碳发展，通过现代化的绿色产业体系实现国民经济的绿色化。生态文明建设不仅仅是一种绿色发展理念，更是涉及生产方式、生活方式、思维方式和价值观念的一场绿色革命，功在当代、利在千秋。党的十九大报告提出，加快建立绿色生产和消费的法律制度和政策导向，建立健全绿色低碳循环发展的经济体系。为此，要坚持产业生态化、生态产业化的发展方向，以供给侧结构性改革为突破口，通过供给侧结构性改革优化产业和产品结构，推进产业生态化改造，开辟生态产业的新路径，将绿色生态科技成果转化作为生态经济发展的重要支撑，在节能环保产业、清洁能源产业、生态环境、社会管理等方面广泛实施生态科技项目，推进能源生产和消费革命；要以融合发展方式，发展生产、生活、生态有机融合的业态。突出绿色金融在推动绿色发展中的血液作用，以资本为纽带、以资产化为方法、以资本化为杠杆，推进绿色低碳循环发展的经济体系建设，实现绿色发展。

八、纠正“四风”：作风建设永远在路上

2017 年 12 月 4 日是“八项规定”出台 5 周年。12 月 11 日，新华社发布消息，习近平总书记近日就一篇《形式主义、官僚主义新表现值得警惕》的文章做出重要指示：“纠正‘四风’不能止步，作风建设永远在路上。”

学者指出，党内存在的作风不纯问题还未得到根本解决，“不想”的思想基础仍不够牢靠；压力传导存在逐级递减，上热中温下冷、水流不到头的现象仍然存在；不收敛不收手情况仍然存在，“四风”问题呈现隐形变异；形式主义和官僚主义问题仍然突出，需要着力破题整治；有的制度修订完善不及时，缺乏针对性和可操作性，执行不到位。这些都说明党的作风建设依然任重道远。

学者认为，习近平总书记专门对纠正“四风”问题做出重要指示，是在新起点上的再部署、再出发，是深化作风建设的动员令，是我们今后一段时期驰而不息纠正“四风”的重要遵循。当前必须抓住主要矛盾，把表态多调门高、行动少落实差等突出问题作为治理重点，综合施策，以重点问题的突破带动整体工作推进：一是强化理想信念教育；二是强化主体责任落实；三是从具体问题抓起；四是严格监督执纪问责。抓作风建设，关键在党员领导干部，要通过抓“关键少数”，让各级领导干部进一步带头转变作风，身体力行、以上率下，形成“头雁效应”。

九、住房制度改革：房子是用来住的、不是用来炒的

12 月 18—20 日，中央经济工作会议召开，研究部署贯彻党的十九大精神开局之年的经济工作，提出加快建立多主体供应、多渠道保障、租购并举的住房制度。

学者认为，党的十九大报告强调坚持“房子是用来住的、不是用来炒的”的定位，这将促使住房回归居住属性，是深化住房制度改革、建立住房发展长效机制的出发点，其必经之途包括适度降低商品住房供应占整个住房供应体系比重，改变商品住房一枝独大的局面。这正是党的十九大报告中所指出的要“加快建立多主体供给、多渠道保障、租购并举的住房制度”，同时也是住房供给侧改革的基本内涵。一是需要鼓励支持各地方政府，因地制宜创新商品住房之外的住房供给渠道，如北京等地的共有产权住房实验等均属此类探索；二是完善基本住房保障制度，明确地方政府对本地基本住房保障体系建设担负主体责任，同时鼓励企业、用人单位、村集体等社会各方面利用各自资源积极参与住房保障建设；三是大力发展住房租赁市场，这需要全面推进租购房同权，立法保护租房家庭的权益，支持住房长期租赁企业开展资产证券化业务，同时辅以相应的税收优惠和土地政策便利。其次要适度降低商品住房的金融属性。如通过坚持和改进限购、限贷等需求抑制政策，支持真实需求、控制投机炒作。限购、限贷等政策不能单纯理解为临时性市场调节手段，它们同时也是保证住房回归居住属性的基本性政策制度。

学者指出，2018 年我国将在现有政策基础上，出台更多配套政策和调控措施。刚刚闭幕的中央经济工作会议提出，加快建立多主体供应、多渠道保障、租购并举的住房制度。要发展住房租赁市场特别是长期租赁，保护租赁利益相关方合法权益，支持专业化、机构化住房租赁企业发展。完善促进房地产市场平稳健康发展的长效机制，保持房地产市场调控政策连续性和稳定性，分清中央和地方事权，实行差别化调控。房地产市场长效机制，要以保障和改善民生为立足点，以土地、住房的供给端改革，税收、信贷的配套政策改革，养老、医疗、教育等资源分配改革为着力点。同时继续坚持分类调控，因城因地施策。

十、逆全球化潮流：暴露了西方民主政治的弊端和困境

2017 年的世界政坛上出现了一股逆全球化的潮流：美国总统特朗普于 1 月宣布美国退出 TPP，6 月宣布退出《巴黎协定》，1 月、3 月、9 月连续颁布限制移民政策，12 月通过了史上最大的税收减免法案、拒绝承认中国市场经济地位；英国于 3 月正式启动“脱欧”进程，12 月与欧盟就脱欧达成初步协议；在荷兰、法国、奥地利、德国等欧洲多国举行的选举中，“反欧”“疑欧”民粹政党强势崛起。

学者认为，“逆全球化”潮流暴露了西方国家社会矛盾不断加剧的现实以及西方民主政治的弊端。以特朗普为代表的一批“反建制”政治家的执政纲领集中表现为强调民族主义，关注本国事务，强调本国优先。在西方很多人看来，一些人扯起保护主义的大旗，高喊反对全球化的口号，甚至到处寻找替罪羊，无端指责发展较快的国家，目的是掩盖国内经济发展和利益分配存在的问题，把民众注意力从国内引向国外。这种变动，也反映出当代资本主义在经济制度和政治制度上出现了从未遇到过的系统性危机。“自由经济”和“民主政治”本是西方世界推动全球化所信奉和推崇的两个支柱，如今却发生了动摇。“自由经济”带来的收入分配不均和贫富两极分化，让曾经的中产阶层感到失望；“民主政治”则为少数主流精英所操控和利用，让广大民众感到厌倦和丧失信心。在民粹主义裹挟下，公投和大选被当作实现政治目的的工具，暴露了西方民主制度的困境，也表明企图“终结历史”的西方民主政治并不是人类政治文明发展的唯一选择。

学者认为，从长期来看，全球化是大势，逆全球化只是现象。1 月 17 日，习近平主席在世界经济论坛 2017 年年会开幕式发表的题为“共担时代责任共促全球发展”的主旨演讲，表达了全球化的中国观和中国立场：在经济全球化时代，任何国家都不能独善其身，合作共赢才是正确选择。事实上，中国的经济发展得益于国际合作，也愿为国际社会贡献更多公共产品。在新的国际形势下，中国积极参与全球治理，引领国际机制的改革和国际新规则的制定，勇于承担与国际地位相匹配的大国责任。未来，更加积极地参与全球治理，将是崛起中国对世界的新的贡献。

策划：李庆英　执笔：周经纬

（原载《北京日报》2017 年 12 月 25 日第 17 版）

· 科研课题 ·

概　述

本栏目记述2017年度4个国家级社会科学研究课题指南、招标选题，12个国家级和部级（北京地区）及6个北京市级单位在人文社会科学方面的申报公告、申报通知和已通过评审获准立项的课题，这些课题涉及20多个学科及众多研究领域，包括重大项目、重点项目、一般项目、青年项目、资助项目等；记述北京地区部分高校、科研单位承担的国家级、省部级社会科学研究项目及部分院校校级社会科学研究项目等内容，以及这些课题的项目名称、承担部门、负责人、项目分类、类别、预期成果形式及计划完成时间等内容。这些信息反映了北京社会科学研究的概貌及2017年度社会科学研究的重点和特点。

国家社会科学基金项目
2017年度课题指南

说明

一、申报国家社科基金项目的指导思想是，高举中国特色社会主义伟大旗帜，坚持以马克思列宁主义、毛泽东思想、邓小平理论、“三个代表”重要思想、科学发展观为指导，全面贯彻落实党的十八大和十八届三中、四中、五中、六中全会精神，深入贯彻习近平总书记系列重要讲话精神和治国理政新理念新思想新战略，坚持解放思想、实事求是、与时俱进、求真务实，坚持以重大理论和现实问题为主攻方向，坚持基础研究和应用研究并重，加快构建中国特色哲学社会科学，发挥国家社科基金示范引导作用，为党和国家工作大局服务、为繁荣发展哲学社会科学服务。

二、《国家社科基金项目2017年度课题指南》围绕习近平总书记系列重要讲话和十八届六中全会精神，特别是总书记在哲学社会科学工作座谈会上的讲话精神，在相关学科中拟定了一批重要选题，申请人可根据自己的研究专长选择申报。

三、申报国家社科基金项目，基础研究要力求具有原创性、开拓性和较高的学术思想价值，应用研究要具有现实性、针对性和较强的决策参考价值，着力推出体现国家水准的研究成果。

四、课题申请人须具备下列条件：遵守中华人民共和国宪法和法律；具有独立开展研究和组织开展研究的能力，能够承担实质性研究工作；具有副高级以上（含）专业技术职称（职务），或者具有博士学位。不具有副高级以上（含）专业技术职称（职务）或者博士学位的，可以申请青年项目，但必须有两名具有正高级专业技术职称（职务）的同行专家书面推荐。青年项目申请人和课题组成员的年龄均不超过35周岁（1982年3月1日后出生）。课题组成员或推荐人须征得本人同意并签字确认，否则视为违规申报。申请人可以根据研究的实际需要，吸收境外研究人员作为课题组成员参与申请。全日制在读研究生不能申请，具备申报条件的在职博士生（博士后）从所在工作单位申请。

五、课题申请单位须符合以下条件：在相关领域具有较雄厚的学术资源和研究实力；设有科研管理职能部门；能够提供开展研究的必要条件并承诺信誉保证。以兼职人员身份从所兼职单位申报国家社科基金项目的，兼职单位须审核兼职人员正式聘用关系的真实性，承担项目管理职责并承诺信誉保证。

六、课题申报范围涉及23个学科，须按照《国家社科基金项目申报数据代码表》填写《国家社科基金项目申请书》（以下简称《申请书》）。跨学科研究课题要以“靠近优先”原则，选择一个为主学科申报。教育学、艺术学和军事学等三个单列学科的申报分别由全国教育科学规划办、全国艺术科学规划办、全军社科规划办另行组织。

七、《国家社科基金项目2017年度课题指南》条目分范围性条目和具体题目两类。范围性条目只规定研究范围和方向，申请人要据此自行设计具体题目，没有明确的研究对象和问题指向的申请不予受理和立项；依据具体题目申报的选题，应选择不同的研究角度、方法和侧重点，题目的文字表述可做适当修改。只要符合该课题指南的指导思想和基本要求，各学科均鼓励申请人根据研究兴趣和学术积累申报自选课题（包括重点课题）。自选课题与按该课题指南申报的选题在评审程序、评审标准、立项指标、资助强度等方面同样对待。无论是按该课题指南拟定的选题还是自选课题，课题名称的表述应科学、严谨、规范、简明，一般不加副标题。

八、2017年度国家社科基金项目继续实行限额申报，限额指标另行下达。各地社科规划办、在京委托管理机构和申请单位要着力提高申报质量，适当控制申报数量，特别是要减少同类选题重复申报。

九、申报课题的资助额度为：重点项目35万元，一般项目和青年项目20万元。申请人应按照《国家社科基金管理办法》和《国家社会科学基金项目资金管理办法》（均可从我办网站下载）的要求，根据实际需要编制科学合理的经费预算。

十、国家社科基金项目的完成时限，基础理论研究一般为3~5年，应用对策研究一般为2~3年。

十一、为避免一题多报、交叉申请和重复立项，确保申请人有足够的时间和精力从事课题研究，2017年度国家社科基金项目申请作如下限定：（1）课题负责人同年度只能申报一个国家社科基金项目，且不能作为课题组成员参与其他国家社科基金项目的申请；课题组成员同年度最多参与两个国家社科基金项目申请；在研国家级项目的课题组成员最多参与一个国家社科基金项目申请。（2）在研的国家社科基金项目、国家自然科学基金项目及其他国家级科研项目的负责人不能申请新的国家社科基金项目（结项证书标注日期在2017年3月1日之前的可以申请）。（3）申请国家自然科学基金项目及其他国家级科研项目的负责人同年度不能申请国家社科基金项目，其课题组成员也不能作为负责人以内容相同或相近选题申请国家社科基金项目。（4）申请教育部人文社会科学研究一般项目的负责人同年度不能申请国家社科基金项目。（5）凡在内容上与在研或已结项的各级各类项目有较大关联的申请课题，须在《申请书》中详细说明所申请项目与已承担项目的联系和区别，否则视为重复申请；不得以内容基本相同或相近的同一成果申请多家基金项目结项。（6）凡以博士学位论文或博士后出站报告为基础申报国家社科基金项目，须在《申请书》中注明所申请项目与学位论文（出站报告）的联系和区别，申请鉴定结项时须提交学位论文（出站报告）原件。（7）不得以已出版的内容基本相同的研究成果申请国家社科基金项目。（8）凡以国家社科基金项目名义发表阶段性成果或最终成果，不得同时标注多家基金项目资助字样。

十二、申报课题须按照《国家社科基金项目申请书》和《国家社会科学基金项目课题论证活页》（以下简称《活页》）要求，如实填写材料，并保证没有知识产权争议。凡存在弄虚作假、抄袭剽窃等行为的，一经发现查实，取消三年申报资格；如获立项即予撤项并通报批评。为保证申报评审的公正性和严肃性，评审会议召开前申报单位或个人不得以任何名义走访、咨询学科评审组专家或邀请学科评审组专家进行申报辅导。凡行贿评审专家者，一经查实将予通报批评；如获立项即予撤项，五年内不得申报国家社科基金项目。凡在国家社科基金项目申报和评审中发现严重违规违纪行为的，除按规定进行处理外，均列入不良科研信用记录。

十三、申报课题全部实行同行专家通讯初评，初评采用《活页》匿名方式，《活页》论证字数不超过七千字，要按《活页》中规定的方式列出前期相关研究成果。

十四、课题负责人在项目执行期间要遵守相关承诺，履行约定义务，按期完成研究任务；获准立项的《申请书》视为具有约束力的资助合同文本。最终成果实行匿名通讯鉴定，鉴定等级予以公布。除特殊情况外，最终研究成果须先鉴定、后出版，擅自出版者视为自行终止资助协议。

十五、项目申报材料从我办网站下载，或向受理单位索取。《申请书》经所在单位审查盖章后，报送本省（区、市）社科规划办或在京委托管理机构。

十六、各地社科规划办、在京委托管理机构和基层科研管理部门要加强对申报工作的组织和指导，严格审核申报资格、前期研究成果的真实性、课题组的研究实力和必备条件等，签署明确意见。

十七、各省（区、市）社科规划办受理当地的课题申报，新疆生产建设兵团社科规划办受理兵团的课题申报，中国社会科学院科研局受理本院的课题申报，中央党校科研部受理中央国家机关及在京直属单位的课题申报，教育部社科司受理中央各部委所属在京普通高等院校的课题申报，全军社科规划办受理军队系统（含地方军队院校）的课题申报。全国社科规划办不直接受理个人申报。

十八、各地社科规划办、在京委托管理机构和基层科研管理部门要按规定做好申报数据录入、打印报表、纸本《申请书》与《活页》及电子版《申请书》（word 文件格式）的汇总报送等工作。各地社科规划办、在京委托管理机构要按申报单位和申请人分类汇总后，将电子版《申请书》统一刻录成光盘，随同纸质版申请材料一同报送我办。

十九、课题申报时间为 2016 年 12 月 16 日至 2017 年 3 月 1 日。各省（区、市）和新疆生产建设兵团社科规划办、在京委托管理机构须于 2017 年 3 月 5 日前，将汇总并认真校对后的《申请书》中“数据表”数据发至我办邮箱（npopss @ vip. 163. com），并确保电子数据和《申请书》中“数据表”一致；3 月 10 日前将纸质版《申请书》和《活页》、电子版《申请书》光盘、统计表报送至我办，逾期不予受理。

马克思主义 · 科学社会主义

1. 马克思主义经典作家国家治理思想及其当代启示

2. 马克思主义经典作家和中共历代领导人关于党的领袖和党的领导核心问题的论述研究

3. 马克思主义辩证法的当代发展研究

4. 马克思的剩余价值学说及其当代意义研究

5. 马克思的劳动价值论及其当代意义研究

6. 马克思世界历史理论与完善全球经济治理体系问题研究

7. 马克思共同体思想与构建人类命运共同体问题研究

8. 《资本论》手稿的阐释及其当代意义研究

9. 列宁《帝国主义论》的当代价值研究

10. 列宁主义与十月革命意义研究

11. 列宁与 20 世纪初期欧洲社会民主主义的关系研究

12. 21 世纪中国马克思主义基本原理和范畴研究

13. 马克思主义政治经济学中国化的历程及规律研究

14. 当代中国马克思主义政治经济学基本原理和方法论研究

15. 马克思主义中国化历史和范畴发展研究

16. 党的十八大以来马克思主义大众化新进展研究

17. 毛泽东思想与中国特色社会主义研究

18. 邓小平理论与中国特色社会主义研究

19. “三个代表”重要思想与中国特色社会主义研究

20. 科学发展观与中国特色社会主义研究

21. 党的十八大以来以习近平同志为核心的党中央治国理政新理念新思想新战略研究

22. 习近平总书记治国理政重要论述与中华优秀传统文化关系研究

23. 习近平总书记以人民为中心的重要论述研究

24. 习近平总书记关于“四个全面”战略布局的重要论述研究

25. 习近平总书记关于“五大发展理念”战略的重要论述研究

26. 习近平总书记关于“一带一路”建设的重要论述研究

27. 习近平总书记关于经济发展新常态的重要论述研究

28. 习近平总书记关于社会主义协商民主的重要论述研究

29. 习近平总书记关于建设社会主义文化强国的重要论述研究

30. 习近平总书记关于弘扬社会主义核心价值观的重要论述研究

31. 习近平总书记关于加强意识形态工作的重要

论述研究

32. 习近平总书记关于中国方案的重要论述研究

33. 习近平总书记关于加强和规范党内政治生活的重要论述研究

34. 习近平总书记关于干部队伍建设的重要论述研究

35. 习近平总书记关于青年教育的重要论述研究

36. 国外学者对习近平总书记治国理政的重要论述研究

37. 坚定“四个自信”与中国特色社会主义实践进程研究

38. “五位一体”总体布局与“四个全面”战略布局关系研究

39. 全面建成小康社会的历史逻辑与理论逻辑研究

40. “五大发展理念”与中国特色社会主义理论和实践研究

41. “五大发展理念”的时代意蕴与实现路径研究

42. 全面深化改革的理论与实践研究

43. 破解全面深化改革中的矛盾及其对策研究

44. 中国特色社会主义制度的优势研究

45. 中国特色社会主义理论体系整体性研究

46. 中国道路与人类文明进步研究

47. 中国特色社会主义的国际影响研究

48. 中国特色社会主义理论成果海外传播研究

49. 科学社会主义理论和中国社会发展历史逻辑辩证统一研究

50. 中国共产党面临的具有许多新的历史特点的伟大斗争问题研究

51. 新形势下共产党人坚定理想信念问题研究

52. 中国共产党理想信念教育的基本经验研究

53. 中国共产党发展理念的演进与创新研究

54. 马克思主义政党党内政治生活基本准则和要求研究

55. 马克思主义政党执政后党群关系理论及实践经验研究

56. 新形势下“伟大斗争”“伟大工程”“伟大事业”“伟大目标”及其相互关系研究

57. 共产党执政规律与全面净化党内政治生态研究

58. 新形势下党内政治生活准则研究

59. 党内监督制度化研究

60. 依规治党的目标和实现路径研究

61. 党内法规文化研究

62. 党的十八大以来党内监督理论和实践创新研究

63. 全面从严治党与党内监督机制创新研究

64. 新形势下中国共产党党内领导关系和领导机制研究

65. 新形势下坚持民主集中制和发展党内民主关系研究

66. 中国共产党青年观研究

67. 培育和践行社会主义核心价值观常态化机制研究

68. 培育和践行社会主义核心价值观融入国民教育全过程研究

69. 社会主义核心价值观在基层的培育和践行研究

70. 社会主义核心价值观在群众中的认同和教育研究

71. 党的十八大以来社会主义核心价值观培育践行成效和经验研究

72. 社会主义核心价值观视域下大学生社会责任感培育机制研究

73. 仪式在培育社会主义核心价值观中的作用研究

74. 中国共产党革命精神与社会主义核心价值观培育研究

75. 新媒体时代社会主义核心价值观的传播机制创新研究

76. 中国传统价值观形成规律、经验及其当代价值研究

77. 继承、弘扬中华优秀传统文化与培育、践行社会主义核心价值观相互关系研究

78. 马克思主义与繁荣发展哲学社会科学研究

79. 推进我国哲学社会科学学科体系、学术体系、话语体系建设和创新研究

80. 建设中国特色哲学社会科学话语体系研究

81. 中华优秀传统文化的时代化、现代化研究

82. 中华优秀传统文化、革命文化、中国特色社会主义文化的科学内涵与相互关系研究

83. 文化自信与国家文化软实力研究

84. 文化软实力评估机制构建研究

85. 提高中国文化遗产的文化竞争力研究

86. 中华文化的国际传播路径研究

87. 提升对外文化交流效果的策略研究

88. 当代中国价值观的国际传播研究

89. 文化因素在“一带一路”倡议中的作用研究

90. 加强高校意识形态工作研究

91. 高校知识教育与信仰教育关系研究

92. 高校马克思主义理论教育规律研究

93. 高校思想政治工作创新发展研究

94. 思想政治教育学科体系、学术体系、话语体系建设研究

95. 高校思想政治教育途径、载体创新研究

96. 大学生社会责任教育的运行机制研究

97. “90 后”大学生马克思主义认同问题研究

98. 现代网络传播条件下的思想政治教育研究

99. 自媒体环境下的思想政治教育话语创新研究

100. 思想政治教育的网络生态建构研究

101. “互联网 +”条件下马克思主义理论教育研究

102. 网络空间与思想政治教育主导权、话语权建构研究

103. 大数据时代思想政治教育创新研究

104. 自媒体时代社会主义意识形态建设研究

105. 新形势下宣传思想工作的特点与规律研究

106. 全球化背景下提高民族凝聚力研究

107. 全球化背景下中华民族精神的时代价值研究

108. 当今世界发展中的中国方案和中国智慧研究

109. 总体国家安全观视野中的网络空间治理研究

110. 网络宣传思想文化工作的特点与规律研究

111. 新媒体条件下的榜样教育方法创新研究

112. 自媒体时代主流意识形态话语面临的挑战及对策研究

113. 网络空间意识形态话语权研究

114. 新形势下社会思潮的新表现、新特点、新影响研究

115. 大数据时代社会思潮的传播特点与规律研究

116. 社会思潮跟踪分析和有效引导研究

117. 西方马克思主义学术史研究

118. 21 世纪以来国外马克思主义发展新趋势及相关学科建设新进展研究

119. 国外马克思主义重要流派、代表人物研究

120. 西方马克思主义社会治理理论研究

121. 国外关于中国共产党执政规律和方略研究

122. 国外左翼学者对中国特色社会主义研究

123. 马克思主义妇女观在社会发展中的应用研究

124. 马克思主义妇女观与西方女权主义思想比较研究

125. 第二国际修正主义研究

126. 空想社会主义代表作的文本研究

127. 十月革命后社会主义思想研究

128. 俄国十月革命的历史地位与深远意义研究

129. 21 世纪发达国家共产党和工人运动的新动向研究

130. 国外社会主义思潮新动向研究

131. 国外左翼学者对当代资本主义新发展研究

132. 拉美“新社会主义”比较研究

党史 · 党建

1. 习近平总书记关于党史、国史重要论述研究

2. 党的十八大以来以习近平同志为核心的党中央治国理政新理念新思想新战略的历史考察

3. 中国共产党的 3 个伟大历史贡献与中华民族伟大复兴中国梦的实现研究

4. 中国共产党推进马克思主义中国化、时代化、大众化的历程与经验研究

5. 中国共产党历史上的重大决策、重大事件、重要会议、重要人物研究（分专题）

6. 中国共产党代表大会史研究（分专题）

7. 中国共产党党章发展演变的历程研究

8. 马克思主义在中国传播的地域、群体、社团、报刊、文本研究（分专题）

9. 中国共产党与中国化马克思主义哲学社会科学体系的建立和发展研究

10. 中国共产党领袖群体与马克思主义知识分子群体的理论互动研究

11. 中国共产党创建史研究

12. 民主革命时期中国共产党组织史研究

13. 共产国际、联共（布）与中国革命的关系研究

14. 中央苏区经济社会发展研究

15. 中国工农红军长征史研究

16. 革命根据地史研究（分专题）

17. 新民主主义革命史研究（分专题）

18. 新民主主义革命时期中国共产党白区工作文

献收集与整理研究

19. 中国人民抗日战争史专题研究

20. 人民解放战争中第二条战线研究

21. 新中国成立初期改造旧司法队伍研究

22. 中国共产党与新中国乡村文化和社会变革研究

23. 中国共产党婚姻政策史研究

24. 新中国成立以来党对工业化道路的探索历程及经验研究

25. 新中国成立以来党领导教科文卫和社会福利事业的历史经验研究（分专题）

26. 新中国发展历程的国际比较研究

27. 新中国成立以来党处理中央和地方关系的历史经验研究

28. 新中国成立以来党推进国防和军队现代化建设的历史经验研究

29. 新中国成立以来党处理同周边国家关系的历史经验研究

30. 新中国成立以来党处理同大国关系的历史经验研究

31. 新中国成立以来党在国际上处理和发展党际关系的历史经验研究

32. 中国共产党深刻总结“文化大革命”历史教训研究

33. 党领导的改革开放史研究

34. 改革开放前后两个历史时期关系研究

35. 党的理论创新与中国特色社会主义理论体系若干问题研究

36. 中国共产党维护国家安全的理论和实践研究

37. 中国共产党领导意识形态工作的历史和经验研究

38. 中国共产党认识和对待中华传统文化的历程和经验研究

39. 中国共产党领导中国特色社会主义文化建设的发展历程与经验研究

40. 中国共产党与中国国家形象建构研究

41. 中国共产党海洋意识的历史演变研究

42. 中国共产党强化党内监督的历程与经验研究

43. 中国共产党党内政治生活的历史经验研究

44. 中国共产党依规治党的历史经验研究

45. 中国共产党领导下的妇女解放运动研究

46. 中国共产党“一国两制”构想在香港、澳门的实施研究

47. 改革开放以来党和国家领导人年谱传记编写和利用研究

48. 改革开放以来中国共产党历史文献和当代文献编纂与利用研究

49. 中国共产党红色遗产的传承、保护和利用研究

50. 互联网时代的红色历史与红色文化宣传研究

51. 党史、国史重点和疑难问题研究

52. 党史中的妇女解放理论文献研究

53. 中共党史研究中的历史虚无主义批判研究

54. 中共党史学科建设的理论和方法研究

55. 马克思主义经典作家党的建设学说研究

56. 习近平总书记关于党的建设重要论述研究

57. 习近平总书记关于全面从严治党重要论述研究

58. 习近平总书记关于加强党的政治纪律重要论述研究

59. 习近平总书记关于加强党的纯洁性建设重要论述研究

60. 习近平总书记关于制度治党、依规治党重要论述研究

61. 习近平总书记关于反腐败斗争重要论述研究

62. 党的十八大以来全面从严治党实践经验研究

63. 中国共产党领导核心的形成、作用及其意义研究

64. 贯彻落实新发展理念与党的建设制度改革研究

65. 中国共产党强化“四个意识”研究

66. 增强党自我净化、自我完善、自我革新、自我提高能力研究

67. 增强党内政治生活的政治性、时代性、原则性、战斗性研究

68. 国家治理现代化背景下党的执政能力建设研究

69. 中国共产党提高运用法治思维和法治方式能力研究

70. 执政党的意识形态建设规律研究

71. 全面从严治党与党的执政安全研究

72. 依规治党与依法治国研究

73. 依规治党在全面从严治党中的地位和作用研究

74. 《关于新形势下党内政治生活的若干准则》落实研究

75. 《中国共产党党内监督条例》落实研究

76.《中国共产党问责条例》落实研究
77.《中国共产党巡视工作条例》落实研究
78.《中国共产党纪律处分条例》落实研究
79. 中国共产党党内政治生态建设研究
80. 思想建党与制度治党关系研究
81. 全面从严治党责任制体系研究
82. 强化党内监督的体制机制研究
83. 公正选拔干部与防止克服“圈子文化”研究
84. 党内运用批评与自我批评思想研究
85. 强化党章意识研究
86. 提高和强化共产党员修养的途径和机制研究
87. 中国共产党监督执纪“四种形态”问题研究
88. 基层党组织党群关系评价机制研究
89. 基层党建信息化建设研究
90. 运用大数据提高党建工作科学化水平研究
91. 互联网思维在党建工作中的作用机制研究
92. 新形势下国有企业加强党的建设新问题新经验研究
93. 国企党建嵌入现代企业治理结构问题研究
94. 国有企业党组织发挥作用组织化、制度化、具体化研究
95. 现代社会治理和党的基层组织建设研究
96. 非公有制经济组织中的党组织作用研究
97.“两新”组织党建特点和党建工作关键措施研究
98. 政党协商与推进国家治理体系和治理能力现代化研究
99. 政党协商与社会主义协商民主关系研究
100. 加强中国特色社会主义参政党作风建设研究
101. 中国多党合作制度的理论基础研究
102. 中国多党合作制度的世界意义研究
103. 党领导下的群团改革与妇联组织创新发展研究
104. 大数据时代党的建设研究
105. 中国共产党扩大国际影响力研究
106. 中国共产党党费收缴工作研究
107. 政党比较的科学方法研究
108. 国外政党依规管党治党方法研究

哲学

1. 马克思主义哲学经典著作研究
2. 马克思主义哲学基本理论研究
3. 马克思主义哲学发展史基础问题研究
4. 马克思主义哲学批判精神研究
5. 马克思主义政治哲学研究
6. 马克思主义价值观研究
7. 马克思主义哲学文本的汉译传播与当代价值研究
8. 马克思主义哲学与中国传统哲学关系研究
9. 马克思主义无神论和宗教观研究
10. 马克思哲学思想研究
11. 当代科学技术发展与马克思主义哲学发展关系研究
12. 列宁哲学思想研究
13. 毛泽东哲学思想研究
14. 邓小平哲学思想研究
15. 以习近平同志为核心的党中央治国理政新理念新思想新战略哲学基础研究
16. 习近平总书记文化自信重要论述研究
17. 习近平总书记政治伦理重要论述研究
18. 习近平总书记科技创新重要论述研究
19. 哲学在实现中华民族伟大复兴中的地位和作用研究
20. 发展 21 世纪的马克思主义哲学研究
21. 发展当代中国马克思主义哲学研究
22. 哲学坚持以人民为中心的研究导向研究
23. 中国特色社会主义理论体系哲学基础研究
24. 中国特色哲学学科体系、学术体系、话语体系研究
25. 哲学的继承性、民族性、原创性、时代性、系统性、专业性问题研究
26. 当代中国实践创新与理论创新良性互动研究
27. 提高哲学原创性研究
28. 哲学中的问题意识与问题导向研究
29. 文化自信的哲学研究
30. 改革开放 40 年历史经验的哲学研究
31. 创新哲学研究
32. 当代世界发展的中国智慧、中国价值研究
33. 改革开放以来原创性、时代性哲学成果研究
34. 中国共产党人学哲学用哲学的历史经验研究
35. 创新、协调、绿色、开放、共享发展理念的哲学研究
36. 坚持以人民为中心的发展思想研究
37. 中国哲学方法论研究
38. 中国哲学出土文献与史料学研究
39. 中国哲学与经学关系研究

40. 历代孔子、孟子思想解释史研究
41. 儒家哲学人物、流派与传承研究
42. 经世儒学与新实学建构研究
43. 道家道教哲学研究
44. 佛教哲学研究
45. 中国传统哲学中的女性观研究
46. 中国近现代哲学研究
47. 中国历代生态哲学研究
48. 中国哲学在东亚的传播与接受研究
49. 中国哲学在西方的传播与接受研究
50. 中国哲学的创造性转化与创新性发展研究
51. 中国哲学与世界哲学话语权的建构研究
52. 外国哲学史（断代、国别）研究
53. 当代国外哲学思潮、流派和前沿问题研究
54. 外国重要哲学家著作编译研究
55. 国外部门哲学研究（含经济哲学、政治哲学、历史哲学、价值哲学、社会哲学、宗教哲学、文化哲学等）
56. 国外马克思主义哲学前沿研究
57. 国外哲学家对中国哲学与文化的研究
58. 中西方哲学对话与文明互鉴研究
59. 伦理学基础理论与前沿问题研究
60. 马克思主义伦理学前沿问题研究
61. 中国伦理思想史研究
62. 中华传统美德研究
63. 国外伦理思想史研究
64. 国外性别哲学研究
65. 中外伦理思想比较研究
66. 应用伦理学理论与前沿问题研究
67. 当代中国社会道德风尚研究
68. 现代国家治理体系和治理能力的伦理学研究
69. 社会不同阶层公民德性结构研究
70. 当代科技前沿的哲学研究
71. 大科学与举国体制研究
72. 当代科学技术与人的全面发展关系研究
73. 国内外科学技术哲学新进展研究
74. 科技思想史与科技哲学互动研究
75. 工程哲学研究
76. 科技发展与社会治理现代化研究
77. 科学技术与公平正义研究
78. 智能革命的哲学研究
79. 科技创新的思想基础和社会条件研究
80. “互联网+”哲学问题研究
81. 现代化与生态文明建设研究
82. 中华美学精神内涵研究
83. 西方美学批判借鉴研究
84. 新媒体艺术发展条件下美学的功能研究
85. 市场经济条件下艺术作用的美学研究
86. 美学与艺术理论关键概念研究（含中外）
87. 数理逻辑哲学思维研究
88. 认知科学与认知逻辑研究
89. 人工智能的逻辑基础与方法论研究
90. 中国逻辑与传统思维研究
91. 因明及在佛教中的应用研究
92. 战略哲学基础研究
93. 西方战略思想精要研究
94. 中外战略哲学比较研究
95. 战略思维研究

理论经济

1. 马克思主义政治经济学基本理论研究
2. 列宁帝国主义论的当代价值研究
3. 完善中国特色社会主义政治经济学理论体系研究
4. 习近平总书记经济思想研究
5. 习近平总书记关于全面建成小康社会的重要论述研究
6. 习近平总书记关于全面深化改革的重要论述研究
7. 习近平总书记关于完善生态文明制度体系的重要论述研究
8. 习近平总书记关于脱贫攻坚的重要论述研究
9. “五大发展理念”与中国特色社会主义政治经济学研究
10. 供给侧结构性改革的理论创新与路径选择研究
11. “十三五”时期我国经济保持中高速增长、迈向中高端水平研究
12. 坚持社会主义市场经济改革方向的思路和途径研究
13. 中国经济发展道路的历史经验研究
14. 更好发挥社会主义基本制度和市场经济两方面优势研究
15. 新常态下宏观调控创新研究
16. 新常态下国有经济布局调整的方向、目标和策略研究
17. 新常态下经济增长与就业关系研究

18. 新常态下地方政府债务问题研究
19. 新常态下促进消费需求增长的制度创新研究
20. 中国宏观经济中长期走势的经济学分析
21. 经济不确定性对我国宏观政策有效性影响研究
22. 服务化与新型工业化、城镇化、信息化和农业现代化协调发展研究
23. 我国东、中、西部地区制造业发展升级指数研究
24. 新形势下我国产业政策的理论与实践研究
25. 深化国有企业改革研究
26. 国有企业成为“一带一路”倡议重要力量研究
27. 减轻企业负担与产业政策创新研究
28. 区域协调发展机制研究
29. 国家级新区、国家级综合配套改革试验区、重点开发开放试验区等平台体制机制和运营模式创新研究
30. 长江经济带产业结构升级与城市群协同发展研究
31. 我国区域经济绿色产业竞争力的综合评价与提升路径研究
32. 中国低碳经济增长路径研究
33. 资源型城市转型发展与政府职能转变研究
34. 创新跨区域生态保护与环境治理联动机制研究
35. 绿色经济发展理论研究
36. 绿色金融模式研究
37. 健全城乡发展一体化体制机制研究
38. 城乡一体化条件下的公共资源公平配置研究
39. 城乡一体化与县域经济发展研究
40. 提升城市治理水平研究
41. 房地产市场健康发展研究
42. 房地产泡沫与产业升级政策与启示研究
43. 中国房地产税设计（包括方案）的理论依据研究
44. 我国新一轮户籍制度改革的政策评估与重点选择研究
45. 建设美丽宜居乡村研究
46. 推进农业供给侧结构性改革研究
47. 农业信息化研究
48. 我国农业国际合作研究
49. 马克思农业合作理论及其当代价值研究
50. 完善农业支持保护制度研究
51. 促进农村土地经营权有序流转研究
52. 农村土地“三权分置”改革研究
53. 落实农民土地财产权利的制度研究
54. 边疆地区开发开放研究
55. 民族地区发展优势产业和特色经济的公共政策研究
56. 中西部地区贫困户“脱贫摘帽”后可持续生计研究
57. 养老服务产业健康、可持续发展研究
58. 完善世界经济治理体系研究
59. 构建新一轮开放型经济新体制研究
60. 上海合作组织区域经济贸易合作研究
61. 全球价值链分工背景下的国际产能合作研究
62. “淡马锡模式”和国企改革借鉴研究
63. 提升我国自主创新能力的微观机制设计研究
64. “一带一路”合作机制的政治经济学研究
65. “一带一路”中的沿边开放战略调整与推进研究
66. “一带一路”倡议与我国边疆国土开发研究
67. “一带一路”沿线国家基础设施的增长效应研究
68. 金融风险测度与调控机制研究
69. 稳定人民币汇率机制研究
70. 互联网金融风险评估与防范研究
71. 非正规金融对我国经济增长的作用机制研究
72. 人民币国际化的内在机理与国际环境协调问题研究
73. 人民币纳入 SDR 对国际货币体系改革的影响研究
74. 发展现代互联网产业体系研究
75. 中国制造业海外投资国家产业特征与风险分析研究
76. 金砖国家经济贸易合作机制研究
77. 我国新兴产业与军民融合发展机理研究
78. 中国城乡经济关系演变史
79. 中国货币制度演变史
80. 中国传统经济思想的地位和价值研究
81. 近代化与中国经济思想转型研究
82. 奥巴马后美国经济发展趋势研究
83. 当前西方经济学发展新动态研究
84. 大危机大萧条背景下西方经济学理论的嬗变研究

85. 国外马克思主义经济学研究

86. 全球视野下的中西经济思想比较研究

应用经济

1. 转变经济发展方式动态趋势定量分析研究

2. 推进供给侧结构性改革的重点和路径研究

3. 推进供给侧改革与宏观经济政策创新研究

4. 供给侧改革与需求侧调控关系研究

5. 当前我国经济运行的风险及其防范研究

6. 政府“放管服”改革对经济发展的影响研究

7. 促进“双创”的体制机制改革和政策措施研究

8. 完善创新创业环境研究

9. 发展新经济与培育新动能问题研究

10. 新经济发展路径与体制机制研究

11. 分享经济问题研究

12. 加快推进我国海洋经济发展的战略与政策研究

13. 京津冀协同创新发展现状与对策研究

14. 长江经济带环境保护与工业区域分工协作研究

15. 城市群发展问题研究

16. 经济特区（开发区）与自贸区在我国经济发展中的作用研究

17. 新一轮振兴东北经济对策研究

18. 我国西部地区工业化问题研究

19. 我国区域全要素生产率的评估与比较研究

20. 跨区域生态协同发展研究

21. 产业转型升级与劳动力转岗转业关系研究

22. 适应人口老龄化的产业结构调整研究

23. 互联网广泛运用与制造业升级研究

24. “十三五”时期劳动力流动的新趋势与对策研究

25. 加快现代服务业发展的体制机制研究

26. 扩大公共产品供给的体制机制研究

27. PPP模式的效应、问题及优化对策研究

28. 提高国有资产配置和运营效率研究

29. 国资监管从“管资产”为主向“管资本”为主转变研究

30. 财税体制改革的重点、难点及推进战略研究

31. 政府收入的结构问题研究

32. 中央地方财政事权与支出责任划分研究

33. 完善财政转移支付制度研究

34. 财政赤字率与财政风险研究

35. 财政大数据应用研究

36. 营业税改增值税的效应评估研究

37. 营业税改增值税后地方收入体系研究

38. 我国环境税实施的作用和问题研究

39. 养老政策对财政风险的影响研究

40. 深化能源价格改革问题研究

41. 治理产能过剩的国际比较研究

42. 去产能过程中的就业促进政策研究

43. 降低实体经济企业成本的理论和政策研究

44. 降低制度性交易成本问题研究

45. 降低物流成本问题研究

46. 促进房地产市场稳定健康发展的对策研究

47. 我国住房公积金制度改革研究

48. 房地产税问题研究

49. 房产税对房地产市场影响的模拟评估研究

50. 房地产税出台后的效率预测和可能性风险研究

51. 新形势下对外投资与国内需求关系研究

52. 政府、企业与居民负债率问题研究

53. 政府投资基金管理问题研究

54. 新形势下扩大投资与经济增长关系研究

55. 扩大民间投资对策研究

56. 现阶段我国股市、汇市和债市相互关系问题研究

57. 股票市场基础性制度改革路径研究

58. 多层次股票市场转板机制研究

59. 债券市场统一执法问题研究

60. 市场化债转股问题研究

61. 杠杆率与金融风险研究

62. 商业银行不良贷款变动趋势与对策研究

63. 民营中小型银行适度加快发展、布局的可能性研究

64. 资产泡沫与金融风险研究

65. 普惠金融的政策体系研究

66. 基于大数据的金融风险预测与防范对策研究

67. 新形势下货币政策传导机制研究

68. 货币市场流动性风险管理研究

69. 人民币加入SDR与提升我国全球金融治理话语权研究

70. 我国资本流出的风险评估与防范对策研究

71. 人民币汇率波动与跨境资本流动研究

72. 推进“一带一路”倡议与人民币国际化研究

73. “一带一路”倡议实施过程中的风险防范

研究

74. 非常规货币政策的国际比较研究

75. 金砖国家金融合作研究

76. 日本量化宽松货币政策实施效果研究

77. 新形势下金融系统性风险防范研究

78. 交叉性金融产品风险防范研究

79. 民间借贷市场危机的形成机理与对策研究

80. 保险体系风险问题研究

81. 地方金融生态问题研究

82. 推进绿色金融发展问题研究

83. 全球化新态势与我国对策研究

84. 国际宏观经济政策协调问题研究

85. 国际投资规则重构与我国对策研究

86. 多边区域关系与构建我国自贸网络研究

87. 完善“金砖五国”合作机制研究

88. 中美双边投资协定谈判的主要障碍与中国应对策略研究

89. 服务业开放的政策与路径研究

90. 面向港澳台优先开放，带动国内服务业升级研究

91. 国家公园体制改革问题研究

92. 全域旅游的内涵、特征及实现路径研究

93. 新常态下我国旅游经济增长潜力与动力研究

94. 我国出境旅游效应及影响因素研究

95. 发展乡村旅游问题研究

96. 新型城镇化与城乡体制改革问题研究

97. 特色小镇建设问题研究

98. 农业供给侧结构性改革路径研究

99. 发挥多种形式农业规模经营引领作用研究

100. 主要农产品价格形成机制和收储制度改革研究

101. 提升我国主要农产品国际竞争力问题研究

102. 推进农业水价综合改革研究

103. 农村第一、二、三产业融合发展问题研究

104. 农村产权“三权分置”改革研究

105. 创新农村宅基地退出机制研究

106. 发展农村股份合作制问题研究

107. 农民土地承包经营权有偿退出机制研究

108. 新形势下农民工问题研究

109. 培育新型职业农民政策研究

110. 农户网络借贷模式研究

111. 脱贫攻坚战略实施进程研究

112. 易地移民扶贫支持体系研究

113. 我国收入分配制度改革与包容性发展研究

114. 促进中等收入人群收入增长问题研究

115. 收入分配政策与再分配政策的国际经验研究

116. 我国最低工资政策与劳动力市场关系研究

117. 降低企业劳动力成本的政策研究

统计学

1. 新经济的统计测度与 GDP 核算方法的相关研究

2. 我国经济结构调整对生产要素影响的统计测算研究

3. 测度“五大发展理念”实际效果的统计方法研究

4. 国民经济核算数据的开发与应用研究

5. 经济运行过程中的数量规律研究

6. 制造业与服务业协调发展的统计分析

7. 行业生产率统计测度研究

8. 环境与资源投入产出模型的构建与应用研究

9. 城市全要素能源效率测算及分解方法研究

10. 资金流量表功能的开发与应用研究

11. 社会核算矩阵应用研究

12. 能源统计与核算制度改进研究

13. 应对气候变化的统计方法研究

14. 知识产权资本测度与实践研究

15. 我国地方政府的统计行为研究

16. 中外政府统计比较研究

17. 全面二孩政策的实施效果与经济影响统计评价

18. 统计分析方法在教育评价中的应用研究

19. 统计综合评价方法的创新与应用研究

20. 企业统计一套表的改革与创新研究

21. 地区经济增长动力转换的定量分析

22. 经济增长或衰退国际传导路径的统计研究

23. 相依数据（纵向、空间、成分）分析方法及其应用研究

24. 超高维数据统计推断方法研究

25. 复杂多因素之间的统计因果推断及应用研究

26. 分位数回归的变点检测及其应用研究

27. 基于抽样学习的非平衡分布数据分类方法研究

28. 人口普查空间格网数据的应用研究

29. 社会调查新抽样方法研究

30. 混合 Copula 模型在金融领域的应用研究

31. 基于社会网络分析方法的服务业统计研究

32. 基于空间统计分析视角的产业研究

33. 基于电商平台数据的网购人群消费特征统计分析研究

34. 基于网络的统计专项调查数据采集、处理平台研究

35. 统计工作网络化与社会信息化关系研究

36. 基于 Web 的网络数据统计与评价方法研究

37. 信息公开和数据开放背景下统计信息安全策略研究

38. 大数据测度理论与方法研究

39. 利用大数据改进 CPI 编制方法与国际经验研究

40. 基于大数据的产业结构变动与转型升级统计测度方法研究

41. 基于大数据平台的消费者满意度研究

42. 大数据时代分性别统计数据的运用研究

43. 大数据背景下统计数据形态与统计工作方法研究

44. 我国高校科研评价统计体系与机制创新研究

45. 近 20 年我国统计学科发展的回顾与展望

政治学

1. 坚定马克思主义信仰与社会主义和共产主义理想信念的政治机制研究

2. 马克思主义关于领袖、政党、阶级、群众关系的理论研究

3. 坚持以人民为中心的政治发展思想和政治哲学研究

4. 党的领导核心地位与人民主体地位的关系研究

5. 坚决维护党中央权威和领导核心的政治机理和制度路径研究

6. 全面从严治党与国家治理现代化的战略关系研究

7. 关于政治意识、大局意识、核心意识、看齐意识的政治学研究

8. 中国特色社会主义政治制度的自我完善能力研究

9. 全面贯彻执行党的基本路线的政治途径和机制建设研究

10. 健全和完善贯彻落实新发展理念的政治机制研究

11. 全面从严治党与营造风清气正的政治生态的关系研究

12. 党内政治生活中坚持和贯彻民主集中制的途径研究

13. 在党内监督中贯彻民主集中制研究

14. 加强与规范党内政治生活的途径和机制研究

15. 党内民主的原则和程序的贯彻和实施机制研究

16. 创新党的组织生活的方式方法研究

17. 尊重党员主体地位、保障和落实党员民主权利的机制研究

18. 规范和完善党内选举制度规则研究

19. 批评和自我批评的规范化、制度化、程序化研究

20. 党内法规制度体系研究

21. 强化党的纪律检查巡察制度研究

22. 党规与党纪关系研究

23. 党内法规制度变革模式研究

24. 党内法规执行力研究

25. 党内法规实施后评估研究

26. 党内法规与规范性文件关系研究

27. 牢固树立正确权力观的政治途径和机制研究

28. 健全不当用权问责机制研究

29. 坚持正确选人用人导向的保障机制研究

30. 加强选人用人监督问责制度研究

31. 建立干部改革创新工作中的容错纠错机制研究

32. 把对党的干部的信任激励同严格监督结合起来的制度建设研究

33. 改进和创新党的领导机关和领导干部联系群众的方法和机制研究

34. 领导干部带头践行社会主义核心价值观的政治机制研究

35. 中国特色社会主义政治文化与中华优秀传统政治文化的关系研究

36. 构建中国特色社会主义政治学学术体系研究

37. 构建中国特色政治学话语体系研究

38. 政治生态学研究

39. 建设社会主义法治国家的政治路径和机制研究

40. 健全人民代表大会制度与人民代表选举制度研究

41. 健全人民代表大会赋权授权机制研究

42. 新时期巩固和发展最广泛的爱国统一战线研

究（含港澳台同胞、海外侨胞）

43. 进一步加强政党协商的机制和途径研究

44. 构建程序合理、环节完整的协商民主体系研究

45. 党的群众路线与协商民主政治关系研究

46. 我国协商民主的代表机制创新研究

47. 拓宽协商民主的协商渠道研究

48. 群团在协商民主中的地位和功能及其实现机制研究

49. 创新和健全我国基层民主机制研究

50. 增强政府简政放权的针对性和协同性研究

51. 精简规范行政审批前置中介服务问题研究

52. 创新政府服务方式研究

53. 加快推进行政审批标准化建设研究

54. 加强政府部门间业务协同的机制建设研究

55. 加强政务诚信建设研究

56. “互联网+政务服务”条件下政务公开路径和方式创新研究

57. 建立中央与地方政府事权和支出责任相适应的制度研究

58. 政治稳定与社会风险防范研究

59. 健全国家安全保障体制机制研究

60. 政治领域国家安全政策制定和实施机制研究

61. 切实保障国家政权主权安全的途径和机制研究

62. 供给侧结构性改革与政府职能转变的关系研究

63. 建设创新型国家的政府体制机制改革研究

64. 国家创新驱动发展战略下的政府职能和责任研究

65. 国家自主创新示范区的治理体制机制研究

66. 国家高新技术产业开发区的制度治理创新研究

67. 政府职能从研发管理向创新服务转变研究

68. 完善技术技能型人才永久居留权制度研究

69. 建立健全市场主体行为规则和监管办法研究

70. 深化承担行政职能事业单位改革研究

71. 创新政府对于市场的监管机制和监管方式研究

72. 引导社会资本参与公共产品供给的创新机制研究

73. 加强金融宏观审慎管理制度建设研究

74. 建立健全公用事业领域的政府特许经营制度研究

75. 国家战略性产业政策研究

76. 支持新兴产业发展的公共政策研究

77. 促进生产性服务业专业化的政府政策研究

78. 我国政府养老产业政策研究

79. 我国政府文化产业政策研究

80. 民间资本进入基础电信领域竞争性业务的政府治理研究

81. 国家政府数据统一开放平台体制机制建设研究

82. 政府信息系统和公共数据互联开放共享的体制机制研究

83. 建立健全政府信息资源管理制度研究

84. 完善国家网络安全保障体系研究

85. 建立大数据安全管理制度研究

86. 加强公共数据和个人数据保护的制度研究

87. 加强精细化网络空间管理的制度研究

88. 提高政府社会治理和公共服务精准性和有效性研究

89. 完善城乡社区治理体制研究

90. 创新城市治理方式与改革城市管理执法体制研究

91. 完善政府社会治理考核问责机制研究

92. 城市治理与风险管控机制研究

93. 统筹推进城乡社会救助体系建设研究

94. 加强基层政府服务能力建设研究

95. 加快东北地区服务型政府建设研究

96. 建立国家基本公共服务清单制度研究

97. 优化政府向社会力量购买公共服务体制机制研究

98. 合理增加中央和省级政府基本公共服务事权和支出责任研究

99. 创新公共服务提供方式研究

100. 城乡基本公共服务制度并轨和标准统一研究

101. 推进基本公共文化服务标准化和均等化研究

102. 创新从事公益服务事业单位体制机制研究

103. 提高政府对于就业创业的服务能力研究

104. 建立健全人口与发展综合决策机制研究

105. 健全党委领导、政府管理、行业自律、社会监督、企事业单位依法运营的文化管理体制研究

106. 加快推进政务诚信建设研究

107. 我国政府督查制度实施机制研究

108. 健全社会组织管理制度研究

109. 完善公众参与社会治理的制度化渠道研究

110. 健全社会公众利益表达和协调机制研究

111. 提高妇女参与决策管理水平研究

112. 完善有机衔接、相互协调的多元化纠纷解决机制研究

113. 完善社会治安综合治理体制机制研究

114. 强化突发事件应急体系建设研究

115. 建立健全生态空间治理体系研究

116. 环境风险全过程管理体制机制研究

117. 切实落实地方政府环境责任的机制研究

118. 全流域、跨区域联防联控和城乡协同环境治理模式研究

119. 畅通环境治理的公众参与渠道研究

120. 建立健全领导干部环境保护责任离任审计制度研究

121. 政府购买农村公益性服务机制建设研究

122. 推动农业转移人口市民化的地方政府主体责任及实现机制研究

123. 精准扶贫与政府政策创新研究

124. 区域性整体脱贫与政府间协同发展实现机制研究

125. 建立扶贫工作绩效社会监督机制研究

126. 建立扶贫政策跟踪审计机制研究

127. 提高贫困地区公共服务水平的公共政策研究

128. 党的历届中央领导集体关于海外统战工作的思想理论研究

129. 全面贯彻“一国两制”“港人治港”“澳人治澳”、高度自治方针研究

130. 关于新形势下对台工作方针研究

131. 关于“依法治港”“依法治澳”问题研究

132. “一国两制”理论与实践研究

133. 国家和平统一理论研究

134. 台湾海峡两岸和平发展的政治途径研究

135. 建立健全国家生态安全动态监测预警体系研究

136. 创新外资监管服务方式研究

137. 完善反洗钱、反恐怖融资、反逃税监管体制机制研究

138. 反腐败与深化改革的相互促进关系研究

139. 推动全球治理体制更加公正合理的实施路径研究

140. 强化有效维护领土主权和海洋权益能力研究

141. 加强海上执法机构能力建设研究

142. 建立海洋生态红线制度研究

143. 完善和实施海洋督察制度研究

144. 健全“一带一路”双边和多边合作机制的政府职能研究

145. 构建“一带一路”官民并举、多方参与的人文交流机制研究

146. 完善我国的领事保护制度研究

147. 世界主要国家侨务政策比较研究

148. 中国特色社会主义民主政治与美国资本主义民主政治比较研究

149. 美国金融危机的政治经济学分析

150. 西欧国家福利危机与民主政治的关系研究

法学

1. 习近平总书记关于全面依法治国的重要论述研究

2. 全面从严治党与全面依法治国的关系研究

3. 党内法规与国家法律关系研究

4. 依规管党与依法管党相结合研究

5. 党内法规的功能定位和价值取向研究

6. 党内法规理论特色、实践特色、时代特色研究

7. 党内法规的渊源和分类研究

8. 党内法规制度建设科学化研究

9. 中国共产党党内法规发展史研究

10. 党内法规制定技术研究

11. 权力制约监督机制研究

12. 国家监察权研究

13. 国家监察立法研究

14. 国家监察委员会体制与机制研究

15. 《关于新形势下党内政治生活的若干准则》与相关制度的衔接机制研究

16. 《中国共产党党内监督条例》与相关制度的衔接机制研究

17. 以宪法和法律形式体现与保障中国共产党核心制度研究

18. 加强和改进党对立法工作的领导研究

19. 马克思主义宪法观的中国化研究

20. 中国特色宪法学理论体系研究

21. 人民代表大会制度完善研究

22. 中央与地方关系的宪法规范研究
23. 宪法解释制度的比较研究
24. 法治中国建设的制度供给机制研究
25. 我国国家机关的分工制约机制研究
26. 司法改革视野下最高法院的功能定位研究
27. 中国人权法体系研究
28. 中国法律文化传统的功能激活机制研究
29. 法律激励与博弈机制分析研究
30. 国家治理体系中的司法治理研究
31. 城市治理法治化实现机制研究
32. 地方立法质量评价机制与标准体系研究
33. 司法改革背景下的法律职业伦理研究
34. 中国政法体制演进研究
35. 治理贿选与完善选举制度研究
36. 公共事件防控法律机制研究
37. 网络空间法治化治理研究
38. 高新技术背景下新型权利问题研究
39. 现代法治视角下的传统法律文化研究
40. 中西司法文化比较研究
41. 司法文明视野下的中国古代诉讼程序研究
42. 中国古代监察法制与廉政建设研究
43. 民国时期国家法在边疆的适用问题研究
44. 中国古代“德治”与“法治”相结合的经验和教训研究
45. 法律在中国古代“盛世之治”“中兴之治”中的作用研究
46. 中国古代“钦差大臣”司法职能研究
47. “乡贤”与中国古代基层社会法律秩序的构建研究
48. 从民间契约看中国古代诚信机制的建立与维护研究
49. 传统医学道德与法律研究
50. PPP 法律规制问题研究
51. 违法建筑拆除的行政法理研究
52. 综合行政执法体制改革研究
53. “准征收”与行政补偿法律制度研究
54. 新行政诉讼法实施中有关问题研究
55. 行政诉讼中规范性文件附带审查程序研究
56. 行政程序违法的法律责任机制研究
57. 民法典编纂中的行政法问题研究
58. 行政区划调整的法律问题研究
59. 深化行政审批制度改革与立法关系研究
60. 设区的市地方立法权研究
61. 相对集中行政许可权研究
62. 行政协议研究
63. 行政不作为治理研究
64. 行政执法责任制研究
65. 行政违法行为检察监督研究
66. 共享经济的法律规制研究
67. 网络安全的法律保障研究
68. 行政公益诉讼制度研究
69. 行政附带民事诉讼研究
70. 刑民交叉视野下的互联网金融犯罪研究
71. 尖端医疗技术给刑法带来的挑战及其对策研究
72. 网络知识产权的刑事法保护研究
73. 中国死刑公正适用问题研究
74. 我国反恐法的实施研究
75. 我国当代贪腐犯罪与中国传统文化的关系研究
76. 环境犯罪刑法治理的早期化问题研究
77. 预防性反恐刑法问题研究
78. 刑事政策与刑法立法的关系研究
79. 共犯正犯化问题研究
80. 从业禁止制度研究
81. 终身监禁制度研究
82. 死缓限制减刑制度实证研究
83. 严重暴力犯罪死刑适用条件实证研究
84. 职务犯罪量刑的实证研究
85. 严重腐败犯罪的防范与对策研究
86. 宗教极端主义的防治对策研究
87. 网络犯罪基本原理及其对传统理论的突破研究
88. 未成年人特别刑法研究
89. 网络犯罪的刑法规制体系研究
90. 员额制改革中的少数民族司法队伍建设研究
91. 审判中心主义视角下的值班律师制度研究
92. 人民陪审员制度的实证研究
93. 司法改革背景下的司法考评机制研究
94. 律师职业行为规则比较研究
95. 司法大数据背景下的民事审判质效管理改革研究
96. 刑事判决在民事诉讼中的预决效力研究
97. 精神病人解除强制医疗听证会制度研究
98. 刑事和解制度在民族地区实施的特殊性研究
99. 审判中心主义视角下的侦诉与审判关系研究
100. 未成年人刑事案件转向处分研究

101. 一事不再理与罪数论关系研究
102. 精神病人强制医疗程序实施疑难问题研究
103. 认罪认罚从宽程序实施中的问题及其对策研究
104. 电子数据证据的应用规则研究
105. 刑事证明标准的制度原理与实证研究
106. 证据法法典化历史研究
107. 庭审实质化语境下法官认知力研究
108. 技术侦查证据审查的相关问题研究
109. 庭审交叉询问的相关问题研究
110. 司法鉴定意见可采性问题研究
111. 域外证据分类及采信标准研究
112. 合同法立法研究
113. 物权法立法研究
114. 侵权责任法立法研究
115. 亲属法立法研究
116. 继承法立法研究
117. 人格权理论与实践研究
118. 网络财产与信息数据法律保护研究
119. 不动产登记制度完善研究
120. 个人与企业信用制度研究
121. 互联网金融制度研究
122. 民法典编纂视野下的法律调整和规范问题研究
123. 创新创业的法律问题研究
124. 民法典编纂后的商事立法研究
125. 商事信用权研究
126. 市场化债转股法律制度构建与实证分析
127. 关联企业破产重整立法研究
128. 中国公司治理基础理论的发展趋势与体系重构研究
129. 知识产权损害赔偿问题研究
130. 网络平台知识产权侵权责任研究
131. 当前国际知识产权制度的发展趋势和我国的路径选择研究
132. 职务发明奖酬制度法律问题研究
133. 以司法保护为主导的知识产权保护体系研究
134. “一带一路”倡议与知识产权区域制度一体化问题研究
135. 创新社会化趋势对知识产权法的挑战及应对研究
136. 网络知识产权保护研究
137. 亲等和亲系制度研究
138. 婚姻法与妇女权益保障研究
139. 离婚扶养制度研究
140. 同居制度研究
141. 法律体系中的家的价值研究
142. 女性生育权益保障研究
143. 我国公平竞争审查制度研究
144. 供给侧结构性改革与经济法制度完善研究
145. 新发展理念与经济法制度完善研究
146. “网约车”的法律规制研究
147. 反垄断法中的相关市场界定研究
148. 反垄断法与国家产业政策研究
149. 我国垄断协议行为的法律规制体系及标准优化研究
150. 互联网金融监管法律问题研究
151. 反不正当竞争法的立法问题研究
152. 政府与市场关系的法律调整研究
153. 证券法修改问题研究
154. 消费税立法研究
155. 经济法视野下的技术创新法律保障研究
156. 养老服务模式创新问题研究
157. 环境治理工具的互动与整合研究
158. 环境税立法研究
159. 自然资源国家所有权制度研究
160. 绿色发展理念下的金融法律制度创新研究
161. 我国海洋环境保护法的修改与完善研究
162. 海洋基本法立法问题研究
163. 环境保护中区域治理的法理研究
164. 生态补偿法的理论与实践研究
165. 京津冀环境协同治理的法律机制研究
166. 作为外交政策工具的国际法研究
167. 国家豁免问题的新发展研究
168. 气候变化所致损失损害责任之国际法机制研究
169. 国家管辖范围以外的海域重叠问题研究
170. 国家海外利益保护中的国家豁免问题研究
171. 联合国创制老年人权利公约的应对策略研究
172. 国际人权话语权生成路径及中国话语权问题研究
173. “一带一路”倡议下国家与投资者争端解决机制研究
174. 国际投资仲裁上诉机制研究

175. 我国涉外民商事审判中的选法规则研究
176. 国内经济法域外适用的国际法限制研究
177. 欧盟投资法庭制度及中国因应研究
178. “一带一路”倡议下中国对外投资企业社会责任制度研究
179. “一带一路”倡议下我国海外投资保险制度研究
180. “一带一路”倡议与中国对南亚投资法律风险防控研究
181. 跨国企业社会责任的立法与司法研究
182. 国际组织与国际法治实施机制研究
183. 早期欧洲国际法学中的世界秩序观研究
184. 巴黎协定与全球环境治理研究

社会学

1. 习近平总书记关于创新社会治理的重要论述研究
2. 完善中国特色社会主义社会治理体系研究
3. 新常态下社会政策的发展趋势研究
4. 中国社会保护体系建构研究
5. 完善社会保障制度研究
6. 建立城乡统一的社保制度研究
7. 财富分配与全面小康社会建设研究
8. 扩大中等收入群体与小康社会目标研究
9. 中等收入群体成长影响因素的社会学研究
10. 国家安全与社会稳定面临的主要风险研究
11. 基层治理与公众参与研究
12. 推进社会治理精细化研究
13. 社会治理中地方政府行为的社会学研究
14. 社会巨变理论与实践的国际比较研究
15. 生态文明建设制度化研究
16. 城乡社会政策一体化研究
17. 城乡一体化背景下“逆城镇化”的社会学研究
18. “一带一路”倡议与中国社会学学科建设与发展研究
19. 计算社会学基础理论及方法研究
20. 社会学大数据方法论研究
21. 大数据与治理技术发展趋势研究
22. 社会网实验研究
23. 网络社会治理与网络技术创新机制研究
24. 人工智能的社会学研究
25. “共享经济”的社会学研究
26. 大众消费社会与新消费群体研究
27. 社会时空理论与方法研究
28. 科学社会学的体系构建研究
29. 中国共产党社会调查传统和不同历史时期经验研究
30. 公共服务供给与社会心态的关系研究
31. 行为道德的社会学理论与实证研究
32. 基于社交媒体大数据的青年社会心态研究
33. 社会治理中地方政府行为的社会学研究
34. 社区理论与政策比较研究
35. 社区治理的类型、特点和方式研究
36. 政府主导与社区自治的互动研究
37. 社区矫正及风险治理研究
38. 社会工作的作用研究
39. 社会工作者对社会工作的认同研究
40. 我国社会工作制度及教育发展研究
41. 社会工作机构服务过程和产出绩效研究
42. 中国专业社会工作的理论与实践研究
43. 社会工作原型理论与实务模式的建构研究
44. 群团组织演变的社会学研究
45. 城乡社会工作组织发展立法研究
46. 城乡社区空间及治理实践研究
47. 城乡媒介文化的社会再生产研究
48. 中国村落社会比较研究
49. 乡村建设的理论与实践研究
50. 特色小镇的中国实践研究
51. 农业社会学的理论与方法研究
52. 土地经营权流转条件下的农村社会治理研究
53. 新型农业经营主体的发展与农村治理结构优化研究
54. 村落内部的社会组织研究
55. 社会保障调节农村收入分配差距研究
56. 发达地区工业化乡村的新型城镇化问题研究
57. 健全促进农业转移人口市民化的机制研究
58. “村改居”问题及其治理体系研究
59. 深化户籍制度改革与城市人口公共服务均等化研究
60. 健全常住人口市民化激励机制研究
61. 低保政策与低保户需求的契合度研究
62. 农村弱势群体贫困问题研究
63. 精准扶贫政策绩效评价研究
64. 精准扶贫战略实施中社会工作的作用研究
65. 精准扶贫背景下财政透明度的社会效应研究
66. 精准扶贫与妇女反贫困研究

67. 扶贫工作的跟踪调查与评价研究
68. 教育资源分配与贫困地区教育发展研究
69. 民族地区贫困再生产及其治理机制研究
70. 贫困县退出机制的社会学研究
71. 老龄化与精准健康扶贫问题研究
72. 互联网与养老服务社会化路径研究
73. 老龄化背景下的人才建设研究
74. 老年流动人口的再社会化及其影响研究
75. 新形势下的家庭变迁与社会政策研究
76. 家庭治疗理论研究
77. 城市弱势群体的生存压力与社会支持研究
78. 生活方式的社会学研究
79. 大学生价值观研究
80. 新生代农民工在城市社会的文化融合研究
81. 流动群体的文化适应研究
82. "农转非"居民的生活适应性研究
83. 移民"回流"现象及治理机制研究
84. 城镇移民的社会交往与融合研究
85. 弱势群体抗逆力的理论与应用研究
86. 留守儿童的相关问题研究
87. 不同就业群体的社会地位研究
88. 新工人群体的阶层认同研究
89. 大学生创业的政策环境及其优化研究
90. 大学生就业的职业选择研究
91. 返乡农民工的再就业研究
92. 返乡创业人员政策体系建构研究
93. 去产能国有企业的职工安置途径研究
94. 公众参与视域下的环境群体性事件预防治理机制研究
95. 公众参与环境治理机制研究
96. 重大工程项目社会稳定风险评估研究
97. 社会变迁与海洋强国建设研究
98. 海洋环境、海洋信俗与渔村变迁研究
99. 海洋发展的评价指标体系研究
100. 非物质文化遗产保护与开发研究
101. 慈善行为的社会激励和法律保障研究
102. 《慈善法》的实施对社会工作发展影响研究
103. 福利彩票公益金的社会学研究
104. 中国儿童福利政策研究
105. 当代中国家庭子女教育获得形成机制研究
106. 二孩政策落实的政策体系研究
107. 当前我国家庭教育投资偏好与投资行为研究
108. 城镇地区的居住分割与青少年发展研究
109. 性别观念变迁研究
110. 中国青少年性知识性发育状况研究
111. 医患纠纷解决机制研究
112. 医患关系的社会学研究
113. 中国殡葬改革现状与未来发展趋势研究
114. 大城市出租车改革调查研究
115. 新形势下的军事社会学研究
116. 反腐败政策社会效应的社会学研究
117. 台湾社会阶层研究

人口学

1. 马克思主义人口理论与中国人口实践研究
2. 全面建成小康社会的人口含义与人口支持研究
3. 完善人口发展战略研究
4. 人口结构变动与经济发展关系研究
5. 经济新常态与人口红利研究
6. "一带一路"区域人口协调发展与人口安全问题研究
7. 人口统计指标在中国当前人口现实下的适用性及修正方法研究
8. 家庭和家户比较研究
9. 当代家庭代际关系功能的新变动分析研究
10. 中国当代家庭生命周期分析研究
11. 全面两孩政策下出生人口变动分析研究
12. 全面两孩政策下生育行为的影响因素分析研究
13. 全面两孩政策对我国劳动力市场运行影响研究
14. 全面两孩配套政策构建与社会公共政策改革研究
15. 全面两孩政策下家庭的代际关系和夫妻关系变化研究
16. 生育登记制度改革与出生人口动态监测研究
17. 生育政策变迁对妇女地位的影响研究
18. 生育成本收益与生育选择研究
19. 出生性别比变动趋势与影响因素分析研究
20. 低生育水平与中国社会可持续发展研究
21. 低生育水平国家人口相关政策的选择及效果研究
22. 城市群发展对人口分布的影响研究
23. 户籍制度改革与人口城镇化研究
24. 城镇化中后期人口迁移流动模式的演变和对

策研究

25. 新型城镇化背景下中西部地区人口就地就近城镇化问题和对策研究

26. 我国流动人口治理的体制和机制创新研究

27. 第一代农民工去向与生存状况研究

28. 留守儿童生存状况研究

29. 人口迁移与减少贫困研究

30. 人口流动与健康管理问题研究

31. 流动人口健康行为及影响因素研究

32. 跨国跨境婚姻研究

33. 我国千万人口以上少数民族发展特点与趋势分析研究

34. “交流、交往、交融”对我国少数民族人口发展的影响研究

35. 边疆地区人口迁移变动及其影响研究

36. 民族地区人口精准扶贫问题研究

37. 健康中国建设与贫困人口问题研究

38. 偏远贫困地区人口脱贫迁移的方式与效益评估研究

39. 健康指标体系研究

40. 女性生育年龄推迟与母婴健康研究

41. 生育政策调整后的生殖健康促进与优质服务研究

42. 应对人口老龄化与促进人口长期均衡发展研究

43. 特殊老年人群体的社会支持政策研究（流动老年人口、农村留守老人、丧偶老年人、失能失智老年人）

44. 独生子女老年父母养老研究

45. 老年人口医养结合模式创新研究

46. 我国老年人社会参与问题研究

47. 老年人长期照护模式研究

48. 老年的年龄界限研究

49. 城乡老年人养老问题研究

50. 中国老年照料劳动力需求及应对研究

51. 中国死亡水平和死亡模式变动趋势研究

52. 死亡率变动因素与区域差异研究

民族问题研究

1. 马克思主义民族理论研究

2. 习近平总书记关于民族工作的重要论述研究

3. 习近平总书记关于中华民族的重要论述研究

4. 老一辈无产阶级革命家对民族区域自治的理论研究

5. 中国特色解决民族问题的正确道路研究

6. 中国特色民族团结进步事业的理论与实践研究

7. 中华民族共有精神家园的历史底蕴和现实建设研究

8. 改革开放以来民族区域自治制度的完善与发展研究

9. 内蒙古自治区成立70周年成功经验调查研究

10. 全面建成小康社会进程中少数民族地区跨越式发展研究

11. “一带一路”建设中边疆地区战略定位研究

12. 民族团结教育基地的建设和作用调查研究

13. 红军长征与党的民族政策实践研究

14. 少数民族地区历史记忆中的长征精神研究

15. 少数民族地区红军长征遗址、文物及其保护研究

16. 中国少数民族史（志）研究

17. 少数民族文字珍善本的搜集、整理和研究

18. 扶持人口较少民族典型案例调查研究

19. 少数民族地区精准扶贫、脱贫研究

20.《城市民族工作条例》研究

21. 少数民族地区城镇化发展进程调查研究

22. 大中型城市管理少数民族流动人口的政策措施调查研究

23. “中蒙俄经济走廊”建设中的人文交流研究

24. 草原生态与牧民生产生活现状调查研究

25. 偏远地区少数民族基础教育现状调查研究

26. 少数民族农村（牧区）民生保障调查研究

27. 少数民族民间手工艺传承现状调查研究

28. 少数民族村寨旅游文化展演的文化保护、传承意义研究

29. 少数民族农村（牧区、林区）土地确权问题研究

30. 矿产资源开发与牧民草场权益保护问题研究

31. 中国传统医药学中的少数民族医药学地位研究

32. 少数民族生态移民、异地搬迁村落综合调查研究

33. 当代西方马克思主义对民族问题的理论观点研究

34. 欧洲民族－国家建构中的当代地区—民族分离主义研究（综合或国别）

35. 欧美国家种族主义、排外主义回潮研究（综

合或国别）

36. 西方多元文化主义“失败论”流行的社会动因研究（综合或国别）

37. 欧盟的“难民危机”与“移民融入”问题研究

38. 英国“脱欧”与欧盟重返民族—国家的趋向研究

国际问题研究

1. 习近平总书记外交思想与我国周边外交战略研究

2. 习近平总书记关于实施互利共赢开放战略的重要论述研究

3. 习近平总书记关于推动建立以合作共赢为核心的新型国际关系的重要论述研究

4. 习近平总书记关于“人类命运共同体”的重要论述及构建研究

5. 习近平总书记关于全人类“共同价值”的重要论述研究

6. 党的十八大以来国家安全理论与实践创新研究

7. 新形势下马克思主义国际关系理论研究

8. 新形势下马克思主义战争与和平理论研究

9. 新形势下列宁帝国主义论研究

10. 新形势下十月革命道路的当代意义研究

11. 新形势下毛泽东“三个世界划分”理论当代意义研究

12. 新形势下西方政治思潮研究

13. 新形势下西方“软实力”现状、实现路途及学习、借鉴和应对研究

14. 全球化背景下国家、地区、世界三者关系研究

15. 中国的全球治理能力建设研究

16. 合作共赢的新型全球治理体系构建研究

17. 国际秩序转型与中国的应对

18. 20国集团（G20）与全球治理机制改革研究

19. 中国对全球治理的话语权和领导权问题研究

20. 国际金融危机现状及发展趋势研究

21. 国际政治经济学研究

22. 各主要国家马克思主义和左翼思潮研究

23. 各主要国家共产党现状及发展趋势研究

24. 大国极地政策研究

25. 极地治理与我国对策研究

26. 我国应对气候、环境与能源问题的对策研究

27. 互联网国际治理研究

28. 国际货币体系改革和欧元区主权债务危机问题研究

29. 国际贸易壁垒研究

30. 国际难民问题研究

31. 国际反洗钱机制研究

32. 国际反腐败理论与合作研究

33. 国际组织（政府间组织和非政府间组织）研究

34. 中国主要国际论坛的战略统筹和机制整合的创新思路研究

35. 全球主要智库的作用及对我国的启示研究

36. 中国社会组织国际化道路研究

37. 我国非政府组织走向世界研究

38. 中国对外援助与国际援助体系创新研究

39. 构建中国周边战略信任网络研究

40. 新中国周边战略与外交研究

41. 我国跨界河流争端的历史、现状与管控研究

42. 我国周边海洋争端的历史、现状与趋势及我国对策研究

43. 大国对我国周边海洋争端的战略及我国对策研究

44. 周边海洋国家的海洋发展战略及我国对策研究

45. 亚洲安全架构的理论瓶颈和实践难题研究

46. 人民币在周边国家结算研究

47. 周边国家金融现状及发展趋势研究

48. 周边国家贫富差距现状及发展趋势研究

49. 我国与周边国家人文交流现状及作用研究

50. 亚洲社会主义国家命运共同体研究

51. “一带一路”倡议实施中的重点与难点研究

52. 借助“一带一路”倡议提升中国制度性话语权建设研究

53. “一带一路”倡议背景下中日海洋安全关系研究

54. “一带一路”倡议与大欧亚伙伴关系倡议的对接路径及其发展趋势研究

55. “一带一路”倡议框架下中国与中东欧国家合作模式研究

56. 欧盟的东向战略与中国“一带一路”倡议的结构性对比研究

57. 中国“一带一路”倡议在非洲面临的风险及对策研究

58. 东南亚地区安全竞争对中国推进“一带一路”倡议的影响研究
59. 日本围绕我“一带一路”倡议的外交及安全政策行为研究
60. 西亚“阿富汗—伊拉克—伊朗”走廊的形成及其对未来影响研究
61. 中俄蒙经济走廊建设研究
62. 美国选举与金钱政治研究
63. 美国新政府政策走向研究
64. 中俄美大国关系研究
65. 美元和欧元两大货币体系研究
66. “选举年”与国际局势研究
67. 大国对外投资研究
68. 金砖国家银行作用研究
69. 新兴经济体对外投资研究
70. 美国新政府对华战略调整及我国的应对策略研究
71. 美国等西方主要国家对外人权战略策略及我国应对研究
72. 跨欧亚伙伴关系与中俄战略合作研究
73. 日本“国家利益”界定及国家战略研究
74. 日本对外战略与对华政策研究
75. “新安保法”下日本介入国际及地区安全事务研究
76. 当今俄罗斯民族统一国家构建问题研究
77. 国家治理体系衰败与苏联解体问题研究
78. 日本民族保守主义研究
79. 日本历史修正主义及其外溢影响研究
80. 美国、欧盟与中国对拉丁美洲的援助模式比较研究
81. 当代世界的“中国观”研究
82. 海外华人学者视野中的中国与世界研究
83. 全球格局中的中国历史坐标与世界坐标研究
84. 人民币国际化问题研究
85. 外汇市场和跨境资金流动风险研究
86. 现代国际体系中的权势变迁：系统、国家模式与战争研究
87. 第二次世界大战及其对战后世界的影响研究
88. “共济会”的历史沿革、现状及作用研究
89. 中国军队参与非洲安全事务研究
90. 非洲安全研究
91. 2030 年外军作战大趋势研究
92. 开创军事外交新局面研究
93. 国外非政府组织在我国的现状及应对研究
94. 中国抗日战争的国际影响与中国国际形象的塑造研究
95. 新形势下朝鲜半岛状况及我国应对策略研究
96. 中国创新对外宣传方式研究
97. 中国外交与全球话语体系演变研究
98. 中国的主场外交理论与实践研究
99. 中医、太极、烹饪等中华优秀文化传统走向世界研究
100. 《联合国海洋法公约》附件七仲裁制度的完善与中国的政策选项研究
101. “高铁外交”与国际关系研究
102. 中国支持刚果（金）和平进程和国家建设的战略研究
103. 国际能源博弈与中国核电国际战略研究
104. 发达国家领土整治的经验教训研究
105. 发达国家绿色经济政策研究
106. 发达国家社会保障及养老制度研究
107. 《2030 可持续发展议程》中的性别平等议题研究
108. 反全球化运动的起因、现状及前景研究
109. 全球财富占有与贫富差距现状及其发展趋势研究
110. 西方世界经济危机与企图摆脱危机的路径选择及对策研究
111. 西方民主战略与国际反思
112. 世界宗教格局变化及中国应对战略与策略研究
113. 当今俄罗斯对十月革命和苏维埃时期的评价研究
114. 日本自民党体制转型研究
115. 日本右翼势力对安倍政权外交决策的牵引与推动研究
116. 日本国土开发与首都圈综合发展战略研究
117. “家元”制度——日本隐性社会结构研究
118. 日本公众文化服务体系研究
119. 美国、日本、德国等房地产政策比较研究
120. 日本供给侧改革经验与教训研究
121. 日本非营利组织在社会治理中的作用及借鉴研究

中国历史

1. 唯物史观与中国历史发展道路研究
2. 唯物史观与现代史学建构研究

3. 马克思主义与20世纪中国史学理论的发展

4. 马克思主义经典作家关于前资本主义社会形态的理论再探讨

5. 习近平总书记关于反对历史虚无主义的重要论述研究

6. 习近平总书记关于弘扬中国革命精神的重要论述研究

7. 中国社会形态发展演进特征研究

8. 中国早期文明多源并进、多元一体研究

9. 多民族融合与中华民族形成研究

10. 大一统观与国家统一研究

11. 中华文化传统核心价值研究

12. 历代边疆治理与族群认同研究

13. 中国历代环境生态史研究

14. 历史时期边疆地区人类活动与生态环境变迁研究

15. 中国古代儒家的社会建设理论与实践研究

16. 历代封建王朝崩溃前诸因素作用机制研究

17. 历代国家治理制度与廉政研究

18. 历代社会危机与政府应对研究

19. 中国古代官吏的考核、奖惩与吏治关系研究

20. 中国历代灾异与社会关系研究

21. 历史时期长江、黄河流域城镇防洪抗涝举措得失研究

22. 北族王朝的“国家形态”研究

23. 少数民族入主中原与中华文明持续性研究

24. 长江中游地区巴楚文化遗址的发掘与综合研究

25. 甘宁青地区穆斯林聚居区形成发展史研究

26. 敦煌文书与敦煌社会研究

27. 汉唐时期胡汉民族文化交流研究

28. 汉唐间南方山区的族群互动与社会变迁研究

29. 金元时期的北方社会研究

30. 古代丝绸之路的衰落与近代新商道的开辟研究

31. 华夏制度文明与古丝路经济带的运作研究

32. “丝绸之路”与中外文化交融研究

33. 魏晋南北朝时期西域与中原一带的陆路交通和文化往来研究

34. 宋以来广西地区的族群建构研究

35. 元代以来中央政权与藏区关系以及礼仪制度研究

36. 清代西南地区改土归流与开辟苗疆的比较研究

37. 历代文化传播与学术传承关系研究

38. 中国古代汉籍在海外的传播及其影响研究

39. 孔府档案与清代社会文化研究

40. 民国时期的学术史与学术流派研究

41. 抗日根据地的文化工作研究

42. 明代中央政权与东北民族地区关系研究

43. 明清时代的西南开发研究

44. 明清江南地区的宗族与祠堂研究

45. 明清民国时期中国与周边国家关系研究

46. 中国人海外移民史研究

47. 中国社会的性别文化变迁研究

48. 中国与东南亚、南亚国家边界问题研究

49. 近现代中国儒学命运变迁研究

50. 中外条约与近代中国社会变迁研究

51. 中国近代外资企业与中外经济关系研究

52. “旧海关史料”与中国近代对外贸易研究

53. 五族共和与近代中国多民族国家的形成与发展研究

54. 近代中国语言革新运动与汉字改革研究

55. 近代中国海洋疆域的形成与管理研究

56. 近代以来归国留学生和中国现代化发展研究

57. 近代以来中外有关领土主权和疆界划界交涉研究

58. 近代中国与诸大国关系史研究

59. 近代中国与东南亚邻邦关系史研究

60. 近代中法关于南海诸岛主权交涉研究

61. 琉球历史与中琉关系研究

62. 近代中国社会环境的历史变迁研究

63. 20世纪中国民族政策、民族区域自治研究

64. 20世纪中国大学生社会来源变迁的量化研究

65. 20世纪台湾史研究

66. 近代军阀政治研究

67. 民国北京政府时期中国政治、经济、社会研究

68. 民国时期城乡生活水平比较研究

69. 民国时期边疆治理研究

70. 民国时期的高等教育发展史研究

71. 世界反法西斯战争的东方主战场研究

72. 抗战时期沦陷区民众生活研究

73. 抗日战争与中国国际地位变化研究

74. 中国抗战与二战后国际秩序构建研究

75. 抗战时期国统区、沦陷区、敌后抗日根据地

研究

76. 新中国成立初期城市政权建设研究

77. 新中国城乡社会改造与社会秩序研究

78. 西藏和平解放研究

79. 新中国边海疆建设与领海主权研究

80. 新中国城市化进程与社会发展研究

81. 新中国金融体制演变研究

82. 新中国教育史研究

83. 中国国防尖端科技与国民经济良性互动研究

84. 历代海塘史料整理与研究

85. 晚清民国海外移民文献资料的整理与研究

86. 晚清民国时期南海档案史料的整理与研究

87. 七七事变后华北伪政权文献资料之整理与研究

88. 抗日战争史资料收集、整理与研究

89. 近代基督教传教士档案资料整理与研究

90. 法兰西学院汉学研究所馆藏珍稀汉籍研究

世界历史

1. 世界史前史及文明起源研究

2. 古代世界（含中世纪）跨区域贸易与文化交流研究

3. 中外古代（含中世纪）史学理论比较研究

4. 世界古代文明（含中世纪）专题研究

5. 15 世纪以来的大国与世界

6. 在世界历史背景下的中日关系研究

7. 各国现代化进程中的道德重建问题研究

8. 中东热点问题的历史考察

9. 十月革命研究

10. 冷战史研究

11. 世界移民史

12. 生态文明与世界历史

13. 国际关系史专题研究

14. 世界历史进程中的“交往革命”研究

15. 世界妇女运动历史研究

16. 亚洲史专题研究

17. 非洲史专题研究

18. 拉美史专题研究

考古学

1. 考古学理论与考古学史研究

2. 旧石器时代文化研究

3. 旧、新石器时代过渡阶段遗存研究

4. 新石器时代聚落研究

5. 各区域间文化交流与互动的考古学研究

6. 先秦时期各区域文化与社会研究

7. 古代丝绸之路的考古学研究

8. 古代城镇的考古学研究

9. 古代墓葬的考古学研究

10. 古代手工业技术与生产组织研究

11. 古代宗教遗存的考古学研究

12. 世界其他古代文明研究

13. 自然科学技术在考古学中的应用研究

14. 东亚地区现代人起源与演进的考古学研究

15. 国内外遗址保护与利用的案例研究

16. 重要考古遗址发掘资料的整理与研究

17. 大遗址保护规划与国家考古遗址公园备选遗址的价值研究

宗教学

1. 习近平总书记宗教观研究

2. 习近平总书记关于宗教工作的重要论述研究

3. 中国特色社会主义宗教理论的历史发展与体系建设研究

4. 积极引导宗教界践行社会主义核心价值观研究

5. 中国共产党关于宗教问题的理论和方针政策研究

6. 坚持我国宗教中国化方向研究

7. 中国宗教工作的法治化建设研究

8. 中国社会主义发展时期宗教工作历史与现状研究

9. 中华文明起源及发展进程中的宗教信仰问题研究

10. 宗教教义思想与中华传统文化关系研究

11. 新文化运动以来百年中国宗教思想发展史研究

12. 中国宗教文化与当代道德文明建设关系研究

13. 宗教组织与宗教场所在当代中国的发展变迁研究

14. 中国少数民族地区宗教传统及多元信仰研究

15. 边疆民族地区宗教治理问题研究

16. 当代中国经济发展与宗教的关联问题研究

17. 城镇化背景下社区变迁中的宗教问题研究

18. 中国城市移民中的中外宗教问题研究

19. 当代中国社会多元化与宗教多元化发展研究

20. 互联网时代的宗教传播及特点研究

21. 老龄化背景下的宗教传播问题研究

22. 对青少年的科学世界观宣传和宗教基本知识

教育研究

23. 中国宗教界人才队伍建设问题研究

24. 国外马克思主义学者的宗教研究著作翻译与研究

25. 无神论理论体系和学说流派研究

26. 境外宗教渗透问题分析和对策研究

27. 宗教极端思想的侵害和防范举措研究

28. 周边国家宗教问题与我国安全环境研究

29. “一带一路”倡议涉及的宗教问题研究

30. 中国宗教在对外关系及交流中的意义、影响及作用研究

31. 国外宗教研究经典系列汉译

32. 不同宗教之间对话的历史与经验研究

33. 宗教与韩国对外关系研究

34. 日本新宗教运动与当前中日关系研究

35. 宗教团体对战后日本政治外交的影响及对我国的启示研究

36. 地域性宗教文献及口传宗教资料整理与研究

37. 近代社会发展和近代佛教复兴问题研究

38. 当代世界佛教发展及其对中国社会影响研究

39. 历代佛教经典注疏整理与研究

40. 中国南传佛教发展现状研究

41. 藏传佛教历史和制度研究

42. 藏区宗教现状和未来走向研究

43. 活佛转世制度与活佛管理机制研究

44. 白马藏区苯教古藏文文献的搜集、整理与研究

45. 藏传佛教因明史研究

46. 梵藏蒙汉大乘佛教经论原典整理与研究

47. 区域性道教发展研究

48. 中国道教善书思想史

49. 中国古代道教医药史料的收集整理研究

50. 海外道经的收集整理与研究

51. 中国汉文道教文献分类整理与研究

52. 海内外民间宗教研究

53. 中国汉文基督教文献分类整理与研究

54. 天主教区域传播史研究

55. 边疆民族地区的基督教发展研究

56. 摩门教与当前中美关系研究

57. 世界基督教发展现状研究

58. 基督教神学思想发展变迁研究

59. 基督教经典翻译与研究

60. 当代伊斯兰教发展趋势研究

61. 周边地区伊斯兰教发展对我国影响研究

62. 伊斯兰教经典翻译与研究

63. 中外伊斯兰教历史与现状研究

64. 世界宗教历史与现状研究

65. 新兴宗教及神秘膜拜团体发展现状研究

66. 中国宗教学学科体系建设研究

中国文学

1. 马克思主义文艺理论原典阐释与当代发展研究

2. 习近平总书记关于繁荣发展社会主义文艺的重要论述研究

3. 中国共产党领袖人物的文艺思想研究

4. 筑就中华民族伟大复兴时代文艺高峰研究

5. 以人民为中心的创作导向研究

6. 文艺振奋民族精神研究

7. 文艺引领社会风尚研究

8. 当代中国文学基本理论研究

9. 20世纪文艺基本理论与艺术史基本问题比较研究

10. 西方当代文论辨识

11. 中国现代进步文学研究

12. 中国红色文学研究

13. 中国当代文艺学建设与欧美文学理论批判借鉴研究

14. 中国当代文艺学建设与中国古代文论优秀传统研究

15. 当代文艺学的中国特色研究

16. 当代文学中“中国故事”书写研究

17. 当代中国现实主义文学的发展研究

18. 中国现当代文学创作的民族意识与国家观研究

19. 中国当代乡土文学与都市文学的互动关系研究

20. 改革开放以来文学发展研究

21. 互联网时代文学形式的变化与文艺学研究新领域

22. 网络文学现状与发展趋势研究

23. 中国古代文学经典作家作品研究

24. 中国古代文学文献的整理与研究

25. 中国古代文学的当代方法论问题研究

26. 古代文学研究中的虚无主义现象批判

27. 中国古代文学域外影响研究

28. 古代文学与中国古代史的关系研究

29. 考古新发现与古代文学研究的新拓展

30. 中国现当代优秀文学对国外文学发展的影响研究

31. 国外汉学研究

32. 当代国外进步文学研究

33. 欧美经典作家与优秀作品的中国影响研究

34. 当代影视文学艺术作品的意识形态问题研究

35. 当代影视文学艺术作品与中国大国形象塑造研究

36. 少数民族文学对汉文学的影响研究

37. 少数民族文学与中国国家意识的研究

38. 少数民族文学当代发展研究

外国文学

1. "一带一路"倡议与沿线国家文学研究

2. 外国文学经典作家作品研究

3. 外国文学理论流派思潮及重要批评家研究

4. 文学翻译研究

5. 反恐怖主义文学研究

6. 外国文学研究与国民核心素养教育

7. 外国文学文体学研究

8. 外国网络文学研究

9. 西方女性文学理论发展研究

语言学

1. 中国语言资源保护的理论与实践研究

2. "一带一路"沿线国家语言政策与规划研究

3. 网络时代语言规范与语言文明研究

4. 中国境内语言的区域性共性与类型差异研究

5. 汉语韵律特征的跨方言比较研究

6. 类型学背景下的汉语词类新探索

7. 语法、语义、韵律的互动研究

8. 历代汉语常用构式的历史源流研究

9. 语言接触与地点方言演变研究

10. 河北方言与北京话关系研究

11. 汉语方言常用虚词语音与用法的变异研究

12. 分省方言地图集

13. 分语种少数民族语言地图集

14. 阿尔泰语系三大语族亲缘、接触关系历史研究

15. 汉藏历史比较语言学研究

16. 稀有历史文献资料的发掘整理及相关语言历史研究

17. 汉字与汉语关系研究

18. 汉字构形理论与应用研究

19. 汉语国际教育的发展对策研究

20. 汉语作为第二语言习得的理论与应用研究

21. 汉语能力标准的评估和测试研究

22. 儿童语言发展的心理学与神经语言学研究

23. 老龄化引起的语言蚀失现象研究

24. 信息化时代外语教学模式研究

25. 我国外语能力标准和评估研究

26. 双语对比与翻译转换研究

27. 少数民族地区中小学外语教学理论与方法研究

新闻学与传播学

1. 习近平总书记关于新闻舆论工作重要论述研究

2. 习近平总书记关于网络强国的重要论述研究

3. 党的十八大以来中国共产党执政形象传播与塑造研究

4. 新形势下我国政治传播战略转型研究

5. 新媒体格局下马克思主义新闻观发展研究

6. 马克思主义新闻传播学指导学科教材建设研究

7. 中国特色社会主义新闻学话语体系研究

8. 互联网发展与社会治理模式变化研究

9. 全球互联网治理与中国方案供给研究

10. 提高对互联网规律的把握能力研究

11. 提升对网络舆论的引导能力研究

12. 改变"西强我弱"舆论态势研究

13. 互联网新应用功能展望研究

14. 微信圈与社会交往影响研究

15. 网络舆情存在的政治安全隐患研究

16. 意识形态网络舆论战的新形态和新手段研究

17. 当代中国新闻观念研究

18. 当前新闻传播伦理思想研究

19. 作为政治传播渠道的内参研究

20. "一带一路"倡议背景下的传媒建设研究

21. 西方新闻价值观本质研究

22. 媒体融合发展态势研究

23. 媒体融合条件下广播电视业创新发展调查与研究

24. 中国网民民族主义研究

25. 媒体记忆与社会共识研究

26. 新兴媒体环境下新闻理论范式转换研究

27. 传统媒体的分化与跨界融合研究

28. 中国播音史研究

29. 广播电视融合转型与公共服务研究

30. 美国影视剧融资模式及借鉴研究
31. 破解我国中小制片企业融资难的路径研究
32. 新媒体与社区文化建设研究
33. 社交媒体与中国文化的海外传播研究
34. 新形势下两岸媒体互动关系研究
35. 影视传播与旅游产业发展研究
36. 中华苏维埃共和国临时中央政府新闻传播体制研究
37. 解放区红色新闻资源与马克思主义新闻观建设研究
38. 改革开放以来《人民日报》有关“三农”新闻报道的叙事研究
39. 日俄两国对近代东北的新闻侵略与舆论争锋研究
40. 中国共产党新闻宣传史研究
41. 20 世纪美国传播理论史研究
42. 中西媒介史研究
43. 全球化背景下涉华报道的新闻核查研究
44. 全球化背景下数字广告对中国传统文化的承载与传播研究
45. 新闻事件流行语的意识形态镜像表征研究
46. 网络空间命运共同体视域下中国对外传播的理念与实践研究
47. 大数据环境下舆情分析与决策支持研究
48. 多民族背景下国家形象内部生成机制与传播研究
49. 政府网络管理工作和网管人员基本素养研究
50. 社会化媒体舆情传播机制研究
51. 新媒体语境下暴恐信息的传播特点及应对研究
52. 视觉传播与网络舆论研究
53. 媒介融合背景下新型媒体集团建构研究
54. 网络文化治理综合研究
55. 全球化视野下的网络强国建设研究
56. 社交媒体背景下暴力事件的传播模式与舆论引导研究
57. 新媒体平台的公民表达与舆论纠偏研究
58. 网络社群的民意动员与集群行为研究
59. 网络电信诈骗的传播机制与防治研究
60. 跨文化视角下创新媒体外交策略研究
61. 政府微平台的信息发布与公众沟通研究
62. 对外传播中的“敌意媒体”效应研究
63. 在线数据挖掘与医患舆情分析研究
64. 新媒体语境下环境公共事件的多元话语建构与互动研究
65. 社会网络分析视角下的网络传播研究
66. 多元舆论场共存背景下重大突发事件舆情博弈和引导策略研究
67. 新媒体环境下传统媒体的社会责任研究
68. 大数据时代社交媒体意见领袖社会责任研究
69. 乡村影像的本土化表达与跨文化传播研究
70. 社会化媒体正能量传播与管理研究
71. 新媒体环境下地方政府形象管理研究
72. “一带一路”倡议背景下提升区域对外传播力研究
73. 网络空间中电视叙事知识生产研究
74. 互联网时代农村地区资讯环境和农民资讯需求研究
75. 电视新闻数字化创新传播研究
76. 网络视频直播管理研究
77. 新媒体背景下传统党媒面临的挑战与出路研究
78. 党媒移动端话语影响力研究
79. 移动媒体信息安全保护研究
80. 新媒体背景下主流媒体舆论引导效果研究
81. 大数据时代“两微一端”舆情传播效果研究
82. 媒体公益慈善传播研究
83. 网络搜索中立规制研究
84. 多媒体交融背景下我国新闻报道叙事语义研究
85. 地方政务新媒体传播路径及效果研究
86. 大数据背景下智慧政务的传播效果研究
87. 微信舆论传播与引导研究
88. 媒介变迁与新闻文体嬗变研究
89. 讲好中国故事的媒介语境研究
90. 大数据背景下社交媒体互动风险传播与引导研究
91. 互联网时代市场化媒体与企业关系变迁研究
92. 互联网时代传媒战略联盟的模式、风险与管控策略研究
93. 数字版权保护技术应用模式研究
94. 虚拟现实技术下提升出版物传播效果研究
95. 网络侵权追踪技术应用研究
96. 我国口述史料出版物文字处理规范研究
97. “四个全面”战略布局下的出版活动研究
98. “一带一路”倡议背景下中国出版走出去

研究

99. 中国主题图书的海外传播及影响研究

100. 中国出版学科话语体系构建研究

101. 我国学术期刊的质量评价体系研究

102. 我国图书出版机构社会效益评价体系研究

103. 新型出版活动的现状、前景、影响和对策研究

104. 我国有声书传播机制研究

105. 媒介融合背景下编辑出版人才队伍建设与培养研究

106. 新业态条件下出版社的出版权与编辑权研究

107. 媒介融合中 IP 出版运营机制研究

108. 社会化媒体视角下的出版活动形态变迁研究

109. 媒介融合背景下出版机制、框架及运行规律研究

110. 我国出版产业与大数据融合发展研究

图书馆·情报与文献学

1. 中国信息资源开发利用战略思想的历史发展研究

2. “五大发展理念”在图书情报工作中的应用与实践研究

3. 图书馆在建设全面小康社会中的定位与作用研究

4. 图书馆参与国家智库体系建设研究

5. 精准扶贫与图书馆建设相互关系研究

6. 中国与“一带一路”沿线国家图书馆合作与交流问题研究

7. 丝路文化交流中图书馆的历史与未来研究

8. 丝绸之路文献整理与利用研究

9. “大众创业、万众创新”背景下信息自获取行为研究

10. “大众创业、万众创新”实践中的信息服务及其成效评估研究

11. “大众创业、万众创新”环境下风险管理的电子商务企业竞争情报研究

12. 数字人文的理论与实践研究

13. 我国信息资源管理学科体系的建设和发展研究

14. 面向数字科学交流的图书情报出版一体化研究

15. 媒介融合背景下出版资源的共享与治理研究

16. 产业融合环境下我国传统出版发行业创新发展研究

17. 新型出版环境下学术交流系统的变化与重构研究

18. 转型背景下各类图书馆社会职能研究

19. 数字环境下阅读环境建设研究

20. 图书馆影响力评估的理论与方法研究

21. 面向一线服务的图书馆业务模式重组理论与实证研究

22. 图书馆的转型变革与图书馆员创新能力建设研究

23. 作为图书馆员的机器人研究

24. 开放科学与图书馆事业研究

25. 开放数据与数字图书馆建设研究

26. 空间再造与图书馆创新研究

27. 图书馆外包服务绩效评价指标体系构建及其应用研究

28. 公共图书馆文化治理功能、效应及提升机制研究

29. 社会力量参与公共文化服务的管理及运行模式研究

30. 欠发达地区公共文化产品供给效率研究

31. 农村信息贫困的解决对策研究

32. “社会记忆”系统建设研究

33. 数字公民时代的图书馆权利研究

34. 公共图书馆体系服务模式与效能研究

35. 万物智能的发展趋势与图书馆服务创新研究

36. 信息服务的用户体验评价模型及应用研究

37. 新媒体环境下图书馆营销策略与创新研究

38. 《马拉喀什条约》生效后残障人数字阅读服务对策研究

39. 少数民族的社会融合信息需求及图书馆服务保障研究

40. 基于文献的知识发现与阅读推广研究

41. 面向知识发现的文献知识关联揭示及其应用研究

42. 中国古籍传统修复技艺的知识保存与传承研究

43. 地方非纸质文献整理与研究

44. 地方文献数字化问题研究

45. 西北民间宗教文献收集、整理与研究

46. 明清乡镇志文献著录与研究

47. 古代中国医学文献的知识标注与知识挖掘

研究

48. 大数据时代情报学的知识体系更新及其理论边界研究

49. 大数据时代网络空间信息信任机制及相应服务模式研究

50. 基于大数据分析技术的中医信息服务知识库研究

51. 大数据环境下数据信息资源多维评价研究

52. 支撑智库发展的情报工程学研究

53. 智库决策支持信息保障协同创新机制研究

54. 开放获取的可持续发展研究

55. 基于多源数据融合的决策需求研究

56. 网上学术会议资源多维度聚合搜索服务与应用研究

57. 移动互联网环境下信息行为嬗变研究

58. 数字青年信息行为研究

59. 虚拟现实环境中的网络用户信息利用行为研究

60. 开放式创新环境下智库的知识管理及服务模式研究

61. “互联网+”时代知识服务的创新及保护研究

62. 科技成果转化的信息与知识服务体系建设研究

63. 基于语义链接特征的知识流分析与知识服务研究

64. 引文生态学的理论建构与方法论研究

65. 基于多目标信息传递模型的系统化规划与有效性验证方法研究

66. 交互式信息检索评价指标构建及应用研究

67. 图书馆特藏资源的数字人文研发与应用研究

68. 国际信息构建理论和实践的发展及借鉴研究

69. 数据质量和信息质量的评价与管理研究

70. 社会网络中基于用户认知结构的知识标注研究

71. 网络学习社区用户的知识传播与接受研究

72. 科技情报溯源的理论、方法与应用研究

73. 融入科研管理过程的规范文档建设研究

74. 我国学术资源的语义共享平台建设研究

75. 基于语义的文献资源发现服务体系研究

76. 文献及其知识单元的高维聚合的监测应用研究

77. 基于关联数据的非物质文献资源共享和可视化检索研究

78. 大数据环境下文本词汇语义挖掘研究

79. 大数据环境下全球杰出人才识别、遴选与评价研究

80. 科技人才多元评价体系构建与应用研究

81. 中国人文社会科学学术成果国际影响力评价研究

82. 学术虚拟社区知识交流效率研究

83. 社交媒体视域下的学术信息交流行为实证研究

84. 政务信息资源共享体系研究

85. 公共档案管理与政府治理关系研究

86. 私人档案政策研究

87. 综合档案馆电子文件接收策略研究

88. 基于本体的电子文件分类方案研究

89. 数字档案资源整合理论、标准及模式研究

90. 新媒体环境下的网络档案检索系统研究

91. 大数据背景下的档案信息服务发展与创新研究

92. 大数据时代的文件与档案管理新思维研究

93. 大数据视域下档案数据管理理论建构与实践创新研究

94. 移动互联网与档案记忆资源合作开发研究

95. “互联网+”档案新业态研究

96. 档案网站隐私政策研究

97. 档案信息化建设中的成本—收益研究

98. 数字技术背景下档案保护技术体系整合与创新研究

99. 社交媒体环境下综合档案馆公共服务能力研究

100. 档案文化资源移动信息服务研究

101. 档案文化创意产品开发策略研究

102. 基于社会参与和合作的非物质文化遗产建档保存策略研究

103. 陕甘宁边区红色革命历史文献建档及其数字化保护研究

104. 文化遗产传承视野下西部少数民族口述档案资源建设研究

105. 商会档案开发利用研究

106. 中国档案学术思想史研究

体育学

1. 习近平总书记关于体育的重要论述研究

2. 党的十八大以来我国体育改革与发展研究

3. 我国体育治理体系和治理能力现代化研究
4. 新时期党和政府体育发展战略研究
5. 贯彻落实“四个全面”与我国体育事业发展研究
6. “五大发展理念”与我国体育发展研究
7. “五大发展理念”与我国体育产业发展战略研究
8. 体育促进社会主义文化建设研究
9. 社会主义核心价值观与中华体育精神研究
10. 中国体育思想研究
11. 体育智库建设研究
12. “健康中国 2030”与中国体育发展
13. “健康中国”引领下的“体卫”“体医”融合研究
14. “健康中国”引领下体育专业人才培养模式研究
15. “全民健身”在“健康中国”中的地位和作用研究
16. “一带一路”倡议与体育文化传播研究
17. “一带一路”背景下体育国际合作研究
18. 北京冬奥会对中国总体影响研究
19. 北京冬奥会的组织管理创新研究
20. 北京冬奥会与京津冀协同发展研究
21. 北京冬奥会与相关产业发展研究
22. 北京奥运会成功举办经验与冬奥会创新研究
23. 北京冬奥会与大众冰雪运动研究
24. 北京冬奥会筹办工作的监督机制研究
25. 社会力量参与北京冬奥会筹办的机制研究
26. 中国竞技体育发展战略再审视
27. 竞技体育举国体制机制创新发展研究
28. 竞技体育后备人才培养模式创新研究
29. 体育运动项目文化研究
30. 我国职业体育俱乐部企业社会责任评价指标体系研究
31. “三大球”振兴发展战略研究
32. 发展职业体育与职业运动俱乐部的相关问题研究
33. 体育事业发展绩效评价研究
34. 运动健康大数据应用研究
35. 城市与农村体育发展战略研究
36. 社区体育与健康城市协调发展研究
37. 我国体育特色示范区建设研究
38. 体育旅游与绿色生态融合研究
39. 城市、农村及特殊区域体育文化建设研究
40. 公共体育服务治理法治化研究
41. 政府向社会购买公共体育服务的法律研究
42. 国民健身运动风险大数据建设研究
43. 运动风险管理研究
44. “体医”结合的老年健康促进研究
45. 区域间体育协同发展研究
46. 体育比赛互联网转播研究
47. 近代中外体育交往史研究
48. 运动项目协会与职业俱乐部关系研究
49. 我国体育机构深化改革研究
50. 我国妇女健康体育干预研究
51. 我国公民的体育权利研究
52. 我国公民体育文化素养研究
53. 体育伦理学研究
54. 体育道德与行为规范研究
55. 体育领域知识产权保护研究
56. 体育对预防青少年犯罪行为的作用研究
57. 体育赛事监管研究
58. 新时期廉洁体育建设研究
59. 体育竞赛赛风、赛纪与反腐败研究
60. 新时期国内大型体育赛事的监督机制研究
61. 反对与防治兴奋剂研究
62. 休闲体育研究
63. 体育社会工作研究
64. 社会力量办体育的创新研究
65. 体育与社会老龄化研究
66. 民族传统体育传承与发展研究
67. 武术国际化研究
68. 民族体育赛事研究
69. 少数民族传统体育跨文化传播研究
70. 民族传统体育与非物质文化遗产研究
71. “一带一路”倡议下我国民族传统体育传播研究
72. 民族传统体育与健康促进研究
73. 青少年体质健康促进研究
74. 青少年体育法律问题研究
75. 青少年体育俱乐部研究
76. 学校体育场馆管理研究
77. 校园足球创新发展研究
78. 职业体育赛事社会学研究
79. 中国体育产业发展的创新政策研究
80. 户外运动产业发展研究
81. 冰雪运动产品的标准化研究

82. 体育消费统计与大数据建设研究
83. 体育产业投融资绩效与风险管理研究
84. 体育产业供给侧结构性改革研究
85. 体育场馆民营化政策研究
86. 智能体育用品发展研究
87. 中国体育国际化品牌塑造研究
88. 我国体育旅游空间结构演变及其优化研究
89. 体育产业与电子商务发展研究
90. 体育产权交易研究
91. “中国女排精神”价值体系研究
92. “马拉松跑现象”与中国城市文化发展研究
93. 中外学校体育比较研究
94. 高等学校高水平运动队与职业体育研究
95. 普通高校优秀运动员政策改革研究
96. 学校体育中竞技运动项目文化研究
97. 体育社会组织创新与发展研究
98. 体育媒体的社会责任研究
99. 体育新媒体发展研究
100. 体育赛事媒体版权研究
101. 媒体与体育产业互动发展研究

管理学

1. 中国特色现代产权体系的理论与实践研究
2. 系统协调推进供给侧结构性改革研究
3. 新经济领域国有资本的战略性布局与结构优化研究
4. 加快推动重要领域国有经济并购重组与改革研究
5. 国有资本授权经营制度及统一监管体制机制研究
6. 国有资本投资运营公司的功能定位与实践模式研究
7. 建立国有资产出资人监管权力清单和责任清单研究
8. 健全市场主体的社会化监管机制研究
9. 创业创新公共服务平台建设研究
10. 平台型组织创新研究
11. 数字经济与战略变革研究
12. 市场化、法制化化解产能过剩的对策研究
13. 培育公开透明、健康发展的资本市场研究
14. 完善社会资本进入服务业领域的公共政策研究
15. 新经济企业商业模式与管理创新研究
16. “中国制造2025”实施的创新体系保障研究
17. 新工业革命浪潮下的中国“质量强国”战略研究
18. 新工业革命背景下商业生态系统研究
19. 新工业革命背景下核心投入要素转变与企业战略调整研究
20. 新工业革命背景下的人力资本培育研究
21. 新工业革命背景下的标准制订机制研究
22. 健全中国特色现代企业制度研究
23. “五大发展理念”与企业社会责任关系研究
24. 双重制度逻辑下深化国有企业改革的方向与路径研究
25. 世界级大企业的成长路径与组织管理规律研究
26. 公司治理最新趋势与国有企业制度创新研究
27. 完善国有企业公司治理与发展职业经理人制度研究
28. 国有大企业债务危机与债务重组研究
29. 增强国有企业发展活力研究
30. 发展混合所有制企业问题研究
31. 加强党的领导与现代企业制度问题研究
32. 产业互联网下的企业战略转型研究
33. 后发情境下中国企业颠覆性创新路径研究
34. 国有企业内部职工薪酬层级关系研究
35. 国有企业董事会和党委会协作关系研究
36. 国有企业和民营企业共生成长机制比较研究
37. 民营企业成长的理论与实践研究
38. 通过跨国并购提升自主创新能力研究
39. 全球治理变局与中国企业国际化进程研究
40. 中国企业“走出去”过程中的企业形象研究
41. 中国跨国公司成长机制研究
42. 提升我国企业国际竞争力问题研究
43. 新经济背景下的员工和企业关系变化研究
44. 传统制造业企业转型的战略定位、路径和支撑体系研究
45. 促进社会企业发展的战略与政策研究
46. 正向设计能力的内涵与形成路径研究
47. 企业基础研发动机、激励及效果研究
48. 创新型企业的公司治理特征研究
49. 政府创业投资引导基金研究
50. 普惠性创新支持的公共政策研究
51. 落后地区领先企业的核心能力研究
52. 新时期中国产业创新体系优化调整研究
53. 科技型衍生企业创业模式研究
54. 企业员工工作满意度研究
55. 企业员工稳定性研究
56. 企业员工工作动力机制研究
57. 财务共享中心功能定位研究

58. 企业预算管理绩效研究
59. 上市企业并购重组绩效研究
60. 信贷政策对企业投资的影响研究
61. 企业成本结构的国际比较研究
62. 企业税负结构和水平的国际比较研究
63. 企业社会保险和职工福利的国际比较研究
64. 企业资源环境会计核算方法研究
65. 企业盈利水平的行业差异研究
66. 集团企业产业布局结构和发展路径研究
67. 中国企业跨国经营的经验和问题研究
68. 国有企业海外分子公司管理机制研究
69. 衍生交易对企业的影响研究
70. 政府专项研究经费资助的效果研究
71. 政府补贴与企业绩效的关系研究
72. 网络时代企业转型升级的路径和对策研究
73. 我国劳动合同法修改相关问题研究
74. 企业职工带薪休假制度对企业的影响研究
75. “僵尸企业”标准及处置问题研究
76. 降低企业“杠杆率”问题研究
77. 实施高效的破产机制与程序研究
78. 房价变动对企业投资行为的影响研究
79. 房地产泡沫对实体企业创新行为影响研究
80. 实施“中国制造 2025”的员工技能保障研究
81. 中国高铁“走出去”战略与路径研究
82. 分享技术创新研究
83. 新型工业基础设施建设研究
84. 反对贸易与投资保护主义研究
85. 促进在可持续和富有韧性的基础设施和产业的投资研究
86. 全球经济结构性改革进展评估与监测研究
87. 产业政策与竞争政策的关系及发挥竞争政策基础性作用研究
88. 提高税收的确定性研究
89. 迈向更稳定、更有韧性的国际金融架构研究
90. 人民币汇率制度研究
91. 人民币汇率变动与中国企业国际竞争力关系研究
92. 经济新常态下商业银行经营管理创新研究
93. 互联网金融监管规则研究
94. 提高金融服务实体经济效率和支持经济转型研究
95. 京津冀协同发展的体制机制障碍与对策研究
96. 京津冀协同发展评价与对策研究
97. 长江中游城市群制造业核心能力提升研究
98. 东北老工业基地制造业转型升级研究
99. 经济新常态下东部地区创新发展研究
100. 智慧城市建设与治理研究
101. 推进城市精细化、全周期、合作性管理研究
102. 环境友好型技术应用意识提升研究
103. 现代化的能源普及服务研究
104. 我国绿色发展的产业支撑问题研究
105. 促进绿色发展政策体系研究
106. 自然资源资产治理制度研究
107. 健全碳排放的统计核算、评价考核和责任追究制度研究
108. 世界文化景观遗产适应性管理研究
109. 健全网络与信息突发安全事件应急机制研究
110. 健全国家、省、市、县四级联动的生态环境事件应急网络研究
111. 建立健全政府、企业、公众共治的环境治理体系研究
112. 全面深化医药卫生体制改革研究
113. 健全上下联动、衔接互补的医疗服务体系研究
114. 健全严密高效、社会共治的食品药品安全治理体系研究
115. 创造高质量的就业岗位研究
116. 建立健全人才流动机制研究
117. 国际人才流动研究
118. 完善业绩和贡献导向的人才评价标准研究
119. 构建政产学研用一体的创新网络的公共政策研究
120. 我国粮食安全战略调整与政策体系研究
121. 粮食安全系统脆弱性及防范机制研究
122. 污染农地修复与综合利用研究
123. 加快农村人居环境治理研究
124. 完善扶贫脱贫扶持政策体系研究
125. 健全扶贫脱贫的广泛参与机制研究
126. 城市流动人口脱贫与城市治理研究
127. 建立精准扶贫台账、定期核查和动态管理机制研究
128. 建立扶贫成效第三方评估机制研究
129. 落实脱贫工作责任制度研究
130. 健全我国对外口岸风险联防联控体制机制研究
131. 健全反走私综合治理机制研究

（全国哲学社会科学规划办公室供稿）

2017年度国家社会科学基金项目立项课题（北京地区）

一、马列·科社

重点项目

序号	项目名称	负责人	工作单位	预期成果	拟完成时间
1	坚持人民立场是中国共产党的成功之本研究	李清泉	中共中央党校研究室	专著	2019.12
2	习近平总书记科技创新重要论述与世界科技强国战略研究	刘　立	清华大学马克思主义学院	专著	2020.07
3	党的十八大以来党内监督理论和实践创新研究	过　勇	清华大学公共管理学院	专著、研究报告	2019.12

一般项目

序号	项目名称	负责人	工作单位	预期成果	拟完成时间
1	习近平总书记关于教育的重要论述贯穿中小学教育教学全过程研究	杨志成	北京教育学院	研究报告、其他	2019.06
2	列宁帝国主义理论与新帝国主义理论的比较与启示	周　淼	中国社会科学院马克思主义研究院	专著、研究报告	2020.06
3	国家与社会关系视角下的马克思国家治理观及其当代启示	王代月	北京航空航天大学马克思主义学院	论文（集）、研究报告	2020.12
4	共享发展理念下中国特色社会主义共同富裕研究	王　琳	中国农业大学马克思主义学院	专著、论文（集）	2020.12
5	习近平总书记中国精神重要论述的理论逻辑与当代价值研究	温　静	北京师范大学马克思主义学院	专著	2020.06
6	习近平总书记关于干部队伍建设的重要论述研究	王懂棋	中共中央党校党的建设教研部	专著、其他	2020.04
7	马克思劳动价值论的中国意义研究	许叶萍	北京邮电大学	专著	2020.12
8	全球安全治理的中国方案研究	李志永	对外经济贸易大学国际关系学院	专著、论文（集）	2021.12
9	“五大发展理念”与中国特色社会主义理论和实践研究	常欣欣	中共中央党校科学社会主义教研部	专著、研究报告	2021.12
10	集体村社制的制度优势研究	仝志辉	中国人民大学农业与农村发展学院	研究报告	2020.05
11	习近平总书记关于政府和市场关系的新思想新战略研究	张新宁	中国社会科学院当代中国研究所	专著、研究报告	2020.06
12	创新发展的文化环境研究	刘　然	中央民族大学马克思主义学院	专著、其他	2019.12
13	中国共产党青年观研究	邓希泉	中国青少年研究中心青年研究所	专著、研究报告	2020.12
14	中国特色社会主义文化软实力建设路径研究	唐　庆	中国社会科学院马克思主义研究院	专著	2019.12
15	葛兰西之后的意大利新马克思主义思潮研究及其批判	黄晓武	中共中央编译局	研究报告	2022.03
16	自媒体环境下高校思想政治教育话语创新研究	丁　凯	中国人民大学培训学院	研究报告	2020.09

青年项目

序号	项目名称	负责人	工作单位	预期成果	拟完成时间
1	马克思恩格斯东方社会理论的整体性研究	袁　雷	北京工商大学马克思主义学院	专著	2020. 12
2	习近平总书记关于选人用人重要论述研究	江　文	中共北京市委党校	专著、论文（集）	2021. 01
3	美国学者关于中国特色社会主义研究	崔丽华	中共中央党校马克思主义学院	专著	2020. 12
4	中国共产党开掘和弘扬中华优秀传统文化的历程与经验研究	李　燕	北京教育学院	专著	2019. 12
5	我国生态文化建设的多维机制研究	李　娟	中央财经大学马克思主义学院	专著	2020. 05
6	马克思共同体思想视域下的人类命运共同体构建研究	周　萍	首都师范大学马克思主义学院	专著	2021. 06
7	21 世纪欧洲激进左翼政党的绿色政治转向研究	王聪聪	北京航空航天大学马克思主义学院	专著	2021. 08
8	国外左翼学者关于当代资本主义金融化与经济停滞理论研究	张雪琴	中共中央党校马克思主义学院	专著、译著	2020. 12
9	思想政治教育生态理论及其分析方法应用研究	杨增崇	北京师范大学马克思主义学院	专著、研究报告	2020. 06
10	网络空间党的意识形态话语权建构机制研究	李江静	北京科技大学《思想教育研究》编辑部	论文（集）、研究报告	2020. 12
11	党员干部坚定理想信念的动力机制研究	秦彪生	北京体育大学	专著	2020. 09
12	中国共产党人坚定理想信念的经验借鉴与现实对策研究	吴林龙	中国人民大学马克思主义学院	专著	2019. 12
13	新媒体时代社会主义核心价值观的传播机制创新研究	陈界亭	北京市社会科学院	专著	2020. 07
14	基于复杂网络的“95 后”大学生群体行为研究	张　静	北京邮电大学	专著、论文（集）	2019. 12

二、党史·党建

重点项目

序号	项目名称	负责人	工作单位	预期成果	拟完成时间
1	毛泽东党性思想的历史起源及其实践价值研究	刘智峰	中共北京市委党校	专著	2020. 12
2	中国共产党认识和对待传统文化的历程和经验研究	杨凤城	中国人民大学马克思主义学院	专著、研究报告	2021. 09
3	新形势下党中央重塑党内政治生态的价值取向、宏观思路和基本策略研究	周良书	北京师范大学马克思主义学院	专著、研究报告	2019. 06
4	中国共产党深刻总结“文化大革命”历史教训研究	沈传宝	中国共产党中央委员会党史研究室	论文（集）、研究报告	2020. 12

一般项目

序号	项目名称	负责人	工作单位	预期成果	拟完成时间
1	中共党史学科建设的理论与方法研究	宋学勤	中国人民大学马克思主义学院	专著	2020.03
2	陈独秀与近代中国社会转型研究	祝 彦	中共中央党校中共党史教研部	专著	2020.12
3	中国共产党认识和对待儒家文化的历程和经验研究	张卫波	中共中央党校中共党史教研部	专著	2020.12
4	中国共产党领导的改革开放史研究	陈 述	中共中央党校中共党史教研部	专著	2019.12
5	中国共产党党内法规实施后评估制度研究	王建芹	中国政法大学法学院	研究报告	2018.12
6	上海租界警察海外存档中有关中共早期历史的资料收集、整理与研究（1920—1934）	朱晓明	中国人民大学国际关系学院	译著	2022.06
7	节约运动与新中国国家建设研究（1949—1965）	孙钦梅	中国社会科学院当代中国研究所	专著	2021.03
8	新中国成立后党领导哲学社会科学文献整理与研究（1949—1966）	储著武	中国社会科学院当代中国研究所	专著	2021.06
9	中国抗战漫画研究（1934—1945）	孔祥宇	中国政法大学马克思主义学院	专著、其他	2020.12

青年项目

序号	项目名称	负责人	工作单位	预期成果	拟完成时间
1	刘少奇对马克思主义党建理论中国化的贡献研究	张 超	中共中央党校党的建设教研部	专著、论文（集）	2019.06
2	《中国共产党巡视工作条例》落实研究	宋 伟	北京科技大学马克思主义学院	专著、研究报告	2019.12
3	党内监督制度变迁动力与创新趋势研究	徐小庆	中央纪委办公厅	专著、研究报告	2020.12
4	中国共产党党内监督功能的历史演变及其规律研究	杨云成	中共北京市委党校	专著	2020.06

三、哲学

重点项目

序号	项目名称	负责人	工作单位	预期成果	拟完成时间
1	马克思主义人的发展理论体系研究	陈新夏	首都师范大学马克思主义学院	专著	2021.12
2	分析的实用主义研究	李 红	北京师范大学哲学学院	专著、论文（集）	2020.12
3	中国共产党执政伦理建设研究	戴木才	清华大学马克思主义学院	专著	2020.12

一般项目

序号	项目名称	负责人	工作单位	预期成果	拟完成时间
1	马克思哲学思想研究	彭劲松	中共中央党校研究室	专著	2022.02
2	科技创新的社会条件与中国的相关问题研究	肖广岭	清华大学	专著、其他	2020.12

续表

序号	项目名称	负责人	工作单位	预期成果	拟完成时间
3	船山学的跨文化发展与当代建构研究	韩振华	北京外国语大学	论文（集）	2020.12
4	南宋礼学思想研究	唐纪宇	国际关系学院公共管理系	专著	2021.09
5	康德心灵哲学研究	梁议众	中国社会科学院哲学研究所	专著	2021.03
6	德勒兹哲学思想研究	李科林	中国人民大学	论文（集）	2022.07
7	现象学与分析哲学比较研究	张浩军	中国政法大学人文学院	论文（集）	2020.06
8	STIT 逻辑研究	贾　青	中国社会科学院哲学研究所	专著、论文（集）	2021.12
9	新弗雷格主义的实在论及其逻辑主义的认识论研究	许涤非	中国人民大学	专著、论文（集）	2021.12
10	康德道德情感理论研究	董滨宇	中共北京市委党校	专著	2021.06
11	亚里士多德《欧德谟伦理学》与《尼各马可伦理学》比较研究	刘　玮	中国人民大学	专著	2020.01
12	儒家伦理领导力的本土化构建研究	原　理	中国人民大学	专著	2020.09
13	现代汉语替代语的类型逻辑范畴语法研究	王　欣	北京语言大学外国语学部英语学院	研究报告	2021.12
14	环境伦理视域中的生态公民研究	周国文	北京林业大学	专著、研究报告	2020.09

青年项目

序号	项目名称	负责人	工作单位	预期成果	拟完成时间
1	政治经济学批判与历史唯物主义研究	陈永盛	北京大学哲学系	专著	2019.12
2	资本逻辑基础理论问题的哲学研究	刘志洪	北方工业大学马克思主义学院	专著	2020.12
3	批判理论语境中马克思与黑格尔关系再研究	孙海洋	中共中央党校哲学教研部	专著、译著	2020.12
4	马克思与施泰因社会哲学比较研究	王淑娟	中共中央党校马克思主义学院	专著	2020.12
5	基于自然资本的生态现代化系统研究	郝　栋	中共中央党校哲学教研部	专著	2019.09
6	先秦诸子道德哲学论辩研究	王　正	中国社会科学院哲学研究所	专著、论文（集）	2020.06
7	孔门成德之学的演进研究	何益鑫	北京大学哲学系	专著	2020.12
8	莱布尼茨“精神学”文献编译及研究	李天慧	北京师范大学马克思主义学院	译著、其他	2020.06
9	胡塞尔的语言符号理论研究	赵　猛	中国青年政治学院中国马克思主义学院	专著	2020.12
10	前后期维特根斯坦哲学的连续性研究	代海强	北京师范大学哲学学院	论文（集）、研究报告	2019.12
11	偶然逻辑的扩展研究	范　杰	北京师范大学哲学学院	专著	2022.06
12	儒家信任模式在现代组织中的生成与运用研究	王润稼	北方工业大学马克思主义学院	论文（集）、研究报告	2020.06
13	科学传播视野中的科技馆研究	焦郑珊	中国科学院自然科学史研究所	研究报告	2020.06

四、经济理论

重点项目

序号	项目名称	负责人	工作单位	预期成果	拟完成时间
1	马克思社会资本再生产理论拓展研究	王天义	中共中央党校经济学教研部	专著	2020.06
2	基于异质性多区域动态 CGE 模型的间接税归宿与收入分配效应研究	娄　峰	中国社会科学院数量经济与技术经济研究所	论文（集）、研究报告	2019.06
3	新常态下人民币从外围货币向中心货币升级的路径研究	李　婧	首都经济贸易大学经济学院	研究报告	2020.07

一般项目

序号	项目名称	负责人	工作单位	预期成果	拟完成时间
1	新中国金融发展研究（1949—2019）	兰日旭	中央财经大学经济学院	专著	2020.02
2	推动中国经济实现中高速增长的突破性改革研究	周天勇	中共中央党校国际战略研究院	专著、研究报告	2019.12
3	节能减排实现供给侧就业结构化的理论机制与路径研究	申　萌	首都经济贸易大学经济学院	专著	2020.06
4	马克思的企业理论与国有企业改革研究	李　琼	中国人民大学经济学院	专著	2022.09
5	数理马克思经济学的理论与经验研究	李帮喜	清华大学	专著、论文（集）	2021.06
6	负利率理论研究	阮　加	北京交通大学	专著	2021.06
7	产业转移与空间布局优化视域下的京津冀城市群协同创新机制研究	周　伟	首都经济贸易大学城市经济与公共管理学院	专著	2019.12
8	“丝绸之路经济带”沿线国家基础设施建设与贸易便利化的经济增长效应研究	孙玉琴	对外经济贸易大学国际经济贸易学院	专著	2019.12
9	基于微观土地交易数据分析视角下的地方政府土地出让行为研究	杨继东	中国人民大学经济学院	论文（集）	2020.09
10	区域差异、经济增长与地方政府债务最优规模研究	黄春元	首都经济贸易大学财政税务学院	研究报告	2020.06
11	基于风险识别的农地经营权流转多方主体利益平等保护机制研究	张远索	北京联合大学应用文理学院	研究报告	2019.09
12	保险在精准扶贫中的作用机制与模式选择研究	和　萍	中央民族大学经济学院	专著、研究报告	2020.05
13	异质性经济、结构内生与宏观稳定研究	郭　路	中国社会科学院经济研究所	专著、译著	2020.07
14	新结构经济学视角下开发性金融促进中长期融资的机制比较研究	徐佳君	北京大学	论文（集）	2019.12

青年项目

序号	项目名称	负责人	工作单位	预期成果	拟完成时间
1	大卫·戈登与美国积累的社会结构学派之演变研究	张　开	中共中央党校经济学教研部	专著	2020.06

续表

序号	项目名称	负责人	工作单位	预期成果	拟完成时间
2	马克思主义经济学视域下美国经济的非生产性趋势与“重振制造业”战略研究	姬旭辉	中共中央党校马克思主义学院	专著	2019. 12
3	新型城镇化背景下中国交通运输结构区域优化研究	刘铁鹰	北京交通大学	研究报告	2019. 12
4	“丝绸之路经济带”区域经济一体化发展的路径研究	刘　倩	北京师范大学经济与资源管理研究院	研究报告	2020. 09
5	户籍制度改革与中国城市规模体系优化研究	年　猛	中国社会科学院农村发展研究所	研究报告	2020. 06
6	跨境资本双向流动下中国金融外部脆弱性的风险评估与监管策略研究	盛雯雯	国家发展和改革委员会经济研究所	研究报告	2019. 12

五、应用经济

重点项目

序号	项目名称	负责人	工作单位	预期成果	拟完成时间
1	供给侧结构性改革与需求侧调控切换逻辑与协同机制研究	李　智	首都经济贸易大学经济学院	论文（集）、研究报告	2020. 06
2	建立健全领导干部环境保护责任离任审计制度研究	秦博勇	审计署	研究报告	2019. 12
3	共建共享目标下跨区域生态贡献计量方法及补偿机制研究	彭文英	首都经济贸易大学城市经济与公共管理学院	专著、其他	2019. 12
4	贸易自由化对中国环境保护和绿色低碳发展影响研究	毛显强	北京师范大学环境学院	专著、研究报告	2019. 12
5	产业链视角下战略产业选择与投资研究	刘　刚	中国人民大学商学院	研究报告	2020. 09
6	制度性退出壁垒下国有资本主导行业的产能“过剩”与治理研究	孟　昌	北京工商大学经济学院	研究报告	2020. 06
7	我国粮食产业供给侧结构性改革路径研究	韩一军	中国农业大学经济管理学院	专著、研究报告	2020. 12
8	新常态、新方位下旅游经济增长潜力与发展动力研究	戴　斌	中国旅游研究院	专著、研究报告	2019. 06
9	我国中等收入家庭金融脆弱性问题研究	张　冀	对外经济贸易大学	论文（集）	2020. 12

一般项目

序号	项目名称	负责人	工作单位	预期成果	拟完成时间
1	工资支付保障机制研究	刘军胜	人力资源和社会保障部劳动工资研究所	专著、研究报告	2019. 06
2	中国农地“三权分置”改革的经验总结及效果评估	郜亮亮	中国社会科学院农村发展研究所	专著、论文（集）	2019. 12
3	金融服务业开放促进供给侧结构性改革的重点和路径研究	付亦重	北京林业大学	研究报告	2019. 12

续表

序号	项目名称	负责人	工作单位	预期成果	拟完成时间
4	基于中国中长期宏观经济计量模型的供给侧结构性改革与需求侧调控关系量化研究	张延群	中国社会科学院数量经济与技术经济研究所	专著、研究报告	2019.12
5	高速铁路的产业诱导效应与沿线城市响应机制研究	戴学珍	中央财经大学管理科学与工程学院	研究报告	2020.12
6	基于负面溢出效应视角的房地产稳定健康发展研究	原鹏飞	国家统计局统计科学研究所	专著、论文（集）	2020.12
7	促进可再生能源发展的电价动态补贴机制研究	王风云	北京石油化工学院	研究报告	2020.06
8	大气污染防治背景下京津冀电能替代路径选择、影响及政策研究	张丽峰	北京联合大学	研究报告、其他	2019.08
9	基于异质性农户的农业土地流转、农户规模和农业生产率增长研究	孙琳琳	北京航空航天大学	论文（集）、研究报告	2020.12
10	“粮改饲”种植结构调整对中国饲料粮供需结构冲击研究	胡向东	中国农业科学院农业经济与发展研究所	专著、研究报告	2019.12
11	供给侧结构性改革背景下我国粮食流通收储政策转变与反应机制研究	钟　钰	中国农业科学院农业经济与发展研究所	专著、研究报告	2019.06
12	多维视角下农民合作社功能发展演化机理与发展目标再定位研究	董　翀	中国社会科学院农村发展研究所	专著、研究报告	2019.12
13	我国隐性政府债务的经济影响、风险识别及其指标体系研究	郭　敏	对外经济贸易大学金融学院	研究报告	2020.12
14	我国中央地方财政事权与支出责任划分的理论与实践研究	于树一	中国社会科学院财经战略研究院	专著、研究报告	2019.06
15	我国转移支付改革与政府间事权和支出责任划分改革衔接问题研究	贾晓俊	北京交通大学经济管理学院	研究报告	2020.03
16	房市、股市、汇市三大金融风险点关联性及防范对策研究	高惺惟	中共中央党校经济学教研部	专著、论文（集）	2020.06
17	中国外汇储备流动性风险及最优分类管理模式研究	张　原	中国劳动关系学院劳动关系系	专著、研究报告	2019.03
18	基于真实性审计的商业银行不良贷款的变动趋势和对策研究	王志成	审计署金融审计司	研究报告	2020.08
19	中国上市公司股东资源研究	王　斌	北京工商大学商学院	研究报告	2020.06
20	长期照护服务的供给研究	王　震	中国社会科学院经济研究所	论文（集）、研究报告	2019.07
21	供给侧结构性改革背景下破解中国式产能过剩问题的路径研究	梁泳梅	中国社会科学院工业经济研究所	论文（集）、研究报告	2020.07
22	垂直专业化视角下中国农业参与全球价值链的影响机制研究	刘宏曼	中国农业大学经济管理学院	研究报告	2019.12
23	商品交易形式选择与商业资本的形成机制研究	谢莉娟	中国人民大学商学院	研究报告	2022.09
24	泡沫破灭型股灾的发生机制及预警研究	施慧洪	首都经济贸易大学金融学院	专著	2020.05

青年项目

序号	项目名称	负责人	工作单位	预期成果	拟完成时间
1	司法大数据下的专利诉讼与企业创新研究	尹志锋	中央财经大学经济学院	论文（集）、研究报告	2019.12
2	草原生态补偿和牧区缓减贫困的协同路径和机制研究	胡振通	清华大学公共管理学院	研究报告	2020.12
3	基于大数据的我国人力资源市场匹配效率提升策略研究	史珍珍	中央财经大学中国互联网经济研究院	论文（集）、研究报告	2019.12
4	中国城市劳动力市场的教育—职业错配问题研究	周敏丹	中国社会科学院人口与劳动经济研究所	研究报告	2019.12
5	跨省区城市群城镇化与生态环境协同发展模式及合作机制研究	王德利	北京市社会科学院	研究报告	2020.06
6	供给侧结构性改革背景下中国农业绿色发展和资源永续利用研究	马翠萍	中国社会科学院农村发展研究所	专著、论文（集）	2019.12
7	东北地区“旱改水”机理和农业支持政策创新研究	张　晶	中国农业科学院农业信息研究所	论文（集）、研究报告	2020.05
8	农业供给侧结构性改革背景下我国粮食价格支持政策调整与改革对策研究	钱加荣	中国农业科学院农业经济与发展研究所	专著、研究报告	2018.12
9	中国式财政分权下的产业结构调整与经济稳增长研究	赵旭杰	对外经济贸易大学国际经济贸易学院	论文（集）	2020.06
10	宏观债务与高杠杆的形成机制及对策研究	冯　明	中国社会科学院财经战略研究院	专著、论文（集）	2019.12
11	我国债转股企业的资本成本、风险溢价因素和转股策略研究	孙会霞	中央财经大学	论文（集）、研究报告	2019.12
12	中美大国货币政策双向溢出效应、博弈与协调研究	杨子荣	北京大学	论文（集）	2019.12
13	动态资产配置框架下商业银行开展绿色信贷的驱动机制研究	张　琳	北京工商大学经济学院	研究报告	2020.06
14	内部资本市场效率对企业成本粘性的影响研究	张　雯	北京信息科技大学	研究报告	2019.12
15	新就业形态对去产能职工就业帮扶机制与政策评估研究	张成刚	首都经济贸易大学劳动经济学院	专著	2019.06
16	“一带一路”背景下中国高铁的集聚效应与风险防控机制研究	张若希	首都经济贸易大学金融学院	研究报告	2020.06
17	金融监管权“三维配置”体系的理论框架、国际经验与中国模式研究	钟　震	中国人民银行金融研究所	研究报告	2020.07

六、统计学

重点项目

序号	项目名称	负责人	工作单位	预期成果	拟完成时间
1	促进中国休闲产业转型升级研究	王琪延	中国人民大学继续教育学院	论文（集）、研究报告	2019.12

续表

序号	项目名称	负责人	工作单位	预期成果	拟完成时间
2	京津冀产业转型升级效果的测度研究与应用研究	马立平	首都经济贸易大学统计学院	论文（集）、研究报告	2020.06

青年项目

序号	项目名称	负责人	工作单位	预期成果	拟完成时间
1	“大众创业、万众创新”背景下的创业测度与政策优化研究	吴翌琳	中国人民大学统计学院	研究报告	2020.09
2	大数据背景下基于单位名录库的统计调查问题研究	陶　然	国家统计局统计科学研究所	研究报告	2020.12

七、政治学

重点项目

序号	项目名称	负责人	工作单位	预期成果	拟完成时间
1	政府数据治理与统一开放平台体制机制研究	鲍　静	中国行政管理学会	研究报告	2020.07

一般项目

序号	项目名称	负责人	工作单位	预期成果	拟完成时间
1	西欧国家福利危机与民主政治的关系研究	李　筠	中国政法大学政治与公共管理学院	专著	2020.07
2	供给侧结构性改革中农地流转的政府行为与政策优化研究	尚旭东	农业部管理干部学院	专著	2019.12
3	基于信用监管的我国市场监管机制创新研究	张国山	首都经济贸易大学城市经济与公共管理学院	研究报告	2020.06
4	基于“情景—应对”的城市综合风险治理体系研究	钟开斌	国家行政学院应急管理培训中心	研究报告	2019.09
5	我国反恐怖融资的情报监管机制研究	王沙骋	中央财经大学国防经济与管理研究院	论文（集）	2020.06
6	政府向社会组织购买公共服务的运作机制及创新路径研究	周艳玲	北京化工大学	专著、研究报告	2020.06
7	构建基于主体责任的政府向社会力量购买公共服务全过程监督机制研究	杨燕英	中央财经大学政府管理学院	研究报告、其他	2019.12
8	社会组织供给养老服务的模式创新与政策保障研究	李杏果	中国劳动关系学院公共管理系	研究报告	2020.06
9	中国公共服务市场化改革中风险规避及政策评价实证研究	王树文	对外经济贸易大学公共管理学院	专著、论文（集）	2020.12
10	台湾世代政治态度变动及其对两岸关系综合效应的实证研究	吴维旭	清华大学公共管理学院	研究报告	2019.10
11	基于数据驱动的公共政策问题感知与推演研究	杜洪涛	清华大学公共管理学院	论文（集）、研究报告	2020.05

续表

序号	项目名称	负责人	工作单位	预期成果	拟完成时间
12	比较视域下的中国监察体制改革研究	舒绍福	国家行政学院政治学教研部	论文（集）、研究报告	2019.09
13	扶贫领域腐败问题及治理研究	王红艳	中国社会科学院政治学研究所	专著、研究报告	2019.10
14	宋代地方政府权力制衡机制研究	屈超立	中国政法大学政治与公共管理学院	专著	2020.07
15	“互联网+政务服务”背景下政府信息能力结构框架与推进策略研究	黄　璜	北京大学政府管理学院	研究报告	2020.12

青年项目

序号	项目名称	负责人	工作单位	预期成果	拟完成时间
1	国家治理视野下的政治发展问题研究	张　勇	中共中央党校政法教研部	专著、研究报告	2020.06
2	当代民间信仰的特点及其对建构国家认同的作用研究	朱　萌	首都经济贸易大学马克思主义学院	专著	2020.12
3	西方资本主义国家福利危机与民主调适机制研究	冉　昊	中共中央党校科学社会主义教研部	专著	2020.07
4	行政—立法关系视角下的人民代表大会赋权授权机制研究	陈文博	北京航空航天大学公共管理学院	论文（集）、研究报告	2020.06
5	基于“制度激励—网络结构”的党内法规执行体系及运行机制研究	宋雄伟	国家行政学院政治学教研部	论文（集）、研究报告	2020.07
6	环境群体性事件中公众非制度化利益表达及其治理逻辑研究	马胜强	北京科技大学文法学院	专著	2020.12
7	完善国家网络安全保障体系综合研究	安　静	北京科技大学马克思主义学院	研究报告、其他	2019.07
8	政府购买服务视角下的大病保险供给机制研究	王　琬	对外经济贸易大学保险学院	论文（集）、研究报告	2020.06
9	多维视域下干部选拔监督机制创新研究	陈　曦	首都经济贸易大学城市经济与公共管理学院	论文（集）、研究报告	2020.06
10	行政审批制度改革中跨部门协同机制研究	赖先进	中共中央党校政法教研部	专著	2020.09
11	我国转型期实现社会公正的政策路径研究	孙一平	中共北京市委党校	专著	2021.12
12	开放政府数据对腐败的防治作用及对策研究	赵雪娇	清华大学公共管理学院	研究报告	2020.02

八、法学

重点项目

序号	项目名称	负责人	工作单位	预期成果	拟完成时间
1	民间规范与地方立法研究	莫纪宏	中国社会科学院法学研究所	研究报告	2019.12
2	宗教极端主义的防治对策研究	王秀梅	北京师范大学刑事法律科学研究院	专著、研究报告	2019.10
3	检察机关提起行政公益诉讼试点评估与对策研究	胡卫列	国家检察官学院	专著、研究报告	2019.06

续表

序号	项目名称	负责人	工作单位	预期成果	拟完成时间
4	法学方法论视角下民法基本原则的司法适用研究	于 飞	中国政法大学民商经济法学院	论文（集）、研究报告	2020.12
5	合同法立法相关问题研究	韩世远	清华大学法学院	论文（集）、研究报告	2020.12
6	新发展理念与经济法制度完善研究	张守文	北京大学法学院	专著	2020.07
7	知识产权国际保护趋势与中国对策研究	管育鹰	中国社会科学院法学研究所	研究报告	2020.06
8	中国生育福利权制度研究	冉 昊	中国社会科学院法学研究所	专著、研究报告	2019.12
9	气候变化所致损失损害责任之国际法机制研究	林灿铃	中国政法大学国际法学院	专著	2020.07

一般项目

序号	项目名称	负责人	工作单位	预期成果	拟完成时间
1	国家监察委员会体制与机制研究	马 岭	中国青年政治学院法学院	专著、研究报告	2019.06
2	“一带一路”背景下知识产权区域制度一体化问题研究	董 涛	北京第二外国语学院国际法学院	专著、研究报告	2019.12
3	党领导立法的实现方式与路径研究	封丽霞	中共中央党校政法教研部	专著	2020.06
4	人民陪审员制度的实质化改革研究	施鹏鹏	中国政法大学证据科学研究院	专著	2019.12
5	我国刑事判决在民事诉讼中预决效力的规则设计研究	纪格非	中国政法大学民商经济法学院	专著、研究报告	2020.06
6	我国精神病人强制医疗的实证研究	李筱永	首都医科大学	专著	2020.12
7	认罪认罚从宽制度实施中的证据问题研究	李训虎	中国政法大学证据科学研究院	研究报告	2020.12
8	庭审实质化语境下法官认知力研究	元 轶	中国政法大学比较法学研究院	专著、其他	2021.12
9	刑事证明标准层次性理论之适用问题研究	孙 远	中国青年政治学院法学院	专著	2020.03
10	“一带一路”进程中我国与沿线国家反恐国际警务合作问题研究	陆 晶	中国人民公安大学国际警务执法学院	专著、研究报告	2021.10
11	环境犯罪刑法治理的早期化问题研究	李 梁	中央民族大学法学院	专著	2020.12
12	风险社会中过失犯罪的归责原理研究	劳东燕	清华大学法学院	论文（集）	2020.12
13	刑事一体化视野下行为人刑法问题跨学科研究	车 浩	北京大学法学院	论文（集）	2021.12
14	违约惩罚性赔偿制度研究	刘承韪	中国政法大学比较法学研究院	专著	2020.12
15	网络互助保险的法律制度研究	王 萍	中国政法大学民商经济法学院	专著、研究报告	2020.05
16	技术驱动型金融监管的法律问题研究	杨 东	中国人民大学法学院	专著、论文（集）	2020.09
17	创新驱动发展战略下新兴资本市场监管机制的理论与制度构建研究	朱芸阳	中央民族大学法学院	专著、研究报告	2020.06
18	创新社会化趋势对知识产权法的挑战及应对研究	蒋 舸	清华大学法学院	论文（集）、研究报告	2020.12

续表

序号	项目名称	负责人	工作单位	预期成果	拟完成时间
19	知识产权交易基本理论与运行机制研究	杨　明	北京大学法学院	专著	2020.12
20	土壤污染的管控和修复法律制度研究	罗　丽	北京理工大学法学院	论文（集）、研究报告	2019.02
21	亲等和亲系制度研究	金　眉	中国政法大学民商经济法学院	专著	2021.12
22	《斯瓦尔巴德条约》与中国北极权益拓展研究	卢芳华	华北科技学院人文社会科学学院法学系	专著、研究报告	2020.06
23	欧盟投资法院制度及中国应对研究	叶　斌	中国社会科学院欧洲研究所	专著、研究报告	2020.06
24	后巴黎时代气候变化法的演变及应对研究	陈贻健	中国法学杂志社	专著、研究报告	2020.03
25	外空自然资源开采国际机制的构建与中国的对策研究	李寿平	北京理工大学法学院	研究报告	2019.12
26	“一带一路”倡议下中国特色的对外投资企业社会责任制度研究	边永民	对外经济贸易大学法学院	专著、研究报告	2019.12
27	网络平台治理法律理论构建和应用研究	周　辉	中国社会科学院法学研究所	论文（集）、研究报告	2019.03
28	极权主义之下的法学话语及其反思	高仰光	中国人民大学法学院	专著	2021.12
29	宪法实施的双轨运作机制研究	翟国强	中国社会科学院法学研究所	研究报告、其他	2019.10
30	新《行政诉讼法》实施状况研究	何海波	清华大学法学院	专著、研究报告	2020.08
31	维稳和人权保障背景下规范警察使用武力问题研究	孟昭阳	中国人民公安大学法学院	研究报告、其他	2019.06
32	刑事程序违法的实体性制裁研究	王　超	北京师范大学刑事法律科学研究院	专著	2020.12
33	基于统计分析的无罪判决证据适用问题实证研究	郑　飞	北京交通大学法学院	专著	2020.06
34	数字经济时代的合同法制度更新与制度供给研究	张　彤	中国政法大学比较法学研究院	专著、研究报告	2020.12
35	数字经济时代增值税法的起草与设计研究	叶　姗	北京大学法学院	专著	2020.12
36	税收法定视域下的税法确定性问题研究	滕祥志	中国社会科学院财经战略研究院	专著	2020.06
37	农地“三权分置”的信托模式研究	陈　敦	北京工商大学法学院	研究报告	2020.06

青年项目

序号	项目名称	负责人	工作单位	预期成果	拟完成时间
1	国家治理视域下的从严治党与依法治国关系研究	王若磊	中共中央党校政法教研部	专著	2021.06
2	简牍所见秦县治理研究	朱　腾	中国人民大学法学院	专著	2022.09
3	中法法律交流档案研究（1877—1958）	朱明哲	中国政法大学比较法学研究院	专著、其他	2020.12
4	全面从严治党的宪法基础研究	李少文	中共中央党校政法教研部	专著	2019.12
5	以民商事涉外案件为视角的域外证据分类及采信标准研究	汪诸豪	中国政法大学证据科学研究院	专著、论文（集）	2021.07

续表

序号	项目名称	负责人	工作单位	预期成果	拟完成时间
6	数据开放的刑法边界研究	李怀胜	中国人民公安大学法学院	论文（集）、研究报告	2020.06
7	网络共同犯罪基本原理及其对传统共犯理论的突破研究	于　冲	中国政法大学刑事司法学院	专著	2020.06
8	关联企业实质合并破产判断规则的制度化进路研究	高丝敏	清华大学法学院	论文（集）	2019.12
9	行政法视野下的核电站安全规制研究	伏创宇	中国青年政治学院法学院	论文（集）、研究报告	2020.09
10	移动互联时代立法公众参与的类型特征、形成机制和应对策略研究	张　欣	对外经济贸易大学法学院	专著、论文（集）	2020.06
11	规章减损权利研究	赵　真	中央财经大学法学院	研究报告	2020.06
12	中国共产党党内问责与行政问责衔接问题研究	曹　鎏	中国政法大学法治政府研究院	研究报告	2020.12
13	民事诉权基础理论研究	任　重	清华大学法学院	专著、译著	2022.06
14	期货市场操纵的规制与监管研究	钟　维	中国社会科学院法学研究所	专著	2019.06
15	我国税法溯及力的实证分析与规范完善研究	贺　燕	首都经济贸易大学法学院	专著	2020.06

九、社会学

重点项目

序号	项目名称	负责人	工作单位	预期成果	拟完成时间
1	汶川地震灾后重建模式与可持续发展研究（2008—2018）	尉建文	北京师范大学中国社会管理研究院/社会学院	专著、研究报告	2020.07
2	“互联网＋”与养老服务社会化路径研究	青连斌	中共中央党校科学社会主义教研部	研究报告	2020.06

一般项目

序号	项目名称	负责人	工作单位	预期成果	拟完成时间
1	农业社会学的理论框架与核心议题研究	熊春文	中国农业大学人文与发展学院社会学系	专著、研究报告	2020.12
2	民族社会工作与民族地区社会治理机制研究	任国英	中央民族大学民族学与社会学学院	专著、研究报告	2020.06
3	苏区时期的军事化、社会结构与政党文化研究	应　星	中国政法大学社会学院	论文（集）、研究报告	2021.09
4	农民工及其子女文化适应的过程与代际传递机制研究	王中会	中华女子学院	专著、研究报告	2020.12
5	反恐视域下南疆三地州青少年抗逆力与早期干预研究	王　玥	首都师范大学政法学院	专著	2020.12
6	空气污染的常人认识研究	洪　伟	清华大学	专著、论文（集）	2020.07
7	去产能国有企业的职工安置渠道与实施路径研究	詹　婧	首都经济贸易大学劳动经济学院	研究报告	2020.07

续表

序号	项目名称	负责人	工作单位	预期成果	拟完成时间
8	公共参与视域下的环境群体性事件预防与治理机制研究	贾　峰	环境保护部宣传教育中心	专著、研究报告	2020. 02
9	社会分层视角下反腐败政策的政治效应研究	徐法寅	中国社会科学院社会学研究所	专著、研究报告	2019. 12
10	农民工与随迁子女的抗逆力及代际影响研究	黄　峥	中国科学院心理研究所	专著、论文（集）	2020. 05
11	中小学生手机使用行为及其影响因素研究	刘儒德	北京师范大学心理学院	论文（集）、研究报告	2020. 12
12	当代中国殡葬改革的路径创新研究	马金生	民政部一零一研究所	专著、研究报告	2019. 12
13	青海、河南蒙古部落社会身份结构转型研究	菅志翔	中央民族大学民族学与社会学学院	研究报告、其他	2019. 12
14	外国来华居住、学习与就业人员的社会交往与融合研究	何俊芳	中央民族大学民族学与社会学学院	研究报告	2020. 06
15	社会资本视角下社区治理的政社互动机制研究	程秀英	中国人民大学公共管理学院	论文（集）、其他	2019. 12
16	社区民生监测与社区治理研究	顾佳峰	北京大学中国社会科学调查中心	专著	2019. 12
17	失能老人规模测算及长期照护体系构建研究	丁　华	北京大学中国社会科学调查中心	论文（集）、研究报告	2020. 06
18	机关事业单位养老保险制度改革研究	吕惠娟	对外经济贸易大学保险学院	研究报告	2020. 06
19	中国扩展家庭和核心家庭与儿童执行功能与问题行为发展研究	邢淑芬	首都师范大学教育学院	论文（集）	2019. 12
20	电信诈骗信任度的影响因素、心理机制及干预研究	陈红敏	北京工商大学体育与艺术教学部	研究报告	2020. 06

青年项目

序号	项目名称	负责人	工作单位	预期成果	拟完成时间
1	后殖民社会学与中国社会学的历史比较研究	何祎金	北京工业大学人文社会科学学院	专著	2020. 03
2	锚定法在社会调查中的应用与评估	吴　琼	北京大学中国社会科学调查中心	论文（集）、研究报告	2019. 12
3	涂尔干及其学派的社会本体论思想及其对当代的现实意义研究	李英飞	首都经济贸易大学劳动经济学院	研究报告	2020. 06
4	城乡环境治理的科技社会学理论与案例研究	张劼颖	中国社会科学院社会学研究所	研究报告、其他	2020. 07
5	贫困地区农业文化遗产活态保护与产业扶贫协同路径研究	张灿强	农业部农村经济研究中心	专著、研究报告	2019. 12
6	贫困治理视角下精准扶贫政策绩效评价研究	万　君	北京师范大学经济与资源管理研究院	专著、研究报告	2019. 06
7	大数据背景下公众参与环境治理的程度评估与作用机制研究	史亚东	国际关系学院国际经济系	专著、研究报告	2018. 12
8	兼顾福利和基金可持续的中国基本养老保险缴费和领取机制优化研究	廖　朴	中央财经大学中国结算研究院	论文（集）	2020. 12
9	家庭成员间教育期望一致性对子女社会性发展影响机制的追踪研究	郭筱琳	北京师范大学中国基础教育质量监测协同创新中心	论文（集）	2020. 12

续表

序号	项目名称	负责人	工作单位	预期成果	拟完成时间
10	我国社区犯罪预防模式研究	胡宝荣	中国人民公安大学犯罪学学院	研究报告	2019.12
11	新社会阶层的政治功能及社会整合研究	秦广强	中央民族大学民族学与社会学学院	研究报告	2020.12
12	社会心态视角下主观社会阶层对公众参与的影响与机制研究	谭旭运	中国社会科学院社会学研究所	研究报告	2020.06
13	情感劳动作为文化生产模式的社会学研究	梅　笑	中国社会科学院社会学研究所	论文（集）、研究报告	2020.06
14	特大城市基层社区协商共治的多主体参与机制研究	韩秀记	北京工业大学人文社会科学学院	研究报告	2020.06
15	“项目制”对县级政府行为的影响机制研究	焦长权	北京师范大学中国社会管理研究院/社会学院	论文（集）	2019.12
16	新型农业经营主体的村庄社会基础研究	陈义媛	中国农业大学人文与发展学院	论文（集）	2019.12
17	父母与青少年子女微信沟通行为及其影响因素研究	高　钦	中国政法大学社会学院	研究报告	2020.03
18	证据为本视域下校园欺凌影响机制和社会工作干预研究	祝玉红	中国人民大学社会与人口学院	研究报告	2020.09

十、人口学

重点项目

序号	项目名称	负责人	工作单位	预期成果	拟完成时间
1	家庭、家户和家成员范围、关系与功能比较研究	王跃生	中国社会科学院人口与劳动经济研究所	专著	2020.06

一般项目

序号	项目名称	负责人	工作单位	预期成果	拟完成时间
1	新型农村社会养老保险对农村留守老人主观福利的影响研究	方向明	中国农业大学经济管理学院	研究报告	2019.03
2	低生育水平国家人口相关政策的选择及效果研究	周　云	北京大学社会学系	专著	2019.12
3	京津冀一体化下的老年人养老住房政策研究	张跃松	中国人民大学公共管理学院	论文（集）、研究报告	2020.09
4	全面两孩政策下出生人口变动分析研究	明　艳	首都师范大学政法学院	研究报告	2020.09
5	全面两孩政策下家庭儿童养育成本对生育意愿和行为的影响研究	茅倬彦	国家卫生计生委科学技术研究所	研究报告	2020.07
6	基于工作生命表估计的中国女性“生育代价”研究	刘金菊	北京城市学院	研究报告	2020.12

青年项目

序号	项目名称	负责人	工作单位	预期成果	拟完成时间
1	中国老年人口的死亡与余寿研究	魏　蒙	北京大学社会学系	研究报告	2020.06

续表

序号	项目名称	负责人	工作单位	预期成果	拟完成时间
2	居住证制度下流动人口市民化实现机制研究	邹湘江	中国人民公安大学治安学院	研究报告	2020. 06

十一、民族问题研究

重点项目

序号	项目名称	负责人	工作单位	预期成果	拟完成时间
1	习近平总书记关于民族工作的重要论述研究	乌小花	中央民族大学科研处	专著、研究报告	2020. 12
2	少数民族权利保护与国家安全问题的国别比较研究	周少青	中国社会科学院民族学与人类学研究所	专著	2021. 05
3	古代藏族寺院法规搜集、译注与研究	周润年	中央民族大学藏学研究院	译著、研究报告	2020. 08
4	当代欧洲民族分离主义与民族—国家建构研究	刘　泓	中国社会科学院民族学与人类学研究所	专著	2021. 01

一般项目

序号	项目名称	负责人	工作单位	预期成果	拟完成时间
1	清代雍和宫金瓶掣签满文档案整理翻译研究	赵令志	中央民族大学历史文化学院	专著	2022. 10
2	数据主权视角下中国多民族国家治理的原则、路径与方法	马东亮	中央民族大学中国民族理论与民族政策研究院	专著、研究报告	2020. 02
3	新疆民族团结的家国逻辑与实现路径：基于对阿尼帕家族的民族志研究	姜　红	中央民族大学民族学与社会学学院	专著、研究报告	2019. 07
4	“中蒙俄经济走廊”构建中跨界民族的文化交流研究	宝艳园	中央民族大学马克思主义学院	研究报告、其他	2020. 12
5	高句丽史上的族群问题研究	范恩实	中国社会科学院中国边疆研究所	专著	2020. 06
6	古代汉文史料藏译研究	加羊达杰	中国藏学研究中心中国藏学出版社	专著	2020. 06
7	西藏贫困户宗教消费对其精准脱贫的影响研究	杨　涛	中国藏学研究中心	专著、研究报告	2019. 06
8	青海省藏区神山文化对生物多样性保护和生态服务价值提升的贡献研究	赵海凤	中国科学院地理科学与资源研究所	专著、论文（集）	2020. 05
9	弘扬我国优秀传统文化与提升少数民族文化精品竞争力研究	罗　莉	中央民族大学经济学院	研究报告	2020. 08
10	人口较少民族贫困类型调查及差异化动态治理研究	王润球	中央民族大学经济学院	研究报告	2020. 03
11	当前欧美国家民族民粹主义的崛起、进程与影响研究	王云芳	中央民族大学中国民族理论与民族政策研究院	专著、其他	2019. 12
12	中美关系中的涉藏问题研究	胡　岩	中共中央党校科学社会主义教研部	专著	2020. 12
13	民族自治地方资源税扩围的制度设计与影响评价	王玉玲	中央民族大学经济学院	专著	2019. 12

青年项目

序号	项目名称	负责人	工作单位	预期成果	拟完成时间
1	行国政治与北族王朝国家治理问题研究	陈晓伟	中国社会科学院民族学与人类学研究所	专著	2020. 05
2	以色列民族社区治理结构中的家族因素研究	赵　萱	中央民族大学世界民族学人类学研究中心	专著、研究报告	2019. 12

十二、国际问题研究

重点项目

序号	项目名称	负责人	工作单位	预期成果	拟完成时间
1	重大疫情跨境传播对社会经济影响研究	徐宝梁	中国检验检疫科学研究院	论文（集）、研究报告	2019. 12
2	反全球化背景下美国对华贸易壁垒的发展趋势及我国对策研究	张晓堂	北京工商大学经济学院	研究报告	2020. 06
3	日本自民党体制转型研究	张伯玉	中国社会科学院日本研究所	专著	2020. 12
4	日本“军事崛起”与我国对策研究	吴怀中	中国社会科学院日本研究所	专著	2020. 12

一般项目

序号	项目名称	负责人	工作单位	预期成果	拟完成时间
1	货币国际化的利益博弈动态演化及共赢模式研究	罗　斌	北京理工大学管理与经济学院	论文（集）、其他	2020. 12
2	我国中医药全球发展的战略格局与路径研究	张超中	中国科学技术信息研究所	专著、研究报告	2020. 07
3	服务“一带一路”倡议的中国印度洋战略研究	沙治平	中国社会科学院美国研究所	专著、研究报告	2020. 03
4	全球价值链重塑背景下中国自由贸易区战略的设计与管理研究	王宏禹	对外经济贸易大学国际关系学院	论文（集）、研究报告	2020. 06
5	“一带一路”倡议框架下中国与中东欧国家合作模式研究	孔田平	中国社会科学院欧洲研究所	论文（集）、研究报告	2019. 05
6	冷战后欧洲安全架构的多元化模式研究	许海云	中国人民大学历史学院	专著、研究报告	2020. 12
7	粮食安全背景下的中国与拉丁美洲农业合作研究	郭　洁	北京大学国际关系学院	论文（集）	2021. 12
8	美国新政府对华政策走向研究	梁亚滨	中共中央党校国际战略研究院	专著	2019. 02
9	南海争端中美国的战略定位与政策手段研究	齐　皓	中国社会科学院美国研究所	专著、研究报告	2020. 05
10	区域贸易安排视角下亚太区域价值链可持续发展与合作问题研究	杨立强	对外经济贸易大学国际经济研究院	专著	2020. 06
11	欧亚全面伙伴关系对“一带一路”倡议的影响与应对研究	赵会荣	中国社会科学院俄罗斯东欧中亚研究所	专著、研究报告	2019. 12

青年项目

序号	项目名称	负责人	工作单位	预期成果	拟完成时间
1	借助“一带一路”构建中国的全球环境治理战略研究	周亚敏	中国社会科学院亚太与全球战略研究院	论文（集）、研究报告	2020. 12
2	全球化背景下国际回流移民治理研究	路　阳	中国华侨华人历史研究所	研究报告	2020. 12
3	中国对非发展合作的新模式研究	翁凌飞	清华大学公共管理学院	论文（集）、研究报告	2019. 08
4	“一带一路”倡议框架下中欧产能合作研究	杨成玉	中国社会科学院欧洲研究所	专著、研究报告	2019. 06
5	战后日本供给侧结构性改革经验与教训研究	田　正	中国社会科学院日本研究所	研究报告	2019. 10
6	“一带一路”背景下农业对外合作风险防范与政策设计研究	张　振	农业部农村经济研究中心	专著、研究报告	2020. 12
7	《联合国海洋法公约》附件七仲裁制度的完善与中国的政策选项研究	谢　琼	中共中央党校国际战略研究院	研究报告	2020. 06
8	欧洲“选举年”后美欧关系走向及对我影响研究	黄萌萌	中国社会科学院欧洲研究所	专著、研究报告	2019. 09
9	“一带一路”建设中的美国因素及其应对策略研究	赵明昊	中联部当代世界研究中心	专著	2019. 06
10	美国的反全球化和民粹主义运动及其影响研究	付随鑫	中国国际问题研究院	专著	2020. 06
11	国际制度复杂性与中国国际能源安全合作制度性话语权建设研究	李　扬	对外经济贸易大学国际关系学院	论文（集）	2020. 06

十三、中国历史

重点项目

序号	项目名称	负责人	工作单位	预期成果	拟完成时间
1	清政府治理台湾政策研究	李细珠	中国社会科学院近代史研究所	专著	2019. 10
2	秦、汉、三国时期的日常统治与国家治理研究	侯旭东	清华大学人文学院历史系	论文（集）	2022. 08
3	关键期的台美分歧研究（1949—1958）	冯　琳	中国社会科学院近代史研究所	专著	2019. 12
4	西藏和平解放研究	宋月红	中国社会科学院当代中国研究所	专著	2020. 10

一般项目

序号	项目名称	负责人	工作单位	预期成果	拟完成时间
1	里耶秦简秦制史料分类辑考	蔡万进	首都师范大学历史学院	专著	2021. 06
2	全球史视野下汉唐丝绸之路多元文明互动中的殊方异俗外来风研究	王永平	首都师范大学历史学院	论文（集）	2021. 12
3	新政与清朝覆亡研究	迟云飞	首都师范大学历史学院	专著	2021. 06
4	古代丝绸之路的衰落与近代新商道的开辟研究	郭卫东	北京大学历史学系	专著	2021. 12

续表

序号	项目名称	负责人	工作单位	预期成果	拟完成时间
5	朱希祖与民国学术研究	周文玖	北京师范大学	专著	2020. 08
6	基于图像的礼学文献与礼学史研究	华 喆	北京师范大学古籍与传统文化研究院	专著	2020. 06
7	新文化视野下的民国国语运动研究	湛晓白	北京师范大学历史学院	研究报告	2020. 05
8	京津冀地区环境史	孙冬虎	北京市社会科学院	专著	2021. 12
9	近代北京城市空间结构演变研究（1900—1949）	王建伟	北京市社会科学院	专著	2020. 12
10	中古时期草原丝路盐湖与民族研究	王长命	北京大学历史学系	专著、研究报告	2021. 06
11	明清直隶地区穆斯林聚居区社会变迁研究	丁慧倩	中央民族大学历史文化学院	专著	2020. 05
12	中国境内出土景教叙利亚语文书研究	林丽娟	北京大学历史学系	译著、研究报告	2021. 03
13	殷墟甲骨钻凿布局研究	赵 鹏	中国社会科学院历史研究所	专著	2020. 07
14	中国国家博物馆新入藏商周青铜器研究	田 率	中国国家博物馆	论文（集）	2020. 12
15	宋代归明人研究	侯爱梅	中国社会科学院历史研究所	专著	2020. 06
16	11—12 世纪初宋辽夏关系与宋辽政治研究	林 鹄	中国社会科学院历史研究所	专著	2021. 12
17	近代上海银钱业利率波动机制研究	王 强	中国政法大学马克思主义学院	专著、其他	2020. 12
18	国内所存粟特语文献的整理与研究	毕 波	中国人民大学国学院	论文（集）	2021. 12

青年项目

序号	项目名称	负责人	工作单位	预期成果	拟完成时间
1	西周诸侯墓葬青铜器用与族群认同研究	杨 博	中国社会科学院历史研究所	专著	2020. 12
2	秦汉颜色观念研究	曾 磊	中国社会科学院历史研究所	专著	2020. 12
3	唐代北庭文书整理与研究	刘子凡	中国社会科学院历史研究所	专著	2020. 12
4	近代中国市场上的外国银元流通研究（1843—1923）	熊昌锟	中国社会科学院经济研究所	专著	2020. 12
5	印度尼西亚中华商会研究	贾俊英	清华大学	专著	2020. 10
6	中国古代竹书形制及出土竹书整理方法研究	贾连翔	清华大学人文学院	专著	2021. 06
7	中国共产党建军的起源与演变研究（1921—1937）	任 伟	中共中央党校中共党史教研部	专著	2020. 12
8	《韩非子》研究史	刘 亮	北京师范大学历史学院	研究报告	2020. 12

十四、世界历史

重点项目

序号	项目名称	负责人	工作单位	预期成果	拟完成时间
1	东亚冷战与中国对外关系研究	牛 军	北京大学国际关系学院	专著、论文（集）	2019. 03

一般项目

序号	项目名称	负责人	工作单位	预期成果	拟完成时间
1	文化冷战视野下苏联知识界与苏联东西方外交战略研究（1946—1991）	张建华	北京师范大学历史学院	专著	2021.12
2	泰国《阿瑜陀耶皇家纪年》翻译与研究	金　勇	北京大学外国语学院	译著、研究报告	2020.12
3	塞琉古帝国的统治与治理研究	崔丽娜	中央民族大学历史文化学院	专著	2020.12
4	印度地方政治的历史考察	宋丽萍	中国社会科学院世界历史研究所	专著	2021.12
5	美国社会转型与外交政策调整研究（1886—1916）	魏红霞	中国社会科学院美国研究所	专著	2020.12
6	近代斯里兰卡对外关系研究	佟加蒙	北京外国语大学	专著	2021.01
7	国外历史课程标准中的国家认同研究	张汉林	首都师范大学历史学院	专著	2020.12
8	民粹主义与美国民主政治研究	安　然	北京师范大学历史学院	专著	2022.03
9	法国旧制度下的城市贫困问题治理研究	庞冠群	北京师范大学历史学院	专著	2021.03

青年项目

序号	项目名称	负责人	工作单位	预期成果	拟完成时间
1	大州政党政治的转型与美国第二政党体制的形成研究	杨　钊	北京外国语大学全球史研究院	专著	2020.06
2	二战爆发前后苏联政治宣传研究（1933—1945）	陈　余	中国社会科学院俄罗斯东欧中亚研究所	专著	2020.12
3	英美科技人才发展及其政策比较研究（1950—2000）	张　瑾	中国社会科学院世界历史研究所	专著	2020.12

十五、考古学

重点项目

序号	项目名称	负责人	工作单位	预期成果	拟完成时间
1	东周墓葬制度研究	印　群	中国社会科学院考古研究所	专著	2020.12

一般项目

序号	项目名称	负责人	工作单位	预期成果	拟完成时间
1	中古丧葬模式与生死观研究	李梅田	中国人民大学历史学院	专著	2021.12
2	应用木炭分析探索甘青地区新石器—青铜时代环境演变与考古学文化的关系研究	王树芝	中国社会科学院考古研究所	研究报告	2021.11

青年项目

序号	项目名称	负责人	工作单位	预期成果	拟完成时间
1	华南地区新旧石器过渡文化研究	陈伟驹	中央民族大学民族学与社会学学院	专著、其他	2020.12

续表

序号	项目名称	负责人	工作单位	预期成果	拟完成时间
2	冀西北地区新石器时代早中期的文化演进与生业经济研究	郭明建	中国国家博物馆	研究报告	2022. 05
3	北魏晚期中原北方石窟研究	张　雯	北京联合大学	专著、研究报告	2021. 06
4	山东砣矶岛大口遗址出土人骨研究	张　旭	中国社会科学院考古研究所	研究报告、其他	2020. 12

十六、宗教学

重点项目

序号	项目名称	负责人	工作单位	预期成果	拟完成时间
1	中国历代政权佛教事务管理研究	邱凤侠	国家宗教事务局宗教研究中心	专著	2021. 12

一般项目

序号	项目名称	负责人	工作单位	预期成果	拟完成时间
1	后世俗时代的解构主义宗教观研究	汪　海	中国人民大学	专著	2022. 09
2	近现代中国民族国家建设与儒教的互动关系研究（1895—1919）	李华伟	中国社会科学院世界宗教研究所	专著	2020. 12
3	习近平总书记宗教观研究	毛　胜	中共中央文献研究室	专著	2020. 06
4	中国特色社会主义宗教理论的发展历程及历史经验研究	刘福军	北京联合大学马克思主义学院	专著	2020. 12
5	雍和宫档案与清朝藏传佛教治理研究	孟秋丽	中国藏学研究中心	专著	2021. 12
6	耶稣会传教士罗明坚（1543—1607）和《中国传教史》西文手稿的整理与研究	谢明光	北京外国语大学国际中国文化研究院	论文（集）	2021. 06
7	伊斯兰语境下的宗教极端主义研究	李　林	中国社会科学院世界宗教研究所	专著、研究报告	2019. 12
8	道教药签文献整理研究	程志立	中国中医科学院中国医史文献研究所	专著、其他	2020. 12
9	台湾南部地区灵宝道派拔度科仪研究	姜守诚	中国社会科学院哲学研究所	专著	2021. 12
10	理论苏菲学思想体系研究	王　希	中国社会科学院世界宗教研究所	专著	2019. 12

青年项目

序号	项目名称	负责人	工作单位	预期成果	拟完成时间
1	海洋文化与中斯佛教交流研究	司　聃	中国社会科学院世界宗教研究所	专著、研究报告	2019. 12
2	五年运动与20世纪30年代基督教中国化研究	张德明	中国社会科学院近代史研究所	专著、研究报告	2020. 12
3	六朝道教变革史考	王皓月	中国社会科学院世界宗教研究所	专著	2021. 12

十七、中国文学

重点项目

序号	项目名称	负责人	工作单位	预期成果	拟完成时间
1	近体诗体格律形成过程研究	杜晓勤	北京大学中文系	专著	2021. 08
2	弘扬国学背景下“五四”新文学价值构建研究	李春雨	北京语言大学汉语学院	专著	2021. 12
3	藏族神话资料搜集整理与研究	扎　巴	中央民族大学藏学研究院	专著、其他	2020. 12

一般项目

序号	项目名称	负责人	工作单位	预期成果	拟完成时间
1	20 世纪西方差异性话语的 4 种类型及其对构建中国特色文论体系的借鉴研究	金惠敏	中国社会科学院文学研究所	专著、论文（集）	2020. 12
2	太湖流域民间宣卷活动的调查研究	陈泳超	北京大学中文系	论文（集）、研究报告	2021. 08
3	《文心雕龙》文体史话语形态及其现代意义研究	贾奋然	首都师范大学文学院	专著	2020. 12
4	习近平总书记关于文艺重要论述的理论框架研究	王彦霞	北京联合大学艺术学院	专著	2020. 12
5	先秦两汉话语中五帝形象的衍生与相关文献的形成研究	刘全志	北京师范大学文学院	专著	2020. 12
6	白居易接受史研究	陈才智	中国社会科学院文学研究所	专著	2019. 10
7	《乐府诗集》叙论、题解研究	梁海燕	中国人民大学国学院	专著	2022. 09
8	辽金元文学地理地图集	黄　鸣	中央民族大学文学与新闻传播学院	专著	2020. 12
9	清代宗室作家与宫廷文化研究	颜子楠	北京师范大学文学院	专著	2020. 12
10	江湖诗集整理与研究	王　媛	北京师范大学古籍与传统文化研究院	专著	2021. 06
11	新定《杜工部草堂诗笺》校正	曾祥波	中国人民大学	专著	2022. 09
12	燕京大学与中国新文学关系研究	王翠艳	中国劳动关系学院文化传播学院	论文（集）、研究报告	2021. 12
13	鲁迅的新文学收藏研究	姜异新	北京鲁迅博物馆	专著	2020. 12
14	鲁迅东亚传播史研究	赵京华	北京第二外国语学院	专著	2020. 05
15	鲁迅著译实践编年研究	李林荣	北京第二外国语学院文学院	专著、论文（集）	2020. 12
16	新世纪海外华文作家的中国叙事研究	刘　艳	中国社会科学院文学研究所	专著	2020. 12
17	文化认同、身份政治与美国民俗学知识生产研究	彭　牧	北京师范大学文学院	论文（集）	2021. 12
18	民族文学的传承、创新与影像表达研究	宋　颖	中国社会科学院民族文学研究所	论文（集）、研究报告	2020. 12
19	“一带一路”背景下哈萨克叙事诗演唱艺术研究	努尔巴汗·卡力列汗	中央民族大学哈萨克语言文学系	专著	2020. 12
20	蒙古谚语核心思想研究	胡格吉夫	中央民族大学蒙古语言文学系	专著	2021. 07

续表

序号	项目名称	负责人	工作单位	预期成果	拟完成时间
21	非视听感官美学研究	秦　勇	首都师范大学文学院	专著	2020.12
22	新文学作品版本发掘、整理与研究	张元珂	中国现代文学馆	专著	2021.06
23	中国现代文学中的“大众”演变研究（1898—1937）	齐晓红	中国现代文学馆	专著	2021.06
24	20世纪以来中国文学与法治建构的互动关系研究	董　燕	中国政法大学人文学院	专著	2020.07

青年项目

序号	项目名称	负责人	工作单位	预期成果	拟完成时间
1	“观物”与宋代诗学研究	王晓玉	中国社会科学院外国文学研究所	专著、研究报告	2019.12
2	当代影视艺术中的暴力影像批判及其意识形态构建研究	王林生	北京市社会科学院	研究报告	2020.06
3	英国文化研究早期理论论争（1956—1979）	符　鹏	首都师范大学文化研究院	专著	2021.07
4	阿多诺对审美唯名论的批判	常培杰	中国人民大学文学院	专著	2022.09
5	别尔嘉耶夫创造论美学与中国启示研究	李一帅	北京大学艺术学院	专著	2020.06
6	诵读式微与近代中国读书法的变迁研究	陆　胤	北京大学高等人文研究院	专著	2021.06
7	近现代科幻理论资料整理与研究	贾立元	北京师范大学文学院	工具书	2021.03
8	两岸新生代作家比较研究	霍　艳	中国社会科学院文学研究所	专著	2020.06

十八、外国文学

重点项目

序号	项目名称	负责人	工作单位	预期成果	拟完成时间
1	卡夫卡与中国文学、文化关系之研究	曾艳兵	中国人民大学文学院	专著、论文（集）	2021.12

一般项目

序号	项目名称	负责人	工作单位	预期成果	拟完成时间
1	法国《泰凯尔》毛主义研究	徐克飞	北京师范大学哲学学院	研究报告	2021.12
2	后/印象画派与美国现代派小说的生成、流变及理论建构研究	鲍忠明	北京理工大学外国语学院	专著、论文（集）	2021.06
3	“五四”新文学运动后中国文学在日本的译介研究（1919—2018）	鲍　同	中国人民大学	专著、其他	2021.12
4	德国作家让·保尔研究	赵蕾莲	中国人民大学	专著	2020.09
5	德语文学的文化学研究	李明明	清华大学外国语言文学系	专著	2021.08
6	斯特凡·格奥尔格的诗学研究	杨宏芹	中国社会科学院外国文学研究所	专著	2021.12
7	尼日利亚作家沃勒·索因卡研究	宋志明	北京师范大学汉语文化学院	专著、研究报告	2020.12
8	越南汉文使华文学研究	吕小蓬	北京外国语大学中国语言文学学院	专著	2021.12

青年项目

序号	项目名称	负责人	工作单位	预期成果	拟完成时间
1	“阿拉伯之春”后的埃及小说研究	尤　梅	北京外国语大学阿拉伯学院	专著	2021. 12
2	印度早期现代历史进程中的格比尔文本传统研究	张忞煜	北京外国语大学亚非学院	专著、译著	2020. 06
3	当代英语小说中的音乐叙事研究（1990—2015）	张　磊	中国政法大学外国语学院	专著	2020. 08

十九、语言学

重点项目

序号	项目名称	负责人	工作单位	预期成果	拟完成时间
1	汉语古诗英译策略的体系构建与运行机制研究	文　军	北京航空航天大学外国语学院	专著	2021. 12
2	语言接触视角下的广西汉语方言语音演变研究	覃远雄	中国社会科学院语言研究所	专著、研究报告	2021. 08
3	基于 HSK 大数据挖掘的汉语习得研究	柴省三	北京语言大学语言科学院	专著、电脑软件	2021. 12
4	中华典籍英译云平台的构建及应用研究	张　政	北京师范大学外国语言文学学院	专著、电脑软件	2020. 09
5	克普恰克文献语言研究	阿力肯·阿吾哈力	中央民族大学哈萨克语言文学系	专著	2021. 08

一般项目

序号	项目名称	负责人	工作单位	预期成果	拟完成时间
1	与西式翻译学理异趣的魏晋南北朝中国译释学实践研究	牛云平	中国人民大学外国语学院	专著	2022. 09
2	“皇极经世系列等韵文献”语音理论与语音史价值研究	李　红	首都师范大学文学院	专著	2021. 12
3	古汉语联绵词形音义综合研究	孙玉文	北京大学中文系	论文（集）工具书	2021. 12
4	面向机器翻译的质量深度评价体系研究及应用	秦　颖	北京外国语大学	专著、研究报告	2020. 07
5	西学翻译与晚清中西、新旧思想嬗变互动研究	卢明玉	北京交通大学语言与传播学院	专著、研究报告	2020. 12
6	西北三声调方言的连字调研究	衣　莉	中国农业大学人文发展学院	论文（集）、研究报告	2022. 02
7	近代中国语文运动及其国家认同研究	黄晓蕾	中国社会科学院民族学与人类学研究所	研究报告	2019. 06
8	市民化进程中流动学前儿童语言能力发展及其影响因素研究	尹　静	北京交通大学语言与传播学院	论文（集）、研究报告	2020. 12
9	基于语篇难度级差的汉语语篇习得研究	田　然	北京语言大学速成学院	专著	2020. 12
10	面向国际汉语教学的汉语话语标记主观性等级研究	潘先军	北京第二外国语学院汉语学院	专著	2020. 12

续表

序号	项目名称	负责人	工作单位	预期成果	拟完成时间
11	中国西班牙语学习者语料库的构建与研究	何晓静	北京外国语大学西葡语系	论文（集）、电脑软件	2020.08
12	《字汇》音切来源与层次研究	高永安	中国人民大学	专著	2022.09
13	古文字特殊通转研究	王志平	中国社会科学院语言研究所	专著	2020.12
14	语言类型学视野下的汉语语气词演变研究	翟　燕	中央民族大学文学与新闻传播学院	专著、其他	2021.12
15	《汉语大词典》单音多义词词义系统与义项排序研究	尹　洁	北京师范大学汉语文化学院	专著	2020.12
16	句法—形态接口视域下的汉语“得”字结构的跨语言研究	汪昌松	北京理工大学外国语学院	论文（集）	2020.10
17	藏缅语并列结构的类型学研究	范丽君	中国传媒大学	专著	2020.09
18	中国高校日语教师专业发展路径探索与模式构建研究	冷丽敏	北京师范大学外文学院	专著	2020.07
19	现代北京话词汇变异研究	王伟丽	首都师范大学文学院	论文（集）	2021.06
20	口述历史语篇的计量语体研究	赵　雪	中国传媒大学	专著	2021.12
21	跨境载瓦语志研究	朱艳华	北京语言大学语言科学院	专著	2021.12

青年项目

序号	项目名称	负责人	工作单位	预期成果	拟完成时间
1	西方媒体和中国外宣媒体笔下的“中国故事”叙事语篇结构关系研究	陈　功	对外经济贸易大学英语学院	专著	2020.09
2	高校英语教师教学信念与教材使用研究	张小东	北京外国语大学英语学院	研究报告、其他	2020.12
3	现代汉语量级含义的形式与功能互动研究	邓川林	北京外国语大学中国语言文学学院	专著	2021.03
4	汉语幼儿声调范畴化与词汇学习的交汇研究	陈　傲	北京语言大学语言康复学院	专著、论文（集）	2020.12
5	类型学视域下的吴语路桥方言语法研究	丁　健	中国社会科学院语言研究所	专著、论文（集）	2021.06
6	甲骨缀合理论的整理与研究	李爱辉	首都师范大学文学院	研究报告、其他	2020.10
7	语域变异视角下的英语现在完成式演变研究	要新乐	中国人民大学	专著	2022.08
8	中日同形词搭配关系的异同与习得研究	王灿娟	北京大学外国语学院	专著	2020.12

二十、新闻学

重点项目

序号	项目名称	负责人	工作单位	预期成果	拟完成时间
1	当代中国新闻观念研究	胡　钰	清华大学新闻与传播学院	专著、研究报告	2020.04
2	新媒体格局下马克思主义新闻观发展研究	吕岩松	人民日报社	研究报告	2018.06

续表

序号	项目名称	负责人	工作单位	预期成果	拟完成时间
3	我国图书出版企业社会效益评价体系构建与应用研究	陈　丹	北京印刷学院	研究报告、其他	2019.12
4	改变“西强我弱”舆论态势研究	陈　燕	中国外文局对外传播研究中心	研究报告	2020.02
5	自媒体时代中国政治传播新秩序及转型研究	荆学民	中国传媒大学	专著	2020.12
6	新媒体技术与网络民族主义研究	刘海龙	中国人民大学新闻学院	论文（集）	2021.12

一般项目

序号	项目名称	负责人	工作单位	预期成果	拟完成时间
1	抗战时期中国共产党在对日宣传战中的中流砥柱作用研究	赵新利	中国传媒大学	专著、研究报告	2019.12
2	网络舆论的冲突与弥合机制研究	周　俊	中国人民大学新闻学院	专著	2022.06
3	基于大数据分析的学术期刊质量评价体系研究	赵　均	中国传媒大学	论文（集）、研究报告	2020.07
4	我国有声书传播机制研究	汤雪梅	北京印刷学院	专著、研究报告	2019.12
5	“一带一路”背景下中国纪录片的跨文化传播战略研究	蔡海龙	北京工商大学艺术与传媒学院新闻系	研究报告	2020.06
6	欧盟媒介语境中的“一带一路”与提升我国对欧传播力研究	张　莉	清华大学新闻与传播学院	专著、研究报告	2019.12
7	中国造纸术和印刷术在“一带一路”上的传播及影响研究	万安伦	北京师范大学新闻传播学院	专著	2020.12
8	多民族背景下中国国家形象内部生成机制与传播研究	李彦冰	北京联合大学	专著	2020.06
9	党的十八大以来中国共产党执政形象的国际传播与塑造研究	李　冰	北京交通大学语言与传播学院	研究报告、其他	2020.09
10	新媒体语境下环境公共议题的多元话语建构与互动研究	黄　河	中国人民大学新闻学院	专著、论文（集）	2020.06
11	社会化媒体舆情情感挖掘与传播研究	李　慧	首都师范大学教育技术系	研究报告	2020.12
12	少数民族网络社群与文化遗产活态传承创新研究	范小青	中央民族大学文学与新闻传播学院	研究报告	2020.07
13	媒介融合背景下媒体集团的组织重构研究	黄　金	中国政法大学光明新闻传播学院	论文（集）、研究报告	2021.03
14	提高主流媒体新闻供给质量的扶持路径研究	陈国权	新华通讯社新闻研究所	研究报告	2019.12
15	中国人文社会科学图书海外传播与学术话语影响力研究	曲建君	中国社会科学院科研局	研究报告	2020.12

青年项目

序号	项目名称	负责人	工作单位	预期成果	拟完成时间
1	中国共产党新闻宣传观念变迁与发展路径研究	叶　俊	中国社会科学院新闻与传播研究所	专著	2020.07

续表

序号	项目名称	负责人	工作单位	预期成果	拟完成时间
2	未来媒体视野下的新闻生产变革机制研究	毛湛文	中央民族大学文学与新闻传播学院	研究报告	2020.06
3	媒体融合条件下广播电视业创新发展调查与研究	周 逵	中国传媒大学	专著、研究报告	2019.12
4	恐怖主义信息的社交媒体传播与应对机制研究	韩 娜	中国人民公安大学侦查与反恐怖学院	专著、研究报告	2019.12
5	互联网时代农村地区资讯环境和农民资讯需求研究	崔 凯	清华大学公共管理学院	研究报告	2020.06
6	媒介融合背景下的我国网络剧产业发展模式创新研究	李星儒	北京第二外国语学院国际传播学院	专著	2020.06
7	新世纪以来中国题材纪录片国际传播的国家形象构建及效果研究	赵艳明	北京交通大学语言与传播学院	研究报告、其他	2020.12
8	香港青年群体国族认同构建中的媒体角色研究	王婉婉	北京工商大学艺术与传媒学院	专著	2020.12
9	中国城市交通信息传播模式研究	李晨宇	北京工业大学人文社会科学学院	专著、研究报告	2020.09
10	网络视频直播影响力评测研究	杨 雅	北京师范大学新闻传播学院	论文（集）、研究报告	2019.03

二十一、图书馆、情报与文献学

重点项目

序号	项目名称	负责人	工作单位	预期成果	拟完成时间
1	基于知识组织的图书馆资源发现服务体系研究	曾建勋	中国科学技术信息研究所	研究报告	2020.06
2	公共文化服务绩效评估的理论构建与实证研究	张广钦	北京大学信息管理系	研究报告	2020.08
3	清代汉满蒙藏合璧碑文整理与研究	高 娃	中央民族大学中国少数民族语言研究院	专著	2020.12
4	档案学经典著作评价研究	胡鸿杰	中国人民大学信息资源管理学院	专著	2020.06

一般项目

序号	项目名称	负责人	工作单位	预期成果	拟完成时间
1	中国古代读书图研究	王 波	北京大学图书馆	专著	2020.12
2	大数据时代学术评价理论方法改进研究	杨红艳	中国人民大学人文社科学术成果评价研究中心	论文（集）、研究报告	2019.12
3	丝路文化交流中的佛教写本图书馆研究	王 翔	北京师范大学—香港浸会大学联合国际学院	专著	2021.12
4	公共图书馆文化治理功能、效应及提升机制研究	张收棉	国家图书馆	专著、研究报告	2020.06
5	伊犁河流域民间所藏托忒文古籍总目	叶尔达	中央民族大学蒙古语言文学系	工具书	2020.05
6	基于多源数据融合的情报用户需求探测研究	化柏林	北京大学信息管理系	研究报告	2019.12

续表

序号	项目名称	负责人	工作单位	预期成果	拟完成时间
7	社交媒体视域下科研评价的理论与方法研究	刘晓娟	北京师范大学政府管理学院	论文（集）	2020. 06
8	建立数字信任：政府社交媒体文件管理策略研究	王　健	中国人民大学信息资源管理学院	研究报告	2019. 12
9	科技报告服务中的著作权平衡策略研究	许　燕	中国科学技术信息研究所	专著、研究报告	2020. 04

青年项目

序号	项目名称	负责人	工作单位	预期成果	拟完成时间
1	郑玄《周易注》二十一种整理与研究	朱天助	北京大学哲学系高等人文研究院	专著	2020. 12
2	“国家大数据战略”背景下健康医疗开放数据资源分类体系构建与应用研究	李赞梅	中国医学科学院医学信息研究所	论文（集）、研究报告	2019. 12
3	论文专利互引知识关联揭示的科学和技术之间的联系分析研究	高继平	中国科学技术信息研究所	研究报告	2020. 09
4	大数据环境下数字档案资源知识服务研究	宋魏巍	中央财经大学政府管理学院	论文（集）、研究报告	2020. 06
5	我国台湾地区数位典藏产业链建置研究	隋　鑫	清华大学公共管理学院	论文（集）、研究报告	2020. 12
6	民国时期图书馆学人留学史料整理与研究	郑丽芬	首都师范大学文学院	专著	2020. 12
7	图书馆数字化服务的著作权问题及其解决方案研究	罗　娇	中国科学院文献情报中心	专著、研究报告	2020. 03

二十二、体育学

重点项目

序号	项目名称	负责人	工作单位	预期成果	拟完成时间
1	奥林匹克运动可持续发展研究	孙葆丽	北京体育大学	专著、研究报告	2019. 06
2	中国足球振兴的文化策略研究	孙　科	北京教育学院	专著、研究报告	2020. 12

一般项目

序号	项目名称	负责人	工作单位	预期成果	拟完成时间
1	健康中国背景下我国青少年体育公共治理体系研究	王　梅	国家体育总局体育科学研究所	专著、研究报告	2020. 03
2	中华民族传统体育文化自信的理论基础与保障机制研究	王智慧	对外经济贸易大学体育部	研究报告	2021. 07
3	习近平总书记关于体育发展的重要论述与我国体育领域深化改革研究	周学政	北京体育大学	研究报告	2022. 12
4	利益博弈视角下我国职业足球市场秩序治理理论与实证研究	侯会生	中央民族大学体育学院	研究报告	2020. 06

续表

序号	项目名称	负责人	工作单位	预期成果	拟完成时间
5	社会转型时期体育参与对社会心理的影响研究	曹春梅	清华大学体育部	研究报告	2021. 06
6	“马拉松跑现象”对我国城市文化发展的影响机理及实现路径研究	张晓琳	国家体育总局体育文化发展中心	研究报告	2019. 07
7	全球视域下体育促进老年健康发展模式研究	湛　冰	首都体育学院管理与传播学院	论文（集）、研究报告	2020. 06
8	2008年北京奥运会竞赛工作成功经验与2022年冬奥会创新研究	徐　刚	北京体育大学	专著、研究报告	2020. 02
9	中国抗日战争时期体育史研究(1931—1945)	张爱红	北京体育大学	研究报告、其他	2020. 12
10	“一带一路”沿线国家武术文化传播的发展战略研究	孟　涛	首都体育学院武术与表演学院	论文（集）、研究报告	2020. 06

青年项目

序号	项目名称	负责人	工作单位	预期成果	拟完成时间
1	马拉松赛事与城市文化的耦合共生关系及发展路径研究	杨占东	北京体育大学	研究报告	2019. 12
2	雾霾环境下老年人身体活动的健康风险研究	于　淼	中国人民大学	研究报告	2022. 09

二十三、管理学

重点项目

序号	项目名称	负责人	工作单位	预期成果	拟完成时间
1	中国经济转型期质量强国战略研究	支树平	国家质量监督检验检疫总局	专著、研究报告	2019. 12
2	中国绿色变轨型高技术新产品市场启动战略的颠覆性创新路径研究	肖海林	中央财经大学商学院	研究报告	2020. 12
3	网络时代企业转型升级的机理、路径和对策研究	张文松	北京交通大学	专著、研究报告	2019. 12
4	新兴科技环境下提升我国创新政策供给能力研究	黄鲁成	北京工业大学经管学院	研究报告、其他	2020. 12
5	覆盖供应链全过程的我国食品安全社会共治机制研究	王可山	北京物资学院	论文（集）、研究报告	2020. 06
6	企业自营及合作网络商城的消费者偏好、选择机理及发展策略研究	闫　强	北京邮电大学	专著、论文（集）	2020. 09
7	中国式街道的人本观测与治理研究	熊　文	北京工业大学建筑与城市规划学院	专著、研究报告	2019. 12

一般项目

序号	项目名称	负责人	工作单位	预期成果	拟完成时间
1	“一带一路”倡议实施中的物流瓶颈及解决方案研究	刘崇献	北京物资学院	研究报告	2020. 06

续表

序号	项目名称	负责人	工作单位	预期成果	拟完成时间
2	我国能源价格市场化改革问题研究	孙仁金	中国石油大学（北京）工商管理学院	研究报告	2019.06
3	价值网格视角下代工企业通过跨国并购突破技术锁定的有效路径研究	王宛秋	北京工业大学经济与管理学院	研究报告	2019.12
4	国有资本收益分配研究	何玉润	北京工商大学商学院	研究报告	2020.06
5	绿色税收体系国际比较及经济后果研究	何平林	华北电力大学经济与管理学院	专著、论文（集）	2019.06
6	我国政府创新创业投资引导基金投资运行机制研究	黄晓霞	北京科技大学	论文（集）、研究报告	2019.08
7	中国税收不确定性的决定因素及其宏观效应研究	杨　武	中央财经大学国际经济与贸易学院	论文（集）、研究报告	2020.10
8	基于混合所有制改革动因的竞争性国企股权重组有效性研究	周绍妮	北京交通大学经济管理学院会计系	研究报告	2020.06
9	“僵尸企业”的供应链溢出效应与其控制策略研究	许江波	首都经济贸易大学会计学院	专著	2019.12
10	中国现代企业 CEO 遴选机制研究	刘　鑫	对外经济贸易大学英语学院	专著、论文（集）	2020.06
11	我国旅游业用地政策系统评估和优化研究	宋子千	中国旅游研究院	专著、研究报告	2020.06
12	国家公园管理中的公众参与机制研究	张玉钧	北京林业大学	论文（集）、研究报告	2019.12
13	能源互联网下以控制污染物排放为目标的多种能源发电协同发展研究	郭晓鹏	华北电力大学经济与管理学院	专著	2019.12
14	“互联网＋”回收积分制度下电子产品闭环供应链决策研究	钟　华	北京理工大学管理与经济学院	研究报告	2020.12
15	基于大数据的精准扶贫与贫困治理研究	许　欢	清华大学公共管理学院	论文（集）、研究报告	2020.07
16	中国社会组织参与“一带一路”建设的战略与对策研究	辛传海	对外经济贸易大学公共管理学院	论文（集）、研究报告	2020.06
17	生态环境协作治理中的府际关系及政府与民众关系研究	崔　晶	中央财经大学政府管理学院	论文（集）、研究报告	2020.12
18	社会共治视角下农村儿童食品安全治理体系研究	李佳洁	中国人民大学农业与农村发展学院	论文（集）、研究报告	2020.09
19	我国医院行业市场机制有效性的实证研究	付明卫	中国社会科学院经济研究所	论文（集）	2020.06
20	京津冀一体的自然灾害综合防御分区策略研究	白鹏飞	首都经济贸易大学安全与环境工程学院	研究报告	2019.12
21	大数据环境下分级诊疗服务模式研究	胡红濮	中国医学科学院医学信息研究所	专著、研究报告	2019.12
22	民族地区社会安全服务移动政务采纳研究	朱丽平	中央民族大学信息工程学院	专著、电脑软件	2020.06
23	基于用能权的产业升级研究	罗晓梅	北京工业大学实验学院	研究报告、其他	2020.06
24	企业财务特征、治理环境对其退出产融结合的影响研究	王秀丽	对外经济贸易大学国际商学院	论文（集）	2020.06
25	反生产行为的具身性影响因素及其作用机制研究	皇甫刚	中国传媒大学	论文（集）、研究报告	2020.12

续表

序号	项目名称	负责人	工作单位	预期成果	拟完成时间
26	政府限薪对国企高管整体薪酬的影响及人才流失的风险防范机制研究	陈胜军	对外经济贸易大学国际商学院	专著、论文（集）	2020.06
27	天然林全面商业禁伐背景下中国木材安全风险及其防范研究	赵　荣	中国林业科学研究院林业科技信息研究所	论文（集）、研究报告	2020.06
28	产业转型背景下技能形成与区域协同创新研究	杨　钋	北京大学教育学院	论文（集）	2019.09
29	农村土地流转对土地利用变化影响的多智能体动态模型及模拟	田光进	北京师范大学政府管理学院	论文（集）、研究报告	2020.12
30	分享经济中的信任机制研究	李立威	北京联合大学管理学院	专著、研究报告	2020.06
31	京津冀地区大气污染治理利基项目间学习研究	王　江	北京化工大学	论文（集）、研究报告	2020.12
32	国有文化企业公司治理及评价研究	张　娜	北京交通大学经济管理学院	论文（集）、研究报告	2019.12

青年项目

序号	项目名称	负责人	工作单位	预期成果	拟完成时间
1	我国绿色发展的产业支撑问题研究	渠慎宁	中国社会科学院工业经济研究所	专著	2020.12
2	平台型组织创新研究	陈光华	北京科技大学	专著	2019.06
3	自然保护区旅游资源对人类活动的生态风险响应机理和评价研究	耿玉环	北京联合大学	研究报告、其他	2020.12
4	“一带一路”倡议下丝绸之路旅游品牌共享机制构建研究	韩慧林	首都经济贸易大学工商管理学院	论文（集）、研究报告	2020.07
5	农村老年多维贫困与精准扶贫机制研究	王　瑜	清华大学公共管理学院	研究报告	2019.12
6	基于医保赔付数据的不合理医疗支出构成及约束机制研究	高秋明	中国政法大学商学院	论文（集）、研究报告	2020.06
7	城市垃圾危机视域下环境治理政社协同的场域、机制与路径研究	谭　爽	中国矿业大学（北京）文法学院	专著	2020.06
8	京津冀协同发展中政府间合作的激励约束机制与耦合路径研究	杨志云	北京科技大学文法学院	论文（集）、研究报告	2020.12
9	环境政策执行的激励结构及影响机制研究	陈　佳	北京林业大学	专著	2020.06
10	中国城乡居民医保整合下的不公平测度及影响机制研究	周　钦	对外经济贸易大学公共管理学院	研究报告	2019.12
11	国有文化企业转型社会企业的战略与对策研究	潘　娜	中国社会科学院当代中国研究所	专著	2019.12
12	互联网环境下基于顾客价值的实体零售商业模式重塑研究	王　勇	北京工商大学商学院	研究报告	2020.06
13	“一带一路”背景下云南茶文化旅游的资源空间结构、地域类型及发展模式研究	时雨晴	中国社会科学院中国边疆研究所	专著	2019.12
14	美学经济视角下的休闲农业体验化研究	邱　晔	中国社会科学院工业经济研究所	专著、研究报告	2021.06

续表

序号	项目名称	负责人	工作单位	预期成果	拟完成时间
15	博士生教育质量关联机理、生成机制及提升策略研究	高　耀	北京大学教育学院	论文（集）、研究报告	2019. 12
16	功能疏解背景下超大城市常住外来人口的迁留行为研究	胡　磊	首都经济贸易大学信息学院	论文（集）、研究报告	2020. 06
17	我国警民信任危机的生成、跨层“感染”及修复策略研究	李　辉	中国人民公安大学公安管理学院	专著、研究报告	2019. 06

（全国哲学社会科学规划办公室供稿）

教育部办公厅关于做好全国教育科学“十三五”规划 2017 年度课题组织申报工作的通知

教办厅函〔2016〕90 号

各省、自治区、直辖市教育厅（教委）、教育科学研究院（所）、教育科学规划领导小组办公室，新疆生产建设兵团教育局，中央军委训练管理部院校局、全军军事教育科学规划办公室，部属各高等学校，部内各司局、各直属单位：

为深入贯彻落实党的十八大和十八届三中、四中、五中、六中全会精神以及《国家中长期教育改革和发展规划纲要（2010—2020 年）》，经全国教育科学规划领导小组批准，决定于 2017 年 1 月 3 日 – 3 月 1 日开展 2017 年度全国教育科学规划课题申报工作。本年度只设国家重大和重点招标课题指南（见附件 1），其他类别课题不设指南，由申请人自拟课题名称申报。同年度申请国家自然科学基金、国家社科基金、教育部人文社会科学及其他国家级科研项目的负责人不能申报全国教育科学规划课题。课题组织申报办法详见附件 2。

附件：

1. 2017 年度全国教育科学规划国家重大和重点招标课题指南

2. 全国教育科学“十三五”规划 2017 年度课题组织申报办法

教育部办公厅

2017 年 1 月 3 日

（全国教育科学规划领导小组办公室供稿）

2017 年度全国教育科学规划国家重大和重点招标课题指南

重大招标课题

1. 我国教育 2030 年发展目标及推进战略研究

2. 高校思想政治教育工作质量评价体系研究

3. “双一流”建设背景下高校学科调整与建设研究

4. 党的十八大以来教育质量提升的中国经验研究

5. 民办教育分类管理制度建设与推进策略研究

重点招标课题

6. 互联网背景下教育舆情研究

7. 新高考制度实施与动态调整研究

8. 创新创业教育的评价体系和监测研究

9. 全面小康社会的农村教育现代化发展研究

10. 全面普及高中阶段教育保障机制与推进策略研究

11. “十三五”期间学龄人口变动和学校布局调

整预测研究

12. 教师核心素养和能力建设研究

13. 中国传统家风家教研究

14. 中国教育研究的国际影响力研究

15. 以教育信息化推进教育精准扶贫研究

16. 预防中小学校园欺凌和校园暴力研究

17. 职业教育教学标准体系建设研究

18. 健康中国背景下健康学校建设指标体系研究

19. 少数民族学生学习掌握国家通用语言文字的规律和策略研究

20. 中国新时期教育改革30年（“七五”至“十二五”）反思性研究

（全国教育科学规划领导小组办公室供稿）

全国教育科学“十三五”规划2017年度课题组织申报办法

一、申报教育科学规划课题的指导思想是，高举中国特色社会主义伟大旗帜，以邓小平理论、“三个代表”重要思想、科学发展观为指导，深入贯彻落实党的十八大和十八届三中、四中、五中、六中全会精神，贯彻落实习近平总书记系列讲话精神，以《国家中长期教育改革和发展规划纲要（2010—2020年）》的重大理论和现实问题为主攻方向，践行五大发展理念，解放思想，实事求是，大力推进理论创新、制度创新和方法创新，发挥全国教育科学规划课题的示范引导作用，推动教育科学为教育事业发展服务、为人力资源强国建设服务。

二、申报基础研究课题要力求具有原创性、开拓性和较高的学术思想价值；申报应用研究课题要具有现实性、针对性和较强的决策参考价值，着力推出体现国家水准的研究成果。

三、国家重大和重点课题申请人须具有正高级专业技术职务或厅局级以上领导职务，能够担负起课题研究实际组织者和指导者的责任；其他类别课题申请人须具有副高级以上专业技术职务或博士学位，不具备的须由两名具有正高级专业技术职务的同行专家书面推荐。青年项目申请人和课题组成员的年龄均不超过35周岁（1982年3月1日之后出生）。课题组成员或推荐人须征得本人同意并签字确认，否则视为违规申报。申请人可以根据研究的实际需要，吸收境外研究人员作为课题组成员参与申请。在读的全日制研究生不能申请，具备申报条件的在职博士生（博士后）从所在工作单位申请。

四、课题承担单位必须符合以下条件：在相关领域具有较雄厚的学术资源和研究实力；设有科研管理的职能部门；能够提供开展研究工作的必要条件并承诺信誉保证。

五、本年度拟设国家重大和重点委托课题若干，对教育发展中出现的一些重大问题快速做出反应，为党和政府高层科学决策及时提供政策建议。委托课题的研究内容及课题承担者由全国教育科学规划领导小组领导确定。

六、本年度只设国家重大和重点招标课题指南，其他类别课题不设指南。申报重大和重点课题的，其名称须与指南保持一致，不得自行更改或添加副标题；需参加现场答辩，不参加答辩视为自动放弃。流标的重大和重点课题，可以通过委托形式进行研究。其他类别课题由申请人自拟课题名称，鼓励开展反映国家需要和国际趋势的前瞻性、创新性课题研究，不支持以编译著作、编写教材、编写丛书、编写工具书为直接目的的课题研究。自拟课题名称的表述应科学、严谨、规范、简明，一般不加副标题。

七、全国教育科学规划涉及14个学科。依照《申请书》列出的学科分类代码填写相应学科，跨学科课题根据“尽量靠近”原则选定一类学科进行申报。国防军事教育课题申报评审工作由全军军事教育科学规划办公室负责另行组织。

八、本年度全国教育科学规划课题继续实行限额申报，限额指标另行下达。各省级教育科学规划领导小组办公室、教育部直属高校和部内司局、直属单位要着力把关提高申报质量，适当控制申报数量，特别是要减少同类选题重复申报。

九、申报课题的资助额度为：国家社科基金教育学重大招标课题为50万元、重点课题为35万元、一般课题为18万元，青年基金课题为18万元；教育部重点课题为3万元、教育部青年专项为2万元。申请人要根据《全国教育科学规划课题成果鉴定结题细则》和《国家社会科学基金项目经费管理办法》的要求，确定申报课题类别，并根据实际需要编制合理科学的经费预算。

十、全国教育科学规划课题的完成时限，国家重大、重点招标课题原则上要求在2年内完成；其他类别课题在1-3年完成。最长年限不超过5年。

十一、为避免一题多报、交叉申请和重复立项，确保申请人有足够的时间和精力从事课题研究，对课题申请作如下限定：（1）课题负责人同年度只能申报一个全国教育科学规划课题，且不能作为课题组成员参与全国教育科学规划课题的申请；课题组成员同年度最多参与两个全国教育科学规划课题申请。在研国家级项目的课题组成员最多参与一个全国教育科学规划项目申请。（2）在研的国家社科基金项目、国家自然科学基金项目、全国教育科学规划课题、教育部人文社会科学课题及其他国家级科研项目的负责人不能申请新的全国教育科学规划课题（结题证书标注日期在2017年3月1日之前的可以申请，需附证明）。（3）申请国家自然科学基金项目、国家社科基金项目、教育部人文社会科学课题及其他国家级科研项目的负责人同年度不能申请全国教育科学规划课题，其课题组成员也不能作为负责人以内容相同或相近选题申请全国教育科学规划课题。（4）国家重大课题投标者的要求与国家社科基金重大项目投标者的要求相同。（5）凡在内容上与在研或已结项的各级各类项目有较大关联的申请课题，须在《申请书》中详细说明所申请项目与已承担项目的联系和区别，否则视为重复申请；不得以内容基本相同或相近的同一成果申请多家基金项目结项。（6）凡以博士学位论文或博士后出站报告为基础申报全国教育科学规划课题，须在《申请书》中注明所申请项目与学位论文（出站报告）的联系和区别，申请鉴定结项时提交学位论文（出站报告）原件。（7）不得以已出版的内容基本相同的研究成果申请全国教育科学规划课题。（8）凡以全国教育科学规划课题名义发表阶段性成果或最终成果，不得同时标注多家基金项目资助字样。

十二、申请人应如实填写申请材料，并保证没有知识产权争议。凡存在弄虚作假、抄袭剽窃等行为的，一经发现查实，取消3年申报资格；如获立项即予撤项并通报批评。为保证申报评审的公正性和严肃性，评审会议召开前申报单位或个人不得以任何名义走访、咨询学科评审组专家或邀请学科评审组专家进行申报辅导。凡行贿评审专家者，一经查实将予通报批评；如获立项即予撤项，5年内不得申报全国教育科学规划课题。凡在课题申报和评审中发现严重违规违纪行为的，除按规定进行处理外，均被列入不良科研信用记录。

十三、课题实行同行专家通讯评审初评和专家会议集中复评方式。中小学和幼儿园申请人申报课题，以及西部地区的课题申请人申报课题，实行单列单评，并给予一定比例的立项数量倾斜。

十四、课题负责人在项目执行期间要遵守相关承诺，履行约定义务，按期完成研究任务；获准立项的《全国教育科学规划课题申请书》视为具有约束力的资助合同文本。最终成果实行结题鉴定制度，鉴定等级予以公示。除特殊情况外，国家社科基金项目的最终研究成果须先鉴定、后出版，擅自出版者视为自行终止资助协议。

十五、全国教育科学规划课题申报采用三级审核管理制度。第一级为“申报者所在单位”（如学校、院系、科研院所等），第二级为“省部级管理部门”（含各省级教育规划办、教育部直属高校和直属单位），第三级为“全国教育科学规划领导小组办公室”（以下简称全规办）。各级管理机构要加强对课题申报工作的组织和指导，严格审核申报资格、前期研究成果的真实性、课题组的研究实力和必备条件等，签署明确意见。各级科研管理部门不得收取任何申报评审费用。全规办不直接受理个人申报。

十六、项目申报材料从全规办网站（http：//onsgep. moe. edu. cn）下载。申请书文本须经所在单位审查盖章后，报送至省部级管理部门，最后由省部级管理部门审核盖章后报全规办。

十七、申请书文本要求统一用计算机填写、A3纸双面印制、中缝装订。报送全规办的纸质材料包括：（1）审查合格的国家重大和重点招标课题《投标书》一式6份（原件1份，复印件5份）；其他类别课题《申请书》一式2份（原件1份，复印件1份），活页5份。（2）加盖公章的用统一表格制作的申报数据汇总表。同时报送上述材料的电子版到指定邮箱。

十八、申报时间为2017年1月3日起至3月1日止，逾期不予受理。办公室咨询电话：010-

62003471，62003307；各省规划办和教育部直属高校、直属单位报送材料的电子邮箱：qgb@moe.edu.cn；邮政编码：100088；地址：北京市海淀区北三环中路46号全国教育科学规划领导小组办公室。

（全国教育科学规划领导小组办公室供稿）

全国教育科学"十三五"规划2017年度课题立项结果（北京地区）

课题批准号	课题类别	课题名称	姓名	单位
VEA170002	国家重大	高校思想政治教育工作质量评价体系研究	冯　刚	北京师范大学
AFA170005	国家重点	互联网背景下教育舆情研究	王保华	中国传媒大学
AFA170006	国家重点	新高考制度实施与动态调整研究	姜　钢	教育部考试中心
AHA170011	国家重点	预防中小学校园欺凌和校园暴力研究	耿　申	北京市教育科学研究院
BAA170021	国家一般	基于实践立场的教育理论实践应用机制研究	余清臣	北京师范大学
BDA170024	国家一般	主要国家基础教育国际化的政策取向与实践路径比较研究	杨明全	北京师范大学
BDA170025	国家一般	学区制的比较研究	郭元婕	中国教育科学研究院
BDA170027	国家一般	幼儿园师资队伍的核心素养和能力建设研究——基于亚太四国的实证研究	李敏谊	北京师范大学
BMA170031	国家一般	义务教育均衡发展背景下民族地区师资保障研究	袁　梅	中央民族大学
BMA170033	国家一般	基于文化批判视角的民族地区双语教师培训研究	林　玲	中央民族大学
BMA170034	国家一般	民族团结教育的社会心理机制研究	高　兵	中央民族大学
BGA170046	国家一般	"一带一路"倡议背景下来华留学教育的定位与政策选择研究	文　雯	清华大学教育研究院
BGA170047	国家一般	高等教育评估法律制度构建及运行机制研究	王　红	中国政法大学
BFA170050	国家一般	国际人才环流背景下留学研究生"归留"、影响因素与政策路径研究	王　颖	北京理工大学
BCA170072	国家一般	基于学习科学视角的游戏化学习研究	尚俊杰	北京大学
BCA170073	国家一般	"一带一路"开放教育资源共建共享机制及推进策略研究	王晓晨	首都师范大学
BCA170077	国家一般	基于大数据的在线协作学习分析评价与干预策略的实证研究	李艳燕	北京师范大学
BJA170086	国家一般	面向新工业革命的高等职业教育人才培养模式变革研究	和　震	北京师范大学
BEA170104	国家一般	"微文化"视域下大学生道德责任感培育机制研究	贾雪丽	北京师范大学
BEA170106	国家一般	基于学段特性的教师专业伦理学研究	檀传宝	北京师范大学
BEA170110	国家一般	中国传统核心价值观与当代德育的共鸣融合	刘峻杉	首都师范大学
BHA170114	国家一般	随迁子女高中阶段教育选择的社会分层与政策影响	周秀平	北京师范大学
BHA170126	国家一般	学校课程治理现代化研究	胡定荣	北京师范大学

续表

课题批准号	课题类别	课题名称	姓名	单位
BIA170173	国家一般	非营利性民办高校董事会独立性保障机制研究	刘永林	北京师范大学
BIA170176	国家一般	高等教育强国视角下的大学筹融资研究	洪成文	北京师范大学
BIA170179	国家一般	我国高校科研诚信问责制度建设研究	周湘林	中央财经大学
BIA170189	国家一般	我国高等教育捐赠的社会激励与法律保障研究：基于资源动员理论的视角	余　蓝	北京语言大学
BIA170196	国家一般	高层次人才流动问题及其对策研究	乔锦忠	北京师范大学
BLA170223	国家一般	“互联网 +” 背景下家校合作开展小学生性健康教育的实证研究	张文静	北京教育科学研究院
BLA170224	国家一般	体育项目业余锻炼等级标准的制定与完善研究	马思远	首都体育学院
BFA170235	国家一般	基于专业素质结构的教师分层培养研究	芦咏莉	北京第二实验小学
BHA170236	国家一般	学生综合素质评价系统研究与开发	杜毓贞	清华大学附属中学
BFA170237	国家一般	中西部乡村高中校长发展状况和生态机制研究	徐金海	中国教育科学研究院
CDA170244	国家青年	世界一流大学跨学科研究平台的构建模式及保障机制研究	张　惠	北京航空航天大学
CDA170245	国家青年	美国公立研究型大学非终身制教师聘用制度研究	张　伟	北京师范大学
CGA170250	国家青年	“一带一路” 倡议背景下边境地区义务教育政策规划研究	李　芳	教育部民族教育发展中心
CFA170252	国家青年	乡村教师教学质量的评价与提升机制研究：理论、实证和政策启示	梁文艳	北京师范大学
CBA170254	国家青年	父母工作时间、父母教育卷入与小学生学业成绩关系的追踪研究	刘春晖	北京师范大学
CIA170268	国家青年	非营利性民办高校监管机制研究	李　虔	国家教育行政学院
CIA170273	国家青年	民办高校分类管理风险评估和防范对策研究	景安磊	北京师范大学
CIA170275	国家青年	大学生批判性思维的国际比较研究	夏欢欢	北京大学
CLA170276	国家青年	健康中国背景下中小学《体育与健康》健康教育师资培训模块化大纲的研制	刘芳丽	中国教育科学研究院
CLA170277	国家青年	健康中国背景下健康教育课程实践的问题及对策研究	徐　扬	北京教育学院
DDA170282	教育部重点	专业协会组织对专业学位教育人才培养介入机制与模式的国际比较研究	张秀峰	首都师范大学
DDA170283	教育部重点	美国中小学教师同行评价研究	刘翠航	人民教育出版社
DMA170284	教育部重点	散杂区民族学校文化生态与组织文化质性研究——以黑龙江齐齐哈尔地区四所学校为个案	胡迪雅	中央民族大学
DMA170285	教育部重点	民族学前教育的基本理论与实践研究	史大胜	中央民族大学
DOA170286	教育部重点	文化自信与教育学教材编写出版改革的研究	杨　燕	人民教育出版社
DFA170293	教育部重点	乡村教师激励制度研究	高慧斌	中国教育科学研究院
DCA170308	教育部重点	智能手机支持的大学英语互动课堂研究	陈真真	北京邮电大学
DCA170309	教育部重点	STEM 项目学生评价工具开发与有效性验证	江丰光	北京师范大学
DJA170319	教育部重点	以效果为导向的高职院校经费投入绩效评价及提升途径研究	杨广俊	教育部职业技术教育中心研究所
DHA170336	教育部重点	基于 O2O 模式的学前教育课程资源和教师培训资源开发与应用研究	李　东	教育科学出版社

续表

课题批准号	课题类别	课题名称	姓名	单位
DHA170337	教育部重点	边远贫困地区农村校长助力工程幼儿园园长培训的问题与对策研究	杨秀治	北京教育学院
DHA170344	教育部重点	区域基础教育信息化水平评价指标体系研究	宣小红	中国人民大学
DHA170347	教育部重点	小学生数学关键能力的表现性评价研究	刘加霞	北京教育学院
DHA170349	教育部重点	促进中小学生问题解决能力发展的学习活动设计及课堂评价研究	王　薇	北京教育科学研究院
DIA170361	教育部重点	跨文化交际能力视角下中国留学生的文化认同研究	张　剑	北京理工大学
DIA170379	教育部重点	高校教师绩效管理体系研究	李业昆	北京工商大学
DIA170382	教育部重点	基于学习共同体的高校青年教师教学发展研究	王莉方	北京联合大学
DLA170391	教育部重点	基于核心素养的小学生命发展课程建设研究	尹　超	北京大学附属小学
DHA170396	教育部重点	视觉引导式教学促进高中生思维发展的实践研究	王　璐	中国人民大学附属中学
DHA170401	教育部重点	基于 STEM 的高中物理实验教学研究	韩叙虹	北京市第八十中学
DHA170407	教育部重点	自闭症学生个性化学习模式的实践研究	于　文	北京市健翔学校
DLA170428	教育部重点	健康中国背景下健康学校建设指标体系研究	周　一	教育部教育管理信息中心
EDA170431	教育部青年	美国专业教育理论研究	王　军	北京教育学院
EBA170437	教育部青年	提升高校人文社会科学青年教师学术国际竞争力的绩效管理驱动机制研究	姚　翔	国家教育行政学院
EIA170470	教育部青年	国际高等教育腐败治理模式比较研究	王筱蕾	中国传媒大学
ELA170480	教育部青年	高校艺术教育与社会公共文化服务整合资源策略研究	张　璐	北京师范大学

（全国教育科学规划领导小组办公室供稿）

2017 年度全国艺术科学规划项目申报公告

文化部和全国艺术科学规划领导小组批准，《2017 年度全国艺术科学规划项目课题指南》（以下简称《课题指南》）现予发布，全国艺术科学规划领导小组办公室开始受理 2017 年度全国艺术科学规划项目申报。现将申报工作的有关事项公告如下：

一、申报 2017 年度全国艺术科学规划项目的指导思想是：高举中国特色社会主义伟大旗帜，坚持以马克思列宁主义、毛泽东思想、邓小平理论、“三个代表”重要思想、科学发展观为指导，全面贯彻落实党的十八大和十八届三中、四中、五中、六中全会精神，深入贯彻习近平总书记系列重要讲话精神特别是关于哲学社会科学工作和文艺工作的重要论述和指示精神，坚持解放思想、实事求是、与时俱进、求真务实，坚持以重大现实问题为主攻方向，坚持基础研究与应用研究并重，加快构建中国特色艺术学体系，推动文化艺术研究为党和国家工作大局服务，为全面建成小康社会、实现中华民族伟大复兴中国梦提供强大文化力量。

二、全国艺术科学规划项目包括国家社会科学基金艺术学项目和文化部文化艺术研究项目。国家社会科学基金艺术学项目申请人须具备下列条件：遵守中华人民共和国宪法和法律；具有独立开展研究和组织开展研究的能力，能够承担实质性研究工作；具有副高级以上（含）专业技术职称（职务），或者具有博士学位。不具有副高级以上（含）专业技术职称（职务）或者博士学位的，可以申请青年项目，但必须有两名具有正高级专业技术职称（职务）的同行专家书面推荐。青年项目申请人和课题组成员的年龄均不超过35周岁（1982年3月15日后出生）。文化部文化艺术研究项目的申请资格参照以上要求。

国家社会科学基金艺术学重点项目的申请者，须是完成过省、部级以上同专业研究课题的负责人（需在申报中提供完成过的省、部级以上同专业研究课题的证明材料）；国家社会科学基金艺术学一般项目的申请者，须在与申报项目相关研究领域的重要期刊发表相关研究论文至少3篇或有主持完成的相关研究专著（须在申报材料中注明出版或发表的题目、时间及期刊或出版社名称等主要信息）。

申请人填报课题组成员或推荐人有关信息资料前，必须征得本人同意，否则视为违规申报。申请人可以根据研究的实际需要，吸收境外研究人员作为课题组成员参与申请。全日制研究生不能申请，具备申报条件的在职博士生（博士后）从所在工作单位申请。

文化部机关工作人员不能申请或者参与申请全国艺术科学规划项目。

三、全国艺术科学规划项目承担单位必须符合以下条件：在相关领域具有较雄厚的学术资源和研究实力；设有科研管理职能部门；能够提供开展研究的必要条件并承诺信誉保证。以兼职人员身份从所兼职单位申报全国艺术科学规划项目的，兼职单位须审核兼职人员正式聘用关系的真实性，承担项目管理职责并承担信誉保证。

四、《课题指南》条目分范围性条目和具体题目两类。范围性条目只规定研究范围和方向，申请人要据此自行设计具体题目，没有明确的研究对象和问题指向的申请不予受理和立项；依据具体题目申报的选题，应选择不同的研究角度、方法和侧重点，题目的文字表述可做适当修改。只要符合《课题指南》的指导思想和基本要求，各学科均鼓励申请人根据研究兴趣和学术积累申报自选课题（包括重点课题）。自选课题与按《课题指南》申报的选题在评审程序、评审标准、立项指标、资助强度等方面同样对待。无论是按《课题指南》拟定的选题还是自选课题，课题名称的表述应科学、严谨、规范、简明，一般不加副标题。

为进一步突出重点，针对我国艺术学各学科理论体系建设中的薄弱环节、我国文化建设中亟待研究回答的重大理论与实践问题，《课题指南》确定了若干优先研究方向，为全国艺术科研机构、科研人员和社会各界有关人士提供研究参考，优先研究方向的申报课题一经获准立项，可根据研究工作的实际需求，适度放宽资助额度。

跨学科研究课题应根据主要研究内容按照“靠近优先”原则，选择一个主要的学科进行申报。

五、本年度全国艺术科学规划项目设置国家社会科学基金艺术学重点项目、一般项目、青年项目、西部项目（注：西部项目不专门申报，从西部地区研究人员申报的国家社会科学基金艺术学项目中评审产生）以及文化部文化艺术研究项目。国家社会科学基金艺术学项目面向全社会；文化部文化艺术研究项目原则上面向文化系统人员所申报的课题，同时定向吸收研究内容紧密围绕国家和地方文化艺术建设实际、亟须开展的决策咨询类课题，鼓励以专业艺术研究院所为依托，凝聚社会力量协同攻关。符合条件的申请人，可在填报项目类别时，同时选择国家社会科学基金艺术学项目和文化部文化艺术研究项目，但不能同时获得国家社会科学基金艺术学项目和文化部文化艺术研究项目立项。

六、全国艺术科学规划项目资助额度参考标准为：国家社会科学基金艺术学重点项目35万元，一般项目、青年项目、西部项目20万元；文化部文化艺术研究项目6万～8万元。最终确定的资助额度在适当范围内上下浮动，申请人应根据实际需要编制科学合理的经费预算。

七、全国艺术科学规划项目的完成时限，自批准立项之日起计算，基础理论研究一般为3～5年，应用对策研究一般为2～3年。

八、为确保申请人有足够的时间和精力从事课题研究，2017年度全国艺术科学规划项目申请作如下限定：（1）课题负责人同年度只能申报一个全国艺术科学规划项目，且不能作为课题组成员参与其他全国艺术科学规划项目的申请；课题组成员同年度最多参与两个全国艺术科学规划项目申请。（2）在研的国家社会科学基金项目、国家自然科学基金项目、教育部人文社会科学研究项目、文化部文化艺术研究项目及其他国家级科研项目的负责人不能申请新的全国艺术科学规划项目（结项证书标注日期在2017年3月15日之前的可以申请）。（3）申请国家社会科学基金项目、国家自然科学基金项目及其他国家级科研项目的负责人同年度不能申请全国艺术科学规划项目，其课题组成员也不能作为负责人以内容相同或相近选题申请全国艺术科学规划项目。（4）申请教育部人文社会科学研究项目的负责人同年度不能申请全国艺术科学规划项目。（5）凡在内容上与在研或已结项的各级各类项目有较大关联的申请课题，须在申请时注明所申请项目与已承担项目的联系和区别，否则视为重复申请；不得以内容基本相同或相近的同一成果申请多家基金项目结项。（6）凡以博士学位论文或博士后出站报告为基础申报全国艺术科学规划项目，须在申请时注明所申请项目与学位论文（出站报告）的联系和区别，申请鉴定结项时提交学位论文（出站报告）原件。(7) 不得以已出版的内容基本相同的研究成果申请全国艺术科学规划项目。（8）凡以全国艺术科学规划项目名义发表阶段性成果或最终成果，不得同时标注多家基金项目资助字样。

九、2017 年度全国艺术科学规划项目实行网上申报。请申请人登录全国艺术科学规划项目申报管理系统（系统路径为：文化部网站主页→在线办事→全国艺术科学规划项目申报管理系统；也可直接输入网址：http：//119. 255. 27. 41)，按照有关说明注册账号并提交申报材料。

申请人要如实填写申报材料，保证申报内容的真实性且不涉及知识产权争议。凡发现弄虚作假等违规申报者，经查实后，取消 3 年内申报资格，如获立项即作撤销处理并通报批评。凡在全国艺术科学规划项目申报和评审中发现违规违纪行为的，除按规定进行处理外，均将列入不良科研信用记录。

十、所有申报项目将通过资格审查、同行专家通讯初评和复评等程序。资格审查和评审工作严格按照《全国艺术科学规划项目管理办法》及本通知的规定进行。同行专家通讯初评采用《活页》匿名方式，《活页》论证字数不超过 4000 字，不得出现申请人、课题组成员姓名及所在单位名称等有关信息，否则不予评审。项目评审坚持公平、公正原则，保证质量，宁缺毋滥。评审结果报全国艺术科学规划领导小组审批后公示。

十一、如课题获准立项，申请人填写立项通知书回执后，申报系统形成的《申报书》即成为有约束力的资助合同文本。项目负责人在项目执行期间要遵守相关承诺，履行约定义务，按期完成研究任务。最终成果实行匿名通讯鉴定。除特殊情况外，计划出版的成果须先鉴定、后出版，擅自出版者视为自行终止资助协议。

十二、2017 年度全国艺术科学规划项目实行 3 级申报制度。各单位科研管理部门作为初级管理单位，要做好申报组织及申报材料的审核把关工作，根据本通知及有关规定严格审核《申报书》的所有栏目内容，特别是严格审核申报资格、前期研究成果的真实性、课题组的研究实力和必备条件等，签署明确意见，承担信誉保证。

除北京市外的各省（区、市）艺术科学规划领导小组办公室或文化厅（局）艺术科研管理部门作为中级管理单位，受理本行政区划内的课题申报。中级管理单位要加强组织和指导，认真审核，严格把关，努力提高申报质量。要认真负责地做好账号管理、项目审核提交、名单报送等工作，确保网上申报按期完成。

全国艺术科学规划领导小组办公室委托文化部民族民间文艺发展中心承担在京单位的课题申报及各地申报材料的受理工作。全国艺术科学规划领导小组办公室不直接受理申报。

十三、课题申报相关文件材料，包括《2017 年度全国艺术科学规划项目课题指南》《国家社会科学基金项目资金管理办法》《全国艺术科学规划项目管理办法》《全国艺术科学规划历年立项课题汇编》等，可在文化部网站或申报系统主页上查询、下载。

十四、申请人及所在单位网上申报和提交时间截止至 2017 年 3 月 15 日，逾期系统关闭不予受理。申报单位完成本级资格审查及项目提交后，要同时将系统生成的本单位项目汇总表打印盖章后报送至中级管理单位（在京单位直接报送至文化部民族民间文艺发展中心)；中级管理单位网上受理和提交时间截至 3 月 25 日，中级管理单位完成本级资格审查及项目提交后，要同时将系统生成的本地区项目汇总表打印盖章后报送至文化部民族民间文艺发展中心。

文化部民族民间文艺发展中心地址：北京市东城区北河沿大街 83 号，邮政编码：100009

联系人：张　帆　邱邑洪

电　话：010－84019554

特此公告。

附件：2017 年度全国艺术科学规划项目课题指南

全国艺术科学规划领导小组办公室

2016 年 12 月 27 日

（全国艺术科学规划领导小组办公室供稿）

2017 年度全国艺术科学规划项目课题指南

申报 2017 年度全国艺术科学规划项目的指导思想是：高举中国特色社会主义伟大旗帜，坚持以马克思列宁主义、毛泽东思想、邓小平理论、“三个代表”重要思想、科学发展观为指导，全面贯彻落实党的十八大和十八届三中、四中、五中、六中全会精神，深入贯彻习近平总书记系列重要讲话精神特别是关于哲学社会科学工作和文艺工作的重要论述和指示精神，坚持解放思想、实事求是、与时俱进、求真务实，坚持以重大现实问题为主攻方向，坚持基础研究与应用研究并重，加快构建中国特色艺术学体系，推动文化艺术研究为党和国家工作大局服务，为全面建成小康社会、实现中华民族伟大复兴中国梦提供强大文化力量。

申报 2017 年度全国艺术科学规划项目，基础研究要具有创新性和开拓性，应用研究要具有现实性、针对性和时效性。鼓励艺术学体系建设重要领域、方向与我国文化建设重大现实问题研究的集体攻关项目，鼓励这些研究领域与方向中优势学术资源的整合。努力推动艺术学传统学科、新兴学科和交叉学科健康发展，力求居于学科前沿，避免低水平重复。除重要的基础研究外，鼓励以高水平的论文和研究报告作为最终研究成果。对边远贫困地区和少数民族地区特别是西部地区艺术研究给予一定倾斜。

为进一步突出重点，2017 年度全国艺术科学规划项目各申报学科确定了若干重点领域和优先研究方向（以*标注），为全国文化艺术研究机构、研究人员和社会各界有关人士提供参考，具备相应学术积累、学术资源和研究实力的申请者可在相关的范围和方向下自行拟定题目，其中优先研究方向的申报课题一经获准立项，可根据研究工作的实际需求，适度放宽资助额度。

艺术基础理论

马克思主义艺术理论中国化研究

习近平关于文化建设重要论述研究*

艺术学理论现状研究*

文艺发展史与文艺创作高峰研究*

中国少数民族艺术理论研究

中国传统艺术体系研究

中国现代艺术体系研究

中国与西方艺术比较研究

中外民间艺术比较研究

外来艺术样式中国化研究*

中国艺术史（含断代、专题、区域）研究

新中国成立以来艺术创作实践研究

新时期艺术学发展研究

中国艺术批评史研究

中国艺术家评传体例研究

流行文化的艺术生态与传播研究

海外艺术学经典译丛

艺术学新兴学科与交叉学科研究

当代中国艺术的伦理问题研究

戏剧（含戏曲、话剧、歌剧、音乐剧、曲艺、木偶、皮影）

中国少数民族戏剧研究

中国戏剧艺术家研究

戏剧作家作品研究

戏剧舞台美术研究

戏曲表演艺术研究*

戏曲导演艺术研究

戏曲音乐研究

戏曲文献文物研究

各剧种史论研究

地方戏曲与地域文化研究

民族歌剧研究

音乐剧研究

中国话剧史论研究

中国戏剧批评史论研究

戏剧创作、传播研究

戏剧受众与文化影响研究

戏剧产业与市场研究

戏剧管理研究

地方曲种研究*

曲艺文献研究

曲艺演唱与伴奏研究

曲艺创作与表演研究
曲艺发展与传播研究
木偶戏、皮影戏史论研究
木偶戏、皮影戏传承与创新研究
中国儿童戏剧的发展现状及策略研究 *
新媒体技术与戏剧艺术创新发展研究

电影、广播电视及新媒体艺术

电影学、广播电视学的学科现状与前沿问题研究
中国电影、电视剧创作现状与传播方式研究*
中国影视动画创作研究*
外国电影艺术创作及理论研究
中国电影发展专业史、专题史研究
中国电影艺术家研究
中外电影比较研究
当代中国类型电影研究
电影、电视技术与艺术互动研究
电影、广播、电视艺术批评研究
"互联网+"发展模式对电影创作及产业的影响研究
中国影视产业历史与现状研究
中国影视、动漫、新媒体艺术与产业国际影响力研究
微电影现状与发展研究
电影观众心理研究
中外电影院线建设与影院运营模式比较研究
国际电影市场的大数据研究
大数据对我国电视剧生产与传播的影响研究
中国纪录片现状与发展研究
当代中国娱乐节目的文化价值导向及传播研究*
媒介融合环境下的广播艺术发展研究
新媒体艺术创作现状研究
独立电影、独立动画研究
中国艺术电影创作与市场发展研究
中国电视节目贸易发展研究

音乐

音乐学的学科现状与前沿问题研究*
中外音乐表演理论研究*
中华音乐文化海外传承研究*
音乐批评的理论研究
中国音乐断代史专题史研究
中国近现代音乐史研究
中国音乐史学史研究
中国音乐学术史研究
中国音乐美学史研究
中国音乐口述史研究
中国古代音乐文献研究
区域音乐研究
民族声乐研究
民族器乐研究
传统音乐的创新与发展研究
传统音乐的传承与保护研究
传统音乐的人才培养研究
音乐基础技术理论研究*
现当代作曲技术理论研究
中国当代歌剧音乐创作研究
中国当代流行音乐创作的民族化研究
20 世纪中国音乐家研究
中国当代音乐作品与作曲家研究
舞蹈（舞剧）音乐研究
电影音乐研究
音乐社会学研究
音乐生态研究
音乐传播研究
音乐科技研究
音乐产业研究
西方音乐研究
音乐的功能性研究

舞蹈、杂技

舞蹈基础理论研究
中国舞蹈文化研究
"一带一路"乐舞文化研究
"非遗"舞蹈研究
中国区域和民族舞蹈研究
中国传统舞蹈生存现状及保护机制研究
中国现当代舞蹈创作研究*
中国舞蹈表演学研究
中国舞剧研究
中国民营舞团运营模式研究
舞蹈著作人的知识产权保护研究
社区舞蹈研究
外国舞蹈及理论研究
中外舞蹈比较研究
中国舞蹈对外传播研究
舞蹈交叉学科研究
歌舞表演艺术研究
新媒体与舞蹈艺术研究

中国古代舞谱研究
中国杂技艺术史研究
中国当代杂技创作研究

美术

世界视野中的中国美术研究
中国区域性民族性民间美术研究
中国现实主义美术研究
中国美术史断代、专题研究
中国古代书论画论研究
中国传统色彩研究
中国雕塑史断代、专题研究
中国传统建筑研究
现当代书法研究
摄影艺术研究
绘本创作研究
中外美术交流与比较研究
外国美术研究
中国当代美术批评理论研究*
西方现代美术批评理论研究
当代美术馆研究
数字化博物馆、美术馆和图书馆发展趋势研究
中国民营美术馆现状调查与研究
中国当代艺术海外传播研究
中国艺术品流散海外情况的调查与研究
中外艺术品市场政策法规比较研究*
中外艺术基金会以及艺术品收藏机制研究
美术策展人培养机制研究

设计艺术

中国工艺美术史断代、专题研究
外国工艺美术史研究
中外工艺美术交流研究
中国艺术设计史断代、专题研究
中国设计思想及设计理论研究
艺术设计新思潮研究
中国古代器物文化研究
中国传统营造的文化价值研究
中国传统服装服饰研究
中国传统纹样的当代运用研究*
当代工业设计观念与方法研究
城市公共环境景观设计研究
智慧城市建设中的设计伦理研究
室内设计理论与实践研究
交互设计与用户体验的应用研究
基于虚拟现实（VR）技术的文化产品设计研究
中国艺术设计产业竞争力研究*
工艺美术批评理论研究
艺术设计批评理论研究

综合

中国特色社会主义文化制度研究
国家文化管理体制改革与创新研究
增强中华文化认同的机制和路径研究*
国有剧院团管理模式研究
国有文化企业社会效益评价考核体系研究
文化文物单位文化创意产品开发体制机制研究
文化市场管理理论和政策研究
公共文化服务体系建设研究
贫困地区公共文化精准服务研究
非物质文化遗产保护与传承的可持续发展研究
新农村建设与传统村落文化的保护研究
中华民族优秀传统文化传承研究
传统艺术成果的知识产权问题研究*
艺术产品的产权交易研究
中国大众文化消费研究
民营艺术表演团体现状调查与研究
“互联网+”传统文化产业链创新模式研究
区域特色文化产业发展研究
网络文化对生活方式的影响研究
舞台艺术国内传播体系研究
优秀艺术作品海内外传播平台建设研究*
对外文化交流项目绩效评估研究
对外文化贸易研究
非物质文化遗产保护的海外经验和经典案例研究
世界各国文化法律、文化政策比较研究
世界文化思潮及文化热点问题研究

（全国艺术科学规划领导小组办公室供稿）

2017年度国家社会科学基金艺术学重大项目招标公告

经文化部和全国艺术科学规划领导小组批准，2017年度国家社会科学基金艺术学重大项目面向全国公开招标。现将有关事项公告如下：

一、招标单位

全国艺术科学规划领导小组办公室

二、招标对象

主要包括文化艺术研究领域重点研究机构、高等院校以及社科研究机构等。投标要以单位名义进行，多单位联合投标须确定一个责任单位。鼓励跨地区、跨单位联合投标，鼓励理论工作部门与实际工作部门合作开展研究。

三、招标工作总体要求

高举中国特色社会主义伟大旗帜，坚持以马克思列宁主义、毛泽东思想、邓小平理论、“三个代表”重要思想、科学发展观为指导，全面贯彻落实党的十八大和十八届三中、四中、五中、六中全会精神，深入贯彻习近平总书记系列重要讲话精神特别是关于哲学社会科学工作和文艺工作的重要论述和指示精神，坚持解放思想、实事求是、与时俱进、求真务实，大力推进理论创新，着力推出具有重大学术创新价值和文化传承意义的标志性研究成果，为全面建成小康社会、实现中华民族伟大复兴中国梦提供强大文化力量。

四、招标数量和资助强度

2017年度重大项目共发布17个招标选题，每个招标选题原则上只确定1项中标课题。资助强度根据研究的实际需要确定，一般为每项60万～80万元。

五、投标资格要求

（一）投标单位须具备下列条件

1. 在文化艺术研究领域具有较强的科研力量和深厚的学术积累。

2. 设有专门负责科研管理工作的职能部门。

3. 能够为开展重大课题研究工作提供良好条件。

（二）投标课题组须具备下列条件

1. 每个课题组设置1名首席专家。首席专家须具有中华人民共和国国籍，具有较高的政治素质；在文化艺术研究领域具有深厚的学术造诣和丰富的科研经验，社会责任感强，学风优良；具有正高级专业技术职务或局级以上（含）领导职务，能够担负起课题研究实际组织者和指导者的责任。

2. 在研的国家社会科学基金重大项目、马克思主义理论研究和建设工程重大项目、教育部哲学社会科学重大攻关项目、国家出版基金项目及其他国家级重大科研项目的首席专家，不能作为首席专家参加本次投标。申请教育部哲学社会科学重大攻关项目及其他国家级重大科研项目的首席专家同年度不能申请国家社科基金艺术学重大项目。

3. 首席专家只能投标一个项目，且不能作为子课题负责人或课题组成员参与本次投标的其他课题。子课题负责人只能参与一个投标课题，课题组成员最多参与两个投标课题。

4. 文化部机关工作人员不能申请或者参与申请国家社会科学基金艺术学重大项目。

六、投标课题要求

1. 投标课题组须按《招标公告》发布的招标选题投标，自选课题不予受理。投标课题组须按《2017年度国家社会科学基金艺术学重大项目投标书》规定的内容和要求填写申报材料。《投标书》文本要简洁、规范、清晰，不加附件。

2. 投标课题要突出研究重点，体现有限目标，课题设计不宜过于宽泛，避免大而全，子课题数量一般不超过5个。大型文献典籍整理、丛书编纂等规模较大的课题，可根据实际需要设定子课题数量。

3. 投标课题组要熟知国内外相关领域研究前沿和动态，除必要的学术史梳理外，应着重对同类课题研究状况和他人研究成果做出分析评价，阐明投标选题的价值和意义。

4. 投标课题组成员须具备扎实的研究基础和丰富的相关前期研究成果，《投标书》要重点介绍首席专家近年来在相关研究领域的学术积累和学术贡献、同行评价和社会影响等方面情况。

5. 要树立鲜明的问题意识和创新意识，在框架设计、研究思路、主要内容、基本观点、研究方法等方面，体现创新的学术思想、独到的学术见解和可能取得的突破。

6. 项目完成时间根据研究工作的实际需要确定，一般应在 3 ~ 5 年内完成，部分研究任务艰巨、规模较大、周期较长的课题可分期完成，完成时限不作统一规定。

7. 预期研究成果的规模和数量应科学合理，确保质量和学术水准，多出精品力作，避免重复出版；最终成果为大型文献典籍整理、多卷本专著、系列丛书等形式的，应注意编纂体例的科学性和统一性。

七、投标纪律要求

1. 投标单位和首席专家要加强审查把关，切实把好政治方向关和学术质量关。各地中级管理单位要从选题设计、课题论证、首席专家、前期研究成果、科研团队和投标单位等方面进行详细审查，合格者予以上报。

2. 要弘扬严谨求实、注重诚信的优良学风，自觉坚持公平竞争的原则，严格遵守国家社会科学基金项目管理规定。凡有弄虚作假、抄袭剽窃、违规违纪等行为的，一经查实，即取消参评资格；如中标，一律撤项，首席专家 5 年内不得申报国家社会科学基金项目。

3. 拟定子课题负责人和课题组成员前必须征得本人同意，子课题负责人必须在《投标书》上签字，否则视为违规申报。如中标，子课题负责人一般不得变更。

4. 投标课题组可提出 2 名以内建议回避评审专家，全国艺术科学规划领导小组办公室将根据评审工作的实际情况予以考虑。

八、申报程序和时间安排

1. 除北京市外的各省（区、市）艺术科学规划领导小组办公室或文化厅（局）艺术科研管理部门作为中级管理单位，受理并审核本行政区划内的投标课题申报并汇总、报送《2017 年度国家社会科学基金艺术学重大项目投标材料汇总表》。全国艺术科学规划领导小组办公室委托文化部民族民间文艺发展中心承担在京单位的投标课题申报及各地申报材料的受理及分类汇总工作。全国艺术科学规划领导小组办公室不直接受理申报。

2. 《招标公告》《投标书》等相关材料可登录文化部网站（http：//www. mcprc. gov. cn）查阅、下载（路径：文化部网站主页→部内司局→文化科技司）。《投标书》一律用计算机填写、A3 纸双面印制中缝装订，经投标单位审核盖章，由各地中级管理单位审核汇总后，于 2017 年 3 月 15 日前（以邮戳时间为准）统一报送至文化部民族民间文艺发展中心，逾期不予受理。

各地报送的材料包括：（1）审查合格的纸质《投标书》一式 8 份，其中 1 份原件（请在封面上标明）、7 份复印件；（2）每项《投标书》的电子文本 1 份（请用 word 文件格式制作）；（3）投标材料汇总表 1 份（请严格按照表格样式用 excel 文件格式制作）。《投标书》电子文本和汇总表电子表格请通过电子邮件发至全国艺术科学规划领导小组办公室邮箱（ysghb809@ 163. com）。

3. 全国艺术科学规划领导小组办公室对《投标书》进行资格审查，并组织专家对通过资格审查的投标课题进行评审，提出建议中标课题名单。

4. 建议中标课题名单经全国艺术科学规划领导小组审批后，在文化部及全国社科规划办网站上公示 7 天，公示结果报全国艺术科学规划领导小组审批后下达立项通知书。

文化部民族民间文艺发展中心地址：北京市东城区北河沿大街 83 号

邮政编码：100009

联系人：张帆　邱邑洪

电话：010 - 84019554

特此公告。

附件 1：2017 年度国家社会科学基金艺术学重大项目招标选题

附件 2：2017 年度国家社会科学基金艺术学重大项目投标书（略）

附件 3：2017 年度国家社会科学基金艺术学重大项目投标材料汇总表（略）

全国艺术科学规划领导小组办公室

2016 年 12 月 27 日

（全国艺术科学规划领导小组办公室供稿）

2017年度国家社会科学基金艺术学重大项目招标选题

1. 文化自信与中国发展研究
2. “以人民为中心”艺术创作理论研究
3. 中国特色艺术学体系研究
4. 中国戏曲表演美学体系研究
5. 中国曲艺传承与传播研究
6. 中国网络电影、网络剧、网络节目研究
7. 传统礼乐文明与当代文化建设研究
8. 中国广场舞蹈与社区文化建设研究
9. 人民形象的塑造与20世纪中国美术研究
10. 中国传统工艺的当代价值研究
11. 中国文化“走出去”提质增效研究
12. 乡村文化传承与精准扶贫研究
13. 国家文化安全研究
14. 互联网时代的文化发展研究
15. 文化大数据共享机制研究
16. 艺术人才培养模式研究
17. 中国特色艺术智库研究

（全国艺术科学规划领导小组办公室供稿）

2017年度国家社科基金艺术学重大项目（北京地区）

批准号	项目名称	责任单位	首席专家
17ZD02	中国网络电影、网络剧、网络节目研究	北京师范大学	张智华
17ZD03	传统礼乐文明与当代文化建设研究	北京师范大学	刘成纪

（全国艺术科学规划领导小组办公室供稿）

国家社会科学基金艺术学“十三五”规划2017年度项目（北京地区）

立项批准号	项目名称	立项类别	项目负责人	责任单位
17AD003	20世纪40—60年代香港国语时代曲研究	国家重点项目	项筱刚	中央音乐学院
17AG006	虚拟现实文化创意产品的设计理论与应用研究	国家重点项目	鲁晓波	清华大学
17BA012	二王尺牍汇编辑校	国家一般项目	卢芳玉	国家图书馆
17BB031	新媒体影像戏剧创作研究	国家一般项目	王　晋	中央戏剧学院
17BC047	中国现实主义电影发展史研究（1905—2017）	国家一般项目	张慧瑜	中国艺术研究院
17BC050	当前类型电影跨文化策略研究	国家一般项目	冯　欣	中央美术学院
17BC051	基于虚拟现实技术的电影创作研究	国家一般项目	贾云鹏	北京邮电大学
17BC053	移动互联网语境下综艺娱乐类节目的文化价值建构研究	国家一般项目	盖　琪	首都师范大学
17BC057	中国当代电影剪辑师研究	国家一般项目	周新霞	北京电影学院

续表

立项批准号	项目名称	立项类别	项目负责人	责任单位
17BC058	中国—罗马尼亚电影交流史（1949—2016）	国家一般项目	王　垚	北京电影学院
17BC059	基于价值链创新的大数据对影视剧生产与传播影响研究	国家一般项目	戴建华	中国传媒大学
17BD065	蒙古文大藏经“丹珠尔”部诵经仪轨音乐研究	国家一般项目	包爱军	中央民族大学
17BD076	中国少数民族风格室内乐创作研究	国家一般项目	安鲁新	中央民族大学
17BD078	现代西方音乐表演理论发展与前沿研究	国家一般项目	高拂晓	中央音乐学院
17BD082	中西管弦乐器声学特征的比较研究	国家一般项目	付晓东	中国音乐学院
17BF097	中国剪纸艺术研究	国家一般项目	乔晓光	中央美术学院
17BF103	中国艺术博览会的历史、形态及建构问题研究	国家一般项目	武洪滨	中国人民大学
17BF109	20 世纪初欧洲的中国绘画收藏及研究	国家一般项目	周建朋	北京大学
17BF117	唐代实用书迹书写群体研究	国家一般项目	周　侃	首都师范大学
17BF120	伊朗阿德比尔清真寺藏中国瓷器及相关问题研究	国家一般项目	项坤鹏	故宫博物院
17BG131	1949—1999 年红色书籍的政治图像学研究	国家一般项目	龚小凡	北京印刷学院
17BG134	基于情绪控制的自然交互设计应用研究	国家一般项目	薄一航	北京电影学院
17BG140	贯木拱廊桥传统营造的文化价值研究	国家一般项目	程　霏	中国艺术研究院
17BG148	日本传统工艺美术文化研究	国家一般项目	张夫也	清华大学
17BH150	中西部农村文化志愿服务行动的实践模式及其理论意涵研究	国家一般项目	良警宇	中央民族大学
17BH165	国有文化企业社会效益评价考核体系研究	国家一般项目	张春河	中国传媒大学
17BH171	中国手工刺绣技艺研究	国家一般项目	李宏复	中国艺术研究院
17BH175	京津冀传统村落空间文化价值挖掘与保护研究	国家一般项目	王　涛	北京理工大学
17CB183	中外当代儿童戏剧的交流与比较研究	国家青年项目	马亚琼	中国儿童艺术剧院
17CE193	“民族身体”的想象性重塑——世界格局中“中国性”舞蹈的构形研究	国家青年项目	田　湉	北京舞蹈学院
17CF198	基于神经网络算法的古画图像还原修复方法研究	国家青年项目	刘卉元	中国艺术研究院
17CG203	民国时期（1912—1949）上海设计组织与机构研究	国家青年项目	张馥玫	北京印刷学院
17CH217	丝绸之路新疆段非物质文化遗产的当代流变分析	国家青年项目	杨　红	中国传媒大学
17CH222	欧洲非物质文化遗产保护经验及重要案例研究	国家青年项目	唐璐璐	北京外国语大学
17CH223	国家文化形象动漫化传播研究	国家青年项目	宋　磊	中国动漫集团有限公司

（全国艺术科学规划领导小组办公室供稿）

2017 年度教育部在京高校国家社会科学基金重大项目

序号	责任单位	项目名称	首席专家	批准号
1	北京大学	当代逻辑哲学重大前沿问题研究	陈 波	17ZDA024
2	北京大学	丝绸之路经济带沿线国家文化产业合作共赢模式及路径研究	向 勇	17ZDA043
3	北京大学	中国产业集群地图系统（CCM）建设与应用研究	沈体雁	17ZDA055
4	北京大学	健康预期寿命与人口群体健康水平测量	乔晓春	17ZDA124
5	北京大学	太湖流域民间信仰类文艺资源的调查与跨学科研究	陈泳超	17ZDA167
6	北京大学	先秦时期中原与边疆地区冶金手工业考古资料整理与研究	陈建立	17ZDA219
7	北京大学	周边传播理论与应用研究	陆 地	17ZDA288
8	北京大学	《王重民全集》编纂	王锦贵	17ZDA296
9	北京交通大学	中国高铁经济理论解析框架及演化路径研究	林晓言	17ZDA084
10	北京科技大学	中国冶金史	潜 伟	17ZDA178
11	北京师范大学	中国共产党思想政治教育百年历程与经验研究	王树荫	17ZDA005
12	北京师范大学	《威廉·詹姆士哲学文集》翻译与研究	王成兵	17ZDA032
13	北京师范大学	贫困退出考核评估的统计测度研究	吕光明	17ZDA095
14	北京师范大学	全面二孩政策下城市地区 0～3 岁婴幼儿托育服务体系研究	洪秀敏	17ZDA123
15	北京师范大学	构建中国特色境外追逃追赃国际合作法律机制研究	王秀梅	17ZDA137
16	北京师范大学	中国古代户籍制度研究及数据库建设	张荣强	17ZDA174
17	北京师范大学	近代以来中日文学关系研究与文献整理（1870—2000）	王志松	17ZDA277
18	北京师范大学	中国特殊教育通史	肖 非	17ZDA321
19	北京体育大学	中外学校体育思想史整理与研究	王华倬	17ZDA329
20	北京外国语大学	中国与中东欧国家文化关系史研究	丁 超	17ZDA173
21	北京外国语大学	多卷本《中国文化域外传播百年史》（1807—1949）	任大援	17ZDA195
22	北京外国语大学	新世纪东方区域文学年谱整理与研究（2000—2020）	穆宏燕	17ZDA280
23	北京语言大学	元明清民国时期官话语音语料库平台建设与研究	徐朝东	17ZDA304
24	北京语言大学	汉语文本可读性测评和分级的跨学科研究	江 新	17ZDA305
25	北京中医药大学	中医原创思维的方法论研究	王 琦	17ZDA331
26	对外经济贸易大学	基于保险精算的精准扶贫研究	黄 薇	17ZDA090
27	对外经济贸易大学	逆全球化动向与国际经贸规则重构的中国方案研究	屠新泉	17ZDA098
28	对外经济贸易大学	“一带一路”倡议与国际经济法律治制度创新研究	石静霞	17ZDA144

续表

序号	责任单位	项目名称	首席专家	批准号
29	清华大学	设计形态学研究	邱　松	17ZDA019
30	清华大学	马克思主义伦理思想史研究	李义天	17ZDA022
31	清华大学	基于社交网络的信息流逻辑研究	刘奋荣	17ZDA026
32	清华大学	“互联网+”促进制造业创新驱动发展及其政策研究	杨德林	17ZDA051
33	清华大学	联合国可持续发展议程评估体系建设及实现路径研究	薛　澜	17ZDA077
34	清华大学	建设世界科技创新强国的战略比较与实现路径研究	陈　劲	17ZDA082
35	清华大学	国家治理现代化与行政管理制度体系创新研究	蓝志勇	17ZDA104
36	清华大学	总体国家安全观视野下的网络治理体系研究	熊澄宇	17ZDA107
37	清华大学	地缘政治风险预测的理论与方法研究	庞　珣	17ZDA110
38	清华大学	实现积极老龄化的公共政策及其机制研究	杨燕绥	17ZDA121
39	清华大学	经济全球化波动的政治效应及中国的战略应对	陈　琪	17ZDA169
40	清华大学	《营造法式》研究与注疏	王贵祥	17ZDA185
41	清华大学	汉传佛教僧众社会生活史	圣　凯	17ZDA233
42	中国农业大学	农业社会学的基本理论与前沿问题研究	熊春文	17ZDA113
43	中国人民大学	日本朱子学文献编纂与研究	张立文	17ZDA012
44	中国人民大学	“多规合一”视角下的土地供给侧结构性改革研究	严金明	17ZDA039
45	中国人民大学	“一带一路”国家劳动与雇佣管制研究	杨伟国	17ZDA041
46	中国人民大学	推动中国经济中高速可持续增长的突破性改革：地方政府治理体系改革	贯俊雪	17ZDA048
47	中国人民大学	农民获得更多土地财产权益的体制机制创新研究	陶　然	17ZDA075
48	中国人民大学	逆全球化动向与国际经贸规则重构的中国方案研究	王孝松	17ZDA097
49	中国人民大学	“一国两制”与香港特别行政区未来发展的若干重大问题研究	王英津	17ZDA109
50	中国人民大学	中国残疾人家庭与社会支持机制建构及案例库建设	杨立雄	17ZDA116
51	中国人民大学	全面二孩政策下城市地区0～3岁婴幼儿托育服务体系研究	杨菊华	17ZDA122
52	中国人民大学	中国宪法学文献整理与研究	韩大元	17ZDA125
53	中国人民大学	宗教工作法治化研究	冯玉军	17ZDA149
54	中国人民大学	唐前出土文献及佚文献文学综合研究	徐正英	17ZDA254
55	中国人民大学	大数据环境下政务信息资源归档与管理研究	张　斌	17ZDA293
56	中国人民大学	《牛津古典大辞典》中文版翻译	刘小枫	17ZDA320
57	中国人民大学	2022北京冬奥会冰雪运动普及和发展对策研究	李树旺	17ZDA328
58	中国政法大学	党的十八届四中全会以来我国刑事诉讼制度重大改革实施效果的实证研究	卞建林	17ZDA126
59	中国政法大学	司法评估的理论与方法研究	张保生	17ZDA129
60	中国政法大学	建立犯罪记录制度的基础理论和制度设计研究	于志刚	17ZDA132
61	中国政法大学	创新驱动发展战略下知识产权公共领域问题研究	冯晓青	17ZDA139

续表

序号	责任单位	项目名称	首席专家	批准号
62	中国政法大学	全球海洋治理新态势下中国海洋安全法律保障问题研究	李卫海	17ZDA146
63	中央财经大学	我国公民财经素养指数建构与数据库建设	辛自强	17ZDA325
64	中央民族大学	国家建设视域下民族区域自治的理论原理、实践经验与现实挑战	关　凯	17ZDA151
65	中央民族大学	“一带一路”沿线各国民族志研究及数据库建设	祁进玉	17ZDA155
66	中央民族大学	中国岭南传统村落保护与利用研究	麻国庆	17ZDA165
67	中央民族大学	汉语国际传播动态数据库建设及发展监测研究	吴应辉	17ZDA306
68	中央民族大学	蒙古族教育史（1947—2017）	苏　德	17ZDA322

（高校社科管理中心供稿）

2017 年度教育部人文社会科学研究一般项目（北京地区）

序号	学校名称	学科门类	项目名称	项目类别	项目批准号	申请人
1	北方工业大学	语言学	外国来华留学生汉语词汇认知与隐喻能力发展的关系研究	规划基金项目	17YJA740065	袁凤识
2	北方工业大学	交叉学科/综合研究	基于文化形貌理论的乡镇公共建筑空间与环境设计综合策略研究	规划基金项目	17YJAZH084	王小斌
3	北方工业大学	交叉学科/综合研究	北京近代建筑中传统文化的传承与发展研究（1840—1949）	规划基金项目	17YJAZH065	钱　毅
4	北方工业大学	交叉学科/综合研究	海外汉英词典数字化与中华文化国际传播策略研究	规划基金项目	17YJAZH044	李　翔
5	北方工业大学	交叉学科/综合研究	基于商家空间网络的 B2C 共享经济平台启动问题研究	青年基金项目	17YJCZH206	许　研
6	北京大学	马克思主义/思想政治教育	汉译日文马克思主义文献整理与研究（1870—1949）	青年基金项目	17YJC710037	李爱军
7	北京大学	外国文学	法国当代自撰文学现象研究	规划基金项目	17YJA752019	杨国政
8	北京大学	外国文学	司汤达的情感哲学与小说诗学	青年基金项目	17YJC752033	王斯秧
9	北京大学	艺术学	华语电影的海外互联网传播史研究	青年基金项目	17YJC760091	王　伟
10	北京大学	政治学	我国反腐败机构改革的实践方式与推进机制研究	青年基金项目	17YJC810023	庄德水
11	北京大学	法学	民办教育资产证券化的法律构造与风险管理	规划基金项目	17YJA820007	洪艳蓉
12	北京大学	民族学与文化学	柳田国男及其学问与中国关系之研究	规划基金项目	17YJA850010	王　京
13	北京大学	新闻学与传播学	中国高校出版“走出去”模式研究	规划基金项目	17YJA860017	谢　娜
14	北京大学	体育科学	中国青少年体力活动行为影响因素的生态学模型解释与预测	规划基金项目	17YJA890009	赫忠慧

续表

序号	学校名称	学科门类	项目名称	项目类别	项目批准号	申请人
15	北京大学	交叉学科/综合研究	当代俄罗斯艺术公共领域的调查研究	规划基金项目	17YJAZH052	凌建侯
16	北京第二外国语学院	语言学	中国学习者俄语语音纯化教学系统的构建与实证研究	规划基金项目	17YJA740030	刘绯绯
17	北京第二外国语学院	外国文学	冯内古特小说中的跨物种叙事研究	规划基金项目	17YJA752007	李素杰
18	北京第二外国语学院	外国文学	文化记忆视阈下的英国历史编纂元小说研究	青年基金项目	17YJC752022	罗　晨
19	北京第二外国语学院	经济学	文化距离对中国 OFDI 的影响：基于文化“走出去”的调节效应分析	青年基金项目	17YJC790133	孙俊新
20	北京第二外国语学院	管理学	政策工具对发展中国家可再生能源技术创新能力影响比较研究	规划基金项目	17YJA630042	李　凡
21	北京第二外国语学院	管理学	异质信念、剩余收益与权益估值	青年基金项目	17YJC630108	牛伟宁
22	北京第二外国语学院	交叉学科/综合研究	民族地区旅游精准扶贫效果测度及优化模式研究	青年基金项目	17YJCZH164	王金伟
23	北京工商大学	艺术学	3—6 世纪丝绸之路石窟装饰纹样的艺术风格学研究	青年基金项目	17YJC760114	张俊沛
24	北京工商大学	法学	精神病人强制医疗解除程序的中国模式及其完善	青年基金项目	17YJC820048	王迎龙
25	北京工商大学	交叉学科/综合研究	面向我国偏远地区的移动医疗服务设计研究	规划基金项目	17YJAZH045	李晓珊
26	北京工商大学	交叉学科/综合研究	基于区块链的食品供给侧安全监管体系构建研究	青年基金项目	17YJCZH127	毛典辉
27	北京工商大学	交叉学科/综合研究	基于深度学习的视频直播弹幕违规内容识别研究	青年基金项目	17YJCZH007	蔡圆媛
28	北京工业大学	马克思主义/思想政治教育	习近平全面从严治党的方法论研究	规划基金项目	17YJA710012	李世忠
29	北京工业大学	艺术学	老龄化背景下智能导视系统的创新设计研究	青年基金项目	17YJC760048	刘　键
30	北京工业大学	管理学	中国企业员工的工作意义感：内涵、影响因素及影响效果	青年基金项目	17YJC630125	宋　萌
31	北京工业大学	教育学	学科融合：STEAM 教育国际比较及启示研究	规划基金项目	17YJA880021	高　威
32	北京工业大学	教育学	高校与工程科研院所联合培养博士生试点项目实施效果及影响因素研究	青年基金项目	17YJC880072	刘贤伟
33	北京工业大学	教育学	基于复杂工程问题的迁移学习在创新性实践教学中的应用研究	青年基金项目	17YJC880137	郑　鲲
34	北京工业职业技术学院	法学	中国共产党领导立法的历史变迁	规划基金项目	17YJA820022	彭　君

续表

序号	学校名称	学科门类	项目名称	项目类别	项目批准号	申请人
35	北京航空航天大学	马克思主义/思想政治教育	习近平对马克思恩格斯国家治理思想的创新发展	青年基金项目	17YJC710050	刘娜娜
36	北京航空航天大学	经济学	中国投入产出序列表预测及其应用研究	规划基金项目	17YJA790097	郑海涛
37	北京航空航天大学	统计学	大规模社交网络数据的统计建模与高效计算	青年基金项目	17YJC910006	马莹莹
38	北京化工大学	经济学	中国指数基金交易的经济后果研究	青年基金项目	17YJC790177	徐　步
39	北京化工大学	管理学	高校创新资源集聚对区域创新绩效的溢出效应研究	规划基金项目	17YJA630111	吴卫红
40	北京化工大学	管理学	基础养老金全国统筹的实施路径及影响研究——基于购买力平价指数的养老金精算平衡	规划基金项目	17YJA630054	刘昌平
41	北京交通大学	马克思主义/思想政治教育	新媒体时代社会思潮的传播机制及其引领研究	青年基金项目	17YJC710001	安　娜
42	北京交通大学	经济学	时空视角下高铁快运服务网络区域组织优化研究	青年基金项目	17YJC790064	焦敬娟
43	北京交通大学	经济学	基于医保行政数据的医院竞争与医疗费用关系研究	青年基金项目	17YJC790155	王天宇
44	北京交通大学	新闻学与传播学	网络论战的衍生、传播规律及其社会影响研究	青年基金项目	17YJC860009	刘　凯
45	北京交通大学	新闻学与传播学	中国集体行动线上组织结构形态与线下互动机制研究	青年基金项目	17YJC860012	刘晓燕
46	北京交通大学	图书馆、情报与文献学	基于电子病历文本的临床知识挖掘研究	青年基金项目	17YJC870015	尚小溥
47	北京交通大学	交叉学科/综合研究	京津冀新城镇绿色养老住宅合作居住模式与空间设计研究	青年基金项目	17YJCZH088	李珺杰
48	北京科技大学	历史学	新中国成立以来中尼关系发展演变的历史考察和经验研究	青年基金项目	17YJC770020	穆阿妮
49	北京科技大学	管理学	紧凑型生产模式下混合流程工业的订单承诺模型及影响因素分析	青年基金项目	17YJC630143	王柏琳
50	北京科技大学	管理学	制度约束对高耗能产业绿色转型作用机理研究——以钢铁产业为例	青年基金项目	17YJC630163	王晓岭
51	北京科技大学	管理学	开放式创新环境下网络嵌入性对研发型科技中介服务影响机理的实证研究	青年基金项目	17YJC630080	林　敏
52	北京科技大学	交叉学科/综合研究	“医—患—陪”三方交际中陪同介入的会话分析研究	青年基金项目	17YJCZH224	杨　子
53	北京理工大学	马克思主义/思想政治教育	苏联早期德育理论与实践研究(1917—1956)	青年基金项目	17YJC710072	宋　磊
54	北京理工大学	经济学	基于高维VAR分位数回归的系统性金融风险测度	青年基金项目	17YJC790057	霍丽娟

续表

序号	学校名称	学科门类	项目名称	项目类别	项目批准号	申请人
55	北京理工大学	管理学	我国跨国并购企业整合知识转移效率的影响因素研究	规划基金项目	17YJA630072	孟凡臣
56	北京联合大学	语言学	上古汉语并列复句发展演变研究	青年基金项目	17YJC740105	杨　丹
57	北京联合大学	经济学	中国降低制造业税负的路径选择：3 类关键税费的作用机理与企业行为调查研究	青年基金项目	17YJC790001	白庆辉
58	北京联合大学	经济学	普惠金融视角下微型金融机构的可持续发展及制度优化路径研究	青年基金项目	17YJC790082	李雅宁
59	北京联合大学	管理学	制造业企业金融资产投资的影响因素及经济后果研究	青年基金项目	17YJC630133	索玲玲
60	北京联合大学	新闻学与传播学	“互联网＋”背景下影视产业 IP 运营机制研究——基于价值链创新的视角	青年基金项目	17YJC860006	金　韶
61	北京联合大学	新闻学与传播学	新媒体背景下我国广告教育转型与发展研究	青年基金项目	17YJC860030	闫　琰
62	北京联合大学	教育学	自主学习视角下基于 SPOC 的听障大学生混合学习效果研究	青年基金项目	17YJC880075	刘志丽
63	北京联合大学	教育学	小学生数学核心素养生成机制研究	青年基金项目	17YJC880036	何　璇
64	北京联合大学	港澳台问题研究	全球生产网络动态演进下两岸产业合作的转型升级	青年基金项目	17YJCGAT006	周小柯
65	北京联合大学	交叉学科/综合研究	“一带一路”倡议下民族地区跨境廊道遗产价值与功能研究	青年基金项目	17YJCZH080	李　飞
66	北京林业大学	外国文学	物语对中国园林文化要素的接受研究	规划基金项目	17YJA752020	於国瑛
67	北京林业大学	艺术学	桂北传统聚落景观图式及其演变研究	规划基金项目	17YJA760050	王静文
68	北京林业大学	交叉学科/综合研究	基于复杂网络视角的林木生物质发电供应链协同机制研究	规划基金项目	17YJAZH060	马　宁
69	北京林业大学	交叉学科/综合研究	遗产保护视野下历史街区的地方性及其建构研究	青年基金项目	17YJCZH193	向岚麟
70	北京农学院	社会学	利用乡村社会关系控制农产品质量安全的路径研究——基于亚行旱作农业项目的实践	规划基金项目	17YJA840004	苟天来
71	北京师范大学	马克思主义/思想政治教育	国家治理现代化中法治思维的现实价值及培育策略研究	规划基金项目	17YJA710019	马振清
72	北京师范大学	语言学	生态学理论视角下中国中小学英语教师信念发展研究	青年基金项目	17YJC740076	孙晓慧
73	北京师范大学	中国文学	20 世纪离散华人作家的北京想象研究	规划基金项目	17YJA751025	沈庆利
74	北京师范大学	外国文学	语言与逻辑：语言转向视域下的拉康中后期思想研究	青年基金项目	17YJC752039	于　洋

续表

序号	学校名称	学科门类	项目名称	项目类别	项目批准号	申请人
75	北京师范大学	经济学	创新驱动中国工业绿色转型研究	规划基金项目	17YJA790025	韩　晶
76	北京师范大学	社会学	MSW 学生专业认同的跟踪研究：形成机制和专业化效应	青年基金项目	17YJC840039	王晔安
77	北京师范大学	社会学	农村基层治理多元化与创新实践研究	青年基金项目	17YJC840036	王海侠
78	北京师范大学	新闻学与传播学	孔子学院与新媒体在跨文化传播中融合发展的探索	青年基金项目	17YJC860037	张心蔚
79	北京师范大学	图书馆、情报与文献学	数据驱动的图书馆精细化服务模式与保障机制研究	规划基金项目	17YJA870011	李书宁
80	北京师范大学	教育学	多重熏陶理论下家庭学校社区关怀型教育共同体的创建	规划基金项目	17YJA880066	宋　萑
81	北京师范大学	教育学	中国教师资格的历史沿革研究	规划基金项目	17YJA880064	施克灿
82	北京师范大学	教育学	区县教育治理模式及其对学校效能的影响机制研究	青年基金项目	17YJC880135	赵　茜
83	北京师范大学	教育学	基于大数据的中小学教师培训质量评估策略研究	青年基金项目	17YJC880084	亓俊国
84	北京师范大学	心理学	基于文本可读性分析与学生阅读能力测评的汉语阶梯阅读研究	规划基金项目	17YJA190009	李　虹
85	北京师范大学	统计学	中国对外贸易规模重新估算及其应用——基于区分加工贸易的世界投入产出模型	规划基金项目	17YJA910001	宋旭光
86	北京师范大学	交叉学科/综合研究	基于行为感知数据的学习沉浸度模型研究	青年基金项目	17YJCZH116	卢　宇
87	北京外国语大学	语言学	英汉双向平行依存树库的创建及翻译深层结构转换模式研究	青年基金项目	17YJC740052	刘鼎甲
88	北京物资学院	管理学	模糊信息下的供应链协作收益分配策略研究	青年基金项目	17YJC630203	于晓辉
89	北京物资学院	管理学	电商零售企业顾客赢回机制研究	青年基金项目	17YJC630058	李敬强
90	北京信息科技大学	管理学	企业协同研发环境中的多主体知识转移过程控制方法研究	青年基金项目	17YJC630073	李湧范
91	北京信息科技大学	管理学	内隐创业型领导对本土创业企业员工和团队追随力的跨层次作用机制研究	青年基金项目	17YJC630107	倪　渊
92	北京印刷学院	新闻学与传播学	新生代农民工的数字阅读与文化生产研究	青年基金项目	17YJC860002	谷　征
93	北京邮电大学	马克思主义/思想政治教育	当代中国意识形态话语权生成机制及建设研究	青年基金项目	17YJC710103	张传泉
94	北京邮电大学	语言学	基于使用的中国学生英语关系从句认知统计模型研究	青年基金项目	17YJC740018	房印杰
95	北京邮电大学	图书馆、情报与文献学	设计思维在高校图书馆服务创新中的应用研究	青年基金项目	17YJC870016	盛　卿

续表

序号	学校名称	学科门类	项目名称	项目类别	项目批准号	申请人
96	北京语言大学	语言学	基于语料库的伊藤漱平《红楼梦》日译研究	规划基金项目	17YJA740056	吴　珺
97	北京语言大学	语言学	魏晋—隋唐墓志常用楷字“形构用”研究	青年基金项目	17YJC740101	徐秀兵
98	北京语言大学	语言学	语体语法视角下汉语的单双音节动词研究	青年基金项目	17YJC740064	骆健飞
99	北京语言大学	交叉学科/综合研究	汉语特殊句式语义依存图的表示与句模分析研究	规划基金项目	17YJAZH068	邵艳秋
100	北京语言大学	交叉学科/综合研究	面向语言学的文献计量及知识可视化分析	青年基金项目	17YJCZH069	黄　月
101	北京中医药大学	民族学与文化学	西南边疆少数民族地区传统药市变迁研究——以文山壮族苗族自治州为例	规划基金项目	17YJA850014	张子龙
102	北京中医药大学	交叉学科/综合研究	新药临床试验法律问题研究：从受试者自我决定权切入	规划基金项目	17YJAZH081	王丽莎
103	北京中医药大学	交叉学科/综合研究	中医学生实习阶段职业价值观干预模式研究	规划基金项目	17YJAZH064	聂里红
104	北京中医药大学	交叉学科/综合研究	中医药典籍英译的历史变化与规范化发展研究	规划基金项目	17YJAZH130	赵　霞
105	对外经济贸易大学	马克思主义/思想政治教育	中国共产党凝聚力生成机理研究	青年基金项目	17YJC710076	孙晓霞
106	对外经济贸易大学	语言学	“一带一路”倡议背景下中国企业走出去之本地化翻译与语言服务研究	规划基金项目	17YJA740059	徐　珺
107	对外经济贸易大学	语言学	中国百年科幻文学翻译研究	青年基金项目	17YJC740091	王雪明
108	对外经济贸易大学	语言学	动态系统理论视域下的高校英语写作中心构建与评估研究	自筹经费项目	17YJE740001	何佳佳
109	对外经济贸易大学	外国文学	达尔文主义与文学——“新维多利亚小说”中的进化叙事研究	规划基金项目	17YJA752006	金　冰
110	对外经济贸易大学	外国文学	19世纪美国文学与国家领土空间生产	青年基金项目	17YJC752004	郭　巍
111	对外经济贸易大学	经济学	新媒体冲击下企业欺诈终结机制与资本市场效率研究	青年基金项目	17YJC790136	孙艳梅
112	对外经济贸易大学	管理学	中国碳排放权交易试点政策的实施效果研究	规划基金项目	17YJA630024	郭　蕾
113	对外经济贸易大学	管理学	供给侧结构性改革背景下降低企业制度性交易成本研究	规划基金项目	17YJA630077	彭向刚
114	对外经济贸易大学	管理学	并购重组业绩补偿承诺的经济后果及其资本市场监管研究	规划基金项目	17YJA630039	孔宁宁
115	对外经济贸易大学	管理学	我国专利制度变革对企业创新绩效的影响	青年基金项目	17YJC630038	何文龙

续表

序号	学校名称	学科门类	项目名称	项目类别	项目批准号	申请人
116	对外经济贸易大学	法学	多数人侵权纠纷共同诉讼类型研究	青年基金项目	17YJC820034	卢　佩
117	对外经济贸易大学	统计学	基于高斯混合模型的数据挖掘技术在保险客户细分中的应用	青年基金项目	17YJC910005	李　岩
118	对外经济贸易大学	交叉学科/综合研究	“互联网＋”背景下文本与数据挖掘的政策建设研究	青年基金项目	17YJCZH269	周玲玲
119	对外经济贸易大学	交叉学科/综合研究	基于高频数据的期权市场价格发现贡献实证研究	青年基金项目	17YJCZH161	陶利斌
120	对外经济贸易大学	交叉学科/综合研究	税收政策影响企业生产率的微观机制研究	青年基金项目	17YJCZH066	黄夏岚
121	国际关系学院	心理学	青少年霸凌旁观者行为的影响机制	青年基金项目	17YJC190005	郭素然
122	清华大学	马克思主义/思想政治教育	英文文献中的习近平治国理政重要论述研究评析	青年基金项目	17YJC710108	张　维
123	清华大学	中国文学	“到民间去”：中国现代文学民间话语生成研究（1902—1925）	青年基金项目	17YJC751047	袁先欣
124	清华大学	管理学	基于情景模拟的基层应急指挥中心态势研判行为研究	青年基金项目	17YJC630101	吕孝礼
125	清华大学	管理学	公共服务精准供给视角下居民获得感影响因素的实证研究	青年基金项目	17YJC630153	王洪川
126	清华大学	管理学	重大决策社会稳定风险的大数据舆情评估研究	青年基金项目	17YJC630178	谢起慧
127	清华大学	政治学	应用大数据评估中国外交与周边安全	青年基金项目	17YJC810015	漆海霞
128	清华大学	法学	公益诉讼与私益诉讼的关系辨析及其协作机制构建	青年基金项目	17YJC820016	黄忠顺
129	清华大学	新闻学与传播学	基于风险管理视角的环境传播功能研究	规划基金项目	17YJA860002	戴　佳
130	清华大学	教育学	国外一流大学组织文化诊断评估案例研究及其对我国“双一流”建设的启示	规划基金项目	17YJA880074	王晓阳
131	清华大学	心理学	积极情绪的脑电神经表征研究	规划基金项目	17YJA190017	张　丹
132	清华大学	国际问题研究	新时期美国公众对中美关系态度的特点及变化	规划基金项目	17YJAGJW006	张传杰
133	清华大学	交叉学科/综合研究	语体特征的自动提取和研究	规划基金项目	17YJAZH056	刘　颖
134	清华大学	交叉学科/综合研究	官民互动：基于政府官员微博的大样本实证研究	青年基金项目	17YJCZH036	邓　喆
135	首都经济贸易大学	经济学	全球低（负）利率背景下人口结构与自然利率研究	规划基金项目	17YJA790100	朱　超
136	首都经济贸易大学	经济学	我国实业企业金融化：现状、动因和后果	青年基金项目	17YJC790088	廉永辉
137	首都经济贸易大学	管理学	互联网平台就业中的劳动者权益保护问题研究	青年基金项目	17YJC630053	雷晓天

续表

序号	学校名称	学科门类	项目名称	项目类别	项目批准号	申请人
138	首都经济贸易大学	管理学	知识型员工工作—家庭冲突影响因素和干预机制研究：基于技能与关系视角的跨层研究	青年基金项目	17YJC630137	唐　乐
139	首都经济贸易大学	管理学	国有企业高管政治晋升与创新迎合行为研究	青年基金项目	17YJC630156	王茂林
140	首都经济贸易大学	教育学	我国高校教师教学评价制度的效果及重构研究	青年基金项目	17YJC880055	李　楠
141	首都经济贸易大学	交叉学科/综合研究	国有企业高管“差序腐败”行为的成因与治理研究	青年基金项目	17YJCZH010	曹　燚
142	首都师范大学	中国文学	西方文化记忆理论研究	青年基金项目	17YJC751039	王　蜜
143	首都师范大学	外国文学	马修·阿诺德批评理论中的权威问题研究	青年基金项目	17YJC752002	崔洁莹
144	首都师范大学	艺术学	21 世纪中国女性艺术研究	青年基金项目	17YJC760112	翟　晶
145	首都师范大学	交叉学科/综合研究	农村残疾人贫困测量、精准脱贫和反贫困策略研究	规划基金项目	17YJAZH051	廖　娟
146	首都医科大学	交叉学科/综合研究	积极老龄化视角下社区失能老人上门医疗服务评估体系研究	规划基金项目	17YJAZH020	杜　娟
147	外交学院	国际问题研究	中东欧国家差异性的欧洲化进程及对中欧战略对接的影响研究	青年基金项目	17YJCGJW003	贺　刚
148	中国传媒大学	语言学	战国、秦、汉日书词语研究	青年基金项目	17YJC740046	梁　超
149	中国传媒大学	艺术学	当代电影叙事理论研究：对当前编剧书的观察、比较和案例化分析	规划基金项目	17YJA760029	李　力
150	中国传媒大学	艺术学	历史类博物馆的展览叙事与设计研究	规划基金项目	17YJA760056	巫　濛
151	中国传媒大学	新闻学与传播学	中国对拉美软实力传播研究	规划基金项目	17YJA860029	朱振明
152	中国传媒大学	新闻学与传播学	斯图亚特·霍尔传播思想研究	青年基金项目	17YJC860004	黄典林
153	中国传媒大学	交叉学科/综合研究	元明清题画诗文图关系的演变	规划基金项目	17YJAZH082	王韶华
154	中国传媒大学	交叉学科/综合研究	基于风景园林自然过程的大型城市公园设计策略研究	青年基金项目	17YJCZH008	曹凯中
155	中国地质大学（北京）	经济学	京津冀地区产业部门能源消费关联分析及区域协同节能政策研究	青年基金项目	17YJC790187	杨　谨
156	中国地质大学（北京）	交叉学科/综合研究	区域协调发展战略背景下产业间带动效应研究：基于复杂网络视角	青年基金项目	17YJCZH047	高湘昀
157	中国科学院大学	交叉学科/综合研究	古代动物遗存的 ZooMS 数据库建设	规划基金项目	17YJAZH107	杨益民
158	中国矿业大学（北京）	外国文学	英语后殖民重写文学研究	规划基金项目	17YJA752023	朱　峰
159	中国农业大学	管理学	地下水超采区耕地资源休养生息政策绩效评估及改进策略	规划基金项目	17YJA630040	孔祥斌

续表

序号	学校名称	学科门类	项目名称	项目类别	项目批准号	申请人
160	中国青年政治学院	马克思主义/思想政治教育	欧美学界毛泽东思想话语结构研究	青年基金项目	17YJC710075	孙　帅
161	中国青年政治学院	中国文学	中国古代诗学记忆研究	青年基金项目	17YJC751052	张宇慧
162	中国青年政治学院	法学	污染环境罪刑事处罚早期化问题研究	青年基金项目	17YJC820018	姜文秀
163	中国人民大学	外国文学	莎士比亚罗马剧的政治哲学研究	青年基金项目	17YJC752024	彭　磊
164	中国人民大学	管理学	跨国企业在海外新兴市场反向创新研究	规划基金项目	17YJA630011	邓子梁
165	中国人民大学	新闻学与传播学	高校出版单位把社会效益放在首位保障机制研究	规划基金项目	17YJA860008	李永强
166	中国人民公安大学	法学	笔录证据的证据规则研究	青年基金项目	17YJC820043	宋维彬
167	中国人民公安大学	交叉学科/综合研究	基于数据挖掘的涉恐情报量化分析方法研究	青年基金项目	17YJCZH098	李勇男
168	中国石油大学（北京）	经济学	基于政府视角的网络借贷风险管理体系与管理效率研究	青年基金项目	17YJC790107	马郑玮
169	中国石油大学（北京）	交叉学科/综合研究	考虑能源—水资源耦合关系的区域产业转移资源效应评估研究	青年基金项目	17YJCZH104	林　绿
170	中国政法大学	语言学	大学英语教育背景下借由《跨文化交际》课程中的反思导向教学法培养学习者的思辨能力	青年基金项目	17YJC740098	谢　芹
171	中国政法大学	外国文学	启蒙晚期（1770—1830）德语文学中的时间诗学	青年基金项目	17YJC752042	张珊珊
172	中国政法大学	历史学	中共建国初期的社会舆论治理研究——以地方性档案资料为基础	规划基金项目	17YJA770009	侯松涛
173	中国政法大学	管理学	数字业务战略与组织结构的匹配及其对企业绩效的影响	规划基金项目	17YJA630148	朱晓武
174	中国政法大学	法学	中国当代法学翻译及其对法律文化建构研究	规划基金项目	17YJA820031	魏　蘅
175	中国政法大学	法学	污染场地修复责任性质及其实现机制研究	规划基金项目	17YJA820008	胡　静
176	中国政法大学	法学	刑事被害人的社会救助问题	规划基金项目	17YJA820016	刘晓兵
177	中国政法大学	法学	我国反校园欺凌立法的困境和进路研究	规划基金项目	17YJA820005	冯　恺
178	中国政法大学	法学	审查逮捕程序的诉讼化改革研究	青年基金项目	17YJC820050	王贞会
179	中国政法大学	社会学	英国早期现代的道德情感思想及其对中国社会治理的意义	青年基金项目	17YJC840051	杨　璐
180	中国政法大学	新闻学与传播学	微信社群的传播机制与话语空间研究	青年基金项目	17YJC860038	郑满宁

续表

序号	学校名称	学科门类	项目名称	项目类别	项目批准号	申请人
181	中国政法大学	心理学	青少年暴力犯的风险评估与心理矫正	规划基金项目	17YJA190019	张　卓
182	中华女子学院	管理学	自助游游客行为空间模式及影响机理研究	青年基金项目	17YJC630086	刘丽敏
183	中华女子学院	新闻学与传播学	讲好中国故事：中国影视叙事能力问题及其对策研究	规划基金项目	17YJA860001	崔　莉
184	中央财经大学	马克思主义/思想政治教育	当代大学生网络民族主义思潮及其教育引导研究	青年基金项目	17YJC710074	孙　敏
185	中央财经大学	马克思主义/思想政治教育	21 世纪中国的马克思主义话语体系研究	青年基金项目	17YJC710084	王　静
186	中央财经大学	经济学	基于财政分权视角的政府债务的经济影响	青年基金项目	17YJC790017	程宇丹
187	中央财经大学	经济学	税收情报交换对跨国公司利润转移行为的影响研究：来自我国企业微观层面的证据	青年基金项目	17YJC790156	王文静
188	中央财经大学	经济学	财政能力与王朝周期（980—1840）	青年基金项目	17YJC790033	伏　霖
189	中央财经大学	经济学	出生体重、健康与认知能力	青年基金项目	17YJC790116	彭晓博
190	中央财经大学	管理学	连续并购型企业的并购绩效持续性及其固定效应研究	规划基金项目	17YJA630128	翟进步
191	中央财经大学	管理学	奈特不确定环境下配送企业碳减排行为与新能源汽车推广策略	青年基金项目	17YJC630027	高咏玲
192	中央财经大学	管理学	信息不透明的负担：我国企业海外并购和海外战略联盟	青年基金项目	17YJC630062	李培馨
193	中央财经大学	法学	国家安全视阈下的外空安全国际法问题研究	青年基金项目	17YJC820052	吴晓丹
194	中央财经大学	法学	民法典编纂背景下的中间商合同立法研究	青年基金项目	17YJC820054	武　腾
195	中央财经大学	体育科学	促进全民健身和扩大体育消费的策略冲突和协调——基于北京城市居民的微观行为分析	规划基金项目	17YJA890026	王裕雄
196	中央财经大学	交叉学科/综合研究	社会公共事件中负面情绪的感染、演化和调适策略研究	规划基金项目	17YJAZH120	张　巍
197	中央民族大学	民族学与文化学	喀拉汗王朝的宗教生态与文化变迁探究	规划基金项目	17YJA850013	张　咏
198	中央民族大学	统计学	空间统计模型的模型平均方法及在民族地区的应用研究	青年基金项目	17YJC910011	赵尚威
199	中央音乐学院	艺术学	琴调系统与打谱音律研究	规划基金项目	17YJA760066	闫林红
200	中央音乐学院	艺术学	学校音乐教育新体系的理论阐释与实践应用研究	规划基金项目	17YJA760014	高建进

（高校社科管理中心供稿）

2017年度教育部哲学社会科学研究重大课题攻关项目（北京地区）

序号	项目批准号	项目名称	单位	项目负责人
1	17JZD007	中国特色社会主义监督体系研究	清华大学	过　勇
2	17JZD014	经济新常态下社会事业财政投入重大问题研究	中国人民大学	孙玉栋
3	17JZD023	推动我国装备、技术、标准、服务“走出去”相关战略研究	北京航空航天大学	方　虹
4	17JZD032	构建全球化互联网治理体系研究	清华大学	崔保国
5	17JZD042	“一带一路”沿线国家新闻传播业历史与现状研究	北京外国语大学	姜　飞
6	17JZD056	“双一流”建设背景下我国高校评价体系改革研究	清华大学	史静寰
7	17JZD057	博士研究生教育体制机制改革研究	北京大学	陈洪捷

（高校社科管理中心供稿）

2017年度教育部哲学社会科学研究后期资助项目（北京地区）

序号	项目批准号	项目名称	单位	项目负责人	项目类别
1	17JHQ002	20世纪中国邪教研究	中国人民公安大学	王清淮	重大项目
2	17JHQ003	国际文化财产法：原理、体系与中国主张	中国政法大学	霍政欣	重大项目
3	17JHQ006	汉代丝绸之路交通史	中国人民大学	王子今	重大项目
4	17JHQ008	英汉语功能句法结构数据库建设及研究	北京外国语大学	何　伟	重大项目
5	17JHQ016	一行慧觉与《华严经海印道场忏仪》研究	北京外国语大学	李　灿	一般项目
6	17JHQ019	死亡的权利——有关临终决定的法律	中国政法大学	翟宏丽	一般项目
7	17JHQ029	中国非上市公众公司投融资研究	对外经济贸易大学	王茂斌	一般项目
8	17JHQ031	平台经济双重治理体系的创新研究	清华大学	王　勇	一般项目
9	17JHQ032	公司治理与股价崩盘风险	北京交通大学	陆　超	一般项目
10	17JHQ037	庄存与《春秋正辞》校注	清华大学	辛智慧	一般项目
11	17JHQ039	七七事变：日本发动全面侵华战争与中国开始全面抗战之研究	北京师范大学	张　皓	一般项目
12	17JHQ052	基于梵汉平行语料库的《金刚经》语言与翻译研究	北京外国语大学	王继红	一般项目

（高校社科管理中心供稿）

2017 年度北京市社会科学基金项目

序号	项目编号	项目名称	项目类别	申报学科	项目负责人	科研信誉保证单位	备注
1	17ZDA01	增强中国特色社会主义文化自信若干重大问题研究	重大项目	马列·科社·党建	赵爱玲	北京信息科技大学	
2	17ZDA02	全面从严治党战略下的国家监察体制改革研究	重大项目	马列·科社·党建	薛小建	中国政法大学	
3	17ZDA03	历史唯物主义与“中国道路”研究	重大项目	马列·科社·党建	张立波	中国人民大学	
4	17ZDA04	历史唯物主义的概念重构与当代中国社会主义政治经济学	重大项目	马列·科社·党建	孟　捷	中国人民大学	
5	17ZDA05	中国政治体制改革的历史进程及基本经验研究	重大项目	马列·科社·党建	聂月岩	首都师范大学	
6	17ZDA06	新闻传播学视域下中国特色舆论学学科体系三十年发展研究	重大项目	新闻·传播学	喻国明	北京师范大学	
7	17ZDA07	文化发展基础理论及指标体系研究	重大项目	马列·科社·党建	沈湘平	北京师范大学	
8	17ZDA08	长城地带鲜卑墓葬研究	重大项目	历史学	曹建恩	北京大学	
9	17ZDA09	舆图流散欧洲与晚清史事研究	重大项目	历史学	华林甫	中国人民大学	
10	17ZDA10	国际少儿通用汉语能力标准研究	重大项目	语言学	朱志平	北京师范大学	
11	17ZDA11	“一带一路”话语建构生态语言学研究	重大项目	语言学	李美霞	北京第二外国语学院	
12	17ZDA12	现代中国诗学研究	重大项目	文学	王光明	首都师范大学	
13	17ZDAL13	中国特色社会主义文化自信研究	重大项目	马列·科社·党建	邹广文	清华大学	与市中特中心联合立项
14	17ZDAL14	北京建设具有全球影响力的科技创新中心研究	重大项目	管理学	曹和平	北京大学	与市中特中心联合立项
15	17ZDA15	儒家法哲学史研究	重大项目	法学	喻　中	首都经济贸易大学	
16	17ZDA16	北京市城乡居民基本医疗保险制度一体化理论与实证研究	重大项目	管理学	王红漫	北京大学	
17	17ZDA17	基于“两山”理论的京津冀地区农民生态创业减贫机制研究	重大项目	管理学	陈建成	北京林业大学	
18	17ZDA18	国际大都市基础教育质量比较研究	重大项目	教育学	马健生	北京师范大学	
19	17ZDA19	北京专史集成（第三辑）	重大项目	历史学	王　岗	北京市社会科学院	
20	17ZDA20	集体村社制的制度优势研究	重大项目	马列·科社·党建	仝志辉	中国人民大学	

续表

序号	项目编号	项目名称	项目类别	申报学科	项目负责人	科研信誉保证单位	备注
21	17ZDA21	历代赋学文献续编与研究	重大项目	文学	马自力	首都师范大学	
22	17ZDA22	“一带一路”倡议下首都民族语言媒体国际传播力提升研究	重大项目	新闻·传播学	赵丽芳	中央民族大学	
23	17ZDA23	北京冬奥会的传播战略研究	重大项目	新闻·传播学	董关鹏	中国传媒大学	
24	17ZDA24	北京广告七十年（1949—2018）	重大项目	新闻·传播学	祝　帅	北京大学	
25	17ZDA25	当前电视剧创作价值取向研究	重大项目	艺术·体育学	张智华	北京师范大学	
26	17ZDA26	北京市金融风险预警与防范研究	重大项目	应用经济学	孙　健	对外经济贸易大学	
27	17ZDA27	新能源汽车动力电池回收模式研究	重大项目	应用经济学	李金惠	清华大学	
28	17ZDA28	基于 MEGA1 的马克思早期思想发展内在逻辑研究（两卷本）	重大项目	哲学	鲁克俭	北京师范大学	
29	17ZDA29	基于大数据的北京形象研究	重大项目	政治学·国际问题研究	文春英	中国传媒大学	
30	17ZDA30	北京大运河文化带历史遗存及文脉梳理	重大项目	历史学	王德胜	首都师范大学	
31	17FXA001	北京市基层法院家事审判机制改革研究	重点项目	法学	张艳丽	北京理工大学	
32	17FXA002	北京市农村集体经济产权制度研究	重点项目	法学	管晓峰	中国政法大学	
33	17FXA003	北京知识产权服务业法律规制研究	重点项目	法学	余　俊	北京化工大学	
34	17FXA004	京津冀环境协同治理的法律机制问题研究	重点项目	法学	于文轩	中国政法大学	
35	17FXA005	刑事案件认罪认罚从宽制度研究	重点项目	法学	刘广三	北京师范大学	
36	17FXA006	亚轨道商业飞行管理和立法研究	重点项目	法学	刘　浩	北京航空航天大学	
37	17FXB007	《北京市居家养老服务条例》的法律完善	一般项目	法学	徐　妍	中国政法大学	
38	17FXB008	北京市监察体制改革视野下职务犯罪侦查权的法律控制	一般项目	法学	王军仁	中央纪委中国纪检监察学院	
39	17FXB009	从婚姻的债务风险论我国民法典法定夫妻财产制的构建	一般项目	法学	樊丽君	北京化工大学	
40	17FXB010	基于司法数据分析的量刑建议功能评估与制度优化研究	一般项目	法学	彭海青	北京理工大学	
41	17FXB011	京津冀交通一体化法治协同问题研究	一般项目	法学	郑　翔	北京交通大学	
42	17FXB012	京津冀协同发展下的跨行政区划法院体制研究	一般项目	法学	林剑锋	中央财经大学	
43	17FXB013	立案登记制背景下民事滥诉的实证研究与法律规制	一般项目	法学	张　艳	北京工商大学	
44	17FXB014	网络侵权的平台责任研究	一般项目	法学	陶　乾	中国政法大学	

续表

序号	项目编号	项目名称	项目类别	申报学科	项目负责人	科研信誉保证单位	备注
45	17FXB015	我国反腐败国际追逃追赃长效机制构建研究	一般项目	法学	彭新林	北京师范大学	
46	17FXB016	新形势下北京打击电信网络诈骗犯罪工作存在的问题及对策研究	一般项目	法学	王晓伟	中国人民公安大学	
47	17FXC017	多层次资本市场改革与“新三板”自律监管问题的实证研究	青年项目	法学	徐文鸣	中国政法大学	
48	17FXC018	“一带一路”下绿色金融发展法律保障体系研究	青年项目	法学	魏庆坡	首都经济贸易大学	
49	17FXC019	PPP 协议纠纷的法律救济研究	青年项目	法学	尹少成	首都经济贸易大学	
50	17FXC020	北京行政程序立法研究	青年项目	法学	成协中	北京市社会科学院	
51	17FXC021	北京市新型涉众型经济犯罪的立法规制与司法适用	青年项目	法学	冀　莹	对外经济贸易大学	
52	17FXC022	过程性监督理论与北京市构建讯问合法性核查制度研究	青年项目	法学	田力男	中国人民公安大学	
53	17FXC023	基于定性比较分析法的环境公益诉讼结果影响因素的实证研究	青年项目	法学	于　洋	中国人民大学	
54	17FXC024	紧急医疗救治纠纷的法律应对与解决	青年项目	法学	郭飞飞	首都医科大学	
55	17FXC025	京津冀区域合作的财税法制度保障及协调机制研究	青年项目	法学	张春燕	外交学院	
56	17FXC026	科学证据错误风险排除规则研究	青年项目	法学	曹　晶	中国政法大学	
57	17FXC027	民法典编纂中的典权制度的激活机制研究	青年项目	法学	赵晓舒	北京师范大学	
58	17FXC028	破产法中的合同规则研究	青年项目	法学	刘　颖	北京航空航天大学	
59	17FXC029	清代“祥刑”文献的点校、笺注与思想研究	青年项目	法学	汪　雄	首都师范大学	
60	17FXC030	人工智能时代的警察规范执法研究	青年项目	法学	袁晨钧	北京警察学院	
61	17FXC031	外国判决在中国承认与执行中的若干关键问题研究	青年项目	法学	张文亮	中国人民大学	
62	17FXC032	刑事案件的事实认定模式研究	青年项目	法学	吴洪淇	中国政法大学	
63	17FXC033	中国权利理论与实践研究	青年项目	法学	刘叶深	北方工业大学	
64	17FXB034	国家特殊管理股的法律规制——以北京试点企业为研究样本	一般项目	法学	吴高臣	首都师范大学	与市教委联合立项
65	17FXB035	北京农村集体土地腾退的利益冲突及其权利配置研究	一般项目	法学	郭娅丽	北京联合大学	与市教委联合立项
66	17GLAL001	我国监察体制改革与国际比较研究	重点项目	管理学	靳高风	中国人民公安大学	与市中特中心联合立项
67	17GLAL002	京津冀协同发展体制机制创新研究	重点项目	管理学	叶堂林	首都经贸大学	与市中特中心联合立项

续表

序号	项目编号	项目名称	项目类别	申报学科	项目负责人	科研信誉保证单位	备注
68	17GLAL003	基于大数据的北京大气污染舆情引导机制研究	重点项目	管理学	沈　阳	清华大学	与市中特中心联合立项
69	17GLA004	北京冬季奥运会安保研究	重点项目	管理学	杨玉海	北京警察学院	
70	17GLA005	北京市古树名木保护与管理中的公众参与机制研究	重点项目	管理学	田明华	北京林业大学	
71	17GLA006	北京市健康人力资本测量与提升策略研究	重点项目	管理学	唐代盛	北京交通大学	
72	17GLA007	北京市众创空间创新动力源的激发、传导与扩散机制研究	重点项目	管理学	吕　波	北京物资学院	
73	17GLA008	制度创业对北京市企业创新发展的影响研究	重点项目	管理学	张　晗	首都经济贸易大学	
74	17GLB009	北京城市舆情管理衍生大数据的分析与政策评估研究	一般项目	管理学	马宝君	北京邮电大学	
75	17GLB010	北京市分布式能源系统供给效率分析与协同机制研究	一般项目	管理学	宋晓华	华北电力大学	
76	17GLB011	北京市高科技企业开放式创新合作网络建设与治理机制	一般项目	管理学	高俊光	北京工商大学	
77	17GLB012	北京市集体林地生态林经营机制体制改革研究	一般项目	管理学	黄映晖	北京农学院	
78	17GLB013	北京市商贸流通业智慧化与非首都功能疏解研究	一般项目	管理学	张　浩	北京工商大学	
79	17GLB014	北京市危化品供应链风险控制体系研究	一般项目	管理学	吴　军	北京化工大学	
80	17GLB015	北京市新型特色小镇建设实现路径	一般项目	管理学	侯汉坡	北京工商大学	
81	17GLB016	北京市政府和社会资本合作（PPP）模式下企业投融资行为研究	一般项目	管理学	崔学刚	北京师范大学	
82	17GLB017	北京应急志愿者人力资源开发研究	一般项目	管理学	唐华茂	北京物资学院	
83	17GLB018	北京智慧城市建设与运行保障机制研究	一般项目	管理学	姜　军	北京建筑大学	
84	17GLB019	产业技术联盟推动京津冀农业协同发展路径研究	一般项目	管理学	陈俊红	北京市农林科学院	
85	17GLB020	产业转移下的京津冀物流系统动态协同路径研究	一般项目	管理学	梁　晨	北京物资学院	
86	17GLB021	促进国企改革的国家审计功能与实现路径研究	一般项目	管理学	王美英	北京物资学院	
87	17GLB022	担保圈风险传导模型与预警信号研究：基于北京市企业群数据的模拟	一般项目	管理学	吴武清	中国人民大学	
88	17GLB023	冬奥会背景下北京市体育旅游发展战略研究	一般项目	管理学	吴丽云	中国旅游研究院	

续表

序号	项目编号	项目名称	项目类别	申报学科	项目负责人	科研信誉保证单位	备注
89	17GLB024	高新技术企业开源软件运用及其知识产权风险管理研究	一般项目	管理学	王　玲	中国政法大学	
90	17GLB025	基于北京非首都功能承接的雄安新区科技服务业集群构建研究	一般项目	管理学	张　敏	北京市科学技术研究院	
91	17GLB026	基于动态网络控制和博弈论的共享车产业发展及政府对策研究	一般项目	管理学	丁　鼎	对外经济贸易大学	
92	17GLB027	京津冀创新要素集聚对高新技术产业高端化的影响机制和路径研究	一般项目	管理学	王玉荣	对外经济贸易大学	
93	17GLB028	京津冀地区森林旅游精准扶贫效率评价及空间格局分析	一般项目	管理学	杨　华	北京林业大学	
94	17GLB029	京津冀生活垃圾分类与资源化利用协同治理研究	一般项目	管理学	徐　颖	北京信息科技大学	
95	17GLB030	静态交通管理视角下的北京市交通减堵策略研究	一般项目	管理学	王　昊	中央财经大学	
96	17GLB031	区块链驱动下北京城市副中心应急物资保障体系研究	一般项目	管理学	吴　非	北京物资学院	
97	17GLB032	生鲜超市主导的多渠道供应链契约协调研究	一般项目	管理学	徐广姝	北京物资学院	
98	17GLB033	市场监管对北京市共享经济价值创造过程的调节作用研究	一般项目	管理学	郭彦丽	北京联合大学	
99	17GLB034	首都初创企业管理者道德意图的形成机制研究	一般项目	管理学	邓丽芳	北京航空航天大学	
100	17GLB035	雾霾天气作用于北京市入境旅游意愿的心理归因研究	一般项目	管理学	杨　凯	北京第二外国语学院	
101	17GLB036	现代供应链中主体议价能力分解与协作机制构建研究	一般项目	管理学	陈俊霖	中央财经大学	
102	17GLB037	政府财税改制背景下北京行政事业单位财务信息网络披露模式与效应研究	一般项目	管理学	王海林	首都经济贸易大学	
103	17GLC038	解决北京“夹心层”住房问题的国际比较研究	青年项目	管理学	聂　晨	北京航空航天大学	
104	17GLC039	北京河湖协同治理与河长制建设研究	青年项目	管理学	李宇环	中央财经大学	
105	17GLC040	北京实体零售商跨渠道整合的积极和消极效应研究：路径与边界条件	青年项目	管理学	薛佳奇	对外经济贸易大学	
106	17GLC041	北京市传统服务企业平台化转型的创新模式研究	青年项目	管理学	宋　光	北京交通大学	
107	17GLC042	北京市电价交叉补贴测算及解决路径研究	青年项目	管理学	郭　森	华北电力大学	
108	17GLC043	北京市公立医院医务人员公共服务动机的现状及其对服务质量的影响研究	青年项目	管理学	邓剑伟	北京理工大学	

续表

序号	项目编号	项目名称	项目类别	申报学科	项目负责人	科研信誉保证单位	备注
109	17GLC044	北京市农村宅基地流转意愿的影响因素研究	青年项目	管理学	张书海	中国人民大学	
110	17GLC045	北京市推广新能源车的环境健康协同效益和政策成本有效性研究	青年项目	管理学	杨 曦	中国石油大学（北京）	
111	17GLC046	北京市新能源汽车补贴政策优化研究	青年项目	管理学	孙红霞	北京工商大学	
112	17GLC047	北京市医疗机构“互联网+”就诊体验评价及提升路径研究	青年项目	管理学	郑秋莹	北京中医药大学	
113	17GLC048	北京新型科研机构的组织创新动因和模式研究	青年项目	管理学	孟 潇	北京市科学技术研究院	
114	17GLC049	北京针对“大城市流行病”的健康城市设计导则研究	青年项目	管理学	李 煜	北京建筑大学	
115	17GLC050	餐饮O1O配送环节食品安全控制机制研究	青年项目	管理学	裴一蕾	北京联合大学	
116	17GLC051	大数据驱动的互联网信用评价模型	青年项目	管理学	黄丹阳	中国人民大学	
117	17GLC052	大数据质量对北京市政府公共服务满意度提升影响机制研究	青年项目	管理学	屈启兴	对外经济贸易大学	
118	17GLC053	冬奥会背景下构建京津冀协同发展的绿色会展体系战略研究	青年项目	管理学	刘林艳	北京第二外国语学院	
119	17GLC054	分类治理视角下北京市国企高管激励有效性研究	青年项目	管理学	陈 霞	北京物资学院	
120	17GLC055	功能疏解背景下北京多类型存量用地更新机制与模式研究：基于空间治理的视角	青年项目	管理学	梁思思	清华大学	
121	17GLC056	互联网思维下小微企业创新生态治理机制研究	青年项目	管理学	余 艳	中国人民大学	
122	17GLC057	基于PPP模式的北京新型特色小镇内涵、项目治理与效能评价研究	青年项目	管理学	陈 震	北京建筑大学	
123	17GLC058	基于创新二元性互动观的北京建设全国科技创新中心发展路径研究	青年项目	管理学	许冠南	北京邮电大学	
124	17GLC059	基于高管团队异质性的北京市文化创意企业能力提升研究	青年项目	管理学	崔 瑜	北京信息科技大学	
125	17GLC060	基于检测数据可视分析的京津冀食品安全风险分类管控研究	青年项目	管理学	陈红倩	北京工商大学	
126	17GLC061	基于客户评论可信度的北京市网络购物评价体系及管理机制研究	青年项目	管理学	郝 玫	北京科技大学	
127	17GLC062	基于专利运营的京津冀中药生产企业竞争优势形成机制及优化路径研究	青年项目	管理学	杨旭杰	北京中医药大学	
128	17GLC063	京津冀潮白河流域耕地变化驱动力与协同管理对策	青年项目	管理学	曹银贵	中国地质大学（北京）	

续表

序号	项目编号	项目名称	项目类别	申报学科	项目负责人	科研信誉保证单位	备注
129	17GLC064	京津冀协同发展评价体系与对策研究	青年项目	管理学	吴　丹	北方工业大学	
130	17GLC065	警民信任危机的生成、跨层“感染”及修复策略研究——以北京市为例	青年项目	管理学	李　辉	中国人民公安大学	
131	17GLC066	社交电商中消费行为演化机制及引导措施研究	青年项目	管理学	于建业	北京物资学院	
132	17GLC067	首都公共政策可接受性机制研究	青年项目	管理学	吴玄娜	首都师范大学	
133	17GLC068	数字时代下北京城市品牌形象定位及传播研究	青年项目	管理学	杨一翁	北方工业大学	
134	17GLC069	数字时代下北京市信息安全与IT创新研究	青年项目	管理学	张　雄	北京交通大学	
135	17GLC070	新形势下北京市国有企业的改革转型路径优化研究	青年项目	管理学	钱　婷	北京工业大学	
136	17GLC071	学习型城市视域下北京社区教育资源统筹管理研究	青年项目	管理学	原　珂	对外经济贸易大学	
137	17GLC072	制度创业视角的北京互联网金融发展研究	青年项目	管理学	朱　蓉	北京工商大学	
138	17GLC073	资产证券化对深化北京市国有企业改革的经济效果研究	青年项目	管理学	刘　丹	首都经济贸易大学	
139	17GLB074	大数据驱动的可制造性知识挖掘与管理方法研究	一般项目	管理学	徐　硕	北京工业大学	与市教委联合立项
140	17GLB075	移动互联网背景下高校创业人才培养研究	一般项目	管理学	朴　玉	北京工业大学	与市教委联合立项
141	17GLB076	京老年人群养老模式偏好的成因与对策研究	一般项目	管理学	蒯鹏州	北京工商大学	与市教委联合立项
142	17GLB077	传统出版与现代出版融合发展的路径与对策研究	一般项目	管理学	王关义	北京印刷学院	与市教委联合立项
143	17GLB078	基于医保支付方式的北京市分级诊疗医联体模式研究	一般项目	管理学	高广颖	首都医科大学	与市教委联合立项
144	17GLB079	非首都功能疏解下中关村科技园跨区环链模块化创新布局与演化研究	一般项目	管理学	郭　斌	北京第二外国语学院	与市教委联合立项
145	17GLB080	北京市国有企业混合所有制改革效果及提升路径研究——基于国发〔2015〕54号文件的准自然实验	一般项目	管理学	张　军	北京物资学院	与市教委联合立项
146	17GLB081	京津冀协同发展战略下北京市建设用地减量发展的实施路径与机制研究	一般项目	管理学	李　强	首都经济贸易大学	与市教委联合立项
147	17GLB082	民营企业海外并购的融资模式、融资风险与企业信用——以北京为例	一般项目	管理学	岳宝宏	北京信息科技大学	与市教委联合立项

续表

序号	项目编号	项目名称	项目类别	申报学科	项目负责人	科研信誉保证单位	备注
148	17GLB083	基于生态保护红线划定的京津冀保护地体系建构研究	一般项目	管理学	张振威	北京建筑大学	与市教委联合立项
149	17GLA084	“两翼”协调发展格局下北京主城区人口转移及发展趋势研究	重点项目	管理学	姚翠友	首都经济贸易大学	
150	17JYA001	中小学名师培养工程效果评估研究	重点项目	教育学	赖德信	北京教育科学研究院	
151	17JYA002	北京高等教育国际化发展研究	重点项目	教育学	叶富贵	清华大学	
152	17JYA003	校园欺凌现象治理研究	重点项目	教育学	余雅风	北京师范大学	
153	17JYB004	在情感互动中探索展览的儿童解读方式	一般项目	教育学	杜 莹	北京市文物局（首都博物馆）	
154	17JYB005	“北京市乡村教师支持计划”实施的追踪研究	一般项目	教育学	钟志勇	中央民族大学	
155	17JYB006	“一带一路”倡议下的地方高水平工科院校国际交流与合作的理念重塑和策略研究	一般项目	教育学	董晓梅	北京工业大学	
156	17JYB007	“一带一路”倡议背景下来京留学生的教育需求分析与对策研究	一般项目	教育学	郭素红	北京联合大学	
157	17JYB008	北京市中学生的坚毅人格及其作用机制	一般项目	教育学	蒋 奖	北京师范大学	
158	17JYB009	北京市中学生自我调节学习能力与心理健康的关系研究	一般项目	教育学	姜 媛	北京体育大学	
159	17JYB010	基于北京市家庭文明建设的家庭学科发展研究	一般项目	教育学	孙晓梅	中华女子学院	
160	17JYB011	京津冀区域学前教育协同发展资源共享机制与实践研究	一般项目	教育学	彭海蕾	北京开放大学	
161	17JYB012	京津冀协同发展背景下的北京市职业教育资源配置研究	一般项目	教育学	侯兴蜀	北京教育科学研究院	
162	17JYB013	三十年来北京市幼儿园课程改革成效的口述史研究	一般项目	教育学	于开莲	首都师范大学	
163	17JYB014	以北京文化传承为目标的首都大学生通识教育体系研究	一般项目	教育学	甫玉龙	北京化工大学	
164	17JYC015	北京高校南亚国家本土化汉语教师培养路径研究	青年项目	教育学	余 蓝	北京语言大学	
165	17JYC016	北京市民办学校分类管理风险识别研究	青年项目	教育学	李 虔	国家教育行政学院	
166	17JYC017	北京市校园欺凌心理成因及防治研究	青年项目	教育学	傅鑫媛	中央财经大学	
167	17JYC018	北京市幼儿园园长培训的第三空间路径研究	青年项目	教育学	王 军	北京教育学院	
168	17JYC019	差别易感性假说在幼儿超重与肥胖成因中的应用	青年项目	教育学	周 楠	首都师范大学	
169	17JYC020	大数据环境下的北京农村远程教育精准服务技术优化研究	青年项目	教育学	赵继春	北京市农林科学院	

续表

序号	项目编号	项目名称	项目类别	申报学科	项目负责人	科研信誉保证单位	备注
170	17JYC021	法治视野下北京市高校职称评审权下放及其规范研究	青年项目	教育学	刘永林	北京信息科技大学	
171	17JYC022	分级诊疗背景下北京市社区护士关怀能力培养方案的构建及效果研究	青年项目	教育学	岳　鹏	首都医科大学	
172	17JYC023	高职贯通培养的实训衔接机制及支持路径研究	青年项目	教育学	王　勇	北京电子科技职业学院	
173	17JYC024	基于“学生评教”的教学质量评估工具的开发和应用	青年项目	教育学	曹　慧	北京教育学院	
174	17JYC025	基于北京地区典型案例的高校领导者信息化领导力作用机制模型研究	青年项目	教育学	张　虹	国家教育行政学院	
175	17JYC026	家庭教养方式及成人依恋对大学生心理健康的影响机制研究	青年项目	教育学	张　辉	首都医科大学	
176	17JYC027	京津冀协同发展背景下县域职业教育扶贫途径与机制研究	青年项目	教育学	叶阳永	中国人民大学	
177	17JYC028	群体性女生欺凌的过程分析及防治研究	青年项目	教育学	宋雁慧	中国青年政治学院	
178	17JYC029	首都学习型城市背景下老年教育服务供给模式研究	青年项目	教育学	高　茜	北京开放大学	
179	17JYC030	在京留学生学习生活状态调查与成功留学对策研究	青年项目	教育学	费晓东	北京外国语大学	
180	17JYB031	儿童早期数字心理表征的策略运用与促进研究	一般项目	教育学	许晓晖	首都师范大学	与市教委联合立项
181	17JYB032	国际化视野下北京市中小学STEM教育的实践模式与运行机制研究	一般项目	教育学	徐　月	首都师范大学	与市教委联合立项
182	17JYB033	基于学习分析的在线协作学习诊断与干预研究	一般项目	教育学	李　梅	北京开放大学	与市教委联合立项
183	17JYB034	全面二孩背景下北京市学前教育资源供给体系研究	一般项目	教育学	叶向红	北京青年政治学院	与市教委联合立项
184	17JYB035	北京市中小学校园欺凌行为评估、预警与精准干预的示范性研究	一般项目	教育学	肖　晶	首都师范大学	与市教委联合立项
185	17LJA001	互联网环境下北京促进中小企业国际化的政策研究	重点项目	理论经济学	尚会永	北京外国语大学	
186	17LJA002	军民融合推进京津冀制造业协同发展路径研究	重点项目	理论经济学	贾利军	北京理工大学	
187	17LJB003	“三权分置”下北京市农地规模经营现状及效果评价	一般项目	理论经济学	朱俊峰	中国农业大学	
188	17LJB004	北京市产业升级、环境治理与经济增长研究	一般项目	理论经济学	何　枫	北京科技大学	
189	17LJB005	北京市房价变动、土地财政与经济周期	一般项目	理论经济学	梅冬州	中央财经大学	

续表

序号	项目编号	项目名称	项目类别	申报学科	项目负责人	科研信誉保证单位	备注
190	17LJB006	北京市文化创意企业生产效率的测度及影响因素研究	一般项目	理论经济学	池建宇	中国传媒大学	
191	17LJB007	基于多重均衡模型的农业保险精准扶贫效果研究	一般项目	理论经济学	周县华	中央财经大学	
192	17LJC008	北京市金融消费环境风险评估及防范的量化研究	青年项目	理论经济学	张冬洋	首都经济贸易大学	
193	17LJC009	基于创新链与产业链融合的北京“高精尖”产业发展策略研究	青年项目	理论经济学	吴爱芝	北京大学	
194	17LJC010	人口—产业协同视角下的首都圈水资源环境优化发展路径研究	青年项目	理论经济学	曾雪婷	首都经济贸易大学	
195	17LSA001	明代经典服装形制复原研究	重点项目	历史学	蒋玉秋	北京服装学院	
196	17LSA002	石刻文献与唐五代幽州社会研究	重点项目	历史学	张天虹	首都师范大学	
197	17LSB003	北京先蚕坛史料与明清先蚕祭享研究	一般项目	历史学	董绍鹏	北京市文物局（北京古代建筑博物馆）	
198	17LSB004	20世纪以来北京娱乐文化生活与社会变迁研究	一般项目	历史学	韩晓莉	首都师范大学	
199	17LSB005	唐五代幽州地区社会研究	一般项目	历史学	许　辉	北京市社会科学院	
200	17LSB006	新中国成立初北京市民迁居问题研究（1949—1958）	一般项目	历史学	董　佳	中国人民大学	
201	17LSB007	治藏主权的恢复：反对外国干涉下之西藏和平解放研究	一般项目	历史学	张　皓	北京师范大学	
202	17LSC008	北京木结构古建筑健康监测状况调查及其保护修复策略研究	青年项目	历史学	王秀芳	北京建筑大学	
203	17LSC009	明代蓟镇长城防御体系考古学研究	青年项目	历史学	尚　珩	北京市文物局（北京市文物研究所）	
204	17LSC010	明清时期北京地区金银手工业研究	青年项目	历史学	员雅丽	首都师范大学	
205	17LSC011	七七事变与京津冀地区日本居留民	青年项目	历史学	李庆辉	中国人民抗日战争纪念馆	
206	17LSA012	北京古都文化研究	重点项目	历史学	张　勃	北京联合大学	
207	17LSA013	基于主题性策略的北京老城建筑遗产资源保护机再利用模式研究	重点项目	历史学	秦红岭	北京建筑大学	
208	17KDAL001	习近平治国理政重要论述研究	重点项目	马列·科社·党建	李　伟	中国青年政治学院	与市中特中心联合立项
209	17KDAL002	习近平反腐败重要论述研究	重点项目	马列·科社·党建	刘金程	中国矿业大学（北京）	与市中特中心联合立项
210	17KDAL003	全人类共同价值的中国文化表达研究	重点项目	马列·科社·党建	张志洲	北京外国语大学	与市中特中心联合立项

续表

序号	项目编号	项目名称	项目类别	申报学科	项目负责人	科研信誉保证单位	备注
211	17KDA004	加强党内监督和外部监督有机结合的机制研究	重点项目	马列·科社·党建	于　红	北京建筑大学	
212	17KDA005	卫生系统培育和践行社会主义核心价值观常态化机制研究	重点项目	马列·科社·党建	丁枭伟	首都医科大学	
213	17KDA006	中国共产党改革话语体系建设研究	重点项目	马列·科社·党建	黄　刚	中央财经大学	
214	17KDB007	新媒体时代青少年核心价值观教育"新三态"研究	一般项目	马列·科社·党建	张子荣	北京青年政治学院	
215	17KDB008	党的十八大以来中国特色社会主义生态文明建设创新成果及意义研究	一般项目	马列·科社·党建	杨志华	北京林业大学	
216	17KDB009	首都高校媒体治理与意识形态安全研究	一般项目	马列·科社·党建	李　舒	中国传媒大学	
217	17KDB010	习近平总书记的意识形态建设重要论述研究	一般项目	马列·科社·党建	张泽一	北京联合大学	
218	17KDB011	新媒体背景下马克思主义大众化问题研究	一般项目	马列·科社·党建	卢　刚	中国矿业大学（北京）	
219	17KDB012	新时期以来北京市村干部队伍建设研究	一般项目	马列·科社·党建	冯军旗	中国政法大学	
220	17KDC013	北京市基层领导干部的工作价值观与压力应对	青年项目	马列·科社·党建	曾　荣	中共北京市委党校	
221	17KDC014	党执政初期凝聚社会共识研究（1949—1956）	青年项目	马列·科社·党建	赵　亮	首都师范大学	
222	17KDC015	俄罗斯学者对习近平总书记治国理政重要论述研究	青年项目	马列·科社·党建	刘左元	北京理工大学	
223	17KDC016	马克思意识形态概念在中国传播的历史考察及其批判审视	青年项目	马列·科社·党建	李紫娟	北京科技大学	
224	17KDC017	社会心态与高校意识形态建设研究	青年项目	马列·科社·党建	杨春花	北京工商大学	
225	17KDC018	党的十八大以来党中央治国理政视域下的思想政治教育创新研究	青年项目	马列·科社·党建	韩　华	首都师范大学	
226	17KDC019	五大发展理念引领下的生态价值观教育研究	青年项目	马列·科社·党建	孙　磊	北京外国语大学	
227	17KDC020	习近平总书记扶贫开发重要论述研究	青年项目	马列·科社·党建	王　琳	中国农业大学	
228	17KDC021	习近平总书记关于加强党的纯洁性建设重要论述研究	青年项目	马列·科社·党建	颜玫琳	中国矿业大学（北京）	
229	17KDC022	正确引导首都高校青年学生认清"西式民主"的实践困境问题研究	青年项目	马列·科社·党建	曲伟杰	北京邮电大学	
230	17KDB023	基于国家治理视角的习近平全面依法治国重要论述研究	一般项目	马列·科社·党建	陈洪玲	北京工业大学	与市教委联合立项

续表

序号	项目编号	项目名称	项目类别	申报学科	项目负责人	科研信誉保证单位	备注
231	17KDB024	习近平总书记关于青年成长成才重要论述研究	一般项目	马列·科社·党建	高 诚	北京青年政治学院	与市教委联合立项
232	17KDB025	首都高校思想政治工作质量评价研究	一般项目	马列·科社·党建	冯 刚	北京师范大学	与市教工委联合立项
233	17KDB026	理工科院校专业教师教书育人责任落实研究	一般项目	马列·科社·党建	王维才	北京科技大学	与市教工委联合立项
234	17KDB027	新形势下大学英语教学中的思想政治教育创新研究	一般项目	马列·科社·党建	朱光好	北京第二外国语学院	与市教工委联合立项
235	17KDB028	北京红色文化资源传承与大学生思想政治教育研究	一般项目	马列·科社·党建	黄延敏	首都师范大学	与市教工委联合立项
236	17KDB029	高校学生思政工作与公共艺术教育融合发展研究	一般项目	马列·科社·党建	王 建	中国人民大学	与市教工委联合立项
237	17KDB030	“幸福学园”建设的研究与实践——大学生思想政治工作视角	一般项目	马列·科社·党建	张 懿	北京经济管理职业学院	与市教工委联合立项
238	17KDB031	新形势下高校教师思想政治工作创新研究	一般项目	马列·科社·党建	周 晔	北京邮电大学	与市教工委联合立项
239	17KDB032	高校思想政治理论课学生获得感测度及提升路径研究	一般项目	马列·科社·党建	张 闯	北京林业大学	与市教工委联合立项
240	17KDB033	大学生公民美德培育研究	一般项目	马列·科社·党建	陈文娟	中央财经大学	与市教工委联合立项
241	17KDB034	辅导员移动端的全过程全方位育人平台及实效性研究	一般项目	马列·科社·党建	王英国	中国石油大学(北京)	与市教工委联合立项
242	17KDB035	基于“名师班主任”实践的高校班主任育人机制研究	一般项目	马列·科社·党建	汪庆华	华北电力大学	与市教工委联合立项
243	17KDB036	基于大数据的高校学业辅导工作创新研究与实践	一般项目	马列·科社·党建	田红芳	北方工业大学	与市教工委联合立项
244	17KDB037	习近平新时代中国特色社会主义思想的哲学基础研究	一般项目	马列·科社·党建	王贵贤	清华大学	
245	17KDB038	习近平以人民为中心的重要论述研究	一般项目	马列·科社·党建	庄忠正	中国人民大学	

续表

序号	项目编号	项目名称	项目类别	申报学科	项目负责人	科研信誉保证单位	备注
246	17KDB039	习近平总书记权利监督重要论述和实践创新研究	一般项目	马列·科社·党建	赵连稳	北京联合大学	
247	17KDB040	习近平总书记关于全球治理的中国方案研究	一般项目	马列·科社·党建	张　雷	北京理工大学	
248	17KDA041	习近平新时代中国特色社会主义思想的形成与发展研究	重点项目	马列·科社·党建	肖贵清	清华大学	
249	17KDA042	习近平新时代中国特色社会主义思想的精神实质研究	重点项目	马列·科社·党建	张世飞	中国人民大学	
250	17KDA043	党的十八大以来我国改革发展的历史性变革与新时代的主要矛盾研究	重点项目	马列·科社·党建	贺耀敏	中国人民大学	
251	17KDB044	大数据时代社会思潮的传播特点与规律研究	一般项目	马列·科社·党建	刘　震	清华大学	
252	17KDB045	网络宣传思想文化工作的特点与规律研究	一般项目	马列·科社·党建	张曙光	中共北京市委党校	
253	17KDB046	北京应对意识形态网络舆论战的方式研究	一般项目	马列·科社·党建	李艳艳	北京科技大学	
254	17KDA047	北京红色文化研究	重点项目	马列·科社·党建	张守连	北京建筑大学	
255	17KDA048	习近平以人民为中心的重要论述研究	重点项目	马列·科社·党建	陈力丹	中国人民大学	
256	17SRAL001	北京社会阶层结构变化对建设和谐宜居之都的影响	重点项目	社会·人口学	万海远	北京师范大学	与市中特中心联合立项
257	17SRA002	反贫困干预与北京险村搬迁移民社区建构	重点项目	社会·人口学	王积超	中央财经大学	
258	17SRA003	基于“互联网+”背景下的区域性医疗检查平台的构建对分级诊疗的影响	重点项目	社会·人口学	梁金凤	首都医科大学	
259	17SRB004	“飞地”现象：农民工随迁子女在京就读中职学校路径的社会学研究	一般项目	社会·人口学	刘　谦	中国人民大学	
260	17SRB005	北京市专科医联体建设模式与路径研究	一般项目	社会·人口学	孟　开	首都医科大学	
261	17SRB006	北京市自闭症儿童家庭抗逆力的行动研究	一般项目	社会·人口学	樊欢欢	中央财经大学	
262	17SRB007	北京乡村精准扶贫过程中不同行动者的困境研究	一般项目	社会·人口学	高瑞琴	中国农业大学	
263	17SRB008	基于大数据分析的政策规制对农业电商发展的异质性效应研究——以京津冀为例	一般项目	社会·人口学	郭建鑫	北京市农林科学院	
264	17SRB009	经济社会转型和大众创业时代下的首都女性创业研究	一般项目	社会·人口学	江树革	北京市社会科学院	
265	17SRB010	身体实践：变迁时空中北京市老年人的日常生活研究	一般项目	社会·人口学	黄盈盈	中国人民大学	

续表

序号	项目编号	项目名称	项目类别	申报学科	项目负责人	科研信誉保证单位	备注
266	17SRB011	疏解非首都功能政策背景下的两地家庭及其社会支持研究	一般项目	社会·人口学	刘中一	中国人口与发展研究中心	
267	17SRC012	“互联网+时间银行”养老社区服务平台的设计与建设研究	青年项目	社会·人口学	武　岩	北京工商大学	
268	17SRC013	“一带一路”视域中北京市对口援疆新战略研究	青年项目	社会·人口学	马衣努·沙那提别克	中央民族大学	
269	17SRC014	北京市0~3岁婴幼儿抚育模式的代际比较	青年项目	社会·人口学	郝彩虹	中华女子学院	
270	17SRC015	北京市妇女产后照料模式和家庭关系研究	青年项目	社会·人口学	李洁	中华女子学院	
271	17SRC016	北京市后业主维权时期社区公共秩序建构研究	青年项目	社会·人口学	王恩见	华北电力大学	
272	17SRC017	北京市长期照护需求预测、保险方案优化与风险控制	青年项目	社会·人口学	胡宏伟	华北电力大学	
273	17SRC018	基于“社会网络分析”的北京市古村落文化保护数据库及可视化管理平台研究	青年项目	社会·人口学	徐　桐	北京林业大学	
274	17SRC019	基于大数据的北京市医生职业风险防控机制构建	青年项目	社会·人口学	袁和静	北京中医药大学	
275	17SRC020	基于社会网络分析的北京市社区服务供给多元主体合作有效性研究	青年项目	社会·人口学	王　杨	北京科技大学	
276	17SRC021	基于社交机器人的北京市居家养老服务体系设计研究与建议	青年项目	社会·人口学	陈　娜	北京化工大学	
277	17SRC022	京西传统村落的日常生活空间研究	青年项目	社会·人口学	王　鑫	北京交通大学	
278	17SRC023	双重家庭暴力对流动儿童心理健康的影响机制研究	青年项目	社会·人口学	向小平	北京理工大学	
279	17SRC024	信息权力对北京市网络社会治理的变革性影响研究	青年项目	社会·人口学	宋辰婷	北京工业大学	
280	17SRB025	中国公众价值观变动及趋势——基于后物质主义理论的研究	一般项目	社会·人口学	胡建国	北京工业大学	与市教委联合立项
281	17SRA026	北京提高城市精细化管理水平	重点项目	社会·人口学	晋　军	清华大学	
282	17XCA001	智媒时代首都媒介深度融合的模式与战略研究	重点项目	新闻·传播学	王　斌	中国人民大学	
283	17XCA002	新型城镇化进程中北京农村信息服务保障与共享机制研究	重点项目	新闻·传播学	李　瑾	北京市农林科学院	
284	17XCB003	北京地区网络游戏从业人员现状研究	一般项目	新闻·传播学	黄　佩	北京邮电大学	
285	17XCB004	青少年社交媒体使用：亲和动机、自我表达与性观念传播的实证研究	一般项目	新闻·传播学	李永健	中国青年政治学院	

续表

序号	项目编号	项目名称	项目类别	申报学科	项目负责人	科研信誉保证单位	备注
286	17XCB005	涉案报道的谦抑原则：理念、规范与适用范围	一般项目	新闻·传播学	刘徐州	中国政法大学	
287	17XCB006	图书馆都市农业数字人文数据库建设研究	一般项目	新闻·传播学	刘乾凝	北京农学院	
288	17XCB007	学术图书馆参与数据出版质量控制研究	一般项目	新闻·传播学	刘兹恒	北京大学	
289	17XCC008	北京市移动社交媒体时代的网络谣言治理研究	青年项目	新闻·传播学	顾　睿	对外经济贸易大学	
290	17XCC009	“互联网+”时代北京市传统电视产业转型策略研究	青年项目	新闻·传播学	张蓝姗	北京邮电大学	
291	17XCC010	基于移动优先战略的北京市主流媒体深度融合模式研究	青年项目	新闻·传播学	张梓轩	北京交通大学	
292	17XCC011	网生视频对北京地区青少年发展的影响及引导研究	青年项目	新闻·传播学	孙铭欣	北京工商大学	
293	17XCC012	新媒体传播背景下北京公众环保意识与行为的培养研究	青年项目	新闻·传播学	周　敏	北京师范大学	
294	17XCC013	以互联网为平台的青少年亚文化传播研究	青年项目	新闻·传播学	吴　玥	中国青年政治学院	
295	17YTA001	《奥林匹克 2020 议程》、北京冬奥会与北京城市管理的耦合	重点项目	艺术·体育学	钟秉枢	首都体育学院	
296	17YTA002	北京地区传统色彩体系、数据库建构及其应用设计研究	重点项目	艺术·体育学	崔　唯	北京服装学院	
297	17YTA003	北京延庆区景观评价与环境整体设计问题研究	重点项目	艺术·体育学	宋立民	清华大学	
298	17YTA004	西方电影哲学研究	重点项目	艺术·体育学	李　洋	北京大学	
299	17YTB005	知识产权法环境下北京非遗项目生产性保护机制研究	一般项目	艺术·体育学	杨利华	中国政法大学	
300	17YTB006	京西法海寺壁画色彩数字化与传播研究	一般项目	艺术·体育学	张亚丽	首都师范大学	
301	17YTB007	北京财政支持体育产业发展政策工具优化研究	一般项目	艺术·体育学	冯国有	首都体育学院	
302	17YTB008	北京传统建筑砖雕技艺保护与传承研究	一般项目	艺术·体育学	杨　琳	北京建筑大学	
303	17YTB009	北京郊区传统建筑工匠口述史	一般项目	艺术·体育学	薛林平	北京交通大学	
304	17YTB010	北京清真寺中的图像符号与文化语义	一般项目	艺术·体育学	申华平	北京理工大学	
305	17YTB011	北京市老龄化社区公共服务系统设计研究	一般项目	艺术·体育学	汪晓春	北京邮电大学	
306	17YTB012	北京市中小学书法教育的现状调查与对策研究	一般项目	艺术·体育学	孙学峰	首都师范大学	
307	17YTB013	当前北京小剧场话剧现象及发展态势研究（2016—2019 年）	一般项目	艺术·体育学	郑　月	中国传媒大学	
308	17YTB014	基于沉浸式交互技术的北京地区传统节日文化场景纪录研究	一般项目	艺术·体育学	叶　风	北京电影学院	

续表

序号	项目编号	项目名称	项目类别	申报学科	项目负责人	科研信誉保证单位	备注
309	17YTB015	基于工匠精神的北京民间泥塑工艺发展的策略研究	一般项目	艺术·体育学	张　峻	北京电子科技职业学院	
310	17YTB016	基于技能迁移的运动员职业转换策略研究	一般项目	艺术·体育学	李燕荣	北京物资学院	
311	17YTB017	京津冀高校冰雪项目协同创新发展战略研究	一般项目	艺术·体育学	吕　青	首都体育学院	
312	17YTB018	京派电视剧审美价值研究	一般项目	艺术·体育学	杜莹杰	中国传媒大学	
313	17YTB019	京绣传统图案传承及推介研究	一般项目	艺术·体育学	陈　玲	华北电力大学	
314	17YTB020	类型游戏的形成机制与基本特征研究	一般项目	艺术·体育学	李晓彬	北京电影学院	
315	17YTB021	宋元南戏相关剧目题材流变研究	一般项目	艺术·体育学	刘小梅	中国戏曲学院	
316	17YTB022	通过服务系统设计改变北京市居民环境意识与环境行为的研究	一般项目	艺术·体育学	由振伟	北京邮电大学	
317	17YTC023	“中国制造 2024” 纲领下北京制造业品牌提升研究	青年项目	艺术·体育学	姚政邑	北方工业大学	
318	17YTC024	19 世纪以来中国画中女性形象的历史叙事和性别建构	青年项目	艺术·体育学	王　鹏	北京师范大学	
319	17YTC025	北京传统手工艺中的设计思想研究	青年项目	艺术·体育学	陶海鹰	北京印刷学院	
320	17YTC026	北京地区当代流行音乐文化与城市发展互动关系研究	青年项目	艺术·体育学	张慧喆	中国传媒大学	
321	17YTC027	北京地区原创动画与日本动画中的传统美学价值比较研究	青年项目	艺术·体育学	万　柳	北京邮电大学	
322	17YTC028	北京西山文化带特色文化小镇声音景观设计	青年项目	艺术·体育学	李子晋	中国音乐学院	
323	17YTC029	环境美学视野下的北京城市历史景观保护研究	青年项目	艺术·体育学	晏　晨	北京市社会科学院	
324	17YTC030	基于 AR 技术的北京地区珍稀野生动物虚拟展示研究	青年项目	艺术·体育学	上官大堰	北京林业大学	
325	17YTC031	基于大学生群体的京津冀电影文化消费空间研究	青年项目	艺术·体育学	丁　宁	北京信息科技大学	
326	17YTC032	基于动作发展的幼儿体育活动研究	青年项目	艺术·体育学	庑　铮	首都体育学院	
327	17YTC033	京津冀传统民居建筑装饰的研究	青年项目	艺术·体育学	郑慧铭	北京联合大学	
328	17YTC034	京津冀冬季体育旅游产业联动发展及实现机制研究	青年项目	艺术·体育学	齐　飞	北京体育大学	
329	17YTC035	跨媒体语境下的当代艺术与技术问题	青年项目	艺术·体育学	赵　炎	中央美术学院	
330	17YTC036	我国体育学术会议发展研究	青年项目	艺术·体育学	高晓峰	北京工业职业技术学院	
331	17YTC037	艺术培养积极心理品质的心理机制研究	青年项目	艺术·体育学	李红菊	北京师范大学	
332	17YTB038	行动障碍者无障碍服装设计研究	一般项目	艺术·体育学	王文娟	北京工业大学	与市教委联合立项

续表

序号	项目编号	项目名称	项目类别	申报学科	项目负责人	科研信誉保证单位	备注
333	17YTB039	高校服饰时尚设计产业发展研究	一般项目	艺术·体育学	王　琪	北京服装学院	与市教委联合立项
334	17YTB040	北京山区沟域经济规划中的景观美学作用机制	一般项目	艺术·体育学	贾海洋	北京农学院	与市教委联合立项
335	17YTB041	20世纪中国作曲家田丰创作研究	一般项目	艺术·体育学	邵晓勇	首都师范大学	与市教委联合立项
336	17YTB042	唐代实用性书迹书写者及书法研究——以敦煌文书所见唐代实用书迹为中心	一般项目	艺术·体育学	周　侃	首都师范大学	与市教委联合立项
337	17YTB043	中国影视衍生产业发展态势研究——基于影视衍生产品开发的视角	一般项目	艺术·体育学	尼跃红	北京电影学院	与市教委联合立项
338	17YTB044	京津冀电影产业生态系统建构研究	一般项目	艺术·体育学	王　煊	北京电影学院	与市教委联合立项
339	17YTB045	中国民族民间舞音乐舞蹈地图	一般项目	艺术·体育学	李　卿	北京舞蹈学院	与市教委联合立项
340	17YJA001	废旧动力电池回收利用模式研究	重点项目	应用经济学	吴玉锋	北京工业大学	
341	17YJA002	基于可持续生计的环京津贫困带精准扶贫研究	重点项目	应用经济学	何仁伟	北京市社会科学院	
342	17YJA003	京津冀地区房地产金融风险传递及预警研究	重点项目	应用经济学	葛红玲	北京工商大学	
343	17YJA004	推进北京市属企业“迁得出去，落得下来”的配套政策研究	重点项目	应用经济学	赵　莉	中共北京市委党校	
344	17YJA005	网络借贷行业发展对北京市中小企业融资的影响研究	重点项目	应用经济学	张海洋	对外经济贸易大学	
345	17YJB006	北京地区上市公司财政补贴经济效益与社会效应的动态效果研究	一般项目	应用经济学	王竞达	首都经济贸易大学	
346	17YJB007	北京人口规模控制下的老龄化与经济增长研究：基于供给侧视角	一般项目	应用经济学	杨翠芬	北京信息科技大学	
347	17YJB008	北京市促进就业创业政策效用评估研究	一般项目	应用经济学	王　霆	中国政法大学	
348	17YJB009	北京市服务业扩大开放综合试点绩效评价研究	一般项目	应用经济学	任　靓	北京联合大学	
349	17YJB010	北京市高校大学生创业金融支持体系构建与应用研究	一般项目	应用经济学	李晓静	北京科技大学	
350	17YJB011	北京市流动人口的健康风险、医疗卫生服务利用和长期居留意愿研究	一般项目	应用经济学	方黎明	对外经济贸易大学	
351	17YJB012	北京市农村土地产权制度与社会保障制度的耦合机制研究	一般项目	应用经济学	姜雪梅	北京林业大学	
352	17YJB013	北京市农村污水处理的PPP融资模式研究	一般项目	应用经济学	褚晓琳	北京物资学院	
353	17YJB014	北京市生态涵养发展区农业非点源污染评价与控制研究	一般项目	应用经济学	张志强	北京农学院	

续表

序号	项目编号	项目名称	项目类别	申报学科	项目负责人	科研信誉保证单位	备注
354	17YJB015	北京市政府债务形成机制研究：基于转移支付视角的理论分析与实证检验	一般项目	应用经济学	毛　捷	对外经济贸易大学	
355	17YJB016	北京与“一带一路”沿线国家经贸合作的优先领域、模式选择研究	一般项目	应用经济学	程宝栋	北京林业大学	
356	17YJB017	基于产业价值链视角的京津冀医药产业集群整合研究	一般项目	应用经济学	郭冬梅	北京中医药大学	
357	17YJB018	基于大数据的北京市共享单车产业监测与发展趋势研究	一般项目	应用经济学	吴　俊	北京邮电大学	
358	17YJB019	基于机制设计理论的雄安新区承接北京非首都功能研究	一般项目	应用经济学	王书平	北方工业大学	
359	17YJB020	建设科技创新中心背景下北京创业型企业生存能力研究	一般项目	应用经济学	蔡宏波	北京师范大学	
360	17YJB021	京津冀节能环保产业协同发展创新生态机制研究	一般项目	应用经济学	曾　煜	中华女子学院	
361	17YJB022	普惠金融背景下京津冀农村移动金融的风险、监管与机制创新研究	一般项目	应用经济学	朱乾宇	中国人民大学	
362	17YJB023	有利于“三农”和城市弱势群体的北京市普惠金融体系建设研究	一般项目	应用经济学	吴本健	中央民族大学	
363	17YJC024	北京城市交通拥堵递归网络构建及动态演化特征研究	青年项目	应用经济学	赵晓军	北京交通大学	
364	17YJC025	北京地区非典型雇佣关系的影响因素及优化	青年项目	应用经济学	魏　巍	北京物资学院	
365	17YJC026	北京功能定位下的失地农民就业稳定性研究	青年项目	应用经济学	肖红梅	北京劳动保障职业学院	
366	17YJC027	北京市政府债务适度规模的评价、动因、后果与治理研究	青年项目	应用经济学	张曾莲	北京科技大学	
367	17YJC028	行为经济学视角下流动人口多维社会融合的机制研究	青年项目	应用经济学	尤　婧	中国人民大学	
368	17YJC029	基于区块链的北京市绿色证书智能合约交易机制研究	青年项目	应用经济学	冯天天	中国地质大学（北京）	
369	17YJC030	京郊农民闲置住宅利用模式及其财产性收益实现路径研究	青年项目	应用经济学	陈　慈	北京市农林科学院	
370	17YJC031	京津冀地区经济异质性背景下金融空间分布与产业布局研究	青年项目	应用经济学	李　雪	首都经济贸易大学	
371	17YJC032	京津冀空气污染协同监管体制与配套政策研究	青年项目	应用经济学	马　本	中国人民大学	
372	17YJC033	京津冀生态协同发展的财政政策研究	青年项目	应用经济学	刘金科	中央财经大学	
373	17YJC034	京津冀协同发展中北京服务业对外开放水平提升路径研究	青年项目	应用经济学	太　平	对外经济贸易大学	

续表

序号	项目编号	项目名称	项目类别	申报学科	项目负责人	科研信誉保证单位	备注
374	17YJC035	京津冀协同发展中北京市安全优质农产品有效供给对策研究	青年项目	应用经济学	刘　雯	北京市农村经济研究中心	
375	17YJC036	普惠金融视角下北京市众筹融资的可持续发展模式及其风险防控机制研究	青年项目	应用经济学	杨龙光	首都经济贸易大学	
376	17YJC037	商户忠诚度视角下北京农产品批发市场疏解研究	青年项目	应用经济学	王贝贝	北京物资学院	
377	17YJC038	预期引导视角下北京地方金融风险的防范与对策研究	青年项目	应用经济学	刘　倩	国际关系学院	
378	17YJC039	整体化视角下北京市长期护理保险制度设计与政策评估	青年项目	应用经济学	祝　伟	对外经济贸易大学	
379	17YJB040	北京市人口老龄化对经济发展的影响研究	一般项目	应用经济学	徐　雪	首都经济贸易大学	与市教委联合立项
380	17YJB041	基于股权投资科技型企业估值研究	一般项目	应用经济学	谭祖卫	北京信息科技大学	与市教委联合立项
381	17YJA042	北京创新文化研究	重点项目	应用经济学	刘　勇	中共海淀区委党校	
382	17WXB001	北京城市新空间书写与文化认同研究	一般项目	文学	周春霞	北京联合大学	
383	17WXB002	老舍创作与北京现代文化建构	一般项目	文学	李　玲	北京语言大学	
384	17WXB003	明代京畿女作家作品整理与研究	一般项目	文学	张清华	北京开放大学	
385	17WXB004	明清笔记中的北京书写研究	一般项目	文学	李建英	北京青年政治学院	
386	17WXB005	新中国十七年时期（1949—1965）北京工人写作研究	一般项目	文学	谢保杰	北京信息科技大学	
387	17WXC006	法国《亚洲学报》中的中国形象研究（1821年至今）	青年项目	文学	靳风华	对外经济贸易大学	
388	17WXC007	中国近现代小说抒情方式的嬗变与西方文学关系研究	青年项目	文学	刘　倩	北京师范大学	
389	17YYA001	北京方言的实验语言学研究	重点项目	语言学	卢小群	中央民族大学	
390	17YYA002	察合台语词汇和“一带一路”语言关系研究	重点项目	语言学	戴光宇	北京市社会科学院	
391	17YYA003	面向北京新城市功能的外语政策与规划研究	重点项目	语言学	张晓东	北京第二外国语学院	
392	17YYA004	先天性辅音/声调感知障碍的心理和神经机制研究	重点项目	语言学	张林军	北京语言大学	
393	17YYB005	西方媒体奥运话语中首都形象与隐喻进化的历时研究	一般项目	语言学	孙　亚	对外经济贸易大学	
394	17YYB006	《习近平谈治国理政》英译本的翻译策略及其海外传播：译者伦理责任视角	一般项目	语言学	徐　英	外交学院	
395	17YYB007	600年间北京官话副词研究	一般项目	语言学	魏兆惠	北京语言大学	

续表

序号	项目编号	项目名称	项目类别	申报学科	项目负责人	科研信誉保证单位	备注
396	17YYB008	北京非物质文化遗产英译：理论、实践与传播路径	一般项目	语言学	王建荣	北京交通大学	
397	17YYB009	古汉语动/介关系多功能语法形式的语义地图研究	一般项目	语言学	王鸿滨	北京语言大学	
398	17YYB010	基于北京话自然口语对话的负面立场表达研究	一般项目	语言学	李先银	北京语言大学	
399	17YYB011	美国主流媒体中的中国国家形象研究	一般项目	语言学	程瑾涛	北京交通大学	
400	17YYB012	英汉形容词论元结构的对比研究	一般项目	语言学	郭　洁	北京外国语大学	
401	17YYB013	影视剧翻译机制研究——语言学的视角	一般项目	语言学	麻争旗	中国传媒大学	
402	17YYB014	语体视域下的上古汉语虚词研究	一般项目	语言学	张亚茹	北京语言大学	
403	17YYC015	新媒体中的北京形象：基于多模态融合的批判性话语分析	青年项目	语言学	刘宁宁	对外经济贸易大学	
404	17YYC016	北京地区藏乾隆年间“西洋馆华夷译语”校勘及语言研究	青年项目	语言学	聂大昕	北京师范大学	
405	17YYC017	多元文化背景下的德国多语教育研究	青年项目	语言学	张晓玲	北京外国语大学	
406	17YYC018	基于动态系统理论的汉语二语学习者心理词汇发展研究	青年项目	语言学	周　琳	对外经济贸易大学	
407	17YYC019	基于梵汉对勘的《佛所行赞》新词新义研究	青年项目	语言学	邱　冰	北京语言大学	
408	17YYC020	基于双语平行语料库的京味文学英译再词汇化过程及翻译策略研究	青年项目	语言学	杨京鹏	北京邮电大学	
409	17YYC021	清代法律文书语言研究	青年项目	语言学	张　文	中国政法大学	
410	17YYC022	社会学视角下《诗经》英译本的副文本研究	青年项目	语言学	滕　雄	北京航空航天大学	
411	17YYC023	英语语音教学中的可视化发音训练和应用平台研究	青年项目	语言学	智　娜	首都师范大学	
412	17YYB024	更简句法框架下英汉反身代词约束特性的对比研究	一般项目	语言学	周长银	北京第二外国语学院	与市教委联合立项
413	17YYB025	司马相如赋旧注疏证	一般项目	语言学	踪训国	首都师范大学	与市教委联合立项
414	17YYA026	北京文化内在架构研究	重点项目	语言学	李建盛	北京市社会科学院	
415	17YYA027	北京京味文化研究	重点项目	语言学	张桃洲	首都师范大学	
416	17ZXA001	当代法国哲学前沿理论问题研究	重点项目	哲学	欧阳谦	中国人民大学	
417	17ZXA002	精神病学哲学的建构：基于20世纪以来牛津大学出版社《哲学与精神病学中的国际视角》系列丛书的研究	重点项目	哲学	肖　巍	清华大学	

续表

序号	项目编号	项目名称	项目类别	申报学科	项目负责人	科研信誉保证单位	备注
418	17ZXB003	首都人工智能开发中的伦理问题研究	一般项目	哲学	付　涛	对外经济贸易大学	
419	17ZXB004	北京宗教和谐共生调查研究	一般项目	哲学	包路芳	北京市社会科学院	
420	17ZXB005	当代西方古典主义政治哲学研究	一般项目	哲学	叶　颖	北京师范大学	
421	17ZXB006	多主体合作逻辑研究	一般项目	哲学	张　峰	北京理工大学	
422	17ZXB007	国家认同建构中的历史记忆问题研究	一般项目	哲学	吴玉军	北京师范大学	
423	17ZXB008	晚年马克思、恩格斯历史观的关系新探讨	一般项目	哲学	林　锋	北京大学	
424	17ZXB009	新媒介情境下的社会交往与社会治理研究	一般项目	哲学	刘丹鹤	北京理工大学	
425	17ZXC010	古希腊思想的自然和习俗问题	青年项目	哲学	陈斯一	北京大学	
426	17ZXC011	明末清初天主教与阳明心学之论辩研究	青年项目	哲学	张凯作	中共北京市委党校	
427	17ZXC012	生态学命题的逻辑分析	青年项目	哲学	毕　丞	北京科技大学	
428	17ZXB013	家训与中国古代儿童的道德生活	一般项目	哲学	王　颖	北京青年政治学院	与市教委联合立项
429	17ZGAL001	美国对华意识形态议题设置研究	重点项目	政治学·国际问题研究	邱　吉	中国人民大学	与市中特中心联合立项
430	17ZGA002	国家监察体制改革中监察权的构成与配置研究	重点项目	政治学·国际问题研究	刘俊生	中国政法大学	
431	17ZGA003	习近平首脑外交与新型国际关系构建研究	重点项目	政治学·国际问题研究	张　颖	北京外国语大学	
432	17ZGA004	主场外交时代首都核心功能提升研究	重点项目	政治学·国际问题研究	张　丽	北京市社会科学院	
433	17ZGB005	北京城六区街道政务诚信建设与第三方评估研究	一般项目	政治学·国际问题研究	谢新水	首都师范大学	
434	17ZGB006	比较视阈下首都重要基础设施反恐防控机制研究	一般项目	政治学·国际问题研究	陈　胜	中国人民公安大学	
435	17ZGB007	京郊贫困村精准扶贫政策的瞄准机制研究	一般项目	政治学·国际问题研究	唐丽霞	中国农业大学	
436	17ZGB008	京津冀劳动关系转型与协同治理研究	一般项目	政治学·国际问题研究	刘泰洪	中国劳动关系学院	
437	17ZGB009	中国在气候变化全球治理转型中的作用研究	一般项目	政治学·国际问题研究	康　晓	北京外国语大学	
438	17ZGC010	“一带一路”建设与国际产能合作关系的构建	青年项目	政治学·国际问题研究	邢李志	北京工业大学	
439	17ZGC011	北京参与联合国 2030 年可持续发展议程研究	青年项目	政治学·国际问题研究	董　亮	外交学院	
440	17ZGC012	北京市社区协商中的公众参与效能感研究	青年项目	政治学·国际问题研究	杨守涛	中共北京市委党校	

续表

序号	项目编号	项目名称	项目类别	申报学科	项目负责人	科研信誉保证单位	备注
441	17ZGC013	日本高质量基础设施合作伙伴关系构建及其对“一带一路”建设的影响研究	青年项目	政治学·国际问题研究	孟晓旭	国际关系学院	
442	17ZGC014	生产资本与金融资本分流背景下的中国大国战略与美国霸权之差异研究	青年项目	政治学·国际问题研究	王旭琰	华北电力大学	
443	17ZGC015	塌方式腐败的政治机理及防治对策研究	青年项目	政治学·国际问题研究	王尘子	中共北京市委党校	
444	17ZGC016	新媒体时代北京地区涉警舆情信任危机研究	青年项目	政治学·国际问题研究	李小波	中国人民公安大学	
445	17ZGC017	“一带一路”背景下中国 OFDI 投向、效率及风险防范研究	青年项目	政治学·国际问题研究	付韶军	外交学院	
446	17ZGC018	中国海外利益保护与跨境执法问题研究	青年项目	政治学·国际问题研究	刘莲莲	北京大学	
447	17ZGA019	“西式民主”面临的理论与实践困境研究	重点项目	政治学·国际问题研究	潘　维	北京大学	

（北京市哲学社会科学规划办公室供稿）

北京市教育委员会2018年度社科计划重点项目批准立项项目

项目编号	项目名称	承担单位	负责人	研究类别	成果形式	完成时间
SZ201810005001	行动障碍者无障碍服装设计研究	北京工业大学	王文娟	应用研究	研究报告、其他	2020.12
SZ201810005002	中国公众价值观变动及趋势——基于后物质主义理论的研究	北京工业大学	胡建国	综合研究	研究报告	2020.06
SZ201810005003	基于国家治理视角的习近平全面依法治国重要论述研究	北京工业大学	陈洪玲	基础研究	研究报告	2020.12
SZ201810005004	大数据驱动的可制造性知识挖掘与管理方法研究	北京工业大学	徐　硕	综合研究	论文集	2020.12
SZ201810005005	移动互联网背景下高校创业人才培养研究	北京工业大学	朴　玉	综合研究	研究报告	2019.12
SZ201810011006	京老年人群养老模式偏好的成因与对策研究	北京工商大学	蒯鹏州	应用研究	研究报告	2020.12
SZ201810012007	高校服饰时尚设计产业发展研究	北京服装学院	王　琪	综合研究	研究报告	2019.12
SZ201810015008	传统出版与现代出版融合发展的路径与对策研究	北京印刷学院	王关义	应用研究	专著	2020.12
SZ201810016009	基于生态保护红线划定的京津冀保护地体系建构研究	北京建筑大学	张振威	综合研究	研究报告、论文	2020.12
SZ201810020010	北京山区沟域经济规划中的景观美学作用机制	北京农学院	贾海洋	综合研究	专著	2020.12

续表

项目编号	项目名称	承担单位	负责人	研究类别	成果形式	完成时间
SZ201810025011	基于医保支付方式的北京市分级诊疗医联体模式研究	首都医科大学	高广颖	应用研究	研究报告	2020. 12
SZ201810028012	司马相如赋旧注疏证	首都师范大学	踪训国	基础研究	专著	2020. 12
SZ201810028013	国家特殊管理股的法律规制——以北京试点企业为研究样本	首都师范大学	吴高臣	应用研究	专著	2020. 12
SZ201810028014	北京市中小学校园欺凌行为评估、预警与精准干预的示范性研究	首都师范大学	肖　晶	应用研究	论文集	2020. 12
SZ201810028015	20 世纪中国作曲家田丰创作研究	首都师范大学	邵晓勇	基础研究	研究报告	2020. 12
SZ201810028016	唐代实用性书迹书写者及书法研究——以敦煌文书所见唐代实用书迹为中心	首都师范大学	周　侃	基础研究	专著	2020. 12
SZ201810028017	儿童早期数字心理表征的策略运用与促进研究	首都师范大学	许晓晖	综合研究	论文集	2020. 12
SZ201810028018	国际化视野下北京市中小学 STEM 教育的实践模式与运行机制研究	首都师范大学	徐　月	基础研究	研究报告	2020. 12
SZ201810031019	非首都功能疏解下中关村科技园跨区环链模块化创新布局与演化研究	北京第二外国语学院	郭　斌	应用研究	研究报告	2020. 12
SZ201810031020	更简句法框架下英汉反身代词约束特性的对比研究	北京第二外国语学院	周长银	基础研究	专著	2020. 12
SZ201810037021	北京市国有企业混合所有制改革效果及提升路径研究——基于国发〔2015〕54 号文件的准自然实验	北京物资学院	张　军	综合研究	研究报告	2020. 12
SZ201810038022	京津冀协同发展战略下北京市建设用地减量发展的实施路径与机制研究	首都经济贸易大学	李　强	应用研究	研究报告	2020. 12
SZ201810038023	北京市人口老龄化对经济发展的影响研究	首都经济贸易大学	徐　雪	应用研究	研究报告	2020. 12
SZ201810050024	中国影视衍生产业发展态势研究——基于影视衍生产品开发的视角	北京电影学院	尼跃红	综合研究	研究报告	2020. 07
SZ201810050025	京津冀电影产业生态系统建构研究	北京电影学院	王　煊	应用研究	专著	2019. 12
SZ201810051026	中国民族民间舞音乐舞蹈地图	北京舞蹈学院	李　卿	基础研究	研究报告	2020. 12
SZ201811232027	民营企业海外并购的融资模式、融资风险与企业信用——以北京为例	北京信息科技大学	岳宝宏	应用研究	研究报告	2020. 12
SZ201811232028	基于股权投资科技型企业估值研究	北京信息科技大学	谭祖卫	综合研究	专著	2020. 12
SZ201811417029	北京农村集体土地腾退的利益冲突及其权利配置研究	北京联合大学	郭娅丽	综合研究	研究报告	2020. 12
SZ201811626030	全面二孩背景下北京市学前教育资源供给体系研究	北京青年政治学院	叶向红	应用研究	研究报告、论文	2019. 12
SZ201811626031	家训与中国古代儿童的道德生活	北京青年政治学院	王　颖	综合研究	专著、论文	2020. 12
SZ201811626032	习近平总书记关于青年成长成才重要论述研究	北京青年政治学院	高　诚	综合研究	研究报告	2019. 12
SZ201851160033	基于学习分析的在线协作学习诊断与干预研究	北京开放大学	李　梅	综合研究	研究报告	2020. 12

* 2017 年，北京市教育委员会评出的 2018 年度社会科学计划批准立项重点项目。

（北京市教育委员会科学技术与研究生工作处供稿）

北京市教育委员会2018年度社科计划一般项目批准立项项目

项目编号	项目名称	承担单位	研究类别	负责人	成果形式	完成时间
SM201810005001	“一带一路”背景下基于国际理解教育的汉语国际教育研究	北京工业大学	应用理论研究	杨琪	研究报告、论文	2019.12
SM201810005002	北京市新能源汽车推广对城市能源节约与可持续发展效果评价	北京工业大学	应用研究	张烨	研究报告、论文	2019.12
SM201810005003	北京市创业投资网络社团划分与投资引导策略研究	北京工业大学	应用研究	杨娟	论文	2019.12
SM201810005004	产业升级背景下首都流动人口职业技能衍生路径与培育机制研究	北京工业大学	应用研究	李国正	研究报告	2020.12
SM201810005005	首都服务型企业员工服务创新的影响机制研究	北京工业大学	基础研究	宋萌	论文、研究报告	2019.12
SM201810005006	现代性视域下历史唯物主义的正义价值研究	北京工业大学	基础研究	史敏	论文	2019.12
SM201810005007	社会资本理论视野下的北京市社区社会组织研究	北京工业大学	应用理论研究	曹飞廉	专著、研究报告、论文	2019.12
SM201810005008	北京市青年群体移动互联网使用与文化消费研究	北京工业大学	应用研究	陈柏霖	研究报告	2019.12
SM201810005009	指向培养国际沟通能力的大学生英汉语语用能力发展互动性研究	北京工业大学	应用理论研究	赵燚	论文、研究报告	2020.12
SM201810005010	智能学习方式对大学生英语口语能力发展的影响研究	北京工业大学	应用研究	李丽华	论文	2019.12
SM201810005011	生态语言学视域下的学术英语思辨教学模式研究	北京工业大学	应用研究	刘宏涛	论文、教材	2020.12
SM201810005012	以展览艺术设计为途径的中华优秀传统文化传承研究	北京工业大学	应用研究	王国彬	论文	2019.12
SM201810005013	北京地区屋顶空间生态化景观的设计研究	北京工业大学	应用研究	王今琪	论文、其他	2019.12
SM201810005014	京西古道文化服饰产品设计应用	北京工业大学	应用研究	闫洪瑛	研究报告、论文、其他	2019.12
SM201810009001	基于地域特色的小城镇公共艺术的探索与研究——以北京周边区县为例	北方工业大学	应用理论研究	姜蕊	论文	2020.12
SM201810009002	企业跨界创新过程中的社会化互助机理研究	北方工业大学	基础研究	宋钰	论文	2020.12
SM201810009003	北京市会计事务所品牌价值评估与提升策略研究	北方工业大学	调查与对策研究	李宜	论文	2020.12
SM201810009004	北京生产性服务贸易出口技术结构测度及提升研究	北方工业大学	应用研究	孟东梅	论文	2020.12
SM201810009005	日语口译策略研究	北方工业大学	应用研究	梁长岁	论文	2020.12

续表

项目编号	项目名称	承担单位	研究类别	负责人	成果形式	完成时间
SM201810009006	视觉文化传播新特征及应用研究	北方工业大学	应用理论研究	王　怡	论文	2020. 12
SM201810009007	汉英致使句式研究	北方工业大学	基础研究	赵宏伟	论文	2020. 12
SM201810009008	社会生物学理论中的文化基因概念研究	北方工业大学	基础研究	刘　利	论文	2020. 12
SM201810011001	北京市食品安全基层监管能力提升研究	北京工商大学	调查与对策研究	孙宁宁	论文	2019. 12
SM201810011002	食品企业主动召回激励机制探索——基于北京消费者调查问卷的分析	北京工商大学	调查与对策研究	郝　娜	研究报告	2019. 12
SM201810011003	探索并构建“双创”教育的社会反馈体系	北京工商大学	调查与对策研究	周付安	论文	2019. 12
SM201810011004	京津冀市场化债转股模式的比较研究	北京工商大学	应用研究	谢雪燕	研究报告、论文	2019. 12
SM201810011005	基于顾客关系导向的北京现代服务业价值网络研究	北京工商大学	应用研究	武晓宇	论文	2019. 12
SM201810011006	输入强化理论与输出驱动假设视角下大学生产出性词汇应用能力提升的研究	北京工商大学	应用研究	王秀珍	专著	2019. 12
SM201810011007	“产出导向法”理论视域下的商务英语教学研究	北京工商大学	基础研究	赖　花	论文	2019. 12
SM201810011008	生存论视域中的文化自信研究	北京工商大学	应用理论研究	陆丽琼	论文	2019. 12
SM201810011009	网络空间中国主流意识形态话语面临的挑战与对策	北京工商大学	应用理论研究	李　金	论文	2019. 12
SM201810011010	北京新农村人居环境文化艺术建设研究	北京工商大学	应用研究	张　帆	论文	2019. 12
SM201810012001	面向自闭症儿童的艺术疗愈研究	北京服装学院	应用理论研究	王　烁	研究报告、论文	2019. 06
SM201810012002	汉服运动传播与实践模式研究	北京服装学院	应用研究	牛继舜	专著	2018. 12
SM201810012003	新媒体环境下的中国服饰文化国际传播研究	北京服装学院	应用理论研究	赵春华	研究报告、论文	2020. 12
SM201810012004	侗族传统服饰面料的新型工艺功能创新设计研究	北京服装学院	应用研究	史文莉	研究报告、论文	2019. 12
SM201810015001	中国出版业对“一带一路”沿线国家贸易推进路径与精准化策略研究	北京印刷学院	应用研究	付海燕	专著、研究报告、论文	2019. 12
SM201810015002	北京新闻出版业供给侧结构性改革的推进路径与实施方案	北京印刷学院	应用研究	王梓薇	专著、研究报告、论文、其他	2019. 12
SM201810015003	红色报刊史研究	北京印刷学院	基础研究	高杨文	专著、研究报告、论文	2019. 12
SM201810015004	北京市政务公共信息传播的对称性与舆情主导机制研究	北京印刷学院	基础研究	常　昕	专著、研究报告、论文	2020. 12

续表

项目编号	项目名称	承担单位	研究类别	负责人	成果形式	完成时间
SM201810015005	全媒体时代网络编辑的职责、能力与素养	北京印刷学院	应用研究	王　瑞	专著、研究报告、论文、其他	2020.12
SM201810016001	基于霍尔三维模型大型复杂工程PPP项目集成管理研究	北京建筑大学	应用研究	张国宗	研究报告、论文	2019.12
SM201810016002	建筑遗产保护中的物权法律制度研究	北京建筑大学	基础研究	任　超	研究报告	2019.12
SM201810017001	共生视角下京津冀产业创新生态系统协同发展研究	北京石油化工学院	基础研究	孙　源	研究报告	2020.12
SM201810017002	北京旅游演出游客体验及影响机制研究	北京石油化工学院	应用理论研究	张希月	研究报告	2020.12
SM201810017003	基于认知耦合范式的大学英语听力翻转课堂教学设计研究	北京石油化工学院	应用理论研究	张巍然	研究报告、论文	2019.12
SM201810020001	现代种业发展中的企业演化机理与模式研究	北京农学院	基础研究	李婷婷	专著、论文	2020.12
SM201810020002	北京居民对转基因食品风险感知研究	北京农学院	调查与对策研究	李宗泰	论文	2020.12
SM201810020003	北京水果电商运营模式研究	北京农学院	应用理论研究	倪冬梅	专著	2020.12
SM201810020004	北京农业科技企业开放式技术创新影响因素及战略研究	北京农学院	应用研究	李　萍	论文	2020.12
SM201810020005	公共服务治理视角下北京市新型农村社区农民参与行为研究	北京农学院	应用研究	李玉红	专著	2020.12
SM201810025001	基于机器学习算法的北京地区大学生学业困难预测研究	首都医科大学	应用研究	丁欣放	研究报告	2020.12
SM201810025002	20世纪中外经典小说中肺结核病的文学意义	首都医科大学	应用研究	谢春晖	研究报告、论文	2020.12
SM201810025003	北京市老年健康人群体力活动健康素养评价指标体系研究	首都医科大学	应用研究	高玲娣	研究报告	2020.12
SM201810025004	北京城市社区老年慢性病患者多重用药现状及用药安全性影响因素分析	首都医科大学	调查与对策研究	王慧丽	研究报告	2020.12
SM201810025005	首都高校学生网络空间马克思主义话语权的建构研究（以首都医科大学为例）	首都医科大学	调查与对策研究	杜长林	论文	2020.12
SM201810028001	昌耀诗歌的精神嬗变研究	首都师范大学	基础研究	张光昕	专著	2019.12
SM201810028002	丝绸之路形成时期新疆家养动物的动物考古学研究	首都师范大学	基础研究	尤　悦	论文	2020.12
SM201810028003	北魏皇帝庙号研究	首都师范大学	基础研究	王　铭	论文	2020.12
SM201810028004	北京市科技成果转化立法现状及制度完善	首都师范大学	应用研究	安丽娜	研究报告	2019.12
SM201810028005	北京市公立医疗机构法人治理模式研究	首都师范大学	应用研究	崔俊杰	研究报告	2019.12

续表

项目编号	项目名称	承担单位	研究类别	负责人	成果形式	完成时间
SM201810028006	汉语阅读障碍儿童的视觉注意广度缺陷及干预	首都师范大学	基础研究	赵　婧	论文	2020. 12
SM201810028007	教师价值教育行动力研究	首都师范大学	基础研究	高　洁	论文	2019. 12
SM201810028008	北京市高等教育发展投入的现状及特征研究——基于政策执行过程的文本分析	首都师范大学	调查与对策研究	康丽颖	研究报告	2019. 12
SM201810028009	意志无力与中学生道德意志品质培育	首都师范大学	应用理论研究	沈永福	研究报告	2020. 12
SM201810028010	历史唯物主义重建思潮的百年变迁及其启示研究	首都师范大学	基础研究	秦慧源	专著	2020. 12
SM201810028011	京津冀雾霾风险评估与多目标合作博弈治理模型研究	首都师范大学	应用理论研究	周　珍	研究报告、论文	2019. 12
SM201810028012	我国城市农民工多维贫困测度与区域联动减贫对策研究	首都师范大学	应用理论研究	程世勇	论文、研究报告	2019. 12
SM201810028013	幼儿园教师专业观察能力的诊断标准与发展策略研究	首都师范大学	应用理论研究	高宏钰	论文	2020. 12
SM201810028014	OECD 国家幼小衔接教学一致性的策略与保障条件	首都师范大学	应用理论研究	李相禹	论文	2020. 12
SM201810028015	指向中学生科学学科核心素养提升的科学阅读研究	首都师范大学	基础研究	黄鸣春	论文	2020. 12
SM201810028016	首都地区高校"双一流"建设中"教与学学术"理论及实践路径	首都师范大学	应用理论研究	唐　霞	研究报告、论文	2020. 12
SM201810028017	英国阅读疗法的理论、实践及借鉴研究	首都师范大学	应用理论研究	屈　南	论文	2020. 12
SM201810028018	北京市小学艺术教育可持续发展机制研究	首都师范大学	调查与对策研究	栗　睿	研究报告	2020. 12
SM201810029001	亲子体育游戏对 3 ~ 6 岁幼儿社会理解能力的作用研究	首都体育学院	应用理论研究	赖颖慧	研究报告	2020. 12
SM201810029002	低氧耐力训练对青少年体质健康水平影响的实验研究	首都体育学院	应用研究	扆　铮	研究报告	2018. 12
SM201810029003	基于北京冬奥会的冰雪运动媒介传播研究	首都体育学院	应用研究	刘　兰	研究报告	2018. 12
SM201810031001	农村剩余劳动力就地转移就业质量评价方法构建与应用——以京津冀乡村旅游业为例	北京第二外国语学院	应用研究	李朋波	研究报告、论文	2019. 12
SM201810031002	供给侧改革背景下北京对外文化贸易政策效果跟踪与评价研究	北京第二外国语学院	应用理论研究	王海文	研究报告	2019. 12
SM201810031003	学生视角下北京高校公选课逆向选课行为的心理归因研究	北京第二外国语学院	应用研究	杨　凯	论文	2019. 12
SM201810031004	基于语料库的日语多义词语义分析模型的构建	北京第二外国语学院	基础研究	姜　红	专著	2019. 12
SM201810031005	北京市英语阅读困难大学生的语篇整合模式研究	北京第二外国语学院	调查与对策研究	李　芳	专著	2020. 12
SM201810037001	共享经济下电子商务创新模式与采纳研究	北京物资学院	应用研究	陈　蕾	研究报告、论文	2019. 12

续表

项目编号	项目名称	承担单位	研究类别	负责人	成果形式	完成时间
SM201810037002	北京市在京国企和疏解国企高管经济激励和政治激励效果研究	北京物资学院	应用研究	陈　霞	研究报告、论文	2019. 12
SM201810037003	循环经济视角下北京市居民电子废弃物处置行为研究	北京物资学院	应用理论研究	徐建国	研究报告、论文	2019. 12
SM201810037004	北京市水资源会计核算体系构建与政策应用研究	北京物资学院	应用理论研究	陈　波	研究报告、论文	2019. 12
SM201810037005	“一带一路”物流绩效与中国农产品贸易潜力研究	北京物资学院	应用研究	王贝贝	研究报告、论文	2019. 12
SM201810037006	共享经济下北京市小微企业开放式融资模式研究	北京物资学院	应用研究	陈前前	研究报告、论文	2019. 12
SM201810037007	碎片化传播生态下高校思想政治教育话语体系的转换与重塑研究	北京物资学院	应用研究	张震环	专著	2019. 12
SM201810038001	农村空心化背景下京津冀养老机制博弈研究	首都经济贸易大学	应用研究	杨艳红	研究报告	2020. 12
SM201810038002	基于原产国形象视角的企业负面曝光信息溢出效应研究	首都经济贸易大学	基础研究	王　夏	研究报告、论文	2019. 12
SM201810038003	薪酬激励制度、研发不确定性与研发投入研究	首都经济贸易大学	应用理论研究	李盈璇	研究报告、论文	2020. 12
SM201810038004	北京市碳排放权交易市场效率追踪研究	首都经济贸易大学	调查与对策研究	孙　静	论文	2020. 12
SM201810038005	利用深度信念网络学习的北京市老年医疗服务体系发展研究	首都经济贸易大学	应用研究	高　静	研究报告、论文	2020. 12
SM201810038006	基于大数据视角下的扶贫瞄准精度提升及效率评价研究	首都经济贸易大学	应用理论研究	卢　山	研究报告、论文	2019. 12
SM201810038007	供给侧改革下基于作业成本的企业经营与管理的优化研究	首都经济贸易大学	应用研究	李　刚	研究报告、论文	2019. 12
SM201810038008	随机通胀率和随机利率下保险公司的最优投资与再保险策略研究	首都经济贸易大学	应用理论研究	聂高琴	论文	2019. 12
SM201810038009	基于审计责任判定的审计师选择性披露行为研究	首都经济贸易大学	应用研究	崔　春	论文	2019. 12
SM201810038010	京津冀协同发展下的区域信用一体化顶层设计、指标评标及其实现路径研究	首都经济贸易大学	应用研究	梁万泉	研究报告	2019. 12
SM201810038011	北京市社区居家养老可持续发展的金融支持体系研究	首都经济贸易大学	应用研究	刘妍芳	研究报告	2019. 12
SM201810038012	北京市房价变动与企业创新能力研究	首都经济贸易大学	应用研究、调查与对策研究	颜　燕	论文	2019. 12
SM201810038013	民主革命时期中国共产党思想政治工作历史与经验研究	首都经济贸易大学	基础研究	连　欢	研究报告、论文	2019. 12
SM201810038014	包买制对于乡村工业化的促进机制研究	首都经济贸易大学	基础研究	傅春晖	论文	2019. 12
SM201810046001	敦煌莫高窟壁画中的乐器演奏情景文化历史研究	中国音乐学院	应用理论研究	林大雄	论文	2020. 12

续表

项目编号	项目名称	承担单位	研究类别	负责人	成果形式	完成时间
SM201810046002	跨界民族音乐文化比较研究——中、韩“农乐”的传承与变迁	中国音乐学院	应用理论研究	王竞雄	论文	2020. 12
SM201810046003	贝多芬钢琴奏鸣曲经典诠释的可视性数字化分析研究	中国音乐学院	应用研究	王　道	论文	2019. 12
SM201810046004	叶堂《纳书楹曲谱》及“叶派唱口”音乐文献研究	中国音乐学院	应用理论研究	雷东霞	论文、其他	2018. 12
SM201810049001	文化比较视野下的中日传统戏剧面具艺术研究	中国戏曲学院	应用理论研究	冯　淼	论文、研究报告	2020. 12
SM201810049002	京胡音乐数字化演奏模式	中国戏曲学院	应用研究	宋婷婷	其他	2018. 12
SM201810049003	镜头前表演体验	中国戏曲学院	应用研究	张　煜	研究报告、短片	2018. 12
SM201810049004	戏曲传承与当代传播中的价值观问题	中国戏曲学院	应用理论研究	孙　焘	论文、报告	2019. 12
SM201810050001	中国电影作曲家研究	北京电影学院	应用理论研究	杨宣华	专著	2019. 12
SM201810050002	中国电视剧叙事美学研究	北京电影学院	基础研究	王海洲	专著	2020. 12
SM201810050003	“一带一路”背景下中国纪录片的对外传播策略研究	北京电影学院	应用研究	赵　谦	专著	2020. 10
SM201810050004	三维扫描及建模技术在影视美术设计中的实践研究	北京电影学院	应用理论研究	张丹青	研究报告	2020. 12
SM201810051001	中国舞剧角色塑造实践与理论研究	北京舞蹈学院	基础研究	宋海芳	论文、其他	2018. 12
SM201810051002	西方舞蹈现代性之文化探源	北京舞蹈学院	基础研究	张延杰	专著	2019. 12
SM201810051003	中国民族民间舞口述史（第三册）	北京舞蹈学院	应用理论研究	张晓梅	专著	2020. 01 月
SM201810051004	双人舞表演理论与实践研究	北京舞蹈学院	应用研究	胡淮北	教材	2019. 12
SM201810051005	冬奥会背景下我国冰上演艺产业发展模式研究	北京舞蹈学院	调查与对策研究	梅　雪	研究报告	2019. 12
SM201811232001	北京高新技术企业创新质量提升路径和对策研究——基于微观动机视角	北京信息科技大学	应用研究	杨翠芬	论文	2019. 12
SM201811232002	城市循环发展指数、模式及路径研究	北京信息科技大学	应用理论研究	王　宁	论文、研究报告	2019. 12
SM201811232003	信息化驱动下我国制造业创新的联动效应研究——基于空间联动和技术联动的双视角	北京信息科技大学	应用研究	类　骁	报告、论文	2019. 12
SM201811232004	新媒体环境下娱乐新闻的传播效果研究——一项对北京市青年网民的受众调查	北京信息科技大学	调查与对策研究	郭　勇	研究报告、论文	2019. 12
SM201811232005	社区矫正用警制度研究	北京信息科技大学	应用研究	唐　彦	论文	2019. 12
SM201811232006	劳动法自动问答系统知识库构建方法研究	北京信息科技大学	基础研究	谭德宏	论文、研究报告	2019. 12
SM201811232007	工科专业本科生学术英语写作中的词汇句法发展特征研究	北京信息科技大学	应用理论研究	吴金华	研究报告、专著	2019. 12

续表

项目编号	项目名称	承担单位	研究类别	负责人	成果形式	完成时间
SM201811417001	北京濒危手工艺的数字化保护现状与对策研究	北京联合大学	调查与对策研究	吕林雪	论文、研究报告	2019.12
SM201811417002	城市群视角下的突发事件协同应急机制研究——以京津冀为例	北京联合大学	应用研究	王颜新	论文、研究报告	2019.12
SM201811417003	企业生态圈战略构建与转型研究:消费者视角	北京联合大学	应用研究	汪　蓉	论文、研究报告	2019.12
SM201811417004	大数据环境下高校数字档案馆信息服务模式研究	北京联合大学	应用研究	金　畅	研究报告、论文	2019.12
SM201811417005	基于大学生创业意愿到创业行为达成的创业教育长效机制研究	北京联合大学	应用研究	杜　辉	研究报告、论文	2019.12
SM201811417006	北京市生产性服务业生态创新驱动机理与实现路径研究	北京联合大学	应用研究	杨艳芳	研究报告、论文	2019.12
SM201811417007	虚拟学术社区个性化知识推荐方法与应用研究	北京联合大学	应用研究	房小可	论文、研究报告	2019.12
SM201811417008	北京市政府与分享经济企业的演化博弈及监管机制研究	北京联合大学	应用基础研究	李丹丹	研究报告、论文	2019.12
SM201811417009	当代美国作家多克托罗作品中的城市空间书写研究	北京联合大学	基础研究	鲜于静	论文	2019.12
SM201811417010	疏解整治中北京市社区管理制度创新研究	北京联合大学	应用研究	李倩茹	研究报告、论文	2019.12
SM201811626001	新时代团青干部培训与学历教育融合发展创新研究	北京青年政治学院	调查与对策研究	刘彩玲	专著	2019.12
SM201811626002	多元文化视角下幼儿园教育质量评价体系研究	北京青年政治学院	应用研究	厉育纲	研究报告、论文	2019.12
SM201811626003	基于阅读疗法的青少年阅读引导模式研究	北京青年政治学院	应用研究	李校红	研究报告、论文	2019.12
SM201811626004	网络综艺与青少年发展研究	北京青年政治学院	应用理论研究	周　敏	研究报告、论文	2019.12
SM201811626005	北京市青少年事务社会工作专业人才队伍建设研究	北京青年政治学院	应用研究	袁光亮	研究报告、论文	2019.12
SM201851638001	高职院校创新创业教育模式创新与实践研究	北京财贸职业学院	应用研究	李俊琦	研究报告、论文、教材	2019.12
SM201851638002	新零售商业模式研究	北京财贸职业学院	应用研究	张　艳	研究报告、论文	2019.12
SM201851638003	“互联网+社区服务”平台的设计与建设研究	北京财贸职业学院	计算机应用	孙　林	论文、专著、研究报告	2019.12
SM201810858001	北京贯通培养试验下高本课程衔接的现状、问题与对策研究	北京电子科技职业学院	调查与对策研究	刘新华	论文、研究报告	2019.12
SM201810858002	北京物流业加速升级背景下的人才胜任力研究	北京电子科技职业学院	应用研究	马　洁	研究报告、论文	2019.12
SM201810853001	产业转型升级背景下高职学生工匠精神的培育与实施	北京工业职业技术学院	应用研究	席庆荣	论文	2019.12

续表

项目编号	项目名称	承担单位	研究类别	负责人	成果形式	完成时间
SM201812448001	北京农民合作社税收政策研究	北京农业职业学院	调查与对策研究	梁瑞智	研究报告	2018. 12
SM201850061001	在物理教学中培育学生物理素养研究	北京教育学院	应用研究	冯　华	教材、论文、其他	2020. 12
SM201850061002	中小学开展人工智能教育推进智能教育的对策研究	北京教育学院	调查与对策研究	钟祖荣	研究报告、论文	2018. 12
SM201851160001	首都社区教育融入首都社会治理的机理与实践策略研究	北京开放大学	调查与对策研究	姚大川	论文、研究报告	2018. 12
SM201851160002	基于成人职业能力发展的网络实践共同体设计理论与实践	北京开放大学	应用理论研究	高　茜	研究报告、论文	2018. 12
SM201814075001	欧美数据隐私规则新发展对我国数字贸易的影响	北京劳动保障职业学院	基础研究	弓永钦	论文	2019. 06
SM201814019001	公安院校践行习近平总书记“对党忠诚、服务人民、执法公正、纪律严明”总要求的路径研究	北京人民警察学院	应用研究	张　明	研究报告、论文	2018. 12
SM201814019002	京津冀警察跨域执法协同机制研究	北京人民警察学院	应用研究	万亮亮	研究报告、论文	2019. 12
SM201814019003	大数据时代的侦查思维发展研究	北京人民警察学院	应用理论研究	王　嘉	研究报告、论文	2018. 12

*2017 年，北京市教育委员会评出的 2018 年度社会科学计划批准立项一般项目。

（北京市教育委员会科学技术与研究生工作处供稿）

2017 年度北京市人大常委会调查研究课题

2017 年度北京市人大常委会主任、副主任重点调研课题

序号	题目	主持人	责任部门	负责人
1	★市十四届人大常委会五年工作总结和研究	李　伟	研究室牵头，有关部门同志参加	黄石松
2	关于有序推进老旧小区综合改造的调查研究	牛有成	城建环保办公室	郝志兰
3	完善“立交式”的地方立法工作机制研究	柳纪纲	法制办公室	李小娟
4	关于扶持专业运营，发展居家养老服务业情况的调研报告	刘　伟	内务司法办公室	刘维林
5	关于北京市全民健身实施机制建设情况的调研报告	杨艺文	教科文卫体办公室	孙世超

★为 5 年工作总结和研究类项目。

2017 年度北京市人大常委会重点调研课题

序号	题目	责任部门	负责人
1	★加强和改进市人大及其常委会监督工作的总结和研究	办公厅	李福祥　黄　强

续表

序号	题目	责任部门	负责人
2	★加强和改进市人大常委会信息工作的总结和研究	办公厅	黄　强
3	★加强和改进市人大及其常委会立法工作的总结和研究	法制办	李小娟
4	★加强和改进市人大及其常委会监督司法工作的总结和研究	内司办	刘维林
5	★加强和改进市人大及其常委会经济和预算监督工作的总结和研究	财经办	程晓君
6	关于本市食品安全保障状况的调查研究	财经办	程晓君
7	★加强和改进市人大常委会代表议案办理工作的总结和研究	农村办	安　钢
8	★加强和改进市人大常委会调研工作的总结和研究	研究室	黄石松
9	★加强和改进市人大常委会新闻工作的总结和研究	研究室	黄石松
10	★加强和改进市人大常委会代表工作的总结和研究	代联室	陶世欣
11	关于做好市十五届人大代表选举工作有关问题的研究	人事室	张　越
12	市人大常委会机关党员队伍思想工作状况调研分析	机关党委	张　清

★为5年工作总结和研究类项目。

2017年度北京市人大专门委员会及常委会工作机构调研课题

序号	题目	申报部门	负责人	联系人
1	完善讨论决定重大事项工作机制和具体程序研究	办公厅	黄　强	仲伟功
2	关于本市涉及城镇住宅纠纷信访问题的调查研究	办公厅	董立柱	常向荣
3	首都地方立法的公共治理理念和机制研究	法制办	李小娟	熊菁华
4	关于本市开展公益诉讼情况的调查研究	内司办	王　玲	陈星言
5	政府性投资基金监督研究	财经办	陈京朴	袁永宏
6	关于加强我市经济工作监督的调查研究	财经办	杨文胜	罗　珽
7	发挥专门委员会优势和作用，提高专委会预算初审质量和实效研究	教科文卫体办	高健红	龚　波
8	关于本市促进科技成果转化情况的调研	教科文卫体办	任佩文	田　瑷
9	北京市节水立法研究	农村办	杨武林	卢忠华
10	北京市休闲农业情况调研	农村办	潘爱兵	赵家如
11	关于做好新形势下人大民族宗教侨务对台工作的实践与思考	民宗侨办	武高山	朴春植

（北京市人大常委会研究室王柏林供稿）

2017年度北京市社会科学界联合会立项课题

2017年度决策咨询课题

序号	项目编号	课题名称	首席专家	所在单位
1	2017SKLJZ001	建设国际一流的和谐宜居之都的目标评估体系研究	段　霞	首都经济贸易大学
2	2017SKLJZ002	北京市社会阶层结构变化研究	李　强	清华大学

续表

序号	项目编号	课题名称	首席专家	所在单位
3	2017SKLJZ003	着眼第二个百年目标首都发展展望研究	李国平	北京大学
4	2017SKLJZ004	增强北京文化软实力研究	祝合良	首都经济贸易大学
5	2017SKLJZ005	提高北京城市精细化管理水平研究	叶堂林	首都经济贸易大学
6	2017SKLJZ006	深化北京市行政管理体制改革研究	杨宏山	中国人民大学
7	2017SKLJZ007	北京如何做到减量谋发展	祝宝良	北京市经济信息中心
8	2017SKLJZ008	未来在北京人口接近 2300 万“天花板”的情况下，如何保持发挥北京人口活力	关成华	北京师范大学
9	2017SKLJZ009	发挥“一核”作用，打造世界级城市群	安树伟	首都经济贸易大学
10	2017SKLJZ010	增强北京文化软实力研究	于　丹	北京师范大学
11	2017SKLJZ011	提高北京城市精细化管理水平研究	王　立	北京市科学技术研究院

（北京市社会科学界联合会科研部供稿）

2017 年度北京自然科学界与社会科学界两界联席会议协同创新研究基地支持课题项目

序号	课题名称	项目负责人	所在基地或单位
1	面向北京科技创新中心建设的科技服务体系构建研究	王国顺	北京工商大学
2	京津冀城市群机场联程客运协同研究	赵晓华	北京交通工程学会
3	北京非首都功能疏解重点和政策体系研究	李志男	北京科学技术情报学会
4	交通文明视角下北京市交通拥堵解决对策研究	郭　名	北京交通大学
5	高端“人才计划”促进国家科技创新中心建设的案例和机制研究	李建军	北京自然辩证法研究会

2017 年度青年社科人才资助项目

序号	项目名称	负责人	所在单位
1	习近平总书记社会主义协商民主重要论述研究	杨守涛	中共北京市委党校
2	五大发展理念与“人的全面而自由发展”	李　娉	北京师范大学
3	习近平青年教育重要论述与当代青年价值观培育研究	田宏杰	北京青年政治学院
4	北京社会信用制度与诚信文化建设	朱慧玲	首都师范大学
5	北京市大学生主流文化认同及提升路径研究	安　娜	北京交通大学
6	北京民防志愿者救援队承接政府职能转移机制研究	金英君	中共北京市委党校
7	立足儿童需要的北京市流动儿童社会工作介入研究	胡　洋	中央财经大学
8	网络舆情视域下的公共政策传播与舆情引导	郑满宁	中国政法大学
9	三元空间视角下北京西山文化带的保护利用研究	成志芬	北京联合大学
10	京津冀大气污染联防联控措施实施状况研究	于文豪	中央财经大学
11	京津冀协同发展中的税制协调法律问题研究	徐　妍	中国政法大学
12	互联网金融地方监管体系的刑法视野	肖　怡	首都师范大学
13	北京市企业出口溢出效应研究	胡　翠	中央财经大学
14	京津冀区域生态环境协同发展的财政政策研究	刘金科	中央财经大学
15	北京市社会保险费征收体制改革研究	寇恩惠	中央财经大学

续表

序号	项目名称	负责人	所在单位
16	京津冀应急联动机制研究	郑　琛	中共北京市委党校
17	文化创意产业创新投入的组织决策研究	谢桂生	北京工业大学
18	中心城非首都功能疏解下存量空间优化治理研究	梁思思	清华大学
19	旅游与北京传统村落的保护利用研究	时少华	北京联合大学
20	2022 年北京冬奥会隐形营销行为及对策研究	牛　奔	北京青年政治学院
21	北京市郊野公园社会化运营现状及发展建议	祝明建	北京交通大学
22	北京市机构养老心理和精神服务体系建设	王　婷	北京劳动保障职业学院
23	京津冀教育协同发展战略实施路径研究	薛二勇	北京师范大学
24	首都高校科技成果转化效率研究	杨登才	北京工业大学

（北京市社会科学界联合会学术活动部供稿）

2017 年度北京市中国特色社会主义理论体系研究中心立项课题

序号	项目名称	负责人	工作单位	项目类别
1	中国特色社会主义文化自信研究	邹广文	清华大学	重大项目
2	北京建设具有全球影响力的科技创新中心研究	曹和平	北京大学	重大项目
3	习近平治国理政重要论述研究	李　伟	中国青年政治学院	重点项目
4	习近平反腐败重要论述研究	刘金程	中国矿业大学（北京）	重点项目
5	全人类共同价值的中国文化表达研究	张志洲	北京外国语大学	重点项目
6	我国监察体制改革与国际比较研究	靳高风	中国人民公安大学	重点项目
7	美国对华意识形态议题设置研究	邱　吉	中国人民大学	重点项目
8	京津冀协同发展体制机制创新研究	叶堂林	首都经贸大学	重点项目
9	基于大数据的北京大气污染舆情引导机制研究	沈　阳	清华大学	重点项目
10	北京社会阶层结构变化对建设和谐宜居之都的影响	万海远	北京师范大学	重点项目
11	习近平关于坚定文化自信的方法论研究	韩文乾	首都师范大学	一般项目
12	中国特色社会主义文化自信的生成逻辑考察	沈江平	中国人民大学	一般项目
13	全球化时代的民粹主义思潮及对我国的影响	林　红	中国人民大学	一般项目
14	中东欧国家民粹主义对中国“一带一路”建设的影响	项佐涛	北京大学	一般项目
15	面向科技创新中心建设的首都科技成果转化研究	潘建红	北京科技大学	一般项目
16	京津冀农民工多维贫困测度与区域联动减贫策略选择	程世勇	首都师范大学	一般项目
17	民族区域自治制度实践与国家、民族、政党认同的“三维建构”研究	彭　谦	中央民族大学	一般项目

（北京市中国特色社会主义理论体系研究中心供稿）

部分高校及科研单位承担国家或省部级人文社会科学研究项目及院校级社会科学研究项目

北京大学

2017 年度承担国家级、省部级社会科学研究项目

序号	项目名称	负责人	承担部门	项目分类、类别	预期成果形式	计划完成日期
1	当代逻辑哲学重大前沿问题研究	陈　波	法学院	国家社会科学基金、重大项目	著作	2022. 12
2	丝绸之路经济带沿线国家文化产业合作共赢模式及路径研究	向　勇	艺术学系	国家社会科学基金、重大项目	著作	2021. 12
3	中国产业集群地图系统（CCM）建设与应用研究	沈体雁	政府管理学院	国家社会科学基金、重大项目	著作	2020. 12
4	健康预期寿命与人口群体健康水平测量	乔晓春	人口研究所	国家社会科学基金、重大项目	著作	2020. 09
5	太湖流域民间信仰类文艺资源的调查与跨学科研究	陈泳超	中国语言文学系	国家社会科学基金、重大项目	著作	2022. 12
6	先秦时期中原与边疆地区冶金手工业考古资料整理与研究	陈建立	考古文博学院	国家社会科学基金、重大项目	著作	2022. 12
7	周边传播理论与应用	陆　地	新闻与传播学院	国家社会科学基金、重大项目	著作	2022. 12
8	《王重民全集》编纂	王锦贵	信息管理系	国家社会科学基金、重大项目	著作	2022 . 08
9	刑事一体化视野下行为人刑法问题跨学科研究	车　浩	法学院	国家社会科学基金、一般项目	专著	2020. 06
10	政治经济学批判与历史唯物主义研究	陈永盛	哲学系	国家社会科学基金、一般项目	专著	2019. 07
11	太湖流域民间宣卷活动的调查研究	陈泳超	中国语言文学系	国家社会科学基金、一般项目	专著	2020. 12
12	失能老人规模测算及长期照护体系构建研究	丁　华	社会调查中心	国家社会科学基金、一般项目	专著	2019. 12
13	近体诗体格律形成过程研究	杜晓勤	中国语言文学系	国家社会科学基金、重点项目	专著	2020. 12
14	博士生教育质量关联机理、生成机制及提升策略研究	高　耀	教育学院	国家社会科学基金、一般项目	专著	2019. 06
15	社区民生监测与社区治理研究	顾佳峰	社会调查中心	国家社会科学基金、一般项目	专著	2021. 07

续表

序号	项目名称	负责人	承担部门	项目分类、类别	预期成果形式	计划完成日期
16	粮食安全背景下的中国与拉丁美洲农业合作研究	郭　洁	国际关系学院	国家社会科学基金、一般项目	专著	2020.06
17	古代丝绸之路的衰落与近代新商道的开辟研究	郭卫东	历史学系	国家社会科学基金、一般项目	专著	2020.07
18	孔门成德之学的演进研究	何益鑫	哲学系	国家社会科学基金、一般项目	论文集、研究报告	2021.07
19	基于多源数据融合的情报用户需求探测研究	化柏林	信息管理系	国家社会科学基金、一般项目	论文集、研究报告	2020.06
20	“互联网+政务服务”背景下政府信息能力结构框架与推进策略研究	黄　璜	政府管理学院	国家社会科学基金、一般项目	研究报告	2020.07
21	泰国《阿瑜陀耶皇家纪年》翻译与研究	金　勇	外国语学院	国家社会科学基金、一般项目	研究报告	2021.07
22	别尔嘉耶夫创造论美学与中国启示研究	李一帅	艺术学院	国家社会科学基金、一般项目	专著	2020.06
23	中国境内出土景教叙利亚语文书研究	林丽娟	历史学系	国家社会科学基金、一般项目	专著	2020.07
24	诵读式微与近代中国读书法的变迁研究	陆　胤	高等人文研究院	国家社会科学基金、一般项目	专著	2020.07
25	东亚冷战与中国对外关系研究	牛　军	国际关系学院	国家社会科学基金、重点项目	专著	2020.06
26	古汉语联绵词形音义综合研究	孙玉文	中国语言文学系	国家社会科学基金、一般项目	专著	2019.07
27	中国古代读书图研究	王　波	图书馆	国家社会科学基金、一般项目	专著	2020.12
28	中日同形词搭配关系的异同与习得研究	王灿娟	外国语学院	国家社会科学基金、一般项目	专著	2019.12
29	中古时期草原丝路盐湖与民族研究	王长命	历史学系	国家社会科学基金、一般项目	专著	2020.12
30	中国老年人口的死亡与余寿研究	魏　蒙	社会学系	国家社会科学基金、一般项目	专著	2019.06
31	锚定法在社会调查中的应用与评估	吴　琼	社会调查中心	国家社会科学基金、一般项目	论文集、研究报告	2021.07
32	新结构经济学视角下开发性金融促进中长期融资的机制比较研究	徐佳君	国家发展研究院	国家社会科学基金、一般项目	论文集、研究报告	2020.06
33	西周诸侯墓葬青铜器用与族群认同研究	杨　博	考古文博学院	国家社会科学基金、一般项目	研究报告	2020.07
34	知识产权交易基本理论与运行机制研究	杨　明	法学院	国家社会科学基金、一般项目	研究报告	2021.07
35	产业转型背景下技能形成与区域协同创新研究	杨　钋	教育学院	国家社会科学基金、一般项目	专著	2020.06
36	中美大国货币政策双向溢出效应、博弈与协调研究	杨子荣	国家发展研究院	国家社会科学基金、一般项目	专著	2020.07

续表

序号	项目名称	负责人	承担部门	项目分类、类别	预期成果形式	计划完成日期
37	数字经济时代增值税法的起草与设计研究	叶　姗	法学院	国家社会科学基金、一般项目	专著	2021.07
38	公共文化服务绩效评估的理论构建与实证研究	张广钦	信息管理系	国家社会科学基金、重点项目	专著	2020.06
39	新发展理念与经济法制度完善研究	张守文	法学院	国家社会科学基金、重点项目	专著	2020.07
40	低生育水平国家人口相关政策的选择及效果研究	周　云	社会学系	国家社会科学基金、一般项目	专著	2021.07
41	郑玄《周易注》二十一种整理与研究	朱天助	哲学系	国家社会科学基金、青年项目	论文集、研究报告	2020.06
42	大学生批判性思维的国际比较研究	夏欢欢	教育学院	国家社会科学基金教育学、青年项目	论文集、研究报告	2020.07
43	基于学习科学视角的游戏化学习研究	尚俊杰	教育学院	国家社会科学基金教育学、一般项目	研究报告	2021.07
44	中国现实主义电影发展史研究（1905—2017）	张慧瑜	新闻与传播学院	国家社会科学基金艺术学、一般项目	研究报告	2020.06
45	20 世纪初欧洲的中国绘画收藏及研究	周建朋	艺术学院	国家社会科学基金艺术学、一般项目	专著	2020.07
46	博士研究生教育体制机制改革研究	陈洪捷	教育学院	教育部、重大攻关项目	著作	2020.12
47	汉译日文马克思主义文献整理与研究（1870—1949）	李爱军	马克思主义学院	教育部、青年基金项目	著作、论文	2020.12
48	法国当代自撰文学现象研究	杨国政	外国语学院	教育部、规划基金项目	著作	2020.12
49	司汤达的情感哲学与小说诗学	王斯秧	外国语学院	教育部、青年基金项目	著作、论文	2020.12
50	华语电影的海外互联网传播史研究	王　伟	艺术学院	教育部、青年基金项目	著作、论文	2020.12
51	我国反腐败机构改革的实践方式与推进机制研究	庄德水	纪委	教育部、青年基金项目	咨询报告	2020.12
52	民办教育资产证券化的法律构造与风险管理	洪艳蓉	法学院	教育部、规划基金项目	著作	2020.12
53	柳田国男及其学问与中国关系之研究	王　京	外国语学院	教育部、规划基金项目	论文	2020.12
54	中国高校出版“走出去”模式研究	谢　娜	出版社	教育部、规划基金项目	著作、论文	2020.12
55	中国青少年体力活动行为影响因素的生态学模型解释与预测	赫忠慧	体育教研部	教育部、规划基金项目	论文、咨询报告	2020.12
56	当代俄罗斯艺术公共领域的调查研究	凌建侯	外国语学院	教育部、规划基金项目	著作	2020.12
57	中国艺术与“中华美学精神”	顾春芳	美学与美育研究中心	教育部人文社会科学重点研究基地、重大项目	论文、专著	2020.12

续表

序号	项目名称	负责人	承担部门	项目分类、类别	预期成果形式	计划完成日期
58	汉语哲学	韩水法	外国哲学研究所	教育部人文社会科学重点研究基地、重大项目	论文、论文集、专著	2020.12
59	世界各国代议制度与中国人大制度比较研究	王　磊	宪法与行政法研究中心	教育部人文社会科学重点研究基地、重大项目	研究报告、论文、专著	2020.08
60	规制改革与政务公开制度	王锡锌	宪法与行政法研究中心	教育部人文社会科学重点研究基地、重大项目	论文、专著	2020.10
61	国家治理理论研究	时和兴	政治发展与政府管理研究所	教育部人文社会科学重点研究基地、重大项目	论文、研究报告、专著	2020.12
62	国家治理现代化发展战略研究	王丽萍	政治发展与政府管理研究所	教育部人文社会科学重点研究基地、重大项目	论文、专著	2020.12
63	政府治理与市场监管改革研究	赵成根	政治发展与政府管理研究所	教育部人文社会科学重点研究基地、重大项目	论文、研究报告、专著	2020.12
64	7—16世纪的信息沟通与国家秩序	邓小南	中国古代史研究中心	教育部人文社会科学重点研究基地、重大项目	论文	2020.07
65	中古时期墓葬神煞研究	沈睿文	中国考古学研究中心	教育部人文社会科学重点研究基地、重大项目	专著	2020.12
66	基于语音多模态的语言本体研究	孔江平	中国语言学研究中心	教育部人文社会科学重点研究基地、重大项目	论文、专著	2020.12
67	西方电影哲学研究	李洋	艺术学院	北京市社会科学基金、重点项目	系列论文	2020.06
68	北京市城乡居民基本医疗保险制度一体化理论与实证研究	王红漫	医学部	北京市社会科学基金、重大项目	研究报告、系列论文	2019.07
69	北京广告七十年（1949—2018）	祝　帅	新闻与传播学院	北京市社会科学基金、重大项目	专著	2020.12
70	学术图书馆参与数据出版质量控制研究	刘兹恒	信息管理系	北京市社会科学基金、一般项目	系列论文	2019.12
71	晚年马克思、恩格斯历史观的关系新探讨	林　锋	马克思主义学院	北京市社会科学基金、一般项目	专著	2020.12
72	基于创新链与产业链融合的北京“高精尖”产业发展策略研究	吴爱芝	图书馆	北京市社会科学基金、青年项目	研究报告	2019.06
73	古希腊思想的自然和习俗问题	陈斯一	哲学系	北京市社会科学基金、青年项目	专著	2021.07

续表

序号	项目名称	负责人	承担部门	项目分类、类别	预期成果形式	计划完成日期
74	中国海外利益保护与跨境执法问题研究	刘莲莲	国际关系学院	北京市社会科学基金、青年项目	专著	2020.06
75	"西式民主"面临的理论与实践困境研究	潘　维	国际关系学院	北京市社会科学基金、重大项目	专著	2020.07

（北京大学社会科学部供稿）

中国人民大学

2017年度承担国家级、省部级社会科学研究项目

序号	项目名称	负责人	承担部门	项目分类、类别	预期成果形式	计划完成时间
1	汉语词类史稿	周生亚	文学院	国家社会科学基金项目国家哲学社会科学成果文库	著作	2018.08
2	推动中国经济中高速可持续增长的突破性改革：地方政府治理体系改革	贾俊雪	财政金融学院	国家社会科学基金、重大项目	著作、论文	2022.12
3	中国宪法学文献整理与研究	韩大元	法学院	国家社会科学基金、重大项目	著作、论文	2022.12
4	宗教工作法治化研究	冯玉军	法学院	国家社会科学基金、重大项目	著作、论文	2020.12
5	"多规合一"视角下的土地供给侧结构性改革研究	严金明	公共管理学院	国家社会科学基金、重大项目	著作、论文	2020.12
6	"一国两制"与香港特别行政区未来发展的若干重大问题研究	王英津	国际关系学院	国家社会科学基金、重大项目	著作、论文	2022.12
7	农民获得更多土地财产权益的体制机制创新研究	陶　然	经济学院	国家社会科学基金、重大项目	著作、论文	2020.12
8	逆全球化动向与国际经贸规则重构的中国方案研究	王孝松	经济学院	国家社会科学基金、重大项目	著作、论文	2022.12
9	中国残疾人家庭与社会支持机制建构及案例库建设	杨立雄	劳动人事学院	国家社会科学基金、重大项目	著作、论文	2020.12
10	"一带一路"国家劳动与雇佣管制研究	杨伟国	劳动人事学院	国家社会科学基金、重大项目	著作、论文	2020.12
11	全面二孩政策下城市地区0～3岁婴幼儿托育服务体系研究	杨菊华	社会与人口学院	国家社会科学基金、重大项目	著作、论文	2019.12
12	2022北京冬奥会冰雪运动普及和发展对策研究	李树旺	体育部	国家社会科学基金、重大项目	著作、论文	2020.12
13	《牛津古典大辞典》中文版翻译	刘小枫	文学院	国家社会科学基金、重大项目	著作、论文	2023.12
14	唐前出土文献及佚文献文学综合研究	徐正英	文学院	国家社会科学基金、重大项目	著作、论文	2025.12

续表

序号	项目名称	负责人	承担部门	项目分类、类别	预期成果形式	计划完成时间
15	大数据环境下政务信息资源归档与管理研究	张 斌	信息资源管理学院	国家社会科学基金、重大项目	著作、论文	2020. 12
16	日本朱子学文献编纂与研究	张立文	哲学院	国家社会科学基金、重大项目	著作、论文	2022. 12
17	促进中国休闲产业转型升级研究	王琪延	继续教育学院	国家社会科学基金、重点项目	论文集、研究报告	2019. 12
18	中国共产党认识和对待传统文化的历程和经验研究	杨凤城	马克思主义学院	国家社会科学基金、重点项目	专著、研究报告	2021. 09
19	产业链视角下战略产业选择与投资研究	刘 刚	商学院	国家社会科学基金、重点项目	研究报告	2020. 09
20	卡夫卡与中国文学、文化关系之研究	曾艳兵	文学院	国家社会科学基金、重点项目	专著、论文集	2021. 12
21	新媒体技术与网络民族主义研究	刘海龙	新闻学院	国家社会科学基金、重点项目	论文集	2021. 12
22	档案学经典著作评价研究	胡鸿杰	信息资源管理学院	国家社会科学基金、重点项目	专著	2020. 06
23	技术驱动型金融监管的法律问题研究	杨 东	法学院	国家社会科学基金、一般项目	专著、论文集	2020. 09
24	极权主义之下的法学话语及其反思	高仰光	法学院	国家社会科学基金、一般项目	专著	2021. 12
25	京津冀一体化下的老年人养老住房政策研究	张跃松	公共管理学院	国家社会科学基金、一般项目	论文集、研究报告	2020. 09
26	社会资本视角下社区治理的政社互动机制研究	程秀英	公共管理学院	国家社会科学基金、一般项目	论文集、其他	2019. 12
27	上海租界警察海外存档中有关中共早期历史的资料收集、整理与研究（1920—1934）	朱晓明	国际关系学院	国家社会科学基金、一般项目	译著	2022. 06
28	《乐府诗集》叙论、题解研究	梁海燕	国学院	国家社会科学基金、一般项目	专著	2022. 09
29	国内所存粟特语文献的整理与研究	毕 波	国学院	国家社会科学基金、一般项目	论文集	2021. 12
30	基于微观土地交易数据分析视角下的地方政府土地出让行为研究	杨继东	经济学院	国家社会科学基金、一般项目	论文集	2020. 09
31	自媒体环境下高校思想政治教育话语创新研究	丁 凯	经济学院	国家社会科学基金、一般项目	著作、论文	2020. 09
32	马克思的企业理论与国有企业改革研究	李 琼	经济学院	国家社会科学基金、一般项目	专著	2022. 09
33	冷战后欧洲安全架构的多元化模式研究	许海云	历史学院	国家社会科学基金、一般项目	专著、研究报告	2020. 12

续表

序号	项目名称	负责人	承担部门	项目分类、类别	预期成果形式	计划完成时间
34	中古丧葬模式与生死观研究	李梅田	历史学院	国家社会科学基金、一般项目	专著	2021.12
35	中共党史学科建设的理论与方法研究	宋学勤	马克思主义学院	国家社会科学基金、一般项目	专著	2020.03
36	集体村社制的制度优势研究	仝志辉	农业与农村发展学院	国家社会科学基金、一般项目	著作、论文	2020.05
37	社会共治视角下农村儿童食品安全治理体系研究	李佳洁	农业与农村发展学院	国家社会科学基金、一般项目	论文集、研究报告	2020.09
38	商品交易形式选择与商业资本的形成机制研究	谢莉娟	商学院	国家社会科学基金、一般项目	研究报告	2022.09
39	大数据时代学术评价理论方法改进研究	杨红艳	书报资料中心	国家社会科学基金、一般项目	论文集、研究报告	2019.12
40	德国作家让·保尔研究	赵蕾莲	外国语学院	国家社会科学基金、一般项目	专著	2020.09
41	与西式翻译学理异趣的魏晋南北朝中国译释学实践研究	牛云平	外国语学院	国家社会科学基金、一般项目	专著	2022.09
42	“五四”新文学运动后中国语言文学在日本的译介研究（1919—2018）	鲍　同	外国语学院	国家社会科学基金、一般项目	专著、其他	2021.12
43	后世俗时代的解构主义宗教观研究	汗　海	文学院	国家社会科学基金、一般项目	专著	2022.09
44	《字汇》音切来源与层次研究	高永安	文学院	国家社会科学基金、一般项目	专著	2022.09
45	新定《杜工部草堂诗笺》校正	曾祥波	文学院	国家社会科学基金、一般项目	专著	2022.09
46	网络舆论的冲突与弥合机制研究	周　俊	新闻学院	国家社会科学基金、一般项目	专著	2022.06
47	新媒体语境下环境公共议题的多元话语建构与互动研究	黄　河	新闻学院	国家社会科学基金、一般项目	专著、论文集	2020.06
48	建立数字信任：政府社交媒体文件管理策略研究	王　健	信息资源管理学院	国家社会科学基金、一般项目	研究报告	2019.12
49	德勒兹哲学思想研究	李科林	哲学院	国家社会科学基金、一般项目	论文集	2022.07
50	儒家伦理领导力的本土化构建研究	原　理	哲学院	国家社会科学基金、一般项目	专著	2020.09
51	新弗雷格主义的实在论及其逻辑主义的认识论研究	许涤非	哲学院	国家社会科学基金、一般项目	专著、论文集	2021.12
52	亚里士多德《欧德谟伦理学》与《尼各马可伦理学》比较研究	刘　玮	哲学院	国家社会科学基金、一般项目	专著	2020.01

续表

序号	项目名称	负责人	承担部门	项目分类、类别	预期成果形式	计划完成时间
53	简牍所见秦县治理研究	朱 腾	法学院	国家社会科学基金、青年项目	专著	2022.09
54	中国共产党人坚定理想信念的经验借鉴与现实对策研究	吴林龙	马克思主义学院	国家社会科学基金、青年项目	著作、论文	2019.12
55	证据为本视域下校园欺凌影响机制和社会工作干预研究	祝玉红	社会与人口学院	国家社会科学基金、青年项目	研究报告	2020.09
56	“大众创业、万众创新”背景下的创业测度与政策优化研究	吴翌琳	统计学院	国家社会科学基金、青年项目	研究报告	2020.09
57	雾霾环境下老年人身体活动的健康风险研究	于 淼	图书馆	国家社会科学基金、青年项目	研究报告	2022.09
58	语域变异视角下的英语现在完成式演变研究	要新乐	外国语学院	国家社会科学基金、青年项目	专著	2022.08
59	类型学视域下的吴语路桥方言语法研究	丁 健	文学院	国家社会科学基金、青年项目	著作、论文	2021.06
60	阿多诺对审美唯名论的批判	常培杰	文学院	国家社会科学基金、青年项目	专著	2022.09
61	加强党内政治文化建设，发挥社会主流价值引领作用研究	张康之	公共管理学院	国家社会科学基金、特别委托项目	著作、论文	2017.06
62	捍卫英雄立法研究及草案初拟	吕景胜	商学院	国家社会科学基金、特别委托项目	著作、论文	2017.08
63	中美战略稳定性研究	吴日强	国际关系学院	国家社会科学基金、后期资助项目	著作、论文	2019.09
64	国际贸易与政体变迁	田 野	国际关系学院	国家社会科学基金、后期资助项目	著作、论文	2019.09
65	广义政治经济学——资本主义以前的社会生产方式	姚开建	经济学院	国家社会科学基金、后期资助项目	著作、论文	2019.09
66	从乡里到都城：历史与空间变迁视野中的十六国北朝文学	蔡丹君	文学院	国家社会科学基金、后期资助项目	著作、论文	2019.09
67	《高僧传》与六朝佛教僧人群体研究	张雪松	哲学院	国家社会科学基金、后期资助项目	著作、论文	2019.09
68	沉浸传播：第三媒介时代的传播范式	李 沁	新闻学院	国家社会科学基金、中华学术外译项目	著作、论文	2020.12
69	财税治理现代化问题研究	岳树民	财政金融学院	国家社会科学基金、专项项目	著作、论文	2019.12
70	国家治理体系和治理能力现代化指标体系研究	杨开峰	公共管理学院	国家社会科学基金、专项项目	著作、论文	2019.12

续表

序号	项目名称	负责人	承担部门	项目分类、类别	预期成果形式	计划完成时间
71	“一带一路”建设与周边外交方略研究	黄大慧	国际关系学院	国家社会科学基金、专项项目	著作、论文	2019.12
72	“一带一路”沿线国家信息数据库	刘元春	经济学院	国家社会科学基金、专项项目	著作、论文	2019.12
73	反腐防控决策模型与评估系统研究	刘品新	法学院	国家重点研发计划子课题及合作研究任务	著作、论文	2020.06
74	我国鉴定意见证据评价体系的现状及困境	汤维建	法学院	国家重点研发计划子课题及合作研究任务	著作、论文	2020.06
75	区域大气污染联防联控支撑系统建设与污染防治战略研究	何　伟	国家发展与战略研究院	国家重点研发计划子课题及合作研究任务	著作、论文	2020.12
76	税收分成、地方政府竞争与地区差距研究	刘勇政	财政金融学院	国家自然科学基金、面上项目	著作、论文	2021.12
77	带金融部门的宏观经济模型的评估、重建与应用	钱宗鑫	财政金融学院	国家自然科学基金、面上项目	著作、论文	2021.12
78	高铁的经济效应——市场力量与地方政府行为的双重作用	马光荣	财政金融学院	国家自然科学基金、面上项目	著作、论文	2021.12
79	相关系数暧昧环境下金融市场有限参与与不对称信息	张顺明	财政金融学院	国家自然科学基金、面上项目	著作、论文	2021.12
80	第三方评估如何提升组织绩效：中国地方政府的实证研究	马　亮	公共管理学院	国家自然科学基金、面上项目	著作、论文	2021.12
81	社会资本视角下特大城市促进社会融合的社区治理机制与模式选择研究	李东泉	公共管理学院	国家自然科学基金、面上项目	著作、论文	2021.12
82	服务型领导对工作繁荣的影响：动态双向作用机制的研究	李超平	公共管理学院	国家自然科学基金、面上项目	著作、论文	2021.12
83	宏观金融研究中的潜在变量模型的统计推断方法及其应用	李　勇	汉青高级经济与金融研究院	国家自然科学基金、面上项目	著作、论文	2021.12
84	空间价格歧视模型下的垄断行为研究	叶光亮	汉青高级经济与金融研究院	国家自然科学基金、面上项目	著作、论文	2021.12
85	关于基金行业组织结构的理论与实证研究	邱志刚	汉青高级经济与金融研究院	国家自然科学基金、面上项目	著作、论文	2021.12
86	居民采取雾霾防护措施的影响因素研究：基于调查和实验方法的实证分析	龚亚珍	环境学院	国家自然科学基金、面上项目	著作、论文	2021.12

续表

序号	项目名称	负责人	承担部门	项目分类、类别	预期成果形式	计划完成时间
87	城镇化与居民能源需求：影响机制、微观实证与影响评估	魏 楚	经济学院	国家自然科学基金、面上项目	著作、论文	2018.12
88	中国家庭能源消费研究	郑新业	经济学院	国家自然科学基金、面上项目	著作、论文	2021.12
89	基于流空间的中国巨型城市区网络体系研究	文余源	经济学院	国家自然科学基金、面上项目	著作、论文	2021.12
90	中国银行体制改革和制造业自主创新能力提升的协同发展模式研究	张 杰	经济学院	国家自然科学基金、面上项目	著作、论文	2021.12
91	基于博弈论与信息经济学视角的电子商务研究	李三希	经济学院	国家自然科学基金、面上项目	著作、论文	2021.12
92	女大学毕业生就业歧视问题研究	葛玉好	劳动人事学院	国家自然科学基金、面上项目	著作、论文	2021.12
93	新农人微信营销行为及其对消费者农产品购买决策机制的影响研究	陈卫平	农业与农村发展学院	国家自然科学基金、面上项目	著作、论文	2021.12
94	中国农户“一户两制”现象的产生、扩散、演变与消亡机制及帕累托效率估算	崔海兴	农业与农村发展学院	国家自然科学基金、面上项目	著作、论文	2021.12
95	食品安全城乡差距效应的测度、形成机理及其对消费行为的影响机制研究	王志刚	农业与农村发展学院	国家自然科学基金、面上项目	著作、论文	2021.12
96	社会化服务对农业经营主体生产效率的影响机制与政策选择研究	钟 真	农业与农村发展学院	国家自然科学基金、面上项目	著作、论文	2021.12
97	社会学习理论和自我决定理论双视角下的领导谦卑行为垂滴效应研究	宋继文	商学院	国家自然科学基金、面上项目	著作、论文	2021.12
98	卖空机制、私有信息与知情交易	孟庆斌	商学院	国家自然科学基金、面上项目	著作、论文	2021.12
99	基于在线问答社区的智能信息服务方法及其用户决策影响研究	张 瑾	商学院	国家自然科学基金、面上项目	著作、论文	2021.12
100	天生全球化企业回归母国市场——基于企业行为理论的研究	邓子梁	商学院	国家自然科学基金、面上项目	著作、论文	2021.12
101	企业战略定位对公司财务决策的影响机理研究	王化成	商学院	国家自然科学基金、面上项目	著作、论文	2021.12

续表

序号	项目名称	负责人	承担部门	项目分类、类别	预期成果形式	计划完成时间
102	动态价格促销策略的理论与实践研究	张泽林	商学院	国家自然科学基金、面上项目	著作、论文	2021. 12
103	企业竞争战略对环境管理会计实践应用的影响	戴　璐	商学院	国家自然科学基金、面上项目	著作、论文	2021. 12
104	问卷分割设计与分析技术研究	李　扬	统计学院	国家自然科学基金、面上项目	著作、论文	2021. 12
105	基于深度集成学习的驾驶行为风险分析与车辆保险智能定价模型研究	许　伟	信息学院	国家自然科学基金、面上项目	著作、论文	2021. 12
106	医养结合平台的试用、采纳和持续使用关键理论研究	左美云	信息学院	国家自然科学基金、面上项目	著作、论文	2021. 12
107	我国公司债的评级与定价机制研究	黄　勃	财政金融学院	国家自然科学基金、青年科学基金项目	著作、论文	2020. 12
108	信息披露，内生性税务稽查与企业纳税遵从	代志新	财政金融学院	国家自然科学基金、青年科学基金项目	著作、论文	2020. 12
109	“新市民”的市民化：进程评估、影响因素和应对政策	王洁晶	公共管理学院	国家自然科学基金、青年科学基金项目	著作、论文	2020. 12
110	土地要素精准扶贫的作用机理与实施路径研究	夏方舟	公共管理学院	国家自然科学基金、青年科学基金项目	著作、论文	2020. 12
111	京津冀地区散煤治理政策对居民家庭能源消费和社会福利的影响研究	谢伦裕	经济学院	国家自然科学基金、青年科学基金项目	著作、论文	2020. 12
112	现代化变迁下中国老年人的代际关系、养老需求与主观福祉	郭　瑜	劳动人事学院	国家自然科学基金、青年科学基金项目	著作、论文	2020. 12
113	中国计划生育政策对生育受限父母福祉的影响研究	王　非	劳动人事学院	国家自然科学基金、青年科学基金项目	著作、论文	2020. 12
114	组织公民行为与反生产行为的动态关系研究：基于认知、情绪和道德视角	于　坤	劳动人事学院	国家自然科学基金、青年科学基金项目	著作、论文	2020. 12
115	房价波动与住房需求：基于获利动机和对冲动机的研究	赵大旋	商学院	国家自然科学基金、青年科学基金项目	著作、论文	2020. 12
116	利益冲突与对冲基金业绩	郑凌凌	商学院	国家自然科学基金、青年科学基金项目	著作、论文	2020. 12
117	复杂数据下治疗影响的半参数统计推断及其应用	林存洁	统计学院	国家自然科学基金、青年科学基金项目	著作、论文	2020. 12
118	社交网络中的空间自回归模型：理论与应用研究	黄丹阳	统计学院	国家自然科学基金、青年科学基金项目	著作、论文	2020. 12
119	原创还是转发？社交网络视角下的 UGC 产生动机研究	周　静	统计学院	国家自然科学基金、青年科学基金项目	著作、论文	2020. 12
120	基于信任影响力的社会推荐方法研究	张　静	信息学院	国家自然科学基金、青年科学基金项目	著作、论文	2020. 12

续表

序号	项目名称	负责人	承担部门	项目分类、类别	预期成果形式	计划完成时间
121	海外及港澳学者合作研究基金项目的资助机制与绩效研究	吕　捷	农业与农村发展学院	国家自然科学基金、应急管理项目	著作、论文	2018. 12
122	中国企业管理案例与质性研究 2017	叶康涛	商学院	国家自然科学基金、应急管理项目	著作、论文	2018. 06
123	国家自然科学基金项目档案开放利用及风险规避研究	张　斌	信息资源管理学院	国家自然科学基金、应急管理项目	著作、论文	2019. 12
124	中美国际合作网络 IRCN 项目："食物、能源与水"系统关联与可持续发展研究——以京津冀及周边地区为例	仇焕广	农业与农村发展学院	国家自然科学基金、国际合作与交流项目	著作、论文	2020. 12
125	经济新常态下社会事业财政投入重大问题研究	孙玉栋	公共管理学院	教育部人文社会科学研究、重大课题攻关项目	著作、论文	2020. 12
126	弘扬爱国主义精神的历史经验和现实启示	肖群忠	哲学院	教育部人文社会科学研究、重大课题攻关项目	著作、论文	2019. 10
127	供给侧结构性改革与财政支出结构优化	岳希明	财政金融学院	教育部人文社会科学研究、基地重大项目	著作、论文	2020. 12
128	中国债与合同法改革研究	姚　辉	法学院	教育部人文社会科学研究、基地重大项目	著作、论文	2020. 12
129	中国残障者权益的法律保障研究	韩大元	法学院	教育部人文社会科学研究、基地重大项目	著作、论文	2019. 12
130	多重危机背景下的欧洲一体化与德国的政策走向	Maximilian Mayer	国际关系学院	教育部人文社会科学研究、基地重大项目	著作、论文	2020. 12
131	退欧背景下英国与欧盟关系及其对中国的影响	王明进	国际关系学院	教育部人文社会科学研究、基地重大项目	著作、论文	2020. 12
132	我国经济发展动力转换的理论分析框架及政策选择	高德步	经济学院	教育部人文社会科学研究、基地重大项目	著作、论文	2019. 10
133	中国新常态下创新驱动战略推进中的体制性障碍因素分析与突破途径	张　杰	经济学院	教育部人文社会科学研究、基地重大项目	著作、论文	2019. 12
134	欧洲经济一体化的新动向与中欧经贸合作研究	彭　刚	经济学院	教育部人文社会科学研究、基地重大项目	著作、论文	2020. 12

续表

序号	项目名称	负责人	承担部门	项目分类、类别	预期成果形式	计划完成时间
135	清代宗教与国家关系研究	祁美琴	历史学院	教育部人文社会科学研究、基地重大项目	著作、论文	2020. 12
136	欧洲社会思潮的变化及其对欧洲一体化的影响	段忠桥	马克思主义学院	教育部人文社会科学研究、基地重大项目	著作、论文	2020. 12
137	困境家庭儿童健康问题研究	杜本峰	社会与人口学院	教育部人文社会科学研究、基地重大项目	著作、论文	2020. 12
138	当代中国社会分化、不平等与社会政策研究	李迎生	社会与人口学院	教育部人文社会科学研究、基地重大项目	著作、论文	2020. 07
139	大数据时空微结构统计方法及经济运行与社会活动风险精确监测研究	赵彦云	统计学院	教育部人文社会科学研究、基地重大项目	著作、论文	2020. 12
140	微传播时代网络舆情演变机制的系统动力学研究	钟　新	新闻学院	教育部人文社会科学研究、基地重大项目	著作、论文	2020. 12
141	国家治理能力现代化的伦理路径研究	王　莹	哲学院	教育部人文社会科学研究、基地重大项目	著作、论文	2019. 07
142	伦理视域下中西政治文明比较研究	葛晨虹	哲学院	教育部人文社会科学研究、基地重大项目	著作、论文	2019. 12
143	全国高校思想政治理论课网络集体备课平台系统建设研究	吴付来	学校办公室	教育部人文社会科学研究、重大委托课题	著作、论文	2018. 06
144	高校出版单位把社会效益放在首位保障机制研究	李永强	出版社	教育部人文社会科学研究、规划项目	著作、论文	2020. 12
145	跨国企业在海外新兴市场反向创新研究	邓子梁	商学院	教育部人文社会科学研究、规划基金项目	著作、论文	2020. 12
146	汉代丝绸之路交通史	王子今	国学院	教育部人文社会科学研究、后期资助项目	著作、论文	2020. 12
147	基于医保行政数据的医院竞争与医疗费用关系研究	王天宇	劳动人事学院	教育部人文社会科学研究、青年项目	著作、论文	2020. 12
148	莎士比亚罗马剧的政治哲学研究	彭　磊	文学院	教育部人文社会科学研究、青年项目	著作、论文	2020. 12
149	基于"一带一路"倡议的习近平国际战略重要论述研究	保建云	国际关系学院	教育部人文社会科学研究、专项任务项目	著作、论文	2018. 12

续表

序号	项目名称	负责人	承担部门	项目分类、类别	预期成果形式	计划完成时间
150	习近平治国理政重要论述的基本内容及逻辑体系	秦　宣	马克思主义学院	教育部人文社会科学研究、专项任务项目	著作、论文	2018.12
151	中国特色社会主义经济发展的理论与实践	张雷声	马克思主义学院	教育部人文社会科学研究、专项任务项目	著作、论文	2018.12
152	高校思想政治理论课—质量年	靳　诺	学校办公室	教育部人文社会科学研究、专项任务项目	著作、论文	2018.12
153	区域基础教育信息化水平评价指标体系研究	宣小红	书报资料中心	全国教育科学规划、教育部重点项目	著作、论文	2019.09
154	中国艺术博览会的历史、形态及建构问题研究	武洪滨	艺术学院	全国艺术科学规划项目、一般项目	著作、论文	2022.09
155	当代中国社会主义政治经济学的理论创新	孟　捷	经济学院	北京市社会科学基金、重大项目	专著	2019.12
156	集体村社制的制度优势	仝志辉	农业与农村发展学院	北京市社会科学基金、重大项目	专著、系列论文	2019.07
157	流散欧洲舆图与晚清史事研究	华林甫	清史所	北京市社会科学基金、重大项目	专著	2019.12
158	历史唯物主义与“中国道路”研究	张立波	哲学院	北京市社会科学基金、重大项目	专著	2019.12
159	党的十八大以来我国改革发展的历史性变革与新时代的主要矛盾研究	贺耀敏	经济学院	北京市社会科学基金、重点项目	论文	2018.10
160	习近平新时代中国特色社会主义思想的精神实质研究	张世飞	马克思主义学院	北京市社会科学基金、重点项目	论文	2018.12
161	习近平以人民为中心重要论述研究	陈立丹	新闻学院	北京市社会科学基金、重点项目	系列论文	2018.12
162	智媒时代首都媒介深度融合的模式与战略研究	王　斌	新闻学院	北京市社会科学基金、重点项目	研究报告	2020.10
163	当代法国哲学前沿理论问题研究	欧阳谦	哲学院	北京市社会科学基金、重点项目	专著	2020.12
164	习近平以人民为中心重要论述研究	庄忠正	马克思主义学院	北京市社会科学基金、一般项目	系列论文	2018.12
165	新中国成立初北京市民迁居问题研究（1949—1959）	董　佳	马克思主义学院	北京市社会科学基金、一般项目	系列论文	2020.07
166	普惠金融背景下京津冀农村移动金融的风险、监管与机制创新研究	朱乾宇	农业与农村发展学院	北京市社会科学基金、一般项目	系列论文	2020.07
167	担保圈风险传导模型与预警信号研究——基于北京市企业群数据的模拟	吴武清	商学院	北京市社会科学基金、一般项目	系列论文	2019.06

续表

序号	项目名称	负责人	承担部门	项目分类、类别	预期成果形式	计划完成时间
168	身体实践：变迁时空中北京市老年人的日常生活研究	黄盈盈	社会与人口学院	北京市社会科学基金、一般项目	研究报告	2018. 12
169	"飞地"现象：农民工随迁子女在京就读中职学校路径的社会学研究	刘　谦	社会与人口学院	北京市社会科学基金、一般项目	研究报告	2019. 12
170	外国判决在中国承认与执行中的若干关键问题研究	张文亮	法学院	北京市社会科学基金、青年项目	系列论文	2020. 06
171	北京市长期照护需求预测、保险方案优化与风险控制	胡宏伟	公共管理学院	北京市社会科学基金、青年项目	研究报告	2020. 07
172	北京市农村宅基地流转意愿的影响因素研究	张书海	公共管理学院	北京市社会科学基金、青年项目	系列论文	2019. 07
173	基于定性比较分析法的环境公益诉讼结果影响因素的实证研究	于　洋	公共管理学院	北京市社会科学基金、青年项目	专著	2020. 07
174	京津冀空气污染协同监管体制与配套政策研究	马　本	环境学院	北京市社会科学基金、青年项目	研究报告	2019. 12
175	京津冀协同发展背景下县域职业教育扶贫途径与机制研究	叶阳永	教育学院	北京市社会科学基金、青年项目	系列论文	2019. 06
176	行为经济学视角下流动人口多维社会融合的机制研究	尤　婧	农业与农村发展学院	北京市社会科学基金、青年项目	系列论文	2020. 06
177	大数据驱动的互联网信用评价模型	黄丹阳	统计学院	北京市社会科学基金、青年项目	系列论文	2020. 07
178	互联网思维下小微企业创新生态治理机制研究	余　艳	信息学院	北京市社会科学基金、青年项目	系列论文	2019. 12
179	北京市居民环境意识、环境行为与健康的关系研究	和　红	社会与人口学院	北京市社会科学基金、研究基地项目重点项目	论文集	2019. 06
180	马克思、恩格斯关于思想政治教育若干论断研究——以《马克思恩格斯文集》为文本	张　智	马克思主义学院	北京市社会科学基金、研究基地项目一般项目	专著	2019. 07
181	中国特色社会主义民主观研究	王　衡	马克思主义学院	北京市社会科学基金、研究基地项目一般项目	其他（系列论文）	2020. 12
182	京津冀协同发展下的流动儿童教育研究	吕利丹	社会与人口学院	北京市社会科学基金、研究基地项目一般项目	研究报告	2019. 12
183	北京冬奥语境下大众冰雪运动参与年度报告	李树旺	体育部	北京市社会科学基金、研究基地项目一般项目	研究报告	2018. 12
184	北京城市变迁下的民族传统体育文化记忆与表达研究（1978—2017）	王智慧	体育部	北京市社会科学基金、研究基地项目一般项目	研究报告	2020. 07

续表

序号	项目名称	负责人	承担部门	项目分类、类别	预期成果形式	计划完成时间
185	数字人文记忆构建技术体系与产品研究	钱　毅	信息资源管理学院	北京市社会科学基金、研究基地项目一般项目	研究报告	2019.09
186	2017科学研究与研究生培养共建项目——科研基地（马克思主义研究基地）	郝立新	马克思主义学院	北京市教育委员会共建项目	研究报告	2017.12
187	2017科学研究与研究生培养共建项目——科研基地（北京社会建设研究基地）	翟振武	社会与人口学院	北京市教育委员会共建项目	研究报告	2017.12
188	2017科学研究与研究生培养共建项目——科研基地（大学科技园建设基地）	白连永	文化科技园	北京市教育委员会共建项目	研究报告	2017.12
189	2017科学研究与研究生培养共建项目——科研基地（人文北京研究基地）	冯惠玲	信息资源管理学院	北京市教育委员会共建项目	研究报告	2017.12
190	社交媒体普及背景下大学生网络政治参与的新动向及引导策略研究	布　超	体育部	北京市教育科学规划、青年专项	著作、论文	2020.07
191	被忽视的网络暴力：针对学生网络欺负教师行为的研究	刘　东	心理学系	北京市教育科学规划、青年专项	著作、论文	2018.06
192	北京市散煤治理政策对家庭居民用能行为和社会福利的影响研究	谢伦裕	经济学院	北京市自然科学基金、青年项目	著作、论文	2018.12
193	大数据方法下的人口动态监测研究	翟振武	社会与人口学院	北京市科委项目	著作、论文	2018.05
194	基于数据和知识驱动的反馈式深度学习技术研究	文继荣	信息学院	北京市科委项目	著作、论文	2018.12
195	科技创新支撑宏观经济运行机制与重点的跟踪分析	刘元春	经济学院	其他项目（课题）	著作、论文	2018.07
196	智慧旅游大数据集成、管理与分析关键技术	孟小峰	信息学院	其他项目（课题）	著作、论文	2018.12
197	美国亚裔文学研究	郭英剑	外国语学院	中国人民大学重大规划项目	专著	2020.07
198	战后中日关系档案文献选编与研究	黄大慧	国际关系学院	中国人民大学重大规划项目	专著	2020.02
199	马克思主义中国化历史文献资料的收集、整理与研究（1899—1949）	王海军	马克思主义学院	中国人民大学重大规划项目	研究报告、其他（多卷本文献资料集）	2019.12
200	中国民法典学者建议稿及立法理由	王　轶	法学院	中国人民大学重大规划项目	专著	2020.02
201	数字化技术革命与工作世界的未来——21世纪劳动与就业面临的挑战与机遇	杨伟国	劳动人事学院	中国人民大学重大规划项目	专著	2019.12

续表

序号	项目名称	负责人	承担部门	项目分类、类别	预期成果形式	计划完成时间
202	长周期视角下的世界经济：现状与未来趋势	于春海	经济学院	中国人民大学重大规划项目	专著、论文、研究报告	2019.12
203	互联网统计学研究	赵彦云	统计学院	中国人民大学重大规划项目	专著、论文、研究报告、其他	2020.12
204	健康老龄化视域下的中国老年照护体系研究	杜　鹏	社会与人口学院	中国人民大学重大规划项目	专著、论文、研究报告	2020.03
205	西域历史、宗教与古典文献研究	孛尔只斤乌云毕力格	国学院	中国人民大学重大规划项目	专著	2019.12
206	中国经济金融化问题研究	张成思	财政金融学院	中国人民大学重大规划项目	专著、论文	2020.12

（中国人民大学科研处关晓斌供稿）

清华大学

2017 年度承担国家级、省部级社会科学研究项目

序号	项目名称	负责人	承担部门	项目分类、类别
1	国家治理现代化与行政管理制度体系创新研究	蓝志勇	公共管理学院	国家社会科学基金、重大项目
2	建设世界科技创新强国的战略比较与实现路径研究	陈　劲	经济管理学院	国家社会科学基金、重大项目
3	经济全球化波动的政治效应及中国的应对战略	陈　琪	社会科学学院	国家社会科学基金、重大项目
4	马克思主义伦理思想史研究	李义天	马克思主义学院	国家社会科学基金、重大项目
5	基于社交网络的信息流逻辑研究	刘奋荣	人文学院	国家社会科学基金、重大项目
6	地缘政治风险预测的理论与方法研究	庞　珣	社会科学学院	国家社会科学基金、重大项目
7	设计形态学研究	邱　松	美术学院	国家社会科学基金、重大项目
8	汉传佛教僧众社会生活史	圣　凯	人文学院	国家社会科学基金、重大项目
9	联合国可持续发展议程评估体系建设及实现路径研究	王　灿	公共管理学院	国家社会科学基金、重大项目
10	《营造法式》研究与注疏	王贵祥	建筑系	国家社会科学基金、重大项目
11	总体国家安全观视野下的网络治理体系研究	熊澄宇	新闻与传播学院	国家社会科学基金、重大项目
12	“互联网+”促进制造业创新驱动发展及其政策研究	杨德林	经济管理学院	国家社会科学基金、重大项目
13	实现积极老龄化的公共政策及其机制研究	杨燕绥	公共管理学院	国家社会科学基金、重大项目
14	构建全球化互联网治理体系研究	崔保国	新闻与传播学院	教育部人文社会科学研究、重大课题攻关项目
15	中国特色社会主义监督体系研究	过　勇	公共管理学院	教育部人文社会科学研究、重大课题攻关项目
16	“双一流”建设背景下我国高校评价体系改革研究	史静寰	教育研究所	教育部人文社会科学研究、重大课题攻关项目

续表

序号	项目名称	负责人	承担部门	项目分类、类别
17	中外礼仪制度比较研究	彭　林	人文学院	国家社会科学基金、委托项目
18	主体功能区规划配套政策评估及完善研究	杨永恒	公共管理学院	国家社会科学基金、委托项目
19	习近平总书记科技创新重要论述与世界科技强国战略研究	刘　立	马克思主义学院	国家社会科学基金、年度项目
20	党的十八大以来党内监督理论和实践创新研究	过　勇	公共管理学院	国家社会科学基金、年度项目
21	中国共产党执政伦理建设研究	戴木才	马克思主义学院	国家社会科学基金、年度项目
22	合同法立法相关问题研究	韩世远	法学院	国家社会科学基金、年度项目
23	秦、汉、三国时期的日常统治与国家治理研究	侯旭东	人文学院	国家社会科学基金、年度项目
24	当代中国新闻观念研究	胡　钰	新闻与传播学院	国家社会科学基金、年度项目
25	科技创新的社会条件与中国的相关问题研究	肖广岭	社科学院	国家社会科学基金、年度项目
26	数理马克思经济学的理论与经验研究	李帮喜	社科学院	国家社会科学基金、年度项目
27	台湾世代政治态度变动及其对两岸关系综合效应的实证研究	吴维旭	公共管理学院	国家社会科学基金、年度项目
28	基于数据驱动的公共政策问题感知与推演研究	杜洪涛	公共管理学院	国家社会科学基金、年度项目
29	风险社会中过失犯罪的归责原理研究	劳东燕	法学院	国家社会科学基金、年度项目
30	创新社会化趋势对知识产权法的挑战及应对研究	蒋　舸	法学院	国家社会科学基金、年度项目
31	新行政诉讼法实施状况研究	何海波	法学院	国家社会科学基金、年度项目
32	空气污染的常人认识研究	洪　伟	社科学院	国家社会科学基金、年度项目
33	德语文学的文化学研究	李明明	外文系	国家社会科学基金、年度项目
34	欧盟媒介语境中的“一带一路”与提升我国对欧传播力研究	张　莉	新闻与传播学院	国家社会科学基金、年度项目
35	社会转型时期体育参与对社会心理的影响研究	曹春梅	体育部	国家社会科学基金、年度项目
36	基于大数据的精准扶贫与贫困治理研究	许　欢	公共管理学院	国家社会科学基金、年度项目
37	草原生态补偿和牧区缓减贫困的协同路径和机制研究	胡振通	公共管理学院	国家社会科学基金、年度项目
38	开放政府数据对腐败的防治作用及对策研究	赵雪娇	公共管理学院	国家社会科学基金、年度项目
39	关联企业实质合并破产判断规则的制度化进路研究	高丝敏	法学院	国家社会科学基金、年度项目
40	民事诉权基础理论研究	任　重	法学院	国家社会科学基金、年度项目
41	中国对非发展合作的新模式研究	翁凌飞	公共管理学院	国家社会科学基金、年度项目
42	印度尼西亚中华商会研究	贾俊英	社科学院	国家社会科学基金、年度项目
43	中国古代竹书形制及出土竹书整理方法研究	贾连翔	人文学院	国家社会科学基金、年度项目
44	元代庐陵文学研究	何　跞	人文学院	国家社会科学基金、年度项目

续表

序号	项目名称	负责人	承担部门	项目分类、类别
45	互联网时代农村地区资讯环境和农民资讯需求研究	崔　凯	公共管理学院	国家社会科学基金、年度项目
46	我国台湾地区数位典藏产业链建置研究	隋　鑫	公共管理学院	国家社会科学基金、年度项目
47	农村老年多维贫困与精准扶贫机制研究	王　瑜	公共管理学院	国家社会科学基金、年度项目
48	互联网革命下中国金融创新及金融新生态研究	张晓慧	社科学院	国家社会科学基金、后期资助项目
49	全球化时代的比较宪法	刘　晗	法学院	国家社会科学基金、后期资助项目
50	处变观通：郭嵩焘与近代文明竞争思路的开端	李欣然	人文学院	国家社会科学基金、后期资助项目
51	清华简与西周世族	陈颖飞	人文学院	国家社会科学基金、后期资助项目
52	传媒创新创业的理论与实践研究	曾繁旭	新闻与传播学院	国家社会科学基金、后期资助项目
53	华东地区大学校际足球运动的起源与嬗变（1902—1936）	郭　振	体育部	国家社会科学基金、后期资助项目
54	宋元书画史研究指南	邱才桢	美术学院	国家社会科学基金、后期资助项目
55	中华文化简明读本（英文）	余石屹	外文系	国家社会科学中华学术外译项目
56	“一带一路”倡议背景下来华留学教育的定位与政策选择研究	文　雯	教育研究院	国家社会科学基金、教育学项目
57	虚拟现实文化创意产品的设计理论与应用研究	鲁晓波	美术学院	国家社会科学基金、艺术学项目
58	日本传统工艺美术文化研究	张夫也	美术学院	国家社会科学基金、艺术学项目
59	当代玻璃艺术3年展	关东海	美术学院	国家艺术基金项目
60	《仪礼·乡射礼》交互数据平台建设与推广	彭　林	人文学院	国家艺术基金项目
61	“万物有灵”——文化遗产保护与创新研究成果展	王之纲	美术学院	国家艺术基金项目
62	国际当代陶艺作品展	邹　欣	艺术博物馆	国家艺术基金项目
63	民营艺术院团经营管理人才培养	胡　钰	新闻与传播学院	国家艺术基金项目
64	新型城镇化建设创意人才培养	宋立民	美术学院	国家艺术基金项目
65	传统漆工艺与材料创新应用人才培养	杨佩璋	美术学院	国家艺术基金项目
66	工艺美术创作《生态》	岳　嵩	美术学院	国家艺术基金项目
67	物境	张红娟	美术学院	国家艺术基金项目
68	中华器度	王玉峰	美术学院	国家艺术基金项目
69	木雕语言	马文甲	美术学院	国家艺术基金项目
70	古韵今声——古琴斫制与创新设计	杨佩璋	美术学院	国家艺术基金项目
71	全球创新体系与全球创新中心	高　建	技术创新研究中心	教育部人文社会科学研究、重点研究基地项目
72	中国企业基于出口的技术学习	谢　伟	技术创新研究中心	教育部人文社会科学研究、重点研究基地项目

续表

序号	项目名称	负责人	承担部门	项目分类、类别
73	社会主义核心价值观与中华优秀传统文化研究	戴木才	高校德育研究中心	教育部人文社会科学研究、重点研究基地项目
74	中国共产党核心价值观教育研究	欧阳军喜	高校德育研究中心	教育部人文社会科学研究、重点研究基地项目
75	高校大学生思想道德状况跟踪调查与分析	桂　勇	高校德育研究中心	教育部人文社会科学研究、重点研究基地项目
76	基于数据的绿色低碳发展转型政策与机制研究	张希良	现代管理研究中心	教育部人文社会科学研究、重点研究基地项目
77	数据驱动的商务分析与模式创新	陈国青	现代管理研究中心	教育部人文社会科学研究、重点研究基地项目
78	基于风险管理视角的环境传播功能研究	戴　佳	新闻与传播学院	教育部人文社会科学研究、规划基金项目
79	公益诉讼与私益诉讼的关系辨析及其协作机制构建	黄忠顺	法学院	教育部人文社会科学研究、规划基金项目
80	语体特征的自动提取和研究	刘　颖	人文学院	教育部人文社会科学研究、规划基金项目
81	基于情景模拟的基层应急指挥中心态势研判行为研究	吕孝礼	公共管理学院	教育部人文社会科学研究、规划基金项目
82	应用大数据评估中国外交与周边安全	漆海霞	社会科学学院	教育部人文社会科学研究、规划基金项目
83	公共服务精准供给视角下居民获得感影响因素的实证研究	王洪川	公共管理学院	教育部人文社会科学研究、规划基金项目
84	国外一流大学组织文化诊断评估案例研究及其对我国“双一流”建设的启示	王晓阳	教育研究所	教育部人文社会科学研究、规划基金项目
85	重大决策社会稳定风险的大数据舆情评估研究	谢起慧	公共管理学院	教育部人文社会科学研究、规划基金项目
86	新时期美国公众对中美关系态度的特点及变化	张传杰	社会科学学院	教育部人文社会科学研究、规划基金项目
87	积极情绪的脑电神经表征研究	张　丹	社会科学学院	教育部人文社会科学研究、规划基金项目
88	英文文献中的习近平治国理政重要论述研究评析	张　维	马克思主义学院	教育部人文社会科学研究、规划基金项目
89	官民互动：基于政府官员微博的大样本实证研究	邓　喆	党委学生部	教育部人文社会科学研究、规划基金项目
90	“到民间去”：中国现代文学民间话语生成研究（1902—1925）	袁先欣	人文与社会科学高等研究所	教育部人文社会科学研究、规划基金项目
91	庄存与《春秋正辞》校注	辛智慧	人文学院	教育部人文社会科学研究、后期资助项目

续表

序号	项目名称	负责人	承担部门	项目分类、类别
92	平台经济双重治理体系的创新研究	王　勇	社科学院	教育部人文社会科学研究、后期项目
93	习近平治国理政新理念新思想新战略的基本内容及逻辑体系	艾四林	马克思主义学院	教育部人文社会科学研究、专项任务项目
94	新形势下高校纪检监察机关自我监督机制创新研究	潘春玲	公共管理学院	教育部人文社会科学研究、专项任务项目
95	习近平关于加强高校思想政治理论课建设的新思想新要求	吴潜涛	马克思主义学院	教育部人文社会科学研究、专项任务项目
96	习近平关于培育和践行社会主义核心价值观的新思想新论述	吴潜涛	马克思主义学院	教育部人文社会科学研究、专项任务项目
97	基于胜任力的工程专业学位研究生培养模式改革	姚　强	教育研究所	教育部人文社会科学研究、专项任务项目
98	供给侧改革背景下的教育改革发展研究	袁本涛	教育研究所	教育部人文社会科学研究、专项任务项目
99	北京提高城市精细化管理水平	晋　军	社会科学学院	北京市社会科学基金项目
100	大数据时代社会思潮的传播特点与规律研究	刘　震	马克思主义学院	北京市社会科学基金项目
101	北京延庆区景观评价与环境整体设计问题研究	宋立民	美术学院	北京市社会科学基金项目
102	习近平新时代中国特色社会主义思想的哲学基础研究	王贵贤	马克思主义学院	北京市社会科学基金项目
103	习近平新时代中国特色社会主义思想的形成与发展研究	肖贵清	马克思主义学院	北京市社会科学基金项目
104	精神病学哲学的建构——基于21世纪以来牛津大学出版社《哲学与精神病学中的国际视角》系列丛书的研究	肖　巍	马克思主义学院	北京市社会科学基金项目
105	北京高等教育国际化发展研究	叶富贵	教育研究所	北京市社会科学基金项目
106	中国特色社会主义文化自信研究	邹广文	马克思主义学院	北京市社会科学基金项目
107	新能源汽车动力电池回收模式研究	李金惠	环境学院	北京市社会科学基金项目
108	功能疏解背景下北京多类型存量用地更新机制与模式研究——基于空间治理的视角	梁思思	建筑学院	北京市社会科学基金项目
109	北京市应急预案质量评估及优化研究	陶　鹏	应急管理研究基地	北京市社会科学基金、研究基地项目
110	北京市居家养老安全政策与老年人摔倒风险预防行为研究——以家庭适老化改造为例	张　欢	应急管理研究基地	北京市社会科学基金、研究基地项目
111	专家角色及其价值观对风险沟通的影响研究	方　曼	应急管理研究基地	北京市社会科学基金、研究基地项目
112	中国应急管理研究报告（2015—2016）：公共部门危机学习	张美莲	应急管理研究基地	北京市社会科学基金、研究基地项目

（清华大学文科建设处刘金梅供稿）

北京师范大学

2017 年度承担国家级、省部级社会科学研究项目

序号	项目名称	负责人	承担部门	项目分类、类别	预期成果形式	计划完成时间
1	国家治理现代化指标构建研究	赵秋雁	社会学院	国家社会科学基金、“国家治理体系和治理能力现代化”研究专项	专著	2019.10
2	中国共产党思想政治教育百年历程与经验研究	王树荫	马克思主义学院	国家社会科学基金、重大项目	专著、论文集、资料集	2020.12
3	贫困退出考核评估的统计测度研究	吕光明	国民核算研究院	国家社会科学基金、重大项目	论文集、研究报告	2020.12
4	中国特色境外追逃追赃国际合作法律机制研究	王秀梅	刑事法律科学研究院	国家社会科学基金、重大项目	专著、译著、论文集、研究报告	2020.12
5	全面二孩政策下城市地区0～3岁婴幼儿托育服务体系研究	洪秀敏	教育学部	国家社会科学基金、重大项目	专著、论文集、研究报告	2020.12
6	中国古代户籍制度研究及数据库建设	张荣强	古籍与传统文化研究院	国家社会科学基金、重大项目	专著、数据库、资料集	2020.12
7	《威廉詹姆士哲学文集》翻译与研究	王成兵	哲学学院	国家社会科学基金、重大项目	专著、译著	2020.12
8	中国特殊教育通史（完整）	肖　非	教育学部	国家社会科学基金、重大项目	专著	2020.12
9	近代以来中日文学关系研究与文献整理（1870—2000）	王志松	外国语言文学学院	国家社会科学基金、重大项目	专著、论文集、资料集、	2020.12
10	贸易自由化对中国环境保护和绿色低碳发展影响研究	毛显强	环境学院	国家社会科学基金、重点项目	专著、研究报告	2019.12
11	新形势下党中央重塑党内政治生态的价值取向、宏观思路和基本策略研究	周良书	马克思主义学院	国家社会科学基金、重点项目	专著、研究报告	2019.06
12	中华典籍英译云平台的构建及应用研究	张　政	外国语言文学学院	国家社会科学基金、重点项目	专著、电脑软件	2020.09
13	宗教极端主义的防治对策研究	王秀梅	刑事法律科学研究院	国家社会科学基金、重点项目	专著、研究报告	2019.10
14	分析的实用主义研究	李　红	哲学学院	国家社会科学基金、重点项目	专著、论文集	2020.12
15	汶川地震灾后重建模式与可持续发展研究（2008—2018）	尉建文	中国社会管理研究院/社会学院	国家社会科学基金、重点项目	专著、研究报告	2020.07
16	中国儿童福利发展战略研究	尚晓援	社会发展与公共政策学院	国家社会科学基金、重点项目	专著、研究报告	2020.12
17	基于图像的礼学文献与礼学史研究	华　喆	古籍与传统文化研究院	国家社会科学基金、一般项目	专著	2020.06
18	江湖诗集整理与研究	王　媛	古籍与传统文化研究院	国家社会科学基金、一般项目	专著	2021.06

序号	项目名称	负责人	承担部门	项目分类、类别	预期成果形式	计划完成时间
19	尼日利亚作家沃勒·索因卡研究	宋志明	汉语文化学院	国家社会科学基金、一般项目	专著、研究报告	2020. 12
20	《汉语大词典》单音多义词词义系统与义项排序研究	尹　洁	汉语文化学院	国家社会科学基金、一般项目	专著	2020. 12
21	“丝绸之路经济带”区域经济一体化发展的路径研究	刘　倩	经济与资源管理研究院	国家社会科学基金、青年项目	研究报告	2020. 09
22	贫困治理视角下精准扶贫政策绩效评价研究	万　君	经济与资源管理研究院	国家社会科学基金、青年项目	专著、研究报告	2019. 06
23	民粹主义与美国民主政治研究	安　然	历史学院	国家社会科学基金、一般项目	专著	2022. 03
24	法国旧制度下的城市贫困问题治理研究	庞冠群	历史学院	国家社会科学基金、一般项目	专著	2021. 03
25	新文化视野下的民国国语运动研究	湛晓白	历史学院	国家社会科学基金、一般项目	研究报告	2020. 05
26	文化冷战视野下苏联知识界与苏联东西方外交战略研究（1946—1991）	张建华	历史学院	国家社会科学基金、一般项目	专著	2021. 12
27	朱希祖与民国学术研究	周文玖	历史学院	国家社会科学基金、一般项目	专著	2020. 08
28	《韩非子》研究史	刘　亮	历史学院	国家社会科学基金、青年项目	研究报告	2020. 12
29	习近平总书记中国精神重要论述的理论逻辑与当代价值研究	温　静	马克思主义学院	国家社会科学基金、一般项目	专著	2020. 06
30	莱布尼茨“精神学”文献编译及研究	李天慧	马克思主义学院	国家社会科学基金、青年项目	译著其他	2020. 06
31	思想政治教育生态理论及其分析方法应用研究	杨增岽	马克思主义学院	国家社会科学基金、青年项目	专著、研究报告	2020. 06
32	中国高校日语教师专业发展路径探索与模式构建研究	冷丽敏	外国语言文学学院	国家社会科学基金、一般项目	专著	2020. 07
33	先秦两汉话语中五帝形象的衍生与相关文献的形成研究	刘全志	文学院	国家社会科学基金、一般项目	专著	2020. 12
34	文化认同、身份政治与美国民俗学知识生产研究	彭　牧	文学院	国家社会科学基金、一般项目	论文集	2021. 12
35	清代宗室作家与宫廷文化研究	颜子楠	文学院	国家社会科学基金、一般项目	专著	2020. 12
36	近现代科幻理论资料整理与研究	贾立元	文学院	国家社会科学基金、青年项目	工具书	2021. 03
37	中小学生手机使用行为及其影响因素研究	刘儒德	心理学院	国家社会科学基金、一般项目	论文集、研究报告	2020. 12
38	中国造纸术和印刷术在“一带一路”上的传播及影响研究	万安伦	新闻传播学院	国家社会科学基金、一般项目	专著	2020. 12
39	网络视频直播影响力评测研究	杨　雅	新闻传播学院	国家社会科学基金、青年项目	论文集、研究报告	2019. 03
40	刑事程序违法的实体性制裁研究	王　超	刑事法律科学研究院	国家社会科学基金、一般项目	专著	2020. 12
41	法国《泰凯尔》毛主义研究	徐克飞	哲学学院	国家社会科学基金、一般项目	研究报告	2021. 12

序号	项目名称	负责人	承担部门	项目分类、类别	预期成果形式	计划完成时间
42	前后期维特根斯坦哲学的连续性研究	代海强	哲学学院	国家社会科学基金、青年项目	论文集、研究报告	2019.12
43	偶然逻辑的扩展研究	范　杰	哲学学院	国家社会科学基金、青年项目	专著	2022.06
44	社交媒体视域下科研评价的理论与方法研究	刘晓娟	政府管理学院	国家社会科学基金、一般项目	论文集	2020.06
45	农村土地流转对土地利用变化影响的多智能体动态模型及模拟	田光进	政府管理学院	国家社会科学基金、一般项目	论文集、研究报告	2020.12
46	家庭成员间教育期望一致性对子女社会性发展影响机制的追踪研究	郭筱琳	中国基础教育质量监测协同创新中心	国家社会科学基金、青年项目	论文集	2020.12
47	“项目制”对县级政府行为的影响机制研究	焦长权	中国社会管理研究院/社会学院	国家社会科学基金、青年项目	论文集	2019.12
48	丝路文化交流中的佛教写本图书馆研究	王　翔	北京师范大学—香港浸会大学联合国际学院	国家社会科学基金、一般项目	专著	2021.12
49	本体理念实在性问题如何解决——康德实践哲学基础新释	朱会晖	哲学学院	国家社会科学基金、后期资助项目	专著	2018.09
50	西方少年犯罪理论	吴宗宪	刑事法律科学研究院	国家社会科学基金、后期资助项目	专著	2018.09
51	唐宋时期文具制造业研究	陈　涛	历史学院	国家社会科学基金、后期资助项目	专著	2018.09
52	和本汉籍善本考录	李小龙	文学院	国家社会科学基金、后期资助项目	专著	2018.09
53	宋代骈文文体研究	周剑之	文学院	国家社会科学基金、后期资助项目	专著	2018.09
54	国家塑造与社会变革：1895—1949年社会教育研究	周慧梅	教育学部	国家社会科学基金、后期资助项目	专著	2018.09
55	联合国教科文组织教育话语演变与分析（1945—2015）	滕　珺	教育学部	国家社会科学基金、后期资助项目	专著	2018.09
56	中国共产党人坚定理想信念的经验借鉴与现实对策研究	吴林龙	马克思主义学院	国家社会科学基金、青年项目	专著	2019.12
57	传统礼乐文明与当代文化建设研究	刘成纪	哲学学院	国家社会科学基金艺术学、重大项目	专著、论文	2019.12
58	中国网络电影、网络剧、网络节目研究	张智华	艺术与传媒学院	国家社会科学基金艺术学、重大项目	专著、论文	2019.12
59	中国教师教育教学质量研究	李　森	海南师范大学	教育部重点研究基地、重大项目	论文、调查报告、监测工具、咨询报告、著作、监测平台	2020.12

序号	项目名称	负责人	承担部门	项目分类、类别	预期成果形式	计划完成时间
60	中国教师教育课程质量研究	王本陆	教育学部	教育部重点研究基地、重大项目	论文、调查报告、咨询报告、教材、专著、评价工具、学术机构	2020.12
61	中国教师教育质量保障的制度研究	周　钧	教育学部	教育部重点研究基地、重大项目	编著、论文、专著、研究报告	2020.12
62	中国参与全球教育治理战略研究	孙　进	教育学部	教育部重点研究基地、重大项目	论文、研究报告、著作书稿	2019.12
63	扩大来华留学政策研究	王英杰	教育学部	教育部重点研究基地、重大项目	论文、研究报告、咨询报告、著作书稿	2019.12
64	"一带一路"不同类型国家教育制度与政策研究	顾明远	教育学部	教育部重点研究基地、重大项目	论文、咨询报告、新闻媒体文章、研究报告、丛书	2020.12
65	中国近现代文论话语的转型和嬗变研究	陈太胜	文学院	教育部重点研究基地、重大项目	论文、论文集、专著丛书	2020.12
66	"一国两制"下内地与香港反腐败追逃追赃司法合作机制研究	王秀梅	刑事法律科学研究院	教育部哲学社会科学研究、重大委托项目	专著	2020.12
67	中国阅读文化建设的战略与策略研究	任　翔	外国语言文学学院	教育部哲学社会科学研究、重大委托项目	专著	2020.12
68	教育管理方式研究	苏君阳	教育学部	教育部人文社会科学研究、专项委托项目	研究报告	2017.03
69	扩大教育对外开放研究	刘宝存	教育学部	教育部人文社会科学研究、专项委托项目	研究报告	2017.03
70	全球教育发展趋势及各国政府主要政策研究	周海涛	教育学部	教育部人文社会科学研究、专项委托项目	研究报告	2017.03
71	普及化高等教育研究	姚　云	教育学部	教育部人文社会科学研究、专项委托项目	研究报告	2017.03
72	教育投入研究	杜育红	教育学部	教育部人文社会科学研究、专项委托项目	研究报告	2017.03
73	新时期教育方针研究	石中英	教育学部	教育部人文社会科学研究、专项委托项目	研究报告	2017.03
74	坚定文化自信的深刻内涵、战略地位与根本之策研究	沈湘平	哲学学院	习近平总书记治国理政新理念新思想新战略研究、专项任务项目	理论文章	2018.02
75	党的十八大以来习近平反恐法治重要论述研究	赵秉志	刑事法律科学研究院	习近平总书记治国理政新理念新思想新战略研究、专项任务项目	理论文章	2018.02
76	马克思主义治国理政理论的新发展：习近平治国理政重要论述的基本内容和逻辑体系	唐任伍	政府管理学院	习近平总书记治国理政新理念新思想新战略研究、专项任务项目	理论文章	2018.02

序号	项目名称	负责人	承担部门	项目分类、类别	预期成果形式	计划完成时间
77	习近平关于理想信念的新思想新贡献研究	王树荫	马克思主义学院	习近平总书记治国理政新理念新思想新战略研究、专项任务项目	理论文章	2018.02
78	习近平的管党治党重要论述研究	赵朝峰	马克思主义学院	习近平总书记治国理政新理念新思想新战略研究、专项任务项目	理论文章	2018.02
79	多重熏陶理论下家庭学校社区关怀型教育共同体的创建	宋　萑	教育学部	教育部人文社会科学研究、规划基金项目	论文、咨询报告、电子出版物、专利	2020.12
80	中国教师资格的历史沿革研究	施克灿	教育学部	教育部人文社会科学研究、规划基金项目	著作、论文	2020.12
81	创新驱动中国工业绿色转型研究	韩　晶	经济与资源管理研究院	教育部人文社会科学研究、规划基金项目	著作、研究报告	2020.12
82	国家治理现代化中法治思维的现实价值及培育策略研究	马振清	马克思主义学院	教育部人文社会科学研究、规划基金项目	著作、论文	2020.12
83	中国对外贸易规模重新估算及其应用——基于区分加工贸易的世界投入产出模型	宋旭光	统计学院	教育部人文社会科学研究、规划基金项目	咨询报告	2020.12
84	数据驱动的图书馆精细化服务模式与保障机制研究	李书宁	图书馆	教育部人文社会科学研究、规划基金项目	论文	2020.12
85	20世纪离散华人作家的北京想象研究	沈庆利	文学院	教育部人文社会科学研究、规划基金项目	著作	2020.12
86	基于文本可读性分析与学生阅读能力测评的汉语阶梯阅读研究	李　虹	心理学院	教育部人文社会科学研究、规划基金项目	论文、测试与分析平台	2020.12
87	基于大数据的中小学教师培训质量评估策略研究	亓俊国	继续教育与教师培训学院	教育部人文社会科学研究、青年基金项目	论文	2020.12
88	MSW学生专业认同的跟踪研究：形成机制和专业化效应	王晔安	社会发展与公共政策学院	教育部人文社会科学研究、青年基金项目	论文	2020.12
89	孔子学院与新媒体在跨文化传播中融合发展的探索	张心蔚	统计学院	教育部人文社会科学研究、青年基金项目	咨询报告	2020.12
90	生态学理论视角下中国中小学英语教师信念发展研究	孙晓慧	外国语言文学学院	教育部人文社会科学研究、青年基金项目	著作	2020.12
91	语言与逻辑：语言转向视域下的拉康中后期思想研究	于　洋	外国语言文学学院	教育部人文社会科学研究、青年基金项目	论文	2020.12
92	基于行为感知数据的学习沉浸度模型研究	卢　宇	未来教育高精尖中心	教育部人文社会科学研究、青年基金项目	著作、论文、专利	2020.12
93	区县教育治理模式及其对学校效能的影响机制研究	赵　茜	中国基础教育质量监测协同创新中心	教育部人文社会科学研究、青年基金项目	论文、咨询报告	2020.12

序号	项目名称	负责人	承担部门	项目分类、类别	预期成果形式	计划完成时间
94	农村基层治理多元化与创新实践研究	王海侠	中国社会管理研究院/社会学院	教育部人文社会科学研究、青年基金项目	论文	2020. 12
95	习近平论青年成长成才研究	高　超	教育部高校辅导员培训和研修基地	教育部人文社会科学研究、专项任务项目（中国特色社会主义理论体系研究）	论文	2020. 12
96	以大学生思想政治教育为视角的习近平民主重要论述研究	董晓蕾	学生资助管理中心	教育部人文社会科学研究、专项任务项目（中国特色社会主义理论体系研究）	论文、课程设计	2020. 12
97	共享发展理念视阈下的中国特色社会主义劳动关系研究	肖　潇	马克思主义学院	教育部人文社会科学研究、专项任务项目（中国特色社会主义理论体系研究）	论文	2020. 12
98	高校辅导员胜任力模型的构建及应用——以北京高校十佳辅导员为例	倪佳琪	地理科学学部	教育部人文社会科学研究、专项任务项目（高校思想政治工作专项）	论文	2020. 12
99	七七事变：日本发动全面侵华战争与中国开始全面抗战之研究	张　皓	历史学院	教育部哲学社会科学研究、后期资助项目	专著	2020. 12
100	中国教育问题国际比较研究	刘宝存	教育学部	教育部哲学社会科学研究、专项委托项目	论文	2017. 12
101	中外人文交流基金会设立方案研究	郭　垍	经济与工商管理学院	教育部国际司、国别和区域研究项目	专题报告	2019. 12
102	高校思想政治教育工作质量评价体系研究	冯　刚	马克思主义学院	国家社会科学基金“十三五”规划教育学、重大项目	专著、论文	2020. 12
103	STEM 项目学生评价工具开发与有效性验证	江丰光	教育学部	全国教育科学“十三五”规划、教育部重点项目	论文	2020. 12
104	高校艺术教育与社会公共文化服务整合资源策略研究	张　璐	艺术与传媒学院	全国教育科学“十三五”规划、教育部青年项目	论文	2020. 12
105	基于实践立场的教育理论实践应用机制研究	余清臣	教育学部	国家社会科学基金“十三五”规划教育学、一般项目	专著、论文	2020. 12
106	主要国家基础教育国际化的政策取向与实践路径比较研究	杨明全	教育学部	国家社会科学基金“十三五”规划教育学、一般项目	专著、论文	2020. 12
107	幼儿园师资队伍的核心素养和能力建设研究——基于亚太四国的实证研究	李敏谊	教育学部	国家社会科学基金“十三五”规划教育学、一般项目	专著、论文	2020. 12
108	基于大数据的在线协作学习分析评价与干预策略的实证研究	李艳燕	教育学部	国家社会科学基金“十三五”规划教育学、一般项目	专著、论文	2020. 12
109	基于学段特性的教师专业伦理学研究	檀传宝	教育学部	国家社会科学基金“十三五”规划教育学、一般项目	专著、论文	2020. 12
110	随迁子女高中阶段教育选择的社会分层与政策影响	周秀平	教育学部	国家社会科学基金“十三五”规划教育学、一般项目	专著、论文	2020. 12
111	学校课程治理现代化研究	胡定荣	教育学部	国家社会科学基金“十三五”规划教育学、一般项目	专著、论文	2020. 12
112	非营利性民办高校董事会独立性保障机制研究	刘永林	教育学部	国家社会科学基金“十三五”规划教育学、一般项目	专著、论文	2020. 12

序号	项目名称	负责人	承担部门	项目分类、类别	预期成果形式	计划完成时间
113	高等教育强国视角下的大学筹融资研究	洪成文	教育学部	国家社会科学基金“十三五”规划教育学、一般项目	专著、论文	2020. 12
114	高层次人才流动问题及其对策研究	乔锦忠	教育学部	国家社会科学基金“十三五”规划教育学、一般项目	专著、论文	2020. 12
115	面向新工业革命的高等职业教育人才培养模式变革研究	和　震	教育学部	国家社会科学基金“十三五”规划教育学、一般项目	专著、论文	2020. 12
116	“微文化”视域下大学生道德责任感培育机制研究	贾雪丽	马克思主义学院	国家社会科学基金“十三五”规划教育学、一般项目	专著、论文	2020. 12
117	乡村教师教学质量的评价与提升机制研究：理论、实证和政策启示	梁文艳	教育学部	国家社会科学基金“十三五”规划教育学、青年项目	专著、论文	2020. 12
118	民办高校分类管理风险评估和防范对策研究	景安磊	教育学部	国家社会科学基金“十三五”规划教育学、青年项目	专著、论文	2020. 12
119	美国公立研究型大学非终身制教师聘用制度研究	张　伟	教育学部	国家社会科学基金“十三五”规划教育学、青年项目	专著、论文	2020. 12
120	父母工作时间、父母教育卷入与小学生学业成绩关系的追踪研究	刘春晖	中国基础教育质量监测协同创新中心	国家社会科学基金“十三五”规划教育学、青年项目	专著、论文	2020. 12
121	国际大都市基础教育质量比较研究	马健生	教育学部	北京市社会科学基金、重大项目	研究报告	2019. 07
122	当前电视剧创作价值取向研究	张智华	艺术与传媒学院	北京市社会科学基金、重大项目	专著	2020. 12
123	基于MEGA1的马克思早期思想发展内在逻辑研究（两卷本）	鲁克俭	哲学学院	北京市社会科学基金、重大项目	专著	2020. 12
124	文化发展基础理论及指标体系研究	沈湘平	哲学学院	北京市社会科学基金、重大项目	专著	2020. 12
125	中国特色舆论学学科体系30年发展研究	喻国明	新闻传播学院	北京市社会科学基金、重大项目	专著	2020. 12
126	国际少儿通用汉语能力标准研究	朱志平	汉语文化学院	北京市社会科学基金、重大项目	专著	2020. 12
127	刑事案件认罪认罚从宽制度研究	刘广三	刑事与法律科学研究院	北京市社会科学基金、重点项目	专著	2020. 06
128	校园欺凌现象治理研究	余雅风	教育学部	北京市社会科学基金、重点项目	研究报告、系列论文、立法草案	2020. 07
129	国家文化中心视野下的北京校本课程建设研究	陈雪虎	北京文化发展研究基地	北京市社会科学基金、研究基地项目（重点项目）	研究报告	2019. 06
130	我国反腐败国际追逃追赃长效机制构建研究	彭新林	刑事与法律科学研究院	北京市社会科学基金、一般项目	研究报告	2020. 06
131	北京市政府和社会资本合作（PPP）模式下企业投融资行为研究	崔学刚	经济与工商管理学院	北京市社会科学基金、一般项目	研究报告、系列论文	2019. 06

序号	项目名称	负责人	承担部门	项目分类、类别	预期成果形式	计划完成时间
132	北京市中学生的坚毅人格及其作用机制	蒋　奖	心理学部	北京市社会科学基金、一般项目	研究报告	2019. 12
133	治藏主权的恢复：反对外国干涉下之西藏和平解放研究	张　皓	历史学院	北京市社会科学基金、一般项目	系列论文、专著	2020. 06
134	建设科技创新中心背景下北京创业型企业生存能力研究	蔡宏波	经济与工商管理学院	北京市社会科学基金、一般项目	研究报告	2019. 06
135	当代西方古典主义政治哲学研究	叶　颖	哲学学院	北京市社会科学基金、一般项目	系列论文	2020. 07
136	国家认同建构中的历史记忆问题研究	吴玉军	哲学学院	北京市社会科学基金、一般项目	专著	2020. 07
137	优质均衡背景下北京市义务教育资源配置结构、共享和效益研究	成　刚	首都教育经济研究基地	北京市社会科学基金、研究基地项目（一般项目）	研究报告	2019. 12
138	教师人力资本和社会资本对小学生核心素养发展的影响效应研究	张亚星	首都教育经济研究基地	北京市社会科学基金、研究基地项目（一般项目）	研究报告	2020. 06
139	北京文化的自我认同研究	董立河	北京文化发展研究基地	北京市社会科学基金、研究基地项目（一般项目）	研究报告	2020. 07
140	首都政治文化研究	程光泉	北京文化发展研究基地	北京市社会科学基金、研究基地项目（一般项目）	专著	2020. 06
141	民法典编纂中的典权制度的激活机制研究	赵晓舒	法学院	北京市社会科学基金、青年项目	研究报告	2019. 06
142	中国近现代小说抒情方式的嬗变与西方文学关系研究	刘　倩	文学院	北京市社会科学基金、青年项目	专著	2020. 07
143	新媒体传播背景下北京公众环保意识与行为的培养研究	周　敏	新闻传播学院	北京市社会科学基金、青年项目	研究报告	2020. 07
144	20 世纪以来中国画中女性形象的历史叙事和性别建构	王　鹏	艺术与传媒学院	北京市社会科学基金、青年项目	专著	2021. 07
145	艺术培养积极心理品质的心理机制研究	李红菊	艺术与传媒学院	北京市社会科学基金、青年项目	系列论文	2020. 06
146	北京地区藏乾隆年间“西洋馆华夷译语”校勘及语言研究	聂大昕	文学院	北京市社会科学基金、青年项目	专著	2021. 06
147	信息化条件下的跨文化学校合作与民族地区公民教育模式创新实践研究	杜　亮	教育学部	国家民委民族问题研究、委托项目	研究报告	2017. 12
148	新高考改革下北京高中高校协同发展研究	杨玉春	教育学部	北京市教育科学“十三五”规划年度项目、重点课题	论文、研究报告	2019. 09
149	北京市中小学生欺凌与暴力防治机制研究	余雅风	教育学部	北京市教育科学“十三五”规划年度项目、重点课题	论文、研究报告	2019. 09
150	幼儿园教师专业胜任力的诊断标准与发展模型研究	霍力岩	教育学部	北京市教育科学“十三五”规划年度项目、重点课题	论文、专著、研究报告	2019. 06
151	供给侧改革背景下北京市乡村教师补充政策研究	金志峰	教育学部	北京市教育科学“十三五”规划年度项目、重点课题	论文、研究报告	2019. 02

序号	项目名称	负责人	承担部门	项目分类、类别	预期成果形式	计划完成时间
152	竞争环境下教师合作机制对学校效能的影响	赵 茜	中国基础教育质量监测协同创新中心	北京市教育科学“十三五”规划年度项目、重点课题	论文、研究报告	2020.03
153	隔代抚养对儿童心理理论和情绪行为的长期影响	蔺秀云	心理学院	北京市教育科学“十三五”规划年度项目、重点课题	论文、研究报告	2020.12
154	高中英语课程标准核心素养对学生表现效果的历时研究	罗少茜	外国语言文学学院	北京市教育科学“十三五”规划年度项目、重点课题	论文、专著、研究报告	2020.07
155	中国英语学习者英语歧义词习得机制的研究	陈宝国	心理学院	北京市教育科学“十三五”规划年度项目、重点课题	论文、研究报告	2019.12
156	中学生批判性思维能力测验的开发与应用	骆 方	心理学院	北京市教育科学“十三五”规划年度项目、重点课题	论文、研究报告	2020.08
157	义务教育阶段数学课程测量：基于主题追踪图的应用研究	杨 涛	中国基础教育质量监测协同创新中心	北京市教育科学“十三五”规划年度项目、重点课题	论文、研究报告	2020.03
158	北京市幼儿园师幼关系质量评估与改进方案研究	冯婉桢	教育学部	北京市教育科学“十三五”规划年度项目、重点课题	论文、研究报告	2019.03
159	京津冀协同发展背景下的义务教育资源配置研究	赵 楠	统计学院	北京市教育科学“十三五”规划年度项目、重点课题	论文、研究报告	2020.05
160	北京市高考综合改革试点跟踪与评价研究	钟秉林	教育学部	北京市教育科学“十三五”规划年度项目、优先关注课题	论文、研究报告	2019.09
161	新形势下乡村教育整体改革研究	李廷洲	教育学部	北京市教育科学“十三五”规划年度项目、优先关注课题	论文、研究报告	2019.06
162	高校各种人才工程项目对大学科研、教学的影响研究	乔锦忠	教育学部	北京市教育科学“十三五”规划年度项目、优先关注课题	论文、专著、研究报告	2019.03
163	京津冀协同发展与北京市职业教育资源优化配置研究	薛二勇	教育学部	北京市教育科学“十三五”规划年度项目、优先关注课题	论文、研究报告	2018.12
164	当代大学发展形态及大学观的国际比较研究	刘宝存	教育学部	北京市教育科学“十三五”规划年度项目、优先关注课题	专著、研究报告	2020.12
165	北京市中小学课程改革与综合化实施的理论与实践研究	杨明全	教育学部	北京市教育科学“十三五”规划年度项目、优先关注课题	论文、研究报告	2020.06
166	北京市学生社会情绪能力发展策略研究	毛亚庆	教育学部	北京市教育科学“十三五”规划年度项目、优先关注课题	论文、专著、研究报告	2021.06
167	国内外应用信息技术提高教学质量的成功实践案例研究	张进宝	教育学部	北京市教育科学“十三五”规划年度项目、优先关注课题	论文、编著、研究报告	2020.05
168	传统文化在学校教育中传播的方法与途径研究	任 翔	文学院	北京市教育科学“十三五”规划年度项目、优先关注课题	论文、研究报告	2019.07
169	社会情绪学习对小学生发展的影响研究	王烨晖	中国基础教育质量监测协同创新中心	北京市教育科学“十三五”规划年度项目、青年专项课题	论文、研究报告	2019.06

序号	项目名称	负责人	承担部门	项目分类、类别	预期成果形式	计划完成时间
170	父母失败观与小学生能力观发展的关系追踪研究	刘春晖	中国基础教育质量监测协同创新中心	北京市教育科学“十三五”规划年度项目、青年专项课题	论文、研究报告	2020. 11
171	侦查取证规范化研究	廖　明	刑事法律科学研究院	司法部、国家法治与法学理论研究项目	专著	2019. 12
172	刑事诉讼中的财产权保护	刘广三	刑事法律科学研究院	司法部、国家法治与法学理论研究项目	专著	2019. 12
173	唐宋法官裁判权的约束规范	吴海航	刑事法律科学研究院	司法部、国家法治与法学理论研究项目	专著	2019. 12

2017 年度北京师范大学青年基金项目

序号	项目名称	负责人	承担部门	计划完成时间
1	“社会效率”观与美国公共学校改革研究	陈露茜	教育学部	2019. 10
2	投资移民与反腐败防逃机制建设研究	杨　超	刑事与法律科学研究院	2019. 10
3	海外传播视野中的当代作家经典化研究	刘江凯	中国文化国际传播研究院	2019. 10
4	汉语作为第二语言的智能测试平台研究与构建	胡韧奋	汉语文化学院	2019. 10
5	德治主义司法传统及其现代性	李德嘉	法学院	2019. 10
6	武英殿修书处图书出版及管理体制研究	项　旋	历史学院	2019. 10
7	莫斯科中山大学党支部局研究	孙会修	历史学院	2019. 10
8	宏观能源效率及回弹效应研究：理论与中国经验	陈超凡	经济与资源管理研究院	2019. 10
9	精准扶贫政策的绩效、模式和转型研究	万　君	经济与资源管理研究院	2019. 10
10	“一带一路”倡议背景下推进中国对外金融合作及人民币国际化研究	吴舒钰	经济与资源管理研究院	2019. 10
11	当代知识论前沿研究	唐热风	哲学学院	2019. 10
12	空气质量的经济估值分析	张　欣	统计学院	2019. 10
13	我国高校学生资助政策对教育公平的影响研究	陈　瑾	统计学院	2019. 10
14	《说文解字》与清代学术	董婧宸	文学院	2019. 10
15	民国墓碑形制及语言研究	柯永红	文学院	2019. 10
16	《清华简》语音关系字组内的等第异同研究	孟跃龙	文学院	2019. 10
17	论新时期文学中的不可靠叙事	孙海燕	文学院	2019. 10
18	地方性民间信仰与口头文学之关系研究——以山西洪洞为个案	王　尧	文学院	2019. 10
19	“集”的写抄本形态：南北朝文学文本生成与传播研究	吴沂沄	文学院	2019. 10
20	清代散文批评的话语生成及文献研究	诸雨辰	文学院	2019. 10
21	大数据时代的用户信息安全研究	公　共	新闻传播学院	2019. 10
22	在线点评中的舆论动力学研究	吴　晔	新闻传播学院	2019. 10

续表

序号	项目名称	负责人	承担部门	计划完成时间
23	网络空间中的对等生产机制研究	公　共	新闻传播学院	2019. 10
24	中国文化符号跨文化传播路径研究	藤依舒	文化创新与传播研究院	2019. 10
25	跨文化传播中的文化差异与沟通纽带——以明清之际“中西礼仪之争”及吴渔山为例	冯　欣	文化创新与传播研究院	2019. 10
26	大中小学生思想政治教育的整体研究与理论建构	吴林龙	马克思主义学院	2019. 10
27	新生代农民工社区生态与社会治理研究	王海侠	中国社会管理研究院/社会学院	2019. 10
28	体育社会学的创新视角：体育、国际发展与和平	李　根	体育与运动学院	2019. 10
29	“文化自信”语境下武术知识论的当代话语实践	陈新萌	体育与运动学院	2019. 10
30	应用适宜移动技术塑造北京市民自律健康生活方式行为	何　莉	体育与运动学院	2019. 10
31	生态文明视角下体育健身作为“绿色消费”的理论与实证研究	赵　歌	体育与运动学院	2019. 10
32	中美游戏设计高等教育对比研究	朱小枫	艺术与传媒学院	2019. 10
33	近现代中国视觉文化研究	季海洋	艺术与传媒学院	2019. 10
34	景深之处：当代中国电影地域空间与文化身份研究	陈亦水	艺术与传媒学院	2019. 10
35	全球电影节运行模式与文化发展战略研究	王赟姝	艺术与传媒学院	2019. 10
36	创意实施行为与创意实施结果影响因素的跨层次追踪研究	李　艳	政府管理学院	2019. 10
37	我国核电选址政策过程中的公众接受度与公众参与机制研究	郭　跃	政府管理学院	2019. 10
38	文化象征与民族国家认同建构	罗宇维	政府管理学院	2019. 10
39	贸易开放、中间产品与产出增长：理论及实证研究	余嘉杰	经济与工商管理学院	2019. 10
40	高管从军经历与企业社会责任	郝　颖	经济与工商管理学院	2019. 10
41	领导风格的测量、影响因素与作用机制	许晓勇	心理学部	2019. 10
42	南朝教育与文学关系研究	郭晨光	继续教育与教师培训学院	2019. 10
43	羞怯、社交淡漠青春期儿童的社会认知特点及其干预研究	梁丽婵	中国基础教育质量监测协同创新中心	2019. 10
44	基于大数据的八年级学生语文学业能力表现研究	李　倩	中国基础教育质量监测协同创新中心	2019. 10
45	学科教育视角下的影子教育研究	王立东	中国基础教育质量监测协同创新中心	2019. 10
46	我国基础教育均衡发展指标体系的构建	孙　伟	中国基础教育质量监测协同创新中心	2019. 10
47	京津冀地区基础教育均衡与协同发展机制研究	刘　浩	中国基础教育质量监测协同创新中心	2019. 10

（北京师范大学社科处刘娜供稿）

中央民族大学

2017 年度承担国家级、省部级社会科学研究项目

序号	项目名称	负责人	承担部门	项目分类、类别	预期成果形式	计划完成时间
1	中国岭南传统村落保护与利用研究	麻国庆	民族学与社会学学院	国家社会科学基金、重大项目	研究报告	2022. 05
2	国家建设视域下民族区域自治的理论原理、实践经验与现实挑战	关　凯	民族学与社会学学院	国家社会科学基金、重大项目	研究报告	2020. 12
3	"一带一路"沿线各国民族志研究及数据库建设	祁进玉	民族学与社会学学院	国家社会科学基金、重大项目	著作	2022. 12
4	蒙古族教育史（1947—2017）	苏　德	教育学院	国家社会科学基金、重大项目	著作	2022. 01
5	汉语国际传播动态数据库建设及发展监测研究	吴应辉	国际教育学院	国家社会科学基金、重大项目	著作	2022. 12
6	习近平总书记关于民族工作重要论述研究	乌小花	民族学与社会学学院（中国民族理论与民族政策研究院）	国家社会科学基金、重点项目	著作	2020. 12
7	克普恰克文献语言研究	阿力肯·阿吾哈力	哈萨克语言文学系	国家社会科学基金、重点项目	著作	2021. 08
8	清代汉满蒙藏合璧碑文整理与研究	高　娃	中国少数民族语言文学学院	国家社会科学基金、重点项目	著作	2020. 12
9	藏族神话资料搜集整理与研究	扎　巴	藏学研究院	国家社会科学基金、重点项目	著作	2020. 12
10	古代藏族寺院法规搜集、译注与研究	周润年	藏学研究院	国家社会科学基金、重点项目	著作	2020. 08
11	中国边疆学原理研究	吴楚克	民族学与社会学学院	国家社会科学基金、重点项目	著作	2020. 07
12	"中蒙俄经济走廊"构建中跨界民族的文化交流研究	宝艳园	马克思主义学院	国家社会科学基金、一般项目	研究报告	2020. 12
13	塞琉古帝国的统治与治理研究	崔丽娜	历史文化学院	国家社会科学基金、一般项目	著作	2020. 12
14	明清直隶地区穆斯林聚居区社会变迁研究	丁慧倩	历史文化学院	国家社会科学基金、一般项目	著作	2020. 05
15	少数民族网络社群与文化遗产活态传承创新研究	范小青	文学与新闻传播学院	国家社会科学基金、一般项目	研究报告	2020. 07
16	外国来华居住、学习与就业人员的社会交往与融合研究	何俊芳	民族学与社会学学院	国家社会科学基金、一般项目	研究报告	2020. 06
17	保险在精准扶贫中的作用机制与模式选择研究	和　萍	经济学院	国家社会科学基金、一般项目	研究报告	2020. 05
18	利益博弈视角下我国职业足球市场秩序治理理论与实证研究	侯会生	体育学院	国家社会科学基金、一般项目	研究报告	2020. 06
19	蒙古谚语核心思想研究	胡格吉夫	蒙古语言文学系	国家社会科学基金、一般项目	著作	2021. 07

续表

序号	项目名称	负责人	承担部门	项目分类、类别	预期成果形式	计划完成时间
20	辽金元文学地理地图集	黄　鸣	文学与新闻传播学院	国家社会科学基金、一般项目	著作	2020.12
21	青海、河南蒙古部落社会身份结构转型研究	訾志翔	民族学与社会学学院	国家社会科学基金、一般项目	研究报告	2019.12
22	新疆民族团结的家国逻辑与实现路径：基于对阿尼帕家族的民族志研究	姜　红	民族学与社会学学院	国家社会科学基金、一般项目	著作	2019.07
23	环境犯罪刑法治理的早期化问题研究	李　梁	法学院	国家社会科学基金、一般项目	著作	2020.12
24	创新发展的文化环境研究	刘　然	马克思主义学院	国家社会科学基金、一般项目	著作	2019.12
25	弘扬我国优秀传统文化与提升少数民族文化精品竞争力研究	罗　莉	经济学院	国家社会科学基金、一般项目	研究报告	2020.08
26	数据主权视角下中国多民族国家治理的原则、路径与方法	马东亮	民族学与社会学学院（中国民族理论与民族政策研究院）	国家社会科学基金、一般项目	著作	2020.02
27	当代中国殡葬改革的路径创新研究	马金生	少数民族事业发展协同创新中心	国家社会科学基金、一般项目	研究报告	2019.12
28	“一带一路”背景下哈萨克叙事诗演唱艺术研究	努尔巴汗	哈萨克语言文学系	国家社会科学基金、一般项目	著作	2020.12
29	民族社会工作与民族地区社会治理机制研究	任国英	民族学与社会学学院	国家社会科学基金、一般项目	研究报告	2020.06
30	人口较少民族贫困类型调查及差异化动态治理研究	王润球	经济学院	国家社会科学基金、一般项目	研究报告	2020.03
31	民族自治地方资源税扩围的制度设计与影响评价	王玉玲	经济学院	国家社会科学基金、一般项目	著作	2019.12
32	当前欧美国家民族民粹主义的崛起、进程与影响研究	王云芳	民族学与社会学学院（中国民族理论与民族政策研究院）	国家社会科学基金、一般项目	著作	2019.10
33	伊犁河流域民间所藏托忒文古籍总目	叶尔达	蒙古语言文学系	国家社会科学基金、一般项目	著作	2020.05
34	语言类型学视野下的汉语语气词演变研究	翟　燕	文学与新闻传播学院	国家社会科学基金、一般项目	著作	2021.12
35	清代雍和宫金瓶掣签满文档案整理翻译研究	赵令志	历史文化学院	国家社会科学基金、一般项目	著作	2022.10
36	民族地区社会安全服务移动政务采纳研究	朱丽平	信息工程学院	国家社会科学基金、一般项目	著作	2020.06

续表

序号	项目名称	负责人	承担部门	项目分类、类别	预期成果形式	计划完成时间
37	创新驱动发展战略下新兴资本市场监管机制的理论与制度构建研究	朱芸阳	法学院	国家社会科学基金、一般项目	著作	2020. 06
38	民族团结教育的社会心理机制研究	高　兵	教育学院	国家社会科学基金（教育学）、一般项目	论文	2020. 10
39	基于文化批判视角的民族地区双语教师培训研究	林　玲	教育学院	国家社会科学基金（教育学）、一般项目	著作	2020. 12
40	义务教育均衡发展背景下民族地区师资保障研究	袁　梅	教育学院	国家社会科学基金（教育学）、一般项目	论文	2020. 10
41	中国少数民族风格室内乐创作研究	安鲁新	音乐学院	国家社会科学基金（艺术学）、一般项目	著作	2020. 04
42	蒙古文大藏经“丹珠尔”部诵经仪轨音乐研究	包爱军	音乐学院	国家社会科学基金（艺术学）、一般项目	著作	2022. 10
43	中西部农村文化志愿服务行动的实践模式及其理论意涵研究	良警宇	民族学与社会学学院	国家社会科学基金（艺术学）、一般项目	著作	2020. 12
44	华南地区新旧石器过渡文化研究	陈伟驹	民族学与社会学学院	国家社会科学基金、青年项目	著作	2020. 12
45	未来媒体视野下的新闻生产变革机制研究	毛湛文	文学与新闻传播学院	国家社会科学基金、青年项目	研究报告	2020. 06
46	新社会阶层的政治功能及社会整合研究	秦广强	民族学与社会学学院	国家社会科学基金、青年项目	研究报告	2020、12
47	以色列民族社区治理结构中的家族因素研究	赵　萱	民族学与社会学学院	国家社会科学基金、青年项目	著作	2019. 12
48	中国电影走出去：一种海外研究的视野	石　嵩	外国语学院	国家社会科学基金、后期资助项目	著作	2019. 09
49	印度纳萨尔运动研究	王晴锋	民族学与社会学学院	国家社会科学基金、后期资助项目	著作	2020. 12
50	中国少数民族题材电影中的女性书写	袁江名	美术学院	国家社会科学基金、后期资助项目	著作	2018. 12
51	《西藏佛教发展史略》（韩文版）	金明淑	朝鲜语言文学系	国家社会科学基金、中华学术外译项目	译著	2021. 12
52	民族美术高等教育60年成果回顾展	芮法彬	美术学院	国家艺术基金、传播交流推广资助项目	艺术作品	2019. 10

续表

序号	项目名称	负责人	承担部门	项目分类、类别	预期成果形式	计划完成时间
53	合唱《宋词五首》	安鲁新	音乐学院	国家艺术基金、小型舞台艺术作品资助项目	艺术作品	2018.07
54	室内乐《山海》	陈昌宁	音乐学院	国家艺术基金、小型舞台艺术作品资助项目	艺术作品	2018.08
55	群舞《阿里路》	崔月梅	舞蹈学院	国家艺术基金、小型舞台艺术作品资助项目	艺术作品	2018.09
56	群舞《布衣者》	格日南加	舞蹈学院	国家艺术基金、小型舞台艺术作品资助项目	艺术作品	2017.12
57	单人舞《忆钱塘江》	谭　伟	舞蹈学院	国家艺术基金、小型舞台艺术作品资助项目	艺术作品	2018.07
58	中国画《丝路巴扎大吉图》	孙石磊	美术学院	国家艺术基金、青年艺术创作人才资助项目	艺术作品	1900.01
59	舞蹈编导《打鼓佬》	王天佑	舞蹈学院	国家艺术基金、青年艺术创作人才资助项目	艺术作品	2018.10
60	舞剧编导《我不在天水长大》	肖继元	舞蹈学院	国家艺术基金、青年艺术创作人才资助项目	艺术作品	2018.10
61	爱国志士依智高研究	梁庭望	离退休工作处	教育部哲学社会科学研究重大课题攻关项目	研究报告	2018.12
62	民族宗教国际传播	杨桂萍	哲学与宗教学学院	中宣部“四个一批”、人才项目	著作	2022.12
63	多维贫困视角下少数民族反贫困与基本公共服务均等化研究	张丽君	经济学院	教育部、人文社科重点研究基地重大项目	研究报告	2020.12
64	散杂区民族学校文化生态与组织文化质性研究——以黑龙江齐齐哈尔地区四所学校为个案	胡迪雅	教育学院	教育部、教育科学规划教育部重点项目	论文	2020.07
65	民族学前教育的基本理论与实践研究	史大胜	教育学院	教育部、教育科学规划教育部重点项目	论文	2021.07
66	喀拉汗王朝的宗教生态与文化变迁研究	张　咏	哲学与宗教学学院	教育部、人文社会科学研究规划基金项目	研究报告	2020.10

续表

序号	项目名称	负责人	承担部门	项目分类、类别	预期成果形式	计划完成时间
67	空间统计模型的模型平均方法及在民族地区的应用研究	赵尚威	理学院	教育部、人文社会科学研究青年基金项目	论文	2019.12
68	“一带一路”倡议下首都民族语言媒体国际传播力提升研究	赵丽芳	文学与新闻传播学院	北京市社会科学基金、重大项目	论文	2020.12
69	北京方言的实验语言学研究	卢小群	文学与新闻传播学院	北京市社会科学基金、重点项目	论文	2020.12
70	“北京市乡村教师支持计划”实施的追踪研究	钟志勇	教育学院	北京市社会科学基金、一般项目	研究报告	2020.07
71	有利于“三农”和城市弱势群体的北京市普惠金融体系建设研究	吴本健	经济学院	北京市社会科学基金、一般项目	研究报告	2019.12
72	“一带一路”视域中北京市对口援疆新战略研究	马衣努·沙那提别克	少数民族事业发展协同创新中心	北京市社会科学基金、青年项目	研究报告	2020.06
73	援疆项目的效益评估与精准援助路径研究	何修良	管理学院	国家民委、民族问题研究项目	研究报告	2018.10
74	民族团结进步理论渊源和中国特色研究	金炳镐	民族学与社会学学院（中国民族理论与民族政策研究院）	国家民委、民族问题研究项目	论文	2018.12
75	民族地区精准扶贫脱贫案例	刘璐琳	管理学院	国家民委、民族问题研究项目	研究报告	2018.12
76	基于民族地区实践的创业成长模式研究	谢作渺	管理学院	国家民委、民族问题研究项目	研究报告	2018.12
77	美国民族政策的理念与实践机制研究	刘湘晖	中国少数民族研究中心	国家民委、民族问题研究项目	研究报告	2018.12
78	拉萨穆斯林流动人口的社会适应与族群互动研究	马　宏	学校办公室	国家民委、民族问题研究项目	研究报告	2018.11
79	少数民族族源神话与中华民族共同体研究	汪立珍	少数民族语言文学系	国家民委、民族问题研究项目	研究报告	2019.05
80	世界民族问题年度形势报告2017	王　军	中国民族理论与民族政策研究院	国家民委、民族问题研究项目	研究报告	2018.05
81	边境乡镇基本药物供应链脆弱性分级及改进途径研究	张秀萍	管理学院	国家民委、民族问题研究项目	研究报告	2018.12
82	决胜扶贫攻坚：武陵山片区怀化市扶贫攻坚调研报告	邹吉忠	学校办公室	国家民委、民族问题研究项目	研究报告	2017.12
83	“互联网+”时代小学民族团结教育路径创新研究	敖俊梅	教育学院	国家民委、民族问题研究项目	研究报告	2018.12
84	散杂区少数民族文化传承与基础教育研究	胡迪雅	教育学院	国家民委、民族问题研究项目	研究报告	2018.08

续表

序号	项目名称	负责人	承担部门	项目分类、类别	预期成果形式	计划完成时间
85	中国少数民族影像创作研究	袁江名	美术学院	国家民委、民族问题研究项目	著作	2018.12
86	2017年世界民族问题跟踪研究	庄晨燕	民族学与社会学学院	国家民委、民族问题研究项目	研究报告	2018.12
87	我国民族法律法规库建设问题研究	郑　毅	法学院	国家民委、民族问题研究项目	研究报告	2018.09
88	马克思主义民族概念在中国百年传播及中国化探索的历史考察	杨须爱	民族学与社会学学院（中国民族理论与民族政策研究院）	国家民委、民族问题研究项目	研究报告	2018.06
89	立法法修改后设区的市级立法权实施的理论与实践问题研究	郑　毅	法学院	司法部、中青年课题	论文	2019.12
90	相依抽样调查数据模型的统计推断及在民族人口和教育领域的应用	于力超	理学院	国家统计局、统计科学研究项目	研究报告	2019.09
91	民族语言调查·内蒙古察哈尔右翼后旗蒙古语	包满亮	蒙古语言文学系	教育部、民族语言调查项目	研究报告	2019.07
92	民族语言调查·内蒙古鄂温克旗蒙古语内蒙古方言厄鲁特土语	包玉柱	期刊社	教育部、民族语言调查项目	研究报告	2017.12
93	民族语言调查·内蒙古扎赉特旗蒙古语内蒙古方言扎赉特土语	包玉柱	期刊社	教育部、民族语言调查项目	研究报告	2017.12
94	民族语言调查·云南西盟佤语阿瓦方言马散土语	董秀玲	中国少数民族语言文学学院	教育部、民族语言调查项目	研究报告	2018.12
95	民族语言调查·云南永胜彝族支系语言他留话	胡素华	中国少数民族语言研究院	教育部、民族语言调查项目	研究报告	2018.04
96	民族语言调查·语言方言文化调查项目三管理	李锦芳	少数民族语言文学系	教育部、民族语言调查项目	研究报告	2019.12
97	民族语言调查·广东乳源瑶语	李少梅	民族博物馆	教育部、民族语言调查项目	著作	2019.12
98	民族语言调查·云南墨江哈尼语碧卡方言碧约话	李泽然	中国少数民族语言研究院	教育部、民族语言调查项目	研究报告	2017.12
99	民族语言调查·云南芒市德昂语布雷方言楚冬瓜话	刘　岩	中国少数民族语言研究院	教育部、民族语言调查项目	研究报告	2018.04
100	民族语言调查·四川普格彝语北部次方言所地话	木乃热哈	少数民族语言文学系	教育部、民族语言调查项目	研究报告	2017.12
101	民族语言调查·四川叙永苗语西部方言川黔滇次方言第一土语	石德富	少数民族语言文学系	教育部、民族语言调查项目	研究报告	2018.05
102	民族语言调查——贵州黄平苗语川黔滇方言重安江次方言	石德富	少数民族语言文学系	教育部、民族语言调查项目	研究报告	2018.05

续表

序号	项目名称	负责人	承担部门	项目分类、类别	预期成果形式	计划完成时间
103	民族语言调查·云南玉龙纳西语西部方言丽江坝土语	田　静	少数民族语言文学系	教育部、民族语言调查项目	研究报告	2018. 03
104	民族语言调查·新疆新源哈萨克语	张定京	哈萨克语言文学系	教育部、民族语言调查项目	著作	2018. 12
105	民族语言调查·甘肃省阿克塞县哈萨克语	张定京	哈萨克语言文学系	教育部、民族语言调查项目	研究报告	2017. 12
106	民族语言调查·云南文山彝语东南方言普拉话	周晨磊	少数民族语言文学系	教育部、民族语言调查项目	研究报告	2018. 04
107	民族语言调查·贵州荔波瑶族布努语努茂方言	周国炎	少数民族语言文学系	教育部、民族语言调查项目	研究报告	2017. 12
108	民族语言调查·民族语言调查项目技术支撑	朱德康	中国少数民族语言研究院	教育部、民族语言调查项目	研究报告	2017. 12
109	民族语言调查·贵州镇宁布依语第三土语	朱德康	中国少数民族语言研究院	教育部、民族语言调查项目	研究报告	2017. 11
110	民族语言调查·甘肃夏河藏语安多方言夏河土语	宗晓哲	中国少数民族语言文学学院	教育部、民族语言调查项目	研究报告	2017. 06
111	民族语言调查·青海同仁保安语同仁方言	丁石庆	少数民族语言文学系	教育部、民族语言调查项目	研究报告	2017. 12
112	民族语言调查·民族语言调查项目管理	丁石庆	少数民族语言文学系	教育部、民族语言调查项目	研究报告	2018. 12
113	民族语言调查·新疆库车维吾尔语中部地区土语	力提甫托乎提	维吾尔语言文学系	教育部、民族语言调查项目	研究报告	2017. 12
114	民族语言调查·民族语言调查统筹与运作	宋　敏	理学院	教育部、民族语言调查项目	研究报告	2017. 12
115	民族语言调查·青海互助土语	韩国君	蒙古语言文学系	教育部、民族语言调查项目	研究报告	2019. 07
116	民族语言调查·内蒙古鄂温克旗南屯达斡尔语海拉方言	丁石庆	少数民族语言文学系	教育部、民族语言调查项目	研究报告	2017. 12
117	民族语言调查·青海同仁保安语方言	白阿茹娜	少数民族语言文学系	教育部、民族语言调查项目	研究报告	2017. 12
118	民族语言调查·四川叙永苗族方言	陈　龙	少数民族语言文学系	教育部、民族语言调查项目	研究报告	2017. 12
119	双语移动政务在民族地区社会安全服务领域的发展状况与民众采纳情况调研	朱丽平	信息工程学院	教育部、国家语委项目	研究报告	2019. 12
120	汉语言文字海外传播简史	吴应辉	国际教育学院	教育部、民族语言调查项目	著作	2019. 05
121	南疆中小学信息化应用水平现状调查及对策研究	兰义涌	理学院	教育部、民族教育发展研究中心项目	研究报告	2019. 06
122	南疆中学物理实验教学情况调查	朱　民	理学院	教育部、民族教育发展研究中心项目	研究报告	2019. 06

2017 年度校级社会科学研究项目

序号	项目名称	负责人	承担部门	项目分类、类别	预期成果形式	计划完成时间
1	蒙古文学研究学术工作坊	王满特嘎	蒙古语言文学系	国家基金预研学术工作坊项目	申报国家级项目	2017.12
2	应用数学学术工作坊	李成岳	理学院	国家基金预研学术工作坊项目	申报国家级项目	2017.12
3	应用统计学术工作坊	魏传华	理学院	国家基金预研学术工作坊项目	申报国家级项目	2017.12
4	外国文学学术工作坊	吴泽庆	外国语学院	国家基金预研学术工作坊项目	申报国家级项目	2017.12
5	数字时代的社会传播与文化创新研究	张　志	文学与新闻传播学院	国家基金预研学术工作坊项目	申报国家级项目	2017.12
6	“一带一路”沿线民族民间文学资料整理与研究	汪立珍	中国少数民族语言文学系	国家基金预研学术工作坊项目	申报国家级项目	2017.12
7	学术“双周讨论会”	张丽君	经济学院	国家基金预研学术工作坊项目	申报国家级项目	2017.12
8	发展金融研究工作坊	郭利华	经济学院	国家基金预研学术工作坊项目	申报国家级项目	2017.12
9	民族地区新型工业化与农牧民城镇化研究	刘云喜	经济学院	国家基金预研学术工作坊项目	申报国家级项目	2017.12
10	民族体质与文化工作坊	李海军	民族学与社会学学院	国家基金预研学术工作坊项目	申报国家级项目	2017.12
11	植物化学	张　严	生命与环境科学学院	国家基金预研学术工作坊项目	申报国家级项目	2017.12
12	环境学科国家基金预研学术工作坊	夏建新	生命与环境科学学院	国家基金预研学术工作坊项目	申报国家级项目	2017.12
13	生物学学术工作坊	周宜君	生命与环境科学学院	国家基金预研学术工作坊项目	申报国家级项目	2017.12
14	新常态下的国内外纠纷解决机制研究	张泽涛	法学院	国家基金预研学术工作坊项目	申报国家级项目	2017.12
15	社会管理创新与法律转变	韩　铁	法学院	国家基金预研学术工作坊项目	申报国家级项目	2017.12
16	中国少数民族古籍整理研究工作坊	张铁山	中国少数民族语言研究院	国家基金预研学术工作坊项目	申报国家级项目	2017.12
17	民族学应用研究需求的课题转化	贾仲益	期刊社	国家基金预研学术工作坊项目	申报国家级项目	2017.12
18	藏文典籍文献研究工作坊	干木滚	藏学研究院	国家基金预研学术工作坊项目	申报国家级项目	2017.12
19	藏族神话资料整理与研究学术工作坊	扎　巴	藏学研究院	国家基金预研学术工作坊项目	申报国家级项目	2017.12
20	藏传佛教史学术工作坊	周　拉	藏学研究院	国家基金预研学术工作坊项目	申报国家级项目	2017.12
21	汉语国际教育国家基金预研学术工作坊	吴应辉	研究生院	国家基金预研学术工作坊项目	申报国家级项目	2017.12
22	国际汉语教学“三教”问题研究	刘玉屏	国际教育学院	国家基金预研学术工作坊项目	申报国家级项目	2017.12

续表

序号	项目名称	负责人	承担部门	项目分类、类别	预期成果形式	计划完成时间
23	人民主体性与社会主义核心价值观认同机制研究学术工作坊	孙　英	马克思主义学院	国家基金预研学术工作坊项目	申报国家级项目	2017.12
24	马克思主义中国化学术工作坊	王金磊	马克思主义学院	国家基金预研学术工作坊项目	申报国家级项目	2017.12
25	党史党建学术工作坊	孟凡东	马克思主义学院	国家基金预研学术工作坊项目	申报国家级项目	2017.12
26	民族药学学术工作坊	崔　箭	中国少数民族传统医学研究院	国家基金预研学术工作坊项目	申报国家级项目	2017.12
27	民族药物质基础与作用机制研究	裴凌鹏	中国少数民族传统医学研究院	国家基金预研学术工作坊项目	申报国家级项目	2017.12
28	智能系统与智能信息处理工作坊	吴立成	信息工程学院	国家基金预研学术工作坊项目	申报国家级项目	2017.12
29	中国民族理论创新与发展研究	乌小花	中国民族理论与民族政策研究院	国家基金预研学术工作坊项目	申报国家级项目	2017.12
30	蒙藏文化关系及佛教文献研究	叶尔达	蒙古语言文学系	国家基金预研学术工作坊项目	申报国家级项目	2017.12
31	蒙古民间文学研究学术工作坊	朝格吐	蒙古语言文学系	国家基金预研学术工作坊项目	申报国家级项目	2017.12
32	乡土社会、文化传统与少数民族体育遗存形态和认同的关系研究	张延庆	体育学院	国家基金预研学术工作坊项目	申报国家级项目	2017.12
33	边疆民族地区社会稳定与发展	丁　宏	少数民族事业发展协同创新中心	国家基金预研学术工作坊项目	申报国家级项目	2017.12
34	光学工程学术工作坊	冯　帅	理学院	国家基金预研学术工作坊项目	申报国家级项目	2017.12
35	物理科学学术工作坊	张谷令	理学院	国家基金预研学术工作坊项目	申报国家级项目	2017.12
36	“少数民族数学教育改革与发展”学术工作坊	何　伟	理学院	国家基金预研学术工作坊项目	申报国家级项目	2017.12
37	中西交流视野下的英语语言文学研究工作坊	朱小琳	外国语学院	国家基金预研学术工作坊项目	申报国家级项目	2017.12
38	新媒体视野下民族文化传承与发展研究	王卫华	文学与新闻传播学院	国家基金预研学术工作坊项目	申报国家级项目	2017.12
39	海外社会文化的人类学研究	龚浩群	世界民族学人类学研究中心	国家基金预研学术工作坊项目	申报国家级项目	2017.12
40	民族地区现代化进程中重大经济社会问题研究	黄健英	经济学院	国家基金预研学术工作坊项目	申报国家级项目	2017.12

续表

序号	项目名称	负责人	承担部门	项目分类、类别	预期成果形式	计划完成时间
41	城市移民资源配置研究工作坊	舒燕飞	经济学院	国家基金预研学术工作坊项目	申报国家级项目	2017.12
42	中国国际经贸研究工作坊	周　英	经济学院	国家基金预研学术工作坊项目	申报国家级项目	2017.12
43	应用社会学研究工作坊	任国英	民族学与社会学学院	国家基金预研学术工作坊项目	申报国家级项目	2017.12
44	社会学学术工作坊	姚丽娟	民族学与社会学学院	国家基金预研学术工作坊项目	申报国家级项目	2017.12
45	中国特色解决民族问题的正确道路研究	吴楚克	民族学与社会学学院	国家基金预研学术工作坊项目	申报国家级项目	2017.12
46	影视人类学与国家影音文献典藏研究	朱靖江	民族学与社会学学院	国家基金预研学术工作坊项目	申报国家级项目	2017.12
47	考古学学术工作坊	马赞峰	民族学与社会学学院	国家基金预研学术工作坊项目	申报国家级项目	2017.12
48	中国朝鲜语方言学术工作坊	金青龙	朝鲜语言文学系	国家基金预研学术工作坊项目	申报国家级项目	2017.12
49	生态学学科国家自然科学基金申请	桑卫国	生命与环境科学学院	国家基金预研学术工作坊项目	申报国家级项目	2017.12
50	民族地区基层社会治理转型升级与治理体系现代化的路径研究	党秀云	管理学院	国家基金预研学术工作坊项目	申报国家级项目	2017.12
51	管理学院国自科管理科学团队预研工作坊	张秀萍	管理学院	国家基金预研学术工作坊项目	申报国家级项目	2017.12
52	可持续发展与减贫	李燕琴	管理学院	国家基金预研学术工作坊项目	申报国家级项目	2017.12
53	企业风险管理研究工作坊	胡玄能	管理学院	国家基金预研学术工作坊项目	申报国家级项目	2017.12
54	绿色金融与减贫研究工作坊	刘璐琳	管理学院	国家基金预研学术工作坊项目	申报国家级项目	2017.12
55	民族高等教育研究工作坊	张俊豪	校长办公室	国家基金预研学术工作坊项目	申报国家级项目	2017.12
56	中国古史诸问题研究	李鸿宾	历史文化学院	国家基金预研学术工作坊项目	申报国家级项目	2017.12
57	少数民族学生第二语言学习探究	赵凤珠	预科教育学院	国家基金预研学术工作坊项目	申报国家级项目	2017.12
58	网络时代汉语写作通识研究	张卫国	预科教育学院	国家基金预研学术工作坊项目	申报国家级项目	2017.12
59	中国少数民族预科教育办学质量研究学术工作坊	闫建敏	预科教育学院	国家基金预研学术工作坊项目	申报国家级项目	2017.12
60	中国少数民族语言数据库工作坊	刘　岩	中国少数民族语言研究院	国家基金预研学术工作坊项目	申报国家级项目	2017.12

续表

序号	项目名称	负责人	承担部门	项目分类、类别	预期成果形式	计划完成时间
61	古代藏文典籍整理、翻译与研究	周润年	藏学研究院	国家基金预研学术工作坊项目	申报国家级项目	2017.12
62	电子通信及信息处理学术工作坊	王志娟	信息工程学院	国家基金预研学术工作坊项目	申报国家级项目	2017.12
63	民族学理论指导下的中国少数民族传统医学基础理论研究	刘同祥	中国少数民族传统医学研究院	国家基金预研学术工作坊项目	申报国家级项目	2017.12
64	民族医药资源保护与利用	阿里穆斯	中国少数民族传统医学研究院	国家基金预研学术工作坊项目	申报国家级项目	2017.12
65	民族医药防治心脑血管重大疾病的基础研究	李志勇	中国少数民族传统医学研究院	国家基金预研学术工作坊项目	申报国家级项目	2017.12
66	民族政治与多民族国家建设	严　庆	中国民族理论与民族政策研究院	国家基金预研学术工作坊项目	申报国家级项目	2017.12
67	跨界民族问题与边疆社会治理	吴月刚	中国民族理论与民族政策研究院	国家基金预研学术工作坊项目	申报国家级项目	2017.12
68	中韩搭配词对比研究	白海波	外国语学院	国家基金预研学术工作坊项目	申报国家级项目	2017.12
69	国家基金预研音乐类学术工作坊	王婷婷	音乐学院	国家基金预研学术工作坊项目	申报国家级项目	2017.12
70	先秦汉语文献联绵词变化研究	刘　洋	预科教育学院	国家基金预研学术工作坊项目	申报国家级项目	2017.12
71	藏族制度文化研究工作坊	央　珍	藏学研究院	国家基金预研学术工作坊项目	申报国家级项目	2017.12
72	少数民族经济史研究青年学术团队	王润球	经济学院	青年学术团队引领计划项目	著作、核心期刊	2017.12
73	藏族古代文论资料整理与研究	完代克	藏学研究院	青年学术团队引领计划项目	研究报告、专题讨论会	2017.12
74	莲花戒思想研究	周　拉	藏学研究院	青年学术团队引领计划项目	专题研讨会	2017.12
75	基于动作发展与学习视角构建幼儿运动教育的理论与实践体系	张凤民	体育学院	青年学术团队引领计划项目	论文、省部级课题	2017.12
76	沙地运动对中年人身体健康影响的研究	苏日塔拉图	体育学院	青年学术团队引领计划项目	杂志、论文	2017.12
77	经典阐释与当代文艺学建设	宋旭红	文学与新闻传播学院	青年学术团队引领计划项目	论文、编著	2017.12
78	融合新闻业变革形势下的新闻理论创新	毛湛文	文学与新闻传播学院	青年学术团队引领计划项目	研究报告、论文	2017.12

续表

序号	项目名称	负责人	承担部门	项目分类、类别	预期成果形式	计划完成时间
79	民族语言媒体与中华民族共同体建构	赵丽芳	文学与新闻传播学院	青年学术团队引领计划项目	调研报告、论文	2017. 12
80	中央民族大学图书馆学科服务建设理论研究	杨蔚宇	图书馆	青年学术团队引领计划项目	论文	2017. 12
81	汉维语言结构对比及翻译研究	热孜娅·努日	维吾尔语言文学系	青年学术团队引领计划项目	研究报告	2017. 12
82	社交网络中民族话题提取和情感分析技术	邱莉榕	信息工程学院	青年学术团队引领计划项目	论文	2017. 12
83	面向藏文网络的话题追踪及倾向性分析	胥桂仙	信息工程学院	青年学术团队引领计划项目	论文、专利	2017. 12
84	朝鲜语语言及翻译学术团队建设	金青龙	朝鲜语言文学系	青年学术团队引领计划项目	研讨会、论文	2017. 12
85	韩国汉诗的文体学研究	孙庆兰	朝鲜语言文学系	青年学术团队引领计划项目	论文	2017. 12
86	中国少数民族语言语调类型研究	王　蓓	中国少数民族语言研究院	青年学术团队引领计划项目	论文	2017. 12
87	甘青藏传佛教寺院与蒙古族地区文化交流研究	哈斯朝鲁	蒙古语言文学系	青年学术团队引领计划项目	论文集	2017. 12
88	蒙古族传统音乐的现代化变迁研究	李建军	音乐学院	青年学术团队引领计划项目	论文、调查报告	2018. 05
89	中国音乐治疗专业建设与发展探究	王　冰	音乐学院	青年学术团队引领计划项目	讲座、会议、论文	2018. 06
90	西南少数民族原生弹拨乐器专业器乐化研究	王　婷	音乐学院	青年学术团队引领计划项目	音乐会、论文	2018. 07
91	应用统计学国际前沿热点问题协作创新研究	苏宇楠	理学院	青年学术团队引领计划项目	论文、调研报告	2017. 12
92	少数民族人口及相关统计方法研究	赵尚威	理学院	青年学术团队引领计划项目	论文、研究报告	2018. 06
93	民族服饰元素的传承与创新	李　果	美术学院	青年学术团队引领计划项目	作品画册、论文	2018. 05
94	民族关系改善的社会心理机制研究团队建设	高　兵	教育学院	青年学术团队引领计划项目	申报国家级课题、核心期刊	2017. 12
95	大数据时代下史学研究的多维透视	陈　鹏	历史文化学院	青年学术团队引领计划项目	论文集	2017. 12
96	世界性宗教的人类学研究	龚浩群	世界民族学人类学研究中心	青年学术团队引领计划项目	论文	2018. 05
97	交往交流交融视角下城市流动少数民族治理研究	刘东旭	世界民族学人类学研究中心	青年学术团队引领计划项目	研究报告	2017. 12
98	多组学分析与多民族群体眼表疾病机制的关联性探索研究	李艳艳	校医院	青年学术团队引领计划项目	论文	2017. 12
99	民族多元化对公司绩效的影响研究	贺新闻	管理学院	青年学术团队引领计划项目	论文	2017. 12

续表

序号	项目名称	负责人	承担部门	项目分类、类别	预期成果形式	计划完成时间
100	思想史视域中的马克思哲学革命	刘 梅	哲学与宗教学学院	青年学术团队引领计划项目	专著	2018.12
101	宗教学方法论	常 宏	哲学与宗教学学院	青年学术团队引领计划项目	专著	2018.05
102	宁夏黄灌区水—土—作物系统污染物迁移规律研究	陈 坦	生命与环境科学学院	青年学术团队引领计划项目	报告、论文	2019.12
103	民族药棱角山矾的活性成分及代谢组学研究	刘 博	生命与环境科学学院	青年学术团队引领计划项目	评价	2019.12
104	西部干旱地区孑遗植物生态适应性研究	石 莎	生命与环境科学学院	青年学术团队引领计划项目	论文	2017.12
105	从笑城—陶家湖城址透视江汉平原早期社会复杂化进程	李冬冬	民族学与社会学学院	青年学术团队引领计划项目	论文	2017.12
106	中国民族文化旅游发展与少数民族国家认同	李劲松	民族学与社会学学院	青年学术团队引领计划项目	年度报告	2019.12
107	社会治理术与家政女工问题研究	卫小将	民族学与社会学学院	青年学术团队引领计划项目	论文	2017.12
108	民法总则制定与商事立法疑难问题研究	段 威	法学院	青年学术团队引领计划项目	论文、专著	2017.12
109	清代新疆地区的法律与秩序	宋 玲	法学院	青年学术团队引领计划项目	论文	2019.12
110	国际汉语词汇移动学习实证研究	谷 陵	国际教育学院	青年学术团队引领计划项目	论文	2017.12
111	外语教学中的多元文化课程构建	胡 敏	外国语学院	青年学术团队引领计划项目	论文、研究报告	2019.12
112	美国华裔西班牙语作家萧锦荣作品研究	王 凯	外国语学院	青年学术团队引领计划项目	论文	2017.12
113	国家在场、宗教适应与民族地区医疗保障变迁——以建国初期的甘青藏区基层社会为例	狄鸿旭	马克思主义学院	青年学术团队引领计划项目	论文、文献、口述资料汇编	2017.12
114	政治生态视野下民族地区干部队伍建设研究	王 伟	中国民族理论与民族政策研究院	青年学术团队引领计划项目	论文	2018.03
115	“一带一路”倡议背景下中俄跨界民族文化建构研究	吴 敏	中国民族理论与民族政策研究院	青年学术团队引领计划项目	研究报告	2017.12
116	民族地区语言服务需求及供给现状研究	曹红梅	预科教育学院	青年学术团队引领计划项目	研究报告	2017.12
117	城市少数民族流动人口权益保障研究	文 晖	少数民族事业发展协同创新中心	青年学术团队引领计划项目	论文	2018.12
118	高温超导滤波器的研制和应用	崔 彬	理学院	青年文库项目	专著	2017.12

续表

序号	项目名称	负责人	承担部门	项目分类、类别	预期成果形式	计划完成时间
119	何以成医——清代华北基层社会的医疗资源探析	狄鸿旭	马克思主义学院	青年文库项目	专著	2017.12
120	清代珲春八旗驻防研究	顾松洁	中国少数民族语言研究院	青年文库项目	专著	2017.12
121	土族语音系研究	韩国君	蒙古语言文学系	青年文库项目	专著	2017.12
122	山矾科中原氏山矾复合体的分类学修订	刘 博	生命与环境科学学院	青年文库项目	专著	2017.12
123	清朝治理新疆的民族经济政策研究	王 洁	校办	青年文库项目	专著	2017.12
124	电化学水处理应用技术研究	邢 璇	生命与环境科学学院	青年文库项目	专著	2017.12
125	少数民族地区社会保障理念研究	刘 莹	人事处	青年文库项目	专著	2017.12
126	中国开源文化研究	范小青	文学与新闻传播学院	青年文库项目	专著	2017.12
127	社会企业参与扶贫开发——基于涓滴理论的分析	李 健	管理学院	高层次人才“优秀青年人才”支持项目	研究报告	2018.12
128	疆外新疆籍少数民族流动人口就业研究	黄 锐	管理学院	高层次人才“优秀青年人才”支持项目	调研报告	2018.12
129	多波长有机光子晶体激光器的研究	陈 笑	理学院	高层次人才“优秀青年人才”支持项目	论文	2019.07
130	石墨烯—硅层状薄膜的制备及其应用研究	孟 蕾	理学院	高层次人才“优秀青年人才”支持项目	论文	2019.08
131	关于分数阶薛定谔方程及方程组的研究	郭 青	理学院	高层次人才“优秀青年人才”支持项目	论文	2019.12
132	适度分权原则的民族地区资源税扩围问题研究	王玉玲	经济学院	高层次人才“优秀青年人才”支持项目	研究报告	2019.11
133	新古典均衡价值理论中的意识形态研究	张春敏	经济学院	高层次人才“优秀青年人才”支持项目	专著	2019.05
134	新供给经济学视角的财政制度供给创新研究	张冬梅	经济学院	高层次人才“优秀青年人才”支持项目	论文	2019.11
135	基于比较视野的少数民族大学生民族认同与公民身份认同研究	祁进玉	民族学与社会学学院	高层次人才“优秀青年人才”支持项目	调研报告	2019.07

续表

序号	项目名称	负责人	承担部门	项目分类、类别	预期成果形式	计划完成时间
136	中国的空气污染与健康不平等研究	焦开山	民族学与社会学学院	高层次人才“优秀青年人才”支持项目	研究报告	2018.12
137	民族社会工作的服务需求及介入策略研究	王旭辉	民族学与社会学学院	高层次人才“优秀青年人才”支持项目	研究报告	2019.06
138	在京少数民族青年族际交往网络研究	郑文换	民族学与社会学学院	高层次人才“优秀青年人才”支持项目	论文	2019.12
139	糖尿病肾病血清及尿液脂质组学研究	王中华	生命与环境科学学院	高层次人才“优秀青年人才”支持项目	论文	2019.12
140	新型3D纳米材料合成及其光电降解性能研究	李　华	生命与环境科学学院	高层次人才“优秀青年人才”支持项目	论文	2019.12
141	民族传统服饰与时尚创新设计研究	周　莹	美术学院	高层次人才“优秀青年人才”支持项目	论文、设计作品	2018.12
142	《儒林外史》成书过程研究	叶楚炎	文学与新闻传播学院	高层次人才“优秀青年人才”支持项目	论文	2019.06
143	比较视野下的多民族国家建设理论与实践研究	严　庆	中国民族理论与民族政策研究院	高层次人才“优秀青年人才”支持项目	调研报告、论文	2018.12
144	团练大臣与地方官僚系统的冲突（1853—1863）	崔　岷	历史文化学院	高层次人才“优秀青年人才”支持项目	系列论文	2018.12
145	我国少数民族大学生体质动态研究	侯会生	体育学院	高层次人才“优秀青年人才”支持项目	研究报告	2019.06
146	中国模式的政治经济学分析	陶　玉	马克思主义学院	高层次人才“优秀青年人才”支持项目	专著	2019.06
147	民族口头迁徙叙事的历史记忆研究	王　丹	中国少数民族研究中心	高层次人才“优秀青年人才”支持项目	系列论文	2019.06
148	中国基层社会的复合治理传统及其现代重构	王旭辉	民族学与社会学学院	青年教师科研能力培育项目	国家级项目立项	2018.02
149	20世纪末墨西哥新自由主义族群改革研究	张青仁	民族学与社会学学院（世界民族学人类学研究中心）	青年教师科研能力培育项目	国家级项目立项	2018.06

续表

序号	项目名称	负责人	承担部门	项目分类、类别	预期成果形式	计划完成时间
150	建国初期少数民族地区农村基层医疗组织建设研究	阿拉坦	民族学与社会学学院（世界民族学人类学研究中心）	青年教师科研能力培育项目	国家级项目立项	2018.09
151	河州汉语方言词汇研究	姜昕玫	少数民族语言文学系	青年教师科研能力培育项目	国家级项目立项	2018.05
152	蒙汉说书比较研究	好比斯嘎拉图	蒙古语言文学系	青年教师科研能力培育项目	国家级项目立项	2018.03
153	蒙古文古典文学作品中成吉思汗箴言研究	美　丽	蒙古语言文学系	青年教师科研能力培育项目	国家级项目立项	2018.09
154	甘青藏区宁玛派密宗大师传记资料搜集、整理与研究	完麻加	藏学研究院	青年教师科研能力培育项目	国家级项目立项	2018.03
155	《文心雕龙》与《诗镜》比较研究	完代克	藏学研究院	青年教师科研能力培育项目	国家级项目立项	2018.06
156	民族地区精准扶贫工作机制研究	马玉洁	管理学院	青年教师科研能力培育项目	国家级项目立项	2018.09
157	公共政策终结的系统动力研究	曲纵翔	管理学院	青年教师科研能力培育项目	国家级项目立项	2018.06
158	预防式医学的发展与医疗损害的认定	王叶刚	法学院	青年教师科研能力培育项目	国家级项目立项	2018.12
159	宪法第三章第六节规范研究	郑　毅	法学院	青年教师科研能力培育项目	国家级项目立项	2018.06
160	政治体制视角下的法院关系	邵六益	法学院	青年教师科研能力培育项目	国家级项目立项	2018.08
161	“新时期”初期文学的社会学研究	闫作雷	文学与新闻传播学院	青年教师科研能力培育项目	国家级项目立项	2018.09
162	从土司制度看民族地区的社会治理——以鄂西为例	赵　桅	历史文化学院	青年教师科研能力培育项目	国家级项目立项	2018.06
163	近代中国和土耳其国家关系与民间交往研究	陈　鹏	历史文化学院	青年教师科研能力培育项目	国家级项目立项	2018.06
164	中原地区少数民族终身教育发展现状及问题研究	陈志伟	教育学院	青年教师科研能力培育项目	国家级项目立项	2018.04
165	中国近代“世界文学”观念的发声：以王国雄、郑振铎为中心	张　珂	外国语学院	青年教师科研能力培育项目	国家级项目立项	2018.01
166	中国古典舞身韵——“诗、舞、乐”之关系研究	杨　希	舞蹈学院	青年教师科研能力培育项目	国家级项目立项	2018.04
167	国家艺术基金项目资助［小型剧（节）目和作品资助项目］	谭　伟	舞蹈学院	青年教师科研能力培育项目	国家级项目立项	2018.07
168	生态补偿法的理论与实践研究	刁慧娟	国际教育学院	青年教师科研能力培育项目	国家级项目立项	2018.09
169	辛亥革命后满族与中华民族关系之历史考察	王　宇	校长办公室	青年教师科研能力培育项目	国家级项目立项	2018.06

续表

序号	项目名称	负责人	承担部门	项目分类、类别	预期成果形式	计划完成时间
170	回族习惯法在基层社会治理中的作用研究	梁利华	团委	青年教师科研能力培育项目	国家级项目立项	2018.02
171	中国特色族际民主理论与实践研究	王　伟	科研处	青年教师科研能力培育项目	国家级项目立项	2018.09
172	TAT 介导的血脑屏障透过性重组神经营养因子 NF-1α 的抗 PD 活性的评价及药理机制研究	程　勇	生命与环境科学学院	青年教师科研能力培育项目	国家级项目立项	2018.06
173	天名精中杀虫活性物质的发现及其杀虫作用机理研究	武海波	生命与环境科学学院	青年教师科研能力培育项目	国家级项目立项	2018.03
174	生活垃圾填埋场中金属氧化物纳米材料的迁移规律研究	陈　坦	生命与环境科学学院	青年教师科研能力培育项目	国家级项目立项	2018.12
175	质谱成像技术在糖尿病肾病中的应用研究	王中华	生命与环境科学学院	青年教师科研能力培育项目	国家级项目立项	2019.12
176	维药马齿苋子防治糖尿病肝损伤的作用机制研究	鲁碧楠	药学院	青年教师科研能力培育项目	国家级项目立项	2019.12
177	带渐进扰动的随机环境中分枝过程的研究	杨　慧	理学院	青年教师科研能力培育项目	国家级项目立项	2019.09
178	复杂网络模型及其在人口流动的应用研究	郑　嘉	理学院	青年教师科研能力培育项目	国家级项目立项	2018.12
179	分层模型分析方法在民族人口和教育领域的应用	于力超	理学院	青年教师科研能力培育项目	国家级项目立项	2018.12
180	一类非局部反应扩散方程解的定性研究	李　静	理学院	青年教师科研能力培育项目	国家级项目立项	2018.12
181	模型平均方法及其应用研究	赵尚威	理学院	青年教师科研能力培育项目	国家级项目立项	2018.12
182	ZnO 基纳米电缆的制备和光、电性能的研究	付军丽	理学院	青年教师科研能力培育项目	国家级项目立项	2018.06
183	基于铋系的复合纳米材料的制备及其性能研究	贾　莹	理学院	青年教师科研能力培育项目	国家级项目立项	2018.06
184	非线性时间序列模型的组合预测研究	高　研	理学院	青年教师科研能力培育项目	国家级项目立项	2018.03
185	新型低压微电极激光解析离子化质谱分析方法及其离子化机理的探索研究	李艳艳	校医院	青年教师科研能力培育项目	国家级项目立项	2018.12
186	中华民族共同体意识研究	金炳镐	中国民族理论与民族政策研究院	党的十九大精神研究专项	研究报告、论文	2018.12
187	马克思主义中国化成果——新时代的民族理论研究	青　觉	中国民族理论与民族政策研究院	党的十九大精神研究专项	资政报告、论文	2018.12
188	新时代党的领导与“四个意识”关系研究	孙　英	马克思主义学院	党的十九大精神研究专项	论文	2018.12

续表

序号	项目名称	负责人	承担部门	项目分类、类别	预期成果形式	计划完成时间
189	习近平政治哲学重要论述研究	邹吉忠	校长办公室	党的十九大精神研究专项	论文、资政报告	2018.12
190	文化自信与文化认同	贺金瑞	哲学与宗教学学院	党的十九大精神研究专项	论文	2018.12
191	武陵山片区卫生服务均等化研究	刘同祥	中国少数民族传统医学研究院	党的十九大精神研究专项	调研报告	2018.12
192	教育扶贫“一村一幼”计划实施调查研究——以四川凉山昭觉县“悬崖村”为例	刘正发	少数民族语言文学系	党的十九大精神研究专项	论文	2018.12
193	民族高校心理健康教育和德育融合的现状及路径探析	马钟范	教育学院	党的十九大精神研究专项	论文	2018.12
194	新时代民族社会工作理论与实践体系的构建	卫小将	民族学与社会学学院	党的十九大精神研究专项	论文	2018.12
195	义务教育发展不均衡不充分的主要表现形式的调研分析与对策研究——以怀化市为例	徐赐文	理学院	党的十九大精神研究专项	调研报告	2018.12
196	新时代中国特色民族理论中的几个关键概念研究	严　庆	中国民族理论与民族政策研究院	党的十九大精神研究专项	论文	2018.12
197	党的十九大大国特色外交精神研究：新时代中国与中亚五国旅游外交的战略意义及构想	张　瑛	管理学院	党的十九大精神研究专项	论文、咨政报告	2018.12
198	党的十九大精神指引下的民族艺术教育不平衡问题及其对策研究	安　静	文学与新闻传播学院	党的十九大精神研究专项	咨政报告	2018.12
199	少数民族生态德育理论与实践研究	傅淳华	教育学院	党的十九大精神研究专项	论文、咨政报告	2018.12
200	新时代中国共产党的政治建设与制度创新研究	宫玉涛	马克思主义学院	党的十九大精神研究专项	论文	2018.12
201	共建共治共享理念下的新疆地区治理创新发展研究	何修良	校长办公室	党的十九大精神研究专项	论文	2018.12
202	新时代大学生社会主义核心价值观教育研究	胡文会	美术学院	党的十九大精神研究专项	论文	2018.12
203	新时代城市朝鲜族民族语言传承模式探析	金青龙	朝鲜语言文学系	党的十九大精神研究专项	论文	2018.12
204	“党的十九大新时代我国社会主要矛盾论”与民族地区旅游扶贫研究	李劲松	民族学与社会学学院	党的十九大精神研究专项	咨政报告	2018.12

续表

序号	项目名称	负责人	承担部门	项目分类、类别	预期成果形式	计划完成时间
205	新时期完善和发展民族区域自治制度的路径探索	李振旭	党委教室工作部、人事处	党的十九大精神研究专项	论文	2018.12
206	习近平新时代中国特色社会主义思想指导学校学科调整与布局刍议	罗贤丽	发展规划处	党的十九大精神研究专项	建议报告	2018.12
207	我国深度贫困民族地区脱贫与同步小康研究	马　博	经济学院	党的十九大精神研究专项	论文	2018.12
208	民族院校新型智库发展现状与对策研究	马金生	少数民族事业发展协同创新中心	党的十九大精神研究专项	论文、咨政报告	2018.12
209	习近平民族团结教育重要论述研究	上官文慧	马克思主义学院	党的十九大精神研究专项	论文、咨政报告	2018.12
210	生态文明建设视角下——西部民族地区植物多样性及生态适应性研究	石　莎	生命与环境科学学院	党的十九大精神研究专项	论文	2018.12
211	中国少数民族题材电影字幕外译及跨文化传播效度提升研究	石　嵩	外国语学院	党的十九大精神研究专项	论文	2018.12
212	城中民族村居民生计资本调查、评估与生计策略研究	时保国	经济学院	党的十九大精神研究专项	论文	2018.12
213	从实现中国梦到构建人类命运共同体——习近平“新民本主义”重要论述的起源、内涵与践行	苏海舟	马克思主义学院	党的十九大精神研究专项	论文	2018.12
214	中国古代经济思想中的平衡发展观研究	许　晨	经济学院	党的十九大精神研究专项	文章	2018.12
215	基于馆藏文献典籍的研究——民族文化自信在解决我国新时期社会矛盾关系中的作用	杨蔚宇	图书馆	党的十九大精神研究专项	调研报告	2018.12
216	新时代边疆治理：历史、资源与中国的当代实践	袁　剑	民族学与社会学学院	党的十九大精神研究专项	论文	2018.12
217	以“习近平新时代中国特色社会主义思想”引领民族地区义务教育均衡发展研究——基于师资保障的考察	袁　梅	教育学院	党的十九大精神研究专项	论文	2018.12
218	习近平新时代中国特色社会主义思想贯穿的民族文化自信研究	岳永杰	生命与环境科学学院	党的十九大精神研究专项	论文	2018.12
219	边疆少数民族地区公共图书馆建设创新机制研究	张姝丽	中国少数民族语言文学学院	党的十九大精神研究专项	论文、咨政报告	2018.12

（中央民族大学科研处供稿）

中国政法大学

2017年度承担国家级、省部级社会科学研究项目

序号	项目名称	负责人	承担部门	项目分类、类别	预期成果形式	计划完成时间
1	创新发展中国特色社会主义法治理论体系研究	张晋藩	法律史学研究院	国家社会科学基金、重大项目	专著	2020.12
2	党的十八届四中全会以来我国刑事诉讼制度重大变革实施效果的实证研究	卞建林	诉讼法学研究院	国家社会科学基金、重大项目	专著、研究报告	2020.11
3	司法评估的理论与方法研究	张保生	证据科学研究院	国家社会科学基金、重大项目	专著、研究报告	2022.12
4	建立犯罪记录制度的基础理论和制度设计研究	于志刚	刑事司法学院	国家社会科学基金、重大项目	专著、研究报告、其他	2022.01
5	创新驱动发展战略下知识产权公共领域问题研究	冯晓青	民商经济法学院	国家社会科学基金、重大项目	专著、研究报告	2022.12
6	全球海洋治理新态势下中国海洋安全法律保障问题研究	李卫海	法学院	国家社会科学基金、重大项目	专著、论文集、研究报告	2020.12
7	增强法治思维、运用法律手段领导和治理国家研究	栗 峥	国家治理研究院	国家社会科学基金、专项项目	专著	2020.12
8	法学方法论视角下民法基本原则的司法适用研究	于 飞	民商经济法学院	国家社会科学基金、重点项目	论文集、研究报告	2020.12
9	气候变化所致损失损害责任之国际法机制研究	林灿铃	国际法学院	国家社会科学基金、重点项目	专著	2020.07
10	中国共产党党内法规实施后评估制度研究	王建芹	法学院	国家社会科学基金、一般项目	研究报告	2018.12
11	中国抗战漫画研究（1931—1945）	孔祥宇	马克思主义学院	国家社会科学基金、一般项目	专著、其他	2020.12
12	现象学与分析哲学比较研究	张浩军	人文学院	国家社会科学基金、一般项目	论文集	2020.06
13	西欧国家福利危机与民主政治的关系研究	李 筠	政治与公共管理学院	国家社会科学基金、一般项目	专著	2020.07
14	宋代地方政府权力制衡机制研究	屈超立	政治与公共管理学院	国家社会科学基金、一般项目	专著	2020.07
15	人民陪审员制度的实质化改革研究	施鹏鹏	证据科学研究院	国家社会科学基金、一般项目	专著	2019.12
16	我国刑事判决在民事诉讼中预决效力的规则设计研究	纪格非	民商经济法学院	国家社会科学基金、一般项目	专著、研究报告	2020.06
17	认罪认罚从宽制度实施中的证据问题研究	李训虎	证据科学研究院	国家社会科学基金、一般项目	研究报告	2020.12
18	庭审实质化语境下法官认知力研究	元 轶	比较法学研究院	国家社会科学基金、一般项目	专著、其他	2021.12
19	违约惩罚性赔偿制度研究	刘承韪	比较法学研究院	国家社会科学基金、一般项目	专著	2020.12
20	网络互助保险的法律制度研究	王 萍	民商经济法学院	国家社会科学基金、一般项目	专著、研究报告	2020.05

续表

序号	项目名称	负责人	承担部门	项目分类、类别	预期成果形式	计划完成时间
21	亲等和亲系制度研究	金　眉	民商经济法学院	国家社会科学基金、一般项目	专著	2021.12
22	数字经济时代的合同法制度更新与制度供给研究	张　彤	比较法学研究院	国家社会科学基金、一般项目	专著、研究报告	2020.12
23	苏区时期的军事化、社会结构与政党文化研究	应　星	社会学院	国家社会科学基金、一般项目	论文集、研究报告	2021.09
24	近代上海银钱业利率波动机制研究	王　强	马克思主义学院	国家社会科学基金、一般项目	专著、其他	2020.12
25	20 世纪以来中国文学与法治建构的互动关系研究	董　燕	人文学院	国家社会科学基金、一般项目	专著	2020.07
26	媒介融合背景下媒体集团的组织重构研究	黄　金	光明新闻传播学院	国家社会科学基金、一般项目	论文集、研究报告	2021.03
27	中法法律交流档案研究（1877—1958）	朱明哲	比较法学研究院	国家社会科学基金、一般项目	专著、其他	2020.12
28	以民商事涉外案件为视角的域外证据分类及采信标准研究	汪诸豪	证据科学研究院	国家社会科学基金、一般项目	专著、论文集	2021.07
29	网络共同犯罪基本原理及其对传统共犯理论的突破研究	于　冲	刑事司法学院	国家社会科学基金、一般项目	专著	2020.06
30	中国共产党党内问责与行政问责衔接问题研究	曹　鎏	法治政府研究院	国家社会科学基金、一般项目	研究报告	2020.12
31	父母与青少年子女微信沟通行为及其影响因素研究	高　钦	社会学院	国家社会科学基金、一般项目	研究报告	2020.03
32	当代英语小说中的音乐叙事研究（1990—2015）	张　磊	外国语学院	国家社会科学基金、一般项目	专著	2020.08
33	基于医保赔付数据的不合理医疗支出构成及约束机制研究	高秋明	商学院	国家社会科学基金、一般项目	论文集、研究报告	2020.06
34	高等教育评估法律制度构建及运行机制研究	王　红	法学教育研究与评估中心	国家社会科学基金、教育学一般项目	专著、研究论文、研究报告	2020.12
35	现代公司控制权法律制度研究——基于公司内外部视角下的考究	马更新	民商经济法学院	国家社会科学基金、后期资助项目	专著	2017.12
36	中国慈善信托法基本原理	赵廉慧	民商经济法学院	国家社会科学基金、后期资助项目	专著	2018.04
37	张九成思想研究	李春颖	国际儒学院	国家社会科学基金、后期资助项目	专著	2018.03
38	中华法制文明史（古代卷）	张立新	外国语学院	国家社会科学基金、中华外译项目	译著	2019.06
39	中国法律制度	朱　琳	外国语学院	国家社会科学基金、中华外译项目	译著	2019.06

续表

序号	项目名称	负责人	承担部门	项目分类、类别	预期成果形式	计划完成时间
40	行政复议法修改研究	王青斌	法治政府研究院	国家法治与法学理论研究项目、重点课题	研究报告	2019.12
41	“一带一路”建设与金融风险防范	范晓波	国际法学院	国家法治与法学理论研究项目、重点课题	专著	2019.12
42	韩国违宪审查制的历史考察	崔林林	法学院	国家法治与法学理论研究项目、一般课题	论文	2019.12
43	英国“脱欧”对中英双边法律制度的影响研究	姚国建	法学院	国家法治与法学理论研究项目、一般课题	译著	2019.12
44	数据利益的民事司法保护研究	肖建华	诉讼法学研究院	国家法治与法学理论研究项目、一般课题	专著	2019.12
45	新形势下人民检察院法律监督权研究	卫跃宁	刑事司法学院	国家法治与法学理论研究项目、一般课题	论文	2019.12
46	我国合作社社会责任立法的特殊性研究	朱晓娟	民商经济法学院	国家法治与法学理论研究项目、一般课题	论文	2019.12
47	商个人制度完善的重大理论与立法问题研究	李建伟	民商经济法学院	国家法治与法学理论研究项目、一般课题	专著	2019.12
48	清代庙产纠纷解决机制及其当代借鉴	谢　晶	法学院	国家法治与法学理论研究项目、中青年课题	论文	2019.12
49	养老服务模式社会化的法律保障	徐　妍	比较法研究院	国家法治与法学理论研究项目、专项课题	论文	2019.12
50	“一带一路”沿线国家间投资仲裁制度研究	杜新丽	仲裁研究院	国家法治与法学理论研究项目、专项课题	专著	2019.12
51	中国特色社会主义法治理论体系的创新与发展	黄　进	中国特色社会主义法治理论体系研究院	教育部人文社会科学研究、重大委托项目	专著	2020.12
52	民事诉讼证据规则重点问题研究	肖建华	诉讼法学研究院	教育部人文社会科学研究、重点研究基地重大项目	专著	2018.12
53	加强人权司法保障研究	卞建林	诉讼法学研究院	教育部人文社会科学研究、重点研究基地重大项目	专著	2020.12

续表

序号	项目名称	负责人	承担部门	项目分类、类别	预期成果形式	计划完成时间
54	行政争议的实质性解决与行政诉讼制度的完善研究	高家伟	诉讼法学研究院	教育部人文社会科学研究、重点研究基地重大项目	专著、司法解释建议稿	2019.12
55	公私并举：中国传统法律维护私有权益的原则性与调整方式的多样性	张晋藩	法律史学研究院	教育部人文社会科学研究、重点研究基地重大项目	专著	2019.07
56	公正与和谐：中国传统社会多元纠纷解决机制	朱　勇	法律史学研究院	教育部人文社会科学研究、重点研究基地重大项目	专著、政策建议	2020.09
57	工商业与人权保护研究	张　伟	人权研究院	教育部人文社会科学研究、重点研究基地重大项目	研究报告	2020.06
58	污染场地修复责任性质及其实现机制研究	胡　静	民商经济法学院	教育部人文社会科学研究、规划基地项目	著作	2020.07
59	中国当代法学翻译及其对法律文化建构研究	魏　蘅	外国语学院	教育部人文社会科学研究、规划基地项目	著作、论文	2020.07
60	刑事被害人的社会救助问题	刘晓兵	法学院	教育部人文社会科学研究、规划基地项目	著作	2020.07
61	我国反校园欺凌立法的困境和进路研究	冯　恺	比较法学研究院	教育部人文社会科学研究、规划基地项目	著作、论文、咨询报告	2020.07
62	数字业务战略与组织结构的匹配及其对企业绩效的影响	朱晓武	商学院	教育部人文社会科学研究、规划基地项目	论文、咨询报告、案例	2020.07
63	中共建国初期的社会舆论治理研究——以地方性档案资料为基础	侯松涛	马克思主义学院	教育部人文社会科学研究、规划基地项目	著作、论文、咨询报告	2020.07
64	青少年暴力犯的风险评估与心理矫正	张　卓	社会学院	教育部人文社会科学研究、规划基地项目	论文	2020.07
65	审查逮捕程序的诉讼化改革研究	王贞会	诉讼法学研究院	教育部人文社会科学研究、青年项目	著作	2020.07
66	英国早期现代的道德情感思想及其对中国社会治理的意义	杨　璐	社会学院	教育部人文社会科学研究、青年项目	论文、研究报告	2020.07
67	启蒙晚期（1770—1830）德语文学中的时间诗学	张珊珊	外国语学院	教育部人文社会科学研究、青年项目	著作、论文	2020.07
68	微信社群的传播机制与话语空间研究	郑满宁	光明新闻传播学院	教育部人文社会科学研究、青年项目	论文	2020.07

续表

序号	项目名称	负责人	承担部门	项目分类、类别	预期成果形式	计划完成时间
69	大学英语教育背景下借由《跨文化交际》课程中的反思导向教学法培养学习者的思辨能力	谢　芹	外国语学院	教育部人文社会科学研究、青年项目	论文、课程设计方案	2020. 07
70	以微课程、翻转课堂构建的混合式教学在《中国近现代史纲要》课程中的应用	张文灿	马克思主义学院	教育部人文社会科学研究、高校示范马克思主义学院和优秀教学科研团队建设项目	研究报告、资源库、成果汇编	2018. 12
71	世界各国对转基因技术的政策和法律研究	孔庆江	国际法学院	教育部人文社会科学研究、指向性课题	系列论文	2017. 12
72	宪法视角下特别行政区高度自治权的边界研究	焦洪昌	法学院	教育部人文社会科学研究、特别委托项目	总报告、分报告	2019. 07
73	"港人治港" 的基础理论和现实问题	姚国建	法学院	教育部人文社会科学研究、特别委托项目	总报告、分报告	2019. 07
74	国际文化财产法：原理、体系与中国主张	霍政欣	国际法学院	教育部人文社会科学研究、后期资助项目	著作	2019. 05
75	死亡的权利——有关临终决定的法律	翟宏丽	民商经济法学院	教育部人文社会科学研究、后期资助项目	著作（译著）	2018. 12
76	全面从严治党战略下的国家监察体制改革研究	薛小建	法学院	北京市社会科学基金、重大项目	专著	2019. 12
77	北京市农村集体经济产权制度研究	管晓峰	民商经济法学院	北京市社会科学基金、重点项目	研究报告	2019. 07
78	京津冀环境协同治理的法律机制问题研究	于文轩	民商经济法学院	北京市社会科学基金、重点项目	研究报告	2020. 06
79	国家监察体制改革中监察权的构成与配置研究	刘俊生	政治与公共管理学院	北京市社会科学基金、重点项目	研究报告	2020. 06
80	北京市突发事件风险沟通机制研究——基于法律文本和情景模拟实验的分析	詹承豫	法治政府研究院	北京市社会科学基金、重点项目（基地项目）	研究报告	2019. 12
81	"都" "城" 关系的法治化研究	焦洪昌	法治政府研究院	北京市社会科学基金、重点项目（基地项目）	研究报告	2019. 12
82	中国法治政府年度发展报告（2018）	王敬波	法治政府研究院	北京市社会科学基金、重点项目（基地项目）	年度报告	2018. 01
83	《北京市居家养老服务条例》的法律完善	徐　妍	比较法学研究院	北京市社会科学基金、一般项目	系列论文	2020. 07

续表

序号	项目名称	负责人	承担部门	项目分类、类别	预期成果形式	计划完成时间
84	网络侵权的平台责任研究	陶　乾	法律硕士学院	北京市社会科学基金、一般项目	系列论文	2019. 06
85	高新技术企业开源软件运用及其知识产权风险管理研究	王　玲	商学院	北京市社会科学基金、一般项目	系列论文	2019. 06
86	新时期以来北京市村干部队伍建设研究	冯军旗	政治与公共管理学院	北京市社会科学基金、一般项目	研究报告	2020. 05
87	涉案报道的谦抑原则：理念、规范与适用范围	刘徐州	光明新闻传播学院	北京市社会科学基金、一般项目	专著	2019. 12
88	知识产权法环境下北京非遗项目生产性保护机制研究	杨利华	民商经济法学院	北京市社会科学基金、一般项目	研究报告	2019. 01
89	北京市促进就业创业政策效用评估研究	王　霆	商学院	北京市社会科学基金、一般项目	研究报告	2019. 07
90	多层次资本市场改革与“新三板”自律监管问题的实证研究	徐文鸣	法与经济学研究院	北京市社会科学基金、青年项目	系列论文	2019. 07
91	科学证据错误风险排除规则研究	曹　晶	证据科学研究院	北京市社会科学基金、青年项目	专著	2020. 06
92	刑事案件的事实认定模式研究	吴洪淇	证据科学研究院	北京市社会科学基金、青年项目	系列论文	2020. 07
93	清代法律文书语言研究	张　文	人文学院	北京市社会科学基金、青年项目	研究报告	2020. 07
94	监察权的刑事诉讼属性研究——以北京市监察体制改革为视角	卫跃宁	法大科技园	北京市与中央在京高校共建项目	调研报告	2018. 12

（中国政法大学科研处魏雯、闫立宇供稿）

2017 年度重要横向课题（省部级单位委托研究项目）

序号	项目名称	负责人	承担部门	项目分类、类别	预期成果形式	计划完成时间
1	在宪法中规定国际法地位问题	黄　进	国际法学院	外交部委托项目	研究报告	2018. 10
2	日本政府采购法制研究	金　哲	国际法学院	外交部委托项目	研究报告	2018. 06
3	创新驱动发展法律法规体系研究	王　涌	民商经济法学院	科技部委托项目	研究报告	2018. 12
4	居民健康信息服务重点法律问题研究	王敬波	法治政府研究院	国家卫生和计划生育委员会委托项目	研究报告	2018. 12
5	电子商务信用体系构建的司法问题研究	管晓峰	民商经济法学院	最高人民法院委托项目	研究报告	2018. 11
6	改善政法舆情生态环境研究	刘徐州	光明新闻传播学院	中央政法委委托项目	研究报告	2018. 12

续表

序号	项目名称	负责人	承担部门	项目分类、类别	预期成果形式	计划完成时间
7	案例教学视频制作	慕凤丽	商学院	教育部学位与研究生教育发展中心委托项目	视频、报告	2018.08
8	行政处罚、行政许可、行政执行三法与地方立法权的关系	应松年	法治政府研究院	全国人大常委会委托项目	研究报告	2018.03
9	农村集体经济组织法律地位研究	于　飞	民商经济法学院	农业部委托项目	研究报告	2018.06
10	检察机关提起行政诉讼试点工作评估报告研究项目	赵　鹏	法治政府研究院	最高人民检察院委托项目	研究报告	2018.05
11	军队遂行国际救援任务法律保障问题研究	肖凤城	法学院	中央军委委托项目	研究报告	2018.03
12	《固体废物污染环境防治法》后评估及修改建议	胡　静	证据科学研究院	环境保护部委托项目	研究报告	2018.03
13	环境公益诉讼中环保部门的定位和风险防范	胡　静	民商经济法学院	环境保护部委托项目	研究报告	2018.03
14	《海洋灾害防御条例》立法空白、条例建议稿以及立法说明	林鸿潮	法治政府研究院	国家海洋局委托项目	研究报告	2018.12
15	健康权白皮书撰写及专题研究	张　伟	人权研究院	中共中央宣传部委托项目	研究报告	2018.12
16	欧洲伊斯兰极端主义蔓延背景下的中欧关系研究	李群英	政治与公共管理学院	外交部委托项目	研究报告	2018.06
17	国民经济动员立法研究	李卫海	法学院	国家发展和改革委员会委托项目	研究报告	2018.12
18	依法分类处理信访诉求工作机制研究	王青斌	法治政府研究院	国家工商行政管理总局委托项目	研究报告	2018.10
19	市场监管的国际经验与我国市场监管体系的构建	席　涛	法与经济学研究院	国家工商行政管理总局委托项目	论文、研究报告	2018.05
20	《2016 年国别人权报告》翻译	张　伟	人权研究院	中共中央宣传部委托项目	研究报告	2018.12
21	构建商事仲裁制度的总体思路研究	赵旭东	民商经济法学院	国家工商行政管理总局委托项目	研究报告	2018.08
22	智能快件箱服务管理研究	郑佳宁	民商经济法学院	国家邮政局委托项目	研究报告	2018.05
23	地方人大重大事项决定权相关问题研究	何　兵	法学院	北京市人大常委会委托项目	研究报告	2018.03
24	《自然保护区条例》立法后评估	王灿发	民商经济法学院	环境保护部委托项目	研究报告	2018.12
25	环境保护行政许可标准化研究	王灿发	民商经济法学院	环境保护部委托项目	研究报告	2018.06
26	领事认证代办问题研究	王成栋	法学院	外交部委托项目	研究报告	2018.12
27	食品安全惩罚性赔偿制度实施研究	王青斌	法治政府研究院	国家食品药品监督管理总局委托项目	研究报告	2018.10

续表

序号	项目名称	负责人	承担部门	项目分类、类别	预期成果形式	计划完成时间
28	质检总局权力清单及责任清单目录编制	赵　鹏	法治政府研究院	国家质量监督检验检疫总局法规司委托项目	研究报告	2018. 12
29	退役士兵就业岗位落实责任制追究体系研究	姜　涛	法学院	民政部委托项目	研究报告	2018. 12
30	1945—1949 年国民党政府与南海有关行为的国际法意义	孔庆江	国际法学院	中央维护海洋权益工作领导小组办公室委托项目	研究报告	2018. 05
31	我国周边海洋争端提交国际司法或仲裁程序涉管辖权问题研究	孔庆江	国际法学院	中央维护海洋权益工作领导小组办公室委托项目	研究报告	2018. 05
32	开展中新广州知识城知识产权运用与保护综合改革试验相关工作研究	来小鹏	民商经济法学院	国家知识产权局委托项目	研究报告	2018. 07
33	综合减灾立法研究	林鸿潮	法治政府研究院	民政部委托项目	研究报告	2018. 11
34	加强农业领域审批权的监督研究	马怀德	法治政府研究院	农业部委托项目	研究报告	2018. 12
35	《市场准入负面清单草案（试点版）》评估	王洪松	民商经济法学院	国家发展和改革委员会委托项目	研究报告	2018. 11
36	俄罗斯外商投资法规政策问题研究	王志华	比较法学研究院	国家发展和改革委员会委托项目	研究报告	2018. 12
37	综合监管与行业监管的职责定位及其边界研究	于志刚	刑事司法学院	国家安全生产监督管理总局委托项目	研究报告	2018. 03
38	城市管理立法研究	赵　鹏	法治政府研究院	住房城乡建设部委托项目	研究报告	2018. 12
39	快递公司上市后监管措施完善研究	郑佳宁	民商经济法学院	国家邮政局委托项目	研究报告	2018. 12
40	能源法立法审查修改相关问题研究	胡继晔	商学院	国家能源局委托项目	研究报告	2018. 12
41	巴黎协定遵约机制有关问题和建议方案研究	兰　花	国际法学院	国家发展和改革委员会委托项目	研究报告	2018. 12
42	国外政党构建党内政治文化的得失及启示	林德山	政治与公共管理学院	中共中央对外联络部委托项目	研究报告	2018. 12
43	全球化再平衡的若干问题	蔡　拓	全球化与全球问题研究所	外交部委托项目	研究报告	2018. 12
44	铁路“七五”普法宣传（第一期）	刘　杨	法学院	国家体路局委托项目	研究报告	2018. 09
45	美国海洋法律法规体系研究	王灿发	民商经济法学院	国家海洋局委托项目	研究报告	2018. 08
46	国际铁路联运公约问题研究	王夏昊	法学院	国家铁路局委托项目	研究报告	2018. 12

续表

序号	项目名称	负责人	承担部门	项目分类、类别	预期成果形式	计划完成时间
47	我国知识产权执法与司法协作机制研究	王夏昊	法学院	国家知识产权局委托项目	研究报告	2018. 07
48	帕尔马斯群岛和加纳科特迪瓦海域划界案研究	朱利江	国际法学院	国家海洋局委托项目	研究报告	2018. 07
49	国外主要国家能源法律梳理和翻译项目	胡继晔	商学院	国家能源局委托项目	研究报告、译著	2018. 02
50	从马克思主义政治经济学角度阐述绿色发展的依据和内涵	靳晓春	马克思主义学院	中共中央宣传部委托项目	研究报告	2018. 11
51	新形势下外商投资法律体系建设研究	孔庆江	国际法学院	国家发展和改革委员会委托项目	研究报告	2018. 12
52	海洋灾害立法与海洋防灾减灾体制机制改革研究	林鸿潮	法治政府研究院	国家海洋局委托项目	研究报告	2018. 12
53	政府特许经营项目协议变更、股权转让与经营权质押问题研究	刘承韪	比较法学研究院	国家发展和改革委员会委托项目	研究报告	2018. 11
54	《市场准入负面清单草案(试点版)》修订准则与范例研究	王洪松	民商经济法学院	国家发展和改革委员会委托项目	研究报告	2018. 01
55	2017 年政务公开评估	王敬波	法治政府研究院	国务院办公厅委托项目	研究报告	2018. 02
56	法律援助立法	吴宏耀	诉讼法学院、教务处	司法部法律委托项目	研究报告	2018. 09
57	托育服务机构市场准入管理机制研究	张　力	法学院	国家卫生和计划生育委员会委托项目	研究报告	2018. 06
58	《政府采购供应商投诉处理办法》修订立法评估	赵　鹏	法治政府研究院	财政部委托项目	研究报告	2018. 11

2017 年度校级社会科学研究项目

序号	项目名称	负责人	承担部门	项目分类、类别	预期成果形式	计划完成时间
1	媒体融合背景下传播生态变迁与新型主流媒体构建研究	黄　金	光明新闻传播学院	规划项目	专著、论文	2020. 06
2	基本法功能的三个向度与实施机制的完善	姚国建	法学院	规划项目	专著、论文	2020. 06
3	网络服务提供者专利侵权责任研究	杨利华	民商经济法学院	规划项目	专著、论文	2020. 06
4	基于大数据的信访老户微观行为计算与治理政策模型研究	傅广宛	政治与公共管理学院	规划项目	专著、论文	2020. 06
5	规范性和特殊性视角下的排污许可立法思路研究	胡　静	民商经济法学院	规划项目	专著、论文	2020. 06

续表

序号	项目名称	负责人	承担部门	项目分类、类别	预期成果形式	计划完成时间
6	全球治理与国家治理互动关系研究	刘贞晔	全球化与全球问题研究所	规划项目	专著、论文	2020.06
7	行政程序与责任机制研究	王万华	诉讼法学研究院	规划项目	专著、论文	2020.06
8	心肌缺血性病变中 FBW7 介导的泛素化调节机制的病理学研究	赵　东	证据科学研究院	规划项目	专著、论文	2020.06
9	营商环境法治化研究	李建伟	民商经济法学院	规划项目	专著、论文	2020.06
10	基于当代西方政治理论的民主条件研究	聂　露	政治与公共管理学院	规划项目	专著、论文	2020.06
11	社会发展与媒介伦理问题研究	阴卫芝	光明新闻传播学院	规划项目	专著、论文	2020.06
12	行政规范性文件的法治化研究	曹　鎏	法治政府研究院	规划项目	专著、论文	2020.06
13	刑民交叉案件诉讼问题研究	纪格非	民商经济法学院	规划项目	专著、论文	2020.06
14	全球伦理学	曹　兴	政治与公共管理学院	规划项目	专著、论文	2020.06
15	TPP 外部约束下我国融入国际价值链分工战略研究	于　淼	商学院	规划项目	专著、论文	2020.06
16	反校园欺凌立法研究	徐久生	刑事司法学院	规划项目	专著、论文	2020.06
17	公司法中公司地位的缺失与制度重构	朱晓娟	民商经济法学院	规划项目	专著、论文	2020.06
18	全球化中的地方治理比较研究	杨　军	全球化与全球问题研究所	规划项目	专著、论文	2020.06
19	中国话语体系建设与全球治理研究	孔庆江	国际法学院	规划项目	专著、论文	2020.06
20	美国政教关系及其借鉴价值研究	李松锋	法学院	规划项目	专著、论文	2020.06
21	太平天国宫廷史研究	刘　晨	马克思主义学院	青年项目	论文	2019.06
22	想象与情感：西方现代社会的道德基础研究	杨　璐	社会学院	青年项目	论文	2019.06
23	清律“共盗”问题的法文化研究	谢　晶	法学院	青年项目	论文	2019.06
24	中国边疆治理的全球维度：以人权理事会影子报告为例	杨　昊	全球化与全球问题研究所	青年项目	论文	2019.06
25	经验心理学视野下的儒家心性哲学	王觅泉	马克思主义学院	青年项目	论文	2019.06
26	非时齐马氏过程的泛函不等式与遍历性	张　铭	科学技术教学部	青年项目	论文	2019.06

续表

序号	项目名称	负责人	承担部门	项目分类、类别	预期成果形式	计划完成时间
27	中国近代学科史研究	郑云艳	人文学院	青年项目	论文	2019.06
28	“一带一路”倡议下中国人权外交的话语体系建构	王理万	人权研究院	青年项目	论文	2019.06
29	纳入土地要素的空间经济理论研究及其政策应用探析	梁　涵	商学院	青年项目	论文	2019.06
30	汪辉祖的治理术及其政治关怀	姜金顺	人文学院	青年项目	论文	2019.06
31	MMP－2/9在骨骼肌损伤时间推断中应用价值的探讨	于天水	证据科学研究院	青年项目	论文	2019.06
32	社会信任对创新的影响	陈艺名	商学院	青年项目	论文	2019.06
33	新媒体环境下医患暴力冲突议题的新闻生产机制研究	刘双庆	光明新闻传播学院	青年项目	论文	2019.06
34	米歇尔·维莱的实在论古典自然法研究	李　璐	人文学院	青年项目	论文	2019.06
35	“一带一路”与南亚“能源贫困”治理——联合国发展目标的视角	王卓宇	政治与公共管理学院	青年项目	论文	2019.06
36	安全化理论视角下的“中国对外投资威胁论”	张　飚	政治与公共管理学院	青年项目	论文	2019.06
37	网络恐怖主义的传播机制及舆论导向研究	聂书江	光明新闻传播学院	青年项目	论文	2019.06
38	科学证据鉴定意见可采性研究	曹　晶	证据科学研究院	青年项目	论文	2019.06
39	刑事证据信息化管理研究	李小恺	刑事司法学院	青年项目	论文	2019.06
40	传教士眼中的中国法律	王　静	人文学院	青年项目	论文	2019.06
41	历史上的法治和德治研究	朱　勇	法律史学研究院	专项项目	专著或论文或研究报告	2018.06
42	南海仲裁案的法律分析与后续对策	李居迁	国际法学院	专项项目	专著或论文或研究报告	2018.06
43	民法典编纂中合同法编重大立法问题研究	赵旭东	民商经济法学院	专项项目	专著或论文或研究报告	2018.06
44	对“两高”《办理贪污贿赂刑事案件适用法律若干问题的解释》精神解读	阮齐林	刑事司法学院	专项项目	专著或论文或研究报告	2018.06

（中国政法大学科研处韩冰供稿）

中央财经大学

2017 年度承担国家级、省部级社会科学研究项目

序号	项目名称	负责人	承担部门	项目分类、类别	预期成果形式	计划完成时间
1	我国公民财经素养指数建构与数据库建设	辛自强	社会与心理学院	国家社会科学基金、重大项目	专著、数据库	2022.11
2	中国绿色变轨型高技术新产品市场启动战略的颠覆性创新路径研究	肖海林	商学院	国家社会科学基金、重点项目	研究报告	2020.12
3	新中国金融发展研究（1949—2019）	兰日旭	经济学院	国家社会科学基金、一般项目	专著	2020.02
4	高速铁路的产业诱导效应与沿线城市响应机制研究	戴学珍	管理科学与工程学院	国家社会科学基金、一般项目	研究报告	2020.12
5	我国反恐怖融资的情报监管机制研究	王沙骋	国防经济与管理研究院	国家社会科学基金、一般项目	论文集	2020.06
6	构建基于主体责任的政府向社会力量购买公共服务全过程监督机制研究	杨燕英	政府管理学院	国家社会科学基金、一般项目	研究报告其他	2019.12
7	中国税收不确定性的决定因素及其宏观效应研究	杨　武	国际经济与贸易学院	国家社会科学基金、一般项目	论文集、研究报告	2020.10
8	生态环境协作治理中的府际关系及政府与民众关系研究	崔　晶	政府管理学院	国家社会科学基金、一般项目	论文集、研究报告	2020.12
9	我国生态文化建设的多维机制研究	李　娟	马克思主义学院	国家社会科学基金、般项目	专著	2020.05
10	司法大数据下的专利诉讼与企业创新研究	尹志锋	经济学院	国家社会科学基金、一般项目	论文集、研究报告	2019.12
11	基于大数据的我国人力资源市场匹配效率提升策略研究	史珍珍	中国互联网经济研究院	国家社会科学基金、一般项目	论文集、研究报告	2019.12
12	我国债转股企业的资本成本、风险溢价因素和转股策略研究	孙会霞	财政税务学院	国家社会科学基金、一般项目	论文集、研究报告	2019.12
13	规章减损权利研究	赵　真	法学院	国家社会科学基金、一般项目	研究报告	2020.06
14	兼顾福利和基金可持续的中国基本养老保险缴费和领取机制优化研究	廖　朴	中国精算研究院	国家社会科学基金、一般项目	论文集	2020.12
15	大数据环境下数字档案资源知识服务研究	宋魏巍	政府管理学院	国家社会科学基金、一般项目	论文集、研究报告	2020.06
16	企业民主管理法的理论与制度	李海明	法学院	国家社会科学基金、后期资助项目	专著	2017.12
17	保险模型下随机博弈问题及其相关的最优风险控制问题研究	孟　辉	中国精算研究院	国家自然科学基金、面上项目	研究报告	2021.12

续表

序号	项目名称	负责人	承担部门	项目分类、类别	预期成果形式	计划完成时间
18	基于Merton改进模型以及一类创新非合作博弈下的金融保险决策研究	刘敬真	保险学院	国家自然科学基金、面上项目	研究报告	2021.12
19	第一原理计算研究：双尺度离散和预处理迭代法	刘　芳	统计与数学学院	国家自然科学基金、面上项目	研究报告	2021.12
20	基于集成学习的分布式XML数据流的挖掘模型与概念漂移挖掘方法研究	毛国君	信息学院	国家自然科学基金、面上项目	研究报告	2021.12
21	基于线性及非线性模型的高维金融时间序列建模：理论及应用	王　辉	金融学院	国家自然科学基金、面上项目	研究报告	2021.12
22	服务导向人力资源管理系统：结构体系、形成过程、双刃剑效应及其治理机制	王　震	商学院	国家自然科学基金、面上项目	研究报告	2021.12
23	审计团队特征与审计行为研究	王春飞	会计学院	国家自然科学基金、面上项目	研究报告	2021.12
24	基于政府绩效视角的交通PPP项目影响效应与财政风险研究	谢　娜	管理科学与工程学院	国家自然科学基金、面上项目	研究报告	2021.12
25	政治环境、企业价值及战略——来自我国反腐败的证据	李培馨	商学院	国家自然科学基金、面上项目	研究报告	2021.12
26	中国对外贸易对青年受教育程度的异质性因果影响、内在机理及政策模拟研究	林发勤	国际经济与贸易学院	国家自然科学基金、面上项目	研究报告	2021.12
27	资本账户开放下的货币政策与宏观审慎监管：基于多部门动态随机一般均衡模型的研究	梅冬州	国际经济与贸易学院	国家自然科学基金、面上项目	研究报告	2021.12
28	转基因技术、农业机械化与中国棉花生产安全	乔方彬	中国经济与管理研究院	国家自然科学基金、面上项目	研究报告	2021.12
29	中国人力资本的度量研究：扩展及深化	李海峥	人力资本与劳动经济研究中心	国家自然科学基金、面上项目	研究报告	2021.12
30	风险投资作用于中国企业成长的机制、路径和成效	张学勇	金融学院	国家自然科学基金、面上项目	研究报告	2021.12
31	土地出让、要素流动与制造业产业集聚和产业转型升级研究	赵文哲	经济学院	国家自然科学基金、面上项目	研究报告	2021.12
32	中国循环农业供给侧改革的绿色供应链动态反馈协调机制研究	贾晓菁	商学院	国家自然科学基金、面上项目	研究报告	2021.12
33	量子态层析关键问题研究	武　霞	信息学院	国家自然科学基金、青年项目	研究报告	2020.12

续表

序号	项目名称	负责人	承担部门	项目分类、类别	预期成果形式	计划完成时间
34	基于区块链的信息物理融合系统数据安全与隐私保护机制研究	段美姣	信息学院	国家自然科学基金、青年项目	研究报告	2020. 12
35	面向高维大数据的正则化统计方法的相关研究	杨　虎	信息学院	国家自然科学基金、青年项目	研究报告	2020. 12
36	上市公司管理层薪酬激励合约研究——基于委托代理与资产定价混合模型	吴假立	金融学院	国家自然科学基金、青年项目	研究报告	2020. 12
37	网络众包的开放式创新模式下用户创意质量研究	刘　倩	中国互联网经济研究院	国家自然科学基金、青年项目	研究报告	2020. 12
38	法律执行环境对企业债务管理决策的影响：来自中国市场的经验证据	高昊宇	中国金融发展研究院	国家自然科学基金、青年项目	研究报告	2020. 12
39	移动互联网环境下多源大数据驱动的个性化推荐效果研究	姚　凯	商学院	国家自然科学基金、青年项目	研究报告	2020. 12
40	基于离散傅里叶变换和周期图分析的中国金融高频数据波动性研究	孙菁蔚	经济学院	国家自然科学基金、青年项目	研究报告	2020. 12
41	流动性覆盖率监管与资本金充足率监管综合机制探究	龚雅娴	经济学院	国家自然科学基金、青年项目	研究报告	2020. 12
42	预期管理提高中国货币政策有效性的理论机制与政策研究	郭豫媚	金融学院	国家自然科学基金、青年项目	研究报告	2020. 12
43	代际间的职业继承对劳动生产率的影响——基于多部门异质性个体跨代职业选择模型的反事实实验	纪　斑	国际经济与贸易学院	国家自然科学基金、青年项目	研究报告	2020. 12
44	政府隐性担保与中国式影子银行——理论与基于微观数据的实证研究	顾　弦	金融学院	国家自然科学基金、青年项目	研究报告	2020. 12
45	风险承担、负面冲击与银行信贷风险：基于我国信贷大数据的实证研究	荆中博	管理科学与工程学院	国家自然科学基金、青年项目	研究报告	2020. 12
46	双边税收协定、东道国税收制度环境与对外直接投资：基于中国企业“走出去”的视角	王文静	财政税务学院	国家自然科学基金、青年项目	研究报告	2020. 12
47	基于社会网络的投资者行为传染及其对资产价格的影响	刘　健	保险学院	国家自然科学基金、青年项目	研究报告	2020. 12

续表

序号	项目名称	负责人	承担部门	项目分类、类别	预期成果形式	计划完成时间
48	中国地方政府债券的利率期限结构研究	程宇丹	统计与数学学院	国家自然科学基金、青年项目	研究报告	2020.12
49	债务杠杆、金融风险与产出波动——基于金融摩擦与不确定性理论的研究	陶坤玉	金融学院	国家自然科学基金、青年项目	研究报告	2020.12
50	房价高速增长背景下的社会不平等	孙　昂	经济学院	国家自然科学基金、青年项目	研究报告	2020.12
51	价值链视角下出口与区域经济协调发展研究——基于反映加工贸易的地区间投入产出模型	段玉婉	国际经济与贸易学院	国家自然科学基金、青年项目	研究报告	2020.12
52	中美城市与环境系统可持续发展研究	李桂君	管理科学与工程学院	国家自然科学基金、应急管理项目	研究报告	2017.10
53	国家自然科学基金对数据研究中心的过程管理研究	李海峥	人力资本与劳动经济研究中心	国家自然科学基金、应急管理项目	研究报告	2018.12
54	国家自然科学基金资助与管理改革政策的跟踪分析	张　剑	政府管理学院	国家自然科学基金、应急管理项目	研究报告	2019.12
55	全面从严治党背景下国家自然科学基金委员会严肃党内政治生活制度研究	吴　韬	法学院	国家自然科学基金、应急管理项目	研究报告	2019.12
56	连续并购型企业的并购绩效持续性及其固定效应研究	翟进步	财政税务学院	教育部人文社会科学研究、规划基金项目	论文、咨询报告	2020.12
57	促进全民健身和扩大体育消费的策略冲突和协调——基于北京城市居民的微观行为分析	王裕雄	体育经济与管理学院	教育部人文社会科学研究、规划基金项目	论文、咨询报告	2019.12
58	社会公共事件中负面情绪的感染、演化和调适策略研究	张　巍	信息学院	教育部人文社会科学研究、规划基金项目	论文	2020.07
59	税收情报交换对跨国公司利润转移行为的影响研究：来自我国企业微观层面的证据	王文静	财政税务学院	教育部人文社会科学研究、青年基金项目	论文	2020.12
60	基于财政分权视角的政府债务的经济影响	程宇丹	统计与数学学院	教育部人文社会科学研究、青年基金项目	论文	2020.12
61	出生体重、健康与认知能力	彭晓博	经济学院	教育部人文社会科学研究、青年基金项目	论文、咨询报告	2019.12
62	财政能力与王朝周期（980—1840）	伏　霖	经济学院	教育部人文社会科学研究、青年基金项目	著作、论文	2019.11

续表

序号	项目名称	负责人	承担部门	项目分类、类别	预期成果形式	计划完成时间
63	信息不透明的负担：我国企业海外并购和海外战略联盟	李培馨	商学院	教育部人文社会科学研究、青年基金项目	著作、论文、电子出版物	2019.12
64	奈特不确定环境下配送企业碳减排行为与新能源汽车推广策略	高咏玲	商学院	教育部人文社会科学研究、青年基金项目	论文、咨询报告	2019.12
65	民法典编纂背景下的中间商合同立法研究	武　腾	法学院	教育部人文社会科学研究、青年基金项目	论文、咨询报告	2019.12
66	国家安全视阈下的外空安全国际法问题研究	吴晓丹	法学院	教育部人文社会科学研究、青年基金项目	论文	2019.12
67	21世纪中国的马克思主义话语体系研究	王　静	马克思主义学院	教育部人文社会科学研究、青年基金项目	著作	2019.12
68	当代大学生网络民族主义思潮及其教育引导研究	孙　敏	马克思主义学院	教育部人文社会科学研究、青年基金项目	论文、咨询报告	2019.07
69	国家与社会关系视角下的当代中国民生建设研究	杨向鹏	马克思主义学院	教育部人文社会科学研究、中国特色社会主义理论体系研究专项	著作、论文	2019.02
70	基于多源数据融合的农业生产风险评估研究	张　峭	中国精算研究院	教育部、基地重大项目	研究报告	2019.12
71	我国高校科研诚信问责制度建设研究	周湘林	政府管理学院	全国教育科学规划、一般项目	专著、论文、研究报告	2020.08
72	反贫困干预与北京险村搬迁移民社区建构	王积超	社会与心理学院	北京市社会科学基金、重点项目	研究报告	2019.07
73	中国共产党改革话语体系建设研究	黄　刚	马克思主义学院	北京市社会科学基金、重点项目	系列论文	2020.07
74	基于多重均衡模型的农业保险精准扶贫效果研究	周县华	中国精算研究院	北京市社会科学基金、一般项目	系列论文	2020.07
75	北京市房价变动、土地财政与经济周期	梅冬州	国际经济与贸易学院	北京市社会科学基金、一般项目	研究报告	2020.07
76	静态交通管理视角下的北京市交通减堵策略研究	王　昊	管理科学与工程学院	北京市社会科学基金、一般项目	研究报告	2019.06
77	现代供应链中主体议价能力分解与协作机制构建研究	陈俊霖	管理科学与工程学院	北京市社会科学基金、一般项目	系列论文	2021.07
78	京津冀协同发展下的跨行政区划法院体制研究	林剑锋	法学院	北京市社会科学基金、一般项目	研究报告	2020.06
79	北京市自闭症儿童家庭抗逆力的行动研究	樊欢欢	社会与心理学院	北京市社会科学基金、一般项目	系列论文	2020.06
80	首都大学生公民美德培育研究	陈文娟	马克思主义学院	北京市社会科学基金、一般项目	研究报告	2019.12

续表

序号	项目名称	负责人	承担部门	项目分类、类别	预期成果形式	计划完成时间
81	京津冀生态协同发展的财政政策研究	刘金科	财政税务学院	北京市社会科学基金、青年项目	研究报告	2020.06
82	北京河湖协同治理与河长制建设研究	李宇环	政府管理学院	北京市社会科学基金、青年项目	系列论文	2019.12
83	北京市校园欺凌心理成因及防治研究	傅鑫媛	社会与心理学院	北京市社会科学基金、青年项目	系列论文	2019.12
84	疏解非首都功能对北京税收影响的传导机制和规模测算研究	李向军	财经研究院	北京市社会科学基金、基地重点项目	研究报告	2019.05
85	融资环境差异下的北京市企业高杠杆成因及对策研究	赵宣凯	中国互联网经济研究院	北京市社会科学基金、基地一般项目	研究报告	2019.12
86	住房限购政策下的首都人口疏解研究	邱磊菊	中国互联网经济研究院	北京市社会科学基金、基地一般项目	研究报告	2019.08
87	建设京津冀世界级城市群的对策与思路——基于城市职能分工与协调视角的研究	傅　强	财经研究院	北京市社会科学基金、基地一般项目	研究报告	2019.09
88	互联网环境下首都O2O即时物流网络中的众包管理模式研究	代宏砚	商学院	北京市自然科学基金、面上项目	研究报告	2019.12
89	财务报表文本情绪分析与股票收益预测	姜富伟	金融学院	北京市自然科学基金、青年项目	研究报告	2018.12
90	基于北京高校大学生行为决策特点和风险偏好的自杀危机干预研究	赵思博	社会与心理学院	北京市自然科学基金、青年项目	研究报告	2018.12
91	社交网络中敏感信息识别建模及方法研究	王友卫	信息学院	北京市自然科学基金、青年项目	研究报告	2018.12

（中央财经大学科研处供稿）

对外经济贸易大学

2017 年度承担国家级、省部级社会科学研究项目

序号	项目名称	负责人	承担部门	项目分类、类别	预期成果形式	计划完成时间
1	互联网时代的公司财务行为研究	张新民	国际商学院	国家自然科学基金、重大项目	论文	2022.12
2	服务营销与创新	王永贵	国际商学院	国家自然科学基金、杰出青年科学基金项目	论文	2022.12
3	全球价值链与中国产业升级研究	王　直	全球价值链研究院	国家自然科学基金、重点项目	论文	2022.12
4	公私合作伙伴关系（PPP）的理论机制探究及验证	马　捷	国际经济贸易学院	国家自然科学基金、面上项目	论文	2021.12
5	中国汽车行业资源依赖关系的网络特征及其对企业战略的影响	王　皓	国际商学院	国家自然科学基金、面上项目	论文	2021.12

续表

序号	项目名称	负责人	承担部门	项目分类、类别	预期成果形式	计划完成时间
6	青年外派人员的发展网络、职业生涯不安全感及其对早期职业成功的影响	牛雄鹰	国际商学院	国家自然科学基金、面上项目	论文	2021. 12
7	控制权距离与董事会安排	刘慧龙	国际商学院	国家自然科学基金、面上项目	论文	2021. 12
8	新型社会化媒体背景下消费者决策行为研究——基于专家评论、消费者口碑传播和信息可比性的视角	孙　瑾	国际商学院	国家自然科学基金、面上项目	论文	2021. 12
9	制度环境、商业银行会计信息质量与资源配置效率	祝继高	国际商学院	国家自然科学基金、面上项目	论文	2021. 12
10	中国农村公共品供给研究：基于传统宗教、宗族及其交互机制的分析	郭云南	国际经济贸易学院	国家自然科学基金、面上项目	论文	2021. 12
11	去产能背景下的政府激励对产业结构的作用机制研究	马　琳	金融学院	国家自然科学基金、青年项目	论文	2020. 12
12	随机波动率模型下场外期权的定价和对冲策略研究	王兴春	国际经济贸易学院	国家自然科学基金、青年项目	论文	2020. 12
13	中国的经济结构转型和城镇化：基于多部门动态一般均衡增长模型	王　犇	国际经济贸易学院	国家自然科学基金、青年项目	论文	2020. 12
14	对 Dunkl 理论中 Cesaro 平均和 Bochner-Riesz 平均收敛性的一些研究	叶文锐	统计学院	国家自然科学基金、青年项目	论文	2020. 12
15	应对跨国公司潜在竞争：基于大数据的竞争信号量化体系和我国本土企业策略研究	包　歌	国际经济贸易学院	国家自然科学基金、青年项目	论文	2020. 12
16	从机制设计的角度分析不完全合约的基础	孙一飞	国际经济贸易学院	国家自然科学基金、青年项目	论文	2020. 12
17	内部控制、风险承担及其经济后果——基于差异化目标导向视角的研究	杨道广	国际商学院	国家自然科学基金、青年项目	论文	2020. 12
18	知识产权制度变革与内部治理异质性对企业创新绩效的影响	何文龙	国际商学院	国家自然科学基金、青年项目	论文	2020. 12
19	基于 PAC 理论的标签比例学习算法研究	汪　波	信息学院	国家自然科学基金、青年项目	论文	2020. 12
20	住房价格对就业结构的影响：理论、机制与实证	陈建伟	教育与开放经济研究中心	国家自然科学基金、青年项目	论文	2020. 12
21	两类非标准随机环境中随机游动的极限性质	周　珂	统计学院	国家自然科学基金、青年项目	论文	2020. 12

续表

序号	项目名称	负责人	承担部门	项目分类、类别	预期成果形式	计划完成时间
22	医患关系的微观大数据分析：患方医暴与药价改革如何影响医生行为及患者福利?	赵　昕	国际经济贸易学院	国家自然科学基金、青年项目	论文	2020.12
23	房价膨胀的资源重配效应、企业创新与经济绩效：理论和微观实证	钟　腾	金融学院	国家自然科学基金、青年项目	论文	2020.12
24	政策激励背景下专利质押对中小企业融资约束与创新的影响研究	党建伟	国际商学院	国家自然科学基金、青年项目	论文	2020.12
25	几类典型双斜过程的性质及其在金融衍生品定价中的应用研究	徐光利	统计学院	国家自然科学基金、青年项目	论文	2020.12
26	会计师事务所薪酬激励及晋升机制的影响因素和经济后果研究	戴天婧	国际商学院	国家自然科学基金、应急管理项目	论文	2018.12
27	对华“双反”调查的成因和“非市场经济地位”的影响	林桂军	国际经济贸易学院	国家自然科学基金、应急管理项目	论文	2018.05
28	拍卖中买方合谋的稳定性问题研究	曹小勇	国际经济贸易学院	国家自然科学基金、应急管理项目	论文	2018.12
29	WTO争端解决机制与对华“双反”调查研究	屠新泉	中国世界贸易组织研究院	国家自然科学基金、应急管理项目	论文	2018.05
30	“一带一路”倡议与国际经济法律治制度创新研究	石静霞	法学院	国家社会科学基金、重大项目	论文	2022.12
31	基于保险精算的精准扶贫研究	黄　薇	保险学院	国家社会科学基金、重大项目	论文	2020.12
32	逆全球化动向与国际经贸规则重构的中国方案研究	屠新泉	中国世界贸易组织研究院	国家社会科学基金、重大项目	研究报告	2020.12
33	我国中等收入家庭金融脆弱性问题研究	张　冀	保险学院	国家社会科学基金、重点项目	论文	2020.12
34	“一带一路”倡议与全球经济治理研究	桑百川	国际经济研究院	国家社会科学基金、重点项目	研究报告	2019.11
35	企业财务特征、治理环境对其退出产融结合的影响研究	王秀丽	国际商学院	国家社会科学基金、一般项目	论文	2020.06
36	全球价值链重塑背景下中国自由贸易区战略的设计与管理研究	王宏禹	国际关系学院	国家社会科学基金、一般项目	论文、研究报告	2020.06
37	中国公共服务市场化改革中风险规避及政策评价实证研究	王树文	公共管理学院	国家社会科学基金、一般项目	专著、论文	2020.12
38	“一带一路”倡议下中国特色的对外投资企业社会责任制度研究	边永民	法学院	国家社会科学基金、一般项目	专著、研究报告	2019.12

续表

序号	项目名称	负责人	承担部门	项目分类、类别	预期成果形式	计划完成时间
39	机关事业单位养老保险制度改革研究	吕惠娟	保险学院	国家社会科学基金、一般项目	研究报告	2020. 06
40	中国现代企业 CEO 遴选机制研究	刘　鑫	英语学院	国家社会科学基金、一般项目	专著、论文	2020. 06
41	“丝绸之路经济带”沿线国家基础设施建设与贸易便利化的经济增长效应研究	孙玉琴	国际经济贸易学院	国家社会科学基金、一般项目	专著	2019. 12
42	全球安全治理的中国方案研究	李志永	国际关系学院	国家社会科学基金、一般项目	专著、论文	2021. 12
43	区域贸易安排视角下亚太区域价值链可持续发展与合作问题研究	杨立强	国际经济研究院	国家社会科学基金、一般项目	专著	2020. 06
44	中国社会组织参与“一带一路”建设的战略与对策研究	辛传海	公共管理学院	国家社会科学基金、一般项目	论文、研究报告	2020. 06
45	政府限薪对国企高管整体薪酬的影响及人才流失的风险防范机制研究	陈胜军	国际商学院	国家社会科学基金、一般项目	专著、论文	2020. 06
46	我国隐性政府债务的经济影响、风险识别及其指标体系研究	郭　敏	金融学院	国家社会科学基金、一般项目	研究报告	2020. 12
47	政府购买服务视角下的大病保险供给机制研究	王　琬	保险学院	国家社会科学基金、一般项目	论文、研究报告	2020. 06
48	国际制度复杂性与中国国际能源安全合作制度性话语权建设研究	李　扬	国际关系学院	国家社会科学基金、一般项目	论文	2020. 06
49	移动互联时代立法公众参与的类型特征、形成机制和应对策略研究	张　欣	法学院	国家社会科学基金、一般项目	专著、论文	2020. 06
50	西方媒体和中国外宣媒体笔下的“中国故事”叙事语篇结构关系研究	陈　功	英语学院	国家社会科学基金、一般项目	专著	2020. 09
51	中国城乡居民医保整合下的不公平测度及影响机制研究	周　钦	公共管理学院	国家社会科学基金、一般项目	研究报告	2019. 12
52	中国式财政分权下的产业结构调整与经济稳增长研究	赵旭杰	国际经济贸易学院	国家社会科学基金、一般项目	论文	2020. 06
53	国外重点智库“一带一路”舆情监测报告	林桂军	国际经济贸易学院	国家社会科学基金、专项项目	研究报告	2019. 12
54	中国民营企业发展新论	徐永彬	外语学院	国家社会科学基金、中华学术外译项目	专著	2020. 12
55	并购重组业绩补偿承诺的经济后果及其资本市场监管研究	孔宁宁	国际商学院	教育部人文社会科学研究、规划基地项目	论文	2019. 12

续表

序号	项目名称	负责人	承担部门	项目分类、类别	预期成果形式	计划完成时间
56	达尔文主义与文学——“新维多利亚小说”中的进化叙事研究	金　冰	英语学院	教育部人文社会科学研究、规划基地项目	论文	2020.06
57	“一带一路”倡议背景下中国企业走出去之本地化翻译与语言服务研究	徐　珺	英语学院	教育部人文社会科学研究、规划基地项目	论文	2020.07
58	中国碳排放权交易试点政策的实施效果研究	郭　蕾	公共管理学院	教育部人文社会科学研究、规划基地项目	论文	2019.12
59	供给侧结构性改革背景下降低企业制度性交易成本研究	彭向刚	公共管理学院	教育部人文社会科学研究、规划基地项目	论文	2019.12
60	中国百年科幻文学翻译研究	王雪明	英语学院	教育部人文社会科学研究、青年基金项目	论文	2020.03
61	多数人侵权纠纷共同诉讼类型研究	卢　佩	法学院	教育部人文社会科学研究、青年基金项目	论文	2020.04
62	新媒体冲击下企业欺诈终结机制与资本市场效率研究	孙艳梅	金融学院	教育部人文社会科学研究、青年基金项目	论文	2019.12
63	中国共产党凝聚力生成机理研究	孙晓霞	党委办公室	教育部人文社会科学研究、青年基金项目	论文	2019.03
64	基于高斯混合模型的数据挖掘技术在保险客户细分中的应用	李　岩	保险学院	教育部人文社会科学研究、青年基金项目	论文	2019.11
65	我国专利制度变革对企业创新绩效的影响	何文龙	国际商学院	教育部人文社会科学研究、青年基金项目	论文	2019.12
66	“互联网+”背景下文本与数据挖掘的政策建设研究	周玲玲	英语学院	教育部人文社会科学研究、青年基金项目	论文	2019.12
67	19世纪美国文学与国家领土空间生产	郭　巍	英语学院	教育部人文社会科学研究、青年基金项目	专著	2020.12
68	基于高频数据的期权市场价格发现贡献实证研究	陶利斌	金融学院	教育部人文社会科学研究、青年基金项目	论文	2019.12
69	税收政策影响企业生产率的微观机制研究	黄夏岚	国际经济贸易学院	教育部人文社会科学研究、青年基金项目	论文	2019.12
70	动态系统理论视域下的高校英语写作中心构建与评估研究	何佳佳	英语学院	教育部人文社会科学研究、自筹经费项目	论文	2020.07

续表

序号	项目名称	负责人	承担部门	项目分类、类别	预期成果形式	计划完成时间
71	中国非上市公众公司投融资研究	王茂斌	金融学院	教育部人文社会科学研究、后期资助项目	专著	2020.12
72	新时期高等学校财务综合评价研究	施建军	统计学院	教育部人文社会科学研究、专项委托项目	研究报告	2018.12
73	反全球化浪潮下以开放发展理念推动全球经济治理机制改革	屠新泉	中国世界贸易组织研究院	教育部人文社会科学研究、专项委托项目	研究报告	2018.02
74	我国私募基金注册制度的立法理念及路径选择	梁清华	法学院	司法部国家法治与法学理论研究项目	论文	2019.12
75	北京市金融风险预警与防范研究	孙　健	保险学院	北京市社会科学基金、重大项目	研究报告	2018.12
76	网络借贷行业发展对北京市中小企业融资的影响研究	张海洋	金融学院	北京市社会科学基金、重点项目	论文	2019.12
77	基于动态网络控制和博弈论的共享车产业发展及政府对策研究	丁　鼎	国际经济贸易学院	北京市社会科学基金、一般项目	研究报告	2019.06
78	京津冀创新要素集聚对高新技术产业高端化的影响机制和路径研究	王玉荣	国际商学院	北京市社会科学基金、一般项目	研究报告	2019.07
79	北京市政府债务形成机制研究——基于转移支付视角的理论分析与实证检验	毛　捷	国际经济贸易学院	北京市社会科学基金、一般项目	研究报告	2019.06
80	北京市流动人口的健康风险、医疗卫生服务利用和长期居留意愿研究	方黎明	保险学院	北京市社会科学基金、一般项目	研究报告	2019.12
81	首都人工智能开发中的伦理问题研究	付　涛	英语学院	北京市社会科学基金、一般项目	研究报告	2019.06
82	西方媒体奥运话语中首都形象与隐喻进化的历时研究	孙　亚	英语学院	北京市社会科学基金、一般项目	论文	2019.07
83	京津冀协同发展中北京服务业对外开放水平提升路径研究	太　平	国际经济研究院	北京市社会科学基金、青年项目	研究报告	2019.06
84	新媒体中的北京形象——基于多模态融合的批判性话语分析	刘宁宁	信息学院	北京市社会科学基金、青年项目	论文	2019.06
85	基于动态系统理论的汉语二语学习者心理词汇发展研究	周　琳	中国语言文学学院	北京市社会科学基金、青年项目	论文	2020.12
86	大数据质量对北京市政府公共服务满意度提升影响机制研究	屈启兴	信息学院	北京市社会科学基金、青年项目	研究报告	2019.06
87	整体化视角下北京市长期护理保险制度设计与政策评估	祝　伟	保险学院	北京市社会科学基金、青年项目	论文	2020.06

续表

序号	项目名称	负责人	承担部门	项目分类、类别	预期成果形式	计划完成时间
88	学习型城市视域下北京社区教育资源统筹管理研究	原　珂	教育与开放经济研究中心	北京市社会科学基金、青年项目	研究报告	2019. 12
89	北京市移动社交媒体时代的网络谣言治理研究	顾　睿	信息学院	北京市社会科学基金、青年项目	论文	2019. 12
90	法国《亚洲学报》中的中国形象研究（1822 年至今）	靳风华	外语学院	北京市社会科学基金、青年项目	专著	2020. 07
91	北京实体零售商跨渠道整合的积极和消极效应研究：路径与边界条件	薛佳奇	国际商学院	北京市社会科学基金、青年项目	论文	2020. 12
92	北京市新型涉众型经济犯罪的立法规制与司法适用	冀　莹	法学院	北京市社会科学基金、青年项目	研究报告	2020. 07
93	北京市企业投资“一带一路”国家基础设施项目的PPP 模式研究	庄　芮	国际经济研究院	北京市社会科学基金、重点研究基地重点项目	研究报告	2019. 07
94	“一带一路”背景下北京电影企业国际化战略与路径研究	周　煊	国际商学院	北京市社会科学基金、重点研究基地重点项目	论文	2019. 12
95	中国企业海外发展报告 2018	张新民	国际商学院	北京市社会科学基金、重点研究基地重点项目	专著	2018. 09
96	基于居民消费行为的京津冀城市群“碳锁定”形成机理与解锁路径研究	郭　琳	国际经济贸易学院	北京市自然科学基金、青年项目	论文	2018. 12
97	北京“高端引领人才”聚集的策略与路径研究——基于推拉理论的视角	黄海刚	中国开放经济与国际科技合作战略研究中心	北京教育科学规划课题、重点项目	研究报告	2019. 12

2017 年度校级社会科学研究项目

序号	项目名称	负责人	承担部门	项目分类、类别	预期成果形式	计划完成时间
1	制度环境、商业银行公司治理与资源配置效率创新团队	祝继高	国际商学院	学术创新团队	论文专著	2019. 12
2	我国外贸增速下滑中的周期性和结构性问题研究团队	李计广	国际经济研究院	学术创新团队	论文专著	2019. 12
3	健康风险与保险保障研究创新团队	祝　伟	保险学院	学术创新团队	论文专著	2019. 12
4	中国与“一带一路”沿线国家合作模式研究创新团队	丁　隆	外语学院	学术创新团队	论文专著	2019. 12
5	基于开源数据分析的国际安全态势感知与冲突预测模型研究	董青岭	国际关系学院	学术创新团队	论文专著	2019. 12

续表

序号	项目名称	负责人	承担部门	项目分类、类别	预期成果形式	计划完成时间
6	公共产品供给理念下我国互联网金融产业政策与法制建设的优化及创新研究	冯　辉	法学院	学术创新团队	论文专著	2019.12
7	基于大数据态势感知技术的我国周边安全战略信任网络构建研究	王海滨	国际关系学院	一般项目	论文	2019.12
8	高校教师职业年金工资替代率敏感性研究	王韵含	人力资源处	一般项目	论文	2019.12
9	新时期校院两级预算管理改革探析——以 A 高校为例（实际以我校为例分析校院两级预算管理改革）	付希珍	财务处	一般项目	论文	2019.12
10	大数据背景下网络交易格式条款规制研究	宁红丽	法学院	一般项目	论文	2019.12
11	多指标下贸易便利化效果的动态研究——基于“一带一路”视角	吕若思	公共管理学院	一般项目	论文	2019.12
12	视野、治理与路径：清总税务司典籍背后近代中国现代性的兴起	朱向峰	宣传部	一般项目	论文	2019.12
13	人口老龄化背景下我国社会长期护理保险筹资机制研究	孙　洁	保险学院	一般项目	论文	2019.12
14	经济伦理与清末民初小说的“现代性”生成	李　铭	英语学院	一般项目	论文	2019.12
15	从外太空灯光数据看 PPP 项目对经济增长影响	李燕红	教室与会议中心	一般项目	论文	2019.12
16	财经类高校青年教师思想政治教育工作的途径与方法研究	辛　愿	人力资源处	一般项目	论文	2019.12
17	基于熵视角的模糊随机投资组合风险度量建模与实证研究	张宇卓	统计学院	一般项目	论文	2019.12
18	清末民初小说文体转型研究	陆楠楠	中文学院	一般项目	论文	2019.12
19	奢侈品社会化媒体传播效果研究	陈　可	国际商学院	一般项目	论文	2019.12
20	习近平新时代文化自信重要论述的实现路径研究	邵　鹏	公共管理学院	一般项目	论文	2019.12
21	历史品牌如何重返市场：基于品牌继承（brand heritage）视角的研究	尚晓燕	国际商学院	一般项目	论文	2019.12
22	“双一流”建设视域中世界商科一流高校与一流学科的研究——基于标杆管理的视角	孟令东	校办	一般项目	论文	2019.12

续表

序号	项目名称	负责人	承担部门	项目分类、类别	预期成果形式	计划完成时间
23	杜甫歌行体咏物诗的艺术特色	赵　化	中文学院	一般项目	论文	2019.12
24	论中法两国在非洲金融货币合作前景	赵永升	外语学院	一般项目	专著	2019.12
25	移动社交媒体思维与新形势下高校教师思想政治工作模式的融入性研究	黄春佑	人力资源处	一般项目	论文	2019.12
26	基于大数据分析的市场有效性研究	雷　擎	信息学院	一般项目	专著	2019.12
27	复杂不确定环境下特大城市公共危机事件的态势评估方法研究	刘小月	信息学院	青年项目	论文	2019.12
28	“一带一路”倡议下ISDS研究	陈正健	法学院	青年项目	论文	2019.12
29	中国企业对俄“跨界投资”现象研究	胡　明	外语学院	青年项目	论文	2019.12
30	明末关宁军研究	曾　磊	马克思主义学院	青年项目	专著	2019.12
31	交叉上市与企业创新	石贝贝	国际经济贸易学院	新进青年教师科研启动项目	论文	2019.12
32	贸易自由化与企业高储蓄之谜	张国峰	国际经济贸易学院	新进青年教师科研启动项目	论文	2019.12
33	产业转型升级和贸易转型升级下的企业创新行为研究	郑文平	国际经济贸易学院	新进青年教师科研启动项目	论文	2019.12
34	卖空压力与企业融资行为	马黎珺	国际商学院	新进青年教师科研启动项目	论文	2019.12
35	新兴市场国家跨国公司的国际化战略研究	张　竹	国际商学院	新进青年教师科研启动项目	论文	2019.12
36	家族企业董事会配置的影响因素与经济后果研究	赵宜一	国际商学院	新进青年教师科研启动项目	论文	2019.12
37	沪深港通与股票市场信息效率	阚　铄	金融学院	新进青年教师科研启动项目	论文	2019.12
38	我国企业债务违约风险	王　云	金融学院	新进青年教师科研启动项目	论文	2019.12
39	中国家庭金融知识、投资决策及财富不平等研究	徐　佳	金融学院	新进青年教师科研启动项目	论文	2019.12
40	财政分权、地方政府竞争和企业创新	张修平	金融学院	新进青年教师科研启动项目	论文	2019.12
41	农业风险识别与评估在农业保险中的应用	李政宵	保险学院	新进青年教师科研启动项目	论文	2019.12
42	不确定环境下的微分博弈在供应链管理中的应用	杨向峰	信息学院	新进青年教师科研启动项目	论文	2019.12
43	京津冀地区大气污染治理的责任分担机制研究	刘巧玲	公共管理学院	新进青年教师科研启动项目	论文	2019.12

续表

序号	项目名称	负责人	承担部门	项目分类、类别	预期成果形式	计划完成时间
44	“分离权”与民主分离思潮研究	庄吟茜	国际关系学院	新进青年教师科研启动项目	论文	2019.12
45	互联网背景下跨境经济规模的测算方法研究	牛　华	统计学院	新进青年教师科研启动项目	论文	2019.12
46	房价上涨、抵押借贷与企业出口——来自中国微观企业的经验证据	刘灿雷	国际经济研究院	新进青年教师科研启动项目	论文	2019.12
47	北京职场“海归”的语言身份认同研究	郭晓彦	英语学院	新进青年教师科研启动项目	论文	2019.12
48	“一带一路”倡议背景下北京市高校小语种专业学生的学习动机与自主学习行为关系研究：以自我决定动机理论的视角	李震宁	外语学院	新进青年教师科研启动项目	论文	2019.12
49	中国西班牙语学者翻译学研究状况	王　奕	外语学院	新进青年教师科研启动项目	论文	2019.12
50	中国新闻媒介体制：构成分析与可能演进	秦　汉	中国语言文学学院	新进青年教师科研启动项目	论文	2019.12
51	全球价值链演化与中国产业升级	赵　静	全球价值链研究院	新进青年教师科研启动项目	论文	2019.12
52	全球价值链视觉下中国贸易便利化政策研究	工春蕊	公共管理学院	学术著作出版资助	专著	2019.12
53	金融发展与中国企业的全球价值链升级模式研究	吕　越	中国世界贸易组织研究院	学术著作出版资助	专著	2019.12
54	日本語の談話における「ダ」の意味機能	刘雅静	外语学院	学术著作出版资助	专著	2019.12
55	CEO继任对企业战略影响研究：动因、情境与结果	刘　鑫	英语学院	学术著作出版资助	专著	2019.12
56	技术变化、产业结构演进与全球非平衡增长	陈福中	国际经济贸易学院	学术著作出版资助	专著	2019.12
57	美国国际货币政策决策研究：经济思想影响决策的路径与机制	阎　彬	英语学院	学术著作出版资助	专著	2019.12

（对外经济贸易大学科研处供稿）

中国传媒大学

2017年度承担国家级、省部级社会科学研究项目

序号	项目名称	负责人	承担部门	项目分类、类别	预期成果形式	计划完成时间
1	中国社会科学词条库（传播学）	胡正荣	国家传播创新研究中心	国家社会科学基金、重点项目	专著	2019.12

续表

序号	项目名称	负责人	承担部门	项目分类、类别	预期成果形式	计划完成时间
2	自媒体时代中国政治传播新秩序及转型研究	荆学民	文法学部	国家社会科学基金、重点项目	专著	2020.12
3	中国新发展理念	符绍强	广告学院	国家社会科学基金、一般项目	译著	2020.12
4	抗战时期中国共产党在对日宣传战中的中流砥柱作用研究	赵新利	广告学院	国家社会科学基金、一般项目	专著、研究报告	2019.12
5	反生产行为的具身性影响因素及其作用机制研究	皇甫刚	经管学部	国家社会科学基金、一般项目	论文集、研究报告	2020.12
6	中国马克思主义传播史论	张　付	马克思主义学院	国家社会科学基金、一般项目	专著	2018.12
7	基于大数据分析的学术期刊质量评价体系研究	赵　均	年鉴编辑部	国家社会科学基金、一般项目	论文集、研究报告	2020.07
8	中国当代文学海外传播研究(韩文)	孙鹤云	外国语学院	国家社会科学基金、一般项目	译著	2020.12
9	中国文化走出去效果评估研究	李怀亮	文法学部	国家社会科学基金、一般项目	专著	2020.12
10	口述历史语篇的计量语体研究	赵　雪	文法学部	国家社会科学基金、一般项目	专著	2021.12
11	藏缅语并列结构的类型学研究	范丽君	文法学部	国家社会科学基金、一般项目	专著	2020.09
12	媒体融合条件下广播电视业创新发展调查与研究	周　逵	新闻传播学部	国家社会科学基金、一般项目	专著、研究报告	2019.12
13	基于价值链创新的大数据对影视剧生产与传播影响研究	戴建华	经管学部	国家社会科学基金艺术学、一般项目	专著	2020.10
14	丝绸之路新疆段非物质文化遗产的当代流变分析	杨　红	经管学部	国家社会科学基金艺术学、一般项目	专著	2020.10
15	国有文化企业社会效益评价考核体系研究	张春河	经管学部	国家社会科学基金艺术学、一般项目	专著	2020.10
16	国际高等教育腐败治理模式比较研究	王筱蕾	文法学部	全国教育科学规划课题、青年项目	论文、研究报告	2019.07
17	互联网背景下教育舆情研究	王保华	协同创新中心	全国教育科学规划课题、重点项目	专著	2018.12
18	社会资本进入传媒领域政策研究	李丹林	文法学部	国家社会科学基金、特别委托项目	研究报告	2017.06
19	网络文艺批评人才培养	范　周	经管学部	国家艺术基金、一般项目	著作	2018.08
20	艺术科技创新人才培养	段　鹏	艺术学部	国家艺术基金、一般项目	培训	2018.10
21	历史类博物馆的展览叙事与设计研究	巫　濛	广告学院	教育部人文社会科学研究、一般项目	研究报告	2020.10
22	战国秦汉日书词语研究	梁　超	理工学部	教育部人文社会科学研究、一般项目	专著	2020.10

续表

序号	项目名称	负责人	承担部门	项目分类、类别	预期成果形式	计划完成时间
23	斯图亚特·霍尔传播思想研究（教育部项目）	黄典林	新闻传播学部	教育部人文社会科学研究、一般项目	专著	2020.10
24	中国对拉美软实力传播研究	朱振明	新闻传播学部	教育部人文社会科学研究、一般项目	专著	2020.10
25	基于风景园林自然过程的大型城市公园设计策略研究	曹凯中	艺术学部	教育部人文社会科学研究、一般项目	研究报告	2020.10
26	当代电影叙事理论研究：对当前编剧书的观察、比较和案例化分析	李　力	艺术学部	教育部人文社会科学研究、一般项目	专著	2020.10
27	元明清题画诗文图关系的演变	王韶华	艺术学部	教育部人文社会科学研究、一般项目	专著	2020.10
28	国家语言资源监测与研究有声媒体中心共建项目	邹　煜	国家语言资源监测与研究有声媒体中心	教育部语信司社科研究、一般项目	研究报告	2018.12
29	中国语言文字事业年鉴（2017年）	段　鹏	艺术学部	教育部语用司社科研究、一般项目	研究报告	2018.12
30	政务新媒体语言传播及其工作效果研究	段　鹏	艺术学部	教育部语用司社科研究、一般项目	研究报告	2018.12
31	新发展理念下广播影视转型升级研究	符绍强	广告学院	国家新闻出版广电总局、一般项目	专著、研究报告	2018.12
32	中国广播电视公益广告传播效果研究	初广志	广告学院	国家新闻出版广电总局、一般项目	研究报告	2018.07
33	地方广播电视媒体融合创新的理念与实践研究	张　磊	国家传播创新研究中心	国家新闻出版广电总局、一般项目	研究报告	2018.12
34	深化广播电视供给侧结构性改革研究	周　亭	国家传播创新研究中心	国家新闻出版广电总局、一般项目	研究报告	2018.03
35	电视剧项目投融资风险评估体系研究	宋培义	经管学部	国家新闻出版广电总局、一般项目	研究报告	2018.12
36	广播影视大数据业务发展研究	殷复莲	理工学部	国家新闻出版广电总局、一般项目	研究报告	2018.10
37	中国影视作品非洲传播之市场调查与发展路径研究	麻争旗	外国语学院	国家新闻出版广电总局、一般项目	研究报告	2020.10
38	“中国故事”的电影叙事能力提升研究	邓文卿	文科科研处	国家新闻出版广电总局、一般项目	研究报告	2018.12
39	视听新媒体新业态发展与管理研究	刘燕南	新闻传播学部	国家新闻出版广电总局、一般项目	研究报告	2018.12
40	提升广播电视新闻宣传传播力引导力影响力公信力研究	雷跃捷	新闻传播学部	国家新闻出版广电总局、一般项目	研究报告	2019.10
41	新媒体内容“低俗化”现象治理政策研究	郎劲松	新闻传播学部	国家新闻出版广电总局、一般项目	研究报告	2017.12
42	电影产业：从观看经济到体验经济——电影与旅游跨界融合发展战略研究	刘新鑫	新闻传播学部	国家新闻出版广电总局、一般项目	研究报告	2018.09

续表

序号	项目名称	负责人	承担部门	项目分类、类别	预期成果形式	计划完成时间
43	媒介融合时代中国电视时政新闻发展创新研究	刘　俊	学报	国家新闻出版广电总局、一般项目	研究报告	2018.10
44	中国电视文艺栏目研究	冯　亚	艺术学部	国家新闻出版广电总局、一般项目	论文	2019.06
45	媒介融合业态下电视剧网络剧内容原创力的现状分析与提升策略研究	戴　清	艺术学部	国家新闻出版广电总局、一般项目	研究报告	2018.08
46	北京冬奥会的传播战略研究	董关鹏	继续教育学部	北京市社会科学基金、重大项目	研究报告	2020.06
47	基于大数据的北京形象研究	文春英	新闻传播学部	北京市社会科学基金、重大项目	专著	2020.08
48	北京市文化创意企业生产效率的测度及影响因素研究	池建宇	经管学部	北京市社会科学基金、一般项目	研究报告	2020.06
49	影视剧翻译机制研究——语言学的视角	麻争旗	外国语学院	北京市社会科学基金、一般项目	系列论文	2020.07
50	京派电视剧审美价值研究	杜莹杰	文法学部	北京市社会科学基金、一般项目	系列论文	2019.06
51	融合背景下北京主流媒体舆论引导能力建设研究	唐远清	新闻传播学部	北京市社会科学基金、一般项目	研究报告	2018.06
52	首都高校媒体治理与意识形态安全研究	李　舒	党委、校长办公室(法规办)	北京市社会科学基金、一般项目	研究报告	2020.12
53	融合时代首都主流媒体的传播艺术提升研究	刘　俊	学报	北京市社会科学基金、一般项目	研究报告、系列论文	2019.07
54	当前北京小剧场话剧现象及发展态势研究（2016—2019年）	郑　月	艺术学部	北京市社会科学基金、一般项目	研究报告	2018.12
55	北京地区当代流行音乐文化与城市发展互动关系研究	张慧喆	艺术学部	北京市社会科学基金、重大项目	专著	2020.06
56	民族影像记忆与民族文化传承研究	马　铨	新闻传播学部	国家民族文化委员会、一般项目	研究报告	2018.12
57	网络宣传引导时度效课题研究	高晓虹	新闻传播学部	国家民族文化委员会、一般项目	研究报告	2017.05
58	西藏新闻报道的融合转型与创新发展研究	张　龙	国际交流与合作处	国家民族文化委员会、一般项目	研究报告	2018.12
59	民族语言调查·云南景洪基诺语攸乐山方言	范丽君	文法学部	国家语言文字委员会、规划项目	研究报告	2018.12
60	民族语言调查·西藏察隅扎话	李大勤	文法学部	国家语言文字委员会、规划项目	研究报告	2018.12
61	关于新时期“三农”新闻舆论问题研究政府购买服务合同	王灿发	新闻传播学部	农业部社科研究、一般项目	论文、研究报告	2017.12
62	合作金融与农民合作社内部信用合作研究	曲小刚	经管学部	农业部社科研究、一般项目	研究报告	2017.12

续表

序号	项目名称	负责人	承担部门	项目分类、类别	预期成果形式	计划完成时间
63	高校共青团宣传系统改革与发展模式研究	陈莹峰	团委	共青团中央社科、一般项目	论文	2017. 11

（中国传媒大学科研处供稿）

中国农业大学

2017 年度承担国家级、省部级社会科学研究项目

序号	项目名称	负责人	承担部门	项目分类、类别	预期成果形式	计划完成时间
1	新型农业经营主体的村庄社会基础研究	陈义媛	人文与发展学院	国家社会科学基金项目	论文集	2019. 12
2	我国粮食产业供给侧结构性改革路径研究	韩一军	经济管理学院	国家社会科学基金项目	专著、研究报告	2020. 12
3	共享发展理念下中国特色社会主义共同富裕研究	王　琳	马克思主义学院	国家社会科学基金项目	专著、论文集	2020. 12
4	垂直专业化视角下中国农业参与全球价值链的影响机制研究	刘宏曼	经济管理学院	国家社会科学基金项目	研究报告	2019. 12
5	农业社会学的理论框架与核心议题研究	熊春文	人文与发展学院	国家社会科学基金项目	专著、研究报告	2020. 12
6	新型农村社会养老保险对农村留守老人主观福利的影响研究	方向明	经济管理学院	国家社会科学基金项目	研究报告	2019. 03
7	西北三声调方言的连字调研究	衣　莉	人文与发展学院	国家社会科学基金项目	论文集、研究报告	2022. 02
8	信用合作演变规律和运行机制的国际比较与借鉴	鞠荣华	经济管理学院	国家社会科学基金项目	专著	2018. 01
9	农业社会学的基本理论与前沿问题研究	熊春文	人文与发展学院	国家社会科学基金项目	专著、研究报告	2021. 12
10	地下水超采区耕地资源休养生息政策绩效评估及改进策略	孔祥斌	资源与环境学院	教育部人文社会科学研究项目	论文	2020. 12
11	习近平乡村治理理论与实践研究	张玲玲	马克思主义学院	中国特色社会主义理论体系研究专项	论文	2019. 03
12	京郊贫困村精准扶贫政策的瞄准机制研究	唐丽霞	人文与发展学院	北京市社会科学基金项目	研究报告	2020. 05
13	“三权分置”下北京市农地规模经营现状及效果评价	朱俊峰	经济管理学院	北京市社会科学基金项目	系列论文	2020. 07
14	北京乡村精准扶贫过程中不同行动者的困境研究	高瑞琴	人文与发展学院	北京市社会科学基金项目	研究报告	2019. 06
15	习近平总书记扶贫开发重要论述研究	王　琳	马克思主义学院	北京市社会科学基金项目	专著	2021. 06
16	创新财政支农机制研究	刘启明	人文与发展学院	农业部软科学项目	研究报告	2017. 12

续表

序号	项目名称	负责人	承担部门	项目分类、类别	预期成果形式	计划完成时间
17	“一带一路”区域我国农业贸易与投资研究	韩一军	经济管理学院	农业部软科学项目	研究报告	2017.12
18	我国功能农业发展与政策研究	赵桂慎	资源与环境学院	农业部软科学项目	研究报告	2017.12
19	创新体制机制加快构建现代种业体系研究	朱俊峰	经济管理学院	农业部软科学项目	研究报告	2017.12
20	农村生活垃圾处理的难点、障碍与经验研究	王瑞梅	经济管理学院	农业部软科学项目	研究报告	2017.12
21	农业补贴政策“黄转绿”问题研究	田志宏	经济管理学院	农业部软科学项目	研究报告	2017.12
22	灌溉用水户水权交易和制度保障研究	韩　青	经济管理学院	农业部软科学项目	研究报告	2017.12
23	中国西南天然橡胶生产区的农村经济转型研究	白军飞	经济管理学院	国家自然科学基金项目	研究报告	2020.12
24	关系网络与社会互动——基于空间计量经济学的方法	陈前恒	经济管理学院	国家自然科学基金项目	研究报告	2021.12
25	空间均衡视角下蔬菜跨区域供给、地区结构及供给效应研究	穆月英	经济管理学院	国家自然科学基金项目	研究报告	2021.12
26	能源效率、环境规制与中国制糖业发展研究	司　伟	经济管理学院	国家自然科学基金项目	研究报告	2021.12

（中国农业大学科学技术发展研究院张颖供稿）

中国地质大学（北京）

2017年度承担国家级、省部级社会科学研究项目

序号	项目名称	负责人	承担部门	项目分类、类别	预期成果形式	计划完成时间
1	京津冀地区产业部门能源消费关联分析及区域协同节能政策研究	杨　谨	文管学院	教育部人文社科研究项目	论文	2020.01
2	区域协调发展战略背景下产业间带动效应研究——基于复杂网络视角	高湘昀	文管学院	教育部人文社科研究项目	论文、结题报告	2020.07
3	基于区块链的北京市绿色证书智能合约交易机制研究	冯天天	文管学院	北京市社会科学基金、青年项目	研究报告	2020.07
4	京津冀潮白河流域耕地变化驱动力与协同管理对策	曹银贵	土科学院	北京市社会科学基金、青年项目	研究报告	2020.06
5	基于协同理念的高校学业辅导模式探究——以中国地质大学（北京）为例	谭凤凤	地信学院	首都大学生思想政治教育研究课题	论文、研究报告、调查报告	2018.12
6	依托学生社团进行青年马克思主义者培养培育研究	王静修	思政学院	首都大学生思想政治教育研究课题	研究报告、论文	2019.04

续表

序号	项目名称	负责人	承担部门	项目分类、类别	预期成果形式	计划完成时间
7	改革开放以来中国大学生价值观变迁研究	姜恩来	思政学院	首都大学生思想政治教育研究课题	研究报告、论文	2020. 12
8	《论语》对培育大学生“敬业”观的作用研究	王欢欢	文管学院	首都大学生思想政治教育研究课题	调查报告、论文	2018. 12
9	新形势下教育引导大学生树立“四个正确认识”实效性研究	李倩雯	学工处	首都大学生思想政治教育研究课题	研究报告、论文	2018. 12
10	研究生心理健康教育工作薄弱环节调研及对策研究——以中国地质大学（北京）为例	王冠利	土科学院	首都大学生思想政治教育研究课题	研究报告、论文	2019. 03

2017 年度校级社会科学研究项目（横向）

序号	项目名称	负责人	承担部门	项目分类、类别	预期成果形式	计划完成时间
1	大学英语教学中导入中国文化的学生需求调查和实证研究	程　杰	外语学院	企事业单位委托项目	研究报告	2018. 12
2	资源型城市空气质量与经济发展的耦合关系研究	李　莉	文管学院	企事业单位委托项目	论文、研究报告	2019. 06
3	现代信息技术与物理实验教学的深度融合研究	郑志远	数理学院	企事业单位委托项目	研究报告	2018. 03
4	北京民进会员思想状况调研报告	刘海燕	文管学院	其他横向项目	研究报告	2017. 12
5	选词填空题型能力测查体系研究	杨春俏	文管学院	其他横向项目	研究报告	2018. 06
6	2017 年全国学生定向锦标赛技术保障	陈津梁	体育部	其他横向项目	著作	2017. 12
7	高校实验技术队伍建设及发展研究	任　佳	资产处	其他横向项目	研究报告	2018. 12
8	民主党派的民主监督作用研究	刘海燕	文管学院	其他横向项目	研究报告	2017. 12
9	全国非油气矿产资源开发利用统计分析模型建设	安海忠	文管学院	其他横向项目	著作	2017. 11
10	东北区耕地质量分等相关国家级参数验证、论证、指导等工作（2017 年）	吴克宁	土科学院	其他横向项目	著作	2018. 04
11	2017 年北京、天津、河北、山西、内蒙古五省（区、市）土地利用和管理形势分析	赵华甫	土科学院	其他横向项目	研究报告	2017. 12
12	湖南省能源（地质能源）发展战略研究	李华娇	文管学院	其他横向项目	研究报告	2018. 02

2017年度基本科研业务费优秀导师基金项目

序号	项目名称	负责人	承担部门	预期成果形式	计划完成时间
1	京津冀地区与中国其他省份间的隐含碳排放转移研究	雷涯邻	文管学院	论文、报告	2018.09
2	基于支持向量机模型的北京市生态足迹预测研究	雷涯邻	文管学院	论文、报告	2018.09
3	碳排放约束下中国地热产业发展政策模拟与优化选择	雷涯邻	文管学院	论文、报告	2018.09
4	石油多级产品链的全球贸易模式演变	安海忠	文管学院	论文、报告	2018.06
5	基于多层网络的网络舆情传播对股价波动的影响研究	安海忠	文管学院	论文、报告	2018.06
6	能源上市公司股东间共持关系与持股行为的仿真与预测	安海忠	文管学院	论文、报告	2018.06
7	基于复杂网络的“一带一路”沿线国家贸易格局研究	刘慧芳	文管学院	论文、报告	2018.06
8	世界温室气体排放的空间演变趋势研究——基于WIOT的分析	葛建平	文管学院	论文、报告	2018.06
9	中国生产侧和需求侧碳排放核算	吴三忙	文管学院	论文、报告	2018.06
10	京津冀地区与其他地区间隐含 CO_2 转移研究	吴三忙	文管学院	论文、报告	2018.06
11	张家口生态涵养区环境与产业发展政策动态模拟研究	闫晶晶	文管学院	论文、报告	2018.06
12	基于动态模拟的唐山市大气环境改善综合政策研究	沙景华	文管学院	论文、报告	2018.06
13	能源上市公司的共股东行为对公司收益率的影响研究	周进生	文管学院	论文、报告	2018.06

（中国地质大学科技处供稿）

北京科技大学

2017年度承担国家级、省部级社会科学研究项目

序号	项目名称	负责人	承担部门	项目分类、类别	预期成果形式	计划完成时间
1	中国冶金史	潜　伟	科技史与文化遗产研究院	国家社会科学基金项目、重大项目	专著	2022.12
2	政府财务信息披露质量提升研究	张曾莲	东凌经济管理学院	国家社会科学基金项目、后期资助项目	专著	2017.12
3	网络空间党的意识形态话语权建构机制研究	李江静	马克思主义学院	国家社会科学基金项目、青年项目	论文集、研究报告	2020.12
4	《中国共产党巡视工作条例》落实研究	宋　伟	马克思主义学院	国家社会科学基金项目、青年项目	专著、研究报告	2019.12

续表

序号	项目名称	负责人	承担部门	项目分类、类别	预期成果形式	计划完成时间
5	平台型组织创新研究	陈光华	东凌经济管理学院	国家社会科学基金项目、青年项目	专著	2019.06
6	环境群体性事件中公众非制度化利益表达及其治理逻辑研究	马胜强	文法学院	国家社会科学基金项目、青年项目	专著	2020.12
7	我国政府创新创业投资引导基金投资运行机制研究	黄晓霞	东凌经济管理学院	国家社会科学基金项目、一般项目	论文集、研究报告	2019.08
8	完善国家网络安全保障体系综合研究	安　静	马克思主义学院	国家社会科学基金项目、青年项目	研究报告	2019.07
9	京津冀协同发展中政府间合作的激励约束机制与耦合路径研究	杨志云	文法学院	国家社会科学基金项目、青年项目	论文集、研究报告	2020.12
10	汉语母语者英语习得年龄的效应规律及其认知神经机制研究	薛　锦	外国语学院	国家社会科学基金项目、一般项目	专著	2019.12
11	元明清民国时期官话语音语料库平台建设与研究	皇甫伟	计算机与通信工程学院	国家社会科学基金、重大项目子课题	研究报告	2022.12
12	面向计算机人工智能的组合范畴语法研究	满海霞	外国语学院	国家社会科学基金、重大项目子课题	研究报告	2022.12
13	先秦时期中原与边疆地区冶金手工业考古资料整理与研究	李秀辉	科技史与文化遗产研究院	国家社会科学基金、重大项目子课题	研究报告	2022.12
14	掌握意识形态工作领导权、话语权、管理权研究	李艳艳	马克思主义学院	国家社会科学基金、重大项目子课题	研究报告	2018.12
15	危机中的当代资本主义研究	李艳艳	马克思主义学院	国家社会科学基金、重大项目子课题	研究报告	2018.03
16	北京非首都功能疏解中存量用地更新利用研究	沈昊婧	文法学院	教育部人文社会科学研究、青年基金项目	论文、研究报告	2019.03
17	紧凑型生产模式下混合流程工业的订单承诺模型及影响因素分析	王柏琳	东凌经济管理学院	教育部人文社会科学研究、青年基金项目	著作、论文	2019.12
18	制度约束对高耗能产业绿色转型作用机理研究——以钢铁产业为例	王晓岭	东凌经济管理学院	教育部人文社会科学研究、青年基金项目	论文、咨询报告	2019.12
19	开放式创新环境下网络嵌入性对研发型科技中介服务影响机理的实证研究	林　敏	东凌经济管理学院	教育部人文社会科学研究、青年基金项目	著作、论文	2020.08

续表

序号	项目名称	负责人	承担部门	项目分类、类别	预期成果形式	计划完成时间
20	新中国成立以来中尼关系发展演变的历史考察和经验研究	穆阿妮	马克思主义学院	教育部人文社会科学研究、青年基金项目	论文	2020.06
21	医患陪三方交际中陪同介入的会话分析研究	杨　子	外国语学院	教育部人文社会科学研究、青年基金项目	论文	2020.03
22	2016全国学生资助工作绩效考评	曲绍卫	文法学院	教育部全国学生资助管理中心资助项目	研究报告	2017.08
23	北京市政府债务适度规模的评价、动因、后果与治理研究	张曾莲	东凌经济管理学院	北京市社会科学基金、青年项目	研究报告	2019.06
24	北京市产业升级、环境治理与经济增长研究	何　枫	东凌经济管理学院	北京市社会科学基金、一般项目	研究报告	2020.06
25	北京市高校大学生创业金融支持体系构建与应用研究	李晓静	东凌经济管理学院	北京市社会科学基金、一般项目	研究报告	2019.06
26	基于客户评论可信度的北京市网络购物评价体系及管理机制研究	郝　玫	东凌经济管理学院	北京市社会科学基金、青年项目	研究报告	2019.12
27	基于社会网络分析的北京市社区服务供给多元主体合作有效性研究	王　杨	马克思主义学院	北京市社会科学基金、青年项目	研究报告	2019.12
28	生态学命题的逻辑分析	毕　丞	马克思主义学院	北京市社会科学基金、青年项目	研究报告	2020.07
29	马克思意识形态概念在中国传播的历史考察及其批判审视	李紫娟	马克思主义学院	北京市社会科学基金、青年项目	专著	2021.12
30	北京应对意识形态网络舆论战的方式研究	李艳艳	马克思主义学院	北京市社会科学基金、一般项目	研究报告	2019.03
31	碳配额约束下企业低碳发展模式优化研究——以京津冀地区制造业为例	戴淑芬	东凌经济管理学院	北京市社会科学基金、基地重点项目	研究报告	2020.05
32	碳排放交易及碳税对双渠道闭环供应链网络设计影响研究——以北京企业为例	朱晓宁	东凌经济管理学院	北京市社会科学基金、基地一般项目	研究报告	2019.03
33	首都地区财政教育经费绩效评价与提升研究	张曾莲	东凌经济管理学院	北京市教育科学规划项目、一般项目	研究报告	2019.03
34	大数据在提高学校教育质量方面的应用研究	赵鲁涛	数理学院	北京市教育科学规划项目、优先关注项目	研究报告	2020.03

续表

序号	项目名称	负责人	承担部门	项目分类、类别	预期成果形式	计划完成时间
35	学会联合体发展研究	潘建红	马克思主义学院	中国科协资助项目	研究报告	2017.12
36	北京高校思想政治理论课教师队伍建设扬帆资助计划	穆阿妮	马克思主义学院	北京市教工委宣教处资助项目	论文、研究报告	2018.12
37	北京高校思想政治理论课教师队伍建设扬帆资助计划	周　鑫	马克思主义学院	北京市教工委宣教处资助项目	研究报告、论文	2017.12
38	《反兴奋剂条例》修改研究项目	王霁霞	文法学院	国家体育总局科教司资助项目	研究报告	2018.12
39	科技革命产业变革研究	潘建红	马克思主义学院	云南省人民政府发展研究课题项目	研究咨询报告	2018.07

2017年度校级社会科学研究项目

序号	项目名称	负责人	承担部门	项目分类、类别	预期成果形式	计划完成时间
1	强化高校后勤基层党支部政治引领作用研究	鲍　博	后勤服务集团	2017北京高校党建研究会课题	研究报告	2018.12
2	增强高校教师理论学习实效性研究——以北京科技大学化学与生物工程学院为例	郑安阳	化学与生物工程学院	2017北京高校党建研究会课题	研究报告	2018.12
3	微环境下高校学生党支部学习教育模式创新研究	顾耘宇	文法学院	2017北京高校党建研究会课题	研究报告	2018.12
4	改革开放以来大学生社会实践的历程、经验与启示	陈　凯	计算机与通信工程学院	2017北京高校党建研究会课题	研究报告	2018.12
5	高校教师党支部发挥作用机制和平台研究——以北京科技大学为例	黄国忠	土木与资源工程学院	2017北京高校党建研究会课题	研究报告	2018.12
6	发挥离退休干部独特优势，助力青年党员成长研究	曹艳秋	化学与生物工程学院	2017北京高校党建研究会课题	研究报告	2018.12
7	新形势下博士生党建工作的途径研究	邓　波	文法学院	2017北京高校党建研究会课题	研究报告	2018.12
8	依托企业工程实践平台开展“发挥先锋模范作用，争做合格共产党员”调查研究	李京社	冶金与生态工程学院	2017北京高校党建研究会课题	研究报告	2018.12
9	系所党支部政治引领与模范作用机制研究	朱维耀	土木与资源工程学院	2017北京高校党建研究会课题	研究报告	2018.12
10	“工匠精神”对工科大学生党员角色意识和行为规范影响研究	刘　娜	高等工程师学院	2017北京高校党建研究会课题	研究报告	2018.12
11	新形势下高校基层党组织活动形式的研究	于宝库	机械工程学院	2017北京高校党建研究会课题	研究报告	2018.12
12	“线上+线下”助力研究生“两学一做”学习教育的实践研究——以国家科学中心为例	蒋灵斌	计算机与通信工程学院	2017北京高校党建研究会课题	研究报告	2018.12

续表

序号	项目名称	负责人	承担部门	项目分类、类别	预期成果形式	计划完成时间
13	探索文化建设与学生党建工作的结合	刘冬阳	东凌经济管理学院	2017 北京高校党建研究会课题	研究报告	2018.12
14	“两学一做”专题教育背景下加强高校院系党组织建设的途径研究	陈月芳	能源与环境工程学院	2017 北京高校党建研究会课题	研究报告	2018.12
15	高等教育国际化背景下高校党建工作面临的形势及应对策略	赵立英	数理学院	2017 北京高校党建研究会课题	研究报告	2018.12
16	高校基层党组织在爱国主义教育中的作用研究	陈大鹏	党政部门	2017 北京高校党建研究会课题	研究报告	2018.12
17	运用新媒体手段提升大学生党建工作和思想政治教育的实效性研究	崔　睿	党政部门	2017 北京高校党建研究会课题	研究报告	2018.12
18	如何优化学生党支部设置形式　发挥学生党员先锋作用	武冠雄	外国语学院	2017 北京高校党建研究会课题	研究报告	2018.12
19	新生入党积极分子培养的有效路径探究	王海波	材料科学与工程学院	2017 北京高校党建研究会课题	研究报告	2018.12
20	高校校医院基层党支部活动形式研究	刘明明	党政部门	2017 北京高校党建研究会课题	研究报告	2018.12
21	高校后勤党员干部教育培训针对性实效性研究结题报告	童　华	后勤服务集团	2017 北京高校党建研究会课题	研究报告	2018.12
22	海境外交流党员后备队伍的教育与管理机制探讨	郭侃俊	党政部门	2017 北京高校党建研究会课题	研究报告	2018.12
23	工程师精神及其对大学生思想政治教育的路径研究——以北京科技大学卓越工程师班为例	王小宁	高等工程师学院	2017 北京高校党建研究会课题	研究报告	2018.12
24	增强高校教师党员理论学习实效性研究	李　洁	党政部门	2017 北京高校党建研究会课题	研究报告	2018.12
25	加强高校研究生党支部建设探究	金龙哲	土木与资源工程学院	2017 北京高校党建研究会课题	研究报告	2018.12
26	辅导员主流思想政治意识现状分析研究——以北京科技大学为例	潘红涛	马克思主义学院	2017 北京高校党建研究会课题	研究报告	2018.12
27	创建“党建＋”模式，助力精准就业帮扶	董春阳	机械工程学院	2017 北京高校党建研究会课题	研究报告	2018.12
28	新媒体环境下微视频在高校宣传思想工作中实效性研究	沈　崴	党政部门	2017 北京高校党建研究会课题	研究报告	2018.12
29	高校学生党支部与宿舍党支部共建模式研究——以东凌经济管理学院学生党支部为例	温　雅	东凌经济管理学院	2017 北京高校党建研究会课题	研究报告	2018.12

续表

序号	项目名称	负责人	承担部门	项目分类、类别	预期成果形式	计划完成时间
30	基于团体辅导模式的高校基层党组织活动探索	马　飞	机械工程学院	2017 北京高校党建研究会课题	研究报告	2018. 12
31	创新高校基层党组织活动形式研究	李　帅	党政部门	2017 北京高校党建研究会课题	研究报告	2018. 12
32	大数据背景下的高校学生学业预警研究	邓　波	文法学院	中共北京市教育工作委员会首都大学生思想政治教育一般、支持项目	研究报告、论文	2018. 03
33	当代大学生爱国主义情感表达方式研究	陈大鹏	党政部门	中共北京市教育工作委员会首都大学生思想政治教育一般、支持项目	论文、研究报告	2018. 01
34	“互联网 +” 背景下，学生党员践行 “两学一做” 的时效性研究	杨　雄	党政部门	中共北京市教育工作委员会首都大学生思想政治教育一般、支持项目	研究报告、论文	2018. 03
35	工程师精神及其对大学生思想政治教育路径的研究——以北京科技大学卓越工程师班为例	王小宁	高等工程师学院	中共北京市教育工作委员会首都大学生思想政治教育一般、支持项目	论文、调查报告	2018. 01
36	我国教育装备质量提升与国际比较研究	潘建红	马克思主义学院	中国教育装备研究院课题	研究报告、论文	2018. 06
37	校园交通管理规范研究	刘兴德	党政部门	北京高教保卫学会学术部课题	研究报告、论文	2017. 12
38	新阅读时代的 “985” “211” 高校图书馆读者需求调查及文献资源建设对策研究	张　利	图书馆	高等教育文献保障系统管理中心课题	研究报告	2017. 10
39	面向大数据的智慧教育系统研究	林　林	能源与环境工程学院	中国高等教育学会课题	研究报告	2018. 10
40	高等学校信息类教学设备开放共享模式研究	金仁东	党政部门	北京市高等教育学会课题	研究报告	2018. 06

（北京科技大学科学研究与发展部李静供稿）

北京交通大学

2017 年度承担国家级、省部级社会科学研究项目

序号	项目名称	负责人	承担部门	项目分类、类别	预期成果形式	计划完成时间
1	中国高铁经济理论解析框架及演化路径研究	林晓言	经济管理学院	国家社会科学基金、重大项目	研究报告、专著	2021. 12
2	网络时代企业转型升级的机理、路径和对策研究	张文松	经济管理学院	国家社会科学基金、重点项目	研究报告、专著	2019. 12

续表

序号	项目名称	负责人	承担部门	项目分类、类别	预期成果形式	计划完成时间
3	西学翻译与晚清中西、新旧思想嬗变互动研究	卢明玉	语言与传播学院	国家社会科学基金、一般项目	研究报告、专著	2020.12
4	负利率理论研究	阮　加	经济管理学院	国家社会科学基金、一般项目	专著	2021.06
5	基于统计分析的无罪判决证据适用问题实证研究	郑　飞	法学院	国家社会科学基金、一般项目	专著	2020.06
6	国有文化企业公司治理及评价研究	张　娜	经济管理学院	国家社会科学基金、一般项目	研究报告、论文集	2019.12
7	基于混合所有制改革动因的竞争性国企股权重组有效性研究	周绍妮	经济管理学院	国家社会科学基金、一般项目	研究报告	2020.06
8	十八大以来中国共产党执政形象的国际传播与塑造研究	李　冰	语言与传播学院	国家社会科学基金、一般项目	研究报告	2020.09
9	市民化进程中流动学前儿童语言能力发展及其影响因素研究	尹　静	语言与传播学院	国家社会科学基金、一般项目	研究报告、论文集	2020.06
10	我国转移支付改革与政府间事权和支出责任划分改革衔接问题研究	贾晓俊	经济管理学院	国家社会科学基金、一般项目	研究报告	2020.03
11	新世纪以来中国题材纪录片国际传播的国家形象构建及效果研究	赵艳明	语言与传播学院	国家社会科学基金、一般项目	研究报告、论文集	2020.12
12	新型城镇化背景下中国交通运输结构区域优化研究	刘铁鹰	经济管理学院	国家社会科学基金、一般项目	研究报告	2019.12
13	多元文化背景下的价值冲突与价值认同	陶蕾韬	马克思主义学院	国家社会科学基金、后期资助项目	专著	2019.09
14	新媒体时代社会思潮的传播机制及其引领研究	安　娜	马克思主义学院	教育部人文社会科学研究、青年基金项目	论文、咨询报告	2020.07
15	时空视角下高铁快运服务网络区域组织优化研究	焦敬娟	经济管理学院	教育部人文社会科学研究、青年基金项目	论文、咨询报告	2019.07
16	基于医保行政数据的医院竞争与医疗费用关系研究	王天宇	经济管理学院	教育部人文社会科学研究、青年基金项目	论文、咨询报告	2020.07
17	网路论战的衍生、传播规律及其社会影响研究	刘　凯	语言与传播学院	教育部人文社会科学研究、青年基金项目	著作、论文、咨询报告	2020.07
18	中国集体行动线上组织结构形态与线下互动机制研究	刘晓燕	语言与传播学院	教育部人文社会科学研究、青年基金项目	论文、咨询报告、教学成果	2020.07

续表

序号	项目名称	负责人	承担部门	项目分类、类别	预期成果形式	计划完成时间
19	基于电子病历文本的临床知识挖掘研究	尚小溥	经济管理学院	教育部人文社会科学研究、青年基金项目	论文、专利	2020.07
20	京津冀新城镇绿色养老住宅合作居住模式与空间设计研究	李珺杰	建筑与艺术学院	教育部人文社会科学研究、青年基金项目	论文、咨询报告	2020.07
21	中国特色大国外交新理念与我国对外援助	王玉萍	马克思主义学院	教育部人文社会科学研究、专项任务项目	论文	2019.05
22	国家治理现代化评价体系研究	李效东	马克思主义学院	教育部人文社会科学研究、专项任务项目	论文、咨询报告	2019.01
23	中国特色社会主义文化自信的内在逻辑研究	陈树文	马克思主义学院	教育部人文社会科学研究、专项任务项目	论文	2019.07
24	北京市健康人力资本测量与提升策略研究	唐代盛	经济管理学院	北京市社会科学基金、重点项目	研究报告	2020.06
25	北京郊区传统建筑工匠口述史	薛林平	建筑与艺术学院	北京市社会科学基金、一般项目	专著	2020.06
26	京津冀交通一体化法治协同问题研究	郑　翔	法学院	北京市社会科学基金、一般项目	专著	2019.07
27	北京非物质文化遗产英译：理论、实践与传播路径	王建荣	语言与传播学院	北京市社会科学基金、一般项目	研究报告	2020.12
28	美国主流媒体中的中国国家形象研究	程瑾涛	语言与传播学院	北京市社会科学基金、一般项目	研究报告	2020.06
29	京西传统村落的日常生活空间研究	王　鑫	建筑与艺术学院	北京市社会科学基金、青年项目	研究报告	2020.06
30	基于移动优先战略的北京市主流媒体深度融合模式研究	张梓轩	语言与传播学院	北京市社会科学基金、青年项目	研究报告	2020.07
31	北京市传统服务企业平台化转型的创新模式研究	宋　光	经济管理学院	北京市社会科学基金、青年项目	研究报告	2019.06
32	数字时代下北京市信息安全与IT创新研究	张　雄	经济管理学院	北京市社会科学基金、青年项目	论文集	2020.06
33	北京城市交通拥堵递归网络构建及动态演化特征研究	赵晓军	经济管理学院	北京市社会科学基金、青年项目	论文集	2020.06
34	冬奥会视角的京张高铁智慧型铁路研究	周渝慧	经济管理学院	北京市社会科学基金研究基地项目、重点项目	研究报告	2018.12
35	中国交通发展研究报告（2018）	林晓言	经济管理学院	北京市社会科学基金研究基地项目、重点项目	年度报告	2018.09

续表

序号	项目名称	负责人	承担部门	项目分类、类别	预期成果形式	计划完成时间
36	基于京津冀铁路环线城市群协同配送体系仿真研究	鲁晓春	经济管理学院	北京市社会科学基金研究基地项目、一般项目	研究报告	2019.12
37	中国共产党治国理政思想与中华优秀传统文化关系研究	李效东	马克思主义学院	北京市社会科学基金研究基地项目、一般项目	研究报告	2020.07
38	京津冀钢铁产业安全链评价指标体系研究	李文兴	经济管理学院	北京市社会科学基金研究基地项目、一般项目	研究报告	2020.07
39	高铁经济发展机理及其影响研究	焦敬娟	经济管理学院	北京市社会科学基金研究基地项目、一般项目	论文集	2019.06
40	北京产业安全研究报告2018	贾晓俊	经济管理学院	北京市社会科学基金研究基地项目、年度报告	研究报告	2018.12
41	2017科学研究与研究生培养共建项目—科研基地（北京交通发展研究基地）	林晓言	经济管理学院	北京市教委共建项目	研究报告	2018.05
42	2017科学研究与研究生培养共建项目—科研基地（北京产业安全与发展研究基地）	李孟刚	经济管理学院	北京市教委共建项目	研究报告	2018.05
43	2017科学研究与研究生培养共建项目—科研基地（北京物流信息化研究基地）	张润彤	经济管理学院	北京市教委共建项目	论文、研究报告	2018.05
44	2017科学研究与研究生培养共建项目—科研基地（首都大学生思想政治教育研究基地）	韩振峰	马克思主义学院	北京市教委共建项目	论文、专著、研究报告	2017.12
45	京津冀基本公共服务一体化的市场推进与制度完善	张瑞萍	法学院	北京市社会建设决策咨询研究项目	研究报告	2018.09
46	北京市街道、社区管理体制立法前景研究	栾志红	法学院	北京市社会建设决策咨询研究项目	研究报告	2018.09
47	北京市大学生主流文化认同及提升路径研究	安　娜	马克思主义学院	青年社科人才项目	论文、研究报告	2018.05
48	北京市郊野公园社会化运营现状及发展建议	祝明建	建筑与艺术学院	青年社科人才项目	论文、研究报告	2018.05
49	交通文明视角下北京市交通拥堵解决对策研究	郭　名	经济管理学院	两届协同创新基地课题	决策咨询建议、研究报告	2018.03

2017 年度校级社会科学研究项目

序号	项目名称	负责人（责任教授）	学院	项目类别	最终成果形式	计划结项时间
1	“一带一路”倡议下企业转型升级的机理、路径与对策研究	张文松	经济管理学院	重大培育项目	论文和课题	2010. 10
2	“一带一路”中国特色人文社会科学经济学、文化学等理论内核变革的文明创新体系研究	皇甫晓涛	语言与传播学院	重大培育项目	论文和课题	2020. 10
3	大数据背景下的城市交通舆情研究	刘　莹	语言与传播学院	青年学术创新团队项目	论文和课题	2020. 10
4	城乡交通沿线的数字化互动公共艺术研究——以京津冀地区为例	姚铁峰	建筑与艺术学院	青年学术创新团队项目	论文和课题	2020. 07
5	基于可持续价值产生机制探索增强制造业绿色管理动力的途径	杨叶飞	经管学院	自由探索项目	论文和课题	2019. 07
6	电网计量装置柔性配送管理策略研究	卞文良	经管学院	自由探索项目	论文和课题	2019. 05
7	京津冀旅游协同发展判断与战略研究	殷　平	经管学院	自由探索项目	论文和课题	2019. 05
8	京津冀地区经济与物流协同发展建模与仿真	魏文超	经管学院	自由探索项目	论文和课题	2019. 05
9	领导力对构建国有企业员工的团队弹性的影响研究	邢怿君	经管学院	自由探索项目	论文和课题	2019. 01
10	基于统计分析的再审改判无罪案件证据适用问题实证研究	郑　飞	法学院	自由探索项目	论文和课题	2019. 05
11	政府购买社会组织公共服务监督机制研究	杜英歌	经管学院	自由探索项目	论文和课题	2019. 05
12	德国养老保障制度的反贫困效应研究与启示	于秀伟	语传学院	自由探索项目	论文和课题	2019. 05
13	域外短篇小说翻译研究（1900—1949）	乔澄澈	语传学院	自由探索项目	论文和课题	2019. 05
14	中国高速铁路经济可持续发展研究	丁慧平	经济管理学院	专题项目	专著	2019. 12
15	高铁经济发展研究	冯　华	经济管理学院	专题项目	专著	2019. 10
16	基于 BIM 的高铁工程量清单计价标准研究	郭婧娟	建筑与艺术学院	专题项目	专著	2019. 11
17	时空经济视角下高铁站区经济发展机理及模式研究	焦敬娟	法学院	专题项目	专著	2019. 11
18	我国新型高铁动车组创新模式及经济效益评价研究	肖　翔	经济管理学院	专题项目	专著	2019. 11

续表

序号	项目名称	负责人（责任教授）	学院	项目类别	最终成果形式	计划结项时间
19	恢复高考以来我校培养的毕业生职业发展状况研究	高　艳	校内其他部门	专题项目	专著	2018. 12
20	习近平中国特色社会主义思想研究	韩振峰	马克思主义学院	专题项目	论文和课题	2019. 12
21	资源环境与物质极大丰富关系研究	颜吾佴	马克思主义学院	专题项目	论文和课题	2020. 01
22	马克思恩格斯社会发展动力理论及当代启示研究	陈树文	马克思主义学院	专题项目	论文和课题	2020. 01
23	网络媒介意识形态性与商品性关系研究	何玉芳	马克思主义学院	专题项目	论文和课题	2020. 01
24	意识形态工作实效性若干问题研究	林建成	马克思主义学院	专题项目	论文和课题	2020. 01
25	从《路德维希费尔巴哈和德国古典哲学的终结》看马克思与恩格斯的思想关系	刘秀萍	马克思主义学院	专题项目	论文和课题	2020. 01
26	人的生态化生存研究	路日亮	马克思主义学院	专题项目	论文和课题	2020. 01
27	政治传播视域中大学生认同践行社会主义核心价值观研究	施惠玲	马克思主义学院	专题项目	论文和课题	2020. 01
28	中国特色社会主义理论与实践研究	王晓青	马克思主义学院	后期资助项目	专著	2018. 09
29	职业能力与体面劳动：理论·测度·实践	刘　盾	经济管理学院	后期资助项目	专著	2018. 06
30	动态系统理论与第二语言发展：从个案研究开始	李兰霞	语言与传播学院	后期资助项目	专著	2018. 05
31	流动学前儿童语言生态环境亟待改善	尹　静	语言与传播学院	预立项	专家建议	2017. 12
32	“一带一路”知识文明4.0创新体系的基础理论研究与自贸4.0治理体系的制度性话语权建构	皇甫晓涛	语言与传播学院	委托项目	论文、研究报告	2019. 03
33	汽车营地建筑产品化研究	陈泳全	建筑与艺术学院	人才基金	论文或课题	2019. 09
34	数字化环境下企业创新生态系统研究	曾德麟	经济管理学院	人才基金	论文或课题	2019. 05
35	微观探究视野下的城乡空间认知方法研究	王　鑫	建筑与艺术学院	人才基金	论文或课题	2020. 03
36	西方当代设计人类学理论范式研究	耿　涵	建筑与艺术学院	人才基金	论文或课题	2018. 04
37	习近平关于宣传的重要论述理论研究	陶蕾韬	马克思主义学院	人才基金	论文或课题	2019. 07

续表

序号	项目名称	负责人（责任教授）	学院	项目类别	最终成果形式	计划结项时间
38	金融价格波动的建模与统计分析	方　雯	经济管理学院	人才基金	论文或课题	2019. 12
39	会计准则复杂化的经济后果研究——以所得税会计为例	张珊珊	经济管理学院	人才基金	论文或课题	2019. 09
40	《家庭、私有制和国家的起源》的国家观的当代启示	王珊珊	马克思主义学院	人才基金	论文或课题	2019. 09
41	我国历史城镇保护理论发展及问题研究	姚轶峰	建筑与艺术学院	人才基金	论文或课题	2019. 09
42	艺术学科硕士研究生课程《色彩学》双轨教育实验论	杨梦婉	建筑与艺术学院	人才基金	论文或课题	2018. 08
43	基于交互设计思维的未来服务设计研究	石　彭	建筑与艺术学院	人才基金	论文或课题	2019. 01

（北京交通大学社科处李敏供稿）

首都师范大学

2017 年度承担国家级、省部级等社会科学研究项目

序号	项目名称	负责人	承担部门	项目分类、类别	预期成果形式	计划完成时间
1	多卷本《俄国文学通史》	刘文飞	外国语学院	国家社会科学基金、重大项目	专著	2022. 12
2	北京方言形成的历史音韵层次研究	冯　蒸	文学院	国家社会科学基金、重大项目	专著	2022. 12
3	马克思主义人的发展理论体系研究	陈新夏	马克思主义学院	国家社会科学基金、重点项目	专著	2021. 12
4	翻译与创作的对话关系——从鲁迅译作探索近代中外文学交流的轨迹	王家平	文学院	国家社会科学基金、重点项目	数据库	2023. 12
5	社会化媒体舆情情感挖掘与传播研究	李　慧	教育技术系	国家社会科学基金、一般项目	研究报告	2020. 12
6	全球史视野下汉唐丝绸之路多元文明互动中的殊方异俗外来风研究	王永平	历史学院	国家社会科学基金、一般项目	论文集	2021. 12
7	里耶秦简秦制史料分类辑考	蔡万进	历史学院	国家社会科学基金、一般项目	专著	2021. 06
8	新政与清朝覆亡研究	迟云飞	历史学院	国家社会科学基金、一般项目	专著	2021. 06
9	国外历史课程标准中的国家认同研究	张汉林	历史学院	国家社会科学基金、一般项目	专著	2020. 12
10	现代北京话词汇变异研究	王伟丽	文学院	国家社会科学基金、一般项目	论文集	2021. 06
11	《文心雕龙》文体史话语形态及其现代意义研究	贾奋然	文学院	国家社会科学基金、一般项目	专著	2020. 12
12	非视听感官美学研究	秦　勇	文学院	国家社会科学基金、一般项目	专著	2020. 12

续表

序号	项目名称	负责人	承担部门	项目分类、类别	预期成果形式	计划完成时间
13	“皇极经世系列等韵文献”语音理论与语音史价值研究	李　红	文学院	国家社会科学基金、一般项目	专著	2021.12
14	中国扩展家庭和核心家庭与儿童执行功能与问题行为发展研究	邢淑芬	心理学院	国家社会科学基金、一般项目	论文集	2019.12
15	反恐视域下南疆三地州青少年抗逆力与早期干预研究	王　玥	政法学院	国家社会科学基金、一般项目	专著	2020.12
16	全面两孩政策下出生人口变动分析研究	明　艳	政法学院	国家社会科学基金、一般项目	研究报告	2020.09
17	中国传统核心价值观与当代德育的共鸣融合	刘峻杉	初等教育学院	国家社会科学基金、一般项目	专著、论文、研究报告	2020.12
18	唐代实用书迹书写群体研究	周　侃	初等教育学院	国家社会科学基金、一般项目	研究报告	2020.12
19	“一带一路”开放教育资源共建共享机制及推进策略研究	王晓晨	教育技术系	国家社会科学基金、一般项目	专著、论文、研究报告	2019.06
20	移动互联网语境下综艺娱乐类节目的文化价值建构研究	盖　琪	文化研究院	国家社会科学基金、一般项目	专著	2020.12
21	马克思共同体思想视域下的人类命运共同体构建研究	周　萍	马克思主义学院	国家社会科学基金、一般项目	专著	2021.06
22	英国文化研究早期理论论争(1956—1979)	符　鹏	文化研究院	国家社会科学基金、一般项目	专著	2021.07
23	甲骨缀合理论的整理与研究	李爱辉	文学院	国家社会科学基金、一般项目	研究报告、其他	2020.10
24	民国时期图书馆学人留学史料整理与研究	郑丽芬	文学院	国家社会科学基金、一般项目	专著	2020.12
25	我国近现代学校历史教育简史	赵亚夫	历史学院	国家社会科学基金、后期资助项目	专著	2018.06
26	思想政治教育基本理论的当代重构	李基礼	马克思主义学院	国家社会科学基金、后期资助项目	专著	2019.06
27	思想政治教育价值取向转型的理论研究	王　颖	马克思主义学院	国家社会科学基金、后期资助项目	专著	2019.05
28	当代北京艺术品市场生态研究（后期资助）	吴明娣	美术学院	国家社会科学基金、后期资助项目	专著	2019.12
29	阮籍与嵇康研究	赵　翔	文学院	国家社会科学基金、后期资助项目	专著	2019.09
30	国外马克思主义文化领导权理论及其当代启示研究	孙士聪	文学院	国家社会科学基金、后期资助项目	专著	2019.04
31	中国现代散佚诗集的搜集、整理与研究	毛　迅（孙晓娅）	文学院	教育部人文社会科学研究、重点研究基地重大项目	研究论集	2020.12
32	百年新诗学案	吴思敬	文学院	教育部人文社会科学研究、重点研究基地重大项目	专著	2020.12

续表

序号	项目名称	负责人	承担部门	项目分类、类别	预期成果形式	计划完成时间
33	中华美学精神与20世纪中国美学理论建构	王德胜	文学院	教育部人文社会科学研究、重点研究基地重大项目	专著	2020. 12
34	习近平总书记治国理政新理念新思想新战略“三进”有效机制研究	李松林	马克思主义学院	教育部人文社会科学研究优秀教学科研团队建设重点项目	著作、研究报告、论文	2020. 07
35	专业协会组织对专业学位教育人才培养介入机制与模式的国际比较研究	张秀峰	大学英语教研部	全国教育科学规划、教育部重点项目	论文	2020. 07
36	农村残疾人贫困测量、精准脱贫和反贫困策略研究	廖　娟	管理学院	教育部人文社会科学研究、一般项目	论文	2019. 12
37	21世纪中国女性艺术研究	翟　晶	美术学院	教育部人文社会科学研究、青年项目	论文、系列学术论文	2019. 12
38	西方文化记忆理论研究	王　蜜	文化研究院	教育部人文社会科学研究、青年项目	论文	2019. 12
39	马修·阿诺德批评理论中的权威问题研究	崔洁莹	文学院	教育部人文社会科学研究、青年项目	著作、论文	2020. 03
40	欧阳中石汉字教育方法研究	欧阳启名	初等教育学院	教育部语用司、一般项目	著作	2017. 12
41	普通高中历史教材统编项目	徐　蓝	历史学院	教育部教材局、一般项目	统编教材	2019. 12
42	国外高校智库建设与管理研究	梁占军	历史学院	教育部国际司、一般项目	研究报告	2017. 12
43	西方国家主流价值观进课程、进教材、进课堂情况调研	方　平	心理学院	教育部国际司、一般项目	系列论文	2017. 12
44	幼儿园保育教育质量评估核心指标的验证试测	刘　昊	学前教育学院	教育部基教司、一般项目	研究报告	2017. 10
45	教育体制机制改革研究	孟繁华	教育学院	教育部人文社会科学研究、专项委托项目	研究报告	2017. 03
46	习近平关于党内政治文化建设的理论创新与实践探索研究	郑文涛	马克思主义学院	教育部人文社会科学研究、专项委托项目	论文	2018. 02
47	《（光绪）延庆州志》点校	郗志群	历史学院	教育部高校、古籍整理研究项目	书稿	2019. 06
48	承担公共管理职能的社会组织治理监管问题研究	李　昕	政法学院	国家发改委、一般项目	研究报告、资料汇编、政策建议	2017. 12
49	语言产业对于“十三五”时期文化发展目标实现的助推功能与策略研究	李　艳	文学院	文化部文化科技司、一般项目	研究报告	2017. 12

续表

序号	项目名称	负责人	承担部门	项目分类、类别	预期成果形式	计划完成时间
50	全国艺术科学评价标准研究	蔡　梦	音乐学院	文化部文化科技司、一般项目	研究报告	2019.06
51	《甲骨卜辞精粹选本》编纂	刘　影	文学院	国家语言文字委员会、重点项目	专著	2020.07
52	基于句法结构和篇章语义的语言评测研究	周建设	文学院	国家语言文字委员会、一般项目	论文（集）	2019.12
53	信用修复法学制度研究	石新中	政法学院	司法部、重点项目	专著	2019.07
54	技术市场规制中的政府权责及其边界研究	崔俊杰	政法学院	司法部、青年项目	论文	2019.07
55	强化社会组织工作基层基础问题研究	石国亮	马克思主义学院	民政部、一般项目	研究报告	2017.10
56	少年儿童夏（冬）令营活动设计与管理	张志坤	初等教育学院	中国少年先锋队全国工作委员会、一般项目	研究报告	2018.04
57	现代中国诗学研究	王光明	文学院	北京市社会科学基金、重大项目	专著	2019.12
58	北京大运河文化带历史遗存及文脉梳理	王德胜	文学院	北京市社会科学基金、重大项目	研究报告、论文	2018.12
59	历代赋学文献续编与研究	马自力	文学院	北京市社会科学基金、重大项目	专著	2021.07
60	中国政治体制改革的历史进程及基本经验研究	聂月岩	政法学院	北京市社会科学基金、重大项目	专著	2019.05
61	北京市基础教育校本课程开发的生活史研究	徐玉珍	教育学院	北京市社会科学基金、重点项目	编著	2021.07
62	石刻文献与唐五代幽州社会研究	张天虹	历史学院	北京市社会科学基金、重点项目	专著	2020.07
63	北京京味文化研究	张桃洲	文学院	北京市社会科学基金、重点项目	研究报告	2018.12
64	北京城六区街道政务诚信建设与第三方评估研究	谢新水	管理学院	北京市社会科学基金、一般项目	系列论文	2019.12
65	20世纪以来北京娱乐文化生活与社会变迁研究	韩晓莉	历史学院	北京市社会科学基金、一般项目	系列论文	2020.07
66	京西法海寺壁画色彩数字化与传播研究	张亚丽	美术学院	北京市社会科学基金、一般项目	研究报告	2019.12
67	30年来北京市幼儿园课程改革成效的口述史研究	于开莲	学前教育学院	北京市社会科学基金、一般项目	系列论文	2021.07
68	北京市中小学书法教育的现状调查与对策研究	孙学峰	中国书法文化研究院	北京市社会科学基金、一般项目	研究报告	2019.07
69	明清时期北京地区金银手工业研究	员雅丽	历史学院	北京市社会科学基金、青年项目	研究报告	2020.07
70	党的十八大以来党中央治国理政视域下的思想政治教育创新研究	韩　华	马克思主义学院	北京市社会科学基金、青年项目	系列论文	2020.07

续表

序号	项目名称	负责人	承担部门	项目分类、类别	预期成果形式	计划完成时间
71	党执政初期凝聚社会共识研究（1949—1956）	赵　亮	马克思主义学院	北京市社会科学基金、青年项目	专著	2019. 12
72	英语语音教学中的可视化发音训练和应用平台研究	智　娜	外国语学院	北京市社会科学基金、青年项目	研究报告	2020. 07
73	首都公共政策可接受性机制研究	吴玄娜	心理学院	北京市社会科学基金、青年项目	系列论文	2021. 07
74	差别易感性假说在幼儿超重与肥胖成因中的应用	周　楠	学前教育学院	北京市社会科学基金、青年项目	系列论文	2020. 06
75	清代“祥刑”文献的点校、笺注与思想研究	汪　雄	政法学院	北京市社会科学基金、青年项目	专著	2021. 06
76	数学核心素养的内涵构建与培育研究	曾小平	初等教育学院	北京市社会科学基金、一般项目、北京市教委重点项目	论文集	2019. 12
77	唐教坊曲调音乐文学形态研究	韩　宁	文学院	北京市社会科学基金、一般项目、北京市教委重点项目	论文集	2020. 01
78	北京市理科中考改革导向的前瞻性研究	邢红军	物理系	北京市社会科学基金、一般项目、北京市教委重点项目	论文集	2019. 12
79	“一带一路”相关区域传统音乐形态系列研究	张玉榛	音乐学院	北京市社会科学基金、一般项目、北京市教委重点项目	论文集	2019. 06
80	习近平的社会主义协商民主重要论述研究	聂月岩	政法学院	北京市社会科学基金、一般项目、北京市教委重点项目	专著	2018. 12
81	基于动态信息建构视角下的显性语法教学模式研究及应用	毕罗莎	大学英语教研部	北京市教委、一般项目	研究报告、论文	2019. 12
82	农民参与土地整治的组织化实现路径研究	石　峡	管理学院	北京市教委、一般项目	论文	2019. 12
83	北京城市社区应急能力现状评估与改进研究	张丽娜	管理学院	北京市教委、一般项目	研究报告	2018. 12
84	基于动态系统理论的外国学生汉语词汇能力发展研究	吴继峰	国际文化学院	北京市教委、一般项目	论文	2019. 12
85	中学卓越教师实践能力及其生成机制研究	胡　欣	教育学院	北京市教委、一般项目	研究报告、论文	2018. 12
86	基于个人与社会关系问题的“关系思维”方法论反思与唯物史观研究	王洪波	马克思主义学院	北京市教委、一般项目	论文	2019. 12
87	基于互联网思维的创意产品设计及信息化传播方式研究	王　佳	美术学院	北京市教委、一般项目	论文	2018. 12
88	20 世纪初中日象征主义诗歌的比较研究	金雪梅	外国语学院	北京市教委、一般项目	论文	2019. 12

续表

序号	项目名称	负责人	承担部门	项目分类、类别	预期成果形式	计划完成时间
89	京津冀地区公示语英译的问题分析及策略	肖国光	外国语学院	北京市教委、一般项目	研究报告	2019. 12
90	现代女作家的北京书写和文化身份建构	黄　华	文学院	北京市教委、一般项目	专著	2019. 12
91	帝都与社会革命：俄国文学中的圣彼得堡形象及其空间正义危机	刘胤逵	文学院	北京市教委、一般项目	专著	2019. 12
92	普惠性幼儿园教育质量现状、问题及提升策略研究	史　瑾	学前教育学院	北京市教委、一般项目	论文	2019. 12
93	声景设计与声景音乐——“人文北京”的听觉语境	邓志勇	音乐学院	北京市教委、一般项目	研究报告	2018. 12
94	北京市小学舞蹈课程教材研究——学生使用教材建设	田培培	音乐学院	北京市教委、一般项目	论文	2019. 12
95	北京市特殊教育学校学生的心理健康教育与抗逆力培育研究	王　玥	政法学院	北京市教委、一般项目	研究报告、论文	2018. 12

2017 年度首都师范大学科研水平提高定额项目

序号	项目名称	负责人	承担部门	预期成果形式	计划完成时间
1	青年哲学社会科学科研创新团队项目——中小学书法教育研究团队（科研类）	周　侃	初等教育学院	论文、项目	2017. 12
2	京津冀一体化建设研究项目——政府补贴对京津冀雾霾防控策略的模糊博弈分析（科研类）	林　云	管理学院	论文、项目、研究报告	2017. 12
3	京津冀一体化建设研究项目——制造类企业外迁促进北京市产业结构升级研究（科研类）	张鲁青	管理学院	论文、项目、研究报告	2017. 12
4	青年哲学社会科学科研创新团队项目——城市社区治理研究团队（科研类）	刘亚娜	管理学院	论文、研究报告、项目、专著	2017. 12
5	青年哲学社会科学科研创新团队项目——北京市现代服务业自主创新发展研究团队（科研类）	黄满盈	管理学院	论文、项目	2017. 12
6	交叉科研项目——基于教育大数据融合的学习分析模型建构研究	王　洁	管理学院	论文、研究报告、项目	2017. 12
7	青年哲学社会科学科研创新团队项目——基础教育课外补习问题研究团队（科研类）	薛海平	教育学院	论文、项目、专著、研究报告	2017. 12
8	科研项目培育——中国境内考古发现的外来文物整理与研究（科研类）	后晓荣	历史学院	论文	2017. 12
9	科技创新平台项目——出土文献研究创新平台（科研类）	郝春文	历史学院	论文、专著、项目	2017. 12
10	科技创新平台项目——世界史创新平台（科研类）	徐　蓝	历史学院	论文集、专著	2017. 12

续表

序号	项目名称	负责人	承担部门	预期成果形式	计划完成时间
11	青年哲学社会科学科研创新团队项目——世界近现代史研究团队（科研类）	姚百慧	历史学院	论文、项目、专著、研究报告	2017.12
12	青年哲学社会科学科研创新团队项目——中国近现代社会文化史科研创新团队（科研类）	余华林	历史学院	论文、专著、项目	2017.12
13	交叉科研项目——战争形势下的中日两国报刊广告研究——从一个新的角度认识抗日战争（科研类）	史桂芳	历史学院	论文、项目	2017.12
14	科研项目培育——绿色发展与人的发展（科研类）	陈新夏	马克思主义学院	项目、论文、著作	2017.12
15	交叉科研项目——大数据背景下的科研不端治理（科研类）	解本远	马克思主义学院	论文、项目、研究报告	2017.12
16	交叉科研项目——协同创新背景下的交叉学科建设研究	郑文涛	马克思主义学院	论文、项目、研究报告	2017.12
17	京西法海寺壁画色彩的数字化保护研究	张亚丽	美术学院	论文、研究报告、影像作品	2017.12
18	中国传统美学观对当代艺术教育的审美启示与传承实践研究	王晓彤	美术学院	论文	2017.12
19	青年哲学社会科学科研创新团队项目——跨文化视域下的翻译传播研究团队（科研类）	方　红	外国语学院	论文、项目、研究报告	2017.12
20	法兰克福学派美育思想研究	孙士聪	文学院	论文	2017.12
21	科技创新平台项目——传统文化经典与首都基础教育创新研究（科研类）	冷卫国	文学院	论文、著作	2017.12
22	京津冀一体化建设研究项目——京津冀戏剧产业协同发展研究（科研类）	徐　震	文学院	论文、项目	2017.12
23	科研项目培育——中国古代文学地理批评研究与文献萃编（科研类）	陶礼天	文学院	论文	2017.12
24	科研项目培育——《鲁迅译文全集》注释暨原作、转译本的搜集整理与数据库建设（科研类）	王家平	文学院	注释集、数据库	2017.12
25	科技创新平台项目——20世纪中西美学发展及其前沿理论问题研究（科研类）	孙士聪	文学院	专著、项目、论文	2017.12
26	青年哲学社会科学科研创新团队项目——中国古代文学文献与文本形态研究团队（科研类）	刘尊举	文学院	学术专著、论文、项目	2017.12
27	交叉科研项目——媒介视角下的西方文学史研究（科研类）	易晓明	文学院	论文、项目	2017.12
28	交叉科研项目——诗歌理论批评与中国诗的传播接受研究（科研类）	张桃洲	文学院	论文、项目、文献资料	2017.12
29	交叉科研项目——二胎政策下高龄母亲的育儿风险特征评估与对策（科研类）	王争艳	心理学院	论文、研究报告	2017.12
30	青年哲学社会科学科研创新团队项目——学前教育评估与促进科研创新团队（科研类）	刘　昊	学前教育学院	研究报告、论文、项目	2017.12

续表

序号	项目名称	负责人	承担部门	预期成果形式	计划完成时间
31	首都师范大学师范生美育育人策略探析	周举坤	学生处	论文	2017.12
32	高校美育质量测度与实施对策研究	史　红	政法学院	论文、调研报告	2017.12
33	京津冀一体化建设研究项目——京津冀技术市场一体化建设研究（科研类）	丛雪莲	政法学院	论文、项目、研究报告	2017.12
34	科技创新平台项目——21 世纪儒学研究（科研类）	陈　鹏	政法学院	学术论文、专著、讲座、会议、项目	2017.12
35	青年哲学社会科学科研创新团队项目——中西比较视域下的正义问题研究团队（科研类）	盛　珂	政法学院	论文、项目	2017.12
36	交叉科研项目——大数据观照下的少年司法走向研究（科研类）	但未丽	政法学院	论文、项目、研究报告	2017.12

（首都师范大学社科处李葱供稿）

首都经济贸易大学

2017 年度承担国家级、省部级等社会科学研究项目

序号	项目名称	负责人	承担部门	项目分类、类别	预期成果形式	计划完成时间
1	基于区域治理的京津冀协同发展重大理论与实践问题研究	叶堂林	城市经济与公共管理学院	国家社会科学基金、重大项目	研究报告	2020.12
2	新常态下人民币从外围货币向中心货币升级的路径研究	李　婧	经济学院	国家社会科学基金、重点项目	研究报告	2020.07
3	供给侧结构性改革与需求侧调控切换逻辑与协同机制研究	李　智	经济学院	国家社会科学基金、重点项目	论文集、研究报告	2020.06
4	京津冀产业转型升级效果的测度研究与应用研究	马立平	统计学院	国家社会科学基金、重点项目	论文集、研究报告	2020.06
5	共建共享目标下跨区域生态贡献计量方法及补偿机制研究	彭文英	城市经济与公共管理学院	国家社会科学基金、重点项目	专著、其他	2019.12
6	节能减排实现供给侧就业结构化的理论机制与路径研究	申　萌	经济学院	国家社会科学基金、一般项目	专著	2020.06
7	产业转移与空间布局优化视域下的京津冀城市群协同创新机制研究	周　伟	城市经济与公共管理学院	国家社会科学基金、一般项目	专著	2019.12
8	区域差异、经济增长与地方政府债务最优规模研究	黄春元	财政税务学院	国家社会科学基金、一般项目	研究报告	2020.06
9	基于信用监管的我国市场监管机制创新研究	张国山	城市经济与公共管理学院	国家社会科学基金、一般项目	研究报告	2020.06
10	京津冀一体的自然灾害综合防御分区策略研究	白鹏飞	安全与环境工程学院	国家社会科学基金、一般项目	研究报告	2019.12

续表

序号	项目名称	负责人	承担部门	项目分类、类别	预期成果形式	计划完成时间
11	“僵尸企业”的供应链溢出效应与其控制策略研究	许江波	会计学院	国家社会科学基金、一般项目	专著	2019. 12
12	去产能国有企业的职工安置渠道与实施路径研究	詹　婧	劳动经济学院	国家社会科学基金、一般项目	研究报告	2020. 07
13	泡沫破灭型股灾的发生机制及预警研究	施慧洪	金融学院	国家社会科学基金、一般项目	专著	2020. 05
14	涂尔干及其学派的社会本体论思想及其对当代的现实意义研究	李英飞	劳动经济学院	国家社会科学基金、一般项目	研究报告	2020. 06
15	“一带一路”倡议下丝绸之路旅游品牌共享机制构建研究	韩慧林	工商管理学院	国家社会科学基金、一般项目	论文集、研究报告	2020. 07
16	“一带一路”背景下中国高铁的集聚效应与风险防控机制研究	张若希	金融学院	国家社会科学基金、一般项目	研究报告	2020. 06
17	多维视域下干部选拔监督机制创新研究	陈　曦	城市经济与公共管理学院	国家社会科学基金、一般项目	论文集、研究报告	2020. 06
18	当代民间信仰的特点及其对建构国家认同的作用研究	朱　萌	马克思主义学院	国家社会科学基金、一般项目	专著	2020. 12
19	新就业形态对去产能职工就业帮扶机制与政策评估研究	张成刚	劳动经济学院	国家社会科学基金、一般项目	专著	2019. 06
20	我国税法溯及力的实证分析与规范完善研究	贺　燕	法学院	国家社会科学基金、一般项目	专著	2020. 06
21	功能疏解背景下超大城市常住外来人口的迁留行为研究	胡　磊	信息学院	国家社会科学基金、一般项目	论文集、研究报告	2020. 06
22	我国产业集聚演进与新动能培育发展研究	杨开忠	城市经济与公共管理学院	国家自然科学基金、重点项目	专著、论文、研究报告	2022. 12
23	大数据背景下因子模型的理论与应用研究	李鲲鹏	国际经济管理学院	国家自然科学基金、优青项目	论文	2020. 12
24	经营风险导向审计的效率与增量收益研究	申慧慧	会计学院	国家自然科学基金、应急项目	论文	2018. 12
25	基于多源基因表达数据横向整合的流动相关性问题研究	王　琳	统计学院	国家自然科学基金、青年项目	论文	2020. 12
26	带信息观测下纵向数据的半参数模型的统计推断方法及应用	房　厦	统计学院	国家自然科学基金、青年项目	论文	2020. 12
27	基于随机规划理论的养老基金多期资产配置优化研究	赵大萍	金融学院	国家自然科学基金、青年项目	论文、专著、研究报告	2020. 12
28	借壳动机，公司质量与投资者理性——基于中国借壳上市公司的研究	庞蔡吉	国际经济管理学院	国家自然科学基金、青年项目	论文	2020. 12
29	创始人资源禀赋与反收购条款设立的双向影响研究：理论与应用	王　凯	工商管理学院	国家自然科学基金、青年项目	论文	2020. 12

续表

序号	项目名称	负责人	承担部门	项目分类、类别	预期成果形式	计划完成时间
30	新员工资质过剩动态演化与作用机制研究：组织社会化视角	褚福磊	工商管理学院	国家自然科学基金、青年项目	研究报告、论文	2020.12
31	知识团队HRM二重系统与创新绩效：微观基础视角下双层路径影响的实现机制研究	张　勃	工商管理学院	国家自然科学基金、青年项目	研究报告、论文	2020.12
32	高管团队社会网络、团队互动与企业创新	林慧婷	会计学院	国家自然科学基金、青年项目	研究报告、论文	2020.12
33	经济收敛与经济结构变迁：现象、理论与应用	黄宗晔	国际经济管理学院	国家自然科学基金、青年项目	研究报告、论文	2020.12
34	海量概率密度函数的核估计及其在政策性农作物保险上的应用	文旷宇	国际经济管理学院	国家自然科学基金、青年项目	论文	2020.12
35	住房投资行为对居民财富分配的影响和政策模拟	张琳琬	金融学院	国家自然科学基金、青年项目	论文	2020.12
36	缓解城市高峰时段交通拥挤的社会与个人双赢博弈机制设计研究	刘知微	国际经济管理学院	国家自然科学基金、青年项目	论文	2020.12
37	中国房地产市场政策体系测量和绩效评估研究——基于政策网络理论的视角	苏　志	国际经济管理学院	国家自然科学基金、青年项目	论文	2020.12
38	全球低（负）利率背景下人口结构与自然利率研究	朱　超	金融学院	教育部人文社会科学研究、一般项目	研究报告、论文	2020.12
39	我国实业企业金融化：现状、动因和后果	廉永辉	金融学院	教育部人文社会科学研究、青年基金项目	咨询报告	2020.07
40	互联网平台就业中的劳动者权益保护问题研究	雷晓天	劳动经济学院	教育部人文社会科学研究、青年基金项目	著作	2020.08
41	知识型员工工作－家庭冲突影响因素和干预机制研究——基于技能与关系视角的跨层研究	唐　乐	劳动经济学院	教育部人文社会科学研究、青年基金项目	论文	2019.12
42	国有企业高管政治晋升与创新迎合行为研究	王茂林	会计学院	教育部人文社会科学研究、青年基金项目	论文	2020.12
43	我国高校教师教学评价制度的效果及重构研究	李　楠	劳动经济学院	教育部人文社会科学研究、青年基金项目	著作	2020.12
44	国有企业高管“差序腐败”行为的成因与治理研究	曹　燚	工商管理学院	教育部人文社会科学研究、青年基金项目	论文	2020.12

续表

序号	项目名称	负责人	承担部门	项目分类、类别	预期成果形式	计划完成时间
45	京津冀地区的污染转移及协同减排政策研究	蒋雪梅	经济学院	北京市自然科学基金、面上项目	研究报告、论文	2019.12
46	北京市技术获取型对外直接投资驱动供给侧结构性改革研究	刘　宏	经济学院	北京市自然科学基金、面上项目	研究报告、论文	2019.12
47	京津冀一体化背景下促进北京市能源结构优化的财税支持体系研究	黄春元	财政税务学院	北京市自然科学基金、面上项目	研究报告、论文	2019.12
48	优化行业结构缓解工作特大城市病的模型方法研究	刘黎明	统计学院	北京市自然科学基金、面上项目	研究报告	2019.12
49	在线定制过程中的适应性决策行为及心理机制研究	程丽娟	工商管理学院	北京市自然科学基金、青年项目	论文	2018.12
50	儒家法哲学史研究	喻　中	法学院	北京市社会科学基金、重大项目	专著	2020.12
51	制度创业对北京市企业创新发展的影响研究	张　晗	工商管理学院	北京市社会科学基金、重点项目	研究报告	2020.06
52	政府财税改制背景下北京行政事业单位财务信息网络披露模式与效应研究	王海林	会计学院	北京市社会科学基金、一般项目	研究报告	2020.06
53	北京地区上市公司财政补贴经济效益与社会效应的动态效果研究	王竞达	财政税务学院	北京市社会科学基金、一般项目	研究报告	2020.06
54	PPP 协议纠纷的法律救济研究	尹少成	法学院	北京市社会科学基金、青年项目	研究报告	2020.07
55	"一带一路"下绿色金融发展法律保障体系研究	魏庆坡	法学院	北京市社会科学基金、青年项目	研究报告	2020.12
56	资产证券化对深化北京市国有企业改革的经济效果研究	刘　丹	会计学院	北京市社会科学基金、青年项目	系列论文	2020.06
57	北京市金融消费环境风险评估及防范的量化研究	张冬洋	经济学院	北京市社会科学基金、青年项目	系列论文	2020.09
58	人口—产业协同视角下的首都圈水资源环境优化发展路径研究	曾雪婷	劳动经济学院	北京市社会科学基金、青年项目	研究报告	2019.12
59	普惠金融视角下北京市众筹融资的可持续发展模式及其风险防控机制研究	杨龙光	金融学院	北京市社会科学基金、青年项目	研究报告	2019.12
60	京津冀地区经济异质性背景下金融空间分布与产业布局研究	李　雪	金融学院	北京市社会科学基金、青年项目	研究报告	2020.07
61	京津冀协同发展新空间研究	戚晓旭	城市经济与公共管理学院	北京市社会科学基金、一般项目	研究报告	2019.08
62	雄安新区开发建设模式及政策研究	陈　飞	城市经济与公共管理学院	北京市社会科学基金、一般项目	研究报告	2019.08

续表

序号	项目名称	负责人	承担部门	项目分类、类别	预期成果形式	计划完成时间
63	北京绿色发展指标体系及检测研究	祝尔娟	城市经济与公共管理学院	北京市社会科学基金、重点项目	研究报告	2018. 12
64	京津冀 CBD 金融资源优化模式研究	李　新	金融学院	北京市社会科学基金、一般项目	研究报告	2020. 06
65	北京市 CBD 现代服务业创新性发展研究	陶　峻	工商管理学院	北京市社会科学基金、一般项目	研究报告	2019. 06
66	“两翼”协调发展格局下北京主城区人口转移及发展趋势研究	姚翠友	信息学院	北京市社会科学基金、重点项目	研究报告	2018. 12
67	城市空间经济——优化北京城市空间经济研究	蒋三庚	金融学院	北京市社会科学基金、重点项目	发展报告蓝皮书	2018. 12
68	京津冀发展报告（2018）——京津冀协同发展的新机制与新模式	叶堂林	城市经济与公共管理学院	北京市社会科学基金、重点项目	发展报告蓝皮书	2018. 08
69	京津冀协同发展体制机制创新研究	叶堂林	城市经济与公共管理学院	北京市社会科学界联合会、北京市中国特色理论体系研究中心、北京市哲学社会科学规划办公室重点项目	研究报告	2018. 06
70	北京市新兴产业促进政策有效性的影响因素分析——发展主义视角下的行业间比较	孙　喜	工商管理学院	北京市教育委员会、社科重点	研究报告	2019. 12
71	夹层资本的期权契约与国有企业混合所有制改革的市场化机制	张学平	工商管理学院	北京市教育委员会、社科重点项目	研究报告	2019. 12
72	生态文明视域下的国民道德观念及行为规范构建	李丽娜	马克思主义学院	北京市教育委员会、社科重点项目	专著	2019. 12
73	京津冀节能减排计量大数据分析与应用研究	曹　娜	信息学院	北京市教育委员会、社科一般项目	研究报告、论文	2018. 12
74	北京市社区软法治理机制实证研究	陈寒非	法学院	北京市教育委员会、社科一般项目	研究报告	2018. 12
75	京津冀一体化背景下社会网络关系在企业创新发展中的影响研究	林慧婷	会计学院	北京市教育委员会、社科一般项目	论文	2018. 12
76	首都圈流动人口空间格局变动及对未来人口分布的影响	刘爱华	劳动经济学院	北京市教育委员会、社科一般项目	研究报告	2018. 12
77	美国自然文学中的女性作家作品研究	石海毓	外国语学院	北京市教育委员会、社科一般项目	研究报告、论文	2018. 12
78	北京市分享经济政府监管研究——以互联网租约车监管为例	宋心然	城市经济与公共管理学院	北京市教育委员会、社科一般项目	研究报告	2018. 12

续表

序号	项目名称	负责人	承担部门	项目分类、类别	预期成果形式	计划完成时间
79	不同剂量高强度间歇运动对北京市青少年体质健康促进的效果研究	孙　杨	体育部	北京市教育委员会、社科一般项目	论文	2018.12
80	北京市国有资本收益分享机制实施效果研究	王茂林	会计学院	北京市教育委员会、社科一般项目	论文	2018.12
81	人口流动背景下的京津冀地区公共教育支出研究	王晓霞	劳动经济学院	北京市教育委员会、社科一般项目	研究报告	2018.12
82	城市更新视角下的北京工业用地空间优化模型建构	闫　觅	城市经济与公共管理学院	北京市教育委员会、社科一般项目	论文	2018.12
83	基于民生满意度调查的北京市民生指数编制与民生诉求研究	姚丽芳	统计学院	北京市教育委员会、社科一般项目	研究报告、论文	2018.12
84	北京市对区的政府间转移支付研究	张立彦	财政税务学院	北京市教育委员会、社科一般项目	研究报告、论文	2018.12
85	京津冀协同发展的创新网络及创新社群研究	周　芳	城市经济与公共管理学院	北京市教育委员会、社科一般项目	研究报告	2018.12
86	军人优抚保障制度改革研究	范　围	劳动经济学院	民政部政策研究中心、一般项目	研究报告	2017.08
87	北京市高校青年教师的职业发展求助行为研究	毛畅果	劳动经济学院	北京市教育科学规划、青年专项项目	研究报告、论文	2020.12
88	高维复杂网络文本数据的结构研究和统计推新	安百国	统计学院	国家统计局、重点项目	研究报告、论文	2019.09
89	车险费率市场化深度演进路径国际比较研究	张小红	金融学院	中国保监会、一般项目	研究报告、论文	2019.09
90	新业态龙头企业认定条件及现有龙头企业认定条件完善研究	吴启富	统计学院	农业部、委托项目	研究报告	2017.12
91	基于成本收益分析的网约车法律规制研究	宋心然	城市经济与公共管理学院	司法部、中青年项目	专著	2019.12
92	司法案例类案标准研究	喻　中	法学院	最高人民法院、重点课题	决策咨询报告、研究报告	2018.08
93	“思想道德修养与法律基础”课教学中思想道德与法律教育融合研究	王小莹	马克思主义学院	中共北京市委教育工作委员会、一般项目	研究报告、论文	2018.04
94	基于大数据的京津冀企业创新发展能力分析研究	叶堂林	城市经济与公共管理学院	北京市科学技术委员会、一般项目	研究报告、论文	2017.12
95	建设国际一流的和谐宜居之都的目标评估体系研究	段　霞	城市经济与公共管理学院	北京市科学技术委员会、一般项目	研究报告	2017.12
96	增强北京文化软实力研究	祝合良	经济学院	北京市科学技术委员会、一般项目	研究报告	2017.12
97	提高北京城市精细化管理水平研究	叶堂林	城市经济与公共管理学院	北京市科学技术委员会、一般项目	研究报告、成果要报	2017.12
98	发挥“一核”作用，打造世界级城市群	安树伟	城市经济与公共管理学院	北京市科学技术委员会、一般项目	研究报告	2017.12

续表

序号	项目名称	负责人	承担部门	项目分类、类别	预期成果形式	计划完成时间
99	高校园区与区域经济社会协同发展研究	孙善学	劳动经济学院	中共北京市委教育工作委员会、北京市教育委员会、北京市人民政府委托项目	研究报告	2018.05
100	京津冀地区高等教育资源配置效率与供给失衡的内在关联与整合机制研究	李　雪	金融学院	北京市教育科学规划、青年专项项目	研究报告、论文	2020.12
101	以专业型学生社团为载体扩展复合型专业人才培养路径研究	孙　乐	劳动经济学院	中共北京市委教育工作委员会、一般项目	研究报告、论文	2018.03
102	主体间性语境下高校思想政治教育创新研究	王　颖	马克思主义学院	中共北京市委教育工作委员会、一般项目	论文	2019.03
103	京津冀地区碳市场减排额分配模式及经济效应研究	范庆泉	财政税务学院	北京市优秀人才培养资助项目、一般项目	论文	2019.12
104	京津冀科技创新人才工作压力形成机制及干预技术研究	褚福磊	工商管理学院	北京市优秀人才培养资助项目、一般项目	研究报告、专利	2019.12
105	大型原创敦煌舞蹈《丝路寻梦》	孙　蕾	校团委	北京市优秀人才培养资助项目、一般项目	原创舞蹈	2018.10
106	基于反事实估计的社会养老服务效应评估研究	王永梅	劳动经济学院	中国博士后科学基金、一般项目	研究报告、论文	2019.05

2017年度校级社会科学研究项目

序号	项目名称	负责人	承担部门	项目分类、类别	预期成果形式	计划完成时间
1	地震灾害人员损失评估方法研究	李媛媛	安全与环境工程学院	青年项目	论文	2017.12
2	首都安全生产事故预测模型研究	王　佩	安全与环境工程学院	青年项目	论文	2017.12
3	动态网格结构演化与社区发现研究——基于专利大数据的实证分析	周　芳	城市经济与公共管理学院	青年项目	研究报告	2017.12
4	共产党员理性信念教育基本经验研究	连　欢	马克思主义学院	青年项目	论文	2017.12
5	随机利率及CEV模型下的最优投资与再保险研究	聂高琴	统计学院	青年项目	论文	2017.12
6	蒙泰格语法框架下的汉语搭配研究	崔佳悦	外国语学院	青年项目	论文	2017.12

续表

序号	项目名称	负责人	承担部门	项目分类、类别	预期成果形式	计划完成时间
7	法、比、卢语言政策与语言教育政策研究	栾 婷	外国语学院	青年项目	论文	2017. 12
8	数据驱动的京津冀养老服务质量协同提升研究	沈睿芳	信息学院	青年项目	研究报告	2017. 12
9	公共停车管理与服务的事权划分和资金筹集	陈汉明	财政税务学院	规划项目	研究报告	2017. 12
10	生态文明建设视角下首都土地整治景观生态规划设计技术研究	王建强	城市经济与公共管理学院	规划项目	研究报告	2017. 12
11	土地出让收益与城市经济增长关系研究	张 昕	城市经济与公共管理学院	规划项目	研究报告	2017. 12
12	城市社区居民委员会选举制度探讨	刘润仙	法学院	规划项目	研究报告	2017. 12
13	学位论文检测相关问题研究	周 平	法学院	规划项目	研究报告	2017. 12
14	国际智力回流对中国中小企业国际化发展的影响效应研究	曹 燚	工商管理学院	规划项目	研究报告	2017. 12
15	构式语法视角下面向对外汉语教学的汉语延续体研究	张 娟	国际学院	规划项目	研究报告	2017. 12
16	创新型平台企业网络虚拟资产会计问题研究	刘 瑛	会计学院	规划项目	论文	2017. 12
17	经济发展、金融结构演化与我国金融监管制度安排	冯瑞河	金融学院	规划项目	研究报告	2017. 12
18	我国商业车险市场化改革研究	张欲晓	金融学院	规划项目	研究报告	2017. 12
19	“京津冀”地区生产性服务业对制造业出口影响的研究——基于生产性服务业与制造业融合的视角	田 彦	经济学院	规划项目	研究报告	2017. 12
20	“一带一路”倡议下我国对外直接投资格局的研究	于晓云	经济学院	规划项目	研究报告	2017. 12
21	基于成就目标理论的高校毕业生创业动机研究	边文霞	劳动经济学院	规划项目	研究报告	2017. 12
22	劳动合同法对企业用工的影响分析	张成刚	劳动经济学院	规划项目	论文	2017. 12
23	中国特色农业现代化道路中的制度创新研究	崔 玲	马克思主义学院	规划项目	研究报告、论文	2017. 12
24	首都大学生马克思主义信仰现状调查研究	徐 辉	马克思主义学院	规划项目	研究报告、论文	2017. 12
25	北京市购买公共体育服务的风险与约束机制研究	杨 华	体育部	规划项目	研究报告	2017. 12

续表

序号	项目名称	负责人	承担部门	项目分类、类别	预期成果形式	计划完成时间
26	对“自然”与“nature”的认知语言学探析	贾冬梅	外国语学院	规划项目	论文	2017.12
27	跨文化交际能力影响要素关联性研究	张慧宇	外国语学院	规划项目	论文	2017.12
28	大数据背景下基于语义的金融行业数据分析研究	卢　山	信息学院	规划项目	论文	2017.12

（首都经济贸易大学科研处刘佳供稿）

北京工商大学

2017 年度承担国家级、省部级等社会科学研究项目

序号	项目名称	项目负责人	承担部门	项目分类、类别	预期成果形式	计划完成日期
1	反全球化背景下美国对华贸易壁垒的趋势及我国对策研究	张晓堂	经济学院	国家社会科学基金、重点项目	研究报告	2020.06
2	中国服务业发展政策的演变及有效性协同性研究	李朝鲜	经济学院	国家社会科学基金、重大项目	专著、研究报告	2021.12
3	电信诈骗信任度的影响因素、心理机制及干预研究	陈红敏	学生工作部	国家社会科学基金、一般项目	论文、研究报告	2020.06
4	农地“三权分置”的信托模式研究	陈　敦	法学院	国家社会科学基金、一般项目	研究报告	2020.06
5	马克思恩格斯东方社会理论的整体性研究	袁　雷	马克思主义学院	国家社会科学基金、一般项目	专著	2020.12
6	国有资本收益分配研究：治理机制、经济后果与制度重构	何玉润	商学院	国家社会科学基金、一般项目	研究报告	2020.12
7	动态资产配置框架下商业银行开展绿色信贷的驱动机制研究	张　琳	经济学院	国家社会科学基金、一般项目	研究报告	2020.06
8	香港青年群体国族认同构建中的媒体角色研究	王婉婉	艺术与传媒学院	国家社会科学基金、一般项目	专著	2020.12
9	互联网环境下基于顾客价值的实体零售商业模式重塑	王　勇	商学院	国家社会科学基金、一般项目	研究报告	2020.07
10	“一带一路”背景下中国纪录片的跨文化传播战略研究	蔡海龙	艺术与传媒学院	国家社会科学基金、一般项目	研究报告	2020.06
11	制度性退出壁垒下国有资本主导行业的产能“过剩”与治理	孟　昌	经济学院	国家社会科学基金、重点项目	研究报告	2020.06
12	中国上市公司股东资源研究	王　斌	商学院	国家社会科学基金、一般项目	研究报告	2020.12
13	语言数位典藏的技术方法	于重重	计算机与信息工程学院	国家社会科学基金重大项目合作项目	软件、专利、论文	2019.12

续表

序号	项目名称	项目负责人	承担部门	项目分类、类别	预期成果形式	计划完成日期
14	科技型高管权力与高技术企业创新绩效——基于正式权力与非正式权力综合视角的研究	李慧聪	商学院	国家自然科学基金、青年项目	论文	2020. 12
15	央企强制分红：压力传导及其对子公司财务行为的影响研究	童　盼	商学院	国家自然科学基金、面上项目	论文	2021. 12
16	精神病人强制医疗解除程序的中国模式及其完善	王迎龙	法学院	教育部人文社会科学研究项目	论文	2020. 12
17	基于深度学习的视频直播弹幕违规内容识别研究	蔡圆媛	计算机与信息工程学院	教育部人文社会科学研究项目	学术论文	2020. 07
18	3—6 世纪石窟装饰纹样的艺术风格学研究	张俊沛	艺术与传媒学院	教育部人文社会科学研究项目	研究报告	2020. 07
19	面向偏远地区的移动医疗服务设计研究	李晓珊	艺术与传媒学院	教育部人文社会科学研究项目	专著　论文	2020. 08
20	互联网环境下基于共享经济的北京市现代服务业创新模式研究	孙永波	商学院	北京市自然科学基金项目	论文	2019. 12
21	互联网环境下首都实体零售企业商业模式创新研究	王　勇	商学院	北京市自然科学基金项目	报告、研究论文	2018. 12
22	中华优秀传统文化应对高校宗教渗透的机制研究	张德玉	马克思主义学院	北京市社会科学基金项目	专著、研究报告	2020. 12
23	“互联网 + 时间银行”养老社区服务平台的设计与建设研究	武　岩	经济学院	北京市社会科学基金项目	研究报告	2020. 12
24	北京市商贸流通业智慧化与非首都功能疏解研究	张　浩	商学院	北京市社会科学基金项目	研究报告	2020. 12
25	北京市新型特色小镇建设实践路径	侯汉坡	商学院	北京市社会科学基金项目	研究报告	2020. 06
26	首都零售业共享经济模式中主体参与行为动因及后果研究	王　楠	商学院	北京市社会科学基金项目	研究报告	2020. 01
27	北京市新能源汽车补贴政策优化研究	孙红霞	商学院	北京市社会科学基金项目	研究报告	2019. 06
28	网生视频对北京地区青少年发展的影响及引导研究	孙铭欣	艺术与传媒学院	北京市社会科学基金项目	研究报告	2020. 12
29	基于检测数据可视分析的京津冀食品安全风险分类管控研究	陈红倩	计算机与信息工程学院	北京市社会科学基金项目	研究报告	2020. 12
30	零售业反垄断中的相关市场界定研究——以北京市为例	易　芳	经济学院	北京市社会科学基金项目	研究报告	2019. 06
31	京津冀地区房地产金融风险传递及预警研究	葛红玲	经济学院	北京市社会科学基金项目	研究报告、论文	2020. 06

续表

序号	项目名称	项目负责人	承担部门	项目分类、类别	预期成果形式	计划完成日期
32	制度创业视角的北京互联网金融发展研究	朱　蓉	商学院	北京市社会科学基金项目	研究报告	2019. 12
33	立案登记制背景下民事滥诉的实证研究与法律规制	张　艳	法学院	北京市社会科学基金项目	研究报告	2020. 12
34	社会心态与高校意识形态建设研究	杨春花	马克思主义学院	北京市社会科学基金项目	系列论文	2020. 12
35	北京市高科技企业开放式创新合作网络建设与治理机制	高俊光	商学院	北京市社会科学基金项目	研究报告	2020. 06
36	思想政治理论课多元化、阶梯式实践教学模式构建研究	王鲁娜	马克思主义学院	北京市教工委资助项目	研究报告	2018. 06
37	我国民主党派参与民主监督研究	张宏伟	马克思主义学院	北京市教工委资助项目	研究报告	2018. 12
38	首都地区互联网保险市场法律规制研究	董　彪	法学院	北京市法学会研究项目	研究报告	2018. 08
39	互联网行业相关市场界定研究	易　芳	经济学院	北京市属单位委托研究项目	研究报告	2018. 08
40	北京工业开发区循环化发展调研与分析	王小艺	计算机与信息工程学院	北京市科学技术协会资助项目	论文、报告	2018. 08
41	工业开发区循环化技术规范	王小艺	计算机与信息工程学院	北京市发改委委托研究项目	地方标准	2018. 08
42	三网融合背景下网络视频直播节目的法律规制研究	路　鹃	艺术与传媒学院	中国广播电影电视社会组织联合会公开招标项目	研究报告	2018. 08
43	“互联网+”背景下保险消费者信息安全问题研究	董　捷	经济学院	中国保险监督管理委员会公开招标项目	研究报告	2018. 12
44	国家糖料产业技术体系岗位任务书	刘晓雪	经济学院	农业部非年度公开招标项目	研究报告	2018. 12
45	民事赔偿谅解情节对死刑适用的影响	陆侃怡	法学院	最高人民检察院（不含部级）公开招标项目	论文	2018. 12
46	中外管理会计发展史研究	穆林娟	商学院	财政部年度公开招标项目	研究报告	2018. 12
47	京津冀协同发展中的医养结合养老服务模式研究	王　雯	经济学院	北京市委组织部，北京市优秀人才培养资助青年骨干个人项目	研究报告	2018. 12
48	京老年人群养老模式偏好的成因与对策研究	蒯鹏州	商学院	北京市教育委员会社科计划、重点项目	研究报告	2020. 12
49	北京市食品安全基层监管能力提升研究	孙宁宁	经济学院	北京市教育委员会社科计划、一般项目	论文	2019. 12

续表

序号	项目名称	项目负责人	承担部门	项目分类、类别	预期成果形式	计划完成日期
50	食品企业主动召回激励机制探索——基于北京消费者调查问卷的分析	郝　娜	经济学院	北京市教育委员会社科计划、一般项目	研究报告	2019. 12
51	探索并构建“双创”教育的社会反馈体系	周付安	经济学院	北京市教育委员会社科计划、一般项目	论文	2019. 12
52	京津冀市场化债转股模式的比较研究	谢雪燕	经济学院	北京市教育委员会社科计划、一般项目	研究报告	2019. 12
53	基于顾客关系导向的北京现代服务业价值网络研究	武晓宇	商学院	北京市教育委员会社科计划、一般项目	论文	2019. 12
54	输入强化理论与输出驱动假设视角下大学生产出性词汇应用能力提升的研究	王秀珍	外国语学院	北京市教育委员会社科计划、一般项目	专著	2019. 12
55	“产出导向法”理论视域下的商务英语教学研究	赖　花	外国语学院	北京市教育委员会社科计划、一般项目	论文	2019. 12
56	生存论视域中的文化自信研究	陆丽琼	马克思主义学院	北京市教育委员会社科计划、一般项目	论文	2019. 12
57	网络空间中国主流意识形态话语面临的挑战与对策	李　金	马克思主义学院	北京市教育委员会社科计划、一般项目	论文	2019. 12
58	北京新农村人居环境文化艺术建设研究	张　帆	艺术与传媒学院	北京市教育委员会社科计划、一般项目	论文	2019. 12

2017 年度校级社会科学研究项目

序号	项目名称	项目负责人	承担部门	项目分类、类别	预期成果形式	计划完成时间
1	公平视角下基本养老保险全国统筹研究	王　雯	经济学院	人文社科类青年教师科研启动基金项目	论文	2019. 06
2	经济全球化影响城镇化的理论、政策与实证研究	武　岩	经济学院	人文社科类青年教师科研启动基金项目	论文	2019. 06
3	我国非金融企业金融化的动因和经济后果研究	张　琳	经济学院	人文社科类青年教师科研启动基金项目	论文	2019. 06

续表

序号	项目名称	项目负责人	承担部门	项目分类、类别	预期成果形式	计划完成时间
4	零售服务业情绪劳动、服务质量与组织绩效的相关研究	武晓宇	商学院	人文社科类青年教师科研启动基金项目	论文	2019.06
5	可再生清洁能源价格及财税政策机制优化研究——基于技术经济模型与混合CGE模型的综合评价	郑宇花	商学院	人文社科类青年教师科研启动基金项目	论文	2019.06
6	综合收益信息的决策有用性研究	李　梓	商学院	人文社科类青年教师科研启动基金项目	论文	2019.06
7	基于控制算法的供应链库存系统优化与仿真	赵　川	商学院	人文社科类青年教师科研启动基金项目	论文	2019.06
8	装箱班轮联盟的收益分配机制与收益分配优化模型研究	张　倩	商学院	人文社科类青年教师科研启动基金项目	论文	2019.06
9	当代中国公共政策执行中的政策变通研究	吴　穹	法学院马克思主义学院	人文社科类青年教师科研启动基金项目	论文	2019.06
10	宽大政策与反垄断私人执行中证据披露的冲突解决	剌　森	法学院马克思主义学院	人文社科类青年教师科研启动基金项目	论文	2019.06
11	大数据与智能环境下生态文明建设的科技支撑力研究	王　东	法学院马克思主义学院	人文社科类青年教师科研启动基金项目	论文	2019.06
12	基于职业口译员商务类英汉同声传译语料库的口译策略研究	王致虹	外国语学院	人文社科类青年教师科研启动基金项目	论文	2019.06
13	"产出导向法"理论视域下的商务英语教学研究	赖　花	外国语学院	人文社科类青年教师科研启动基金项目	论文	2019.06
14	学生译员为提高同步性所使用的口译策略研究	石宝华	外国语学院	人文社科类青年教师科研启动基金项目	论文	2019.06
15	吉祥物与动画电影品牌推广研究	周弈辰	艺术与传媒学院	人文社科类青年教师科研启动基金项目	论文	2019.06
16	多模态话语分析视角下的品牌传播研究	邓莹洁	艺术与传媒学院	人文社科类青年教师科研启动基金项目	论文	2019.06

续表

序号	项目名称	项目负责人	承担部门	项目分类、类别	预期成果形式	计划完成时间
17	南北朝石窟装饰纹样在现代品牌传播中的运用研究	张俊沛	艺术与传媒学院	人文社科类青年教师科研启动基金项目	论文	2019. 06
18	心理维度特质与篮球团队效率关系的研究	邵　喆	体育与艺术教学部	人文社科类青年教师科研启动基金项目	论文	2019. 06
19	底线公平与农村三支柱养老保障研究	杨建海	经济学院	社科类两科基金培育项目	论文	2019. 06
20	央企强制分红：压力传导及其对子公司财务行为的影响研究	童　盼	商学院	社科类两科基金培育项目	论文	2019. 06
21	电信诈骗信任度的影响因素、心理机制及干预研究	陈红敏	体育与艺术教学部	社科类两科基金培育项目	论文	2019. 06
22	企业组织印记与创业绩效	朱　蓉	商学院	社科类两科基金培育项目	论文	2019. 06
23	科技型高管权力与高技术企业创新绩效研究	李慧聪	商学院	社科类两科基金培育项目	论文	2019. 06
24	面向我国偏远地区的移动医疗服务设计研究	李晓珊	艺术与传媒学院	社科类两科基金培育项目	论文	2019. 06
25	智慧城市建设中的设计伦理研究	刘红菊	艺术与传媒学院	社科类两科基金培育项目	论文	2019. 06
26	中日传统手工艺保护与产业化发展比较研究	何思倩	艺术与传媒学院	社科类两科基金培育项目	论文	2019. 06
27	重新认识当代艺术，中国当代艺术大数据景观 1985—2015	张　伟	艺术与传媒学院	社科类两科基金培育项目	论文	2019. 06
28	北京零售企业竞争力提升关键问题研究	孙永波	商学院	人文社科类学术专著出版资助项目	专著	2019. 06
29	全球化与城镇化——国际比较和中国经验	武　岩	商学院	人文社科类学术专著出版资助项目	专著	2019. 06
30	跨组织控制：激励模式与合作绩效研究	穆林娟	商学院	人文社科类学术专著出版资助项目	专著	2019. 06
31	供应链金融助力京津冀流通业转型升级研究	董　捷	经济学院	首都流通业研究基地 2017 年度项目	论文	2019. 06
32	互联网供应链金融模式对北京小微商贸企业发展的影响研究	徐小茗	经济学院	首都流通业研究基地 2017 年度项目	论文	2019. 06
33	人力资源实践驱动首都服务型企业创新绩效提升策略研究	蒯鹏州	商学院	首都流通业研究基地 2017 年度项目	论文	2019. 06
34	京津冀智慧物流发展战略研究	武　岩	经济学院	首都流通业研究基地 2017 年度项目	论文	2019. 06

续表

序号	项目名称	项目负责人	承担部门	项目分类、类别	预期成果形式	计划完成时间
35	首都知识密集型服务业发展与京津冀产业协同互动关系研究	崔　正	商学院	首都流通业研究基地2017年度项目	论文	2019.06
36	京津冀流通企业信用风险评估问题研究	李　飞	经济学院	首都流通业研究基地2017年度项目	论文	2019.06
37	保险业服务新零售的发展研究	宋占军	经济学院	首都流通业研究基地2017年度项目	论文	2019.06
38	京津冀电商发展的金融支持效率及创新路径研究	李　波	经济学院	首都流通业研究基地2017年度项目	论文	2019.06
39	首都新零售业企业专利战略研究	谭运嘉	经济学院	首都流通业研究基地2017年度项目	论文	2019.06
40	基于空间聚类方法的京津冀城市群多层次空间结构研究	张　珣	计算机与信息工程学院	首都流通业研究基地2017年度项目	论文	2019.06

（北京工商大学科学技术处王葳供稿）

北京工业大学

2017年度承担国家级、省部级等社会科学研究项目

序号	项目名称	负责人	承担部门	项目分类、类别	预期成果形式	计划完成日期
1	老龄化背景下智能导视系统的创新设计研究	刘　键	建规学院	教育部人文社会科学研究项目	专著、论文	2019.12
2	高校思想政治理论教育传统优势与现代信息技术融合机制研究	沈千帆	马克思主义学院	教育部人文社会科学研究项目	论文、报告等	2019.12
3	高校与工程科研院所联合培养博士生试点项目实施效果及影响因素研究	刘贤伟	高等教育研究所	教育部人文社会科学研究项目	科研论文	2020.12
4	学科融合：STEAM教育国际比较及启示研究	高　威	高等教育研究所	教育部人文社会科学研究项目	论文	2020.12
5	依靠科技创新应对人口老龄化跨学科研究	黄鲁成	经管学院	国家社会科学基金项目	论文、研究报告	2022.12
6	习近平全面从严治党的方法论研究	李世忠	马克思主义学院	教育部人文社会科学研究项目	论文、专著	2020.06
7	基于用能权的产业升级研究	罗晓梅	经管学院	国家社会科学基金项目	论文、研究报告	2020.06
8	大数据驱动的大型活动全景式管理与决策方法研究	迟远英	经管学院	国家自然科学基金项目	论著、专利报告等	2020.12
9	西部少数民族大学生学业现状分析及对策研究——以北京工业大学为例	佟　巍	经管学院	纵向社科其他	调研报告	2018.10
10	自媒体技术发展对工程专业学生思想认同的影响研究	沈　慧	机电学院	纵向社科其他	论文	2018.12

续表

序号	项目名称	负责人	承担部门	项目分类、类别	预期成果形式	计划完成日期
11	高校教育引导大学生树立“四个正确认识”的长效机制研究	沈自友	耿丹学院	纵向社科其他	论文、研究报告	2019.04
12	自组织演化视角下的企业战略转型：能力系统衍生与成长过程分析——基于高端装备制造业的实证	唐孝文	经管学院	国家自然科学基金项目	学术论文、专著	2021.12
13	人民币汇率波动对美国汇率与贸易法案投票的影响及传导机理研究	姜　伟	经管学院	国家自然科学基金项目	论文、研究报告	2020.12
14	工程教育中非技术能力的表征及多源定量评价研究	王秀彦	经管学院	国家自然科学基金项目	论文、研究报告	2021.12
15	基于全球价值链的政府贸易救济政策决策过程重构与评估方法研究	乔小勇	经管学院	国家自然科学基金项目	论文、研究报告	2021.12
16	多目标条件下中国金融监管系统优化与风险管理研究	刘　超	经管学院	国家自然科学基金项目	学术论文、专著等	2021.12
17	多源异构信息交互作用下知识产权战略目标偏差的诊断与机理研究	杨早立	经管学院	国家自然科学基金项目	论文、研究报告	2020.12
18	基于多源异构数据的产业内与跨产业的研发合作研究	吴菲菲	经管学院	国家自然科学基金项目	论文、研究报告	2021.12
19	价值网格视角下代工企业通过跨国并购突破技术锁定的有效路径研究	王宛秋	经管学院	国家社会科学基金项目	论文、研究报告	2019.12
20	中国式街道的人本观测与治理研究	熊　文	建规学院	国家社会科学基金项目	论文、研究报告	2019.12
21	中国城市交通信息传播模式研究	李晨宇	人文学院	国家社会科学基金项目	论文、研究报告	2020.09
22	后殖民社会学与中国社会学的历史比较研究	何祎金	人文学院	国家社会科学基金项目	论文、研究报告	2020.03
23	特大城市基层社区协商共治的多主体参与机制研究	韩秀记	人文学院	国家社会科学基金项目	论文、研究报告	2020.06
24	工艺美术“燕京八绝”人才培养	孙大力	艺术设计学院	国家艺术基金项目	论文、研究报告	2017.10
25	新兴科技环境下提升我国创新政策供给能力研究	黄鲁成	经管学院	国家社会科学基金项目	论文、研究报告	2020.12
26	提高户籍人口城镇化率研究	冯　虹	人文学院	国家社会科学基金项目	论文、研究报告	2018.12
27	以冬奥文化特征为主题的高速公路人文景观设计及示范应用	李惠东	艺术设计学院	北京市科委项目	论文、示范模型	2019.03

续表

序号	项目名称	负责人	承担部门	项目分类、类别	预期成果形式	计划完成日期
28	濒危汉语方言调查·河南武陟回民汉语	邓　楠	国际学院	教育部人文社会科学研究项目	论文、研究报告	2018.12
29	素质教育视野下高校工程技术人才培养创新研究——基于工程教育认证框架分析	刘立霞	机电学院	北京市社科基金项目	论文、研究报告	2018.12
30	基于碳金融的京津冀产业升级对策研究	罗晓梅	实验学院	北京市社科基金项目	论文、研究报告	2017.06
31	新常态下北京现代制造业高精尖化的金融支持研究	王　超	经管学院	北京市社会科学基金项目	论文、研究报告	2018.06
32	北京老旧街区与城中村流动人口社区形态及治理的对比研究	李阿琳	人文学院	北京市社会科学基金项目	论文、研究报告	2018.06
33	3D打印技术在髹漆脱胎工艺中的应用研究	王大虎	艺术设计学院	北京市教委项目	论文和作品	2019.09
34	科技社团服务北京科技服务业发展的新模式研究	闫邹先	实验学院	北京市教委项目	论文、研究报告	2018.12
35	北京市竞争性国企混合所有制改革推进实施策略研究	钱　婷	经管学院	北京市教委项目	论文、研究报告	2018.12
36	学科整合视角下的STEM教育国际比较及对策研究	高　威	高等教育研究所	北京市社会科学基金项目	论文、研究报告	2018.06
37	首都网络社会风险与治理研究	鞠春彦	人文学院	北京市社会科学基金项目	论文、研究报告	2017.12
38	云制造环境下北京现代制造业服务资源管理决策研究	禹海波	经管学院	北京市社会科学基金项目	专著	2018.06
39	多元共治视角下社会组织参与环境治理的机制研究	邢宇宙	人文学院	教育部人文社会科学研究项目	论文、研究报告	2018.03
40	中关村高新技术企业海外直接投资促进自主创新能力提升研究	范　丹	实验学院	北京市基金项目	论文、研究报告	2018.06
41	基于技术交易数据的京津冀科技协同创新潜力挖掘	何喜军	经管学院	北京市基金项目	论文、研究报告	2019.12
42	基于分布式能源的北京市建筑能源互联网规划与管理决策优化研究	嵇　灵	经管学院	北京市基金项目	论文、研究报告	2018.12
43	新产品扩散过程中跨界者的角色与绩效研究——基于社会网络的视角	徐　磊	经管学院	北京市基金项目	论文、研究报告	2018.12
44	多重共现耦合的科技知识网络关联发现研究：链路预测的视角	王菲菲	经管学院	北京市基金项目	论文、研究报告	2018.12
45	京津冀产业转移视角下区域协同节能减碳路径分析	李艳梅	循环经济研究院	北京市基金项目	论文、研究报告	2019.12

续表

序号	项目名称	负责人	承担部门	项目分类、类别	预期成果形式	计划完成日期
46	北京高新技术企业创新能力动态评价与政策仿真研究	黄鲁成	经管学院	北京市科委项目	论文、研究报告	2017.12
47	基于北京城市文化景观视野下的西山园林综合研究	李　江	建规学院	北京市社会科学基金项目	论文、研究报告	2018.12
48	马克思资本理论中国化基本问题研究	彭宏伟	实验学院	北京市社会科学基金项目	论文、研究报告	2019.06
49	“名家领读经典”北京高校市级思想政治理论课建设	丁　云	马克思主义学院	北京市教育工作委员会项目	研究报告	2017.12
50	北京科技金融的融合机制和优化发展对策研究	张品一	经管学院	北京市社会科学基金项目	论文	2018.12
51	“互联网＋”再生资源回收模式及运行机制研究	刘婷婷	循环经济研究院	北京市社会科学基金项目	研究报告	2019.06
52	社会治理视阈下随迁子女双向融入的困境与对策研究	魏　爽	人文学院	北京市社会科学基金项目	研究报告	2018.10
53	坚持党的领导与社会组织依法自治研究	李国正	经管学院	中华人民共和国民政部项目	论文、研究报告	2017.11
54	北京市通州区城市副中心推行街区制可行性调研	闫邹先	实验学院	北京市委教育工委项目	论文、研究报告	2017.12
55	科技创新支撑宏观经济运行的动态分析	张永安	经管学院	中华人民共和国民政部项目	论文、研究报告	2017.12
56	北京高校教师工作满意度调查研究	邱晓飞	宣传部	北京市委教育工委项目	论文、研究报告	2017.12
57	中华优秀传统文化与大学生思想政治教育耦合机制实证研究	沈自友	耿丹学院	教育部人文社会科学研究项目	研究报告、论文	2017.12
58	大学生基层组织青年干部政治理论学习情况调查研究	于　贝	城市交通学院	北京市委教育工委项目	研究报告、论文	2018.03
59	基于“中国制造2025”的工科博士生产学协同培养机制研究	郑　娟	高等教育研究所	教育部人文社会科学研究项目	论文、研究报告	2019.01
60	隐性知识视野下的大学生创业教育体系研究	杨　蕾	电控学院	北京市委教育工委项目	研究报告、论文	2018.01
61	基于集群的“公益助学＋就业＋创业”的产学研一体化的社会创业教育模式研究	巩佳伟	电控学院	北京市委教育工委项目	论文、研究报告	2017.07
62	北京高校思想政治理论课教师队伍建设择优资助计划	计　彤	马克思主义学院	北京市委教育工委项目	论文、研究报告	2019.12
63	扬帆资助计划2016预算资助项目	田　园	马克思主义学院	北京市委教育工委项目	论文、研究报告	2018.12
64	依托时政主题班会开展大学生思想政治教育思路与对策研究	陈　卓	建工学院	北京市委教育工委项目	论文、研究报告	2018.11

2017 年度校级社会科学研究项目

序号	项目名称	项目负责人	承担部门	项目分类、类别	预期成果形式	计划完成时间
1	地方高校岗位设置管理调查研究	范　明	高等教育研究所	智库项目	论文、研究报告	2018. 12
2	“一带一路”倡议与地方高水平大学国际化战略研究	张优良	高等教育研究所	国家级项目预研	论文	2018. 12
3	以精品教材促建精品课程——留学生汉语短期班教材研发	李　怡	国际学院	自选项目	教材	2019. 11
4	多场耦合作用下京津冀地区乡土建筑保护的室内热舒适性提升机制	郭　聪	建规学院	自选项目	论文	2019. 12
5	适老家具设计研究	李红超	建规学院	自选项目	研究报告、论文	2019. 11
6	新时代油画农民形象创作研究	魏运成	建规学院	国家级项目预研	论文、调研报告	2019. 09
7	基于 DEA 与 SFA 模型的新能源上市公司投资效率研究	曾诗鸿	经管学院	优秀成果培育	论文	2019. 12
8	北京突发事件网络舆情演化机理与应对策略	单晓红	经管学院	国家级项目预研	论文	2019. 11
9	动态、交互视角下北京科技金融对创新产出与经济社会发展影响机制研究	胡　锋	经管学院	国家级项目预研	论文、结题报告	2019. 06
10	基于收益率不确定的金融市场投资与风险管理研究	李永武	经管学院	国家级项目预研	论文	2019. 11
11	基于组织演化的技术创新网络协同机理研究	刘晓燕	经管学院	国家级项目预研	论文	2019. 11
12	创业团队构成与决策：基于认知方式差异视角的影响机制与边界条件研究	綦　萌	经管学院	自选项目	论文	2019. 09
13	基于 DEA 的排污权动态分配的方法研究及应用	谢启伟	经管学院	国家级项目预研	论文	2019. 10
14	战略性新兴产业全链条技术创新模式与实施研究	袁　菲	经管学院	国家级项目预研	论文	2019. 10
15	利用地区红色资源开展高校思想政治工作的途径与方法研究——以京津冀地区为例	李晓平	马克思主义学院	自选项目	研究报告、论文	2019. 11
16	中国特色社会主义文化的结构与功能	邢　荣	马克思主义学院	国家级项目预研	论文	2019. 11
17	习近平协商民主重要论述研究	张丽琴	马克思主义学院	自选项目	论文	2019. 11
18	移动互联网环境下大学生文化消费需求与消费行为研究	陈柏霖	人文学院	自选项目	研究报告	2019. 12
19	区域性股权市场发展与监管制度研究	聂孝红	人文学院	优秀成果培育	研究报告、论文	2019. 11

续表

序号	项目名称	项目负责人	承担部门	项目分类、类别	预期成果形式	计划完成时间
20	法学风险管理视角下的跨境电商平台数据信息安全法律风险评估研究	徐步云	人文学院	国家级项目预研	研究报告	2019. 10
21	对北京市高校“校内犯罪空间”的量化研究	张　晟	人文学院	国家级项目预研	研究报告	2019. 11
22	中国知名运动员高校再就业问题研究	陈　祚	体育部	自选项目	论文、研究报告	2019. 11
23	雾霾环境下大学功能性体育课程开发的理论与实践研究	姜　蓉	体育部	自选项目	论文、研究报告	2019. 11
24	首都普通高校校园体育文化建设研究	刘振卿	体育部	国家级项目预研	研究报告	2019. 11
25	日本“汉方小说”与中国医药文化	姜毅然	外语学院	国家级项目预研	论文	2019. 12
26	基于典籍的民间神话语境重建与翻译研究——以宋代《太平广记》为个案	李华芳	外语学院	国家级项目预研	论文、研究报告	2019. 11
27	“一带一路”背景下大学生专业英语能力需求与发展研究	李丽华	外语学院	优秀成果培育	论文	2019. 12
28	翻译现代性——《妇女杂志》新女性身份建构（1915—1932）	马晓梅	外语学院	国家级项目预研	论文、研究报告	2019. 11
29	文明互鉴视域下《道德经》对美国现代派诗歌的影响研究	吴晓梅	外语学院	国家级项目预研	论文、专著	2019. 11
30	中国理工科大学生学术英语写作能力培养研究	杨　凤	外语学院	优秀成果培育	研究报告、论文	2019. 10
31	基于网络协同的工程实践与创新能力培养的质量保障机制研究	刘　静	信息学院	国家级项目预研	研究报告、论文	2019. 10
32	新工科背景下电子信息类协同创新人才培养模式的探索与研究	王卓峥	信息学院	自选项目	论文、研究报告	2019. 11
33	基于复杂工程的“迁移—社会学习”模型及应用研究	郑　鲲	信息学院	优秀成果培育	研究报告、教材、论文、计算机软件	2019. 11
34	基于艺术与科学结合的传统雕塑的当代性研究	李惠东	艺术设计学院	国家级项目预研	论文、其他	2019. 11
35	桥梁景观美学设计研究	王国彬	艺术设计学院	国家级项目预研	研究报告、设计导则、论文	2019. 11

（北京工业大学科发院人文处张爱民供稿）

北京林业大学

2017年度承担国家级、省部级等社会科学研究项目

序号	项目名称	负责人	承担部门	项目分类、类别	预期成果形式	计划完成日期
1	内生增长视角下中国对外直接投资的技术溢出及其传导机制研究	顾雪松	经济管理学院	国家自然科学基金、青年科学基金项目	论文、研究报告	2020.12
2	基于形式语言和元胞自动机的交通拥堵疏导研究	马　宁	经济管理学院	国家自然科学基金、青年科学基金项目		2018.03
3	金融服务业开放促进供给侧结构性改革的重点和路径研究（国家社科基金）	付亦重	经济管理学院	国家社会科学基金项目		2020.12
4	环境伦理视域中的生态公民研究	周国文	马克思主义学院	国家社会科学基金、一般项目	研究报告、学术论文	2020.09
5	国家公园管理中的公众参与机制研究	张玉钧	园林学院	国家社会科学基金、一般项目	研究报告	2019.12
6	环境政策执行的激励结构及影响机制研究	陈　佳	人文社会科学学院	国家社会科学基金、一般项目	专著	2020.06
7	基于复杂网络视角下的林木生物质发电供应链协同机制研究	马　宁	经济管理学院	教育部人文社会科学研究项目		2019.06
8	物语对中国园林文化要素的接受研究	於国瑛	外语学院	教育部人文社会科学研究项目、一般项目	专著	2020.12
9	遗产保护视野下历史街区的地方性及其建构研究	向岚麟	园林学院	教育部人文社会科学研究项目、一般项目	论文	2019.12
10	中国生态文明建设发展报告2017	严　耕	人文社会科学学院	教育部人文社会科学研究项目、社科发展报告项目	专著	2017.12
11	北京市古树名木保护与管理中的公众参与机制研究	田明华	经济管理学院	北京市社会科学基金、重点项目	研究报告，相关论文	2020.06
12	党的十八大以来中国特色社会主义生态文明建设创新成果及意义研究	杨志华	马克思主义学院	北京市社会科学基金、一般项目	研究报告，系列论文	2020.06
13	北京市农村土地产权制度与社会会保障制度的耦合机制研究	姜雪梅	经济管理学院	北京市社会科学基金、一般项目	研究报告	2020.06
14	基于“两山”理论的京津冀地区农民生态创业减贫机制研究	陈建成	经济管理学院	北京市社会科学基金项目	研究报告	2020.08
15	京津冀地区森林旅游精准扶贫效率评价及空间格局分析	杨　华	林学院	北京市社会科学基金、一般项目		2019.07

续表

序号	项目名称	负责人	承担部门	项目分类、类别	预期成果形式	计划完成日期
16	北京与“一带一路”沿线国家经贸合作的优先领域、模式选择研究	程宝栋	经济管理学院	北京市社会科学基金、一般项目		2020.06
17	基于AR技术的北京地区珍稀野生动物虚拟展示研究	上官大堰	艺术设计学院	北京市社会科学基金、青年项目	论文、作品	2019.09
18	基于“社会网络分析”的北京市古村落文化保护数据库及可视化管理平台研究	徐　桐	园林学院	北京市社会科学基金项目	“数据库”模型及“可视化管理平台”	2020.07
19	国有林场森林资源环境核算及资产负债表编制研究	张卫民	经济管理学院	国家林业局林业软科学研究项目	论文、研究报告	2018.12
20	国有林场森林资源监管法律问题研究	韦贵红	人文社会科学学院	国家林业局林业软科学研究项目		2018.12
21	中国省域生态文明建设评价完善研究（2017）	严　耕	人文社会科学学院	国家林业局林业软科学研究项目	著作	2017.12
22	林业综合执法体制改革实践研究	李媛辉	人文社会科学学院	国家林业局林业软科学研究项目		2018.12
23	“市场—政策”双重导向对林木生物质能源产业发展的影响研究	陈　凯	经济管理学院	国家林业局林业软科学研究项目		2018.12
24	林业行政许可监督规范	付亦重	经济管理学院	国家林业局林业标准制修订项目		2018.12
25	林业行政许可评价规范	李媛辉	人文社会科学学院	国家林业局林业标准制修订项目		2018.12

2017 年度校级社会科学研究项目

序号	项目名称	负责人	承担部门	项目分类、类别	预期成果形式	计划完成日期
1	山水林田湖生命共同体理论与实践研究	贺　超	经济管理学院	科技创新计划项目		2018.12
2	林业产业集聚中环境污染的作用机制研究	秦光远	经济管理学院	科技创新计划项目		2018.12
3	外出务工、汇款与农村留守成员劳动供给	杨玉梅	经济管理学院	科技创新计划项目		2018.11
4	跨域环境政策有效性研究——基于协同治理与数据包络方法	于　畅	经济管理学院	科技创新计划项目		2018.11
5	亚太贸易自由化对环境质量的促进效应研究	万　璐	经济管理学院	科技创新计划项目	论文	2018.11

续表

序号	项目名称	负责人	承担部门	项目分类、类别	预期成果形式	计划完成日期
6	南方集体林区林业产权制度对农户福祉影响研究	侯一蕾	经济管理学院	科技创新计划项目		2018.11
7	我国森林保险补贴规模测度与政策优化	秦　涛	经济管理学院	科技创新计划项目	研究报告	2018.11
8	林下经济精准扶贫的效果评估与提升对策——基于典型林下经济及绿色产业示范基地的调查研究	鲁莎莎	经济管理学院	科技创新计划项目		2018.11
9	生物多样性保护与农村减贫协调发展研究	周建华	经济管理学院	科技创新计划项目		2018.11
10	后危机时代中国木质林产品出口影响因素及贸易潜力的实证研究	印中华	经济管理学院	科技创新计划项目		2018.11
11	北京林业大学“质量建党”体系研究	邹国辉	党委组织部	北京林业大学热点追踪项目		2018.11
12	习近平新时代中国特色社会主义思想研究	巩前文	马克思主义学院	科技创新计划项目		2018.11
13	全球价值链视角下中国制造业碳减排路径研究	侯方森	经济管理学院	科技创新计划项目		2018.11
14	首都百万亩平原造林景观稳定性与北京城市生态安全关系研究	张玉钧	园林学院	北京林业大学热点追踪项目		2020.03
15	科尔沁镇平安村标志设计及绿色果蔬包装设计	兰　超	艺术设计学院	北京林业大学热点追踪项目	设计方案3套	2017.12
16	北京林业大学热点追踪项目	张继晓	艺术设计学院	北京林业大学热点追踪项目		2018.12
17	基于森林公园的自然体验教育评估体系研究	石　玲	园林学院	北京林业大学热点追踪项目	研究报告	2018.10
18	新常态下我国高等林业教育发展理论创新研究	李　勇	高教研究室	北京林业大学重大科研成果培育项目	研究报告、论文	2018.12
19	中国森林养生发展模式研究	刘　霞	马克思主义学院	科技创新计划项目		2018.12
20	“一带一路”倡议下语言和文化因素对中国涉外文化产业和文化贸易发展影响的实证研究	李　欣	外语学院	科技创新计划项目	结题报告、论文	2018.12
21	《中国大百科全书》林业经济管理分卷编纂	程宝栋	经济管理学院	科技创新计划项目		2018.12
22	基于供应链协调的农林生物质能源生产政府补贴策略研究	樊　坤	经济管理学院	科技创新计划项目		2018.12
23	生态领域两法衔接相关问题研究	庄乾龙	人文社会科学学院	科技创新计划项目	论文	2018.12

续表

序号	项目名称	负责人	承担部门	项目分类、类别	预期成果形式	计划完成日期
24	亲环境行为的情理整合模型	田　浩	人文社会科学学院	科技创新计划项目		2018. 12
25	新能源汽车产业政策的文本量化与工具优化研究	陈　佳	人文社会科学学院	科技创新计划项目		2018. 12
26	我国森林保险保费补贴效率与最优补贴规模测度研究	邓　晶	经济管理学院	科技创新计划项目		2018. 12
27	供需均衡目标下森林保险补贴政策研究	顾雪松	经济管理学院	科技创新计划项目		2018. 12
28	北京市绿色发展指标体系研究	樊阳程	人文社会科学学院	科技创新计划项目		2018. 12
29	基于复杂网络视角的林木生物质发电供应链协同机制研究	马　宁	经济管理学院	科技创新计划项目		2018. 12
30	京津冀地区撤县设区的历史经验与借鉴	郎　洁	人文社会科学学院	科技创新计划项目	论文	2018. 12
31	造纸企业环境行为影响因素及其对企业生态效率的作用	于　畅	经济管理学院	科技创新计划项目		2018. 12
32	民国林业文献整理研究——基于政府档案、调查资料的分析	李　飞	人文社会科学学院	科技创新计划项目		2018. 12
33	父母焦虑对子女心理问题的影响：探索以移动互联网为基础的不确定性忍受力训练的作用	杨智辉	人文社会科学学院	科技创新计划项目		2018. 12
34	日本侵华期间掠夺东三省森林资源研究——以日本开拓团为视角	周景勇	马克思主义学院	科技创新计划项目	论文	2018. 12
35	品牌虚拟社区顾客契合对价值共创的影响	贾　薇	经济管理学院	科技创新计划项目		2018. 12
36	北京市历史文化街区地域性植物景观传承与发展策略研究（以二环内街区为例）	李冠衡	园林学院	科技创新计划项目		2018. 12
37	北京林业大学阳光体育锻炼计划研究	姜志明	体育教学部	科技创新计划项目	论文、研究报告	2018. 12
38	儒家友道在当代大学生社会主义核心价值观教育中的应用研究	揭　芳	马克思主义学院	科技创新计划项目	论文	2018. 12
39	新媒体艺术传播环境下人机交互产品研究与开发	靳　晶	艺术设计学院	科技创新计划项目	交互台、展示系统	2018. 12
40	中国与“一带一路”沿线国家林产品贸易成本、便利化及其潜力研究	程宝栋	经济管理学院	科技创新计划项目		2018. 12

续表

序号	项目名称	负责人	承担部门	项目分类、类别	预期成果形式	计划完成日期
41	基于 VR 的林业景观全景视频采集与展示	白志勇	艺术设计学院	科技创新计划项目	论文、视频	2018. 12
42	家具产业集聚与企业创新的关联机制研究	秦光远	经济管理学院	科技创新计划项目		2018. 12
43	明式家具的当代传承——基于明式风格的研究与再设计	高丽娜	艺术设计学院	科技创新计划项目		2018. 12
44	中国林业百科全书综合卷	严　耕	人文社会科学学院	科技创新计划项目		2018. 12
45	互联网时代生态理念对 PI 设计的影响研究	程旭锋	艺术设计学院	科技创新计划项目		2018. 12
46	金融服务业开放促进供给侧结构性改革的重点和路径研究	付亦重	经济管理学院	科技创新计划项目		2018. 12
47	买方住房搜寻行为的实验研究	张　洋	经济管理学院	科技创新计划项目		2018. 12
48	亚太地区贸易自由化对环境质量的影响效应研究	万　璐	经济管理学院	科技创新计划项目		2018. 12
49	中国林业产业发展的贸易特征、增长动力机制与市场预警技术应用研究	程宝栋	经济管理学院	北京林业大学重大科研成果培育项目		2018. 12

（北京林业大学科技处供稿）

首都体育学院

2017 年度承担国家级、省部级社会科学研究项目

序号	项目名称	负责人	承担部门	项目分类、类别	预期成果形式	计划完成时间
1	身心锻炼想象改善高龄老人执行功能的脑成像追踪研究	蒋长好	运动科学与健康学院	国家自然科学基金、面上项目	论文	2021. 12
2	17β-HSD11 在有氧运动调控骨骼肌脂滴动态变化及改善胰岛素抵抗中的作用	张雪琳	运动科学与健康学院	国家自然科学基金、面上项目	论文、研究报告	2021. 12
3	“一带一路”沿线国家武术文化传播的发展战略研究	孟　涛	武术与表演学院	国家社会科学基金、一般项目	论文集、研究报告	2020. 06
4	全球视域下体育促进老年健康发展模式研究	湛　冰	管理与传播学院	国家社会科学基金、一般项目	论文集、研究报告	2020. 06
5	体育项目业余锻炼等级标准的制定与完善研究	马思远	休闲与社会体育学院	国家社会科学基金、一般项目	研究报告	2019. 12
6	群舞《梅·砺香》	冯爱云	武术与表演学院	国家艺术科学基金	论文、研究报告、其他	2018. 10
7	《奥林匹克 2020 议程》、北京冬奥会与北京城市管理的耦合	钟秉枢	体育教育训练学院	北京市社会科学基金、重点项目	研究报告	2019. 06

续表

序号	项目名称	负责人	承担部门	项目分类、类别	预期成果形式	计划完成时间
8	构建北京市校园足球竞赛体系的研究	骆秉全	管理与传播学院	北京市社会科学基金、重点项目	研究报告	2019. 06
9	京津冀高校冰雪项目协同创新发展战略研究	吕　青	体育教育训练学院	北京市社会科学基金、一般项目	研究报告	2019. 06
10	北京财政支持体育产业发展政策工具优化研究	冯国有	管理与传播学院	北京市社会科学基金、一般项目	研究报告	201. 05
11	北京冬奥会媒介传播策略研究	刘　兰	管理与传播学院	北京市社会科学基金、一般项目	研究报告	2019. 06
12	基于动作发展的幼儿体育活动研究	庹　铮	体育教育训练学院	北京市社会科学基金、青年项目	研究报告	2019. 12
13	加快补齐短板，开创体育发展的新局面研究	钟秉枢	体育教育训练学院	国家体育总局政法司决策咨询研究、重点项目	研究报告	2017. 12
14	基于传感器和数据技术的青少年智慧篮球训练系统	吴　昊	运动科学与健康学院	国家体育总局科教司科学健身内容指导、重点项目	研究报告、其他	2018. 12
15	《中国 0 ~ 6 岁儿童身体活动指南》开发与研制	郝晓岑	管理与传播学院	国家体育总局科教司科学健身内容指导、重点项目	研究报告	2018. 12
16	射击、射箭、飞碟运动员身体功能训练与康复服务	尹　军	体育教育训练学院	国家体育总局科技服务工作	研究报告	2017. 12
17	备战东京奥运会田径竞走项目重点运动员高原训练（2017 年度）研究与个性化实践分析科技服务	吴　昊	运动科学与健康学院	国家体育总局科技服务工作	研究报告	2017. 12
18	单板滑雪项目“U”形场地技巧及运动员技能监控	吴　昊	运动科学与健康学院	国家体育总局科技服务工作	研究报告	2017. 12
19	自由式滑雪项目“U”形场地项目及运动员技能监控	吴　昊	运动科学与健康学院	国家体育总局科技服务工作	研究报告	2017. 12
20	竞走项目国家队备战 2020 年东京奥运会（2017 年度）技战术训练科技服务	李厚林	体育教育训练学院	国家体育总局科技服务工作	研究报告	2017. 12
21	田径练球项目国家队张文秀组备战东京奥运会（2017 年度）科技服务	李建臣	体育教育训练学院	国家体育总局科技服务工作	研究报告	2017. 12
22	高水平沙滩排球运动员体能诊断及训练	潘迎旭	体育教育训练学院	国家体育总局科技服务工作	研究报告	2017. 12
23	2017 年国家艺术体操队成套动作技术诊断与分析	高　扬	武术与表演学院	国家体育总局科技服务工作	研究报告	2017. 12
24	国家飞碟射击队运动员的心理建设	李四化	运动科学与健康学院	国家体育总局科技服务工作	研究报告	2017. 12

（首都体育学院科研处供稿）

国家行政学院

2017 年度承担国家级、省部级社会科学研究项目

序号	项目名称	负责人	承担部门	项目分类、类别	预期成果形式	计划完成时间
1	加强文化安全法制建设重大理论和实际问题研究	祁述裕	社会和文化教研部	国家社会科学基金、特别委托项目		2017. 09
2	建设服务型政府研究	马宝成	应急管理培训中心（中欧应急管理学院）	国家社会科学基金、研究专项		2019. 10
3	比较视域下的中国监察体制改革研究	舒绍福	政治学教研部	国家社会科学基金、一般项目	论文集、研究报告	2019. 09
4	基于“情景—应对”的城市综合风险治理体系研究	钟开斌	应急管理培训中心（中欧应急管理学院）	国家社会科学基金、一般项目	研究报告	2019. 09
5	基于“制度激励—网络结构”的党内法规执行体系及运行机制研究	宋雄伟	政治学教研部	国家社会科学基金、一般项目	论文集、研究报告	2020. 07
6	宪法视阈下纵向府际关系研究	任　进	法学教研部	国家社会科学基金、后期资助	专著	2017. 12
7	健全国家金融安全体系研究	董小君	经济学教研部	国家社会科学基金、十九大专项项目		
8	雄安新区城市生命线系统风险评估与建设策略研究	佘　廉	应急管理培训中心（中欧应急管理学院）	国家自然科学基金、应急管理项目	论文、研究报告	2018. 10
9	宣传群团外事领域党规国法在自然科学基金的具体化研究	刘　锐	法学教研部	国家自然科学基金、应急管理项目	论文、研究报告	2018. 12
10	优秀青年科学基金项目资助管理与绩效评价研究	王文新	电子政务研究中心（领导人员考试测评研究中心）	国家自然科学基金、应急管理项目	研究报告	2018. 12
11	基于国家需求的海洋装备信息化战略研究——以海上自升式平台控制信息系统为例	许正中	经济学教研部	国家自然科学基金、应急管理项目	研究报告	2019. 12
12	以人为本的中国特色城镇化道路研究	黄　锟	经济学教研部	国家行政学院重点项目	1. 研究报告或教学案例 2. 论文	2017. 12
13	创新驱动与国家竞争力提升研究	樊继达	经济学教研部			
14	“一带一路”建设与人民币国际化研究	马小芳	经济学教研部			
15	习近平区域发展政策观研究	蔡之兵	经济学教研部			
16	农村土地“三权分置”改革的实现路径研究—立法视角	宋志红	法学教研部			

续表

序号	项目名称	负责人	承担部门	项目分类、类别	预期成果形式	计划完成时间
17	习近平“三个怎样”选人用人新理念新思想研究	张国玉	政治学教研部	国家行政学院重点项目	1. 研究报告或教学案例 2. 论文	2017. 12
18	国家治理现代化视域下的城市治理转型与基层政府协商机制研究	宋雄伟	政治学教研部			
19	基于典型案例的中国救灾体制模式研究	钟开斌	应急管理培训中心（中欧应急管理学院）			
20	“一国两制”与香港社会治理研究	孔世平	发展战略与公共政策研究中心			
21	“互联网＋政务服务”与政府管理创新	翟　云	电子政务研究中心（领导人员考试测评研究中心）			
22	深化“四个全面”战略思想研究	徐　珂	办公厅			
23	精准扶贫中激发贫困群众内生动力问题研究	薛　刚	公共管理教研部	国家行政学院青年项目	论文	2017. 12
24	全面深化改革顶层设计与基层探索互动机制研究	张　克	公共管理教研部			
25	党内法规与国家法律协调机制研究	陈　雪	法学教研部			
26	法治原则与国家治理现代化研究——以国家监察体制改革为视角	杨嵩涛	政治学教研部			
27	现代国家构建视角下的国家治理现代化研究	王艳杰	政治学教研部			
28	文化传统与文化自信研究	孙羽津	社会和文化教研部			
29	基于政务公开的突发事件，舆情回应机制与策略研究	王彩平	应急管理培训中心（中欧应急管理学院）			
30	增加简政放权针对性和协同性研究	吕洪业	发展战略与公共政策研究中心			
31	“互联网＋”中国制造业转型升级研究	李　鹏	发展战略与公共政策研究中心			
32	全球化新趋势与推进“一带一路”倡议研究	王德显	发展战略与公共政策研究中心			
33	推进精准扶贫精准脱贫研究	袁金辉	研究生院			
34	“互联网＋”干部教育培训创新发展研究	丁茂战	信息技术部			

续表

序号	项目名称	负责人	承担部门	项目分类、类别	预期成果形式	计划完成时间
35	持续推进简政放权、放管结合、优化服务研究	宋世明	公共管理教研部	国家行政学院重点项目	1. 研究报告或教学案例 2. 论文	2017. 12
36	深化政府权力清单和责任清单制度建设研究	李军鹏	公共管理教研部			2019. 07
37	“放管服”改革背景下创新公共服务方式研究	刘小康	公共管理教研部			2018. 06
38	深化公务员制度改革研究	易丽丽	公共管理教研部			2019. 06
39	京津冀公共服务协同发展体制机制研究——以京津冀医养结合协同推动为例	尹艳红	公共管理教研部			2018. 06
40	深化农业供给侧结构性改革的产业集群支持体系研究	李江涛	经济学教研部			2018. 05
41	京津冀绿色发展协同治理体制机制研究	车文辉	经济学教研部			2018. 05
42	中国宏观经济形势与政策分析	王海燕	经济学教研部			2018. 05
43	建立化解过剩产能长效机制对策研究	孙　飞	经济学教研部			2018. 05
44	法治视野下政府权责清单制度研究	任　进	法学教研部			2018. 05
45	从严治党背景下党内权力监督和制约机制研究	韩春晖	法学教研部			2018. 05
46	行政审批权优化配置研究	王　静	法学教研部			2018. 05
47	法律保留原则与国家治理现代化研究	戴建华	法学教研部			2018. 05
48	加强“一带一路”软力量研究	路　杰	政治学教研部			2017. 12
49	文化传统视阈下的文化自信研究	舒绍福	政治学教研部			2017. 12
50	中国特色哲学社会科学话语体系建设的方向与路径	邓名奋	政治学教研部			2017. 12
51	“互联网+政务服务”与政府管理创新	雷　强	政治学教研部			2017. 12
52	党的十八大以来党中央治国理政外交战略思想研究	曲鹏飞	政治学教研部			2017. 12
53	文化资源与文化创新	刘东超	社会和文化教研部			2018. 05
54	公共文化机构法人治理结构问题研究	高宏存	社会和文化教研部			2018. 05
55	推进精准扶贫精准脱贫：扶贫中的大城市、小城市区位选择研究	马秀莲	社会和文化教研部			2018. 05

续表

序号	项目名称	负责人	承担部门	项目分类、类别	预期成果形式	计划完成时间
56	国家应急预案体系的再定位与系统重构研究	曹海峰	应急管理培训中心（中欧应急管理学院）	国家行政学院重点项目	1. 研究报告或教学案例 2. 论文	2017.12
57	群体性事件的演化机理与基层政府治理研究	张滨熠	应急管理培训中心（中欧应急管理学院）			2017.12
58	我国重特大自然灾害灾后恢复重建的市场机制研究	刘　杰	应急管理培训中心（中欧应急管理学院）			2017.12
59	大数据时代的网络安全体系研究	丁　艺	电子政务研究中心（领导人员考试测评研究中心）			2017.12
60	“互联网＋”中国制造业转型升级研究	陶　勇	电子政务研究中心（领导人员考试测评研究中心）			2017.12
61	深化政府权力清单和责任清单制度建设研究	刘密霞	电子政务研究中心（领导人员考试测评研究中心）			2017.12
62	深化机构和行政体制改革研究	宋世明	公共管理教研部	国家行政学院学习贯彻党的十九大精神院级重大委托科研项目	咨询报告或论文或著作	2018.03
63	党的十九大后深化放管服改革研究	李军鹏	公共管理教研部			2018.03
64	政府性资产管理与国家治理现代化	许正中	经济学教研部			2018.03
65	中国经济由高速增长转向高质量发展问题研究	丁文锋	经济学教研部			2018.03
66	建设实体经济、科技创新、现代金融、人力资源协同发展的产业体系研究	冯俏彬	经济学教研部			2018.03
67	推进乡村振兴战略	李江涛	经济学教研部			2018.03
68	完善国家机构组织法与编制法研究	杨伟东	法学教研部			2018.03
69	推进合宪性审查研究	任　进	法学教研部			2018.03
70	提高党的执政能力和领导水平研究	刘　峰	政治学教研部			2018.03
71	中国特色社会主义政治建设研究	时和兴	政治学教研部			2018.03

续表

序号	项目名称	负责人	承担部门	项目分类、类别	预期成果形式	计划完成时间
72	习近平新时代中国特色社会主义思想创新研究	李 拓	政治学教研部	国家行政学院学习贯彻党的十九大精神院级重大委托科研项目	咨询报告或论文或著作	2018.03
73	新时代人民群众多样化多层次多方面需求研究	李 锋	政治学教研部			2018.03
74	放宽文化市场准入，扩大文化开放	祁述裕、王可一	社会和文化教研部			2018.03
75	习近平新时代中国特色社会主义社会治理思想研究	丁元竹	社会和文化教研部			2018.03
76	习近平新时代总体国家安全重要论述研究	马宝成	应急管理培训中心（中欧应急管理学院）			2018.03
77	新时代国家公共安全新格局思想研究	李雪峰	应急管理培训中心（中欧应急管理学院）			2018.03
78	网络强国背景下的互联网治理研究	王益民	电子政务研究中心（领导人员考试测评研究中心）			2018.03
79	习近平新时代中国特色社会主义经济思想研究	杨正位	研究室			2018.03
80	军民融合财金支持体系研究	董小君	决策咨询部			2018.03
81	习近平新时代中国特色社会主义思想干部教育培训教材	马建堂	院领导			2018.12

（国家行政学院科研部刘斌供稿）

中央团校（中国青年政治学院）

2017年度承担国家级、省部级社会科学研究项目

序号	项目名称	负责人	承担部门	项目分类、类别	预期成果形式	计划完成时间
1	传播侵权研究	罗 斌	新闻传播学院	国家社会科学基金、后期资助项目	专著	2017.10
2	藏汉医药交流史考	汤杏林	教育培训学院	国家社会科学基金、后期资助项目	专著	2017.10
3	现代社会的自然与政治——卢梭政治思想的内在运动	张国旺	法学院	国家社会科学基金、后期资助项目	专著	2017.10
4	列宁主要著作的译介研究	刘长军	中国马克思主义学院、研究中心	国家社会科学基金、后期资助项目	专著	2017.10
5	刘少奇与马克思主义中国化	张治银	马克思主义学院、研究中心	国家社会科学基金、后期资助项目	专著	2017.10
6	行政法视野下的核电站安全规制研究	伏创宇	法学院	国家社会科学基金、一般项目	论文集、研究报告	2020.09

续表

序号	项目名称	负责人	承担部门	项目分类、类别	预期成果形式	计划完成时间
7	胡塞尔的语言符号理论研究	赵　猛	中国马克思主义学院、研究中心	国家社会科学基金、一般项目	专著	2020.12
8	刑事证明标准层次性理论之适用问题研究	孙　远	法学院	国家社会科学基金、一般项目	专著	2020.03
9	国家监察委员会体制与机制研究	马　岭	法学院	国家社会科学基金、一般项目	专著 研究报告	2019.06
10	加强高校思想政治工作与大学生理想信念教育研究	李　伟	中国马克思主义学院、研究中心	北京市社会科学基金、重大项目	每季度至少向中宣部理论局报送1期课题研究简报、1次阶段性成果	2018.12
11	习近平治国理政重要论述研究	李　伟	中国马克思主义学院、研究中心	北京市社会科学基金、重点项目	研究报告或专著	2018.06
12	青少年社交媒体使用：亲和动机、自我表达与性观念传播的实证研究	李永健	新闻传播学院	北京市社会科学基金、一般项目	研究报告	2020.09
13	以互联网为平台的青少年亚文化传播研究	吴　玥	新闻传播学院	北京市社会科学基金、一般项目	研究报告	2020.09
14	群体性女生欺凌的过程分析及防治研究	宋雁慧	青少年工作系	北京市社会科学基金、青年项目	研究报告	2020.09
15	中国抗日战争历程研究	秦国伟	中国马克思主义学院、研究中心	教育部高校示范马克思主义学院和优秀教学科研团队建设项目、一般选题	论文、研究报告	2019.12
16	习近平青年观研究	张树辉	校领导	教育部人文社会科学研究一般项目、专项任务项目（中国特色社会主义理论体系研究）	研究报告	2019.07
17	污染环境罪刑事处罚早期化问题研究	姜文秀	法学院	教育部人文社会科学研究一般项目、青年基金项目	研究报告	2019.07
18	中国古代诗学记忆研究	张宇慧	新闻传播学院	教育部人文社会科学研究一般项目、青年基金项目	专著	2019.12
19	欧美学界毛泽东思想话语结构研究	孙　帅	中国马克思主义学院、研究中心	教育部人文社会科学研究一般项目、青年基金项目	研究报告	2019.12
20	刑事政策与公共政策的关系	李卫红	法学院	司法部国家法治与法学理论研究项目、一般项目	论文	2019.12

2017年度校级社会科学研究项目

序号	项目名称	负责人	承担部门	项目分类	预期成果形式	计划完成日期
1	青少年参与电子游戏动机及对性别偏见的影响	吴　玥	新闻传播学院	留学归国人才科研支持计划	论文	2020.05
2	北京市低保家庭儿童的孤独感研究	齐亚静	青少年研究院	青年教师学术创新支持计划	论文	2019.06
3	张君劢晚年现代新儒学思想研究	宋　溟	中国语言文学系、文化基础部	青年教师学术创新支持计划	论文	2019.06
4	《周易》政治思想的研究	孙亚丽	中国语言文学系、文化基础部	青年教师学术创新支持计划	论文	2019.06
5	互联网传播中的主流媒体影响力构建	周　巍	新闻传播学院	青年教师学术创新支持计划	论文	2019.06
6	公共外交视阈下“一带一路”建设的传播路径研究	张薇薇	新闻传播学院	青年教师学术创新支持计划	论文	2019.06
7	美剧对大学生价值观的影响	毕　琳	新闻传播学院	青年教师学术创新支持计划	论文	2019.06
8	污染环境罪刑事处罚早期化问题研究	姜文秀	法学院	青年教师学术创新支持计划	论文	2019.06
9	自然、民情与政治：卢梭政治思想的内在结构	张国旺	法学院	青年教师学术创新支持计划	论文	2019.06
10	大学生领导力测量、评估与分析	祝　军	学生处	青年教师学术创新支持计划	论文	2019.06
11	行政审批制度改革的部门协同创新模式研究	蒋敏娟	公共管理系	青年教师学术创新支持计划	论文	2019.06
12	消费升级与开放性消费生态的构建及机制研究	刘　慧	经济管理学院	青年教师学术创新支持计划	论文	2019.06
13	养老保险“双轨制”改革满意度研究	郭　磊	社会工作学院	青年教师学术创新支持计划	论文	2019.06
14	基于人脸识别的首都高校田径运动会检录系统的开发	李贵森	体育教学中心	学术创新支持计划	论文	2019.06
15	Excel在数据分析中的特色研究	马竹青	计算机教学与应用中心	学术创新支持计划	论文	2019.06
16	美国华裔作家谭恩美作品文化定位	张　捷	外国语言文学系、外语教学研究中心	学术创新支持计划	论文	2019.06
17	当代美国青少年小说多元文化研究	杨　春	外国语言文学系、外语教学研究中心	学术创新支持计划	论文	2019.06
18	英语国家青年状况研究	武　竞	外国语言文学系、外语教学研究中心	学术创新支持计划	论文	2019.06
19	文化与家庭教育——在英华裔家庭中子女成长的比较研究	栾明香	外国语言文学系、外语教学研究中心	学术创新支持计划	论文	2019.06

续表

序号	项目名称	负责人	承担部门	项目分类	预期成果形式	计划完成日期
20	认知诗学理论对经典唐诗的赏析与解读	刘珊珊	外国语言文学系、外语教学研究中心	学术创新支持计划	论文	2019.06
21	英语专业本科生学术论文写作能力及课程教学改革研究	李　蕊	外国语言文学系、外语教学研究中心	学术创新支持计划	论文	2019.06
22	教师在任务型语言教学中的角色	高海龙	外国语言文学系、外语教学研究中心	学术创新支持计划	论文	2019.06
23	民国政治转型期民族国家本位观的兴起	魏万磊	中国语言文学系、文化基础部	学术创新支持计划	论文	2019.06
24	美国太平洋商业拓展研究（1783—1850）	王　华	新闻传播学院	学术创新支持计划	论文	2019.06
25	当代青年流行文化研究	沈健平	中国语言文学系、文化基础部	学术创新支持计划	论文	2019.06
26	“打工春晚”与新工人的文化创造	孟登迎	中国语言文学系、文化基础部	学术创新支持计划	论文	2019.06
27	论《红楼梦》中贾宝玉之超越	刘国民	中国语言文学系、文化基础部	学术创新支持计划	论文	2019.06
28	《九云梦》的叙述场景研究	李宏伟	中国语言文学系、文化基础部	学术创新支持计划	论文	2019.06
29	制度理论视角的文化研究述评	苏雪梅	公共管理系	学术创新支持计划	论文	2019.06
30	新型城镇化与基层行政体制改革研究	高　旺	公共管理系	学术创新支持计划	论文	2019.06
31	高校传媒弘扬社会主义核心价值观之路径新探	宋双峰	新闻传播学院	学术创新支持计划	论文	2019.06
32	环境传播中的政府参与——中国环境行政主义的本土化研究	漆亚林	新闻传播学院	学术创新支持计划	论文	2019.06
33	新媒体环境下社区媒介形态演变与社区治理模式研究	罗自文	新闻传播学院	学术创新支持计划	论文	2019.06
34	数据新闻中的开放数据应用研究	刘英华	新闻传播学院	学术创新支持计划	论文	2019.06
35	媒介融合背景下电视新闻评论节目的创新与发展研究	李永健	新闻传播学院	学术创新支持计划	论文	2019.06
36	金融赋能与青年创业绩效研究	修　晶	经济管理学院	学术创新支持计划	论文	2019.06

续表

序号	项目名称	负责人	承担部门	项目分类	预期成果形式	计划完成日期
37	非婚同居财产关系的法律规制	于　晶	法学院	学术创新支持计划	论文	2019.06
38	基本权利竞合研究	柳建龙	法学院	学术创新支持计划	论文	2019.06
39	认罪认罚从宽与刑事和解的交叉	李卫红	法学院	学术创新支持计划	论文	2019.06
40	流浪未成年人“精细化”救助与保护制度研究	琚晓燕	社会工作学院	学术创新支持计划	论文	2019.06
41	“自立”与“爱国”——对安倍晋三国家理念问题性的精神史考察	庄　娜	青少年工作系	学术创新支持计划	论文	2019.06
42	微信运用于高校思想政治工作路径探析	毛赟美	党委宣传部、新闻中心	学术创新支持计划	论文	2019.06
43	当代大学生亚文化现象研究	黄瑞玲	青少年工作系	学术创新支持计划	论文	2019.06
44	团组织早期领导人青年和青年运动思想及当代价值研究	张春丽	中国马克思主义学院、研究中心	学术创新支持计划	论文	2019.06
45	高校信息化应用建设中的用户体验研究	阚淑丽	信息化工作办公室		论文	2018.06
46	混合式课堂教学改革——以应用 MITA 等智能教学辅助软件为例	张洪磊	教务处		论文	2018.06
47	新时期加强青年学生理想信念教育研究	刘　亚	学生处		论文	2018.06
48	基于胜任力模型的高校中层干部队伍建设研究	余中海	组织部	行政教辅项目	论文	2018.06

[中央团校（中国青年政治学院）科研处供稿]

中国劳动关系学院

2017 年度承担国家级、省部级等社会科学研究项目

序号	项目名称	负责人	承担部门	项目分类、类别	计划完成时间
1	中国外汇储备流动性风险及最优分类管理模式研究	张　原	劳动关系系	国家社会科学基金、一般项目	2020.12
2	社会组织供给养老服务的模式创新与政策保障研究	李杏果	公共管理系	国家社会科学基金、一般项目	2020.12
3	燕京大学与中国新文学关系研究	王翠艳	文化传播学院	国家社会科学基金、一般项目	2020.12
4	我国高等教育扩张背景下的人力资本配置与创新	纪雯雯	高等职业技术学院	国家自然科学基金、青年科学基金项目	2020.12

续表

序号	项目名称	负责人	承担部门	项目分类、类别	计划完成时间
5	京津冀劳动关系转型与协同治理研究	刘泰洪	公共管理系	北京社会科学基金、一般项目	2020.12
6	关于新形势下工人阶级地位作用研究	屈增国	学校领导	全总项目	2018.12
7	高校师生关系状况调查研究	段　正	工会学院	首都大学生思想政治教育课题、支持项目	2018.12
8	北京高校辅导员心理素质教育工作能力调查研究	王　帆	高等职业技术学院	首都大学生思想政治教育课题、支持项目	2018.12
9	基于胜任力模型的辅导员意识形态工作能力调查研究	王　菲	工会学院	首都大学生思想政治教育课题、支持项目	2018.12

（中国劳动关系学院科研处陈邓海供稿）

中国社会科学院

2017 年度承担国家社会科学基金项目

序号	项目批准号	项目名称	项目类别	项目负责人	单位
1	17ZDA028	智能革命与人类深度科技化前景的哲学研究	重大项目	段伟文	哲学所
2	17ZDA161	中国少数民族神话数据库建设	重大项目	王宪昭	民文所
3	17ZDA197	《中国近代史大辞典》编纂	重大项目	王建朗	近代史所
4	17ZDA226	17—20 世纪喜马拉雅山区域史研究	重大项目	扎　洛	近代史所
5	17ZDA252	陶渊明文献集成与研究	重大项目	范子烨	文学所
6	17ZDA297	汉字谐声大系	重大项目	孟蓬生	语言所
7	17ZDA310	基于《世界语言结构地图集》的中国少数民族语言类型研究	重大项目	李云兵	民族所
8	17AFX002	民间规范与地方立法研究	重点项目	莫纪宏	法学所
9	17AFX024	知识产权国际保护趋势与中国对策研究	重点项目	管育鹰	法学所
10	17AFX025	中国生育福利权制度研究	重点项目	冉　昊	法学所
11	17AGJ008	日本自民党体制转型研究	重点项目	张伯玉	日本所
12	17AGJ009	日本“军事崛起”与我国对策研究	重点项目	吴怀中	日本所
13	17AJL014	基于异质性多区域动态 CGE 模型的间接税归宿与收入分配效应研究	重点项目	娄　峰	数技经所
14	17AKG003	东周墓葬制度研究	重点项目	印　群	考古所
15	17AMZ006	少数民族权利保护与国家安全问题的国别比较研究	重点项目	周少青	民族所
16	17AMZ012	当代欧洲民族分离主义与民族—国家建构研究	重点项目	刘　泓	民族所
17	17ARK001	家庭、家户和家成员范围、关系与功能比较研究	重点项目	王跃生	人口所
18	17AYY003	语言接触视角下的广西汉语方言语音演变研究	重点项目	覃远雄	语言所

续表

序号	项目批准号	项目名称	项目类别	项目负责人	单位
19	17AZD012	加快建设农业废弃物资源化利用市场体系研究	重点项目	于法稳	农发所
20	17AZS007	清政府治理台湾政策研究	重点项目	李细珠	近代史所
21	17AZS015	关键期的台美分歧研究（1949—1958）	重点项目	冯 琳	近代史所
22	17AZS016	西藏和平解放研究	重点项目	宋月红	当代所
23	17BDJ049	节约运动与新中国国家建设研究（1949—1965）	一般项目	孙钦梅	当代所
24	17BDJ053	新中国成立后党领导哲学社会科学文献整理与研究（1949—1966）	一般项目	储著武	当代所
25	17BFX147	欧盟投资法院制度及中国应对研究	一般项目	叶 斌	欧洲所
26	17BFX166	网络平台治理法律理论构建和应用研究	一般项目	周 辉	法学所
27	17BFX173	宪法实施的双轨运作机制研究	一般项目	翟国强	法学所
28	17BFX202	税收法定视域下的税法确定性问题研究	一般项目	滕祥志	财经院
29	17BGJ006	服务“一带一路”倡议的中国印度洋战略研究	一般项目	沙治平	美国所
30	17BGJ030	“一带一路”倡议框架下中国与中东欧国家合作模式研究	一般项目	孔田平	欧洲所
31	17BGJ058	南海争端中美国的战略定位与政策手段研究	一般项目	齐 皓	美国所
32	17BGJ067	欧亚全面伙伴关系对“一带一路”倡议的影响与应对研究	一般项目	赵会荣	俄欧亚所
33	17BGL170	我国医院行业市场机制有效性的实证研究	一般项目	付明卫	经济所
34	17BJL120	异质性经济、结构内生与宏观稳定研究	一般项目	郭 路	经济所
35	17BJY010	中国农地“三权分置”改革的经验总结及效果评估	一般项目	郜亮亮	农发所
36	17BJY027	基于中国中长期宏观经济计量模型的供给侧结构性改革与需求侧调控关系量化研究	一般项目	张延群	数技经所
37	17BJY124	多维视角下农民合作社功能发展演化机理与发展目标再定位研究	一般项目	董 翀	农发所
38	17BJY174	我国中央地方财政事权与支出责任划分的理论与实践研究	一般项目	于树一	财经院
39	17BJY216	长期照护服务的供给研究	一般项目	王 震	经济所
40	17BJY221	供给侧结构性改革背景下破解中国式产能过剩问题的路径研究	一般项目	梁泳梅	工经所
41	17BKG031	应用木炭分析探索甘青地区新石器—青铜时代环境演变与考古学文化的关系研究	一般项目	王树芝	考古所
42	17BKS015	列宁帝国主义理论与新帝国主义理论的比较与启示	一般项目	周 淼	马研院
43	17BKS055	习近平总书记关于政府和市场关系的新思想新战略研究	一般项目	张新宁	当代所
44	17BKS093	中国特色社会主义文化软实力建设路径研究	一般项目	唐 庆	马研院
45	17BMZ027	高句丽史上的族群问题研究	一般项目	范恩实	边疆所
46	17BSH084	社会分层视角下反腐败政策的政治效应研究	一般项目	徐法寅	社会学所
47	17BSS018	印度地方政治的历史考察	一般项目	宋丽萍	世历所

续表

序号	项目批准号	项目名称	项目类别	项目负责人	单位
48	17BSS030	美国社会转型与外交政策调整研究（1886—1916）	一般项目	魏红霞	美国所
49	17BWW078	斯特凡·格奥尔格的诗学研究	一般项目	杨宏芹	外文所
50	17BXW102	中国人文社会科学图书海外传播与学术话语影响力研究	一般项目	曲建君	科研局
51	17BYY078	近代中国语文运动及其国家认同研究	一般项目	黄晓蕾	民族所
52	17BYY127	古文字特殊通转研究	一般项目	王志平	语言所
53	17BZJ011	近现代中国民族国家建设与儒教的互动关系研究（1895—1919）	一般项目	李华伟	宗教所
54	17BZJ031	伊斯兰语境下的宗教极端主义研究	一般项目	李　林	宗教所
55	17BZJ038	台湾南部地区灵宝道派拔度科仪研究	一般项目	姜守诚	哲学所
56	17BZJ058	理论苏菲学思想体系研究	一般项目	王　希	宗教所
57	17BZS127	殷墟甲骨钻凿布局研究	一般项目	赵　鹏	历史所
58	17BZS131	宋代归明人研究	一般项目	侯爱梅	历史所
59	17BZS134	11—12 世纪初宋辽夏关系与宋辽政治研究	一般项目	林　鹄	历史所
60	17BZW002	20 世纪西方差异性话语的四种类型及其对构建中国特色文论体系的借鉴研究	一般项目	金惠敏	文学所
61	17BZW088	白居易接受史研究	一般项目	陈才智	文学所
62	17BZW171	新世纪海外华文作家的中国叙事研究	一般项目	刘　艳	文学所
63	17BZW173	民族文学的传承、创新与影像表达研究	一般项目	宋　颖	民文所
64	17BZX074	康德心灵哲学研究	一般项目	梁议众	哲学所
65	17BZX086	STIT 逻辑研究	一般项目	贾　青	哲学所
66	17BZZ087	扶贫领域腐败问题及治理研究	一般项目	王红艳	政治学所
67	17CFX075	期货市场操纵的规制与监管研究	青年项目	钟　维	法学所
68	17CGJ005	借助“一带一路”构建中国的全球环境治理战略研究	青年项目	周亚敏	全球院
69	17CGJ008	“一带一路”倡议框架下中欧产能合作研究	青年项目	杨成玉	欧洲所
70	17CGJ012	战后日本供给侧结构性改革经验与教训研究	青年项目	田　正	日本所
71	17CGJ018	欧洲“选举年”后美欧关系走向及对我影响研究	青年项目	黄萌萌	欧洲所
72	17CGL002	我国绿色发展的产业支撑问题研究	青年项目	渠慎宁	工经所
73	17CGL054	国有文化企业转型社会企业的战略与对策研究	青年项目	潘　娜	当代所
74	17CGL064	“一带一路”背景下云南茶文化旅游的资源空间结构、地域类型及发展模式研究	青年项目	时雨晴	边疆所
75	17CGL066	美学经济视角下的休闲农业体验化研究	青年项目	邱　晔	工经所
76	17CJL023	户籍制度改革与中国城市规模体系优化研究	青年项目	年　猛	农发所
77	17CJY012	中国城市劳动力市场的教育——职业错配问题研究	青年项目	周敏丹	人口所
78	17CJY032	供给侧结构性改革背景下中国农业绿色发展和资源永续利用研究	青年项目	马翠萍	农发所
79	17CJY054	宏观债务与高杠杆的形成机制及对策研究	青年项目	冯　明	财经院
80	17CKG022	山东砣矶岛大口遗址出土人骨研究	青年项目	张　旭	考古所

续表

序号	项目批准号	项目名称	项目类别	项目负责人	单位
81	17CMZ007	行国政治与北族王朝国家治理问题研究	青年项目	陈晓伟	民族所
82	17CSH007	城乡环境治理的科技社会学理论与案例研究	青年项目	张劼颖	社会学所
83	17CSH040	社会心态视角下主观社会阶层对公众参与的影响与机制研究	青年项目	谭旭运	社会学所
84	17CSH047	情感劳动作为文化生产模式的社会学研究	青年项目	梅　笑	社会学所
85	17CSS027	二战爆发前后苏联政治宣传研究（1933—1945）	青年项目	陈　余	俄欧亚所
86	17CSS034	英美科技人才发展及其政策比较研究（1950—2000）	青年项目	张　瑾	世历所
87	17CXW001	中国共产党新闻宣传观念变迁与发展路径研究	青年项目	叶　俊	新闻所
88	17CYY058	类型学视域下的吴语路桥方言语法研究	青年项目	丁　健	语言所
89	17CZJ008	海洋文化与中斯佛教交流研究	青年项目	司　聃	宗教所
90	17CZJ013	五年运动与20世纪30年代基督教中国化研究	青年项目	张德明	近代史所
91	17CZJ016	六朝道教变革史考	青年项目	王皓月	宗教所
92	17CZS005	西周诸侯墓葬青铜器用与族群认同研究	青年项目	杨　博	历史所
93	17CZS009	秦汉颜色观念研究	青年项目	曾　磊	历史所
94	17CZS011	唐代北庭文书整理与研究	青年项目	刘子凡	历史所
95	17CZS028	近代中国市场上的外国银元流通研究（1843—1923）	青年项目	熊昌锟	经济所
96	17CZW001	“观物”与宋代诗学研究	青年项目	王晓玉	外文所
97	17CZW055	两岸新生代作家比较研究	青年项目	霍　艳	文学所
98	17CZX025	先秦诸子道德哲学论辩研究	青年项目	王　正	哲学所
99	17FDJ003	共产国际与中国苏维埃政权	后期资助项目	耿显家	杂志社
100	17FGJ004	日本智库研究：经验与借鉴	后期资助项目	胡　薇	评价中心
101	17FJY011	妇女儿童保险保障的理论分析与实证研究	后期资助项目	郭金龙	金融所
102	17FKG001	巴蜀符号集成	后期资助项目	严志斌	考古所
103	17FKG006	中国早期白瓷研究	后期资助项目	王　睿	考古所
104	17FSS007	历史人类学知识传统的形成与建构：美国民族史学研究	后期资助项目	刘海涛	民族所
105	17FSS008	中日古代拔牙风俗比较研究	后期资助项目	何星亮	民族所
106	17FYY011	中华民族语言认同研究	后期资助项目	张　军	民族所
107	17FZS002	中国边疆史论	后期资助项目	赵现海	历史所
108	17FZS008	从《唐将书帖》看明清时代的南兵北将	后期资助项目	杨海英	历史所
109	17FZS009	金璋的甲骨收藏与研究	后期资助项目	郅晓娜	历史所
110	17FZS014	官文书与唐代政务运行研究	后期资助项目	雷　闻	历史所
111	17FZS027	长白山实地踏查与清代中朝边界史研究	后期资助项目	李花子	历史所
112	17FZS053	面向西方的书写：近代中国人英文著述研究	后期资助项目	李　珊	近代史所
113	17FZS057	明代中国白银货币化研究	后期资助项目	万　明	历史所
114	17FZS058	北朝婚姻形态与皇权政治	后期资助项目	张云华	杂志社

续表

序号	项目批准号	项目名称	项目类别	项目负责人	单位
115	17FZW025	清代说唱文学子弟书研究	后期资助项目	李　芳	文学所
116	2017WK005	马克思政治哲学探析：历史、变迁与价值	成果文库	欧阳英	哲学所

2017 年度院创新工程重大研究项目

序号	投标项目名称	单位	首席专家
1	习近平新时代中国特色社会主义思想对发展 21 世纪马克思主义的重大贡献	情报院	姜　辉
2	全面从严治党研究	马研院	邓纯东
3	新时代中国特色社会主义“四个自信”研究	马研院	刘志明
4	中国特色的社会主义创新发展理念研究	工经所	黄群慧
5	新时代新发展理念评价体系与测度	数技经所	张　涛
6	依法治国与国家治理现代化研究	法学所	李　林
7	推进新时代中国特色生态文明建设与绿色发展战略研究	城环所	庄贵阳
8	实施“脱贫攻坚”与“共享发展”战略研究	农发所	吴国宝
9	积极稳妥推进“一带一路”倡议研究	全球院	李向阳
10	中华优秀传统文化创新转化与新时代中国特色社会主义文化建设研究	外文所	党圣元
11	中国特色新型智库新时代的历史使命及实现方式和途径研究	全球院	王灵桂

2017 年度研究所创新工程项目

序号	单位	项目名称	主持人
1	马研院	党的十八大以来党的建设理论创新研究	陈志刚
2	马研院	马克思主义理论教育创新研究	李春华
3	马研院	改革开放以来科学无神论宣传教育的经验与教训	龚　云
4	马研院	中国特色社会主义发展规律研究	桁　林
5	经济所	经济发展新常态下的收入分配研究	邓曲恒
6	经济所	当代中国经济发展道路研究	赵学军
7	经济所	中国经济增长阶段跨越研究	刘霞辉
8	经济所	中国特色社会主义政治经济学研究	胡家勇
9	经济所	公司治理、金融与创新增长	仲继银
10	经济所	中国基本社会保险制度研究	裴长洪
11	工业所	工业增长新动能的培育研究	张其仔
12	工业所	竞争政策理论前沿与政策走向研究	刘戒骄
13	工业所	优秀产业转型发展问题研究	刘　勇
14	工业所	大城市群内部产业分工与协同发展研究	陈　耀
15	工业所	中国工业企业成本研究	张金昌
16	工业所	新经济与中国企业管理创新研究	李海舰
17	农发所	新型农村合作医疗政策效果评价	谭秋成
18	农发所	落实农村土地‘三权分置’的对策研究	崔红志

续表

序号	单位	项目名称	主持人
19	农发所	农民工返乡创业研究	朱　钢
20	农发所	中国奶业转型发展与竞争力提升研究	刘长全（代）
21	农发所	精准扶贫政策演变及其实施效果评估	吴国宝
22	农发所	农业生态补偿机制与政策研究	于法稳
23	农发所	粮食收储制度改革研究	李国祥
24	农发所	农村金融创新及风险研究	冯兴元
25	农发所	农村集体经济组织成员权研究	任常青
26	农发所	新型智库	翁　鸣
27	财经院	事权与支出责任视角下的地方收入体系建设	张　斌
28	财经院	“十三五”时期深化财税价格体制改革研究——宏观经济政策选择与财税价格体制改革	杨志勇
29	财经院	中国服务贸易监管体制研究	赵　瑾
30	财经院	“十三五”时期中国开放型经济新体制研究	夏先良
31	财经院	以供给侧结构性改革推进消费升级战略研究	依绍华
32	财经院	我国服务业开放的绩效评估和提升策略	夏杰长
33	财经院	新型城镇化与房地产发展——供需空间错配、货币政策变动与房价波动性分化	倪鹏飞
34	财经院	杠杆率与宏观风险研究	钟春平
35	财经院	推动我国供给侧改革的货币金融政策创新	汪红驹
36	金融所	去杠杆形势下我国投融资政策的协调	张跃文
37	数技经所	能源安全与新能源技术经济研究	刘　强
38	数技经所	经济预测与经济政策评价	娄　峰
39	数技经所	人口老龄化与经济系统性风险研究	李　军
40	数技经所	宏观经济政策效应评估——我国精准扶贫政策实施效果研究	张　涛
41	数技经所	绿色发展战略与政策模拟研究	张友国
42	数技经所	创新驱动发展及动能转换分析测算	蔡跃洲
43	数技经所	分享经济研究	姜奇平
44	数技经所	经济转型升级的战略路径研究	李文军
45	人口所	家庭和家户人口构成和关系研究	王跃生
46	人口所	社会养老服务体系建设和养老服务业发展研究	林　宝
47	人口所	中国独生子女家庭结构研究	王广州
48	人口所	新经济新就业研究	高文书
49	人口所	供给侧结构性改革中的人力资本积累问题研究	都　阳
50	人口所	释放城镇化改革红利的领域与对策研究	王智勇
51	城环所	国家资产负债表研究	张晓晶
52	城环所	城市经济转型升级动力机制研究	刘治彦
53	城环所	城镇化中后期城市区域治理若干理论对策研究	宋迎昌
54	城环所	深化低碳城市试点示范的政策与机制创新研究	庄贵阳

续表

序号	单位	项目名称	主持人
55	城环所	《巴黎协定》后的国际气候治理及中国应对策略研究	陈　迎
56	城环所	共享的城市生活空间营造	李国庆
57	城环所	1998 年以来我国房地产主要政策分析与评价	尚教蔚
58	城环所	城市群重点领域雾霾源协同治理研究	梁本凡
59	考古所	中原地区新石器早期文化研究	陈星灿
60	考古所	隋唐洛口仓遗址的考古与研究	韩建华
61	考古所	中国古代漆器与漆工艺研究	洪　石
62	考古所	长江流域的青铜文化与社会	施劲松
63	历史所	周秦汉晋时期制度变迁与地方社会	邬文玲
64	历史所	中古史籍与史料的整理与研究	陈　爽
65	历史所	《清史稿·儒林传》正误	陈祖武
66	历史所	“一带一路”视野下的东北边疆民族与中外关系史研究	李花子
67	历史所	7 世纪以降“丝瓷之路”历史文化研究	李锦绣
68	历史所	中古出土文献与传统文献的综合整理与研究	孟彦弘
69	历史所	中国古代物质文化史研究	沈冬梅
70	历史所	殷墟甲骨文的整理研究与著录	宋镇豪
71	历史所	回鹘汗国汉文史料编年及考证	吴玉贵
72	历史所	出土文献与先秦史	徐义华
73	历史所	敦煌文献中所存纪传体史籍整理与研究	杨宝玉
74	历史所	清代中西政治、贸易与文化交流史：以中国第一历史档案馆藏“一带一路”档案为中心	鱼宏亮
75	历史所	明代中后期的历史进程	张兆裕
76	近代史所	近代社会变迁与学术思想	罗检秋
77	近代史所	国民党人关于边疆民族问题的观念与治理实践（1937—1945）	罗　敏
78	近代史所	丁未政潮与清末政局	马忠文
79	近代史所	《中国近代史大辞典》中外关系史卷	张俊义
80	边疆所	中国古代多民族国家的起源（先秦）	王义康
81	边疆所	西南边疆政区变迁与治理方略研究（1700—2000）	孙宏年
82	边疆所	中俄沿边区域合作研究	阿拉腾奥其尔
83	文学所	20 世纪中国革命和中国文学	刘跃进
84	文学所	台港澳文学研究	黎湘萍
85	文学所	创新能力与中国当代文艺	李洁非
86	文学所	中国大文学的当代建构	李建军
87	文学所	兵家还原	杨　义
88	民文所	“一带一路”跨界民族文学、文化研究	阿地里·居玛吐尔地
89	民文所	民族文学理论与实践：前沿问题与研究范式	巴莫曲布嫫
90	民文所	蒙古族文学经典研究	斯钦巴图

续表

序号	单位	项目名称	主持人
91	民文所	格萨（斯）尔的抢救保护与研究	俄日航旦
92	民文所	南方民族神话与民俗研究	吴晓东
93	外文所	“一带一路”格局下东西方文学文化的碰撞与交流研究	侯玮红
94	外文所	“一带一路”文学文化研究——欧洲区文学文化研究及现代性反思	徐 畅
95	外文所	外国文学学术史研究工程·经典作家作品学术史研究（第四期）	钟志清
96	外文所	比较文学学科	程 巍
97	外文所	英语文学学科	傅 浩
98	语言所	语音与言语科学重点实验室（II）（A类）	李爱军、胡 方
99	哲学所	马克思主义哲学中国化、时代化、大众化创新研究	李景源
100	哲学所	历史唯物主义前沿问题研究	崔唯航
101	哲学所	马克思主义哲学史学科新生长点探索	单继刚
102	哲学所	文本与现实：马克思主义政治哲学思想研究	魏小萍
103	哲学所	马克思主义哲学中国化的进程与意义研究	李俊文
104	哲学所	西方哲学基础理论与前沿问题研究	尚 杰
105	哲学所	西方哲学的汉语转化与研究	王 齐
106	哲学所	逻辑基础问题研究	刘新文
107	哲学所	中西方美学前沿问题研究	徐碧辉
108	哲学所	存在论的新维度：可能性的分叉路径	赵汀阳
109	哲学所	传统文化与理论创新	赵培杰
110	宗教所	当代宗教发展态势	邱永辉
111	宗教所	新时期的道教与民间宗教研究	王 卡
112	宗教所	中国佛教历史与社会问题研究	纪华传
113	宗教所	基督教思想史	周伟驰
114	宗教所	宗教学理论创新	赵广明
115	宗教所	中国特色马克思主义宗教理论体系创新	曾传辉
116	宗教所	中国传统宗教与当代文化发展	卢国龙
117	宗教所	中国宗教艺术现状研究	何劲松
118	宗教所	“一带一路”与当代伊斯兰教重大现实问题研究	卓新平
119	宗教所	院期刊专项资助	李建欣
120	法学研究所	深化经济体制改革和全面建成小康社会进程中的行政法治问题研究	李洪雷
121	法学研究所	民法典编纂及相关法律问题研究	谢鸿飞
122	法学研究所	创新发展与知识产权法律制度完善	管育鹰
123	法学研究所	刑事法治建设与刑法学发展	刘仁文
124	法学研究所	中国国家法治指数研究	田 禾

续表

序号	单位	项目名称	主持人
125	国际法所	“一带一路”建设中的国际经济法律问题研究	廖　凡
126	国际法所	中国《涉外民事关系法律适用法》的实施及发展	沈　涓
127	政治学所	党的建设与政治体制改革	田改伟
128	政治学所	政治发展与民主建设研究	周少来
129	政治学所	政治发展与地方政府治理现代化研究	周庆智
130	政治学所	基层治理与民主建设研究	赵秀玲
131	政治学所	行政管理体制改革与政府绩效评估体系研究	贠　杰
132	社会学所	中国社会质量状况及指标体系研究	李　炜
133	社会学所	社会群体分化与城市社会治理：大学生群体、中等收入群体和企业主群体研究	李春玲
134	社会学所	新型城镇化背景下的家庭流动及其政策研究	吴小英
135	社会学所	农村公共事务治理研究	王晓毅
136	社会学所	社会政策与基层社会治理现代化	王春光
137	社会学所	社会心态的测量和指标体系	王俊秀
138	社会学所	社会理论与社会主义	何　蓉
139	新闻所	新媒体发展研究	黄楚新
140	新闻所	基于大数据的网络舆情研究	刘志明
141	社发院	中国社会发展路径与政策研究	葛道顺
142	俄欧亚所	俄罗斯的发展道路与国家治理（2016—2019）	庞大鹏
143	俄欧亚所	俄罗斯最新历史教科书值得注意点	吴恩远
144	西亚非所	中东热点问题与中国应对之策研究	王林聪
145	西亚非所	大国与中东关系研究	唐志超
146	西亚非所	中国对非洲关系的国际战略研究	张宏明
147	西亚非所	中国与非洲产能合作重点国家研究	姚桂梅
148	全球院	大国关系创新项目	王荣军
149	全球院	亚太政治创新项目	董向荣
150	全球院	新兴经济体创新项目	沈铭辉
151	全球院	区域合作创新项目	王玉主
152	全球院	亚太社会文化创新项目	许利平
153	全球院	国际经济关系创新项目	赵江林
154	全球院	亚太安全外交创新项目	张　洁
155	全球院	中国周边战略创新项目	朴键一
156	日本所	日本外交战略与中日关系研究	吕耀东
157	日本所	日本经济政策与经济战略研究——日本跨越“中等收入陷阱”的经验与教训	张季风
158	日本所	日本的社会问题与社会治理	胡　澎
159	日本所	日本国民性研究	张建立

2017年度国情调研项目

序号	项目类别	单位	项目名称	主持人
1	重大	马研院	贯彻落实新发展理念现状调研	桁　林
2	重大	工经所	供给侧结构性改革与东北地区经济体制创新调研	崔民选、刘戒骄
3	重大	财经院	中小金融机构服务实体经济：现状、问题与建议	何德旭
4	重大	数技经所	供给侧结构性改革与创新发展调研——我国精准扶贫政策实施效果评估	张　涛、万相昱
5	重大	金融所	互联网金融创新与规范发展调研	周丽萍
6	重大	国际法所	国际比较视野下的互联网金融创新与规范发展调研	廖　凡
7	重大	农发所	健康中国与营造绿色安全环境调研	于法稳、包晓斌
8	重大	社发院	经济下行压力下老工业基地企业城职工生活状况调查	张　翼
9	重大	法学所	关于司法公正与司法改革调研	田　禾、吕艳滨
10	重大	民文所	人口较少民族濒危语言文化调研	朝　克
11	重大	宗教所	藏传佛教与社会主义社会相适应问题研究	赵文洪、郑筱筠
12	重大	民族所	新中国成立以来新创民族文字的使用和发展	王　锋
13	重大	驻院纪检组	部分地区和部门履行全面从严治党主体责任和监督责任状况调研	公茂虹、高波
14	院基地	经济所	厦门企业降成本与创新激励	张　平、王宏淼
15	院基地	历史所	“唐蕃古道”申报世界文化遗产前期调查与研究（第二期）	王震中、雷　闻
16	院基地	农发所	以供给侧结构性改革为主线推进现代农业强省建设	张海鹏
17	院基地	民族所	西藏农牧区精准扶贫脱贫典型调查	方　勇、王剑峰
18	院基地	宗教所	云南与周边国家跨境民族经济社会文化调查	郑筱筠、何祖坤
19	院基地	边疆所	“一带一路”倡议下的黑龙江省全方位对外开放	邢广程、刘爽
20	院基地	社会学所	绿色减贫——宁夏南部山区反贫困研究	赵克斌、王晓毅
21	院基地	城环所	江西省特色小镇发展研究	王业强
22	院基地	上海研究院	高端智库的培育和建设——对上海及国内典型智库的调研	文学国、季为民
23	院基地	数技经所	湖南省四大经济板块共享经济发展研究	李　平、刘建武
24	院基地	人口所	内蒙古老年长期照护需求调查研究	钱　伟
25	院基地	马研院	宁波全面从严治党努力建成高水平全面小康社会调研	邓纯东
26	考察	办公厅	国家治理体系现代化的地区探索·福建篇	方　军
27	考察	离退休干部工作局	老年大学建设情况考察	刘　红
28	考察	直属机关党委	全面从严治党主体责任落实调研	崔建民
29	考察	直属机关党委	创新意识形态传播方式与增强国际话语权	乔牧川
30	考察	直属机关党委	供给侧改革与社会风险控制——以吉林省为例	孙伟平
31	考察	直属机关党委	家庭性别分工的地区差异研究	乌仁其其格、牛建林
32	考察	直属机关纪委	基层党风廉政建设国情考察	王晓霞、叶聪岚
33	考察	服务局	慢性病治疗管理国情考察暨社科院全体工作人员慢性病水平调查	卢少宏、肖旖旎
34	考察	驻院纪检组	科研学术单位全面从严治党状况调研	胡乐生
35	考察	图书馆	图书馆转型与国家哲学社会科学文献中心建设	王　岚

续表

序号	项目类别	单位	项目名称	主持人
36	考察	杂志社	创新传播方式与增强国际话语权调研	李红岩
37	所基地	文学所	晚清民国时期保定地区文史资料搜集及史迹考察	张伯江
38	所基地	文学所	社会史视野下的中国文学研究——以山西为中心	刘跃进
39	所基地	语言所	百色市靖西县及周边地区语言与地方民俗文化的调查	吴福祥
40	所基地	民文所	巴林右旗蒙古族非物质文化遗产现状调查·2017	斯钦巴图
41	所基地	民文所	柯尔克孜族口头史诗传统的传承与变迁——对阿合奇县及周边地区《玛纳斯》史诗传统及柯尔克孜族非物质文化遗产的调查	阿地里·居玛吐尔地
42	所基地	考古所	中国传统丝织业传统工艺的传承调研——苏州地区传统丝织物宋锦织造与使用的调研	王　巍、巩　文
43	所基地	历史所	南阳、商洛地区文化遗产保护现状调查	卜宪群
44	所基地	世历所	现代化进程中传统文化、现代文化的基本状况——对甘肃文县的调研	王苏粤
45	所基地	边疆所	三沙市文物与历史遗迹保护与利用	侯　毅
46	所基地	宗教所	中印孟缅经济走廊之民族宗教热点问题研究	郑筱筠
47	所基地	马研院	实现文化事业与文化产业协调发展的关键因素	张小平、陈建波
48	所基地	马研院	新型社会组织健康发展状况调研系列之四——新型社会组织成员思想引导情况调研	余　斌、朱　燕
49	所基地	经济所	保定农村农业现代化情况典型调查数据	隋福民
50	所基地	经济所	无锡“农民转居民”家庭经济情况典型调查数据库	赵学军
51	所基地	工经所	浙江省开化县可持续发展模式考察	肖红军
52	所基地	工经所	营口市老边区汽保工业园区发展调研	刘戒骄
53	所基地	农发所	湖州市不同经营主体种粮行为的差异及比较	张瑞娟
54	所基地	农发所	“两山论”在镇江美丽乡村建设的实践	马翠萍
55	所基地	财经院	旅游业与区域服务业创新发展——湖南省洞口县国情调研	李勇坚、魏　翔
56	所基地	财经院	农村土地流转对农民增收的效果研究	依绍华
57	所基地	金融所	农村金融机构资产结构优化调查	曾　刚
58	所基地	金融所	山东乳山金融生态环境状况考察	杨　涛
59	所基地	数技经所	嘎鲁图嘎查村庄建设及村民生产生活状况	李　青
60	所基地	数技经所	城市基层社区治理调研（全福街道基地）	李　群
61	所基地	人口所	失智失能老年人长期照护服务路径与政策建议——四川郫县调研	王　桥
62	所基地	人口所	海宁制造业企业微观调查	曲　玥
63	所基地	城环所	北京东四街道共享空间建设状况调研	李红玉
64	所基地	城环所	典型城市碳排放总量控制政策案例调研	朱守先
65	所基地	法学所	浙江司法公开与创新	田　禾、吕艳滨
66	所基地	法学所	用法治方式提升地方治理能力	陈　甦
67	所基地	国际法所	泸水市经济发展与生态保护的法律问题	黄　晋
68	所基地	政治学所	县乡人大建设实践创新——以乐清为例	韩　旭
69	所基地	政治学所	云南开远城乡统筹发展状况与政府职能研究	贠　杰

续表

序号	项目类别	单位	项目名称	主持人
70	所基地	民族所	科尔沁蒙古族萨满仪式调查研究	色　音
71	所基地	民族所	宁夏永宁县闽宁镇全面建成小康社会进程追踪与分析	丁　赛
72	所基地	社会学所	养老政策的社区执行力	夏传玲
73	所基地	社会学所	江苏太仓长丰社区创新社会治理调研	王春光
74	所基地	社发院	精准扶贫与生态扶贫调查	沈　红
75	所基地	社发院	社区治理和服务创新实验区发展调研	李汉林、葛道顺
76	所基地	新闻所	中国社会转型期农村传播生态和地方文化建设研究	赵天晓
77	所基地	世经政所	“一带一路”倡议下胶州市的发展定位和比较优势研究	陈国平
78	所基地	欧洲所	厦门城市国际化的策略研究	黄　平
79	所基地	欧洲所	“一带一路”倡议下的中欧科技创新合作	张　敏
80	所基地	西亚非所	威海市外向型经济发展经验对连云港市的启示和借鉴	魏　敏
81	所基地	拉美所	广东与拉美合作：环境评估	岳云霞
82	所基地	亚太院	国际化发展与城市外交——深圳经验	郭立军
83	所基地	图书馆	山东武城优秀传统文化传承与普及调研	王玉巧
84	所基地	图书馆	“一带一路”倡议下敦煌市图书馆的文化扶贫	王　岚
85	所基地	研究生院	乡村治理体系与治理能力建设研究——对四川省雅安市荥经县天凤乡追踪调研	董礼胜
86	所基地	研究生院	广西柳州汽车城企业人力资源发展中的校企合作情况调查	任朝旺
87	所基地	方志办	临朐县史志办公室修志工作推进情况调研	刘玉宏
88	所基地	方志办	广东省自然村落历史人文调查项目推进情况调研	邱新立
89	所基地	情报院	基层社会治安防控体系建设调研（北川基地）	姜　辉
90	所基地	情报院	国家治理现代化视野下的智慧城市建设——基于深圳经验的考察	张树华
91	专项	甘肃挂职团	“丝绸之路经济带”建设前景下的甘肃发展若干问题调研	总协调：张国春、张伯江、郑筱筠、莫纪宏

（中国社会科学院科研局供稿、办公厅编辑）

中国社会科学院大学

2017年度承担国家级、省部级社会科学研究项目

序号	项目名称	负责人	承担部门	项目分类、类别	预期成果形式	计划完成时间
1	刑事政策与公共政策的关系	李卫红	法学院	司法部国家法治与法学理论研究、一般项目	论文	2019.12

2017年度校级社会科学专题研究项目

序号	项目名称	负责人	承担部门	预期成果形式	计划完成时间
1	当代中国外国文论接受研究：1949—2015	张政文	校领导	专著	2018.07

续表

序号	项目名称	负责人	承担部门	预期成果形式	计划完成时间
2	创业教育	赵　燕	教务与科研处	专著	2018. 12
3	从仕进理念变迁看秦汉时期的儒法之争	袁宝龙	人文学院	论文	2019. 07
4	试论日本江户时代实学思想的形成轨迹	李晓东	公共外语教研部	论文	2018. 04
5	易经生态思想解析	周勤勤	人文学院	论文	2018. 12
6	社会科学科研单位党风廉政风险分析	张初霞	教务与科研处	论文	2017. 12
7	20 世纪以来文艺理论关键词的数据分析研究	赵玉敏	人文学院	系列论文	2019. 09
8	“双一流”背景下的高校智慧图书馆建设研究	李　楠	图书馆	论文	2019. 12
9	农村劳动力的主观幸福感研究	王　炜	研究生工作处	论文	2018. 08
10	清初贰臣心态与小说创作	杨　琳	人文学院	论文	2018. 12
11	湖南湘西苗族傩文化研究	石　力	宣传统战部	论文	2018. 06
12	北京城区步道建设的问题与对策	刘潇潇	图书馆	研究报告	2019. 09
13	对人文社会研究机构复合型人才管理的初步探索	王　亮	马克思主义学院	研究报告	2018. 07
14	反腐败斗争中如何践行监督执纪“四种形态”	周兴君	纪委办公室	研究报告、论文	2017. 12
15	文物与博物馆专业硕士培养方案优化	刘　强	文法学院	研究报告	2018. 08
16	供给侧结构性改革背景下中小企业转型发展研究	杨小科	工商学院	研究报告	2018. 05

（中国社会科学院大学教务与科研处科研办公室供稿）

国务院发展研究中心

2017 年度承担国家级、省部级社会科学研究项目

序号	项目名称	负责人	承担部门	项目分类、类别	预期成果形式	计划完成时间
1	太空视角下的城镇化——政治周期与边界效应	石　光	办公厅	国家自然科学基金、青年科学基金项目	论文、研究报告	2020. 12
2	全球价值链视角下的国内区域分工与市场一体化研究	李善同	发展战略和区域经济研究部	国家自然科学基金、重点项目	论文、研究报告	2022. 12
3	雄安新区生态安全态势分析与保障机制研究	吴　平	资源与环境政策研究所	国家社会科学基金、应急管理项目	论文、研究报告	2018. 10
4	雄安新区水安全及其治理策略研究	李维明	资源与环境政策研究所	国家社会科学基金、应急管理项目	论文、研究报告	2018. 10
5	面向 2040 的工程科技需求分析方法与调查研究	吕　薇	创新经济研究部	国家自然科学基金、应急管理项目	论文、研究报告	2019. 12

续表

序号	项目名称	负责人	承担部门	项目分类、类别	预期成果形式	计划完成时间
6	“十三五”规划实施分阶段监测评估及总结评估方案设计	李善同	发展战略和区域经济研究部	国家自然科学基金、应急管理项目	论文、研究报告	2017.11
7	2040中国工程科技的需求预测总体研究	吕　薇	创新经济研究部	国家自然科学基金、应急管理项目	论文、研究报告	2018.12
8	金融干预下的城镇化：机制、影响与对策	卓　贤	发展战略和区域经济研究部	国家自然科学基金、面上项目	论文、研究报告	2019.12
9	经济转型时期中国的区域间产业转移：观察、机制与政策	刘云中	发展战略和区域经济研究部	国家自然科学基金、面上项目	论文、研究报告	2018.12
10	创新经济体内生发展机制的理论与经验研究	程　郁	农村经济研究部	国家自然科学基金、面上项目	论文、研究报告	2018.12

（国务院发展研究中心办公厅科研处郭巍供稿）

中国宏观经济研究院

2017年度院级重点课题

序号	课题名称	负责人	承担部门	预期成果形式	计划完成时间
1	解决好发展中的难题、补上发展中的短板，确保如期实现全面建成小康社会奋斗目标研究	吴晓华　孙长学	经济研究所	研究报告	2017.12
2	把握我国发展第二个百年目标，更好设计全面建成小康社会之后的发展目标和路径研究	郭春丽	经济研究所	研究报告	2017.12
3	“僵尸企业”债务处置方式研究	安淑新、李世刚	经济研究所	研究报告	2017.12
4	在合作共赢中推动人类命运共同体建设研究	吴涧生、杨长湧	对外经济研究所	研究报告	2017.12
5	香港在“一带一路”建设中的地位和作用研究	陈长缨、丁　刚	对外经济研究所	研究报告	2017.12
6	完善房地产市场调控政策研究	刘　琳	投资研究所	研究报告	2017.12
7	提高生产率对策研究	张长春、徐文舸	投资研究所	研究报告	2017.12
8	着力振兴实体经济、壮大制造业政策措施研究	费洪平	产业经济与技术经济研究所	研究报告	2017.12
9	落实新发展理念、推动实施创新驱动发展战略，更好适应和引领经济发展新常态研究	姜　江	产业经济与技术经济研究所	研究报告	2017.12
10	空间发展问题研究	黄征学、张　燕	国土开发与地区经济研究所	研究报告	2017.12
11	坚持好以人民为中心的发展思想，更好保障和改善民生研究	邢　伟	社会发展研究所	研究报告	2017.12

续表

序号	课题名称	负责人	承担部门	预期成果形式	计划完成时间
12	关于收入分配问题研究	常兴华	社会发展研究所	研究报告	2017.12
13	我国竞争政策实施的思路与路径研究	曾　铮、刘志成	市场与价格研究所	研究报告	2017.12
14	旅游景点收费体制研究	刘　强、王　磊	市场与价格研究所	研究报告	2017.12
15	美国能源政策调整对我国能源安全影响研究	高世宪	能源研究所	研究报告	2017.12
16	推动交通运输与经济社会深度融合发展研究	樊一江	综合运输研究所	研究报告	2017.12
17	我国都市圈交通一体化管理体制研究	李连成、张广厚	综合运输研究所	研究报告	2017.12
18	推进各项改革协调配套、系统集成，更好推进国家治理体系和治理能力现代化研究	银温泉	经济体制与管理研究所	研究报告	2017.12
19	中国影子银行体系的发展、影响、风险及监管研究	张海鱼	经济体制与管理研究所	研究报告	2017.12

（中国宏观经济研究院丁刚供稿）

北京市委党校

2017年度承担国家级、省部级社会科学研究项目

序号	项目名称	负责人	承担部门	项目分类、类别	预期成果形式	计划完成时间
1	毛泽东党性思想的历史起源及其实践价值研究	刘智峰	党史党建教研部	国家社会科学基金、重点项目	专著	2020.12
2	康德道德情感理论研究	董滨宇	哲学教研部	国家社会科学基金、一般项目	专著	2021.06
3	习近平总书记关于选人用人重要论述研究	江　文	工商管理（领导科学）教研部	国家社会科学基金、一般项目	专著、论文集	2021.01
4	中国共产党党内监督功能的历史演变及其规律研究	杨云成	党史党建教研部	国家社会科学基金、一般项目	专著	2020.06
5	我国转型期实现社会公正的政策路径研究	孙一平	政治学教研部	国家社会科学基金、一般项目	专著	2021.12
6	行政组织立法研究	金国坤	法学教研部	国家社会科学基金、后期资助项目	专著	2017.12
7	推进北京市属企业“迁得出去，落得下来”的配套政策研究	赵　莉	决策咨询部	北京市社会科学基金、重点项目	研究报告	2020.05
8	北京市基层领导干部的工作价值观与压力应对	曾　荣	工商管理（领导科学）教研部	北京市社会科学基金、青年项目	系列论文	2019.06
9	明末清初天主教与阳明心学之论辩研究	张凯作	哲学教研部	北京市社会科学基金、青年项目	专著	2020.07
10	北京市社区协商中的公众参与效能感研究	杨守涛	工商管理（领导科学）教研部	北京市社会科学基金、青年项目	研究报告	2019.06

续表

序号	项目名称	负责人	承担部门	项目分类、类别	预期成果形式	计划完成时间
11	塌方式腐败的政治机理及防治对策研究	王尘子	政治学教研部	北京市社会科学基金、青年项目	专著	2021.07
12	北京人口发展研究报告2018	洪小良	社会学教研部	北京市社会科学基金、研究基地重点项目	年度报告	2018.09
13	提高党内法规的执行力问题研究	杨云成	党史党建教研部	北京市社会科学基金、研究基地一般项目	专著	2021.07
14	北京创新创业社区发展的文化动力机制研究	吴　军	社会学教研部	北京市社会科学基金、研究基地一般项目	研究报告	2019.12
15	疏解非首都功能背景下城乡接合部流动人口聚居区治理研究	王雪梅	社会学教研部	北京市社会科学基金、研究基地一般项目	研究报告	2021.06
16	金融支撑北京新两翼高端服务业发展路径研究	李诗洋	经济学教研部	北京市社会科学基金、研究基地一般项目	研究报告	2019.12
17	北京三大科学城发展模式比较研究	衣光春	经济学教研部	北京市社会科学基金、研究基地一般项目	研究报告	2019.12
18	网络宣传思想文化工作的特点与规律研究	张曙光	政治学教研部	北京市社会科学基金、一般项目（增补）	系列论文	2018.12
19	大数据时代公众参与的国家网络安全体系建设研究	邱　锐	公共管理教研部	全国行政学院科研合作课题	研究报告	2018.08
20	推进京津冀科技人才一体化的路径与机制研究	刁琳琳	经济学教研部	全国行政学院科研合作课题	研究报告	2018.08
21	网络强国视阈下的地方政府网信领导小组功能优化研究	张文君	政治学教研部	全国行政学院科研合作课题	研究报告	2018.08
22	法治视域下党内法规执行力问题研究	周悦丽	法学教研部	全国党校系统重点课题	研究报告	2018.09
23	京津冀区域协同政策的演进特征、效应评估与路径优化研究	刁琳琳	经济学教研部	全国党校系统重点课题	研究报告	2018.09

2017年度校院级社会科学研究项目

序号	项目名称	负责人	承担部门	项目分类、类别	预期成果形式	计划完成时间
1	当代美德伦理学视野下康德义务论研究	董滨宇	哲学教研部	重点项目	论文	2018.12
2	现代化视角下党中央治国理政新理念新思想新战略研究	孙一平	政治学教研部	重点项目	论文	2018.12

续表

序号	项目名称	负责人	承担部门	项目分类、类别	预期成果形式	计划完成时间
3	习近平总书记关于家风建设的重要论述研究	韦　磊	党史党建教研部	重点项目	论文	2018. 12
4	涂尔干社会哲学思想研究	潘建雷	社会学教研部	重点项目	论文	2018. 12
5	创新驱动发展与全国科技创新中心建设	陆园园	经济学教研部	青年项目	论文	2018. 12
6	新形势下北京市基层廉政文化建设研究	王尘子	政治学教研部	青年项目	论文	2018. 12
7	互联网时代领导干部坚持和践行群众路线的创新机制研究	王雪竹	党史党建教研部	青年项目	论文	2018. 12
8	习近平关于首都治理的重要论述研究	刘　良	公共管理教研部	青年项目	论文	2018. 12
9	美国精益管理改革对我国城市精细化治理的启示	杨　旎	公共管理教研部	青年项目	论文	2018. 12
10	京津冀应急联动预案体系建设	郑　琛	公共管理教研部	青年项目	论文	2018. 12
11	暴力恐怖袭击事件中的舆论表达与引导	庞　宇	工商管理（领导科学）教研部	青年项目	论文	2018. 12
12	人工智能的社会影响与政府应对策略研究	田唯力	信息部	青年项目	论文	2018. 12
13	发挥枢纽型社会组织作用研究——以北京市工会组织为例	余　茜	校刊编辑部	青年项目	论文	2018. 12
14	微信小程序在图书馆移动服务场景的探析	陈　晨	图书馆	青年项目	论文	2018. 12
15	《理想国》的正义问题研究	刘永红	哲学教研部	学科建设项目	论文	2018. 12
16	中国近代以来文化价值秩序变迁研究	黄　杰	哲学教研部	学科建设项目	论文	2018. 12
17	发达国家科技成果转化模式及对我国的启示	贺　艳	经济学教研部	学科建设项目	论文	2018. 12
18	北京资本市场对实体经济发展的影响研究	李诗洋	经济学教研部	学科建设项目	论文	2018. 12
19	非首都功能疏解背景下北京城市边界调整与精明增长路径研究	刁琳琳	经济学教研部	学科建设项目	论文	2018. 12

续表

序号	项目名称	负责人	承担部门	项目分类、类别	预期成果形式	计划完成时间
20	地方人大常委会会期制度研究	黄小钫	政治学教研部	学科建设项目	论文	2018. 12
21	黔西南干部召回制度研究	金英君	政治学教研部	学科建设项目	论文	2018. 12
22	党性教育的有效性和教学基地的开发研究	孙　宁	党史党建教研部	学科建设项目	论文	2018. 12
23	全面从严治党下党内法规体系建设问题研究	杨云成	党史党建教研部	学科建设项目	论文	2018. 12
24	关于社区减负增效的调查与政策建议	吴　刚	公共管理教研部	学科建设项目	论文	2018. 12
25	北京市政府数据开放现状与发展对策研究	李　颖	公共管理教研部	学科建设项目	论文	2018. 12
26	十八大以来党中央领导协商民主建设的深化与创新研究	杨守涛	工商管理（领导科学）教研部	学科建设项目	论文	2018. 12
27	领导干部成长过程中的职业适应力研究	黄桢炜	工商管理（领导科学）教研部	学科建设项目	论文	2018. 12
28	北京市行政执法程序研究	李秀梅	法学教研部	学科建设项目	论文	2018. 12
29	从严治党背景下的党员干部形象影响力研究	李　宁	社会学教研部	学科建设项目	论文	2018. 12
30	社会治理背景下社区空间再生产的案例研究——以海淀区阳光社区为例	谈小燕	社会学教研部	学科建设项目	论文	2018. 12
31	战略思维能力提升的路径与方法：以北京市中高级领导干部为例	梁　骏	外语教研部	学科建设项目	论文	2018. 12
32	电影电视话语体系中的国家形象构建	张　静	外语教研部	学科建设项目	论文	2018. 12

（北京市委党校供稿）

北京市社会科学院

2017 年度承担国家级、省部级社会科学研究项目

序号	项目名称	负责人	承担部门	项目分类、类别	预期成果形式	计划完成日期
1	京津冀地区环境史	孙冬虎	历史所	国家社会科学基金、一般项目	专著	2021. 12
2	近代北京城市空间结构演变研究（1900—1949）	王建伟	历史所	国家社会科学基金、一般项目	专著	2020. 12

续表

序号	项目名称	负责人	承担部门	项目分类、类别	预期成果形式	计划完成日期
3	新媒体时代社会主义核心价值观的传播机制创新研究	陈界亭	科社所	国家社会科学基金、一般项目	专著	2020.07
4	跨省区城市群城镇化与生态环境协同发展模式及合作机制研究	王德利	历史所	国家社会科学基金、一般项目	研究报告	2020.06
5	当代影视艺术中的暴力影像批判及其意识形态构建研究	王林生	经济所	国家社会科学基金、青年项目	研究报告	2020.06
6	北京专史集成（第三辑）	王　岗	历史所	北京市社会科学基金、重大项目	专著	2020.06
7	主场外交时代首都核心功能提升研究	张　丽	外国所	北京市社会科学基金、重点项目	专著	2020.06
8	基于可持续生计的环京津贫困带精准扶贫研究	何仁伟	市情调研中心	北京市社会科学基金、重点项目	专著	2020.06
9	察合台语词汇和“一带一路”语言关系研究	戴光宇	满学所	北京市社会科学基金、重点项目	专著	2019.12
10	北京文化内在架构研究	李建盛	文化所	北京市社会科学基金、重点项目	研究报告	2018.04
11	北京宗教和谐共生调查研究	包路芳	社会学所	北京市社会科学基金、一般项目	研究报告	2020.07
12	唐五代幽州地区社会研究	许　辉	历史所	北京市社会科学基金、一般项目	专著	2020.06
13	经济社会转型和大众创业时代下的首都女性创业研究	江树革	社会学所	北京市社会科学基金、一般项目	研究报告	2018.12
14	北京行政程序立法研究	成协中	法学所	北京市社会科学基金、青年项目	研究报告	2019.06
15	环境美学视野下的北京城市历史景观保护研究	晏　晨	文化所	北京市社会科学基金、青年项目	研究报告	2019.12
16	北京市社区生态协同治理研究	赵　清	城市所	北京市社会科学基金、基地重点项目	研究报告	2020.06
17	参与视野下首都社会主义核心价值观有效传播机理研究	向　征	科社所	北京市社会科学基金、基地一般项目	研究报告	2018.12

2017年度院级社会科学研究项目

序号	课题名称	课题负责人	承担部门	项目类别	预期成果形式	计划完成时间
1	北京城市副中心建设公共文化服务体系研究	唐　鑫	市情调研中心	重点项目	研究报告	2017.12
2	北京城市副中心公共服务供给侧改革研究	董丽丽	管理所	重点项目	研究报告	2017.12
3	京津冀雾霾治理与低碳协同发展研究	陆小成	市情调研中心	重点项目	专著	2017.12
4	京津冀城市群城镇化与生态环境协调发展研究	王德利	经济所	重点项目	研究报告	2017.12
5	北京城市副中心管理机制创新与路径优化研究	谭日辉	城市所	重点项目	专著	2017.12
6	北京文化创意产业功能区提升发展路径研究	刘　瑾	文化所	重点项目	研究报告	2017.12
7	通州历史文化资源与北京副中心文化建设研究	许　辉	历史所	重点项目	研究报告	2017.12
8	北京历史上的人口政策及管理制度变迁研究	高福美	历史所	重点项目	专著	2017.12
9	新形势下加强北京基层党组织政治生态建设研究	孙照红	科社所	重点项目	研究报告	2017.12
10	社会诚信价值观与首都社会信用体系建设研究	向　征	科社所	重点项目	研究报告	2017.12
11	北京的城市文化空间结构与功能研究	许苗苗	文化所	重点项目	专著	2017.12
12	"一带一路"法律问题研究——以争端解决机制为视角	左袖阳	法学所	重点项目	研究报告	2017.12
13	"一带一路"：北京的机遇、挑战与战略研究	刘　薇	经济所	重点项目	研究报告	2017.12
14	国际交往中心视角下优化提升首都核心功能研究	张　丽	外国所	重点项目	研究报告	2017.12
15	北京市突发事件应急管理重点难点问题研究	殷星辰	综治所	重点项目	研究报告	2017.12
16	北京市人口流向趋势分析	齐　心	城市所	重点项目	研究报告	2017.12
17	"腾笼换鸟"问题研究	杨　松	经济所	重点项目	研究报告	2017.12
18	市郊铁路建设问题研究	赵　弘	城市所	重点项目	研究报告	2017.12
19	非首都功能疏解进程中北京经济可持续发展研究	杨　松	经济所	重点项目	研究报告	2017.12
20	有效化解首都国家安全风险研究	袁振龙	综治所	重点项目	研究报告	2017.12
21	北京冬奥会立体化传播战略研究	赵玉宏	传媒所	重点项目	研究报告	2017.12
22	雄安新区、城市副中心与北京非首都功能疏解研究	齐　心	城市所	重点项目	研究报告	2017.12

续表

序号	课题名称	课题负责人	承担部门	项目类别	预期成果形式	计划完成时间
23	首都城市公共文明在国际一流和谐宜居之都建设中的作用和对策研究	晏　晨	文化所	重点项目	研究报告	2017. 12
24	国际比较视野下北京强化国际交往中心建设的路径研究	张　力	外国所	重点项目	研究报告	2017. 12
25	大运河文化带研究	刘仲华	历史所	重点项目	研究报告	2017. 12
26	北京科技创新对京津冀辐射带动能力提升研究	毕　娟	管理所	重点项目	研究报告	2017. 12
27	全国文化中心建设若干问题研究	李建盛	文化所	重点项目	研究报告	2017. 12
28	新时期创新首都意识形态主导权实现路径研究	尤国珍	科社所	重点项目	研究报告	2017. 12
29	当代国际视野下的美学革新	杨　震	文化所	青年项目	系列论文	2017. 12
30	京津冀地区产业关联网络研究	李　茂	市情调研中心	青年项目	系列论文	2017. 12
31	新型城市化背景下的人口流动与城乡统筹发展	李小敏	城编	一般项目	系列论文	2017. 12
32	新型城镇化背景下城市养老产业的政策布局及发展趋势研究	刘嫒君	城编	一般项目	系列论文	2017. 12
33	动态平衡视角下的北京市人口规模调控研究	赵　勇	城编	一般项目	系列论文	2017. 12
34	北京市绿化隔离带地区城市化问题研究	柴浩放	城市所	一般项目	系列论文	2017. 12
35	首都城市管理创新研究	冯　刚	城市所	一般项目	系列论文	2017. 12
36	北京山区生态经济理论基础研究	穆松林	城市所	一般项目	系列论文	2017. 12
37	加强城市管理、治理城市病与副中心发展研究	齐　心	城市所	一般项目	系列论文	2017. 12
38	社区感的影响要素研究	宋　梅	城市所	一般项目	系列论文	2017. 12
39	北京城市副中心管理机制创新研究	谭日辉	城市所	一般项目	系列论文	2017. 12
40	北京市农业文化遗产资源价值分析	杨　波	城市所	一般项目	系列论文	2017. 12
41	北京副中心发展研究	袁　蕾	城市所	一般项目	系列论文	2017. 12
42	基层行政区划设置与北京郊区城市化问题研究	张佰瑞	城市所	一般项目	系列论文	2017. 12
43	“互联网＋”对北京城市品牌形象建设的影响研究	赵继敏	城市所	一般项目	系列论文	2017. 12
44	社区生态治理研究	赵　清	城市所	一般项目	系列论文	2017. 12

续表

序号	课题名称	课题负责人	承担部门	项目类别	预期成果形式	计划完成时间
45	上海文化创意消费发展现状、经验及其对北京的借鉴研究	郭万超	传媒所	一般项目	系列论文	2017.12
46	北京市文化创意产业有效供给研究	赵玉宏	传媒所	一般项目	系列论文	2017.12
47	行政行为的内涵与行政法学体系变革	成协中	法学所	一般项目	系列论文	2017.12
48	知识产权国际注册制度促进北京创新创业研究	刘　蕾	法学所	一般项目	系列论文	2017.12
49	跨区域行政诉讼案件实证研究	陶品竹	法学所	一般项目	系列论文	2017.12
50	经济发达国家犯罪统计规则研究	王　洁	法学所	一般项目	系列论文	2017.12
51	无体物作为归属权的客体研究	王伟伟	法学所	一般项目	系列论文	2017.12
52	网络著作权侵权法律问题研究	于雯雯	法学所	一般项目	系列论文	2017.12
53	刑事法治若干问题研究	左袖阳	法学所	一般项目	系列论文	2017.12
54	北京市农村集体经济组织产权制度改革的法学研究	张真理	法学所	一般项目	系列论文	2017.12
55	北京拓展创新发展空间引领供给侧改革策略研究	毕　娟	管理所	一般项目	系列论文	2017.12
56	习近平科技创新重要论述研究	董丽丽	管理所	一般项目	系列论文	2017.12
57	京津冀科技资源配置特征分析	罗　植	管理所	一般项目	系列论文	2017.12
58	北京公共服务供给侧结构性改革路径研究	施昌奎	管理所	一般项目	系列论文	2017.12
59	京津冀协同发展下的京冀人才资源协同开发机制研究	鄢圣文	管理所	一般项目	系列论文	2017.12
60	京津冀交通可达性网络结构及其与人口分布关系研究	王　婧	管理所	一般项目	系列论文	2017.12
61	京津冀产业协同发展研究	邓丽姝	经济所	一般项目	系列论文	2017.12
62	北京昌平西北部地区生态经济发展路径研究	丁　军	经济所	一般项目	系列论文	2017.12
63	快速城镇化过程中农村要素流动格局研究	方　方	经济所	一般项目	系列论文	2017.12
64	京津冀生态安全保障体系建设研究	刘　薇	经济所	一般项目	系列论文	2017.12
65	冬奥视角下北京冰雪体育产业发展研究	年　炜	经济所	一般项目	系列论文	2017.12
66	开发性金融支持区域经济发展研究——以房山区为例	孙　莉	经济所	一般项目	系列论文	2017.12
67	北京经济增长的内生性因素分析	唐　勇	经济所	一般项目	系列论文	2017.12

续表

序号	课题名称	课题负责人	承担部门	项目类别	预期成果形式	计划完成时间
68	北京生态农业发展的思路对策研究	王朝华	经济所	一般项目	系列论文	2017. 12
69	京津冀城市群城镇化发展质量研究	王德利	经济所	一般项目	系列论文	2017. 12
70	基于文本挖掘的北京市民诉求分析	王　忠	经济所	一般项目	系列论文	2017. 12
71	北京市建设新型节水农业若干问题研究	魏　巍	经济所	一般项目	系列论文	2017. 12
72	PPP 模式在北京城市公共项目中的应用研究	杨　松	经济所	一般项目	系列论文	2017. 12
73	冬奥会背景下京张区域生态环境建设研究	杨维凤	经济所	一般项目	系列论文	2017. 12
74	提升社会主义核心价值观影响力研究	陈界亭	科社所	一般项目	系列论文	2017. 12
75	新常态下五大发展理念研究	刘冀瑗	科社所	一般项目	系列论文	2017. 12
76	农村公共财产治理	刘长军	科社所	一般项目	系列论文	2017. 12
77	创新我国主流意识形态话语体系的对策建议	孙照红	科社所	一般项目	系列论文	2017. 12
78	党的十八大以来首都社会主义核心价值观培育与践行的经验研究	向　征	科社所	一般项目	系列论文	2017. 12
79	中外比较视阈下首都意识形态建设研究	尤国珍	科社所	一般项目	系列论文	2017. 12
80	马克思主义和世界社会主义若干问题研究	张登文	科社所	一般项目	系列论文	2017. 12
81	社区协商规范化研究	张洪武	科社所	一般项目	系列论文	2017. 12
82	红色经典的传承与历史沿革	张　宁	科社所	一般项目	系列论文	2017. 12
83	京剧剧目研究	陈清茹	历史所	一般项目	系列论文	2017. 12
84	汉唐幽州城市社会生活研究	靳　宝	历史所	一般项目	系列论文	2017. 12
85	清代北京御园理政问题研究	刘仲华	历史所	一般项目	系列论文	2017. 12
86	元代大都研究	王　岗	历史所	一般项目	系列论文	2017. 12
87	近代北京城市史研究的现状及前景	王建伟	历史所	一般项目	系列论文	2017. 12
88	唐代幽州藩镇研究	许　辉	历史所	一般项目	系列论文	2017. 12
89	清代北京城市生活环境研究	张艳丽	历史所	一般项目	系列论文	2017. 12
90	北京商业变迁研究——以中轴线区域商业为中心	章永俊	历史所	一般项目	系列论文	2017. 12
91	习近平用典“立德与修身篇”之历史解读	赵雅丽	历史所	一般项目	系列论文	2017. 12
92	北京道教文化变迁研究——以京郊区县的宫观庙会为中心	郑永华	历史所	一般项目	系列论文	2017. 12

续表

序号	课题名称	课题负责人	承担部门	项目类别	预期成果形式	计划完成时间
93	清初对蒙政策若干问题研究	哈斯巴根	满学所	一般项目	系列论文	2017. 12
94	文艺评论文化立场研究	景俊美	其他	一般项目	系列论文	2017. 12
95	政府采购补偿交易支持北京海洋能技术与产业发展	孙天法	其他	一般项目	系列论文	2017. 12
96	基于历史视角的社区研究	曹婷婷	社会学所	一般项目	系列论文	2017. 12
97	文化与学校教育：一种教育人类学的探讨	陈学金	社会学所	一般项目	系列论文	2017. 12
98	落实共享发展的社会政策研究	江树革	社会学所	一般项目	系列论文	2017. 12
99	城镇义务教育学校布局调整研究	韩嘉玲	社会学所	一般项目	系列论文	2017. 12
100	发展型福利视角下养老服务产业运营分析	李金娟	社会学所	一般项目	系列论文	2017. 12
101	流动人口健康问题研究	李晓壮	社会学所	一般项目	系列论文	2017. 12
102	城市化进程中的民族与社会治理研究	包路芳	社会学所	一般项目	系列论文	2017. 12
103	家庭社工理论研究	马　丹	社会学所	一般项目	系列论文	2017. 12
104	跨学科视角下的知识交易研究	汪琳岚	社会学所	一般项目	系列论文	2017. 12
105	新布局下北京城市文化建设研究	贾　澎	市情调研中心	一般项目	系列论文	2017. 12
106	北京减排成本估算研究	刘小敏	市情调研中心	一般项目	系列论文	2017. 12
107	城市低碳发展与公共治理研究	陆小成	市情调研中心	一般项目	系列论文	2017. 12
108	城乡接合部公共文化服务问题与对策研究——以北京市为例	田　蕾	市情调研中心	一般项目	系列论文	2017. 12
109	北京市旅游服务便利化研究	赵雅萍	市情调研中心	一般项目	系列论文	2017. 12
110	京津冀一体化背景下北京产业升级及转移路径研究	单许昌	外国所	一般项目	系列论文	2017. 12
111	北京城市外交研究	刘　波	外国所	一般项目	系列论文	2017. 12
112	“一带一路”倡议背景下对外传播研究	张　力	外国所	一般项目	系列论文	2017. 12
113	城市国际化发展规律研究	张　丽	外国所	一般项目	系列论文	2017. 12
114	世界城市规划管理脉络研究	张　暄	外国所	一般项目	系列论文	2017. 12
115	新媒介与北京城市文化创新	陈红玉	文化所	一般项目	系列论文	2017. 12
116	文化传播与首都文化建设	陈　镭	文化所	一般项目	系列论文	2017. 12
117	抗战时期北京沦陷区博览会文化研究	陈玲玲	文化所	一般项目	系列论文	2017. 12
118	北京文化融合与创新（2）	傅秋爽	文化所	一般项目	系列论文	2017. 12

续表

序号	课题名称	课题负责人	承担部门	项目类别	预期成果形式	计划完成时间
119	北京剧场文化研究	高　音	文化所	一般项目	系列论文	2017. 12
120	文化一体化视野下京津冀文脉保护与传承研究	黄仲山	文化所	一般项目	系列论文	2017. 12
121	北京文化语境中的清末民初小说研究	季剑青	文化所	一般项目	系列论文	2017. 12
122	强化全国文化中心核心职能路经研究	李建盛	文化所	一般项目	系列论文	2017. 12
123	北京新旧媒体融合研究	刘　瑾	文化所	一般项目	系列论文	2017. 12
124	创意城市的类型与转型路径	王林生	文化所	一般项目	系列论文	2017. 12
125	文学发展中的媒介创新研究	许苗苗	文化所	一般项目	系列论文	2017. 12
126	北京历史文化名城保护的整体性视野研究	晏　晨	文化所	一般项目	系列论文	2017. 12
127	以科技发展应对社会挑战的哲学思考	程倩春	哲学所	一般项目	系列论文	2017. 12
128	海德格尔与梅洛－庞蒂对于“时间”问题的现象学比较研究	李婉莉	哲学所	一般项目	系列论文	2017. 12
129	《学记》与中国传统教育理论的架构研究	刘伟见	哲学所	一般项目	系列论文	2017. 12
130	早期儒家思想与古希腊哲学比较研究	孙　伟	哲学所	一般项目	系列论文	2017. 12
131	柏拉图主义研究	王玉峰	哲学所	一般项目	系列论文	2017. 12
132	转型期疏解负面社会心态研究	刘　东	哲学所	一般项目	系列论文	2017. 12
133	城市社区安全与发展机制研究	马晓燕	综治所	一般项目	系列论文	2017. 12
134	互联网金融的社会稳定风险研究——以 E 租宝等为对象	杨锦炎	综治所	一般项目	系列论文	2017. 12
135	北京市基层社会治理体制机制创新研究	殷星辰	综治所	一般项目	系列论文	2017. 12
136	社会组织与社会治理研究	于丽娜	综治所	一般项目	系列论文	2017. 12
137	城市社区治安防控的问题与对策研究	袁振龙	综治所	一般项目	系列论文	2017. 12
138	刑法修改与适用专题研究	张　苏	综治所	一般项目	系列论文	2017. 12
139	北京地区公共知识分子与社会稳定研究	万　川	综治所	一般项目	系列论文	2017. 12
140	北京文化发展报（2017—2018）	李建盛	文化所	皮书项目	系列论文	2017. 12
141	北京经济发展报（2017—2018）	杨　松	经济所	皮书项目	系列论文	2017. 12

续表

序号	课题名称	课题负责人	承担部门	项目类别	预期成果形式	计划完成时间
142	中国区域经济发展报告（2017—2018）	赵 弘	院 办	皮书项目	系列论文	2017. 12
143	北京社会发展报告（2017—2018）	李伟东	社会学所	皮书项目	系列论文	2017. 12
144	中国社区发展报（2017—2018）	于燕燕	城市所	皮书项目	系列论文	2017. 12
145	北京公共服务发展报告（2017—2018）	施昌奎	管理所	皮书项目	系列论文	2017. 12
146	北京社会治理发展报告（2017—2018）	殷星辰	综治所	皮书项目	系列论文	2017. 12
147	北京法治发展报告（2017—2018）	许传玺	院办	皮书项目	系列论文	2017. 12
148	北京史学 2017	王 岗	历史所	皮书项目	系列论文	2017. 12
149	中外人文精神研究	程倩春	哲学所	皮书项目	系列论文	2017. 12
150	马克思主义中国化研究论丛	杨 奎	科社所	皮书项目	系列论文	2017. 12
151	北京城市发展报告	齐 心	城市所	皮书项目	系列论文	2017. 12
152	外国问题研究论丛（第六辑）	刘 波	外国所	皮书项目	系列论文	2017. 12
153	满学论丛	赵志强	满学所	皮书项目	系列论文	2017. 12
154	市情研究论丛	唐 鑫	市情中心	皮书项目	系列论文	2017. 12
155	文化创意产业与新媒体论丛	郭万超	传媒所	皮书项目	系列论文	2017. 12

（北京市社会科学院科研处朱霞辉供稿）

北京市档案局

2017 年度承担省部级以上社会科学研究项目

序号	项目名称	项目负责人	承担部门	项目来源	预期成果形式	计划完成日期
1	北京市房屋征收拆迁档案工作管理规范化研究	王荣武	北京市住房和城乡建设委员会	国家档案局	研究报告	2017. 12
2	综合档案馆档案开放鉴定工作机制研究	李立军	北京市档案局（馆）	国家档案局	研究报告	2018. 06
3	档案管理信息系统通用功能要求	陶水龙、薛四新	北京市档案局 清华大学档案馆	国家档案局	研究报告	2017. 12
4	破损照片档案数字化修复的研究	李 嵋	北京市档案局（馆）	国家档案局	研究报告	2018. 12
5	工商企业电子档案网上查询应用研究	陈会明、金文光	北京市工商行政管理局档案中心、北京东方基业科技发展股份公司	国家档案局	研究报告、应用系统	2017. 12

续表

序号	项目名称	项目负责人	承担部门	项目来源	预期成果形式	计划完成日期
6	基于大数据安全体系下的档案移动终端的应用	陈　江	北京汽车集团有限公司	国家档案局	研究报告	2018.01
7	中小微企业档案管理云平台开发、应用和研究	赵秋丰	北京瑞云档案管理有限公司	国家档案局	研究报告	2017.12
8	社区养老服务档案业务研究	张学玲	大兴区档案局	国家档案局	研究报告	2017.12

2017年度北京市档案局社会科学研究项目

序号	项目名称	负责人	承担单位	预期成果形式	计划完成时间
1	北京市房屋征收拆迁档案工作管理规范化研究	王荣武	北京市住房和城乡建设委员会	研究报告	2017.12
2	综合档案馆档案开放鉴定工作机制研究	李立军	北京市档案局（馆）	研究报告	2018.06
3	档案管理信息系统通用功能要求	陶水龙、薛四新	北京市档案局 清华大学档案馆	研究报告	2017.12
4	北京市档案馆音像档案管理系统在数字档案馆中的应用研究	王　凯	北京市档案局（馆）	研究报告	2018.12
5	破损照片档案数字化修复的研究	李　嵋	北京市档案局（馆）	研究报告	2018.12
6	工商企业电子档案网上查询应用研究	陈会明、金文光	北京市工商行政管理局档案中心 北京东方基业科技发展股份公司	研究报告	2017.12
7	基于大数据安全体系下的档案移动终端的应用	陈　江	北京汽车集团有限公司	研究报告	2018.01
8	中小微企业档案管理云平台开发、应用和研究	赵秋丰	北京瑞云档案管理有限公司	研究报告	2017.12
9	社区养老服务档案业务研究	张学玲	大兴区档案局	研究报告	2017.12
10	探索北京电影学院校友档案在育人当中的作用	张良学	北京电影学院	研究报告	2017.12
11	档案馆设施设备配置标准化研究	谷　卫	丰台区档案局（馆）	研究报告	2018.06
12	新形势下档案人员培训效果考核体系的建立	张相明	石景山区档案局	研究报告	2017.12

（北京市档案局科教处胡晓燕供稿）

·获奖成果·

概　述

本栏目记述北京市第十四届哲学社会科学优秀成果奖获奖成果名单；记述北京地区部分高校、科研单位获国家、省部级人文社会科学研究成果奖获奖情况，以及获特等奖、一等奖成果简介。获奖成果的记述，包括成果名称、主要作者、奖项名称、颁奖单位、成果形式、获奖等级等内容。这些信息反映出北京地区社会科学研究领域的最新成果和理论贡献。

北京市第十四届哲学社会科学优秀成果奖获奖名单

一等奖

（45项　排名不分先后）

序号	成果名称	成果形式	申报单位	申报者	出版/发表/结项单位	出版/发表/结项时间
1	中国经济改革的经验及其理论启示	著作	中国人民大学	张　宇	中国人民大学出版社	2015年4月
2	马克思主义中国化理论与实践研究	著作	北京交通大学	韩振峰	中华书局	2014年6月
3	历史视野下的中华民族精神	著作	北京师范大学	郑师渠	广东人民出版社	2014年3月
4	《巴黎手稿》研究——马克思思想的转折点	著作	清华大学	韩立新	北京师范大学出版社	2014年4月
5	中国精神：中国梦的深层底蕴	论文	北京市中国特色社会主义理论体系研究中心	崔新建	《光明日报》第1、2版	2013年9月

续表

序号	成果名称	成果形式	申报单位	申报者	出版/发表/结项单位	出版/发表/结项时间
6	国家粮食安全保障体系研究	著作	北京交通大学	李孟刚	社会科学文献出版社	2014 年 12 月
7	北京人口史	著作	中共北京市委党校	高寿仙	中国人民大学出版社	2014 年 4 月
8	京津冀区域发展报告（2014）	著作	北京大学	李国平	科学出版社	2014 年 6 月
9	北京社会建设概论	著作	市委社会工委	宋贵伦	中国人民大学出版社	2013 年 11 月
10	北京地铁脆弱性及应急管理研究报告	调研报告	北京交通大学	宋守信	北京市哲学社会科学规划办公室	2014 年 11 月
11	创新驱动发展与知识产权战略研究	著作	北京市社会科学院	马一德	北京大学出版社	2015 年 6 月
12	中国垄断行业市场化改革的模式与路径	著作	首都经济贸易大学	戚聿东	经济管理出版社	2013 年 12 月
13	我国货币政策体系与传导机制研究	著作	中国人民大学	刘　伟	经济科学出版社	2015 年 6 月
14	红旗飘飘：20 世纪主题绘画创作研究	著作	北京市文学艺术界联合会	陈履生	人民美术出版社	2013 年 12 月
15	供应链金融	著作	中国人民大学	宋　华	中国人民大学出版社	2015 年 3 月
16	互联网金融的法律规制——基于信息工具的视角	论文	中国人民大学	杨　东	中国社会科学	2015 年第 4 期
17	网络空间全球治理：国际情势与中国路径	论文	对外经济贸易大学	檀有志	世界经济与政治	2013 年第 12 期
18	唯物史观视野中的生态文明	著作	中国人民大学	张云飞	中国人民大学出版社	2014 年 5 月
19	The China Well—being（Min-sheng）Development Report 2012（2012 中国民生发展报告）	著作	北京师范大学	唐任伍	Homa & Sekey Books Printed in U. S. A	2014 年 12 月
20	国家的选择——国际制度、国内政治与国家自主性	著作	中国人民大学	田　野	上海人民出版社	2014 年 5 月
21	2014 中国劳动力市场发展报告——迈向高收入国家进程中的工作时间	著作	北京师范大学	赖德胜	北京师范大学出版社	2014 年 11 月
22	社会资本与国家治理	著作	北京大学	燕继荣	北京大学出版社	2015 年 4 月
23	Inflation and Absolute Price（物价总水平上涨和绝对价格）	著作	北京师范大学	白瑞雪	经济科学出版社	2014 年 9 月
24	能力与出身：高等教育入学机会分配的机制分析	论文	清华大学	刘精明	中国社会科学	2014 年第 8 期
25	未完成的转型：高等教育影响力与学生发展	著作	北京大学	鲍　威	教育科学出版社	2014 年 3 月

续表

序号	成果名称	成果形式	申报单位	申报者	出版/发表/结项单位	出版/发表/结项时间
26	“零距离”教师教育——全日制教育专业硕士培养的探索	论文	首都师范大学	宁　虹	教育研究	2015 年第 1 期
27	灾后中小学生心理疏导研究	著作	北京师范大学	林崇德	经济科学出版社	2014 年 10 月
28	Supply chain optimization in transformation and upgrading of enterprises : theories and methodology（企业转型升级中供应链优化的若干理论与方法研究）	著作	对外经济贸易大学	邵　婧	企业管理出版社	2015 年 6 月
29	刑法总论问题思考	著作	清华大学	黎　宏	中国人民大学出版社北京出版社	2015 年 6 月
30	防控“甲流”：中国内地甲型 H1N1 流感应对评估	著作	清华大学	薛　澜	社会科学文献出版社	2014 年 5 月
31	世界现代化历程（十卷本）	著作	北京大学	钱乘旦	江苏人民出版社	2015 年 5 月
32	宋代救荒史稿（上、下）	著作	首都师范大学	李华瑞	天津古籍出版社	2014 年 4 月
33	音乐百科全书	著作	中央音乐学院	吴祖强	中国大百科全书出版社	2014 年 12 月
34	蒙古游牧图——日本天理图书馆所藏手绘蒙古游牧图及研究	著作	中国人民大学	乌云毕力格	北京大学出版社	2014 年 5 月
35	古都邺城研究——中世纪东亚都城制度探源	著作	中国人民大学	牛润珍	中华书局	2015 年 5 月
36	黄天树甲骨金文论集	著作	首都师范大学	黄天树	学苑出版社	2014 年 8 月
37	近代中国宗教文化史研究（上、下）	著作	中国人民大学	何建明	北京师范大学出版社	2015 年 6 月
38	超越市场与超越政府——论道德力量在经济中的作用	著作	北京大学	厉以宁	外语教学与研究出版社	2015 年 4 月
39	理性、自由与实践批判：两个世界的内在张力与历史理念的动力结构	著作	清华大学	刘敬东	北京师范大学出版社	2015 年 4 月
40	中国国家图书馆藏西域文书于阗语卷（一）	著作	北京大学	段　晴	中西书局	2015 年 1 月
41	行好：乡土的逻辑与庙会	著作	北京市文学艺术界联合会	岳永逸	浙江大学出版社	2014 年 12 月
42	法制“镂之金石”传统与明清碑禁体系	著作	中国政法大学	李雪梅	中华书局	2015 年 4 月
43	制礼作乐与西周文献的生成	著作	北京师范大学	过常宝	中国社会科学出版社	2015 年 4 月
44	《法礼篇》的道德诗学	著作	北京第二外国语学院	王柯平	北京大学出版社	2015 年 5 月

续表

序号	成果名称	成果形式	申报单位	申报者	出版/发表/结项单位	出版/发表/结项时间
45	Style and Rhetoric of Short Narrative Fiction：Covert Progressions Behind Overt Plots（短篇叙事小说的文体与修辞：显性情节后面的隐性进程）	著作	北京大学	申　丹	Routledge（劳特利奇出版社）	2014 年

二等奖

（157 项　排名不分先后）

序号	成果名称	成果形式	申报单位	申报者	出版/发表/结项单位	出版/发表/结项时间
1	马克思主义在青年中的传播——历史视野与哲学思考	著作	中国青年政治学院	倪邦文	中国社会科学出版社	2014 年 10 月
2	1844 年经济学哲学手稿劳动观辨析	论文	北京大学	林　锋	《学术研究》	2015 年第 2 期
3	“十三五”规划基本思路研究	调研报告	清华大学	胡鞍钢	清华大学国情研究院	2015 年 6 月
4	国外马克思主义中国化研究评析	著作	北京联合大学	梁　怡	学习出版社	2014 年 6 月
5	资本总体性——关于马克思资本哲学的新探索	著作	北京工业大学	彭宏伟	人民出版社	2013 年 12 月
6	世界革命视域下共产国际的实践逻辑	论文	北京外国语大学	林建华	《中国社会科学》	2014 年第 8 期
7	政府质量、公司治理与企业资本配置效率	著作	对外经济贸易大学	陈德球	北京大学出版社	2014 年 10 月
8	政府购买服务的理论与实践研究	著作	北京经济管理职业学院	魏中龙	中国人民大学出版社	2014 年 10 月
9	官德建设研究	著作	中共北京市东城区委党校	赵秀娟	中国社会出版社	2015 年 5 月
10	首都经济圈发展战略研究	著作	北京市社会科学院	王德利	中国经济出版社	2013 年 9 月
11	国企廉动力	著作	中共北京市委党校	罗忠敏	中国方正出版社	2015 年 6 月
12	社会工作与社会问题：中国本土化理论与实务的探索	著作	中央民族大学	卫小将	社会科学文献出版社	2014 年 12 月
13	管理创新与政策选择：政府培育扶持社区社会组织的研究	著作	北京市社会科学院	谭日辉	中国社会科学出版社	2014 年 8 月
14	我国区域合作治理困境与纵向嵌入式治理机制选择	论文	中央财经大学	邢　华	《政治学研究》	2014 年第 5 期
15	网络突发事件预防与应对	著作	中共北京市委党校	庞　宇	中国法制出版社	2015 年 3 月

续表

序号	成果名称	成果形式	申报单位	申报者	出版/发表/结项单位	出版/发表/结项时间
16	政务微博在创新社会管理中的运用	著作	中共北京市委党校	张　玲	中国社会科学出版社	2014年12月
17	大数据时代数据犯罪的制裁思路	论文	中国政法大学	于志刚	《中国社会科学》	2014年第10期
18	中国绿色减贫指数报告(2014)	著作	北京师范大学	张　琦	经济日报出版社	2014年11月
19	北京建设世界城市与京津冀一体化发展	著作	首都经济贸易大学	祝尔娟	社会科学文献出版社	2014年8月
20	社会主义荣辱观研究	著作	清华大学	吴潜涛	中国人民大学出版社	2014年3月
21	北京文化创意产业集群效应研究	著作	北京工商大学	李朝鲜	经济科学出版社	2015年5月
22	知识服务业精益运营模式研究	著作	北京信息科技大学	曲　立	经济科学出版社	2015年4月
23	北京市社会矛盾指数研究报告	调研报告	北京市信访矛盾分析研究中心	张宗林	北京市信访矛盾分析研究中心	2015年5月
24	党内基层民主的实践探索与路径创新以北京市为例	著作	中共北京市委党校	刘汉峰	首都师范大学出版社	2013年8月
25	北京市就业人口行业分布及演化趋势研究	调研报告	国家统计局北京调查总队	李　纲	国家统计局北京调查总队	2015年2月
26	坊间珍闻——什刹海访谈录	社科普及读物	西城区文物保护研究所	姚华容	北京出版社	2015年1月
27	顺义区运用村规民约促进农村社会协同共治的实践与思考	调研报告	中共北京市顺义区委、区人民政府研究室	王　刚	《北京调研》	2015年第4期
28	进一步完善农业生态功能补偿制度的建议	调研报告	首都经济贸易大学	邹昭晞	首都经济贸易大学特大城市经济社会发展研究协同创新中心	2014年9月
29	关于加快青年信用体系建设的建议	调研报告	北京师范大学	魏礼群	国务院、共青团中央	2015年6月
30	渐进的改革	著作	中共北京市委党校	刘智峰	中央文献出版社	2014年12月
31	多维视角分析中国发展状况	著作	中国人民大学	张延松	中国社会出版社	2014年4月
32	中国分税制改革20周年：回顾与展望	著作	中央财经大学	马海涛	经济科学出版社	2014年6月
33	税收对国民收入分配调控作用研究	著作	中国人民大学	郭庆旺	经济科学出版社	2014年5月
34	死刑改革之路	著作	北京师范大学	赵秉志	中国人民大学出版社	2014年9月
35	看守所论——以刑事诉讼为视角	著作	中国人民公安大学	白俊华	中国政法大学出版社	2015年1月
36	简评近年来的刑事司法解释	论文	《清华大学》	张明楷	《清华法学》	2014年第1期

续表

序号	成果名称	成果形式	申报单位	申报者	出版/发表/结项单位	出版/发表/结项时间
37	刑罚力度问题研究——中国刑罚力度趋轻化之探讨	著作	对外经济贸易大学	赖早兴	法律出版社	2014 年 3 月
38	中国土地市场发展研究：理论探源政策调控指数解析	著作	首都经济贸易大学	张　杰	经济科学出版社	2014 年 12 月
39	农户究竟需要多大的农地经营规模？农地经营规模决策图谱研究	论文	北京工商大学	倪国华	《经济研究》	2015 年第 3 期
40	小国与国际关系	著作	北京大学	韦　民	北京大学出版社	2014 年 6 月
41	中国土地银行法律制度构建研究	著作	北京农学院	李　蕊	法律出版社	2014 年 6 月
42	理解政策过程——中国农村社会养老保险政策试点模式研究	著作	中央民族大学	郑文换	社会科学文献出版社	2015 年 6 月
43	城镇化发展中的经济与人口	著作	中国人民大学	翟振武	中国人口出版社	2014 年 11 月
44	四类流动人口的比较研究	论文	中共北京市委党校	马小红	《中国人口科学》	2014 年第 5 期
45	双重强制：乡村留守中的性别排斥与不平等	著作	中国农业大学	叶敬忠	社会科学文献出版社	2014 年 11 月
46	货币错配与汇率制度选择——新兴市场国家汇率制度选择的一个视角	著作	国际关系学院	羌建新	中国发展出版社	2014 年 4 月
47	超主权国际货币的构建：国际货币制度的改革	著作	北京师范大学	李　翀	北京师范大学出版社	2014 年 4 月
48	金融交易课税的理论探索与制度建构——以金融市场的稳健发展为核心	著作	中国青年政治学院	汤洁茵	法律出版社	2014 年 4 月
49	中国服务业改革对制造业微观生产效率的影响测度及异质性考察——基于服务中间投入的视角	论文	对外经济贸易大学	周念利	《金融研究》	2014 年第 9 期
50	中国财政分权、地方政府行为与经济增长	著作	中国人民大学	贾俊雪	中国人民大学出版社	2015 年 4 月
51	中国残疾预防对策研究	著作	北京大学	郑晓瑛	北京大学出版社	2015 年 4 月
52	“亚洲价值观”之争——现代化进程中价值本土化的合法性研究	著作	中共北京市委党校	金英君	北京大学出版社	2015 年 3 月
53	新兴中产阶层对民主价值的理解：立足中国国情的民主价值观	论文	中国政法大学	卢春龙	《政治学研究》	2014 年第 1 期
54	从新民主主义教育到社会主义教育（1921—2012）	著作	北京师范大学	顾明远	教育科学出版社	2015 年 5 月
55	学前一年教育纳入义务教育的条件保障研究	著作	北京师范大学	刘　焱	北京师范大学出版社	2014 年 9 月

续表

序号	成果名称	成果形式	申报单位	申报者	出版/发表/结项单位	出版/发表/结项时间
56	“后4%时代”的教育经费应该投向何处——基于跨国数据的实证研究	论文	北京师范大学	胡咏梅	《北京师范大学学报》（社会科学版）	2014年第5期
57	拔尖人才培养的国际论争及其启示	论文	清华大学	阎　琨	复旦教育论坛	2013年7月
58	中国现代教育体系研究	著作	北京教育科学研究院	褚宏启	北京师范大学出版社	2014年1月
59	中国网络教育政策变迁——从现代远程教育试点到MOOC	著作	北京大学	郭文革	北京大学出版社	2014年4月
60	北京市城乡学校一体化组织模式研究	论文	首都师范大学	张　爽	《教育研究》	2014年第11期
61	学校效能评价：一种评估中小学工作绩效的工具	论文	北京市门头沟区教育委员会	李永生	《教育研究》	2013年第7期
62	中外职业教育体系建设与制度改革比较研究	著作	北京劳动保障职业学院	李继延	复旦大学出版社	2014年6月
63	大学教师介入中小学实践的角色调适研究	著作	首都师范大学	杨朝晖	重庆大学出版社	2013年9月
64	出口开放、高等教育扩展与学历工资差距	论文	北京师范大学	赵春明	《世界经济》	2014年第5期
65	应对全球气候变化——共同但有区别的责任原则	著作	首都经济贸易大学	郭锦鹏	首都经济贸易大学出版社	2014年4月
66	新时期党的宗教政策研究	著作	中国人民大学	何虎生	宗教文化出版社	2014年9月
67	西藏地方摄政制度研究	著作	中央民族大学	央　珍	中央民族大学出版社	2015年4月
68	中国与全球油气资源重点区域合作研究	著作	中国石油大学（北京）	王　震	经济科学出版社	2014年9月
69	低碳经济治理体系及以云质量管理认证提升资源效率的研究	著作	首都经济贸易大学	马　慧	清华大学出版社	2014年7月
70	新能源电力项目群组合管理理论、决策方法、管理系统	调研报告	华北电力大学	乌云娜	中国华电集团公司	2015年3月
71	亲人的力量——中国城市亲属关系与精神健康研究	著作	中央财经大学	孙薇薇	中国社会科学出版社	2014年10月
72	性别观念现状及其影响因素——基于第三期全国妇女地位调查	论文	北京大学	刘爱玉	《中国社会科学》	2014年第2期
73	创新驱动、税收扭曲与长期经济增长	论文	中央财经大学	严成樑	《经济研究》	2013年第12期
74	系统科学金融理论	著作	北京工业大学	刘　超	科学出版社	2013年8月
75	互联网金融监管：自律、包容与创新	著作	中央财经大学	欧阳日辉	经济科学出版社	2015年6月
76	互联网金融——逻辑与结构	著作	中国人民大学	吴晓求	中国人民大学出版社	2015年5月

续表

序号	成果名称	成果形式	申报单位	申报者	出版/发表/结项单位	出版/发表/结项时间
77	百年银行资本监管的逻辑与未来	著作	首都经济贸易大学	高杰英	中国金融出版社	2014年9月
78	当前全球治理的制度困境及其改革	论文	外交学院	卢　静	《外交评论》	2014年第1期
79	设计服务业——新兴市场与产业升级	著作	北京市首都发展研究院	梁昊光	社会科学文献出版社	2013年9月
80	服务外包中创新能力的测量、提升与绩效影响研究——基于发包与承包双方知识转移视角的分析	论文	对外经济贸易大学	王永贵	《管理世界》	2015年第6期
81	企业预算管理：从预算整合到整合预算	著作	北京工商大学	谢志华	经济科学出版社	2015年6月
82	合作博弈与和谐治理：中国合和式民主研究	著作	清华大学	彭宗超	清华大学出版社	2013年7月
83	农村宅基地制度与城乡一体化	著作	北京市农村经济研究中心	赵树枫	中国经济出版社	2015年3月
84	中国历代社会治理论纲	著作	清华大学	李　强	云南教育出版社	2014年6月
85	媒介革命：互联网逻辑下传媒业发展的关键与进路	著作	北京师范大学	喻国明	人民日报出版社	2015年2月
86	互联网等新媒体对社会舆论影响与利用研究	著作	北京大学	谢新洲	经济科学出版社	2013年10月
87	革命式改革：改革开放时代的电影文化修辞	著作	北京大学	王一川	中国电影出版社	2015年2月
88	公路电影：现代性、类型与文化价值观	著作	北京电影学院	李　彬	中国电影出版社	2014年8月
89	电视剧本体美学研究：连续性视角	著作	中国传媒大学	张国涛	北京大学出版社	2013年7月
90	北京方言民俗图典	著作	北京语言大学	刘晓海	语文出版社	2014年12月
91	北京孔庙国子监匾联考辨	著作	北京市文物局	王琳琳	北京燕山出版社	2014年12月
92	北京文化史	著作	北京市社会科学院	王建伟	人民出版社	2014年11月
93	熊十力思想体系建构历程研究	著作	北京师范大学	李祥俊	北京师范大学出版社	2013年12月
94	百年京作——20世纪北京传统工艺美术的传承与保护（上、下）	著作	首都师范大学	吴明娣	首都师范大学出版社	2014年12月
95	北平抗战简史	著作	中共北京市委党史研究室	中共北京市委党史研究室	北京出版社	2015年6月
96	经学文献的衍生和通俗化——以近古时代的传刻为中心	著作	北京大学	顾永新	北京大学出版社	2014年12月
97	“道”与“幸福”荀子与亚里士多德伦理学比较研究	著作	北京市社会科学院	孙　伟	北京大学出版社	2015年1月

续表

序号	成果名称	成果形式	申报单位	申报者	出版/发表/结项单位	出版/发表/结项时间
98	柏拉图的本原学说：基于未成文学说和对话录的研究	著作	北京大学	先　刚	生活·读书·新知三联书店	2014 年 3 月
99	历史语言学方法论与汉语方言音韵史个案研究	著作	北京大学	王洪君	商务印书馆	2014 年 4 月
100	先秦至中古汉语语法演变研究	著作	中国人民大学	朱冠明	中国社会科学出版社	2015 年 6 月
101	汉语双宾语结构句法及其语义的历时研究	著作	清华大学	张美兰	清华大学出版社	2014 年 3 月
102	早期中国——中国文化圈的形成和发展	著作	北京联合大学	韩建业	上海古籍出版社	2015 年 4 月
103	话本小说叙论——文本诠释与历史构建	著作	北京大学	刘勇强	北京大学出版社	2015 年 4 月
104	唐代书画理论——以李嗣真、张怀瓘、窦氏兄弟三家为中心	著作	中国传媒大学	邵　军	高等教育出版社	2014 年 6 月
105	唐代文明与新闻传播（修订版）	著作	清华大学	李　彬	中国人民大学出版社	2014 年 5 月
106	汉代外交体制研究	著作	北京师范大学	黎　虎	商务印书馆	2014 年 11 月
107	唐诗近体源流	著作	北京大学	钱志熙	北京大学出版社	2015 年 1 月
108	北宋前期诗歌转型研究	著作	北京师范大学	谢　琰	北京大学出版社	2013 年 12 月
109	内外之间：屏风意义的唐宋转型	著作	北京大学	李　溪	北京大学出版社	2014 年 7 月
110	世变、士风与清代京籍士人学术	著作	北京市社会科学院	刘仲华	中国人民大学出版社	2013 年 12 月
111	明清戏曲文学与文献探考	著作	中国人民大学	郑志良	中华书局	2014 年 9 月
112	清宫节令戏（上、下）	古籍整理作品	北京戏曲艺术职业学院	薛晓金	新华出版社	2015 年 5 月
113	创造“传统”梁启超、章太炎、胡适与中国学术思想史典范的确立	著作	首都师范大学	江　湄	社会科学文献出版社	2013 年 7 月
114	九白之贡：喀尔喀和清朝朝贡关系建立过程再探	论文	北京市社会科学院	哈斯巴根	《民族研究》	2015 年第 2 期
115	清代外官大计“考语”与“事实”探析	论文	北京市社会科学院	常越男	《清史研究》	2014 年第 2 期
116	“私产”抑或“国宝”：民国初年清室古物的处置与保存	论文	北京市社会科学院	季剑青	《近代史研究》	2013 年第 6 期
117	二十世纪法国先锋文学理论和批评的文本概念研究	著作	北京师范大学	钱　翰	北京大学出版社	2015 年 4 月
118	20 世纪德国文学思想论稿	著作	北京师范大学	方维规	北京大学出版社	2014 年 5 月
119	5—8 世纪汉地佛像着衣法式	著作	北京联合大学	陈悦新	社会科学文献出版社	2014 年 6 月
120	外来规则与固有习惯：祭田法制的近代转型	著作	北京大学	李启成	北京大学出版社	2014 年 7 月

续表

序号	成果名称	成果形式	申报单位	申报者	出版/发表/结项单位	出版/发表/结项时间
121	学校、地缘与中国共产党早期组织网络的形成——以北伐前的江西为例	论文	中国政法大学	应　星	《社会学研究》	2015 年第 1 期
122	北京大学图书馆藏“大仓文库”书志	著作	北京大学	朱　强	中华书局	2014 年 5 月
123	当代外国文学纪事（1980—2000）·拉丁美洲卷	著作	北京外国语大学	郑书九	商务印书馆	2015 年 5 月
124	悖论研究	著作	北京大学	陈　波	北京大学出版社	2014 年 7 月
125	近年出土黄老思想文献研究	著作	中国人民大学	曹　峰	中国社会科学出版社	2015 年 4 月
126	何为良好生活	著作	首都师范大学	陈嘉映	上海文艺出版社	2015 年 5 月
127	播音员主持人语言影响力研究	著作	北京人民广播电台	高国庆	九州出版社	2014 年 3 月
128	汉语儿童早期语言的发展	著作	首都师范大学	张云秋	商务印书馆	2014 年 4 月
129	汉语作为第二语言的声调浮现过程	著作	北京语言大学	陈　默	北京语言大学出版社	2014 年 1 月
130	密封招标博弈分析	著作	北京信息科技大学	杨颖梅	中国社会科学出版社	2013 年 10 月
131	目标动力学——动机与人格的自组织原理	著作	中国人民大学	章　凯	社会科学文献出版社	2014 年 5 月
132	图像与交易区的双重变奏	著作	北京市社会科学院	董丽丽	中国社会科学出版社	2014 年 11 月
133	鲜活农产品冷链物流管理体系研究	著作	北京物资学院	翁心刚	中国财富出版社	2015 年 6 月
134	外来畜禽遗传资源对中国畜牧业发展的影响研究	著作	北京农学院	刘　芳	中国商务出版社	2015 年 1 月
135	契丹小字词汇索引	著作	北京大学	刘浦江	中华书局	2014 年 5 月
136	“学校大辩论”——20 世纪 80 年代美国公共教育政策中的意识形态冲突	著作	中国人民大学	陈露茜	教育科学出版社	2014 年 3 月
137	“法不禁止皆自由”的私法精义	论文	中国政法大学	易　军	《中国社会科学》	2014 年第 4 期
138	转型的逻辑：证据法的运行环境与内部结构	著作	中国政法大学	吴洪淇	中国政法大学出版社	2013 年 12 月
139	论西方中世纪王权观——现代国家权力观念的中世纪起源	著作	中国政法大学	李　筠	社会科学文献出版社	2013 年 8 月
140	现代设计伦理思想史	著作	中央美术学院	周　博	北京大学出版社	2014 年 9 月
141	文气话语形态研究	著作	首都师范大学	夏　静	商务印书馆	2014 年 4 月
142	概称句推理研究	著作	中央财经大学	张立英	社会科学文献出版社	2013 年 11 月
143	中国传统音乐曲式结构分析	著作	中央音乐学院	褚　历	中央音乐学院出版社	2014 年 12 月

续表

序号	成果名称	成果形式	申报单位	申报者	出版/发表/结项单位	出版/发表/结项时间
144	占有概念的二重性：事实与规范	论文	北京大学	车　浩	《中外法学》	2014 年第 5 期
145	阿尔都塞与经验性方法	论文	中共北京市委党校	顾伟伟	《教学与研究》	2014 年第 12 期
146	动态资源三角形及其重心曲线的演化研究	论文	中国人民大学	冯惠玲	《中国软科学》	2014 年第 12 期
147	“风搅雪”音乐现象研究	论文	中国音乐学院	徐天祥	《音乐研究》	2014 年第 4 期
148	改变世界的哲学现实观	论文	清华大学	夏　莹	《中国社会科学》	2014 年第 8 期
149	Structural and semantic non-correspondences between Chinese splittable compounds and their English translations：A Chinese— English parallel corpus based study（基于汉英平行语料库的离合词及英译的结构和语义不对应研究）	论文	北京外国语大学	许家金	*Corpus Linguistics and Linguistic Theory*	2014 年第 10 期
150	Property taxes and home prices：A tale of two cities（房产税和房价：两个城市两种结果）	论文	清华大学	白重恩	*Journal of Econometrics*	2014 年 5 月
151	Relationships between Migration to Urban Settings and Children's Creative Inclinations（城乡流动与儿童创造性倾向的关系）	论文	首都师范大学	师保国	*Creativity Research Journal*	2013 年 7 月
152	Carbon dioxide emission drivers for a typical metropolis using input—output structural decomposition a-nalysis（典型大都市二氧化碳排放的驱动力：投入产出结构分解分析）	论文	北京师范大学	王亚菲	*Energy Policy*	2013 年 7 月
153	Processing Trade，Tariff Reductions ，and Firm Productivity：Evidence from Chinese Firms（加工贸易、关税减负和企业生产率：来自中国企业的经验实证）	论文	北京大学	余森杰	*The Economic Journal*	2015 年 6 月
154	International Experience and FDI Location Choices of Chinese Firms：The Moderating Effects of Home Country Government Support and Host Country Institutions（国际化经验与对外投资选择：母国政府政策和东道国制度环境的作用）	论文	北京大学	路江涌	*Journal of International Business Studies*	2014 年 5 月

续表

序号	成果名称	成果形式	申报单位	申报者	出版/发表/结项单位	出版/发表/结项时间
155	Greasing the wheels of bank lending: Evidence from private firms in China（润滑银行信贷的车轮——来自中国民营企业的证据）	论文	北京工商大学	苏　峻	*Journal of Banking & Finance*	2013年7月
156	Insurance Coverage and Agency Problems in Doctor Prescriptions: Evidence from a Field Experiment in China（医生处方行为中的医疗保险和代理人问题：来自中国实地实验的证据）	论文	中国人民大学	陆方文	*Journal of Development Economics*	2014年第1期
157	Market Power and its Determinants in the Chinese Airline Industry（中国民航市场力及其影响因素分析）	论文	对外经济贸易大学	杨杭军	*Transportation Research Part A: policy and practice*	2014年6月

（北京市哲学社会科学优秀成果评奖委员会办公室供稿）

附：

北京市哲学社会科学优秀成果奖评选条例

第一章　总则

第一条　为进一步繁荣发展哲学社会科学事业，鼓励哲学社会科学工作者以马克思列宁主义、毛泽东思想、邓小平理论、“三个代表”重要思想、科学发展观为指导，全面贯彻落实习近平总书记系列重要讲话精神，高举中国特色社会主义伟大旗帜，为首都经济建设、政治建设、文化建设、社会建设、生态文明建设和党的建设服务，根据中共北京市委、北京市人民政府《关于以中共北京市委、北京市人民政府名义表彰奖励工作的管理规定》（京发〔1996〕21号，以下简称《规定》），特制定本条例。

第二条　中共北京市委、北京市人民政府设立北京市哲学社会科学优秀成果奖，作为对全市哲学社会科学优秀成果的市级奖励。

第三条　北京市哲学社会科学优秀成果奖每两年评选一次。

第四条　根据《规定》要求，北京市哲学社会科学优秀成果奖评选工作由中共北京市委宣传部、北京市教育委员会、北京市人力资源和社会保障局共同承办。

第二章　评选范围

第五条　哲学社会科学研究成果，凡符合下列条件之一者均可参加评奖：

（一）北京市哲学社会科学研究和教学单位（包括北京市与中央各部委双管单位）、学术团体、民办社会科学研究机构、政策研究机构、实际工作部门的研究成果。

（二）中央、国家机关和军队系统在京单位研究北京历史和现状的研究成果；

（三）以北京市单位为主，有非北京市属单位参加的研究成果。

第六条　参加评选的包括理论研究、重大问题研究、重大经验总结等方面的成果，主要形式为：专著、译著、论文、社科普及读物、工具书、古籍整理作品、调研报告。

第七条 已获得省部级以上奖励的哲学社会科学研究成果，不在参评之列。

第三章 奖励等级和标准

第八条 北京市哲学社会科学优秀成果奖设特等奖、一等奖、二等奖。

第九条 获北京市哲学社会科学优秀成果奖的研究成果，须具备以下条件：

（一）高举中国特色社会主义伟大旗帜，以马克思列宁主义、毛泽东思想、邓小平理论、“三个代表”重要思想、科学发展观为指导，深入贯彻习近平总书记系列重要讲话精神。

（二）在本学科研究领域有符合学术规范的新观点、新论证、新方法或对改革开放和社会主义现代化建设事业有较高应用价值；在宣传党的创新理论、阐释解答人民群众关心的热点难点问题、传播普及人文社会科学知识方面产生良好社会效果。

第十条 获北京市哲学社会科学优秀成果奖特等奖的研究成果，还必须在学术上有重大创新突破，提出了新的理论观点，或填补了某一学科空白，引导学术前沿的厚重成果。

第四章 组织领导、程序和纪律

第十一条 设立北京市哲学社会科学优秀成果评奖委员会，组成人员由中共北京市委宣传部会同各有关部门协商提名，报请中共北京市委、北京市人民政府批准后组成。

市评奖委员会全面负责评奖工作。其职责是：

1. 根据本条例规定，制定评奖工作实施细则；

2. 选聘市评奖委员会各学科评选小组的成员，领导各学科评选小组的工作；

3. 评出获奖成果，并公布获奖名单；

4. 决定评奖工作中的其他重大事项。

第十二条 市评奖委员会下设系统评奖委员会和若干学科评选小组。系统评奖委员会负责组织开展本系统初评工作。学科评选小组由本学科的专家、学者组成，主要职责是评选本学科报送市评奖委员会终评的成果。

第十三条 评奖工作的程序是：作者申请、单位推荐、系统初评、学科评选小组评选、市评奖委员会终评。

第十四条 市评奖委员会、系统评奖委员会及各学科评选小组在评选过程中，要严格以成果质量为依据，坚持公正、公平的原则、少数服从多数的原则和回避制度，通过民主评议，采用无记名投票方式确定获奖成果。

第十五条 经市评奖委员会终评的获奖成果，向社会公示。

第十六条 市评奖委员会办公室设在北京市社会科学界联合会，负责评奖的日常工作。

第十七条 为了严肃申报和评奖工作纪律，成立评奖工作纪律监督机构。对弄虚作假的申报者，取消其参评资格；对违反评奖纪律的人员，取消其参加评奖工作资格并给予纪律和法规处分。

第五章 奖励、奖励撤销和经费

第十八条 对获奖成果以中共北京市委、北京市人民政府的名义给予表彰奖励，并颁发获奖证书和奖金。

第十九条 对伪造材料、弄虚作假、骗取奖励的申报人以及成果，经有关部门核实后，报中共北京市委、北京市人民政府批准，按规定程序撤销其奖励，并给予纪律和法规处分。

第二十条 评奖所需经费，由北京市社会科学界联合会编制预算，市财政拨款，专款专用。

第二十一条 本条例由北京市哲学社会科学优秀成果评奖委员会负责解释。

第二十二条 本条例自发布之日起施行。

部分高校、科研单位获国家或省部级人文社会科学研究成果奖

北京大学

序号	成果名称	主要作者	奖项名称	颁奖单位	成果形式	获奖等级
1	超越市场与超越政府——论道德力量在经济中的作用（汉英对照）	厉以宁	北京市第十四届哲学社会科学优秀成果奖	中共北京市委、北京市人民政府	著作	一等奖
2	社会资本与国家治理	燕继荣	北京市第十四届哲学社会科学优秀成果奖	中共北京市委、北京市人民政府	著作	一等奖
3	未完成的转型：高等教育影响力与学生发展	鲍　威	北京市第十四届哲学社会科学优秀成果奖	中共北京市委、北京市人民政府	著作	一等奖
4	世界现代化历程（10 卷）	钱乘旦	北京市第十四届哲学社会科学优秀成果奖	中共北京市委、北京市人民政府	著作	一等奖
5	Style and Rhetoric of Short Narrative Fiction: Covert Progressions Behind Overt Plots（短篇叙事小说的文体与修辞：显性情节后面的隐性进程）	申　丹	北京市第十四届哲学社会科学优秀成果奖	中共北京市委、北京市人民政府	著作	一等奖
6	中国国家图书馆藏西域文书于阗语卷（一）	段　晴	北京市第十四届哲学社会科学优秀成果奖	中共北京市委、北京市人民政府	著作	一等奖
7	京津冀区域发展报告	李国平	北京市第十四届哲学社会科学优秀成果奖	中共北京市委、北京市人民政府	著作	一等奖
8	1844 年经济学哲学手稿劳动观辨析	林　锋	北京市第十四届哲学社会科学优秀成果奖	中共北京市委、北京市人民政府	论文	二等奖
9	内外之间：屏风意义的唐宋转型	李　溪	北京市第十四届哲学社会科学优秀成果奖	中共北京市委、北京市人民政府	著作	二等奖
10	柏拉图的本原学说：基于未成文学说和对话录的研究	先　刚	北京市第十四届哲学社会科学优秀成果奖	中共北京市委、北京市人民政府	著作	二等奖
11	性别观念现状及其影响——基于第三期全国妇女地位调查	刘爱玉	北京市第十四届哲学社会科学优秀成果奖	中共北京市委、北京市人民政府	论文	二等奖
12	中国残疾预防对策研究	郑晓瑛	北京市第十四届哲学社会科学优秀成果奖	中共北京市委、北京市人民政府	著作	二等奖
13	Processing Trade, Tariff Reductions, and Firm Productivity: Evidence from Chinese Firms	余淼杰	北京市第十四届哲学社会科学优秀成果奖	中共北京市委、北京市人民政府	论文	二等奖

续表

序号	成果名称	主要作者	奖项名称	颁奖单位	成果形式	获奖等级
14	小国与国际关系	韦　民	北京市第十四届哲学社会科学优秀成果奖	中共北京市委、北京市人民政府	著作	二等奖
15	中国网络教育政策变迁——从现代远程教育试点到 MOOC	郭文革	北京市第十四届哲学社会科学优秀成果奖	中共北京市委、北京市人民政府	著作	二等奖
16	外来规则与固有习惯：祭田法制的近代转型	李启成	北京市第十四届哲学社会科学优秀成果奖	中共北京市委、北京市人民政府	著作	二等奖
17	占有概念的二重性：事实与规范	车　浩	北京市第十四届哲学社会科学优秀成果奖	中共北京市委、北京市人民政府	论文	二等奖
18	契丹小字词汇索引	刘浦江	北京市第十四届哲学社会科学优秀成果奖	中共北京市委、北京市人民政府	著作	二等奖
19	International Experience and FDI Location Choices of Chinese Firms: The Moderating Effects of Home Country Government Support and Host Country Institutions	路江涌	北京市第十四届哲学社会科学优秀成果奖	中共北京市委、北京市人民政府	论文	二等奖
20	历史语言学方法论与汉语方言音韵史个案研究	王洪君	北京市第十四届哲学社会科学优秀成果奖	中共北京市委、北京市人民政府	著作	二等奖
21	唐诗近体源流	钱志熙	北京市第十四届哲学社会科学优秀成果奖	中共北京市委、北京市人民政府	著作	二等奖
22	经学文献的衍生和通俗化——以近古时代的传刻为中心	顾永新	北京市第十四届哲学社会科学优秀成果奖	中共北京市委、北京市人民政府	著作	二等奖
23	话本小说叙论——文本诠释与历史构建	刘勇强	北京市第十四届哲学社会科学优秀成果奖	中共北京市委、北京市人民政府	著作	二等奖
24	互联网等新媒体对社会舆论影响与利用研究	谢新洲	北京市第十四届哲学社会科学优秀成果奖	中共北京市委、北京市人民政府	著作	二等奖
25	革命式改革：改革开放时代的电影文化修辞	王一川	北京市第十四届哲学社会科学优秀成果奖	中共北京市委、北京市人民政府	著作	二等奖
26	北京大学图书馆藏“大仓文库”书志	朱　强	北京市第十四届哲学社会科学优秀成果奖	中共北京市委、北京市人民政府	著作	二等奖
27	悖论研究	陈　波	北京市第十四届哲学社会科学优秀成果奖	中共北京市委、北京市人民政府	著作	二等奖

特等奖、一等奖成果简介

《超越市场与超越政府——论道德力量在经济中的作用》（汉英对照）（著作）

北京大学　厉以宁

外语教学与研究出版　2015 年 4 月出版

本书的主要观点如下：（1）道德力量超越市场、超越政府。（2）道德力量调节是介于“无形之手”与“有形之手”之间的一种调节。（3）由道德力量调节起主要作用的非交易领域内的活动有可能不断增多。本书突破了以往的经济学只注重计划和市场在经济资源配置中的作用而忽视道德和习惯的重大作用；突破了以往的经济学只就经济问题研究经济，甚至仅仅靠单纯的数学公式解决经济问题而忽略了资源配置问题与伦理问题重要而密切的关系。也突破了经济学家与伦理学家和哲学家的界限，即经济学家必须研究经济学中的伦理问题。本书认为资源配置是经济学的核心问题，也是人类社会面临的重大问题，计划和市场固然在经济资源配置中发挥着十分重要的作用，但如果忽略道德和习惯在经济资源配置中更加基础、更加广泛的作用，就不能深入研究经济资源配置问题。道德和习惯的调节是配置经济资源最基础的调节，道德和习惯能够解决的问题就不必借助于市场和计划的调节来解决；道德和习惯不能解决的问题，如果能够借助于市场调节解决，就不必借助于市场调节解决。只有道德和习惯调节与市场调节不能解决的问题，才应该借助于计划调节加以解决。因此，经济资源配置中所采用手段的顺序应该首先是道德和习惯，其次是市场，再次才是计划。

厉以宁，男，1930 年生，江苏仪征人。著名经济学家，中国经济学界泰斗。1951 年考入北京大学经济学系，1955 年毕业后留校工作、任教至今。现为北京北京大学光华管理学院名誉院长、博士生导师。七、八、九届全国人大常委，七届全国人大法律委员会副主任，八、九届财经委员会副主任；第十、十一届全国政协常委、经济委员会副主任，第十二届全国委员会常务委员会委员。主持了《证券法》和《证券投资基金法》的起草工作，因在经济学以及其他学术领域中的杰出贡献而多次获奖，包括“孙冶方经济学奖”、“金三角”奖、国家教委科研成果一等奖、环境与发展国际合作奖（个人最高奖）、第十五届福冈亚洲文化奖——学术研究奖（日本）、中国经济年度人物终身成就奖等。

《社会资本与国家治理》（著作）

北京大学　燕继荣

北京大学出版社　2015 年 4 月出版

本书是国内第一部专门讨论社会资本与国家治理关系的学术专著。该书充分吸收国内外学者的研究经验和方法，对社会资本的定义、性质、构成、形式、功能、投资方式进行系统的知识梳理和理论阐释。该书集中讨论和回答如下问题：（1）社会资本为什么会受到不同学科的大力“追捧”？（2）被称为“社会资本”的东西是什么？它何以会成为“资本”？（3）社会资本为什么值得人们投资以及如何投资？（4）社会资本与国家治理有何关系？为了改善国家治理绩效，中国应在社会资本投资方面做出什么努力？围绕于此，本书在篇章结构上共分为“绪论：社会资本——一个新的学术概念”“第一部分 资本理论及社会资本研究”“第二部分 社会资本及其投资”“第三部分 国家治理与社会资本”“结语 现代国家治理需要投资社会资本”五大部分。本书发现并首度阐明了社会资本与国家治理之间的有机关系，从政治、经济和社会 3 个方面分别讨论和阐述了社会资本的功能，认为优质的社会资本是良好的国家治理的基础，并就如何加强社会资本投资，改善国家治理策略提出了自己的见解和建议。

燕继荣，男，1962 年生，内蒙古人。政治学博士，北京大学政府管理学院教授；教育部政治学研究基地——北京大学政府管理与政治发展研究所研究员、副所长；北京大学 · 复旦大学 · 吉林大学 · 中山大学 · 财政部财政研究所：国家治理协同创新中心研究员、联合副主任、秘书长；教育部社科委政治学社会学民族学学部秘书长；中国政治学会常务理事；北京市政治学行政学会副会长；中国行政体制改革研究会理事；国务院行政审批改革工作小组专家组成员。研究领域：政治学理论、中国政治发展、政府管理、公共治理。2013 年《中国高校哲学社会科学发展报告（1978—2008）政治学卷》（合作，广西师大出版社 2008 年版）获得第六届高等学校科学研究优秀成果（人文社会科学）三等奖。

《未完成的转型：高等教育影响力与学生发展》（著作）

北京大学　鲍威

教育科学出版社　2014 年 3 月出版

在经历了高等教育规模扩张，社会问责机制不断强化，高校教学从教师中心向学生中心的范式转换背景之下，如何回归高等教育的本源，探讨和清晰高校教学环境中不同要素对于学生成长发展的影响路径及其作用，成为提升当前我国高校人才培养质量的重要保障。《未完成的转型：高等教育影响力与学生发展》一书可谓我国高等教育研究在该领域的重要探索与开拓。全书 46 万字，资料丰富翔实，内容充实。具体分为导论（1—3 章）、第一部高校学生的升学选择（4—6 章）、第二部高等教育的资源投入与学生资助（7—9 章）、第三部高校学生的学习行为与校园参与（10—12 章）、第四部高校教学环境与学生支持体系（13—15 章）、第五部高校学生的学业成就（16—19 章）、结论高等院校人才培养机制变革的路径探索（20 章）。

本书在系统梳理国内外相关理论与研究的基础上，从学生视角入手，基于长期大样本的高校学生调查数据，以理论导向的实证研究为研究指针，在回归等传统方法的同时，引入面板数据分析、因子分析、聚类分析，结构方程模型、多水平线性模型等前沿计量方法，并在部分章节结合质性访谈，提高研究的精准性。

本书揭示了扩招后中国高校学生在家庭社会经济背景、升学选择、校园参与、学业成就、毕业后发展方向出现的一系列变化，并从高等院校的学生选拔、资源投入、课程设置、教学方法、学生支持体系等维度，对高等院校人才培养机制在促进学生发展，提升学生学业成就中的影响路径及其作用展开了全面、系统、深入的研究。旨在清晰后大众化阶段我国高等教育在追求卓越性和公平性过程中所面临的挑战，深入思考未来高校人才培养机制变革的方向与路径。

本书在广泛吸收国外从学生视角探讨高等教育质量的丰富理论及其实践经验的基础上，构建高等教育的“投入—教与学过程—成就”的综合性理论框架。促进了与国外学术前沿的理论对话，并推动了我国高等教育与学生发展研究领域的理论创新与研究拓展。此外，本书基于北京大学教育学院自2006年以来长期稳定的大样本学生调查数据，坚持理论探讨与实证研究的高度结合与紧密互动，以理论指导实证，以实证校准理论，通过科学严谨的实证研究，阐释和厘清我国高等教育影响力的内涵及作用机制。书中的研究发现有助于深化对后大众化阶段我国高校学生的群体特质、升学选择、学习动机、以及学业参与等各种校园经历的认识，并提出以提升学生学业成就为导向的高等教育问责机制及人才培养机制变革的有效路径，为政府部门以及院校教学改革与实践提供了决策借鉴，对促进高校学生的学业与发展，促进人才培养质量提升具有重要的现实指导意义。

本书相关研究成果在国际学术会议发表，并被《新华文摘》、《中国社会科学》、人大复印资料（高等教育）转载，受到国内外学界的好评与认可。此外本书为政府教育管理部门和院校的教学改革与实践提供了决策借鉴，相关成果被北京市教工委所采纳，产生了良好的社会效益。

鲍威，女，1970年生，日本九州大学学士、东京大学硕士、哲学博士。曾任日本国立大学财务经营中心客座研究员、日本北海道大学高等教育功能开发中心评估专家、美国宾州州立大学高教研究中心访问学者等。现任北京大学教育学院教育领导与政策系系主任。主要研究领域：院校影响力与学生发展、教育财政、民办高等教育、教育机会公平等。主持或参与多项国家和省部级课题。发表中文、日文、英文学术期刊论文五十余篇，出版专著《中国民办高等教育机构：与社会需求的对应》（日文版）、《高等教育系统分化中的民办高等教育》、《未完成的转型：高等教育影响力与学生发展》。入选教育部“新世纪优秀人才支持计划”。所授课程：《高等教育的多学科视角与实证分析》《学生发展与高等教育影响力》。

《世界现代化历程》（十卷）（著作）

北京大学　钱乘旦等

江苏人民出版社　2015年5月出版

《世界现代化历程》（十卷）是教育部哲学社会科学重大攻关项目“世界现代化进程的不同模式研究”的最终成果。该项目自2005年启动，经10年艰苦工作，于2014年完成最后一卷的写作，2015年由出版社全套出齐。该书由钱乘旦任总主编，各卷分工：《总论卷》（钱乘旦主编），《东亚卷》（董正华主编），《南亚卷》（陈峰君主编），《中东卷》（王铁铮主编），《非洲卷》（李安山主编），《俄罗斯东欧卷》（王云龙、刘长江等著），《西欧卷》（陈晓律主编），《北美卷》（李剑鸣主编），《南美卷》（韩琦主编），《大洋洲卷》（王宇博、汪诗明等著）。参与各卷写作的共有近70位学者，体现着我国新一代学者的研究水平与学术视野。

本书的主题是“模式”，“不同模式”是研究的核心。本书对不同的道路和不同的模式进行历史的考察和实证的研究，通过研究说明：尽管现代化是各国各地区发展的共同趋势，但现代化的模式却千差万别，每一种模式都有其存在的理由，任何一种模式都有利有弊，不存在放之四海而皆准的普遍形式。本套书以历史学的研究方法为主，在充分占有史料的基础上，进行实证的研究和客观的评价。它同时吸取社会学、政治学、人类学、文化学、哲学、法学、经济学等多学科方法，开展多方面的考察。

钱乘旦，男，1949年生，江苏金坛人，著名历史学家。1985年于南京大学历史系获博士学位后，曾赴哈佛大学和爱丁堡大学作博士后。现任北京大学历史系教授、博士生导师、国务院学位委员会历史学科组成员、国家社会科学基金专家评审组成员、教育部社会科学委员会委员、中国英国史研究会会长、英国皇家历史学会通讯会士，澳门大学历史学系学兼职教授等职。2003 年 11 月曾与齐世荣教授一起向中央政治局第九次集体学习作《15 世纪以来世界主要国家发展历史考察》的专题讲解。学科专长及研究方向英国史；世界史；现代化历史比较；西方文化史。承当的科研项目“英国及英联邦国家现代化研究”，“英国及发达国家现代化研究”，国家“十五”社科基金项目“帝国解体与当代资本主义”。

《短篇叙事小说的文体与修辞：显性情节后面的隐性进程》（著作）

北京大学　申丹

London and New York：Routledge

（劳特利奇出版社）2014 年出版

本书是世界上首部探讨情节后面隐性进程的专著。“隐性进程”是本书作者提出的新的理论概念和研究模式。从古希腊亚里士多德开始，批评界仅关注情节发展这一种叙事运动（其本身常常含有不同分支），而本书指出，在不少叙事作品的情节发展后面，还存在一个从头到尾与之并行的“隐性进程”，它与情节呈现出不同甚或相反的走向，在主题意义上与情节发展形成补充性或颠覆性的关系。如果看不到隐性进程，就会片面理解甚或严重误解作品的主题意义、人物形象和审美价值。本书出版后，得到了美国、法国、英国、德国、冰岛等多国学者的关注，在国际学术界引起强烈反响。在国内，本书也产生了相当大的影响，《外国文学》全文登载了 Hillis Miller 所写序言的中译文和 Porter Abbott 书评的中译文。多种学术期刊（包括《外国文学评论》）已经登载了采用“隐性进程”理论展开研究的论文。中国的外国文学界长期以来采用西方的理论和模式展开研究，而本书在国际学术前沿提出首创的理论模式和研究方法，得到西方学者的由衷钦佩，认为这是对西方研究传统和现有理论方法的重大突破和重要发展。这有助于提高中国学者的学术自信，对于促进中国学者在西方占主导的人文社科领域进行学术创新，力争引领国际前沿研究具有重要意义。

申丹，女，1958 年生，湖南长沙人，英国爱丁堡大学（博士）；北京大学（学士），北京大学人文学部主任，欧美文学研究中心主任，教授，博士生导师，教育部长江学者特聘教授，九三学社第十二届中央委员会委员，第十一届全国人大代表，第十二届全国政协委员。美国 Narrative 期刊顾问和 Style 期刊顾问，英国 Language and Literature 期刊编委，欧洲 Journal of Literary Semantics 期刊编委，英国 The Translator：Studies in Intercultural Communication 期刊顾问，欧美 Routledge Encyclopedia of Narrative Theory 顾问编委。中国外国文学学会副会长、中国中外文艺理论学会叙事学分会会长。

《中国国家图书馆藏西域文书——于阗语卷（一）》（著作）

北京大学　段晴

上海中西书局　2015 年 1 月出版

2009 年，国图西域特藏与北京大学外院梵巴专业联合以“丝绸之路的文学与文化——新出于阗语及梵语文献研究”为题，申请并获得教育部人文社科重点研究基地重大项目的支持。这个项目分了三项子课题：一是对国图西域特藏的梵文、佉卢文等进行整理研究，二是对于阗语及其他胡语文书进行整理研究，三是国图开展对这些写本残卷等进行修复。该项目已经于 2012 年底基本完成。而专著《中国国家图书馆藏西域文书·于阗语卷（一）》正是上述项目的成果之一。国家图书馆藏于阗语文书，大部分书写在纸上，另有一部分书写在木简之上。佛教类经籍残片，全部书写于纸上，尽管残破，原来经籍所用贝叶形纸的形制依然可见。从纸的形制出发，便可从数量颇丰的于阗语写卷中，甄别出佛籍类的残片，约得 40 余片。将佛籍类残片集于一册，可以看到于阗佛国曾经所奉行的佛教特色。从这些残文断句之中，作者识别出一些残叶的归属。本书是中国学者完成的第一部专门针对于阗语写本的释读研究著作。针对原始文献所进行的研究，必然是原创的。所有的比定，都是新的发现。本书更兼有对一些于阗语汇的重新释义，修正了欧美学者的论述。必须说，胡语研究近百年来一直是中国学界的最弱领域，这部著作的刊载，预示中国学者在该领域即将扬帆远航。

段晴，女，1953 年生，北京人，著名历史语言学家。北京大学外国语学院东语系教授，梵巴专业教研室主任，梵文贝叶经及佛教文献研究室主任。1953 年 5 月出生于北京。1971 年进入北京大学西语系学习。1978 年考入北京大学南亚研究所，师从著名教授季羡林、蒋忠新学习梵语以及印度历史文化，1982 年获得硕士学位。1982 年 11 月赴德国留学，师从汉堡大学著名伊朗语教授Ronald. E. Emmerick攻读博士学位。1986年获得德国汉堡大学博士学位。1987年回到北大任教。代表性著作：《于阗语的无量寿经》（德文版）、《波你尼语法入门》《唐代大秦寺与景教僧新释》、《唐代宗教信仰与社会》等。目前从事研究项目：原民族宫藏梵文贝叶经研究、基于梵汉对勘的佛教汉语词汇研究（与北京大学汉语史中心合作项目）、于阗佛教史、梵汉对比佛经数据库、梵汉词典。

《京津冀区域发展报告（2014）》（著作）

北京大学　李国平等

科学出版社2014年6月出版

本书是全面研究京津冀区域发展的综合性报告类书籍，是北京大学承担的教育部哲学社会科学系列发展报告资助项目的重要成果。本书聚焦日益受到高度重视和关注的京津冀协同发展，对其经济发展，社会发展，人口、资源和环境发展，空间发展和区域合作等领域的现状及问题进行了客观评价，重点分析研究了京冀产业合作发展的现状、趋势及路径，明确了京津冀各省市功能定位，提出了新时期京津冀一体化发展的战略及对策。京津冀区域一体化发展是一个长期的动态过程，需要经济、社会、人口资源环境、空间等方面不断发展和完善，也需要3省市之间不断加强在产业、社会、人口、资源环境等方面的分工协作。本书深入分析了京津冀区域发展现状，准确找出目前区域一体化发展进程中所存在的关键和重要问题，科学判断区域一体化发展的路径和方向，重点从明确功能定位、促进协同创新、推进首都非核心功能疏解等方面提出未来京津冀区域一体化发展战略与对策。本书提出的观点和政策呼应了北京建设世界城市与京津冀协同发展的政策背景，有助于为京津冀三省市相关部门制定城市发展战略、区域经济社会发展战略、落实推进京津冀协同发展规划纲要等提供决策支持和参考。

李国平，男，1961年生，黑龙江省拜泉县人，理学博士（日本东京大学）。现任北京大学教授、博士研究生导师、北京大学首都发展研究院院长、北京大学中国城市管理研究中心主任、京津冀协同发展联合创新中心副主任。兼任全国经济地理研究会副会长、中国地理学会理事兼城市与区域管理专业委员会副主任、中国区域科学协会常务理事、中国城市科学研究会常务理事、中国自然资源学会政策研究专业委员会副主任、中国国土经济学会理事及学术委员会副主任、北京市城市经济学会副会长、北京市人民政府专家咨询委员会委员、天津市科技发展战略咨询专家等职。发表学术专著10余部，学术论文150余篇，获得国家及省部级科研教学奖励十余项。

（北京大学社会科学部供稿）

中国人民大学

序号	成果名称	主要作者	奖项名称	颁奖单位	成果形式	获奖等级
1	中国经济改革的经验及其理论启示	张　宇	北京市第十四届哲学社会科学优秀成果奖	中共北京市委、北京市人民政府	著作	一等奖
2	我国货币政策体系与传导机制研究	刘　伟	北京市第十四届哲学社会科学优秀成果奖	中共北京市委、北京市人民政府	著作	一等奖
3	供应链金融	宋　华	北京市第十四届哲学社会科学优秀成果奖	中共北京市委、北京市人民政府	著作	一等奖
4	互联网金融的法律规制——基于信息工具的视角	杨　东	北京市第十四届哲学社会科学优秀成果奖	中共北京市委、北京市人民政府	论文	一等奖
5	唯物史观视野中的生态文明	张云飞	北京市第十四届哲学社会科学优秀成果奖	中共北京市委、北京市人民政府	著作	一等奖
6	国家的选择——国际制度、国内政治与国家自主性	田　野	北京市第十四届哲学社会科学优秀成果奖	中共北京市委、北京市人民政府	著作	一等奖
7	蒙古游牧图——日本天理图书馆所藏手绘蒙古游牧图及研究	乌云毕力格	北京市第十四届哲学社会科学优秀成果奖	中共北京市委、北京市人民政府	著作	一等奖

续表

序号	成果名称	主要作者	奖项名称	颁奖单位	成果形式	获奖等级
8	古都邺城研究——中世纪东亚都城制度探源	牛润珍	北京市第十四届哲学社会科学优秀成果奖	中共北京市委、北京市人民政府	著作	一等奖
9	近代中国宗教文化史研究（上、下）	何建明	北京市第十四届哲学社会科学优秀成果奖	中共北京市委、北京市人民政府	著作	一等奖
10	多维视角分析中国发展状况	张延松	北京市第十四届哲学社会科学优秀成果奖	中共北京市委、北京市人民政府	著作	二等奖
11	税收对国民收入分配调控作用研究	郭庆旺	北京市第十四届哲学社会科学优秀成果奖	中共北京市委、北京市人民政府	著作	二等奖
12	城镇化发展中的经济与人口	翟振武	北京市第十四届哲学社会科学优秀成果奖	中共北京市委、北京市人民政府	著作	二等奖
13	中国财政分权、地方政府行为与经济增长	贾俊雪	北京市第十四届哲学社会科学优秀成果奖	中共北京市委、北京市人民政府	著作	二等奖
14	新时期党的宗教政策研究	何虎生	北京市第十四届哲学社会科学优秀成果奖	中共北京市委、北京市人民政府	著作	二等奖
15	互联网金融——逻辑与结构	吴晓求	北京市第十四届哲学社会科学优秀成果奖	中共北京市委、北京市人民政府	著作	二等奖
16	先秦至中古汉语语法演变研究	朱冠明	北京市第十四届哲学社会科学优秀成果奖	中共北京市委、北京市人民政府	著作	二等奖
17	明清戏曲文学与文献探考	郑志良	北京市第十四届哲学社会科学优秀成果奖	中共北京市委、北京市人民政府	著作	二等奖
18	近年出土黄老思想文献研究	曹　峰	北京市第十四届哲学社会科学优秀成果奖	中共北京市委、北京市人民政府	著作	二等奖
19	目标动力学——动机与人格的自组织原理	章　凯	北京市第十四届哲学社会科学优秀成果奖	中共北京市委、北京市人民政府	著作	二等奖
20	“学校大辩论”——20 世纪 80 年代美国公共教育政策中的意识形态冲突	陈露茜	北京市第十四届哲学社会科学优秀成果奖	中共北京市委、北京市人民政府	著作	二等奖
21	动态资源三角形及其重心曲线的演化研究	冯惠玲	北京市第十四届哲学社会科学优秀成果奖	中共北京市委、北京市人民政府	论文	二等奖
22	Insurance Coverage and Agency Problems in Doctor Prescriptions: Evidence from a Field Experiment in China（医生处方行为中的医疗保险和代理人问题：来自中国实地实验的证据）	陆方文	北京市第十四届哲学社会科学优秀成果奖	中共北京市委、北京市人民政府	论文	二等奖

特等奖、一等奖成果简介

《中国经济改革的经验及其理论启示》（专著）

中国人民大学　张宇著

中国人民大学出版社　2015 年 3 月出版

本书运用马克思主义政治经济学的理论，对中国的经济改革进行了系统的总结，具体研究了中国模式、社会主义市场经济、中国渐进式改革、公有制与市场经济的结合、国有企业改革、收入分配制度改革、政府和市场的定位、改革开放与马克思主义经济学的中国化与时代化、社会主义的本质、中国的经济发展道路等得出了一系列具有重要理论意义和现实意义的结论。本书有以下 3 个突出特点：第一，坚持运用马克思主义政治经济学的理论观点分析中国经济体制改革中的重大问题，力图将中国经济体制改革的历史逻辑与中国特色社会主义政治经济学发展的理论逻辑相统一。第二，坚持立足于中国的实践进行理论研究和理论创新，努力从中国的经验出发揭示新特点新规律，提炼和总结我国经济发展实践的规律性成果，把实践经验上升为系统化的经济学说。第三，敢于直面理论和实践中的重大矛盾和难题，并努力做出科学的回答。本书是一本具有较高理论和学术价值的学术著作，是运用马克思主义政治经济学分析中国经济改革问题的一个重要成果，对于深化对经济体制改革的认识和促进中国特色社会主义政治经济学的发展有积极意义。

《我国货币政策体系与传导机制研究》（专著）

中国人民大学　刘伟著

经济科学出版社　2015 年 6 月出版

本研究对改革开放以来中国经济增长与货币政策应用之间的关系进行了回顾和研究。研究发现：货币政策的应用是和中国的市场化改革尤其是金融体系的市场化改革密切联系的；货币政策要根据我们的经济增长和经济发展目标，和其他方面的政策结合应用，才能取得更好的效果等。研究认为，借鉴世界发展经验和针对我国当前经济发展中要应对成本推动的通货膨胀，在宏观调控中就必须引入供给管理政策，强化货币政策对技术进步和创新的正面作用。本研究对若干经济危机案例的实证研究能证明：如果公众预期外的货币政策失效，那么货币政策传导机制一定有异常。本研究主要创新和学术价值有以下 3 点：第一，构建与我国经济体制改革和经济结构调整的状况和未来发展趋势相适应的货币政策体系。第二，提出与我国实体经济与金融体系微观基础向适应的货币传导路径。第三，探索我国货币政策体系与我国中长期高速增长周期之间的内在关系。货币政策是总量需求政策，要根据我们的经济增长和经济发展目标，和其它方面的政策结合应用，才能取得更好的效果；从整体上看，进入新世纪以来，不但要注重研究货币供应量和经济增长、通货膨胀之间的关系，还要深入研究应用货币政策工具时效应上的差别。

《供应链金融》（专著）

中国人民大学　宋华著

中国人民大学出版社　2015 年 3 月出版

本书的研究主要突出了如下内容：（1）以供应链管理和运营作为切入点探索其中的金融运行，作者始终坚持的观点是供应链金融一定依托于产业供应链而运行，其宗旨在于通过金融活动强化供应链，通过供应链活动再推进金融活动。（2）供应链金融的组织者和推动者可以是供应链上的任何组织和企业，而不仅仅是商业银行。事实上，更重要的是供应链的建构者和管理者。（3）深刻反映新经济，特别是互联网对供应链金融的影响。（4）从供应链风险管理的视角分析探索供应链金融风险的管控。宋华教授从供应链管理研究者角度出发，清晰地界定了供应链金融的概念和要素，突破了此前仅从银行和金融视角谈供应链金融的局限，并且为供应链金融领域的学者提供了完备的研究参考。这无论是对金融部门的决策者，还是商贸、银行、互联网企业等产业链条上的参与者，以及相关理论研究者来说，都具有极大的参考价值。此外，本书是近 6 年来学界在互联网新经济条件下关于供应链金融发展的最新专著，并得到了冯氏集团主席冯国经、著名经济学家余永定、中国物流与采购联合会主席顾问丁俊发的联袂推荐。在出版发行后，迅速成为经济管理领域的畅销书，并在社会上引起了广泛影响。

《互联网金融的法律规制
——基于信息工具的视角》（论文）

中国人民大学　杨东著

《中国社会科学》　2015 年第 4 期发表

杨东教授的《互联网金融的法律规制——基于信息工具的视角》一文明确提出：为了处理好信息与信用风险这一金融的本质问题，需要建立以信息工具为核心规制互联网金融信用风险的法律进路。该范式的核心为信用风险定价及其信息转换，即在不完全竞争市场中，发挥大数据、征信体系、投资者保护规范和互联网金融融合型监管规范的信息披露、信用风险预警及系统性风险防范功能，通过信用风险定价，将其转化为信息，进而内化于公开市场定价。以信息工具为核心的互联网金融信用风险规制，需要通过建立注册资本金制度以完善市场准入机制；结合风险资本金、风险保障金与大数据信息系统以建立风险预警系统；通过对投资者分类实现对投资者的保护。杨东教授的《互联网金融的法律规制——基于信息工具的视角》一文立足于解决金融的本质问题，建议通过建立注册资本金和信息审核标准来完善市场准入机制，利用大数据将风险定价置于信息工具之中，构建投资者保护及融合型规制体系。总之，该成果体现了对“互联网金融法律规制现代化”这一命题的独到见解，产生较为广泛的社会效应和影响，推动了实践的发展，为立法监管决策提供了一定的理论依据。

《唯物史观视野中的生态文明》（专著）

中国人民大学　张云飞著

中国人民大学出版社　2014 年 5 月出版

张云飞教授的《唯物史观视野中的生态文明》一书的基本观点主要有：（1）作为人化自然和人工自然的积极进步成果的总和的生态文明，是一种与物质文明、政治文明、精神文明、社会文明并列的文明形式，是贯穿于渔猎文化、农业文明、工业文明、智能文明等文明形态始终的基本要求，已成为整个人类文明发展的基本方向。（2）只有在共产主义条件下，才能真正实现人道主义和自然主义的统一，真正实现人与自然的和谐，最终使生态文明成为可能。（3）在当代中国，在科学发展观指导下的社会主义生态文明建设，是连接生态文明的现实和理想的桥梁。该书的价值主要体现在：（1）有助于进一步加强自然辩证法和历史唯物论的整体性研究，推进马克思主义生态文明理论的研究，为社会主义生态文明建设提供科学的理论支撑。（2）有助于保证我国生态文明建设的社会主义方向和人本价值取向，促进我国进一步走上生产发展、生活富裕、生态良好的文明发展道路，走向社会主义生态文明新时代。

《国家的选择——国际制度、国内政治与国家自主性》（专著）

中国人民大学　田野著

上海人民出版社　2014 年 5 月出版

本书建立了一个国际制度增强国家自主性的理论框架并且对其进行了经验检验。根据国家行为体和非国家行为体之间不同的利益关系和制度结构，作者提出了国家自主性所面临的 3 种困境：否决困境、承诺困境和动员困境。在这 3 种困境中，“结构—诱致均衡”使国家难以实现其最优化的政策选择，即限制了国家的自主性。作者提出，通过与国内制度的连接，国际制度可以改变国内政治的既有均衡，使其朝着增强国家自主性的方向演变。本书的主要创新之处和学术价值在于：第一，作者在假设偏好稳定性的基础上充分说明了多元偏好条件下国内行为体对国际制度的战略性运用，更加突出了国内政治制度在行为体互动中的作用。第二，有关国际制度影响国内政治的既有文献仍处于碎片化状态。作为对因果机制的探讨，该书在同一个理论框架下处理了过去需要分别加以处理的问题，从而为国际制度影响国内政治的问题提供了一个更具一般性的理论。第三，既有的国家理论在跨国经验比较的基础上强调了国际因素对国家建设的影响，但其强调的国际因素限于战争和贸易，而没有涉及国际制度。作者的研究考察了国际制度对国家自主性的影响，从而为国家理论增加一个来自国际制度的新维度。

《蒙古游牧图——日本天理图水管所藏手绘蒙古游牧地图及其研究》（专著）

中国人民大学　乌云毕力格著

北京大学出版社　2014 年 4 月出版

本书是一部整理出版流失海外的中国文化遗产的著作。本书调查、整理、研究和公布了日本天理图书馆所藏清代和民国初年 45 幅内外蒙古分旗地图。该成果是一部我国蒙古民族史学的兼资料性与研究性于一体的学术著作，为我国蒙古地区的历史地理研究和文化史研究提供了第一手资料，也体现了国内该领域的研究前沿水平。本书第一次解读了天理图书馆所藏蒙古地图上的所有蒙、汉、满文字，探讨了蒙古手绘地图的形成和流传以及地图的特点，进而考订了 45 幅图的具体情况和价值，为蒙古地区历史地理研究做出了贡献。本书以地图上蒙古语地名考订汉文传世文献中的相应地名，纠正传世文献的错谬，为研究《大清会典》《大清一统志》《蒙古游牧记》等官私史书的边疆历史地理记载探索出了比较可靠可行的路子。本书以最接近原来面貌的形式将流失海外的中国文化遗产公诸于众，提供给广大历史地理研究者、文化史研究者等历史研究学界的同仁一个可靠的第一手资料，并以具体研究实例，为学界探索了以原始地图资料及其记载评判和更正传世文献资料的学术路子。

《古都邺城研究——中世纪东亚都城制度探源》（专著）

中国人民大学 牛润珍著

中华书局出版 2015 年 5 月出版

牛润珍教授积功 30 年著成《古都邺城研究——中世纪东亚都城制度探源》一书。数十年的研究实践所形成并坚持的学术理念是用历史研究解释、回答或解决现实中的重大问题，创新研究方法，即从变中求不变。万变不离其宗，“宗”为变之根本。尽管城市面貌发生很大变化，但并不能脱离其传统城制。城市建筑乱象主要表现在地面上，而城制总体格局未被扰乱。邺城三经兴衰，而城制沿承不变，东魏又在邺北城中轴线向南延伸带上建南城，受此启发，得出这样的认识：传统城制是城市的根本，历史风貌保护首先要保护传统城制，留住了根，才能更好地保护、再现历史风貌，并能对故都作“整体保护”。整体保护仍需借鉴传统天人理念，尊重自然。文物保护同时还要保护其周围环境，城市规划与建筑有机更新应以传统城制为基础，使传统与现代融贯为一。新理念、新方法与新认识皆源于作者对邺城所进行的艰苦探索，于北京现代国际化大都市规划、建设具有重大参考价值。本书是牛润珍教授第一阶段研究成果。在此基础上，作者又展开了第二阶段的研究，即“中世纪东亚都城制度研究——‘华夏型’城市的历史变迁”。其研究意义与价值既关系重大现实，又关系东亚学术。

《近代中国宗教文化史研究》（专著）

中国人民大学 何建明著

北京师范大学出版社 2015 年 6 月出版

本书主要探讨近代中国宗教界面对古今中西思想文化交汇和激荡所做出的积极回应及其思想阐释，揭示近代中国宗教界对待近代社会转型和文化变迁的历史自觉、文化认同和思想创新。（1）本书的主要观点：近代中国宗教文化是在特殊的近代中国社会当中的传统与现代、东方与西方的不同形式的文明冲撞和文化交流中成长起来的，具有鲜明的过渡时代的现代文化特征。近代中国宗教不仅仅是一种信仰体系，也是一种文化体系。（2）本书的主要创新：本书打破各宗教之间的人为界限，使不同宗教在面对近代中国社会转型和文化变迁带来的时代挑战中所表现出来的共性与个性尽可能地展现出来。以往的近代中国宗教与文化关系的研究较多关注各宗教与儒学之间的关系，本书则从各个宗教当中选取一些重要的历史问题和个案为突破口，通过深入的专题研究，力图取得认识上的突破，并通过一些中国近代史上重要的不同宗教文化之间关系的讨论，开拓了宗教对话理论研究的历史学新领域。本书通过多学科、多领域的综合性研究，积极推动近代中国宗教与思想文化相关联的多个领域的研究进一步拓展与深化，从而推动近代中国宗教文化史和文化思想史的重新认识。

（中国人民大学科研处张玉洁供稿）

清华大学

序号	成果名称	主要作者	奖项名称	颁奖单位	成果形式	获奖等级
1	理性、自由与实践批判：两个世界的内在张力与历史理念的动力结构	刘敬东	北京市第十四届哲学社会科学优秀成果奖	中共北京市委、北京市人民政府	著作类	一等奖
2	《巴黎手稿》研究——马克思思想的转折点	韩立新	北京市第十四届哲学社会科学优秀成果奖	中共北京市委、北京市人民政府	著作类	一等奖
3	能力与出身：高等教育入学机会分配的机制分析	刘精明	北京市第十四届哲学社会科学优秀成果奖	中共北京市委、北京市人民政府	论文类	一等奖
4	刑法总论问题思考	黎　宏	北京市第十四届哲学社会科学优秀成果奖	中共北京市委、北京市人民政府	著作类	一等奖
5	防控“甲流”：中国内地甲型 H1N1 流感应对评估	薛　澜、曾　光、彭宗超、沈　华、钟开斌	北京市第十四届哲学社会科学优秀成果奖	中共北京市委、北京市人民政府	著作类	一等奖

续表

序号	成果名称	主要作者	奖项名称	颁奖单位	成果形式	获奖等级
6	社会主义荣辱观研究	吴潜涛、杨峻岭、郑小九、黄　岩	北京市第十四届哲学社会科学优秀成果奖	中共北京市委、北京市人民政府	著作类	二等奖
7	改变世界的哲学现实观	夏　莹、崔唯航	北京市第十四届哲学社会科学优秀成果奖	中共北京市委、北京市人民政府	论文类	二等奖
8	中国历代社会治理论纲	李　强、胡宝荣	北京市第十四届哲学社会科学优秀成果奖	中共北京市委、北京市人民政府	著作类	二等奖
9	Property taxes and home prices: A tale of two cities 房产税和房价：两个城市两种结果	白重恩、欧阳敏、李　奇	北京市第十四届哲学社会科学优秀成果奖	中共北京市委、北京市人民政府	论文类	二等奖
10	合作博弈与和谐治理：中国合和式民主研究	彭宗超、马　奔、刘涛雄	北京市第十四届哲学社会科学优秀成果奖	中共北京市委、北京市人民政府	著作类	二等奖
11	拔尖人才培养的国际论争及其启示	阎　琨	北京市第十四届哲学社会科学优秀成果奖	中共北京市委、北京市人民政府	论文类	二等奖
12	“十三五”规划基本思路研究	胡鞍钢、周绍杰、鄢一龙	北京市第十四届哲学社会科学优秀成果奖	中共北京市委、北京市人民政府	咨询报告	二等奖
13	汉语双宾语结构句法及其语义的历时研究	张美兰	北京市第十四届哲学社会科学优秀成果奖	中共北京市委、北京市人民政府	著作类	二等奖
14	唐代文明与新闻传播	李　彬	北京市第十四届哲学社会科学优秀成果奖	中共北京市委、北京市人民政府	著作类	二等奖
15	简评近年来的刑事司法解释	张明楷	北京市第十四届哲学社会科学优秀成果奖	中共北京市委、北京市人民政府	论文类	二等奖

（清华大学文科建设处刘金梅供稿）

北京师范大学

序号	成果名称	主要作者	奖项名称	颁奖单位	成果形式	获奖等级
1	Inflation and Absolute Price	白瑞雪	北京市第十四届哲学社会科学优秀成果奖	中共北京市委、北京市人民政府	著作	一等奖
2	2014 中国劳动力市场发展报告——迈向高收入国家进程中的工作时间	赖德胜	北京市第十四届哲学社会科学优秀成果奖	中共北京市委、北京市人民政府	著作	一等奖
3	灾后中小学生心理疏导研究	林崇德	北京市第十四届哲学社会科学优秀成果奖	中共北京市委、北京市人民政府	著作	一等奖
4	历史视野下的中华民族精神	郑师渠	北京市第十四届哲学社会科学优秀成果奖	中共北京市委、北京市人民政府	著作	一等奖
5	The China Well-being (Min-sheng) Development Report 2012 (2012 中国民生发展报告)	唐任伍	北京市第十四届哲学社会科学优秀成果奖	中共北京市委、北京市人民政府	著作	一等奖
6	制礼作乐与西周文献的生成	过常宝	北京市第十四届哲学社会科学优秀成果奖	中共北京市委、北京市人民政府	著作	一等奖
7	熊十力思想体系建构历程研究	李祥俊	北京市第十四届哲学社会科学优秀成果奖	中共北京市委、北京市人民政府	著作	二等奖
8	中国绿色减贫指数报告(2014)	张　琦	北京市第十四届哲学社会科学优秀成果奖	中共北京市委、北京市人民政府	著作	二等奖

续表

序号	成果名称	主要作者	奖项名称	颁奖单位	成果形式	获奖等级
9	出口开放、高等教育扩展与学历工资差距	赵春明	北京市第十四届哲学社会科学优秀成果奖	中共北京市委、北京市人民政府	论文	二等奖
10	超主权国际货币的构建：国际货币制度的改革	李 翀	北京市第十四届哲学社会科学优秀成果奖	中共北京市委、北京市人民政府	著作	二等奖
11	“后4%时代”的教育经费应该投向何处——基于跨国数据的实证研究	胡咏梅	北京市第十四届哲学社会科学优秀成果奖	中共北京市委、北京市人民政府	论文	二等奖
12	从新民主主义教育到社会主义教育（1921—2012）	顾明远	北京市第十四届哲学社会科学优秀成果奖	中共北京市委、北京市人民政府	著作	二等奖
13	学前一年教育纳入义务教育的条件保障研究	刘 焱	北京市第十四届哲学社会科学优秀成果奖	中共北京市委、北京市人民政府	著作	二等奖
14	死刑改革之路	赵秉志	北京市第十四届哲学社会科学优秀成果奖	中共北京市委、北京市人民政府	著作	二等奖
15	汉代外交体制研究	黎 虎	北京市第十四届哲学社会科学优秀成果奖	中共北京市委、北京市人民政府	著作	二等奖
16	20世纪德国文学思想论稿	方维规	北京市第十四届哲学社会科学优秀成果奖	中共北京市委、北京市人民政府	著作	二等奖
17	二十世纪法国先锋文学理论和批评的文本概念研究	钱 翰	北京市第十四届哲学社会科学优秀成果奖	中共北京市委、北京市人民政府	著作	二等奖
18	北宋前期诗歌转型研究	谢 琰	北京市第十四届哲学社会科学优秀成果奖	中共北京市委、北京市人民政府	著作	二等奖
19	媒介革命：互联网逻辑下传媒业发展的关键与进路	喻国明	北京市第十四届哲学社会科学优秀成果奖	中共北京市委、北京市人民政府	著作	二等奖
20	Carbon dioxide emission drivers for a typical metropolis using input-output structural decomposition analysis（典型大都市二氧化碳排放的驱动力：投入产出结构分解分析）	王亚菲	北京市第十四届哲学社会科学优秀成果奖	中共北京市委、北京市人民政府	论文	二等奖
21	关于加快青年信用体系建设的建议	魏礼群	北京市第十四届哲学社会科学优秀成果奖	中共北京市委、北京市人民政府	调研报告	二等奖

特等奖、一等奖成果简介

Inflation and Absolute Price（著作）

北京师范大学　白瑞雪　白暴力

经济科学出版社　2014年9月出版

本书以马克思的价值、价格和货币理论为基础，系统地构建纸币体系中物价总水平上涨的理论模型和体系，并对经济现实给予了充分的分析。虽然使用了不少数学分析，并引用了一些现代经济分析方法，但其基础是马克思主义的劳动价值理论和货币理论。因此，本书的完成也表明了马克思劳动价值理论和货币理论仍然是分析现实经济的理论基础和有效工具。本书还突破了西方经济学从需求和供给两方面讨论物价总水平上涨的传统，深入到本质层面，从因素、原因和类型方面讨论了物价总水平上涨，将物价总水平上涨分为四个大类七种类型；并且说明了西方经济学的供求理论是对物价总水平上涨现象层面的描述，是本书所说明的物价总水平上涨类型的表象形式。本书深入到需求和供给的背后本质，力图实证地探讨物价总水平上涨的根本原因。所谓根本原因是指决定直接导致物价总水平上涨原因的最终原因。任何一次具体的物价总水平上涨，都不是单一原因引起的，都不是单一类型的，而是若干种原因的共同作用的结果，是不同类型的混成。如果社会经济出现其他非正常因素导致的物价总水平上涨，对社会的影响就更复杂，就更具有危害性了。本书构建的物价总水平上涨理论体系和模型为构建当代中国马克思主义政治经济学做出了贡献，同时，为社会经济稳定也起到了重要作用，具有重要理论价值和现实意义。

白瑞雪，女，北京师范大学经济与资源管理研究院副教授。研究领域：价值价格理论、物价总水平、生态经济、生态系统服务。西北工业大学—北京师范大学经济研究中心副主任，全国马克思列宁主义经济学说史学会理事，中国经济规律研究会理事，首都经济学家论坛理事。

《2014 中国劳动力市场发展报告——迈向高收入国家进程中的工作时间》（著作）

北京师范大学　赖德胜

北京师范大学出版社　2014 年 11 月出版

全书共分为 3 篇，第 1 篇首先总结了各国经济发展过程中工作时间变化及相关法律制度演变的国际经验，接着基于权威的统计数据和微观调查数据，利用描述性统计方法，揭示了当前我国劳动者工作时间呈现八大特征：虽然工时制度逐步与世界接轨，但加班现象仍然严重；“长工时低收入”与“短工时高收入”并存；过度劳动伴随工时闲置；男性“长工时”与女性“第二轮班”并存；城乡劳动者工作时间差异大；特大城市劳动者上下班时间长；雇主比雇员工作时间长；国人假期时间远少于世界平均水平。我们认为，在迈向高收入国家进程中，必须适当缩短工作时间，这是因为缩短工作时间除了会有利于劳动者的身心健康和促进劳动生产率的提升之外，还有如下几个方面的价值：促进就业数量的扩大和就业质量的提高；有利于加快实现从中国制造向中国创造的转变；激励劳动者进行人力资本再投资；闲暇时间的增加会潜在地促进创新的发生。为治理过度劳动、实现体面工作时间，本书提出了以下政策选择：第一，经济发展方式转变是缓解过度劳动的关键；第二，制度设计是缓解过度劳动的基础；第三，适当的差异化设计是缓解过度劳动的手段；第四，基于新技术建立的工时协商机制是缓解过度劳动的途径；第五，政府宏观协助是缓解过度劳动的保障。第 2 篇主要介绍了知识员工、青年白领、新生代农民工、建筑和房地产业管理者、大学教师等群体的工作时间状况。第 3 篇是专题研究，主要研究了工作时间与收入水平、过度劳动与意外自然死亡、城市对劳动时间的溢价、居民无酬劳动的价值，以及日本、韩国、美国、英国等国家的过度劳动问题。

作为我国首部系统研究工作时间的劳动经济学著作，本书的学术价值在于拓展了工作时间问题研究的深度和广度，不仅丰富了劳动供给曲线及其规律，而且发展了家庭经济学的“时间配置理论”，促进了劳动经济学劳动供给理论和家庭经济学时间配置理论的发展。出版后得到了学术界的高度评价，引起了国家有关部委和国际劳工组织等的重视，新华社、中央电视台、《人民日报》、《工人日报》、《澳门月刊》等媒体进行了广泛的报道。

赖德胜，男，北京师范大学经济与工商管理学院院长、教授、博士生导师，教育部长江学者特聘教授。1988、1991 年毕业于北京师范大学经济系并获经济学学士学位和硕士学位，1997 年毕业于中国社会科学院研究生院并获经济学博士学位。1991 年开始任教于北京师范大学，1996 年破格晋升为副教授，1999 年破格晋升为教授。曾任北京师范大学社会科学处处长、出版社社长，2008 年 12 月至今，任北京师范大学经济与工商管理学院院长。长期致力于劳动经济学、教育经济学、发展经济学等领域的教学和研究，在《经济研究》、《教育研究》、*China Economic Review*，*Chinese Education and Society* 等国内外刊物发表论文 100 多篇。享受国务院政府特殊津贴，曾获霍英东基金青年教师奖（研究类）二等奖、北京市“五四”奖章、教育部高校人文社会科学优秀成果奖三等奖、北京市哲学社会科学优秀成果奖一等奖、北京市高等教育教学成果奖一等奖等。2004 年入选教育部新世纪优秀人才支持计划，2012 年入选教育部“长江学者”特聘教授，2013 年入选“百千万人才工程”国家级人选，并被授予“有突出贡献中青年专家”称号。

《灾后中小学生心理疏导研究》（著作）

北京师范大学　林崇德等

经济科学出版社　2014 年 10 月出版

全书共 7 章，可以分为 4 个部分。第一部分即第一章，明确提出了创伤事件既可能引发消极的创伤后应激障碍（PTSD），也可能导致积极的创伤后成长

（PTG）的观点，从而确立了将消极心理和积极心理相结合的研究思路；同时，创造性地提出灾后心理疏导的目标是促进个体的心理和谐，而促进心理和谐的重要途径是构建心理疏导体系，从而明确了灾后心理疏导的工作思路。第二部分是本书的主体，包括第二、三、四章，系统阐述了灾后中小学师生的身心状态及其影响机制。其中，第二章细致刻画了灾后中小学生在不同时间点的PTSD、抑郁、PTG、问题行为、学业倦怠等的变化趋势及其性别和年级差异，有助于准确把握灾后中小学的心理发展特点。第三章则系统探讨了人格特点、应对方式、社会支持、控制感、复原力等变量对PTSD、抑郁和PTG等的影响机制以及PTSD和PTG对灾后中小学生的问题行为和学业倦怠的影响，有助于询证（evidence-based）心理疏导的开展。第四章则全面描述了灾后中小学教师的PTSD、抑郁、PTG、职业倦怠感、工作满意度等的现状及应对方式、社会支持对于教师心理状态的影响，尤其是发现过多的社会支持可能会降低教师的自我效能感，进而加重PTSD和抑郁症状、降低工作满意度，对于灾后教师的心理疏导工作具有重要的指导意义。第三部分包括第五、六章，全面介绍了我们创造性提出的心理疏导培训模式，并运用科学的方法检验了这一培训模式的效果。其中，第五章系统阐述了我们提出的"以教师作为治疗师的理念为核心，以培育学校内部力量、完善学校心理健康教育体系为重点，同时纳入家长这支重要力量"的中小学生心理疏导总体思路，详细介绍了我们首创的"专家组＋教练组"的培训模式，通过专家的"一点"带动教练的"一线"，从而带动教师的"一面"，并促进学生的"一体"。第六章，则通过科学的过程评估和结果评估，对我们为汶川县20所学校50多名骨干教师精心设计、持续两年的9期15个专题的培训效果进行了检验，发现灾区教师的专业能力和个人成长都有了很大的进步，从而证明了该培训模式的科学性和有效性。第四部分即第七章，从应急期和重建期两个方面提出了相关灾后疏导的政策和管理建议。其中，应急期的心理疏导对策，就外来志愿者管理、应急期学校的责任、媒体的管理等提出了针对性的建议；重建期的心理疏导对策，就师资队伍建设、课程教材建设、心理疏导活动开展和家长辅导等提出了有价值的建议。

总之，《灾后中小学生心理疏导研究》是林崇德先生带领团队成员在克服余震、泥石流、特大暴雨、道路不畅等困难的情况下，长期深入研究汶川地震对中小学生的心理影响、科学促进灾后中小学生的心理康复的心血之作，极大地促进了我国创伤心理学的学科发展，并对此后的雅安地震等灾后心理援助工作发挥了重要的借鉴作用，应予大力称赞和推广！

林崇德，男，教授，博士生导师。研究方向：认知发展；学科能力发展。社会工作：中国心理学会理事长；中国教育学会常务理事兼学生委员会副主任；亚洲太平洋地区健康心理学会第一副主席；《心理学报》副主编；《心理发展与教育》主编；教育部中小学心理健康教育专家指导委员会主任；国务院学位委员会学科评议组成员等。

《历史视野下的中华民族精神》（著作）

北京师范大学　郑师渠

广东人民出版社　2014年3月出版

全书在中国通史的视野下，突出从中华民族主体的形成与发展、中华文化的发舒与转型，两条主线的交织中去考察民族精神的发展，并将之区分为古代的"形成与升华"、近代的"重铸"与当代的"新发展"，包括三大时期、五个阶段。全书以此建构，既彰显了历史规律，同时也形成了自身的特色。具体讲，本书主要有以下特色：

一是体例独成系统。全书除总论外，共五编；前三编为古代部分；后二编为近现代部分。此种设计，将理论性总体性的问题，作单独和提纲挈领式的简要概括，据以从理论层面上关照后面各部分的具体展开，使全书脉络清楚，分合有致。同时，总论还附有《中华民族精神研究概述》一章，提供学术史概貌，也是希望能为读者步入本书的论述，形成必要的铺垫。与此相应，对中华民族精神发展史的考察，不是简单迁就政治史的分野，而是把握两个重要向度，做综合考察：一是作为民族精神主体的中华民族共同体的形成与发展；二是作为民族精神外烁的中华文化的发舒与转型。故全书除总论外，将中华民族精神的发展，分成古今两大时期，共五个阶段。古代分三段，而不同于流行的作法，分为六个或更多的阶段。这不仅简洁，更主要的是，集中地体现了作为民族精神主体的中华民族的阶段性发展。既注意其间的阶段性特点，又强调其与中华民族衰极而盛，重新走向复兴相适应的内在统一性。

二是关于中华民族精神内涵的独到概括。本书将之概括为："和"；"重德"；"自强不息"；"爱国精神"。其中，"和"处于最高的哲学的层次，是中华民族精神的核心。它深刻地影响了中华民族的宇宙观、价值观、人生观与思维方式，从而渗透、制约和规范一切。重德的核心是体现"和为贵""仁"的人生观。自强既是遵循阴阳相反相成的"天行"，又是以和为哲学基础的，所以它突出了变革日新，而与以邻为壑的"强人"观念划开了界线。爱国精神则是中华民族精神的特质在民族、国家危难之际，最集中、最有力的迸发与升华。要言之，中华民族精神的核心内涵与特质，充分展现了中华民族深沉的理性与崇高的德性。这就是强调在实践道德的基础上，坚持自强不息、和而不同，将理想与实际相结合，进而追求人与自然、个体与社会、物质与精神的和谐与统一。正是这种博大精深的中华民族精神，产生了强大的凝聚力，使中华民族生生不已，历久弥新。它显示了东方文明自身的价值和独到的智慧。

三是提出了一些独到的见解。书中新见迭出，诸如提出中华民族精神奠基于先秦尤其是春秋战国时期，周、孔是其中的关键性人物；对民族精神内涵的概括；高度评价新中国英雄模范人物辈出对于高扬民族精神的意义，以及强调弘扬以"和"核心的民族精神在促进两岸和解与实现祖国统一大业中的巨大价值等等。

四是全书资料丰富，视野开阔，层次分明，文字简洁流畅，具有很强的可读性。

本书坚持以唯物史观为指导，在应用历史主义的研究方法的同时，也注意借鉴文化学、社会学等学科的方法。它既是属于研究中国历史文化的高品质学术著作，有助于丰富与深化学术界的既有研究；同时，又具有重要的现实意义和应用价值，是助益于培育与弘扬中华民族精神的良好读本。学界给以好评，中纪委将之列入"推荐书目"，社会效益与经济效益俱佳。

郑师渠，男，1946 年生，汉族，福建省福州市闽安镇人。1970 年毕业于北京师范大学历史系，留校任教至今。中共党员。历史学博士、教授、博士生导师。长期从事中国近现代史、近现代思想文化史的教学与科研。曾任历史系中国近代史教研室主任、历史系系主任、校党委副书兼副校长。社会兼职：曾任北京市社科联副主席、北京市史学会会长。现为国家社科基金评审专家、中国史学会副会长、孙中山研究会副会长、马克思主义理论建设工程首席专家等。

The China Well-being (Minsheng) Development Report 2012——Avoiding "Traps of Minsheng Development" in the Changing World (著作)

北京师范大学　唐任伍、王宏新、果佳、连宏萍著

Homa & Sekey Books Printed in U. S. A 2014 年 12 月出版

该著在关注中国民生发展的基础上，以一种全球视野来审视全球人类的生存与发展。采用比较研究法、无量纲化处理法和阈值法，借鉴联合国《人类发展报告》和世界银行《世界发展报告》的研制方法，不再将"民生"（Minsheng）一词作为一个狭隘的中国元素，而是从民生发展的全球语境出发，将中国民生发展作为全人类发展中的一种发展观，构建起"民生发展指数"，然后采用综合评价指数法中的线性加权模型，对我国 31 个省市自治区直辖市的区域民生发展水平进行评价和多维定量观测。

首先，构建了"民生发展指数"。不再将"民生"一词作为一个狭隘的中国元素，而是将其作为全人类发展中的一种发展观，提出了民生发展的全球语境，构建了"民生发展指数"，对民生发展进行多维定量观测，有助于与联合国人类发展指数、世界银行世界发展指数接轨，帮助人们深入了解中国民生发展的进展与质量。其次，提出了"变革世界中的三大民生陷阱"的观点。一是高福利陷阱。一些政客为了获得选票，不顾国家实情，盲目向选民许诺，实施所谓从摇篮到坟墓的政府大包大揽福利计划。由于福利的刚性化，最终造成政府不堪重负，形成债务危机。欧洲主权债务危机、希腊等国家破产等，就是这一"陷阱"的最好注脚。二是两极分化陷阱。一些国家一些人失业、贫困，连最基本的民生都难以得到保障；而另一些则富可敌国。特别是 2008 年金融危机以来，当大部分人遭受金融危机的打击民生艰难时，华尔街的那些金融巨头们却仍然享受着高工资、高福利。三是民生缺失陷阱。很多发展中国家的人们仍然度日艰难，大量的人口失业没有工作，有些甚至连生理需求都难以保障。西亚、中东等一些国家发生的"阿拉伯之春"，导致人民纷纷走上街头抗议，政府垮台，国家易帜。最后，为中央政府改善民生提出了一些有针对性的对策。该著认为，中国正处在民生改善和民生发展的过渡时期，改善和发展民生是政府的中心工

作。总起来说，中国的民生发展水平还较低，因此，中央政府一定要根据经济发展水平，实施精准扶贫，适时改善民生，民生发展一定要与经济发展同步；但是，中国的民生改善和发展一定不要不切实际地搞超前民生，中国仍然是个发展中国家，高福利的那一套在中国行不通，中国现在需要做到的是要消除绝对贫困，实现“老有所终，壮有所用，幼有所长，矜寡孤独废疾者，皆有所养”这种基础民生。

该著中文版发表时，曾经产生广泛的社会影响，多家主流媒体进行过报道和介绍，李克强同志曾对该著的一些观点和见解给予批示，后获得国家外译工程资助，英文版在美国Homa&Sekey出版公司出版发行，向世界介绍中国的民生发展成就和中国学者关于民生方面的一些见解和观点，产生了较大的社会效益。

唐任伍，男，经济学博士。中共党员。教授，博士生导师。国务院特殊津贴获得者。曾任北京师范大学政府管理学院院长、政府管理研究院院长。中国经济思想史学会会长、中国企业管理研究会副理事长、北京市政治学与行政管理学会副会长、中国企业文化研究会常务理事、全国公共管理类专业教学指导委员会副主任委员、全国MPA教育指导委员会委员，马克思主义理论研究和建设工程管理思想史首席专家，《改革》杂志副主编，《北京师范大学学报》《首都经贸大学学报》等多家学术刊物编委，多所大学兼职教授。其他社会兼职10多项。承担过国家和省部级以上课题数十项，获得北京市、国家教育部、国家发展和改革委员会颁发的各类优秀成果奖十余项。

《制礼作乐与西周文献的生成》（著作）

北京师范大学　过常宝

中国社会科学出版社　2015年4月出版

本书旨在研究西周制礼作乐与上古经典文献生成的关系，并由此探讨文献在构建新的意识形态中的功能和意义，这对理解中国传统文化的构成方式和表现形态有着十分重要的意义。本书的主要内容包括：一是全面讨论了周公制礼作乐的方式及意义。本书认为，始于周公而延续至西周末的制礼作乐活动，实际上是一场由宗教礼仪到政治制度、文化形态的全方位的社会变革。周公摄政称王，神道设教，诰教天下，并由此形成教化制度，对后世影响至为深远。二是描述了西周文献意识和文献制度。本书分析了文献在制礼作乐活动中的功能和意义，以及文献逐渐脱离仪式而独立的过程和价值，考证了史官、祝官、卜官、乐人的文献职事，并梳理了西周文献典藏方式、文献分类、文献功用等。对西周采诗制度、学宫制度和乐教理论提出了独到的见解。三是结合礼乐制度，对“书”“诗”“易”“青铜铭文”等文献的生成、文化功能，做了较为详尽的研究，形成一系列新颖而可靠的观点。四是本书认为，文献既是制礼作乐的手段，也是制礼作乐的成果。但在西周时期，甚至在整个先秦时期，文献背后的仪式性张力一直存在着，文献的传统总能够追溯到仪式中去，并从中获取合法性和话语权力，承担着中国传统文化的基本内涵。因此，只有从制礼作乐的背景上来讨论文献，才能真正理解先秦文献的生成、方式和文化功能。

本书根据中国上古文化的实际情况，构建一个全新的文献文化研究的理论模型，使得上古文献的生成、特征、功能、影响等，得到系统而较为深刻的解释，这一模型强调文化和文献的相互影响关系，强调文献对于文化体系的构建作用，并在影响关系中理解文献的特征和价值。这一全新的理论模式，系统地揭示了中国文献的文化意义，对后世文献或文化研究有着一定的示范和借鉴作用。书中对西周时期的文献生产过程及相关文化制度的考论，对西周各类文献的文化功能、发展阶段的描述，都能给人以很大的启发。此外，本书在具体问题的考述方面，如“诰”的来源和表现方式、《山海经》的性质、《诗经》的仪式背景、讽刺诗和无算乐的关系、青铜器铭文所显示的宗族意识，以及春秋时期“史记”、“语”、月令类文献的生成方式等，都能自出新意，成一家之言。可以说，本书以其鲜明的创新性推动先秦文化、文献研究的进展，是一部扎实丰富、不可多得的学术力作。

过常宝，男，现为北京师范大学文学院院长、教授、博士生导师。1999年11月至2000年6月，在香港教育学院任教学顾问。2004年3月至2005年2月，任韩国高丽大学中文系访问教授。主要研究方向为先秦两汉魏晋南北朝文学史及唐宋诗词鉴赏。为国家社科规划重大课题首席专家。出版专著9种，发表论文60余篇，主要集中在楚辞、史官文化与文献、诗词释读3个方面。2017年度“长江学者奖励计划”建议人选。

（北京师范大学社科处刘娜供稿）

中央民族大学

序号	成果名称	主要作者	奖项名称	颁奖单位	成果形式	获奖等级
1	理解政策过程——中国农村社会养老保险政策试点模式研究	郑文换	北京市第十四届哲学社会科学优秀成果奖	北京市社会科学界联合会	著作	二等奖
2	社会工作与社会问题：中国本土化理论与实务的探索	卫小将	北京市第十四届哲学社会科学优秀成果奖	北京市社会科学界联合会	著作	二等奖
3	西藏地方摄政制度研究	央珍	北京市第十四届哲学社会科学优秀成果奖	北京市社会科学界联合会	著作	二等奖
4	新疆和田县“三和”新村民族互嵌式社区建设现状的调研报告	乌小花	2016 年度全国民委系统调研报告奖	国家民族事务委员会	调研报告	一等奖
5	“非西藏生源应届本科毕业生定向服务西藏”政策实施情况调研报告	李曦辉	2016 年度全国民委系统调研报告奖	国家民族事务委员会	调研报告	二等奖
6	关于基本药物制度在内蒙古牧区边境乡镇实施状况的调研报告	张秀萍	2016 年度全国民委系统调研报告奖	国家民族事务委员会	调研报告	三等奖
7	关于北京市基督教现状的调研报告	余梓东	2016 年度全国民委系统调研报告奖	国家民族事务委员会	调研报告	三等奖
8	慈善组织交易行为规制研究——一个类型学的视角	李　健	民政部 2016 年“中国社会组织建设与管理”理论研究部课题	民政部	项目	二等奖
9	我国网络社团的认定与监管创新管理	车　峰	民政部 2016 年“中国社会组织建设与管理”理论研究部课题	民政部	项目	二等奖
10	汉藏民间叙事传统比较研究——基于民间故事类型的视角	林继富	第四届中国藏学研究珠峰奖汉文研究专著类	中国藏学研究中心	著作	二等奖
11	聂赤赞普研究	杨毛措	第四届中国藏学研究珠峰奖藏文研究专著类	中国藏学研究中心	著作	二等奖
12	敦煌汉文文献《顿悟大乘正理觉》翻译及研究	周　拉	第四届中国藏学研究珠峰奖藏文学术论文类	中国藏学研究中心	论文	三等奖
13	藏文文字研究	扎巴军乃	第四届中国藏学研究珠峰奖基础资料成果类	中国藏学研究中心	著作	一等奖
14	贤者喜宴——噶玛岗仓史	周润年	第四届中国藏学研究珠峰奖基础资料成果类	中国藏学研究中心	著作	三等奖
15	西藏地方摄政制度研究	央　珍	第四届中国藏学研究珠峰奖	中国藏学研究中心	著作	青年优秀成果奖

（中央民族大学科研处供稿）

中国政法大学

序号	成果名称	主要作者	奖项名称	颁奖单位	成果形式	获奖等级
1	法制“镂之金石”传统与明清碑禁体系	李雪梅	第十四届北京市哲学社会科学优秀成果奖	中共北京市委、北京市人民政府	专著	一等奖
2	论西方中世纪王权观——现代国家权力观念的中世纪起源	李　筠	第十四届北京市哲学社会科学优秀成果奖	中共北京市委、北京市人民政府	专著	二等奖
3	转型的逻辑：证据法的运行环境与内部结构	吴洪淇	第十四届北京市哲学社会科学优秀成果奖	中共北京市委、北京市人民政府	专著	二等奖
4	“法不禁止皆自由”的私法精义	易　军	第十四届北京市哲学社会科学优秀成果奖	中共北京市委、北京市人民政府	论文	二等奖
5	大数据时代数据犯罪的制裁思路	于志刚	第十四届北京市哲学社会科学优秀成果奖	中共北京市委、北京市人民政府	论文	二等奖
6	新兴中产阶层对民主价值的理解：立足中国国情的民主价值观	卢春龙	第十四届北京市哲学社会科学优秀成果奖	中共北京市委、北京市人民政府	论文	二等奖
7	学校、地缘与中国共产党早期组织网络的形成	应　星	第十四届北京市哲学社会科学优秀成果奖	中共北京市委、北京市人民政府	论文	二等奖

特等奖、一等奖成果简介

《法制“镂之金石”传统与明清碑禁体系》（专著）

中国政法大学　李雪梅

中华书局　2015 年 4 月出版

本书初步构建了古代中国法制“镂之金石”传统的解释框架，阐述了古代中国通过铭金刻石传布官法与民约在建构国家和地方法律秩序中的重要性，揭示了深入认识这一传统对全面认知中华法制文明的重要意义。通过对“铭金”和“刻石”法律纪事的异同、法制“镂之金石”传统之“礼制”和“公政”特质、法律碑刻的独特功能、明清碑禁体系的形成与结构、非正式法的生成路径与表达形态等关键问题的探讨，指出“刻石纪法”是一种相对独立的法律表达方式，其表达和实践的契合度较高，并具有官禁公文与民禁私约并行发展的特色。

较之我们常见的纸质法律文本传承，作为一种相对独立的法制纪事体系和秩序建构要素，法制“镂金之石”传统在中华法制文明发展史上有着特殊意义。以金石铭刻官法民约、明确权益，并期以永垂不朽、公示于众，体现了古代中国特别是民间社会对法制和秩序长久稳定、开诚布公、神圣毋违的价值追求。

另石刻法律文献具有出土文献和传世文献、官方文献和民间文献等多重属性。本书在笔者十余年积累的古代石刻法律史料数据库基础上，借助梳理中国法制“镂之金石”传统，揭示出古代法律碑刻的源远流长、形式多样及多重现实功效，深入挖掘其文献价值，以充实古代法律文献的构成，拓展古代法制研究的视野。基于对碑文史料的释读、分析和归纳，探究古代正式法与非正式法的生成路径、表达方式、主要功用以及相互间的影响，以表现动静交互的古代法律创制和实施原貌。借助对非正式法的研究，从看似与法律无关的寺观纪事碑文中探寻非正式法的生成路径和实施效果，提升了古代碑文的文献价值和利用率。

李雪梅，女，俄罗斯族，1963 年生于北京，中国政法大学法律古籍整理研究所教授。1987 年获中国政法大学法学硕士学位，1997 年获北京师范大学历史学博士学位。自 1998 年起从事法律古籍和碑刻法律文献整理研究，发表碑刻法律史料整理研究论文 30 余篇。代表专著有《中国近代藏书文化研究》《收藏史话》《碑刻法律史料考》，其中《碑刻法律史料考》获第四届钱端升法学研究成果奖一等奖。目前正主持国家社科基金后期资助项目“中国古代石刻法律文献叙录”、北京市社会科学基金重大项目“古代石刻法律文献分类集释与研究”等课题。

（中国政法大学科研处谭义供稿）

中央财经大学

序号	成果名称	主要作者	奖励名称	颁奖单位	成果形式	奖励等级
1	中国分税制改革 20 周年：回顾与展望	马海涛	北京市第十四届哲学社会科学优秀成果奖	中共北京市委、北京市人民政府	专著	二等奖
2	我国区域合作治理困境与纵向嵌入式治理机制选择	邢　华	北京市第十四届哲学社会科学优秀成果奖	中共北京市委、北京市人民政府	论文	二等奖
3	亲人的力量——中国城市亲属关系与精神健康研究	孙薇薇	北京市第十四届哲学社会科学优秀成果奖	中共北京市委、北京市人民政府	专著	二等奖
4	创新驱动、税收扭曲与长期经济增长	严成樑	北京市第十四届哲学社会科学优秀成果奖	中共北京市委、北京市人民政府	论文	二等奖
5	概称句推理研究	张立英	北京市第十四届哲学社会科学优秀成果奖	中共北京市委、北京市人民政府	专著	二等奖
6	互联网金融监管：自律、包容与创新	欧阳日辉	北京市第十四届哲学社会科学优秀成果奖	中共北京市委、北京市人民政府	专著	二等奖

（中央财经大学科研处供稿）

对外经济贸易大学

序号	成果名称	主要作者	奖项名称	颁奖单位	成果形式	获奖等级
1	企业转型升级中供应链优化的若干理论与方法研究	邵　婧、杨　柳等	北京市第十四届哲学社会科学优秀成果奖	中共北京市委、北京市人民政府	著作	一等奖
2	网络空间全球治理：国际情势与中国路径	檀有志	北京市第十四届哲学社会科学优秀成果奖	中共北京市委、北京市人民政府	论文	一等奖
3	服务外包中创新能力的测量、提升与绩效影响研究——基于发包与承包双方知识转移视角的分析	王永贵	北京市第十四届哲学社会科学优秀成果奖	中共北京市委、北京市人民政府	论文	二等奖
4	Market Power and its Determinants in the Chinese Airline Industry	张　琼、杨杭军、王　强、张安明	北京市第十四届哲学社会科学优秀成果奖	中共北京市委、北京市人民政府	论文	二等奖
5	政府质量、公司治理与企业资本配置效率	陈德球	北京市第十四届哲学社会科学优秀成果奖	中共北京市委、北京市人民政府	著作	二等奖
6	中国服务业改革对制造业微观生产效率的影响测度及异质性考察——基于服务中间投入的视角	周念利	北京市第十四届哲学社会科学优秀成果奖	中共北京市委、北京市人民政府	论文	二等奖
7	刑罚力度问题研究——中国刑罚力度趋轻化之探讨	赖早兴	北京市第十四届哲学社会科学优秀成果奖	中共北京市委、北京市人民政府	著作	二等奖

特等奖、一等奖成果简介

《企业转型升级中供应链优化的若干理论与方法研究》（专著）

对外经济贸易大学 邵婧、杨柳

企业管理出版社出版 2015年6月出版

本成果聚焦企业转型升级中面临的一系列供应链管理核心问题，如产品线分销中企业的供应链协调；全球化背景下供应链的库存管理；利用风险分担机制增强企业抵御风险能力；企业为抵御风险而重构产能柔性；通过技术投资来进行技术升级，从而优化生产成本结构；在运营管理各方面施行可持续性发展战略，从而获得长期的竞争优势等。本书的9章内容以论文形式发表在高水平国际期刊上，其中2篇发表于国际A类期刊，这两本期刊同属德州大学达拉斯分校的24种商科顶级期刊，和《金融时报》评出的50种顶级期刊，此外7篇论文发表在国际B类期刊上。全部9篇论文被SSCI数据库收录，8篇被SCI数据库收录。上述论文获得国际学术界大量引用，在SCI数据库中共被引用105次，在SSCI数据库中共被引用85次；其中，被国际A类期刊引用12次，包括Operations Research（4次）、Production and Operations Management（7次）、Manufacturing & Service Operaions Management（1次），国际B类期刊引用48次，包括European of Operational Research（10次）、International Journal of Production Economics（13次）、Decision Sciences（2次）、International Journal of Production Research（3次）、Transportation Research Part E（5次）、Naval Research Logistics（4次）等。

邵婧，女，天津人，生于1978年4月，2009年于加拿大不列颠哥伦比亚大学获博士学位，专业为管理科学，2012年进入对外经济贸易大学任教，现为副教授，从事供应链管理等方面研究，主要成果发表于*Manufacturing & Service Operations Management*、*Production and Operations Management*、*Transportation Research Part B*、*Transportation Research Part E*、*Decision Sciences*、*Journal of the Operational Research Society*等。

杨柳，女，北京人，生于1980年10月，2010年于香港理工大学获管理学博士学位，2011年进入对外经济贸易大学任教，现为副教授，从事供应链管理等方面研究，主要成果发表于*Naval Research Logistics*、*European Journal of Operational Research*、*Transportation Research Part B*、*International Journal of Production Economics*、*Annals of Operations Research*、*International Transactions in Operational Research*等。

《网络空间全球治理：国际情势与中国路径》（论文）

对外经济贸易大学 檀有志

《世界经济与政治》 2013年第12期发表

党的十八大以来，以习近平同志为核心的党中央高度重视网络安全和信息化工作，将马克思主义基本原理与中国互联网发展治理实践相结合，形成了具有鲜明时代特色的网络强国战略思想，是习近平新时代中国特色社会主义思想的重要组成部分。

檀有志教授的《网络空间全球治理：国际情势与中国路径》一文，认为全球治理主要有主权国家中心治理模式、政府间国际组织中心治理模式以及非政府间国际组织中心治理模式这三种传统模式。网络空间呈现出空间规模“无限化”、空间活动“立体化”、空间效应“蝴蝶化”、空间属性“高政治化”等突出特质。当前网络空间全球治理面临着国家网络主权与多元治理主体之间、“网络发达国家”与“网络发展中国家”之间以及网络霸权国与网络大国之间等一系列矛盾冲突的严峻挑战。为了更好地实现、维护和拓展网络空间的正当权益，中国亟须从理念、制度和技术等几个层面加紧探索参与网络空间全球治理的中国路径。

该文在“认知体系化”“运作机制化”以及“靶标具象化”3个方面均有所创见，为全球互联网发展治理贡献了中国智慧。该研究成果还引起了法国、美国等一些国外学者的关注，对于提升中国在网络空间全球治理领域中的能见度与话语权也有所助益。

檀有志，男，安徽省望江县人。1981年1月生，2008年7月博士毕业于北京大学国际关系学院。现为对外经济贸易大学国际关系学院教授，国际政治经济学系主任，兼外交学系主任。主要研究领域为公共外交、网络空间治理等，已出版学术专著两部，主持国家级、省部级等各级纵向和横向课题多项。

（对外经济贸易大学科研处供稿）

中国传媒大学

序号	成果名称	主要作者	奖项名称	颁奖单位	成果形式	获奖等级
1	唐代书画理论——以李嗣真、张怀瓘、窦氏兄弟三家为中心	邵　军	北京市第十四届哲学社会科学优秀成果奖	中共北京市委、北京市人民政府	专著	二等奖
2	电视剧本体美学研究：连续性视角	张国涛	北京市第十四届哲学社会科学优秀成果奖	中共北京市委、北京市人民政府	专著	二等奖

（中国传媒大学科研处马奇焱供稿）

北京科技大学

序号	成果名称	主要作者	奖项名称	颁奖单位	成果形式	获奖等级
1	高校大学生资助管理绩效评估研究	曲绍卫	第五届全国教育科学研究优秀成果奖	教育部	论文	三等奖

（北京科技大学科学研究与发展部李静供稿）

北京交通大学

序号	成果名称	主要作者	奖项名称	颁奖单位	成果形式	获奖等级
1	北京地铁脆弱性及应急管理研究报告	宋守信	北京市第十四届哲学社会科学优秀成果奖	中共北京市委、北京市人民政府	研究报告	一等奖
2	国家粮食安全保障体系研究	李孟刚	北京市第十四届哲学社会科学优秀成果奖	中共北京市委、北京市人民政府	著作	一等奖
3	马克思主义中国化理论与实践研究	韩振峰	北京市第十四届哲学社会科学优秀成果奖	中共北京市委、北京市人民政府	著作	一等奖

特等奖、一等奖成果简介

《北京地铁脆弱性及应急管理研究》（研究报告）

北京交通大学　宋守信

北京市哲学社会科学“十二五”规划项目

2014年11月鉴定验收

《北京地铁脆弱性及应急管理研究》（研究报告）是北京市哲学社会科学“十二五”规划项目“北京地铁脆弱性及应急管理研究”的研究成果，2014年11月20日鉴定验收。

主要观点：（1）关于地铁脆弱性概念和内涵的观点。地铁脆弱性是指地铁系统在扰动下，暴露于扰动中的频率、时间、范围，扰动作用下地铁系统发生的变化程度，由于扰动带来的地铁系统遭受不利影响的程度以及地铁系统从扰动的不利影响中恢复正常运营的能力。大客流和火灾是最常见的两大扰动源。地铁脆弱性的三大特征要素为暴露度、易感度与适应度，地铁脆弱性是暴露度、易感度与适应度的递次演化的综合表征。（2）关于地铁脆弱性模型与脆弱性预警模型的观点。基于地铁脆弱性结构原理，建立了在大客流与火灾扰动下的地铁脆弱性的评价与预警模型；通过现场考察和测量，对重要线路的典型车站进行了脆弱性评价，并构建出地铁脆弱性绿色、黄色、橙色、红色、黑色五级预警体系，从网络传播与车站控制方面提出脆弱性控制策略。（3）关于北京地铁应急管理研究的观点。根据北京市地铁实际情况，在组织机构体制、运行机制和三级防火机制等方面提出了具体的对策和建议。

宋守信，男，山东人，1946年3月出生，北京交通大学安全科学与工程学科二级教授。国务院学位委员会安全科学与工程临时学科评议组成员，中国职业安全与健康协会常务理事，公共安全科学技术学会理事，高等工程教育专业认证协会安全工程分委员会主任。

主要研究方向安全风险管理和安全人因工程。近年来，主持国家社科基金重点项目“北京市地铁脆弱性评价及控制策略研究’”和多项省部级课题研究；获得北京市第十四届哲学社会科学优秀成果一等奖、北京市金桥工程三等奖、中国职业安全健康协会科学技术奖励二等奖、中国职业安全健康协会科学技术奖励三等奖、教育部工程硕士教指委优秀奖等奖项；出版国家规划教材《交通运输安全技术》和多部专著。

《国家粮食安全保障体系研究》（著作）

北京交通大学　李孟刚

社会科学文献出版社　2014年12月出版

本著作2014年由社会科学文献出版社出版，本书以科学发展观为指导思想，基于全球化视角，遵循提出问题、分析问题、解决问题的逻辑思维，首先提出了新型粮食安全观，并结合《国家粮食安全中长期规划纲要（2008—2020年）》，明确我国粮食安全保障的战略目标；然后，分析了我国粮食供需现状，预测2015、2020、2030年3个阶段我国粮食的供需情况；最后，针对新形势下我国粮食安全面临的新问题，从提高粮食生产能力的途径，增强粮食生产抗灾和防灾能力的途径，正确处理“工业化、城镇化”与粮食安全的关系，完善粮食品种结构，优化粮食区域布局，完善政府调控下的粮食市场体系，提出加快构建国家粮食安全保障体系的对策建议。

李孟刚，男，1967年4月出生，山东省博兴县人；经济学博士、交通运输工程和理论经济学双博士后；北京交通大学教授、博士生导师、国家社科基金重大招标项目首席专家、新华社特约经济分析师、中国博士后科学基金评审专家，《管理世界》杂志常务编委，IEEE物流信息化与产业安全系统专业委员会主席等。现任中国产业安全研究中心（CCISR）主任、国家经济安全研究院（NAES）院长。2009年12月入选教育部“新世纪优秀人才支持计划”。著有《产业安全理论研究》《产业安全工程学》，主编《产业经济学》等。著作《国家粮食安全保障体系研究》荣获2016年北京市第十四届哲学社会优秀成果奖一等奖，论文《“小土豆”如何办成“大产业”——西部地区落实十七大精神加强新农村建设的有效产业支撑》荣获2013年第六届高等学校科学研究优秀成果奖二等奖（人文社会科学）。

《马克思主义中国化理论与实践研究》（著作）

北京交通大学　韩振峰

中华书局　2014年6月出版

本著作2014年由中华书局出版，被中宣部列入全国文化名家暨“四个一批”人才作品文库的理论专著。该书通过马克思主义中国化、中国特色社会主义、社会主义核心价值体系和核心价值观、中国共产党思想作风建设等马克思主义中国化重要理论和实践问题的研究，系统反映了马克思主义中国化发展历程，尤其是中国化马克思主义创新成果的基本内容和方法。正如一位知名学者发表的关于这本书的书评中所说：该书具有“内容系统”“重点突出”“创新性强”等特点，“是一部体现马克思主义中国化理论与实践研究新成果的力作”，“对帮助广大读者系统理解和科学把握马克思主义中国化最新成果具有重要启迪作用”。该书出版后先后被中国社会科学网等国内多家新闻媒体和网站推介。

韩振峰，男，1959年生，河北清河人；教授，博士生导师；现任北京交通大学马克思主义学院院长，中国马克思主义与文化发展研究院常务副院长；国家“万人计划”首批哲学社会科学领军人才、全国宣传文化系统“四个一批”人才、中央马克思主义理论研究和建设工程首席专家、国家社会科学基金评审专家、教育部高校思想政治理论课教学指导委员会委员。韩振峰教授主要从事马克思主义中国化、党的建设和思想政治教育理论与实践研究。先后出版《中国共产党思想政治教育史》《科学社会主义在中国的新发展》《马克思主义在中国的新发展》等10余部著作，发表论文280多篇。参加中宣部组织的《理论热点面对面》《科学发展观学习纲要》《中国特色社会主义理论体系学习读本》等多种理论读物编写，参与党和国家相关重要会议和文件的课题调研与起草工作。

（北京交通大学社科处李敏供稿）

首都师范大学

序号	成果名称	主要作者	奖项名称	颁奖单位	成果形式	获奖等级
1	黄天树甲骨金文论集	黄天树	北京市第十四届哲学社会科学优秀成果奖	中共北京市委、北京市人民政府	专著	一等奖
2	宋代救荒史稿（上、下）	李华瑞	北京市第十四届哲学社会科学优秀成果奖	中共北京市委、北京市人民政府	专著	一等奖
3	“零距离”教师教育——全日制教育专业硕士培养的探索	宁　虹	北京市第十四届哲学社会科学优秀成果奖	中共北京市委、北京市人民政府	论文	一等奖
4	文气话语形态研究	夏　静	北京市第十四届哲学社会科学优秀成果奖	中共北京市委、北京市人民政府	专著	二等奖
5	汉语儿童早期语言的发展	张云秋	北京市第十四届哲学社会科学优秀成果奖	中共北京市委、北京市人民政府	专著	二等奖
6	创造“传统”——梁启超、章太炎、胡适与中国学术思想史典范的确立	江　湄	北京市第十四届哲学社会科学优秀成果奖	中共北京市委、北京市人民政府	专著	二等奖
7	Relationships between Migration to Urban Settings and Children's Creative Inclinations（城乡流动与儿童创造性倾向的关系）	师保国	北京市第十四届哲学社会科学优秀成果奖	中共北京市委、北京市人民政府	论文	二等奖
8	大学教师介入中小学实践的角色调适研究	杨朝晖	北京市第十四届哲学社会科学优秀成果奖	中共北京市委、北京市人民政府	专著	二等奖
9	北京市城乡学校一体化组织模式研究	张　爽	北京市第十四届哲学社会科学优秀成果奖	中共北京市委、北京市人民政府	论文	二等奖
10	何为良好生活	陈嘉映	北京市第十四届哲学社会科学优秀成果奖	中共北京市委、北京市人民政府	专著	二等奖
11	百年京作——20世纪北京传统工艺美术的传承与保护	吴明娣	北京市第十四届哲学社会科学优秀成果奖	中共北京市委、北京市人民政府	专著	二等奖

特等奖、一等奖成果简介

《黄天树甲骨金文论集》（专著）

首都师范大学　黄天树

学苑出版社　2014 年 8 月出版

黄天树，1988 年北京大学获博士学位，现任首都师范大学资深教授、博士生导师，国务院学位委员会第五、六届中文学科评议组成员。著有《殷墟王卜辞分类与断代》《古文字论集》《说文解字通论》《甲骨拼合集》等。《黄天树甲骨金文论集》收入作者 2006—2014 年发表的论文共 48 篇，内容可分为 5 个方面，简介如下。

（1）文字学理论探索。该书所收《汉字体系的形成问题》《论汉字结构之新框架》《殷墟甲骨文形声字所占比重的再统计》等论文，对汉字起源、汉字结构这两个理论问题提出了新观点。例如作者提出“二书”说，很有学术价值。

（2）甲骨语言研究。该书所收《殷墟甲骨文助动词补说》《甲骨文中的范围副词》《商代甲骨金文中的同义词连用》《甲骨文反义词补说》诸篇，对甲骨文的助动词、副词、同义词、反义词等，提出了新见解。

（3）甲骨形态学研究。该书所收《关于卜骨的左右问题》《甲骨形态学》诸篇，详细辨明甲骨各部位的形态特征。甲骨形态学的构建，对甲骨缀合、卜辞通读很有帮助，具有重要的理论意义和实用价值。

（4）金文考释。对禹鼎、柞伯鼎铭文做了详细考订，提出一些新见解。

(5) 序跋书评。该书所收不少序跋都有学术见解。比如在《殷墟花园庄东地甲骨卜辞的初步研究·序》中提出了七个可以深入研究的课题，很有指导意义。因此，这是一部有学术价值的专著。

《宋代救荒史稿》(专著)

首都师范大学　李华瑞

天津古籍出版社　2014 年 6 月出版

本书共计 25 章，约百万字，分上、下册。主要论述了宋代自然灾害灾情发生时间、程度和空间分布、宋代救荒政策与制度、救荒防灾与宋代社会等方面的内容。其创新点主要表现在：(1) 对宋代因自然灾害造成的死亡人数做出较为合理的统计和估算。(2) 首次较为细致的论述抄劄制度检田制度。(3) 对禳弭救荒和祭龙习俗的演变做了较为完整的梳理。(4) 系统论述了前人较少涉猎的宋代州县仓在救灾中的作用。(5) 叙述王安石变法既是一场社会变革运动，同时也是我国历史上统治阶级利用国家政权第一次全面推进荒政的有益尝试。(6) 对宋代国家救荒防灾政策和措施在前人研究基础上做了迄今为止最为系统全面的论述。

李华瑞，男，1958 年 2 月生于甘肃山丹县，祖籍四川绵竹市，历史学博士；先后在西北师范大学历史系和河北大学宋史研究室求学、工作；现为首都师范大学历史学院二级教授、博士生导师，首都师范大学唐宋史研究中心主任，教育部长江学者特聘教授。主要从事宋史、西夏史、中国古代经济史的教学与科研，30 多年来共发表论文 200 余篇，出版学术专著 9 部，编著、合著 15 部。

(首都师范大学科研处李葸供稿)

首都经济贸易大学

序号	成果名称	主要作者	奖项名称	颁奖单位	成果形式	获奖等级
1	中国垄断行业市场化改革的模式与途径	戚聿东、柳学信、范合君、赵艳等	北京市第十四届哲学社会科学优秀成果奖	中共北京市委、北京市人民政府	专著	一等奖
2	北京建设世界城市与京津冀一体化发展	祝尔娟、叶堂林、吴庆玲、邬晓霞、张贵祥等	北京市第十四届哲学社会科学优秀成果奖	中共北京市委、北京市人民政府	专著	二等奖
3	进一步完善农业生态功能补偿制度的建议	邹昭晞	北京市第十四届哲学社会科学优秀成果奖	中共北京市委、北京市人民政府	调研报告	二等奖
4	低碳经济治理体系及以云质量管理认证提升资源效率的研究	马　慧、杨一平、焦志勇、卢　山、范　烺、郑　宁	北京市第十四届哲学社会科学优秀成果奖	中共北京市委、北京市人民政府	专著	二等奖
5	百年银行资本监管的逻辑与未来	高杰英	北京市第十四届哲学社会科学优秀成果奖	中共北京市委、北京市人民政府	专著	二等奖
6	中国土地市场发展研究：理论探源—政策调控—指数解析	张　杰、杨重光(外)、卢　静(外)、张玉春	北京市第十四届哲学社会科学优秀成果奖	中共北京市委、北京市人民政府	专著	二等奖
7	应对全球气候变化——共同但有区别的责任原则	郭锦鹏	北京市第十四届哲学社会科学优秀成果奖	中共北京市委、北京市人民政府	专著	二等奖
8	公共服务与人口城市化发展关系研究	蔡秀云、李　雪等	第六次全国优秀财政理论研究成果奖	中华人民共和国财政部、中国财政学会	论文	三等奖
9	研读北京：北京遗产旅游与文化创意产业协同研究	张祖群	2016 年国家旅游局优秀研究成果奖	国家旅游局	专著	其他奖

特等奖、一等奖成果简介

《中国垄断行业市场化改革的模式与途径》（专著）

首都经济贸易大学　戚聿东等

经济管理出版社　2013 年 12 月出版

该书分 9 章，集中于 4 个问题：一是垄断行业改革的国际经验，从政治、经济和社会环境背景出发，详细分析了世界上主要国家垄断行业改革的背景、改革目标、改革进程和改革绩效，提炼出对中国垄断行业改革具有借鉴意义的经验。二是深化垄断行业改革对经济和社会的影响。深入分析了垄断行业在中国经济和社会中的地位，研究了垄断行业与科学发展观不相适应的表现，阐述了垄断行业改革对和谐社会建设的新作用。三是中国深化垄断行业改革的总体思路，提出了包括六位一体和三阶段构成的整体渐进改革观。四是深化垄断行业规制改革，研究中国垄断行业规制体系设计以及垄断行业中的反垄断问题。

该书为戚聿东主持的 2007 年度国家社科基金重大项目《贯彻落实科学发展观与深化垄断行业改革》的最终成果，2012 年 10 月结项。该书观点以“进一步推进我国垄断行业改革的建议”为题被国家社科规划办《成果要报》2009 年第 67 期刊发，呈送中央政治局及相关部门，受到中央领导重视，全国社科规划办 2009 年 12 月发出《关于首都经贸大学戚聿东同志研究成果受到有关领导和部门重视的通报》。该书第一章内容以“中国垄断行业引入竞争机制的国际背景、进程和模式选择”为题，被时任国家发改委主任张平主编的《中国改革开放：1978—2008》全文收录。

戚聿东，男，1966 年 9 月出生，吉林东丰人；博士，教授，博士（后）导师，国务院政府特殊津贴专家、北京市百千万人才工程人选、北京市长城学者培养计划入选者。主要研究领域和研究方向为产业组织与政府规制、公司治理、财务管理、公司兼并等。主持国家社科基金重大项目、重点项目等国家级项目 4 项，出版 9 部较有影响的学术著作，在《经济研究》《管理世界》等著名期刊发表论文 150 余篇，其中 20 余篇被相关部门转载，研究成果被广泛引用，产生了较大的学术反响和政策影响。研究成果获教育部中国高校人文社会科学研究优秀成果二等奖、三等奖；蒋一苇企业改革与发展学术基金优秀论文奖并入选《中国社会科学家大辞典》（英文版）等。

（首都经济贸易大学科研处李艳杰供稿）

北京工商大学

序号	成果名称	主要作者	奖项名称	颁奖单位	成果形式	获奖等级
1	企业预算管理：从预算整合到整合预算	谢志华	北京市第十四届哲学社会科学优秀成果奖	中共北京市委、北京市人民政府	著作	二等奖
2	北京文化创意产业集群效应研究	李朝鲜	北京市第十四届哲学社会科学优秀成果奖	中共北京市委、北京市人民政府	著作	二等奖
3	农户究竟需要多大的农地经营规模？——农地经营规模决策图谱研究	倪国华	北京市第十四届哲学社会科学优秀成果奖	中共北京市委、北京市人民政府	论文	二等奖
4	Greasing the wheels of bank lending: Evidence from private Firms in China（润滑银行信贷的车轮——来自中国民营企业的证据）	苏　峻	北京市第十四届哲学社会科学优秀成果奖	中共北京市委、北京市人民政府	论文	二等奖

（北京工商大学科学技术处王葳供稿）

北京林业大学

获奖级别	成果名称	主要作者	奖项名称	颁奖单位	成果形式	获奖等级
省部级	“素描风景画”课程的教学研究与实践	王丹丹	高等学校科学研究优秀成果奖（人文社会科学）	教育部	研究报告	其他奖

（北京林业大学科技处供稿）

国家行政学院

序号	成果名称	主要作者	奖项名称	颁奖单位	成果形式	获奖等级
1	“推进简政放权、放管结合、优化服务”政策落实情况第三方评估报告（2015）	学院第三方评估课题组	国家行政学院第五届优秀科研咨询成果奖	国家行政学院	咨询报告	特等奖
2	促进民间投资政府管理和服务第三方评估报告（2016）	学院第三方评估课题组			咨询报告	
3	“四个全面”新布局 新境界	魏礼群			著作（教材）	一等奖
4	中国网约车的监管困境及解决	王　静			论文	
5	行政决策终身责任追究制度的法律难题及其解决	韩春晖			论文	
6	世界基尼系数高达0.7左右，均衡发展应为G20核心议题	杨正位			咨询报告	
7	县域科学发展的成功实践——浙江嘉善县域科学发展示范点建设成效评估及建议	王满传			咨询报告	
8	发达国家整体政府跨部门协同机制研究	孙迎春			著作（教材）	二等奖
9	中国社会组织发展战略	马庆钰			著作（教材）	
10	文化领导	舒绍福			著作（教材）	
11	法律规范之间抵触标准研究	胡建淼			论文	
12	政策执行“梗阻”问题与作为治理的协商民主：一个诊断框架	宋雄伟			论文	
13	“央＋企＋地”创新驱动模式能否持续	樊继达			论文	
14	国家监察体制改革应着重聚焦并处理好国家权能重构问题	邱霈恩			咨询报告	
15	警惕当前农民工就业面临的新风险	蒲　实			咨询报告	
16	对中美新型大国关系的战略思考	谢振东			咨询报告	
17	借读真难，办证真难！	孔世平			咨询报告	
18	安徽荣事达集团“双创”的经验及启示	吕洪业			咨询报告	
19	强国宏略——国家战略前沿问题研究	薄贵利			著作（教材）	三等奖
20	公务员胜任特征实证研究	胡月星			著作（教材）	
21	美国突发事件与制度创新	李　明			著作（教材）	
22	领导力与领导艺术	刘　峰			著作（教材）	
23	全球治理	于　军			著作（教材）	
24	公共服务体系国际比较与建设	李军鹏			著作（教材）	
25	公益类事业单位与政府关系类型研究——基于四种类型典型案例改革的比较分析	易丽丽			论文	
26	美国反恐预警体系建设的经验与教训	董泽宇			论文	
27	行政监管模式变革	杨伟东			论文	
28	住宅国有土地使用权自动续期的实现路径	刘　锐			论文	

续表

序号	成果名称	主要作者	奖项名称	颁奖单位	成果形式	获奖等级
29	中国县域治理改革的基层探索与顶层设计	张国玉	国家行政学院第五届优秀科研咨询成果奖	国家行政学院	论文	三等奖
30	生活史视角下的女性领导职业发展影响因素探析	孙晓莉			论文	
31	庐山地震灾后产业重建模式创新	张小明			论文	
32	2015年经济形势和2016年调控对策建议	马海龙			咨询报告	
33	加大法律法规清理修改力度	任　进			咨询报告	
34	抓紧建立宅基地流转制度的建议	宋志红			咨询报告	
35	危机后西方国家新的演变特点及中国应对策略	董小君			咨询报告	
36	加强消费者权益社会保护 促进消费拉动型经济健康发展	褚松燕、时和兴			咨询报告	
37	税务总局绩效管理第三方评估报告	刘旭涛、尹艳红、张　克			咨询报告	
38	《中国制造2025》实施情况第三方评估报告	王益民			咨询报告	

（国家行政学院科研部刘斌供稿）

中央团校（中国青年政治学院）

序号	成果名称	主要作者	奖项名称	颁奖单位	成果形式	获奖等级
1	金融交易课税的理论探索与制度建构——以金融市场的稳健发展为核心	汤洁茵	北京市第十四届哲学社会科学优秀成果奖	中共北京市委、北京市人民政府	专著	二等奖
2	马克思主义在青年中的传播——历史视野与哲学思考	倪邦文	北京市第十四届哲学社会科学优秀成果奖	中共北京市委、北京市人民政府	专著	二等奖

［中央团校（中国青年政治学院）科研部供稿］

中国宏观经济研究院

序号	成果名称	奖项名称	主要完成人	主要完成单位	成果形式	获奖等级
1	中国化石能源补贴改革研究	2016年度国家发展和改革委员会优秀研究成果奖	韩文科等	能源研究所	研究报告	一等奖
2	推进我国农村一、二、三产业融合发展研究	2016年度国家发展和改革委员会优秀研究成果奖	马晓河等	宏观经济研究院	研究报告	二等奖
3	重点领域改革的增长红利研究	2016年度国家发展和改革委员会优秀研究成果奖	郭春丽等	经济研究所	研究报告	二等奖

续表

序号	成果名称	奖项名称	主要完成人	主要完成单位	成果形式	获奖等级
4	“十三五”时期培育产业新增长点对策研究	2016年度国家发展和改革委员会优秀研究成果奖	姜　江等	产业经济与技术经济研究所	研究报告	三等奖
5	加强市场监管体系建设研究	2016年度国家发展和改革委员会优秀研究成果奖	郭丽岩等	市场与价格研究所	研究报告	三等奖
6	成渝城市群规划研究	2016年度国家发展和改革委员会优秀研究成果奖	肖金成等	国土开发与地区经济研究所	研究报告	三等奖
7	中国2050高比例可再生能源发展情景暨路径研究	2016年度国家发展和改革委员会优秀研究成果奖	王仲颖等	能源研究所	研究报告	三等奖

（中国宏观经济研究院丁刚供稿）

北京市委党校

序号	成果名称	主要作者	奖项名称	颁奖单位	成果形式	获奖等级
1	北京人口史	高寿仙	北京市第十四届哲学社会科学优秀成果奖	中共北京市委、北京市人民政府	专著	一等奖
2	党内基层民主的实践探索与路径创新——以北京市为例	刘汉峰	北京市第十四届哲学社会科学优秀成果奖	中共北京市委、北京市人民政府	专著	二等奖
3	渐进的改革	刘智峰	北京市第十四届哲学社会科学优秀成果奖	中共北京市委、北京市人民政府	专著	二等奖
4	政务微博在创新社会管理中的运用	张　玲	北京市第十四届哲学社会科学优秀成果奖	中共北京市委、北京市人民政府	专著	二等奖
5	国企廉动力	罗忠敏	北京市第十四届哲学社会科学优秀成果奖	中共北京市委、北京市人民政府	专著	二等奖
6	“亚洲价值观”之争——现代化进程中价值本土化的合法性研究	金英君	北京市第十四届哲学社会科学优秀成果奖	中共北京市委、北京市人民政府	专著	二等奖
7	网络突发事件预防与应对	庞　宇	北京市第十四届哲学社会科学优秀成果奖	中共北京市委、北京市人民政府	专著	二等奖
8	四类流动人口的比较研究	马小红	北京市第十四届哲学社会科学优秀成果奖	中共北京市委、北京市人民政府	论文	二等奖
9	阿尔都塞与经验性方法	顾伟伟	北京市第十四届哲学社会科学优秀成果奖	中共北京市委、北京市人民政府	论文	二等奖
10	北京人口规模调控决策研究	尹德挺	全国党校第十一届优秀决策咨询奖	中央党校	调研报告	一等奖
11	我国马克思主义哲学史研究范式的嬗变	顾伟伟	全国党校第十一届优秀科研成果奖	中央党校	论文	二等奖

续表

序号	成果名称	主要作者	奖项名称	颁奖单位	成果形式	获奖等级
12	经济发展、城市化与人口空间分布	尹德挺	全国党校第十一届优秀科研成果奖	中央党校	论文	二等奖
13	合作社：乡村工业的可能模式——费孝通《江村经济》的实质主题，	潘建雷	全国党校第十一届优秀科研成果奖	中央党校	论文	二等奖
14	全面从严治党的思考	刘汉峰	全国党校第十一届优秀科研成果奖	中央党校	论文	三等奖

特等奖、一等奖成果简介

《北京人口史》（专著）

中共北京市委党校　高寿仙

中国人民大学出版社　2014年4月出版

《北京人口史》是北京市哲学社会科学“十一五”规划特别委托项目，并得到北京市社会科学理论著作出版基金资助。全书共计56.2万字，前有绪论，后有结论，主体内容分为7章，以现今北京市的市域范围为地理空间，分为先秦时期、秦汉至五代时期、辽金元时期、明清时期、民国时期5个历史阶段，在对相关资料和研究成果进行系统全面的搜集、整理、分析和考证的基础上，重点论述了人口数量的消长变化，整理出一套更加接近实际的人口数据，并在资料允许的条件下，介绍了人口的迁移流动、自然变动、自然构成、社会构成、家庭与婚姻等方面的情况，阐述了北京地区各个历史时期人口起伏变动的复杂轨迹，总结了造成人口起伏变动的各种因素，有利于从长时段的角度把握北京人口发展变化的规律和趋势，具有较高的学术价值和现实意义。本书出版后，得到学术界的重视和好评。《中国经济史研究》2014年第3期刊发书讯，评价本书“具有较高的学术价值和现实意义”。《中国史研究动态》2015年第1期发表书评，评介本书有以下特点：一是史料丰赡，考证严密；二是内容丰富，结论可信；三是方法科学，思路清晰。

高寿仙，男，河北省东光县人，1962年3月生。1989年毕业于北京大学历史系，获历史学硕士学位。现任北京市委党校校刊编辑部主任、《新视野》主编、研究员，兼任中国明史学会副会长、北京大学明清研究中心研究员、中国社会科学院历史研究所明史研究室客座研究员等职。个人著作有《北京人口史》《明代北京社会经济史研究》《明代农业经济与农村社会》《徽州文化》等，合撰著作有《明史——一个多重性格的时代》《中国明代经济史》《天启皇帝大传》等，参撰著作有《中华文明史》《中国通史》《中国经济通史》《中国经济发展史》《中国社会通史》《明代政治史》《晚明社会变迁》《明代后期社会转型研究》等，发表论文90余篇。

《北京人口规模调控决策研究》（调研报告）

中共北京市委党校　尹德挺

首都人口过度聚集是一个亟待破解的世界性难题。基于人口普查、经济普查及统计年鉴等多源数据，本报告以首都北京市为例，在理论与实践相结合的层面上，探讨了超大城市人口疏解的困境、原因、认识误区、风险挑战及应对思路。本报告包括五大部分：第一，探讨了首都人口疏解的宏观背景、历史演进及其现状特征，并指出北京市正面临着“人口规模困局”“人口分布困局”“人口活力困局”，其原因可能在于相关部门尚未充分把握集经济、社会、管理于一体的人口系统思维，尚未充分明晰人口影响因素之间的层级关系；第二，从导致首都人口疏解困局的三大因素着手，依次基于经济发展、公共服务以及城市治理这3个方面，分析了北京市人口疏解所面临的主要问题；第三，基于人口学、经济学等学科方法、分不同假设方案，对北京市人口预测和人口承载力进行了探讨，以便于对北京市人口疏解后的未来走势进行识别和研判；第四，针对国内面临的人口疏解困局，从定性和定量两个方面探讨了国内外人口管理和人口疏解的有效经验；第五，在综合以上若干信息的基础之上，指出了导致超大城市人口疏解困局的3种效应、4个认识误区以及事前、事中和事后的疏解风险，并提出了政策建议。

尹德挺（1978—），男，湖南沅陵人，教授。2006年博士毕业于北京大学人口研究所。现为中共北京市委党校（北京行政学院）社会学教研部副主任、北京市人口研究所副所长。研究方向为京津冀协同发展、流动人口管理、老年人口健康及人口学量化方法。在《中国人口科学》《人口研究》《北京日报》（理论周刊）等发表论文100余篇，荣获省部级科研奖励9项，其中，由北京市人民政府颁发的科研一等奖1项、二等奖2项，由中央党校颁发的决策咨询奖一等奖1项，科研奖二等奖1项。主持国家社科基金青年项目、北京市社科基金重点项目、北京市社科联重点课题、全国党校系统重点调研课题以及北京市发改委重点课题等科研项目20余项。7篇决策咨询报告获中央及省部级领导的肯定性批示。

（北京市委党校供稿）

北京市档案局

序号	成果名称	主要作者	奖项名称	颁奖单位	成果形式	获奖等级
1	社交媒体平台上档案利用创新模式研究	王健、周文泓、宋红等	国家档案局优秀科技成果奖	国家档案局	研究报告	三等奖
2	新时期基层社保所档案管理中的问题与对策探究	张保忠、张亮、范蕾等	国家档案局优秀科技成果奖	国家档案局	研究报告	三等奖

（北京市档案局科教处胡晓燕供稿）

·学术活动·

概　　述

本栏目记述2017年度北京地区哲学社会科学各大学科的重要学术活动简况，包括国内和国外的理论研讨会、纪念座谈会、学术年会、学术论坛、学术报告会、学术讲座以及调查研究、社科普及活动等学术活动。简介包括活动主题、主办协办单位、参与单位、主要出席人士、主要观点、主要成果等内容。

马克思主义　科学社会主义

中国马克思主义论坛2017（春季）　4月14日，中国马克思主义研究基金会，中央党校科研部、马克思主义学院、哲学教研部、党的建设教研部、文史教研部和培训部共同主办的中国马克思主义论坛2017（春季）在中央党校举行，来自全国各地的马克思主义理论工作者及中央党校学员、教职工共700余人参加会议，围绕论坛主题“加强党内政治文化建设”展开深入交流。

中央党校常务副校长、中国马克思主义研究基金会理事长何毅亭说，习近平总书记在庆祝中国共产党成立95周年大会上的讲话中提出了“政党自信”“国家自信”“民族自信”的重要概念，而在我们党的政党自信中，党内政治文化的自信是很重要的方面。他从3个方面予以阐述：我们的党内政治文化占据了真理和道义的高地，我们的底气和自信来自于真理的力量、道义的力量；我们的党内政治文化将古今中外政治文明的优质基因熔于一炉，我们的底气和自信来自于不忘本来、吸收外来、面向未来的文化气质；我们的党内政治文化始终保持健康向上的主基调，我们的底气和自信来自于激浊扬清、扶正祛邪、引领风尚的正能量。

与会的专家学者围绕“党内政治文化建设的意义、现状与问题”“党内政治文化建设的内涵与理论渊源”“从严治党与党内政治文化建设”3个论题分别发表了专题演讲。他们认为，厚植政治文化、净化政治生态，必须突出讲政治这一属性，同心同德真看齐；必须坚持好干部这一标准，群贤毕至崇实干；必须立足重纪律这一首要，浸入血脉化自觉；必须弘扬强党性这一传统，久久为功夯基础。加强党内政治文化建设的实质，是一场重新认识党情的观念变革、制度完善和主体担当过程，是加强党内政治文化建设的关键，是要注重以“文化的方式”推动党内政治文化建设走向制度化、内在化、常态化。

（参见《光明日报》2017年4月17日 第3版）

中国社会科学院毛泽东思想论坛　4月15日，第四届中国社会科学院毛泽东思想论坛在北京召开。论坛的主题为“毛泽东与中国共产党的理论创新”，旨在深入研讨党的理论创新经验，学习宣传党的十八大以来的理论创新成果，用实际行动迎接党的十九大胜利召开。

求是杂志社社长、论坛主席李捷做了题为“毛泽东思想与党的十八大以来的理论创新”的主题报告。

论坛上，多位毛泽东思想研究领域的专家学者就相关主题发了言。中共中央党史研究室原副主任、北京大学教授沙健孙就“党的理论创新的根本路径”、中共中央党校教授许全兴就“思想路线与党的理论创新”、中央文献研究室第一编研部主任杨明伟研究员就“从军事名言看毛泽东的理论创新”、中共中央党校教授薛广洲就“《实践论》《矛盾论》是中国共产党人的世界观和方法论”、山东省社会科学院党委书记唐洲雁研究员就“毛泽东是党的理论创新的典范”、中国社会科学院马克思主义研究院研究员金民卿就“毛泽东的‘问题与主义’观及其在理论创新中的运用”、湘潭大学教授李佑新就“新的历史条件下深化毛泽东研究的几个重大问题”、中山大学教授徐俊忠就“毛泽东为什么不赞同‘八大’报告决议”等问题分别发言。来自全国各地各研究机构、高等院校从事毛泽东思想研究的专家学者以及多家媒体人员130余人出席论坛。

（中国社会科学院办公厅刘玉杰编辑、供稿）

马克思主义学院院长论坛　近日，北京大学马克思主义学院成立25周年庆祝大会暨第六届全国高校马克思主义学院院长论坛、全国马克思主义青年学者论坛在北京大学举行。北京大学党委书记郝平在致辞中指出，25年来，北京大学马克思主义学院与国家同前进、与北大同发展，取得了丰硕成果。当今世界正在经历深度调整，此时我们不能被乱花迷眼，也不能被浮云遮眼，一定要保持政治定力、学术定力，守住根本，不忘初心，高举旗帜，不断巩固马克思主义的指导地位。中国人民大学校长助理郝立新教授指出，北大马克思主义学院的特点可概括为“两传三大”，即传承了北京大学马克思主义的传统、传承了中国优秀的传统文化；将大师、大楼、大气融为一体。北京大学党委常务副书记于鸿君在讲话中总结了近年来北大马克思主义学院正在做的十件大事，如建设国际马克思主义文献中心、编纂《马藏》、举办世界马克思主义大会、筹建社会主义发展史展览馆等。

（参见《北京日报》2017年5月8日第14版）

首都当代中国马克思主义论坛·2017　5月12日上午，北京市委宣传部、北京市中国特色社会主义理论体系研究中心、北京市社会科学界联合会、北京日报社、北京大学、清华大学、中国人民大学、北京师范大学等单位共同主办的首都当代中国马克思主义论坛·2017在清华大学举行，论坛以“弘扬中华文化坚定文化自信”为主题，深入学习领会习近平总书记关于坚定文化自信、传承发展中华优秀传统文化重要论述的精神，进一步坚定中国特色社会主义文化自信，继续推进马克思主义中国化、时代化、大众化，发展21世纪马克思主义、当代中国马克思主义。清华大学党委书记陈旭在论坛开幕式上致辞，中共北京市委常委、宣传部部长杜飞进做主旨发言。市委宣传部副部长、市中国特色社会主义理论体系研究中心常务副主任韩昱主持论坛开幕式。

杜飞进在主旨发言中指出，习近平总书记系列重要讲话和治国理政新理念新思想新战略是马克思主义与当代中国实际相结合的产物，既贯穿着马克思主义的立场观点方法，又植根中华文化的深厚土壤，让马克思主义放射出更加灿烂的真理光芒，充分体现了坚定的文化自信。我们坚定文化自信，最根本的是要不断巩固马克思主义的指导地位，始终以习近平总书记系列重要讲话精神为根本遵循，不断丰富发展当代中国马克思主义，努力凝聚中华民族伟大复兴的精神动力，彰显中国共产党执政兴国的精神底气，自觉担负起弘扬中华文化的历史责任。他指出，习近平总书记两次考察北京，都对保护好北京历史文化提出明确要求，强调要传承保护好丰富的历史文化遗产这张“金名片”，凸显北京历史文化的整体价值，强化“首都风范、古都风韵、时代风貌”的城市特色，我们要紧紧围绕“建设一个什么样的首都、怎样建设首都”这个重大课题，切实担负起传承中华优秀传统文化的首都责任。

在论坛主题发言阶段，中国人民大学陈先达教授认为文化自信既具有政治性又具有学术性，要建立文化自信的当代视角，找到一条树立文化自信的正确道路。中央党校副教育长韩庆祥教授指出打牢文化自信的有4个支点：硬实力与软实力的统一，中国道路与中国理论的统一，中国制度与中国方案的统一，中国话语与中国话语权的统一。清华大学戴木才教授强调文化自信是核心价值观的重要支撑。北京师范大学文化创新与传播研究院院长于丹教授指出中国的文化是价值观，而不仅仅是国学知识，要在行为方式上化育人。北京大学马克思主义学院执行院长孙熙国教授认为文化自信是对全部中华优秀文化的自信，不是人类历史发展的某一阶段的优秀文化的自信。北京日报社党组副书记、副社长、总编辑赵靖云认为坚定文化自信需要坚定的文化传播者，《北京日报·理论周刊》多年来立足文化自信传播当代中国马克思主义得到各界认同。市社科联党组书记、常务副主席、市中国特色社会主义理论体系研究中心常务副主任韩凯和清华大学马克思主义学院院长艾四林教授主持了两个阶段的主题发言。

与会者一致认为，坚定文化自信，传承和发展中华优秀传统文化，是习近平总书记立足坚持和发展中国特色社会主义，实现中华民族伟大复兴的战略全局做出的重要论断，是中国文化复兴的根本遵循。在习近平总书记在哲学社会科学工作座谈会上发表重要讲话一周年之际，广大社科理论工作者要以高度的责任感和使命感，深入研究阐释习近平总书记关于坚定文化自信、传承中华优秀传统文化的重要论述精神，努力构建中国特色社会主义哲学社会科学，推动中华文化传承发展，为创造中华文化新的辉煌做出更大贡献。

中宣部理论局、北京市委宣传部有关领导，北京大学、清华大学、中国人民大学、北京师范大学等高校和社科研究单位专家学者和师生代表，部分在京全国中国特色社会主义理论体系研究中心代表，市属社科理论单位负责同志以及新闻媒体记者共 150 余人出席论坛。

（北京市中国特色社会主义理论体系研究中心办公室供稿）

纪念习近平同志“5 · 17”讲话发表一周年学术讨论会　5 月 16 日，中国社会科学院经济研究所在北京召开经济所人与中国特色经济学的构建——纪念习近平同志“5 · 17”讲话发表一周年学术讨论会。会议旨在贯彻落实习总书记在哲学社会科学工作座谈会上的讲话精神，启动经济研究所构建中国特色经济学的研究工作。

经济研究所全体同志参加了研讨会。中国社会科学院学部委员余永定、经济研究所原所长裴长洪，中国人民大学财政金融学院院长郭庆旺、经济学院教授孟捷等专家参会并发言点评。

会议由经济研究所党委书记、副所长王立胜主持，中国社会科学院学部委员、经济研究所所长高培勇做题为“经济所、经济所人与中国特色经济学的构建”的主题发言，经济研究所 9 位学者分别就中国政治经济学大纲的构建、社会主义与市场经济是否相容、资本形成的中国道路、我国经济发展新阶段的宏观经济研究、供给侧结构性改革理论、事业单位“去行政化”改革、全面建成小康社会与收入分配、互联网与市场化的微观机制等理论经济学和应用经济学不同领域中的重大经济理论问题，以及新世纪以来学术界关于我国重要经济理论问题的讨论与探索进行研讨。

（中国社会科学院办公厅刘玉杰编辑、供稿）

马克思主义理论、政治学学术评价研讨会　6 月 9 日，中国社会科学院中国社会科学评价中心和中国特色社会主义研究杂志社联合主办的马克思主义理论、政治学学术评价研讨会在北京举行。北京市社科联党组副书记、《中国特色社会主义研究》杂志主编孟春利，中国社会科学院中国社会科学评价中心副主任姜庆国出席会议并讲话。来自清华大学、中国社会科学院、北京师范大学、首都师范大学、中国人民大学、华中师范大学等高校和研究机构的学者参加会议。会议就如何对马克思主义理论学科和政治学学科进行学术评价问题进行探讨。

与会学者认为，马克思主义理论学科是一门具有学术性和政治性等多重属性的特殊性学科，其学术评价在评价目的、评价主体、评价标准和评价方法等方面都应坚持一般与特殊的统一，如在评价标准上要注重科学性、政治性、实践性、大众性与创新性的统一；马克思主义理论学科的评价应从完备性、学理性和实践性 3 个维度考量，由此决定了马克思主义理论学科建设应在规范学科体系、强化学理性及增强现实针对性等方面进一步加强。与会学者强调，要树立马克思主义理论的大学术观和大评价观，所谓大学术观即不能离开政治性谈学术性，不能自外于中外学术谈学术性，也不能仅仅从科研的角度谈学术性；所谓大评价观即注重多元评价主体、建构反思性监督体系，不忘评价初心，消除评价的非学术功能。“当前政治学学科还没有与自身建设和发展相适应的评价体系，现有的评价存在缺乏权威性，重数量轻质量、重论文轻专著、重应用研究轻基础研究等问题，尤其是学术批评在学术评价中还没有充分体现。”在探讨的过程中，有学者指出，如何解决这一问题，与会学者建议，“学术评价要抑制‘以刊评文’的现象”。评价标准需要充分考虑刊物、报纸、智库、网络等学术成果传播平台的丰富性和复杂性，学术评价应在实践中逐步深化分类细化评价，真正做到以学术评价引领学术发展。学术论文的评价标准，要注重先进性、学术性、思想性、可读性以及社会影响等方面的因素。

（《中国特色社会主义研究》杂志编辑部供稿）

首届全国地方师范院校哲学社会科学管理工作论坛 7月18—19日，由首都师范大学和上海师范大学、天津师范大学、浙江师范大学、福建师范大学共同发起，首都师范大学社科处承办的首届全国地方师范院校哲学社会科学管理工作论坛在北京举办。来自全国33所地方师范院校及北京师范大学、华东师范大学、东北师范大学、华中师范大学、陕西师范大学的80余位社科（科研）处负责人及相关工作人员参加了会议。论坛的主题是深入学习贯彻习近平总书记系列重要讲话精神和治国理政新理念新思想新战略，准确把握哲学社会科学发展的新形势新任务，充分发挥师范教育优势和特色，积极开创地方师范院校哲学社会科学研究繁荣发展新局面，为加快构建中国特色哲学社会科学做出贡献。

7月18日上午，论坛开幕式在首都师范大学实验楼报告厅举行。教育部社科司司长刘贵芹、教育部高校社科评价中心主任李建平、北京市教委科技与研究生工作处处长张宪国及首都师范大学副校长周建设等出席。开幕式由社科处处长王德胜主持。与会院校代表认为，面对当前繁荣发展哲学社会科学的新形势新任务新要求，地方师范院校应进一步深入学习贯彻习近平总书记在哲学社会科学工作座谈会和全国高校思想政治工作会议上的重要讲话精神，认真落实中共中央印发的《关于加快构建中国特色哲学社会科学的意见》要求，立时代潮头，树国家情怀，担发展重任，更加积极地开创地方师范院校哲学社会科学研究繁荣发展的新局面。在闭幕式发表的论坛共识中，与会院校强调地方师范院校应积极构建稳定有效的协同发展工作机制，同意成立开放性的工作联盟——全国地方师范院校社科处长联席会，秘书处设在首师大社科处，负责与各地方师范院校社科处的工作联系，并确认本届论坛同时作为联席会第一次会议。

（首都师范大学社科处李蒽供稿）

2017年全国马克思主义基本原理研讨会 8月21—22日，中国社会科学院马克思主义研究院和北京高校中国特色社会主义理论研究协同创新中心（中国政法大学）共同主办的2017年全国马克思主义基本原理研讨会在京举行。今年正值《资本论》第一卷出版150周年，来自中国社会科学院、中国政法大学、北京大学、上海交通大学、上海财经大学、武汉大学等高校和科研机构的100余位专家学者围绕“《资本论》与马克思主义基本原理体系研究”展开了讨论。

开幕式上，中国社会科学院马克思主义研究院党委书记、院长邓纯东研究员和中国政法大学党委书记胡明教授代表会议主办单位致辞，中国社会科学院学部委员、学部主席团成员兼马克思主义研究学部主任程恩富教授主持开幕式。

胡明在致辞中向大会分享了习近平总书记在5月3日考察中国政法大学时的重要讲话精神，并就马克思主义基本原理研究如何全面贯彻落实习近平总书记的重要讲话精神提出四点建议：一是马克思主义基本原理研究要回归原典。马克思在《资本论》中所揭示的资本主义的本质关系、内在矛盾和经济规律仍然是我们观察世界、研究发达国家动态的有力思想武器，仍然是我们正确把握马克思主义基本原理的重要文献。二是坚持中国特色社会主义实践离不开《资本论》研究。《资本论》中所阐释的科学社会主义的一些基本原理和本质规定对于中国特色社会主义建设事业，对于我们构建中国特色社会主义政治经济学理论体系具有重要的指导意义。三是坚持中国特色社会主义法治道路必须加强马克思主义基本原理的研究。习总书记强调我们不能做西方理论的搬运工，要做中国学术的创造者和世界智慧的贡献者，立足中国国情，结合中国实际来探索中国特色社会主义法治道路。而这一切，都离不开对马克思主义基本原理的研究和实践。四是《资本论》中蕴含着丰富的马克思主义法治思想。马克思主义理论界的同仁们要充分挖掘《资本论》这个思想宝库，系统归纳马克思主义基本原理的各个方面，为推进马克思主义基础理论的研究以及巩固马克思主义在哲学社会科学中的指导地位做出理论工作者应该有的贡献。

中国政法大学马克思主义学院副院长郐丽华教授在开幕式做主题报告《试析当代西方学者对〈资本论〉的研究》，校马克思主义学院张秀华教授、傅扬副教授、靳晓春老师等也参加了研讨会并发言。

（中国政法大学科研处王培供稿）

中国社会科学院马工程意识形态形势问题与对策专题座谈会 9月13日，中国社会科学院马工程办公室在北京组织召开中国社会科学院马工程意识形态形势、问题与对策专题座谈会。座谈会的主题是“当前我国如何加强意识形态工作”。

会议认为，党的十八大以来，习近平总书记和党中央高度重视意识形态工作，不断加强党对意识形态工作的领导，意识形态工作整体向上向好发展，人民对中国特色社会主义的道路自信、理论自信、制度自信、文化自信不断增强。同时，也必须看到，国内外各种社会思潮纷繁芜杂、相互碰撞、相互交汇，呈现出多元、多样、多变的特点，我们一定要时刻保持警惕。中国社会科学院将意识形态工作同学术研究相结合，形成了较为科学、完备的工作体系，把意识形态工作落到了实处。一是建立了意识形态工作制度体系；二是形成了立体化、全方位的意识形态工作责任体系；三是建立和充实了意识形态工作队伍；四是形成了数量众多、形式多样的意识形态问题研究成果；五是构建了完备、科学的意识形态工作评价体系。通过以上工作的推进，社科院意识形态工作取得了良好效果，进一步筑牢了与以习近平同志为核心的党中央保持高度一致的思想根基，巩固了马克思主义阵地，培养了马克思主义的坚强后备军。

与会人员对进一步做好意识形态工作提出了意见和建议。中国社会科学院马研院纪委书记、副院长贾朝宁主持了座谈会。院科研局、人事局、离退休干部局、历史所、边疆所、法学所、俄欧亚所、日本所、研究生院、图书馆等10家单位的所（院）局级领导参加了座谈会。

（中国社会科学院办公厅刘玉杰编辑、供稿）

社科高校行暨学习贯彻习近平总书记“7·26”重要讲话精神学术报告会　9月22日，中国社会科学网、中国人民大学马克思主义学院、21世纪马克思主义研究协同创新中心共同主办的社科高校行暨学习贯彻习近平总书记“7·26”重要讲话精神学术报告会在北京举行。

中国人民大学马克思主义学院院长、中国马克思主义哲学史学会会长、中国高等教育学会马克思主义研究会会长郝立新教授，中国社会科学院农村发展研究所党委书记、副所长、中国社会科学院财税研究中心执行副主任、中国财政学会常务理事闫坤研究员出席会议并做主题发言。来自中国人民大学、中国社会科学院大学的教师、学生等60余人参加会议。

郝立新的学术报告题目是“新起点 新阶段 新征程——习近平‘7·26’重要讲话精神解读”。闫坤的学术报告题目是“牢牢把握我国发展的阶段性特征”。

中国社会科学杂志社副总编辑、中国社会科学网总编辑罗文东研究员还主持了与中国人民大学马克思主义学院师生的交流座谈会。中国人民大学马克思主义学院的张秀琴教授、张云飞教授、何虎生教授等十几位专家学者参加座谈会并发言。参加会议的还有在中国人民大学进修的老师、在读博士研究生，中国社会科学网相关部门负责人、编辑和记者。

会议研讨的主要议题有“网络平台与传统期刊比较”“提高选稿质量”“建立编辑队伍”“建立专家库”“建立文献库”“知识共享”“建立多元化的科研评价体系”等。

（中国社会科学院办公厅刘玉杰编辑、供稿）

十月革命与中国特色社会主义理论研讨会　9月26日，在俄国十月革命胜利100周年前夕，十月革命与中国特色社会主义理论研讨会在京举行。中共中央政治局委员、中央书记处书记、中宣部部长刘奇葆出席并讲话，强调要深入学习贯彻习近平总书记系列重要讲话精神，深刻认识十月革命的伟大意义和深远影响，在新的时代条件下更好地坚持和发展中国特色社会主义。

刘奇葆指出，十月革命开辟了人类历史新纪元，给中国送来了马克思列宁主义。100年来，我们国家和民族发生历史巨变，归根于选择了十月革命开辟的社会主义道路，归根于党带领人民把马克思列宁主义基本原理同我国具体实际相结合，走出了一条实现民族复兴的阳关大道。今天，我们纪念十月革命、沿着社会主义道路继续前进，就是要紧密团结在以习近平同志为核心的党中央周围，毫不动摇坚持和发展马克思主义，毫不动摇坚定社会主义、共产主义理想信念，毫不动摇坚持和发展中国特色社会主义，毫不动摇坚持党对中国特色社会主义事业的坚强领导，毫不动摇推进人类和平与发展的崇高事业，奋力实现“两个一百年”奋斗目标和中华民族伟大复兴的中国梦。

中央和国家机关有关部门负责同志，各省区市党委宣传部、社科院负责同志，以及有关专家学者参加会议。

（参见《人民日报·海外版》2017年9月27日第2版）

首都五所高校马克思主义学院研究生学术论坛　11月4日，2017年首都五所高校马克思主义学院研究生学术论坛在中央团校（中国青年政治学院）举行。来自北京大学、清华大学、中国人民大学、北京师范大学、南开大学、中央民族大学、中国科学技术大学、中国社会科学院大学、山东大学、大连理工大学等高校的马克思主义学院研究生围绕“新时代、新思想、新青年”主题展开热烈的学术探讨。

该学术论坛已连续5年开展8次学术活动，论坛举办期间，党的十九大代表、中央团校（中国青年政治学院）万资姿副教授为各校学生解读了党的十九大报告、传达了党的十九大精神。此次学术论坛由中央团校（中国青年政治学院）中国马克思主义学院和研究生处举办，分为前期征集论文、初审评定、分组研讨、现场提问等环节。

［中央团校（中国青年政治学院）科研部供稿］

第八届世界社会主义论坛 10月14—15日，中国社会科学院主办，中国社会科学院世界社会主义研究中心、中国特色社会主义理论体系研究中心等单位承办的第八届世界社会主义论坛在北京举行。

中国社科院院长王伟光在书面发言中指出，中国特色社会主义既坚持科学社会主义的基本原则，又根植中国大地，反映中国人民意愿，根据时代条件赋予其鲜明的中国特色，在理论上不断拓展新视野、做出新概括。党的十九大召开在即，我们决心为坚持和发展马克思主义做贡献。中央马克思主义理论研究和建设工程咨询委员会主任徐光春在发言中说，党的十八大以来，以习近平同志为核心的党中央带领全国各族人民坚持和发展中国特色社会主义，社会主义的优势、力量和形象得到极大提升和强化，焕发出勃勃生机和旺盛活力。取得这项伟大成就的根本原因在于，中国共产党人既坚持马克思主义普遍真理，又善于从中国实际出发，不断推进理论创新和马克思主义中国化，用创新的理论指导实践创新。

与会学者认为，党的十八大以来，以习近平同志为核心的党中央丰富和发展了中国特色社会主义理论体系，始终坚持用辩证唯物主义和历史唯物主义的立场、观点和方法看待形势；始终坚持把马克思主义的普遍真理与中国具体实践相结合；始终坚持以人民为中心的发展思想；始终坚持党的领导和全面从严治党；始终坚持走和平发展和合作共赢道路，并坚定维护国家核心利益等。

中共中央组织部原部长张全景、中宣部理论局副局长邵文辉等同志参加论坛并与来自16个国家的知名学者、社会活动家以及20个共产党组织的代表围绕“大发展大变革大调整的时代特征与中国特色社会主义”的主题，结合世界政治经济格局及中国特色社会主义的最新发展进行了深入研讨。

（参见《光明日报》2017年10月16日第7版）

第九届中国特色社会主义论坛 11月15—16日，中央党校马克思主义学院和中国马克思主义研究基金会共同举办的第九届中国特色社会主义论坛在北京举行。与会同志围绕“新时代的根据、标志、目标和意义”“党的十九大与社会主义现代化理论的丰富和发展”等议题展开研讨。大家认为，学习贯彻党的十九大精神，首先要认真研读党的十九大报告文本和习近平总书记的著作，在深刻理解党的十九大精神的精髓要义上下功夫。

与会专家提出，党的十八大以来，以习近平同志为核心的党中央带领全党和全国各族人民攻坚克难，推动中国特色社会主义进入新时代。党的十九大报告深刻总结了改革开放以来特别是党的十八大以来的理论成就和实践成就，规划了中国未来30多年的发展路线图。习近平新时代中国特色社会主义思想既指引中国现代化进程也影响世界发展方向，既代表中国人民的利益又有利于增进世界人民的福祉，既为国家治理能力和治理体系现代化提供了方案又为完善全球治理提供了理念。

与会学者表示，理论每前进一步，理论武装就要跟进一步。党校是学习宣传党的创新理论的重要阵地，学习宣传贯彻党的十九大精神特别是习近平新时代中国特色社会主义思想，是各级党校义不容辞的责任。各级党校要以本次论坛为契机，推进党的十九大精神和习近平新时代中国特色社会主义思想进课堂、进教材、进头脑。

中央党校常务副校长兼马克思主义学院院长何毅亭作主题报告。中央党校副校长甄占民，中央党史研究室原副主任李忠杰，中央党校校委委员、副教育长兼科研部主任韩庆祥等150多名专家学者出席论坛。

（参见《光明日报》2017年11月28日第6版）

当代中国马克思主义政治经济学创新与发展高端论坛 11月18日，首都经济贸易大学经济学院和经济纵横杂志社联合举办的当代中国马克思主义政治经济学创新与发展高端论坛暨《经济纵横》编委会议在北京举行。对外经济贸易大学郭飞教授以“朝着共同富裕目标不断前进”、中国人民大学邱海平教授以“从历史视角看新时代中国特色社会主义政治经济学的构建”、首都经济贸易大学张连城教授以“社会主义经济周期的根源、形成机制与稳定增长的制度安排——一个马克思主义经济学制度分析的视角”、首都经济贸易大学杨春学教授以“国家观与中国式治理”、中国人民大学张旭教授以“在实践中构建中国特色社会主义政治经济学”为主题分别做了大会发言。

（首都经济贸易大学科研处李琳供稿）

中国特色社会主义发展规律论坛 11月26日，中国社会科学院重大国情调研项目“贯彻落实新发展理念”和创新工程项目“中国特色社会主义发展规律研究”联合举办、中国社会科学院马克思主义研究院发展研究部协办的中国特色社会主义发展规律论坛在北京举行。

来自中国社会科学院各研究机构、全国高校、国有企业的与会专家学者近20人参加会议。会议的主题是“总结改革开放历史经验、探讨中国特色社会主义发展规律”。

与会学者认为，总结改革开放的历史经验、探索中国特色社会主义发展规律意义十分重大。在总结历史经验基础上实现对规律的认识，这是党的事业的一项必修课。我们党十分重视理论建设，在改革开放实践基础上先后总结出了中国特色社会主义的总依据、基本路线、基本理论、基本纲领、基本经验、基本要求、基本方法、基本方略等，为此积累了丰富经验。现在，需要进一步上升到对新时代中国特色社会主义发展规律认识的高度，从而为决胜全面建成小康社会、实现中华民族伟大复兴中国梦提供强大的理论指导，这对于理论工作者来说既是神圣的使命，也是义不容辞的职责。

与会学者认为，在半个多世纪风起云涌的民族解放运动中，世界上很多发展中国家，无论国家大小、实力强弱，也无论国家性质、发展条件、发展程度如何，都没有做到持之以恒保持长期发展，只有中国成为了全球最耀眼的新兴增长极。中国特色社会主义道路自信、理论自信、制度自信、文化自信已经成为新发展理念最丰富的滋养，是发展理论再次兴盛的最大源泉。中国特色社会主义就是新的发展理论，给世界上那些既希望加快发展又希望保持自身独立性的国家和民族提供了全新选择，提供了中国范本，拓展了发展中国家走向现代化的途径。

（中国社会科学院办公厅刘玉杰编辑、供稿）

2017·马克思主义学科高端论坛 12月9日，发展21世纪中国的马克思主义——2017年马克思主义学科高端论坛在北京举行。来自中国社会科学院、中央编译局、北京大学、中国人民大学、北京师范大学、北京外国语大学、北京交通大学、武汉大学、山东大学、四川大学、苏州大学、东北农业大学、西安交通大学、东北师范大学、福建师范大学、山东师范大学等20余所著名高校、科研院所的马克思主义科研和教学的专家学者40多人出席论坛。

北京外国语大学党委书记韩震教授，中国社会科学杂志社副总编、中国社会科学网总编辑罗文东研究员出席论坛并致辞。会议研讨的主要议题有“我国马克思主义理论学科建设”“学术理论研究与思想阵地建设”“2017年国内外马克思主义发展的新进展和新成果”“2018年马克思主义学科发展的新趋势和新举措”等。会议主要内容有“探讨十九大精神指导下的马克思主义学科发展新要求、新任务”“聚焦2017年度马克思主义学科建设进展”“发展21世纪中国马克思主义的前沿、热点问题”。

论坛由中国社会科学网、北京高校中国特色社会主义理论研究协同创新中心（北京外国语大学）、北京外国语大学马克思主义学院共同主办。

（中国社会科学院办公厅刘玉杰编辑、供稿）

习近平新时代中国特色社会主义思想理论研讨会 日前，教育部高等学校社会科学发展研究中心、赣南师范大学联合举办的习近平新时代中国特色社会主义思想理论研讨会暨《红色文化学刊》办刊座谈会在北京举行。来自中央文献研究室、中央党史研究室、中国社会科学院、中国红色文化研究会、北京大学、复旦大学、东北师范大学等单位的专家学者，聚焦学习领会习近平新时代中国特色社会主义思想，为办好《红色文化学刊》，进一步推进红色文化研究献计献策。

中央文献研究室副主任陈晋指出，党的十九大报告把文化繁荣、文化自信的重要性提升到一个新的高度，成为习近平新时代中国特色社会主义思想的重要组成部分。文化体现的是深层次的精神追求和坚守。文化自信是更基础、更广泛、更深厚的自信，是更基本、更深沉、更持久的力量。坚定文化自信离不开对中华民族历史的认知和运用，特别离不开对中国共产党成立以来领导人民进行革命、建设、改革的历史的认知，离不开党领导人民在革命、建设、改革中创造的革命文化和社会主义先进文化的传承弘扬和创新发展。

中央党史研究室宣教局局长任贵祥表示，习近平总书记在党的十九大报告中指出：文化是一个国家、一个民族的灵魂。文化兴国运兴，文化强民族强，没有高度的文化自信，没有文化的繁荣兴盛，就没有中华民族伟大复兴。红色文化作为优秀文化资源，一直以来都受到党和国家的高度重视，并在革命、建设、改革中不断传承弘扬、创新发展。以习近平同志为核心的党中央高度重视社会主义文化建设，习近平总书记就文化建设和意识形态领域的许多方向性、根本性、全局性问题作出部署，并多次强调“要把红色资源利用好、把红色传统发扬好、把红色基因传承好”。

教育部社科中心主任、《红色文化学刊》编委会主任委员王炳林指出，在深入学习贯彻党的十九大精神之际，研讨如何深化红色文化研究具有重要意义。近年来，高等学校中国共产党革命精神与文化资源研究中心以习近平新时代中国特色社会主义思想为指引，着力开展红色文化研究，取得了可喜成果。我们要共同努力把《红色文化学刊》办成革命精神与文化资源研究的重要平台，鼓励专家学者从多个角度深入解读党的十九大精神，充分阐释研究宣传习近平新时代中国特色社会主义思想的丰富内涵。立足学理性研究，结合党的历史发展，把红色文化与中华优秀传统文化、社会主义先进文化和世界文明成果的研究相结合，推出红色文化研究的学术精品。

赣南师范大学党委书记孙弘安介绍，《红色文化学刊》的主办单位赣南师范大学具有丰富的红色文化资源，近年来学校获批与红色文化有关的国家社科基金重大招标项目、一般项目多项。这为《红色文化学刊》的建设发展提供了丰厚的沃土。《红色文化学刊》主编、赣南师大中国共产党革命精神与文化资源研究中心主任邱小云介绍了《红色文化学刊》的办刊情况，强调该刊将一直坚持政治性、学理性、专域性和创新性的办刊理念。

中国红色文化研究会会长刘润为、中国社科院当代中国研究所副所长张星星、教育部社科中心副主任赵军、北京大学马克思主义学院教授仝华等专家分别就学习习近平新时代中国特色社会主义思想畅谈了心得体会，对《红色文化学刊》的正式出版给予了高度评价，从栏目设置、编辑出版以及文章质量等方面提出了许多意见和建议。

（参见《光明日报》2017 年 12 月 13 日第 11 版）

哲学（含自然辩证法、逻辑学、伦理学、美学）

走向世界的中国哲学社会科学国际论坛 5 月 5 日，在中国社会科学院建院 40 周年之际，由中国社会科学院主办、中国社会科学院国际合作局承办的“走向世界的中国哲学社会科学”国际论坛在北京开幕。中国社会科学院院长、党组书记王伟光出席论坛开幕式并作主旨演讲。开幕式由中国社会科学院副院长、党组成员蔡昉主持。

来自俄罗斯、印度、日本、韩国、越南、老挝、南非、肯尼亚、法国、波兰、挪威、加拿大、澳大利亚等 16 个国家的知名智库、高端科研机构和大学、国际组织领导人以及国内知名专家学者共 150 人参加会议。俄罗斯国际事务委员会执行主席科尔杜诺夫、南非人文科学研究理事会首席执行官苏迪恩在开幕式上作主旨演讲。澳大利亚人文科学院院长费约翰、印度观察家基金会主席库尔卡尼、老挝社会科学院副院长恩格西维丽等专家纷纷表示，愿与中国社会科学院加强交流与合作，共同为促进人文社会科学和人类共同发展做出贡献。

会议期间，国内外专家学者还讨论了“改革创新与实现可持续发展”“全球治理与打造人类命运共同体”“文化多样性与增进文明交流互鉴”“人文社会科学的国际合作展望”等问题。

（中国社会科学院办公厅刘玉杰编辑、供稿）

学习《关于加快构建中国特色哲学社会科学的意见》理论座谈会 中央党校哲学部主办的学习《关于加快构建中国特色哲学社会科学的意见》理论座谈会近日在北京举行，与会者围绕“加快构建中国特色哲学学科体系、学术体系、话语体系”这一主题进行了研讨。

与会者认为，中共中央印发的《关于加快构建中国特色哲学社会科学的意见》，充分体现了习近平同志在哲学社会科学工作座谈会上的重要讲话精神，对繁荣发展我国哲学社会科学具有重要指导意义。哲学是时代精神的精华，是人们认识世界和改造世界的思想武器，是推动历史发展和社会进步的重要力量。在新的历史条件下，我国哲学工作者应增强问题意识和责任担当，不断彰显哲学研究的时代特色、民族特色，加快构建中国特色哲学学科体系、学术体系、话语体系，努力成为加快构建中国特色哲学社会科学的排头兵。

与会者提出，构建中国特色哲学学科体系、学术体系、话语体系，要坚持以马克思主义为指导，以我国国情为研究基点，科学借鉴国外学术思想和学术方法，不断增强创新意识，努力提出具有原创性的理论观点、具有标识性的概念名词和研究范式。当代科学技术的发展进步，不断重塑着哲学的面貌和特征；科学技术领域的重大突破，为哲学发展昭示了新方向。哲学工作者应密切关注科技发展的前沿，将其作为哲学创新的重要立足点。

（参见《人民日报》2017 年 6 月 12 日第 16 版）

第十四届东亚实学国际高峰论坛　11 月 18—19 日，中国实学研究会主办的第十四届东亚实学国际高峰论坛在京召开。与会专家指出，实学这一思想文化能帮助我们更好地了解中国的文化特点及其与世界文化的关系。中华文化具有精神性、综合性、务实性、实践性等特点，致力改善社会和民生，有“经世致用”传统。实学研究具有国际性，中日韩学者可以取长补短。中国实学研究会秉持求真务实的治学理念，凝心聚力、博采众长，构建学术体系，关切时代问题，实心不渝，体现了责任和担当。

有学者认为，实学是中华优秀传统文化中以“经世致用、实体达用、崇实黜虚、知行合一”为宗旨的一门学问，与中国共产党“实事求是”的思想路线一脉相承、高度统一。今后，要坚持“新时代 新实学”的原则，把实学理念运用到社会生活实践的方方面面，构建当代中国新实学。

（参见《北京日报》2017 年 11 月 27 日第 19 版）

政治学（含思想政治工作、党建、统战）

全国高校思政会精神学习座谈会　3 月 29 日，中国传媒大学马克思主义学院召开全国高校思想政治工作会议精神学习座谈会，党委书记陈文申、党校办主任张树庭和马克思主义学院全体教职工参加了会议。座谈会由马克思主义学院院长兼党总支书记张付主持。

陈文申首先认真听取了学院教职工对落实习总书记讲话精神的认识和建言。北京市师德先锋毛明华认为高校思想政治工作的开展以“人心为上”，要使思政课老师每次上讲台都能把自己最好的一面展现出来，就必须理顺、鼓舞老师的人心，为老师们创造更好的环境。研究生思政课教研室主任李静霞指出提高思政课的水平要在人才队伍建设上下功夫，在引进专家的同时减少青年教师发展的障碍。北京市思政课特级教师赵波提出学习习总书记讲话精神的主体不应仅局限于思政课教师，而应扩展到全体教师乃至全民。思政教研室主任张萍指出为了提高思政课质量，需要尊重人文学科的规律，给年轻教师更多成长、磨合的时间。青年教师葛耘娜结合思政课堂的实际状况，提出一是要提高全体教师队伍对思政课的正确认识，二是思政课自身要以内容为重要突破口加以不断改进，提高教学质量。张付从课程建设、学科建设、队伍建设 3 方面汇报了学院领导班子落实习总书记讲话精神的具体设想和措施。

（中国传媒大学文科科研处马奇炎供稿）

加快建立军民融合创新体系研讨会　4 月 9 日，国家战略研究院承办的“加快建立军民融合创新体系”研讨会在京举行。来自中央国家机关、军队有关单位、科研院校、相关大型企业等单位的负责同志和专家共百余人与会，会上就如何加快建立军民融合创新体系、打造军民融合创新服务平台等进行了深入探讨。大家一致认为，加快建立军民融合创新体系，要统一思想认识、凝聚智慧力量，提升战略决策辅助支撑能力。为此，与会单位共同倡议成立中国军民融合智库联盟，建设公益性、开放性、共享性的国家级智库合作平台，使之成为军地协同创新的重要阵地和服务军民融合战略决策的辅助机构。

与会专家认为，加快建立军民融合创新体系，一是要搞好顶层设计和战略筹划，体制与机制同步发力，理论与实践同步推进，示范与重点同步展开，制度与标准同步实施；二是要加快推动国防科技和武器装备军民融合，更加主动地发现、培育、运用可服务于国防和军队建设的前沿尖端技术，最大限度实现军民技术双向转化；三是要着力营造军民融合创新生态，使军地之间技术、人才、资金、政策、管理等创新要素实现深度融合；四是要发挥国家教育资源优势和我军院校特色，进一步创新人才培养模式，走出军民融合治校办学的新路子。

（参见《 光明日报 》2017 年 4 月 10 日第 7 版）

牢固树立“四个意识”，坚持全面从严治党——学习习近平同志关于全面从严治党的重要论述学习座谈会　4 月 13 日下午，党的文献杂志社在北京召开“牢固树立‘四个意识’，坚持全面从严治党——学习习近平同志关于全面从严治党的重要论述”学习座谈会。中央文献研究室主任冷溶主持会议并发言。中央文献研究室副主任兼机关党委书记陈扬勇、中央文献研究室室务委员兼第六编研部主任陈理、中央党校党建教研部教授戴焰军、中央党史研究室研究员齐彪、中国社科院中国特色社会主义研究中心研究员尹韵公、北京师范大学马克思主义学院教授孙秀民、北京市委党校教授姚桓等专家学者分别从全面从严治党的重大意义、重大成就和基本经验，如何把全面从严治党落到实处等不同角度谈了学习体会。

冷溶在发言中指出，党的十八大以来，以习近平同志为核心的党中央在全面从严治党这个重大问题上决心大、要求高、方法硬。总结和研究这几年党中央推进全面从严治党的实践经验，有3个方面的认识和体会。

一是进一步加深对确立习近平总书记核心地位重大意义的认识和理解。党的十八届六中全会的最大亮点、最大历史贡献是正式提出“以习近平同志为核心的党中央”。确立习近平总书记核心地位是党心民心军心所向，是历史的选择，是党和国家事业发展的需要。面对复杂的国内外环境，习近平总书记高瞻远瞩，敢于担当，励精图治，夙夜在公，为党、国家、军队事业发展付出巨大心血，领航中国特色社会主义这艘巨轮破浪前进。党心民心为之一振，党风政风为之一新，中国国际地位和国际影响力极大提高。这一切成就的取得，都是因为有以习近平同志为核心的党中央的坚强领导。

二是进一步加深对全面从严治党重大意义的认识和理解。全面从严治党是党的十八大以来以习近平同志为核心的党中央做出的具有深远历史意义的重大战略举措，有很多新鲜经验和重大成果需要总结。六中全会对全面从严治党重大问题进行专题研究部署，这是党中央根据“四个全面”战略布局对几次中央全会主题的一个整体设计。要深刻认识全面从严治党的重大意义，准确把握全面从严治党基本要求和重点任务，深化对共产党执政规律的认识，继续推进党的建设伟大工程，确保党始终成为中国特色社会主义的坚强领导核心。做到这些，就要认真学好习近平总书记关于全面从严治党的相关论述，真正领会其精神实质。

三是进一步加深对习近平同志系列重要讲话精神和治国理政新理念新思想新战略研究阐释的重大意义的认识和理解。党的十八大以来，以习近平同志为核心的党中央围绕坚持和发展中国特色社会主义，立足新的历史条件下开展具有许多新的历史特点的伟大斗争，勇于推进实践基础上的理论创新，形成了一系列治国理政的新理念新思想新战略，进一步丰富和发展了马克思主义中国化的理论成果。习近平总书记系列重要讲话精神和治国理政新理念新思想新战略，是党的十八大以来党领导人民进行理论创新和实践创新最宝贵的成果，必须充分认识其重大意义、指导作用和历史地位。加强对习近平同志系列重要讲话精神和治国理政新理念新思想新战略，以及相关重大理论问题、现实问题的研究和阐释，为党的十九大的胜利召开营造浓厚氛围，是我们理论工作者义不容辞的重大责任。

参加座谈会的同志们指出，党的十八大以来，全面从严治党取得了显著成绩，也积累了许多重要经验，包括治国必先治党、治党务必从严，注重抓思想教育、坚定理想信念、补足精神之钙，牢固树立“四个意识”、坚决维护中央权威，坚持把纪律挺在前面、严明政治纪律和政治规矩，加强党内监督、发挥巡视利剑作用，坚持从严治吏、以零容忍的态度惩治腐败，坚持思想建党与制度治党、筑牢思想道德防线与扎紧制度笼子相结合，坚持抓常抓细抓长、建立全面从严治党长效化保障体制机制，认真落实全面从严治党主体责任，深入把握党的建设内在规律、及时研究新情况解决新问题等。这些经验反映了我们党在党的建设长期实践中对党的建设规律的深刻认识和思考，值得认真研究和总结。党的十八大以来，全面从严治党的一个突出特点和重要经验，就是抓领导干部特别是高级干部这个“关键少数”，注重以上率下，从制定八项规定、开好民主生活会到开展党的群众路线教育实践活动、“三严三实”专题教育和“两学一做”学习教育活动，都是先从中央委员会、中央政治局、政治局常委会做起。这样做不仅是由领导干部特别是高级干部执掌重要权力的特殊地位所决定的，也是由领导干部特别是高级干部发挥示范作用的特殊职责所要求的，是对党的建设经验的总结和深化。

同志们认为，全面从严治党主要是针对管党治党的“宽、松、软”问题提出的，其重要目的是要在新的形势下，充分发挥群众监督与党内监督的合力，继续探索如何跳出“历史周期律”，保证人民政权江山永固。全面从严治党的提出和实施，其根本目的在于凝聚党心民心，筑牢执政根基。我们做出任何决策、开展任何工作，都应该把人民群众的利益放在心中最高的位置。

同志们认为，把全面从严治党落到实处，需要周密部署、综合施策。应该着重做到3点：一是要辩证地分析和看待全面从严治党遇到的一系列问题和难题；二是要抓住思想建党与制度治党相结合这个关键环节；三是要坚持党内监督与党外监督、预防与惩治、选人用人与加强管理、查找问题与深化改革相结合。有同志着重谈了如何开展党的作风建设的问题，强调开展作风建设重在领导干部练就金刚不坏之身，重在领导干部以身作则，重在长抓不懈、防止一阵风；开展作风建设还要注意研究新形势下党群干群关系呈现出的新特点，把弘扬优良传统与创新方式方法结合起来。还有同志从做好舆论监督的角度指出，全面从严治党离不开党内监督，也离不开人民监督、舆论监督。互联网和新媒体的快速发展，给舆论监督带来了新的特点和变化，怎样认识这些新的特点和变化，发挥好舆论监督功能，更好地为全面从严治党的实践服务，是一个需要认真研究的课题。

（中央文献研究室科研管理部胡昌勇供稿）

十八大以来治国理政的理论与实践学术研讨会　5月6日，中国政治学会主办、对外经济贸易大学国际关系学院承办的中共十八大以来治国理政的理论与实践学术研讨会暨中国政治学会2017年会扩大会议在对外经济贸易大学举行，与会学者围绕党的“十八大以来习近平治国理政新理念新思想新战略”这一主题进行了深入研讨。

对外经济贸易大学党委书记蒋庆哲、中国政治学会会长李慎明、中国政治学会主管单位中国社会科学院政治学研究所副所长冯军、中国政治学会挂靠单位中国社会科学院科研局社团管理处处长方继水出席会议并讲话。来自中国社会科学院、中央统战部研究室、中国教育电视台、清华大学、对外经济贸易大学、吉林大学、南开大学、天津师范大学、中国政法大学、华中师范大学、山东大学、西北政法大学、西北师范大学、山西大学、上海市社会科学界联合会、上海市委党校、四川省社会科学院、新疆大学、济南大学等单位专家学者参会。

与会学者一致认为，党的十八大以来，以习近平同志为核心的党中央，面对国内外的复杂形势，提出了一系列治国理政的重要理论，开创了中国特色社会主义事业的新局面。

（对外经济贸易大学科研处供稿）

第二届中国政治传播研究学术论坛　5月13日，中国传媒大学主办，校文法学部、校政治传播研究所承办的第二届中国政治传播研究学术论坛在新国际交流中心召开。

上午的大会，第一阶段的主题演讲由中国政法大学全球化与全球问题研究所所长蔡拓教授主持，各位嘉宾针对“国家复兴的政治学话语”等主题发表演讲。第二阶段的主题演讲由新华社新闻研究所研究员、中外媒体发展战略研究中心主任唐润华主持。中国传媒大学艺术学部学部长段鹏教授就党管媒体的概念与发展历程发表了演讲。

下午的论坛研讨设有4个分论坛。围绕“公众舆论与政治认同”主题展开交流；探讨中国传媒生态以及媒介发展变化对当前中国政治传播实践的影响；针对“历史视野下的中国政治传播”展开讨论；着力于推进政治传播基础理论与实践的交流等。

本届论坛聚焦于中国国家发展与政治传播相契合的新战略、新问题、新机遇，充分发挥跨学科研究领域的多元视域，跟进全球政治传播研究的新理论与新方法，推动中国政治传播研究进一步向纵深发展，引领中国政治传播研究的未来方向与关切点。

（中国传媒大学文科科研处马奇炎供稿）

党中央治国理政新理念新思想新战略研究结项研讨会　6月12日，“党中央治国理政新理念新思想新战略研究”结项研讨会在北京举行。

该课题研究的重要意义在于通过梳理党中央治国理政新理念新思想新战略对中国特色社会主义理论体系新丰富、新建构，系统解析党的十八大以来我党理论创新的开阔视野和格局，阐释各领域提出的新理念新思想新战略，把握其总体上的理论逻辑，在此基础上为党的十九大以及今后的理论创新方向和着力点提供建议，为中国特色社会主义理论的发展提供学理支撑，为党的十九大召开提供理论准备，创造好的思想舆论氛围。

研讨会上，王伟光做总课题结项报告并介绍了研究背景及意义、研究的主要问题、研究的思路和方法。蔡昉发表讲话。出席会议并讲话的还有中国社会科学院科研局局长马援等。

总课题下设12个研究专题，分别从哲学、党建、文艺、文化、新发展理念、全面从严治党、经济、“三农”、法治、生态文明、外交、历史等12个方面，运用不同的学科理论，系统阐释、深入挖掘习近平总书记系列重要讲话精神和治国理政新理念新思想新战略的内在理论内涵。该课题最终成果形式为专著，共12册，形成了“习近平总书记系列重要讲话精神和治国理政新理念新思想新战略”学习丛书。

子课题负责人汇报了研究成果，专家进行了点评。总课题鉴定专家填写了评阅意见。研讨会由中国社会科学院科研局和中国社会科学出版社共同主办。

（中国社会科学院办公厅刘玉杰编辑、供稿）

《民主的中国进程》图片展及研讨会 日前，为“讲好中国故事”集中展示中国特色社会主义民主政治建设进程和成就，中信改革发展研究基金会联合中国社会科学院专家、学者，在长期研究的基础上，在京举办了《民主的中国进程》图片展及研讨会。

有学者指出，本展览将中国的民主政治用形象的、具有代表性的图片去展示，用简洁的、通俗易懂的文字去阐释，并将图片与文字相结合形成一种生动而直观的展板方式表达，全面展示中国人民探索民主道路的历程，介绍当代中国民主政治的制度、实践和成就，以历史唯物主义观点和生动翔实的文献资料为基础，阐释民主的中国立场，展示民主的中国成果，传递民主的中国主张，向社会宣传中国民主理念。

（参见《北京日报》2017年7月10日第14版）

《将改革进行到底》政论专题片研讨会 8月24日，中宣部召开《将改革进行到底》政论专题片研讨会，总结交流成功做法和经验，共同研讨《将改革进行到底》为做好党的十九大主题宣传提供的有益借鉴。

中央组织拍摄的10集大型政论专题片《将改革进行到底》，紧紧围绕习近平总书记系列重要讲话精神和治国理政新理念新思想新战略，充分反映党的十八大以来以习近平同志为核心的党中央，以高度的政治责任感和强烈的历史使命感，统筹推进“五位一体”总体布局、协调推进“四个全面”战略布局，整体谋划部署党的十八届三中、四中、五中、六中全会确定的改革任务，带领13亿中国人民攻坚克难、砥砺奋进，扎实推进全面深化改革的伟大实践。

《将改革进行到底》播出后，迅速兴起收视热潮。统计显示，全国通过央视屏幕收看这部专题片的观众达到5.17亿人次。播出期间，收看专题片成为广大党员干部每晚的“必修课”，许多百姓家庭也把专题片作为“必追剧”，“凝心聚力话改革，坚定不移促改革”的氛围更加浓厚。

与会的有关部门领导、主创团队负责同志、专家学者围绕《将改革进行到底》的思想内涵、创作导向、表现手法等进行了深入研讨。大家认为，专题片“不落窠臼、不落俗套、引人入胜”，从历史之问、人民之问、时代之问“起笔”，到经济、政治、社会、文化、生态、国防军队、党的建设各领域改革“运笔”，再到人民的获得感幸福感“收笔”，既是对全面深化改革全景式、权威性的梳理总结，又是对全面深化改革工作的再动员、再部署，电视画面大气磅礴、精美新颖，解说词自然朴实、深入浅出，把全面深化改革的舆论宣传推向新的高度。

与会者表示，《将改革进行到底》取得成功，很好地发挥了专题片在传播党的声音、传播先进文化、引领社会思想方面的重要作用。进一步做好党的十九大主题宣传，要始终坚持把习近平总书记系列重要讲话精神和治国理政新理念新思想新战略作为主线，坚持以人民为中心的创作导向，坚持勇于创新、精于创新，用好用活媒体融合发展，持续打造精品力作，掀起迎接党的十九大主题宣传热潮。

据了解，继《将改革进行到底》《法治中国》热播后，《大国外交》等一系列专题片也将陆续与观众见面，不断为党的十九大胜利召开营造良好的思想舆论氛围。

（参见《光明日报》2017年8月25日第1版）

第四届民主与法治学术交流研讨会 8月25—26日，北京市人大制度理论研究会与市委党校政治学教研部共同组织召开了第四届民主与法治学术交流研讨会，主题是“党的十八大以来人民代表大会制度在北京的实践”。市人大制度理论研究会副会长席文启主持会议，中国人大制度理论研究会副理事长张春生出席开幕式并讲话，市人大制度理论研究会会长赵凤山、市委党校校委委员谭继东分别致辞。中央党校、国家行政学院、清华大学、中国人民大学、北京航空航天大学、复旦大学等高校和市委党校、区县党校、部分省市党校系统从事民主法治建设理论和人大制度研究的专家学者参加了会议。

（北京市人大常委会研究室供稿）

党史界召开学习贯彻党的十九大精神座谈会 10月26日，中共中央党史研究室、中国中共党史学会、中国中共党史人物研究会在北京联合召开党史界学习贯彻党的十九大精神座谈会。中央党史研究室主任曲青山，中国中共党史学会、中国中共党史人物研究会会长欧阳淞，中央党史研究室副主任、中国中共党史学会副会长吴德刚、张树军，中央文献研究室副主任陈晋，中央党校原副校长李君如，以及邵维正、杨凤城、姚桓等专家学者与会。大家围绕中国特色社会主义进入新时代、党的理论创新历程、党的十八大以来党的伟大成就和历史经验总结、习近平新时代中国特色社会主义思想的丰富内涵和历史意义、党章的新变化和新特点以及如何以党的十九大精神指导今后工作等主题进行了交流。座谈会由中央党史研究室副主任、中国中共党史学会常务副会长冯俊主持。

曲青山指出，党的十九大以一系列富有创新和说服力的新思想、新论断、新提法、新表述、新要求，深刻回答了新时代坚持和发展中国特色社会主义一系列重大理论和实践问题，进一步深化了我们党对共产党执政规律、社会主义建设规律、人类社会发展规律的认识，升华了马克思主义发展新境界，续写了中国特色社会主义事业新篇章。党史界要发挥自身优势，认真学习领会和深入阐释解读党的十九大的理论创新和理论贡献。要从党的历史高度深刻阐述旗帜问题、核心问题的重要性，充分认识将习近平新时代中国特色社会主义思想写入党章的重大意义，坚决维护以习近平同志为核心的党中央的权威和集中统一领导。

与会专家一致认为，党的十九大是在全面建成小康社会决胜阶段、中国特色社会主义进入新时代的关键时期召开的一次十分重要的大会，在我们党和国家的发展进程中具有极其重大的历史意义和现实意义。党的十九大高举中国特色社会主义伟大旗帜，站在历史和时代的高度，全面总结了党的十八大以来党和国家事业的历史性变革，系统阐述了习近平新时代中国特色社会主义思想，对决胜全面建成小康社会、开启全面建设社会主义现代化国家新征程做出了全面部署，对新时代进行伟大斗争进行了战斗总动员，对新时代建设伟大工程做出了战略总部署，对新时代推进伟大事业明确了行动纲领，对新时代实现伟大梦想绘制了宏伟蓝图，是我们党进入新时代、踏上新征程、书写新篇章的政治宣言和行动纲领，是马克思主义的光辉文献。学习宣传好、贯彻落实好党的十九大精神，是当前和今后一个时期全党全国各族人民的首要重大政治任务，更是党史界的首要重大政治任务。全国党史系统和广大党史工作者要以习近平新时代中国特色社会主义思想为指导，把党的十九大精神全面贯彻落实到各项工作之中，在新的起点上不断开创党史工作新局面。

（参见《光明日报》2017 年 10 月 27 日第 4 版）

学习贯彻党的十九大精神理论研讨会　10 月 27 日，国家行政学院学习贯彻党的十九大精神理论研讨会暨党委理论中心组集体学习会议在北京举行。

国家行政学院党委副书记、常务副院长马建堂指出，学习贯彻党的十九大精神，要深入学习和把握“新时代”，以马克思主义历史观和时代观准确理解党和国家所处的历史方位；要深入学习和把握“新思想”，深刻领会习近平新时代中国特色社会主义思想彰显的 21 世纪中国马克思主义的强大真理力量；要深入学习和把握“新征程”，为决胜全面建成小康社会、开启全面建设社会主义现代化国家新征程贡献力量；要深入学习和把握“行动纲领”，深刻领会把握党中央治党治国治军、内政外交国防一系列重大战略部署。

马建堂强调，全院各部门、各单位、各支部要按照院党委部署，迅速行动起来，认真组织好学习宣传和贯彻落实工作。要大力做好党的十九大精神进课堂、进教材、进头脑，大力推动党的十九大精神落实到教学培训、科研咨询、管理服务、党的建设等各个方面、各个环节，以学习贯彻落实党的十九大精神为强大动力，加快建设国际一流行政学院和国家高端智库。

发言主题：政治学教研部教授刘峰“坚持和加强党的全面领导，既要政治过硬又要本领过硬”，政治学教研部教授许耀桐“发展社会主义民主政治的丰富内涵”，政治学教研部教授范文“习近平新时代中国特色社会主义思想的理论创新”，法学教研部主任胡建淼教授“新时代中国特色社会主义思想开启了全面依法治国新征程”，公共管理教研部主任王满传教授“领会好服务好深化行政体制改革的新部署”，经济学教研部主任张占斌教授“新时代的主要矛盾与深化供给侧结构性改革”，政治学教研部主任时和兴教授“全面领会我国发展新的历史方位”，社会和文化教研部主任祁述裕教授“坚定文化自信，推动中国特色社会主义文化繁荣昌盛”，应急管理培训中心（中欧应急管理学院）主任（院长）马宝成“深入学习贯彻党的十九大精神，努力做好新时代公共安全与应急管理工作”，国家行政学院公共管理教研部教授薄贵利“加快建设人才强国，坚定实施人才强国战略”，国家行政学院党委委员、副院长陈立“深入推进党的建设新的伟大工程，坚持和加强党的全面领导”。陈立在会议总结中指出，院党委组织召开这样一个高层次、高质量的研讨会，既是党委中心组集体理论学习又是专题理论研讨会，十分必要，十分及时。马建堂同志的讲话对党的十九大精神及其重大历史意义进行了全面解读，对当前和今后一段时期学院学习贯彻党的十九大精神系列活动进行了部署。学院各支部务必按院党委统一部署，精心组织谋划，迅速兴起学习宣传贯彻党的十九大精神的热潮，把全体教职工的思想统一到党的十九大精神上来，把力量凝聚到实现党的十九大提出的目标任务上来，用习近平新时代中国特色社会主义思想指导国家行政学院工作实践。会后，科研部和各教研部要根据党的十九大精神，做好未来5年重大课题的设计调研，推动新时代行政学院事业迈上新台阶。

（国家行政学院科研处刘斌供稿）

学习贯彻党的十九大精神，促进新时代社会建设健康发展研讨会　10月30日，国家行政学院社会和文化教研部举办“学习贯彻十九大精神，促进新时代社会建设健康发展”研讨会。学院党委委员、副院长陈立出席研讨会并作重要讲话。来自党政机关、高等院校及科研院所社会领域专家学者，社会和文化教研部教师、博士后、博士生，新闻媒体代表共40余人参加。

陈立在讲话中指出，党的十九大是党在全面建成小康社会决胜阶段召开的一次十分重要的会议，它标志着中国特色社会主义进入新时代。党的十九大报告举旗定向、总揽全局，充分体现了大国大党的历史观和时代观，指明了党和国家前进的方向，是马克思主义的重要文献，高瞻远瞩的政治宣言，划时代的理论丰碑，也是实现中华民族伟大复兴中国梦的行动纲领。报告全面总结了党的十八大以来社会建设取得的伟大进展。以习近平同志为核心的党中央坚持以人民为中心的发展思想，顺应人民群众对美好生活的向往，人民的参与感、获得感、安全感、幸福感显著增强，人民生活不断改善。报告也指出了我国面临的问题和挑战，明确了新时代社会建设的主要任务是优先发展教育事业，提高就业质量和人民收入水平，加强社会保障体系建设，坚决打赢脱贫攻坚战，实施健康中国战略，打造共建、共治、共享的社会治理格局，有效维护国家安全。

陈立强调，学习贯彻党的十九大精神必须坚持中国共产党的领导，紧紧团结在以习近平同志为核心的党中央周围，坚决维护以习近平同志为核心的党中央权威。对于理论工作者而言，要全面理解新时代中国特色社会主义理论体系，用理论和政策创新推动社会建设的进步发展。陈立提出，新时代的理想社会治理要突出底线思维，突出重点，完善制度，引导预期，抓住人民群众最关心、最直接、最现实的利益问题，尽力而为又要量力而行。最终实现人人心情顺朗、忧愁减少、财富增加、文明程度提高的目标，开创新时代中国特色社会建设的新局面。

研讨会上，民政部社会组织管理局巡视员、副局长廖鸿指出，党的十九大报告共有5处对社会组织的论及，要加强人才队伍建设、提升组织质量、强化监管，保证新时期社会组织健康发展；中国人民大学副校长洪大用教授指出，新时期社会建设应加强心理服务体系建设，培育一种自尊自信、理性平和、积极向上的社会心态；全国政协委员、清华大学公共管理学院副院长王名教授认为，报告关于社会治理中包含着政策体制、思想理念、以及观念价值3个层面的创新，需要我们深入理解和对接实践；北京大学社会学系王思斌教授认为，人民的幸福感、获得感、安全感需要通过社会福利制度的完善来保障，同时要提升人民的能力，促进社会的参与和主体性；南都公益基金会理事长、中国慈善联合会副会长徐永光认为，社会组织在化解社会主要矛盾方面具有很大作用，应通过切实落实税惠政策，助力社会组织激发活力和参与供给侧的社会服务；中国人民大学公共管理学院毛寿龙教授认为，新时代社会治理需要解决信用问题，社会价值链应以信用为前提、以秩序为基础，这是下一步的价值增长点；北京师范大学社会学院傅昌波教授提出，智慧治理是实现“四化”的重要途径，它需要政府进一步更新理念、完善智慧治理的基础设施；深圳国际公益学院黄浩明教授指出，报告提出以人民为核心，这就需要社会建设要进一步从社区文化建设、社区社会组织能力建设、社区治理效果评估等方面加强社区治理体系的完善。北京师范大学社会发展与公共政策学院陶传进教授指出，社区治理要落实基层群众自治和居民当家做主，党的领导在社区层面要在基层自治中发挥引导、支持和保障作用。各位专家学者进行了充分的交流研讨，畅谈学习党的十九大报告中关于社会建设思想的初步成果。

社会和文化教研部主任祁述裕教授致欢迎辞，会议由副主任马庆钰教授主持，副主任丁元竹教授作总结。人民网、《新华文摘》、《中国科学报》、《中国社会组织》、《行政管理改革》等新闻媒体代表出席此次研讨会。

（国家行政学院科研处刘斌供稿）

学习宣传贯彻党的十九大精神座谈会　10月31日

下午，北京市委宣传部、北京市中国特色社会主义理论体系研究中心、北京市社会科学界联合会、北京日报社共同举办首都理论界学习宣传贯彻党的十九大精神座谈会。市委常委、宣传部部长、市中国特色社会主义理论体系研究中心主任杜飞进出席并做讲话。市委宣传部副部长、市中国特色社会主义理论体系研究中心常务副主任韩昱主持。

中央党校校委委员韩庆祥教授，教育部高等学校社科发展研究中心主任王炳林教授，中国社会科学院信息情报研究院副院长辛向阳研究员，清华大学国情研究院院长胡鞍钢教授，中国人民大学校长助理、马克思主义学院院长郝立新教授，中央民族大学校长黄泰岩教授，北京日报社党组副书记、总编辑赵靖云，北京市社会科学院党组书记、院长王学勤等在会上发言，畅谈了学习党的十九大精神的心得体会。

与会者一致认为，党的十九大是在全面建成小康社会决胜阶段、中国特色社会主义进入新时代的关键时期召开的一次十分重要的大会，是党和国家事业发展史上的一个重大里程碑。习近平总书记代表十八届中央委员会所做的报告，深刻回答了事关党和国家长远发展的一系列重大理论和实践问题，提出了一系列新的重大思想观点、重大判断、重大举措，指明了实现“两个一百年”奋斗目标和中华民族伟大复兴中国梦的前进方向，是中国共产党团结带领全国各族人民在新时代坚持和发展中国特色社会主义的政治宣言和行动纲领。大家表示，要深入学习贯彻党的十九大精神，以习近平新时代中国特色社会主义思想为指导，为全面建成小康社会、奋力夺取新时代中国特色社会主义伟大胜利贡献力量。

杜飞进在讲话中指出，党的十九大是一次不忘初心、牢记使命、高举旗帜、团结奋进的大会，是在新的历史起点上开启党和国家事业新征程的一次大会，是迈向中华民族伟大复兴的重要一步。习近平总书记的报告通篇贯穿习近平新时代中国特色社会主义思想，闪耀着马克思主义真理光芒，具有强大的政治感召力、历史穿透力、理论说服力、实践指导力。他强调，认真学习宣传贯彻好党的十九大精神，是当前和今后一个时期全市的头等大事。全市宣传部门和社科理论界要充分认识十九大的重大意义，牢牢把握“新成就”“新时代”“新使命”“新思想”“新判断”“新方略”“新征程”“新部署”“新要求”，加强对党的十九大精神的研究阐释和宣传解读，坚持正确方向，坚定理论自信，坚持问题导向，强化责任担当，为开拓北京发展新境界做出贡献。

首都社科理论界专家代表，市属社科理论单位负责人，各区委、各工委宣传部门有关负责人，市社科类社会组织代表和媒体记者等近百人参加了座谈会。

（北京市中国特色社会主义理论体系研究中心办公室供稿）

首都党史界学习宣传贯彻党的十九大精神座谈会 10 月 31 日，首都党史界召开座谈会，学习宣传贯彻党的十九大精神。与会专家一致认为，党的十九大在党和国家发展进程中具有重大历史意义和现实意义。市中共党史学会会长、中国人民大学教授杨凤城从国家发展阶段、社会主要矛盾变化、党的执政能力和领导水平、中国的国际地位等方面谈了他对中国特色社会主义进入新时代的理解。市委党史研究室主任李良指出，党史部门学习宣传贯彻党的十九大精神，主要在 5 个方面下功夫：一是抓好党的十九大精神学习。要按照中央和市委的统一部署，结合党史工作，带着问题反复学习，真正学懂弄通，悟深悟透。二是抓好党史研究。要立足党的历史和党史工作，紧密结合党的十九大报告，扎实开展专题研究。三是记录好习近平新时代中国特色社会主义思想在北京的生动实践。坚持“一突出、两跟进”，及时记录党的十八大以来北京市取得的辉煌成就。四是大力宣传党的十九大精神。充分发挥党史部门优势，准确把握群众感兴趣的话题，深入基层开展宣传，让党的十九大精神深入人心。五是把握几个重要时间节点做好相应工作，向节点要亮点，深入开展党史研究和宣传。

（北京市委党史研究室高俊良供稿）

学习贯彻党的十九大精神研讨班 11 月 1—4 日，中宣部在京举办学习贯彻党的十九大精神研讨班，深入学习领会大会精神，培训地方宣讲骨干，对学习贯彻党的十九大精神基层宣讲工作作出安排。

与会同志认真学习领会党的十九大报告和党章，学习领会习近平新时代中国特色社会主义思想，学习领会中央宣讲团动员会精神，听取了中央宣讲团首场宣讲报告，并就创造性开展基层理论宣讲工作，进行了经验交流和深入研讨。大家认为，党的十九大是我们党的历史上具有里程碑意义的一次代表大会，大会取得的政治成果、理论成果、实践成果，做出的重大战略部署和重大创新举措，必将对今后一个时期党和国家事业发展产生重大而深远的影响。大会把习近平新时代中国特色社会主义思想确立为党的行动指南，实现了党的指导思想的又一次与时俱进，为在新的时代条件下坚持和发展中国特色社会主义提供了新的科学理论指引。

大家表示，学习好、宣传好、贯彻好党的十九大精神，是当前和今后一个时期首要政治任务。要坚持读原著、学原文、悟原理，在学懂弄通做实上下功夫，深刻理解和把握习近平新时代中国特色社会主义思想的指导意义、历史地位、丰富内涵、精神实质和实践要求，用马克思主义中国化最新成果武装头脑、指导实践、推动工作。大家表示，要按照中央的要求和部署，认真组织好面向基层的面对面、互动化宣讲，紧密联系干部群众的思想实际、工作实际，注重问题导向、注重解疑释惑，回应干部群众关注关切，进一步增强宣讲的针对性和实效性，把党的十九大精神讲清楚、讲明白，让老百姓听得懂、能领会。

各地党委宣传部门有关负责同志、讲师团长、理论处长，基层理论宣讲先进典型代表参加了研讨班。

（参见《光明日报》2017年11月6日第3版）

学习十九大精神 贯彻新发展理念 建设现代化经济体系理论研讨会 11月1日上午，国家行政学院经济学教研部、决策咨询部和公共经济研究会共同举办“学习十九大精神 贯彻新发展理念 建设现代化经济体系”理论研讨会。国家行政学院党委委员、副院长陈立出席会议。

陈立指出，党的十九大是我们党和国家历史上具有划时代意义的重要大会，标志着中国特色社会主义进入了新时代，我国发展处于新的历史方位。习近平总书记所做的党的十九大报告大气磅礴、内涵丰富，报告中一系列新思想、新论断、新提法、新举措，为中国特色社会主义事业描绘了新蓝图、指引了新方向。我们召开这次理论研讨会是贯彻落实党的十九大精神的重要举措，研讨会的主题是建设现代化经济体系，这是当前我国经济转型期急需解决的重大问题，也是社会主义现代化建设的迫切要求。新时代我们要坚持创新、协调、绿色、开放、共享五大发展理念，发挥市场在资源配置中的决定性作用，进一步转变政府职能，深化简政放权，构建起良好的现代化经济体系，为建设伟大事业、实现伟大梦想打下坚实基础。

国家行政学院原副院长，公共经济研究会会长韩康在致辞中指出，当前正值党的十九大闭幕不久，我们邀请校内外专家齐聚一堂共同研讨学习党的十九大报告内容，尤其针对经济领域中建立现代化经济体系的重大问题进行研讨，具有十分重要的意义，希望通过本次研讨会专家学者们的研讨与交流，思想相互碰撞，全面地理解和吃透中央的“顶层设计”，为构建现代化经济体系，提升我国经济发展质量和效益，提高国家竞争力提出有价值的观点和建议。

与会专家们紧紧围绕什么是现代化经济体体系、构建现代化经济体系的障碍以及如何构建现代化经济体系等问题进行了发言和研讨。大家一致认为，党的十九大报告中对社会主要矛盾变化的论述是一个重大的论断，是对我国经济社会做出的重大判断，新矛盾将是推动我国开展社会主义现代化建设事业的重要动力。专家们还认为，构建现代化经济体系的关键是处理好政府与市场关系，要发挥市场在资源配置中的决定性作用，有效市场和有为政府相互结合；在构建现代化经济体系的微观层面，要深化国有企业改革，提高国有经济的质量和效率，加强立法保障民营企业家的财产权利，激发和保护企业家精神，提高民营经济活力；新时代构建现代化经济体系还要通过深化改革，以供给侧结构性改革为主线，实施创新驱动战略，解决发展中不平衡、不充分的问题。

会议最后，国家行政学院经济学教研部主任张占斌做会议总结。他指出本次研讨会以现代化经济体系建设中存在的问题和实施路径为导向，围绕党的十九大报告中构建现代化经济体系的基本框架、主要内涵、衡量标准、存在短板及今后改革的重点任务进行了认真的研讨，对什么是现代化经济体系以及如何构建现代化经济体系有了更加清晰的认识和理解。下一步，我们要继续围绕这些重大问题进行研究，做好党的十九大精神进教材、进课堂、进头脑工作，提升教学、科研和咨询工作水平。

参加本次会议的领导和嘉宾还有全国政协委员、财政部科研所原所长贾康，国有重点大型企业监事会原主席季晓南，中国社会科学院经济研究所、公共经济研究会副会长高培勇，中央党校马克思主义理论教研部原主任、公共经济研究会副会长周为民，国家行政学院经济学教研部原主任、公共经济研究会副会长王健、国家行政学院原教务部主任丁文锋、中国人民大学副校长刘元春，中国社会科学院工业经济研究所所长黄群慧，国家行政学院决策咨询部副主任董小君，国家行政学院生态文明研究中心主任、公共经济研究会中国乡村文明研究中心主任张孝德，国家行政学院决策咨询部副主任王小广，经济研究参考杂志社社长高进水，中国经济时报理论部主任周子勋等。经济学教研部、决策咨询部和公共经济研究会的教师们一同参加了会议。会议由经济学教研部副主任张青主持。

（国家行政学院科研处刘斌供稿）

党的十九大精神高端理论研讨会　11月1—2日下午，中国人民大学主办，国家发展与战略研究院承办的两场党的十九大精神高端理论研讨会先后在中国人民大学明德主楼召开。研讨会汇聚了中国人民大学国际关系学院、马克思主义学院、哲学院、经济学院、公共管理学院、国家发展与战略研究院近30位知名教授和学者，以解读领会党的十九大文本和系列重要精神，推动理论基础和理论体系的深度研究为目标，开展深入研讨和交流。中国人民大学校长、国家发展与战略研究院院长刘伟出席会议并致辞，中国人民大学副校长、国家发展与战略研究院执行院长刘元春主持研讨会。与会专家和学者围绕新时代历史方位、党的建设、社会主要矛盾的转变、外交领域的新特点、依法治国、合宪性审查、社会主义生态文明观、国家治理体系和治理能力的现代化等党的十九大文本内容和重要精神进行了主题发言和研讨。

（中国人民大学科研处关晓斌供稿）

党的十九大与中国发展道路研讨会　日前，在国防大学国际防务学院举行“党的十九大与中国发展道路”国际研讨会。在这里学习的78个国家的137名外国高级军官，与来自中国军方人员、党的十九大代表进行互动研讨。外军学员纷纷点赞党的十九大，期待中国在中国共产党领导下继续为推动世界和平与发展做出新的更大贡献。

“过去5年，中国在经济、国防建设等领域取得了巨大成就，这一切都离不开中国共产党的领导。十九大展示了中国共产党的凝聚力，这是一个富有远见的政党，顺应民意，凝聚民心，确保中国不断发展进步。”巴基斯坦拉希德准将对中国近年来的发展赞不绝口。

阿根廷多斯上校则认为，中国特色最重要的特征就是具有远景规划能力。

“中国这几年的发展成就举世瞩目，首先是信任。中国的成功是在过去几十年取得成功的基础之上得出的，世界上没有任何一个国家和政治力量能够取得像中国过去几十年所取得的巨大成功，这是具有历史意义的成就。”斯洛文尼亚前总统达克洛·图尔克告诉记者，“中国的发展和世界的发展已经密不可分，未来这样的关系也有赖于中国和世界其他大国之间的伙伴关系。”

“所谓中国智慧和方案，最重要的经验就是中国特色，是将马克思主义基本原理同中国实践相结合。发展中国家借鉴中国的发展方式，也需要结合本国情况。”国务院发展研究中心副主任隆国强说。

此前，这些在国防大学国际防务学院学习的外国军官在上海参观了中共一大会址，了解中国共产党的发展历程。外军学员普遍认为，快速发展的中国，正不断向世界提供中国机遇、中国方案以及中国力量。他们相信，中国梦的实现不仅造福中国，也将造福世界。

“中国是真心想帮助非洲国家，经常为一些需要帮助的国家提供无偿援助。”尼日利亚约瑟夫海军上校表示，中国一向重视发展与其他国家的友好关系，作为安理会常任理事国，中国不仅在行动层面参与联合国维和任务，而且在决策层面一直发挥着积极作用。

斯里兰卡加米格海军准将对党的十九大报告当中关于国防和军队建设部分十分关注。他认为：“十九大报告提出坚持走中国特色强军之路，全面推进国防和军队现代化，这对世界而言是一大利好。我们相信中国共产党领导下的中国军队一定会建设成为一支强大的军队，不仅有能力保卫中国和中国人民，而且还会继续为推动世界和平与发展做出新的更大贡献。”

党的十九大报告重申了中国的全球化愿景：坚持推动构建人类命运共同体。研究班的高级军官绝大多数都来自“一带一路”沿线国家。作为“一带一路”倡议的大型区域性旗舰项目，中巴经济走廊计划总投资额高达数百亿美元，将通过建设一条基于公路、铁路和能源管道的走廊，将中国西部与巴基斯坦海港城市瓜达尔连接起来。这个项目计划在15年内分成4个阶段完成，涉及51项工程。巴基斯坦海军上校沙夫夸特表示：“正如我国总理所说，它将改变巴基斯坦的格局。一些沿途村庄将成为货运中转站，将刺激经济和社会的变革。经济走廊可以提供就业机会，克服失业和贫困。”

（参见《光明日报》2017年11月2日第9版）

“中共十九大：中国发展和世界意义”国际智库研讨会　11月16日，“中共十九大：中国发展和世界意义”国际智库研讨会在京举行。中共中央政治局委员、中宣部部长黄坤明出席并发表题为“中国开启新征程 世界发展新机遇”的主旨演讲。

黄坤明指出，党的十九大聚焦人民对美好生活的向往，制定了新时代中国特色社会主义的行动纲领和发展蓝图，具有划时代的里程碑意义。大会最重要的历史性贡献就是将习近平新时代中国特色社会主义思想，确立为中国共产党必须长期坚持的指导思想。这一思想是指引当代中国发展的科学理论，也是认识中国、解读中国的根本指南。

黄坤明指出，中国特色社会主义进入新时代，对中国发展具有全局性、根本性的意义，也将深刻影响世界。在新的征程上，中国党和人民将更加自觉地坚持以习近平新时代中国特色社会主义思想为指导，全面推进中国特色社会主义伟大事业，创造更加美好的幸福生活。新时代的中国发展将为世界带来更多机遇，中国愿同各国一道努力，共同建设更加美好的世界。希望中外智库积极介绍党的十九大，全面深入研究中国共产党，加强真诚交流、务实合作。

国际智库研讨会由中国社会科学院、中国国际经济交流中心联合主办，中国有关部门负责人和知名学者以及来自31个国家地区的智库专家、前政要共240余人参加。

（参见《光明日报》2017年11月17日第4版）

清华国家形象论坛 11月26日，以“‘一带一路’与品牌中国”为主题的2017清华国家形象论坛在京举行。清华大学副校长杨斌表示，国家形象建设不仅是提升文化自信，促进文化共同繁荣的实践与创新，更是彰显大国责任与担当的重要体现。在习近平新时代中国特色社会主义思想的引领下，国家形象研究实践应紧密结合“一带一路”倡议和要求，讲好中国故事，传播好中国声音。

人民日报社副总编辑张首映出席开幕式，呼吁学术界和新闻界携起手来，为“一带一路”建设增添正能量、增强智慧力。清华大学新闻与传播学院院长、国家形象传播研究中心理事长柳斌杰指出，国家形象的塑造必须落实在具体的品牌建设中，要提升品牌的生产能力、加强品牌的技术创新能力、培养品牌消费能力、构建中国品牌的国际传播能力。

开幕式上，清华大学出版社与清华大学国家形象传播研究中心还联合举行了《国家形象：创新与融合》的新书发行仪式。清华大学国家形象传播研究中心发布了《大数据中国家形象》研究成果和《特色小镇品牌传播力指数》。

（参见《光明日报》2017年11月28日 第4版）

学习宣传贯彻党的十九大精神理论研讨会 11月28日，中共中央文献研究室和中国中共文献研究会在北京举办“学习宣传贯彻党的十九大精神”理论研讨会。来自中央纪委、中央对外联络部、中央文献研究室、中央党史研究室、国家发展和改革委员会、中国社会科学院、国家行政学院、中国人民解放军军事科学院、中国光大集团等部门的领导和专家学者共100余人参加会议。中央文献研究室主任、中国中共文献研究会会长冷溶出席会议并做主旨发言。中央文献研究室副主任、中国中共文献研究会副会长陈晋主持会议。

冷溶在致辞中指出，党的十九大举国关心，举世瞩目，意义重大。这是在全面建成小康社会决胜阶段、中国特色社会主义进入新时代的关键时期召开的一次十分重要的大会，是在新的历史起点上开启党和国家事业新征程的一次大会，是在党的历史上具有里程碑意义的一次大会。当前，全党首要的工作，就是抓好党的十九大精神的学习宣传和贯彻落实，把思想统一到习近平新时代中国特色社会主义思想上来，把力量凝聚到实现党的十九大确定的各项任务上来。

在致辞中，冷溶围绕新时代坚持和加强党的全面领导问题谈了学习体会。他指出，关于全面从严治党，报告在四个地方作了重点阐述。一是在“过去五年的工作和历史性变革”部分，系统回顾和总结了党的十八大以来以习近平同志为核心的党中央抓全面从严治党的历程及取得的显著成效。二是在“新时代中国共产党的历史使命”部分，把推进伟大工程作为党的历史使命的重要内容，而且放在起决定性作用的地位。三是在“新时代中国特色社会主义思想和基本方略”部分，把明确党是中国最高政治领导力量，坚持党对一切工作的领导，坚持全面从严治党，作为习近平新时代中国特色社会主义思想的重要内涵并做出深刻阐述。四是在“坚定不移全面从严治党，不断提高党的执政能力和领导水平”部分，提出新时代党的建设总要求。这是党的十九大在党的建设上的一个重大贡献。冷溶指出，准确理解和把握报告关于新时代坚持和加强党的全面领导的有关论述和思想，有3个问题很重要。一是要充分认识全面从严治党永远在路上的重大意义。二是要充分认识坚持和加强党的全面领导的重大意义。三是要充分认识加强党的政治建设的重大意义。

冷溶指出，把党建设好，最重要的就是要维护党中央的权威，维护习近平总书记这个核心。我们要把学习宣传贯彻党的十九大精神与用习近平新时代中国特色社会主义思想武装全党紧密结合起来，与推动全党进一步牢固树立“四个意识”、坚决维护习近平总书记的核心地位紧密结合起来。一定要认识到，只有党坚强有力，党的核心坚强有力，我们才能战胜困难，达到目标。

与会专家学者围绕党的十九大精神，对中国特色社会主义进入新时代、我国社会主义主要矛盾的转化、坚持以人民为中心的思想、统筹推进“五位一体”总体布局、构建人类命运共同体、习近平强军思想、反腐败斗争等问题进行了深入研讨。

会议后召开了中国中共文献研究会第二届理事会第四次扩大会议，回顾了研究会一年来的工作，提出把学习宣传贯彻党的十九大精神作为文献研究会的首要政治任务来抓，并对研究会人员变动、年检和经费情况做了说明。

（中央文献研究室科研管理部胡昌勇供稿）

第二届（2017）中国民主发展论坛研讨会　11 月 29 日，中国社会科学院政治学研究所主办的第二届（2017）中国民主发展论坛研讨会在北京开幕。来自北京大学、清华大学、中国人民大学、中国政法大学、国家行政学院、南京大学、华东政法大学、中国社科院、四川省社科院以及来自浙江省温岭市和实际部门工作者，共计 40 余人参加了会议。

中国社会科学院政治学研究所所长房宁研究员在开幕式上发言。开幕式由中国政治学研究所民主建设研究首席专家周少来研究员主持。

会议研讨的主要议题有“民主与国家治理现代化”“新时代的民主政治建设”“民主建设的文化维度”“地方治理与民主实践创新”等 。

（中国社会科学院办公厅刘玉杰编辑、供稿）

第二届中国—中亚政党论坛　12 月 1 日，以“引领地方合作，共建‘一带一路’”为主题的第二届中国—中亚政党论坛在京举行。中共中央对外联络部部长宋涛出席开幕式并讲话。

“一带一路”建设是各国共享的百花园，也是各方共同参与的交响曲。宋涛指出，政党作为各国政策的源头，作为民意和舆论的引导者、塑造者，尤其需要发挥好政治引领作用，各国政党要肩负起增进战略互信、凝聚党派共识、加强行动协调、促进民心相通、夯实民意基础的责任，进一步凝聚战略共识，明确合作方向，强化行动协调，同心、同向、同力推进“一带一路”建设。

推进“一带一路”建设正式写入中国共产党章程，充分体现了中国共产党对外开放、造福人类的坚强意志和决心。中亚是“一带一路”建设的关键地区，也是“一带一路”建设早期收获的聚集地区，各国地方间合作最接地气、最利民生，最能够使各国人民直接享受“一带一路”建设带来的实际利益，也最能够向世界展示“一带一路”的巨大潜力。宋涛表示，中国共产党愿同中亚国家政党密切政策沟通、引领民心相通、促进交流合作，为构建人类命运共同体做出重要贡献。

第二届中国—中亚政党论坛是在中国共产党与世界政党高层对话会框架下举办的，来自中亚五个国家的 60 多名代表出席。与会者表示，本届论坛提供了共商合作、共谋发展的重要机遇，为推动“一带一路”建设及其框架下的中国与中亚各领域合作发挥重要作用。

（参见《光明日报》2017 年 12 月 2 日第 2 版）

第三届中非政党理论研讨会　12 月 1 日，主题为“构建中非命运共同体：政党的使命和作用”的第三届中非政党理论研讨会在京闭幕。

来自中国共产党和安哥拉人民解放运动、布隆迪保卫民主力量、吉布提争取进步人民联盟等 19 个政党的百余名代表出席会议。各党代表围绕中非命运共同体建设所面临的机遇与挑战，政党如何引领中非命运共同体建设等议题进行了深入研讨。

各党代表高度评价中非各领域合作的飞速发展，认为中国与非洲具有共同的历史经历、共同的发展任务、共同的战略利益，是相互依存、休戚与共的命运共同体。党的十九大提出推动构建新型国际关系，推动构建人类命运共同体的主张，为中非关系发展和中非命运共同体建设描绘出更加光明、灿烂的前景。

与会代表一致认为，中非政党应进一步加强各领域的交流与合作，在中非命运共同体构建中发挥更加显著的政治引领作用。各党代表充分肯定中非政党理论研讨会机制在推动中非政党集体对话、交流互鉴方面的积极作用，认为本届会议在前两届研讨会的基础上，进一步加深了中非政党的相互了解，加强了中非在执政理念、发展战略上的交流与对接。各党将继续通过这一多边政党交往平台展示团结，向世界发出共同声音，为建设相互尊重、公平正义、合作共赢的新型国际关系提供中国与非洲的方案，为构建人类命运共同体贡献中国与非洲的智慧。

各党代表还相互交流了各自国家近年来的经济社会发展成就，介绍了各自政党关于推进发展、改善民生的思路、政策及举措，认为中非执政党在取得了显著执政成就的同时仍面临着不少挑战，应不断提升自身治理水平和执政能力，实现本国经济社会快速发展。

与会非洲政党代表听取了中方关于中国共产党第十九次全国代表大会情况的介绍，赞赏党的十八大以来在改革开放和社会主义现代化建设上所取得的历史性成就，认为中国特色社会主义进入新时代拓展了发展中国家走向现代化的途径，相信在人类命运共同体理念指引下，中非关系将进一步发展深化，为建设持久和平、普遍安全、共同繁荣、开放包容、清洁美丽的世界做出更大贡献。

（参见《光明日报》2017 年 12 月 2 日第 2 版）

第四届政治传播与社会发展论坛　12 月 2 日，由中国社会科学院大学、中央团校主办的第四届“政治传播与社会发展”论坛举行。来自北京大学、清华大学、中国人民大学、中国外文局等近 30 所高校、相关单位的学界业界人士参加了论坛，围绕“全球化与逆全球化背景下的国际政治传播”这一主题展开研讨。

本次论坛还特设 3 个研究生专场。论坛由中国社会科学院大学新闻传播学院、中央团校科研处承办，中国社会科学院大学政治传播研究中心（原中国青年政治学院政治传播研究中心）执行。

［中央团校（中国青年政治学院）科研部供稿］

第十届中美政党对话　12 月 4 日，第十届中美政党对话在京举行。

中共中央对外联络部部长宋涛出席开幕式时说，中美两国政治家、战略界人士聚集北京，在中国共产党与世界政党高层对话会框架下，围绕“中国与美国：新起点、新机遇、新合作”的主题开展对话，具有特殊重要意义。

宋涛说，中美政党对话将为中美两个大国履行好推动世界更好发展、发展新型大国关系、构建人类命运共同体、建设美好世界的责任发挥重要作用。双方应增进相互了解，共同推进中美务实合作，为共创中美合作新时代贡献智慧。

中美政党对话自 2010 年启动以来已成功举行 9 届。本届中美政党对话是由中共中央对外联络部在中国共产党与世界政党高层对话会框架下举办，约 50 名中外代表出席，美方代表来自美国共和、民主两党和重要智库。

（参见《人民日报》2017 年 11 月 5 日第 3 版）

后真相讲座　12 月 10—18 日，应北京大学高端学术讲学计划邀请，著名政治哲学家、政治理论学家、悉尼大学政治学系和德国柏林社会科学研究中心教授约翰·基恩在北京大学进行讲学。约翰·基恩首讲“论西方最新热点话题——后真相”在政府管理学院举行，北大政府管理学院院长俞可平教授担任主持。此次报告主要讨论了“后真相”在西方国家引发公共争议的来龙去脉。作为一种政治现象，它如何影响了我们日常生活，它与信息革命，民主主义之间又有什么样的关系。继“后真相”讲座对信息革命与当代民主主义的解读，基恩进行了“新民粹主义与西方民主的危机”主题演讲。此次演讲中，基恩对民粹主义进行了定义与行为分析，梳理了民粹主义在近代历史中的起伏跌宕，并提出在当下新民粹主义兴起的巅峰期，我们不得不谨慎地分析与面对变化中的民主政治格局。通过必要的反思和得当的应对，西方民主主义方可抵御新民粹主义的侵蚀，且从中得到自身的改进。承接前两场讲座的内容，基恩教授与政府管理学院、政治学中心的师生在临湖轩东厅以“现代化进程中的民粹主义与民主政治”为主题进行深入研讨，教授就如何控制民粹主义与师生代表进行了交流，并提供了一些有益的想法与途径。

（北京大学社科处供稿）

深入学习贯彻党的十九大精神与加快推进中国特色政治学、社会学和民族学发展学术研讨会　12 月 17 日，教育部社会科学委员会政治学、社会学和民族学学部和中国社会科学网主办，北京大学国家治理研究院、北京大学政府管理学院承办的“深入学习贯彻党的十九大精神与加快推进中国特色政治学、社会学和民族学发展”学术研讨会在北京召开。与会学者围绕党的十九大报告的丰富内涵和重大意义，进一步以党的十九大报告为指导，加快推进中国特色政治学、社会学和民族学发展，展开了研讨。研讨会开幕式由中国社会科学网采编中心主任李放主持，北京大学副校长王博教授，教育部社会科学委员会政治学、社会学和民族学学部召集人王浦劬教授在开幕式上致辞。教育部社会科学委员会委员杨圣敏教授、李强教授、徐勇教授、马戎教授、徐湘林教授，以及来自中国人民大学、中央民族大学、中国社会科学院、吉林大学、复旦大学、中山大学、陕西师范大学、内蒙古师范大学、中国民族报等单位的 40 余位专家学者参加了会议。

王博致开幕词。会议主要观点有：党的十九大报告为政治学、社会学和民族学学科发展确定了实践指南；中国特色政治学、社会学和民族学学科发展进入了新时代；新时代要求构建中国特色政治学、社会学和民族学的学科体系、学术体系与话语体系；构建中国特色学科体系、学术体系与话语体系要注重交叉学科、跨学科研究；媒体应搭建起学界与受众桥梁。

（中国社会科学院办公厅刘玉杰编辑、供稿）

2017 中国智库治理暨思想理论传播高峰论坛　12 月 20 日，为推动社会各界更好地学习贯彻党的十九大精神，探索融媒体时代思想理论研究与传播的创新路径，推动中国特色新型智库健康发展、提质增效，光明日报社、南京大学在京联合主办 2017 中国智库治理暨思想理论传播高峰论坛。来自中央部委及各省市智库管理部门、中国智库索引（CTTI）来源智库、智库研究界、思想理论界的专家学者数百人参加会议。

该论坛旨在发挥光明日报的媒体优势与南京大学的学术优势，为全国思想理论界、智库界提供一个高层次的理论、学术和经验交流平台，打造一年一度的研究成果发布与传播平台，构建中国高层次智库及研究机构的交流联系网络。

会上发布了中国智库索引 CTTI2017 发展报告、CTTI 最新来源智库增补名单、CTTI 二期建设进度、《光明日报》“思想理论融媒体传播工程”成果、论坛有奖征文结果，并举办 CTTI 来源智库精品成果专场发布会、2017 思想理论热点专题研讨会两场特色活动，开设党政军智库、高校智库、地方社科院系统智库、社会、企业、科技智库等 6 个分论坛，对本年度思想理论研究热点与传播走势、智库建设亮点与经验、CTTI 来源智库精品成果等进行介绍分析。

光明日报社总编辑张政在致辞中指出，我们要集中各方面智慧、凝聚最广泛力量，以更宽广的视野、更长远的眼光来思考和把握国家未来发展面临的一系列重大战略问题，这离不开智库功能的切实发挥，离不开思想理论建设及有效传播。光明智库对我国智库治理进行了长期关注，《光明智库》电子期刊的创立，又为智库治理的研讨和传播拓展了新的平台。思想理论界当前最重要的任务是准确阐释习近平新时代中国特色社会主义思想的历史地位、精髓要义、实践要求，要在传播途径、手段、方法上实现突破和创新，提高思想理论的传播力、引导力、影响力，使全体人民在理想信念、价值理念、道德观念上紧紧团结在一起。光明日报社正在积极推进思想理论融媒体传播工程，为提升光明日报核心竞争力和媒体融合影响力提供重要抓手。

南京大学校长陈骏在致辞中表示，当前我国智库建设急需科学引导、规范管理。2017 年，南京大学在和《光明日报》共同研发“中国智库索引”（CTTI）的基础上，进一步开发了 CTTI-Plus 版。新版本 CTTI 是基于云模式的智库大数据信息管理平台，具有智库搜索、数据管理和在线智能评价三重功能，在设计理念、功能布局、数据采集机制、评价机制等方面都拥有自主知识产权。目前 CTTI 系统已经收录智库 604 家、专家 9301 名、成果 56008 项、活动数据 11129 项，已基本具备了对社会智库和高校智库进行分析研判的能力。

会上公布了 CTTI 来源智库增补名单。本次 CTTI 增补智库共 117 家，其中党政部门智库 1 家、社科院智库 2 家、党校行政学院智库 1 家、高校智库 95 家、科研院所智库 8 家、企业智库 5 家、社会智库 3 家、媒体智库 2 家。

在分论坛——2017 思想理论热点专题研讨会上，国内思想理论界专家学者围绕 2017 思想理论热点问题以及习近平新时代中国特色社会主义思想进行研讨。中央马克思主义理论研究和建设工程咨询委员会主任徐光春与会并做主题为“新时代需要认识处理的若干重大关系”的主旨发言。徐光春指出，决胜全面建成小康社会、夺取新时代中国特色社会主义伟大胜利，要从理论和实践相结合的角度，正确认识和认真处理 11 个方面的重大关系：一是新时代、夺取新时代中国特色社会主义伟大胜利、习近平新时代中国特色社会主义思想三者关系。二是马克思主义、马克思主义中国化历史成果、马克思主义中国化最新成果三者关系。三是基本理论、基本路线、基本方略三者关系。四是全面建成小康社会、基本实现现代化、全面建成社会主义现代化强国三者关系。五是伟大斗争、伟大工程、伟大事业、伟大梦想之间关系。六是坚持以人民为中心、坚持人民当家做主、坚持在发展中保障和改善民生三者关系。七是生产、生活、生态三者关系。八是质量变革、效率变革、动力变革三者关系。九是农民、农业、农村三者关系。十是中华优秀传统文化、革命文化、社会主义先进文化三者关系。十一是创客、创新、创业三者关系。

国务院研究室原主任魏礼群、国务院发展研究中心副主任张军扩、中国社会科学院副院长蔡昉、中央党史研究室副主任冯俊、浙江师范大学非洲研究院院长刘鸿武分别在主论坛作主旨发言。

光明日报社副总编辑李春林、光明日报社副总编辑陆先高、南京大学党委副书记朱庆葆分别主持主论坛的不同环节。

(参见《光明日报》2017 年 12 月 21 日第 4 版)

新时代传承和弘扬“红船精神”理论研讨会 12 月 21 日，光明日报社在京举行新时代传承和弘扬“红船精神”理论研讨会，首都理论界 10 多位专家学者出席。与会同志认为，“红船精神”是中国革命精神之源，是我们党立党兴党、执政兴国的宝贵精神财富，也是新时代坚持和发展中国特色社会主义的坚强精神支撑。准确把握“红船精神”等革命精神的时代内涵和时代价值，结合时代特点大力弘扬“红船精神”等革命精神，既是重大理论命题，也是重大实践课题。

与会同志认为，中国共产党从诞生之日起，就有其鲜明的精神标识和巨大的精神动力。“红船精神”昭示了中国共产党人的初心和使命，集中体现了在马克思主义指导下，中国共产党走在时代前列，顺应历史潮流，力克艰难险阻，勇于担当伟业的理想追求、人民情怀和精神状态。“红船精神”和井冈山精神、长征精神、抗战精神、延安精神、西柏坡精神等革命精神具有恒久的时代价值，它们既是革命时代的产物，也贯穿革命、建设、改革开放各个时期。伟大的时代孕育伟大的精神，伟大的精神推动伟大的事业。中国特色社会主义进入新时代，中华民族迎来了从站起来、富起来到强起来的伟大飞跃，迎来了实现中华民族伟大复兴的光明前景。

(参见《光明日报》2017 年 12 月 22 日第 1 版)

新时代民族工作理论座谈会 12 月 23 日，中央民族大学主办，中央民族大学科研处、民族学与社会学学院承办的“新时代民族工作理论座谈会”在中央民族大学知行堂召开。内蒙古自治区人民政府主席布小林，副主席刘新乐，国家民委专职委员、中央民族大学党委书记张京泽，全国人大民族委员会副主任委员吴仕民，中国社科院学部委员郝时远研究员，中国社科院民族文学研究所党委书记朝克研究员，清华大学人文与社会科学高等研究所所长、长江学者特聘教授汪晖教授，中国社科院“登峰战略”资深学科带头人王希恩研究员，中央民族大学资深教授杨圣敏，中央统战部二局副局长路晓峰，国家民委民族问题研究中心副主任张俊豪教授，内蒙古文史馆馆长乌恩研究员，中央民族大学民族学与社会学学院关凯教授等相关领域资深专家学者出席，座谈会由中央民族大学副校长再帕尔·阿不力孜主持。此外，参加本次座谈会的还有中国网、新华网、人民网、中央人民广播电台等新闻媒体。

此次座谈会的召开旨在深入学习贯彻落实党的十九大精神，特别是习总书记关于民族工作的一系列指示精神，对新时期民族工作做一次全面的、准确的理论探讨，以指导我们今后的民族工作。座谈会上专家们的发言对党的十九大报告、对新时代民族工作思想有着非常精确的分析和深入的思考，从学理上做了进一步的阐述和提炼。专家们从不同的视角来理解当前民族工作的特点，围绕着层次和类别、部分和整体、阶段性和统一性等方面展开富有成效地讨论，加深了我们对十九大报告中相关论述的理解和思考，这对于我们今后从事研究有更深的指导性意义。民族工作、民族研究的经验，对于推动国家治理的现代化、铸牢中华民族共同体意识，创造“和而不同”的全球社会、构建人类命运共同体起到了非常重要的作用。

(中央民族大学科研处供稿)

经济学

经济思想史与中国经济发展研讨会 在近期于北京大学召开的“经济思想史与中国经济学发展”研讨会上，与会学者呼吁应注重历史尤其是经济思想史在经济学研究与教学中的作用。

与会者指出，经济思想史是构建经济学理论体系的基础。

要从经济思想史上进行总结提炼，把人类迄今为止在经济学发展方面取得的优秀成果进行总结和提炼，才可能建立起具有长远解释力的理论体系。

在国外的经济思想史家看来，中国经济思想是支离破碎的，甚至认为中国没有自己的经济思想史。“历史是最好的教科书”，中国学者要写好中国经济思想史的“教科书”，探讨中国经济思想史在人类经济思想史中的地位。只有在各种经济思想的整体中，才能证明民族和国家的经济思想的存在，才能彰显民族和国家的经济思想的地位。

马克思恩格斯在经济思想史上独树一帜，对经济思想史发展有着重大贡献。构建中国特色社会主义政治经济学理论体系，应坚持以马克思恩格斯经济思想为源头。在中国特色社会主义政治经济学研究主题、目的、方法、对象上，都应继承和弘扬他们宝贵的思想理论遗产。

（参见《光明日报》2017 年 1 月 3 日第 11 版）

第三届文化经济发展论坛　1 月 6 日，由中央财经大学文化与传媒学院、中央财经大学文化经济研究院暨国家文化创新研究中心主办、中国经济网文化产业频道协办的第三届文化经济发展论坛在中央财经大学召开，来自全国各地的政产学研各界人士 300 人参加了会议。在当前经济新常态形势下，我国文化产业发展态势强劲。深入推进文化领域供给侧改革，既符合中央改革精神，也符合市场的方向和社会的需要。如何通过跨界整合和融合创新，推动文化产业的升级换代，促进文化产业的快速发展，是值得政府、业界和高校共同探讨的重要课题。与会专家围绕“文化资源开发与区域经济发展”主题对文化资源开发有关政策、未来文化投资领域的发展趋势、文化与资本的 PPP 创新合作模式以及文化产业人才供给与培养等问题进行了讨论和研判。由中央财经大学魏鹏举教授发布了《文化经济发展年报 2016》，指出：当前文化产业发展进入结构性调整“新常态”，具有创新内涵并适应消费升级的文化产业行业呈现出高速发展势头，中国文化产业的发展确实面临着巨大的压力和挑战，但也要充分认识到，文化产业在进行着适应新常态发展格局的结构性深调，势头不错，总体向好。

（中央财经大学科研处供稿）

中国经济前瞻论坛　1 月 15 日，国务院发展研究中心、中国经济时报社主办的第八届中国经济前瞻论坛在北京举行。论坛以“创新驱动与新旧动能转换”为主题，探讨 2017 年中国经济新态势和经济发展的新旧动能转换问题。

第十届全国政协副主席、中国工程院原院长徐匡迪出席论坛并致辞。国务院发展研究中心主任李伟，国家工业和信息化部部长苗圩，北京大学教授、著名经济学家厉以宁分别就培育发展新动能、建设制造强国、中国经济新变化等话题做主旨演讲。

（参见《人民日报·海外版》2017 年 1 月 16 日第 3 版）

“一带一路”与金融投资研讨会　1 月 16 日，北京市社科院外国问题研究所举办“‘一带一路’与金融投资”研讨会。会议邀请的嘉宾包括：中央党校国际战略研究所副所长高祖贵教授、中国国际问题研究所殷卫国研究员、中国市场经济研究会刘大庆副会长、中国农业银行总行董事会秘书陈洁博士、团结香港基金副总干事黄元山先生、Maybank KimEng 证券香港研究部主管黄浩云先生、美银美林中国区总经理黄晓云先生、BOSVALEN 资产管理公司董事总经理邵康麒先生、Scarborough 控股有限公司经理梁尚贤先生。高祖贵认为：目前，“一带一路”最主要进展在于搭建框架。从筹建亚投行，到成立“一带一路”建设工作领导小组，再到发布“愿景与行动”，“一带一路”倡议有了思想、原则、领导机制，框架正逐渐清晰。殷卫国提出，共建“一带一路”为中国企业的发展提供了难得的历史机遇，中国企业要利用好这次机遇，不断发展自己，利用广阔的海外市场，通过产能合作，让闲置的生产力得到充分利用；结合海外低价的要素资源，通过在更广大的地域优化产业链的空间布局，应对国内资源和劳动力要素价格上涨的压力。此外，刘大庆重点围绕“一带一路”沿线国家投资风险，认为“五通”中的资金融通是“一带一路”建设的重要支撑，很多地区经济建设发展需要深化金融合作，推进货币稳定体系。最后，5 位香港来宾，围绕美联储加息，导致美元回流，外资金融机构对此现象的看法及未来走势的判断；香港金融机构对深港通的评价等问题，与演讲嘉宾进行互动交流。

（北京市社会科学院朱霞辉供稿）

欧洲经济增长：潜力和挑战学术研讨会　2 月 14 日，《欧洲研究》编辑部和中国社会科学院欧洲研究所经济研究室联合举办的“欧洲经济增长：潜力和挑战”学术研讨会在中国社会科学院欧洲研究所召开。

会议研讨的主要问题有“欧洲货币政策”“欧洲金融治理”“欧洲投资计划”“欧洲经济失衡”等。

中国社会科学院世界经济与政治研究所博士李远芳做了题为“关于负利率下的金融市场运行及其对货币政策传导的影响”的主题发言。中国社会科学院欧洲研究所博士杨成玉对欧洲央行货币政策的绩效做了评估。中国社会科学院世界经济与政治研究所博士宋爽详细分析了欧洲投资计划的运行机制及其对中国的影响。中央党校国际战略研究所博士赵柯则从公平与效率的视角探讨了欧洲经济模式的特点，并对未来欧洲经济的增长做了展望。中国社会科学院欧洲研究所副研究员秦爱华就欧盟经济失衡问题与对策做了深入的解析。与会者认为，虽然欧洲经济增长面临诸多挑战，但仍有很大的潜力，其发展前景需要理性评估。

（中国社会科学院办公厅刘玉杰编辑、供稿）

“3·15”消费维权论坛 日前，“中国质量万里行”“3·15”消费维权论坛在京召开。论坛现场发布的中国质量万里行消费投诉平台2016年度消费投诉报告显示，去年全年共收到消费投诉114412例。

国家质检总局执法督查司执法信息处处长范春光结合消费维权中的实际经验，提出了企业处理消费投诉需把握心态开放、及早应对、信息采集、广泛协作的四大原则，将为企业在解决消费者投诉及品牌维护工作中带来帮助。中国消费者协会原副秘书长武高汉引用马克思“消费就是生产”的理论表示，无论从中国经济发展的宏观方面，还是企业经营者的微观方面来说，企业都应该对消费者进行感恩。

论坛现场，中国消费者权益保护法学研究会会长何山分享了《消费资本论》中的观点，并结合具体的法律案例，鼓励社会组织积极引导消费者维权工作。中国质量万里行杂志社社长汪鹤林则表示，中国质量万里行消费投诉平台作为消费者维权、投诉、调解的第三方公益平台，将继续秉持公正认真的态度，提升对消费者和企业的服务水平。

活动现场，中国质量万里行消费投诉平台与格力电器、国美电器签署了战略合作协议，并与盈科律师事务所签署了公益诉讼战略合作协议。

（参见《北京日报》2017年3月13日第9版）

全球增长的新动力演讲会 3月16日，清华五道口全球名师大讲堂在主楼接待厅举办。会议主题为“全球增长的新动力”，英国伦敦政治经济学院政治经济学帕特尔讲席教授、格兰瑟姆气候变化与环境研究所主席、英国国家学术院院长、世界银行前首席经济学家尼古拉斯·斯特恩，美国波士顿咨询集团主席汉斯·保罗·博克纳出席大会并发表主旨演讲。本次活动由清华大学国家金融研究院院长、原国际货币基金组织（IMF）副总裁朱民主持。当前全球经济发展面临多项问题：增长，可持续发展，全球化、去全球化以及再全球化，还有民粹主义的发展，这些现象都成为全球关注的重点议题，主旨演讲嘉宾围绕这些热点话题展开讨论。尼古拉斯·斯特恩以“全球议程——增长、可持续性和基础设施建设”为主题发表主旨演讲。尼古拉斯·斯特恩认为，全球的经济在未来10年至20年里，可能会有3%左右的增长率，在未来的20年里面，预计可以看到第二世界经济体的经济将会翻一番，基础设施也将会超过翻一番的规模。汉斯·保罗·博克纳发表了名为“全球化新动向”的主题演讲。他表示，全球化是过去10多年中世界经济高速增长的一大驱动力。回顾历史，全球化有过3次浪潮，每一轮都由技术推动，并分别由19世纪的英国，二战后的美国，以及最近二三十年的中国主导。尽管近来出现了全球贸易减速、英国脱欧、特朗普上台等事件，博克纳认为，全球化并不会消亡，但第四轮的全球化将会更加复杂，不再是由一个国家来主导。在这个多极世界中，不同国家、地区之间需要加强合作，亚投行、金砖发展银行这样的国际组织也需要发挥作用。主旨演讲结束后，朱民主持圆桌论坛环节，与两位嘉宾探讨发达经济体在全球增长议程中能扮演什么样的角色，中等收入国家将会发挥何种作用，以及不同经济体之间的经济合作。

（清华大学文科建设处刘金梅供稿）

中国发展高层论坛2017年会 3月18—20日，国务院发展研究中心主办的中国发展高层论坛2017年会在北京钓鱼台国宾馆举行，论坛主题为“中国与世界：经济转型和结构改革”。来自国际组织、全球企业界、学术界、中央及地方政府部门共计1000余人出席论坛。

中共中央政治局常委、国务院副总理张高丽出席论坛开幕式并发表主旨演讲。国务院发展研究中心李伟担任本届论坛中方主席，在论坛开幕式致辞，并在欢迎晚宴上发表演讲。王安顺书记主持“河北之夜”招待晚宴。张军扩副主任主持论坛第二单元“深化供给侧结构性改革”，张来明副主任主持第四单元“强化环境监管执法”，隆国强副主任主持第五单元“推进新一轮高水平对外开放”，王一鸣副主任主持第六单元“跨境资本流动：挑战与应对”并在经济峰会上发言，党组成员、办公厅主任余斌主持经济峰会全体会议。会议期间李伟主任分别会见了世界银行首席执行官格奥尔基耶娃、论坛外方主席汇丰集团行政总裁欧智华、苹果公司首席执行官库克、荷兰皇家壳牌公司首席执行官范伯登、西门子股份公司总裁兼首席执行官凯飒、沙特阿美石油公司总裁纳瑟尔、日本日立公司董事长中西宏明、诺华集团首席执行官江慕忠等美国药品研究与制造商协会成员、韩国对外经济政策研究院院长玄定泽。李伟感谢外方代表对论坛的长期支持与参与，并就加强双方交流与合作研究等议题交换意见。

国务院总理李克强 20 日上午在钓鱼台芳华苑会见来华出席中国发展高层论坛 2017 年年会的境外代表，并同他们座谈交流。来自世界 500 强企业的负责人、国际知名学术和研究机构的专家学者、主要国际组织和媒体的代表等 100 多人参加。与会外方代表表示，在全球经济复苏艰难、挑战上升的背景下，中国政府稳增长、调结构取得重要进展，在全球化和应对气候变化等领域发挥了重要推动作用。与会各国各界均高度关注中国发展战略，支持中国经济结构转型升级，愿积极参与中国改革和对外开放进程，不断拓展互利伙伴关系。

（国务院发展研究中心郭巍供稿）

全球政治变局和全球化新方向演讲　3 月 18 日，清华五道口全球名师大讲堂在主楼后厅举行。会议主题聚焦“全球政治变局和全球化新方向”，清华大学国家金融研究院院长、原国际货币基金组织副总裁朱民对话两位诺贝尔经济学奖获得者、著名经济学家——约瑟夫·斯蒂格利茨和迈克尔·斯宾塞。他们分别从全球化带来的挑战、要素流动和科技发展的角度解释逆全球化现象产生的原因，展望全球化未来发展趋势，并提出应对建议。斯蒂格利茨是哥伦比亚大学教授、美国经济学家，担任 OECD 经济绩效与社会发展高层专家评价组联席主席、罗斯福研究所首席经济学家，此前担任世界银行副总裁、首席经济学家与美国经济顾问委员会主席。他在发表主题为“全球化再思考以及应对特朗普执政的挑战”的主旨演讲时表示，对于中国而言，首先还是遵守国际规则，应继续考虑下一步怎样加强与美国在一些领域的合作；同时贸易是一种正向的、多边的游戏，而非双边的零和游戏，因此，一方面中国应填补美国退出的某些领域的真空，还需要以更多变的形式参与有美国参与的领域。中国要利用起这样的机会来进一步促进自身经济转型。斯宾塞是纽约大学斯特恩商学院经济学教授，同时担任斯坦福大学商学院研究生院管理学名誉教授和胡佛研究所高级研究员，他在演讲中从增长的模式、流动、技术以及贸易生产活动等方面展望了全球经济形势。迈克尔·斯宾塞指出，今天我们处在互联网时代，对互联网而言，会带来一些负面作用，其中包括网络安全、隐私保护等，这是当下发展面临的挑战。但是他同时指出，让人欣慰的是，技术会进一步地加速，数据库变得越来越大，这场转型正在发生，并值得思考。

（清华大学文科建设处刘金梅供稿）

全球经济面临的主要挑战讲座　3 月 20 日，2001 年诺贝尔经济学奖获得者美国斯坦福大学商学院名誉院长迈克尔·斯宾塞教授来访对外经济贸易大学，王稼琼校长代表对外经济贸易大学授予迈克尔·斯宾塞教授荣誉教授头衔。

迈克尔·斯宾塞教授对于学校授予其荣誉教授表示感谢，并对对外经济贸易大学在经济领域的教学和研究，以及培养国际化人才方面给予高度的赞扬。他表示自己作为对外经济贸易大学全球价值链顾问委员会主席和学校荣誉教授，愿意在经济研究领域与学校加强沟通与合作。

迈克尔·斯宾塞为全校师生做了题为“全球经济面临的主要挑战”的演讲，就经济改革与创新、经济增长与就业、经济增长模式的转变，全球经济面临的挑战等热点问题与与会师生分享了其真知灼见，并与与会者进行了互动交流。

（对外经济贸易大学科研处供稿）

中国绿色金融与国际市场对话高层论坛　3 月 20 日，中央财经大学绿色金融国际研究院和卢森堡证券交易所联合主办的“中国绿色金融与国际市场对话”高层论坛在中央财经大学举办。中央财经大学党委书记傅绍林，中国人民银行首席经济学家、中国金融学会绿色金融专业委员会主任马骏出席会议并致辞。环保部政策法规司司长别涛、中国工商银行副行长胡浩、卢森堡驻华使馆公使衔参赞 Roland Reiland、卢森堡交易所首席执行官 Robert Scharfe、卢森堡证券交易所执行董事 Julie Becker 等出席论坛，卢森堡金融推广署执行官 Nicolas Mackel 发表视频演讲。来自中国工商银行、中证金融研究院、深圳证券交易所、中证指数有限公司和卢森堡证券交易所、卢森堡安银律师事务所等多家单位的专家学者参加会议。绿色金融作为引导社会资本进行绿色投资的桥梁，不仅是促进经济绿色转型、培育新增长点的源泉，也是金融业发展的重要方向。应对全球气候变化不分国界，需要各方通力合作；作为全球最大的两个绿色金融市场，欧洲和中国将继续深化合作，大力推动资本市场加速气候相关项目融资。与会专家围绕“两个市场，同一个目标”和“绿色股票——ETF 能否提供终极答案”等主题进行了探讨。本次论坛获得中国金融学会绿色金融专业委员会、工银欧洲、卢森堡安银律师事务所特别支持。

（中央财经大学科研处供稿）

中国市场总体竞争状况评估研讨会 3 月 24 日，首都经济贸易大学主办、中国产业经济研究院承办的中国市场总体竞争状况评估研讨会在北京召开。来自国务院反垄断委员会办公室、国家发展和改革委员会、商务部、国家工商行政管理总局、国务院研究室、国务院发展研究中心、中国社会科学院、北京大学、中国人民大学、中国政法大学、南京大学、山东大学、腾讯公司和首都经济贸易大学等单位的 20 余名著名专家学者聚集一堂，共同研讨中国市场总体竞争状况。与会专家表示将修改完善中国市场总体竞争状况评估研究大纲，按时高质量完成中国市场总体竞争状况评估的先期研究工作，为首份中国市场总体竞争状况评估报告的早日面世贡献力量。

（首都经济贸易大学科研处李琳供稿）

全球贸易治理与中国角色圆桌论坛 3 月 25 日，中央财经大学国际经济与贸易学院、中国社会科学院经济研究所《经济研究》编辑部、国家社科基金重大项目“国际贸易保护主义的发展趋势及我国的应对策略”课题组共同主办的“全球贸易治理与中国角色”圆桌论坛在中央财经大学召开。来自国内高校和科研院所的著名专家和学者 70 余人以及人民出版社、《中国教育报》、《光明日报》和《国际商报》等多家媒体出席了论坛。本次圆桌论坛在多边贸易治理困境与中国战略、全球经贸规则演变和趋势、全球贸易治理机制的新变化、中国以开放促改革积极参与国际经贸规则制订等方面达成了共识，对如何积极应对西方国家反全球化和国际贸易保护主义，如何发挥中国在多边贸易体制中的作用，如何在全球贸易治理中扮演好中国角色等提出了大量丰富有针对性的政策建议，加深了对全球贸易治理中新问题的认识，对中国参与全球贸易治理的政策实践将产生积极影响。论坛的最后环节上举办了《全球贸易与投资政策研究报告(2016)——国际贸易与投资新规则的重构》一书的发布仪式，该书由中央财经大学唐宜红教授组织撰写。

（中央财经大学科研处供稿）

2017 中国经济创新峰会暨北京 MBA 联盟高端论坛 3 月 25 日，主题为“互联共享创新”的 2017 中国经济创新峰会暨北京 MBA 联盟高端论坛在北京举行。峰会由北京 MBA 联盟主办、首都经济贸易大学 MBA 教育中心承办。众多专家学者、企业家、中国 MBA 联盟领导和联盟院校 MBA 学子出席会议。中央党校经济学部主任韩保江从“十三五”规划、供给侧改革、创新驱动、绿色环保、共享经济等方面对 2017 年政府工作报告做了详尽解读。中国社会科学院金融研究所所长助理杨涛从国家视角的互联网金融、地方视角的互联网金融、金融科技的全球形势等方面做了演讲。他指出，建设金融强国并非只考虑金融要素的规模扩张，不仅仅只是讨论如何在“顺境”中成长，而是能否应对“新常态”和“逆境”挑战，这就需要自身金融体系具有较强的内在危机恢复能力。注重仿真模拟是首经贸 MBA 教学的一大特色。

（首都经济贸易大学科研处李琳供稿）

中国存量房市场：发展特征、运行机理与政策思考学术讲座 3 月 27 日，国务院发展研究中心市场经济研究所举办“中国存量房市场：发展特征、运行机理与政策思考”专题学术讲座。当前中国房地产市场发展正在进入新阶段，房地产市场结构加快调整的特征日益显现。特别是经过持续 30 多年来的大量投资和快速建设，中国已经具有规模巨大的存量住房，成为中国房地产市场的重要组成部分。存量住房市场的形成和发展，不仅对满足多样化、多层次住房需求发挥了重要支撑作用，也极大地促进了住房交易市场、租赁市场的快速发展。理清当前我国存量房市场发展趋势、面临的问题及其制度需求，对促进我国房地产市场健康有序发展、加快完善房地产市场体系具有十分重要的现实意义，对加快建立既符合市场规律，又适应国情的基础性制度和长效机制，也具有十分重要的政策价值。王微所长主持讲座，邀请链家研究院院长杨现领博士主讲，中心各部所研究人员参加讲座。

（国务院发展研究中心郭巍供稿）

我国农村扶贫标准研讨会　3月30日，中国社会科学院城乡发展一体化智库主办、中国社会科学院农村发展研究所与中国社会科学院贫困问题研究中心协办的我国农村扶贫标准研讨会在北京召开。中国社会科学院副院长、中国社会科学院城乡一体化智库理事长蔡昉，中央财经领导小组办公室副主任、中央农村工作领导小组办公室副主任韩俊出席研讨会并致辞。研讨会分3个部分，分别由中国社会科学院农村发展研究所党委书记、副所长闫坤，中国社会科学院农村发展研究所所长、中国社会科学院城乡发展一体化智库常务副理事长魏后凯主持。中国社会科学院贫困问题研究中心主任吴国宝研究员做主题报告。来自中国社会科学院、人民日报社理论部、国务院研究室、国家统计局、世界银行、中国人民大学、中国农业大学、北京师范大学等单位相关领导和专家约50人参加了会议。研讨会从国际比较和全面建成小康社会的视角，深入探讨我国农村扶贫标准的内涵和科学性。研讨重点包括我国扶贫标准的变化；我国现行扶贫标准的内涵和所包含的实际福利；中国现行扶贫标准在国际贫困标准谱系中的位置；我国现行标准下农村扶贫对象脱贫与全面建成小康社会时全国多数农民可达到生活水准之间的关系等4个方面。

（中国社会科学院办公厅刘玉杰编辑、供稿）

2017交大大讲堂高层学术讲座系列活动　3—10月，北京交通大学人文社会科学处和北京交通大学国家经济安全研究院联合主办6场“2017交大大讲堂”高层学术讲座系列活动，活动在北京交通大学科学会堂开展，每次活动参与师生近200人。

中共中央政策研究室原副主任郑新立做题为“抓住重大问题，推进供给侧结构性改革”报告，就当前经济形势和亟待解决的问题、经济结构转换、聚焦科技教育体制改革等方面进行了剖析与解读；国务院国有重点大型企业监事会主席季晓南做题为“供给侧结构性改革中的国有企业改革和创新”报告，从供给侧结构性改革的重要内容、动力、任务、目标等方面阐述了报告主题；北京交通发展研究院院长郭继孚做题为“为什么城市交通拥堵”报告，从公共交通、城市密度、汽车保有量、智能交通、交通大数据等不同的视角阐述了城市交通拥堵的原因以及缓解交通拥堵的策略；中国科学院翟婉明院士做“我的学术研究之路”报告，介绍了在我国高速铁路大发展的背景下，自己在车轨耦合领域所开展的工作和取得的成果；国务院参事刘燕华做“创新模式的转型”报告，从颠覆式创新时代、创新与创新模式、中国创新模式的大转型、打造创新服务平台4个方面阐述了报告主题；科技部创新发展司许倞司长做“实施创新驱动发展战略，加快创新型国家建设”报告，阐述了实施创新驱动发展战略的背景和意义，建设世界科技强国的宏伟蓝图和国家加快实施创新驱动发展战略总体布局。

（北京交通大学社会科学处李敏供稿）

京津冀经济学学科协同创新联盟第一届学术研讨会　4月8日，在北京工商大学成立京津冀经济学学科协同创新联盟并在京召开第一届学术研讨会。北京工商大学校长、中国工程院院士孙宝国，副校长李朝鲜，国家发展与改革委员会宏观研究院副院长马晓河，原国务院发展研究中心宏观经济部部长米建国，中国区域科学协会理事长、中国人民大学区域与城市经济研究所所长孙久文，河北经贸大学副校长武建奇、金融学院院长王重润、党委书记李春亭，天津商业大学经济学院院长刘小军等专家学者出席了会议。会议由北京工商大学经济学院院长徐丹丹教授和天津商业大学经济学院院长刘小军教授共同主持。

孙宝国指出北京工商大学、天津商业大学、河北经贸大学分别隶属京津冀3地，同属地方高水平大学，在办学定位、办学目标、学科设置等方面既有相似之处，又有各自独特的优势，作为经济学学科研究和人才培养的重要单位，需要积极融入到京津冀一体化的进程中，促进教育资源在区域范围共建共享，提高区域经济的协同发展人才培养水平，增强高等教育服务区域经济社会发展能力。

（北京工商大学科学技术处供稿）

金融科技变革与新型交易清算机制研讨会　4月9日，中央财经大学金融学院主办、高朋华宇国际咨询（北京）有限公司协办、“金融科技变革与人民币国际化背景下新型外汇衍生品交易清算机制研究”课题组承办的金融科技系列论坛之金融科技变革与新型交易清算机制学术研讨会在中央财经大学举行。研讨会是金融科技系列论坛的首届论坛，中国银行业协会首席经济学家巴曙松教授、中央财经大学金融学院院长李建军教授、中央财经大学中国银行业研究中心主任郭田勇教授、中央财经大学金融学院韩复龄教授、中国企业成长与经济安全研究中心首席宏观经济学家房四海教授、中央财经大学金融学院证券期货研究所研究员郭剑光等金融学术界专家，以及工业和信息化部教育与考试中心主任徐玉彬、中国工商银行信息管理部总监陈道斌、英国金融服务公司 UrBS 执行董事 Amy Lee、国内资深金融分析师赵相宾、中国支付清算协会业务一部主任杨志宁、挖财网副总裁王志峰、布比网络创始人蒋海、北京博善资产管理有限公司董事长黄俊辉、北京量子智能投资管理有限公司首席金融科技官路阳、午泰科技市场总监邢怿等金融科技界专家；GPP Markets 全球 CEO Sargon Elias、FPA 性格色彩创始人乐嘉、去哪儿网定制事业部总经理 Tina 等企业家代表出席了研讨会。研讨会旨在紧随金融科技变革和中国引领全球化的大势，构建有中国参与的世界金融清算体系，为创立属于中国人自己的清算系统，实现国际定价权，在全球金融体系中搭建公平、透明的竞争平台，为中国投资者提供更加健康的交易环境，为中国外汇市场的健康蓬勃发展贡献力量。中央电视台、第一财经、北京电视台、凤凰财经、网易财经、新浪财经、搜狐财经、腾讯财经、FX168、和讯网、中金在线、汇通网等 30 多家专业财经媒体出席学术研讨会。

（中央财经大学科研处供稿）

中财金融三十人论坛——银行资管：监管新规下的机遇与挑战　4 月 22 日，中央财经大学金融学院和北京校友会金融分会联合举办的“中财金融三十人论坛——银行资管：监管新规下的机遇与挑战”在中央财经大学召开。中央财经大学、中国五矿集团公司，以及中国工商银行、中国银行、平安银行、华夏银行、北京农商银行等 20 余家银行和北京校友会金融分会 50 余位嘉宾出席了论坛。论坛由协鑫金控投资总监、北京校友会金融分会常务副秘书长岳海峰主持，中国工商银行投资银行部债务融资顾问部柳春明处长做了题为“商业银行投资银行业务转型探讨”演讲；中国银行投资银行与资产管理部蒋海军副总经理做了主题为“商业银行资管业务现状及发展趋势探讨”演讲；平安银行资产管理事业部罗苓宁副总裁围绕“资管新规对银行理财业务的影响及政策建议”发表演讲；华夏银行资产管理部苑志宏副总经理发表了主题为“商业银行理财业务转型发展的思考”演讲；北京农商银行金融市场部副总经理陈友平做了对“商业银行资产管理应如何真正为客户创造价值”的演讲；中央财经大学研究生院副院长张学勇教授做了“大类资产配置的机遇与策略”主题演讲。中国民生银行私人银行部资产管理中心总经理崔明峰主持论坛交流讨论环节，与会嘉宾围绕“强监管”背景下银行资管未来发展道路展开热烈讨论，结合工作实践指出自身业务开展中的困惑以及目前银行资管行业存在的问题，并对审慎制定监管政策提出了建设性意见和建议。

（中央财经大学科研处供稿）

创意·融合·变革——媒体购物行业发展论坛　4 月 25 日，中国传媒大学主办、校影视创意与媒体运营研发中心和家有购物集团共同承办、中国传媒大学 IP 跨界传播研究中心协办的“创意·融合·变革”——媒体购物行业发展论坛在中国传媒大学举办，袁军副校长出席论坛并致辞。

论坛邀请多位学界业界人士就电视购物现状与发展瓶颈、全媒体时代电视购物的渠道拓展与转型升级、碎片化环境下媒体购物的内容创意与创新发展等议题进行了讨论，会上还举行了“未来之星”大学生 IP 创意训练营活动启动仪式。

袁军在致辞中指出，在新媒体愈加强势发展的环境下，包括电视购物在内的传统电视行业如何更好地完成媒介融合，在融媒体时代探索出一条发展之路；电视购物如何实现从单屏购物向多屏购物的转变，都是非常重要的命题，值得行业研究和学术探讨。对于即将开启的“未来之星”大学 IP 创意训练营，袁军副校长从对接国家战略需求、对接行业发展需求、对接高等教育发展需求的角度肯定了它的意义，并希望训练营与我校正在积极开展的“双一流”建设结合起来，作为一项实践课程，成为提升中国传媒大学学生创新创意能力的重要平台。

会上专家就当前电视购物所处的媒介生态以及发展面临的机遇与挑战进行了探讨。

（中国传媒大学文科科研处马奇炎供稿）

中国实业振兴峰会　日前，首届中国实业振兴峰会在北京举行。工信部部长苗圩、国资委主任肖亚庆出席并致辞，与柳传志、宗庆后、董明珠等企业家一起为“振兴实体经济”鼓与呼。此次峰会由中央电视台财经频道主办，旨在为振兴实体经济助力助威。苗圩在致辞中指出，中国必须发展实业，做实实体经济，不能脱实向虚。未来一段时期，我们将持续推进工业现代化，加快推动制造业朝着高端、智能、绿色、服务的方向发展。肖亚庆在致辞中强调，实体经济是社会生产力的集中体现，是强国之本、富民之基。未来我们将进一步发挥中央企业的优势，也要同各类所有制企业取长补短。

（参见《光明日报》2017 年 4 月 30 日第 2 版）

中国金融 40 人论坛　5 月 7 日，中国金融 40 人论坛联合美国彼得森国际经济研究所在京举办第六届中美经济学家学术交流会，来自中美两国的数十位经济学家与会，为两国关系发展建言献策。

本届学术交流会以“新形势下的中美经贸关系与全球化”为主题，围绕美国政府新的经济与金融政策、国际修复体系、中美贸易投资前景与挑战、美国经济政策调整的影响等热点话题展开讨论。

双方还首次发布了联合报告，就中美两国在贸易、投资和汇率政策等方面的现状和问题进行了分析，探讨了美国新政府可能实施的经济政策以及对中美经济的影响，并就如何实现中美合作共赢提出了相关政策建议。

（参见《人民日报》2017 年 5 月 9 日第 22 版）

中国品牌日座谈会　5 月 10 日，首个中国品牌日来临。光明日报社和品牌中国战略规划院联合主办的“首个中国品牌日座谈会”会聚学界和业界专业人士，围绕“深化供给侧结构性改革 全面开启自主品牌发展新时代”的主题进行了深入研讨。

“从国家层面设立‘中国品牌日’，这是中国品牌建设继往开来的一个里程碑。”中国社会科学院学部委员、品牌中国战略规划院院长汪同三指出，当前，“一箱国表换一盒洋表”的现象没有得到根本改善，而在庞大的国内市场需求面前，又遭遇低端产品结构性过剩，高端产品严重供给不足的尴尬。接下来，要挖掘和培育中国品牌的专属气质；实施科学的品牌生态评价系统；研究互联网时代的品牌战略变革问题；推进金融创新支持品牌发展，建立品牌金融服务平台；加大对战略新兴产业的品牌培育，避免重走技术强、生产强、品牌弱、价值低的老路。

光明日报社编委张碧涌指出，推动中国制造向中国创造转变、中国速度向中国质量转变、中国产品向中国品牌转变，需要形成合力。在打造中国品牌的今天，更需要传承工匠文化，弘扬工匠精神。品牌建设与企业文化建设息息相关，企业需要提升的不仅是商品质量，更要做好提高文化内涵这篇大文章。人力资源和社会保障部原副部长杨志明指出，提高品牌竞争力不仅是设备管理技术的提升，更重要的是劳动力素质的提升。

围绕推进中国品牌建设路径，国内品牌研究机构以及中国轻工业联合会、TD 产业联盟等行业协会的专家分享了各自观点。此外，来自海尔集团、中国农业银行、伊利集团、同仁堂集团、长安汽车、艾普英捷智能技术有限公司、依文集团、汉王科技等 50 余家品牌企业的近 80 位代表出席了本次座谈会。

（参见《光明日报》2017 年 5 月 11 日第 7 版）

2017 金融信息服务发展高峰论坛　5 月 24 日，2017 金融信息服务发展高峰论坛在北京举行。中国社会科学院副院长、党组成员蔡昉，国家互联网信息办公室副主任王秀军，中国互联网发展基金会理事长马利等出席论坛并致辞。

会上同时举行了《金融信息服务蓝皮书：中国金融信息服务发展报告（2017）》发布会。中国社会科学院数量经济与技术经济研究所所长、“蓝皮书”主编李平、社会科学文献出版社总编辑杨群出席发布会。

会议的主要议题有“构建金融信息服务发展新生态”“金融信息服务发展的新机遇与新挑战”“互联网 + 金融信息服务创新”“金融信息服务发展的政策管理与行业自律”等。论坛由中国社会科学院数量经济与技术经济研究所、中国互联网发展基金会共同主办，中国经济网承办。

（中国社会科学院办公厅刘玉杰编辑、供稿）

第八届 Mostly OM 运营管理前沿国际研讨会　5 月 26—27 日，清华大学现代管理研究中心主办的第八届 Mostly OM 运营管理前沿国际研讨会在经济管理学院召开。清华大学现代管理研究中心主任、经济管理学院联想讲席教授、管理科学与工程系系主任陈剑，清华大学经济管理学院特聘讲席教授、美国哥伦比亚大学 Piyasombatkul 家族基金讲席教授姚大卫，以及清华大学经济管理学院特聘教授、美国康奈尔大学 Leon C. Welch 教授戴建岗担任本次研讨会的联席主席。本届 Mostly OM 研讨会的主题涵盖数据驱动的管理决策、共享经济、排队系统、服务管理、收益管理等国际热点学术领域，共邀请了 12 位国际知名学者进行学术报告。报告嘉宾分别来自斯坦福大学、纽约大学、普渡大学、杜克大学、康奈尔大学、哥伦比亚大学、佐治亚理工学院、密歇根大学、波士顿学院、上海财经大学等国内外知名大学。在两天的研讨会期间，与会者们不仅了解到了运营管理领域的学术前沿，还与国际一流学者进行深入的学术交流。Mostly OM 运营管理前沿国际研讨会从 2010 年开始举办，研讨会已邀请管理科学与工程领域的国内外知名学者做了百余次学术报告，累计参会人数超过 2000 人次。

（清华大学文科建设处刘金梅供稿）

未来金融创新峰会　日前，主题为“‘新’银行：变革时代”的未来金融创新峰会在京召开。该峰会在国内首次实现由金融界人士和科学家共同就金融科技展开跨界探讨，与会专家表示，科技与金融的融合将实现企业、公众、社会多赢的格局。

峰会由第一财经研究院、未来论坛、厦门国际银行联合主办。清华大学国家金融研究院院长、国际货币基金组织前副总裁朱民表示，过去几年，网络金融的崛起非常迅速，网络金融提高了效益，降低了风险成本，提高了金融透明度，对整个银行业和金融业来说是巨大的冲击，也是巨大的进步。网络金融的发展同时催生了网络银行与传统银行的竞争，在朱民看来，人工智能从根本上改变了这个问题。

清华大学法学院郑裕彤讲席教授高西庆强调，监管在科技和金融相结合的领域里尤为重要，未来金融公共治理的重要方向将是金融监管法制化。

（参见《北京日报》2017 年 5 月 30 日第 3 版）

私人监管与监管新领域国际研讨会　6 月 1 日，中央财经大学法学院与荷兰马斯特里赫特大学跨国法律研究中心、荷兰格罗宁根大学法经济学研究所共同主办的“私人监管与监管新领域（Private Regulation and New Fields of Regulation）”国际研讨会在中央财经大学举行。来自荷兰马斯特里赫特大学法学院、鹿特丹伊拉斯谟大学法学院、英国阿伯丁大学法学院、中国政法大学中欧法学院、中国政法大学法学院、对外经济贸易大学法学院、浙江大学法学院、中国人民大学法学院、北京市社会科学院法学所、北京外国语大学国际商学院的师生代表以及中央财经大学法学院师生出席了研讨会。研讨会围绕私人监管、协同监管、规制工具在环境法、侵权法、竞争法等领域中的应用展开了讨论。私人监管与自律监管在不同领域中通常起到弥补公共执行不足的作用，特别是在协同监管出现冲突和矛盾时，私人监管以及多重私人主体的合作，对完善监管效果的作用更为明显。但这并不能说明私人监管工具是完美的，规制工具的并用（the “smart mixes”）越来越受到学术界和监管部门的重视。

（中央财经大学科研处供稿）

2017 清华五道口全球金融论坛　6 月 3 日，2017 清华五道口全球金融论坛“经济全球化与金融业规范发展”在清华大学新清华学堂召开。校长邱勇出席并致辞，数十位全球政、商、学界专家和数千名嘉宾参会，围绕经济全球化背景下如何完善金融风险管理机制进行讨论，以不断提高我国金融业的竞争能力、抗风险能力、可持续发展能力。清华大学五道口金融学院常务副院长廖理主持开幕式。邱勇在致辞中强调了金融作为现代经济核心的重要地位。他说，“金融活经济活，金融稳经济稳”，本次清华五道口全球金融论坛以“金融安全”为主题，十分符合当前中国经济社会发展的阶段性特点。中国人民银行副行长陈雨露以“国际金融危机以来宏观金融领域的共识和政策实践”为题发表主旨演讲，他从“正确处理好金融与实体经济和结构性改革的关系”“加强宏观审慎管理”“发展大普惠金融”“重视金融基础设施的作用”4 个方面介绍了全球共识和中国实践，表示期待通过五道口全球金融论坛等重要平台，汇集全球优秀专家和人才，深度挖掘中国政策实践的方法论和思想内核，讲好“中国故事”、提出“中国方案”、贡献“中国智慧”，共同促进全球经济复苏和可持续发展。论坛开幕当天还举办了清华大学国家金融研究院资本市场与公司金融研究中心揭牌仪式。本次论坛由清华大学主办，清华大学五道口金融学院和国家金融研究院承办。论坛为期两天，由开幕式和七个主题论坛组成，分别围绕“一带一路”和全方位对外开放、上市公司治理、技术驱动下的普惠金融创新、《中国金融政策报告 2017》发布、保险业的创新与发展、大资管时代的创新与监管、私募股权基金的发展前景等话题进行讨论。

（清华大学文科建设处刘金梅供稿）

第五届中国人民大学世界经济论坛　6 月 3 日，中国人民大学经济学院主办、中国特色社会主义经济建设协同创新中心协办的第五届中国人民大学世界经济论坛在中国人民大学国学馆报告厅举行。中国人民大学副校长刘元春出席论坛并致辞，中国人民大学经济学院副院长王晋斌主持论坛开幕式。本次世界经济论坛的主题是“逆全球化现象辨析：全球化进程的逆转还是微调”。中国社会科学院世界经济与政治研究所张斌研究员、对外经贸大学 WTO 研究院院长屠新泉教授、南开大学经济学院孙浦阳教授、中国人民大学经济学院赵勇副教授、冯俊新副教授和范志勇副教授就相关议题进行了发言。

（中国人民大学科研处关晓斌供稿）

中国城乡小康投资合作论坛　6 月 3 日，中国投资协会城镇化投资专业委员会主办，城投委特色小城镇投资中心、城投委大健康产业投资中心和城乡小康控股有限公司共同承办的 2017 中国城乡小康投资合作论坛在北京举行。

论坛以“分享创业快乐，共享小康幸福”为主题，旨在贯彻党的十八大“关于 2020 年全面建成小康社会”的精神，为政府及各类投资主体提供合作、发展、共享、共赢的平台，并结合国家相关政策措施，大力孵化小康家庭，推动城镇化投资建设，促进中国全面小康进程。

在论坛上，国务院发展研究中心副研究员牛雄、中国民间商会副会长庄聪生、城乡小康控股有限公司董事长崔智豪等围绕全面建成小康社会做了主题演讲。大会还进行了分论坛交流和相关项目签约，探讨的内容涉及精准扶贫的方式与措施、孵化小康家庭的方式与条件、小康特色小镇的建设与投资、线上线下的多模式战略合作、小康基金的设立与发展、小康与大健康的建设等。

（参见《人民日报》2017 年 6 月 5 日第 3 版）

首届“一带一路”国际税收政策论坛　6 月 12—13 日，首届“一带一路”国际税收政策论坛在中央财经大学举行。论坛由中央财经大学中国财政发展协同创新中心主办，中央财经大学国际税务研究中心、维也纳经济大学全球税收政策研究中心联合承办，中国财经出版传媒集团财经期刊总社、中国网“一带一路”官网协办。来自财政部、国家税务总局等业务主管部门，北京大学、武汉大学、国务院发展研究中心等高校和研究机构，中国石油天然气集团、华为集团、华油能源集团等企业，中税咨询集团、汉唐教育集团、铂略财经培训、安永、毕马威、德勤、普华永道、亚嘉财务咨询、澳大利亚公共会计师协会等中介机构代表 200 余人与会。国家税务总局原副局长、中央财经大学国际税务研究中心学术委员会名誉主席张志勇和维也纳经济大学全球税收政策研究中心教授 Jeffery Owens 分别致辞。“一带一路”国际税收政策论坛集成跨国界、跨业界、跨学科比较优势，旨在“深化国际税收合作，消除一带一路税收障碍”。首届论坛为深化“一带一路”国际税收政策的协调与合作进行了初步但富有成效的探讨，未来将以更深入、持续的研究讨论为“一带一路”倡议的总体规划发展做出贡献。

（中央财经大学科研处供稿）

2017 年中国会计和金融年会　6 月 17—18 日，中央财经大学金融学院、会计学院和澳大利亚及新西兰会计财务协会联合主办，中央财经大学中国资产管理中心承办的 2017 年中国会计和金融年会在中央财经大学举行。年会邀请澳大利亚昆士兰大学 Tom Smith 教授和 Martina Linnenluecke 教授、北京大学光华管理学院姜国华教授、澳大利亚墨尔本皇家理工学院石劲教授、中央财经大学金融学院院长李建军教授、会计学院院长袁淳教授、研究生院副院长张学勇教授、金融学院副院长谭小芬教授、会计学院副院长王彦超教授等嘉宾做主题发言。来自清华大学、北京大学、中国人民大学、墨尔本皇家理工学院、爱丁堡大学等诸多国内外高校的学者参加了此次年会，共同探讨交流中国资本市场的相关问题。针对 IPO、政府作用、公司透明度、资产分配、信用风险、公司治理、资产定价、盈余管理等相关问题展开讨论交流。

（中央财经大学科研处供稿）

中国民企在“一带一路”倡议执行中的地位和作用专家研讨会　日前，国家发展改革委国合“一带一路”研究院、清华海峡研究院、国观智库联合主办的中国民企在“一带一路”倡议执行中的地位和作用专家研讨会在京举行。

清华大学五道口金融学院全球并购重组研究中心联席理事长周建民认为，民营企业“走出去”前途光明，但面临的人才、资金、行业选择等问题需要重视。北京大学国际关系学院教授查道炯通过案例分享，强调了海外人才对中资企业“走出去”的重要性。中国人民大学重阳金融研究院国际研究部主任陈晓晨指出，要协调“一带一路”建设中各国合作发展的长期性与企业营利目标的中短期性二者的关系，实现二者协调共进，政府要为民企提供风险担保、税收优惠、政策指导等。北京大学新结构经济学研究中心研究员付才辉强调，民企在“一带一路”建设中发挥着积极作用。因为不同国家的市场环境、资源禀赋、劳动力水平等不同，政府在精细化服务民企方面还有很大空间。中国宏观经济研究院副院长吴晓华指出，“一带一路”建设中民企是生力军，随着“一带一路”逐步推进，民企的地位和作用将不断提高，应当建立民企与政府交流沟通的有效机制，通过商会、行业组织等渠道提升民企与政府打交道的能力。

（参见《光明日报》2017年6月29日第14版）

金融安全与科技高峰论坛 7月6日，人民日报社新媒体中心主办的2017金融安全与科技高峰论坛在京召开。据了解，本次论坛以“释放金融改革新势能”为主题，与会嘉宾围绕金融科技发展模式、金融科技的创新与监管等热点话题展开了深入讨论。

与会专家普遍认为，未来，中国金融业的整体发展仍需加强对风险的监测，同时利用最新科技手段创新安全防控工作，保证中国金融安全与经济稳定健康发展。

［参见《人民日报》（海外版）2017年7月7日第3版］

2017世界经济新常态与老工业基地转型学术会议 7月7日，中国世界经济学会与北方工业大学主办，北方工业大学经管学院、石景山发展研究中心与中共北京市石景山区委、区政府研究室承办、辽宁大学转型国家政治经济研究中心、商业研究杂志社协办的2017世界经济新常态与老工业基地转型学术会议在北京召开。

来自辽宁大学、北京大学、北京师范大学、中央财经大学、北方工业大学、石景山区政府、北京邮电大学、辽宁省社会科学院等学校和部门的领导、专家学者共100余人参加了会议。

北方工业大学经济管理学院院长赵继新教授主持了开幕式，校党委书记郑文堂教授和中国世界经济学会副会长刘洪钟教授分别发表了开幕致辞。

来自中央财经大学的张礼卿，北京大学的王跃生，北京邮电大学的孙启明，北京师范大学的魏浩，首经贸大学的李婧，辽宁大学的殷红、王厚双、杨攻研，东北师范大学的刘力臻，河北大学的裴桂芬，浙江工商大学的刘文革，大连民族大学的刘大志和北方工业大学的谢朝阳等15位专家分别发表了主题演讲。会议研讨的主要议题有“世界经济新常态的表现及其影响”“新常态背景下的中国经贸发展战略”“新常态背景下老工业基地面临的困境与挑战”“世界各国老工业基地转型的经验与启示”“老工业基地转型中的政府角色与政策支持”“中国老工业基地转型的现状与战略对策”“东北地区产业转型升级的金融支持路径”“社会资本与东北人的管制偏好”“经济转型：资本驱动还是人才驱动”等。

（中国社会科学院办公厅刘玉杰编辑、供稿）

2017国际货币论坛 7月15—16日，中国人民大学主办，中国人民大学财政金融学院、中国财政金融政策研究中心协办，中国人民大学国际货币研究所（IMI）承办的2017国际货币论坛在中国人民大学举行。中国人民大学副校长吴晓球、刘元春和全国社会保障基金理事会副理事长王忠民，上海证券交易所理事长吴清，中国人民银行原副行长马德伦，环保部前总工程师杨朝飞，东盟与中日韩宏观经济研究办公室（AMRO）主任常军红，英国司法部原部长Lord（Neil）Davidson，摩根大通原亚太监管战略主管、IMF亚太部门原主管AnoopSingh等来自多个国家和地区的金融管理部门、科研院所以及金融实业界的两百余名专家学者与会并发表演讲。本次论坛主题为“金融深化、金融稳定与货币国际化”，开幕式上发布了《人民币国际化报告2017》，“一带一路”与跨境金融合作、绿色金融、债券国际化、跨境资本流动、金融科技、中美学生金融对话等六大主题论坛同时举行。

（中国人民大学科研处关晓斌供稿）

《政府和社会资本合作条例（征求意见稿）》研讨会 8月11日，中央财经大学PPP（政府和社会资本合作治理）研究院主办《政府和社会资本合作条例（征求意见稿）》研讨会。国务院法制办公布《基础设施和公共服务领域政府和社会资本合作条例（征求意见稿）》，并函请中央财经大学PPP（政府和社会资本合作治理）研究院提修改意见。来自北京大学、中科院大学、中国财政科学研究院、中央财经大学等学术界代表，中国水环境集团、北京东方园林环境股份有限公司、北京市政路桥股份有限公司等多家企业代表以及中国工商银行股份有限公司、中国农业银行股份有限公司、中国银行股份有限公司、中国建设银行股份有限公司等多家金融机构代表共同围绕统一市场、防控风险、提质增效、改革创新等 PPP 改革与立法中的重点和难点议题展开讨论，提出有针对性的法律修改意见。国务院法制办公室财政金融法制司叶建勋调研员、国务院发展研究中心宏观经济部孟春巡视员、财政部政府和社会资本合作中心焦小平主任、财政部条法司周劲松副司长、财政部 PPP 中心韩斌副主任等参加了会议交流，专家们广泛认同 PPP 统一市场建设的重要意义，并且强调了 PPP 统一市场建设在《政府和社会资本合作条例（征求意见稿）》中的重要性。

（中央财经大学科研处供稿）

首届气候变化经济学学术研讨会　8 月 18—20 日，中国社会科学院城市发展与环境研究所、《经济研究》编辑部与《城市与环境研究》编辑部联合举办的首届气候变化经济学学术研讨会在北京召开。

中国社会科学院副院长、党组成员蔡昉，国家气候变化专家委员会主任、国务院参事、科技部原副部长刘燕华，国家发展和改革委员会气候司副司长陆新明，中国社会科学院经济研究所所长高培勇，中国社会科学院学部委员田雪原、汪同三，国际合作局局长王镭，城市发展与环境研究所所长潘家华，以及来自中国社会科学院、中国科学院、国务院发展研究中心、国家气候战略中心、中共中央党校、北京大学、清华大学、中国人民大学等科研机构和高等院校的 100 多位专家学者参加研讨会。会议的主要议题有“气候变化经济学学科建设”“全球气候变化治理”“经济结构变迁对碳排放的影响”“国内低碳政策进展”“减排效应评估与路径研究”。

蔡昉、陆新明、高培勇、潘家华、刘燕华、田雪原、汪同三等先后发言，肯定了气候变化经济学学科建立的重大意义。

在专家学术专题报告环节，对外经贸大学副校长赵忠秀、国际低碳经济研究所联席所长薛进军、中国人民大学环境学院教授邹骥等 13 位专家分享了研究成果。10 位作者分别介绍了自己的获奖论文。

（中国社会科学院办公厅刘玉杰编辑、供稿）

农村转型发展中的农民合作社——中日比较与借鉴学术研讨会　8 月 23 日，“农村转型发展中的农民合作社——中日比较与借鉴”中日学术研讨会在北京召开。会议由中国社会科学院和日本学术振兴会联合主办，由中国社会科学院国际合作局、中国社会科学院农村发展研究所和日本学术振兴会北京代表处共同承办。来自中国社会科学院、中国人民大学、中国农业大学、农业部、日本东京农业大学、日本弘前大学、日本北海道大学、日本农林中央金库、日本小樽商科大学等多家学术机构的 90 余位学者和专业人士参加了会议。

会议由中国社会科学院农村发展研究所副所长闫坤主持。中国社会科学院国际合作局副局长周云帆、中国社会科学院农村发展研究所所长魏后凯出席会议并致辞。

会议研讨的主要议题有“中日农民合作社比较”“农民合作社与农村转型发展”“农村产业融合与农民合作社的作用”。中国社会科学院学部委员张晓山研究员、日本东京农业大学综合研究所农协研究部会会长白石正彦、中国农业大学人文与发展学院教授任大鹏、日本弘前大学名誉教授神田健策、日本小樽商科大学商学院企业法系教授多木诚一郎、农业部农村合作经济经营管理总站副站长赵铁桥、中国人民大学中国合作社研究院院长孔祥智等分别在会上发言。

闭幕式上，白石正彦和魏后凯分别对会议内容进行了总结。

（中国社会科学院办公厅刘玉杰编辑、供稿）

全球金融治理系列圆桌会议　9 月 15 日，中央财经大学金融学院主办的全球金融治理系列圆桌会议——“特朗普经济政策的最新动向与中美经贸关系”在中央财经大学举行。会议由中央财经大学全球金融治理协同创新中心主任张礼卿教授主持。美国前副国务卿、外交理事会成员、哈佛大学 Maurits C. Boas 国际经济学讲座教授理查德·库帕发表了主旨讲演，原国家外汇管理局局长魏本华、法国巴黎银行（中国）有限公司总经理陈兴动以及中央财经大学金融学院副院长谭小芬教授先后发言。与会专家指出，当前全球经济形势错综复杂，特朗普上任以来美国经济政策呈现出明显的不确定性，使全球经济的未来进一步蒙上阴影，中国主导建立的“亚投行”是一个非常积极的事件。“一带一路”倡议旨在帮助沿线国家进行基础设施建设，以便在未来进行协同发展。“一带一路”倡议的实施对中国和世界都有可能产生积极意义，但应充分重视沿线国家的投资风险。

（中央财经大学科研处供稿）

第六届金融街论坛 9月15日，2017年第六届金融街论坛在京开幕。国务院发展研究中心高级研究员吴敬琏，全国人大财经委员会副主任委员吴晓灵，中国人民银行行长助理刘国强，中国银监会副主席王兆星，中国证监会主席助理张慎峰，中国保监会副主席黄洪，市委常委、常务副市长张工以及多位重量级金融机构负责人、业内知名专家学者出席并发表演讲。嘉宾围绕“全球经济结构变动下的金融改革与风险防控”的论坛主题进行了深入的探讨与交流。

张工表示，要深入贯彻全国金融工作会议的精神，坚持以“四个意识”做好首都金融工作，在“一行三会”的具体指导和领导下，紧紧围绕服务实体经济、防控金融风险、深化金融改革三大任务，营造良好的服务环境，完善空间布局，大力培育和发展符合首都城市战略定位的现代金融服务业，采取有力措施防控金融风险，坚决守住不发生系统性、区域性金融风险的底线。

（摘自《北京日报》2017年9月16日第2版）

从大学校园到职业联赛——解读中国排球发展之路论坛 9月24日，“从大学校园到职业联赛——解读中国排球发展之路”主题论坛在清华大学经济管理学院举行。中国排协副秘书长、排管中心训练部部长于光岩，中国大学生体育协会专职副主席王晓毅，中央电视台资深排球评论员洪钢，“体育之窗”董事长傅强、CEO高宏，中国男排队员代表应邀出席论坛。论坛由清华大学体育产业发展研究中心副主任胡凯主持。论坛第一场主题为“校园排球推广的机遇与挑战”，体育部副主任赵青，及王晓毅、于光岩、“体育之窗”首席策略官谢骏等嘉宾就女排精神与清华体育校园文化、大学生排球联赛运营、共享IP理念等话题进行讨论。论坛第二场主题为“中国排球联赛的市场和商业化运作”，由清华大学体育产业研究中心主任王雪莉主持。与会嘉宾围绕打造赛事IP、企业赞助、国内排球环境对运动员的激励等话题展开“对话”。最后，参与此次活动的300余名各大院校学生、排球爱好者等和与会嘉宾进行交流与互动。

（清华大学文科建设处刘金梅供稿）

2017年青年学术论坛 10月11日，由中国社会科学院农村发展研究所主办的2017年青年学术论坛在北京召开。

论坛的主题是“深化农业供给侧结构性改革”，主题下分为6个议题：“农村产权制度改革与农民收入”“美丽乡村与生态经济”“土地制度与城市化发展”“农村劳动力流动与人力资源”“农村财政金融与农户行为”“农业支持保护制度与粮食安全”。中国社会科学院农村发展研究所党委书记闫坤、所长魏后凯等参加论坛。16位青年学者进行主题演讲，全所科研人员和研究生院农村发展系部分硕士生和博士生参会。闫坤致开幕词。魏后凯致闭幕词。

（中国社会科学院办公厅刘玉杰编辑、供稿）

京津冀金融研究联盟2017年年会 10月26日，京津冀金融研究联盟、首都经济贸易大学金融学院主办的京津冀金融研究联盟2017年年会在北京举办。来自京津冀的专家学者围绕雄安新区的建设、京津冀高校金融学科发展等问题展开了讨论，并分别做了关于雄安新区建设投融资模式的思考、从债券收益率看宏观政策定力、关于金融助推京津冀协调发展的实践与思考的报告。

（首都经济贸易大学科研处李琳供稿）

第五届运输与时空经济论坛 10月28—29日，第五届“运输与时空经济论坛——城市化与高铁经济”国际会议在北京交通大学举行。论坛由北京交通大学经济管理学院、中国技术经济学会、中国铁道学会主办。英国、日本、、美国、荷兰以及北京交通大学等国内外知名运输经济学专家与会。论坛包括大会演讲、业界论坛和专题讲座。参会专家就工业4.0与运输发展、城市交通与人本主义、高铁经济社会效益及外部性、高铁民航竞争、日本城市轨道交通与大都市区构建、城市智慧交通与运输经济、铁路多式联运与效率改善等进行主旨演讲，展示理论研究前沿新知；业界论坛邀请了共享单车OFO公司、区块链与运输经济研究机构、ETCP停车公司、共享货运物流“运满满”公司等实业界人事与会，展示实践与商业模式创新发展趋势；专题讲座就轨道交通发展与改革、欧洲交通网与丝绸之路、城市道路定价、高铁与经济社会融合等开展研讨，展示最新国内外运输经济发展动力。会议在理论研究前沿、实践应用与交通政策、交通体制机制改革等方面进行了研讨。

（北京交通大学社会科学处李敏供稿）

第八届中国经济学前沿论坛（2017）——新时代中国特色社会主义政治经济学　11月3日，中央民族大学经济学院联合中国人民大学中国经济改革与发展研究院、辽宁大学经济学院、经济科学出版社、中国人民大学中国民营企业研究中心共同主办的第八届中国经济学前沿论坛（2017）于学校中慧楼音乐厅开幕。中国人民大学荣誉一级教授卫兴华，南京大学原党委书记洪银兴，教育部社会科学委员会副主任、原教育部党组成员顾海良，南开大学原副校长逄锦聚，中国社会科学院学部委员、经济所所长高培勇，辽宁大学原常委、经济学院院长林木西，国家民委专职委员、中央民族大学党委书记张京泽，中央民族大学党委副书记、校长黄泰岩，中国人民大学中国经济改革与发展研究院常务副院长高德步，经济科学出版社总编辑吕萍等嘉宾出席了本次论坛，开幕式由黄泰岩校长主持。

主题报告环节由中央民族大学经济学院院长张丽君主持。该环节围绕“新时代中国特色社会主义政治经济学”这一主题，结合党的十九大报告与新时代的经济特征，总结中国宏观经济理论的研究，结合新时代中国政治经济学的新课题，深入探讨新时代中国特色社会主义政治经济学的现代化理论创新和宏观经济管理理论创新。专家们认为，要立足于新时代中国特色社会主义的伟大实践，从中国经验中提炼新概念，形成新范畴，用中国实践丰富马克思主义经济学概念范畴的新内涵，构建起能够解释中国实践，并能够解决发展中面临的重大问题的新时代中国特色社会主义政治经济学理论体系，为完成社会主义现代化任务，实现现代化目标提供理论指导。

（中央民族大学科研处供稿）

2017第四届音乐产业高端论坛　11月3日，在国家新闻出版广电总局指导下，由中国传媒大学主办，中国传媒大学艺术学部音乐与录音艺术学院、中国音像与数字出版协会音乐产业促进工作委员会联合承办的2017第四届音乐产业高端论坛在中国传媒大学国际交流中心举行。

中国传媒大学党委书记陈文申、国家新闻出版广电总局出版管理司副司长许文彤、中国音像与数字出版协会常务副理事长王炬等领导出席致辞，中国传媒大学艺术学部学部长段鹏、艺术学部党委书记彭文祥等也出席了此次会议。

论坛推出了《2017音乐产业发展报告》（总报告）。该报告指出，2016年中国音乐产业总规模达3253.22亿元；在国家政策引导、扶持下，实现了稳定的快速增长。产业结构、服务体系进一步优化，版权环境的持续改善激发原创音乐活力，技术升级、用户需求不断推动音乐产业链的重构与商业模式创新，“音乐+”融合业态成为发展新动能，“整合、重构、新生”构成了新时期中国音乐产业发展的主旋律。

论坛围绕“互联网+”时代下音乐产业发展与变革的新格局，聚焦音乐全产业链的动态与前沿，从产业生态、制作、版权、投融资、演出等多个环节展开了8个板块分论坛专题进行了讨论。

（中国传媒大学文科科研处马奇炎供稿）

中白经贸合作智库交流研讨会　11月6日，中国社会科学院国际合作局、世界经济与政治研究所、丝绸之路研究院共同主办的“中白经贸合作智库交流”研讨会在北京举行。来自中白两国的专家学者和企业界代表约50人参加了会议。

会议的主题是“白俄罗斯投资环境与深化中白经贸合作”，会议研讨的主要议题有“中白经贸关系以及中白经贸合作的重点领域”“白俄罗斯投资环境分析评估”“中白合作中的法律法规对接问题”“中白工业园在白俄罗斯国家发展战略中的地位和作用”“‘一带一路’与欧亚经济联盟对接中的白俄罗斯”等。与会学者一致认为，在“一带一路”倡议实施、“一带一盟”对接背景下，中白两国智库与学界、企业界的交流必将推动两国经贸关系不断深入发展。

会上，白俄罗斯学者表示，白俄罗斯经济学家与政治学家对中共中央总书记习近平的报告有着浓厚的兴趣。他们表示，白中两国经济社会发展模式的相近是白中关系不断深化发展的保证。中国解决区域发展不平衡这一社会重要矛盾的现代战略和成功经验，为白俄罗斯制定地区经济发展政策指明方向。

（中国社会科学院办公厅刘玉杰编辑、供稿）

第十六届WTO与中国学术年会　11月12日，对外经济贸易大学中国世界贸易组织研究会、国际贸易与可持续发展中心（ICTSD）共同主办，对外经济贸易大学中国世界贸易组织研究院承办的第十六届WTO与中国学术年会在对外经济贸易大学举行。本届年会以“维护全球多边经贸秩序，推动世界经济协同发展”为主题，邀请到来自WTO、ICTSD、美国驻华大使馆、美中贸易全国委员会、美国战略与国际研究中心、瑞士伯尔尼大学、瑞士圣加仑大学、新加坡管理大学、国务院发展研究中心、中国社会科学院、商务部国际贸易与经济合作研究院等国际组织、政府机构和国内外学术机构的嘉宾发言，来自国内外研究机构和高校的研究人员、教师和学生近200人参会。对外经济贸易大学校长王稼琼，中国世界贸易组织研究会会长、中国首任驻WTO大使孙振宇出席开幕式并致辞。

年会分节讨论环节中，参会嘉宾就党的十九大后的中国对外开放新时代、特朗普总统访华后的中美经贸关系前景和WTO在遏制贸易保护主义中的作用3个议题发表演讲，结合自身最新的研究成果，对世界经济形势、多边合作体制、中美经贸关系展望、全球化与中国发展等方面进行了交流和探讨。

（对外经济贸易大学科研处供稿）

国际商务学会中国分会2017年年会　11月18—19日，国际商务学会中国分会2017年年会在对外经济贸易大学举行。年会以“企业全球化的前沿问题：一带一路与全球机遇”为主题，汇聚国内外战略管理和国际企业管理领域的专家学者，加强该领域中前沿性理论与观点的平等对话，就新兴市场国家的国际化挑战与机遇等问题进行交流与讨论。本次会议共设有8场主题会议论坛，18场分论坛，参会人数300余人。

对外经济贸易大学党委书记蒋庆哲，国际商务学会中国分会主席、北京大学光华管理学院教授武常岐，清华大学经济管理学院教授李东红，对外经济贸易大学国际商学院院长王永贵出席开幕式并分别致辞。

会议主题论坛期间，加拿大卡尔加里大学教授、JIBS主编Alain Verbeke，香港科技大学教授李家涛，不列颠哥伦比亚大学教授Ilan Vertinsky，英国纽卡斯尔大学教授刘毅鹏，香港中文大学副教授马旭飞，加拿大曼尼托巴大学博士崔鸿，南开大学教授吴晓芸，华东理工大学教授阎海峰，复旦大学教授孙霈等8位国内外学者发表主题演讲。会议分论坛环节，百余位来自多所高校的教师和研究生分享他们的论文。

本次会议响应党的十九大报告中提出的将“一带一路”建设作为经济建设和全方位外交布局的倡议，国内外战略和国际企业管理领域的专家汇聚一堂，以此大会为契机，探讨中国企业国际化进程中面临的机遇和挑战，从宏观制度、企业能力、跨国公司治理等角度研究新兴市场跨国企业的国际化动因、路径和结果。

（对外经济贸易大学科研处供稿）

第二届中国少数民族地区精准扶贫论坛（2017）——破解深度贫困的理论、政策与实践　11月23—24日，中央民族大学主办，中央民族大学经济学院、中央民族大学少数民族事业发展协同创新中心、中央民族大学少数民族扶贫研究院共同承办的第二届中国少数民族地区精准扶贫论坛（2017）在中央民族大学举办。本次论坛主题为“破解深度贫困的理论政策与实践”，设有开幕式、发布会、主题报告、州长论坛、学术论坛，数十位领导、专家学者及媒体代表齐聚一堂，共商深度贫困地区脱贫发展之策。

第二届中国少数民族地区精准扶贫论坛的召开，以及《中国少数民族地区扶贫进展报告（2017）》《中国少数民族地区精准扶贫案例集》的发布，在总结和回顾少数民族地区精准扶贫经验的基础上，为新时代我国少数民族地区扶贫工作贡献了宝贵的力量。此次论坛的成功举办，对于进一步深刻领会党的十九大报告精神，进一步准确把握脱贫攻坚战略，特别是深度贫困地区的精准扶贫工作具有积极深远的意义。

（中央民族大学科研处供稿）

“一带一路”投融资高峰论坛　11月30日，中国民生银行和财新传媒共同主办的“一带一路”投融资高峰论坛在京举行。与会嘉宾就基础设施跨境投融资、跨境并购和金融创新服务等话题进行了深入探讨。

北京大学新结构经济学研究中心主任林毅夫认为，“一带一路”投融资应以基础设施的互联互通为抓手，与参与国家共建利益共同体、命运共同体和责任共同体。中国民生银行董事长洪崎表示，去年中国与“一带一路”沿线国家贸易总额达9536亿美元，亚洲基础设施投资银行、金砖国家开发银行、丝路基金等多个政策性国际金融机构相继设立，金融合作进一步加强。

［参见《人民日报》（海外版）2017年12月1日第3版］

中央商务区发展高峰论坛　12月1日，中央商务区发展高峰论坛暨《CBD 发展研究基地 2017 年度报告》发布会在北京举行。论坛的主题是“中央商务区（CBD）特色发展”。北京市哲学社会科学规划办公室副主任、首都经济贸易大学科研处处长、经济研究参考杂志社社长、CBD 研究基地首席专家等出席论坛。与会专家从我国 CBD 创新智慧发展的现状、智慧管理的应用、智慧商圈的打造、CBD 创新智慧促进产业融合发展、对外开放不断深化以及新时期 CBD 创新智慧发展趋势等 6 个方面进行了阐述。中国社科院、财政部传媒集团、北京市委党校等单位的专家学者及首都经济贸易大学部分师生参加了论坛发布会。

《CBD 发展研究基地 2017 年度报告》是首都经济贸易大学北京市哲学社会科学 CBD 发展研究基地（以下简称 CBD 研究基地）连续出版的第 13 部研究报告。相关专家在报告解读中介绍到：2016 年 CBD 楼宇经济中，除深圳福田 CBD 继续领跑外，北京 CBD 税收过亿元楼宇 52 栋，依然保持强劲发展势头。从总体看，国内主要特大城市 CBD 区域内经济社会发展状况较好，城市 CBD 功能得到不断完善，各项专业化服务职能得到持续提升，助力各区域经济发展目标的实现。

（首都经济贸易大学科研处李琳供稿）

第十届中国能源环境高峰论坛　12 月 1—2 日，第十届中国能源环境高峰论坛暨峰会设立 10 周年实施“新百千万万”活动在对外经济贸易大学召开。峰会由中国能源环境研究中心、经济日报社中国经济趋势研究院联合主办。峰会围绕绿色化发展改革，就实施新百千万万活动、中国油气市场化改革、电力市场改革与建设、中国煤控、绿色技术、峰会 10 年回眸与展望等一系列主题，发表演讲和对话交流，推出世界前沿绿色技术，推进中外合作交流。

开幕式上，国务院国有重点大型企业监事会主席季晓南、对外经济贸易大学党委书记蒋庆哲、国家发展改革委国家节能中心主任徐强、国家能源局原副局长张玉清、国家发展改革委气候司原巡视员谢极、经济日报社内参编辑部主任兼中国经济趋势研究院院长孙世芳共同启动了中国能源环境高峰论坛新百千万万活动。对外经济贸易大学副校长赵忠秀、经济日报社中国经济趋势研究院院长孙世芳、中国能源环境高峰论坛执行副主席兼秘书长林智钦分别主持了大会。

（对外经济贸易大学科研处供稿）

第三届中国金融信息安全研讨会　12 月 2 日，中国网络空间安全协会主办，中央财经大学信息学院、网络与信息安全学报杂志社、中关村区块链产业联盟承办的第三届中国金融信息安全暨区块链技术学术研讨会在中央财经大学举办，研讨会的主题为“金融信息安全和区块链技术”。来自中国网络空间安全协会、中国科学院、中国信息通信研究院、世纪互联、北京航空航天大学、中国银行和北京交通大学、北京理工大学、贵州大学、西南财经大学、江西理工大学等高校的教师、研究生和企业的部分专家、以及中央财经大学信息学院部分师生参加了研讨会。与会专家指出在互联网经济过去 30 年与未来 30 年的钟摆式发展进程中，区块链技术寄托着构建分布式商业体系的美好憧憬，近期区块链的发展脱虚向实是主旋律。分享了兰考普惠金融区块链技术平台、区块链与交互式智能合约、区块链的共识机制和激励机制、网络金融风险和网络黑产的严峻态势等新技术及发展现状。金融信息安全和区块链技术是网络空间安全的重要研究内容。

（中央财经大学科研处供稿）

第七届资产评估新发展国际论坛　12 月 3 日，第七届资产评估新发展国际论坛（以下简称论坛）在北京举办。论坛受中国资产评估协会等单位支持，由首都经济贸易大学主办，美国评估师协会（ASA）、中南财经政法大学企业价值研究中心、厦门大学评估研究中心、国际企业价值评估分析师协会（IACVA）等单位协办。与会专家以“新时代中国资产评估行业的改革创新与发展”为题，总结了中国评估行业在近 30 年中取得了巨大成就，及近 5 年来资产评估行业发展的累累硕果，分析了中国资产评估行业正迎来前所未有的机遇。指出当前我国资产评估行业发展的主要矛盾是社会日益增长的对高质量评估服务的市场需求和监管要求，与资产评估行业发展不平衡不充分的矛盾，强调要奋发开创新时代中国资产评估行业发展新局面，进一步推进行业管理方式改革，服务国家对外开放战略，推动行业国际化发展和国际市场开拓。来自美国、俄罗斯、日本等国家和地区的国际来宾、国内资产评估行业的领导、专家和学者共 300 余人参加本届论坛。

（首都经济贸易大学科研处李琳供稿）

第五届金融风险高层论坛　12 月 3 日，首都经济贸易大学、中国社会科学院财经战略研究院主办，首都经济贸易大学金融风险研究院、首都经济贸易大学金融学院、北京京华金融研究院联合承办的第五届金融风险高层论坛暨《中国金融风险报告（2017）》蓝皮书发布会在京举办。30多名国内外知名学者和业界专家的出席论坛。

2017年的《中国金融风险报告》蓝皮书包括6篇子报告、6篇权威论文，以风险研究为核心，涉及国际金融、资本市场、证券投资、普惠金融、保险资金运营等多个领域。该报告共分为两大部分：第一部分是考察中国宏微观层面金融风险的6篇研究报告，第二部分辑录了最近一年研究人员在国内外权威期刊公开发表的6篇高水平学术论文。从具体内容上看，研究报告探讨了中国宏微观层面的金融风险，包括商业银行资产质量风险、非银行金融机构风险、大类资产配置风险、股票市场及股权衍生品风险、全球外汇市场风险等6个方面。

蓝皮书发布后，学者们重点围绕着三大国家战略推进过程中的金融风险问题进行探讨，指出防范金融风险、维护金融稳定要从4个方面入手：一是保护金融消费者权益；二是构建金融消费者权益保护法律和监管框架；三是要推动金融知识普及教育，提升国民的整体素质；四是进一步加强金融消费者权益保护国际交流与合作。

（首都经济贸易大学科研处李琳供稿）

“一带一路”经贸合作与民族事务治理国际学术研讨会　12月2—3日，中央民族大学主办，中央民族大学经济学院，中国民族理论与民族政策研究院，中俄能源研究院，少数民族事业发展协同创新中心共同承办的“一带一路”经贸合作与民族事务治理国际学术研讨会，在中央民族大学中慧楼音乐厅举办。中俄国际经贸关系发展协会主席奥列格·杰米、中国社科院研究生院院长黄晓勇教授、对外经济贸易大学副校长林桂军教授、首都经济贸易大学副校长杨开忠教授、美国哈佛大学肯尼迪学院余家豪研究员、波兰雅盖隆大学 Jersy Rosinski（波兰）教授、中央民族大学校长黄泰岩教授等百余位国内外专家学者及新华社、《人民日报》、《光明日报》、《经济日报》、《中国民族报》等媒体代表齐聚一堂，共襄此次盛会。

此次论坛为多国专家提供了全方位、多层次的交流平台，为我国继续推进“一带一路”倡议贡献了宝贵的力量。此次论坛的举办，将对贯彻落实“一带一路”国际合作高峰论坛精神、进一步促进“一带一路”沿线国家经贸发展、能源合作和民族事务治理效率起到重要的推动作用，对深刻领会党的十九大报告精神、进一步推进走出去发展战略具有积极深远的意义。

（中央民族大学科研处供稿）

第六届中国工业发展论坛　12月24日，第六届中国工业发展论坛暨《中国工业发展报告2017》发布会在北京举行。会议邀请了中国社会科学院、国务院政策研究室、国务院发展研究中心、国有重点大型企业监事会、国家发展和改革委员会、工业与信息化部、国务院国有资产监督管理委员会、北京大学、中国人民大学、首都经贸大学、天津财经大学等专家学者百余人出席。会议研讨的主要议题有“实体经济的分类”“现代化经济体系中的实体经济的地位”“实体经济与虚拟经济的关系”“新时代实体经济发展的政策”“金融支持实体经济发展的具体政策”等。

论坛开幕式由中国社会科学院工业经济研究所党委书记兼副所长史丹研究员主持。中国社会科学院经济学部主任、国家金融与发展实验室理事长、中国社会科学院原副院长李扬研究员发表致辞，黄群慧所长做了题为“面向新时代的中国实体经济”的主旨报告，经济管理出版社杨世伟社长发布了《中国工业发展报告2017》。

论坛研讨部分由中国社会科学院工业经济研究所副所长崔民选研究员主持。国有重点大型企业监事会原主席季晓南，国务院研究室信息研究司刘应杰司长，国务院发展研究中心产业经济部赵昌文部长，工业与信息化部规划司李北光副司长，中国人民大学一级教授杨瑞龙教授，北京大学经济与管理学部主任、北京大学原副校长张国有教授，天津财经大学原副校长、国务院反垄断委员会专家咨询组成员于立教授，中国社会科学院财经战略研究院副院长夏杰长先后做了发言。中国社会科学院工业经济研究所副所长李海舰研究员做了大会总结。

（中国社会科学院办公厅刘玉杰编辑、供稿）

中国乳业国家品牌建设论坛　日前，为进一步树立中国乳业品牌形象，发挥行业主流品牌引领作用，提升行业信誉和公信力，中国乳制品工业协会在京召开了中国乳业国家品牌建设论坛。

论坛探讨了中国乳业品牌建设的经验和做法，发布了“中国乳业领军品牌榜”，伊利、蒙牛等国内12

家乳品企业获此殊荣。此次发布的12家领军品牌，是根据企业近年的产量、销售收入、市场占有率和产品质量状况以及企业社会责任履行情况而评选的。

国家食品药品监督管理总局稽查专员毕玉安表示，中国乳制品质量安全已经连续5年产品合格率达到99.5%，在整个食品行业中乳制品的合格率最高。

中国乳制品工业协会原理事长宋昆冈指出，几十年来，中国乳业涌现出一批又一批著名品牌，产品质量好，市场占用率高，深受消费者欢迎，在国内享有极高的知名度，推动了乳制品消费，带动了行业发展。

（参见《人民日报》2017年12月27日第3版）

开放型经济理论研讨会　12月29日，中国社会科学杂志社与对外经济贸易大学国际经济贸易学院共同主办的开放型经济理论研讨会在对外经济贸易大学举办。中国社会科学杂志社常务副总编王利民及社会科学部顾问许建康、对外经济贸易大学校长王稼琼出席研讨会并分别致辞。南开大学经济学院长江学者特聘教授李坤望、云南财经大学经济学院及金融研究院院长龚刚、中国人民大学法学院韩立余教授等近20位专家学者受邀参会，围绕“经济全球化新趋势”“我国开放型经济战略的构建”“开放经济下的企业发展和产业转型”等核心议题展开研讨。会议开幕式由对外经济贸易大学国际经济贸易学院院长、长江学者特聘教授洪俊杰主持。

研讨在经济全球化新形势下，系统总结了我国改革开放40年经验，为我国对内、对外开放战略的融合发展、开放型经济新体制的构建和“一带一路”倡议的实施提供助力。会议研讨从发展观念、结构布局、体制机制等方面出发，紧密结合国内外形势变化，为实现我国经济由高速增长向高质量发展的重大转变、推动形成全面开放新格局贡献了学术智慧。

（对外经济贸易大学科研处供稿）

第五届中国民生发展论坛　12月28日，人民日报社、民生周刊杂志社等单位联合主办的第五届中国民生发展论坛暨第十一届国际公益慈善论坛在北京举行。

本届论坛主题为“创造美好生活”，旨在学习贯彻党的十九大精神，提高保障和改善民生水平，促进慈善事业发展。与会人员围绕“坚持在发展中保障和改善民生”“不断增强人民的获得感、幸福感、安全感，不断推进全体人民共同富裕”“加强社会保障体系建设，完善社会救助、社会福利、慈善事业”等内容进行了深入交流和探讨。

（参见《人民日报》2017年12月29日第9版）

社会学（含人口学）

网络社会治理实践高端论坛　1月7日下午，网络社会治理实践高端论坛及共建共享与扩大中等收入群体——2017年京津冀社会学界学习贯彻十八届六中全会精神座谈会在中国传媒大学国际交流中心举办。胡正荣校长参与座谈会并发言。

网络社会治理实践高端论坛是中国传媒大学文法学部传媒与社会治理研究中心、社会学系举办的一次活动，邀请了社会学界网络社会学方面的专家、学者就网络社会治理问题进行发言，以推动网络社会治理的学术研究和实践。

出席本次活动的专家学者有文法学部副部长王四新、中央党校青连斌教授、北京大学刘能教授、中国人民大学冯仕政教授、中国人民大学刘少杰教授等。

王四新致辞，表达了对网络社会治理问题的关注。刘能发言主题为“移动互联网、人类情感和社会稳定”。冯仕政发言主题为“互联网时代的集体行动与政治秩序”。刘少杰发言主题为“互联网时代社会预期的扩展、分化与引导”。青连斌对论坛进行了总结点评，网络社会治理实践高端论坛结束。

在共建共享与扩大中等收入群体——2017年京津冀社会学界学习贯彻十八届六中全会精神座谈会上，京津冀社会学界众多专家共同探讨了“关于疏解区域性批发市场的思考——行政命令与市场规律”“京津冀协同发展中的社会学共同体及其研究议题”“京津冀共同推动人口疏解”等社会学议题。

（中国传媒大学文科科研部马奇炎供稿）

“十三五”促进就业规划暨2017年就业形势专家座谈会　2月22日上午，“十三五”促进就业规划暨2017年就业形势专家座谈会在北京师范大学举行。座谈会由国家发改委就业和收入分配司、中国劳动经济学会、北京师范大学经济与工商管理学院与北京师范大学劳动力市场研究中心联合主办，本次论坛的主要专家有国家发改委就业和收入分配司哈增友副司长，国家人社部就业促进司尹建堃副司长，中国社科院人口与劳动经济研究所所长、中国劳动经济学会会长张车伟，国家发改委就业和收入分配司就业处处长孙中震，人社部劳科院国际保障研究所所长莫荣，北京师范大学经济与工商管理学院院长、北京师范大学劳动力市场研究中心主任、中国劳动经济学会副会长赖德胜，北京师范大学经管学院学术委员会主任、中国收入分配研究院执行院长、中国劳动经济学会副会长李实，中国人民大学劳动人事学院院长、中国劳动经济学会副会长杨伟国，北京大学经济研究所常务副所长苏剑，首都经济贸易大学劳动经济学院冯喜良院长等40余人。

哈增友指出，“十三五”促进就业规划是第一个以国务院名义颁布的就业规划，它的出台具有一定的背景，总体而言，我国就业形势平稳，进入“十三五”以后面临着一系列机遇，包括面临着大好的经济趋势；结构调整步伐很快，服务业发展迅速，大众创业、万众创新的势头迅猛；党委领导非常重视就业问题。然而，就业问题也面临着一些不利条件，如总量压力依然不减；结构性矛盾特别突出，高素质匹配人才稀缺；重点地区重点人群的安置任务严峻。“十三五”促进就业规划的生命力在于落实，他认为，十分的精力抓规划，十二分的努力抓落实。具体落实的过程中，发改委会主要从6个方面切入：稳增长，守住就业的基本盘；调结构，拓展就业的新空间；促改革，增添就业新活力；保重点，守住民生就业的基本点；强培训，提高就业群体的能力；抓服务，履行政府促进就业的职责和服务工作。政府应该有意识地对以往的就业政策进行梳理，管用的留下，不管用的该拿掉要拿掉。张车伟从学术研究视角阐述了自己的观点，认为有关就业的研究已经进入了一个新阶段，应该从一个新经济下的视角看待新形势就业。一是完全创新驱动就业，那些不曾有的技术、创造等直接带来的就业、与传统经济相融合的新经济所创造的就业应该都是新经济就业。与传统相比，新经济就业对劳动者素质的要求具有较大差别。学术界应该在下一步增强对于新经济下新就业的实质性研究。

（北京师范大学社科处刘娜供稿）

第三届亚洲社会政策与反贫困国际学术会议　4月10日，第三届亚洲社会政策与反贫困国际学术会议在北京召开。中国社会科学院副院长、党组成员李培林出席会议并作主旨发言。来自中日韩3个国家的社会政策领域的专家学者参加会议。会议围绕“社会政策与反贫困的理论和实践经验”专题进行了交流，就3个国家的反贫困研究做阶段性总结，并对下一步开展联合课题研究进行协商。

会议的主要内容有：(1) 开展精准扶贫。李培林、中国社会科学院社会学研究所所长陈光金、中国社会科学院经济学研究所研究员魏众分别就此问题发了言。(2) 政策执行是实现政策目标的关键。韩国保健社会研究院社会政策研究中心研究员李贤珠、中国社会科学院社会学研究所研究员王春光等就此问题发了言。(3) 就业与产业发展政策是积极干预手段。韩国保健社会研究院社会政策研究中心研究员鲁大明、贵州民族大学社会建设与反贫困研究院教授孙兆霞等分别就此问题发了言。(4) 社会安全网是重要制度设计。日本法政大学现代福祉学部教授布川日佐史、日本大阪市立大学社会科学系副教授五石敬路等分别就此问题发了言。(5) 不能忽视特殊群体贫困。韩国保健社会研究院社会政策研究中心副研究员柳政熹、贵州民族大学社会建设与反贫困研究院副教授张建等分别就此问题发了言。(6) 区域瞄准是反贫困政策研究重要课题。国家行政学院副教授马秀莲等就此问题发了言。

会议由中国社会科学院社会学研究所主办、中国社会科学院社会政策研究中心承办。

（中国社会科学院办公厅刘玉杰编辑、供稿）

学雷锋志愿服务工作座谈会　4月26日，中国志愿服务联合会在京召开学雷锋志愿服务工作座谈会，推动全国“志愿之城”建设工作深入开展，交流中国特色志愿服务发展的新经验、新做法、新成效。

中国志愿服务联合会负责人介绍，近一个时期，全国许多城市广泛开展“志愿之城”创建活动。中国志愿服务联合会大力推动“志愿之城”建设工作，“志愿之城”覆盖面和影响力不断扩大。会议要求，深入学习贯彻中央关于志愿服务重要决策部署，进一步培育和践行志愿服务精神，继续深入扎实推进“志愿之城”试点工作；要将志愿服务融入文明创建活动，进一步深化“志愿之城”创建工作；围绕重点领域和重点项目，进一步培育和打造志愿服务特色品牌；加强信息平台和制度规范建设，进一步推动志愿服务制度化、常态化发展；加大宣传、激励和保障力度，进一步为志愿服务营造浓厚的社会氛围。

与会代表还实地考察北京市通州区和大兴区“志愿之城”试点工作，交流志愿服务经验做法，全面了解相关城区志愿服务工作开展情况。当天，经新闻出版主管部门批准，由中国志愿服务联合会主管、主办的《中国志愿》杂志在京创刊。

中国志愿服务联合会会长刘淇出席会议并讲话。

（参见《北京日报》2017 年 4 月 26 日第 2 版）

大众创业时代下的中国女性创业研讨会　4 月 27 日，北京市社会科学院妇女研究中心在市社科院举办了大众创业时代下的中国女性创业——女性创业的理论与实践研讨会，北京市工商联、北京市妇联、海淀区妇联等党群组织以及北京市妇女对外交流协会、北京市妇女理论研究会、天使百人会等社会组织的同志，部分女企业家和女性创业者，《中国妇女报》记者，以及全国妇联妇女研究所、中华女子学院、辽宁社会科学院和北京市社会科学院的专家学者等参加了研讨会，就大众创业时代下的中国女性创业进行了交流。会议主要围绕新常态下北京民营科技企业发展研究、海淀区妇联发挥女性社会组织作用推动女性创业的实践经验、中国女性创业的理论和政策分析、当前女大学生创业问题、基于天使投资实践的女性创业思考、女性创业的具体实践经验和案例分析、新型城镇化视阈下的中国女性创业、京津冀协同发展背景下的女性创业、经济社会转型中中国女性创业的理论分析，分享和报告了研究成果，研讨了女性创业的理论基础、发展现状、现实环境、影响因素、实践经验和促进政策等重要议题，提出了相关的理论观点和政策思考。

（北京市社会科学院朱霞辉供稿）

当代中国社会结构变迁研究学术研讨会　5 月 13 日，当代中国社会结构变迁研究学术研讨会在北京举行。中国社会科学院副院长、党组成员李培林出席研讨会，并围绕“跨越双重中等收入陷阱”做主题演讲。

开幕式上，北京工业大学党委书记谢辉，陆学艺社会学发展基金会理事长、中国社会科学院社会学研究所所长陈光金分别致辞。北京工业大学人文社会科学学院院长唐军主持开幕式。中国社会科学院学部委员景天魁，教育部高等学校社会学类专业教学指导委员会主任委员、中国人民大学社会与人口学院教授李路路，中国人民大学经济学院教授刘守英分别做主题演讲。学者们广泛深入地讨论了社会学学科的历史基础、社会中间阶级、农村集体经济等意义重大的理论和现实问题。刘守英的演讲题目是“对集体经济的再认识”，景天魁的演讲题目是“中国社会学崛起的历史基础”，李路路的演讲题目是“中产阶级中的元问题”。

研讨会分“社会建设”“社会结构”“社会分层”“三农”4 个分论坛。清华大学教授沈原、中国社会科学院社会学研究所研究员王春光、南京师范大学教授邹农俭、北京师范大学教授赵孟营、北京大学教授周飞舟等近 60 位专家学者做专题发言或发表专题评议。

研讨会期间还举行了《“陆学艺学术讲座”辑录（一）》新书发布会。社会科学文献出版社社长谢寿光主持发布会。北京工业大学人文社会科学学院党委书记杨茹、陆学艺学术思想研究中心主任钱伟量和唐军、谢寿光共同为新书发布揭幕。

研讨会由陆学艺社会学发展基金会、中国社会科学院社会学研究所、中国社会科学院社会发展战略研究院、北京工业大学人文社会科学学院、国家行政学院社会治理研究中心及社会科学文献出版社联合举办。来自全国各地多所高校和科研机构的 150 余位专家学者参加了会议。

（中国社会科学院办公厅刘玉杰编辑、供稿）

北大赛瑟论坛 · 2017　5 月 20 日，北京大学经济学院和北京大学中国保险与社会保障研究中心（CCISSR）主办的北大赛瑟（CCISSR）论坛 · 2017（第十四届）举行。论坛的主题是“经济全球化的风险挑战与应对策略”。论坛由北大中国保险与社会保障研究中心秘书长郑伟教授主持。上午的大会主旨演讲阶段，演讲嘉宾从不同角度对现有全球化形势进行解读，并详细阐释了新形势下出现的风险挑战及应对策略。下午举行北大赛瑟论坛专题学术研讨会，共设 6 个学术分会场，主题分别为：“经济社会与保险”“人口健康与保险”“老龄化与保险”“三农与保险”“风险防范与保险”“保险公司经营”。来自高等院校、科研院所和业界的 30 余篇入选论文的作者在学术研讨会上宣读了自己的论文，并就相关问题与参会代表进行了交流和讨论。

（北京大学社科处供稿）

第六届中国休闲体育 · 北京论坛暨首届京津冀休闲论坛　6 月 16—17 日，中国高等教育学会体育专业委员会休闲体育专业学组工作会议、第六届中国休闲体育 · 北京论坛暨首届京津冀休闲体育论坛在首都体育学院召开。本届会议由中国高等教育学会体育专业委员会及首都体育学院共同主办、休闲与社会体育学院承办。校长钟秉枢、副校长骆秉全出席相关活动。来自全国35所单位的93名专家学者及研究生、本科生参加了会议。

本次会议的主题是“休闲与冰雪”，包含休闲体育专业学组2017年工作会议、第六届中国休闲体育·北京论坛暨首届京津冀休闲体育论坛及休闲冰雪体验活动等环节。

（首都体育学院科研处供稿）

发展中国家经济社会政策与经验专题讲座　6月26日，国务院发展研究中心英语俱乐部、公共管理与人力资源研究所与中国国际发展知识中心共同组织召开发展中国家经济社会政策与经验研讨会，邀请正在北京参加2017年中国发展基本经验及案例研修班的发展中国家学员、国研中心研究人员参加，就各国发展情况、政策实践、在中国学习和考察的感受、对中国最感兴趣的政策领域、中心今后完善研修班课程安排的建议等内容进行交流和讨论。市场经济研究所所长王微和中国国际发展知识中心副主任蒋希蘅主持会议。

受国务院及有关部门委托，国务院发展研究中心已经连续10余年承办中国发展基本经验及案例研修班，为发展中国家培训了数百名中高层政府官员，对传播中国发展经验、增进中国与发展中国家相互了解与合作发挥了重要作用。2017年，研修班共有31名学员，来自墨西哥、赛拉利昂、埃塞俄比亚、苏丹、乌干达、加纳、特立尼达和多巴哥等10个国家，均为各国政府负责经济事务管理和政策的司局级官员。

（国务院发展研究中心郭巍供稿）

“共享发展理念的社会学研究”第二届青年社会学者论坛　7月6日，共享发展是中国特色社会主义的本质要求，共享发展是与全面建成小康社会高度契合的新发展观。为此，《中国特色社会主义研究》杂志编辑部与中国人民大学社会学理论与方法研究中心在北京举办主题为“共享发展理念的社会学研究”的第二届社会学青年学者论坛。论坛邀请了来自中国人民大学、南开大学、中央民族大学、中国人民公安大学、北京工业大学、中共中央党校等高校和科研机构的青年学者以及来自中国社会科学杂志社、新华文摘杂志社、中国人民大学书报复印资料中心等研究人员。与会青年学者围绕会议主题，从共享发展的社会基础：一种社会结构的视角、荀子群学共享发展理念的内涵及其阐释、孔子的华夷共享思想、多元视角下的弱势群体问题介入策略、共享单车与共享发展：在共建中共享、新型城镇化建设中的共享理念等方面以及当前重要学术选题进行了研讨交流。

（《中国特色社会主义研究》杂志编辑部供稿）

第六届金砖国家工会论坛　7月24日，第六届金砖国家工会论坛在京开幕，这是工会论坛首次在中国举行。论坛以“可持续发展与工会作用”为主题，来自巴西、俄罗斯、印度、中国、南非等金砖国家的14个全国工会组织的领导人与会。

在为期两天的论坛中，与会人员将围绕“可持续发展：劳动世界面临的机遇和挑战”“推进2030议程：工会的历史任务”及“开启新的金色十年：加强金砖国家劳动世界的交流合作”等议题进行深入交流研讨，并形成《金砖国家工会论坛宣言》《金砖国家工会致金砖国家劳工就业部长会议联合声明》等文件，从工会界角度呼应和丰富2017年金砖国家领导人会晤成果。

金砖国家工会论坛于2012年由巴西、俄罗斯、印度、中国、南非5国工会组织共同倡议并发起，旨在加强金砖国家工会间的交流与合作，丰富金砖国家合作机制内容，反映新兴经济体国家劳动者的声音。本次工会论坛是第九次金砖国家领导人会晤的配套活动之一，已正式列入2017年金砖国家合作全年会议安排。

（参见《人民日报》2017年7月25日第3版）

“福利国家的过去、现在与未来”国际研讨会　8月29—30日，中国社会科学院政治学研究所主办的“福利国家的过去、现在与未来”国际研讨会在北京举行。会议的主题是“福利国家的理论和实践”。

中国社会科学院国际研究学部副主任周弘对欧洲公共养老保险参数改革进行了介绍。与会的欧洲学者分别对捷克近期养老金制度改革、德国养老金参数改革、瑞典的退休金制度改革以及意大利近10年来社会安全体制改革做了详尽介绍。日本一桥大学名誉教授、清华大学客座教授渡边雅男从经济、政治、社会3个层面详细阐述了福利国家危机内在的本质问题，并论述了日本福利制度变迁的动因。

中国社会科学院国际合作局局长王镭、中国社会科学院政治学研究所所长房宁、日本一桥大学副学长中聪野在开幕式上讲话。来自日本、英国、德国、法国、瑞典、捷克、意大利以及中国的 40 多位专家学者参加了研讨会。

（中国社会科学院办公厅刘玉杰编辑、供稿）

第二届中国—阿拉伯国家妇女论坛　9 月 19 日，由全国妇联主办的第二届中国—阿拉伯国家妇女论坛在京举行。全国人大常委会副委员长、全国妇联主席沈跃跃出席论坛开幕式并致辞。

沈跃跃指出，中国同阿拉伯国家是好朋友、好伙伴。中国国家主席习近平提出的“一带一路”倡议契合包括阿拉伯国家在内的沿线各国共同需求，为中国和阿拉伯国家实现优势互补、开放发展开启了新的机遇之窗。中阿妇女要相互借鉴、与时俱进，在不断深化中阿人文交流，繁荣民族文化事业，推进“一带一路”建设和国家友好关系发展中发挥出更大的作用。

中国和阿拉伯国家的妇女机构和妇女组织领导人、阿盟妇女事务负责人、学术界和企业界代表、阿拉伯国家驻华使馆及阿盟驻华机构代表约 150 人参会。论坛期间，与会人士还围绕妇女赋权与政策支持、妇女与文化传承等议题展开了高层对话和专题研讨。

（参见《人民日报》2017 年 9 月 20 日第 8 版）

京津冀首届跳绳高峰论坛　9 月 23—24 日，京津冀首届跳绳高峰论坛暨教练员、裁判员培训班在京召开。该活动是由北京市毽绳运动协会、京津冀体育健身休闲发展协同创新中心主办，京津冀体育健身休闲发展协同创新中心休闲活动组和首都体育学院体育教育训练学院体操教研室协办的公益性项目，目的在于探索推广跳绳运动健康、可持续发展的新模式，培养高素质、专业化的跳绳教练员、裁判员队伍。

来自京津冀地区及山东、河南、湖南、重庆等省市的 100 余名高校学生、中小学体育教师、跳绳爱好者参加了论坛与培训活动。23 日上午，高峰论坛的专题紧紧围绕“市场学视阈下的跳绳运动推广思考”“运动科学视角下的跳绳运动”“跳绳运动功能训练理念探讨与实践拓展”3 个内容展开。

（首都体育学院科研处供稿）

人口迁移与可持续发展论坛　10 月 13—14 日，首届人口迁移与可持续发展论坛在中央财经大学举行。论坛由中国人口学会人口迁移与城市化专业委员会与中央财经大学社会与心理学院联合主办。来自中国人口学会、国家卫生计生委流动人口司、中国人口出版社、中国人口报、北京市统计局、《人口学刊》编辑部、《人口研究》编辑部、中国社会科学杂志社与中国社会科学报等机构的有关代表，以及西南财经大学、南开大学、中南财经政法大学、中国人民大学、中国社会科学院、北京大学和北京市委党校的专家学者 150 多人出席本届论坛。与会学者围绕人口空间结构、城镇化、留守儿童，流动人口的购房及居留意愿、家庭化趋势、城市群集聚情况、类型划分、收入贫困状况、教育情况等，人口迁移流动与经济、社会网络、人力资本的关系等问题做了专题报告。

（中央财经大学科研处供稿）

转型社会：国家体制和地方治理论坛　10 月 14—15 日，中国社会科学院民族学与人类学研究所社会室主办的转型社会：国家体制和地方治理论坛在北京召开。来自国家民委、民政部、中国社会科学院、北京社会科学院、清华大学、北京师范大学、中央民族大学、云南民族大学、中国农业大学等 20 多家机构、高校、科研院所的 50 多位学者参加了会议。

开幕式由中国社会科学院民族学与人类学研究所社会室主任张继焦主持。中国社会科学院民族学与人类学研究所所长王延中研究员、云南民族大学党委副书记刘荣教授、国家民委民族问题研究中心李红杰副主任分别致辞。

研讨会由主旨发言和分主题讨论两个部分组成。主旨发言报告包括李强教授的《我国社区治理的四种模式》、刘荣教授的《民族区域自治地方民族干部选拔机制与民族党政人才培养研究》、北京师范大学尉建文教授的《后西方社会学与中国社会学》、张继焦教授的《换一个角度看民族理论——从民族—国家到国家—民族理论》。分专题讨论的主要议题有“社会组织与治理”“城市农村基层治理”“党史党建”“政策评估”“民族地区治理”等。

论坛闭幕式由中国社会科学院民族学与人类学所社会室副主任杜倩萍副研究员主持，张继焦研究员就论坛进行了全面总结。

（中国社会科学院办公厅刘玉杰编辑、供稿）

养老金改革：国际动态与中国实践学术研讨会　10 月 15 日，中国社会科学院人口与劳动经济研究所主办的养老金改革：国际动态与中国实践学术研讨会在北京召开。此次国际研讨会是该研究所喜迎中国共产党第十九次全国代表大会和庆祝中国社会科学院建院40周年系列学术活动之一。会议聚焦国际上养老金制度改革理论与实践的动态，总结过去几十年世界各国养老金改革的深刻经验和教训，探讨了当前中国养老金改革面临的关键问题和改革方向。中国社会科学院人口与劳动经济研究所所长张车伟研究员主持开幕式。中国社会科学院副院长、学部委员蔡昉研究员致开幕词。

会议特别邀请到养老金领域国际权威专家进行专题报告，包括世界银行社会保护部门前任负责人Robert Holzmann、瑞典名义账户制的核心设计和推广者Edward Palmer、日本养老金制度改革的核心设计者高山宪之，以及智利养老金改革委员会前主席David Bravo。国内相关领域的专家学者、政策部门相关人员等80余人参加了会议。

（中国社会科学院办公厅刘玉杰编辑、供稿）

第十一届北京安全文化论坛　11月23日，第十一届北京安全文化论坛在北京举办。论坛由北京市安全生产监督管理局、首都经济贸易大学共同主办，北京市安全生产科学技术研究院、北京市安全生产联合会承办。论坛以“深化安全生产领域改革创新，推动安全生产治理现代化”为主题，契合了党的十九大关于“国家治理体系和治理能力现代化”的奋斗目标，并与党的十九大关于“提高社会治理社会化、法治化、智能化、专业化水平”的时代要求相吻合。主论坛上，国务院参事室特约研究员、中国煤矿尘肺病防治基金会理事长黄毅，北京市安全生产监督管理局党组书记、局长张树森，中国安全生产科学研究院院长张兴凯，国家安监总局办公厅安全监察专员兼总局督查室主任李豪文，首都经济贸易大学安全与环境工程学院教授、博士研究生导师吕淑然分别围绕安全生产领域的各项制度机制建设进行深入讲解和研讨，并对安全生产责任制等内容进行了理论探讨，对北京市安全生产领域的改革实践进行了具体阐释；围绕安全生产监管制度进行了宏观讨论，并针对安全生产责任保险制度、安全生产隐患排查治理机制等内容进行了深入剖析；分析提出了安全生产工作中存在的问题，并针对问题提出了科学具体的对策方法。全市各区、各行业部门相关同志、安全领域专家、科研机构代表、企业一线员工、安全生产从业者、首都高校学生、社会人士、新闻媒体，以及来自上海、天津、西安、河北等地1000余人参加了本次论坛。

（首都经济贸易大学科研处李琳供稿）

第七届中国劳动力市场发展论坛　12月23日，北京师范大学劳动力市场中心在京举行第七届中国劳动力市场发展论坛。论坛的主题是“迈向制造强国进程中的劳动力市场挑战”，会上还同时发布了《2017中国劳动力市场发展报告》。来自国际劳工组织、人力资源和社会保障部、全国总工会、中国社会科学院、教育部、北京大学、北京师范大学、对外经济贸易大学等国家部委和高校的专家学者参会。由北京师范大学劳动力市场中心组织撰写的《2017劳动力市场发展报告》是该中心发布的第7本研究劳动力市场发展的报告。

该报告认为，在迈向制造强国的进程中，中国劳动力市场既面临着新的机遇，也面临着诸多的挑战与问题。北京师范大学经济与工商管理学院院长、劳动力市场研究中心主任赖德胜教授认为，“人力资本质量”将成为中国迈向制造强国进程中的关键因素。从“人口数量”的比较优势转向“人口质量”优势是指通过教育和培训等不断提高全体民众和广大劳动者的素质，同时注重培养“工匠精神”，才能主动适应经济形势的变化和灵活应对全球竞争的挑战。基于此，本报告提出适应制造强国进程中劳动力市场变革的5点政策建议：一是综合协调实体经济与非实体经济的发展，着力为实体经济的健康可持续发展创造更有利的环境；二是着力打造更多的区域制造中心和区域就业中心，同时，避免一、二线城市过度的就业极化；三是充分释放人力资本红利，实施人力资本友好型劳动力市场政策，着力打造一批“大国工匠”；四是抓住高技术产业、装备制造业快速发展所带来的产业迈向中高端的有利局面，着力促进劳动力向制造业领域配置；五是高度重视工业机器人、人工智能等新技术对就业的影响，着力以最少的就业岗位破坏来实现新技术对就业岗位最大规模的创造。

（北京师范大学社科处刘娜供稿）

京津冀协调发展背景下的人口新格局研讨会　12月24日，北京市社会科学界联合会资助、北京市人口学会主办、首都经济贸易大学承办、北京人口与社会发展研究中心协办的北京市人口学会2017年年会——京津冀协同发展背景下的人口新格局研讨会在北京召开。与会专家围绕“京津冀协同发展背景下的人口新格局”主题分享最新研究成果。首都经济贸易大学肖周燕教授从人口转变、经济发展阶段和环境的耦合关系角度出发，探讨了不同发展阶段生产污染和生活污染的关系以及治理对策。北京市委党校尹德挺教授以世界特大城市纽约、东京、多伦多等大都市为参考，讨论北京市人口疏解应注意的几个问题。针对北京存在批发零售业与金融业劳动生产率不高，中心城非经济活动人口比例偏高等突出问题，建议从“调结构”“优分布”“增活力”3方面促进北京市人口有序疏解。中国人民大学张耀军教授从空间视角研究京津冀人口城镇化的布局及优化问题，认为京津冀人口城镇化率处于快速提升阶段并表现出显著的空间集聚特征，在经济水平、产业结构、医疗和教育、地形因素综合作用下形成。中国人民大学段成荣教授借鉴深圳经济特区的人口迁移经验，研究北京市人口疏解和雄安新区人口对接问题，认为预防人口爆炸式增长和提升公共服务质量是完成人口疏解的正确选择。会议邀请了北京市第八届人口学会会长、副会长、常务理事和理事，以及来自北京大学、中国人民大学、中国社会科学院、北京市委党校、首都经济贸易大学等100余位专家学者和博硕士研究生参加。

（首都经济贸易大学科研处李琳供稿）

法　学

首届全球化背景下法治的价值学术研讨会　1月9—10日，中国人民大学法学院、北京大学法学院、清华大学法学院和香港大学法学院、香港城市大学法学院、香港中文大学法学院联合举办的全球化背景下法治的价值学术研讨会在中国人民大学法学院召开。根据6方商议，第一届研讨会由中国人民大学法学院主办、中国人民大学普通法中心承办。中国人民大学常务副校长王利明教授，中国人民大学法学院院长韩大元教授、北京大学法学院院长张守文教授、清华大学法学院院长申卫星教授、香港城市大学法律学院院长Geraint Howells教授、香港大学法律学院院长Micheal Hor教授、香港中文大学法律学院院长代表助理院长习超教授等来自6所法学院的30余名教授济济一堂，共话“全球化背景下法治的价值”。本次研讨会共分为6个部分，包括“主旨演讲”“法治的价值”“法治与司法”“院长对话：法治与法学院的功能”“法治与人权”“法治的挑战与展望”。

（中国人民大学科研处关晓斌供稿）

第六届中日公司法制圆桌会议　3月4—5日，清华大学商法研究中心主办的第六届中日公司法制圆桌会议在清华大学法学院明理楼召开，来自中国和日本的27位学者及实务界人士参加会议。清华大学法学院院长申卫星、商法研究中心主任朱慈蕴，东京大学法学院教授神作裕之分别致辞。本届圆桌会议的主题为公司决议瑕疵的法律救济，中日学者认为，公司决议瑕疵问题是公司法理论和实践中的重要问题，基于两国独特国情和司法实践，中日学者对这一议题存在的差异和不解得到了充分沟通。中日公司法制论坛是由清华大学与东京大学两校法学院共同发起的两校商法学者之间的合作项目，以东京大学和清华大学的公司法领域的教授为基础，同时吸收中日两国公司法学界的优秀学者和实务界人士参加。

（清华大学文科建设处刘金梅供稿）

“一带一路”与争议解决国际学术研讨会　3月31日，罗马国际统一私法协会（UNIDROIT）、对外经济贸易大学和中国国际经济贸易仲裁委员会（CIETAC）共同主办的“一带一路”与争议解决：以国际商事合同通则与中国仲裁和司法实践为视角国际学术研讨会在对外经济贸易大学举行，来自中国、美国、英国、意大利、日本、巴西等国家和地区的20余位演讲嘉宾参加了会议。

对外经济贸易大学校长王稼琼、中国国际经济贸易仲裁委员会秘书长王承杰分别致辞。会议围绕“一带一路”与争议解决的主题，对UNIDROIT国际商事合同通则与中国仲裁和司法实践发展进行了深入讨论。会议共分为4个单元：第一单元主题为“‘一带一路’倡议与国际商事争议解决”，第二单元主题为“国际商事合同通则与国内法：中国民法典制定中的国际经验借鉴”，第三单元主题为“国际商事合同通则在仲裁和法院判决中的适用”，第四单元主题为“国际商事合同通则的新近发展与中国回应”。

（对外经济贸易大学科研处供稿）

民法典物权编立法研讨会　4月1日，清华大学法学院不动产法研究中心、北京市法学会不动产法研究会主办，北京清律律师事务所协办的民法典物权编立法研讨会在清华大学法学院举行。来自我国台湾地区以及北京大学、清华大学、中央财经大学、中国劳动关系学院、最高人民法院、国土资源部、中国公证协会、北京市第三中级人民法院、北京市海淀区人民法院等单位的30余位专家学者参加本次研讨会。开幕式由北京市法学会不动产法研究会副会长、清华大学法学院不动产法研究中心主任程啸主持，清华大学法学院院长申卫星、中正大学法律学系教授谢哲胜以及北京清律律师事务所主任熊定中律师分别致辞。本次会议围绕着未来我国民法典物权编的总则与分则两个单元展开讨论。在物权编总则单元，与会专家分别就物权与财产权的界分、虚拟财产的保护、物权法定原则的严格与缓和、物上请求权的含义、不动产物权登记的立法模式、不动产物权变动与公证制度的关系等理论问题，以及借名登记、夫妻法定财产共有制与不动产登记的关系等实务难题展开讨论。在物权编分则单元，与会专家分别就土地征收制度、建设用地使用权与地上权的差异、土地承包经营权三权分置改革以及担保物权制度完善等问题进行了讨论。本次研讨会，与会专家学者不仅详尽地探讨两岸物权法若干制度的差异，同时结合司法实践中遇到的难题展开深入的讨论，更是进一步对未来我国民法典物权编编纂中的具体条文设计提出了有针对性的意见。

（清华大学文科建设处刘金梅供稿）

海峡两岸民法典物权编编纂研讨会 4月2日，中央财经大学法学院与台湾法学基金会主办的海峡两岸民法典物权编编纂研讨会在中央财经大学举行。来自清华大学、中央财经大学、台北大学、高雄大学、中正大学、真理大学、开南大学等高校，以及最高人民法院、北京市高级人民法院、台北地方法院、北京市法学会、北京市法学会不动产法研究会、大成律师事务所、民主与法制时报社等多家单位的30余位专家学者参加了研讨会。研讨会分别围绕物权总则（通则）、所有权、用益物权和担保物权等主题展开，与会专家对民法典物权编总则、民法典物权编编纂的基本问题、不动产物权变动公证、物上请求权立法、土地承包经营权的规定、中小企业融资和抵押物的转让等问题提出了意见和建议。此外，中研院法律学研究所副研究员张永健以动产善意取得问题为例，从经济分析角度探讨了民法典的立法方法论；高雄大学法律学系助理教授张钰光比较了大陆地区的建设用地使用权与台湾地区地上权制度，提出了完善建议；台北大学教学发展中心主任黄健彰教授围绕多数共有人得否出卖不动产于共有人之一介绍了研究心得；得声法律事务所主持律师李兆环女士比较了两岸的抵押权制度并提出相关立法建议。

（中央财经大学科研处供稿）

商事仲裁涉外因素及临时仲裁问题专题研讨会 4月8日，最高人民法院第四民事审判庭国际商事和投资仲裁研究基地和对外经济贸易大学法学院结合最高人民法院出台的《关于为自由贸易试验区建设提供司法保障的意见》（2016年12月30日），在京举办了商事仲裁涉外因素及临时仲裁问题专题研讨会。研讨会有最高院民四庭、贸仲委、国内相关高校和实务界的领导和专家参加。

对外经济贸易大学法学院院长石静霞致欢迎词。最高人民法院第四民事审判庭副庭长刘敬东在发言中介绍了最高院《司法保障意见》出台的背景，中国国际经济贸易仲裁委员会李虎副秘书长分析了仲裁实践创新的趋势，探讨了涉外因素认定标准的扩张和临时仲裁的准据法问题，对外经济贸易大学法学院沈四宝教授在发言中高度评价了最高院对中国仲裁事业的支持，并对3个特定进行了解读。中国仲裁协会筹备领导小组副组长卢云华对会议进行了总结，他指出自贸试验区争议解决应贯彻党中央国务院关于自贸试验区的决策，全国仲裁工作正处于第二次跨越发展阶段，从政治与法律、创新和模仿等关系，高屋建瓴地分析了会议议题。

（对外经济贸易大学科研处供稿）

不经定罪的没收：立法与实践国际研讨会 4月28日，G20反腐败追逃追赃研究中心外国兼职研究员聘任仪式暨不经定罪的没收：立法与实践国际研讨会在北京师范大学英东学术会堂举行。来自联合国毒罪办、美国、加拿大、巴西、澳大利亚、新西兰、俄罗斯、意大利、荷兰、韩国、埃及的外宾，中共中央纪委、最高人民法院、最高人民检察院、外交部、公安部、司法部、海关总署、中国人民银行等中央与地方机关的领导、专家以及各地高校的学者等共计140余人参加了会议。

会议共分为两个部分，即兼职研究员聘任仪式及国际学术研讨会。聘任仪式由G20反腐败追逃追赃研究中心执行主任、北师大刑科院教授王秀梅主持。中央纪委国际合作局副局长蔡为、北京师范大学副校长周作宇、北京师范大学刑事法律科学研究院名誉院长高铭暄以及外国兼职研究员代表美国东北大学刑事司法学院 Nikos Passas、国际刑法学协会主席 John Vervaele、澳大利亚联邦警察局犯罪资产诉讼律师 Michael Seaman 分别致辞。本次聘请外国兼职研究员，一方面体现了 G20 各方乃至国际社会对研究中心的关注度不断上升，另一方面也是研究中心不断增强研究实力，力争成为务实性强、知名度高、影响力大的专业智库的重要举措。会议的第二部分就“不经定罪的没收：立法与实践”专题展开研讨，通过国际经验、国家实践、中国实践和国际合作 4 个单元的探讨，进一步加深了与会代表关于不经定罪的没收问题的认识，分享了各国的经验，加深了彼此的了解，剖析了存在的问题，提出了完善的建议。

（北京师范大学社科处刘娜供稿）

中国网络空间安全协会“网安沙龙”研讨会　4 月 28 日下午，中国网络空间安全协会“网安沙龙”第 1 期“云服务与云安全的法律规制”研讨会在是中国传媒大学国际交流中心举办，活动由中国网络空间安全协会主办。

中国传媒大学文法学部副学部长、廉政研究中心副主任王四新教授介绍了召开这次会议的相关情况和国内外云服务的发展趋势及监管存在的亟须着手考虑的问题。中国网络空间安全协会秘书长助理李增海主持上、下两个时段的专家发言和嘉宾讨论。来自网信行业的 70 余位精英和知名学者共同探讨了云服务与云安全的法律规制问题，总结当下云服务产业的发展经验，为完善中国云服务和云安全立法政策建言献策。

此次活动分为“云服务技术与应用”和“云服务安全与法律”两大主题板块。嘉宾发表主题演讲，集中探讨了云服务顶层架构设计、合规性演进、安全解决方案、国内云服务合规现状、云计算管理规定、未来发展趋势等多方面内容。在自由讨论环节，多位嘉宾就云服务的理念实践、安全实践、数据安全、法律规范等问题展开了交流。

（中国传媒大学文科科研处马奇炎供稿）

第三届法学前沿论坛　5 月 13 日上午，第三届法学前沿论坛于北京召开。论坛邀请了来自全国高校、学术机构、社会机构代表共 50 余人参加。与会学者来自中国社会科学杂志社、中国政法大学、清华大学、北京大学、中国人民大学、中国社会科学院、上海社会科学院、华东政法大学、吉林大学、武汉大学、浙江大学、四川大学、东南大学、苏州大学、上海交通大学、上海师范大学和云南大学。

本届论坛由中国社会科学杂志社和中国政法大学主办，中国政法大学科研处、国家治理研究院承办。中国社会科学杂志社常务副总编辑、研究员王利民，中国政法大学校长黄进出席了开幕式并分别致辞。开幕式由中国政法大学科研处处长栗峥主持。

随后的会议基于“主题发言”“刑事政策与刑事法治”“犯罪治理与刑法完善”“法治发展与法理创新”“法治发展与法理反思”“私法发展与民法典编纂”“法治政府与一带一路”等议题进行。

（中国政法大学科研处王培供稿）

健翔国际学术论坛　5 月 24 日下午，“健翔国际学术论坛——刑事犯罪与社会治理前沿”在北京市社会科学院举办。论坛以“国外诈骗犯罪治理之道与中国借鉴”为主题，邀请来自美国的圣弗兰西斯大学、前美国华人犯罪学与刑事司法学学会会长张乐宁教授主讲，并邀请了中国政法大学皮艺军教授、北京市东城区人民检察院党组书记、检察长蓝向东博士等做了专家点评。来自综治所、法学所、科社所、市情研究中心以及东城区人民检察院约 30 多位研究人员参加。张乐宁从诈骗研究的理论、方法、数据分析 3 个方面进行了深入阐述，指出西方的日常活动理论、社区解组理论等都可成为解释诈骗犯罪的基础理论，但是中国诈骗有自己独特的生成机制，对此进行研究就可能提炼出中国自己的犯罪学理论。

（北京市社会科学院朱霞辉供稿）

法官入额之后的改革与探索研讨会　5 月 27 日，由中央团校和中国行业法学会司法行为研究会联合主办的“司法改革名家谈”系列讲坛第二期——法官入额之后的改革与探索研讨会在中央团校图书馆举办。

研讨会由司法部预防犯罪研究所预防室副主任陈雄飞主持，党委常委、副校长林维致辞。林副校长首先对与会者表示欢迎，他提出，去年 6 月“司法改革名家谈”系列讲坛主题是“司法改革员额制问题”。本次讲坛则是探讨深入探讨员额制以后如何构建合理的审判组织，提高办案效率，实现公平正义的问题。

参会嘉宾包括北京市高级人民法院原副院长朱江，天津大学法学院院长、最高人民法院中国应用法学研究所原所长孙佑海，司法部研究室原主任王公义等知名业内专家学者。

［中央团校（中国青年政治学院）科研部供稿］

行政法与政府诚信讲座 5月31日下午，应外交学与外事管理系的邀请，北京行政学院科研处处长、《北京行政学院学报》主编鄂振辉教授为外交学系师生做了题为“行政法与政府诚信”的学术讲座。

鄂振辉介绍了政府诚信的8项特征和要求，认为政府诚信与法理、法治问题密切相关。鄂振辉认为社会的道德良善愿望虽然不能靠法律强制实现，但是法律的基本规范能引导人们遵守道德的愿望。因此政府诚信并不仅仅是道义要求，更是法律和法治的基本要求，从中外的法学理论和实践中看，这一命题是得到论证和检验的。鄂振辉分析了我国政府诚信存在的问题和原因，并从行政立法的角度，提出建设诚信政府的对策和展望。讲座讨论环节，外交学系的部分参会教师就地方政府的对外形象塑造；地方治理、国家治理和全球治理之间的关联等问题，与鄂振辉进行了深入的探讨和互动。鄂振辉还就核心期刊的择稿标准、审稿流程、投稿规范以及个人科研能力提升和学术论文写作发表等问题提出了建议。

（外交学院科研处李琮供稿）

无现金支付与个人信息保护研讨会 6月13日，中央团校互联网法治研究中心联合封面智库举办无现金支付与个人信息保护研讨会。研讨会邀请相关领域专家学者，针对无现金支付将给中国互联网科技产业发展带来的机会及随之而来的个人信息保护挑战展开讨论。

党委常委、副校长、互联网法治研究中心主任林维在致辞中表示，2016年，中央团校与封面智库共同发布了《2016中国个人信息安全和隐私保护报告》，获得各界广泛关注。本次针对“无现金社会与个人信息保护”的研讨，是对之前工作的延续，是促进个人信息保护立法的又一次研讨。国家互联网信息办公室相关负责人介绍了个人信息保护立法的最新动态。未来，对于个人信息保护法的立法研究与讨论，将更多地平衡线上信息保护与线下信息保护，并听取业界、学界的声音。中国社科院金融研究所副研究员周子衡认为，“无现金社会”的提法概念模糊，并不严谨，准确地说，应该是“无现钞社会”。

“无现金支付”过程中的个人信息处理具有较强的复杂性和隐蔽性，很难通过私权模式去治理，这与被遗忘权等指向的对象有所不同。在构建个人信息保护体系和救济体系时，要充分考虑“信息”作为客体的特点及其对信息传播、产业发展的根本性影响，确立“默示同意”“合理使用”等相应限制制度，避免在实践尚未成熟的阶段赋予固化的绝对权，而应采用具有较大弹性的反不正当竞争法等法律机制来进行救济。

［中央团校（中国青年政治学院）科研部供稿］

生态环境监测和监管执法国际研讨会 6月15日，国务院发展研究中心资源与环境政策研究所和加拿大国际可持续发展研究所共同举办生态环境监测和监管执法国际研讨会。研讨会交流讨论了中外生态环境监测体系建设以及环境监测支撑环境监管执法的主要做法和经验。国务院发展研究中心副主任王一鸣、加拿大驻华大使麦家廉出席并致辞。国务院发展研究中心资源与环境政策研究所所长高世楫、所长助理程会强及加拿大国际可持续发展研究所主席史考特·沃恩共同主持了会议。

来自加拿大环境和气候变化部、加拿大国际可持续发展研究所、加拿大全球森林观察研究所、美国环保署、美国环境法研究所、芬兰环境研究所的专家介绍了本国生态环境监测体系建设的主要经验。来自环保部监测司、国家海洋局环保司、中国环境监测总站、环保部卫星环境应用中心、水利部长江委长江流域水环境监测中心、中国林业科学研究院、农业部环境保护科研监测所、昆山杜克大学、河北先河环保科技公司等部门和企业的领导和专家分别详细介绍了中国各专业领域生态环境监测体系建设的进展情况。国务院发展研究中心资源与环境政策研究所研究人员就中国生态环境监测管理体制机制改革进展做了系统介绍。参加会议的还有中国气象局、水利部水文局、国家海洋环境监测中心、北京环保局、北京环境保护监测中心等机构的代表。国务院发展研究中心资源与环境政策研究所常纪文、陈健鹏、王海芹、李维明等参加会议。

（国务院发展研究中心郭巍供稿）

农产品质量安全法律制度中美研讨会 7月9日，中央财经大学法学院、美国耶鲁大学法学院联合举办的农产品质量安全法律制度中美研讨会在耶鲁大学北京中心举行。中央财经大学法学院高秦伟教授、耶鲁大学蔡中曾中国中心执行主任罗彬、春播科技有限公司创始人兼 CEO 王昕分别致辞。来自农业部农产品质量安全中心、美国食品药品监管局驻华办公室、加州大学、耶鲁大学、中国人民大学等中美政府、学界代表出席了研讨会。国家食品药品监督管理总局法制司国家食品药品稽查专员陈谞、农业部政策法规司执法监察处处长李迎宾、国家质量监督检验检疫总局法规司处长谢晓囡等代表就农产品质量安全法、食品安全法的历史、发展与现状发表了演讲。与会专家指出，农产品质量安全法的修订，需要处理与食品安全法各个方面的衔接问题，更加侧重于源头治理，同时要处理好其在整个的中国农业发体系当中的地位，同时修法时要确立风险预防原则和合作原则。在日益全球化的经济和粮食供应相互联系的背景下，中国和美国都不能单独应对这些挑战，但是希望双方可以彼此合作，一步一步地改善社会状况。

（中央财经大学科研处供稿）

中国社会法学研究会 2017 年年会　7 月 15—16 日，中国劳动关系学院承办的中国社会法学研究会第二次会员代表大会暨 2017 年年会在京举行，来自全国各科研院校、实际部门的 200 多名代表出席会议。中国法学会副会长张文显教授，中国法学会副会长、中国社会法学研究会张鸣起会长出席会议并致辞。中国劳动关系学院刘向兵校长参加会议并致开幕词，他回应了“灵活与安全：社会法的发展及挑战”这一会议的主题，介绍了中国劳动关系学院的历史、特色、发展愿景以及同社会法学界深入交流的愿望，同时也对会议的召开表达了祝贺，对会议的深入研讨表达了期待。

本次中国社会法学研究会会员代表大会回顾了学会 5 年来的工作，同时进行了学会会长、副会长、常务理事和理事的换届选举。中国劳动关系学院党委常委、法学院院长姜颖教授成功当选该会副会长。沈建峰副教授、李文沛副教授、肖竹副教授、李娜博士、魏倩博士等 5 名教师增选为选该会理事。本次中国社会法学研究会年会的主题是“灵活与安全：社会法的发展及挑战”，分为主题报告、分论坛研讨、大会研讨、颁奖仪式及闭幕式 4 个板块。中国劳动关系学院法学院、公共管理系、学报编辑部等教学科研单位的 30 余名师生参与了研讨。姜颖主持“劳动合同法的立法与实践”分论坛；沈建峰分别在“社会法基本理论及相关问题”分论坛以及大会研讨环节以“社会法、第三法域与现代社会法”为题做报告；肖竹、李文沛、李娜分别在“集体劳动关系与劳动争议处理”分论坛、“劳动法一般理论与实践热点”分论坛、“社会保障法的发展与完善”分论坛做报告。杨思斌教授在“社会保障法的发展与完善”分论坛担任点评嘉宾。在本次年会的青年优秀论文评比中，沈建峰的论文《社会法、第三法域与现代社会法》荣获二等奖，魏倩的论文《日本的社会福利与家庭福利：日本的立法政策上的选择》荣获三等奖。

（中国劳动关系学院科研处供稿）

第六届中国法学博士后论坛　8 月 26 日，中国社会科学院、全国博士后管委会、中国博士后科学基金会共同主办，中国社会科学院博士后管委会、中国社会科学院法学研究所和最高人民法院中国应用法学研究所联合承办的第六届中国法学博士后论坛在北京召开。论坛的主题为“回顾与展望：开创法治中国建设新局面”。中国社会科学院副院长、党组成员李培林，最高人民法院副院长姜伟，中国法学会副会长、学术委员会主任张文显，人力资源和社会保障部专业技术人员管理司司长、全国博士后管委会办公室主任俞家栋出席开幕式和颁奖仪式。

中国社会科学院法学研究所所长李林宣读了首届“十大杰出法学博士后”称号获得者及提名奖获得者名单，出席论坛的嘉宾和领导为获奖者颁奖。首届“十大杰出法学博士后”称号获得者：《华东政法大学学报》主编马长山，西北政法大学副校长王瀚，中国政法大学教授王万华，海军新闻发言人、海军军事学术研究所世界海军研究室主任邢广梅，贵州省社会科学院院长吴大华，台湾科技大学教授林瑞珠，上海市人民政府法制办公室副主任、教授罗培新，广州大学副校长董皞，东莞市中级人民法院审委会委员、高级法官程春华，中国地方志指导小组秘书长、研究员冀祥德。

在专家专题演讲环节，吴大华就“‘一带一路’背景下的民族法治建设”、王瀚就“航天强国建设与中国特色航空法律体系的建构与完善”、马长山就“互联网时代的法律革命”、冀祥德就“依法治国与依法治志”、邢广梅就“美军用舰机进南海岛礁 12 海里政策法律分析”、罗培新就“信用立法与权益保护”等主题分别做了学术演讲。

中国社会科学院国际法研究所所长陈泽宪、最高人民法院中国应用法学研究所所长蒋惠岭对本届博士后论坛特色做了总结和点评。

出席开幕式和颁奖仪式的还有中国社会科学院科研局局长马援、中国社会科学院人事教育局副局长王文成等。论坛开幕式由李林主持。全国法学界、法律界的专家学者和法学博士后160余人参加论坛。

（中国社会科学院办公厅刘玉杰编辑、供稿）

国际投资经贸法律风险及对策研讨会 10月12—13日，中国法学会主办，中国法学会世界贸易组织法研究会、中国法学学术交流中心承办的国际投资经贸法律风险及对策研讨会北京召开。来自亚洲、非洲、欧洲28个国家的180余名法学法律界代表参加。

本次研讨会是中国法学会开展中国境外企业与公民法制环境改善工程的重要活动，在两天时间里，与会专家围绕国际投资、国际贸易、基建工程、争端解决4个专题进行了深入研讨。

（参见《人民日报·海外版》2017年10月16日第2版）

第二届全国法学研究高端论坛 10月29日，北京大学法学院主办第二届全国法学研究高端论坛。来自全国20多所知名法律院校的专家学者、科研管理者和学术刊物主编参加了本次论坛。论坛主题为“一流学科建设与法学研究”。4个单元的议题分别为“法学研究中的现实问题意识：理论与实践”“法学研究中的中国问题意识与比较法方法的未来”“法学研究中的交叉学科方法的新发展”“圆桌讨论：如何建立科学、合理、公正的法学科研评价体系”。

（北京大学社科处供稿）

首届自贸区纠纷解决与临时仲裁专题论坛 11月3日，中国政法大学仲裁研究院、中国仲裁法学研究会、法律出版社、上海邦信阳中建中汇律师事务所联合主办的我国首届自贸区纠纷解决与临时仲裁专题论坛在中国政法大学学院路校区举行。

中国政法大学校长黄进、法律出版社总编辑孙志华为会议开幕式上致辞。中国社会科学院国际法研究所国际经济法室主任刘敬东、中国国际贸易促进委员会法律事务部部长刘超、中国海事仲裁委员会副秘书长陈波，与陕西和广东等自贸区代表、涉自贸区法院代表，以及中国国际经济贸易仲裁委员会等近20家涉自贸区仲裁机构、调解机构等代表分别围绕“自贸区纠纷解决与临时仲裁”主题的3个研讨单元发言；全国人大法工委民法室原副主任扈纪华、武汉大学国际法研究所所长肖永平、法制日报经济部主任万学忠、中山大学法学院罗剑雯教授等评议嘉宾对代表发言做点评。近200名来自全国各地的自贸区相关工作人员、法院与仲裁机构等纠纷解决机构人员、专家学者、仲裁员及律师、企业法务人员等实务工作人员参加了会议。

论坛围绕“自贸区争议解决及临时仲裁”主题，分设“自贸区纠纷解决机制创新”“临时仲裁VS机构仲裁”“自贸区临时仲裁的制度构建”3个单元进行讨论。

（中国政法大学科研处王培供稿）

2017年法律语言高端论坛 11月4日，中国政法大学法律语言研究中心和中国政法大学人文学院、北京市人民检察院第二分院联合举办的2017年法律语言高端论坛在中国政法大学研究生院举办。论坛的主题是“法律语言研究与法律实践——以审判为中心的方方面面”。北京市人民检察院第二分院检察长苗生明、北京市知识产权法院副院长宋鱼水、中国政法大学校长黄进、中国政法大学法律语言研究中心主任王洁分别在开幕式上致辞。中国政法大学人文学院院长文兵教授、外国语学院院长李立教授、北京市人民检察院原副检察长方工、北京市海淀区人民检察院原检察长王振峰等也出席此次会议。论坛开幕式由中国政法大学法律语言研究中心副主任、秘书长尤志安主持。

来自理论界和实务界的学者、专家共同交流探讨以审判为中心诉讼制度改革视角下法律语言的相关问题，并分别从各自的职业视角，分享了当前法律语言研究如何更好地服务司法实践的意见和建议。

在“法律语言研究与法律实践自由谈”环节，法律语言研究中心初步拟定了与河南省郑州市中级人民法院、河南省平顶山市中级人民法院的课题合作意向，即针对几种不同类型的裁判文书规范化开展研究。

（中国政法大学科研处王培供稿）

中国法治政府创新高峰论坛（2017） 11月5日，中国社会科学院法学研究所主办，《环球法律评论》编辑部、中国法学会行政法学研究会政府规制专业委员会协办，中国社会科学院宪法行政法优势学科承办的中国法治政府创新高峰论坛（2017）——新时代法治政府建设的理论与实践研讨会在北京举行。来自全国人大常委会、国务院法制办、最高人民法院、最高人民检察院、公安部、住房和城乡建设部、北京市人大常委会、北京市人民政府、北京市高级人民法院、北京市第四中级人民法院、北京市工商局、北京市律师协会，以及中央党校、北京大学、国家行政学院、清华大学、中国政法大学、中国人民大学、中央民族大学、中央财经大学、山东大学、南开大学、华南师范大学等政府机关、高校和研究机构的近 50 名专家学者参加了会议。

开幕式上，中国社会科学院法学研究所所长李林致辞。北京大学法学院教授姜明安、国家行政学院法学教研部教授胡建淼做主旨演讲。

会议的主要议题有“新时代行政立法的完善”“新时代的行政审判体制机制创新”“新时代的依法行政体制机制创新”“新时代的行政法学理论创新”。

中共中央党校政法部宪法行政法教研室主任王勇、北京大学法学院副院长王锡锌、中央民族大学法治政府与地方制度研究中心主任熊文钊、国务院法制办政府法制研究中心副主任李富成、山东大学法治中国研究所所长肖金明分别发言。

中国政法大学诉讼法研究院教授王万华、中国政法大学法治政府研究院院长王敬波做总结发言。中国社会科学院法学所、国际法所联合党委书记陈甦致闭幕词。

（中国社会科学院办公厅刘玉杰编辑、供稿）

“传承法律文化　重构中华法系”学术研讨会　11 月 25 日，教育部人文社会科学重点研究基地——中国政法大学法律史学研究院主办，中国法律史学会中国法制史专业委员会协办的“传承法律文化　重构中华法系”学术研讨会在北京举办。

中国政法大学法律史学研究院常务副院长张中秋教授主持，中国政法大学法律史学研究院院长朱勇教授致辞，全国外国法制史研究会原副会长曾尔恕做嘉宾致辞。

中国政法大学终身教授、法律史学研究院名誉院长张晋藩在会议上发言。张晋藩明确提出，重构中华法系是可能的，重构的中华法系是中国特色社会主义性质的中华法系，是构建依法治国理论体系的一个环节。他说，我们今天讨论传承法文化，重构中华法系，是在一个充满道路自信、理论自信、制度自信、文化自信的新时代背景下进行的，思想是明确的，步骤是清晰的，因而信心也是充沛的。

（中国政法大学科研处王培供稿）

新时代大数据法治峰会　11 月 26 日，中国政法大学主办的“新时代大数据法治峰会——大数据 · 新增长点 · 新功能 · 新秩序”在北京举行。

来自高校、科研机构、公检法机关、政府和监管部门、企业等近 300 位专家学者出席会议。近 50 位大数据法治领域的学者和实务界专家围绕大数据安全与法治、大数据应用与法治、数据跨境流动与国际保护、大数据应用的监管四大议题做主题发言并展开讨论。

中国政法大学副校长时建中、中国互联网金融协会秘书长陆书春为本次峰会分别做开幕致辞。时建中强调，大数据对法学的影响是全方位的，如何实现大数据产业的法治化是重中之重，当然有关大数据方面的立法是相对滞后的，但这也为我们今后的努力指明了方向。陆书春秘书长强调了大数据在互联网金融中发挥的重要作用，并且逐步成为资源而存在。大数据法治的发展应该从完整科学的立法、服从已实施的法律、培养大数据法律人才 3 方面抓起。

中国政法大学互联网金融法律研究院院长、中国政法大学大数据与法制研究中心主任李爱君在本次峰会上发布了《中国大数据法治发展报告（2017）》，并介绍了即将出版的《大数据应用法律问题研究报告》与《境外数据与信息保护规则译文汇编》，这三大报告由中国政法大学组织，李爱君教授带领团队经历为期 3 年的研究得出的宝贵成果，为我国的大数据法治发展提供了新的思路。

峰会由时建中作闭幕致辞，他总结了峰会一天的会议成果，并就大数据与反垄断法、数据与大数据、隐私与隐私数据、大数据立法重点、大数据法治价值等问题发表看法。

（中国政法大学科研处王培供稿）

第十四届国际法论坛　12 月 2 日，由中国社会科学院、中国社会科学院国际法研究所主办，最高人民法院“一带一路”司法研究基地协办的中国社会科学论坛暨第十四届国际法论坛“新时期的国际法：变革创新与发展”在北京举行。中国社会科学院法学研究所、国际法学研究所联合党委书记、研究员陈苏主持开幕式。

中央纪委驻中国社会科学院纪检组组长、院党组成员邓中华，中国社会科学院国际法研究所原所长、研究员陈泽宪，中华人民共和国外交部法律司参赞胡斌在开幕式上发言。

中国国际贸易促进委员会法律事务部副部长、企业权益保护中心负责人刘超针对国际争端解决机制的创新路径与对“一带一路”倡议的保护作用，美国哥伦比亚大学法学院教授乔治·贝尔曼针对国际仲裁的若干法律问题，北京理工大学法学院院长李寿平针对人类命运共同体意识与国际法治的创新，对外贸易大学法学院院长石静霞针对“一带一路”倡议与国际经济法律制度的创新等问题做主旨报告。

会议讨论的议题有“人类命运共同体构建”“国际法史的新史学转向”“国际私法的亚洲原则”“我国涉外民事关系法律适用”“我国民事诉讼中域外民事判决作为证据的效力”“国有企业与政府采购的国际规则”“政府补贴的法律规制”“中国对外投资与东道国政策”“我国在谈判投资协定中应注意的法律问题”“‘一带一路‘倡议与国际商事仲裁的发展”“国家争端解决机制的司法化”“《联合国海洋法公约》的仲裁裁决及执行”“自裁管辖权原则的效力”“《巴黎协定》中气候变化与人权”等。国内外学者等近百人参加了会议。

（中国社会科学院办公厅刘玉杰编辑、供稿）

“一带一路”倡议的法律支撑研讨会　12月2日，中国政法大学国际法学院主办，最高人民法院“一带一路”司法研究基地、全球治理与国际法治协同创新中心协办的“一带一路”倡议的法律支撑研讨会在北京市松鹤建国会议中心召开。来自中国政法大学、中南财经政法大学、华东政法大学、西南政法大学、西北政法大学、山东大学、上海交通大学、厦门大学、北京外国语大学、北京大学、英国萨里大学和中国国际经济贸易仲裁委员会的20余位专家学者参与了此次学术研讨会。

会议由中国政法大学国际法学院院长孔庆江教授主持。孔庆江提出，“一带一路”贯穿亚欧非大陆，其促使中国主动与沿线国家建立经济伙伴关系，共同打造利益共同体、命运共同体和责任共同体。希望通过国内外学者的共同探讨，为该项覆盖范围广泛的经济合作倡议提供必要的法律支撑，加强中国与沿线各国之间的交流与合作。

山东大学法学院院长沈伟教授发表了题为“‘一带一路’、国际经济治理体系和国际经济法”的主旨报告。知名仲裁专家高菲博士就“‘一带一路’倡议中国法律的补缺和修正”发言；厦门大学法学院蔡从燕教授发表了题为“非经济国际机制与‘一带一路’倡议”的演讲；孔庆江进行了“服务‘一带一路’国际制度建设的思路”主题发言；北京大学国际法学院 Susan Finder 教授就“‘一带一路’倡议下中国公司国际合规制度中的问题”进行了探讨；北京外国语大学法学院顾宾老师以“‘一带一路’倡议与亚投行法律”为主题发表了演讲；中国政法大学国际法学院兰花副教授首先做了“绿色‘一带一路’”的主题发言；英国萨里大学杜明教授针对“投资者—东道国争端解决机制”（ISDS 机制）发言。

（中国政法大学科研处王培供稿）

中国大学智库论坛·法治峰会　12月9日上午，中国大学智库论坛·法治峰会在北京召开。峰会以“新时代中国特色社会主义法治思想”为主题，由中国政法大学和中国大学智库论坛共同主办。最高人民检察院副检察长、中国法学会副会长、国家高端智库培育计划首席专家徐显明做了主旨演讲，全国政协教科文卫体委员会副主任、中国大学智库论坛秘书长、教育部原副部长李卫红，教育部社会科学司司长刘贵芹，中国政法大学校长黄进，复旦大学校长助理陈志敏出席大会并致辞。中国政法大学终身教授张晋藩、中国政法大学终身教授应松年、国家行政学院法学部主任胡建淼做了主题发言。来自教育部社会科学司、中国大学智库论坛秘书处、中国政法大学师生200余人参加了大会。大会由中国政法大学副校长时建中主持。

主题发言后，在中国政法大学科研处处长栗峥教授主持下，中国政法大学副校长马怀德教授、中国政法大学法律史学研究院院长朱勇教授、北京航空航天大学法学院院长龙卫球教授、清华大学法学院党委副书记程啸教授、中国政法大学人权研究院常务副院长张伟教授以“法治中国建设和智库发展”为主题，分别从自己研究领域出发做了专题发言。

（中国政法大学科研处王培供稿）

第一届中国劳动法论坛　12月22日，中国社会法学研究会劳动法学分会主办、中国劳动关系学院法学院劳动法与工会法研究中心承办的第一届中国劳动法论坛——“一带一路”建设背景下协调劳动关系的思路与挑战研讨会在中国劳动关系学院中工大厦举行。中国法学会副会长、中国社会法学会会长张鸣起，中国社会法学研究会劳动法分会会长、国务院侨务办公室副主任郭军，中国劳动关系学院党委书记屈增国和党委副书记、校长刘向兵出席研讨会。来自全国高校、科研院所、司法机关、相关部门、律师事务所和相关企业的代表以及中国劳动关系学院师生代表共100余人参加了研讨会。

研讨会紧紧围绕“一带一路”建设背景下劳动关系的协调问题展开，共分为“‘一带一路’建设与法律保障”“中国企业与‘一带一路’建设”“‘一带一路’国家劳动法国别报告”“中国企业走出去的劳动法律风险防控”“外国人在中国就业及其涉外法律适用问题”5个单元，系统讨论了“一带一路”建设背景下劳动关系协调中的新现象、新问题、新挑战、新对策。

（中国劳动关系学院科研处供稿）

迈向数据法学研讨会　12月23—24日，清华大学法学院、社会科学学院、数据科学研究院联合举办的迈向数据法学研讨会在清华大学明理楼举行。与会者围绕“大数据在司法实务、法学研究中的应用及技术开发”进行研讨。在研讨会正式开始前，最高人民法院审判委员会专职委员刘贵祥大法官，中国工程院院士、清华大学副校长尤政，北京华宇软件股份有限公司董事长邵学等嘉宾共同为清华大学法学院法律与大数据研究中心揭牌并致辞。尤政在致辞中强调，清华大学法学院法律与大数据研究中心的成立有助于提升清华的法学研究水平。通过司法大数据的研究分析，不仅可以为司法裁判提供参考，还可以助推司法审判的公正性和科学性。相信依托于清华理工科的技术优势，研究中心可以取得优秀的科研成果。同时希望清华大学法学院借此平台，运用现代法律工具，办成具有世界水准的研究中心。研讨会依据报告内容分为10个单元，涵盖“法律在线”“新科技的应用”“法律的经济分析”“司法改革”“指导案例”“法规援引”“刑事司法”“行政诉讼与国家赔偿”等多个主题。30多位来自不同单位不同领域的报告人向参会人员展示了“数据法学”这一新兴研究领域的当下与未来图景。会上介绍了大数据及人工智能技术在司法实务中的应用，并就计算机技术对法律数据智能处理的实践及可能进行说明和展望。与会专家学者对法学研究中大数据的应用及其前景、方法论上可能存在的问题进行深入讨论。来自全国各级法院、检察院系统的实务工作者，来自北京华宇软件股份有限公司、阿里巴巴集团、九章研究所、长春把手科技有限公司等科技企业的代表，来自北京大学、中国人民大学、中国政法大学、上海交通大学等数十家院校单位的学者近150人参会。

（清华大学文科建设处刘金梅供稿）

法治中国论坛——构建中国特色社会主义法学学科体系、学术体系、话语体系　12月26日，由光明日报社和中国政法大学联合主办的“法治中国论坛——构建中国特色社会主义法学学科体系、学术体系、话语体系”在京举行。来自法律实务部门、科研院所、法学高校的专家学者，中国政法大学光明新闻传播学院聘请的光明日报社兼职教授，中国政法大学师生等90余人参加论坛。论坛期间，北京大学、中国人民大学、清华大学、中国政法大学、武汉大学和中南财经政法大学共同发起组建法学一流学科建设共同体的倡议。

光明日报社总编辑张政、中国政法大学党委书记胡明分别发表致辞，开幕式由光明日报社副总编辑、中国政法大学光明新闻传播学院院长沈卫星主持，主题演讲由中国政法大学副校长李树忠主持。论坛期间，23位专家学者就新时代法学学科建设思路、标准、路径、目前学科建设不足等问题发表主旨演讲，并进行了深入探讨。

中国政法大学校长黄进根据习近平总书记系列重要讲话精神的内涵和指示，提出了构建中国特色法学学科体系的5个维度，即要从法治理论与实践紧密结合的维度、法学学科发展的维度、从法律体系的维度、法治体系的维度、法治工作的基本格局维度构建法学学科体系。

为深入贯彻党的十九大精神和习近平总书记考察中国政法大学时的重要讲话精神，全面落实党中央、国务院关于建设世界一流大学和一流学科的重大战略部署，经北京大学、中国人民大学、清华大学、中国政法大学、武汉大学和中南财经政法大学协商，黄进在论坛上宣读了《组建法学一流学科建设共同体倡议书》。

（中国政法大学科研处王培供稿）

历史学（含中共历史、中外史、考古）

欧盟六十周年：纪念《罗马条约》缔结六十周年学

术活动　3月24日，欧盟六十周年：纪念《罗马条约》缔结六十周年学术活动在中国人民大学举办。会议由中国人民大学副校长伊志宏主持，中国人民大学党委书记靳诺、欧盟驻华大使史伟、中国欧盟协会副会长陈大卫、意大利驻华大使谢国谊出席活动并发言。靳诺书记在致辞中表示，中国和欧盟是东西方文明的发祥地，中欧关系源远流长。着眼于努力建设和平、增长、改革、文明的四大伙伴关系，通过高级别战略对话、经贸高层对话、高级别人文交流对话三大机制增进了解、扩大共识是当前中欧关系的核心议题。中国人民大学历来重视与欧洲的教育合作与交流，欧洲问题研究一直是中国人民大学国际问题研究的传统和特色，希望本次活动能够推动新时期中欧关系向更深层次前进。

（中国人民大学科研处关晓斌供稿）

英国与欧盟的分与合：历史与现状演讲　3月29日，应清华大学人文学院历史系和思想文化研究所邀请，英国爱丁堡大学人文学院历史系终身教授、英国皇家历史学会前副主席哈里·狄金森前来清华大学讲学、交流，并发表了"英国与欧盟的分与合：历史与现状"的主题演讲，讲座由清华大学人文学院历史系教授刘北成主持，来自清华大学及北京大学、北京师范大学、南开大学等院校的部分教师和研究生，以及商务印书馆的编辑人员参加报告会并进行交流与讨论。狄金森以2016年6月英国脱离欧盟公投事件引出讲座主题，围绕历史上英国与欧洲其他国家的异与同、英国加入欧盟的动力与过程、英国脱欧的影响3个方面的内容，就英国脱欧可能带来的影响阐述自己的观点。狄金森是英国高等教育学会会员，两次担任英国皇家历史学会主席，在2002—2005年担任英国历史学会主席、《牛津国家人物传记词典》副主编、《历史》杂志编辑。他的研究领域是18世纪英国政治史，主要关注议会政治、大众政治和政治思想史。

（清华大学文科建设处刘金梅供稿）

第七届青年论坛　5月18日，中国社会科学院俄罗斯东欧中亚研究所青年工作组、中国社会科学院俄罗斯研究中心主办的第七届青年论坛在北京召开。论坛的主题为"多元视角下的俄罗斯东欧中亚"，研讨的主要议题有"世界历史中的俄罗斯东欧中亚""国际关系研究与俄罗斯东欧中亚""地区与国别视野中的俄罗斯东欧中亚"。

共有来自北京大学、中央民族大学、南开大学、现代国际关系研究院、中国社会科学院等单位的专家学者共计50余人参加会议。中国社会科学院俄罗斯东欧中亚研究所所长李永全致开幕辞，党委书记李进峰致闭幕辞。

在第一单元"历史与文化视野下的欧亚空间"专题中，北京大学哲学系教授徐凤林辨析了东正教神学中的自由概念。中央民族大学副教授袁剑介绍了世界史学者安德烈·贡德·弗兰克的中亚观。

在第二单元"欧亚研究中的理论生产"专题中，中国社会科学院世界经济与政治研究所副研究员徐进探讨了国际关系理论与欧亚问题研究之间的内在联系，中国社会科学院欧洲研究所副研究员赵晨从政治理论史的角度探讨了如何对欧盟政治进行研究，南开大学副教授刘丰辨析了国际问题研究中的学术性和政策性。

在第三单元"欧亚研究中的他者视角"专题中，有5位学者依次进行了发言。亚太与全球战略研究院研究员沈铭辉结合一带一路阐述了中国的区域经济合作，亚太与全球战略研究院研究员张洁梳理了中国周边安全形势评估这一课题的进展，中国社会科学院美国研究所研究员樊吉社总结了冷战解体以来美国对俄罗斯的认知，中国社会科学院西亚非洲研究所研究员唐志超以伊朗、伊拉克、沙特等地区大国为例分析了中东视野中的俄罗斯，欧洲研究所曹慧助理研究员谈到了近年来欧盟与俄罗斯的合作与分歧。

（中国社会科学院办公厅刘玉杰编辑、供稿）

第二届北京大学数字人文论坛　5月26日，北京大学图书馆和北京大学人文社会科学研究院联合主办，主题为"互动与共生：数字人文与史学研究"的第二届北京大学数字人文论坛在北京大学图书馆举行。论坛特别邀请到来自北京大学、台湾大学、香港科技大学、爱尔兰国立梅努斯大学、哈佛大学、上海图书馆、浙江大学、南京大学、陕西师范大学、复旦大学、中国人民大学、加州大学伯克利分校等国内外数字人文与史学研究领域前沿的专家学者进行专题报告，吸引了来自全国23个省份及北美、欧洲近300名科研人员、师生参会。北京大学校长助理、社会科学部部长王博教授，北京大学图书馆朱强馆长，北京大学人文社会科学研究院副院长渠敬东教授出席会议并致辞。会议开幕式由北京大学图书馆聂华副馆长主持。本次论坛围绕"数字人文"与"史学研究"的互动与共生，在发表《数字人文：新方法、新公众、新职责》《数字人文与脉络分析：历史数据库的视野与取向》《历史大数据开启社会科学新认识》3个主旨报告之后，以“数字人文与历史地理研究”“数字人文与史学研究”“数字人文与历史文献整理”和“数字人文基础设施建设”4个分主题进行理论探讨与实践动态交流，向相关领域的学者和研究人员展示国际和国内学术界在这一领域中取得的新进展、新成果和新案例，促进史学研究与数字人文的交流融合。本次论坛还通过直播的方式，吸引了来自国内外更多的学者和学生在线参会，并通过微信群互动交流，据统计有300多人在线参会。

（北京大学社科处供稿）

纪念全民族抗战爆发80周年座谈会 日前，市委宣传部、市委党史研究室、丰台区委、中国人民抗日战争纪念馆在卢沟桥畔联合举办北京市纪念全民族抗战爆发80周年座谈会，党史系统、丰台区委、抗战老同志家属、专家学者、青年学生等100多人参加会议。

会上，中国人民抗日战争纪念馆副馆长罗存康指出，日本制造卢沟桥事变，发动全面侵华战争不是偶然的，是近代日本长期推行对外侵略扩张的“大陆政策”的必然结果。市委党史研究室主任李良表示，党史部门弘扬伟大的抗战精神，最重要的是发挥首都优势，深化细化抗战史研究，扎实开展史料征集，加强舆论宣传，用心讲好抗战故事，创新党史工作新局面。邓华将军的儿子邓穗，著名抗战史研究专家、军事科学院原军史所抗战组组长岳思平，卢沟桥文化旅游区办事处副主任陈虎翼发言，并与现场观众互动交流。

会后，全体人员在宛平县衙参观“永远的抗战不朽的丰碑”晋察冀边区革命纪念馆进京展览，观看抗战题材话剧《宛平人家》。丰富多彩的图片音像资料给观众上了一堂生动的爱国主义教育课。

（参见《北京日报》2017年7月2日第3版）

第三届中国与伊斯兰文明：交融与互鉴国际学术研讨会 7月4—5日，第三届中国与伊斯兰文明：交融与互鉴国际学术研讨会在中国社会科学院西亚非洲研究所举行。中国社会科学院副院长蔡昉，伊斯兰历史、艺术与文化中心主席哈里特·埃瑞阁下分别在研讨会开幕式上致辞。中国中东学会会长、中国社会科学院西亚非洲研究所所长杨光主持了开幕式。

研讨会由中国社会科学院与伊斯兰合作组织所属机构伊斯兰历史、艺术与文化中心联合主办，中国社会科学院国际合作局和中国社会科学院西亚非洲研究所承办。来自中国社会科学院、中国对外经贸大学、中央民族大学、北京第二外国语学院、中国伊斯兰协会等单位，以及土耳其、埃及、巴基斯坦的专家学者和相关人士共计70余人参加了研讨会。

研讨会共分5个时段进行研讨。第一时段的议题为“中国与伊斯兰世界的历史交往”；第二时段的议题为“中国与伊斯兰世界的文明互鉴”；第三时段的议题为“地区治理：中国与伊斯兰世界”；第四时段的议题为“‘一带一路’共建：中国与伊斯兰世界”；第五时段的议题为“国际体系转型：中国与伊斯兰世界”。

中国中东学会会长、中国社会科学院西亚非洲所所长杨光，中国社会科学院世界历史研究所研究员毕健康，伊斯兰历史、艺术和文化研究中心主任助理萨迪克·乌纳伊教授，巴基斯坦全国历史与文化研究所前所长库拉姆·卡迪尔教授，中国社会科学院西亚非洲研究所中东研究室主任唐志超研究员分别主持了5个时段的研讨。先后有30多位中外专家学者就相关问题发表演讲。

（中国社会科学院办公厅刘玉杰编辑、供稿）

纪念全国抗战爆发80周年国际学术研讨会 7月8—9日，中国抗日战争史学会、中国社会科学院历史学部、中国社会科学院近代史研究所共同主办的纪念全面抗战爆发80周年国际学术研讨会在北京举行。来自中国、韩国、日本、俄罗斯、英国等国的专家学者参加会议。会议围绕全面抗战的相关问题进行了研讨。

开幕式上，中国社会科学院副院长、党组成员李培林发表讲话。会议的主要观点有：（1）日本全面侵华具有计划性与必然性。北京大学历史学系教授徐勇、黑龙江省社会科学院历史研究所研究员王希亮等就此问题发言。（2）中国共产党是抗日战争的中流砥柱。中国社会科学院学部委员张海鹏 、中国社会科学院近代史研究所研究员黄道炫、日本长崎县立大学教授祁建民等就这个问题发言。（3）“全面抗战”成为中共抗战理论的一面旗帜。天津商业大学马克思主义学院副教授杨东、湖南大学岳麓书院教授陈先初等就此问题发言。

（中国社会科学院办公厅刘玉杰编辑、供稿）

《宋会要》整理与研究国际学术研讨会 8月24—25日，《宋会要》整理与研究国际学术研讨会在北京举行。

国家社科基金重大项目“《宋会要》复原、校勘与研究”课题负责人、中国社会科学院历史研究所研究员陈智超回顾了20世纪80年代以来《宋会要》的复原与研究工作的经历。北京大学人文社会科学研究院院长邓小南认为，《宋会要辑稿》是宋史研究最重要的史料之一，其整理校勘是一个相互促进的接力过程。中国人民大学历史学院教授、中国宋史研究会会长包伟民表示，陈智超先生所提出的从《宋会要辑稿》的体系回到《宋会要》的体系，反映出古籍整理的新思路。

浙江大学历史系教授何忠礼回顾了自己学术生涯中对《宋会要辑稿》一书的研读与利用。

台湾的中国文化大学史学系教授韩桂华介绍了中国台湾学界对于《宋会要》的整理与研究工作。四川大学历史文化学院教授刘复生提出，《宋会要辑稿》中保存了大量关于西南民族的史料，对于宋代西南民族关系史研究有重要意义。

研讨会由中国社会科学院历史研究所主办，是国家社科基金重大项目“《宋会要》复原、校勘与研究”的阶段性成果报告会议。来自全国各科研机构、高校及日本、韩国的60多位专家学者参加了研讨会。

（中国社会科学院办公厅刘玉杰编辑、供稿）

中国伊朗文明交往与“一带一路”国际研讨会 9月4日，中国社会科学院伊朗伊斯兰文化联络组织主办、中国社会科学院世界历史研究所承办的中国伊朗文明交往与“一带一路”国际研讨会在北京召开。中国社会科学院副院长、党组成员蔡昉，伊朗伊斯兰文化联络组织副主席哈拉曼·苏莱曼尼，中国社会科学院世界历史研究所所长、研究员张顺洪，伊朗驻华大使阿里·阿斯克里·哈吉出席会议并发表讲话。中伊双方专家学者及媒体代表等60余人参加研讨会。

研讨会包括5场讨论会，分别是“中国伊朗文明中的理性与智慧”“古代伊朗及其对外交往”“中国文明与西亚的关系”“波斯与丝绸之路”“‘一带一路’与中伊复兴”。

（中国社会科学院办公厅刘玉杰编辑、供稿）

新疆若干历史问题研究座谈会 9月12—13日，新疆若干历史问题研究座谈会在北京召开。中共中央政治局常委、全国政协主席俞正声出席会议并做重要讲话。会议深入学习贯彻习近平总书记系列重要讲话精神和党中央治国理政新理念新思想新战略，认真贯彻落实第二次中央新疆工作座谈会精神和中央关于新疆工作决策部署，认真学习领会有关新疆若干历史问题研究座谈纪要精神，进一步统一思想、深化认识、凝聚共识，扎实推进依法治疆、团结稳疆、长期建疆的各项工作。

俞正声强调，要认真学习领会纪要的主要内容和精神实质，深刻理解用社会主义核心价值观引领新疆各族干部群众的重要思想，准确把握促进各民族交往交流交融的重要要求，切实坚持正确处理新疆意识形态领域和历史领域现实问题的重要遵循，结合实际做好新疆意识形态领域工作。要坚持维护新疆社会稳定和实现长治久安的总目标不动摇，坚持谋长远之策、行固本之举、建久安之势、成长治之业的基本遵循不懈怠，坚持凝聚共识、争取人心的出发点和落脚点不偏移，坚持打赢意识形态领域反分裂斗争的鲜明态度不含糊，正本清源，努力清除新疆历史、文化、民族、宗教等方面错误思想影响，从根本上解决长期存在的深层次问题，打牢依法治疆、团结稳疆、长期建疆的思想基础和政治基础。

［参见《人民日报》（海外版）2017年9月14日第2版］

“从抗战历史中汲取营养和智慧”学术报告会 9月13日，为纪念全民族抗战爆发80周年和中国人民抗日战争暨世界反法西斯战争胜利72周年，由中国中共党史学会主办，北京市委党史研究室、市社会科学界联合会、中国人民抗日战争纪念馆承办的第二期“党史讲堂”在卢沟桥畔的抗战纪念馆举行。全国政协文史学习委副主任、中国中共党史学会常务副会长、中央党史研究室原副主任龙新民主持，全国政协委员、中央马克思主义理论研究和建设工程咨询委员会委员、中国中共党史学会副会长、中央党史研究室原副主任李忠杰做“从抗战历史中汲取营养和智慧”学术报告。报告从“八年抗战与十四年抗战”等重要问题切入，精辟论述了抗日战争胜利的重大历史意义及其为世界反法西斯战争做出的重要贡献，分析了抗日战争的经验教训及其现实启示。

（北京市委党史研究室高俊良供稿）

手工业考古·首师大论坛 11月4—5日，首都师范大学历史学院主办手工业考古·首师大论坛。论坛开幕式由历史学院钱益汇教授主持。校社科处处长王德胜教授、历史学院党委书记董增刚教授、历史学院考古系主任袁广阔教授、中国社会科学院考古研究所白云翔研究员、中国社会科学院经济研究所魏明孔研究员、北京大学考古文博学院孙华教授等专家学者出席论坛开幕式并致辞。手工业是考古学研究中的重要内容，包括石器、骨器、陶器、玉器、冶金、瓷器、漆器等多个手工业门类。近年来，我国手工业相关的考古发现日益增多，相关综合研究逐渐深入，手工业考古理论与方法、手工业经济史研究和遗产保护、传承与利用等问题越来越受到学术界的关注。论坛围绕考古新发现与新认识、手工业考古理论与方法、手工业技术与生业经济（分为玉石器、陶瓷器、骨器、冶铸、盐业等）、手工业综合研究、手工业遗产保护与传承等五大主题9组内容进行讨论。本次论坛共有来自全国各地的116位学者参会，其中83位学者发言。

（首都师范大学社科处李蒽供稿）

第三届“口述历史在中国”国际研讨会　11月10日，第三届“口述历史在中国”国际研讨会开幕式暨崔永元和他的朋友们·中国故事会在中国传媒大学中传礼堂举办。校党委书记陈文申，校学术委员会副主任丁俊杰出席并致辞。活动由知名主持人王雪纯主持。

陈文申在致辞中充分肯定崔永元口述史团队15年的工作内容与成果，表扬了团队在口述历史教育、交流与传播等方面发挥的重要作用。他指出当前大量宝贵的口述历史资料未能充分使用和开放，而本届口述历史国际周的主题为“非虚构创作”，旨在“探索让那些曾经触动过口述历史工作者的普通人的动人故事为更多人所知”，正是对这一问题最好的回应。他认为，在当今的社会背景下探讨“非虚构创作”这一主题，除了其本身的学术意义，同时也具有3个方面的社会价值：有助于沉浸式地呈现历史，有助于深入思考创造力与专业伦理的平衡，有助于产出精耕细作的深度精品。

校学术委员会副主任、崔永元口述史中心主任丁俊杰介绍了本次研讨会的背景，分享了最近一年口述中心在校园巡讲、记忆库、公共历史国际工作坊等方面的进展，提出中心将用科学、系统的方法储存社会各界提供的口述史料，“让这些个人的记忆成为一个民族的宝库、宝藏”。

（中国传媒大学文科科研处马奇炎供稿）

第七届北京高校研究生考古论坛　11月11—12日，中国社会科学院研究生院文法学院与中国人民大学历史学院联合主办的第七届北京高校研究生考古论坛在中国社会科学院研究生院举行。

论坛挑选了来自北京大学、清华大学、中国人民大学、北京师范大学、中国科学院大学、中国社会科学院研究生院等北京地区高校，以及复旦大学、南京大学、南开大学、四川大学等共17所京外特邀高校的41名研究生提交论文并做了主题发言。共百余名师生参加论坛。

论坛共分为5个专题：史前技术与社会、墓葬与美术、历史考古与文化、科技考古与文物保护、博物馆与文化遗产。从时代上看，既有夏商周时代考古学研究的探讨，也有关于明代出土文物相关问题的研究；从地域上看，既有传统的中原、江南地区的考古，又有新疆、云南等边疆地区的考古研究；从方法上看，传统研究和新方法并存，理论与实践相结合。从研究内容上看，既有墓葬壁画、青铜器、瓷器，书画等器物的研究，也有博物馆服务标准化等研究，多学科相互融合。

论坛开幕式由中国社会科学院研究生院文法学院院长赵一红教授主持。中国社会科学院研究生院院长黄晓勇教授致辞。

闭幕式由中国社会科学院研究生院副教授刘强主持，中国社会科学院考古所研究员白云翔和中国人民大学教授魏坚做总结发言。

（中国社会科学院办公厅刘玉杰编辑、供稿）

中国英国史研究会2017年学术年会　12月9—10日，中国英国史研究会主办、中国人民大学历史学院承办的中国英国史研究会2017年学术年会在北京召开。来自北京大学、清华大学、北京师范大学、南京大学、中国社会科学院世界史所等50余家单位的120多位专家学者与会，学者们围绕“新视野下的英国文明史研究”这一主题，对自古至今各个时期英国文明史诸多问题展开多层次、多角度的热烈研讨。

在西方世界，英国是最早告别传统社会而进入现代门槛的国家，它开启了启蒙运动与工业革命的进程，它的政治制度、法律体系与思想观念随着“西力东渐”的浪潮对世界诸多国家和地区产生了重大而深远的影响。在整个世界现代化进程中曾经引领潮流的“英国样本”，而今逐渐褪去其艳丽的色彩，但作为大国崛起、衰落的典型，其成功的历史经验与失败的教训，仍旧是史学界经久不衰的学术研究课题。因此，我国英国史研究自20世纪初就开始萌芽，新中国成立后在以蒋孟引、王觉非等老一辈史学家的拓垒下渐成体系，自改革开放以来则不断深化拓展，如今已是我国世界史学界学术成果最为丰硕的研究领域。

从传统的政治史、经济史、宗教史、思想文化史、殖民史来解读英国不同时期的文明，是本次会议讨论的热点。在以往研究成果的基础上，此次会议对这一解读更加深入、广泛，提出了许多值得审视的新问题和富有见解的新观点。北京大学钱乘旦教授在《评“布莱尔执政”》的主题报告中分析了布莱尔执政时期英国工党的转变及其带来的社会影响，对布莱尔政府的对内对外政策以及这种政策对当下的影响进行了深刻剖析。北京大学高岱教授的《关于“英国资产阶级革命”概念的解读》从“革命”概念的缘起到建构，系统梳理了近代以来思想界、学术界对英国革命的不同认知，分析了这一概念为何随着英国国内政局的变动或被抛弃或被使用，认为“资产阶级革命”这一概念作为描述17世纪大的社会变动还是适宜的。中国人民大学孟广林教授的《悲情与愿景的双重变奏》从13、14世纪的“政治文学”文本入手，诠释了世俗贵族既反对暴君又期盼明君的复杂心态，并对“辉格解释模式”予以质疑。中国人民大学徐浩教授的《告别糊口经济》则以新的视角探讨了中世纪欧洲食品的供求关系。

此外，对语言史、情感史、环境史、社会史等新领域的考察也构成了此次会议的另一个热点。清华大学梅雪芹教授的《由查尔斯·狄更斯的一文引发的思考》考察了狄更斯所生活的时代英伦大地发生的鲑鱼物种濒临灭绝的现象，阐释了人们对这一现象产生原因的基本认识，体现出以小见大的学术理路。北京大学黄春高教授的《“同意原则”背后》则从《帕斯顿书信集》中揭示了中世纪晚期英国社会的婚姻与爱情的实际状态。此外，一些论文还涉及英国近现代的园林景观、田园城市学说、运河及海运、英国“脱欧”中的“反智现象”、英语官方化及其传播、英国和美国在废奴运动中的合作与分歧、英国殖民主义以及文献学、方志学等以往学者不太关注的问题。

总之，此次会议凸显了英国文明史研究的新视野，涵盖了其所设定的“传统与变革”“经验与反思”“碰撞与交流”三大领域，并且覆盖了英国历史上的器物文明、制度文明与精神文明，充分展示了我国英国史研究的广度和深度。

（参见《光明日报》2017年12月25日第14版）

史学史的学科前沿和理论进展学术座谈会 12月23日，史学史的学科前沿和理论进展学术座谈会在北京举行。会议由中国社会科学院历史研究所马克思主义史学理论与史学史研究室、首都师范大学历史学院史学理论与史学史教研室联合主办。来自中国社会科学院历史研究所、中国社会科学院世界历史研究所、首都师范大学、北京师范大学、南开大学、上海师范大学、天津师范大学、河北大学、山西大学、天津科技大学、河南师范大学、廊坊师范学院等学术机构的30余位专家学者分别就当前史学理论与史学史研究中的热点和前沿问题进行了探讨。首都师范大学历史学院院长郝春文教授、中国社会科学院历史研究所副所长杨艳秋研究员出席会议并致辞。

北京师范大学瞿林东教授、北京师范大学陈其泰教授、南开大学乔治忠教授等分别就各自的研究领域做了报告。其他与会学者分别从“推进传统史学中的经史关系研究”“史学思想史中的史料观念研究”“全球史中的民族叙事”“史学史视野下的中国古代君主论和京剧史研究”“政治史视野下的古代官方史学研究”“马克思主义史学史中的唯物史观观念史研究”“史学史课程教学与学科建设关系”等角度谈了自己的观点。

学者们还讨论了近年来史学理论与史学史研究中出现的新趋势。一是史学史专门学科内部的学术活动显得很“热闹”，年轻学者不断涌现。二是国内学者对前些年比较流行的后现代史学的态度变得更加超然，思辨的历史哲学以及概念史的研究受到业界的重视。三是马克思主义史学史的研究正在引起越来越多的年轻学者的兴趣，他们认为中国马克思主义史学实实在在值得研究。与此同时，史学史学科的发展也存在一些隐忧，如在史学史的基本理论研究不够，存在重复性研究和重史学史轻史学理论研究的倾向，高校史学史课程设置有所减少，人才梯队也存在一定程度的断档等。

（中国社会科学院办公厅刘玉杰编辑、供稿）

首届中国地情论坛、首届全国名村论坛 12月29日，中国地方志指导小组办公室主办的首届中国地情论坛、首届全国名村论坛在北京开幕。中国社会科学院副院长、中国地方志指导小组常务副组长李培林出席开幕式并讲话。

中国地方志指导小组秘书长，中国地方志指导小组办公室党组书记、主任冀祥德表示，在12月相继推出第二批名镇志、《中国方志发展报告》、《中国年鉴发展报告》之后，再次重拳出击，发布《中国地情报告（2017）》，推出首批名村志。这是地方志围绕国家利益、围绕服务经济社会中心工作、围绕走进千家万户开拓创新方面，又向前迈出了扎实的一步。

中国地方志指导小组办公室副主任刘玉宏代表中国名村志编纂委员会向大会介绍中国名村志文化工程阶段性工作成果。

中国地方志指导小组办公室副主任邱新立向大会介绍了《中国地情报告（2017）》编辑出版情况，并发布了中国历史文化名镇保护性发展评估指数。

江苏省《开弦弓村志》编纂单位代表开弦弓村党总支书记沈斌分享了村志编纂经验及文化建设成果，湖南省《马头溪村志》编纂单位代表湖南省张家界市永定区委副书记程漫做了关于“传承文化自信、建设美丽乡村”的专题发言。会议向首批中国名村志编纂单位授牌并颁发证书。

来自各省（自治区、直辖市）地方志机构主要负责人，首批出版的26部名村志主编或名村主要领导、名村所在的县（市、区）领导，中国地情报告、中国名村志文化工程联络员及特邀专家学者等240余人参加会议。

（中国社会科学院办公厅刘玉杰编辑、供稿）

教育学　心理学

学前教育专题研讨会　前不久民进中央在京举行学前教育专题研讨会，专家学者和有关部门负责同志齐聚一堂，为解决我国学前教育发展难题建言献策。

学前教育是国民教育的基础阶段，是重要的社会公益事业。学前教育涉及千家万户，社会高度关注。民进中央主席严隽琪指出，这几年我国学前教育发展很快，但仍存在一些问题。学前教育不是义务教育，不能照搬普及义务教育的思路来推动，应该考虑用好市场的力量，要用改革的思路，实事求是地解决现阶段面临的问题。

据教育部基础教育二司巡视员李天顺介绍，最近几年，学前3年毛入园率以年均4%的速度稳定增长。2015年，学前3年毛入园率达到了75%，但我国学前教育发展仍存在一些困难和问题。入公办园难、入普惠性民办园难、就近入园难、流动人口子女入园难等问题，虽然近几年得到了明显好转，但并没有根本解决。

民进北京市委会主委、北京师范大学中国教育政策研究院副院长庞丽娟指出，由于底子薄、欠账多，截至目前，我国学前3年毛入园率75%，这意味着全国1/4的孩子没有机会入园。在江西、云南、甘肃等省不能入园的孩子比例更大。云南普洱市107个乡镇中还有37个乡镇没有一所公办幼儿园。

为了力争到2020年实现全国学前3年毛入园率达到85%、普惠性资源的覆盖率达到80%的目标。李天顺提出了3点具体措施。一是增加普惠性资源的供给，适应“全面两孩”政策，调整规划，科学布局。二是大力发展公办园，积极扶持民办园，重点加强扶贫攻坚地区、“全面两孩”政策新增人口集中地区、城乡接合部供需资源矛盾突出地区的幼儿园建设。三是着力解决好城镇小区配套幼儿园的建设、移交和管理等环节中存在的突出问题，确保小区配套幼儿园提供普惠性服务。

（参见《光明日报》2017年1月24日第15版）

第三届中国人居环境设计教育年会　3月31日下午，第三届中国人居环境设计教育年会暨学年奖启动新闻发布会在清华大学美术学院举行。活动由清华大学和教育部高等学校设计学类专业教学指导委员会联合主办，住房城乡建设部高等学校土建学科教学指导委员会所属建筑学学科专业指导委员会、城乡规划学科专业指导委员会、风景园林学科专业指导委员会、四川美术学院协办，装饰杂志社、世界建筑杂志社担任学术支持，清控人居控股集团与筑巢投资集团为活动的支持单位。参与媒体24家。中国人居环境设计学年奖组委会主任委员、清华大学教授郑曙旸致辞。他说，“人居环境设计学年奖”致力促进各高校专业教学与学科建设，追求人居环境建设的学术理想，坚持开放、交叉与融合的活动理念，积极促进多学科协同发展，推动特色创新。“2017中国人居环境设计教育年会暨学年奖”的主题是空间与文化。以此展开中国人居环境设计相关学科发展、专业教育、基础理论以及教学实践等问题的主旨演讲、研讨以及学年奖作品的交流。建筑学院院长庄惟敏对本次学年奖主题“空间与文化”做了阐述：学年奖是中国高等学校人居环境设计相关专业教育的交流平台；致力促进各高校专业教学与学科建设，追求人居环境建设的学术理想，坚持开放、交叉与融合的活动理念，积极促进多学科协同发展，推动特色创新。对本次主题“空间与文化”做了以下解释：城市各类历史空间是城市记忆的重要组成部分，各种不同历史空间都蕴含着不同的文化内涵，深入了解和挖掘其文化意义，对于历史文化传承与名城保护起到积极作用。“空间与文化”主题的价值取向，在于融会不同空间文化环境体验的设计表达。

（清华大学文科建设处刘金梅供稿）

2017年首次教师学术沙龙 4月20日下午，清华大学新闻与传播学院2017年首次教师学术沙龙在学院环球资源厅举行。本次沙龙的主题是“青年教师学术成长与生涯规划”。沙龙邀请史安斌、曾繁旭和戴佳进行主题分享。沙龙由新闻与传播学院学术委员会组织。学院教师和博士后逾20人参加本次学术成长主题讨论。史安斌从其2003年以美国大学助理教授的身份毅然回国发展的心路历程谈起，分享了这些年来他如何把握时代给予的机遇，在大学教研、参与国家对内对外传播策略的制定和实践、学院公共服务之间进行的策略性平衡的心得，特别总结了从“我注六经”到“六经注我”的转变，勉励学院年轻教师正视成长发展阶段中暂时的困难和挑战。他认为一代人有一代人的机遇和挑战。戴佳则分享了她回国6年来所经历的迷茫和二次本土化之后再一次柳暗花明的心得。她同样从述说自己当初怀着“寻找影响力”的理想来到清华园讲起，认为自己也经历了“见山是山”到“见山不是山”，到最后“见山又是山”这样的心路历程，并感叹一旦完成这样的转变，便觉得中国当下社会发展所面临的种种问题，恰恰为自己的学术研究提供了无穷无尽的鲜活的选题“富矿”，从而产生强烈的幸福感。曾繁旭则重点分享了自己在面对实务课教学和风险传播研究领域脱节、公共服务参与和教研压力之间产生时间和精力冲突时，自己曾经的挣扎和奋斗，以及这些年丰硕的学术成果背后加倍的付出。与会教师围绕3位老师的主题分享进行热烈讨论。学院资深教授郭镇之、沈阳先后发言，院领导胡钰、崔保国也就大学教师在不同阶段如何平衡教学、研究、公共服务等谈了自己的体会。学术委员会主任李彬最后对本次学术沙龙进行总结和点评。他认为每一个教师的学术成长，都需要经历“成长阵痛”。他结合学院的传统和自己的切身经验，认为无论是个体的成长还是学院的建设，必须坚持实事求是，践行中国道路，发展中国学派。他勉励全体教师，植根中国大地研究时代赋予我们的真问题，不忘本来，吸收外来，面向未来，增强文化自觉和学术自觉。本次沙龙由院学术委员会副主任金兼斌主持。

（清华大学文科建设处刘金梅供稿）

第五届亚洲高等教育研究协会博士生论坛 4月22日，清华大学教育研究院联合亚洲高等教育研究协会主办，北京大学教育学院协办的第六届清华大学教育研究院暨第五届亚洲高等教育研究协会博士生论坛在清华大学近春园召开，来自中国（含香港、台湾地区）、日本、韩国、美国、德国等国家和地区的近百名博士生与学者参加本届论坛。清华大学教育研究院常务副院长史静寰在开幕式上致辞，并对与会者提出“大声演讲、仔细倾听、热烈讨论、深入思考”的要求。本届论坛的主题为“亚洲高等教育的崛起：国际化与本土化”，并设定“亚洲一流大学建设的理论探讨”“亚洲一流大学建设的实践经验”“一带一路与高等教育发展”“亚洲高等教育的本土化探索”“大学生学习与发展”“研究生教育改革与发展”6个分论坛。经过论文征稿、专家审稿和综合评定，最终确定25篇论文写作者做口头报告，20篇论文做张贴报告。与会人员还就一流大学建设、中国高等教育的特色、博士生学术发展等问题进行学术交流。

（清华大学文科建设处刘金梅供稿）

中国税务教育改革与发展研讨会 5月6日，中央财经大学财政税务学院主办，中国财政发展协同创新中心、中央财经大学税收教育研究所协办的中国税务教育改革与发展研讨会暨《中国税务教育发展报告（2015—2016）》新闻发布会在中央财经大学召开。全国人大、全国政协、财政部、国家税务总局、国务院发展研究中心、中国社会科学院等高等院校、科研机构和广东、山东、河北、黑龙江、新疆等省、市、自治区的国税局、地税局，部分工商企业、涉税服务机构以及30余家新闻单位的人员共200多人参加了本次研讨暨新闻发布会。由中国税收教育研究会和中央财经大学税收教育研究所推出《中国税务教育发展报告（2015—2016）》。与会专家一致认为：该报告贯彻党的十八大和十八届三中、四中、五中、六中全会精神，在进一步深化全面改革，推进依法治国和从严治党方面总结、提炼，力图探寻阐明适应经济全球化中国税务教育的发展规律；在面临新一轮税制改革浪潮的背景下，在中国越来越多地参与到国际税收规则的制定、贡献出中国智慧的进程中，明确提出要打造中国税收教育升级版；在经济社会发展全球化、数字化、金融化这样一个大背景下，对中国税务教育发展探寻规律、总结经验，为未来我国税务教育的发展做出了前沿性的分析。

（中央财经大学科研处供稿）

首届全国高师院校美育高峰论坛　5 月 26—28 日，首都师范大学美育研究中心主办的首届全国高师院校美育高峰论坛在京举行。论坛吸引了来自北京师范大学、华东师范大学、华中师范大学、东北师范大学、西南大学、陕西师范大学、南京师范大学、湖南师范大学等 50 余高师院校的 100 多位专家学者参加。校党委书记郑萼、副校长孟繁华及杭州师范大学校长杜卫等领导出席论坛开幕式。开幕式由美育研究中心常务副主任粟睿主持。本届论坛的举办是首都师范大学美育研究中心为贯彻落实党和国家近期有关学校美育工作要求，在认真总结中国现代美育理论与实践经验、直面当前高校育人任务的基础上，协同推进高师院校美育理论研究与实践工作的重要举措。论坛期间的各项讨论成果，既见证了中国现代美育百余年的历史传承与当代发展，也鲜明体现了当代中国美育研究工作者积极的社会担当。

（首都师范大学社科处李葸供稿）

新闻与传播心理学理论与实践发展论坛　6 月 10 日，新闻与传播心理学理论与实践发展论坛在中国传媒大学举办，论坛由中国社会心理学会传播心理专业委员会与共同主办、新闻传播学部新闻学院承办。

论坛的主题为“面向未来的新闻与传播心理研究”，论坛采用开放式的自由发言形式，使与会嘉宾进行了广泛而深入的交流研讨。论坛讨论议题包括：困惑（当前新闻与传播心理学教学、科研、实践中存在的难点或困惑）；机遇（当下新闻与传播心理亟须研究的新问题、新课题、新方向）；挑战（未来新闻与传播心理的发展应该做什么、怎么做）。

与会嘉宾认为，新闻与传播心理学的发展必须顺应当前社会实际需求以及媒介变革的时代潮流，紧紧抓住历史机遇，推动学科的进步与发展。大家畅谈了自己对新闻与传播心理学在融合媒体时代所面临的新课题的认识，交流了在课堂教学和科研实践中所面临的困惑与积累的经验，讨论了未来如何进一步加强与兄弟院校交流合作的具体办法。

（中国传媒大学文科科研处马奇炎供稿）

当代中国外交教学研讨会　6 月 10 日，外交学与外事管理系主办的当代中国外交教学研讨会在外交学院展览路校区国际交流中心举行。来自世界知识出版社、北京大学、北京外国语大学、北京第二外国语学院、国际关系学院、同济大学、东北师范大学、四川外国语大学和外交学院等 10 余家单位的 20 余位专家与会。

会议开幕式由外交学与外事管理系主任王春英教授主持，外交学院副院长孙吉胜教授和世界知识出版社汪琴副社长分别致辞。孙吉胜在致辞中介绍了外交学院当代中国外交课程建设以及中国对外关系教研室教师编写的《当代中国外交十六讲》教材的基本情况，希望以此次教学研讨会为契机，搭建一个各高校之间交流互鉴的平台，不断提升当代中国外交课程的教学科研水平。汪琴在致辞中介绍了世界知识出版社的基本情况和《当代中国外交十六讲》一书的特色和出版过程，希望与外交学院继续开展深入合作。

会议分 3 个阶段进行了学术讨论：当代中国外交教材建设；当代中国外交研究中的重大问题；当代中国外交教学与研究。与会专家在讨论中普遍认为当代中国外交这门课程具有重要的意义，但随着时代的发展该课程面临一些新的问题和挑战。各位专家学者介绍了不同院校的教学经验，提出了提高教学水平的建议，并对进一步完善《当代中国外交十六讲》给出了中肯的意见。同时，与会专家还就当代中国外交中的一些重大问题进行了深入的探讨。

（外交学院科研处李琮供稿）

融合教育国际研讨会　7 月 5 日，2017 年北京海淀区融合教育国际研讨会开幕。在为期两天的研讨会中，来自美、英、日、俄等国家及国内的 30 余名融合教育专家学者和 400 名与会代表围绕“融合 · 支持”的主题，对不同国家和地区融合教育发展模式研究、课程规划、支持策略等问题进行全面的分析和比较；并就融合教育支持保障体系、环境建设、支持策略和特殊学生的行为管理等议题开展深入探讨。研讨会旨在通过密切的专业交流，相互借鉴研究成果，共同推动融合教育事业发展。

专家认为，全面推进融合教育发展符合世界教育潮流，旨在促进每个残障孩子都能接受适合的教育。众多融合教育理论与实践的探索者、推动者们在本土化探索和实践方面正在做出可喜成绩，构建符合中国国情的真正可以推广的支持保障模式和体系。北京海淀区在融合教育发展方面走在全国前列，并逐步建立了以特殊教育研究与指导中心为指导、以融合教育为主体、以特殊教育学校为骨干、以送教上门等其他教育形式为补充的办学新格局，融合教育覆盖区内 134 所中小学，建有 84 间资源教室，居北京市首位，并配有专兼职资源教师。

（参见《人民日报》2017 年 7 月 6 日 第 6 版）

中国国防教育学年会 7 月 13—14 日，全国国防教育与学生军训协同创新联盟、中央财经大学国防经济与管理研究院主办，全国军地国防教育与学生军训协同创新研究基地、吉首大学国防教育研究院承办的首届中国国防教育学年会在中央财经大学举行。年会的主题是“国防教育与学生军训：新时期、新机遇、新挑战”，年会面向全国从事普通高等学校国防教育和学生军训工作的高校、科研、管理人员以及从事国防教育的其他相关机构人员，来自全国 25 个省（自治区、直辖市）和陆军、海军、空军、火箭军、战略支援部队等解放军系统所属普通高等院校、职业技术院校、军事院校和其他科研、管理机构的 130 余名代表参加会议。教育部全国普通高等学校军事教学指导委员会副主任委员、体卫艺司副司长刘培俊到会致辞。本次中国国防教育学年会是我国首次在国防教育学领域召开的大规模、高层次、高水准的学术碰撞、问题探讨、经验交流、学科展望的高端盛会，年会是集学术交流、信息传递、成果展示、专题研讨于一体的全国性学校国防教育和学生军训学术交流活动。年会不仅直面学校国防教育和学生军训中的学科课程、师资队伍、学术生态等问题与挑战，而且深刻把握教育和高等教育发展、国防和军队改革深入推进及国家安全环境变化等时代背景，鼓励本领域学术同仁抓好军事理论教学、军事技能训练，推动国防教育和国家安全教育的大发展。

（中央财经大学科研处供稿）

教育与农村发展论坛 7 月 17 日，联合国教科文组织国际农村教育研究与培训中心、北京师范大学智慧学习研究院联合主办的“教育与农村发展论坛——信息技术促进农村教育发展”在北京师范大学举行。出席本次论坛的嘉宾有北京师范大学何克抗教授，湖北省人大常委会副主任、长江教育研究院院长周洪宇教授，江西省上饶市委常委、副市长、华东师范大学党委常务副书记任友群教授，华中师范大学王继新教授，东北师范大学中国农村教育发展研究院副院长秦玉友教授，贵州省福泉市教育局蒋士萌局长、中国农业大学刘永功教授，北京师范大学袁桂林教授，北京师范大学中国扶贫研究中心主任张琦教授等多位国内知名研究学者及地市级教育单位领导、媒体代表等。

与会专家认为，尽管国家从政策、资源和配套措施方面给农村教育巨大的支持，但农村教育的发展仍然面临各种挑战，而信息化手段一定能促进实现公平而有质量的农村教育。但是，使用信息化手段促进农村教育发展的道路也有很多困难需要克服，需要我们的政府、相关机构、专家学者在真实需求和具体环境下协同进行“顶层设计”并有序推进。在这方面，全国各地已经摸索出不少成功的低成本、可推广的模式和经验，有很多案例值得提炼、总结、推广。会议还讨论了如何“讲好中国故事、分享中国经验”的议题。

（北京师范大学社科处刘娜供稿）

转型时期的亲子关系构建家庭教育论坛 7 月 19 日，转型时期的亲子关系构建家庭教育论坛在京举行，论坛聚焦互联网时代如何进行高质量亲子陪伴等家庭教育核心话题。与会专家认为，构建良好的亲子关系本身就是亲子共同成长的过程。通过共读、共写、共同生活和共同成长构建起良好的亲子关系，对孩子的教育会产生积极、关键、正向的影响。同时，家风的熏染胜于言教雄辩。面对更有主见与个性的“00 后”，亲子交流方式不能再是单纯的说教，而是需要平等对话。父母只有不断学习，才能跟上孩子的脚步，这是信息化时代对家长提出的新要求。同时，父母要不断自我提升，拥有科学的育儿知识和理念，拥有良好的亲子关系和沟通模式，家庭教育才能更显成效。论坛由中国教育学会家庭教育专业委员会提供学术支持、现代教育报社主办。

（参见《人民日报》2017 年 7 月 20 日第 12 版）

教育与社会发展重大问题研讨会 9 月 30 日上午，为推进学校国家高端智库培育建设工作，北京师范大学召开中国教育与社会发展研究院学术委员会会议暨教育与社会发展重大问题研讨会。全国人大常委会副委员长、民进中央主席严隽琪，北京师范大学资深教授顾明远，全国政协副秘书长、民进中央副主席朱永新，中国教育学会会长、全国政协委员钟秉林，北师大资深教授林崇德，北师大教育学部教授王英杰，全国人大常委会委员、北京市人大常委会副主任庞丽娟，北师大教育学部教授石中英，山东省教育厅巡视员张志勇，求是杂志社原经济部主任李建军等中国教育与社会发展研究院学术委员会委员出席会议，北京师范大学党委副书记、校长、中国教育与社会发展研究院院长董奇，北京师范大学副校长陈丽，中国教育与社会发展研究院及学校相关职能部处负责人参加会议。

会上，董奇宣读了北京师范大学关于成立中国教育与社会发展研究院学术委员会的决议。严隽琪对教育社会智库的成功培育表示热烈祝贺，并指出智库要在建设中要处理好4个关系：教育与社会两个专业领域的关系、学科建设与智库建设的关系、北京师范大学与民进中央的关系以及学术委员会与智库其他机构的关系。严隽琪随后主持了《中国教育与社会发展研究院学术委员会章程》讨论稿和启动智库首批研究团队两个环节的讨论。委员们就《中国教育与社会发展研究院学术委员会章程》（讨论稿）中章程制定的法理依据、设立宗旨、委员会职责等发表了意见，认为启动的首批研究团队应以问题为导向、有一定研究基础。顾明远主持讨论了中国教育与社会发展研究院的近期重要工作。委员和专家们一致认为智库工作需要集智聚力，整合校内外的专业力量和资源，教育与社会两个领域的研究与活动要实现相互融合与促进。大家认为，教育社会智库的近期工作要紧紧围绕“7·26”讲话和党的十九大精神，着重在社会治理现代化、习近平教育与社会治理思想、《当代中国社会大事典》发布、基础教育系列问题、党的教育方针、教育扶贫、二胎政策下的学前教育、城镇化与教育资源配置、脱贫攻坚教育战略、“一带一路”教育输出、疏解非首都功能的教育布局和战略规划等方面开展一系列政策研究与重要活动，扩大教育社会智库的社会和行业影响力。

（北京师范大学社科处刘娜供稿）

党的十九大精神进课堂教学研讨会　10月19日下午，首都师范大学马克思主义学院和北京高校中国特色社会主义理论研究协同创新中心在国际文化大厦召开党的十九大精神进课堂教学研讨会。与会专家高度评价习近平总书记所做的报告，并结合自己的研究专长和工作实践对报告中的重大思想观点、创新理论展开深入分析。徐志宏肯定了马克思主义学院及时召开本次研讨会的价值和意义，这体现了马克思主义学院领导班子和教师敏锐的政治性和高度的责任心。北京高校中国特色社会主义理论研究协同创新中心协同单位共同进行教学研讨，体现了真协同，是一种体制机制创新。他指出，习近平总书记的报告明确回答了“举什么旗、走什么路、以什么样的精神状态、担负什么样的历史使命、实现什么样的奋斗目标”的重大社会理论问题，提出了系列新思想、新判断和新观念，作为马克思主义学院的教学、研究和传播工作者，我们应该先行一步深入和准确掌握，并应用到教学中，体现在研究中，以此来教育广大学生和干部，用新时代中国特色社会主义思想武装头脑，不断把学习宣传贯彻党的十九大精神引向深入。

（首都师范大学社科处李蒽供稿）

高校学生事务管理国际研讨会（2017）　11月2日，高校学生事务管理国际研讨会（2017）在北京科技大学召开。此次研讨会由北京科技大学主办、北京科技大学学生事务研究中心及《思想教育研究》编辑部承办，会议主题为专业化发展与国际合作。教育部思想政治工作司副司长张文斌、北京市委教育工委处长王达品，北京科技大学副校长臧勇、副校长吕昭平，美国俄克拉荷马州立大学学生事务副校长李·伯德，教育、健康、航空学院院长约翰·罗芒教授等专家学者等出席会议。来自清华大学、中国人民大学、北京师范大学、北京航空航天大学、华中师范大学、中国地质大学（武汉）、北京矿业大学、东北师范大学以及北京科技大学等30余所高校从事高校学生事务管理理论研究的专家学者共计100余人参加了此次国际研讨会。

在开幕式上，臧勇与李·伯德分别代表两校签署了北京科技大学（USTB）与美国俄克拉荷马州立大学（OSU）框架合作协议。马克思主义学院院长彭庆红与约翰·罗芒签署了院系合作协议，成立了北京科技大学—俄克拉何马州立大学学生事务理论与实践联合研究中心。

研讨会共有15场主旨演讲，主要围绕学生的压力和情绪心理问题、思想政治教育与创新创业教育的关系、美国高等教育管理和学生事务管理、大学生领导力教育、美国学生学业指导、思想政治教育与高校学生事务管理的融合、中美大学学生事务专业胜任力比较等方面。

（北京科技大学科学研究与发展部李静供稿）

传播学教育发展论坛2017　11月5日，中国传媒大学新闻传播学部新闻学院主办的“新挑战·新坐标：传播学教育发展论坛2017”在校国际交流中心举行。

论坛分4幕探讨当下中国传播学教育所面临的新挑战，并在新的历史阶段探寻传播学教育的新坐标。论坛第一幕：探路。中国传媒大学教育部长江学者讲座教授、加拿大国家特聘教授赵月枝与中国社会科学院新闻与传播研究所研究员卜卫，围绕中国传播学学术研究与教学的主体性做了主旨演讲。论坛第二幕：视野：中国与世界。发言者呈现了一幅非西方的世界图景。人民日报社高级记者、环球时报英文版高级顾问丁刚在题为“对外传播，我们需要怎样的能力建设”的发言中，通过其丰富的实践经验，归纳总结了中国对外传播面临的主要任务、存在问题及目前急需提升的三个方面。论坛第三幕：求索：知与行。业界与学界就当下传播教育和传播实践的局限性与可能性进行探讨。论坛第四幕：薪传。不同的声音在这场有关当下与未来的圆桌讨论中交汇与碰撞。

（中国传媒大学文科科研处马奇炎供稿）

中法校园足球人才培养论坛　11月22日，作为中法高级别人文交流机制第四次会议的配套活动之一，由教育部支持、中国大学生体育协会和法国大学生体育联合会共同主办、首都体育学院承办的中法校园足球人才培养论坛在首都体育学院召开。

论坛由首都体育校长、中国大学生体育协会副主席钟秉枢主持，教育部体育卫生与艺术教育司司长、全国青少年校园足球工作领导小组办公室主任王登峰，法国大学生体育联合会主席让·佛朗索瓦·索托霍，教育部学生体育协会联合秘书处秘书长、中国大学生体育协会常务副主席薛彦青，法国大学生体育联合会秘书长文森·维涅，教育部国际合作与交流司副司长李海，法国图卢兹大学副校长让·佛朗索瓦·马索，阿迪达斯中国区政府事务副总裁王若海等领导和嘉宾出席了本次论坛。

论坛上，中法两国教育界、体育界专家就如何推动校园足球可持续发展、建立科学的校园足球人才培养体系进行了细致讨论和充分交流。

（首都体育学院科研处供稿）

中国特色视角下中国“双一流”建设高端研讨会　11月26日，北京师范大学中国教育与社会发展研究院与北京师范大学教育学部高等教育研究所联合召开中国特色视角下中国“双一流”建设高端研讨会，来自教育部、高等教育学会、各高校、高校科研院所的专家学者着重围绕着“双一流”建设在学科发展、人才队伍、经费拓展、战略规划的视角展开了探讨。

北京师范大学教育学部高等教育研究所所长，中国教育学会会长钟秉林教授指出，在发展方式转变、体制改革深化、经济结构调整、科技迅猛发展、国际大趋势的大背景下，在“双一流”建设中大学面临着诸多严峻的挑战。一流本科教育是“双一流”建设的重要支撑，培养创新人才是其重要使命，人才培养质量是其重要载体。“双一流”建设是一项复杂的系统工程，也是一个长期的动态过程，需要遵循规律，回归逻辑，保持理性。同时兼顾“塔尖”与“塔基”、“高峰”与“高原”。中国高等教育学会副会长、秘书长康凯指出，中国高等教育必须坚持中国共产党领导、坚持文化自信与了解中国，这是我国“双一流”建设的3个关键组成部分。而高等教育人才培养的“质”是培养学生思考问题的能力与实战能力。国家教育咨询委员会秘书长，国家督学，教育部教育发展研究中心原主任张力围绕党的十九大报告中关于“双一流”建设的描述，深刻、详细、系统地阐述了“双一流”建设的内涵与意义。教育部教育发展中心战略发展部主任马陆亭围绕“扎根中国”的视角探讨了“双一流”建设的本土化特征，强调高校在“双一流”建设中应该注重大学社会服务功能，尊重学科生态发展的内在规律性。清华大学教育研究院院长谢维和教授围绕着中国一流文科建设探讨了清华大学文科建设与发展的历程，提出了我国“双一流”建设应该重视文科的发展的内在规律以及学科属性。北京大学教育学院教授施晓光提出了评价一流学科的重要指标，包括学科声誉、学科产出、毕业生校友表现、行业内的认可、院校联盟认可，学科建设、经费投入、保证学科文化生态的多样性等。

（北京师范大学社科处刘娜供稿）

推进分类管理　支持和规范社会力量兴办教育高端研讨会　11月29日，北京师范大学中国教育与社会发展研究院和北京师范大学教育学部高等教育研究所、中国民办教育研究院联合召开推进分类管理　支持和规范社会力量兴办教育高端研讨会，中国教育学会、教育部发展规划司相关领导和5省市民办教育处负责人，以及民办教育研究专家、民办高校举办者与管理者、教育培训机构代表共聚一堂，分为民办教育分类管理政策落地的困难及建议、吸引社会资本进入教育领域的问题及建议、民办高校内涵式发展的瓶颈及建议、民办教育培训机构规范管理的现状及建议4个专场展开研讨。

中国教育学会会长、北京师范大学高教所所长钟秉林教授指出，习近平总书记在党的十九大报告中指出要“支持和规范社会力量兴办教育”，推动民办教育发展进入新时代，迫切需要各方形成合力。民办高校宜从规范方面做实、做到位，突破传统创设和发展模式，充分利用博士、硕士学位点授权审核重启的机遇，转入内涵式发展新阶段。教育部发展规划司民办教育管理处处长顾然强调，在党的十九大支持和规范社会力量兴办教育的要求下，一要抓支持，二要抓规范。支持方面，用好政策、人才和规划3个杠杆，引领民办教育协调发展；规范方面，划好制度、信用、标准和行为四条红线，保证民办教育质量。5省市民办教育负责人针对培训机构存在的突出问题，提出界定培训机构内涵与外延、落实各级管理部门职责、深化联合执法检查、加大宣传力度等策略；针对部门协调困难、政策衔接不足、财政扶持不够、社会投资积极性低等问题，建议设立民办教育专项资金、启动国家税费标准、提高教师队伍质量。宁波大红鹰学院、重庆能源职业学院、信阳学院、重庆工程学院、贵州城市职业学院、重庆师范大学涉外商贸学院、贵州民族大学人文科技学院、重庆公共运输职业学院等民办高校董事长和校长提出，注入政府引导基金，鼓励社会资本进入民办高校；处理好举办者控制权，妥善落实分类管理政策；保护存量资产，按照市场经济法则核算投资回报，对新投资明确教育的公益导向；教师队伍是民办高校内涵发展的瓶颈，要解决部分编制、制定管理制度和完善发展平台；调动骨干教师积极性、体现教育经费投入公平、保障民办教育公益性，要强化政策调控、社会支持和行业自律。北京市海淀区教科院、重庆市教科院民办教育研究中心、大连民族大学经管学院、中国教育学会项目部、好未来教育集团、精锐教育集团的专家和代表认为，我国教育培训行业潜力巨大，快速发展中涌现出诸多隐患，为教育行政部门带来了挑战，需加强“顶层设计”、出台专门法律法规、加强政策法规指导、深化专业研究。

（北京师范大学社科处刘娜供稿）

家庭教育学科建设——大学的责任研讨会　12月3日，首都师范大学家庭教育研究中心第二届学术论坛暨家庭教育学科建设——大学的责任研讨会在京召开。来自全国家庭教育学界的专家学者，北京市基础教育学校的校长、教师和家长代表170余人参加论坛。在闭幕式上，校家庭教育研究中心主任康丽颖教授对论坛进行了总结。她指出，目前我们家庭教育研究存在不少困惑，家庭教育自身在现有教育体系中面临着边缘化危机，家庭教育研究也面临着诸多尴尬，这些都是家庭教育学科建设所面临的挑战。本次论坛更多地展现了希望和可能，大家认同学科建设的重要性和必要性，特别是在多学科学者跨界探讨、观点碰撞的过程中，家庭教育学科建设的方向和路径日渐明朗。本次论坛另一个重要收获是康丽颖会同北师大儿童家庭教育研究中心主任边玉芳教授、北师大教育学部家庭教育研究中心主任陈建翔教授、东北师大家庭教育研究院院长赵刚教授发起了建立“家庭教育学科建设联盟”的倡议，这3所高校的4家研究机构将共同致力家庭教育学科建设、家庭教育专业人才培养、家庭教育课程深度开发、家庭教育学术交流平台的搭建，给家长提供专业化的家庭教育指导服务。

（首都师范大学社科处李葸供稿）

民族学　宗教学

第二届中国现代佛教论坛　6月16—18日，第二届中国现代佛教论坛在中国人民大学逸夫会议中心举行。论坛的主题是“尉迟酣（Holmes Welch）与中国现代佛教史研究”。论坛由中国人民大学佛教与宗教学理论研究所和哲学院主办，中国社会科学院《世界宗教研究》编辑部、中国社会科学院世界宗教研究所佛教研究室、广东东华禅寺协办。

论坛围绕尉迟酣现代佛教“三部曲”以及现当代中国佛教现实展开深入讨论和交流。来自中国人民大学、中国社会科学院、复旦大学、南开大学、香港中文大学、台湾佛光大学、台湾慈济大学、黑龙江省民族研究所等高校和研究机构的专家学者60余人参加。

论坛交流论文11篇，分别是中国人民大学何建明教授的《中国“现代佛教”刍议》、复旦大学刘宇光教授的《中国学界佛教研究的幽灵》、香港中文大学学愚教授的《论近当代中国佛教的复兴》、中国社会科学院周贵华研究员的《现代佛教的一个考察：从杨仁山到印顺》、台湾佛光大学姚玉霜教授的《基督教为用，佛教为体——以基督教为蓝本所发展的人间佛教》、中国人民大学张雪松副教授的《从子院到房头——宋明寺院制度变迁探析》、中国社会科学院世界宗教研究所纪华传研究员的《南京国民政府时期的庙产兴学运动》、台湾慈济大学何日生教授的《佛教利他淑世的圣格思想与体现》、黑龙江省民族研究所王佳副研究员的《视角、史料和方法：Holmes Welch与当代大陆佛教史研究》、南开大学迟帅博士的《民国佛教复兴的关系结构问题分析》、中国人民大学哲学院博士生刘懿凤的《近代江苏寺院传法系统和方丈权威问题略探——以来果振兴扬州高旻寺为例》等。

（中国社会科学院办公厅刘玉杰编辑、供稿）

宗教革新与社会发展国际学术会议 9月5—6日，中国社会科学院学部主席团主办，中国社会科学院世界宗教研究所、北京市基督教“两会”（北京市基督教三自爱国运动委员会、北京市基督教教务委员会）、中国宗教学会联合承办的中国社会科学论坛（2017·宗教学）暨宗教革新与社会发展国际学术会议在北京举行。会议的主题是“宗教革新与社会发展”。

中国宗教学会会长、世界宗教研究所所长卓新平，国家宗教事务局副局长陈宗荣，中国社会科学院学部委员魏道儒，北京市基督教“两会”主席蔡葵，中国伊斯兰教协会副会长穆可发，中国佛教协会副秘书长桑吉扎西，北京市宗教事务局有关负责人等60余位专家学者参加会议。会议的主要议题是“宗教改革的历史回溯与当代启示”“近现代宗教思潮与运动”“三大宗教的中国化”等。中国社会科学院世界宗教研究所党委书记赵文洪主持论坛开幕式。

（中国社会科学院办公厅刘玉杰编辑、供稿）

当前世界民族问题的热点与新趋势学术研讨会 10月21—22日，当前世界民族问题的热点与新趋势学术研讨会在北京举行。来自于国家民委、中国社会科学院、中央民族大学、外交学院、中国国际关系研究院、复旦大学、陕西师范大学、天津师范大学、对外经济贸易大学等高校和科研院所的数十位专家学者参加会议。

研讨会由中国社会科学院民族学与人类学研究所世界民族研究室主办。中国社会科学院民族学与人类学研究所世界民族研究室主任刘泓研究员主持开幕式，中国社会科学院民族学与人类学研究所副所长尹虎彬研究员、中央民族大学中国民族理论与民族政策研究院院长、中国世界民族学会副会长青觉教授以及民族学与人类学研究所世界民族研究室前室主任朱伦教授先后致辞。

会议的主题是“当代世界民族问题的热点与新趋势”，研讨的主要议题有“欧洲民族分离主义新动向”“宗教冲突与恐怖主义”“民族国家治理”“跨界民族与国家安全” “‘一带一路’倡议的国际反响”等。

在大会主旨报告阶段，多位学者围绕“当代世界民族问题的热点与新趋势”这一主题发表了看法，分别是中国社会科学院研究员田德文的《欧洲民族国家的困境》、中央民族大学教授严庆的《冲突与动荡：以人民的名义——一种新的民粹主义对当前世界民族问题的影响》、中国社会科学院研究员姜毅的《欧亚地区跨界民族与地缘政治安全》、中国社会科学院研究员扎洛的《清代中国与哲孟雄的边界——洞朗对峙的历史背景》、中央民族大学教授贾仲益的《跨境民族与国家安全：中国民族政策及其实践的反思》、中国社会科学院研究员孔田平的《非自由民主：匈牙利“试验”及其影响》、中国社会科学院研究员周少青的《共识不足影响当下国际反恐的有效性》、中国社会科学院研究员方素梅的《“一带一路”视野下的中国西藏与尼泊尔》、中央民族大学教授王军的《民主化进程中的世界民族热点问题》、天津师范大学教授常士訚的《中心——边缘结构的报复：欧洲多元文化主义危机的一种解释》、中央民族大学教授祁进玉的《中韩关系及其展望——兼论中国崛起及其对周边关系的影响》、对外经贸大学教授丁隆的《中东剧变以来政治伊斯兰演变与发展趋势》、中国国际关系研究院研究员吴洪英的《一带一路倡议与拉美对接》等。

闭幕式由民族学与人类学研究所副所长尹虎彬研究员主持。

（中国社会科学院办公厅刘玉杰编辑、供稿）

第二届全球史视阈下的宗教文化研究国际学术研讨会 11月7—8日，中国社会科学院世界宗教研究所、中国宗教学会、中国人民大学文艺复兴研究院联合主办，中国社会科学院《世界宗教研究所》编辑部、

Studies in Chinese Religions（英文季刊《中国宗教研究》）、中国人民大学哲学院宗教研究基地联合承办的第二届全球史视阈下的宗教文化研究国际学术研讨会在北京召开。会议的主题是“‘一带一路’与东西方宗教文化交流互鉴”，研讨的主要议题有“佛教及其他宗教物质文化的交流”、“三夷教（琐罗亚斯德教、景教和摩尼教）的传播与影响”、“中国宗教的西渐”、“一带一路”的宗教考古学、图像学研究。30 名海内外学者与会，其中有来自德国、意大利、俄罗斯、法国、日本、英国、美国的 10 名知名学者出席会议。

（中国社会科学院办公厅刘玉杰编辑、供稿）

第三届全国伊斯兰教学术研讨会　11 月 19—21 日，第三届全国伊斯兰教学术研讨会在北京召开。会议的主题是“伊斯兰教与中国文化”。会议由中国社会科学院世界宗教研究所伊斯兰教研究室、中国宗教学会主办，来自全国的 100 多位专家学者出席会议。

会议开幕式由中国社会科学院世界宗教研究所赵文洪书记主持。世界宗教研究所所长卓新平、中国伊斯兰教协会会长杨发明大阿訇、国家宗教事务局业务三司丁克家副司长致开幕辞。许抗生教授、吴云贵研究员、李兴华研究员、张志刚教授发表主旨演讲，题目依次为“老子与孔子”“略议伊斯兰教中国化”“伊斯兰教中国化的几个理论问题”“宗教中国化的学理思考”。

与会代表结合伊斯兰教与中国文化的关系，从以下 7 个方面探讨了伊斯兰教中国化问题：伊斯兰教与中国传统文化、经堂教育的传统与衍新、伊斯兰教与中国社会、回儒会通与汉文译著、中国穆斯林与近代新文化运动、宗教本土化的理论与实践、宗教本土化的国际视野。

会议闭幕式上，会议主办方中国社会科学院世界宗教研究所伊斯兰教研究室主任李林做会议总结，中国宗教学会会长、世界宗教研究所所长卓新平做闭幕致辞。

院民族学所荣誉学部委员孙宏开和研究员徐世璇、黄成龙、王锋等专家学者以及中央民族大学教授戴庆厦、李锦芳出席会议并进行交流。

专家学者们从不同视角对语言传承的理论与实践方法进行探讨，讨论语言传承方面的挑战与解决方案，促进少数民族群体和少数移民群体保持他们自己的母语（遗产语言），为其他国家语言传承与保护提供可借鉴的经验和实施措施。

（中国社会科学院办公厅刘玉杰编辑、供稿）

城市科学

第十一届首都圈发展高层论坛　1 月 13 日，第十一届首都圈发展高层论坛在北京召开，论坛主题为“京津冀协同发展的新机制与新模式”。论坛对探寻京津冀协同发展的新机制与新模式具有重要意义。与会专家指出，构建国际一流的美好生活圈是满足人民日益增长的美好生活需要的客观要求，是有效提升地方品质的重要途径，更是京津冀打造以首都为核心的世界级城市群的关键举措。关于我国新区发展变化问题，专家认为新区发展面临着难以吸引人口、税收结构脆弱、土地低效利用和产业错位等几大障碍。新区可持续发展的关键要素在于产城融合，注重城市产业规划与总体规划并行。此外，还要注意营商环境的改造与完善。本次论坛由首都经济贸易大学主办，首都经济贸易大学科研处、特大城市经济社会发展研究院、北京市经济社会发展政策研究基地、首都经济贸易大学京津冀大数据研究中心联合承办，并得到了北京大学、中国人民大学和河北经贸大学等单位的大力支持。来自京津冀的专家学者及新华社、《中国青年报》等媒体的嘉宾出席了论坛。

（首都经济贸易大学科研处李琳供稿）

学习习近平总书记视察北京工作重要讲话精神专题会　3 月 1 日，北京市社会科学院党组会专题传达学习习总书记视察北京重要讲话精神。会议认为，强化“四个意识”，与以习近平同志为核心的党中央保持高度一致，当前重要的工作就是要认真学习习总书记视察北京重要讲话精神，把习总书记两次视察北京重要讲话精神与全院的科研工作有机结合、融会贯通。在北京城市规划建设方面，要着重学习领会如何坚持首善标准，建设高水平城市副中心：如何把握战略定位，提高城市发展水平；如何疏解北京非首都功能，治理“大城市病”；如何及时回应现实问题，提高民生保障和社会服务水平。在冬奥会方面，要学习领会如何准确把握筹办定位、全面落实办奥理念、科学实施总体规划和加强组织领导等。要把习总书记视察北京重要讲话精神与习总书记在哲学社会科学座谈会上重要讲话精神有机结合，推动北京市社会科学院新型智库建设，更好地为市委市政府服务。通过初步学习，北京市社会科学院党员、干部不仅感受到了习总书记对做好首都工作的高度重视和关怀，也感受到了更大的鞭策和鼓舞。

（北京市社会科学院朱霞辉供稿）

第二届丝绸之路与生态城乡规划学术论坛 3月22—29日，北京交通大学建筑与艺术学院、城市规划设计研究院主办“北京交通大学第二届丝绸之路与生态城乡规划学术论坛”系列活动。本届学术论坛的主题为“面向‘一带一路’国际合作，共建城乡宜居家园”，邀请多位国内外相关领域优秀专家来我校作学术前沿报告，重点研讨“一带一路”相关的绿色交通、绿色生态城乡、生态环境治理、城市时空行为研究等方面先进经验共享与合作平台共建，近600人参加本次论坛。

学术活动期间，中国城市规划设计研究院绿色城市研究所所长董珂做了“绿色生态城乡规划”主题报告，指出生态城乡是当前与未来城乡规划的“必选项”和“必修课”；北京大学城市与环境学院智慧城市研究与规划中心主任柴彦威教授作题为“城市时空行为研究与规划的国际比较”的学术报告，强调城市居民时空行为研究对于落实“以人为本”的新型城镇化与宜人城市建设具有重要意义；美国辛辛那提大学地理信息系统与空间分析联合中心主任王昕晧教授做了“生态智慧与规划前沿走向”的学术报告，从韧性规划、协同规划等方面引介了生态智慧研究前沿发展及其在城市规划中应用；荷兰景观设计专家威比·奎台特教授做了“城市也是景观”的学术报告，强调城市景观是一个综合的环境与文化要素层系统，需要按照景观生态学原理精心规划设计。

（北京交通大学社会科学处李敏供稿）

长城、运河、西山文化带与北京城——第十九次北京学学术年会 近日，由北京学研究基地、首都博物馆联合主办的长城、运河、西山文化带与北京城——第十九次北京学学术年会在京召开。长城是我国历史上的重要军事防御体系，分布在北京北部、西部6区，护佑着北京城的安全。大运河是我国古代重要的漕运通道和经济命脉，流过北京东部、中部、西北部6区，历史上为北京供应着粮食和其他物资。北京西山是北京历史文明的起源地，皇家行宫、园林、寺庙密布，涵盖北京西部6区全部或部分区域。历史上，长城、运河、西山与北京城关系密切，如今的“三个文化”带承载了北京“刚柔并济、山水相依”的自然文化资源和城市发展历史，是北京文化乃至中华文明的精髓和象征。

与会专家就长城、运河、西山文化带的内涵，“三个文化带”建设的现实意义，“三个文化带”与北京城的历史关系和当代关系，“三个文化带”非物质文化遗产的保护与利用等进行研讨并取得成果。

（参见《光明日报》2017年6月14日第9版）

第一届北京城市建设绿色安全生产交流论坛 6月21日，北京城市研究发展促进会主办的第一届北京城市建设绿色安全生产交流论坛在北京举行。论坛由北京城市研究发展促进会和首都经济贸易大学共同主办，北京城建集团、北京建工集团、北京住总集团、中国建筑一局（集团）、北京市政路桥集团等促进会会员单位共同承办。与会专家表示，北京城市副中心建设、雄安新区设立、京津冀协同发展和“一带一路”倡议给建筑业带来了难得的发展机遇。建筑企业要深化改革，转型升级，通过知识管理推动企业的转型升级。住房和城乡建设部原总工程师姚兵、北京城市建设研究发展促进会会长王宝申、中国房地产协会副会长苗乐如、北京市安监局副局长唐明明、北京市住房和城乡建设委员会施工安全处处长凌振军、北京市建设工程质量安全监督总站站长魏吉祥和来自北京城市建设领域的300多名专家学者、企业代表参加论坛。

（首都经济贸易大学科研处李琳供稿）

京津冀协同发展学术论坛 7月18日，中国社会科学院雄安发展研究智库成立暨京津冀协同发展学术论坛在北京召开。

中国社会科学院院长、党组书记王伟光，副院长、党组成员蔡昉，京津冀协同发展智库理事单位代表、天津财经大学校长李维安和中国社会科学院工业经济研究所所长黄群慧分别致辞。王伟光和蔡昉共同为“中国社会科学院雄安发展研究智库”揭牌。

论坛的主题是“新理念引领新发展”，主要议题有“解决北京‘大城市病’”“优化京津冀空间结构”“促进区域协调发展”“创新区域发展路径”“建设非首都功能疏解集中承载地”“打造京津冀区域新兴的增长极”等。

会议由中国社会科学院工业经济研究所、中国社会科学院京津冀协同发展智库和经济管理出版社共同主办。来自中国社会科学院、国家发展和改革委员会、国务院发展研究中心、河北省保定市人大常委会、雄安新区管委会等有关单位的代表百余人参加论坛。

（中国社会科学院办公厅刘玉杰编辑、供稿）

中国城市发展高峰论坛　9月29日，中国城市经济学会、中国社会科学院城市发展与环境研究所与社会科学文献出版社共同在北京发布《城市蓝皮书：中国城市发展报告 No. 10》，并举办中国城市发展高峰论坛。中国城市经济学会副会长、中国社会科学院城市发展与环境研究所所长潘家华在该蓝皮书新闻发布会上做主题报告，中国城市经济学会副秘书长、中国社会科学院城市发展与环境研究所研究员单菁菁做城市发展评价报告。

中国城市发展高峰论坛由潘家华副会长主持，国务院参事、国家能源局原局长徐锭明、国家发改委宏观研究院区域经济所所长肖金成、建设部中国城市规划设计研究院副院长李迅、中国社会科学院城市信息集成与动态模拟实验室主任刘治彦等专家学者出席论坛，并围绕“大国治霾之城市责任”主题进行发言。会议研讨的主要问题有“城市发展评价报告”“雾霾治理”等。与会专家学者50人左右。

（中国社会科学院办公厅刘玉杰编辑、供稿）

超大城市管理研讨会　日前，首都社会经济发展研究所、北京市外国专家局和北京市决策学学会共同主办的“超大城市管理”研讨会在北京举办。

加强城市精细化管理是习近平总书记对首都工作提出的一项重要任务，更是超大城市治理的内在要求。会上，来自海内外的专家学者就超大城市精细化管理展开了热烈研讨。首都社会经济发展研究所副所长、研究员黄江松认为，精细化管理的要求需覆盖城市空间的各个区域，不留死角；需涵盖各类人群，做好“四个服务”。实现精细化管理必须靠人民，人民城市人民管，这里的“人民”是广义的概念，既包括自然人，如“朝阳群众”“西城大妈”，也包括法人，如社区居委会、社区社会组织、物业公司；既包括机器人等虚拟的人，也包括现实的人。来自日本和韩国的专家介绍了东京和首尔城市管理的经验。他们认为，超大城市要扩大交通供给，大力发展轨道交通，东京轨道交通分担率达92%；东京打造“10分钟生活圈”，以步行10分钟距离为半径，设置便民设施，满足市民需求；首尔对影响市容的违规经营行为实行担保金举措，违规经营者缴纳担保金，限定时间内仍未整改，利用担保金强制拆除等措施加强城市管理。

来自北京市各委办局、各区和高等院校、科研院所的相关人士参加了研讨会。

（参见《北京日报》2017年11月20日第2版）

2017年城市国际化论坛　12月23日，首都经济贸易大学、北京市社会科学界联合会等单位联合主办的2017年城市国际化论坛在北京开幕，论坛立足前沿，把握时代脉搏，以“‘一带一路’欧亚合作与发展”为主题，搭建“一带一路”倡议下城市与世界的发展趋势对接的经验分享平台，向世界发展注入强劲的中国信心，贡献中国智慧，推荐中国方案，推动和引领新全球化，共建人类发展的美丽家园。首都经济贸易大学校长付志峰，北京市社会科学界联合会副主席李翠玲，国务院参事、国家住房和城市建设部原副部长、首都经济贸易大学特大城市研究院院长兼首席专家仇保兴分别致辞。仇保兴做“‘一带一路’贫民窟改造之中国机会”的主旨演讲。他指出，通过改造“一带一路”国家贫民窟项目，不但拉动房地产相关领域70多个行业的发展，而且带动高铁、公交、电力、给排水、能源、建材制造行业等“抱团出海”。但也诸如金融支持、炭交易机制、PPP机制、安全保障等问题，需要国内外专家学者共同深入研究和应对。在主题研讨阶段，国务院发展研究中心王宪举、中国社会科学院“一带一路”研究中心执行主任朱晓中、中国现代国际关系研究院丁晓星、首都经济贸易大学特大城市经济社会发展研究院常务副院长段霞分别就“一带一路”建设在欧亚地区的进展和问题、“16+1”是“一带一路”的实验区、中亚与“一带一路”、以主轴经济区域联结“一带一路”进行了主题发言。论坛由首都经济贸易大学、北京市社会科学界联合会、中国城市发展研究会、全国高校国际政治研究会、亚太城市发展研究会联合发起，由首都经济贸易大学科研处、特大城市经济社会发展研究院和国际问题研究所、华语东方城市治理研究中心联合承办，来自8个省市的100余名专家学者、200多名代表参加了论坛。

（首都经济贸易大学科研处李琳供稿）

语言学　文学

《中国文学批评》创刊两周年座谈会　3月27日，中国社会科学杂志社主办的“深化理论与批评，回应当代需求——《中国文学批评》创刊两周年座谈会”在北京举行。来自中国社会科学院、清华大学、中国人民大学、北京师范大学、首都师范大学等科研院所与高校以及新华文摘杂志社、高等学校文科学术文摘杂志社、南京大学中国社会科学研究评价中心、文学报社等机构的20余位专家学者参加会议。会议的主题是“当代中国文学批评中应该关注的重大问题以及《中国文学批评》创刊两周年来的学术影响及办刊特点”。会议的主要观点如下：(1)敢于批评，矫正当下批评风气。与会专家认为，目前国内批评界敢于真正直面问题的作品不多，能够提出中肯、有锋芒批评的批评家非常少，《中国文学批评》应在这方面起引领作用，营造学术争鸣的氛围。中国社会科学院文学研究所研究员白烨、北京师范大学文学院教授张清华、高等学校文科学术文摘杂志社总编辑姚申、中国人民大学文学院教授程光炜、中国社会科学院外国文学研究所所长陈众议分别发言。(2)关注相邻学科，进一步拓展学科边界。中国社会科学院文学研究所党委书记张伯江、清华大学外文系教授王宁分别发言。(3)重视传统，让文学回归生活。北京师范大学文学院教授李春青、中国社会科学院外国文学研究所党委书记党圣元、首都师范大学文学院教授张志忠、中国社会科学院民族文学研究所党委书记朝克分别发言。(4)丰富内容与形式，充分体现作者本位。新华文摘杂志社总编辑喻阳、中国人民大学文学院教授孙郁、中国人民大学文学院教授张永清、南京大学中国社会科学研究评价中心副主任沈固朝、中国社会科学院文学研究所研究员丁国旗、文学报社评论部主任傅小平等先后发言。与会学者表示，将全力支持《中国文学批评》引领学术潮流，加速构建具有国际话语影响力的中国文学批评学派。

（中国社会科学院办公厅刘玉杰编辑、供稿）

利玛窦与跨文化对话学术演讲　4月20日晚，应清华大学人文学院哲学系及道德与宗教研究院的邀请，意大利米兰昂布罗修图书馆副馆长、东方部主任傅马利在新斋324发表题为“利玛窦与跨文化对话”的演讲。哲学系教授王晓朝主持演讲，外文系教授余石屹、哲学系副教授朱东华、中国社科院世界宗教研究所研究员唐晓峰等师生参加了讲座和讨论。傅马利追述了利玛窦的生平以及他来华的时代背景和文化背景，并以两类地图的演变作为案例，阐述了丝路沿线各大文明体的空间意识的演变特点，指出了利玛窦为东西方科技、人文领域的跨文化交流做出了卓越贡献。傅马利通习希伯来语、阿拉伯语、汉语，著有《中国文化笔记》(2014)、《罗马与耶路撒冷》(2010)、《和平进程与信仰之路》(2002)、《米兰昂布罗修图书馆与中西文化交流》(2008)等。傅马利继承昂布罗修图书馆重视东方研究的传统，致力推动东西方文化交流。作为昂布罗修图书馆副馆长，他参与促成了该馆60余件珍贵藏品（包括达·芬奇《大西洋古抄本》手稿真迹）来清华大学艺术博物馆展出。

（清华大学文科建设处刘金梅供稿）

第四届中国葡萄牙语教学国际论坛　7月8日，由中国传媒大学主办、澳门理工学院协办的第四届中国葡萄牙语教学国际论坛在中国传媒大学国际交流中心正式拉开帷幕，来自葡萄牙、巴西、中国澳门及中国内地28所高校70余名葡语教学领域的专家出席此次论坛。胡正荣校长出席论坛开幕式，论坛由外国语学院院长李佐文主持。

论坛的主题为“从亚洲走向世界：全球化时代下的中国葡语教学”。8日下午，3场分论坛分别围绕“课堂话语、跨文化交际、口笔译教学与书面语教学及针对中国学生的语言教学和葡语人才培养国际合作”的主题同时展开。9日上午，会议主题分别为“中国葡萄牙语教学的机遇与挑战”和“构建更有效的葡语课堂”。本次大会旨在立足国际视野，解决葡萄牙语学科发展中的实际问题。大会主题及分论坛主题的设置充分考虑到全球化及“一带一路”大背景下葡语教学界立足中外交流实际需要，力图搭建多个热点问题的讨论平台，加强海外合作，提高课堂教学质量，进一步推动葡萄牙语学科在中国的发展。

（中国传媒大学文科科研处马奇焱供稿）

第三届出土文献与上古汉语研究学术研讨会　8月15—16日，第三届出土文献与上古汉语研究（简帛专题）学术研讨会暨2017中国社会科学院社会科学论坛在北京举行。会议的主题是“简帛文献材料”，研讨的主要议题有“上古汉语研究的新进展”“出土简帛研究”“出土文献与上古汉语研究的相互结合、相互促进”。来自海内外的高等院校、科研出版单位的近 60 名学者参加会议。

会议开幕式由中国社会科学院语言研究所孟蓬生研究员主持，语言研究所所长刘丹青研究员、中华书局赵诚编审、语言研究所董琨研究员等分别致辞。闭幕式由中国社会科学院语言研究所王志平研究员主持，孟蓬生研究员对会议研讨交流情况做了总结，并简要介绍了中国社会科学院特殊学科“简帛语言文字研究”的概况及其研究规划。

会议讨论的热点：一是以出土材料为新线索、新视角来解决传世古书中的疑难词语，或更正前人的误解。二是利用古文字或出土文献来研究上古汉语的语音、语法等问题。三是对简帛文献字词做专门的考释与解读。

安徽大学教授李家浩、复旦大学教授刘钊、清华大学教授李守奎 、华南师范大学教授张玉金、台湾中国文化大学教授季旭昇、吉林大学教授冯胜君、首都师范大学教授黄天树、中山大学教授陈伟武等分别发言。

会议由中国社会科学院主办、中国社会科学院语言研究所及简帛语言文字研究学科（历史语言学研究一室）承办。

（中国社会科学院办公厅刘玉杰编辑、供稿）

首届“一带一路”语言文化高峰论坛　日前，首届“一带一路”语言文化高峰论坛在京举行。此次论坛以“东渐西传、文明互鉴”为主题，包括人文交流、语言互通、文明互鉴、文化传承、非物质文化遗产保护、“一带一路”语言文化青年论坛等分论坛。

教育部有关负责人在论坛上表示，实现“一带一路”合作重点是“五通”，其前提就是语言互通。语言在“一带一路”建设发展中有着基础性作用，要让语言发挥时代作用，不仅要做好语言文化的保护和人才培养，还要推动语言文化的创新。

据悉，来自“一带一路”沿线 64 个国家的代表以及国内外相关领域的专家学者与会，围绕“一带一路”与人文交流、“一带一路”语言规划与语言人才需求等展开探讨。其间，来自中国、美国、埃及、俄罗斯、哥斯达黎加的北京语言大学优秀学生代表各自用本国语言宣读了“‘一带一路’语言文化交流青年倡议”，呼吁世界青年积极行动，加强语言学习，提升语言能力，做“一带一路”“多元文明互鉴的推动者，做语言、文化多样化发展的实践者，做“一带一路”文化交流的服务者。

此次活动由教育部、国家语言文字工作委员会、中国联合国教科文组织全国委员会、孔子学院总部/国家汉办支持，北京语言大学承办。

（参见《光明日报》2017 年 9 月 15 日第 1 版）

第六届中国古文书学国际研讨会　日前，为交流总结近年来出土文书、传世文书整理研究新成果，推动“中国古文书学”研究的深入发展，2017 年中国社会科学论坛（史学）暨第六届中国古文书学国际研讨会在京举行。本次会议由中国社会科学院学部主席团主办，中国社会科学院历史研究所承办，中国社会科学院简帛研究中心、敦煌学研究中心、徽学研究中心以及国家社科基金重大项目“中国古文书学研究”课题组协办。来自国内各科研单位以及日本、韩国等国的专家学者，从各自研究领域出发，探讨了古文书的整理规范与研究方法，研讨的内容不仅涉及甲骨文、敦煌吐鲁番文书、秦汉简牍、黑水城文书、民间契约文书、纸背公文等中国古代社会不同历史时期形态各异的文书，也涉及韩国文书和日本文书。

故宫研究院文献研究所研究员王素介绍了故宫博物院收藏的殷墟甲骨文的图文整理规范构想。他提出，在整理这批殷商官文书时，除了坚持对保存原貌有利、对反映内容有利、对读者使用有利的出土文献整理宏观 3 原则外，还要尽量提供只有整理者才知道的原物的信息，尽量处理好细节问题，形成自己的特色。中国社会科学院历史研究所研究员黄正建通过阐述敦煌、吐鲁番契约文书中签署形式的变化，指出从“署名”到“画指”到“押字”，敦煌、吐鲁番契约文书为我们展现了近五百年间契约格式的变化。由此可以看出，古文书学与写本文献学等古文献学的重要区别：一是不研究古本典籍；二是重视文书的物质形态以及书式，包括纸张、字体、署名、印章、画押、格式等，而后一点是古文书学区别于其他相关学科的重要特征。北京大学中国古代史研究中心教授荣新江根据现存敦煌、吐鲁番文书原件特别是自己整理或观察敦煌、吐鲁番文书原物的体会，介绍了官文书的书写用字、押署、用印、抄目、时限，以及不同事态下的书写等基本情况，提出要从纸张、书法等新的角度重新认识古文书的史料价值。

日本国立东京大学文学部教授大津透以日本和唐代古文书学比较为视角，论述了日本古代文书在官署中的具体处理方式、它与唐代文书处理方式（三判制）的异同以及对日本历史文化的影响，等等。韩国国立安东大学史学科教授郑震英通过论述16—19世纪韩国“简札”的存在形态与内容，对古文书和文集中的“书”进行了比较探讨。他指出韩国古代简札的数量极其丰富，但古文书形态的简札在被收录于文集时，其中所包含的多样、具体的内容往往被排除在外。因此，探寻简札的史料价值，应该从古文书的角度而不是文集的角度出发。

此外，与会学者还就如何推动中国古文书学的建立和发展进行了探讨。中国社会科学院历史研究所研究员阿风从“文书与正史”“契约与明清社会史研究”“古文书学学科建立”等角度论述了文书对历史研究的意义。他认为，近代以来中国古代史研究的创新与文书史料的发现有着密切的关系，包括甲骨文、简牍、敦煌文书、明清档案，每一次重大的发现都曾极大地推动了相关研究的进步。其中的大量公私文书一方面充实并修正了正史的记载，另一方面为认识正史以外的古代社会提供了大量的第一手资料。在这些文书的数量足够多、研究足够丰富、积累足够厚重、交流足够频繁的情况下，“中国古文书学”必将取得进一步的发展。

（参见《光明日报》2017年10月23日第15版）

中俄文学对话会（2017） 11月2—3日，中国社会科学院文学研究所世界华文文学研究中心、鲁迅文化基金会联合主办的中俄文学对话会（2017）在北京举行。列夫·托尔斯泰的玄孙、俄罗斯总统顾问委员会顾问弗拉基米尔·托尔斯泰，鲁迅长孙、鲁迅文化基金会会长周令飞，中国社会科学院文学研究所所长刘跃进出席开幕式并致辞。来自中俄两国研究机构、文博机构和在京高校的古典文学研究、现当代文学研究、比较文学研究界近20位学者，以及作家、汉学家参加会议。

会议的主题是“中俄文学交流、对话”。研讨的主要问题有“中俄古典文学、现代文学、当代文学及比较文学学术研讨”“中俄文学相互借鉴与影响”“中俄两国文学的特色及交流历史”“近40年中俄优秀文学作品互荐”。

以中国文学在俄罗斯、俄罗斯文学在中国、中俄文学的相互借鉴与影响为主题，探讨中俄两国文学各自的特色以及相互交流的历史。中方学者的报告内容为：（中国社科院文学所）刘宁《文学交流视野下李白诗歌的浪漫主义解读》；（中国社科院文学所）施爱东《孟姜女故事的稳定性与自由度》；（中国社科院外文所）吴晓都《比较语境中高尔基文学人学文学观》；（中国社科院文学所）董炳月《鲁迅留日时代的俄国投影——思想与文学观念的形成轨迹》；（上海交通大学）王锡荣《鲁迅心目中的苏联》；（中国社科院外文所）侯玮红《当代俄罗斯文学概况及其在中国的研究概况》；（北京外国语大学）王立业《论巴金与屠格涅夫文学关系的对称性》；（中国社科院文学所）李建军《俄罗斯文学的文化教养与精神品质》；（中国社科院文学所）刘平《以“戏剧”架起中俄友谊的“桥梁”——中俄戏剧交流及其相互影响》。俄方学者的报告内容为：（托尔斯泰国家庄园博物馆国际学术委员会主席）佳丽·阿莱克斯娃《托尔斯泰视野中的中国先哲：以托尔斯泰的私人藏书为例》；（莫斯科大学）安德烈·托尔斯泰《托尔斯泰与体育》；（托尔斯泰国家庄园博物馆馆长）叶卡捷琳娜·托尔斯塔娅《亚斯纳亚·波利亚纳托尔斯泰庄园博物馆与中国：往昔、现状与发展前景》；（俄罗斯莫斯科托尔斯泰纪念馆馆长）谢尔盖·阿克安格洛夫《莫斯科列夫·托尔斯泰博物馆》；（俄罗斯国立人文大学）尤里·伊里亚欣《俄罗斯出版哪些中国作家作品？如何将其更便捷迅速地传达给俄罗斯读者?》

中国社会科学院文学研究所党委书记、副所长张伯江研究员致闭幕词。

（中国社会科学院办公厅刘玉杰编辑、供稿）

北京大学第一届古典学国际研讨会 11月18—19日，北京大学人文学部主办、中国语言文学系承办的“北京大学第一届古典学国际研讨会——中国古代语言、文学和文献研究的古典学视野”在北京大学举行。来自中国、英国、意大利、日本等国家和地区的100余位专家学者齐聚人文学苑1号楼，参加研讨会开幕式。北京大学副校长王博、人文学部主任申丹、中国语言文学系主任陈晓明分别为开幕式致辞。与会专家学者就“基于中国出土文献和传世文献的语言文字研究”“中国古代文学作品的结集与文本经典化过程研究”“中国传统经典文献的形成、诠释、衍生研究”“中国古代历史、考古、哲学、艺术等学科与中国古典学之关系的思考”“中国古典学学科建设及与西方古典学之比较研究”五大议题进行了集中探讨。

（北京大学社科处供稿）

“一带一路”非通用语翻译培养研讨会　11月29日，中国外文局教育培训中心、中国翻译研究院人才发展研究中心主办的“一带一路”非通用语种翻译人才培养研讨会在京召开。

据介绍，研讨会致力搭建“一带一路”非通用语种人才培养交流合作平台，促进国内外政产各方面沟通对接，推进“一带一路”非通用语种翻译人才培养模式和工作机制创新，增强人才培养实效，推进非通用语种翻译人才队伍建设，为“一带一路”提供坚实人才保障和智力支持。

来自爱沙尼亚、捷克、拉脱维亚、罗马尼亚、巴基斯坦等国家的翻译专家学者，与中国外交部、外文局、中国国际广播电台、新疆翻译协会以及北京外国语大学等高校的30余位翻译专家学者参加了研讨。

（参见《人民日报·海外版》2017年11月30日第2版）

民族语文应用首届学术研讨会　12月9—10日，中国民族语言学会民族语文应用专业委员会首届学术研讨会在中国社会科学院民族学与人类学研究所举办。会议由中国民族语言学会民族语文应用专业委员会主办，中国社会科学院民族学与人类学研究所民族语言应用研究室承办。语言中心理事长尹虎彬，主任李云兵，副主任王锋、蓝庆元、曹道巴特尔，秘书长黄成龙以及一批中青年学者参加了会议并做了学术报告。来自中国社会科学院、中央民族大学、北京大学、清华大学、北京语言大学、南开大学、暨南大学、西北民族大学、内蒙古大学、新疆师范大学、上海师范大学、上海教育科学研究院等35个高校和科研院所，以及中国民族语文翻译中心（翻译局）、云南省民语委等民族语文工作机构的90位专家学者出席会议并进行了学术研讨。

会议的论文，涵盖了语言文字“三化”（规范化、标准化和信息化）、民族文字文献及拼音方案、新创文字使用和发展、语言国情和语言生活、语言规划和语言政策、语言资源、语言保护与语言能力建设、语言教学、语言翻译、语言服务等研究方向。

会议在以下多个方面达成了学术共识：第一，讨论并深化了对民族语文应用研究必要性的认识，呼吁引导学术导向转变，加强民族语文应用研究，并倡导历史眼光和世界眼光，努力提升应用研究的理论性和学术性。第二，大力开展语言国情研究。第三，民族语文应用要凸显基于新技术、面向新需求的研究导向。第四，聚焦民族文字的现实需求问题。民族语言文化的信息化传承和传播，核心是文字问题。第五，科学保护各民族语言文字的理论思考。

（中国社会科学院办公厅刘玉杰编辑、供稿）

中国突厥语研究会第十三届年会　12月25—26日，中国突厥语研究会主办、北京外国语大学亚非学院承办的中国突厥语研究会第十三届年会在北京举行。

年会结合突厥语族语言“一带一路”沿线分布特征，以“突厥语族语言研究与‘一带一路’国家语言状况”为讨论主题。来自中国社会科学院民族学与人类学研究所、北京外国语大学、中央民族大学、中国民族语言翻译局、民族出版社、西北民族大学、天津外国语大学、新疆社会科学院语言所、新疆师范大学等单位的40多位专家学者参加会议。

中国突厥语学会会长黄行研究员主持开幕式，北京外国语大学副校长贾文键教授、中国民族语言翻译局局长阿力木·沙比提、民族出版社原副总编艾尔肯·哈德尔、中央民族大学突厥语学专家胡振华教授等大会致辞。

与会学者围绕现代和古代突厥语言的词汇、语音、形态、语用、语法化和翻译、方言、语言文化、语言政策以及“一带一路”语种建设等主题进行了充分交流，共同分享了学界在中国突厥语族语言研究方面的最新成果。

（中国社会科学院办公厅刘玉杰编辑、供稿）

文化　艺术（含民俗）

故宫博物院的表情讲座　2月12日，故宫博物院的学术报告厅举办“故宫讲坛”第一百讲——故宫博物院的表情讲座。

2012年9月8日，故宫博物院面向社会公众推出了品牌公益性系列讲座活动“故宫讲坛”。截至2月12日，在过去的4年多时间里，“故宫讲坛”累计举办讲座100场，惠及公众近万人次，共有68名专家学者登上“故宫讲坛”。他们通过“故宫讲坛”，与公众面对面交流，全面系统地介绍故宫丰富的文化资源，分享工作经验与研究成果。

“故宫讲坛”第一百讲由故宫博物院院长单霁翔做《故宫博物院的表情》主题讲座。他以故宫博物院应有的诚心、清心、安心、匠心、称心、开心、舒心、热心等8个“表情”为线索，结合数百张照片及翔实的数据，向听众介绍了故宫博物院为了让更多的文化资源走进人们的现实生活而做出的各种努力。当他说到故宫的开放面积在2025年将达到85.02%时，听众报以长时间的掌声。

“故宫讲坛”正以最故宫、最学术、最亲民的方式、吸引更多公众的目光，让他们徜徉在故宫的文化殿堂，感悟故宫文化的魅力、学术的神圣和故宫人的敬业。据了解，从第一百讲开始，讲座的举办地点将改在故宫博物院院内。

（参见《光明日报》2017年2月13日第9版）

“一带一路”国际文化论坛 日前，中国国际教育电视台携手中国亚洲经济发展协会“一带一路”经济文化交流委员会、中国工艺美术（集团）公司、国宝文投集团共同举办“一带一路”国际文化论坛，有关国家驻华使节和贸易代表、中方相关主管部门负责人、理论工作者和企业家代表、媒体人士等共200多人参会。

本次论坛的主题为“让世界非遗文化活起来”，旨在以中华传统文化为载体，搭建交流平台，弘扬中国精神，传播中国价值，讲好中国故事，彰显中国风采，助力“一带一路”建设。

［参见《人民日报》（海外版）2017年2月20日第2版］

中英文化遗产高层论坛 2月28日，由国家文物局支持，北京大学考古文博学院和英国文化教育协会、英国大使馆文化教育处主办，首都师范大学历史学院协办的中英文化遗产高层论坛在北京大学考古文博学院举行，会议邀请了英格兰遗产委员会高级国际事务顾问 Alexandra Warr、牛津保护信托董事 Debbie Dance、哈德良长城世界遗产主席 Humphrey Welfare、英国文物修护学会首席执行官 Alison Richmond、世界遗产巴斯市总监世界遗产组织（英国）副主席 Tony Crouch，中国文物保护基金会励小捷理事长、中国文化遗产研究院柴晓明院长、故宫博物院冯乃恩副院长、清华大学建筑学院吕舟教授，以及北京大学考古文博学院孙华教授等10位代表做了主旨发言，分享了中英双方在文化遗产领域的保护与实践理论，以及故宫、西南侗族村落、英国巴斯、牛津老城和长城等文化遗产保护工作的实例，其中在长城保护工作方面，中（长城）英（哈德良长城）分别分享了各自的工作和经验。主旨发言结束后，中英双方进行了圆桌讨论，来自中国文化遗产研究院、城市规划设计研究院、各省文物考古研究所、高校和民间非营利性组织的代表介绍了各自单位在文化遗产保护领域所做的工作和经验，就文化遗产保护技术、理念和方法等方面和英方进行了讨论交流。

（北京大学社科处供稿）

设计形态学研讨会 3月13日下午，清华大学美术学院微沙龙——设计形态学研讨会在美术学院基础教研室举办。美术学院基础教研室主任邱松、支部书记金剑平，工业设计系副教授唐林涛，北京信息科技大学原工业设计系主任高炳学，《装饰》杂志编辑王小茉以及美术学院各系博士研究生、硕士研究生共20余人参加交流活动。活动由基础教研室主任邱松主持，他首先介绍了举办本次学术研讨会的流程和初衷，希望通过来自不同专业背景和研究方向的师生们探讨，能够为设计形态学学科建设，特别是知识结构的搭建，以及跨学科研究提供一些建设性意见和新思路。美术学院博士生岳非通过自己的读书研究报告，介绍了设计形态学的研究背景与基本思路，并提出关于设计形态学的定义和新思维的等问题。随后，邱松提出关于本次沙龙研讨的主要问题：如何认识和理解学科的边界与核心理念？“形态”既是设计形态学研究主体，也是其他学科的研究内容，那么，设计形态学的研究内容如何界定？如何建构设计形态学的知识体系？其最终目标是什么？与哪些学科更紧密等，与会人员针对这些问题展开讨论。

（清华大学文科建设处刘金梅供稿）

中华优秀传统文化传承发展工作座谈会 3月17日，中华优秀传统文化传承发展工作座谈会在京召开。文化部党组成员、副部长董伟，住房和城乡建设部副部长黄艳，光明日报社总编辑杜飞进，山东省委常委、宣传部长孙守刚，福建省委常委、宣传部长高翔，中央文史研究馆馆长、“中华传统文化百部经典”主编袁行霈，北京市教育委员会主任刘宇辉，中央电视台主持人董卿等作为代表分别发言。他们在发言中介绍了各自部门、各自单位、各自领域传承发展中华优秀传统文化的经验做法，也对今后的工作提出了意见和建议。

（参见《光明日报》2017年3月20日第11版）

中国中产型生活方式与设计研究论坛　4月28日，清华大学艺术与科学研究中心设计管理研究所主办的“洞见2017——中国中产型生活方式与设计研究论坛”在清华大学美术学院举办。会议由美术学院教授、艺术与科学研究中心设计管理研究所所长蔡军主持，参加研讨会的演讲嘉宾有日本株式会社贞雄代表土谷贞雄、上海交通大学生活方式与CMF趋势研究所教授傅炯、韩国首尔大学设计研究中心（KFDRI）李舜锺、飞利浦照明亚太区高级设计总监李昆鸿、美国Continuum大中华区市场总监金丽雯、铂诺理财联合创始人兼创新工场设计顾问吴卓浩、“日用之道”创始人及品牌合伙人高一强、C3 STRATEGY战略咨询机构联合创始人饶永刚、态客民宿实验室创始人兼CEO吴伟等。超过220名来自高校、企业界的专家、学者及设计师参与了论坛。本研讨会聚集国内外产学研专业人士从社会趋势、设计创新、商业模式、生活方式演变等多个层面，以设计研究为主线，探讨中产型生活方式、价值理念、消费行为和未来发展趋势。涉及生活形态研究、生活美学趋势、设计风格、产品设计、服务设计、商业模式等多个领域。通过分析当下中国中产型生活方式及未来的设计趋势和价值，为设计界和产业界提供一个面向未来市场的窗口。9位来自学术界和产业界的演讲嘉宾发表了演讲。本次研讨会首次发布了由清华大学艺术与科学研究中心设计管理研究所撰写的《洞见2017——中国中产型生活方式研究报告》，从设计研究角度对中国中产型生活方式做出综合描述，对中国消费升级趋势下的产品创新与企业转型提供全新的视角与解读方式。

（清华大学文科建设处刘金梅供稿）

“四书五经”推广出版座谈会　5月20日，中国传统文化促进会主办、非凡巨匠（福建）传媒有限公司承办的“传承中华文脉　构建书香社会”“四书五经”推广出版座谈会在北京召开。线装书局社长兼总编辑王利民、中国人民大学国学院教授韩星等专家学者60多人出席座谈会。

“四书”是指《论语》《孟子》《大学》《中庸》，“五经”是指《诗经》《尚书》《礼记》《周易》《春秋》。据介绍，由中国传统文化促进会牵头编纂的国学传承新版“四书五经”，将由线装书局出版后向全社会和海外推广。与会专家指出，学习推广“四书五经”，就是要推崇重民本、守诚信、求大同等核心思想理念，弘扬天下兴亡、匹夫有责的担当意识，精忠报国、振兴中华的爱国情怀，崇德向善、见贤思齐的社会风尚，以及自强不息、敬业乐群、扶危济困、见义勇为、孝老爱亲等中华传统美德。

（参见《光明日报》2017年5月22日第9版）

漆器与陶瓷修复技术国际学术研讨会　5月21日，漆器与陶瓷修复技术国际学术研讨会在清华大学美术学院召开，与会嘉宾90余人，校内外听众200余人。研讨会由传统工艺与材料研究文化部重点实验室主办，美术学院艺术史论系、工艺美术系、陶瓷艺术设计系协办，并得到故宫博物院、北京大学考古文博学院等单位大力支持。美术学院副院长张敢和重点实验室学术委员会主任尚刚在开幕式上致辞，表达了对海内外专家学者的热烈欢迎及对中国文物修复事业的美好祝愿。主持人陈岸瑛介绍说，这是实验室获批成立以来的首个对外活动，目的是聚集专家、达成共识，为实验室未来发展奠定基础。美术学院陶瓷艺术设计系主任白明担任研讨会上半场学术主持，来自韩国东方文化大学的权纯燮为在座专家学者及非遗学员介绍了古代佛像复原方面的研究成果；荆州文物保护中心方北松介绍了出土饱水竹木漆器的保护与修复；日本东京艺术大学岛田文雄展示了他在传统陶瓷复原方面所做的研究；北京工业大学钟声探讨了陶瓷修复对于艺术创作的意义；北京大学温建华对修复材料、修复观念进行了概括总结；扬州博物馆王冰介绍了他对出土汉代漆器的变色现象与成因的研究。研讨会下半场由美术学院工艺美术系副主任关东海担任学术主持，材料学院研究员、重点实验室副主任杨金龙介绍了通过显微结构分析区分古陶瓷与仿古陶瓷的方法；故宫博物院闵俊嵘阐述了对古代漆器修复理念的思考；故宫博物院纪东歌清代宫廷瓷器修补的不同情况进行了分类说明；北京城市学院李冰介绍了热释光测年在古陶瓷断代方面的应用；福州漆器行业协会陈天[illegible]介绍了他在古漆器修复方面的成果；美术学院周剑石介绍了他在漆器修复和复原方面所做的尝试，以及日本在这方面的经验。随后，在美术学院举行了专家座谈会，章星、杨佩璋、刘润福担任主持。大家围绕陶瓷、漆器修复人才培养机制展开讨论，并对如何借助重点实验室平台展开未来合作提出建议。

（清华大学文科建设处刘金梅供稿）

北京的胡同四合院文化讲座　6月7日，北京市档案局（馆）王兰顺同志应邀在市委办公楼第三会议厅做北京的胡同四合院文化讲座。此次讲座是市委办公厅迎接本届国际档案日活动的重要内容。王兰顺从北京所具有的“首都风范、古都风韵、时代风貌”出发，以馆藏档案史料为依托，以北京城的变迁为铺垫，从形成北京城市肌理的胡同，延伸到组成胡同的传统院落；从历史变迁到人文典故，深入浅出、较为全面地介绍了北京的胡同四合院文化，同时阐述了北京在发展过程中保护古都风貌的意义，以及档案在“保存城市记忆，服务科学发展”中所起到的重要作用。历时两个小时的讲座，内容丰富，又兼具普及性和趣味性，不仅让大家感受到北京城市、胡同、四合院的独特魅力和百姓的生活状态，也让大家了解到档案工作的重要性。这是局（馆）档案文化讲座首次走进市委机关，来自市委机关工委、市委宣传部、市委统战部、市政法委、市教工委、市委研究室等市属委办局的110余名干部到场聆听。

（北京市档案局科教处胡晓燕供稿）

第二届中国四库学高层论坛　6月17日，第二届中国四库学高层论坛开幕式在首都师范大学学术报告厅举行。论坛由首都师范大学主办，校四库学研究中心承办，湖南大学岳麓书院中国四库学研究中心、中国社会科学院历史研究所清史研究室协办。本次高层论坛意在为《四库全书》申请世界记忆遗产，推动《四库全书》传播。中共中央政治局原委员、全国人大常委会原副委员长李铁映先生出席论坛并发表主旨讲话。来自北京大学、清华大学、人民大学、北京师范大学、南京大学、台湾大学、辅仁大学、中国社会科学院、中国艺术研究院、故宫博物院、中国国家图书馆、沈阳故宫博物院、浙江省图书馆、甘肃省图书馆等单位共计130多位专家学者参加了此次论坛。论坛开幕式由学校党委书记郑萼主持。专家学者分5组分别就世界记忆遗产与《四库全书》、全球化视野下的《四库全书》及其研究、“四库学”专学专题、《四库全书》的整理与传播、《四库全书》与文化传承5个专题进行学术研讨。

首都师范大学中国四库学研究中心在本届论坛期间正式成立。

（首都师范大学社科处李蒽供稿）

第一届现代服务业创新国际论坛　6月21日，清华大学美术学院与国际服务设计联盟（北京）联合主办的第一届现代服务业创新国际论坛在清华大学美术学院举行。本次论坛的主题为“服务设计与共享经济”，近300位国内知名企业代表、专家学者、行业相关人士参与本次论坛。美术学院院长鲁晓波、北京市人大常委、民盟市委专职副主委宋慰祖、美术学院设计管理研究所所长蔡军教授、工业设计系主任赵超出席并致辞。国际服务设计联盟主席博瑞特-马格、腾讯用户研究与体验设计部总经理陈妍、零点有数科技公司CEO张军、阿里巴巴国际UED总监范荣强分别在会上发表主题演讲。继2016年深圳前海服务设计国际论坛之后，本次论坛呈现了国内知名企业应用服务设计在创新层面做出的实践和成果。在基于互联网技术的中国先导型现代服务企业中，服务设计已经展现出强大的力量。服务设计在国际上被称为创新中的“顶层设计”，在策略层面有效策划和组织各种相关因素，提出全局性解决方案，对公共服务和企业转型进行有效的提升和创新。

（清华大学文科建设处刘金梅供稿）

市政协举办首场“文化讲堂”　6月26日，市政协首场“文化讲堂”活动在首都博物馆举行，市政协主席吉林参加。

“文化讲堂”是市政协新搭建的学习平台，首场活动以“弘扬中华文化，增强文化自信”为主题。活动中，首都博物馆藏品部负责人作专题讲座，系统介绍文物展览事业发展历程，介绍我国文物考古工作取得的重要成果，委员们参观了“美·好·中华——近二十年考古成果展”。

吉林指出，“文化讲堂”把履职与学习紧密结合起来，让委员在履职中学习，在学习中履职，促进了学习与履职相互促进、相得益彰。“四个自信”中文化自信是更基础、更广泛、更深厚的自信。北京是世界著名古都，丰富的历史文化遗产是一张金名片。习近平总书记两次视察北京，对保护历史文化都提出了明确要求。市政协要进一步增强责任感和紧迫感，扎实深入履职，为传承保护好历史文化遗产、为全国文化中心建设建言献策。

市政协副主席李士祥、闫仲秋、李长友，秘书长周毓秋参加活动。

（参见《北京日报》2017年6月27日第4版）

2017网络文化前沿学术研讨会　7月16日，中国社会科学网主办的“繁荣网络文化，建设精神家园——2017网络文化前沿学术研讨会”在北京举行。

中国文化网络传播研究会副会长、秘书长金海峰，中国人民大学文化创意产业研究所所长、教授金元浦，中国社会科学院信息化研究中心秘书长、研究员姜奇平，中国艺术研究院当代文艺批评中心主任、研究员孙佳山，清华大学国家文化产业研究中心副主任张铮等专家学者出席会议并做主题发言，会议由中国社会科学杂志社副总编辑、中国社会科学网总编辑罗文东研究员主持。

会议研讨的主要议题有“当前网络文化热点与前沿”“马克思主义指导下的网络文化内容建设”“网络强国战略与中国文化网络传播”“中国网络文化学术研究及创新发展”“互联网文化中的伦理问题”“网络空间多元治理格局的构建”“网络文化的中国路线与中国优势”“互联网智能化发展”“网络文艺的海外传播”“网络文化与网络技术”“网络文化学术研究”等。

专家们建议，要繁荣网络文化，构建网上精神家园，一是要注重以先进的网络伦理引导网络文化生态，二是要注重研究和发挥中国传统文化的优势，三是要进一步加强网络文化的学术研究。

出席会议的还有中国人民大学新闻学院教授匡文波，浙江大学传媒与设计学院原院长、教授李文明，北京邮电大学人文学院副院长王文宏等来自国内各科研单位、高校的专家学者。

（中国社会科学院办公厅刘玉杰编辑、供稿）

2017北京国际出版论坛　8月22日，以“‘一带一路’倡议与国际出版合作”为主题的2017北京国际出版论坛在京举办。国家新闻出版广电总局副局长吴尚之表示，近年来，中国与“一带一路”沿线各国出版交流合作取得丰硕成果，特别是自2014年以来，中国与沿线国家版权贸易量保持高速增长，年均增幅约20%。

吴尚之说，中国已与“一带一路”沿线29个国家和地区签订了政府间互译协议。据初步统计，2016年中国与“一带一路”沿线各国版权贸易总量近5000种，比2014年增加2300种；同时在与东南亚、南亚国家保持版权贸易密切往来基础上，与阿拉伯、中东欧国家版贸数量规模、内容质量不断提升。

吴尚之提出，近年来，中国与“一带一路”沿线国家出版机构联合开发选题、合作翻译出版图书，逐渐成为新趋势，成为继版权贸易之后推动出版交流的主渠道。目前，中国实施的经典中国国际出版工程、丝路书香工程等项目，向“一带一路”沿线各国出版机构开放，吸纳50多家出版机构主动与中国出版机构合作翻译出版图书300多种。同时，中国图书“走出去”基础书目库首批入库图书200种，通过集中推介，引起“一带一路”沿线国家出版机构浓厚兴趣。

中宣部副部长、国务院新闻办公室副主任崔玉英在致辞中，就助力“一带一路”建设提出3点希望，即出版业应肩负起推动文明互鉴、增进民心相通的重要使命；出版业应加快互联互通，促进产业发展；出版业应立足互利互赢，扩大务实合作。

作为北京国际图书博览会的“重头戏”，北京国际出版论坛从2004年创办以来，已成功举办13届，成为我国对外介绍中国出版业发展及政策走向、中外出版人开展对话交流的重要平台。2017北京国际出版论坛由国家新闻出版广电总局、国务院新闻办公室、中国民主促进会中央委员会共同主办，中国图书进出口（集团）总公司承办。

（参见《光明日报》2017年8月23日第1版）

中华文化与“一国两制”学术对话论坛　9月16日，中华文化与“一国两制”学术对话论坛在中华文化学院（中央社会主义学院）举行，14位专家学者围绕如何增进中华文化认同等话题展开对话。

本次论坛旨在从凝聚中华文化认同的角度，探讨“一国两制”下需要共同坚持的“同”和可以包容的“异”，共议中华民族复兴之道，推动海内外中华儿女基本政治文化共识的形成。论坛分“中华文化与两岸命运共同体”和“中华文化与港澳国家民族认同的建构”上、下两个专场。

此次论坛是为纪念中华文化学院成立20周年举办的系列论坛之一。

（参见《人民日报》2017年9月17日第4版）

大运河文化带研讨会　9月17日，大运河文化带研讨会在中国传媒大学图书馆圆形报告厅召开。研讨会由文化部文化产业司、北京市委宣传部、北京市国有文化资产监督管理办公室指导，北京市文化创意产业促进中心和中国传媒大学文化发展研究院共同主办。论坛基于大运河文化带沿线城市文化发展现状研究报告，就大运河文化带的文化遗产保护、总体规划编制、沿线统筹协调、管理体制创新等论题进行了深入研讨。

2014年至今，中国传媒大学文化发展研究院在范周院长带领下多次组织课题组对大运河沿线8个省市文化状况进行实地考察和跟踪研究，取得了丰硕的成果。中国传媒大学文化发展研究院成为中国大运河文化带研究领域的先行者。本次大运河文化带研讨会根据习近平关于大运河文化带建设的重要指示精神，对大运河文化带的历史意义和战略使命，大运河文化遗产的保护利用与开发以及大运河文化带的协同发展机制与政策等问题进行了深入研讨。研讨会提出必须深刻认识大运河文化带的国家战略意义，促进大运河文化带协作平台建设，推动大运河文化带规划编制出台，助力北京市全国文化中心建设。

（中国传媒大学文科科研处马奇炎供稿）

世界古代文明保护论坛 9月20—21日，以“推动各国文化遗产保护传承工作及古代文明的国际交流与合作”为主旨的世界古代文明保护论坛，在北京故宫博物院举行。

论坛邀请到阿富汗、玻利维亚、柬埔寨、中国、埃及、埃塞俄比亚、希腊、印度、伊朗、伊拉克、以色列、意大利、黎巴嫩、墨西哥、巴基斯坦、秘鲁、斯里兰卡、苏丹、叙利亚、突尼斯、土耳其共21个国家的文化与外交官员、博物馆馆长、考古学家、历史学者，以及联合国教科文组织世界遗产委员会、国际古迹遗址理事会、国际博物馆协会等相关国际组织代表出席。

为期两天的论坛期间，与会者围绕“世界古代文明保护”这一主题，就“古代文明遗产的传承”“古代文明遗产的当代价值”“古代文明的考古学观察与丝路考古”等议题展开讨论，通过论坛大会、分场论坛、紫禁城夜话等交流互动，加深了对世界多元文明的认识，了解了各国乃至国际在古代文明保护传承过程中所面临的挑战和所付出的不懈努力，并就在当今国际形势下推动各国文化遗产保护传承工作，以及古代文明的国际交流与合作达成新的共识。

（参见《光明日报》2017年9月22日第9版）

方志文化国际学术研讨会 9月19—21日，中国地方志指导小组办公室主办的方志文化国际学术研讨会在北京举行。本次研讨会主题为“走向世界的中国方志文化”，来自中国（含港澳台地区）、美国、德国、日本、越南等国家和地区的代表共计150多人与会。

据了解，近年来中国方志文化在根植本土的同时，也注重引进来与走出去，加强互通有无。与会嘉宾认为，国外一些学术机构收藏了大量的中国地方志，因此很有必要加强与海内外科研机构、高等院校的交流合作，共同推动方志文化以其独特的载体形式和丰富的人文内涵走向世界。

［参见《人民日报》（海外版）2017年9月21日第2版］

博物馆与博物馆学——新时代博物馆定义的再思考国际研讨会 10月9—10日，北京大学考古文博学院和中国考古学研究中心主办、国际博物馆协会博物馆学专业委员会（ICOFOM）亚太分会协办的博物馆与博物馆学——新时代博物馆定义的再思考国际研讨会在北京大学考古文博学院召开。开幕式由北京大学考古文博学院文化遗产系主任张剑葳主持，北京大学副校长王博、ICOFOM亚太分会理事长陈国宁女士、中国博物馆协会秘书长安来顺和北京大学考古文博学院院长杭侃致辞，多位中外著名博物馆学家和博物馆馆长一同出席了开幕式。从9日上午到10日上午，研讨会产生3个分议题，与会嘉宾分别从博物馆定义的理论层面、博物馆与非物质文化遗产和博物馆未来发展的角度，对博物馆定义展开了讨论。ICOFOM现任主席弗朗索瓦·迈赫斯先生、ICOFOM亚太分会理事长陈国宁女士、北京大学宋向光教授、复旦大学陆建松教授、浙江大学严建强教授、北京市文物局祁庆国先生、首都博物馆白杰书记、广东省博物馆魏峻馆长以及来自ICOFOM的各位专家学者依次进行主题发言。博物馆非营利、博物馆教育、博物馆数字化、“类博物馆”场所等问题也成为了会议讨论的热点。

（北京大学社科处供稿）

第三届艺术市场·北京论坛 10月15日，首都师范大学主办，校美术学院和文化研究院承办，艺术市场杂志社、中国拍卖行业协会艺委会、在艺APP协办的第三届艺术市场·北京论坛在京召开。论坛的主题为“寻变而发的中国艺术市场”。论坛邀请50余名专家学者参会。论坛围绕“通境”“内省”“立本”“广化”4个议题，分别从艺术品拍卖、美术馆与展览运行、艺术市场人才培养、艺术市场新业态几方面对中国艺术市场进行探讨。论坛最后，原中国画研究院副院长赵榆对整个论坛做学术总结。他指出本届论坛的突出特点为涵盖内容广泛，让艺术品拍卖、美术馆、高等院校、金融界等多个领域的专家、学者齐聚一堂，共同探讨中国艺术市场的现状及未来发展趋势。这使各方面的资源得到整合，使中国艺术市场的发展成为学界与业界共同关注的焦点。同时，赵榆也对下一届论坛的召开寄予厚望，期冀更多关注艺术市场发展的人士能够参与其中。

（首都师范大学社科处李葸供稿）

第二届世界文化论坛 10月16日，中国社会科学院马克思主义研究学部和拓展文化协会联合主办、中国社会科学院马克思主义研究院原理研究部和《国际思想评论》编辑部承办的第二届世界文化论坛在中国社会科学院召开。

中国社会科学院院长、学部主席团主席王伟光向大会发来书面发言。中国社会科学院党组成员张英伟、中共中央组织部原部长张全景、中国社会科学院原副院长刘国光、中国社会科学院马克思主义研究学部主任程恩富、东方毅文化协会会长东方毅、意大利《二十一世纪马克思主义》主编安德烈·卡托内、巴西圣保罗州立大学教授多斯·桑托斯、古巴世界经济研究中心副主任赫尔南德斯·派德拉扎等出席论坛。

论坛的主题为“世界文化多样性与中国特色社会主义文化”，研讨的主要议题有“如何深刻诠释马克思主义文化理论”“如何塑造当代人类共同体的先进文化”“如何系统阐明中国特色社会主义文化的理论与实践”“如何促进‘一带一路’建设的国际文化交流和发展”等。

来自中国、加拿大、俄罗斯、意大利、美国、古巴、乌克兰、巴西、土耳其、尼日利亚等国的近百位代表参加论坛。

（中国社会科学院办公厅刘玉杰编辑、供稿）

学习贯彻党的十九大精神，推动新时代文化改革发展研讨会 10月27日，国家行政学院社会和文化教研部、国家行政学院文化政策与管理研究中心、首都师范大学文化研究院、中国行政体制改革研究会行政文化委员会联合主办的学习贯彻党的十九大精神，推动新时代文化改革发展研讨会在国家行政学院举行。来自国家文化部、国家行政学院、中国社科院、清华大学、北京市委宣传部、中国工艺美术协会、首都师范大学、中央电视台等10余位政府官员、专家学者出席研讨会。

与会人员在发言中一致认为，党的十九大报告将文化的地位和作用提升到了一个新的高度，为发展中国特色社会主义文化指明了方向、提供了遵循。随着中华民族迎来从站起来、富起来到强起来的伟大飞跃，社会主义文化建设也要随之提升飞跃，随着中国特色社会主义新时代的主要矛盾转化为人民日益增长的美好生活需要与不平衡不充分发展的矛盾，文化要承担起更大的责任和使命。要以习近平新时代中国特色社会主义思想为指引，坚持中国特色社会主义文化发展道路，在实践创造中进行文化创造，在历史进步中实现文化进步。

国家行政学院社会和文化教研部主任、文化政策与管理研究中心主任祁述裕教授、中国社会科学院文化研究中心副主任贾旭东研究员就“新时代的文化发展要有新定位”，北京市文化创意产业促进中心主任梅松、清华大学公共管理学院副院长杨永恒教授、国家行政学院社会和文化教研部刘东超教授就“新时代的文化发展要承担新的文化使命”，文化部文化科技司司长孙若风、国家行政学院社会和文化教研部郭全中副教授、清华大学美术学院艺术史论系主任陈岸瑛教授就“新时代主要矛盾的变化对文化建设提出了更高的要求”，中国工艺美术协会副理事长王山、原云南省社科联主席范建华教授、民进北京市委常务副主委、首都师范大学文化研究院常务副院长李焕喜就“新时代的文化发展要推动中华优秀传统文化创造性转化、创新性发展”，中央电视台新闻中心《文化十分》制片人石岩就“新时代的文化传播要紧扣中国特色社会主义文化丰富样态”等做了发言。

会议由祁述裕、李焕喜共同主持。国家行政学院社会和文化教研部部分教授、博士生、博士后、文化政策与管理研究中心工作人员、首师大文化发展研究院部分教师等共50余人参与会议。中央电视台、人民网、《光明日报》、《学习时报》、《中国文化报》、《半月谈》等多家媒体出席了此次研讨会。

（国家行政学院科研处刘斌供稿）

第十四届中国高校博物馆学术研讨会 11月11日上午，第十四届中国高校博物馆学术研讨会暨第三届中国高校博物馆馆长论坛在中国传媒大学开幕。校友央视著名主持人、播音指导敬一丹主持开幕式。

故宫博物院院长单霁翔，教育部体育卫生与艺术教育司副司长万丽君，中国传媒大学党委书记陈文申，国际博协副主席、中国博物馆协会副理事长兼秘书长安来顺，北京市文物局副局长于平，中国传媒大学副校长姜绪范，北京博物馆学会秘书长崔学谙，著名主持人、朗诵艺术家陈铎先生、虹云女士，郭沫若纪念馆馆长赵笑洁，中南财经政法大学副校长助理邹秉国，中国高校博物馆专业委员会主任杭侃、秘书长韩国军等领导和嘉宾出席论坛。来自全国近百所高校博物馆及相关领域的200名代表参加论坛。

单霁翔做了题为“坚持文化自信，做中华传统文化的忠实守望者”的专题报告，单霁翔从迈向世界一流博物馆的进程中故宫博物院的努力和期盼与“再续故宫博物院90年的辉煌与梦想”两个方面介绍故宫博物院践行中华传统文化的忠实守望者的思考与实践。

此后两天的论坛上，各专家分别从理论、业务和新科技方面探讨智慧时代高校博物馆发展问题，总结高校文博实践经验，提出新的问题和思考，为高校文博发展提供非常切实有效的经验借鉴和力量指导。

（中国传媒大学文科科研处马奇炎供稿）

首饰与情感表达名师讲座　11月17日，韩国圆光大学造型美术设计专业方向的高胜根一行3人来中国地质大学（北京）进行讲座。

高胜根教授介绍了该校美术设计专业的情况，着重介绍了珠宝设计专业设置的具体细节，继而将其在贵金属工艺加工制作等多方面实战经验与体验与同学们一道分享，与此同时介绍了韩国现代珠宝趋势。

李淑铉女士介绍了大量的艺术首饰的源于内心深处的灵感激发过程，向同学们展示了艺术首饰创意及制作的高级状态与情感表达细节，并介绍了国际上知名的现当代艺术首饰的设计大师的作品及设计理念。

朴恩善博士从自身视角剖析了中国珠宝市场的格局与未来成长趋势，继而以自身的成长经历为引，阐述了首饰与人生经历的关系，并通过大量精美、精工、精湛的商业首饰作品，深入剖析了珠宝首饰的设计、制作等多个环节的匠心独具与精益求精。

［中国地质大学（北京）科技处崔永平供稿］

习近平新时代中国特色社会主义思想办刊方针研讨会　11月17日，对外经济贸易大学学术刊物部举办了习近平新时代中国特色社会主义思想办刊方针研讨会。教育部社科司出版管理处处长田敬诚、《北京师范大学文科学报》孟大虎、《清华大学学报》王丰年、《中国人民大学学报》武京闽、《首都经济贸易大学学报》周斌、《首都师范大学学报》石新中、《首都联合大学学报》周小华、《北京工商大学学报》王轶、《国际贸易》编辑部刘建昌及中国社会科学院《中国农村经济》编辑部杜鑫等北京地区部分高校和研究机构学术期刊负责人和代表出席了本次研讨会。

与会期刊代表认为，应该以发展的眼光看待马克思主义，破除机械化思想套路；深挖中国传统文化价值，树立文化自信；传承优秀文明成果，以推动中华民族伟大复兴为己任。学术期刊作为国内高水平研究成果的发表平台，应以习近平新时代中国特色社会主义思想为导向，以解决实际问题为目标，避免定量模型的简单、机械套用，努力发挥学术研究探索与批判的功能。

（对外经济贸易大学科研处供稿）

2017学术前沿论坛　11月18日，北京市社会科学界联合会和北京师范大学联合主办的2017学术前沿论坛在北京师范大学举行。论坛以“建设全国文化中心：文化传承与创新”为主题，聚焦北京全国文化中心建设工作，从全国文化中心的历史解读、北京建设全国文化中心的路径探索、北京文化的意涵与时代创新、特大型城市文化发展与治理、首都文化创意产业的创新发展、首都现代文化引领的优势与特色等多个方面展开研讨。北京市委宣传部副部长韩昱、北京市社科联党组书记张淼、北京师范大学副校长陈丽等领导出席论坛，来自北京大学、中国人民大学、北京师范大学、中国社会科学院、北京市文化局等单位的专家学者、各学会代表、师生代表近200人参加论坛。论坛由北京市社会科学界联合会副主席李翠玲主持。

韩昱在致辞中指出，首都北京文化建设在国家文化建设中具有指向性、引领性，有着不可替代的重要作用。全国文化中心建设必须以社会主义核心价值观为引领，坚持正确的政治方向和社会主义先进文化导向。在北京建设全国文化中心的过程中，要处理好传承和创新的关系。2017学术前沿论坛将给大家带来智慧的分享和深入的思考，为推动北京全国文化中心建设贡献智慧和力量。

北京师范大学于丹教授在《以创新思维构建北京公共文化生态》报告中，以“时间轴”和“空间轴”为创新发展思路，回应了如何增强市民文化获得感、增强市民与城市间情感纽带、推进公共文化服务供给侧改革、提高公共文化服务效率、解决文化层面“大城市病”。

中国社会科学院贾旭东研究员在《北京全国文化中心建设的第三个目标》报告中指出，成为世界核心文化城市是北京城市发展目标的内在要求，是全国其他城市文化发展的示范标杆，是用文化的力量开拓城市发展新未来的中国方案。

北京市文化局关宇副局长在《以习近平新时代中国特色社会主义思想为指引开创新时代全国文化中心建设新局面》报告中指出，推动首都文化建设取得更大成就，要坚定正确方向，始终以新时代新思想为指引；坚持为人民服务，为满足人民群众对美好生活的向往提供更多的精神食粮；坚持传承创新，不断开创全国文化中心建设新局面；坚持创新性转化，推动文化资源优势转化为文化发展优势。

北京大学张颐武教授在《大国首都的文化活力》报告中分析了全球都市的五大层级以及全球文化核心城市的主要特征，阐述了北京作为大国首都、全球文化核心城市的文化定位，展望了北京文化创造的新未来。

中国人民大学葛晨虹教授在《文化中心与学术理论建设》报告中指出文化与理论的关系、北京的文化特点和理论优势，提出了广大社会科学学者在北京文化自信与理论自信建设中应发挥的积极作用。

北京师范大学沈湘平教授在《美好生活与文化新使命》报告中指出中国人民对美好生活的需求已经由“软需求”日益成为“刚需”。全国文化中心建设要以人民日益增长的美好生活需要为出发点。要进一步深化“首善”的内涵，把首都建设成为生活最美好、最幸福的城市。要深化文化作为人的存在样态与幸福美好生活的本质关联，从美好生活的角度做好首都文化这篇大文章。

2017学术前沿论坛除了主会场，还有近30个学会分论坛围绕今年论坛主题陆续开展深入研讨。

（北京市社会科学界联合会学术部供稿）

当代中国文化国际影响力生成论坛　11月24—25日，中国文化国际传播研究院第八届年会暨当代中国文化国际影响力生成论坛在京举行。论坛围绕“当代中国文化影响力生成”“中国影视、艺术与文化影响力”“全球化与中国文化国际传播”等议题展开研讨。北京师范大学副校长陈丽在致辞中指出，本次论坛研讨的主题是“当代中国文化国际影响力生成”。选择这个主题，就是要深入研究中国优秀文化在国际传播中，在不同时代、不同地域的国际影响力生成的发展规律与精神实质；探讨中国文化国际影响力生成的传统价值、时代精神与现代意义，以此推动中国文化同世界各国文化一道为人类进步提供强大的思想支撑与精神动力。中国文化国际传播研究院院长黄会林教授在致辞中指出，当今世界格局已经发生重大转变，但当代中国文化国际影响力的式微令诸多中国文化国际传播的工作者感到焦虑和担忧。希望借助此次论坛，学者们从全球视野去剖析问题、开拓思路，为中国文化的复兴披荆斩棘，为全球化时代人类面临的共同问题找寻答案。论坛由北京师范大学中国文化国际传播研究院主办，来自国内外的200余位专家学者参加了会议。

（北京师范大学社科处刘娜供稿）

弘扬劳模精神　厚植工匠文化研讨会　11月25日，纪念中国劳动关系学院举办劳模本科教育25周年暨弘扬劳模精神　厚植工匠文化研讨会在中工大厦举行。全国总工会书记处书记、党组成员、组织部部长张茂华，全国总工会有关部门负责人王利中、王俊治和山东省总工会、北京市总工会、铁路总工会有关负责同志及学校领导屈增国、刘向兵、李华东等出席活动。有关高等院校、研究院所、地方工会、工会干校的专家、学者，学校教师代表、劳模本科班往届毕业生代表和在校劳模本科班学员代表共140余人参加了此次盛典。大会由刘向兵校长主持。

张茂华在讲话中，代表全国总工会党组、书记处对学校举办劳模本科教育25年来取得的成绩给予充分肯定。他提出4点希望：一是坚持用习近平新时代中国特色社会主义思想武装头脑；二是坚持以劳模教育促进产业工人队伍建设改革；三是坚持创新劳模教育理念、方法和内容；四是坚持深化劳模教育和劳模理论研究。围绕党的十九大报告中提出的“建设知识型、技能型、创新型劳动者大军，弘扬劳模精神和工匠精神，营造劳动光荣的社会风尚和精益求精的敬业风气”要求，进一步发展建设劳模本科教育事业。

学校党委书记屈增国在致辞中表示，学校党委将以此次25周年纪念活动为契机，进一步办好劳模本科教育。一是加大投入力度，为劳模班学员提供更好的学习条件；二是完善培养机制，为劳模学员职业发展拓宽渠道；三是坚持立德树人，将劳模精神融入学校育人全过程。

在研讨会上，全国总工会劳动和经济工作部劳模管理处处长陈伶浪，人社部职业能力建设司综合处处长张达，人社部劳动工资研究所研究员、中国劳动学会副会长苏海南，工信部工业文化发展中心副主任孙星，学报编辑部编审赵健杰教授，中国政法大学社会学院社会学系主任游正林教授，工会学院副院长刘元文教授分别围绕如何弘扬劳模精神、工匠精神做了主题报告。

（中国劳动关系学院科研处供稿）

第四届京津冀协同发展研讨会 12月2日，北京市社会科学界联合会、天津市社会科学界联合会、河北省社会科学界联合会联合主办，北京市社科联承办的第四届京津冀协同发展研讨会在北京物资学院举行。研讨会分别由北京市社科联党组书记张淼、市社科联副主席李翠玲主持，北京市委宣传部副部长韩昱、天津市社科联党组书记靳方华、河北省社科联常务副主席曹保刚、北京物资学院党委书记李石柱出席会议并致辞。本届研讨会主题为“大运河文化带建设与京津冀协同”，河北省沧州市委常委、副市长李文阁，衡水市副市长崔海霞，北京市档案局副局长马素萍以及来自京津冀社科界专家代表对京津冀协同发展背景下系统梳理大运河文化脉络，更好发挥大运河纽带作用作了有益探讨。

北京市委宣传部副部长韩昱在致辞中指出，建设大运河文化带是深化推进京津冀协同发展的新契机和重要机遇。我们广大社科工作者在推进大运河文化带建设和京津冀协同发展的伟大历史任务中大有可为，希望京津冀广大社会科学专家学者在以后的研究中，坚持高起点、大纵深，充分利用好现有的交流平台，实现最优的学术资源配置，更好地促进学术成果的应用、转化和共享，不断为推动京津冀协同发展战略做出新的更大的贡献。

在上午的主题报告环节，来自京津冀的6位专家结合自身学术背景和研究成果，从打造大运河文化长廊、挖掘运河历史文化资源、大运河文化与“一带一路”的整合发展、大运河文化带建设与京津冀文化协同发展、大运河文化传承保护等角度发表了主题演讲；在下午的学术研讨环节，与会专家学者围绕本次研讨会主题进行了广泛深入的交流，在系统梳理大运河脉络、京津冀协同发展背景下更好发挥大运河纽带作用等方面做出了有益的探讨，提出了很好的建议，为保护传承利用大运河文化贡献了智慧。

（北京市社会科学界联合会学术部供稿）

“礼敬传统文化　培养一代新人”传统文化教育论坛 12月5日下午，“景行”传统文化教育工作室、北京教育（德育）杂志社、首都师范大学研究生工作部联合主办的“礼敬传统文化　培养一代新人”首都师范大学第一届“景行”传统文化教育论坛在校本部实验楼报告厅举行。论坛以“当前形势下高校弘扬优秀传统文化的意义和路径”“新媒体视域高校传统文化教育的实践与探索”“京津冀协同发展战略中传统文化的创新与发展”为主题。专家、学者、老师和学生们一起探讨和交流了新时代弘扬中华优秀传统文化的途径和方式。

（首都师范大学社科处李蒽供稿）

中华传统文化精神当代价值座谈会 12月12日，中华传统文化精神的当代价值座谈会在京举办。

座谈会围绕继承和弘扬中国优秀传统文化、传统文化精神的当代价值、优秀传统文化资源的发掘等进行研讨。与会专家学者认为，民族复兴离不开文化的繁荣，在这一重要的历史节点上，挖掘中华优秀传统文化精神的当代价值尤为重要。民革中央相关负责人表示，长期以来，民革中央始终关注传统文化的保护传承和创新发展。近年来，民革中央先后围绕大力加强公民道德建设、非物质文化遗产保护、传统文化进校园等多个议题展开了多项调研。

座谈会由团结报社、团结出版社联合主办，中国政协文史馆、民革江苏省委会、民革河北省委会协办。

（参见《人民日报》2017年12月13日第6版）

国土资源文化建设研讨会 日前，国土资源部史志领导小组办公室、中国地质博物馆、中国国土资源报社等共同主办的“以党的十九大精神为统领，推进新时代国土文化建设”为主题的研讨会在北京举行。国家文化部原部长、著名作家王蒙，新华社原副总编辑夏林，著名作家、茅盾文学奖获得者周大新，北京大学教授晁华山，山东省煤田地质局局长、著名作家高洪雷等参加研讨。

研讨会紧紧围绕党的十九大关于“坚定文化自信，推动社会主义文化繁荣兴盛”的要求，对国土资源文化的发展历史、主要特点、核心价值，当前国土资源文化建设存在的难点、问题及对策，国土资源文化建设如何做好创造性转化、创新性发展等问题进行深入研讨。

［参见《人民日报》（海外版）2017 年 12 月 22 日第 7 版］

管理学（含人才学、信息学）

人民网创办 20 周年座谈会　1 月 16 日，人民网创办 20 周年座谈会在京举行，中央和国家机关有关部门负责人、专家学者以及网友代表等 200 多人，围绕党报媒体转型与深度融合发展深入探讨，达成广泛共识。同日，人民网数据中心楼正式启用。

1997 年 1 月 1 日，人民日报网络版正式接入国际互联网，开启了党报媒体进军互联网的征程。今天的人民网，已成为多语种、多终端、全媒体、全球化的国内最大主流新闻网站，成为国际互联网上最大的综合性网络媒体之一，传播覆盖超过 1.3 亿人次，网民遍布 210 多个国家和地区，除中文版本外，还拥有 7 种少数民族语言和 9 种外文版本，形成了强国论坛、地方领导留言板等一批品牌栏目。在中央重点新闻网站综合传播力排行榜中，人民网长期位居第一。

人民日报社社长杨振武在讲话时说，20 年来，人民网从一个“新生儿”成长为一个壮硕的“年轻人”，成为主旋律的“明星”、正能量的“网红”，她的成长，拓展了党报版图，放大了主流声音，改变了网络生态。

杨振武指出，媒体融合已经到了向纵深推进的关键阶段，作为党中央机关报，人民日报不但要做新闻宣传的排头兵和领航者，也要成为媒体融合的标杆和示范。一是要借助“中央厨房”机制，用好深度融合枢纽；二是要改造策采编发流程，抓住深度融合关键；三是要强化业态技术创新，夯实深度融合支撑；四是要打造全媒体人才队伍，筑牢深度融合根基。

国务院新闻办公室副主任郭卫民，中国记协党组书记、常务副主席胡孝汉出席座谈会并讲话。人民日报社副总编辑、人民网董事长王一彪主持座谈会。

［参见《人民日报》（海外版）2017 年 1 月 17 日第 4 版］

首届网络伦理论坛　3 月 26 日，首届网络伦理论坛在北京师范大学举办，论坛以“网络时代伦理价值体系重建”为主题，立足于网络时代的现实问题，呼应当下互联网时代中呈现的网络伦理问题，及其对传统伦理价值观念形成的冲击，进行学术层面的思考和回应。本次论坛由中国伦理学会网络伦理专业委员会主办，北京师范大学文化创新与文化传播研究院承办，北京师范大学新闻传播学院、社会主义核心价值观协同创新中心联合承办。

网络伦理专业委员会主任于丹在论坛上首次发布了《中国社会伦理舆情年度报告（2015—2016）》，该报告以权威数据源作为研究基础，力图尽可能全面地呈现当下中国社会伦理舆情的状况，并为进一步探讨解决社会问题的有效对策提供基础。北京师范大学教授喻国明、人民网舆情监测室秘书长祝华新、湖南师范大学教授李伦分别做主旨发言。在以“家庭伦理与网络社会行为伦理”和“媒介伦理与媒介素养”为主题的分论坛上，来自全国各地的学者针对网络时代如何构建和谐的伦理秩序进行了深入的交流和研讨。

（参见《光明日报》2017 年 3 月 27 日第 9 版）

健康中国与公共管理现代化论坛　4 月 29 日上午，健康中国与公共管理现代化论坛暨清华大学公共管理学院 106 周年校庆日返校讲堂在公共管理学院报告厅召开，来自全国各地的百余位校友出席论坛，共话“健康中国”战略与公共管理现代化进程。论坛由校党委常委、公共管理学院党委书记过勇主持。过勇指出，“健康中国”战略的提出是党和国家在协调推进“四个全面”战略布局、深入贯彻五大发展理念、推进国家治理体系和治理能力现代化过程中的阶段性成就。未来，“健康中国”与公共管理现代化之间会产生什么样的互动，值得每一位公共管理的研究者和工作者深入思考。与会专家从医疗健康新技术、健康数据整合、健康资源体系建设、养生健康产业发展、药品产业政策改革、医患关系等方面阐释了对“健康中国”战略的认识，认为“健康中国”建设需要新的发展模式，运用公共管理手段对各方面资源进行体系化的梳理和整合是建设“健康中国”的必由之路。

（清华大学文科建设处刘金梅供稿）

第二届中国组织学习与学习型组织论坛　5 月 12 日，第二届中国组织学习与学习型组织论坛在清华大学经济管理学院舜德楼举行。经济管理学院副院长徐心出席并致辞。领导力与组织管理系长江学者陈国权、领导力与组织管理系教授迟巍等参加论坛。陈国权担任论坛主席。徐心在致辞中指出，学习是人类社会的永恒主题，是国家和民族发展的重要力量来源。论坛主题报告阶段，经济管理学院领导力与组织管理系教授张进、王蕾、杨灵共同担任主持。陈国权做题为“学习迁移的系统理论”的报告，提出了学习迁移的系统理论，并对该理论及其实践意义进行了深入系统的阐述。同济大学经济与管理学院教授罗瑾琏做题为“团队领导与团队创造力作用关系”的报告，分析了复杂环境下，双元领导力的重要性及其影响。中国科技大学管理学院教授翁清雄做题为“高承诺员工一定有高绩效吗？社会交换理论的视角”的报告，从社会交换理论的视角，探讨了员工的职业承诺和组织承诺与工作绩效的关系。南开大学商学院教授袁庆宏做题为“非稳态员工—组织关系视域下的离职行为研究”的报告，从组织关系视角下，探讨了非稳态员工的离职行为。阳光印网董事长张红梅做题为“领导人带领团队学习的过程与创新的经验”的报告，分享了阳光印网从创立之初到快速发展中的领导力实践与创新经验。沃德传动（天津）股份有限公司董事长胡炜做题为“创业过程中的学习和创新”的报告，分享了他的创业感悟“每个创业阶段的目标，都会比实际拥有的资源和能力高，其中的差距就是在过程中随时创新、思变所创造的”。本届论坛由清华大学经济管理学院主办、国家自然科学基金委员会管理科学部支持。

（清华大学文科建设处刘金梅供稿）

第一届清华领导和管理论坛 5月20日，第一届清华领导和管理论坛在清华大学经济管理学院举行。来自校内外的专家学者和各行各业的业界领袖参加论坛，围绕领导和管理领域的前沿思想和智慧进行深入讨论和交流。经济管理学院领导力与组织管理系长江学者特聘教授陈国权任大会主席。经济管理学院领导力与组织管理系教授吴志明、张进、张佳音和博士后李红霞主持报告。陈国权做《领导和管理的时空理论》报告；王有强做《公共组织中的领导力》报告；张红梅做《组织变革中的创新与学习》报告，罗秀军做《杜邦200年：跨世纪的传承》报告；张兮做《众包环境下的知识管理》报告；方东平做《建设项目管理中的安全领导力》报告；王凯波做《卓越质量管理》报告；郑晓明做《榜样是不是正能量？团队中个体正式认可的积极溢出效应》报告；刘东做《事件系统理论及其在管理科研与实践中的应用分析》报告，程文浩做《危机领导力与企业家精神：抗战年代的卢作孚与民生公司》报告。演讲结束后，陈国权在总结中提出，一个国家和民族的发展，既需要强大的政治、经济和军事等方面的硬实力，还需要强大的科学和文化思想等方面的软实力。随着世界形势的发展变化，领导和管理学科的发展对国家建立科学和文化思想等方面的实力起着日益重要的作用。改革开放以来，中国引进了西方很多领导和管理方面的教材和书籍，对中国该领域的学科发展、人才培养、事业发展等起到了重要的作用。到了今天，中国学者应该努力创造源自中国的思想、理论和方法体系，更好地推动本学科的发展，提升中国的影响力，促进国家和社会更好的发展。陈国权结合各位嘉宾的报告强调，领导和管理的动力是热爱和情怀，领导和管理的能力是科学和艺术等相结合而形成的智慧和行动力；领导者和管理者对国家和人民的热爱、对全球人类命运共同体的关心、对世界正义和真理的追求，是能够超越时空而传承下去的财富，是中华民族实现伟大复兴并为世界和平发展做出伟大贡献的重要力量源泉。本次论坛聚焦领导和管理领域，从东方和西方的不同文化、政府和企业等不同部门、管理和工程等不同学科、学术界和实践界等不同视角出发，共同探讨领导和管理学科的发展之路。

（清华大学文科建设处刘金梅供稿）

首届全球化背景下营销科学与创新国际研讨会 6月2—4日，首届全球化背景下营销科学与创新国际研讨会在对外经济贸易大学宁远楼国际报告厅举行。会议以中国经济新常态和“互联网+”为背景，以“迎接大数据和数字化等给发展中经济体的营销管理和创新管理所带来的挑战与机遇”等为主题，由对外经济贸易大学国际商学院联合市场营销领域国际权威期刊 *Journal of the Academy of Marketing Science*（JAMS）共同发起举办，500余人出席会议。

对外经济贸易大学党委书记蒋庆哲，大会主席之一、JAMS编委Rob Palmatier教授，国家自然科学基金委吴刚处长，北京联合大学管理学院院长陶秋燕，中国高校市场学研究会会长符国群，中国管理现代化研究会营销管理专业委员会主任委员刘益，（美国）营销国际协会SMEI中国办公室总裁兼首席执行官张复兰出席了开幕式并分别致辞。

（对外经济贸易大学科研处供稿）

第十三届计量经济学理论与应用国际研讨会　6月13—14日，第十三届计量经济学理论与应用国际研讨会在北京大学光华管理学院举行，会议由北京大学光华管理学院商务统计与经济计量系、北京大学统计科学中心、北京大学数量经济与数理金融教育部重点实验室共同主办。耶鲁大学 Xiaohong Chen 教授带来了关于半非参数模型的学术文章，哈佛大学 Elie Tamer 教授带来关于多元离散选择模型的报告。此外，华盛顿大学 Yanqin Fan 教授、印第安纳大学 Joon Park 教授、波士顿学院 Zhijie Xiao 教授等也受邀在会上发表学术报告。来自美国、澳大利亚、英国、西班牙等以及中国北京、上海、台湾、香港等国家和地区的多所高校的教师学生参加研讨会。研讨会还设立 12 个计量经济学主题向全球高校征稿，并最终产生了 34 篇录用文章，并发表了丰富的学术报告，内容包括具有遗漏因子的风险溢价的推断，带有微观结构噪音和跳的单位根波动率的估计，非线性协整回归的模型检验似不相关回归模型的惩罚极大似然估计，在大面板数据中找出颗粒的时间序列等。计量经济学理论与应用国际研讨会始办于2005 年，历经 12 年的发展已成为亚太地区计量经济学界的领先学术平台。

（北京大学社科处供稿）

大数据时代档案工作的挑战学术交流　7月5日，北京市档案学会企业档案工作委员会举办 2017 年学术交流活动。随着信息技术及大数据应用的不断发展，企业档案信息化管理及大数据的安全问题愈发引起北京市档案工作者的关注与重视。为有效应对大数据时代带给档案工作的各种挑战，适应新时期企业档案管理的新要求，市档案学会企业档案学术委员会联合会员单位太极计算机股份有限公司、北京量子伟业信息技术股份有限公司共同主办了北京市档案学会企业档案工作委员会 2017 年学术交流活动，组织学会所属企业会员单位来到年初落成的中国电科太极信息产业园，开展以“大数据时代档案工作的挑战”为主题的学术交流活动。学会副理事长、企业档案工作学术委员会主任韩明洁主持会议，太极公司总裁刘淮松、学会秘书长赵瑞红出席并致辞。与会代表参观了太极解决方案中心，听取了“智慧国家政务”“政务云和政务大数据”“互联网＋政务服务”“智慧档案馆”等解决方案和应用案例的介绍。会议围绕“企业智慧档案馆”“企业 GRC 管控体系”“会计档案与电子凭证”“‘一带一路’境外项目档案管理”“档案寄存托管”“企业大数据平台”等议题展开交流，并邀请到太极、量子伟业、慧点科技相关技术专家与大家进行现场分享。来自北京市档案局（馆）、中国人民大学、北京联合大学、五矿集团、兵器第一研究院、中建二局、中国电建集团、北汽集团及企业档案工作学术委员会委员和学会企业会员单位约 80 余人参加了活动。

（北京市档案局科教处胡晓燕供稿）

2017（第十二届）中国电子政务论坛　7月22日，国家行政学院、国家信息中心联合主办的 2017（第十二届）中国电子政务论坛在国家行政学院召开。

国家行政学院常务副院长马建堂、中央网络安全和信息化领导小组办公室副主任庄荣文、国家行政学院副院长李季、工业和信息化部原副部长杨学山、中国工程院院士倪光南、国务院办公厅电子政务办公室主任卢向东、中央网络安全和信息化领导小组办公室信息化发展局副局长张望、国务院办公厅电子政务办公室副主任尹智刚、联合国经社部公共管理项目办公室官员姚克平、国家信息中心主任程晓波、国家行政学院电子政务研究中心主任王益民出席论坛开幕式。论坛以“电子政务让人民更有获得感”为主题，围绕电子政务“顶层设计”、“互联网＋政务服务”、政务信息资源整合、政务大数据、电子政务创新实践等内容，探讨新时期电子政务发展思路、总结电子政务实践经验。来自中央和国家机关、地方政府、有关科研单位的 300 多位代表参加了论坛。论坛上发布了《中国电子政务发展报告（2017）》（蓝皮书），《中国电子政务发展报告（2017）》是反映我国电子政务发展进程和最新进展、研究和分析电子政务领域重要理论和实践问题的第 12 部年度报告。

（国家行政学院科研处刘斌供稿）

纪念《中华人民共和国档案法》颁布 30 周年论坛　9月5日，纪念《中华人民共和国档案法》颁布30 周年暨《北京市实施〈档案法〉办法》颁布 20 周年论坛在中国科技会堂举行。论坛由北京市档案局主办、市社会科学界联合会资助、市档案学会承办。十二届全国政协委员、国家档案局原局长、中央档案馆原馆长杨冬权，市档案局（馆）局（馆）长程勇，中国档案学会副理事长、秘书长邓小军，国家档案局政策法规司原司长、研究馆员、管理学博士王岚，市档案局馆（馆）副局（馆）长马素萍、曲安出席会议。论坛由市档案局（馆）副局（馆）长、市档案学会常务副理事长陶水龙主持。来自市区档案局（馆）和市档案学会的档案工作者200余人参加。杨冬权演讲题目是“《档案法》的意义和影响”；程勇演讲题目是“北京市档案法治建设的回顾与展望”；王岚演讲题目是“修改《档案法》的思考”；中国人民大学信息资源管理学院教授，博士生导师黄霄羽演讲题目是“国内外档案利用服务法制建设特点及内容比较”；东城区档案局（馆）副局（馆）长张颖毅的演讲题目是“在基层档案执法实践中的几点思考”。

（北京市档案局科教处胡晓燕供稿）

第七届互联网治理全球论坛　9月15—16日，第七届互联网治理全球论坛在清华大学法学院明理楼模拟法庭举办。来自美国宾夕法尼亚大学、德国法兰克福大学、日本早稻田大学的师生与清华大学师生共同参加本届论坛。清华大学法学院院长申卫星、副院长崔国斌以及副教授冯术杰、刘晗、蒋舸等出席论坛。论坛第一天的议程包含3个环节，分别由法兰克福大学教授 Astrid Wallrabenstein、清华大学副教授蒋舸以及早稻田大学教授北川佳世子进行主持。日本早稻田大学的师生就“日本网络服务中间商的侵权责任”“日本网络犯罪现状”“日本网络隐私保护与被遗忘权日本网络法”等热点议题进行演讲。美国宾夕法尼亚大学的师生所谈主题包括“开放源代码、模块化平台、与分片化带来的挑战”“网络中立性争论中网络服务提供者的言论自由”“人工智能的伦理与侵权责任问题”“互联网时代跨国公司与属人管辖问题及人工智能与机器学习的法律风险”。德国法兰克福大学的两个课题组对欧盟的网络立法做出详细的阐述，分别介绍了欧盟对网络服务中间商知产侵权的相关规定和欧盟法律中的被遗忘权。论坛第二天，在 Christopher Yoo 教授的主持下，清华大学法学院师生介绍并思考中国现今的网络法发展。刘晗针对中国语境下的网络主权发表演讲；冯术杰、蒋舸以及学生朱晓睿就网络空间中的不正当竞争行为进行发言，李海敏和谈妍霏两位学生则分别对网络广告联盟的版权侵权责任及网络空间中的个人信息权保护方面提出了自己的看法。

（清华大学文科建设处刘金梅供稿）

第八届中国技术未来分析论坛　9月16—17日，第八届中国技术未来分析论坛以“多源信息环境下技术未来分析与创新政策研究”为主题，由北京工业大学经济与管理学院、北京现代制造业发展研究基地和中国技术经济学会 MOT 专业委员会共同主办，在北京举行。大会议题主要包括社交媒体信息挖掘与创新政策研究；情感计算、机器学习与创新分析；网络信息挖掘与新兴技术未来分析；新兴技术识别、社会感知和效应分析；标准、商标信息挖掘与技术未来分析；SAO 语义挖掘、主题模型与技术未来分析；监测、预警、预测与技术未来分析新工具方法；大数据环境下颠覆性技术识别；多源异构数据与创新研究（科技项目评审、实施监测与绩效评估）；创新政策文本量化分析与创新政策质量研究；开放式创新与研发合作伙伴选择；数据驱动的高端制造与技术创新；老年福祉技术创新研究。

（北京工业大学科技处供稿）

移动时代的内容传播与社会责任高峰论坛　日前，移动互联时代，网络媒体应该承担怎样的社会责任，成为学界和业界共议的话题。移动互联时代的内容传播与社会责任高峰论坛在北京召开，来自业界和学术界的数十名专家，共同探讨移动时代的新闻传播与社会责任议题。论坛由复旦大学新闻学院、腾讯网和腾讯内容管理办公室联合举办，《腾讯网媒体社会责任报告？2017（上）》同时发布。

本次论坛旨在以腾讯网等为蓝本，共同探讨网络媒体社会责任评价体系建设，推动网络媒体责任原则确立。

［参见《人民日报》（海外版）2017年9月20日第2版］

“互联网+”时代政府资源配置资源创新与监管研讨会　9月25日，中央财经大学公共资源配置政策研究中心、中关村新时代公共资源市场化配置促进中心共同主办，易招标与平安银行协办的“公共资源配置中关村论坛：‘互联网+’时代政府资源配置资源创新与监管研讨会”在中央财经大学举行。四川省、山西省、河北省、山东省菏泽市等公共资源和政府配置资源方式创新改革典型省市代表，部分省市发改委、公共资源交易监管机构、公共资源交易中心等实践部门代表、第三方交易平台运营商代表，国家行政学院、中央财经大学、中国人民大学、中国政法大学、国际关系学院、北京物资学院学界知名专家学者等50多人出席研讨会。与会专家就公共资源配置改革的发展方向、政府配置资源的创新实践以及在“互联网+”背景下公共资源交易平台配置方式创新等议题进行研讨，形成了《公共资源配置中关村建言》，将向国家有关主管部门提交供其参考。

（中央财经大学科研处供稿）

北京市档案专业高级研修班　9月26—27日，档案专业高级研修班举办。研修班以“档案与中华优秀传统文化传承”为主题，征集16篇论文。市属单位档案部门和区档案局（馆）具有中高级职称人员及业务骨干50余人参加。中国第一历史档案馆副馆长李国荣、中国人民大学信息资源管理学院教授黄霄羽、北京联合大学应用文理学院院长张宝秀分别以“档案信息资源开发纵谈”“文化创意引导档案资源开发利用与档案服务社会化”“保护建设长城、大运河、西山永定河‘三个文化带’，推进北京全国文化中心建设”为题做了专题讲授；海淀区档案局局长杨军昌、西城区档案局副局长汪杰、房山区档案局张娟娟、北京市档案局（馆）史料处方立霏、展陈处付鑫分别以“从档案展览探讨档案留存与文化再现”“西城档案文化助力首都文化中心建设”“档案视角下房山区域文化的弘扬与传播”“关于档案文化传播的几点思考”“活用档案弘扬中华优秀传统文化”为题进行了交流发言，丰富了培训内容。

（北京市档案局科教处胡晓燕供稿）

中国应急管理创新论坛（2017）　11月18日，公安部消防局、民政部救灾司、卫计委应急办、国资委综合局、国家安全生产应急救援指挥中心和国家行政学院应急管理培训中心主办，中国应急管理学会承办的中国应急管理创新论坛（2017）在京召开。论坛紧密围绕学习和贯彻党的十九大精神，将主题设定为“落实总体国家安全观，推进突发事件应急体系建设”。来自全国各地近150位政府官员、专家学者和应急管理工作者参加了论坛。

国家行政学院副院长杨克勤出席论坛开幕式并做了“落实总体国家安全观，推进新时代公共安全体系建设”的主题演讲。他说，要准确把握新时代公共安全体系建设的新形势、新任务、新要求，以总体国家安全观为统领，推动公共安全体制机制创新。他强调，我们必须认真学习领会习近平新时代中国特色社会主义思想，深入贯彻落实党的十九大有关公共安全和应急体系建设的重要部署，用以指引各项具体实际工作。杨克勤就推动公共安全体制机制创新提出3点建议：第一，以社会共治为特点，构建立体化的公共安全体系；第二，以风险治理为基础，构建保障型的公共安全体系；第三，以能力目标为导向，构建公共安全与应急治理新模式。国务院办公厅国务院应急办巡视员王守兴同志在发言中指出，党的十九大报告把“坚持总体国家安全观”明确为新时代坚持和发展中国特色社会主义的14个基本方略之一，深刻阐述了总体国家安全观的基本内涵、指导思想和原则，为做好当前和今后一个时期的应急管理工作指明了新方向。

开幕式上，国务院应急管理专家组组长闪淳昌同志、中国人民大学国际关系学院副院长金灿荣教授分别做了题为“总体国家安全观引领下的应急体系建设”和“总体国家安全观与大国关系”的大会演讲。

本次论坛分设“公共安全发展战略”“地方应急管理经验创新”“非传统安全治理”“社会风险治理”和“‘一带一路’建设中的风险管控”5个主题模块。中国应急管理创新论坛每两年举办一次，与应急管理国际论坛形成滚动机制。

（国家行政学院科研处刘斌供稿）

第四届科学监管与监管科学论坛　11月24日，首都经济贸易大学主办，中国市场监督管理学会、中国行政管理杂志社协办，首都经济贸易大学城市经济与公共管理学院、工商行政与市场监管研究所承办的第四届科学监管与监管科学论坛在北京召开。论坛以“市场监管的新机遇、新挑战、新动能”为主题，围绕市场监管改革的理论与实践以及在新时代背景下，在监管研究的峰期，如何利用学科专业的传统优势，抓住市场监管和城市监管两个重点，搭建学术交流平台，加强与学界、政界同仁合作，共同推动监管事业的发展等话题进行了交流研讨。来自清华大学、北京大学、中国人民大学、吉林大学、中国政法大学、中央机构编制委员会、国家行政学院以及北京市工商局、城市管理综合执法局的专家学者和政府机关代表，以及中国市场监督管理学会、中国行政管理杂志社和中国工商报社等媒体和首都经济贸易大学师生近百人出席了本次论坛。

（首都经济贸易大学科研处李琳供稿）

第十一届北京中青年社科理论人才“百人工程”学者论坛　11月25日，北京市委宣传部、北京市社会科学界联合会、北京市哲学社会科学规划办公室联合主办，北京理工大学承办的第十一届北京中青年社科理论人才“百人工程”学者论坛在北京理工大学举办。论坛主题为“拥抱新时代，迈向新征程——习近平新时代中国特色社会主义思想研究”，聚焦学习贯彻党的十九大精神，深入领会习近平新时代中国特色社会主义思想。北京市社会科学界联合会党组书记张淼，北京市社会科学规划办主任崔新建，北京理工大学党委书记赵长禄致辞。市委宣传部理论处副处长陈睿和来自北京大学、清华大学、中国人民大学等首都高校社科界专家、宣传部长等100余人参加了研讨交流。

赵长禄指出，习近平新时代中国特色社会主义思想是我们建设社会主义现代化强国的指导思想和行动指南，做好习近平新时代中国特色社会主义思想的解读、阐释、研究是我们肩负的光荣使命。高校是开展习近平新时代中国特色社会主义思想学习、研究、传播的重要阵地，要坚持正确的政治方向，坚定理论自信，要与高校的核心使命相结合，着眼于理论的传播。

张淼指出，培养中青年优秀社科理论人才，事关党的事业发展的全局，是繁荣发展哲学社会科学事业的战略性任务。“百人工程”的实施以来受到了广大中青年社科理论工作者的热烈欢迎，得到了首都高校科研机构的积极响应，培养造就了一大批人才，呈现了一大批研究成果，产生了良好的社会反响。张淼强调，本次论坛围绕习近平新时代中国特色社会主义思想展开，是学懂、弄通、做实、深入研讨交流学习成果的集中体现。当代中国正经历着我国历史上最广泛而深刻的社会变革，也正在进行人类历史上最为宏大而独特的实践创新，一切伟大的实践都需要思想的引领，在习近平新时代中国特色社会主义思想的指引下，我们以研究阐释习近平新时代中国特色社会主义思想为使命，为祖国、为人民立德立言，不负新时代，再踏新征程。

主题演讲中，北京大学孙代尧教授做了题为“中国方案的逻辑”发言，他认为中国方案是改革开放以来中国特色社会主义道路、理论、制度和文化的有机统一，为人类做出更大贡献是中国共产党追求的历史使命。中国方案具有普遍意义，使科学社会主义和世界社会主义运动焕发强大生机活力，拓展了现代化的路径，挑战了西方既有发展模式和理论，超越了不发达政治经济学。

中国人民大学马克思主义学院秦宣教授以“如何认识社会主义初级阶段主要矛盾的转化”为题，在回顾新中国成立以来社会主要矛盾判断变化的基础上，分析了主要矛盾转换的依据和影响。秦宣认为，随着社会主要矛盾的转化，党在社会主义初级阶段的根本任务发生了变化，社会主义初级阶段的基本路线有了更丰富的内容。秦宣强调，社会主义初级阶段主要矛盾的转化没有改变我国仍然处于社会主义初级阶段这一判断，依然没有改变我们是世界上最大的发展中国家的国际地位。

清华大学马克思主义学院邹广文教授做了题为“文化自信的三重内涵”的发言。邹广文以文化自信的内涵为起点，解读了文化自信的时代意义。邹广文强调，文化自信是一个民族、一个国家以及一个政党对自身文化价值的充分肯定和积极践行，并对其文化的生命力持有的坚定信心。

对外经济贸易大学熊李力教授以“习近平新时代中国特色大国外交思想”为题，回顾了新中国成立以来60多年中国外交的发展历程及成就，从时代发展需要、党的使命担当以及国内外客观条件等方面分析了新时代中国特色大国外交的原因，强调新时代中国特色大国外交要坚持总体国家安全观和坚持推动构建人类命运共同体两原则。

首都师范大学沈永福教授“以人民为中心：历史传承与当代开新”为题，在回溯民本思想发展历史的基础上，阐述了中国共产党“以人为中心”的政治立场和价值取向，强调新时代人民观的新境界。

北京理工大学李林英教授从价值诉求、价值评价、价值实现三重维度探讨了“习近平关于教育重要论述的价值维度”。习近平关于教育重要论述的价值诉求集中体现为共产主义远大理想和中国特色社会主义理想。李林英认为，价值评价应坚持社会主义的办学方向、保障教育公平，同时应以实现学生全面发展为目的。在实践中，坚持党对高校的领导，不断促进学生的全面发展。

（北京市社会科学界联合会学术部供稿）

大数据下社会网络与共享经济学术报告 12月8日下午，燕山大学经济管理学院李泉林教授在北京工业大学经济与管理学院做了大数据下社会网络与共享经济学术报告，禹海波教授、吴菲菲教授、赵立祥教授等10余位老师以及众多同学们积极参与。报告主要是对物联网与大数据快速发展导致的当今许多重要实际领域的研究变革与应用创新进行分析。报告在大数据环境下分析了国际上两个非常重要的应用领域：社会网络及其级联马氏过程；共享经济中的大型马氏过程系统。第一，李泉林对在大数据环境下，如何构造社会网络中的级联马氏过程问题给出浅显易懂的简介，并详细介绍了该马氏过程的结构特征与基本性质。第二，针对大数据如何能够有效地提供给社会网络中级联马氏过程的统计特征与物理行为问题，李泉林从扰动的马氏过程出发，分析这种级联马氏过程的敏感性，并由此观察社会网络中系统参数和物理结构的临界性，从而分析社会网络的柔性与脆弱性。第三，针对现在非常流行的共享单车问题，李泉林在大数据环境下，介绍了在共享自行车系统中已经取得的三类研究成果与数学方法，讨论了共享单车及其性能评价与价格激励的排队网络方法以及共享单车系统的图上马氏过程以及变拓扑结构马氏过程，并针对由共享单车的信息平台所诱导的双边匹配市场进行详细简介。第四，在大数据下的共享经济系统中，李泉林讨论了动态的多边匹配市场、共享信息平台之间的合作关系与竞争行为，以及由它们所构建的马氏过程与随机博弈等重要问题。

（北京工业大学科技处供稿）

加快建设人才强国研讨会　12 月 15 日，国家行政学院国家战略研究中心举办了为期一天“学习贯彻党的十九大精神，加快建设人才强国”高端研讨会，国家行政学院党委委员、副院长陈立在研讨会上致辞。中共中央组织部人才工作局局长孙学玉、上海市委组织部副部长陈皓、中国人民大学劳动人事学院院长杨伟国教授、清华大学蓝志勇教授、天津市社会科学界联合会秘书长张再生教授、北京理工大学刘国福教授、上海社会科学院研究员高子平等领导、知名专家出席研讨会。公共管理教研部主任王满传教授、教研部老师及学院科研部、研究院等部门同志参加了研讨会，研讨会由国家战略研究中心副主任杜正艾主持。

陈立指出，建设有中国特色的社会主义强国首先要把人才优势发挥好，要把人才强国的战略实施好，人才强国战略表达的核心含义就是要优先投资于人，让人力资本优势得到充分的发挥。要把深度参与全球治理的人才发现好、培养好、使用好，培养一大批有国际视野，有战略思维，有深入了解中国国情和世界情况的人才。要有多层次、多方面的复合型人才、战略人才来支撑、配合、落实习近平新时代中国特色社会主义思想。

研讨会分为上、下午进行，都注重理论界与实践界对话，分别围绕深化人才体制机制改革、打造吸引人才强磁场，聚天下英才而用之等问题作主题发言。

上午共有 5 位专家和一位人才工作一线领导发言。杨伟国就“聚天下英才而用之：探索新方法论”作重点发言，他认为新方法论注重人才需求预测机制、人才供给动态调整机制、人才管理基础设施、人才服务与管理能力建设、人才管理研究与审计等方面。蓝志勇就“从实处着手，克服中梗阻，推行全景式综合理性的人才政策”进行重点发言，他认为人才政策中引才目标不明、单项政策虚空、告知和沟通不足、管理技术滞后等是中梗阻现象的原因，建议完善制度化管理、建立人才政策上位法制度、建立开放和统一的人才管理体系等，提出构建全景式综合理性的人才政策。张再生就“深入学习贯彻党的十九大精神，深化人才体制机制改革，加快人才强国建设”进行主题发言，并就党的十九大对人才工作的新要求，人才工作存在的体制机制问题等做了深入交流。国家行政学院国家战略研究中心主任薄贵利教授提出了人才强国的判断标准，建成人才强国的时间节点以及通过改革人才培养体制机制，构建吸引人才强磁场等建设人才强国的主要路径。刘国福就“构建有国际竞争力的体制机制，完善集聚海外优秀人才政策”进行主题发言，并就集聚海外优秀人才的形势、新发展、政策的影响因素及未来发展等方面分享了最新研究成果。

下午的研讨会学界与实践界互动更加深入。

孙学玉总结了党的十八大以来推进人才强国建设取得的成效，他指出体制机制改革进入密集时空期，计划经济体制下形成的制约人才创新创造活力的那些思想观念、体制机制障碍等开始逐步打破；人才工作或人才队伍建设迎来了成果的密集回报期，高质量的创新成果不断涌现；制度优势进入密集发力期，工作机制更加协同；国外海外人才进入快速集聚期，人才竞争力进一步提升。陈皓结合党的十九大报告，谈了关于人才工作的体会，提出了新时代人才工作的新定位，明确建设创新型国家的人才工作的新任务，形成新时代人才工作的新局面。同时，也就上海有关人才工作的最新情况和经验做了分享交流。公共管理教研部易丽丽副教授以“柔性引才，缓解高端人才短缺”为题做了发言。她认为柔性引才能破解引才瓶颈，梳理了我国探索柔性引才的历程及存在的问题，结合国际柔性引才经验，分享了建立与国际接轨的柔性引才制度环境，保持可持续的人才吸引力的研究思考。中国人事科学院吴帅副研究员以“国际人才流动背景下猎头行业新机遇”为题分享了研究成果，并认为下一步仍要处理好政府与市场关系。中科院空间应用工程与技术中心人事教育处处长颜廷锐分享了中科院造就科技创新人才，率先建成人才高地的政策举措与经验，同时结合自己多年的人才工作体会进行了理论思考。

薄贵利对全天的研讨会进行总结。薄贵利认为，国家战略研究中心就加快建设人才强国这样一个重大的命题进行讨论非常有意义，本次研讨会很有特点，体现理论与实践结合，宏观与微观结合，国内与国际结合，从多视角、多角度对人才强国问题进行了深入研究探讨。他认为党的十九大报告提出“加快建设人才强国”这个命题，本次研讨会只是初步点题，以后将继续开展这种“高层次、小范围、深研讨、出成果”模式的研讨会，为推动人才强国建设做出贡献。

天津大学、上海社会科学院、北京理工大学、北京行政学院、河北行政学院、山东工商学院、国际关系学院等单位的青年学者及《人民日报》《光明日报》《学习时报》《中国行政管理》《中国人才》等媒体参加了研讨会。

（国家行政学院科研处刘斌供稿）

综合（含新闻、国际关系、其他）

2017 中国网络直播高端峰会　1月8日，2017 中国网络直播高端峰会在中国传媒大学中传国际交流中心举行。峰会由中国传媒大学主办、校经管学部承办。本次峰会聚集了来自新华社、北京市等部门的相关领导，百度、阿里巴巴等专业机构、亦非云等平台企业的业界人士和多位高校专家学者。峰会以“网络直播：机遇与挑战”为主题，探讨和交流了网络直播的现状、存在问题和未来发展趋势。

开幕式上，新华社新媒体中心党委书记、董事长陈凯星，中国传媒大学副校长蔡翔分别致辞。陈凯星对于新华社以现场新闻全新理念为指导，大力推进新闻全息直播态报道，推动主流媒体实现数字化在线生产转型的实践做了生动介绍及展示。蔡翔在致辞中指出，以用户为核心、以产品多元为基础、以多终端为平台、以深度服务为要求的经济形态将构架虚拟经济、共享经济和社群经济交融共生、创新发展的宏大格局。我们要牢牢抓住网络直播移动化、社交化、实时化的特点，引入开放和共享的理念，推进网络直播向场景化与智能化方向发展。

在主题论坛环节，北京市文化创意产业促进中心主任梅松，南方科技大学党委副书记、深圳大学文化产业研究院院长李凤亮，南京艺术学院副院长李向民，中南大学法学院教授周刚志，百度视频副总裁张丽媛，亦非云 CEO 孙振峰，阿里巴巴移动事业群法务副总监孟洁，京师律师事务所合伙人卢鼎亮，以及中国传媒大学经管学部卜彦芳教授、刘江红副教授围绕本次峰会的主题发表了演讲。

嘉宾在演讲中认为，直播始于技术，但是终将归于内容。对于网络直播的监管规范和法律约束，与会专家认为，对网络直播这一新兴文化业态的规范，需要文化法制提供引导和保障，需要行政部门依法管理、直播企业依法自治、网络主播依法自律。

中国传媒大学经管学部学部长范周在总结中指出，网络直播的利弊因人而异。无论如何，用互联网思维应对互联网世界势在必行，可变的永远是技术、形式和规律，而不变的永远是内容和操守。

（中国传媒大学文科科研处马奇炎供稿）

中国智库国际影响力论坛 2017　1月9日，中国人民大学、光明日报社、“一带一路”智库合作联盟在京联合主办中国智库国际影响力论坛 2017。聚焦“智库国际影响力”这一主题，与会嘉宾围绕“2017 年主场外交与智库与国家形象”“智库文化与国家战略”等议题进行深入探讨。

中国人民大学校长刘伟、光明日报社总编辑杜飞进致辞；全国人大外事委员会副主任、蓝迪智库理事长赵白鸽，国务院发展研究中心副主任隆国强，中联部当代世界研究中心主任金鑫，国务院参事室交流合作司司长孙维佳，国家发展改革委西部开发司巡视员欧晓理做主旨发言。

（参见《光明日报》2017 年 1 月 12 日第 16 版）

世界变局中的中国外交：角色与担当暨习近平主席 2017 年首访成果研讨会　1月21日，在北京师范大学召开的世界变局中的中国外交：角色与担当暨习近平主席 2017 年首访成果研讨会上，与会专家学者及媒体从业者的一致认为，习近平主席此次新年外交开局之篇充分体现了中国特色大国外交的全面性与可持续性，在目前关于世界局势未来走向的激烈辩论中起到了一锤定音的引领性效果。

北京师范大学校长兼中国教育与社会发展研究院院长董奇认为，人类正处于大发展、大变革、大调整时期，习近平主席发表的一系列重要讲话，唱响了共担时代责任、促进全球发展的时代声音，所提出的构建人类命运共同体的方案，为世界提供了中国智慧、中国经验。构建人类命运共同体的美好目标，需要更多元的参与、更包容的心态、更持久的努力。

中联部研究室主任栾建章指出，习近平主席瑞士之行是把中国放在世界层面进行的谋划。在当今世界逆全球化等阶段性变局中，中国传统文化或能为世界的碎片化问题提供一种解决方案。习近平主席关于人类命运共同体、新型大国关系、正确义利观等重要论述，为建设更美好的世界提出了中国方案。对世界而言，这些理念是一种超越物质层面、超越“利”的层面的引领，是更高的思想层面的引领。“思想层面的引领比经济的引领更为重要。”

北京师范大学副校长周作宇从人文和思想交流等方面对中国如何发挥引领大国作用进行了呼应。他表示，中国与西方国家的合作需要更加关注精神、思想、人文方面，打造更通畅的人文交流机制。中国要实现在世界的引领作用，需要发力建设“五个大国”：领袖大国、价值大国、思想大国、责任大国、风范大国。

教育部国际司副司长方军则在致辞中强调了人文外交的重要性。他表示，在中国推动外交理念和实践创新的过程中，高校要利用在人才培养、学术思想等方面的优势，积极参与中外人文交流。同时，也要加强智库建设，为国家和社会发展建言献策，发挥积极作用。

此外，良好的传播方式对于发挥引领作用可以起到事半功倍的作用。光明网总裁、总编辑杨谷结合出访报道情况，从传播的视角高度评价了习主席此访的里程碑意义。他强调，要重视以领袖为中心的人格化传播。“有激情，有庄重，有爱憎，有喜怒哀乐，这样的人格化传播，才能打动千千万万的国外民众，赢得世界的追随。”

本次研讨会由北京师范大学中国教育与社会发展研究院和光明网联合主办。北京师范大学副校长陈丽主持。

（参见《光明日报》2017 年 1 月 23 日第 8 版）

北京大学中东地区发展论坛　1 月 24—25 日，北京大学中东地区发展论坛在北京大学召开。应邀出席论坛开幕式的国内外嘉宾有外交部副部长张明、外交部前副部长杨福昌、俄罗斯和美国中东事务代表、阿拉伯国家联盟代表、海合会代表，外交部相关司局负责人、中国驻中东地区国家的前大使和资深外交官，中共中央对外联络部、国务院发展研究中心、中国社会科学院、全国友协的领导和专家；苏丹、俄罗斯、卡塔尔、突尼斯、也门、伊拉克、巴勒斯坦等国驻华大使及各国使馆代表。北京大学校长林建华以及北京大学外国语学院、历史系、国际关系学院等相关院系的领导与师生参加了本次论坛。

会议包含“中东地区发展现状与挑战”“中东地区合作机制与发展”“中东地区安全状况与发展”“国际合作与中东地区发展”4 个分论坛。

为期两天的论坛中，与会嘉宾和学者围绕会议主题发言和提问，就中东转型的方向、伊朗核研制等问题进行了探讨，与会人员认为北京大学举办中东地区发展论坛，有助于中国对于中东地区的研究，并推动中国中东政策在“一轨半”模式下发展。

（北京大学社科处供稿）

国际研究领域的重大理论与现实问题学术研讨会
2 月 17 日，中国社会科学院国际研究学部、中国社会科学院科研局主办的国际研究领域的重大理论与现实问题学术研讨会在北京举行。会议研究的主要议题有“国际问题研究的重大理论问题”“当前世界重要形势与发展趋势”“当前国际热点问题”。来自中国社会科学院国际研究学部各研究所以及职能部门、直属单位等的领导和专家学者参加会议。会议主要内容有以下几方面：

一是国际形势不确定性增加。中国社会科学院欧洲研究所所长黄平就“不确定性国际环境下的确定性寻求”议题，中国社会科学院亚太与全球战略研究院党委书记王灵桂就“全球化与中国战略”议题，中国社会科学院世界经济与政治研究所研究员、科研局挂职副局长姚枝仲就“世界经济面临的主要挑战”议题先后发言。

二是美对外政策或有诸多转变。中国社会科学院俄罗斯东欧中亚研究所研究员柳丰华就“大国关系的调整与趋势——以中俄美三角关系为视角”议题、中国社会科学院美国研究所副所长倪峰就“特朗普政府在对外政策方面表现出‘美国优先’的理念倾向”等议题发了言。

三是国际问题研究当关注四大主题。中国社会科学院国际研究学部主任张蕴岭在总结发言中指出，当前国际问题研究主要体现为4个主题：第一个主题是全球问题，即人类生存环境的问题日益严峻；第二个主题是国际秩序，即美国的全球领导力趋于萎缩之际，未来的国际秩序、地区秩序、国家间的秩序究竟如何变动；第三个主题是世界发展，即未来世界发展的动力、发展的模式、发展的结构等；第四个主题是综合性的国际重大理论问题和现实问题，目前主要关注的有美国政治、“一带一路”建设、人民币国际化、拉美政治生态、日本战略调整、中东政策、中东欧发展和非洲走向等。

会议由中国社会科学院美国研究所承办。会议还得到中国社会科学院、上海市人民政府上海研究院、中国社会科学出版社、社会科学文献出版社等单位的支持。

（中国社会科学院办公厅刘玉杰编辑、供稿）

国研智库论坛·新年论坛2017　2月18日，在由国务院发展研究中心指导、中国发展出版社主办的国研智库论坛·新年论坛2017上，与会专家围绕“2017年中国经济宏观展望”“通过供给侧结构性改革寻求供给与需求的新平衡”“通过改革与创新实现金融与实体经济的新平衡”等问题进行了深入研讨。

国务院发展研究中心主任李伟发表主旨演讲。对于如何深入推进农业供给侧结构性改革，加快培育农业农村发展新动能，李伟表示要先弄清当前我国农业农村发展面临的突出挑战，进而改革农业支持政策体系，理顺农产品价格形成机制，优化国内国际、三次产业和农业内部等3个层面的资源配置，激发农业农村内生发展动力，培育农业农村发展新动能。

（参见《光明日报》2017年2月19日第3版）

移动传播创新论坛　2月19日，人民日报社举办移动传播创新论坛，宣布全国移动直播平台上线，同时成立人民日报新媒体实验室。这是人民日报社进一步贯彻习近平总书记“2·19”重要讲话精神，坚持移动优先、深入推进媒体融合发展的实际举措。

人民日报社社长杨振武、中宣部副部长庹震出席论坛。人民日报社副总编辑王一彪在论坛上致辞说，主流媒体应当保持应有的传播自信，坚持移动优先战略，全面推进传播创新。坚定互联网化方向，善用中央厨房机制，把握用户中心，积极探索平台化战略，推动媒体深度融合取得新进展、新成效。

据介绍，全国移动直播平台（人民直播）由人民日报社新媒体中心发起，与新浪微博、一直播合作建设，旨在净化直播环境，引导直播发展，用新技术传播和壮大正能量。目前，已有百余家媒体机构、政府机构、知名自媒体、文体名人等首批入驻。平台成员将共享优质原创直播内容、全流程技术解决方案、免费的云存储和带宽支持，在内容生产和内容分发上探索全新发展路径。

人民日报社新媒体实验室由人民日报社新媒体中心和电子科技大学共同发起，将依托《人民日报》在新媒体领域的创新成果，发挥电子科技大学在电子信息领域的学科优势，将人工智能、大数据等新一代信息技术应用于新媒体领域，形成领先的“电子信息＋新媒体”的产品和服务。实验室面向国内外互联网企业、高等院校、研究机构等开放。

论坛以“全面创新、移动优先、深度融合”为主题，中央网信办、国家新闻出版广电总局有关领导，中央和地方新闻单位、政府机构的代表参加论坛。

［参见《人民日报》（海外版）2017年2月20日第2版］

中英“从自然资源资产到自然资本”圆桌会议　2月25日，国务院发展研究中心资源与环境政策研究所、英国科学与创新网、英国生态与水文中心在京共同举办中英“从自然资源资产到自然资本”圆桌会议。此次圆桌会旨在通过交流中英两国自然资源资产和自然资本的最新研究与实践进展，为中英两国科学家和决策者提供一个从科学到政策的对话平台。

资源与环境政策研究所所长高世楫、英国大使馆公使衔参赞 Colin Crooks 出席开幕式并致辞。资源与环境政策研究所副所长谷树忠研究员、英国生态与水文中心主任 Mark Bailey 教授、中科院地理资源所副所长封志明研究员、国土资源部信息中心陈从喜研究员、资源与环境政策研究所李维明副研究员等分别发表演讲。

出席本次研讨会的还有来自英国兰卡斯特环境中心、英国詹姆斯·赫顿研究所、中国水利水电科学研究院、水利部规划设计总院、中国环境科学院、环保部环境规划院、中科院地理资源所、中科院生态环境研究中心、中国农业科学院、中国农业大学以及深圳市环境科学研究院等机构的专家学者。

（国务院发展研究中心郭巍供稿）

第二届中英发展论坛　3 月 2—3 日，国务院发展研究中心与英国国际发展部联合主办、英国牛津大学协办的第二届中英发展论坛在京举行。来自中英两国政府部门、研究机构以及美国、澳大利亚、印度相关机构的 70 余名高级官员和知名学者出席论坛，就低收入国家经济追赶、政策执行经验、全球治理新趋势、国际发展合作管理等 4 个议题进行深入研讨。国务院发展研究中心主任李伟出席论坛开幕式并做主旨演讲，副主任张军扩主持第二节、副主任隆国强主持开幕式并总结第三节、副主任王一鸣做论坛总结发言。英国国际发展部常务副部长马克·洛科克、牛津大学布拉瓦尼克政府学院院长奈尔·伍兹等英国政府官员和知名学者出席论坛并发言。来自财政部、商务部等部委及社科院、清华大学等 7 家研究机构的代表出席论坛并发言。美国彼得森国际经济研究所高级研究员杰弗里·斯考特、美利坚大学公共事务学院教授大卫·罗森布拉姆、澳大利亚新南威尔士大学副教授李秉勤、印度农业集团首席执行官拉米什·德斯潘德出席论坛并发言。本届论坛被纳入第八次中英经济财金对话成果。

（国务院发展研究中心郭巍供稿）

中国在东南亚地区的伙伴关系及联盟战略讲座　3 月 11 日，上海纽约大学助理教授雷爱华先生应邀在外交学院沙河校区教学楼 315 教室做主题为“‘金钱易得，朋友难求’：中国在东南亚地区的伙伴关系及联盟战略”的学术讲座。讲座由外交学与外事管理系举办、任远喆副教授主持，外交学系本科与研究生同学参与此次讲座。

雷爱华以习近平主席于 2013 年在印度尼西亚国会演讲中的一句话“金钱易得，朋友难求”为切入点，引出中国在东南亚的伙伴关系外交，并进一步提出问题：“为什么要建立战略伙伴关系?”在回答这一问题时，雷爱华首先对于当前学术界存在的“建立伙伴关系的动机为谋取经济利益”的论断持存疑态度，并通过对伙伴关系中的政治、经济、文化等因素进行定量数据分析，得出建立伙伴关系动机为“利益与形象”。

（外交学院科研处李琮供稿）

“一带一路”背景下的中欧关系学术研讨会　3 月 22 日下午，外交学与外事管理系与外交部欧洲司联合主办“一带一路”背景下的中欧关系学术研讨会。欧洲司六处曹蕾处长、九处张彦宇副处长、三等秘书顾正雄同志应邀参加研讨，外交学系部分师生及研究生部、亚洲研究所、中国外交理论研究中心、国经学院师生参加了研讨会。王春英教授主持了会议。

会议第一阶段，由欧洲司 3 位同志分别就欧美关系、欧洲一体化进程、中欧关系及中欧关系发展的新进展做了发言。会议第二阶段，与会者就中欧关系的基础、欧美关系、欧盟对华军售、欧洲一体化、英国脱欧及其影响等问题进行讨论交流，大家就各自的学术研究进行了充分的讨论。曹蕾就特朗普这一事件所反映的当前世界格局发生的新变化做了发言。总体上呈现出世界乱、中国稳的态势。中国已经成为世界稳定的主导力量之一。欧美关系在特朗普上台后也出现了新变化。张彦宇主要先分析了欧洲一体化的当前态势，在此基础上谈了他对中欧关系的看法。顾正雄结合自己的工作实际，谈了近年来中欧关系的四大亮点和两个主要问题。

研讨会结束之际，双方均表示希望这样的活动今后能可持续开展，加强外交研究与外交实践的互动，促进外交理论与实践的有机结合。

（外交学院科研处李琮供稿）

2017 年度首届院长论坛　3 月 29 日上午，2017 年度首次院长论坛召开。本次院长论坛邀请到中共中央党校战略研究院教授赵磊主讲。王学勤院长参加论坛，许传玺副院长主持论坛，全体科研人员参加学习。赵磊围绕“一带一路”主题，详细介绍了“一带一路”的起源及推进问题，结合当前形势，用翔实的数据、丰富的事例，深入解读了“一带一路”倡议的背景、重点讲解了“痛点经济”与“文化经济”的概念及蕴含机遇。他指出，加强“一带一路”研究，深入调研、讲好故事是科研人员的关键工作，要“老在路上，总倒时差，常换水土，不停换思路”。赵磊就中欧班列、国际投资法、中交建、英国金融城及北方经济引擎规划等项目做了翔实而生动的介绍。他指出，中国不仅要成为一个重要的国家，更要成为一个受尊重的国家；中国不仅要有举世瞩目的经济成就，更要把令人振奋的经济成就转化为解决实际问题的能力，“大家好才是真的好”，“一带一路”的意义正在于此。“一带一路”不仅是一个经济事件，更是一个文化事件，是中国文明型崛起的标志。

（北京市社会科学院朱霞辉供稿）

"21世纪：亚洲的世纪"主题演讲　4月5日晚，北京师范大学新兴市场研究院、"一带一路"研究院举办"京师'一带一路'大讲堂"系列活动第七讲，亚洲开发银行前常务副行长、新兴市场研究院特聘教授拉贾特·纳格在活动中发表了题为"21世纪：亚洲的世纪"的主题演讲。新兴市场研究院院长胡必亮教授出席并主持了此次大讲堂活动。拉贾特·纳格教授介绍了新世纪亚洲发展所面临的七大挑战。他认为，亚洲的发展和全球的发展息息相关，亚洲必须在国家、区域和全球3个层面来应对这些挑战，坚持遵守国际准则，强化自身制度建设，以确保亚洲和全球经济的共同繁荣与发展。讲座结束后，拉贾特·纳格教授与参加人员互动交流，并回答了中外师生所关注的其他问题。"京师'一带一路'大讲堂"是北京师范大学新兴市场研究院、"一带一路"研究院举办的系列活动。"京师'一带一路'大讲堂"致力邀请在"一带一路"研究和实践方面有突出贡献的专家学者、政府官员、企业家到这个平台上分享经验，助力"一带一路"的理论和实践创新，推进"一带一路"健康发展。

（北京师范大学社科处刘娜供稿）

美国对外援助经验和美中合作讲座　4月5日下午，美国驻华使馆负责发展事务的参赞陶德博士在外交学院沙河校区图书馆报告厅举办了题为"美国对外援助经验和美中合作"的讲座。

陶德回顾了美国对外援助工作的起源，介绍了美国国际发展署的职能和具体工作。他指出，对外援助是美中关系中双方合作前景非常光明的一个新兴领域，两国政府近年来已经进行了许多接触，希望在"习特会"之后，两国之间的合作能够更加紧密，一同促进发展中国家各项事业的进步。在互动环节，陶德博士和大家就对外援助的必要性、有效方式、困难和挫折等问题进行了深入交流，并对中美在此领域的合作前景和特朗普政府未来的对外援助政策进行了探讨。

（外交学院科研处李琮供稿）

国际治理中的中非合作关系讲座　4月6日，纳米比亚共和国驻华大使伊莱亚·凯亚莫博士到访北京师范大学，并以"国际治理中的中非合作关系"为题做主题演讲。演讲为新兴市场研究院，"一带一路"研究院举办的"京师'一带一路'大讲堂"系列讲座第八讲。北京师范大学副校长周作宇应邀出席。院长胡必亮主持了此次大讲堂活动。凯亚莫在演讲中认为，全球治理体系至关重要，评估全球治理体系应当以"能否提供一个包容性强、注重所有权和合作关系的框架"为标准。他充分肯定了长期以来中非合作的成果，并认为"中国和纳米比亚的合作关系是双赢伙伴关系的突出榜样"。凯亚莫十分赞赏中国的"一带一路"倡议，并将"一带一路"视为建设商贸走廊的重大契机。

（北京师范大学社科处刘娜供稿）

第十二届亚洲传媒论坛　4月20—21日，中国传媒大学和韩国高等教育财团主办，亚洲传媒研究中心、艺术学部、移动互联与社会化媒体研究中心、英文期刊*Global Media and China*编辑部、传媒高等教育国际联盟共同承办的第十二届亚洲传媒论坛在京举办。

论坛以"全球化·社会发展·社会化媒体变革"为主题，邀请到传媒领域国际知名学者、教育部特聘"长江学者"、国家"千人计划"入选者、英文期刊*Global Media and China*国际编委成员、媒体高层管理者等就在全球化背景下社会化媒体如何深层次地影响社会发展，以及在媒体变革中所扮演的角色展开全方位、多角度的思考，不仅拓展了社会化媒体研究的深度和广度，也为传媒业的发展提供了新的思路。

4月20日上午，中国传媒大学校长胡正荣教授出席了开幕式并致辞，他对亚洲传媒论坛的发展历程进行了简要回顾，并对本届论坛的学术价值给予了高度肯定。韩国高等教育财团事务总长朴仁国对本届论坛报以很高期望。中国传媒大学学术委员会副主任、亚洲传媒研究中心主任丁俊杰教授主持了论坛的开幕式，来自国内外30余所高校和新闻单位的专家学者与业界人士近200人参加了此次论坛。

4月21日上午，中国传媒大学副校长廖祥忠在圆桌论坛"全球媒体与亚洲"上致辞，他着重介绍了中国传媒大学与SAGE国际出版集团合作创建的*Global Media and China*英文国际学术期刊。

本届论坛紧密结合2016年社会化媒体的整体发展趋势，以"全球化与中国媒体的国际化""社会媒体发展与变革""全球媒体与亚洲""社会化媒体与社会发展"为四大分议题，集合国际专家学者多年研究成果，共同思考传媒未来发展之路。

（中国传媒大学文科科研处马奇炎供稿）

印度外交政策、外交行为根源分析讲座　4月28日，印度金德尔全球大学的Depp Kisor Datta-Ray教授来访外交学院沙河校区为外交学系师生做了主题为“印度外交政策、外交行为根源分析”的学术讲座。讲座由外交学与外事管理系举办、朱丹丹主持。

Datta-Ray介绍了印度社会基本情况，结合印度基本国情，对印度政府的外交政策以及相关外交行为的特点和问题谈了自己的看法。并以20世纪90年代至今印度与美国就民用核能合作谈判过程中印度政府所体现出的不妥协态度为例，分析并反思了印度政府这种强硬立场背后所体现的历史、政治和社会心理根源。Datta-Ray指出，印度政府以及精英层对中国十分重视，希望通过加强经贸往来和人文交流等方式来促进两国关系的深入发展。最后，Datta-Ray就同学们提出的印度社会治理与对外政策选择以及印度与国际组织关系等问题做了解答。

讲座后，中印学者以“印度外交决策机制与中印关系”为主题，召开了专题学术研讨会。围绕着印度国内情况、印度对外政策走向、中印关系等问题进行了更为深入的研讨。

（外交学院科研处李琮供稿）

第四届中国—中东欧国家关系政策论坛　5月16日，第四届中国—中东欧国家关系政策论坛在北京举办。会议由中国欧洲学会中东欧研究分会主办，中国社会科学院欧洲研究所和16+1智库网络秘书处承办。中国—中东欧国家合作事务特别代表霍玉珍大使出席会议开幕式，并做了题为“16+1合作：成就与挑战”的主旨发言。外交部前大使、中国欧洲学会中东欧研究分会会长李国邦主持开幕式。

中国社会科学院欧洲研究所所长、16+1智库网络秘书长黄平出席演讲会，并主持了《匈牙利看“一带一路”和“16+1合作”》新书发布会。匈牙利驻华大使齐丽、中国欧洲学会中东欧研究分会会长李国邦、中国社会科学出版社社长赵剑英、匈牙利经济研究所所长安德拉什·维塔什出席新书发布会并发言。

在学术研讨环节，来自外交部、中国社会科学院、中国国际问题研究院、北京大学、北京外国语大学、同济大学、上海对外经济贸易大学、河北经贸大学、宁波海上丝绸之路研究院等中方的政界、学界和媒体代表相继发言，并就“一带一路”、中东欧、“16+1合作”等问题进行了讨论。共约60人与会。

（中国社会科学院办公厅刘玉杰编辑、供稿）

丝路国际智库网络2017年会　5月16日，作为“一带一路”国际合作高峰论坛的配套活动，丝路国际智库网络2017年会在国务院发展研究中心举行。国务院发展研究中心主任李伟、党组书记王安顺，隆国强副主任、王一鸣副主任，以及来自30多个国家的43个智库、12个国际组织、20个跨国企业以及国内有关地方政府机构代表、国务院发展研究中心研究人员等170人出席会议。中国国务院发展研究中心主任李伟、“一带一路”智库合作联盟秘书长金鑫在开幕式致辞，隆国强作总结讲话。丝路国际智库网络（SiLKS）代理秘书长、国务院发展研究中心国际合作局局长程国强主持开幕式，经合组织发展中心主任佩兹尼、中华能源基金会常务副主席兼秘书长何志平，印尼战略与国际问题研究所创始人兼副主席瓦南迪以及哈萨克斯坦世界经济与政治研究所所长萨尔特巴耶夫分别主持各节讨论。

会议围绕“‘一带一路’建设带来的发展机遇”“深化‘一带一路’合作的方案与对策”“推动‘一带一路’建设的共同行动”等议题展开深入讨论，近60名SiLKS成员和伙伴代表以及相关企业负责人发言。SiLKS成员和伙伴就共同推进共商共建“一带一路”达成重要共识，并共同发布《丝路国际智库网络北京共同行动宣言》。该宣言已被纳入“一带一路”国际合作高峰论坛成果清单。

会议通过产生了SiLKS第一届指导委员会，并由李伟担任第一届指导委员会主席。会议还启动上线了丝路国际智库网络电子工作平台。

（国务院发展研究中心郭巍供稿）

弘扬丝路精神，携手推动“一带一路”建设外国学员座谈会　5月18日下午，弘扬丝路精神，携手推动“一带一路”建设外国学员座谈会在国家行政学院举办。国家行政学院副院长杨克勤出席座谈会并致辞。来自阿尔及利亚、埃及、苏丹、黎巴嫩、约旦及阿拉伯国家联盟总部的43名外国学员和文化部、中国日报以及国家行政学院相关部门负责人、专家学者参加了座谈会。座谈会分别由国家行政学院培训中心主任刘宏毅和政治学教研部副主任于军主持。

杨克勤首先对座谈会的召开表示祝贺，对来自阿拉伯公务员公共行政管理研修班、阿尔及利亚区域规划和地方经济发展研修班各位官员表示欢迎。他指出，研修班举办期间恰逢备受世界瞩目的“一带一路”国际合作高峰论坛在北京成功举办。中国国家主席习近平在演讲和致辞中揭示了丝路精神的丰富内涵，阐述了“一带一路”建设的重大意义，总结了“一带一路”建设成果，阐明了“一带一路”建设的中国主张、中国方案，为“一带一路”建设描绘了美好愿景和前进方向，开启了“一带一路”伟大事业的新篇章。杨克勤说，“一带一路”倡议符合世界发展所需、顺应沿途人民所盼。3 年多来，“一带一路”建设成效显著，已经成为向心力越来越强的国际合作平台、受欢迎度越来越高的全球公共产品。他希望大家畅所欲言，深入研讨，为“一带一路”建设献计献策，贡献智慧。

座谈会上，来自阿尔及利亚、埃及、苏丹、黎巴嫩、约旦及阿拉伯国家联盟总部的学员代表分别做了发言。学员围绕“一带一路”倡议和各国具体情况，就本国如何更好地融入“一带一路”建设建言献策。学员们高度欣赏习近平主席提出的“一带一路”倡议，对习近平主席在“‘一带一路’国际合作高峰论坛”上提出的中国主张、中国方案高度认同。大家一致认为，“一带一路”建设是一项造福各国人民的世纪工程，“共商、共建、共享”的原则、“和平合作、开放包容、互学互鉴、互利共赢”的丝路精神和建设人类命运共同体的主张，将为世界开辟一条共同发展、共同繁荣的新道路。学员纷纷表示，十分愿意回到各自国家以后，继续讲好丝路故事，弘扬丝路精神，成为推动“一带一路”伟大事业的友好使者。

文化部对外文化联络局副局长朱琦、中国日报社评论部主任邢志刚、国家行政学院马小芳教授、宋雄伟副教授围绕相关专题做了发言并与学员进行了互动交流。

自“一带一路”倡议提出以来，国家行政学院共举办各类外国官员研修班 236 期，来自“一带一路”沿线 58 个国家的 2361 名外国官员参加研修。

（国家行政学院科研处刘斌供稿）

第三届政府规制与治理国际论坛 5 月 18 日，对外经济贸易大学主办的第三届政府规制与治理国际论坛在对外经济贸易大学举办。论坛以“全球化及逆全球化趋势下的政府规制与治理”为主题，邀请来自政府机构、高等学校、科研院所等 24 家单位的 40 余位国内外专家学者围绕主题展开研讨。

论坛分为开幕式及主题演讲、专场报告和圆桌论坛 3 个环节，共设置了 4 个议题：“逆全球化”与“全球化”的博弈与均衡；全球经济治理体系重构与中国的角色；跨国公司在华投资新趋势与中国“创新驱动发展”的匹配性；中国新一轮高水平开放经济发展进程中的政府职能转型和政商关系定位。

（对外经济贸易大学科研处供稿）

“一带一路”建设与中国海外利益保护学术研讨会 5 月 18 日，外交学院海外利益保护研究中心和中国海外保安集团联合举办的“一带一路”建设与中国海外利益保护学术研讨会在外交学院 1103 会议室举行。来自外交部、中联部、公安部、北京市外办等政府部门官员，外交学院、中国社科院、国际关系学院、中国与全球化智库等高校、智库的专家学者以及来自中国保安协会、中国节能环保集团、中国电力建设集团、中国海外保安集团等企业及行业协会相关负责人等共 30 余位各界人士参与了研讨会。大家围绕“一带一路”倡议的推进与中国海外利益保护、构建立体化的海外利益保护体系以及企业“走出去”的风险防范与安全保护等议题进行了讨论。

开幕式由外交学院海外利益保护中心主任夏莉萍教授主持。她简要介绍了海外利益保护中心成立以来的研究进展情况。外交学院院长助理高飞教授代表学院致辞。他从中国特色大国外交的大背景出发，阐述了举办此次学术研讨会对于高校、政府和企业的积极意义。外交部涉外安全司副司长曹小林与中共中央对外联络部当代世界研究中心副主任许永权分别做了主旨发言。在议题讨论阶段，中国海外保安集团董事长王国保、中国节能环保集团公司和中国电力建设集团等企业、中国保安协会栗萍主任分别进行发言。来自中央军委联合参谋部的李琰文武官和外交学院的苏浩教授则对“一带一路”建设中的政治安全风险进行了全面分析。与会者普遍认为，随着“一带一路”倡议的持续推进，海外利益保护的重要性和急迫性将快速提升，亟待建立多层次、立体化、全方位的海外利益保护体系。

（外交学院科研处李琮供稿）

国内政策的全球影响国际学术研讨会 5 月 20—21 日，北京大学国际战略研究院与美中关系全国委员会联合举办了题为“国内政策的全球影响”的中美新一代学者双边讨论会。会议在北京大学北阁举行。本次讨论会是 2016 年 5 月举办的中美新一代国际问题学者和智库专家对话会的延续。与会者 30 人，均来自中美两国各个地区的大学和智库，有一定的代表性。在讨论会上，双方学者超越了中美关系的双边框架，立足多边、区域及全球视角，围绕世界主要国家的国内政治、经济、社会等各方面因素对各国尤其是中美两国外交决策制定与战略实施的影响，交流了研究成果、阐明了各自的重点关切。北京大学国际战略研究院院长王缉思教授和副院长、北京大学燕京学堂院长袁明教授分别在讨论会上致辞，阐明此次会议的用意在于促进中美两国新一代国际问题学者和智库专家之间的交流，并通过广泛地邀请不同领域的学者专家就重大战略问题进行讨论，以期缩小区域研究与国际政治研究、学术研究与政策研究之间的差距。

（北京大学社科处供稿）

特朗普政府的外交政策与中美关系讲座　5月24日下午，美国乔治城大学安德鲁·班尼特教授应邀在外交学院沙河校区为国际关系研究所硕士生做了题为“特朗普政府的外交政策与中美关系”的学术讲座，讲座由国际关系研究所举办。

班尼特介绍了特朗普政府的外交政策，并讨论了对中美关系的影响。之后，班尼特就中美贸易问题、伊斯兰极端原教旨主义、美国外交决策程序等问题回答了同学们的提问。班尼特是乔治城大学外交事务学院教授，美国外交政策、美俄关系以及研究方法领域的知名学者，曾任美国国防部部长助理的特别顾问。

（外交学院科研处李琮供稿）

2017年金砖国家智库论坛　6月8—9日，2017年金砖国家智库论坛“金砖国家发展战略对接：迈向共同繁荣的路径”国际研讨会在北京举行。会议由中国社会科学院国家全球战略智库、光明智库和国际关系学院共同主办。中国社会科学院副院长、党组成员、国家全球战略智库理事长蔡昉出席会议并致辞。光明日报社副总编辑沈卫星、中国现代国际关系研究院原院长陆忠伟、国际关系学院院长陶坚分别在开幕式上致辞。中国社会科学院国家全球战略智库常务副理事长兼秘书长王灵桂主持开幕式。

来自中国、印度、巴西、俄罗斯、南非等金砖国家智库的10多位专家学者参加会议。会议围绕金砖国家发展战略对接的背景与意义、路径与实践等问题展开讨论，并提出对策建议。

会议主要观点有：（1）金砖国家面临更大成长空间。巴西国际关系研究中心董事会成员 Roberto Abdenur、上海社会科学院国家高端智库学术委员会主席黄仁伟就此问题发言。（2）推动完善金砖国家机制建设。印度世界事务委员会总干事 Nalin Surie、南非冲突解决研究中心执行董事 Tony Karbo 就此问题发言。（3）一带一路可成为金砖国家合作平台。俄罗斯科学院院士、俄罗斯科学院世界经济和国际关系研究所副所长 Vasily Mikheev、中国人民大学教授王义桅就此问题发言。

（中国社会科学院办公厅刘玉杰编辑、供稿）

新媒体与青年工作创新研讨会　6月17日下午，中央团校、北京大学新媒体研究院主办，中央团校新闻传播学院、新媒体与青年发展中心承办的2017年新媒体与青年工作创新研讨会在中央团校举行。

校党委常委、副校长林维教授，北京大学新媒体研究院院长谢新洲教授出席会议并致辞，对新媒体研究和青年工作领域的定期交流与对话表示支持和期待。

来自共青团中央、北京大学、中国青少年研究中心、北京师范大学等高校、青少年研究机构的专家学者齐聚中央团校，就如何利用新媒体加强服务青年的阵地建设、青年工作的具体部署等议题展开研究与讨论。专家学者就下一步基层团组织新媒体运营情况的调研方案、“新媒体与青年政治参与”课题的研究方案进行了热烈探讨，对下一步的青年工作研究提出了思路与建议。

［中央团校（中国青年政治学院）科研部供稿］

第六届世界和平论坛　6月24日，第六届世界和平论坛在清华大学举行，论坛主题是“应对国际安全挑战：合力　担当　变革”。全国人大常委会副委员长艾力更·依明巴海出席开幕式并致辞。论坛主席唐家璇和约450名中外嘉宾出席。

艾力更表示，党的十八大以来，习近平主席提出了推动建立以合作共赢为核心的新型国际关系新思想、新理念、新倡议，在国际社会产生热烈反响。当今世界正处于大发展、大变革、大调整时期。中国始终是维护世界和平发展的坚定力量。我们主张以发展保安全，以合作求安全，以对话谋安全，以文化促安全，合力应对国际安全挑战，推动构建同舟共济、守望相助、休戚与共的人类命运共同体，建设一个持久和平、普遍安全的新世界。

（参见《人民日报》2017年6月25日第2版）

第二届中印智库论坛　6月24—25日，中国社会科学院与印度外交部共同主办，中国宋庆龄基金会协办，中国社会科学院工业经济研究所、印度世界事务委员会承办的第二届中印智库论坛在北京召开。

本届论坛的主题为“中印战略合作与发展伙伴关系”。来自中印两国智库的百余名专家学者出席，并将围绕战略互通、双边贸易与投资合作、人文交流、科学与技术4个议题进行深入研讨。

与会学者认为，当今世界处于大变革、大调整阶段，中印两国关系对于维护世界稳定与繁荣十分重要，两国智库应该发挥积极作用，助力两国相互了解。

中国社会科学院院长王伟光在论坛开幕式上说，中印都是重要的发展中国家和新兴经济体，过去10年间，两国间贸易和投资往来大幅增长，孟中印缅经济走廊得到了有关国家的积极响应。当前，中国提出“一带一路”倡议，不断加强同周边国家的互联互通，两国智库应发挥积极作用，提供智力支持。

印度前驻华大使、世界事务委员会总干事苏理宁认为，在当前全球重心由西向东转变的时期，印中两国面临着类似的发展问题，有着共同的目标追求，两国应求同存异，携手合作。印中不仅要在安全、经济等领域增进沟通，还要在农业、科技、绿色产业等广泛议题上加强交流，两国智库责无旁贷，应为两国寻求更多合作机会而努力。

印度驻华大使顾凯杰说，印中关系是世界上最重要的双边关系之一，两国合作具有很大的潜质，感谢中国支持印度加入上合组织，未来印中在多边框架下将有更多合作机会。他说，当前两国在一些问题上理解有差异，需要更多的政府间和民间对话沟通。两国智库应该扩大交流的规模和频率，开诚布公地交换意见，为印中关系的健康发展提供帮助。

2015年5月，在李克强总理与印度莫迪总理见证下，中国社会科学院与印度外交部签署了《关于设立中印智库论坛合作交流备忘录》，同意设立中印智库论坛。该论坛每年一次在中印两国轮流举办。首届中印智库论坛于2016年12月在新德里举行。

（参见《光明日报》2017年6月25日第8版）

第二届国务院发展研究中心—哈佛大学高端国际研讨会　6月25—26日，中国发展研究基金会承办的第二届国务院发展研究中心—哈佛大学高端国际研讨会在北京钓鱼台国宾馆召开。来自中美两国专家学者出席研讨会并围绕经济增长、全球治理和中美经济关系等问题进行研讨。出席研讨会的专家包括哈佛大学肯尼迪政府学院院长道格拉斯·埃尔门多夫、哈佛大学教授德怀特·帕金斯、哈佛大学教授格兰汉姆·阿利森、哈佛大学教授托尼·塞奇、哈佛大学教授杰弗里·弗里登、哈佛大学肯尼迪政府学院艾什民主治理与创新中心高级研究员丹尼斯·恩卡纳桑、麻省理工学院教授黄亚生、加州大学圣地亚哥分校教授巴里·诺顿、香港大学教授迈克·恩莱特等。

国务院发展研究中心主任李伟出席研讨会并在开幕式上致辞。全国社会保障基金理事会理事长楼继伟、财政部副部长朱光耀、中国社会科学院副院长蔡昉、清华大学国家金融研究院院长朱民、中国人民银行金融稳定局局长陆磊等专家出席研讨会并发言。基金会副理事长刘世锦做大会总结。此外，基金会副理事长兼秘书长卢迈、国务院发展研究中心国际合作局局长程国强、中国国际发展知识中心常务副主任贡森、基金会副秘书长方晋分别主持会议，国务院发展研究中心宏观经济研究部副部长陈昌盛、企业研究所副所长张文魁等研究员在会议相关环节发言或评论。

（国务院发展研究中心郭巍供稿）

新时期亚太安全与中欧合作国际学术研讨会　7月3—4日，新时期亚太安全与中欧合作国际学术研讨会在北京召开。研讨会由国家领土主权与海洋权益协同创新中心外交学院分中心、德国汉堡联邦国防军大学以及韩国国防大学联合主办。外交学院教授郑启荣、德国汉堡联邦国防军大学教授迈克尔·施塔克、韩国国防大学教授韩庸燮致开幕辞。会议下设亚太地区总体安全形势、亚太安全与大国关系、亚太安全结构的转变与中欧关系以及领土争端、海洋划界与海上合作四个议题，与会中国、德国、韩国等多国专家就亚太地区安全重要战略意义以及未来发展方向展开了讨论。

（外交学院科研处李琮供稿）

丝路文明与互鉴互融高端论坛　7月14日，中央社会主义学院统一战线高端智库主办的丝路文明与互鉴互融高端论坛在京举行。来自国内知名高校、科研院所、中央社会主义学院和西北5省社会主义学院的50余名专家学者出席论坛。

中国社会科学院研究员耿昇，中国人民大学教授王子今、孟宪实、金灿荣等专家从民族史、宗教史、考古、历史地理等角度，探讨古代丝绸之路沿线各民族的交往交流交融，为“一带一路”建设提供历史文化参照。北京大学教授潘维、中国人民大学教授王义桅等专家从当代民族宗教、经济贸易、文化交流等角度，为“一带一路”建设深入推进提出建议。

专家学者表示，随着中国经济地位的提高，特别是“一带一路”重大倡议的提出，丝绸之路相关研究将发展成学术研究的一大阵地，诞生一系列学术著作，形成学术概念群。另外，应继续发掘中华文明特性，同时探究中华文明与世界其他文明的共通性，为构建人类命运共同体探索更有效的路径和方案。

论坛旨在深入贯彻落实习近平总书记在“一带一路”国际合作高峰论坛上的重要讲话精神，充分发挥中华文化学院（中央社会主义学院）研究、宣传、咨政等重要职能，为深入推进“一带一路”建设提供高端交流平台。

（参见《光明日报》2017 年 7 月 20 日第 11 版）

第三届食药安全新闻传播与谣言治理青年学者论坛　7 月 22 日，第三届食药安全新闻传播与谣言治理青年学者论坛在北京师范大学举行。论坛由国家食品药品监督管理总局新闻宣传司指导，由食品药品安全新闻传播青年学者联盟、中国健康传媒集团、北京师范大学新闻传播学院联合主办。国家食品药品监督管理总局新闻宣传司司长颜江瑛、北京师范大学新闻传播学院执行院长喻国明出席了论坛。来自相关政府主管部门领导、食品药品安全新闻传播青年学者联盟核心成员、食品企业与辟谣平台相关人士就食品谣言的形成原因、内容特征、传播模式、社会危害与预防措施等议题展开了深入探讨。

颜江瑛指出，为了降低食品安全谣言可能对公众带来的恐慌情绪，总局不断加强预防式科普宣传，注重将信息公开和政策解读同步推出，有效避免了谣言的进一步滋生。北京师范大学新闻传播学院副院长张洪忠的《2017 我国网民的食品安全信任与食品谣言调查》报告显示：一方面，网民对于国产食品安全的信任度为 3.43（5 分制），呈现显著提升的趋势，与进口食品安全信任度（3.46）基本持平。甚至在某些特定品类，例如国内粮食制品及蛋类，消费者对国内食品的安全信任度反超国外同类产品。另一方面，网民鉴别食品信息真伪的平均正确率为 52.4%。大多数人能够鉴别半数以上的食品谣言。在塑料紫菜、大米等多次被媒体和政府部门辟谣的信息上鉴别力最高，表明了食药监管总局在治理网络食品谣言上取得的积极成效。但在转基因食品、日本辐射海鲜和鲜虾体内寄生虫的食品谣言信息上，网民中仍然有无法判断或判断错误的情况，说明对公众仍要加强食品科普教育。专题报告结束后，中国健康传媒集团董事长、食品药品安全新闻传播青年学者联盟秘书长吴少祯发布了食品药品安全新闻传播青年学者联盟标识。

（北京师范大学社科处刘娜供稿）

金砖国家青年论坛　7 月 25 日，中华全国青年联合会主办的 2017 年金砖国家青年论坛在北京开幕。来自巴西、俄罗斯、印度、中国、南非的 50 名青年代表，共同就青年创新创业和全球治理中的青年责任等议题进行交流探讨。

本次论坛为期 3 天，主题为“构建伙伴关系，促进青年发展”。本次论坛旨在为金砖国家青年交流思想、增进了解、扩大共识、探索合作提供平台，推动各国青年更有效地参与金砖合作的进程、分享金砖合作的成果。论坛期间，还将举办 2017 年金砖国家青年论坛摄影展。此外，各国代表将听取“一带一路”专题报告、拜访有关政府部门、考察共享经济企业，并开展文化体验等活动。

［参见《人民日报》（海外版）2017 年 7 月 26 日第 2 版］

第十届中华青年传播学者论坛　7 月 29 日，由北京师范大学新闻传播学院和香港城市大学媒体与传播系共同举办的第十届中华青年传播学者论坛在京师大厦召开，来自北京师范大学、香港城市大学、四川大学、中国人民大学、北京大学、武汉大学、中国社科院、华中科技大学、中国传媒大学、厦门大学、中国农业大学等 20 所高校的 50 余位青年新闻传播学者共同探讨了“学科融合与新闻传播学发展”问题。《光明日报》副总编辑、北京师范大学新闻传播学院院长刘伟致开幕词，著名传播学者、香港城市大学讲座教授李金铨先生发来致辞视频。北师大新闻传播学院副院长张洪忠教授主持专家演讲环节，香港城市大学媒体与传播系主任李喜根教授发表《公关健康危机中的媒体接触、效能感知和健康保护行为》报告，微软互联网工程院资深总监曹文韬发表题为“人工智能与媒体融合的探索和实践”演讲，云堆 CEO 张国鸿做了“自媒体营销的云堆方法”介绍。

香港城市大学李喜根教授在总结中讨论了新闻传播学面临的诸多问题：如技术发展太快，新闻传播专业要怎么办？技术迭代与教学的关系该如何处理？教学改进、新闻融合、学科应该怎么办？技术和内容应该怎么安排等问题并提出了相关见解。中国人民大学刘海龙教授在总结中提到，从20世纪初到现在，新闻传播专业有很大的变革，从20世纪初的修辞学，包括新闻学，到40年代的传播学兴起，学科一直以来不乏变革；未来学科还将面临效果研究、大数据等很多问题，他提出了承担社会良心的知识分子要警惕技术背后的实用主义观念等批判性思考。武汉大学新闻与传播学院夏琼教授在演讲中认为中华青年传播学者论坛提供了彼此切磋、互相交流、共同进步的平台，以问题意识来促进学术社群的成长，形成一个独一无二的青年学者学术共同体。论坛还专门邀请了跨学科的北师大社会学院鞠熙博士分享了“北京胡同寺庙与城市公共空间”内容。

（北京师范大学社科处刘娜供稿）

中欧和平与安全国际会议　9月19日，北京大学国际战略研究院与欧洲外交委员会联合举办了第三届中欧研讨会。会议主题为“中欧和平与安全”，来自“更安全世界”组织中国项目、欧洲外交委员会、北京大学非洲研究中心、上海国际问题研究院外交政策研究所、中国国际问题研究院中东研究中心、北京大学中东研究中心、伦敦亚非学院、中央党校国际战略研究所和中国人民大学国际关系学院等近25位专家学者分别从中国和欧洲的视角出发，就国际战略与地区热点问题进行了深入讨论。会议讨论的议题包括“非洲安全与发展援助”“叙利亚和阿富汗：冲突消除与和平建设”“核不扩散议程”。与会学者一直认为中欧在第三方合作的重点地区为非洲和中亚，重点领域在公共卫生、农业技术、非传统安全等领域。合作的难点在于中欧对一些问题的认识存在共识，但是对如何解决问题没有形成一致意见。在核不扩散领域（朝核、伊核问题）的合作有待推进。中欧非三方合作过程中，忽视非洲作为合作主体的声音。此前中国的长期战略与非洲利益不吻合，欧盟缺乏合作的意愿。

（北京大学社科处供稿）

2017中国社会科学院智库论坛　9月22日，“2017中国社会科学院智库论坛：金砖国家的发展与合作”在北京举行。论坛由中国社会科学院学部主席团主办，中国社会科学院世界经济与政治研究所、新兴经济体研究会、中国国际文化交流中心承办。

来自中国、巴西、俄罗斯、印度和南非的60余名专家学者出席论坛。会议的主要议题是“厦门会晤取得的系列成果”“金砖国家发展与合作面临的机遇和挑战”“金砖国家发展与合作的未来趋势”。

会议的主要观点有：（1）金砖国家成世界经济增长重要引擎。与会专家认为，金砖国家引领世界经济增长的势头依然强劲，金砖合作的“成色”更足。中国社会科学院世界经济与政治研究所党委书记陈国平、国务院发展研究中心世界发展研究所研究员丁一凡、巴西学者亨利就此问题分别发言。（2）处于推动发展和深化合作的机遇期。与会中外学者认为，当前，金砖国家发展与合作的机遇主要源于以下5个方面。第一，金砖国家领导人厦门会晤的系列成果，为金砖国家的发展与合作奠定了坚实基础。第二，中国经济保持中高速增长，为金砖国家的发展与合作提供了良好的机遇。第三，国际秩序的调整朝着更加公正合理的方向发展，国际力量对比的天平正朝着以金砖国家为代表的新兴市场国家和发展中国家倾斜。第四，当前国际形势为金砖国家“开放、包容、合作、共赢”的合作理念提供了新的国际空间。第五，“金砖+”的合作模式，使得金砖国家的对话对象转向了整个新兴市场与第三世界，为金砖国家发展与合作提供了新的活力。（3）打造金砖国家第二个“金色十年”。有学者表示，金砖国家必将迎来更加璀璨的第二个“金色十年”。针对如何打造金砖国家第二个“金色十年”，南非国际事务研究所研究员西里尔·普林斯洛、中国人民大学经济学院副院长关雪凌等从多角度进行了探讨。

（中国社会科学院办公厅刘玉杰编辑、供稿）

第十届中国青年传播学者论坛　10月14—15日，第十届中国青年传播学者论坛在中国传媒大学举行。本次会议主题为“十年的回顾：中国传播研究的问题与转型”，由中国传媒大学主办，中国传媒大学新闻传播学部传播研究院承办，中国传媒出版社、《现代传播》编辑部、中国新闻史学会新闻传播思想史研究委员会协办，《新闻与传播研究》《国际新闻界》《南京社会科学》《新闻记者》等中文核心学术期刊提供学术支持。

来自全国近40所院校的50多名青年传播学者以

及部分海内外在读传播学专业博士生参加了论坛。论坛共分两个平行会场，包括“传播观念的方法解析”“媒介话语与社会记忆”“游戏研究专题工作坊”“大数据与传播实务”“传播观念的历史观照”“传播实践与社会治理”“媒体转型与新闻生产”“新媒体的文化景观”等8个主题研讨小组。论文探讨的命题丰富多样，涉及传播学的基础概念和理论方法、传播思想史、社会集体记忆、游戏文化、网络治理、“一带一路”倡议与国际传播、新闻业转型、网络民族志的方法实践、移动传播技术与社会发展等热点议题。

中国青年传播学者论坛是由中国大陆青年传播学者自主发起组织的小型学术会议，旨在促进青年学者之间的学术交流、思想碰撞，促进中国新闻传播学研究新生力量的成长，推动本学科研究水平的整体提高。

（中国传媒大学文科科研处马奇炎供稿）

变化中的价值与秩序——2017年北京论坛　11月3日，2017年北京论坛在钓鱼台国宾馆开幕，来自世界各地50多个国家和地区的400多位专家、学者以及领导嘉宾相参会，在“文明的和谐与共同繁荣”的总主题下，论坛以“变化中的价值与秩序”为主题，共同探讨面对深度调整的全球秩序与国际格局，如何构建起能够应对全新挑战的全球治理体系与人类命运共同体。本届论坛为期3天，共设8个分论坛和1个学生论坛，相继在钓鱼台国宾馆和北京大学校内举行，主题分别为“历史和全球视野中的社会转型”“文明传承与互动视角下的‘一带一路’”“处于十字路口的全球治理：如何选择?”“变化格局中的经济发展新动力”等。

（北京大学社科处供稿）

与世界对话国际论坛　11月3日，凤凰网、清华大学中国与世界经济研究中心联合主办、凤凰网国际智库承办的与世界对话——2017凤凰网国际论坛在北京开幕，40余位国内外政商学界专家围绕“新经济与新科技何以塑造世界”“变革世界，中国新角色”两大主题，共同解读中国和世界的未来。

为期2天的论坛还将聚焦国际政治、世界经济、人工智能、共享经济、中国制造、可持续发展等热点议题，通过深刻“对话”寻求多元解答，重新思考中国和人类社会的未来发展进程，展现未来世界的广阔图景。论坛同时关注青年力量，邀请叙利亚、埃及、阿根廷、中国、德国优秀青年齐聚分享“年轻人如何改变世界、领导未来”。

［参见《人民日报》（海外版）2017年11月4日第2版］

新时代中美关系新走向研讨会　11月7日，中国外文局主办、外文局融媒体中心承办的新时代中美关系新走向研讨会在京举办，就“中美两国元首会晤将对中美关系、亚太局势和世界格局产生的影响”等议题展开交流。

美国总统特朗普将于11月8—10日对中国进行国事访问。中国外文局副局长方正辉在研讨会上表示，此次特朗普访华，标志着两国元首实现了“一来一往”的互动，中美关系一个新的周期将正式开启。

中国世贸组织研究会副会长霍建国表示，大国之间的合作，对于全球治理至关重要。中美之间加强沟通是解决问题的有效方法。另外，还应该不断寻求除贸易之外的更多合作点。

［参见《人民日报》（海外版）2017年11月9日第6版］

2017中国网络视频秋季高峰论坛　11月10日下午，由中国传媒大学新闻传播学部主办、中国网络视频研究中心承办的2017中国网络视频秋季高峰论坛暨中国短视频与直播联盟启动仪式在中传国际交流中心举办。

论坛围绕“短视频的价值与营销·网络视频新生态”这一主题，从短视频的内容边界、短视频的内容价值和营销策略、MCN的路径选择3个方面，政策、内容、运营、投资4个维度全方位剖析了短视频行业发展现状与趋势。同时，成立中国短视频与直播联盟，致力促进短视频与直播行业规范化、合理化发展。

中国传媒大学文化经济研究所所长张洪生分析了短视频和直播行业现状，他认为网络视频和直播平台是文化传播的重要阵地，创作要在法律法规的许可范围内和监管体制下进行，要加强人才培养，提升创作与创意水平。

中国传媒大学新闻传播学部新媒体教研室主任、中国网络视频研究中心研究员顾洁提到，短视频很好地契合了今天社会碎片化的趋势和形态，应从“中介化”走向“媒介化”，从平台化走向工具化，从社区化走向网络化，通过多样化的内容和形式全面激活用户互动，将网络化的用户互动关系与短视频联结起来。

（中国传媒大学文科科研处马奇炎供稿）

法国社会形势研讨会　11月10日，中国社会科学院欧洲研究所、中国欧洲学会法国分研究会联合举办的法国社会形势研讨会在北京召开。来自中国社会科学院欧洲研究所、中国国际问题研究院、中联部、中央编译局、北京外国语大学、武汉大学、对外经贸大学、中国传媒大学、国际关系学院、中央民族大学、浙江工商大学、中央电视台、国际广播电台等多家研究机构、高校和媒体的法国问题研究学者40余人参加了会议。

中国社会科学院欧洲研究所所长黄平研究员在会上致辞。会议主要议题有“2017年法国政党分化”“马克龙政府新政”“法国民粹主义政党”“法国外交新动向”等。

会议分3个单元展开：第一单元发言围绕着“政治：危机与分化”主题展开。北京外国语大学教授、国务院发展研究中心研究员丁一凡、中央民族大学副教授庄晨燕分别发言。第二单元题为“改革：组阁与新政”。中央编译局研究员李其庆、中国国际问题研究院研究员邢骅、中联部研究员曹松豪、对外经贸大学赵永华教授和国际问题研究院范郑杰研究实习员也分别发言。第三单元主题是“外交：理念与举措”。中国国际问题研究院崔洪健研究员、国际关系学院副教授刘天南先后发言。

（中国社会科学院办公厅刘玉杰编辑、供稿）

首届丝绸之路沿线民间组织合作网络论坛　11月21日，首届丝绸之路沿线民间组织合作网络论坛在北京开幕，国家主席习近平向论坛发来贺信。

习近平在贺信中表示，建设丝绸之路沿线民间组织合作网络是加强沿线各国民间交流合作、促进民心相通的重要举措。希望与会代表以这次论坛为契机，共商推进民心相通大计，为增进各国人民相互理解和友谊、促进各国共同发展、推动构建人类命运共同体做出贡献。

中联部部长宋涛在开幕式上宣读了习近平的贺信并致辞。

联合国秘书长古特雷斯发来贺信，埃及前总理沙拉夫、罗马尼亚前总理蓬塔和中国民间组织国际交流促进会会长孙家正分别致辞。

今年5月，习近平在“一带一路”国际合作高峰论坛开幕式上宣布“建设丝绸之路沿线民间组织合作网络”。为落实习近平重要讲话精神，中促会发起丝绸之路沿线民间组织合作网络，致力打造成“一带一路”沿线各国民间组织交流信息、协调行动、加强合作的有效平台。目前已有来自60多个国家和地区的300多个民间组织加入合作网络。

（参见《光明日报》2017年11月22日第1版）

第六届中国传媒经济年会　11月25日，第六届中国传媒经济年会在中国传媒大学举行。本届年会的主题是“大数据与媒体融合”。由中国传媒大学主办，中译语通科技股份有限公司合办，中国传媒大学经管学部、传媒经济研究所、中国社会科学院大学新闻传播学院联合承办。来自国家新闻出版广电总局、中央电视台、中国教育电视台、牛津大学、清华大学、四川大学、中国传媒大学等单位的20多位嘉宾和领导出席了年会的开幕式。来自全国多所院校的专家学者、研究生和本科生等180多人参加了此次年会。

中国传媒大学传媒经济研究所所长卜彦芳教授携研究团队发布了《跨越边界：大数据引领媒体融合的未来》的主题报告。报告总体对2017年媒体融合的状况进行了梳理和思考，从2017年媒体融合的八大关键词、媒体融合的数据景观、大数据引领媒体融合的未来3个层面进行了发布。

高端对话环节，来自学界和业界的专家、学者分别围绕广播电视媒体和报业媒体的融合发展两个议题展开对话。在广播电视媒体融合发展方面，对话嘉宾就媒体融合发展如何破除体制障碍、如何抓住移动优先战略和中央厨房建设的关键点、网络视频内容的创造如何借助大数据和人工智能的力量等热点问题进行了交流。

（中国传媒大学文科科研处马奇炎供稿）

第四届政治传播与社会发展论坛　12月2日，中国社会科学院大学、中国青年政治学院主办的第四届政治传播与社会发展论坛闭幕。来自北京大学、清华大学、中国人民大学、浙江大学、武汉大学、中国传媒大学、中山大学、吉林大学、南京师范大学、河北大学、中国社会科学院大学等国内20多所高校的学者及院系负责人，以及来自中国外文局、中国国际电视台等单位的业界代表和各高校研究生共60余人参加了论坛。会议的主题是“全球化与逆全球化背景下的国际政治传播”。

中国社会科学院大学常务副书记、副校长王新清教授，中国社会科学院大学政治传播研究中心主任何晶教授，中国社会科学院新闻与传播研究所所长唐绪军研究员，中国人民大学新闻学院教授、外国新闻史研究会副会长赵永华，清华大学新闻与传播学院副院长史安斌教授，中国传媒大学政治传播研究所所长荆学民教授，河北大学特聘教授、“一带一路”沿线国家研究智库联盟理事长白贵，浙江大学传媒与国际文化学院院长、中国新闻史学会全球传播与公共外交委员会秘书长韦路教授，南京师范大学新闻与传播学院院长助理、中国新闻史学会媒介法规与伦理研究委员会秘书长邹军教授分别以自身研究方向为基础，围绕会议主题发言。

论坛下设分论坛的主题分别是“互联网、全球化与国际传播新秩序研究”“中国的对外传播及国家形象研究”。

论坛还特设3个研究生专场，分别围绕“国际政治传播的关键问题研究”“中国的对外传播及国家形象研究”“‘一带一路’传播专题研究”主题展开。来自复旦大学、中国人民大学、北京大学、清华大学、中国传媒大学、吉林大学、中国社会科学院大学等10余所高校的15位博士、硕士研究生通过论文遴选，在现场发表了学术报告。

论坛由中国社会科学院大学、中国青年政治学院主办，中国社会科学院大学新闻传播学院、中国青年政治学院科研处承办，中国社会科学院大学政治传播研究中心（原中国青年政治学院政治传播研究中心）执行。

（中国社会科学院办公厅刘玉杰编辑、供稿）

新时代的中国特色大国外交学术研讨会 12月12日，新时代的中国特色大国外交学术研讨会在外交学院展览路校区国际交流中心举行，会议由外交学院外交学与外事管理系、中国外交理论研究中心及北京市对外交流与外事管理研究基地联合主办。来自外交部、中国社会科学院，清华大学、中国人民大学、吉林大学、对外经济贸易大学、北京语言大学、上海社科院、国防科技大学等知名院校和研究机构的40余位专家、学者参加了研讨会。

外交学院外交学与外事管理系主任王春英教授主持会议开幕式。外交部政策规划司秦宏参赞、外交学院院长助理高飞教授分别做了主旨发言，就学习领会习近平新时代中国特色大国外交的精神及新时代中国外交呈现的特点进行了系统阐释。20余位与会学者围绕新时代中国特色大国外交的理论创新与实践特点、新时代中国特色大国外交与国际热点问题、新时代中国特色大国外交的发展方向等相关内容做了主题发言。

与会专家认为，新时代的中国外交将迎来新一轮的大发展，但同时也面临着诸多挑战。中国将更加积极主动体现大国担当，奋发有为，为推动构建新型国际关系、推动构建人类命运共同体，做出新的更大的贡献。

外交学院中国外交理论研究中心主任魏玲教授主持会议闭幕式。

（外交学院科研处李琮供稿）

2017北京自然科学界和社会科学界联席会议高峰论坛 12月13日，2017北京自然科学界和社会科学界联席会议高峰论坛在北京科技活动中心举行。本次论坛主题为“科技文化协同创新，助力城市治理体系建设”，与会专家分别从工匠精神与创新、超大城市治理与新型智慧城市建设、信息技术与文化协同创新等不同视角展开讨论。论坛由北京市科协党组书记、常务副主席马林主持，北京市社科联党组书记张淼代表主办方致辞。两界联席会议顾问白暴力、金良浚、陶铁男、张明国、邹昭晞等出席，首都自然科学界和社会科学界的专家学者、学会和研究机构、媒体代表等近百人参加论坛。

北方工业大学校长丁辉，北京市城市规划设计研究院副院长、教授级高级规划师、新版北京城市总体规划技术总负责人石晓冬，北京市科技研究院副院长王立，北京工业大学信息学部教授、北京智慧城市研究院常务副院长林绍福，北京物联网学会理事长、北京科技大学首席教授、物联网系主任王志良，北京信息科技大学教授葛新权等6位专家学者围绕论坛主题，分别从创新离不开工匠精神、超大城市治理体系构建、城市管理精细化、新型智慧城市建设、新一代信息技术与科技文化协同创新、城市生活垃圾零废弃的技术与文化思考等不同层面做主题报告。研讨的内容既有建言超大城市治理体系构建，又涵盖新一代信息技术等前沿话题；既有对于创新驱动高屋建瓴的思考，也有关注首都城市发展的热门议题。

由北京市科协和北京市社科联联合发起的两界联席会议机制于2003年启动，是全国率先成立自然科学界和社会科学界联合运作机制。15年来，在两界科技工作者的共同努力下，逐步形成了以两界学会学术交流为载体，以两界协同创新课题研究为基础，以两界高峰论坛为核心3个部分有机结合、相互联动的工作格局。两界高峰论坛是两界联席会议的重要标志性活动，也是北京自然科学和社会科学互动互融的高端对话机制，服务市委市政府科学决策的创新型、综合性智库平台。

（北京市社会科学界联合会学术部供稿）

第三届国务院发展研究中心与印度国家转型委员会对话会　12月5日，第三届国务院发展研究中心与印度国家转型委员会对话会在北京举行，会议围绕“全球经济形势与中印经济合作”和“可持续发展理论与实践”进行研讨。上午，会议围绕全球以及中印两国的经济形势，深入探讨全球贸易、经济增长、全球经济治理等议题，以及中印经济合作现状、挑战和政策建议等。下午，会议围绕可持续发展相关议题，包括清洁能源、电力交通、高等教育与经济特区发展等领域的理论与中印两国的实践。

国务院发展研究中心李伟主任做开幕致辞、张来明副主任主持开幕式，党组成员、办公厅主任余斌作会议总结。印度国家转型委员会副主席库玛尔博士（正部长级）率团出席论坛并致辞，印度驻华大使班浩然出席会议。国务院发展研究中心宏观经济研究部部长陈昌盛、对外经济研究部部长赵晋平、资源与环境研究所所长高世楫、中国国际发展知识中心常务副主任贡森同志作会议专题发言和主持。来自中宣部、中联部、外交部、发改委、工信部、财政部、商务部、社科院等政府部门和有关研究机构，以及地方政府、企业界、媒体代表70余人参加会议。会后，双方机构负责人共同签署会议纪要。

12月5日下午，张高丽副总理在中南海紫光阁会见印度国家转型委员会副主席库玛尔，双方围绕中印双边关系、中印经贸关系和智库合作交换意见。李伟、国务院副秘书长丁向阳、张来明、外交部部长助理孔铉佑、印度驻华大使班浩然等陪同会见。

国务院发展研究中心和印度国家转型委员会对话会是由两国政府确立的高端对话机制，首届对话会于2015年11月在北京召开。双方可以通过对话交流，深入分析两国在区域发展、高新技术产业发展等方便的发展思路和发展经验，为两国人民，甚至亚洲人民获得更美好的生活贡献力量。

（国务院发展研究中心郭巍供稿）

首届南南人权论坛　12月7日，首届南南人权论坛在京开幕。国家主席习近平发来贺信，对论坛的举办表示热烈的祝贺，强调全球人权事业发展离不开广大发展中国家共同努力，希望国际社会本着公正、公平、开放、包容的精神，尊重并反映发展中国家人民的意愿，促进发展中国家人民享有更加充分的人权，实现全人类共同繁荣发展。

习近平在贺信中指出，人人充分享有人权，是人类社会的伟大梦想。近代以来，发展中国家人民为争取民族解放和国家独立，获得自由和平等，享有尊严和幸福，实现和平与发展，进行了长期斗争和努力，为世界人权事业发展做出了重大贡献。

习近平强调，中国共产党和中国政府坚持以人民为中心的发展思想，始终把人民利益摆在至高无上的地位，把人民对美好生活的向往作为奋斗目标，不断提高尊重与保障中国人民各项基本权利的水平。前不久召开的中国共产党第十九次全国代表大会描绘了中国发展的宏伟蓝图，必将有力推动中国人权事业发展，为人类进步事业做出新的更大的贡献。

习近平指出，当今世界，发展中国家人口占80%以上。人权事业必须也只能按照各国国情和人民需求加以推进。发展中国家应该坚持人权的普遍性和特殊性相结合的原则，不断提高人权保障水平。中国人民愿与包括广大发展中国家在内的世界各国人民同心协力，以合作促发展，以发展促人权，共同构建人类命运共同体。

中共中央政治局委员、中宣部部长黄坤明在开幕式上宣读了习近平的贺信并致辞。他说，习近平主席关于构建人类命运共同体重要论述，为推进全球人权治理朝着公正合理方向发展提供了中国智慧、中国方案。中国愿与发展中国家一道，坚定自信、团结合作，走符合本国国情的人权发展道路，为世界人权事业发展做出更大贡献。

本次论坛由国务院新闻办公室和外交部共同举办，来自70多个国家和国际组织的官员、学者等300余人出席。

（参见《光明日报》2017年12月8日第1版）

首届视听传播高峰论坛　12月9日，全球修辞学会—视听传播学会、中国传媒大学新传学部新闻学院主办的首届视听传播高峰论坛在中传国际交流中心举办，中国传媒大学新闻传播学部副部长、新闻学院院长刘昶，中国国家新闻出版广电总局国际合作司副司长闫成胜，中国传媒大学新闻学院教授、全球修辞学会—视听传播学会会长宫承波以及 100 余位国内知名院校的学者、学生出席了论坛。

9 日上午 9 点，开幕式在中传国际交流中心 M1 会议厅举行，刘昶致开幕词，中国传媒大学外语学院院长李佐文代北京大学新闻与传播学院教授、全球修辞学会会长陈汝东致贺词，闫成胜做题为“新时代广播影视国际传播”的主旨演讲，宫承波做题为“新时代背景下‘君子中国’的形象建构”的主旨演讲。

北京大学新闻与传播学院教授曾志发表题为“视听媒介意义的生成性对国家形象建构的影响”的演讲；清华大学新闻与传播学院教授张小琴发言题目为“全球化背景下中国故事的影像传播或建构中国故事的影像修辞系统”；中国人民大学新闻学院教授高贵武讲了《把握受众心理 融通视听形象——以纪录片〈一带一路〉的符号呈现为例》；北京师范大学艺术与传媒学院教授张智华从新的传播生态出发探讨了《新时代中国网络影视形象建构与传播》；暨南大学新闻与传播学院教授申启武从广播出发反思了《坚守与突围——广播融合发展的战略选择》；另外，北京鑫媒科技发展有限公司刘畅团队通过别开生面的形式现场探讨了《媒介融合极速发展与全媒体教学实践平台对学生就业竞争力的提升》。

（中国传媒大学文科科研处马奇炎供稿）

“一带一路”倡议下中国海外利益保护学术研讨会 12 月 12 日，北京市社会科学院外国问题研究所在京举办“一带一路”倡议下中国海外利益保护学术研讨会。中国前驻尼泊尔大使李德彪、前驻阿联酋和约旦大使刘宝莱、前驻乌拉圭和玻利维亚大使汤铭新以及苏联东欧问题学者苏函教授等应邀出席。中国国际问题研究基金会副会长、中国前驻加拿大和印尼大使兰立俊、中国人民大学重阳金融研究院高级研究员、华东师范大学和四川大学签约教授周戎、北京市社会科学院外国问题研究所所长刘波和北京大学台湾研究所助理、博士王裕庆分别围绕如何推动我海外利益保护事业；推动我国安保事业走出去；解决“一带一路”与我国国际安保事业的“走出去”问题；如何建立安保命运共同体做了主旨发言。《第一财经》《国际商报》等媒体的记者也受邀参与了座谈会。

（北京市社会科学院朱霞辉供稿）

中国—中东欧国家智库研讨会 12 月 18 日，第四次中国—中东欧国家高级别智库研讨会在中国社会科学院举行。研讨会以“中国—中东欧国家合作：未来五年展望”为主题，来自中国及中东欧 16 国的政府官员、知名智库负责人、专家学者及媒体近 300 人参加开幕式。

此次智库研讨会致力发挥智库的专业研究能力及多维度影响力，促进中国和中东欧各国政策沟通、民心相通，为未来 5 年内中国与中东欧国家的“16 +1 合作”奠定坚实的民意基础。

研讨会设 3 个分论坛，分别围绕“16 +1 合作”如何助力“一带一路”建设、未来 5 年如何推动“16 +1 合作”行稳致远、“16 +1 合作”如何推动中欧更加紧密合作进行探讨。与会代表一致指出，“16 +1 合作”过去 5 年成果丰硕，契合中国和中东欧各自发展需求，具有较强发展动力。未来 5 年，双方在经贸、投资等领域仍有较大发展潜力。

（参见《人民日报》12 月 19 日第 22 版）

新时代中国特色大国外交理论研讨会 12 月 19 日下午，国家行政学院科研部和国际事务与中国外交研究中心共同承办的新时代中国特色大国外交理论研讨会在国家行政学院召开。来自全国的多家研究机构、高校及智库的学者与国家行政学院同行一道，就党的十九大以后中国特色大国外交的新使命、新目标、新挑战进行了交流。

中国特色社会主义进入了新时代，中国特色大国外交也进入了新时代。党的十八大以来中国发生的历史性变革中，也包括外交领域取得的历史性成就。在党中央的坚强领导下，中国外交开拓进取、积极作为，不仅为人类探索更好的社会制度提供中国智慧，也阐释了中国发展道路，扩大国际社会认知认同，为发展中国家走向现代化提供新的路径。此次新时代中国特色大国外交研讨会的召开，主旨是为了总结 5 年来中国特色大国外交的成果，展望进入新时代后中国特色大国外交的新作为。

研讨会由国际事务与中国外交研究中心秘书长刘峥主持。国际事务与中国外交研究中心主任于军致开幕辞。中国国际问题研究院副院长徐坚认为，中国特色大国外交过去 5 年取得了伟大的成绩，但对未来 5 年外交工作可能遇到困难要提前预判，做充分的打算。新华社世界问题研究中心副主任何君臣阐释了“人类命运共同体思想”写入党章的意义。清华大学“一带一路”研究院院长史志钦对中国在新一轮全球化中的角色与地位进行了阐释。世界知识出版社编审柏英把中国古代“天下大同”思想同人类命运共同体思想进行了比较。国家行政学院刘恩东研究员、中国国际问题研究院陈须隆研究员从不同的角度解释了人类命运共同体思想的理论基础与演进过程。西安交通大学刘静副教授、北京体育大学副教授陈世阳分别阐释了中国海外利益保护和中国公共外交面临的突出问题。主旨发言之后，与会专家又进行了自由交流并回答了与会人员提出的问题。

（国家行政学院科研处刘斌供稿）

丝路电视国际合作共同体高峰论坛 日前，2017丝路电视国际合作共同体高峰论坛在京举行。丝路电视国际合作共同体是由中国国际电视总公司、中国中央电视台于2016年5月倡议发起的全球首个以“丝路”为纽带、面向全媒体的国际影视媒体联盟。截至目前，共同体成员及伙伴已达85家。

丝路电视国际合作共同体一年来取得了一系列可喜成绩，如联合播出《一带一路》《水脉》《丝路》等影视节目，共同挖掘了丝路故事，推出了《孔子》《改变世界的战争》《地球宝藏》《从丝路到北极光》等国际合拍节目，实现了多领域合作。

［参见《人民日报》（海外版）2017年12月22日第7版］

“一带一路”中巴科技与经济合作学术论坛 12月23日，由北京工商大学主办的“一带一路”中巴科技与经济合作学术论坛在北京工商大学召开。北京工商大学副校长李朝鲜、中国科学技术协会国际联络部副部长王庆林、巴基斯坦驻华大使馆一等秘书拉赫·塔里克、北京科学技术协会国际联络部副部长曾福林出席了本次论坛，来自国资委、农业部、国家发改委、中国社会科学院、北京大学、中国人民大学、中央财经大学、对外经贸大学、中国科协和北京市科协会员代表等近40家单位的产学研专家，以及北京工商大学巴基斯坦科技与经济研究中心、国际交流与合作处和经济学院师生100余人参会。

拉赫·塔里克在致辞中认为北京工商大学巴基斯坦研究中心在推动中巴科技交流方面的表现可圈可点。他分析了巴基斯坦的地缘优势，“中巴经济走廊”为区域互联、区域合作提供了平台，是“南南合作”的独特样板，有利于加强南亚和欧亚的区域一体化和繁荣。他还对中巴经济走廊面临的挑战、威胁及其原因提出了自己的观点，坚信中巴合作将有美好的未来。中国科学技术协会国际王庆林在致辞中提出，“一带一路”倡议同世界经济的全球化发展方向一致，契合沿线国家的共同需求，为沿线国家优势互补、开放发展开启了新的机遇之窗，是国际合作的新平台。中国科协自2016年启动实施“一带一路”国际科技组织合作平台项目以来，积极发挥科技和民间两大特色优势，推动各项目承接单位积极围绕“一带一路”倡议，不断加大科技界的互通、互信，推进民心相通。

巴基斯坦科技与经济研究中心主任张晓堂、中国社会科学院世界经济与政治研究所副所长邹治波、亚太与全球战略研究院院长李向阳、世界经济与政治研究所《国际经济评论》编辑部主任田丰、国家发展与改革委员会能源所副所长高世宪等专家学者围绕“一带一路”对中巴科技与经济合作的相关议题做了主旨演讲。

（北京工商大学科学技术处供稿）

新时代外交官的使命担当和理论素养讲座 12月28日上午，上海国际问题研究院前院长、学术委员会主任杨洁勉研究员在外交学院沙河校区图书馆报告厅做了题为“新时代外交官的使命担当和理论素养”的学术讲座，并就“中国外交理论建设和战略谋划”和外交学院中青年教师进行了座谈和学术交流。此次活动由中国外交理论研究中心和北京市对外交流与外事管理研究基地联合举办，秦亚青院长主持了讲座和座谈。

杨洁勉就中国文化的历史传承、中国外交官的使命担当、中国外交的实践自觉、中国特色大国外交的理论自信，以及国家建设的任重道远等5个方面谈了自己的看法，为外交人才提出了新时代的使命和要求。座谈会中，杨洁勉还就中国外交如何从理念走向理论、中国如何走向国际化，以及高校如何在培养外交人才方面发挥更大作用等问题发表了真知灼见。

（外交学院科研处李琮供稿）

北京市社科联社科普及活动综述 4月12日，北京市委宣传部、市社科联联合召开2017年全市社会科学普及工作会议，总结2016年工作，交流经验做法，安排今年社科普及工作主要任务。市社科联党组书记、常务副主席韩凯出席并讲话，市社科联党组副书记、副主席荣大力总结部署工作。各区委宣传部主管副部长和联络员，部分社科普及基地及社科类社会组织代表，“高校青年教师社科普及基层行”项目青年教师代表参加会议。会议由市委宣传部理论处处长张际主持。

9月17日，“2017·北京社会科学普及周”开幕式在北京市西城区大观园举行。本次科普周由北京市委宣传部、市委社会工委、市科委、市科协、市社科联、西城区委区政府联合举办，主题为“弘扬中华优秀传统文化　推进全国文化中心建设”。市政协原副主席、市社科联主席沈宝昌出席并致辞，市委宣传部副部长韩昱同志讲话并宣布2017年北京社会科学普及周开幕。市社科联党组书记张淼，市委社会工委委员、市社会办副主任卢建，市委讲师团团长梁家峰，西城区区委书记卢映川，区委副书记、区长王少峰，区人大常委会主任杜灵欣，区政协主席章冬梅，以及市科委、市科协、西城区社科联等主办、承办、协办单位领导和部分区委宣传部主管领导、首都300余名市民群众参加了开幕式活动。科普周围绕中华优秀传统文化开展了大运河文化带专题知识竞赛、大运河文化带专家谈、红墙意识百姓宣讲、工匠精神主题宣讲、老城文化传承与发展论坛等活动，举办了砥砺奋进的五年、运河缘·中国梦、十六区社科普及精品活动、北京文脉、冬奥知识等九大展览，发挥人文之光网、“京社科”微信号等自办新媒体普及方式新、传播速度快、覆盖范围广等优势，为群众打造了一场有深度、有趣味、有温情的社科普及盛宴。科普周于24日结束，期间部分区县、社科普及基地和社会组织也以讲座、展览、咨询等多种形式推出各具特色的社科普及活动。

2017年，市社科联以“喜迎十九大、宣传十九大、贯彻十九大”为主线，扎实举办各类讲堂讲座。北京周末社区大讲堂全年累计举办讲座356场；全年资助社科类学会举办社科普及系列讲座228场，资助社科普及基地举办讲座133场。

6月16日，由北京市社会科学界联合会社科普及部主办、中国人民大学出版社协办的社科普及进校园暨人文之光主题沙龙活动在海淀区九一小学举办，向孩子们赠送优秀传统文化图书，并举办了“传承北京文脉，弘扬传统文化”主题沙龙活动，受到学校师生的热烈欢迎。

11月15日，市社科联举办社科普及进村镇暨机关第一党支部脱低帮扶工作调研学习活动，为密云区大城子镇机关干部和该镇22个村的支部书记解读党的十九大报告，并向当地群众代表赠送了社科普及书籍。市社科联党组副书记荣大力带队，密云区大城子镇干部群众共百余人参加了活动。

2017年，社科普及微信公众号“京社科”全年发布文章750余篇，推出了“2017北京两会”“北京，建设什么样的首都”“十九大时光”等10余个热点系列；“传统节日”“中华好诗词”等10余个中华优秀传统文化系列；“大运河地域文化”“北京大运河”“北京方言”等10余个运河文化和北京文化系列。文章可读性不断增强，单篇阅读量最高达5000余人次，线下线下活动有序互动，粉丝已发展到4000余人。

2017年，人文之光网结合时代主题主线，围绕北京市委工作重点和北京市社会科学普及工作要点，共发布文章2100余篇，制作焦点图300余张、社科图表40个，原创文章（633篇）占所有发布文章的30%。策划了“深入学习宣传贯彻党的十九大精神”“运河缘·中国梦”“薪火相传·中国范”等6个重点专题，推出了“冬奥知识”等20余个热点专栏；制作了“牢记嘱托·砥砺奋进”等6期网上展览；举办了“‘一带一路·我见我闻我思’有奖征文”等互动活动。网站影响力不断提升，网页浏览量超过18万人次，访客数超过8万人次。

（北京市社会科学界联合会社科普及部供稿）

北京市档案局文化系列讲座综述　北京市档案学会为大力宣传档案文化，每月15日在东城区图书馆进行“档案见证北京”文化系列讲座，全年举办12场，听众达1700余人。

1月15日，2017年“档案见证北京”文化讲堂正式开讲，原国家档案局副局长、中央档案馆副馆长杨继波做题为“毛泽东藏书的故事”的讲座。中国档案学会秘书长邓小军、中国档案杂志社副总编刘守华、马素萍、陶水龙出席。杨继波结合音、视频等多媒体材料，详细讲述了毛泽东同志一生与书为伴的感人故事，从毛泽东藏书怎样运至中央档案馆、藏书中已批注图书的分类和藏书的开放利用3个方面为听众讲述“毛泽东藏书的故事”。毛泽东藏书是中央档案馆“毛泽东全宗”的重要组成部分，主要包括毛泽东生前阅读过、批注过的图书。藏书主要来源于毛泽东随身携带的图书，以及新中国成立后毛泽东在京各个居住地存放的图书，包括中南海丰泽园、颐年堂和游泳池等地。

2月15日，“档案见证北京”文化讲堂第二讲。北京历史研究会会长、北京师范大学历史学院“985工程”特聘教授李建平主讲《北京的长城》。他以丰富的史料和图片、严谨的治学作风和生动的语言讲述了长城修建的历史、长城的历史典故和重要人物、万里长城的北段——北京长城的特点，以及什么是“长城精神”和“长城抗战”。

3月15日，“档案见证北京”文化讲堂第三讲。东城区委党史工作办公室副主任、高级讲师、历史学博士王钦双为大家主讲了《和战漩涡中的北平军事调处执行部》。北平军事调处执行部是国、共、美三方共同成立的在中国现代史上有着特殊意义的临时机构（办公地点在协和医院）。它是抗战胜利后中国共产党在国、共、美三方为解决中国社会政治冲突、开展多党政治协商的政治互动的重大实践，是中共党史、军史、外交史上备受世界瞩目的历程。

4月15日，“档案见证北京”文化讲堂第四讲。中国第一历史档案馆副馆长、研究馆员，历史档案杂志社社长，中国档案学会档案文献编纂学术委员会主任，清代宫廷史研究会秘书长李国荣主讲《走进紫禁城》。主要讲述了紫禁城的由来，前朝内廷的宫殿建筑格局与特色，历史典故等，为大家解开了诸多历史疑问。

5月15日，“档案见证北京”文化讲堂第五讲。通州区档案局（馆）副局（馆）长张钰丛为大家主讲了《运河千古佑通州》。讲座通过档案等史料介绍了古运河的兴衰与通州的发展、通州的文化名人以及城市副中心——新通州的未来愿景，重点介绍了其中的文化休闲、教育医疗等内容。

6月15日，“档案见证北京”文化讲堂第六讲。讲座由市档案局展陈处副处长、北京史研究会理事王兰顺主讲《帽儿胡同传奇》。王兰顺依托丰富的馆藏档案史料，凭借多年来对北京胡同的地理、历史、人物、风俗、文化进行实地调查研究取得的丰硕成果，为大家系统地讲述了帽儿胡同的地理环境、历史氛围、传统院落、历史人物及发生在胡同里的传奇故事。

7月15日，“档案见证北京”文化系列讲座第七讲。讲座由市档案局展陈处处长、研究馆员王贞担任主讲嘉宾。讲座围绕“80年前全民族抗战爆发”，通过梳理档案，回顾了从1931年9月到1937年7月期间的重大事件，再现了中华民族艰苦卓绝的抗战史。王贞旁征博引，用丰富的档案史料和珍贵图片，引领听众穿越到80多年前那段惊心动魄的峥嵘岁月。

8月15日，“档案见证北京”文化系列讲座第八讲。讲座主题是“档案新证据——日军侵占下的石钢”，首钢档案馆副研究馆员武志辉引用首钢档案馆深入发掘的大量历史档案材料，特别是新发现的一批记录当年日本侵略者占领石景山钢铁厂的纸质档案和玻璃底片等珍贵档案，讲述了首钢的前身——石景山钢铁厂在被日军侵占期间中国劳动人民遭受的压迫、奴役和苦难，列举了日本军国主义穷兵黩武、实施国家犯罪行为的铁证和侵华新证据，总结了应吸取的历史教训，介绍了首钢今天的发展变化和焕发出的勃勃生机。

9月15日，“档案见证北京”文化系列讲座第九讲。主题是“档案文献所见北京城‘风水’”，中国历史文化学者、中国国家博物馆研究员、北京市档案学会副理事长姜舜源引用元明清3代前后约700年发展历程中留下的大量原始档案文献，从北京城总体风水、北京古都风水具体论述、已发现的明清宫殿风水文物、清西陵风水实践等方面，讲述了由元代刘秉忠、郭守敬、赵秉温等一班规划者奠基，明代以永乐帝为首的一代经营者再造，清代以乾隆帝为代表的继承者完善的北京城“风水”。讲座通过让原始档案说话，还原历史真相，引领现场听众从历史的维度更加科学地认识北京城的“风水”形势，同时为古都整体环境保护、建设国际一流的和谐宜居之都提供有益的重要参考。

10月15日，“档案见证北京”文化系列讲座第十讲。市委党校和北京行政学院教授曾宪植以“结合北京城市发展的历史谈治理北京的‘大城市病’”为题，精辟地解读了党中央、国务院面向未来、对首都规划建设管理做出的重大决策部署。

11月15日，“档案见证北京”文化讲堂系列讲座第十一讲。故宫博物院研究馆员、故宫学研究所副所长王军做了题为“从档案史料看北京城市结构调整”的讲座。他引用丰富的档案史料，介绍了从“梁陈方案”始末到改革开放以来北京城市结构之争的有关情况，内容涵盖新中国成立初期中央人民政府行政中心区位置之争、改革开放以来围绕北京城市结构问题的讨论、北京奥运大发展时期城市总体规划的修编及实施等重大事件，追溯北京单中心城市结构的形成过程，为正在实施的北京城市结构调整及京津冀协同发展战略提供了重要参考。

12月15日，“档案见证北京”文化讲堂系列讲座第十二讲。主题是“抗战历史档案中的《四世同堂》”，主讲嘉宾为市委党史研究室办公室副主任赖生亮。他结合老舍先生小说《四世同堂》中的一些片段，引用丰富的档案史料、报刊资料、口述历史和研究成果，用档案说话，从沦陷前后的北平社会、日本侵略者在北平的罪恶暴行、奋起抗争共御外侮、祈望和平迎接胜利四个方面，再现了 20 世纪三四十年代北平真实的抗战历史，歌颂了北平人民不屈的傲骨和顽强的斗争精神，歌颂了中国共产党在全民族抗战中发挥的中流砥柱作用。

（北京市档案局科教处胡晓燕供稿）

·机　　构·

概　　述

本栏目记述了2017年5个新建立的北京市哲学社学科学研究基地、新组建的中国社会科学院大学的基本情况、中国青年政治学院名称及功能变化情况，及其他6所学校的新增机构及领导成员变更情况。

中国社会科学院大学

中国社会科学院大学（简称中国社科大）的英文名称是 University Of Chinese Academy Of Social Sciences（UCASS），校训是“笃学、慎思、明辨、尚行”，以中国社会科学院研究生院为基础，整合中国青年政治学院本科教育及部分研究生教育资源而组建，以马克思主义为指导，坚持党的领导，坚持正确的办学方向，坚持中国特色社会主义大学的办学方针，致力培养政治可靠、作风过硬、理论深厚、学术精湛的哲学社会科学后备人才，培养又红又专、德才兼备、全面发展的中国特色社会主义事业接班人和建设者，努力建设成为具有中国特色的社会主义一流文科大学。

2017年秋中国社科大招收首批本科生。计划在4个学院的7个专业招收390名全日制本科生。其中，马克思主义学院开设政治学与行政学、思想政治教育专业，人文学院开设汉语言文学专业，经济学院开设经济学、财务管理、国际经济与贸易专业，国际关系学院开设英语（国际经济、政治方向）专业。

中国社科大隶属于中国社会科学院，聘请中国社会科学院学部委员、研究员、副研究员、学科带头人，及国内外知名教授、国家长江学者、国家级教学名师、国家“百千万人才工程”人选、国家“千人计划”人选、国内外知名学科带头人和领军人才，组建一支师德高尚、业务精湛、结构合理、充满活力的高素质师资队伍，为本科生的教学培养提供有力支撑。

特色培养方式包括“师徒制”指导模式，设立本科生学业导师，每位导师指导2~5名学生；“本—硕—博”一体化培养，在某些基础学科和重点学科开展连续培养试点；国际联合培养，赴海外继续攻读学位；教学与科研结合，鼓励本科生参与学校和导师的科研活动等。

中国社会科学院研究生院成立于1978年，是拥有6个教学研究部40个教学院系的现代化研究生院。博士生导师616人，硕士生导师989人。一级学科博士学位授权点15个、硕士学位授权点17个，二级学科博士学位授权点111个（含自主设置博士学位授权点21个）、硕士学位授权点117个（含自主设置硕士学位授权点21个），还有公共管理硕士、工商管理硕士、法律硕士、社会工作硕士、金融硕士、税务硕士、文物与博物馆硕士和汉语国际教育8个专业学位授权点。北京市重点二级学科5个。

中国社会科学院研究生院历任主要负责人：

周扬、温济泽、胡绳、江流、浦山、方克立、李铁映、武寅、刘迎秋。

中国社会科学院大学现任行政、党委主要负责人：

王伟光：中国社会科学院大学校长

张　江：中国社会科学院大学第一副校长

张政文：中国社会科学院大学临时党委书记、常务副校长；中国社会科学院研究生院副院长

黄晓勇：中国社会科学院大学副校长；中国社会科学院研究生院院长

王新清：中国社会科学院大学临时党委常务副书记、副校长；中国社会科学院研究生院副院长

王　兵：中国社会科学院大学临时党委副书记、纪委书记、副校长；中国社会科学院研究生院副院长

马跃华：中国社会科学院大学副校长；中国社会科学院研究生院副院长

林　维：中国社会科学院大学副校长；中国社会科学院研究生院副院长

张树辉：中国社会科学院大学副校长；中国社会科学院研究生院副院长

科研（教研）机构（即本单位二级机构，包括研究、教学等业务部门及科研管理部门，不含党政部门）：

良乡校区：

马克思主义学院：承担政治学与行政学、思想政治教育专业本科生培养工作。负责人为刘文瑞。

人文学院：承担汉语言文学专业本科生培养工作。负责人为张跣。

经济学院：承担经济学、财务管理、国际经济与贸易专业本科生培养工作。负责人为张菀洺。

国际关系学院：承担英语（国际经济、政治方向）专业本科生培养工作。负责人为陈黎。

体育教研部：承担全校学生体育课教学和相关研究工作。负责人为庞丁。

计算机教研部：承担本科生和研究生计算机类的所有课程，同时承担学校信息化建设和教职员工的IT培训。负责人为宿培成。

国际教育学院：由福特基金会、卢兹基金会与美国加州大学洛杉矶分校共同创办，主要业务有语言培训、外国官员与学者研修和中国国际化人才培养。负责人为王晓明。

工商学院：承担工商管理硕士和金融硕士研究生培养工作。负责人为张菀洺。

公共政策与管理学院：承担税务硕士、公共管理硕士、国民经济学和政治学理论硕士研究生培养工作。负责人为蔡礼强。

文法学院：承担社会工作硕士和文物与博物馆硕士培养工作。负责人为赵一红。

继续教育学院：面向国内各领域高级管理干部、商务人士开展各类高端教育培训项目并积极开展各类国际教育交流合作项目。负责人为李峰。

东盟学院：承担东盟国家所需专业和方向的硕士、博士研究生的培养工作。

教务与科研处：承担全校本科生和研究生教学服务保障工作，同时承担师生的科研管理服务工作。

西三环学区：

青少年工作系：承担思想政治教育专业（含思想政治教育理论与实践、青年与青年工作研究两个方向）、青年与国际政治专业、少年儿童组织与思想意识教育专业、学科教育学（思想政治教育）、教育管理专业的本科和研究生教育工作。

社会工作学院：承担社会工作专业本科和研究生教育工作。

法学院：承担刑法学、经济法学、民商法学、诉讼法学、国际法学等专业的本科生和研究生教育工作。

经济管理学院：承担经济学（金融学方向）、国际经济与贸易、财务管理本科生教育工作和金融学、数量经济学专业研究生教育工作。

新闻传播学院：承担新闻传播学专业本科生和研究生教育工作。

公共管理系：承担政治学与行政学专业本科生和研究生教育工作。

中文系：承担汉语言文学专业本科生教育工作。

外语系：承担英语专业本科生教育工作。

（中国社会科学院大学教务与科研处科研办公室供稿）

2017 年新建立的北京市哲学社会科学研究基地

北京文献语言与文化传承研究基地

北京文献语言与文化传承研究基地是依托北京语言大学建立的北京市哲学社会科学研究基地。2017 年 10 月 19 日经北京市哲学社会科学规划办公室和北京市教育委员会联合批准成立。研究基地的研究包括两个大方向：一是基础研究，即文献语言研究；二是应用研究，即基于文献语言研究的文化传承研究。近期研究的重点是历史方言文献与近代北京话研究，北京地区出土文字研究与文献集成，汉字演变、文献语言与基础教育研究，近代域外北京及北京话文献研究。基地的建设将紧紧围绕首都作为全国文化中心的功能定位，以开放灵活的机制，汇聚、整合校内外研究力量和北京市文献语言资源，在科学研究、人才培养、平台建设、学术交流、文化传承、社会服务等方面开展科学有效的工作，为推动首都文化大发展、大繁荣提供智力支持，为北京市教育发展提供高品质应用型产品。基地将扎根北语、服务北京、辐射全国、自立世界，为建设文献语言学这一中国特色的学术流派而积极努力。

基地负责人：刘利

基地首席专家、执行主任：华学诚

电话：82303524

传真：82303524

地址：北京市海淀区学院路 15 号 北京语言大学

邮编：100083

北京廉政建设研究基地

北京廉政建设研究基地是依托清华大学建立的北京市哲学社会科学研究基地。2017 年 10 月 19 日，经北京市哲学社会科学规划办公室和北京市教育委员会联合批准成立。研究领域主要包括中国特色反腐倡廉体系的特征与内涵、腐败形势的定量评价、廉洁风险防控、地方党政机关特别是北京市廉政建设实践探索等方面。研究基地的基本定位包括学术研究、政策影响、国际交流与合作、社会服务。围绕这 4 个方面的基本定位，研究基地将致力开展廉政建设方面的学术研究，并将研究成果及时地应用到服务于中央的战略决策和地方政策咨询工作中，尤其是应用到北京市纪检监察部门的工作中；通过在学术研究、国际会议等方面开展广泛的国际合作，在吸收国外优秀研究成果的同时将中国的廉政建设动态及时传播到国外；注重参与社会服务，针对北京市各级党员领导干部进行培训，并努力推进北京市廉洁教育工作，推动北京市形成廉洁的社会氛围。

北京廉政建设研究基地的思路和目标是以北京市廉政建设过程中出现的热点难点问题为导向，通过与国内外高校、廉政研究机构以及中央纪委、北京市纪委的交流探讨，着力开展北京市廉政建设相关课题研究，并将学术研究的最新成果应用到北京市廉政建设的改革探索中，不断推动实践发展，为北京市廉政建设目标的实现贡献力量。

基地负责人：过勇

电话：62772999

传真：62772999

地址：北京市海淀区清华园 1 号

邮编：100084

北京食品安全政策与战略研究基地

北京食品安全政策与战略研究基地是依托中国农业大学建立的北京市哲学社会科学研究基地。2017 年 10 月 19 日，经北京市哲学社会科学规划办公室和北京市教育委员会联合批准成立。研究领域包括食品安全风险源头管控研究、农产品产后安全风险与危机管控研究、食品与健康经济研究。这三大研究领域依食品供应链的上、中、下游划分，既实现了对食品安全从农田到餐桌的全链条覆盖，又突出链条上各环节的食品安全风险与管理的特征与差异。基地的定位是政策导向型的食品安全与营养健康研究、政策咨询、应急问题解决方案的供给机构。基地目标是紧紧围绕国家和北京市食品安全领域的重大问题，充分整合校内外研究资源，加强前瞻性、针对性、储备性政策研究，为政府提供切实可行的食品安全相关政策建议，加强影响食品领域公共政策的宣传教育工作，为推动京津冀协同发展，建设国际一流的和谐宜居之都提供智力支撑。

基地负责人：辛贤
电话：62737830
传真：62737830
地址：北京市海淀区清华东路 17 号中国农业大学东区
邮编：100083

首都终身教育研究基地

首都终身教育研究基地是依托北京开放大学建立的北京市哲学社会科学研究基地。2017 年 10 月 19 日经北京市哲学社会科学规划办公室和北京市教育委员会联合批准成立。研究领域包括终身教育理论与政策、学习行为挖掘与综合评价、个性化资源推荐与学习和终身教育从业队伍建设。基地建设思路和目标是建设以国家“完善终身教育体系，建设学习型社会”的重大战略任务，依托北京开放大学在人工智能 + 终身教育的交叉在线教育、智能教育的学科优势，围绕北京建设学习型城市的重大需求，建设“国内领先、国际有影响”的首都终身教育研究体系，坚持“终身教育学术高地、政府决策高端智库、研究信息服务中心、终身教育实践指导中心、一流学科建设和国际学术交流中心”为目标，服务首都“文化中心和国际交流中心”的功能定位，在终身教育政策研究和咨询服务、终身学习实践创新指导、国际学术与信息交流等方面发挥不可替代的作用。

基地负责人：黄先开
电话：82192002
传真：82192114
地址：北京市海淀区皂君庙甲 4 号北京开放大学 4 号楼 5 层
邮编：100081

国家税收法律研究基地

国家税收法律研究基地是依托首都经济贸易大学建立的北京市哲学社会科学研究基地。2017 年 12 月 6 日，经北京市哲学社会科学规划办公室和北京市教育委员会联合批准成立。基地研究涉及税收立法、税收执法、税收司法 3 个紧密相连的领域，具体包括新时代背景下税法基本理论的发展与创新、具有中国特色的税收法定原则理论研究、中国税收立法问题研究、税收政策与税制改革问题研究、我国税收征管体系的优化研究、我国税收司法体系的完善研究等。研究基地致力于税收立法、执法和司法“三位一体”的综合性研究，促进税收法律理论研究与实践的充分融合。为此，研究基地汇聚了来自中国人民大学、中央财经大学等高校以及最高人民法院国家法官学院、国家税务总局科研所等研究机构的强大科研力量，以首都和京津冀的经济和社会发展为基础和导向，为首都和京津冀的财税政策和经济社会发展提供决策支持；同时，为北京市以及全国的经济社会发展提供决策依据，为中央的税收立法、税制改革和税收决策以及税收的司法和执法提供高质量的建议和参考。

基地负责人：曹静韬
电话：83952254
传真：83952575
地址：北京市丰台区花乡张家路口 121 号首都经济贸易大学
邮编：100071

（北京市哲学社会科学规划办公室供稿）

已刊机构补充介绍和领导成员变更情况

中国人民大学

习近平新时代中国特色社会主义思想研究院

中国人民大学习近平新时代中国特色社会主义思想研究院是根据中央领导指示精神和中宣部关于成立首批习近平新时代中国特色社会主义思想研究机构的要求而成立的综合性研究机构。研究院成立于 2018 年 1 月。研究院主要从事如下工作：一是认真学习宣传研究贯彻党的十九大精神，深入推进习近平新时代中国特色社会主义思想学习宣传研究工作；二是积极推进习近平新时代中国特色社会主义思想进教材、进课堂、进头脑工作；三是积极开展习近平新时代中国特色社会主义思想的学科建设和人才培养工作；四是积极开展习近平新时代中国特色社会主义思想的国际交流和传播。

研究院设理事会，由学校党委书记靳诺、校长刘伟担任理事长；研究院聘请徐光春、欧阳淞、顾海良担任学术顾问；研究院设学术委员会，由陈先达教授担任主任，张雷声、郝立新担任副主任；研究院院长为秦宣，副院长有王义桅、王向明、冯玉军、邱海平、陶文昭。

中国人民大学国家发展与战略研究院

中国人民大学国家发展与战略研究院成立于2013年6月，2015年12月入选全国首批“国家高端智库”建设试点单位。理事长为中国人民大学党委书记靳诺教授，院长为中国人民大学校长刘伟教授，执行院长为中国人民大学副校长刘元春教授。国发院以习近平总书记治国理政重要论述为指导，以“四个全面”战略为研究框架，以“国家治理现代化”为特色研究领域，聚焦“经济治理与经济发展”“政治治理与法治建设”“社会治理与社会创新”三大核心研究方向，坚守“国家战略、全球视野、决策咨询、舆论引导”的使命，组建了宏观经济论坛团队、社会主义经济理论团队、社会保障团队等十大特色团队和中国宏观经济论坛、政企关系与产业发展研究中心、国家治理研究中心等二十大研究中心，打造了约40人的专聘研究员团队和200人的兼职研究员队伍。2017年，人大国发院积极深化地方合作，正式成立了中国人民大学国家发展与战略研究院青岛分院和中国人民大学长江经济带研究院。

中国人民大学首都发展与战略研究院

中国人民大学首都发展与战略研究院成立于2016年6月，2017年9月入选首批“首都高端智库”建设试点单位。理事长为中国人民大学校长刘伟教授，院长为中国人民大学党委书记靳诺教授。研究院是根据党的十八大以来国家“大改革”与“大调整”的总体思路，结合首都北京可持续发展的战略需求，以《北京市十三五规划纲要》《京津冀协同发展规划纲要》等为指导，整合了中国人民大学优质的智库研究资源、汇集了长期关注并跟踪研究北京城市与区域发展的各领域专家构建而成。研究院以“支撑首都发展决策，服务四个中心建设”的战略目标，以首都核心功能研究和都市发展治理研究为两个核心方向，现有首都发展战略规划、首都大城市病综合治理、首都核心功能提升与京津冀协同、首都和谐社会治理机制创新与人口调控等10个研究团队，专职研究人员24名，兼职研究人员75人。

中国经济改革与发展研究院

中国经济改革与发展研究院成立于1996年1月，1999年5月重组为学校与国家发改委宏观经济研究院联合共建的研究机构，1999年12月被批准为“教育部人文社会科学重点研究基地”。院长为中国人民大学林岗教授和国务院发展研究中心副主任王一鸣研究员，常务副院长为高德步教授和国家发改委宏观经济研究院副院长马晓河研究员。研究院设有宏观经济与政策研究中心、产业经济与政策研究中心、区域经济发展战略研究中心、世界经济研究中心、中国民营经济研究中心等机构。现有专职研究人员18人，兼职研究人员17人。主要学术带头人有林岗、高德步、陈甬军、黄泰岩、刘元春等教授。

刑事法律科学研究中心

刑事法律科学研究中心成立于1988年10月，1999年12月被批准为“教育部人文社会科学重点研究基地”，主任为时延安教授，名誉主任为高铭暄教授，专职顾问为王作富教授，副主任为田宏杰教授、刘计划教授、刘品新教授。中心下设网络犯罪与安全研究中心、反腐败法治研究中心、中国刑法研究所、外国刑法研究所、国际刑法研究所、刑事程序法研究所、犯罪和监狱学研究所、证据法研究所、刑事法律史研究所等13个子机构。中心现有专职研究人员28人，兼职研究人员5人，境外客座研究人员35人。主要学术骨干有戴玉忠、陈卫东、刘明祥、谢望原、黄京平、冯军、朱文奇、何家弘、赵晓耕、张小虎、田宏杰、付立庆、魏晓娜、李奋飞等教授。

伦理学与道德建设研究中心

中国人民大学伦理学科是新中国最早建立的伦理学科点，2000年伦理学与道德建设研究中心获批成为首批“教育部人文社科重点研究基地”。主任为葛晨虹教授，常务副主任为龚群教授，肖群忠教授、曹刚教授、李茂森副教授为中心副主任。中心在发挥高地优势、整合学界优势资源和力量方面做了有效探索，下设有马克思主义伦理、中国伦理思想、西方伦理思想、应用伦理、政治伦理、经济伦理等研究所，并设有学校基金会所属的罗国杰伦理教育基金，专、兼职研究员37人，主要学术骨干有宋希仁、龚群、焦国成、葛晨虹、肖群忠、吴付来、曹刚、郝立新、刘建军等教授，外聘专家有徐惟诚、陈瑛、唐凯麟、万俊人、吴潜涛、王小锡、樊和平、李建华、江畅、姚新中等研究员和教授。中心以学术理论与现实关注为研究导向，在平台、学术、咨政、交流、人才、信息等方面“六位一体”建设发力，已日益成为国家的一个学术重镇和思想智库。

佛教与宗教学理论研究所

佛教与宗教学理论研究所以 1991 年成立的宗教学研究所和 1996 年成立的基督教文化研究所为基础，于 1999 年 12 月重新组建，2000 年 9 月被批准为“教育部人文社会科学重点研究基地”。执行所长为张风雷教授。研究所下设佛教、宗教学理论、基督教、道教、当代宗教等研究室。现有专职研究人员 17 人，国内兼职研究人员 10 人，国外兼职研究人员 5 人。主要学术带头人有何光沪、李秋零、杨慧林、张风雷、何建明、温金玉、王宇洁、张文良等教授。

清史研究所

清史研究所成立于 1978 年 5 月，2000 年 9 月获批成为“教育部人文社会科学重点研究基地”，名誉所长为戴逸教授，现任所长为杨念群教授。清史所下设中国古代史、中国近现代史、专门史、中外关系史、历史地理学、历史文献学等教研室，目前拥有 6 个博士点和 6 个硕士点（中国古代史、中国近现代史、专门史、历史文献学、历史地理学、史学理论与史学史）。其中，中国古代史和中国近现代史为国家级重点学科。1999 年设立博士后流动站。现有专职研究人员 30 人，兼职研究人员 12 人。主要学术带头人有黄爱平、黄兴涛、杨念群、夏明方、张永江、华林甫、祁美琴、朱浒、孙喆、刘文鹏、曹新宇等教授。

中国财政金融政策研究中心

中国财政金融政策研究中心于 1999 年组建，2000 年 9 月获批成为首批“教育部人文社会科学重点研究基地”。中心依托财政金融学院两个国家级重点学科长期积淀而成的优良传统，以财政金融理论与政策研究为导向，成为国家在新世纪推进财政金融理论与政策研究的重镇。中心充分发挥文理渗透、学科交叉的优势，有效集聚“优势互补、专兼结合”的师资力量，聘请多位专兼职研究人员，每年为政府和社会提供多项研究专题报告和系列专著，举办“黄达—蒙代尔讲座”，迄今已评选八届“黄达—蒙代尔经济学奖”，在国内外均有较强的影响力。在 2004 年、2009 年和 2015 年教育部组织的基地评审中，中心连续 3 次被评为优秀基地。陈雨露教授、郭庆旺教授、张杰教授以及汪昌云教授先后担任中心主任，现任中心主任为瞿强教授，著名经济学家黄达教授和陈共教授共同担任名誉主任。

民商事法律科学研究中心

民商事法律科学研究中心成立于 1999 年 9 月，2000 年 9 月获批成为首批“教育部人文社会科学重点研究基地”。中心以“推动中国民商法走向世界”和“打造中国民商法治建设的智库”为工作重心，积极践行“民生 · 民事 · 民权”和“敬群 · 敬业 · 敬法”的训词，在国际交流与合作、科学研究、立法资政、司法指导、人才培养等方面取得了良好成绩，发挥了中心作为民商法科学研究国家队伍的作用，推动了中国的民商事法治建设和中国民商法走向世界。中心主任为杨立新教授，执行主任为姚辉教授。中心下设民法、商法、知识产权法等 15 个研究所。中心现有专职研究人员 23 人，兼职研究人员 32 人。主要学术带头人有王利明、杨立新、刘春田、张新宝、姚辉、林嘉、汤维建、叶林等教授。在 2004 年、2009 年和 2015 年教育部组织的基地评审中，中心连续 3 次被评为优秀基地。2007 年 9 月，中心获得国家人事部、教育部授予的“全国教育系统先进集体”荣誉称号，2010 年荣获“2009 年度首都维护消费者权益突出贡献奖”。

人口与发展研究中心

人口与发展研究中心是 2000 年 1 月在原中国人民大学人口研究所的基础上重新组建而成的，2000 年 9 月被批准为“教育部人文社会科学重点研究基地”，并且是国内唯一的人口学重点研究基地。主任为翟振武教授。中心现有专职研究人员 11 名，兼职研究人员 7 名。中心下设人口学与人口政策研究室、人口与可持续发展研究室、老龄研究室、资料室、办公室、健康实验室、电话调查室、人口学（老年学）数据库等。主要研究领域有人口学理论与方法、中国人口问题与政策、老龄化与社会经济发展。主要学术带头人有邬沧萍、翟振武、杜鹏、刘爽、段成荣、陈卫、杨菊华、宋健、和红、张耀军、杜本峰等教授。2014 年，中组部、中宣部、人社部、科技部共同授予人口与发展研究中心“全国专业技术人才先进集体”称号，中心出版发行的《人口研究》杂志连续 6 年（2012—2017）获“中国最具国际影响力学术期刊”称号。

新闻与社会发展研究中心

新闻与社会发展研究中心成立于 1986 年 10 月，重新组建于 1999 年 11 月，2000 年 9 月被批准为“教育部人文社会科学重点研究基地”。主任为喻国明教授，执行主任为丁汉青副教授，副主任为李彪副教授。下设新闻与传播研究所、舆论研究所、传媒经济研究所、公共传播研究所、新媒体研究所、视听传播研究所和新闻伦理与法规研究所等。主要研究领域有新闻学、传播学、广播电视学及媒介经济学等。现有专职研究人员11人，兼职研究人员4人。主要学术带头人有方汉奇、喻国明、蔡雯、杨保军、陈绚、匡文波、钟新、王润泽、赵永华、周勇和胡百精等教授。

应用统计科学研究中心

应用统计科学研究中心成立于1988年，是统计学系系属研究所，重新组建于1999年，2000年9月被批准为“教育部人文社会科学重点研究基地”，主任为金勇进教授。基地下设调查技术研究中心、竞争力与评价研究中心、数据挖掘中心、六西格玛质量管理研究中心、保险精算中心、数据库研究室。现有专职研究员15人，兼职研究员14人。主要学术带头人有袁卫、金勇进、赵彦云、张波、王晓军、孟生旺、高敏雪、田茂再等教授。

欧洲问题研究中心

欧洲问题研究中心成立于1994年9月，系原国际政治系和国际经济系联合成立的系属研究中心，1999年12月进行重新组建，2000年12月被批准为“教育部人文社会科学重点研究基地”。2005年，中心被欧盟委员会授予“让·莫内最佳欧洲研究中心”称号。2012年1月，被教育部批准成立“区域和国别研究培育基地”。2017年5月，被教育部批准成立“中欧人文交流研究中心”。中心主任为杨慧林教授，学术委员会主任为宋新宁教授和黄卫平教授。中心主要有五大研究方向：欧洲政治与外交、欧洲经济与货币联盟、欧洲联盟法、欧洲文化与宗教研究、欧洲社会政策研究。主要学术带头人有宋新宁、黄卫平、杨慧林等教授。

社会学理论与方法研究中心

社会学理论与方法研究中心成立于1984年9月，重新组建于1999年6月，2000年12月获批成为首批“教育部人文社会科学重点研究基地”。主任为刘少杰教授。下设网络社会研究室、依法治理研究室、环境保护研究室和社会政策研究室。现有研究人员20人，其中兼职研究人员9人。主要学术带头人有刘少杰、李路路、张建明、洪大用、郭星华、李迎生、冯仕政、陆益龙、赵旭东等教授。

中国特色社会主义理论体系研究中心（原“三个代表”重要思想研究中心）

“三个代表”重要思想研究中心成立于2002年11月29日，2004年11月被批准为“教育部人文社会科学重点研究基地”，2010年经教育部批准更名为“中国特色社会主义理论体系研究中心”。主任为秦宣教授。下设马克思主义理论创新、全面建设小康社会和执政党建设3个研究室。中心现有专兼职研究人员30人，其中校内专职研究人员14人，校内兼职研究人员10人，校外兼职研究人员6人。主要学术带头人有程天权、秦宣、郝立新、张雷声、吴潜涛、梁树发、杨凤城、刘建军、陶文昭、谢春涛、辛向阳、姜辉、孙蚌珠等教授。

人权研究与教育中心

中国人民大学人权研究与教育中心成立于1991年10月，是中国大学中最早建立的人权机构，并于1996年被收录于世界人权研究与培训机构名录，2014年5月被批准为“教育部国家人权教育与培训基地”。主任为韩大元教授。中心作为人权研究的中心机构，旨在为提升人权意识、实现人权目标做出贡献，为国家人权法律法规制定提供建议。中心由来自中国人民大学的5个学院以及11个科研机构的40多位研究人员组成，与国际人权领域的10多位专家建立了合作关系。中心在人权研究、教育和社会服务方面取得了丰硕成果，并承办了中国人权研究会主办的《人权》杂志。

人文北京研究基地

人文北京研究基地成立于2009年6月30日，其前身为人文奥运研究中心，是中国人民大学在与北京市政府合作的基础上组建的专门进行“人文北京”相关课题研究的校属跨学科研究机构，也是北京市哲学社会科学重点研究基地。中心主任、首席专家为冯惠玲教授。人文北京研究基地是一所服务于北京发展、专门从事人文北京建设相关研究的跨学科、开放性科研平台。其主要研究方向：“人文北京”理论的基础性研究；“人文北京”的应用研究与对策研究；“人文北京”的历史文化资源研究；“人文奥运”研究。中心现有研究员34人，来自中国人民大学、北京大学等5所高校的11个学科。主要学术带头人有冯惠玲、李树旺、魏娜、葛晨虹等教授。

马克思主义研究基地

马克思主义研究基地成立于2006年12月21日，是北京市哲学社会科学重点研究基地。主任为郝立新教授，陶文昭教授任基地首席专家。现有主要研究人员36人。主要学术带头人有郝立新、张雷声、秦宣、杨凤城、张宇、刘建军、侯衍社、陶文昭、冯玉军等教授。

北京社会建设研究基地

北京社会建设研究基地成立于2008年4月18日，由北京市委社工委与中国人民大学联合成立，是北京市哲学社会科学重点研究基地。主任为张建明教授。研究基地主要研究北京社会发展过程中出现的各种问题，开展专项调查、承担科研课题、建立数据资料中心等工作。研究基地下设办公室、研究一部、研究二部、研究三部。主要学术带头人有张建明、翟振武等教授。

北京高校思想政治理论课高精尖创新中心

北京高校思想政治理论课高精尖创新中心成立于2015年，是在北京市委教育工委、市教委的支持与指导下成立的首批获得北京市教委认证的13所北京高校高精尖创新中心之一。中心由中国人民大学牵头，联合中央党校、中央编译局、中央党史研究室、首都师范大学、首都经济贸易大学等研究机构、高等院校开展协同合作，致力建设成为巩固马克思主义指导地位的新型高端智库、思想政治理论课的共建共享平台、马克思主义理论教学和研究的优秀人才高地。校内主要由马克思主义学院、出版社、书报资料中心共建。中心设立管理委员会、学术委员会、监督委员会，实行管理委员会领导下的中心主任负责制。中心主任为吴付来教授，中心学术委员会主任为陈先达教授。

中心以“立足北京、服务北京”为理念，通过与国内重要科研机构、知名专家的共同协作，开展文献研究、学科研究、课程研究，出版相关学术刊物，建成并逐步完善相关文献资料库，推出各学科前沿领域的创新成果，并促进科研成果向教学成果转化，建立教师教学成果交流平台，汇集和评选思想政治理论课教育教学改革实践经验和优秀研究成果；中心发挥北京高校在思想政治理论课教育教学上的人才优势、资源优势，发挥新技术在大学生思想政治教育中的重要作用，建设系统完整的马克思主义理论研究和文献支撑平台、丰富优质的思想政治理论课教学资源共享平台、高效便捷的思想政治理论课数字化教学平台、科学权威的大学生思想政治教育质量评估平台、及时全面的大学生思想动态调查分析平台，全面提升思想政治理论课教育教学的针对性、实效性，为北京和全国的高校思想政治理论课教学提供多层次、全方位、立体化服务；中心通过马克思主义理论素养提升计划生、博士生及博士后人员联合培养计划、青年教师教学与科研能力提升计划、领军人才培养计划和国际拓展计划、国外学者引进计划、宣传理论部门工作者培训计划，培养一批具有较高马克思主义理论素养的专业人才，服务于北京和全国的思想政治理论建设；中心举办思想政治理论课“名师讲坛”和“青椒论坛”，搭建教师培训与交流平台。

（中国人民大学科研处关晓斌供稿）

中央民族大学

2017年新增的科研（教研）机构

“一带一路”与民族发展研究院

“一带一路”与民族发展研究院成立于2017年9月，负责人为麻国庆教授，是学校的校级非独立科研平台。研究院以“一带一路”与民族发展为切入点，通过多学科的角度，历时和共时相结合地展示三大民族走廊以及环南中国海区域的多元的社会文化生态，思考区域内少数民族的内生性发展，通过多点的实地调查和比较研究，推进民族学一流学科建设。

研究院的科研团队以文献分析和田野调查为基础，进行多点的田野调查和比较研究，收集大量第一手调查资料，并建立民族研究的地理信息平台和影像数据库。团队同时强调学术研究和政策建议并重，为相关政府部门制定文化政策提供具体建议。

研究院将在“一带一路”的社会文化变迁与多民族互动、跨界流动与民族发展研究、全球社会与跨界民族、文化自觉与内生性发展等具体研究主题中，公开发表调研报告和学术论文，出版专著、编著、译著和教材等，并将重要研究成果翻译成外文。通过课题研究凝聚老、中、青三代研究力量，形成一支国际一流的学术研究梯队。

中国民族语言文字应用研究院

中国民族语言文字应用研究院于2017年12月挂牌成立，不但是学校校级非独立科研平台，也是国家民委批准成立的省部级科研平台，是国家民委民族语言文字工作的重要科研基地，名誉院长为戴庆夏教授，负责人为曲木铁西教授。

研究院紧紧围绕国家民族团结进步事业和民族地区社会发展的重大需求及民族语言文字应用领域的主要问题，开展语言国情、语言政策、语言战略、语言安全、民族语言文字的规范化、标准化、信息化等的研究；开展兴边富民、精准扶贫、城镇化、现代化背景下民族地区语言生态与和谐语言生活的创建研究；开展少数民族母语教学和在民族地区推广与普及国家通用语言文字的理论和实践的探索，总结探讨中国少数民族地区双语教育教学的模式、途径、经验等；建设并成为我国民族语言文字应用工作的第三方评估平台，建立科学、多样的评价标准，开展评价研究，全面服务国家的民族语文建设。

中华文化研究院

中华文化研究院成立于2017年9月，由牟钟鉴教授担任名誉院长，负责人为刘成有教授。研究院依托哲学与宗教学院优秀的教学科研团队并整合其他院系的有关师资，致力打造高水平的智库型平台，共同培养56个民族优秀学子的文化自觉与文化自信，着力研究中华优秀传统文化在东亚的历史性主导地位，进一步提升学校哲学学科的学术地位和学术影响力。

作为新成立的校级非独立科研平台，研究院拟设“少数民族文化与儒学”“儒释道三教关系研究”“儒学与佛教中国化”等研究中心；打造“中华文化经典”课程，编写一部省部级规划教材。按照中办、国办的通知精神，编写适合民族院校使用的《中华文化基本经典》教材，为中华文化进入全国民族院校的课程体系做好准备；开展“中华经典”系列的编撰与文化普及工作，包括汉语与少数民族语文化经典的互译，在大学生中间普及完整的中华文化；创办《中华文化研究通讯》，交流普及中华文化研究的心得体会，提高中华文化研究的学术水平，探讨中华文化的未来发展方向；积极探索国际化的“中国文化”硕士班，开展中华文化“走出去”的工作，并创办东亚文化论坛，开展文明互鉴，进一步拓展中华文化在世界上的影响力。

转化神经科学中心

转化神经科学中心成立于2017年3月，是一个集科学研究以及研究生培养为一体的校级非独立科研平台，中心依托生命与环境科学学院建立，负责人为程勇教授。转化神经科学中心以开展神经生物学方向为核心，涵盖神经生理学、神经免疫学、神经病理学等生命科学基础和转化领域的研究。探讨神经系统疾病，精神类疾病的发病机制，寻找新型的治疗手段和生物靶标；开展少数民族地区神经系统疾病的发病特征和特点，地域、环境等对少数民族族群神经系统疾病的发病的影响与相互作用等方面的研究。

学术团体

中国民族政策研究会成立于1995年3月，是在民政部注册的国家级社会组织，业务主管单位是国家民族事务委员会，业务指导部门是中央民族大学。研究会的宗旨是组织全国民族研究力量开展民族理论研究和民族政策研究；结合民族工作实际开展有关民族和民族地区的现实问题和发展问题的调查研究；组织各方面专家学者开展对世界各国民族问题和民族政策研究，为国家民族工作服务。研究会自成立以来积极开展相关学术活动，组织民族政策研究团体和研究人员开展民族政策研究，向各级党委、政府等部门提供高水平的决策咨询分析，向国内外介绍中国民族政策及其研究成果等各类活动。

（中央民族大学科研处供稿）

中国政法大学

2017年新成立的新型研究机构

中国政法大学国家监察研究院

11月1日，学校批准成立中国政法大学国家监察研究院，院长张桂林教授。

研究院的性质：研究院是由中国政法大学设立的集科学研究、人才培养、学科建设和社会服务为一体的新型在编研究机构，与国内知名国企等机构合作建设，不设行政级别。

建设目标：聚焦国家经济社会发展和监察体制改革的重大前沿问题，充分利用校内学科优势和人才优势，与中央和地方纪检机构、国家监察机构合作，吸纳社会资源，推动国家监察学科的发展，深化理论研究，创新人才培养模式。力争在5~8年之内将研究院建设成为国家监察领域国内外有广泛影响的智库和纪检监察人才培养创新基地。

建设任务：（1）科学研究。研究院将聚焦国家监察基础理论、中国监察制度通史、中共廉政建设史、国际廉政模式、廉政建设公众认知数据库、中国政商关系等六大领域，开展跨学科、跨部门研究，形成标志性的研究成果。研究院将与最高人民法院、最高人民检察院、地方国家监察机构合作，建立大型廉政建设数据库。研究院将每年向社会公众发布廉政研究报告。研究院将申请创办《国家监察》学术期刊，出版年度《国家监察蓝皮书》。研究院将与国内学术研究机构、国家监察实务部门，每年举办全国性的学术会议，每两年举办一次国际性的学术会议。（2）人才培养。研究院将与中央与地方的纪检、国家监察机构合作，创新人才培养模式，依托现有的纪检监察硕士点、博士点，培养纪检监察学人才，培训国家监察系统干部。（3）智库建设。研究院将在理论研究成果和实证调研成果的基础上形成政策建议，定期报送中纪委、中办法规局、国家监察部等部门。研究院接受地方纪检、国家监察部门的委托进行政策研究；接受企业的廉政建设、企业廉政风险防控等咨询，并提供解决方案。（4）干部培训。研究院将与有关部门合作，对纪检、国家监察系统、国企系统等干部开展廉政培训，对企业家开展法律规制、风险防范、政企关系等方面的培训。

中国政法大学网络法学研究院

11月28日，学校批准成立中国政法大学网络法学研究院，院长于志刚教授，副院长王立梅教授。

研究院的性质：研究院是由中国政法大学设立的集科学研究、人才培养、学科建设和社会服务为一体的新型在编研究机构，与国内顶级互联网企业合作建设，不设行政级别。

建设目标：聚焦国家网络法发展的重大前沿问题，充分利用校内学科优势和人才优势，与中央和地方立法机构、司法机构、信息化建设和管理部门合作，吸纳社会资源，推动网络法学学科的发展，深化网络法学和网络空间国际治理规则的理论研究，创新网络法治人才培养模式。力争在4年之内将研究院建设成为国家网络法学研究的学术高地和网络法治人才培养的创新基地。在4年建设周期内（2017—2021），在科学研究、人才培养、学科建设、政策咨询等方面取得突破性进展，力争将研究院打造成国内网络法研究领域的中心和高端人才培养基地，成为国内外有影响力的智库型研究机构。

建设任务：（1）科学研究。研究院将凝聚全国网络法学学术力量，搭建网络法学的学术平台，以问题为导向，围绕网络法的立法司法等问题和网络空间国际治理规则等问题开展深度研究，进行调研报告、专题研究、立法建议等研究成果的输出，形成兼顾政策效果、立法价值和学术品格的研究报告、论文著作等高品质学术成果。（2）人才培养。研究院依托全国第一个“网络法”法学二级学科，以培养网络法博士生、硕士生和网络法学研究人才为目的，为实现国家从网络大国迈向网络强国的战略提供人才支持。（3）学科建设。研究院围绕将“网络法学”建成中国特色世界一流的新兴学科而努力，持续在网络法学领域开展战略性、前瞻性、持续性的学术研究，通过定期举办沙龙、研讨、论坛等一系列方式，树立学科品牌、学术品牌和业界效应。（4）服务社会。研究院将以网络法的立法司法等问题和网络空间国际治理规则等问题为研究重点，为国家提供立法建议和决策咨询，发挥一流智库作用，为共建单位和其他单位提供咨询、培训等服务。（5）文化传承。研究院定期举办大型普法宣传、学生活动赛事、成果发布会等大型活动，不断拓宽影响力，切实弘扬民族文化，传承法学精神。（6）国际交流。研究院持续在网络法学领域加强与海外知名高校、科研机构和国际组织等的交流与合作，积极推进海内外网络法研究成果的相互参考与借鉴，不断拓展国际影响力。

2017年新成立的非在编科研机构

中国政法大学中小企业发展环境研究中心

3月21日，学校批准成立中国政法大学中小企业发展环境研究中心，依托于MPA教育中心，中心主任为常保国教授。

研究方向和目标：我国中小企业发展的法律与政策环境；中小企业及企业家面临的法律风险及对策；中小企业融资难问题形成的法律因素及对策。

中心的任务：（1）在中小企业发展环境领域，积极争取各类科研项目和科研经费，致力中国政法大学的学术研究平台与社会各部门的对接；（2）在中小企业发展环境领域产出优秀的科研成果；（3）积极开展各种层次的学术交流和调研活动；（4）面向党政部门及社会各界就中小企业的发展环境专题开展咨询服务，并与律师事务所等中介机构合作，切实解决中小企业在发展中遇到的现实问题；（5）为社会各界提供以知识更新为主要内容的短期培训。

中国政法大学世界贸易组织研究中心

3月21日，学校批准成立中国政法大学世界贸易组织研究中心，依托于国际法学院，中心主任为孔庆江教授。

研究中心致力整合校内外世界贸易组织研究领域的相关力量，着力搭建官、产、学、研互动交流的知识平台和科研转化机制。研究中心强调学术研究和实践应用并注重其相互促进，重视科研成果向实践应用的转化。中心的中长期研究方向是研究中国参与并引领多边贸易规则制定的法律和政策问题。

中国政法大学法律与金融研究中心

3月21日，学校批准成立中国政法大学法律与金融研究中心，依托于法与经济学研究院，中心主任为席涛教授。

中心着眼于宏观的金融大市场，联动研究《人民银行法》《商业银行法》《银行业监督管理法》《证券法》《证券投资基金法》《外汇管理条例》等与金融相关的法律法规，为促进金融市场发展、维护金融稳定，降低企业融资成本，保证投资者利益的政策目标献计献策。

中国政法大学新三板与新金融研究中心

3月21日，学校批准成立中国政法大学新三板与新金融研究中心，依托于资本金融研究院，中心主任为武长海教授。

中心的研究方向：互联网金融理论基础研究；网络借贷的法律规制研究；互联网保险的法律规制研究；网络众筹的法律规制研究；金融创新与金融监管基础理论研究；金融科技法律制度研究；“新三板”法律制度研究；多层次资本市场发展基础理论研究；金融交易理论研究；金融业非诉讼争端解决机制研究。

中心的研究任务：（1）开展新金融方面的政策研究、决策评估、政策解读等工作，并着力研究国内外新金融的发展趋势，提出咨询建议，进行科学的预测和研判，做出一批党和政府信得过、用得上的科研成果，为公共政策的决策和制定提供信息资源服务；（2）面向学术科研机构，自主开发或承担外部学术研究课题，以法学、经济学、金融学、信息科学等为特色，提供高质量、差别化的学术研究成果；（3）面向学生与社会团体或党政部门，承接教学与培训任务，开展新金融相关理论、方法与应用课程教学研究，编辑出版新金融相关的体制机制、政策咨询、法律信息服务等方面的教材、著作等，提高学生的新金融理论与实践技能，培养高层次的新金融复合型人才；（4）搭建高校与社会的沟通平台，促进不同新金融从业人员的交流与互动，开展形式多样、内容丰富的活动、讲座沙龙等，提供一线新金融咨询及服务，促进高校新金融文化的形成及发展。

中国政法大学国际知识产权研究中心

3月21日，学校批准成立中国政法大学国际知识产权研究中心，依托于民商经济法学院，中心主任为李树忠教授。

中心的研究方向：国际知识产权保护，国际保护环境下中国知识产权保护，知识产权基本理论，知识产权立法、司法，知识产权战略等。

中心的研究任务：以国际化的视野立足中国，充分利用和挖掘我校在民商法学（特别是知识产权法）、国际法学、管理学、战略学研究领域的学术优势和人才资源，逐步扩大研究队伍，紧密结合特定时期国家、地区、行业、企业在国际知识产权方面面对的机遇和挑战，包括“一带一路”国家和地区知识产权协调问题，积极开展学术研究和国际交流，致力于维护良好的国际知识产权秩序，不断扩大我校在前沿性领域的影响。同时，通过对知识产权政策性研究，为有利于包括中国在内的发展中国家国际知识产权制度新秩序提供理论武器与政策指引。

中国政法大学企业法律风险管理研究中心

4月24日，学校批准成立中国政法大学企业法律风险管理研究中心，依托于民商经济法学院，中心主任为宋朝武教授。

中心的研究方向：企业法律风险成因及后果；构建企业法律风险管理体系；企业法律风险防范措施。

中心的研究任务：以企业法律风险管理为中长期研究任务；积极争取各种科研项目和经费，特别是横向科研项目和经费；推出优秀科研成果；组织、开展学术交流活动；面向社会各界开展咨询服务；为社会各界提供以知识更新为主要内容的短期培训。

中国政法大学儿童法研究中心

4月24日，学校批准成立中国政法大学儿童法研究中心，依托于人权研究院，中心主任为张伟教授。

中心的核心目标：促进高校与从事儿童保护和服务工作的政府部门、社会组织之间的沟通和交流，促成有效的人才培养机制的形成。

中心的主要任务：接受党政机关和企业的委托，开展专项课题研究，为委托机构提供决策咨询；联合培养儿童法专业硕士研究生，搭建高校与政府、司法机关人才培养与就业的桥梁。整合儿童保护专家人才力量，选拔最高人民检察院、最高人民法院、公安部、民政部、国务院妇儿工委办公室等国家机关内从事儿童保护工作的专家担任该中心客座教授，定期举办专题讲座。每年就与儿童保护相关主题开展国际研讨会，推动国际交流。与教育部门以及中小学开展合作，培训中小学法制教师。与相关政府部门和司法机关开展合作，培训与儿童工作相关的工作人员。开展与儿童相关的立法和政策研究，推动未成年人立法和政策的完善。

中国政法大学法治发展与教育研究中心

11月1日，学校批准成立中国政法大学法治发展与教育研究中心，依托于学生工作部，中心主任为卢少华教授。

中心的研究方向：法治教育现状、原理、机制以及效果等，重点研究教育系统的法治发展，特别是大学生、中学生、小学生、学生事务工作者以及法治工作队伍等群体的法治教育和思想政治教育相结合。

中心的研究任务：(1) 开展法治教育研究。关注法治最新发展，对法治教育现状、原理、机制以及效果等开展理论研究，研究国家法治发展，特别是重点研究教育系统的法治发展，以及大学生、中学生、小学生、学生事务工作者以及法治工作队伍等群体的法治教育和思想政治教育相结合问题，编辑出版法治教育教材，研究开发法治教育课程。(2) 开展法治教育培训。建立法治教育专家库，通过举办法治教育培训班以及法治讲座等，搭建法治教育培训平台。依托中心，和北京市教工委共同建设北京市辅导员法治化培训基地，定期开展北京地区辅导员法治教育培训。(3) 组织法治教育实践。组织我校学生到学校、工厂、社区以及农村等地方，通过开展模拟法庭、法律咨询等形式开展普法宣传活动，为学生搭建实践教学平台，实现学以致用，增强学生社会责任感，提高人才培养质量，扩大学校美誉度。(4) 进行法治教育推广。为落实国家“七五”普法教育规划，建立法治教育专题网站和微信公众号，及时传递法治发展最新现状以及典型案例等，通过网络平台推广法治教育。

中国政法大学青年研究中心

11 月 7 日，学校批准成立中国政法大学青年研究中心，依托于民商经济法学院，中心主任为王洪松教授。

中心研究方向：将立足于成为一个集科学研究、人才培养与社会服务为一体的新型科研机构，将努力整合校内外优质资源，特别是整合法学、政治学、社会学、心理学、教育学、新闻学、管理学等相关学术资源，致力于青年成长规律发现与问题解决的理论研究和实践探索，打造成一个专门针对青年群体开展研究的高端学术平台，并力争通过 5 ~ 10 年的建设发展，使中心能够成为在国内具有高度影响力的研究机构。为实现这一目标，中心将围绕青年成长过程中的热点、难点问题开展研究，抓住重点，集中目标，注重研究的针对性和实效性，努力探索助力青年成长的新思路、新方法、新平台，不断提高青年研究的水平，推动学校乃至国内高校青年教师和学生培养工作的进一步发展。

中心的研究任务：青年组织的政治性、先进性、群众性规律研究；青年群体成长的基本规律；青年教师的成长机制研究；青年教师思想政治工作相关问题研究；青年群体创新创业问题研究；青年学生国际化路径探索；青年群体社会成长环境相关问题研究；青年学生健康成长成才相关问题研究及实践探索。

中国政法大学国家监察与反腐败研究中心

11 月 15 日，学校批准成立中国政法大学国家监察与反腐败研究中心，依托于法治政府研究院，中心主任为应松年教授。

中心的中长期研究方向：国家监察与反腐败的基础理论、国家监察体制改革的运行方式、国家监察委员会的建设与完善等。

中心的研究任务：新常态下纪检监察反腐败工作研究、国家监察组织架构研究、国家监察体制改革的史鉴与对策研究、我国行政监察制度问题研究、反腐败之权力制约和监督体系建设研究等。

中国政法大学安保与法律研究中心

11 月 15 日，学校批准成立中国政法大学安保与法律研究中心，依托于法学院，中心主任为李卫海教授。

中心的研究方向和研究任务：安全与法律的基础理论；风险管理与危机应对；安全组织与法律；安全决策与法律；私人保安公司与法律规制。

中国政法大学法庭科学标准研究中心

11 月 15 日，学校批准成立中国政法大学法庭科学标准研究中心，依托于证据科学研究院，中心主任为王旭教授。

中心的研究方向：明确法庭科学标准的现实意义，强化标准意识；积极制修订符合时代需求的技术标准。包括对现有法庭科学标准的标准化整理及比较研究；标准的规范化使用，如确立标准使用的基本方法和流程，对条款的适用条件，具体操作细则进行统一；有争议条款的适用范围及相关建议。

中心的研究任务：宣传法庭科学标准化战略，提高法庭科学标准意识；整合研究队伍。一门学科的发展，人才是头等重要的资源。法庭科学技术标准研究主要依赖两部分力量：一是研究机构研究人员及高等学校教师和研究生，二是标准的使用者，如公检法司、社会保险行业等。通过有机整合上述两部分力量，推动中国法庭科学标准化理论和实践研究；推动技术标准的形成、完善和推广应用。

中国政法大学人工智能法研究中心

11 月 15 日，学校批准成立中国政法大学人工智能法研究中心，依托于法治政府研究院，中心主任为解志勇教授。

中心的研究方向：中心兼顾短期的热点、前沿研究和中长期的人工智能法基础理论和重大理论研究，特别是人工智能的使用、开发的规范。具体内容：我国人工智能法律法规和公共政策的发展和咨询；世界主要国家的人工智能法律法规、政策的发展趋势、应用前沿和主要问题；人工智能法的基础理论，人工智能法的法哲学基础，人工智能法与传统法学学科的关系、人工智能法与网络法、信息法、科技法等相关研究分支的交叉融合；人工智能法与社会学、管理学、经济学、计算机科学、数学等相关学科的合作和交流、互动，探索法学研究的最新领域，改进法学研究的方法和形式。

中心的研究任务：面向人工智能科技的发展和应用，开展相关的法律、法规、政策研究，具体任务体现在：收集、整理有关学术信息，组织开展前沿问题专题研究；产出人工智能法学术成果，向国内外推介有影响的对策性研究报告；推出人工智能法的相关课程、讲座和论坛，丰富中国政法大学教学内容；接受党政部门、相关企业和社会各界的委托，就有关法律法规的起草、修订及法律法规实施等问题进行专门研究，开展人工智能法咨询服务；与相关人工智能研究机构开展多种形式的学术合作，推动国内与国际的人工智能法学术交流活动。

（中国政法大学科研处满学惠供稿）

对外经济贸易大学

校领导成员变更情况

2017 年 9 月 1 日，李茂国同志任中共对外经济贸易大学委员会委员、常委、副书记、纪委书记；免去陈建香同志的中共对外经济贸易大学委员会副书记、常委、纪委书记职务。

2017 年 12 月 29 日，任命张新民、赵忠秀继续担任对外经济贸易大学新一届副校长；任命丁志杰为对外经济贸易大学党委常委、副校长；任命王强为对外经济贸易大学副校长；因任职年限要求免去林桂军对外经济贸易大学党委常委、副校长职务。

新成立的科研机构

对外经济贸易大学国家对外开放研究院

为贯彻落实《国家中长期人才发展规划纲要（2010—2020 年）》和习近平总书记关于加强中国特色新型智库建设的指示精神，根据中央《关于加强中国特色新型智库建设的意见》的有关要求，2017 年学校组织成立对外经济贸易大学国家对外开放研究院。

研究院以习近平总书记治国理政重要论述为指导，以“国家亟须、特色鲜明、制度创新、引领发展”为原则，以国家对外开放领域重大理论和现实问题为主攻方向，以应用研究和对策研究为导向，从推进国家治理体系和治理能力现代化、增强国家软实力出发，搭建支撑学校承接国家各类重大、热点、急需项目的平台，服务当局、服务决策、服务大局，主动适应经济社会发展的“新常态”，为国家科学决策提出有针对性、前瞻性、创新性和战略性的对策和建议，为党中央和政府机构提供智力服务。

理事长：蒋庆哲

院长：王稼琼

执行院长：林桂军

对外经济贸易大学区域国别研究院

对外经贸大学区域国别研究院为学校区域国别研究的重要机构，其目的是将人才培养、学术研究和国家发展战略相结合，推动学校学科发展，围绕“一带一路”倡议打造新型高端智库。区域国别研究院下设 14 个研究中心，包括奥地利文化中心、朝鲜半岛问题研究中心、东盟国家研究中心、俄罗斯中亚研究中心、法国经济研究中心、格鲁吉亚研究中心、海湾研究中心、金砖国家研究中心、葡语国家研究中心、日本研究中心、太平洋联盟国家研究中心、突尼斯研究中心、意大利研究中心、中国—瑞士经贸研究中心。

主要负责人：赵忠秀

“一带一路”PPP 发展研究中心

该中心由对外经济贸易大学、财政部政府和社会资本合作中心、商务部国际贸易经济合作研究院、国家开发银行、中国进出口银行联合成立，是部校银企合作下的专业研究机构，其将依托合作单位在 PPP、国际贸易、投融资和法律等领域的优势，发展成为“一带一路”PPP 高端智库，秉承“博学、诚信、求索、笃行”的校训，研究与总结中国 PPP 模式的经验，结合“一带一路”沿线项目所在国的国情，助力中国企业运用 PPP 模式积极参与“一带一路”国家的基础设施和公共服务项目。

中心将发挥 3 方面作用：一是研究中心的作用。凝聚各方力量，围绕“一带一路”PPP 开展前瞻性、关键性理论研究，为企业“走出去”和引进来提供基础理论支撑；注重项目案例的总结与推广，以点及面，促进实践创新推动理论创新，为全球共同发展贡献中国智慧和中国方案。二是智库中心的作用。为我国及沿线各国政府建言献策，增进各国法规、政策、标准等沟通协调，推动市场开放和互联互通，降低交易成本，培育稳定、可预测的发展环境。三是行动中心的作用。通过多双边合作渠道，整合各方资源，推动更多项目落地；抓好示范项目建设，发挥示范项目标杆引导作用；以论坛研讨、专题培训、参观调研等形式，协助沿线各国开展能力建设。

中心主任：王稼琼

联席主任：孙晓霞

执行主任：吴卫星

对外经济贸易大学开放经济与公共财政研究中心

宗旨：通过整合校内外资源，开展国际间比较研究、科研机构间协作研究、与政府部门间的政学研合作，旨在发展成为有影响力的公共财政研究机构，为契合财政部2017年做出的深化预算绩效管理改革、着力推进财政支出政策绩效评价工作的需要，推动新时期中央部门预算管理改革、财税体制改革，提升政府部门的治理水平，促进财政学科理论与实践发展；从开放经济下的财政视角助推开放型经济新体制构建和经济发展水平提升，促进城市和区域发展、消费转型与发展等提供智力支持。

吸取各学科的研究力量，借鉴相关学科的研究方法，把公共财政作为交叉学科来研究，以财政为核心，以开放经济下的国家发展为导向，建设新时期的跨学科研究平台。

研究领域：开放经济条件下的宏观经济与政策研究；比较财政体制研究；预算管理研究；财政与全球治理研究；财税政策国际竞争与协调研究；政府绩效管理与公共政策绩效评估研究；税收制度研究；财政与国家治理、国家发展研究；财政与城市、区域发展研究 ；财政与消费增长研究。

负责人：胡若痴

对外经济贸易大学企业与战略研究所

宗旨：成为中国社会科学领域战略研究的专业机构，为政府决策提供政策建议、为提升中国企业竞争力提供智力支持；为成员提供学术交流与战略合作平台。

研究领域：企业战略；企业法律环境与制度战略；企业创新与创业战略；企业的对外贸易与直接投资的战略研究；其他与企业相关的战略问题。

负责人：王铁栋

对外经济贸易大学中国金融与产业研究所

宗旨：（1）为政府决策部门建言献策。新常态下，中国经济发展面临很大不确定性。如何制定有效的金融和产业政策来稳定经济增长，在很长一段时间内都将是政府面临的重大课题。因此，为政府决策部门建言献策，确保经济的平稳增长是成立研究所的首要目的。（2）为企业发展提供咨询。企业在进行生产结构调整和升级过程当中难免会遇到的一系列金融问题，研究所可以为企业提供相应的咨询服务，帮助企业成功转型提供切实可行的政策措施和建议。（3）为社会培养人才。研究所的成立将有助于金融学者和业界专家的深入交流与沟通，顺利的实现金融理论与社会热点问题的结合，不仅有利于提高高层次人才（特别是研究生）的培养，而且对于提高学校社会声誉具有积极的作用。

主要活动：（1）充分发挥自己的优势，选择我国各产业在转型和结构升级过程中所面临的重大金融问题进行研究；（2）以研究所为平台，定期举办高层次学术研讨会，邀请国内外知名学者就金融、产业发展趋势以及宏观政策等问题进行学术交流；（3）针对产业转型和结构升级过程中面临的重大金融问题进行广泛的调查研究，了解现状、分析问题及根源，在此基础上撰写调查报告，为产业政策的实施和推进提出科学、合理和具有可操作性的对策建议；（4）在系统研究的基础上，撰写与出版有影响力的系列金融与产业发展相关学术专著或论文集，形成一系列高质量、有影响力的学术成果；（5）及时总结研究成果，并将其运用于实践，促进金融理论在产业发展中的大范围推广实施，同时建设金融理论与产业发展实务的相关学科体系和人才培养体系；（6）组织政府、企业等相关人员进行金融理论与产业政策的相关培训、沙龙等活动，为各地政府和企业提供决策支持。

负责人：吴卫星

对外经济贸易大学中韩日社会经济研究中心

宗旨：汇集顶尖学者，搭建社会经济研究与交流的国际化平台。面向社会经济的发展，进行社会经济理论研究、完善社会经济研究理论体系，比较社会经济发展的国际经验，在此基础上提出发展战略与政策建议，为经济社会的可持续发展、政府和市场力量相结合解决社会问题做出贡献。

研究领域：中韩日社会经济的发展路径；中韩日社会经济发展机制；中韩日社会经济发展模式；中韩日社会经济发展战略；企业社会责任与可持续发展。

负责人：金仁仙

（对外经济贸易大学科研处供稿）

北京交通大学

新增机构

北京交通大学北京综合交通发展研究院

北京交通大学北京综合交通发展研究院2016年成立，2017年被北京市委市政府认定为首批首都高端智库建设14家试点单位之一，智库首席专家为北京交通大学校长宁滨。

智库目标定位：以服务北京及京津冀一体化建设和经济社会发展为宗旨，为特大城市和京津冀城市群建设安全、高效、绿色交通系统提供决策咨询、规划咨询、方案咨询的新型高校智库。

智库研究领域：面向京津冀一体化的综合交通运输体系构建研究；面向京津冀一体化的智能交通体系构建研究。

联系电话：51683745

（北京交通大学科研处李敏供稿）

中央团校（中国青年政治学院）

学院名称及功能变化

学校名称调整为中央团校（中国青年政治学院）。

2017年11月20日，习近平总书记主持召开十九届中央全面深化改革领导小组第一次会议，审议通过了《中央团校改革方案》。会议强调中央团校工作承担着为党的青年群众工作教育培养干部骨干的重要使命，改革要着眼党的青年工作大局，把握建设党在青年工作领域特色鲜明的政治学校这一根本定位，聚焦团干部教育主责主业，剥离学历教育，创新办学方式，突出政治培训，努力为新时代党的青年群众工作和共青团建设提供人才智力支持。因此，学校后续功能以中央团校为主，但同时保留中国青年政治学院牌子。

[中央团校（中国青年政治学院）科研部供稿]

首都经济贸易大学

主要人事、机构的重大变动

北京市政府任命杨开忠同志为首都经济贸易大学副校长。

中共北京市委任命唐行安同志为首经贸大学纪委书记。

撤销研究生部，成立研究生院。

经2017年3月21日第192次党委常委会讨论通过，同意撤销研究生部，成立研究生院，研究生院与研究生工作部合署办公。

（首都经济贸易大学科研处李艳杰供稿）

·大 事 记·

2017

1月

3日　全国宣传部长会议在京召开。中共中央政治局常委、中央书记处书记刘云山出席会议并讲话，强调要深入贯彻落实以习近平同志为核心的党中央各项决策部署，牢固树立政治意识、大局意识、核心意识、看齐意识，以高度政治责任感做好宣传思想工作，为迎接党的十九大胜利召开提供有力思想舆论保证。

（摘自《北京日报》2017年1月4日第1版）

4日　由中宣部部署，中国社会科学院牵头，教育部和国家新闻出版广电总局配合建设的国家哲学社会科学文献中心日前上线。文献中心网站主要开设资讯、资源、专题、服务4个栏目，囊括了中外文学术期刊7000多种，上线文献数据超过1000万条，导航链接了国内60多家哲学社会科学研究机构网站，初步形成了国家哲学社会科学学术期刊数据库、外文学术期刊数据库、中国社会科学院科研成果数据库等特色资源数据库。

据介绍，中国社会科学院积极发挥学术资源和人才优势，本着合理规划、集中投入、联合共建、方便快捷、全国共享的原则，依托海量数据库、互联网、综合集成实验室研究平台，经过3个多月的建设，实现了文献中心网站的上线运行。通过完善机制、加强管理，文献中心未来将成为我国重要的社科信息文献保障机构，广大哲学社会科学工作者交流学术信息、传播学术成果的重要平台，展示我国哲学社会科学发展成就的重要窗口。

（摘自《光明日报》2017年1月4日第1版）

同日　中国社会科学院主办，中国社会科学院科研局、中国社会科学院中国廉政研究中心、社会科学文献出版社共同承办的第6部《反腐倡廉蓝皮书》发布会在北京举行。中央纪委驻中国社会科学院纪检组组长、中国社会科学院党组成员、《反腐倡廉蓝皮书》主编张英伟主持发布会，并代为宣布中国社会科学院院长、党组书记王伟光致辞。

中央纪委驻港澳办纪检组组长、中国廉政研究中心首任理事长李秋芳出席会议并致辞。《反腐倡廉蓝皮书》副主编、中国廉政研究中心副秘书长蒋来用介绍2016年度党风廉政建设新进展。中央纪委研究室原主任、中国廉政研究中心特邀研究员李雪勤等做主题发言。

《中国反腐倡廉建设报告No.6》聚焦“建设”主题，总结分析党的十八大以来特别是2016年我国党风廉政建设和反腐败工作的新部署、新进展和新成效。全书由总报告、地区报告、分项报告和专题报告4个部分组成。

（中国社会科学院办公厅刘玉杰供稿）

4—8日　教育部高等学校心理学教学指导委员会和中国心理学会教学工作委员会牵头、中国心理学会发展心理专业委员会主办、北京师范大学心理学院及教育部人文社会科学重点研究基地北京师范大学发展心理研究所承办的第一届全国心理学专业“发展心理学”任课教师培训班在北京师范大学举办，来自全国近百所高校的140余名心理学教师参加了培训。

培训班邀请了我国发展心理学领域的多名知名学者和教学名师授课，培训主题将围绕“发展心理学”课程的理论体系与新进展、“发展心理学”课程的教学重难点与教学设计、“发展心理学”课程的教学方法改革与资源建设、“发展心理学”课程建设和师资培养经验分享等内容展开。

（北京师范大学社科处刘娜供稿）

7日 北京师范大学与国家统计局签约合作共建北京师范大学国际比较研究院。

（北京师范大学社科处刘娜供稿）

9日 北京市宣传部长会议召开，传达学习贯彻全国宣传部长会议精神，总结部署本市宣传思想文化工作。市委常委、宣传部部长李伟出席会议并讲话。

会议指出，2017年，我们党将召开十九大，做好宣传思想文化工作，具有特殊重要的意义。我们要更加紧密地团结在以习近平同志为核心的党中央周围，全面贯彻党的十八大和十八届三中、四中、五中、六中全会精神，重点做好3方面工作。一是紧扣主线，为党的十九大召开营造喜庆热烈、团结奋进的思想舆论氛围。要紧紧抓住学习宣传贯彻习近平总书记系列重要讲话精神这个第一位的政治任务，紧紧抓住落实意识形态工作责任制这个关键，紧紧抓住团结稳定鼓劲这个重要方针，紧紧抓住核心价值观建设这个铸魂工程，紧紧抓住创作优秀作品这个中心环节。二是开拓奋进，以改革创新精神全面提升宣传思想文化工作整体水平。要深化文化体制改革，推进媒体融合发展，加强互联网建设运用和管理，激发文化创意创新活力，构建现代公共文化服务体系，以创新驱动增创文化发展新优势、引领文化发展新潮流。三是“严”字当头，把严的要求贯穿到思想教育、队伍建设、执纪监督和党风廉政建设中，增强政治意识、大局意识、核心意识、看齐意识，努力锤炼锻造忠诚、干净、担当的宣传思想文化工作队伍。

（摘自《北京日报》2017年1月10日第2版）

10日 “中国社会科学院考古学论坛·2016年中国考古新发现”发布会暨学术研讨会在北京举行，2016年中国考古新发现入选项目和入围项目在会上揭晓。中国社会科学院考古研究所所长、中国考古学会理事长王巍研究员宣读2016年中国考古新发现入选项目、入围项目和国外考古新发现。国家文物局副局长宋新潮先生出席会议。

2016年中国考古新发现入选项目：（1）贵州贵安新区牛坡洞遗址，发掘单位：中国社会科学院考古研究所、贵州省文物考古研究所；（2）辽宁朝阳市半拉山红山文化墓地，发掘单位：辽宁省文物考古研究所、朝阳市龙城区博物馆；（3）湖北天门市石家河新石器时代遗址，发掘单位：湖北省文物考古研究所、北京大学考古文博学院；（4）陕西神木县石峁遗址皇城台遗迹，发掘单位：陕西省考古研究院、神木县石峁遗址管理处、榆林市文物考古勘探工作队；（5）新疆尼勒克县吉仁台沟口青铜时代聚落遗址，发掘单位：新疆文物考古研究所；（6）河南洛阳市西朱村曹魏墓，发掘单位：洛阳市文物考古研究院。

2016年中国考古新发现入围项目：（1）内蒙古化德县裕民新石器时代遗址，发掘单位：内蒙古文物考古研究所、乌兰察布市博物馆、化德县文物管理所；（2）陕西凤翔县雍山血池秦汉祭祀遗址，发掘单位：陕西省考古研究院、中国国家博物馆；（3）山西太原市蒙山开化寺北朝佛阁遗址，发掘单位：中国社会科学院考古研究所、太原市文物考古研究所、晋源区文物旅游局；（4）上海青浦区唐宋时期青龙镇遗址，发掘单位：上海博物馆；（5）山西河津市宋金时期窑址，发掘单位：山西省考古研究所；（6）吉林安图县宝马城金代遗址，发掘单位：吉林省文物考古研究所、吉林大学边疆考古研究中心；（7）湖南桂阳县桐木岭明清时期矿冶遗址，发掘单位：湖南省文物考古研究所、北京大学考古文博学院、中国科学院自然科学史研究所、郴州市文物管理处、桂阳县文物管理所。

国外考古新发现：乌兹别克斯坦明铁佩古城遗址，发掘单位：中亚考古队。

“中国社会科学院考古学论坛·2016年中国考古新发现”由中国社会科学院主办、中国社会科学院考古研究所和考古杂志社承办。

（中国社会科学院办公厅刘玉杰编辑、供稿）

同日 第七届中国学术出版年会在北京举行。年会的主题是“数字时代学术出版的融合发展：战略与路径”。会议由社会科学文献出版社、中国新闻出版研究院和百度网联合主办。

中国社会科学院科研局局长马援、国家新闻出版广电总局数字出版司副司长冯宏声出席年会并讲话。社会科学文献出版社社长谢寿光、中国社会科学院世界历史研究所副所长汪朝光、中国新闻出版研究院副院长张立等分别做主题演讲，探索数字时代的学术出版发展道路，为繁荣学术出版、服务中国学术积极建言献策。

会上还举行了第八届社科文献“十大好书”（2016）颁奖仪式及社会科学文献出版社经销商大会颁奖仪式。社会科学文献出版社总编辑杨群公布了第八届社科文献“十大好书”名单。“十大好书”包括《国际政治中的知识、欲望与权力：中国崛起的西方叙事》、《化边之困：20世纪上半期川边康区的政治、社会与族群》、《刻画战勋：清朝帝国武功的文化建构》、《两岸新编中国近代史》（晚清卷、民国卷）、《欧元陷阱：关于泡沫破灭、预算和信仰》、《荣禄与晚清政局》、《撒马尔罕的金桃：唐代舶来品研究》、《世界的演变：19 世纪史》（一、二、三卷）、《她身之欲：珠三角流动人口社群特殊职业研究》、《羡慕嫉妒恨：一个关于财富观的人类学研究》。

来自全国各地的百余位经销商代表、图书馆代表以及关注学术出版事业的学者及读者参加会议。

（中国社会科学院办公厅刘玉杰编辑、供稿）

同日　从教育部获悉，教育部要求在 2017 年春季教材中全面落实 14 年抗战概念。教材修改要求将 8 年抗战一律改为 14 年抗战，全面反映日本侵华罪行，强调九一八事变后的 14 年抗战历史是前后贯通的整体，应在课程教材中予以系统、准确体现。

教育部表示，为落实中央关于纪念中国人民抗日战争暨世界反法西斯战争胜利 70 周年有关精神，加强爱国主义教育，教育部组织历史专家进行了认真研究，对教材修改工作进行了全面部署，日前基础教育二司又专门发函对中小学地方教材修订提出了要求。教材修改要求覆盖大中小所有学段、所有相关学科、所有国家课程和地方课程的教材，要全面体现中国共产党在抗战中的中流砥柱作用，强调中国战场是世界反法西斯战争的东方主战场，凸显中华民族不畏强暴、英勇抗击侵略的伟大民族精神。

（摘自《光明日报》2017 年 1 月 11 日第 6 版）

11 日　二十国集团（G20）创业研究中心成立仪式在清华大学经济管理学院举行。人社部部长尹蔚民、副部长孔昌生，清华大学党委书记陈旭、副校长杨斌、经济管理学院院长钱颖一等出席成立仪式。二十国集团成员国驻华使馆官员、相关国际组织驻华高级代表、中国政府相关部门负责同志以及创业领域专家学者和企业家等参加活动。活动由二十国集团创业研究中心主任、经济管理学院党委书记高建主持。首先，尹蔚民在致辞中指出，去年在杭州召开的二十国集团领导人峰会推出了《二十国集团创业行动计划》，明确提出要成立二十国集团创业研究中心，搭建创业创新领域经验交流和信息共享的平台，加深各成员的沟通交流，为推进实施创业行动计划提供支持。就业是民生之本，创业是就业之源，二十国集团创业研究中心应加强政策研究，积极推动创新创业资源共享，助力中国“双创”发展。钱颖一、2017 年二十国集团主席国代表德国驻华使馆公使艾睿赋、国际劳工组织（ILO）中国和蒙古局局长德梅尔（Tim De Meyer）也分别致辞。随后，尹蔚民和陈旭为二十国集团创业研究中心揭牌，孔昌生和杨斌代表两部门签署合作协议。杨斌为研究中心捐赠人唐晓旭颁发捐赠证书。最后的论坛环节，高建、人社部国际劳动保障研究所所长莫荣，德梅尔以二十国集团创业发展为主题进行学术报告和交流。二十国集团创业研究中心由人社部与清华大学合作共建，旨在加强二十国集团成员间的信息交流，通过与国际劳工组织、经济合作与发展组织等国际组织密切合作，对二十国集团成员国和其他国家的创业问题开展分析和比较研究，为二十国集团创业行动计划提供支持，推动世界创新创业事业共同发展。

（清华大学文科建设处刘金梅供稿）

同日　北京市美育与文明研究基地主办，北京辉煌动画公司、湖北溢德数字文化股份有限公司、乐果洲网讯科技（北京）有限公司、畅科喜（北京）科技文化有限公司、北京金隅科技学校、北京市大兴区传统文化推广协会联合承办的国学教育与全媒体产业联盟成立大会在中国传媒大学召开。全国人大代表、原国家图书馆馆长、党委书记詹福瑞，中国艺术研究院党委书记、中国红楼梦学会会长张庆善，首都精神文明办领导及多位学者专家出席此次会议。

会议以国学教育与全媒体融合发展为主题，围绕如何弘扬中华优秀传统文化、推进国学教育的传播与普及、推动世界文明发展等问题进行探讨。成立大会由联盟秘书长、北京市美育与文明研究基地常务副主任、中国传媒大学艺术学部艺术研究院教授杨杰主持。中国传媒大学资深教授、联盟主席张晶做了主题演讲。他表示，弘扬国学，推动中国式教育，用全媒体的方式传播优秀文化是联盟的宗旨。

（中国传媒大学文科科研处马奇炎供稿）

15 日　中国教育学会教师专业发展研究中心在京成立。中心采用公益性、学术性、协作型的组织形态，是全国教师专业发展的研究平台、交流平台、成果推广平台和服务平台。

中心将从促进学生健康成长出发，研究教师专业发展的基本规律，构建教师专业发展课程，探索教师教育资源建设机制，创新教师研修模式，致力解决教师专业发展面临的重点问题和难点问题，为全国教师专业发展提供方向引领和专业支持。

（摘自《人民日报》2017 年 1 月 16 日第 9 版）

18日 《清敕修大藏经》今天入藏故宫。此次入藏故宫的《大藏经》是由唯一存世的官刻大藏经木质经版，也就是由当年印刷《清敕修大藏经》的经版印刷而成。

据悉，此次刊印过程中将原本缺失的9626面经版补全，首次恢复了乾隆初印版。包括入藏故宫的这套经文在内，此次一共复刻80套经文。所有经版将全部封存入库，不再刊印。

（摘自《光明日报》2017年1月18日第6版）

20日 经李克强总理签批，国务院日前印发《国家教育事业发展“十三五”规划》（以下简称《规划》），确定了“十三五”时期教育改革发展的指导思想、主要目标、战略任务和保障措施，是近期我国教育改革发展的行动纲领和指导性文件。

《规划》强调，要以创新、协调、绿色、开放、共享的发展理念统领教育改革发展，坚持党的领导，坚持社会主义办学方向，以全面提高教育质量为主题，以教育的结构性改革作为主线，全面深化教育改革，加快推进教育现代化，为全面建成小康社会和实现中华民族伟大复兴的中国梦做出更大贡献。

《规划》提出，到2020年我国教育现代化取得重要进展，教育总体实力和国际影响力显著增强。全民终身学习机会进一步扩大，学前3年毛入园率达到85%，九年义务教育巩固率达到95%，高中阶段教育毛入学率达到90%。教育质量全面提升，教育体系制度更加成熟定型，人才供给和高校创新能力明显提升，教育发展成果更公平惠及全民。

（摘自《光明日报》2017年1月20日第2版）

25日 中央政治局委员、国务院副总理刘延东来到中央民族大学考察，看望慰问留校师生员工。她在与师生座谈时强调，高等教育是传播科学知识、培养卓越人才的重要阵地，广大青年学生要珍惜机遇，为全面建成小康社会和实现中华民族伟大复兴中国梦贡献力量。刘延东参观了“先生还在身边”名师纪念展。在考察自习教室、学生公寓、大学生活动中心等场所时，刘延东与学生亲切交谈，关切地询问学生的学习和家庭状况。在大学生活动中心，刘延东与各族学生进行了座谈。国家民委主任、党组书记巴特尔，国务院副秘书长江小涓、教育部副部长李晓红、国家民委副主任陈改户，中央民族大学党委书记张京泽，校长黄泰岩等陪同考察慰问。

（中央民族大学科研处供稿）

26日 近日，中共中央办公厅、国务院办公厅印发了《关于实施中华优秀传统文化传承发展工程的意见》（以下简称《意见》），并发出通知，要求各地区各部门结合实际认真贯彻落实。

《意见》指出，文化是民族的血脉，是人民的精神家园。文化自信是更基本、更深层、更持久的力量。中华文化独一无二的理念、智慧、气度、神韵，增添了中国人民和中华民族内心深处的自信和自豪。

《意见》指出，中华文化源远流长、灿烂辉煌。在5000多年文明发展中孕育的中华优秀传统文化，积淀着中华民族最深沉的精神追求，代表着中华民族独特的精神标识，是中华民族生生不息、发展壮大的丰厚滋养，是中国特色社会主义植根的文化沃土，是当代中国发展的突出优势，对延续和发展中华文明、促进人类文明进步，发挥着重要作用。

中国共产党在领导人民进行革命、建设、改革伟大实践中，自觉肩负起传承发展中华优秀传统文化的历史责任，是中华优秀传统文化的忠实继承者、弘扬者和建设者。党的十八大以来，在以习近平同志为核心的党中央领导下，各级党委和政府更加自觉、更加主动推动中华优秀传统文化的传承与发展，开展了一系列富有创新、富有成效的工作，有力增强了中华优秀传统文化的凝聚力、影响力、创造力。

（摘自《光明日报》2017年1月26日第1版）

2月

7日 记者从国家统计局获悉：据对全国规模以上文化及相关产业5万家企业调查，2016年，上述企业实现营业收入80314亿元，比上年增长7.5%（名义增长未扣除价格因素），增速比上年加快0.6个百分点。

文化及相关产业10个行业的营业收入均保持增长，文化服务业快速增长。其中，实现两位数以上增长的3个行业分别是以“互联网+”为主要形式的文化信息传输服务业营业收入5752亿元、增长30.3%，文化艺术服务业312亿元、增长22.8%，文化休闲娱乐服务业1242亿元、增长19.3%。

分区域看，东部地区规模以上文化及相关产业企业实现营业收入59766亿元，占全国的74.4%，中部、西部和东北地区分别为13641亿元、5963亿元和943亿元，分别占全国的17.0%、7.4%和1.2%。从增长速度看，西部地区增长12.5%、中部地区增长9.4%，均高于东部地区7.0%的增速，而东北地区继续下降，降幅为13.0%。

（摘自《人民日报》2017年2月7日第12版）

17日　由中共中央编译局编译的《马克思恩格斯全集》中文第二版第42卷日前由人民出版社出版发行。第42卷属于《马克思恩格斯全集》中文第二版第二部分即"《资本论》及手稿"部分，收录了《资本论》第一卷1867年德文第一版。

《资本论》第一卷德文第一版包含"序言"、6章正文、第一册注释的增补以及第一章第一节附录"价值形式"。该版是《资本论》第一卷以后各版的基础。《资本论》第一卷德文第一版特有的科学价值主要表现在：一方面，尽管第一版中的某些观点和论述在以后的版本中没有保留下来，但这些观点和论述仍具有一定价值，是马克思经济学理论的重要组成部分。例如，论述商品拜物教性质的部分、论述价值尺度的部分、论述剩余价值率的部分以及论述资本积累问题的第六章，在后来的版本中也都有很多的补充和修改。另一方面，第一版呈现了马克思最初写成的《资本论》第一卷的原貌。对照研读第一版和以后的各个版本，可以更加清楚地了解《资本论》的理论结构和理论内容的发展脉络，从而更加深入地探索和研究马克思经济学理论的发展过程。

（摘自《光明日报》2017年2月17日第4版）

同日　北京师范大学新闻传播学院和《光明日报》智库研究与发布中心共同主办的"京师中国传媒智库发布"第八期《2017全国"两会"舆情热点、社会认知与情感分布》发布会在北京师范大学京师大厦举行。本次报告由北京师范大学新闻传播学院、中国人民大学新闻与社会发展研究中心和《今日头条》联合发布。发布会由北京师范大学新闻传播学院新媒体传播研究中心主任张洪忠教授主持，北京师范大学新闻传播学院执行院长喻国明教授做报告发布。清华大学新闻与传播学院沈阳教授、北京理工大学大数据搜索与挖掘实验室主任张华平教授，以及北京师范大学新闻传播学院禹建强教授等参与了发布会互动点评。

报告共4个部分：（1）2017全国两会"全景地图"扫描；（2）习近平总书记的两会舆情形象呈现；（3）重点两会委员沸度及词云图；（4）两会期间的社会情感度指数。报告对两会期间民众对两会话题社会关注及传播效能进行评估，试图展现2017年全国"两会"的民众关注"全景地图"。

（北京师范大学社科处刘娜供稿）

同日　在习近平总书记主持召开党的新闻舆论工作座谈会并发表重要讲话一周年之际，中宣部召开2017年新闻战线"新春走基层"活动座谈会。中共中央政治局委员、中央书记处书记、中宣部部长刘奇葆出席会议，强调新闻战线要深入学习贯彻习近平总书记重要讲话精神和"文风改进永远在路上"的批示精神，坚持不懈、持之以恒地改文风，更加体现群众观点、国情意识和文化自信，真正形成"长话短说、官话民说、粗话雅说、空话不说"的报道风格，推出更多有思想、有温度、有品质的新闻作品。

刘奇葆强调，文风不是小事，改文风永远在路上。好文风是在基层走出来的，要在勤走基层中增进群众感情、撷取丰富素材、掌握百姓语言。好文风是用故事讲出来的，要用真挚情感、多种形式、融媒体手段讲好故事，使新闻报道动起来活起来、有血有肉有灵魂。好文风是下功夫学出来的，要注重学习经典著作、学习前人积淀、学习业务知识，做到厚积薄发，更好驾驭各种题材素材。要深化拓展"走基层、转作风、改文风"活动，推动广大新闻工作者自觉主动深入火热生活、深入普通群众，为改文风注入源头活水。

会上表彰了中央新闻单位2017年"新春走基层"活动先进集体和先进个人。

（摘自《光明日报》2017年2月18日第3版）

22日　中国社会科学院国家治理研究智库法治战略研究部成立大会暨揭牌仪式在北京举行。中国社会科学院副院长、党组成员、国家治理研究智库理事长李培林出席仪式并讲话。李培林与中国社会科学院社会发展战略研究院院长张翼、法学研究所所长李林、国际法研究所所长陈泽宪共同为法治战略研究部揭牌。法治战略研究部是2015年6月中国社会科学院法学所、国际法所响应中央建设中国特色新型智库的号召成立的，已成立一年有余，研究部为党和国家提供重要决策信息，发挥智囊团作用。

（中国社会科学院办公厅刘玉杰供稿）

24日　"一带一路"智库合作联盟理事会第三次会议暨专题研讨会在北京举行。北京师范大学首都文化创新与文化传播工程研究院作为与北京市委宣传部共建的高校智库机构文化类智库，成为"一带一路"联盟新增理事单位。

（北京师范大学社科处刘娜供稿）

同日　最高人民法院国家责任研究基地成立仪式暨国家责任体系建构的理论与实务高端论坛在中国人民大学举办。常务副校长王利明到会致辞，并与最高人民法院赔偿办刘合华主任共同为最高人民法院国家责任研究基地揭牌。最高人民法院国家责任研究基地由最高人民法院和中国人民大学合作设立。

（中国人民大学科研处李素萍供稿）

28日　中国社会科学院中俄战略协作高端合作智库揭牌仪式暨第一届理事会会议在中国社会科学院俄罗斯东欧中亚研究所举行。中国社会科学院副院长、党组成员蔡昉出席揭牌仪式并致辞。外交部欧亚司副司长姜岩、俄罗斯联邦驻华大使杰尼索夫，以及中外多家科研机构和智库代表共70余人参加了揭牌仪式。蔡昉与杰尼索夫共同为“中俄战略协作智库”揭牌。揭牌仪式后，“中俄战略协作智库”召开第一届理事会会议，来自21家理事单位的近50名理事参加会议。理事会上，理事们推选中国社会科学院院长、党组书记王伟光担任“中俄战略协作智库”首届理事长，蔡昉担任常务副理事长，李永全担任首任秘书长。“中俄战略协作智库”秘书处设在俄罗斯东欧中亚研究所。

（中国社会科学院办公厅刘玉杰供稿）

2月　中央民族大学“特殊地区和特殊群体减贫政策研究”课题组成员王飞副教授的一篇专题报告获得李克强总理的重要批示。2017年3月，课题组负责人乌小花教授的一篇专题报告获得国家民委2016年度全国民族工作优秀调研报告一等奖。该课题是乌小花承担的国务院扶贫办委托项目，课题组整合了经济学院和少数民族传统医学研究院相关领域学者组成研究团队，分设边疆地区减贫政策研究、特殊困难民族群体减贫政策研究和地方病高发地区减贫政策研究3个子课题，深入边疆、民族地区和地方病高发地区开展了卓有成效的调研活动，形成了对边境民族地区脱贫攻坚、民族地区易地扶贫搬迁与民族团结等问题上具有咨政建言价值和社会影响力的系列研究成果。

（中央民族大学科研处供稿）

3月

3日　《社会体制蓝皮书No.5（2017）》发布会在北京师范大学举行。北京师范大学中国社会管理研究院、社会学院院长魏礼群出席会议并讲话。蓝皮书主编、国家行政学院社会治理研究中心主任龚维斌，社会科学文献出版社社长谢寿光，国家行政学院研究生院常务副院长朱国仁，《光明日报》智库版主编、智库研究与发布中心副主任王斯敏等专家学者出席，中国行政体制改革研究会秘书长王满传主持。

《社会体制蓝皮书》是中国社会治理智库丛书品牌之一，由中国行政体制改革研究会行政改革基金资助，国家行政学院社会治理研究中心和北京师范大学中国社会管理研究院共同组织编写。龚维斌任主编。全书由总报告、社会治理体制篇、基本公共服务篇、现代社会组织体制篇、公共安全与应急管理体制篇5个部分构成。

（北京师范大学社科处刘娜供稿）

9日　国家民委主任巴特尔接见中央民族大学蒙曼老师。国家民委副主任陈改户，国家民委专职委员、学校党委书记张京泽，校长黄泰岩参加会见。巴特尔在接见蒙曼时表示，希望广大民族教育工作者能以蒙曼老师为榜样，坚持正确政治方向，坚持强化学识修养，坚持关注服务社会，努力成为先进思想文化的传播者、党执政的坚定支持者，培养更多“建设伟大祖国，建设美丽家乡”的栋梁之材。蒙曼感谢巴特尔主任的关心和鼓励，表示将不忘初心，立足自身实际，做好本职工作，通过自身努力为民族团结进步事业增光添彩。蒙曼是学校历史文化学院副教授，不仅在学校潜心教学科研，而且为传承和传播中华优秀传统文化做出了突出贡献。

（中央民族大学科研处供稿）

10日　2017年度北京高校思想政治理论课名师工作室建设工作座谈会在中央民族大学举办。学校副校长邹吉忠出席会议。来自北京市委教育工作委员会、北京高校思想政治理论课名师工作室主持人或代表共15人参加座谈会。邹吉忠向北京市委教育工作委员会的领导和兄弟高校专家表示欢迎。他表示，学校将始终关注并支持马克思主义学院及名师工作室的建设，将全国高校思想政治教育工作会议精神内化于心、外化于行，落实到位。

会上，北京高校思想政治理论课名师工作室主持人或代表就本工作室的2016年度工作总结及2017年度项目申报情况进行了全面汇报，深入讨论了新形势下北京高校思想政治理论课名师工作室的未来发展。

（中央民族大学科研处供稿）

13日　教育部下发《关于公布2016年度普通高等学校本科专业备案和审批结果的通知》（教高［2017］2号），批准中国人民大学增设“世界史专业”“数据科学与大数据技术”“劳动经济学”3个本科专业。截至3月13日，中国人民大学共有本科专业80个（不含国学），分布在哲学、经济学、文学、史学、法学、管理学、理学、工学、艺术学等9个学科门类30个专业大类，其中基本目录专业64

个，特设专业9个，国家控制布点专业7个。

（中国人民大学科研处李素萍供稿）

16日　布隆迪对外关系与国际合作部部长尼亚米特韦率团到访外交学院，以“布隆迪视角下的中非关系”为题与师生进行了座谈。外交学院秦亚青院长、孙吉胜副院长会见了尼亚米特韦一行。秦亚青对部长的来访表示热烈欢迎，并简要介绍了外交学院的情况。

尼亚米特韦部长表示非常高兴访问外交学院，并期待今后与外交学院有更多的交流与合作。座谈会由孙吉胜主持。尼亚米特韦就非洲当前发展、中非关系、中布经贸往来等问题进行了演讲。之后尼亚米特韦回答了学生关于中布经贸发展的前景、中国对非投资情况等问题。最后，尼亚米特韦再次肯定了中国多年对非援助的重要作用，认为中非合作是互利共赢之举。

（外交学院科研处李琮供稿）

17日　中国少数民族地区精准扶贫论坛在中央民族大学举行。校长黄泰岩出席开幕式并致辞。青觉副校长主持开幕式。黄泰岩指出，“十三五”时期是我国全面建成小康社会的时间节点，也是扶贫任务进入啃硬骨头、攻坚拔寨的冲刺期。他强调，服务民族地区和少数民族发展，是学校义不容辞的责任。他表示，在2017年，学校将进一步加大支持力度，为民族贫困地区培养优秀人才，支持民族地区贫困问题研究团队开展关于少数民族贫困成因以及“脱贫摘帽”后的可持续生计问题等方面的调查研究，为少数民族地区的精准扶贫和精准脱贫献计献策。

（中央民族大学科研处供稿）

19—21日　受北京师范大学邀请，1998年诺贝尔经济学奖得主、世界著名经济学家阿玛蒂亚·森，2010年诺贝尔经济学奖得主、伦敦政治经济学院王室讲席教授克里斯托弗·皮萨里德斯先后到访，并做主题演讲。其间，两位教授获授北京师范大学名誉教授。

（北京师范大学社科处刘娜供稿）

21日　国家“一带一路”官网——中国“一带一路”网（www.yidaiyilu.gov.cn）正式上线运行，网站微博、微信同步开通。

中国“一带一路”网由推进“一带一路”建设工作领导小组办公室作为指导单位，国家信息中心主办。官网以传递信息、沟通文明、合作共赢为宗旨，及时回应国内外重大关切，科学准确阐释“一带一路”核心理念，权威发布解读国内外有关“一带一路”政策法规，全面客观介绍“一带一路”建设的新进展新成果，为沿线各国企业、社团组织和公民积极参与“一带一路”建设提供信息服务和互动交流。

官网开通初期，设置海外要闻、国内要闻、政策环境、五通发展、基础数据、企业风采、共话丝路等主要信息类栏目，同时开设“一带一路”基础数据库、政策库、项目库、企业库与人才库等服务类栏目。此次上线运行中、英两个语言版本，今年内将实现中、英、俄、法、阿、西班牙等多种语言版本运行，届时将覆盖全球大部分地区。

目前，官网已建立国内30多个国家机关部委和机构、各省（区、市）、多个沿线合作国家的信息联络机制，提供电脑、手机等多终端访问入口。随着“一带一路”建设全面深入推进，官网将不断丰富内容，完善和提高运行服务水平。

（摘自《人民日报》2017年3月22日第4版）

22日　由中国社会科学院金融研究所、国家金融与发展实验室和社会科学文献出版社22日共同发布的“金融蓝皮书”《中国金融发展报告（2017）》指出，2017年银行业经营业绩将进一步下滑，不良贷款率继续小幅攀升，但压力会逐步减小，目前要高度关注金融市场风险。

蓝皮书认为，受有效需求不足、净息差收窄以及信用风险上升等多重因素的影响，预计2017年银行业主营业务收入、净利润出现下滑的银行数量会进一步增加。但是，随着实体企业经营状况的改善，不良贷款率继续上升的压力会明显减小。

蓝皮书提示，要高度关注金融市场风险。由于信贷需求不足，目前银行的资产配置中，投资类资产占比已经超过贷款，在一些中小银行中，投资类资产甚至远远超过信贷规模，意味着银行面临的主要风险已经从贷款的信用风险转变为金融市场风险。金融市场的些许波动，都可能对债券投资和其他金融市场资产的市场价值造成很大的冲击。银行尤其是流动性风险管理能力相对有限的中小银行所面临的金融市场风险不容忽视。

（摘自《光明日报》2017年3月23日第7版）

同日　有着88年历史的中国古生物学会在京发布2016年度中国古生物学十大进展。这十大进展分别为：

——志留纪古鱼揭秘脊椎动物颌演化之路；

——绘制冰河时代欧亚人群的遗传谱图；

——1.3 亿年前羽毛 β 角蛋白的发现使古生物色彩复原更加可信；

——华北发现距今 15.6 亿年前地球上最早的大型多细胞生物化石群；

——早泥盆世植物根系促进土壤形成及河流地貌转型；

——白垩纪琥珀中发现系列昆虫伪装行为及最原始蚂蚁社会化起源；

——抚仙湖虫腹神经节与泛节肢动物早期神经系统进化；

——瓮安生物群中发现盘状卵裂动物胚胎化石；

——白垩纪中期琥珀中保存的一段具有原始羽毛的恐龙尾部。

——澄江生物群三维保存的大附肢类节肢动物幼虫和辽西发现最早的银杏植物木材化石。

据了解，这些由中国科学院古脊椎动物与古人类研究所、中国科学院南京地质古生物研究所、北京大学等单位完成的科研成果，涉及早期生命、古生代鱼类、早期陆生植物、中生代琥珀昆虫和脊椎动物、中生代植物和古人类等研究领域。

中国古生物学会副理事长邓涛表示，十大成果反映了2016年我国在古生物学领域所取得的具有国际影响力的高水平创新研究成果，推动了对地质历史时期生命演化历程的认识。

（摘自《光明日报》2017年3月23日第1版）

23日　中共中央政治局委员、国务院副总理刘延东到中国社会科学院研究生院调研座谈。她在调研中强调，要深入学习贯彻习近平总书记系列重要讲话精神和治国理政新理念新思想新战略，坚持以马克思主义为指导，树立以人民为中心的研究导向，紧紧围绕解决我国经济社会发展和我们党执政面临的重大理论和实践问题，为加快构建中国特色哲学社会科学再立新功。

调研中，刘延东先后参观了中国社会科学院智库成果展、研究生院校史馆，并与中国社会科学院部分单位负责同志座谈，听取意见和建议。

中国社会科学院院长、党组书记王伟光，副院长、党组副书记王京清，副院长、党组成员张江，中央纪委驻院纪检组组长、党组成员张英伟，副院长、党组成员蔡昉等陪同调研并出席座谈。

（中国社会科学院办公厅刘玉杰供稿）

同日　市党建研究会召开第七届理事会第二次全体会议，总结2016年工作，部署2017年任务。全国党建研究会会长李景田，市党建研究会会长杜德印出席。

会议传达了全国党建研究会六届二次理事会议主要精神，审议通过了市党建研究会七届二次理事会议工作报告和2016年度财务工作报告，通报了有关人事事项决定，表彰了2016年度调研课题优秀成果，对开展2017年度课题研究工作做出了部署。李景田肯定了市党建研究会一年来取得的成绩，对做好新形势下的党建研究工作提出了指导意见。

（摘自《北京日报》2017年3月24日第2版）

25日　在联合国人权理事会日前举行的第34次会议上，通过了关于“经济、社会、文化权利”和“粮食权”的两个决议，决议明确表示要“构建人类命运共同体”。这是人类命运共同体重大理念首次载入人权理事会决议，标志着这一理念成为国际人权话语体系的重要组成部分。

2017年1月，中国国家主席习近平在联合国日内瓦总部发表《共同构建人类命运共同体》的重要演讲，全面深入系统阐述了人类命运共同体重大理念，在国际上引起热烈反响，受到各方普遍欢迎和高度评价。

3月1日，中国在联合国人权理事会第34次会议上代表140国发表《促进和保护人权共建人类命运共同体》的联合声明，宣介人类命运共同体重大理念及其对推动国际人权事业发展的重要意义，再次引起广泛共鸣。

人类命运共同体重大理念首次写入人权理事会决议，反映了国际社会的共识，也反映了中国在国际人权治理进程中不断增强的话语权和议程设置权。中国将以人类命运共同体重大理念为指引，积极参与和引导全球人权治理体系变革，推动国际人权事业持续健康发展。

（摘自《光明日报》2017年3月25日第8版）

同日　中国人民大学北京高校思想政治理论课高精尖创新中心学术委员会成立仪式暨首届全体会议举行。校党委书记、北京高校思想政治理论课高精尖创新中心实施计划领导小组组长靳诺，校党委副书记、纪委书记、北京高校思想政治理论课高精尖创新中心主任吴付来等出席。校党委副书记吴付来主持并宣布该中心学术委员会成立。与会委员就中心资源整合、品牌打造、布局方向、保障措施、服务对象、中长期目标区分、学科优势发挥、决策咨询能力提升、辐射带动作用发挥、教材研究工作开展等问题进行交流。

（中国人民大学科研处李素萍供稿）

27 日　应中华全国总工会邀请，由尤素福·阿里主席率领的苏丹工会总联合会（以下简称苏丹工联）代表团一行 4 人访问中国劳动关系学院。吴万雄副校长接待了代表团一行。会谈期间，吴万雄简要介绍了学校的发展历史和教育教学现状。工会学院副院长刘元文向代表团介绍了学校开展工会研究的情况，工会干部培训学院副书记李冰彬介绍了学校干部培训工作的情况。尤素福·阿里感谢学校的热情接待，表示此次会谈进一步加深了双方的了解，希望今后有机会与学校就双方感兴趣的领域展开进一步的交流合作。随后，苏丹工联参观了中国劳动关系学院校史馆和图书馆。苏丹工联成立于 1950 年，是苏丹国内唯一的全国性工人组织，与中华全国总工会有着传统的友好关系。

（中国劳动关系学院科研处供稿）

同日　马达加斯加总统埃里到访中国人民大学并发表演讲，他表示，马达加斯加非常希望与中国开展教育文化交流合作。校党委书记靳诺会见埃里总统并为演讲会致欢迎辞。副校长伊志宏、党委副书记郑水泉出席会见活动和演讲会。伊志宏副校长主持。演讲会开始前，靳诺书记会见埃里总统，就进一步推进中马两国教育文化交往进行交流。

（中国人民大学科研处李素萍供稿）

29 日　近日，中共中央办公厅印发了《关于推进“两学一做”学习教育常态化制度化的意见》，并发出通知，要求各地区各部门认真贯彻落实。

通知指出，推进“两学一做”学习教育常态化制度化，是坚持思想建党、组织建党、制度治党紧密结合的有力抓手，是不断加强党的思想政治建设的有效途径，是全面从严治党的战略性、基础性工程。推进“两学一做”学习教育常态化制度化，对于进一步用习近平总书记系列重要讲话精神武装全党，确保全党更加紧密地团结在以习近平同志为核心的党中央周围，不断开创中国特色社会主义事业新局面，具有重大而深远的意义。

（摘自《光明日报》2017 年 3 月 29 日第 1 版）

30 日　中国社会科学院国家治理研究智库舆情研究部揭牌仪式在北京举行。中国社会科学院副院长、党组成员，国家治理研究智库理事长李培林出席会议，并就舆情研究与智库建设发表讲话。

国家治理研究智库是响应中央建设中国特色新型智库的号召，在中国社会科学院党组的领导下，由社会政法学科的 6 个研究所于 2015 年 5 月共同组建。国家治理研究智库舆情研究部主要依托中国社会科学院新闻与传播研究所，旨在构建中国舆情指数体系，打造中国舆情智库。

中国社会科学院新闻与传播研究所于 2013 年 2 月成立中国舆情调查实验室。中国社会科学院新闻与传播研究所党委书记、中国舆情调查实验室主任赵天晓介绍说，中国舆情调查实验室以舆情监测、舆情指数调查和传媒影响力调查作为主要的工作任务。近年来组建了舆情调查研究联盟，完成了舆情调查网络的建立，开发了社会舆情监测系统和舆情研究的成果发布 APP，同时出版了中国舆情指数报告等研究成果。今后将在国家治理研究智库的范畴内构建国家治理舆情研究系统。

中国社会科学院社会发展战略研究院、法学研究所、国际法研究所、政治学研究所、民族学与人类学研究所、社会学研究所、信息情报研究院等所（局）领导和相关工作负责人就智库发展建设等方面进行了研讨和交流，对于推进国家治理研究智库建设提出了意见和建议。

（中国社会科学院办公厅刘玉杰供稿）

同日　国家新闻出版广电总局首批重点实验室“新闻出版大数据用户行为跟踪与分析实验室”揭牌仪式在北京师范大学京师大厦举行，“新闻出版大数据应用重点实验室合作联盟”同期成立。北京师范大学党委副书记刘利，国家新闻出版广电总局数字出版司副司长冯宏声，中国工程院院士、北师大新闻传播学院教授吾守尔·斯拉木，国家新闻出版广电总局原副局长、中国出版协会常务副会长邬书林，中国出版集团公司原总裁、韬奋基金会理事长聂震宁等出席仪式。仪式由《光明日报》副总编辑、新闻传播学院院长刘伟主持。

（北京师范大学社科处刘娜供稿）

同日　首都经济贸易大学和国家法官学院共同举办的税收法律研究中心成立大会暨税收法律论坛召开。会议首先举行了税收法律研究中心的揭牌仪式，由周强、王军、郝如玉共同为税收法律研究中心揭牌。税收法律研究中心是在周强、郝如玉主导下，由首经贸和国家法官学院合作建立的税收法律研究机构。揭牌仪式之后，郝如玉做了题为“依法治国、税收法定”的主旨发言。最后，周强在讲话中表示，国家法官学院和首经贸共同成立税收法律研究中心，可以有效发挥双方在法学和经济学研究方面的特长，打破知识壁垒，实现优势互补、协同创新。

（首都济贸易大学科研处李琳供稿）

31日 清华大学经济管理学院中国企业研究中心与《每日经济新闻》在经济管理学院联合发布“2017中国上市公司品牌价值榜”。该项研究及榜单旨在帮助中国上市公司更清晰地了解中国企业品牌发展状况，为其动态跟踪品牌的投资绩效和提升品牌管理效率提供参考。榜单包括总榜Top100、海外榜Top50和民营榜Top50。发布会上，经济管理学院中国企业研究中心主任、市场营销系教授赵平，《每日经济新闻》执行总经理冯明共同揭晓榜单。从榜单数据来看，总榜Top100上榜企业前5名为腾讯控股、中国移动、阿里巴巴、中国石油、上汽集团。海外榜上，中国石油和中国石化进入前5名，中国交建、中国建筑进入前20，美的集团、格力电器等家电企业表现亮眼。民营榜中，百度、阿里巴巴、腾讯、京东商城、苏宁云商包揽前5名。之后，赵平、于春玲、冯明分别为总榜Top100、海外榜Top50和民营榜Top50上榜企业授牌。在接下来的圆桌讨论环节，赵平指出，品牌价值对于上市公司尤为重要，其曝光度高于非上市公司，正面口碑或者负面口碑的影响远远高于非上市公司。于春玲认为，上市企业品牌价值对于员工、消费者、投资者都十分重要，建设品牌也面临更多挑战。

（清华大学文科建设处刘金梅供稿）

同日 塞尔维亚总统外事顾问姆尔基奇大使到访外交学院，塞驻华大使巴切维奇等陪同。外交学院秦亚青院长会见了姆尔基奇一行。

姆尔基奇表示很高兴再次来到外交学院，希望借此机会，继续推进塞外交学院及辛吉杜努姆大学跨文化对话与协调中心与外交学院的交流与合作。秦亚青对大使的再次来访表示热烈欢迎，并应询介绍了外交学院的对外交流情况。秦亚青表示，姆尔基奇大使此行在加强外交学院与欧洲大学、特别是东欧大学的合作方面提供了很好机会，希与对方开展实质性的合作。

（外交学院科研处李琮供稿）

3月 中央民族大学根据《综合改革方案（2015—2020年）》和《事业发展“十三五”规划》要求，制定实施了《中央民族大学深化本科教育教学改革意见》。该意见明确强调，学校本科教育教学改革紧紧围绕提高人才培养能力为核心，不断完善“懂国情、厚基础、高素质、重实践、强创新”的本科教育教学体系，形成“全员、全过程、全方位、全环境”的育人格局。

（中央民族大学科研处供稿）

4月

5日 北京市社会组织党的建设研究会日前成立，首批会员有100余家，涉及教育、法律、文化、工商社会服务、农业及农村发展、科研、国际交流等行业，具有广泛代表性。

据统计，北京注册和备案的社会组织已发展到3万多家，呈现面广量大、高端聚集、社会影响力大的特点。这些社会组织涵盖各行业领域，集聚了大量管理技术人才、专家学者、新的社会阶层人士。

近年来，北京先后认定了51家市级“枢纽型”社会组织。2016年，北京通过开展党建工作“点、线、面”工程和“两新”组织两个覆盖“百日推进工程”，非公企业党组织、社会组织党组织覆盖率分别达到83%和67%，“两新”组织党组织和党的工作覆盖面不断扩大。

北京城市学院党委书记、校长刘林当选研究会会长。

（摘自《光明日报》2017年4月5日第4版）

6日 “新视域·微传播·正能量”首都教育新媒体联盟发展论坛召开，中央民族大学官方微信公众号获得2016年度首都教育新媒体联盟“最具创新奖”。本次论坛由北京教育新闻宣传学会和首都教育新媒体联盟主办，北京各高校和区教委部门新闻发言人、宣传部门负责人、首都教育新媒体联盟联络人和骨干舆论引导员等参加了论坛。

中央民族大学是联盟的首批成员单位。2016年，中央民族大学官方微信策划了“民大版《南山南》”“前方到站中央民族大学”“新生大礼包”“民族约拍”“我为民大送祝福（H5）”等一系列选题，“民大FM”和“秒懂课堂”等栏目也在推进校园融媒体建设上进行了一些有益的尝试，成为宣传学校形象的一张“掌上名片”。

（中央民族大学科研处供稿）

同日 近日，经党中央批准，中央精神文明建设指导委员会印发了《关于深化群众性精神文明创建活动的指导意见》（以下简称《指导意见》）。

《指导意见》指出，社会主义精神文明是中国特色社会主义的重要特征，是实现“两个一百年”奋斗目标、实现中华民族伟大复兴中国梦的重要内容和重要保证。群众性精神文明创建活动是人民群众政策群力、共建共享、改造社会、建设美好生活的创举，是提升国民素质和社会文明程度的有效途径，是把社会主义精神文明建设的任务要求落实到城乡基层的重要载体和有力抓手。

《指导意见》指出，党的十八大以来，以习近平同志为核心的党中央高度重视精神文明建设，提出一系列新思想新观点新要求，做出一系列重要部署，为加强新形势下精神文明建设提供了重要指导和基本遵循，有力推动了“两个文明”协调发展。实践证明，只有物质文明建设和精神文明建设都搞好，国家物质力量和精神力量都增强，全国各族人民物质生活和精神生活都改善，中国特色社会主义事业才能顺利推向前进。

（摘自《人民日报》2017 年 4 月 6 日第 4 版）

8 日　《中国抗日战争志》项目暨中国地方抗日战争志工程启动会议在北京召开。中共中央候补委员、中国社会科学院副院长、中国地方志指导小组常务副组长李培林出席会议并做题为“志记历史，不忘初心，为实现中华民族伟大复兴中国梦而奋斗”的讲话。中共中央党史研究室副主任、秘书长张树军，国家档案局副局长、中央档案馆副馆长王绍忠，中国地方志指导小组秘书长，中国地方志指导小组办公室党组书记、主任冀祥德，中国地方志指导小组办公室党组原书记田嘉，军事科学院军事历史和百科研究部部长、全军军事志指导小组办公室主任曲爱国等出席会议。会议由冀祥德主持。

会上，冀祥德宣读了《中国抗日战争志》编纂委员会、中国地方抗日战争志工程委员会及学术委员会成员名单。

各省（自治区、直辖市）地方志工作机构及全军军事志指导小组办公室主要负责人、《中国抗日战争志》项目各子课题负责人和课题组成员，以及中国地方志指导小组办公室、国家方志馆、方志出版社有关部门负责人 100 多人参加会议。

（中国社会科学院办公厅刘玉杰供稿）

9 日　北京外国语大学北外学院、国际组织学院成立并揭牌。该校校长彭龙说，北外学院作为本科教育教学改革的特区，是通识教育的主要载体，要培养融通中外文明的引领者。

北京外国语大学北外学院的命名借鉴国际名校的做法，以大学名称直接命名本科生学院，意在构建具有北外特色的通识教育体系，探索培养国家战略亟须的复合型、复语型、高层次国际化人才。该学院将打通各院系、专业壁垒，变革本科教育组织模式，为学生提供全面、自由、多元发展空间。

同时成立的国际组织学院，目标是培养和储备一大批国际组织亟须、通晓国际规则、具有多语言技能、突出的跨文化沟通能力、跨学科知识的国际组织人才。

（摘自《光明日报》2017 年 4 月 10 日第 6 版）

11 日　教育部与内蒙古、吉林、黑龙江、陕西、青海、青岛等 6 省（区）市在京签署开展“一带一路”教育行动国际合作备忘录。截至目前，教育部已与 14 个省（区）市签约，与主要节点省份的“一带一路”教育行动网基本形成，基本构建了推进共建“一带一路”教育行动总体工作格局。

根据合作备忘录，教育部和 6 省（区）市将统筹协调国内外优质资源，以服务“一带一路”建设，构建“一带一路”教育共同体为总体目标，以提供人才支撑、促进民心相通、实现共同发展为重点任务，大力开展更大范围、更高水平、更深层次的教育国际合作交流，培养大批共建“一带一路”急需人才，努力形成“携手同行、顶层设计、政策倾斜、重点突破”的“一带一路”教育行动国际合作新局面。

教育部将在宏观指导、双向留学、涉外办学、国别与区域研究、人文交流、能力建设、平台建设等 7 个方面予以实质性重点支持，引领与推动签约单位发挥其区位优势和地方特色，协作推进“一带一路”教育行动。

（摘自《人民日报》2017 年 4 月 12 日 第 9 版）

14 日　近日，中共中央、国务院印发了《中长期青年发展规划（2016—2025 年）》，并发出通知，要求各地区各部门结合实际认真贯彻落实。

该规划指出，青年是国家的未来、民族的希望。青年兴则民族兴，青年强则国家强。促进青年更好成长、更快发展，是国家的基础性、战略性工程。

党和国家历来高度重视青年、关怀青年、信任青年，始终坚持把青年作为党和人民事业发展的生力军，为青年在革命、建设、改革中施展才华创造条件、提供舞台；尊重青年敢想敢干、富有梦想的特质，注重激发青年的参与热情和创新活力，引领青年勇开风气之先、走在时代前列；关心、解决青年的现实问题和迫切需求，支持青年在人民的伟大奋斗中实现自己的人生理想。党的十八大以来，以习近平同志为核心的党中央高度重视青年发展事业，反复强调青年一代有理想、有担当，国家就有前途，民族就有希望，实现中华民族伟大复兴就有源源不断的强大力量；进一步明确中国特色社会主义青年运动方向，全面加强对青年的思想政治引领和成长成才服务，制定实施一系列促进青年发展的政策措施，激励引导青年与民族同命运、与祖国共奋进、与时代齐发展，为广大青年指明了正确成长道路，创造了良好成长环境。

（摘自《光明日报》2017年4月14日第1版）

17日　丝绸之路研究院成立暨“‘一带一路’建设与欧亚地区联动发展”国际研修班开班仪式在中国社会科学院举行。中国社会科学院副院长蔡昉、中国开发性金融促进会执行副会长李吉平、中国社会科学院国际合作局局长王镭、中国社会科学院俄罗斯东欧中亚研究所所长李永全出席仪式并致辞。仪式由中国社会科学院俄罗斯东欧中亚研究所党委书记李进峰主持，外交部欧亚司朴杨帆参赞、中国开发性金融促进会秘书长邢军等也出席仪式。

蔡昉和李吉平共同为丝绸之路研究院揭牌。

来自外交部、中国社会科学院、中国开发性金融促进会、在京相关研究机构和大学代表，以及研修班学员共计80余人出席了仪式。

（中国社会科学院办公厅刘玉杰供稿）

同日　北京市档案局（馆）就征集抗日战争相关档案资料事宜与民革北京市委召开商洽会，马素萍、陶水龙同志出席会议。市档案馆征集处介绍了市档案馆征集抗日战争档案资料的范围、征集方式、档案保护以及开发利用的形式等内容。民革北京市委秘书长蒋耘晨表示，市档案局（馆）广泛征集抗战时期档案资料非常有意义，双方将加强合作，共同推动征集工作，深入挖掘资源，共同形成有分量的档案史料成果。双方就合作的空间进行了较为深入的沟通与商讨，初步达成了3个方面的合作意向：一是双方签订框架合作协议，以利于工作的可持续开展；二是民革北京市委将采集到的约30位人士关于抗日战争的口述档案资料捐赠给北京市档案馆；三是双方联合发布抗战档案资料征集公告，民革北京市委并负责将个人捐赠的档案资料定期集中向北京市档案馆捐赠。此次会议为推进抗日战争档案资料征集工作打开了良好局面。

（北京市档案局科教处胡晓燕供稿）

同日　正值北京国际电影节举办期间，2017年中外影视译制合作高级研修班在中国传媒大学4K演播馆正式开班。本期研修班由文化部、国家新闻出版广电总局共同主办，中国传媒大学承办，中国国际广播电台、中国国际电视总公司等协办，北京国际电影节组委会支持。文化部外联局副局长朱琦、国家新闻出版广电总局国际合作司副司长周继红、中国传媒大学副校长廖祥忠、中国国际电视总公司总裁助理申家宁、中国传媒大学外国语学院院长李佐文等出席了开班仪式。

研修班以“影视互译、文化共享”为主题，共邀请了来自日本、巴西、俄罗斯、法国、英国、芬兰、毛里求斯、美国、加拿大、埃及、巴基斯坦和阿富汗等24个国家的26位外方电影节主席、影视机构负责人、译制专家参加。活动还吸引了60余家中国影视机构，为外国嘉宾推介了影视作品总计304部，其中电影179部，电视剧58部，纪录片67部。来自37所国内高校的专家学者和影视人才也参加了此次研修班。

当日上午的开班仪式上，文化部外联局副局长朱琦首先致辞。他说，举办研修班的目的是为了进一步加强中外影视文化合作与交流，加深世界各国影视译制界人士与中国同行的了解。

在主旨发言环节，国家新闻出版广电总局发展研究中心主任祝燕南、芬兰图尔库大学终身名誉教授伊夫·甘比尔（Yves Gambier）、英国曼彻斯特大学翻译与跨文化研究中心主任冈萨雷斯（Luis Perez - Gonzalez）、中国影视翻译领域的专家麻争旗教授、金海娜副教授分别就此次论坛的主题与中外专家进行了交流。上午的开班仪式与主旨发言环节分别由文化部外联局翻译处处长蒋好书、北京大学外国语学院教授刘树森主持。

（中国传媒大学文科科研处马奇炎供稿）

17—18日　北京大学马克思主义学院成立25周年庆祝大会暨第六届全国高校马克思主义学院院长论坛、全国马克思主义青年学者论坛在北京大学英杰交流中心举行。北京大学党委书记郝平，中国中共党史学会会长欧阳淞，教育部社科司副司长徐艳国，中央马克思主义理论研究和建设工程首席专家张国祚，北京大学马克思主义学院资深教授梁柱、沙健孙以及来自全国130多所高校的马克思主义学院院长和青年学者、学生等共近400人出席了大会。第六届全国高校马克思主义学院院长论坛和全国马克思主义青年学者论坛主题是深入学习和贯彻落实习近平总书记在全国高校思想政治工作会议上的讲话精神和中央31号文件精神，总结经验，分析问题，深化认识，商讨对策，共同推进高校思想政治理论课教学，在改进中提高思想政治理论课教学质量。

（北京大学社科处供稿）

18 日　来自中宣部、教育部、财政部的相关领导，多家中央新闻单位负责人及理论界、智库界专家等百余人齐聚光明日报社，共同见证光明智库的成立时刻。

专家们表示，立足基础、整合力量，光明智库定能登高望远、再创佳绩，履职尽责、献智出力，学术委员会将为新征程保驾护航。

2014 年 12 月 25 日，《智库》周刊诞生。这是中央主流媒体第一块以“智库”命名的版面。它开宗明义：“《智库》版将致力发布智库研究成果、探讨智库建设路径。我们期待着，它能成长为智库成果的发布平台、智库建设的研究平台、智库风采的展示平台、智库与公众的沟通平台。”

翌年 5 月 5 日，光明日报智库研究与发布中心成立。中心以研究报道中外智库建设情况、发布中国智库各类研究成果、开展相关社会活动为基本职责，组织专家团队共同开展调研、举办活动、推出成果。

光明日报社与其他单位共建的智库类机构，如明政智库、中国村落文化智库、中智科学技术评价研究中心、二十国集团联合研究中心等，成为光明日报智库建设的重要支点。

今天，光明智库的成立，充分体现出光明日报社在智库建设上的清醒认识和坚定决心，也充分表明光明日报社主动适应新形势新要求，通过组织重构和内容生产流程再造，积极打造新型主流媒体，以聚合之力巩固壮大主流舆论的自觉意识和使命担当。

光明智库将彰显以思想性学术性见长、紧密联系各界知识分子的鲜明特色，充分发挥资源丰富、渠道畅通、接触广泛、公信力强的传统优势，按照国家高端智库建设要求，积极打造特色鲜明、独树一帜的新型专业化智库。

咨政研究方面，光明智库力求精准发力、务实管用，为国家发展、社会进步献良方、建真言。

同时，光明日报社宣布启动思想理论融媒体传播工程。

（摘自《光明日报》2017 年 4 月 19 日第 15 版）

同日　首都师范大学党委研究生工作部在校本部实验楼报告厅举办治国理政新理念新思想新战略研讨会暨研究生中国特色社会主义理论学习研究会 10 周年回顾，并成立研究生马克思主义理论学习研究中心。学校党委书记郑萼、党委副书记缪劲翔、纪委书记李中奇及相关党口职能部门负责人、各院系党委副书记、研究生辅导员、研究生党员代表出席会议。求是杂志社文化编辑部主任李文阁、北京大学马克思主义学院副院长程美东教授、北京市委教工委宣教处副处长寇红江、中国社会科学院全球战略智库特邀研究员李永强博士、首都师范大学马克思主义学院的专家、老师以及清华大学、中国人民大学、北京科技大学、中国人民公安大学、中国青年政治学院等兄弟高校的研究生代表应邀出席。活动由资源环境与旅游学院 2015 级研究生李德云主持。

（首都师范大学社科处李蒽供稿）

19 日　清华大学经济管理学院收到国际商学院联合会（The Association to Advance Collegiate Schools of Business，AACSB）的正式通知，经过 AACSB 持续改进委员会和董事会的投票决定，清华大学经济管理学院正式通过了 AACSB 商学院认证维护。这是继 2007 年 4 月学院在国内商学院界首家摘得 AACSB 商学院认证的徽章，以及 2012 年 4 月通过 AACSB 首轮再认证之后，又一次成功通过该项知名国际认证的认证维护。1 月 8—10 日，AACSB 商学院认证持续改进同行专家评审组对经济管理学院进行实地考察。清华大学副校长及教务长杨斌接见美国莱斯大学（Rice University）前商学院院长威廉·格里克（William H. Glick）、美国查尔斯顿大学（College of Charleston）商学院院长阿兰·绍（Alan T. Shao）、韩国科学技术院（Korea Advanced Institute of Science and Technology，KAIST）商学院院长 Tong Suk Kim 等评审组专家，并介绍清华大学近年来的改革举措和对于国际认证重要性的认识。经济管理学院院长钱颖一介绍了近年来教育领域国家政策变化与当前政策环境下学院教育面临的发展与挑战，并分享了学院管理和发展的策略与洞见。

（清华大学文科建设处刘金梅供稿）

22 日　日前，中共中央总书记、国家主席、中央军委主席习近平给中国工合国际委员会、北京培黎职业学院回信，向他们致以衷心的祝贺和诚挚的问候。他在贺信中指出，中国工合国际委员会历经 77 年风雨洗礼，为促进人类和平与发展事业做出了不懈努力。

习近平指出，今年是伟大的国际主义战士、中国人民的老朋友、工合运动重要发起人、培黎学校创始人路易·艾黎诞辰 120 周年。艾黎与中国人民风雨同舟，在华工作生活60年，为中国人民和新西兰人民架起了友谊之桥。他和宋庆龄、斯诺等发起成立的工合国际，为支援中国革命和社会主义建设做出了重要贡献。

习近平指出，“十年树木，百年树人”。北京培黎职业学院以“手脑并用，创造分析”为校训，心系国家、艰苦奋斗，传承发扬老校长艾黎和何克倡导的职业教育思想，为中国社会主义现代化建设精心培养了大批人才。

习近平希望中国工合国际委员会、北京培黎职业学院，发扬传承艾老“努力干，一起干”的工合精神，积极开展国际文化交流，谱写国际友谊新篇章，为促进世界和平与发展、构建人类命运共同体做出新的贡献。

中国人民对外友好协会21日在北京人民大会堂举办座谈会，纪念路易·艾黎诞辰120周年。中共中央政治局委员、国家副主席李源潮出席座谈会并讲话。

中国工合国际委员会于1939年在香港成立，为支援中国抗战和工合运动做出重大贡献。北京培黎职业学院源于抗战时期路易·艾黎创办的培黎学校。

（摘自《光明日报》2017年4月22日第1版）

同日　来自非洲30个国家的工会领导人代表团对中国劳动关系学院进行友好访问。全总副主席、书记处书记江广平，全总国际联络部副部长李晓波，中国劳动关系学院校党委书记屈增国，校长刘向兵，副校长李华东、吴万雄出席活动。全总相关部门同志和中国劳动关系学院高职学院师生参加了座谈会。江广平指出，中非友好、中国工会和非洲国家工会友好源远流长，互相支持，互利共赢。今天非洲工会领导人代表团走进校园，走近师生，传播中非友谊的种子，是一次非常珍贵的交流机会，希望广大教师和青年学生要在新形势下继续为推动中非友好事业的发展做出积极贡献。刘向兵介绍了中国劳动关系学院历史发展、办学理念、学科专业设置、对外交流和工会干部培训等方面的基本情况，希望在全总和国际部的支持下，中国劳动关系学院与包括非洲国家在内的世界范围的工会组织和工会系统科研院所建立更广泛的合作交流，共同谱写工会人的华美篇章。非工统主席弗朗西斯·埃特沃里表示，非常感谢中国政府对非洲国家的经济建设提供了巨大帮助，很高兴非洲国家工会能与中国工会长期保持密切联系，希望两会之间相互支持、合作的态势不断坚持下去。中国劳动关系学院高职学院罗旭华院长从发展定位、培养目标、专业特色、师生规模、就业及社会影响等角度向与会来宾介绍了中国劳动关系学院高等职业教育的发展和成果。随后，代表团成员与在校师生围绕中非工会系统高等院校间的交流合作、中非职业人才就业与薪资待遇等共同感兴趣的话题进行了互动交流。成立于1973年的非洲工会统一组织是非洲大陆唯一包含所有非洲国家工会的区域性工会组织，其会员包括非洲54个国家的70多个全国性工会组织，在非洲大陆和国际工运中有着特殊地位和重要作用。

（中国劳动关系学院科研处供稿）

同日　中国传媒大学雄安新区发展研究院揭牌仪式暨首届雄安新区发展研讨会在中国传媒大学图书馆圆形报告厅举办。中国传媒大学雄安新区发展研究院首任院长由经管学部学部长兼文化发展研究院院长范周担任。

揭牌仪式由中国传媒大学副校长廖祥忠主持，中国传媒大学党委书记陈文申和河北省文化厅副厅长李建华共同为雄安新区发展研究院揭牌。陈文申在致辞中表示，关注社会特别是关注国家重大战略发展是大学的责任和使命，雄安新区发展研究院的设立将充分发挥智库在治国理政中的重要作用。中国传媒大学雄安新区发展研究院是以服务国家战略为导向，以雄安新区建设为中心、基于互联网精神而设立的新型智库机构。研究院充分整合国内外相关领域顶尖专家资源及广泛的社会智慧，致力打造具有全球影响力与中国特色的新型资政智库。揭牌仪式之后，中国传媒大学副校长袁军为雄安新区发展研究院首批学术委员会主任、委员及研究员颁发了聘书。

首届雄安新区研讨会以“雄安新区：新使命、新理念、新模式”为主题，由中国传媒大学文科科研处处长隋岩担任主持人。北京市、河北省、大连市等政府主管部门负责人，新华社、《光明日报》等权威媒体智库部门和来自清华大学、中国社科院、上海交通大学、中国传媒大学等相关领域专家学者，围绕雄安新区规划、治理、生态、产业、文化、民生等多个领域进行了广泛交流，为新区发展的整体战略、重点产业、城市管理、文化建设等领域发展建言献策。

（中国传媒大学文科科研处马奇炎供稿）

23日　中国延安精神研究会、中华人民共和国国史学会等单位在京共同举办了纪念叶剑英元帅诞辰120周年座谈会。解放军总后勤部原政委、刘少奇主席之子刘源，空军指挥学院原副院长、朱德同志之孙朱和平，任弼时同志女儿任远芳，陈云同志女儿陈伟华，周恩来总理侄女周秉德等多位老一辈党和国家领导人后代以及叶剑英同志的亲属、身边工作人员和有关部门代表共200余人出席会议。

会上，国史学会会长、中国延安精神研究会常务副会长、中国社会科学院原副院长朱佳木，中国延安精神研究会副会长、中央党史研究室原副主任李忠杰，中国延安精神研究会常务副会长兼秘书长、国防大学科研部原部长苏希胜，叶剑英元帅女儿叶向真等同志从不同角度论述、回忆了叶剑英元帅的丰功伟绩和崇高风范。朱佳木做了题为“铭记叶帅为反对‘两个凡是’错误方针做出的历史贡献”的发言。

（中国社会科学院办公厅刘玉杰供稿）

25日　著名国际关系学者、美国康奈尔大学教授彼得·J. 卡赞斯坦应邀到访外交学院进行学术交流，并参加外交学院“院级荣誉教授”授予仪式，秦亚青院长、王帆副院长出席活动。

授予仪式与学术交流在主楼419报告厅举行。秦亚青首先向出席活动的师生代表介绍了卡赞斯坦的学术成就，并代表学院向卡赞斯坦颁发了外交学院“院级荣誉教授”证书。卡赞斯坦表示衷心感谢外交学院师生的认可，这是一个很高的荣誉。卡赞斯坦是外交学院于60周年校庆期间遴选的4位“院级荣誉教授”之一，其他3位学者包括罗伯特·基欧汉、王赓武和巴里·布赞。

授予仪式后，卡赞斯坦做了题为“特朗普时代的美国与世界”的专题讲座。卡赞斯坦以此次美国大选为切入点，对特朗普当选背后的美国社会深层次因素，及其对国际政治的影响进行了深入分析。随后，卡赞斯坦与出席活动的师生就大家关心的国际关系理论前沿问题和当前国际政治中的热点问题进行了深入交流。

（外交学院科研处李琮供稿）

28日　近日，中共中央办公厅印发《中国记协深化改革方案》。该方案强调，中国记协是党和政府联系新闻界的桥梁和纽带，是繁荣发展党的新闻事业的重要力量。

该方案明确了中国记协改革的指导思想、基本原则、主要目标。该方案提出，要高举中国特色社会主义伟大旗帜，全面贯彻党的十八大和十八届三中、四中、五中、六中全会精神，以马克思列宁主义、毛泽东思想、邓小平理论、“三个代表”重要思想、科学发展观为指导，深入贯彻习近平总书记系列重要讲话精神和治国理政新理念新思想新战略，紧紧围绕“五位一体”总体布局和“四个全面”战略布局明确改革方向和重点，牢固树立政治意识、大局意识、核心意识、看齐意识，落实新发展理念，坚定文化自信，坚持文化自觉，以增强政治性、先进性、群众性为目标，依照走中国特色社会主义群团发展道路的总要求确定改革路径，把坚持党的领导、团结服务广大新闻工作者、依法依章程开展工作有机统一起来，加强政治引领、突出问题导向、坚持面向基层、强化协调推进，从根本上解决机关化、行政化等脱离群众的突出问题，充分发挥团结引领、联络协调、服务管理、自律维权的职能作用，真正把中国记协建设成为具有强大吸引力、凝聚力的人民团体，不断焕发新的生机与活力，不断提高党的新闻舆论传播力、引导力、影响力、公信力。

（摘自《光明日报》2017年4月28日第1版）

同日　北京市统战部长会议召开。会议传达学习了北京市委统战工作领导小组第二次全体会议精神，部署了全市2017年统战工作。会上，首都经济贸易大学无党派人士郝如玉教授荣获同心奖先进个人。校党委副书记徐芳参加会议。这是北京市首次颁发参政议政服务发展同心奖，其目的在于肯定和激励首都统一战线成员，特别是民主党派成员、无党派人士深入践行社会主义核心价值观，在围绕建设国际一流的和谐宜居之都、服务首都全面深化改革中发挥重要作用。郝如玉作为全国人大常委、财经委副主任，多年来立足自身专业优势，围绕财政税收领域相关问题认真建言献策，为中央税收决策“顶层设计”发挥了积极作用。

（首都经济贸易大学李琳供稿）

4月　中央民族大学根据《教育部 国家发展改革委 财政部关于深化研究生教育改革的意见》，结合《中央民族大学章程》《中央民族大学综合改革方案》《中央民族大学“十三五”规划》，结合实际，新修订了《中央民族大学研究生指导教师工作条例》。

该条例规定，研究生导师的主要职责是指导与培养研究生，研究生导师遴选应遵循按需设岗、保证质量、公开公正的原则，有较高学术造诣和丰富的科研工作经验的导师。实行研究生导师的岗位聘任制。

该条例指出，研究生导师要在培养各环节认真履行岗位职责，遵纪守法，严格执行国家和学校有关研究生教育的规章制度，明确岗位职责，增强责任意识，确保研究生培养质量。

（中央民族大学科研处供稿）

5月

4日　教育部近日发布2016年全国教育经费统计快报。快报显示，2016年全国教育经费总投入为38866亿元，比上年增长7.57%。其中，国家财政性教育经费为31373亿元，比上年增长7.36%。

根据快报，教育经费总投入在学前教育、义务教育、高中阶段教育、高等教育和其他教育间的分配占比分别为7.21%、45.29%、15.84%、26.01%、5.65%。其中，全国学前教育经费总投入为2802亿元，比上年增长15.48%；全国义务教育经费总投入为17603亿元，比上年增长9.76%；全国高中阶段教育经费总投入为6155亿元，比上年增长6.75%（中等职业教育经费总投入为2223亿元，比上年增长3.97%）；全国高等教育经费总投入为10110亿元，比上年增长6.22%（普通高职高专教育经费总投入为1828亿元，比上年增长5.91%）。全国其他教育经费总投入为2195亿元，比上年下降7.78%。

此次是为提高信息公开时效性、便于社会各界了解教育经费总体情况，教育部首次以快报形式公布全国年度教育经费初步统计数据，也是《教育部国家统计局财政部关于加强和完善教育经费统计工作的意见》要求的全国年度教育经费统计数据3次发布程序中的第一次。

（摘自《人民日报》2017年5月4日第12版）

同日　教育部上午召开新闻发布会，介绍近期职业教育改革发展和2017年职业教育活动周有关情况。教育部职业教育与成人教育司司长王继平表示，我国已建成了世界上规模最大的职业教育体系，中职、高职已分别占我国高中阶段教育和普通高等教育的半壁江山，每年有近300万家庭的子女通过职业教育实现了拥有第一代大学生的梦想。

据悉，2016年全国共有职业院校1.23万所，年招生930.78万人，在校生2680.21万人，每年开展各类培训上亿人次。职业院校共开设近千个专业、近10万个专业点，基本覆盖国民经济各领域。中职毕业生就业率保持在95%以上，高职毕业生半年后就业率超过90%，就业质量持续向好，近70%的职业院校毕业生在县市就近就业，成为支撑中小企业集聚发展、区域产业迈向中高端的生力军。我国职业教育经费投入大幅增加，办学条件明显改善，持续发展、促进公平的能力显著增强。2015年，全国职业教育财政性经费达2950亿元，比2010年增加1490亿元，年均增长15.1%。家庭经济困难学生资助体系逐步健全，中职免学费、助学金分别覆盖超过90%和40%的学生，高职奖学金、助学金分别覆盖近30%和25%以上的学生。

每年5月第二周为“职业教育活动周”，今年活动周的主题是“共筑职教梦，喜迎十九大”，将开放校园、开放赛场、开放企业、开放院所和进入社区，着力让活动周成为社会了解职业教育、体验职业教育、共享职业教育成果的窗口。

（摘自《人民日报》2017年5月5日第16版）

5日　在“五四”青年节和建团95周年之际，共青团中央在北京召开“不忘初心跟党走”团员青年座谈会，学习领会习近平总书记在前一天向青年学生发表的重要讲话。中共中央政治局委员、国家副主席李源潮讲话时指出，要认真学习贯彻习近平总书记重要讲话精神，弘扬共青团光荣传统，带领团员青年不忘初心跟党走，为实现“两个一百年”目标和中华民族伟大复兴的中国梦努力奋斗。

第二十一届中国青年“五四奖章”获得者等团员青年代表发言时表示，要牢记习近平总书记教导，用实际行动践行“永远跟党走”的政治选择，以奋斗的青春报效祖国和人民。

（摘自《人民日报》2017年5月5日第4版）

同日　中国传媒大学首期青年马克思主义学院开学仪式召开。校党委书记、青年马克思主义学院院长陈文申，校党委副书记刘守训出席仪式，马克思主义学院院长、青年马克思主义学院执行院长张付，校团委书记、青年马克思主义学院执行院长李伟以及学校相关职能部门与各学部、直属学院党委负责同志参加仪式。

陈文申和刘守训共同为“青年马克思主义学院”揭牌，陈文申还向学员代表授发了院旗，标志着青年马克思主义学院正式成立。

（中国传媒大学文科科研处马奇炎供稿）

同日　近日，经中央全面深化改革领导小组同意，民政部、中央宣传部、中央组织部等9部门联合出台了《关于社会智库健康发展的若干意见》。该意见对规范和指导社会智库健康发展做出了一系列部署安排，标志着我国社会智库发展进入了新阶段。

（摘自《人民日报》2017年5月5日第8版）

同日　吉尔吉斯斯坦外交部部长阿布德尔达耶

夫·埃尔兰·别克绍维奇率团到访外交学院，吉驻华大使乌谢诺夫等陪同。外交学院党委书记齐大愚、副院长王帆会见了阿布德尔达耶夫一行，研究生部党总支书记谭继军、国关所所长曲博等陪同会见。

阿布德尔达耶夫精通中文，曾任驻华大使，长期从事对华工作，对中国有着深厚情谊。鉴于阿布德尔达耶夫在推动中吉合作方面所做的突出贡献，特聘请阿布德尔达耶夫为外交学院名誉教授，齐大愚代表外交学院颁发聘书。

（外交学院科研处李琮供稿）

同日　由北京市民政局救助管理事务中心牵头，中央团校青少年研究院少年儿童研究所主办的北京市留守儿童和城乡困境儿童生活现状调研及未成年人社会保护工作分享交流会在中央团校学术报告厅举行。

中央团校少年儿童研究所所长童小军就“北京市留守儿童和城乡困境儿童生活现状调研”的调研结果做主题发言。结合调研数据和相关理论，她详细介绍了北京市困境儿童的基本生活现状和服务需求，同时，从未成年人社会保护工作机制建设的视角阐述了未保工作的重要性和可行性，为北京市未保工作机制的建设和完善指明了方向。

本次分享交流向参会者全面呈现了北京市以及各区困境儿童的困境类型分布情况及生活现状，让与会者了解了各区未成年人社会保护工作的成效与不足，进一步明确了救助站和社工机构在未保工作中的角色和定位，为未来北京市的未成年人保护服务体系建设和以村居为基础的儿童福利服务体系建设指明了方向。

［中央团校（中国青年政治学院）科研部供稿］

6日　在中华职业教育社成立100周年之际，中共中央总书记、国家主席、中央军委主席习近平发来贺信，代表中共中央，对中华职业教育社成立100周年致以热烈祝贺。

习近平在贺信中指出，中华职业教育社是我国成立最早的职业教育社团。在风雨如晦的旧中国，中华职业教育社本着教育救国的宗旨，致力于改革传统教育、推动职业教育发展，参与爱国民主运动，投身民族救亡，成为接受中国共产党领导、追求民主进步的爱国社团。新中国成立后特别是改革开放以来，中华职业教育社紧紧围绕党和国家工作大局，广泛联系社会各界和海内外关心支持职业教育的人士，为发展职业教育、实施科教兴国和人才强国战略、推进祖国和平统一大业做出了积极贡献。

习近平强调，新形势下，中华职业教育社要立足自身特点和优势，广泛联系和团结有志于职业教育的海内外各界人士，加强交流协作，积极建言献策，更好服务社会，不断为促进我国职业教育发展，为实现“两个一百年”奋斗目标、实现中华民族伟大复兴中国梦做出新的更大的贡献。

中华职业教育社成立100周年庆祝大会5日在京举行，中共中央政治局常委、全国政协主席俞正声出席并讲话。

中华职业教育社成立于1917年，是由教育界、经济界、科技界从事和关心、支持职业教育事业的人士组成的职业教育团体。

（摘自《人民日报》2017年5月6日第1版）

同日　中国科学院大学知识产权学院揭牌仪式暨2017创新与知识产权论坛在京举行，国家知识产权局原局长田力普、中国人民大学知识产权学院院长刘春田、中国社会科学院知识产权中心主任李明德等专家学者分别做了主题报告，认为中国科学院大学知识产权学院的建立对我国知识产权强国建设具有重要意义。

据了解，截至“十二五”末，我国知识产权相关从业人员数量超过50万，但综合科技、经济、管理和法律的复合型知识产权人才仍有很大缺口。背靠中国科学院100多个学科覆盖广泛、实力雄厚的科研院所，中科院知识产权学院的发展使命是培养有科学内涵的知识产权战略管理和知识产权法复合型人才、有学术背景的知识产权政策制定和实践者，引领知识产权制度创新与发展，其发展愿景是成为“教育、科研、智库”功能三位一体的国际著名知识产权学院。

（摘自《光明日报》2017年5月7日第6版）

8日　近日，中共中央办公厅、国务院办公厅印发了《国家“十三五”时期文化发展改革规划纲要》，并发出通知，要求各地区各部门结合实际认真贯彻落实。

该纲要指出，文化是民族的血脉，是人民的精神家园，是国家强盛的重要支撑。坚持“两手抓、两手都要硬”，推动物质文明和精神文明协调发展，繁荣发展社会主义先进文化，是党和国家的战略方针。

该纲要指出，“十三五”时期是全面建成小康社会决胜阶段，也是促进文化繁荣发展关键时期。在新的历史起点上，夺取中国特色社会主义新胜利，赢得具有许多新的历史特点的伟大斗争，必须充分发挥文化引领风尚、教育人民、服务社会、推动发展的作用。全面建成小康社会，迫切需要补齐文化发展短板、实现文化小康，丰富人们精神文化生活，提高国民素质和社会文明程度。适应把握引领经济发展新常态，推动改革全面深化，促进社会和谐稳定，迫切需要牢固树立和贯彻落实创新、协调、绿色、开放、共享的发展理念，增进社会共识、营造良好氛围，激发全民族创造活力。高新技术发展日新月异，社会信息化持续推进，互联网影响广泛而深刻，迫切需要拓展文化发展新领域，发展壮大网上主流舆论阵地，更好运用先进技术发展和传播先进文化。世界多极化、经济全球化、文化多样化、社会信息化深入发展，综合国力竞争日趋激烈，迫切需要提高文化开放水平，广泛参与世界文明对话，增强国际话语权，展示中华文化独特魅力，增强国家文化软实力。面对新形势新要求，要进一步坚定文化自信，增强文化自觉，奋力开创中国特色社会主义文化建设新局面，为做好党和国家各项工作提供强大的价值引领力、文化凝聚力和精神推动力。

（摘自《光明日报》2017 年 5 月 8 日第 1 版）

10 日　经国务院批准，自 2017 年起，将每年 5 月 10 日设立为“中国品牌日”。中国品牌日的设立，体现了国家对品牌建设的高度重视，展示了实施品牌战略的坚定决心，今年的主题是“深化供给侧结构性改革，全面开启自主品牌发展新时代”。

经济强国历来是品牌强国。如果说消费者通过苹果、波音认识了美国，通过奔驰、西门子熟悉了德国，那么世界也正通过海尔、华为、阿里巴巴、中国银行等一批闪亮的中国品牌了解快速发展的中国。10 多年来，中国的品牌建设取得了骄人的成绩：2005 年，世界品牌实验室发布的“世界品牌 500 强”中，我国只有 4 个品牌入选；2016 年，已有 36 个品牌入选，与美日等国的差距逐渐缩小。

目前我国加快品牌发展的条件已经具备，发展品牌经济正当其时。

（摘自《人民日报》2017 年 5 月 10 日第 1 版）

同日　第一个中国品牌日中以“走进品牌时代共享品牌生态”为主题的生态中国品牌论坛暨“生态中国品牌行动”启动仪式在北京举行。

活动由全国品牌社团组织联席会、首都经济贸易大学中国品牌研究中心、中国网生态中国频道、中国品牌发展公益基金、品牌智库研究院、北京农学院品牌数据分析中心、中国质量协会品牌分会、品牌研究杂志社、中国商人杂志社、全球品牌研究智库联盟筹委会共同发起、主办。首届“生态品牌行动”为期一年，有 4 个阶段的行动安排：第一阶段为品牌征集阶段，自 2017 年 5 月 10 日至 2017 年 8 月 10 日，将通过网络平台向全国重点生态行业、生态产品生产企业进行生态品牌征集；第二阶段为品牌宣传推介阶段，自 2017 年 8 月 11 日至 2018 年 2 月 10 日，将通过国内主流媒体对生态品牌进行重点宣传推介，共同组织开展“生态健康·品质生活知识竞赛”“生态品牌与生态中国行”“打造生态品牌论坛”；第三阶段为票选阶段，自 2018 年 2 月 11 日至 2018 年 5 月 1 日，在网络平台开启“生态中国”品牌投票，网友可对心目中的生态品牌进行评价与票选，根据网友的投票与专家团队的评选结果，推选出生态农产品、生态保健用品、生态休闲用品、生态健身用品等品类的品牌；第四阶段为品牌发布阶段，2018 年 5 月 10 日，发布“生态中国”品牌榜单，同时发布《生态中国品牌建设白皮书》。

（首都经济贸易大学科研处李琳供稿）

12 日　从教育部获悉，《2017 年高校思想政治理论课教学质量年专项工作总体方案》日前由教育部党组审议通过，明确 2017 年“高校思想政治理论课教学质量年”将通过大调研、大提升、大格局“三个突出”提升思政课质量和水平，增强大学生获得感。

该方案明确，今年将展开研制《高校马克思主义学院建设标准》等文件、修订统编教材、建设“全国高校思政课网络集体备课平台”等工作，并探索建立符合思政课教师职业特点的职务职称评聘标准，引导和鼓励思政课教师将更多精力投入到教学中。

（摘自《光明日报》2017 年 5 月 12 日 第 8 版）

12—13 日　北京交通大学举办中国高等教育学会宣传工作研究分会成立大会暨高校宣传工作创新发展高层论坛。中国高等教育学会秘书长康凯、副秘书长王小梅到会指导工作，包括高校、媒体、省市教育宣传部门在内的近百家成员单位参加了会议。会员代表大会审议通过了《中国高等教育学会宣传工作研究分会管理办法》，选举产生了分会第一届理事会领导机构。北京交通大学党委书记曹国永当选为第一届理事长，北京交通大学宣传部部长蓝晓霞当选分会秘书长。秘书处挂靠在北京交通大学。中国高等教育学会会长瞿振元，北京交通大学党委书记、分会理事长曹国永共同为分会成立揭牌。

（北京交通大学社会科学处李敏供稿）

15 日　中国社会科学院院长、党组书记王伟光会见到访中国社会科学院的联合国副秘书长、联合国人居署执行主任华安·克洛斯一行。

王伟光强调，联合国人居署是世界上具有重要影响的机构，与中国社会科学院一直保持着良好的合作交流关系，双方合作取得了诸多优秀成果。迄今，双方合作已有良好基础，期待双方能在原有基础上进一步通过人员互访、合作研究、联合举办会议等方式推进相关领域的交流与合作。

克洛斯表示，联合国人居署十分关注城镇化这个议题，十分期待与中国社会科学院在此方面展开深入合作。与此同时，相信联合国人居署与中国社会科学院未来会有更多共同关注的研究课题，开展更多交流与合作。

中国社会科学院财经战略研究院院长何德旭等陪同会见。来访的还有联合国人居署区域间顾问杨榕、亚太区域办公室高级人居官员布鲁诺·德尔肯。

（中国社会科学院办公厅刘玉杰供稿）

16 日　阿根廷总统毛里西奥·马克里访问中国社会科学院并发表演讲。中国社会科学院院长王伟光致欢迎词，副院长蔡昉主持演讲会。

马克里做题为“中国和阿根廷友谊 45 周年”的演讲。

主题演讲结束后，马克里与参会的专家学者就阿根廷国内改革、文化外交与公共外交的作用、拉美区域合作的挑战和前景、中阿在经贸和国际事务中的合作等问题进行了交流和互动。

来自中阿两国政府部门的官员、拉美国家的驻华使节，中阿两国相关学术机构和智库的专家学者、企业家等共 300 余人出席了演讲会。

（中国社会科学院办公厅刘玉杰供稿）

17 日　国家突发事件舆情应对研究中心揭牌、签约仪式在中国传媒大学主楼举办。中宣部新闻局局长张小国、中国传媒大学党委书记陈文申、校长胡正荣、副校长蔡翔出席了揭牌与签约仪式。陈文申与新闻传播学部学部长高晓虹共同为国家突发事件舆情应对研究中心揭牌。

国家突发事件媒体应对研究中心是以中国传媒大学新闻传播学部与理工学部为建设主体，以国家突发事件舆情应对为研究核心，以新闻大数据研究中心为支撑，广泛吸纳顶尖人才，跨界整合优质资源，开放协同的高端研究平台。中心将站在国家智库的高度，聚焦应急事件处理和舆论引导，充分发挥中国传媒大学在学界和业界的资源优势，为党和国家的宣传思想和舆论引导工作做出卓越的贡献。

（中国传媒大学文科科研处马奇炎供稿）

18 日　以“弘扬丝路精神，携手推动‘一带一路’建设”为主题的外国学员座谈会在国家行政学院举行。国家行政学院副院长杨克勤出席座谈会并致辞，来自阿尔及利亚、埃及、苏丹、黎巴嫩、约旦和阿拉伯国家联盟（阿盟）的 43 名外国学员以及国内知名学者等参加了座谈会。

会议由国家行政学院培训中心主任刘宏毅和政治学教研部副主任于军主持。与会各国学员代表结合本国国情，就本国如何更好与“一带一路”建设对接积极建言献策，并与出席会议的中国专家和学者互动交流。代表们一致认为，“一带一路”建设是一项造福各国人民的世纪工程，讲好丝路故事、传播丝路精神将为“一带一路”框架下的国际合作带来积极助力。

［摘自《人民日报》（海外版）2017 年 5 月 27 日第 9 版］

21 日　由北京师范大学和 WTO 贸易投资与可持续发展中心（ICTSD）主办，经济与工商管理学院与金砖国家合作中心联合承办的“2017 年金砖国家经贸合作重点议题国内外专家交流会”在北京举行。商务部副部长王受文应邀出席专家交流会，并围绕金砖国家经贸投资合作主题做了主旨演讲。

（北京师范大学社科处刘娜供稿）

22 日　为推动习近平总书记关于文艺系列重要讲话精神学习活动的深入开展，深刻理解我们党关于文艺问题方针政策的连续性、继承性、一贯性，时逢毛泽东同志《在延安文艺座谈会上的讲话》发表 75 周年来临之际，中国社会科学院中国文学批评研究会、中国当代文学研究会、中国中外文艺理论学会在北京联合主办了“学习习总书记讲话　重温延安文艺传统”纪念毛泽东《在延安文艺座谈会上的讲话》发表 75 周年座谈会。

来自中国社会科学院、中国作家协会、北京大学、中国人民大学、延安大学、陕西师范大学、西北大学等单位的专家学者 20 余人参加了会议。曾参加延安文艺座谈会的文化部原部长贺敬之、中国艺术研究院原副院长黎辛因年龄原因虽未到会，但均发来了书面发言或录音发言。中国社会科学院副院长、中国文学批评研究会会长张江致辞并主持会议。

与会学者就延安文艺讲话的时代精神、习近平总书记文艺讲话的理论贡献等发表了看法。

（中国社会科学院办公厅刘玉杰供稿）

24 日　从有关部门获悉，近日，教育部批准同意以中国社会科学院研究生院为基础，整合中国青年政治学院本科教育及部分研究生教育资源，创办中国社会科学院大学，中国青年政治学院从 2017 年起不再招收本科生。

中央团校成立于 1948 年，1985 年中国青年政治学院在此基础上命名组建。中国青年政治学院（中央团校）党委负责人表示，中国青年政治学院本科教育和部分研究生教育划转至中国社会科学院大学，可以使多年来积累的高等教育资源继续发挥更大作用，转出师生的事业发展和学业发展保持延续性。

（摘自《光明日报》2017 年 5 月 24 日第 6 版）

同日　中共中央编译局编译的《马克思恩格斯全集》中文第二版第 43 卷日前由人民出版社出版。第 43 卷属于《马克思恩格斯全集》中文第二版第二部分即“《资本论》及手稿”部分，收录了马克思亲自修订的《资本论》第 1 卷法文版。

《资本论》第 1 卷法文版由约瑟夫·鲁瓦根据《资本论》第 1 卷德文第二版（1872—1873 年）翻译，马克思仔细修改了译文，并对许多地方做了改写和增补。从结构上看，马克思重新划分了全书的篇章结构，把德文第二版的 7 篇 25 章改为 8 篇 33 章，对篇、章、节的名称也做了不少改动。从内容上看，马克思在法文版正文中做了许多有重要理论意义的修改和补充，特别是对原德文第二版第 7 篇《资本的积累过程》做了许多修改，在关于“斯密教条”、所谓“劳动基金”、资本积累和资本技术构成的提高、资本集中概念的确立、资本积累对于工人阶级命运的影响等问题上增补了许多重要内容。因此，法文版反映了马克思经济学理论研究的新进展和新成果，马克思认为它“在原本之外有独立的科学价值”。法文版《资本论》出版后，每当再出版《资本论》其他版本，马克思总是要求人们认真参考法文版中的修改。

马克思和恩格斯在世时出版的《资本论》第 1 卷的几个主要版本，包括该卷的德文第三版、英文版、俄文版和德文第四版，都与法文版有关，但又不完全等同于法文版，有的地方甚至存在明显差别。因此，《资本论》第 1 卷法文版有助于我们全面了解《资本论》版本演变的历史，对于深入理解和研究马克思的经济学理论和方法具有重要价值。

（摘自《光明日报》2017 年 5 月 24 日第 4 版）

同日　习近平总书记《在哲学社会科学工作座谈会上的讲话》发表一周年之际，为庆祝中国社会科学院建院 40 周年，中国社会科学院学部主席团举办了系列学术报告会。经济学部举办了学术报告会。会议由中国社会科学院学部委员、经济学部副主任吕政主持，相关研究所的百余位科研人员参加会议。与会专家对相关重大理论与现实问题以及学科前沿、学术热点和难点问题进行了阐述。经济学部学部委员围绕重大基础理论与现实问题进行了讨论。

报告会的学术理论观点如下：（1）袁富华：供给结构理论探索的三大命题，即结构性减速命题、增长门槛效应命题、效率补偿命题。（2）黄群慧：建中国特色的企业管理学科。（3）魏后凯：增强农业国际竞争力和可持续发展能力。（4）夏杰长：理性看待经济服务化现象。（5）王国刚：在“一带一路”上闯出全球资源配置的中国之道。（6）李　平：数量经济学和技术经济学体现出中国气派。（7）张车伟：新经济与新就业。（8）刘治彦：全面推进新型智慧城市建设。（9）杨圣明：加强对“一带一路”的研究，加强对消费的研究。（10）汪同三：经济预测与数学方法的运用。（11）吕政：回顾中国社科院经济学研究的理论贡献。（12）李扬：“去杠杆”最重要。

中国社会科学院经济学部主任、学部委员李扬研究员做题为“‘去杠杆’最重要”的学术演讲并做总结讲话。

（中国社会科学院办公厅刘玉杰编辑、供稿）

25 日　国家古籍保护中心成立 10 周年座谈会在国家图书馆召开。

“中华古籍保护计划”是新中国历史上首次由国家主持开展的全国性古籍保护工程。10 年来，工程建立完善体制机制、开展古籍普查、评审《国家珍贵古籍名录》、改善古籍存藏环境。特别是完成了一批珍贵古籍的抢救性修复，先后在全国设立 12 家国家级古籍修复中心，修复场所总面积约 7250 平方米；带动全国各级各类古籍存藏机构建立专业古籍修复室 247 个，总面积超过 1.6 万平方米；培养了一支古籍保护专业队伍，据不完全统计，截至“十二五”末，全国古籍收藏单位古籍从业人员已由 2007 年以前不足千人增长至上万人，其中古籍修复专业人员从不足 100 人增加到 1000 余人。

国家图书馆名誉馆长周和平指出，目前，全国古籍保护工作体系已基本形成。“中华古籍保护计划”已成为中华优秀传统文化传承发展大局中的重要组成部分。

（摘自《人民日报》2017年5月26日第12版）

同日　海淀区卫生和计划生育委员会主办、北京师范大学心理学部和海淀区精神卫生防治指导中心承办的第18届“5·25”大学生心理健康节主题活动暨海淀区高校心理健康服务联盟成立。

（北京师范大学社科处刘娜供稿）

27日　第十二届北京端午诗会颁奖活动在国子监举行。这次诗会由中华诗词研究院、北京诗词学会主办，孔庙和国子监博物馆协办。

出席第十二届北京端午诗会的领导和嘉宾有中华诗词学会名誉会长郑伯农，中华诗词研究院副院长杨志新，中华诗词学会秘书长刘庆霖，中华诗词学会理论部副主任李葆国，《诗词之友》总编张脉峰，《诗刊》杂志《子曰诗刊》副主编江岚，中华诗词学会顾问北京诗词学会会长张桂兴，北京诗词学会常务副会长李增山，北京诗词学会副会长王玉明、申士海、陆奇、纪捷晶，北京诗词学会副秘书会李树先、韩倚云。出席诗词颁奖大会的还有部分获奖作者、北京诗词学会的部分诗友，以及新闻媒体100余人。

郑伯农指出：端午诗会旨在认真贯彻落实习近平总书记系列重要讲话精神，纪念伟大的爱国诗人屈原，挖掘整理传统节日文化资源、弘扬优秀传统诗词文化，丰富人们的精神文化生活，为社会服务。

杨志新致辞：举办此项活动是中华诗词研究院和北京诗词学会贯彻落实习近平总书记系列重要讲话精神和中央文件精神的一个重要举措。党的十八大后，中央提出了传承和发展中华优秀传统文化的时代任务，并且做出了许多重要的安排部署。习近平总书记在不同场合的讲话中就多次强调要重视诗词的独特魅力和作用。党中央、国务院最近下发的几个文件也都强调要普及和传承、发展中华诗词。可以看出，在传承和发展中华优秀传统文化的时代任务中，党和国家把传承和发展中华诗词放在增强文化自信、助推民族复兴的位置上了。

张桂兴在讲话中说，北京端午诗会举办12年来，已成为诗人的一个节日。并表示继续努力，把北京端午诗会品牌办得更好。

（北京诗词学会陆奇供稿）

同日　2017年发展中国家治国理政总统顾问研讨班结业仪式在北京举行。研讨班旨在与广大发展中国家交流、提升国家治理的理论和经验，共同研讨、破解制约发展的难题和各国发展中面临的困难，共同推进发展中国家经济社会发展，提升各国人民福祉。中国社会科学院副院长、党组成员张江出席结业仪式并致辞。

研讨班为期10天，共邀请来自亚洲、非洲、拉丁美洲12个国家的51位部长级、司处级官员来华参加研讨。与会各国高级资政官员就治国理政这一主题下理论和实践中的具体问题进行了深入探讨，交换了各自国家的国家治理与发展经验。研讨班主要采取专题讲座、现场讨论和实地参观考察的形式。

发展中国家治国理政总统顾问研讨班官员代表阿布巴克·萨迪克博尼法斯、中国商务部国际商务官员研修学院代表先后致辞。

研讨班由中华人民共和国商务部主办、中国社会科学院研究生院承办。2017年发展中国家治国理政总统顾问研讨班各国官员等参加结业仪式。

（中国社会科学院办公厅刘玉杰编辑、供稿）

6月

2日　中共中央文献研究室编辑的《习近平关于社会主义经济建设论述摘编》一书，近日由中央文献出版社出版，在全国发行。

党的十八大以来，以习近平同志为核心的党中央科学分析我国经济发展形势和任务，坚持以人民为中心的发展思想，贯彻稳中求进工作总基调，提出并落实新发展理念，大力推进供给侧结构性改革，就推动我国经济发展做出一系列重大决策和工作部署，推动我国经济持续健康发展。认真学习贯彻习近平同志关于社会主义经济建设的重要论述，对于深刻认识我国经济发展怎么看、怎么干的重大问题，牢固树立和贯彻落实新发展理念，适应把握引领经济发展新常态，推进供给侧结构性改革，促进经济平稳健康发展和社会和谐稳定，实现“两个一百年”奋斗目标、实现中华民族伟大复兴中国梦，具有十分重要的指导意义。

该书共分10个专题：发展是解决我国一切问题的基础和关键；坚持以人民为中心的发展思想，用新发展理念统领发展全局；使市场在资源配置中起决定性作用和更好发挥政府作用；主动适应、把握、引领经济发展新常态，着力推进供给侧结构性改革；实施创新驱动发展战略；推进新型工业化、信息化、城镇化、农业现代化同步发展；实施精准扶贫、精准脱贫，坚决打赢脱贫攻坚战；实施“一带一路”建设、京津冀协同发展、长江经济带发展三大战略；在更大范围、更宽领域、更深层次上提高开放型经济水平；坚持稳中求进工作总基调，全面提高党领导经济工作水平。书中收入494段论述，摘自习近平同志2012年11月15日至2017年3月12日期间的讲话、报告、指示等120多篇重要文献，其中许多论述是第一次公开发表。

（摘自《人民日报》2017年6月2日第1版）

同日　城市群系统演化与可持续发展的决策模拟研究北京市重点实验室揭牌仪式在首都经贸大学博远楼举行。首都经贸大学特大城市经济社会发展研究院为主体申报的“城市群系统演化与可持续发展的决策模拟北京市重点实验室”通过市科委认定，这是迄今为止该校获批的首个北京市重点实验室，也是该校在自然科学与社会科学跨学科领域获批的第一个省部级实验室，重点实验室对于推动首经贸大学在城市和区域科学的理论研究以及智库公共决策工作的开展具有重要的支撑作用。

（首都经济贸易大学科研处李琳供稿）

10日　中国劳动关系学院成立的中国特色高校新型智库——劳动关系与工会研究中心在全总机关举行揭牌仪式。研究中心是以习近平总书记关于工人阶级和工会工作的重要论述及和谐劳动关系构建的论述为指导，整合中国劳动关系学院优势学科和研究资源，专注于劳动关系和工会领域资政建言的第一家国内新型高校智库。劳动关系与工会研究中心立足工会，面向社会，致力服务和谐劳动关系建设，服务高素质工会干部队伍建设和产业工人队伍建设改革，服务国家经济社会发展。目前主要聚焦于和谐劳动关系构建、产业工人队伍建设改革、工会改革创新三大核心领域，已形成一支多学科的研究团队，并以大国工匠与劳动模范研究所、当代工运研究所、全国职工舆情研究所、“一带一路”与劳动关系研究所等5个校属研究机构和17个院（系、部）属研究机构为重要支撑。

（中国劳动关系学院科研处供稿）

12日　中国第二历史档案馆日前首次向公众开放，一批“镇馆之宝”陆续亮相。

中国第二历史档案馆成立于1951年，为确保档案安全，除查阅档案外，一直没有向社会公众开放。这座集中保存民国时期政府档案的中央级国家档案馆，馆藏总量共1354个全宗，230万卷，约4500万件。此外，还收藏有民国时期图书、期刊、报纸13万余册。

中国第二历史档案馆负责人表示，民国档案离公众的生活其实并不遥远，今年国际档案日主题“档案——我们共同的记忆”，就是要让档案面向社会、服务群众，该馆今后将继续择期向社会公众开放。

（摘自《人民日报》2017年6月12日第11版）

13日　近日，北京市文物局对外发布了今年上半年考古工作成果：2017年上半年，北京完成考古发掘项目20余项，发掘和保护各时期古墓葬1300余座，窑址35座、房址10余处，出土文物共计3000余件，其中北京通州城市副中心新发掘的古墓葬有276座。

据北京市文物研究所副所长郭京宁介绍，为配合北京城市副中心的建设，北京文物部门对通州区潞城镇的胡各庄村、后北营村、古城村等地区开展考古调查、勘探与发掘工作，并取得了一系列考古新发现。据了解，从今年2月2日至5月14日，北京城市副中心共完成勘探面积998845平方米，新发掘各时期古墓葬276座，其中东汉墓数量最多，有100座。出土各类文物1000余件，包括陶器、瓷器、铜器、金银器。

今年上半年，在对圆明园如园遗址二期考古发掘中，清理出延清堂、含碧楼、挹霞亭、观丰榭、引胜轩、假山、道路、湖泊及其泊岸等遗址，如园遗址整体布局首次被揭开。

如园位于圆明三园之一的长春园东南隅，1767年建成。考古工作者在如园共发现近千件文物，其中包括嘉庆皇帝御笔石刻、金砖、瓷砖、瓷片、粉彩瓷砖，以及当年英法联军火烧时留下的大量过火遗迹。

据专家介绍，如园是北京近几年考古发掘中保存最好的遗址，也是近几年发掘的首座仿江南园林遗址。

近年来，北京市高度重视历史文化名城和文物保护工作。目前北京市第三次全国文物普查、长城资源调查和大运河调查全面完成，不可移动文物家底基本摸清，全社会参与文化遗产保护意识进一步增强。

（摘自《光明日报》2017年6月13日第9版）

同日　对外经济贸易大学区域国别研究院成立仪式在对外经济贸易大学举行。教育部国际司王慧副司长和对外经济贸易大学蒋庆哲书记共同为研究院揭牌。博鳌亚洲论坛秘书长周文重，中国人民对外友好协会副会长林怡，格鲁吉亚使馆驻华大使大卫·阿普恰乌利，突尼斯使馆驻华大使迪亚·哈利德，约旦使馆驻华大使叶海亚·卡拉莱，埃塞俄比亚默克莱大学校长加布里希·沃特，中国现代国际关系研究院原副院长、宁夏大学中国阿拉伯国际研究院院长李绍先等出席揭牌仪式。对外经济贸易大学赵忠秀副校长主持揭牌仪式。

对外经济贸易大学王稼琼校长、周文重、王慧分别为大会致辞。区域国别研究院葡语国家研究中心王成安教授、中国—瑞士经贸研究中心周念利教授、格鲁吉亚研究中心王春蕊博士、海湾国家研究中心主任丁隆教授在成立仪式结束后分别发布了区域国别研究的阶段性成果报告。

（对外经济贸易大学科研处供稿）

15 日　刑辩律师与司法改革高端对话暨东卫刑事辩护与司法改革研究基地成立大会日前在北京举行。该研究基地由中国人民大学诉讼制度与司法改革研究中心、中国政法大学刑事法律援助研究中心与北京市东卫律师事务所联合发起设立。中国政法大学教授顾永忠和中国人民大学教授陈卫东担任名誉主任，北京市东卫律师事务所主任郝春莉担任研究基地主任，高铭暄、樊崇义、赵秉志、陈兴良、张明楷、黄太云、周光权等知名专家学者受邀担任研究基地的专家委员。

研究基地名誉主任、中国人民大学教授陈卫东表示，以审判为中心就是要发挥控、辩、审 3 方的作用，但在改革过程中往往忽视了对辩护律师的重视。刑事辩护对于社会法治有巨大的推动作用，建立一个完善的司法制度必须要进行司法改革，而良好的司法改革必须有律师的全面、深入参与，研究基地的成立就是刑辩律师积极参与司法改革的直接体现。

“法治事业离不开律师的参与。有人很肤浅地认为，律师只是挣钱的。这只是一面，但不全面，要看到律师职业的艰辛。在我看来，刑事辩护律师非常值得尊敬，他们付出了大量心血来维护老百姓的人身、自由等权利。研究基地成立后，要为刑事辩护法治建设做出更多贡献。”研究基地专家委员、北京师范大学刑事法律科学研究院名誉院长高铭暄说。

在“刑辩律师与司法改革高端对话”环节，与会嘉宾围绕“刑事辩护是什么，刑事辩护做什么”这一主题展开对话。他们结合各自工作分别从立法、审判、检察公诉、学界理论和律师辩护等角度，发表了自己对于刑辩律师及刑辩工作的看法。

（摘自《光明日报》2017 年 6 月 15 日第 15 版）

同日　中国法学会“一带一路”法治研究基地、中国法学会 WTO 法研究会“一带一路”专业委员会揭牌仪式暨发挥国际法在“一带一路”倡议建设中的保障作用学术研讨会在对外经济贸易大学举办。对外经济贸易大学校长王稼琼致辞，来自中国法学会、中华人民共和国最高人民法院、中国国际贸易促进委员会、中国国际经济贸易仲裁委员会、北京仲裁委员会、北京市律师协会等单位领导，以及北京大学法学院、清华大学法学院、中国人民大学法学院、中国政法大学国际法学院、中国社会科学院国际法研究所的学术界嘉宾以及北京市环球律师事务所等实务界专家 70 余人共同出席了会议。

“一带一路”法治研究中心近期被认定为中国法学会法治研究基地，是中国法学会认定的第 7 个研究基地，也是目前有关“一带一路”法治研究的唯一基地。与此同时，中国法学会世界贸易组织法研究会“一带一路”法治专业委员会也获准成立。

在“一带一路”倡议的具体建设进程中，法律保障的作用不可或缺。在“发挥国际法在‘一带一路’倡议建设中的保障作用”学术研讨中，来自最高院、贸仲委、北仲、贸促会的有关领导，北京大学、清华大学、中国人民大学、中国政法大学、中国社会科学院、美国亚利桑那大学和对外经济贸易大学等高校和研究机构的专家学者以及来自实务界的专家围绕研讨主题进行了发言和讨论。

（对外经济贸易大学科研处供稿）

20 日　中央电视台聘请清华大学马克思主义学院为重大主题宣传智库顾问单位授牌仪式举行。在仪式举行之前，校长邱勇会见中央电视台总编室主任王晓真一行。邱勇在会见中表示，中央电视台聘请清华大学马克思主义学院为重大主题宣传智库顾问单位，一方面能在重大主题宣传工作中借鉴利用学院最新的理论成果，另一方面也能为清华大学思政课改革提供有力支撑。双方的合作必将进一步提升清华大学马克思主义学院的办学实力，学校将努力做好支持服务工作。王晓真表示，开展重大主题主线宣传，学习宣传贯彻习近平总书记系列重要讲话精神就要讲清楚其中贯穿的马克思主义立场、观点、方法，体现的世界观、价值观、认识论、方法论，将其系统地呈现给受众，这就需要借助学界、借助清华马院深厚的理论基础和学术成果，与央视自身在重大主题宣传报道上积累的经验规律和创新手段相结合，培养思想型的创作团队、推出更多有深刻思想内涵的节目。签约仪式上，清华大学党委副书记、马克思主义学院党委书记邓卫介绍了学院建设情况。

（清华大学文科建设处刘金梅供稿）

21 日　中国人民抗日战争纪念馆联袂线装书局日前在京举行《日本侵华密电·七七事变》新书发行暨出版座谈会。据悉，该书披露的文献资料从日本侵华的步骤、阴谋的策划、战争的决策及战役的部署、作战指令的下达及指挥等方面，完整、系统地记述了日本侵略者发动七七事变，挑起全面侵华战争，扩大对华侵略的全过程。

据了解，本书分为 3 编 51 册，主要收录了日本侵略者策划七七事变及发动全面侵华战争期间，日本军部和外务省等内阁主要部门及日本驻外使领馆的秘密电报、秘密文件，时限上起九一八事变后，下至太平洋战争爆发前。

与会人士表示，《日本侵华密电·七七事变》的出版，将日本侵略者的“自供状”公布于众，有利于还原日本侵华战争的真相，批判和回击日本右翼势力掩盖、抵赖和否定侵略历史的言行。

（摘自《光明日报》2017 年 6 月 21 日第 9 版）

同日　第九轮中美工商领袖和前高官对话在北京落下帷幕并发表联合声明，呼吁两国进一步开放国内经济，特别是为高新技术、互联网经济、制造业、金融服务等领域提供贸易投资便利。

在联合声明中，双方建议，应采取有效措施促进贸易投资、共同努力加强多边贸易体系，推进金融市场化改革，促进创新产业、数字经济和网络安全，加强能源环境合作。双方决定开展多方式活动，包括交流金融服务、信息与通信技术安全等领域的成功经验，加强“一带一路”框架内及其他途径的投资合作，促进数字经济和贸易发展，促进两国经贸关系发展。

中美工商领袖和前高官对话由中国国际经济交流中心和美国全国商会联合举办，此前已在北京和华盛顿轮流举办过 8 轮。

（摘自《光明日报》2017 年 6 月 22 日第 10 版）

24 日　中国政法大学体育法研究中心主办的“法治冬奥”研讨会暨庆祝体育法研究中心成立 15 周年庆典活动在昌平校区举行。中国政法大学校长黄进，终身教授江平，法学会体育法学研究会会长刘岩及国内体育法专家、学者，冬奥组委会成员，毕业及在校体育法硕、博士研究生近 70 人参加了本次会议。世界体育法协会、亚洲体育法学会、中国法学会体育法学研究会、北京市法学体育法学与奥林匹克法律事务研究会、辽宁省法学会体育法学研究会、清华大学法学院体育法研究中心等发来贺信。体育法研究中心副主任马宏俊主持开幕式。

主题研讨阶段，10 余位学者在“法治冬奥”背景下进行了专题研讨。实务工作者提供了大量背景资料，专家学者们在法学理论上为破除现实困境提供理论支撑。

本次论坛为政府部门、体育法学者、律师、体育活动组织、赛事企业等提供了一个学习、交流、对话的平台。

（中国政法大学科研处王培供稿）

24—25 日　第十一届中国经济增长与周期高峰论坛暨中国城市生活质量指数发布会在京举行。本届论坛的主题为“加速中国经济增长转型与防范金融风险”。会上发布了 2017 年城市生活质量指数。调查显示，2017 年，全国 35 个城市生活质量主观满意度指数加权平均值为 54.53，略低于去年的 55.82。分项目来看，与 2016 年相比，生活水平指数略有上升，生活成本指数、人力资本指数、社会保障指数均有所下滑。居民健康水平指数在城市间和不同年龄段之间虽然存在一定差异，但总体水平高于美国部分地区的健康水平。生活质量客观指数显示，东部城市生活质量整体上依然高于中西部城市，但同时部分城市存在主客观指数的反差。2017 年，35 个城市生活质量客观指数平均值为 54.98，略高于 2016 年的 54.75。与 2016 年相比，生活水平客观分指数有所上升，生活成本客观分指数有所下降，即生活成本上升，人力资本、社会保障、生活感受客观分指数基本持平。来自国内研究机构、高等院校、政府部门以及国际货币基金组织等国际机构和国外高校的近 200 名专家和学者与会，对相关问题进行了深入研讨。

（首都经济贸易大学科研处李琳供稿）

24—28 日　以“世界文明共建的新生领导力”为主题的第十四届世界文化艺术管理双年会在北京大学英杰交流中心举行，来自世界 46 个国家的近 400 名文化艺术管理专家学者出席了大会。大会包括 6 月 24、25 日为期两天的博士生论坛，26 日的大会开幕式及高峰圆桌论坛，26—28 日的 7 个平行分会场论坛，以及包含评价会议成效的参会代表与大会主办者对谈、大会最佳论文颁奖仪式、本届与下届主办权交接仪式、大会总结等连续多环节的闭幕仪式。

（北京大学社科处供稿）

25 日—7 月 2 日，台湾中华劳动与就业关系协会组织中国文化大学师生一行13人来中国劳动关系学院开展了为期一周的交流学习活动。中国劳动关系学院吴万雄副校长会见了台湾师生一行，劳动关系系主任乔健等教师参加了交流活动。吴万雄代表学校对台湾师生的到来表示欢迎，并简要介绍了学校的发展历史、教育教学现状和国际交流合作情况，勉励两岸青年学子满怀劳动情怀，关注劳动关系领域出现的新动向、新变化，继续深入学习与研究交流。乔健指出，互联网经济以其强劲的投资拉动力，推动着资本经济和创意经济快速发展，对劳动关系也提出了新挑战，两岸青年学生在新环境下应激发出更浓厚的研究兴趣，使劳动科学研究薪火相传。台湾中国文化大学陈正良教授回顾了中国劳动关系学院与中国文化大学交流学习的历史演进，并对未来两校的深入合作充满期待。劳动关系系教师郑桥、郭宇强、孙波和牛玲分别为两岸师生做了题为“大陆劳动关系的转变与集体谈判现状”“从中国传统文化看人力资源管理”“并行与共生”“年龄性别贫困带来的新挑战”的专题讲座，使台湾师生对大陆劳动关系现状和劳动力市场发展有了较为清晰的认识。交流活动中，大家还就两岸工时、休息、休假等法定基准，劳动力雇佣的灵活性，共享经济与劳动关系，两岸大学生职业生涯规划等问题进行了讨论，并在活动中结下了深厚友谊。以台湾中国文化大学与中国劳动关系学院共同发起的两岸劳动学科青年学生交流学习活动正式开始于2011年。活动目的在于协助台湾与大陆劳动领域青年学生进行跨地区多元学习，增进在学青年相互了解两岸劳动制度、环境及发展状况，并借以促进劳动学科专业培养新时代人才。

（中国劳动关系学院科研处供稿）

26日　近日，中共中央印发《关于加强党内法规制度建设的意见》（以下简称《意见》）。《意见》贯彻落实以习近平同志为核心的党中央关于全面从严治党、依规治党的重大决策部署，从指导思想、总体目标、加快构建完善的党内法规制度体系、提高党内法规制度执行力、加强组织领导等方面，对加强新形势下党内法规制度建设提出明确要求、做出统筹部署。

《意见》指出，治国必先治党，治党务必从严，从严必依法度。加强党内法规制度建设是全面从严治党、依规治党的必然要求，是建设中国特色社会主义法治体系的重要内容，是推进国家治理体系和治理能力现代化的重要保障，事关党长期执政和国家长治久安。

《意见》要求，加强党内法规制度建设，必须深入贯彻习近平总书记系列重要讲话精神，紧紧围绕统筹推进“五位一体”总体布局和协调推进“四个全面”战略布局，牢固树立新发展理念，坚持以党章为根本遵循，坚持思想建党和制度治党相结合，坚持从管党治党、治国理政实际出发，坚持制定和实施并重，改革创新、与时俱进，把中央要求、群众期盼、实践需要和新鲜经验结合起来，扎实推进党的工作和党的建设制度化、规范化、程序化，为保持党的先进性和纯洁性，提高党的执政能力和领导水平、增强抵御风险和拒腐防变能力提供坚强法规制度保证，确保党始终成为中国特色社会主义事业的坚强领导核心。

（摘自《光明日报》2017年6月26日第1版）

同日　2017京津冀蓝皮书“协同发展的新形势与新进展”发布会在北京召开，发布会由首经贸和社会科学文献出版社联合举办。社科文献出版社社长谢寿光、经管分社社长恽薇，来自京津冀的各界领导、专家以及《人民日报》、新华社、《经济日报》等近30家媒体出席了发布会。《京津冀蓝皮书》是由首经贸和社会科学文献出版社共同牵头，汇聚京津冀专家辛勤劳动的智慧结晶，至今已连续出版6年。未来《京津冀蓝皮书》将继续为推进京津冀协同发展提供重要的决策支撑作用。2017京津冀蓝皮书主编祝合良首先介绍了蓝皮书的主题、框架和基本观点。他指出，在发展指数方面，北京核心地位稳固，天津、河北差距开始缩小；在协同指数方面，指数得分快速上升，协同发展稳步推进；在生态文明指数方面，北京得分最高，天津生态保护能力提升最快，河北资源利用水平最高。在人口指数方面，京津冀人口发展水平进一步提高；在企业指数方面，北京综合实力最强，天津研发转化优势明显，河北商贸物流优势突出。同时，协同发展还面临协同共享体制缺失、配套政策不完善、生态补偿机制比较薄弱、产业落差较大和行政主导因素比较强势等突出问题。

（首都经济贸易大学科研处李琳供稿）

28日　北京市委宣传部、市委党史研究室、丰台区委、中国人民抗日战争纪念馆在卢沟桥畔联合举办北京市纪念全民族抗战爆发80周年座谈会。党史系统、丰台区委干部和抗战老同志家属、专家学者、青年学生等100余人参加会议。市委党史研究室主任李良在讲话中强调，党史部门弘扬伟大的抗战精神，需要发挥优势，深化细化北平抗战史研究，攻克空白点和疑难点；要扎实开展史料征集，丰富抗战资料数据库；用心讲好抗战故事，唱响主旋律、传播正能量；要凝聚合力，突破创新党史工作局面，切实提高抗战研究和宣传工作的总体水平。

（北京市委党史研究室高俊良供稿）

29日　蔡奇同志主持召开十二届市委常委第四次会议，深入学习贯彻习近平总书记关于党的历史和党史工作重要论述精神，研究本市党史工作。会上，市委党史研究室主任李良做了《深入学习习近平总书记党史工作重要论述精神　做好我市党史工作有关情况》的报告，会议要求以“四个意识”做好党史工作，始终坚持党史姓党，严格遵循以习近平同志为核心的党中央对党的历史的重大判断和关于重大历史事件、重要党史人物的最新结论和口径，严格遵循党的两个历史问题决议基本精神和重要结论，正确把握党的历史主题、主线和主流、本质，高度警惕、坚决抵制历史虚无主义。充分认识党史和党史工作地位作用，更好发挥以史鉴今、资政育人重要作用，坚持“一突出、两跟进”，加强地方党史工作，加强当代党史研究，特别是及时记载、深入研究习近平总书记重要思想在北京的生动实践。搞好党史宣传教育，纳入“两学一做”常态化制度化工作，更好挖掘和利用北京的“红色文化”、基层的鲜活素材、身边的典型事例，为迎接党的十九大胜利召开营造良好氛围。

（北京市委党史研究室高俊良供稿）

30日　中国人民大学举行中共党史党建研究院成立大会暨揭牌仪式，该研究院为国内首个实体性党史党建研究院，是适应党和国家发展大局要求，进一步加强党史党建学科建设采取的创新举措，旨在打造世界一流、国内领先的以中国共产党研究为特色的教学研究中心、学术交流平台和新型高端智库。河南省委原书记徐光春等领导、中国社会科学院、中央党校等高校和单位的来宾等出席。校党委书记靳诺，校党委副书记、校长刘伟出席。校党委副书记、纪委书记吴付来主持。

（中国人民大学科研处李素萍供稿）

7月

1日　中国传媒大学亚洲传媒研究中心、清华同衡规划设计研究院与普渡大学旅游研究中心共同主办的区域品牌实验室成立仪式暨“创新·联合　区域品牌的未来”研讨会在中国传媒大学举行。

中国传媒大学副校长廖祥忠和清华同衡规划设计研究院院长袁昕共同为区域品牌实验室揭牌。廖祥忠、袁昕和美国普渡大学旅游研究中心主任蔡利平分别为成立仪式致辞。成立仪式之后，来自规划、旅游、传媒等领域的专家围绕“创新·联合 区域品牌的未来”展开圆桌对话，就区域品牌实验室的未来发展方向、区域品牌理论体系建设与研究方法开发、区域品牌构建与大数据支持等问题进行了交流与讨论。

（中国传媒大学文科科研处马奇炎供稿）

4日　第五届金砖国家教育部长会议高官会在钓鱼台国宾馆举行。中国教育部副部长杜占元代表教育部向来自世界四大洲5个国家的教育同仁致以诚挚的欢迎和良好的祝愿。

杜占元在致辞中表示，作为金砖合作机制的重要组成部分，金砖五国的教育交流与合作日益紧密，为巩固和深化金砖国家伙伴关系、促进金砖国家人文交流发挥了重要作用。2013年，金砖国家教育部长会议机制正式设立，为5国合作提供了新的多边平台。

据悉，近年来，为应对世界多极化和经济全球化带来的种种挑战，金砖5国政府高度重视教育在推动国家经济社会发展中的重要作用，努力为经济社会可持续发展提供坚实的人才和智力支撑。针对金砖国家在教育公平和教育质量方面存在相似的问题和挑战，此次金砖国家教育部长会议将“促进卓越和公平”确立为主题。

（摘自《人民日报》2017年7月5日第6版）

5日　首都师范大学召开教师教育学院成立大会暨教师教育高层论坛。中国教育学会前会长顾明远教授、教育部教师教育司司长王定华教授、北京师范大学校长董奇教授、北京市教委副主任李奕出席成立大会，北京市基础教育及教师教育相关职能部门的领导、北京市区县教委主要领导、北京市中小学校长代表、优秀教师代表，以及来自兄弟院校教师教育领域的教师、研究者共同见证了首都师范大学教师教育改革进程中的这一标志性事件。教师教育学院的成立，既是首都师范大学“高水平学科群支撑高水平教师教育”办学理念的具体体现，也标志着首都师范大学对现代教师教育治理结构的理论思考与实践探索。学院将立足京津冀、辐射全国、面向世界，将引领、带动、服务、创新基础教育内涵发展作为核心任务，在人才培养、科学研究、社会服务、国际交流等方面努力创新，与大家共同开创教师教育改革的新局面。

（首都师范大学社科处李葱供稿）

10日　对外经济贸易大学全球价值链研究院在

对外经济贸易大学发布《全球价值链发展报告2017——全球价值链对经济发展的影响：测度与分析》（以下简称《报告》）。《报告》的英文版由世界银行、世界贸易组织、经济合作与发展组织、亚洲经济研究所以及全球价值链研究中心联合出版。中文译版由社科文献出版社编辑出版。《报告》集合各机构的研究力量，旨在帮助公众和各国政策制定者理解全球价值链的发展和演进及其对于经济发展的重要意义。

《报告》分析了生产的分节化给发展中国家带来的机遇与风险，并从价值链的角度，深入解读贸易和技术进步对于经济增长、收入、就业等问题的影响，尤其是发展中国家如何在不断发展的全球经济中获益，以及如何应对经济全球化带来的分配难题，并为创建包容、协调的全球价值链和实现发展中国家在全球价值链上的跃升提出了可行的政策参考。

（对外经济贸易大学科研处供稿）

13 日　北京市人大常委会组织召开贯彻落实全国人大“推进县乡人大工作和建设经验交流会”精神座谈会，传达学习了全国人大“推进县乡人大工作和建设经验交流会”精神，各区人大常委会主任结合贯彻落实中央和市委相关文件精神，就加强区、乡镇人大工作和建设取得的新成效、新经验进行了交流，市人大常委会主任李伟出席会议并讲话。

李伟强调，这次全国人大经验交流会，从做好监督工作、讨论决定重大事项工作、代表工作，加强人大自身建设等方面提出了明确具体要求。当前，深入学习贯彻习近平总书记系列重要讲话精神和治国理政新理念新思想新战略，深入学习贯彻习近平总书记两次视察北京重要讲话精神，抓好市第十二次党代表精神的学习宣传落实是全市的一项重要政治任务。各级人大及其常委会要按照市委要求，将“两贯彻一落实”引向深入，推动做好区和乡镇人大工作。

市人大常委会秘书长张清参加会议。

（北京市人大常委会研究室供稿）

14 日　首都宣传文化系统党建工作座谈会举行。市委副书记景俊海出席。

座谈会上，景俊海听取了国家大剧院、《北京日报》、北京电视台、北京人民广播电台、北京人民艺术剧院等单位党建工作情况的汇报。景俊海指出，总体来说，首都宣传文化系统的党建工作很扎实，在党建方面创造了经验，取得了良好的效果。

景俊海指出，要把学习本市第十二次党代会精神，与学习习近平总书记系列重要讲话精神和治国理政新理念新思想新战略紧密结合起来，深入学习贯彻习近平总书记两次视察北京重要讲话精神，统筹推动全国文化中心建设，切实提升思想理论建设实效。

景俊海强调，要加强对党建工作的宣传，把握党建工作规律，找好角度和切入点，把党组织和党员的先进性生动地体现出来，合力打造能够体现首都特点、首善标准、时代精神的党建工作品牌。他要求，要以问题为导向，以规范化为目的，以标准化为手段，推动全面从严治党延伸到基层党支部、落实到每一名党员。

7 月 11—14 日，景俊海到北京市国有文化资产监督管理办公室、北京演艺集团、北京日报社、北京人民广播电台、千龙网、北京电视台调研党建工作。

（摘自《北京日报》2017 年 7 月 15 日第 1 版）

同日　“顾维钧与抗日战争——纪念全民族抗战爆发八十周年”展览暨学术研讨会在北京举行。

中国社会科学院近代史研究所所长王建朗、哥伦比亚大学全球中心常务主任兼首席财务官彭昕、哥伦比亚大学副教务长兼总图书馆馆长安·索顿以及顾维钧家属等出席活动并致辞。与会专家表示，顾维钧生前口述的 600 万字《顾维钧回忆录》是研究中国近现代外交的重要资料，时至今日仍被中国外交官和历史研究者反复研读。

顾维钧的完整档案文献珍藏在哥伦比亚大学珍本手稿图书馆，内容包括顾维钧及其同时代人的来往书信、日记、备忘录、手稿、笔记、印刷资料、照片等。这笔档案多达近 300 箱档案盒，涵盖了其全部职业生涯。2014 年年初，中国社会科学院近代史研究所、顾维钧家属与美国哥伦比亚大学合作，决定全部完整复制哥伦比亚大学藏顾维钧档案。顾维钧生前捐赠哥伦比亚大学的第一批档案 250 余箱近期已全部由哥伦比亚大学组织完成高清扫描，中国社会科学院近代史研究所科研人员完成档案的编目工作，即将首次向北京及上海的学者开放。

会上首次对公众展示了“顾维钧档案数字化项目”的部分成果，并举行了“顾维钧与近代中国”学术研讨会。来自中美两国顾维钧研究及中国近代史学者、专家参加研讨会。会议的主要议题有“顾维钧研究”“顾维钧与抗战外交”等。

此次活动由中国社会科学院近代史研究所和美国哥伦比亚大学全球中心（北京）联合主办。

（中国社会科学院办公厅刘玉杰编辑、供稿）

同日　北京市党史办主任会议召开。会议传达学习栗战书同志重要讲话和全国党史研究室主任会议精神，贯彻落实市委常委会重要指示，回顾总结2016年北京市党史工作，研究部署2017年工作任务。中央党史研究室副主任吴德刚，市委常委、组织部部长魏小东出席会议并讲话。市委、市政府各部委办局，各区，各总公司、高等院校及市直属事业、双管单位主管党史工作领导，党史学界专家学者近200人参加会议。会议号召全市党史工作者紧密团结在以习近平同志为核心的党中央周围，以拼搏为美，向行动致敬，拧紧干事创业的发条，奋力开创党史工作新局面，为建设国际一流的和谐宜居之都做出新的更大贡献，以优异成绩迎接党的十九大胜利召开。

（北京市委党史研究室高俊良供稿）

同日　北京市档案安全工作会议在市检察院报告厅举行，程勇、马素萍、李立军、曲安、郭飞同志出席。马素萍主持会议。李立军传达了国家档案局局长李明华在全国档案安全工作会议上的讲话精神，曲安传达了《国家档案局办公室关于加强汛期档案安全保管的通知》。程勇做了重要讲话。他指出：多年来，在全市各级部门领导的高度重视和关心支持下，档案安全工作呈现4个特点：一是档案安全重要性日益凸显，对档案安全认识不断提高；二是落细落实，档案安全责任不断强化；三是认真履职，监管和惩戒力度不断加大；四是精细管理，风险治理和预防控制能力不断增强。但是仍然存在档案安全意识还不够强、档案安全规章制度滞后、档案馆库建设缓慢等问题。程勇要求，全市档案部门要深入学习习近平总书记的总体国家安全观重要论述，从维护党和国家核心利益的高度来认识全市档案安全工作的重要性。要进一步强化“四个意识”，提高档案工作站位；进一步强化首都意识、首善意识，提高档案安全工作标准；要坚持问题导向，筑牢安全防线。

（北京市档案局科教处胡晓燕供稿）

18日　中国社会科学院雄安发展研究智库成立暨京津冀协同发展学术论坛在北京召开。

中国社会科学院院长、党组书记王伟光，副院长、党组成员蔡昉，京津冀协同发展智库理事单位代表、天津财经大学校长李维安和中国社会科学院工业经济研究所所长黄群慧分别致辞。王伟光和蔡昉共同为中国社会科学院雄安发展研究智库揭牌。论坛开幕式由中国社会科学院工业经济研究所党委书记兼副所长史丹主持。

论坛的主题为“新理念引领新发展”，会议重点围绕解决北京“大城市病”、优化京津冀空间结构、促进区域协调发展、创新区域发展路径、建设非首都功能疏解集中承载地、打造京津冀区域新兴的增长极等问题进行研讨。

会议由中国社会科学院工业经济研究所、中国社会科学院京津冀协同发展智库和经济管理出版社共同主办。来自中国社会科学院、国家发展和改革委员会、国务院发展研究中心、河北省保定市人大常委会、雄安新区管委会等有关单位代表百余人参加论坛。

（中国社会科学院办公厅刘玉杰供稿）

同日　中国社会科学院经济研究所主办的《习近平关于社会主义经济建设论述摘编》研讨会暨经济研究所建所90周年系列纪念活动启动仪式在北京召开。

中国社会科学院院长、党组书记、学部主席团主席王伟光，中国社会科学院原副院长刘国光，中共中央党校副校长黄浩涛，国务院发展研究中心副主任王一鸣，中国人民大学校长刘伟等领导、专家出席会议。王伟光宣布经济研究所建所90周年系列纪念活动正式启动，并讲话。

中国社会科学院经济研究所所长高培勇在会上致辞，中国社会科学院经济研究所党委书记王立胜主持会议。

（中国社会科学院办公厅刘玉杰供稿）

19日　新调整组建的军事科学院、国防大学、国防科技大学成立大会暨军队院校、科研机构、训练机构主要领导座谈会在北京八一大楼举行。中共中央总书记、国家主席、中央军委主席习近平向军事科学院、国防大学、国防科技大学授军旗、致训词，出席座谈会并发表重要讲话，强调要忠实履行党和人民赋予的使命，以党在新形势下的强军目标为引领，贯彻新形势下军事战略方针，推进政治建军、改革强军、依法治军，全面实施科技兴军战略，坚持面向战场、面向部队、面向未来，建设世界一流的军事科研机构、综合性联合指挥大学、高等教育院校，努力开创军事人才培养和军事科研工作新局面，为实现中国梦强军梦不断做出新的更大的贡献。

（摘自《人民日报》2017年7月20日第1版）

22日　在中国人民解放军建军90周年之际，中共中央总书记、国家主席、中央军委主席习近平前往中国人民革命军事博物馆，参观“铭记光辉历史　开创强军伟业”——庆祝中国人民解放军建军90周年主题展览。他强调，90年来，人民军队在党的领导下不断从胜利走向胜利，为民族独立和人民解放，为国家富强和人民幸福建立了彪炳史册的卓著功勋。人民军队砥砺奋进的90年，凝结着坚定理想信念、优良革命传统、顽强战斗作风，是我们宝贵的精神财富。我们要铭记光辉历史、传承红色基因，在新的起点上把革命先辈开创的伟大事业不断推向前进，鼓舞激励广大干部群众和全军广大指战员坚定中国特色社会主义道路自信、理论自信、制度自信、文化自信，努力为实现中华民族伟大复兴中国梦、为把人民军队建设成为世界一流军队而不懈奋斗。

中共中央政治局常委李克强、张德江、俞正声、刘云山、王岐山、张高丽参观展览。

（摘自《人民日报》2017年7月22日第1版）

同日　中国社会科学评价研究院揭牌成立大会在北京举行。成立中国社会科学评价研究院，是中国社科院党组为了全面贯彻落实习近平总书记“5·17”重要讲话和贺信精神，基于中国社会科学院的功能定位和发展战略而做出的一项重大战略性决策。

中国社会科学院院长、党组书记王伟光，副院长、党组副书记王京清，副院长、党组成员张江出席会议。王伟光、王京清共同为评价研究院揭牌。张江主持会议。

来自中国社会科学院相关职能部门的负责人以及中国社会科学评价研究院全体工作人员参加会议。

（中国社会科学院办公厅刘玉杰供稿）

26日　中华人民共和国国史学会主办的庆祝中国人民解放军建军90周年的学术座谈会在北京举行。国史学会会长、中国社会科学院原副院长朱佳木，国史学会副会长、中共中央文献研究室原常务副主任杨胜群和中央党史研究室原副主任张启华等学会负责人，以及《解放军报》原副总编辑陶克、军事科学院军事历史研究部原副部长齐德学等领导同志出席了会议。中国人民解放军主要创建人和领导者的后代——周恩来总理的侄女周秉德、朱德元帅的外孙刘建、贺龙元帅的女儿贺晓明、叶剑英元帅的女儿叶向真，老一辈无产阶级革命家李立三同志的女儿李英男也应邀出席会议。出席会议的还有参加过抗日战争、解放战争、抗美援朝战争的老战士，国史学会的理事、会员，军队有关单位的代表和媒体记者等共60余人。会议由国史学会副会长、国防大学原副政委李殿仁主持。

会上，齐德学少将发言的主题为“毛泽东军事思想永远是人民解放军克敌制胜的法宝”；国防大学战略教研部徐焰少将发言的主题为“建军伟业与革命初心”；蔡仁照少将发言的主题为“军队建设的历史拐点与现代化”；张文杰教授发言的主题为“毛泽东军事原则的独特魅力”；中共中央文献研究室第一编研部主任杨明伟发言的主题为“从抗美援朝战争涌现出的英雄人物看我军战斗精神的传承和弘扬”；国防大学科研部教授许森发言的主题为“弘扬人民军队的优良传统”；当代中国研究所副所长张星星发言的主题为“坚持人民军队本色，走中国特色军民融合道路”。会上，老一辈革命家的后代周秉德、贺晓明也发了言。

（中国社会科学院办公厅刘玉杰编辑、供稿）

8月

9日　陕西省档案馆首批档案异地备份数据送抵北京市档案馆，陶水龙同志在市档案馆一会议室主持了数据交接仪式。陕西省档案局副局长解华波一行6人携带档案异地备份数据来北京市档案馆完成首批异地备份数据送达工作，此批送达数据共3块硬盘，封存于2个运输箱中，数据总容量为12TB。双方签订了《档案数据异地备份交接文据》，之后合影留念，并将数据存放到库房妥善保管。借此之机，双方就机构设置、职责分工、档案征集、档案保管、档案信息化工作、云平台接人、馆舍搬迁、档案容灾等话题展开交流，网管处、信息化处、保管处、征集处有关同志参加座谈。

（北京市档案局科教处胡晓燕供稿）

13—14日　在距第二十四届世界哲学大会（2018）正式召开一周年之际，第二十四届世界哲学大会启动仪式暨“学以成人”国际学术研讨会在北京大学举行。来自海内外知名大学哲学系及哲学学术机构的著名学者济济一堂，全面启动了第二十四届世界哲学大会的组织和筹备工作，并就第二十四届世界哲学大会主题“学以成人”展开了深入的学理讨论。会议由北京大学、世界哲学大会秘书处及北京大学哲学系共同主办，旨在凝聚全国乃至海内外哲学界的力量，全面推动将于2018年8月在北京大学举行的世界哲学大会的各项筹备组织工作。会议以学术探讨形成学术界和思想界对“学以成人”主题的共识，探索哲学人文领域多元研究，加强中国与世界在哲学人文领域的交流，提升当代中国哲学的全球影响力。

（北京大学社科处供稿）

21 日　中国国际发展知识中心启动仪式暨《中国落实 2030 年可持续发展议程进展报告》发布会在北京举行。

国家主席习近平致贺信。习近平强调，设立中国国际发展知识中心是我在 2015 年 9 月联合国发展峰会上宣布的一项重要举措。我很高兴看到知识中心正式成立，希望中心为研究交流发展理念、促进国际发展合作、推动全球落实可持续发展议程做出积极贡献。习近平指出，落实可持续发展议程是当前国际发展合作的共同任务，也是国际社会的共同责任。中国政府高度重视落实这一议程，出台《中国落实 2030 年可持续发展议程国别方案》，在经济、社会、环境三大领域平衡推进落实工作，取得诸多早期收获。中国将坚持不懈落实可持续发展议程，推动国家发展不断朝着更高质量、更有效率、更加公平、更可持续的方向前进。

国务院发展研究中心主任、中国国际发展知识中心主任李伟在启动仪式上说，国际知识中心的成立正是中国顺应时代要求、回应国际关切、履行大国责任的重要体现。国际知识中心是各国实现联合国 2030 年可持续发展目标等国际发展问题的交流平台。当天发布的《中国落实 2030 年可持续发展议程进展报告》总结了中国国家层面落实可持续发展议程的做法和经验。未来，中心将加强与全球伙伴的交流与合作，共同推进全球可持续发展目标的实现。

（国务院发展研究中心郭巍供稿）

同日　藏文文献资源数据中心今天在中国藏学研究中心正式成立。在中国传世文献中，藏文文献资源门类众多、数量巨大。据不完全统计，全国藏文古籍文献的藏量在 200 万函（部）左右。

中国藏学研究中心从 2015 年开始组织专门人员、协调各方力量，启动藏文古籍文献收集整理工作，对北京、西藏自治区、青海、甘肃、四川等地的藏文古籍文献资料进行集中收集。特别是首次对布达拉宫、罗布林卡的部分古籍目录进行了整理，其中有些是被认为早已失传的噶当派、噶举派、希解派等早期孤本文献资料。目录中所涵盖的内容涉及显、密佛教在内的宗教文献，以及历史、传记、文法、文学、医药、天文历算等诸多领域，且为《大藏经》类文献内容里所没有著录的资料。目前已收集藏文古籍文献资料 4 万余函（部），为藏文文献资源数据中心的成立打下坚实基础。

（摘自《人民日报》2017 年 8 月 22 日第 8 版）

23 日　由中国社会科学出版社主办的“剑桥史”系列图书续约仪式在北京举行。中国社会科学院原副院长、《剑桥古代史》和《新编剑桥中世纪史》翻译工程首席专家武寅，中国社会科学出版社社长赵剑英，剑桥大学出版社学术出版全球总监 Mandy Hill 出席并致辞。武寅指出，中国社会科学出版社及时引进并组织翻译《剑桥中国史》和“剑桥三史”（《剑桥古代史》《新编剑桥中世纪史》《新编剑桥世界近代史》），充分体现了其学术使命感、责任感和敏锐的眼光。赵剑英表示，在过去的 25 年里，双方合作不断走向深入，学科覆盖从最初的中国史、世界史已经扩展到哲学和宗教学。Mandy Hill 说，剑桥大学出版社和中国社会科学出版社有着共同的使命以及对于高品质出版的承诺。北京师范大学教授、《剑桥古代史》和《新编剑桥中世纪史》翻译工程子课题负责人郭小凌认为剑桥史在史学界具有重要的学术价值。中国社会科学院历史研究所研究员、《剑桥中国宋代史》（上卷）翻译主持人刘晓认为剑桥史的翻译是中国学术交流的精品形式，希望双方合作推出更多的精品。

中国社会科学出版社总编辑魏长宝 出席会议。中国社会科学出版社副总编辑郭沂纹做会议总结并主持会议。

（中国社会科学院办公厅刘玉杰编辑、供稿）

24 日　由中国人民大学出版社发起，来自世界 29 个国家、地区的 92 家出版商、学术机构和专业团体共同成立“一带一路”学术出版联盟，联盟成立大会在中国人民大学举行。中宣部副部长、国务院新闻办公室副主任崔玉英，国家新闻出版广电总局副局长吴尚之，教育部部长助理、党组成员刘大为，中国人民大学党委书记靳诺，吉尔吉斯斯坦驻华大使阿扎马特·乌谢诺夫，黎巴嫩驻华大使馆代办哈提姆·纳斯鲁拉，哈萨克斯坦驻华大使馆参赞凯拉提，波兰驻华大使馆参赞易大明等出席。

（中国人民大学科研处李素萍供稿）

25 日　日前，本市召开全市哲学社会科学工作座谈会，深入学习贯彻习近平总书记重要讲话精神，部署相关工作。市委常委、宣传部部长杜飞进出席并讲话。

会上表彰了第十四届北京市哲学社会科学优秀成果。此次评选，共有 202 项优秀成果获奖。北京师范大学、市社科联、市哲学社会科学规划办公室、清华大学、首都师范大学、北京日报社等单位相关负责人从哲学社会科学研究、管理、教学、宣传等方面，交流习近平总书记重要讲话精神的心得体会。

杜飞进代表市委，向全市哲学社会科学工作者的辛勤工作表示感谢和问候。他要求相关单位要深入学习领会习近平总书记关于哲学社会科学的重要讲话精神，切实增强繁荣发展首都哲学社会科学的责任感、使命感；毫不动摇地坚持马克思主义的指导地位，努力为坚持和发展中国特色社会主义贡献首都力量；紧紧围绕“建设一个什么样的首都、怎样建设首都”这个时代课题，深入研究首都改革发展的重大问题，为建设国际一流的和谐宜居之都提供强大智力支撑，以优异成绩迎接党的十九大胜利召开。

（摘自《北京日报》2017 年 8 月 25 日第 2 版）

26 日　中国社会科学院主办、中国社会科学院日本研究所承办的中国社会科学论坛——纪念中日邦交正常化 45 周年国际学术研讨会在人民大会堂开幕。

中国社会科学院院长、党组书记王伟光出席会议并致开幕词。日本驻华大使横井裕代表日本方面致贺词。原国务委员、中日友好协会会长唐家璇，日本众议院原议长、自民党原总裁、日本国际贸易促进协会会长河野洋平出席会议并分别做基调报告。中国社会科学院副院长、党组成员蔡昉主持大会开幕式。中国社会科学院原副院长、全国政协理论研究会副会长武寅，中联部原副部长、中国国际交流协会副会长刘洪才，日本众议院议员、原防卫大臣、自民党原副干事长中谷元等中外嘉宾出席开幕式。中日双方友好人士、专家学者及媒体代表等 150 余人参加了论坛。

开幕式上，中国社会科学院日本研究所宣读了作为国家对日研究智库的“发展中日关系的 6 点基本见解”：(1) 正视历史，面向未来；(2) 恪守原则，积累互信；(3) 经济合作，互利共赢；(4) 加强往来，和谐共处；(5) 求同存异，化解矛盾；(6) 平等相待，世代和平。

研讨会包含“中日民间交往与文化交流”“中日关系从历史走向未来”“中日经济发展与经贸合作”“中日地方交流与企业合作”4 个单元。

（中国社会科学院办公厅刘玉杰编辑、供稿）

同日　本市召开首都互联网企业党建工作座谈会。市委常委、宣传部部长杜飞进出席并讲话。

会议通报了推进首都互联网企业党建工作情况，360 公司、微博、搜狐、铁血网党组织书记和党建指导员代表分享了党建工作经验，曹国伟、张朝阳、丁磊、齐向东等 7 位互联网企业负责人结合企业发展，就加强企业党建工作做了交流发言。

杜飞进讲话说，加强互联网党建工作是维护意识形态安全和政权安全，促进网信事业健康发展，建设网络良好生态的需要，首都互联网协会和互联网企业要以习近平总书记关于网信工作和党建工作的一系列重要讲话精神为根本遵循，提高政治站位，切实增强思想自觉和行动自觉，在习近平总书记重要思想的指引下全力做好首都互联网党建工作。

杜飞进指出，当前全市工作的首要任务就是抓好“两贯彻一落实”，以优异成绩迎接党的十九大胜利召开，全市相关部门、行业协会和广大互联网企业要把党代会精神传达到各级党组织和每位党员，融入“四个中心”建设，明晰发展方向、明确发展目标，引领企业持续健康发展，壮大互联网行业党员队伍。要切实加强对互联网党建工作的领导，充分发挥首都互联网协会的枢纽功能，把互联网企业党组织建成战斗堡垒，增强互联网企业抓党建的内生动力，不断开创互联网党建工作新局面。

（摘自《北京日报》2017 年 8 月 26 日第 2 版）

29 日　纪念中日邦交正常化 45 周年——中日大学生千人交流大会在北京大学举行，国务院副总理刘延东出席大会并发表主旨讲话。

刘延东首先对大会召开表示祝贺。她指出，中日邦交正常化 45 年来，中日关系虽经历了复杂波折和严峻考验，但两国各领域合作长足发展，两国人民特别是青年一代从中受益良多。中日和平、友好、合作是人心所向、大势所趋，双方应以中日邦交正常化 45 周年和明年中日和平友好条约缔结 40 周年为契机，在中日 4 个政治文件和 4 点原则共识基础上，提高务实合作水平，推动两国关系朝着正确方向改善发展。

刘延东强调，中日友好的根基在民间、未来在青年。中日大学生千人交流大会是两国青年共同改善发展中日关系的实际行动，也是两国人文交流的一件盛事。她希望两国青年珍惜机会，交流思想，涵养友谊，相互学习，搭建友谊、理解与互信的桥梁；希望两国青年登高望远，感知时代发展的脉搏，分享各自见闻，促进两国民心相通，培育中日友好的社会民意基础；希望两国青年不忘前辈初心，秉持以史为鉴、面向未来的精神，坚定和平共处、世代友好的信念，为两国关系发展注入正能量，用青春谱写中日和平友好新篇章。

日本前首相福田康夫发表视频讲话。中日两国 1000 余名大学生参加此次大会，并共同发表《中日大学生和平友好宣言》。

（摘自《光明日报》2017 年 8 月 30 日第 3 版）

同日　北京市政府常务会议研究了加强首都新型智库建设的实施意见和首都高端智库试点单位建设管理办法，强调建设首都新型高端智库，第一位的要求就是坚持党的领导，牢牢把握正确的政治方向，立足我国国情和首都实际，建设党和政府真正的思想库、智囊团。各区各部门要强化问题导向，支持智库做“真学问”，聚焦首都改革发展重大问题，主动给智库出题目、交任务，为智库建设创造条件、做好服务。智库学者要做“实学问”，转变作风，深入实践、深入基层、深入群众，了解真实情况，针对实践中存在的突出问题分析原因、找准症结、寻求对策，为建设国际一流的和谐宜居之都提供决策参考。要建好机制，持续、稳定支持首都高端智库建设，促进智库基础性研究资源、信息和成果共享，构建科学合理的用户评价和激励制度，用好研究成果，提高科学决策水平，更好发挥智库作用。市委副书记、代市长陈吉宁主持会议。

（北京市社会科学界联合会科研部供稿）

31 日　对外经济贸易大学国家对外开放研究院成立大会在对外经济贸易大学举行。商务部副部长王受文，中国教育国际交流协会会长、教育部原副部长刘利民，北京市社会科学界联合会副主席李翠玲，对外经济贸易大学党委书记蒋庆哲共同为研究院揭牌。

商务部政研室主任沈丹阳、教育部社科司司长刘贵芹、丝路基金监事会主席杨泽军、中国对外承包工程商会会长房秋晨、中国国际贸易学会会长王俊文、世纪天润控股有限公司董事局主席方清海、中国社科院经济政策研究中心主任郭克莎、国务院发展研究中心对外经济研究部部长赵晋平、中国社科院经济研究所原所长裴长洪、南开大学副校长佟家栋、中非基金副总裁王勇等嘉宾受邀参会，对外经济贸易大学蒋庆哲书记、王稼琼校长、陈建香副书记、张新民副校长等近 200 人参加了大会。会议由对外经济贸易大学副校长林桂军主持。

（对外经济贸易大学科研处供稿）

同日　外交学院获批成为北京市首批 26 所“一带一路”国家人才培养基地。为服务国家“一带一路”倡议，北京市教委和北京市财政局设立了北京市“一带一路”国家人才培养基地项目，资助“一带一路”沿线国家优秀人才来华学习交流及学院相关课程建设。北京市共有 56 所高校参加了此项目的申报，外交学院申报的“建设‘一带一路’国家外交外事人才培养基地”成功获批，成为北京市首批“一带一路”国家人才培养基地。同时获批的还有北京大学、清华大学等共 26 所高校。

（外交学院科研处李琮供稿）

9月

1—3 日　第 3 届“北京社会公益汇”活动在全国农业展览馆 3 号馆举办。活动由北京市委社会工作委员会、北京市社会建设工作办公室主办。主题是“社会公益、汇聚力量，有你有我、共建共享”。活动宗旨是“让公益走进生活”。市委副书记景俊海、市委社工委、各区县主管领导、市级“枢纽型”社会组织负责人等出席了开幕式并参观指导。北京诗词学会受邀连续 3 年参加公益汇展活动，展示传播诗词文化。

北京诗词学会在汇展活动中展出近年来出版的会刊、书籍、字画和会员个人出版诗词集 300 多册，展示部分领导和会员的字画 8 幅。现场向观众赠书 150 多册。书法家马骏祥、倪化珺、王兆明、曾兆林挥毫泼墨，为观众免费书写“专业救援大爱蓝天”“国际维和部队”“奥运火炬手协会”“社会组织孵化中心”匾额楹联、福字等墨宝 178 幅。

为期 3 天的“北京社会公益汇”活动，现场接待了 1200 多名观众。既传播了多年来北京诗词学会取得的成果，也展示了学会会员为社会志愿服务的风采。

（北京诗词学会陆奇供稿）

3 日　纪念中国人民抗日战争暨世界反法西斯战争胜利 72 周年座谈会在北京举行，中共中央政治局委员、中央统战部部长孙春兰出席。

中国人民抗日战争的伟大胜利开辟了中华民族伟大复兴的光明前景，将永载中华民族史册，永载人类和平史册。

座谈会上，来自中央统战部、中央党史研究室、中央军委政治工作部的有关负责同志和抗战老战士、青年学生代表先后发言，从不同角度深刻阐释了中国人民抗日战争暨世界反法西斯战争胜利的伟大意义。大家表示，要紧密团结在以习近平同志为核心的党中央周围，大力弘扬伟大抗战精神，不忘初心，继续前进，以优异成绩迎接党的十九大胜利召开，为决胜全面建成小康社会、夺取中国特色社会主义伟大胜利、实现中华民族伟大复兴的中国梦，为推进人类和平与发展事业而努力奋斗。

座谈会由中央宣传部、中央统战部、中央党史研究室、中央军委政治工作部联合举办。参加过抗日战争的老战士和老同志代表、抗战烈士遗属代表，中央党政军群有关部门负责同志，各民主党派中央、全国工商联负责人和无党派人士代表，为中国人民抗日战争胜利做出贡献的国际友人或其遗属代表，首都各界群众代表等约 200 人参加座谈会。

（摘自《光明日报》2017 年 9 月 4 日第 3 版）

同日　近日，北京市委教工委召开北京高校书记校长座谈会，围绕学习贯彻习近平总书记“7·26”重要讲话精神研讨交流。北京市委常委、教工委书记林克庆出席并讲话。

会上，北京航空航天大学结合巡视整改，介绍了层层压实全面从严治党主体责任的做法；北京科技大学围绕落实全国和北京高校思政会精神，介绍了加强和改进思想政治工作的举措；北京工业大学围绕高校“双一流”建设，交流了学科建设的经验；北京城市学院介绍了民办高校加强党建工作的成效。

林克庆指出，习近平总书记“7·26”重要讲话，是党的十九大召开前统一思想、凝聚力量的一次政治总动员。各高校要精心组织学习，确保师生员工在思想上政治上行动上同以习近平同志为核心的党中央保持高度一致。各高校要在事关办学方向的问题上站稳立场，坚决贯彻党中央做出的各项决策部署，同时深入推进“双一流”建设，实施高精尖创新中心建设计划，推动央属和市属高校结对合作，优化高等院校集聚区和高教园区发展环境，提升北京高等教育综合实力。本市还要狠抓高校思政会精神的落实，以问题为导向，完善基层管理体制和运行机制，形成工作品牌和典型经验，固化制度性成果。学校管理也要下“细功夫”，提高校园基础管理服务精细化水平。

（摘自《北京日报》2017 年 9 月 3 日第 2 版）

5 日　市委常委会会议研究了《关于加强首都新型智库建设的实施意见》《首都高端智库试点单位建设管理办法》，指出新型智库是党委和政府科学、民主、依法决策的重要支撑，是城市治理体系和治理能力现代化的重要内容，是城市软实力的重要体现。北京要按照中央部署带头落实好新型智库建设这项重要任务。要紧紧围绕习近平总书记重要思想在北京的生动实践，紧紧围绕“建设一个什么样的首都、怎样建设首都”这一重大时代课题，重点就落实首都城市战略定位、加强“四个中心”功能建设、提升“四个服务”能力和水平、超大城市治理、创新发展和可持续发展、推动京津冀协同发展等开展研究。智库建设要坚持问题导向，建立供需对接机制，为党委和政府决策提供切实管用、操作性强的政策建议和解决方案。市委书记蔡奇主持会议。

（北京市社会科学界联合会科研部供稿）

6 日　纪念姚依林同志 100 周年诞辰座谈会在北京人民大会堂举行。中共中央政治局常委、国务院总理李克强出席并发表重要讲话。

中共中央政治局常委、中央书记处书记刘云山，中共中央政治局常委、中央纪委书记王岐山，中共中央政治局常委、国务院副总理张高丽出席座谈会。

会前，李克强等领导同志会见了姚依林同志家属。

姚依林同志曾任中国共产党第十一届中央书记处书记，第十二届中央书记处书记、中央政治局候补委员、委员，第十三届中央政治局委员、常委，国务院副总理。

李克强在讲话中全面回顾了姚依林同志的生平业绩和卓越贡献。李克强说，姚依林同志是党和国家的优秀领导人、杰出的无产阶级革命家、我国经济工作的卓越领导人。他从一个爱国学生走上革命道路，在 60 年革命生涯中，把毕生精力贡献给了党和人民，为中华民族独立和解放、为社会主义革命和建设、为改革开放和社会主义现代化建设事业建立了不朽功勋。特别是新中国成立后，参与了国家若干重大经济政策的研究、制定和具体组织实施；党的十一届三中全会后，坚定不移地贯彻党的基本路线，为加强和改善党的领导，为维护国家的社会政治稳定，为深化改革、扩大开放、促进国民经济发展做出了重大贡献。

（摘自《北京日报》2017 年 9 月 7 日第 2 版）

8 日　在第 33 个教师节来临之际，受中共中央政治局委员、全总主席李建国委托，全总党组书记、副主席、书记处第一书记李玉赋，全总党组成员、副主席、书记处书记尹德明，全总党组成员、书记处书记、组织部部长张茂华一行来到中国劳动关系学院，亲切慰问教师，并与学校领导、部分院（系、部）和职能部门负责人、教师代表座谈。尹德明主持座谈会。

（中国劳动关系学院科研处供稿）

9 日　财政部和北京大学联合主办的引领新常态，创新 PPP 发展理论与实践高层对话暨北京大学政府和社会资本合作（PPP）研究中心成立大会在北京大学召开。财政部党组成员、副部长、PPP 工作领导小组组长史耀斌，北京大学党委书记郝平出席会议并致辞，北京大学著名经济学家厉以宁教授，中国财政科学研究院院长刘尚希，国家金融与发展实验室理事长李扬，北京大学经济学院院长、北京大学 PPP 研究中心主任孙祁祥分别发表了主旨演讲。来自联合国亚太经济社会委员会、世界银行等国际机构和国内行业部委、地方政府、科研院校、大型企业和金融机构等的代表近 400 人出席了会议。特邀嘉宾围绕“服务国家治理体系现代化能力建设，推动 PPP 理论创新与升华”和“回首 PPP 实践与探索，开创新常态下发展新格局”两个议题进行讨论交流。

（北京大学社科处供稿）

同日　中国哲学的传承与创新——汤一介先生逝世三周年纪念会在北京大学勺园弘雅厅举行。纪念会由北京大学哲学系、北京大学《儒藏》编纂与研究中心、汤一介研究会共同举办，北京大学儒学研究院、北京大学中国哲学暨文化研究所、北京大学出版社、中国文化书院等数十家单位代表以及汤先生家人、故交、学生等 90 余位嘉宾参加了本次纪念会。北京大学中文系教授乐黛云、北京大学副校长王博分别致辞。杜维明从汤一介对“儒学第三期”的思考出发，展望了儒学作为一种对自我了解的学说在当今世界各类文明中发展的前景。北京大学哲学系许抗生教授、叶朗教授等先后发言，共同追忆了汤一介的崇高品格，缅怀他为中国哲学做出的突出贡献，感悟他为人为学、待人接物的精神境界。

（北京大学社科处供稿）

11 日　第十二届中国北京国际文化创意产业博览会开幕式暨主题报告在京举行。国家新闻出版广电总局党组成员、副局长张宏森，北京市委常委、宣传部部长杜飞进出席开幕式。

本届北京文博会以“文化科技融合 传承创新发展”为主题，将举办综合活动、展览展示、推介交易、论坛会议、创意活动、分会场六大系列百余场活动，并搭建官方互联网展示平台。联合国教科文组织、欧盟—中国“一带一路”文化旅游发展委员会、国际多媒体协会和世界贸易中心协会等 4 个国际组织，俄罗斯、美国、德国、法国、荷兰、波兰、澳大利亚等 63 个国家和地区的 86 个境外代表团组参展参会；天津、河北、山西、内蒙古、黑龙江、安徽、西藏、新疆等 23 个省区市、计划单列市组团参展参会。

从昨天开始，本届北京文博会的展览会、推介交易、论坛会议、分会场、创意体验等近百场活动已在北京全面展开。在位于北三环东路的中国国际展览中心的主展场，1800 多家国内外文化创意企业将突出展示文化演艺、动漫游戏、广播影视、工艺美术、新闻出版、文物及博物馆、创意设计、创意礼品与艺术品、体育休闲、文化旅游、文化科技、文化金融等重点文创产业领域的新产品、新创意、新项目、新模式、新业态。此外，13 场推介交易、6 场论坛会议、9 场创意活动以及 52 个分会场同时举办。

（摘自《北京日报》2017 年 9 月 12 日第 2 版）

同日　为期 20 天的 2017 青年汉学家研修计划（北京）在京开班。来自美国、英国、智利、阿尔巴尼亚、埃及、埃塞俄比亚、印度、意大利等 26 个国家的 27 位青年汉学家参加本期研修。其中，非洲的科特迪瓦、马拉维、尼日利亚等国的青年汉学家是首次参加研修。据悉，这些青年汉学家除了集中授课之外，还将赴中国社会科学院、中国艺术研究院、北京语言大学等合作单位，与对口领域的研究机构和专家学者开展专题研讨和交流。

据了解，文化部和中国社会科学院于 2014 年首次推出青年汉学家研修计划，今年已是第 5 期开班。

［摘自《人民日报》（海外版）2017 年 9 月 12 日第 2 版］

12 日　中国社会科学院大学成立大会暨 2017 级新生开学典礼在中国社会科学院大学举行。中国社会科学院院长、党组书记、中国社会科学院大学校长王伟光，中共中央政策研究室常务副主任、中宣部副部长王晓晖，共青团中央书记处常务书记贺军科，中国社会科学院副院长、党组成员、中国社会科学院大学第一副校长张江，国家发展和改革委员会社会发展司副司长蔡长华，财政部科教司副司长童爱萍，中国科学院大学常务副书记、副校长董军社，中央团校党委书记倪邦文等领导同志出席典礼。来自清华大学、中国人民大学、北京师范大学、北京航空航天大学、北京理工大学等高校的领导，以及北京团市委、房山区政府及房山公安分局的领导出席成立大会。大会由中国社会科学院大学临时党委书记张政文主持。

王伟光、王晓晖共同为大学揭牌，贺军科、张江陪同揭牌，张江为大学授校旗。贺军科、王伟光先后发表讲话。

中国社会科学院大学的创立必将对中国社会科学院进一步加强马克思主义和党的意识形态阵地建设、中国哲学社会科学最高殿堂建设、中国特色综合性国家级高端智库建设、加快构建中国特色哲学社会科学发挥积极作用。

（中国社会科学院办公厅刘玉杰供稿）

14 日　近日，文化部发布《“十三五”时期全国古籍保护工作规划》，这是我国古籍保护工作的首个五年规划。

该规划提出，到 2020 年，全国古籍资源和保存状况基本摸清，国家级、省级珍贵古籍保护状况明显改善，实施一批珍贵古籍修复项目等目标，还从完成古籍普查登记的古籍收藏机构的数量、珍贵古籍修复数量、发布数字化古籍资源、培训古籍收藏单位从业人员数量等方面提出了具体指标要求。

据悉，2007 年“中华古籍保护计划”实施以来，特别是党的十八大以来，我国古籍保护工作取得了丰硕成果。截至 2016 年年底，全国共完成 200 万部古籍的普查登记，命名 12 家国家级古籍修复中心。

（摘自《人民日报》2017 年 9 月 14 日第 20 版）

16 日　北京师范大学和微软集团、封面传媒共同发起成立的人工智能与未来媒体实验室在北京师范大学正式挂牌。这是全国首个关注“AI + 媒体”的前沿实验室。该实验室将研究人工智能时代媒体信息的生产、传播和交互，以及媒体行业的发展趋势，努力为国家新媒体发展提供学术支持，成为国家相关部门制定政策的智囊机构。实验室也将为中国媒体的媒介融合和转型提供最前沿的学术成果和技术支持，为中国媒体的新技术运用提供智力支持。实验室要建成全球新传播技术应用研究的重镇，打造国际前沿新媒体技术交流平台。人工智能与未来媒体实验室的研究内容及实验成果导向包括机器写作、机器写作运用于媒体的规则探索；人工智能技术在新媒体领域的交互方式和用户群体数据画像；媒体领域的大数据和知识图谱应用研究探索；在人工智能时代，媒体内容的传播形式、渠道和路径，以微软“小冰”为代表的人工智能机器人在媒体行业的应用和市场效应。实验室还将向社会共享研究成果，会定期发布各类研究报告，包括《人工智能与未来媒体实验报告》《人工智能全球媒体报告》，并举办“人工智能与未来媒体大讲堂”，分享国内外人工智能与媒体融合发展趋势。北京师范大学新闻传播学院执行院长喻国明、微软（亚洲）互联网工程院资深总监曹文韬，以及封面传媒负责人参加了实验室挂牌成立仪式。

（北京师范大学社科处刘娜供稿）

20 日　教育部、财政部、国家发展改革委印发《关于公布世界一流大学和一流学科建设高校及建设学科名单的通知》，公布世界一流大学和一流学科（简称“双一流”）建设高校及建设学科名单。中国传媒大学入选“一流学科建设高校”名单，“新闻传播学”、“戏剧与影视学”两个学科入选“双一流”建设学科。

（中国传媒大学文科科研处马奇炎供稿）

21 日　中蒙关系 1949—2016 档案展在北京市档案馆阳光房展出。展览由中国国家档案局、蒙古国国家档案总局主办，北京市档案局（馆）协办。开幕式上，国家档案局局长李明华、蒙古国国家档案总局局长浩日乐丹巴·达木丁苏荣致辞，国家档案局副局长王绍忠主持，李明华、达木丁苏荣、王绍忠、程勇与蒙古国驻华大使馆公使衔参赞布拉根为展览剪彩。李立军及蒙古国国家档案总局代表团一行出席开幕式，馆址干部职工 30 余人参加。展览通过 110 组珍贵档案资料，全面呈现了中蒙建交以来两国在政治经济文化各方面的友好往来。

（北京市档案局科教处胡晓燕供稿）

23 日　中国共产党创办新型高等教育八十年——扎根中国大地办大学的理论与实践论坛在中国人民大学举办。论坛旨在贯彻落实习近平总书记在全国高校思想政治工作会议上的重要讲话精神，总结中国共产党创办新型高等教育的历史经验，教育部党组书记、部长陈宝生出席论坛并讲话。教育部原副部长、高等教育学会原会长周远清，中国教育学会原会长顾明远，中国教育学会会长钟秉林，教育部思想政治工作司司长张东刚，教育部社会科学司司长刘贵芹，北京市委教工委副书记郑登文，北京理工大学党委书记赵长禄，中国农业大学党委书记姜沛民，中央民族大学党委书记张京泽，北京外国语大学党委书记韩震，外交学院院长秦亚青，中央音乐学院党委书记赵旻，中央美术学院党委书记高洪，中国劳动关系学院校长刘向兵，延安大学党委副书记王顺，中央戏剧学院副院长徐永胜，中国青年政治学院副校长陆玉林，华东师范大学教育学部主任袁振国，中国人民大学校领导靳诺、刘伟、张建明、王利明、吴付来、洪大用、贺耀敏、吴晓球、郑水泉、刘元春、杜鹏等出席会议。兄弟院校教育学院负责人，相关领域专家学者，部分优秀征文作者代表，中国人民大学相关院系师生代表、专家学者以及相关部门负责人参加会议。

（中国人民大学科研处关晓斌供稿）

24 日　日前，北京日报出版社举办《变迁：京津冀的昨天、今天与明天》出版发行研讨会。中央社会主义学院教务长李道湘、中共中央党校战略哲学教研室主任任俊华、中共北京市委党校经济学部副教授刁琳琳等专家学者出席。

京津冀协同发展战略提出3年多来，京津冀在交通、产业、环保等领域成果丰硕。专家表示，京津冀协同发展还要加强文化协同、思想协同。近年来，京津冀政府通过开通交通一卡通、对接医疗服务、教育资源互补等深入人心的政策，提高了京津冀百姓获得感。

北京日报出版社负责人表示，本书出版的初衷就是以轻松易读的方式吸引读者了解京津冀协同发展战略，为读者描绘一幅历史、现实和未来的画卷。

（摘自《北京日报》2017年9月24日第3版）

26日　中宣部、全国总工会、团中央、全国妇联共同主办的“圆梦中国人”全国百姓宣讲报告会在人民大会堂举行。

“圆梦中国人”百姓宣讲活动是“砥砺奋进的五年”群众性主题宣传教育活动的一项重要内容，旨在深入贯彻习近平总书记系列重要讲话精神和治国理政新理念新思想新战略，深化中国特色社会主义和中国梦宣传教育。

在报告会上，鞍钢矿业集团公司齐大山铁矿生产技术室业务主管、全国优秀共产党员、全国五一劳动奖章获得者、全国道德模范郭明义，解放军航天员大队航天员、全国三八红旗手标兵刘洋等9位先进典型分享了他们在人生成长奋斗道路上的励志故事，生动诠释了中国人民为实现中华民族伟大复兴中国梦砥砺奋进的崇高价值追求和宝贵精神品格，引起了全场观众的强烈共鸣和热烈反响。

首都高校师生、企业职工、公安干警、各界干部群众共800人参加报告会。

（摘自《光明日报》2017年9月27日第3版）

同日　中共中央政治局委员、国务院副总理汪洋莅临对外经济贸易大学，出席商务部主办的2017年商务战略研讨会。商务部部长钟山、商务部国际贸易谈判代表兼副部长傅自应、国务院副秘书长江泽林、商务部副部长高燕、王受文、纪检组长李仰哲以及教育部党组成员、部长助理郑富芝等同志陪同参加研讨会。

中央外办、中央财办、国务院研究室、国家发改委、教育部、财政部、中国人民银行、海关总署、质检总局相关负责同志以及相关领域的专家、学者出席了研讨会。

（对外经济贸易大学科研处供稿）

同日　中国文艺评论传播联盟在京成立。该联盟由《中国文艺评论》杂志、中国文艺评论网、光明日报文艺部、光明网等近80家单位共同发起成立。成立仪式由中国文艺评论家协会、中国文联文艺评论中心主办，《中国文艺评论》杂志、中国文艺评论网、光明网共同承办。

中国文艺评论传播联盟的成立是为了深入贯彻落实中央关于加强文艺评论工作和文艺传播的指示精神，加强改进文艺评论工作和阵地建设，整合文艺传播力量，推进中国文艺评论家协会在行业建设中发挥主导作用。

同期，还举行了第二届“啄木鸟杯”中国文艺评论年度推优发布大会。中国文联、中国文艺评论家协会从2016年起在全国范围内组织开展中国文艺评论年度推优活动。该活动涵盖文学、戏剧、电影、音乐、美术、书法、曲艺、舞蹈、民间文艺、摄影、杂技、电视共12个艺术门类，每年举办一次，旨在按照中央关于加强文艺评论工作的指导精神，评选优秀文艺评论作品，激励优秀文艺评论工作者，推进全国文艺评论的创新和繁荣，促进文艺事业健康发展。

中国文艺评论网新版同期上线。两年多来，中国文艺评论网以“引导创作、推出精品、提高审美、引领风尚”为宗旨，秉持专业、权威、客观、理性的立场，服务全国文艺评论家，致力提升文艺评论的传播力和引导力，增强文艺评论家的凝聚力和影响力，让文艺评论插上信息化和智慧化的翅膀。新版中国文艺评论网着力打造文艺评论网上家园，策划主推优质原创艺评，推动媒体融合创新发展。

（摘自《光明日报》2017年9月27日第9版）

27日　北京市委市政府邀请专家学者座谈，就构建有效超大城市治理体系听取意见和建议。市委书记蔡奇主持座谈会并讲话，市委副书记、代市长陈吉宁和市政协主席吉林出席。

按照市委安排，每季度围绕首都发展重大问题召开一次座谈会，广泛听取各方面的意见和建议。参加座谈会的第一批14家首都高端智库建设试点单位专家学者李国平、贺克斌、叶裕民、于丹、洪俊杰、荣朝和、杨开忠、赵弘、尹德挺、王立、祝宝良、曹和平、姚桓、黄庭满先后发言，就市郊通勤铁路建设、网络舆论生态治理、北京经济与首都功能协调发展、空气质量精细化科学化治理、构建超大城市文化生态、人口空间分布等内容发言。

蔡奇认真听取发言后说，感谢各位专家学者为首都发展提出了许多真知灼见，听了很受启发。大家的发言体现了对首都城市发展规律的深入研究，从第三方智库角度敢于诤言，为首都发展提出了好的意见和建议。市委市政府有关部门要认真研究专家们的意见和建议，平时也要经常向各位专家请教。

蔡奇指出，构建具有首都特色的超大城市治理体系，就是要深入贯彻习近平总书记两次视察北京重要讲话精神，紧紧围绕“建设一个什么样的首都，怎样建设首都”重大时代课题，立足首都城市战略定位，着力强化“四个中心”功能建设，履行好“四个服务”基本职责，坚持问题导向，以疏解非首都功能为牛鼻子，以治理“大城市病”为突破口，加强城市精细化管理，创新体制机制，坚持精治、共治、法治，推动环境、交通、资源、人口调控等问题逐步得到解决，实现城市可持续发展，建设国际一流的和谐宜居之都。

蔡奇要求加强首都新型智库建设。他说，首都新型智库建设要把握正确方向，在“新型”上做文章，突出自身特色，多做独创性的研究；要服务中心工作，为促进首都发展积极建言献策；要突出问题导向，建设高质量智库，注重做长期的研究积累；要加强改革创新，促进可持续发展，打造具有全球影响力的“百年思想库”，不仅为首都发展尽心出力，也要为国家发展贡献力量。首批 14 家首都高端智库建设试点单位要在这些方面当示范、立标杆。

市领导张工、阴和俊、杜飞进、崔述强、牛有成、隋振江出席。

（北京市社会科学界联合会科研部供稿）

28 日　中国人民大学第七届吴玉章人文社会科学奖和第六届吴玉章人文社会科学终身成就奖在校世纪馆同时揭晓。本届终身成就奖授予著名新闻史学家、中国人民大学方汉奇教授和著名经济学家、西南财经大学刘诗白教授。陈先达等学者的 53 项学术成果获得第七届吴玉章人文社会科学奖；张康之、卢仲毅获得第七届吴玉章优秀科研奖，郭庆旺、韩大元获得第七届吴玉章优秀教学奖。基金会名誉主任李鹏专程发来贺信；宋平、陈舜瑶、袁宝华老校长 3 位百岁老人亲临祝贺；马凯为获奖者颁奖并讲话。经过 30 余年的努力和发展，吴玉章基金在繁荣发展哲学社会科学等方面取得较大成绩和社会影响。

（中国人民大学科研处李素萍供稿）

29 日　中国劳动关系学院与中国人民大学全面合作框架协议签约仪式在中国人民大学举行。本次协议签署，旨在深入贯彻《国家中长期教育改革和发展规划纲要（2010—2020 年）》，全面落实中华全国总工会与教育部共建中国劳动关系学院的意见精神，推动学校加快建设劳动关系和工会领域国内一流、国际知名大学的步伐。

（中国劳动关系学院科研处供稿）

30 日　华北地区社科院第三十四届科研管理联席会议上，由北京市、天津市、河北省、山西省和内蒙古自治区社会科学院共同发起倡议成立华北智库联盟。赵弘副院长代表北京市社会科学院参加了华北智库联盟成立仪式，市社科院担任华北智库联盟第一届轮值主席单位。联盟重点围绕京津冀协同发展、“一带一路”发展等共同关注的重大规划和各省、市、自治区党委、政府的中心工作开展前瞻性、针对性、储备性政策研究，积极探索课题合作、项目合作和区域合作；通过人才互借、资金互补等多种形式，创新体制机制，激发科研活力，形成合作共赢的有效格局；集联盟之力集体攻关，集中优势力量扩大联盟影响。提升联盟在华北地区乃至全国经济社会发展中的影响力和号召力。联盟将充分利用华北地区社会科学院科研管理联席会议等平台，围绕加快构建中国特色哲学社会科学、推动实施哲学社会科学创新工程、加强地方特色新型智库等开展活动。

（北京市社会科学院朱霞辉供稿）

10月

2 日　中国人民大学举行新校区奠基仪式。新校区选址位于通州区潞城镇北京城市副中心东部，总用地面积约为 111.37 公顷（约 1670 亩），总建筑面积约为 145.2 万平方米，学生入住规模约为 2.2 万人。新校区计划分两期建设实施，全项目计划至 2025 年建设完成。学校新校区是北京城市副中心核心区域内唯一一所全国重点高校。

（中国人民大学科研处李素萍供稿）

3 日　中国人民大学建校 80 周年庆祝大会在世纪馆举行。中共中央总书记、国家主席、中央军委主席习近平发来贺信，向中国人民大学全体师生员工和广大校友致以热烈的祝贺。中共中央政治局委员、国务院副总理刘延东宣读贺信并致辞。

大会由校党委书记靳诺主持。多位原党和国家领导人以贺信、贺电、题词等不同形式对学校 80 周年校庆表示祝贺。原中共中央政治局常委、国务院总理、全国人大常委会委员长李鹏发来贺信；原中共中央政治局常委、全国政协主席李瑞环对校庆表示祝贺；原中共中央政治局常委、国务院副总理李岚清为学校治印一方；原全国人大常委会副委员长李铁映为学校题词；原中共中央书记处书记、第十届全国政协副主席郝建秀对校庆表示祝贺。原最高人民法院院长、首席大法官肖扬，第十届全国政协副主席、原民进中央常务副主席张怀西，教育部党组书记、部长陈宝生，北京市委副书记、代市长陈吉宁，国务院副秘书长江小涓，北京市委常委、市委教育工委书记林克庆出席大会。出席大会的海内外高校领导有清华大学党委书记陈旭、北京大学校长林建华等50余所高校负责人。南京大学、中国科学技术大学等近80所国内高校，牛津大学、剑桥大学、耶鲁大学、芝加哥大学等180余所海外高校发来贺信、贺电。

（中国人民大学科研处李素萍供稿）

9日　中共中央文献研究室编辑的《习近平关于社会主义社会建设论述摘编》一书，近日由中央文献出版社出版，在全国发行。

该书共分9个专题：人民对美好生活的向往，就是我们的奋斗目标；促进社会公平正义，让广大人民群众共享改革发展成果；不断促进教育发展成果更多更公平惠及全体人民；把做好就业工作摆到突出位置，多渠道创造就业岗位；建设更加公平可持续的社会保障制度；加快推进健康中国建设；加强和创新社会治理，完善中国特色社会主义社会治理体系；切实维护公共安全和社会稳定，着力建设平安中国；坚持总体国家安全观，走出一条中国特色国家安全道路。书中收入326段论述，摘自习近平同志2012年11月15日至2017年9月19日期间的讲话、报告、演讲、指示、批示、贺信等140篇重要文献，其中许多论述是第一次公开发表。

（摘自《人民日报》2017年10月9日 第1版）

10日　《文学评论》创刊60周年纪念大会在中国社会科学院学术报告厅召开。大会由中国社会科学院文学研究所主办、《文学评论》编辑部承办。文学研究所党委书记张伯江主持，所长刘跃进致辞。来自中国社会科学院、北京大学、清华大学、吉林大学等科研机构的专家学者200多人参加了会议，共同庆祝《文学评论》60周年，并为刊物的未来发展建言献策。中国社会科学院张江副院长出席会议并讲话。

刘跃进指出，60年来，《文学评论》形成了3个重要特色：一是密切关注现实，把握时代脉搏，体现国家主流意识形态，这是《文学评论》最鲜明的思想品格；二是围绕重大的理论问题与现实问题，开展积极的思想交锋，始终走在学术的前沿，这是《文学评论》最重要的学术特色；三是不拘一格扶持青年学人，确保优秀稿件源源不断，这是《文学评论》最根本的制度保障。

《文学评论》主编陆建德作主旨发言，张伯江致闭幕词。

（中国社会科学院办公厅刘玉杰编辑、供稿）

同日　中国社会科学院院长、党组书记王伟光会见到访中国社会科学院的芬兰科学院院长海基·曼尼拉和奥卢大学校长琼科·尼尼迈基等一行。

王伟光对海基·曼尼拉和琼科·尼尼迈基等一行的来访表示热烈欢迎，并积极评价了中国社会科学院与芬兰科学院和芬兰高校开展的富有成效的学术合作。海基·曼尼拉、琼科·尼尼迈基对中国社会科学院的热情接待表示感谢，对中国社会科学院大学的成立表示祝贺，期待与中国社会科学院展开进一步交流与合作。

中国社会科学院国际合作局局长王镭、工业经济研究所所长黄群慧等陪同会见。一同来访的还有芬兰驻华使馆副馆长、公使康雅。

（中国社会科学院办公厅刘玉杰供稿）

同日　经党中央批准，中央办公厅编辑出版《中央党内法规和规范性文件汇编（1949年10月—2016年12月）》。该汇编共收录中央党内法规和规范性文件260件，包括1949年10月至2012年6月期间出台，经过集中清理后继续有效且向社会公开的中央党内法规和规范性文件，以及2012年7月至2016年12月期间出台，现行有效且向社会公开的中央党内法规和规范性文件。该汇编由法律出版社出版。

（摘自《人民日报》2017年10月10日 第1版）

16日　中共中央文献研究室编辑的《习近平关于社会主义文化建设论述摘编》一书，近日由中央文献出版社出版，在全国发行。

（摘自《人民日报》2017年10月16日 第1版）

16—17日　北京师范大学经济与工商管理学院和南澳大学商学院联合举办的国际学术会议在北京师范大学举行，来自两校的数十位专家学者和学生代表参加会议，就经济管理、文化艺术、生态环境、教育、创新等问题进行了交流和研讨。

（北京师范大学社科处刘娜供稿）

17日　为迎接中国共产党第十九次全国代表大会胜利召开，由中共中央党史研究室编写的《党的十八大以来大事记》已由人民出版社、中共党史出版社联合出版，即日起在全国新华书店发行。

党的十八大以来的5年是党和国家发展进程中很不平凡的5年。5年来，以习近平同志为核心的党中央，科学把握当今世界和当代中国的发展大势，顺应实践要求和人民愿望，推出一系列重大战略举措，出台一系列重大方针政策，推进一系列重大工作，解决了许多长期想解决而没有解决的难题，办成了许多过去想办而没有办成的大事。

该书通过一件件大事、一个个史实、一组组数字，详细记载了以习近平同志为核心的党中央治国理政伟大实践及提出的一系列新的重要思想、重要观点、重大判断、重大举措，集中反映了5年来党和国家事业取得的历史性成就和发生的历史性变革，全面展现了我国社会主义经济建设、政治建设、文化建设、社会建设、生态文明建设以及国防和军队现代化、中国特色大国外交、港澳工作和对台工作、党的建设取得的巨大成就。该书的编发对于进一步坚定中国特色社会主义道路自信、理论自信、制度自信、文化自信，增强全党全军全国各族人民全面建成小康社会、实现中华民族伟大复兴中国梦的信心和底气具有十分重要的意义。

（摘自《光明日报》2017年10月18日 第2版）

20日 北京市委宣传部、市社科联在京召开首都高端智库工作协调推进会。市委宣传部副部长韩昱主持会议，市社科联主席沈宝昌、党组书记张淼、副主席李翠玲，市委研究室、市政府研究室、市发改委、市科委、市财政局、市规划国土委、市环保局、市住建委、市交通委、市水务局、市商务委、市旅游委、市文化局、市国税局、市地税局、市统计局、市金融局等17家政府部门及北京市社会科学院、北京市委党校、北京大学首都发展研究院、清华大学城市治理与可持续发展研究院、中国人民大学首都发展与战略研究院、首都文化创新与文化传播工程研究院、对外经济贸易大学北京对外开放研究院、北京交通大学北京综合交通发展研究院、首都经济贸易大学特大城市经济社会发展研究院、北京科技战略决策咨询中心、北京市经济信息中心、北京市中国特色社会主义理论体系研究中心、北京市党的建设研究会、千龙智库等14家首都高端智库建设试点单位参加会议。

会议对市委、市政府“构建有效超大城市治理体系”专家学者征求意见会落实对接方案及相关工作进行了部署，传达了《关于加强首都新型智库建设的实施意见》和《首都高端智库试点单位建设管理办法》等文件精神，并就首都高端智库建设近期重点工作进行了安排。首都高端智库建设试点单位负责人还围绕智库建设情况进行了交流。

韩昱同志指出，推进“市委专家学者征求意见会”落实对接工作，一是要调动双方积极性，实际工作部门和智库单位在研究北京的重大问题上，要形成合力。二是要明确各自职责。实际工作部门要向智库出题目，并提供实时准确的信息；智库单位要根据自身的研究方向、研究能力、研究资源，围绕市委市政府的中心工作主动提出课题，真正把研究北京、促进北京发展作为主攻方向。他表示，首都高端智库建设得到了各智库主管主办单位的高度重视，研究方向明确，学术积累丰富。希望在今后的工作中，各家智库单位能够进一步把握定位，聚焦重点，完善机制，形成核心团队，在首都发展面临大好机遇的历史关头切实发挥作用。

韩昱同志强调，党的十九大正在进行中，我们要边学习、边领会、边思考。要把贯彻落实党的十九大精神与首都高端智库建设紧密结合起来，切实把党的十九大精神作为智库发展的指导思想，把党的十九大提出的任务和目标作为研究的重点，真正通过智库工作把党的十九大精神学习好、贯彻好、落实好。

（北京市社会科学界联合会科研部供稿）

25日 中国人民大学举行习近平新时代中国特色社会主义思想研究中心成立仪式。该中心是全国首家成立的进行习近平新时代中国特色社会主义思想研究的专业学术机构。校党委书记靳诺、校长刘伟任中心主任。教育部思政司司长张东刚到会祝贺并讲话，校长刘伟致辞，党委副书记、纪委书记吴付来主持，副校长刘元春宣布研究中心成立，党委副书记郑水泉宣布研究中心首批聘任校外研究员名单。

（中国人民大学科研处李素萍供稿）

同日 第八届中国经济理论创新奖揭晓，以北京师范大学经济与工商管理学院李实教授、中国社科院赵人伟教授、南开大学陈宗胜教授为主要贡献人的“中国经济转型和发展中的收入分配理论”获得该奖项。

（北京师范大学社科处刘娜供稿）

26日 教育部人文社会科学重点研究基地北京大学中国特色社会主义理论体系研究中心举办了“习近平十九大政治报告，新时代中国特色社会主义思想”学习研讨会。会议由北京大学社会科学学部主任、中国特色社会主义理论体系研究中心主任杨河主持。北京大学马克思主义学院的梁柱、李士坤、闫志民、郭建宁、白雪秋、李少军、李毅红等教授，哲学系王东、丰子义、聂锦芳等教授，国际关系学院黄宗良、曹长盛等教授，以及马克思主义学院的老师和同学等共30多人出席了会议。会议就党的十九大的历史地位和重要意义，党的十八大以来的历史性变革和历史性成就，特别是新时代中国特色社会主义思想的历史形成过程、基本理论内涵和重大指导意义进行了充分的交流和讨论。

（北京大学社科处供稿）

27日　对外经济贸易大学与财政部政府和社会资本合作中心、商务部国际贸易经济合作研究院、国家开发银行、中国进出口银行联合主办的运用PPP模式支持“一带一路”倡议专题研讨会暨对外经济贸易大学“一带一路”PPP发展研究中心成立大会在对外经济贸易大学顺利召开。会议主旨探讨研究中国PPP实践，促进PPP国际合作，探索创新运用PPP模式支持“一带一路”建设。

“一带一路”PPP发展研究中心是部校银企共同合作创建的专业研究机构，其将依托合作单位在PPP、国际贸易、投融资和法律等领域的优势，发展成为“一带一路”PPP高端智库，秉承“博学、诚信、求索、笃行”的校训，研究与总结中国PPP模式的经验，结合“一带一路”沿线项目所在国的国情，助力中国企业运用PPP模式积极参与“一带一路”国家的基础设施和公共服务项目。

会上，博鳌亚洲论坛秘书长周文重、对外经济贸易大学校长王稼琼、财政部政府和社会资本合作中心主任焦小平以及商务部国际贸易经济合作研究院、国家开发银行、中国进出口银行5家合作单位的领导共同为“一带一路”PPP发展研究中心揭牌。

会议期间发布了“一带一路”PPP项目案例集，涉及水利设施、市政设施、交通设施、资源环境等多个领域。这些项目是引入市场机制、推进PPP模式的有益探索，在社会资本选择、交易结构设计、回报机制确定等方面具有一定参考价值。

（对外经济贸易大学科研处供稿）

28日　为深入学习宣传贯彻党的十九大精神，中国社会科学院当代中国研究所召开“党的十九大与新时代中国特色社会主义”座谈会暨所党组理论学习中心组扩大会。中国社会科学院党组成员张英伟出席会议并讲话，中国社会科学院当代中国研究所党组成员、副所长张星星主持会议。

会议围绕党的十九大报告进行了深入的学习和研讨。当代中国研究所党组成员张星星、武力分别做了题为“全面落实新时代党的建设总要求”“为加快建设创新型国家而奋斗”的发言。中共中央党校党史教研部教授陈述和军事科学院战争理论与战略研究部原副部长齐德学研究员，分别做了题为“中国共产党历史上对社会主要矛盾的六次判断”“对习近平新时代强军思想的几点理解”的发言。

与会同志认为，国史研究是党的宣传舆论工作的重要内容、意识形态工作的重要阵地，在学习研究贯彻党的十九大精神和习近平新时代中国特色社会主义思想方面，既有崇高的责任又有许多自身的特点和优势。我们要以党的十九大精神为引领，以习近平新时代中国特色社会主义思想为指导，统一思想、振奋精神，积极作为、勇于创新，多出成果、出好成果，把理论研究与学术创新紧密结合起来，积极推进中华人民共和国史学科体系、学术体系、话语体系建设。

（中国社会科学院办公厅刘玉杰编辑、供稿）

同日　“首都高校百位名家共讲十九大”启动暨首场报告会、北京高教学会形势与政策教育研究分会“学习党的十九大精神”专题备课会在北京科技大学举行。北京市委教育工委副书记郑登文，宣教处处长王达品，北京科技大学党委副书记权良柱出席会议。来自56所首都高校思想政治理论课教师、北京科技大学全体思政课教师及研究生及部分辅导员代表300余人参加了活动。党的十九大代表、首都经济贸易大学党委书记冯培教授做了题为“把握新思想 奋进新时代”的专题辅导报告。专题报告由北京市高等教育学会形势与政策教育研究分会理事长、北京科技大学马克思主义学院院长彭庆红主持。

（北京科技大学科学研究与发展部李静供稿）

同日　由文化部文化产业专家委员会、中国传媒大学联合主办的学习领会党的十九大精神专题座谈会在中国传媒大学召开。中国传媒大学党委书记陈文申、文化部文化产业司司长赵雯分别致辞。会议由文化部文化产业专家委员会主任、中国传媒大学经管学部学部长范周主持。陈文申书记在致辞中提出，高校要充分发挥在国家创新和文化创造中的引领租用，一是要“立德树人”，二是要有“世界眼光”，三是要“顶天立地”。在最后的总结中，范周呼吁，在实现“美好生活”的发展愿景与破解发展不平衡不充分的发展瓶颈中，主动作为，勇于突破，以高度的文化自信，实现文化繁荣兴盛，在新时代发出时代强音。

（中国传媒大学文科科研处马奇炎供稿）

29 日　日前，第三届京台基础教育校长峰会在京举行。来自台湾的 120 多名中小学校长与北京市 300 余名校长代表参加。国台办主任张志军出席并讲话。

张志军说，中国共产党第十九次全国代表大会刚刚闭幕，习近平总书记在报告中明确提出了今后一个时期对台工作的指导思想、重要理念、目标任务、原则方针和主要措施，为对台工作指明了方向。我们将继续坚持“和平统一、一国两制”方针，坚持一个中国原则和“九二共识”，坚决反对“台独”分裂行径，同时将秉持“两岸一家亲”理念，扩大两岸交流、增进两岸同胞福祉，维护和推动两岸关系和平发展。希望京台两地中小学校长能够以峰会为平台，就教育改革发展中共同关注的问题分享各自的做法经验，进一步增进京台两地基础教育互动交流，促进京台两地基础教育共同发展。

为巩固京台基础教育交流成果，充分发挥两地各自教育资源优势，北京教育学院与台湾中小学校长协会共同发起成立了京台基础教育发展联盟，邀请京台两地教育领域专家学者、中小学优秀校长教师共同参与两地基础教育交流合作。联盟成立后，将定期组织京台基础教育领域专家学者召开学术会议，举办学校管理与教育教学论坛，开展教育培训和师生交流等活动。

（摘自《北京日报》2017 年 10 月 29 日第 7 版）

30 日　国家主席习近平在人民大会堂会见清华大学经济管理学院顾问委员会海外委员和中方企业家委员。

习近平指出，刚刚闭幕的党的十九大具有重要的意义，更加坚定了我们继续走中国特色社会主义道路的信心。中国特色社会主义进入新时代。中国经济已经由高速增长阶段转向高质量发展阶段。中国经济发展的战略目标就是要在质量变革、效率变革、动力变革的基础上，建设现代化经济体系，提高全要素生产率，不断增强经济创新力和竞争力。我们将坚定不移贯彻新发展理念，以供给侧结构性改革为主线，推动新型工业化、信息化、城镇化、农业现代化同步发展，加快建设创新型国家，实施乡村振兴战略，实施区域协调发展战略，加快完善社会主义市场经济体制，发展更高层次的开放型经济。

习近平指出，人才是创新的根基，是创新的核心要素。培养人才，根本要依靠教育。教育就是要培养中国特色社会主义事业的建设者和接班人，而不是旁观者和反对派。当前，中国做出了加快建设世界一流大学和一流学科的战略决策，提高高等教育发展水平，增强国家核心竞争力。

（摘自《人民日报》2017 年 10 月 31 日 第 1 版）

同日　为学习宣传贯彻党的十九大精神，更好地推进马克思主义中国化最新成果在第一时间“进课堂”，把党的十九大提出的新思想、新方略、新观点贯穿到教育教学之中，中央民族大学举行“习近平新时代中国特色社会主义思想进课堂”启动仪式暨首场报告会。邹吉忠在报告会上致辞。他说，党的十九大是在全面建成小康社会决胜阶段、中国特色社会主义进入新时代的关键时期召开的一次十分重要的大会，是一次高举旗帜、团结奋进的大会。中央民族大学各族师生紧随党的十九大召开的脚步，扎实推进十九大精神的学习贯彻和“三进”工作。党的十九大召开当天，学校各单位组织全体干部、师生集体观看开幕式，全校 56 个民族师生群情振奋、备受鼓舞。

（中央民族大学科研处供稿）

10 月　中央民族大学正式印发实施《一流大学和一流学科建设方案》。该方案明确了实现“双一流”建设总目标的“三步走”战略。一是到 2020 年，民族学一级学科继续保持全国第一。二是到 2030 年，民族学一级学科继续保持国内第一和具有绝对优势地位，进入世界前列，发挥引领和示范作用。三是到 2050 年，民族学一级学科的国际一流地位进一步巩固和彰显，“语言 +”专业在世界上产生重大影响，主要办学指标达到国际一流水平。该方案进一步强调，要坚持“整体规划、分工实施、动态管理”的原则，进一步加强党的领导，深化机制体制改革，不断改善办学基本条件，全面激发师生员工的积极性、主动性和创造性，确保“双一流”建设目标的顺利实现。

（中央民族大学科研处供稿）

11月

2 日　光明日报社在京举行学习宣传贯彻党的十九大精神理论座谈会，首都理论界 10 多位专家学者出席。与会同志一致认为，刚刚闭幕的党的十九大是在全面建成小康社会决胜阶段、中国特色社会主义进入新时代的关键时期召开的一次十分重要的大会。习近平同志代表第十八届中央委员会所做的报告，描绘了决胜全面建成小康社会、夺取新时代中国特色社会主义伟大胜利的宏伟蓝图，进一步指明了党和国家事业的前进方向，是我们党团结带领全国各族人民在新时代坚持和发展中国特色社会主义的政治宣言和行动纲领。

国家行政学院常务副院长马建堂，中央文献研究室副主任陈扬勇，中央党史研究室副主任吴德刚，人民日报社副总编辑张首映，中国人民大学党委书记靳诺，国防大学少将马占魁，北京外国语大学党委书记韩震，中组部党建所巡视员、全国党建研究会专职副秘书长陈东平，北京市社科联党组书记张淼，中国社科院中国特色社会主义理论体系研究中心副主任龚云，清华大学马克思主义学院院长艾四林，北京大学中国特色社会主义理论体系研究中心副主任郭建宁，北京师范大学马克思主义学院院长王树荫，中央编译局办公厅副主任胡长栓等在会上发言。光明日报社副总编辑李春林主持座谈会。

（摘自《光明日报》2017 年 11 月 3 日 第 1 版）

同日　中国台湾新北市劳资调解协会理事长林敏雄等一行 16 人访问中国劳动关系学院，与相关领域师生就两岸劳资争议处理问题进行了为期一天的学术及实务研讨。中国劳动关系学院党委常委、副校长吴万雄接待了林敏雄理事长一行。工会学院、法学院和劳动关系系部分教师、研究生代表和外事办相关工作人员参加了研讨交流。

吴万雄对林敏雄一行的到来表示欢迎，并简要介绍了中国劳动关系学院历史、现状以及国际交流合作情况，重点介绍了中国劳动关系学院与台湾地区的交流合作情况。他表示，近年来，中国劳动关系学院与台湾工会、院校和学术机构开展了一些合作交流，取得了良好效果，希望以此次研讨会为契机，进一步加强劳动关系学院与台湾地区劳动关系领域机构和院校的交流合作。林敏雄对劳动关系学院安排此次研讨交流表示感谢，并简要介绍了理事会基本情况。他希望借此次交流机会，了解大陆劳资争议处理机制，分享台湾地区劳资争议处理经验，以期在两岸企业劳资调解工作中，迅速得当处理争议。叶鹏飞副教授介绍了中国工会的基本情况和当前的主要任务。张冬梅、余敏、李娜 3 位老师分别从大陆地区劳资争议处理机制、北京市劳资争议处理现状与成效以及大陆地区劳动争议裁审体制改革的思考与探索 3 个方面分享了研究成果。林敏雄和台湾中正大学劳工关系学系许继峰副教授分别介绍了台湾地区劳资争议处理机制、新北市劳资争议处理现状与成效、新北市民间团体协处争议概况与劳资争议调解情况。在交流环节，双方着重就劳资争议的处理程序，目前劳资争议处理所存在的理论、法律和实务问题以及两岸在劳资争议处理中的做法比较进行了互动和探讨。

（中国劳动关系学院科研处供稿）

同日　中国社会科学院马克思主义研究院在北京举办学习贯彻党的十九大精神研讨会。中国社会科学院党组成员张英伟出席研讨会并致辞。中国社会科学院马克思主义研究院党委书记、院长邓纯东主持研讨会并作总结讲话。

研讨会上，专家学者们分别谈了他们学习十九大报告的体会。与会专家学者一致认为，党的十九大报告做出了“中国特色社会主义进入了新时代”的重大判断，中国特色社会主义进入新时代是我国发展新的历史方位，这个历史方位的判断要从历史当代和未来的贯通上、从目标和路径的贯通上、从国际国内的贯通上去把握；党的十九大报告是党的建设的理论创新，提出要把党的政治建设摆在党的建设的首位，突出政治建设的引领作用，这是逻辑发展的一个必然结果，为我们提供了工作原则和基本要求，为今后党的建设指引了方向。

出席研讨会并作专题发言的专家学者还有清华大学马克思主义学院院长艾四林、中央社会主义学院马克思主义理论教研部主任魏晓东、中国人民大学马克思主义学院党委书记杨凤城、中国社会科学院信息情报研究院党委书记姜辉、中央党校党建教研部原副主任戴焰军、中国社会科学院马克思主义研究院副院长金民卿、北京大学马克思主义学院副院长孙代尧、中国社会科学院马克思主义研究院马克思主义中国化研究部副主任陈志刚等。

（中国社会科学院办公厅刘玉杰编辑、供稿）

4 日　党的十九大胜利闭幕以来，全国迅速掀起学习贯彻党的十九大精神的热潮。截至 11 月 3 日，党的十九大文件及学习辅导读物总发行数达到 3707 万册。

据了解，党的十九大文件及学习辅导读物发行上市以来，市场反响热烈，发行势头强劲。人民出版社、党建读物出版社、学习出版社等相关出版单位和各印刷单位、各发行单位共同努力，密切配合，精心组织，全力保障党的十九大文件及学习辅导读物的出版发行工作，第一时间满足了广大党员干部群众的学习用书需求。

据统计，目前，人民出版社出版的党的十九大报告单行本发行1270万册、《中国共产党章程》单行本发行1620万册、《中国共产党第十九次全国代表大会文件汇编》发行262万册、《党的十九大报告辅导读本》发行235万册，学习出版社和党建读物出版社联合出版的《党的十九大报告学习辅导百问》发行220万册，党建读物出版社出版的《十九大党章修正案学习问答》发行100万册。

（摘自《光明日报》2017年11月4日 第1版）

同日　（全国）教育书画协会高等美术教育学会成立大会在清华大学美术学院举办。教育部原党组副书记、常务副部长、（全国）教育书画协会会长张保庆，清华大学党委副书记过勇、四川大学艺术学院院长黄宗贤、清华大学美术学院院长鲁晓波出席会议并发表致辞。大会由美术学院副院长张敢主持，来自全国50多所综合性大学美术与设计学院的领导及专家出席。会上选举产生了学会第一届主席团成员，审议通过了第一届理事会成员名单与常务理事会成员名单，并对学会相关机构设置进行了表决。鲁晓波当选为会长，张敢当选为常务副会长，美术学院教授李睦当选为秘书长。成立大会之后，学会召开了首届全国综合高等院校美术教育研讨会，与会专家们就学会未来的发展以及高等学校美术教育领域的相关问题展开了热烈讨论。高等美术教育学会是隶属于教育部直属（全国）教育书画协会的学术与教育研究团体，是在教育书画协会各级领导的大力支持与指导下，由清华大学美术学院牵头，联合北京大学艺术学院、四川大学艺术学院等9所综合性大学美术与设计学院共同倡议发起成立。

（清华大学文科建设处刘金梅供稿）

7日　著名国际经贸学家姚曾荫纪念会暨《姚曾荫著述文集》出版座谈会在对外经济贸易大学举行。座谈会由国际经济贸易学院主办，中国商务出版社、对外经济贸易大学校史馆和校友会联合协办。来自北京大学、中央财经大学、中国商务出版社的专家学者和学生以及姚曾荫先生的亲朋故友等40余人与会。

座谈会上，文集的编著者薛荣久教授、姚曾荫之子姚立教授、张锡嘏教授、杨逢华教授、石玉川教授、贾君兰女士、学生黄剑平博士、蓝庆新教授分别从不同视角回忆了姚曾荫独立、客观、专注研究的学者风范和严谨治学的大师精神。薛荣久还讲述了《姚曾荫著述文集》的编辑来源及过程。

《姚曾荫著述文集》共收录著述和文章为60多篇，将近115万字。按照内容分为上、中、下3卷，上卷包括大学毕业论文、外汇与侨汇、银行机构构建与作用、中国经济与贸易、世界经济和书评等6部分；中卷包括国际会议、国际贸易理论、国际分工与世界市场、世界经济的构成与发展、国际贸易的发展与作用、国际价值和价格、贸易条件与不等价交换、新贸易保护主义、地区与国别贸易、第二次世界大战后亚洲、非洲和拉丁美洲国家的对外贸易等10部分；下卷包括中国对外贸易发展、中国地方外向型经济发展、国际贸易研究、国际经贸教育考察、治学方法和传承等6部分。

（对外经济贸易大学科研处供稿）

8日　王汉斌法学基金第二次理事会在清华大学法学院举行。会上举行追加资金的捐赠仪式，改选产生新一届理事会，并决定增加吉林大学、西南政法大学学生为奖励资助对象，增设王汉斌法学研究杰出贡献奖，评选、奖励优秀法学研究成果。清华大学校友全国人大常委会原副委员长王汉斌、全国人大常委会原副委员长彭珮云，清华大学党委副书记邓卫，王汉斌法学基金理事长、原全国人大法律委员会主任委员胡康生，基金理事、原全国人大常委会法工委副主任张春生出席会议。清华大学法学院院长申卫星主持会议。

王汉斌法学基金于2013年4月正式成立，主要针对中国高校全日制法律专业的优秀学生和贫困学生进行奖励和帮助，旨在支持高校法律人才培养，鼓励法学专业学生刻苦自励、踏实治学，提高社会责任意识，推动我国法制建设发展。

（清华大学文科建设处刘金梅供稿）

10日　中华人民共和国国史学会在北京举办学习党的十九大精神座谈会。国史学会会长、中国社会科学院原副院长朱佳木主持会议并讲话。国史学会副会长、中央文献研究室原常务副主任杨胜群，中央党史研究室原副主任张启华，国防大学原副政委李殿仁以及国史学会秘书长、中国社会科学院当代中国研究所副所长张星星出席会议。

会上，杨胜群、张启华、李殿仁、张星星以及国史学会常务理事、中国社会科学院当代中国研究所副所长武力，中国社会科学院当代中国研究所政治史研究室主任李正华，中国社会科学院当代中国研究所理论研究室主任宋月红等分别发言。

会议认为，党的十九大是在全面建成小康社会决胜阶段、中国特色社会主义进入新时代的关键时期召开的一次具有历史意义的大会，在中国共产党历史上、中华人民共和国历史上、中华民族历史上都具有重要的里程碑意义，对于国史研究、宣传、教育事业的发展尤其具有特殊的意义。广大国史工作者要认真学习、深入贯彻、自觉运用习近平新时代中国特色社会主义思想，以更加昂扬向上的精神状态为夺取新时代中国特色社会主义事业伟大胜利不懈奋斗。

国史学会部分理事、中国社会科学院当代中国研究所研究人员、中国社会科学院研究生院国史系研究生等近50人参加了会议。

（中国社会科学院办公厅刘玉杰编辑、供稿）

16日　清华大学社科学院职业教育与精准扶贫研究中心揭牌仪式在清华大学举行。国务院扶贫办国际合作与社会扶贫司原副司长、中国国际扶贫中心副主任谭卫平，清华大学党委副书记邓卫、副校长杨斌出席仪式，并为中心揭牌。仪式由清华大学社科学院院长彭凯平主持。仪式上，谭卫平祝贺中心依托清华大学成立，肯定中心提出的以增加贫困人群内生动力为研究方向的心理扶贫探索，并表示愿意和清华大学一起在相关领域开展深入合作。

彭凯平总结指出，该中心的成立活动是社科学院“学好十九大，做好眼前事”，结合社科学院的特色和优势，具体开展的系列活动之一。学院将自觉以习近平新时代中国特色社会主义思想为统领和指导，切实做好中心的各项工作。职业教育与精准扶贫研究中心是依托社科学院成立的院级中心。中心旨在通过一手研究扶智（职业教育助力扶贫），一手研究扶志（积极心理助力扶贫）的创新视角，结合中国实际，努力建设成为精准扶贫领域的“思想库”“信息库”“人才库”，为精准扶贫重大决策贡献清华智库力量，同时通过国内外学术交流，进一步提升我国在国际减贫领域的影响力。

（清华大学文科建设处刘金梅供稿）

17日　国家民族事务委员会民族理论政策研究基地、中国社会科学院国家治理研究智库民族发展研究部揭牌仪式暨习近平新时代民族研究学科建设专家座谈会在北京举行。中国社会科学院副院长、党组成员李培林出席活动并讲话。

李培林、中国社会科学院民族学与人类学研究所党委书记方勇为中国社会科学院国家治理研究智库民族发展研究部揭牌，国家民族事务委员会民族理论政策研究室副主任任毅同王延中为国家民族事务委员会民族理论政策研究基地揭牌。

揭牌仪式后，举行了习近平新时代民族研究学科建设专家座谈会。来自中国社会科学院、北京大学、清华大学等科研单位的专家学者分享了各自观点。

中国社会科学院民族学与人类学研究所所长王延中、中国社会科学院政治学研究所所长房宁等在会上发言。

（中国社会科学院办公厅刘玉杰供稿）

18日　巴拿马总统胡安·卡洛斯·巴雷拉·罗德里格斯到访中国人民大学，获授中国人民大学名誉博士学位，受聘学校拉美研究中心名誉顾问，并以“领导力与社会变革”为题发表演讲。校党委书记、校务委员会主任靳诺为巴雷拉总统颁发拉美研究中心名誉顾问聘书。校常务副校长、校学位评定委员会副主席王利明宣读国务院学位委员会决定，并为巴雷拉总统拨穗、颁发学位证书。校副校长杜鹏主持学位授予仪式以及巴雷拉总统演讲会和交流会。

（中国人民大学科研处李素萍供稿）

19日　全国党建研究会日前在京召开学习贯彻党的十九大精神座谈会。研究会部分副会长、顾问、常务理事、特邀研究员等50余人参加了会议。

全国党建研究会会长李景田在讲话中指出，党的十九大对新时代党的建设做出了一系列重大部署。我们要从根本原则、指导方针、主线、总体布局、总目标，以及8个方面新任务等深入理解新时代党的建设重大部署。要按照新时代党的建设的重大部署，着力抓好党的政治建设这一根本性建设，坚决贯彻落实用习近平新时代中国特色社会主义思想武装全党这一根本任务，统筹推进新时代党的各方面建设，把从严从实精神贯彻到新时代党的建设全过程。

与会同志一致表示，全国党建研究会作为研究党的建设理论和实践问题的社会团体和党建高端智库，在学习贯彻党的十九大精神中担负着重要责任。各会员单位和广大党建研究工作者要切实把思想和行动统一到党的十九大精神上来，按照党的十九大的要求和部署扎实开展党建课题研究和理论研讨，开展形式多样的党建宣传工作，加强党建高端智库建设，为推进新时代党的建设提供智力支持，为加强新时代党的建设、坚持和加强党的全面领导做出新的贡献。

（摘自《人民日报》2017年11月19日第5版）

20日　2017年全国行政学院系统社会治理学科建设联席会议在国家行政学院召开，会议由社会和文化教研部承办。来自全国38个副省级以上行政学院社会治理与社会建设相关教研部（室）负责人、学科带头人，国家行政学院社会和文化教研部全体人员、访问学者及部分社会管理专业博士生近 70 人参加会议。

根据会议日程安排，上午为开幕式和主题演讲。国家行政学院社会和文化教研部主任祁述裕在开幕式上致辞，社会和文化教研部副主任马庆钰主持。主题演讲环节，中国人民大学教授、中国社会保障学会会长郑功成，国务院发展研究中心社会发展部副部长王列军，中央编译局研究部副主任、《社会经济体制比较》主编丁开杰分别围绕党的十九大报告相关重要论述，从社会保障、社会建设、社会治理 3 个维度做了大会发言。

下午为分组研讨、大会交流和闭幕式由社会和文化教研部副主任丁元竹主持。与会代表分别围绕“新时代社会发展的基本特征”“在发展中提高和改善民生面临的机遇和挑战”“社会治理政策、理念和路径创新”三大主题，分组进行了热烈而深入的研讨。武汉行政学院理论中心主任杜彬伟、宁夏行政学院社会与文化教研部讲师马成乾、大连行政学院公共与社会管理教研部副教授宿玥分别代表小组作了大会交流发言。

马庆钰在闭幕式上作总结发言。他充分肯定了各小组研讨成果，希望全国行政学院系统从事社会治理教研工作的老师认真学习贯彻党的十九大精神，将习近平新时代中国特色社会主义思想深刻融入教学、科研、咨询工作中，为我国现代社会治理体系建设和发展做出贡献。

（国家行政学院科研处刘斌供稿）

同日　首都体育学院博物馆建成开馆，博物馆位于首都体育学院综合楼一层西侧，包含校史馆、奥林匹克教育馆和旋文化馆，即“三馆合一”。一层校史馆讲述了自 1956 年建校以来的学校发展历程和“以挑战者精神拼搏创新”的校训精神，是师生了解校史和进行校园精神文化教育的阵地。二层奥林匹克教育博物馆是传播奥林匹克知识、弘扬奥林匹克精神的课堂，这是北京市乃至全国唯一一所以奥林匹克教育为目标的博物馆，是学校重要的教育基地，目前该馆正在建设过程中。旋文化馆也在积极筹备中。

博物馆开馆迎接了教育部本科教学工作审核评估专家组参观。11 月 22 日，博物馆迎来法国大学生体联专家参观，这是首都体育学院博物馆试开放以来接待的第一批外宾。法国大学生体联主席让·佛朗索瓦·索托霍先生还表示会将巴黎奥运火炬赠送给该校。

（首都体育学院科研处供稿）

22—23 日　中国期刊协会、中国科学技术期刊编辑学会、中国高校科技期刊研究会、全国高等学校文科学报研究会、《中国学术期刊》（光盘版）电子杂志社有限公司联合主办的中国学术期刊未来论坛在北京会议中心举行。本次论坛发布了由《中国学术期刊》（光盘版）电子杂志社有限公司和清华大学图书馆联合研制的《中国国际影响力优秀学术期刊名录》（2017）。市社科院《城市问题》入选该名录。入选该名录的中国人文社会科学类学术期刊共有 60 家，《城市问题》排名第 36 位。

（北京市社会科学院朱霞辉供稿）

23 日　国家互联网信息办公室、司法部、全国普法办公室共同主办的全国“网信普法进校园”活动闭幕仪式在中国政法大学昌平校区举行。中央网信办副主任、国家网信办副主任杨小伟、司法部法治宣传司司长王晓光、教育部思想政治工作司副巡视员余先亭、中国政法大学党委书记、教授胡明等出席活动，大会由中国政法大学副校长时建中主持。

（中国政法大学科研处王培供稿）

24 日　北京日报报业集团主办、旺旺中时媒体集团协办的第三届两岸媒体人北京峰会开幕。国务院台办主任张志军，北京市委副书记、代市长陈吉宁出席开幕式并致辞。

张志军致辞说，党的十九大报告集中反映了习近平总书记推进祖国统一大业的新理念、新主张、新要求，概括起来就是“六个一”：一个根本目标就是解决台湾问题，实现祖国完全统一；一条基本方针就是必须继续坚持“和平统一、一国两制”方针，尽最大努力争取和平统一前景；一项主要任务就是推动两岸关系和平发展，为最终实现祖国统一创造和积累条件；一项基本原则就是“一个中国”原则，承认“九二共识”是破解当前两岸政治关系僵局的“不二法门”；一条清晰红线是坚决维护国家主权和领土完整，我们有坚定的意志、充分的信心、足够的能力挫败任何形式的“台独”分裂行径；一个重要理念是秉持两岸一家亲理念，逐步为台湾同胞在大陆学习、创业、就业、生活提供与大陆同胞同等的待遇。希望两岸媒体继续发挥社会公器作用，为激励两岸同胞共同致力于中华民族伟大复兴做出新的贡献。

陈吉宁致辞说，30 年来，新闻媒体交流始终走在两岸关系发展的前沿，为推动两岸关系和平发展营造了积极的舆论氛围。北京峰会作为促进两岸新闻媒体交流的重要平台，开展了一系列有深度、有成效的工作，已成为两岸媒体交流合作的重要桥梁和纽带。

本届两岸媒体人北京峰会有两岸百余家媒体及相关机构的代表汇聚一堂，围绕“携手·和声”主题，共话两岸新闻交流30年和融媒体时代的新闻实践。

（摘自《北京日报》2017年11月25日第1版）

同日　第三届“明远教育奖”颁奖典礼在北京师范大学敬文讲堂举行。北京师范大学校长、北京师范大学教育基金会顾明远教育研究发展基金（以下简称“明远教育基金”）理事长董奇、北京师范大学资深教授、“明远教育基金”终身名誉理事长顾明远以及来自海内外的300余名专家、学者和一线教育工作者出席本次颁奖典礼。

本届“明远教育奖”增加了奖励的名额和奖励的力度，经过严格的评审，教育研究类评选出5项优秀研究成果，教育实践类评选出10名优秀实践工作者和一个团队，海外贡献奖评选出2名中国教育研究杰出贡献奖得主。

（北京师范大学社科处刘娜供稿）

25日　从教育部获悉，联合国教科文组织网站日前发布消息称，我国申报的甲骨文已顺利通过联合国教科文组织世界记忆工程国际咨询委员会的评审，成功入选《世界记忆名录》。

《世界记忆名录》是联合国教科文组织的旗舰项目，创建于1997年，目的是对世界范围内逐渐老化、损毁、消失的文献记录进行抢救，并加强保护和利用，以提高全世界对文献遗产及其重要性的认识。该项目每两年评审一次，我国上一次申报的《南京大屠杀档案》于2015年入选。

甲骨文是我国发现最早的文献记录，出土于河南安阳殷墟遗址，是距今3000多年前的商代后期用于占卜祈祷的文字。正是由于有了从甲骨文一脉相承发展至今的汉字，中华文明才得以发展至今没有中断，这为研究中国源远流长的灿烂文明史和早期国家与社会形态提供了独特而真实的第一手资料。

甲骨文既是中华民族宝贵的文化遗产，也是人类共同的精神财富。此次甲骨文成功入选《世界记忆名录》，标志着世界对甲骨文重要文化价值及历史意义的高度认可，对于国际社会了解和认识甲骨文及博大精深的中华优秀传统文化具有重要推动作用，对于提升中华民族文化自信具有重要促进作用。

（摘自《光明日报》2017年11月25日 第1版）

26日　中国社会科学院学部主席团主办，中国社会科学院国际合作局、中国社会科学院民族学与人类学研究所承办的中国社会科学论坛暨第50届国际汉藏语言暨语言学会议在北京开幕。中国社会科学院副院长、党组成员李培林发来书面致辞。

开幕式由中国社会科学院民族学与人类学研究所党委书记方勇主持。中国社会科学院民族学与人类学研究所所长王延中代表会议主办方和承办方发表讲话。国际汉藏语言暨语言学会议创办人马提索夫教授、中国社会科学院语言研究所所长刘丹青在开幕式上致辞。

会议共分历史语言学、文献语言学、语音学、韵律与音变、形态学、语法学、类型学及语法化、词汇学等组别，论文涉及汉藏语言的历时比较、共时描写、形态类型、韵律音变、语音实验、古文字文献、语言生态、汉藏语大数据建设、汉藏语与周边语言关系、语言翻译及应用等领域。来自美国、法国、芬兰、日本、澳大利亚、新加坡、中国（含港澳台地区）的高校和科研院所的200余位学者参加会议。会议研讨的主题是“汉藏语系、南亚语系、南岛语系语言的热点问题”。

（中国社会科学院办公厅刘玉杰供稿）

27日　16个国家的知名出版机构同中国外文局外文出版社在京签署《习近平谈治国理政》第二卷国际合作翻译出版备忘录，共同翻译出版这些国家语种版本的《习近平谈治国理政》第二卷。

这16个国家分别是意大利、波兰、乌克兰、阿尔巴尼亚、罗马尼亚、肯尼亚、塔吉克斯坦、越南、巴基斯坦、孟加拉国、柬埔寨、老挝、蒙古国、尼泊尔、斯里兰卡和阿富汗。

中央宣传部（国务院新闻办公室）会同中央文献研究室、中国外文局编辑的《习近平谈治国理政》第二卷，近日由外文出版社以中英文版出版，面向海内外发行。

《习近平谈治国理政》第二卷生动记录了以习近平同志为核心的党中央团结带领全党全国各族人民在新时代坚持和发展中国特色社会主义的伟大实践，集中反映了习近平新时代中国特色社会主义思想的发展脉络和主要内容，充分体现了中国共产党为推动构建人类命运共同体、促进人类和平与发展事业贡献的中国智慧和中国方案，是深入学习掌握习近平新时代中国特色社会主义思想和党的十九大精神的权威读本。

《习近平谈治国理政》第一卷和第二卷的出版发行，受到国际社会的高度关注和广泛好评。目前，《习近平谈治国理政》第一卷已出版24个语种，全球发行超过 660 万册。

据介绍，《习近平谈治国理政》第二卷除中英文版，法、俄、西、阿、德、日、葡等语种的版本正在陆续翻译出版。许多国家的知名出版机构纷纷表达与我合作翻译出版当地语种版本的愿望。推进《习近平谈治国理政》第二卷的国际合作翻译出版，将帮助世界各国读者更好地了解习近平新时代中国特色社会主义思想的丰富内涵，客观认识和理解中国特色社会主义道路、理论、制度、文化，促进中外文化交流和治国理政经验互鉴。

（摘自《光明日报》2017 年 11 月 28 日第 1 版）

28 日　中共中央总书记、国家主席、中央军委主席习近平近日就旅游系统推进“厕所革命”工作取得的成效做出重要指示。他强调，两年多来，旅游系统坚持不懈推进“厕所革命”，体现了真抓实干、努力解决实际问题的工作态度和作风。旅游业是新兴产业，方兴未艾，要像抓“厕所革命”一样，不断加强各类软硬件建设，推动旅游业大发展。

习近平指出，厕所问题不是小事情，是城乡文明建设的重要方面，不但景区、城市要抓，农村也要抓，要把这项工作作为乡村振兴战略的一项具体工作来推进，努力补齐这块影响群众生活品质的短板。

（摘自《人民日报》2017 年 11 月 28 日 第 1 版）

12 月

1 日　来华出席中国共产党与世界政党高层对话会的部分外国政党领导人参观了中共中央党校和“砥砺奋进的五年”大型成就展。

在中央党校期间，外国政党领导人参观了校园和校史馆，并与中央党校校领导、教员和学员代表座谈。校领导介绍了中央党校的定位和职责，党校在不同历史时期发挥的重要作用，以及党校学习贯彻党的十九大精神的做法和举措。

苏丹全国大会党领导局成员、议长奥马尔，肯尼亚朱比利党总书记图朱，古巴共产党中央政治局委员、古巴工人中央工会总书记吉拉特以及费立民、贝淡宁等外国知名学者纷纷发言，与党校师生互动交流。

“通过参观交流，我们亲身感受到了中国共产党的开放氛围，看到了中共中央党校在教育培训和理论创新中发挥的巨大作用，也深入了解了中共重视执政能力建设的理念。”吉拉特说。

在“砥砺奋进的五年”大型成就展馆，外国政党代表通过参观 10 个主题展区和 1 个特色体验展区，全面了解党的十八大以来中国在经济、外交、社会、文化等领域取得的成就。他们充分肯定中国发展的巨大变化和为世界所做的贡献，高度评价中国共产党的治国理政能力，期待在对话会期间分享更多中国智慧和中国方案。

土耳其爱国党中央委员会委员索内尔说，展览不仅包括中国经济、社会发展成果的展示，更详细展示了中国共产党的执政经验。“这部分内容让我印象深刻，正因为有中国共产党强有力的领导，才有中国今天取得的辉煌成就。”

孟加拉国民族主义党中央人权事务书记阿萨杜扎曼表示，全球政党聚集在北京，了解中国的发展成就和中国共产党的执政理念，这是十分宝贵的机会。相信对话会将有助于各国政党共同提高执政能力，应对发展难题，为促进共同发展凝聚更多力量。

中共中央对外联络部主办的中国共产党与世界政党高层对话会于 11 月 30 日至 12 月 3 日在北京举行。来自 120 多个国家近 300 个政党和政治组织的领导人共 600 多名中外代表出席本次对话会。本次对话会的主题为“构建人类命运共同体、共同建设美好世界：政党的责任”。

（摘自《光明日报》2017 年 12 月 2 日 第 2 版）

4 日　全国行政学院系统政治学教研协作联席会 2017 年年会暨党的十九大精神培训班在京举办。国家行政学院党委委员、副院长杨克勤出席开班式并讲话。

杨克勤指出，行政学院系统教师学习贯彻党的十九大精神，首先要切实增强政治责任感和历史使命感。在全党全社会学习领会、宣传阐释、贯彻落实党的十九大精神的热潮当中，作为党的干部教育培训工作者，作为党的哲学社会科学工作者，要有极强的政治责任感和历史使命感，必须把学习宣传、贯彻落实党的十九大精神作为我们当前和今后一个时期首要的至关重要的政治任务，做到不辱使命。

杨克勤说，学习贯彻党的十九大精神，要按照党中央的部署和要求，重点在学懂弄通做实上狠下功夫。一是学懂。党的十九大报告内涵丰富，博大精深，首先要读原著，学原文，悟原理，认认真真地学，原原本本地学，反反复复地学，深入细致地学，在学懂上用真功夫，下大力气。二是弄通。要把学习习近平新时代中国特色社会主义思想，同学习马克思主义和科学社会主义的基本原理贯通起来，同我们党所推进的“五位一体”总体布局和“四个全面”战略布局的生动实践贯通起来，同贯彻落实党的十九大所做出的一系列战略部署贯通起来。三是做实。一分部署，九分落实。落实党的十九大精神，归根结底要靠我们的各级领导干部真抓实干，一点一点地把它落到实处。行政学院系统教师当前和今后相当长时期的重点工作，就是要切实做好党的十九大精神“进教材、进课堂、进头脑”的工作，用党的十九大精神武装思想，指导实践。

在大会发言阶段，来自国家行政学院政治学教研部和地方行政学院共15位专家学者分别从各自研究领域出发，从不同角度，围绕学习党的十九大精神、习近平新时代中国特色社会主义思想，以及如何加强中国特色社会主义政治学学科建设、搞好教学科研咨询工作，展开了全面而深入的交流与探讨。

此次会议由国家行政学院政治学教研部、教务部和进修部联合举办，采取学术会议和培训班相结合的方式进行，来自全国行政学院系统政治学相关专业的专家学者50余人参加。

（国家行政学院科研处刘斌供稿）

8日　北京市政协教文卫体委员会、民进北京市委、首都师范大学联合召开推进新时代全国文化中心建设座谈会。会议由校文化研究院承办。民进中央常务副主席、校文化研究院院长刘新成，北京市政协副主席李士祥，北京市政协常委、民进市委原常务副主委李焕喜，学校党委书记郑萼，校长宫辉力，北京市委宣传部副巡视员梅松等出席会议。北京市政协教文卫体委员会主任王守法主持会议。300余名北京市政协委员、民进会员、专家学者及首师大师生参加会议。梅松提出，文化创意产业为北京经济的发展和转型，为打造首都高精尖经济结构做出了重要贡献。针对前一时期北京文化创意产业部分领域的增长下滑趋势，市委、市政府正在对症下药，重新创造政策红利。李士祥指出，文化是一个城市的灵魂，在推进全国文化中心建设过程中，我们要增强使命感，尊重文化发展的客观规律，注重各方统筹，用持续发力、久久为功的精神打造全国文化中心。北京市政协将继续在党委统一领导下，深入调查研究，凝聚各方共识，多献务实良策，凝聚正能量，推动全国文化中心建设。

（首都师范大学社科处李葱供稿）

9日　《中国青年社会科学》编辑部主办的贯彻党的十九大精神暨《中国青年社会科学》专家座谈会在中央团校图书馆举办。

党委常委、副校长陆玉林，全国高校文科学报研究会副理事长姚申，《新华文摘》原总编、本刊顾问张耀铭，中国人民大学书报资料中心总编高自龙出席会议并致辞。陆士桢、风笑天、张良驯、仲伟民、朱剑、姚建龙、李玫瑾、石国亮、于凤菊等多名专家学者出席会议并发言。

陆玉林代表学校党委和《中国青年社会科学》编委会对来自全国各地的专家学者表示热烈的欢迎，并指出办好刊物的根本原则是坚持正确的政治方向，同时要牢牢把握学术性这个生存之根，理论性和思想性这个发展之基。

《高等学校文科学术文摘》总编、全国高校文科学报研究会副理事长姚申代表《高等学校文科学术文摘》杂志社、全国高校文科学报研究会向会议的召开表示祝贺。他认为，此次会议的召开恰逢其时，以党的十九大精神指导我国的青年社会科学研究十分必要。

专家学者们先后发言，就学习贯彻党的十九大精神和如何办好期刊提出了许多宝贵并且具有建设性的意见建议。

［中央团校（中国青年政治学院）科研部供稿］

10日　首都师范大学学前教育研究中心成立大会暨2017年北京学前教育论坛在国际文化大厦举行。来自北京市教育委员会、联合国儿童基金会驻华办事处、北京教育科学研究院、中国学前教育研究会的领导、专家，来自全国多所高校的专家学者、北京市各区的学前教育管理者、教研员、幼儿园园长和老师在内的200余名嘉宾，以及首都师大的师生们参加了本次大会。本次大会在“幼有所育、学有所教”作为重要民生发展目标被写入了党的十九大报告的背景下召开，具有特别的意义。在祖国各项事业迈入新时代之际，学前教育也踏上了新的征程。近些年来，不断涌现的研究成果在我国学前教育政策制定、社会服务、人才培养等方面发挥了巨大的推动作用，学前教育研究愈发受到政府、社会、幼教机构的重视。首都师范大学此次决定成立学前教育研究中心，标志着学前教育学科将迎来更为广阔的发展机遇，在学科建设、人才培养和社会服务工作中做出更多的贡献。

（首都师范大学社科处李葱供稿）

11日　中央民族大学与中央社会主义学院签署战略合作协议。国家民委专职委员、中央民族大学党委书记张京泽出席签约仪式并讲话。

根据协议，中央民族大学与中央社会主义学院将在民族学、文化学、社会学学科建设，教学与人才培养，学术研究与智库合作等方面展开务实合作，诸如开展知名学者和中青年学术骨干的学习交流，相互开发教学实践基地，共同举办短期培训班、夏令营或研习营，互聘对方学者担任智库或研究机构特聘、特约研究员，联合设立重大研究项目和专家团队，共同举办学术活动，加强学报合作等。

中央社会主义学院党组成员、副院长朱沛丰、中央民族大学党委常委、副校长石亚洲及双方相关部门负责人出席签约仪式。

（中央民族大学科研处供稿）

14 日　中共中央宣部召开首批习近平新时代中国特色社会主义思想研究机构成立和建设工作会议。为进一步深化习近平新时代中国特色社会主义思想的研究阐释，经党中央批准，10 家习近平新时代中国特色社会主义思想研究机构，在中央党校、教育部、中国社会科学院、国防大学、北京市、上海市、广东省、北京大学、清华大学和中国人民大学成立。这 10 家研究中心（院）都有雄厚的研究实力和很强的研究队伍，必将在研究宣传阐释习近平新时代中国特色社会主义思想上发挥重要作用。市委宣传部副部长、中国特色社会主义理论体系研究中心常务副主任韩昱，市委宣传部理论处处长、中国特色社会主义理论体系研究中心秘书长张际，市社科联副主席、中国特色社会主义理论体系研究中心副主任李翠玲，市中国特色社会主义理论体系研究中心办公室主任许星参会。

（北京市中国特色社会主义理论研究中心办公室供稿）

15 日　首都师范大学研究生院牵头，学校办公室、发展规划办公室和教育学院密切配合，与北京师范大学相关职能部处和教育学部积极进行沟通，双方就共建教育学科达成合作共识。首师大校长孟繁华、北师大校长董奇共同签署了《北京师范大学 首都师范大学共建世界一流教育学科协议》，双方约定在学科建设、人才培养等方面进行合作共建。北京师范大学、首都师范大学共建世界一流教育学科，是教育部直属高校和市属高校联合进行科教创新、学科创新的重要举措之一，是助力北京教育发展、服务北京市“四个中心”的重大战略举措，同时也是本校教育学科建设发展的重要契机。

（首都师范大学社科处李蒽供稿）

17 日　中国社会科学院经济研究所主办、《经济学动态》编辑部承办、社会科学文献出版社协办的纪念改革开放 40 周年暨《经济学动态》复刊 40 周年大型研讨会在北京开幕。

中国社会科学院副院长、党组成员蔡昉，中国社会科学院学部委员、经济研究所所长、《经济学动态》主编高培勇，中国社会科学院经济研究所原副所长、《经济学动态》原主编冒天启，南开大学原副校长逄锦聚出席开幕式并致辞。开幕式由中国社会科学院经济研究所党组书记、副所长、《经济学动态》副主编王立胜主持。

来自全国各地高校和科研机构的 70 余位学者以及慕名而来的 200 余名学者参加会议。会议的主要议题有“新时代中国特色社会主义政治经济学的学科定位”“中国道路：改革、发展与稳定”“新时代中国特色社会主义政治经济学发展方向”“改革开放 40 年经济发展奇迹背后的中国经验”“新时代经济学学术期刊建设”“《经济学动态》编辑部新老同事座谈会”。

《经济学动态》自创刊以来，始终坚持正确的办刊方向，坚持宣传和研究马克思主义的经济理论，及时反映国内经济理论动态，始终坚持以服务党和国家重大战略，繁荣社会科学为宗旨，坚持以“立足于我国改革发展实践，研究、阐释当代社会主义经济发展和运行规律”为选稿标准，刊发对改革发展中重大理论与现实问题有深入研究的稿件，并坚持在介绍国外马克思主义研究最新进展的过程中用正确的立场进行扬弃、批判、借鉴与宣传。近年来，坚持以马克思主义为理论基础，深入贯彻习近平总书记系列讲话精神，以习近平总书记在“哲学社会科学工作座谈会上的讲话”为依据，积极组织、宣传、引领学术界对中国特色社会主义政治经济学研究的方向。

（中国社会科学院办公厅刘玉杰编辑、供稿）

同日　北京工商大学商学院在北京工商大学举办京津港创新创业年度峰会暨北京 MBA 联盟第十三届主席峰会。北京工商大学副校长谢志华教授、北京工商大学商学院院长王国顺教授、香港专业人士（北京）协会副理事长萧惠君、中国商业经济学会执行秘书长尹传高、中国中润坤元投资管理有限公司总经理、北京 MBA 联盟创始人刘聿达，北航星空众创空间总经理、北京航空航天大学 2014 级 MBA 联合会主席孙齐，北京 MBA 联盟理事会副理事长兼秘书长、中国建筑装饰协会适老产业委员会秘书长杨月洁，宝蓝股份董事、创业公社 COO、北京 MBA 联盟理事会副理事长刘宝廷、北京国质通餐饮供应链有限公司合伙人、第十二届北京 MBA 联盟主席张建光、香港专业人士（北京）协会青年事务委员会主委助理余彦俊、香港专业人士（北京）协会青年事务委员会委员黄沛华及北京工商大学商学院MBA师生100多人一起聚焦三地协同发展。

谢志华提出青年正处于网络体系下的通信技术、大数据形成的智能时代，MBA应该研究如何为青年双创提供良好的环境和平台体系并应带领更多人双创。萧惠君表示，过去一年里与大陆方一起做出了很多成绩，港专协会将坚持“融入北京、贡献祖国”的宗旨，充分发挥桥梁的作用，为祖国的双创事业奉献力量。WE＋联合办公空间创办人之一、香港专业人士协会创新工商委员会主任何善恒做了名为“两地融合、共创未来”的主题演讲，用自己的亲身经历讲了创业故事，提出了“共享、工商、共营无边界”的合作理念。

会议期间北京工商大学创新创业研究中心与WE＋联合办公空间、河南豫满全球跨境电商发展有限公司、小米生态链（谷仓学院）创新创业孵化器、北航星空众创空间举行了战略合作签约仪式。

（北京工商大学科学技术处供稿）

20日　坦桑尼亚外交与东非合作部部长奥古斯丁·菲利普·马希加率团到访外交学院沙河校区。外交学院院长秦亚青教授、院长助理高飞教授会见了马希加一行，外办主任吴晓萍等陪同会见。秦亚青简要介绍了外交学院的基本情况。马希加表示他非常高兴有机会到访外交学院，并感谢外交学院对坦桑尼亚外交官和学生的培训。希望今后能与外交学院在共同研究方面开展合作。

随后，马希加在沙河图书馆报告厅以“中坦双边关系”为题发表演讲，秦亚青主持。马希加介绍了中坦关系的历史、现状及未来。马希加赞赏中国的“一带一路”倡议，中坦合作将会以此为契机，创造双赢的局面。希望未来中坦在能源、基础设施、农业、人文交流等方面继续加强合作。坦方希望能平等地参与国际事务和全球治理，奉行不结盟政策。最后，马希加对青年学生寄予期望，希望中坦青年一代能继续传承中坦友谊。秦亚青在总结中指出，中坦双方是互助共赢的伙伴关系，双方都竭力支持对方，这种关系是建立在互相理解、平等、互助基础上的。中坦双方有着共同的过去、现在和未来，中坦双方应当继续加强合作与伙伴关系，使这种友谊能够代代相传。

（外交学院科研处李琮供稿）

同日　日前，国务院办公厅印发《关于深化产教融合的若干意见》（以下简称《意见》）。

《意见》指出，深化产教融合，促进教育链、人才链与产业链、创新链有机衔接是当前推进人力资源供给侧结构性改革的迫切要求，对新形势下全面提高教育质量、扩大就业创业、推进经济转型升级、培育经济发展新动能具有重要意义。要全面贯彻党的十九大精神，坚持以习近平新时代中国特色社会主义思想为指导，深化职业教育、高等教育等改革，促进人才培养供给侧和产业需求侧结构要素全方位融合，培养大批高素质创新人才和技术技能人才，加快建设实体经济、科技创新、现代金融、人力资源协同发展的产业体系。

《意见》明确，要同步规划产教融合与经济社会发展，将教育优先、人才先行融入各项政策；统筹职业教育与区域发展布局，引导职业教育资源逐步向产业和人口集聚区集中；促进高等教育融入国家创新体系和新型城镇化建设。

（摘自《人民日报》2017年12月20日第1版）

27日　中国社会科学院召开专场发布会，集中发布了四大门类26项创新工程重大成果。这些成果是从2017年度全院学者完成的近300部专著，4000多篇论文，200多部研究报告集、论文集，百余种学术资料、古籍整理、译著、普及读物、教材等成果中严格遴选而出，代表了中国社科院在哲学社会科学研究和国家高端智库建设领域取得的年度成就。中国社会科学院副院长、党组成员李培林出席发布会。

遴选发布的重大成果具体：“中国特色社会主义道路与意识形态建设研究成果”2项，包括“中国特色社会主义道路及世界意义研究”系列文章、《资产阶级错误思潮批判文选》；基础研究成果5项，包括《辉县路固》《先秦城邑考古》《中国古代历史图谱》《剑桥古代史》《黑龙江屯垦史》；重大理论与现实问题研究成果13项，包括《中国战略性新兴产业论》《中国政府资产负债表（2017）》《新工业革命：理论逻辑与战略视野》等；智库研究成果6项，包括《2018年中国经济形势分析与预测》《2018年中国社会形势分析与预测》《中国反腐倡廉建设报告（No.7）》《中国海外投资国家风险评级报告（2017）》等。

这些成果很多并非个人独创，而是集体智慧结晶；研究跨度最长的成果历经60余年，凝聚了几代学者的心血与努力。

（中国社会科学院办公厅刘玉杰编辑、供稿）

29日　中国社会科学院习近平新时代中国特色社会主义思想研究中心成立大会在北京召开。

中国社会科学院院长、党组书记王伟光与中宣部理论局巡视员、副局长王心富为中国社会科学院习近平新时代中国特色社会主义思想研究中心揭牌。中国社会科学院副院长、党组副书记王京清主持会议并宣布中国社会科学院党组成立习近平新时代中国特色社会主义思想研究中心的决定。中央纪委驻中国社会科学院纪检组组长、院党组成员邓中华宣布中国社会科学院习近平新时代中国特色社会主义思想研究中心学术顾问、学术指导委员、特约研究员代表名单。与会领导为学术顾问、学术指导委员、特约研究员代表颁发了聘书。

中央党史研究室主任曲青山，中组部原部长张全景，中央文献研究室原主任滕文生，马克思主义理论研究和建设工程咨询委员会主任徐光春，中国社会科学院原副院长汝信，中央政策研究室原副主任郑科扬，中央党史研究室原副主任沙健孙，国防大学联合勤务学院少将军衔教授邵维正，中国社会科学院原副院长李慎明，中央政策研究室原副主任方立，中信集团原董事长、中信改革发展研究基金会理事长孔丹，中央党史研究室原副主任张启华，中央党史研究室原副主任高永中，中央党校副校长黄浩涛，人民日报社副总编辑兼理论部主任张首映，中国藏学研究中心原党组书记朱晓明等出席会议。

中宣部理论局负责同志，中国社会科学院习近平新时代中国特色社会主义思想研究中心学术顾问、学术指导委员、特约研究员，中国社会科学院信息情报研究院、中国特色社会主义理论体系研究中心全体人员，中国社会科学院马克思主义研究院部分人员约300人参加成立大会。

（中国社会科学院办公厅刘玉杰供稿）

·附　　录·

概　　述

本栏目记述2017年北京市社会科学理论著作出版基金资助情况，包括每部著作的推荐单位、著作名称、申请人、出版社等；记述北京地区15所院校、1所党校和1所科研单位2017年人文社会科学研究基本情况统计，包括研究人员情况、课题研究情况和研究成果情况。

北京市社会科学理论著作出版基金资助情况一览表

2017年（总第50批）批准重点资助项目名单

序号	推荐单位	著作名称	申请人	出版社
1	中国人民大学	治国理政新理念新思想新战略丛书	靳　诺	中国人民大学出版社

2017年（总第50批）批准常规资助著作名单

（排名不分先后）

序号	推荐单位	著作名称	申请人	出版社
1	北京外国语大学	中国现代文学作家在俄罗斯	王立业	北京大学出版社
2	北京大学	无法终结的现代性——中国文学的当代境遇	陈晓明	北京大学出版社
3	北京大学	杜诗艺术与辨体	葛晓音	北京大学出版社
4	中国传媒大学	中国现当代文学中的北京城市形象研究	张鸿声	北京大学出版社
5	北京大学	清物十志：文人之物的意义世界	李　溪	北京大学出版社

续表

序号	推荐单位	著作名称	申请人	出版社
6	北京大学	形似神异——《三国演义》在泰国的传播	金　勇	北京大学出版社
7	北京外国语大学	海外华人华侨对中华文化的传承与传播研究	刘　琛	北京大学出版社
8	北京大学	日本近世易学研究	王　鑫	北京大学出版社
9	北京林业大学	民事检察权研究	韩静茹	北京大学出版社
10	北京大学	改革开放30年中国外国文学研究	罗　芃	北京大学出版社
11	北京社会科学院	刑事政策社会化	常秀娇	清华大学出版社
12	中国人民大学	马克思主义中国化进程中经典著作编译与传播研究（1919—1949）	王海军	中国人民大学出版社
13	中国人民大学	城市治理的逻辑	杨宏山	中国人民大学出版社
14	清华大学	中国当代语境下的文化矛盾与文化走向	邹广文	首都师范大学出版社

（北京市社会科学理论著作出版基金办公室供稿）

北京地区社科研究单位（部分）2017年人文社会科学研究基本情况统计

北京大学2017年度人文社会科学研究基本情况统计表

学科门类	研究人员情况						课题研究情况				研究成果情况		
	合计	教授	副教授	讲师	助教	初级	合计	基础研究	应用研究	其他	出版著作	发表论文	获奖成果（省部级及以上）
	1456	583	556	290	27	0	1556	649	906	1	383	3054	27
管理学	91	39	32	17	3	0	241	97	144	0	50	441	4
马克思主义	20	9	7	3	1	0	30	21	9	0	3	119	1
哲学	73	40	25	5	3	0	53	49	4	0	27	181	2
逻辑学	6	4	2	0	0	0	0	0	0	0	1	14	1
宗教学	13	7	5	1	0	0	6	6	0	0	7	36	0
语言学	167	40	83	41	3	0	41	33	8	0	28	124	2
中国文学	71	40	28	3	0	0	51	46	5	0	38	279	3
外国文学	127	40	42	42	3	0	22	21	1	0	8	75	1
艺术学	28	18	8	2	0	0	43	23	20	0	4	115	1
历史学	82	46	22	9	5	0	41	35	6	0	31	182	2
考古学	49	23	17	9	0	0	94	619	32	1	30	144	0
经济学	187	77	73	35	2	0	230	28	202	0	26	398	1
政治学	79	33	33	13	0	0	62	17	45	0	12	50	1
法学	115	51	35	29	0	0	173	32	141	0	58	294	2
社会学	64	34	20	9	1	0	160	71	89	0	1	193	2
民族学	1	0	1	0	0	0	1	1	0	0	1	5	0

续表

学科门类	研究人员情况						课题研究情况				研究成果情况		
	合计	教授	副教授	讲师	助教	初级	合计	基础研究	应用研究	其他	出版著作	发表论文	获奖成果（省部级及以上）
新闻学与传播学	24	13	10	1	0	0	80	29	51	0	14	100	1
图书、情报、文献学	143	37	47	57	2	0	95	59	36	0	3	131	1
教育学	45	21	21	3	0	0	115	9	106	0	41	153	2
统计学	8	3	5	0	0	0	0	0	0	0	0	0	0
心理学	7	2	4	1	0	0	0	0	0	0	0	1	0
体育学	56	6	36	10	4	0	18	11	7	0	0	19	0

（北京大学社科部供稿）

中国人民大学2017年度人文社会科学研究基本情况统计表

学科门类	研究人员情况						课题研究情况				研究成果情况		
	合计	教授	副教授	讲师	助教	初级	合计	基础研究	应用研究	其他	出版著作	发表论文	获奖成果（省部级及以上）
	1721	598	665	435	23	0	5014	1859	3012	143	512	3851	23
管理学	286	80	103	97	6	0	1124	268	808	48	70	610	3
马克思主义	35	17	11	7	0	0	164	104	60	0	15	211	2
哲学	82	45	26	11	0	0	173	129	44	0	25	216	2
逻辑学	0	0	0	0	0	0	0	0	0	0	0	0	0
宗教学	14	6	7	1	0	0	35	23	12	0	7	24	0
语言学	92	13	42	36	1	0	77	56	21	0	24	52	0
中国文学	74	30	27	17	0	0	121	99	22	0	23	127	3
外国文学	13	6	5	2	0	0	0	0	0	0	0	0	0
艺术学	37	4	20	13	0	0	47	36	11	0	13	88	0
历史学	95	40	32	23	0	0	176	132	44	0	24	171	1
考古学	14	3	5	6	0	0	78	40	38	0	1	31	0
经济学	386	168	151	67	0	0	1206	325	839	42	116	1023	9
政治学	73	32	28	13	0	0	164	89	75	0	24	123	0
法学	133	58	53	22	0	0	417	171	246	0	85	398	1
社会学	70	24	35	10	1	0	457	124	303	30	19	243	1
民族学与文化学	0	0	0	0	0	0	1	1	0	0	2	1	0
新闻学与传播学	65	23	31	11	0	0	184	72	112	0	16	163	0
图书馆、情报与文献学	84	17	33	32	2	0	155	54	101	0	9	85	0
教育学	84	11	17	44	12	0	155	44	102	9	14	93	1
统计学	41	15	15	10	1	0	220	60	148	12	14	79	0

续表

学科门类	研究人员情况						课题研究情况				研究成果情况		
	合计	教授	副教授	讲师	助教	初级	合计	基础研究	应用研究	其他	出版著作	发表论文	获奖成果（省部级及以上）
心理学	16	4	6	6	0	0	39	16	21	2	6	85	0
体育学	27	2	18	7	0	0	21	16	5	0	5	28	0

（中国人民大学科研处供稿）

北京师范大学2017年度人文社会科学研究基本情况统计表

学科门类	研究人员情况						课题研究情况				研究成果情况		
	合计	教授	副教授	讲师	助教	初级	合计	基础研究	应用研究	其他	出版著作	发表论文	获奖成果（省部级及以上）
	1196	391	389	409	7	0	3384	2242	1142	2756	423	2333	21
管理学	79	26	26	27	0	0	302	195	107	177	37	140	7
马克思主义	29	9	12	8	0	0	67	59	8	23	3	20	
哲学	39	21	10	8	0	0	114	100	14	138	19	119	1
逻辑学	2	0	1	1	0	0	1	1	0	0	0	0	
宗教学	3	2	1	0	0	0	5	5	0	2	0	2	
语言学	108	29	41	38	0	0	107	61	46	160	35	125	
中国文学	68	27	18	22	1	0	143	120	23	184	41	143	2
外国文学	21	8	8	5	0	0	24	24	0	68	14	54	
艺术学	73	21	18	34	0	0	112	83	29	264	34	230	
历史学	71	28	18	24	1	0	145	133	12	182	41	141	2
考古学	3	1	0	2	0	0	10	10	0	6	0	6	
经济学	88	28	22	38	0	0	253	162	91	180	34	146	2
政治学	20	9	5	6	0	0	39	32	7	13	0	13	
法学	95	33	33	29	0	0	263	178	85	178	20	158	1
社会学	46	13	19	13	1	0	165	117	48	85	19	66	1
民族学	6	1	2	3	0	0	19	10	9	24	3	21	
新闻学与传播学	20	8	4	8	0	0	40	25	15	48	7	41	1
图书、情报、文献学	17	3	9	5	0	0	29	15	14	96	5	91	
教育学	245	65	86	93	1	0	1193	735	458	543	100	443	2
统计学	17	5	5	7	0	0	55	41	14	44	3	41	1
心理学	95	38	29	28	0	0	264	111	153	262	0	262	1
体育学	51	16	22	10	3	0	34	25	9	79	8	71	

（北京师范大学社会科学处供稿）

中央民族大学2017年度人文社会科学研究基本情况统计表

学科门类	研究人员情况						课题研究情况				研究成果情况		
	合计	教授	副教授	讲师	助教	初级	合计	基础研究	应用研究	其他	出版著作	发表论文	获奖成果（省部级及以上）
	1110	207	289	510	49	55	774	418	354	2	121	888	7
管理学	57	15	19	19	2	2	46	8	37	1	6	42	0
马克思主义	20	3	9	7	0	1	21	11	10	0	1	42	0
哲学	29	8	3	15	2	1	11	9	2	0	0	13	0
逻辑学	0	0	0	0	0	0	0	0	0	0	0	0	0
宗教学	5	3	2	0	0	0	15	12	3	0	0	20	1
语言学	161	26	35	86	7	7	125	90	35	0	29	102	0
中国文学	84	18	20	38	1	7	43	41	2	0	20	90	0
外国文学	41	5	10	21	3	2	4	4	0	0	0	10	0
艺术学	208	18	48	107	27	8	67	30	37	0	14	64	0
历史学	45	13	13	17	0	2	29	26	3	0	4	52	0
考古学	11	1	3	6	1	0	10	8	2	0	0	12	0
经济学	78	23	24	31	0	0	64	27	37	0	9	70	0
政治学	15	2	4	8	0	1	15	9	6	0	3	32	0
法学	71	15	22	28	1	5	52	25	27	0	6	74	0
社会学	45	10	14	17	1	3	58	22	36	0	7	60	4
民族学	83	25	20	33	1	4	115	56	59	0	10	133	2
新闻学与传播学	29	5	8	14	0	2	17	5	12	0	1	18	0
图书、情报、文献学	35	1	8	24	1	1	9	8	1	0	0	3	0
教育学	42	8	11	20	0	3	49	25	24	0	10	39	0
统计学	15	3	5	6	1	0	15	0	14	1	0	8	0
心理学	2	0	0	1	0	1	0	0	0	0	0	0	0
体育学	34	5	11	12	1	5	9	2	7	0	1	4	0

（中央民族大学科研处供稿）

中国政法大学2017年度人文社会科学研究基本情况统计表

学科门类	研究人员情况						课题研究情况				研究成果情况		
	合计	教授	副教授	讲师	助教	初级	合计	基础研究	应用研究	其他	出版著作	发表论文	获奖成果（省部级及以上）
	998	294	420	265	19	0	2707	459	2244	4	124	844	8
管理学	47	10	21	15	1	0	116	12	104	0	5	54	0
马克思主义	47	4	14	24	5	0	57	16	41	0	3	35	0
哲学	32	8	16	8	0	0	34	21	13	0	0	25	0

续表

学科门类	研究人员情况						课题研究情况				研究成果情况		
	合计	教授	副教授	讲师	助教	初级	合计	基础研究	应用研究	其他	出版著作	发表论文	获奖成果（省部级及以上）
逻辑学	6	2	4	0	0	0	0	0	0	0	0	0	0
宗教学	5	2	0	3	0	0	3	1	2	0	0	0	0
语言学	80	14	41	22	2	0	72	12	60	0	1	29	0
中国文学	16	3	7	6	0	0	10	4	6	0	2	14	0
外国文学	17	2	4	9	2	0	7	4	3	0	0	6	0
艺术学	7	2	3	2	0	0	13	2	11	0	1	4	0
历史学	19	4	9	6	0	0	32	18	14	0	2	6	0
考古学	0	0	0	0	0	0	1	1	0	0	0	0	0
经济学	37	14	15	8	0	0	78	8	70	0	5	23	0
政治学	54	22	22	10	0	0	98	26	72	0	8	61	2
法学	482	189	205	85	3	0	2002	307	1692	3	87	514	5
社会学	20	6	8	6	0	0	46	12	33	1	3	19	1
民族学	0	0	0	0	0	0	0	0	0	0	0	2	0
新闻学与传播学	28	3	13	10	2	0	109	10	99	0	4	26	0
图书、情报、文献学	46	6	7	33	0	0	2	0	2	0	0	3	0
教育学	15	1	6	6	2	0	19	4	15	0	2	21	0
统计学	2	0	0	2	0	0	3	0	3	0	0	0	0
心理学	12	0	6	0	1	0	4	1	3	0	0	0	0
体育学	31	1	19	10	1	0	1	0	1	0	1	2	0

（中国政法大学科研处供稿）

中央财经大学 2017 年度人文社会科学研究基本情况统计表

学科门类	研究人员情况						课题研究情况				研究成果情况		
	合计	教授	副教授	讲师	助教	初级	合计	基础研究	应用研究	其他	出版著作	发表论文	获奖成果（省部级及以上）
	1191	293	448	382	56	12	2014	397	1617	0	165	1216	8
管理学	275	66	100	91	15	3	533	86	447	0	34	312	3
马克思主义	27	8	10	8	1	0	63	38	25	0	5	36	0
哲学	11	3	2	5	0	1	5	1	4	0	2	13	0
逻辑学	4	1	3	0	0	0	4	3	1	0	0	0	0
宗教学	0	0	0	0	0	0	2	1	1	0	0	0	0
语言学	57	7	25	22	2	1	10	4	6	0	0	0	1
中国文学	19	8	2	8	1	0	8	7	1	0	3	22	0
外国文学	15	2	6	7	0	0	3	3	0	0	7	20	0
艺术学	17	1	2	13	1	0	16	5	11	0	5	17	0

续表

学科门类	研究人员情况						课题研究情况				研究成果情况		
	合计	教授	副教授	讲师	助教	初级	合计	基础研究	应用研究	其他	出版著作	发表论文	获奖成果（省部级及以上）
历史学	6	2	2	2	0	0	2	2	0	0	0	2	0
考古学	0	0	0	0	0	0	0	0	0	0	0	0	0
经济学	466	141	175	129	18	3	810	109	701	0	68	489	2
政治学	12	0	6	6	0	0	8	3	5	0	2	8	0
法学	80	16	36	24	4	0	217	48	169	0	25	119	1
社会学	28	10	11	5	2	0	69	14	55	0	3	23	0
民族学	0	0	0	0	0	0	1	1	0	0	0	0	0
新闻学与传播学	19	2	8	7	1	1	25	11	14	0	4	26	0
图书、情报、文献学	18	4	1	12	0	1	24	0	24	0	0	4	0
教育学	37	4	5	20	8	0	103	26	77	0	4	49	0
统计学	35	8	17	10	0	0	70	26	44	0	1	16	0
心理学	25	2	14	7	2	0	22	7	15	0	2	19	1
体育学	40	8	23	6	1	2	19	2	17	0	0	41	0

（中央财经大学科研处供稿）

对外经济贸易大学 2017 年度人文社会科学研究基本情况统计表

学科门类	研究人员情况						课题研究情况				研究成果情况		
	合计	教授	副教授	讲师	助教	初级	合计	基础研究	应用研究	其他	出版著作	发表论文	获奖成果（省部级及以上）
	1032	238	316	426	50	2	978	245	733	0	84	1111	9
管理学	222	49	64	94	13	2	286	69	217	0	10	268	3
马克思主义	45	8	8	20	9	0	21	12	9	0	3	22	0
哲学	1	0	1	0	0	0	5	5	0	0	0	2	0
逻辑学	0	0	0	0	0	0	0	0	0	0	0	0	0
宗教学	0	0	0	0	0	0	0	0	0	0	0	0	0
语言学	160	23	58	69	10	0	50	29	21	0	13	87	0
中国文学	17	2	12	3	0	0	13	12	1	0	0	34	0
外国文学	36	6	9	16	5	0	17	14	3	0	4	23	0
艺术学	5	0	1	3	1	0	2	1	1	0	1	3	0
历史学	1	0	0	1	0	0	6	5	1	0	0	9	0
考古学	0	0	0	0	0	0	0	0	0	0	2	0	0
经济学	343	104	105	131	3	0	362	32	330	0	0	437	0
政治学	37	8	15	12	2	0	23	8	15	0	35	51	3
法学	78	30	14	33	1	0	98	28	70	0	6	53	1
社会学	1	0	1	0	0	0	11	1	10	0	8	8	2

续表

学科门类	研究人员情况						课题研究情况				研究成果情况		
	合计	教授	副教授	讲师	助教	初级	合计	基础研究	应用研究	其他	出版著作	发表论文	获奖成果（省部级及以上）
民族学	0	0	0	0	0	0	0	0	0	0	1	0	0
新闻学与传播学	7	0	2	5	0	0	17	7	10	0	0	13	0
图书、情报、文献学	20	1	4	14	1	0	3	0	3	0	1	5	0
教育学	10	2	1	5	2	0	18	5	13	0	0	67	0
统计学	25	5	9	11	0	0	43	16	27	0	0	26	0
心理学	0	0	0	0	0	0	0	0	0	0	0	0	0
体育学	24	0	12	9	3	0	3	1	2	0	0	3	0

（对外经济贸易大学科研处供稿）

中国传媒大学 2017 年度人文社会科学研究基本情况统计表

学科门类	研究人员情况						课题研究情况				研究成果情况		
	合计	教授	副教授	讲师	助教	初级	合计	基础研究	应用研究	其他	出版著作	发表论文	获奖成果（省部级及以上）
	1311	235	391	608	68	9	516	262	254		151	1031	3
管理学	184	27	61	83	12	1	34	26	8		7	29	
马克思主义	13	4	4	4	1	0	14	4	10		2	10	
哲学	11	2	6	3	0	0					1	6	
逻辑学	1	0	0	1	0	0					0	0	
宗教学	0	0	0	0	0	0					0	0	
语言学	163	23	46	83	11	0	17	5	12		19	36	
中国文学	45	7	25	13	0	0	5	5			9	73	
外国文学	16	2	4	10	0	0	1	1			3	12	
艺术学	407	76	95	205	27	4	51	36	15		41	320	2
历史学	6	3	1	2	0	0	2	2			0	2	
考古学	0	0	0	0	0	0					0	0	
经济学	24	5	10	7	2	0	18	7	11		3	11	
政治学	15	5	3	7	0	0	4	3	1		0	14	
法学	21	2	6	12	0	1	7	3	4		1	22	
社会学	7	1	1	5	0	0	2	1	1		4	6	
民族学	2	1	0	1	0	0	2	1	1		1	2	
新闻学与传播学	341	71	115	138	14	3	324	150	174		56	464	1
图书、情报、文献学	14	0	6	8	0	0	4	3	1		0	1	
教育学	31	4	8	18	1	0	31	16	15		3	13	
统计学	0	0	0	0	0	0					0	0	

续表

学科门类	研究人员情况						课题研究情况				研究成果情况		
	合计	教授	副教授	讲师	助教	初级	合计	基础研究	应用研究	其他	出版著作	发表论文	获奖成果（省部级及以上）
心理学	0	0	0	0	0	0					1	0	
体育学	10	2	0	8	0	0					0	10	

（中国传媒大学文科科研处供稿）

中国农业大学2017年度人文社会科学研究基本情况统计表

学科门类	研究人员情况						课题研究情况				研究成果情况		
	合计	教授	副教授	讲师	助教	初级	合计	基础研究	应用研究	其他	出版著作	发表论文	获奖成果（省部级及以上）
	366	79	168	102	8	9	813	177	636	0	32	881	4
管理学	76	21	31	16	4	4	341	62	279	0	11	411	1
马克思主义	16	2	9	5	0	0	40	24	16	0	3	48	0
哲学	5	0	5	0	0	0	2	2	0	0	0	5	0
逻辑学	0	0	0	0	0	0	0	0	0	0	0	0	0
宗教学	0	0	0	0	0	0	0	0	0	0	0	0	0
语言学	34	5	14	14	0	1	6	3	3	0	1	5	0
中国文学	1	0	1	0	0	0	0	0	0	0	1	2	0
外国文学	4	0	2	2	0	0	0	0	0	0	0	14	0
艺术学	4	0	0	2	0	0	3	1	2	0	0	0	0
历史学	2	0	2	0	0	0	2	2	0	0	0		0
考古学	0	0	0	0	0	0	0	0	0	0	0	13	0
经济学	75	29	34	10	0	2	261	41	220	0	10	320	2
政治学	1	0	1	0	0	0	0	0	0	0	0	0	0
法学	21	2	13	5	0	1	23	4	19	0	1	6	0
社会学	45	12	17	15	1	0	83	19	64	0	5	37	1
民族学	0	0	0	0	0	0	0	0	0	0	0	1	0
新闻学与传播学	15	1	8	6	0	0	10	2	8	0	0	9	0
图书、情报、文献学	41	5	15	19	2	0	19	6	13	0	0	2	0
教育学	9	1	4	3	0	1	18	9	9	0	0	7	0
统计学	0	0	1	0	0	0	0	0	1	0	0	0	0
心理学	1	0	1	0	0	0	0	0	0	0	0	0	0
体育学	16	1	9	5	1	0	5	2	3	0	0	1	0

（中国农业大学科学技术发展研究院供稿）

北京科技大学 2017 年度人文社会科学研究基本情况统计表

学科门类	研究人员情况						课题研究情况				研究成果情况		
	合计	教授	副教授	讲师	助教	初级	合计	基础研究	应用研究	其他	出版著作	发表论文	获奖成果（省部级及以上）
	431	63	169	199	0	0	552	297	255	0	20	268	2
管理学	75	21	30	24	0	0	147	90	57	0	0	139	0
马克思主义	31	5	13	13	0	0	55	35	20	0	2	32	0
哲学	10	1	5	4	0	0	8	5	3	0	3	3	0
逻辑学	0	0	0	0	0	0	0	0	0	0	0	0	0
宗教学	0	0	0	0	0	0	0	0	0	0	0	0	0
语言学	81	5	27	49	0	0	38	34	4	0	10	28	0
中国文学	3	0	3	0	0	0	0	0	0	0	0	2	0
外国文学	21	2	6	13	0	0	8	8	0	0	1	7	0
艺术学	24	1	7	16	0	0	15	5	10	0	0	1	0
历史学	3	0	2	1	0	0	5	3	2	0	1	2	0
考古学	15	4	4	7	0	0	68	13	55	0	0	16	0
经济学	62	15	29	18	0	0	78	52	26	0	3	5	1
政治学	3	0	1	2	0	0	11	2	9	0	0	1	0
法学	25	4	10	11	0	0	39	14	25	0	0	18	0
社会学	10	2	5	3	0	0	35	11	24	0	0	13	0
民族学	0	0	0	0	0	0	0	0	0	0	0	0	0
新闻学与传播学	0	0	0	0	0	0	1	1	0	0	0	0	0
图书、情报、文献学	21	1	6	14	0	0	3	1	2	0	0	0	0
教育学	10	1	1	8	0	0	33	20	13	0	0	1	1
统计学	1	0	1	0	0	0	1	0	1	0	0	0	0
心理学	1	0	1	0	0	0	0	0	0	0	0	0	0
体育学	35	1	18	16	0	0	7	3	4	0	0	0	0

（北京科技大学科学研究与发展部供稿）

北京交通大学 2017 年度人文社会科学研究基本情况统计表

学科门类	研究人员情况						课题研究情况				研究成果情况		
	合计	教授	副教授	讲师	助教	初级	合计	基础研究	应用研究	其他	出版著作	发表论文	获奖成果（省部级及以上）
	929	175	299	396	31	28	1417	764	651	2	30	316	3
管理学	326	84	101	118	12	11	382	167	214	1	5	104	1
马克思主义	33	10	9	11	1	2	51	41	10	0	2	9	1
哲学	12	3	5	1	3	0	10	8	2	0	2	6	0

续表

学科门类	研究人员情况						课题研究情况				研究成果情况		
	合计	教授	副教授	讲师	助教	初级	合计	基础研究	应用研究	其他	出版著作	发表论文	获奖成果（省部级及以上）
逻辑学	0	0	0	0	0	0	1	1	0	0	0	0	0
宗教学	0	0	0	0	0	0	1	1	0	0	0	0	0
语言学	131	11	49	63	7	1	41	30	11	0	1	12	0
中国文学	3	0	2	0	1	0	4	4	0	0	0	1	0
外国文学	10	2	2	5	1	0	1	1	0	0	1	0	0
艺术学	76	10	20	45	1	0	180	100	80	0	2	41	0
历史学	3	1	2	0	0	0	3	1	2	0	2	1	0
考古学	0	0	0	0	0	0	7	1	6	0	0	0	0
经济学	133	29	46	56	0	2	498	244	254	0	13	69	1
政治学	19	4	9	6	0	0	16	14	2	0	0	0	0
法学	43	7	18	13	2	3	65	34	31	0	1	23	0
社会学	6	2	1	2	1	0	42	24	17	1	0	4	0
民族学	1	0	1	0	0	0	6	6	0	0	0	3	0
新闻学与传播学	18	2	3	12	0	1	43	32	11	0	1	19	0
图书、情报、文献学	45	2	10	30	0	3	2	2	0	0	0	1	0
教育学	16	4	4	6	1	1	40	36	4	0	0	1	0
统计学	7	2	1	3	1	0	10	7	3	0	0	21	0
心理学	10	0	2	6	0	2	9	5	4	0	0	1	0
体育学	37	2	14	19	0	2	5	5	0	0	0	0	0

（北京交通大学社会科学处李敏供稿）

首都师范大学2017年度人文社会科学研究基本情况统计表

学科门类	研究人员情况						课题研究情况				研究成果情况		
	合计	教授	副教授	讲师	助教	初级	合计	基础研究	应用研究	其他	出版著作	发表论文	获奖成果（省部级及以上）
	1033	188	403	407	20	15	993	580	413	0	77	705	14
管理学	37	5	14	17	0	1	57	10	47	0	0	29	0
马克思主义	24	2	15	7	0	0	42	28	14	0	2	26	0
哲学	37	13	12	9	2	1	34	25	9	0	7	40	1
逻辑学	0	0	0	0	0	0	1	1	0	0	0	0	0
宗教学	1	0	0	1	0	0	1	0	1	0	0	0	0
语言学	201	18	72	110	1	0	80	57	23	0	6	55	1
中国文学	76	22	31	23	0	0	137	115	22	0	23	105	3
外国文学	50	12	8	29	1	0	22	21	1	0	0	19	0
艺术学	156	32	65	50	9	0	78	43	35	0	6	62	1

续表

学科门类	研究人员情况						课题研究情况				研究成果情况		
	合计	教授	副教授	讲师	助教	初级	合计	基础研究	应用研究	其他	出版著作	发表论文	获奖成果（省部级及以上）
历史学	72	27	24	18	2	1	131	111	20	0	12	83	3
考古学	7	3	1	3	0	0	19	15	4	0	1	12	0
经济学	20	1	13	5	0	1	15	1	14	0	0	6	0
政治学	18	5	6	7	0	0	23	11	12	0	1	6	0
法学	26	4	11	11	0	0	29	16	13	0	2	10	0
社会学	18	3	9	4	0	2	37	10	27	0	1	6	0
民族学	0	0	0	0	0	0	1	1	0	0	0	1	0
新闻学与传播学	7	0	5	2	0	0	6	3	3	0	3	6	0
图书、情报、文献学	38	1	13	22	1	1	7	7	0	0	0	7	0
教育学	172	30	76	57	3	6	235	93	142	0	10	154	5
统计学	0	0	0	0	0	0	0	0	0	0	0	0	0
心理学	45	9	22	12	0	2	33	12	21	0	1	62	0
体育学	28	1	6	20	1	0	5	0	5	0	2	16	0

（首都师范大学社科处供稿）

首都经济贸易大学 2017 年度人文社会科学研究基本情况统计表

学科门类	研究人员情况						课题研究情况				研究成果情况		
	合计	教授	副教授	讲师	助教	初级	合计	基础研究	应用研究	其他	出版著作	发表论文	获奖成果（省部级及以上）
	777	133	302	310	32	0	1564	238	1326	0	107	507	7
管理学	176	29	66	71	10	0	601	59	542	0	35	131	4
马克思主义	12	4	6	2	0	0	27	17	10	0	3	31	0
哲学	7	2	2	3	0	0	11	10	1	0	0	1	0
逻辑学	0	0	0	0	0	0	0	0	0	0	0	0	0
宗教学	0	0	0	0	0	0	0	0	0	0	0	0	0
语言学	52	4	11	36	1	0	15	8	7	0	2	11	0
中国文学	21	1	9	11	0	0	18	12	6	0	4	13	0
外国文学	6	1	2	2	1	0	7	7	0	0	0	5	0
艺术学	5	0	1	4	0	0	0	0	0	0	0	0	0
历史学	0	0	0	0	0	0	2	2	0	0	0	0	0
考古学	0	0	0	0	0	0	0	0	0	0	0	0	0
经济学	298	64	134	93	7	0	569	54	515	0	41	226	2
政治学	3	1	1	1	0	0	8	3	5	0	0	1	0
法学	48	8	16	23	1	0	103	35	68	0	11	38	1
社会学	18	5	5	8	0	0	59	8	51	0	2	10	0
民族学	0	0	0	0	0	0	2	1	1	0	0	1	0

续表

学科门类	研究人员情况						课题研究情况				研究成果情况		
	合计	教授	副教授	讲师	助教	初级	合计	基础研究	应用研究	其他	出版著作	发表论文	获奖成果（省部级及以上）
新闻学与传播学	24	3	10	9	2	0	28	9	19	0	1	7	0
图书、情报、文献学	27	2	12	8	5	0	4	0	4	0	0	2	0
教育学	33	3	7	20	3	0	37	6	31	0	1	12	0
统计学	24	5	10	8	1	0	61	3	58	0	7	16	0
心理学	1	0	1	0	0	0	0	0	0	0	0	0	0
体育学	22	1	9	11	1	0	12	4	8	0	0	2	0

（首都经济贸易大学科研处蔡万江供稿）

北京工商大学2017年度人文社会科学研究基本情况统计表

学科门类	研究人员情况						课题研究情况				研究成果情况		
	合计	教授	副教授	讲师	助教	初级	合计	基础研究	应用研究	其他	出版著作	发表论文	获奖成果（省部级及以上）
	626	73	227	265	56	5	647	77	570	0	31	560	4
管理学	142	20	45	63	14	0	254	23	231	0	15	157	2
马克思主义	22	2	12	5	3	0	14	7	7	0	0	47	0
哲学	10	1	2	6	1	0	2	1	1	0	2	3	0
逻辑学	0	0	0	0	0	0	0	0	0	0	0	0	0
宗教学	0	0	0	0	0	0	0	0	0	0	0	0	0
语言学	70	2	19	40	9	0	12	5	7	0	1	71	0
中国文学	9	0	6	3	0	0	6	4	2	0	0	12	0
外国文学	5	1	1	3	0	0	2	2	0	0	0	2	0
艺术学	48	1	14	26	6	1	42	4	38	0	1	39	0
历史学	0	0	0	0	0	0	0	0	0	0	0	0	0
考古学	0	0	0	0	0	0	0	0	0	0	0	0	0
经济学	148	32	63	49	3	1	186	14	172	0	6	112	2
政治学	4	0	0	4	0	0	0	0	0	0	0	1	0
法学	52	8	21	16	5	2	61	10	51	0	6	37	0
社会学	0	0	0	0	0	0	0	0	0	0	0	0	0
民族学	0	0	0	0	0	0	0	0	0	0	0	0	0
新闻学与传播学	28	3	15	8	2	0	45	3	42	0	0	39	0
图书、情报、文献学	35	0	5	22	7	1	4	1	3	0	0	5	0
教育学	13	1	5	5	2	0	8	2	6	0	0	19	0
统计学	9	1	7	1	0	0	7	0	7	0	0	3	0

续表

学科门类	研究人员情况						课题研究情况				研究成果情况		
	合计	教授	副教授	讲师	助教	初级	合计	基础研究	应用研究	其他	出版著作	发表论文	获奖成果（省部级及以上）
心理学	1	0	0	0	1	0	0	0	0	0	0	0	0
体育学	30	1	12	14	3	0	4	1	3	0	0	13	0

（北京工商大学科学技术处供稿）

北京工业大学2017年度人文社会科学研究基本情况统计表

学科门类	研究人员情况						课题研究情况				研究成果情况		
	合计	教授	副教授	讲师	助教	初级	合计	基础研究	应用研究	其他	出版著作	发表论文	获奖成果（省部级及以上）
	731	62	241	382	33	13	575.0	173.0	401.0	1.0	44	529	2
管理学	136	14	47	66	6	3	128.0	43.0	84.0	1.0	3	161	0
马克思主义	34	6	15	12	1	0	28.0	18.0	10.0	0.0	4	15	1
哲学	12	1	7	4	0	0	7.0	7.0	0.0	0.0	3	8	0
逻辑学	0	0	0	0	0	0	0.0	0.0	0.0	0.0	0	0	0
宗教学	0	0	0	0	0	0	0.0	0.0	0.0	0.0	0	0	0
语言学	122	0	36	76	10	0	25.0	15.0	10.0	0.0	3	11	0
中国文学	4	0	3	1	0	0	5.0	2.0	3.0	0.0	0	5	0
外国文学	4	1	2	1	0	0	8.0	3.0	5.0	0.0	0	1	0
艺术学	147	14	42	86	2	3	92.0	13.0	79.0	0.0	8	49	0
历史学	3	0	0	3	0	0	2.0	2.0	0.0	0.0	0	3	0
考古学	0	0	0	0	0	0	0.0	0.0	0.0	0.0	0	0	0
经济学	77	9	26	35	6	1	72.0	15.0	57.0	0.0	6	191	1
政治学	4	0	2	1	1	0	1.0	0.0	1.0	0.0	0	2	0
法学	31	2	9	19	1	0	8.0	1.0	7.0	0.0	2	6	0
社会学	29	5	13	8	0	3	98.0	29.0	69.0	0.0	10	32	0
民族学	0	0	0	0	0	0	0.0	0.0	0.0	0.0	0	0	0
新闻学与传播学	17	1	4	11	0	1	6.0	1.0	5.0	0.0	1	9	0
图书、情报、文献学	35	2	8	20	3	2	3.0	1.0	2.0	0.0	0	1	0
教育学	25	4	6	14	1	0	86.0	22.0	64.0	0.0	3	21	0
统计学	6	1	2	3	0	0	3.0	0.0	3.0	0.0	0	7	0
心理学	3	0	1	2	0	0	1.0	0.0	1.0	0.0	1	0	0
体育学	42	2	18	20	2	0	2.0	1.0	1.0	0.0	0	7	0

（北京工业大学科发院人文处张爱民供稿）

北京市委党校、北京行政学院2017年度社会科学队伍统计表

学科门类	按职称划分					按最后学历划分					按最后学位划分	
	小计	正高	副高	中级	初级	研究生	本科	大专	中专	其他	博士	硕士
哲学	15	4	7	4	0	15	0	0	0	0	13	2
经济学	17	3	11	3	0	17	0	0	0	0	13	3
政治学	18	1	8	9	0	18	0	0	0	0	17	1
党史党建	13	3	6	4	0	13	0	0	0	0	9	4
公共管理	15	5	5	5	0	14	1	0	0	0	7	7
工商管理	9	1	4	4	0	9	0	0	0	0	8	1
法学	15	3	6	6	0	15	0	0	0	0	11	3
社会学	15	4	7	4	0	15	0	0	0	0	14	0
语言文学	7	1	4	2	0	6	1	0	0	0	1	5
历史学	1	1	0	0	0	1	0	0	0	0	0	1
图书、情报、文献学	14	0	3	11	0	11	3	0	0	0	0	10
计算机工程	12	0	1	8	3	8	4	0	0	0	0	3
其他学科	5	0	1	3	1	2	3	0	0	0	0	0

（北京市委党校、北京行政学院科研处供稿）

北京市社会科学院2017年度人文社会科学研究基本情况统计表

研究部门	研究人员情况						课题研究情况				研究成果情况		
	合计	研究员	副研究员	助理研究员	实习研究员	初级	合计	基础研究	应用研究	其他	出版著作	发表论文	获奖成果（省部级及以上）
	141	27	69	45	0		148	29	119		36	514	
文化所	14	5	6	3	0	0	18	4	14		6	75	
历史所	16	6	7	3	0	0	15	6	9		3	44	
哲学所	9	1	5	3	0	0	7	4	3		3	27	
经济所	14	0	10	4	0	0	17	0	17		3	53	
科社所	11	0	8	3	0	0	12	3	9		1	46	
社会学所	11	1	3	7	0	0	12	3	9		2	40	
城市所	14	4	7	3	0	0	15	1	14		2	35	
外国所	8	1	4	3	0	0	9	0	9		3	53	
满学所	7	1	2	4	0	0	5	4	1		1	9	
管理所	11	1	7	3	0	0	10	1	9		3	24	
综治所	8	3	3	2	0	0	6	0	6		3	22	
市情调研中心	5	1	2	2	0	0	7	0	7		4	51	
法学所	10	2	4	4	0	0	11	3	8		1	27	
传媒所	3	1	1	1	0	0	4	0	4		1	8	

（北京市社会科学院科研处朱霞辉供稿）

· 索 引 ·

本索引采取主题索引，又称内容分析索引法编纂。主题词（标目）以《北京社会科学年鉴 2018》正文出现的文章作者名、文章名、著作名、学科名、科研课题名、获奖成果名、科研活动名、机构名为主。本年鉴包括文章体和条目体，故将文章体的检索与条目体的检索相互结合。

一、本索引基本按汉语拼音音序排列，汉字打头的标目，按首字的音序调依次排列，首字相同时，则以第二字排序，依次类推。以阿拉伯数字打头的主题词，排在最前面；以英文字母打头的主题词，列于其后。

二、除“大事记”外，年鉴的其他基本栏目均列入索引范围，以便检索使用。

三、本索引的文字部分为标目，标目之后的阿拉伯数字表示该标目所在的页码。

四、年鉴的目录文章名为索引标目或重要题目，用黑体字标明，其他标目用宋体字编排。

五、为反映索引栏目间的上下级关系，对于二级、三级等类目，采取在一级栏目下设置数字标号的编排形式，之后再按汉语拼音音序排列；为反映索引类目间社会科学学科结构、同一单位内容的完整性，采取相同内容合并，之后再按各个内容先后顺序排列。

阿拉伯数字

B

C

D

E

F

G

H

J

K

L

M

Q

S

T

W

X